Vahlens Handbücher
der Wirtschafts- und Sozialwissenschaften

Einführung in die Allgemeine Betriebswirtschaftslehre

von

Dr. Dr. h. c. mult. Günter Wöhe

o. Professor der Betriebswirtschaftslehre
an der Universität des Saarlandes

und

Dr. Ulrich Döring

o. Professor der Betriebswirtschaftslehre
an der Universität Lüneburg

20., neubearbeitete Auflage

Verlag Franz Vahlen München

Die Deutsche Bibliothek – CIP-Einheitsaufnahme

Wöhe, Günter:
Einführung in die allgemeine Betriebswirtschaftslehre / von
Günter Wöhe und Ulrich Döring. – 20., neubearb. Aufl. –
München : Vahlen, 2000
  (Vahlens Handbücher der Wirtschafts- und
Sozialwissenschaften)
  ISBN 3 8006 2550 4

ISBN 3 8006 2550 4

© 2000 Verlag Franz Vahlen GmbH,
Wilhelmstraße 9, 80801 München
Alle Rechte vorbehalten
Satz und Druck: C. H. Beck'sche Buchdruckerei, Nördlingen
(Adresse wie Verlag)
Gedruckt auf säurefreiem, alterungsbeständigem Papier
(hergestellt aus chlorfrei gebleichtem Zellstoff)

Vorwort zur zwanzigsten Auflage

Vor genau vierzig Jahren erschien die erste Auflage dieses Lehrbuchs. Seither haben zahllose Studentengenerationen nach „dem Wöhe" Betriebswirtschaftslehre studiert. Dank ständiger Überarbeitungen sind die Studierenden von damals dem Buch treu geblieben: Dozenten dient es als Lehrgrundlage, Praktikern als Nachschlagewerk.

Die Grundkonzeption dieses Buches mit seiner Einteilung in sechs Hauptabschnitte ist gleich geblieben. Auch an der Zielsetzung des Buches hat sich nichts geändert: Studierende der Wirtschaftswissenschaften sollen in leicht verständlicher Form mit den Grundlagen der Allgemeinen Betriebswirtschaftslehre vertraut gemacht werden.

Während der zurückliegenden vierzig Lehrbuchjahre hat sich aber auch vieles verändert: Der Stoffumfang unseres Faches ist deutlich größer geworden (die erste Auflage umfaßte nur 358 Seiten) und die Stoffinhalte haben sich gravierend gewandelt. Die Bewältigung des umfangreicheren Lehrstoffs stellt an die Studierenden von heute ungleich höhere Anforderungen als früher: Einen Teil des gestiegenen Lern- und Leistungsdrucks geben sie an ihre Lehrer weiter: Nicht nur im Hörsaal, auch im Lehrbuch erwarten die Studierenden von heute eine einprägsame visuelle Aufbereitung der wesentlichen Lehrinhalte. Nach zahlreichen – zum Teil sehr grundlegenden – Überarbeitungen in der Vergangenheit versucht gerade die 20. Auflage als eine Art „Jubiläumsauflage" den geänderten Rahmenbedingungen in besonderem Maße Rechnung zu tragen.

Steigender Wettbewerbsdruck auf den Absatzmärkten, verschärfte Wettbewerbsbedingungen auf den Arbeits- und Kapitalmärkten sowie die rasante Weiterentwicklung der Informationstechnologie haben zu erhöhter Markttransparenz und sinkenden Transaktionskosten, also zu dem geführt, was man unter dem Stichwort „Globalisierung" zusammenfaßt. Dadurch haben sich die Anforderungen an eine erfolgreiche Unternehmensführung deutlich erhöht. Die grundlegende Überarbeitung des Buches, das zu einem Viertel auf neuem Text basiert, möchte diesen Tendenzen Rechnung tragen.

Die Überarbeitungsschwerpunkte liegen im Zweiten und Sechsten Abschnitt. Als neu geschriebene Textteile im Zweiten Abschnitt sind vor allem folgende Kapitel hervorzuheben: „Shareholder Value und Stakeholder-Ansatz", „Computergestützte Informationswirtschaft", „Controlling", „Ertragsteuern im Überblick", „Unternehmenszusammenschlüsse" und die „Standortwahl" mit ihren internationalen Implikationen. Im Fünften Abschnitt wurde ein Kapitel „Discounted Cash Flow-Methode" eingefügt, die im Rahmen zukunfts- und praxisorientierter Unternehmensbewertung immer wichtiger wird.

Im Sechsten Abschnitt präsentieren sich die Ausführungen zum „Jahresabschluß" (mit Ausnahme des Konzernabschlusses) in völlig neuer Form.

Besonders hervorzuheben sind die zusätzlichen Kapitel zur „Bilanzpolitik und Bilanzanalyse" sowie zur „Rechnungslegung im internationalen Kontext", wo die Gemeinsamkeiten zwischen den Vorschriften des deutschen Handelsgesetzbuchs und den Regelungen der Internationalen Rechnungslegungsstandards herausgearbeitet werden. Den Abschluß der inhaltlichen Erweiterungen bildet das Kapitel „Neue Verfahren der Kostenrechnung". Hier wird die zunehmende strategische Ausrichtung der Kostenrechnung hervorgehoben, wobei die „Prozeßkostenrechnung", die „Produktlebenszyklusrechnung", das „Target Costing" und die „Konstruktionsbegleitende Kalkulation" in ihren Grundzügen vorgestellt werden.

Neben der Stoffabgrenzung war es vor allem die Stoffpräsentation, die das vorliegende Lehrbuch zum Standardwerk der deutschen Betriebswirtschaftslehre gemacht hat. Einer langen Tradition dieses Buches folgend haben wir uns um eine leicht verständliche Erläuterung betriebswirtschaftlicher Zusammenhänge bemüht. Im Zeitalter der Informationsüberflutung erwarten die Leser aber mehr: Die wichtigsten Fakten sollen in übersichtlicher Form zusammengefaßt und Problemstrukturen sollen in grafisch anschaulicher Form transparent gemacht werden. Mit mehreren hundert Abbildungen möchten wir dem Wunsch der Leser nach schneller und einprägsamer Information entgegenkommen.

Betriebswirtschaftliche Forschung führt zu neuen Erkenntnissen und damit zur ständigen Erweiterung unseres Fachs. Dabei muß gerade ein einführendes Lehrbuch dem Substitutionsgedanken verpflichtet sein: Alter Lehrstoff muß neuem Lehrstoff weichen. Die mit der 20. Auflage einhergehende Stofferweiterung auf der einen Seite veranlaßte uns auf der anderen Seite zu einer deutlich gestrafften Stoffpräsentation: Gegenüber der Erläuterung betriebswirtschaftlicher Zusammenhänge mußte die Darstellung rechtlicher Sachverhalte in den Hintergrund treten.

Die gleichzeitig mit der 20. Auflage erscheinende neunte Auflage des Übungsbuches[1] setzt die gleichen Bearbeitungsschwerpunkte wie das Lehrbuch: Im Bereich der Unternehmensführung, der Unternehmensbewertung und des Rechnungswesens wurden zahlreiche alte Aufgaben durch neu konzipierte Übungsfälle ersetzt.

Die Lehrstuhlmitarbeiter an der Universität Lüneburg, Herr Dr. Axel Baden und die Herren Dipl.-Kfm. Sven Hartung, Dipl.-Kfm. Dietrich Jacobs und Dipl.-Kfm. Ralf-Michael Rokoß sowie Herr cand. rer. pol. Carsten Rahlfs haben uns bei der Überarbeitung des Buches sehr unterstützt. Wir danken ihnen für wertvolle Verbesserungsvorschläge bei der Vorbereitung des Manuskripts.

Den Sekretärinnen, Frau Antje Jesswein und Frau Violetta Graf, sowie unseren studentischen Hilfskräften gilt unser Dank für die Umsicht und Sorgfalt bei der Erstellung der Druckvorlage. Dem Lektor des Verlages,

---

[1] Wöhe, G., Kaiser, H., Döring, U., Übungsbuch zur Einführung in die Allgemeine Betriebswirtschaftslehre, Vahlen Verlag, 9. Aufl., München 2000; im folgenden durch Klammerzusätze zitiert, z. B. (**ÜB 1** / 4-6). Das bedeutet: Übungsbuch, 1. Hauptabschnitt, Aufgaben 4-6.

Herrn Dipl.-Vw. Dieter Sobotka, sind wir für die hilfreiche und vertrauensvolle Zusammenarbeit erneut zu Dank verpflichtet.

Saarbrücken/Lüneburg, im Februar 2000 *Günter Wöhe*
Ulrich Döring

Vorwort zur ersten Auflage

Das vorliegende Buch soll – wie der Titel zum Ausdruck bringt – in die Probleme der Allgemeinen Betriebswirtschaftslehre einführen. Es setzt – außer der Beherrschung der Technik der doppelten Buchführung – keinerlei betriebswirtschaftliche Kenntnisse voraus und ist folglich in erster Linie für Studierende der Wirtschaftswissenschaften gedacht, die sich in den ersten Semestern befinden und die sich vor einem tieferen Eindringen in Spezialprobleme einen Überblick über die Grundfragen der Allgemeinen Betriebswirtschaftslehre verschaffen wollen. Aus dieser Zielsetzung des Buches heraus erklärt sich auch die besonders intensive Behandlung der für den Anfänger überaus wichtigen Probleme des Rechnungswesens.

Meiner Ansicht nach würde es dem Wesen und Zweck einer Einführung in eine Wissenschaft widersprechen, wenn man auch solche Problemkreise behandelt, die noch nicht gelöst sind oder über deren Lösung es konträre Ansichten gibt, von denen noch keine bewiesen werden konnte. Ich habe mich deshalb bemüht, in erster Linie den Stoff zu behandeln, der erkenntnismäßig als gesichert gelten kann – wenn natürlich auch dieser und jener Hinweis auf offene Fragen nicht unterbleiben konnte und durfte, damit der Leser zum kritischen Nachdenken angeregt wird und nicht etwa den falschen Eindruck bekommt, daß die Allgemeine Betriebswirtschaftslehre eine Wissenschaft sei, in der alle Probleme bereits gelöst sind.

Das gesamte Stoffgebiet habe ich in sechs Abschnitte aufgeteilt. Der erste Abschnitt beschäftigt sich zunächst mit dem Gegenstand der Betriebswirtschaftslehre sowie mit der Gliederung der Betriebe und der Betriebswirtschaftslehre. Die sich anschließenden Ausführungen über die Methoden der Betriebswirtschaftslehre gehören zwar vom Standpunkt der Systematik zu diesem Abschnitt, können aber vom Anfänger ohne Nachteil für das Verständnis der folgenden Abschnitte übersprungen und zum Schluß gelesen werden, da sie demjenigen, der in der wissenschaftlichen Methodenlehre nicht zu Hause ist, zweifellos nach Erarbeitung der wichtigsten Sachprobleme der Betriebswirtschaftslehre verständlicher werden. Es erschien mir aber dennoch nicht zweckmäßig, diese Ausführungen an den Schluß des Buches zu stellen, da das eine Trennung der logisch zusammenhängenden Fragen des Erkenntnisobjekts und der Methoden der Betriebswirtschaftslehre bedeutet hätte.

Der zweite Abschnitt ist dem Aufbau des Betriebes gewidmet und behandelt die Faktoren, die die Voraussetzungen für die Entstehung eines Betriebes bilden. Dazu gehören erstens die Produktionsfaktoren (Arbeit, Betriebsmittel und Werkstoffe), die im Betrieb kombiniert werden. Zweitens bedarf der Betrieb im Verkehr mit anderen Wirtschaftseinheiten eines „rechtlichen Gewandes"; folglich werden die Rechtsformen der Betriebe besprochen. Drittens braucht der Betrieb einen bestimmten Standort, mit dessen Auswahl eine Vielzahl wirtschaftlicher Probleme verbunden ist.

Der dritte bis fünfte Abschnitt beschäftigt sich mit den drei betrieblichen Hauptfunktionen: Der Produktion (Leistungserstellung), dem Absatz (Leistungsverwertung) sowie der Finanzierung und Investition. Der sechste und letzte Abschnitt ist schließlich den Fragen des Rechnungswesens gewidmet.

Saarbrücken, im März 1960 *Günter Wöhe*

Inhaltsübersicht

Vorwort V
Inhaltsverzeichnis XI
Verzeichnis der Abkürzungen XXXIII

Erster Abschnitt
Gegenstand, Methoden und Geschichte der Betriebswirtschaftslehre

I. Gegenstand und Methoden der Betriebswirtschaftslehre 1
II. Geschichte der Betriebswirtschaftslehre 56

Zweiter Abschnitt
Der Aufbau des Betriebes

A. Grundlagen 93
   I. Überblick über die Aufbauelemente des Betriebes 93
   II. Unternehmensziele und Unternehmensverfassung 94

B. Die betrieblichen Produktionsfaktoren 102
   I. Überblick 102
   II. Die Betriebsführung 106
   III. Die menschliche Arbeitsleistung 240
   IV. Die Betriebsmittel 270
   V. Die Werkstoffe 276

C. Die Wahl der Rechtsform als Entscheidungsproblem 279
   I. Überblick 279
   II. Statistische Angaben 281
   III. Entscheidungskriterien für die Wahl der Rechtsform privater Betriebe 281

D. Der Zusammenschluß von Unternehmen als Entscheidungsproblem 320
   I. Begriff und Formen der Unternehmenszusammenschlüsse 320
   II. Die Zielsetzungen von Unternehmenszusammenschlüssen 323
   III. Kooperationsformen 327
   IV. Konzentrationsformen 332

E. Die Wahl des Standorts als Entscheidungsproblem 338
   I. Überblick 338
   II. Standortfaktoren als Entscheidungskriterien 339
   III. Entscheidungsverfahren der Standortwahl 345

Dritter Abschnitt
Die Produktion

I. Grundlagen 347
II. Die Produktions- und Kostentheorie 360
III. Die Produktionsplanung 417
IV. Integration der Produktionsplanung und -steuerung 457

Vierter Abschnitt
Der Absatz

I. Grundlagen 479
II. Die absatzpolitischen Ziele 486

III. Informationsbeschaffung im Absatzbereich 489
IV. die absatzpolitischen Instrumente 514

Fünfter Abschnitt
Investition und Finanzierung

I. Grundlagen 617
II. Investitionsplanung und Investitionsrechnung 622
III. die Unternehmensbewertung 669
IV. Grundlagen der Finanzplanung 684
V. Quellen der Außenfinanzierung 694
VI. Quellen der Innenfinanzierung 749
VII. Optimierung der finanzierungspolitischen Instrumente 768
VIII. Besondere Anlässe der Außenfinanzierung 803

Sechster Abschnitt
Das betriebliche Rechnungswesen

A. Grundlagen 853
  I. Aufgaben und Gliederung des betrieblichen Rechnungswesens 853
  II. Die Grundbegriffe des betrieblichen Rechnungswesens 861

B. Der Jahresabschluß 877
  I. Grundlagen der Bilanzierung 878
  II. Grundsätze ordnungsmäßiger Buchführung und Bilanzierung 905
  III. Die Bilanz 918
  IV. Die Erfolgsrechnung 982
  V. Anhang und Lagebericht 992
  VI. Die Jahresabschlußprüfung 1001
  VII. Rechnungslegung im internationalen Kontext 1005
  VIII. Die Rechnungslegung im Konzern 1024
  IX. Bilanzpolitik und Bilanzanalyse 1062
  X. Bilanztheorie 1095

C. Die Kostenrechnung 1103
  I. Aufgaben, Teilgebiete, Systeme 1103
  II. Die Betriebsabrechnung 1107
  III. Die Kostenträgerrechnung (Selbstkostenrechnung) 1135
  IV. Die kurzfristige Erfolgsrechnung 1148
  V. Die Deckungsbeitragsrechnung 1156
  VI. Die Plankostenrechnung 1165
  VII. Neue Verfahren der Kostenrechnung 1184

Literaturverzeichnis 1199
Sachverzeichnis 1233

Inhaltsverzeichnis

	Seite
Vorwort	V
Verzeichnis der Abkürzungen	XXXIII

Erster Abschnitt
Gegenstand, Methoden und Geschichte der Betriebswirtschaftslehre

I. Gegenstand und Methoden der Betriebswirtschaftslehre	1
1. Das Erkenntnisobjekt der Betriebswirtschaftslehre	1
a) Wirtschaft und wirtschaftliches Prinzip	1
b) Der Betrieb als Objekt der Betriebswirtschaftslehre	2
aa) Zur Abgrenzung des Betriebsbegriffs	2
bb) Betrieb und Wirtschaftsordnung	5
cc) Die Stellung des Betriebes in der Gesamtwirtschaft	9
dd) Zur Frage des unterschiedlichen Begriffsinhaltes von Betrieb und Unternehmung	12
c) Gliederung der Betriebe (Betriebstypologie)	13
d) Gliederung der Betriebswirtschaftslehre	18
2. Die Betriebswirtschaftslehre als Wissenschaft	21
a) Begriff, Wesen und Aufgaben der Wissenschaft	21
b) Die Stellung der Betriebswirtschaftslehre im System der Wissenschaften	23
aa) Der Standort der Wirtschaftswissenschaften	23
bb) Das Verhältnis der Wirtschaftswissenschaften zu den Sozialwissenschaften	25
cc) Betriebswirtschaftslehre und Volkswirtschaftslehre	27
dd) Betriebswirtschaftslehre und Nachbarwissenschaften (Hilfswissenschaften)	31
3. Die Betriebswirtschaftslehre als theoretische und als angewandte Wissenschaft	33
a) Erkenntnismöglichkeiten und Methoden der theoretischen Betriebswirtschaftslehre	33
b) Betriebswirtschaftliche Modelle	36
aa) Möglichkeiten und Grenzen der Modellbildung	36
bb) Systematisierungskriterien betriebswirtschaftlicher Modelle	38
c) Das Auswahlprinzip der angewandten Betriebswirtschaftslehre	40
aa) Gewinnmaximierung oder gemeinwirtschaftliche Wirtschaftlichkeit als Auswahlprinzip?	40
bb) Kritische Einwände gegen die Gewinnmaximierung	44
cc) Gewinn – Rentabilität – Wirtschaftlichkeit – Produktivität	46
dd) Die Eigenkapitalrentabilität als Auswahlprinzip?	48
ee) Die begrenzte Gewinnerzielung als Auswahlprinzip?	50
4. Wertfreie und wertende Betriebswirtschaftslehre	52
II. Geschichte der Betriebswirtschaftslehre	56
Vorbemerkung	56
1. Die Bedeutung der Kenntnis der historischen Entwicklung für das Verständnis des gegenwärtigen Standes und der offenen Probleme einer Wissenschaft	57

2. Die Entwicklung von den Anfängen bis zur Mitte des 17. Jahrhunderts ... 58
3. Die Entwicklung im Zeitalter des Merkantilismus (1650–1800) ... 60
4. Die Entwicklung im 19. Jahrhundert ... 64
5. Die Entwicklung der Betriebswirtschaftslehre vom Beginn des 20. Jahrhunderts bis zu Beginn des Zweiten Weltkrieges ... 66
6. Die Entwicklung der Betriebswirtschaftslehre seit dem Zweiten Weltkrieg ... 72
   a) Das System Erich Gutenbergs ... 73
   b) Der entscheidungsorientierte Ansatz in der Betriebswirtschaftslehre ... 77
   c) Der systemorientierte Ansatz in der Betriebswirtschaftslehre ... 79
   d) Der verhaltensorientierte Ansatz ... 81
   e) Sonstige theoretische Ansätze ... 83
      aa) Der arbeitsorientierte Ansatz ... 83
      bb) Die empirische Theorie der Unternehmung ... 84
      cc) Konflikt- und machttheoretische Ansätze ... 85
      dd) Der situative Ansatz ... 86
      ee) Der EDV-orientierte Ansatz ... 87
      ff) Der ökologieorientierte Ansatz ... 88

Zweiter Abschnitt
Der Aufbau des Betriebes

A. Grundlagen ... 93
  I. Überblick über die Aufbauelemente des Betriebes ... 93
  II. Unternehmensziele und Unternehmensverfassung ... 94
    1. Der Shareholder Value-Ansatz ... 94
    2. Der Stakeholder-Ansatz ... 98
    3. Das Unternehmensrisiko und seine Aufteilung ... 99
    4. Unternehmensverfassung und Rechtsordnung ... 101

B. Die betrieblichen Produktionsfaktoren ... 102
  I. Überblick ... 102
  II. Die Betriebsführung ... 106
    1. Die Funktionen des dispositiven Faktors (Überblick) ... 106
    2. Strategische Unternehmensführung ... 108
    3. Die Träger der Führungsentscheidungen ... 109
       a) Eigentümer und Führungsorgane ... 109
       b) Die Mitbestimmung der Arbeitnehmer ... 112
          aa) Ziele und Arten der Mitbestimmung ... 112
          bb) Die arbeitsrechtliche Mitbestimmung ... 113
          cc) Die unternehmerische Mitbestimmung ... 113
       c) Die Organisation der Führungsspitze ... 118
    4. Das System der betrieblichen Ziele ... 118
       a) Zielvorstellungen ... 118
       b) Zielarten ... 120
       c) Zielkonflikte ... 123
       d) Das Zielsystem der strategischen Unternehmensführung ... 124
    5. Die Führungsinstrumente ... 125
       a) Begriff und Aufgabe ... 125
       b) Die immateriellen direkten Führungsinstrumente ... 127
       c) Die immateriellen indirekten Führungsinstrumente ... 128

Inhaltsverzeichnis

6. Die Führungsprinzipien	130
a) Begriff und Zielsetzungen	130
b) Prinzipien zur Lösung des Delegationsproblems	130
c) Ziel- und ergebnisorientierte Prinzipien	132
7. Die Planung und Entscheidung	133
a) Begriff, Aufgaben und Struktur der Planung	133
b) Die strategische Planung	138
aa) Strategische Geschäftsfelder	138
bb) Instrumente zur Beurteilung von strategischen Geschäftsfeldern und zur Auswahl von Strategien	139
(1) Erfahrungskurven-Analyse	139
(2) Produktlebenszyklus	140
(3) Portfolioanalysen	140
(4) PIMS (Profit Impact of Market Strategies)-Programm	145
c) Der Zusammenhang zwischen strategischer und operativer Planung	147
d) Die Ungewißheit als Grundproblem der Planung	149
e) Der Begriff der Entscheidung	150
f) Das Entscheidungsfeld	151
aa) Die Handlungsmöglichkeiten	151
bb) Die Umweltbedingungen	152
cc) Die Ergebnisse	154
g) Die Bewertung möglicher Ergebnisse	155
h) Die Entscheidungsregeln	156
aa) Entscheidungen bei Sicherheit	156
bb) Entscheidungen bei Risiko	157
cc) Entscheidungen bei Unsicherheit	158
(1) Die Maximin-Regel (Wald-Regel)	159
(2) Die Maximax-Regel	159
(3) Die Hurwicz-Regel (Pessimismus-Optimismus-Regel)	159
(4) Die Savage-Niehans-Regel (Regel des kleinsten Bedauerns)	160
(5) Die Laplace-Regel (Regel des unzureichenden Grundes)	161
i) Die Entscheidungen bei bewußt handelnden Gegenspielern (Spieltheorie)	162
j) Operations Research	164
aa) Begriff und Aufgaben von Operations Research	164
bb) Operations Research-Verfahren	165
(1) Lineare Programmierung	165
(2) Warteschlangenmodelle	168
(3) Lagerhaltungsmodelle	169
(4) Die Netzplantechnik	169
(5) Ersatzmodelle	170
(6) Die dynamische Programmierung	171
(7) Simulationsverfahren	171
cc) Grenzen der Anwendung von Operations Research	171
8. Die Betriebsorganisation	172
a) Begriff und Aufgaben der Organisation	172
b) Formelle und informelle Organisationsstruktur	175
c) Die Aufbauorganisation	176
aa) Die Aufgabenanalyse	176
bb) Die Aufgabensynthese	177

(1) Die Stellenbildung	177
(2) Kompetenz – Verantwortung	179
(3) Instanzen- und Abteilungsbildung	179
(4) Dezentralisation – Zentralisation	181
cc) Das Ergebnis der Aufbauorganisation	182
(1) Das Aufgabengefüge	182
(2) Das Leitungssystem	182
(a) Das Liniensystem	183
(b) Das Funktionssystem	183
(c) Das Stabliniensystem	185
(d) Das Liniensystem mit Querfunktionen	186
(e) Divisionalisierte Organisation (Spartenorganisation)	186
(f) Matrixorganisation	187
(3) Das Kommunikationssystem	189
(4) Das Arbeitssystem	190
d) Die Ablauforganisation	190
9. Die Überwachung	192
a) Begriff und Gegenstand	192
b) Die Interne Kontrolle	194
c) Die Interne Revision	195
d) Externe Prüfungen	196
10. Computergestützte Informationswirtschaft	198
a) Grundlagen der Informationswirtschaft	198
aa) Überblick	198
bb) Information und Betriebsführung	198
cc) Organisation des Informationsprozesses	200
b) Aufbau eines Systems zur Informationsverarbeitung	204
c) Hardware	207
aa) Aufbau und Konfigurationsformen von Hardware	207
bb) Hardwarekomponenten	209
(1) Zentraleinheit	209
(2) Externe Speicher	210
(3) Datenein- und -ausgabe	212
(4) Datenübertragung	212
d) Systeme	213
aa) Grundlagen	213
bb) Systemsoftware	214
cc) Anwendungssysteme	215
dd) Systementwicklung	219
e) Datenorganisation	220
aa) Grundlagen der Datenorganisation	220
bb) Erfassung von Nutzdaten	222
cc) Datenorganisation und Datenoperationen	223
f) Informationsmanagement	225
aa) Grundlagen	225
bb) Auswirkungen von IV-Systemen auf die Betriebsführung	225
(1) Auswirkungen auf die Betriebsorganisation	225
(2) Auswirkungen auf Planung, Entscheidung und Kontrolle	227
(3) Expertensysteme zur Unterstützung betrieblicher Entscheidungen	229
(4) Unterstützung der betrieblichen Kommunikation durch IV-Systeme	231
(5) Integrierte Anwendungssysteme: Beispiel SAP R/3	233

11. Controlling 234
    a) Begriff, Einordnung und Bedeutung 234
    b) Controllingfunktionen 236
    c) Controllingbereiche 237
        aa) Koordination zwischen verschiedenen Führungsteilsystemen 237
        bb) Koordination innerhalb einzelner Führungsteilsysteme ... 238
    d) Problemfelder des Controlling 239

III. Die menschliche Arbeitsleistung 240
    1. Allgemeine Bestimmungsfaktoren 241
    2. Die Personalauswahl 241
        a) Begriff und Bedeutung der Personalauswahl 241
        b) Auswahlprinzipien der Personalauswahl 242
        c) Das Verfahren der Personalauswahl 244
    3. Die Schaffung optimaler Arbeitsbedingungen 246
        a) Die Arbeitsgestaltung (Überblick) 246
        b) Die Arbeitszeitregelung 248
            aa) Dauer und Lage der Arbeitszeit 248
            bb) Die Verteilung der Arbeitszeit auf den Arbeitstag 249
        c) Die Arbeitsplatzgestaltung 252
        d) Das Betriebsklima 253
    4. Das Arbeitsentgelt 254
        a) Ziele und Bestimmungsfaktoren der Festsetzung des Arbeitsentgelts 254
        b) Methoden der Arbeitsbewertung 255
        c) Lohnformen 258
            aa) Überblick 258
            bb) Der Zeitlohn 258
            cc) Der Leistungslohn 259
                (1) Der Akkordlohn 259
                (2) Der Prämienlohn 261
    5. Freiwillige betriebliche Sozialleistungen 262
    6. Die Erfolgsbeteiligung der Arbeitnehmer 263
        a) Ziele und Formen der Erfolgsbeteiligung 263
        b) Erfolgsbeteiligungssysteme in der Praxis 265
            aa) Das System der Bertelsmann AG 265
            bb) Das System der Bayer AG 266
    7. Die Interessenvertretung der Arbeitnehmer 267

IV. Die Betriebsmittel 270
    1. Lebensdauer, wirtschaftliche Nutzungsdauer und Abschreibungen 270
    2. Kapazität und Kapazitätsausnutzung 272
    3. Die Betriebsmittelzeit 273

V. Die Werkstoffe 276
    1. Die Werkstoffzeit 276
    2. Die Materialausbeute 278

C. Die Wahl der Rechtsform als Entscheidungsproblem 279
I. Überblick 279
II. Statistische Angaben 281

III. Entscheidungskriterien für die Wahl der Rechtsform privater Betriebe ... 281
　1. Überblick ... 281
　2. Rechtsgestaltung, insbesondere Haftung ... 285
　　a) Personenunternehmungen ... 285
　　b) Kapitalgesellschaften ... 289
　　c) Genossenschaften ... 290
　　d) Öffentliche Betriebe ... 293
　3. Leitungsbefugnis ... 294
　　a) Personenunternehmungen ... 294
　　b) Kapitalgesellschaften ... 295
　　c) Genossenschaften ... 297
　4. Gewinn- und Verlustbeteiligung ... 298
　　a) Personenunternehmungen ... 298
　　b) Kapitalgesellschaften ... 300
　　c) Genossenschaften ... 301
　5. Finanzierungsmöglichkeiten ... 301
　　a) Eigenkapitalbeschaffung ... 301
　　　aa) Personenunternehmungen ... 301
　　　bb) Kapitalgesellschaften ... 303
　　　cc) Genossenschaften ... 304
　　b) Fremdkapitalbeschaffung ... 305
　　　aa) Personenunternehmungen ... 305
　　　bb) Kapitalgesellschaften ... 306
　6. Steuerbelastung ... 307
　　a) Die Ertragsteuern im Überblick ... 307
　　b) Rechtsformbedingte Besteuerungsunterschiede ... 311
　　c) Bildung von gesetzlich nicht vorgesehenen Gesellschaftsformen zum Zweck der Steuerminimierung ... 313
　　　aa) Die GmbH & Co KG ... 313
　　　bb) Die Doppelgesellschaft ... 314
　　d) Der Wechsel der Rechtsform (Umwandlung) ... 316
　7. Aufwendungen der Rechtsform ... 317
　8. Publizitätszwang ... 318

D. Der Zusammenschluß von Unternehmen als Entscheidungsproblem ... 320

　I. Begriff und Formen der Unternehmenszusammenschlüsse ... 320
　II. Die Zielsetzungen von Unternehmenszusammenschlüssen ... 323
　　1. Überblick ... 323
　　2. Ziele im Beschaffungsbereich ... 324
　　3. Ziele im Produktionsbereich ... 324
　　4. Ziele im Finanzierungsbereich ... 325
　　5. Ziele im Absatzbereich ... 325
　　6. Steuerliche Ziele ... 326
　　7. Sonstige Ziele der Kooperation ... 326
　III. Kooperationsformen ... 327
　　1. Gelegenheitsgesellschaften ... 327
　　2. Interessengemeinschaften ... 328

3. Kartelle	330
a) Begriff, Ziele und Rechtsform	330
b) Kartellarten	330
c) Wettbewerbsrechtliche Regelung der Kartelle	331
4. Gemeinschaftsunternehmen	332
IV. Konzentrationsformen	332
1. Beteiligung	332
2. Konzern	333
a) Merkmale, Ziele und Arten	333
b) Der Unterordnungskonzern	334
c) Der Gleichordnungskonzern	335
d) Entstehung von Konzernen	335
e) Organisation von Konzernen	336
3. Fusion	337
4. Wettbewerbsrechtliche Aspekte von Unternehmenskonzentrationen	337
E. Die Wahl des Standorts als Entscheidungsproblem	**338**
I. Überblick	338
II. Standortfaktoren als Entscheidungskriterien	339
1. Gütereinsatz	340
a) Anlagegüter	340
b) Material	340
c) Arbeitskräfte	341
d) Energie	342
e) Umwelt(schutz)	342
f) Staatliche Leistungen	343
g) Steuern und Subventionen	343
2. Güterabsatz	344
a) Kunden	344
b) Mitbewerber	345
c) Herkunfts-Goodwill	345
III. Entscheidungsverfahren der Standortwahl	345
1. Quantitative Modelle	345
2. Qualitative Modelle	346

Dritter Abschnitt
Die Produktion

I. Grundlagen	347
1. Der Begriff der Produktions	347
2. Die Produktion als betriebliche Hauptfunktion	348
a) Produktionsplanung als Partialplanung	348
b) Sachliche Partialisierung der Produktionsplanung	351
c) Zeitliche Partialisierung der Produktionsplanung	352
d) Interdependenzen zwischen einzelnen Teilbereichen der Produktionsplanung	354
e) Interdependenzen der Produktionsplanung zu anderen betrieblichen Teilplänen	356
3. Produktion und Umwelt	356

Inhaltsverzeichnis

II. Die Produktions- und Kostentheorie	360
1. Ziele und Teilbereiche der Produktions- und Kostentheorie	360
2. Grundlagen der Produktionstheorie	361
a) Produktionsmodelle und Produktionsfunktionen	361
b) Substitutionalität und Limitationalität	364
c) Partialanalyse und Totalanalyse	367
d) Produktionstheoretische Grundbegriffe	370
aa) Analyse der Isoquanten	370
bb) Analyse der partiellen Faktorvariation	371
cc) Zusammenfassung und Beispiel	372
3. Grundlagen der Kostentheorie	375
a) Der Zusammenhang zwischen Produktions- und Kostenfunktionen	375
b) Ableitung der Gesamtkostenfunktion	376
aa) Kostenisoquanten (Istkostengeraden)	376
bb) Kostenminimum bei limitationalen Produktionsfunktionen	379
cc) Kostenminimum bei substitutionalen Produktionsfunktionen	381
dd) Ableitung von langfristigen Gesamtkostenfunktionen	385
ee) Ableitung von kurzfristigen Gesamtkostenfunktionen	387
ff) Fixe und variable Kosten	389
c) Spezielle Kostenbegriffe	392
d) Überblick über die Bestimmungsfaktoren der Kosten	394
4. Ausgewählte Produktions- und Kostenfunktionen	396
a) Ertragsgesetzliche Produktionsfunktion (Produktionsfunktion vom Typ A)	396
aa) Produktionsfunktionen nach dem Ertragsgesetz	396
bb) Kostenfunktionen nach dem Ertragsgesetz	400
b) Neoklassische Produktionsfunktionen	404
c) Leontief-Produktionsfunktionen	407
d) Gutenberg-Produktionsfunktionen (Produktionsfunktionen vom Typ B)	409
aa) Ableitung der Produktionsfunktion aus Verbrauchsfunktionen	409
bb) Aus Verbrauchsfunktionen abgeleitete Kostenverläufe	413
cc) Erweiterungen der Produktionsfunktion vom Typ B	416
III. Die Produktionsplanung	417
1. Die langfristige Produktionsprogrammplanung	417
2. Die Planung von innerbetrieblichem Standort und innerbetrieblichem Transport	419
3. Die kurzfristige Produktionsprogrammplanung	420
4. Die Materialwirtschaft	424
a) Aufgaben der Materialwirtschaft	424
b) Die Materialbedarfsermittlung	426
aa) Programmgebundene Materialbedarfsermittlung	427
bb) Verbrauchsgebundene Materialbedarfsermittlung	429
cc) Materialklassifizierung mit Hilfe der ABC-Analyse	430
c) Beschaffungsmarktforschung und Lieferantenauswahl	432
d) Die Lagerplanung	434
aa) Langfristige Lagerkapazitätsplanung	435
bb) Kurzfristige Bestellmengenplanung	436
5. Die Fertigungsplanung	440
a) Die Fertigungsverfahren	440
b) Die Produktionsablaufplanung	443

aa) Überblick 443
bb) Losgrößenplanung 443
cc) Durchlaufterminierung 445
dd) Kapazitätsterminierung 448
ee) Reihenfolge- und Maschinenbelegungsplanung 450
ff) Fließbandabgleich 454
6. Die Planung der Abfallwirtschaft 454
IV. Integration der Produktionsplanung und -steuerung 457
  1. Ansätze zur Integration 457
  2. Traditionelle PPS-Systeme 459
    a) Aufgaben und Aufbau 459
    b) Komponenten eines traditionellen PPS-Systems 460
  3. Neuere Ansätze der Produktionssteuerung 463
    a) Schwächen traditioneller PPS-Systeme 463
    b) MRP II (Manufacturing Resource Planning) 464
    c) OPT (Optimized Production Technology) 466
    d) Belastungsorientierte Auftragsfreigabe (BORA) 467
    e) Das Kanban-Verfahren 468
    f) Das Fortschrittszahlenkonzept 469
    g) Das CIM-Konzept (Computer Integrated Manufacturing) 470
    h) Entwicklungsperspektiven beim EDV-Einsatz in der Produktionsplanung und -steuerung 473
  4. Integrierter Umweltschutz 475

Vierter Abschnitt
Der Absatz

I. Grundlagen 479
  1. Der Absatz als betriebliche Hauptfunktion 479
  2. Absatz versus Marketing 481
  3. Absatzplanung und Absatzpolitik 485
II. Die absatzpolitischen Ziele 486
III. Informationsbeschaffung im Absatzbereich 489
  1. Der Informationsbedarf der Absatzplanung 489
  2. Marktforschung 491
    a) Aufgabe der Marktforschung 491
    b) Die Vorgehensweise (Technik) der Marktforschung 493
      aa) Zieldefinition 494
      bb) Wahl des Forschungsdesigns 494
      cc) Informationsgewinnung 498
      dd) Informationsauswertung 502
  3. Ausgewählte Anwendungsgebiete der Marktforschung 504
    a) Käuferverhalten 504
    b) Marktsegmentierung 509
    c) Markt- und Absatzprognosen 512
IV. Die absatzpolitischen Instrumente 514
  1. Überblick 514
    a) Marktbedingungen und Wettbewerb 514
    b) Mittel zur Stärkung der Wettbewerbsposition 517
  2. Produktpolitik 519
    a) Ziele und Teilbereiche der Produktpolitik 519
    b) Kernbereich der Produktpolitik 521

aa) Produktinnovation	522
bb) Produktvariation	529
cc) Prokteliminierung	530
c) Randbereiche der Produktpolitik	533
aa) Programm- und Sortimentspolitik	533
bb) Verpackungs- und Markenpolitik	536
cc) Kundendienstpolitik	541
3. Preispolitik	543
a) Ziele und Teilbereiche der Preispolitik	543
b) Preispolitik im Rahmen der klassischen Preistheorie	547
aa) Grundlagen der Preistheorie	547
bb) Preisbildung im Monopol	551
cc) Preisbildung im Oligopol	554
dd) Preisbildung bei vollkommener Konkurrenz	557
ee) Preisbildung bei unvollkommener Konkurrenz	560
c) Preispolitik in der betrieblichen Praxis	564
aa) Prinzipien der Preisfestsetzung	565
(1) Kostenorientierte Preisbildung	565
(2) Nachfrageorientierte Preisbildung	568
(3) Konkurrenzorientierte Preisbildung	570
bb) Preispolitische Strategien	571
(1) Prämienpreise versus Promotionspreise	571
(2) Abschöpfungspreise versus Penetrationspreise	572
d) Konditionenpolitik	574
aa) Rabattpolitik	574
bb) Lieferungs- und Zahlungsbedingungen	575
4. Kommunikationspolitik	576
a) Ziele und Teilbereiche der Kommunikationspolitik	576
b) Werbung	579
aa) Grundlagen	579
bb) Werbeplanung	581
(1) Ziele der Werbeplanung	581
(2) Daten der Werbeplanung	582
(3) Instrumente der Werbeplanung	584
(a) Höhe des Werbebudgets	585
(b) Verteilung des Werbebudgets	587
(c) Gestaltung der Werbebotschaft	590
cc) Werbeerfolgskontrolle	592
c) Verkaufsförderung	595
d) Öffentlichkeitsarbeit	596
5. Distributionspolitik	598
a) Ziele und Teilbereiche der Distributionspolitik	598
b) Distributionspolitik aus der Sicht des Einzelhandels	600
aa) Distributionswünsche der Nachfrager	600
bb) Wahl der Präsentationsform	601
cc) Wahl des Standorts	603
c) Distributionspolitik aus der Sicht des Herstellers	607
aa) Wahl zwislchen direktem und indirektem Absatz	608
bb) Gestaltungsmöglichkeiten bei indirektem Absatz	609
cc) Gestaltungsmöglichkeiten bei direktem Absatz	611
d) Optimierung der physischen Distribution	612
6. Optimierung der absatzpolitischen Instrumente – Marketing-Mix	614

Fünfter Abschnitt
Investition und Finanzierung

I. Grundlagen 617

II. Investitionsplanung und Investitionsrechnung 622
   1. Grundlagen der Investitionsplanung 622
   2. Investitionsrechnung im Zahlungstableau 626
   3. Statische Verfahren der Investitionsrechnung 628
      a) Überblick 628
      b) Die Kostenvergleichsrechnung 629
      c) Die Gewinnvergleichsrechnung 630
      d) Die Rentabilitätsvergleichsrechnung 631
      e) Die Amortisationsrechnung 632
      f) Zusammenfassende Kritik 633
   4. Dynamische Verfahren der Investitionsrechnung 634
      a) Überblick 634
      b) Grundmodell der dynamischen Investitionsrechnung ... 637
         aa) Die Kapitalwertmethode 637
         bb) Die Annuitätenmethode 640
         cc) Die Methode des internen Zinsfußes 642
      c) Die optimale Nutzungsdauer 644
      d) Investitionsmodelle zur Berücksichtigung von Gewinnsteuern . 650
      e) Weiterentwicklung des Grundmodells der Investitionsrechnung 654
   5. Investitionsrechnung bei unsicheren Erwartungen 659
      a) Korrekturverfahren 660
      b) Sensitivitätsanalysen 661
      c) Risikoanalyse 662
      d) Entscheidungsbaumverfahren 665
      e) Portfoliotheoretische Ansätze 668

III. Die Unternehmensbewertung 669
   1. Vorbemerkung 669
   2. Anlässe und Funktionen der Unternehmensbewertung 669
   3. Das investitionstheoretische Konzept des Zukunftserfolgswerts 671
   4. Discounted Cash Flow-Methode 674
      a) Weiterentwicklung des Zukunftserfolgswertkonzepts ... 674
      b) Ermittlung der Erfolgsgröße 674
      c) Ermittlung des Kalkulationszinsfusses 676
      d) Ermittlung des Marktwerts des Eigenkapitals 678
   5. Herkömmliche Verfahren der Unternehmensbewertung ... 679
      a) Das Ertragswertverfahren 679
      b) Das Substanzwertverfahren 680
      c) Kombinationsverfahren 682
   6. Unternehmensbewertung nach dem IdW-Verfahren 683

IV. Grundlagen der Finanzplanung 684
   1. Finanzplanung als betriebliche Teilplanung 684
   2. Ziele der Finanzplanung 685
   3. Instrumente der Finanzplanung 688
   4. Fristigkeit der Finanzplanung 690
      a) Strategische Finanzplanung 691
      b) Mittelfristige Finanzplanung 691
      c) Kurzfristige Finanzplanung 692

V. Quellen der Außenfinanzierung 694

1. Die Eigenfinanzierung (Einlagen- und Beteiligungsfinanzierung) 694
   - a) Die Beteiligungsfinanzierung emissionsfähiger Unternehmen ... 695
     - aa) Nennwertaktien – Stückaktien 695
     - bb) Stammaktien – Vorzugsaktien 696
     - cc) Vorratsaktien – eigene Aktien 699
     - dd) Namensaktien – Inhaberaktien 701
     - ee) Stammeinlagen (Anteile) einer GmbH 702
     - ff) Die Ermittlung des Wertes von Anteilen 702
   - b) Die Beteiligungsfinanzierung nicht-emissionsfähiger Unternehmen 707
     - aa) Kapitalbeteiligungsgesellschaften 708
     - bb) Venture-Capital-Gesellschaften 708
     - cc) Unternehmensbeteiligungsgesellschaften 709

2. Die Fremdfinanzierung (Kreditfinanzierung) 710
   - a) Überblick 710
   - b) Langfristige Fremdfinanzierung 711
     - aa) Industrieobligationen 711
     - bb) Wandelschuldverschreibungen 713
     - cc) Optionsschuldverschreibungen 715
     - dd) Gewinnschuldverschreibungen 715
     - ee) Schuldscheindarlehen 716
     - ff) Genußscheine und Partizipationsscheine 717
   - c) Vergleich zwischen der Beteiligungs- und der langfristigen Fremdfinanzierung 718
     - aa) Entscheidungsbefugnisse und Liquidität 718
     - bb) Unterschiede in der Besteuerung 719
   - d) Leasing 721
   - e) Kurzfristige Fremdfinanzierung 725
     - aa) Der Lieferantenkredit 725
     - bb) Anzahlungen 727
     - cc) Kontokorrentkredit 728
     - dd) Wechselkredit 729
     - ee) Kombardkredit 732
     - ff) Avalkredit 732
     - gg) Factoring 733
     - hh) Rembourskredit 734
     - ii) Negoziationskredit 735
     - jj) Forfaitierung 736

3. Innovative Finanzierungsinstrumente 737
   - a) Innovationsursachen 737
   - b) Innovationen bei Anleihen 738
     - aa) Null-Kupon-Anleihen (Zerobonds) 738
     - bb) Variabel verzinsliche Anleihen (Floating Rates Notes) 740
     - cc) Doppelwährungsanleihen (Multi Currency Notes) 740
   - c) Finanzierungsinstrumente am Euromarkt 741
   - d) Instrumente zur Begrenzung von Zinsänderungs- und Währungsrisiken 743
     - aa) Forward Rate Agreements (FRAU) 743
     - bb) Caps and Floors 744
     - cc) Devisentermingeschäfte 745
     - dd) Futures 745
     - ee) Swaps 746
     - ff) Optionen 748

Inhaltsverzeichnis

VI. Quellen der Innenfinanzierung	749
1. Begriff und Formen der Innenfinanzierung	749
2. Selbstfinanzierung	751
a) Formen der Selbstfinanzierung	751
b) Offene Selbstfinanzierung	752
c) Stille Selbstfinanzierung	755
d) Beurteilung der Selbstfinanzierung	756
3. Finanzierung aus Rückstellungen	757
4. Finanzierung aus Abschreibungen	760
5. Finanzierung aus außerplanmäßigen Vermögensumschichtungen	765
VII. Optimierung der finanzierungspolitischen Instrumente	768
1. Ziele und Instrumente der Optimierung	768
2. Finanzierungsregeln und Kapitalstruktur	769
a) Überblick	769
b) Die vertikale Finanzierungsregel	769
c) Die horizontalen Finanzierungsregeln	770
d) Beurteilung der Finanzierungsregeln	772
3. Optimierung der Kapitalstruktur	773
a) Finanzierungstheoretische Grundlagen	773
b) Der Leverage-Effekt	777
c) Die traditionelle These zur optimalen Kapitalstruktur	780
d) Die Modigliani-Miller-These	783
4. Zinsänderungsrisiko und Finanzierungskosten	786
5. Das Kapitalmarktmodell	789
a) Vorbemerkungen	789
b) Die Portfoliotheorie	790
c) Das Capital Asset Pricing Modell (CAPM)	796
VIII. Besondere Anlässe der Außenfinanzierung	803
1. Übersicht	803
2. Die Gründung	805
3. Die Kapitalerhöhung	808
a) Begriff und Motive	808
b) Die Kapitalerhöhung der Einzelunternehmen und der Personengesellschaften	809
aa) Kapitalerhöhung ohne Aufnahme neuer Gesellschafter	809
bb) Kapitalerhöhung durch Aufnahme neuer Gesellschafter	810
c) die Kapitalerhöhung der Aktiengesellschaft	811
aa) Die ordentliche Kapitalerhöhung	812
bb) Das genehmigte Kapital	816
cc) Die bedingte Kapitalerhöhung	817
dd) Die Kapitalerhöhung aus Gesellschaftsmitteln	818
4. Die Kapitalherabsetzung	822
a) Überblick	822
b) Die Sanierung	823
aa) Die reine Sanierung	823
bb) Die Sanierung durch Zuführung neuer Mittel	825
cc) Die Sanierung durch Einziehung von Aktien	825
c) Die ordentliche Kapitalherabsetzung	827
d) Kapitalherabsetzung durch Einziehung von Aktien	827
e) Der Ausweis der Kapitalherabsetzung	828
5. Die Umwandlung	828
a) Begriff, Motive und Arten	828

b) Steuerliche Probleme der Umwandlung 830
   aa) Überblick 830
   bb) Die steuerliche Behandlung der stillen Rücklagen bei der Umwandlung einer Kapitalgesellschaft in eine Personengesellschaft 832
   cc) Die steuerliche Behandlung der stillen Rücklagen bei der Umwandlung einer Personengesellschaft in eine Kapitalgesellschaft 834
6. Die Fusion (Verschmelzung) 837
   a) Begriff, Formen und Motive 837
   b) Die Berechnung der Umtauschverhältnisse und der Kapitalerhöhung 839
   c) Die Besteuerung des Fusionsvorganges 841
      aa) Allgemeine Grundsätze 841
      bb) Die steuerliche Behandlung der stillen Rücklagen bei der Fusion von Kapitalgesellschaften 843
7. Die Spaltung 846
   a) Begriff und Arten der Spaltung 846
   b) Steuerliche Probleme der Spaltung 847
8. Auflösung und Liquidation (Abwicklung) 848

Sechster Abschnitt
Das betriebliche Rechnungswesen

A. Grundlagen 853
   I. Aufgaben und Gliederung des betrieblichen Rechnungswesens 853
      1. Überblick 853
      2. Finanzbuchführung und Bilanz 855
      3. Die Kostenrechnung 858
      4. Die betriebswirtschaftliche Statistik und Vergleichsrechnung 860
      5. Die Planungsrechnung 860
   II. Die Grundbegriffe des betrieblichen Rechnungswesens 861
      1. Übersicht 861
      2. Einzahlungen – Einnahmen; Auszahlungen – Ausgaben 862
      3. Einnahmen – Ertrag; Ausgaben – Aufwand 867
      4. Ertrag – Leistung; Aufwand – Kosten 872
      5. Erfolg – Betriebsergebnis 875

B. Der Jahresabschluß 877
   I. Grundlagen der Bilanzierung 878
      1. Formalaufbau der Bilanz 878
      2. Einzelbewertung in der Bilanz 881
      3. Bilanzarten 882
      4. Formalaufbau der Erfolgsrechnung 886
      5. Aufgaben des Jahresabschlusses 888
         a) Bestandteile des Jahresabschlusses 888
         b) Funktionen des Jahresabschlusses 890
      6. Einfluß subjektiver Erwartungen auf Bilanzierung und Erfolgsausweis 892
      7. Bilanzrechtliche Vorschriften zum Schutz der Bilanzadressaten . 894
         a) Bilanzadressaten 895

b) Interessen der Bilanzadressaten	895
c) Bilanzadressaten und stille Rücklagen	896
d) Bilanzierungsprinzipien zum Schutz der Bilanzadressaten	897
e) Zielkonflikt für den Gesetzgeber	899
8. Gesetzliche Rechnungslegungsvorschriften	899
a) Handelsrechtliche Vorschriften	899
aa) Überblick	899
bb) Allgemeine Vorschriften für Unternehmen aller Rechtsformen	900
cc) Spezielle rechtsform-, größen- und branchenspezifische Vorschriften	902
b) Steuerrechtliche Vorschriften	904
aa) Maßgeblichkeit der Handelsbilanz für die Steuerbilanz	904
bb) Umkehrung des Maßgeblichkeitsgrundsatzes	905
II. Grundsätze ordnungsmäßiger Buchführung und Bilanzierung	905
1. Überblick	905
2. Grundsätze ordnungsmäßiger Buchführung im engeren Sinne	907
3. Grundsätze ordnungsmäßiger Bilanzierung	908
a) Allgemeine Grundsätze	908
b) Ansatzgrundsätze	910
c) Bewertungsgrundsätze	911
III. Die Bilanz	918
1. Überblick	918
2. Inhalt der Bilanz	918
a) Bilanzierungsfähigkeit	918
b) Konkrete Aktivierungsvorschriften	920
c) Konkrete Passivierungsvorschriften	922
3. Gliederung der Bilanz	923
a) Gliederungsprinzipien	923
b) Gliederungsschema	924
c) Zusätzliche Vorschriften zur Verbesserung des Einblicks in die Vermögens- und Finanzlage	926
aa) Einblick in die Vermögenslage	926
bb) Einblick in die Finanzlage	927
4. Bewertungsprinzipien und Bewertungsmaßstäbe	928
a) Bewertungsprinzipien	928
b) Bewertungsmaßstäbe	930
aa) Basiswerte	930
(1) Anschaffungskosten	931
(2) Herstellungskosten	931
(3) Hilfswerte	933
bb) Vergleichswerte	933
(1) Der aus dem Börsen- oder Marktpreis abgeleitete Wert	933
(2) Der am Bilanzstichtag beizulegende Wert	935
(3) Der Teilwert	935
5. Abschreibungen und Zuschreibungen	936
a) Wertverzehr und Abschreibungen	936
b) Planmäßige Abschreibungen	937
aa) Aufgaben und Inhalt	937
bb) Abschreibungsbasis	938
cc) Nutzungsdauer	938
dd) Abschreibungsverfahren	939

(1) Die lineare Abschreibung ... 940
(2) Die geometrisch-degressive Abschreibung ... 940
(3) Die arithmetisch-degressive Abschreibung ... 941
(4) Die progressive Abschreibung ... 941
(5) Die Leistungsabschreibung ... 942
c) Außerplanmäßige Abschreibungen nach dem Niederstwert-Prinzip ... 942
   aa) Abschreibungen auf den beizulegenden Wert ... 942
   bb) Änderung des Abschreibungsplans ... 943
   cc) Zuschreibungen ... 944
d) Wahlweise außerplanmäßige Abschreibungen ... 945
   aa) Abschreibungen auf den nahen Zukunftswert ... 946
   bb) Abschreibungen auf den nach vernünftiger Beurteilung zulässigen Wert ... 946
   cc) Abschreibungen auf den steuerlich zulässigen Wert ... 946

6. Bilanzierung und Bewertung ausgewählter Aktiva ... 947
a) Allgemeine Bewertungsvorschriften für das Anlage- und Umlaufvermögen ... 947
b) Bilanzierung und Bewertung von Leasinggegenständen ... 950
c) Bilanzierung und Bewertung des Vorratsvermögens ... 951
   aa) Festbewertung ... 951
   bb) Bewertung gleichartiger Vorräte ... 952
d) Bilanzierung und Bewertung von Forderungen ... 953
   aa) Zweifelhafte Forderungen ... 954
   bb) Fremdwährungsforderungen ... 954
   cc) Niedrig verzinsliche Forderungen ... 954
     (1) Niedrigverzinslichkeit ... 954
     (2) Zerobonds ... 956
     (3) Disagio ... 956
e) Bilanzierungshilfen ... 957
   aa) Damnum bei Kreditaufnahme ... 958
   bb) Derivativer Firmenwert ... 959
   cc) Aufwendungen für die Ingangsetzung und Erweiterung des Geschäftsbetriebs ... 960
   dd) Aktive latente Steuern ... 961
     (1) Abgrenzung von Steuerzahlung und Steueraufwand .. 961
     (2) Aktivierungswahlrecht für aktive Steuern ... 962

7. Bilanzierung und Bewertung ausgewählter Passiva ... 963
a) Eigenkapital ... 963
   aa) Besonderheiten des Eigenkapitalausweises bei Kapitalgesellschaften ... 963
   bb) Gezeichnetes Kapital und Kapitalrücklage ... 965
   cc) Gewinnrücklagen ... 966
     (1) Gesetzliche Rücklagen ... 966
     (2) Rücklage für eigene Anteile ... 968
     (3) Satzungsmäßige Rücklagen ... 968
     (4) Andere Gewinnrücklagen ... 969
   dd) Eigenkapitalausweis vor bzw. nach Ergebnisverwendung ... 971
b) Sonderposten mit Rücklageanteil ... 973
   aa) Unversteuertes Eigenkapital ... 973
   bb) Steuerfreie Rücklagen und steuerliche Mehrabschreibung ... 973
c) Rückstellungen ... 975
   aa) Aufgabe und Arten ... 975
   bb) Abgrenzung gegenüber anderen Bilanzpositionen ... 978

(1) Verbindlichkeiten	978
(2) Sonderposten mit Rücklageanteil	978
(3) Rücklagen	978
(4) Passive Rechnungsabgrenzungsposten	978
cc) Bilanzierung und Bewertung	978
d) Verbindlichkeiten	981
IV. Die Erfolgsrechnung	982
1. Aufgaben und Aufbau der Gewinn- und Verlustrechnung	982
a) Kontoform oder Staffelform	983
b) Bruttoprinzip oder Nettoprinzip	983
c) Trennung von Betriebserfolg und neutralem Erfolg	984
d) Produktionsrechnung oder Umsatzrechnung	984
2. Die handelsrechtlichen Vorschriften zum Aufbau und Inhalt der Erfolgsrechnung	987
a) Gliederung und Erfolgsspaltung	987
b) Erläuterungen zu einzelnen Positionen	990
V. Anhang und Lagebericht	992
1. Aufgaben und Aufstellung	992
2. Pflichtangaben im Anhang und Lagebericht	993
a) Anhang	993
b) Lagebericht	995
3. Freiwillige Zusatzangaben	995
a) Kapitalflußrechnung	996
b) Segmentberichterstattung	998
c) Sozial- und Umweltberichterstattung	1000
VI. Die Jahresabschlußprüfung	1001
1. Gegenstand und Aufgaben	1001
2. Prüfung der Buchführung	1002
3. Prüfung der Bilanz	1002
4. Prüfung der Gewinn- und Verlustrechnung	1003
5. Prüfung des Anhangs und des Lageberichts	1003
6. Prüfungsbericht und Bestätigungsvermerk	1004
VII. Rechnungslegung im internationalen Kontext	1005
1. Internationaler Kapitalmarkt und internationale Rechnungslegung	1005
2. Systeme internationaler Rechnungslegung	1007
3. Allgemeine Grundlagen der Rechnungslegung nach IAS	1009
a) Überblick	1009
b) Ziele und Adressaten der Rechnungslegung	1010
c) Bestandteile des Jahresabschlusses	1011
d) Grundsätze (Prinzipien) der Rechnungslegung	1012
4. Ansatz und Bewertung einzelner Bilanzpositionen	1018
a) Bilanzierung und Bewertung ausgewählter Aktiva	1018
aa) Bewertungsgrundsätze im Überblick	1018
bb) Bilanzierung und Bewertung des Anlagevermögens	1020
cc) Bilanzierung und Bewertung des Umlaufvermögens	1022
b) Bilanzierung und Bewertung ausgewählter Passiva	1023
VIII. Die Rechnungslegung im Konzern	1024
1. Überblick	1024
2. Begriff und Aufgaben des Konzernabschlusses	1025
3. Theoretische Grundlagen des Konzernabschlusses	1028

4. Der Konsolidierungskreis ... 1032
   a) Der Kreis der nach dem HGB und dem Publizitätsgesetz zur Aufstellung eines Konzernabschlusses verpflichteten Unternehmen ... 1032
      aa) Konzernabschlüsse ... 1032
      bb) Teilkonzern- und befreiende Konzernabschlüsse ... 1034
   b) Voraussetzungen für die Einbeziehung eines Konzernunternehmens in den Konzern- bzw. Teilkonzernabschluß nach dem HGB ... 1035
      aa) Konsolidierungspflichten ... 1035
      bb) Konsolidierungsverbote ... 1036
      cc) Konsolidierungswahlrechte ... 1036
      dd) Schematische Übersicht über den Konsolidierungskreis .. 1037
5. Allgemeine Grundsätze für die Aufstellung der Konzernbilanz .. 1038
   a) Gliederung ... 1038
   b) Bewertung ... 1039
   c) Bilanzstichtag ... 1040
6. Die Konsolidierung des Kapitals ... 1041
   a) Aufgabe der Kapitalkonsolidierung ... 1041
   b) Durchführung der Kapitalkonsolidierung nach § 301 HGB .. 1042
   c) Die Kapitalkonsolidierung bei Interessenzusammenführung .. 1044
   d) Die Quotenkonsolidierung für Gemeinschaftsunternehmen .. 1045
   e) Die Bewertung von Beteiligungen an assoziierten Unternehmen nach der Equity-Methode ... 1046
7. Die Konsolidierung von Forderungen und Verbindlichkeiten ... 1047
8. Die Konsolidierung des Erfolgs ... 1049
   a) Der Grundsatz der Eliminierung konzerninterner Ergebnisse ... 1049
   b) Schematisches Beispiel zur Technik der Ausschaltung konzerninterner Gewinne ... 1049
   c) Die Behandlung von Zwischenergebnissen nach dem HGB . 1051
9. Die Konzern-Gewinn- und Verlustrechnung ... 1054
   a) Das Problem der Eliminierung und Umgliederung der Innenumsatzerlöse ... 1054
   b) Die Konzern-Gewinn- und Verlustrechnung nach dem HGB ... 1056
10. Der Konzernanhang und der Konzernlagebericht ... 1058
    a) Der Konzernanhang ... 1058
    b) Der Konzernlagebericht ... 1060
11. Die Prüfung der Konzernrechnungslegung ... 1061

IX. Bilanzpolitik und Bilanzanalyse ... 1062
1. Überblick ... 1062
2. Bilanzpolitik ... 1063
   a) Ziele der Bilanzpolitik ... 1064
   b) Instrumente der Bilanzpolitik ... 1068
      aa) Gestaltung wirtschaftlicher Tatbestände vor dem Bilanzstichtag ... 1068
         (1) Wahl des Bilanzstichtags ... 1068
         (2) Transaktionen vor dem Bilanzstichtag ... 1069
      bb) Darstellung wirtschaftlicher Tatbestände nach dem Bilanzstichtag ... 1070
         (1) Aktivierungs- und Passivierungswahlrechte ... 1070
         (2) Bewertungs- und Abschreibungswahlrechte ... 1070
         (3) Ermessensspielräume bei unvollständiger Information 1071

cc) Gewinnverwendungspolitik 1072
(1) Bildung und Auflösung offener Rücklagen 1073
(2) Bildung und Auflösung stiller Rücklagen 1074
3. Bilanzanalyse 1076
a) Ziele und Aufgaben der Bilanzanalyse 1076
b) Aufbereitung von Jahresabschlußdaten 1079
aa) Wertmäßige Bereinigung der Jahresabschlußdaten 1079
bb) Die Strukturbilanz 1080
cc) Die Erfolgsspaltung 1081
c) Ermittlung und Auswertung von Kennzahlen 1083
aa) Auswertung finanzwirtschaftlicher Kennzahlen 1084
(1) Investitionsanalyse 1084
(2) Finanzierungsanalyse 1085
(3) Liquiditätsanalyse 1086
bb) Auswertung erfolgswirtschaftlicher Kennzahlen 1087
(1) Ergebnisanalyse 1087
(2) Rentabilitätsanalyse 1089
(3) Break-Even-Analyse 1092
d) Grenzen der Bilanzanalyse 1093

X. Bilanztheorie 1095

1. Überblick 1095

2. Klassische Bilanzauffassungen 1096
a) Statische Bilanzauffassung 1096
b) Dynamische Bilanzauffassung 1096
c) Organische Bilanzauffassung 1098

3. Neuere Ansätze 1098
a) Kapitalerhaltungsorientierte Bilanzkonzeptionen 1098
aa) Kapitalerhaltung 1099
bb) Substanzerhaltung 1100
cc) Theorie des ökonomischen Gewinns 1100
b) Bilanzverbesserungskonzeptionen 1101
c) Anti-Bilanz-Konzeptionen 1102

C. Kostenrechnung 1103

I. Aufgaben, Teilgebiete, Systeme 1103

II. Die Betriebsabrechnung 1107

1. Die Kostenartenrechnung 1107
a) Begriff und Gliederung der Kostenarten 1107
b) Die Erfassung der wichtigsten Kostenarten 1110
aa) Personalkosten 1110
bb) Materialkosten 1110
(1) Die Ermittlung der Verbrauchsmengen 1110
(2) Die Bewertung des Materialverbrauchs 1112
cc) Die Erfassung von Kosten durch zeitliche Verteilung von Ausgaben 1112
dd) Die kalkulatorischen Kostenarten 1112
(1) Begriff und Aufgaben 1112
(2) Die kalkulatorischen Abschreibungen 1113
(3) die kalkulatorischen Zinsen 1115
(4) Der kalkulatorische Unternehmerlohn 1117
(5) Die kalkulatorischen Wagniszuschläge 1118
(6) Die kalkulatorische Miete 1119

2. Die Kostenstellenrechnung ... 1120
a) Aufgaben und Gliederung der Kostenstellen ... 1120
b) Die Ermittlung von Bezugsgrößen ... 1123
c) Die Verrechnung innerbetrieblicher Leistungen ... 1126
  aa) Begriff und Aufgaben der innerbetrieblichen Leistungsverrechnung ... 1126
  bb) Das Anbauverfahren ... 1127
  cc) Das Stufenleiterverfahren ... 1128
  dd) Das mathematische Verfahren (Gleichungsverfahren) ... 1129
d) Der Betriebsabrechnungsbogen ... 1130
  aa) Aufgaben, Aufbau und Arbeitsgang ... 1130
  bb) Betriebsabrechnungsbogen und Beschäftigungsschwankungen ... 1133

III. Die Kostenträgerrechnung (Selbstkostenrechnung) ... 1135
1. Begriff und Aufgaben ... 1135
2. Die Divisionskalkulation ... 1136
   a) Die einstufige Divisionskalkulation ... 1136
   b) Die zwei- und mehrstufige Divisionskalkulation ... 1136
   c) Die Divisionskalkulation mit Äquivalenzziffern ... 1138
3. Die Zuschlagskalkulation ... 1139
   a) Begriff ... 1139
   b) Die summarische Zuschlagskalkulation ... 1140
   c) Die differenzierende Zuschlagskalkulation ... 1140
   d) Die Kalkulation verbundener Produkte (Kuppelprodukte) ... 1143
     aa) Das Wesen der Kuppelproduktion ... 1143
     bb) Die Subtraktionsmethode (Restwertrechnung) ... 1144
     cc) Die Verteilungsmethode ... 1145

IV. Die kurzfristige Erfolgsrechnung ... 1148
1. Die Zusammenhänge zwischen Betriebsabrechnung und Finanzbuchhaltung ... 1148
2. Das Einkreissystem ... 1148
3. Das Zweikreissystem ... 1150
   a) Das Spiegelbildsystem ... 1150
     aa) Die Finanzbuchhaltung ... 1150
     bb) Die Betriebsabrechnung ... 1152
   b) Das Übergangssystem ... 1153
   c) Tabellarische Durchführung der Betriebsabrechnung ... 1153
4. Die Verfahren der kurzfristigen Erfolgsrechnung ... 1153
   a) Das Gesamtkostenverfahren ... 1153
   b) Das Umsatzkostenverfahren ... 1154

V. Die Deckungsbeitragsrechnung ... 1156
1. Begriff, Aufgaben und Grundformen ... 1156
2. Erweiterte Formen der Deckungsbeitragsrechnung ... 1159
   a) Die stufenweise Fixkostendeckungsrechnung ... 1159
   b) Deckungsbeitragsrechnung mit relativen Einzelkosten ... 1161
3. Erfolgsanalyse und Produktions- und Absatzplanung mit Hilfe der Deckungsbeitragsrechnung ... 1162

VI. Die Plankostenrechnung ... 1165
1. Istkosten-, Normalkosten-, Plankostenrechnung ... 1165
2. Die Planung und Kontrolle der Kosten ... 1171
   a) Kostenplanung auf Basis von Verrechnungspreisen ... 1171
   b) Planung und Kontrolle der Einzelkosten ... 1172

c) Planung und Kontrolle der Gemeinkosten 1173
      aa) Aufgaben und allgemeine Voraussetzungen 1173
      bb) Die Kostenstelleneinteilung in der Plankostenrechnung ... 1174
      cc) Die Festlegung der Planbezugsgrößen (Beschäftigungsplanung) 1175
      dd) Die Durchführung der Gemeinkostenplanung 1176
   d) Der Soll-Ist-Kostenvergleich 1177
   3. Die Plankalkulation 1181
VII. Neue Verfahren der Kostenrechnung 1184
   1. Strategische Ausrichtung der Kostenrechnung 1184
   2. Prozeßkostenrechnung 1187
   3. Produktlebenszykluskostenrechnung 1191
   4. Target Costing 1194
   5. Konstruktionsbegleitende Kalkulation 1196
   6. Beurteilung der strategischen Kostenrechnung 1197

Literaturverzeichnis 1199
   Gesamtdarstellungen 1199
   Literatur zum 1. Abschnitt 1201
   Literatur zum 2. Abschnitt 1204
   Literatur zum 3. Abschnitt 1214
   Literatur zum 4. Abschnitt 1217
   Literatur zum 5. Abschnitt 1220
   Literatur zum 6. Abschnitt 1225

Sachverzeichnis 1233

Verzeichnis der Abkürzungen

a. a. O.	am angegebenen Ort
Abb.	Abbildung
ABG	Allgemeines Berggesetz
Abs.	Absatz
Abschn.	Abschnitt
a. F.	alte Fassung
AfA	Absetzung für Abnutzung
AfaA	Absetzung für außergewöhnliche Abnutzung
AG	Aktiengesellschaft
AktG	Aktiengesetz
Anm.	Anmerkung
AO	Abgabenordnung
ArbZG	Arbeitszeitgesetz
Archiv f. Soz.Wiss.	Archiv für Sozialwissenschaften und Sozialpolitik
Art.	Artikel
AStG	Außensteuergesetz
Aufl.	Auflage
AuslInvGd	Auslandsinvestitionsgesetz
AV	Anlagevermögen
BAB	Betriebsabrechnungsbogen
BAnz.	Bundesanzeiger
BB	Der Betriebs-Berater
Bd.	Band
BdF	Bundesministerium der Finanzen
BDI	Bundesverband der Deutschen Industrie
Beil.	Beilage
BerlFG	Berlin-Förderungsgesetz
BetrVG	Betriebsverfassungsgesetz
BewG	Bewertungsgesetz
BFH	Bundesfinanzhof
BFM	Bundesfinanzministerium
BFuP	Betriebswirtschaftliche Forschung und Praxis
BGB	Bürgerliches Gesetzbuch
BGBl	Bundesgesetzblatt
BGH	Bundesgerichtshof
BHO	Bundeshaushaltsordnung
BiRiLiG	Bilanzrichtlinien-Gesetz
BMWF	Bundesministerium für Wirtschaft und Finanzen
BPO (Steuer)	Betriebsprüfungsordnung Steuer
BRD	Bundesrepublik Deutschland
BR-Drucksache	Bundesratsdrucksache
BRT	Bruttoregistertonnen
BStBl	Bundessteuerblatt
BT-Drucksache	Bundestagsdrucksache
BUrlG	Bundesurlaubsgesetz
BVerfG	Bundesverfassungsgericht
c. p.	ceteris paribus
DB	Der Betrieb
DBA	Doppelbesteuerungsabkommen

Abkürzungsverzeichnis

DBW	Die Betriebswirtschaft
Diss.	Dissertation
DMBG	DM-Bilanzgesetz
DMEB	DM-Eröffnungsbilanz
DRSC	Deutsches Rechnungslegungs Standards Committee
DStR	Deutsches Steuerrecht
DStZ (A)	Deutsche Steuerzeitung, Ausgabe A
DVFA	Deutsche Vereinigung für Finanzanalyse und Anlageberatung
EDV	Elektronische Datenverarbeitung
EFTA	European Free Trade Association (Europäische Freihandelsgemeinschaft)
eG	eingetragene Genossenschaft
EG AktG	Einführungsgesetz zum Aktiengesetz
EG HGB	Einführungsgesetz zum HGB
EntwLStG	Entwicklungsländer-Steuergesetz
Erg.Heft	Ergänzungsheft
Erl.	Erläuterungen
Erl.	Erlaß
EStDV	Einkommensteuer-Durchführungsverordnung
EStG	Einkommensteuergesetz
EStR	Einkommensteuerrichtlinien
EU	Europäische Union
e. V.	eingetragener Verein
EWG	Europäische Wirtschaftsgemeinschaft
EWGV	EWG-Vertrag
f. oder ff.	folgende
FASB	Financial Accounting Standards Board
GbR	Gesellschaft bürgerlichen Rechts
GenG	Genossenschaftsgesetz
GewO	Gewerbeordnung
GewStG	Gewerbesteuergesetz
GewStR	Gewerbesteuerrichtlinien
GG	Grundgesetz
GmbH	Gesellschaft mit beschränkter Haftung
GmbHG	GmbH-Gesetz
GmbH-Rdsch	GmbH-Rundschau
GoB	Grundsätze ordnungsmäßiger Buchführung
GrEStG	Grunderwerbsteuergesetz
GuV	Gewinn- und Verlustrechnung
GWB	Gesetz gegen Wettbewerbsbeschränkungen (Kartellgesetz)
H.	Heft
HdB	Handwörterbuch der Betriebswirtschaft
HdO	Handwörterbuch der Organisation
HdR	Handwörterbuch des Rechnungswesens
HdS	Handwörterbuch der Sozialwissenschaften
HdW	Handbuch der Wirtschaftswissenschaften
HGB	Handelsgesetzbuch
Hrsg.	Herausgeber
hrsg.	herausgegeben
HWA	Handwörterbuch der Absatzwirtschaft
HWB	Handwörterbuch der Betriebswirtschaft

HWO	Handwörterbuch der Organisation
HWP	Handwörterbuch des Personalwesens
HWProd.	Handwörterbuch der Produktion
HWR	Handwörterbuch des Rechnungswesens
HWRev	Handwörterbuch der Revision
HWStR	Handwörterbuch des Steuerrechts
IAS	International Accounting Standards
IASC	International Accounting Standards Committee
i. d. R.	in der Regel
IdW	Institut der Wirtschaftsprüfer
IHG	Investitionshilfegesetz
InvZulG	Investitionszulagengesetz
IV	Informationsverarbeitungsanlage
i. V. m.	in Verbindung mit
KapAEG	Kapitalaufnahmeerleichterungsgesetz
KartStV	Kartellsteuerverordnung
KG	Kommanditgesellschaft
KGaA	Kommanditgesellschaft auf Aktien
KonTraG	Gesetz zur Kontrolle und Transparenz im Unternehmensbereich
KRP	Kostenrechnungspraxis
KStDV	Körperschaftsteuerdurchführungsverordnung
KStG	Körperschaftsteuergesetz
KStR	Körperschaftsteuerrichtlinien
KWG	Kreditwesengesetz
LAG	Lastenausgleichsgesetz
LHO	Landeshaushaltsordnung
LSÖ	Leitsätze für die Preisermittlung auf Grund der Selbstkosten bei Leistungen für öffentliche Auftraggeber (1938)
LSP	Leitsätze für die Preisermittlung auf Grund von Selbstkosten (1953)
LStR	Lohnsteuerrichtlinien
MitbestG	Mitbestimmungsgesetz
NB	Neue Betriebswirtschaft
NWB	Neue Wirtschaftsbriefe
ÖB	Der Österreichische Betriebswirt
OFD	Oberfinanzdirektion
OHG	Offene Handelsgesellschaft
PPS	Produktionsplanungs- und -steuerungs-System
PublG	Publizitätsgesetz
RAO	Reichsabgabenordnung
RAP	Rechnungsabgrenzungsposten
RegE	Regierungsentwurf
RFH	Reichsfinanzhof
RG	Reichsgericht
Rn	Randnummer
RStBl	Reichssteuerblatt

Abkürzungsverzeichnis

S.	Seite
SEC	Securities and Exchange Commission
Sp.	Spalte
StbJb	Steuerberater-Jahrbuch
Tz.	Textziffer
ÜB	Übungsbuch zur Allgemeinen Betriebswirtschaftslehre (s. Vorwort zur 20. Aufl.)
u. E.	unseres Erachtens
U.E.C.	Union Européenne des Experts Comptables, Economiques et Financiers
UmwG	Umwandlungsgesetz
UmwStG	Umwandlungssteuergesetz
US-GAAP	Generally Accepted Accounting Principles
USt	Umsatzsteuer
UStDB	Umsatzsteuer-Durchführungsbestimmungen
UStG	Umsatzsteuergesetz
u. U.	unter Umständen
UV	Umlaufvermögen
VAG	Versicherungsaufsichtsgesetz
VO	Verordnung
VStG	Vermögensteuergesetz
VStR	Vermögensteuerrichtlinien
WiSt	Wirtschaftswissenschaftliches Studium
WISU	Das Wirtschaftsstudium
WPg	Die Wirtschaftsprüfung
WP-Handbuch	Wirtschaftsprüferhandbuch
WPO	Wirtschaftsprüferordnung
ZfB	Zeitschrift für Betriebswirtschaft
ZfbF	Zeitschrift für betriebswirtschaftliche Forschung
ZfgK	Zeitschrift für das gesamte Kreditwesen
ZfgSt	Zeitschrift für die gesamte Staatswissenschaft
ZfhF	Zeitschrift für handelswissenschaftliche Forschung
ZfO	Zeitschrift für Organisation
ZHH	Zeitschrift für Handelswissenschaft und Handelspraxis
Ziff.	Ziffer

Erster Abschnitt
Gegenstand, Methoden und Geschichte der Betriebswirtschaftslehre

I. Gegenstand und Methoden der Betriebswirtschaftslehre

1. Das Erkenntnisobjekt der Betriebswirtschaftslehre

a) Wirtschaft und wirtschaftliches Prinzip

Die Betriebswirtschaftslehre ist eine selbständige wirtschaftswissenschaftliche Disziplin. Das gemeinsame Untersuchungsgebiet aller Wirtschaftswissenschaften ist die **Wirtschaft,** also dasjenige Gebiet menschlicher Tätigkeiten, das der Bedürfnisbefriedigung dient. Die menschlichen Bedürfnisse sind praktisch unbegrenzt, die zur Bedürfnisbefriedigung geeigneten Mittel (Güter) stehen dagegen nicht in unbeschränkter Menge zur Verfügung, sondern sind von Natur aus knapp. Diese naturgegebene Knappheit der Güter, d.h. das Spannungsverhältnis zwischen Bedarf und Deckungsmöglichkeit, zwingt die Menschen zu wirtschaften, d.h. bestrebt zu sein, die vorhandenen Mittel so einzusetzen, daß ein möglichst großes Maß an Bedürfnisbefriedigung erreicht wird. Die Realisierung dieses Ziels optimaler Bedürfnisbefriedigung setzt einen **Entscheidungsprozeß** über die Herstellung von Gütern (Produktion) und den Verbrauch von Gütern (Konsumtion) voraus.

Die Wirtschaft verdankt ihre Entstehung also einer quantitativen Relation: der Knappheit der Güter und der Unbegrenztheit menschlicher Bedürfnisse. Die wirtschaftliche Tätigkeit ist nicht nur auf die Produktion von Sachgütern, sondern ebenso auf die Erzeugung von immateriellen Gütern, d.h. Leistungen und Diensten gerichtet. Die Wirtschaft an sich hat keinen Eigenwert, sie ist **wertneutral.** Ihren Wert erhält sie erst von der **Zielsetzung,** die durch die wirtschaftliche Tätigkeit realisiert werden soll, d.h. von der Befriedigung der Bedürfnisse mit materiellen und immateriellen Gütern.

Die Knappheit der Güter zwingt die Menschen, mit ihnen hauszuhalten, d.h. Entscheidungen über ihre alternative Verwendung zu treffen. Das wirtschaftliche Handeln unterliegt wie jedes auf Zwecke gerichtete menschliche Handeln dem **allgemeinen Vernunftsprinzip (Rationalprinzip),** das fordert, ein bestimmtes Ziel mit dem Einsatz möglichst geringer Mittel zu erreichen. Auf die Wirtschaft übertragen läßt sich das Rationalprinzip **(ökonomisches Prinzip)** mengenmäßig oder wertmäßig formulieren. Die **mengenmäßige Definition** besagt, daß mit einem gegebenen Aufwand an Produktionsfaktoren der größtmögliche Güterertrag zu erzielen ist, d.h. der Ertrag soll maximiert werden **(Maximalprinzip),** oder daß ein gegebener Güterertrag mit geringstmöglichem Einsatz von Produktionsfaktoren zu erwirtschaften ist, d.h. der Mitteleinsatz soll minimiert werden **(Minimalprinzip).** Die **wertmäßige Definition** verlangt, so zu handeln, daß mit einem gegebenen Geldaufwand ein maximaler Erlösbetrag oder ein bestimmter Erlös mit einem minimalen Geldeinsatz erwirtschaftet wird.

Das ökonomische Prinzip (Wirtschaftlichkeitsprinzip) ist ein rein **formales Prinzip,** das keinerlei Aussagen über die Motive oder die Zielsetzungen des wirtschaftlichen Handelns macht. Ein Unternehmer kann beispielsweise nach dem ökonomischen Prinzip handeln, um den größtmöglichen Gewinn zu erzielen, ein anderer, um die Güterversorgung der Allgemeinheit zu verbessern, ein Dritter, um wirtschaftliche Macht zu erlangen usw. Es gibt ungezählte Beweggründe für die Beachtung des ökonomischen Prinzips. Doch sagt das Prinzip nichts über die Motive aus, sondern charakterisiert lediglich die Art der Durchführung des wirtschaftlichen Handelns.

Wir halten fest: **Wirtschaft** ist der Inbegriff aller planvollen menschlichen Tätigkeiten, die unter Beachtung des ökonomischen Prinzips (Rationalprinzips) mit dem Zweck erfolgen, die – an den Bedürfnissen der Menschen gemessen – bestehende Knappheit der Güter zu verringern. (**ÜB 1/1**)[1]

b) Der Betrieb als Objekt der Betriebswirtschaftslehre

aa) Zur Abgrenzung des Betriebsbegriffs

Der Prozeß der Erstellung von Gütern und der Bereitstellung von Dienstleistungen, der Absatz von Gütern und Leistungen und ihr Verbrauch erfolgt in organisierten Wirtschaftseinheiten, die unter dem Oberbegriff **„Einzelwirtschaften"** zusammengefaßt werden. Die Frage, welche Einzelwirtschaften als Betriebe anzusehen sind und welche der vielschichtigen Probleme, die an einem wie auch immer zu definierenden Betriebe zu finden sind, zum Gegenstand der Betriebswirtschaftslehre gehören, ist bis heute kontrovers. Folglich bestehen nach wie vor Meinungsverschiedenheiten über das Erkenntnisobjekt der Betriebswirtschaftslehre.

Die Beantwortung der ersten Frage entscheidet, ob neben den **Produktionswirtschaften** auch die privaten und die öffentlichen Haushalte (**Konsumtionswirtschaften**) als Betriebe definiert und in das Erkenntnisobjekt der Betriebswirtschaftslehre einbezogen werden. Die Beantwortung der zweiten Frage ist bedeutsam für die Abgrenzung der Betriebswirtschaftslehre zu anderen Disziplinen, die sich ebenfalls mit dem Betrieb befassen.[2]

Es besteht heute im wesentlichen Einigkeit darüber, den **Betrieb** als eine planvoll organisierte Wirtschaftseinheit zu umschreiben, in der Sachgüter und Dienstleistungen erstellt und abgesetzt werden. Mit dieser Definition des Betriebes ist das Erkenntnisobjekt der Betriebswirtschaftslehre noch nicht bestimmt, sondern nur das **Erfahrungsobjekt,** dessen Probleme und Sachverhalte zu komplex sind, als daß sie von einer einzigen wissenschaftlichen Disziplin erforscht werden könnten. Die Betriebswirtschaftslehre hebt im Wege der **isolierenden Abstraktion** nur einen Teilbereich, eine „Seite" aus diesem Er-

---

[1] Wöhe-Kaiser-Döring, Übungsbuch zur Allgemeinen Betriebswirtschaftslehre, 8. Aufl., München 1996, Zitierweise: **ÜB, fette** Zahl = Hauptabschnitt, magere Zahl = Aufgabe; Beispiel: **ÜB 1/1** = Erster Abschnitt, Aufgabe 1.
[2] Vgl. dazu S. 24 ff.

I. Gegenstand und Methoden

fahrungskomplex heraus. Andere Disziplinen wie z.B. die Volkswirtschaftslehre, die Rechtswissenschaften, die Soziologie, die Arbeitswissenschaften beziehen andere betriebliche Teilbereiche in ihr Erkenntnisobjekt ein.

Faßt man den Betrieb als eine Kombination von Produktionsfaktoren auf, mit dem seine Eigentümer bestimmte Ziele realisieren wollen (z.B. Maximierung ihres Einkommens, Verbesserung ihres Sozialprestiges, Erringen wirtschaftlicher Macht), so sind Gegenstand einer solchen Betriebswirtschaftslehre **alle Entscheidungen über den Einsatz von Mitteln, mit denen diese Ziele optimal realisiert werden können.** Sieht man im Betrieb ein **Sozialgebilde,** das den Interessen aller in ihm tätigen Menschen und nicht nur den egoistischen Zielen der Eigentümer dienen soll, so ist die Problemauswahl notwendigerweise eine andere; sieht man im Betrieb eine Institution, die der **bestmöglichen Bedarfsdeckung** der Allgemeinheit dienen soll, so kommt man wieder zu einer anderen Problemauswahl. Die Bestimmung des Auswahlprinzips ist somit eine Entscheidung, die Festlegung einer Norm, durch die die logisch zusammengehörigen Sachverhalte und Probleme abgegrenzt werden, die das Erkenntnisobjekt ausmachen. Da die Bestimmung des Erkenntnisobjekts sich nicht wie ein Rechenexempel lösen und damit in ihrer Wahrheit sichern läßt, sondern es im Belieben jedes Forschers liegt, welche an einem Erfahrungsgegenstand empirisch feststellbaren Probleme und Sachverhalte er zum Gegenstand der Untersuchung macht, kann die durch das Erkenntnisobjekt bedingte Abgrenzung der einzelnen Wissenschaften nur durch eine **Konvention über das Identitätsprinzip,** d.h. das Prinzip, mit dessen Hilfe die Probleme einer Wissenschaft ausgewählt werden und das ihre logische Zusammengehörigkeit konstituiert, zustandekommen.

Die Einbeziehung der **privaten Haushalte** in den Betriebsbegriff und damit in das Objekt der Betriebswirtschaftslehre führt bei der Bestimmung eines einheitlichen Auswahlprinzips der Betriebswirtschaftslehre zu Schwierigkeiten. Empirisch läßt sich feststellen, daß die Eigentümer der Betriebe mit Hilfe der Betriebe – ggf. unter Beachtung gewisser subjektiv bestimmter Nebenbedingungen wie Prestige, soziales Bewußtsein u.a. – langfristig nach dem **maximalen Gewinn** streben. Gegenstand der betriebswirtschaftlichen Theorie sind somit alle von den Unternehmern im Unternehmen zu treffenden Entscheidungen, die der optimalen Realisierung der gegebenen Zielsetzungen dienen. Die privaten und öffentlichen Haushalte verfolgen andere Ziele als die Unternehmer. Zwar werden auch in Haushalten Leistungen erbracht, jedoch nicht, damit durch Absatz dieser Leistungen Gewinne erzielt werden, sondern damit durch Konsum dieser Leistungen der **Nutzen** aus der Verwendung eines außerhalb des Haushaltes (in der Regel als Arbeitnehmer in Produktionsbetrieben) verdienten Einkommens **maximiert** wird.

Die **gemeinsame Verbindung aller Einzelwirtschaften** könnte darin gesehen werden, daß alles Handeln in Einzelwirtschaften auf eine **Maximierung des Nutzens von Menschen** ausgerichtet ist. Diese Zielsetzung ist aber zu allgemein, als daß sie als Auswahlprinzip einer einzigen wissenschaftlichen Disziplin verwendet werden könnte. In privaten Produktionsbetrieben ist Nutzenmaximierung im marktwirtschaftlichen Wirtschaftssystem gleichbedeutend mit Erzielung des maximalen Gewinns oder Einkommens der Eigentümer des Betriebes; öffentliche, d. h. im Eigentum von Gebietskörperschaften stehende Produktionsbetriebe können das Ziel verfolgen, durch Kollektivleistungen – ggf. unter Verzicht auf Gewinn – den Nutzen aller Bürger zu steigern; private Haushalte versuchen, durch Verwendung ihres erzielten Einkommens ihren Nutzen zu maximieren.

Zwischen allen Einzelwirtschaften bestehen Interdependenzen. Die Gewinne der Unternehmen hängen von den Entscheidungen der Haushalte über die Verwendung ihrer Einkommen ab; die Höhe der Einkommen der Haushalte wird wiederum, da sie überwiegend in Betrieben erzielt werden, von den auf Gewinnmaximierung ausgerichteten Entscheidungen der Unternehmer beeinflußt. Alle privaten Einkommen werden durch Steuern gekürzt. Von der Höhe der Steuereinnahmen hängen aber wiederum Quantität und Qualität von Kollektivleistungen der öffentlichen Hand ab, die ihrerseits wieder die Einkommenserzielung der Betriebe und die Nutzenmaximierung der privaten Haushalte tangieren.

Betrachtet man den heutigen Stand der Entwicklung der Betriebswirtschaftslehre, so kann festgestellt werden, daß ein Teil der älteren und jüngeren Fachvertreter, die die privaten Haushalte in das Objekt der Betriebswirtschaftslehre einbeziehen, es bei dieser Definition bewenden lassen und sich fast ausschließlich mit der Erforschung der Produktionswirtschaft befassen. Die wirtschaftlichen Probleme der **öffentlichen Haushalte** sind seit jeher Gegenstand einer eigenen Disziplin, der **Finanzwissenschaft.** Eine gesonderte Wirtschaftslehre des privaten Haushaltes wurde bisher auch von denen, die ihn als Betrieb bezeichnen, im Rahmen der Betriebswirtschaftslehre noch nicht entwickelt. Einzelne Probleme werden gewöhnlich im Rahmen der Volkswirtschaftslehre und in den speziellen Betriebswirtschaftslehren behandelt. So wird z. B. das Konsumentenverhalten der Haushalte im Rahmen der Handelsbetriebslehre untersucht. Derartige Untersuchungen sind aber in der Regel nicht Selbstzweck, sondern Entscheidungsgrundlage für die Absatzpolitik des (Produktions-)Betriebes. Die **Einbeziehung der Haushalte** in das Objekt der Betriebswirtschaftslehre hat – bisher – also vorwiegend **programmatischen Charakter,** hat sich auf die betriebswirtschaftlichen Lehrsysteme aber nur wenig ausgewirkt.

Sieht man also von Definitionen des Betriebsbegriffs ab, denen bei der Behandlung von Sachfragen nicht Rechnung getragen wird, so kann auch für die gegenwärtige Betriebswirtschaftslehre festgestellt werden, daß ihr Gegenstand das Handeln und damit der **Entscheidungsprozeß im Betrieb im Sinne von Produktionswirtschaft** ist.

Das Erkenntnisobjekt der Betriebswirtschaftslehre kann deshalb auch umschrieben werden als die Summe aller wirtschaftlichen Entscheidungen, die im Rahmen eines Betriebes erfolgen. Dazu zählen Entscheidungen über die **Zielsetzungen** des Betriebes (z. B. Gewinnmaximierung, optimale Güterversorgung, Erringen wirtschaftlicher Machtpositionen u. a.), Entscheidungen über den **Aufbau** des Betriebes (z. B. Wahl der wirtschaftlich zweckmäßigsten Rechtsform, Wahl des optimalen Standorts) sowie Entscheidungen über

I. Gegenstand und Methoden

die **Durchführung der Leistungserstellung und Leistungsverwertung** (z.B. Investitions- und Finanzierungsentscheidungen, Entscheidungen über die Zusammensetzung des Produktionsprogramms, über die Auswahl der Produktionsverfahren oder über die Absatzpolitik).

bb) Betrieb und Wirtschaftsordnung

Der Betrieb als eine Kombination von Produktionsfaktoren ist erstens durch Größen bestimmt, die vom jeweiligen historisch gegebenen Wirtschaftssystem unabhängig sind. Gutenberg bezeichnet sie als **systemindifferente** Faktoren. Zweitens wird der Betrieb durch solche Tatbestände beeinflußt, die sich aus einem empirisch gegebenen Wirtschaftssystem ergeben. Gutenberg nennt sie **systembezogene** Bestimmungsgrößen.[3]

Systemindifferente Faktoren sind in erster Linie die **Produktionsfaktoren**. In jedem Industriebetrieb beispielsweise – ganz gleich, ob er der marktwirtschaftlichen, planwirtschaftlichen oder einer sonstigen Wirtschaftsordnung angehört – werden die Faktoren Arbeit, Betriebsmittel und Werkstoffe miteinander kombiniert. Diese Kombination erfolgt in jedem Falle nach dem rein formalen **Wirtschaftlichkeitsprinzip** (ökonomisches Prinzip). Zwar werden unter Umständen je nach dem Wirtschaftssystem die Zielsetzungen der Betriebe unterschiedlich sein, d.h. es wird z.B. ein Betrieb im marktwirtschaftlichen System den größtmöglichen Gewinn erstreben, ein Betrieb im planwirtschaftlichen System bemüht sein, ein bestimmtes Produktionssoll zu erfüllen, doch wird jede dieser Zielsetzungen unter Beachtung des Wirtschaftlichkeitsprinzips realisiert werden. Das Wirtschaftlichkeitsprinzip ist also neben dem System der Produktionsfaktoren die zweite Bestimmungsgröße des Betriebes, die von der Wirtschaftsordnung unabhängig ist.

Als dritten systemindifferenten Tatbestand bezeichnet Gutenberg das „**finanzielle Gleichgewicht**" des Betriebes. Ein Betrieb kann für eine längere Zeit nur existieren, wenn er seinen Zahlungsverpflichtungen termingerecht nachkommen kann. Das gilt für einen Betrieb in marktwirtschaftlichen Systemen, wo er das finanzielle Gleichgewicht aus eigener Kraft herstellen muß, ebenso wie in planwirtschaftlichen Systemen, wo finanzielle Lücken gegebenenfalls durch Zuschüsse gedeckt werden müssen.

Die nach dem Wirtschaftlichkeitsprinzip sich vollziehende Kombination der Produktionsfaktoren erhält ihre besondere Ausrichtung durch die Gegebenheiten eines Wirtschaftssystems. Das läßt sich anhand der beiden Idealtypen der (freien) Marktwirtschaft und der Zentralverwaltungswirtschaft zeigen.

Für den Betrieb in der **Marktwirtschaft** ist charakteristisch, daß er seinen Wirtschaftsplan auf Basis der gegebenen Marktsituation selbst bestimmen kann, daß ihm also keinerlei staatliche Lenkungsbehörden irgendwelche Vorschriften machen **(Autonomieprinzip)**. Der Unternehmer ist bei der Bestimmung seines Wirtschaftsplanes in der Weise autonom, daß er ihn an den Preisen der Produktionsfaktoren und den für seine produzierten Güter am Markt erzielba-

---

[3] Vgl. Gutenberg, E., Grundlagen der Betriebswirtschaftslehre, Bd. I, Die Produktion, 24. Aufl., Berlin-Heidelberg-New York 1984, S. 457 ff. (im folgenden als „Grundlagen" zitiert)

ren Preisen ausrichten kann, die das Knappheitsverhältnis der Produktionsfaktoren und der produzierten Güter zum Ausdruck bringen und die dafür sorgen, daß die Bedürfnisse nach der Rangordnung der Dringlichkeit (vom Standpunkt der gegebenen kaufkräftigen Nachfrage) befriedigt werden.

Triebfeder seines Handelns ist **das erwerbswirtschaftliche Prinzip,** d. h. das Bestreben, bei der Leistungserstellung und -verwertung das Gewinnmaximum zu erreichen. Bei seinen Entscheidungen orientiert er sich nicht nur an den Daten seiner Beschaffungs- und Absatzmärkte, sondern er muß auch die durch die Rechtsordnung gesetzten Daten beachten. Das **Privateigentum** an den Produktionsmitteln steht grundsätzlich den Personen zu, die das Eigenkapital zur Verfügung stellen, auch wenn sie nicht die unternehmerischen Entscheidungen treffen, sondern bestimmte Führungsentscheidungen aufgrund gesetzlicher Vorschriften oder vertraglicher Regelungen von Führungsorganen, die nicht Eigentümer sind (z. B. Vorstand der Aktiengesellschaft) oder von leitenden Angestellten oder anderen Arbeitnehmervertretern mitgetroffen werden (z. B. Mitbestimmung der Arbeitnehmer im Aufsichtsrat der Aktiengesellschaft).

Die Betriebe des marktwirtschaftlichen Wirtschaftssystems bezeichnet man als **Unternehmungen.** Die Unternehmung ist also eine historische Erscheinungsform des Betriebes. Der Begriff Unternehmung ist demnach enger als der Begriff Betrieb. Jede Unternehmung ist ein Betrieb, aber nicht jeder Betrieb ist eine Unternehmung.[4]

Die marktwirtschaftliche Wirtschaftsordnung hat nicht nur Vorteile, sondern auch Schwächen.[5] Als **Vorteile** sind herauszustellen das Höchstmaß an persönlicher Freiheit, das durch die Garantie des Privateigentums und des Privaterbrechts und durch die Autonomie unternehmerischer Entscheidungen gekennzeichnet ist. Der Wettbewerb erzwingt, daß der technische Fortschritt unverzüglich genutzt wird. Die Wohlstandssteigerung ist – wie die Erfahrung zeigt – größer als in jeder anderen zur Zeit realisierten Wirtschaftsordnung.

Die **Schwächen der Marktwirtschaft** liegen darin,
(1) daß dieses theoretisch sich selbst regelnde und erhaltende System in Wirklichkeit Tendenzen enthält, sich selbst zu beseitigen, indem – wie die Entwicklung im letzten Jahrhundert gezeigt hat – durch **Konzentrationsvorgänge** größten Ausmaßes der Wettbewerb eingeschränkt ggf. sogar völlig beseitigt und damit das Regulativ dieser Wirtschaftsordnung außer Funktion gesetzt wird;
(2) daß sie große **Einkommensunterschiede,** insbesondere zwischen Arbeits- und Gewinneinkommen ermöglicht, die eine sehr unterschiedliche Vermögensbildung und damit eine **ungleiche Vermögensverteilung** zur Folge haben und deshalb den Keim zu sozialen Spannungen in sich tragen;

---

[4] Der Gesetzgeber verwendet i. d. R. anstelle des Begriffs Unternehmung den Begriff Unternehmen (vgl. insbes. das Aktiengesetz). In der Betriebswirtschaftslehre werden beide Begriffe synonym gebraucht.
[5] Vgl. Wöhe, G., Interdependenzen zwischen Vermögensbildung, Gewinnbeteiligung und Mitbestimmung, Die Aktiengesellschaft 1974, S. 94 ff.

I. Gegenstand und Methoden

(3) daß Diskrepanzen zwischen Angebot und Nachfrage durch **konjunkturelle Schwankungen** ausgeglichen werden, die in Zeiten der Hochkonjunktur zu Preissteigerungen, Überbeschäftigung und Geldentwertung und in Zeiten der Rezession zu Massenarbeitslosigkeit mit all ihren sozialen Problemen führt.

Die „**soziale Marktwirtschaft**", wie sie zur Zeit in der Bundesrepublik Deutschland praktiziert wird, hat sich zum Ziel gesetzt, die genannten Schwächen der freien, durch staatliche Maßnahmen nicht beeinflußten Marktwirtschaft zu beseitigen. Dazu bedarf es auf Gesetz beruhender Eingriffe des Staates in den Wirtschaftsablauf, die insoweit systemkonform sind, als sie dazu dienen, das Funktionieren des Wettbewerbs zu sichern und die dem System immanenten Faktoren, die zu sozialen Spannungen führen können, abzubauen. So werden z. B. Konzentrationsprozesse, die auf Beseitigung des Wettbewerbs zielen, durch das **Gesetz gegen Wettbewerbsbeschränkungen,** das Kartelle grundsätzlich verbietet und marktbeherrschende Unternehmen unter Mißbrauchsaufsicht stellt,[6] in engen Grenzen gehalten. Die ungleiche Einkommens- und Vermögensverteilung wird durch **gesetzliche Umverteilungs- und Einkommenssicherungsmaßnahmen** (z. B. Einkommensteuerprogression, Vermögensbildungsgesetze, arbeitsrechtliche Schutzvorschriften u. a.), aber auch durch freiwilligen Verzicht auf Unternehmergewinne durch vertragliche Ergebnisbeteiligung der Arbeitnehmer[7] korrigiert, und die nachteiligen Folgen von Konjunkturschwankungen werden durch ein ganzes Bündel **wirtschafts- und steuerpolitischer Maßnahmen** abgeschwächt.[8]

Die unternehmerische Autonomie wird dadurch zwar eingeschränkt, aber letztlich nur zu dem Zweck, das marktwirtschaftliche System, das die Grundlage dieser Unternehmensverfassung ist, durch gesetzliche Steuerungsmaßnahmen aufrechtzuerhalten.

Die soziale Marktwirtschaft ist nicht eindeutig in der Verfassung verankert. Kaum ein Begriff läßt sich im politischen Raum so unterschiedlich interpretieren wie der Begriff „sozial". Gesetzliche Maßnahmen, die geeignet sind, diese Ordnung nicht zu verbessern, sondern zu beseitigen, können wegen dieser Zielsetzung allein kaum für verfassungswidrig erklärt werden. Deshalb ist es dringend erforderlich, die unvermeidlichen Unterschiede in der Vermögensverteilung in gewissen, durch das Leistungsprinzip legitimierten Grenzen zu halten, wenn verhindert werden soll, daß eines Tages eine Umverteilung durch gewaltsame Überwindung der Wirtschaftsordnung erfolgt. Eine Verbesserung der Verteilungsgerechtigkeit ist nicht allein eine Frage der sozialen Gerechtigkeit, sondern auch der politischen Klugheit.

Da die **Verteilungsgerechtigkeit** eine Norm ist, die rational nicht bestimmt werden kann, sondern stets durch subjektive Vorstellungen einzelner Personen oder Gruppen geprägt wird, kann die Frage, ob eine Maßnahme

---

[6] Einzelheiten vgl. S. 331.
[7] Einzelheiten vgl. S. 263 ff.
[8] Vgl. Wöhe, G., Steuern als Mittel der Wirtschaftspolitik, Steuerkongreß-Report 1975, München 1975, S. 169 ff.

zur Verbesserung der Verteilungsgerechtigkeit dazu dient, die Marktwirtschaft „sozialer" zu machen, oder unter Umständen geeignet ist, einen Grundpfeiler dieser Wirtschaftsordnung zu erschüttern und damit den Anfang für das Ende der sozialen Marktwirtschaft zu machen, nicht vom Standpunkt wertfreier Wissenschaft, sondern nur **vom Standpunkt des eigenen Wertesystems** beantwortet werden.

Während die Möglichkeit zur Selbstbestimmung des Wirtschaftsplanes, das Streben nach größtmöglichem Gewinn und das Privateigentum an den Produktionsmitteln die Unternehmung, d. h. den Betrieb der marktwirtschaftlichen Wirtschaftsordnung, charakterisieren, geben dem **Betrieb der Zentralverwaltungswirtschaft** (zentralistische Planwirtschaft) andere Faktoren das Gepräge. Hier kann der einzelne Betrieb seine wirtschaftlichen Entscheidungen nicht autonom an Hand der Marktdaten bestimmen, sondern seine Leistungserstellung wird durch einen **zentralen Volkswirtschaftsplan** art- und mengenmäßig und gewöhnlich auch zeitlich bestimmt. Die Betriebe sind organisatorisch nicht mehr selbständig, sondern sie sind nur ausführende Organe der zentralen Wirtschaftsbehörden. Das Privateigentum an den Produktionsmitteln ist aufgehoben. Es besteht **„Gemeineigentum"**.

Das Prinzip der Wirtschaftlichkeit gilt im zentralverwaltungswirtschaftlichen System in gleicher Weise wie in der Marktwirtschaft als Mittel zum Zweck. Der Wirtschaftsplan wird dem einzelnen Betrieb zwar vorgeschrieben, der Betrieb ist aber bestrebt, diesen Plan mit dem geringsten Einsatz von Mitteln zu erreichen. Die Wirtschaftlichkeit ist dem Plan untergeordnet. Während jedoch der autonome Betrieb der Marktwirtschaft seinen Wirtschaftsplan am erwerbswirtschaftlichen Prinzip ausrichtet, wird der planwirtschaftliche Betrieb durch das durch den zentralen Volkswirtschaftsplan vorgeschriebene **Produktions-Soll** oder andere wirtschaftspolitische Maßnahmen der zentralen Lenkungsbehörde gesteuert.

Die Steuerung der Betriebe der Zentralverwaltungswirtschaft kann verschieden straff erfolgen. Die schärfste Form ist die Vorgabe eines Produktions-Solls, die mildeste Form, die dem Betrieb den relativ größten Spielraum in seinen Entscheidungen läßt, ist eine Steuerung über die Festsetzung der Preise und Löhne, an denen der Betrieb seine Produktion ausrichten kann. Wie im marktwirtschaftlichen System werden die Produktionsfaktoren durch die Preise gelenkt, aber eben nicht durch Preise, die der tatsächlichen Knappheit der Güter entsprechen und somit eine Bedarfsdeckung nach der durch die kaufkräftige Nachfrage bestimmten Dringlichkeit erzwingen, sondern durch **behördlich festgesetzte Preise,** welche die Knappheit im Verhältnis zum geplanten Bedarf ausdrücken sollen.

Zwischen diesen beiden extremen planwirtschaftlichen Steuerungssystemen liegen viele andere Möglichkeiten, so z. B. die **Kontingentierung** der Betriebsmittel, Werkstoffe und Arbeitskräfte. Die mögliche Leistungserstellung wird hier durch die zugeteilten Mengen der Produktionsfaktoren bestimmt. Diese werden zwar nach dem ökonomischen Prinzip eingesetzt, aber eine Produktion mit den geringsten Kosten pro Stück wäre ein reiner Zufall, denn die durch die Kontingentierung der Produktionsfaktoren mögliche

Ausbringung wird gewöhnlich über oder unter dem Kostenminimum (Punkt der niedrigsten Kosten pro Stück) liegen; also wird in keinem Fall die größte Wirtschaftlichkeit erreicht, sondern die geplante Leistung wird lediglich so wirtschaftlich wie unter den gegebenen Verhältnissen eben möglich erstellt.

Die Unterordnung des Prinzips der Wirtschaftlichkeit unter den Volkswirtschaftsplan zeigt sich am schärfsten bei der zuerst genannten Form der Zentralverwaltungswirtschaft, d.h. bei der Vorgabe eines Produktions-Solls, denn beim Produktions-Soll handelt es sich gewöhnlich um ein Mindest-Soll, das „übererfüllt" werden kann, ja für dessen Übererfüllung sogar Titel, Medaillen und Geldprämien verliehen werden. Gerade das Antreiben zur „Übererfüllung" ist aber die Ursache für Kosten der Überbeschäftigung, für überhastetes Arbeitstempo, Qualitätsverschlechterungen, Ausschuß usw.

In Wirklichkeit ist keines der genannten Wirtschaftssysteme in der dargestellten Reinheit realisiert. Auch in der Marktwirtschaft gibt es Betriebe, die keine Unternehmungen im oben beschriebenen Sinne sind, beispielsweise **öffentliche Betriebe** (Betriebe des Staates und der Gemeinden), und in den zur Zeit realisierten Systemen der Zentralverwaltungswirtschaft besteht im Bereich kleinerer gewerblicher und landwirtschaftlicher Betriebe zum Teil noch (oder bereits wieder) Privateigentum, begrenzte unternehmerische Autonomie und Gewinnstreben. Die öffentlichen Betriebe unterscheiden sich in ihren Zielsetzungen und ihrem Entscheidungsprozeß teilweise zwar nicht von den Unternehmungen, oft sind aber sowohl das erwerbswirtschaftliche Prinzip (Gewinnmaximierung) als auch die Selbstbestimmung des Wirtschaftsplanes aufgehoben oder eingeschränkt und ersetzt durch ein Streben nach einem **„angemessenen" Gewinn,** das aus sozialer Rücksichtnahme entspringt (z.B. Versorgungs- und Verkehrsbetriebe), oder durch ein Streben nach bloßer Kostendeckung. Die Autonomie der Entscheidungen wird vom Betrieb auf eine Gebietskörperschaft, also eine öffentliche Verwaltung (Behörde) übertragen.

Die folgende Übersicht gibt noch einmal einen Überblick über die Bestimmungsfaktoren des Betriebes (vgl. S. 10).

cc) Die Stellung des Betriebes in der Gesamtwirtschaft

Der Betrieb kann nicht isoliert für sich allein existieren, sondern ist über die Beschaffungs- und Absatzmärkte mit anderen Wirtschaftseinheiten und über den gesetzlichen Zwang zur Steuerzahlung mit dem Staat (Gebietskörperschaften) verbunden. In Abb. 2 (Vgl. S. 11) sind die durch diese Beziehungen ausgelösten Güter- und Finanzbewegungen schematisch dargestellt.

Der Betrieb beschafft sich zunächst Geldmittel in Form von Eigen- und Fremdkapital. Er verwendet diese finanziellen Mittel zum Einkauf von Betriebsmitteln und Werkstoffen auf den Beschaffungsmärkten bzw. zur Entlohnung von am Arbeitsmarkt gewonnenen Arbeitskräften. Die so geschaffenen Bestände an Elementarfaktoren (Arbeit, Betriebsmittel, Werkstoffe) werden vom dispositiven Faktor **(Betriebsführung)** zur Erstellung von Betriebsleistungen eingesetzt **(Produktion),** und diese werden – ggf. nach einer gewissen

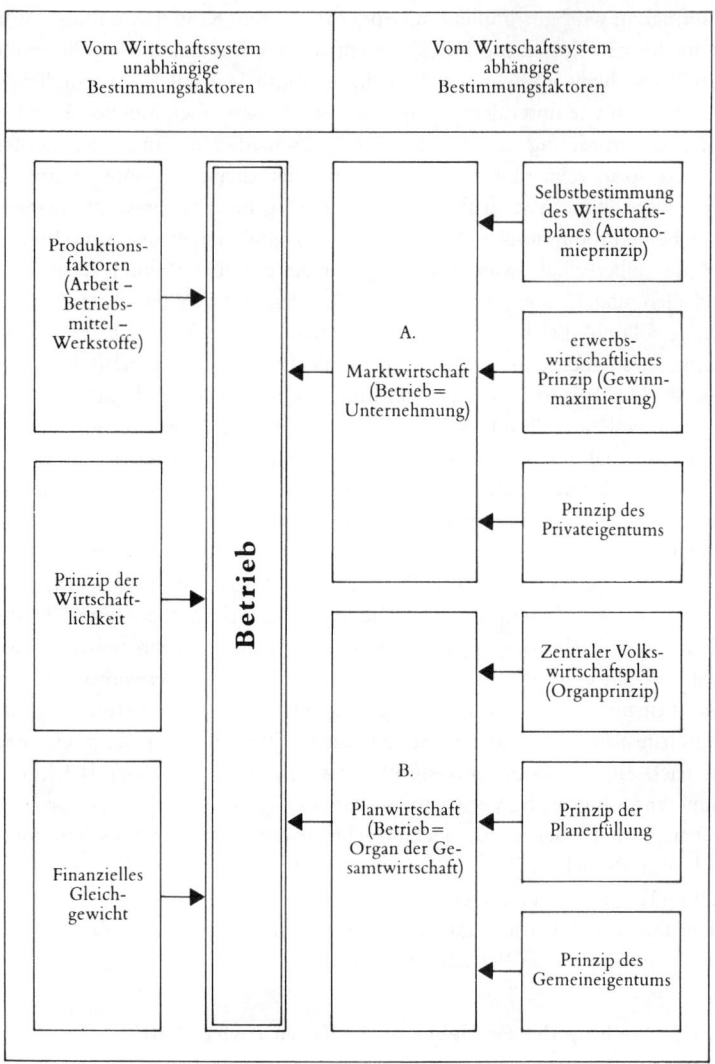

Abb. 1: Die Bestimmungsfaktoren des Betriebes

Zeit der Lagerung – schließlich am Absatzmarkt an Weiterverwender (Betriebe) oder Letztverbraucher (Haushalte) verkauft **(Absatz).** Die Verkaufserlöse fließen in den Finanzbereich des Betriebes zurück. Ein Teil ist als Steuern, Gebühren und Beiträge an den Staat abzuführen, ein weiterer Teil fließt dem Eigenkapital als Gewinn (Entnahme) bzw. dem Fremdkapital als Zins und Rückzahlung zu, der verbleibende Teil wird zur Ersatzbeschaffung der verbrauchten Produktionsfaktoren, im Falle guter Ertragslage außerdem zur Erweiterung der Bestände an Produktionsfaktoren verwendet – und der Kreislauf beginnt von vorn. Sämtliche Güter- und Finanzbewegungen werden vom betrieblichen **Rechnungswesen** aufgezeichnet und überwacht.

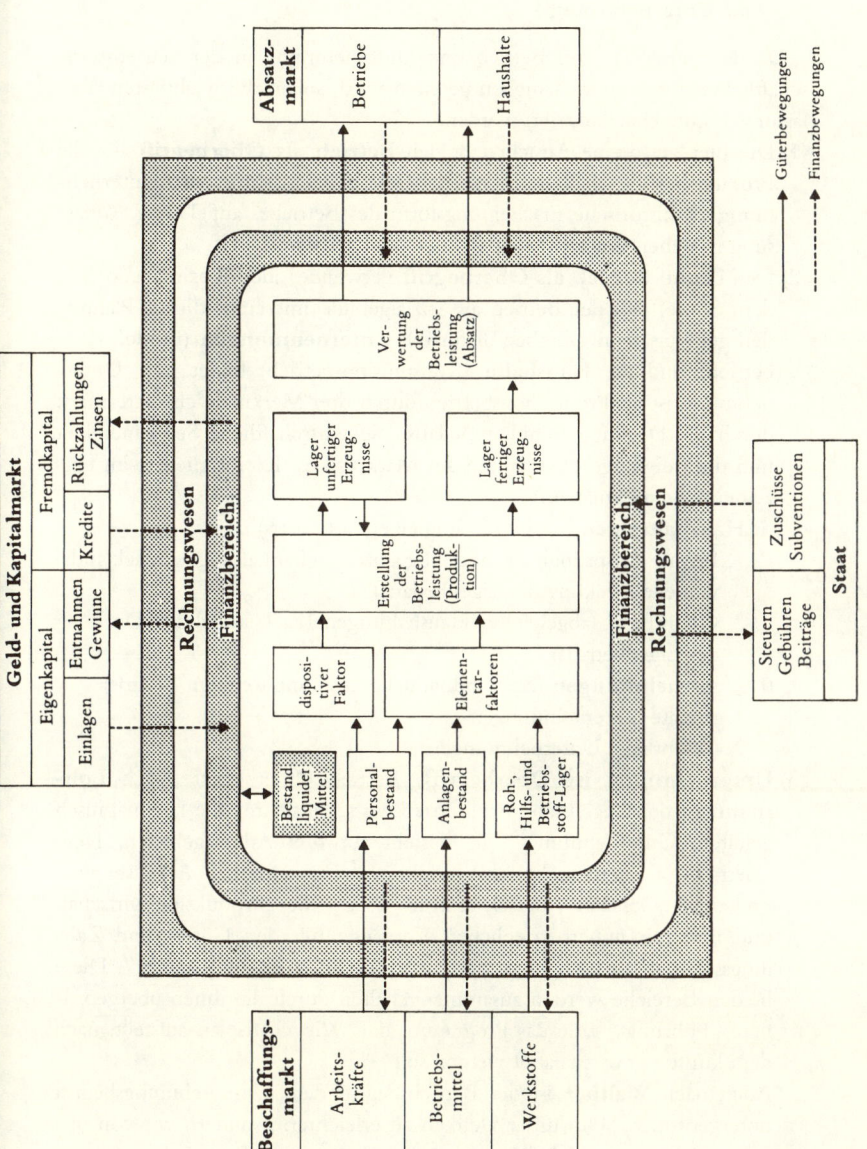

Abb. 2: Die Güter- und Finanzbewegungen des Betriebes

dd) Zur Frage des unterschiedlichen Begriffsinhaltes von Betrieb und Unternehmung

Da das Verhältnis von Betrieb und Unternehmung in der betriebswirtschaftlichen Literatur verschieden gesehen wird, sollen die wichtigsten Auffassungen kurz charakterisiert werden.

(1) Die hier vertretene Ansicht faßt den **Betrieb als Oberbegriff** für alle Produktionswirtschaften im oben beschriebenen Sinne, die Unternehmung als historische Erscheinungsform des Betriebes auf. Dieser Auffassung ist neben **Gutenberg** z. B. auch **Mellerowicz.**

(2) Den Begriff **Betrieb als Oberbegriff** verwendet auch **Kosiol,** jedoch in dem Sinne, daß der Betrieb als Sozialgebilde mit einheitlicher Planung den gemeinsamen Oberbegriff für die **Unternehmungen** (Produktionsbetrieb) und die **Haushalte** (Konsumtionsbetrieb) bildet. Die Unternehmung ist als Produktionsbetrieb durch drei Merkmale charakterisiert: durch die Deckung fremden Bedarfs, die wirtschaftliche Selbständigkeit und die freiwillige Übernahme des Marktrisikos. Kosiol gliedert im einzelnen folgendermaßen:[9]

I. **Haushaltungen** (Ziel: Deckung eigenen Bedarfs)
  1. Private (ursprüngliche oder abgeleitete) Haushaltungen (Ziel: individuelle Deckung des Eigenbedarfs)
  2. Öffentliche (abgeleitete) Haushaltungen (Ziel: kollektive Deckung des Eigenbedarfs)

II. **Unternehmungen** (Ziel: individuelle Deckung fremden Bedarfs)
  1. Private Unternehmungen
  2. Öffentliche Unternehmungen

(3) **Unternehmung ist Oberbegriff,** Betrieb Unterbegriff. Nach **Lohmann** ist der Gegenstand der Betriebswirtschaftslehre „die kaufmännisch geleitete Unternehmung". Sie besteht aus drei Arbeitsgebieten: Dem „Betrieb" als dem technisch-produktionswirtschaftlichen Arbeitsbereich und dem „Geschäft", dessen Aufgabe es ist, die „Produktionswirtschaft und ihre rein innerbetrieblichen Vorgänge mit den Güter- und Zahlungsströmen zu verbinden, die die Volkswirtschaft durchziehen". Diese beiden Bereiche werden zusammengehalten durch die ihnen übergeordnete „Führung", „die das Programm, den Wirtschaftsplan aufstellt, nach dem künftig gewirtschaftet werden soll".[10]

Auch nach **Walther** ist der Betriebsbegriff dem Unternehmungsbegriff untergeordnet. „Um unser Denken zu erleichtern, sondern wir von unserem Erkenntnisobjekt ‚Unternehmung' ein sekundäres Erkenntnisobjekt, den Betrieb, ab. Die Unternehmungswirtschaftslehre geht also etappenweise vor. Sie betrachtet zuerst die inneren Beziehungen vom Gesichtspunkt der Wirtschaftlichkeit der Leistungserstellung und dann die

---

[9] Vgl. Kosiol, E., Unternehmung, HdB Bd. 4, 3. Aufl., Stuttgart 1962, Sp. 5540–5545

[10] Lohmann, M., Einführung in die Betriebswirtschaftslehre, 4. Aufl., Tübingen 1964, S. 12 ff.

äußeren Beziehungen vom Gesichtspunkt des Vermögensüberschusses oder der Rentabilität."[11]

(4) Betrieb und Unternehmung werden als **zwei nebengeordnete Seiten der Produktionswirtschaft** betrachtet. Der Betrieb stellt die produktionswirtschaftliche, die Unternehmung die finanzwirtschaftliche oder juristische Seite dar. Das bedeutet nach **Lehmann,** „daß das Wesen der Betriebe aus deren Produktionsbedingungen, das der Unternehmungen aus deren Finanzierungsbedingungen abzuleiten ist."[12]

Die gleiche Auffassung vertritt **Schäfer;** er kommt aber zu der Feststellung, daß der Unternehmung höherer Rang zukommt, weil sie sich „zur Realisierung ihrer Zwecke den Betrieb als körperlich-seelisches Gehäuse, als Durchführungsorgan bildet."[13]

Rössle setzt Betrieb und Unternehmung gleich und versteht „unter Betrieb die technisch wirtschaftliche Seite und unter Unternehmung die juristisch finanzielle Seite der Betriebswirtschaft."[14]

Im täglichen Sprachgebrauch werden für den Betrieb verschiedene Bezeichnungen verwendet. So spricht man von Firma, Fabrik, Werk und Geschäft. **Firma** ist ein juristischer Begriff und ist Ausdruck für den Namen, unter dem ein Kaufmann seinen Betrieb führt und seine Unterschrift abgibt. Mit der Bezeichnung **Fabrik** und **Werk** verbindet sich die Vorstellung von der technischen Seite der Leistungserstellung, während das Wort **Geschäft** den Handelsbetrieb oder die kaufmännische Abteilung eines Industriebetriebes bezeichnen soll.

Das **Steuerrecht** verwendet eine Anzahl unterschiedlicher Begriffe zur Bezeichnung des Betriebes, ohne daß dafür eine sachliche Notwendigkeit besteht. Auffallend ist, daß die Begriffe nicht nur von Gesetz zu Gesetz verschieden sind, sondern daß auch innerhalb eines einzelnen Gesetzes verschiedene Ausdrücke für dieselbe Sache verwendet werden (z.B. Gewerbebetrieb, gewerblicher Betrieb, gewerbliches Unternehmen, wirtschaftlicher Geschäftsbetrieb). In der Abgabenordnung wird der Betriebsbegriff dem Unternehmensbegriff untergeordnet. Gleiches gilt für das Umsatzsteuerrecht. Nach § 2 Abs. 1 UStG umfaßt das Unternehmen die gesamte gewerbliche oder berufliche Tätigkeit des Unternehmers. Diese muß selbständig ausgeübt werden. Fehlt das Merkmal der Selbständigkeit (z.B. durch Eingliederung eines Unternehmens in einen Unterordnungskonzern), so wird aus einem Unternehmen im Sinne des UStG ein Betrieb (Organschaft).

c) Gliederung der Betriebe (Betriebstypologie)

Als Objekt der Betriebswirtschaftslehre haben wir den Betrieb im Sinne von Produktionswirtschaft (im Gegensatz zum Haushalt) und den sich im Betrieb vollziehenden Prozeß wirtschaftlicher Leistungserstellung und Leistungsver-

---

[11] Walther, A., Einführung in die Wirtschaftslehre der Unternehmung, Bd. 1, 2. Aufl., Zürich 1959, S. 13
[12] Lehmann, M.R., Allgemeine Betriebswirtschaftslehre, 3. Aufl., Wiesbaden 1956, S. 36
[13] Schäfer, E., Die Unternehmung, 10. Aufl., Wiesbaden 1980, S. 81
[14] Rössle, K., Allgemeine Betriebswirtschaftslehre, 5. Aufl., München 1956, S. 16

wertung bezeichnet. Die Betriebe, mit denen es die Betriebswirtschaftslehre zu tun hat, lassen sich nach verschiedenen Merkmalen gruppieren. Eine derartige Systematisierung nach Merkmalen hat nicht nur die Aufgabe, die große Zahl von Betrieben durch Hervorhebung ihrer charakteristischen Merkmale und Unterschiede überschaubar zu machen, sondern ist nach Nowak[15] auch ein Hilfsmittel für die Bestimmung der betriebsindividuellen Bedingungen, über deren Feststellung der Praktiker die geeigneten Betriebsformen und Verfahren auswählen kann, die zur größten Wirtschaftlichkeit führen.

Die Zahl der Gliederungsmöglichkeiten ist groß. Es sollen nur die wichtigsten angeführt werden. Die Betriebe lassen sich nach folgenden Gesichtspunkten einteilen:

(1) Nach **Wirtschaftszweigen** (Branchen) in Industrie- (einschließlich Handwerks-), Handels-, Bank-, Verkehrs-, Versicherungs- und sonstige Dienstleistungsbetriebe. Diese Gruppenbildung ist noch sehr grob und zeigt nur die wesentlichsten Unterschiede in den betrieblichen Hauptfunktionen, z.B. bei der Beschaffung der Produktionsfaktoren, der Finanzierung, der Leistungserstellung und -verwertung, in den Verfahren des Rechnungswesens usw. Die Unterschiede in den Betriebsbedingungen der einzelnen Gruppen, z.B. zwischen den Industriebetrieben, sind aber noch so erheblich, daß ein Vergleich der Betriebe nicht möglich ist. Dazu müssen weitere Gruppen gebildet werden.

Die folgende Übersicht – eine Auswertung der letzten Arbeitsstättenzählung (1987)[16] – zeigt die Aufteilung der Betriebe und Beschäftigten auf die verschiedenen Wirtschaftsbereiche. Danach entfallen nur 26,18% der Unternehmen, allerdings mit 50,51% der Beschäftigten, auf den Sachleistungen produzierenden Bereich (Wirtschaftsbereiche 1–4), während 73,82% der Unternehmen mit 49,49% der Beschäftigten Dienstleistungen der verschiedensten Arten hervorbringen (Wirtschaftsbereiche 5–10). Die drei größten Gruppen sind die weiterverarbeitenden Unternehmen (16,04% der Unternehmen mit 39,16% der Beschäftigten), die sonstigen Dienstleistungsunternehmen (38,25% der Unternehmen mit 20,41% der Beschäftigten) und der Einzelhandel (19,18% der Unternehmen mit 11,48% der Beschäftigten).

(2) Nach der **Art der erstellten Leistung.** Eine Gliederung nach diesem Gesichtspunkt führt zu einer Trennung der Betriebe in:

(a) **Sachleistungsbetriebe** (vorwiegend Industrie- und Handwerksbetriebe), die nach dem gleichen Kriterium, also der Art der erstellten Leistung, weiter unterteilt werden können in Rohstoffgewinnungsbetriebe (z.B. Bergwerke), Produktionsmittelbetriebe (z.B. Maschinenfabriken) und Verbrauchsgüterbetriebe (z.B. Schuhfabriken). Die Gliederung der Sachleistungsbetriebe kann nach verschiedenen Ge-

---

[15] Vgl. Nowak, P., Bestimmung der Betriebsindividualität mit Hilfe von Betriebsgliederungen, ZfhF 1954, S. 484 ff.
[16] Zu den Ergebnissen der Arbeitsstättenzählung 1970 vgl. die 16. Aufl. dieses Buches, München 1986, S. 14 f.

I. Gegenstand und Methoden

sichtspunkten fortgesetzt werden; bei den Rohstoffgewinnungsbetrieben z. B. nach dem Verfahren (Bergbau, Hüttenindustrie usw.) und bei den Produktionsmittel- und Verbrauchsgüterbetrieben nach dem vorherrschenden Rohstoff (Holzindustrie, Papierindustrie, Gummiindustrie) oder wieder nach der Art der Leistung (Werkzeugmaschinenindustrie, Automobilindustrie usw.). Je weiter die Gliederung getrieben wird, desto größer wird die Zahl der gemeinsamen Merkmale einer Gruppe und damit die Vergleichbarkeit der Betriebe und der in den Betrieben gegebenen betrieblichen Größen.

Unternehmen und Beschäftigte 1987 nach Wirtschaftszweigen[17]				
Wirtschaft	Zahl der Unternehmen	Anteil in %	Zahl der Beschäftigten	Anteil in %
1. Land- und Forstwirtschaft	28.195	1,34	137.958	0,63
2. Bergbau/Energie	3.010	0,14	485.183	2,21
3. Verarbeitendes Gewerbe	336.560	16,04	8.581.914	39,16
4. Baugewerbe	181.598	8,66	1.864.592	8,51
Summe 1–4	549.363	26,18	11.069.647	50,51
5. Großhandel	108.245	5,16	1.199.091	5,47
6. Handelsvermittlung	74.543	3,55	164.793	0,75
7. Einzelhandel	402.285	19,18	2.516.283	11,48
8. Verkehr/Nachrichtenübermittlung	81.039	3,86	1.513.583	6,91
9. Kreditinstitute/Versicherungen	80.052	3,82	979.435	4,47
10. Sonstige Dienstleistungsunternehmen und freie Berufe	802.324	38,25	4.473.807	20,41
Summe 5–10	1.548.488	73,82	10.846.992	49,49
Summe 1–10	2.097.851	100,00	21.916.639	100,00

(b) **Dienstleistungsbetriebe.** Hierzu gehören die Handelsbetriebe, deren Aufgabe die Sammlung und Verteilung von Sachgütern ist, die Bankbetriebe, deren Dienstleistungen im Aufnehmen von Darlehen, in der Gewährung von Krediten, in der Abwicklung des Zahlungsverkehrs zwischen anderen Wirtschaftseinheiten, im An- und Verkauf von Wertpapieren usw. bestehen, ferner Verkehrsbetriebe, Versicherungsbetriebe und sonstige Dienstleistungsbetriebe wie Hotels, Wirtschaftsprüfungsgesellschaften, Steuerberatungsbetriebe usw. Eine weitere Einteilung ist möglich.

(3) Nach der **Art der Leistungserstellung.** Diese Gliederung kann nach zwei Kriterien erfolgen:

(a) Nach **Fertigungsprinzipien** (Massenfertigung, Sortenfertigung, Serienfertigung, Partie- und Chargenfertigung, Einzelfertigung). In dieser Einteilung werden mehrere Faktoren berücksichtigt: einmal die Anzahl der verschiedenartigen Produkte, sodann der Grad ihrer Verschiedenheit und der Grad der Wiederholbarkeit des Produktionsprozesses, d. h. die Häufigkeit des Leistungswechsels. Diese Faktoren

---

[17] Quelle: Veröffentlichungen des Stat. Bundesamtes, Fachserie 2: Unternehmen und Arbeitsstätten, Heft 11: Arbeitsstättenzählung vom 25. Mai 1987, Stuttgart 1990, S. 116 ff.

haben einen Einfluß auf das Kalkulationsverfahren, die Arbeitsvorbereitung, die Beschaffung der Produktionsfaktoren, die Finanzierung usw.

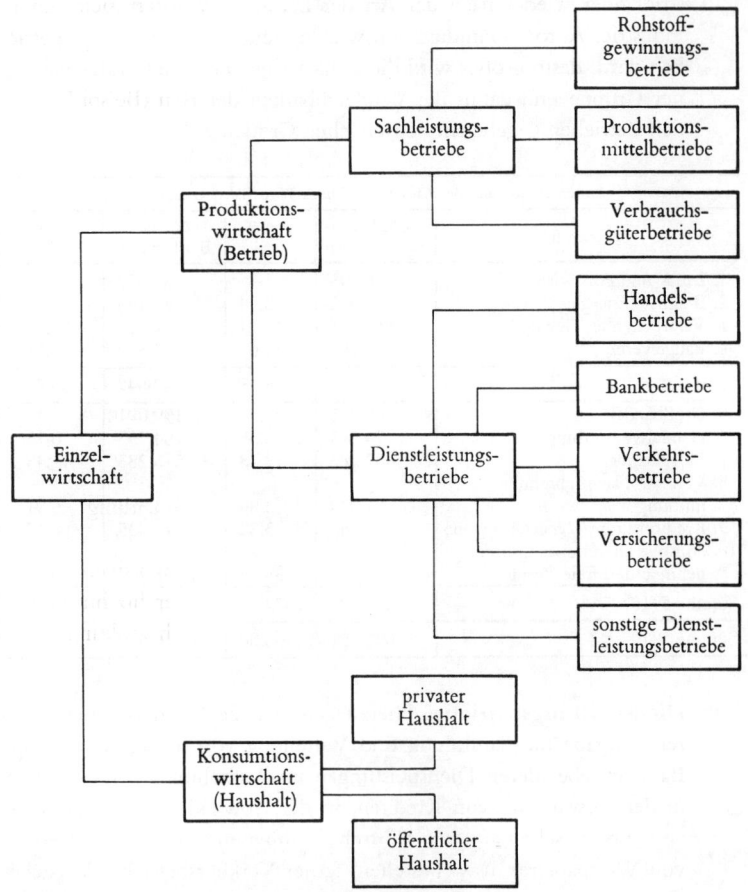

Abb. 3: Gliederung der Einzelwirtschaft

(b) Nach **Fertigungsarten** (Arbeitstypen)[18] (Werkbankfertigung, maschinelle Werkstättenfertigung, Reihenfertigung, Fließbandfertigung). Diese Einteilung stellt auf die Art der Maschinenaufstellung und die zeitliche Abstimmung der Arbeitsoperationen ab. Nach diesen Kriterien lassen sich die Betriebe – insbesondere die Industriebetriebe – nach Nowak[19] auch folgendermaßen gliedern:

(aa) Betriebe mit weitgehend unbestimmter Folge der Arbeitsoperationen,

---
[18] Vgl. Pentzlin, K., Arbeits-Rationalisierung, München 1954, S. 90
[19] Vgl. Nowak, P., a. a. O., S. 497

I. Gegenstand und Methoden

(bb) Betriebe mit gleichbleibender Folge der Arbeitsoperationen ohne zeitliche Abstimmung der Arbeitsgänge,

(cc) Betriebe mit gleichbleibender Folge der Arbeitsoperationen mit zeitlicher Abstimmung der Arbeitsgänge.

(4) Nach dem **vorherrschenden Produktionsfaktor** lassen sich unterscheiden:

   (a) **arbeitsintensive** Betriebe. Ihr Kriterium ist ein besonders hoher Lohnkostenanteil an den gesamten Produktionskosten (Beispiel: optische und feinmechanische Industrie);

   (b) **anlageintensive** Betriebe. Sie sind gekennzeichnet durch einen besonders großen Bestand an Betriebsmitteln, in denen hohe Kapitalsummen gebunden sind, so daß die Hauptkostenfaktoren die Abschreibungen und Zinsen sind, während Werkstoff- und Lohnkosten relativ weniger ins Gewicht fallen;

   (c) **materialintensive** Betriebe. Sie haben einen besonders hohen Anteil an Rohstoffkosten.

Es sind auch Kombinationen dieser drei Fälle möglich. Dieser Gliederungsgesichtspunkt zeigt, welcher Produktionsfaktor den größten Anteil an den **Gesamtkosten** ausmacht. Diesem Faktor muß deshalb besondere Aufmerksamkeit geschenkt werden. So werden Betriebe mit hochbezahlten Facharbeitern durch genaue Arbeitsvorbereitung oder Verwendung zeitsparender Verfahren versuchen, ihre Lohnkosten zu senken. Besonders anfällig sind sie gegen Lohn- und Gehaltserhöhungen. Bei anlageintensiven Betrieben ist das Hauptproblem die dauernde Vollausnutzung der hochmechanisierten Produktionsanlagen. Sie sind gegen Beschäftigungsschwankungen äußerst empfindlich, da sie sich kurzfristig nicht an veränderte Beschäftigungslagen anpassen können, die Wertminderungen der Anlagen aber nicht nur eine Folge des technischen Verschleißes, sondern auch eine Folge beschäftigungsunabhängiger Faktoren (z.B. technischer Fortschritt) sind. Bei materialintensiven Betrieben liegt das Hauptproblem in der Beschaffung des Materials und der laufenden Kontrolle des Materialverbrauchs.

(5) Die **Betriebsgröße** (Groß-, Mittel-, Kleinbetriebe): Die folgende Übersicht zeigt die Aufteilung der in der Arbeitsstättenzählung 1987[20] erfaßten Betriebe nach Größenklassen auf Grund der Zahl der Beschäftigten. Aus der Übersicht wird zunächst ersichtlich, daß auf die Betriebe mit über 50 Beschäftigten, die nur rd. 3% der Gesamtzahl der Betriebe ausmachen, 52,23% der Beschäftigten entfallen, während die Betriebe mit weniger als 50 Beschäftigten bei rd. 97% Anteil an der Gesamtzahl der Betriebe nur 47,77% der Arbeitnehmer beschäftigten. Noch krasser wird das Bild, wenn man sich vergegenwärtigt, daß die 650.235 Ein-Mann-Betriebe nur 2,41% der Beschäftigten umfassen (der geringste Prozentanteil aller Größenklassen), während nur 1.563 Großbetriebe mit 3.570.843 Beschäftigten den stärksten prozentualen Anteil (13,24%) aller Größenklassen ausmachen.

---

[20] Zu den Ergebnissen der Arbeitsstättenzählung 1970 vgl. die 16. Aufl. dieses Buches, München 1986, S. 18.

18 Erster Abschnitt. Gegenstand, Methoden und Geschichte

Unternehmen und Beschäftigte nach Größenklassen auf Grund der Beschäftigtenzahl 1987, in % der jeweiligen Summe[21]				
Unternehmen mit ... Beschäftigten	Zahl der Unternehmen	Anteil in %	Beschäftigte	Anteil in %
1	650.235	25,19	650.235	2,41
2 – 4	1.037.629	40,20	2.811.621	10,42
5 – 9	495.188	19,18	3.190.986	11,83
10 – 19	211.826	8,21	2.808.343	10,41
20 – 49	114.254	4,43	3.425.401	12,70
50 – 99	38.114	1,48	2.628.278	9,75
100 – 199	18.518	0,72	2.551.991	9,46
200 – 499	10.904	0,42	3.296.334	12,22
500 – 999	2.970	0,11	2.038.904	7,56
1.000 und mehr	1.563	0,06	3.570.843	13,24
insgesamt	2.581.201	100,00	26.972.936	100,00

Andere Kriterien für die Einteilung der Betriebe, die hier nur aufgezählt werden sollen, sind:
(6) Die **Standortabhängigkeit** (rohstoff-, energie-, arbeitskraft-, absatzabhängige Betriebe
(7) Die **Beweglichkeit** (bodenständige, halbbodenständige, Wanderbetriebe).
(8) Die **Rechtsform** (Einzelunternehmung, Personengesellschaft, Kapitalgesellschaft, Genossenschaft u.a.). Dieser Gliederungsgesichtspunkt ist z.B. von Bedeutung für die Beurteilung des Kapitalrisikos (unbeschränkte oder beschränkte Haftung), der Finanzierungsmöglichkeiten, der Steuerbelastung (Personengesellschaften – Kapitalgesellschaften), der Prüfungs- und Publizitätspflichten u.a. (**ÜB 1/3**)

d) Gliederung der Betriebswirtschaftslehre

Das Gesamtgebiet der Betriebswirtschaftslehre – so wie es sich heute lehrmäßig darbietet – läßt sich in drei Teile gliedern:
(1) in die betriebswirtschaftliche Verfahrenstechnik;
(2) in die Allgemeine Betriebswirtschaftslehre;
(3) in die spezielle Betriebswirtschaftlehren (Wirtschaftszweiglehren).

Die **betriebswirtschaftliche Verfahrenstechnik** besteht aus einer Verrechnungs- und einer Organisationslehre. Dazu gehören folgende Gebiete: Buchhaltung und Bilanz, Kostenrechnung, Wirtschaftsrechnen, Finanzmathematik, betriebswirtschaftliche Statistik, Planungsrechnung (z.B. lineares Programmieren, Netzplantechnik) und Büro- und Organisationstechnik. Teile davon, wie z.B. die Bilanz, die Kostenrechnung und die Planungsrechnung können auch Gegenstand theoretischer Überlegungen im Rahmen der Allgemeinen oder einer speziellen Betriebswirtschaftslehre sein.

Aufgabe der **Allgemeinen Betriebswirtschaftslehre** ist die Beschreibung und Erklärung der betrieblichen Erscheinungen und Probleme, die allen Betrieben gemeinsam sind, unabhängig davon, welchem Wirtschaftszweig sie angehören, in welcher Rechtsform sie betrieben werden und in wessen Eigentum sie stehen. Die Allgemeine Betriebswirtschaftslehre besteht

---

[21] Quelle: Veröffentlichungen des Statistischen Bundesamtes, Fachserie 2, Heft 11, a.a.O., S. 34 f.

aus einer **betriebswirtschaftlichen Theorie** und einem angewandten Teil **(Betriebspolitik).** Aufgabe der Theorie ist die Feststellung funktionaler Größenbeziehungen sowie die Erklärung realer Zusammenhänge und Geschehnisabläufe (Ursache-Wirkungsbeziehungen) und die Feststellung kausaler Regelmäßigkeiten und Gesetzmäßigkeiten.

Die angewandte Betriebswirtschaftslehre hat die Aufgabe, die in der Theorie gewonnenen Erkenntnisse auf konkrete Einzelfragen und zur Entwicklung von Verfahren anzuwenden, die der Realisierung bestimmter betrieblicher Zielsetzungen dienen sollen. Die betriebswirtschaftliche Theorie richtet sich auf die **Erkenntnis** des Betriebsprozesses, die angewandte Betriebswirtschaftslehre auf die **Gestaltung** des Betriebsprozesses.

Die **speziellen Betriebswirtschaftslehren** dagegen beschäftigen sich mit den betriebswirtschaftlichen Problemen, die durch die Besonderheiten der einzelnen Wirtschaftszweige bedingt, also nicht allen Betrieben gemeinsam sind. Zu diesen sog. **Wirtschaftszweiglehren** gehören die Industriebetriebslehre, die Handelsbetriebslehre, die Bankbetriebslehre, die Betriebswirtschaftslehre des Handwerks, des Verkehrs und der Versicherungen und die landwirtschaftliche Betriebslehre. Daneben haben sich eine Betriebswirtschaftliche Steuerlehre und eine Betriebswirtschaftslehre des Revisions- und Treuhandwesens (Betriebswirtschaftliche Prüfungslehre) entwickelt.

Die beiden letztgenannten Teilgebiete der Betriebswirtschaftslehre sind aber weder Wirtschaftszweiglehren, noch überhaupt spezielle Betriebswirtschaftslehren, auch wenn sie in den Prüfungsordnungen und Studienplänen der Universitäten und Hochschulen als spezielle Betriebswirtschaftslehren bezeichnet werden.[22] Die **Auswirkungen der Steuern** sind entweder bei den Betrieben aller Wirtschaftszweige im Prinzip gleich (soweit Unterschiede bestehen, werden sie zweckmäßigerweise im Rahmen der Wirtschaftszweiglehren behandelt, da sie eine Besonderheit eines Wirtschaftszweiges darstellen), oder sie sind nicht in erster Linie durch die Verschiedenheit des Wirtschaftszweiges bedingt, sondern vor allem durch die Verschiedenheit der **Rechtsform** (Personengesellschaft – Kapitalgesellschaft) oder durch die **Art der Verflechtung** des Betriebes mit anderen Betrieben (Interessengemeinschaften, Kartelle, Konzerne, Organschaftsverträge) oder durch **Unterschiede im Eigentum** des Betriebes (private Betriebe, öffentliche Betriebe, Genossenschaften).

Daraus wird ersichtlich, daß die Betriebswirtschaftliche Steuerlehre einen anderen Charakter hat als die übrigen speziellen Betriebswirtschaftslehren. Sie ist ihrem Wesen und ihrer Problemstellung nach ein **Teilgebiet der Allgemeinen Betriebswirtschaftslehre,** da ihre Probleme in überwiegendem Maße alle Betriebe gemeinsam angehen. Die durch die Rechtsform, die Verflechtung und die Eigentumsverhältnisse bedingten steuerlichen Unterschiede rechtfertigen allein nicht die Ausgliederung der Betriebswirtschaftli-

---

[22] Vgl. Wöhe, G., Die betriebswirtschaftliche Steuerlehre – eine spezielle Betriebswirtschaftslehre?, ZfhF 1961, S. 49 ff.; derselbe, Betriebswirtschaftliche Steuerlehre, Bd. I, 1. Halbbd., 6. Aufl., München 1988, S. 30 ff.

chen Steuerlehre aus der Allgemeinen Betriebswirtschaftslehre, denn es fehlt hier das Kriterium, das die Begründung für die Ausgliederung der Wirtschaftszweiglehren gibt: das Verhältnis des Allgemeinen zum Besonderen. Man könnte sonst mit gleichem Recht eine spezielle Betriebswirtschaftslehre der Finanzierung oder des Bilanzwesens entwickeln, denn zweifellos sind auch die Fragen der Finanzierung und Bilanzierung stark von der Rechtsform des Betriebes abhängig.

Ähnliches wie für die Betriebswirtschaftliche Steuerlehre gilt für das Gebiet des **Revisions- und Treuhandwesens.** Auch hier sind die unterschiedlichen Probleme bei den einzelnen Betrieben nicht in erster Linie eine Folge der Verschiedenheit des Wirtschaftszweiges, sondern werden auch sehr stark von der Rechtsform beeinflußt; man denke nur an die strengen gesetzlichen Vorschriften für die Prüfung von Kapitalgesellschaften.

Gegenstand des Revisions- und Treuhandwesens ist nicht der Prüfungs- und Beratungsbetrieb, sondern die Überwachung (Kontrolle und Prüfung) und Beratung des Betriebes. Die Überwachung wird aber nur zum Teil von Prüfungsbetrieben durchgeführt, soweit es sich nämlich um externe – meist auf gesetzlicher Grundlage beruhende – Prüfungen (z.B. handelsrechtliche Jahresabschlußprüfung) handelt. Die interne Revisionsabteilung eines Betriebes und ihre Aufgaben wären in einem so eng definierten Gegenstand nicht enthalten. Ebenso ist der Gegenstand der Betriebswirtschaftlichen Steuerlehre nicht der Steuerberatungsbetrieb, auch nicht die Tätigkeit dieser Betriebe, sondern ihr Gegenstand sind die Auswirkungen der Steuern auf den Betrieb und die darauf basierenden betrieblichen Entscheidungen, die auf eine Minimierung der Steuerbelastung gerichtet sind. Ob die interne Steuerabteilung oder ein externer Steuerberater die Entscheidung trifft oder vorbereitet, ist dabei ohne Belang, denn beide entscheiden auf Grund der Erkenntnisse, die ihnen die Betriebswirtschaftliche Steuerlehre liefern soll. Keiner der beiden Teilbereiche läßt sich also als spezielle Betriebswirtschaftslehre im Sinne einer institutionellen Unterteilung der Betriebswirtschaftslehre auffassen.

Die nicht ganz befriedigende Gliederung in Allgemeine und spezielle Betriebswirtschaftslehren hat in zunehmendem Maße zu der Forderung geführt, diese Einteilung zugunsten einer Gliederung der Betriebswirtschaftslehre **nach betrieblichen Funktionen,** also nach Haupttätigkeitsgebieten (z.B. Beschaffung, Produktion, Absatz, Finanzierung u.a.) aufzugeben. Die funktionale Gliederung hat die bisherige institutionelle Gliederung jedoch noch nicht verdrängen können und hat noch zu keinem in sich geschlossenen System der Betriebswirtschaftslehre geführt. Als wichtigste betriebliche Funktionen wären zu nennen:

(1) Betriebsführung (Leitung, Planung, Organisation, Überwachung);
(2) Finanzierung (Kapitalbeschaffung);
(3) Investition (Kapitalverwendung);
(4) Beschaffung (von Arbeitskräften, Betriebsmitteln und Werkstoffen);
(5) Lagerung (von Werkstoffen, Halb- und Fertigfabrikaten und Waren);
(6) Leistungserstellung (Fertigung von Gütern, Bereitstellung von Dienstleistungen);

(7) Transport (innerbetrieblicher Transport, Außentransport);
(8) Absatz (Vertrieb, Werbung, Marktforschung).

Die Gliederung der Betriebswirtschaftslehre nach betrieblichen Funktionsbereichen kann allerdings die übliche Einteilung in Allgemeine und spezielle Betriebswirtschaftslehre nicht ersetzen, denn die Probleme, die sich durch die Eigentümlichkeiten der einzelnen Wirtschaftszweige ergeben, bedürfen doch im Rahmen der einzelnen Funktionen wiederum einer gesonderten Untersuchung. So sind beispielsweise bestimmte Probleme des Rechnungswesens (Kontrollfunktion) im Industriebetrieb, Handelsbetrieb und Bankbetrieb sehr unterschiedlich. Abgesehen von einigen allgemeinen Fragen müßte eine Behandlung der Kostenrechnung und Kalkulation für die drei genannten Wirtschaftszweige getrennt erfolgen.

Das gleiche gilt z. B. für die Funktion der Leistungserstellung. Die industrielle Fertigung und die Bereitstellung von Dienstleistungen durch Handels-, Bank- oder Versicherungsbetriebe haben so wenig Gemeinsames an sich, daß eine gemeinsame Behandlung dieser Fragen wenig zweckmäßig erscheint. Die Gliederung nach Wirtschaftszweigen, die durch die funktionale Einteilung ersetzt werden soll, müßte dann innerhalb jeder Funktion eingeführt werden. Das ist zweifellos kein Gewinn für eine Systematik, denn die tatsächliche Wirtschaft zeigt uns nicht getrennte Funktionen, sondern getrennte Wirtschaftszweige mit ihren Spezialproblemen.

Es erscheint uns deshalb zweckmäßiger, gewisse Mängel der Gliederung in Allgemeine und spezielle Betriebswirtschaftslehre in Kauf zu nehmen, als sie durch eine Gliederung nach betrieblichen Funktionen zu ersetzen, die diese Mängel nur scheinbar beseitigt, außerdem aber andere Unzulänglichkeiten aufweist. Der Gedanke der funktionalen Gliederung ist fruchtbar zu verwerten, wenn man die Allgemeine Betriebswirtschaftslehre und die Wirtschaftszweiglehren funktional gliedert, ohne aber deshalb die Behandlung institutioneller Fragen aufzugeben.

Die Frage der Gliederung nach Wirtschaftszweigen oder Funktionen ist also eine **Frage der Zweckmäßigkeit.** Die betriebswirtschaftliche Literatur verwendet heute zwar beide Kriterien, jedoch kann festgestellt werden, daß umfassende Lehrbücher im wesentlichen entweder das Gebiet der Allgemeinen Betriebswirtschaftslehre oder einzelner Wirtschaftszweiglehren behandeln, in welche die Funktionsgliederung einbezogen wird, Lehrbücher und Monographien einzelner Funktionen aber i. d. R. nicht die jeweilige Funktion durch alle Wirtschaftszweige verfolgen, sondern im wesentlichen die Teile zum Gegenstand haben, die allen Betrieben gemeinsam und folglich ein Ausschnitt aus einer funktional gegliederten Allgemeinen Betriebswirtschaftslehre sind. (ÜB 1/4)

2. Die Betriebswirtschaftslehre als Wissenschaft

a) Begriff, Wesen und Aufgaben der Wissenschaft

Wenn man die Behauptung aufstellt, daß die Betriebswirtschaftslehre eine Wissenschaft ist, muß man zunächst Klarheit darüber haben, durch welche

Merkmale eine Wissenschaft konstituiert wird und welche Aufgaben ihr zugeschrieben werden. Voraussetzung für das Entstehen von Wissenschaften ist „einmal das Grundbewußtsein, daß der Mensch die Wirklichkeit, einschließlich seiner selber, erfassen und wahrheitsgetreu in seinem Bewußtsein vergegenwärtigen könne, und zweitens die Tatsache, daß der praktische Umgang des Menschen mit der Welt und mit seinesgleichen nicht einfach selbstverständlich und lückenlos geregelt erscheint (wie etwa bei der Tierwelt durch die Instinkte), sondern daß es der Erkenntnis der Dinge und des Menschen bedarf, um richtig handeln zu können."[23] Wissenschaft ist „systematisiertes Wissen, der Inbegriff zusammengehöriger, auf ein bestimmtes Gegenstandsgebiet sich beziehender oder durch den gleichen Gesichtspunkt der Betrachtung verbundener, zu systematischer Einheit methodisch verknüpfter, zusammenhängender Erkenntnisse. Jede Wissenschaft enthält außer den positiven Erkenntnissen Theorien und Hypothesen und verarbeitet ihren Stoff sowohl mittels der allgemeinen logischen als auch mit Hilfe spezieller Methoden."[24]

Aus diesen und anderen Definitionen ist zu entnehmen, daß das **Ziel jeder Wissenschaft** die Erforschung der Wahrheit, die Gewinnung eines sachlich geordneten Zusammenhanges von wahren und in ihrer Wahrheit gesicherten Urteilen ist.[25] Daß die Wissenschaft diese Aufgabe hat, ist erkenntnismäßig nicht zu sichern, wenn diese Umschreibung der Wissenschaft auch allgemeine Anerkennung gefunden hat. Diese Definition beruht also nicht auf Erkenntnis, sondern ist **ein Bekenntnis,** eine Stellungnahme. Damit beginnt die Wissenschaft auf der Basis eines Werturteils, dessen Wahrheit mit logischen Mitteln nicht gesichert werden kann. Seine Anerkennung beruht auf Konvention. „Das ‚Apriori' der Wissenschaft besteht nicht in Erkenntnissen, sondern in Entscheidungen über ihre Aufgabe, ihre Probleme und Spielregeln, aber diese Entscheidungen gehen nicht in die Aussagen der Wissenschaft ein, sondern bilden nur ihre ‚existentielle Basis'."[26]

Die Wissenschaft ist jedoch nicht nur ein Bestand an endgültigen Wahrheiten, sondern in erster Linie ein **dynamischer Erkenntnisprozeß,** ein dauerndes Fortschreiten. Sie stellt die Frage nach der Wahrheit und ist beständig auf der Suche nach Antworten auf diese Frage.[27] Dieser dynamische Prozeß der Erkenntnisgewinnung im Wege vieler kleiner Schritte ist insbesondere für die Erfahrungswissenschaften typisch, zu denen die Betriebswirtschaftslehre gehört.

Das Ziel der Gewinnung wahrer Erkenntnis wird von der Wissenschaft nicht immer erreicht. Vielfach gelangt sie nicht zu wahren Urteilen, sondern nur zu **wahrscheinlichen Annahmen** oder auch nur zur Stellung von Fra-

---

[23] Holzamer, K., Wissenschaft, in: Staatslexikon, Bd. 8, 6. Aufl., Freiburg 1963, Sp. 874
[24] Eisler, R., Handwörterbuch der Philosophie, 2. Aufl., hrsg. von R. Müller-Freienfels, Berlin 1922, S. 761 f.
[25] Vgl. Wöhe, G., Methodologische Grundprobleme der Betriebswirtschaftslehre, Meisenheim/Glan 1959, S. 23
[26] Albert, H., Das Wertproblem im Lichte der logischen Analyse, ZfgSt 1956, S. 419
[27] Vgl. Hill, W., Betriebswirtschaftslehre als Wissenschaft, Zürich u. St. Gallen 1957, S. 11 ff.

gen und Problemen. Dabei ist zu beachten, daß nicht jedes menschliche Erkennen mit wissenschaftlicher Erkenntnis gleichzusetzen ist.

Eine willkürliche Zusammenstellung von Urteilen, Annahmen und Problemen stellt noch keine Wissenschaft dar. Die Urteile müssen logisch zusammengehören. Was sie zusammenhält, ist der gemeinsame Gegenstand, das **Erkenntnisobjekt,** auf das sich die Urteile, Annahmen und Probleme beziehen. Kenntnis des Gegenstandes bedeutet, daß es möglich ist, sich „an ihm findende Merkmale festzulegen, die hinreichend und notwendig sind, ihn von anderen Gegenständen zu unterscheiden."[28]

Neben der Gemeinsamkeit des Gegenstandes bedarf jede Wissenschaft einer sachlichen **systematischen Ordnung** ihrer Urteile, Annahmen und Probleme. Mit anderen Worten, Endziel jeder Wissenschaft ist ein „System" im Sinne von Kant, also „ein nach Prinzipien geordnetes Ganzes der Erkenntnis"[29] oder anders formuliert „die einheitliche, nach einem Prinzip durchgeführte Anordnung einer Mannigfaltigkeit von Erkenntnissen zu einem Wissensganzen, zu einem in sich gegliederten, innerlich-logisch verbundenen Lehrgebäude."[30]

Eine Anzahl von systematisch geordneten Urteilen, die sich auf einen gemeinsamen Gegenstand beziehen, würde jedoch keine Wissenschaft darstellen, wenn die Wahrheit oder Wahrscheinlichkeit der Urteile nicht durch Untersuchungen, Begründungen und Beweise gesichert wäre.

Wir halten fest: **Wissenschaft ist gekennzeichnet**
(1) durch die Frage nach der Wahrheit und das Suchen nach Antworten, also einem Streben nach Erkenntnis;
(2) durch Konstituierung eines Erkenntnisobjekts und von Erkenntniszielen, durch das sich eine wissenschaftliche Disziplin von anderen unterscheidet. Ist das Objekt wie in der Betriebswirtschaftslehre im Zeitablauf dauernden Veränderungen unterworfen, so ist das Ziel der restlosen Erfassung des Erkenntnisobjekts ein dynamischer Prozeß ohne endliche Begrenzung;
(3) durch Anwendung spezifischer Forschungsmethoden zur Gewinnung von Erkenntnissen;
(4) durch das Bestreben, alle Urteile über das Erkenntnisobjekt in ihrer Wahrheit zu sichern und in eine systematische Ordnung (System) zu bringen.

b) Die Stellung der Betriebswirtschaftslehre im System der Wissenschaften

aa) Der Standort der Wirtschaftswissenschaften

Die einzelnen Wissenschaften sind nicht nach einem vorgedachten Plan entstanden, sondern haben sich im Laufe von Jahrhunderten, teilweise von Jahrtausenden sporadisch, zum Teil völlig unabhängig voneinander entwickelt, und zwar teils nach praktischen Bedürfnissen, teils nach dem Interesse,

---

[28] Carell, E., Wirtschaftswissenschaft als Kulturwissenschaft, Tübingen 1931, S. 18
[29] Kant, I., Metaphysische Anfangsgründe der Naturwissenschaft, Vorrede, Werke, hrsg. von E. Cassirer, Bd. IV, Berlin 1913, S. 369
[30] Lisowsky, A., Die Betriebswirtschaftslehre als normative Wissenschaft, ZfB 1950, S. 611

das eine Zeitepoche bestimmten Problemen und Fragenkomplexen entgegenbrachte. Die Einteilung der Wissenschaften ist also nichts anderes als der Versuch, die zur Zeit existierenden Wissenschaften nach bestimmten Kriterien zu systematisieren.

Als brauchbares Einteilungskriterium hat sich der **Gegenstand,** das Untersuchungsobjekt erwiesen. Nach diesem Kriterium ergibt sich zunächst eine Zweiteilung in Idealwissenschaften und Realwissenschaften. Die Objekte der **Idealwissenschaften** werden vom Denken erschaffen, d.h. sie sind nicht unabhängig vom Denken gegeben. Das gilt für die Logik und die Mathematik. Die Gegenstände der **Realwissenschaften** dagegen sind in der Wirklichkeit vorhanden, sie sind real da, unabhängig davon, ob sich unser Denken mit ihnen beschäftigt oder nicht.

Üblicherweise werden die Realwissenschaften nach ihren Gegenständen in Naturwissenschaften und Geisteswissenschaften unterteilt. **Naturwissenschaften** befassen sich mit der gesamten Natur einschließlich des Menschen, soweit er selbst ein Teil der Natur ist, also mit körperlichen (physischen) Gegenständen, die ohne das Zutun des Menschen existieren. **Geisteswissenschaften** dagegen haben zum Gegenstand die gesamte Kultur, also alles, was erst durch oder mit Hilfe des Menschen in Erscheinung getreten ist; dazu gehört auch „der Mensch selber als Träger oder Mitgetragener der Kultur."[31] Geisteswissenschaften haben psychische Gegenstände.

Körperliche Gegenstände sind ausgedehnt, räumlich meßbar, sie lassen sich mit Hilfe der Sinneswahrnehmung erfassen. Psychische Objekte (Bewußtseinsinhalte) werden durch Selbstwahrnehmung erfaßt. Da das Seelische sich fast immer an Körperliches gebunden findet, gibt es auch **psychophysische Gegenstände.**[32] Sie sind ebenso wie rein körperliche Gegenstände real da, entstehen aber erst durch unbewußtes oder bewußtes Handeln der Menschen. Dazu zählen zum Beispiel alle gesellschaftlichen Erscheinungen wie die Sprache, die Religion, die Kunst, das Recht und die Wirtschaft. Deshalb findet man für die Wissenschaften, die sich mit diesen Objekten befassen, statt der Bezeichnung Geisteswissenschaften auch den Namen **Kulturwissenschaften.**

Heute hat sich eine gewisse Verselbständigung der Wirtschafts- und Sozialwissenschaften herausgebildet, der Oberbegriff Kulturwissenschaften tritt zurück. Die Einbeziehung oder Ausgliederung aus den Kulturwissenschaften ist eine Zweckmäßigkeitsfrage. Entscheidend ist allein, was eine solche Einteilung leistet, d.h. vor allem, ob sie in der Lage ist, die einzelnen durch den Gegenstand bestimmten wissenschaftlichen Disziplinen im Interesse einer Arbeitsteilung bei der Forschung gegeneinander abzugrenzen.

Weist man den Wirtschaftswissenschaften eine **Sonderstellung** zwischen Kultur- und Naturwissenschaften zu,[33] so sollte man das allerdings nicht mit

---

[31] Holzamer, K., a.a.O., Sp. 875
[32] Vgl. Becher, E., Geisteswissenschaften und Kulturwissenschaften, München und Leipzig 1921.
[33] Vgl. Lisowsky, A., Grundprobleme der Betriebswirtschaftslehre. Ausgewählte Schriften, Zürich u. St. Gallen 1954, S. 85

der Behauptung begründen, daß die Wirtschaftswissenschaften teils im Bereich der Kultur- und teils im Bereich der Naturwissenschaften angesiedelt seien.[34] Zwar kann sich der Mensch bei seinem auf Bedürfnisbefriedigung gerichteten Handeln nicht über die Naturgesetze hinwegsetzen, es ist aber nicht Aufgabe der Wirtschaftswissenschaften, derartige Gesetze zu finden. Diese sind vielmehr für sie gegebene Größen, Daten, die beim wirtschaftlichen Handeln in Rechnung gestellt werden müssen. Entwickelt ein Betrieb neue technische Verfahren, so ist das eine Angelegenheit von Technikern, die aufgrund der Erkenntnisse der Naturwissenschaften (Physik, Chemie, Metallkunde usw.) arbeiten. Der Betriebswirt nimmt die Produktionstechnik als gegebene Größe hin und untersucht, wie bestimmte technische Verfahren sich wirtschaftlich auswirken.

Auch die Begründung, daß die Wirtschaftswissenschaften zum Teil zu den Naturwissenschaften gezählt werden müßten, weil sie sich wissenschaftlicher Forschungsmethoden bedienen, die auch die Naturwissenschaften verwenden, ist nicht stichhaltig, weil die Trennung der Wissenschaften durch den unterschiedlichen Gegenstand und nicht durch unterschiedliche Forschungsmethoden erfolgt. Eine große Zahl gegenständlich getrennter wissenschaftlicher Disziplinen bedient sich gleicher Forschungsmethoden.

Auch die überaus zahlreichen Vergleiche mit naturwissenschaftlichen Begriffen, die sich in der Betriebswirtschaftslehre eingebürgert haben und dazu geführt haben, daß man den Betrieb als Organismus bezeichnet und von Geburt, Leben, Lebensdauer, Wachstum, Entwicklung, Lebenszyklus von Produkten u. a. spricht, können nicht darüber hinwegtäuschen, daß es sich hier lediglich um **Analogien** handelt, die der Veranschaulichung betrieblicher Zusammenhänge dienen sollen, aber nicht zu Schlüssen führen können, die nur in den Naturwissenschaften möglich sind.

bb) Das Verhältnis der Wirtschaftswissenschaften zu den Sozialwissenschaften

Die Wirtschaftswissenschaften werden häufig als Teilgebiet der Sozialwissenschaften aufgefaßt. Die an den Universitäten übliche Bezeichnung Wirtschafts- **und** Sozialwissenschaft zeigt demgegenüber keine Unterordnung, sondern eine **Gleichordnung** beider Wissenschaftsbereiche, bringt aber zugleich eine außerordentlich enge Verbindung beider Bereiche zum Ausdruck. Gleichordnung bedeutet aber Selbständigkeit und damit Verschiedenheit des Gegenstandes.

Unter dem Begriff **Sozialwissenschaften** faßt man gemeinhin alle wissenschaftlichen Disziplinen zusammen, die sich mit dem Menschen als soziales Phänomen und mit den institutionellen und organisatorischen Voraussetzungen für menschliches Handeln und Zusammenleben in Gemeinschaften und Gesellschaften beschäftigen. Die Grunddisziplin der Sozialwissenschaften ist die **Soziologie,** ferner gehören dazu die Wissenschaft von der Politik, die

---

[34] Vgl. Lehmann, M. R., Allgemeine Betriebswirtschaftslehre, 3. Aufl., Wiesbaden 1956, S. 269

Sozialpsychologie, die Sozialpädagogik und die Sozialgeschichte. Faßt man den Begriff der Sozialwissenschaften sehr weit, so müßten auch die Rechtswissenschaften und die Wirtschaftswissenschaften hinzugezählt werden, denn auch das Wirtschaften in Betrieben und privaten und öffentlichen Haushalten basiert auf menschlichem Handeln und Zusammenleben und ist somit ein soziales Phänomen.

Die Verselbständigung der Wirtschaftswissenschaften neben den Sozialwissenschaften hat sich insbesondere durch die von der klassischen Nationalökonomie entwickelte und von der betriebswirtschaftlichen Theorie übernommene Fiktion des **„homo oeconomicus"**, d.h. eines ausschließlich nach wirtschaftlichen Zweckmäßigkeitsüberlegungen handelnden Menschen, vollzogen. Diese Fiktion mußte notwendigerweise zur Verselbständigung der Wirtschaftswissenschaften führen, denn der Mensch – und zwar sowohl als Unternehmer als auch als Arbeitnehmer – wird in der klassischen Wirtschaftstheorie aufgefaßt erstens „als zweckrational denkendes und handelndes Wesen, dessen Ziel in der Maximierung seiner wirtschaftlichen Vorteile besteht. ... Dieses Wesen reagiert zweitens auf die von der Unternehmensleitung angebotenen finanziellen Anreize ... als von anderen Personen isoliertes Individuum. Schließlich wurde drittens, wie William F. Whyte bemerkt, stillschweigend unterstellt, daß Menschen ebenso wie Maschinen nach einer mechanistischen, standardisierten Methode behandelt werden können. ... Es ist interessant zu beobachten, wie hier die Neigung besteht, Arbeiter und Maschinen zusammen als Teil der Betriebsausrüstung zu betrachten'."[35]

Es besteht kein Zweifel darüber, daß die Fiktion des „homo oeconomicus" die Analyse wirtschaftlicher Abläufe erheblich vereinfacht. **Interpersonale Konflikte,** die es überall gibt, wo Menschen in Gemeinschaften zusammenleben oder in Organisationen wie Betrieben gemeinsam arbeiten, aber dabei doch völlig verschiedene persönliche Interessenlagen haben können, werden durch den „homo oeconomicus" **ausgeschlossen.** Damit werden aber auch alle Problembereiche ausgeklammert, die den gemeinsamen Gegenstand der Sozialwissenschaften bilden. Die Wirtschaftswissenschaften haben sich damit verselbständigt. Der Einwand, daß eine solche Beschränkung auf das nur-wirtschaftliche Handeln der Menschen im Betrieb und das Ausklammern aller möglichen und tatsächlich auch auftretenden sozialen Konfliktsituationen und die Zuweisung dieser Probleme an andere wissenschaftliche Disziplinen nicht zu brauchbaren wissenschaftlichen Erkenntnissen führt, ist dann nicht stichhaltig, wenn man die gesicherten Erkenntnisse z.B. der Soziologie bei praktischen wirtschaftlichen Entscheidungen berücksichtigt und die notwendige Einseitigkeit der Fragestellung einer Einzeldisziplin durch **interdisziplinäre Zusammenarbeit** überwindet.

So wie die Trennung der Realwissenschaften in einzelne Disziplinen durch den Unterschied der Erkenntnisobjekte bedingt ist, so ist auch die Einteilung der Wirtschaftswissenschaften in verschiedene Disziplinen durch

---

[35] Schanz, G., Verhalten in Wirtschaftsorganisationen, München 1978, S. 23

I. Gegenstand und Methoden

die unserem Denken gegenüberstehenden verschiedenen Erkenntnisobjekte bedingt. Alle wirtschaftswissenschaftlichen Disziplinen haben die gemeinsame Aufgabe der restlosen **Erfassung und Erklärung des gesellschaftlichen Teilbereichs „Wirtschaft"**, d. h. des Komplexes menschlicher Handlungen, Verhaltensweisen und Institutionen, die auf die Unterhaltsfürsorge gerichtet sind. „Ein Anliegen der W. (Wirtschaftswissenschaften, der Verf.) ist demnach die Erforschung wirtschaftlicher Erscheinungen und ihrer Zusammenhänge bei der Verteilung der knappen Güter auf die einzelnen Individuen und Gemeinschaften sowie der Auswirkungen historischer Verteilungen auf die Gegenwart. Ein zweites Anliegen der W. betrifft die Analyse der Ziele und Mittel zur Gestaltung wirtschaftlicher Prozesse und Strukturen."[36]

Zwischen den wirtschaftswissenschaftlichen Disziplinen besteht zur Erfüllung dieser Aufgabe eine in ihrem Umfang durch die verschiedenen Erkenntnisobjekte bestimmte **Arbeitsteilung**, doch kann keine Disziplin ohne Kenntnis des Arbeitsgebietes und der geleisteten Forschungsarbeit der Nachbardisziplinen sinnvolle wissenschaftliche Arbeit leisten.

Die Wirtschaftswissenschaften gliedert man gemeinhin in **Betriebswirtschaftslehre** und **Volkswirtschaftslehre**, die **Finanzwissenschaft** als die Lehre vom öffentlichen Haushalt wird traditionell zur Volkswirtschaftslehre gezählt. Diese Einteilung ist historisch und nicht systematisch begründet. Würde man z. B. die Betriebswirtschaftslehre als die Lehre von den Einzelwirtschaften auffassen, so würden neben den Betrieben als Produktionswirtschaften auch die privaten und öffentlichen Haushalte als Einzelwirtschaften zum Objekt der Betriebswirtschaftslehre gehören. Betriebswirtschaftslehre und Volkswirtschaftslehre werden teils institutionell, teils funktionell weiter untergliedert.

cc) Betriebswirtschaftslehre und Volkswirtschaftslehre

Betriebswirtschaftslehre und Volkswirtschaftslehre untersuchen jede für sich eine Seite des Gesamtbereiches Wirtschaft, stehen also in einem sehr engen Verhältnis zueinander. Aufgabe der Betriebswirtschaftslehre ist es, alles wirtschaftliche Handeln, das sich im Betrieb vollzieht, zu beschreiben und zu erklären und schließlich auf Grund der erkannten Regelmäßigkeiten und Gesetzmäßigkeiten des Betriebsprozesses wirtschaftliche Verfahren zur Realisierung praktischer betrieblicher Zielsetzungen zu entwickeln. Da jedoch kein Betrieb für sich allein bestehen kann, sondern jeder Betrieb mit der Gesamtwirtschaft einmal über den Beschaffungsmarkt (Kapitalbeschaffung, Beschaffung von Produktionsfaktoren), zum anderen über den Absatzmarkt verbunden ist, muß die Betriebswirtschaftslehre auch die Beziehungen des einzelnen Betriebes zu anderen Wirtschaftseinheiten, zum Markt, untersuchen. Dabei erforscht sie aber nicht den gesamtwirtschaftlichen Prozeß, sondern geht stets vom einzelnen Betrieb aus. Die Betriebswirtschaftslehre bedient sich zur Erfüllung ihrer Aufgaben mehrerer Teildisziplinen, die gegenständlich voneinander getrennt sind (Betriebsbeschreibung und -morpho-

---

[36] Albach, H., Wirtschaftswissenschaften, in: Gablers Wirtschaftslexikon, Bd. 2, 12. Aufl., Wiesbaden 1988, Sp. 2797

logie, Betriebstheorie, Betriebspolitik, Betriebstechnik, Geschichte der Betriebswirtschaftslehre).

Gegenstand der Volkswirtschaftslehre ist nach A. Weber das „Ineinandergreifen der durch regelmäßigen Tausch miteinander verbundenen und durch gegenseitige Abhängigkeit aufeinander angewiesenen Einzelwirtschaften".[37] Die Gesamtwirtschaft ist also nicht etwa nur die Summe der Einzelwirtschaften, sondern sie hat ihre eigenen Probleme. Was für die Volkswirtschaftslehre Problem ist, so z. B. die Preisbildung der Produktionsfaktoren, die Bildung und Verteilung des Volkseinkommens u. a., ist für die Betriebswirtschaftslehre **Datum**, gegebene Größe, mit der sie zu rechnen hat. Jede Veränderung der volkswirtschaftlichen Daten, z. B. Änderungen der Bedürfnisstruktur (Mode), Bevölkerungsveränderungen (Lohnpreis), technische Fortschritte (Einfluß auf Zins und Nutzungsdauer der Anlagen) führt zu einem veränderten Verhalten der Betriebe.

Umgekehrt sind die Probleme der Betriebswirtschaftslehre, z. B. die Kostenverläufe des Betriebes, für die Volkswirtschaftslehre Daten, die sie bei ihren Forschungen als gegeben in Rechnung stellen muß, da sie logisch nicht zu ihrem Erkenntnisobjekt, sondern zum Objekt der Betriebswirtschaftslehre gehören. Das bedeutet, daß beide Disziplinen, Betriebswirtschaftslehre und Volkswirtschaftslehre, nicht ohne einander auskommen können. Die Interdependenz der Zusammenhänge der ökonomischen Größen hat aber auch dazu geführt, daß trotz formaler Abgrenzung der Erkenntnisobjekte gewisse Überschneidungen der betriebswirtschaftlichen und der volkswirtschaftlichen Forschung unvermeidlich sind.

Trotz der logischen Trennung von Betriebswirtschaftslehre und Volkswirtschaftslehre durch die Verschiedenheit der Erkenntnisobjekte wird häufig die **Forderung nach einer Fusion beider Disziplinen** zu einer einheitlichen Wirtschaftswissenschaft erhoben. Die Begründungen für diese Forderung sind unterschiedlich. Teilweise wird die Verschiedenheit der Erkenntnisobjekte geleugnet. Hier handelt es sich dann gewöhnlich um eine Verwechslung von Erfahrungsgebiet (Wirtschaft) und Erkenntnisobjekt (eine isolierte „Seite" des Gebietes Wirtschaft).

Verschiedentlich wird auch nur eine Verschmelzung von betriebswirtschaftlicher und volkswirtschaftlicher Theorie unter Beibehaltung der Trennung der angewandten Teile beider Wissenschaften gefordert. Diese Forderung ist deshalb inkonsequent, weil man entweder zwei getrennte Erkenntnisobjekte anerkennt, dann aber nicht nur die praktischen Teile beider Disziplinen, sondern auch die theoretischen Grundlagen gegenständlich getrennt sind, oder aber weil man die Verschiedenheit der Erkenntnisobjekte leugnet; dann ist aber nicht einzusehen, aus welchem Grunde eine Trennung von angewandter Betriebswirtschaftslehre (Betriebswirtschaftspolitik) und angewandter Volkswirtschaftslehre (Volkswirtschaftspolitik) erfolgen soll.

Auch das Argument, daß die **Erkenntnisziele** der Betriebswirtschaftspolitik und Volkswirtschaftspolitik unterschiedlich seien, ist nicht stichhaltig.

---

[37] Weber, A., Allgemeine Volkswirtschaftslehre, 7. Aufl., Berlin 1958, S. 1

Zwar sind die praktischen Zielsetzungen des Betriebes und der Volkswirtschaft und die Mittel und Wege zur Realisierung dieser Zielsetzungen verschieden. Das Erkenntnisziel der angewandten Betriebswirtschaftslehre und Volkswirtschaftslehre ist aber das gleiche, nämlich die Erkenntnis ihres Gegenstandes. Hier liegt also eine Verwechslung von praktischen wirtschaftlichen Zielsetzungen einerseits mit Erkenntniszielen wissenschaftlicher Disziplinen andererseits vor. Die praktischen wirtschaftlichen Zielsetzungen gehören zum Gegenstand der betreffenden Disziplin.

In jüngster Zeit ist versucht worden, die Einheit der Wirtschaftswissenschaften damit zu begründen, daß die Betriebswirtschaftslehre sich einer **mikroökonomischen** und die Volkswirtschaftslehre einer **makroökonomischen** Betrachtung bediene und die mikroökonomische Analyse nur einen Sinn habe, wenn sie in den Gesamtzusammenhang, die makroökonomische Analyse, eingebaut werde. Die Begriffe Mikroökonomie für die Betriebswirtschaftslehre und Makroökonomie für die Volkswirtschaftslehre decken sich aber nicht mit dem, was man in der Regel unter diesen Wissenschaften versteht.[38] Als **mikroökonomische Größen** bezeichnet Schneider solche Größen, „welche sich auf die den gesamtwirtschaftlichen Kosmos bildenden elementaren Wirtschaftseinheiten (Haushalte und Unternehmungen) beziehen"; **makroökonomische Größen** dagegen sind solche, „die durch Zusammenfassung bzw. Addition der mikroökonomischen Größen gewonnen sind".[39]

Mikroökonomie und Makroökonomie sind nicht etwa nur andere „Vokabeln" für Betriebswirtschaftslehre und Volkswirtschaftslehre, sondern haben einen anderen Begriffsinhalt. Das drückt Zimmerman mit aller Deutlichkeit aus, wenn er fordert, daß der Unterschied zwischen Betriebswirtschaftslehre und Volkswirtschaftslehre einer Revision unterworfen werden müsse, „wobei die Preistheorie als Kernproblem der ersteren und die Problematik der Bildung, Verteilung und Schwankung des Volkseinkommens der letzteren zuzuweisen ist".[40] Er tritt dafür ein, „in Zukunft die ganze Terminologie zu ändern und anstatt von Betriebswirtschaftslehre von Mikro- und anstatt von Volkswirtschaftslehre von Makro-Ökonomie zu sprechen. Anders gesagt, ich sehe in der zukünftigen Entwicklung sich jene auf die Problematik des partiellen, diese auf die des generellen Gleichgewichts konzentrieren. Vergegenwärtigt man sich, daß das Kernproblem der Betriebswirtschaftslehre die Wirkung des Wirtschaftsmotivs innerhalb der Betriebswirtschaft ist, so wird deutlich, daß sie den ganzen Problemkreis des partiellen Gleichgewichts der Preisanalyse umfaßt".[41]

Da die mikroökonomische Analyse aber nicht vom einzelnen Betrieb ausgeht, sondern vom **Markt** aus in den einzelnen Betrieb hinein, ist sie in

---

[38] Vgl. Wöhe, G., Methodologische Grundprobleme..., a.a.O., S. 251 ff.
[39] Schneider, E., Einführung in die Wirtschaftstheorie, I. Teil: Theorie des Wirtschaftskreislaufs, 14. Aufl., Tübingen 1969, S. 65
[40] Zimmerman, L.J., Geschichte der theoretischen Volkswirtschaftslehre, 2. Aufl., Köln 1961, S. 236
[41] Zimmerman, L.J., a.a.O., S. 236

Wirklichkeit gar keine betriebswirtschaftliche Untersuchung. Eine mikroökonomische Analyse übersieht **beide Marktseiten:** Angebot und Nachfrage. Für das Marktgleichgewicht stellt aber, wie Mellerowicz es ausdrückt, „der Betriebsprozeß nur die eine Hälfte" dar.[42] Die betriebswirtschaftliche Analyse betrachtet die Nachfrageseite als Datum. Setzt man Mikroökonomie und Betriebswirtschaftslehre gleich, so ergibt sich daraus allerdings mit Notwendigkeit die Einheit der Wirtschaftstheorie, denn die mikroökonomische Analyse hat erst einen Sinn, wenn sie in den Gesamtprozeß eingebaut wird, „isoliert betrachtet, bleibt die mikroökonomische Betrachtung ein Torso".[43] Das kann man aber von der Betriebswirtschaftslehre, wie sie sich heute als Wissenschaft zeigt, nicht behaupten.

Andere Autoren begründen die Forderung nach einer einheitlichen Wirtschaftstheorie mit der Gemeinsamkeit der in der Betriebswirtschaftslehre und Volkswirtschaftslehre verwendeten **Methoden.** Diese Begründung ist deshalb unhaltbar, weil es keine spezifisch betriebswirtschaftlichen oder volkswirtschaftlichen Methoden gibt, sondern beide Disziplinen sich der allgemeinen wissenschaftlichen Forschungsmethoden bedienen, die auch andere Wissenschaften, die nicht zu den Wirtschaftswissenschaften gehören, anwenden.

Eine Fusion von Betriebswirtschaftslehre und Volkswirtschaftslehre ist also **wegen der Verschiedenheit der Erkenntnisobjekte** logisch nicht möglich, wohl aber ist eine enge Zusammenarbeit zwischen beiden Disziplinen erforderlich, um ein „Aneinandervorbeiarbeiten" zu verhindern. Auch wird es sich nicht vermeiden lassen, in Lehrbüchern der Allgemeinen Betriebswirtschaftslehre und Allgemeinen Volkswirtschaftslehre zum besseren Verständnis eigener Probleme gesicherte Erkenntnisse der Schwesterdisziplin aufzunehmen. Das bedeutet keine Verschmelzung, sondern stelltlediglich eine Zusammenfassung der Forschungsergebnisse eng verwandter Disziplinen dar, die an derselben Aufgabe – der restlosen Erfassungund Erkenntnis des gemeinsamen Untersuchungsgebietes Wirtschaft – arbeiten.

Wenn heute eine Verschmelzung von Betriebswirtschaftslehre und Volkswirtschaftslehre logisch möglich wäre, so würde das bedeuten, daß die vor mehr als einem halben Jahrhundert erfolgte Abtrennung der Betriebswirtschaftslehre von der Volkswirtschaftslehre unbegründet gewesen ist. Die Entwicklung der Betriebswirtschaftslehre als selbständige, von der Volkswirtschaftslehre unabhängige Wissenschaft erfolgte aber nicht aus dem persönlichen Ehrgeiz einzelner Forscher heraus, eine neue Wissenschaft zu begründen, sondern deshalb, weil die Entwicklung der Betriebe, insbesondere der Industriebetriebe, Probleme mit sich brachte, die einer wissenschaftlichen Lösung harrten und die **dem Erkenntnisobjekt der Volkswirtschaftslehre logisch nicht zuzuordnen** waren. Das bedeutet nichts anderes, als daß die Probleme und Zusammenhänge einer bis dahin noch nicht wissenschaftlich untersuchten Seite der Wirtschaft angehören, deren Erforschung zur Bildung einer neuen wirtschaftswissenschaftlichen Disziplin führen mußte.

---

[42] Mellerowicz, K., Die Stellung der Betriebswirtschaftslehre im Rahmen der Wirtschaftswissenschaften, ZfB 1951, S. 392

[43] Mellerowicz, K., Betriebswirtschaftslehre am Scheidewege? ZfB 1953, S. 274

I. Gegenstand und Methoden 31

Wegen der Zugehörigkeit der Probleme zu verschiedenen Erkenntnisobjekten waren auch die Versuche, die Betriebswirtschaftslehre (Privatwirtschaftslehre) zunächst als Bestandteil der Volkswirtschaftslehre zu entwickeln, zum Scheitern verurteilt.

dd) Betriebswirtschaftslehre und Nachbarwissenschaften (Hilfswissenschaften)

Es wurde oben bei der Erörterung des Erkenntnisobjekts der Betriebswirtschaftslehre bereits darauf hingewiesen, daß der Betrieb sowohl als Institution als auch der sich im Betriebe vollziehende Prozeßablauf nicht nur wirtschaftliche Probleme aufwirft, sondern daß auch Probleme technischer, rechtlicher, soziologischer, psychologischer, physiologischer, und ethischer Art entstehen. Unternehmerische Entscheidungen müssen auch die Lösung dieser Probleme einbeziehen. Ihre Erforschung ist aber nicht Aufgabeder Betriebswirtschaftslehre, sondern anderer Disziplinen, die vom Standpunkt der Betriebswirtschaftslehre den **Charakter von Hilfswissenschaften** haben.

Neben dem wirtschaftlichen ist für den Betrieb der **technische Bereich** am wichtigsten. Die Untersuchung und Gestaltung des technischen Betriebsprozesses ist Aufgabe der Ingenieurwissenschaften **(Betriebswissenschaft)** und damit des Ingenieurs. Der Betriebswirt muß die Produktionstechnik und die Mittel der technischen Gestaltung der Verfahren als gegeben hinnehmen und mit ihnen rechnen, d. h. überprüfen, welche Kosten- und Ertragsrelationen bei verschiedenen technischen Verfahren gegeben sind.

Da der Betrieb in eine bestimmte Rechtsordnung eingebettet ist, bestehen auch enge Beziehungen zur **Rechtswissenschaft.** Der Betrieb ist nicht nur eine wirtschaftliche, sondern auch eine durch die Rechtsordnung geregelte organisatorische Einheit. Alle rechtlichen Probleme, die im Betriebe auftauchen, gehören zum Objekt der Rechtswissenschaften und werden mit den Methoden und der Begriffsbildung dieser Wissenschaften behandelt. Bestimmte Rechtsnormen, z. B. die Vorschriften über die Rechtsformen, über die Gestaltung von Gesellschaftsverträgen, über den Abschluß von Kaufverträgen, sowie die Bestimmungen des Wettbewerbs-, Sozial-, Arbeits-, Bilanz- und Steuerrechts lösen bestimmte betriebliche Entscheidungen aus.

Aufgabe der **Arbeitswissenschaften** ist es, „Erkenntnisse für die optimale Gestaltung des Einsatzes der körperlichen, geistigen und seelischen Kräfte des Menschen zu liefern".[44] Die menschliche Arbeitskraft wird von vielen Faktoren beeinflußt, von der eigenen physischen und psychischen Leistungsfähigkeit, von den Maschinen, mit denen sie im Produktionsprozeß zusammenwirkt, von den Mitarbeitern, von der Betriebsgemeinschaft und dem „Betriebsklima", das sie umgibt. Mit diesen Größen beschäftigen sich eine Anzahl arbeitswissenschaftlicher Disziplinen: die Arbeitsphysiologie, Arbeitspsychologie, Arbeitssoziologie, Arbeitspädagogik, Arbeitsmedizin u. a. Ihre Erkenntnisse sind für den Betriebswirt unentbehrlich, z. B. bei Fragen der

---

[44] Böhrs, H., Über Aufgabe und Inhalt der Arbeitswissenschaften, BFuP 1955, S. 178

Arbeitsbewertung, der Entlohnung, der Arbeitsvorbereitung, der Gestaltung der Arbeitsplätze, der Regelung der Arbeitspausen usw.

Zweifellos kommt dem arbeitenden Menschen eine zentrale Stellung im Betriebe zu. Aber vom Standpunkt der Betriebswirtschaftslehre ist er nicht Zweck, sondern Mittel, einer der Faktoren, die zur Realisierung der mit dem Betriebsprozeß erstrebten praktischen Zielsetzungen eingesetzt werden. Die Betriebswirtschaftslehre muß bei der Berücksichtigung von Erkenntnissen der Betriebssoziologie, der Betriebspsychologie, der Wirtschaftsethik u. a. ihre **rein wirtschaftliche Betrachtungsweise** beibehalten und muß bei allen Maßnahmen, die z. B. zur Verbesserung der Arbeitsbedingungen führen können, überprüfen, ob diese Maßnahmen auch die Wirtschaftlichkeit der Leistungserstellung und/oder die Rentabilität des Kapitaleinsatzes erhöhen oder zumindest nicht vermindern, d. h. einen durch diese Maßnahmen ausgelösten zusätzlichen Aufwand durch Leistungssteigerung wenigstens kompensieren. Tun sie es nicht, so sind sie vom wirtschaftlichen Standpunkt aus unzweckmäßig.

Diese Feststellung mag vom sozialen Standpunkt aus betrachtet hart erscheinen, aber vom Standpunkt der Betriebswirtschaftslehre, die wie jede Einzelwissenschaft ihr Erkenntnisobjekt unter Abstraktion von anderen Wirklichkeitskomponenten erfassen muß, ist sie konsequent. Das Handeln eines Unternehmers wird ja nicht nur von wirtschaftlichen, sondern auch von ethischen und sozialen Motiven beeinflußt. Die Betriebswirtschaftslehre kann ihm stets **nur eine Komponente** – die rein wirtschaftliche – als Grundlage seiner Entscheidungen liefern, niemals aber fertige Rezepte für sein Handeln. Diese Entscheidungen trifft der Unternehmer nicht als „reiner Wirtschafter", als „homo oeconomicus", sondern **als Mensch,** in dessen Leben es auch andere Bereiche gibt, die in einer Rangordnung der Werte über den wirtschaftlichen stehen sollten.

Die historische Entwicklung zeigt eine **Tendenz zur Ausweitung des Erkenntnisobjekts.** War anfangs nur der Handelsbetrieb Gegenstand der Betriebswirtschaftslehre, so wurden im Laufe der Entwicklung die Untersuchungen zunächst auf den Industriebetrieb, danach auf alle produzierenden Erwerbswirtschaften (private und öffentliche Betriebe) und schließlich auf alle Einzelwirtschaften (Produktions- und Verbraucherwirtschaften) ausgedehnt.

Die Tendenz zur Ausweitung des Erkenntnisobjekts hat sich in den letzten Jahren durch immer weitere **Grenzüberschreitungen** in benachbarte Disziplinen verstärkt. Diese Grenzüberschreitungen werden von manchen Fachvertretern gar nicht mehr als solche empfunden, weil von ihnen eine bewußte Beschränkung auf bestimmte Bereiche des gesamten Betriebsgeschehens – z. B. auf das an empirisch feststellbaren Zielen der Unternehmer ausgerichtete wirtschaftliche Handeln im Betrieb – als eine nicht vertretbare Selbstbeschränkung der Betriebswirtschaftslehre angesehen wird.

Zweifellos kann durch irgendeine – rational nicht als einzig wahre beweisbare – Abgrenzung des Erkenntnisobjekts keinem Forscher vorgeschrieben werden, welche Probleme er zum Gegenstand seiner Untersuchungen macht. Besitzt er neben seinem betriebswirtschaftlichen Fachwissen auch ein

I. Gegenstand und Methoden

entsprechend fundiertes Fachwissen eines Soziologen, Psychologen, Juristen, Technikers u. a. – und glaubt er nicht nur, es zu besitzen –, so ist er in der glücklichen Lage, nicht nur die betriebswirtschaftlichen Probleme, sondern auch soziologische, psychologische, rechtliche, technische u. a. Probleme, die im Betrieb auftauchen, selbst zu erforschen. Der weniger universale Forscher dagegen sieht sich in zunehmendem Maße zu einer **Spezialisierung** auf einen immer engeren Teilbereich der Wirklichkeit gezwungen und in der Erkenntnis, damit in bewußter Selbstbeschränkung nur einen Bereich aus dem interdependenten Zusammenhang durch Abstraktion isoliert zu haben, greift er bei seinen Forschungen im Rahmen einer **interdisziplinären Arbeitsteilung** auf die gesicherten Erkenntnisse anderer Disziplinen zurück.

Der Unterschied zwischen beiden Forschern besteht dann darin, daß letzterer die durch das Objekt bedingte Trennung der Wissenschaften anerkennt und beispielsweise Probleme der Arbeitshygiene und der Arbeitsphysiologie zur Medizin rechnet, weil ihre Behandlung ohne medizinische Kenntnisse Dilettantismus bleibt, während ersterer alle mit dem Betrieb zusammenhängenden Fragen als Betriebswirtschaftslehre ausgibt und damit das Fach wieder zu einer „Kunde" herabwürdigt, in der alles zusammengetragen wird, was ein Unternehmer oder sonstiger Entscheidungsträger im Betriebe wissen muß, um optimale Entscheidungen treffen zu können. Gerade eine solche „Kunde" aber war es, mit der man bis in die jüngste Vergangenheit der Betriebswirtschaftslehre die Anerkennung als einer selbständigen wissenschaftlichen Disziplin, der ein Platz an den Universitäten gebührt, versagen wollte.

3. Die Betriebswirtschaftslehre als theoretische und als angewandte Wissenschaft

Die Betriebswirtschaftslehre besteht aus einem theoretischen und einem angewandten (praktischen) Teil. Die Theorie bildet die Grundlage für die angewandte Wissenschaft. Beide Teile unterscheiden sich durch ihr **Erkenntnisziel.** Erkenntnisziel der theoretischen Betriebswirtschaftslehre ist **reine Erkenntnis des Seienden,** die an sich niemals auf Zwecke gerichtet oder an Zwecken ausgewählt ist. Auswahlprinzip ist die logische Zusammengehörigkeit der Probleme, d. h. die Möglichkeit ihrer eindeutigen Zuordnung zum Erkenntnisobjekt der Betriebswirtschaftslehre.

Erkenntnisziel der angewandten Betriebswirtschaftslehre ist die Beschreibung und Beurteilung von empirisch vorgefundenen Entscheidungsprozessen sowie die Entwicklung neuer Entscheidungsgrundlagen, d. h. die **Gestaltung des Betriebsablaufs** im Hinblick auf einen obersten Zweck. Die der Realisierung dieser obersten Zielsetzung dienenden unternehmerischen Handlungsalternativen wählt die angewandte Betriebswirtschaftslehre als ihre Probleme aus.

a) Erkenntnismöglichkeiten und Methoden der theoretischen Betriebswirtschaftslehre

Das Erkenntnisobjekt der Betriebswirtschaftslehre hat wie das Objekt jeder Realwissenschaft eine existentielle Seite **(Dasein)** und eine logische Seite

(Sosein). Jede Seite ist Gegenstand einer theoretischen Teildisziplin. Die theoretische Forschung muß folglich zwei Wege einschlagen, um zur Erkenntnis des Betriebsprozesses, d. h. zur Gewinnung von Gesetzmäßigkeiten, nach denen sich dieser Prozeß vollzieht, zu gelangen. Sie kann erstens, ausgehend von der Erfahrung, die tatsächlich beobachteten Tatbestände und Erscheinungen beschreiben und vergleichen, durch **Abstraktion** von mehr oder weniger belanglosen Einzelheiten zu typischen Erscheinungen vordringen und durch **induktives Folgern** eine kausale Erklärung der Wirklichkeit versuchen. Auf diese Weise gelangt man zu einer **empirisch-realistischen betriebswirtschaftlichen Theorie,** deren Forschungsverfahren vorwiegend empirisch-induktiv und empirisch-statistisch ist.

Sie kann zweitens aus der Erfahrung und durch Denken sich die Grundprinzipien der betrieblichen Prozesse erschließen, indem sie von der existentiellen Seite, dem realen Dasein der Gegenstände abstrahiert und nur die **logische Seite** der Gegenstände zu erkennen sich bemüht, um dann aus gesetzten Prämissen Relationen und funktionale Abhängigkeitsverhältnisse zwischen den betrieblichen Größen **auf deduktivem Wege** (teilweise mit Hilfe der Mathematik) abzuleiten. Das ist Aufgabe einer **reinen (exakten) betriebswirtschaftlichen Theorie,** die uns denknotwendige Urteile liefert. Die Brauchbarkeit dieser Urteile zur Erklärung realer betriebswirtschaftlicher Prozesse liegt aber nicht allein in ihrer logischen Richtigkeit, sondern hängt von der Wahrheitssicherung der Prämissen ab, aus denen sie abgeleitet worden sind. Die Urteile der exakten Theorie sind bei fehlerfreier Deduktion immer richtig, aber nicht immer aktuell.

Beide Bereiche der betriebswirtschaftlichen Theorie sind also gegenständlich getrennt, und jeder Gegenstand erfordert eine ihm adäquate Forschungsmethode, die durch seinen Allgemeinheitsgrad bedingt ist.

Die **empirisch-realistische Theorie** findet ihre Grenze in der Tatsache, daß man mit ihr nur einfachere Ursachenkomplexe erklären kann, weil man allein durch Beobachtung, auch mittels der Statistik nicht in der Lage ist, komplizierte Zusammenhänge zu erfassen. Es gibt in der wirtschaftlichen Wirklichkeit keine zwei Sachverhalte, die eine strenge Übereinstimmung zeigen; andererseits kann aus den beobachteten Ursache-Wirkungszusammenhängen nicht gefolgert werden, daß auch in allen nicht beobachteten Fällen, bei denen der gleiche Ursachenkomplex vorausgesetzt wird, die gleiche Wirkung folgt. Die wahrnehmbaren betrieblichen Tatbestände sind stets Wirkungen eines **Ursachenkomplexes,** der sich durch Beobachtung nicht völlig entwirren läßt. Das wäre nur möglich, wenn – wie in den Naturwissenschaften – die betriebliche Theorie durch Isolierung der Ursachen im Experiment die Kausalzusammenhänge erfassen könnte. Kann man einen Komplex von Bedingungen im Experiment beliebig oft schaffen, so läßt sich nach einer als hinreichend angesehenen Zahl von Wiederholungen, die stets die gleiche Wirkung zeigen, der Wahrscheinlichkeitsschluß ziehen, daß hier eine Gesetzmäßigkeit vorliegt, die auch die noch nicht beobachteten Fälle bestimmt.

Hier zeigen sich die **Grenzen der induktiven Methode** in der Betriebswirtschaftslehre, denn erstens ist eine experimentelle Isolierung einzel-

I. Gegenstand und Methoden

ner Ursachen zur Erforschung von Zusammenhängen in den Betrieben nicht möglich und – selbst wenn sie gelingen würde – ist zweitens eine künstliche Wiederholung der untersuchten Konstellation in der Regel nicht durchführbar.

Die Betriebswirtschaftslehre hat jedoch die Möglichkeit, an Stelle von Experimenten im Rahmen der exakten Theorie **Wirtschaftsmodelle** zu bilden, d. h. einzelne Zusammenhänge gedanklich zu isolieren und nun durch logisches Schließen aus dem Modell zu deduzieren. Empirisch-induktiv ist ein solches Vorgehen nicht möglich. Der Unterschied zum Modell des Naturwissenschaftlers liegt darin, daß dieser sich eine bestimmte Versuchsanordnung schafft und einzelne Faktoren aufeinander einwirken lassen kann. Er sieht die Wirkung durch Beobachtung und kann den Versuch beliebig oft wiederholen. Er geht also induktiv vor und folgert aus vielen gleich verlaufenden Versuchen einen gesetzmäßigen Zusammenhang. Bei seinem Experiment wendet er die sog. **Ceteris-paribus-Methode** an, d. h. er untersucht den Einfluß einer Größe (Ursache) auf eine andere Größe (Wirkung), indem er alle anderen Größen konstant hält. So verändert er z. B. bei Konstanz aller anderen Faktoren einer Versuchsanordnung nur die Temperatur einer Flüssigkeit. So kann er die Beziehungen zwischen dem Verhalten der Flüssigkeit und der Höhe der Temperatur empirisch feststellen.

Der Betriebswirt dagegen kann sich eine vereinfachte Ausgangskonstellation nur **durch Denken** schaffen. Auch er benutzt dabei die Ceteris-paribus-Methode, indem er z. B. untersucht, wie sich die Kosten verändern, wenn die Einsatzmengen eines Produktionsfaktors unter der Annahme der Konstanz aller anderen Faktormengen, -qualitäten, -preise usw. variiert werden. Er leitet aus seinem Modell rein logisch bestimmte Relationen ab, wendet also die **deduktive Methode** an, d. h. er schließt vom Allgemeinen auf das Besondere. Sein Modell wird nicht mit den beobachteten realen Sachverhalten übereinstimmen, es ist eine „zurechtgemachte Wirklichkeit" (Spiethoff), ein isolierter Teilzusammenhang.

Die Begrenzung dieses Verfahrens liegt darin, daß die Prämissen, mit denen man arbeitet, zum Teil zwar aus der Erfahrung abgeleitet werden können, daß sie aber durch Abstraktion gewonnen worden sind, also in dieser reinen Form in der Realität, d. h. in den tatsächlich zu beobachtenden Prozessen nicht vorkommen, weil sie von historischen Zufälligkeiten überdeckt sind, d. h. von rechtlichen, technischen, soziologischen u. a. Faktoren, von denen die Theorie abstrahiert hat; folglich gelten – bei fehlerfreier Ableitung – die deduzierten Urteile zwar **streng logisch, denknotwendig,** auf Grund der zurechtgemachten Voraussetzungen sind sie jedoch an der existentiellen Seite des Gegenstandes nicht ohne weiteres feststellbar.

Problem ist daher, wie weit man die Abstraktion treiben kann, ohne zu völlig „weltfremden Spekulationen" zu gelangen, die für die Erkenntnis der realen betrieblichen Prozesse keine Bedeutung mehr haben, weil sie nicht mehr Erkenntnis von Wesensmerkmalen und -sachverhalten, sondern rein gedankliche Konstruktionen darstellen. Die Gefahr, daß die exakte Theorie „weltfremd" wird, dann nämlich, wenn die Prämissen, aus denen deduziert wird, nicht aus der Erfahrung stammen, sondern rein gedankliche Konstellationen konstruiert werden, hat zur Ablehnung der exakten betriebswirtschaftlichen Theorie durch namhafte Fachvertreter geführt.[45]

b) Betriebswirtschaftliche Modelle

aa) Möglichkeiten und Grenzen der Modellbildung

Betrachten wir die Möglichkeiten der Modellbildung etwas näher. Die betriebswirtschaftliche Forschung ist bestrebt, mit Hilfe von Modellen die komplexen Zusammenhänge der wirtschaftlichen Wirklichkeit zu vereinfachen, um sie überschaubar zu machen und um am Modell zur Erkenntnis von Grundzusammenhängen und Prozessen zu gelangen, die in den konkreten Betrieben durch die Vielzahl der Einflüsse verdeckt sind. „Modelle sind nichts anderes als ein Mittel, um sich an die wirtschaftliche Wirklichkeit heranzutasten. Sie sind gewissermaßen Bilder, um eben diese Wirklichkeit zu begreifen."[46] Kein Modell kann die Vielfalt der im Betriebe wirkenden Prozesse, Vorgänge, Handlungen und Abläufe wiedergeben. Jedes Modell muß also mit Abstraktionen arbeiten.

Man kann bei der Gewinnung von Prämissen die **Methode der Reduktion** anwenden. Man abstrahiert **(isolierende Abstraktion)** vom realen Dasein, vom Daseinsmoment der beobachteten betrieblichen Zusammenhänge und richtet seine Aufmerksamkeit auf die logische (nicht die existentielle) Seite ihres Seins. Durch fortschreitende Abstraktion von den tatsächlich beobachteten Einzelheiten reduziert man so die Erscheinungen gedanklich auf wenige oder einen Zusammenhang, der in dieser Reinheit real nie gegeben ist, von dem man aber annimmt, daß er dem Erkenntnisgegenstand wesenhaft zugehört. Diesen so durch isolierende Abstraktion gewonnenen Teilzusammenhang betrachtet man als Ausgangskonstellation, aus der nun, ohne die Erfahrung noch zu brauchen, Beziehungen zwischen betrieblichen Größen deduziert werden. So gelangt man zu Urteilen über **quantitative Abhängigkeitsverhältnisse** (z. B. Kostenverläufe im gegebenen Betrieb).

Solche Modelle werden als **Reduktivmodelle** bezeichnet. „Konkrete Tatbestände der mannigfaltigen Wirklichkeit oder aber in der allgemeinen Anschauung als typisch gegebene Tatbestände werden isoliert und durch Abstraktion auf einen restlichen Zusammenhang, ein gedankliches Gebilde reduziert. Hier bedeutet indes Abstraktion nicht ein bloßes Abstrahieren vom Besonderen, bei dem das Abstrahierte in einer allgemeinen Sphäre als Unbestimmtes, aber doch Bestimmbares erhalten bliebe, sondern es wird hier von gewissen Seiten einer Erscheinung völlig abgesehen."[47]

Man kann bei der Modellbildung auch anders vorgehen. Man reduziert nicht einen in der Wirklichkeit beobachteten Zusammenhang auf einen restlichen, vereinfachten Teilzusammenhang, indem man ihn von einer großen

---

[45] Vgl. S. 66 ff.; 75 f.
[46] Ruchti, H., Bilanz und Investition, in: Der Industriebetrieb und sein Rechnungswesen (Festschrift für M. R. Lehmann), Wiesbaden 1956, S. 37
[47] Ritschl, H., Theoretische Volkswirtschaftslehre, Bd. 1, Tübingen 1947, S. 110 f.

I. Gegenstand und Methoden

Zahl von unwesentlichen und wesentlichen Faktoren gedanklich isoliert, sondern man konstruiert aus bestimmten Grundbegriffen ein Modell (**Konstruktivmodell**). „Es wird nicht durch Reduktion eines Ganzen gewonnen, sondern gebildet oder konstruiert aus den Elementen und Grundformen der Wirtschaft. Einige dieser Elemente werden – wieder zu einem nur gedanklichen – Modell zusammengefügt, an dem sich notwendige Zusammenhänge und Wirkungen zeigen lassen."[48]

Ein Reduktivmodell enthält nichts, das nicht tatsächlich im Betriebsprozeß gegeben ist, denn es ist ja gewissermaßen der „Rest" eines aus der Erfahrung stammenden Zusammenhanges. Nur sind eben bestimmte Seiten dieses Zusammenhanges weggelassen worden; aber man hat nichts hinzugesetzt. Beim Konstruktivmodell dagegen wird ein Zusammenhang rein gedanklich gesetzt, es werden dann unter Umständen Voraussetzungen gemacht, die zu einer Kombination von Elementen führen, die sich bisher nicht beobachten und auch nicht durch Reduktion gewinnen ließen. Beim Reduktivmodell kann man auf dem Wege der abnehmenden Abstraktion nacheinander **alle Faktoren wieder einführen,** von denen man zuvor abgesehen hat. Allerdings wird man feststellen müssen, daß mit zunehmender Zahl der Faktoren diese Aussagen sehr schnell ungenauer werden.

Man hat aber auch die Möglichkeit, neue Faktoren gedanklich einzuführen, also zu variieren. Der Übergang zwischen beiden Modelltypen ist deshalb letzten Endes fließend. Man kann ein Reduktivmodell bilden und hieraus deduzieren und – falls die logische Ableitung fehlerfrei ist – zu denknotwendigen Urteilen gelangen. Man kann aber den Zusammenhang auch dadurch variieren, daß man zusätzliche Prämissen einführt, aber nicht solche, von denen man vorher abstrahiert hat, sondern eben Faktoren, die aus anderen Zusammenhängen stammen und mit denen man den vorher untersuchten Zusammenhang nun kombiniert. So wird daraus ein Modell, das teils durch Reduktion, teils durch Konstruktion entstanden ist.

Alle Wirtschaftsmodelle haben den Charakter von **Arbeitshypothesen,** die zur Erklärung von realen Zusammenhängen, die auf empirisch-induktivem Wege nicht zu erfassen sind, verwendet werden. Hypothetisch bleibt, ob die Modellösung in der Realität praktikabel ist, denn obwohl die Modellanalyse zu denknotwendigen Aussagen geführt hat, können die dem Modell zugrundeliegenden Prämissen in der Realität nicht gegeben sein. So wird z. B. in einem Modell das preispolitische Verhalten eines Angebotsmonopolisten unter der Voraussetzung bestimmt, daß der Monopolist das Gewinnmaximum erzielen will, daß er seine Nachfragekurve und seine Kostenkurven kennt, vollkommene Voraussicht und unendlich schnelle Reaktionsfähigkeit besitzt usw.

Da die Ergebnisse der Modellanalyse hypothetisch sind, denn die mit Hilfe der Deduktion gewonnenen Urteile gelten zunächst nur in der logischen Sphäre, bedürfen sie einer **Überprüfung ihrer Brauchbarkeit** im empirischen Bereich, die davon abhängt, ob sie sich in diesem Bereich bewähren.

---

[48] Ritschl, H., a. a. O., S. 110 f.

Da eine Wahrheitssicherung (**Verifizierung**) der Hypothesen nicht möglich ist, denn sie würde voraussetzen, daß alle von der Hypothese betroffenen realen Zusammenhänge auf ihre Übereinstimmung mit der Hypothese überprüft werden müßten, gilt sie solange, bis sie widerlegt worden ist (**Falsifizierung**).[49] Die Modellanalyse der exakten Theorie, die uns die Erkenntnis bestimmter Grundzusammenhänge vermittelt und isolierte Teilzusammenhänge bis zur letzten Konsequenz logisch verfolgt, ist also zur theoretischen Erklärung des Betriebsprozesses unentbehrlich.

Exakte und empirisch-realistische betriebswirtschaftliche Theorie stehen einmal in einem **Ausschließungsverhältnis** zueinander, da nicht alle Probleme induktiv oder deduktiv untersucht werden können, sondern der jeweilige Untersuchungsgegenstand eine ihm adäquate Methode erfordert. Sie stehen andererseits in einem **Abhängigkeitsverhältnis** zueinander, da die empirisch-realistische Theorie in komplexe Zusammenhänge nicht ohne Kenntnis der logischen Relationen, die das Wesen des Betriebsprozesses ausmachen, eindringen kann, die exakte Theorie ihrerseits die Prämissen, mit denen sie arbeitet, möglichst auf induktivem Wege, also aus der Erfahrung gewinnen muß, auch wenn sie sich dann bei der logischen Ableitung nicht mehr der Erfahrung bedient.

bb) Systematisierungskriterien betriebswirtschaftlicher Modelle

Die Wirtschaftsmodelle lassen sich nicht nur – wie im vorangegangenen Abschnitt – nach der Herkunft ihrer Prämissen, sondern auch nach anderen Kriterien einteilen.

Für die Bildung sozialökonomischer Modelle gilt folgender allgemeiner Rahmen:[50]
„1. die Festlegung eines Untersuchungs- oder Beurteilungszieles,
2. die Auswahl und Definition von Merkmalen aus dem empirischen Gesamtzusammenhang,
3. die Isolierung der Merkmale, d. h. die Definition der Unabhängigkeit von nicht beachteten Merkmalen,
4. die Auswahl einer Technologie (eines Algorithmus) zur Lösung der durch das Untersuchungs- oder Beurteilungsziel vorgegebenen Frage,
5. die Durchführung der durch die Technologie vorgegebenen Operationen zur Bestimmung eines dem Untersuchungs- oder Beurteilungsziel entsprechenden Ergebnisses".

Die Problematik der Modellbildung liegt in der Formulierung des Problems, d. h. der Festlegung der **Problemstruktur** und der Auswahl der Modellmerkmale, die für die Lösung des Problems relevant sind. Dieser Vorgang der Abstraktion ist bis zu einem gewissen Grad subjektiv, d. h. aus der durch das zu untersuchende Objekt bestimmten Problemstruktur leitet der Forscher ein vereinfachtes Abbild der Realität, die **Realstruktur** ab. Der wissenschaftliche Erfolg oder Mißerfolg, d. h. die Brauchbarkeit der Modellösun-

---

[49] Vgl. Popper, K. R., Logik der Forschung, 10. Aufl., Tübingen 1994, S. 7 f.
[50] Tietz, B., Grundlagen der Handelsforschung, Bd. I: Die Methoden, Rüschlikon-Zürich 1969, S. 611

gen als Hypothese zur Erklärung empirischer Zusammenhänge hängt ganz entscheidend von der Trennung der für die Problemlösung relevanten von den irrelevanten Merkmalen ab. Die Modellmerkmale werden als **Variable** bezeichnet.

Modelle können beschreiben und erklären und damit auch Entscheidungshilfen liefern. Sie können darüber hinaus aber auch Anweisungen für optimale Entscheidungen enthalten. Man unterscheidet nach dem Kriterium der Art der Aussage des Modells:
(1) Beschreibungsmodelle (deskriptive Modelle),
(2) Erklärungsmodelle (explikative Modelle),
(3) Entscheidungsmodelle.

Mit Hilfe von **Beschreibungsmodellen** werden empirische Erscheinungen abgebildet, ohne daß sie dabei analysiert und erklärt werden. Ein Beispiel dafür ist die Buchführung des Betriebes,[51] die Bewegungen im Zeitablauf (Güter- und Geldströme) und Bestände an Zeitpunkten (Güterbestände, Zahlungsmittelbestände) durch Aufschreibungen erfaßt.

Mit **Erklärungsmodellen** sollen die Ursachen betrieblicher Prozeßabläufe erklärt werden. Sie stellen Hypothesen über Gesetzmäßigkeiten auf. Im einzelnen sind dazu folgende Schritte erforderlich:[52]
„1. die Formulierung der relevanten Fragestellungen,
2. die Auswahl der zu erklärenden Variablen und der dafür relevanten Einflußgrößen (Erklärungsvariablen),
3. die Aufstellung von Hypothesen über die Beziehungen zwischen den Einflußgrößen unter Einsatz mathematischer Kalküle,
4. die Festlegung der Maßstäbe, mit denen die Variablen gemessen werden,
5. die Ermittlung der empirischen Daten (Schätzung der Parameter durch statistische Analysen),
6. die Testung der Hypothesen aufgrund empirischer Unterlagen,
7. die Formulierung der Gesetzmäßigkeiten, sofern empirische Untersuchungen die Eignung der Hypothesen bestätigen, sonst Rückkoppelung zu Punkt 3, d.h. Aufstellung neuer Hypothesen,
8. die Fortsetzung der Hypothesen durch neue empirische Unterlagen. (Häufig werden Erklärungsmodelle aufgestellt, auf deren Überprüfung mit empirischen Daten verzichtet wird. Der Erklärungswert gilt dann nur insoweit, als die zugrunde gelegten Prämissen dieser Modelle zutreffen.)"

Zu den Erklärungsmodellen im weiteren Sinne zählen auch die Vorhersagemodelle **(Prognosemodelle).** Sie formulieren die Erklärung in eine Voraussage um. Ist z.B. in einem Erklärungsmodell die Hypothese aufgestellt worden, daß der Leistungswille der Arbeitnehmer durch Einführung eines Erfolgsbeteiligungssystems positiv beeinflußt wird, so läßt sich dieser Zusammenhang als Prognose formulieren: wenn ein Erfolgsbeteiligungssystem eingeführt wird, dann wird die Arbeitsleistung steigen. Auch diese Aussage hat hypothetischen Charakter.

---

[51] Vgl. Tietz, B., a.a.O., S. 684
[52] Tietz, B., a.a.O., S. 685

Entscheidungsmodelle haben die Aufgabe, die Bestimmung optimaler Handlungsmöglichkeiten zu erleichtern, Sie suchen nach Mitteln zur optimalen Realisierung eines Zieles, d.h. sie übertragen die in einem Erklärungsmodell gewonnenen Erkenntnisse auf einen praktischen Anwendungsbereich. Dabei werden in der Regel mehrere Variable innerhalb bestimmter Nebenbedingungen in der Weise festgelegt, daß die Zielfunktion dieser Variablen einen Extremwert annimmt (z. B. Gewinnmaximierung, Kostenminimierung).

Entscheidungsmodelle sind auf die Zukunft gerichtet. Folglich kann nicht immer unterstellt werden, daß der Entscheidungsträger über vollkommene Voraussicht verfügt und alle Variablen seiner Zielfunktion kontrolliert. Vielmehr beruhen die Entscheidungen fast immer auf mehr oder weniger unsicheren Aktions-, Reaktions-, Trend- und Umwelterwartungen.

Nach der Art der Annahmen über das Eintreten der Ergebnisse eines Modells sind zu unterscheiden:
(1) Deterministische Modelle,
(2) Stochastische Modelle,
(3) Spieltheoretische Modelle.

In **deterministischen Modellen** wird unterstellt, daß ein Ergebnis mit 100%iger Wahrscheinlichkeit, d.h. mit **völliger Sicherheit** eintritt. Die Ergebnisse der einzelnen Handlungsalternativen werden als bekannt vorausgesetzt. Jeder Variablen können eindeutige Werte beigelegt werden. Ein Beispiel sind Investitionsmodelle, die unter Sicherheit gebildet werden. Es wird unterstellt, daß alle zukünftigen Einzahlungen und Auszahlungen alternativer Investitionsprojekte bekannt sind und somit das vorteilhafteste Investitionsprojekt bestimmt werden kann.[53]

Bei **stochastischen Modellen** besteht eine **Risikosituation**. Die Variablen des Modells können verschiedene Werte annehmen, die Wahrscheinlichkeitsmaße sind jedoch bekannt, d.h. bei Entscheidungen unter Risiko wird unterstellt, daß die Eintrittswahrscheinlichkeit der möglichen Ereignisse bestimmt ist.

Spieltheoretische Modelle werden entwickelt, wenn für die Variablen eines Modells keine Wahrscheinlichkeiten angegeben werden können. Hier liegt folglich eine **Entscheidung bei Unsicherheit** vor, d.h. sie führt zu Ergebnissen, über die weder Wahrscheinlichkeiten, noch sonstige andere Erkenntnisse vorhanden sind. In den Modellen wird unterstellt, daß man gegen einen rational spielenden Gegner oder gegen die Natur spielt. (**ÜB 1/ 8–12**)

c) Das Auswahlprinzip der angewandten Betriebswirtschaftslehre

aa) Gewinnmaximierung oder gemeinwirtschaftliche Wirtschaftlichkeit als Auswahlprinzip?

Da alles menschliche Handeln auf Ziele gerichtet ist, muß die Betriebswirtschaftslehre als praktische Wissenschaft ihre Probleme an den Zielen auswählen, die die Menschen, die die unternehmerischen Entscheidungen zu

---

[53] Einzelheiten vgl. S. 622 ff.

treffen haben, verfolgen. Diese Ziele müssen **empirisch festgestellt** werden und dürfen nicht aus Normen oder ideologischen Vorstellungen abgeleitet werden, an denen nach der subjektiven Vorstellung einzelner Fachvertreter oder gesellschaftlicher Gruppen die Entscheidungen im Betriebe ausgerichtet werden sollten, tatsächlich aber gar nicht ausgerichtet werden.

Die Betriebswirtschaftslehre dieser Prägung versteht sich also als **wertfrei**, weil sie die von den Betrieben verfolgten Ziele registriert, ohne sie ethischsozial zu beurteilen, und weil sie auch die Mittel, die geeignet sind, diese Ziele bestmöglich zu realisieren, nur auf ihre **Operationalität**, nicht aber auf ihre ethisch-sozialen Konsequenzen hin beurteilt. Eine solche Betriebswirtschaftslehre wird als **praktisch-normativ** bezeichnet, da als Norm für die Problemauswahl ein empirisch nachweisbares praktisches Verhalten der Betriebe verwendet wird. Es darf jedoch nicht übersehen werden, daß die Entscheidung für eine solche Methode der Gewinnung des Auswahlprinzips selbst eine Wertung ist, der eine bestimmte Vorstellung von den Aufgaben einer Wissenschaft zugrunde liegt, die ihrerseits erkenntnismäßig nicht gesichert werden kann, sondern auf der Konvention derer beruht, die sich zur gleichen Auffassung bekennen.

Da die mit einem Betriebe verfolgten Ziele durch das **Wirtschaftssystem** mitbestimmt werden, in dem sich die betriebliche Tätigkeit vollzieht, ist eine solche Betriebswirtschaftslehre notwendigerweise eine Wirtschaftslehre, die auch das jeweils gegebene Wirtschaftssystem als Datum betrachtet, das keiner Bewertung unterzogen wird. Orientierungsgrößen für die Entscheidungen der Betriebsführung im System der Marktwirtschaft sind die Größen des Beschaffungs- und Absatzmarktes, d.h. die Preise der Produktionsfaktoren und die Preise der produzierten Güter und Leistungen. Diese Preise bilden sich durch Angebot und Nachfrage und lenken die Produktionsfaktoren in die Verwendungen, in denen die erwartete Differenz zwischen dem Wert des Faktoreinsatzes und dem Wert des Faktorertrages die größtmögliche ist. Der erwartete Gewinn steuert folglich den Einsatz der Produktionsfaktoren. Er bestimmt die Entscheidung, welche Güter in welchen Mengen produziert werden.

Aus der Vorstellung von diesem marktwirtschaftlichen Mechanismus resultiert seit Jahrzehnten die Annahme, daß das oberste Ziel aller Betriebe dieses Wirtschaftssystems die **langfristige Maximierung des Gewinns** sei und folglich allein als Auswahlprinzip einer „wertfreien" Betriebswirtschaftslehre in Betracht komme. Allerdings bietet auch diese Richtung der Betriebswirtschaftslehre kein einheitliches Bild, weil die langfristige Gewinnmaximierung vielfältig interpretiert werden kann. Es ist das Verdienst der betriebswirtschaftlichen Forschung der letzten Jahrzehnte, die unternehmerischen Zielsetzungen näher analysiert und aufgezeigt zu haben, daß das Gewinnmaximierungsprinzip nicht uneingeschränkt, sondern unter Beachtung **subjektiver Nebenbedingungen** verfolgt wird, also eine Anzahl von Zielkombinationen besteht, an denen sich die unternehmerischen Mittelentscheidungen orientieren.

Beschränken wir die Untersuchung auf das Wirtschaftssystem, in dem wir leben, so ist die Frage zu stellen: Welche Ziele verfolgen die Unternehmer tatsächlich? Verhalten sie sich systemkonform, d. h. versuchen sie, durch Orientierung an den Daten des Marktes ihren **Gewinn zu maximieren** oder wollen sie die **Gemeinschaft optimal mit Gütern und Dienstleistungen versorgen?** Damit ergibt sich die weitere Frage, ob diese beiden Ziele sich ausschließen oder sich bedingen, d. h. ob eine Ausrichtung der unternehmerischen Entscheidungen am Prinzip der Gewinnmaximierung zugleich zur bestmöglichen Güterversorgung (im Rahmen des gegebenen Wirtschaftssystems) führt oder nicht.

Bedeutende Fachvertreter wie **Schmalenbach** und **Nicklisch** haben das Gewinnmaximierungsprinzip als Auswahlprinzip der Betriebswirtschaftslehre abgelehnt, weil eine Orientierung am maximalen Gewinn ihrer Auffassung nach nicht zur optimalen Güterversorgung führt. An die Stelle des Gewinnprinzips stellen sie das Prinzip der **gemeinwirtschaftlichen Wirtschaftlichkeit** (gemeinwirtschaftliche Produktivität). Schmalenbach schreibt dazu: „An sich interessiert den Betriebswirtschaftler der Richtung, der der Verfasser angehört, der wirtschaftliche Betrieb nur als ein Organ der Gemeinwirtschaft. Ihn fesselt nicht der Betrieb als privatwirtschaftliche Erwerbsanstalt ... Der Betriebswirtschaftler dieser Richtung fühlt sich, seiner Bescheidenheit unbeschadet, als Staatswirtschaftler"; und er fährt fort: „Und so ist es nicht der Sinn unserer Betriebswirtschaftslehre, zuzuschauen, ob und wie irgend jemand sich ein Einkommen oder Vermögen verschafft. Sinn unserer Lehre ist lediglich zu erforschen, wie und auf welche Weise der Betrieb seine gemeinwirtschaftliche Produktivität beweist."[54]

Da die Bedürfnisstruktur der einzelnen Menschen unterschiedlich ist, muß die Frage entschieden werden, welche Arten und Mengen von Gütern und Leistungen mit den von Natur aus knappen Mitteln (Produktionsfaktoren) erstellt werden. Wer diese Entscheidung trifft, hängt von der Staats- und Wirtschaftsverfassung ab.

Das Ziel einer bestmöglichen Versorgung des Marktes im Sinne einer „gemeinwirtschaftlichen Wirtschaftlichkeit" ist im Rahmen des marktwirtschaftlichen Systems **als unternehmerische Maxime nicht anzutreffen** und folglich als Auswahlprinzip einer Betriebswirtschaftslehre, die empirisch feststellt, was ist oder was theoretisch sein kann, sich aber jedes Urteils enthält, was sein soll, ungeeignet. Woher sollte auch der einzelne Betrieb wissen, wie er handeln muß, um seine „gemeinwirtschaftliche Aufgabe" am besten zu erfüllen, d. h. vom Standpunkt der Gemeinschaft aus den größtmöglichen Beitrag zum Sozialprodukt zu erbringen? Wann ist in einer Volkswirtschaft die „beste" Güterversorgung erreicht? Wie muß die Zusammensetzung des Sozialproduktes sein, welche Güter sind „wichtig", welche nicht? Das alles sind Fragen, die nicht von der Betriebswirtschaftslehre oder vom Betriebe her gelöst werden können.

Die langfristige Gewinnmaximierung wird von den meisten Fachvertretern, die als Objekt der Betriebswirtschaftslehre den Betrieb als planvoll organisierte Wirtschaftseinheit auffassen, in dem sich eine Kombination von

---

[54] Schmalenbach, E., Dynamische Bilanz, 5. Aufl., Leipzig 1931, S. 94

I. Gegenstand und Methoden

Produktionsfaktoren nach den dem geltenden Wirtschaftssystem immanenten Gesetzmäßigkeiten vollzieht, als oberste Zielsetzung und damit als Auswahlprinzip anerkannt, wenn auch mit gewissen Nuancierungen, die in der Problematik der Bestimmung des Gewinns und der Beachtung von „Nebenbedingungen" liegen, auf die unten noch eingegangen wird. Dazu einige Zitate aus der Literatur. **Sieber** schreibt: „Sehen wir doch endlich ein, daß ein unzureichendes Funktionieren der Marktwirtschaft nicht von den Unternehmungen her gebessert werden kann. Woher wollen sie denn anders als durch die Marktpreise, also durch ihren Gewinn, wissen, welche Produktion am dringlichsten ist? Wenn zum Beispiel von Betriebswirten gesagt wurde, der Gewinn interessiere sie als Privatsache des Unternehmers nicht und wie dergleichen kräftige Worte gegen den ‚bloßen Profit' lauten mögen, so zeugen derartige Auffassungen von einer völligen Verkennung der Zusammenhänge zwischen Unternehmung und Volkswirtschaft."[55]

Rieger führt aus: „Die Unternehmung ist eine Veranstaltung zur Erzielung von Geldeinkommen – hier Gewinn genannt – durch Betätigung im Wirtschaftsleben. Wenn wir also von einem Zweck der Unternehmung reden, so kann es nur dieser sein, Gewinn zu erzielen, und zwar für den Unternehmer. Die Aufgabe oder Tätigkeit, der sie sich im Rahmen der Gesamtwirtschaft unterzieht, ist für sie oder besser für die Unternehmer ausschließlich Mittel zum Zweck.

Aus unserer derzeitigen Wirtschaftsverfassung ergibt sich die Unmöglichkeit, diesem Gewinnstreben begriffliche Grenzen zu ziehen. Insbesondere ist die Wissenschaft außerstande, einen Maßstab anzugeben, der den gerechtfertigten Gewinn von dem ‚gemachten Profit' trennt ...

Daß eine Unternehmung sich als Aufgabe die Versorgung des Marktes setzt, ist eine ganz unmögliche Vorstellung ... Von den Unternehmern ... könnte man eher behaupten, daß sie es außerordentlich bedauern, wenn sie den Markt versorgen; denn je länger er nicht versorgt ist, desto länger die Aussicht auf Absatz und Gewinn. Nichts hört der Kaufmann so ungern wie dies: Ich habe keinen Bedarf, der Markt ist versorgt – während er doch eigentlich verpflichtet wäre, es mit einem Gefühl tiefer Befriedigung zu vernehmen! – Man ist versucht, zu sagen: Die Unternehmung kann es leider nicht verhindern, daß sie im Verfolg ihres Strebens nach Gewinn den Markt versorgen muß."[56]

Schließlich eine Äußerung **Gutenbergs** zu dieser Frage: „Fragt man, wie Betriebe in marktwirtschaftlichen Systemen imstande sind, ohne zentrale Anweisungen und Befehle gerade die Güterarten und -mengen herzustellen, für die Bedarf besteht, dann wird zu antworten sein: Diese Wirkung wird dadurch erzielt, daß sie einem Prinzip überlassen werden, welches mit der gesamtwirtschaftlichen Bedarfsdeckung unmittelbar nichts zu tun hat, nämlich dem erwerbswirtschaftlichen Prinzip. Es ist mit dem gewinnmaximalen

---

[55] Sieber, E., Wirtschaftlichkeit und Wirtschaftlichkeitsmessung, in: Die Unternehmung am Markt (Festschrift Rieger), Stuttgart und Köln 1953, S. 185
[56] Rieger, W., Einführung in die Privatwirtschaftslehre, 3. Aufl., Erlangen 1964, S. 44 ff.

Prinzip nicht vollkommen identisch, jedoch erfährt es in ihm seine letzte Steigerung."[57]

bb) Kritische Einwände gegen die Gewinnmaximierung

Das Prinzip der Gewinnmaximierung unterliegt von zwei Seiten der Kritik. **Erstens** wird es angegriffen, weil es gar **nicht die zentrale Zielsetzung** der Unternehmungen sei, und zwar einerseits, weil die Maximierung des Gewinns nicht quantifizierbar sei, andererseits, weil die unternehmerischen Entscheidungen stets das Ergebnis einer ganzen Anzahl von Zielen seien, zu denen zwar vorrangig das Gewinnstreben gehöre, aber eben doch nicht in allen Fällen als dominierende Zielsetzung.

Zweitens wird das Prinzip aus der Vorstellung heraus abgelehnt, daß sich der Unternehmer zur Realisierung dieser Zielsetzung **über ethische und soziale Prinzipien hinwegsetze** und nur seinen persönlichen „Profit" suche und daß folglich eine Betriebswirtschaftslehre, die dieses Prinzip zum Auswahlprinzip ihrer Probleme mache und bei seiner Realisierung Hilfestellung leiste, sich allein in den Dienst des Gewinnstrebens der Unternehmer stelle.

Der erstgenannte Einwand richtet sich also nicht gegen die Gewinnmaximierung schlechthin, sondern **gegen die Ausschließlichkeit,** mit der die Betriebswirtschaftslehre sich an dieser Maxime orientiert, da diese Ausschließlichkeit nicht der wirtschaftlichen Wirklichkeit entspreche und folglich nicht aus der Erfahrung abgeleitet werden könne, sondern eine ideologische Parteinahme für kapitalistisches Unternehmerverhalten sei. Der zweite Einwand stellt die Beachtung dieser Maxime in der Praxis nicht in Frage, sondern hält sie für eine logische Folge des marktwirtschaftlich-kapitalistischen Wirtschaftssystems, **lehnt aber ihre sozialen und gesellschaftlichen Konsequenzen ab,** d.h. fordert eine Änderung der durch das Wirtschaftssystem bedingten Unternehmensverfassung, die auch eine Korrektur der Zielsetzungen der Betriebe zur Folge habe.

Der erste Einwand trifft insoweit zu, als die Gewinnerzielung in der Praxis nicht in der Form erfolgt, wie die Theorie sie aus Vereinfachungsgründen in ihren Modellen (z.B. in den Modellen der statischen Wirtschaftstheorie) seit Jahrzehnten unterstellt hat. Die Preistheorie z.B. untersucht, unter welchen Voraussetzungen ein Betrieb unter den Bedingungen eines vollkommenen Marktes das Gewinnmaximum erzielt. Der Unternehmer wird hier zum **homo oeconomicus** also zu einem „Idealunternehmer", der kein anderes Ziel als die Gewinnmaximierung kennt, der vollkommene Voraussicht und die Fähigkeit zu unendlich schneller Reaktion besitzt, und der es mit Partnern (Abnehmer, Konkurrenten) zu tun hat, die über die gleichen Fähigkeiten verfügen.

Ein solches Verhalten von Marktteilnehmern gibt es nur im Modell. **Bidlingmaier,** der die Problematik der Gewinnmaximierung einer eingehenden Analyse unterzogen hat, unterscheidet deshalb zwischen dem „ideal-objektiven Gewinnmaximum", das das Ziel des Idealunternehmers ist, und dem

---

[57] Gutenberg, E., Grundlagen, Bd. I, a.a.O., S. 464

I. Gegenstand und Methoden

„real-objektiven Gewinnmaximum". Letzteres ist „mit dem relativen Höchstgewinn identisch, der unter realtypischen Handlungsbedingungen – bei Heranziehung aller subjektiv erreichbaren Informationen und bei höchstmöglicher Reagibilität – zu erlangen ist."[58]

Die Diskussion in der entsprechenden Literatur über das Problem der unternehmerischen Ziele[59] hat zu der Erkenntnis geführt, daß sich das Gewinnstreben nicht in der Strenge wie im Modell angenommen, sondern unter **„Nebenbedingungen"** vollzieht, zu denen nicht nur **monetäre** (Sicherung der Zahlungsbereitschaft, Umsatzmaximierung, Kapitalerhaltung), sondern auch **nicht-monetäre** Ziele gehören (z. B. Streben nach Prestige, nach Unabhängigkeit, nach Verbesserung der sozialen Stellung, nach wirtschaftlicher Macht, nach Realisierung sozialethischer Vorstellungen). Die nicht-monetären Ziele gewinnen an Bedeutung bei anhaltend guter Wirtschaftslage (z. B. Bau repräsentativer und luxuriös ausgestatteter Verwaltungsgebäude, Gewährung freiwilliger Sozialleistungen, Unterstützung der wissenschaftlichen Forschung), sie treten hinter die monetären Ziele zurück, wenn die Ertragslage sich verschlechtert.

Es zeigt sich also, daß das formale Auswahlprinzip der Gewinnmaximierung eine ganze Anzahl von Handlungsalternativen umschließt. Die Schwierigkeiten der Bestimmung eines auf Gewinnmaximierung gerichteten Unternehmerverhaltens sind vor allem folgende:

(1) Der **Begriff des Gewinns** ist in der Literatur nicht eindeutig. Gibt es aber unterschiedliche Gewinnbegriffe, so gibt es auch unterschiedliche Handlungsalternativen zur Gewinnmaximierung.

(2) Die Unternehmer treffen ihre Entscheidungen nicht als „reine Ökonomen", sondern als Menschen, d. h.

(a) sie verfügen nicht über alle **Informationen,** die sie zu einer „modellmäßigen" Gewinnmaximierung benötigen. Sie müssen sich deshalb häufig an Hilfsgrößen orientieren (z. B. Maximierung des Umsatzes) und können erst nachträglich feststellen, ob ihre Entscheidungen geeignet oder nicht geeignet waren, das Ziel der Gewinnmaximierung zu realisieren.

(b) Sie treffen ihre Entscheidungen unter **Nebenbedingungen,** wollen also nur den Höchstgewinn erzielen, der sich unter Beachtung dieser Bedingungen erreichen läßt.

In beiden Fällen aber wollen sie unter den gegebenen objektiven Bedingungen (Marktgrößen) und subjektiven Bedingungen (Nebenbedingun-

---

[58] Bidlingmaier, J., Unternehmerziele und Unternehmerstrategien, Wiesbaden 1964, S. 94
[59] Vgl. dazu u. a.: Heinen, E., Die Zielfunktion der Unternehmung, in: Zur Theorie der Unternehmung, Festschrift zum 65. Geburtstag von Erich Gutenberg, Wiesbaden 1962, S. 9 ff.; ders., Das Zielsystem der Unternehmung, Wiesbaden 1963; Pack, L., Rationalprinzip und Gewinnmaximierungsprinzip, ZfB 1961, S. 207 ff. und 283 ff.; Gümbel, R., Nebenbedingungen und Varianten der Gewinnmaximierung, ZfhF 1963, S. 12 ff.; Hax, H., Rentabilitätsmaximierung als unternehmerische Zielsetzung, ZfhF 1963, S. 337 ff.; Koch, H., Über eine allgemeine Theorie des Handelns, in: Zur Theorie der Unternehmung, Festschrift zum 65. Geburtstag von Erich Gutenberg, Wiesbaden 1962, S. 367 ff.

gen) ihren Gewinn maximieren. Die Gewinnhöhe wird in jedem der möglichen Fälle eine andere sein, wenn die Zielfunktion (Maximierung des Gewinns unter Beachtung subjektiver Nebenbedingungen) jeweils durch unterschiedliche subjektive Faktoren beeinflußt wird. Formal aber ist das Ziel, an dem sich die Entscheidungen ausrichten, stets der unter den gegebenen Bedingungen realisierbare Höchstgewinn.

Wer die Gewinnmaximierungshypothese mit sozialethischen und gesellschaftspolitischen Argumenten kritisiert, kritisiert im Prinzip nicht die Betriebswirtschaftslehre, sondern die bestehende Wirtschaftsordnung und die durch diese Ordnung bedingten gesellschaftlichen Strukturen. Die Kritik trifft den Prozeß der volkswirtschaftlichen Einkommensbildung und Einkommensverteilung und würde vermutlich nicht geübt, wenn die in Betrieben erzielten Gewinne nicht allein den Unternehmern und Anteilseignern zufließen, sondern in anderer Weise verteilt würden.

Die Kritik entzündet sich überwiegend daran, daß die Gewinne in der Regel allein dem „Kapital", also den Eigentümern der Betriebe zufließen, und daß folglich eine Betriebswirtschaftslehre, die diesen Prozeß der Gewinnerzielung im Betriebe untersucht und dem Betriebe Verfahren und Entscheidungshilfen liefert, den Gewinn zu maximieren, ihre Erkenntnisse nur einer kleinen Gruppe der Gesellschaft, nämlich den Kapitaleigentümern bzw. den für sie arbeitenden Managern zur Verfügung stellt und dieser Gruppe damit hilft, durch eine Vergrößerung der Gewinne ihre gesellschaftliche Machtstellung über die Massen der Arbeitnehmer zu stärken. Man unterstellt den Betriebswirten dieser Richtung „vorsätzliches Handeln", d. h. bewußte positive Stellungnahme, also Parteinahme für die bestehende Wirtschaftsordnung.

Diejenigen Kritiker, die mit ihren ideologischen Angriffen auf die Gewinnmaximierung in Wirklichkeit auf die bestehende Wirtschafts- und Gesellschaftsordnung zielen, übersehen, daß dieses Prinzip nichts über die Verwendung des erzielten Gewinns aussagt und damit die Analyse der Mittelentscheidungen über die Realisierung dieser Zielsetzung nicht als Parteinahme für die „herrschende Klasse" interpretiert werden kann. Würden z. B. die Arbeitnehmer durch Vertrag oder Gesetz am erzielten Ergebnis beteiligt, so würde die Zielsetzung der Gewinnmaximierung dadurch nicht tangiert, sie wäre dann wohl die Zielsetzung aller im Betriebe tätigen Personen, da man erfahrungsgemäß davon ausgehen kann, daß jeder im Betriebe Tätige sein Einkommen aus dieser Tätigkeit maximieren möchte.

cc) Gewinn – Rentabilität – Wirtschaftlichkeit – Produktivität

Wenden wir uns der Frage der Quantifizierbarkeit zu. Die Betriebswirtschaftslehre hat verschiedene **Gewinnbegriffe** entwickelt. Ermittelt man die Differenz zwischen bewertetem Ertrag und bewertetem Einsatz der Produktionsfaktoren, so erhält man den **Erfolg** des Betriebes. Er wird in der Erfolgsrechnung[60] als Differenz zwischen dem Ertrag und dem Aufwand einer

---

[60] Einzelheiten vgl. S. 982 ff.

I. Gegenstand und Methoden

Periode (Gewinn oder Verlust) ausgewiesen und stellt die Verzinsung des Eigenkapitals und – bei Einzelunternehmungen und Personengesellschaften – die Vergütung für die Mitarbeit des Unternehmers bzw. der Mitunternehmer (Unternehmerlohn) dar. Von diesem bilanziellen (pagatorischen) Gewinn ist der **kalkulatorische Gewinn** zu unterscheiden, der sich in der Kostenrechnung als Differenz zwischen Erlösen und Kosten ergibt; dabei zählen Eigenkapitalzinsen und Unternehmerlöhne zu den Kosten.[61]

Setzt man den Periodenerfolg ins Verhältnis zum Kapital des Betriebes, so ergibt sich die **Rentabilität**. Sie zeigt, in welcher Höhe sich das Kapital in einer Abrechnungsperiode verzinst hat. Da das Gesamtkapital sich aus Eigenkapital (Unternehmerkapital, Beteiligungskapital) und Fremdkapital (Gläubigerkapital) zusammensetzt, unterscheidet man zwischen der **Gesamtkapitalrentabilität** und der **Eigenkapitalrentabilität**. Erstere ergibt sich, wenn man nicht nur den (Bilanz-)Gewinn, sondern auch die gezahlten Fremdkapitalzinsen,[62] die – da sie eine Verbindlichkeit sind – im Periodenaufwand enthalten sind, in Beziehung zum Gesamtkapital setzt:[63]

$$\text{Gesamtkapitalrentabilität} = \frac{\text{Gewinn} + \text{Fremdkapitalzinsen}}{\text{Gesamtkapital}} \times 100$$

Setzt man den Gewinn ins Verhältnis zum Eigenkapital, so erhält man die **Eigenkapitalrentabilität**:

$$\text{Eigenkapitalrentabilität} = \frac{\text{Gewinn}}{\text{Eigenkapital}} \times 100$$

Bezieht man den Gewinn nicht auf das Kapital, sondern auf den Umsatz, so erhält man die **Umsatzrentabilität**:

$$\text{Umsatzrentabilität} = \frac{\text{Gewinn}}{\text{Umsatz}} \times 100.$$

Von diesen Rentabilitätsbegriffen ist der Begriff der **Wirtschaftlichkeit** zu trennen. Der wertmäßige Wirtschaftlichkeitsbegriff bezeichnet dann, wenn ein bestimmter Ertrag mit verschiedenen Kombinationen von Produktionsfaktoren erzielt werden kann, das Verhältnis zwischen der günstigsten und der tatsächlich erreichten Kostensituation.[64]

$$\text{Wirtschaftlichkeit} = \frac{\text{Istkosten}}{\text{Sollkosten}}$$

---

[61] Einzelheiten vgl. S. 1115 ff.
[62] Fremdkapitalzinsen sind der Ertrag des Fremdkapitals. Da sie dem Kapitalgeber geschuldet werden, stellen sie für den Betrieb Aufwand dar, sind also nicht im Gewinn enthalten und müssen deshalb für die Berechnung der Gesamtkapitalrentabilität dem Gewinn hinzugerechnet werden.
[63] Die Summe aus Gewinn und Fremdkapitalzinsen wird in der Literatur auch als Kapitalgewinn bezeichnet. Vgl. Seischab, H., Demontage des Gewinns durch unzulässige Ausweitung des Kostenbegriffs, ZfB 1952, S. 19 ff.
[64] Vgl. Gutenberg, E., Einführung in die Betriebswirtschaftslehre, Wiesbaden 1958, S. 27

48 Erster Abschnitt. Gegenstand, Methoden und Geschichte

Das Verhältnis von mengenmäßigem Ertrag (gemessen in Stück, kg, usw.) und mengenmäßigem Einsatz von Produktionsfaktoren (gemessen in Arbeitsstunden, Betriebsmittel- und Werkstoffeinheiten) bezeichnet man als mengenmäßige oder **technische Wirtschaftlichkeit** oder als **Produktivität**. Diese technische Beziehung hat für das betriebliche Rechnungswesen keine praktische Bedeutung, da ohne Bewertung der eingesetzten Produktionsfaktoren in Geldeinheiten (also ohne das Gleichnamigmachen) keine Aussage über die Beachtung des Rationalprinzips möglich ist.

Zur Ermittlung der (wertmäßigen) Wirtschaftlichkeit hat man in der Literatur auch den Quotienten aus in Geld bewertetem Ertrag und in Geld bewertetem Einsatz an Produktionsfaktoren gebildet:

$$\text{Wirtschaftlichkeit} = \frac{\text{Ertrag}}{\text{Aufwand}}$$

Gutenberg weist mit Recht darauf hin, daß dieser Quotient zu einer „Vermengung von Wirtschaftlichkeits- und Rentabilitätsvorstellungen"[65] führt, die vermieden werden sollte. Wird z. B. der Ertrag mit Marktpreisen bewertet, und nimmt die Preisentwicklung einen ungünstigen Verlauf, so wird eine geringere Wirtschaftlichkeit ausgewiesen. Trotz der Verschlechterung der so aufgefaßten Wirtschaftlichkeit kann aber die Wirtschaftlichkeit der Leistungserstellung gestiegen sein, etwa weil erfolgreiche Rationalisierungsmaßnahmen des Produktionsprozesses vorgenommen worden sind.

dd) Die Eigenkapitalrentabilität als Auswahlprinzip?

Aus den Beziehungen zwischen den Rentabilitätsbegriffen läßt sich ableiten, daß die Gewinnmaximierung nicht als eine Maximierung der Gesamtkapitalrentabilität (Unternehmensrentabilität) oder der Umsatzrentabilität aufgefaßt werden kann, sondern nur als **Maximierung der Eigenkapitalrentabilität**. H. Hax hat das an einfachen Zahlenbeispielen nachgewiesen, dabei aber zugleich gezeigt, daß auch die Maximierung der Eigenkapitalrentabilität nicht ohne Probleme ist.[66]

Angenommen, ein Betrieb erzielt mit einem Eigenkapital von 100.000 DM einen Gewinn von 2.000 DM. Durch zusätzlichen Einsatz von Fremdkapital in Höhe von 20.000 DM ist ein weiterer Gewinn von 1.000 DM zu erwirtschaften, aus dem jedoch die Fremdkapitalzinsen zu zahlen sind.

	Alternative I (nur Eigenkapitel)	Alternative II (Eigen- und Fremdkapital)
Gewinn + Fremdkapitalzinsen	2.000 DM	3.000 DM
Gesamtkapital	100.000 DM	120.000 DM
Gesamtkapitalrentabilität	2,0 %	2,5 %

---

[65] Gutenberg, E., a. a. O., S. 28
[66] Zu den folgenden Beispielen vgl. Hax, H., Rentabilitätsmaximierung als unternehmerische Zielsetzung, ZfhF 1963, S. 337 ff., hier insbes. S. 340 ff.

I. Gegenstand und Methoden 49

Kosten die 20.000 DM Fremdkapital 10% = 2.000 DM Zinsen, so mindert sich bei Alternative II der Gewinn, der sich ohne Berücksichtigung von Fremdkapitalzinsen auf 3.000 DM beläuft, durch Berücksichtigung der Fremdkapitalzinsen auf 1.000 DM. Auf die Gesamtkapitalrentabilität hat die Höhe der Fremdkapitalzinsen keinen Einfluß. Die Eigenkapitalrentabilität ist jedoch in Alternative I doppelt so hoch (2%) wie in Alternative II (1%). Will der Unternehmer seine Eigenkapitalrentabilität maximieren, so muß er Alternative I wählen, wenn der Fremdkapitalzins höher als 5% = 1.000 DM ist. Liegt der Fremdkapitalzins unter 5%, so ist Alternative II vorteilhaft (z.B.: Fremdkapitalzins 3% = 600 DM; Gewinn = 3.000 DM − 600 DM = 2.400 DM; Eigenkapitalverzinsung = 2,4%). Eine Maximierung der **Gesamtkapitalrentabilität** führt also nur zum Gewinnmaximum, wenn der Fremdkapitalzins niedriger ist als die Gesamtkapitalverzinsung.

Auch die Maximierung der **Umsatzrentabilität** führt nicht notwendigerweise zu einer Gewinnmaximierung, wie folgendes Beispiel zeigt:

Angenommen, ein Betrieb, der 1.000 Mengeneinheiten zu Stückkosten von 8 DM herstellt, kann bei gegebenem Kapitaleinsatz die Produktion auf 1.500 Mengeneinheiten erhöhen, jedoch infolge höherer Materialkosten die zusätzliche Menge nur zu Stückkosten von 9 DM produzieren. Der Absatzpreis beträgt 10 DM.

	Alternative I	Alternative II
Ausbringung	1.000 Stück	1.500 DM
Umsatz	10.000 DM	15.000 DM
Kosten	8.000 DM	12.500 DM
Gewinn	2.000 DM	2.500 DM
Umsatzrentabilität	20 %	16,67 %

Maximiert der Betrieb die Umsatzrentabilität, so verzichtet er auf einen Gewinn von 500 DM, d.h. er erzielt nicht die höchste Eigenkapitalverzinsung.

Aus diesen Beispielen müßte man folgern, daß die Maximierung der Eigenkapitalrentabilität die einzig richtige Alternative ist, wenn ein Unternehmer aus seinem insgesamt zu Erwerbszwecken eingesetzten Kapital das größtmögliche Einkommen erzielen will. Diese Folgerung gilt aber nur unter bestimmten Voraussetzungen. Angenommen, ein Betrieb kann mit einem Eigenkapital von 1.000 DM einen Gewinn von 200 DM, mit einem Eigenkapital von 1.500 DM einen Gewinn von 250 DM erzielen.

	Alternative I	Alternative II
Eigenkapital	1.000 Stück	1.500 DM
Gewinn	200 DM	250 DM
Eigenkapitalrentabilität	20 %	16,67 %

Die zusätzlichen Mittel von 500 DM verzinsen sich also zu 10% im Betriebe. Stammen diese zusätzlichen 500 DM aus Mitteln des Unternehmers, so wählt er Alternative I, wenn er die Eigenkapitalrentabilität maximieren will. Will er aber sein Einkommen maximieren, so wählt er Alternative II, wenn ihm die 500 DM bei Anlage außerhalb des Betriebes weniger als 10% Zinsen bringen.

Diese Beispiele zeigen also, daß eine Maximierung der Gesamtkapitalrentabilität und der Umsatzrentabilität nur unter bestimmten Voraussetzungen zu einer Maximierung der Eigenkapitalrentabilität führen und daß eine Maximierung der Eigenkapitalrentabilität nur unter bestimmten Voraussetzungen zu einer Maximierung des Einkommens des Unternehmers führt.

Aus der letzten Fragestellung kann aber nicht gefolgert werden, daß eine Gewinnmaximierung im Sinne der Maximierung der Eigenkapitalrentabilität nicht als Auswahlprinzip der Betriebswirtschaftslehre verwendet werden kann. Die Betriebswirtschaftslehre untersucht die Entscheidungen, die der Unternehmer **im Betriebe** trifft, und nicht die Entscheidungen, die der Unternehmer trifft, um sein Gesamteinkommen durch Einsatz von Kapital in allen in der Wirtschaft denkbaren Anlagealternativen zu maximieren. Soweit sich die Einkommensmaximierung außerhalb des Betriebes vollzieht, gehört sie **nicht zum Gegenstand der Betriebswirtschaftslehre,** sondern ist für sie ein Datum wie z. B. auch die Rechtsordnung; d. h. ebenso wie bestimmte auf die Gewinnmaximierung gerichtete Entscheidungen durch die Rechtsordnung begrenzt werden, werden z. B. bestimmte Finanzierungsentscheidungen (z. B. Verwendung erzielter Gewinne im eigenen Betrieb oder in Alternativanlagen außerhalb des Betriebes) durch das Ziel der Maximierung des Gesamteinkommens des Unternehmers beeinflußt. (**ÜB 1/13–17**)

ee) Die begrenzte Gewinnerzielung als Auswahlprinzip?

Die Tatsache, daß der Unternehmer nicht immer den Maximalgewinn plant, den er unter Berücksichtigung seiner Informationen erzielen könnte, sondern einen Höchstgewinn, der unter Beachtung von Nebenbedingungen realisiert werden kann, hat dazu geführt, daß in der Literatur das Streben nach diesem relativen Maximalgewinn als **begrenzte Gewinnerzielung** bezeichnet wird. Bidlingmaier charakterisiert dieses Ziel folgendermaßen: „Der Ausdruck ‚begrenzte Gewinnerzielung' kennzeichnet nicht – wie die Gewinnmaximierung – einen Extremalpunkt, sondern ein bereichsbezogenes (zonales) Unternehmerziel, das als gewinnorientiertes Aktionsziel seine Obergrenze unmittelbar unterhalb der Gewinnmaximierung, seine Untergrenze im Gewinnminimum findet."[67]

Die Nebenbedingungen können nach Bidlingmaier entweder **Minimalziele** (z. B. Sicherung der Momentanliquidität) sein, die das Hauptziel der Gewinnerzielung kaum tangieren, oder sie können **Maximalziele** sein (z. B. Umsatzmaximierung), über deren Realisierung die Höhe des erzielten Gewinns keine eindeutige Aussage zuläßt.

---

[67] Bidlingmaier, J., a. a. O., S. 99; vgl. auch die dort gegebenen Literaturhinweise

I. Gegenstand und Methoden

Bidlingmaier gibt folgende Systematik möglicher **„Zielkombinationen"** gewinnorientierter Betriebe:[68]

„I. Begrenzte Gewinnerzielung unter außerökonomischen Nebenbedingungen
  1. Unter maximalen außerökonomischen Nebenbedingungen (z.B. Gewinnlimitierung bei maximaler Macht bzw. Sicherheit, bei maximalem Prestige usw.)
  2. Unter minimalen außerökonomischen Nebenbedingungen (z.B. Gewinnlimitierung unter Wahrung der Selbständigkeit, unter der Norm der Gerechtigkeit, Ehrlichkeit, Fairneß u.ä.)
II. Begrenzte Gewinnerzielung unter ökonomischen Nebenbedingungen
  1. Unter maximalen ökonomischen Nebenbedingungen
    a) Gewinnlimitierung unter der Nebenbedingung der Umsatzmaximierung bzw. Marktanteilsmaximierung
    b) Gewinnlimitierung unter der Nebenbedingung der bestmöglichen Versorgung der Arbeiter und/oder Abnehmer
    c) Gewinnlimitierung unter der Nebenbedingung maximaler Kapazitätsausnutzung (Vollbeschäftigung der Unternehmung)
    d) Gewinnlimitierung unter der Nebenbedingung maximalen Wachstums
  2. Unter minimalen ökonomischen Nebenbedingungen
    a) Gewinnlimitierung unter Aufrechterhaltung dauernder Momentanliquidität (Wahrung des ständigen finanziellen Gleichgewichts)
    b) Gewinnlimitierung unter der Nebenbedingung der Umsatzerhaltung bzw. Marktanteilserhaltung
    c) Gewinnlimitierung bei Schaffung von ausreichendem Einkommen für alle in der Betriebswirtschaft tätigen Menschen
    d) Gewinnlimitierung unter Sicherung einer Mindestwachstumsrate
    e) Gewinnlimitierung unter der Nebenbedingung der Erhaltung des guten Rufes der Firma
    f) Gewinnlimitierung unter der Nebenbedingung der Erhaltung des Markennamens
    g) Gewinnlimitierung unter der Nebenbedingung der Unternehmenserhaltung."

Diese Übersicht zeigt, daß der Unternehmer nicht als homo oeconomicus handelt, der keine außerökonomischen Ziele und im ökonomischen Bereich nur das absolute Gewinnmaximum als Ziel kennt, sondern daß eine große Anzahl von **Zielkombinationen** möglich ist. Alle diese Zielkombinationen setzen aber eine Gewinnerzielung voraus. Man kann diesen Tatbestand entweder so charakterisieren, daß der Unternehmer in der Praxis nur den Höchstgewinn plant, der sich unter Beachtung von Nebenbedingungen ergibt; oder man kann feststellen, daß das Streben nach dem absoluten Höchstgewinn des homo oeconomicus durch Nebenbedingungen eingeengt wird zu einem „begrenzten Gewinn". Hinter dem Bestreben nach begrenztem

---

[68] Bidlingmaier, J., a.a.O., S. 103

Gewinn verbirgt sich also letzten Endes die Gewinnmaximierungshypothese unter Nebenbedingungen.

Wir halten also fest, daß das formale Auswahlprinzip der Betriebswirtschaftslehre die Maximierung des Gewinns im oben beschriebenen Sinne ist, daß aber durch den Einbau von Nebenbedingungen, der heute in der formalen Theorie kaum noch Schwierigkeiten bereitet, die herkömmliche Gewinnmaximierungshypothese eine wirklichkeitsnähere Ausgestaltung erhalten hat.

4. Wertfreie und wertende Betriebswirtschaftslehre[69]

Über die bereits mehrfach angeschnittene Frage, ob die Betriebswirtschaftslehre als Wissenschaft Werturteile abgeben soll oder nicht, wird seit Jahrzehnten diskutiert, ohne daß es bisher zu einer einheitlichen Auffassung gekommen ist. Das Werturteilsproblem ist bekanntlich nicht auf die Betriebswirtschaftslehre oder die Wirtschaftswissenschaften beschränkt, sondern die Frage, ob oberste Werte oder ethische Normen für menschliches Handeln wissenschaftlich begründet werden können, gehört zu den Grundproblemen der Wissenschaftslehre.

Zunächst ist festzustellen, daß es zwei Arten von Werturteilen gibt. Wenn die Betriebswirtschaftslehre das Urteil abgibt, daß ein bestimmtes Produktionsverfahren wirtschaftlicher als ein anderes ist, so bewertet sie beide Verfahren im Hinblick auf ihre Brauchbarkeit, eine bestimmte Produktion so wirtschaftlich wie möglich durchzuführen. Wenn sie zu der Feststellung kommt, daß eine bestimmte Entlohnungsform ungerecht oder unsozial sei, so bewertet sie ebenfalls ein Verfahren. Beide Urteile unterscheiden sich aber wesentlich. Das erste Urteil stellt eine **Wertbeziehung** fest, macht also lediglich eine Aussage darüber, welches Verfahren wirtschaftlich geeigneter ist, einen Zweck zu realisieren. Es mißt aber dem Verfahren keinen Wert im Sinne eines ethischen Wertes zu, denn es wird kein Nachweis geführt, ob der Zweck im ethischen Sinne wertvoll ist oder nicht. Es enthält also eine Wertbeziehung (Zweck-Mittelverhältnis), die man auch als **Finalrelation** bezeichnet. Urteile dieser Art nennt man **sekundäre Werturteile.** Sie sind ihrem Charakter nach Seinsurteile, d. h. Urteile über das Sein und nicht über den Wert eines Gegenstandes oder Verfahrens. Sie können mit wissenschaftlichen Methoden (durch Wahrnehmung und Denken) in ihrer Wahrheit gesichert werden.

Sekundäre Werturteile sind nichts anderes als Umkehrungen von Kausalsätzen.[70] Hat man in der Theorie beispielsweise die Erkenntnis gewonnen, daß die Ursache A die Wirkung B auslöst, so kann man dieses Kausalverhältnis umkehren und sagen: soll der Zweck B erreicht werden, so muß man das

---

[69] Vgl. Wöhe, G., Zur Problematik der Werturteile in der Betriebswirtschaftslehre, ZfhF 1959, S. 165 ff.
[70] Vgl. Weber, M., Der Sinn der „Wertfreiheit" der sozialpolitischen und ökonomischen Wissenschaften, in: Gesammelte Aufsätze zur Wissenschaftslehre, 2. Aufl., Tübingen 1951, S. 515

Verfahren A anwenden. Solange die Betriebswirtschaftslehre derartige Finalrelationen registriert und Mittel (Verfahren) auf ihre Eignung zur Realisierung empirisch vorgefundener Zwecksetzungen überprüft, wertet sie nicht selbst, sondern ist wertfrei.

In dem zweiten Urteil dagegen wird einem Verfahren Wert beigelegt. Gerechtigkeit und soziales Verhalten sind ethische Werte. Urteile dieser Art bezeichnet man als **primäre (echte) Werturteile**. Sie schreiben gewissen Gegenständen oder Verfahren Wert zu mit dem Anspruch, daß diesen Urteilen Allgemeingültigkeit zukommt.

Nicht immer sind die primären Werturteile so leicht erkennbar wie in dem angeführten Beispiel. Die Aussagen: „Die Umsatzsteuer ist zu hoch", oder: „Die Beteiligung der Arbeitnehmer am Zuwachs zum Produktivvermögen wäre empfehlenswert", enthalten ebenso eine Wertung. Denn wenn man die Umsatzsteuer als zu hoch bezeichnet, so muß man doch eine Vorstellung von der „richtigen" Höhe der Umsatzsteuer haben. Ein solches Urteil wäre wissenschaftlich nur dann vertretbar, wenn mit rationalen Mitteln zu beweisen wäre, welches die „richtige" Höhe der Umsatzsteuer ist. Die Empfehlung der Beteiligung der Arbeitnehmer am Produktivvermögen entspringt einer bestimmten Vorstellung über soziale Gerechtigkeit. Nur wenn diese Vorstellung mit wissenschaftlichen Methoden als wahr bewiesen werden kann, wäre ein solches Urteil in der Betriebswirtschaftslehre angebracht. Urteile der genannten Art werden im täglichen Leben laufend abgegeben, ohne daß man sich der in ihnen enthaltenen Wertungen bewußt wird.

In den Wirtschaftswissenschaften und besonders in der Betriebswirtschaftslehre, wo Wert- und Bewertungsprobleme eine bedeutende Rolle spielen, bedarf die Werturteilsfrage einer besonders kritischen Betrachtung, und zwar gerade deshalb, weil Bewertungsfragen Gegenstand betriebswirtschaftlicher Forschung sind. Gerade die große Bedeutung der Bewertungsprobleme in der Betriebswirtschaftslehre hat verschiedentlich zu der Auffassung geführt, die von **Max Weber** bereits Anfang dieses Jahrhunderts geforderte Wertfreiheit der Wirtschaftswissenschaften[71] könne nicht ohne weiteres auf die Betriebswirtschaftslehre übertragen werden. So hat beispielsweise **Nicklisch** die Auffassung vertreten, daß es vom „Reich der Zwecksetzungen ... keine wertfreie Wissenschaft geben (könne), deshalb auch nicht von der Betriebswirtschaft".[72]

Nach wie vor stehen sich im Hinblick auf die Verwendung von Werturteilen in der Betriebswirtschaftslehre zwei konträre Ansichten gegenüber: die „Wertfreien" lehnen die Abgabe von Werturteilen durch die Betriebswirtschaftslehre strikt ab, die Befürworter der Wertungen vertreten die Auffassung, daß es ohne Werturteile gerade in einer so stark der Praxis verhafteten Wissenschaft wie der Betriebswirtschaftslehre nicht gehe, sondern daß alle Urteile, die ein Betriebswirt abgibt, wie Nicklisch es einmal gefor-

---

[71] Vgl. Weber, M., Die „Objektivität" sozialwissenschaftlicher und sozialpolitischer Erkenntnis. Archiv für Sozialwissenschaften und Sozialpolitik, Bd. XIX, 1904, S. 22 ff.
[72] Nicklisch, H., Die Betriebswirtschaft, 7. Aufl., Stuttgart 1932, S. 29

dert hat, durch das „wertende Gewissen" gehen müssen. Diese Forderung scheint heute, wo die „wertfreien" Fachvertreter zweifellos in der Mehrzahl sind, durch das Streben wieder stärkeres Gewicht zu bekommen, das Objekt der Betriebswirtschaftslehre in Richtung auf die Soziologie hin auszuweiten.

Die **Soziologie** ist keine Wirtschafts-, sondern eine Sozialwissenschaft. Sie stellt den Menschen in den Mittelpunkt ihrer Untersuchungen, die Betriebswirtschaftslehre den Betrieb als Instrument der Realisierung unternehmerischer Ziele. Die Betriebssoziologie, die die zwischenmenschlichen Beziehungen im Betriebe zum Gegenstand hat, ist vom Erkenntnisobjekt her ein Teil der Soziologie, nicht der Betriebswirtschaftslehre. Daß Entscheidungen im Betriebe nicht nur auf Erkenntnissen basieren, die zum Objekt der Betriebswirtschaftslehre gehören, sondern auf Erkenntnissen, die zum Objekt anderer wissenschaftlicher Disziplinen zählen, wurde oben bereits dargelegt.

Es ist sogar gefordert worden, die Betriebswirtschaftslehre, die sich seit jeher bemüht, das jeweils bestehende Wirtschafts- und Gesellschaftssystem als Datum hinzunehmen (ohne damit eine positive oder negative Wertung des jeweiligen Systems vorzunehmen), müsse **in den Dienst ideologischer Auseinandersetzungen** gestellt werden, die zu einer Änderung des bestehenden Wirtschafts- und Gesellschaftssystems, d. h. zur Überwindung der herrschenden marktwirtschaftlichen (kapitalistischen) Ordnung führen sollen. Diejenigen, die diese Forderung stellen, werfen zugleich der heutigen Betriebswirtschaftslehre vor, die Hinnahme einer Wirtschafts- und Gesellschaftsordnung und der dieser Ordnung immanenten Handlungsweisen sowie der durch diese Ordnung konstituierten gesellschaftlichen Strukturen sei in Wirklichkeit bereits eine positive Wertung dieser Ordnung. Wer die Ziele der Unternehmer kritiklos zum Auswahlprinzip einer Wissenschaft mache und Entscheidungsalternativen aufzeige, wie diese Ziele optimal realisiert werden können, identifiziere sich mit diesen Zielen und allen ihren Nebenwirkungen auf sozialem und gesellschaftspolitischem Gebiet. Die These von der Wertfreiheit sei folglich eine Selbsttäuschung, wenn nicht sogar eine bewußte Unterstellung.

Eine solche Einstellung **leugnet die Möglichkeit einer wertneutralen wissenschaftlichen Forschung** überhaupt und unterstellt dem Andersdenkenden die eigene Denkungsweise, nämlich vom Standpunkt einer Ideologie aus Wissenschaft zu betreiben, um gesellschaftspolitische Ziele durchzusetzen, d. h. aber nichts anderes, als die **Wissenschaft zu politisieren.** Wer von einer Wissenschaft die Abgabe von Werturteilen über unternehmerische Ziele fordert bzw. sie im Namen der Wissenschaft abgibt, obwohl ihm bewußt ist, daß sie sich einer wissenschaftlichen Beweisführung entziehen, setzt Wissenschaft und politische Ideologie gleich. Die Wissenschaft unterscheidet sich aber gerade von der politischen Ideologie dadurch, daß die Wissenschaft ein Zusammenhang von wahren und in ihre Wahrheit gesicherten Urteilen ist, die systematisch geordnet sind und sich auf einen gemeinsamen Gegenstand beziehen, die Wissenschaft also zu objektiven Erkenntnissen führt, die **politische Ideologie aber ein persönliches Bekenntnis** ist.

I. Gegenstand und Methoden

Wer die Möglichkeit einer wertneutralen Forschung leugnet, übersieht einen ganz entscheidenden Unterschied: nämlich den zwischen **wissenschaftlicher Erkenntnis,** die in ihrer Wahrheit beweisbar ist, und **persönlichem Bekenntnis,** das der Forscher aufgrund seiner ethisch-sozialen und politischen Vorstellungen (also aufgrund seines Wertsystems) abgibt. Auch die Feststellung, daß jeder Forscher durch die Entscheidung, welchen Gegenstand er zum Ziele seiner wissenschaftlichen Untersuchungen macht, eine Wertung trifft, ist kein Einwand gegen eine wertneutrale Forschung. Abgesehen davon, daß die Entscheidung für einen Gegenstand die Wertneutralität der Aussagen über diesen Gegenstand nicht tangiert, muß diese Entscheidung weder eine positive Wertung für den untersuchten Gegenstand, noch eine negative Wertung für nicht in die Untersuchung einbezogene Gegenstände bedeuten.

Es bleibt natürlich **jedem Forscher selbst überlassen,** ob er sich auf die Gewinnung wissenschaftlicher Erkenntnis beschränkt, also neutral bleibt, oder ob er sich positiv oder negativ wertend für oder gegen die sozialen und gesellschaftlichen Konsequenzen seiner Erkenntnisse einsetzt, also **Stellung bezieht.** Es wird kaum einen Menschen geben, der über eine so große wissenschaftliche Objektivität verfügt, daß er nicht gelegentlich Werturteile im Rahmen wissenschaftlicher Arbeiten oder Diskussionen abgibt. Das verpflichtet ihn jedoch dazu, daß er seinen Lesern und Zuhörern klar macht, wo die **wissenschaftliche Erkenntnis aufhört** und das persönliche Bekennen, das sich der wissenschaftlichen Beweisführung entzieht, beginnt.

Gerade das Bekennen einer eigenen Meinung, die nicht rational beweisbar ist, kann zu einer fruchtbaren Diskussion von Problemen führen und sie einer Lösung näherbringen. Zu fordern ist also eine scharfe Trennung und vor allem eine Kenntlichmachung von wissenschaftlicher Erkenntnis und persönlichem Bekenntnis. Es ist eine Tatsache, daß mit persönlichen Ansichten durchsetzte wissenschaftliche Arbeiten oft auf den Leser einen größeren Eindruck machen als nüchterne logische Analysen, die sich jedes Werturteils und jeder persönlichen Wertung enthalten. Die Werturteile sollten aber **als solche gekennzeichnet** sein.

Scharf abzulehnen ist allerdings die Abgabe von Werturteilen in Zusammenhängen, wo die Nüchternheit bestimmter wirtschaftlicher Sachverhalte durch Wertungen verdeckt werden soll; wo man von Ethik und sozialem Verhalten spricht, in Wirklichkeit aber Rationalisierung und Rentablitätssteigerung meint. Das ist besonders häufig im Zusammenhang mit der menschlichen Arbeitskraft der Fall, wenn man die Arbeitskraft zwar als Produktionsfaktor in die Rechnung einstellt, diese nüchterne Rechnung aber durch Empfehlung von angeblich sozialen Maßnahmen verdecken möchte. Hier werden dann zwar Wertungen abgegeben, in Wirklichkeit ist man sich aber darüber im klaren, daß die empfohlenen „sozialen Maßnahmen" nur die Rentabilität erhöhen sollen.

II. Geschichte der Betriebswirtschaftslehre

Vorbemerkung

Die Betriebswirtschaftslehre ist als selbständige wirtschaftswissenschaftliche Disziplin erst zu Beginn des 20. Jahrhunderts entstanden. Sie hat sich also wesentlich später zur Wissenschaft entwickelt als die Volkswirtschaftslehre, obwohl die Quellen einzelwirtschaftlicher Betrachtung weiter in die Vergangenheit zurückreichen als die der gesamtwirtschaftlichen Betrachtung.

Man pflegt im allgemeinen das Jahr 1898, in dem die ersten **Handelshochschulen** (Leipzig, St. Gallen, Aachen und Wien) gegründet wurden, denen bald weitere folgten (Köln und Frankfurt/Main 1901, Berlin 1906, Mannheim 1907, München 1910, Königsberg 1915, Nürnberg 1919), als das Geburtsjahr der Betriebswirtschaftslehre als Wissenschaft zu bezeichnen. Es hat jedoch schon vorher eine wissenschaftliche Beschreibung und Erforschung des Betriebes gegeben, die nach bisherigen Untersuchungen ihren Schwerpunkt vor allem im Bereich der Handelsbetriebe hatte. D. Schneider hat jedoch anhand zahlreicher Quellen nachgewiesen, daß weniger die Handelswissenschaften als vielmehr die „landwirtschaftliche Betriebslehre", für die es einige Quellen bereits im Altertum gibt, und die zur Zeit Josephs II. entwickelte „k.k. Staatsrechnungswissenschaft", in der „geradezu ‚paradigmatische' Leitlinien späteren betriebswirtschaftlichen Denkens entwickelt wurden", „... als Vorläufer der Betriebswirtschaftslehre im Sinne einer bislang im wesentlichen praktisch-normativen Unternehmensführungslehre angesehen werden."[1]

Die Handelshochschulen sind teils zu Universitäten ausgebaut (Köln, Frankfurt und Mannheim), teils mit technischen Hochschulen (Aachen, München) oder Universitäten (Leipzig, Technische Universität Berlin, Hochschule für Wirtschafts- und Sozialwissenschaften Nürnberg mit Erlangen) vereinigt worden. Selbständig geblieben sind die Handelshochschule St. Gallen und die Hochschule für Welthandel in Wien.

Durch die Gründung zahlreicher neuer Universitäten nach dem 2. Weltkrieg hat die Betriebswirtschaftslehre einen bedeutenden Aufschwung erlebt. 1978 gab es mehr als 250 Ordinariate für Betriebswirtschaftslehre im deutschsprachigen Raum.[2] Die Gründung von Fachhochschulen hat daneben einen stärker praxisbezogenen Zweig betriebswirtschaftlicher Ausbildung geschaffen, der zur Fortsetzung der Traditionen der Handelshochschulen alten Stils geeignet zu sein scheint.

---

[1] Schneider, D., Vorläufer der Betriebswirtschaftslehre, ZfbF 1981, S. 118 und 117
[2] Vgl. Sundhoff, E., Dreihundert Jahre Handelswissenschaft, 2.Aufl., Köln 1991, S. 11

1. Die Bedeutung der Kenntnis der historischen Entwicklung für das Verständnis des gegenwärtigen Standes und der offenen Probleme einer Wissenschaft

Die Beschäftigung mit einer Wissenschaft setzt die Kenntnis ihrer historischen Entwicklung voraus, da der heutige Stand der Wissenschaft das Ergebnis dieser Entwicklung ist. Dennoch hat zur Zeit die wirtschaftshistorische und dogmengeschichtliche Ausbildung im Rahmen des Studiums der Wirtschaftswissenschaften einen beklagenswert niedrigen Stellenwert. Das dürfte einerseits darauf zurückzuführen sein, daß als Folge der Katastrophe des 2. Weltkrieges die zuvor über Jahrzehnte vorherrschende nationalistische Geschichtsbetrachtung aufgegeben wurde und sich erst ganz allmählich ein **neues Geschichtsbewußtsein** herausbildet, das die Geschichte nicht als eine Folge von durch Kriege bewirkten Grenzveränderungen, sondern als einen gesellschaftlichen Prozeß versteht und die kultur- und geistesgeschichtlichen sowie die wirtschaftlichen Entwicklungen stärker betont als die politischmilitärischen.

Die Vernachlässigung wirtschaftshistorischer Probleme im Rahmen der wirtschaftswissenschaftlichen Ausbildung ist andererseits darauf zurückzuführen, daß derartige Kenntnisse zwar die Allgemeinbildung erweitern und Verständnis für gesellschafts- und sozialpolitische Probleme vermitteln, daß aber infolge der zunehmenden **Veränderung der Universität** von einer Institution, die in erster Linie umfassend gebildete und zum wissenschaftlichen Arbeiten befähigte Menschen heranbilden soll, zu einer Institution, die den Schwerpunkt ihrer Tätigkeit fast ausschließlich auf die Ausbildung von Berufsspezialisten legt, die Bedeutung derjenigen Lehrveranstaltungen höher eingeschätzt wird, die Wissen vermitteln, das im praktischen Beruf unmittelbar angewendet werden kann. Diese Akzentverschiebung im Selbstverständnis der Universität ist nicht nur eine Folge der stärkeren Hinwendung zu den materiellen Dingen des Lebens, sondern auch eine Folge der nicht von den Studierenden, sondern von ihren Dozenten gesetzten Prioritäten in den Studien- und Prüfungsordnungen.

Die Geschichte der Betriebswirtschaftslehre ist
(1) einerseits eine Betrachtung der geschichtlichen Entwicklung des Wirtschaftens in Betrieben **als Institution** und andererseits eine Analyse der von oder mit Betrieben verfolgten Ziele und der zur Realisierung der Ziele einzusetzenden Mittel;
(2) eine Geschichte der **betriebswirtschaftlichen Lehrmeinungen.** Diese sind entweder der Versuch
   (a) die beobachteten Tatbestände und Verhaltensweisen zu erklären und zwar aus dem gesamten historischen Zusammenhang heraus – und damit zu verstehen; oder
   (b) Maximen für das Handeln im Betriebe gedanklich zu entwickeln, die aus einem bestimmten Wertesystem abgeleitet werden, und das beobachtete reale wirtschaftliche Handeln in den Idealvorstellungen entsprechendes Handeln zu überführen.

Beispiele für die **erste Richtung** sind Lehrmeinungen, die die vom Betriebe tatsächlich verfolgten **Ziele empirisch feststellen** und aus der Theorie Verfahren entwickeln, die geeignet sind, diese Ziele zu realisieren. Eine Wertung der Ziele (z. B. Gewinnmaximierung) erfolgt nicht. Eine solche Betriebswirtschaftslehre ist notwendigerweise zum größten Teil auf das jeweils historisch realisierte Wirtschaftssystem bezogen.

Beispiele für die **zweite Richtung** sind Lehrmeinungen, die zunächst aus einem allgemeinen Wertesystem Ziele für betriebliches Handeln postulieren und dann Verfahren entwickeln, wie diese Ziele am rationellsten zu verwirklichen sind. Lehrmeinungen dieser Art wollen die vorgefundene **Wirtschaft und ihre Ziele verändern,** indem sie versuchen, die Menschen zu überzeugen, daß die postulierten Ziele einen höheren ethischen Wert als die zur Zeit tatsächlich verfolgten haben und daß folglich die zu dieser geltende Wirtschaftsordnung und Unternehmensverfassung durch eine andere ersetzt werden müsse.

Die beiden genannten Bereiche der Geschichte der Betriebswirtschaftslehre – die Betrachtung der Entwicklung des Betriebes als Institution einerseits und die Entwicklung betriebswirtschaftlicher Lehrmeinungen andererseits – lassen sich nicht trennen, denn die Lehrmeinungen haben sich einerseits als Folge der empirischen Beobachtung wirtschaftlichen Handelns herausgebildet; andererseits wird das wirtschaftliche Handeln auch von theoretisch entwickelten Lehrmeinungen über dieses Handeln beeinflußt. Aus der theoretischen Analyse werden Empfehlungen für praktisches Handeln abgeleitet. Die **Theorie** erklärt, was ist und warum es so ist, die **Politik** als angewandte Wissenschaft ist Gestaltung, Verfahrensauswahl zur Realisierung bestimmter Ziele unter Anwendung der Theorie.

2. Die Entwicklung von den Anfängen bis zur Mitte des 17. Jahrhunderts

Solange es Betriebe mit geordneter Wirtschaftsführung gibt, ist es erforderlich, Aufzeichnungen über Bestände und Wertungen durchzuführen. Buchhaltung, Wirtschaftsrechnen und kaufmännischer Schriftverkehr lassen sich bereits im alten Ägypten, bei den Griechen und Römern nachweisen.[3] Was aber bis zu Beginn der Neuzeit fehlte, war die wissenschaftliche Beschäftigung mit betrieblichen Problemen, die über die bloße Rechen- und Verfahrenstechnik hinausgingen. Die durch Übung und Erprobung gewonnenen praktischen Erfahrungen kaufmännischer Betriebsführung wurden nicht veröffentlicht, sondern innerhalb der Kaufmannsfamilien sorgsam gehütet und weitervererbt. Die älteste Privatniederschrift dieser Art, die bisher bekanntgeworden ist, stammt von **F. B. Pegolotti** und wurde in den Jahren 1335 bis 1345 in Florenz verfaßt. Sie enthält vor allem Notizen über Münzen, Maße, Gewichte, Warennotierungen, Zinstafeln u. a. Nach E. Weber[4]

---

[3] Einzelheiten und Quellen vgl. bei Bellinger, G., Geschichte der Betriebswirtschaftslehre, Stuttgart 1967

[4] Vgl. Weber, E., Literaturgeschichte der Handelsbetriebslehre, Tübingen 1914

II. Geschichte der Betriebswirtschaftslehre

stammt die älteste bisher bekannte deutsche handelskundliche Anleitung aus dem Jahre 1511.

Das Aufzeichnen der Lebenserfahrungen und der Grundsätze praktischer Wirtschaftsführung eines Kaufmanns und die Weitergabe an den Nachfolger zum Nutzen der Familie und der Firma wurden vor allem in der Zeit der Renaissance erforderlich, als die großen Handelshäuser – insbesondere in den oberitalienischen Stadtstaaten – ihre Handelsbeziehungen auf viele Länder ausdehnten, und damit der Geschäftsumfang immer größer wurde.

In dieser Zeit erfolgten auch die ersten wissenschaftlichen Bearbeitungen und Veröffentlichungen aus einzelnen Gebieten der Handels- und Rechentechnik.

Die älteste gedruckte Veröffentlichung handelstechnischer Art ist in dem im Jahr 1494 erschienenen Lehrbuch der Mathematik des aus Venedig stammenden Franziskanermönches und Mathematikprofessors **Luca Pacioli** „Summa de Arithmetica, Geometria, Proportioni et Proportionalità", das neben der Behandlung der Arithmetik und Algebra sowie ihrer Anwendung auf die kaufmännische Praxis und neben der Behandlung des Handelsaustausches, der Handelsgesellschaften, der Wechseltechnik u. a. vor allem dadurch bekannt geworden ist, daß es die erste vollständige und geschlossene gedruckte Darstellung des Systems der doppelten Buchführung enthält – überschrieben mit „Tractatus particularis de computis et scripturis". Die Entwicklung der doppelten Buchführung läßt sich nach Einführung der an die Stelle der schwerfällig zu handhabenden römischen Ziffern tretenden arabischen Zahlen – vor allem durch das im Jahre 1202 von dem Mathematiker **Leonardo Fibonacci Pisano** verfaßte „Liber abaci"[5] – bis in die Mitte des 13. Jahrhunderts zurückverfolgen und vollzog sich über die Einführung des Personenkontos, des Sachkontos, des Inventars, des doppelten Buchungssatzes bis zum formellen Abschluß einer Abrechnungsperiode, der zu Beginn des 15. Jahrhunderts an die Stelle der Abrechnung einzelner Geschäfte trat. In Paciolis Schrift läßt sich erstmals die Trennung von privatem Haushalt und Betrieb nachweisen, welche die Voraussetzung für die Entwicklung der am Gewinn orientierten kapitalistischen Unternehmung war.

Ausführungen über die doppelte Buchführung finden sich allerdings bereits in einer im Jahre 1458 für das Archiv eines Handelshauses angefertigten Handschrift von **B. Cotrugli** aus Ragusa, die jedoch erst 1573 in Venedig unter dem Titel „Delle Mercatura et del Mercante perfetto" veröffentlicht wurde.[6] In der Literatur wird deshalb L. Pacioli das Verdienst, als Erster das System der doppelten Buchführung dargestellt zu haben, von verschiedenen Seiten streitig gemacht. Löffelholz[7] hat jedoch nachgewiesen, daß das Kapitel von drei Seiten, auf denen sich Cotrugli mit der Buchführung beschäftigt, nicht als systematische Darstellung der Buchführung angesehen werden kann, zumal von der doppelten Buchführung überhaupt nicht die Rede ist.

---

[5] Vgl. Löffelholz, J., Geschichte der Betriebswirtschaft und der Betriebswirtschaftslehre, Stuttgart 1935, S. 121 f.
[6] Vgl. Weber, E., a. a. O., S. 8
[7] Vgl. Löffelholz, J., a. a. O., S. 141 ff.

Von da bis zur Mitte des 17. Jahrhunderts erschien eine Anzahl ähnlicher handelstechnischer Anleitungen, deren stofflicher Umfang infolge der Ausweitung des Handels auf inzwischen entdeckte überseeische Gebiete mehr und mehr zunahm. Als bedeutsam sind das „Handels-Buch" von **Lorenz Meder** aus Nürnberg, das im Jahr 1558 veröffentlicht wurde, und das Buch „Il Negotiante" von **Giovanni Domenico Peri** aus Genua zu nennen, das im Jahre 1638 erschien und mehrere Auflagen erlebte. Gegenüber einem nur wenige Jahrzehnte später veröffentlichten Werk von **Jacques Savary** (1622 – 1690) „Le Parfait Négociant" (1675) kann aber bei Peri und seinen Vorläufern noch nicht von einer systematischen wissenschaftlichen Bearbeitung des Stoffes gesprochen werden. Deshalb setzt Seyffert den Beginn der systematischen Handelswissenschaft mit dem Erscheinen von Savarys Werk an und bezeichnet die davor liegende Periode als die „Frühzeit der verkehrs- und rechentechnischen Anleitungen".[8]

Sundhoff hat für die Zeit vor Savary (etwa ab dem Jahre 1200) den Begriff **„Kommerzienkunde"** geprägt. Es erscheint ihm „nicht unangebracht, zur Benennung der ältesten Phase der Einzelwirtschaftslehre einen heute als antiquiert geltenden Ausdruck, nämlich den Plural des Wortes Kommerz zu verwenden",[9] und mit einem deutlichen Hinweis, wie langsam sich damals der wissenschaftliche Fortschritt vollzog, stellt er für diese Entwicklungsphase fest, daß es fast eines halben Jahrtausends bedurft hat, „um von der Kaufmannsarithmetik über die Buchhaltung bis zur Geschäftstechnik zu gelangen..."[10]

3. Die Entwicklung im Zeitalter des Merkantilismus (1650–1800)

Der Begriff Merkantilismus bezeichnet das Wirtschaftssystem bzw. die Wirtschaftstheorie und Wirtschaftspolitik im **Zeitalter des Absolutismus,** also etwa von der Mitte des 17. bis zum Ende des 18. Jahrhunderts. Der Dreißigjährige Krieg hatte die Grundlagen für die Bildung von Nationalstaaten in Westeuropa und von Territorialgewalten in Deutschland geschaffen. Die mittelalterliche Wirtschaft, die aus kleinen Wirtschaftseinheiten bestand, die vorwiegend auf Grundbesitz und Grundeinkommen basierten, ging über in ein **frühkapitalistisches Wirtschaftssystem,** das in erster Linie vom Staat entwickelt wurde.

Der Übergang vom Söldnerheer zum stehenden Heer und die Ausweitung der fürstlichen Hofhaltung erhöhten den staatlichen Finanzbedarf erheblich. So wurde es das zentrale Ziel der merkantilistischen Wirtschaftspolitik und der ihr zugrunde liegenden kameralistischen Staatswissenschaft, die fürstliche Schatzkammer zu füllen. Die Quellen, aus denen dem Staat Geld zufließen konnte, waren neben den Steuern vor allem der Außenhandel und die staat-

---

[8] Seyffert, R., Betriebswirtschaftslehre, Geschichte der ..., HdB, Bd. I, 3. Aufl., Stuttgart 1956, Sp. 998
[9] Sundhoff, E., a.a.O., S. 18
[10] Sundhoff, E., a.a.O., S. 24; zur Kritik an Sundhoffs zeitlicher Stufenfolge der Handelswissenschaft vgl. Schneider, D., Vorläufer..., a.a.O., S. 118 ff.

lichen Betriebe (**Manufakturen**). Der Staat erkannte, daß neben der Landwirtschaft die wirtschaftliche Tätigkeit des Bürgertums eine bedeutende Steuerquelle bildet. Das Bürgertum aber bedurfte wegen des noch rudimentären Entwicklungsgrads der kapitalistischen Wirtschaft des staatlichen Schutzes in Form der Verleihung von Privilegien und Monopolen.

Der Merkantilismus zeigte in den europäischen Staaten unterschiedliche Erscheinungsformen. So entwickelte sich in **Frankreich** unter Ludwig XIV. und seinem Finanz- und Wirtschaftsminister **Colbert** vor allem ein Gewerbemerkantilismus mit intensiver Gewerbeförderung im Inland und einem System von Schutzzöllen nach außen. In **England** und **Holland** entstand eine besondere Art von Handels- und Agrarmerkantilismus.[11] In **Deutschland** entwickelte sich eine als **Kameralwissenschaft oder Polizeywissenschaft** (Polizey im Sinne von staatlicher Verwaltung) bezeichnete Spielart, die im wesentlichen eine Lehre vom fürstlichen Haushalt und der ertragreichsten Gestaltung der Staatseinkünfte war.

Die Kameralwissenschaften umfaßten drei Bereiche, deren Gegenstände als Fiscal-, Polizey- und Oeconomiesachen bezeichnet werden.[12] Während in den beiden erstgenannten Bereichen der Schwerpunkt der wissenschaftlich-literarischen Beschäftigung mit wirtschaftlichen Fragen auf dem Gebiete der Wirtschafts- und Finanzpolitik liegt und die Volkswirtschaftslehre deshalb im Merkantilismus den Beginn der modernen Nationalökonomie, insbesondere der Finanzwissenschaft sieht, handelt es sich bei den „**Oeconomiesachen**" um einzelwirtschaftliche Probleme. „Wie die privatwirtschaftlichen Unternehmer, so waren auch die betriebswirtschaftlichen Verwaltungen der fürstlichen bzw. staatlichen land- und forstwirtschaftlichen Domänen, Bergwerke und Manufakturen, Münzanstalten und sonstigen öffentlichen Unternehmungen dazu angehalten, sich durch geeignete administrative und betriebspolitische Maßnahmen um die Ökonomisierung und Rentabilisierung der Wirtschaftsbetriebe zu bemühen."[13]

Die bedeutendsten Kameralisten waren **Johann Joachim Becher** (1625–1682), **Philipp Wilhelm von Hornigk** (1638–1712), **Veit Ludwig von Seckendorf** (1626–1692), **Johann Heinrich Gottlob v. Justi** (1717–1771) und **Joseph von Sonnenfels** (1732–1817).

Schmölders charakterisiert v. Justis Leistungen wie folgt: „Justi veröffentlichte seit 1750 eine große Zahl von Büchern und Aufsätzen über Staatsverfassungs- und Verwaltungsrecht, Kriegswissenschaft und Bevölkerungspolitik, Landwirtschaft und Bergwesen, Gewerbe, Handel und Verkehr, Münzwesen und Finanzwissenschaft, Geschichte und allgemeine Philosophie; in seinen Schriften spiegelte sich das ganze kameralistische System."[14]

Der bereits erwähnte Jacques Savary war ein enger Mitarbeiter des französischen Finanzministers Colbert und war maßgeblich an der „Ordonnance pour le Commerce" Ludwigs XIV. (1673) beteiligt. Sein Werk wurde in

---

[11] Vgl. Schmölders, G., Geschichte der Volkswirtschaftslehre, Wiesbaden 1961, S. 18
[12] Vgl. Weber, E., a.a.O., S. 46; Sundhoff, E., a.a.O., S. 82
[13] Sundhoff, E., a.a.O., S. 8
[14] Schmölders, G., a.a.O., S. 19

mehrere Sprachen übersetzt und erschien 1676 in deutscher Sprache unter dem Titel „Der vollkommene Kauff- und Handelsmann". Es enthält eine Beschreibung und Analyse der Handelstechnik und -geschäfte, einschließlich des Überseehandels. Der wesentliche Unterschied gegenüber früheren Veröffentlichungen liegt in der strafferen Systematik und dem Versuch, zu allgemeinen Regeln und Richtlinien für den Kaufmann zu gelangen. Es ist wohl kein Zufall, daß die systematische Handlungswissenschaft ihren Anfang im merkantilistischen Frankreich nahm, wo in dieser Zeit die Förderung des Handels, insbesondere des Importhandels mit Rohstoffen und des Exporthandels mit Fertigprodukten zum wirtschaftspolitischen Programm gehörte.

Savarys Werk hatte einen nachhaltigen Einfluß auf die handelswissenschaftliche Literatur der folgenden hundert Jahre. Von den in dieser Zeit erschienenen einschlägigen Werken verdienen die zahlreichen Veröffentlichungen von **Paul Jakob Marperger** (1656 bis 1730) erwähnt zu werden. Sie gingen allerdings – wie auch die Schriften von **Johann Hübner** und **Gottfried Christian Bohn** („Der Wohlerfahrene Kaufmann", 1727) nicht wesentlich über den von Savary behandelten Stoff hinaus. Bemerkenswert ist Marpergers 1708 in Hamburg erschienenes Kaufmannsmagazin, das den ersten Versuch einer lexikalischen Zusammenstellung der handelswissenschaftlichen Materie darstellte.

Alle diese Veröffentlichungen haben trotz des unbestrittenen praktischen Wertes für die Zeitgenossen mit der heutigen Betriebswirtschaftslehre nicht viel Gemeinsames. Sie tragen nicht den Charakter einer Einzelwissenschaft, sondern einer **„Kunde"**, die ihren Wissensstoff aus den Erkenntnissen verschiedener wissenschaftlicher Disziplinen zusammenstellt; sie sind zu vergleichen mit heutigen praktischen Kaufmannsbüchern, die etwa alles enthalten, „was ein guter Kaufmann wissen muß", und die eine Zusammenstellung von Wissensstoff aus den Gebieten des Rechnungswesens, des Schriftverkehrs, der Betriebswirtschaftslehre, der Volkswirtschaftslehre, der Wirtschaftspolitik, der Technik und des Handels-, Steuer- und Wirtschaftsrechts darstellen.

Ein besonderes Merkmal ist die **ethisch-normative Grundausrichtung** dieser frühen handelskundlichen Literatur. Die negative Bewertung der Handelstätigkeit und des Kaufmannsberufes durch die antike Philosophie und die kirchliche Morallehre des Mittelalters veranlaßte die Autoren, sich durch ausführliche Rechtfertigung des Kaufmannsstandes um seine moralische Anerkennung zu bemühen und Grundsätze und Verhaltensregeln für den „ehrbaren Kaufmann" aufzustellen. Auch Savary beschäftigt sich in seinem „Parfait Négociant" noch mit der Frage: „Wie kann auf eine redliche Weise dauernd der größte Gewinn erzielt werden?" und „Wie kann durch eine Erziehung des einzelnen zu einem guten Wirtschafter und Staatsbürger eine Gesundung der darniederliegenden gesamten Wirtschaft herbeigeführt werden?"[15]

Ein wesentlicher Umschwung vollzieht sich durch **Carl Günther Ludovici** (1707–1778). Er beginnt die Handlungswissenschaft, die bisher von den

---

[15] Weber, E., a. a. O., S. 22

II. Geschichte der Betriebswirtschaftslehre

Kameralwissenschaften nicht zu trennen war, als selbständige Disziplin im Rahmen der Kameralwissenschaften zu entwickeln. Ludovici war Professor der Philosophie an der Universität Leipzig und hielt dort neben philosophischen und kulturhistorischen auch handelswissenschaftliche Vorlesungen. Seine größte literarische Leistung ist die in den Jahren 1752 und 1756 erschienene fünfbändige „Eröffnete Akademie der Kaufleute: oder vollständiges Kaufmannslexicon". Als Anhang des fünfbändigen Lexikons erschien unter dem Titel „Grundriß eines vollständigen Kaufmanns-Systems, nebst den Anfangsgründen der Handlungswissenschaft, und angehängter kurzer Geschichte der Handlung zu Wasser und zu Lande" die erste systematische wissenschaftliche Darstellung der Handlungswissenschaft.

Ludovici teilt sein Kaufmannssystem in zwei Teile ein:
(1) in die kaufmännischen Hauptwissenschaften, zu denen die Warenkunde, die Handlungswissenschaft und die Buchhaltung zählen, und
(2) in die kaufmännischen Nebenwissenschaften, die sich einerseits aus unentbehrlichen Hilfswissenschaften, wie z. B. kaufmännischem Rechnen, Maß-, Münz- und Gewichtskunde, Kaufmannsgeographie, Kaufmannsrecht, Korrespondenzlehre u. a. und andererseits aus bloß nützlichen Hilfswissenschaften, wie z. B. der Handelspolitik des Staates, der Wappenlehre zur Unterstützung der Münzkunde, der Naturlehre und Mechanik als Ergänzung der Warenkunde u. a. zusammensetzen.

Seyffert charakterisiert Ludovicis wissenschaftliche Leistung folgendermaßen: „Im ganzen hat Ludovici eine gewaltige Arbeitsleistung bewältigt. Er ist weniger der Forscher, der Eigenes schafft, als der Sammler, der den Stoff aufspürt und systematisiert. Sein Verdienst um die Betriebswirtschaftslehre ist ein zweifaches; die Herausgabe des ersten und besten deutschen Handelslexikons und die klare Systematik sowohl der Kaufmannswissenschaft im allgemeinen, als der Handelswissenschaft im besondern".[16]

Erwähnenswert sind noch zwei weitere Autoren dieser Epoche. Im Jahr 1763 erschien der „Versuch einer allgemeinen Einleitung in die Handlungswissenschaft" von **J. K. May**. Im Gegensatz zu dem Wissenschaftler Ludovici kommt May aus der Praxis. Dennoch vertritt er ausdrücklich die Ansicht, daß die theoretische Ausbildung die praktische Erfahrung ersetzen könne. Trotz gewisser Anlehnungen an Ludovici und Savary zeigt das Buch von May doch eine eigene Systematik. Er gliedert die Handlungswissenschaft in einen allgemeinen (theoretischen) und einen besonderen (praktischen) Teil, eine Systematik, die bis auf den heutigen Tag in den wirtschaftswissenschaftlichen Disziplinen üblich ist.

Ein anderes Werk aus dieser Zeit, das „Gemeinnützige Lehrbuch der Handlungswissenschaft für alle Klassen von Kaufleuten und Handlungsstudierenden von **J. H. Jung,** das 1785 in Leipzig erschien, ist weniger wegen eines wesentlichen Fortschritts hinsichtlich der behandelten Materie als wegen der eigenen Systematik von Bedeutung. Jung behandelt in dem Abschnitt „Tausch" die Warenkunde, Geldkunde und Handelskunde, also die

---

[16] Seyffert, R., a. a. O., Sp. 1002

Kenntnisse, die zum Abschluß von Kaufverträgen erforderlich sind, und stellt in einem zweiten Abschnitt „Expedition" (Frachtkunde, Zahlungskunde, Kontorkunde) die Kenntnisse zusammen, die zur Erfüllung der beiderseitigen Verbindlichkeiten erforderlich sind.[17]

Seinen Höhepunkt und sein Ende erreicht das handelswissenschaftliche Schrifttum in dem „System des Handels", das **Johann Michael Leuchs** (1763–1836) im Jahre 1804 veröffentlicht hat, zu einer Zeit also, da die Ideen des ökonomischen Liberalismus sich auszubreiten und die Kameralwissenschaften allmählich zu verfallen begannen. Das System besteht aus drei Hauptteilen. Der erste Teil, der das Kernstück des gesamten Werkes darstellt, beschäftigt sich mit der „bürgerlichen Handelswissenschaft" (Privathandelswissenschaft), die mit ihren einzelnen Abschnitten, z.B. der Tauschmittellehre (Ware und Geld), der Wertbestimmungslehre (Kalkulationslehre), der Handelslehre (Ein- und Verkauf), der Wahrscheinlichkeitslehre (Spekulationslehre) und der Kontorwissenschaft noch heute relativ modern anmutet. Als zweiter Teil schließt sich die Staatshandelswissenschaft und als dritter Teil die Handelskunde an. Das Leuchs'sche System des Handels geht also weit über eine Handelsbetriebslehre im heutigen Sinne hinaus, da es im zweiten Teil auch eine volkswirtschaftliche Analyse des Handels und im dritten Teil eine Beschreibung der Warenkunde, der Wirtschaftsgeographie und anderer Gebiete enthält.

4. Die Entwicklung im 19. Jahrhundert

Eine ausgezeichnete Charakteristik der Handlungswissenschaft, wie sie sich zu Beginn des 19. Jahrhunderts als wissenschaftliche Disziplin darstellt, findet sich in dem Artikel „Handlungswissenschaft" von **Rau** in der „Allgemeinen Enzyklopädie der Wissenschaften und Künste".[18] Dort heißt es: „Die Handelswissenschaft ist also die Lehre, den Handel als Gewerbe auf die vorteilhafteste Weise zu betreiben. Da die hierzu führenden Mittel bloß aus der Erfahrung erkannt werden können, so ist die Handelswissenschaft auch nur unter die Erfahrungswissenschaften zu rechnen, deren Material schon außerhalb gegeben ist und in denen nur die Auffassung und Darstellung dem forschenden Geiste angehört. Sie ist in dieser Hinsicht den anderen Gewerbewissenschaften, z.B. der Bergbau- und Landwirtschaftslehre ähnlich, weicht aber darin von ihnen ab, daß sie viel weniger als diese die Gesetze der vernunftlosen Natur benutzt, vielmehr ganz auf die Eigenschaften, Zwecke und Einrichtungen des Menschen gebaut ist".

Im 19. Jahrhundert tritt ein rascher **Niedergang der Handlungswissenschaft** ein. Der ökonomische Liberalismus führte zu einem starken Aufschwung der Nationalökonomie und einer Loslösung der Volkswirtschaftslehre von den Kameralwissenschaften. Während die Volkswirtschaftslehre an allen Universitäten Fuß fassen konnte und volkswirtschaftliche Lehrstühle errichtet wurden, gelang der Handlungswissenschaft der Anschluß an die neue wirtschaftliche Strömung nicht. Sie geriet zusammen mit den Kame-

---

[17] Vgl. Weber, E., a.a.O., S. 74
[18] Leipzig 1844, zitiert bei Weber, E., a.a.O., S. 92

ralwissenschaften in Verfall. Was übrig blieb, war keine Wissenschaft mehr, auch nicht im Sinne einer wissenschaftlichen Kunstlehre, sondern eine Kunde von der Technik der Buchhaltung, des Schriftverkehrs, der Maße, Gewichte, Münzen usw.

D. Schneider kommt insgesamt über die Bedeutung der Handelswissenschaften für die Entwicklung der Betriebswirtschaftslehre zu einem negativen Urteil. Nachdem er Savary als „Rechtskommentator", Marperger als „ziemlich unbedeutenden Vielschreiber", J.J. Becher als „abenteuernden Fürstendiener, menschlich-fragwürdigen Projekteschmied und nicht unbedeutenden Chemiker" charakterisiert und bei anderen bekannten Autoren der Handlungswissenschaften wie May und Leuchs insbesondere kritisch auf ihre kaufmännische Erziehungs- und Morallehre hingewiesen hat, kommt er zu dem Ergebnis: „Die Handelsbetriebslehre, auf die sich bislang die Geschichte der Betriebswirtschaftslehre im wesentlichen stützt, kommt bis 1900 über Stoffhuberei, banale (oder fragwürdige) Ratschläge und sittliche Empfehlungen nicht hinaus."[19]

Ob Schneiders Angriff auf die bisherige Einschätzung der Bedeutung der Handlungswissenschaften für die Entwicklung der Betriebswirtschaftslehre zu einer neuen Beurteilung führen wird, muß der weiteren historischen Forschung überlassen werden, von der erwartet wird, daß sie die Fähigkeit besitzt, die Äußerungen von Autoren früherer Jahrhunderte aus der damaligen Zeit heraus zu begreifen und zu verstehen.

Warum die Handlungswissenschaften den Anschluß an die veränderten ökonomischen und technischen Verhältnisse des 19. Jahrhunderts nicht fanden, ist bis heute nicht recht geklärt. Die erste industrielle Revolution mit ihrer rapiden Entwicklung der maschinellen Produktionstechnik mag zum Teil daran Schuld haben. Die Ausbildung des Ingenieurs erschien zunächst wichtiger als die des Kaufmanns. Während sich Technische Hochschulen entwickelten, wurden die Handlungswissenschaften von den Universitäten verdrängt. Hinzu kam die Geringschätzung der Handlungswissenschaften durch die sich schnell entwickelnde Nationalökonomie, deren Vertreter vom Standpunkt ihres theoretischen Lehrsystems auf die praktisch orientierte handelswissenschaftliche Kunstlehre herabschauten.

An Ansätzen zur Entwicklung einer über die Handlungswissenschaft hinausgehenden **Allgemeinen Privatwirtschaftslehre** hat es nicht gefehlt, doch wurden die Anregungen von der akademischen Lehre entweder nicht aufgenommen oder erfolgte ihre theoretische Bearbeitung im Rahmen der Volkswirtschaftslehre. So enthalten die Schriften der Nationalökonomen **J.H. Gossen, A. Cournot** und **J.H. von Thünen** zur Nutzen- und Preistheorie bzw. zur landwirtschaftlichen Produktions- und Ertragstheorie auch einzelwirtschaftliche, d.h. nach heutiger Wissenschaftsabgrenzung betriebswirtschaftliche Untersuchungen.

Zwei für die Entwicklung der Betriebswirtschaftslehre erwähnenswerte Werke sind hier besonders hervorzuheben: die „Allgemeine Gewerkslehre"

---

[19] Schneider, D., Vorläufer ..., a.a.O., S. 127

von **A. Emminghaus,** die im Jahre 1868 erschien, und die im gleichen Jahre in deutscher Übersetzung herausgegebene „Theorie und Praxis des Geschäftsbetriebes im Ackerbau, Gewerbe und Handel" von **J. C. Courcelle-Seneuil.** E. Weber sagt über die wenigen positiven Versuche der Begründung einer selbständigen Privatwirtschaftslehre neben der Volkswirtschaftslehre: Sie „scheinen ihrer Zeit mehr etwas Absonderliches denn etwas Besonderes gewesen zu sein; sie wurden nicht beachtet und schnell vergessen".[20]

Dennoch lohnt sich ein Blick auf das Werk von **Emminghaus,** dessen Gliederung in sechs Abschnitte bereits recht modern anmutet. Seyffert bezeichnet es als „originelle, tiefschürfende Industriebetriebslehre".[21] Emminghaus behandelt nach einer Analyse von Grundbegriffen und der Stellung des „Gewerksbetriebs" in der Gesamtwirtschaft im 2. Abschnitt die Probleme der Arbeitsleistung, des Arbeitsentgelts und der Arbeitsbedingungen und im 3. Abschnitt die Probleme von Kapital und Vermögen (Anlage- und Umlaufvermögen, Kapitalbedarfsermittlung, Kapitalbeschaffung, Ergiebigkeit des Einsatzes einzelner Vermögensarten). Der 4. Abschnitt ist Institutionen wie Fachschulen, Kammern, Banken, Börsen, Versicherungen, Transporteinrichtungen und Zeitungen als Werbeträger gewidmet und der 5. Abschnitt enthält Ausführungen über Betriebstypologie und Rechtsformen. Der 6. Abschnitt schließlich behandelt die Buchführung.

5. Die Entwicklung der Betriebswirtschaftslehre vom Beginn des 20. Jahrhunderts bis zu Beginn des Zweiten Weltkrieges

Erst mit der Gründung der Handelshochschulen, also ab 1898, begann die Handelswissenschaft, ihre alte Position wieder zu erringen und sich darüber hinaus – angeregt durch die Probleme der inzwischen stark angewachsenen Zahl moderner Industriebetriebe – von der Handelswissenschaft zu einer **Allgemeinen Betriebswirtschaftslehre** zu erweitern, die mit fortschreitender Entwicklung den Industriebetrieb immer stärker in den Mittelpunkt ihres Interesses stellte. Zwar konnte die junge Privatwirtschaftslehre, wie die Betriebswirtschaftslehre in den ersten Jahren ihrer Entwicklung genannt wurde, in den beiden ersten Jahrzehnten dieses Jahrhunderts mit der in ihrer theoretischen Fundierung bereits wesentlich weiter fortgeschrittenen Volkswirtschaftslehre wissenschaftlich nicht konkurrieren und mußte sich noch immer geringschätzige Blicke auf die Kunstlehre, die sich anfangs vorwiegend mit Fragen der Technik des Rechnungswesens beschäftigte, gefallen lassen, doch begann die Betriebswirtschaftslehre bald über die reine Deskription hinaus zur Erklärung der betrieblichen Zusammenhänge fortzuschreiten und eine eigene betriebliche Theorie zu entwickeln, wenn auch nach wie vor auf der Beschreibung und Erforschung praktischer Probleme des Rechnungswesens der Akzent lag.

Die ersten bedeutenden betriebswirtschaftlichen Werke, die vor dem ersten Weltkrieg erschienen, waren **Josef Hellauer's** „System der Welthan-

---

[20] Weber, E., a. a. O., S. 115
[21] Seyffert, R., Betriebswirtschaftslehre, Geschichte der ..., a. a. O., Sp. 1005

delslehre" (1910, 10. Aufl., 1954), **Johann Friedrich Schär's** „Allgemeine Handelsbetriebslehre" (1911) und **Heinrich Nicklisch's** „Allgemeine kaufmännische Betriebslehre als Privatwirtschaftslehre des Handels und der Industrie" (1912).

Die Geringschätzung der Privatwirtschaftslehre durch die Nationalökonomie, die sich in Bezeichnungen wie „öde Profitlehre" oder „Studium der Technologie des Rechnungswesens" zeigte, hatte eine doppelte Konsequenz: einmal veranlaßte sie eine Reihe bedeutender Fachvertreter zur Verteidigung des Faches gegen den Vorwurf der „Profitlehre" durch Ausbildung einer normativ-wertenden (ethisch-fundierten) Betriebswirtschaftslehre, vor allem durch **Schär, Rudolf Dietrich**[22] und ganz ausgeprägt durch **Nicklisch**. Zum anderen führte sie zu der Forderung, von der „Kunstlehre", deren Problem – wie **Schmalenbach** es ausgedrückt hat – die Frage ist, „in welcher Weise ein wirtschaftlicher Erfolg mit möglichst geringer Aufwendung wirtschaftlicher Werte erzielt wird",[23] abzugehen und eine „wissenschaftliche Privatwirtschaftslehre" zu entwickeln. Diese Forderung wurde von **Weyermann** und **Schönitz** in ihrem im Jahre 1912 erschienenen Buch „Grundlegung und Systematik einer wissenschaftlichen Privatwirtschaftslehre und ihre Pflege an Universitäten und Fachhochschulen"[24] vertreten.

Das Werk von Weyermann-Schönitz löste die erste methodologische Diskussion in der Betriebswirtschaftslehre über die Frage aus, ob die Betriebswirtschaftslehre eine Kunstlehre oder eine theoretische Wissenschaft sei bzw. sein sollte, denn tatsächlich war sie damals eine Kunstlehre. **Eugen Schmalenbach** trat für die Kunstlehre ein. „ ‚Wissenschaft' im Gegensatz zu ‚Kunstlehre' ist" – seiner Ansicht nach – „eine philosophisch gerichtete, ‚Kunstlehre' dagegen eine technisch gerichtete Wissenschaft. Die ‚Kunstlehre' gibt Verfahrensregeln, die ‚Wissenschaft' gibt sie nicht."[25]

Weyermann-Schönitz dagegen lehnten die Kunstlehre ab „als eine Anleitung zu möglichster Routine in einer öden Profitmacherei".[26] Sie wollten eine wissenschaftliche Privatwirtschaftslehre entwickeln, die frei von Rezepten und Ratschlägen nur die Beschreibung und Erklärung der Wirklichkeit erstrebt. Ihre Einwände richteten sich aber nur gegen die „unwissenschaftliche" Kunstlehre, die nur empirisch vorgeht, also lediglich auf Erfahrung, Übung und Erprobung beruht, nicht dagegen gegen eine **angewandte Wissenschaft**, die theoretisch fundiert ist. Allerdings lehnten sie auch Systeme der Privatwirtschaftslehre ab, „die als Wertmaßstab nicht die Rentabilitätssteigerung, sondern im bewußten Gegensatz dazu einen idealistischen Wertmaßstab benutzen",[27] wie beispielsweise die Handelsbetriebslehre Schär's.

Die Frage, ob die Betriebswirtschaftslehre eine reine Wissenschaft, also nur auf Erkenntnis, nicht dagegen auf Gestaltung der Wirklichkeit gerichtet sei,

---

[22] Betriebs-Wissenschaft, München und Leipzig 1914
[23] Schmalenbach, E., Die Privatwirtschaftslehre als Kunstlehre, ZfhF 1911/12, S. 310
[24] Karlsruhe 1912
[25] Schmalenbach, E., a.a.O., S. 314
[26] Weyermann, M., Schönitz, H., a.a.O., S. 46
[27] Weyermann, M., Schönitz, H., a.a.O., S. 52

oder ob sie als eine praktische Wissenschaft, die Anleitungen und Verfahrensregeln gibt, entwickelt werden müsse, wurde damals nicht entschieden und ist in der Folgezeit mehrfach wieder aufgeworfen worden, so insbesondere im Anschluß an **Wilhelm Riegers** „Einführung in die Privatwirtschaftslehre" (1928) und **Erich Gutenbergs** „Grundlagen der Betriebswirtschaftslehre" (1. Band 1951).

Damals setzte sich die Schmalenbachsche Auffassung, die in der Betriebswirtschaftslehre eine Kunstlehre sieht, schnell durch. Dazu trug besonders die Tatsache bei, daß die Betriebswirtschaftslehre die Phase der bloßen Beschreibung von praktischen Verfahren allmählich überwand und in ein Stadium induktiver Forschung eintrat, deren Ziel die Gewinnung von Regelmäßigkeiten und Gesetzmäßigkeiten des betrieblichen Wirtschaftens ist. Der Vorwurf der Unwissenschaftlichkeit konnte nun nicht länger gegen ein Fach erhoben werden, das sich um die theoretische Erkenntnis der allgemeinen Grundprinzipien des betrieblichen Wirtschaftens bemühte, aus denen Verfahrensregeln abgeleitet wurden.

Seyffert ist der Ansicht, daß der Prozeß der Erweiterung der Handelswissenschaften zur Betriebswirtschaftslehre etwa mit dem Jahre 1926 als abgeschlossen gelten kann, da von diesem Jahre an verschiedene große Sammelwerke der Betriebswirtschaftslehre herausgebracht wurden, „die eine gewisse Ausreife der Disziplin zur Voraussetzung haben".[28] Zu nennen sind das von **Nicklisch** herausgegebene „Handwörterbuch der Betriebswirtschaft" in 5 Bänden (1926–1928), ferner das fünfbändige „Handwörterbuch des Kaufmanns" von **Karl Bott** (1926–1927), sodann der 16-bändige „Grundriß der Betriebswirtschaftslehre", deren Herausgeber **Walter Mahlberg, Eugen Schmalenbach, Fritz Schmidt** und **Ernst Walb** waren (sieben Bände sind seit 1926 erschienen) und schließlich das von F. Schmidt 1927–1932 herausgegebene Sammelwerk „Die Handelshochschule" in sechs Bänden.

Die Situation der Betriebswirtschaftslehre als Wissenschaft war zu Ende der ersten Hälfte dieses Jahrhunderts im wesentlichen durch drei Auffassungen gekennzeichnet, die, wenn auch unterschiedlich stark, noch immer die gegenwärtige Betriebswirtschaftslehre beeinflussen.[29]

Den Schwerpunkt der **empirisch-realistischen Richtung** der Betriebswirtschaftslehre **im Sinne Schmalenbachs** und seiner Schüler und Anhänger bildet eine auf einer vorwiegend empirisch-induktiven betriebswirtschaftlichen Theorie basierende „angewandte Betriebswirtschaftslehre" (wissenschaftliche Kunstlehre), deren Ergebnisse unmittelbar der betrieblichen Praxis dienen sollen. Der Akzent bei der Behandlung von Sachfragen lag folglich zunächst auf den Gebieten des Rechnungswesens und der Unternehmensfinanzierung (Schmalenbachs Hauptwerke: Dynamische Bilanz, Kostenrechnung und Preispolitik, Kontenrahmen, Finanzierungen). Auswahlprinzip für die Probleme dieser Betriebswirtschaftslehre ist die Maximierung der Renta-

---

[28] Seyffert, R., a. a. O., Sp. 1009
[29] Die Darstellung folgt verkürzt meinem Beitrag „Betriebswirtschaftslehre, Entwicklungstendenzen der Gegenwart", HdB, Bd. 1, 4. Aufl., Stuttgart 1974, Sp. 713 ff.

bilität des Einsatzes des Unternehmerkapitals, wenngleich Schmalenbach die Gewinnmaximierungshypothese durch die programmatische Forderung nach „**gemeinwirtschaftlicher Wirtschaftlichkeit**" zu verbrämen suchte. Er war sich jedoch in allen seinen Arbeiten darüber im klaren, daß in einer marktwirtschaftlichen Wirtschaftsordnung der Unternehmer sich allein an den Daten des Marktes, d. h. an den Beschaffungspreisen seiner Produktionsfaktoren und den Absatzpreisen seiner produzierten Leistungen orientieren kann und nicht an dem Ziel, einen möglichst großen Beitrag zur Bedarfsdeckung der Gemeinschaft zu leisten.

Die Betriebswirtschaftslehre dieser Richtung lehnt die Abgabe echter (primärer) Werturteile ab, ist also „**wertfrei**" in dem Sinne, daß sie untersucht, wie in Betrieben gehandelt wird und nicht, wie vom Standpunkt eines bestimmten Wertsystems gehandelt werden sollte. Weder die im Betrieb – oder besser gesagt, die mit Hilfe eines Betriebes – verfolgten Ziele, noch die zur Zielerreichung eingesetzten Mittel werden vom Standpunkt bestimmter ethisch-sozialer Vorstellungen bewertet.

Das Auswahlprinzip dieser Richtung der Betriebswirtschaftslehre ist eine **praktische Norm,** d. h. eine Norm, von der man – wie z. B. vom Streben nach maximalem Gewinn – behauptet, daß sie empirisch festgestellt werden könne. Deshalb wird eine solche Betriebswirtschaftslehre als **praktischnormative Disziplin** bezeichnet.

Ziel der **normativ-wertenden Richtung** der Betriebswirtschaftslehre **im Sinne Nicklischs** und seiner Schüler und Anhänger ist es, Normen für betriebliches Handeln zu setzen, d. h. ausgehend von obersten, allgemeingültigen Grundnormen („ewigen Werten") die für die Betriebswirtschaftslehre als Einzelwissenschaft gültigen Sondernormen abzuleiten, also ein bestimmtes Sollen zu postulieren. Da dieser geforderte betriebliche Idealzustand mit den empirisch vorgefundenen betrieblichen Geschehnisabläufen und Zusammenhängen nicht immer übereinstimmt, erfolgt die Beschreibung und Erklärung dieser Geschehnisabläufe und Zusammenhänge nicht als Endziel, sondern mit der Absicht, Verfahrensregeln aufzustellen und erziehend auf die Wirtschaftssubjekte einzuwirken, um zu erreichen, daß das tatsächliche betriebliche Sein mit dem aus den abgeleiteten Normen sich ergebenden Sollzustand in Übereinstimmung gebracht werden kann. Da es sich dabei meist um Normen handelt, die aus sog. allgemeingültigen sittlichen Werten abgeleitet werden, bedeutet jedes diesen Normen nicht adäquate Verhalten einen Verstoß gegen die sittliche Ordnung und wird durch Werturteil als ungerecht, unsozial usw. verworfen.

Für Nicklisch ist nicht der Betrieb, sondern „das Leben der Einheiten der Wirtschaft, die Betriebe heißen"[30] Gegenstand der Betriebswirtschaftslehre. Er stellt den Menschen in den Mittelpunkt und nicht den Kombinationsprozeß der Produktionsfaktoren. Der Betrieb ist „eine Synthese von Bewußtseins- und Naturvorgängen ..., die in jedem einzelnen Falle durch menschliche Bewußtseine herbeigeführt wird ... So wird uns deutlich, daß ein Be-

---

[30] Nicklisch, H., Die Betriebswirtschaft, 7. Aufl., Stuttgart 1932, S. 6

trieb ohne Bewußtseinsanalyse in seinen Zusammenhängen weder erkannt, noch sicher geleitet werden kann."[31]

Damit die Wirtschaft sich in den harmonischen Gesamtzusammenhang des Weltganzen einordnet, müssen ihr die gleichen obersten Werte und Normen, welche die geistige Grundlage aller Lebensformen darstellen, als Wegweiser dienen. Da der empirische Zustand der Wirtschaft von diesem Sein-Sollen abweicht, muß nach Nicklisch die Betriebswirtschaftslehre notwendigerweise normativ sein und echte Werturteile abgeben. „Vom Reich der Zwecksetzungen kann es keine wertfreie Wissenschaft geben, deshalb auch nicht von der Betriebswirtschaft."[32]

Ziel der **theoretischen Richtung** der Betriebswirtschaftslehre **im Sinne von Fritz Schmidt** und der **Privatwirtschaftslehre Wilhelm Riegers** und ihrer Schüler und Anhänger ist nur die Erkenntnis, die systematische Erforschung der empirischen betrieblichen Probleme, aber nicht die Entwicklung von Anleitungen und Rezepten. Beide Forscher unterscheiden sich jedoch in ihrem Ausgangspunkt. Schmidt geht bei seinen Untersuchungen nicht vom Betrieb als einer selbständigen Einheit, sondern vom Betrieb als Glied der Marktwirtschaft aus. Seine Betrachtung hat deshalb teilweise **gesamtwirtschaftlichen Charakter.** Die Beziehungen zwischen Betriebswirtschaftslehre und Volkswirtschaftslehre hält er für so eng, daß er bezweifelt, daß die Trennung beider Disziplinen in der Zukunft aufrecht erhalten werden kann. Sein Name wird deshalb in der heutigen Betriebswirtschaftslehre im allgemeinen – wohl zu Unrecht – nicht im Zusammenhang mit den Begründern betriebswirtschaftlicher „Richtungen", die in der gegenwärtigen Betriebswirtschaftslehre fortwirken, genannt, sondern vor allem im Rahmen der neueren bilanztheoretischen Diskussion, da seine organische Bilanztheorie, welche die Problematik der Geldwertschwankungen im Rechnungswesen lösen sollte, in Zeiten starker Geldwertschwankungen besonders aktuell ist, obwohl das Bilanzrecht diese theoretische Auffassung bis heute ablehnt, so daß Schmidts Gedanken bisher nur in der Kostenrechnung Beachtung finden konnten.

Rieger unterscheidet sich von allen Betriebswirten seiner Zeit vor allem dadurch, daß er die Betriebswirtschaftslehre als eine Theorie der kapitalistischen Unternehmung auffaßt, die erklären soll, wie mittels des betrieblichen Prozesses der Unternehmer den größtmöglichen Gewinn erzielen kann. Rieger lehnt im Gegensatz zu Schmalenbach eine stets auf Anwendung ihrer Erkenntnisse in der Praxis bedachte Betriebswirtschaftslehre ab: „Die Privatwirtschaftslehre enthält sich ... jedes direkten Eingriffes in das Leben; ihre Aufgabe ist das Forschen und Lehren als Ding an sich, und soweit ihre Gedanken auf fruchtbaren Boden fallen und Wurzeln schlagen ..., helfen sie die Wirtschaft gestalten."[33]

Die theoretische und die praktisch-normative Auffassung haben gemeinsam, daß sie die Abgabe von **Werturteilen** in der Betriebswirtschaftslehre

---

[31] Nicklisch, H., a.a.O., S. 173
[32] Nicklisch, H., a.a.O., S. 29
[33] Rieger, W., Einführung in die Privatwirtschaftslehre, 1. Aufl., Erlangen 1928, S. 81

II. Geschichte der Betriebswirtschaftslehre

ablehnen. Insofern bilden beide Auffassungen zusammen einen Gegenpol zur normativ-wertenden Betriebswirtschaftslehre im Sinne Nicklischs. Sie unterscheiden sich aber in der völlig konträren Ansicht über die Bedeutung einer **reinen Theorie** der Unternehmung und der Entwicklung von Verfahren und Anleitungen für die betriebliche Praxis durch eine angewandte Wissenschaft.

In einer Bestandsaufnahme der Betriebswirtschaftslehre zur Mitte dieses Jahrhunderts hat **Erich Gutenberg** die Entwicklung der betriebswirtschaftlichen Theorie dieser Zeit auf drei Problembereiche zurückgeführt, an deren Erforschung die Betriebswirtschaftslehre nach dem Ersten Weltkriege zur wissenschaftlichen Disziplin herangereift ist.[34] Das **erste Problem** ist die Frage der Eliminierung von **Geldwertschwankungen** aus dem Rechnungswesen. Den Anstoß zur Erforschung dieser Frage gaben die katastrophalen Währungsverhältnisse nach dem Ersten Weltkriege, die zur Folge hatten, daß das herkömmliche betriebliche Rechnungswesen seine Kontrollfunktionen nicht mehr ausüben konnte. Das Ergebnis der theoretischen Analyse schlug sich in den betriebswirtschaftlichen Bilanztheorien nieder, die mit den Namen Eugen Schmalenbach, Ernst Walb, Fritz Schmidt, Heinrich Sommerfeld, Walter le Coutre und Erich Kosiol verbunden sind.

Das **zweite Problem** ist die theoretische Beschäftigung mit der Frage der Bestimmungsfaktoren, von denen die **Entwicklung der Kosten** im Betrieb abhängt. Sie führte zum Aufbau der betrieblichen Produktions- und Kostentheorie, insbesondere zur Analyse des Problems der fixen Kosten und der Beziehungen zwischen Kostenverläufen und Beschäftigungsgrad. Hier sind für den betrachteten Zeitraum vor allem die grundlegenden Arbeiten von Eugen Schmalenbach und Konrad Mellerowicz zu nennen.

Der **dritte Problemkreis,** an dem nach Gutenberg die Betriebswirtschaftslehre zur Wissenschaft heranreifte, ist der Bereich der **Absatzwirtschaft.** Seine Analyse führte zur Entwicklung der betriebswirtschaftlichen Absatztheorie, die in dem betrachteten Zeitraum die ersten Versuche gemacht hat, die Unsicherheiten und Risiken der zukünftigen Verwertung der Produktionsleistungen am Markt durch Analysen der möglichen Reaktionen der potentiellen Käufer und Konkurrenten mit Hilfe der Marktforschung transparenter zu machen.

Keiner der oben skizzierten drei methodologischen Richtungen der Betriebswirtschaftslehre gelang es, einen tragfähigen systembildenden Grundgedanken zu entwickeln, von dem aus die Gesamtheit der betriebswirtschaftlichen Erkenntnisse einheitlich hätte entwickelt werden können. **Schmalenbach** war von seiner wissenschaftlichen Einstellung her an einer „Systembildung" weniger interessiert als an der Lösung von für die Praxis dringenden Einzelfragen.

Nicklisch ist wohl der einzige Betriebswirt dieser Zeit, der versucht hat, zu einem geschlossenen betriebswirtschaftlichen System zu gelangen. Durch seinen normativ-wertenden Ausgangspunkt mußte dieser Versuch scheitern,

---

[34] Vgl. Gutenberg, E., Betriebswirtschaftslehre als Wissenschaft, Krefeld 1957, S. 14 ff.

weil er den Betrieb als eine Gruppe arbeitender Menschen auffaßte und ihm aus der Philosophie abgeleitete Normen für sein Handeln vorgab, ohne zu beachten, daß durch die zu seiner Zeit bestehende Wirtschaftsordnung und die aus ihr resultierende Unternehmensverfassung, die auch durch die gelenkte Wirtschaft zwischen 1933 und 1945 nicht wesentlich tangiert wurde, notwendigerweise ein Interessengegensatz zwischen dem Führungsanspruch der Kapitaleigentümer und den von dieser Gruppe abhängigen Arbeitnehmern besteht, die Gruppenbildung im Betriebe also auf rechtlicher und arbeitsorganisatorischer Basis, aber nicht auf Basis einer gemeinsamen Zielvorstellung zustande kommt.

Riegers Ausgangspunkt war zu eng, um systembildend wirken zu können. Wirtschaften ist für ihn Geldbeschaffung und nicht Gütererzeugung. Letzteres ist für ihn nur ein technisches, aber kein wirtschaftliches Problem. Folglich beschränkt er seine Untersuchungen neben der Darstellung institutioneller Fragen (Rechtsformen, Unternehmenszusammenschlüsse u. a.) vor allem auf die Probleme der Finanzierung und Liquidität sowie des Rechnungswesens. Der Produktions- und Absatzprozeß als ökonomischer Entscheidungsprozeß wird völlig vernachlässigt.

Schmidts Ausgangspunkt dagegen war zu weit und griff zu stark in die gesamtwirtschaftliche Problematik über, als daß er die Grundlage des Systems einer Wissenschaft hätte werden können, die in dieser Zeit gerade dadurch gekennzeichnet war, daß sie sich durch bewußtes Abheben von der älteren und in ihrer theoretischen Fundierung bereits weiter fortgeschrittenen Volkswirtschaftslehre als selbständige wirtschaftswissenschaftliche Disziplin profilieren wollte.

6. Die Entwicklung der Betriebswirtschaftslehre seit dem Zweiten Weltkrieg

Die Betriebswirtschaftslehre der Gegenwart ist in ihren methodologischen Grundproblemen durch die Weiterführung der methodologischen Diskussion der ersten Hälfte dieses Jahrhunderts geprägt. Zwar haben sich in dieser Zeit die Schwerpunkte der Erforschung von Sachproblemen mehrfach verlagert, denn die betriebswirtschaftliche Forschung erhielt wesentliche Impulse durch die großen wirtschaftlichen Umwälzungen dieser Zeit, die im Gefolge politischer Veränderungen eintraten. Hatte die erste Inflation zu intensiver Beschäftigung mit Bewertungsfragen (Bilanztheorien), mit Problemen der Kalkulation und Preispolitik, mit Fragen der Finanzierung und Liquiditätspolitik geführt, so stellte die fortschreitende Verbesserung der Produktionstechnik, die zur Spezialisierung, Automatisierung und schließlich zur Automation führte, die Probleme der Rationalisierung, der Arbeitsvorbereitung, der Investitions- und Abschreibungspolitik in den Vordergrund. Die gelenkte Wirtschaft der dreißiger und vierziger Jahre erforderte erneut eine intensive Beschäftigung mit Problemen des Rechnungswesens. In dieser Zeit wurden aber auch die theoretischen Grundlagen für die Produktions- und Kostentheorie und die betriebliche Preispolitik entwickelt.

Die Wiedereinführung der Marktwirtschaft nach der Währungsreform von 1948 verschob den Akzent der betriebswirtschaftlichen Forschung stärker auf das Gebiet des Absatzes, der Marktforschung und der Werbung, und in den letzten Jahrzehnten sind Fortschritte insbesondere auf dem Gebiet der Investitionstheorie und der Theorie der Unternehmensführung, insbesondere in den Bereichen der strategischen Planung, der Managementkonzeptionen und der Organisationstheorie zu verzeichnen. Die Entwicklung der mathematischen Planungsrechnung ermöglichte in den letzten Jahren die modellmäßige Lösung simultaner Planungsprozesse und damit die Berücksichtigung der Interdependenzen zwischen bisher isoliert entwickelten Teillösungen. Eine wesentliche Unterstützung haben diese rechen- und datenintensiven Verfahren durch die stürmische Entwicklung der EDV-Techniken erhalten. Die in den beiden letzten Jahrzehnten zunehmende Erkenntnis, daß drastische Maßnahmen zum Schutze der Umwelt vorgenommen werden müssen, führte zur Entwicklung einer – noch in den Ansätzen steckenden – betrieblichen Umweltökonomik, welche die Allgemeine Betriebswirtschaftslehre um die Analyse der Einflüsse ergänzen soll, die einerseits durch die Einwirkungen der natürlichen Umwelt auf den Betrieb und andererseits durch die Wirkungen staatlicher und betrieblicher umweltpolitischer Maßnahmen ausgelöst werden.

Daß aber trotz der beachtlichen Fortschritte in der Lösung von Einzelfragen, ihrer Integrierung in eine geschlossene betriebswirtschaftliche Theorie und der Entwicklung von Modellen, die eine Hilfestellung bei Entscheidungen im praktischen Betriebe geben sollen und an denen der außenstehende Praktiker den Fortschritt der Betriebswirtschaftslehre beurteilt, wesentliche methodologische Grundfragen der Betriebswirtschaftslehre nach wie vor kontrovers sind, hat seinen Grund wohl nicht zuletzt darin, daß nicht mit rationalen Mitteln bewiesen werden kann, welche Aufgaben die Wissenschaft im allgemeinen und eine Einzeldisziplin, deren Inhalt das Treffen und die Realisierung menschlicher Entscheidungen ist, im besonderen hat. Hier könnte eine einheitliche Meinung nur durch Konvention zustande kommen.

Neben der im Laufe der Entwicklung zu beobachtenden Akzentverschiebung von einem Sachgebiet auf ein anderes, z.B. von der Bilanz- und Bewertungslehre auf die Kostenrechnung, dann auf die Produktions- und Kostentheorie, dann auf die Investitionstheorie usw. ist – insbesondere nach dem Zweiten Weltkrieg – ein **Übergang zu neuen Forschungsverfahren** zu beobachten, der noch im vollen Gange ist und in der Literatur bereits – ob zu Recht, sei dahingestellt – zu einer Unterscheidung zwischen einer „traditionellen" (älteren) und einer „modernen" Richtung, d.h. einer Richtung, die sich vorwiegend quantifizierender mathematischer Methoden (z.B. der Optimierungs- oder Programmierungsrechnung) bedient, geführt hat.

a) Das System Erich Gutenbergs

Als bedeutsamstes Ereignis für die Entwicklung der betriebswirtschaftlichen Theorie nach dem Zweiten Weltkrieg ist das Erscheinen der „Grundlagen der Betriebswirtschaftslehre" von **Erich Gutenberg**[35] anzusehen. Dieses rein theoretische Werk löste ähnlich wie die Arbeiten von Weyermann-Schönitz und Rieger eine starke methodologische Diskussion aus, die noch andauert und die erneut zeigt, daß die Fundamente der Betriebswirtschaftslehre durchaus noch nicht unerschütterlich sind.

Gutenbergs System stellt nicht wie das System Nicklischs den Menschen, sondern den Kombinationsprozeß der Produktionsfaktoren, d. h. die **Produktivitätsbeziehung zwischen Faktoreinsatz und Faktorertrag** in den Mittelpunkt (produktivitätsorientierter Ansatz). Gutenberg schreibt: „Bezeichnet man die Arbeitsleistungen und die technischen Einrichtungen als Produktionsfaktoren und das Ergebnis der von diesen Produktionsfaktoren eingesetzten Mengen als Produktmengen, Ausbringung oder Ertrag (physisch-mengenmäßig gesehen), dann erhält man eine Beziehung zwischen dem Faktorertrag und dem Faktoreinsatz. Diese Beziehung ist eine Produktivitätsbeziehung, und zwar nicht irgendeine, sondern die betriebliche Produktivitätsbeziehung schlechthin ... Diese theoretische Ausgangslage verlangt nun aber nach einer Ergänzung, und zwar insofern, als das Verhältnis zwischen Faktorertrag und Faktoreinsatz einerseits wieder auf eine andere Größe bezogen werden muß, denn ein Unternehmen produziert nicht, um zu produzieren, also hier: um zu demonstrieren, wie sich aus einer gegebenen Faktoreinsatzmenge ein Maximum an Ertrag erzielen läßt. Der Bezugspunkt, auf den die gesamte Produktivitätsbeziehung ihrerseits hingeordnet werden müßte, besteht offenbar in Zielsetzungen, die außerhalb der betrieblichen Prozedur als solcher liegen, ihr aber erst ihren Sinn geben."[36]

Entsprechend dieser Aufgabenstellung der Betriebswirtschaftslehre behandelt Gutenberg im ersten Band seiner „Grundlagen" **(Die Produktion)** das „System der produktiven Faktoren", in dem er die Bestimmungsgrößen für die Ergiebigkeit der Produktionsfaktoren beschreibt, den „Kombinationsprozeß der Produktionsfaktoren" und die „Determinanten des Betriebstyps". Den Schwerpunkt bildet der Kombinationsprozeß und hier wiederum die Produktions- und Kostentheorie, die sich von den zeitlich früher liegenden grundsätzlichen Arbeiten Schmalenbachs, Mellerowiczs u. a. einerseits und der im Rahmen der volkswirtschaftlichen Mikroökonomie entwickelten, auf dem Ertragsgesetz basierenden Produktions- und Kostentheorie vor allem durch die **Theorie der Verbrauchsfunktionen** und der Anpassungsformen an Beschäftigungsschwankungen andererseits grundlegend unterscheidet. Die Theorie der Verbrauchsfunktion beschreibt den gesetzmäßigen Zusammenhang zwischen Faktoreinsatz und Faktorertrag an einem Aggregat in der Weise, daß die Ausbringung durch einen technischen Produktionskoeffizienten mit dem notwendigen Faktoreinsatz verbunden ist. Die Theorie der Produktionskoeffizienten ermöglichte unter Anwendung der inzwischen entwickelten Methoden der mathematischen Programmierung auch die

---

[35] Gutenberg, E., Bd. 1: Die Produktion, 1. Aufl., 1951; Bd. 2: Der Absatz, 1. Aufl. 1955; Bd. 3: Die Finanzen, 1. Aufl. 1969
[36] Gutenberg, E., Betriebswirtschaftslehre als Wissenschaft, Kölner Universitätsrede, 2. Aufl., Krefeld 1961, S. 25

Entwicklung einer Theorie der Produktionsfunktionen in Mehrproduktunternehmen.

Gutenbergs zweiter Band **(Der Absatz)** ist der betriebswirtschaftlichen Absatztheorie gewidmet, die bis dahin – obwohl sich die Betriebswirtschaftslehre aus den Handelswissenschaften entwickelt hat – nur wenig entwickelt war. Gutenberg rezipierte auch hier die theoretischen Erkenntnisse der Mikroökonomie und baute im Rahmen seiner Ausführungen zum absatzpolitischen Instrumentarium, die den Schwerpunkt dieses Bandes bilden, auf der Preistheorie eine betriebliche Preispolitik auf, die er vor allem um die **Theorie der polypolistischen Absatzkurve** bereicherte.

Der dritte Band **(Die Finanzen),** der erst 1969 erschien, rundet Gutenbergs Werk ab. Die Konzeption, die den Betriebsprozeß als Kombination von Produktionsfaktoren begreift, wird auch in diesem Teil konsequent beibehalten.

Die methodologische Diskussion wurde durch die Angriffe **Mellerowiczs** auf Gutenbergs Werk, das die moderne Wirtschaftstheorie in die Betriebswirtschaftslehre integrierte, eröffnet und führte zu Stellungnahmen vieler Fachvertreter. Es ging zunächst vor allem um die Frage, ob eine **exakte betriebswirtschaftliche Theorie,** die deduktiv vorgeht und oft die Mathematik bei ihren Ableitungen zu Hilfe nimmt – allerdings in den meisten Fällen nicht als Erkenntnismittel, sondern lediglich zur vereinfachten Darstellung komplizierter Zusammenhänge – einen Erkenntniswert hat oder eine wirklichkeitsfremde Spekulation darstellt, weil ihre Ergebnisse nicht unmittelbar für die Praxis brauchbar sind. Wir halten es nicht für sinnvoll, die Untersuchung dort abzubrechen, wo die Ergebnisse der Theorie nicht mehr unmittelbar zur Entwicklung praktischer Verfahren verwertbar sind. Um zu angenäherten Aussagen zu kommen, kann der Praktiker letztlich auf die Wissenschaft verzichten. Ziel der Betriebswirtschaftslehre als Wissenschaft muß es sein, zu einer restlosen Erkenntnis ihres Objektes zu gelangen, also alle Probleme bis zur letzten logischen Konsequenz zu durchdenken, auch wenn für die Praxis angenäherte Lösungen genügen.

Durch die Kontroverse zwischen Gutenberg und Mellerowicz über die in der Betriebswirtschaftslehre anzuwendende Methode ist in letzter Zeit der Eindruck entstanden, als handele es sich bei den beiden genannten theoretischen Richtungen um eine Alternative: entweder empirisch-induktive oder mathematisch-deduktive Forschung. Wir sind der Ansicht, daß beide Methoden in der theoretischen Betriebswirtschaftslehre je nach der Art des zu untersuchenden Gegenstandes Anwendung finden müssen, wenn wir zu einer vollständigen Erkenntnis des Betriebsprozesses gelangen wollen. Die anzuwendende Methode hängt – ebenso wie der Grad der Abstraktion – von dem zu untersuchenden Gegenstand ab.[37]

Man betont im betriebswirtschaftlichen Schrifttum immer wieder die Notwendigkeit der „Praxisnähe", und zahlreiche Autoren glauben – auch wenn sie grundsätzlich die Ausbildung einer betriebswirtschaftlichen Theorie

---

[37] Vgl. S. 33 ff.

befürworten – aus der Forderung nach einer „praxisnahen Betriebswirtschaftslehre" die Schaffung einer reinen (exakten) Theorie des Betriebsprozesses ablehnen zu müssen, weil sie befürchten, man könne durch „wirklichkeitsfremde" theoretische Konstruktionen den Kontakt mit der Praxis verlieren und sich damit selbst isolieren.

So befürchtet **Mellerowicz,** daß die Entwicklung einer reinen Theorie des Betriebes zu einer Trennung der Theorie von der Betriebspolitik führen würde. Darin liege dann die Gefahr, daß die theoretischen Erkenntnisse für die Praxis nicht mehr verwertet werden könnten. „Die Betriebswirtschaftslehre würde dadurch wieder eine bloße Kunstlehre, beruhend lediglich auf Erfahrung und Übung, wie vor 50 Jahren."[38] Er kommt folgerichtig zu der Auffassung, daß die Betriebswirtschaftslehre in ihren Verfahren „nur bis an die ökonomische Grenze der Genauigkeit" gehe und nur untersuche, „was für die betriebliche Wirtschaftsführung relevant ist, und mit Methoden, die diesem Zweck dienen können".[39]

Gutenberg dagegen lehnt die „im Grund doch so trivialen Regeln und Gebrauchsanweisungen für die Praxis"[40] ab und sieht die Aufgabe der Betriebswirtschaftslehre darin, „die innere Logik der Dinge aufzuspüren und die betrieblichen Sachverhalte geistig zu durchdringen ... Der wissenschaftliche Wert oder Unwert einer betriebswirtschaftlichen Untersuchung hängt nicht von der praktischen Bedeutung des zu untersuchenden Gegenstandes ab".[41]

Man kann Gutenbergs Werk, das bei seinem Erscheinen zunächst als eine „Umwälzung" in der betriebswirtschaftlichen Forschung aufgefaßt wurde, heute nach einem Abstand von vierzig Jahren nicht mehr als den Beginn einer „neuen Richtung" in der Betriebswirtschaftslehre, sondern eher als den **konsequenten Abschluß der Periode der Entwicklung einer betriebswirtschaftlichen Theorie** interpretieren, die bisher eine Anzahl von Hypothesen zur Erklärung von Einzelfragen erarbeitet hatte, nun aber erstmals auf einem systemtragenden Prinzip als geschlossenes System entwickelt wurde und die gekennzeichnet ist durch die Rezeption und Weiterentwicklung der neoklassischen Mikroökonomie und ihre Verbindung mit bisher in der Betriebswirtschaftslehre erarbeiteten theoretischen Lösungen von Einzelfragen aus dem Gebiete der Produktion, des Absatzes und der Finanzierung.

Die **Kritik** an Gutenbergs Gesamtkonzeption setzt vor allem daran an, daß die Unternehmung im Sinne des erwerbswirtschaftlichen Betriebstyps mit gewinnmaximaler Ausrichtung ein Idealtyp sei und Gutenberg nicht untersucht habe, ob seine Voraussetzungen in der Realität gegeben seien. Da Gutenberg diesen Betriebstyp wegen seiner durch den Marktmechanismus gegebenen Steuerungsfunktion auch für volkswirtschaftlich zweckmäßig halte, weil durch Beachtung des erwerbswirtschaftlichen Prinzips gerade die

---

[38] Mellerowicz, K., Eine neue Richtung in der Betriebswirtschaftslehre? Eine Betrachtung zu dem Buch von E. Gutenberg: „Grundlagen der Betriebswirtschaftslehre", 1. Band: Die Produktion, ZfB 1952, S. 155
[39] Mellerowicz, K., a. a. O., S. 147
[40] Gutenberg, E., Zum „Methodenstreit", ZfhF 1953, S. 341
[41] Gutenberg, E., a. a. O., S. 340

II. Geschichte der Betriebswirtschaftslehre

Güter und Leistungen hergestellt würden, für die Bedarf besteht, und weil er deshalb seine Untersuchung und die Stoffauswahl überwiegend auf diesen Betriebstyp abgestellt habe, habe er das Prinzip der Wertneutralität aufgegeben und Partei ergriffen, weil er seine Forschungen und Erkenntnisse auf einen Betriebstyp beschränkt, und damit den Außenstehenden nicht die Möglichkeit biete, die Funktionsweise unterschiedlicher Betriebstypen beurteilen zu können – auch wenn er sich grundsätzlich gegen Anleitungen und Rezepte für die Praxis wende. Vorwürfe dieser und ähnlicher Art werden der wertfreien Richtung der Betriebswirtschaftslehre insgesamt gemacht. Daß sie nicht stichhaltig sind, wurde oben[42] bereits dargelegt.

b) Der entscheidungsorientierte Ansatz in der Betriebswirtschaftslehre

Die Bezeichnung „**entscheidungsorientierte Betriebswirtschaftslehre**" charakterisiert kein neues System der Betriebswirtschaftslehre, sondern einen **neuen methodischen Ansatz,** der dadurch gekennzeichnet ist, daß die Frage nach Entscheidungen gestellt wird mit denen betriebswirtschaftliche Ziele optimal realisiert werden können.

Wirtschaftliches Handeln im Betriebe besteht seit jeher im Treffen von Entscheidungen. Folglich ist die Betriebswirtschaftslehre seit jeher bestrebt, Instrumente zu entwickeln, die helfen, in einer gegebenen Situation die optimale Entscheidung zu treffen, d. h. die Handlungsalternative auszuwählen, die im Hinblick auf die Zielerreichung allen anderen vorzuziehen ist. Ob man den Gewinn maximieren, die Kosten minimieren, die optimale Bestellmenge oder das optimale Fertigungsprogramm bestimmen oder unter mehreren Investitionsalternativen die vorteilhafteste auswählen will, stets ist unter mehreren zur Wahl stehenden Handlungsalternativen jene zu bestimmen, die das Ziel in höchstem Maße erreicht, also z. B. die Zielgröße maximiert oder minimiert. Das räumen auch die Vertreter der entscheidungsorientierten Betriebswirtschaftslehre ein: „Neu und für die Zukunft richtungsweisend ist nicht so sehr die Tatsache, daß sich die Betriebswirtschaftslehre mit Entscheidungen befaßt, sondern die Art und Weise, die Methodik, wie sie Entscheidungen untersucht."[43]

Die entscheidungsorientierte Betriebswirtschaftslehre baut auf der **formalen Entscheidungstheorie** auf, deren Ziel eine logische Analyse des menschlichen Verhaltens ist, das bestimmte Ziele unter der Annahme unterschiedlicher realer Handlungsalternativen optimal realisieren will. Sie versucht also, auf formallogischer Basis Entscheidungssituationen zu typisieren und formale Methoden zur Lösung der Probleme abzuleiten. Ebenso wie die statistische Methodenlehre als formale Methode zur Erfassung von Massenerscheinungen auf die verschiedensten Objekte angewendet werden kann (Umsatz-, Bevölkerungs-, Verkehrs-, Krankenstatistik usw.), sind auch die von der Entscheidungstheorie entwickelten formalen Regeln zur Vorberei-

---
[42] Vgl. S. 52 ff.
[43] Vgl. Heinen, E., Zum Wissenschaftsprogramm der entscheidungsorientierten Betriebswirtschaftslehre, ZfB 1969, S. 208

tung und zum Treffen von Entscheidungen auf alle Bereiche anwendbar, die das Ergebnis menschlicher Entscheidungen sind.

Im Rahmen der entscheidungsorientierten Betriebswirtschaftslehre wurden zunächst „die betriebswirtschaftlichen Entscheidungstatbestände aufgelistet, systematisiert und auf ihre rationalen Lösungsmöglichkeiten hin untersucht. Hierzu lagen bereits von früher Ergebnisse der Produktions- und Kostentheorie und der Invenstitionstheorie vor. Die Entscheidungsmodelle dieser Art wurden um Variablen erweitert, die die Entscheidungssituation nach Sicherheit, Risiko und Unsicherheit variierten. Aus diesen Bemühungen ergaben sich mathematisch formulierte Entscheidungsmodelle, mit deren Hilfe sich die verschiedensten Entscheidungsprobleme prinzipiell lösen ließen."[44] Beispiele sind die Produktions- und Kostentheorie für Ein- und Mehrproduktunternehmen mit einstufiger und mehrstufiger Fertigung, die Optimierung von Produktionsprogrammen, die Lösung von Kapazitätszuteilungs- und Reihenfolgenproblemen, optimale Investitions- und Finanzierungsprogramme, optimale Lagerhaltung, optimale Werbeprogramme u. a.

Zur Lösung dieser Aufgaben lagen in der Mathematik bereits hochentwikkelte Verfahren vor: lineare Gleichungssysteme, die lineare und nichtlineare Planungsrechnung, Matrizen und Vektoren, die Graphentheorie, die Kombinatorik, heuristische Verfahren wie etwa suboptimierende Iterationsverfahren, das Entscheidungsbaumverfahren, die Wahrscheinlichkeitstheorie, die Prognoserechnung in der Statistik, die Simulation und die Spieltheorie.

Aus der Übernahme dieser Verfahren in die Betriebswirtschaftslehre entwickelte sich ein eigenes betriebswirtschaftliches Vertiefungsfach, **die Unternehmensforschung,** deren Forschungsergebnisse sich in zahlreichen Programmierungs-, Engpaß-, Warteschlangen-, Konkurrenz- und Lagerhaltungsmodellen niedergeschlagen haben.

Auch die entscheidungsorientierte Betriebswirtschaftslehre versteht sich als **wertfreie Wissenschaft** in dem Sinne, daß sie von Zielkombinationen ausgeht, die tatsächlich verfolgt werden. Die Zielfunktion ist also stets eine Kombination von empirisch festgestellten Zielen der Unternehmer. Da die entscheidungsorientierte Betriebswirtschaftslehre nicht nur den Ablauf von Entscheidungsprozessen im Betriebe erklären, sondern darüber hinaus den Entscheidungsträgern „Verhaltensempfehlungen" geben will, also sich als angewandte Wissenschaft, d. h. als Kunstlehre im Sinne Schmalenbachs versteht, bleibt trotz der Behauptung, daß diese Betriebswirtschaftslehre den Menschen in den Mittelpunkt stelle und eine Synthese zwischen Nicklisch und Gutenberg anstrebe, der abhängige Arbeitnehmer wie bei Gutenberg „Produktionsfaktor", dessen eigene Ziele nicht analysiert werden, sondern dessen Verhalten im Betrieb lediglich zu dem Zweck untersucht wird, damit es bei den auf Realisierung der unternehmerischen Ziele ausgerichteten Entscheidungen berücksichtigt werden kann.

Der Hinweis, daß die entscheidungsorientierte Betriebswirtschaftslehre ein **„interdisziplinärer Systementwurf"** sei (Heinen), stellt keine „Neuorien-

---

[44] Bellinger, B., Die Betriebswirtschaftslehre der neueren Zeit, Darmstadt 1988, S. 84

II. Geschichte der Betriebswirtschaftslehre

tierung" dar, sondern beinhaltet das Problem des Verhältnisses der Betriebswirtschaftslehre zu den Nachbarwissenschaften, d. h. zu den Disziplinen, deren Erkenntnisse sie als „Hilfswissenschaften" zur Erklärung ihres Objektes heranziehen muß. Wenn sich die Übernahme auf „betriebswirtschaftlich auswertbare Forschungsbemühungen und -ergebnisse"[45] von Nachbardisziplinen beschränkt, so wird damit der Rahmen einer traditionell abgegrenzten Betriebswirtschaftslehre nicht überschritten. Wenn jedoch behauptet wird, „daß mit dem entscheidungsorientierten Ansatz die Betriebswirtschaftslehre in die Sozialwissenschaften integriert" und damit „der Versuch einer exakten Abgrenzung beispielsweise zur Psychologie oder Soziologie zu einem vergeblichen Unterfangen" werde,[46] so wird, falls eine solche Entwicklung wirklich eintreten würde – und Ansätze sind, wie oben erwähnt, vorhanden – die Betriebswirtschaftslehre als Wissenschaft Gefahr laufen, daß sie wegen des Hinübergreifens in andere Disziplinen, die sich nach wie vor abgrenzen, an Profil verliert.

Sucht man nach dem Fortschritt, den die entscheidungsorientierte Betriebswirtschaftslehre gebracht hat, so ist festzustellen, daß zwar auch die Analyse unternehmerischer Entscheidungen in Beschreibungs- und Erklärungsmodellen, die die besonders von Gutenberg zu einem geschlossenen System entwickelte marginalanalytische betriebswirtschaftliche Theorie enthält, nicht nur beschreibt, sondern auch die Bedingungen des optimalen Einsatzes dieser Instrumente festlegt. Die Bedeutung und der **Erkenntnisfortschritt** der Modelle der entscheidungsorientierten Betriebswirtschaftslehre liegen vor allem darin, daß sie im Gegensatz zu den Hypothesen einer überwiegend statischen Theorie der Unternehmung auch das **Zeitproblem** einbeziehen, indem sie Entscheidungen über mehrere Perioden oder Abfolgen von Entscheidungen im Zeitablauf unter Einbeziehung und Quantifizierung von Risiko sowie Ungewißheit und Unsicherheit rechenbar gemacht haben.

c) Der systemorientierte Ansatz der Betriebswirtschaftslehre

Versucht der entscheidungsorientierte Ansatz die Erkenntnisse der allgemeinen Entscheidungstheorie für die Betriebswirtschaftslehre nutzbar zu machen, indem er betriebswirtschaftliche Entscheidungsmodelle entwickelt, so geht der systemorientierte Ansatz noch einen Schritt weiter und will Gestaltungsmodelle „für zukünftige Wirklichkeiten" entwickeln. Dieser Ansatz will nicht erklären, „was ist", sondern „was in Zukunft sein wird", da eine als kybernetische Wissenschaft aufgefaßte Betriebswirtschaftslehre „sich nicht für das Seiende, sondern das Werdende, nicht für das Bestehen, sondern für das Funktionieren von Systemen"[47] interessiere.

Die Tatsache, daß aufgrund kybernetischer Erkenntnisse neuartige technische Anlagen konstruiert werden können, hat zu der Hypothese geführt, auf welcher der systemorientierte Ansatz beruht, daß nämlich mit dem gleichen

---

[45] Heinen, E., Der entscheidungsorientierte Ansatz der Betriebswirtschaftslehre, in: Wissenschaftsprogramm und Ausbildungsziele der Betriebswirtschaftslehre, Berlin 1971, S. 32
[46] Heinen, E., a. a. O., S. 32
[47] Ulrich, H., Der systemorientierte Ansatz in der Betriebswirtschaftslehre, in: Wissenschaftsprogramm und Ausbildungsziele der Betriebswirtschaftslehre, Berlin 1971, S. 46

formalen Erkenntnisapparat auch neue funktionsfähige soziale Systeme, zu denen die Betriebe gehören, entworfen werden können. Nach Baetge besteht die kybernetische Vorgehensweise „zunächst in einer detaillierten System- und Verhaltensanalyse. Danach folgt eine empirische und theoretische Modellbildung sowie die Optimierung und Simulation mit exakten und/oder heuristischen Verfahren. Damit sollen dem Entscheider akzeptable Lösungsvorschläge vorgelegt werden, aus denen er die ihm ‚optimal' erscheinende Alternative auswählen kann."[48]

Der systemorientierte Ansatz faßt die Betriebswirtschaftslehre somit als eine **„Gestaltungslehre"** auf, die sich von den Naturwissenschaften dadurch unterscheidet, daß sie nicht auf Erklärung, sondern auf Zukunftsgestaltung ausgerichtet ist. Sie wird in die Nähe der Ingenieurwissenschaften gestellt, von denen sie sich dadurch unterscheidet, daß sie sich nicht mit technischen, sondern mit sozialen Systemen beschäftigt. Ulrich sieht in dieser Betriebswirtschaftslehre „eine notwendige Vorstufe zu einem sinnvollen praktischen Handeln der sogenannten Führungskräfte in zweckorientierten sozialen Systemen, insbesondere in Unternehmungen".[49]

Die **Systemtheorie** versteht unter einem System allgemein eine geordnete Gesamtheit von Elementen, zwischen denen Beziehungen bestehen und die wiederum Systeme niederer Ordnung (Subsysteme) sein können.

Das Wesen der kybernetischen Systeme besteht darin, daß sie als offene Verhaltenssysteme in der Lage sind, Störungen im Rahmen von Steuerungs- und Regelungsprozessen zu kompensieren, so daß das System selbsttätig in den Bereich der zulässigen Abweichungen zurückkehrt.

Ebenso wie die entscheidungsorientierten Betriebswirte charakterisieren auch die systemorientierten Betriebswirte ihren Ansatz als **„interdisziplinär"**. Während erstere aber durch Übernahme sozialpsychologischer, soziologischer oder politologischer Erkenntnisse die Betriebswirtschaftslehre nicht mehr als Wirtschaftswissenschaft, sondern als Sozialwissenschaft etikettieren, fordern letztere, daß die Betriebswirtschaftslehre auf die Eingliederung in ein klassisches Wissenschaftssystem verzichtet, denn sonst müßte sie „den Anspruch aufgeben, reale Unternehmungen erklären oder Gestaltungsmodelle für solche entwickeln zu können."[50]

Die Betriebswirtschaftslehre dieser Prägung kehrt damit ebenso wie die entscheidungsorientierte Betriebswirtschaftslehre zu Schmalenbachs methodischem Ausgangspunkt zurück: sie wird **Kunstlehre,** die der Praxis Anleitungen in Form von Modellösungen anbietet. Dieser neue Pragmatismus in der Betriebswirtschaftslehre unterscheidet sich allerdings von dem früherer Jahrzehnte in der Qualität seiner Rezepte: sie werden auf Basis des theoretischen Wissens einer ganzen Anzahl von Disziplinen entwickelt.

Die zukünftige Entwicklung erst kann Antwort auf zwei Fragen geben: erstens, ob sich überhaupt die durch menschliches Handeln bestimmten so-

---

[48] Baetge, J., Kybernetik. Die Systeme und ihre Gesetzmäßigkeiten, in: Betriebswirtschaftslehre heute, hrsg. von Küting, K. und Schnorbus, A., Frankfurt/M. 1992, S. 24
[49] Ulrich, H., a. a. O., S. 44
[50] Ulrich, H., a. a. O., S. 48

zialen Systeme wie sich selbst steuernde Regelkreise erklären lassen, d. h., ob die Übertragung des Begriffsapparates technischer Systeme auf soziale Systeme einen sinnvollen Ansatz darstellt, und ob neue Systeme dieser Art nicht nur theoretisch konstruiert, sondern für die zukünftige Gestaltung betrieblicher Prozesse (im Sinne sozialer und nicht technischer Prozesse) eingesetzt werden können; zweitens, ob eine Wissenschaft, die nicht bestehende Wirklichkeiten erklärt, sondern zukünftige Wirklichkeiten entwirft und Anleitungen zu ihrer Realisierung gibt, infolge der Komplexität der zu beachtenden Faktoren noch den Namen Betriebswirtschaftslehre tragen kann, oder ob sie vielmehr als „interdisziplinärer" Ansatz im Sinne der heutigen Wissenschaftseinteilung eine neue Wissenschaft darstellt, die auf den Erkenntnissen der Betriebswirtschaftslehre, die sich als Wirtschaftswissenschaft im heutigen Sinne versteht, ebenso wie auf den Erkenntnissen vieler anderer selbständiger Disziplinen aufbaut.

d) Der verhaltensorientierte Ansatz

Die entscheidungsorientierte Betriebswirtschaftslehre tritt uns in mehreren Spielarten entgegen. Die bisher skizzierte Art unterstellt **rationales Entscheidungsverhalten** und Gesetzmäßigkeiten im Ablauf von Entscheidungsprozessen. Demgegenüber versucht die verhaltenswissenschaftlich orientierte Betriebswirtschaftslehre unter **Aufgabe des Rationalprinzips** das **tatsächliche Entscheidungsverhalten** von Einzelpersonen und Organisationen mit Hilfe der Erkenntnisse der Verhaltenswissenschaften, d. h. den auf Erklärung des menschlichen Verhaltens gerichteten Sozialwissenschaften wie der Psychologie, der Sozialpsychologie und der Soziologie in vereinfachten Modellen zu erfassen.

Mit der Einbeziehung verhaltenswissenschaftlicher Aspekte in das Erkenntnisobjekt der Betriebswirtschaftslehre näherte sich die seit Gutenberg primär theoretisch konzipierte Betriebswirtschaftslehre in Deutschland der auf die Lösung konkreter Managementprobleme ausgerichteten angelsächsischen Managementlehre.[51]

Die grundsätzliche **Kritik** der Vertreter der verhaltensorientierten Richtung der Betriebswirtschaftslehre richtet sich gegen die **Realitätsferne** der traditionellen Wirtschaftswissenschaften durch die Annahme des rationalen Verhaltens eines „homo oeconomicus". Damit das Verhalten in Betrieben und an Märkten erklärt, prognostiziert und daraus Handlungsempfehlungen abgeleitet werden können, seien auch psychologische, soziologische und sozialpsychologische Aspekte zu untersuchen. Zwischen einzelnen Vertretern des verhaltensorientierten Ansatzes der Betriebswirtschaftslehre bestehen jedoch Meinungsverschiedenheiten über die Frage, ob für die Entwicklung betriebswirtschaftlicher Verhaltenstheorien die Übernahme allgemeiner

---

[51] Vgl. Kirsch, W., Die verhaltenswissenschaftliche Fundierung der Betriebswirtschaftslehre. In: Wissenschaftstheoretische Grundfragen der Wirtschaftswissenschaften, hrsg. von H. Raffée und B. Abel, München 1979, S. 105 ff.

(sozial-)psychologischer Theorien anzustreben ist oder ob eine eigenständige betriebswirtschaftliche Verhaltensforschung entwickelt werden soll.[52] Neben der Einbeziehung verhaltenswissenschaftlicher Elemente in die entscheidungsorientierte Betriebswirtschaftslehre sind vor allem eine verhaltenswissenschaftliche Absatztheorie und eine verhaltenswissenschaftliche Organisationstheorie entwickelt worden.

Die **verhaltensorientierte Absatztheorie**[53] verfolgt das Ziel, „das Zustandekommen und die Wirkung der absatzpolitischen Maßnahmen von Unternehmungen mit Hilfe verhaltenswissenschaftlicher Kategorien zu erklären" und – darauf aufbauend – „Techniken zur Steuerung des menschlichen Verhaltens im Dienste von Unternehmungen zu entwickeln".[54] Dadurch sollen die Genauigkeit und Sicherheit von Absatzprognosen erhöht und die Optimierung der Absatzpolitik verbessert werden.[55] Zu diesem Zweck werden tatsächliche Marktreaktionen mit Hilfe empirischer Untersuchungen über das Verhalten der Anbieter und Nachfrager ermittelt. Untersuchungsobjekt der verhaltensorientierten Absatztheorie ist demzufolge gleichermaßen das Verhalten des anbietenden Betriebes, der Konkurrenten und der Nachfrager.

Die verhaltensorientierte Absatztheorie beschränkt sich jedoch bisher weitgehend auf die Untersuchung des **Konsumentenverhaltens.** Dabei werden bei Kaufentscheidungen von Konsumenten folgende Verhaltenstypen unterschieden:[56] Rationalverhalten, Gewohnheitsverhalten, Impulsverhalten und sozial abhängiges Verhalten. Welches Verhalten einer Kaufentscheidung im Einzelfall zugrunde liegt, hängt von den spezifischen Merkmalen des Kaufobjektes ab.

Das Verhalten von Individuen wird als Funktion der Eigenschaften einer Person (P) und der Umwelt (U) erklärt. Vereinfacht ausgedrückt handelt es sich um **psychologische** Erklärungsansätze, wenn das Verhalten von den Eigenschaften einer Person abgeleitet wird, und um **soziologische,** wenn das Verhalten von der Umwelt einer Person abgeleitet wird.

Die **verhaltensorientierte Organisationstheorie** befaßt sich einerseits mit dem Verhalten von Institutionen, andererseits mit dem Verhalten von Mitgliedern der Institutionen, das sich unter den gesetzten organisatorischen Bedingungen vollzieht.[57] Dementsprechend liefert sie einerseits Beiträge zum Individual- und Gruppenverhalten in soziotechnischen Systemen und andererseits Beiträge zum strukturbezogenen Verhalten von soziotechnischen Systemen.

Der verhaltensorientierte Ansatz der Betriebswirtschaftslehre unterliegt von verschiedenen Seiten der **Kritik.** Gegen die Ablehnung des Rational-

---

[52] Vgl. Elschen, R., Betriebswirtschaftslehre und Verhaltenswissenschaften. Probleme einer Erkenntnisübernahme am Beispiel des Risikoverhaltens bei Gruppenentscheidungen, Thun, Frankfurt a. M. 1982, S. 15
[53] Vgl. Kroeber-Riel, W., Absatztheorie, verhaltensorientierte. In: HWA, hrsg. von B. Tietz, Stuttgart 1974, Sp. 159–167
[54] Kroeber-Riel, W., Absatztheorie, a. a. O., Sp. 159
[55] Vgl. Kroeber-Riel, W., Absatztheorie, a. a. O., Sp. 165
[56] Vgl. Meffert, H., Marketing. Grundlagen der Absatzpolitik, 7. Aufl., Wiesbaden 1986, S. 141
[57] Vgl. Grochla, E., Einführung in die Organisationstheorie, Stuttgart 1978, S. 130

prinzips als Basis betriebswirtschaftlicher Forschung wird eingewendet, daß durch die Annahme rationalen Verhaltens keine Aussage über den wirklichen handelnden Menschen gemacht, sondern lediglich eine methodologische Vorentscheidung getroffen werde, um eine eindeutige Erklärung beobachtbarer Tatbestände zu erhalten.[58] Skepsis besteht auch gegenüber dem **komplexen Erkenntnisobjekt,** dem Verhalten in Organisationen und Märkten. Es wird bezweifelt, daß dieses Verhalten wegen seiner Komplexität in Form von Gesetzen erklärt und beschrieben werden könne, insbesondere wenn nicht ein Mensch allein, sondern eine Organisation von Menschen in ihrem Verhalten erklärt werden solle.[59] Zwar können zur Lösung praktischer Probleme der Unternehmensführung auch Kenntnisse der Verhaltenswissenschaften erforderlich sein, die betriebswirtschaftliche Theorie muß sich jedoch auf den wirtschaftlichen Aspekt menschlichen Handelns beschränken.[60]

e) Sonstige theoretische Ansätze

aa) Der arbeitsorientierte Ansatz

Ein Hauptangriffspunkt gegen die heutige Betriebswirtschaftslehre, die die betrieblichen Entscheidungen aus der Sicht der Entscheidungsträger, also der Unternehmensführung untersucht, ist der **Vorwurf der Einseitigkeit.** Die Kritik entzündet sich überwiegend daran, daß die Gewinne i. d. R. allein dem „**Kapital",** also den Eigentümern der Betriebe zufließen, und daß folglich eine Betriebswirtschaftslehre, die diesen Prozeß der Gewinnerzielung im Betriebe untersucht und dem Betriebe Verfahren und Entscheidungshilfen liefert, den Gewinn unter Beachtung gewisser Nebenbedingungen zu maximieren, ihre Erkenntnisse nur einer kleinen Gruppe der Gesellschaft, nämlich den Kapitaleigentümern, bzw. den für sie arbeitenden Managern zur Verfügung stelle und dieser Gruppe damit helfe, durch eine Vergrößerung der Gewinne ihre **gesellschaftliche Machtstellung** über die breite Masse der Arbeitnehmer zu stärken.

Der arbeitsorientierte Ansatz will die Interessen der Arbeitnehmer als soziale Gruppe im Betrieb zum Objekt einer „**arbeitsorientierten Einzelwirtschaftslehre"** machen. Dieser „Ansatz" ist allerdings methodologisch und auch politisch-ideologisch dadurch vorbelastet, daß er überspitzt die Arbeitnehmer als die einzige produktive Klasse in der Gesellschaft ansieht. Das erinnert an marxistische Vergangenheit und bildet gleichzeitig einen Ansatz für die Kritik.[61]

Folgende Problemkreise werden in den Mittelpunkt gestellt, durch die das Zielsystem der Unternehmung geändert werden soll: Die Sicherung der Ar-

---
[58] Vgl. Schneider, D., Geschichte betriebswirtschaftlicher Theorie, München, Wien 1981, S. 9f.
[59] Vgl. Sieben, G., Schildbach, Th., Betriebswirtschaftliche Entscheidungstheorie, 4. Aufl., Düsseldorf 1994, S. 198
[60] Vgl. Schneider, D., Geschichte, a. a. O., S. 26 ff.
[61] Vgl. Projektgruppe im Wirtschafts- und Sozialwissenschaftlichen Institut des Deutschen Gewerkschaftsbundes (WSI): Grundelemente einer Arbeitsorientierten Einzelwirtschaftslehre, WSI – Studie zur Wirtschafts- und Sozialforschung 23, Köln 1974

beitsplätze, die Sicherung der Einkommen der Arbeitnehmer, die optimale Gestaltung der Arbeit innerhalb der Betriebe. Diese Ziele werden dem Ziel der langfristigen Gewinnmaximierung übergeordnet.

Eine Einordnung dieser drei Problemkreise in die heutige Wissenschaftsgliederung hätte folgendes Ergebnis: Die Sicherung der Arbeitsplätze ist in erster Linie ein gesamtwirtschaftliches Problem, das nicht vom einzelnen Betrieb aus gelöst werden kann. Die Sicherung der Einkommen der Arbeitnehmer als gesellschaftliche Gruppe ist ebenfalls kein betriebswirtschaftliches Problem, sondern ist Teil der Lehre von der volkswirtschaftlichen Einkommenserzielung und Einkommensverteilung. Als einzelwirtschaftlich kann man diese Probleme nur dann auffassen, wenn man sie aus der Sicht des (Arbeitnehmer-) Haushalts als Fragen der Einkommenserzielung und -sicherung analysiert. Der dritte Bereich, die optimale Gestaltung der Arbeit und der Arbeitsbedingungen, ist Gegenstand der Arbeitswissenschaften, die von der Betriebswirtschaftslehre seit jeher als Hilfswissenschaften herangezogen werden.

Als Fazit ist festzuhalten, daß der arbeitsorientierte Ansatz ein **interdisziplinärer Ansatz** ist, der das Zielsystem der Unternehmung einseitig auf die Arbeitnehmerinteressen ausrichten will und dazu aus verschiedenen Disziplinen, insbesondere aus der Volkswirtschaftslehre, den Arbeitswissenschaften, dem Recht (Arbeits- und Sozialrecht), der Soziologie und Anthropologie Erkenntnisse zusammenträgt, um die Stellung und Verhaltensweisen der Arbeitnehmer innerhalb des Betriebes und die Gestaltung der Arbeitsbedingungen zu analysieren.

bb) Die empirische Theorie der Unternehmung

Die empirische Theorie der Unternehmung geht von der Tatsache aus, daß die Betriebswirtschaftslehre einen Bestand an Entscheidungsmodellen erarbeitet hat, „die einem empirischen Test unterzogen werden müssen",[62] d. h. anhand von Prüfungsbefunden ist zu untersuchen, ob und in welchem Umfange sich aufgestellte Hypothesen in den empirischen Untersuchungen bewährt haben. Nach Albach unterscheiden sich die Arbeiten, die zu den Prüfungsbefunden führen, von früheren empirischen Arbeiten vor allem dadurch, „daß sie keinen deskriptiven Charakter haben, sondern theoretische Hypothesen an empirischem Material überprüfen".[63]

Die Schwierigkeiten und Grenzen einer empirischen Theorie der Unternehmung sieht Albach im theoretischen Bereich **im Fehlen einer dynamischen Theorie der Unternehmung,** im praktischen Bereich in den engen Möglichkeiten, empirisches Material zu gewinnen. Da Befragungen und Erhebungen sehr aufwendig sind und man deshalb oft auf Repräsentanz des Datenmaterials verzichten muß, empfiehlt er zur Datengewinnung verstärkt

---

[62] Albach, H., Ansätze zu einer empirischen Theorie der Unternehmung. In: Wissenschaftsprogramm und Ausbildungsziele der Betriebswirtschaftslehre, hrsg. von G. v. Kortzfleisch, Berlin 1971, S. 136
[63] Albach, H., Ansätze, a. a. O., S. 155

Experimente heranzuziehen. Diese Konzeption zeichnet sich dadurch aus, daß ihre Aussagen sich auf die Realität beziehen, die mittels geeigneter Theorien erklärt werden soll, und daß nur intersubjektiv nachprüfbare Aussagen anerkannt werden.[64]

Die empirische Theorie der Unternehmung ist besonders von Witte und seinen Mitarbeitern weiterentwickelt worden. Witte betont die Verpflichtung der empirisch-betriebswirtschaftlichen Forschung, „in der Unternehmungspraxis Nutzen zu stiften. Unter dem Nutzungsaspekt hat sich ein Forschungsergebnis in einem viel weitergehenden Sinn zu bewähren, indem es nicht nur richtig (im Sinne von nicht falsifiziert), sondern auch praktisch verwendbar ist".[65]

cc) Konflikt- und machttheoretische Ansätze

Konflikttheoretische Aspekte wurden von der Betriebswirtschaftslehre erst beachtet, seit erkannt wurde, daß Konflikte für den Betrieb nicht nur negative Auswirkungen haben (systemgefährdende oder Arbeitsabläufe behindernde Effekte), sondern auch positive (Konflikte als Anreiz für Leistung, Karriere, etc.).[66] **Konflikttheoretische Ansätze** in der Betriebswirtschaftslehre finden sich einerseits in der entscheidungsorientierten Richtung (systematisierende Arbeiten über Konflikte im Individualbereich, Ziel-, Informations- und Sozialsystem der Unternehmung), andererseits in der verhaltensorientierten Richtung, wo Konflikte in der Unternehmung unter Einbeziehung ihrer psychologischen und sozialpsychologischen Komponenten problemorientiert behandelt werden. In der betriebswirtschaftlichen Konfliktforschung wird i.d.R. auf den Konfliktbegriff Dahrendorfs zurückgegriffen, wonach Konflikte allgemein Gegensätzlichkeiten in den Beziehungen zwischen Elementen sind.[67]

Bei unternehmensbezogenen Konflikten lassen sich Konflikte innerhalb der Unternehmung **(Innenkonflikte)** und Konflikte zwischen der Unternehmung und ihrer Umwelt **(Außenkonflikte)** unterscheiden. Die Aufgabe der unternehmensbezogenen Konfliktforschung liegt einerseits in der Ermittlung der Ursachen der Entstehung und der Auswirkung von Konflikten und Konfliktbeziehungen und andererseits in der Entwicklung von Maßnahmen zur zielorientierten, bewußten Gestaltung und Steuerung von Konfliktfeldern **(Konfliktmanagement)**. Dabei dienen Gestaltungsmaßnahmen der Schaffung einer Organisationsstruktur, durch die Konfliktursachen reduziert bzw. aufgehoben werden und unvermeidbare Konflikte austragbar ge-

---

[64] Schanz, G., Pluralismus in der Betriebswirtschaftslehre: Bemerkungen zu gegenwärtigen Forschungsprogrammen. In: Auffassungen und Wissenschaftsziele der Betriebswirtschaftslehre, hrsg. von M. Schweitzer, Darmstadt 1978, S. 316
[65] Witte, E., Nutzungsanspruch und Nutzungsvielfalt. In: Der praktische Nutzen empirischer Forschung, hrsg. v. E. Witte, Tübingen 1981, S. 13 f.
[66] Vgl. Oechsler, W., Wagner, B., Der konflikttheoretische Ansatz in der Betriebswirtschaftslehre. In: Zum Praxisbezug der Betriebswirtschaftslehre in wissenschaftstheoretischer Sicht, hrsg. v. H. Ulrich, Bern 1976, S. 100 f.
[67] Vgl. Dahrendorf, R., Gesellschaft und Freiheit. Zur soziologischen Analyse der Gegenwart, München 1961, S. 201

macht werden. Demgegenüber dienen Steuerungsmaßnahmen der direkten Verhaltensbeeinflussung bei Konfliktprozessen.[68]

Die Untersuchung von **Machtproblemen** in der Betriebswirtschaftslehre, z.B. im Zusammenhang mit Problemen der Mitbestimmung oder der Organisationsstruktur, steht noch am Anfang. Bisherige Arbeiten konnten nur in sehr begrenztem Umfang Theorien entwickeln und beschränken sich meist auf folgende Aufgaben:[69]

- Formulierung eines für betriebswirtschaftliche Probleme zweckmäßigen Machtbegriffs;
- Erarbeitung betriebswirtschaftlich relevanter Machtmerkmale;
- Beschreibung realer Aufbau- und Ablaufstrukturen der Macht in der Unternehmung;
- Entwicklung von Konzepten zur Messung von Macht;
- Ableitung von Hypothesen zur Erklärung und Prognose einzelner ökonomisch relevanter Machtprobleme in der Unternehmung.

dd) Der situative Ansatz

Der situative Ansatz wurde Mitte der 60er Jahre in der angelsächsischen Managementlehre aus der Kritik an der nach allgemeingültigen Aussagen strebenden Systemtheorie entwickelt und in Deutschland in erster Linie von der **Organisationslehre** übernommen. Dieser Ansatz geht von der Grundannahme aus, daß es nicht generell gültige, optimale Handlungsalternativen gäbe, sondern mehrere situationsbezogen angemessene.

Folglich seien „alternative Handlungen und Strukturen zu entwerfen, in ein Entscheidungsmodell einzubringen und aus der Fülle der logisch denkbaren Alternativen diejenigen auszuwählen, die unter genau zu spezifizierenden Bedingungen (Situationen) z.B. erfolgreicher (effizienter) sind als andere". Ziel der situativen Ansätze sei „die Relativierung der generellen, traditionellen und systemtheoretischen Aussagen (Organisations- und Führungsprinzipien) sowie die situationsadäquate Berücksichtigung formal- und verhaltenswissenschaftlicher Gestaltungsempfehlungen."[70]

Der situative Ansatz geht in der Weise vor, daß zunächst die für unterschiedliche Entscheidungssituationen relevanten Einflußfaktoren ergründet und systematisiert werden und dann untersucht wird, welche Beziehungen zwischen den unabhängigen Variablen (Situationsgrößen, -faktoren, Kontextvariablen) und den abhängigen Variablen (Dimension von Struktur und Verhalten) bestehen. Damit sollen mögliche Konsequenzen von Entscheidungen, die einzelne Variablen betreffen, prognostiziert werden.

Kritisch ist dazu anzumerken, daß infolge der vielfältigen Interdependenzen zwischen den unabhängigen Variablen es äußerst schwierig, wenn nicht

---

[68] Vgl. Krüger, W., Theorie unternehmensbezogener Konflikte, ZfB, 51. Jg. 1981, S. 912

[69] Vgl. Krüger, W., Macht in der Unternehmung. Elemente und Strukturen, Stuttgart 1976, S. 2 f.; ders., Unternehmungsprozeß und Operationalisierung von Macht. In: Macht in Organisationen, hrsg. von G. Reber, Stuttgart 1980, S. 233 f.

[70] Staehle, W.H., Deutschsprachige situative Ansätze in der Managementlehre. In: Organisationstheoretische Ansätze, hrsg. von A. Kieser, München 1981, S. 215

überhaupt unmöglich ist, den Einfluß einer unabhängigen Variablen zu isolieren und ihren relativen Einfluß im Verhältnis zu anderen Faktoren zu bestimmen.[71]

In der **Organisationstheorie** versucht man, Unterschiede zwischen realen Organisationsstrukturen mit Unterschieden in den Situationen, in denen sich die jeweiligen Organisationen befinden, zu erklären.[72] In der **Führungstheorie** werden anhand mehrere Dimensionen unterschiedliche Führungssituationen herausgearbeitet, denen jeweils ein bestimmter Führungsstil zugeordnet wird. Weitere situative Ansätze wurden in der Unternehmensplanung, dem Rechnungswesen und im Bereich der betrieblichen Funktionen Produktion, Absatz, Finanzierung und Personalwesen entwickelt.[73]

ee) Der EDV-orientierte Ansatz

Dieser Ansatz unterscheidet sich von den bisher erörterten dadurch, daß er keine neue Konzeption der Bestimmung und Abgrenzung des Erkenntnisobjekts, der Erkenntnisziele und der wissenschaftlichen Methoden der Betriebswirtschaftslehre darstellt, sondern daß er die Verbindung zwischen der elektronischen Datenverarbeitung, deren Anwendungsgebiete nicht nur im wirtschaftlichen Bereich der Betriebe, sondern ebenso im Bereich der Naturwissenschaften und der Technik sowie vielen anderen Bereichen menschlicher Tätigkeiten liegen, und der Betriebswirtschaftslehre herstellen will.

„Unter dem Sammelbegriff EDV werden die Informations- und Kommunikationstechniken zur elektronischen Verarbeitung von Daten zusammengefaßt, also deren Erfassung, Speicherung, Transformation, Übertragung und Ausgabe".[74]

Diese Techniken können sowohl in einer produktivitätsorientierten als auch in einer entscheidungs-, system- oder verhaltensorientierten Betriebswirtschaftslehre angewendet werden. Während EDV-Anwendungsprogramme zunächst das betriebliche Rechnungswesen verbesserten und wirtschaftlicher gestalteten, bestimmen in jüngster Zeit in zunehmendem Umfang **EDV-gestützte Informationssysteme** betriebswirtschaftliche Abläufe und führen zu Verbesserungen im Bereich der strategischen und operationalen Planung, Organisation und Kontrolle und damit insgesamt zu Kostensenkungen.

Die enge Verflechtung zwischen Betriebswirtschaftslehre und EDV wird nach Scheer durch folgende Aspekte begründet:

„– Unterstützung rechen- und/oder datenintensiver betriebswirtschaftlicher Verfahren durch die EDV

---

[71] Vgl. Staehle, W. H., Der situative Ansatz in der Betriebswirtschaftslehre. In: Zum Praxisbezug der Betriebswirtschaftslehre aus wissenschaftstheoretischer Sicht, hrsg. von H. Ulrich, Bern 1976, S. 38
[72] Vgl. Kieser, A., Kubicek, H., Organisation, 3. Aufl., Berlin, New York 1992, S. 45 f.
[73] Vgl. Staehle, W. H., Der situative Ansatz, a. a. O., S. 43 f.
[74] Scheer, A.-W., EDV-orientierte Betriebswirtschaftslehre, 4. Aufl., Berlin-Heidelberg-New York-Tokio 1990, S. 1

- Notwendigkeit EDV-geeigneter betriebswirtschaftlicher Konzepte zur Erhöhung der Wirtschaftlichkeit der EDV
- Hohe Gestaltungswirkung von Anwendungssoftware."[75]

Entwicklung, Einführung und Auswahl von computergestützten Informationssystemen setzen profunde Kenntnisse der EDV voraus. Zur Vermittlung dieser Kenntnisse hat sich in den letzten beiden Jahrzehnten ein selbständiges betriebswirtschaftliches Vertiefungsfach, die **Wirtschaftsinformatik,** entwickelt, die „als Wissenschaft von Entwurf und Anwendung computergestützter Informationssysteme"[76] definiert wird. „Gegenstand der Wirtschaftsinformatik ist die Frage, wie Informations- und Kommunikationstechniken betriebswirtschaftliche Abläufe, Entscheidungsprobleme und Lösungsverfahren umgestalten können. Daneben können aber auch EDV-orientierte betriebswirtschaftliche Konzepte neue Anforderungen an die Weiterentwicklung der Informationstechnik stellen."[77] Es handelt sich hier um eine ähnliche Weiterentwicklung der Betriebswirtschaftslehre wie im Anschluß an den entscheidungsorientierten Ansatz, der zur Bildung des Faches „Unternehmensforschung" geführt hat.

ff) Der ökologieorientierte Ansatz

Die Nutzung der Natur (Umwelt) durch Betriebe, Haushalte und Einzelpersonen kann zur Verunreinigung der Luft, von Gewässern oder von Bodenflächen führen, durch die gesundheitliche Schäden für Menschen und Tiere und dauerhafte Schäden an der Natur (Waldsterben) eintreten können. Solange die natürliche Umwelt als freies Gut behandelt wurde, konnten keine Marktpreise für die Umweltnutzung und somit auch keine Kosten für die Betriebe entstehen, die sich der natürlichen Ressourcen bedienten bzw. die natürliche Umwelt durch Rückstände aus den Produktionsprozessen belasteten. Da die durch wirtschaftliches Handeln verursachten Umweltbelastungen in den meisten Fällen **nicht quantifizierbar** sind und folglich sich Marktpreise nicht bilden können, „ist der Staat aufgerufen, Preise oder Bedingungen zur Preisbildung zu setzen. Erst durch die **aus Preisen folgenden Kosten** ist die Betriebswirtschaftslehre auf die natürliche Umwelt gestoßen: Entsorgungsvorgänge werden mit Gebühren belegt, die nach Menge und Schädlichkeit der abgegebenen Rückstände variieren (Abwasserabgaben, Abfallabgaben, Schwefeldioxydabgaben). Produktion und Entsorgung von Rückständen werden durch Ge- und Verbote eingeschränkt. Durch solche Restriktionen muß auf umweltschädliche Prozesse oder Erzeugnisse verzichtet werden." [78]

---

[75] Scheer, A.-W., a.a.O., S. 2
[76] Scheer, A.-W., a.a.O., S. 2
[77] Scheer, A.-W., Gegenstand der Wirtschaftsinformatik. Wirtschaftsinformatik: eine junge Wissenschaft, in: Betriebswirtschaftslehre heute, hrsg. von Küting, K. und Schnorbus, A., Frankfurt/M. 1992, S. 161.
[78] Strebel, H., Umwelt und Ökonomie – Wer die Natur nutzt, muß dafür zahlen –, in: Betriebswirtschaftslehre heute, hrsg. von Küting, K., und Schnorbus, A., Frankfurt/M. 1992, S. 183

II. Geschichte der Betriebswirtschaftslehre

Die Problematik der Einbeziehung von durch wirtschaftliches Handeln verursachten Umweltbelastungen in wirtschaftswissenschaftliche Untersuchungen ist zuerst im Rahmen der Volkswirtschaftslehre aufgegriffen worden,[79] da die Untersuchung ökologischer Folgen des Wirtschaftens ein gesamtwirtschaftliches Problem ist. Die berechtigte Forderung, nachteilige Folgen für die natürliche Umwelt durch wirtschaftliches Handeln in den Betrieben zu berücksichtigen, hat dann die Frage nach der Integration dieses Problems in die Betriebswirtschaftslehre aufgeworfen.

Beim ökologischen Ansatz der Betriebswirtschaftslehre[80] lassen sich **zwei Grundströmungen** unterscheiden: Erstens die sog. **ethisch-normative ökologische Betriebswirtschaftslehre,** deren Vertreter eine grundsätzlich andere Orientierung des wirtschaftlichen Denkens und Handelns fordern.[81] Nicht mehr die auf den Erfolg der Einzelwirtschaft gerichtete Denkweise, die sich an der Verwertung des eingesetzten Kapitals und dem Gewinnziel orientierte, soll die betriebswirtschaftliche Betrachtung dominieren, sondern **die Vereinbarkeit von ökologischer und betriebswirtschaftlicher Sichtweise** soll in den Vordergrund gestellt werden. Es geht also nicht um das in einzelnen Bereichen „unmittelbar Machbare, sondern um eine grundsätzliche Auseinandersetzung mit dem Verhältnis von Ökologie und Ökonomie."[82] Kritisch ist dazu anzumerken, daß es sich hier einerseits stellenweise um recht utopische und von praxisrelevanten Problemen losgelöste Überlegungen handelt und daß andererseits dieser Ansatz durch die inzwischen allgemein akzeptierte ökonomische Notwendigkeit der Auseinandersetzung mit ökologischen Fragen (Abfallentsorgung, Ressourcenverknappung, gestiegenes Umweltbewußtsein in der Bevölkerung) überholt ist.[83]

Zweitens hat sich ein ökologieorientierter Ansatz entwickelt, dessen Vertretern es weniger um eine völlige Neuorientierung des betriebswirtschaftlichen Denkens, sondern in erster Linie um die **Einbeziehung ökologischer Fragestellungen in die traditionelle Betriebswirtschaftslehre geht.**[84] Umweltschutz wird als neues Element im betriebswirtschaftlichen Zielsystem verstanden,[85] und zwar nicht als Konkurrenzziel zum Gewinnstreben, sondern als eine weitere Nebenbedingung zur Zielsetzung der lang-

---

[79] Vgl. insbesondere Wicke, L., Umweltökonomie, 4. Aufl., München 1993; Seidel, E., Strebel, H. (Hrsg.), Umwelt und Ökonomie? Reader zur ökologieorientierten Betriebswirtschaftslehre, Wiesbaden 1991, S. 2
[80] Für weitere Literaturhinweise vgl. die Bibliographie in: Seidel, E., Strebel, H., a. a. O., S. 481 ff.
[81] Vgl. Freimann, J., Ökologie und Betriebswirtschaftslehre, ZfbF 1987, S. 380 ff.; Öko-Institut, Projektgruppe ökologische Wirtschaft, Arbeiten im Einklang mit der Natur, 1985; Pfriem, R. (Hrsg.), Ökologische Unternehmenspolitik, Frankfurt/M. – New York 1986; Hopfenbeck, W., Allgemeine Betriebswirtschafts- und Managementlehre, 12. Aufl., Landsberg/Lech 1998, S. 70 ff.
[82] Freimann, J., a. a. O., S. 381
[83] Vgl. Ridder, H.-G., Die Integrationsfähigkeit der Allgemeinen Betriebswirtschaftslehre am Beispiel der Ökonomisierung ökologischer Fragestellungen, in: Freimann, J., Ökologische Herausforderung der Betriebswirtschaft, Wiesbaden 1990, S. 145
[84] Vgl. Strebel, H., Umwelt und Betriebswirtschaft – Die natürliche Umwelt als Gegenstand der Unternehmenspolitik, Berlin-Bielefeld-München 1980, vgl. auch Seidel, E., Menn, H., Ökologisch orientierte Betriebswirtschaft, Stuttgart 1988
[85] Vgl. Strebel, H., a. a. O., S. 46 ff.

fristigen Gewinnmaximierung.[86] Die betriebliche Umweltökonomie wird definiert als eine **Teildisziplin der Betriebswirtschaftslehre,** „die die Beziehungen des Betriebes zu seiner natürlichen Umwelt und die Einwirkungen der Umwelt und ihrer Qualität sowie der Umweltpolitik auf den Betrieb darstellt und analysiert und die Möglichkeiten des Betriebes aufzeigt, wie er entsprechend seiner Zielsetzungen ... den umweltbezogenen Erfordernissen des Marktes, des Staates und der Gesellschaft am besten gerecht wird."[87]

Die aus dem Subziel Umweltschutz resultierenden Problemstellungen sind in allen Funktionsbereichen des Betriebes bzw. im Rahmen der gesamten Betriebswirtschaftslehre zu berücksichtigen. So ergeben sich insbesondere neue Denkansätze im Bereich des **Rechnungswesens** (Entwicklung eines ökologisch orientierten Rechnungswesens, insbesondere im Bereich der Kostenrechnung), der **Steuern und Finanzen** (Mitarbeit bei der Entwicklung und Gestaltung ökologisch effizienter Besteuerung und Finanzierung), der **Logistik** (Mitarbeit und ökologische Beratung bei Standort-, Beschaffungs- und Lagerhaltungsentscheidungen sowie in inner- und überbetrieblichen verkehrswirtschaftlichen Belangen), der **Information** (Mitarbeit bei der Entwicklung und Organisation von Informationssystemen), der **Fertigung** (Beratung und Mitarbeit bei der Entwicklung und Erhaltung umweltschonender Produktionsverfahren) und des **Marketing** (Entwicklung ökologisch orientierter Marktstrategien sowie Beratung der Wirtschaft und wirtschaftsnaher Institutionen im Sinne eines nicht-kommerziellen Marketing).[88]

Kritisch ist zu diesem Ansatz der Betriebswirtschaftslehre anzumerken, daß es zweifelhaft erscheint, ob die Betriebliche Umweltökonomie eine Teildisziplin der Betriebswirtschaftslehre ist. Sie scheint vielmehr vor allem den Prozeß der betrieblichen Leistungserstellung unter dem – bislang vernachlässigten – Aspekt des Umweltschutzes zu betrachten. Der **Erkenntnisfortschritt** für die Betriebswirtschaftslehre durch die Betonung des Umweltaspektes ist wohl eher **gering:** die Umwelt und der Umweltschutz können in der Betriebswirtschaftslehre methodisch nur erfaßt werden, wenn sie sich **in Kosten und Erlösen niederschlagen.** Eine Berücksichtigung ist dann aber selbstverständlich und mit dem herkömmlichen Instrumentarium auch möglich.

Der ökologieorientierte Ansatz der Betriebswirtschaftslehre läßt sich methodologisch mit der Betriebswirtschaftlichen Steuerlehre vergleichen. So wie diese ein Bestandteil der Allgemeinen Betriebswirtschaftslehre ist, da ihr Ziel die Analyse des Einflusses der Besteuerung auf unternehmerische Entscheidungen sowohl im institutionellen Bereich (z. B. Rechtsformwahl, Standortwahl) als auch im funktionalen Bereich (z. B. Beschaffung, Lagerhaltung, Transport, Leistungserstellung) ist, so wird teils durch das gewachse-

---

[86] Vgl. Bräuer, K., Konzepte der ökologisch orientierten Betriebswirtschaftslehre, WiSt 1992, S. 41 f.; vgl. auch Strebel, H., Gründe und Möglichkeiten betriebswirtschaftlicher Umweltpolitik, in: Seidel, E., Strebel, H. (Hrsg.), Umwelt und Ökonomie, a. a. O., S. 212 f.
[87] Wicke, L., Haasis, H.-D., Schafhausen, F., Schulz, W., Betriebliche Umweltökonomie – Eine praxisorientierte Einführung, München 1992, S. 19
[88] Vgl. Seidel, E., Menn, H., a. a. O., S. 125 ff. sowie ausführlich Wicke, L., Haasis, H.-D., Schafhausen, F., Schulz, W., Betriebliche Umweltökonomie, a. a. O., S. 28 ff.

ne Umweltbewußtsein, teils durch gesetzliche Zwangsmaßnahmen zur Beachtung des Umweltschutzes in Zukunft bei allen umweltrelevanten unternehmerischen Entscheidungen – ob im institutionellen Bereich (z. B. Standortwahl unter ökologischen Gesichtspunkten) oder im funktionalen Bereich (z. B. Kosten der Entsorgung von Produktionsrückständen) – der ökologische Aspekt zu beachten sein. Die Probleme der Betrieblichen Umweltökonomie sind folglich wegen der durch die Nutzung der natürlichen Umwelt und der durch Umweltschutzmaßnahmen ausgelösten Einflüsse auf Kosten und Erlöse **in allen relevanten Bereichen der Allgemeinen Betriebswirtschaftslehre** (und der Speziellen Betriebswirtschaftslehren) ebenso zu **berücksichtigen** wie z. B. die Einflüsse der Besteuerung. Ob das im Rahmen von Lehrbüchern zur Allgemeinen Betriebswirtschaftslehre oder in gesonderten Veröffentlichungen erfolgt, ist – wie bei der Betriebswirtschaftlichen Steuerlehre wegen des großen Stoffumfangs – keine methodologische, sondern eine didaktische Frage.

Zweiter Abschnitt
Der Aufbau des Betriebes

A. Grundlagen

I. Überblick über die Aufbauelemente des Betriebes

In diesem Abschnitt soll der Leser mit den Aufbauelementen des Betriebes vertraut gemacht werden. Was ist darunter zu verstehen? Wer eine unternehmerische Tätigkeit aufnehmen will, muß einige Grundsatzentscheidungen treffen, die man auch als **konstitutive Entscheidungen** bezeichnet. Folgende Fragen sind u. a. in diesem Zusammenhang zu beantworten:
(1) Soll der Produktionsprozeß arbeits- oder maschinenintensiv gestaltet werden?
(2) Welches ist die zweckmäßigste Rechtsform für das geplante Unternehmen?
(3) Soll sich das Unternehmen in irgendeiner Form mit anderen Unternehmen zusammenschließen?
(4) Wo soll das Unternehmen tätig werden?

Diese vier Fragen werden in den folgenden Unterabschnitten B bis E näher beleuchtet. Von den konstitutiven Entscheidungen, die die Produktionsfaktoren (B), die Rechtsformwahl (C), die Konzentrationsform (D) und die Standortwahl (E) betreffen, sind die laufenden unternehmerischen Entscheidungen zu trennen, die sich den einzelnen Funktionsbereichen zuordnen lassen. Hierbei geht es um Produktionsentscheidungen (Dritter Abschnitt), Absatzentscheidungen (Vierter Abschnitt) sowie Investitions- und Finanzierungsentscheidungen (Fünfter Abschnitt). Im Sechsten Abschnitt dieses Buches wird schließlich das Betriebliche Rechnungswesen vorgestellt. Es fungiert als Datenlieferant zur Fundierung rationaler Unternehmensentscheidungen.

Ein Betrieb ist eine planvoll organisierte Wirtschaftseinheit. Ob konstitutive Entscheidungen oder funktionale Entscheidungen: Jedes betriebliche Handeln ist
- auf die Erreichung eines oder mehrerer Ziele gerichtet, wobei
- zielorientiertes Handeln am Rationalprinzip (ökonomischen Prinzip)[1] auszurichten ist.

In diesem Zusammenhang stellen sich zwei Fragen von fundamentaler Bedeutung:
(1) **Wer definiert die Ziele** des Unternehmens?
(2) **Wer trifft die Entscheidungen** zur Erreichung der Unternehmensziele?

---

[1] Vgl. hierzu S. 1f.

Zur Beantwortung dieser Fragen hat die Unternehmenstheorie verschiedene Konzepte entwickelt. Zwei dieser Konzepte, der Shareholder Value-Ansatz und der Stakeholder-Ansatz, sollen im folgenden kurz vorgestellt werden.

II. Unternehmensziele und Unternehmensverfassung

1. Der Shareholder Value-Ansatz

Der Shareholder Value-Ansatz[2] geht auf Alfred Rappaport und sein 1986 erschienenes Werk „Creating Shareholder Value"[3] zurück. Hierin fordert er, daß die Unternehmensleitung im Sinne der Anteilseigner (= Shareholder) zu handeln habe.[4] Die Anspruchsgruppe der Eigenkapitalgeber und deren finanzielle Interessen stehen im Mittelpunkt des unternehmerischen Handelns.

Ziel einer Shareholder Value-orientierten Unternehmenspolitik ist die **Maximierung** des Unternehmenswertes.[5] Gemeint ist **der Wert des Eigenkapitals**, d. h. vom Unternehmensgesamtwert ist der Wert des Fremdkapitals abzuziehen. Die Unternehmenspolitik soll so gestaltet werden, daß der Wert des Eigenkapitals (= Wert des Reinvermögens) maximiert wird. Nach gängiger Definition wird eine positive (negative) Reinvermögensänderung als Gewinn (Verlust) bezeichnet. So gesehen deckt sich der Shareholder Value-Ansatz mit dem traditionellen Konzept der **langfristigen Gewinnmaximierung**.[6]

In zwei wesentlichen Punkten geht aber der Shareholder Value-Ansatz über das traditionelle Konzept der langfristigen Gewinnmaximierung hinaus:
(1) Unternehmerisches Engagement ist für die Eigenkapitalgeber nur dann sinnvoll, wenn der erwirtschaftete Gewinn größer ist als die **erwartete Mindestverzinsung**[7] des Eigenkapitals.
(2) Die Höhe der gewünschten Mindestverzinsung ist **von der Höhe des Risikos abhängig**, das die Eigenkapitalgeber übernehmen.

Der Zusammenhang zwischen Risiko und gewünschter Mindestverzinsung läßt sich am Beispiel der Überlassung von Fremdkapital besonders einfach darstellen. Eine Kreditvergabe an erstklassige Schuldnerländer (USA, Schweiz, Deutschland usw.) ist für die Kapitalgeber mit einem sehr geringen Kreditausfallrisiko verbunden. Die Kapitalgeber erwarten eine Mindestverzinsung von beispielsweise sechs Prozent pro Jahr. Von zweit- bzw. drittklassigen Schuldnern erwarten die Kapitalgeber eine entsprechend höhere Mindestverzinsung von beispielsweise acht bzw. zwölf Prozent.

---

[2] Im deutschsprachigen Raum wird synonym von wertorientierter bzw. marktwertorientierter Unternehmensführung gesprochen.
[3] Vgl. Rappaport, A., (Shareholder)
[4] Vgl. Rappaport, A., (Shareholder), S. 1
[5] Die Berechnung des Unternehmenswertes erfolgt dabei i. d. R. über die Discounted Cash Flow-Methode. Vgl. hierzu S. 674 ff.
[6] Vgl. S. 41 ff.
[7] Dieser Gedanke liegt allerdings auch der Berücksichtigung kalkulatorischer Eigenkapitalzinsen in der Kostenrechnung zugrunde. Vgl. S. 1115 ff.

A. Grundlagen

Die Eigenkapitalgeber eines Unternehmens (= Shareholder) können je nach Tätigkeitsbereich des Unternehmens unterschiedliche Risiken eingehen. In einem Wohnungsbauunternehmen (A) sind die Gewinnerwartungen relativ gut prognostizierbar, weil künftige Mieterträge und Unterhaltungsaufwendungen nur in einer engen Bandbreite schwanken. Die Investition in ein vermutetes Goldvorkommen (C) ist dagegen höchst riskant. Man erwartet mit beispielsweise 55 Prozent Wahrscheinlichkeit einen sehr hohen Gewinn, mit 45 Prozent Wahrscheinlichkeit einen herben Verlust. Gewichtet man Gewinne und Verluste mit der zugehörigen Eintrittswahrscheinlichkeit, kann man den Erwartungswert μ errechnen.[8]

Angenommen die drei Unternehmen A, B und C bieten potentiellen Eigenkapitalgebern eine Anlagemöglichkeit von jeweils 1 Mio. DM. Der Gewinnfluß vom Unternehmen zu den Eigenkapitalgebern wird für eine unbegrenzte Zeit erwartet. Man nennt das „ewige Rente". Der Erwartungswert des Gewinns sei in allen drei Unternehmen jeweils 100.000 DM. Das Risiko, d. h. die Schwankungsbreite künftiger Ergebnisse (Gewinn/Verlust), sei annahmegemäß bei einer Investition in A sehr gering, in B „normal" und in C sehr hoch. Entsprechend dieser Risikoabstufung erwarten potentielle Eigenkapitalgeber von den drei Unternehmen eine unterschiedlich hohe Mindestverzinsung von beispielsweise 8 Prozent, 10 Prozent und 12,5 Prozent.

Unternehmen	A	B	C
Risiko (Standardabweichung)	gering	mittel	hoch
gewünschte Mindestverzinsung in Prozent	8	10	12,5
Eigenkapitaleinsatz (Beteiligung)	1 Mio.	1 Mio.	1 Mio.
Erwartungswert Gewinn	100.000	100.000	100.000

Abb. 1: Eigenkapitaleinsatz mit unterschiedlichem Risiko

In welches Unternehmen werden risikoscheue Eigenkapitalgeber am ehesten investieren? Eine Antwort auf diese Frage erhält man mit einer einfachen Plausibilitätsüberlegung: Wenn der Kapitaleinsatz (1 Mio.) und der Erwartungswert des Gewinns (100.000) bei allen drei Anlagealternativen gleich hoch sind, dann investieren risikoscheue Anleger am ehesten dort, wo das Investitionsrisiko am geringsten ist. Im Beispielsfall also im Unternehmen A.

Will man genauere Informationen über die Vorteilhaftigkeit der drei Investitionsalternativen erhalten, muß man den **Marktwert der Beteiligung (= Shareholder Value)** ermitteln. Der Marktwert der Beteiligung ist der Preis, den ein potentieller Kapitalanleger für den Erwerb der Einkommensquelle (hier: eine ewige Rente von 100.000 pro Jahr) bezahlen würde. Zur Ermittlung des Marktwertes der Beteiligung sind die erwarteten Beteili-

---

[8] Vgl. S. 663f.

gungserträge (= Zukunftserfolge) auf den heutigen Zeitpunkt t_0 abzuzinsen.[9] Bezeichnet man den Marktwert der Beteiligung mit EW (Ertragswert), den erwarteten Gewinn (100.000) mit G und die gewünschte Mindestverzinsung mit i, dann läßt sich der Marktwert der Beteiligung im vorliegenden (einfachen) Fall als **Barwert** einer **ewigen Rente**[10] nach der Formel

$$EW = \frac{G}{i}$$

errechnen.

Aufbauend auf den Angaben der Abb. 1 läßt sich folgendes feststellen: Für den Erwerb eines zeitlich unbefristeten Einkommensstroms von 100.000 pro Jahr zahlen potentielle Eigenkapitalanleger keinen Einheitspreis, sondern einen vom jeweiligen Investitionsrisiko abhängigen Preis. Bei einem geringen (hohen) Investitionsrisiko verlangen sie eine geringe (hohe) Mindestverzinsung i:

Unternehmen	A	B	C
$EW = \frac{G}{i}$	$\frac{100.000}{0,08}$	$\frac{100.000}{0,10}$	$\frac{100.000}{0,125}$
↓	↓	↓	↓
Marktwert der Beteiligung	**1,25 Mio.**	**1 Mio.**	**800.000**

Abb. 2: Marktwert der Beteiligung (Shareholder Value)

Das Ergebnis aus Abb. 2 läßt sich leicht interpretieren: Wer für sein eingesetztes Eigenkapital eine Mindestverzinsung von 8 (10 bzw. 12,5) Prozent erwartet, darf für den Erwerb eines zeitlich unbefristeten Einkommensstroms von 100.000 höchstens 1,25 Mio. (1 Mio. bzw. 800.000) bezahlen. Zahlt er einen höheren Preis, kann er seine Verzinsungswünsche nicht realisieren.

Werden einem potentiellen Eigenkapitalgeber – aus welchen Gründen auch immer – die drei Beteiligungen zu einem Einheitspreis A_0 von 1 Mio. angeboten, zeigt sich die unterschiedliche Vorteilhaftigkeit der drei Investitionsalternativen in der Höhe des Kapitalwertes K.

Unternehmen	A	B	C
Marktwert der Beteiligung	1,25 Mio.	1 Mio.	0,8 Mio.
./. Anschaffungskosten A_0	1,00 Mio.	1 Mio.	1,0 Mio.
= **Kapitalwert**	**+ 0,25 Mio.**	**0**	**- 0,2 Mio.**

Abb. 3: Beteiligungserfolg (Kapitalwert)

---

[9] Zur Ermittlung eines derartigen Zukunftserfolgswertes vgl. S. 671 ff.
[10] Vgl. S. 680

A. Grundlagen

Indifferent sind potentielle Eigenkapitalgeber, wenn es um den Erwerb der Beteiligung B geht. Ein Erwerb der Beteiligung A (C) wäre vorteilhaft (unvorteilhaft). Das **Ausmaß der Vorteilhaftigkeit** zeigt sich in der Höhe des **Kapitalwerts**.[11] Der Kapitalwert gibt den Betrag an, um den man im Falle einer vorteilhaften Investition reicher (K > 0) und im Falle einer unvorteilhaften Investition (K < 0) ärmer wird.

Der **Shareholder Value-Ansatz** ist ein Unternehmenssteuerungskonzept, das von drei **Prämissen** ausgeht:

(1) Das **Unternehmensziel** besteht allein in der **Steigerung des Marktwertes der Beteiligung** der Eigenkapitalgeber.

(2) Zur Erreichung dieses Ziels beanspruchen die **Eigenkapitalgeber** die uneingeschränkte **Kompetenz zur Unternehmensführung.**

(3) Wird die Unternehmensführung nicht von den Eigenkapitalgebern selbst wahrgenommen, sondern **Managern** (Vorstand, Geschäftsführer) übertragen, sollen diese bei ihren Entscheidungen **ausschließlich die Interessen der Eigenkapitalgeber vertreten.**

Sobald die Eigenkapitalgeber die Geschäftsführung an Dritte (Manager) übertragen, entsteht eine **Principal-Agent-Beziehung:** Der Eigenkapitalgeber bleibt Geschäftsherr (Principal). Der Manager (Agent) übernimmt die Geschäftsführungsfunktion mit weitreichenden Vollmachten. Gleichwohl ist der Agent zur Unternehmensführung im Interesse des Auftraggebers (Principals) verpflichtet.[12]

Bei einer derartigen Principal-Agent-Beziehung besteht für den Principal die Gefahr, daß der Agent im Rahmen seiner weitreichenden Geschäftsführungskompetenz Ziele verfolgt, die mit den Zielen der Eigenkapitalgeber nicht in Einklang stehen. Vor diesem Hintergrund wird der Principal versuchen, den Manager zur freiwilligen Verfolgung der Ziele der Eigenkapitalgeber zu veranlassen. In die Vertragsbeziehung zwischen Principal und Agent muß also ein **Shareholder Value-konformes Anreizsystem** eingebaut werden.

Der Grundgedanke liegt auf der Hand: Wird das **Management** in irgendeiner Weise am geschaffenen **Shareholder Value**, also z.B. an der Aktienkursentwicklung **beteiligt**, steigt die Erwartung, daß das Management die Interessen der Eigenkapitalgeber (Aktionäre) zur Richtschnur der Unternehmenspolitik macht.

In diesem Zusammenhang erlangen **Aktienkaufoptionen**,[13] die dem Vorstand – abgestuft auch anderen leitenden Mitarbeitern[14] – eingeräumt werden, eine immer größere praktische Bedeutung. Dieses Anreizprinzip läßt sich folgendermaßen erläutern. Der Manager V übernimmt in t_0 als Vorstandssprecher die Geschäftsführung der X AG. Der Aktienkurs der X AG wird in t_0 mit 100 an der Börse notiert. Dem Vorstandssprecher V wird das Recht eingeräumt, eine bestimmte Anzahl von Aktien (z.B. 10.000 Stück) zu

---
[11] Zur Ermittlung von Kapitalwerten vgl. S. 637 ff.
[12] Zur Principal-Agent-Theorie vgl. Picot/Dietl/Franck, (Organisation), S. 82ff.
[13] Vgl. Bernhardt/Witte, (Options), S. 805 ff.
[14] Vgl. hierzu S. 266 f.

einem späteren Zeitpunkt (z. B. t_5) zu einem fest vereinbarten Preis[15] (z. B. 100) zu erwerben. Die Aktionäre erhoffen sich von einer solchen Konstruktion eine an der Aktienkursentwicklung und damit an den **Eigenkapitalgeberinteressen orientierte Unternehmensführung** durch das Management. (**ÜB 2/20–21**)

2. Der Stakeholder-Ansatz

Der **Shareholder Value-Ansatz** stößt sowohl in der Öffentlichkeit – insbesondere in Kontinentaleuropa – als auch in Teilen der einschlägigen Literatur auf deutliche Kritik.[16] Im Wesentlichen manifestiert sich diese **Kritik** in folgenden beiden Punkten:
(1) Die Unternehmenspolitik darf nicht allein an den Interessen der Anteilseigner ausgerichtet werden.
(2) Bei einer Dominanz des Gewinnziels würden soziale und ökologische Aspekte in unzulässiger Weise vernachlässigt.

Während also die Verfechter des Shareholder Value-Ansatzes das Unternehmen als Instrument zur Maximierung des Gewinnstrebens der Eigenkapitalgeber betrachten, begreifen die Kritiker das Unternehmen als soziökonomisches System. In diesem System finden sich verschiedene Gruppen mit unterschiedlichen Interessen zusammen. Aufgabe der Unternehmensführung sei es, die Interessengegensätze der verschiedenen Gruppen zum Ausgleich zu bringen.[17]

Diese als Stakeholder-Ansatz bezeichnete Unternehmensinterpretation geht von verschiedenen Anspruchsgruppen aus, die eine Unternehmung konstituieren. Jede dieser Gruppen leistet einen spezifischen Beitrag zur Unternehmung und erhebt als Gegenleistung Ansprüche gegenüber der Unternehmung.

Nach dem Konzept des **Stakeholder-Ansatzes** leisten alle in Abb. 4 aufgeführten Gruppen einen spezifischen Beitrag zur betrieblichen Leistungserstellung. Aus diesem Grunde sei es notwendig,
(1) **alle Gruppeninteressen** bei der Formulierung von **Unternehmenszielen** zu berücksichtigen,
(2) den verschiedenen Gruppen – hier insbesondere den Arbeitnehmern – eine **Partizipation** an der **Unternehmensführung** zu ermöglichen und
(3) die **sozialen Belange der Schwachen** – hier insbesondere der Arbeitnehmer – zu berücksichtigen.

Eine allein am Gewinnstreben der Anteilseigner orientierte Unternehmenspolitik berge die Gefahr in sich, daß
- die Fremdkapitalgeber zu niedrige Zinsen,
- die Arbeitnehmer zu niedrige Löhne und zu geringe Sozialleistungen,
- die Kunden zu schlechte Lieferkonditionen,

---

[15] Als Optionspreis wird in der Praxis häufig ein Wert angesetzt, bei dem der gegenwärtige Aktienkurs des Unternehmens X zur Entwicklung des Branchenindex ins Verhältnis gesetzt wird.
[16] Vgl. Hill, W., Der Shareholder Value und die Stakeholder, Die Unternehmung 1996, S. 415ff.; Janisch, M., (Anspruchsgruppenmanagement), S. 96ff.
[17] Vgl. hierzu S. 111f.

- die Lieferanten eine unzuverlässige Zahlung und
- die Öffentlichkeit zuwenig Umsicht beim Umgang mit knappen Umweltressourcen

erhielten.

Anspruchsgruppen	Anspruch gegenüber der Unternehmung	Beitrag zur Unternehmung
Eigenkapitalgeber (Eigentümer; Anteilseigner)	Wertsteigerung und Verzinsung des eingesetzten Kapitals.	Eigenkapital
Fremdkapitalgeber	Zeitlich und betragsmäßig festgelegte Tilgung und Verzinsung des eingesetzten Kapitals.	Fremdkapital
Arbeitnehmer	Leistungsgerechte Entlohnung, motivierende Arbeitsbedingungen, Arbeitsplatzsicherheit.	ausführende Arbeit
Management	Gehalt, Macht, Einfluß, Prestige.	dispositive Arbeit
Kunden	Preisgünstige und qualitativ dem Anspruch entsprechende Güter.	Abnahme von Gütern
Lieferanten	Zuverlässige Bezahlung, langfristige Lieferbeziehungen.	Güterverkauf
allgemeine Öffentlichkeit	Steuerzahlungen, Einhaltung der Rechtsvorschriften, schonender Umgang mit der Umwelt.	Infrastruktur, Rechtsordnung, Umweltgüter

Abb. 4: Die Anspruchsgruppen, ihre Ansprüche und ihre Beiträge

3. Das Unternehmensrisiko und seine Aufteilung

Die betriebliche Leistungserstellung setzt einen Einsatz an Produktionsfaktoren (Input) voraus. Den in Geldeinheiten bewerteten Faktoreinsatz kann man als Aufwand bezeichnen. Dem steht ein Output an Gütern und Dienstleistungen gegenüber, der sich in Erträgen niederschlägt. Die Höhe künftiger Erträge bzw. Aufwendungen ist von den künftigen Umweltzuständen U_i abhängig. In der **Ungewißheit** über **künftige Erträge** und **Aufwendungen** manifestiert sich das unternehmerische Risiko.

Im folgenden abstrakten Beispiel geht es um einen Modeartikelhersteller, der für die kommende Periode 100 Stück produzieren will. Reagiert der Absatzmarkt positiv (U_1), kann er einen Ertrag von 600, reagiert der Markt negativ (U_2), kann er nur einen Ertrag von 300 erwirtschaften. Die zugehörigen Eintrittswahrscheinlichkeiten w_1 und w_2 liegen jeweils bei 50 Prozent.

Bei günstiger Marktsituation U_1 erhalten
- die Fremdkapitalgeber,
- die Arbeitnehmer und
- die Lieferanten

ein Faktorentgelt (400), das zwei Drittel der Erträge (600) aufzehrt. Der Gewinn (200) ist das Entgelt für die Bereitstellung des Eigenkapitals.

Würden die Erträge bei ungünstiger Marktsituation U_2 nach dem gleichen Modus aufgeteilt, wären Faktorentgelte und Gewinn nur halb so hoch wie bei günstiger Marktsituation U_1.

	U_1	U_2	Erwartungswert µ
Eintrittswahrscheinlichkeit w	0,50	0,50	
Erträge	+ 600	+ 300	+ 450
Aufwendungen	– 400	– 200	– 300
Gewinn	+ 200	+ 100	**+ 150**

Abb. 5: Erwartungswert des Gewinns bei symmetrischer Risikoverteilung

Die **Wirklichkeit** sieht **anders** aus: Fremdkapitalgeber, Arbeitnehmer, Management und Lieferanten sind risikoscheu. Sie lehnen es ab, am Marktrisiko des Unternehmens beteiligt zu werden. Fremdkapitalzinsen, Lohnzahlungen, Geschäftsführergehälter und Lieferantenleistungen werden vertraglich fest vereinbart. Damit sind sie unabhängig von der jeweiligen Ertragssituation:

	U_1	U_2	Erwartungswert µ
Eintrittswahrscheinlichkeit w	0,50	0,50	
Erträge	+ 600	+ 300	+ 450
Aufwendungen	– 400	– 400	– 400
Gewinn	+ 200	– 100	**+ 50**

Abb. 6: Erwartungswert des Gewinns bei asymmetrischer Risikoverteilung

Die Aufteilung des Ertrags (300) bei ungünstiger Marktsituation läßt den essentiellen Unterschied zwischen den Eigenkapitalgebern und den übrigen am Unternehmen beteiligten Gruppen klar zutage treten. Fremdkapitalgeber, Arbeitnehmer und Lieferanten sind **Festbetragsbeteiligte**. Die Eigenkapitalgeber sind **Restbetragsbeteiligte**. Reichen die Erträge zur Abdeckung der vertraglich fixierten Aufwendungen nicht aus, entsteht ein Verlust, der voll zu Lasten des Kontos der Eigenkapitalgeber geht.[18]

An dieser Stelle ist an die Kritik[19] zu erinnern, wonach der Shareholder Value-Ansatz die Stakeholder benachteiligt. Diese Besorgnis ist unbegründet: Würden die Eigenkapitalgeber des Unternehmens X versuchen, Fremdkapitalgeber, Arbeitnehmer, Management und Lieferanten unter ihrem **(Markt-)-**

---

[18] Vgl. Franke/Hax, (Finanzwirtschaft), S. 3ff.
[19] Vgl. S 98 f.

A. Grundlagen

Wert zu entlohnen, würden sich alle **Faktoranbieter** von X abwenden und dem Konkurrenznachfrager Y zuwenden.[20]

Analoge Marktreaktionen zeichnen sich ab, wenn ein Unternehmen Z versuchte, sich konsequent vom Shareholder Value-Ansatz abzuwenden, indem es

- das Unternehmensziel nach der Interessenlage der Stakeholder formuliert und
- den Shareholdern die Richtlinienkompetenz zur Unternehmensleitung entzieht.

Die marktmäßige Reaktion der Eigenkapitalgeber ließe nicht lange auf sich warten: Eine derartige Politik des Unternehmens Z würde die Position der Eigenkapitalgeber deutlich verschlechtern. Am Markt für Eigenkapital würde eine derart anlegerfeindliche Unternehmensstrategie sofort mit einer Erhöhung der Mindestverzinsungsansprüche sanktioniert. Unternehmen, die mit schlechten Anlagebedingungen aufwarten, müssen mit höheren Risikoaufschlägen der Kapitalanbieter und somit auch mit höheren Kapitalkosten rechnen.

Damit läuft eine **stakeholderorientierte Politik** im Interesse der Arbeitnehmer schnell **Gefahr**, sich in ihr Gegenteil zu verkehren: Wer die Anlagebedingungen für Eigenkapital verschlechtert, muß mit **einer Erhöhung der Kapitalkosten,** mit verringerten Investitionsmöglichkeiten und letzen Endes mit dem **Abbau von Arbeitsplätzen** rechnen.

4. Unternehmensverfassung und Rechtsordnung

Auf funktionierenden Märkten erhalten die Anbieter von Kapital, Arbeit und Werkstoffen leistungsgerechte Vergütungen: Starke Leistungen werden mit hohen, schwache Leistungen mit niedrigen Preisen entlohnt. Als Vorteil des Shareholder Value-Ansatzes kann die Tatsache gewertet werden, daß er den Allokationsprozeß fördert, indem er Marktgegebenheiten Rechnung trägt. Dagegen kann das Fehlen von sozialen Ausgleichsmechanismen zugunsten der Schwachen als Nachteil betrachtet werden.

Mit ihrer Risikoübernahmefunktion (⇒ Restbetragsbeteiligte) beanspruchen die Eigenkapitalgeber eine Vorrangstellung im Unternehmen. Diese **Vorrangstellung** der **Shareholder** wird in der sozialen Marktwirtschaft von der Rechtsordnung **prinzipiell anerkannt.**

Mit gutem Grund enthält aber die **Rechtsordnung** zahlreiche Vorschriften zum **Schutz der Stakeholder:** Vor allem die Arbeitnehmerinteressen sind durch das Arbeitsrecht, das Sozialrecht und die Gesetze zur betrieblichen und unternehmerischen Mitbestimmung[21] in hohem Maße geschützt. Die Interessen der Fremdkapitalgeber werden durch starke Gläubigerschutzvorschriften im Rahmen der handelsrechtlichen Rechnungslegung gewahrt.[22] Den Belangen der Kunden dienen die Gesetze zum Verbraucherschutz. Schließlich sorgen Steuergesetze und eine ständig steigende Zahl von Umweltschutznormen dafür, daß die Belange der Öffentlichkeit nicht zu kurz kommen.

---

[20] Vgl. Wagner, F. W., (Shareholder), BFuP 1997, S. 477 ff.
[21] Vgl. S. 112 ff.
[22] Vgl. S. 897 ff.

Zusammenfassend läßt sich also festhalten: Der Shareholder Value-Ansatz trägt den Wettbewerbsmechanismen der Marktwirtschaft besser Rechnung als der Stakeholder-Ansatz. Die Frage, wieweit Belange der Stakeholder in der Unternehmensverfassung zu berücksichtigen sind, ist letzten Endes der souveränen Entscheidungskompetenz des Gesetzgebers vorbehalten. (ÜB 2/22)

B. Die betrieblichen Produktionsfaktoren

I. Überblick

Die systematische Einteilung der Produktionsfaktoren wird durch das Ziel bestimmt, das mit der Einteilung verfolgt wird.[1] Die hier verwendete – durch Gutenberg begründete – herrschende Systematik dient der Untersuchung der Bestimmungsfaktoren, von denen die Ergiebigkeit der zur Leistungserstellung und Leistungsverwertung in einem nach langfristiger Gewinnmaximierung strebenden Unternehmen eingesetzten Produktionsfaktoren abhängt. Wer z. B. die Berechtigung des Privateigentums an den Produktionsmitteln in Frage stellt, kommt folgerichtig zu einer anderen Einteilung der Produktionsfaktoren. Er analysiert dann allerdings nicht mehr das Verhalten der Betriebe im zur Zeit bestehenden Wirtschaftssystem, sondern geht von der Modellvorstellung einer anderen Gesellschaftsordnung und Unternehmensverfassung aus.

Der betriebliche Leistungsprozeß erfordert den Einsatz von menschlicher Arbeitskraft, von Maschinen, Werkzeugen und Werkstoffen. **Arbeitsleistungen, Betriebsmittel** und **Werkstoffe** sind die drei Produktionsfaktoren, die im Betrieb kombiniert werden. Diese Kombination vollzieht sich jedoch nicht von selbst wie ein naturgesetzlicher Prozeß, sondern ist das Ergebnis leitender, planender und organisierender Tätigkeit des Menschen. Diese dispositiven Tätigkeiten gehören ebenso zum Bereich der menschlichen Arbeitsleistung wie die ausführende Arbeit eines Drehers oder einer Sekretärin. Man kann demnach grundsätzlich zwei Arten von Arbeitsleistungen unterscheiden: ausführende (vollziehende) Arbeit und leitende (dispositive) Arbeit. Da die gesamte Kombination der Produktionsfaktoren eine dispositive Arbeitsleistung darstellt, also ohne leitende Tätigkeit die übrigen Faktoren (vollziehende Arbeit, Betriebsmittel und Werkstoffe) nicht zu sinnvollem wirtschaftlichen Einsatz gelangen können, ist es zweckmäßig, aus dem Faktor menschliche Arbeitskraft die dispositive Arbeit als selbständigen Produktionsfaktor auszugliedern.[2] Somit unterscheiden wir vier betriebliche Produktionsfaktoren:

(1) Die **dispositive Arbeit** (Betriebsführung). Ihre Funktionen sind die Leitung, Planung, Organisation und Überwachung des Betriebsprozesses. Die Ausübung dieser Tätigkeiten besteht in einem Vorbereiten und Treffen von Entscheidungen;

---

[1] Zu unterschiedlichen Einteilungsmöglichkeiten vgl. insbes. Weber, H.K., Zum System produktiver Faktoren, ZfbF 1980, S. 1056 ff.

[2] Vgl. Gutenberg, E., Grundlagen der Betriebswirtschaftslehre, Bd. 1: Die Produktion, 23. Aufl., Berlin-Heidelberg-New York 1979, S. 3 (im folgenden als „Grundlagen" zitiert)

B. Die betrieblichen Produktionsfaktoren 103

(2) die **ausführende** (objektbezogene) **Arbeit;**
(3) die **Betriebsmittel** (z.B. Grundstücke, Gebäude, Maschinen, Werkzeuge);
(4) die **Werkstoffe** (z.B. Roh-, Hilfs- und Betriebsstoffe).

Die unter (2)–(4) aufgeführten Produktionsfaktoren bezeichnet man als **Elementarfaktoren** oder als objektbezogene Faktoren, da sie eine unmittelbare Beziehung zum Produktionsobjekt haben. Ihr Einsatz wird vom dispositiven Faktor gelenkt.

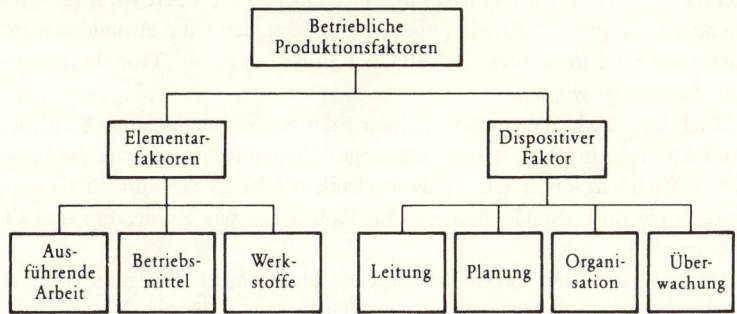

Abb. 7: Das System der betrieblichen Produktionsfaktoren

Die Trennung in dispositive und ausführende Arbeit ist allerdings deshalb problematisch, weil es in der Hierarchie der Führungsstellen im Betriebe außer der Führung durch den Eigentümer (bzw. durch beauftragte Organe wie Vorstände und Geschäftsführer von Kapitalgesellschaften) nur wenige Führungskräfte gibt, die – obwohl sie selbständige Führungsentscheidungen treffen können – nicht zugleich Weisungen übergeordneter Instanzen auszuführen haben. Deshalb könnte man den dispositiven Faktor weiter unterteilen in einen **originären** Bestandteil, d.h. die **Leitung des Betriebes** einerseits, die ihre autonome Entscheidungsgewalt letzten Endes aus dem der marktwirtschaftlichen Ordnung zugrunde liegenden Privateigentum an den Produktionsmitteln ableitet, und in **derivative** Bestandteile wie die **Planung,** die **Organisation** und die **Kontrolle,** deren Entscheidungskompetenzen durch Weisungen der Betriebsführung mehr oder weniger begrenzt werden.

Eine scharfe Trennungslinie läßt sich weder zwischen originärer und derivativer dispositiver Arbeit noch zwischen dispositiver Arbeit insgesamt und ausführender Arbeit ziehen. Ob diese Trennungslinie – bezogen auf die Führungshierarchie – weiter „oben" oder weiter „unten" verläuft, hängt wesentlich vom **Führungsstil**[3] (z.B. autoritär oder kooperativ) und von den angewendeten **Führungsprinzipien** (Managementprinzipien)[4] ab.

Wenn in den folgenden Abschnitten die vier Produktionsfaktoren (dispositive Arbeit, ausführende Arbeit, Betriebsmittel, Werkstoffe) zunächst gesondert analysiert werden, bevor die bei ihrer Kombination auftretenden Probleme behandelt werden, so sollte man sich stets die Problematik, die in dieser vereinfachenden Einteilung der Produktionsfaktoren liegt, vor Augen halten.

---
[3] Zu den verschiedenen Führungsstilen vgl. ausführlich S. 127 ff.
[4] Vgl. dazu ausführlich S. 130.

Die **Volkswirtschaftslehre** verwendet eine Dreiteilung der Produktionsfaktoren in **Arbeit, Boden** und **Kapital**.[5] Die dispositive Arbeit wird nicht als gesonderter Faktor angesehen. Boden und Arbeit sind ursprüngliche (originäre) Produktionsfaktoren, Kapital gilt als abgeleiteter Produktionsfaktor. Von originären Produktionsfaktoren kann man streng genommen nur sprechen, wenn der Boden im „Urzustand" ist, d.h. nicht durch Einsatz des abgeleiteten Produktionsfaktors Kapital (z.B. Maschinen zur Rodung oder technische Anlagen zur Drainage) in seiner Qualität verbessert wird. Entsprechend ist „originäre" Arbeit ungelernte Arbeit, denn die Ausbildung zur Facharbeit muß im volkswirtschaftlichen Sinne bereits als „Produktionsprozeß" bezeichnet werden.[6]

Auch hier macht die Abgrenzung der Faktoren Schwierigkeiten. So ist der Produktionsfaktor **Boden** die Grundlage völlig unterschiedlicher Nutzungen, je nachdem, ob er z.B. landwirtschaftlich oder als Standort für Gewerbetreibende oder zur Gewinnung von Rohstoffen wie Kohle, Erz und Öl genutzt wird.

Unter **Kapital** im volkswirtschaftlichen Sinne sind Kapitalgüter, d.h. ist Realkapital (nicht Geldkapital) zu verstehen, mit dem die Arbeit ausgestattet und dadurch ergiebiger gemacht wird. Zum Kapital gehören Maschinen, Werkzeuge und Werkstoffe, d.h. alle Hilfsmittel, die sich der Mensch zur Erleichterung und Steigerung der Ergiebigkeit seiner Arbeit schafft. Der volkswirtschaftliche Produktionsfaktor Kapital setzt sich also **aus produzierten Gütern** zusammen, die geeignet sind, im Produktionsprozeß Nutzungen abzugeben und durch Kombination mit dem Faktor Arbeit und Boden die Ergiebigkeit dieser Faktoren zu steigern. Dieser Unterschied im System der Produktionsfaktoren ist bedingt durch die Verschiedenheit der Erkenntnisobjekte der Betriebswirtschaftslehre und der Volkswirtschaftslehre.

Die Volkswirtschaftslehre erklärt, wie sich der durch eine Kombination von Produktionsfaktoren erzielte Ertrag als Einkommen auf die beteiligten Produktionsfaktoren verteilt, und gelangt so zu den drei **funktionellen Einkommenskategorien** Arbeitslohn, Grundrente (Bodenrente, Pachten) und Zins, die vom Standpunkt der Produktion zugleich die Produktionskosten im volkswirtschaftlichen Sinne darstellen. Ein verbleibender Rest des Ertrages fällt den Unternehmern als Unternehmergewinn (Residualgewinn) zu. Das **Volkseinkommen** (Nettosozialprodukt) einer Periode läßt sich definieren als Lohnsumme plus Grundrentensumme plus Zinssumme plus Unternehmergewinne dieser Periode. Bei betriebswirtschaftlicher Betrachtung ist es gleich der **Wertschöpfung** der Unternehmen, die sich ebenfalls aus Löhnen, Pachten, Zinsen und Gewinnen zusammensetzt. Wenn aber „das Sozialprodukt als Output einer Volkswirtschaft von zum Einsatz kommenden Produktionsfaktoren Arbeit, Boden und Kapital und dem für die Art der Kombination dieser Produktionsfaktoren maßgeblichen technisch-organisatorischen Wissen abhängt,"[7] so zeigt diese Feststellung, daß auch hier

---

[5] Vgl. Bartling/Luzius, (Volkswirtschaftslehre), S. 19 ff.
[6] Vgl. ebenda, S. 21
[7] ebenda, S. 20 f.

B. Die betrieblichen Produktionsfaktoren

in Form des **„technisch-organisatorischen Wissens"** eine Art dispositiver Faktor für erforderlich gehalten wird. Das volkswirtschaftliche System der Produktionsfaktoren ist also für eine Theorie der Einkommensbildung und -verteilung geeignet, jedoch nicht für eine Analyse des Betriebsprozesses.[8] Zur Erklärung des Betriebsprozesses ist das oben angeführte System der betrieblichen Produktionsfaktoren zu verwenden. Der volkswirtschaftliche Faktor Grund und Boden gehört in der Betriebswirtschaftslehre zum Produktionsfaktor **Betriebsmittel,** die **Werkstoffe** dagegen sind für die Betriebswirtschaftslehre ein eigener Produktionsfaktor, während sie in der Volkswirtschaftslehre als „produzierte Güter" aufgefaßt und damit zum Faktor Kapital gerechnet werden. Da die betriebswirtschaftlichen Produktionsfaktoren nicht in beliebiger Menge vorhanden, sondern „knapp" sind, muß der Betrieb einen Preis dafür bezahlen. Die Preise für die Produktionsfaktoren sind **betriebliche Kosten.** Kosten sind also: Menge der Produktionsfaktoren mal Preise der Produktionsfaktoren.

Während es in der Volkswirtschaftslehre nur drei Hauptkostenarten: Lohnkosten, Grundrentenkosten und Zinskosten gibt, die vom Standpunkt der Produktionsfaktoren aus gesehen zugleich die drei funktionellen Einkommenskategorien darstellen, entspricht den betrieblichen Produktionsfaktoren eine Vielzahl von Kostenarten (Löhne, Gehälter, soziale Abgaben, Materialkosten, Abschreibungen, Zinsen usw.).

Kritik wird häufig an der „mechanistischen" Betrachtung der menschlichen Arbeit als Produktionsfaktor geübt. Hierbei wird gewöhnlich übersehen, daß zwar die Arbeitsleistung mit den Faktoren Betriebsmittel und Werkstoffe kombiniert wird, daß aber die Zeit des **„Taylorismus",**[9] der von der Vorstellung ausgeht, daß durch sachkundige psychologische und organisatorische Behandlung die Leistung des Menschen wie die einer Maschine gesteuert werden könne, vorbei ist. Der Mensch hat als „Faktor Arbeit" nicht nur aufgrund eines Kataloges arbeits- und sozialrechtlicher Vorschriften, deren Ziel durch das Schlagwort **„Humanisierung der Arbeitswelt"** umschrieben werden kann (z. B. gesetzliche Vorschriften zur Arbeitszeit- und Urlaubsregelung, zur Lohnfortzahlung im Krankheitsfall, zum Mutter- und Jugendschutz, zur Lohnregelung bei Sonn- und Feiertagsarbeit usw.), sondern auch aufgrund zusätzlicher Maßnahmen des Betriebes[10] im System der Produktionsfaktoren einen völlig **anderen Stellenwert** als die materiellen Produktionsfaktoren. Daß derartige Maßnahmen nicht nur aus „sozialen" Überlegungen erfolgen, sondern auch zur Leistungssteigerung motivieren sollen, dient nicht nur den Interessen des Betriebes, sondern auch denen der Arbeitnehmer selbst, da höhere Leistungen aufgrund von Tarifverträgen in der Regel auch höher bezahlt werden müssen. Ohne Zunahme der Arbeitsproduktivität durch entsprechende Gestaltung des gesamten Kombinations-

---

[8] Vgl. Gutenberg, E., Grundlagen, Bd. I, a. a. O., S. 4
[9] Vgl. Taylor, F. W., Die Grundsätze wissenschaftlicher Betriebsführung, München und Berlin 1913.
[10] Vgl. die Ausführungen zur optimalen Gestaltung der Arbeitsbedingungen und zu freiwilligen Sozialleistungen auf S. 246 ff. bzw. S. 262 ff.

prozesses könnte eine Steigerung der Lohnkosten vom Betriebe nicht erwirtschaftet werden. (ÜB 1/5–6)

II. Die Betriebsführung

1. Die Funktionen des dispositiven Faktors (Überblick)

Es wurde oben[1] bereits ausführlich erörtert, daß das oberste Ziel eines Betriebes im marktwirtschaftlichen Wirtschaftssystem (Unternehmung) darin besteht, den größtmöglichen Gewinn auf lange Sicht unter Beachtung bestimmter Nebenbedingungen zu erreichen. Damit diese Zielsetzung verwirklicht werden kann, bedarf es einer einheitlichen Führung des Betriebes, die die Kombination der menschlichen Arbeitskraft mit den Betriebsmitteln und Werkstoffen plant, organisiert und kontrolliert. Man bezeichnet diese Tätigkeit der Führungsspitze als leitende (dispositive) Arbeit und die Gesamtheit aller Führungsorgane als **dispositiven Faktor**. Für die Führungskräfte, d. h. für die Gruppe von Personen, die anderen Personen Weisungen erteilen darf, hat sich auch im deutschen Sprachgebrauch zunehmend der Begriff „**Management**" eingebürgert. Die Bezeichnung Management wird zugleich für die Funktionen verwendet, die diese Personen ausüben.

Oberste Aufgabe der Betriebsführung ist die Fixierung der konkreten betrieblichen Zielsetzungen, mit denen das Endziel, die langfristige Gewinnmaximierung, erreicht werden soll, und die Festlegung der Betriebspolitik, d. h. der „Marschroute", die der Betrieb einhalten muß, um die gesteckten Ziele auf wirtschaftlichste Weise zu erreichen. Alle Ziele bzw. Teilziele, die ein Betrieb verfolgt, kann man in dem Begriff der **Zielfunktion** zusammenfassen. Erste und oberste Aufgabe des dispositiven Faktors ist es, in einer **Zielentscheidung** die Zielfunktion zu formulieren. Alle anderen Entscheidungen beziehen sich dann auf die Wahl der Mittel, derer sich der Betrieb bedienen will, um seine Zielfunktion zu realisieren. Man bezeichnet diese als **Mittelentscheidungen**.

Alle Entscheidungen, die sich auf die Grundfunktionen des dispositiven Faktors beziehen, werden als **Führungsentscheidungen** bezeichnet. Eine echte Führungsentscheidung liegt dann vor, wenn eine Entscheidung
(1) ein hohes Maß an Bedeutung für die Vermögens- und Ertragslage und damit für den Bestand des Unternehmens besitzt,
(2) auf das Ganze der Unternehmung gerichtet ist,
(3) entweder nicht an untergeordnete Stellen übertragbar ist oder im Interesse des Unternehmens nicht übertragen werden darf.[2]

Entscheidungen, die allen drei Merkmalen entsprechen, sind z. B.:[3]
„1. Festlegung der Unternehmenspolitik auf weite Sicht,
2. Koordinierung der großen betrieblichen Teilbereiche,

---

[1] Vgl. S. 3, S. 40 ff. und 94
[2] Vgl. Gutenberg, E., Unternehmensführung. Organisation und Entscheidungen, Wiesbaden 1962, S. 59 ff.
[3] Gutenberg, E., Unternehmensführung, a. a. O., S. 61

B. Die betrieblichen Produktionsfaktoren

3. Beseitigung von Störungen im laufenden Betriebsprozeß,
4. Geschäftliche Maßnahmen von außergewöhnlicher betrieblicher Bedeutsamkeit,
5. Besetzung der Führungsstellen im Unternehmen."

Zur Realisierung der betrieblichen Zielsetzungen bedarf es zunächst einer genauen **Planung** aller Einzelheiten in allen betrieblichen Bereichen, also einer Planung des Fertigungsprogramms in Industriebetrieben oder des Warensortiments in Handelsbetrieben, einer Planung der Finanzierung und der Beschaffung der Produktionsfaktoren, einer Planung des Vertriebs u.a. Da die betrieblichen Ziele auf verschiedenen Wegen erreicht werden können, umfaßt die Planung die gedankliche Verfolgung verschiedener Handlungsalternativen, an die sich die Entscheidung für die vom Standpunkt der Zielsetzung optimale Alternative anschließt.

Der Vollzug **(Realisation)** dieser Planung erfordert eine Verteilung der Aufgaben, eine Übertragung von Anordnungsbefugnissen, eine Regelung der Verkehrswege zwischen den gebildeten betrieblichen Bereichen. Das ist Aufgabe der betrieblichen **Organisation**.

Zur Realisierung der Planung gehört neben der Organisation auch die Aufgabe, die ausführende Arbeit zur Durchführung von Tätigkeiten zu veranlassen, in bestimmte Aufgaben einzuweisen oder vor Ausführung bestimmter Aufgaben zu unterweisen. In der Literatur wird dieser Teil der Realisation unter dem Begriff „aktuelles Einwirken" zusammengefaßt.[4] Der Begriff Realisation umfaßt jedoch nur die Tätigkeit des dispositiven Faktors, nicht dagegen die Ausführung einzelner Sachaufgaben.

Letztlich muß der dispositive Faktor sich einen Überblick verschaffen können, inwieweit und in welcher Weise die gesteckten Ziele realisiert worden sind. Dazu bedarf es einer **Überwachung** der betrieblichen Ablaufprozesse einerseits durch Personen, die die Tätigkeiten ausüben (Kontrolle) oder durch automatische Kontrolleinrichtungen, andererseits durch betriebsinterne oder betriebsexterne Sachverständige, die an der Ausführung nicht beteiligt sind (Prüfung, Revision). Wichtiges Hilfsmittel der Überwachung ist das betriebliche Rechnungswesen (Buchführung, Bilanz, Kostenrechnung, Statistik und Vergleichsrechnung).

Die **Aufgaben des dispositiven Faktors** können also folgendermaßen zusammengefaßt werden:
(1) Ziele setzen,
(2) Planen,
(3) Entscheiden,
(4) Realisieren,
(5) Kontrollieren.

Diese Funktionen der Betriebsführung sind nicht alle zeitlich nachgeordnet, sondern zwischen ihnen bestehen **Interdependenzen und Rückkoppelungen**. Das Setzen von Zielen ist ebenso wie das Planen ein Ent-

---

[4] Vgl. Schubert, U., Der Management-Kreis. In: Management für alle Führungskräfte in Wirtschaft und Verwaltung, Bd. I, Stuttgart 1972, S. 42

scheidungsprozeß. Stellt sich bei der Planung heraus, daß ein vorgegebenes Teilziel nicht erreichbar ist, so muß ggf. das Ziel korrigiert werden. Voraussetzung für die Ausübung der Teilfunktionen des dispositiven Faktors ist der Austausch von Informationen, d. h. die **Kommunikation**.

Schubert hat die Aufgaben der Betriebsführung als Kreismodell dargestellt.[5] Die Betriebsführung setzt Ziele, plant, entscheidet über Planungsalternativen, realisiert und kontrolliert, ob die Realisation den Zielen entspricht. Ist das nicht der Fall, so können sich Rückwirkungen auf die Ziele ergeben; der Kreis ist geschlossen.

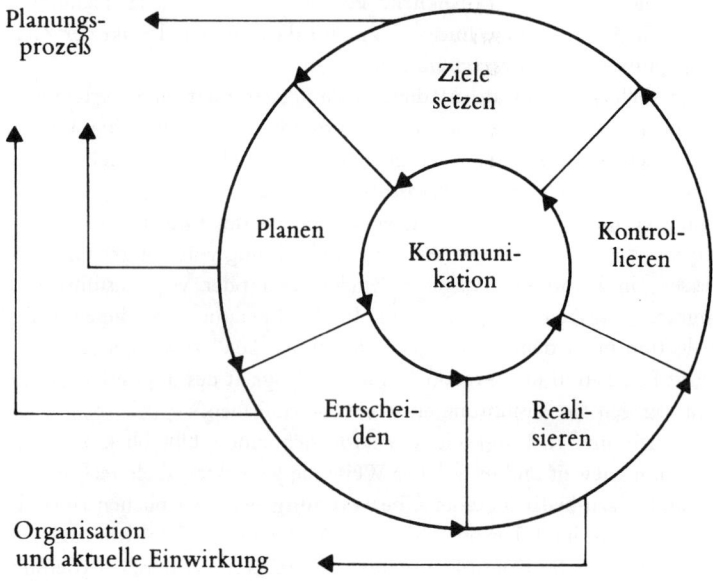

Abb. 8: Management-Kreis

2. Strategische Unternehmensführung

Der Begriff strategische Unternehmensführung bezeichnet eine Führungskonzeption, die die Steuerung und Koordination der langfristigen Entwicklung des Unternehmens zum Ziele hat.

Albach hat frühere Konzeptionen der Unternehmensführung als **statisch** und **adaptiv,** die strategische Unternehmensführung dagegen als **dynamisch** und **aggressiv** bezeichnet.[6] Die Unterscheidung basiert auf einer grundsätzlich anderen Einstellung der Unternehmensführung zu Umweltveränderungen. Während die klassische Unternehmensführung aus einer statischen Grundhaltung heraus eingetretene Umweltveränderungen durch einen u. U. langfristigen Adaptionsprozeß verarbeitet, versucht die strategische

---

[5] Schubert, U., a. a. O., S. 43 f.
[6] Vgl. Albach, H., Beiträge zur Unternehmensplanung, 3. Aufl., Wiesbaden 1979, S. 64 ff.

Unternehmensführung durch eine frühzeitige dynamische Suche nach Chancen und Risiken, die sich aus veränderten Umweltbedingungen ergeben können, **aggressive Strategien** zu entwickeln, die schon verfolgt werden, bevor die Umweltveränderung eingetreten ist.

Ein typisches Beispiel für den ersten Fall ist eine Unternehmensführung, die stets die Herstellung jener Produkte fördert, die im vergangenen Jahr den höchsten Beitrag zum Unternehmenserfolg geleistet haben. Demgegenüber würde eine strategische Unternehmensführung Produkte fördern oder neu entwickeln, von denen sie sich erhofft, daß sie unter den zukünftigen, u. U. erheblich veränderten Umweltbedingungen den Bestand des Unternehmens sichern und den Unternehmenserfolg vermehren werden. Man muß sich allerdings die Frage stellen, ob ein weitsichtiger Unternehmer nicht schon immer so gehandelt hat und lediglich die Betriebswirtschaftslehre sich nun bemüht, dieses Handeln wissenschaftlich zu durchdringen, methodisch aufzubereiten und Entscheidungsgrundsätze und Verfahren zur Realisierung einer solchen Führungskonzeption zu entwickeln.

Die veränderte Konzeption der Unternehmensführung ist in erster Linie eine Reaktion auf die immer rascheren und tiefer greifenden Umweltveränderungen, denen insbesondere größere, weltweit operierende Unternehmen ausgesetzt sind. Es leuchtet ein, daß die strategische Unternehmensführung aufgrund der veränderten Konzeption andere Schwerpunkte setzt und andere Instrumente verwendet. Das kommt am deutlichsten bei der strategischen Planung zum Ausdruck, die sich intensiv mit dem Problem der **Früherkennung strategischer Herausforderungen** (sog. Frühwarnsysteme) auseinandersetzt.

3. Die Träger der Führungsentscheidungen

a) Eigentümer und Führungsorgane

Die Träger der betrieblichen Führungsentscheidungen sind im marktwirtschaftlichen Wirtschaftssystem entweder die **Eigentümer** des Betriebes oder die von den Eigentümern zur Führung des Betriebes bestellten Führungsorgane **(Geschäftsführer, Manager)**. Sind die Eigentümer zugleich Geschäftsführer, so bezeichnet man solche Betriebe als **„Eigentümer-Unternehmungen"**.[7] Beispiele sind die Einzelunternehmung, ferner die Offene Handelsgesellschaft (OHG), bei der die Geschäftsführung – soweit vertraglich nicht anders vereinbart – allen Gesellschaftern gemeinsam zusteht, außerdem die Einpersonen-Kapitalgesellschaften. Dazu gehören z.B. solche GmbH, deren Anteile in der Hand einer natürlichen Person vereinigt sind, die zugleich Geschäftsführer ist.

Der Eigentümer übt bei Unternehmen dieser Art **zwei Funktionen** aus: er trägt das Kapitalrisiko, und er leitet das Unternehmen, d. h., er ist allein für die Aufstellung des Wirtschaftsplans verantwortlich, trifft alle Entscheidungen selbständig und trägt die gesamte Verantwortung für die wirtschaftliche Ent-

---

[7] Gutenberg, E., Unternehmensführung, a. a. O., S. 12

wicklung des Betriebes, von der nicht nur sein eigenes Einkommen, sondern auch das seiner Arbeitnehmer abhängt. Der Gewinn steht ihm allein zu, entsprechend hat er auch den Verlust allein zu tragen.

Übernehmen die Anteilseigner eines Unternehmens nur das Kapitalrisiko, und werden die Führungsentscheidungen Geschäftsführern übertragen, die nicht am Unternehmen beteiligt sind, so spricht man von „**Geschäftsführer-(Manager-)Unternehmungen**".[8] Typische Beispiele dafür sind die Kapitalgesellschaften, vor allem die Aktiengesellschaften. Die Anteilseigner (Aktionäre) bilden die **Hauptversammlung,** die den **Aufsichtsrat** wählt; dieser bestellt den **Vorstand.** Die laufende Geschäftsführung obliegt dem Vorstand;[9] er wird kontrolliert vom Aufsichtsrat. Der Vorstand ist in der Führung der Gesellschaft völlig autonom – bis auf die wenigen Entscheidungen, bei denen das Gesetz oder die Satzung eine Zustimmung des Aufsichtsrates verlangt oder eine Beschlußfassung durch die Hauptversammlung erfolgen muß. Vorstand und Aufsichtsrat werden häufig unter dem Begriff der „**Verwaltung**" der Aktiengesellschaft zusammengefaßt. Dieser Begriff verwischt die Unterschiede in der Kompetenzverteilung.[10]

Eine **Kombination** von Eigentümer- und Geschäftsführer-Unternehmung stellen Unternehmen dar, die zwei Gruppen von Eigentümern haben: solche, die als Geschäftsführer die Führungsentscheidungen treffen, und solche, die nur Kapitalgeber sind. Beispiele sind die **Kommanditgesellschaften,** bei denen die Komplementäre ebenso wie die Einzelunternehmer oder Gesellschafter der OHG mit ihrem gesamten Vermögen haften, die Haftung der Kommanditisten dagegen auf ihre bedungenen Einlagen beschränkt ist. Die Geschäftsführung steht nur den Komplementären zu – es sei denn, der Gesellschaftsvertrag sieht eine andere Regelung vor. Gleiches gilt für die **Kommanditgesellschaften auf Aktien (KGaA).** Hier liegt die Geschäftsführung allein bei den persönlich haftenden Gesellschaftern, die praktisch die Funktion des Vorstandes der AG ausüben. In der Hauptversammlung der KGaA haben die Komplementäre nur ein Stimmrecht für ihre Aktien, das sie allerdings in bestimmten Fällen nicht ausüben dürfen (z.B. bei der Wahl und Abberufung des Aufsichtsrats und bei der Wahl der Abschlußprüfer).[11]

Auch bei der GmbH und bei der Aktiengesellschaft ist die Kombination von Eigentümer- und Gesellschafter-Unternehmung anzutreffen, z.B. wenn die Geschäftsführer oder Vorstandsmitglieder zugleich mit Kapitaleinlagen wesentlich beteiligt sind.

Die **Teilung der beiden Unternehmerfunktionen** zwischen Eigentümern und Managern ist vor allem dadurch bedingt, daß Großunternehmen Kapitalbeträge benötigen, die eine oder wenige Personen in der Regel nicht aufbringen können. Deshalb sind bereits im 19. Jahrhundert Organisationsformen entwickelt worden, in denen die Kapitaleinlagen vieler Personen

---

[8] Gutenberg, E., Unternehmensführung, a.a.O., S. 12
[9] Vgl. § 76 AktG
[10] Einzelheiten über die Kompetenzen von Vorstand, Aufsichtsrat und Hauptversammlung vgl. S. 295 ff.
[11] Vgl. § 285 AktG

B. Die betrieblichen Produktionsfaktoren 111

zusammengefaßt werden. Gesellschaften dieser Art müssen schon wegen der großen Zahl der Entscheidungsträger ein handlungsfähiges Führungsgremium wählen.

Heute erfolgt die Finanzierung großer Aktiengesellschaften oft durch mehrere Tausend Aktionäre, die mit der Übernahme von Anteilen und damit von Kapitalrisiko eine möglichst hohe Verzinsung ihres eingesetzten Kapitals anstreben, **am Treffen von Führungsentscheidungen aber nicht interessiert** sind und dazu in der Regel auch nicht in der Lage wären. Sie nehmen meist noch nicht einmal in der Hauptversammlung die wenigen Möglichkeiten wahr, einen Einfluß auf die Geschicke ihrer Gesellschaft auszuüben, die ihnen das Aktiengesetz einräumt (z. B. Zustimmung bei Kapitalerhöhungen, Sanierungen, Fusionen, Abschluß von Unternehmensverträgen u. a.), sondern bevollmächtigen ihre Bank, für sie in der Hauptversammlung abzustimmen **(Depotstimmrecht).** Die Banken erhalten auf diese Weise über das Stimmrecht ihrer Depotkunden einen Einfluß auf bestimmte Führungsentscheidungen, ohne daß sie ihrerseits Kapitalrisiko tragen. Zwar hat die Neuregelung des Depotstimmrechts durch das Aktiengesetz 1965[12] dafür gesorgt, daß die Banken stärker an die Weisungen ihrer Kunden, wie die Bank zu den einzelnen Tagesordnungspunkten abstimmen soll, gebunden werden, doch geben auch weiterhin die meisten Aktionäre aus Unkenntnis über Inhalt und Tragweite der zu treffenden Entscheidungen den Banken eine Blankovollmacht für die Ausübung ihres Stimmrechts.

Die besondere Problematik der Trennung der Unternehmerfunktion in eine Gruppe von Kapitalgebern und eine Gruppe von Managern liegt in den **Interessengegensätzen,** die zwischen beiden Gruppen bestehen können. Die Manager werden an sich von den Kapitalgebern eingesetzt, um deren Interessen wahrzunehmen, d. h. in der Regel eine möglichst hohe Verzinsung des zur Verfügung gestellten Kapitals zu erzielen und an die Kapitalgeber auszuschütten. Die Manager sind ihrerseits an der Sicherung ihrer eigenen wirtschaftlichen und gesellschaftlichen Position und an der Ausübung und Erweiterung der ihnen zuwachsenden wirtschaftlichen Macht interessiert. Die Vergrößerung der Macht setzt ein Wachstum des Unternehmens voraus. Dazu ist eine Ausweitung der Eigenkapitalbasis erforderlich. Sie kann durch Gewinnthesaurierung erfolgen, führt dann aber zwangsläufig zu einer Verringerung der Gewinnausschüttungen. Durch Rücklagenbildung können zwar die Aktienkurse steigen (und damit das Vermögen der Aktionäre), aber das sofort verfügbare Einkommen der Aktionäre ist geringer, als wenn die erzielten Gewinne ausgeschüttet worden wären.

Neben den Eigentümern und Geschäftsführern gibt es noch ein „drittes Zentrum betrieblicher Willensbildung",[13] das zunehmende Bedeutung erlangt und die gesellschaftspolitische Diskussion seit vielen Jahren beherrscht: die **Mitbestimmung der Arbeitnehmer.** Sie kann sich auf Bereiche beschränken, die den Faktor Arbeit betreffen (z. B. arbeitsrechtliche Mitbe-

---

[12] Vgl. § 135 AktG
[13] Gutenberg, E., Unternehmensführung, a. a. O., S. 16

stimmung nach dem Betriebsverfassungsgesetz) oder den gesamten Bereich unternehmerischer Entscheidungen umfassen (z.B. die unternehmerische Mitbestimmung der Arbeitnehmer in den Aufsichtsräten nach dem Montan-Mitbestimmungsgesetz 1951 und dem Mitbestimmungsgesetz 1976).

b) Die Mitbestimmung der Arbeitnehmer[14]

aa) Ziele und Arten der Mitbestimmung

Im marktwirtschaftlichen System sind die Eigenkapitalgeber Träger von Risiko und Chancen unternehmerischer Betätigung. Nach dem Shareholder Value-Ansatz beanspruchen sie als Restbetragsbeteiligte das uneingeschränkte Recht
* zur Festlegung der Unternehmensziele und
* zur zielorientierten, d.h. zur eigentümerinteressenbestimmten Unternehmensführung

Die Eigentümerdominanz der Unternehmensverfassung wird zwar im marktwirtschaftlichen System grundsätzlich anerkannt. Beleg dafür ist der Schutz des Privateigentums und die prinzipielle Anerkennung der Vertragsfreiheit durch die Rechtsordnung. Gleichwohl bemüht sich der nationale Gesetzgeber in allen marktwirtschaftlich orientierten Gesellschaften, in mehr oder weniger starker Ausprägung
* die **Arbeitnehmerrechte zu stärken** und
* die **Entscheidungskompetenz der Eigenkapitalgeber einzuschränken**.

Instrumente zur Erreichung dieses Ziels sind einerseits gesetzliche Regelungen (z.B. Kündigungsschutzgesetz, Lohnfortzahlungsgesetz u.a.), welche die Vertragsfreiheit einschränken. Andererseits wurden Gesetze erlassen, die eine mehr oder weniger weitreichende Mitbestimmung der Arbeitnehmer zum Ziel haben. Bei diesen gesetzlichen Regelungen unterscheidet man zwischen arbeitsrechtlicher und unternehmerischer Mitbestimmung.

Arbeitsrechtliche Mitbestimmung	Unternehmerische Mitbestimmung
• Informations-, Anhörungs- und Mitwirkungsrechte der Arbeitnehmer • Gegenstand: Einzelfragen, die das Arbeitsverhältnis betreffen	• Mitwirkungsrechte an Unternehmensleitung • Gegenstand: Alle unternehmerischen Entscheidungen

Abb. 9: Arbeitsrechtliche und unternehmerische Mitbestimmung

Die arbeitsrechtliche Mitbestimmung stellt die **Schutzbedürfnisse** der Belegschaft im Arbeitsalltag, die unternehmerische Mitbestimmung stellt die **Partizipationsrechte** des Faktors Arbeit in den Vordergrund. (**ÜB 2/40**)

---

[14] Vgl. hierzu Bühner, R., (Personalmanagement), S. 422ff.; Kolb, M., (Personalmanagement), S. 218ff.

B. Die betrieblichen Produktionsfaktoren

bb) Die arbeitsrechtliche Mitbestimmung

Die arbeitsrechtliche Mitbestimmung ist im Betriebsverfassungsgesetz (BetrVG) geregelt. Wichtige Organe der arbeitsrechtlichen Mitbestimmung sind der Betriebsrat, die Jugendvertretung, der Sprecherausschuß und der Wirtschaftsausschuß.

- **Betriebsrat:** Interessenvertretung der Arbeitnehmer, wählbar in allen Betrieben mit mindestens fünf Arbeitnehmern.
- **Jugendvertretung:** Interessenvertretung der jugendlichen Arbeitnehmer (unter 18 Jahren); wählbar in allen Betrieben, die mindestens fünf Jugendliche beschäftigen.
- **Sprecherausschuß:** Interessenvertretung der leitenden Angestellten; wählbar in allen Betrieben mit mindestens zehn leitenden Angestellten.
- **Wirtschaftsausschuß:** Organ zur gegenseitigen Unterrichtung von Betriebsführung und Betriebsrat in wirtschaftlichen Angelegenheiten; einzusetzen in Betrieben mit mehr als 100 Arbeitnehmern; Mitglieder werden durch Betriebsrat entsandt.

Das wichtigste Organ der arbeitsrechtlichen Mitbestimmung ist der Betriebsrat. Er hat unterschiedliche Aufgaben und Rechte, die vom Recht auf Information bis zum Recht auf Mitbestimmung reichen:

(1) **Information:** Der Betriebsrat ist über die Personalplanung insgesamt sowie über personelle Einzelmaßnahmen (Einstellung, Umgruppierung, Versetzung) rechtzeitig und umfassend zu unterrichten.

(2) **Beratung:** Über die Information hinaus hat sich die Unternehmensleitung mit dem Betriebsrat u. a. über folgende Planvorhaben zu beraten: Bau technischer Anlagen, Änderung von Arbeitsabläufen, Förderung der Berufsbildung usw.

(3) **Mitwirkung:** Der Betriebsrat kann seine Zustimmung zur Einstellung, Eingruppierung oder Versetzung von Mitarbeitern verweigern. Ein Widerspruch des Betriebsrates kann nur durch eine Vermittlung der Einigungsstelle oder durch ein Urteil des Arbeitsgerichts überwunden werden.

(4) **Mitbestimmung:** Bei Fehlen gesetzlicher oder tarifvertraglicher Regelungen hat der Betriebsrat u. a. in folgenden Angelegenheiten mitzubestimmen: Beginn und Ende der täglichen Arbeitszeit, Aufstellung des Urlaubsplans, Festlegung von Entlohnungsgrundsätzen.

Der **Betriebsrat** hat **keinen direkten Einfluß auf die Betriebsführung** und ihre wirtschaftlichen Entscheidungen. Erst die gesetzlichen Vorschriften zur unternehmerischen Mitbestimmung erlauben der Arbeitnehmerseite eine Einflußnahme auf die Unternehmenspolitik. (ÜB 2/41)

cc) Die unternehmerische Mitbestimmung

In Deutschland unterliegen Unternehmen grundsätzlich der unternehmerischen Mitbestimmung, wenn sie
- als juristische Personen geführt werden und
- mehr als 500 Mitarbeiter beschäftigen.

Hier greifen die vergleichsweise **schwachen** Mitbestimmungsregelungen des Betriebsverfassungsgesetzes (BetrVG). Beschäftigt ein Unternehmen mehr als 2.000 Mitarbeiter, gelten die **weiterreichenden** Mitbestimmungsregelungen des Mitbestimmungsgesetzes (MitbestG). Die **gravierendsten** Mitbestimmungsregelungen sind im **Montan-Mitbestimmungsgesetz** (Montan-MitbestG) enthalten. Es gilt für Montanbetriebe (Bergbau, Eisen, Stahl), die mehr als 1.000 Mitarbeiter beschäftigen.[15]

Der **Aufsichtsrat** ist das **Einfallstor**, über das die gesetzlichen Regelungen zur Mitbestimmung den Arbeitnehmern und ihren Vertretern Einfluß auf die Unternehmenspolitik verschaffen. Die unterschiedlichen gesetzlichen Regelungen
- zur Besetzung des Aufsichtsrates und
- zur Willensbildung im Aufsichtsrat

zeigt die folgende Abbildung im Überblick:

	Mitbestimmungsgesetz (MitbestG vom 4. 5. 1976)	Montan-Mitbestimmungsgesetz (Montan-MitbestG vom 12. 5. 1951)	Betriebsverfassungsgesetz (BetrVG vom 11. 10. 1952)[16]
1) erfaßte Unternehmen	• alle Unternehmen mit eigener Rechtspersönlichkeit • unter best. Vorauss. auch KG mit einer Kap.Ges. als persönlich haftende Gesellschafterin • keine Montanbetriebe • keine Tendenzbetriebe (§§ 1, 4)	• Montanbetriebe in der Rechtsform der AG, GmbH oder bergrechtlichen Gewerkschaft mit eigener Rechtspersönlichkeit (§ 1)	• AG und KGaA • GmbH und bergrechtliche Gewerkschaft mit eigener Rechtspersönlichkeit • Erwerbs- und Wirtschaftsgenossenschaften • Versicherungsvereine auf Gegenseitigkeit, sofern Aufsichtsrat vorhanden (§ 76 Abs. 1, § 77)
2) Mindestbeschäftigtenzahl	mehr als 2.000 (§ 1 Abs. 1)	mehr als 1.000 (§ 1 Abs. 2)	mehr als 500 (außer AG und KGaA) (§ 77)
3) Sitzverhältnis im Aufsichtsrat (Anteilseigner: Arbeitnehmer)	1 : 1 (§ 7)	1:1, dazu ein „neutrales" Mitglied • je ein Mitglied der Anteilseigner und der Arbeitnehmer	2 : 1 (§ 76 Abs. 1)

[15] Hintergrund dieser scharfen gesetzlichen Regelung war die Verstrickung der deutschen Montanindustrie in die Vorbereitung und Durchführung des Zweiten Weltkriegs.
[16] Für die Mitbestimmung im Aufsichtsrat gelten weiterhin die Vorschriften der BetrVG 1952 (vgl. § 129 BetrVG 1988).

B. Die betrieblichen Produktionsfaktoren

	Mitbestimmungsgesetz (MitbestG vom 4. 5. 1976)	Montan-Mitbestimmungsgesetz (Montan-MitbestG vom 12. 5. 1951)	Betriebsverfassungsgesetz (BetrVG vom 11. 10. 1952)[16]
		muß ein sog „weiteres" Mitglied sein • das „neutrale" Mitglied wird von den übrigen Aufsichtsratsmitgliedern mit Mehrheit zur Wahl vorgeschlagen und von der Hauptversammlung gewählt (§ 8)	
4) absolute Mitgliederzahl des Aufsichtsrates	abhängig von der Zahl der Arbeitnehmer: • bis 10.000: 12, 16 oder 20 • bis 20.000: 16 oder 20 • mehr als 20.000: 20 (§ 7)	abhängig von der Höhe des Grund- bzw. Stammkapitals: • bis 20 Mio DM: 11 • bis 50 Mio DM: 11 oder 15 • mehr als 50 Mio DM: 11, 15 oder 21 (§ 4)	abhängig von der Höhe des Grund- bzw. Stammkapitals: • bis 3 Mio DM: 3, 6 oder 9 • bis 20 Mio DM: 3, 6, 9, 12 oder 15 • mehr als 20 Mio DM: 3, 6, 9, 12, 15, 18 oder 21 (§ 77 BetrVG i. V. m. § 95 AktG)
5) Aufteilung der Arbeitnehmersitze im Aufsichtsrat	• 4, 6 oder 7 Betriebsvertreter, davon mind. je 1 Arbeiter, 1 nichtleitender Angestellter, 1 leitender Angestellter • 2 bzw. 3 Gewerkschaftsvertreter (§§ 15, 16)	• 1, 2 oder 3 Arbeitervertreter • 1 Angestelltenvertreter • 3, 4 oder 6 Gewerkschaftsvertreter, darunter muß das „weitere" Mitglied sein (§§ 6, 9)	• ein Arbeitnehmer des Betriebes, sofern nur 1 Arbeitnehmervertreter zu wählen ist • mind. je 1 Arbeiter und 1 Angestellter, sofern mehrere Arbeitnehmervertreter zu wählen sind (§ 76 Abs. 2)

	Mitbestimmungsgesetz (MitbestG vom 4. 5. 1976)	Montan-Mitbestimmungsgesetz (Montan-MitbestG vom 12. 5. 1951)	Betriebsverfassungsgesetz (BetrVG vom 11. 10. 1952)[16]
6) Wahlverfahren für die Arbeitnehmervertreter	dispositives Recht, gesetzlich vorgesehen ist: • bis 8.000 AN: Urwahl • ab 8.000 AN: Wahlmänner (§ 9ff.)	die Hauptversammlung wählt nach den Vorschlägen des Betriebsrates („Bestätigungswahl") (§ 5)	Unmittelbare Wahl durch alle Arbeitnehmer des Betriebes (§ 76 Abs. 2)
7) Die Willensbildung im Aufsichtsrat a) Wahl des Aufsichtsratsvorsitzenden und seines Stellvertreters	• Wahl mit einer Mehrheit von 2/3 der Soll-Mitglieder des Aufsichtsrates (§ 27 Abs. 1) • falls 2. Wahlgang notwendig, wählen die Anteilseignervertreter den Aufsichtsratsvorsitzenden und die Arbeitnehmer-treter den Stellvertreter mit einfacher Stimmenmehrheit (§ 27 Abs. 2)	• Wahl mit einfacher Stimmenmehrheit (das „neutrale Mitglied" kann durch seine Stimme eine Entscheidung herbeiführen, sofern Anteilseigner und Arbeitnehmer geschlossen gegeneinander stimmen)	• Wahl mit einfacher Stimmenmehrheit
b) Bestellung und Abberufung von Vorstandsmitgliedern	• erforderlich ist eine 2/3-Mehrheit der Mitgliederzahl (§ 31 Abs. 2) • vor dem 2. Wahlgang erarbeitet ein paritätisch besetzter Aufsichtsratsausschuß einen Vorschlag (§ 31 Abs. 3) • für die zweite Abstimmung ist eine einfa-	• Wahl mit einfacher Stimmenmehrheit (das „neutrale Mitglied" kann durch seine Stimme eine Entscheidung herbeiführen, sofern Anteilseigner und Arbeitnehmer geschlossen gegeneinander stimmen) • ein Vorstandsmitglied ist der	• Wahl mit einfacher Stimmenmehrheit

B. Die betrieblichen Produktionsfaktoren

	Mitbestimmungsgesetz (MitbestG vom 4. 5. 1976)	Montan-Mitbestimmungsgesetz (Montan-MitbestG vom 12. 5. 1951)	Betriebsverfassungsgesetz (BetrVG vom 11. 10. 1952)[16]
	che Mehrheit erforderlich (§ 31 Abs. 3) • in einer evtl. dritten Abstimmung hat der Aufsichtsratsvorsitzende zwei Stimmen (§ 31 Abs. 4) • ein Vorstandsmitglied ist der Arbeitsdirektor (außer KGaA) (§ 33 Abs. 1)	Arbeitsdirektor; er kann nicht gegen die Arbeitnehmerstimmenmehrheit bestellt bzw. abberufen werden (§ 13 Abs. 1)	
c) „normale" Sachentscheidung	• und 2. Abstimmung erfolgt mit einfacher Stimmenmehrheit • ergibt sich auch bei 2. Abstimmung ein „Patt", kann Aufsichtsratsvorsitzender Zweitstimme einsetzen (§ 29)	• Abstimmung mit einfacher Stimmenmehrheit	• Abstimmung mit einfacher Stimmenmehrheit
8) Ausgestaltung der Mitbestimmung	paritätisch nach Sitzen	paritätisch	nicht paritätisch

Abb. 10: Mitbestimmung im Aufsichtsrat

Im Aufsichtsrat möchte die Arbeitnehmerseite eine Unternehmenspolitik konzipieren, die vorwiegend soziale Arbeitnehmerinteressen berücksichtigt. Die Gruppe der Eigenkapitalgeber vertritt in aller Regel ein rentabilitätsorientiertes Unternehmenskonzept.

Die Vertretung von **Arbeitnehmerinteressen** beschränkt sich nicht auf den Aufsichtsrat. Sie findet auch auf der Ebene der **Geschäftsführung** ihren Niederschlag. Dieser geht weit hinaus über die Bestellung eines Arbeitsdirektors als Vorstandsmitglied. Der Vorstand hat die Aufgabe, die **Divergenzen** zwischen einer sozial- und einer rentabilitätsorientierten Unternehmenskonzeption bei seinen Führungsentscheidungen zu **berücksichtigen**. Je stärker die Einflußnahmemöglichkeiten der Arbeitnehmerseite im Aufsichtsrat, desto weiter wird sich die Unternehmenspolitik von einer Umsetzung des reinen Shareholder Value-Ansatzes entfernen. (ÜB 2/42)

c) Die Organisation der Führungsspitze

Wird ein Unternehmen nur von einer Person geführt, die zugleich der Eigentümer ist (Einzelunternehmung, Einpersonen-Gesellschaft), so ist die Einheitlichkeit der Willensbildung und der Vertretung des Unternehmens nach außen gewährleistet. Werden die Führungsentscheidungen von mehreren Personen getroffen, so muß die Führungsgruppe so organisiert werden, daß sie funktionsfähig ist. Bei Personengesellschaften können die Befugnisse der geschäftsführenden Gesellschafter in der Regel durch Vertrag frei gestaltet werden. Bei Kapitalgesellschaften schreiben das Gesetz und ggf. die Satzung eine bestimmte Organisation durch Bildung von Führungs- und Kontrollorganen vor.

Liegt die Führung des Betriebes in der Hand mehrerer gleichberechtigter Personen, so spricht man vom **Kollegialprinzip**. Die Organisation des Vorstandes der Aktiengesellschaft erfolgt durch das Aktiengesetz 1965 nach diesem Prinzip. § 77 Abs. 1 AktG bestimmt, daß dann, wenn der Vorstand aus mehreren Personen besteht, sämtliche Vorstandsmitglieder nur gemeinschaftlich zur Geschäftsführung befugt sind. Zwar kann der Aufsichtsrat nach § 84 Abs. 2 AktG ein Mitglied des Vorstandes zum Vorstandsvorsitzenden ernennen, jedoch kann weder die Satzung noch die Geschäftsordnung bestimmen, daß ein oder mehrere Vorstandsmitglieder Meinungsverschiedenheiten im Vorstand gegen die Mehrheit der Mitglieder entscheiden.[17]

Im Kollegialsystem kann die Einheitlichkeit der Willensbildung auf unterschiedliche Weise realisiert werden. Die strengste Form liegt vor, wenn alle Beschlüsse **einstimmig** gefaßt werden müssen, jedes Mitglied also ein Einspruchsrecht hat. Dieses System ist relativ schwerfällig und in der Regel nur bei einer kleinen Mitgliederzahl des Führungsgremiums funktionsfähig. Werden die Beschlüsse nach dem **Mehrheitsprinzip** gefaßt, so kann die Geschäftsordnung entweder generell **einfache** oder **qualifizierte** Mehrheit oder nur für Beschlüsse über bestimmte Gegenstände qualifizierte Mehrheit festsetzen. Ferner kann die Geschäftsordnung vorsehen, daß bei Stimmengleichheit die Stimme des Vorsitzenden entscheidet.

4. Das System der betrieblichen Ziele

a) Zielvorstellungen

Es wurde oben bereits darauf hingewiesen, daß die oberste Aufgabe der Betriebsführung darin besteht, in einer Zielentscheidung die **Zielfunktion** des Betriebes zu formulieren, in der alle Ziele bzw. Teilziele, deren Realisation der Betrieb anstrebt, zum Ausdruck kommen. Für die Unternehmung

---

[17] Vgl. § 77 Abs. 1 AktG

B. Die betrieblichen Produktionsfaktoren

als marktwirtschaftlich orientiertem Betrieb ist die **langfristige Gewinnmaximierung** das oberste Ziel. Während jedoch das theoretische Modell von einer Art „Ideal-Unternehmer" ausgeht, „der als ökonomische Entscheidungseinheit (‚Homo oeconomicus') unter bestimmten Prämissen (u. a. vollkommene Voraussicht, vollkommene Markttransparenz, unendlich große Reaktionsgeschwindigkeit) seine Entscheidungen so trifft, daß der maximale Gewinn erzielt wird,"[18] wird in der betrieblichen Praxis das Ziel der langfristigen Gewinnmaximierung nicht isoliert, sondern unter Beachtung zusätzlicher Zielsetzungen verfolgt, die als **Nebenbedingungen** in der Zielfunktion ihren Niederschlag finden.

In einem solchen Fall spricht man von einem „Zielbündel"[19] bzw. von einem **„Zielsystem"**,[20] weil ein ganzes Bündel gleichzeitig zu verfolgender Ziele vorliegt. Diese Situation ist oft eine Folge der Tatsache, daß am Zielbildungsprozeß nicht nur eine Entscheidungsinstanz beteiligt ist, sondern daß mehrere Instanzen wie z. B. die Eigentümer, die Geschäftsführung (sofern diese nicht aus den Eigentümern besteht) und die Mitarbeiter des Betriebes ihren Einfluß geltend machen können. Das Zielbündel ist dann als **Kompromißlösung** zwischen den Zielvorstellungen der einzelnen Instanzen zu sehen.[21] Beabsichtigen beispielsweise die Eigentümer des Betriebes zum Zwecke der Gewinnmaximierung die Lohnkosten über Entlassungen von Arbeitskräften zu reduzieren, während die Arbeitnehmer auf die Sicherheit ihrer Arbeitsplätze bedacht sind, so könnte der Kompromiß z. B. darin bestehen, daß keine Arbeitskräfte entlassen werden, sondern lediglich die Arbeitsplätze von Mitarbeitern, die aus Altersgründen ausgeschieden sind, nicht neu besetzt werden.

Versucht man, die möglichen Zielvorstellungen, die die Zielfunktionen der Betriebe beeinflussen können, zu systematisieren, so bietet sich eine grundsätzliche Unterscheidung in monetäre und nicht monetäre Zielvorstellungen an. Unter **monetären Zielvorstellungen** versteht man dabei Ziele, „die sich in Geldeinheiten messen lassen"[22] wie z. B. das Gewinnstreben und das Umsatzstreben. Diese beiden Zielsetzungen lassen sich nicht immer gemeinsam verwirklichen, so z. B. dann nicht, wenn eine Umsatzerhöhung nur über eine Werbemaßnahme möglich ist, deren Kosten die Zunahme der Umsatzerlöse noch übersteigt. Ein solcher Fall kann insbesondere dann eintreten, wenn die Geschäftsführung mit den Eigentümern des Betriebes nicht identisch ist und umsatzabhängig bezahlt wird. Weitere monetäre Zielvorstellungen sind beispielsweise die Sicherung der Zahlungsbereitschaft und die Kapitalerhaltung.

---

[18] Korndörfer, W., Unternehmensführungslehre, 8. Aufl., Wiesbaden 1995, S. 36
[19] So z. B. Schmalen, H., Grundlagen und Probleme der Betriebswirtschaft, 10. Aufl., Köln 1996, S. 141
[20] So z. B. Bamberg, G./Coenenberg, A. G., Betriebswirtschaftliche Entscheidungslehre, 9. Aufl., München 1996, S. 25 ff.
[21] Vgl. Bidlingmaier, J./Schneider, D. J. -G., Ziele, Zielsysteme und Zielkonflikte, in: Grochla, E./Wittmann, W. (Hrsg.), Handwörterbuch der Betriebswirtschaft, Bd. 3, 4. Aufl., Stuttgart 1976, Sp. 4733
[22] Korndörfer, W., Unternehmensführungslehre, a. a. O., S. 38

Die **nicht-monetären Zielvorstellungen** können sowohl ökonomischer als auch außerökonomischer (z. B. soziologischer, ethischer, sozialer oder politischer) Art sein. Beispielhaft seien aufgeführt:[23]
- Streben nach Marktanteilsvergrößerung,
- Erreichen bestimmter Wachstumsziele,
- Streben nach Prestige und Macht,
- Unabhängigkeitsstreben,
- Sicherung der Arbeitsplätze,
- Gewinnung politischen Einflusses,
- Verpflichtung gegenüber der Familientradition,
- Verminderung von Umweltbelastungen,
- Versorgung der Bevölkerung mit bestimmten Leistungen.

Die letztgenannte Zielvorstellung ist in der Regel das dominierende Ziel öffentlicher Betriebe, die dabei meist bemüht sind, entweder nach dem Prinzip der Kostendeckung zu arbeiten oder nur einen „angemessenen" Gewinn, d. h. nicht den aufgrund der Marktverhältnisse maximalen Gewinn zu erzielen (Vgl. z. B. die Tarifpolitik kommunaler Versorgungsbetriebe).

b) Zielarten

Die Zielarten lassen sich nach mehreren Kriterien systematisieren. Im folgenden wird eine Unterteilung nach
- der Rangordnung der Ziele,
- dem angestrebten Ausmaß der Zielerreichung,
- den Beziehungen zwischen den Zielen und
- dem zeitlichen Bezug der Ziele

vorgenommen.

Das Kriterium „**Rangordnung der Ziele**" führt zur Unterscheidung von Ober-, Zwischen- und Unterzielen. Als **Oberziel** bezeichnet man die oberste Zielsetzung der Gesamtunternehmung, die in der Regel nicht unmittelbar, sondern nur über Zwischenstufen erreichbar ist. Außerdem ist das Oberziel gewöhnlich **nicht operational** zu formulieren, d. h. es läßt sich nicht in Maßgrößen (Anzahl, Geld, Gewicht) vorgeben. Eine solche Vorgabe ist jedoch dann von entscheidender Bedeutung, wenn eine Aufteilung der Entscheidungsgewalt im Unternehmen und eine Delegierung auf untergebene Mitarbeiter erforderlich ist. Zu diesem Zweck müssen aus dem Oberziel bestimmte Teilziele als **Unterziele (Subziele)** abgeleitet werden, die den einzelnen Abteilungen oder Mitarbeitern vorgegeben werden.

Besteht z. B. das Ziel eines Betriebes darin, einen möglichst hohen Umsatz zu erreichen, so können daraus die Unterziele maximaler Umsatz für Produkt A und maximaler Umsatz für Produkt B abgeleitet und je einem Verkaufsleiter zugeteilt werden.

Die Ableitung der Unterziele muß sehr sorgfältig erfolgen, damit das Gesamtziel der Unternehmung nicht gefährdet ist. Bei jeder Entscheidungsin-

---

[23] Vgl. den ausführlichen Katalog möglicher Zielsetzungen bei Hörschgen, H., Grundbegriffe der Betriebswirtschaftslehre, 3. Aufl., Stuttgart 1987, S. 471

stanz bleibt nach der Delegierung von Entscheidungsgewalt ein Rest, der nicht delegierbar ist. Somit erhält die untergeordnete Abteilung nur ein Teilziel (Unterziel) gesetzt und verliert dadurch leicht die Verbindung zum obersten Ziel, möglicherweise dadurch, daß vorgesetzte Stellen ihnen die Einordnung des Unterzieles im Gesamtziel nicht erklären. Hieraus folgt, daß jede Ebene die ihr untergeordneten Abteilungen und die eigenen Ziele überwachen muß. Wichtig ist auch, daß **jedes Unterziel operational** ist. Nur in diesem Falle ist es möglich, den Erfolg und die Leistung des verantwortlichen Arbeiters oder Angestellten zu messen. Ein operationales Ziel spornt zur Mitarbeit an, ermöglicht eine leistungsgerechte Entlohnung und hilft dem Arbeitenden, seine Tätigkeit selbst zu beurteilen.

Neben den Unterzielen können auch **Zwischenziele** vorgegeben werden. Die Unterziele sind dann Mittel zur Erreichung der Zwischenziele und diese wiederum Mittel zur Realisierung des Oberziels. So kann es z. B. Ziel der Werbeabteilung eines Betriebes sein, eine möglichst breite Bevölkerungsschicht anzusprechen (Unterziel), damit der Umsatz eines Produktes eine bestimmte Höhe erreicht (Zwischenziel) und dadurch eine Gewinnerhöhung eintritt (Oberziel).

Systematisiert man die Zielarten nach dem **angestrebten Ausmaß der Zielerreichung,** so kann zwischen unbegrenzten und begrenzten Zielen unterschieden werden. Im Falle **unbegrenzter Ziele** wird ein maximaler Zielerreichungsgrad angestrebt (z. B. Gewinnmaximierung, Kostenminimierung), im Falle **begrenzter Ziele** begnügt man sich mit dem Erreichen eines vorgegebenen Wertes (z. B. Vergrößerung des Marktanteils auf 35%). Bei unbegrenzten Zielsetzungen kann in der Regel nicht mit Sicherheit gesagt werden, ob unter den möglichen Handlungsalternativen tatsächlich diejenige erfaßt wurde, die den maximalen Zielerreichungsgrad gewährleistet; d. h. es treten Informationsprobleme auf, deren Bewältigung – sofern sie überhaupt möglich ist – mit erheblichen Kosten verbunden ist. Folglich begnügt man sich mit dem Erreichen eines bestimmten **Anspruchsniveaus.** Hat man das Anspruchsniveau realisiert, so kann man es im nächsten Schritt erhöhen, gelingt die Realisation nicht, so wird man sein Anspruchsniveau absenken.[24]

Die Berücksichtigung von Zielbeziehungen zwischen den einzelnen Zielsetzungen führt zu einer Unterscheidung von
- komplementären,
- konkurrierenden,
- antinomen und
- indifferenten Zielen.[25]

---

[24] Schmalen weist darauf hin, daß sich die „Anspruchsanpassungstheorie" mit diesen Verhaltensweisen beschäftigt. (Vgl. Schmalen, H., a. a. O., S. 146 f.) Zum Bestreben, ein bestimmtes Anspruchsniveau im Rahmen der betrieblichen Zielsetzungen zu realisieren, vgl. auch die Ergebnisse einer empirischen Forschung bei Hauschildt, J., Die Struktur von Zielen in Entscheidungsprozessen – Bericht aus einem empirischen Forschungsprojekt, in: ZfbF 1973, S. 709 ff.
[25] Diese Unterscheidung findet sich bei Bidlingmaier, J./Schneider, D. J.-G., a. a. O., Sp. 4738

Liegen **komplementäre Ziele** vor, so führt die Erhöhung des Zielerreichungsgrades von Ziel 1 auch zu einer Erhöhung des Zielerreichungsgrades von Ziel 2; z.B. führt eine Kostensenkung im Produktionsbereich zu einer Gewinnerhöhung. Zeichnerisch kann diese Zielbeziehung folgendermaßen dargestellt werden:

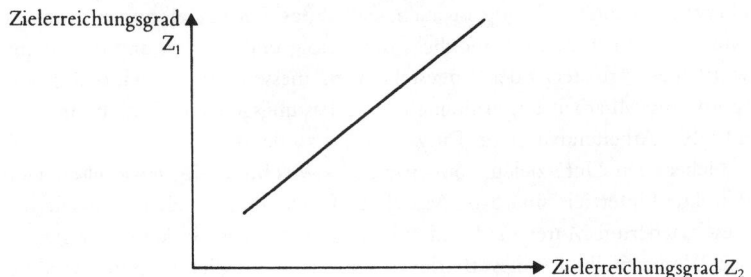

Abb. 11: komplementäre Zielbeziehung

Konkurrierende Ziele liegen dann vor, wenn die Erhöhung des Zielerreichungsgrades von Ziel 1 zu einer Verminderung des Zielerreichungsgrades von Ziel 2 führt. Ein Beispiel für eine mögliche Zielkonkurrenz ist die Intensivierung des Kundendienstes bei gleichzeitiger Kostenminimierung. Zeichnerisch stellt sich die Zielkonkurrenz wie folgt dar:

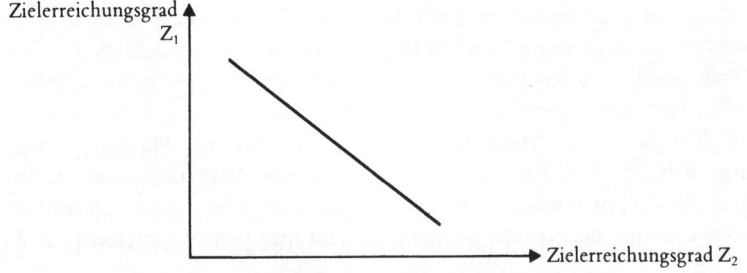

Abb. 12: konkurrierende Zielbeziehung

Von **Zielantinomie** spricht man dann, wenn die Realisation von Ziel 1 die Realisation von Ziel 2 ausschließt und umgekehrt. Die Zielantinomie kann als Extremfall der Zielkonkurrenz angesehen werden. Zielantinomie liegt z.B. dann vor, wenn man den Energieverbrauch einer Maschine senken, gleichzeitig aber den Ausstoß pro Stunde erhöhen will und dazu die Maschine mit überhöhten Drehzahlen arbeiten lassen muß. Zeichnerisch bewegt man sich im Falle der Zielantinomie auf der Z_1- bzw. Z_2-Achse.

Zielindifferenz bedeutet, daß die Erfüllung einer Zielsetzung keinen Einfluß auf die Erfüllung einer anderen Zielsetzung hat. Das ist beispielsweise der Fall, wenn man das Kantinenessen verbessern will und außerdem eine Senkung der Betriebsstoffkosten im Produktionsbereich anstrebt. Zeichnerisch läßt sich die Zielindifferenz durch eine Parallele zur Z_1- bzw. Z_2-Achse darstellen.

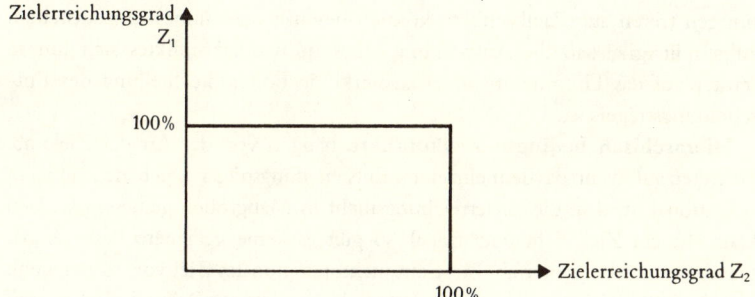

Abb. 13: Zielindifferenz

Auch der **zeitliche Bezug** der Ziele bietet sich als Systematisierungskriterium für die Zielarten an. Hier können unterschieden werden:
- kurz-, mittel- und langfristige Ziele,
- zeitpunkt- und zeitraumbezogene Ziele,
- statische und dynamische Ziele,
- dauernde und vorübergehende Ziele.[26]

Die Unterscheidung in **kurz-, mittel- und langfristige Ziele** orientiert sich an der Kalenderzeit; dabei ist jedoch nicht exakt festgelegt, welcher Zeitraum unter kurz-, mittel- und langfristig zu verstehen ist. Ein **zeitpunktbezogenes** Ziel ist beispielsweise das Vorhaben, am 1. März einen Kassenbestand von 3.000 DM zu haben, ein **zeitraumbezogenes** Ziel ist die Absicht, innerhalb der ersten beiden Monate im Jahr den Bestand auf dem Bankkonto auf 10.000 DM zu halten. Bei **statischen** Zielen bleibt eine Entwicklung im Zeitablauf unberücksichtigt, während **dynamische** Ziele den Zeitablauf berücksichtigen. So ist z.B. ein dynamisch formuliertes Ziel die Forderung nach einer Umsatzsteigerung innerhalb der ersten drei Monate des Jahres in Höhe von 15% im Vergleich zu den ersten drei Vorjahresmonaten. Ein **dauerndes** Unternehmensziel ist beispielsweise das Gewinnstreben, während das Bestreben, innerhalb des nächsten halben Jahres fällig werdende Kredite zu Zwecken der Liquiditätssicherung zu prolongieren, ein **vorübergehendes** Unternehmensziel ist.

c) Zielkonflikte

Zielkonflikte können sich im Falle konkurrierender Zielsetzungen ergeben. Folgende Arten sind hierbei zu unterscheiden:
- Individualkonflikte,
- hierarchisch bedingte Zielkonflikte,
- innerorganisatorische Konflikte.

---

[26] Vgl. Heinen, E., Grundlagen betriebswirtschaftlicher Entscheidungen. Das Zielsystem der Unternehmung, 3. Aufl., Wiesbaden 1976, S. 85 ff. und S. 119 ff.

Individualkonflikte entstehen, wenn Spannungen zwischen den Zielen der Organisation und den eigenen privaten Zwecken vorhanden sind. Je höher der Solidaritätsgrad eines Entscheidungsträgers ist, um so weniger Spannungen treten auf. Zielkonflikte können bewußt oder unbewußt entstehen. Allgemein gilt, daß die Auswirkung eines Individualkonfliktes sich um so stärker auf das Unternehmensziel auswirkt, je höher die Stellung des Entscheidungsträgers ist.

Hierarchisch bedingte Zielkonflikte hängen von der Art der Ziele ab. Sie treten auf, wenn das dem einzelnen Entscheidungsträger gegebene Ziel nicht operational ist, d.h. die Zielerreichung nicht in Maßgrößen gemessen werden kann. Ist ein Ziel nicht operational, so gibt es keine geeignete Basis für das Handeln der Mitarbeiter ab. Liegt ein nichtoperationales Ziel vor, so empfiehlt es sich, dieses Ziel in operationale Unterziele zu zerlegen. Beispiel: Ziel für den Produktionsleiter: Produzieren Sie Kühlschränke! (nichtoperational). Ausweg: Produzieren Sie 2.000 Kühlschränke vom Typ A im Monat; senken Sie dabei die Kosten soweit wie möglich! Beide Unterziele können gemessen werden.

Innerorganisatorische Konflikte entstehen, wenn in Abteilungen, die im Hinblick auf das Oberziel zusammenarbeiten müssen, unterschiedliche Ziele verfolgt werden, die nicht miteinander harmonieren. Beispiel: Der Absatzleiter wünscht aus absatzpolitischen Gründen ein breites Sortiment, der Produktionsleiter möchte sich auf wenige Produkte spezialisieren, um den Vorteil der großen Serie auszunutzen. Hier muß ein Kompromiß gefunden werden.

Bei dem Versuch, Zielkonflikte zu vermindern, muß zuerst geprüft werden, ob sie subjektiv oder hierarchisch bedingt sind. Im ersten Fall kann Abhilfe z.B. durch eine andere Form der Entlohnung oder die Gewährung von Aufstiegschancen geschaffen werden. Hierarchisch bedingte Zielkonflikte entstehen häufig durch eine falsche Abteilungsbildung. Hier muß eine neue Bestimmung der Unterziele erfolgen, z.B. eine neue Abteilungsbildung oder eine neue Kompetenzabgrenzung.

d) Das Zielsystem der strategischen Unternehmensführung

Ebenso wie die klassischen Unternehmensführungskonzeptionen muß auch die strategische Unternehmensführung zunächst das vom Unternehmen verfolgte **Oberziel** formulieren, bevor einzelne strategische Ziele erarbeitet werden können. Für dieses Oberziel wird häufig der Begriff **Unternehmensleitbild** verwendet. Daneben gibt es andere Umschreibungen wie beispielsweise: Unternehmensphilosophie, Unternehmensgrundsätze, Unternehmensgrundordnung, Unternehmensverfassung, Corporate Identity und **Unternehmenskultur**. Den Definitionen dieser Begriffe ist gemeinsam, daß sie sich auf einen Katalog von Kriterien beziehen, der die **Wertvorstellungen** und Bekenntnisse der Unternehmensführung enthält. Dabei geht es zunächst um die Grundsatzentscheidung, ob ein Unternehmen unter Beachtung der gesetzlichen Rahmenbedingungen nach dem Shareholder-Konzept geführt werden soll oder ob nach dem Stakeholder-Ansatz[27]

---

[27] Vgl. S. 98 ff.

– über die gesetzlichen Mindestanforderungen hinaus
– soziale bzw. ökologische Ziele all der Gruppen, die zum Unternehmen in Beziehung stehen, berücksichtigt werden sollen.

Aus dem so entwickelten Unternehmensleitbild werden die strategischen Zielsetzungen abgeleitet, und zwar in erster Linie für bestimmte Produkt-Markt-Kombinationen, für die bei günstiger Marktattraktivität eine Verbesserung der Wettbewerbsposition erwartet wird. Die Konkretisierung der strategischen Ziele erfolgt dann durch die Formulierung von **Unterzielen**, die als Indikatoren für die Wettbewerbssituation gelten und die sich bezüglich ihres Inhaltes, ihrer Dimension und vor allem ihres Zielerreichungsgrades präzisieren lassen, wie z. B. Marktanteil, Distributionsgrad, Deckungsbeitrag oder Umsatz.[28]

Verbunden werden diese Zielebenen durch die **finanzwirtschaftlichen Ziele**; dabei handelt es sich vor allem um Zielsetzungen im Rahmen der Erfolgs- und Liquiditätspolitik. Nach wie vor wird dieser Bereich von der Maxime der Gewinnmaximierung dominiert. Als operationalisierte Indikatoren verwendet das strategische Management hierfür insbesondere die Rentabilität (ROI[29]) und den Cash Flow.[30, 31]

5. Die Führungsinstrumente

a) Begriff und Aufgabe

Der Einsatz von Führungsinstrumenten beeinflußt einerseits die Motivation der Mitarbeiter, andererseits kann die Motivierung von Mitarbeitern selbst als ein Führungsinstrument bezeichnet werden. „Motivation ist dasjenige in uns und um uns, was uns dazu bringt, uns so und nicht anders zu verhalten."[32] Das **Motivieren** selbst ist ein aktives, zielgerichtetes Steuern des Verhaltens und somit ist die Wahrnehmung der Motivierungsaufgabe ein komplexes Führungsinstrument.[33]

Der optimale Einsatz der Führungsinstrumente durch die Betriebsführung ist dann gewährleistet, wenn eine Identifikation der Zielsetzung des Unternehmens mit den persönlichen Wünschen der Mitarbeiter herbeigeführt wird.[34] Die Betriebsführung muß deshalb versuchen, durch den Einsatz der entsprechenden Führungsinstrumente die Mitarbeiter so zu beeinflussen, daß

---

[28] Vgl. Wieselhuber, N., Phasen und Prozeß der strategischen Planung, in: Praxis der strategischen Unternehmensplanung, hrsg. von A. Töpfer und H. Afheldt, Frankfurt 1983, S. 71 f.
[29] ROI = Return on Investment = Rückfluß des investierten Kapitals = unter dem Namen „Rentabilitätsrechnung" bekanntes Praktikerverfahren der Investitionsrechnung; Einzelheiten vgl. S. 631 ff.
[30] Vgl. Scheffler, H. E., Planung, strategische, in: Management Enzyklopädie, Bd. 7, 2. Aufl., Landsberg am Lech 1984, S. 704 f.
[31] Cash Flow = Kennziffer für den Mittelzufluß aus dem Umsatzprozeß; Einzelheiten vgl. S. 689 ff.
[32] Graumann, C. F., Einführung in die Psychologie, 3. Aufl., Bd. 1: Motivation, Frankfurt 1974, S. 1
[33] Vgl. Tietz, B., Die Grundlagen des Marketing, Bd. 3: Das Marketing-Management, München 1976, S. 776
[34] Vgl. Korndörfer, W., Unternehmensführungslehre, a. a. O., S. 181

sie im äußersten Fall überzeugt sind, ihre eigenen Ziele durch ihren persönlichen Einsatz für die Ziele des Unternehmens optimal realisieren zu können. Die Instrumente, die den Führungskräften dafür zur Verfügung stehen, lassen sich wie folgt gliedern (vgl. Abb. 14):[35]

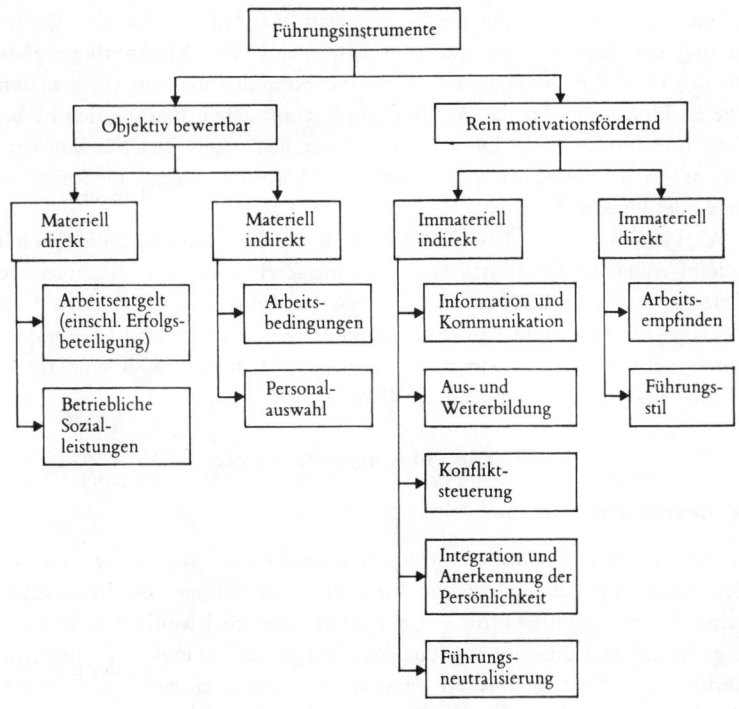

Abb. 14: Systematik der Führungsinstrumente

Die objektiv bewertbaren Führungsinstrumente können zwar von den einzelnen Mitarbeitern subjektiv unterschiedlich beurteilt werden, doch gibt es sowohl bei den materiell direkten als auch bei den materiell indirekten Führungsinstrumenten relativ eindeutige Kriterien zur Beurteilung. Die Unternehmensführung hat die Aufgabe, einerseits das Arbeitsentgelt und die betrieblichen Sozialleistungen, andererseits die Personalauswahl und die Arbeitsbedingungen so zu gestalten, daß der für das Unternehmen bestmögliche Erfolg realisiert werden kann.[36] Personalauswahl und Arbeitsbedingungen werden deshalb als materielle – wenn auch als materiell indirekte – Führungsinstrumente bezeichnet, weil einerseits die richtige Personalauswahl Voraussetzung für eine materielle Zufriedenstellung von Mitarbeitern und Unternehmen ist und andererseits gute Arbeitsbedingungen – wenn auch in engen Grenzen – einer höheren Vergütung vorgezogen werden können.

---

[35] Vgl. zu der prinzipiellen Aufteilung Tietz, B., a. a. O., S. 775 f.
[36] Vgl. dazu ausführlich die Ausführungen auf S. 241 ff.

b) Die immateriellen direkten Führungsinstrumente

Die Zufriedenheit in und mit der Arbeit trägt in erheblichem Maße zu einer Steigerung des Leistungswillens der Arbeitskräfte bei. Die Unternehmensführung kann sich zur **Verbesserung des Arbeitsempfindens** einiger Maßnahmen im Bereich der Arbeitsbereichstrukturierung (Arbeitsorganisation) bedienen. Dazu zählen vor allem folgende Maßnahmen:

(1) Durch **Arbeitserweiterung** („job enlargement") soll vor allem die Zerstückelung eines Arbeitsprozesses rückgängig gemacht und dem Mitarbeiter ein möglichst geschlossenes „Arbeitspaket" zur Bearbeitung anvertraut werden.[37]

(2) Durch einen **Arbeitsplatzwechsel** („job rotation") soll in erster Linie eine Erweiterung des Blickfelds sowie eine gewisse Abwechslung für den Mitarbeiter erreicht werden.

(3) Durch **Arbeitsbereicherung** („job enrichment") soll die Verantwortung mit Hilfe erhöhter Entscheidungs- und Kontrollbefugnisse erhöht werden. Das führt meist auch zu einer qualitativen Aufwertung einer Stelle.[38]

(4) Durch Bildung kleiner **autonomer Arbeitsgruppen** soll diesen eine größere Selbständigkeit in der Bestimmung des Aufgabeninhalts, der Zielsetzung und der Durchführung der Aufgabe gegeben werden.[39]

Die Anwendung eines bestimmten **Führungsstils** ist ein weiteres immateriell direktes Führungsinstrument. Je nachdem, ob die Unternehmensführung mehr mit den Mitteln der Autorität, des Drucks und Zwangs oder mehr mit den Mitteln der Überzeugung, der Kooperation und Partizipation am Führungsprozeß vorgeht, wendet sie einen unterschiedlichen Führungsstil an.[40] Aus den von Max Weber entwickelten Grundformen der charismatischen, traditionalen und bürokratischen Willensdurchsetzung haben sich folgende traditionelle Führungsstile herauskristallisiert, die in zunehmendem Umfange durch den kooperativen Führungsstil ersetzt werden:[41]

(1) Der **patriarchalische Führungsstil**: Leitbild ist die Autorität des Vaters in der Familie, was in einem absoluten Herrschaftsanspruch des „Patriarchen" als alleiniger Führungsinstanz und seiner Anerkennung durch die Geführten zum Ausdruck kommt. „Der Patriarch führt in dem Bewußtsein, Belegschaftskinder unter sich zu wissen, die in keiner Weise an der Führung beteiligt werden (können)".[42] Der Führungsanspruch ist für den Patriarchen an eine Treue- und Versorgungspflicht gegenüber den Geführten gekoppelt.

---

[37] Vgl. Esser, E., Führung und Motivation, in: Personalführung, hrsg. von Manfred Timmermann, Stuttgart, Berlin, Köln, Mainz 1977, S. 63–107, s. bes. S. 100
[38] Vgl. Berthel, J., Personal-Management, 5. Aufl., Stuttgart 1997, S. 283 ff.
[39] Vgl. Mitarbeiterführung, Bd. 9 der USW-Schriften für Führungskräfte, hrsg. von Horst Albach u. a., Wiesbaden 1977, S. 103
[40] Vgl. Witte, E., Führungsstile, in: Handwörterbuch der Organisation, hrsg. von Erwin Grochla, Stuttgart 1969, Sp. 595
[41] Vgl. Baumgarten, R., Führungsstile und Führungstechniken, Berlin, New York 1977, S. 25
[42] Witte, E., a. a. O., Sp. 596

(2) Der **charismatische Führungsstil:** „Charisma bedeutet eine Gnadengabe, d. h. die als Fügung zu definierende Fähigkeit eines Menschen, durch seine Ausstrahlungskraft andere Menschen zu führen."[43] Der Herrschaftsanspruch ist in gleicher Weise wie beim patriarchalischen Führungsstil gegeben, so daß sich beide Führungsstile weitgehend ähnlich sind. Der charismatische Führer ist allerdings voll und ganz auf seine Ausstrahlungskraft angewiesen, die ihm eine beim patriarchalischen Führungsstil unbekannte „mystische" Führungsstärke vermittelt. Die Wohlfahrtsverpflichtungen des „Patriarchen" sind für den charismatischen Führer nicht vorhanden.[44]

(3) Der **autokratische Führungsstil:** Im Gegensatz zu den beiden vorgenannten Führungsstilen steht hier nicht die Person des Führenden, sondern die Institution im Vordergrund. Die Herrschaft geht zwar auch hier von einem souveränen Alleinherrscher aus, doch bedient sich der „Autokrat" eines hierarchisch gestaffelten Führungsapparates. Das hat zur Folge, daß sich die autokratische Führung in starkem Maße disziplinierender und strukturierender Elemente bedient, und zwar mit der Begründung, daß große soziale Gebilde straffer Organisation bedürften.[45]

(4) Der **bürokratische Führungsstil:** Er wird als Fortentwicklung des autokratischen Führungsstils angesehen; dabei wird die Willkür des Autokraten durch die Legalität, das Reglement und die fachliche Kompetenz abgelöst.[46] Bei diesem Führungsstil ist ein verfeinertes Instanzensystem, eine präzise Definition und Abgrenzung der Befugnisse und eine Reglementierung der Arbeitsabläufe unwillkürliche Folge. „Während durch die autokratische Herrschaft die Geführten diszipliniert wurden, erreichte der bürokratische Führungsstil die Disziplinierung der Führenden."[47]

(5) Der **kooperative Führungsstil:** Hier werden im Gegensatz zu den autoritären Führungsstilen die Arbeitnehmer bei Führungsentscheidungen mitbeteiligt, wobei ihre Beteiligung entweder lediglich beratender Art sein oder sich in Form eines demokratischen Willensbildungsprozesses vollziehen kann, an dem alle Beteiligten mitwirken.[48]

c) Die immateriellen indirekten Führungsinstrumente

Die Information und Kommunikation sind indirekte Führungsmittel zur positiven Beeinflussung der Motivation der Mitarbeiter. „Information gehört zu den wichtigsten Voraussetzungen einer sachlich erfolgreichen und persönlich befriedigenden Zusammenarbeit. Der Leistungserfolg einer Arbeitsgruppe hängt z. B. entscheidend davon ab, ob Vertrauen statt Mißtrauen, Solidarität statt Mißgunst, Mitverantwortung statt Resignation

---

[43] Tietz, B., a. a. O., S. 783
[44] Vgl. Witte, E., a. a. O., Sp. 597
[45] Vgl. Berthel, J., a. a. O., S. 66
[46] Vgl. Tietz, B., a. a. O., S. 783
[47] Witte, E., a. a. O., Sp. 599
[48] Vgl. Raffée, H., Grundprobleme der Betriebswirtschaftslehre, Göttingen 1974, S. 164

zwischen den Gruppenmitgliedern untereinander oder zwischen Gruppenmitgliedern und Vorgesetzten überwiegen."[49] Die **Information** als Führungsinstrument ist unter zwei Aspekten zu betrachten. Einerseits ist sie als zweckorientiertes Wissen Voraussetzung für den Erfolg der Tätigkeit der Mitarbeiter, andererseits gibt sie den Mitarbeitern das Bewußtsein „Bescheid zu wissen".[50]

Die **betriebliche Aus- und Weiterbildung** sind dann als ein Führungsinstrument anzusehen, wenn sie eine motivierende Wirkung haben, d. h. „wenn sie die geistige Durchdringung und Transparenz der Eingebundenheit der Mitarbeiter in das Unternehmen erhöhen".[51] Die Aussicht, sich beruflich fortentwickeln zu können, wenn entsprechende Aus- und Weiterbildungsmöglichkeiten in Anspruch genommen werden, kann bei den Mitarbeitern zu einem leistungsmotivierenden Element werden. Das Wissen um die Chance des beruflichen Aufstiegs bei bestimmten Fortbildungsmaßnahmen kann aber nur dann motivierend wirken, wenn der Mitarbeiter eine für ihn realistische Fortentwicklungsmöglichkeit sieht.

Ein weiteres Führungsinstrument steht der Unternehmensführung mit der **Konfliktsteuerung** zur Verfügung. Das Unternehmen benötigt für ein zufriedenstellendes Funktionieren ein bestimmtes Maß an Übereinstimmung darüber, wer wann was wie macht. „Dabei heißt Konfliktregelung nicht notwendigerweise Konsensbildung. Nötig ist lediglich das Erreichen einer operativen Übereinstimmung, auch wenn diese darauf basiert, daß eine Seite überstimmt oder zum Nachgeben gezwungen wurde."[52]

Ein anderes, auf Motivation beruhendes Führungsinstrument ist die **Förderung der Integration,** d. h. die uneingeschränkte soziale Aufnahme eines Mitarbeiters in die Gruppen, in denen er mitwirkt, und die darauf folgende Anerkennung und Beachtung seiner Persönlichkeit.[53] Jeder Mitarbeiter hat in einem gut funktionierenden Personalführungssystem Anspruch auf Anerkennung und Kritik. Das ist nur möglich, wenn der Mitarbeiter in sein soziales Umfeld integriert ist und wenn die Führungskräfte es verstehen, auf ihn einzugehen und seine Leistung angemessen zu beurteilen.[54]

Zuletzt sei noch ein Führungsinstrument erwähnt, das zu einer Verkleinerung der Führungsprobleme beitragen kann. Es kann als **„Führungsneutralisierung"** oder als „Neutralisierung der Führungsanforderungen" bezeichnet werden und zeichnet sich dadurch aus, daß Führungshilfen institutionalisiert werden. Tietz umschreibt dieses Instrument wie folgt: „So erweist sich die Durchsetzung vieler Entscheidungen von Mensch zu Mensch als schwierig. Wird dagegen die Computer-Autorität eingeschaltet, d. h. die Durchsetzungsanforderung so weit neutralisiert, daß z. B. ‚der Computer' ei-

---

[49] Sahm, A., Motivation, in: Management-Enzyklopädie, Bd. 4, München 1971, S. 737–747, s. bes. S. 742
[50] Vgl. Tietz, B., a. a. O., S. 787
[51] Tietz, B., a. a. O., S. 788
[52] Mayntz, R., Konfliktregelung, in: Betriebswirtschaftslehre, Teil 2: Betriebsführung, hrsg. von Erwin Grochla, Stuttgart 1978, S. 30
[53] Vgl. Tietz, B., a. a. O., S. 792
[54] Vgl. Korndörfer, W., Unternehmensführungslehre, a. a. O., S. 216

ne bestimmte Lösung erzwingt, zerfallen viele Widerstände, und es entwickelt sich eine Tendenz zur Anpassung an die Computeranforderungen."[55]

6. Die Führungsprinzipien

a) Begriff und Zielsetzungen

Die Betriebsführung kann sich unterschiedlicher Führungsprinzipien (Managementprinzipien/Führungstechniken) bedienen. Im Laufe der letzten Jahre ist eine Vielzahl von Führungskonzepten entwickelt worden, die meist unter der Bezeichnung „Management by ..." zum Teil längst bekannte Prinzipien mit neuen Namen belegen, zum Teil neue Konzepte darstellen. Sie schließen sich in der Regel nicht aus, stellen also keine Alternativen dar, sondern können zueinander indifferent bzw. voneinander unabhängig sein, sie können sich gegenseitig bedingen bzw. ergänzen, sie können sich aber auch ausschließen bzw. trennen.

Inhalt der Führungsprinzipien sind in erster Linie organisatorische Probleme und ihre Lösung im Rahmen der Führungsaufgabe. Die **Ziele,** die mit der Anwendung der Führungsprinzipien verfolgt werden, lassen sich wie folgt zusammenfassen:

(1) Führungsprinzipien sollen als Regelsysteme, die selbständig arbeiten und deren Erfolg meßbar ist, die Führungskräfte für echte Führungsaufgaben freistellen und von Routinearbeiten entlasten, die ihre Mitarbeiter erledigen können. Damit soll der Einsatz des dispositiven Faktors effizienter gestaltet werden.

(2) Führungsprinzipien sollen den einzelnen Mitarbeitern mehr Selbständigkeit bei den Ausführungshandlungen zugestehen, dadurch kreative Kräfte freisetzen und somit zu einer auf die Optimierung des Unternehmenserfolges positive Leistungssteigerung hinwirken.[56]

(3) Führungsprinzipien sollen die unternehmerische Leistung und Anpassungsfähigkeit an veränderte Umweltbedingungen im Hinblick auf den langfristigen Erfolg des Unternehmens optimal aktivieren.[57]

Die jeweiligen Führungsprinzipien heben zur Realisierung der genannten Ziele bestimmte Teilbereiche hervor. Im folgenden sollen die wichtigsten Führungsprinzipien unter Beachtung der mit ihnen vorrangig verfolgten **Teilziele** erläutert werden.

b) Prinzipien zur Lösung des Delegationsproblems

Im System der „**Führung nach dem Ausnahmeprinzip**" (Management by Exception) beschränkt die Betriebsführung ihre Entscheidungen auf außergewöhnliche Fälle, d.h. sie greift in den den einzelnen Führungskräften übertragenen Aufgabenbereich nur ein, wenn Abweichungen von

---

[55] Tietz, B., a.a.O., S. 793
[56] Vgl. Korndörfer, W., Unternehmensführungslehre, a.a.O., S. 203
[57] Vgl. Liertz, R., Management-Techniken, in: Management-Enzyklopädie, Bd. 6, 2. Aufl., Landsberg am Lech 1984, S. 420f.

B. Die betrieblichen Produktionsfaktoren   131

den angestrebten Zielen eintreten und in besonderen Situationen wichtige Entscheidungen getroffen werden müssen.

Dieses Konzept stellt die **Entscheidungsfunktion** der Unternehmensführung in den Mittelpunkt. Es setzt voraus, daß alle Routineentscheidungen an Mitarbeiter delegiert werden. Dabei sind die Weisungs- und Entscheidungskompetenzen der Entscheidungsträger klar abzugrenzen und Regeln für den Informationsfluß bei Ausnahmesituationen aufzustellen. Der Mitarbeiter muß für seinen Aufgabenbereich Vorgabewerte erhalten, deren Einhaltung durch ein entsprechendes Kontrollsystem überwacht werden kann. Dabei muß festgelegt werden, welche Abweichungen vom geplanten Ergebnis noch zulässig sind, bevor der Vorgesetzte eingreifen muß, um entweder durch außergewöhnliche Maßnahmen die Übereinstimmung zwischen dem vorgegebenen Ziel und der tatsächlichen Leistung herzustellen oder infolge veränderter Bedingungen das Ziel zu revidieren.

An dieser Führungskonzeption ist **positiv** zu beurteilen, daß die Unternehmensführung von Routinetätigkeiten entlastet wird und sich auf neue Führungsaufgaben konzentrieren kann, die durch die Notwendigkeit der Anpassung der betrieblichen Planung und Realisation an veränderte wirtschaftliche Daten entstehen. Die Delegation von Entscheidungsbefugnissen und Verantwortung kann sich fördernd auf den Leistungswillen der Mitarbeiter auswirken. Allerdings können in dieser Hinsicht auch **negative** Wirkungen eintreten, wenn in Ausnahmefällen, in denen sich der sonst an Routinearbeiten gebundene Mitarbeiter durch eine kreative Handlung bewähren könnte, der Vorgesetzte eingreift. Das Bewußtsein, daß dann, wenn ein Leistungsprozeß nicht planmäßig abläuft, die Betriebsführung durch ihre Entscheidung die Verantwortung wieder an sich zieht, kann sich negativ auf die Eigeninitiative und das Verantwortungsbewußtsein der Mitarbeiter auswirken. Die Gefahren dieses Führungssystems liegen ferner in der Möglichkeit, daß unangenehme Informationen unterdrückt werden, weil man ein Eingreifen der übergeordneten Instanz vermeiden möchte.

„Das Prinzip ‚**Management by Decision Rules**' besagt, daß mit der Delegation von Entscheidungsaufgaben zugleich genaue Regeln vorzugeben sind, nach denen delegierte Entscheidungen zu fällen sind."[58] Dieses Prinzip der „**Führung anhand von Entscheidungsregeln**" geht davon aus, daß das Koordinationsproblem bei Entscheidungsprozessen, an denen mehrere Personen beteiligt sind, allein durch Entscheidungsregeln bewältigt werden kann, die aus dem Gesamtzielsystem des Unternehmens abgeleitet werden können.[59] „Da exakte Entscheidungsregeln nur dann vorgegeben werden können, wenn alle potentiellen Entscheidungssituationen vorhersehbar sind, ist der Anwendungsbereich für dieses Prinzip auf Routineentscheidungen beschränkt."[60]

---

[58] Fuchs-Wegner, G., Management by ... Eine kritische Betrachtung moderner Managementprinzipien und -konzeptionen, BFuP 1973, S. 681
[59] Vgl. Fuchs-Wegner, G., Management-Prinzipien und -Techniken, in: HdB, Band I/2, Sp. 2571 ff.
[60] Fuchs-Wegner, G., a. a. O., Sp. 2573

Das Prinzip „**Führung durch Aufgabendelegation**" (**Management by Delegation**) besagt, daß klar abgegrenzte Aufgabenbereiche mit entsprechender Verantwortung und Kompetenz auf nachgeordnete Mitarbeiter übertragen werden, damit einerseits die übergeordneten Führungsstellen von Routinearbeiten entlastet werden und andererseits schnelle Entscheidungen getroffen werden können.

Dieses Führungsprinzip hat eine besondere Ausprägung in dem von R. Höhn[61] und der Harzburger Akademie für Führungskräfte der Wirtschaft entwickelten und vertretenen „**Harzburger Modell**" gefunden, das unter der Bezeichnung „**Führung im Mitarbeiterverhältnis**" bekannt geworden ist.

Das Harzburger Modell wird durch folgende Elemente charakterisiert:

- Entscheidungen werden nicht von einer einzelnen oder wenigen Führungskräften an der Spitze getroffen, sondern jeweils von Mitarbeitern auf den Ebenen, zu denen sie gehören.

- Es werden generell keine Einzelaufträge mehr erteilt, sondern den Mitarbeitern werden feste Aufgabengebiete mit den dazugehörigen Kompetenzen und Verantwortungen zugewiesen.

- Der Vorgesetzte delegiert zugleich mit dem Aufgabenbereich einen Teil seiner Verantwortung an den untergeordneten Mitarbeiter. Die „Führungsverantwortung" bleibt uneingeschränkt bei ihm.

- Mit Hilfe von Stellenbeschreibungen werden die Aufgabengebiete, Unter- bzw. Überstellungsverhältnisse, Regelungen bezüglich Stellvertretung, Kommunikationsbeziehungen usw. abgegrenzt.

- In einer „Allgemeinen Führungsanweisung" werden die Grundsätze der „Führung im Mitarbeiterverhältnis" für alle verbindlich festgelegt.

Das Delegationsproblem ist auch Gegenstand eines „**Managements by Systems**", d.h. einer Führung durch Systemsteuerung. Dieses Konzept basiert auf der betriebswirtschaftlichen Systemtheorie und versucht, bei weitestgehender Delegation von Aufgaben eine möglichst umfangreiche Selbstregulierung der Subsysteme mit Hilfe eines computergestützten Informations- und Steuerungssystems zu erreichen.

c) Ziel- und ergebnisorientierte Prinzipien

Beim Führungsprinzip „**Führen durch Zielvereinbarung**" (**Management by Objectives**) erarbeiten die Betriebsleitung und die Mitarbeiter auf den nachgeordneten Führungsebenen gemeinsam bestimmte Ziele, die die jeweilige Führungskraft in ihrem Arbeitsbereich realisieren soll. Der Aufgabenbereich jedes einzelnen Mitarbeiters und seine Verantwortung werden also **nach dem Ergebnis festgelegt,** das von ihm erwartet wird. Der Mitarbeiter kann im Rahmen des mit dem Vorgesetzten gemeinsam abgegrenzten Aufgabenbereichs selbst entscheiden, auf welchem Wege er die vorgegebenen Ziele erreichen will. Nicht diese Entscheidung, sondern das Ergebnis wird kontrolliert. Der **Grad der Zielerfüllung** dient als Grundlage der Leistungsbewertung einer Führungskraft und der Festlegung seiner Bezüge (Gehalt,

---

[61] Vgl. Höhn, R., Führungsbrevier der Wirtschaft, 7. Aufl., Bad Harzburg 1970

Tantieme, Gewinnbeteiligung). Er liefert der Betriebsführung zugleich Anhaltspunkte für die Beförderung und weitere Ausbildung von Führungskräften und für die Personalplanung Hinweise zur Besetzung von Führungsstellen. Voraussetzung für ein solches Führungskonzept ist einerseits eine detaillierte **Planung aller Teilziele** bis zur untersten Management-Ebene und andererseits eine umfassende **Erfolgskontrolle.** Durch dieses System werden die jeweiligen Führungskräfte von der Spitze bis zur unteren Ebene entlastet, da sie nicht zu entscheiden haben, wie in den einzelnen Bereichen gearbeitet wird, sondern nur an der Festlegung beteiligt sind, was erreicht werden soll. Die Verantwortungsbereitschaft und die Eigeninitiative der Mitarbeiter werden gefördert, wenn die gemeinsam gesetzten Ziele erreichbar sind. Sind sie zu hoch gesteckt, so werden die Mitarbeiter entweder unter starken Leistungsdruck gesetzt oder durch Mißerfolge unsicher.

Da dieser Führungsstil alle Führungsebenen des Unternehmens in die Gestaltung der Unternehmenspolitik einbezieht und die einzelnen Führungskräfte bei der Festlegung von Aufgaben, deren Erfüllung von ihnen verlangt wird und für die sie verantwortlich gemacht werden, beteiligt, kann er die **partnerschaftliche Zusammenarbeit fördern.** „Management by Objectives sieht das Unternehmen als ein pluralistisches, soziales Gefüge an, das eine Ausrichtung der Organisationsmitglieder auf gemeinsame Ziele ermöglicht. Diese Ausrichtung kann prinzipiell dann als optimal bezeichnet werden, wenn die persönlichen Ziele der Führungskräfte, wie beispielsweise Aufstieg im Unternehmen oder Einkommensverbesserung, mit den Unternehmenszielen in Einklang stehen."[62]

Das Prinzip **„Führung durch Ergebnisorientierung" (Management by Results)** basiert auf dem Prinzip der Vorgabe von Zielen. Der Vorgesetzte soll hierbei sowohl die von den Mitarbeitern zu erreichenden Ergebnisse (Leistungs-Soll) festsetzen als auch die erreichten Ergebnisse (Ist-Leistung) damit vergleichen, somit also auch eine Leistungskontrolle vornehmen.[63]

Bei diesem Prinzip wird einerseits unterstellt, daß eine effiziente Führung nur bei einer ständigen Ergebniskontrolle der Mitarbeiter möglich ist, andererseits wird angenommen, daß die Höhe der Anforderungen an die Mitarbeiter mit der Qualität ihrer Leistungen positiv korreliert. Dieses Prinzip ist stärker autoritär ausgerichtet als das „Management by objectives", da es mehr an den Ergebniszielen der Unternehmensführung orientiert ist und den Mitarbeitern weniger Mitbestimmungsbefugnisse über die zu erreichenden Ziele gewährt.

7. Die Planung und Entscheidung

a) Begriff, Aufgaben und Struktur der Planung

Damit die Betriebsführung ihre Zielsetzung, mit Hilfe des Betriebsprozesses eine Gewinnmaximierung auf lange Sicht zu erreichen, realisieren kann,

---

[62] Fiertz, A. L., Management by Objectives, Management Enzyklopädie, Bd. 4, München 1971, S. 257
[63] Vgl. Fuchs-Wegner, G., Management-Prinzipien und -Techniken, a. a. O., Sp. 2574

bedarf es einer Planung, wie sich der Betriebsprozeß vollziehen soll. Die Betriebsführung steht dabei vor dem schwerwiegenden Problem, daß die Realisierung ihrer allgemeinen und besonderen Zielsetzungen in der Regel auf verschiedenen Wegen versucht werden kann. Sie muß also Entscheidungen treffen, ihren Plan fixieren und damit für alle Abteilungen des Betriebes für eine bestimmte Planungsperiode ganz konkrete Ziele vorgeben, die zu realisieren sind. Die Tätigkeit des dispositiven Faktors vollzieht sich also – wie oben bereits erwähnt – in folgenden Etappen: Ziele setzen – planen – entscheiden – durchführen – kontrollieren.

Planung ist die **gedankliche Vorwegnahme zukünftigen Handelns** durch Abwägen verschiedener Handlungsalternativen und Entscheidung für den günstigsten Weg. Planung bedeutet also das **Treffen von Entscheidungen, die in die Zukunft gerichtet sind** und durch die der betriebliche Prozeßablauf als Ganzes und in allen seinen Teilen festgelegt wird. Da Entscheidungen nicht nur auf Grund systematischer gedanklicher Vorbereitung, sondern auch aus einer Augenblickssituation heraus, gewissermaßen intuitiv, erfolgen können – ein großer Teil der in der betrieblichen Praxis getroffenen Entscheidungen ist von dieser Art – können die Begriffe Planung und Entscheidung nicht gleichgesetzt werden. „Planen ist solches Entscheiden, das nicht auf Improvisation beruht."[64]

Ebenso wie Planungen sind auch **Prognosen** in die Zukunft gerichtet. Während aber die Planung festlegt, welche Entscheidungen getroffen werden müssen, damit zukünftige Ereignisse eintreten, sagt die Prognose voraus, daß bestimmte Ereignisse wahrscheinlich eintreten werden. Die Prognose ist somit zwar „ein bedeutender und unerläßlicher Bestandteil systematischer Entscheidungsprozesse",[65] im Gegensatz zur Planung aber nicht durch aktives Handeln gekennzeichnet. Sie ist eine Methode der Planung.

Der Planungsprozeß läuft in mehreren Stufen ab. Die erste Stufe ist die **Sammlung von Informationen**. Aufgabe des dispositiven Faktors in diesem Stadium ist es, alle die Daten zu gewinnen, die in irgendeiner Beziehung zum Objekt der Planung stehen. Um Entscheidungen treffen zu können, braucht die Betriebsführung möglichst umfassende Informationen über die Lage am Absatz- und Beschaffungsmarkt, über Finanzierungsmöglichkeiten, über die zur Wahl stehenden technischen Verfahren, über die Leistungsfähigkeit und das Verhalten der Konkurrenz, über die allgemeine Wirtschaftslage usw. Da jedoch jede Planung in die Zukunft gerichtet ist, müssen auch die **Erwartungen geschätzt** und in Rechnung gestellt werden. Je unvollkommener die Informationen sind, die der Betriebsführung zur Verfügung stehen, desto größer sind die Unsicherheiten und die Risiken, die in den Erwartungen stecken.

Auf Basis dieser Prognosen werden als zweite Stufe der Planung verschiedene **Alternativpläne** ausgearbeitet, von denen jeder eine Möglichkeit darstellt, das Ziel zu erreichen. In der dritten Stufe muß eine **Entscheidung**

---

[64] Diederich, H., Allgemeine Betriebswirtschaftslehre, 7. Aufl., Stuttgart/Berlin/Köln 1993, S. 67
[65] Diederich, H., a. a. O., S. 67

B. Die betrieblichen Produktionsfaktoren 135

gefällt werden, die einen der Alternativpläne für verbindlich erklärt. Durch diese Entscheidung wird ein Soll vorgezeichnet, dessen Einhaltung im Rahmen des Vollzugs durch einen Soll-Ist-Vergleich kontrolliert werden kann. Die Kontrolle ist unbedingt nötig, um sicherzustellen, daß das Ziel der Planung überhaupt erreicht wird. Somit gehört also zu jedem Plan ein Kontrollplan.

In Zusammenhang mit der Erweiterung der operativen, bereichsspezifischen Teilplanung um die gesamtunternehmensbezogene Planung wird der Begriff der Planung differenzierter verwendet. Dabei kann entsprechend den Zielsetzungen der strategischen Unternehmensführung[66] diese Differenzierung des Planungssystems durch die Aufgliederung in vier Teilkomplexe erfolgen:

(1) **Unternehmensleitbildplanung**

Gegenstand der Unternehmensleitbildplanung ist die Formulierung von Aussagen über die allgemeinen Unternehmensgrundsätze, d. h. von quantitativen und vor allem qualitativen Grundaussagen der Führungsspitze über die unternehmenspolitischen Ziel- und Grundsatzentscheidungen, so z. B. über das Verhältnis des Unternehmens zu seinem Tätigkeitsfeld, zu Mitarbeitern, Anteilseignern, Umwelt, Ressourcen, technischem Fortschritt u. ä. Dabei muß stets darauf geachtet werden, daß das Unternehmensleitbild so präzise formuliert wird, daß es in der konkreten Unternehmenspolitik berücksichtigt und umgesetzt werden kann.

(2) **Strategische Planung**

Die strategische Planung befaßt sich primär mit der langfristigen Planung von Strategien für bestimmte Produkt-Markt-Kombinationen (Geschäftsfelder) und damit verbunden auch mit Plänen, die sich mit der Schaffung und Erhaltung von Erfolgspotentialen beschäftigen und die letztlich die langfristige Produktionsprogrammplanung bestimmen. Folglich hat die strategische Planung auch die Analyse der vorhandenen Erfolgspotentiale (Stärken und Schwächen) des Unternehmens zum Gegenstand und erstellt darauf aufbauend Prognosen über die Attraktivität bestimmter Teilmärkte. Auf dieser Planungsebene sind auch die Synergie- und Substitutionseffekte, die sich durch die Aufgabe oder Förderung bestimmter Produkt-Markt-Kombinationen ergeben, zu beachten.

(3) **Operative Planung**

Die Aufgabe der operativen Planung besteht darin, ausgehend von den Ergebnissen der – grundsätzlich langfristigen – strategischen Planung, Pläne für kurz- und mittelfristige Produktionsprogramme zu entwickeln und daraus für die einzelnen Funktionsbereiche Maßnahmenkataloge zur Umsetzung der Pläne zu erarbeiten. Dabei ist das Problem der Abstimmung der Teilpläne der verschiedenen Funktionsbereiche zu beachten.

---

[66] Vgl. S. 124 f.

(4) Erfolgs- und Liquiditätsplanung

Alle bisher dargestellten Teilkomplexe des Planungssystems müssen mit der Erfolgs- und Liquiditätsplanung abgestimmt werden. Gesamtunternehmensbezogene Planerfolgsrechnungen, Planbilanzen und Finanzpläne zählen zu den typischen Instrumenten dieses Teilkomplexes.

In vielen Darstellungen werden die Teilkomplexe (1) und (2) unter dem Begriff der strategischen Planung und die Teilkomplexe (3) und (4) unter dem Begriff der operativen Planung zusammengefaßt.[67] Da aber beispielsweise die Festlegung einer bestimmten Dividendenpolitik im Rahmen der Unternehmensleitbildplanung auch mit der Erfolgs- und Liquiditätsplanung abgestimmt werden muß und da sie sich deutlich von der Ebene der strategischen Planung abhebt, erscheint es zweckmäßiger, eine Unterteilung des Planungssystems in vier anstelle von zwei Teilkomplexen vorzunehmen.

Unternehmensleitbildplanung	Erfolgs- und Liquiditätsplanung
Strategische Planung	
Operative Planung	

Abb. 15: Teilkomplexe im Planungssystem

Je nachdem von welcher Unternehmensebene die Pläne der vor- oder nachgelagerten Planungsebene abgeleitet werden, wird in retrograde, progressive oder Gegenstromplanung unterschieden. Bei der **retrograden (top-down-) Planung** (vgl. Abb. 16) erfolgt die Ableitung der Pläne von oben nach unten. Der von der Unternehmensführung fixierte globale Rahmenplan wird von den nachgelagerten Planungsstufen in Teilpläne zerlegt und weiter präzisiert und dient der nächsten Planungsebene wiederum als Rahmenplan. Diese Planungsrichtung hat den **Vorteil**, daß die Zielsetzungen aller Teilpläne in hohem Maß der Zielsetzung des Gesamtunternehmens entsprechen. Allerdings besteht die Gefahr, daß die vorgelagerte Planungsebene der nachgelagerten Planungsebene Plandaten vorgibt, die diese unter Umständen nicht erfüllen kann (vertikale Interdependenz der Pläne). Um dies zu vermeiden, muß die übergeordnete Planungsebene für einen reibungslosen Informationsfluß sorgen; das ist allerdings oft mit hohem Aufwand verbunden. Da es sich bei dieser Methode jedoch kaum vermeiden läßt, daß bei der unteren Planungsebene der Eindruck entsteht, „verplant" zu werden, bleiben Zweifel, ob die untere Planungsebene auf Anfragen hin offen und ehrlich informiert, so daß die Planungsqualität beeinträchtigt werden kann.[68]

---

[67] Vgl. Hahn, D., Arbeitskreis „Langfristige Unternehmensplanung" der Schmalenbach-Gesellschaft, Strategische Planung, in: Strategische Unternehmensplanung, hrsg. von D. Hahn, B. Taylor, Würzburg/Wien 1980, S. 18
[68] Vgl. Wild. J., Grundlagen der Unternehmensplanung, 4. Aufl., Opladen 1982, S. 191 ff.

B. Die betrieblichen Produktionsfaktoren 137

Den umgekehrten Weg beschreitet die **progressive (bottom-up-) Planung** (vgl. Abb. 17). Sie beginnt auf der untersten Planungsebene mit der Planung. Die Teilpläne werden an die jeweils übergeordnete Stufe weitergeleitet, die die Pläne koordiniert, zusammenfaßt und wiederum weitergibt, bis die oberste Planungsebene erreicht ist. Dieses Konzept hat den **Vorteil,** daß die Planung unmittelbar von den Betroffenen ausgeht, die sofortigen Zugang zu den benötigten Informationen haben. Die Beteiligten können sich mit dem selbsterarbeiteten Planinhalt identifizieren; dadurch wird ihre Motivation gestärkt.[69] Das wesentlichste Problem dieser Planungsmethode besteht darin, daß sich die Teilpläne, die der übergeordneten Planungsebene eingereicht werden, inhaltlich widersprechen können bzw. nicht gleichzeitig realisieren lassen.

Die Nachteile der beiden dargestellten Planungskonzepte können weitgehend durch Einsatz des **Gegenstromverfahrens** (top-down/bottom-up-Planung) ausgeschaltet werden (vgl. Abb. 18). Beim Gegenstromverfahren stellt die Unternehmensführung zunächst einen vorläufigen Rahmenplan auf, von dem die vorläufigen Teilpläne abgeleitet werden **(retrograder Verlauf).** Von der untersten Planungsebene bis hinauf zur Unternehmensführung erfolgt dann eine Überprüfung der Planvorgaben auf ihre Realisierbarkeit **(progressiver Verlauf).** Werden dabei Abweichungen vom Rahmenplan notwendig, so müssen die Koordinationsprobleme durch Unterzyklen gelöst werden.[70]

Nachteilig kann sich jedoch auswirken, daß dieses Planungskonzept relativ zeitintensiv ist.

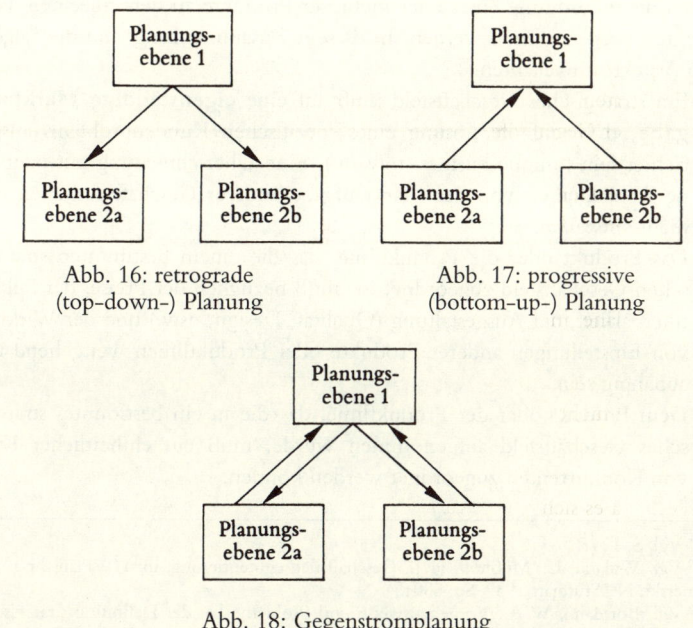

Abb. 16: retrograde (top-down-) Planung

Abb. 17: progressive (bottom-up-) Planung

Abb. 18: Gegenstromplanung

---

[69] Vgl. Lorange, P., Corporate Planing, Englewood Cliffs 1980, S. 188
[70] Vgl. Töpfer, A., Planungs- und Kontrollsysteme industrieller Unternehmungen, Berlin 1976, S. 114

b) Die strategische Planung

aa) Strategische Geschäftsfelder

Die Suche nach den unternehmensspezifischen Erfolgspotentialen, die sich aus der zukunftsorientierten Denkweise der strategischen Unternehmensführung[71] ergibt, verlangt auch eine veränderte Unternehmenssegmentierung. Die historisch gewachsene Unternehmensstruktur, die aus der Entwicklung von einem ursprünglich überschaubaren und auf wenige Produkte konzentrierten Unternehmen zu einem Unternehmen mit einer Vielzahl von verschiedenen Produkten bzw. Dienstleistungen entstanden ist, eignet sich häufig nicht zur unmittelbaren Anwendung der Instrumente der strategischen Planung.

Obwohl die strategische Planung eindeutig auf die Gesamtunternehmung ausgerichtet ist, kann sie aus Gründen der Komplexitätsreduzierung nicht darauf verzichten, ein Gesamtunternehmen in weniger komplexe Teilbereiche zu zerlegen. Diese speziell auf die Erfordernisse der strategischen Planung ausgerichteten Segmente werden **strategische Geschäftsfelder** oder Geschäftseinheiten genannt.[72] Sie beruhen auf einer oder mehreren Produkt-Markt-Kombination/en.[73] Die Definition strategischer Geschäftsfelder setzt zunächst voraus, daß eine **exakte Abgrenzung möglicher Teilmärkte** erfolgt, für die die Marktforschung entsprechende Daten liefern kann.[74] Erst im Anschluß daran kann der Aufbau von strategischen Geschäftsfeldern durch die Zuordnung eines oder mehrerer Produkte zu den einzelnen Teilmärkten vorgenommen werden. In diesem Zusammenhang sind die folgenden Aspekte zu beachten:[75]

(1) Ein strategisches Geschäftsfeld muß auf eine **eigenständige Marktaufgabe**, d. h. auf die Lösung eines spezifischen Kundenproblems ausgerichtet sein (unique business mission). Eine Überschneidung mit oder eine Abhängigkeit von der Marktaufgabe anderer Geschäftseinheiten darf nicht entstehen.

(2) Das Produkt oder die Produktlinie, das/die einem bestimmten strategischen Geschäftsfeld zugeordnet ist, muß bezüglich der Preise, der Substituierbarkeit, der Ausgestaltung (Qualität, Design, usw.) und der Wirkung von Einstellungen anderer Produkte oder Produktlinien weitgehend unabhängig sein.

(3) Dem Produkt oder der Produktlinie, das/die in ein bestimmtes strategisches Geschäftsfeld aufgenommen wurde, muß ein einheitlicher Kreis von Konkurrenten zugeordnet werden können.

---

[71] Vgl. S. 124 f.
[72] Vgl. Winand, U./Mußhoff, H. J., Geschäftsfeldsegmentierung, in: HWPlan, hrsg. von Szyperski, N., Stuttgart 1989, Sp. 580 ff.
[73] Vgl. Bormann, W. A., Vorgehensweise und Probleme bei der Definition strategischer Geschäftsfelder, in: Praxis der strategischen Unternehmensplanung, a. a. O., S. 207
[74] Vgl. S. 491 ff.
[75] Vgl. Neubauer, F.-F., Strategische Unternehmensführung, in: Management Enzyklopädie, Bd. 8, 2. Aufl., Landsberg am Lech 1984, S. 842 sowie Hinterhuber, H. H., Strategische Unternehmensführung, Bd. II, 5. Aufl., Berlin/New York 1992, S. 121 f.

Nur wenn diese Kriterien erfüllt sind, kann festgestellt werden, ob ein Geschäftsfeld ein positives Erfolgspotential besitzt und welche daran anknüpfenden Strategien formuliert werden müssen. Oft wird in diesem Zusammenhang auch gefordert, daß für ein strategisches Geschäftsfeld ein **relativer Wettbewerbsvorteil** erreichbar sein muß. Da die Wettbewerbssituation aber erst durch die Analyse der Erfolgspotentiale der notwendigerweise vorab definierten strategischen Geschäftsfelder beurteilt werden kann, erscheint eine Einbeziehung in den auf die Bildung von strategischen Geschäftsfeldern ausgerichteten Kriterienkatalog wenig sinnvoll.

bb) Instrumente zur Beurteilung von strategischen Geschäftsfeldern und zur Auswahl von Strategien

(1) Erfahrungskurven-Analyse

Als Erfahrungskurve wird der aus einer empirischen Untersuchung der Boston-Consulting-Group aus dem Jahre 1966 abgeleitete funktionale Zusammenhang zwischen der **kumulierten Produktmenge und den Stückkosten** bezeichnet. Die Kernaussage lautet, daß jeweils bei einer Verdoppelung der im Zeitablauf kumulierten Produktmenge mit einem Rückgang der Kosten (bezogen auf konstante Geldwerte) um 20–30% zu rechnen ist.[76] Als verantwortlich für diesen Effekt werden mehrere, kaum trennbare Einflußfaktoren genannt. Dazu zählen zunächst **Lernprozesse** im Produktionsbereich, die zu einer Verringerung der Fertigungszeiten und zu einer Reduzierung der Ausschußquote führen können. Dieser Effekt wird durch die für die Massenproduktion typische **Kostendegression** bei Kapazitätserweiterungen unterstützt. Langfristig können auch der technische Fortschritt und Rationalisierungsmaßnahmen zur Senkung der Stückkosten beitragen.

Die Kostenerfahrungskurve wird durch die **Preiserfahrungskurve** ergänzt. Diese liegt in der Einführungsphase regelmäßig unter den Stückkosten, da die Einführungs- und Entwicklungskosten des Produktes häufig nicht in einen realisierbaren Marktpreis einbezogen werden können. Bei stabilen Wettbewerbsbedingungen folgen die Preise, sobald sie einen bestimmten Abstand von den Stückkosten erreicht haben, deren langfristigem Verlauf. Drängen in der Wachstumsphase keine oder nur unbedeutende Wettbewerber auf den Markt, so bleibt das relativ hohe Preisniveau, nicht zuletzt zur Deckung der Anlaufverluste, erhalten und paßt sich den verringerten Stückkosten nicht an. Dadurch entsteht ein „Preisschirm", unter dem selbst Anbieter mit höheren Stückkosten in den Markt eindringen können. Der dadurch zunehmende Wettbewerb führt schließlich zu einem rapiden Preisverfall, der erst endet, wenn der Marktpreis auf die Preislinie trifft und den Preis erreicht, den er angenommen hätte, wenn von Anfang an eine stabile Wettbewerbssituation bestanden hätte.[77]

---

[76] Vgl. Henderson, B.D., Die Erfahrungskurve in der Unternehmensstrategie, 2. Aufl., Frankfurt/New York 1986, S. 19

[77] Vgl. Henderson, B.D., a.a.O., S. 28 ff.

Kritik wird an dem Konzept der Erfahrungskurve insbesondere wegen des monokausalen Zusammenhangs geübt, der zwischen der kumulierten Produktmenge und der Preisentwicklung hergestellt wird. Begründet wird diese Kritik damit, daß auch durch völlig andere Hypothesen (z.B. Anzahl der Konkurrenten) die Preisentwicklung überzeugend erklärt werden kann.[78] Darüber hinaus dürften reale Preise für einzelne Produkte nur relativ schwer zu ermitteln sein.

(2) **Produktlebenszyklus**

Die ausführliche Darstellung und Erläuterung des Konzeptes des Produktlebenszyklus erfolgt im Abschnitt über den Absatz;[79] deshalb wird in diesem Zusammenhang nur kurz auf die Bedeutung dieses Instrumentes für die strategische Planung eingegangen. Idealtypisch gliedert sich der Produktlebenszyklus in die Einführungs-, Wachstums-, Reife- und Sättigungsphase eines Produkts, in denen sich jeweils unterschiedliche Konsequenzen für die absetzbare Menge ergeben. Gelingt es für ein Produkt, seine derzeitige Lage im Produktlebenszyklus zu fixieren, so können die Wachstumschancen für die absetzbare Menge geschätzt werden; folglich kann eine entsprechende Ausrichtung der langfristigen Produktionsprogrammplanung erfolgen. Ziel der strategischen Planung muß es in diesem Zusammenhang sein, eine möglichst gleichmäßige Verteilung der Produkte auf alle Phasen zu erreichen.

Ein wesentlicher Nachteil dieses Instrumentes besteht darin, daß empirisch ermittelte Produktlebenszyklen oft erheblich von dem idealtypischen Verlauf abweichen[80] und daß es vor allem bei Produkten mit einem sehr langen Produktlebenszyklus häufig nicht gelingt, kurzfristige Schwankungen von einem langfristigen Abwärtstrend zu unterscheiden.[81]

(3) **Portfolioanalysen**

„Ziel der strategischen Portfolio-Analyse ist es, die zu erwartenden Ressourcen in solche Geschäftsfelder zu lenken, in denen die Marktaussichten günstig erscheinen und die Unternehmung relative Wettbewerbsvorteile nutzen kann."[82] Auch auf diesem Gebiet war die Boston-Consulting-Group (BCG) federführend. Aufbauend auf empirischen Studien, aus denen sich zwei typische Determinanten für Erfolgspotentiale herauskristallisierten, nämlich **Marktanteil** und **Marktwachstum,** entwickelte die BCG eine **Vier-Feld-Matrix,** die sich aus einer Einteilung dieser Determinanten in niedrige und hohe ergibt (vgl. Abb. 19).

---

[78] Vgl. Simon, H., Preismanagement, Wiesbaden 1982, S. 204 ff.
[79] Vgl. S. 528 ff.
[80] Vgl. Simon, H., a.a.O., S. 188 f.
[81] Vgl. Kreikebaum, H., Strategische Unternehmensplanung, 6. Aufl., Stuttgart/Berlin/Köln 1997, S. 111 f.
[82] Gabele, E., Portfolio-Planung, in: Vahlens Großes Wirtschaftslexikon, Bd. 3, 2. Aufl., München 1994, Sp. 1667

B. Die betrieblichen Produktionsfaktoren   141

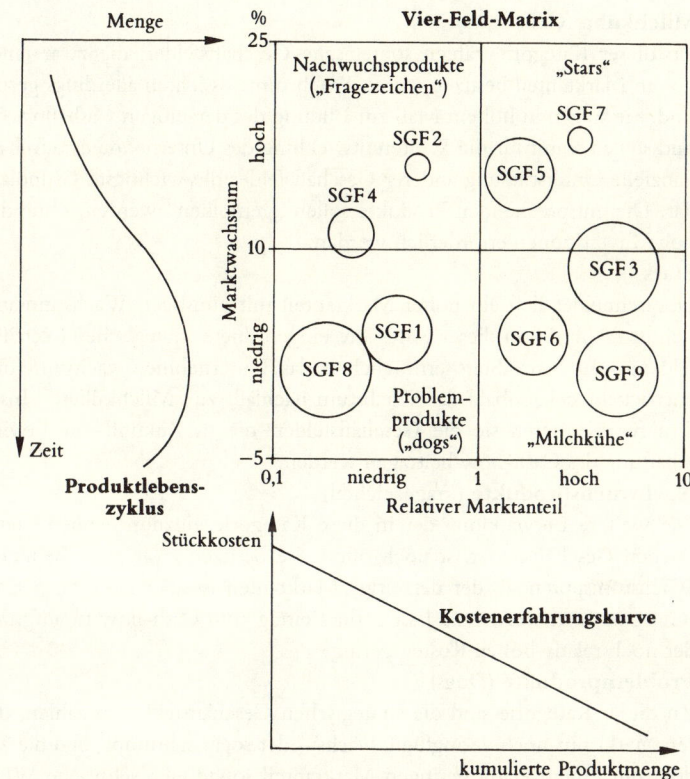

Abb. 19: Zusammenhang zwischen der Konzeption des Produktlebenszyklus, der Kostenerfahrungskurve und der Vier-Feld-Matrix

Der **relative Marktanteil** wird dabei durch die Relation des eigenen Marktanteils zu dem des größten Konkurrenten bestimmt. Die **Marktwachstumsrate** kann aus statistischen Untersuchungen abgeleitet werden. Da beide Größen quantifizierbar sind, ist es möglich, die Position, die die strategischen Geschäftsfelder in der Vier-Feld-Matrix einnehmen, durch Kreise zu fixieren: Der auf die einzelnen strategischen Geschäftsfelder entfallende Umsatzanteil wird zusätzlich durch eine Variation des Durchmessers der Kreise zum Ausdruck gebracht.

Der Portfolio-Ansatz basiert auf den Hypothesen der beiden zuvor behandelten Instrumente, denn der relative Marktanteil stellt lediglich einen Indikator für das aus der Erfahrungskurve abgeleitete Kostensenkungspotential dar, und das Marktwachstum kann als Steigungsmaß des Produktlebenszyklus gedeutet werden.[83]

Entsprechend ihrem Standort in der Vier-Feld-Matrix können die strategischen Geschäftsfelder in vier Kategorien eingeteilt werden:

---

[83] Vgl. Scholz, Chr., Strategisches Management, a. a. O., S. 190 f.

(1) **Milchkühe** (Cash cows)
Zu dieser Kategorie zählen strategische Geschäftsfelder, die zwar einen hohen Marktanteil besitzen, deren Wachstumsaussichten allerdings gering sind. Sie tragen in hohem Maß zur Bildung des derzeitigen Cash-flow bei und stellen somit für die Weiterentwicklung des Unternehmens durch finanzielle Unterstützung anderer Geschäftsfelder die wichtigste Grundlage dar. Die entsprechenden Produkte sollen „gemolken" werden, ohne daß hohe Investitionen erforderlich werden.

(2) **Stars**
Überschneidet sich ein hoher Marktanteil mit günstigen Wachstumsaussichten, zählt das in dieser Kategorie eingeordnete strategische Geschäftsfeld zu den Stars. Stars ermöglichen das Unternehmenswachstum und entwickeln sich, sobald das Wachstum nachläßt zu „Milchkühen". Insofern repräsentieren sie die Geschäftsfelder, die in Zukunft zur Erwirtschaftung des Cash-flow beitragen werden.

(3) **Nachwuchsprodukte** (Fragezeichen)
Die weitere Entwicklung der in diese Kategorie einzuordnenden strategischen Geschäftsfelder ist noch offen. Sie besitzen zwar ein erhebliches Wachstumspotential, der derzeitige Marktanteil ist aber noch zu gering, um sie zu Stars werden zu lassen. Ihr Beitrag zum Cash-flow ist aufgrund der noch relativ hohen Kosten gering.

(4) **Problemprodukte** (Dogs)
Zu dieser Kategorie sind die strategischen Geschäftsfelder zu zählen, deren Markt nur noch geringfügig wächst oder sogar schrumpft und die zudem nur einen relativ geringen Marktanteil sowie eine schwache Wettbewerbsstellung („arme Hunde") aufweisen. Obwohl sie oft noch starke Umsatzanteile besitzen, können sie wegen ihrer schlechten Kostenposition zu einer erheblichen Verschlechterung des Cash-flow führen.

Aus der Einordnung in die verschiedenen Kategorien können unmittelbar sogenannte **Normstrategien** abgeleitet werden.

Für die strategischen Geschäftsfelder, die zur Kategorie **Nachwuchsprodukte** (Fragezeichen) gerechnet werden, kann zwischen einer **Offensiv-** und einer **Defensivstrategie** gewählt werden. Sofern es unter den gegebenen Wettbewerbsbedingungen möglich erscheint, sollte sich das Unternehmen bemühen, den Marktanteil deutlich zu steigern, um eine günstigere Kostenposition zu erreichen, anderenfalls sollte das Geschäftsfeld aufgegeben werden.

Zur Beseitigung des negativen Einflusses der zur **Problemkategorie** (dogs) zählenden Geschäftsfelder auf den Cash-flow muß das Unternehmen eine mittelfristige **Desinvestitionsstrategie** verfolgen. Der für diese Geschäftsfelder typische hohe Umsatzanteil läßt einen kurzfristigen Rückzug in der Regel nicht zu.

Bei den strategischen Geschäftsfeldern, die den **Milchkühen** zugeordnet werden, muß geprüft werden, ob die finanziellen Mittel, die zur Erhaltung des hohen Marktanteils aufgewendet werden müssen **(Konsolidierungsstrategie)**, den Cash-flow-Beitrag dieser Geschäftsfelder nicht so stark mindern, daß ein Festhalten an dieser Strategie nicht mehr zu rechtfertigen ist und statt dessen die Einleitung einer **Desinvestitionsstrategie** vorteilhafter wäre. Der Cash-flow, den die strategischen Geschäftsfelder dieser Kategorie erwirtschaften – ergänzt um die liquiden Mittel, die durch die Liquidation der Geschäftsfelder der Kategorien Nachwuchs- und Problemprodukte frei werden – ist vor allem zur Finanzierung der Investitions- und Wachstumsstrategie der zur Kategorie „Stars" zählenden Geschäftsfelder einzusetzen.

Problematisch an dieser Konzeption ist die Fixierung der Grenze zwischen „niedrig" und „hoch"; das wird noch dadurch verstärkt, daß durch diese einfache Einteilung auch viele Geschäftsfelder Mittelpositionen einnehmen, d. h. auf der Grenze zwischen zwei Kategorien liegen. Für diese Geschäftsfelder fehlen aber Normstrategien. Durch den dargestellten Zusammenhang mit der Erfahrungskurve und dem Produktlebenszyklus gelten die kritischen Einwände zu diesen Instrumenten auch für die Vier-Feld-Matrix.[84] Bemängelt wird darüber hinaus insbesondere die der Konzeption zugrunde liegende Prämisse, daß die beiden Faktoren Marktwachstum und relativer Marktanteil ausreichen, um Erfolgspotentiale zu bestimmen.[85]

Zur Beseitigung der aufgezeigten Mängel, wurde eine lineare **Neun-Feld-Matrix** entwickelt, die einerseits das „Marktwachstum" durch die „**Marktattraktivität**" und andererseits den „relativen Marktanteil" durch die „**Geschäftsfeldstärke**" ersetzt. Für beide Beurteilungskriterien wird eine Differenzierung in „niedrig, mittel und hoch" durchgeführt, so daß sich neun verschiedene Kategorien ergeben (vgl. Abb. 20).

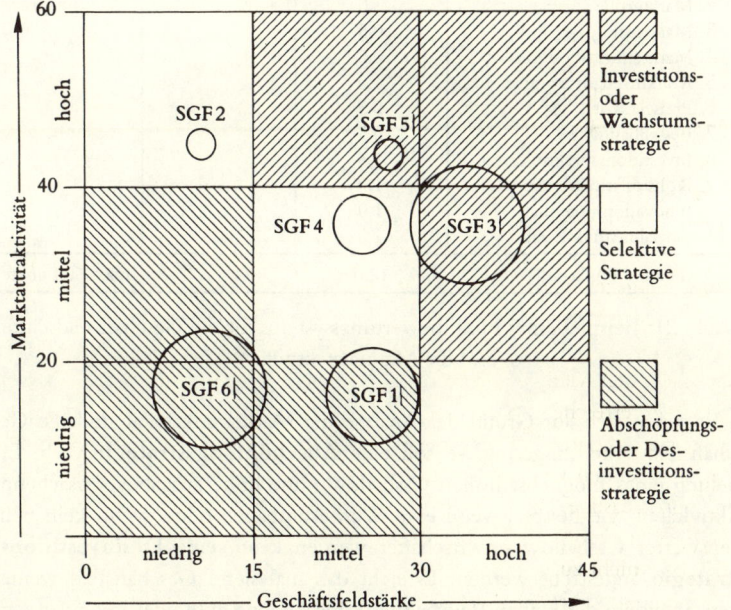

Abb. 20: Neun-Feld-Matrix

---

[84] Vgl. Scholz, Chr., a. a. O., S. 193
[85] Vgl. Neubauer, F.-F., a. a. O., S. 843

Im Gegensatz zur Vier-Feld-Matrix, deren größter Vorteil in der Quantifizierbarkeit der Beurteilungskriterien liegt, kann eine Quantifizierung der eher **qualitativ** ausgerichteten Begriffe „Marktattraktivität" und „Geschäftsfeldstärke" nur durch eine **gewichtete Punktbewertung** der Kriterien erfolgen, die sich als Indikator für die Größen Marktattraktivität bzw. Geschäftsfeldstärke eignen (vgl. Abb. 21).

Bewertungskriterien für die Geschäftsfeldstärke	Gewichtungsfaktor	Punktzahl max. 5 Punkte	Gewichtete Punktzahl
1. Relativer Marktanteil	3,5		
2. Produkt Qualität	1,5		
3. Technische Position	0,5		
4. Produktion	0,5		
5. Arbeitsorganisation	0,5		
6. Distribution	0,5		
7. Vertrieb	0,5		
8. Marketing-Mix	0,5		
9. Finanzielles Ergebnis	1,0		
Gesamte Punktzahl	9,0		(max. 45 Punkte)

Bewertungskriterien für die Marktattraktivität	Gewichtungsfaktor	Punktzahl max. 5 Punkte	Gewichtete Punktzahl
1. Marktwachstum	3,5		
2. Marktgröße	1,0		
3. Marktrisiko	0,5		
4. Markteintrittskosten	0,5		
5. Konkurrenzsituation	1,0		
6. Preiselastizität	0,5		
7. Bestellhäufigkeit	0,5		
8. Investitionsattraktivität	1,5		
9. Rohstoffattraktivität	1,0		
10. Innovationspotential	1,0		
11. Soziale Attraktivität	1,0		
Gesamte Punktzahl	12,0		(max. 60 Punkte)

Abb. 21: Beispiel eines Punktbewertungssystems für die Geschäftsfeldstärke und die Marktattraktivität[86]

Erweisen sich auf Grund der Analyse die Marktattraktivität und die Geschäftsfeldstärke als gering, so soll eine **Abschöpfungsstrategie**, d. h. Erzielung eines möglichst hohen Cash-flow ohne hohe ausgabeverursachende Aktivitäten wie beispielsweise eine Werbekampagne oder, wenn kein nennenswerter Cash-flow erwirtschaftet werden kann, eine **Desinvestitionsstrategie** angestrebt werden. Erreicht das analysierte Geschäftsfeld wenigstens in einem der beiden Beurteilungskriterien eine gute oder in beiden eine mittlere Position, so muß ähnlich der Vier-Feld-Matrix eine anhand möglicher zukünftiger Entwicklungen orientierte Entscheidung zwischen einer

---

[86] Vgl. Dunst, K. H., Portfolio-Management, 2. Aufl., Berlin/New York 1983, S. 104

B. Die betrieblichen Produktionsfaktoren   145

Offensiv- oder **Defensivstrategie** (selektive Strategie) erfolgen. Sofern die strategischen Geschäftsfelder in mindestens einem Bereich eine hohe und in dem jeweils anderen Bereich mindestens eine mittlere Bewertung erreichen, soll eine **Investitions-** und **Wachstumsstrategie** betrieben werden, um die Marktposition auszubauen.

Der Vorteil dieser Matrix, daß zur Beurteilung von strategischen Geschäftsfeldern wesentlich mehr Kriterien herangezogen werden, wird allerdings durch den hohen Anteil rein subjektiver Bewertungen – die auch zu bewußten Fehleinschätzungen reizen – wieder in Frage gestellt.

(4) **PIMS (Profit Impact of Market Strategies)-Programm**

Das PIMS-Programm wurde von der General Electric Co. entwickelt und wird heute von einem unabhängigen Unternehmen mit dem Namen „Strategic Planning Institut" betrieben. Im Mittelpunkt von PIMS steht eine Datenbank, in die rund 250 Mitgliedsunternehmen Daten zu rund 3000 strategischen Geschäftsfeldern eingeben. Auf der Basis dieses Datenpools wird dann mit Hilfe einer multiplen Regression nach Faktoren gesucht, die mit dem ROI[87] bzw. dem Cash flow[87a] positiv oder negativ korrelieren. Auf diese Weise wurden ca. 30 Unternehmens- und Marktvariablen identifiziert, die eine deutliche Korrelation zum ROI bzw. zum Cash flow aufweisen. In bezug auf den ROI wurde dabei festgestellt, daß eine **hohe Investitionsintensität** (Relation der Investitionen zum Umsatz eines Geschäftsfeldes) eindeutig **negativ** mit dem ROI korreliert, während ein **hoher Marktanteil** oder eine **hohe Qualität** der Produkte der Geschäftseinheit stark **positiv** korrelieren. Des weiteren wurde festgestellt, daß sich Marktwachstum und ROI eher indifferent zueinander verhalten, was allerdings vorrangig darauf zurückzuführen ist, daß der ROI als Relativziffer keine Aussagen über die absolute Gewinnhöhe erlaubt. Auf Basis der identifizierten Erfolgsdeterminaten gelingt es PIMS, 70% des Unterschieds zwischen den finanziellen Ergebnissen (ROI) zweier verschiedener Geschäftsfelder zu erklären.[88]

Zur praktischen Umsetzung dieser empirischen Erkenntnisse stellt PIMS vier Programme zur Verfügung, mit deren Hilfe die Unternehmen das Erfolgspotential ihrer Geschäftsfelder beurteilen und darüber hinaus die Wirkungen bestimmter Strategien testen können. Der **„Par-Report"**[89] gibt an, welchen ROI ein Geschäftsfeld aufgrund seines strategischen Profils eigentlich erreichen müßte. Weicht der tatsächlich erreichte ROI davon negativ ab, so kann daraus auf Mängel im Bereich der operativen Planung geschlossen werden.

---

[87] = Return on Investment = Rückfluß des investierten Kapitals, hier definiert als Gewinn des Geschäftsfeldes vor Steuern dividiert durch die durchschnittlich in dem Geschäftsfeld gebundenen Investitionen.
[87a] Zur Cash-flow-Analyse vgl. S. 689f.
[88] Vgl. Luchs, R. H., Müller, R., Das PIMS-Programm, in: Strategische Planung 1985, S. 83
[89] „Par" bezeichnet im Golfsport die maximale Anzahl der Schläge, mit denen der Ball das Loch erreichen muß. Hier ist es im übertragenen Sinne zu verstehen.

146   Zweiter Abschnitt. Der Aufbau des Betriebes

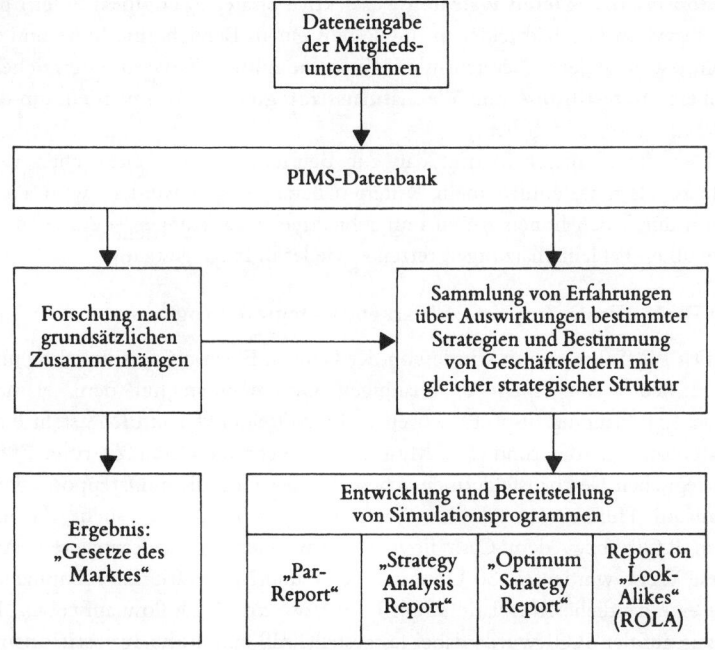

Abb. 22: PIMS-Modell

Der **„Strategy Analysis Report"** simuliert die Auswirkungen, die sich durch die Anwendung alternativer Strategien bei einzelnen Geschäftsfeldern ergeben können. Dabei greift die Datenbank auf gespeicherte Entwicklungen zurück, die sich bei der Verfolgung ähnlicher Strategien unter ähnlichen Bedingungen bei anderen Unternehmen ergeben haben.

Die Wirkung eines Strategiebündels auf das gesamte Unternehmen wird durch den **„Optimum Strategy Report"** simuliert. Grundlagen dieser Simulation sind ebenfalls die Erfahrungen aus der Analyse der Wirkungen, die von bestimmten Strategien für Geschäftsfelder mit ähnlichen Ausgangspositionen ausgingen.

Das vierte Programm, das angeboten wird, trägt die Bezeichnung **Report on „Look-Alikes"** (ROLA) und dient zur Auffindung von operativen Einzelmaßnahmen wie z.B. einer Qualitätsverbesserung, die sich möglichst günstig auf eine Zielsetzung, die für ein bestimmtes Geschäftsfeld festgelegt wurde, z.B. Steigerung des Cash-flow, auswirkt. Hierfür werden alle Geschäftsfelder mit ähnlicher Struktur aus der Datenbank herausgefiltert, bei denen andere Unternehmen schon versucht haben, dieses Ziel zu erreichen (look-alikes). Diese „look-alikes" werden in zwei Gruppen getrennt, nämlich in die, die das Ziel erreicht haben und in die, die es nicht erreicht haben. Auf der Basis von über 200 Daten aus dem operativen Bereich wird dann danach gesucht, worin sich die Gewinner von den Verlierern unterscheiden.[90]

---

[90] Vgl. Luchs, R. H., Müller, R., a. a. O., S. 95 ff.

B. Die betrieblichen Produktionsfaktoren 147

c) Der Zusammenhang zwischen strategischer und operativer Planung

Mit der Festlegung bestimmter Strategien ist die Notwendigkeit verbunden, auf taktisch-operativer Ebene die Maßnahmen zu planen, die die Umsetzung der Strategien in die Realität ermöglichen. Nach dem Objekt der Planung kann man die Betriebsaufbauplanung, die Programmplanung und die Betriebsablaufplanung unterscheiden. Die **Betriebsaufbauplanung** legt den Gesamtaufbau des Betriebes in organisatorischer, finanzieller sowie technischer Sicht fest und wird sehr stark durch die strategische Planung beeinflußt. Die **Programmplanung** fixiert für einen bestimmten Zeitraum das Produktionsprogramm und die Produktionsmengen. Sie wird langfristig durch die strategische Planung festgelegt, mittel- und kurzfristig hingegen durch die operative Planung. Die **Betriebsablaufplanung** baut auf der Programmplanung auf und hat die Aufgabe, die Produktionsfaktoren richtig aufeinander abzustimmen und einzusetzen. Sie kann nach den Phasen des Betriebsprozesses in die Beschaffungsplanung, Materialplanung, Produktionsplanung, Lagerplanung und Absatzplanung untergliedert werden.

Nach anderen Gesichtspunkten lassen sich weitere Gliederungen aufstellen. Nach der Länge des Zeitraumes, den der Plan erfaßt, unterscheidet man kurzfristige und langfristige Pläne. Der Schwerpunkt der strategischen Planung liegt in dieser Beziehung aufgrund ihrer Zukunftsbezogenheit auf der Entwicklung langfristiger Pläne, während die operative Planung sich auf einen kürzeren Zeitraum bezieht. Den Zeitraum, für den eine Planung gilt, bezeichnet man als **Planungshorizont**. Nach dem Umfang der Planung differenziert man in Gesamtpläne und Teilpläne. **Teilpläne** erfassen nur einen Teil des betrieblichen Geschehens, indem sie entweder sich als konkrete Maßnahmenplanung der operativen Planung auf einen bestimmten Ausschnitt beschränken oder als Strategieplan für ein bestimmtes strategisches Geschäftsfeld nur in großen Zügen den Betriebsablauf festlegen.

Das System der Teilpläne steht in einem bestimmten Zusammenhang zueinander. Im allgemeinen ist der strategische Plan, der in der Regel ein Rahmenplan (**Globalplan**) ist, weil mit zunehmendem Planungshorizont die Erwartungen immer unsicherer werden, bestimmend für die Ausrichtung der operativen Pläne (**Detailpläne**). Sie müssen ihm angepaßt werden. Der strategische Rahmenplan enthält meist einen an den Strategien für die einzelnen Geschäftsfelder orientierten Kapazitätsplan und den dazu notwendigen Investitionsplan. Der in einer Periode gültige Gesamtplan setzt sich aus den operativen Teilplänen zusammen, die mit dem strategischen Rahmenplan untereinander abgestimmt sein müssen.

Während die strategische Planung in der Lage ist, einen eventuell in einem betrieblichen Teilbereich bestehenden Engpaß zu beseitigen, müssen sich die operativen Pläne diesem Engpaßfaktor anpassen. Diese Notwendigkeit zur Orientierung der operativen Planung am Minimumsektor des Betriebes wird als „**Ausgleichsgesetz der Planung**"[91] bezeichnet. Dieses Gesetz zwingt

---

[91] Gutenberg, E., Grundlagen, Bd. I, a. a. O., S. 163 ff.

alle Teilpläne zur Anpassung an den Plan, in dessen Bereich der Minimumsektor liegt.

Das Verhältnis von **Produktions- und Absatzplan** wird langfristig durch den aus der strategischen Planung abgeleiteten Absatzplan bestimmt. Auf operativer Ebene ist es allerdings durchaus möglich, daß sich dieses Verhältnis kurzfristig umkehrt. Daraus können auch Differenzen zwischen Produktion und Absatz entstehen, die durch Produktion auf Lager und Absatz vom Lager ausgeglichen werden. Hier tritt also eine **Lagerplanung** hinzu, die dafür sorgen muß, daß bei fehlender kurzfristiger Übereinstimmung von Produktion und Absatz doch eine mengen- und qualitätsmäßige Übereinstimmung auf lange Sicht erzielt werden kann.

Ist am Markt eine größere Menge eines Produktes absetzbar, als angeboten werden kann, d. h. kann die Nachfrage nicht befriedigt werden, so daß seitens der Nachfrager lange Lieferzeiten in Kauf genommen werden müssen, so bestimmt der Produktionsplan alle weiteren Teilpläne, es sei denn, daß dieser wiederum vom Finanzplan beschränkt wird. Die Größe des möglichen Absatzes hängt von den vorhandenen Produktionskapazitäten ab. Produziert dagegen ein Betrieb auf Grund spezieller Kundenaufträge, so liegt der Absatz gewissermaßen vor der Produktion. Hier bestimmt der Absatzplan den Umfang der übrigen Teilpläne; auch der Produktionsplan ist vom Absatzplan abhängig. Allerdings könnte auch hier der Minimumsektor im finanziellen Bereich liegen.

Durch die Aufstellung eines Teilplanes liefert jede Betriebsabteilung der Betriebsführung einen Voranschlag der Auszahlungen, die zur Realisierung des Planes erforderlich sind, und der Einzahlungen, die beim Vollzug der Planung anfallen werden. Dies gilt sowohl für die finanziellen Auswirkungen der strategischen Teilpläne als auch für die operativen Teilpläne. Erstere werden dann in einem langfristigen, relativ groben **Finanzplan** zusammengefaßt, während letztere in die wesentlich detailliertere kurzfristige **Budgetplanung** eingehen. Insbesondere die in der Budgetplanung festgelegten Werte werden zur vorgegebenen Norm, die eingehalten werden soll. Nach Vollzug des Planes erfolgt dann eine Kontrolle, die zeigen soll, ob die Planzahlen mit den Istzahlen (z. B. vorgegebene Auszahlungen und tatsächlich angefallene Auszahlungen) übereinstimmen oder ob Abweichungen eingetreten sind.

Bei der Aufstellung der Teilpläne versucht jede Betriebsabteilung, die ihr im Rahmen der Gesamtplanung gestellte Aufgabe optimal zu lösen. Auch dies ist sowohl auf der strategischen als auch auf der operativen Planungsebene notwendig. Eine optimale Lösung vom Standpunkt eines einzelnen Geschäftsfeldes bzw. Betriebsteils bedeutet aber nicht immer zugleich eine optimale Lösung der Gesamtaufgabe. So ist es auf strategischer Ebene beispielsweise denkbar, daß eine Desinvestitionsstrategie für ein bestimmtes Geschäftsfeld sich negativ auf andere Geschäftsfelder auswirkt und somit einer optimalen Lösung der Gesamtaufgabe entgegen läuft. Auf operativer Ebene kann eine Planung, die bei einer Betriebsabteilung zu einer Kostenminderung führt, für eine andere Abteilung eine Mehrbelastung bedeuten.

Die Betriebsführung muß versuchen, eine **Koordinierung der Teilpläne** in der Weise zu erreichen, daß im Interesse des Gesamtbetriebes eine optimale Lösung gefunden wird, d. h. sie muß die unterschiedlichen Interessen der einzelnen Geschäftsfelder bzw. Abteilungen ausgleichen.

Die Lösung derartiger Planungs- und Koordinierungsaufgaben ist außerordentlich kompliziert und enthält viele Unsicherheitsfaktoren. So wird z. B. auf operativer Ebene die Fertigungsabteilung dafür eintreten, daß wenige Produkte in großen Serien produziert werden, da auf diese Weise die Stückkosten der Produkte am niedrigsten gehalten werden können. Kleine Auflagen und häufiger Serienwechsel sind mit höheren Stückkosten verbunden als Großserien. Ein sehr umfangreiches Produktionsprogramm erschwert die optimale Ausnutzung aller Teilbereiche der Fertigung und birgt die Gefahr von Engpässen oder Überkapazitäten bei einzelnen Teilbereichen in sich.

Die Vertriebsabteilung wird dagegen für kleinere Serien und ein großes Sortiment eintreten, um am Absatzmarkt eine möglichst günstige Position zu haben. Die Finanzabteilung wird große Serien ablehnen, wenn damit eine umfangreiche Lagerhaltung verbunden ist, durch die größere Kapitalbeträge für längere Zeit festgelegt werden. Die Personalabteilung wird für eine Produktion auf Lager eintreten, wenn der Absatz zurückgeht, um keine Arbeitskräfte entlassen zu müssen, die später im Falle einer Besserung der Absatzlage nur sehr schwer am Arbeitsmarkt wieder zu beschaffen sind.

Da alle Teilpläne Bestandteil des Gesamtplanes sind, mit dessen Realisierung die gesteckten Ziele erreicht werden sollen, können isolierte Teilplanungen in der Regel nicht zu einem optimalen Ergebnis führen. Folglich ist eine **simultane Planung** des gesamten betrieblichen Prozesses anzustreben. Trotz verschiedener Ansätze ist es aber bis heute noch nicht gelungen, praktizierbare Verfahren für eine simultane Planung aller Bereiche, z. B. eine simultane Investitions-, Finanzierungs-, Beschaffungs-, Produktions- und Absatzplanung zu entwickeln. Einen bedeutenden Fortschritt bei der Lösung komplizierter Planungs- und Koordinierungsaufgaben hat die Entwicklung mathematischer Planungsverfahren gebracht, die später besprochen werden.
(ÜB 2/24–25)

d) Die Ungewißheit als Grundproblem der Planung

Da die Planung stets zukunftsbezogen ist, setzt die Festlegung von Planungsentscheidungen Informationen, d. h. Wissen über wirtschaftliche Daten vielfältigster Art voraus. „Das Wissen, das zur Erstellung von Plänen erforderlich ist, muß stets vor der Realisation der Pläne verfügbar sein und es ermöglichen, beabsichtigtes Handeln gedanklich vorwegzunehmen sowie vorausschauend vorzubereiten."[92]

Man unterscheidet verschiedene Formen der Information. Eine Entscheidung unter **vollkommener Information** liegt dann vor, wenn der Entscheidende mit Sicherheit die Entwicklung aller Daten, die für ihn zweck-

---

[92] Bea, F. X., Dichtl, E., Schweitzer, M., Allgemeine Betriebswirtschaftslehre, Bd. 2: Führung, 7. Aufl., Stuttgart/New York 1997, S. 36.

orientiertes Wissen darstellen, ermitteln kann. Vollkommene Information setzt also die Kenntnis der Zukunft voraus. Das Gegenteil hiervon stellt die **vollkommene Ignoranz** dar. Sie kennzeichnet den Fall, in dem ein absoluter Mangel an Information vorliegt. Den Bereich, der zwischen diesen beiden Extremen liegt, bezeichnet man als **unvollkommene Information.**

Da sich die Planung auf die Zukunft bezieht, muß der Planer Vorstellungen über die zukünftigen Datenkonstellationen haben. Diese Erwartungen sind das Ergebnis eines Prozesses, in dem der Planer sich die zukünftigen Datenkonstellationen vorstellt und sie auf die Möglichkeit ihres Eintreffens hin überprüft. Ist das Ausmaß des Vertrauens, das der Planer in das tatsächliche Eintreten einer Erwartung setzt, unbegrenzt, steht für ihn also absolute Sicherheit fest, so liegt eine **„sichere Erwartung"** vor. Ist dies nicht der Fall, haben wir es mit einer **„unsicheren Erwartung"** zu tun. Hier rechnet der Planer mit der Möglichkeit, daß die effektiven Daten von den erwarteten abweichen. Ist die Wahrscheinlichkeit der Abweichungen statistisch berechenbar, so spricht man von **Risikoerwartungen.**

Zur Lösung des Problems, wie der Betrieb seine Ziele bei unvollkommener Information realisieren kann, d. h. welche Entscheidungen er zu treffen hat, hat die **betriebswirtschaftliche Entscheidungstheorie,** der wir uns im folgenden Abschnitt zuwenden wollen, ein Instrumentarium in Form sog. Entscheidungsregeln entwickelt. (ÜB 2/23; 35–36)

e) Der Begriff der Entscheidung

Als Entscheidung bezeichnet man die Auswahl einer von zwei oder mehreren Handlungsmöglichkeiten (Alternativen), die dem Entscheidungsträger zur Realisierung eines Ziels zur Verfügung stehen.[93] Eine Entscheidung liegt sowohl bei einer bewußten als auch bei einer unbewußten Auswahl einer von mehreren Handlungsmöglichkeiten vor.[94] In der Betriebswirtschaftslehre wird die systematische Analyse der Wahlhandlungen, die in Unternehmen zu tätigen sind, im Rahmen der Betriebswirtschaftlichen Entscheidungstheorie vorgenommen. Dabei lassen sich zwei Hauptrichtungen unterscheiden:

(1) Die **normative Entscheidungstheorie** geht von einem rationalen Handeln des Entscheidungsträgers aus und bemüht sich um „ein Aufzeigen alles dessen, was Rationalität im Handeln impliziert".[95] Dabei wird das rationale Handeln als grundsätzlich zweckmäßige Grundeinstellung angesehen. Deshalb wird diese Richtung als wertende oder normative Entscheidungstheorie bezeichnet.[96, 97]

---

[93] Vgl. Hörschgen, H., Grundbegriffe der Betriebswirtschaftslehre, 3. Aufl., Stuttgart 1992, S. 18
[94] Vgl. Sieben, G., Schildbach, Th., Betriebswirtschaftliche Entscheidungstheorie, 3. Aufl., Düsseldorf 1990, S. 1
[95] Gäfgen, G., Theorie der wirtschaftlichen Entscheidung, Untersuchungen zur Logik und Bedeutung des rationalen Handelns, 3. Aufl., Tübingen 1974, S. 8
[96] Vgl. Sieben, G., Schildbach, Th., a. a. O., S. 1 f.
[97] Der Begriff „wertend" wird hier im Sinne der Abgabe sekundärer Werturteile (Vgl. S. 53 ff.), d. h. der Abgabe von Urteilen über Zweck-Mittel-Verhältnisse, und der Begriff

B. Die betrieblichen Produktionsfaktoren

(2) Die **deskriptive Entscheidungstheorie** will das Zustandekommen von Entscheidungen in der Realität aufzeigen,[98] indem sie das tatsächliche Handeln mit dem Ziel beschreibt und erklärt, empirisch gehaltvolle Hypothesen über das menschliche Entscheidungsverhalten zu gewinnen. Aufgrund dieser Zielsetzung wird diese Richtung auch als empirisch-realistische Entscheidungstheorie bezeichnet.[99]

Im folgenden gehen wir von einem bewußt handelnden Entscheidungsträger aus und unterstellen somit die Rationalitätsbedingung. Die Entscheidung wird also im Sinne der normativen Entscheidungstheorie analysiert, d. h., es wird nicht aufgezeigt, wie Entscheidungsträger **tatsächlich** entscheiden, sondern wie rational handelnde Entscheidungsträger entscheiden **sollen**.

f) Das Entscheidungsfeld

aa) Die Handlungsmöglichkeiten

Damit der Entscheidungsträger, bei dem es sich um eine Einzelperson oder um eine Gruppe von Personen handeln kann, überhaupt vor einem Entscheidungsproblem steht, muß ihm eine Mehrzahl von Handlungsmöglichkeiten (Aktionen, Alternativen) zur Verfügung stehen.[100] Die Gesamtheit der Handlungsmöglichkeiten wird als **Aktionenraum** oder **Entscheidungsraum** bezeichnet; dabei ist es unerheblich, ob es sich bei den betrachteten Aktionen um Einzelmaßnahmen oder um ein Bündel von Maßnahmen handelt.[101] Eine Aktion kann sich aus der Kombination verschiedener **Aktionsparameter** – einzelne Variablen bzw. Handlungsbereiche, die in der vom Entscheidenden festgelegten Höhe zusammengesetzt zu einer Aktion werden – ergeben.[102]

Beispiel:
Ein Unternehmen hat 100.000,– DM zur Verfügung und kann damit entweder das Produkt A oder das Produkt B produzieren (Produktionsaufwand pro Produktart entweder 60.000,– DM oder 100.000,– DM) oder das Geld auf der Bank anlegen oder einen Teil für die Produktion eines Produktes und einen Teil für die Geldanlage verwenden.

„normativ" entsprechend als „praktisch-normativ" und nicht im Sinne von „normativ-ethisch" gebraucht (Vgl. zu dieser Unterscheidung S. 70 f.)
[98] Vgl. Schmidt, R.-B., Bürkle, R., Entscheidungstheorie, in: Staatslexikon, 7. Aufl., Bd. 2, Freiburg/Br. 1986, Sp. 291
[99] Vgl. Sieben, G., Schildbach, Th., a. a. O., S. 3
[100] Vgl. Schneeweiß, H., Entscheidungskriterien bei Risiko, Bd. 6 der Reihe ‚Ökonometrie und Unternehmensforschung', hrsg. von M. Beckmann u. a., Heidelberg, New York 1967, S. 7 f.
[101] Vgl. Bamberg, G., Coenenberg, A. G., Betriebswirtschaftliche Entscheidungslehre, a. a. O., S. 14
[102] Vgl. Drukarczyk, H., Müller-Hagedorn, L., Das Grundmodell der Entscheidungstheorie als Rahmen für die Behandlung ökonomischer Probleme, in: Betriebswirtschaftslehre. Eine Einführung in die Theorie der Unternehmung, Bd. 1, hrsg. von J. Drukarczyk und L. Müller-Hagedorn, Wiesbaden 1978, S. 19

Aktionsparameter 1: Produktion	Aktionsparameter 2: Geldanlage
Die möglichen Aktionen bzw. Handlungsmöglichkeiten sehen so aus: Aktion 1: Produktion von Produkt A (100.000,– DM) Aktion 2: Produktion von Produkt B (100.000,– DM) Aktion 3: Geldanlage (100.000,– DM) Aktion 4: Produktion von Produkt A (60.000,– DM) und Geldanlage (40.000,– DM) Aktion 5: Produktion von Produkt B (60.000,– DM) und Geldanlage (40.000,– DM)	

bb) Die Umweltbedingungen

Eine Entscheidung des Entscheidungsträgers zwischen den verschiedenen Handlungsmöglichkeiten ist nur dann möglich, wenn er über die **Informationen aus seiner Umwelt** verfügt, die das Ergebnis der Handlungsmöglichkeiten beeinflussen, vom Entscheidungsträger aber nicht beeinflußt werden können. Beispiele für nicht beeinflußbare Umweltbedingungen sind gesetzliche Vorschriften, die konjunkturelle Lage oder die Rohstoffpreise.[103] Jede denkbare Konstellation der das Ergebnis einer Aktion beeinflussenden Umweltbedingungen wird als **Zustand** bezeichnet, so daß dieser eine Wertkombination aller relevanten Umweltdaten ausdrückt. Die Menge aller möglichen Umweltzustände wird **Zustandsraum** genannt.[104]

Beispiel:

In Ergänzung des vorangegangenen Beispiels besteht die Möglichkeit eines Verkaufsverbots für das Produkt A sowie des Verlustes des angelegten Geldes (durch Konkurs des Schuldners).

Zustand 1: Verkaufserlaubnis für Produkt A, Konkurs des Schuldners
Zustand 2: Verkaufsverbot für Produkt A, Konkurs des Schuldners
Zustand 3: Verkaufserlaubnis für Produkt A, kein Konkurs des Schuldners
Zustand 4: Verkaufsverbot für Produkt A, kein Konkurs des Schuldners

Der Aktions- und der Zustandsraum werden in einem Entscheidungsmodell so definiert, daß in einer Entscheidungssituation genau eine Aktion gewählt wird und genau ein Umweltzustand eintritt **(Vollständigkeitsprinzip)**.[105] Damit man die Grundlagen für die Bestimmung des Zustandsraumes erhält – da sich alle Entscheidungsprobleme auf die Zukunft beziehen, muß auch der für die Zukunft relevante Zustandsraum berücksichtigt und ermittelt werden –, ist ein **Informationssystem** erforderlich, das durch eine Menge sich gegenseitig ausschließender Nachrichten über die möglichen Zustände und durch die Struktur bestimmt wird, die durch die bedingten

---

[103] Vgl. Hansmann, K.-W., Grundlagen der betriebswirtschaftlichen Entscheidungslehre, in: Leitfaden zum Grundstudium der Betriebswirtschaftslehre, hrsg. von E. Krabbe, 5. Aufl., Gernsbach 1992, S. 16
[104] Vgl. Bamberg, G., Coenenberg, A. G., Entscheidungstheorie, in: HdWW, Bd. 2, Stuttgart, New York, Tübingen, Göttingen, Zürich 1980, S. 379
[105] Vgl. Bamberg, G., Coenenberg, A. G., Entscheidungstheorie, a. a. O., S. 379

B. Die betrieblichen Produktionsfaktoren 153

Wahrscheinlichkeiten beschrieben wird. Ausgehend von den Wahrscheinlichkeiten des Eintreffens bestimmter Umweltzustände kann zwischen einem vollkommenen und einem unvollkommenen Informationssystem unterschieden werden.[106]

In der Literatur hat sich eine Dreiteilung hinsichtlich des Sicherheitsgrades der Umweltzustände durchgesetzt, die im Zusammenhang mit dem Vollkommenheitskriterium so dargestellt werden kann:

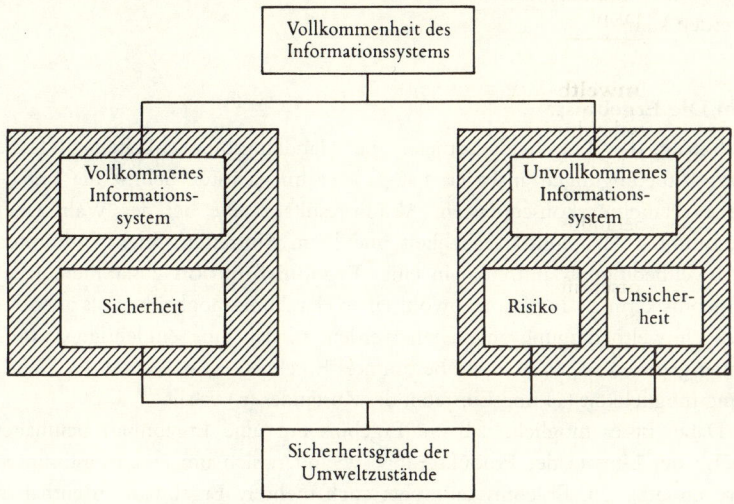

Abb. 23: Informationssysteme

Bei einem **vollkommenen Informationssystem** ist dem Entscheidungsträger die Menge der Umweltzustände bekannt; außerdem kann er jedem Umweltzustand eine Eintreffwahrscheinlichkeit von 1 oder von 0 zuordnen, so daß er weiß, welche Umweltsituation mit Sicherheit eintritt.[107]

Bei einem **unvollkommenen Informationssystem** ist erstens eine **Entscheidung unter Risiko** möglich; eine solche Konstellation ist dann gegeben, wenn zwar die Menge der Umweltzustände bekannt ist, die Wahrscheinlichkeit des Eintretens dieser Zustände aber zwischen 0 und 1 liegt, so daß das Eintreten der jeweiligen Umweltsituation nur mit einem bestimmten Wahrscheinlichkeitsprozentsatz berücksichtigt werden kann. Dabei ist die Summe der den Umweltzuständen zugeordneten Wahrscheinlichkeiten (P_j) gleich 1, d. h. bei zwei möglichen Umweltzuständen A und B tritt z. B. A mit 60%iger (P_A = 0,6) und B mit 40%iger (P_B = 0,4) Wahrscheinlichkeit ein.

Die Wahrscheinlichkeiten können **objektiv** – als Grenzwerte der relativen Häufigkeiten bei identischer Wiederholung wie z. B. beim Roulette – oder

---
[106] Vgl. Bamberg, G., Coenenberg, A. G., Betriebswirtschaftliche Entscheidungslehre, a. a. O., S. 18 ff.
[107] Vgl. Szyperski, N., Winand, U., Entscheidungstheorie. Eine Einführung unter besonderer Berücksichtigung spieltheoretischer Konzepte, Stuttgart 1974, S. 42

subjektiv – als Angabe des Grades der Überzeugung eines Entscheidungsträgers z.B. infolge der Erfahrung aus ähnlichen Entscheidungssituationen – bestimmt werden.

Zweitens ist bei einem unvollkommenen Informationssystem eine **Entscheidung unter Unsicherheit** möglich; auch bei dieser Konstellation ist zwar die Menge der Umweltzustände bekannt, diesen können aber keine objektiven oder subjektiven Wahrscheinlichkeiten zugeordnet werden, so daß keine Wahrscheinlichkeitsfunktion wie bei der Risikosituation bestimmt werden kann.[108]

cc) Die Ergebnisse

Sobald der Entscheidungsträger die Handlungsmöglichkeiten und die Umweltbedingungen analysiert hat, faßt er im nächsten Schritt die Ergebnisse (Handlungskonsequenzen, Aktionsresultate), die bei der Wahl einer bestimmten Handlungsmöglichkeit und beim Eintreffen einer bestimmten Umweltbedingung auftreten, in einer **Ergebnisfunktion** zusammen. Jedes Ergebnis kann als Funktion sowohl einer Handlungsmöglichkeit als auch einer Umweltbedingung angesehen werden, so daß eine eindeutige Zuordnung gegeben ist, da man ein bestimmtes Ergebnis (e_{ij}) bei Wahl der Handlungsmöglichkeit (a_i) und Eintreten des Zustandes (z_j) erhält.[109]

Dabei ist es möglich, daß ein Ergebnis nur eine Ergebnisart beinhaltet (z.B.: der Umsatz der Produktgruppe verändert sich um einen bestimmten Prozentsatz). Ein Ergebnis kann aber auch mehrere Ergebnisarten enthalten (z.B.: Umsatzveränderung, Kostenveränderung und Personalfluktuation); das ist der Fall, wenn mehrere Zielsetzungen verfolgt werden. Die Ergebnisfunktion und damit die Gesamtheit der Ergebnisse lassen sich in einer **Ergebnismatrix** darstellen (vgl. Abb. 24).[110]

Aktionenraum \ Zustandsraum	z_1	z_2	...	z_n
a_1	e_{11}	e_{12}	...	e_{1n}
a_2	e_{21}	e_{22}	...	e_{2n}
.	.	.		.
.	.	.		.
.	.	.		.
a_m	e_{m1}	e_{m2}	...	e_{mn}

Abb. 24

Diese Ergebnisse kommen unabhängig von dem vorhandenen Informationssystem zustande, d.h. sie besagen lediglich, daß bei Vornahme einer be-

---

[108] Vgl. Hansmann, K.-W., a.a.O., S. 18
[109] Vgl. Hansmann, K.-W., a.a.O., S. 19
[110] Vgl. Bamberg, G., Coenenberg, A.G., Entscheidungstheorie, a.a.O., S. 379

stimmten Handlung und bei Vorhandensein eines bestimmten Zustandes ein bestimmtes Ergebnis erzielt wird. Erst danach wird die Beurteilung getroffen, ob und wie Informationen über die Wahrscheinlichkeit des Auftretens der einzelnen Umweltzustände erhalten werden können. (**ÜB 2/24–25**)

g) Die Bewertung möglicher Ergebnisse

Die Ergebnisfunktion bzw. die Ergebnismatrix ist der Ausgangspunkt für die Entscheidung. Damit der Entscheidungsträger jedoch zu einer rationalen Entscheidung gelangt, muß er sich – da unter einer Entscheidung die Auswahl einer Alternative im Hinblick auf ein Ziel verstanden wird – zunächst über die von ihm verfolgten Ziele klar werden, bevor er die verschiedenen Ergebnisse aus seiner Sicht bewerten kann.

Das **Zielsystem**[111] ist einerseits durch die verfolgten Zielgrößen und andererseits durch die Beurteilung der Merkmalsausprägungen durch den Entscheidungsträger bestimmt. Die Ergebnisarten, denen keine im Zielsystem verankerte Zielgröße entspricht, werden in der Bewertung der Ergebnisse, die in der Ergebnismatrix aufgeführt sind, nicht berücksichtigt.[112] Wenn z. B. die Ergebnisarten der Umsatz, die Beschaffungskosten und die Personalfluktuation sind und im Zielsystem lediglich der Umsatz und die Beschaffungskosten festgelegt sind, während die Personalfluktuation dort nicht berücksichtigt wird, weil Personal beliebig beschafft und ersetzt werden kann, so braucht diese Ergebnisart auch nicht bewertet zu werden.

Da die Ergebnisse der Ergebnismatrix verschiedene Merkmale besitzen – die Höhe, die Art, die Sicherheit und den zeitlichen Bezug des Ergebnisses –, die noch nicht miteinander vergleichbar sind, muß eine **Vergleichbarkeit der Ergebnisse** angestrebt werden, d. h. sie müssen auf einen Nenner gebracht werden.[113] Unter Anwendung des Zielsystems des Entscheidungsträgers wird die Ergebnismatrix in die **Entscheidungsmatrix** (Nutzenmatrix, Nützlichkeitsmatrix) überführt; dabei ordnet der Entscheidungsträger den Ergebnissen (e_{ij}) reelle Zahlen zu, die den Nutzen (u_{ij}) angeben.[114] Dieser Vorgang läßt sich folgendermaßen darstellen (f bezeichnet die Funktion, die den Nutzen ergibt):

$$\begin{array}{c} \text{Ergebnisse} \xrightarrow{\text{Bewertung}} \text{Nutzenfunktion} \\ e_{ij} \xrightarrow{\ f\ } u_{ij} = f(e_{ij}) \end{array}$$

Die resultierende Entscheidungsmatrix läßt sich in Analogie zur Ergebnismatrix bilden; dabei werden statt der nicht bewerteten Ergebnisse (e_{ij}) die

---

[111] Vgl. dazu ausführlich S. 118 ff.
[112] Vgl. Bamberg, G., Coenenberg, A. G., Betriebswirtschaftliche Entscheidungslehre, a. a. O., S. 26
[113] Vgl. Sieben, G., Schildbach, Th., a. a. O., S. 30
[114] Vgl. Drukarczyk, J., Müller-Hagedorn, L., a. a. O., S. 35; auf das Problem, wie diese Nutzenwerte ermittelt werden, wie also die Ergebnismatrix in die Entscheidungsmatrix überführt wird, kann an dieser Stelle nicht eingegangen werden, doch besteht darin bei der Anwendung dieser theoretischen Grundlagen die Hauptschwierigkeit.

nach Berücksichtigung des Zielsystems und Vornahme der Bewertung resultierenden **Nutzenwerte** (u_{ij}) verwendet:[115]

Aktionenraum \ Zustandsraum	z_1	z_2	...	z_n
a_1	u_{11}	u_{12}	...	u_{1n}
a_2	u_{21}	u_{22}	...	u_{2n}
.	.	.		.
.	.	.		.
a_m	u_{m1}	u_{m2}	...	u_{mn}

Abb. 25

h) Die Entscheidungsregeln

Damit der Entscheidungsträger zu einer Entscheidung gelangt, muß er die in der Entscheidungsmatrix zusammengestellten Nutzenwerte so auswerten, daß er einen größtmöglichen Nutzen hat. Dazu muß er bestimmte Richtlinien befolgen, die in ihrer stärksten Form als Entscheidungsregeln auftreten. **Entscheidungsregeln** geben zu jedem Entscheidungsproblem die optimalen Aktionen eindeutig an, bzw. sie gestatten die dazu erforderliche Errechnung, so daß mit ihnen das Entscheidungsproblem gelöst wird. Die Entscheidungsregeln sind je nachdem, wie das Informationssystem beschaffen ist – Sicherheit, Risiko oder Unsicherheit – in ihrer strukturellen Ausgestaltung unterschiedlich. Deshalb werden sie im folgenden unter Beachtung dieses Gesichtspunktes untersucht.

aa) Entscheidungen bei Sicherheit

Bei Entscheidungen unter Sicherheit ist die Wahrscheinlichkeit (p) des Eintreffens eines Zustandes entweder 1 oder 0. Die mit einer Wahrscheinlichkeit von 1 oder 100% eintretenden und damit sicheren Zustände, die bei Einsatz der jeweiligen Handlungsmöglichkeiten eintreffen, können sodann miteinander verglichen werden. Ausgehend von einer Entscheidungsmatrix läuft das, wenn nur eine Zielsetzung verfolgt wird, auf die Wahl des im Hinblick auf diese Zielvorstellung **maximalen Spaltenwertes** hinaus.[116]

Beispiel:

Aktionenraum \ Zustandsraum	z_1 (p = 1)	z_2 (p = 0)
a_1	12	25
a_2	30	4
a_3	18	20

---

[115] Vgl. Bamberg, G., Coenenberg, A. G., Entscheidungstheorie, a. a. O., S. 380
[116] Vgl. Szyperski, N., Winand, U., a. a. O., S. 53

B. Die betrieblichen Produktionsfaktoren   157

Treten mit Sicherheit die Umweltbedingungen (z_1) ein, so werden die bei den einzelnen Aktionen sich ergebenden Werte miteinander verglichen; sodann wird – bei dem Ziel der Maximierung – die Handlungsmöglichkeit (a_2) gewählt, da deren Nutzen mit 30 am größten ist.

Verfolgt der Entscheidungsträger **nur ein Ziel** – z.B. die Kostenminimierung oder die Gewinnmaximierung –, dann läßt sich auf die beschriebene Weise ein Entscheidungsproblem bei vorhandenen sicheren Erwartungen einfach lösen. Verfolgt er dagegen **mehrere Ziele,** von denen er für jedes einen eigenen Nutzenwert bildet, dann muß er bei vorhandenen Zielkonflikten entweder die Aktionen ausschließen, die zur Realisierung jedes Zieles schlechter als die anderen Aktionen sind, oder er muß die **Ziele bewerten;** dabei kann er entweder eine Reihenfolge der Ziele nach ihrer Wichtigkeit bilden oder die Ziele gewichten.[117]

bb) Entscheidungen bei Risiko

Werden bei Bestehen eines unvollkommenen Informationssystems – also bei Entscheidungen unter Risiko und unter Unsicherheit – Entscheidungsregeln angewendet, so kann dadurch der Grad der Vollkommenheit einer Information nicht erhöht werden.[118] Jedoch können dem Entscheidungsträger die möglichen Konsequenzen bei Anwendung verschiedener Entscheidungsregeln aufgezeigt und mit Hilfe der Entscheidungstheorie systematisiert werden. Die endgültige Entscheidung wird dem Entscheidungsträger dadurch aber nicht abgenommen, sondern nur vorbereitet.

Anhand der folgenden Entscheidungsmatrix soll die Anwendung dieser Entscheidungsregel gezeigt werden:

Zustandsraum	z_1	z_2	z_3	Erwartungswert (μ_i) =
Wahrscheinlichkeit	0,1	0,6	0,3	$\sum_{j=1}^{n} n_{ij} \cdot p_j$ [170]
Aktionenraum				
a_1	10	30	25	$10 \cdot 0,1 + 30 \cdot 0,6 + 25 \cdot 0,3 = \underline{26,5}$
a_2	35	5	30	$35 \cdot 0,1 + 5 \cdot 0,6 + 30 \cdot 0,3 = \underline{15,5}$
a_3	40	20	10	$40 \cdot 0,1 + 20 \cdot 0,6 + 10 \cdot 0,3 = \underline{19,0}$

Abb. 26

Bei Entscheidungen unter Risiko, die durch bekannte Wahrscheinlichkeiten für das Eintreten bestimmter Umweltbedingungen gekennzeichnet sind, geht man zunächst vom Erwartungswertprinzip **(Bayes-Prinzip)** aus. Dieses Prinzip verlangt, daß diejenige Handlungsmöglichkeit gewählt wird,

---

[117] Vgl. Hansmann, K.-W., a.a.O., S. 26 f.; vgl. dazu auch ausführlich S. 119 ff. dieses Buches
[118] Vgl. Dinkelbach, W., Entscheidungstheorie, in: HdB, Bd. I/1, hrsg. von E. Grochla und W. Wittmann, 4. Aufl., Stuttgart 1974, Sp. 1297
[119] n_{ij} = Zielerreichungsgrade der Aktionen $a_1 \ldots a_n$ beim Eintreten der Umweltzustände $z_1 \ldots z_n$;
p_j = Eintrittswahrscheinlichkeit der Umweltzustände $z_1 \ldots z_n$.

die den größten mathematischen Erwartungswert der Zielerreichungsgrade aufweist. Dabei ist der mathematische Erwartungswert als die über alle Umweltsituationen gebildete Summe der mit den Eintrittswahrscheinlichkeiten gewichteten Zielerreichungsgrade zu verstehen.[120] Der Zielerreichungsgrad wird dabei in der Regel mit erwarteten Gewinngrößen definiert.

Den größten Erwartungswert weist die Handlungsmöglichkeit (a_1) auf; sie muß folglich bei Anwendung des Erwartungsprinzips auch gewählt werden.

Kritik wird an dieser Entscheidungsregel deshalb geübt, weil sie zum einen nur bei ausreichend häufig wiederkehrenden gleichartigen Entscheidungen zu logisch einsichtigen Ergebnissen führt, was bei betriebswirtschaftlichen Entscheidungsproblemen nicht der Normalfall ist.[121] Zum anderen wird daran bemängelt, daß darin eine **indifferente Einstellung zum Risiko** zum Ausdruck kommt und damit weder der Fall der Risikovermeidung noch der Fall der Risikobereitschaft berücksichtigt wird.[122, 123] (ÜB 1/9–11; 2/26)

cc) Entscheidungen bei Unsicherheit

Entscheidungen, die das Merkmal der unsicheren Erwartung tragen, sind dadurch gekennzeichnet, daß der Entscheidungsträger dem Eintritt der verschiedenen Umweltbedingungen **keine Wahrscheinlichkeiten zuordnen** kann. Die bei diesem unvollkommenen Informationssystem vorliegenden Handlungsmöglichkeiten werden vom Entscheidungsträger entsprechend dem Nutzen, den sie für ihn haben, bewertet und in einer Entscheidungsmatrix aufgeführt. Die Entscheidung für eine bestimmte Handlungsmöglichkeit ist dann einfach, wenn eine Aktion die anderen Aktionen dominiert, d. h., wenn sie bei mindestens einem Umweltzustand einen höheren Nutzen und bei den übrigen Umweltzuständen keinen geringeren Nutzen als die anderen Aktionen aufweist.[124] Dominiert eine Aktion auf diese Weise nicht alle übrigen Aktionen, dann können durch Anwendung dieser Dominanzüberlegungen zumindest diejenigen Aktionen aus den Entscheidungsüberlegungen und damit aus der Entscheidungsmatrix eliminiert werden, die von einer anderen Aktion dominiert werden.

Da der Fall, daß eine Aktion alle anderen Aktionen dominiert, eine Ausnahme darstellt, bleibt trotz Anwendung der Dominanzüberlegungen in der Regel ein Entscheidungsproblem, zu dessen Lösung in der Literatur zahlreiche Ansätze in Form von Entscheidungsregeln gemacht wurden, die ihrerseits jeweils auf der Risikobereitschaft des Entscheidungsträgers aufbauen.

---

[120] Vgl. Sieben, G., Schildbach, Th., a. a. O., S. 59
[121] Vgl. Szyperski, N., Winand, U., a. a. O., S. 53 und 54
[122] Vgl. Sieben, G., Schildbach, Th., a. a. O., S. 60
[123] Eine Weiterentwicklung des Erwartungswertprinzips ist das Bernoulli-Prinzip, bei dem die Fixierung auf bestimmte Größen aufgegeben und eine Ergebnisverteilung in ihrer Gesamtheit einbezogen wird. Vgl. dazu ausführlich Bamberg, G., Coenenberg, A. G., Betriebswirtschaftliche Entscheidungslehre, a. a. O., S. 70 ff.
[124] Vgl. Hansmann, K.-W., a. a. O., S. 29

B. Die betrieblichen Produktionsfaktoren   159

(1) **Die Maximin-Regel (Wald-Regel)**

Diese Regel wird in der Literatur häufig als Minimax-Regel bezeichnet, da sie von ihrem Begründer, A. Wald, ursprünglich auf Verlustfunktionen angewendet wurde.[125] Mit Hilfe dieses Kriteriums wird die zweckmäßigste Handlungsalternative als **Maximum der Zeilenminima**, d. h. als der Wert, der für den Entscheidungsträger bei Eintreten der ungünstigsten Umweltbedingungen noch am besten ist, ermittelt.

Aktionenraum \ Zustandsraum	z_1	z_2	z_3	Zeilenminima	Zeilenmaxima
a_1	18	35	5	5	☐35☐
a_2	20	14	25	☐14☐	25
a_3	12	15	30	12	30
Spaltenmaxima	20	35	30		

Abb. 27

Wählt der Entscheidungsträger die Handlungsmöglichkeit (a_2), so verhindert er, daß der Nutzenwert unter den Wert 14 sinkt. Da sich die Beurteilung der Aktionen nur nach den schlechtest-möglichen Ergebnissen richtet, liegt bei der Maximin-Regel ein sehr **pessimistisches Kriterium** vor, das gut für den Bereich der Spieltheorie – im Zustandsraum befindet sich ein rational handelnder Gegenspieler, der das Ergebnis des Entscheidungsträgers möglichst negativ beeinflussen möchte –, das dagegen weniger gut für den hier angenommenen Fall einer indifferenten und damit nicht von vornherein feindlichen Umwelt anwendbar ist.[126] (ÜB 2/27)

(2) **Die Maximax-Regel**

Bei Anwendung dieser zur Minimax-Regel entgegenstehenden Regel wird das **Maximum der Zeilenmaxima**, d. h. der Wert, der für den Entscheidungsträger bei Eintreten der günstigsten Umweltbedingungen am besten ist, zur Ermittlung der anzuwendenden Handlungsmöglichkeiten verwendet. Die Wahl der Handlungsmöglichkeit (a_1) ermöglicht dem Entscheidungsträger bei Eintreffen seiner **optimistischen Erwartungen** einen Nutzenwert von 35; dabei ist jedoch der darin zum Ausdruck gebrachte extreme Optimismus bei realen unternehmerischen Entscheidungen fast nie zu beobachten, es entspricht eher dem Verhalten eines Glücksspielers.[127] (ÜB 2/28)

(3) **Die Hurwicz-Regel (Pessimismus-Optimismus-Regel)**

Während bei Anwendung der pessimistischen Maximin-Regel das Maximum der Zeilenminima und bei Anwendung der optimistischen Maximax-

---

[125] Vgl. Bühlmann, H., Loeffel, H., Nievergelt, E., Entscheidungs- und Spieltheorie. Ein Lehrbuch für Wirtschaftswissenschaftler, Berlin, Heidelberg, New York 1975, S. 132
[126] Vgl. Schneeweiß, H., a. a. O., S. 22 f.
[127] Vgl. Hansmann, K.-W., a. a. O., S. 35

Regel das Maximum der Zeilenmaxima zum Auffinden der besten Handlungsmöglichkeit dient, kombiniert die Hurwicz-Regel beide Regeln. Dabei wird ein sog. **Optimismusparameter (λ)** eingeführt, der das Risikobewußtsein des Entscheidungsträgers widerspiegelt, da die jeweiligen Zeilenmaxima mit λ (das zwischen 0 und 1 liegt) und die jeweiligen Zeilenminima mit $(1 - \lambda)$ – d. h. dem in der Summe mit λ einen Wert von 1 ergebenden Betrag – multipliziert werden.[128] Je größer dabei λ ist, um so optimistischer ist die Grundeinstellung, bei $\lambda = 1$ liegt die Anwendung der Maximax-Regel, bei $\lambda = 0$ die Anwendung der Maximin-Regel vor.

Zunächst werden die Werte der Zeilenminima und der Zeilenmaxima ermittelt (vgl. Abb. 27). Danach werden die Werte der Zeilenmaxima mit λ, die der Zeilenminima mit $(1 - \lambda)$ multipliziert; in diesem Beispiel wird von einer **eher pessimistischen Einstellung** mit $\lambda = 0{,}3$ ausgegangen. Die Summe der sich so ergebenden Zeilenwerte wird maximiert.

Aktionenraum \ Zeilenextremwerte	Zeilenmaxima ·λ	Zeilenminima ·$(1 - \lambda)$	Summe
a_1	35·0,3 = 10,5	5·0,7 = 3,5	10,5 + 3,5 = 14
a_2	25·0,3 = 7,5	14·0,7 = 9,8	7,5 + 9,8 = 17.3
a_3	30·0,3 = 9	12·0,7 = 8,4	9 + 8,4 = 17.4

Abb. 28

Bei dieser Mischung zwischen Optimismus und Pessimismus erscheint die Handlungsmöglichkeit (a_3) als die vorteilhafteste. Die Problematik dieser Regel liegt in der Ermittlung des Optimismusparameters (λ).[129] (**ÜB 2/29**)

(4) **Die Savage-Niehans-Regel (Regel des kleinsten Bedauerns)**

Bei dieser Entscheidungsregel soll der Entscheidungsträger sich nicht unmittelbar an den absoluten Nutzenwerten, sondern an der Minimierung des höchstmöglichen, durch eine Fehleinschätzung der Umweltsituation bedingten Nachteils orientieren. Dieser Nachteil (Bedauern, Opportunitätsverlust) wird durch die Differenz zwischen dem zu erwartenden und dem maximalen Nutzen ausgedrückt, den man bei Kenntnis des eingetretenen Umweltzustandes hätte erreichen können.[130]

Zunächst sind die **Spaltenmaxima,** d. h. die bei Eintreten einer bestimmten Umweltsituation bei Einsatz der besten Handlungsmöglichkeit erzielbaren Nutzenwerte, zu ermitteln (vgl. Abb. 27). Danach wird für jeden Nutzenwert der Entscheidungsmatrix der maximal mögliche Nachteil durch Differenzbildung des jeweiligen Spaltenmaximumwertes zum jeweiligen Nutzenwert ermittelt. Von diesen Werten wird für jede Handlungsalternati-

---
[128] Vgl. Hansmann, K.-W., a. a. O., S. 35
[129] Vgl. Hansmann, K.-W., a. a. O., S. 37
[130] Vgl. Schneeweiß, H., a. a. O., S. 23 f.

ve der maximale Betrag – das maximale Risiko – durch Zeilenmaximierung ermittelt, ehe aus diesen Werten der minimale Wert – die Aktion, bei der das maximale Risiko am kleinsten ist – gewählt wird.

Aktionenraum \ Zustandsraum	z_1	z_2	z_3	Maximales Risiko
a_1	2	0	25	25
a_2	0	21	5	21
a_3	8	20	0	[20]

Abb. 29

Bei Anwendung dieser – wie die Maximin-Regel – pessimistischen Entscheidungsregel erweist sich die Handlungsmöglichkeit (a_3) als die beste Lösung, da hier der höchstmögliche Nachteil im Falle einer Fehleinschätzung der Umweltsituation mit 20 am geringsten ist. (**ÜB 2/30**)

(5) Die Laplace-Regel (Regel des unzureichenden Grundes)

Da dem Entscheidungsträger über die Umweltbedingungen keine Wahrscheinlichkeiten bekannt sind, gibt es nach der Laplace-Regel keinen zureichenden Grund für die Annahme, daß die Umweltzustände mit unterschiedlichen Wahrscheinlichkeiten eintreten. Diese Vorgehensweise ist vergleichbar mit der Bildung von Erwartungswerten in der Risikosituation. Alle Umweltzustände werden als gleich wahrscheinlich eingestuft, was zu einer Gewichtung aller Nutzenwerte einer Aktion mit den gleichen Wahrscheinlichkeitswerten führt.

Aktionenraum \ Zustandsraum / Gewichte	z_1 $\frac{1}{3}$	z_2 $\frac{1}{3}$	z_3 $\frac{1}{3}$	Summe
a_1	$18 \cdot \frac{1}{3}$	$35 \cdot \frac{1}{3}$	$5 \cdot \frac{1}{3}$	$58 \cdot \frac{1}{3} = 19\frac{1}{3}$
a_2	$20 \cdot \frac{1}{3}$	$14 \cdot \frac{1}{3}$	$25 \cdot \frac{1}{3}$	$59 \cdot \frac{1}{3} = \boxed{19\frac{2}{3}}$
a_3	$12 \cdot \frac{1}{3}$	$15 \cdot \frac{1}{3}$	$30 \cdot \frac{1}{3}$	$57 \cdot \frac{1}{3} = 19$

Abb. 30

Bei Anwendung der eine neutrale Haltung gegenüber der Unsicherheit darstellenden Laplace-Regel weist die Handlungsmöglichkeit (a_2) den maximalen Nutzenwert auf. Hauptkritikpunkt an der Laplace-Regel ist die Anwendung des unbeweisbaren Prinzips vom mangelnden Grund.[131]

---

[131] Vgl. Hansmann, K.-W., a.a.O., S. 39

Zusammenfassend kann festgestellt werden, daß im gewählten Beispiel einmal die Handlungsmöglichkeit (a_1) und je zweimal die Handlungsmöglichkeit (a_2) und (a_3) als am vorteilhaftesten eingestuft wurden. Zu jeder der angewendeten Entscheidungsregeln kann Kritik bezüglich der jeweils unterstellten Einstellungen des Entscheidungsträgers zum Risiko geäußert werden, andererseits wird dem Entscheidungsträger aber bewußt, welches Risikoverhalten sich hinter seiner Entscheidung verbirgt, was letztlich die Transparenz der Entscheidungssituation erhöht.[132]

i) Die Entscheidungen bei bewußt handelnden Gegenspielern (Spieltheorie)

In der **Spieltheorie**[133] werden rationale Verhaltensweisen in Konfliktsituationen sowie das Gleichgewicht der Pläne und des Verhaltens aller Spieler beschrieben. Derartige Spielsituationen sind dadurch gekennzeichnet, daß mehreren eigenen Handlungsmöglichkeiten auch mehrere Handlungsmöglichkeiten eines oder mehrerer **Gegenspieler** gegenüberstehen. Ziel der Spieltheorie „ist die Bestimmung des ‚besten Verhaltens' eines Spielers in allen Situationen, in denen das Ergebnis nicht nur von seinem eigenen Verhalten, sondern auch von dem aller anderen Spieler abhängt, deren Interessen seinem eigenen oft feindlich, manchmal freundlich gegenüberstehen."[134]

Wirtschaftliche Bedeutung erlangt die Spieltheorie z. B. dann, wenn der Entscheidungsträger bei bestimmten preispolitischen Maßnahmen damit rechnen muß, daß seine Konkurrenten in bestimmter Weise reagieren. Seine Entscheidungen werden in ihrer Wirksamkeit also unter Umständen durch die Entscheidungen eines Konkurrenten beeinflußt. In einem Entscheidungsmodell wird versucht, für den Entscheidungsträger eine **optimale Strategie** zu ermitteln, bei deren Anwendung er sich ein bestimmtes Spielergebnis, d. h. in der Regel den maximalen Gewinn sichern kann.

Anhand des einfachen Falles eines Zwei-Personen-Spiels – der Entscheidungsträger hat nur einen Gegner – wird eine mögliche Lösung in einem spieltheoretischen Problem dargestellt. Es ist davon auszugehen, daß Spieler und Gegenspieler jeweils das Ziel der eigenen Nutzenmaximierung haben, daß beide Spieler vollkommene Informationen über die eigenen Handlungsmöglichkeiten und die des Gegners besitzen sowie den jeweiligen Nutzen einer Handlungsmöglichkeit kennen, daß sie aber nicht wissen, zu welcher Aktion der jeweilige Gegner greift. Da jeder der beiden Beteiligten damit rechnen muß, daß der andere die für ihn ungünstigste Handlungsmöglichkeit benutzt, ist die pessimistische Maximin-Regel – Maximum der Zeilenminima – ein rationales Entscheidungskriterium in der Spielsituation.[135]

---

[132] Vgl. Dinkelbach, W., Entscheidungsmodelle, Berlin/New York 1982, S. 92
[133] Vgl. dazu ausführlich Bamberg, G., Coenenberg, A. G., Betriebswirtschaftliche Entscheidungslehre, a. a. O., S. 154.; Bühlmann, H., Loeffel, H., Nievergelt, E., a. a. O., S. 153–222; Neumann, J., Morgenstern, O., Theory of Games and Economic Behaviour, Princeton 1947; Szyperski, N., Winand, U., a. a. O., S. 91–152
[134] Morgenstern, O., Spieltheorie, in: HdS, Bd. 9, Stuttgart, Tübingen, Göttingen 1956, S. 707
[135] Vgl. Morgenstern, O., Spieltheorie, a. a. O., S. 709

B. Die betrieblichen Produktionsfaktoren 163

Für den Gegner erscheinen die Handlungsmöglichkeiten des betrachteten Entscheidungsträgers als Umweltzustände, so daß er beim Versuch, die für seinen Gegner – den hier betrachteten Entscheidungsträger – ungünstigste Handlungsmöglichkeit zu wählen, aus den maximalen Spaltenwerten – für ihn negative Nutzenwerte – das Minimum bildet. Der betrachtete Entscheidungsträger wählt die Aktion, bei der das **minimale Ergebnis größtmöglich** ist, der Gegenspieler versucht, den maximalen Verlust möglichst klein zu halten.[136] Dazu folgendes Beispiel, in dem a_i die Handlungsalternativen des Entscheidungsträgers und s_j diejenigen des Gegners darstellen:

Aktionenraum \ Aktionenraum des Gegners	s_1	s_2	s_3	Zeilenminima
a_1	10	15	7	7
a_2	20	5	8	5
a_3	14	12	10	10 Max.
Spaltenmaxima	20	15	10 Min.	

Abb. 31

In diesem Beispiel entsprechen sich **das Maximum der Zeilenminima** des Entscheidungsträgers und das **Minimum der Spaltenmaxima** des Gegners, so daß jeder Spieler genau die Aktion – a_3 bzw. s_3 – als optimale gewählt hat, mit der der jeweils andere bei seiner Alternativenauswahl gerechnet hatte. In einem solchen Fall mit einer eindeutigen Lösung spricht man von einem **Spiel mit Sattelpunkt**.[137]

Erfüllen sich die Erwartungen der beiden Gegenspieler nicht, dann handelt es sich um ein **Spiel ohne Sattelpunkt**, das sich dadurch auszeichnet, daß das Maximum der Zeilenminima des Entscheidungsträgers kleiner als das Minimum der Spaltenmaxima des Gegners ist. Dazu folgendes Beispiel:

Aktionenraum \ Aktionenraum des Gegners	s_1	s_2	s_3	Zeilenminima
a_1	10	15	7	7
a_2	20	5	8	5
a_3	10	12	16	10 Max.
Spaltenmaxima	20	12 Min.	16	

Abb. 32

---
[136] Vgl. Sieben, G., Schildbach, Th., a. a. O., S. 91 f.
[137] Vgl. Morgenstern, O., Spieltheorie, a. a. O., S. 709

Der betrachtete Entscheidungsträger rechnet damit, daß der Gegner s_1 wählt, der Gegenspieler rechnet damit, daß der Entscheidungsträger a_1 wählt. In Wirklichkeit wählt der Gegner s_2 und der Entscheidungsträger a_3. Bei Spielen ohne Sattelpunkt gestaltet sich die Wahl einer optimalen Strategie viel schwieriger als bei Vorhandensein eines Sattelpunktes, weshalb jeweils eine gemischte Strategie empfehlenswert ist.[138] (ÜB 2/32–34)

j) Operations Research

aa) Begriff und Aufgaben von Operations Research

Zur Lösung betrieblicher Planungs- und Koordinierungsprobleme ist eine Anzahl wissenschaftlicher Methoden und Verfahren entwickelt worden. Die im folgenden behandelten Verfahren werden unter der Bezeichnung **Operations Research** zusammengefaßt. Sie wurden während des Zweiten Weltkrieges zuerst in Großbritannien und später in den USA zur Lösung militärischer Probleme (Transportprobleme, Nachschubprobleme) angewendet. In den letzten Jahrzehnten wurden sie auf wirtschaftliche Fragen übertragen und fanden auch in Deutschland Eingang und Anwendung. Zwar ist noch kein Verfahren entwickelt worden, um eine optimale Gesamtlösung aller betrieblichen Entscheidungs- und Planungsprobleme auf rechnerischem Wege zu finden, doch können schwierige Teilaufgaben mit Hilfe mathematischer Planungsansätze gelöst werden.

Für den Begriff Operations Research gibt es eine Anzahl von deutschen Bezeichnungen. So finden sich in der Literatur z. B. die Begriffe Verfahrensforschung, Unternehmensforschung, Planungsforschung, Ablaufforschung, Entscheidungsforschung, Operationsforschung, Operationsanalyse u. a. m. In den letzten Jahren hat sich der Begriff „**Unternehmensforschung**" durchgesetzt.

Die Unternehmensforschung führt zur Bildung **mathematischer Entscheidungsmodelle**. Wie alle mathematischen Modelle in der Wirtschaftstheorie, so können auch diese Modelle nicht mehr an Erkenntnissen liefern, als man zuvor durch Auswahl der Voraussetzungen in sie hineingesteckt hat. Das entscheidende Problem ist also der Ansatz, d. h. die Auswahl der Prämissen. Die Verwendung der Mathematik als formale Sprache zwingt zu einer klaren Formulierung der Probleme und bietet in Verbindung mit dem Einsatz der EDV den Vorteil, daß auch Probleme solcher Größenordnungen durchgerechnet werden können, die bisher als praktisch unlösbar galten.

Zur Lösung eines Problems durch Operations Research ist nach Churchman, Ackoff, Arnoff [139] die **Aufstellung eines Untersuchungsplans** erforderlich, der folgende Schritte umfaßt:

---

[138] Zu Lösungsansätzen hierzu vgl. ausführlich Szyperski, N., Winand, U., a.a.O., S. 120 ff.

[139] Vgl. Churchman, C. W., Ackoff, R. L., Arnoff, E. L., An Introduction to Operations Research, New York 1957; deutsche Ausgabe: Operations-Research – Einführung in die Unternehmensforschung, 5. Aufl., Wien/München 1971, S. 22 ff. (im folgenden wird weiterhin nach der deutschen Ausgabe zitiert)

(1) Die Formulierung des Problems.
(2) Den Entwurf eines mathematischen Modells für das zu untersuchende System.
(3) Die Ableitung einer Lösung aus dem Modell.
(4) Die Überprüfung des Modells und der daraus abgeleiteten Lösung.
(5) Die Vorsorge für eine Überwachung und Anpassung der Lösung.
(6) Die praktische Verwirklichung der Lösung.

Ein solcher Lösungsweg kann oft nur noch von Forscherteams unterschiedlicher Fachrichtungen (Betriebswirte, Statistiker, Mathematiker, Physiker, Ingenieure, Soziologen, Psychologen u.a.) erfolgreich beschritten werden. Zur Lösung des Modells sind EDV-Anlagen notwendig. Wittmann ist der Ansicht, „daß wir als Betriebswirte soviel Mathematik bei der Verfahrensforschung können müssen, daß wir in der Lage sind, das Problem mathematisch hinreichend zu formulieren und den Aussagewert der von den Mathematikern erzielten Ergebnisse abzuschätzen".[140]

Man erkennt aus dieser Zusammenstellung der Schritte eines Lösungsweges, daß die Unternehmensleitung keine mathematischen Spezialkenntnisse für den Einsatz von Methoden der Unternehmensforschung benötigt, denn die Unternehmensleitung ist – grob gesprochen – nur für die erste Phase (Formulierung des Problems) und für die Anweisungen zur Anwendung der Lösung zuständig. Es wird aber auch deutlich, daß sie zur Formulierung konkreter Aufgaben und zur Beurteilung und Verwirklichung der Lösungen auf einen allgemeinen Überblick über die zur Verfügung stehenden Instrumente und ihre Leistungsfähigkeit nicht verzichten kann.

Die Aufgabe der Unternehmensleitung besteht weiter darin, die **personellen und organisatorischen Voraussetzungen** für die wirkungsvolle Arbeit eines Teams zu schaffen. Dazu gehört vor allem, daß die Gruppe innerhalb des Unternehmens nicht durch Kompetenzprobleme behindert wird, sondern Gelegenheit hat, mit allen jeweils berührten Bereichen und Abteilungen zusammenzuarbeiten. Die letzte Voraussetzung ist auch deshalb bedeutsam, weil sich das Einsatzgebiet von Operations Research mit vielen Teilen des betrieblichen Rechnungswesens überschneidet. Hier kommt es darauf an, die Impulse zu nutzen, die von den neuen Verfahren auf die Ausgestaltung und Arbeitsweise des Rechnungswesens ausgehen können.

bb) Operations Research-Verfahren[141]

(1) Lineare Programmierung

Gemessen am Stand der derzeitigen Forschung und an der Skala der Anwendungsmöglichkeiten kann die Lineare Programmierung als das wohl bedeutsamste Teilgebiet der Unternehmensforschung bezeichnet werden. Es geht hierbei um die Lösung von Planungsproblemen, deren Struktur sich

---

[140] Wittmann, W., Betriebswirtschaftslehre und Operations Research, ZfhF 1958, S. 294
[141] Im folgenden können die Verfahren und ihre Anwendungsmöglichkeiten nur knapp umrissen werden. Zur rechnerischen Lösung vgl. insbesondere Dürr, W., Kleibohm, K., Operations-Research, 2. Aufl., München/Wien 1988, S. 40ff. sowie Dinkelbach, W., Operations Research, Heidelberg 1992

in einem System linearer Gleichungen und/oder Ungleichungen darstellen läßt.

Die rechnerische Lösung des linearen Gleichungsansatzes erfolgt in der Regel mit Hilfe der sog. **Simplex-Methode**. Einfache Probleme, wie die Kostenminimierung bei Transporten verschiedener Mengen von mehreren Ausgangsorten zu mehreren Bestimmungsorten,[142] sog. Transportprobleme werden mit Hilfe besonderer Methoden, z.B. der MODI-Methode gelöst. Das universell verwendbare Lösungsverfahren ist das Simplexverfahren. Dieses numerisch-iterative Berechnungsverfahren eignet sich sehr gut zum Einsatz auf EDV-Anlagen; Standardprogramme für die Simplex-Methode liegen in verschiedenen Programmiersprachen vor.

Ein Modell der Linearen Programmierung ist durch drei Funktionen bzw. Gruppen von Funktionen zu beschreiben:
(a) die Zielfunktion;
(b) die Nebenbedingungen (auch Beschränkungen oder Restriktionen genannt);
(c) die Nicht-Negativitätsbedingungen.[143]

Die **Zielfunktion** gibt die funktionale Abhängigkeit zwischen den zu maximierenden oder minimierenden Zielgrößen und den in Nebenbedingungen enthaltenen Variablen an. Es muß sich um eine lineare Zielfunktion und lineare Nebenbedingungen handeln, da sonst die bekannten Rechenverfahren nicht anwendbar sind.[144] Soll z.B. ein optimales Produktionsprogramm ermittelt werden, und wird als zu maximierende Größe der gesamte Deckungsbeitrag gewählt, so könnte die Zielfunktion lauten:

$$D = d_1 x_1 + d_2 x_2 + \ldots + d_n x_n,$$

wobei D der zu maximierende Deckungsbeitrag, d_1, d_2, ..., d_n der jeweilige Deckungsbeitrag je Stück der Produkte 1, 2, ..., n und x_1, x_2, ..., x_n die zu produzierenden Mengen der Produkte 1, 2, ..., n sind.

Die **Nebenbedingungen** werden ebenfalls in Form von linearen Beziehungen, allerdings in der Regel als Ungleichungen ausgedrückt. Wichtige produktionstechnische, finanzielle und durch den Markt bedingte Beschränkungen, die das auszuarbeitende Produktionsprogramm betreffen, können so in das Modell einbezogen werden. Die Tatsache, daß z.B. die verschiedenen Produktionsanlagen eine Maximalkapazität von b_1, b_2, ..., b_m haben und die verschiedenen Produkte diese Kapazität in unterschiedlichem Maße binden, wird durch eine Reihe von Ungleichungen ausgedrückt:

$$a_{11} x_1 + a_{12} x_2 + \ldots + a_{1n} x_n \le b_1$$
$$a_{21} x_1 + a_{22} x_2 + \ldots + a_{2n} x_n \le b_2$$
$$a_{m1} x_1 + a_{m2} x_2 + \ldots + a_{mn} x_n \le b_m$$

---

[142] Z.B. die Zuteilung von Leergut verschiedener Sammelstellen an verschiedene Füllstationen bei minimalen Transportkosten.
[143] Vgl. Runzheimer, B., Operations Research I, 6. Aufl., Wiesbaden 1995, S. 7 f.
[144] Die neuere Forschung hat Lösungsverfahren für einige nichtlineare Funktionen entwickelt oder versucht, nichtlineare Funktionen durch lineare zu approximieren. Vgl. Zimmermann, W., Operations Research, 9. Aufl., München/Wien 1999, S. 208 ff.

In diesen Ungleichungen bedeuten:

a_{11} = Kapazitätsbindung einer Einheit von Produkt 1 auf Maschine 1
a_{12} = Kapazitätsbindung einer Einheit von Produkt 2 auf Maschine 1 usw.

Die dritte Gruppe von Funktionen, die sog. **Nicht-Negativitätsbedingungen,** werden ebenfalls als System von Ungleichungen ausgedrückt. Sie besagen, daß ein Produktionsprogramm keine negativen Produktionsmengen enthalten darf, eine Situation, die zwar den mathematischen Bedingungen des Modells genügen würde, aber wirtschaftlich unsinnig ist.

Lineare Programmierungsprobleme sind entweder **Minimierungs- oder Maximierungsprobleme.** Je nach Art der Fragestellung wird mit den gleichen mathematischen Lösungsverfahren die Zielfunktion entweder minimiert oder maximiert, je nachdem, ob als Zielgröße z. B. der Gesamtgewinn oder die Gesamtkosten gewählt wurden.

Von den zahlreichen **Anwendungsmöglichkeiten** der Linearen Programmierung können hier nur einige Beispiele genannt werden:

(a) Die Ermittlung der kostenminimalen Mischung verschiedener Eisenerzsorten in der Hochofenabteilung eines Stahlwerkes bei bestimmten Anforderungen an die Roheisenqualität und die Schlackenzusammensetzung. Ähnliche Mischungsaufgaben werden mit Hilfe der linearen Planungsrechnung in der chemischen und pharmazeutischen Industrie sowie in der Futtermittel-, Nahrungsmittel- und Mineralölindustrie gelöst.

(b) Die Bestimmung optimaler Produktionspläne für mehrere Perioden unter Berücksichtigung der Maschinenbelegung und Lagerhaltung bei vorgegebenen Personal-, Maschinen- und Lagerkapazitäten, Absatzmengen usw.

(c) Die Lösung von Transportproblemen, wie z. B. die Minimierung der Leerzugkosten im Güterverkehr einer Eisenbahngesellschaft oder die kostengünstigste Verteilung der Produkte eines Mineralölkonzerns von verschiedenen Raffinerien auf verschiedene Niederlassungen und Läger und weiter auf einzelne Tankstellen und sonstige Verbraucher. (Vergleichbare Anwendungen sind bekannt für die Planung der Linienbesetzung von Fluggesellschaften, des Öltankereinsatzes der US-Navy, der Verteilung von Kohlesorten verschiedener Zechen auf die einzelnen Gaswerke des englischen North-Western-Gas-Board usw.)

(d) Ferner kann die Lineare Programmierung bei der Ermittlung optimaler Investitionsstrategien, Finanzpläne, Werbebudgets, Rundreisewege für Vertreter oder Lieferfahrzeuge sowie Stundenpläne im Unterrichtswesen angewendet werden.

Die Lineare Programmierung ist ein **Teilgebiet der mathematischen Programmierung,** zu der man außerdem noch die ganzzahlige, die parametrische, die stochastische und nichtlineare Programmierung zählt. Ist man bei einem konkreten Problem darauf angewiesen, für einzelne oder alle Planungsgrößen (Variablen) die Lösungswerte nur in ganzen Zahlen zu errechnen (weil z. B. 2,35 Maschinen nicht angeschafft werden können), so bedient man sich der Verfahren der ganzzahligen Linearen Programmierung.

Will man die Lösung eines optimalen Programms in Hinblick auf ihre Veränderungen bei Variation einzelner Planungsdaten (Parameter) überprüfen, so wendet man die Verfahren der parametrischen Programmierung an, die häufig auch als **Sensitivitätsanalysen** bezeichnet werden.

Sind die Daten der Modelle nicht sicher, sondern unterliegen sie dem Zufall, dann handelt es sich nicht mehr um deterministische, sondern um stochastische Modelle; in diesen Fällen können die Verfahren der **stochastischen Programmierung** eingesetzt werden. Wenn die Zielfunktion und/oder mindestens eine Nebenbedingung eines Planungsproblems nichtlinearen Funktionsgesetzen gehorcht, liegt ein Anwendungsfall der **nichtlinearen Programmierung** vor. (ÜB 4/16–21)

(2) **Warteschlangenmodelle**

Bei Warteschlangenmodellen[145] (waitingline models oder queuing models) geht es um die **Dimensionierung von Engpässen,** die dann auftreten können, wenn Objekte irgendwelcher Art in regelmäßiger oder zufälliger Folge bei einem Bedienungssystem mit einer oder mehreren Abfertigungsstationen (Kanälen) eintreffen und dort mit unregelmäßiger oder bestimmter Abfertigungszeit bedient werden. Beispielsweise warten Kunden an den Kassen eines Selbstbedienungsladens, Arbeiter am Ausgabeschalter eines Werkzeug-Magazins, Schiffe auf Entladung im Hafen, Telefongespräche auf Vermittlung, stillstehende Maschinen auf Inbetriebsetzung oder Versandaufträge auf Bearbeitung.

In diesen Situationen muß ein Kompromiß zwischen den Unterhaltungskosten der Bedienungseinrichtung und den Wartekosten der abzufertigenden Objekte gefunden werden. Zur Ermittlung eines derartigen Optimums verwendet man die Methoden der Wahrscheinlichkeitsrechnung, wobei die durchschnittliche Ankunfts- und Abfertigungsrate, die mittlere Schlangenlänge und die durchschnittliche Wartezeit eine besondere Rolle spielen. Bei komplizierten Systemen setzt man auch Simulationsverfahren ein.[146]

Beispiele:

(a) Die Ermittlung der optimalen Anzahl der Beschäftigten in den Werkzeugausgabestellen eines Industriebetriebes; minimiert wird die Summe aus den (fixen) Personalkosten an den Schaltern und den (variablen) Leerzeiten der wartenden Arbeiter.

(b) Die Bestimmung des Wartungspersonals in einer Spinnerei, wo die Spindeln der Maschinen infolge von Fadenbrüchen oder Materialmangel auf Bedienung warten; abzuwägen sind hier die Personalkosten gegenüber den Stillstandskosten der Maschinen.

(c) Die Dimensionierung des Fuhrparks eines Warenhauses zur Frei-Haus-Belieferung der Kunden.

(d) Die Arbeitszeiteinteilung von Telefonistinnen, Ampelregelung an Straßenkreuzungen, Besetzung von Maut- und Zollstellen, Zeit- und Ablaufplanung von Produktionsprozessen.

---

[145] Vgl. Schneeweiß, H., Zur Theorie der Warteschlangen, ZfhF 1960, S. 471 ff.
[146] Vgl. S. 170 f.

B. Die betrieblichen Produktionsfaktoren

(3) Lagerhaltungsmodelle

Lagerhaltungsmodelle (inventory models) beschäftigen sich mit den Fragen nach der Höhe der zu lagernden Bestände, nach der Größe der Lagerzugänge (Bestellmengen, Losgrößen), nach den voraussichtlichen Abgängen und nach der Organisation der Bestandskontrolle und Nachbestellung. Die Überlegungen gelten prinzipiell für Rohstoff-, Halb- und Fertigfabrikateläger; das zu ermittelnde Optimum stellt gewöhnlich einen Ausgleich zwischen Kostenarten her, die sich zur Höhe der Bestell- oder Lagermenge gegenläufig verhalten. So führt eine hohe Bestellmenge z. B. zu hohen kalkulatorischen Zinsen und gleichzeitig zu niedrigen Beschaffungsstückkosten.

Lagerhaltungsmodelle sind entsprechend den unterschiedlichen Fragestellungen in ihrer mathematischen Struktur sehr heterogen. Der Differentialrechnung bedient man sich bei den Modellen, die auf der Formel für die optimale Bestellmenge bzw. Losgröße[147] aufbauen. Andere Modelle arbeiten mit den Verfahren der linearen und dynamischen Programmierung, der Wahrscheinlichkeitstheorie oder der Simulation. So lassen sich z. B. folgende Tatbestände, die auch die Anwendungsmöglichkeiten dieses Teilgebietes der Unternehmensforschung verdeutlichen, in den verschiedenen Modellen berücksichtigen: Marktpreisschwankungen auf den Beschaffungsmärkten; mengenabhängige Beschaffungspreise (durch Rabattstaffeln); „Kosten" für Fehlmengen; Qualitätsminderungen des Bestandes in Abhängigkeit von der Lagerhaltung; zufallsabhängige Lieferfristen und Lagerabgänge; Kapazitäts- und Kapitalrestriktionen; mehrperiodische Abstimmung zwischen Produktion und Lager (auch unter Berücksichtigung saisonaler Absatzschwankungen). (ÜB 3/1–8)

(4) Die Netzplantechnik

Die Netzplantechnik[148] (network analysis) umfaßt Verfahren zur Planung, Steuerung und Ablaufkontrolle komplexer Projekte mit einer größeren Anzahl auszuführender Arbeitsgänge. Sie hat seit ihrer Entstehung um 1957/58 eine rapide Entwicklung erfahren und gehört heute zu den in der Praxis bekanntesten Verfahren der Unternehmensforschung; dazu trug neben der schnellen Verbreitung von EDV-Anlagen auch ihre einfache, d. h. leicht erlernbare, mathematische Struktur bei.

Die Grundlagen der Netzplantechnik entstammen der Graphentheorie; allen Verfahren ist ein graphisches Modell (Netzplan) gemeinsam, das die einzelnen Arbeitsgänge (Tätigkeiten, Vorgänge, Aktivitäten) und die Zeitpunkte, an denen diese Tätigkeiten beginnen bzw. enden (Ereignisse, Knoten, events), in ihrer logischen Aufeinanderfolge übersichtlich und eindeutig darstellt. Erst nach einer derartigen Strukturanalyse können weitere Untersuchungen angestellt werden, die sich gewöhnlich auf das Zeitgerüst des Projekts erstrecken und den herkömmlichen Terminplanungsverfahren überle-

---

[147] Vgl. S. 436 ff. bzw. 443 ff.
[148] Vgl. Zimmermann, W., a. a. O., S. 6 ff. sowie Dinkelbach, W., Operations Research, a. a. O., S. 215 ff.

gen sind. Man ermittelt beispielsweise den „kritischen Pfad", der jene Aktivitäten des Netzplanes angibt, deren Verzögerung auch den Endtermin des Projekts verzögern würde. Nicht kritische Vorgänge sind dann innerhalb gewisser Grenzen (Pufferzeiten) verschiebbar. Neuere Verfahren berücksichtigen schließlich auch Kapazitäts- und Kostengesichtspunkte.

Von der Vielzahl der Netzplan-Techniken seien hier nur einige der bekannteren erwähnt: **CPM** (Critical Path Method); **PERT** (Program Evaluation and Review Technique); **MPM** (Metra Potential Method).

Auch von den **Anwendungsgebieten** kann nur ein kleiner Ausschnitt aufgezeigt werden:
(a) Entwicklung von Waffen- und Nachrichtensystemen; beim Polaris-Projekt der amerikanischen Marine erwies sich PERT als so wirkungsvoll, daß der Einsatz von Netzplantechniken für die Erlangung von Regierungsaufträgen in den USA heute obligatorisch ist;
(b) Planung von Bauvorhaben (Autobahnen, Hotels, Universitäten, Atomkraftwerke);
(c) Installation und Programmierung von EDV-Anlagen;
(d) Wartungs- und Reparaturplanung von Großanlagen (Flugzeuge, Raffinerien, Drehöfen, Fuhrpark);
(e) Erprobung und Markteinführung neuer Produkte; Planung von Wahl- und Werbekampagnen, von Konferenzen und Fertigungsabläufen; Vorbereitung von Angeboten usw.

(5) **Ersatzmodelle**

Ersatzmodelle (Erneuerungsmodelle, replacement models) beschäftigen sich mit der optimalen Ersatzpolitik bei Gegenständen, deren Funktionsfähigkeit plötzlich, vollständig und nicht vorhersehbar endet und die gewöhnlich in größerer Zahl eingesetzt sind (z.B. Glühbirnen, Elektronenröhren, Maschinenelemente).[149] Die Alternativen für die Ersatzpolitik solcher Gegenstände bestehen darin, entweder bei jedem Ausfall sofort einzeln zu ersetzen oder nach einer bestimmten Zeit alle Gegenstände auf einmal zu erneuern. Beim Gruppenersatz sind die Reparaturkosten pro Stück geringer als beim Einzelersatz; gleichzeitig müssen aber zusätzliche Kosten wegen der Erneuerung noch funktionsfähiger Gegenstände veranschlagt werden. Das Ziel der Ersatzmodelle besteht darin, das hier existierende Kostenminimum und damit die optimale Ersatzstrategie aufzufinden.

Wie bei ähnlichen zufallsabhängigen Problemen (vgl. Warteschlangen- und Lagerhaltungsmodelle) gibt es auch für Ersatzprobleme kein allgemeingültiges Lösungsverfahren. Man bedient sich vor allem der Wahrscheinlichkeitsrechnung und der Simulationsverfahren.

Anwendungen sind z.B. bekannt für den Ersatz von Schwellen und Schienen (bei einer Eisenbahngesellschaft); für den Ersatz von Glühlampen; für

---

[149] Dagegen werden Überlegungen zum Ersatz von Gegenständen, deren Leistungsfähigkeit im Zeitablauf allmählich sinkt (z.B. Maschinen, Kfz) gewöhnlich nicht im Rahmen der Unternehmensforschung behandelt, sondern als Teilgebiet der Investitionsrechnung betrachtet.

den Ersatz elektronischer Teile an Radargeräten und für prophylaktische Reparaturen eines Maschinenparks (Kugellager, Ventile usw.).

(6) **Die dynamische Programmierung**

Die dynamische Programmierung (dynamic programming) beinhaltet Rechenverfahren zur Optimierung mehrstufiger Prozesse, bei denen die Entscheidung auf jeder Stufe die Entscheidungssituation auf der nächsten Stufe beeinflußt. Das von R. Bellman (1957) maßgeblich entwickelte Verfahren basiert auf dem Prinzip der Rekursion; man rechnet vom Endzustand rückwärts über alle Entscheidungsstufen bis zum Prozeßbeginn.

Die Anwendungsbereiche der noch nicht sehr weit entwickelten und verbreiteten dynamischen Programmierung erstrecken sich insbesondere auf Produktionsplanungs-, Lagerhaltungs- und Ersatzprobleme.

(7) **Simulationsverfahren**

Bei fast allen bisher genannten (insbesondere stochastischen) Teilgebieten der Unternehmensforschung treten Probleme auf, die infolge ihrer Komplexität äußerst schwierige Berechnungen erfordern würden. Hier können Simulationsverfahren[150] weiterhelfen. Man versteht darunter experimentelle Methoden, die anhand eines mathematischen Modells durch Versuche (Probieren) eine Näherungslösung anstreben. Dabei werden nicht sämtliche Datenkonstellationen durchgerechnet, sondern nur gewisse, bei ersten Versuchen Erfolg versprechende Alternativen weiterverfolgt. Die zur Nachbildung der Ungewißheit benötigten Zufallszahlen werden meistens mit der sog. **Monte-Carlo-Methode**[151] erzeugt.

Simulationsverfahren lassen sich grundsätzlich in allen Teilbereichen der Unternehmensforschung anwenden, wenngleich ihr bedeutsamstes Feld die Warteschlangen-, Lagerhaltungs- und Ersatzprobleme sind; eine Anzahl von Simulations-Programmen[152] für EDV-Anlagen liegt hierzu vor.

cc) Grenzen der Anwendung von Operations Research

Der Anwendung mathematischer Planungsverfahren sind Grenzen gesetzt. Diese Grenzen gelten allerdings zum Teil für alle in der Betriebswirtschaftslehre verwendeten Modelle, also z.B. auch für die später zu betrachtenden kosten- und preistheoretischen Modelle.

Die Möglichkeiten der Anwendung von Operations Research hängen zunächst von der **Beschaffung der notwendigen Daten** ab. Für manche Verfahren sind Daten erforderlich, die in der Praxis nicht zu beschaffen sind. So wird z.B. in der Spieltheorie mit bekannten Gewinnen und Verlusten gearbeitet, also mit Daten, die in der Praxis nicht verfügbar sind.[153] Des weite-

---

[150] Vgl. Koxholt, R., Die Simulation – Ein Hilfsmittel der Unternehmensforschung, München-Wien 1967
[151] Gelegentlich werden die Begriffe „Simulation" und „Monte-Carlo-Methode" auch synonym verwandt.
[152] Für Simulationsverfahren wurden auch spezielle Programmiersprachen entwickelt, wie z.B. SIMULA und SIMSCRIPT.
[153] Vgl. Churchman, C.W., Ackoff, R.L., Arnoff, E.L., a.a.O., S. 510ff., wo in dieser Beziehung unter sehr optimistischen Annahmen gearbeitet wird.

ren müssen die einzelnen, in ein Operations Research-Modell eingehenden Faktoren quantifizierbar und meßbar sein, da ihre Größe und Veränderungen sonst nicht durch mathematische Modelle auszudrücken sind.

Eine zweite Begrenzung der Anwendung der Verfahren liegt in den verwendeten **mathematischen Modellen.** Sie setzen voraus, daß eine streng kausale Beziehung zwischen den einzelnen Variablen besteht. Existiert eine derartige Beziehung nicht, können die Verfahren nicht angewendet werden. Damit scheiden diejenigen betriebswirtschaftlichen Probleme, die durch ein Vorherrschen menschlicher Entscheidungsfreiheit gekennzeichnet sind, größtenteils aus dem Forschungsgebiet von Operations Research aus. Darüber hinaus gibt es betriebliche Vorgänge, die nur in stark vereinfachter Darstellung modellmäßig erfaßt werden können. Das hat zur Folge, daß weniger wichtige Faktoren entweder ganz fallengelassen oder als konstant angenommen werden müssen, worunter die Exaktheit und Zuverlässigkeit des Ergebnisses leidet.

Eine dritte Begrenzung erfährt die Anwendung von Operations Research-Verfahren durch die vorhandenen **Lösungsverfahren.** So ist man zwar in der Lage, bei Zuteilungsproblemen mit nichtlinearen Abhängigkeiten Modelle aufzustellen, doch reichen die bekannten Lösungsverfahren nicht aus, um bei komplexen nichtlinearen Programmen eindeutig optimale Kombinationen zu bestimmen.

Das wichtigste betriebsbedingte Kriterium, an dem die Anwendbarkeit von Operations Research geprüft werden muß, ist die **Frage der Wirtschaftlichkeit.** In jedem einzelnen Fall muß abgewogen werden, ob die durch den Einsatz von Operations Research zu erzielenden Ersparnisse die entstehenden Kosten rechtfertigen; beide Größen können in der Regel nur geschätzt werden. Das ist neben der Betriebsgröße auch von der Art der anfallenden betrieblichen Probleme abhängig.

Die aufgezeigten Grenzen der Anwendung können jedoch nicht scharf gezogen werden. Eine allgemeingültige Bestimmung der verfahrensbedingten Grenzen ist z. B. deshalb unmöglich, weil ständig neue Forschungsergebnisse erzielt werden. So werden durch Verbesserungen der statistischen Beobachtungs- und Aufbereitungsverfahren bisher nicht meßbare Variablen meßbar oder durch Entwicklung neuer Lösungsverfahren manche nichtlineare Programme lösbar.

8. Die Betriebsorganisation

a) Begriff und Aufgaben der Organisation

Das gesamte betriebliche Geschehen vollzieht sich in einer bestimmten Ordnung, d. h. nach bestimmten Regelungen. Diese Ordnung muß zunächst geplant und dann mit Hilfe von organisatorischen Maßnahmen verwirklicht werden. Unter Organisation verstehen wir einerseits den **Prozeß der Entwicklung dieser Ordnung** aller betrieblichen Tätigkeiten (Strukturierung) und andererseits das Ergebnis dieses gestalterischen Prozesses, d. h. die **Ge-**

B. Die betrieblichen Produktionsfaktoren

samtheit aller Regelungen, deren sich die Betriebsleitung und die ihr untergeordneten Organe bedienen, um die durch Planung entworfene Ordnung aller betrieblichen Prozesse und Erscheinungen zu realisieren. Die Organisation ist also eine Aufgabe der Betriebsleitung (ebenso wie Planung und Kontrolle) und gleichzeitig ein Mittel in ihrer Hand, um die Kombination der Produktionsfaktoren Arbeit, Betriebsmittel und Werkstoffe, aber auch um die Mitwirkung des dispositiven Faktors selbst an der Erstellung der Betriebsleistung zielentsprechend zu gestalten.

Gutenberg bezeichnet die Betriebsorganisation als einen **derivativen Produktionsfaktor,** weil die Träger der organisatorischen Aufgaben „ihre Anweisungsbefugnisse aus dem obersten Direktionsrecht der Geschäfts- und Betriebsleitung ableiten".[154]

Die hier vorgetragene relativ enge Auffassung des Begriffes Organisation wird auch von Lohmann vertreten. Er trennt Disposition und Organisation scharf voneinander und bezeichnet die Organisation als das „Gehäuse, in dem Planung, Ablauf und Kontrolle sich vollziehen, aber mit eigentlichem wirtschaftlichem Inhalt und vor allem Impulsen erfüllt es erst die Disposition".[155] Gutenberg versteht unter Organisation „nur diejenige Apparatur ..., die die Aufgabe hat, eine durch Planung vorgegebene Ordnung im Betriebe zu realisieren".[156] Der Begriff der Organisation ist auch weiter gefaßt worden, indem man auch die Planung der Ordnung oder sogar alle gestaltenden Kräfte des Betriebes als Organisation betrachtet und damit praktisch Betrieb und Betriebsorganisation gleichsetzt.

Zwischen Planung und Organisation bestehen wechselseitige Beziehungen. Da grundsätzlich alle betrieblichen Tätigkeiten der Planung unterliegen, gibt es auch eine **Planung der Organisation.** Da umgekehrt alle betrieblichen Tätigkeiten organisiert werden müssen, gibt es ebenso eine **Organisation der Planung.** Beide Tätigkeitsgebiete durchdringen sich gegenseitig vor allem während der Aufbauphase eines Betriebes und bei tiefergreifenden Umstellungen. Sachlich läßt sich ein Vorrang des einen oder des anderen Gebietes nicht begründen. Da die Funktionen der Planung und der Organisation in der Regel von getrennten Abteilungen vollzogen werden, gehört es zu den wichtigen Aufgaben der Betriebsleitung, die Tätigkeiten in beiden Bereichen zu koordinieren.

Gegenstand der Organisation ist, wie oben schon erwähnt, die gesamte betriebliche Tätigkeit. Ebensowenig wie es eine allgemeinverbindliche und von Überschneidungen freie Systematik der betrieblichen Funktionen gibt, existiert eine zweifelsfreie Systematik der einzelnen Gegenstände der Organisation. Das Handwörterbuch der Organisation[157] enthält die folgenden, hier interessierenden Tätigkeitsgebiete als Stichworte:

---

[154] Gutenberg, E., Grundlagen, Bd. I, a. a. O., S. 8
[155] Lohmann, M., Einführung in die Betriebswirtschaftslehre, 4. Aufl., Tübingen 1964, S. 250
[156] Gutenberg, E., Grundlagen Bd. I, a. a. O., S. 236
[157] Handwörterbuch der Organisation (HdO), hrsg. von E. Grochla, 3. Aufl., Stuttgart 1992 (1. Aufl., Stuttgart 1969)

Organisation von:
Absatz
Anlagenwirtschaft
Fertigung
Finanzierung
Forschung
Kontrolle
Materialwirtschaft
Personalwesen
Planung
Rechnungswesen
Revision (interne)
Transportwesen
Werbung

Es handelt sich also um eine Mischung aus betrieblichen Haupt- oder Unterfunktionen (z.B. Absatz bzw. Werbung) und sog. Querfunktionen, z.B. Personalwesen. Die Organisation der Betriebsführung (mit Ausnahme der Teilgebiete Planung, Kontrolle und interne Revision) ist nicht mit einem eigenen Stichwort vertreten. Diese Gruppen sind unter Zweckmäßigkeitsgesichtspunkten gebildet worden und entsprechen der häufig in der Praxis anzutreffenden Abteilungsgliederung der Betriebe. Es sind also auch andere Einteilungen der Tätigkeitsgebiete denkbar. Wir wollen an dieser Stelle nur die Grundsätze der Organisation besprechen. Bei der Behandlung der einzelnen Produktionsfaktoren bzw. der einzelnen betrieblichen Funktionen werden wir – soweit erforderlich – auf organisatorische Besonderheiten dieser Gebiete hinweisen.

In jedem geordneten Betrieb müssen alle betrieblichen Tatbestände geregelt werden. Diese **„Regelungen"** bilden den Inhalt der Betriebsorganisation; sie gewährleisten, daß eine bestimmte Ordnung im betrieblichen Ablauf herrscht.

„Regelungen" stellen Anweisungen der Betriebsführung und ihrer Organe dar. Sie können bestimmte Tatbestände ein für allemal ordnen. Das ist dann der Fall, wenn sich bestimmte Vorgänge immer wieder in gleicher oder ähnlicher Weise wiederholen, so daß sich eine Regelung in jedem Einzelfall erübrigt. Man spricht dann von einer **„allgemeinen Regelung"**. Sie bedeutet, daß die Entscheidungsfreiheit der Betriebsangehörigen bei der Erfüllung ihrer Aufgaben eingeschränkt wird. Bestehen keine allgemeinen Regelungen, so muß jeder Fall **speziell** geregelt werden. Das bringt für denjenigen, der dispositive Aufgaben zu lösen hat, einen größeren Ermessensspielraum. Für denjenigen, der nur ausführende Arbeiten zu verrichten hat, ist es gleichgültig, ob die Gestaltungsmöglichkeiten seiner Tätigkeit durch allgemeine oder spezielle Regelungen eingeschränkt werden. Für denjenigen, der dispositive Arbeit ausführt, besteht die Möglichkeit, eine allgemeine oder spezielle Regelung zu treffen.

Je größer die Gleichartigkeit, Regelmäßigkeit und Wiederholbarkeit betrieblicher Prozesse wird, um so mehr allgemeine Regelungen können getroffen werden und um so weniger spezielle Anordnungen sind erforderlich. Gutenberg bezeichnet die Tatsache, daß mit abnehmender Veränderlichkeit betrieblicher Tatbestände die Tendenz zur allgemeinen Regelung zunimmt, als das **„Substitutionsprinzip der Organisation"**.[158] Die Vergrößerung der Zahl der allgemeinen Regelungen nimmt dem Betriebsangehörigen immer mehr verantwortungsbewußte Entscheidungen ab, alles wird „von oben"

---
[158] Gutenberg, E., Grundlagen, Bd. I, a.a.O., S. 240

geregelt, der einzelne ist nur noch mechanisch ausführendes Organ, keine selbständige Persönlichkeit mehr. Formulare, die den Ablauf bestimmter Vorgänge bis in die letzte Einzelheit vorschreiben, nehmen dem einzelnen die Entscheidung ab und machen bestimmte Fachkenntnisse, die für selbständige Entscheidungen erforderlich wären, überflüssig. Das Entwerfen des Formulars stellt eine einmalige organisatorische Leistung dar; ist sie vollzogen, so besteht damit eine neue allgemeine Regelung.

Der **Vorteil** der allgemeinen Regelung besteht darin, daß sie eine erhebliche Vereinfachung der betrieblichen Führungsaufgaben bedeuten und damit die Führungsorgane entlasten und für andere Aufgaben frei machen. Der **Nachteil** liegt darin, daß sie dort, wo sie nicht die optimale Lösung einer organisatorischen Aufgabe darstellen, zu einer Schematisierung von Abläufen führen, bei denen eine spezielle Regelung in jedem Falle sinnvoller wäre, weil es ihnen an Gleichartigkeit und Regelmäßigkeit fehlt, die die Anwendung allgemeiner Regelungen voraussetzt.

Die wesentliche organisatorische Aufgabe besteht darin, das durch das Substitutionsprinzip determinierte **organisatorische Optimum** anzustreben. Hierunter ist der Zustand zu verstehen, der dadurch gekennzeichnet ist, daß genau alle gleichartigen, sich wiederholenden betrieblichen Vorgänge allgemeinen und keinen speziellen Regelungen unterliegen.[159] Die Substitution spezieller durch allgemeine Regelungen ist durch das zweckmäßige Verhältnis beider Regelungen begrenzt. Sie muß nach dem **Prinzip des organisatorischen Gleichgewichts** einen Ausgleich zwischen dem stabilen, aber unelastischen allgemeinen Regelungssystem und dem elastischen, aber instabilen speziellen System schaffen. Die Forderung nach Gleichgewichtigkeit ist nicht nur an die Regelungssysteme zu stellen, sondern auch an die Stärke der einzelnen Regelungen, mit der diese in den Entscheidungsspielraum betrieblicher Funktionsträger eingreifen und sich somit auf den Ablauf betrieblicher Prozesse auswirken. Liegen, gemessen an den zu erfüllenden Aufgaben, unangemessen starke Regelungen vor, so sprechen wir von einem überorganisierten Betrieb. Ein unterorganisierter Betrieb liegt entsprechend dann vor, wenn die Regelungen zu schwach ausgestaltet sind.

b) Formelle und informelle Organisationsstruktur

In der deutschen Literatur zur betriebswirtschaftlichen Organisationslehre hat sich eine Trennung in Aufbauorganisation und Ablauforganisation eingebürgert. Die **Aufbauorganisation** erstreckt sich auf die Verknüpfung der organisatorischen Grundelemente (Stelle, Instanz und Abteilung) zu einer organisatorischen Struktur und auf den Beziehungszusammenhang zwischen diesen Elementen. Bei der **Ablauforganisation** handelt es sich demgegenüber um die Ordnung von Handlungsvorgängen (Arbeitsprozessen). Anders formuliert: die Aufbauorganisation befaßt sich mit Fragen der **Institution,** die Ablauforganisation mit den **Arbeits- und Bewegungsabläufen** inner-

---

[159] Vgl. Kern, W., Der Betrieb als Faktorkombination, in: Allgemeine Betriebswirtschaftslehre, Handbuch für Studium und Prüfung, hrsg. von H. Jacob, 5. Aufl., Wiesbaden 1988, S. 183

halb dieser Institutionen. Hier wird deutlich, daß es sich bei dieser Trennung von Aufbau und Ablauf um einen wissenschaftlichen „Kunstgriff" handelt, dessen Anwendung fragwürdig ist.

In der Realität sind die Organisationsstruktur eines Betriebes und die darin vollzogenen Abläufe untrennbar verbunden; beide bedingen sich gegenseitig. Das heißt aber, daß die Organisation von Ablauf und Aufbau synchron erfolgen muß. Bei der Trennung von Aufbau und Ablauf handelt es sich also um unterschiedliche Betrachtungsweisen[160] ein und desselben betrieblichen Tatbestandes, eine gedankliche Abstraktion also, die die wissenschaftliche Durchdringung erleichtern soll, die aber nicht bis zur letzten Konsequenz durchzuführen ist, wie sich später noch zeigen wird.

Aufbau- und Ablauforganisation bilden die formelle Organisationsstruktur des Betriebes. Diese fügt das betriebliche Geschehen zu einer auf den Unternehmenszweck ausgerichteten Einheit zusammen. Neben der bewußt vorgegebenen formellen Organisationsstruktur entwickeln sich in der Praxis unbewußt gebildete **(informelle) Organisationen,** die im Zeitablauf Veränderungen unterliegen. Die Ursache ihrer Entstehung ist in den menschlichen Eigenheiten, wie z. B. Sympathie, Antipathie, gemeinsamen Interessen, und dem unterschiedlichen sozialen Status der betrieblichen Mitarbeiter zu suchen. Ihren Ausdruck finden informelle Gruppenbildungen oftmals im Betriebsklima. Dadurch, daß formelle und informelle Organisationsstrukturen nebeneinander bestehen, ergeben sich entweder fördernde oder hemmende Auswirkungen auf die bewußt gestaltete Struktur. Das Erkennen von informellen Gruppen ist somit eine wichtige Aufgabe der Betriebsleitung. Sie muß bemüht sein, positive Einwirkungen zu fördern und hemmende Konflikte zu verhindern (Personalpolitik).

c) Die Aufbauorganisation

Aufgabe der Aufbauorganisation ist es, ausgehend von der gegebenen Gesamtaufgabe des Betriebes (z. B. Erbringen einer Marktleistung unter Beachtung des erwerbswirtschaftlichen Prinzips), eine Aufspaltung in so viele Teilaufgaben (oder Einzelaufgaben) vorzunehmen, daß durch die anschließende Kombination dieser Teilaufgaben zu Stellen „eine sinnvolle arbeitsteilige Gliederung und Ordnung der betrieblichen Handlungsprozesse"[161] entsteht. Erste Aufgabe der Aufbauorganisation (wenn wir sie als Tätigkeit des Organisierens verstehen) ist also die Analyse und Zerlegung der Gesamtaufgabe des Betriebes **(Aufgabenanalyse).** Die zweite Aufgabe besteht dann darin, die Einzelaufgaben zusammenzufassen, indem „Stellen" gebildet werden **(Aufgabensynthese),** wobei sich aus der Aufgabenstellung Beziehungszusammenhänge zwischen diesen Stellen ergeben.

aa) Die Aufgabenanalyse

Unter **Aufgabe** versteht man eine Zielvorschrift für menschliches Handeln. Die Aufgabe fordert vom Menschen, einen bestimmten Zustand zu

---

[160] Vgl. Kosiol, E., Organisation der Unternehmung, Wiesbaden 1962, S. 186 ff.
[161] Kosiol, E., Aufbauorganisation, HdO, 1. Aufl., Stuttgart 1969, Sp. 172

B. Die betrieblichen Produktionsfaktoren

verwirklichen. So gesehen läßt sich eine Aufgabe durch die folgenden fünf Merkmale beschreiben:[162]
(1) durch ihren Verrichtungsvorgang (manuell oder geistig, ausführend oder leitend oder Kombinationen davon);
(2) durch ihr Objekt (personell, materiell oder immateriell);
(3) durch die zur Verrichtung notwendigen Arbeits- oder Hilfsmittel;
(4) durch ihren räumlichen Bezug;
(5) durch ihren zeitlichen Bezug.

Es stellt sich die Frage, nach welchen Gesichtspunkten die Zergliederung der betrieblichen Gesamtaufgabe in Teilaufgaben vorgenommen werden soll. Kosiol[163] unterscheidet die folgenden Gliederungsmerkmale:
(1) die **Verrichtungsanalyse;** eine Aufgabe wird in die einzelnen, zu ihrer Erfüllung notwendigen Verrichtungen zerlegt;
(2) die **Objektanalyse;** die Aufgabe wird nach den einzelnen Objekten, an denen sie erfolgt, zergliedert (z. B. Teilaufgaben an Rohmaterial, an Einbauteilen, am Endprodukt);
(3) die **Sachmittelanalyse;** eine Aufgabe wird nach den Sachmitteln, die zu ihrer Durchführung erforderlich sind, in Teilaufgaben aufgespalten (z. B. Bohrmaschine, Drehbank, Rechenmaschine usw.);
(4) die **Ranganalyse;** alle Teilaufgaben werden in ein Rangverhältnis eingeordnet (leitende Teilaufgaben oder ausführende Teilaufgaben);
(5) die **Phasenanalyse;** alle Teilaufgaben werden nach ihrer sachlichen Zugehörigkeit in das Phasenschema „Planung, Realisation, Kontrolle" eingeordnet;
(6) die **Zweckbeziehungsanalyse;** alle Aufgaben werden nach ihrem Zweck eingeordnet, wobei man primäre Aufgaben (zur Erbringung der eigentlichen Betriebsleistung) und sekundäre Aufgaben, die die zielgerechte Erfüllung der primären Aufgaben sichern helfen, unterscheidet (z. B. Kantine).

Diese Gliederungsmerkmale können nicht alternativ angewendet werden, sondern alle Gliederungen werden für die folgende Aufgabensynthese benötigt. Erst wenn man die Gesamtaufgabe eines Betriebes nach allen diesen Merkmalen in Teilaufgaben zerlegt hat, erhält man einen Einblick in die komplizierte Struktur der Teilaufgaben, die durch die gegebene Gesamtaufgabe bedingt ist. Das Ergebnis der Aufgabenanalyse sind Aufgabengliederungspläne nach den verschiedenen Merkmalen, die eine Voraussetzung dafür sind, daß die Verfahren der Aufgabensynthese angewendet werden können.

bb) Die Aufgabensynthese

(1) Die Stellenbildung

Ziel der Aufgabensynthese ist es, die im Rahmen der Aufgabenanalyse gebildeten Teilaufgaben (Elementaraufgaben) so zu kombinieren, daß daraus

---

[162] Vgl. Kosiol, E., Organisation der Unternehmung, a. a. O., S. 43
[163] Kosiol, E., Aufgabenanalyse, HdO, 1. Aufl., Stuttgart 1969, Sp. 203 ff. und Organisation der Unternehmung, a. a. O., S. 49

arbeitsteilige Einheiten, die sog. **Stellen,** entstehen, die zusammen mit ihren Verknüpfungen dann die organisatorische Struktur des Betriebes bilden. Die Stelle ist damit das Grundelement der Aufbauorganisation. Sie stellt die Zusammenfassung von Teilaufgaben zum Arbeitsbereich und Aufgabenbereich einer Person dar.

Wieviele Teilaufgaben und welche Arten zu einer Stelle zusammengefaßt werden sollen, läßt sich nicht allgemein sagen. Ein Ziel der Stellenbildung ist es, die Stelle leicht „beherrschbar" zu halten, indem ihr gleichartige Aufgaben zugeordnet werden. Dieses Prinzip hat allerdings den Nachteil größerer Monotonie, durch die der Leistungswille des Stelleninhabers gehemmt werden kann. Bei der Stellenbildung darf auch nicht nur eine Stelle isoliert betrachtet werden, sondern die Aufgabensynthese muß so vorgenommen werden, daß für alle Stellen ein möglichst hoher Grad an Beherrschbarkeit erreicht wird.

Grundsätzlich sind bei der Elementaraufgabenkombination zur Bildung einer Stelle zwei Möglichkeiten gegeben:

(a) Die Stellenaufgabe wird auf eine **abstrakte noch zu suchende Person** abgestellt. In diesem Fall bilden die am Arbeitsmarkt anzutreffenden Kenntniskombinationen oder Fähigkeiten (Angebot an Aufgabenerfüllung) bestimmte Beschränkungen (z.B. läßt das Vorhandensein von kaufmännisch ausgebildeten Technikern eine andere Stellenbildung zu, als wenn nur Kaufleute oder Techniker verfügbar wären).

(b) Für in der Hierarchie hohe und höchste Stellen kann die Ausrichtung der Stelle **nach der Kenntniskombination** (Fähigkeiten) **des** bereits bekannten **zukünftigen Stelleninhabers** erfolgen, wenn er über eine hochwertige, u.U. seltene oder einmalige Kenntniskombination (Aufgabenerfüllungskombination) verfügt, so daß eine „Maßschneiderung" einer Stelle für den Betrieb von hohem Interesse ist. Die Gefahr einer derartigen Stellenbildung für den Betrieb besteht darin, daß der Stelleninhaber in gewisser Weise unersetzlich wird und folglich hohe Gehaltsforderungen stellen kann. Schwerer wiegt aber, daß bei seinem Ausscheiden oder Tod die Umbildung einer Anzahl benachbarter Stellen erforderlich werden kann, so daß über die Interdependenzen zwischen den einzelnen Stellen das gesamte Stellengebäude in Mitleidenschaft gezogen werden kann.

Das Ergebnis der Stellenplanung ist der **Stellenplan.** Die Zuordnung der Teilaufgaben wird in **Stellenbeschreibungen** niedergelegt, die verbindlich die Eingliederung der Stelle in die Organisationsstruktur, ihre Funktionen, Verantwortlichkeiten und Kompetenzen wiedergeben. Schwarz charakterisiert die Stellenbeschreibungen folgendermaßen:[164] „Stellenbeschreibungen sind ein praktisches Hilfsmittel der zweckmäßigen Eingliederung von Aufgabenträgern in organisatorische Beziehungszusammenhänge ... Der Hauptzweck von Stellenbeschreibungen besteht in der Sicherung einer rationalen, reibungslosen und kontinuierlichen Aufgabenerfüllung. Sie stellen die höchst-

---

[164] Schwarz, H., Arbeitsplatzbeschreibungen, 13. Aufl., Freiburg i. Br. 1995, S. 21

entwickelte Form der schriftlichen Festlegung organisatorischer Regelungen in der Unternehmung dar. Insbesondere erstrecken sich Stellenbeschreibungen auf folgende Komplexe:
1) sachliche Festlegung der Aufgaben,
2) nähere Erläuterung der organisatorischen Eingliederung der Stelle und Angabe organisatorischer Beziehungen (Verkehrswege),
3) Anleitung zur zweckmäßigen Aufgabenlösung und
4) Darstellung personeller Anforderungen auf Grund der Aufgabenübernahme durch den Stelleninhaber."

(2) **Kompetenz – Verantwortung**

Aus der Stellenaufgabe leitet sich die **Kompetenz** und die Verantwortung des Stelleninhabers ab. „Unter Kompetenz versteht man in der Organisationslehre die einem Stelleninhaber ausdrücklich zugeteilten Rechte oder Befugnisse. Ihr Gegenstück sind die Pflichten oder Verantwortungen, welche der Stelleninhaber zu übernehmen hat."[165]

Den Begriff **Verantwortung** definiert Hauschildt als die „Pflicht einer Person (Aufgabenträger), für die zielentsprechende Erfüllung einer Aufgabe persönlich Rechenschaft abzulegen". Die Verantwortung „setzt Beziehungen zwischen mindestens zwei Stellen voraus: der auftraggebenden Stelle und der auftragnehmenden Stelle. Zwischen beiden Stellen wird durch die Erteilung von Kompetenz und Verantwortung ein Regelkreis errichtet: Nach oder während der Aufgabenerfüllung soll die Rechenschaftslegung (Vollzugsmeldung, feed-back) erfolgen. Die Verantwortung ist die Pflicht zur ‚Antwort' auf die Frage, ob die gestellte Aufgabe zielentsprechend erfüllt wurde ... Wenn diese Frage zu bejahen ist, wird dem Aufgabenträger Entlastung erteilt. Wenn die Aufgabe erfolglos oder schadenbewirkend oder nicht erfüllt wurde, unterwirft sich die untergeordnete Stelle der negativen Sanktion. Sie ‚wird zur Verantwortung gezogen'".[166]

(3) **Instanzen- und Abteilungsbildung**

Die Verteilung der Aufgaben auf die einzelnen Stellen kann nach verschiedenen Merkmalen erfolgen. **Sachliche Merkmale** sind z.B. das Arbeitsobjekt (Objektprinzip) und die Arbeitsverrichtung (Verrichtungsprinzip). Entweder werden die Aufgaben an gleichen Objekten zu einer Stelle zusammengefaßt; dann werden in dieser Stelle ungleiche Arbeitsverrichtungen vorgenommen (z.B. handwerkliche Fertigung). Oder Aufgaben mit gleichen Verrichtungen werden einer Stelle zugeordnet, was bedeutet, daß diese Stelle ihre Arbeitsverrichtungen an ungleichen Objekten vornimmt (z.B. Werkstattfertigung).

Das wichtigste **formale Merkmal** der Aufgabenverteilung ist die **Rangbildung** der Stellen, die daraus resultiert, daß die Aufgaben in Ausführungsaufgaben und Leitungsaufgaben zerfallen. Werden die sich auf Ausführungsarbeiten verschiedener Stellen beziehenden Leitungsaufgaben zu einer rang-

---

[165] Ulrich, H., Kompetenz, HdO, 1. Aufl., a.a.O., Sp. 852
[166] Hauschildt, J., Verantwortung, HdO, 1. Aufl., a.a.O., Sp. 1693f.

höheren Stelle zusammengefaßt, so entsteht eine **Instanz,** d.h. eine Stelle, die Leitungsaufgaben für eine Reihe rangniederer Stellen übernimmt. Die Gesamtheit dieser Stellen, also die Instanz selbst und die ihr untergeordneten Stellen bezeichnet man als **Abteilung.** Wird ein Teil der Leitungsaufgaben mehrerer Instanzen einer weiteren Stelle zugeordnet, so entsteht damit eine übergeordnete Instanz und die Gesamtheit dieser Stellen bildet dann die übergeordnete Abteilung.

Betrachtet man diesen gleichen Vorgang nicht vom Standpunkt der rangniederen Stelle, sondern von der Aufgabenstellung der ranghöheren Stelle, so spricht man von der **Delegation von Aufgaben,** besonders von der Delegation von Leitungsbefugnissen. Wichtigstes Problem bei der Aufgabenverteilung nach dem Merkmal Rang ist die Frage, ob Leitungsaufgaben zu vereinigen oder möglichst zu trennen sind, d.h., ob man ein zentralisiertes oder dezentralisiertes Leitungssystem wählen soll.

Außerdem stellt sich die Frage, wie groß die Zahl der Stellen sein soll, die einer gemeinsamen Leitungsinstanz unterstellt werden. Man spricht hier von der sog. **Leitungsspanne.** Die maximale Leitungsspanne hängt einmal von Art und Inhalt der der Abteilung zugewiesenen Aufgaben ab, zum anderen von den Kommunikations- und Kontrollmöglichkeiten. Sobald die Instanz die Abteilung nicht mehr steuern und kontrollieren kann, ist es angebracht, eine Abtrennung bzw. eine Ausgliederung von Aufgaben vorzunehmen. Die Leitungsspanne wird aber nicht nur von den persönlichen Fähigkeiten des Stelleninhabers, sondern auch von der Art der in der Abteilung zu bewältigenden Arbeiten bestimmt. Sind diese Arbeiten im wesentlichen vorgeregelt und treten wenig sachliche Probleme auf, so wird die Instanz in dieser Hinsicht entlastet und kann sich der Führung einer größeren Zahl von Menschen widmen, als wenn sie in sachlicher Hinsicht stark belastet ist.

Auch die Zahl der Leitungsbereiche höheren Grades und damit auch die Zahl der übereinander gelagerten hierarchischen Stufen hängt von den individuellen Gegebenheiten des Betriebes ab. Da auf den höheren Stufen der Hierarchie die Fragen der direkten Menschenführung gegenüber sachlichen Fragen zurücktreten, ist die Zahl der einem Leiter der höheren Stufen zu unterstellenden Personen wesentlich geringer als auf den unteren Stufen. Die Abteilungsgliederung eines Betriebes ergibt also das Bild einer Pyramide. Auf einer großen Zahl von ausführenden Abteilungen ruht eine geringere Zahl von Leitungsbereichen höheren Grades. An der Spitze der Pyramide steht die Betriebsführung.

Es ist wichtig, daß die Aufgaben, die einer Instanz übertragen werden und die Kompetenzen, die man ihr delegiert, übereinstimmen. Sind die Kompetenzen nicht scharf abgegrenzt, so gibt es Überschneidungen und Reibereien; sind sie zu eng, so daß die übergeordnete Instanz „dazwischenreden" kann, so kann man der untergeordneten Instanz auch nicht die volle Verantwortung für die durchzuführende Aufgabe zuschieben. Gerade in kleineren und mittleren Betrieben besteht die Gefahr, daß der Unternehmer alles allein machen will, sich dadurch selbst überlastet und das Verantwortungsbewußtsein und die Arbeitsfreude seiner Betriebsangehörigen einschränkt. Es

B. Die betrieblichen Produktionsfaktoren 181

sollte der Grundsatz herrschen, daß übergeordnete Instanzen nicht nur die Aufgaben und Kompetenzen nach unten abgeben, die sie selbst nicht mehr bewältigen können, sondern daß sie den untergeordneten Stellen nur die Aufgaben abnehmen, die diese selbst nicht lösen können.

(4) **Dezentralisation – Zentralisation**
Bei der Aufgabenverteilung ist stets zwischen den Prinzipien der Dezentralisation und der Zentralisation zu unterscheiden. **Dezentralisation** als Prinzip der Aufgabenverteilung bedeutet, daß Aufgaben auf mehrere Stellen übertragen werden. Das erfordert eine größere Zahl von Fachkräften, die den übertragenen Aufgaben und Anforderungen gerecht werden können. Dies erhöht aber auch das Verantwortungsgefühl und die Arbeitsfreude der Betriebsangehörigen. Bei zu weitgehender Dezentralisation besteht allerdings die Gefahr, daß durch mangelnden Überblick der Betriebsleitung und durch Verwischung der Abgrenzung der Aufgaben Unordnung im Betrieb entsteht. Außerdem gehen dadurch die Rationalisierungsvorteile der Arbeitsteilung verloren.

Dezentralisation vermindert den Verwaltungsapparat an der Spitze und entlastet diese. Je mehr der Mensch vom ungelernten Arbeiter zum Spezialisten wird, um so mehr muß man ihn zum verantwortungsbewußten Mitarbeiter machen, d. h., es müssen auch leitende Aufgaben delegiert werden. Die Verteilung der Aufgaben und Verantwortung auf viele untergeordnete Mitarbeiter erfordert eine größere Kunst der Menschenführung als die Zusammenballung der Befehlsgewalt in wenigen Händen.

Zentralisation als Prinzip der Aufgabenverteilung ist zwangsläufig dann gegeben, wenn der Betrieb nicht über genügend geeignete Fachkräfte verfügt, denen bestimmte Aufgaben übertragen werden können. Ihre Gefahr liegt darin, daß im extremen Fall die untergeordneten Stellen bloße Befehlsempfänger sind, die keine eigene Initiative entwickeln können. So geht zwangsläufig der Kontakt zwischen der Betriebsführung und untergeordneten Stellen verloren. Die Betriebsführung regelt zwar alles selbst, kann aber nicht alle Regelungen auch selbst überwachen.

In der Praxis werden beide Organisationsprinzipien zusammen angewendet. So kann für einzelne betriebliche Bereiche die Zentralisation von Vorteil sein. Es bedeutet z. B. eine Verwaltungsvereinfachung, wenn in einem Großbetrieb eine eigene statistische Abteilung gebildet wird, statt daß an verschiedenen Stellen des Betriebes statistische Arbeiten nebeneinander geleistet werden. Durch Zentralisation des Einkaufs können günstige Marktsituationen schneller und besser ausgenutzt werden, eine Zentralisation des Lagerwesens kann zu Kostenersparnissen und Vereinfachungen führen. Doch sind das keine allgemeinen Rezepte, sondern es kommt stets auf die Gegebenheiten eines konkreten Betriebes oder eines Wirtschaftszweigs an. Eine zentrale Organisation bestimmter Bereiche kann in einem Wirtschaftszweig notwendig, in einem anderen unzweckmäßig sein. Örtliche Dezentralisation bedeutet noch nicht unbedingt eine verwaltungsmäßige Dezentralisation. Ein Betrieb kann räumlich in Teilbetriebe oder Filialen aufgeteilt sein, während z. B. das Rechnungswesen, der Einkauf usw. straff zentralisiert sind.

cc) Das Ergebnis der Aufbauorganisation

Als Ergebnis der aufbauorganisatorischen Tätigkeit, d. h. von Aufgabenanalyse und -synthese, ergibt sich die **Stellengliederung** des Betriebes, aus der hervorgeht, welche Stellen überhaupt geschaffen werden und welche Beziehungen zwischen diesen Stellen bestehen. Dieses **Beziehungsgefüge** oder System soll nun noch einer näheren Betrachtung unterzogen werden.

Beziehungen zwischen den einzelnen Stellen können in mehrfacher Hinsicht bestehen, so daß man das Gesamtsystem Aufbauorganisation (wobei der Begriff jetzt im institutionellen Sinn gebraucht wird) in mehrere Teilsysteme, gewissermaßen in Schichten zerlegen kann.

(1) Das Aufgabengefüge

Das Aufgabengefüge[167] stellt als Ergebnis der Aufgabensynthese das Grundgefüge der Aufbauorganisation dar. Es macht sichtbar, welche Stellen mit welchen Aufgaben betraut wurden und nach welchem Kriterium diese Aufgabenzuordnung vorgenommen wurde (sachlich, formal, räumlich, zeitlich, personell). Aus diesem Grundgefüge lassen sich im Wege der isolierenden Abstraktion mehrere wesentliche Teilsysteme ableiten. Betrachtet man die Verteilung der Leitungsaufgaben nach dem Rangmerkmal, so erhält man das **Leitungssystem,** das die Beziehungen der einzelnen Stellen unter dem Gesichtspunkt der Weisungsbefugnis abbildet. Isoliert man die sich aus der Erfüllung der einzelnen Aufgaben ergebenden Beziehungen zwischen den Stellen, so ergibt sich einerseits das **Kommunikationssystem,** das die Beziehungen zwischen den Stellen unter dem Gesichtspunkt des Austauschs von Nachrichten abbildet, und andererseits das **Arbeitssystem,** das den Austausch von Arbeitsobjekten zum Inhalt hat. Systematisiert man alle Aufgaben unter dem Gesichtspunkt, ob es sich um realisierende (d. h. leitende oder ausführende) oder um kontrollierende Aufgaben handelt, so erhält man das betriebliche **Kontrollsystem,** das die Gesamtheit aller in die Arbeitsabläufe eingebauten Kontrollen abbildet. Mit letzterem werden wir uns erst unten bei der Erörterung der Überwachungsaufgaben befassen.[168] Gliedert man schließlich alle Aufgaben nach dem Merkmal Planung, so ergibt sich das betriebliche **Planungssystem,** das die Gesamtheit aller Planungsaufgaben darstellt.

(2) Das Leitungssystem

Jedes Leitungssystem stellt ein **hierarchisches Gefüge** dar, in dem die einzelnen Stellen unter dem Gesichtspunkt der Weisungsbefugnis miteinander verbunden sind. Die Rangverhältnisse der einzelnen Stellen (und damit auch der Stelleninhaber) lassen sich als Über- (bzw. Unter-) und Gleichordnungsverhältnisse ausdrücken. Es gibt mehrere Grundformen, nach denen diese Hierarchie aufgebaut sein kann.

---

[167] Vgl. Kosiol, E., Organisation der Unternehmung, a. a. O., S. 765 ff.
[168] Vgl. S. 192 ff.

(a) Das Liniensystem

Das Liniensystem, das die straffste Form der organisatorischen Gliederung eines Betriebes darstellt, knüpft an das von Fayol formulierte Prinzip der Einheitlichkeit der Auftragserteilung an. Danach darf eine Instanz nur von einer übergeordneten Anweisungen erhalten. Folglich sind sämtliche Abteilungen in einen einheitlichen Instanzenweg **(Dienstweg)** eingegliedert, es besteht von der Betriebsleitung bis zur untersten Stelle eine eindeutige Linie der Weisungsbefugnis und Verantwortung, die über mehrere Zwischenstufen führt. Deshalb wird auch der Begriff **Einliniensystem** verwendet. Sämtliche Anweisungen, Aufträge und Mitteilungen gehen von der Leitung an die jeweils unmittelbar unterstellte Abteilung weiter, die sie wiederum weiterleitet, bis die empfangene Stelle erreicht wird. Die Einhaltung des Dienstweges soll die **Einheitlichkeit der Leitung** garantieren. Sie soll verhindern, daß eine untergeordnete Stelle von verschiedenen Seiten Anweisungen erhält. Der Dienstweg muß nicht nur von unten nach oben, er muß auch von oben nach unten eingehalten werden. Auch der Vorgesetzte darf innerhalb seines Bereiches nicht untergeordnete Instanzen überspringen. Zwei gleichgeordnete Instanzen können nicht unmittelbar miteinander Verbindung aufnehmen, sondern müssen den Umweg über die nächste gemeinsam übergeordnete Instanz machen.

Dieses System ist für kleinere Betriebe zweckmäßig. Es schafft **klare, übersichtliche Befehlsverhältnisse** und eindeutige Abgrenzungen. Im Großbetrieb bringt die Einhaltung des Dienstweges unter Umständen eine erhebliche Arbeitsbelastung der einzelnen Zwischeninstanzen mit sich, die nach oben immer größer wird. Die Betriebsleitung wird überlastet, die **Befehlswege sind lang und schwerfällig**. Da die Betriebsleitung nicht alle Entscheidungen bis in die letzten Einzelheiten selbst treffen kann, muß sie untergeordneten Abteilungen gewisse Teile der Leitungsbefugnisse übertragen oder ihnen in einem weit gesteckten Rahmen Ermessensfreiheit überlassen.

Die Schwerfälligkeit dieses Liniensystems läßt sich etwas vermindern, wenn man durch allgemeine Regelungen für bestimmte Vorgänge, insbesondere für laufende Mitteilungen, verkürzte Dienstwege zuläßt und die Einhaltung der Dienstwege nur für Aufträge und Weisungen verlangt.

(b) Das Funktionssystem

Der Weg der Aufträge, Weisungen und Mitteilungen wird hier nicht durch den Instanzenweg bestimmt, sondern von der **Art der betreffenden Aufgaben**. Der Arbeiter erhält in der Werkstatt nicht mehr nur von einer Stelle (einem Meister), sondern von vielen Stellen, die jeweils Träger bestimmter Leitungsaufgaben sind, Aufträge, so daß die Einheitlichkeit der Leitung und Auftragserteilung aufgehoben wird. Das System wird daher auch als **Mehrliniensystem** bezeichnet. Musterbeispiel für diese Art von Leitungssystem der Verkehrswege ist das Taylorsche **Funktionsmeistersystem**. Für jeden Funktionsbereich ist ein Meister zuständig, der für einen scharf abgegrenzten Bereich Anweisungen an einen Arbeiter gibt. Das erfordert eine enge Zusammenarbeit zwischen den einzelnen Funktionsmeistern.

184　Zweiter Abschnitt. Der Aufbau des Betriebes

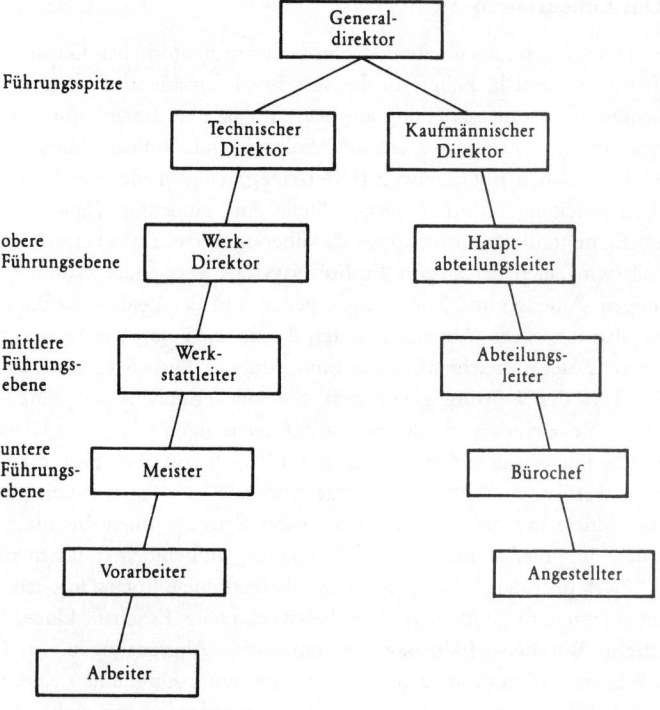

Abb. 33: Liniensystem

Dieses System schaltet zwar den schwerfälligen Instanzenweg aus, birgt aber die Gefahr in sich, daß der Arbeiter das Gefühl hat, er müsse mehreren Herren dienen, was sich leistungshemmend auswirken kann. Die Kompetenzen der einzelnen Meister lassen sich in praxi nicht so scharf trennen, daß die **Gefahr von Überschneidungen** völlig ausgeschlossen ist.

Beispiel:

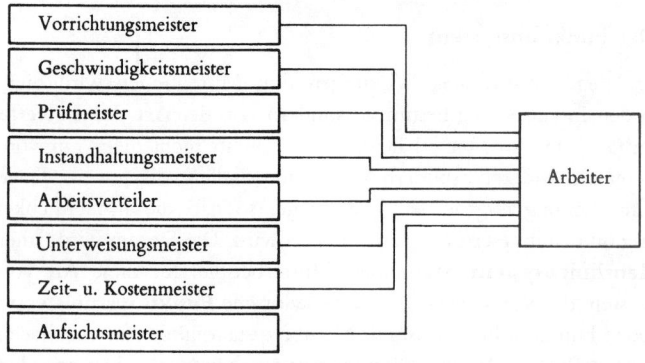

Abb. 34: Funktionssystem

Das Funktionsmeistersystem eignet sich z. B. für allgemeine Regelungen, so z. B. wenn der „Instandhaltungsmeister" generelle Anweisungen für die Wartung von Maschinen gibt oder wenn der „Zeit- und Kostenmeister" bestimmte Formulare für das Rechnungswesen ausfüllen läßt usw.

(c) Das Stabliniensystem

Das Stabliniensystem stellt eine Kombination des Liniensystems mit dem System der Abspaltung bestimmter Funktionen dar. Will man die Einheitlichkeit der Leitung und des Auftragsempfangs erhalten, die beim Funktionssystem verlorengeht, zwingt aber die immer weiter fortschreitende Arbeitsteilung zur Abspaltung gewisser Aufgaben, so kann man sich dadurch helfen, daß man zwar den Instanzenweg (Liniensystem) beibehält, aber einzelnen Instanzen **Stabsstellen** zuordnet, die bestimmte Aufgaben übernehmen können, aber **keine Weisungsbefugnisse** haben. Stabsstellen haben weder primäre noch sekundäre Ausführungsaufgaben. Ihre Aufgabe besteht darin, Teilaufgaben einer Leitungsinstanz zu übernehmen im Sinne von **Vorbereitung und Unterstützung** dieser Instanz bei der Wahrnehmung ihrer Leitungs- und Ausführungsaufgaben. So kann eine Instanz für bestimmte Funktionen Spezialisten einsetzen, die bestimmte Fragen untersuchen und bearbeiten und der übergeordneten Instanz, der sie beigegeben sind, Vorschläge unterbreiten bzw. für sie bestimmte Aufgaben erledigen. Stabsstellen haben nur **beratende** Funktionen. Auf diese Weise wird der Stelleninhaber einer Instanz entlastet, er kann sich auf bestimmte Aufgaben spezialisieren, während seine Stäbe die Ausarbeitung anderer Spezialaufgaben erledigen. Die Stabsstellen erhalten Anweisungen, können sie aber nicht weitergeben. Die Weisungsbefugnis liegt bei der betreffenden Instanz, die ihre Entscheidungen auf den Arbeiten der Stabsstellen aufbaut.

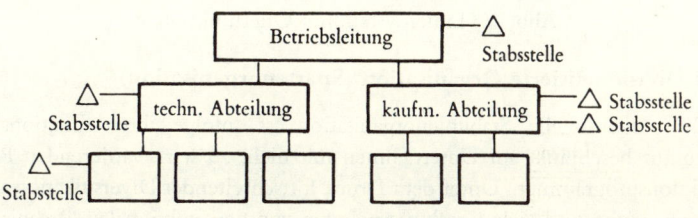

Abb. 35: Stabliniensystem

Dem Vorteil, daß die strenge Einhaltung des Dienstweges bei gleichzeitiger Nutzung von Spezialkenntnissen erhalten bleibt, steht als **Nachteil** gegenüber, daß es sich beim Stabliniensystem nicht um eine konfliktfreie Organisationsform handelt. Besondere Probleme entstehen durch die starre Funktionstrennung in Entscheidungsvorbereitung durch den Stab und Entscheidung durch die Linie. Für den Entscheidungsträger der Linie bedeutet dies, daß er Stabsvorschläge akzeptieren oder ablehnen, nicht aber kontrollieren kann. Es besteht also die Möglichkeit, daß der Stab durch entsprechende Aufbereitung von Informationen **Entscheidungen herbeiführt, die er nicht verantwortet.**

Weiterhin besteht die Gefahr, daß die Linie Stabsstellen infolge ihres Auskunftsrechtes inoffiziell als Kontrolleinrichtung benutzt. Dies führt zu abnehmender Informationsbereitschaft untergeordneter Instanzen mit dem Ergebnis, daß eine sinnvolle beratende Tätigkeit der Stäbe nicht mehr möglich ist.

(d) Das Liniensystem mit Querfunktionen

Das Liniensystem kann auch in der Form abgewandelt werden, daß sog. Querfunktionen eingebaut werden. Dabei wird zwar grundsätzlich der Instanzenweg beibehalten, aber bestimmte Funktionen, die sich auf den ganzen Betrieb beziehen, z. B. Personalwesen, Rechnungswesen, Arbeitsvorbereitung, Terminwesen usw. werden nicht als Stabsstellen ohne Weisungsrecht, sondern **als Funktionsbereiche mit Weisungsrecht** ausgegliedert. Das führt dann dazu, daß die Kompetenzen für bestimmte Vorgänge geteilt werden, indem der Leiter einer Linieninstanz, z. B. der Leiter einer technischen Betriebsabteilung und der Leiter der Funktionsstelle, z. B. der Personalchef, ein gemeinsames Entscheidungsrecht bei der Einstellung von Arbeitskräften für die betreffende Betriebsabteilung haben. Es kann also weder der betreffende Abteilungsleiter, noch der Personalchef allein die Einstellung von Arbeitskräften vornehmen. Keine von beiden Instanzen hat das alleinige Entscheidungsrecht, sondern beide zusammen müssen die Entscheidung treffen. Erfolgt keine Einigung, so muß eine höhere Instanz angerufen werden.

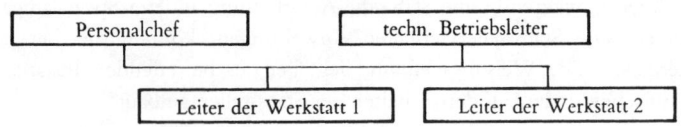

Abb. 36: Liniensystem mit Querfunktionen

(e) Divisionalisierte Organisation (Spartenorganisation)

Die traditionelle Stablinienorganisation ist infolge ihrer funktionalen Struktur beschränkt auf Unternehmen mit nicht zu stark variierenden Produktionsprogrammen. Unter dem Druck fortschreitender Diversifikation und Verzweigung sind viele Großunternehmen von der funktionalen Organisationsstruktur abgegangen und haben die bisherige Unternehmensstruktur primär **nach dem Objektprinzip** umgestaltet, indem sie auf Produkte, Produktgruppen, Betriebsprozesse oder räumliche Gegebenheiten ausgerichtete Sparten (Divisionen) bilden.[169] Bei einer an den betrieblichen Produkten orientierten Gliederung entstehen wieder homogene Geschäftsbereiche, die unter verantwortlicher Leitung die betrieblichen Funktionen zusammenfassen. Das am Objektprinzip orientierte System wird lediglich durch die Bildung von zentralen Spezialabteilungen durchbrochen, die beratend der Ge-

---

[169] Vgl. Grochla, E., Unternehmungsorganisation, Hamburg 1972, S. 188

samtleitung und den Spartenleitungen zur Seite stehen. Durch diese Art der Organisation wird ein schwer steuerbares komplexes System in flexiblere anpassungsfähigere **Teilsysteme** aufgespalten. Weitere Vorteile bestehen in der besseren Abgrenzung der Verantwortung sowie in der Entwicklung eines stärkeren Verantwortungsgefühls der Spartenleiter durch die Einräumung unternehmerischer Entscheidungskompetenz im Rahmen der von der Gesamtleitung vorbestimmten Geschäftspolitik.

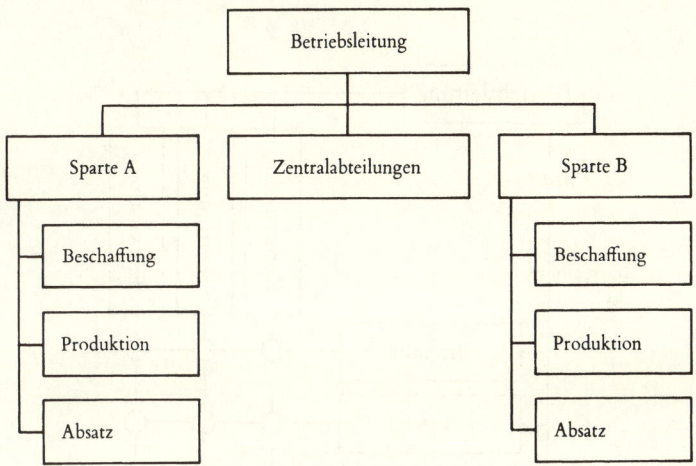

Abb. 37: Spartenorganisation

In der Praxis ist es vielfach so, daß Betriebe soweit in verselbständigte Teilbereiche aufgelöst werden, daß sich ihr Beitrag zum Gesamtergebnis des Betriebes ermitteln läßt. In diesen Fällen wird auch die Gewinnverantwortung an den Spartenleiter delegiert. In diesem Zusammenhang spricht man statt von Sparten auch von **Ergebniseinheiten** (profit-center). Die Verantwortung für das Ergebnis der Sparte verlangt, daß der Spartenleiter in seinem Bereich ergebnisbeeinflussende Entscheidungen treffen kann.[170] Nicht in den Verantwortungsbereich fallen die Ergebnisse der Entscheidungen übergeordneter Instanzen.

(f) Matrixorganisation

Die Matrixorganisation entsteht durch die Überlagerung von funktionsorientierten und objektorientierten Organisationsstrukturen, die formal einer Matrix gleicht.[171]

---

[170] Vgl. Danert, G., Die Funktion der Profit-center, in: Information und Kontrolle in der multinationalen Unternehmung, Bericht über eine Diskussionstagung der Schmalenbach-Gesellschaft, ZfbF 1971, S. 195 f.; Harrmann, A., Divisionale oder funktionale Aufbauorganisation, DB 1971, S. 538
[171] Vgl. Grochla, E., a.a.O., S. 105

Die Funktionsweise der Matrixorganisation zeigt folgendes Beispiel.[172] In einem Industriebetrieb wird die Betriebsleistung in den Abteilungen Konstruktion, Fertigung und Entwicklung erstellt, die mit den Abteilungen Einkauf, Material und Personalwesen in der Weise kooperieren, daß die übergeordnete Betriebsleitung nicht eingeschaltet werden muß. Jede Abteilung hat auf ihrem Gebiet Entscheidungsvollmacht. Benötigt z. B. die Konstruktionsabteilung zusätzliche Mitarbeiter, so kann sie sich unmittelbar an die Personalabteilung wenden.

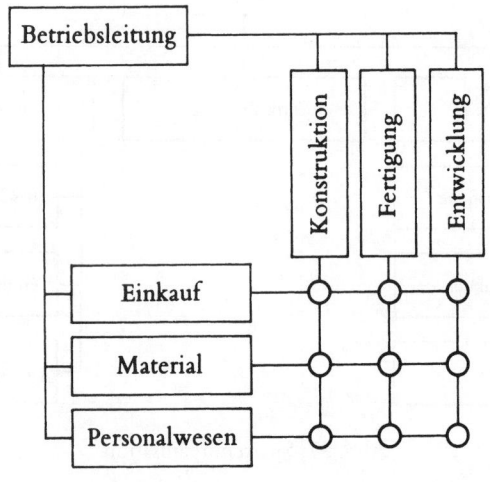

Abb. 38: Matrixorganisation

Die Objektstellen sind in der Praxis meist durch die betrieblichen Produkte (**Produkt-Management**) oder durch bestimmte Projekte (**Projekt-Management**) bestimmt und mit Produktmanagern bzw. Projektmanagern besetzt. Die Produktmanager haben die Aufgabe, alle für die Produktion und den Absatz der betrieblichen Produkte erforderlichen Maßnahmen zu koordinieren, während die Leiter der Funktionsbereiche für die Produktdurchführung verantwortlich sind. Da in einer Matrixorganisation die Produktmanager (Projektmanager) sich mit den Funktionsleitern die Autorität teilen müssen, hängt der reibungslose Ablauf des Betriebsprozesses in entscheidendem Maß von einer guten Zusammenarbeit ab.[173] Der Vorteil dieser Organisationsform besteht in der Möglichkeit, das vorhandene Spezialwissen für Innovationsprozesse ausnutzen zu können.

---

[172] Lauxmann, F., Öhl, G., Organisation, in: Management für alle Führungskräfte in Wirtschaft und Verwaltung, Bd. II, Stuttgart 1972, S. 188 f.
[173] Vgl. Grochla, E., a. a. O., S. 207

B. Die betrieblichen Produktionsfaktoren 189

Die Funktionsweise des Projektmanagement zeigt folgendes Schaubild:[174]

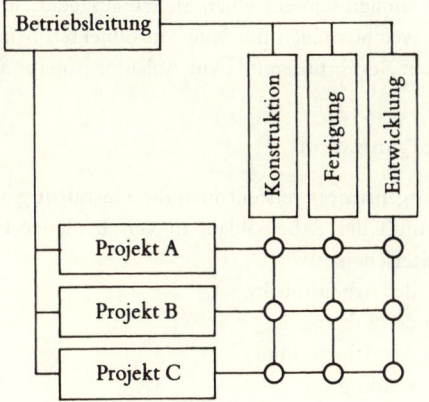

Abb. 39: Matrixorganisation, Projekt-Management

(3) Das Kommunikationssystem

Ein Teil des Kommunikationssystems ist durch das gewählte Leitungssystem vorgegeben. Das Leitungssystem bestimmt das Kommunikationssystem insofern, als es vorschreibt, daß eine wichtige Gruppe von Nachrichten, nämlich Anordnungen und Vollzugsmeldungen zu Anordnungen **nur nach Maßgabe des Leitungssystems** vorgenommen werden dürfen. Allerdings würde der Nachrichtenaustausch zwischen den Stellen zu schwerfällig, wenn man für alle Nachrichten die Wege des Leitungssystems vorschreiben würde. Es muß daher aus dem Aufgabengefüge ein **eigenes Kommunikationssystem** abgeleitet werden, das auch gewisse Regeln für den Nachrichtenaustausch vorsieht, die sich beziehen können:[175]

(1) auf die Kommunikationswege, die für bestimmte Nachrichten einzuhalten sind,
(2) auf die Form und die Technik des Nachrichtenaustauschs,
(3) auf Anlaß und Zeitpunkt der Nachrichtenübermittlung.

Dabei stellen die letzten beiden Punkte allerdings schon Vorwegnahmen ablauforganisatorischer Tätigkeiten dar.

Neben dem formalen Kommunikationssystem entwickelt sich in jedem Betrieb ein **informales System**. Das kann positiv wirken, da nicht alle Fälle eines notwendigen Informationstausches vorherzusehen sind und das formale System möglicherweise zu schwerfällig ist. Es kann allerdings auch negativ wirken, wenn dadurch Nachrichten falsch gelenkt werden, z.B. einzelne Stellen ausgeschaltet werden.

---

[174] Lauxmann, F., Öhl, G., a.a.O., S. 189
[175] Vgl. Hax, H., Kommunikationssysteme, HdO, 1. Aufl., a.a.O., Sp. 847 ff.

(4) **Das Arbeitssystem**

Das Arbeitssystem stellt schließlich die Verbindungswege dar, auf denen Arbeitsobjekte zwischen den einzelnen Stellen ausgetauscht werden und legt gleichzeitig fest, welche Stellen mit welchen Objekten befaßt werden. Auch hier ergibt sich ein Berührungspunkt zur Ablauforganisation.

d) Die Ablauforganisation

Unter Ablauforganisation versteht man die **Gestaltung von Arbeitsprozessen**. Dabei muß der Arbeitsablauf in verschiedener Hinsicht geordnet werden. Man unterscheidet:[176]
(1) die Ordnung des Arbeitsinhalts,
(2) die Ordnung der Arbeitszeit,
(3) die Ordnung des Arbeitsraums,[177]
(4) die Arbeitszuordnung.

Bei der Ordnung des **Arbeitsinhalts** sind zwei Merkmale zu unterscheiden: der Arbeitsinhalt muß hinsichtlich der **Arbeitsobjekte** und hinsichtlich der **Verrichtungen** geordnet (organisiert) werden. Arbeitsobjekt und die Grobfestlegung der Verrichtung ergeben sich aus der Gesamtaufgabe des Betriebes. Im Rahmen der Aufgabenanalyse wurde, wie wir gesehen haben, die Gesamtaufgabe in Teilaufgaben zerlegt. Insofern baut also die Ablauforganisation auf einem Ergebnis der Aufbauorganisation auf. Da aber die Verkettung der einzelnen Teilaufgaben und der zu ihrer Erfüllung notwendigen Verrichtungen in der Regel nicht eindeutig festliegt, bleibt als weitere organisatorische Aufgabe, diese Verkettung vorzunehmen, d.h. Arbeitsabläufe zu schaffen, die dem Wirtschaftlichkeitserfordernis genügen.

Weiterhin legt die Aufgabenanalyse zwar fest, welcher Erfolg bewirkt werden soll, doch häufig ist damit noch nicht eindeutig bestimmt, durch welche Verrichtung dieser Erfolg erzielt werden soll. In allen Fällen, in denen sich aus der Aufgabenstellung die dazu notwendige Verrichtung nicht eindeutig ergibt, muß im Rahmen der Ablauforganisation bestimmt werden, welche Verrichtung zur Erfüllung der Aufgabe vorzunehmen ist.

Die Ordnung der **Arbeitszeit** erfolgt in drei Schritten. Zunächst muß die Zeitfolge der einzelnen Teilaufgaben bestimmt werden. Zwar ergibt sich die Reihenfolge einzelner Teilaufgaben häufig aus der Aufgabenanalyse, doch ist diese Reihenfolge in der Regel nicht so streng, daß hier nicht doch organisatorisches Gestalten notwendig wäre. Zwar ist z.B. klar, daß eine Endmontage nicht vor Fertigstellung der Einzelteile möglich ist, aber mit der Aufgabenanalyse wird nicht die Reihenfolge aller Teilaufgaben bestimmt. So ist es durchaus denkbar, daß die an einem Gußrohling notwendigen Arbeiten Bohren, Drehen, Fräsen und Schleifen in unterschiedlicher Reihenfolge vorgenommen werden können. Es ist Aufgabe der Ablauforganisation, hier die zweckmäßigste Abfolge zu bestimmen.

---

[176] Vgl. Witte, E., Ablauforganisation, HdO, 1. Aufl., a.a.O., Sp. 24 ff.
[177] Zu Fragen der Arbeitszeit und des Arbeitsraums vgl. S. 248 ff., 252 f.

B. Die betrieblichen Produktionsfaktoren 191

Wenn die Reihenfolge der einzelnen Teilaufgaben bestimmt ist, muß weiterhin die **Zeitdauer der Teilaufgaben** festgelegt werden. Dies ist erstens notwendig, um eine Einhaltung der Reihenfolgebedingung zu gewährleisten, zweitens weil die Zeitdauer der einzelnen Verrichtungen ein wesentlicher Kostenfaktor ist.

Die höchste Stufe der Zeitbestimmung liegt vor, wenn nicht nur Zeitfolge und Zeitdauer, sondern auch der Kalenderzeitpunkt festgelegt wird. Sind für alle Teilaufgaben eines Betriebsbereichs sowohl die Zeitpunkte des Beginns der Verrichtungen als auch die der Beendigung festgelegt, dann ist damit naturgemäß auch eine Bestimmung der einzelnen Zeitdauern und der Reihenfolge erfolgt. Eine solch strenge Bestimmung der Zeitpunkte ist eher für ausführende als für leitende Aufgaben erforderlich.

Im Rahmen der Ablauforganisation muß weiterhin eine Bestimmung der **räumlichen Zuordnung der Aufgabenverrichtung** erfolgen. Auch hier berühren sich Aufbau- und Ablauforganisation. Während dort das Merkmal Raum allerdings nur untergeordnete Bedeutung besitzt, d.h. die räumliche Festlegung einer Arbeit sich häufig aus der Entscheidung über die Aufgabensynthese nach den Merkmalen Verrichtung oder Arbeitsobjekt ergibt, gewinnt das Merkmal Raum im Rahmen der Ablauforganisation an Bedeutung. So interessieren Fragen der Anordnung einzelner Stellen innerhalb eines Raums die Aufbauorganisation weniger. Aufgabe der Ablauforganisation ist es aber gerade, dafür zu sorgen, daß die einzelnen Stellen räumlich so angeordnet werden, daß eine größtmögliche Wirtschaftlichkeit erreicht wird.

Schließlich muß eine **Zuordnung der Teilaufgaben zu Stellen** vorgenommen werden. Der Feinheitsgrad dieser Arbeitszuordnung hängt von der Art der wahrzunehmenden Aufgaben ab. Während z.B. bei ausführenden Arbeiten in der Regel eine Zuordnung der einzelnen Verrichtungen zu ganz bestimmten Stellen (Personen) vorgenommen wird, ist es insbesondere bei leitenden Aufgaben auch denkbar, daß eine Aufgabe einer Gruppe zugeordnet wird, und daß im Rahmen der Gruppe dann entschieden wird, wer die Aufgabe auszuführen hat.

Es zeigt sich also, daß enge und vielfältige Beziehungen zwischen Aufbau- und Ablauforganisation vorliegen, so daß – wie oben bereits erwähnt – die Organisation von Aufbau und Ablauf synchron erfolgen müßte. Wie wird nun diese Organisationsaufgabe in der Praxis gelöst? Es ist nicht so, daß die Praxis immer von einer gegebenen (oder geplanten) Aufbauorganisation ausgeht, an die die Ablauforganisation angepaßt wird; es könnte auch umgekehrt vorgegangen werden. Man hilft sich in diesem Dilemma mit einem Stufenverfahren: Entweder legt man erst die Aufbauorganisation in Rohform fest, nimmt dann die Strukturierung der Arbeitsabläufe vor und ändert – falls erforderlich – die Aufbauorganisation entsprechend ab. Oder man geht umgekehrt von einer vorläufigen Ablauforganisation aus, legt dann die Aufbauorganisation fest und untersucht, ob Schwächen in der auf diese Weise bestimmten Aufbauorganisation durch Änderungen an der vorläufigen Form der Ablauforganisation behoben werden können. (**ÜB 2/34–36; 3 /69; 73–79**)

9. Die Überwachung

Es genügt nicht, daß die Betriebsführung einen bis in alle Details durchdachten und ausgearbeiteten Wirtschaftsplan aufstellt und seine Durchführung organisiert. Sie muß auch überwachen, ob die Ergebnisse des betrieblichen Handelns mit den Planungen übereinstimmen und ob die organisatorischen Regelungen effizient sind und auch eingehalten werden. Ist das nicht oder nicht in vollem Umfange der Fall, d. h. werden Abweichungen von den geplanten Werten und von organisatorischen Regelungen festgestellt, so müssen diese Abweichungen analysiert werden, damit die auf diese Weise gewonnenen Erfahrungen bei künftigen Planungen und organisatorischen Regelungen verwertet werden können. Die Überwachung ist also neben der Planung und Organisation die dritte Hauptaufgabe der Betriebsführung.

a) Begriff und Gegenstand

Zur Erfüllung der Überwachungsaufgaben bedient sich die Betriebsführung der Instrumente der Kontrolle und Prüfung (Revision). In der seit langem geführten Diskussion um das Verhältnis der Begriffe „Überwachung", „Kontrolle" und „Prüfung" zueinander zeichnet sich allmählich eine Übereinstimmung in der Form ab, daß **Überwachung** als Oberbegriff verwendet wird, dem die Begriffe **Kontrolle** und **Prüfung** untergeordnet sind; die Begriffe Prüfung und **Revision** werden weitgehend synonym verwendet. Akzeptiert man das, so ist weiterhin eine Abgrenzung der Begriffe Kontrolle und Prüfung erforderlich.

Zur Unterscheidung von Kontrolle und Prüfung werden in der Literatur unterschiedliche Kriterien verwendet.[178] Inzwischen hat sich jedoch das von Hasenack eingeführte Kriterium der **Abhängigkeit vom jeweiligen Verantwortungsbereich** durchgesetzt.[179] Von Wysocki hat dieses Kriterium noch verfeinert, indem er zwischen direkter und indirekter Prozeßabhängigkeit unterscheidet.[180] Während die **direkte** Prozeßabhängigkeit sich mit der Abhängigkeit vom Verantwortungsbereich bei Hasenack deckt, liegt **indirekte** Prozeßabhängigkeit dann vor, wenn eine direkt prozeßabhängige Person eine dritte Person mit der Überwachungsaufgabe betraut, der gegenüber sie Weisungsbefugnis besitzt. Eine **Prüfung** liegt demnach immer dann vor, wenn eine Überwachungsmaßnahme von einer Person durchgeführt wird, die vom zu überwachenden Prozeß oder Verantwortungsbereich weder direkt noch indirekt abhängig ist. Sie ist an sich eine der Betriebsführung zukommende Aufgabe, wird jedoch in der Regel an betriebsinterne oder betriebsexterne Sachverständige delegiert. Von **Kontrolle** spricht man dage-

---

[178] Vgl. Egner, H., Zum wissenschaftlichen Programm der betriebswirtschaftlichen Prüfungslehre, ZfbF 1970, S. 771 ff.; v. Wysocki, K., Grundlagen des betriebswirtschaftlichen Prüfungswesens, 3. Aufl., München 1988, S. 2 ff. sowie die dort angegebene Literatur
[179] Vgl. Hasenack, W., Geleitwort des Herausgebers zu Zimmermann, E., Theorie und Praxis der Prüfungen im Betriebe, Essen 1954, S. 7
[180] Vgl. v. Wysocki, K., Grundlagen des betriebswirtschaftlichen Prüfungswesens, a. a. O., S. 6

B. Die betrieblichen Produktionsfaktoren

gen immer dann, wenn die Überwachung durch die mit der Ausführung der Aufgabe befaßten Personen vorgenommen wird.

Kontrolle und Prüfung unterscheiden sich hingegen nicht in ihrer **Zielsetzung**. Beide haben sowohl die Aufgabe, vorbeugend zu wirken, d. h. die überwachten Personen zu vorschriftsmäßigem Handeln anzuhalten, als auch die Aufgabe, aufdeckend zu wirken, d. h. Abweichungen festzustellen. Ob die Abweichung nun noch rückgängig zu machen ist oder nicht, hängt nicht von der Art der Überwachung, sondern von der Art des betroffenen Betriebsprozesses ab.[181]

Gegenstand der Überwachung ist grundsätzlich der gesamte Tätigkeitsbereich des Betriebes. Da eine Überwachung der obersten Führungsspitze des Betriebs durch sich selbst nicht denkbar ist, kann eine Überwachung der Unternehmensleitung nur durch nicht in den Betriebsablauf involvierte Personen stattfinden. Diese Funktion wird z. B. durch den Jahresabschlußprüfer wahrgenommen; bei Unternehmen in der Rechtsform einer Aktiengesellschaft überwacht außerdem der Aufsichtsrat den Vorstand (§ 111 AktG). Um die Effektivität dieser Unternehmensüberwachung bei der Aktiengesellschaft zu steigern, wurden durch das Gesetz zur Kontrolle und Transparenz im Unternehmensbereich **(KonTraG)**[182] einerseits die Rechte des Aufsichtsrats, andererseits aber auch seine Verantwortlichkeiten erweitert. Außerdem ist der Vorstand nunmehr gesetzlich verpflichtet, für ein angemessenes Risikomanagement und eine interne Revision zu sorgen.

Ähnlich wie Planung und Organisation sich z. T. überlagern, gibt es auch Bereiche, in denen sich Planung, Organisation und Überwachung überlappen. Ebenso wie die Überwachung geplant und organisiert werden muß, hat umgekehrt eine Überwachung der Ausübung der Planungs- und Organisationsfunktion zu erfolgen.

Die speziellen Aufgaben und der Umfang der Überwachung sind je nach der Art des **Wirtschaftszweiges** und der **Betriebsgröße** unterschiedlich. Im Bank- oder Handelsbetrieb tauchen wesentlich andere Kontrollprobleme auf als im Industriebetrieb. Eine laufende Überwachung muß beim Einsatz der betrieblichen Produktionsfaktoren und in sämtlichen betrieblichen Funktionsbereichen erfolgen. Bei der Arbeitskraft beginnt die Kontrolle mit der Feststellung der Anwesenheit im Betriebe und verfolgt bis zum Ende der Arbeitszeit jede Arbeitsverrichtung. Die Arbeitsleistung wird mengenmäßig und qualitätsmäßig überprüft, der Ausschuß, der Materialverbrauch, der Materialabfall werden registriert, die Einhaltung, Über- oder Unterschreitung der Vorgabezeiten wird überwacht usw. Im Fertigungsbereich ist die Arbeitsvorbereitung zu kontrollieren, sämtliche Produktionsvorgänge werden laufend überwacht, es werden laufende Kontrollen an Hand von Konstruktionszeichnungen durchgeführt, die Einhaltung der Termine wird überwacht usw. Die Aufzählung von Kontrollen ließe sich in beliebiger Zahl durch sämtliche betriebliche Funktionen fortsetzen.

---

[181] Vgl. Egner, H., Zum wissenschaftlichen Programm ..., a. a. O., S. 773
[182] Gesetz v. 27. 4. 1998, BGBl. I 1998, S. 786 ff.

Analog der Gliederung der Überwachungsmaßnahmen in Kontrolle und Prüfung kann man auch eine **interne Kontrolle** und eine **interne Prüfung** (Interne Revision) unterscheiden. Während man aber unter interner Kontrolle die Gesamtheit der Kontrollmaßnahmen versteht, die seitens der Organisation in die betrieblichen Arbeitsabläufe eingebaut werden, muß die Funktion der **Internen Revision** organisatorisch verselbständigt werden, indem die Maßnahmen entweder von betriebsexternen Prüfern oder von direkt der Unternehmensleitung unterstellten Angehörigen einer Abteilung „Interne Revision" vorgenommen werden; nur dann ist das Erfordernis der Unabhängigkeit der Prüfung zu wahren.

b) Die Interne Kontrolle

Bei der Behandlung der Aufbauorganisation haben wir das Kontrollsystem nur kurz erwähnt, obwohl es Bestandteil der Aufbauorganisation ist. Um der Kontrollfunktion der Betriebsleitung gerecht zu werden, muß im Rahmen der Betriebsorganisation nach den folgenden Grundsätzen vorgegangen werden:
(1) Jeder Arbeitsgang vollzieht sich nach festgelegten Regeln in einem vorgegebenen Organisationssystem. Das gilt um so mehr, je mehr ausführende und je weniger leitende Tätigkeiten in einer Stelle vereint sind. Selbst Ausnahmefälle müssen insofern geregelt werden, daß feststeht, wer darüber entscheidet, wann ein Ausnahmefall vorliegt und wie dieser zu behandeln ist. Es leuchtet ein, daß ein Arbeitsgang, dessen Ausführung in das Belieben der beteiligten Stellen gestellt ist, sich jeder Kontrolle entzieht. Die **Zwangsläufigkeit von Arbeitsvorgängen** ist mithin Voraussetzung für das Einbauen von Kontrollvor- und -einrichtungen in die Abläufe.
(2) Es muß eine möglichst weitgehende **Trennung von Funktionen** vorgenommen werden, die durch eine klare Abgrenzung der Verantwortungsbereiche ergänzt werden muß. Der Grundsatz der Funktions- oder Aufgabentrennung verlangt, daß kein Arbeitsgang von Anfang bis Ende von einer Person durchgeführt wird, sondern daß jeweils mehrere, sich gegenseitig kontrollierende Personen beteiligt werden. Dabei wird eine eindeutige Abgrenzung der Aufgaben- und Verantwortungsbereiche um so wichtiger, je mehr Personen beteiligt sind.
(3) Dritter Grundsatz ist der möglichst weitgehende **Einbau von Kontrollvor- und -einrichtungen** in die Arbeitsgänge, wobei eine Umgehung der Kontrollen durch entsprechende Vorkehrungen verhindert werden muß.
Aus der Aufzählung dieser Grundsätze geht hervor, daß es sich bei der Kontrolle um einen Aspekt der Betriebsorganisation handelt, d. h. daß hier eine Überschneidung von Organisation und Überwachung vorliegt.
Zu den Instrumenten der Kontrolle gehören allgemeine organisatorische Vorkehrungen. So müssen Organisationspläne, Geschäftsverteilungspläne bzw. genaue Arbeitsanweisungen, Arbeitsablaufpläne (in Form verbaler Be-

B. Die betrieblichen Produktionsfaktoren 195

schreibung oder von Ablaufdiagrammen) vorliegen. Außerdem muß ein ausgebautes **Formularwesen** vorhanden sein. Besonders scharf müssen die Kontrollvorkehrungen im Rechnungswesen sein. Neben dem Kontenplan sind detaillierte Buchungsanweisungen oder Kontierungsrichtlinien erforderlich, sowie Vorschriften über regelmäßig durchzuführende Kontrollabstimmungen. Weitere Instrumente der Kontrolle sind Kontrollvorrichtungen, die technischen Charakter haben, wie z. B. Stempeluhren, Zählwerke, Schlösser, Registrierkassen u. a. Die Gesamtheit der exakt aufeinander abgestimmten Instrumente und Maßnahmen der Internen Kontrolle bezeichnet man als **Internes Kontrollsystem.**

c) Die Interne Revision

Das zweite Instrument zur Erfüllung der Überwachungsaufgaben der Betriebsleitung ist die Interne Revision. Während sich der Tätigkeitsbereich der Kontrolle auf die vorschriftsmäßige Ausführung der Arbeitsgänge beschränkt, hat die Interne Revision, die im Auftrage der Betriebsleitung als unabhängige Prüfungsinstitution tätig wird, ein weiteres Arbeitsfeld. Sie prüft nicht nur die Arbeitsgänge selbst, sondern hat auch zu prüfen, ob das Interne Kontrollsystem ordnungsgemäß funktioniert (gewissermaßen eine Überwachung der Überwachung); sie hat drittens zu prüfen, ob die sonstigen Teilsysteme der Aufbau- und Ablauforganisation der jeweiligen Aufgabenstellung entsprechend als effizient zu bezeichnen sind[183] und ob alle Arbeitsabläufe den Vorschriften entsprechend vorgenommen werden.

Man kann daraus **vier allgemeine Aufgabenbereiche** der Internen Revision ableiten:

(1) Sie muß alle Anweisungen, Verfahren und Methoden, mit denen die Aufgaben aller anderen Abteilungen gesteuert oder ausgeführt werden, einer kritischen Analyse und Beurteilung unterziehen.

(2) Sie muß insbesondere das Interne Kontrollsystem überprüfen und beurteilen und – falls erforderlich – Verbesserungsvorschläge unterbreiten.

(3) Sie muß das betriebliche Kommunikationssystem analysieren und beurteilen; das gilt insbesondere für die Berichte und Informationen, die an die Betriebsführung gehen.

(4) Sie hat die Zweckmäßigkeit von Maßnahmen (Buchführung und sonstige) zu beurteilen, die zur Sicherung von Vermögensverlusten aller Art dienen.

Die Abteilung „Interne Revision" wird darüber hinaus häufig für Tätigkeiten herangezogen, die nicht zu ihrem eigentlichen Aufgabengebiet gehören, wie z. B. zur Mitarbeit bei der innerbetrieblichen Schulung, da ihre Mitarbeiter über eine genaue Kenntnis des ganzen Betriebes verfügen. Nicht zur Aufgabe der Internen Revision gehört es, Änderungen an der Aufbau- oder Ablauforganisation vorzunehmen. Dafür ist die Organisationsabteilung zuständig, mit der die Revisionsabteilung zwar eng zusammenarbeiten muß, in

---

[183] Vgl. Egner, H., Grundfragen der Internen Revision, Bilanz- und Buchhaltungspraxis 1971, S. 125 ff.

deren Tätigkeitsfeld sie aber nicht eindringen darf, weil sie sonst später die Zweckmäßigkeit von Maßnahmen beurteilen müßte, die sie selbst getroffen hat. Die Unabhängigkeit der Prüfung wäre dann nicht mehr gewährleistet.

Wie jede andere Tätigkeit muß auch die Interne Revision geplant sein. Zu diesem Zweck wird ein Plan aufgestellt (als **Revisionsprogramm** bezeichnet, da der Begriff Prüfungsplan für die Planung der einzelnen Prüfungen verwendet wird), der die Prüfungen in den einzelnen betrieblichen Teilbereichen darstellt. In der Regel handelt es sich um ein mehrjähriges Programm, in dessen Rahmen die einzelnen betrieblichen Teilbereiche je nach ihrer Bedeutung häufiger oder seltener geprüft werden. Hinzu kommen ungeplante Prüfungen, die dann vorgenommen werden müssen, wenn in einzelnen Teilbereichen Schwierigkeiten aufgetreten sind oder Delikte vermutet werden.

Die Arbeitsweise der Internen Revision hängt stark von der Eigenart der zu prüfenden Abteilung ab. Man kann lediglich die folgenden großen Schritte unterscheiden:[184]

(1) Prüfung des jeweiligen Teilsystems:
– Organigramm aufstellen (durch Beobachtung und Befragung),
– Ablaufdiagramm aufstellen,
– Arbeitssystem analysieren und Schwachstellen feststellen.

(2) Prüfung der Anwendung des Systems:
– Prüfungsgebiete und Prüffelder festlegen,
– Stichprobenumfang und -elemente festlegen,
– Elemente ziehen und prüfen.

(3) Urteilsbildung (ggf. mit der Folge weiterer Prüfung des Systems der Anwendung, falls Zweifel auftauchen).

d) Externe Prüfungen

Alle gesetzlich vorgeschriebenen und gesetzlich vorgesehenen Prüfungen (z. B. die **Jahresschlußprüfung** von Kapitalgesellschaften) gehören, wie schon erwähnt, nicht zu den betrieblichen Überwachungsmaßnahmen. Auch in Fällen, in denen sich der Betrieb freiwillig Prüfungen unterwirft, etwa weil er einen Kredit beantragt hat **(Kreditwürdigkeitsprüfung)** oder weil er sich um öffentliche Aufträge beworben hat (Preisprüfung), kann man nicht davon sprechen, daß eine innerbetriebliche Überwachungsfunktion durch externe Prüfer wahrgenommen wird, denn die Prüfung dient dann nicht mehr internen Zwecken. Allerdings gibt es Fälle, in denen sich Betriebe freiwillig einer Prüfung unterziehen, um die Ausübung der Überwachungsfunktion zu verbessern. Hier ist vor allem die von vielen Betrieben vorgenommene freiwillige Jahresabschlußprüfung zu erwähnen. Ebenso sind Sonderprüfungen, etwa zur Aufdeckung von Delikten (z.B. **Unterschlagungsprüfung**), zur Feststellung von organisatorischen Mängeln **(Organisationsprüfung)** oder von sonstigen Mängeln denkbar. Sobald allerdings

---

[184] Vgl. Egner, H., Arbeitstechnik der Internen Revision, Bilanz- und Buchhaltungspraxis 1971, S. 215

B. Die betrieblichen Produktionsfaktoren

über eine Feststellung und Beurteilung des Zustandes des Betriebes hinausgegangen wird und Vorschläge zur Verbesserung gemacht werden, handelt es sich nicht mehr um eine Überwachung, sondern um eine **Beratung**.

Die externen Prüfungen lassen sich auch nach ihren **Prüfungsorganen**[185] unterscheiden. Sie werden von behördlichen oder privatrechtlichen Organen durchgeführt. Zu den **behördlichen Organen,** die externe Prüfungsaufgaben in Betrieben wahrnehmen, zählen:
- Rechnungshöfe und -ämter von Bund, Ländern und Gemeinden,
- Außenprüfungsstellen der Finanzverwaltung,
- Prüfungsstellen der Aufsichtsbehörden einzelner Branchen (Bundesaufsichtsämter für Kreditwesen, für Versicherungs- und Bausparwesen, Bundeskartellamt).

Die von behördlichen Organen durchgeführten Prüfungen sind größtenteils gesetzlich vorgeschrieben. So nimmt z.B. die Finanzverwaltung **steuerliche Betriebsprüfungen,** sog. Außenprüfungen, vor, um gemäß § 194 AO die steuerlichen Verhältnisse der Betriebe zu ermitteln.

Die **privatrechtlich** organisierten Prüfungsorgane unterteilen sich in solche mit Vorbehaltsaufgaben und solche ohne Vorbehaltsaufgaben. Diese Unterscheidung besagt, daß es Prüfungen gibt, die nur bestimmten Personen oder Personengruppen, z.B. Wirtschaftsprüfern und vereidigten Buchprüfern, vorbehalten sind. Als Organe **mit Vorbehaltsaufgaben** gelten:
- Freiberuflich tätige Wirtschaftsprüfer, vereidigte Buchprüfer und Sozietäten,
- Wirtschaftsprüfungs- und Buchprüfungsgesellschaften,
- Prüfungsverbände der Genossenschaften und der Sparkassen.

Organe **ohne Vorbehaltsaufgaben** sind:
- Freiberuflich tätige Personen mit Prüfungsaufgaben (z.B. Steuerberater),
- Beratungsgesellschaften mit Prüfungen,
- Prüfungsabteilungen bestimmter Unternehmen (z.B. Kreditprüfungsabteilung einer Bank).

Die größte Bedeutung im Rahmen der externen Pflichtprüfungen, die nur von Wirtschaftsprüfern oder vereidigten Buchprüfern bzw. von Wirtschaftsprüfungs- oder Buchprüfungsgesellschaften durchgeführt werden dürfen,[186] kommt der **Pflichtprüfung des Jahresabschlusses** der Kapitalgesellschaften, die eine bestimmte Größe überschreiten, zu.[187] Außerdem schreibt das AktG eine Anzahl von aperiodischen **Prüfungen** vor, z.B. Pflichtprüfungen bei der Gründung (§ 33 AktG), ferner für Vorgänge bei Maßnahmen, die zu Kapitalveränderungen führen (z.B. bei Kapitalerhöhungen mit Sacheinlagen gem. § 183 Abs. 3 AktG oder bei einer bedingten Kapitalerhöhung mit Sacheinlagen gem. § 194 Abs. 4 AktG) sowie auf Antrag von Aktionären eine Sonderprüfung wegen unzulässiger Unterbewertung.[188]

---

[185] Vgl. Egner, H., Betriebswirtschaftliche Prüfungslehre, Berlin – New York 1980, S. 199f.
[186] Eine Übersicht über die Prüfungspflichten im deutschen Rechtsbereich findet sich bei v. Wysocki, K., Grundlagen des betriebswirtschaftlichen Prüfungswesens, a.a.O. S. 27ff.
[187] Vgl. §§ 316, 267 HGB
[188] Vgl. § 258 AktG

10. Computergestützte Informationswirtschaft

a) Grundlagen der Informationswirtschaft

aa) Überblick

Die Knappheit der Ressourcen zwingt zu sparsamem Umgang mit den Produktionsfaktoren. Der dispositive Faktor, die Unternehmensleitung, muß deshalb den betrieblichen Kombinationsprozeß unter Beachtung des Wirtschaftlichkeitsprinzips steuern. Alle Faktoreinsatzentscheidungen sind folglich im Rahmen der unternehmerischen Zielsetzung zu optimieren. Zu diesem Zweck muß jeder Entscheidung eine sorgfältige Planung vorausgehen. Planung aber setzt Wissen um die betrieblichen Funktionszusammenhänge und Kenntnis der Beschaffungs- und Absatzmärkte voraus. **Planung** und Entscheidung sind also nur auf der **Basis von Informationen** möglich. Informationen sorgen dafür, daß die knappen Faktoren in die günstigste Verwendungsmöglichkeit – die Volkswirtschaftslehre spricht von optimaler Allokation – gelenkt werden. Informationen gewährleisten also einzelwirtschaftlich die Optimierung betrieblicher Ziele und gesamtwirtschaftlich eine Maximierung des Wohlstands.

Die moderne Informationsverarbeitung ermöglicht den Unternehmen die Optimierung der internen und externen Abläufe. Der umfangreiche Einsatz von Instrumenten der Informationswirtschaft in Unternehmen und Haushalten wie z. B. dem Internet, betrieblicher Standardsoftware oder Client-Server-Technologie zeigt, daß die Bedeutung der Informationswirtschaft von den Unternehmen zunehmend erkannt wird.

Gegenstand der Wirtschaftsinformatik sind Systeme zur Beschaffung, Verarbeitung, Übertragung, Speicherung und Bereitstellung von Informationen. In Abschnitt a) wird zunächst der Stellenwert von Informationen im betrieblichen Produktionsprozeß dargestellt und anschließend der Informationsprozeß skizziert. Die Abschnitte b) – e) beschäftigen sich mit dem Aufbau von Informationssystemen in Unternehmen. Der letzte Abschnitt f) beschreibt anhand von aktuellen Anwendungsbeispielen die Bedeutung eines effizienten Informationsmanagements und die Auswirkungen auf die Unternehmensorganisation.

bb) Information und Betriebsführung

Unter **Information** versteht man nicht jedes beliebige Wissen, sondern zweckbezogenes, entscheidungsrelevantes Wissen.[189] So stellen die in einer Börsenzeitung abgedruckten Preisnotierungen der Rohstoffbörse für einen Schmuckwarenhersteller nur insoweit Informationen dar, als sie sich auf Edelmetalle beziehen. Die Angaben zu landwirtschaftlichen Produkten hingegen gelten für den Schmuckwarenhersteller nicht als zweckbezogenes Wissen. Informationsgewinnung bedeutet also immer Selektion entscheidungsrelevanten Wissens. Informationen werden dabei in Form von **Daten**

---

[189] Vgl. Wittmann, W., (Unternehmung), S. 8

B. Die betrieblichen Produktionsfaktoren 199

abgebildet. Daten sind zum Zweck der Verarbeitung zusammengefaßte Zeichen (Buchstaben, Zahlen oder Sonderzeichen), die aufgrund von bekannten Abmachungen und Regeln Informationen darstellen. Digitale Daten bestehen aus zusammengesetzten, diskreten Zeichen (z. B. Zahlen). Analoge Daten entsprechen kontinuierlichen Funktionen, die stufenlos veränderbar sind (z. B. elektrische Spannung). Ein Zeichen stellt also die kleinste logische Informationseinheit dar.

Informationen dienen als Grundlage von betrieblichen Planungen und Entscheidungen. Dabei stellen sich u. a. folgende Fragen:
- Welche Aktionsvariablen (Entscheidungsmöglichkeiten) bestehen?
- Mit welchen Entscheidungsvariablen (Umweltzuständen) ist zu rechnen?
- Welche Eintrittswahrscheinlichkeiten sind den denkbaren Umweltzuständen beizumessen?
- Welche Zielbeiträge (erwartete Ergebnisse) können den verschiedenen Handlungsmöglichkeiten zugerechnet werden?
- Welche Auswirkungen hatten in der Vergangenheit getroffene Entscheidungen?

Diese Fragestellungen lassen sich nur nach Beschaffung und entsprechender Aufbereitung relevanter Informationen, der **Planungs- und Steuerungsinformationen**, beantworten.[190] Je vollständiger und zuverlässiger diese sind, desto genauer ist die Planung, desto kleiner wird die Gefahr von Fehlentscheidungen und desto höher ist auch der Zielerreichungsgrad.

Die Planung ist in der unternehmerischen Praxis stets mit einer gewissen Unsicherheit verbunden. In der Regel stimmen die tatsächlich realisierten Zielbeiträge mit den geplanten nicht überein. Im Rahmen der betrieblichen Überwachung und Kontrolle sind die erwarteten Plangrößen (Sollwerte) daher den tatsächlich realisierten Istwerten gegenüberzustellen. Es sind also **Kontrollinformationen** zu verarbeiten. Die Kontrolle dient dabei vordergründig der Abweichungsanalyse, letztendlich aber der Verbesserung künftiger Planung. Aus Kontrollinformationen werden so potentielle Planungsinformationen.

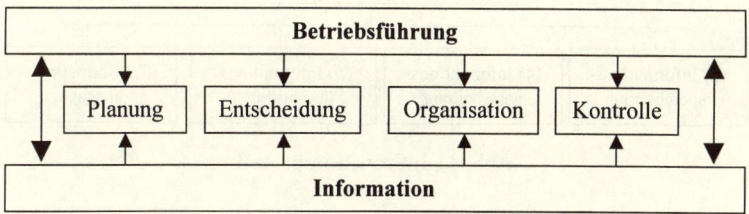

Abb. 40: Betriebsführung und Information

Ebenso wie die Unternehmensleitung Planungs-, Steuerungs- und Kontrollinformationen benötigt, brauchen auch die mit der Ausführung der Entscheidungen beauftragten Mitarbeiter Informationen, sogenannte **Aus-**

---
[190] Vgl. Erichson/Hammann, (Information), S. 193 ff.

führungsinformationen, damit sie eine zielgerichtete Leistungserstellung vornehmen können. [191] Die betroffenen Planungs- und Ausführungsstellen eines Unternehmens unter Beachtung des ökonomischen Prinzips mit den individuell benötigten Informationen zu versorgen, ist Aufgabe der Organisation.

Der gesamte Prozeß der Betriebsführung, nämlich Planung, Entscheidung, Organisation und Kontrolle, wird vom Prozeß der Informationsbeschaffung, -verarbeitung und -übermittlung begleitet. Die Darstellung des Managementkreises[192] hat bereits deutlich gemacht, daß der Austausch von Informationen, d. h. die **Kommunikation**, im Zentrum des Managementprozesses steht. Ebenso wie der Geldfluß in einem Unternehmen die Voraussetzung für die Bereitstellung von Produktionsfaktoren ist und damit den Güterfluß erst ermöglicht, ist auch der Informationsfluß, der die Verwendung der Produktionsfaktoren steuert, Voraussetzung für eine wirtschaftliche Kombination der Produktionsfaktoren.

Der dispositive Faktor als Informationsbeschaffer und -verarbeiter macht sich die Einsatzgebiete und Instrumente der Informationswirtschaft zunutze. Hierzu zählen u. a. Direct Marketing und e-Commerce. Bei diesen Instrumenten stehen vor allem die Vorteile neuer Kommunikationskanäle im Vordergrund. Im Abschnitt f) werden solche Instrumente kurz vorgestellt.

cc) Organisation des Informationsprozesses

Die Organisation des Informationsprozesses erstreckt sich auf mehrere Stufen, die in Abb. 41 dargestellt sind.

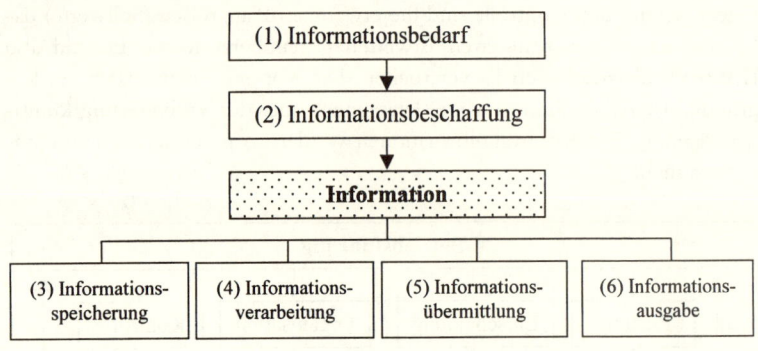

Abb. 41 Informationsprozeß

(1) Der **Informationsbedarf** ist aus dem zur Lösung anstehenden Entscheidungsproblem abzuleiten. Der größeren Planungsgenauigkeit und den damit ermöglichten besseren Entscheidungen (die sich in höheren Erträgen niederschlagen) stehen jedoch die Informationskosten gegenüber, da sich die Unternehmensleitung zur Ermittlung des Informationsbedarfs verschiedener

---
[191] Vgl. Hoffmann, F., (Informationssysteme), S. 1
[192] Vgl. S. 108

personeller und sachlicher Hilfsmittel (z.B. Beratungskosten, Personalkosten, Raumkosten für Archive, Telefonkosten usw.) bedienen muß. Unter dem Aspekt der Kostenverursachung wird die Ermittlung selbst zu einem ökonomischen Problem. Da Informationen knapp, teuer und nutzbringend sind, weisen sie die Eigenschaften eines – immateriellen – Wirtschaftsgutes auf.[193] Zur Lösung dieses Problems läßt sich theoretisch feststellen, daß die Planungsgenauigkeit durch zusätzliche Informationsbeschaffung solange erhöht werden sollte, wie die Zusatzerträge aus der verbesserten Planung (= Grenzertrag der Planung) noch größer als die zusätzlich verursachten Informationskosten (= Grenzkosten der Planung) sind. Ein großes Problem in diesem Zusammenhang entsteht dadurch, daß die Grenzerträge bzw. der Wert einer Information erst ex-post zu bestimmen sind. Da auch die Ex-Ante-Ermittlung der Grenzkosten schwierig ist, ist die Bestimmung des optimalen Informationsbedarfs über die Bedingungsgleichung Grenzkosten = Grenzertrag in der Planungspraxis nicht zu lösen. Bei der Bestimmung des optimalen Informationsumfangs bleibt der Planungsinstanz daher nur der Ausweg sukzessiver Informationsbeschaffung, bei der von Planungsstufe zu Planungsstufe die Informationsbasis verbessert wird. Es bleibt dabei der Erfahrung und Intuition der Planungsinstanz überlassen, auf welcher Informationsstufe sie die Lösung des Planungsproblems als abgeschlossen, d.h. als entscheidungsreif betrachtet.[194]

(2) Die **Informationsbeschaffung** kann sich auf **organisationsinterne Informationsquellen** (z.B. Rechnungswesen, Informationen durch Mitarbeiter) oder auf **organisationsexterne Informationsquellen** (z.B. amtliche Statistiken, Unternehmensberater, Informations-Broker) stützen. Die Wahl zwischen internen und externen Informationsquellen ist dabei nicht nur eine Kostenfrage, da bestimmte Daten (z.B. der Krankenstand der Belegschaft) nur aus bestimmten Quellen bezogen werden können. Daneben ist zu trennen zwischen personalen (z.B. Mitarbeiter) und sachlichen Informationsquellen (z.B. Statistiken).

Angesichts der hohen Quantität der verfügbaren Informationen, in diesem Zusammenhang wird auch von Informationsflut gesprochen, entsteht ein Selektionsproblem. Ein leistungsfähiger Beschaffungsprozeß hat sich auf die Auswahl
- sachbezogener,
- zutreffender und
- aktueller

Informationen zu beschränken.

(3) Ein wesentlicher Bestandteil des Informationsprozesses besteht in der **Informationsspeicherung**. Nicht alle beschafften Daten werden unmittelbar nach der Beschaffung benötigt oder es werden Daten mehrfach verwendet. Damit die Daten nun nicht bei jedem aktuellen Bedarf neu beschafft werden müssen, ist eine Speicherung der Informationen sinnvoll.

---

[193] Vgl. Erichson/Hammann, (Information), S. 199
[194] Vgl. Noltemeier, H., (Einführung), S. 23

Man denke an sporadisch anfallende Daten wie quartalsweise Steuerzahlungen, monatliche Lohn- und Gehaltszahlungen, Wochenberichte von Außendienstmitarbeitern oder tägliche Materialzugänge. Besteht zum Zeitpunkt des Datenanfalls kein aktueller Entscheidungsbedarf, so ist es nicht zwingend notwendig, diese Informationen festzuhalten. Tritt dann später eine Entscheidungssituation ein, bei der man auf die alten Daten zurückgreifen muß, so müssen die benötigten Informationen im Rahmen **primär-statistischer Erhebung** gesucht werden. Werden dagegen die Daten zum Zeitpunkt ihres Anfalls gesammelt, müssen sie lediglich bis zum Eintritt des Entscheidungsfalls gespeichert und zur Informationsgewinnung gegebenenfalls aktualisiert und aufbereitet werden. Diesen Rückgriff auf gesammelte Daten bezeichnet man als **sekundär-statistische Methode**.[195] Da die primär-statistische Datenerhebung teuer, mühsam und zeitaufwendig ist, begegnet man ihr in der betrieblichen Praxis weit seltener als den Verfahren der Datensammlung und -speicherung. Durch die Informationsspeicherung werden also zeitliche Differenzen zwischen Datenbeschaffung und Datenverwendung überbrückt; die Datenspeicherung dient der **zeitlichen Transformation** von Daten.

Insbesondere bei Dienstleistungsunternehmen, die eine Vielzahl von Daten verwalten müssen (z. B. Versicherungsunternehmen), ist eine effiziente Speicherung der Informationen ein wichtiger Wettbewerbsfaktor. Teilaspekte sind die kostenminimale Archivierung der Daten und eine schnelle Verfügbarkeit der gespeicherten Informationen.

(4) Informationen werden oft in anderer Form benötigt, als sie beschafft wurden. Hat z. B. eine Bauunternehmung darüber zu entscheiden, ob sie einen konkreten Bauauftrag zu einem vom Nachfrager vorgegebenen Preis übernehmen will, benötigt sie zur Ermittlung der Entscheidungsgrundlage nicht das gesamte Zahlenmaterial des Rechnungswesens, sondern lediglich die Selbstkosten für den betreffenden Auftrag. Zu ihrer Ermittlung muß eine Reihe von Einzelinformationen (Materialmengen, Materialpreise, Lohnstunden, Stundenlohnsätze usw.) verarbeitet werden. Die Informationen werden also einer **sachlichen Transformation** unterzogen; es wird eine **Informationsverarbeitung** vorgenommen.

(5) In der Regel fallen die Informationen nicht an den Stellen an, die sie als Entscheidungsgrundlage benötigen. Aufgabe des Kommunikationssystems ist es dann, durch allgemeine Regelungen die reibungslose, kostengünstige und unverfälschte **Informationsübermittlung** an andere Stellen, also die **örtliche Transformation**, sicherzustellen. Im Zuge der Informationsübermittlung müssen organisatorische Vorkehrungen zur Optimierung des innerbetrieblichen Informationsflusses getroffen werden. Die Globalisierung und Flexibilisierung der Unternehmen stellt zunehmend höhere Anforderungen an die Unternehmen, so daß neuartige Systeme wie Internet, Intranet oder Email an Bedeutung gewinnen.

(6) Am Ende des Informationsprozesses steht die **Informationsausgabe**. Sie hat die Aufgabe, den informationssuchenden Stellen

---

[195] Vgl. Erichson/Hammann, (Information), S. 208 f.

- die benötigten Informationen
- in sachgerechter Form
- zum passenden Zeitpunkt

zur Verfügung zu stellen.

Die Instrumente, die zur Ausführung dieser Grundfunktionen der Informationswirtschaft eingesetzt werden, sind umso besser, je schneller, sicherer und genauer sie die Informations- oder Datenverarbeitung vornehmen können. Die derzeit beste Verarbeitung wird durch die **Elektronische Datenverarbeitung (EDV)** mit Hilfe einer Elektronischen Datenverarbeitungsanlage (EDVA) ermöglicht. Der Begriff der elektronischen Datenverarbeitung (EDV) wird zunehmend durch den Begriff der **Informationsverarbeitung (IV)** ersetzt. Dies erscheint aufgrund der erweiterten Funktionalität aktueller Systeme zweckmäßig. Gegenüber der manuellen Datenverarbeitung bietet die IV folgende **Vorteile**:

- **hohe Verarbeitungsgeschwindigkeit** und kurze Zugriffszeiten auf gespeicherte Daten;
- **hohe Speicherkapazitäten**, die die Sammlung sehr vieler Informationen auf kleinstem Raum ermöglichen;
- **geringe Fehlerraten** bei der Erfassung, Speicherung und Übertragung von Informationen;
- **hohe Standardisierung** der erfaßten bzw. verarbeiteten Informationen;
- **hohe Kostenvorteile** der IV (Substitution steigender Personalkosten durch sinkende anlagegestützte IV-Kosten);
- **leichte Programmierbarkeit** von IV-Systemen, die es ermöglicht, ständig wiederkehrende Abläufe im Betrieb in einem Programm abzubilden, das diese Abläufe dann automatisch ausführt und damit einen wesentlichen Beitrag zur Rationalisierung des Betriebsprozesses leistet.

Durch den Einsatz von Expertensystemen bzw. „künstlicher Intelligenz" sind IV-Systeme zunehmend in der Lage, Tätigkeiten von Menschen zu übernehmen. Intelligente IV-Systeme sind in der Lage, verschiedene Vorgänge bzw. Prozesse zu erlernen.

Die IV kann aber auch **Nachteile** mit sich bringen:
- Sicherheitsprobleme durch die Vernetzung (durch die weitgehende Verbreitung des Internets besteht hier die Gefahr des Datenmißbrauchs);
- Datenverlust bei Maschinenausfall;
- Technikabhängigkeit, was unter anderem zu Belastungen der Mitarbeiter in Unternehmen führen kann.

Der Erfolg eines Unternehmens ist abhängig von der relativen Marktstärke gegenüber seinen Konkurrenten. Bestimmte in der Nachkriegszeit der Zugang zum Beschaffungsmarkt die Wettbewerbsstärke eines Unternehmens, so ist es heute in zunehmendem Maße die Fähigkeit zu effizienter Informationsbeschaffung und -verarbeitung.[196] Weil die IV den herkömmlichen Formen der Informationsverarbeitung in technischer und kostenmäßiger Hinsicht überlegen ist und weil ihre Einsatzmöglichkeiten noch längst nicht

---

[196] Vgl. Busse von Colbe/Laßmann, (Betriebswirtschaftstheorie, Bd. I), S. 9

ausgeschöpft sind, wird die Implementierung eines **effizienten IV-Systems** zum komparativen **Wettbewerbsvorteil.**

Zwar handelt es sich bei der IV um ein technisches Hilfsmittel der Unternehmensführung, dessen Beschreibung strenggenommen nicht zum Gegenstand der Betriebswirtschaftslehre gehört. Gleichwohl erscheint es aus den angeführten Gründen zulässig und ratsam, sich auch in einem einführenden Lehrbuch zur Betriebswirtschaftslehre mit den Grundlagen dieser Technik und ihren vielfältigen Anwendungsmöglichkeiten ansatzweise zu beschäftigen. Die folgenden Ausführungen haben daher das Ziel, den künftigen Anwender der IV mit den Grundlagen der Datenverarbeitung vertraut zu machen und ihm die Schwellenangst vor dieser Technik zu nehmen. (ÜB 2/44)

b) Aufbau eines Systems zur Informationsverarbeitung

Als Grundprinzip von IV-Systemen gilt das sogenannte **EVA-Prinzip** (Eingabe, Verarbeitung, Ausgabe).[197]

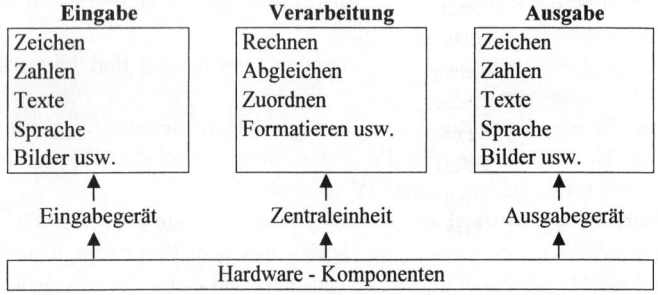

Abb. 42: Das EVA-Prinzip

Den drei Bereichen lassen sich jeweils verschiedene Hardwarekomponenten zuordnen, nämlich Eingabegeräte, Zentraleinheit und Ausgabegeräte. Die einzelnen Hardwarekomponenten werden in Abschnitt c) erläutert.

Die Steuerung der Verarbeitung und die Kommunikation zwischen den einzelnen Hardwarekomponenten regelt die Software. Dabei unterscheidet man zwischen **Systemsoftware** (= Betriebssysteme) und **Anwendungssoftware.**

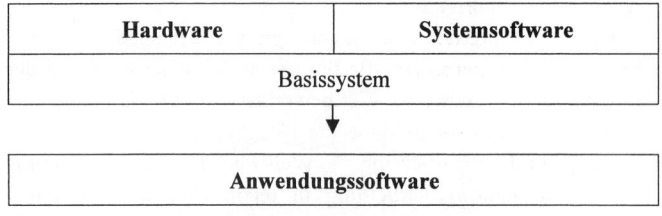

Abb. 43: Komponenten des IV-Systems

---

[197] Häufig spricht man auch von IPO (Input, Process, Output).

B. Die betrieblichen Produktionsfaktoren

Hardware und Systemsoftware bilden zusammen das Basissystem einer IV-Anlage. Durch den Einsatz der **Systemsoftware** wird die Anlage in einen arbeitsfähigen Zustand versetzt. Bekannte Systemsoftware sind z.B. Microsoft Windows 95/98 oder IBM OS/2.

Erst durch den Einsatz von **Anwendungssoftware** gelangt man von der abstrakten Arbeitsfähigkeit zur konkreten Aufgabenbewältigung durch die IV-Anlage. Die speziellen betriebswirtschaftlichen Anwendungsprogramme bieten **Problemlösungen** für alle **betrieblichen Funktionsbereiche**.

Das Informationsmanagement hat die Aufgabe, den Informationsprozeß (vgl. Abb. 41) zu optimieren. Neben der Auswahl eines zweckmäßigen IV-Systems sind geeignete organisatorische und personelle Rahmenbedingungen zu schaffen. Man spricht in diesem Zusammenhang von Orgware und Manware.

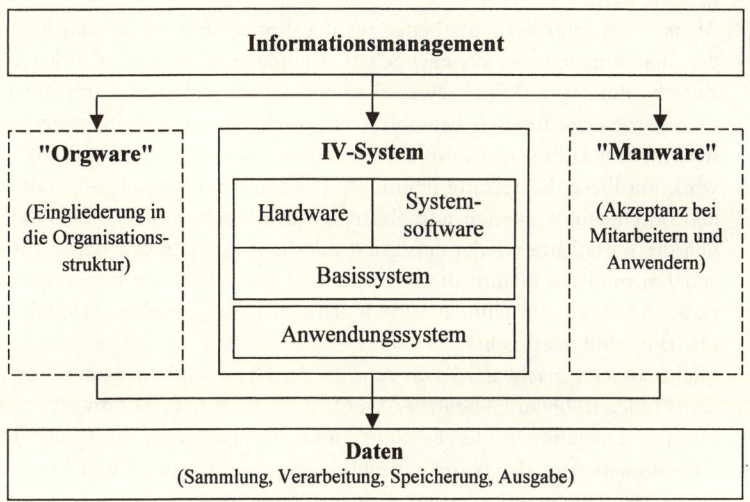

Abb. 44: Elemente des Informationsmanagements

IV-Systeme haben die Aufgabe, die manuelle Datenverarbeitung zu ersetzen. Deshalb muß das System ähnlich wie die manuelle Datenverarbeitung funktionieren. Das nachfolgende Beispiel macht deutlich, wie sehr sich die einzelnen Arbeitsschritte bei elektronischer und manueller Datenverarbeitung entsprechen.

Die alternative Aufgabenerledigung durch
- manuelle Tätigkeit oder
- ein IV-System

wird im folgenden am Beispiel der Mahnung säumiger Kunden erläutert. Die Aufgabenabwicklung vollzieht in folgenden Schritten:
(1) Zunächst muß der Auftrag erteilt werden. Während der Mitarbeiter den Auftrag mündlich oder schriftlich durch seine Sinnesorgane (Ohr oder Auge) erfaßt, muß die Auftragserteilung an das IV-System durch ein **Eingabegerät** – zum Beispiel eine Tastatur – erfolgen.

(2) Im Betrieb existiert eine genaue Arbeitsanweisung, wie beim Mahnen säumiger Kunden vorzugehen ist. Der Mitarbeiter muß dafür die schriftliche Arbeitsanweisung aus einem Ordner und auf seinen Schreibtisch holen. Bei dem IV-System existiert als Arbeitsanweisung ein **Programm**, in dem die einzelnen Arbeitsschritte detailliert festgelegt sind. Dieses Programm wird von einem **externen Speicher** geladen und in den **Arbeitsspeicher** eingelesen.

(3) Anschließend erfolgt die Ausführung entsprechend der Arbeitsanweisung. Während der Mitarbeiter zunächst in einem Karteikasten, in dem für jeden Kunden eine Karteikarte mit allen Rechnungen und Zahlungen enthalten ist, auf den Schreibtisch holen muß, muß in dem IV-System eine **Datei**, in der die Kunden, die für sie ausgestellten Rechnungen und die von ihnen geleisteten Zahlungen gespeichert sind, in den Arbeitsspeicher geladen werden.

(4) Als nächstes muß der Mitarbeiter aus den Karteikarten diejenigen Kunden heraussuchen, bei denen noch Rechnungen offen sind. Zu diesem Zweck muß sein Gehirn zwei Funktionen wahrnehmen. Zum einen muß es den gesamten Arbeitsablauf entsprechend der Arbeitsanweisung steuern, also dafür sorgen, daß eine Karteikarte nach der anderen gezogen wird, mit dieser Karteikarte bestimmte Rechen- und Vergleichsoperationen durchgeführt werden und abhängig vom Ergebnis dieser Operationen die Karteikarte wieder einsortiert oder herausgenommen wird. Zum anderen muß das Gehirn die Rechen- und Vergleichsoperationen selbst (z.B. Addition) vornehmen, um festzustellen, ob einzelne Zahlungen überfällig sind oder nicht.

Nichts anderes macht das IV-System. In der Datei wird ein Kunde nach dem anderen herausgesucht, es werden durch das **Rechenwerk** bestimmte Operationen durchgeführt, und abhängig vom Ergebnis der Operationen wird der betreffende Datensatz in eine neue Datei kopiert oder nicht. Die Steuerung des Arbeitsablaufes wird dabei durch das **Steuerwerk** übernommen.

(5) Anschließend wird vom Mitarbeiter ein Vordruck „1. Mahnung" in der benötigten Anzahl aus dem Schrank genommen und ein Vordruck nach dem anderen in die Schreibmaschine eingespannt, damit dort die von den Karteikarten übernommene Adresse des Kunden eingesetzt werden kann.

Entsprechend wird in dem IV-System aus einer weiteren Datei, die sämtliche benötigten Vordrucke enthält, das zu versendende Formular in der benötigten Anzahl kopiert, es werden aus der erstellten Datei mit den säumigen Kunden bekannten Adressen in das jeweilige Formular eingesetzt, und ein Formular nach dem anderen wird an das **Ausgabegerät** – hier den **Drucker** – gesandt und dort ausgedruckt.

(6) Schließlich teilt der Mitarbeiter seinem Auftraggeber mündlich mit, daß er den erteilten Auftrag erledigt hat. Analog teilt das IV-System dem Auftraggeber auf einem weiteren Ausgabegerät, dem **Bildschirm**, mit, daß die Aufgabe ausgeführt ist.

B. Die betrieblichen Produktionsfaktoren 207

Ein IV-System besteht also auf folgenden Komponenten:

EDV-Komponente	entspricht bei der manuellen Datenverarbeitung	Aufgabe
Eingabegeräte (z. B. Tastatur, Belegleser)	Sinnesorgane zur Aufnahme (z. B. Ohr, Auge)	Eingeben von Daten in das IV-System
Ausgabegeräte (z. B. Drucker, Bildschirm)	Sinnesorgane und Instrumente zur Ausgabe (Mund, Bleistift usw.)	Ausgaben von Daten aus dem IV-System
Externe Speicher (z. B. Festplatte, Diskette)	Karteikasten, Ordner, Schrank usw.	Speichern von Informationen, die nicht sofort benötigt werden
Arbeitsspeicher (auch „Hauptspeicher")	Schreibtisch, Speicherfunktion des menschlichen Gehirns	Speichern von Daten und Programmen, die aktuell benötigt werden
Steuerwerk	Steuerungsfunktion des menschlichen Gehirns	Steuerung des gesamten Arbeitsablaufs bzw. Programms
Rechenwerk	Rechenfunktion des menschlichen Gehirns, Taschenrechner	Rechnen, Vergleichen usw.; allgemeine sachliche Transformation
Dateien	Karteien, allgemein: Ablagesysteme mit Ordnungssystem	Geordnete Ablage von Daten
Programme	Arbeitsanweisungen	detaillierte Anweisung zur Verrichtung der Arbeit

Abb. 45: Vergleich elektronischer und manueller Datenverarbeitung

Während der obere Teil der Tabelle die benötigten Geräte, die sogenannte Hardware, enthält, sind im unteren Teil die immateriellen Komponenten, die Software, aufgeführt. (ÜB 2/45)

c) **Hardware**

aa) **Aufbau und Konfigurationsformen von Hardware**

Die in IV-Systemen eingesetzte Hardware muß im wesentlichen folgende Funktionen erfüllen können:
(1) Erfassung von Informationen mit den Bereichen Suchen, Beschaffen, Lesen, Erfassen;
(2) Speicherung von Informationen;
(3) Bearbeitung der Informationen, d.h. Änderung der Ordnung oder des Inhalts von Informationen;
(4) Erzeugung von Informationen;
(5) Übertragung von Informationen;
(6) Ausgabe von Informationen.

Der Grundaufbau eines Computersystems[198] läßt sich aus dem Einplatzsystem (Abb. 46) erkennen. Es bestehen vier eigenständige Bereiche, über die ein IV-System verfügen kann. Über die Bereiche Dateneingabe, Datenausgabe und Zentraleinheit verfügt jeder Computer. Dies entspricht dem bereits erläuterten EVA-Prinzip. Externe Datenstationen und Speicher erweitern die Nutzungsmöglichkeiten eines IV-Systems. Die möglichen technischen Geräte können hier nur auszugsweise dargestellt werden, da insbesondere die schnelle technische Entwicklung hier zu einer Vielzahl an neuen Geräten führt.

Viele Konzepte gehen deutlich über die reinen Hardwareaspekte hinaus. Unter einer **Hardwarekonfiguration** versteht man die Zusammenstellung verschiedener Hardwarekomponenten zu einem Computersystem. Als einfachste Form gilt ein **Einplatzsystem,** welches nur für einen Arbeitsplatz konzipiert wird.

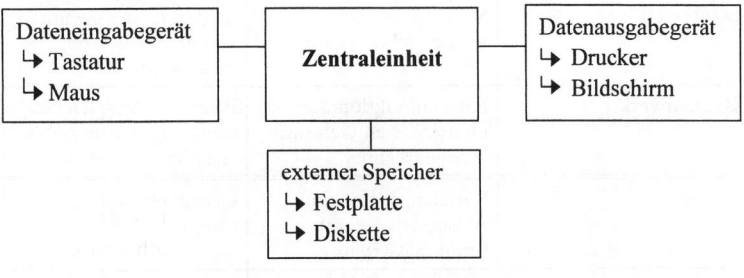

Abb. 46: Einplatzsystem

Bei **Mehrplatzsystemen** sind an eine Zentraleinheit mehrere **Bildschirmterminals** für mehrere Arbeitsplätze angeschlossen. Die einzelnen Bildschirmterminals sind jedoch keine vollwertigen Computer, da die Informationsverarbeitung nur in einer Zentraleinheit durchgeführt wird.

Unter **Rechnerverbundsystemen** bzw. Rechnernetzen versteht man einen Zusammenschluss mehrerer selbständiger Computersysteme durch Vernetzung zu einer Einheit. Man unterscheidet LAN (Local Area Network) und WAN (Wide Area Network), wobei die Unterscheidung darin besteht, daß bei Fernnetzen die Nutzer über öffentliche Netze miteinander verbunden sind.

Bei einer **Client-Server-Architektur** werden mehrere Rechner in einem arbeitsteiligen Konzept zu einem Rechnernetz verbunden. Einzelne Rechner übernehmen als **Server** Dienstleistungen für andere Rechner, die **Clients** (Kunden). Mögliche Servertypen sind z. B. Druckserver, welche die Abwicklung von Druckaufträgen steuern, oder Datei- bzw. Fileserver. Einzelne Rechner können Serverfunktionen wahrnehmen und gleichzeitig als Client für andere Funktionen in Frage kommen.

---

[198] Ausführlicher Stahlknecht, P., (Wirtschaftsinformatik), S. 13 ff.

B. Die betrieblichen Produktionsfaktoren 209

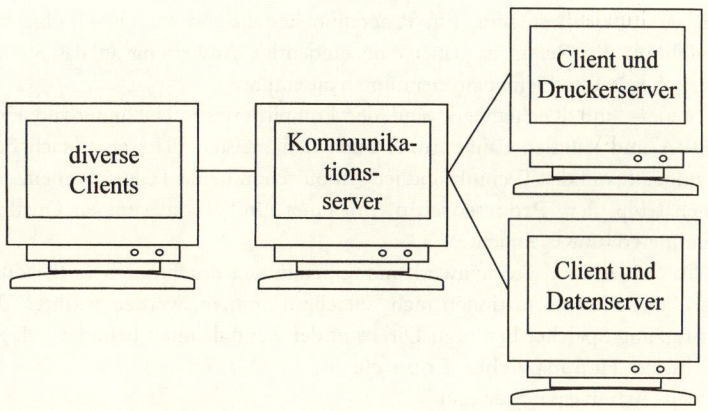

Abb. 47: Client Server Architektur

bb) Hardwarekomponenten

(1) Zentraleinheit

Die Zentraleinheit besteht aus folgenden Komponenten:
- **Prozessoren** (Zentralprozesssor, Co-Prozessoren) und
- **Hauptspeicher**.

Der Zentralprozessor besteht aus **Steuerwerk**, **Rechenwerk**, Registern und Pufferspeichern (Cache-Memory) und ist das „Gehirn" eines Computers. Dabei hat das Rechenwerk die Aufgabe, elementare mathematische und logische Operationen durchzuführen, während das Steuerwerk den gesamten Arbeitsablauf zu überwachen und zu steuern hat.

Das Rechenwerk erhält dabei vom Steuerwerk die Anweisungen, welche elementaren Operationen es mit welchen Daten vorzunehmen hat; es hat also die Aufgabe, die **sachliche Transformation** vorzunehmen. Es besteht folglich im wesentlichen aus Registern zur Aufnahme von Zwischenwerten und aus elementaren logischen Schaltungen, damit es z.B. Vergleiche durchführen (Vergleichsschaltungen) oder Additionen vornehmen (Addierwerke) kann. Teilweise sind in einer EDVA auch mehrere Rechenwerke enthalten, damit mehrere Elementarbefehle parallel ausgeführt werden können und damit folglich schneller gearbeitet werden kann.

Das Steuerwerk muß, damit es den gesamten Arbeitsablauf steuern kann, Informationen erhalten, welche Arbeitsschritte im einzelnen in welcher Reihenfolge vorzunehmen sind. In den Anfangsjahren der EDV geschah das noch manuell, nämlich durch einen Operator, der dem IV-System mitteilte, was es im einzelnen zu tun habe. Heute wird der Großteil der Steuerung durch **Programme** vorgenommen. Erst durch diese programmierte Steuerung ist es möglich geworden, EDV-Anlagen ohne die ständige Unterstützung durch EDV-Fachkräfte einsetzen zu können. Erst diese operatorunabhängige Steuerung ermöglichte beispielsweise die Entwicklung der **Personal Computer (PC)**. In einem Programm sind sämtliche vorzunehmenden Arbeiten, also die einzelnen Arbeitsschritte, in der Reihenfolge enthalten, in der sie abzuarbeiten sind. Ein Programm besteht also aus einer Folge von **Befehlen;** ein Befehl ist dabei eine eindeutige Anweisung an das Steuerwerk, bestimmte Elementaroperationen auszuführen.

Steuer- und Rechenwerk sind der komplizierteste Teil innerhalb einer EDVA und nahmen daher früher auch den meisten Platz ein. Nach dem heutigen Stand der Technik sind jedoch oft schon beide Teile auf einem einzigen Chip, dem **Prozessorchip,** mit einer Größe von wenigen Quadratzentimetern untergebracht.

Da Steuer- und Rechenwerk nur Operationen durchführen (z. B. addieren), aber die Informationen nicht speichern können, werden zu ihrer Unterstützung Speicher benötigt. Direkt in der Zentraleinheit befindet sich zunächst der **Hauptspeicher.** Er besteht aus

- dem **Arbeitsspeicher** und
- dem **Festwertspeicher.**

Der Arbeitsspeicher oder **RAM** (Random Access Memory, d. h. frei verfügbarer Speicher) kann sehr schnell beschrieben und gelesen werden. Er dient vor allem der **Speicherung des aktuellen Programms** sowie der **kurzfristigen Speicherung von Daten.** Den Arbeitsspeicher kennzeichnen vor allem eine kurze Zugriffszeit sowie eine hohe Übertragungsgeschwindigkeit.

Der Festwertspeicher oder **ROM** (Read only Memory) kann nur gelesen aber nicht beschrieben werden. Hier werden die Steuerprogramme eines Computers gespeichert, die auch bei Ausfall der Stromversorgung nicht verloren gehen dürfen.

(2) **Externe Speicher**

Aufgrund der begrenzten Kapazität des Hauptspeichers und für die langfristige Speicherung von Informationen nutzt man zusätzliche externe Speicher (z. B. Disketten und Festplatten). Sie werden vor allem für folgende Aufgaben eingesetzt:

- Zwischenspeicherung während des Verarbeitungsprozesses, wenn die Kapazität des Arbeitsspeichers begrenzt ist;
- Speicherung von Informationen bei dezentraler Datenerfassung;
- dauerhafte Archivierung;
- Datenträgeraustausch (zwischen Unternehmen, z. B. Banken) und
- Speicherung von Programmen für den Verkauf.

Die Auswahl optimaler Speichermedien orientiert sich an folgenden Kriterien:

- **Zugriffsgeschwindigkeit,**
- **Übertragungsgeschwindigkeit,**
- **Kapazität,**
- **Kosten** der Anschaffung und der Unterhaltung sowie
- **Dauerhaftigkeit und Sicherheit** der Daten.

Zwischen diesen Größen besteht grundsätzlich eine Konkurrenzbeziehung. So gilt: je höher die Speicherkapazität, desto langsamer der Zugriff; je schneller der Zugriff, desto höher die Kosten.

B. Die betrieblichen Produktionsfaktoren 211

Ein wesentlicher Unterschied zwischen der Speicherung im Computer und der Speicherung im menschlichen Gehirn beruht auf der Tatsache, daß die Ablage von einzelnen Informationen beim Menschen inhaltsorientiert **(assoziativ)** erfolgt, während in der IV eine **adreßorientierte Speicherung** vorgenommen wird. Damit ein IV-System arbeiten kann, muß ihm (ähnlich, wie es beim Versand von Briefen durch die Anschrift geschieht) genau mitgeteilt werden, wo (an welcher Adresse) es bestimmte Daten finden kann bzw. wohin es Daten zu bringen hat. Es muß ihm also nicht nur mitgeteilt werden, was es zu tun hat, sondern auch, womit (mit welchen Daten) es zu tun hat. Jeder in der EDV eingesetzte Speicher muß so adressierbar sein, daß für jedes speicherbare Zeichen eine **eindeutige Adresse** (ähnlich den Hausnummern einer Straße) existiert.

Speicherungstechnik	Medium	Anwendungsbeispiel
Strichcode	Papier	Supermarkt
Klarschrift	Papier	Brief
Magnetisierung	Magnetband, Diskette	PC
Optische Speicherung	CD-ROM	CD, Softwareverkauf
Elektronische Speicherung	Halbleiter	Mobilfunkkarten

Abb. 48: Speicherungstechnik, Medium im Anwendungsbeispiel

In Abbildung 48 werden die verschiedenen Speicherungstechniken mit den dazugehörigen Speichermedien dargestellt. In modernen IV-Systemen werden vor allem Magnetisierung und optische Speicherung angewendet.
Magnetische Speicherung ist die gebräuchlichste Speicherungsform mit den Medien **Disketten** und (magnetischer) **Festplatte**. Die Daten werden im halbdirekten Zugriff gelesen. Im Gegensatz zu einem seriellen Zugriff, bei dem alle Datensätze von vorne bis zum gesuchten Satz durchlaufen werden müssen, ist der direkte Zugriff (wie z. B. beim Arbeitsspeicher) deutlich schneller. Bei den magnetischen Speichern werden die Daten durch einen halbdirekten Zugriff gelesen. Dies bedeutet eine Kombination von seriellem und direktem Zugriff. Das Speichermedium wird in Sektoren aufgeteilt. Beim Zugriff auf die Datei wird der Sektor „direkt" angesprochen und innerhalb des Sektors werden die gesuchten Daten seriell, d. h. vom Beginn des Sektors an gesucht. Die magnetische Speicherung ist vor allem durch sehr geringe Kosten der Speicherung sowie die gute Transportfähigkeit gekennzeichnet.
Bei der **optischen Speicherung** werden Daten in Form von Löchern oder Strukturveränderungen auf den Medien gespeichert. Das Einlesen der Daten erfolgt durch einen Laser. Optische Speichermedien wie z. B. die **CD-ROM** zeichnen sich durch eine hohe Kapazität und eine hohe Geschwindigkeit aus.

Die **elektronische Speicherung** auf Chipkarten oder Flash-Speicherkarten wird vor allem für spezielle Anwendungen wie z. B. Telefonkarten oder Mobilfunkgeräte genutzt. Durch die Integration von Mikroprozessoren können auch Verarbeitungsprozesse durchgeführt werden. (**ÜB 2/46**)

(3) **Datenein- und -ausgabe**

Damit die EDVA überhaupt ihre Datenverarbeitungsaufgabe wahrnehmen kann, muß sie von irgendeiner Stelle die Daten bekommen, die sie verarbeiten soll. Nach Verarbeitung werden die Daten an eine andere Stelle weitergegeben. Als Ein- und Ausgabegeräte werden alle Geräte bezeichnet, die den Kontakt zwischen der EDV-Welt und der „Außenwelt" herstellen. Geeignet ist dafür letztlich jedes Gerät, das als Eingabegerät Informationen in duale Form übersetzen bzw. als Ausgabegerät duale Daten in anders erfaßbare Informationen verwandeln kann.

Voraussetzung ist nicht nur die **Umsetzbarkeit in digitale Daten**, sondern auch die Möglichkeit, diese Daten durch eine EDVA normiert verarbeiten zu lassen. Das setzt weiter voraus, daß die Informationen in den betreffenden Geräten in demselben Code geschrieben sind, in derselben Geschwindigkeit anfallen und dieselben physikalischen Grunddaten nutzen und daß im einfachsten Fall die Anschlüsse der Geräte miteinander verbunden werden können. Sind alle diese Voraussetzungen erfüllt, so bezeichnet man die **Geräte** als **kompatibel**. Diese Probleme sind entweder durch Normung oder durch Einsatz von Hilfsmitteln wie Codeumwandlungstabellen, Pufferspeicher zur Anpassung der Geschwindigkeiten, Adapter für einheitliche Stecker usw. lösbar.

Da in der gesamten Industrie in zunehmendem Maße die Steuerung von Geräten durch digitale Daten vorgenommen wird, existieren zunehmend mehr Geräte, die „potentielle" Ein- oder Ausgabegeräte sind. So kann beispielsweise ein Fotoapparat, der das von ihm aufgenommene Bild in digitale Daten umsetzt, oder ein Telefon, das die Sprache in digitaler und nicht in analoger Weise überträgt, ein potentielles Eingabegerät sein. Die Entwicklung in diesem Bereich ist noch lange nicht abgeschlossen. Sogenannte Spracherkennungssysteme werden bereits eingesetzt, bei denen das IV-System die Befehle in menschlicher Sprache „versteht".

(4) **Datenübertragung**

Damit die einzelnen Komponenten einer EDVA miteinander kommunizieren können, müssen **Verbindungseinrichtungen** existieren. Diese bestehen auf verschiedenen Hierarchieebenen:

- innerhalb des Zentralprozessors (Steuer- und Rechenwerk);
- innerhalb der Zentraleinheit (zwischen Zentralprozessor und Arbeitsspeicher);
- zwischen der Zentraleinheit und den in der unmittelbaren Nähe installierten Eingabe-Ausgabe-Geräten und externen Speichern;
- zwischen der Zentraleinheit und den in weiterer Entfernung installierten anderen Komponenten zum Teil ebenfalls über Kanäle (lokaler Bereich), zum Teil über die Datenfernübertragung (s. u.);
- zwischen verschiedenen IV-Systemen bzw. Computern.

Diese Verbindungseinrichtungen bestehen im wesentlichen aus **Übertragungseinrichtungen**, welche die einzelnen Bits zwischen Registern der einzelnen Komponenten übertragen sollen, und **Vermittlungseinrichtungen**, die wie ein Fernsprechamt dafür sorgen, daß die jeweils abgesandten Daten auch dorthin gelangen, wo sie benötigt werden. Daneben bestehen **Treiber** zur Signalverstärkung und Puffer zur Zwischenspeicherung von Werten, damit unterschiedliche Geschwindigkeiten einzelner Komponenten ausgeglichen werden können.[199]

Wesentliche Charakteristika von Übertragungsgeräten sind die **Übertragungsgeschwindigkeit** und die Datenmenge, die übertragen wird. Auch hier besteht ein Gegensatz: Geschwindigkeit geht in der Regel zu Lasten der Mengen. In Abhängigkeit vom Einsatz ist somit der bestmögliche Übertragungsweg zu wählen.

Die Verbindung zwischen verschiedenen Komponenten in einem Computersystem werden als Schnittstellen bezeichnet. Diese können physischer oder nur logischer Art sein. Man unterscheidet zwischen seriellen und parallelen Schnittstellen.

Über eine **serielle Schnittstelle** können Daten nur nacheinander übertragen werden, bei einer **parallelen Schnittstelle** können verschiedene Daten zeitgleich übertragen werden. Diese beiden Arten sind somit mit einer Straße vergleichbar. Einspurige Straßen sind seriell, mehrspurige parallel. Auf ihnen können die Autos nebeneinander fahren.

Die Datenübertragung zwischen verschiedenen IV-Systemen bzw. Computern wird vor allem in Client-Server-Netzen oder bei der Verbindung über das Internet oder Intranets verwendet. Verwendete Hardwarekomponenten zur Datenübertragung sind Modems, ISDN-Karten oder Netzwerkkarten, die den Zugang zu den Netzwerken technisch ermöglichen.

d) Systeme

aa) Grundlagen

Ein wesentlicher Bestandteil eines IV-Systems ist die Software, welche „der immaterielle Teil von Datenverarbeitungssystemen"[200] ist. Ein **System** besteht aus einer Menge von Elementen, die über Beziehungen für die Erreichung eines bestimmten Ziels oder Zwecks interagieren. Man unterscheidet hier zwischen **Systemsoftware** und **Anwendungssystemen**. In Abb. 43 wird deutlich, daß die Systemsoftware die Verbindung zwischen Anwendungssystemen und der Hardware darstellt.

Ein Datenverarbeitungssystem beispielsweise benötigt Programme für verschiedene Zwecke. Zum einen existieren **Anwenderprogramme**, die einem IV-System mitteilen, was überhaupt zu tun ist. Sie enthalten also die Arbeitsanweisungen zur Durchführung der eigentlichen, mit Hilfe der IV zu bewältigenden Aufgaben. Zum anderen jedoch benötigt das IV-System die **Systemsoftware**, um sich selbst, also das Datenverarbeitungssystem, zu

---
[199] Vgl. Hansen, H. R., (Wirtschaftsinformatik I), S. 351
[200] Vgl. Heinrich/Lehner/Roithmayr, (Informations- und Kommunikationstechnik), S. 28

verwalten. Vergleicht man ein IV-System mit einem Betrieb, so entspricht diese Systemsoftware den internen Abteilungen (Planung, Rechnungswesen usw.), die nach außen hin nicht in Erscheinung treten, jedoch dafür sorgen, daß der Betriebsablauf optimiert wird. Die Anwendungssysteme hingegen entsprechen in diesem Beispiel dem Vertrieb oder dem Einkauf.

Diese Systemprogramme werden beispielsweise eingesetzt, um die Verwaltung des Hauptspeichers oder die Zuteilung des Zentralprozessors auf verschiedene Anwender vorzunehmen, während die Anwenderprogramme Aufgaben wie Finanzbuchhaltung, Materialverwaltung oder Textverarbeitung wahrnehmen sollen.

Ebenso wie die einzelnen Hardwarekomponenten hergestellt werden müssen, ist auch die Software gesondert zu erstellen. Während diese Aufgabe zu Beginn der EDV im wesentlichen durch die Hardwarehersteller und in den einzelnen Betrieben durch angestellte Programmierer wahrgenommen wurde, kamen später spezialisierte Softwarehäuser, unabhängige Programmierbüros und ihre eigenen Programme erstellende Anwender (z. B. große Versicherungen und Banken) als Softwareproduzenten hinzu.

Trotzdem ist das Softwareangebot noch immer kleiner als die Softwarenachfrage, die sich mit zweistelligen Zuwachsraten entwickelt. Ursache für die gestiegene Softwarenachfrage sind der Preisverfall bei der Hardware, der zu einer steigenden Zahl von Anwendern führt, und die steigenden Anforderungen an die Qualität der Software selbst.

Heute stellt nicht mehr die Hardware, sondern die Software den Engpaß und den teuersten Faktor beim Einsatz der EDV dar, so daß die verbesserten Möglichkeiten, welche die Hardware bieten kann, kaum ausgenutzt werden können. Abhilfe schaffen können hier **Standardsoftware** (für mehrere Anwender einheitlich geschriebene Programme, z. B. SAP R/3) und der Einsatz von Methoden des **Software Engineering**. Dabei wird versucht, durch den Einsatz bestimmter Prinzipien, Methoden, Verfahren und Werkzeuge der Ingenieurswissenschaften eine höhere Programmiereffizienz zu erreichen.[201]

bb) Systemsoftware

Wie bereits oben beschrieben stellt die Systemsoftware das Bindeglied zwischen der Hardware und den jeweiligen Anwendungssystemen dar. In Abbildung 49 sind die einzelnen Funktionsbereiche von Systemsoftware dargestellt.[202]

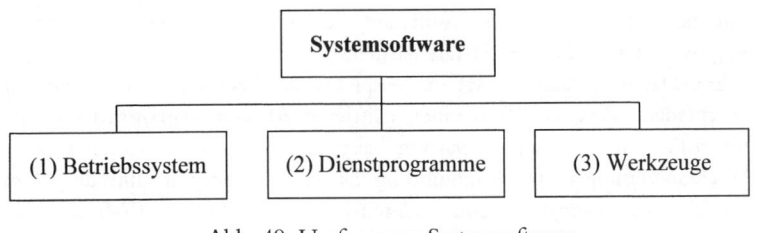

Abb. 49: Umfang von Systemsoftware

---

[201] Vgl. dazu Wirtz, K. W., (Software Engineering), S. 387 ff.
[202] Vgl. Stahlknecht, P., (Wirtschaftsinformatik), S. 13 ff.

Der wichtigste Teil der Systemsoftware ist im **(1) Betriebssystem** zusammengefasst. Es soll alle Komponenten eines IV-Systems **steuern** und die Abarbeitung der Programme **koordinieren**. Hierbei sollen alle Komponenten effizient genutzt werden und der Einsatz der EDV für den Benutzer so einfach wie möglich gemacht werden.

Daneben übernimmt das Betriebssystem die Aufgabe, Hardwarekomponenten unterschiedlicher Hersteller oder Bauart zu **standardisieren**. Müsste ein Programmierer bei jedem Anwenderprogramm, das er entwickelt, auf die speziellen Gegebenheiten der jeweiligen Hardwarekomponenten Rücksicht nehmen, wäre das außerordentlich aufwendig, da er jedes einzelne IV-System in allen Details kennen müßte. Weiterhin wäre es unmöglich, Programme zu entwickeln, die auf verschiedenen IV-Systemen laufen könnten. Jedes Programm wäre zwingend auf einen bestimmten Typ von Computern beschränkt, so daß der Anspruch, über ein Universalwerkzeug zu verfügen, nicht mehr aufrechterhalten werden könnte. Ein Betriebssystem sorgt daher für die Normierung. Mit ihm können – unabhängig von der internen Struktur der einzelnen Computersysteme – Befehle stets in dieselben Wirkungen umgesetzt werden.

Die **(2) Dienstprogramme** dienen der Unterstützung und Wartung des Systems. Übliche Dienstprogramme sind Testprogramme, Wartungshilfen (z.B. Scandisk, welches Festplattenspeicher überprüft) oder Compiler zum Übersetzen von Programmen in Maschinensprache. Sie dienen somit der Verbesserung des Komforts eines Betriebssystems.

Als **(3) Werkzeuge** einer Systemsoftware gelten z.B. Kommunikationsprogramme, Dateiverwaltungsprogramme oder Entwicklungswerkzeuge, welche die Anwender beim Betrieb des IV-Systems nutzen können. Sie werden in der Regel nicht ständig, sondern nur bei entsprechendem Bedarf genutzt.

cc) Anwendungssysteme

Informationsverarbeitungs-Systeme dienen der Beschaffung, Verarbeitung, Speicherung, Bereitstellung und Übertragung von Informationen. Wie bereits in Abschnitt b) dargestellt, ist der Aufbau sehr komplex. Eine zentrale Bedeutung kommt den Anwendungssystemen zu, denn diese sind speziell auf die zu erledigenden Aufgaben ausgerichtet, während die Hardware häufig für viele verschiedene Aufgaben genutzt werden kann.

Grundsätzlich kann man Anwendungssysteme nach dem Integrationsgrad und dem Leistungsumfang unterscheiden:

(1) **Spezialprogramme** für begrenzte Aufgaben (z.B. Lohn- und Gehaltsbuchhaltung) oder betriebliche Funktionen;
(2) **Anwendungssoftware-Familien**, die modular aufgebaut eine ganze Palette von Aufgabenbereichen erfassen;
(3) **Branchensoftware**, mit Lösungen für ganze Branchen (z.B. SAP-Retail für den Einzelhandel);
(4) **Integrierte IV-Systeme**.

(1) Spezialprogramme kommen in klar abgegrenzten Anwendungsfeldern zum Einsatz. So gibt es z.B. Programme, die die Lagerhaltung- und -verwaltung unterstützen, oder Programme zur Textverarbeitung. In der Regel stellen sie „Insellösungen" dar, die nicht mit anderen Teilen der betrieblichen Datenverarbeitung verknüpft sind.

(2) Häufig werden für einzelne Funktionen oder Bereiche Softwarelösungen angeboten, die über standardisierte Schnittstellen zusammenarbeiten oder einen Datenaustausch ermöglichen. Als Beispiel gelten hier die Microsoft-Produkte mit den einzelnen Lösungen für Textverarbeitung, Tabellenkalkulation oder Datenverwaltung und der Möglichkeit z.B. eine Tabelle aus dem Tabellenkalkulationsprogramm problemlos in das Textverarbeitungsprogramm zu übertragen.

(3) Für einzelne **Branchen** werden auch verschiedene speziell auf die Anforderungen zugeschnittene Systeme angeboten. Im Abschnitt f) werden beispielsweise Expertensysteme explizit erläutert, die in Versicherungsunternehmen zunehmend eingesetzt werden. Eine bekannte Branchensoftware ist das Reservierungs- und Buchungssystem START, welches in den meisten deutschen Reisebüros zum Einsatz kommt.

(4) In der Praxis setzen sich zunehmend **integrierte Anwendungssysteme** durch, welche einzelne Verarbeitungsbereiche systemintern zu einem Gesamtsystem verknüpfen. Durch gemeinsame Nutzung von Daten durch mehrere Personen oder betriebliche Stellen sollen Kosten (z.B. durch mehrmalige Datenerfassung) und Fehler (z.B. durch fehlerhafte Kommunikation) vermieden werden. Dabei ist eine Integration auf verschiedene Weise möglich:[203]

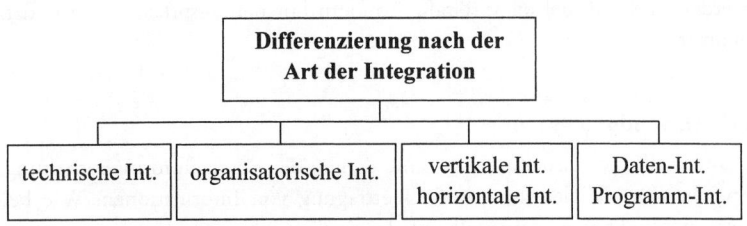

Abb. 50: Integrierte Anwendungssysteme

Bei der **technischen Integration** werden vor allem Hardwareaspekte betrachtet. Als Beispiel kann man die Integration von Faxfunktion und Anrufbeantworter in ein Telefon ansehen. **Organisatorische Integration** bezieht sich auf die auszuführenden Aufgaben. Sie liegt z.B. dann vor, wenn alle Aufgaben einer Auftragsbearbeitung mit einem IV-System bearbeitet werden können. Der Anwender muß somit keinen Wechsel zwischen verschiedenen Systemen bei der Verbuchung von Auftragseingängen und beim Rechnungsversand vornehmen.

---

[203] Vgl. Mertens, P., (Integrierte Informationsverarbeitung 1), S. 3 ff.

Insbesondere die horizontale und vertikale Integration sind wichtige Merkmale. **Horizontale Integration** bedeutet die Orientierung entsprechend der Wertschöpfungskette bzw. der funktionalen Gliederung eines Unternehmens. Die **vertikale Integration** hingegen meint die Verknüpfung von operativen und dispositiven Aufgaben in einem System. Die vertikale Integration von Anwendungssystemen ist in Abb. 51 in folgende Ebenen unterteilt:

vertikal \ horizontal	Einkauf	Material-wirtschaft	Vertrieb	Rechnungs-wesen
Administrationssysteme				
Dispositionssysteme				
Informationssysteme				
Planungssysteme				
Kontrollsysteme				

Abb. 51: Beispiel für vertikal und horizontal integrierte Systeme

- **Administrationssysteme** werden zur einfachen Verarbeitung von großen Datenmengen genutzt. Beispielsweise wird eine Adressenverwaltung mit den Aufgaben Ändern, Hinzufügen oder Löschen durch ein Administrationssystem vorgenommen.
- **Dispositionssysteme** dienen der Steuerung von gut strukturierten Aufgaben. Die Losgrößenplanung in der Produktion eines Unternehmens kann durch ein solches System unterstützt werden. Dispositionssysteme verfolgen in der Regel das Ziel einer weitgehenden Automatisierung.
- **Informationssysteme** bzw. Berichtssysteme geben Informationen und Erklärungen über Sachverhalte im Betrieb. Die Marketingabteilung nutzt solche Systeme z. B. bei der Planung durch die Verwendung von aggregierten Verkaufszahlen für verschiedene Regionen. Der Kernpunkt besteht jedoch in der reinen Bereitstellung von Informationen.
- **Planungssysteme** sollen im Gegensatz zu Informationssystemen die Entscheidungen und Planungen bei Unsicherheit unterstützen.
- **Kontrollsysteme** dienen der Überwachung bzw. der Planeinhaltung und zum Soll-Ist-Abgleich. Sie werden somit beispielsweise im Vertrieb eingesetzt, um Abweichungen von geplanten Absatzwerten möglichst frühzeitig zu erkennen.

Als Beispiel für ein **integriertes Anwendungssystem** kann die Bearbeitung einer Bestellung seitens eines Kunden gelten, die zunächst vom Vertrieb entgegengenommen wird, dann von den Bereichen Lagerhaltung, Verpackung und Auslieferung weiterverarbeitet wird, um dann schließlich auch vom Einkauf bei der nächsten Bestellung dieses Produktes berücksichtigt wird. Sofern diese Informationen auch von der Unternehmensführung z. B. im Rahmen des Controlling durch ein Management-Informations-System genutzt werden, liegt hier ein sowohl horizontal als auch vertikal integriertes Anwendungssystem vor.

Ein wichtiger Aspekt ist auch die **Datenbankintegration,** da hierdurch Mehrfacherfassungen und Redundanzen entfallen können. Als Voraussetzung gilt die Möglichkeit, daß auf die Daten von verschiedenen betrieblichen Funktionsbereichen gleichzeitig zugegriffen werden kann.

Bei einem programmintegrierten System werden die von einem Programm bearbeiteten Daten zur weiteren Bearbeitung an das nächste Programm weitergegeben. **Programmintegration** wird vor allem bei Workflowsystemen angewandt. Die von einem Programm erfassten Daten (z. B. Zahlungseingänge) werden automatisch an das Programm zur Prüfung der Daten (z. B. Rechnungsabgleich) weitergegeben.

Anwendungssysteme können auch nach der Art der Entwicklung bzw. Beschaffung differenziert werden. Entweder werden sie als Standardprogramme oder **Standardsoftware** entwickelt, die bei einer möglichst großen Anzahl von Nutzern eingesetzt werden soll, oder als **Individualprogramme,** die für die Lösung eines einzigen, häufig wiederkehrenden Problems eines einzelnen Anwenders konzipiert werden. Die optimale Anpassung an die organisatorischen Gegebenheiten des einzelnen Betriebes wird durch die Individualprogramme ermöglicht, da diese – wie ein Maßanzug – genau auf die organisatorischen und technischen Gegebenheiten (Hardwareausstattung) eines Betriebes abgestimmt werden können. Gleichzeitig kann durch die Einbeziehung der betroffenen Fachabteilungen bei der Entwicklung und durch eine spätere Betreuung eine **verbesserte Akzeptanz** der EDV erreicht werden. Schließlich können Individualprogramme beliebig an veränderte organisatorische Gegebenheiten angepaßt werden, so daß sie eine **hohe Flexibilität** bieten.

Diese Vorteile bietet die Standardsoftware nicht. Dafür ist sie jedoch um ein Vielfaches billiger; ihre Kosten liegen oft bei nicht einmal 10% der Kosten für vergleichbare Individualsoftware. Außerdem ist die Standardsoftware im Gegensatz zur Individualsoftware sofort verfügbar. Weiterhin kann sie dazu dienen, in den Betrieben Lücken im betriebswirtschaftlichen und technischen Wissen aufzufüllen. Die Verbreitung von Standardsoftware führt so dazu, daß die in ihr enthaltenen betriebswirtschaftlichen Lösungskonzepte über diese Programme als Multiplikator Verbreitung erfahren. Bei der Implementierung von Standardsoftware sind aber unter Umständen Anpassungen an die konkrete Aufgabenstellung vorzunehmen.

Insbesondere der große **Kostenvorteil** der Standardsoftware, verbunden mit ständigen Weiterentwicklungen und erhöhter **Benutzerfreundlichkeit,** führt zu einem **zunehmenden Einsatz** der **Standardsoftware.** Ob für einzelne Aufgaben eines Betriebes der Einsatz von Standard- oder Individualsoftware zweckmäßiger ist, läßt sich nicht pauschal beurteilen. Genau wie bei anderen Investitionsentscheidungen muß auch hier die Alternative gewählt werden, die das beste Kosten-Nutzen-Verhältnis bietet. Wichtige Kriterien, die bei der Entscheidung zwischen Standard- und Individualsoftware sowie bei der Auswahl von Standardsoftware berücksichtigt werden sollten, sind z.B. die von einem Standardsoftwarepaket gebotene **Flexibilität** (= Anpassung an veränderte Problemstellungen und organisatorische Gegebenheiten) und die vom Programm gebotene **Benutzerfreundlichkeit**. Letztlich läuft die Entscheidung jedoch oft auf die Abwägung der wichtigsten Kriterien hinaus: Dem höheren Preis von Individualsoftware steht ihre bessere Anpassungsfähigkeit an betriebliche Gegebenheiten gegenüber.

Hier zeigt sich, daß besonders jene Probleme zur Lösung durch Standardsoftware geeignet sind, die bei allen Anwendern auf dieselbe Art gelöst werden, also wenig oder keine betriebsspezifischen Gegebenheiten aufweisen. Dazu gehören beispielsweise die Textverarbeitung, die Finanzbuchhaltung oder die Materialwirtschaft, während Bereiche mit starken betriebsspezifischen Einflüssen wie die Kapazitätssteuerung oder die Unternehmensplanung den standardisierten Lösungen weniger zugänglich sind. (**ÜB 2/47**)

dd) Systementwicklung

Unter Systementwicklung wird die Gesamtheit der Maßnahmen bei **Planung**, **Entwurf** und **Realisierung** eines IV-Systems verstanden.[204] Die Grundaufgabe der Systementwicklung ist die Bereitstellung eines **bedarfsgerechten IV-Systems**. Hierbei sind technische, ökonomische, organisatorische, soziale, rechtliche und ergonomische Aspekte zu berücksichtigen.

An die Systementwicklung bestehen vielfältige **Anforderungen**:

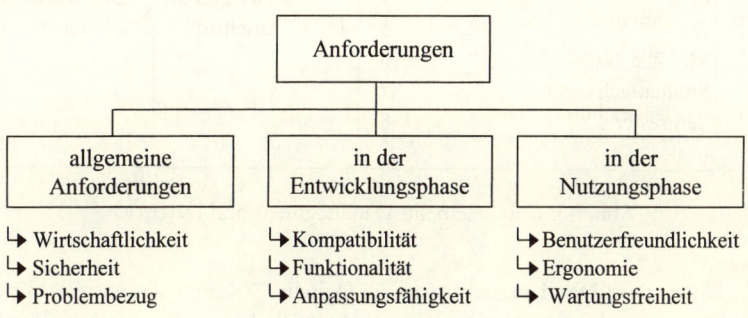

Abb. 52: Anforderungskriterien an die Systementwicklung

Der Prozeß der Systementwicklung durchläuft, ähnlich wie jede andere betriebliche Planung, die Phasen der Systemanalyse, Systementwicklung, Systemeinführung und Systempflege.[205] Mit Beginn der Nutzung des

---

[204] Vgl. Mertens/Bodendorf/König/Picot/Schumann, (Grundzüge), S. 152ff.
[205] Vgl. Stahlknecht, P., (Wirtschaftsinformatik), S. 233ff.

IV-Systems ist die Systementwicklung im engeren Sinne abgeschlossen. Die Aspekte der Systemeinführung und Systempflege besitzen für die ökonomische Beurteilung eines IV-Systems aufgrund der Folgekosten jedoch einen hohen Stellenwert. Ob die Einführung eines neuen IV-Systems betriebswirtschaftlich sinnvoll ist, muß auf Basis der Investitionsrechnung beurteilt werden.[206] Bei komplexen Organisationen werden spezielle Systeme zur Geschäftsprozessmodellierung eingesetzt.[207] Demnach besteht ein Geschäftsprozess aus einer Kette von logischen Vorgängen, die für die Systementwicklung schrittweise betrachtet werden müssen.

e) Datenorganisation

aa) Grundlagen der Datenorganisation

Im IV-Prozess sind die Daten das Objekt des Verarbeitungsprozesses. Der effizienten Erfassung, Organisation und Speicherung der Daten kommt eine große Bedeutung zu.[208]

Datenelemente sind die kleinsten logischen Dateneinheit, die sich aus einem oder mehreren **Zeichen** zusammensetzt. Durch die Zusammenfassung mehrerer Datenelemente zu einem **Datensegment** oder **Datensatz** können logische Zusammenhänge dargestellt werden:

Name	Datenelement 1		
Vorname	" 2		
Straße	" 3		
PLZ	" 4	Datensegment	Datensatz
Ort	" 5	"Anschrift"	"Student"
Matrikel-Nr.	" 6		
Studienfach	" 7		
Semsester	" 8		

Abb. 53: Datenelement, Datensegment und Datensatz

Unter einer **Datei** versteht man die logische Zusammenfassung von Datensätzen mit der gleichen Struktur. Als Beispiele kann man eine Adreßdatei mit einer Vielzahl von Datensätzen (je Person) ansehen, die alle die gleiche Struktur (Anrede, Name, Strasse, PLZ, etc.) besitzen. In einer **Datenbank** werden dann logisch miteinander zusammengehörige Dateien zusammengefaßt:

---

[206] Vgl. S. 637 ff.
[207] Vgl. Scheer, A.-W., (ARIS), S. 1ff.
[208] Vgl. ausführlich Stahlknecht, P., (Wirtschaftsinformatik), S. 161 ff.

B. Die betrieblichen Produktionsfaktoren 221

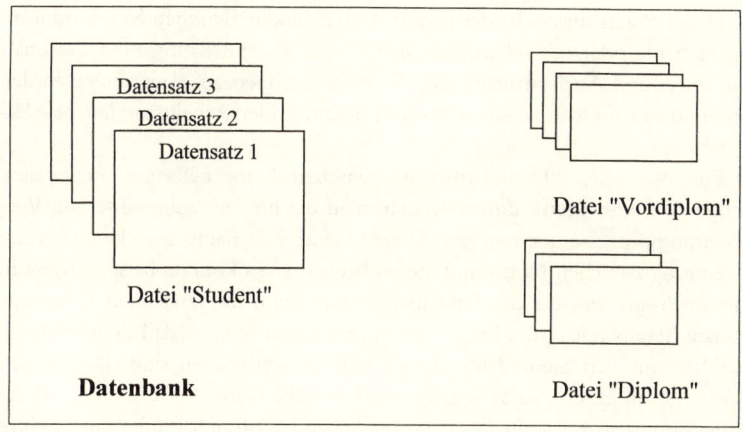

Abb. 54: Datenbank

Eine Datenbank im Prüfungsamt einer Universität umfaßt z.B. die Dateien „Student", „Diplom" und „Vordiplom". Während in der Datei „Student" die allgemeinen Daten der Studenten wie beispielsweise Name, Studiengang und Matrikel-Nr. gespeichert werden, verfügt die Datei „Diplom„ über die Datenelemente Matrikel-Nr., Marketing-Prüfung, Rechnungswesen-Prüfung ... und Abschlußnote. Damit eine Verbindung zwischen den einzelnen Dateien möglich ist, muß in beiden Dateien beispielsweise das Datenelement Matrikel-Nr. vorhanden sein, damit eine Zuordnung möglich ist. Man nennt solche Elemente **Datenschlüssel**.

Neben der Zuordnung von Datensätzen in verschiedene Dateien benötigt man Datenschlüssel auch zur genauen Identifizierung bei der Suche von Datensätzen. Ein Geburtsdatum ist z.B. nicht unbedingt ein eindeutiger Datenschlüssel, wenn mehrere Personen mit dem gleichen Geburtsdatum in der bearbeiteten Datei vorkommen. Zur eindeutigen Identifizierung eines KFZ kann man jedoch das Autokennzeichen verwenden, da jedes Kennzeichen nur einmalig vergeben wird. Die Auswahl eines sinnvollen Schlüssels ist eine der wichtigsten Fragestellungen beim Aufbau einer Datei. Die Verwendung von **sprechenden Schlüsseln** (bei einem Autokennzeichen ist zumindest die Heimatstadt zu erkennen) ist einer fortlaufenden Numerierung vorzuziehen. Schlüsselsysteme sollten somit folgenden Anforderungen gerecht werden:
- Eindeutigkeit, d.h. ein Schlüsselwert darf nur einem Datensatz zugeordnet werden;
- laufende Zuordnung zu neuen Objekten, so daß jedes neue Objekt sofort einen Schlüssel zugewiesen bekommt;
- ausreichende Schlüsselkapazität, damit alle Objekte einen Schlüssel erhalten können;
- Verwendung von sprechenden Schlüsseln;
- Flexibilität gegenüber Änderungen.

In der Praxis unterscheidet man in Datenbanken zwischen **Stammdaten,** die sich nie oder nur selten ändern, wie z. b. Geburtsdatum oder Personalnummer, und **Änderungsdaten,** die Informationen zu Änderungen in den Stammdaten enthalten, wie z. B. Kontostände oder Arbeitsstunden bei Akkordarbeit.

Eine weitere Differenzierung ist zwischen Nutzdaten und Steuerdaten möglich. Unter **Steuerdaten** versteht man die für die rechnerinternen Verarbeitungsprozesse notwendigen Daten. Lange Zeit nahm man keine genaue Trennung zwischen Nutz- und Steuerdaten vor. So können beispielsweise in einem Programm, das der Lohnabrechnung dient, die jeweiligen Lohnsteuersätze bereits fest in das Programm eingebunden sein, so daß diese Nutzdaten fest mit den Steuerdaten des Computers verbunden sind. Sie können aber auch in einer separaten Datentabelle erfaßt werden, die bei Ablauf des Programmes als Hilfsmittel herangezogen wird. Dadurch erfolgt eine **strikte Trennung** von **Nutz- und Steuerdaten.** Nimmt man diese Trennung nicht vor, muß bei jeder Änderung der Lohnsteuersätze das gesamte Programm nach den Stellen, an denen die einzelnen Steuersätze „versteckt" sind, durchsucht und dort geändert werden, während bei einer separaten Tabelle lediglich diese Tabelle zu verändern ist. Die Trennung macht Programme also benutzerfreundlicher.

Die Tatsache, daß die Verarbeitung der **Nutzdaten** der eigentliche Zweck jeder Datenverarbeitung ist, führte in jüngerer Zeit dazu, daß man sich von den technischen Problemen der Datenverarbeitung ab- und einer genaueren Betrachtung der Nutzdaten zuwandte. Heute wird daher von einem fortschrittlichen Datenverarbeitungssystem gefordert, daß die **Zugriffszeiten** kurz sind und daß die **Speicherauslastung effizient** ist. Ferner müssen die Daten stets aktuell sein und die Systeme müssen in der Lage sein, schnell auf eine Änderung der Rahmenbedingungen zu reagieren. (**ÜB 2/48**)

bb) Erfassung von Nutzdaten

Im Vergleich zu den übrigen Teilbereichen der Datenverarbeitung (Verarbeitung, Speicherung und Ausgabe) ist die Datenerfassung oder Dateneingabe ein sehr langsamer Teilbereich der IV, da der Großteil der benötigten Daten nach wie vor manuell, nämlich über Tastaturen, eingegeben werden muß. Man spricht daher auch vom „Hemmschuh" oder „Flaschenhals" der IV.

In der Anfangszeit der EDV orientierte man sich am jeweiligen Standort der EDV-Anlage, um dann die Daten dorthin zu transportieren und sie in der gewünschten Form für die Eingabe aufzubereiten. Mit der Verkleinerung und Verbilligung von Hardwarekomponenten bestehen diese Sachzwänge heute nicht mehr. Es ist daher möglich, die Datenerfassung in der Form zu organisieren, in der sie für den jeweiligen Betrieb und den jeweiligen Zweck am sinnvollsten ist. Man paßt also nicht mehr die Datenerfassung den technischen Gegebenheiten an, sondern legt fest, wie die Datenerfassung im Rahmen des Betriebsablaufs am besten organisiert werden kann und paßt anschließend die Geräteausstattung diesen Erfordernissen an.

B. Die betrieblichen Produktionsfaktoren

Will ein Betrieb daher die EDV einsetzen, so ist es für ihn sinnvoll, festzustellen, wo die einzelnen Daten anfallen, wann sie dort in welcher Menge anfallen, in welcher Form sie anfallen und wie schnell die Ergebnisse zur Verfügung stehen müssen. Hilfreich ist dabei die Anfertigung eines **Datenflußplanes,** in dem alle im Betrieb auftretenden Datenströme aufgezeichnet werden. Erst danach ist festzulegen, welches Datenerfassungsverfahren am besten geeignet ist. Bei den Erfassungsverfahren unterscheidet man abhängig vom Ort der Erfassung zwischen **zentraler** und **dezentraler Datenerfassung.** Brachte man in den Anfangsjahren der EDV „die Daten zum Computer", erfaßte sie also zentral, so ist man heute bemüht, „den Computer zu den Daten zu bringen", also eine dezentrale Erfassung der Daten an den Stellen vorzunehmen, an denen sie anfallen.

Weiterhin trennt man zwischen **online-Datenerfassung,** bei der eine direkte Verbindung mit Datenaustauschmöglichkeit zwischen Erfassungsgerät und dem IV-System besteht, und **offline-Datenerfassung,** bei der diese Verbindung nicht besteht. Dabei geht die Entwicklung in Richtung der online-Datenerfassung, damit eine größere Aktualität erreicht werden kann. Schließlich kann man nach dem Mobilitätsgrad der Datenerfassungsgeräte zwischen **stationären** und **mobilen Erfassungsgeräten** unterscheiden. Mobile Datenerfassungsgeräte ermöglichen eine vom Standort der EDVA völlig unabhängige Datenerfassung. Sie können sinnvoll beispielsweise bei der Lagerverwaltung oder im Rahmen der Inventur eingesetzt werden.

Durch die Tendenz zu dezentraler, unter Umständen sogar mobiler Datenerfassung bieten sich den einzelnen Betrieben bessere organisatorische Gestaltungsmöglichkeiten, mit deren Hilfe sie eine optimale Anpassung der Datenerfassung an die betrieblichen Erfordernisse vornehmen können. Die Entwicklung leistungsstarker Erfassungsgeräte (Scanner, Spracherkennungssysteme, u. a.) führt dazu, daß die manuelle Datenfassung zunehmend durch automatisierte Systeme substituiert wird.

cc) Datenorganisation und Datenoperationen

Betriebswirtschaftlich ist die **Datenmodellierung** ein wichtiger Bestandteil beim Aufbau eines IV-Systems. Durch die **effiziente Speicherung** von Daten können sowohl komparative **Vorteile** hinsichtlich der **Kosten** des IV-Systems als auch strategische Vorteile durch den Einsatz des IV-Systems erzielt werden. Beim Aufbau eines IV-Systems für eine dezentrale Vertriebsorganisation ist die Struktur der Daten in der Kundendatenbank von großer Bedeutung. Man könnte die Kunden hierarchisch den jeweiligen Filialen entsprechend den Regionen zuordnen, alternativ ist aber auch eine Zuordnung entsprechend der Kundenart (Privat- oder Geschäftskunden) bzw. Umsatzgröße möglich. Für eine effiziente Kundenverwaltung sind viele verschiedene Einflußfaktoren maßgeblich, so daß die Auswahl einer passenden Datenstruktur vom Einzelfall abhängig ist. Das Datenmodell des IV-Systems sollte in jedem Fall möglichst mit der Bearbeitung der Daten in der Praxis übereinstimmen.

Als bekanntestes Datenmodell gilt das objektorientierte **Entity-Relationship-Modell** (ERM). Ein ERM dient der grafischen Modellierung von Datenstrukturen. In Abbildung 55 werden die Objekte durch Rechtecke, Beziehungen zwischen Objekten durch Rauten und Attribute durch Ellipsen dargestellt:

Abb. 55: ERM für eine Produktbestellung

Ein weiteres häufig verwendetes Datenmodell ist das **hierarchische Datenmodell**. Die einzelnen Datensätze sind hier in einer Baumstruktur angeordnet, wobei es einen Datensatz als Ausgangspunkt (Wurzel) gibt, von dem die anderen abzweigen. Jeder Datensatz besitzt nur einen übergeordneten Datensatz, so daß man von 1:n-Beziehungen sprechen kann. Den Sonderfall von 1:2-Beziehungen nennt man einen **Binärbaum**.

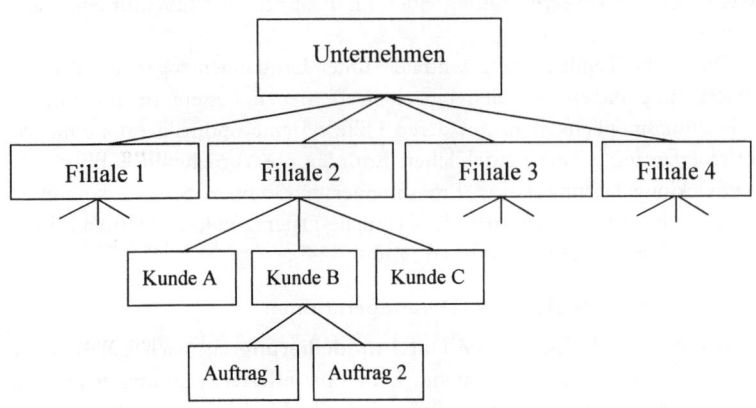

Abb. 56: Datenstruktur in einem hierarchischen Datenmodell

Eine wichtige Datenoperation ist die **Abfrage** von Daten. Um den gewünschten Datensatz zu ermitteln, können verschiedene **Suchverfahren** angewendet werden, welche in großem Maße von der zuvor gewählten Speicherungsform abhängen.[209] Um ein Suchverfahren durchzuführen, ist ein Suchschlüssel notwendig, wobei die einzelnen Datensätze mit diesem verglichen werden. Hinsichtlich der Vorgehensweise gibt es verschiedene Suchverfahren, die sich vor allem in der durchschnittlichen Geschwindigkeit un-

---

[209] Vgl. Stahlknecht, P., (Wirtschaftsinformatik), S. 178 ff.

terscheiden. Vor allem bei sehr großen Datenmengen in Archiven (z. B. Vertragsdaten oder Kundendaten) besteht in der Anwendung eines effizienten Suchverfahrens ein wichtiger Aspekt, da hohe Suchzeiten in der Regel zu hohen Kosten (z. B. durch höhere Laufzeiten des IV-Systems oder durch höhere Wartezeiten der Anwender) führen. Damit geeignete Suchverfahren angewendet werden können, sollte bereits bei der Datenmodellierung auf diesen Aspekt geachtet werden.

f) Informationsmanagement

aa) Grundlagen

Aufgrund der wachsenden Bedeutung von Informationen im betrieblichen Produktionsprozeß und der vielfältigen Einflußbereiche der Informationsverarbeitung gewinnt die Organisation des IV-Prozesses an Bedeutung. Zum Teil spricht man schon von einer eigenständigen betrieblichen Funktion des **Informationsmanagements** bzw. der Informationswirtschaft. Informationsmanagement umfaßt sämtliche Managementaufgaben (Planen, Organisieren, Kontrollieren) der Beschaffung, Verarbeitung, Speicherung, Übertragung und Bereitstellung von Informationen, die mit der Erreichung des betrieblichen Oberzieles der Gewinnmaximierung zusammenhängen.

Information wird in diesem Zusammenhang als wirtschaftliches Gut angesehen, welches ein Unternehmen von außen beziehen oder selbst erstellen kann. Die ökonomischen Grundsätze zur Beschaffung und Verarbeitung knapper Ressourcen gelten somit nicht für die „klassischen" Produktionsfaktoren, sondern auch für Informationen. Im Rahmen des Informationsmanagements ist der optimale Informationsbedarf zu bestimmen, sind die vorhandenen Informationen zu bewerten und ihre **Verarbeitung** und Speicherung unter **Kosten- und Ertragsgesichtspunkten** zu **optimieren**.

Vor allem bei der Beschaffung von außen besteht ein Problem darin, daß die Bewertung von Informationen ex-ante nicht möglich oder sehr ungenau ist. Der Bezug von Informationen ist deshalb mit großen Unsicherheiten behaftet.

Aufgrund der Globalisierung und der daraus resultierenden weltweiten Zunahme des Wettbewerbsdrucks nehmen die Anforderungen an die Effizienz und Leistungsfähigkeit von IV-Systemen zu, da diese einen großen Einfluß auf die Wahl der betrieblichen Faktorkombinationen und die Wettbewerbsposition eines Unternehmens haben.

bb) Auswirkungen von IV-Systemen auf die Betriebsführung
(1) Auswirkungen auf die Betriebsorganisation

Da viele wiederkehrende betriebliche Arbeiten mit Hilfe der IV-Systeme abgewickelt werden können, sind die Auswirkungen des EDV-Einsatzes auf die Funktionen der Betriebsführung bei der Betriebsorganisation am deutlichsten zu sehen. Durch die Ausnutzung aller Möglichkeiten, die die EDV heute bietet (Dialogverarbeitung, Einsatz von Datenbanksystemen, Vernetzung, Einsatz dezentraler Intelligenz, Expertsysteme, virtuelle Unternehmen usw.), wird dabei der gesamte Betriebsablauf im Idealfall in einem integrierten IV-System abgebildet werden, wobei sämtliche auszuführenden Tätigkeiten vorprogrammiert sind. Im Gegensatz zur Anfangszeit der EDV, als die Organisation dem IV-System angepaßt werden mußte, wird heute das **IV-System auf** die **betrieblichen Gegebenheiten** und Bedürfnisse **zugeschnitten**. Dadurch ist es beispielsweise möglich, Funktionen an einzelnen Arbeitsplätzen zu integrieren und somit dem Kunden die „Leistung aus einer Hand" zu bieten, wie es beispielsweise in der Kundenberatung der Banken oder Versicherungen gewünscht wird. An die Stelle von Arbeitsteilung tritt nun zunehmend **horizontale** und **vertikale Aufgabenintegration**.

Durch die **Dezentralisierung** von Informationen und von Informationsverarbeitungskapazitäten (dezentrale Intelligenz) wird also auch die Dezentralisierung von Arbeitsvorgängen (z. B. im Rahmen von Heimarbeit) und Entscheidungskompetenzen ermöglicht. In Versicherungsunternehmen besteht beispielsweise die Möglichkeit, daß der Vertriebsmitarbeiter durch den Einsatz von Expertensystemen zur Antragsprüfung direkt beim Kunden den Versicherungsantrag abschließend bearbeitet und dem Kunden unmittelbar die Vertragszusage geben kann.

Durch den Einsatz moderner Kommunikationsmedien wird die **Telekooperation** von Mitarbeitern ermöglicht. Man versteht hierunter die Vernetzung verschiedener Telearbeitsplätze, die ortsunabhängig zusammenarbeiten. Man spricht auch von **virtuellen Teams** oder **virtuellen Organisationseinheiten**. Sofern ein Unternehmen ausschließlich mittels Telekooperation aufgebaut ist, liegt ein **virtuelles Unternehmen** vor. Diese vollständige Loslösung von ortsabhängigen Organisationen ist jedoch nur sehr selten. Die Bedeutung von virtuellen Teams wird aber vor allem bei global agierenden Unternehmen weiter zunehmen.

Die EDV stellt folglich ein wichtiges Hilfsmittel zur Realisierung einer Vielzahl möglicher Organisationskonzepte dar. In den Anfangsjahren der EDV wurde wegen der notwendigen Zentralisierung von Verarbeitungsvorgängen der Freiraum bei der Gestaltung dieser Konzepte stark eingeschränkt. Da alle Daten zentral erfaßt wurden, mußten beispielsweise sämtliche zu erfassenden Daten an bestimmte Datenerfassungsstellen gesandt werden. Heute dagegen ermöglichen die genannten technischen Neuerungen die Realisierung aller gewünschten Organisationskonzepte.

Auch die **Integration** zwischen mehreren Betrieben ermöglicht neue Organisationsformen auf **zwischenbetrieblicher Basis**. Beispielsweise können durch eine Integration der IV-Systeme von Zulieferern und Produktionsunternehmen Konzepte wie „Just-in-Time-production"[210] deutlich effizienter und erfolgreicher umgesetzt werden. Daneben kann die Vernetzung zu einer **Vereinheitlichung betriebswirtschaftlicher Konzepte** in verbundenen Unternehmen führen, da die Vernetzung direkten Datenaustausch ermöglicht.[211]

---

[210] Vgl. S. 468
[211] Vgl. Scheer, A.-W., (EDV-orientierte), S. 98 ff.

Wegen der durch eine hohe Verarbeitungsgeschwindigkeit erreichten höheren Aktualität der Informationen, der effizienten Verarbeitung von mehr Informationen und wegen der Möglichkeit, durch die Vernetzung Informationen sehr schnell in beinahe beliebiger Menge und Genauigkeit an beliebige Orte zu transportieren, steigen also die Möglichkeiten, über eine bessere Informationsverarbeitung einen **Wissensvorsprung** zu erreichen.

Da der mögliche Wissensvorsprung der Anwender gegenüber den Nichtanwendern durch die Fortschritte bei der EDV noch größer wird, wird der effizienten Informationsverarbeitung zukünftig noch größere Bedeutung zukommen. Betriebe, die dieses Problem nicht rechtzeitig erkennen und sich darauf einrichten, werden einen zunehmenden relativen Wettbewerbsnachteil aufweisen und langfristig Schwierigkeiten haben, sich am Markt zu behaupten.

Die veränderten Organisationsstrukturen führen allerdings auch zu **geänderten Anforderungen** an die **Qualifikation der Mitarbeiter**, die mindestens Kenntnisse in der EDV-Anwendung, teilweise jedoch auch zusätzliche einfache Programmierkenntnisse benötigen. Gleichzeitig kann die Übertragung einfacher geistiger Arbeiten auf die EDV zu generell steigenden Anforderungen an die Qualifikation des Personals führen. Ein weiterer Aspekt ist die Berücksichtigung der sozialen Bedürfnisse von Mitarbeitern, wenn diese beispielsweise durch Heimarbeit die sozialen Kontakte zu Kollegen und Vorgesetzten verlieren.

(2) **Auswirkungen auf Planung, Entscheidung und Kontrolle**

Neben den Auswirkungen des EDV-Einsatzes auf die Betriebsorganisation sind auch Auswirkungen auf Planung, Entscheidung und Kontrolle festzustellen. Ein derartiges Informationssystem hat also die Aufgabe, die betrieblichen Informationen aufzunehmen und die relevanten Informationen
* zum gewünschten Zeitpunkt (durch zeitliche Transformation)
* in der gewünschten Form (durch sachliche Transformation)
* am gewünschten Ort (durch örtliche Transformation)

zur Verfügung zu stellen.[212]

Ein Informationssystem muß nicht zwingend computergestützt sein. Auch eine in klassischer Form organisierte, manuell geführte Buchhaltung stellt einen Teil eines betrieblichen Informationssystems dar. Erst die Unterstützung durch den Computer ermöglicht jedoch eine wirtschaftliche, umfassende und alle betrieblichen Teilbereiche integrierende Informationsverarbeitung. In einigen Bereichen – z.B. bei **Personalinformationssystemen** – sind die aus dieser verbesserten Informationsverarbeitung realisierbaren Vorteile umstritten. Hier setzt der **Datenschutz** an, dessen Aufgabe es ist, „durch den Schutz personenbezogener Daten vor Mißbrauch ... der Beeinträchtigung schutzwürdiger Belange des Betroffenen entgegenzuwirken".[213]

---

[212] Der Begriff Informationssystem wird nicht überall in der hier verwandten Form verstanden; zu den Abgrenzungen vgl. Stahlknecht, P., (Einführung), S. 403 ff.
[213] § 1 Bundesdatenschutzgesetz (BDSG). Zum Datenschutz vgl. Nagel, K., (Datensicherung und Datenschutz), Sp. 477 ff.

In ihrer einfachsten Form sind computergestützte Informationssysteme als starre, periodische **Abrechnungs- und Berichtssysteme** konzipiert, die zu festen Terminen festgelegte Informationen in verdichteter Form (z.B. Listen, Kennzahlen) ausgeben. In einer komfortableren Fassung werden die Empfänger der betreffenden Informationen – unter Umständen auch außerhalb der regelmäßigen Berichtszyklen – durch das Informationssystem zusätzlich auf besondere Entwicklungen, auf Ausnahmesituationen, auf das Überschreiten vorgegebener Schwellenwerte oder auf bestimmte Trends hingewiesen.[214]

Werden Meldungen bei Vorliegen bestimmter Datenkonstellationen aperiodisch, also außerhalb der normalen Berichtszyklen, ausgegeben (**Frühwarnsysteme**), kann sich dadurch auch der Planungsprozeß verändern. Statt wie bei der klassischen Planung nur zu bestimmten, festgelegten Zeitpunkten Pläne aufzustellen oder Planrevisionen vorzunehmen, können diese Planungsprozesse ergänzend auch durch erfolgte Frühwarnungen oder aperiodische Informationen ausgelöst werden. Statt beispielsweise eine monatliche Planung der Lagerhaltung und daraus resultierend Bestellungen vorzunehmen, kann die Nachbestellung direkt durch einzelne Ereignisse, nämlich die Lagerabgänge, ausgelöst werden. Es findet also eine vermehrte **Ereignisorientierung der Planung** statt.

Über **Abfragesysteme** mit standardisierten oder freien Dialogen zwischen Anwender und Computer können die gewünschten Informationen in der gewünschten Form ebenfalls aperiodisch gewonnen werden. Für freie Dialoge sind dabei insbesondere die bereits beschriebenen Datenbanksysteme geeignet.

In einer noch weiter verbesserten Fassung schließlich werden nicht nur die Abweichungen bzw. Trends selbst angegeben, sondern es wird versucht, gleichzeitig die Ursachen für diese zu ermitteln. Diese Ursachenforschung wird durch den Einsatz verschiedener **Analyseverfahren** wirkungsvoll unterstützt.[215] Solche Eigenschaften sind vor allem beim Einsatz von **Planungssystemen**[216] notwendig.

Je komfortabler die Informationssysteme ausgelegt sind, desto besser werden, da eine größere Zahl relevanter Informationen zur Entscheidungsfindung herangezogen wird, die Entscheidungen selbst fundiert. Die Planung wird verbessert, der Zielerreichungsgrad steigt. Werden neben den ermittelten Ist-Daten auch Soll-Daten verarbeitet und in Beziehung zu den Ist-Daten gesetzt, so kann das Informationssystem auch für Kontrollzwecke eingesetzt werden. Durch computergestützte Informationssysteme, die eine gute Abbildung der betrieblichen Realität vornehmen, werden also Planung, Entscheidung und Kontrolle wirkungsvoll unterstützt.

Eine zunehmend größere Bedeutung bei der Entscheidungsunterstützung gewinnen **Simulationsmodelle**. Diese bilden die Realität im Computer ab

---

[214] Das erfordert den Einbau von Prognoseverfahren wie z.B. die lineare Regression in das Informationssystem. Vgl. dazu S. 165 ff. sowie Curth/Weiß, (PC-gestützte Managementtechniken), S. 123 ff.
[215] Vgl. Curth/Weiß, (PC-gestützte), S. 46 ff.
[216] Vgl. S. 459 ff.

und lösen bestimmte Fragestellungen durch Experimentieren. Typische Fragestellungen sind:
- Welche Auswirkung hat die Veränderung eines Parameters auf die Zielgröße?
- Welche Werte müssen einzelne Parameter annehmen, damit ein bestimmter Zielwert erreicht wird?[217]

Solche Modelle kommen vor allem bei sehr komplexen Umweltsituationen, unter denen ein Unternehmen agiert, zum Einsatz. Beispielsweise werden Simulationsmodelle bei Finanzdienstleistungsunternehmen zur Prognose von Finanzmarktentwicklungen (z. B. künftige Zinsentwicklung) eingesetzt.

(3) **Expertensysteme zur Unterstützung betrieblicher Entscheidungen**

Umstritten ist, inwieweit Informationssysteme nicht nur zur Unterstützung von Entscheidungen, sondern auch zum selbständigen, automatischen Entscheiden eingesetzt werden können. Das weitgehende Scheitern umfassend angelegter **Management-Informations-Systeme (MIS)** zu Beginn der sechziger Jahre hat in diesem Bereich zu einiger Skepsis geführt.[218] In jedem Falle sind computergestützte Informationssysteme für die Unterstützung beim Fällen quantitativer Entscheidungen, für die ein vollständig formuliertes Entscheidungsproblem dem Computer vorgegeben wird, geeignet. Hierbei übernimmt der Computer abhängig von den Vorgaben des Benutzers entweder selbständig die Optimierung von Entscheidungen **(Optimierungsmodelle)** oder er zeigt ihm die Wirkung von Veränderungen der Entscheidungsparameter auf **(Verhaltensanalysemodelle).**[219] Probleme treten hier erst bei schlecht strukturierten und nicht voll quantifizierbaren Entscheidungsproblemen auf. Letztendlich können die bisher beschriebenen Systeme Menschen bei der Entscheidungsfindung lediglich unterstützen. Eine eigenständige Entscheidung der IV-Systeme ist jedoch nicht möglich gewesen. Es wird deshalb versucht, durch die Entwicklung von **künstlicher Intelligenz** IV-Systeme zur Entscheidungsfindung zu befähigen. Man unterscheidet hier zwischen neuronalen Netzen und Expertensystemen.

Während **neuronale Netze** die Strukturen und Verarbeitungsprinzipien des menschlichen Gehirns durch Software simulieren, besteht die Aufgabe von **Expertensystemen** darin, die analytischen Fähigkeiten und das Beurteilungsvermögen eines menschlichen Experten nachzuahmen, um sein Wissen maschinell verfügbar und reproduzierbar zu machen.

Im Unterschied zur klassischen EDV werden sie nicht zur Lösung standardisierter, sondern fallweise auftretender und sogenannter **schlecht strukturierter Probleme** eingesetzt. Die schlechte Strukturierung kann dabei z. B. durch fehlende (unvollständige) Daten, durch eine für eine exakte Lösung zu große Zahl alternativer Lösungsmöglichkeiten oder durch Ungewißheiten

---

[217] Vgl. dazu Prätsch, J., (Langfristige Finanzplanung), S. 52 ff.
[218] Vgl. dazu Wedekind, E. E., (Informationsmanagement), S. 45 ff.
[219] Vgl. dazu die Operations-Research-Verfahren, S. 165 ff., sowie bei Stahlknecht, P., (computergestützte Planungsmodelle), S. 400 ff.

bei der Zielsetzung bzw. durch nicht quantifizierbare Zielsetzungen verursacht werden. Allen diesen Merkmalen ist gemeinsam, daß die betreffenden Probleme einer Lösung durch klassische Entscheidungsregeln und -verfahren und damit auch einer computergestützten Lösung nicht mehr zugänglich sind. Versucht man, solche Probleme in einem Entscheidungsmodell und dieses wiederum in der EDV abzubilden, so erfolgt die Abbildung notwendigerweise nur für einen Teil des Problems; eine Lösung innerhalb des Entscheidungsmodells führt folglich auch nicht zur optimalen Lösung des zugrundeliegenden Problems.

In der Praxis erfolgt die Lösung dieser für den komplexen betrieblichen Alltag typischen Probleme daher nach wie vor durch den Menschen, der für die Lösung sein durch Lernen, Erfahrung und auf andere Weise erworbenes Fachwissen anwendet. So kann beispielsweise die Erfahrung lehren, daß es in einem Lager zweckmäßig ist, zu Weihnachten stets doppelt so große Bestellungen zu tätigen oder im Winter wegen häufigerer Krankheiten 10% mehr Aushilfspersonal einzustellen. Gelingt es, dieses Wissen und die Regeln, mit denen ein menschlicher Experte dieses Wissen verarbeitet, in einem Computer abzubilden, spricht man von einem **Expertensystem**. In diesem Fall können die betreffenden Entscheidungen automatisiert durch den Computer getroffen werden. Ein wichtiger Bestandteil eines Expertensystems ist somit die Wissenerwerbskomponente, um neues Wissen aufzunehmen. Ein Expertensystem „lernt" ständig hinzu, wie Probleme zu lösen sind. Ein Beispiel für solches „Lernen" besteht beim Einsatz von Expertensystemen bei der Antragsprüfung in Versicherungsunternehmen. Das Expertensystem soll anhand von Anträgen „erlernen", wie ein Versicherungsantrag (z. B. die Gesundheitsprüfung in der Krankenversicherung) von einem menschlichen Experten geprüft werden würde. Nach dem Erlernen von Krankheitsmustern und der Risikobeurteilung kann ein Expertensystem eigenständig die Antragsprüfung durchführen.

Andere Einsatzbereiche dieser Technologie liegen bei **Interpretationsproblemen** (z. B. im Rahmen der Erstellung des Prüfungsberichtes bei einer Wirtschaftsprüfungsgesellschaft), **Diagnoseproblemen** (z. B. Fehlersuche in einem komplexen technischen System) oder **Planungsproblemen,** bei denen die exakte Planung durch eine zu große Anzahl möglicher Handlungsalternativen oder durch unvollständige Daten unmöglich ist.

Trotz eines explosionsartigen Anstiegs von Expertensystemen, der allerdings teilweise auch auf eine inflationäre Verwendung dieses Begriffes zurückzuführen ist, sollten die Chancen, die diese Technologie nach dem heutigen Stand bietet, nicht überschätzt werden. So konnten beispielsweise Probleme bei der Abbildung hierarchisch strukturierten Wissens, des sehr hohen Aufwandes zur Einrichtung eines Expertensystems, der Integration der Expertensystemtechnologie in die konventionelle Computertechnologie sowie der Überprüfung der Konsistenz, d. h. der Widerspruchsfreiheit des gespeicherten Wissens, bisher nur zum Teil befriedigend gelöst werden. Die größten Schwierigkeiten bereitet jedoch die bisher kaum realisierte und wegen der auf das deduktive Denken beschränkten Möglichkeiten des Computers

B. Die betrieblichen Produktionsfaktoren

vielleicht auch **nicht realisierbare Lernfähigkeit** der Systeme, die damit ohne die ständige und aufwendige Pflege und Weiterentwicklung durch den Menschen schnell veralten.

Die Entwicklung im Bereich der Expertensysteme ist jedoch noch nicht abgeschlossen. Inwieweit sie tatsächlich zur Automatisierung betrieblicher Entscheidungen eingesetzt werden können, läßt sich folglich noch nicht abschließend beurteilen.[220] Der Wert eines computergestützten Informationssystems als hilfreiches Informations-, Planungs- und Kontrollinstrument ist unbestritten. Von einem sich selbst steuernden Entscheidungs- und Lenkungssystem sind wir aber noch weit entfernt.

(4) Unterstützung der betrieblichen Kommunikation durch IV-Systeme

Die Bedeutung der Kommunikation hat in den letzten Jahren deutlich zugenommen. Ständig werden neue Kommunikationsmedien entwickelt, so daß eine Darstellung nur ansatzweise erfolgen kann. Insbesondere das Internet als Medium verzeichnet hohe Wachstumsraten. In diesem Unterabschnitt soll daher neben einigen grundlegenden Aussagen zu Kommunikationssystemen vor allem das Internet mit den zentralen Begriffen und Einsatzmöglichkeiten dargestellt werden.

Unter **Kommunikation** versteht man den Austausch von **Nachrichten**
- zwischen Menschen (Gespräch),
- zwischen Mensch und Maschine (Bedienung eines Computers) oder
- zwischen Maschinen (Automatisierung von Prozessen).

Das **Intranet** ist ein unternehmensinternes Kommunikationsnetz, das alle Rechner eines Unternehmens miteinander verbindet. Das **Internet** ist das bekannteste Kommunikationsnetz und bezeichnet die Gesamtheit aller Netze und Rechner, die über weltweite Verbindungen erreichbar sind. Der englische Begriff Interconnected Networks (Abk. Internet) zeigt auf, daß es sich beim Internet um viele verschiedene miteinander verbundene Netze handelt. Die Ursprünge des Internet reichen bis in die 60er Jahre zurück, wo es in den USA entwickelt wurde. Aber erst in den letzten Jahren hat sich die Nutzung des Internets vor allem durch seine kommerzielle Anwendung mit hohen Raten weiterentwickelt.

Der Zugang ist vor allem über folgende Arten möglich:
- über **Online-Dienste,** die neben dem Internetzugang noch weitere zusätzliche Dienste anbieten (z.B. T-Online oder AOL);
- über **Provider,** die den Zugang zur Zeit über Telefonnetze anbieten (Topnet, Germany.net);
- über **Wissenschaftsnetze,** was vor allem von Hochschulen und Forschungseinrichtungen genutzt wird.

Im Internet werden mittlerweile eine Vielzahl von Diensten angeboten. Für den privaten und betrieblichen Nutzer sind vor allem Dienste wie

---

[220] Zur Expertensystemtechnologie vgl. Kurbel, K., (Expertensysteme), S. 19ff.; Mertens/Allgeyer, (Künstliche Intelligenz), ZfB 1983, S. 686ff.; Scheer, A.-W., (Betriebliche Expertensysteme I, Bd. 36)

- **E-Mail** (Electronic-Mail), der Austausch von elektronischen Nachrichten bzw. Post,
- **File Transfer Protocol (FTP)**, zum Austausch von Dateien oder
- das **World Wide Web (WWW)**

interessant.

Das WWW integriert eine Vielzahl weiterer Dienste unter einer grafischen Oberfläche. Das WWW wird mittlerweile sowohl von vielen privaten Personen wie auch Unternehmen für verschiedenste Funktionen genutzt.

Betriebswirtschaftlich interessant sind vor allem die Möglichkeiten der Informationsbeschaffung und der Abwicklung von Transaktionen über das Internet. Die unternehmerische Nutzung des Internets wird durch die Begriffe **e-Commerce** (e-Business) gekennzeichnet.

Durch den Einsatz des Internets und anderer moderner Kommunikationsmedien können Unternehmen sowohl Kostenvorteile als auch strategische Vorteile erzielen. In Abbildung 57 sind mögliche Anwendungsgebiete und deren Vorteile dargestellt.

Vorteile durch den Einsatz des Internets	Anwendungsgebiete
• Direkte Kundenansprache und höhere Kundenbindung und Erschließung eines zusätzlichen akquisitorischen Potentials; • Rationalisierungspotentiale durch die Substitution von z. B. Filialen durch Internet-Dienste im Bankwesen; • Senkung der Transaktionskosten bei Abwicklung von Geschäftsbeziehungen; • Ständige Erreichbarkeit unabhängig von örtlichen (regionale Anbieter) oder zeitlichen Restriktionen (Ladenöffungszeiten in Deutschland); • Wegfall von Fahrtzeiten und Fahrtkosten; • Automatisierung von Prozessen; • verbesserte Informationsbeschaffung für betriebliche Entscheidungen; • kürzere und kostengünstige Kommunikationswege.	• Direktmarketing über neue Medien oder Einsatz von E-Mail-Verteilern zur Produktinformation; • Online-Banking, Abwicklung von Überweisungen, Wertpapiergeschäften u. a. über das Internet; • e-Commerce bedeutet die Abwicklung von Handelsbeziehungen über das Internet (z. B. Kauf von Konsumgütern); • Heimarbeit oder Telearbeit u. U. Zusammenarbeit in virtuellen Teams; • Elektronischer Austausch von Geschäftsdaten, z. B. zur Zahlungsabwicklung; • Informationsbeschaffung (Erlangung von Internetadressen über Suchbegriffe); • Kommunikation per E-Mail unternehmensintern (über Intranets) oder unternehmensextern.

Abb. 57: Vorteile und Anwendungsgebiete des Internets

Aufgrund dieser umfangreichen Vorteile durch den Einsatz des Internets müssen viele Unternehmen ihre Geschäftsmodelle neu konzipieren und an das geänderte Umfeld anpassen. Beispielsweise haben bereits die meisten Banken den Kanal Internet in ihr Produktportfolio aufgenommen und bieten Online-Banking (z. B. Überweisungen per Internet) oder Online-Brokerage (Abwicklung von Wertpapiergeschäften) über das Internet an. In verschiedenen Branchen treten jedoch auch neue Unternehmen in die Märkte ein, die ausschließlich über den Vertriebskanal Internet verfügen und dadurch erhebliche Kostenvorteile realisieren können. Bisher hat sich allerdings im großen Rahmen nur ein Handel mit Massengütern und Informationen etabliert. Sobald Spezialaufträge vergeben werden, dient das Internet meist nur der Werbung und Kommunikation.

Auf Basis des Internets werden auch interne Netzwerke, **Intranets**, entwickelt. Diese werden vor allem von global agierenden Unternehmen zunehmend zur unternehmensinternen Kommunikation genutzt. Die im Intranet bereitgestellten Informationen werden von den Nutzern dezentral generiert und über das Intranet allen unternehmensinternen Nutzern zur Verfügung gestellt. Jeder Nutzer kann somit als Anbieter oder Nachfrager von Informationen agieren. Vorteile durch den Einsatz von Intranets bestehen durch den Wegfall von Kosten für Vervielfältigung von Unterlagen. Informationen können schneller verteilt werden und Informationen müssen nur an einer Stelle aktualisiert werden.

Durch die **Verbindung** von **Internet** und **Intranet** können z. B. Transaktionen mit Kunden effizienter abgewickelt werden. Nach einer Kundenbestellung über das Internet wird diese ohne zusätzliche Erfassungsarbeiten an die entsprechenden Abteilungen wie z. B. Lager, Inkasso und Vertrieb weitergeleitet. Voraussetzung hierfür ist ein horizontal und technisch integriertes System, damit die Daten in den anderen Abteilungen entsprechend weiterbearbeitet werden können.

(5) **Integrierte Anwendungssysteme: Beispiel SAP R/3**
In Abschnitt d) wurde bereits die große Bedeutung von integrierten Systemen angedeutet. An dieser Stelle soll am Beispiel des Systems R/3 der Firma SAP AG die Funktionsweise und Bedeutung von integrierten Systemen verdeutlicht werden. SAP R/3 hat weltweit im Bereich von betriebswirtschaftlicher Standardsoftware die Marktführerschaft erlangt. Bei R/3 handelt es sich um ein horizontal und vertikal integriertes System.[221]

Derzeit bietet SAP u. a. für folgende Funktionsbereiche Lösungen an, welche modular konzipiert sind, so daß der Anwender auswählen kann, welche Module benötigt werden:
- internes und externes Rechnungswesen
- Controlling
- Beschaffung
- Produktion und Materialwirtschaft
- Vertrieb

---

[221] Vgl. Buck-Emden, R., (Technologie des SAP-Systems), S. 289 ff.

- Qualitätsmanagement
- Personalwirtschaft

Ein wichtiges Kennzeichen von R/3 ist die **universelle Einsetzbarkeit** des Systems. Die Software wurde so gestaltet, daß möglichst alle betrieblichen Prozesse abgebildet werden können und die Software **unabhängig von der Branche** eingesetzt werden kann. Erst bei den mittlerweile erfolgten Updates bietet SAP spezielle Branchenlösungen beispielsweise für die Automobilindustrie (SAP Automotive) an. Durch die sehr umfassende Modulpalette kann R/3 in manchen Unternehmen sämtliche Leistungen anbieten, so daß bei diesen Unternehmen keine Probleme mit Schnittstellen zwischen verschiedenen IV-Systemen entstehen.

Bei der Konzeption von SAP R/3 wurden verschiedene Grundprinzipien berücksichtigt, die zum großen Absatzerfolg maßgeblich beigetragen haben. Durch den Einsatz einer **einheitlichen Datenbank** sollen alle Informationen sämtlichen Anwendern unmittelbar nach der Eingabe zur Verfügung stehen. Dies gewährleistet, daß die verwendeten Daten immer aktuell sind. Gleichzeitig können durch das Prinzip der Einmalerfassung Rationalisierungspotentiale erschlossen werden.

Damit die Standardsoftware auch für eine Vielzahl an Unternehmen interessant ist, müssen die Funktionen der Software durch die Entwicklungsumgebung an **unternehmensspezifische Anforderungen** anpaßbar sein und das Anwendungssystem unabhängig vom verwendeten Basissystem laufen können. Aufgrund der Ausrichtung auf global agierende Konzerne müssen zudem alle Anwendungen international kompatibel sein.

Durch die sehr flexible Anwendung und Implementierung von R/3 konnte SAP mit diesem System große Wettbewerbsvorteile erzielen. Durch den Einsatz von SAP R/3 wurden in vielen Unternehmen ein erhebliches Einsparungspotential und strategische Wettbewerbsvorteile erschlossen.

11. Controlling

a) Begriff, Einordnung und Bedeutung

In den bisherigen Ausführungen dieses Abschnitts wurde herausgestellt, daß
- Planung, Kontrolle, Organisation und Personalführung die Hauptaufgaben der Unternehmensleitung sind und
- die Unternehmensleitung zur Erfüllung dieser Aufgaben auf entsprechende Informationen angewiesen ist.

Planung, Kontrolle, Organisation, Personalführung und Information(sversorgung) bilden die **Kernelemente (Teilsysteme) des betrieblichen Führungssystems**. Diese einzelnen Bereiche stehen allerdings nicht unverbunden nebeneinander, sondern sind aufeinander **abzustimmen**. Diese Abstimmung fällt in den Aufgabenbereich des Controlling.[222]

Unter **Controlling** ist also die **Summe aller Maßnahmen** zu verstehen, die dazu dienen,

---

[222] Vgl. Küpper, H.-U., (Controlling), S. 13 ff. Ähnlich Horváth, P., (Controlling), S. 106 ff.

B. Die betrieblichen Produktionsfaktoren

- die **Führungsbereiche** Planung, Kontrolle, Organisation, Personalführung und Information
- so zu **koordinieren**, daß
- die **Unternehmensziele** optimal erreicht werden.

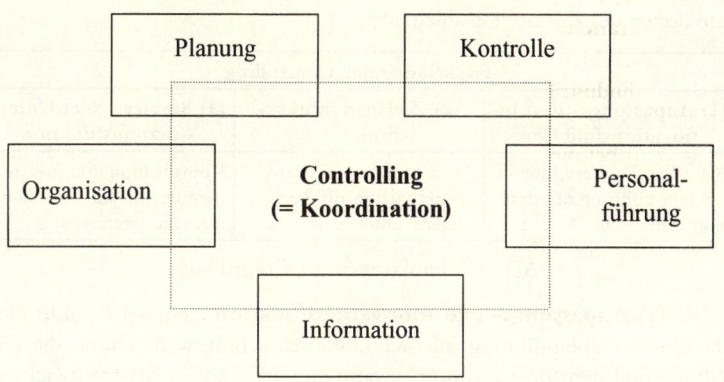

Abb. 58: Einordnung des Controlling

Dem Controlling kommt damit eine Aufgabe zu, die in dieser Form von keinem anderen Teilbereich des Führungssystems erfüllt wird. Eine eigenständige Betrachtung der Koordinationsaufgaben im Führungssystem erscheint angesichts der vielfältigen Veränderungen, die in der Unternehmenspraxis und Wissenschaft eingetreten sind, unerläßlich.

Bedingt durch
(1) erhöhten Wettbewerbsdruck und
(2) zunehmende Komplexität des Unternehmensgeschehens
gelangt das Controlling zu immer **größerer Bedeutung**.

Durch die zunehmende Globalisierung der Wirtschaft sind die Unternehmen einem **(1) erhöhten Wettbewerbsdruck** ausgesetzt. Eine konsequente Verfolgung der Unternehmensziele (im Sinne einer Steigerung des Shareholder Value) wird für die Sicherung der Überlebensfähigkeit immer wichtiger. Die Unternehmensziele werden allerdings nur dann optimal erreicht, wenn die vielfältigen Aktivitäten der Unternehmensführung aufeinander abgestimmt (= koordiniert) werden.

Als Folge der Wettbewerbsverschärfung haben sich immer **(2) komplexere Unternehmen** gebildet. Dies drückt sich nicht nur in der Bildung immer größerer Unternehmenseinheiten durch Unternehmenszusammenschlüsse,[223] sondern auch in einer (überproportionalen) Zunahme planender und steuernder Tätigkeiten der Unternehmensführung aus. Die zunehmende Komplexität führt zwangsläufig zu einem erhöhten Koordinationsbedarf.

Aufgrund der aufgeführten Entwicklungen verwundert es nicht, daß das Controlling sowohl in der Unternehmenspraxis wie auch in Forschung und Lehre erheblich an Bedeutung gewonnen hat. Das Controlling wird inzwi-

---
[223] Vgl. S. 333 ff.

schen von vielen Fachvertretern als eigenständiger Teilbereich der Betriebswirtschaftslehre angesehen.

b) Controllingfunktionen

Aus der allgemeinen Koordinationsfunktion lassen sich folgende Einzelfunktionen des Controlling ableiten:[224]

Funktionen des Controlling		
(1) Anpassungs- und Innovationsfunktion	**(2) Zielausrichtungsfunktion**	**(3) Service- oder Unterstützungsfunktion**
Koordination der Unternehmensführung mit der Umwelt	Ausrichtung der Controllingaktivitäten auf die Unternehmensziele	Koordination von Instrumentenauswahl und Informationsversorgung

Abb. 59: Funktionen des Controlling

Die **(1) Anpassungs- und Innovationsfunktion** dient der Koordination der Unternehmensführung mit der Unternehmensumwelt. Durch die Gestaltung und den Einsatz von Frühwarnsystemen[225] sollen Marktentwicklungen erkannt und entsprechende Anpassungs- und Innovationsvorgänge im Unternehmen ausgelöst werden. Als Anpassung wird dabei eine unternehmerische **Reaktion** auf eingetretene Umweltveränderungen (z. B. umweltverträglichere Produktionsverfahren aufgrund eines gestiegenen Umweltbewußtseins), als **Innovation** das frühzeitige Agieren aufgrund zukünftig erwarteter Umweltzustände (z. B. die Entwicklung verbrauchsarmer Autos aufgrund der Erwartung eines weiter steigenden Umweltbewußtseins). Zu beachten ist in diesem Zusammenhang allerdings, daß die eigentliche Anpassungs- und Innovationstätigkeit in den Funktionsbereichen (Forschung & Entwicklung, Beschaffung, Produktion, Absatz) verbleibt. Gegenstand des Controlling sind die Initiierung solcher Vorgänge und die entsprechenden (begleitenden) Veränderungen im Führungssystem.

Die **(2) Zielausrichtungsfunktion** betont die eigentliche Selbstverständlichkeit, daß die Controllingaktivitäten auf die Unternehmensziele auszurichten sind. Durch eine zielorientierte Koordination sollen die Unternehmensziele besser erreicht werden als ohne eine entsprechende Abstimmung der Führungstätigkeiten.

Die Haupttätigkeit der Controller dürfte in der Erfüllung der **(3) Service- oder Unterstützungsfunktion** liegen. Der Controller fungiert hierbei als Berater, indem er dem Management bei

- der **Instrumentenauswahl** (z. B. welche strategischen Planungsinstrumente[226] verwendet werden sollen) und
- der Gestaltung der zugehörigen **Informationsversorgung** (z. B. welche Informationen bei der strategischen Planung wann, wo und wie bereitzustellen sind)

behilflich ist.

---

[224] Vgl. Küpper, H.-U., (Controlling), S. 17 ff.
[225] Vgl. hierzu S. 109 u 193
[226] Vgl. S. 138 ff.

B. *Die betrieblichen Produktionsfaktoren* 237

c) Controllingbereiche

Zur Erfüllung der Koordinationsfunktionen erstreckt sich das Controlling auf zwei Bereiche:[227]

Koordinationsbereiche des Controlling	
1. Koordination zwischen verschiedenen Führungsteilsystemen.	2. Koordination innerhalb einzelner Führungsteilsysteme.

Abb. 60: Koordinationsbereiche des Controlling

aa) Koordination zwischen verschiedenen Führungsteilsystemen

Der erste Anwendungsbereich des Controlling besteht in der **Koordination der verschiedenen Führungsteilsysteme** (Planung, Kontrolle, Organisation, Personalführung, Information) untereinander. Hierfür sind alle bestehenden Beziehungen zwischen den Teilbereichen

- zu erkennen,
- zu analysieren und
- zieloptimal aufeinander abzustimmen.

Da es den Rahmen eines einführenden Lehrbuches sprengen würde, detaillierter auf die einzelnen Koordinationsaufgaben einzugehen, sollen an dieser Stelle beispielhaft einige Koordinationserfordernisse aus Sicht des Planungssystems aufgezeigt werden. Die Planung als zentrales Führungselement ist untrennbar mit den anderen Teilsystemen verbunden, wodurch es einer

(1) Koordination der Planung mit der Kontrolle,
(2) Koordination der Planung mit der Information,
(3) Koordination der Planung mit der Organisation und
(4) Koordination der Planung mit der Personalführung

bedarf.

Eine **(1) Koordination der Planung mit der Kontrolle** ist erforderlich, da Kontrollen nur im Zusammenhang mit vorhergehenden Planungen sinnvoll sind. Kontrolle im Sinne eines Soll-Ist-Vergleichs setzt Planung voraus, da es ohne Vorgabewerte (Sollwerte, Planwerte) keine Kontrolle geben kann. Das Kontrollsystem ist folglich auf das Planungssystem auszurichten und eng mit ihm abzustimmen. Dabei ist grundsätzlich jeder erstellte Plan auch einer Kontrolle zu unterziehen. Des weiteren lösen Kontrollen (insbesondere bei Planabweichungen) neue, revidierte Planungen aus, wodurch ein weiterer Koordinationsbedarf zwischen Kontrolle und Planung entsteht.

Planung als informationsverarbeitender Prozeß benötigt - wie alle anderen Führungsteilsysteme auch - Informationen als Arbeitsgrundlage. Insofern ist eine **(2) Koordination der Planung mit dem Informationssystem** vorzunehmen. Diese Abstimmung hat über

- die Erfassung des Informationsbedarfs,
- die Auswahl und den Einsatz der geeigneten Instrumente der Informationserzeugung und

---
[227] Vgl. Ossadnik, W., (Controlling), S. 27 ff.

- die Gestaltung des Berichtswesens (Standard-, Abweichungs- und Bedarfsberichte)

zu erfolgen.

Weiterhin ist die Planung zu organisieren, wodurch eine **(3) Koordination der Planung mit der Organisation** erforderlich wird. Hierbei sind zum einen ablauforganisatorische Regelungen (z. B. Planrahmen zur sachlichen Koordination, Planungsprinzipien zur zeitlichen Koordination[228]) und zum anderen aufbauorganisatorische Maßnahmen (z. B. Hierarchiebildung oder Gruppenbildung der Planungsträger) zu treffen.

Schließlich hat auch eine **(4) Koordination der Planung mit der Personalführung** stattzufinden. Durch den Einsatz der Personalführungsinstrumente[229] sollen die Planungsträger zu einer optimalen Plankoordination angehalten werden. Dies kann z. B. durch die Verabschiedung allgemeiner Planungsrichtlinien, die Förderung der Kommunikation oder über Anreizsysteme geschehen.

bb) Koordination innerhalb einzelner Führungsteilsysteme

Das Controlling bezieht sich nicht nur – wie Abb. 58 vermuten lassen könnte – auf Koordinationsaufgaben zwischen den Teilsystemen, sondern erstreckt sich auch auf **Koordinationsaufgaben innerhalb der Teilbereiche**. Jedes Teilsystem für sich besteht wiederum aus verschiedenen Komponenten, die untereinander abzustimmen sind.

Abb. 61 nennt beispielhaft einige Controlling-Fragestellungen, die innerhalb eines Führungsteilsystems auftauchen.

Beispiele für das Controlling innerhalb der Führungsteilsysteme	
Planung	• Koordination der Planungsziele • Welche Ziele existieren? • Welche Beziehungen bestehen zwischen den Zielen? • Wie sind Zielkonflikte zu lösen? • Koordination der Planungsgegenstände und -bereiche • Wie sind die Pläne innerhalb einer Periode abzustimmen? • Wie sind die Pläne zwischen den Perioden abzustimmen? • Wie sind strategische, taktische und operativer Planung aufeinander abzustimmen? • Soll zentral oder dezentral gepant werden? • Soll simultan oder sukzessiv geplant werden?
Kontrolle	• Welche Kontrollen sind durchzuführen? • Wann sind die Kontrollen durchzuführen?

---

[228] Vgl. S. 172 ff.
[229] Vgl. S. 246 ff.

B. Die betrieblichen Produktionsfaktoren

Beispiele für das Controlling innerhalb der Führungsteilsysteme	
Information	• Wie können Buchhaltung, Kostenrechnung, Investitionsrechnung und Finanzierungsrechnung inhaltlich und datentechnisch aufeinander abgestimmt werden?
Organisation	• Wie sind die Aufbau- und die Ablauforganisation aufeinander abzustimmen?
Personalführung	• Wie sind die Führungsprinzipien und Führungsinstrumente aufeinander abzustimmen?

Abb. 61: Beispiele für das Controlling innerhalb der Führungsteilsysteme

d) Problemfelder des Controlling

Trotz eines unübersehbaren Bedeutungsgewinns hat sich bisher **keine einheitliche, abgegrenzte Sichtweise** hinsichtlich der Aufgaben und Inhalte des Controlling herausgebildet. Dieser Befund gilt für Theorie und Praxis gleichermaßen.[230] Ein einheitliches Controllingverständnis ist nur in Ansätzen erkennbar. Der hier aufgeführte **koordinationsorientierte Ansatz** kann deshalb zwar nicht als Einheitsinterpretation des Controlling verstanden werden. Er entspricht jedoch der inzwischen **vorherrschenden Sichtweise**.

Es ist allerdings festzustellen, daß auch innerhalb des koordinationsorientierten Ansatzes noch **Unschärfen** hinsichtlich der konkreten Aufgaben und Inhalte des Controlling verbleiben. Nur zwei Aspekte, die der Bildung einer klar umrissenen Controllingkonzeption entgegenstehen, seien kurz genannt:

- Es ist unstrittig, daß die Anzahl der zu koordinierenden Schnittstellen und damit die Bedeutung des Controlling im Laufe der Zeit zugenommen hat. Eine **Koordination der betrieblichen Tätigkeiten hingegen ist nicht neu** und hat auch schon ohne Controlling stattgefunden. Insbesondere die Beispiele für die Koordination innerhalb der Führungsbereiche in Abb. 61 zeigen, daß hier keine neuen Aufgaben entstehen, sondern klassische Aufgaben einem anderen Führungsbereich (dem Controlling) zugewiesen werden. Hierdurch ergeben sich zwangsläufig **Überschneidungen** und **ungeklärte Zuständigkeiten**. Als neu am Controlling kann damit allenfalls die koordinative Verknüpfung zwischen den Führungsbereichen sowie die vollständige und einheitliche Behandlung der Koordinationsfragen in einem eigenständigen Teilbereich angesehen werden.
- Für ein klares, abgegrenztes Profil ist es weiterhin erforderlich, daß das Controlling über einen eigenen Instrumentenvorrat verfügt. An **originären Controllinginstrumenten mangelt es** jedoch bislang. Die im Controlling eingesetzten Instrumente[231] sind entweder aus anderen Bereichen bekannt und von dort „entliehen" (so z.B. Verrechnungspreis- und

---

[230] Zu unterschiedlichen Aufgaben und Inhalten des Controlling in Theorie und Praxis vgl. Horváth, P., (Controlling), S. 54 ff. Zu alternativen Controllingkonzeptionen vgl. Küpper, H.-U., (Controlling), S. 5 ff.
[231] Zu einer Übersicht vgl. Küpper, H.-U., (Controlling), S. 24 ff.

Kennzahlensysteme aus dem Rechnungswesen) oder lassen sich (bei neu- oder weiterentwickelten Instrumenten) problemlos auch anderen Bereichen zuordnen (so z. B. die Balanced Scorecard[232] dem Zielsystem).

Diese beiden Aspekte verdeutlichen, daß es an einem klaren Controllingprofil (bislang) mangelt. Da jedoch – insbesondere aus didaktischen Gründen – eine Trennung zwischen den einzelnen Tätigkeiten und Phasen des Managementprozesses unerläßlich ist, entstehen zwangsläufig Abstimmungs- und Vernetzungsprobleme. Auf eine Koordination der Managementtätigkeiten kann folglich nicht verzichtet werden.

III. Die menschliche Arbeitsleistung

1. Allgemeine Bestimmungsfaktoren

Unter dem betrieblichen Produktionsfaktor **menschliche Arbeit** wird der Einsatz der physischen und psychischen Fähigkeiten eines Menschen zur Realisierung betrieblicher Zielsetzungen verstanden. Die menschliche Arbeitsleistung ist einerseits von der **physischen und psychischen Leistungsfähigkeit** der Arbeitskraft, andererseits von dem Willen abhängig, die eigene physische und psychische Leistungsfähigkeit voll einzusetzen. Diese ist bedingt durch die körperliche Konstitution und das Niveau der Begabung, ferner durch das Lebensalter, durch die Förderung der natürlichen Begabung, durch Fachausbildung und durch das Gewinnen praktischer Arbeitserfahrung. Aus den Faktoren körperliche Konstitution, Begabung, Lebensalter, Fachausbildung und praktische Arbeitserfahrung resultiert die **Eignung** der Arbeitskraft für die Ausführung bestimmter Tätigkeiten.

Die Bedeutung des **Lebensalters** ist für die Arbeitsleistung unterschiedlich zu bewerten. Bei schwerer **körperlicher Arbeit** nimmt die Leistungsfähigkeit mit zunehmendem Alter ab. Eine Kompensation durch erhöhte Erfahrung und Fertigkeit in der Arbeitsverrichtung erfolgt nur in geringem Maße. Bei **geistiger Tätigkeit** und Handarbeiten, die weniger körperliche Kraft, aber große Fertigkeit verlangen, ist es umgekehrt. Hier nimmt die Leistungsfähigkeit gewöhnlich durch jahrelange Erfahrung zu und sinkt in höherem Alter in der Regel nicht ab.

Das Arbeitsergebnis hängt darüber hinaus aber wesentlich davon ab, ob es dem Betrieb gelingt, die Arbeitskraft entsprechend ihrer spezifischen Eignung einzusetzen, und ob seitens der Arbeitskraft nicht nur die physische und psychische Möglichkeit, sondern auch der Wille vorhanden ist, ihre Leistungsfähigkeit voll zur Verfügung zu stellen. Der **Leistungswille** kann erheblich beeinträchtigt werden, wenn Arbeitskräfte entweder nicht ihrer Eignung entsprechend oder unter ungünstigen Arbeitsbedingungen eingesetzt werden. Sie gewinnen dann den Eindruck, daß sowohl ihre berufliche Fähigkeit als auch ihre Persönlichkeit unterbewertet wird, werden unzufrieden, und als Folge mangelnder Motivation sinkt die Leistung ab.

---

[232] Vgl. hierzu Horváth, P., (Controlling), S. 558 ff.

B. Die betrieblichen Produktionsfaktoren 241

Der Leistungswille hängt im wesentlichen von vier Faktoren ab:
(1) Von der **Personalauswahl.** Die richtige Personalauslese und -zuordnung zu den einzelnen Stellen liefert die Voraussetzungen für die Arbeitszufriedenheit der Mitarbeiter und bestimmt somit auch entscheidend die Qualität und Effektivität menschlicher Arbeitsleistungen.
(2) Von den **Arbeitsbedingungen** im weitesten Sinne. Ihre Gestaltung ist Aufgabe der Arbeitsorganisation. Sie erstreckt sich im wesentlichen auf zwei große Bereiche:
(a) auf das Verhältnis der Arbeitskraft zur Arbeit und zum Arbeitsplatz. Aufgabe des Betriebes ist es, dieses Verhältnis optimal zu gestalten. Mittel dazu sind Arbeitsstudien und Arbeitsvorbereitung;
(b) auf das Verhältnis der Arbeitskraft zu Vorgesetzten und Mitarbeitern, also auf eine genaue Abgrenzung des „Befehlsbereiches" und auf das Gefühl der Sicherheit des Arbeitsplatzes.
(3) Von der Höhe des **Arbeitsentgeltes.** Der Arbeitende muß die Überzeugung haben, daß er seiner Leistung entsprechend bezahlt wird.
(4) Von den **freiwilligen betrieblichen Sozialleistungen.** Diese werden aufgrund der Zugehörigkeit des Menschen zum ‚Sozialsystem' Betrieb gewährt und sollen den Arbeitnehmern vor allem das Gefühl geben, daß der Betrieb über die gesetzlich vorgeschriebenen Sozialabgaben hinaus seiner Fürsorgepflicht für seine Mitarbeiter z.B. durch freiwillige Leistungen zur wirtschaftlichen Sicherung oder durch Einrichtungen zur Fortbildung und zur Freizeitgestaltung nachkommt.

Somit entstehen für den Betrieb im Zusammenhang mit dem Faktor Arbeit vier große Problemkreise: erstens eine bestmögliche Personalauswahl, zweitens die Schaffung optimaler Bedingungen für den Einsatz der menschlichen Arbeit im Betriebe, drittens die Frage der Entlohnung (Lohnhöhe und Lohnform) der Arbeitskräfte und viertens die Frage der freiwilligen betrieblichen Sozialleistungen. Betrachten wir im folgenden diese vier Problemkreise im Detail (**ÜB 2**/1–2).

2. Die Personalauswahl

a) Begriff und Bedeutung der Personalauswahl

Unter Personalauswahl versteht man „den Entscheidungsprozeß, an dessen Ende die Bestimmung derjenigen Kandidaten steht, die sich für bestimmte Positionen aus einem Kreise von Bewerbern als die ‚bestqualifizierten' herausgestellt haben."[1] Das zentrale Problem bei der Personalauswahl besteht darin, zu prüfen, ob ein Kandidat für die vorgesehenen Aufgaben geeignet ist oder nicht. Das kann durch einen **Soll-Ist-Vergleich** festgestellt werden. Dabei muß das Soll-Objekt, also die zu besetzende Stelle, daraufhin analysiert werden, welche Anforderungen sie an den Bewerber stellt, und das Ist-Objekt, also der potentielle Mitarbeiter, ist auf seine Eignung zu überprüfen.

---
[1] Berthel, J., Personalmanagement, 5. Aufl., Stuttgart 1997, S. 181 ff.

Der Vergleich ergibt dann, ob der Kandidat für die Stelle geeignet ist oder nicht oder ob er ggf. überqualifiziert ist.

Die Bedeutung der Personalauswahl liegt vor allem in der gegenseitigen Abhängigkeit zwischen dem wirtschaftlichen Vorteil für den Betrieb und dem Grad der Zufriedenheit des einzelnen Mitarbeiters.[2] „Mit der Auswahl und dem Einsatz seiner Mitarbeiter bestimmt der Betrieb weitgehend Qualität und Effektivität der menschlichen Arbeitsleistung und schafft damit eine der wesentlichen Voraussetzungen für seinen wirtschaftlichen Erfolg."[3] Da nicht jeder Mensch für jede Aufgabe gleichermaßen geeignet ist, ergibt sich für den Betrieb bei jeder Besetzung ein wirtschaftlicher Vorteil oder Nachteil, für den Mitarbeiter ein Erfolgs- oder Mißerfolgserlebnis, das wiederum Rückwirkungen auf die von ihm erwartete Leistung bzw. auf seine Zufriedenheit hat.[4] Der Rückkopplung zwischen menschlichen und wirtschaftlichen Auswirkungen personeller Auswahlmaßnahmen kommt eine große Bedeutung zu. Die Wichtigkeit personeller Auswahlentscheidungen nimmt im Zeitverlauf zu, da

(1) Technik und Automation die Arbeitsanforderungen und damit die erforderlichen Eignungsvoraussetzungen verändern;

(2) die Menschen aufgrund ihrer oft qualifizierten Ausbildung mit ihrer Arbeit höhere Erwartungen verbinden und eine stärkere Entfaltung ihrer Persönlichkeit anstreben;

(3) mit steigenden Personal- und Ausbildungskosten sich einerseits die Einstellungskosten erhöhen und andererseits die zunehmende rechtliche Einengung der Möglichkeiten, sich von ungeeigneten Arbeitskräften zu trennen, zu immer sorgfältigerer Personalauswahl zwingt.[5]

Der Spielraum der freien Personalauswahl durch die Unternehmensführung wird durch die **Rechte des Betriebsrats** eingeschränkt. Dieser hat nach § 95 BetrVG ein Mitbestimmungsrecht bei der Aufstellung von Richtlinien über die personelle Auswahl bei Einstellungen, Versetzungen, Umgruppierungen und Kündigungen. Nach § 99 BetrVG hat er die vom Betriebe getroffene Auswahlentscheidung zu prüfen und kann ihr bei Vorliegen bestimmter Gründe die Zustimmung versagen, und zwar nach § 99 Abs. 2 Nr. 2 BetrVG insbesondere dann, wenn personelle Einzelmaßnahmen nach der Ansicht des Betriebsrats gegen die Auswahlrichtlinien verstoßen. Deshalb ist es wichtig, klar und verständlich gefaßte Richtlinien zu vereinbaren, nicht zuletzt auch deshalb, damit der Betriebsrat Personalentscheidungen rasch überprüfen kann. Die Aufstellung von Auswahlrichtlinien für leitende Angestellte ist gem. § 5 Abs. 3 BetrVG nicht erforderlich.

b) Auswahlprinzipien der Personalauswahl

Bei der Anwendung bestimmter Prinzipien für die Personalauswahl ist zu beachten, daß die Ziele des Mitarbeiters mit denen des Betriebes auf der

---

[2] Vgl. Justen, R., Personalauswahl, in: Handwörterbuch des Personalwesens (HWP), hrsg. von E. Gaugler, Stuttgart 1975, Sp. 1479
[3] Unternehmerische Personalpolitik, hrsg. von der Bundesvereinigung der Deutschen Arbeitgeberverbände, 3. Aufl., Köln 1983, S. 250
[4] Vgl. Justen, R.: a. a. O., Sp. 1479
[5] Vgl. Unternehmerische Personalpolitik, a. a. O., S. 250 f.

Grundlage der betrieblichen Erfordernisse soweit wie möglich übereinstimmen.[6] So bezieht sich z. b. ein wichtiges Auswahlprinzip darauf, ob **offene Stellen** vorrangig mit externen Mitarbeitern oder mit Mitarbeitern aus den eigenen Reihen besetzt werden. Das hängt einerseits von den Bedingungen beim Betrieb und andererseits von den Bedingungen bei den Bewerbern ab. Wenn z. B. ein Betrieb an einem abgelegenen Standort qualifizierte Spezialisten sucht und diese in seinen eigenen Reihen nicht vorhanden sind, so bleibt nur der Weg der externen Arbeitskräftebeschaffung. Eine **innerbetriebliche Ausschreibung** ist nur für solche Arbeitsplätze zweckmäßig, „die für eine Gruppe von Mitarbeitern eine Verbesserung der Einkommensmöglichkeiten oder des beruflichen Aufstiegs bedeuten. Anfängerpositionen und die Positionen der untersten Lohn- und Gehaltsstufen fallen also grundsätzlich weg."[7]

Die freie Anwendung von Auswahlprinzipien durch die Unternehmensführung wird durch die **Rechte des Betriebsrats** eingeschränkt. Er kann nach § 93 BetrVG verlangen, „daß Arbeitsplätze, die besetzt werden sollen, allgemein oder für bestimmte Arten von Tätigkeiten vor ihrer Besetzung innerhalb des Betriebs ausgeschrieben werden." Nach § 5 Abs. 3 BetrVG gilt diese Regelung nicht für leitende Angestellte.

Die Bedeutung des § 93 BetrVG liegt vor allem darin, daß der Betriebsrat nach § 99 Abs. 2 Nr. 5 BetrVG seine Zustimmung zu einer Einstellung verweigern kann, wenn keine innerbetriebliche Ausschreibung stattgefunden hat. Der Arbeitgeber ist jedoch nicht verpflichtet, den innerbetrieblichen Bewerber vorzuziehen. Der Betriebsrat kann seine Zustimmung nur verweigern, wenn bei der Einstellung die Auswahlrichtlinien (§ 95 BetrVG) verletzt worden sind. Damit unnötige Reibereien mit dem Betriebsrat und Unklarheiten sowie eine daraus folgende Unzufriedenheit bei der Belegschaft vermieden werden, ist es zweckmäßig, eine **Betriebsvereinbarung** über das Verfahren der innerbetrieblichen Stellenausschreibung zu treffen.[8]

In dem Umfang, in dem der Betrieb Wahlmöglichkeiten bei den Auswahlprinzipien hat, sollte er die Vor- und Nachteile der externen bzw. internen Auswahl berücksichtigen. Die **Vorteile** einer internen Stellenbesetzung (und damit gleichzeitig die Nachteile einer externen Stellenbesetzung) sind im wesentlichen die folgenden:[9]

(1) Die interne Stellenbesetzung bietet den bisherigen Mitarbeitern Aufstiegsmöglichkeiten und trägt damit zu einer Steigerung der Motivation bei. Die Mitarbeiter erkennen ihre Aufstiegschancen und zeigen den dafür erforderlichen Einsatz.

(2) Die Aussicht auf Aufstiegsmöglichkeiten kann die außerbetriebliche Fluktuation einschränken, weil mehr Chancen der innerbetrieblichen Beförderung wahrgenommen werden.

---

[6] Vgl. Unternehmerische Personalpolitik, a. a. O., S. 251
[7] Weitbrecht, H., Innerbetriebliche Stellenausschreibung, in: HWP, Sp. 1041
[8] Vgl. Weitbrecht, H., a. a. O., Sp. 1044 f.
[9] Vgl. dazu Justen, R., a. a. O., Sp. 1480 f.; ferner Berthel, J., Personalmanagement, a. a. O., S. 177 f.

(3) Bei der vorrangigen Berücksichtigung externer Bewerber können bei den bereits im Betriebe beschäftigen Mitarbeitern Frustrationen entstehen; dadurch kann eine Verminderung des Leistungswillens ausgelöst werden.
(4) Die innerbetriebliche Stellenbesetzung ist für alle Beteiligten mit einem geringeren Risiko verbunden. Der Mitarbeiter kann sich ein besseres Bild über die zu besetzende Stelle und die ihn erwartenden Anforderungen machen als ein externer Bewerber. Der Betrieb hat in der Regel bessere Informationen über den internen als über den externen Bewerber, zumal externe Bewerber ihre Schwächen zunächst wesentlich leichter verbergen können.

Die wesentlichen **Nachteile** einer internen Stellenbesetzung (und damit gleichzeitig die Vorteile einer externen Stellenbesetzung) lassen sich wie folgt darstellen:[10]

(1) Die Einbeziehung des externen Arbeitsmarktes ist häufig unerläßlich, damit die Nachteile einer gewissen „Betriebsblindheit" vermieden und Erfahrungen, die Arbeitnehmer in anderen Betrieben gewonnen haben, genutzt werden können.
(2) Wenn Frustrationen bei bisherigen Mitarbeitern vermieden und ihnen Aufstiegschancen in Aussicht gestellt werden sollen, besteht die Gefahr, daß einem internen Bewerber der Vorzug vor einem höher qualifizierten externen Bewerber gegeben wird.
(3) Wenn bestimmte Spezialkenntnisse oder Fähigkeiten bei externen Bewerbern in größerem Umfange als bei Bewerbern aus dem Betriebe vorhanden sind, muß auf erstere zurückgegriffen werden.
(4) Die innerbetriebliche Besetzung von Stellen als Unternehmensmaxime führt automatisch zu erhöhten Anforderungen an die innerbetriebliche Aus-, Fort- und Weiterbildung und damit zu höheren betrieblichen Aufwendungen.

c) Das Verfahren der Personalauswahl

Die Personalauswahl erfolgt in vier Hauptstufen:
(1) Analyse der Positionsanforderungen;
(2) Anwerbung und Erfassung des Anwärterkreises (Vorauswahl);
(3) Analyse der Fähigkeiten der Anwärter (Eignungsprüfung);
(4) Auswahlentscheidung.

Die **Analyse der Positionsanforderungen** setzt zunächst eine exakte Stellenbeschreibung voraus, die neben der Feststellung der einzelnen Tätigkeiten auch Anforderungen, die aus der organisatorischen Eingliederung und aus den Kommunikationsbeziehungen zu anderen Stellen resultieren, umfassen sollte.[11] Die Positionsanforderungen müssen danach personenunabhängig mit Hilfe bestimmter Leistungskriterien ermittelt werden. Sie ergeben ein

---

[10] Vgl. dazu Justen, R., a.a.O., Sp. 1480f.; ferner: Berthel, J., Personalmanagement, a.a.O., S. 177f.
[11] Zur Stellenbeschreibung vgl. S. 178

Anforderungsprofil, das an technische und organisatorische Änderungen anpassungsfähig sein sollte. Die Auswahlkriterien, mit deren Hilfe das Anforderungsprofil ermittelt werden soll, müssen zu Beginn des Auswahlprozesses festgelegt werden, damit eine möglichst sachbezogene Personalauswahl möglich ist.[12] Folgende Auswahlkriterien lassen sich zusammengefaßt unterscheiden:[13, 14]

(1) Fachliche Auswahlkriterien (alle Kriterien, die durch eine Ausbildung oder durch Erfahrung gewonnen werden können).

(2) Physische Auswahlkriterien (alle Kriterien, die objektivierbar in der körperlichen Natur der Bewerber liegen).

(3) Psychische Auswahlkriterien (alle Kriterien, die ausschließlich in der Persönlichkeitsstruktur des Bewerbers liegen und die die nicht-körperlichen Anforderungen einer Arbeit kennzeichnen, wie z. B. Konzentrationsfähigkeit, Zuverlässigkeit).

(4) Sozialpsychologische Auswahlkriterien (alle Kriterien, die die Anforderungen an das zwischenmenschliche Verhalten und die soziale Umwelt am Arbeitsplatz und in der Familie bezeichnen).

Damit die Personalauswahl so rational wie möglich durchgeführt werden kann, sollte im Anschluß an die Fixierung der Positionsanforderungen die **Bandbreite der Arbeitsvergütung** festgelegt werden.[15]

Die Anwerbung von Kandidaten kann über eine interne oder eine externe Stellenanwerbung erfolgen. Die Vor- und Nachteile beider Formen der Stellenbesetzung wurden oben bereits erörtert. Zur **internen** Stellenanwerbung kann sich der Betrieb einer innerbetrieblichen Stellenausschreibung, einer Nachfolgeplanung oder einer Förderkartei bedienen.[16] Zur **externen** Stellenbesetzung kann der Betrieb entweder direkt an potentielle Bewerber herantreten (z. B. durch Postwurfsendungen an Schul- oder Hochschulabgänger), oder er kann sich mit Hilfe betriebsfremder Organe indirekt mit den potentiellen Bewerbern in Verbindung setzen (z. B. durch Stellenanzeigen in Zeitungen oder Zeitschriften, Plakatanschläge in Schulen oder Hochschulen, Werbeveranstaltungen oder Arbeitsvermittlung durch das Arbeitsamt).[17] Die Zahl der Bewerber hängt dabei außer von den Werbemaßnahmen auch von der Situation auf dem Arbeitsmarkt, den Leistungsanforderungen des betreffenden Berufes und der Attraktivität des jeweiligen Betriebes ab. Diese erste Vorauswahl wird durch eine zweite Vorauswahl ergänzt, die nach Sichtung der Unterlagen zu einer Grobauslese der Kandidaten und somit zur Vorauswahl bzw. Erfassung des Anwärterkreises führt.

Die wichtigste Voraussetzung für eine richtige Personalauswahl ist die Analyse der Fähigkeiten der Anwärter **(Eignungsprüfung)**. Der Schwer-

---

[12] Vgl. Justen, R., a. a. O., Sp. 1482
[13] Vgl. dazu auch die Ausführungen zu den Methoden der Arbeitsbewertung auf S. 255 ff.
[14] Vgl. Unternehmerische Personalpolitik, a. a. O., S. 252 f.; Justen, R., a. a. O., Sp. 1483 ff.
[15] Vgl. Justen, R., a. a. O., Sp. 1486
[16] Vgl. Harlander, N., Heidack, C., Köpfler, F., Müller, K.-D., Praktisches Lehrbuch Personalwirtschaft, 2. Aufl., Landsberg a. Lech 1991, S. 280 f.
[17] Vgl. zur externen Stellenbesetzung ausführlich Scholz, Ch., Personalmanagement, 4. Aufl., München 1994, S. 234 ff.

punkt jeder Personalauswahl liegt beim Vergleich zwischen den Anforderungsmerkmalen der zu besetzenden Stelle und den Eignungsmerkmalen des Bewerbers. Sowohl das Anforderungsprofil als auch das Eignungsprofil unterliegen im Zeitverlauf Veränderungen, so daß der momentane Vergleich nur mit einer gewissen Wahrscheinlichkeit in die Zukunft projiziert werden kann. Die Arbeitsanforderungen sind in der Regel relativ genau zu ermitteln, die Gewinnung von Informationen über den Stellenbewerber ist dagegen mit Unsicherheitsfaktoren behaftet.[18] Das Risiko bei internen Bewerbern ist dabei – wie oben bereits ausgeführt [19] – geringer als bei externen Bewerbern.

Die Feststellung der Eignung der Bewerber vollzieht sich in mehreren Stufen.[20] Zunächst werden die **Bewerbungsunterlagen** (z. B. Lebenslauf, Zeugnisse, Referenzen, Lichtbild, Bewerbungsschreiben, Personalfragebogen) analysiert; danach findet ein Vorstellungsgespräch statt, das dem Personalleiter bzw. dem unmittelbaren Vorgesetzten des Bewerbers einen näheren Eindruck von der Persönlichkeit, den Fähigkeiten und Interessen des Bewerbers geben soll. Diese zweite Stufe der Personalauswahl kann durch psychologische Tests, graphologische Gutachten u. ä. ergänzt werden. Die dritte Stufe schließlich ist zugleich eine erste Kontrollstufe: mit Ablauf der drei- bis maximal sechsmonatigen **Probezeit** wird die Entscheidung getroffen, ob ein Bewerber endgültig übernommen werden soll oder nicht.

3. Die Schaffung optimaler Arbeitsbedingungen

a) Die Arbeitsgestaltung (Überblick)

Der Begriff Arbeitsgestaltung bezeichnet das Ziel, durch eine zweckmäßige Organisation von Arbeitssystemen unter Beachtung der menschlichen Leistungsfähigkeit und Bedürfnisse ein optimales Zusammenwirken des arbeitenden Menschen, der Betriebsmittel und der Arbeitsgegenstände zu erreichen.[21] Aus dieser Definition ergeben sich **zwei gleichrangige Ziele:**
(1) eine menschengerechte Gestaltung der Arbeitsbedingungen und
(2) eine den Ertrag des Betriebes steigernde Gestaltung des Arbeitssystems.

An dieser Stelle wird nur das erstgenannte Problem anhand einiger Schwerpunkte behandelt.

Optimale Bedingungen für den Einsatz der Arbeitskraft zu schaffen, ist Aufgabe der **Betriebsorganisation,** die sich dabei der Erkenntnisse der **Arbeitswissenschaften** bedient. Ein wichtiges Hilfsmittel dazu sind **Arbeitsstudien,** die sich aus den Bewegungs- und Zeitstudien entwickelt haben.

---

[18] Vgl. Unternehmerische Personalpolitik, a. a. O., S. 254
[19] Vgl. S. 243
[20] Ein Teil dieser Maßnahmen braucht bei internen Bewerbern nicht vorgenommen zu werden, weil die gesuchten Informationen bereits vorliegen. Auch auf ein Vorstellungsgespräch mit dem unmittelbaren Vorgesetzten kann hier in den Fällen verzichtet werden, in denen bereits persönliche Kontakte bestehen.
[21] Vgl. REFA-Methodenlehre des Arbeitsstudiums, Hrsg.: Verband für Arbeitsstudien REFA e. V., Bd. 3, 7. Aufl., München 1985, S. 69 ff.

Die **Bewegungs- und Zeitstudien** sind Bestandteil der Lehre von der wissenschaftlichen Betriebsführung (scientific management), die von **F. W. Taylor** (1856–1915) in den USA begründet wurde. Die Entwicklung der Bewegungsstudien geht vor allem auf **F. B. Gilbreth** (1863–1924) zurück. Das erste System analytischer Arbeitsbewertung wurde 1916 von **Charles Bedaux** (1888–1944) entwickelt. In Deutschland wurden die Zeitstudien insbesondere von dem 1924 gegründeten **REFA** („Reichsausschuß für Arbeitszeitermittlung", ab 1934 „Reichsausschuß für Arbeitsstudien", seit 1946 „Verband für Arbeitsstudien REFA – e.V.") eingeführt und allmählich auf den jetzigen Umfang der Arbeitsstudien erweitert.

Unter dem Begriff der Arbeitsstudien faßt man heute praktische Verfahren zusammen, die folgenden Aufgaben dienen:
(1) der rationellen Arbeitsgestaltung (Bewegungsstudien, Arbeitsablaufstudien, Arbeitsgestaltungsstudien, Arbeitsplatzstudien);
(2) der Leistungsvorgabe mit Hilfe der Arbeitszeitstudien, Belastungsstudien und Leistungsstudien;
(3) der Arbeitsbewertung mit Hilfe der Arbeitswertstudien.

Die Arbeitszeitstudien, die die Ermittlung der Vorgabezeiten zum Zwecke haben, und die Arbeitswertstudien, die die Voraussetzung für die Arbeitsbewertung sind, werden später ausführlich besprochen. Die **Arbeitsgestaltungsstudie** dient durch Analyse der Arbeitsvorgänge vor allem der Rationalisierung des Arbeitsablaufs. Sie soll Hemmnisse, Leerlauf, ungünstige und erschwerende Bedingungen für die Arbeitskraft erkennen und beseitigen helfen.

Die Arbeitsstudien sind das Hauptgebiet der **Arbeitswissenschaften,** deren Ziel es ist, „Erkenntnisse für die optimale Gestaltung des Einsatzes der körperlichen, geistigen und seelischen Kräfte der Menschen zu liefern".[22] Andere wichtige Teilgebiete der Arbeitswissenschaften sind die Arbeitspsychologie, die Arbeitsphysiologie, die Arbeitsmedizin, die Arbeitshygiene, die Arbeitspädagogik, die Arbeitstechnologie und die Arbeitssoziologie. Die Arbeitswissenschaften haben für die Betriebswirtschaftslehre den Charakter von Hilfswissenschaften.

Von besonderer Bedeutung für die Arbeitsstudien sind Arbeitspsychologie und Arbeitsphysiologie. Die **Arbeitspsychologie** beschäftigt sich mit den seelischen Auswirkungen, die sich durch den Arbeitsprozeß ergeben. Nur wenn es gelingt, einerseits den Menschen an die Arbeit, andererseits die Arbeit an den Menschen anzupassen, können optimale Arbeitsbedingungen geschaffen werden. Zu den Hauptaufgaben der Arbeitspsychologie gehören deshalb die Untersuchung der Anlagen der Arbeitskräfte, d.h. der Begabung, der Intelligenz, des Gedächtnisses, des Charakters usw. durch Testverfahren und Eignungs- und Kenntnisprüfungen, ferner die Analyse der Einflüsse, die sich durch Monotonie der Arbeit (Fließband, Automaten u.a.), durch Licht- und Temperaturverhältnisse, Lärm, Farbgebung der Räume und Maschinen u.a. auf die Arbeitsleistung ergeben.

---

[22] Böhrs, H., Über Aufgabe und Inhalt der Arbeitswissenschaften, BFuP 1955, S. 178

Die **Arbeitsphysiologie** befaßt sich mit der Auswirkung der Arbeitsverrichtungen auf den menschlichen Körper, mit dem Energieverbrauch für einzelne Verrichtungen, mit Problemen der Körperhaltung, des Arbeitstempos, der Ermüdung, mit der Regelung der Pausen, der Anpassung der Maschinen und Werkzeuge an den Menschen usw.

Aus der Vielzahl der angedeuteten Probleme, die mit der Frage der Schaffung optimaler Arbeitsbedingungen im Zusammenhang stehen, sollen wegen ihrer Wichtigkeit drei ausführlicher behandelt werden: die Arbeitszeitregelung, die Arbeitsplatzgestaltung und die Frage des Betriebsklimas.

b) Die Arbeitszeitregelung

aa) Dauer und Lage der Arbeitszeit

Bei der Gestaltung der Arbeitszeit kommt es darauf an, einen Kompromiß zwischen den Interessen des Betriebes und denen des arbeitenden Menschen zu schließen. Der Arbeitnehmer muß sich an betriebliche Ordnungen anpassen, etwa an Urlaubs- und Pausenregelungen. Andererseits muß der Betrieb bei der Festlegung solcher Ordnungen berücksichtigen, daß der Mensch ermüdet, eine bestimmte physiologische Belastbarkeitsstruktur aufweist und die unterschiedlichsten individuellen Interessen verfolgt.

Bei der Gestaltung der Arbeitszeit sind bestimmte **gesetzliche Vorschriften über den Arbeitszeitschutz** zu beachten, die sich insbesondere im **Arbeitszeitgesetz** (ArbZG) vom 6. 6. 1994[23] finden. Es regelt die Dauer der täglichen Arbeitszeit, gibt Vorschriften über Grenzen und Verfahren von Arbeitszeitverlängerungen und enthält Bestimmungen über Arbeitspausen, Ruhezeiten und Lohnzuschläge.

§ 2 Abs. 1 ArbZG definiert die **Arbeitszeit** als „die Zeit vom Beginn bis zum Ende der Arbeit ohne die Ruhepausen". Die regelmäßige werktägliche Arbeitszeit darf nach § 3 Satz 1 ArbZG acht Stunden nicht übersteigen, d. h. die wöchentliche Höchstarbeitszeit beträgt 48 Stunden.

Diese gesetzliche Regelung hat kaum noch Bedeutung, denn es besteht die Tendenz, die **Arbeitszeit immer mehr zu verkürzen** (5-Tage-Woche mit 40 Arbeitsstunden, 4-Tage-Woche mit 35 Arbeitsstunden), um den Arbeitnehmern mehr Freizeit zu verschaffen. Eine solche Verkürzung der Arbeitszeit soll bei vollem Lohnausgleich erfolgen, d. h. es soll für eine Arbeitszeit von 40 oder 35 Stunden derselbe Wochenverdienst erreicht werden wie für eine Arbeitszeit von 48 Stunden. Das setzt voraus, daß die Ergiebigkeit der Arbeit entsprechend erhöht werden kann, d. h. daß in der kürzeren Wochenarbeitszeit durch technische Verbesserungen und rationelleren Arbeitseinsatz die gleiche Arbeitsleistung wie bisher erbracht werden kann, denn anderenfalls bedeutet die Verkürzung der Arbeitszeit eine Erhöhung der Lohnkosten pro produzierter Mengeneinheit. Die Frage der optimalen Gestaltung des Arbeitseinsatzes gewinnt infolgedessen für die Betriebe immer mehr an Bedeutung.

---

[23] BGBl I, S. 1170, zuletzt geändert durch Gesetz vom 9. 6. 1998, BGBl. I S. 1242

B. Die betrieblichen Produktionsfaktoren 249

Eine Steigerung der Arbeitsproduktivität kann nicht nur durch eine bessere Ausstattung der Arbeitskraft mit Betriebsmitteln und durch Rationalisierung der Arbeitsorganisation erreicht werden. Untersuchungen, die insbesondere im Zusammenhang mit der Diskussion um die Einführung der 40-Stunden-Woche erfolgten, haben gezeigt, daß auch eine Verkürzung der Arbeitszeit bei unveränderten technischen und organisatorischen Bedingungen nicht zwingend einen entsprechenden Produktionsrückgang zur Folge hat, besonders dann nicht, wenn die Verkürzung der Wochenarbeitszeit auch zu **kürzeren täglichen Arbeitszeiten** führt.

Eine Veränderung der Wochenarbeitszeit führt zu einer gleichlaufenden, aber relativ geringeren Veränderung der gesamten Wochenleistung führt, während sich die Stundenleistungen entgegengesetzt verhalten. Bei extrem langen Arbeitszeiten (bis zu 70 Wochenstunden) ist nachgewiesen worden, daß Arbeitszeitverkürzungen sogar zu einer Steigerung der Gesamtleistung führten. Nicht zuletzt diese Erkenntnisse haben dazu geführt, die sehr langen Arbeitszeiten in der Frühzeit der Industrialisierung nach und nach zu reduzieren.

§ 3 Satz 2 ArbZG läßt eine anderweitige Verteilung der wöchentlichen Arbeitszeit zu, allerdings darf dabei die tägliche Arbeitszeit 10 Stunden nicht überschreiten. Die Einführung der 4-Tage-Woche würde also auch bei 40 Wochenarbeitsstunden nicht gegen das Gesetz verstoßen.

Für die **Lage der Arbeitszeit** gibt es einige Sondervorschriften. So besteht ein Verbot der Nachtarbeit für Jugendliche[24] und für werdende und stillende Mütter.[25] An Sonn- und Feiertagen ist die Beschäftigung von Arbeitnehmern grundsätzlich verboten, allerdings gibt es eine große Zahl branchenbedingter Ausnahmen von dieser Bestimmung.[26]

bb) Die Verteilung der Arbeitszeit auf den Arbeitstag

Bei der Verteilung der Arbeitszeit auf den 24-Stunden-Tag sind vor allem zwei Fragen von Bedeutung:
(1) der Zeitpunkt des Beginns der Arbeit;
(2) die Unterbrechung der Arbeit durch Pausen.

Arbeitsphysiologische Untersuchungen haben ergeben, daß der Mensch im Laufe eines Arbeitstages einem bestimmten **Arbeitsrhythmus** unterliegt. Jeder Mensch braucht am Morgen eine gewisse Anlaufzeit, während der die Leistung ansteigt und ein Vormittagsmaximum erreicht. Vor der Mittagspause tritt ein Abfall der Leistung ein, nach der Mittagspause erfolgt ein erneuter Anstieg bis zum Nachmittagsmaximum, das aber unter dem Höchststand des Vormittags liegt. Gegen Ende der Arbeitszeit erfolgt gewöhnlich ein schneller Leistungsabfall. Wird in einem Betrieb 24 Stunden täglich gearbeitet, so sind nach diesen Untersuchungen die höchsten Leistungen zwischen 8 und 11 Uhr am Vormittag und zwischen 18 und 21 Uhr am Abend möglich. Die schlechteste Leistungszeit liegt zwischen 1 und

---

[24] Vgl. § 14 JarbSchG
[25] Vgl. § 8 MuSchG
[26] Vgl. §§ 9 und 10 ArbZG

4 Uhr nachts. Die Arbeitsorganisation muß auf diese „**physiologische Arbeitskurve**" bei der Einteilung der Arbeit Rücksicht nehmen, sollte also von der Arbeitskraft nicht gerade zu Beginn oder am Ende der Arbeitszeit die größten Leistungen verlangen und sollte die schwierigsten Verrichtungen – soweit möglich – auf den Vormittag legen. Der Leistungskurve entgegengesetzt verläuft die „**Fehlerkurve**" für Ausschuß, falsche Ablesungen, Unfälle usw.

Auch nach Einführung der fünftägigen 40-Stunden-Woche beginnen viele Produktionsbetriebe heute noch um 6 Uhr mit der Arbeit. Diese Regelung erscheint unter den heutigen Lebensgewohnheiten fragwürdig, da sie impliziert, daß ein Arbeitnehmer, der acht Stunden Schlaf benötigt, unter Berücksichtigung der Wegzeit zum Arbeitsplatz bereits gegen 21 Uhr zu Bett gehen muß. Nun führen aber die heutigen Lebensgewohnheiten durch Fernsehen, Rundfunk, Kino oder durch den Besuch von Abendschulen und anderen Veranstaltungen zu immer längerer Abendbeschäftigung.

Die zunehmende Einführung der „**gleitenden Arbeitszeit**" kommt diesen veränderten Lebensgewohnheiten entgegen. Gleitende Arbeitszeit bedeutet, daß der Arbeitnehmer den Beginn und das Ende seiner täglichen Arbeitszeit innerhalb einer vom Betrieb festgelegten Zeitspanne, die den frühestmöglichen Arbeitsbeginn und das spätestmögliche Arbeitsende umfaßt, selbst bestimmen kann; in der vom Betrieb festgelegten „**Kernzeit**" müssen alle Arbeitnehmer anwesend sein.

Beginnt ein Arbeitnehmer – unter Einhaltung der Kernzeit – seinen Arbeitstag z. B. später als „normal", so muß er den Zeitausgleich nicht am gleichen Tage vornehmen. Zeitrückstände oder auch Zeitguthaben kann er in der Regel innerhalb eines Lohnabrechnungszeitraums ausgleichen. Solche Regelungen sind aus produktionstechnischen Gründen nicht in allen Betrieben möglich. Sie sind z. B. im Verwaltungsbereich einfacher zu organisieren als im Fertigungsbereich.

Der **Vorteil** der gleitenden Arbeitszeit besteht vor allem darin, daß der Arbeitnehmer in gewissen Grenzen seine Arbeitszeit seinem individuellen Lebens- und Leistungsrhythmus angleichen kann. Es gibt Frühaufsteher, die zum Ausgleich lieber einen arbeitsfreien Nachmittag haben, und es gibt Menschen, die lieber später mit der Arbeit beginnen und dafür bis in den Abend hinein arbeiten. Die Möglichkeit der Selbstbestimmung des Arbeitsbeginns reduziert die psychologische Belastung des als Zwang empfundenen festen Arbeitsbeginns und wirkt sich **leistungssteigernd** aus. Der Betrieb muß im Rahmen der Arbeitszeitregelung allerdings die Arbeitszeitschutzvorschriften – z. B. über die höchstzulässige tägliche Arbeitszeit und über die Pausenregelung – beachten.

Andere Formen der Flexibilisierung der Arbeitszeit sind beispielsweise die Teilzeitarbeit, bei der der Arbeitnehmer kürzer als die normale betriebliche Wochenarbeitszeit arbeitet (also z. B. 20 Wochenstunden halbtags) oder das sogenannte **Job Sharing**. Beim Job Sharing teilen sich zwei Arbeitnehmer Rechte und Pflichten eines Vollzeitarbeitsplatzes. Die Teilung bezieht sich

B. Die betrieblichen Produktionsfaktoren

sowohl auf die Länge der Arbeitszeit als auch auf die Arbeitsaufgaben sowie ggf. auf den Ausgleich von Ausfallzeiten.[27]

Ein bedeutsames Problem im Zusammenhang mit der Arbeitszeit ist die Regelung der **Arbeitspausen**. Arbeitspsychologie und Arbeitsphysiologie haben sich dieser Frage besonders angenommen. Das Arbeitszeitgesetz regelt in § 4 die **Mindestdauer** der Pausen, die nach der Länge der täglichen Arbeitszeit gestaffelt ist: „Die Arbeit ist durch im voraus feststehende Ruhepausen von mindestens 30 Minuten bei einer Arbeitszeit von mehr als sechs bis zu neun Stunden und 45 Minuten bei einer Arbeitszeit von mehr als neun Stunden insgesamt zu unterbrechen. Die Ruhepausen nach Satz 1 können in Zeitabschnitten von jeweils 15 Minuten aufgeteilt werden. Länger als sechs Stunden hintereinander dürfen Arbeitnehmer nicht ohne Ruhepausen beschäftigt werden."[28] Desweiteren steht jedem Arbeitnehmer nach Beendigung der täglichen Arbeit eine ununterbrochene Ruhezeit von mindestens elf Stunden zu (§ 5 ArbZG).

Eine Pause dient der körperlichen und geistigen Erholung der Arbeitskraft. Lage, Dauer und Häufigkeit der Pausen müssen so gewählt werden, daß bei geringstmöglichem Verlust an Arbeitszeit ein bestimmtes Maß an Erholung erzielt wird.

Jede Pause bedeutet eine Unterbrechung des Arbeitsprozesses und erfordert ein erneutes Anlaufen. Die Erfahrung hat gezeigt, daß die Erholung in den ersten Minuten einer Pause am größten ist. Von diesem Gesichtspunkt aus wäre es zweckmäßig, statt einer langen Pause mehrere kurze Pausen einzulegen. Das führt aber zu häufigen Unterbrechungen des Produktionsprozesses, die sich negativ auswirken können. Je länger andererseits eine Pause ist, um so länger ist danach die Einarbeitungszeit, da die Arbeitskraft an Übung verliert. Von entscheidender Bedeutung ist ferner, daß die Pause dann eintritt, wenn die Leistung nachzulassen beginnt, also sich eine Ermüdung zeigt. Wird die Arbeit im Zustand der Ermüdung fortgeführt, so ist der Leistungsabfall beträchtlich.

Unter Berücksichtigung der physiologischen Arbeitskurve wird deutlich, daß eine möglichst lange Mittagspause den gesundheitlichen und körperlichen Bedürfnissen des arbeitenden Menschen am besten entspricht. Die Mittagspause soll nach arbeitsphysiologischen Erkenntnissen nicht unter 45 Minuten dauern und noch etwa 20 Minuten Ruhe nach Abschluß der Mahlzeit gewähren, damit der zur Verdauung erforderliche hohe Blutbedarf nicht bereits durch die Arbeitstätigkeit wieder beeinträchtigt wird. Die Mindestdauer, die das ArbZG für die Ruhepause vorschreibt, liegt also unter der physiologisch wünschenswerten Dauer.

Kurz- und Kürzestpausen treten als Entspannungsphasen während der Arbeitstätigkeit zwangsläufig (und auch unwillkürlich) auf. Die Regelung solcher Pausen wirft die Frage auf,
- wie lang diese Pausen sein sollen,
- wann sie eingelegt werden sollen,

---

[27] Vgl. Scholz, Ch., Personalmanagement, a.a.O., S. 340
[28] § 4 ArbZG

- ob man ihre Gestaltung dem Arbeitenden selbst überläßt oder
- ob man sie allgemeinverbindlich und systematisch organisiert.

Die **individuelle Gestaltungsfreiheit** der Kurzpausen hat den Vorteil, daß die Erholung den persönlichen Belastungen angepaßt werden kann. Der Nachteil besteht in der Gefahr, daß sie einerseits nicht rechtzeitig eingelegt werden und damit ihre volle Erholungswirkung verfehlen und andererseits überhaupt nicht eingehalten werden, weil der Arbeitende Schwierigkeiten mit der Bewältigung seines Arbeitspensums hat. Durch Verzicht auf die Pausen kann er auf Grund stärkerer Ermüdung noch weiter in Rückstand geraten.

Das Abwägen dieser Vor- und Nachteile führte in der betrieblichen Praxis zu dem Ergebnis, Kurzpausen vor allem bei kurzfristigen Schwerarbeiten mit ungleichmäßiger Arbeitsbelastung der freien Gestaltung zu überlassen. Für Arbeiten mit eher gleichmäßiger Belastung hat sich die organisierte Kurzpause durchgesetzt.

Richtige Pausengestaltung sollte zu einer Leistungssteigerung führen, die nicht nur den auf Grund der Pausen verursachten Zeitverlust voll kompensiert, sondern darüber hinaus auch noch das Tagesergebnis erhöht. Arbeitswissenschaften und Betriebswirtschaftslehre sprechen in diesen Fällen von einer **„lohnenden Pause"**. Die lohnende Pause wird durch das Optimum zwischen zu kurzen und zu langen Pausen bestimmt. Zu kurze Pausen können relativ wenig Ermüdungsausgleich bieten, während zu lange Pausen verhindern, daß der Arbeitsverlust durch gesteigerte Mehrleistung nach der Pause aufgeholt wird.

Neben der Zahl und Länge der Pausen spielt auch ihre zeitliche Lage eine wichtige Rolle. Man legt die Pausen nach Möglichkeit nicht in Zeiten eines Leistungsanstiegs, sondern versucht, sie kurz nach Erreichen temporärer Leistungsmaxima einzuschalten.

Die Gewährung von Kurzpausen steht in Konkurrenz mit der Gewährung von Erholungszuschlägen in den Vorgabezeiten. Es hat sich jedoch heute die Auffassung durchgesetzt, daß die Pausengestaltung das primäre Instrument für die Abstimmung des Arbeitsablaufs auf die physiologische Arbeitskurve ist. Eine optimale Zahl, Dauer und zeitliche Verteilung organisierter Pausen ist ein Datum für die Bemessung der Erholungszuschläge und hat gewöhnlich zur Folge, daß diese geringer sein können als ohne entsprechende Pausenregelung (**ÜB 2/3**).

c) Die Arbeitsplatzgestaltung

Die Höhe der Arbeitsleistung wird ferner vom **Arbeitsplatz** und **Arbeitsraum** beeinflußt. Die Bewegungsfreiheit, die ein Arbeiter oder Angestellter an seinem Arbeitsplatz hat, die Lichtverhältnisse, die Temperatur und Luftfeuchtigkeit, der Lärm, die Farbgebung der Räume und Maschinen, die Zweckmäßigkeit der Anordnung der Maschinen und Werkzeuge u.a. sind von großer Bedeutung für das Arbeitsergebnis. Räumliche Beengtheit führt zu Störungen, erhöht die Unfallgefahr und mindert – insbesondere wenn der

Arbeiter im Akkord steht – die Arbeitslust. Schlechte Lichtverhältnisse und unzureichende Lüftung führen zu schnellerer Ermüdung und verschlechterter Arbeitsqualität. Helle, ansprechende Farben der Arbeitsräume und Maschinen vermindern – wie arbeitspsychologische Untersuchungen ergeben haben – die Augenermüdung, stellen eine geringere Nervenbelastung dar und erhöhen unbewußt die Arbeitsfreude. Auch auf die Sauberkeit der Arbeitsräume ist zu achten.

Ein weiterer Faktor, durch den die Ergiebigkeit der Arbeitsleistung erhöht werden kann, ist die **zweckmäßige Gestaltung der Betriebsmittel**, mit denen ein Arbeitsplatz ausgestattet ist. Maschinen und Werkzeuge sollten, soweit es technisch möglich ist, den physiologischen Bedingungen des Menschen angepaßt werden. Der Energieaufwand ist im Stehen größer als im Sitzen, am größten in gebückter oder verkrampfter Haltung. Die Körperhaltung ist also mit entscheidend dafür, wie schnell Ermüdungserscheinungen eintreten. Dies trifft für eine Sekretärin an der Schreibmaschine ebenso zu wie für einen Arbeiter an der Drehbank.

d) Das Betriebsklima

Das Problem der Schaffung optimaler Arbeitsbedingungen läßt sich nicht allein dadurch lösen, daß die Betriebsführung sich um eine optimale Gestaltung der äußeren Arbeitsbedingungen, also um eine Gestaltung des Arbeitsablaufs und des Arbeitsplatzes und um die Regelung der Arbeitszeit und der Arbeitspausen bemüht. Für den Leistungswillen des Arbeitnehmers, für seine Bereitschaft, die volle Leistungsfähigkeit für den Betrieb einzusetzen, ist ein gutes Verhältnis zwischen dem Arbeitnehmer und seinen Vorgesetzten und zwischen den Arbeitskollegen untereinander mindestens ebenso wichtig wie die äußeren Arbeitsbedingungen.

Diesen Bereich zwischenmenschlicher Beziehungen im Betrieb, im angloamerikanischen Sprachgebrauch **human relations** genannt, wollen wir hier unter dem Ausdruck **Betriebsklima** zusammenfassen. Herrscht zwischen den Angehörigen eines Betriebes Neid, Mißgunst und Mißtrauen anstatt Kameradschaft, Verständnis, Vertrauen und Hilfsbereitschaft, dann wirkt sich ein solchermaßen gestörtes Betriebsklima hemmend auf den Produktionsprozeß aus. Fühlt sich der Arbeitnehmer durch seine Vorgesetzten in seiner Menschenwürde mißachtet, glaubt er, daß er durch sie falsch beurteilt und ungerecht behandelt wird, ist er der Meinung, daß man seinen Problemen verständnislos gegenübersteht, daß seine Vorgesetzten über ihn schalten und walten wie über jedes andere Produktionsmittel, dann wird er sehr schnell der Arbeit im Betriebe überdrüssig, dann wird der Betrieb nicht mehr mit seinem vollen Arbeitseinsatz, der in starkem Maße vom Arbeitswillen abhängt, rechnen können.

Je mehr die Tätigkeiten der Hilfsarbeiter von Maschinen übernommen und je mehr qualifizierte Facharbeiter benötigt werden, die in der Lage sind, komplizierte technische Anlagen zu bedienen und eigene Verantwortung zu tragen, desto mehr wandelt sich das Verhältnis zwischen Arbeitnehmer und

Unternehmer. Aus dem Arbeitnehmer wird ein **Mitarbeiter,** dessen Stellung im Betriebe durch die Gesetzgebung (Betriebsverfassung, Kündigungsschutz), durch Tarifverträge und durch freiwillige betriebliche Maßnahmen (Ergebnisbeteiligung) immer mehr von der eines abhängigen Arbeitnehmers in die eines Partners übergeht.

Partnerschaft im Betriebe bedeutet, daß nicht mehr die Betriebsführung allein über die Fragen entscheidet, die für die Arbeitskräfte von wesentlicher Bedeutung sind (äußere Arbeitsbedingungen, Entlohnung, Einstellung und Kündigung, Versetzung und Beförderung), sondern daß die Arbeitnehmer durch ihre Vertreter, deren Stellung im Betriebe gesetzlich gesichert ist, ein Mitsprache- oder Mitentscheidungsrecht oder wenigstens ein Recht auf Information haben. Diese unter dem Begriff **Mitbestimmung** zusammengefaßten Rechte der Arbeitnehmer sind ein wesentlicher Faktor, der sich positiv auf den Leistungswillen und damit auf die effektive Arbeitsleistung auswirkt.[29] Er trägt zur Verbesserung des Betriebsklimas, zur Erhaltung des sozialen Friedens im Betriebe bei und ersetzt das Gefühl einer völligen Abhängigkeit von der Betriebsführung durch das Gefühl der Sicherheit.

Freiwillige Sozialleistungen,[30] z. B. die Errichtung von Werkssiedlungen, Sportplätzen, Werksbibliotheken usw., können das Verhältnis zwischen Arbeitnehmer und Arbeitgeber bei weitem nicht so positiv beeinflussen wie das Recht zur Mitbestimmung. Sie sind Maßnahmen, die aus der Fürsorgepflicht des Betriebes getätigt werden und können gerade deshalb das Gefühl echter Partnerschaft nicht aufkommen lassen, auch wenn die Arbeitnehmer den guten Willen der Betriebsführung anerkennen.

4. Das Arbeitsentgelt

a) Ziele und Bestimmungsfaktoren der Festsetzung des Arbeitsentgelts

Die Effizienz betrieblicher Leistungserstellung hängt weitgehend von der Motivation der Mitarbeiter ab. Als Motivationsfaktor spielt
- die **absolute Lohnhöhe** eines Mitarbeiters, mehr noch
- die **Lohnsatzdifferenzierung** für unterschiedliche Tätigkeiten

eine herausragende Rolle. Eine Lohnsatzdifferenzierung (= Lohnspreizung), die als ungerecht empfunden wird, mindert die Leistungsbereitschaft derer, die sich benachteiligt fühlen. Das unternehmerische **Subziel leistungsgerechter Entlohnung**[31] läßt sich aus dem betrieblichen Oberziel ableiten:
- Langfristige Gewinnmaximierung setzt uneingeschränkte Leistungsbereitschaft der Mitarbeiter voraus.

---

[29] Die Probleme der Mitbestimmung sind oben im Zusammenhang mit der Betriebsführung bereits ausführlich behandelt worden (vgl. S. 112ff.).
[30] Einzelheiten vgl. S. 262ff.
[31] Auch die Volkswirtschaftslehre stellt die Frage nach der „richtigen Lohnhöhe". Dabei soll dem Produktionsfaktor Arbeit der Teil am Volkseinkommen zugeordnet werden, der seinem produktiven Beitrag an der Entstehung des Volkseinkommens entspricht.

- Uneingeschränkte Leistungsbereitschaft setzt eine als gerecht empfundene Entlohnung der Arbeitsleistung voraus.

Folgende Faktoren beeinflussen das Urteil über eine als gerecht empfundene Entlohnung:
(1) Inputorientierung: Art und Höhe der körperlichen und geistigen Arbeitsanforderungen
(2) Outputorientierung: Qualität und Höhe des Arbeitsergebnisses
(3) Sozialorientierung: Bedürftigkeit des Arbeitnehmers

Input- und Outputorientierung bestimmen die folgenden Ausführungen dieses Kapitels:

Festsetzung des Arbeitsentgelts	
(1) Inputorientierung	**(2) Outputorientierung**
↓	↓
Ermittlung und Bewertung der Arbeitsanforderungen für verschiedene Tätigkeiten	Ermittlung und Bewertung des Arbeitsergebnisses für verschiedene Arbeitnehmer
↓	↓
Lohnsatzdifferenzierung durch Arbeitsbewertung	**Lohnformdifferenzierung durch Leistungsbewertung**

Abb. 62: Lohndifferenzierung durch Arbeitsbewertung und alternative Lohnformen

Im Wege der (1) **Arbeitsbewertung** werden zunächst die Lohnsätze für Arbeitsplätze mit unterschiedlichem Anforderungsprofil ermittelt: Je höher der Arbeitswert, desto höher der Lohnsatz. Im Wege der (2) **Leistungsbewertung** wird die Arbeitsleistung eines bestimmten Stelleninhabers – z.B. 4 (5) m² Wandanstrichfläche für Arbeitnehmer A (B) – gemessen. Bei Ermittlung einer leistungsgerechten Entlohnung wird dann der Lohnsatz aus (1) und das Leistungsergebnis aus (2) berücksichtigt.

Einer (3) **Sozialorientierung** der Entgeltfestsetzung sind im marktwirtschaftlichen Wettbewerb relativ enge Grenzen gezogen: Orientiert sich ein Unternehmer bei der Entgeltstaffelung nicht an Leistungsgrößen (Arbeitsanforderungen bzw. Arbeitsergebnis), sondern an sozialer Bedürftigkeit wie Alter, Familienstand, Kinderzahl[32] des einzelnen Arbeitnehmers, dann kann eine vergleichsweise geringe Arbeitsleitung mit relativ hohen Arbeitskosten verbunden sein. Herrscht auf dem Absatzmarkt scharfe Konkurrenz, kann eine sozialorientierte Entlohnung leicht zur **Wettbewerbsunfähigkeit** und schlimmstenfalls zur Betriebsschließung führen.

b) Methoden der Arbeitsbewertung

Eine Staffelung der Arbeitsentgelte nach dem Schwierigkeitsgrad der einzelnen Arbeitsverrichtungen durchzuführen, ist Aufgabe der Arbeitsbewer-

---

[32] Diese sozialen Faktoren beeinflussen das Arbeitsentgelt im Öffentlichen Dienst.

tung. Sie geht von bestimmten **Anforderungen** aus, die eine Arbeitsverrichtung an einen arbeitenden Menschen stellt. Die wichtigsten Anforderungsarten sind: Fachkenntnisse (Vorbildung und Erfahrung), Geschicklichkeit, körperliche und geistige Anstrengung bei der Ausführung von Verrichtungen, Verantwortung für Menschen und Sachen (Mitarbeiter, Maschinen, Werkstücke), Umgebungseinflüsse wie Lärm, Staub, Temperatur u. a. Mit Hilfe dieser Faktoren werden Kennzahlen für den Schwierigkeitsgrad der Arbeit gewonnen, die man als **Arbeitswerte** bezeichnet. Diese Arbeitswerte sind objektive Maßstäbe für den Schwierigkeitsgrad der Arbeit, d. h. sie gelten für jeden Arbeiter, der eine bestimmte Tätigkeit verrichtet. Die individuelle Leistung des Arbeiters kann berücksichtigt werden durch Leistungsprämien u. a.

Im Interesse der Übersichtlichkeit und Wirtschaftlichkeit dürfen die Anforderungen nicht zu stark differenziert werden. Das auf Grund internationaler Erfahrungen im Jahre 1950 auf einer Konferenz für Arbeitsbewertung in Genf entwickelte **„Genfer Schema"** geht von sechs Anforderungsgruppen aus. Die beiden Obergruppen sind das Fachkönnen und die Belastung. Beide Obergruppen werden auf geistige und körperliche Anforderungen bezogen. Als weitere Anforderungen treten hinzu: Verantwortung und Arbeitsbedingungen. Es gibt ergibt sich also folgendes Schema:

Gruppenzahl	Hauptanforderungsarten
I.	1. Fachkönnen = geistige Anforderungen 2. Fachkönnen = körperliche Anforderungen
II.	3. Belastung = geistige Beanspruchung 4. Belastung = körperliche Beanspruchung
III.	5. Verantwortung
IV.	6. Arbeitsbedingungen

Abb. 63: Genfer Schema zur Arbeitsbewertung

Es gibt zwei Prinzipien der qualitativen Analyse der Arbeit:
(1) Die **summarische Methode** ist dadurch gekennzeichnet, daß die Arbeitsverrichtungen als Ganzes bewertet werden, d. h. es wird eine Gesamtbeurteilung der Arbeitsschwierigkeit vorgenommen. Dabei werden die einzelnen Anforderungsarten summarisch (global) berücksichtigt.
(2) Bei der **analytischen Methode** werden die Arbeitsverrichtungen in die einzelnen Anforderungsarten aufgegliedert. Für jede Anforderungsart wird eine Wertzahl ermittelt, und aus der Summe der Einzelwerte ergibt sich dann der Arbeitswert der einzelnen Verrichtungen.

Bei der Quantifizierung der Arbeitsschwierigkeit werden wiederum zwei Prinzipien angewendet: das **Prinzip der Reihung** und das **Prinzip der Stufung.** Im ersten Fall werden die zu bewertenden Arbeitsverrichtungen in einer Reihenfolge geordnet, bei der die Arbeit mit dem höchsten Schwierigkeitsgrad an erster, die mit dem geringsten Schwierigkeitsgrad an letzter Stelle steht. Im zweiten Fall werden Anforderungsstufen festgelegt. Unterschiedliche Arbeitsverrichtungen gleicher Schwierigkeit werden der gleichen Stufe zugeordnet.

Kombiniert man die summarische und analytische Methode mit den Prinzipien der Reihung und Stufung, so ergeben sich vier Grundmethoden der Arbeitsbewertung:[33]

Methode der Quantifizierung	Methode der qualitativen Analyse	
	summarisch	**analytisch**
Stufung	Rangfolgeverfahren	Rangreihenverfahren
Stufung	Lohngruppenverfahren	Stufenwertzahlverfahren

Abb. 64: Methoden der Arbeitsbewertung

Die summarischen Verfahren der Arbeitsbewertung sind einfach zu handhaben. Besonders das **Lohngruppenverfahren** erfreut sich großer praktischer Beliebtheit. Dabei hat die Arbeitsbewertung die Aufgabe,
* jeden betrieblichen Arbeitsplatz
* in eine der tarifvertraglich vereinbarten Lohngruppen

einzuordnen.

So können im **Tarifvertrag** beispielsweise zehn Lohngruppen vereinbart sein. Für die Standardlohngruppe (Facharbeiter mit abgeschlossener Berufsausbildung) wird der tarifvertraglich **vereinbarte Ecklohn** (100%) gezahlt. Der niedrigsten Lohngruppe I (Arbeiten, die nach kurzfristiger Einarbeitungszeit und Unterweisung ausgeführt werden können) kann beispielsweise eine **Arbeitswertigkeit** von 85% des Ecklohns, der höchsten Lohngruppe X (hochwertigste Facharbeiten, die überragendes Können und völlige Selbständigkeit voraussetzen) kann eine Arbeitswertigkeit von beispielsweise 133% des Ecklohns zugeordnet werden.

Mit ihrer differenzierten Bewertung der Arbeit nach einzelnen Anforderungsarten erlauben die analytischen Verfahren eine präzisere Arbeitsbewertung.[34] Zur Ermittlung des endgültigen Arbeitswertes sind für jeden Arbeitsplatz
* die Wertziffern in jeder Anforderungsart zu ermitteln und
* die Anforderungsarten durch Äquivalenzziffern zu gewichten.

Weil Subjektivität hierbei nicht ausgeschlossen werden kann, wird die Arbeitsbewertung zum **Gegenstand von Betriebsvereinbarungen** gemacht. Über das Mitbestimmungsrecht des Betriebsrates will man bei der Arbeitsbewertung zu einer einvernehmlichen Lösung für Arbeitnehmer und Arbeitgeber gelangen.

---

[33] Vgl. Hentze, J., (Personalwirtschaftslehre 2), S. 77 ff.
[34] Zu Mischformen summarischer und analytischer Arbeitsbewertung vgl. Oechsler, W., (Personal und Arbeit), S. 339 ff.

258 Zweiter Abschnitt. Der Aufbau des Betriebes

c) Lohnformen

aa) Überblick

Nachdem die Arbeitsbewertung die unterschiedlichen Arbeitsanforderungen für verschiedene Arbeitsplätze gewichtet hat und dabei zur Lohnsatzdifferenzierung gelangt ist, geht es bei der Festlegung der Lohnform um die Frage, ob
- gleichartige Tätigkeiten (z. B. Apfelernte)
- mit individuell unterschiedlichem Arbeitsergebnis (Erntemenge/Std.)
- nach Zeitablauf oder nach Arbeitsleistung

entlohnt werden sollen. Dabei bieten sich folgende Lohnformen an:

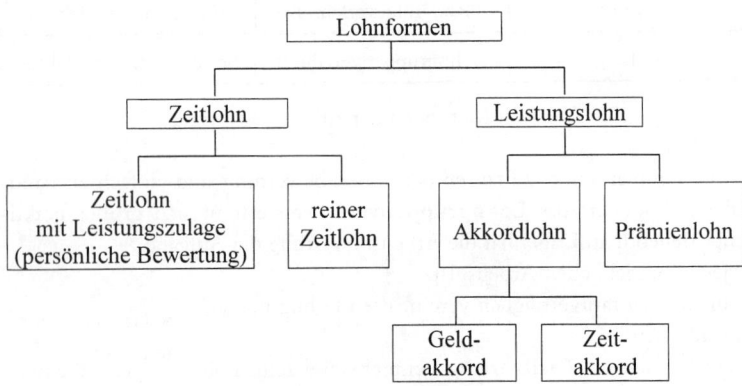

Abb. 65: Lohnformen im Überblick[35]

bb) Der Zeitlohn

Beim Zeitlohn erfolgt die Entlohnung
- nach der **Dauer der Arbeitszeit**
- **unabhängig** von der erbrachten **Leistung**.

Als zeitliche Bezugsgröße kommt die Stunde (= Stundenlohn), die Woche oder der Monat in Betracht. Der Zeitlohn wird durch folgende Merkmale gekennzeichnet:
(1) Der Lohn/Zeiteinheit ist konstant.
(2) Die Lohnstückkosten sind variabel.[36]

Beim **reinen Zeitlohn** erhalten alle Beschäftigten einer Lohngruppe das gleiche Arbeitsentgelt (pro Zeiteinheit). Lohnzuschläge werden nur gezahlt, wenn außerhalb der tariflich festgelegten Arbeitszeit gearbeitet wird (Zuschläge für Überstunden sowie Nacht- und Feiertagsarbeit).

Beim **Zeitlohn mit Leistungszulage** werden personenabhängige Zulagen zum tariflichen Mindestlohn einer Lohngruppe gezahlt. Durch solche Zulagen entsteht eine Differenz zwischen Effektivlohn und Tariflohn, die man

---

[35] Vgl. Hentze, J., (Personalwirtschaftslehre 2), S. 74
[36] Die Lohnkosten/Stück sind abhängig von der individuellen Leistung eines Arbeitnehmers.

als Lohndrift bezeichnet. Die Zahlung einer solchen Leistungszulage wird nicht von der produzierten Menge, sondern von subjektiven Kriterien (Motivation, Betriebstreue, Einsatzbereitschaft des Mitarbeiters) abhängig gemacht.

Folgende **Anwendungsgebiete** sind für den Zeitlohn charakteristisch:
- Leistungsanreize sind unmöglich (Nachtwächter).
- Leistungsanreize sind unzweckmäßig (Präzision und Sorgfalt stehen im Vordergrund).
- Leistung ist nicht meßbar (Forschungstätigkeit, dispositive Tätigkeit).
- Leistung ist individuell nicht beeinflußbar (Fließbandarbeit; nicht zu vertretende Wartezeiten). (**ÜB 2/8–10**)

Vor- und Nachteile des Zeitlohns zeigt folgende Übersicht:

Vorteile	Nachteile
• einfache Abrechnung • Keine Gefahren wegen überhasteten Arbeitstempos (→ gesundheitliche Schäden; Qualitätseinbußen)	• Kein Leistungs- und Mehrverdienstanreiz für Arbeitnehmer • Arbeitgeber allein trägt Risiko geringer Arbeitsproduktivität

Abb. 66: Vor- und Nachteile des Zeitlohns

cc) Der Leistungslohn

(1) Der Akkordlohn

Bei diesem Lohnsystem wird ein Arbeitnehmer (**= Einzelakkord**) nicht nach Maßgabe der bereitgestellten Arbeitszeit, sondern nach Maßgabe der erbrachten Leistung entlohnt.

Ist der Output von der Effizienz der Zusammenarbeit mehrerer Personen abhängig (Montagetrupp; Müllwerkerkolonne), wird die erbrachte Arbeitsleistung dem Team zugerechnet. Diese Akkordform nennt man **Gruppenakkord.**

Der Akkordlohn ist durch folgende Merkmale gekennzeichnet:
(1) Der Effektivlohn/Zeiteinheit ist variabel.
(2) Die Lohnstückkosten sind konstant.[37]

Basis der Akkordlohnberechnung ist die Ermittlung des Akkordrichtsatzes (AR) und des Minutenfaktors (MF).

  Tariflicher Mindestlohn/Std. (ML)
+ Akkordzuschlag 15 bis 20% (AZ)
  Akkordrichtsatz/Std. (AR): 60 Minuten = ⌐
  └→ **Minutenfaktor** (MF)

Ist ein Tariflohn (Zeitlohn) von 25 DM/Std. vereinbart und sieht der Tarifvertrag einen Akkordzuschlag von 20 Prozent vor, beziffert sich der Akkordrichtsatz/Std. (= Grundlohn) auf 30 DM und der Minutenfaktor auf 0,50 DM/Minute. Der tarifliche **Mindestlohn** wird **garantiert,** auch wenn der Akkordarbeiter nicht die Normalleistung erbringt. Der Akkordzuschlag

---

[37] Erhöhte Lohnstückkosten fallen nur dann an, wenn die Istleistung des Akkordarbeiters so niedrig ist, daß der garantierte Mindestlohn greift.

wird gewährt, weil man jedem Akkordarbeiter a priori eine höhere Leistungsbereitschaft unterstellt.

Das wichtigste Element der Akkordlohnberechnung ist die **Vorgabezeit** (VZ). Die Vorgabezeit entspricht der Sollarbeitszeit bei Normalleistung. Zur Ermittlung der Vorgabezeit müssen exakte Zeitmessungen (Zeitstudien) durchgeführt werden. Als Normalleistung (= normales Arbeitstempo) wird die „REFA-Normalleistung"[38] zugrunde gelegt.

Der effektive Stundenverdienst SV ist von der individuellen Istleistung IL eines Akkordarbeiters abhängig. Entspricht die Istleistung gerade der Normalleistung, liegt der Leistungsgrad LG bei 100%. Der effektive Stundenverdienst SV entspricht dann gerade dem Akkordrichtsatz AR (= Grundlohn).

In abrechnungstechnischer Hinsicht kann man zwischen Geldakkord und Zeitakkord unterscheiden. Beide Berechnungsmodalitäten führen zum gleichen Stundenverdienst SV:

Geldakkord: SV = Istleistung/Std. × Geldsatz/Produkteinheit
Zeitakkord: SV = Istleistung/Std. × Vorgabezeit/Stück × Minutenfaktor

Der Geldsatz/Produkteinheit (GS) errechnet sich beim Geldakkord als Produkt aus Minutenfaktor (MF) × Vorgabezeit (VZ).

Geldakkord	Zeitakkord
GS = MF × VZ SV = IL × GS	SV = IL × VZ × MF

Abb. 67: Stundenverdienstermittlung nach Geld- und Zeitakkord

Eine systematische Übersicht zur Struktur der Stundenverdienstermittlung und ein erläuterndes Zahlenbeispiel finden sich im zugehörigen Übungsbuch.

Wesentlich Voraussetzung für die Anwendung des Akkordlohns ist einerseits, daß die zu entlohnende Arbeitsverrichtung **„akkordfähig"** ist, d.h. daß ihr Ablauf im voraus bekannt ist und sowohl zeitlich als auch mengenmäßig regelmäßig wiederholt werden kann, und andererseits, daß der Arbeitnehmer das mengenmäßige Ergebnis pro Zeiteinheit durch die Intensität seiner Leistung beeinflussen kann. Je mehr die Automatisierung des Produktionsablaufs fortschreitet, desto größer wird der Anteil der vom Arbeitnehmer nicht beeinflußbaren Ablaufzeiten. So wird z.B. an einem Fließband mit vorgegebener Taktzeit die Zahl der Arbeitsverrichtungen eines Arbeitnehmers pro Zeiteinheit vorgegeben, d.h. er kann von sich aus die Vorgabezeiten nicht unterschreiten, um seinen Stundenverdienst zu erhöhen.

Der Akkordlohn hat folgende **Vorteile:**
- Lohnabhängiger Leistungsanreiz für Arbeitnehmer.
- Konstante Lohnstückkosten gewähren dem Arbeitgeber Kalkulationssicherheit.

---

[38] Vgl. REFA-Methodenlehre des Arbeitsstudiums, Hrsg. Verband für Arbeitsstudien REFA e. V., Bd. 2, Datenermittlung, 6. Aufl., München 1978, S. 136

B. Die betrieblichen Produktionsfaktoren 261

- Gesteigerter Output pro Zeiteinheit sorgt für bessere Maschinenauslastung; Maschinenkosten (Abschreibung, Zinsen) pro Stück sinken.

Mögliche **Nachteile** des Akkordlohns liegen in einem überhöhten Arbeitstempo, das
- gesundheitliche Schäden bei Arbeitnehmern,
- technische Schäden an den Aggregaten sowie
- erhöhten Ausschuß bzw. Qualitätsmängel an den produzierten Gütern zur Folge haben kann. (**ÜB 2/4–6**)

(2) **Der Prämienlohn**

Je weniger infolge zunehmender Mechanisierung und Automatisierung des Produktionsprozesses der einzelne Arbeitnehmer das mengenmäßige Produktionsergebnis beeinflussen kann, desto geringer wird die Bedeutung des Akkordlohnes. An seine Stelle tritt in zunehmendem Maße insbesondere zur Berücksichtigung qualitativer Faktoren der Arbeitsleistung der Prämienlohn. Böhrs charakterisiert diese Lohnform folgendermaßen: „Prämienentlohnung liegt vor, wenn zu einem vereinbarten Grundlohn, der nicht unter dem Tariflohn liegen darf, planmäßig ein zusätzliches Entgelt – die Prämie – gewährt wird, dessen Höhe auf objektiv und materiell feststellbaren Mehrleistungen des Arbeiters beruht, die bei reiner Zeitlohnarbeit ohne Leistungszulagen in der Regel nicht erwartet werden können."[39]

Im Gegensatz zum Akkordlohn kommt beim Prämienlohn die Vergütung für die Mehrleistung dem Arbeitnehmer nicht in voller Höhe zugute, sondern wird nach irgendeinem Schlüssel **zwischen Betrieb und Arbeitnehmer geteilt**. Das bedeutet, daß zwar der durchschnittliche Stundenverdienst des Arbeitnehmers durch Mehrleistung steigen kann, daß aber gleichzeitig die durchschnittlichen Lohnkosten, also die Lohnkosten je Stück sinken, während sie beim reinen Akkordlohn, bei dem die gesamte Mehrleistung dem Arbeitnehmer zugute kommt, je Stück konstant bleiben.

Die Prämie muß aber nicht immer eine Folge von Unterschreitungen der Vorgabezeit und damit einer **quantitativen** Mehrleistung sein, sie kann auch gezahlt werden für besondere Leistungen **qualitativer** Art: z.B. für Unterschreiten der zulässigen Ausschußquote, für Ersparnisse von Material, Energie oder sorgsame Behandlung von Maschinen und Werkzeugen, für die Einhaltung von Terminen, Reduzierung von Wartezeiten, Leerlaufzeiten, Reparaturzeiten usw. Der Prämienlohn ist also eine Lohnform, die auch für die Entlohnung von Arbeitsergebnissen geeignet ist, die von der mengenmäßigen Arbeitsleistung unabhängig sind, während der Akkordlohn zur Mengenleistung proportional ist.

Die **Prämienarten** lassen sich nach den Bezugsgrößen der Prämienberechnung einteilen in:
(1) **Mengenleistungsprämien.** Sie treten an die Stelle des Akkordlohns, wenn genaue Vorgabezeiten, z.B. wegen wechselnder Arbeitsbedingungen, nicht ermittelt werden können.

---

[39] Böhrs, H., (Leistungslohngestaltung), S. 159

(2) **Qualitätsprämien.** Sie werden für eine Steigerung der qualitativen Produktionsleistung (z. B. Unterschreitung der zulässigen Ausschußquote) gezahlt.
(3) **Ersparnisprämien.** Sie werden für Einsparungen an Produktionsfaktoren gewährt (z. B. höhere Materialausbeute, geringerer Energieverbrauch).
(4) **Nutzungsgradprämien.** Sie sollen eine optimale Ausnutzung der Betriebsmittel sicherstellen (z. B. Reduzierung der Wartezeiten, Leerlaufzeiten, Reparaturzeiten).

Der Betrieb hat die Möglichkeit, durch die Ausgestaltung der Prämie die Mehrleistung der Arbeitskraft in gewissem Umfang zu beeinflussen. Steigt die Prämie **linear** oder gar **progressiv** an, so ist der Anreiz zur Mehrleistung oder zur Leistungsverbesserung besonders groß. Eine solche Gestaltung der Prämienentlohnung ist dann sinnvoll, wenn die Verbesserung des Arbeitsergebnisses in erster Linie vom Arbeitnehmer abhängig ist.

Besteht die Gefahr, daß beim Überschreiten einer bestimmten Leistungshöhe Gesundheitsschäden für den Arbeitnehmer oder Beschädigungen an den Maschinen durch überhastetes Arbeitstempo eintreten können, so ist es zweckmäßig, daß das Steigungsmaß der Prämie von Anfang an oder von einer bestimmten Leistungshöhe an kleiner wird, damit der Anreiz zur Leistungssteigerung für den Arbeitnehmer immer mehr nachläßt. Bei Bemessung und Gestaltung der Prämien muß außerdem beachtet werden, daß die Prämienentlohnung die Akkordentlohnung vergleichbarer Leistungen nicht überschreitet, um das Prinzip der relativen Lohngerechtigkeit nicht zu verletzen und den Arbeitsfrieden im Betrieb nicht zu gefährden. (**ÜB 2/7**)

5. Freiwillige betriebliche Sozialleistungen

Freiwillige betriebliche Sozialleistungen sind Geld-, Dienst- oder Sachleistungen, die ein Unternehmen seinen Mitarbeitern zukommen läßt. Sie bedürfen der Abgrenzung gegenüber
* Lohn- und Gehaltszahlungen,
* der Erfolgsbeteiligung der Mitarbeiter und
* den gesetzlich bzw. tarifvertraglich vereinbarten Sozialleistungen.

Zu den gesetzlich bzw. tarifvertraglich vereinbarten Sozialleistungen gehören u. a. der Arbeitgeberanteil zur Sozialversicherung, die Lohnfortzahlung im Krankheitsfall, Urlaubsgeld, Weihnachtsgeld usw.

Wichtige Formen freiwilliger betrieblicher Sozialleistungen sind
* übertarifliches Weihnachts- und Urlaubsgeld,
* betriebliche Altersversorgung,
* finanzielle Zuschüsse (Wohnen, Essen usw.),
* Sonderzahlungen (Gratifikation, Jubiläumsgeschenke usw.) sowie
* Leistungen betrieblicher Einrichtungen (Kantine, Kindertagesstätte, Sportanlagen, Bücherei, Ferienheim usw.).

Hinter der Gewährung freiwilliger betrieblicher Sozialleistungen können soziale und/oder ökonomische Motive stehen. Die **soziale Motivation**[40] (Fürsorge für Mitarbeiter, soziale Gerechtigkeit) tritt mit zunehmender

---
[40] Zur betrieblichen Sozialpolitik vgl. Oechsler, W., (Personal und Arbeit), S. 397 ff.

Schärfe des Wettbewerbsdrucks auf den Absatzmärkten in den **Hintergrund**. Somit **dominieren ökonomische Motive** wie
* Motivation zur Leistungssteigerung,
* Akquisition fähiger Mitarbeiter und
* langfristige Bindung fähiger Mitarbeiter (z. B. durch Pensionszusagen).

Freiwillige betriebliche Sozialleistungen lassen sich auf der Kostenseite relativ einfach beziffern. Der damit verbundenen Steigerung der Personalkosten steht der (mögliche) Nutzen aus einer Leistungssteigerung im Personalsektor gegenüber. Die (mögliche) Ertragskomponente läßt sich kaum quantifizieren.

Ebenso wie der Lohn müssen die freiwilligen betrieblichen Sozialleistungen aus der betrieblichen Wertschöpfung erwirtschaftet werden. Man kann das erwirtschaftete Arbeitsergebnis nur einmal „konsumieren": individuell (durch Lohnleistungen) oder kollektiv (durch Sozialleistungen). So gesehen gehen Sozialleistungen eines Unternehmens immer zu Lasten seiner Leistungsfähigkeit im Bereich der Lohn- und Gehaltsgestaltung. (ÜB 2/8–10)

6. Die Erfolgsbeteiligung der Arbeitnehmer

a) Ziele und Formen der Erfolgsbeteiligung

Unternehmen haben die Möglichkeit, ihre Arbeitnehmer am erwirtschafteten Erfolg zu beteiligen. In diesem Fall setzt sich die **Gesamtvergütung** des erfolgsbeteiligten Arbeitnehmers aus
– dem tariflichen Arbeitslohn,
– den freiwilligen betrieblichen Sozialleistungen und
– dem Erfolgsanteil

zusammen.

Die Erfolgsbeteiligung kann sich an der erbrachten Leistung, dem erwirtschafteten Ertrag oder dem erzielten Gewinn orientieren. Folgende Formen sind möglich:[41]

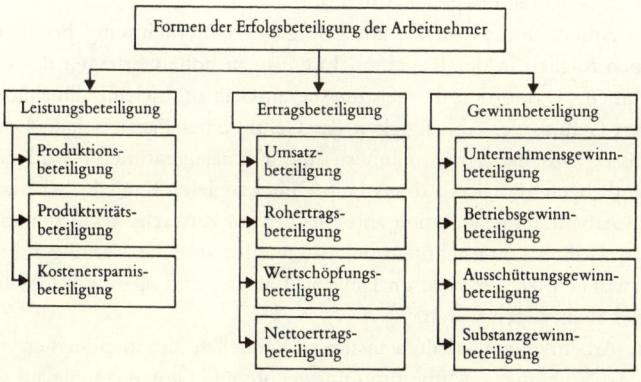

Abb. 68: Erfolgsbeteiligungsformen

---

[41] Vgl. zu den einzelnen Formen der Erfolgsbeteiligung insbesondere Gaugler, E., Erfolgsbeteiligung, in: HWP, Sp. 797 ff.; derselbe, Gewinnbeteiligung und Rechnungswesen, in: HWR, Sp. 607 ff.

Die **Unternehmensgewinnbeteiligung** orientiert sich am Ergebnis der Handels- bzw. der Steuerbilanz. Im Unternehmensgewinn ist auch das neutrale Ergebnis enthalten, das z.B. durch Gewinne oder Verluste aus der Veräußerung von Beteiligungen entsteht. Soll das neutrale Ergebnis keinen Einfluß auf die Erfolgsbeteiligung der Arbeitnehmer haben, wählt das Unternehmen die Form der **Betriebsgewinnbeteiligung**.

Will man die Erfolgsbeteiligung der Arbeitnehmer von dem an die Anteilseigner ausgeschütteten Gewinn abhängig machen, wählt man die Form der **Ausschüttungsbeteiligung**. Hierbei ist zwischen einer Dividendensummen- und einer Dividendensatzbeteiligung zu unterscheiden. Die Substanzgewinnbeteiligung geht dagegen von der Änderung des Substanzwerts des Betriebes aus. Die Substanzwertänderungen werden dabei mit Hilfe der steuerlichen Einheitswertberechnung ermittelt.[42]

Die Erfolgsbeteiligung der Arbeitnehmer kann als
(1) Barauszahlung oder
(2) Kapitalbeteiligung
erfolgen. Im Fall der Kapitalbeteiligung, die als
– Eigenkapitalbeteiligung (Belegschaftsaktien) oder
– Fremdkapitalbeteiligung (Arbeitnehmerdarlehen)
erfolgen kann, spricht man auch vom **Investivlohn**. Gegenüber der Barauszahlung hat die Kapitalbeteiligung Vorteile für die Arbeitnehmer und das Unternehmen: Sie stärkt einerseits die Vermögensbildung in Arbeitnehmerhand und sie leistet andererseits einen wichtigen Beitrag zur Finanzierung des Unternehmens. Besonders positiv ist dabei die Eigenkapitalbeteiligung in Form von Belegschaftsaktien zu beurteilen: Einerseits wird hierbei ein Beitrag zur Überwindung des historischen Gegensatzes von Kapital und Arbeit geleistet; andererseits partizipiert der Arbeitnehmer über seine Belegschaftsaktie – wie jeder andere Anteilseigner – am künftigen Gewinn bzw. Verlust des Unternehmens.

Ein solches System der Vermögensbildung über die Ergebnisbeteiligung hat zusammenfassend folgende **Vorteile:**
(1) Die Arbeitnehmer werden am Erfolg der Unternehmung beteiligt und haben folglich in der Regel ein Interesse an hohen Erträgen des Unternehmens. Das fördert die Leistungsbereitschaft und schafft allmählich statt eines Gefühls der Abhängigkeit das Gefühl einer Partnerschaft. Der Gegensatz zwischen Arbeitnehmern und Kapitaleigentümern wird zunehmend abgeschwächt, da die Arbeitnehmer zugleich Kapitalgeber sind.
(2) Die Arbeitnehmer nehmen anteilsmäßig am Zuwachs des Produktivvermögens ihres Unternehmens teil. Sie werden zu einer Vermögensbildung gezwungen, zu der viele im Fall von Barausschüttungen von Gewinnanteilen nicht bereit wären.
(3) Die Arbeitnehmer erhalten in ihrer Eigenschaft als Anteilseigner – nicht als Arbeitnehmer – Mitbestimmungsrechte und Gewinnanteile auf Grund der ihnen zuwachsenden Anteilsrechte.

---

[42] Zu Einzelheiten der Ausschüttungs- und Substanzgewinnbeteiligung vgl. Gaugler, E., Erfolgsbeteiligung, a.a.O., Sp. 798f.

B. Die betrieblichen Produktionsfaktoren 265

(4) Das System ermöglicht eine Mitwirkung der kapitalbeteiligten Arbeitnehmer im Aufsichtsrat. Diese Mitwirkung ist durch Übernahme von Kapitalrisiko legitimiert.

(5) Das System fördert die Tendenz, Arbeitsplätze in besonders ertragreichen Unternehmen zu suchen und ertragsschwache Unternehmen zu meiden. Dadurch tritt ein starker Konkurrenz- und Rationalisierungsdruck für weniger leistungsfähige Unternehmen ein.

(6) Ein vertraglicher Anspruch auf Anteil am Gewinn (und eine Verpflichtung zur Übernahme anteiliger Verluste) begründet ein Recht, an den Entscheidungen, von denen die Höhe der Gewinne bzw. Verluste abhängt, mitzuwirken. (**ÜB 2/11**)

b) Erfolgsbeteiligungssysteme in der Praxis

Die Praxis hat eine Vielzahl von Erfolgsbeteiligungssystemen entwickelt, von denen hier nur einige typische Verfahren dargestellt werden sollen. Dabei ist darauf hinzuweisen, daß die Erfolgsbeteiligungssysteme in den jeweiligen Unternehmen einer häufigen Veränderung und Anpassung unterliegen, die sich sowohl auf die Art des Erfolgsbeteiligungssystems als auch auf Einzelheiten wie z. B. zahlenmäßige Veränderungen beziehen können.[43]

aa) Das System der Bertelsmann AG[44]

Ein wesentlich stärker am Periodengewinn orientiertes System wird von der Bertelsmann AG praktiziert. Es besteht seit 1970 und sah ursprünglich vor, daß die Mitarbeiter ihre Gewinnanteile als stille Beteiligung im Unternehmen anlegen mußten. Nach Ablauf einer bestimmten Sperrfrist konnte die Beteiligung monatlich über eine betriebsinterne Börse veräußert werden. Im Jahre 1981 wurde das Kapital in Genußkapital umgewandelt. Seit 1986 erhalten die berechtigten Mitarbeiter ihre jährlichen **Gewinnanteile in Form von Genußscheinen,**[45] die nach Ablauf einer zweijährigen Sperrfrist an der Wertpapierbörse gehandelt werden können.

Die **Berechnungsbasis** für die Gewinnanteile der einzelnen Mitarbeiter beträgt 50% des entsprechend der Betriebsvereinbarung korrigierten und um eine angemessene Eigenkapitalverzinsung gekürzten, **handelsrechtlichen Konzernergebnisses.** Die so ermittelte Berechnungsbasis, die mit dem Gesamtumfang der Mitarbeitergewinnbeteiligung identisch ist, wird in Relation zur monatlichen Lohnsumme aller berechtigten Mitarbeiter gesetzt. Diese Relation wird als **Gewinnbeteiligungsquote** bezeichnet und ergibt durch Multiplikation mit dem Monatslohn des einzelnen Mitarbeiters dessen **Bruttogewinnbeteiligung.**

Beträgt der Gesamtumfang der Mitarbeitergewinnbeteiligung beispielsweise 60 Mio. DM und die Lohnsumme des Basismonats Juni 67 Mio. DM,

---

[43] Die Information über die dargestellten Systeme geben den Stand von 1999 wieder.
[44] Den folgenden Ausführungen liegt Informationsmaterial zugrunde, das von der Bertelsmann AG freundlicherweise zur Verfügung gestellt wurde.
[45] Genußscheine sind Wertpapiere, die bestimmte Vermögensrechte, jedoch keine darüber hinausgehenden Mitgliedschaftsrechte verbriefen.

dann ergibt sich eine Angebotsquote von 90%.[46] Ein Mitarbeiter mit einem Monatslohn von 4.000,– DM erhält folglich eine Bruttogewinnbeteiligung von 3.600,– DM (90% von 4.000 DM).

Zusätzlich gewährt die Bertelsmann AG einen **Kursrabatt**, der seit 1992 auf den Marktkurs bezogen 15% beträgt. Bei einem angenommenen Kurs von 200% – der Nominalbetrag beträgt 100,– DM – wird bezogen auf den Nominalbetrag ein Kursrabatt von 30 DM gewährt.

Die Verzinsung der Genußscheine richtet sich nach der **Gesamtkapitalrendite**. Der Gewinnanteil der Genußscheine beträgt bei einer zwischen 12% und 16% liegenden Gesamtkapitalrendite 15% des Grundbetrages. Beträgt die Gesamtkapitalrendite weniger als 12% oder mehr als 16%, ist der Gewinnanteil um einen Prozentpunkt höher als die Gesamtkapitalrendite.

An möglichen **Verlusten** des Unternehmens sind die Genußscheininhaber ebenso wie die Aktionäre bis zur Höhe ihrer Einlage beteiligt. In diesem Fall ergibt sich eine **negative Gesamtkapitalrentabilität**, nach deren auf den Grundbetrag bezogenen Prozentsatz sich die Verlustbeteiligung der Genußscheine bestimmt. Anspruch auf Gewinnanteile haben die Genußscheininhaber erst dann wieder, wenn der auf das Genußkapital entfallende Verlust durch spätere Gewinne ausgeglichen wurde.

Da die Genußscheine an deutschen Wertpapierbörsen gehandelt werden, können sie, sofern sie weder betrieblich noch gesetzlich gesperrt sind, **täglich verkauft** werden. Mitarbeiter der Bertelsmann AG können bezüglich Verwaltung und Verkauf ihrer Genußscheine auf die in der Regel kostenlosen Serviceleistungen der Bertelsmann Treuhand- und Anlage GmbH (BTA), die zu 100% im Eigentum der Bertelsmann AG steht, zurückgreifen.

Von 1970 bis 1998 haben die Mitarbeiter bei Bertelsmann und Gruner + Jahr ein Genußkapital von nominal 746 Mio. DM gebildet. Insgesamt hat das Genußkapital bei Bertelsmann inzwischen eine Höhe von nominal 987 Mio. DM erreicht. Seit Einführung des unternehmenseigenen Beteiligungsmodells vor 30 Jahren haben die Mitarbeiter unter Einbeziehung von Zinsausschüttungen drei Milliarden DM aus der Gewinnbeteiligung erhalten.

bb) Das System der Bayer AG[47]

Die Bayer AG ermöglicht ihren Mitarbeitern durch eine jährlich neu zu beschließende **Bonuszahlung** an die bonusberechtigten Mitarbeiter und das Angebot von Anteilen des **DEGEF-Bayer-Mitarbeiter-Fonds** eine Beteiligung am Erfolg des Unternehmens sowie der Wirtschaft insgesamt.

Über die jährliche **Bonuszahlung** werden die bonusberechtigten Mitarbeiter am wirtschaftlichen Erfolg des Unternehmens beteiligt. Der Bonus zur Jahresprämie betrug für das Jahr 1998 35% des durchschnittlichen individuellen Monatseinkommens. Über die gewährte Bonuszahlung konnten die Mitarbeiter nicht in vollem Umfang frei verfügen. 5 Prozentpunkte der Bo-

---

[46] $\frac{60 \text{ Mio DM}}{67 \text{ Mio DM}} \cdot 100 = 90\%$

[47] Den folgenden Ausführungen liegt Informationsmaterial zugrunde, das von der Bayer AG freundlicherweise zur Verfügung gestellt wurde.

nuszahlung wurden zur Förderung der Vermögensbildung im DEGEF-Bayer-Mitarbeiter-Fonds für drei Jahre fest angelegt.

Der **DEGEF-Bayer-Mitarbeiter-Fonds** wurde als thesaurierender Fonds ausgelegt, d. h., die in diesen Fonds einfließenden Erträge werden nicht ausgeschüttet, sondern zur Wiederanlage verwendet. Tarifmitarbeitern und Auszubildenden werden in der Regel – bisher mit Ausnahme der Jahre 1991 und 1993 einmal jährlich Anteile in Verbindung mit der Bonusregelung angeboten. Diese Anteile unterliegen einer dreijährigen Sperrfrist. Die Depotgebühren trägt die Bayer AG. Unabhängig von dieser Bonusregelung können Mitarbeiter und Pensionäre jederzeit unbegrenzt Anteile spesen- und provisionsfrei erwerben. Diese Anteile unterliegen keiner Sperrfrist. Das Fondsvermögen des DEGEF-Bayer-Mitarbeiter-Fonds betrug Ende 1998 300,6 Mio. DM.

Seit den 50er Jahren gab es bei Bayer ein Belegschaftsaktienprogramm, das allen Mitarbeitern – unter wechselnden Voraussetzungen im Verlauf der Jahre – den Erwerb von Bayer-Aktien ermöglichte. Durch die am 1. Juli 1997 in Kraft getretene Vereinbarung zur Standortsicherung und Beschäftigung der Bayer AG wurde dieses Programm ausgesetzt. Als neue variable Komponente, die das Bayer-Vergütungssystem abrunden soll, ist ab dem Jahr 2000 die Einführung eines Aktien-Incentive-Programms für alle Mitarbeiter geplant. Dieses Programm soll aus drei Bausteinen bestehen:

- einem Aktien-Options-Programm für Vorstände und die 1. Führungsebene
- einem indexgekoppelten Aktien-Incentive-Programm für die übrigen Oberen Führungskräfte sowie
- einem Aktien-Incentive-Programm für Leitende Angestellte, das auch auf Leitende Mitarbeiter und Tarifmitarbeiter übertragen werden soll.

7. Die Interessenvertretung der Arbeitnehmer

Aufbauend auf den Elementarzielen der Arbeitnehmer haben sich der Deutsche Gewerkschaftsbund (DGB) und seine Einzelorganisationen an heutige politische und gesellschaftliche Gegebenheiten angepaßte Aufgaben gestellt und differenzierte Zielsetzungen entwickelt. Sie verfolgen diese Ziele nicht nur gegenüber den Arbeitgebern, sondern auch gegenüber Parlamenten, Verwaltungen und anderen gesellschaftlichen Institutionen, da auch hier Entscheidungen getroffen werden, die die Arbeitnehmer substanziell betreffen.

Der DGB will nicht nur die materiellen Lebensverhältnisse seiner Mitglieder verbessern, sondern verfolgt – nach eigener Auffassung – auch das Ziel, „für die Sicherung und den Ausbau des sozialen Rechtsstaates einzutreten und die weitere Demokratisierung von Wirtschaft, Staat und Gesellschaft zu erreichen."[48]

Die einzelnen Ziele und Aufgaben werden in **Grundsatz- und Aktionsprogrammen** formuliert; dabei enthalten die Grundsatzprogramme mehr

---

[48] DGB-Broschüre „Wir über uns", Hrsg.: DGB, Düsseldorf 1979, S. 14

die grundsätzlichen Leitlinien für die Willensbildung, während in den Aktionsprogrammen die Ziele konkretisiert werden.

Schwerpunktmäßig hat der DGB in diversen Grundsatz- und Aktionsprogrammen[49] im wesentlichen **folgende Ziele** und Maßnahmen festgelegt:
- Vollbeschäftigung und Lebensqualität durch qualitatives Wirtschaftswachstum
- Wirksame Strukturpolitik zur Verwirklichung qualitativen Wirtschaftswachstums
- Arbeitsmarktpolitik verbessern und konzentrieren
- Arbeitszeitpolitik im Arbeitnehmerinteresse
- Die Chancengleichheit von Frauen auf dem Arbeitsmarkt durchsetzen
- Die Einkommens- und Vermögensverteilung muß gerechter werden
- Für die lebenswerte Umwelt
- Soziale Gestaltung von Arbeit und Technik
- Erforschung, Entwicklung und Umsetzung neuer Techniken und Verfahren
- Arbeit und Gesundheit
- Reform und Ausbau des Systems der sozialen Sicherheit
- Arbeitnehmer- und Gewerkschaftsrechte erweitern
- Neue Medien, Kultur und Freizeit sinnvoll gestalten
- Verbesserung des öffentlichen Dienstleistungsangebots
- Integration ausländischer Arbeitnehmer und ihrer Familien vorantreiben
- Chancengleichheit durch Bildung und Ausbildung verwirklichen

Die Wahrung und der Ausbau der Tarifautonomie sowie Arbeitskämpfe als letztes Druckmittel stellen traditionelle und wesentliche Bestandteile gewerkschaftlicher Politik dar. **Tarifautonomie** bedeutet, daß die Gewerkschaften mit den Arbeitgebern bzw. deren Verbänden Tarifverträge[50] frei und unabhängig ohne Einmischung von außen (z.B. des Staates) aushandeln und abschließen können.[51] Die Abmachungen der Tarifverträge gelten unmittelbar und **zwingend nur für Mitglieder** der vertragsabschließenden Parteien.[52] Grundsätzlich sind die Unternehmen nicht verpflichtet, gewerkschaftlich nicht organisierten Arbeitnehmern die Lohnerhöhungen oder sonstigen Leistungen, die in einem Tarifvertrag beschlossen werden, zu gewähren. In der Praxis erscheint es jedoch vielen Unternehmen als zweckmäßig, auch den Nichtmitgliedern ihrer Belegschaft die Ergebnisse zu Gute kommen zu lassen, da sie sonst damit rechnen müßten, daß sich die gesamte Belegschaft gewerkschaftlich organisiert.

Allgemeingültigkeit können tarifvertragliche Vereinbarungen aber auch durch die sogenannte **Allgemeinverbindlichkeitserklärung**,[53] die vom

---

[49] Vgl. Entwurf: Grundsatzprogramm des Deutschen Gewerkschaftsbundes, Düsseldorf 14. 3. 1981; Aktionsprogramm '88
[50] Vgl. Schuster, D., Die Deutsche Gewerkschaftsbewegung, 6. Aufl., Düsseldorf, Köln 1980, S. 134f.
[51] Die Grundlage für die Tarifautonomie wurde im Tarifvertragsgesetz (TVG) vom 9. April 1949 (WiGBl. S. 55) geschaffen.
[52] Vgl. § 4 Abs. 1 TVG
[53] Vgl. § 5 TVG

B. Die betrieblichen Produktionsfaktoren

Arbeits- und Sozialministerium des Bundes oder eines Landes gegeben werden kann, erlangen. Für die Gewerkschaften kann eine solche Allgemeinverbindlichkeitserklärung zum Problem werden, wenn Gewerkschaftsmitglieder sehen, daß nicht organisierte Arbeitnehmer Rechtsansprüche auf die gleichen Leistungen erlangen, ohne Beitrag zu zahlen.

Die Gewerkschaften sind verpflichtet, während der Laufzeit des Tarifvertrages keine Kampfmaßnahmen gegen die vertraglich festgelegten Bestimmungen zu ergreifen. Spezielle Tarifverträge, die als **Manteltarifverträge** bezeichnet werden, können auch für längere Zeiträume Arbeitsbedingungen regeln, die keiner allzu häufigen Änderung unterliegen, z.B. Arbeitszeit, Urlaub usw.

Die Tarifautonomie schließt das Recht der Gewerkschaften ein, für die Durchsetzung ihrer Forderungen über Lohn- und Arbeitsbedingungen einen **Arbeitskampf** durchzuführen. Bevor es aber beim Scheitern von Tarifverhandlungen zum Streik kommt, setzt ein Schlichtungsverfahren ein, bei dem ein Gremium von Arbeitgeber- und Gewerkschaftsvertretern unter einem neutralen Vorsitzenden versucht, eine Einigung zu erarbeiten. Führt auch die Schlichtung nicht zum Erfolg, können die Gewerkschaften unter bestimmten Voraussetzungen den **Streik** beschließen.

Das **Streikrecht** ist in Artikel 9 Abs. 3 des Grundgesetzes verankert. Ein Streikbeschluß wird in der Regel durch eine sogenannte Urabstimmung, bei der alle Mitglieder befragt werden, herbeigeführt, wenn sich 75% der Befragten für eine Arbeitseinstellung aussprechen. Die Streikenden erhalten weder Lohn noch Arbeitslosenunterstützung; lediglich die Gewerkschaftsmitglieder werden von der Gewerkschaft unterstützt.

Die Arbeitgeber können die **Aussperrung** als Gegenmaßnahme ergreifen, d.h. alle Arbeitnehmer – auch Nichtstreikende und Arbeitswillige – werden vom Arbeitgeber daran gehindert, zu arbeiten und bekommen für die Zeit der Aussperrung auch keinen Lohn. Die Aussperrung wird von den Gewerkschaften mit der Behauptung bekämpft, daß die durch das Streikrecht hergestellte „Chancengleichheit" zwischen Arbeitgebern und Arbeitnehmern durch die Aussperrung zunichte gemacht würde. Von Arbeitgeberseite wird die Aussperrung damit verteidigt, daß sie die „Kampfparität" herstelle. In den Urteilen vom 10. 6. 1980[54] hat das Bundesarbeitsgericht entschieden, daß ein grundsätzliches Aussperrungsverbot unzulässig ist, daß die Arbeitgeberseite aber die Verhältnismäßigkeit der Mittel zu beachten habe (Übermaßverbot),[55] und daß Aussperrungen als Abwehrmaßnahmen dann legitimiert sind, wenn ein Verhandlungsübergewicht der streikenden Gewerkschaft die Verhandlungsparität stört.

---

[54] 1 AZR 822/79 (Aussperrung in der Druckindustrie) und 1 AZR 168/79 (Aussperrung in der Metallindustrie).
[55] Als unverhältnismäßig gilt beispielsweise die Beantwortung eines eng begrenzten Teilstreiks mit einer unbefristeten, bundesweiten Aussperrung.

IV. Die Betriebsmittel

Der moderne Betriebsprozeß ist – insbesondere im industriellen Bereich – dadurch gekennzeichnet, daß die Arbeitskraft in immer stärkerem Maße mit Betriebsmitteln ausgestattet wird. Das hat im Laufe der Entwicklung in vielen Betrieben dazu geführt, daß die Bedeutung der menschlichen Arbeitskraft scheinbar oder tatsächlich immer mehr hinter die der Betriebsmittel zurückgetreten ist. Waren Werkzeuge und Maschinen vor einigen Jahrzehnten lediglich Hilfsmittel, um die Ergiebigkeit der Arbeitsleistung zu erhöhen, so hat sich heute die Maschine weitgehend verselbständigt. Viele maschinelle Anlagen bedürfen kaum noch der Mitwirkung der menschlichen Arbeitskraft, sie produzieren, transportieren, registrieren und rechnen „vollautomatisch"; es genügt ihre Einstellung und Überwachung von einer Schaltzentrale aus. Für den Betrieb ergeben sich aus dieser Entwicklung neben den technischen Problemen, die hier nicht weiter verfolgt werden können, entscheidende wirtschaftliche Aufgaben. Die Kosten der Betriebsmittel übersteigen in vielen Betrieben die Kosten für Arbeitsleistungen und Werkstoffe um ein Vielfaches. Deshalb muß der Frage der rationellsten Ausnutzung der Betriebsmittel besondere Aufmerksamkeit geschenkt werden.

Zu den Betriebsmitteln gehört die gesamte technische Apparatur, deren sich der Betrieb zur Durchführung des Betriebsprozesses bedient. Das sind in erster Linie Maschinen und maschinelle Anlagen sowie Werkzeuge jeder Art. Aber auch Grundstücke und Gebäude, Verkehrsmittel, Transport- und Büroeinrichtungen rechnet man dazu. Bei den Betriebsmitteln darf nicht nur an die im Produktionsprozeß eingesetzten Antriebs- und Arbeitsmaschinen, sondern muß ebenso an die Maschinen und EDV-Anlagen gedacht werden, die in der Verwaltung, insbesondere im Rechnungswesen, und im Vertrieb Verwendung finden.

1. Lebensdauer, wirtschaftliche Nutzungsdauer und Abschreibungen

Die entscheidenden mit den Betriebsmitteln zusammenhängenden wirtschaftlichen Probleme entstehen zunächst einmal dadurch, daß die Anlagegüter nicht, wie z.B. die Rohstoffe, bei einem Produktionsvorgang verbraucht werden, sondern eine bestimmte Lebensdauer haben (**technische Nutzungsdauer**), d.h. ihre Nutzungen über eine Reihe von Jahren abgeben können. Mit dem Kauf einer Maschine beschafft sich der Betrieb Maschinennutzungen auf viele Jahre im voraus. Das bedeutet, daß in den Anlagen hohe Geldbeträge für eine Reihe von Rechnungsperioden gebunden (investiert) werden müssen, die auf dem Wege über den Verkauf der Produkte und Leistungen – also über den Absatzmarkt – bis zum Ende der wirtschaftlichen Nutzungsdauer wieder freigesetzt und entsprechend verzinst werden müssen. Für den Betrieb entsteht damit das Problem, die **wirtschaftliche Nutzungsdauer** der Betriebsmittel zu schätzen und die Wertminderung, die im Laufe der Jahre eintritt, richtig zu ermitteln und den,

B. Die betrieblichen Produktionsfaktoren 271

durch die Produktion der Erzeugnisse verursachten Kosten zuzurechnen. Unter wirtschaftlicher Nutzungsdauer versteht man die Zeitspanne, in der es wirtschaftlich sinnvoll ist, eine Anlage zu nutzen. Die technische Nutzungsdauer umfaßt dagegen die Zeitspanne, während der eine Anlage technisch einwandfreie Nutzungen abgeben kann. Die wirtschaftliche Nutzungsdauer ist in der Regel kürzer als die Lebensdauer.

Die auf Grund planmäßiger Rechnungen ermittelten Beträge, die zur Erfassung der Wertminderungen an den Betriebsmitteln dienen, bezeichnet man als **Abschreibungen**.[1] Die Wertminderung der einzelnen Anlagegüter ist während des Verlaufs der Nutzungsdauer je nach ihrer technischen Beschaffenheit unterschiedlich, jedoch kann als Regel gelten, daß der **Gebrauchswert** von Maschinen in den ersten Jahren der Nutzungsdauer nur langsam sinkt und erst gegen Ende der Nutzungszeit stärker abfällt. Der **Zeitwert** dagegen, d.h. der Wert, der beim Verkauf einer Maschine am Markt noch zu erzielen wäre, sinkt sofort nach Inbetriebnahme, weil ein Käufer beim Erwerb einer „gebrauchten" Anlage – selbst wenn der Gebrauchswert noch gar nicht abgenommen hat – einen erheblichen Abschlag vom Anschaffungspreis verlangt. Im allgemeinen interessiert der Zeitwert der Anlagegüter nicht, da sie in der Regel nicht veräußert werden sollen. Die Länge der technischen Nutzungsdauer einer Anlage kann durch sorgfältige und sachgemäße Pflege und Wartung entscheidend beeinflußt werden.

Eine Wertminderung der Betriebsmittel tritt aber nicht nur durch ihre Nutzung oder durch Witterungseinflüsse ein (z.B. bei Baggern, Straßenbaumaschinen u.a.), sondern auch durch **technischen Fortschritt**. Die Entwicklung der Technik geht immer weiter, deshalb ist die Gefahr, daß ein Betriebsmittel technisch und wirtschaftlich „überholt" wird, um so größer, je länger seine Lebensdauer ist. Ein aktuelles Beispiel ist der rasante technische Fortschritt bei EDV-Anlagen. Die kaufmännische Vorsicht zwingt den Betrieb, bei der Schätzung der wirtschaftlichen Nutzungsdauer und bei der Bemessung der jährlichen Abschreibungsbeträge nicht nur die Wertminderung durch Gebrauch oder natürlichen Verschleiß zu berücksichtigen, sondern auch eine Entwertung durch den technischen Fortschritt in Rechnung zu stellen.

Da immer die Gefahr besteht, daß Anlagen durch technischen Fortschritt entwertet werden, bevor sie physisch abgenutzt sind, ist es erforderlich, das in den Anlagen gebundene Kapital möglichst schnell über den Absatzmarkt wieder freizusetzen. Der Betrieb wird oft vor die Frage gestellt, ob es zweckmäßig ist, eine veraltete Anlage bereits durch eine moderne zu ersetzen, die mit geringeren Kosten arbeitet, auch wenn die alte Anlage noch einige Jahre genutzt werden kann.[2] Nicht immer wird dabei die Entscheidung für die moderne Anlage getroffen werden. Die technische Verbesserung ist vielfach mit einer Steigerung der quantitativen oder qualitativen Leistungsfä-

---

[1] Vgl. die ausführliche Behandlung des Abschreibungsproblems auf S. 947ff.
[2] Vgl. die Ausführungen über Investitionsplanung und Investitionsrechnung auf S. 622ff.

higkeit verbunden, d. h., bestimmte Anlagen lohnen sich erst von einer bestimmten Betriebsgröße ab oder bei bestimmten Anforderungen an die Präzision. Für einen kleineren Betrieb kann eine Anlage „alter Technik" durchaus kostengünstiger sein. Die Betriebsgröße spielt also bei der Wahl der Betriebsmittel und der technischen Verfahren eine wesentliche Rolle.

Die Erfassung der Wertminderungen der Betriebsmittel durch Abschreibungen ist eines der wichtigsten Probleme des Rechnungswesens. In die Gewinn- und Verlustrechnung gehen die Abschreibungen als Aufwand ein **(bilanzielle Abschreibungen)**. Von ihrer Höhe hängt somit der ausgewiesene Periodenerfolg ab. Deshalb hat der Steuergesetzgeber bzw. die Finanzverwaltung für die steuerliche Gewinnermittlung die Nutzungsdauer der verschiedenen Arten von Betriebsmitteln normiert (sog. betriebsgewöhnliche Nutzungsdauer der AfA-Tabellen).[3] In der Kostenrechnung müssen die Abschreibungen **(kalkulatorische Abschreibungen)** so bemessen werden, daß – nachdem sie in die Preise einkalkuliert wurden – durch den Umsatz der produzierten Güter dem Betrieb wieder ausreichend finanzielle Mittel zur Verfügung stehen, damit die verbrauchten Betriebsmittel wieder beschafft werden können. Die Abschreibung ist aber nicht nur ein Aufwands- und Kostenfaktor, sondern auch ein Finanzierungsfaktor, da die pro Periode durch Umsatz „verdienten" Abschreibungsgegenwerte bis zur späteren Ersatzbeschaffung der abgeschriebenen Betriebsmittel zur Finanzierung anderer Produktionsfaktoren zur Verfügung stehen.[4] (**ÜB 2/12–13**)

2. Kapazität und Kapazitätsausnutzung

Jedes Betriebsmittel besitzt ein bestimmtes Leistungsvermögen je Zeiteinheit, das laufend ausgenutzt werden muß, da die in den Betriebsmitteln gebundenen Kapitalbeträge amortisiert und verzinst werden müssen. Stillstand oder nur teilweise Nutzung bedeutet also Zinsverlust. Da außerdem kontinuierlich technische Verbesserungen gemacht werden, kann auch dann eine starke Wertminderung eintreten, wenn Anlagen nicht oder nicht voll genutzt werden und folglich die Wertminderungen durch Gebrauch (technischer Verschleiß) gering sind. Dann besteht die Gefahr, daß die wirtschaftliche Nutzungsdauer beendet ist, bevor das in einem Betriebsmittel gebundene Kapital durch den Umsatz der produzierten Güter wieder freigesetzt worden ist.

Jede Anlage ist auf Grund ihrer technischen Daten geeignet, in einer Zeitspanne eine bestimmte Menge an Leistungen einer bestimmten Qualität abzugeben. Man bezeichnet das Leistungsvermögen in quantitativer und qualitativer Hinsicht als **Kapazität.** Jede Anlage besitzt eine bestimmte **technische Maximalkapazität,** auf die hin sie konstruiert ist und die nicht überschritten werden kann. Die technische Maximalkapazität liegt gewöhn-

---

[3] AfA = Absetzung für Abnutzung
[4] Vgl. die ausführliche Behandlung des Finanzierungseffektes der Abschreibungen auf S. 760 ff.

B. Die betrieblichen Produktionsfaktoren

lich über der **wirtschaftlichen Kapazität**, d.h. über der Ausbringungsmenge, die vom wirtschaftlichen Standpunkt aus die optimale ist. Für den Betrieb ist es nicht unbedingt zweckmäßig, die technisch maximale Kapazität auszunutzen, wenn eine geringere Ausnutzung wirtschaftlicher, d.h. mit geringeren Kosten verbunden ist. Würde man z.B. einen Motor stets bis zur Grenze seiner technischen Maximalkapazität ausnutzen, also auf höchsten Touren laufen lassen, so wären Verschleiß und Betriebsstoffverbrauch – auf die Leistungseinheit bezogen – wesentlich höher als bei einer geringeren Nutzung, die vom wirtschaftlichen Standpunkt die optimale wäre. Würde man aber eine bestimmte Umdrehungszahl unterschreiten, so würden Verschleiß und Betriebsstoffverbrauch ebenfalls zunehmen. Es gibt also auch Betriebsmittel, die eine **Minimalkapazität** besitzen, deren Ausnutzung aus wirtschaftlichen Gründen nicht unterschritten werden darf.

Das Verhältnis von technischer Kapazität und effektiver Ausnutzung der Kapazität bezeichnet man als **Kapazitätsausnutzungsgrad**. Vielfach wird auch von **Beschäftigungsgrad** gesprochen. Der Kapazitätsausnutzungsgrad wird in Prozenten der technischen Kapazität ausgedrückt, also:

$$\text{Kapazitätsausnutzungsgrad} = \frac{\text{Ist-Produktion}}{\text{Kann-Produktion}} \times 100$$

Jede Anlage verfügt auch über eine bestimmte **qualitative Maximalleistung**, deren Überbeanspruchung zu erhöhten Kosten, z.B. zu größerem Ausschuß, führt, deren nicht volle Ausnutzung aber ebenso unwirtschaftlich ist, da in diesem Falle eine Anlage geringerer Leistungsfähigkeit oder Präzision, die in der Regel weniger kostet, den Anforderungen genügen würde.

Für den Betrieb stellt sich die Aufgabe, unter der Vielzahl der möglichen Anlagen die Auswahl für seine ganz konkreten betrieblichen Aufgaben zu treffen. Da die Anlagen aber gewöhnlich eine lange Lebensdauer haben, bedeutet die Beschaffung bestimmter Aggregate stets ein Festlegen auf lange Sicht. Der Betrieb muß deshalb bestrebt sein, die einmal beschafften Anlagen so einzusetzen, daß sie in quantitativer und qualitativer Hinsicht optimal genutzt sind. Jede Überbeanspruchung führt zu erhöhtem Verschleiß und damit zu steigenden Kosten, jede zu geringe Ausnutzung bedeutet ein Brachliegen von Aggregaten und des in ihnen investierten Kapitals. Die Entscheidung, welche zur Realisierung einer bestimmten betrieblichen Aufgabe zur Wahl stehenden Betriebsmittel (Verfahren) optimal sind, wird durch Investitionsrechnungen vorbereitet.[5] (**ÜB 2/14–16**)

3. Die Betriebsmittelzeit

Ebenso wie beim Faktor Arbeit entsteht auch beim Faktor Betriebsmittel das Problem des optimalen Einsatzes. Zur Lösung dieses Problems wird auch

---

[5] Einzelheiten vgl. auf S. 622 ff.

hier der Arbeitsablauf gegliedert. Nach REFA ergibt sich folgende auf die Betriebsmittel bezogene **Analyse der Ablaufarten**.[6]

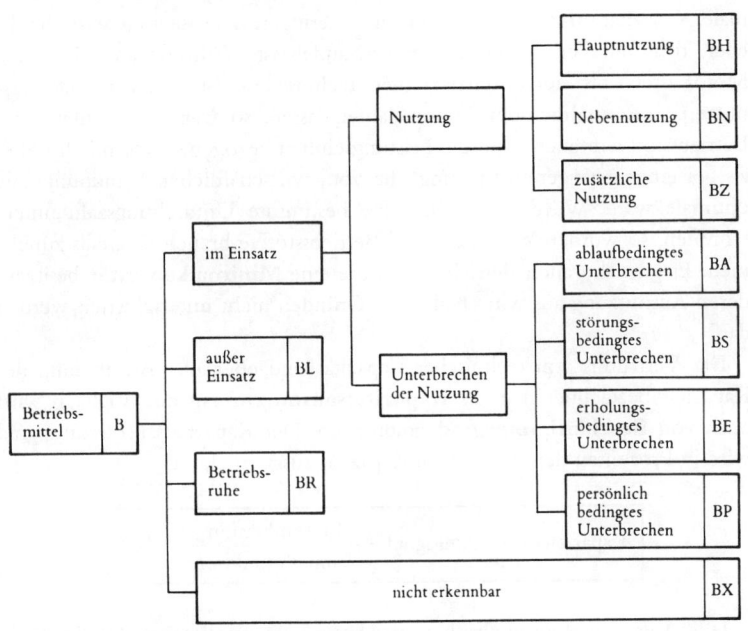

Abb. 69: Gliederung der Betriebsmittelzeit

Ein Betriebsmittel ist im Einsatz, „wenn es dem Betrieb zur Ausführung von Arbeitsaufgaben zur Verfügung steht und durch Aufträge belegt ist."[7] Während des Einsatzes wird es genutzt. Die **Hauptnutzungszeit** ist der Einsatz des Betriebsmittels im Sinne seiner Zweckbestimmung (z. B. Spanabheben an einer Drehmaschine), die **Nebennutzungszeit** wird zur Vorbereitung, zum Rüsten, Beschicken oder Entleeren des Betriebsmittels benötigt (z. B. Werkstücke ein- und ausspannen).

Die Nutzung kann unterbrochen werden, und zwar planmäßig (ablaufbedingt), wenn z. B. das Betriebsmittel auf eine planmäßige Tätigkeit der Arbeitskraft oder auf die planmäßige Anlieferung von Werkstücken warten muß (z. B. Lesen von Zeichnungen und Arbeitsanweisungen, An- und Abtransporte von Werkstücken). Eine planmäßige Unterbrechung kann auch durch **Erholungszeiten** der Arbeitskraft bedingt sein. Daneben kann eine Unterbrechung außerplanmäßig durch Störungen an den Betriebsmitteln oder durch die Arbeitskraft eintreten.

Als wichtigste Ursachen dafür, daß ein Betriebsmittel „außer Einsatz" sein kann, führt REFA an:[8]

---

[6] REFA, Datenermittlung, a. a. O., S. 29
[7] REFA, a. a. O., S. 30
[8] REFA, a. a. O., S. 30

B. Die betrieblichen Produktionsfaktoren 275

Fälle für „außer Einsatz"	Ursachen
fehlender Auftrag	1) Betriebsmittel dient planmäßig als Reserve, 2) marktbedingter Auftragsmangel, 3) fehlende Produktionsfreigabe des Auftrages
Planungsfehler	1) Arbeitskräftemangel, 2) fehlendes Material, 3) fehlende Arbeitsmittel, 4) fehlende Energie, 5) fehlende Informationen (Arbeitspapiere)
Arbeitskraft außerplanmäßig nicht anwesend	1) Krankheit, 2) Nichteinhalten der Arbeitszeit
Störung des Betriebsmittels	1) Instandsetzung, 2) Überholung, 3) Umbau, 4) Instandhaltung, 5) Energieausfall

Abb. 70: Betriebsmittel außer Einsatz

Als **Betriebsruhe** werden in der Ablaufgliederung die Zeiten bezeichnet, die für gesetzlich, tariflich oder betrieblich geregelte Arbeitspausen anfallen.

Der Betrieb muß bestrebt sein, die Zeiten der Unterbrechung **(Brachzeiten)** zugunsten der Nutzungszeiten immer mehr zu verringern. Durch sorgfältige Wartung der Anlagen müssen Störungen auf ein Minimum herabgedrückt werden. Durch Kontrollen oder durch Anwendung entsprechender Lohnformen (Akkordlohn, Prämienlohn) muß versucht werden, Brachzeiten, die die Arbeitskräfte durch zu geringes Arbeitstempo verursachen können, zu vermindern. Durch Arbeitsablaufstudien muß erreicht werden, Brachzeiten, die durch den Arbeitsablauf bedingt sind, z. B. durch zu langsame Zulieferung von Werkstücken von einer vorgelagerten Produktionsstelle, zu reduzieren.

Allerdings ist der Betrieb gerade auf diesem Gebiet stark vom Markt abhängig. Je differenzierter das Produktionsprogramm ist, desto stärker werden sich Markteinflüsse in der Produktion bemerkbar machen. Muß die Produktion eines Artikels eingeschränkt, die eines anderen ausgedehnt werden, so kann es in einzelnen Abteilungen zu Engpässen, in anderen nur zur Teilausnutzung von Betriebsmitteln kommen, wenn beide Artikel in unterschiedlichen Fertigungsgängen produziert werden. Dann ist unter Umständen eine Überbeanspruchung an einer Stelle, Brachzeit an einer anderen Stelle nicht zu vermeiden. Paßt sich der Betrieb mit seinem Produktionsmittelbestand der veränderten Absatzlage an, so wird auch diese Situation nicht von langer Dauer sein. Die optimale Abstimmung aller Betriebsabteilungen und die Vollausnutzung der Kapazität aller Betriebsmittel ist also eine Aufgabe, vor die der Betrieb praktisch täglich neu gestellt wird.

V. Die Werkstoffe

Unter dem Begriff Werkstoffe faßt man alle Güter zusammen, aus denen durch Umformung, Substanzänderung oder Einbau neue Fertigprodukte hergestellt werden. Fast alle diese Güter sind bereits von anderen Betrieben gewonnen, bearbeitet oder erzeugt worden. Was für den einen Betrieb Ausgangsstoff ist, stellt für einen anderen Betrieb Endfabrikat dar. Zu den Werkstoffen zählt man Roh-, Hilfs- und Betriebsstoffe, ferner alle Güter, die als fertige Bestandteile in ein Produkt eingebaut werden, z. B. Lichtanlagen, Armaturen und Bereifung bei der Automobilproduktion. Als **Rohstoffe** bezeichnet man diejenigen Stoffe, die als Hauptbestandteil in die Fertigfabrikate eingehen. **Hilfsstoffe** sind solche Güter, die zwar auch Bestandteil der Fertigfabrikate werden, die aber wertmäßig oder mengenmäßig eine so geringe Rolle spielen, daß sich eine genaue Erfassung pro Stück nicht lohnt, so z. B. die Anstrichmittel von Maschinen, der Leim bei der Möbelproduktion usw. **Betriebsstoffe** werden bei der Produktion verbraucht, gehen aber nicht in das Fabrikat ein, so z. B. Kohle, Dieselöl, Elektrizität, Schmierstoffe usw. (ÜB 2/17-19)

1. Die Werkstoffzeit

Die Werkstoffe werfen zwei wesentliche wirtschaftliche Probleme auf. Das erste ist das **Zeitproblem**, d. h. vor allem die Frage der Lagerdauer vor Beginn der Verarbeitung und der Liegezeit während der einzelnen Phasen des Produktionsprozesses. Da in den Werkstoffen ebenso wie in den Betriebsmitteln erhebliche Kapitalbeträge gebunden sind, die erst auf dem Wege über den Verkauf der Fertigfabrikate, also im Umsatzerlös, wieder freigesetzt werden, ist es für den Betrieb von großer Bedeutung, daß die Zeitspanne zwischen Beschaffung der Werkstoffe und Erstellung und Verkauf der Endprodukte so kurz wie möglich ist.

Die Diskrepanzen zwischen diesen Zeitpunkten versucht man heute durch Anwendung des Konzepts der **„just-in-time-production"** zu reduzieren, indem zum einen die Produktionsnachfrage genau – also ohne oder mit nur geringen Beständen an Fertigerzeugnissen – gesteuert und zum anderen die Beschaffung der zur Produktion erforderlichen Werkstoffe dem Zeitpunkt des Produktionsbeginns unmittelbar – also unter Vermeidung von Lagerbeständen an Werkstoffen bzw. unter Beschränkung auf Sicherheitsbestände – vorgeschaltet wird.[1] Die dadurch geminderten Liegezeiten führen u. a. zu einer Herabsetzung der Kapitalbindung und damit auch der Zinskosten. Allerdings erfordert der reibungslose Produktionsablauf, daß stets die Betriebsbereitschaft gesichert ist und keine Unterbrechungen eintreten. Außerdem ist zu beachten, daß der Preis pro Mengeneinheit in der Regel von der zu einem Zeitpunkt beschafften Menge abhängt (Mengenrabatt). Folglich muß

---

[1] Vgl. Kilger, W., Industriebetriebslehre Bd. I, Wiesbaden 1986, S. 286, sowie ausführlich: Wildemann, H., Das Just-In-Time Konzept, 4. Aufl., Aschaffenburg 1995

B. Die betrieblichen Produktionsfaktoren

der Betrieb bestrebt sein, die Bestellmenge zu fixieren, die unter Berücksichtigung der Beschaffungs-, Lager- und Zinskosten kostenoptimal ist (optimale Bestellmenge).[2]

Die Werkstoffzeit teilt man ähnlich wie die Arbeiterzeit und die Betriebsmittelzeit ein. REFA hat auch hierfür eine **Analyse der Ablaufarten** entwickelt, spricht jedoch nicht von Werkstoffen, sondern umfassender vom „Arbeitsgegenstand".[3]

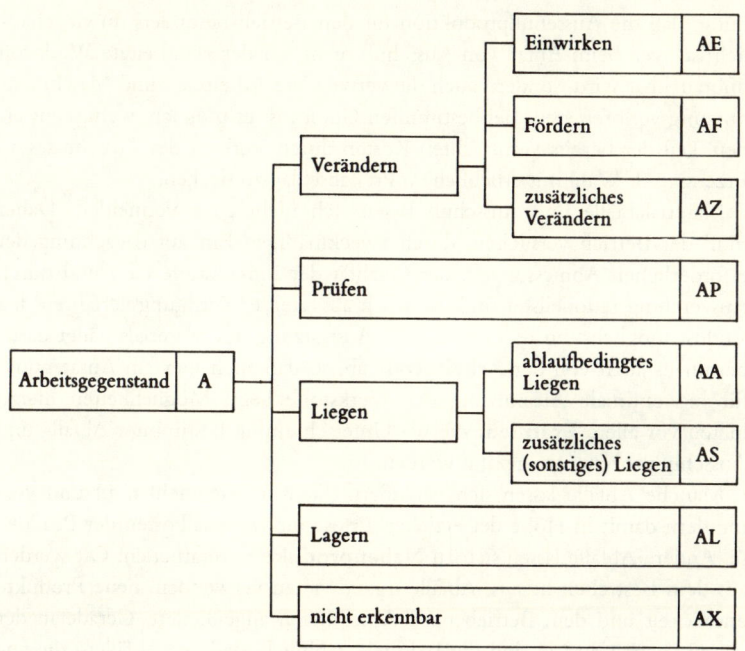

Abb. 71: Gliederung der Werkstoffzeit

Von **Veränderungszeit** spricht man dann, wenn im Produktionsprozeß mit den Arbeitsgegenständen entweder Form- und Zustandsveränderungen vorgenommen werden **(Einwirkzeit)**, oder wenn die Werkstücke in ihrer Lage verändert oder von Arbeitsplatz zu Arbeitsplatz transportiert werden **(Förderzeit)**. Die Veränderungszeit der Werkstoffe entspricht der Nutzungszeit der Betriebsmittel und der Tätigkeitszeit der Arbeitskraft. Die **Prüfzeit** dient der Kontrolle der Arbeitsgegenstände. Die übrige Zeit, in der sich die Stoffe im Betriebe befinden, teilt sich in die Liege- und Lagerzeiten. **Liegezeiten** resultieren aus ablauf- oder störungsbedingten Unterbrechungen während der Veränderung oder Prüfung der Arbeitsgegenstände.

Doch zu trennen sind die **Lagerzeiten,** die vor (Werkstoffeingangslager), während (Zwischenlager) oder nach (Fertiglager) dem Produktionsprozeß anfallen.

---

[2] Einzelheiten vgl. auf S. 436 ff.
[3] REFA, a. a. O., S. 33

2. Die Materialausbeute

Das zweite wesentliche Problem ist die Frage der **Ausnutzung der Werkstoffe,** oder anders ausgedrückt, die Frage des Materialverlustes. **Materialverluste** können auf zweifache Weise entstehen. Entweder dadurch, daß bei der Fertigung durch Bearbeitungs- und Materialfehler **Ausschuß** entsteht oder daß **Materialabfälle** eintreten. Es bedarf wohl keiner Erwähnung, daß die Ausschußproduktion für den Betrieb besonders unwirtschaftlich ist, weil beim Anfall von Ausschuß nicht nur der verarbeitete Werkstoff unbrauchbar wird, sondern auch die verwendete Arbeitszeit und Maschinennutzung verloren sind. Bei bestimmten Gütern ist es möglich, wenigstens einen Teil der bereits verursachten Kosten durch Verkauf des Ausschusses als Erzeugnis 2. Wahl mit erheblichem Preisabschlag zu decken.

Materialabfälle und Ausschuß lassen sich nicht ganz vermeiden. Daher muß der Betrieb versuchen, durch zweckmäßigen Einkauf (Beachtung der erforderlichen Abmessungen, der Qualität der Einsatzstoffe etc.) und durch Anwendung rationellster und technisch ausgereifter Fertigungsverfahren den Verlust möglichst zu reduzieren. Die Ausnutzung des Materials hängt darüberhinaus auch von der **Arbeitskraft** ab, so daß auch hier ein Ansatzpunkt für die optimale Ausnutzung der Werkstoffe liegt. Möglichkeiten hierzu bieten vor allem **Prämien,** die bei Unterschreitung bestimmter Abfall- und Ausschußprozentsätze gezahlt werden.

Manche Abfälle lassen sich veräußern (Schrott, Sägemehl u. a.) und vermindern damit in Höhe der erzielten Erlöse die Materialkosten der Produkte. Andere Abfälle lassen sich zu **Nebenprodukten** verarbeiten. Oft werden aus dem Bestreben heraus, Abfälle irgendwie zu verwenden, neue Produkte entwickelt und dem Betrieb neue Abteilungen angegliedert. Gerade in der chemischen Industrie sind die Beispiele zahlreich, daß aus Abfällen, die zunächst als unbrauchbar erschienen und deren Beseitigung sogar mit Kosten verbunden war, später Produkte entwickelt wurden, die unter Umständen zum Hauptprodukt wurden.

Die zunehmende Rohstoffverknappung und das Steigen bestimmter Rohstoffpreise haben dazu geführt, daß die Betriebe der Wieder- bzw. Weiterverwendung und -verwertung von Abfallstoffen – in der wissenschaftlichen Diskussion als Wiedergewinnungskreislauf **(Recycling)**[4] bezeichnet – zunehmende Beachtung schenken. Das trifft insbesondere für Energie (Abwärme), aber auch für Abfallstoffe (z. B. Schrott, Kunststoffabfälle) zu, die erst nach einem bestimmten Aufbereitungs- oder Umwandlungsprozeß entweder für die gleiche oder eine andere Position im eigenen Betrieb oder auch von anderen Betrieben verwendet werden können.

Fallen aber im Produktionsprozeß Abfälle oder Nebenprodukte an, die keiner Verwertung zugeführt werden können, so stellt sich für den Betrieb das Problem der Entsorgung, bei dem zwei Aspekte eine besondere Rolle

---

[4] Vgl. dazu ausführlich: Staudt, E., Schultheiß, B., Recycling, WiSt 1973, S. 491 ff.; Berg, C. C., Recycling in betriebswirtschaftlicher Sicht, WiSt 1979, S. 201 ff.

spielen; zum einen der Weg der Entsorgung, der in Folge des gestiegenen Umweltbewußtseins Auswirkungen auf die Beurteilung des Betriebs in der Öffentlichkeit haben kann, und zum anderen die mit der Entsorgung verbundenen Kosten, die eine Erhöhung der Herstellungskosten der Produkte nach sich ziehen, Konsequenzen, die gegenbenfalls zu Zielkonflikten bei betrieblichen Entscheidungen führen können.

C. Die Wahl der Rechtsform als Entscheidungsproblem

I. Überblick

Die Rechtsordnung stellt den Unternehmungen eine Anzahl von Rechtsformen (Unternehmungsformen) zur Verfügung und überläßt es in der Regel den Eigentümern oder Gründern, die Entscheidung für eine bestimmte Rechtsform nach betriebswirtschaftlichen, steuerlichen oder anderen (z.B. erbrechtlichen) Gesichtspunkten zu treffen. Daneben entwickelten sich in der Wirtschaft Rechtsformen, die vom Gesetzgeber nicht vorgesehen waren (z.B. GmbH & Co. KG, Doppelgesellschaft).

Das BGB regelt in den §§ 705 ff. die Gesellschaft des bürgerlichen Rechts, die die Grundform der Personengesellschaften bildet; ferner regelt es in den §§ 21 ff. den Verein, auf dem die Kapitalgesellschaften aufbauen, sowie in den §§ 80 ff. die rechtsfähige Stiftung. Das HGB enthält Vorschriften über die Offene Handelsgesellschaft (OHG, §§ 105 ff.), die Kommanditgesellschaft (KG, §§ 161 ff.), die Stille Gesellschaft (§§ 230 ff.) und die Reederei (§§ 489 ff.). Das Recht der Aktiengesellschaft ist im Aktiengesetz vom 6. 9. 1965, das Recht der GmbH im Gesetz betreffend die Gesellschaften mit beschränkter Haftung vom 20. 5. 1898, das Recht der Genossenschaften im Gesetz betreffend die Erwerbs- und Wirtschaftsgenossenschaften vom 19. 8. 1994 und das Gesetz über die Beaufsichtigung der Versicherungsunternehmen (VAG) vom 17. 12. 1992 geregelt worden. Die heute nicht mehr zulässige und somit bedeutungslos gewordene bergrechtliche Gewerkschaft hatte ihre rechtliche Regelung weder durch ein Reichs- noch durch ein Bundesgesetz erfahren, sondern durch die Berggesetze der Länder, die im wesentlichen auf dem Allgemeinen Berggesetz (ABG) für die Preußischen Staaten vom 24. 6. 1865 basierten.[1]

Die Rechtsformen der Betriebe sind zwar in erster Linie eine Angelegenheit der Rechtswissenschaft, können aber im Rahmen eines Lehrbuches der Allgemeinen Betriebswirtschaftslehre nicht unerörtert bleiben, da sich aus

---

[1] Gemäß § 163 Abs. 1 BundesbergG waren bergrechtliche Gewerkschaften, die im Laufe der Zeit immer mehr an Bedeutung verloren hatten, mit Ablauf des 1. 1. 1986 aufzulösen, wenn nicht bis zu diesem Stichtag eine Umwandlung oder Verschmelzung beschlossen wurde oder eine Auflösung in sonstiger Weise erfolgte. Da die Möglichkeit, ein Unternehmen in der Rechtsform der bergrechtlichen Gewerkschaft zu gründen bzw. zu führen, somit nicht mehr besteht, wird im weiteren von der Behandlung der bergrechtlichen Gewerkschaft abgesehen.

den bestehenden Rechtsnormen eine Anzahl bedeutsamer betriebswirtschaftlicher Entscheidungsprobleme ergibt. Den für die Rechtsform des Betriebes häufig verwendeten Ausdruck „Unternehmungsform" ersetzen wir durch die weitergefaßte Bezeichnung „**Rechtsform des Betriebes**". Das ergibt sich notwendigerweise aus der oben gegebenen Begriffsbestimmung von Betrieb und Unternehmung. Als Unternehmungen bezeichneten wir Betriebe des marktwirtschaftlichen Wirtschaftssystems, die einmal gekennzeichnet sind durch die Möglichkeit, ihren Wirtschaftsplan selbst zu bestimmen, und die zweitens nach dem größtmöglichen Gewinn streben.

Betriebe, denen diese Merkmale in der Regel fehlen, wie z. B. öffentliche Betriebe, die Organe einer Gebietskörperschaft sind, zählen nicht zu den Unternehmungen, soweit sie nicht nach dem Grundsatz langfristiger Gewinnmaximierung, sondern lediglich nach dem Prinzip der Kostendeckung arbeiten oder nur einen „angemessenen" Gewinn erstreben. Sie können aber grundsätzlich in denselben Rechtsformen geführt werden wie Unternehmungen (z. B. in der Form der AG oder GmbH).

Der Begriff „Rechtsform des Betriebes" ist also weiter gefaßt als der Begriff „Unternehmungsform" und schließt auch öffentliche Betriebe und Genossenschaften ein. Da die wirtschaftlichen Probleme der öffentlichen Betriebe jedoch wegen ihrer spezifischen Aufgabenstellung (Deckung von Kollektivbedarf durch wirtschaftliche Betätigung der öffentlichen Hand) von besonderer Art sind, werden diese Betriebe einer getrennten Betrachtung unterzogen.

Zunächst sei an Hand eines Schemas ein Überblick über die wichtigsten Rechtsformen privater und öffentlicher Betriebe gegeben:

I. Private Betriebe:
1. Einzelunternehmungen (Einzelkaufmann, Einzelfirma).
2. Personengesellschaften:
    a) Gesellschaft des bürgerlichen Rechts (GbR);
    b) Offene Handelsgesellschaft (OHG);
    c) Kommanditgesellschaft (KG);
    d) Stille Gesellschaft;
    e) Reederei (Partenreederei).
3. Kapitalgesellschaften:
    a) Aktiengesellschaft (AG);
    b) Kommanditgesellschaft auf Aktien (KGaA);
    c) Gesellschaft mit beschränkter Haftung (GmbH).
4. Mischformen (Kombinationen von Personen- und Kapitalgesellschaften):
    a) AG & Co. KG;
    b) GmbH & Co. KG;
    c) GmbH & Still;
    d) Doppelgesellschaft (Betriebsaufspaltung).
5. Genossenschaften.
6. Versicherungsvereine auf Gegenseitigkeit (VVaG).
7. Stiftungen.

II. Öffentliche Betriebe:
1. Öffentliche Betriebe in nicht-privatrechtlicher Form:
   a) ohne eigene Rechtspersönlichkeit: Regiebetriebe, Eigenbetriebe, Sondervermögen;
   b) mit eigener Rechtspersönlichkeit: öffentlich-rechtliche Körperschaften, Anstalten und Stiftungen.
2. Öffentliche Betriebe in privatrechtlicher Form:
   a) rein öffentlich (AG, GmbH, Genossenschaft);
   b) gemischtwirtschaftliche (Genossenschaft, AG oder GmbH mit oder ohne Mehrheitsbeteiligung der öffentlichen Hand).

II. Statistische Angaben

Die Umsatzsteuerstatistik gliedert die Unternehmen nach Rechtsformen, wobei für jede Rechtsformgruppe
* die Anzahl der Unternehmen und
* die Höhe der steuerbaren Umsätze

angegeben sind (Vgl. Abb. 72).

Von der Anzahl der Unternehmen her gesehen bilden die Einzelfirmen[1] mit einem Anteil von mehr als 70% an der Gesamtzahl der Betriebe die stärkste Gruppe. Die vorwiegend kleinbetriebliche Struktur der Einzelunternehmen läßt sich an der vergleichsweise geringen Umsatzquote von ca. 15% erkennen.

Die Gruppe der wichtigsten Kapitalgesellschaften (AG, KGaA, GmbH), die nur eine Quote von ca. 15% an der Gesamtzahl der Betriebe erreicht, erzielt ca. 50% des Gesamtumsatzes. Innerhalb dieser Gruppe konzentrieren sich die **größten Unternehmen** in der Rechtsform der **Aktiengesellschaft**.

III. Entscheidungskriterien für die Wahl der Rechtsform privater Betriebe[1]

1. Überblick

Die Wahl der Rechtsform zählt zu den langfristig wirksamen unternehmerischen Entscheidungen. Die Frage, welche Rechtsform für einen Betrieb die wirtschaftlich zweckmäßigste ist, stellt sich nicht nur bei der Gründung eines Betriebes, sondern sie muß jeweils von neuem überprüft werden, wenn sich wesentliche persönliche, wirtschaftliche, rechtliche oder steuerrechtliche

---

[1] Die Umsatzsteuerstatistik erfaßt nur Betriebe mit Jahresumsätzen von mehr als 25.000 DM.

[1] Vgl. Wöhe, G., Unternehmensformen, Management-Enzyklopädie, 2. Aufl., Bd. 9, München 1984, S. 326 ff.; ders., Betriebswirtschaftliche Steuerlehre, Bd. II, 1. Halbbd., 5. Aufl., München 1990, S. 21 ff.

Rechtsform	Steuerpflichtige						Steuerbarer Umsatz[2]					
	1992		1997		Zu- (+) bzw. Abnahme (−) 1992 gegnüber 1997		1992		1997		Zu- (+) bzw. Abnahme (−) 1992 gegnüber 1997	
	Anzahl	%	Anzahl	%	%		Mill. DM	%	Mill. DM	%	%	
Einzelunternehmer	1.926.988	73,2	1.992.356	71,2	3,4		950.743	15,0	981.162	13,8	3,2	
Offene Handelsgesellschaften	210.167	8,0	243.054	8,7	15,6		403.734	6,4	432.569	6,1	7,1	
Kommanditgesellschaften	87.317	3,3	93.147	3,3	6,7		1.419.818	22,4	1.577.275	22,2	11,7	
Aktiengesellschaften und Kommanditgesellschaften auf Aktien	2.164	0,1	2.723	0,1	25,8		1.229.132	19,4	1.489.967	20,9	21,2	
Gesellschaften mit beschränkter Haftung	359.358	13,7	418.269	15,0	16,4		1.981.329	31,3	2.288.805	32,2	15,5	
Erwerbs-Wirtschaftsgenossenschaft	10.151	0,4	7.149	0,3	− 29,6		120.176	1,9	107.870	1,5	− 10,2	
Unternehmen gewerblicher Art von Körperschaften des öffentl. Rechts	6.012	0,2	5.878	0,2	− 2,2		94.538	1,5	66.357	0,9	− 29,8	
Sonstige Rechtsformen	29.655	1,1	35.183	1,3	18,6		128.973	2,0	171.186	2,4	32,7	
Insgesamt	2.631.812	100	2.797.759	100	6,3		6.328.443	100	7.115.191	100	12,4	

Abb. 72: Umsatzsteuerstatistik 1992 und 1997[3]

[2] Ohne Umsatzsteuer
[3] Vorabinformation des Statistischen Bundesamtes; erscheint demnächst als Fachserie 14, Reihe 8: Umsatzsteuer 1997

Faktoren ändern, die zuvor bei der Entscheidung für eine bestimmte Rechtsform den Ausschlag gegeben haben. Ist die früher gewählte Rechtsform vom wirtschaftlichen Standpunkt aus nicht mehr die zweckmäßigste, so kann ein Wechsel notwendig werden. Die Überführung eines Betriebes von einer Rechtsform in eine andere bezeichnet man als Umwandlung.

Wird ein privater Betrieb gegründet oder soll ein bereits bestehender privater Betrieb in eine andere Rechtsform überführt werden (z. B. zur Erweiterung der Kapitalbeschaffungsmöglichkeiten oder wegen der Übertragung des Betriebes auf mehrere Erben), so sind in der Regel die folgenden Merkmale der in Frage kommenden Rechtsformen miteinander zu vergleichen:
(1) die Rechtsgestaltung, insbesondere die Haftung,
(2) die Leitungsbefugnisse (Vertretung nach außen, Geschäftsführung, Mitbestimmung),
(3) die Gewinn- und Verlustbeteiligung, sowie Entnahmerechte,
(4) die Finanzierungsmöglichkeiten mit Eigen- und Fremdkapital,
(5) die Flexibilität bei der Änderung von Beteiligungsverhältnissen und bei Eintritt und Ausscheiden von Gesellschaftern,
(6) die Steuerbelastung,
(7) die gesetzlichen Vorschriften über Umfang, Inhalt, Prüfung, Offenlegung des Jahresabschlusses,
(8) die Aufwendungen der Rechtsform (z. B. Gründungs- und Kapitalerhöhungskosten, besondere Aufwendungen für die Rechnungslegung).

Diese Faktoren sind bei der Wahl oder der Änderung der Rechtsform gegeneinander abzuwägen. Dabei ist zu beachten, daß erstens **nicht alle Entscheidungskriterien zu quantifizieren** sind und daß zweitens zwischen den aufgezählten Kriterien Interdependenzen bestehen. So beeinflußt z.B. der Umfang der Haftung der Gesellschafter für die Verbindlichkeiten des Betriebes bei Personenunternehmen das Risiko der Gesellschafter (auf die Kapitaleinlagen beschränkte Haftung oder unbeschränkte, d.h. eine sich auch auf das außerhalb des Betriebes vorhandene Privatvermögen erstreckende Haftung). Je höher das Risiko des Kapitalverlustes ist, desto höher ist der Anspruch auf Gewinnanteile und auf Entscheidungsbefugnis bei der Geschäftsführung bzw. der Vertretung der Gesellschaft nach außen. Aber auch die Kreditwürdigkeit und damit die Finanzierungsmöglichkeiten hängen c.p. vom Umfang der Haftung ab.

Mit der Entscheidung für eine bestimmte Rechtsform sind die Auswirkungen der aufgezählten Entscheidungskriterien (Haftung, Finanzierung usw.) zwar nicht für die Gesamtlebensdauer des Betriebes unabänderlich festgelegt, denn die Rechtsform kann – abgesehen von den wenigen Fällen einer gesetzlich vorgeschriebenen Rechtsform – gewechselt werden; die **Umwandlung** in eine andere Rechtsform muß aber genau überlegt werden, denn sie ist ein komplizierter Vorgang, der nicht nur die bestehenden gesellschaftsrechtlichen Beziehungen verändert, sondern auch die laufende steuerliche Belastung für die Zukunft entscheidend beeinflußt, wenn die neue Rechtsform anderen Steuerarten, anderen Vorschriften über die Ermittlung der Bemessungsgrundlagen oder anderen Steuertarifen als die bisherige Rechtsform unterliegt. Zudem werden bestimmte Umwandlungsvorgänge durch die Besteuerung von Umwandlungsgewinnen, Vorgänge des Rechtsverkehrs und sonstige Umsatzvorgänge erheblich belastet.

Die Rechtsverhältnisse zwischen den Gesellschaftern sind durch das Gesellschaftsrecht geregelt, jedoch sind die gesellschaftsrechtlichen Normen in weitem Umfang **dispositives Recht,** das durch Gesellschaftsverträge gestaltet werden kann, so daß wirtschaftliche Überlegungen in diesen Verträgen berücksichtigt werden können. Da der Gestaltungsspielraum bei den einzelnen Rechtsformen unterschiedlich weit ist, beeinflußt er unmittelbar die Entscheidung über die zu wählende Rechtsform.

Die grundsätzliche Freiheit der Entscheidung bei der Wahl der Rechtsform wird allerdings in mehrfacher Weise eingeschränkt, so daß nicht jede beliebige Rechtsform für jeden Betrieb in Frage kommt. Die Einschränkung kann verschiedene Gründe haben:

(1) **Beschränkung des Wahlrechts durch gesetzliche Vorschriften:**

a) Für bestimmte Rechtsformen ist eine Mindestzahl von Gründern und/oder ein Mindestnennkapital vorgeschrieben. So muß eine AG einen Gründer[4] und ein Grundkapital von mindestens 50 000 Euro[5] haben, eine GmbH kann ebenso von nur einer Person gegründet werden,[6] das Stammkapital muß mindestens 25 000 Euro[7] betragen. Für die Gründung einer Genossenschaft sind mindestens sieben Gründer erforderlich,[8] ein Mindestkapital ist nicht vorgeschrieben. Die Gründung und Führung einer Personengesellschaft (GbR, OHG, KG) erfordert mindestens zwei Gesellschafter. Auch bei der Bildung einer stillen Gesellschaft müssen zwei Vertragspartner vorhanden sein.

b) Für einige in speziellen Gesetzen geregelte wirtschaftliche Betätigungen sind bestimmte Rechtsformen verbindlich. So dürfen Hypotheken- und Schiffspfandbriefbanken nur in der Rechtsform der Aktiengesellschaft oder Kommanditgesellschaft auf Aktien, bestimmte Versicherungsunternehmungen nur als Aktiengesellschaften oder Versicherungsvereine auf Gegenseitigkeit und Kapitalanlagegesellschaften nur in der Form der AG oder GmbH geführt werden.[9]

c) Die Entscheidung zwischen der Bildung einer GbR einerseits oder einer OHG oder KG andererseits hängt von der Art und dem Umfang der Geschäftstätigkeit ab. Ist eine Gesellschaft als Minderkaufmann zu qualifizieren, weil ihr „Gewerbebetrieb nach Art und Umfang einen in kaufmännischer Weise eingerichteten Geschäftsbetrieb nicht erfordert"[10], so kann sie nur in der Form der GbR geführt werden.

---

[4] Vgl. § 2 AktG
[5] Vgl. § 7 AktG
[6] Vgl. § 1 GmbH-Gesetz vom 20. April 1892 (RGBl S. 477) in der Fassung der Bekanntmachung vom 20. Mai 1898 (RGBl S. 846) mit allen späteren Änderungen
[7] Vgl. § 5 GmbHG
[8] Vgl. § 4 GenG
[9] Vgl. § 2 Hypothekenbankgesetz, § 2 des Gesetzes über Schiffspfandbriefbanken, § 7 Abs. 1 VAG und § 1 Abs. 3 des Gesetzes über Kapitalanlagegesellschaften
[10] § 4 Abs. 1 HGB

Betreibt die Gesellschaft ein Grundhandelsgewerbe im Sinne des § 1 Abs. 2 HGB und erfordert der Geschäftsumfang einen in kaufmännischer Weise eingerichteten Geschäftsbetrieb, so kann eine Personengesellschaft nur als OHG oder KG, nicht dagegen als GbR geführt werden. Freiberuflich tätige Personen können sich in der Regel nicht in einer OHG oder KG, sondern nur in einer GbR zusammenschließen, es sei denn, eine von Steuerberatern oder Wirtschaftsprüfern gebildete Personengesellschaft übt treuhänderische Tätigkeiten aus und erfüllt dadurch die Voraussetzungen eines Gewerbebetriebes.[11]

(2) **Beschränkung des Wahlrechts durch die Art der wirtschaftlichen Aufgabe:** die Reederei kommt nur für Betriebe der Schiffahrt, die Genossenschaft nur für Betriebe in Frage, die „die Förderung des Erwerbs und der Wirtschaft ihrer Mitglieder mittels gemeinschaftlichen Geschäftsbetriebes bezwecken" (§ 1 GenG);

(3) **Beschränkung des Wahlrechts durch besondere Eigentumsverhältnisse:** bestimmte Rechtsformen kommen nur für Betriebe in Frage, die sich im Eigentum der öffentlichen Hand befinden (Regiebetriebe, Eigenbetriebe, öffentlich-rechtliche Körperschaften, Anstalten). Für diese Betriebe sind bestimmte privatrechtliche Formen nicht geeignet (z.B. OHG), während andere in Betracht kommen (z.B. AG oder GmbH).

2. Rechtsgestaltung, insbesondere Haftung

a) Personenunternehmungen

Eine Einzelunternehmung ist dadurch charakterisiert, daß ein Kaufmann seinen Betrieb ohne Gesellschafter oder nur mit einem stillen Gesellschafter betreibt. Der Einzelunternehmer haftet für die Verbindlichkeiten seiner Firma grundsätzlich allein und **unbeschränkt,** d.h. nicht nur mit dem in seinen Betrieb eingelegten Teil seines Vermögens, sondern auch mit seinem sonstigen „Privatvermögen". Die **Gründung** einer Einzelunternehmung erfolgt formlos. Falls der Gegenstand der gewerblichen Betätigung eines der in § 1 HGB aufgezählten neun sog. Grundhandelsgewerbe ist, oder im Zusammenhang mit einer sonstigen gewerblichen, nicht aber land- und forstwirtschaftlichen Betätigung ein in kaufmännischer Weise eingerichteter Geschäftsbetrieb erforderlich ist, muß eine Eintragung im **Handelsregister** vorgenommen werden. Die Firma der Einzelunternehmung ist eine **Personenfirma,** d.h. sie muß einen Familiennamen und mindestens einen ausgeschriebenen Vornamen enthalten.[12] Obwohl nur der Einzelunternehmer selbst und nicht die Firma Träger von Rechten und Pflichten ist, kann auch er unter seiner Firma klagen und verklagt werden.[13]

---

[11] Vgl. § 49 Abs. 2 StBerG, § 27 Abs. 2 WPO
[12] Vgl. § 18 Abs. 1 HGB
[13] Vgl. § 17 Abs. 2 HGB

Nicht zu den Einzelunternehmungen zählt die **Einmanngesellschaft,** die dadurch entsteht, daß sämtliche Anteile an einer GmbH oder AG sich in der Hand eines Gesellschafters befinden. GmbH und AG können gem. § 1 GmbHG bzw. § 2 AktG bereits als Einmanngesellschaften gegründet werden, entstehen aber auch dadurch, daß ein Anteilseigner nach der Gründung sämtliche Anteile von den Mitgründern erwirbt. Auch durch Umwandlung eines Einzelunternehmens in eine AG oder KGaA kann eine Einmanngesellschaft begründet werden.

Die **Gesellschaft des bürgerlichen Rechts** ist ein vertraglicher Zusammenschluß von natürlichen oder juristischen Personen zur Förderung eines von den Gesellschaftern gemeinsam verfolgten Zwecks.[14] Der Gesellschaftsvertrag kann formlos abgeschlossen werden, d. h. es ist noch nicht einmal die Schriftform erforderlich. Die Gesellschaft des bürgerlichen Rechts kann nicht ins Handelsregister eingetragen werden. Die Gesellschafter haften persönlich mit ihrem gesamten **Privatvermögen,** ohne die Gläubiger zunächst auf das Gesellschaftsvermögen verweisen zu können. Das Gesellschaftsvermögen steht ihnen zur gesamten Hand zu.

Die Gesellschaft kann, braucht aber nicht nach außen aufzutreten. Sie kann eine reine **Innengesellschaft** sein, bei der nur ein Gesellschafter nach außen auftritt. Dann haftet der „Innengesellschafter" den Gläubigern des „Außengesellschafters" nicht.

Die Gesellschaft des bürgerlichen Rechts kann als Rechtsform für viele Zwecke verwendet werden. Sie kommt vor allem für den Zusammenschluß von Minderkaufleuten (z. B. kleinen Handwerksbetrieben) oder von Angehörigen freier Berufe (z. B. Sozietäten von Rechtsanwälten oder Steuerberatern) in Betracht. Erstere können nach § 4 Abs. 2 HGB keine OHG oder KG gründen, weil dazu nur Vollkaufleute berechtigt sind. Für letztere kommen die OHG und die KG deshalb nicht in Frage, weil die Ausübung eines freien Berufs kein Handelsgewerbe ist.

Die GbR findet sich ferner bei sog. **Gelegenheitsgesellschaften,** d. h. bei Gesellschaften, die zur Durchführung bestimmter Aufgaben auf Zeit gebildet werden (z. B. ein Bankenkonsortium zur Emission von Wertpapieren oder zur Finanzierung von Großprojekten, eine Arbeitsgemeinschaft (ARGE) zur Durchführung eines Bauvorhabens durch mehrere Baufirmen, eine Mitfahrergemeinschaft von Arbeitskollegen).

Sie eignet sich ferner zur rechtlichen Gestaltung von Kartellverträgen, Interessengemeinschaften, Gewinngemeinschaften, Grundstücksverwaltungsgesellschaften u. a. Als Innengesellschaft wird sie vorwiegend bei Unterbeteiligungen verwendet.

Eine **Unterbeteiligung** liegt vor, wenn sich eine Person nicht unmittelbar an einer Gesellschaft, sondern an einem Gesellschaftsanteil einer anderen Person beteiligt. Gründe dafür können neben der Geheimhaltung der Beteiligung vor allem in der Finanzierung der Hauptbeteiligung zu sehen sein. Darf nach dem Gesellschaftsvertrag z. B. eine bestimmte Beteiligungsquote

---

[14] Vgl. § 705 BGB

nicht unterschritten werden oder möchte ein Anteilseigner einen prozentualen Anteil an einer Gesellschaft erreichen, den er selbst nicht in vollem Umfange finanzieren kann, so bietet sich die Unterbeteiligung als Form der Finanzierung des Anteils an. Die Unterbeteiligung wird ferner bei Familiengesellschaften häufig zur Vorwegnahme von Erbregelungen verwendet.

Eine Unterbeteiligung kann an allen Arten von Gesellschaftsanteilen bestehen, z. B. an Anteilen an einer OHG, an Komplementär- oder Kommanditanteilen einer Kommanditgesellschaft, an GmbH-Anteilen, an einem Aktienpaket, an einer stillen Beteiligung oder auch an einem Recht, das keine Gesellschaftsbeteiligung ist, z. B. einer Darlehensforderung.[15]

Die **Offene Handelsgesellschaft (OHG)** ist nach § 105 HGB eine Gesellschaft, deren Zweck auf den Betrieb eines Handelsgewerbes unter gemeinsamer Firma gerichtet ist. Die **Firma** muß den Namen mindestens eines Gesellschafters mit einem Zusatz enthalten, in dem das Gesellschaftsverhältnis zum Ausdruck kommt (z. B. Karl Müller & Co., Karl Müller OHG). Die Gesellschafter der OHG haften – ebenso wie der Einzelunternehmer und die Gesellschafter der GbR – den Gläubigern **unbeschränkt** mit ihrem gesamten Vermögen, d. h. es haftet nicht nur das Gesellschaftsvermögen, sondern jeder Gesellschafter haftet auch mit seinem Privatvermögen, ohne daß er eine Einrede der Vorausklage oder eine Einrede der Teilung hat; der Gläubiger kann sich also sofort an einen einzelnen Gesellschafter halten und die ganze Leistung von ihm verlangen.

Die **Kommanditgesellschaft (KG)** unterscheidet sich von der OHG in erster Linie dadurch, daß sie zwei Arten von Gesellschaftern hat: erstens solche, die wie die Gesellschafter der OHG unbeschränkt mit ihrem gesamten Vermögen haften **(Komplementäre)**, und zweitens solche, deren Haftung auf eine bestimmte, im Handelsregister eingetragene Kapitaleinlage beschränkt ist **(Kommanditisten)**. Solange die Einlage noch nicht voll eingezahlt ist, haftet der Kommanditist mit seinem Privatvermögen für die Resteinzahlung. Jede KG muß mindestens einen Komplementär und einen Kommanditisten haben.

Die **Firma** muß den Namen wenigstens eines Komplementärs und einen das Gesellschaftsverhältnis andeutenden Zusatz enthalten (z. B. Karl Müller & Co. KG, Karl Müller KG). Der Name eines Kommanditisten darf nicht in die Firma aufgenommen werden.

Eine insbesondere aus steuerlichen Überlegungen entwickelte Variante ist eine KG, bei der ein (meist der einzige) Komplementär eine Kapitalgesellschaft ist **(GmbH & Co. KG, AG & Co. KG)** und deren Gesellschafter zugleich Kommanditisten der KG sind.

Die KG hat wirtschaftlich eine gewisse Ähnlichkeit mit der **stillen Gesellschaft,** da auch bei dieser mindestens ein Gesellschafter seine Haftung auf die Höhe seiner Einlage beschränkt. Rechtlich besteht jedoch der Unterschied, daß die stille Gesellschaft keine Gesamthandsgesellschaft, sondern

---

[15] Vgl. Peter, K., Crezelius, G., Neuzeitliche Gesellschaftsverträge und Unternehmensformen, 5. Aufl., Herne/Berlin 1987, S. 562 ff.

eine reine Innengesellschaft ist, da die Einlage des stillen Gesellschafters „in das Vermögen des Inhabers des Handelsgeschäfts übergeht",[16] in der Bilanz in der Regel also nicht in einer besonderen Position erscheint.

Die stille Gesellschaft zählt zu den Personengesellschaften, jedoch nicht zu den Handelsgesellschaften, da sie selbst kein Handelsgewerbe betreibt, sondern nur der Inhaber des Betriebes. Inhaber, d.h. tätiger Teilhaber (Hauptgesellschafter), kann ein Einzelunternehmer, eine Personengesellschaft oder eine Kapitalgesellschaft sein. Der Inhaber wird nach § 230 Abs. 2 HGB „aus den in dem Betriebe geschlossenen Geschäften allein berechtigt und verpflichtet", da er nur im eigenen Namen handelt. Der stille Gesellschafter ist nur verpflichtet, seine Einlage zu leisten. Bei Beendigung des Gesellschaftsverhältnisses hat er Anspruch auf Rückzahlung seiner Einlage.

Nach § 233 Abs. 1 HGB hat der stille Gesellschafter das Recht, eine Abschrift des Jahresabschlusses zu verlangen und deren Richtigkeit durch Einsicht in die Bücher zu prüfen. Durch dieses Recht unterscheidet sich die stille Beteiligung vom gewinnbeteiligten Darlehen **(partiarisches Darlehen).** Im Konkursfalle kann der stille Gesellschafter eine Forderung in Höhe seiner Einlage (vermindert um den auf ihn entfallenden Verlustanteil) als Konkursgläubiger geltend machen.

Von dieser als echte oder **typische** stille Gesellschaft bezeichneten Gesellschaftsform unterscheidet sich die unechte oder **atypische** stille Gesellschaft dadurch, daß letztere als **Mitunternehmerschaft** anzusehen ist, weil der stille Gesellschafter nicht nur am Gewinn und Verlust, sondern auch an den Vermögenswerten (stille Rücklagen, Firmenwert) beteiligt ist und ggf. auch unternehmerische Funktionen ausübt.[17] Diese Unterscheidung hat vor allem steuerliche Konsequenzen.

Obwohl Personengesellschaften keine juristischen Personen sind, also keine eigene Rechtspersönlichkeit besitzen, tragen sie dennoch einige Züge der juristischen Personen, die dazu geführt haben, daß man von einer **„relativen Rechtsfähigkeit"**[18] der Personengesellschaften spricht. Diese relative Rechtsfähigkeit zeigt sich sowohl im Handels- als auch im Steuerrecht. **Handelsrechtlich** wird sie durch die Firma und das Gesamthandsprinzip konstituiert. So kann eine Personengesellschaft unter ihrer Firma Rechte erwerben und Verbindlichkeiten eingehen. Sie kann ferner unter ihrer Firma klagen und verklagt werden. Über das Gesellschaftsvermögen, das allen Gesellschaftern zur gesamten Hand zusteht, findet ein selbständiger Konkurs statt. Auch die Zwangsvollstreckung in das Gesellschaftsvermögen kann vollzogen werden, ohne daß ein Urteil gegen alle Gesellschafter erforderlich ist.

Steuerrechtlich zeigt sich die relative Rechtsfähigkeit der Personengesellschaft darin, daß einzelne Steuern von der Gesellschaft, andere von den Gesellschaftern erhoben werden. So gehen z.B. das Einkommensteuergesetz (bzw. Körperschaftsteuergesetz) und das Vermögensteuergesetz davon aus,

---

[16] § 230 Abs. 1 HGB
[17] Einzelheiten vgl. S. 299
[18] Bühler spricht von „Halbrechtsfähigkeit", vgl. Bühler, O., Steuerrecht der Gesellschaften und Konzerne, 3. Aufl., Berlin und Frankfurt a. M. 1956, S. 31

daß Personengesellschaften keine eigene Rechtspersönlichkeit besitzen und folglich weder ein Einkommen noch ein Vermögen haben können. Einkommensteuer und Vermögensteuer treffen demgemäß nur die Gesellschafter der Personengesellschaften, nicht dagegen die Gesellschaft selbst.

Bei der Gewerbesteuer, der Grundsteuer und den Verkehr- und Verbrauchsteuern ist dagegen die Personengesellschaft Steuerschuldner. Allerdings bewirkt die relative Rechtsfähigkeit, daß auch für diese Steuern die Gesellschafter unbeschränkt haften, was bei den Kapitalgesellschaften – ausgenommen im Falle des Komplementärs einer KGaA – nicht möglich ist. Kommanditisten haften jedoch nur im Umfange ihrer zivilrechtlichen Haftung, d.h. nach § 171 HGB bis zur Höhe ihrer Einlage für die Gewerbesteuer.[19]

b) Kapitalgesellschaften

Im Gegensatz zu den an die Person der Gesellschafter gebundenen Personengesellschaften stehen sich bei den Kapitalgesellschaften die Gesellschaft als **juristische Person** und die Gesellschafter als natürliche oder juristische Personen als fremde Rechtspersonen gegenüber. Der Tod eines Gesellschafters einer OHG führt nach § 131 HGB – soweit der Gesellschaftsvertrag nicht etwas anderes bestimmt – nicht zur Auflösung der Gesellschaft, sondern zum Ausscheiden des Gesellschafters; der Tod eines Gesellschafters einer Kapitalgesellschaft ist für den Weiterbestand der Gesellschaft ohne Bedeutung. Die Kontinuität der betrieblichen Tätigkeit ist von der Person der Gesellschafter unabhängig; ein Wechsel der Gesellschafter hat in der Regel keinen Einfluß auf den Betrieb, da die Gesellschafter zwar als Kapitalgeber das Kapitalrisiko tragen, aber nicht die Verantwortung für die Führung des Betriebes haben, weil die Kapitalgesellschaften als juristische Personen eine eigene Rechtspersönlichkeit besitzen.

Da den juristischen Personen aber die natürliche Handlungsfähigkeit fehlt, muß die Rechtsordnung ihnen natürliche Personen zur Verfügung stellen, deren Handlungen als Handlungen der juristischen Personen gelten, vorausgesetzt, daß sie im Namen der Kapitalgesellschaft und im Rahmen der gesetzlichen und satzungsmäßigen Befugnisse der Organe erfolgen.[20]

Eine Ausnahme im Hinblick auf die Trennung der Unternehmerfunktionen bilden die **Einmann-Gesellschaften** (Einmann-GmbH, Einmann-AG), wenn der Alleingesellschafter zugleich Geschäftsführer ist, sowie jene Gesellschaften mit beschränkter Haftung, bei denen sämtliche Gesellschafter zugleich Geschäftsführer sind. Hier sind wie bei der Einzelunternehmung und der OHG beide Unternehmerfunktionen, die Übernahme des Kapitalrisikos und die Führung des Betriebes in der Hand der Gesellschafter vereinigt.

Die wichtigsten Formen der Kapitalgesellschaft sind die AG und die GmbH. Der KGaA kommt relativ geringe Bedeutung zu.

---

[19] Vgl. § 5 Abs. 1 S. 3 GewStG
[20] Vgl. Lehmann, H., Dietz, R., Gesellschaftsrecht, 3. Aufl., Berlin und Frankfurt/M. 1970, S. 28

Wesentliches Merkmal einer **Aktiengesellschaft** ist die Zerlegung des Nominalkapitals (Grundkapitals) in Aktien. Sie ermöglicht die Beschaffung großer Kapitalbeträge über den Kapitalmarkt und macht damit die AG zur bevorzugten Rechtsform von Großunternehmungen mit hohem Kapitalbedarf.

Die **Gesellschaft mit beschränkter Haftung** ist eine Rechtsform vorwiegend für kleine und mittlere Betriebe, deren Eigentümer ihre Haftung auf ihre Kapitaleinlagen beschränken wollen. Da sie aber weniger formbelastet als die AG ist, wurde sie bisher auch von größeren Unternehmungen gewählt, für die an sich die AG die wirtschaftlich zweckmäßigste Form wäre, die aber die strengen Rechnungslegungsvorschriften der AG, vor allem aber die Pflichtprüfung und Veröffentlichung des Jahresabschlusses umgehen wollten. Seit dem Inkrafttreten des Bilanzrichtliniengesetzes[21] bestehen keine Unterschiede mehr in den Rechnungslegungs-, Prüfungs- und Publizitätsvorschriften für Kapitalgesellschaften. Erleichterungen im Hinblick auf die Anwendung dieser Vorschriften werden nicht in Abhängigkeit von der Rechtsform, sondern von der Größe des Unternehmens gewährt, so daß nunmehr Kapitalgesellschaften gleicher Größenmerkmale aus Sicht der Rechnungslegung auch gleich behandelt werden.

Die Firma einer Aktiengesellschaft ist in der Regel eine **Sachfirma,** d.h. die Firmenbezeichnung muß dem Gegenstand des Unternehmens entnommen sein und die Bezeichnung „Aktiengesellschaft" („AG") enthalten. Die Firma der GmbH kann Sach- oder Personenfirma sein; sie muß in jedem Fall die Worte „mit beschränkter Haftung" („m.b.H.") enthalten.

Die **Kommanditgesellschaft auf Aktien (KGaA)** ist eine Kombination von KG und AG. Wenigstens ein Gesellschafter muß **persönlich unbeschränkt** mit seinem gesamten Vermögen haften, während die Haftung der Kommanditisten (Kommandit-Aktionäre) auf ihre in Aktien verbrieften Kapitaleinlagen beschränkt ist. Die KGaA ist als Kapitalgesellschaft eine juristische Person und steht somit der AG näher als der KG. Ihre Rechtsverhältnisse sind im Aktiengesetz geregelt.[22] **(ÜB 2/54–55)**

c) Genossenschaften

Eine Genossenschaft ist eine Gesellschaft mit einer nicht geschlossenen Zahl von Mitgliedern (Genossen), die einen wirtschaftlichen Zweck verfolgen und sich dazu eines gemeinsamen Geschäftsbetriebes bedienen. Der Zweck ist nach § 1 GenG „die Förderung des Erwerbs oder der Wirtschaft der Mitglieder mittels gemeinschaftlichen Geschäftsbetriebes". Entsprechend dieser Zwecksetzung ist das ursprüngliche Ziel der Genossenschaft nicht Gewinnerzielung, sondern **Selbsthilfe der Mitglieder durch gegenseitige Förderung**. Alle Mitglieder sind gleichberechtigt, jedes Mitglied hat in der Generalversammlung unabhängig von der Höhe des Kapitalanteils nur eine Stimme.

---

[21] Vgl. Bilanzrichtlinien-Gesetz vom 19. 12. 1985, BGBl I, S. 2355
[22] Vgl. §§ 278–290 AktG

C. Die Wahl der Rechtsform

Auf Grund ihres Charakters als Hilfsgesellschaften haben die Genossenschaften gewisse steuerliche Vorteile. Diese lassen sich dann nicht mehr rechtfertigen, wenn – wie das heute bei vielen Genossenschaften bereits der Fall ist – sich die Geschäftstätigkeit nicht überwiegend auf die Mitglieder beschränkt. Je größer der Umfang der Nicht-Mitglieder-Geschäfte einer Genossenschaft wird, desto mehr nähert sie sich in ihren Zielsetzungen einer auf Gewinnmaximierung ausgerichteten Handelsgesellschaft an, die mit anderen Betrieben in Konkurrenz steht. Sie müßte dann auch in der Rechtsform einer solchen geführt und entsprechend besteuert werden.

Die Genossenschaft ist weder Personen- noch Kapitalgesellschaft, sondern ein **wirtschaftlicher Verein**. Sie ist eine juristische Person und im Genossenschaftsregister einzutragen.[23] Sie hat kein festes Grundkapital wie die Kapitalgesellschaften, sondern ihr Kapital setzt sich aus den Einlagen der Mitglieder zusammen und schwankt demgemäß auch mit der Mitgliederzahl, die mindestens sieben betragen muß.[24]

Das Statut der Genossenschaft enthält Vorschriften über den Betrag, bis zu dem sich die einzelnen Mitglieder mit Einlagen beteiligen können **(Geschäftsanteile)** und welcher Betrag davon mindestens einzuzahlen ist **(Mindesteinlage)**. Die Beteiligung mit mehr als einem Geschäftsanteil kann statutarisch erlaubt sein. Die Einlage jedes Mitglieds wird also nach oben durch die Zahl der möglichen Geschäftsanteile und deren Höhe, nach unten durch die Mindesteinlage begrenzt. Dem eingezahlten Betrag jedes Mitglieds **(Geschäftsguthaben)** werden Gewinne solange zugeschrieben, bis der Geschäftsanteil erreicht ist, Verluste werden entsprechend abgezogen.[25]

Für die Verbindlichkeiten der Genossenschaft haftet den Gläubigern nur das Vermögen der Genossenschaft.[26] Aufgrund der **beschränkten Haftpflicht** sind die Nachschüsse der Mitglieder zur Deckung der Verbindlichkeiten der Genossenschaft auf die im Statut festgelegte Haftsumme beschränkt. Die Haftsumme darf nicht niedriger als der Geschäftsanteil sein.[27]

Das Genossenschaftsgesetz zählt in § 1 die wichtigsten Genossenschaftstypen auf. Nach Henzler[28] lassen sich die Genossenschaften folgendermaßen einteilen:

I. Beschaffungsgenossenschaften:

1. Warenbezugsgenossenschaften:
   a) Bezugsgenossenschaften (Einkaufsgenossenschaften) der Handwerker,
   b) Einkaufsgenossenschaften der Händler,
   c) Bezugsgenossenschaften der Landwirte,
   d) Verbrauchergenossenschaften;

---

[23] Vgl. § 10 Abs. 1 GenG
[24] Vgl. § 4 GenG
[25] Vgl. § 19 GenG
[26] Vgl. § 2 GenG
[27] Vgl. § 119 GenG
[28] Vgl. Henzler, R., Genossenschaft (Wesen, Organisation, Arten), HdB, Bd. II, 3. Aufl., Stuttgart 1958, Sp. 2186

2. Baugenossenschaften (Wohnungsbau, Wohnungsverwaltung, Wohnungsbetreuung);
3. Kreditgenossenschaften:
   a) Städtische (gewerbliche) Kreditgenossenschaften,
   b) Ländliche Spar- und Darlehenskassenvereine;
4. Nutzungsgenossenschaften (z. B. landwirtschaftliche Maschinengenossenschaften);
5. Dienstleistungsgenossenschaften.

II. Verwertungsgenossenschaften:

1. Landwirtschaftliche Absatzgenossenschaften (Verwertungsgenossenschaften) einschließlich der Produktionsgenossenschaften [z. B. Molkereigenossenschaften];
2. Fischerei- und Fischverwertungsgenossenschaften;
3. Absatzgenossenschaften der Handwerker, zu denen neben den Lieferungsgenossenschaften auch die früher in größerer Zahl vorhandenen Magazingenossenschaften zu rechnen sind;
4. Verkehrsgenossenschaften (soweit sie Verkehrsleistungen der Mitglieder verwerten);
5. Kreditgenossenschaften, soweit sie Spargelder oder andere Einlagen ihrer Mitglieder („zur Verwertung") entgegennehmen.

Steuerlich werden die Genossenschaften wie Kapitalgesellschaften behandelt, d. h. sie sind **unbeschränkt körperschaftsteuerpflichtig.** Unter bestimmten Voraussetzungen werden jedoch Befreiungen bzw. Vergünstigungen für land- und forstwirtschaftliche Nutzungs- und Verwertungsgenossenschaften, sowie für bestimmte Wohnungsbaugenossenschaften gewährt.[29] Alle anderen Genossenschaften haben lediglich die Möglichkeit, Rückvergütungen[30] an ihre Mitglieder gewinnmindernd abzusetzen.[31]

Die Genossenschaften sind in der Bundesrepublik Deutschland in **Genossenschaftsverbänden** zusammengeschlossen. Jeder der drei Genossenschaftszweige (gewerbliche und landwirtschaftliche Genossenschaften, Konsumgenossenschaften, Baugenossenschaften) ist dreistufig organisiert. Die unterste Stufe bilden die örtlichen Einzelgenossenschaften, die auf der mittleren Stufe zu regionalen Genossenschaftsverbänden, Einkaufszentralen, Zentralkassen zusammengeschlossen sind. An der Spitze stehen der Deutsche Genossenschafts- und Raiffeisenverband e. V., der Revisionsverband und der Bund deutscher Konsumgenossenschaften e. V. und der Gesamtverband Gemeinnütziger Wohnungsunternehmen e. V., dessen Mitglieder zu etwa zwei Dritteln aus Genossenschaften bestehen.

---

[29] Vgl. § 5 Abs. 1 Nr. 10, 14 KStG, § 3 Nr. 8, 14, 15 GewStG, § 3 Abs. 1 Nr. 7, 13 VStG

[30] § 22 KStG

[31] Zur Kritik der Besteuerung der Genossenschaften vgl. Wöhe, G., Betriebswirtschaftliche Steuerlehre, Band II, 1. Halbband, a. a. O., S. 434 ff.

C. Die Wahl der Rechtsform 293

Nach der letzten Arbeitsstättenzählung vom 25. Mai 1987 waren 7022 oder 0,33% aller erfaßten Betriebe eingetragene Genossenschaften. 264538 oder 1,2% aller Beschäftigten hatten in ihnen ihren Arbeitsplatz.

d) Öffentliche Betriebe

Öffentliche Betriebe sind Betriebe, die sich ganz oder überwiegend im Eigentum der öffentlichen Hand befinden. Sie können erstens in **nicht privatrechtlicher Form** geführt werden und sind dann einerseits entweder Teil der öffentlichen Verwaltung (Regiebetriebe, z. B. kommunale Krankenhäuser) oder als Betriebe ohne eigene Rechtspersönlichkeit aus der öffentlichen

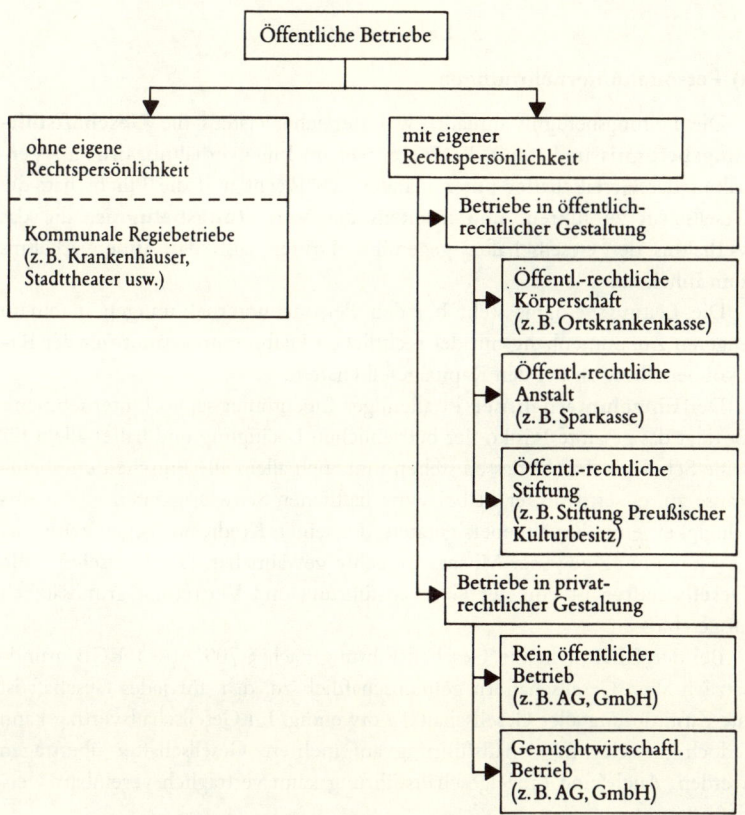

Abb. 73: Gliederung der öffentlichen Betriebe

Verwaltung ausgegliedert (Eigenbetriebe, Sondervermögen, z. B. kommunale Verkehrs- und Versorgungsbetriebe), oder sie können andererseits die Form einer juristischen Person des öffentlichen Rechts haben (öffentlich-rechtliche Körperschaften, Anstalten und Stiftungen, öffentliche Bausparkassen und Gemeindeanstalten wie öffentliche Sparkassen).

Öffentliche Betriebe können zweitens als Betriebe mit eigener Rechtspersönlichkeit **in privatrechtlicher Form** geführt werden, z. B. als öffentliche Kapitalgesellschaften (AG, GmbH), als öffentliche Genossenschaften oder als gemischtwirtschaftliche Betriebe; dann unterliegen sie den gleichen Vorschriften wie private Kapitalgesellschaften und Genossenschaften (Aktiengesetz, GmbH-Gesetz, Genossenschaftsgesetz) und teilen mit diesen die Vor- und Nachteile dieser Rechtsformen.

Da die im folgenden erörterten Bestimmungsgründe für die Wahl der Rechtsform für öffentliche Betriebe nur bedingt, teilweise überhaupt nicht gelten und sich deshalb die öffentlichen Betriebe nur schwer in die gewählte Systematik einordnen lassen, werden sie im folgenden vernachlässigt.

3. Leitungsbefugnis

a) Personenunternehmungen

Die Leitungsbefugnis umfaßt zwei Bereiche: erstens die **Geschäftsführungsbefugnis** und somit die Frage, wer im Innenverhältnis, d. h. im Verhältnis der Gesellschafter untereinander, das Recht und die Pflicht hat, die Gesellschaft zu führen, und zweitens die **Vertretungsbefugnis,** die das Verhältnis der Gesellschafter gegenüber Dritten, also das Außenverhältnis zum Inhalt hat.

Die Leitungsbefugnis steht bei den Personenunternehmungen in einem engeren Zusammenhang mit der rechtlichen Haftung und damit mit der Risikoübernahme als bei den Kapitalgesellschaften.

Der **Einzelunternehmer** ist alleiniger Eigentümer seines Unternehmens. Er trägt das gesamte Risiko der betrieblichen Betätigung und haftet allein für seine Schulden. Infolgedessen stehen ihm auch allein alle Entscheidungsbefugnisse zu, es sei denn, er ist bei wirtschaftlichen Schwierigkeiten in die Abhängigkeit eines Kreditgebers geraten, der seinen Kredit nur gegen zeitweilige Einräumung gewisser Mitspracherechte gewährt hat. Der (typische) **stille Gesellschafter** ist von der Geschäftsführung und Vertretung grundsätzlich ausgeschlossen.

Bei der **GbR** steht die Geschäftsführung nach § 709 Abs. 1 BGB grundsätzlich allen Gesellschaftern gemeinschaftlich zu, d. h. für jedes Geschäft ist die Zustimmung aller Gesellschafter notwendig. Im Gesellschaftsvertrag kann jedoch die Gesamtgeschäftsführung auf mehrere Gesellschafter übertragen werden. Auch eine Einzelgeschäftsführung kann vertraglich vereinbart werden.

Die Vertretung der Gesellschaft nach außen steht im Zweifel den Geschäftsführern zu (§ 714 BGB). Sie vertreten nicht die Gesellschaft, sondern die anderen Gesellschafter.

Bei der **OHG** sind nach § 114 Abs. 1 HGB alle Gesellschafter zur Geschäftsführung berechtigt und verpflichtet. Im Gesellschaftsvertrag können jedoch einzelne Gesellschafter von der Geschäftsführung ausgeschlossen werden. Bei der **KG** liegt die Geschäftsführung nach § 164 HGB allein bei den Komplementären, jedoch kann auch hier der Gesellschaftsvertrag eine andere

Regelung vorsehen. § 164 HGB schließt aus, daß die nicht zur Geschäftsführung befugten Kommanditisten einer Entscheidung der Komplementäre widersprechen können, soweit sie im Rahmen des üblichen Geschäftsbetriebes liegt. Die Kommanditisten haben jedoch – ebenso wie der stille Gesellschafter – ein Kontrollrecht: sie können eine Abschrift des Jahresabschlusses verlangen und seine Ordnungsmäßigkeit durch Einsichtnahme in die Bücher und Papiere der Gesellschaft überprüfen.

Während bei der **OHG** alle Gesellschafter zur Vertretung befugt sind (§ 125 Abs. 1 HGB), einzelne jedoch durch Vertrag ausgeschlossen werden können, obliegt die Vertretung der **KG** allein den Komplementären. Die Kommanditisten sind gem. § 170 HGB zur Vertretung nicht ermächtigt. Diese Vorschrift ist zwingend, d.h. die Kommanditisten können die Vertretungsbefugnis auch nicht durch Vertrag erlangen. Die Vertretung bezieht sich – im Gegensatz zur GbR – bei der OHG und der KG auf die Gesellschaft selbst und nicht auf die anderen Gesellschafter.

b) Kapitalgesellschaften

Die Führung der Kapitalgesellschaften liegt bei den gesetzlich dafür vorgesehenen Organen. Notwendige **Organe der GmbH** sind die Geschäftsführer, die Gesellschafterversammlung und – falls die Satzung oder das Gesetz es vorsieht – der Aufsichtsrat. Ein Aufsichtsrat ist in Abhängigkeit davon, welchem Mitbestimmungsgesetz die GmbH unterliegt, in folgenden Fällen zu bilden:
(1) bei Betrieben der Montanindustrie mit mehr als 1000 Arbeitnehmern;
(2) bei Betrieben außerhalb der Montanindustrie
 – mit mehr als 500 Arbeitnehmern nach § 77 Abs. 1 BetrVerfG 1952 i.V.m. § 129 BetrVerfG 1988,
 – mit mehr als 2000 Arbeitnehmern nach § 1 Abs. 1 MitbestG.

Die laufende Führung der Gesellschaft obliegt den **Geschäftsführern.** Nur in wenigen im Gesetz vorgesehenen Fällen ist eine Beschlußfassung der Gesellschafterversammlung über Maßnahmen der Geschäftsführer erforderlich. Bei der kleinen GmbH sind Geschäftsführer und Gesellschafter häufig die gleichen Personen, so daß im Hinblick auf die Leitungsfunktion kein Unterschied zur Personengesellschaft besteht.

Die Hauptaufgaben der **Gesellschafterversammlung** sind die Feststellung des Jahresabschlusses, die Verwendung des Gewinns, die Bestellung, Abberufung und Entlastung der Geschäftsführer sowie die Prüfung und Überwachung der Geschäftsführung. Der Aufsichtsrat hat im wesentlichen die gleichen Kontrollrechte wie der Aufsichtsrat der Aktiengesellschaft.

Bei der **AG** ist die Trennung zwischen Eigentümern (Aktionären) und Betriebsleitung (Vorstand) streng durchgeführt. Hier sind die Mitglieder des Vorstandes und nicht die wirtschaftlichen Eigentümer des Betriebes die eigentlichen Unternehmer, denn der Vorstand trifft sämtliche Führungsentscheidungen selbständig und trägt die gesamte Verantwortung für die wirtschaftliche Entwicklung der Gesellschaft und das ihm anvertraute Kapital.

Die AG hat drei Organe: den Vorstand,[32] den Aufsichtsrat[33] und die Hauptversammlung.[34] Der **Vorstand** besteht aus einer oder mehreren Personen; im letzten Falle sind sämtliche Vorstandsmitglieder nur gemeinschaftlich zur Geschäftsführung befugt. Der Vorstand wird durch den Aufsichtsrat für längstens 5 Jahre bestellt, eine erneute Bestellung nach Ablauf dieser Frist ist zulässig. Werden mehrere Personen zu Vorstandsmitgliedern bestellt, so kann der Aufsichtsrat ein Mitglied zum Vorsitzenden des Vorstands ernennen. Der Vorstand ist bei der Führung der Gesellschaft nicht an Weisungen des Aufsichtsrats oder der Hauptversammlung gebunden. Nach den Mitbestimmungsgesetzen[35] muß dem Vorstand – wie bereits seit 1951 bei den Gesellschaften der Montanindustrie – ein **Arbeitsdirektor** angehören. Neben den technischen und kaufmännischen Direktoren ist er ein gleichberechtigtes Vorstandsmitglied. Er kann bei Gesellschaften der Montanindustrie nicht gegen die Stimmen der Arbeitnehmervertretung im Aufsichtsrat ernannt oder abberufen werden. In seinen Verantwortungsbereich fallen alle Aufgaben, die im Zusammenhang mit den Arbeitnehmern stehen, z. B. Entlohnung, Ausbildung und Unfallschutz. Nach dem Mitbestimmungsgesetz 1976 wird er wie jedes andere Vorstandsmitglied bestellt.

Nach § 90 Abs. 1 AktG hat der Vorstand dem Aufsichtsrat vor allem über die beabsichtigte Geschäftspolitik, die Rentabilität der Gesellschaft und den Gang der Geschäfte zu berichten.

Der **Aufsichtsrat,** der von der Hauptversammlung für höchstens vier Jahre bestellt wird, hat die Geschäftsführung des Vorstandes zu überwachen, der ihn mindestens alle drei Monate über die Lage der Gesellschaft informieren muß. Der Aufsichtsrat setzt sich nach aktienrechtlichen Vorschriften aus mindestens drei, höchstens 21 Mitgliedern zusammen, die nicht gleichzeitig dem Vorstand angehören dürfen. Nach dem noch geltenden § 76 des Betriebsverfassungsgesetzes 1952 ist ein Drittel der Mitglieder von den Arbeitnehmern zu wählen. Bei Betrieben, die dem Montan-Mitbestimmungsgesetz unterliegen, muß der Aufsichtsrat grundsätzlich aus 11 Mitgliedern bestehen, von denen fünf Vertreter der Arbeitnehmer sein müssen. Dem Aufsichtsrat von Betrieben, die der erweiterten Mitbestimmung unterliegen, gehören mindestens 12, höchstens 20 Mitglieder an, von denen die Hälfte Arbeitnehmervertreter sind.[36]

Die **Hauptversammlung** hat keinen Einfluß auf die laufende Geschäftsführung, vor allem kann sie in der Regel die Feststellung des Jahresabschlusses und damit die Höhe des zur Verteilung gelangenden Gewinns nicht beeinflussen, obwohl die Aktionäre das gesamte Kapitalrisiko tragen. Bei Entscheidungen, die eine Satzungsänderung erfordern, ist die Zustimmung der Hauptversammlung mit Dreiviertelmehrheit erforderlich.

---

[32] Vgl. §§ 76–94 AktG
[33] Vgl. §§ 95–116 AktG
[34] Vgl. §§ 118–147 AktG
[35] Dies gilt nur in Fällen der Mitbestimmung nach dem Montan-MitbestG und dem MitbestG; das BetrVerfG 1952 kennt die Figur des Arbeitsdirektors nicht.
[36] Einzelheiten zur Mitbestimmung vgl. S. 112 ff.

C. Die Wahl der Rechtsform

Nach § 119 Abs. 1 AktG beschließt die Hauptversammlung in den im Gesetz und in der Satzung ausdrücklich bestimmten Fällen, insbesondere über
(1) die Bestellung der Mitglieder des Aufsichtsrats, soweit sie nicht in den Aufsichtsrat zu entsenden oder als Aufsichtsratsmitglieder der Arbeitnehmer nach dem Betriebsverfassungsgesetz oder den Mitbestimmungsgesetzen zu wählen sind;
(2) die Verwendung des Bilanzgewinns;
(3) die Entlastung der Mitglieder des Vorstands und des Aufsichtsrats;
(4) die Bestellung der Abschlußprüfer;
(5) Satzungsänderungen;
(6) Maßnahmen der Kapitalbeschaffung und der Kapitalherabsetzung;
(7) die Bestellung von Prüfern zur Prüfung von Vorgängen bei der Gründung oder der Geschäftsführung;
(8) die Auflösung der Gesellschaft.

Die **KGaA** hat die gleichen Organe wie die Aktiengesellschaft, kann aber zusätzlich über einen Ausschuß oder Beirat der Kommanditaktionäre verfügen. Das Recht zur Geschäftsführung steht kraft Gesetzes den persönlich haftenden Gesellschaftern zu, die den Vorstand der KGaA bilden, dabei jedoch im Hinblick auf ihre Rechte und Pflichten bei der Geschäftsführung nicht den aktienrechtlichen Bestimmungen, sondern den entsprechenden Vorschriften für die KG unterliegen; dadurch sind ihre Befugnisse im Vergleich zum Vorstand einer AG in bestimmten Bereichen umfangreicher, in anderen Bereichen enger ausgestaltet. Im Gegensatz zur Aktiengesellschaft tragen die Vorstandsmitglieder der KGaA einen Teil des Kapitalrisikos; einerseits haften sie unbeschränkt, andererseits können sie sich in Form von Vermögenseinlagen oder durch Erwerb von Kommanditaktien beteiligen und damit gleichzeitig die Stellung von Kommanditaktionären einnehmen. Die KGaA vereinigt wesentliche Merkmale der KG und der AG: sie orientiert sich bei der Regelung der Geschäftsführung an der Individualität der KG, kann aber die Finanzierungsvorteile der AG nutzen.

Die besondere rechtliche Konstruktion der KGaA bedingt es auch, daß Aufsichtsrat und Hauptversammlung in ihren Aufgaben und Befugnissen nur eingeschränkt mit den entsprechenden Organen der AG vergleichbar sind. So kann beispielsweise der Aufsichtsrat der KGaA nicht über die Bestellung und Abberufung der geschäftsführenden Organe entscheiden.

c) Genossenschaften

Die Organe der Genossenschaft sind der Vorstand, der Aufsichtsrat und die **Generalversammlung.** Letztere ist das oberste Willensorgan der Genossenschaft. Sie entscheidet über Änderungen des Statuts, wählt den Vorstand und Aufsichtsrat, beschließt über den Jahresabschluß und die Gewinnverteilung und befindet über die Entlastung von Vorstand und Aufsichtsrat. Sie besteht in der Regel aus den Mitgliedern der Genossenschaft. Bei Genossenschaften mit mehr als 1500 Mitgliedern kann das Statut bestimmen, daß die Generalversammlung aus Vertretern der Genossen bestehen soll

(**Vertreterversammlung**). Die Vertreterversammlung besteht aus mindestens 50 Vertretern.[37]

Die laufende Geschäftsführung liegt in den Händen des **Vorstandes,** der aus mindestens zwei Mitgliedern bestehen muß.[38] Der **Aufsichtsrat** muß sich aus mindestens drei Mitgliedern zusammensetzen.[39] Er überwacht den Vorstand, kann jederzeit die Bücher einsehen und Berichterstattungen vom Vorstand fordern. Er ist ferner zur Prüfung des Jahresabschlusses, des Lageberichts und des Vorschlages über die Verwendung des Jahresüberschusses bzw. über die Deckung des Jahresfehlbetrages verpflichtet.

4. Gewinn- und Verlustbeteiligung

a) Personenunternehmungen

Das Risiko eines Unternehmers oder Gesellschafters hängt entscheidend von Art und Umfang der Haftung gegenüber den Gläubigern für die Verbindlichkeiten des Unternehmens ab; vom Kapitalrisiko wiederum wird der Anteil eines Gesellschafters am Gesamtergebnis (Gewinn oder Verlust) mitbestimmt.

Der **Einzelunternehmer** trägt alle Risiken seines Betriebes allein; dafür steht ihm auch der gesamte Gewinn zu, andererseits treffen ihn alle Verluste allein.

Bei unbeschränkter Haftung wird das Risiko eines Personengesellschafters von der Höhe des vorhandenen Privatvermögens mitbestimmt. Deshalb ist eine Gewinnverteilung nach Kapitalanteilen in der Regel nicht angemessen. In der **OHG** wird der Gewinn gemäß Gesellschaftsvertrag verteilt. In der **GbR** erfolgt die Gewinnverteilung unabhängig von der Höhe der Gesellschaftsbeiträge nach Köpfen. Bei unterschiedlicher Höhe dieser Beiträge muß ein angemessener Gewinnverteilungsschlüssel im Gesellschaftsvertrag bestimmt werden. Enthält der Vertrag keine Regelung der Verlustverteilung, so gilt nach § 722 Abs. 2 BGB der Gewinnverteilungsschlüssel auch für die Verteilung des Verlustes. Gewöhnlich wird für die mitarbeitenden Gesellschafter ein Arbeitsentgelt (**Unternehmerlohn**) vereinbart, das zunächst den zur Verteilung verbleibenden Gewinn kürzt. Sodann werden die Kapitaleinlagen in vertraglich vereinbarter Höhe **verzinst.** Der noch verbleibende Gewinn wird nach dem Schlüssel verteilt, in dem der durch die Höhe des mithaftenden Privatvermögens der einzelnen Gesellschafter unterschiedliche Umfang des Risikos seinen Ausdruck findet. Soweit eine vertragliche Gewinnverteilungsregelung nicht getroffen ist, bestimmt § 121 HGB, daß die Kapitaleinlagen mit 4% zu verzinsen sind und der Rest des Gewinns **nach Köpfen** zu verteilen ist. Der Gewinnanteil eines Gesellschafters wird seinem Kapitalanteil zugeschrieben. Verlustanteile und Entnahmen werden davon abgezogen.

---

[37] Vgl. § 43a GenG
[38] Vgl. § 24 GenG
[39] Vgl. § 36 GenG

C. Die Wahl der Rechtsform

Auch bei der **KG** erhalten die geschäftsführenden Gesellschafter in der Regel zu Lasten des verteilungsfähigen Gewinns ein Arbeitsentgelt. Die Kapitaleinlagen werden nach § 168 HGB – soweit der Gesellschaftsvertrag nichts anderes bestimmt – mit 4% verzinst. Der verbleibende Gewinn ist **„angemessen"** zu verteilen. Infolge der Haftungsbeschränkung bei den Kommanditisten kommt eine Verteilung des Gewinns nach Köpfen nicht in Betracht. Vielmehr muß der Gesellschaftsvertrag diese Verteilung entsprechend dem tatsächlichen Risiko regeln, das bei den Kommanditisten in der Regel dem Verhältnis der Anteile entspricht, während bei den Komplementären die Höhe des mithaftenden Privatvermögens zusätzlich berücksichtigt werden muß. Wie bei der OHG werden Gewinnanteile den Kapitaleinlagen zugeschrieben und Verlustanteile abgezogen. Bei den Kommanditisten kommt nach § 167 Abs. 2 HGB eine Gewinnzuschreibung nur dann in Betracht, wenn die vereinbarten Einlagen entweder noch nicht voll eingezahlt oder durch Verlustzuweisungen bereits wieder gemindert sind.

Nach § 169 HGB dürfen Gewinne an die Kommanditisten nur ausgeschüttet werden, wenn die vereinbarten Einlagen voll geleistet worden sind. Wird die Einlage durch Verluste gekürzt, so müssen diese in den folgenden Gewinnperioden wieder ausgeglichen werden. Eine Wiederauffüllung der Kommanditeinlagen aus in früheren Jahren erhaltenen Gewinnen kann nicht gefordert werden. Übersteigt der Verlustanteil des Kommanditisten seinen Kapitalanteil, so kann im Gesellschaftsvertrag vereinbart werden, daß er **im Innenverhältnis** weiterhin an Verlusten beteiligt wird. Dann entsteht ein **negatives Kapitalkonto,** das steuerlich nach der besonderen Vorschrift des § 15a EStG behandelt wird.

Die Gewinn- und Verlustbeteiligung des **stillen Gesellschafters** ist gesetzlich nicht erschöpfend geregelt. Das HGB spricht in § 231 Abs. 1 von einem „angemessenen Anteil". Während eine Verlustbeteiligung vertraglich ausgeschlossen werden kann, verbietet § 231 Abs. 2 HGB ausdrücklich den Ausschluß einer Gewinnbeteiligung. Wie beim Kommanditisten vermehren auch beim stillen Gesellschafter nicht entnommene Gewinne die Einlage nicht. Ist eine Verlustbeteiligung vereinbart, so nimmt der stille Gesellschafter nach § 232 Abs. 2 HGB am Verlust nur bis zum Betrage seiner vertraglich vereinbarten Einlage teil. Aus Gründen der steuerlichen Anerkennung der Angemessenheit der Gewinnverteilung wird in den Gesellschaftsverträgen in der Regel ein bestimmter Prozentsatz des tatsächlichen Werts der stillen Einlage als Effektivverzinsung vereinbart.

Bei einer **typischen** stillen Gesellschaft wird der stille Gesellschafter nicht an den stillen Rücklagen beteiligt, die im Vermögen des tätigen Gesellschafters, in das seine Einlage eingegangen ist, entstehen. Der stille Gesellschafter hat also nur Anspruch auf Rückzahlung seiner **nominellen** Einlage. Damit er durch übermäßige Bildung stiller Rücklagen, z.B. durch hohe Anfangsabschreibungen langlebiger Anlagegüter oder durch steuerliche Sonderabschreibungen, die nicht die Aufgabe haben, eingetretene Vermögensminderungen zu erfassen, sondern lediglich einer wirtschaftspolitisch gewünschten Beeinflussung der Steuerbemessungsgrundlage dienen sollen, nicht benachteilgt wird, müssen im Gesellschaftsvertrag Vereinbarungen über den Modus der Gewinnermittlung getroffen werden. (ÜB 2/49–52)

b) Kapitalgesellschaften

Bei beschränkter Haftung erfolgt die Gewinnverteilung grundsätzlich **nach Kapitalanteilen,** da das übernommene Risiko von der Höhe der Kapitaleinlage bestimmt wird. Das gilt für die GmbH, die AG und die Genossenschaft.

Die Gesellschafter einer **GmbH** haben gem. § 29 Abs. 1 GmbHG Anspruch auf den Jahresüberschuß, korrigiert um einen möglichen Gewinn- oder Verlustvortrag, soweit der sich ergebende Betrag nicht auf Grund gesetzlicher oder gesellschaftsvertraglicher Bestimmungen bzw. durch Beschluß der Gesellschafterversammlung von der Verteilung ausgeschlossen ist. Der zu verteilende Betrag wird dann – vorausgesetzt, der Gesellschaftsvertrag sieht keinen anderen Maßstab vor – nach dem Verhältnis der Kapitalanteile an die Gesellschafter ausgeschüttet.

Bei der **AG** beschließt in der Regel die Hauptversammlung über die Verwendung des Bilanzgewinns; dabei ist sie an den vom Vorstand vorgelegten und vom Aufsichtsrat festgestellten Jahresabschluß gebunden,[40] in dem bereits vorab über den Umfang des auszuschüttenden und des in die Rücklagen einzustellenden Gewinns entschieden worden ist. Daneben besteht auch die – in der Praxis selten vorkommende – Möglichkeit, daß die Hauptversammlung den Jahresabschluß feststellt.[41]

Da durch die Bildung von Gewinnrücklagen der zur Ausschüttung an die Aktionäre verbleibende Gewinn erheblich gekürzt werden kann, ist von den Aktionären immer wieder gefordert worden, daß die Bildung von anderen Gewinnrücklagen aus dem **Bilanzfeststellungsrecht** von Vorstand und Aufsichtsrat herausgenommen und als Maßnahme der Gewinnverwendung der Hauptversammlung zugebilligt wird. Da in diesem Falle aber die Gefahr besteht, daß die Hauptversammlung den gesamten Gewinn ausschüttet und entgegen den Erfordernissen des Gesamtunternehmens keine Zuführung zu den offenen Rücklagen über den in die gesetzliche Rücklage einzustellenden Betrag hinaus beschließt, hat das Aktiengesetz 1965 eine Kompromißlösung eingeführt.

Nach § 58 Abs. 2 AktG dürfen Vorstand und Aufsichtsrat, wenn sie den Jahresabschluß feststellen, nicht mehr als die **Hälfte des Jahresüberschusses** in die anderen Gewinnrücklagen einstellen, es sei denn, die Satzung läßt die Einstellung eines höheren Betrages zu. Stellt dagegen die Hauptversammlung den Jahresabschluß fest, so kann sie im Rahmen der gesetzlichen und statutarischen Grenzen Beträge in die Gewinnrücklagen einstellen, höchstens aber die Hälfte des Jahresüberschusses.[42] Beschließt die Hauptversammlung aber über den festgestellten Jahresabschluß, so kann sie neben den Zuweisungen

---

[40] Vgl. § 174 Abs. 1 AktG
[41] Vgl. § 173 Abs. 1 AktG
[42] Vgl. § 58 Abs. 1 AktG

von Vorstand und Aufsichtsrat noch weitere Beträge in die Gewinnrücklagen einstellen. Darüber hinaus hat sie in ihrem Beschluß u. a. den Bilanzgewinn, den auszuschüttenden Betrag und einen eventuellen Gewinnvortrag anzugeben.[43]

Die Gewinnverteilung bei der **KGaA** zwischen Komplementär und Kommanditaktionären erfolgt nach den für die KG geltenden Grundsätzen. Da diese den Erfordernissen der KGaA aber wohl kaum genügen – man bedenke einerseits die Stellung des Komplementärs, andererseits die Möglichkeit der Börsennotierung von Kommanditaktien – enthält die Satzung der KGaA i. d. R. Bestimmungen über die Gewinnverteilung. (**ÜB 2/53**)

c) Genossenschaften

Bei Genossenschaften ist nach § 19 Abs. 1 GenG der sich bei Feststellung des Jahresabschlusses ergebende Gewinn oder Verlust auf die Genossen zu verteilen. Maßstab für die Ergebnisverteilung ist im ersten Geschäftsjahr das Verhältnis der auf die Geschäftsanteile geleisteten Einzahlungen, in den folgenden Geschäftsjahren das Verhältnis der um Gewinne bzw. Verluste korrigierten Geschäftsguthaben zum Schluß des vorangegangenen Geschäftsjahres. Allerdings kann im Statut hinsichtlich des Maßstabes der Gewinnverteilung eine abweichende Regelung getroffen werden; § 20 GenG räumt sogar die Möglichkeit ein, von einer Gewinnverteilung abzusehen und Gewinne der gesetzlichen Rücklage und anderen Ergebnisrücklagen zuzuschreiben.

5. Finanzierungsmöglichkeiten[44]

a) Eigenkapitalbeschaffung

aa) Personenunternehmungen

Bei der **Einzelunternehmung** ist die Eigenkapitalbasis durch das Vermögen des Unternehmers begrenzt. Es gibt keine gesetzlichen Vorschriften über eine Mindesthöhe des Haftungskapitals. Das eingelegte Kapital kann jederzeit wieder entnommen, d. h. in den Haushalt überführt werden, da der Einzelunternehmer mit seinem gesamten Privatvermögen für die Verbindlichkeiten des Betriebes haftet. Eine Kapitalerweiterung kann – wenn man von außerordentlichen Zuflüssen (z. B. durch Erbschaft) absieht – in erster Linie im Wege der **Selbstfinanzierung,** d. h. der Nichtentnahme erzielter Gewinne erfolgen. Zwar kann der Einzelunternehmer im Gegensatz zu Gesellschaften mit vielen Anteilseignern allein über Entnahme oder Thesaurierung von Gewinnen entscheiden, jedoch sind die Möglichkeiten zur Selbstfinanzierung bei den meisten kleinen Einzelunternehmern begrenzt, da sie in der Regel aus dem Gewinn ihrer Betriebe die Aufwendungen der persönlichen Lebensführung decken müssen.

---

[43] Vgl. § 174 Abs. 2 AktG
[44] Vgl. auch die detaillierte Darstellung in Wöhe, G., Bilstein, J., Grundzüge der Unternehmensfinanzierung, 8. Aufl., München 1998, S. 35 ff.

Die Begrenzung der Selbstfinanzierung kann aber auch der Zielsetzung des Einzelunternehmers entsprechen. Ziel vieler Unternehmer ist wegen der engen Verbindung zwischen Haushalt und Betrieb nicht die immer weitere Ausdehnung des Betriebes, sondern die Maximierung des Gewinns aus einem begrenzten Eigenkapitaleinsatz. Nicht für die Lebensführung benötigte Gewinne werden häufig nicht im Betriebe investiert, sondern aus Gründen der Risikostreuung zur Sicherung des Familienhaushaltes anderweitig angelegt.

Eine weitere Möglichkeit der Vergrößerung der Eigenkapitalbasis, die ohne Aufgabe der Rechtsform und ohne Beeinträchtigung der Dispositionsfreiheit erfolgen kann, ist die **Aufnahme eines stillen Gesellschafters.**

Ebenso wie bei der Einzelunternehmung ist auch bei der **OHG** die Erweiterung der Eigenkapitalbasis durch Erhöhung der Kapitaleinlagen der Gesellschafter entweder aus vorhandenen Privatvermögen oder durch allmähliche Thesaurierung von erzielten Gewinnen möglich. Ein dritter Weg ist die **Aufnahme neuer Gesellschafter.** Durch die engen persönlichen Beziehungen, die in der Regel zwischen den Gesellschaftern bestehen, sind dieser Form der Finanzierung insbesondere durch die damit verbundene Beschränkung der Geschäftsführungsbefugnisse der bisherigen Gesellschafter jedoch relativ enge Grenzen gesetzt.

Je größer die Zahl der Gesellschafter und je ungleicher die Höhe ihres Privatvermögens ist, desto unterschiedlicher ist in der Regel die Interessenlage im Hinblick auf Gewinnentnahmen und Gewinnthesaurierung. Benötigen einzelne Gesellschafter ihre Gewinnanteile zum Lebensunterhalt, während andere sie im Betriebe belassen können, so muß im Gesellschaftsvertrag eine Regelung getroffen werden, in welcher Weise sich durch Gewinnthesaurierungen die Anteilsverhältnisse verschieben.

Je höher die Selbstfinanzierung durch Bildung **stiller Rücklagen** ist (z. B. durch zulässige Unterbewertung von Vermögensteilen aus steuerlichen Gründen), desto schwieriger wird die Erweiterung der Eigenkapitalbasis durch Aufnahme weiterer Gesellschafter, da diese beim Eintritt einen Teil ihrer Kapitaleinlagen den Rücklagen bzw. den Kapitalkonten der bisherigen Gesellschafter zuführen müssen, weil sie im Falle der Auseinandersetzung oder des Ausscheidens auch an den vor ihrem Eintritt gebildeten stillen Rücklagen beteiligt sind.

Die Möglichkeiten der Eigenfinanzierung der **KG** sind in der Regel größer als die der OHG, weil durch die Beschränkung der Haftung der Kommanditisten auf ihre Kapitaleinlagen und den grundsätzlichen Ausschluß der Kommanditisten von der Geschäftsführung Kapitalgeber gefunden werden können, die zur Mitarbeit im Betriebe und zur Risikoübernahme in einer OHG nicht bereit sind. Im Hinblick auf die Eigenfinanzierung ist bei der KG bereits ein **Übergang zur Kapitalgesellschaft** zu erkennen, bei der Gesellschafter nur ihr Kapital in einem Betriebe arbeiten lassen, ohne sich sonst um den Betrieb zu kümmern. Das auch bei kleineren KG relativ enge persönliche Verhältnis zwischen den Gesellschaftern begrenzt allerdings die Kapitalbeschaffungsmöglichkeiten im Vergleich zur großen Kapitalgesellschaft mit anonymem Anteilsbesitz.

Auch OHG und KG können ihre Eigenkapitalbasis- analog zum Einzelunternehmer – durch Aufnahme eines **stillen Gesellschafters** erweitern. Darüber hinaus können ihre Gesellschafter Unterbeteiligungen an einzelnen Geschäftsanteilen einräumen, und dadurch die Finanzierung ihrer Anteile oder deren spätere Erhöhung erleichtern.

bb) Kapitalgesellschaften

Die **AG, KGaA und GmbH** haben ein in seiner Höhe fixiertes **Nominalkapital**. Es bildet zusammen mit den offenen Rücklagen das Eigenkapital, dessen Veränderungen – sofern es nicht durch Satzungsänderung erhöht oder vermindert worden ist – sich in den Rücklagebewegungen und nicht in einer Veränderung des Nominalkapitals zeigen. Sind Gewinne nicht entnommen worden, so erhöhen sich die Rücklagen, während Verluste durch Rücklagenauflösung buchtechnisch verrechnet werden, sofern die Kapitalgesellschaft keine Gewinn- oder Verlustvorträge ausweist. Sind keine Rücklagen mehr vorhanden, so muß das Nominalkapital auch im Verlustfall weiterhin unverändert in der Bilanz ausgewiesen werden, wird jedoch entweder durch den Ausweis eines **Verlustvortrages** bzw. Jahresfehlbetrags auf der Passivseite oder – falls das Eigenkapital durch Verluste aufgebraucht ist und sich ein Überschuß der Passivposten über die Aktivposten ergibt – durch Ausweis einer aktivischen Position „**Nicht durch Eigenkapital gedeckter Fehlbetrag**"[45] korrigiert.

Die Stückelung des Grundkapitals der AG in **Aktien** (Mindestnennbetrag des Grundkapitals 50 000 Euro, die Aktien lauten auf mindestens 1 Euro bei Nennbetragsaktien bzw. auf einen anteiligen Betrag am Grundkapital von mindestens 5 DM bei Stückaktien) erschließt dieser Rechtsform die günstigsten Möglichkeiten der Eigenkapitalbeschaffung. Durch die Teilnahme einer nicht begrenzten Zahl von Gesellschaftern (Aktionären) auch mit relativ kleinen Anteilen, können sehr hohe Kapitalbeträge aufgebracht werden. Deshalb ist die AG in der Regel die zweckmäßigste Rechtsform für Großbetriebe. Hat ein Aktionär seinen Anteil voll eingezahlt, so hat er **nur noch Rechte:** das Stimmrecht in der Hauptversammlung, das Recht auf Dividende und Liquidationserlös und das Aktienbezugsrecht im Falle der Ausgabe neuer (junger) Aktien im Rahmen von Kapitalerhöhungsmaßnahmen.

Lautet die Aktie nicht auf den Namen des Inhabers – und das ist die Regel – so bleibt der Aktionär anonym. Er kann sein Beteiligungsverhältnis jederzeit durch Verkauf der Aktie beenden. Das ist gegenüber anderen Rechtsformen ein großer Vorteil. Benötigt der Gesellschafter liquide Mittel oder wird ihm das Risiko seiner Beteiligung zu groß, so kann er ohne Kündigung ausscheiden, indem er seine Aktie verkauft. Die Kapitalausstattung der Gesellschaft wird dadurch nicht beeinträchtigt, denn an seine Stelle tritt ein neuer anonymer Aktionär. Das Aktienkapital ist also **unkündbar**. Der Aktienhandel vollzieht sich an den Börsen oder über die Banken. Nur etwa ein Viertel der deutschen Aktiengesellschaften ist an einer deutschen Börse zu-

---

[45] Vgl. § 268 Abs. 3 HGB

gelassen. Die Börsenzulassung erfordert ein bestimmtes Mindestnennkapital, dessen Höhe von der Größe und der Bedeutung des Börsenplatzes abhängt.

Eine **Erhöhung des Aktienkapitals** ist durch Ausgabe junger Aktien im Wege der ordentlichen Kapitalerhöhung möglich. Die Inhaber der alten Aktien haben ein **Bezugsrecht** auf die jungen Aktien, durch das ein Kursverlust der alten Aktien ausgeglichen werden soll, der eine Folge davon ist, daß die jungen Aktien in der Regel zu einem Kurs ausgegeben werden, der unter dem Kurs der alten Aktien liegt. Nach der Kapitalerhöhung bildet sich ein einheitlicher Kurs (Mittelkurs) für alle Aktien. Das Bezugsrecht wird so berechnet, daß der Kursverlust an den alten durch den Kursgewinn an den neuen Aktien ausgeglichen wird. Ist ein Aktionär nicht an der Übernahme junger Aktien interessiert, so kann er sein Bezugsrecht an der Börse verkaufen und erhält dadurch den Ausgleich für den Kursverlust seiner alten Aktien.

Für die **KGaA** gelten für die Einbringung des Grundkapitals und die Durchführung von Kapitalerhöhungen die Regelungen des Aktienrechts, ebenso können Kommanditaktien auch in den Börsenhandel aufgenommen werden. Daneben kann Eigenkapital von den persönlich haftenden Gesellschaftern in Form von nicht auf das Grundkapital geleisteten Einlagen eingebracht werden.[46]

Obwohl auch die **GmbH** ein festes Nominalkapital (Stammkapital mindestens 25 000 Euro) hat, entsprechen ihre Kapitalbeschaffungsmöglichkeiten eher denen einer Personengesellschaft als denen einer AG. Die GmbH-Anteile (Mindestanteil je Gesellschafter 100,– Euro) sind nicht teilbar und werden nicht am Kapitalmarkt gehandelt. Die Zahl der Gesellschafter ist bei der GmbH in der Regel wesentlich kleiner als bei der AG. Die Erweiterung der Eigenkapitalbasis ist entweder durch (beschränkte oder unbeschränkte) **Nachschußzahlungen,** die in der Satzung vorgesehen sein müssen, oder durch Aufnahme neuer Gesellschafter möglich. Da die neuen Gesellschafter automatisch entsprechend ihren Anteilen an den stillen und offenen Rücklagen beteiligt werden, ist zuzüglich zu ihren Stammeinlagen ein Agio zu fordern, das dem Anteil der neuen Gesellschafter an den Rücklagen entspricht.

cc) Genossenschaften

Auch die Eigenkapitalbeschaffungsmöglichkeiten der **Genossenschaften** sind geringer als die der AG. Die Höhe des Eigenkapitals schwankt mit der Zahl der Mitglieder, es ist kein festes Grundkapital gesetzlich vorgeschrieben. Da jedes Mitglied in der Generalversammlung nur eine Stimme hat, ist der Erwerb mehrerer Genossenschaftsanteile wenig attraktiv. Scheidet ein Mitglied aus der Genossenschaft aus, so ist es im Konkursfalle nicht mehr haftbar. Das Statut kann jedoch eine Regelung enthalten, nach der die Genossen im Konkursfall beschränkte oder unbeschränkte **Nachschüsse** zur Befriedigung der Gläubiger der Genossenschaft leisten müssen;[47] diese Nachschußpflicht kann den Genossen auch nach seinem Ausscheiden treffen. Erhält der

---

[46] Vgl. § 281 Abs. 2 AktG
[47] Vgl. §§ 6 Nr. 3, 105 GenG

Genosse seinen Geschäftsanteil zurück, so vermindert sich das Eigenkapital der Genossenschaft und damit auch ihre Kreditbasis. Hier wird der finanzierungsmäßige Unterschied zur Aktiengesellschaft deutlich. Ein Aktionär kann nur durch den Verkauf seiner Aktien sein Gesellschaftsverhältnis beenden. Das Grundkapital der Aktiengesellschaft bleibt aber unverändert, da an die Stelle des ausscheidenden ein neuer Aktionär tritt.

Die Genossenschaften sind verpflichtet, in das Statut Bestimmungen über die Bildung einer **gesetzlichen Rücklage** aufzunehmen, die zur Deckung von Verlusten dient.[48] Außerdem muß aus dem Statut ersichtlich sein, welcher Teil des jährlichen Gewinns in die Rücklage einzustellen ist, bis der im Statut angegebene Mindestbetrag der Rücklage erreicht ist. Die Rücklagen sind der Teil des Eigenkapitals einer Genossenschaft, der nicht von den Mitgliederbewegungen berührt wird und folglich für die Kreditwürdigkeit der Genossenschaft von besonderer Bedeutung ist.

b) Fremdkapitalbeschaffung

aa) Personenunternehmungen

Die Kreditbasis der einzelnen Rechtsformen ist unterschiedlich. Sie hängt einerseits von der Höhe des Eigenkapitals und den Möglichkeiten ab, die Eigenkapitalbasis zu erweitern, andererseits von den Haftungsverhältnissen und den Rechtsvorschriften, durch die die Sicherheit der Gläubiger gewährleistet und damit das Vertrauen in die Kreditwürdigkeit und Kreditsicherheit vergrößert wird. Neben diesen – oft sogar vor diesen – Faktoren wird die Kreditwürdigkeit eines Betriebes von den tatsächlichen wirtschaftlichen Verhältnissen, insbesondere der Ertragslage, dem guten Ruf, den persönlichen Fähigkeiten des Unternehmers oder der Geschäftsführer, der Marktposition u. a. bestimmt.

Sieht man zunächst von diesen nicht durch die Rechtsform bedingten Faktoren ab, so ist die OHG in der Regel kreditwürdiger als die Einzelunternehmung, weil wenigstens zwei Gesellschafter unbeschränkt haften.

Nachteilig auf die Kreditwürdigkeit der **Einzelunternehmung** wirkt sich insbesondere bei langfristiger Fremdfinanzierung aus, daß das Schicksal des Betriebes von dem des Unternehmers abhängt. Sein Tod kann zu einer Auflösung des Betriebes führen. Das Risiko der Kreditgeber ist also besonders groß. Die Gewährung langfristigen Fremdkapitals wird deshalb häufig davon abhängig gemacht, daß dem Kreditgeber gewisse **Mitsprache-** und **Kontrollrechte** eingeräumt werden und damit ein wesentlicher Vorteil der Einzelunternehmung – das Recht des Unternehmers, alle Führungsentscheidungen allein zu treffen – geschmälert wird.

Bei der **OHG** ist die Gefahr, daß die Gesellschaft durch den Tod eines Gesellschafters aufgelöst werden muß, zwar geringer, jedoch kann auch hier der Bestand des Betriebes durch das Ausscheiden eines Gesellschafters oder der Erben eines verstorbenen Gesellschafters in Frage gestellt werden. Der Kreditgeber wird deshalb prüfen müssen, welche Regelungen der Gesellschafts-

---

[48] Vgl. § 7 Nr. 2 GenG

vertrag für den Fall der Auseinandersetzung vorsieht und welche Zusagen er erhält, daß für die Dauer des Kreditverhältnisses die von ihm kalkulierten Risiken nicht durch Änderung des Gesellschaftsvertrages vergrößert werden.

Auf Grund der unbeschränkten Haftung der Gesellschafter der OHG könnte man vermuten, daß diese Rechtsform auch grundsätzlich kreditwürdiger als die KG und die GmbH ist. Auf die **Kreditwürdigkeit der KG** wirkt sich jedoch die Tatsache positiv aus, daß die persönlichen Bindungen der Kommanditisten an die Gesellschaft in der Regel geringer als die der Gesellschafter der OHG sind und folglich durch **Neuaufnahme** weiterer Kommanditisten die Eigenkapitalbasis leichter erweitert werden kann. Positiv ist weiterhin zu beurteilen, daß die Einlagen der Kommanditisten im Handelsregister eingetragen sind und eine **Rückzahlung** durch die Gesellschaft den Gläubigern gegenüber als **nicht geleistet gilt**.

Ebenso brauchen die Gläubiger eine **Herabsetzung** der Kommanditeinlagen nicht gegen sich gelten zu lassen.[49] Eine Herabsetzung oder Rückzahlung der Kommanditeinlagen kann erst nach Löschung im Handelsregister wirksam werden. Darüber hinaus verjähren auch Ansprüche aus Verbindlichkeiten gegenüber der Gesellschaft gegen einen Kommanditisten ebenso wie gegen einen Komplementär grundsätzlich erst fünf Jahre nach dem Ausscheiden des Gesellschafters oder nach der Auflösung der Gesellschaft.[50]

bb) Kapitalgesellschaften

Die infolge der beschränkten Haftung der Gesellschafter geringere **Kreditwürdigkeit der GmbH** wird in der Praxis insbesondere bei kleiner Gesellschafterzahl und enger persönlicher Bindung häufig dadurch erhöht, daß Kredite außerhalb der Gesellschaft im Privatvermögen der Gesellschafter gesichert werden (z. B. durch Grundpfandrechte). Auch ist es nicht selten, daß die Gesellschafter einer OHG außerhalb der Gesellschaft über wenig Privatvermögen verfügen, so daß die wirtschaftliche Potenz einer großen GmbH trotz beschränkter Haftung eine bessere Sicherheit als das geringe Privatvermögen der Gesellschafter der OHG bedeutet. Es kommt also auf den Einzelfall an, und es lassen sich nur unter sehr engen Voraussetzungen generelle Aussagen über eine von der Rechtsform abhängige Kreditwürdigkeit von Personenunternehmen und GmbH machen.

Die besten Möglichkeiten der Fremdkapitalbeschaffung besitzen die **AG** und die KGaA, weil einerseits das Aktiengesetz und das für die Rechnungslegung maßgebende HGB zahlreiche Vorschriften enthalten, die dem Schutze der Gläubiger dienen, und weil andererseits besondere langfristige Finanzierungsformen (insbesondere die Emission von Schuldverschreibungen, Wandelschuldverschreibungen und Gewinnschuldverschreibungen) vor allem den großen börsenfähigen Gesellschaften offenstehen. Außerdem kann bei guter Ertragslage durch Ausgabe junger Aktien die Eigenkapitalbasis als Grundlage der Kreditwürdigkeit vergrößert werden. Positiv wirkt sich ferner die Un-

---

[49] Vgl. § 172 Abs. 4 HGB
[50] Vgl. § 159 Abs. 1 HGB i. V. m. § 161 Abs. 2 HGB

kündbarkeit des Grundkapitals seitens der Anteilseigner und damit die Tatsache aus, daß die Existenz der Gesellschaft vom Schicksal der Gesellschafter unabhängig ist. Bei der KGaA kann sich darüber hinaus die unbeschränkte Haftung des Komplementärs positiv auf das Kreditpotential auswirken.

Der Gläubigerschutz soll insbesondere durch – auch für die GmbH geltende – strenge Bilanzierungs- und Bewertungsvorschriften, die eine zu günstige Darstellung der Vermögens-, Finanz- und Ertragslage der Gesellschaft verhindern sollen, erreicht werden. Durch den Zwang zur Bildung gesetzlicher Rücklagen, die nur zur Verlusttilgung, dagegen nicht zur Dividendenzahlung aufgelöst werden dürfen, soll vermieden werden, daß alle erzielten Gewinne ausgeschüttet werden. Die gesetzliche Pflichtprüfung des Jahresabschlusses und der Zwang zu seiner Veröffentlichung **(Publizitätspflicht)**, besondere Schutzvorschriften bei der ordentlichen Kapitalherabsetzung sowie qualifizierte Mehrheiten in der Hauptversammlung bei Beschlüssen von besonderer wirtschaftlicher Tragweite (z. B. Kapitalherabsetzung, Fusion) tragen ebenfalls zur Verbesserung der Kreditwürdigkeit und damit der Fremdkapitalbeschaffung bei. Nicht selten sind Banken als Großgläubiger im Aufsichtsrat vertreten und erhalten so laufend Informationen über die wirtschaftliche Lage des Schuldners.

6. Steuerbelastung

a) Die Ertragsteuern im Überblick

Hat die Besteuerung einen Einfluß auf die Wahl der Rechtsform? Zur Beantwortung dieser Frage muß man sich mit den Grundzügen der deutschen Ertragsteuern auseinandersetzen. Dabei wird man erkennen, daß
(1) **Einzelfirmen und Personengesellschaften auf der einen und**
(2) **Kapitalgesellschaften**
auf der anderen Seite einer unterschiedlichen Ertragsteuerbelastung unterliegen. Aber welche Rechtsformgruppe (1) oder (2) wird steuerlich begünstigt? Eine Pauschalantwort ist aus zwei Gründen nicht möglich:
- Erstens ist die Steuerbelastung der Betriebe beider Rechtsformklassen von den Verhältnissen des Einzelfalles (z. B. dem persönlichen Einkommensteuersatz des Einzelunternehmers bzw. Gesellschafters) abhängig.
- Zweitens haben Steuergesetze eine sehr kurze Halbwertzeit. Ein „Federstrich des Gesetzgebers" genügt und die steuerorientierte Rechtsformwahl verkehrt sich vom steuerlichen Vorteil zum steuerlichen Nachteil.

Die drei deutschen Ertragsteuerarten
- Einkommensteuer,
- Körperschaftsteuer und
- Gewerbeertragsteuer

können in einem einführenden Lehrbuch zur Betriebswirtschaftslehre nur in aller Kürze skizziert werden. Der an Detailinformationen interessierte Leser wird auf die weiterführende Literatur verwiesen.[51]

---

[51] Vgl. hierzu Rose, G., (Ertragsteuern), S. 25 ff. und Wöhe/Bieg, (Grundzüge), S. 15 ff. sowie (steuerrechtlich detaillierter) Tipke/Lang, (Steuerrecht), S. 223 ff.

	Einkommensteuer	**Körperschaftsteuer**	**Gewerbeertragsteuer**
Steuersubjekt	Jede natürliche Person mit Wohnsitz im Inland.	Jede Körperschaft (z. B. Kapitalgesellschaft) mit Sitz im Inland.	Jeder Gewerbebetrieb mit Sitz im Inland.
Steuerobjekt	Gewinn aus Gewerbebetrieb (und sechs weitere Einkunftsarten).	Gewinn aus Gewerbebetrieb (mit geringfügigen Modifikationen nach KStG).	Gewinn aus Gewerbebetrieb (mit weitreichenden Modifikationen nach GewStG).
Steuertarif	Progressiver Tarif ansteigend von 22,9 auf 51 Prozent;[52] Tarifbegrenzung von 43 Prozent für Gewinne aus Gewerbebetrieb.	Proportionaler Tarif: • 30 Prozent für ausgeschüttete Gewinne. • 40 Prozent für einbehaltene Gewinne.	Proportionaler Tarif: 5 Prozent multipliziert mit gemeindeabhängigem Hebesatz (ca. 300 bis 500 Prozent)

Abb. 74: Ertragsteuern im Überblick[53]

Der **Einkommensteuer** unterliegt der Gewinn eines Einzelunternehmens bzw. einer Personengesellschaft. Die Höhe der Einkommensteuerbelastung ist bislang unabhängig davon, ob die Gewinne einbehalten oder ausgeschüttet werden. Eine Rechtsänderung für die Zukunft liegt im Bereich des Möglichen. Von einer ermäßigten Einkommensteuerbelastung für thesaurierte Gewinne erhofft sich der Gesetzgeber eine Förderung betrieblicher Investitionen und die Schaffung von Arbeitsplätzen.

Dem Einzelunternehmer wird der gesamte, den Personengesellschaftern der anteilige Gewinn aus Gewerbebetrieb steuerlich zugerechnet. Die Höhe der Einkommensteuerbelastung ist angesichts des **progressiven Tarifs** von der Höhe des Einkommens des Steuerpflichtigen abhängig. Neben den Einkünften aus Gewerbebetrieb zählen sechs weitere Einkunftsarten[54] zum steuerpflichtigen Einkommen. Bezieht also ein Einzelunternehmer oder Personengesellschafter jenseits seiner unternehmerischen Tätigkeit hohe Einkünfte (z. B. Zins- oder Mieteinkünfte), dann erhöht sich der für ihn maßgebliche Einkommensteuertarif, womit sich auch die durchschnittliche Einkommensteuerbelastung seiner Einkünfte aus Gewerbebetrieb erhöht.

Gewinne aus Gewerbebetrieb unterliegen gegenwärtig
- einer Einkommensteuerbelastung, die
- bei 22,9 Prozent beginnt und
- bei 43,0 Prozent endet.

---

[52] Soweit das Jahreseinkommen 114 696 DM übersteigt, wird der Spitzensteuersatz von 51 Prozent erhoben.
[53] Rechtsstand 1. 1. 2000
[54] Einkünfte aus Land- und Forstwirtschaft, Einkünfte aus selbständiger Arbeit, Einkünfte aus nichtselbständiger Arbeit, Einkünfte aus Kapitalvermögen, Einkünfte aus Vermietung und Verpachtung sowie sonstige Einkünfte.

C. Die Wahl der Rechtsform

Für Einkommensteile aus anderen Einkunftsarten endet der Steuertarif erst bei 51 Prozent. Mit der Tarifbegünstigung für gewerbliche Einkünfte (§ 32c EStG) will der Steuergesetzgeber einen Ausgleich dafür schaffen, daß gewerbliche Einkünfte – im Gegensatz zu allen anderen Einkunftsarten – einer weiteren Ertragsteuer, der Gewerbeertragsteuer,[55] unterliegen.

Eine Personengesellschaft kann
* Arbeitsverträge,
* Darlehensverträge und
* Miet- und Pachtverträge

mit Dritten, aber auch mit einem Gesellschafter abschließen. Werden die Verträge mit Dritten geschlossen, verringert sich der zu versteuernde Gewinn um den Personal-, Zins- und Mietaufwand. Beim Empfänger werden die empfangenen Beträge als Einkünfte aus nichtselbständiger Arbeit, Einkünfte aus Kapitalvermögen bzw. Einkünfte aus Vermietung und Verpachtung der Einkommensteuer unterworfen.

Werden solche Verträge aber mit einem der Gesellschafter geschlossen, dürfen diese Aufwendungen bei der steuerlichen Gewinnermittlung nicht in Abzug gebracht werden (§ 15 Abs. 1 EStG). Die Nutzungsentgelte werden also nicht auf der Gesellschafterebene, sondern auf der betrieblichen Ebene der Einkommensteuer unterworfen. Die fiskalische Absicht ist leicht zu erkennen: Indem der Steuergesetzgeber solche Arbeits-, Zins- und Mieteinkünfte als gewerbliche Einkünfte definiert, erschließt er sie dem weiteren Zugriff durch die Gewerbeertragsteuer.

Das Einkommen natürlicher Personen unterliegt der Einkommensteuer, das **Einkommen juristischer Personen** unterliegt der **Körperschaftsteuer**. Erwirtschaftet eine Kapitalgesellschaft einen Gewinn[56] von 100, muß sie dieses Einkommen der Körperschaftsteuer unterwerfen.

Soll dieser Gewinn thesauriert werden, muß eine Körperschaftsteuer in Höhe von 40 Prozent an das Finanzamt abgegeben werden. Der Restbetrag von 60 Prozent steht zur Selbstfinanzierung zur Verfügung. Soll der Gewinn dagegen ausgeschüttet werden, reduziert sich die Körperschaftsteuerbelastung auf 30 Prozent. Den Gesellschafter einer GmbH (AG) erreicht also eine Gewinnausschüttung (Dividende) in Höhe von 70.[57] Steuersystematisch erwirtschaftet die natürliche Person ein Einkommen von 70, das sie als Einkünfte aus Kapitalvermögen der Einkommensteuer zu unterwerfen hat.

Für den Juristen ist die Sache einfach: Zwei Personen, eine juristische und eine natürliche Person, müssen ihr Einkommen einmal der Ertragsteuer unterwerfen. Der Ökonom denkt anders: Ein und derselbe Sachverhalt, ein Gewinn von 100, unterliegt einer Doppelbesteuerung: Auf der Gesellschaftsebene wird es der Körperschaftsteuer, auf der Gesellschafterebene wird es der Einkommensteuer unterworfen. Zur **Vermeidung der Doppelbesteue-**

---

[55] Vgl. S. 310f.
[56] Gemeint ist ein Gewinn nach Berücksichtigung der Gewerbeertragsteuer.
[57] Von der Erhebung einer Kapitalertragsteuer wird einfachheitshalber abgesehen.

rung wurde das körperschaftsteuerliche **Anrechnungsverfahren** entwickelt. Dabei wird folgende Rechnung aufgemacht:

Dividende (netto)	70
+ Körperschaftsteuergutschrift	30
= Bruttodividende	100

Der Anteilseigner muß die Bruttodividende (100) als Einkünfte aus Kapitalvermögen der Einkommensteuer unterwerfen. Beträgt sein individueller Einkommensteuersatz z.B. 44 Prozent, wird bei der Veranlagung durch das Finanzamt folgende Rechnung aufgemacht:

Festzusetzende Einkommensteuer	44
− Anrechnung der Körperschaftsteuer	30
= Einkommensteuerabschlußzahlung	14

Als Fazit kann festgehalten werden: Solange eine Kapitalgesellschaft Gewinne thesauriert, unterliegen sie einer Körperschaftsteuerbelastung von 40 Prozent. Werden die Gewinne ausgeschüttet, werden sie im Endergebnis nur mit Einkommensteuer nach Maßgabe des individuellen Steuersatzes des Anteilseigners belastet.

Abschließend ist auf das sogn. **Schütt-aus-hol-zurück-Verfahren** hinzuweisen.[58] Die Anwendung dieses Verfahrens ist dann vorteilhaft, wenn der individuelle Einkommensteuersatz der Gesellschafter niedriger ist als der Körperschaftsteuersatz für thesaurierte Gewinne: Anstelle einer Gewinnthesaurierung (40 Prozent Körperschaftsteuer) ist es vorteilhafter,
- die Gewinne auszuschütten,
- der individuellen Einkommensteuer (< 40 Prozent) zu unterwerfen und
- den Gewinn nach Einkommensteuerabzug der Kapitalgesellschaft als zusätzliche Kapitaleinlage zur Verfügung zu stellen.

Erwirtschaftet ein Gewerbebetrieb – gleich welcher Rechtsform – einen Gewinn,[59] wird zunächst **Gewerbeertragsteuer** erhoben. Der Steuersatz der Gewerbeertragsteuer (Steuermeßzahl) beziffert sich auf 5 Prozent. Durch Anwendung eines Hebesatzes wird die Belastung vervielfacht. Die Höhe der Steuerbelastung ist also abhängig vom Hebesatz der Gemeinde, in welcher der Gewerbebetrieb tätig ist. Von Ausnahmen abgesehen gilt in kleinen Gemeinden ein geringerer Hebesatz – die niedrigsten Hebesätze liegen bei etwa 300 Prozent – als in Großstädten, wo die Hebesätze bis an die 500 Prozentmarke reichen.

Bei der Ermittlung des steuerpflichtigen Gewerbeertrags ist die Gewerbeertragsteuer als abzugsfähige Betriebsausgabe zu berücksichtigen. Damit ist eine Steuerminderbelastung angezeigt: Bei einem Hebesatz von 500 (400)

---

[58] Vgl. S. 752f.
[59] Zur Ermittlung des steuerpflichtigen Gewerbeertrags ist der Gewinn um Hinzurechnungen (§ 7 GewStG) und Kürzungen (§ 8 GewStG) zu korrigieren.

C. Die Wahl der Rechtsform

Prozent beziffert sich die Belastung des Gewinns vor Steuern nicht auf 25, sondern nur auf 20 Prozent.

Steuermeßzahl: 5%	Hebesatz 500%	Hebesatz 400%	Hebesatz 300%
Gewinn vor Steuern	100,00	100,00	100,00
− Gewerbeertragsteuer	20,00	16,67	13,04
= Gewerbeertrag	80,00	83,33	86,96

Abb. 75: Gewerbeertragsteuer bei unterschiedlichen Hebesätzen

Die rechtsformspezifischen Vorschriften des Gewerbesteuergesetzes zur Ermittlung des Gewerbeertrags, des Freibetrags und des maßgeblichen Tarifs (Steuermeßzahl) werden im folgenden Kapitel angesprochen. (**ÜB 2/56–60**)

b) Rechtsformbedingte Besteuerungsunterschiede

Zwischen Einzelfirmen und Personengesellschaften auf der einen und Kapitalgesellschaften auf der anderen Seite gibt es selbst bei Existenz eines körperschaftsteuerlichen Anrechnungssystems immer noch Besteuerungsunterschiede. In Abb. 76 werden einige Kriterien aufgeführt, die rechtsformabhängige Besteuerungsunterschiede auslösen können. Das Zeichen + (−) steht für eine steuerliche Bevorzugung (Benachteiligung) der jeweiligen Rechtsformklasse. Das Zeichen 0 steht für eine rechtsformneutrale Besteuerung.

Kriterium	Einzelfirmen, Personengesellschaften-	Kapitalgesellschaften
(1) GewSt: Anerkennung von Arbeits-, Darlehens- und Mietverträgen mit Gesellschaftern	−	+
(2) GewSt: Höhe des Freibetrags	+	−
(3) GewSt: Ermäßigter Eingangstarif	+	−
(4) ESt, KSt: Belastung ausgeschütteter Gewinne	0	0
(5) ESt, KSt: Belastung einbehaltener Gewinne		
(a) ESt-Satz = KSt-Satz	0	0
(b) ESt-Satz > KSt-Satz	−	+
(c) ESt-Satz < KSt-Satz aber:	+	−
Schütt-aus-hol-zurück	0	0

Abb. 76: Wichtige rechtsformabhängige Besteuerungsunterschiede im Überblick

(1) Anerkennung von Verträgen mit Gesellschaftern

Bei der Ermittlung des Gewerbeertrags dürfen Geschäftsführergehälter, Darlehenszinsen und Mietzahlungen, die an Gesellschafter fließen, nur bei Kapitalgesellschaften, nicht aber bei Einzelfirmen und Personengesellschaften in Abzug gebracht werden. Dies führt c. p. zu einer stärkeren Gewerbesteuerbelastung für Einzelfirmen und Personengesellschaften.

(2) **Freibetrag bei der Gewerbesteuer**

Bei der Berechnung des Gewerbeertrags dürfen Einzelfirmen und Personengesellschaften einen Freibetrag von 48.000 DM in Abzug bringen. Kapitalgesellschaften werden c. p. diskriminiert.

(3) **Ermäßigter Eingangstarif der Gewerbesteuer**

Der Gewerbeertrag einer Kapitalgesellschaft wird in vollem Umfang mit der Steuermeßzahl von 5 Prozent belastet. Einzelfirmen und Personengesellschaften wird ein ermäßigter Eingangstarif eingeräumt: Nach Berücksichtigung des Freibetrags (48.000 DM) werden die ersten 24.000 DM mit 1 Prozent, die folgenden 24.000 DM-Schritte mit 2, 3 und 4 Prozent belastet. Einzelfirmen und Personengesellschaften werden c. p. begünstigt, weil die volle Meßzahl von 5 Prozent erst ab einem Gewerbebetrag von 96.000 DM greift.

(4) **Belastung ausgeschütteter Gewinne**

Solange das körperschaftsteuerliche Anrechnungssystem Gültigkeit hat, werden die ausgeschütteten Gewinne von Kapitalgesellschaften im Endergebnis mit Einkommensteuer, nicht aber mit Körperschaftsteuer belastet. Damit ist die Besteuerung ausgeschütteter Gewinne rechtsformneutral.

(5) **Belastung einbehaltener Gewinne**

Einbehaltene Gewinne von Kapitalgesellschaften (Einzelfirmen und Personengesellschaften) werden z. Zt. mit 40 Prozent Körperschaftsteuer (mit Einkommensteuer von mindestens 22,9 und höchstens 43 Prozent) belastet.

(a) Entspricht der persönliche Einkommensteuersatz einer natürlichen Person (zufällig) dem Körperschaftsteuersatz für einbehaltene Gewinne, ist die Besteuerung einbehaltener Gewinne rechtsformneutral.

(b) Ist der maßgebliche Einkommensteuersatz höher als der Körperschaftsteuersatz für einbehaltene Gewinne, werden Kapitalgesellschaften c. p. begünstigt.

(c) Liegt der maßgebliche Einkommensteuersatz unter dem Körperschaftsteuersatz für einbehaltene Gewinne, werden Kapitalgesellschaften a priori benachteiligt. Diese steuerliche Benachteiligung kann die Kapitalgesellschaft aber durch Anwendung des Schütt-aus-hol-zurück-Verfahrens unterlaufen.

Zusammenfassend läßt sich festhalten: Bei der Wahl der Rechtsform sind mehrere Besteuerungsunterschiede zu beachten.[60] Da die Steuerwirkungen teilweise gegenläufig sind, kann es keine eindeutige Aussage zur steuerlichen Vorteilhaftigkeit einer Rechtsform geben. Eine steuerlich orientierte Entscheidung zur Rechtsformwahl setzt einen Steuerbelastungsvergleich voraus, der die Verhältnisse des Einzelfalls berücksichtigt.

---

[60] Vgl. hierzu die weitergehenden Ausführungen bei Wöhe, G., (Steuerlehre Bd. II, 1. Halbband), S. 35 ff.

Dabei sollte aber ein wichtiger Punkt nicht übersehen werden: Die Rechtsformwahl eines Unternehmens gehört zu den konstitutiven, d.h. langfristig wirksamen Entscheidungen. Die sprichwörtliche Kurzlebigkeit steuerrechtlicher Regelungen sollte zur Vorsicht gemahnen. Steuerliche Gegenwartsvorteile können schnell in Zukunftsnachteile umschlagen. Deshalb sollten **kurzlebige Besteuerungsunterschiede** bei der Rechtsformwahl allenfalls eine **nachrangige Bedeutung** haben.

c) Bildung von gesetzlich nicht vorgesehenen Gesellschaftsformen zum Zweck der Steuerminimierung

Unternehmer sind sehr erfinderisch; besonders dann, wenn es um die Maximierung von Vorteilen geht. In der Vergangenheit waren deutsche Kapitalgesellschaften – gemessen an Einzelfirmen und Personengesellschaften – steuerlich stark benachteiligt. Als es noch kein körperschaftsteuerliches Anrechnungssystem gab und als noch eine selbständige Vermögensteuerpflicht für juristische Personen existierte, waren Kapitalgesellschaften steuerlich massiv benachteiligt: Das in Kapitalgesellschaften investierte Vermögen und die dort erwirtschafteten Gewinne unterlagen (bei wirtschaftlicher Betrachtungsweise) einer Doppelbesteuerung.

Dem seinerzeitigen steuerlichen Nachteil der Kapitalgesellschaft steht der immerwährende Vorteil der Haftungsbeschränkung für die Gesellschafter einer Kapitalgesellschaft gegenüber. In dem Bemühen,

- die **Vorteile der Haftungsbeschränkung** zu nutzen und gleichzeitig
- die **Steuernachteile der Kapitalgesellschaft** zu minimieren
- schuf die Rechtspraxis die **GmbH & Co KG** und die **Doppelgesellschaft.**

Die GmbH & Co KG und die Doppelgesellschaft basieren auf der Koexistenz einer Personen- und einer Kapitalgesellschaft. Die Kapitalgesellschaft soll die Aufgabe der Haftungsbeschränkung der Gesellschafter erfüllen. Die Personengesellschaft soll den „Löwenanteil" der Gewinne ausweisen, um sie auf diese Art der steuerlichen Diskriminierung zu entziehen, der Kapitalgesellschaften ausgesetzt waren.

Gegenwärtig haben Doppelgesellschaft und GmbH & Co KG keine überragende praktische Bedeutung, weil die Besteuerungsunterschiede zwischen Personen- und Kapitalgesellschaften gering sind. Sollten aber Pläne realisiert werden, wonach das körperschaftsteuerliche Anrechnungssystem eingeschränkt oder abgeschafft wird, können diese beiden Mischformen des Gesellschaftsrechts schnell ihre frühere Bedeutung wiedergewinnen.

aa) Die GmbH & Co KG[61]

Die GmbH & Co KG ist eine Kommanditgesellschaft. Die Funktion des Komplementärs übernimmt eine GmbH.[62] Der „Kunstbegriff" der GmbH & Co KG besteht also darin

---

[61] Zur steuerlichen Behandlung der GmbH & Co KG vgl. Wöhe, G., (Steuerlehre Bd. II, 1. Halbband), S. 216 ff.
[62] Übernimmt eine AG die Vollhafterfunktion, spricht man von einer AG & Co KG.

- zum Komplementär eine juristische Person zu erklären, die mit ihrem gesamten Vermögen haftet und dabei
- eine faktische Haftungsbegrenzung zu erreichen, indem man die vollhaftende GmbH mit einem möglichst geringen Haftungskapital ausstattet.

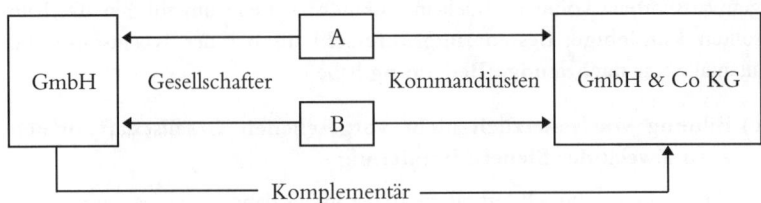

Abb. 77: Die GmbH & Co KG

Im obigen Beispiel gründeten die beiden natürlichen Personen A und B zunächst eine GmbH, an der sie als Gesellschafter beteiligt sind. Danach wird eine GmbH & Co KG gegründet, an der A und B als Kommanditisten, also mit eingeschränkter Haftung und die GmbH als Komplementär beteiligt sind. Diese Rechtskonstruktion hat den Vorteil, daß **keine** der beteiligten **natürlichen Personen** mit dem Privatvermögen **haften** muß.

Der Gewinn der GmbH & Co KG wird nach dem vereinbarten Schlüssel auf die Gesellschafter verteilt. Über den Gewinnverteilungsschlüssel können A und B Einfluß darauf nehmen, in welchem Maße Gewinnteile
- dem Komplementär zugerechnet werden und damit der Körperschaftsteuer oder
- den Kommanditisten zugerechnet werden und damit der Einkommensteuer unterliegen.

bb) Die Doppelgesellschaft[63]

Eine Doppelgesellschaft entsteht meist dadurch, daß ein in einer einheitlichen Rechtsform geführter Betrieb sich in zwei rechtlich selbständige Gesellschaften teilt, ohne seine wirtschaftliche Einheit aufzugeben. Einen solchen Vorgang bezeichnet man als **Betriebsaufspaltung**.

Folgende Charakteristika kennzeichnen die Doppelgesellschaft:
(1) Der als GmbH geführte Betrieb trägt das unternehmerische Risiko, das durch die Haftungsbegrenzung der GmbH-Gesellschafter kalkulierbar wird.
(2) Die wesentlichen Teile der Vermögenssubstanz verbleiben in einer Personengesellschaft (OHG oder KG). Das Vermögen der Personengesellschaft ist nur geringen Haftungsrisiken ausgesetzt, weil sie durch die GmbH mit ihrer marktorientierten Risikoübernahmefunktion weitgehend abgeschirmt wird.

Gestaltungsformen der Doppelgesellschaft sind
- die Besitzpersonen- und die Betriebskapitalgesellschaft sowie
- die Produktionspersonen- und die Vertriebskapitalgesellschaft.

---

[63] Zur Besteuerung der Doppelgesellschaft vgl. Wöhe, G., (Steuerlehre Bd. II, 1. Halbband), S. 297 ff.

C. Die Wahl der Rechtsform

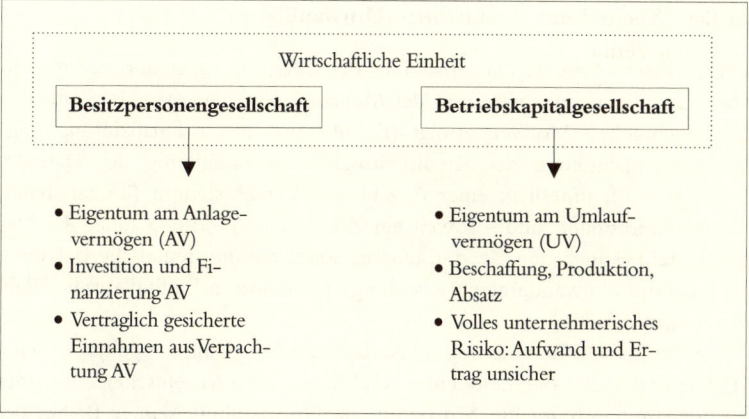

Abb. 78: Besitzpersonen- und Betriebskapitalgesellschaft

Die Betriebskapitalgesellschaft trägt das volle unternehmerische Risiko (= Verlustrisiko). Die Besitzpersonengesellschaft kann mit fest kalkulierbaren Aufwendungen (Abschreibungen und Fremdkapitalzinsen) und Erträgen (Pachteinnahmen) rechnen. Die Höhe des Pachtzinses entscheidet darüber, in welchem Umfang der Gewinn der wirtschaftlichen Einheit der Besitzpersonengesellschaft (Einkommensteuer) bzw. der Betriebskapitalgesellschaft (Körperschaftsteuer) zugerechnet wird.

Bei einer Spaltung zur Produktionspersonen- und Vertriebskapitalgesellschaft kommt es zu folgender Aufgabenteilung:

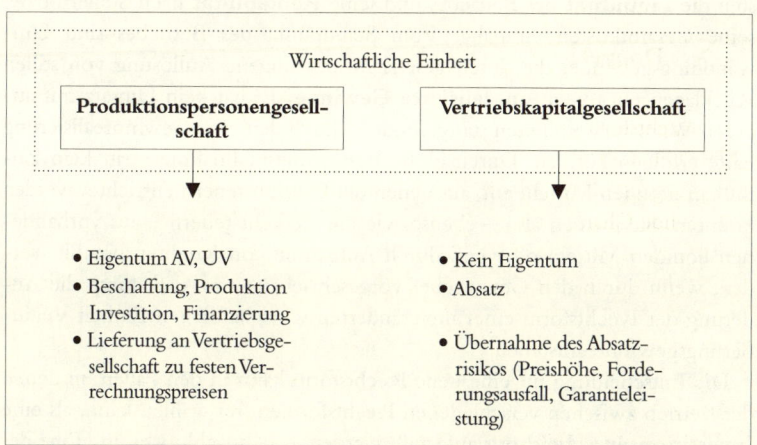

Abb. 79: Produktionspersonen- und Vertriebskapitalgesellschaft

Die Vertriebskapitalgesellschaft trägt den größten Teil des unternehmerischen Risikos. Werden die Produktverrechnungspreise hoch (niedrig) angesetzt, werden die Gewinne zum größeren Teil in der Produktionspersonengesellschaft (Vertriebskapitalgesellschaft) verwirklicht.

d) Der Wechsel der Rechtsform (Umwandlung)

Der Wechsel der Rechtsform eines Betriebes, der nicht nur aus steuerlichen Überlegungen, sondern in der Mehrzahl der Fälle aus wirtschaftlichen oder rechtlichen Motiven erfolgt (Erschließung neuer Finanzierungsmöglichkeiten, Erhöhung der Kreditwürdigkeit, Beschränkung der Haftung, Erbfolge u. a.), unterliegt einer Anzahl von Verkehrsteuern (Umsatzsteuer, Grunderwerbsteuer) und – soweit ein Zwang zur Auflösung stiller Rücklagen besteht – auch den Gewinnsteuern. Somit hat die steuerliche Belastung auch bei der Umwandlungsentscheidung unmittelbaren Einfluß auf die Wahl der Rechtsform.[64]

Der Einfluß der Besteuerung auf die Umwandlung kann doppelter Art sein:
(1) Die steuerliche Belastung einer Rechtsform kann das entscheidende oder doch mitbestimmende **Motiv** für die Umwandlung sein, z. B. bei der Verschiebung der steuerlichen Belastung von Personen- und Kapitalgesellschaften, wie sie in den letzten Jahrzehnten durch Änderungen der Relation der Steuertarife mehrfach aufgetreten ist.

(2) Durch die Tatsache, daß der **Umwandlungsvorgang** eine Anzahl von Steuerpflichten auslöst, wird jede Umwandlung – ganz gleich, aus welchen Motiven sie erfolgt – steuerlich belastet, so daß je nach der Höhe der Umwandlungssteuern betriebswirtschaftlich an sich zweckmäßige Umwandlungen durch die Besteuerung verhindert werden oder doch zumindest die von der neuen Rechtsform erwarteten wirtschaftlichen Vorteile zum Teil kompensiert werden können.

Alle durch den Umwandlungsvorgang ausgelösten Steuerzahlungen belasten die **Liquidität** des Betriebes und seine **Rentabilität** nach Steuern bzw. seine Gesamtkosten einmalig. Vom Standpunkt des Betriebes sind Umwandlungsgewinne, die durch gesetzlich erzwungene Auflösung von stillen Rücklagen entstehen, **unrealisierte Gewinne**. Es hat kein Umsatz mit anderen Wirtschaftseinheiten stattgefunden, durch den eine Gewinnrealisierung hätte erfolgen können. Durch bloße Bewertungsmaßnahmen tritt kein Zufluß an liquiden Mitteln ein, aus denen die Gewinnsteuern entrichtet werden könnten. Sie müssen also – ebenso wie die Verkehrsteuern – aus vorhandenen liquiden Mitteln oder ggf. durch Aufnahme von Krediten bezahlt werden, wenn durch den Gesetzgeber vorgeschrieben wird, daß durch die Änderung der Rechtsform einer unveränderten wirtschaftlichen Einheit Veräußerungsgewinne entstehen.

Die Entscheidung für eine neue Rechtsform kann in den Fällen, in denen der Betrieb zwischen verschiedenen Rechtsformen frei wählen kann, als eine **Investitionsentscheidung** aufgefaßt werden, die Einzahlungen in Höhe der in Zukunft erwarteten, allein durch die Rechtsform bedingten Mehrerlöse (z. B. als Folge besserer Finanzierungsmöglichkeiten oder geringerer laufender Steuerzahlungen) erbringt und Auszahlungen in Höhe der durch den

---

[64] Einzelheiten über Arten, Motive und steuerliche Entscheidungsprobleme der Umwandlung vgl. auf S. 951 ff., vgl. auch die detaillierte Darstellung bei Wöhe, G., Betriebswirtschaftliche Steuerlehre, Band II, 1. Halbband, a. a. O., S. 469 ff.

C. Die Wahl der Rechtsform

Umwandlungsvorgang ausgelösten einmaligen Steuerzahlungen sowie sonstige Auszahlungen für Gründungskosten, Gebühren, Beraterhonorare u. ä. – das sind gewissermaßen die Anschaffungsauszahlungen für die neue Rechtsform – und Auszahlungen in Höhe der ggf. laufenden Steuermehrbelastungen gegenüber der bisherigen Rechtsform und laufende höhere Auszahlungen für die Rechtsform (z. B. für Verwaltungsorgane, für Rechnungslegung, Pflichtprüfung und Veröffentlichung des Jahresabschlusses) verursacht.

Diese Investition wird jedoch nicht nur durchgeführt, wenn sie mit hoher Wahrscheinlichkeit vorteilhaft ist, sondern es wird auch Fälle geben, wo sie **Nachteile** erwarten läßt, aber aus zwingenden Gründen dennoch vorgenommen werden muß, so z. B. wenn der Wechsel der Rechtsform durch einen Erbfall unvermeidlich geworden ist.

Da die Umwandlung rechtlich als Einbringung des Betriebsvermögens und der Schulden eines Betriebes in eine neu gegründete Gesellschaft oder als Übertragung auf eine bereits bestehende Gesellschaft und somit als Sacheinlage in die neue Gesellschaft angesehen wird, stellt sich als steuerlich bedeutsamstes Problem die Frage nach der steuerlichen Behandlung der in den übertragenen Wirtschaftsgütern enthaltenen stillen Rücklagen.

Das UmwStG gewährt bei der Umwandlung einer Einzelunternehmung oder Personengesellschaft in eine Kapitalgesellschaft ein Wahlrecht, die Buchwerte, die Teilwerte[65] oder Zwischenwerte für das übernommene Vermögen anzusetzen. Die entsprechenden Bestimmungen enthalten die §§ 20–23 UmwStG. Diese Vorschriften finden allerdings nicht nur für die genannten Umwandlungsfälle Anwendung, sondern gelten generell für die „Einbringung eines Betriebes, Teilbetriebes oder Mitunternehmeranteils in eine Kapitalgesellschaft gegen Gewährung von Gesellschaftsanteilen". Alle genannten Einbringungen gelten als **Sacheinlagen.** Die Umwandlung einer Personengesellschaft oder Einzelunternehmung in eine Kapitalgesellschaft wird nur als ein besonderer Fall der Sacheinlage in eine Kapitalgesellschaft aufgefaßt.[66]

Das UmwStG ließ bis zum 31. 12. 1994 bei der Umwandlung einer **Kapitalgesellschaft in eine Personengesellschaft** im Gegensatz zum umgekehrten Fall der Umwandlung **keine Bewertungswahlrechte** zu. Seit 1. 1. 1995 sieht § 3 UmwStG 1995 ein Wahlrecht zwischen „dem Buchwert und einem höheren Wert" vor, allerdings dürfen die Teilwerte nicht überschritten werden. Damit ist der Gesetzgeber im Rahmen einer umfangreichen Novellierung des Umwandlungsrechts der Forderung der Wirtschaftspraxis nach einer „steuerneutralen" Umwandlung von Kapital- auf Personengesellschaften gefolgt. (**ÜB 2/61**)

7. Aufwendungen der Rechtsform

Die Aufwendungen, die eine Rechtsform verursacht, hängen in erster Linie vom Umfang gesetzlicher Vorschriften ab. Je größer dieser ist, um so höher sind die Aufwendungen. Während bei Personengesellschaften im allge-

---

[65] Zum Begriff des Teilwertes vgl. S. 935 f.
[66] Vgl. § 20 Abs. 2 UmwStG

meinen nur einmalige Aufwendungen bei der Gründung für die Eintragung ins Handelsregister, für die Beglaubigung oder Beurkundung von Gesellschaftsverträgen und Grundstückskäufen, für die Grunderwerbsteuer u. ä. anfallen, verursachen die Kapitalgesellschaften (und die wenigen dem Publizitätsgesetz unterliegenden Personengesellschaften) außerdem laufende Aufwendungen.

Bei der AG und KGaA treten zu den genannten einmaligen Aufwendungen noch die Kosten für den Druck und die Ausgabe der Aktien, für Prospekte und für die Gründungsprüfung. Laufende rechtsformabhängige Aufwendungen haben vor allem Kapitalgesellschaften und Genossenschaften zu tragen. Dabei ist zu beachten, daß bestimmte Aufwendungen auch von der Größe des Unternehmens bestimmt werden.

Während Genossenschaften in bestimmten, an die Höhe der Bilanzsumme anknüpfenden Zeitabständen generell Pflichtprüfungen durch Prüfungsverbände unterliegen,[67] differenziert das HGB hinsichtlich der Prüfungspflicht nach der Größe des Unternehmens, die anhand der Kriterien Bilanzsumme, Umsatzerlöse und Arbeitnehmerzahl gemessen wird. Danach werden kleine, mittelgroße und große Kapitalgesellschaften unterschieden,[68] von denen erstere – unabhängig von der Rechtsform, also auch AG und KGaA – nicht prüfungspflichtig sind.[69] Personengesellschaften sind dagegen nur dann prüfungspflichtig, wenn sie unter das Publizitätsgesetz fallen.

Neben den Aufwendungen für derartige Pflichtprüfungen haben die Unternehmen auch Aufwendungen für die Veröffentlichung des Jahresabschlusses und des Lageberichts, für sonstige Bekanntmachungen (Einberufung der Hauptversammlung), für Aufsichtsratssitzungen und Hauptversammlungen sowie laufende rechtsformabhängige Steuern (Körperschaftsteuer, Vermögensteuer) zu tragen.

8. Publizitätszwang

Für bestimmte Rechtsformen sowie für Betriebe bestimmter Größenordnung besteht Publizitätszwang, d. h. sie sind verpflichtet, ihre Jahresabschlüsse, d. h. die Bilanz und Gewinn- und Verlustrechnung sowie den Anhang, der die Posten der Bilanz und der Gewinn- und Verlustrechnung erläutert, und ferner den Bericht über die wirtschaftliche Lage des Betriebes (Lagebericht) nach Prüfung durch einen Abschlußprüfer zu veröffentlichen. Diese Veröffentlichung erfolgt zum Schutze der Gläubiger und der Anteilseigner des Betriebes und – vor allem bei Großbetrieben – im Interesse der Öffentlichkeit. Der Umfang der handelsrechtlichen Publizitätspflichten hängt wiederum von der Größe des Unternehmens ab. Kleine, nicht prüfungspflichtige Kapitalgesellschaften müssen Bilanz und Anhang in gekürzter Form,[70] mittelgroße Kapitalgesellschaften ebenfalls Bilanz und Anhang in

---

[67] Vgl. § 53 GenG
[68] Vgl. § 267 Abs. 1–3 HGB
[69] Vgl. § 316 Abs. 1 HGB
[70] Vgl. §§ 266 Abs. 1, 288, 326 HGB

gekürzter Form,[71] darüber hinaus aber auch Gewinn- und Verlustrechnung sowie Lagebericht und große Kapitalgesellschaften den vollständigen Jahresabschluß und Lagebericht zum Handelsregister (Registerpublizität) einreichen. Zusätzlich haben große Kapitalgesellschaften den Jahresabschluß und den Lagebericht im Bundesanzeiger (Vollpublizität) bekanntzumachen.

Die Bedeutung des Publizitätszwanges für die Wahl der Rechtsform ist nicht nur unter dem Gesichtspunkt der dadurch verursachten zusätzlichen Aufwendungen zu sehen. Bis zum Inkrafttreten des Bilanzrichtlinien-Gesetzes, das die GmbH hinsichtlich der Prüfungs- und Publizitätspflichten der AG und KGaA gleichstellte, war die Rechtsform der GmbH häufig der der Aktiengesellschaft vorgezogen worden, um sich dem Zwang zur Publizität zu entziehen.

Die Pflicht zur Veröffentlichung des Jahresabschlusses bestand früher nur für Aktiengesellschaften ohne Rücksicht auf die Unternehmensgröße. Eine Erweiterung der Publizitätspflicht auch auf Unternehmen anderer Rechtsformen erfolgte durch das „Gesetz über die Rechnungslegung von bestimmten Unternehmen und Konzernen" (sog. **Publizitätsgesetz**) vom 15. 8. 1969.[72] Für die Schaffung dieses Gesetzes sprachen vor allem zwei Gründe:

(1) Das Interesse an Jahresabschlüssen durch Eigentümer, Gläubiger und die Öffentlichkeit ist nicht in erster Linie von der gewählten Rechtsform abhängig, sondern von der Größe des Unternehmens.

(2) Konkurse und Vergleichsverfahren sowie die Notwendigkeit staatlicher Unterstützungen von bisher nicht rechenschaftspflichtigen Großunternehmen in der Vergangenheit sprechen für eine Erweiterung der Publizitätspflicht, von der man sich einen gewissen Kontrolleffekt erhofft.

Im einzelnen sieht das Publizitätsgesetz vor, daß Unternehmen unabhängig von der gewählten Rechtsform grundsätzlich dann öffentlich Rechnung zu legen haben, wenn für einen Abschlußstichtag und in der Regel für die zwei darauf folgenden Abschlußstichtage jeweils mindestens zwei der drei folgenden Merkmale zutreffen:
(1) die Bilanzsumme übersteigt 125 Mill. DM,
(2) die Umsatzerlöse übersteigen 250 Mill. DM,
(3) es werden mehr als 5000 Arbeitskräfte beschäftigt.

Diese Vorschriften gelten für alle Rechtsformen außer für Kapitalgesellschaften, da für diese bereits nach dem Handelsgesetzbuch eine allgemeine Publizitätspflicht besteht.

---
[71] Vgl. §§ 288, 327 HGB
[72] BGBl. I, S. 1189

D. Der Zusammenschluß von Unternehmen als Entscheidungsproblem

I. Begriff und Formen der Unternehmenszusammenschlüsse

Unternehmenszusammenschlüsse (international als mergers and acquisitions bezeichnet) entstehen durch die **Verbindung** von bisher rechtlich und wirtschaftlich selbständigen Unternehmen **zu größeren Wirtschaftseinheiten.** Generelles Ziel[1] ist die gemeinsame Bewältigung bestehender Aufgaben. Die rechtliche Selbständigkeit und die wirtschaftliche Autonomie der beteiligten Unternehmen kann, muß dabei jedoch nicht aufgehoben werden.

Unternehmenszusammenschlüsse können nach
(1) der Bindungsintensität und
(2) der Art der verbundenen Wirtschaftsstufen (Richtung des Zusammenschlusses)

klassifiziert werden.

Das Klassifizierungsmerkmal der **(1) Bindungsintensität** orientiert sich am Grad der Beeinflussung der **rechtlichen und wirtschaftlichen Selbständigkeit** der zusammengeschlossenen Unternehmen. Zu unterscheiden ist zwischen Kooperationen und Konzentrationen:

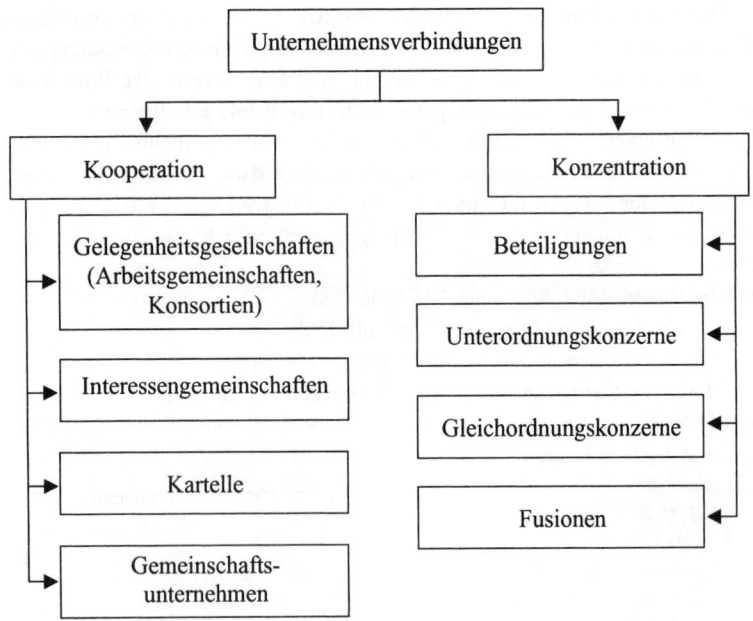

Abb. 80: Unternehmensverbindungen nach der Bindungsintensität

---

[1] Näheres zu den Zielen von Unternehmenszusammenschlüssen vgl. S. 323 ff.

D. Der Zusammenschluß von Unternehmen

Die **Kooperation**[2] ist durch die freiwillige Zusammenarbeit von Unternehmen, die rechtlich – und in den nicht der vertraglichen Zusammenarbeit unterworfenen Bereichen auch wirtschaftlich – **selbständig** bleiben, gekennzeichnet. Die beteiligten Unternehmen geben somit lediglich einen Teil ihrer wirtschaftlichen Souveränität auf. Die Zusammenarbeit erfolgt i. d. R. zu dem Zweck, durch die Zusammenlegung einzelner Unternehmensfunktionen (z. B. Einkauf, Forschung und Entwicklung) die Wettbewerbsfähigkeit zu steigern.

In einer **Konzentration**[3] hingegen werden nicht nur einzelne, sondern alle Funktionen der zusammengeschlossenen Unternehmen gemeinsam erfüllt. Die beteiligten Unternehmen geben dabei ihre wirtschaftliche Selbständigkeit auf. Hauptmerkmal derartiger Unternehmensverbindungen ist die **Unterordnung** der zusammengeschlossenen Unternehmen **unter eine einheitliche Leitung.** Geben die Unternehmen beim Zusammenschluß neben der wirtschaftlichen auch ihre rechtliche Selbständigkeit auf, spricht man von einer **Fusion (Verschmelzung).** In diesem Fall existiert nach dem Zusammenschluß nur noch eine rechtliche Einheit (Firma).

Die wirtschaftliche Entwicklung hat der Unternehmenskonzentration starke Impulse gegeben. Die
- Schaffung größerer Märkte (EU, NAFTA),
- verschärfte internationale Konkurrenz (Japan, USA, Südostasien),
- zunehmende Mechanisierung und Automatisierung des Produktions- und Absatzprozesses,
- Notwendigkeit der Sicherung der Rohstoff- und Energieversorgung und
- immer kostspieliger werdende Forschungs- und Entwicklungsvorhaben

begünstigen die Tendenz zur Bildung größerer und straff geführter Wirtschaftseinheiten. Gleichzeitig zwingt die Unternehmenskonzentration kleine und mittlere Unternehmen, durch Kooperationsverträge ihre Wettbewerbsfähigkeit zu stärken und dadurch einer Verdrängung vom Markt zu begegnen.

Nach der (2) **Art der verbundenen Wirtschaftsstufen** lassen sich horizontale, vertikale und anorganische Unternehmenszusammenschlüsse unterscheiden:

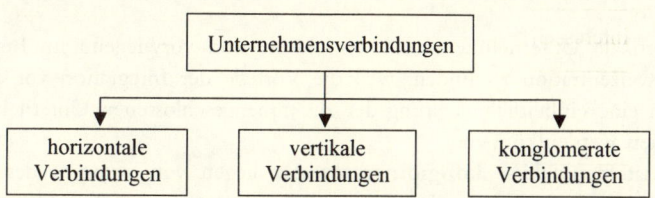

Abb. 81: Unternehmensverbindungen nach der Art der verbundenen Wirtschaftsstufen

---

[2] Zu den einzelnen Formen vgl. S. 327 ff.
[3] Zu den einzelnen Formen vgl. S. 332 ff.

Zusammenschlüsse auf **horizontaler Ebene** sind Vereinigungen von Unternehmen der gleichen Produktions- und Handelsstufe (z. B. mehrere Stahlwerke, mehrere Schuhfabriken oder mehrere Warenhäuser). Solche Zusammenschlüsse können zu verschiedenen Zwecken erfolgen:
- Ausschaltung der bisher bestehenden Konkurrenz zwischen den zusammengeschlossenen Unternehmen.
- Schaffung einer marktbeherrschenden Stellung gegenüber nicht angeschlossenen Unternehmen des gleichen Wirtschaftszweiges.
- Erringen gemeinsamer Marktmacht gegenüber Lieferanten und Abnehmern.
- Koordinierung oder gemeinsame Durchführung bestimmter Funktionen (z. B. Bildung von Arbeitsgemeinschaften im Baugewerbe, Bildung von Bankenkonsortien zur Emission von Wertpapieren oder zur Finanzierung von Großprojekten, Bildung von Interessengemeinschaften zur Durchführung gemeinsamer Grundlagenforschung).

Zu den horizontalen Zusammenschlüssen zählen auch die branchenmäßigen Vereinigungen von Unternehmen zu **Wirtschaftsfachverbänden** oder **Arbeitgeberverbänden**, deren Ziel in der Wahrnehmung gemeinsamer Interessen der Mitglieder besteht.

Zusammenschlüsse auf **vertikaler Ebene (Integrationen)** entstehen durch Vereinigung von aufeinander folgenden Produktions- und Handelsstufen. Vertikale Unternehmenszusammenschlüsse können rückwärts oder vorwärts ausgerichtet sein.

	Rückwärtsintegration	**Vorwärtsintegration**
Inhalt	Verbindung mit Unternehmen der vorgelagerten Produktions- oder Handelsstufe	Verbindung mit Unternehmen der nachgelagerten Produktions- oder Handelsstufe
Beispiel	Ölraffinerie kauft Ölfördergesellschaft	Ölraffinerie kauft Tankstellennetz
Ziel	Risikominimierung durch Sicherung der Versorgung	Risikominimierung durch Sicherung des Absatzes

Abb. 82: Rückwärts- und Vorwärtsintegration

Vertikale Unternehmenszusammenschlüsse sind vorwiegend im Bereich der Konzentration zu finden, weil die Vorteile der Integration vor allem durch eine einheitliche Leitung der zusammengeschlossenen Unternehmen realisiert werden können.

Zusammenschlüsse **konglomerater Art** liegen vor, wenn weder eine horizontale noch eine vertikale Verbindung gegeben ist, sondern Unternehmen unterschiedlicher Branchen und/oder unterschiedlicher Produktions- und Handelsstufen sich vereinigen. Gründe hierfür können finanzierungspolitische Überlegungen oder eine bessere Risikoverteilung sein. (**ÜB 2/72**)

II. Die Zielsetzungen von Unternehmenszusammenschlüssen

1. Überblick

Die mit Unternehmenszusammenschlüssen verfolgten Zielsetzungen sind zahlreich. Oberstes Ziel eines Unternehmens, das durch freiwilligen Zusammenschluß mit anderen Unternehmen einen mehr oder weniger großen Teil seiner wirtschaftlichen Selbständigkeit aufgibt, ist es, mit dieser Entscheidung seine Chancen zur langfristigen Gewinnmaximierung zu verbessern. Der Weg dazu führt erstens über eine **Erhöhung der Wirtschaftlichkeit** durch Erzielung von Rationalisierungseffekten und damit Kostensenkungen im Rahmen der größeren Wirtschaftseinheit, zweitens über eine **Stärkung der Wettbewerbsfähigkeit durch Verbesserung der Marktstellung** gegenüber Abnehmern, Lieferanten oder potentiellen Kreditgebern, drittens über eine **Minderung der Risiken** der betrieblichen Tätigkeit durch Aufteilung des Risikos auf mehrere Partner, viertens über das Erringen einer wirtschaftlichen **Machtposition** durch Einschränkung des Wettbewerbs und fünftens über die Bildung von Organisationen **(Wirtschaftsfachverbänden),** die die gemeinsamen Interessen der Mitgliedsunternehmen gegenüber dem Gesetzgeber, der Verwaltung und anderen Verbänden wahrnehmen. Diese verschiedenen Wege zur Gewinnerhöhung müssen sich nicht notwendigerweise ausschließen, sondern können nebeneinander beschritten werden.

Während vor allem kleine Unternehmen durch Kooperation mit anderen Unternehmen ihre Wettbewerbsfähigkeit erhöhen und ihre Risiken vermindern wollen, sind es insbesondere Großunternehmen, die im Wege der Konzentration marktbeherrschende Stellungen zu gewinnen oder durch Kartellabsprachen so hohe Marktanteile zu vereinigen suchen, daß sie gemeinsam die Absatzpreise diktieren können, weil der Wettbewerb der außerhalb des Kartells stehenden „Außenseiter" kaum noch wirksam werden kann. Im Interesse der Aufrechterhaltung des die Marktwirtschaft bestimmenden Konkurrenzprinzips verbietet das Gesetz gegen Wettbewerbsbeschränkungen Kartellabsprachen, die den Wettbewerb beeinträchtigen.

Die Erzielung von Rationalisierungseffekten durch Unternehmenszusammenschlüsse ist nicht an bestimmte Betriebsgrößen gebunden. Diese Zielsetzung liegt sowohl den meisten, den Wettbewerb nicht beschränkenden Kooperationen zwischen kleinen und mittleren Unternehmen als auch vielen Konzentrationsvorgängen zwischen großen Unternehmen zugrunde. Je größer allerdings ein primär aus Rationalisierungsüberlegungen vollzogener Unternehmenszusammenschluß im Laufe der Zeit wird, desto eher besteht die Gefahr, daß sich gewissermaßen „nebenbei" eine Beeinträchtigung des Wettbewerbs durch das Entstehen einer marktbeherrschenden Unternehmensgruppe ergibt.

Die mit Unternehmenszusammenschlüssen verfolgten Ziele erstrecken sich **auf alle Funktionsbereiche** eines Unternehmens. Dabei kann nur ein Ziel für den Zusammenschluß ausschlaggebend sein, z. B. die Rationalisierung im Fertigungsbereich oder die Koordinierung der Beschaffung oder des Absatzes; es können aber auch nebeneinander mehrere Ziele verfolgt werden. Die Rangordnung der Ziele wird stets so zu bestimmen sein, daß tendenziell der größtmögliche Gewinn erzielt werden kann. Das verfolgte Ziel oder die verfolgte Zielkombination bestimmt in der Regel auch die rechtliche Form, sowie die Intensität und die Dauer des Zusammenschlusses. (ÜB 2/62–63)

2. Ziele im Beschaffungsbereich

Zusammenschlüsse, die vom Beschaffungssektor ausgehen, können das Ziel haben, durch Gemeinschaftseinkauf eine Verbesserung der Marktposition gegenüber starken Lieferanten und dadurch günstigere Konditionen (Lieferbedingungen, Zahlungsbedingungen, Termine) zu erreichen, sowie durch gemeinschaftlichen Einkauf größerer Mengen günstigere Beschaffungspreise (Mengenrabatt) für die zusammengeschlossenen Unternehmen zu erzielen. Beispiele sind die Bildung von Einkaufsgenossenschaften, von freiwilligen Ketten, von Einkaufssyndikaten u. ä.

Neben dem Ziel, Preisvorteile bei der Beschaffung zu erlangen, kann insbesondere bei Industriebetrieben die Risikominderung durch Sicherung der Rohstoffversorgung in quantitativer und qualitativer Hinsicht ein Motiv für den Zusammenschluß mit vorgelagerten Produktionsstufen (z. B. Rohstoffgewinnungsbetriebe) sein.

Eine derartige Risikominderung ist vor allem in Branchen erforderlich, die außerordentlich stark von fremden Zulieferern abhängig sind. Ein typisches Beispiel ist die Automobilindustrie, bei der es durch verspätete Anlieferung von Zuliefererteilen zu erheblichen Produktionsstörungen und damit zu Terminüberschreitungen kommen kann. Eine kapitalmäßige Beteiligung an den wichtigsten Zuliefererbetrieben bzw. ihre vollständige Integration kann diese Risiken erheblich einschränken.

Auch die Personalbeschaffung läßt sich im Rahmen von Unternehmenszusammenschlüssen verbessern, z. B. durch Erweiterung des innerbetrieblichen Arbeitsmarktes im Wege der internen Stellenausschreibungen oder durch die Ausbildung von Führungsnachwuchskräften in der Geschäftsleitung abhängiger Unternehmen.

3. Ziele im Produktionsbereich

Im Bereich der Produktion können Zusammenschlüsse das Ziel der Verbesserung der Produktionsverhältnisse (Schaffung optimaler Betriebsgrößen, Ausnutzung der Auflagendegression, gleichmäßige Auslastung vorhandener Kapazitäten) verfolgen. Maßnahmen dazu sind einerseits die **Normung** (Festlegung von Abmessungen, Formen und Qualitäten von Einzelteilen) und die **Typung** (Vereinheitlichung von Ausführungsformen von Endprodukten), die zu Kostendegressionen durch Großserienherstellung führen können (z. B. Zuweisung der Herstellung einzelner Teile oder Typen einer Produktart, die vor dem Zusammenschluß von allen Unternehmen produziert wurden, an jeweils ein Unternehmen), andererseits die Differenzierung des Fertigungsprogramms durch Aufnahme neuer Produktarten **(Diversifikation)** zur Risikominderung im Produktionssektor durch bessere Ausnutzung vorhandener Anlagen.

Weitere Maßnahmen sind die Abstimmung des Produktionsprogramms, die Zusammenlegung von Produktionskapazitäten, der Austausch von Erfahrungen, die Schaffung gemeinsamer Forschungseinrichtungen zur Entwicklung und gemeinsamen Verwertung von Patenten und neuen Produktionsverfahren u. a.

4. Ziele im Finanzierungsbereich

Auch vom Bereich der Investition und Finanzierung gehen Impulse zu Unternehmenszusammenschlüssen aus. So können beispielsweise geplante Investitionsobjekte gemeinsam besser ausgelastet werden oder besonders große und kapitalintensive Investitionsvorhaben – und damit möglicherweise rationellere Fertigungsverfahren – überhaupt erst nach einem Zusammenschluß kleinerer oder mittlerer Betriebe durch gemeinsame **Aufbringung hoher Kapitalbeträge** durchführbar sein. Auch eine Vergrößerung der Eigenkapitalbasis, eine Erweiterung von Fremdfinanzierungsmöglichkeiten durch Stärkung der Kreditwürdigkeit, eine Erhöhung der Rentabilität oder eine Minderung von Risiken durch Beteiligungen und die Erleichterung sonstiger Kapitaldispositionen können Ziel eines Unternehmenszusammenschlusses sein.

Die **Erschließung internationaler Märkte** erfordert infolge größerer Risiken und langer Zahlungsziele einen besonders hohen Kapitalbedarf, der häufig nur durch einen Zusammenschluß mehrerer Unternehmen aufgebracht werden kann. Neben diesen Aspekten spielt gerade bei der Errichtung von Tochterunternehmen in ausländischen Staaten eine Rolle, daß diese solche Investitionen oftmals nur dann zulassen, wenn ihnen selbst bzw. einem ansässigen nationalen Unternehmen eine Beteiligung an dem ausländischen Tochterunternehmen eingeräumt wird.

Ein anderes Motiv für Zusammenschlüsse ist die gemeinsame **Finanzierung von Großprojekten,** die die Finanzkraft eines Betriebes bei weitem übersteigen, z. B. im Bereich der Bauwirtschaft (z. B. Bau einer Talsperre, großer Autobahnbrücken, olympischer Wettkampfstätten) oder im Bereich der Kreditwirtschaft (z. B. Übernahme einer Wertpapieremission durch ein Bankenkonsortium).

5. Ziele im Absatzbereich

Motiv für Zusammenschlüsse im Bereich des Absatzes ist häufig die Schaffung einer gemeinsamen, rationeller arbeitenden Vertriebsorganisation aller zusammengeschlossenen Unternehmen zur Sicherung und Verbesserung der Marktstellung. Ein Beispiel dafür sind Verkaufssyndikate, die vor allem die Aufgabe haben können, eine selbständige Preispolitik der einzelnen Betriebe zu verhindern und im Falle vertraglich vereinbarter Produktionsquoten die Einhaltung dieser Quoten zu überwachen.

Besonders häufig aber ist der Zweck der Konzentration das **Erlangen wirtschaftlicher Macht,** die Schaffung marktbeherrschender Positionen am Absatzmarkt und die Ausschaltung des Wettbewerbs durch Festsetzung einheitlicher Preise, einheitlicher Geschäftsbedingungen oder bestimmter Absatzquoten, letzten Endes das Erringen einer **Monopolstellung.** Hier ist nicht in erster Linie die Erhöhung der Wirtschaftlichkeit der Leistungserstellung und -verwertung der Ausgangspunkt für den Zusammenschluß, sondern die Vergrößerung der Rentabilität mit Hilfe wirtschaftlicher Macht, wobei unter Umständen die Wirtschaftlichkeit der Leistungserstellung durch das Entstehen von Überkapazitäten zurückgehen kann.

Auch der Gesichtspunkt der **Risikominderung** durch Sicherung der Absatzmöglichkeiten kann eine Rolle spielen. Die sich immer mehr verschärfende Konkurrenz auf den Absatzmärkten und die durch Veränderung der Käufergewohnheiten oder der Einkommensverhältnisse jederzeit drohenden Absatzrückgänge zwingen die Betriebe in immer stärkerem Umfange zur Risikostreuung durch Diversifikation, d. h. zur Verbreiterung des Angebotsprogramms durch Aufnahme neuer Produkte für vorhandene oder neue Märkte. Der zweckmäßigste und auf Grund der vorhandenen Kapazitäten und Finanzierungsmöglichkeiten oft einzig mögliche Weg ist hier der Zusammenschluß mit anderen Unternehmen, die entweder Produkte herstellen, die in sachlichem Zusammenhang mit den eigenen Produkten stehen **(horizontale Diversifikation),** einer vor- oder nachgelagerten Absatzstufe angehören **(vertikale Diversifikation)** oder sich wechselseitig mit den eigenen Produkten ergänzen **(komplementäre Diversifikation).**

6. Steuerliche Ziele

Im **internationalen Bereich** hat das bestehende Steuergefälle zu sog. niedrig besteuernden Ländern (z. B. Schweiz und Liechtenstein) zur Bildung von Unternehmenszusammenschlüssen besonderer Art geführt, mit deren Hilfe im Ausland niedriger als im Inland besteuerte Vorgänge ins Ausland verlegt werden (z. B. mit Hilfe ausländischer Vertriebs- oder Patentverwertungsgesellschaften). Vorteile dieser Art sind allerdings durch das Außensteuergesetz vom 8. 9. 1972[1] und durch bilaterale Veeinbarungen im Rahmen von Doppelbesteuerungsabkommen eingeschränkt worden.

7. Sonstige Ziele der Kooperation

Zu den sonstigen gemeinsamen Interessen, die Unternehmen durch Zusammenschlüsse zu Verbänden oder zu oft nur auf beschränkte Zeit gegründeten Aktionsgemeinschaften wahrnehmen können, gehören:

---

[1] BGBl I, S. 1713

- Bündelung weitreichender wirtschaftlicher Interessen in Gemeinschaftsunternehmen,
- gemeinsame Werbung,
- Durchführung gemeinschaftlicher betriebswirtschaftlicher Vorhaben (z. B. Betriebsvergleiche, Marktuntersuchungen, Ausbildung),
- Durchführung gemeinschaftlicher technisch-wissenschaftlicher Vorhaben (gemeinsame Forschungs- und Entwicklungsprojekte),
- gemeinsame Informations- und Nachrichtendienste,
- gemeinsame Öffentlichkeitsarbeit (Public Relations),
- gemeinsame Lobbyarbeit.

Die genannten Zielsetzungen treten i. d. R. nicht isoliert auf. Im konkreten Einzelfall sind meist mehrere der genannten Motive Anlaß für Unternehmenszusammenschlüsse.

III. Kooperationsformen

1. Gelegenheitsgesellschaften

Bei einer Gelegenheitsgesellschaft erfolgt der Zusammenschluß von Unternehmen, um bestimmte Einzelgeschäfte auf gemeinsame Rechnung zu betreiben. Sie werden in der Regel in der Rechtsform der Gesellschaft des bürgerlichen Rechts[1] geführt. Die Bildung von Gelegenheitsgesellschaften ermöglicht mehreren Unternehmen die gemeinsame Durchführung von Projekten (z. B. die Errichtung großer Bauwerke oder die Übernahme und Plazierung von Wertpapieremissionen), die

- entweder die Kapazität eines einzelnen Unternehmens überschreiten
- oder bei denen ein einzelnes Unternehmen das Risiko der Ausführung nicht allein übernehmen will.

Gelegenheitsgesellschaften werden meistens in Form einer **Arbeitsgemeinschaft** gebildet. Arbeitsgemeinschaften sind Zusammenschlüsse von rechtlich und wirtschaftlich selbständigen Unternehmen, die das Ziel verfolgen eine **zeitlich befristete und inhaltlich abgegrenzte Aufgabe** gemeinschaftlich zu lösen. Sie sind vorwiegend – wenn auch nicht ausschließlich – im **Baugewerbe** anzutreffen (z. B. Bau einer Talsperre oder eines Flughafens). Der Zusammenschluß erfolgt dabei in der Regel auf **horizontaler Ebene**, d. h. es handelt sich um Zusammenschlüsse von Unternehmen des gleichen Wirtschaftszweiges.

Die Arbeitsgemeinschaft ist eine **Außengesellschaft**, die einen eigenen Namen führt und Gesellschaftsvermögen haben kann. Sie schließt im eigenen Namen und für eigene Rechnung den Vertrag mit dem Auftraggeber, führt den Auftrag aus und rechnet mit dem Auftraggeber ab. Folglich entstehen unmittelbare Rechtsbeziehungen nur zwischen dem Auftraggeber und der Arbeitsgemeinschaft, nicht dagegen zwischen dem Auftraggeber und einzelnen Mitgliedern der Arbeitsgemeinschaft.

---

[1] Vgl. § 705 ff. BGB

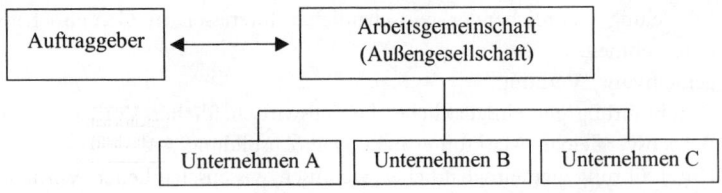

Abb. 83: Echte Arbeitsgemeinschaft

Neben der bisher beschriebenen **„echten"** Arbeitsgemeinschaft haben sich in der Wirtschaftspraxis auch sogn. **„unechte"** Arbeitsgemeinschaften entwickelt. Dabei sind zwei Formen unechter Arbeitsgemeinschaften zu unterscheiden:
- Zum einen kann der Auftraggeber nur mit einem Unternehmer **(Hauptunternehmer)** den Vertrag über die Ausführung des Vorhabens abschließen. Der Hauptunternehmer verpflichtet sich, einen Teil der Ausführung einem oder mehreren anderen Unternehmern **(Nebenunternehmer)** zu übertragen. Durch diese Vertragsgestaltung entstehen – im Gegensatz zur echten Arbeitsgemeinschaft – keine unmittelbaren Rechtsbeziehungen zwischen dem Auftraggeber und der Arbeitsgemeinschaft. Unmittelbare Rechtsbeziehungen existieren nur zwischen dem Auftraggeber auf der einen Seite und dem Hauptunternehmer sowie den Nebenunternehmern auf der anderen Seite (siehe Abb. 84 oberer Teil).
- Der Auftraggeber überträgt nur einem Unternehmer die Ausführung des Gesamtvorhabens. Dieser **Gesamtunternehmer (Generalunternehmer)** bedient sich jedoch zur Durchführung der Arbeiten eines oder mehrerer **Subunternehmer**. Zwischen den Subunternehmern und dem Auftraggeber bestehen keine unmittelbaren Rechtsbeziehungen. Der Gesamtunternehmer schließt im eigenen Namen und für eigene Rechnung Verträge mit seinen Subunternehmern ab (siehe Abb. 84 unterer Teil).

In beiden Formen unechter Arbeitsgemeinschaften tritt die Arbeitsgemeinschaft nur noch als **Innengesellschaft** auf. Es handelt sich um von außen nicht erkennbare Gesellschaftsverhältnisse.

Statt von einer Arbeitsgemeinschaft wird gelegentlich auch von einem **Konsortium** gesprochen. Dieser Begriff ist insbesondere bei Banken vorzufinden, die sich zur Durchführung bestimmter, genau abgegrenzter Aufgaben zeitlich befristet zusammenschließen **(Bankenkonsortium)**. Bankenkonsortien bilden sich insbesondere bei größeren Wertpapieremissionen. Sie werden neben der Risikoverteilung vor allem zur Zusammenfassung von Finanzkraft und Plazierungsmöglichkeiten geschlossen.

2. Interessengemeinschaften

Eine Interessengemeinschaft entsteht – ebenso wie die Gelegenheitsgesellschaft – als vertragliche Verbindung selbständig bleibender Unternehmen zur Verfolgung gemeinsamer Interessen. Im Gegensatz zur Gelegenheitsge-

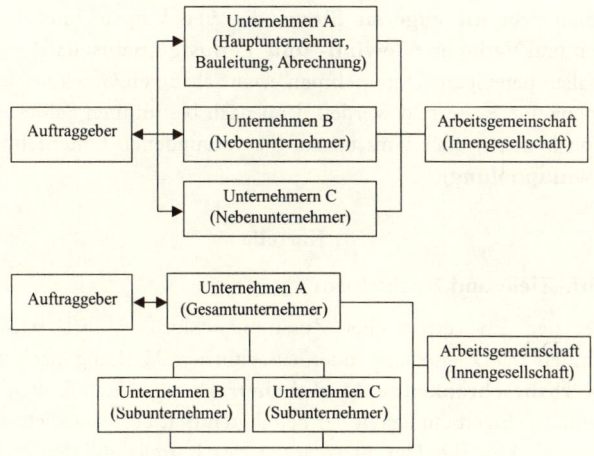

Abb. 84: Unechte Arbeitsgemeinschaften

sellschaft ist die Interessengemeinschaft jedoch inhaltlich und zeitlich weiter gefaßt. Die Zusammenarbeit erstreckt sich nicht mehr nur auf zeitlich befristete und inhaltlich abgegrenzte Projekte, sondern auf eine **längerfristige Zusammenarbeit in einzelnen betrieblichen Funktionsbereichen**. In der Regel handelt es sich dabei um einen horizontalen Unternehmenszusammenschluß ohne Kapitalbeteiligungen untereinander. Es ist folglich kein Verhältnis der Über- und Unterordnung, sondern der Nebenordnung gegeben.

Allgemeines **Ziel** einer Interessengemeinschaft ist die Verfolgung eines gemeinsamen wirtschaftlichen Zwecks, durch dessen Realisierung die vertraglich verbundenen Unternehmen hoffen, das unternehmerische Ziel der langfristigen Gewinnmaximierung besser erreichen zu können als ohne eine derartige Kooperation. Meistens soll dies über Rationalisierungen, die zu **Kostensenkungen** führen, erfolgen. Beispiele hierfür sind
- das Zusammengehen in der Forschung und Entwicklung,
- ein gemeinsamer Einkauf und
- die Aufteilung der Fertigung auf die angeschlossenen Betriebe.

Ihrer Rechtsnatur nach ist die Interessengemeinschaft gewöhnlich eine **Gesellschaft des bürgerlichen Rechts**,[2] bei der sich die Gesellschafter verpflichten, den gemeinsamen Zweck in der durch den Vertrag bestimmten Weise zu fördern. Als **Innengesellschaft** tritt sie nach außen nicht in Erscheinung. Sie darf insbesondere keine Geschäfte mit Dritten im Namen der Gesellschafter tätigen. Gemeinschaftliches Vermögen ist nicht erforderlich. Eine gemeinsame Verwaltung erfolgt in der Regel nicht, doch besteht häufig eine Gemeinschaftsverwaltung für die im Vertrag festgelegten Angelegenheiten, über die ein gemeinsamer Beschluß gefaßt werden muß.

Die bisher behandelte Interessengemeinschaft wird als Interessengemeinschaft **im weiteren Sinne** bezeichnet. Davon zu unterscheiden ist die Inter-

---

[2] Vgl. § 705 BGB

essengemeinschaft **im engeren Sinne**, die eine Vergemeinschaftung von Gewinnen und Verlusten (**Gewinn- und Verlustgemeinschaft**) beinhaltet: Die von allen beteiligten Unternehmen erwirtschafteten Gewinne[3] fließen in eine gemeinsame Kasse und werden dann nach bestimmten Schlüsseln (z. B. nach Kapitalanteilen oder Umsatz) auf die verbundenen Unternehmen verteilt (**Gewinnpoolung**).

3. Kartelle

a) Begriff, Ziele und Rechtsform

Richtet sich ein vertraglicher Zusammenschluß rechtlich selbständiger Unternehmen der Zielsetzung oder tatsächlichen Wirkung nach auf eine **wettbewerbsbeschränkende Marktbeherrschung** durch Einengung der wirtschaftlichen Eigenständigkeit der beteiligten Betriebe, so spricht man von einem Kartell. Um die Durchsetzbarkeit des Kartells auf dem relevanten Markt zu gewährleisten, muß zumindest ein so bedeutender Teil des Angebots oder der Nachfrage zusammengefaßt sein, daß außenstehende Mitbewerber von einem Konkurrenzkampf mit dem Kartell abgehalten werden.

Durch den Kartellvertrag entsteht meist eine nach außen nicht in Erscheinung tretende Vereinigung (Kartell niederer Ordnung) in der **Rechtsform** einer GbR. Häufig wird aber die Geschäftsführung auf einen eigenen Rechtsträger, z. B. eine GmbH, ausgegliedert – es bildet sich ein Kartell höherer Ordnung.

b) Kartellarten

Je nach Gegenstand der Absprache handelt es sich um
- **Konditionenkartelle,** die sich auf die Vereinheitlichung der geschäftlichen Nebenbedingungen, nicht aber auf Preisabsprachen richten.
- **Preiskartelle,** die z. B. einen Einheits-, Mindest- oder Höchstpreis sowie zugehörige Produktions- oder Beschaffungsquoten festlegen. Sonderformen sind das bei öffentlichen Ausschreibungen auftretende **Submissionskartell**, durch welches Absprachen z. B. in Form eines Mindestpreises getroffen werden, sowie das **Gewinnverteilungskartell**, bei dem nicht nur Preise und Produktionsquoten, sondern darüber hinaus auch ein Gewinnausgleich nach bestimmten Schlüsseln geregelt wird.
- **Produktionskartelle,** wo zwar (z. B. aus Rationalisierungsgründen) nur produktionstechnische Vereinbarungen getroffen werden, diese jedoch auch eine Wettbewerbsbeschränkung mit sich bringen können. In der Praxis sind so z. B. Absprachen über einheitliche Einzelteile oder Endprodukte **(Normen** bzw. **Typen)** zu beobachten, aber auch **Spezialisierungskartelle,** bei denen durch die Aufteilung unterschiedlicher Produkte oder Funktionen auf die beteiligten Betriebe ein bisher bestehender Wettbewerb ausgeschaltet wird.

---

[3] Hierbei kann es sich entweder um die erwirtschafteten Gesamtgewinne der beteiligten Unternehmen oder auch nur um die Gewinne aus bestimmten Quellen (z. B. aus Export, gemeinsamer Patentverwertung u. a.) handeln.

- **Absatz- oder Beschaffungskartelle**, wenn das Absatz- oder Beschaffungsgebiet **räumlich aufgeteilt (Gebietskartell)** oder der gesamte Absatz bzw. die gesamte Beschaffung von einer **zentralisierten Einrichtung** ausgeübt wird **(Syndikat)**. Das Syndikat als am straffsten organisierte Kartellform ist dabei geeignet, die einzelwirtschaftlichen Anreize zum Bruch eines Preiskartells zu unterbinden. Nachteilig für die Kartellmitglieder kann sich jedoch auswirken, daß der unmittelbare Kontakt zum Markt verlorengeht und somit ein Ausscheiden aus dem Zusammenschluß mit zunehmender Bindungsfrist immer schwieriger wird.

c) Wettbewerbsrechtliche Regelung der Kartelle

Da Kartelle im allgemeinen eine Beschränkung des Wettbewerbs mit sich bringen, widersprechen sie den wirtschaftspolitischen Zielsetzungen der marktwirtschaftlichen Wertordnung. Es bedarf deshalb einer ordnungspolitischen Regelung. Nach § 1 des **Gesetzes gegen Wettbewerbsbeschränkungen** (GWB) sind deshalb „Vereinbarungen zwischen miteinander im Wettbewerb stehenden Unternehmen, Beschlüsse von Unternehmensvereinigungen und aufeinander abgestimmte Verhaltensweisen, die eine Verhinderung, Einschränkung oder Verfälschung des Wettbewerbs bezwecken oder bewirken, verboten." Von diesem **generellen Verbot** bestehen unter bestimmten Voraussetzungen **Ausnahmen**. Zunächst sind einige Wirtschaftsbereiche (Landwirtschaft, Urheberrechtsverwertung, Sportrechtsvermarktung)[4] vom Kartellverbot befreit. Darüber hinaus gilt:

- **Normen-, Typen-, Konditionen-, Spezialisierungs- und Mittelstandskartelle** sind zulässig, wenn ihrer Bildung nach einer Anmeldung beim Bundeskartellamt nicht innerhalb einer Frist von drei Monaten von den Kartellbehörden widersprochen wurde **(Widerspruchskartelle)**.[5]
- Um konjunkturell oder strukturell bedingte Anpassungsprozesse der Wirtschaft zu unterstützen und somit langfristig den Fortbestand des Wettbewerbs zu sichern, können **Rationalisierungs-, Strukturkrisen-** sowie **bestimmte sonstige Kartelle** unter engen Bedingungen befristet erlaubt werden **(Erlaubniskartelle)**.[6]
- Ist eine Beschränkung des Wettbewerbs aus überwiegenden Gründen der Gesamtwirtschaft und des Gemeinwohls notwendig, so kann ein Kartell außerdem durch den **Bundeswirtschaftsminister** zeitlich begrenzt erlaubt werden.[7]

Nicht nur auf Bundes-, sondern auch auf **europäischer Ebene** sind Kartelle grundsätzlich verboten; wie im deutschen System bestehen aber zahlreiche Ausnahmen.[8] Da sich die europäische Wettbewerbskontrolle jedoch in ihrer jetzigen Form als sehr bürokratisch erwiesen hat, wird zur Zeit über eine durchgreifende Reform dieses Systems nachgedacht.

---

[4] §§ 28, 30, 31 GWB
[5] § 9 i. V. m. §§ 2–4 GWB. Vgl. auch Bekanntmachung Nr. 110/98 des Bundeskartellamts
[6] § 10 i. V. m. §§ 5–7 GWB. Vgl. auch Bekanntmachung Nr. 109/98 des Bundeskartellamts
[7] § 10 i. V. m. § 8 GWB
[8] Art. 85 EGV, Art. 1 Verordnung des Rates 17/62 v. 6. 2. 1962, BGBl. II, S. 93 mit allen nachfolgenden Änderungen

4. Gemeinschaftsunternehmen

Gemeinschaftsunternehmen – im internationalen Bereich auch **Joint Ventures** genannt – stellen eine Form der Kooperation von Unternehmen dar, die sich in jüngerer Zeit zunehmender Beliebtheit erfreut. Grundsätzlich versteht man unter Gemeinschaftsunternehmen „eine Form der wirtschaftlichen Zusammenarbeit zwischen zwei oder mehreren voneinander unabhängigen Unternehmen – den sogn. Gesellschaftsunternehmen –, die sich darin niederschlägt, daß ein rechtlich selbständiges Unternehmen gemeinsam gegründet oder erworben wird mit dem Ziele, Aufgaben im gemeinsamen Interesse der Gesellschafterunternehmen auszuführen."[9] Gemeinschaftsunternehmen können in jeder beliebigen Rechtsform geführt werden, die für die Zwecke der Gesellschafterunternehmen geeignet ist. Dabei steht das typische Gemeinschaftsunternehmen unter der **gemeinsamen Leitung** der Gesellschafterunternehmen, die im Regelfall prozentual gleichmäßig beteiligt sind oder bei ungleichmäßiger Beteiligung dennoch eine gemeinsame Leitung vereinbart haben. Im Gegensatz zu einem Konzernunternehmen liegt hier **keine einheitliche Leitung** vor.

Die möglichen Gründe für die Errichtung von Gemeinschaftsunternehmen sind vielfacher Natur. Im Vordergrund steht allgemein das Ziel der Verbesserung der Rentabilität, das entweder durch freiwillige oder durch zwangsweise Kooperation mit anderen Unternehmen verfolgt wird. Zwangsläufig ist die Gründung von Gemeinschaftsunternehmen häufig bei Investitionen im Ausland, insbesondere in solchen Staaten, die gesetzliche Beschränkungen bei der Beteiligung von Ausländern an nationalen Unternehmen kennen und eine Zusammenarbeit mit einheimischen Partnern fordern.[10]

Einzelziele, die mit Gemeinschaftsunternehmen realisiert werden sollen, können beispielsweise gerichtet sein auf
- den Beschaffungsbereich (Sicherung der Versorgung mit Rohstoffen vor allem im Ausland),
- den Produktionsbereich (gemeinsame Nutzung von optimalen Betriebsgrößen),
- den Absatzbereich (Erschließung neuer Absatzmärkte vor allem im Ausland) und
- den Bereich der Forschung und Entwicklung.

IV. Konzentrationsformen

1. Beteiligung

Ein Aktionär ist mit dem Nennbetrag seiner Aktie am Grundkapital der AG beteiligt. Mit dem Kauf der Aktie erwirbt er Gesellschafterrechte. Neben dem Recht auf Dividendenbezug, dem Bezugsrecht bei Kapitalerhöhungen

---

[9] Schubert/Küting, (Unternehmenszusammenschlüsse), S. 219
[10] Vgl. Helms, G., Management von Joint Ventures, ZfB 1985, S. 290

und dem Recht auf anteiligen Liquidationserlös verbrieft die Stammaktie das Recht auf Stimmabgabe in der Hauptversammlung.

Die Aktionäre wählen den Aufsichtsrat; der Aufsichtsrat wählt den Vorstand. Damit sichert das Stimmrecht einen **mittelbaren Einfluß** auf die **Unternehmenspolitik**. Befinden sich die Aktien im Streubesitz, geht der Einfluß des einzelnen Kleinaktionärs gegen Null. Hält ein Aktionär eine Beteiligung von mehr als 25 Prozent, kann er mit seiner Sperrminorität satzungsändernde Beschlüsse verhindern. Hält er sogar eine Beteiligung von mehr als 50 Prozent des Grundkapitals (= Mehrheitsbeteiligung), kann er die Geschäftspolitik des Unternehmens maßgeblich beeinflussen. Erreicht die Beteiligung eines Aktionärs die 75 Prozentmarke, hat er das Recht zur Satzungsänderung.

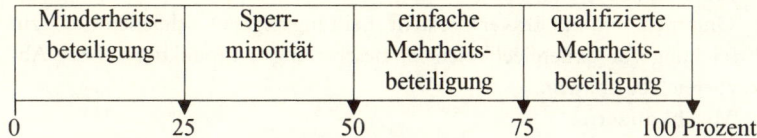

Abb. 85: Beteiligungsquoten

Wird eine Beteiligung an der AG B nicht von einer Einzelperson, sondern von einem Unternehmen A gehalten, dann hat die AG A
- **Dividendenansprüche** aus ihrer Beteiligung an B und
- **Einflußmöglichkeiten** aus dem **Stimmrecht** in der Hauptversammlung von B.

Die Möglichkeit der Einflußnahme von AG A auf AG B ist damit durch die beiden Faktoren
(1) **Leitungsabsicht** (Einfluß auf Geschäftspolitik) und
(2) **Leitungsmacht** (abhängig von der Beteiligungshöhe)
determiniert.

Ist die AG A an AG B und AG B an AG C maßgeblich beteiligt, kann A direkten Einfluß auf die Tochtergesellschaft B und indirekten Einfluß auf die Enkelgesellschaft C nehmen.

2. Konzern[1]

a) Merkmale, Ziele und Arten

Nach § 18 AktG versteht man unter einem Konzern
- den Zusammenschluß mehrerer rechtlich selbständiger Unternehmen
- unter einheitlicher wirtschaftlicher Leitung.

Einheitliche wirtschaftliche Leitung ist gegeben, wenn die Geschäftspolitik der einzelnen Konzernunternehmen koordiniert wird. Die einheitliche Lei-

---

[1] Zu einer ausführlichen Darstellung vgl. Schubert/Küting, (Unternehmenszusammenschlüsse), S. 239 ff. sowie Clausen, U., (Verbundene Unternehmen), S. 110 ff.

tung faßt rechtlich selbständige Unternehmenseinheiten zu einer wirtschaftlichen Einheit zusammen. Gemessen an der Bindungsintensität steht der Konzern zwischen

- dem **Kartell**[2] (= abgestimmtes Verhalten rechtlich und wirtschaftlich selbständiger Unternehmen) und
- der **Fusion**[3] (= Unternehmenszusammenschluß bei Aufgabe der rechtlichen und wirtschaftlichen Selbständigkeit).

Nach der wirtschaftlichen Zielsetzung des Unternehmenszusammenschlusses unterscheidet man:

Vertikale Konzerne

Unternehmen aufeinanderfolgender Produktionsstufen schließen sich zur Sicherung der Beschaffungs- und Absatzwege zusammen.

Horizontale Konzerne

Unternehmen mit artverwandtem Leistungsangebot schließen sich zur Erreichung von Synergieeffekten im Beschaffungs-, Produktions- bzw. Absatzbereich zusammen.

Mischkonzerne[4]

Unternehmen verschiedener Branchen schließen sich aus Gründen der Risikodiversifikation[5] zusammen.

Nach dem Verhältnis der Konzernunternehmen zueinander unterscheidet man folgende Konzernarten:

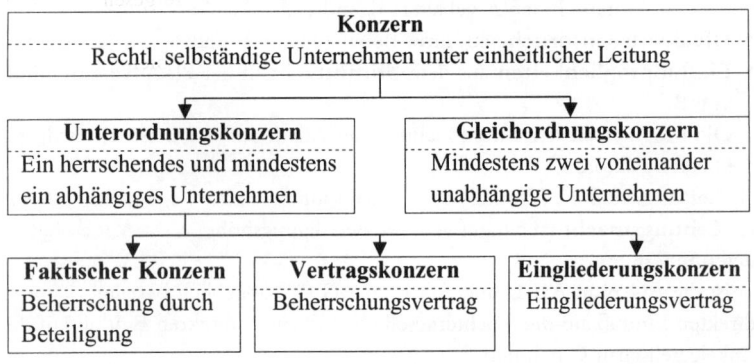

Abb. 86: Konzernarten

b) Der Unterordnungskonzern

Im Unterordnungskonzern (§ 18 Abs. 1 AktG) werden ein herrschendes und (mindestens) ein abhängiges Unternehmen unter der einheitlichen Leitung des herrschenden Unternehmens zusammengefaßt. Der Unterordnungskonzern basiert auf einer Beteiligung von mindestens 50 Prozent. Steht eine Untergesellschaft B im Mehrheitsbesitz der Obergesellschaft A, dann gilt

---

[2] Vgl. S. 331 ff.
[3] Vgl. S. 337
[4] Mischkonzerne werden auch als Diversifikationskonzerne, konglomerate Konzerne oder anorganische Konzerne bezeichnet.
[5] Zu den Vorteilen vgl. S. 326

die Vermutung der Abhängigkeit der Untergesellschaft B (§ 17 Abs. 2 AktG). Liegt ein solches Abhängigkeitsverhältnis vor, gilt die Konzernvermutung nach § 18 Abs. 1 AktG.

Der **faktische Konzern** basiert auf dem Stimmrecht aus einer Mehrheitsbeteiligung. Die abhängigen Unternehmen werden der faktischen Leitungsmacht der Obergesellschaft unterstellt (= einheitliche Leitung). Im Wege des Wahlrechts für Aufsichtsrat und Vorstand kann das herrschende Unternehmen seine Interessen durchsetzen. Das Gros der Unterordnungskonzerne beruht allein auf faktischer Beherrschung.

Der **Vertragskonzern** basiert auf dem Abschluß eines Beherrschungsvertrages. Mit dem Abschluß des Beherrschungsvertrages unterstellt sich die Untergesellschaft der Leitung durch die Obergesellschaft. Der Abschluß des Beherrschungsvertrages bedarf der Zustimmung der qualifizierten Mehrheit der Hauptversammlung der Untergesellschaft. Erteilt die Obergesellschaft Weisungen an die Untergesellschaft, die für diese von Nachteil sind, haben die außenstehenden Minderheitsgesellschafter Anspruch auf Gewinnausgleich (§ 304 AktG) bzw. Anspruch auf Abgabe ihrer Anteile gegen angemessene Abfindung (§ 305 AktG).

Der **Eingliederungskonzern** basiert auf einer Beteiligung von mindestens 95 Prozent am Grundkapital der Untergesellschaft. Beschließt die Hauptversammlung die Eingliederung, scheiden die Minderheitsgesellschafter (sie halten weniger als 5 Prozent des Grundkapitals der Untergesellschaft) gegen angemessene Abfindung aus der Untergesellschaft aus. Die Obergesellschaft hat die uneingeschränkte Leitungsmacht. Gleichwohl bleibt die Untergesellschaft rechtlich selbständig.

c) Der Gleichordnungskonzern

Der Gleichordnungskonzern (§ 18 Abs. 2 AktG) ist von untergeordneter praktischer Bedeutung. Auch der Gleichordnungskonzern basiert auf einheitlicher Leitung. Diese resultiert aber nicht aus einem Abhängigkeitsverhältnis, sondern auf einer vertraglichen Absprache von (mindestens) zwei gleichgeordneten Unternehmen.[6]

d) Entstehung von Konzernen

Konzerne können durch Unternehmensteilung oder durch Unternehmenszusammenschluß entstehen. Im Wege der **Unternehmensteilung** wird ein Einheitsunternehmen in mehrere rechtlich selbständige Unternehmenseinheiten aufgeteilt. Hinter der Unternehmensteilung stehen meist Risikobegrenzungsabsichten: Existenzgefährende Risiken, die bis zum Konkurs gehen können, sollen auf einen rechtlich selbständigen Teilbereich begrenzt werden.

Weitaus häufiger ist die Konzernbildung durch den **Zusammenschluß rechtlich selbständiger Unternehmen.** Der Beteiligungserwerb (englisch: **acquisition**) kann durch

---

[6] Zu den Entstehungsgründen vgl. Schubert/Küting, (Unternehmenszusammenschlüsse), S. 241

- sukzessiven Aktienerwerb an der Börse,
- Direktverhandlung mit einem Großaktionär oder
- ein öffentliches Aufkaufangebot zu einem (über dem Börsenkurs liegenden) Ankaufkurs

erfolgen. Erfolgt der Beteiligungserwerb im (ohne) Einvernehmen mit dem Management der zu übernehmenden Gesellschaft, spricht man von einer freundlichen (feindlichen) Übernahme. Freundliche Übernahmen sind einfacher zu bewerkstelligen und in Deutschland die Regel.[7]

e) Organisation von Konzernen

Bezüglich der Konzernorganisation ist zwischen dem (früher üblichen) Stammhauskonzern und der Holding zu unterscheiden, die zunehmend an Bedeutung gewinnt.

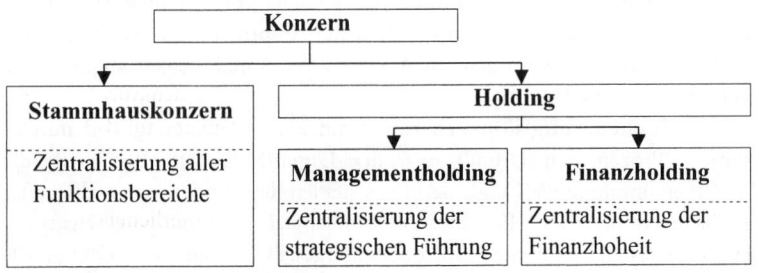

Abb. 87: Organisationsformen des Konzerns

Im **Stammhauskonzern** liegt das operative Geschäft quer durch alle Funktionsbereiche (Beschaffung, Produktion, Absatz, Investition und Finanzierung) in den Händen der Obergesellschaft. Steht an der Konzernspitze eine Holding, reduzieren sich deren Aufgaben auf die strategische Konzernverwaltung. Eine **Managementholding** erstreckt sich auf die gesamte strategische Unternehmensführung.[8]

Als **Finanzholding** beschränkt sich die Konzernspitze auf die finanzielle Unternehmenssteuerung und die optimale Verwaltung des Beteiligungsportfolios. Beim Holdingkonzept wird also das gesamte operative Geschäft auf die nachgelagerten Konzerngesellschaften verteilt.

Vorteilhaft ist eine solche organisatorische Trennung der Einheiten wegen der mit ihr erreichbaren Stärkung von Flexibilität (z. B. bei Führungsentscheidungen) und der damit verbundenen höheren Innovationsbereitschaft. Daneben erleichtert die jeweils überschneidungsfreie Selbständigkeit auf bestimmte Geschäftsfelder beschränkte Kooperationen (z. B. in Form strategischer Allianzen).[9]

---

[7] Vgl. Frank, G.-M., (Unternehmensübernahmen), S. 56 ff. und S. 93 ff.
[8] Zu den Teilbereichen der strategischen Unternehmensführung vgl. S. 108 ff.
[9] Zu Einzelheiten vgl. Bühner, R., Aufbau von Konzernorganisationen, io Management Zeitschrift 1995, S. 53 ff.

3. Fusion

Bei einer Fusion[10] (engl.: **merger**) als engster Form einer Unternehmensverbindung schließen sich Unternehmen nicht nur zu einer wirtschaftlichen, sondern auch **rechtlichen Einheit** zusammen. Dabei entsteht ein **Einheitsunternehmen** mit rechtlich unselbständigen Gliedbetrieben. Zwei Fusionsvarianten sind zu unterscheiden:

(1) **Verschmelzung durch Neugründung**

Die Vermögen der alten Unternehmen A und B gehen auf ein neu gegründetes Unternehmen C über. Die Anteilseigner tauschen ihre Altaktien gegen neue C-Aktien.

(2) **Verschmelzung durch Aufnahme**

Das Vermögen des Unternehmens A geht auf das bereits bestehende Unternehmen B über. Die A-Aktionäre tauschen A-Aktien gegen B-Aktien.

Fusionen spielen nicht nur als Zusammenschluß bisher unverbundener Unternehmen eine Rolle. Sie kommen auch bei der Umstrukturierung von Konzernen, z.B. in Form der Verschmelzung der Tochter- auf die Muttergesellschaft (up-stream-merger) oder im umgekehrten Fall (down-stream-merger), vor.

Im nationalen Bereich sind die zivilrechtlichen und steuerlichen Problembereiche einer Verschmelzung befriedigend gelöst. Bei **transnationalen Zusammenschlüssen** bleiben trotz weitreichender Harmonisierungsversuche[11] zahlreiche Hindernisse bestehen. Die „internationalen Fusionen" der späten neunziger Jahre (z.B. Daimler/Chrysler; Hoechst/Rhône Poulenc) stellen deshalb im wesentlichen keine echten Verschmelzungen, sondern nur die Schaffung wirtschaftlich ähnlicher Strukturen dar. (**ÜB 2/64–68**)

4. Wettbewerbsrechtliche Aspekte von Unternehmenskonzentrationen

Durch Konzernbildung bzw. Fusionen lassen sich im allgemeinen positive Synergieeffekte für die zusammengeschlossenen Unternehmen erreichen. Diesem einzelwirtschaftlichen Vorteil kann ein gesamtwirtschaftlicher Nachteil gegenüberstehen: Die Konzentration von Unternehmensmacht in einer großen wirtschaftlichen Einheit kann zu einer **Einschränkung des Wettbewerbs** führen.

Deshalb unterliegen diese Formen von Unternehmenszusammenschlüssen ab einer bestimmten Größenordnung[12] der Wettbewerbskontrolle. Im Ge-

---

[10] Zur ausführlichen Behandlung der Fusion vgl. S. 837 ff.
[11] Vgl. „Fusions-Richtlinie,": Richtlinie des Rates vom 24. 7. 1990 (90/434/EWG) über das gemeinsame Steuersystem für Fusionen, Spaltungen, die Einbringung von Unternehmensteilen und den Austausch von Anteilen, die Gesellschaften verschiedener Mitgliedstaaten betreffen, AB1.EG Nr. L225/1
[12] Vgl. § 35 GWB

gensatz zu Kartellen, die mit den o. g. Ausnahmen[13] grundsätzlich verboten sind, werden Unternehmenszusammenschlüsse vom GWB grundsätzlich erlaubt. Ist jedoch zu erwarten, daß eine marktbeherrschende Stellung[14] entsteht oder sich verstärkt, wird vom **Bundeskartellamt** ein Verbot erlassen, wenn nicht mit dem Zusammenschluß verbundene Wettbewerbsverbesserungen dessen Nachteile überwiegen oder Bagatellklauseln (§ 35 Abs. 2 GWB) zur Anwendung gelangen. Zwar kann ein kartellamtliches Verbot durch eine Erlaubnis des Bundesministers für Wirtschaft unter Berücksichtigung gesamtwirtschaftlicher und allgemeiner Interessen (§ 42 GWB) revidiert werden. Solche ministeriellen Ausnahmegenehmigungen waren aber in der Vergangenheit die absolute Ausnahme.

Im Zuge der Globalisierung von Unternehmensverbindungen gewinnt auch die grenzüberschreitende Konzentrationskontrolle an Bedeutung. Die **Europäische Fusionskontrollverordnung**[15] unterwirft deshalb Zusammenschlüsse von gemeinschaftlicher Bedeutung (zur Abgrenzung werden verschiedene Umsatzgrößen herangezogen) einer Prüfung, ob eine beherrschende Stellung auf dem relevanten Markt begründet oder verstärkt wird.

E. Die Wahl des Standorts als Entscheidungsproblem

I. Überblick

Die Wahl eines Standorts als geographischem Ort, an dem Produktionsfaktoren zur Erstellung betrieblicher Leistungen eingesetzt werden, stellt sich bei
* Gründung,
* Standortverlagerung oder
* Standortspaltung

eines Unternehmens.

Unabhängig vom Anlaß zieht die Standortentscheidung i. d. R. kapitalintensive und langfristige Konsequenzen (z. B. den Aufbau von Fabriken) nach sich und ist deshalb nur schwer revidierbar. Sie trägt also ebenso wie die Rechtsformwahl den Charakter einer **konstitutiven Führungsentscheidung.** Um zu einer optimalen Lösung zu kommen, muß dabei sowohl den gegenwärtigen als auch den zukünftigen Umweltzuständen Rechnung getragen werden. Da nicht jeder mögliche Standort für die Unternehmung gleich geeignet ist, sondern sich die natürliche und ökonomische Inhomogenität der Fläche in Form unterschiedlicher Bodenqualitäten, Transportkosten etc.

---

[13] Vgl. S. 331
[14] Vgl. § 19 Abs. 2 und Abs. 3 GWB
[15] Verordnung des Rates v. 21. 12. 1989 (EWG) Nr. 4064/89 über die Kontrolle von Unternehmenszusammenschlüssen, ABlEG Nr. L 395/1 vom 30. 12. 1989

niederschlägt, ist derjenige Ort zu wählen, der die **Differenz zwischen standortbedingten Erträgen und standortabhängigen Aufwendungen** maximiert. Einer erfolgsorientierten Standortentscheidung sind zwei Planungsschritte vorgeschaltet:
(1) Berücksichtigung aller standortspezifischen Einflußgrößen auf den Erfolg der Unternehmung **(Standortfaktoren)**,
(2) Erfassung und Bewertung der Ausprägungen von Standortfaktoren (Anwendung von **Entscheidungsmodellen**).[1]

Die betriebswirtschaftliche Standorttheorie befaßt sich mit der Frage, wo sich das Unternehmen insgesamt (einheitlicher Standort) oder in Teilen (gespaltener Standort), z. B. Betriebsstätten oder Tochterunternehmen, niederlassen soll. Die betriebliche Standortwahl kann – mit zunehmender räumlicher Einengung – in drei Schritten erfolgen:

(1) Internationale Standortwahl: In welchem Staat soll die Niederlassung erfolgen?

(2) Interlokale Standortwahl: In welcher Region innerhalb einer Volkswirtschaft wird der Betrieb errichtet oder erworben?

(3) Lokale Standortwahl: An welcher Stelle genau, d. h. welcher Stadt, welcher Straße erfolgt die Ansiedlung des Unternehmens?

Konnte in der Vergangenheit oft von einer eher national geprägten Standortwahl ausgegangen werden, so gewinnt durch die Fortschritte in den Bereichen des Transportwesens und der Informationsverarbeitung die o. g. erste Stufe der Entscheidung im Zuge der Globalisierung immer mehr an Bedeutung.

Die innerbetriebliche Standortwahl beschäftigt sich mit der Frage
- einer zweckmäßigen Betriebsmittelanordnung bzw.
- der optimalen Plazierung des Warenangebots innerhalb eines Verkaufsraums.

Diese Aspekte werden im Abschnitt „Produktion"[2] bzw. „Absatz"[3] angesprochen.

II. Standortfaktoren als Entscheidungskriterien

Um alle standortspezifischen Erfolgsfaktoren für einen Betrieb zu erfassen, wurden schon früh erste Systematiken ermittelt,[1] aus denen sich im Laufe der Zeit **Standortfaktorenkataloge** ergeben haben. In Anlehnung an der Einteilung von Behrens[2] lassen sich dabei nach einer funktionalen Gliederung Standortfaktoren, die den Gütereinsatz und solche, die den Güterabsatz betreffen, unterscheiden:

---

[1] Vgl. Hansmann, K.-W., (Industrielles Management), S. 90
[2] Vgl. S. 419 f.
[3] Vgl. S. 603
[1] Vgl. Weber, A., (Standort der Industrien)
[2] Vgl. Behrens, K. Chr., (Allgemeine Standortbestimmungslehre), S. 47 ff.

Standortfaktoren	
Güntereinsatz	Güterabsatz
• Anlagegüter • Material • Energie • Arbeitskräfte • Umwelt(schutz) • Staatliche Leistungen • Steuern und Subventionen	• Kunden • Mitbewerber • Herkunfts-Goodwill

Abb. 88: Überblick über wichtige Standortfaktoren

1. Gütereinsatz

a) Anlagegüter

Entscheidend für die Eignung eines Standortes wird oft die Verfügbarkeit sowie die Lage, die Beschaffenheit und der Preis von **Immobilien** sein, die als Basis für Betriebsraum dienen oder bei der Urproduktion (Land- und Forstwirtschaft, Gewinnung von Bodenschätzen) einen eigenen Produktionsfaktor darstellen. Am Beispiel von adäquaten Grundstücken wird außerdem deutlich, daß bei fehlender Transportfähigkeit von Beschaffungsgütern keine **freie**, sondern eine an die Standorte mit entsprechenden Eigenschaften **gebundene Entscheidung** vorliegt: So ist der Betrieb eines Bergwerks immer an entsprechende Vorkommen von Bodenschätzen, ein Fischereibetrieb immer an einen Küstenstandort gebunden.

Bewegliche Anlagegüter (maschinelle Anlagen) spielen bei der Standortwahl im allgemeinen nur eine geringe Rolle. Da sie überall verfügbar sind, fallen nur die unterschiedlichen Transportkosten zum Betriebsstandort ins Gewicht. Hängt das Betreiben bestimmter Anlagen (z.B. Müllverbrennungsanlagen) von behördlichen Genehmigungen ab, die an verschiedenen Standorten (Staaten oder Gemeinden) in unterschiedlicher Weise erteilt werden, kann die **Betriebsgenehmigung**[3] zum ausschlaggebenden Standortfaktor werden.

b) Material

Da Material in Form von Roh-, Hilfs- und Betriebsstoffen sowie unfertigen Erzeugnissen oder Waren transportabel ist, steht nicht so sehr die Verfügbarkeit, wohl aber die Kostenfrage im Mittelpunkt der Betrachtung. Wird das benötigte Material an unterschiedlichen Standorten zu unterschiedlichen Einstandspreisen angeboten, liegt der optimale betriebliche Standort c.p. dort, wo die Summe aus **Einstandspreis und Transportkosten** ihr Minimum erreicht. Je stärker die Transportkosten ins Gewicht fallen, desto näher

---

[3] Vgl. die Ausführungen zum Umweltschutz auf S. 356 ff.

rückt der betriebliche Standort an den Ursprungsort des Materials (z. B. Rohstoffvorkommen) heran.

c) Arbeitskräfte

Eine Standortentscheidung ist in hohem Maße von zwei Faktoren abhängig:
(1) Steht **qualifiziertes Personal** (in ausreichendem Umfang) zur Verfügung?
(2) Wie hoch sind die **Arbeitskosten** am jeweiligen Standort?

Im Hinblick auf die ausführende Arbeit muss zu (1) geprüft werden inwieweit der lokale Arbeitsmarkt ein ausreichendes Potential qualifizierter Arbeitskräfte bereithält. Bei der Anwerbung von Führungskräften spielen Freizeitwert und kulturelles Umfeld eines Standorts die entscheidende Rolle.

Die zu vergleichenden Arbeitskosten (2) setzen sich aus
- dem **Direktentgelt** (Bruttostundenlohn für gelieferte Arbeit) und
- den **Personalzusatzkosten** (Arbeitgeberanteil zur Sozialversicherung, Urlaubs- und Feiertagslöhne, Urlaubs- und Weihnachtsgeld usw.)
zusammen.

Im statistischen Durchschnitt beziffern sich in Deutschland (West) die Arbeitskosten/Std. gegenwärtig auf etwa 48 DM. Dabei sind die regionalen Arbeitskostenunterschiede sehr gering, so daß die Arbeitskosten keinen nennenswerten Einfluß auf die interlokale Standortwahl haben.

Im **internationalen Vergleich** begegnet man dagegen erheblichen **Arbeitskostenunterschieden:**

	Arbeitskosten je Stunde	davon:	
		Direktentgelte	Personalzusatzkosten
Westdeutschland	**47,96 DM**	26,38	21,58
Schweiz	43,93 DM	28,81	15,12
Norwegen	43,49 DM	29,19	14,30
Dänemark	42,55 DM	34,04	8,51
Belgien	40,65 DM	21,36	19,29
Österreich	39,78 DM	20,10	19,69
Finnland	39,74 DM	21,81	17,93
Schweden	39,45 DM	23,38	16,07
Niederlande	38,21 DM	21,22	16,99
Luxemburg	36,79 DM	25,25	11,54
USA	33,34 DM	23,73	9,61
Japan	33,16 DM	19,47	13,69
Frankreich	33,04 DM	17,16	15,88
Großbritannien	31,09 DM	22,02	9,07
Italien	30,62 DM	15,08	15,53

	Arbeitskosten je Stunde	davos:	
		Direkt-entgelte	Personal-zusatzkosten
Ostdeutschland	**30,30 DM**	18,17	12,14
Kanada	28,28 DM	20,43	7,85
Spanien	25,59 DM	14,02	11,57
Australien	24,83 DM	17,99	6,84
Irland	24,27 DM	17,37	6,90
Griechenland	15,43 DM	9,18	6,26
Portugal	11,57 DM	6,50	5,07

Abb. 89: Arbeitskosten/Std. in der verarbeitenden Industrie (1998)[4]

Die gravierenden Arbeitskostenunterschiede haben viele deutsche Unternehmen veranlaßt, **arbeitsintensive Fertigungsprozesse** ins **Ausland** zu verlagern. Dabei müssen aber zwei Faktoren bedacht werden: Erstens ist in den meisten Niedriglohnländern die **Arbeitsproduktivität** (Arbeitsleistung/Std.) **niedriger** als in Deutschland. Zweitens treffen bei einer Internationalisierung der Standortwahl i. d. R. **unterschiedliche Unternehmenskulturen** aufeinander, wodurch es zu Produktivitätseinbußen kommt. (ÜB 2/69)

d) Energie

Heute geht es nicht mehr um die Frage, ob an einem bestimmten Standort genügend Energie vorhanden ist, sondern allein um die Frage, zu welchem Preis die Energie bezogen werden kann. Energiepreise (Strom, Gas, Öl) sind fast überall politische Preise, weil einzelne Staaten den Energieverbrauch unterschiedlich besteuern (sogn. Ökosteuern). Das **internationale Energiekostengefälle** gibt der Standortwahl energieintensiver Betriebe eine internationale Dimension.

e) Umwelt(schutz)

Die zunehmende Beachtung des Umweltschutzes hat in den letzten Jahren dazu geführt, daß bestimmte Standorte – z. B. in der Nähe von Wohngebieten oder in Landschaftsschutzgebieten – entweder überhaupt **nicht mehr zur Verfügung stehen** oder aufgrund behördlicher Auflagen erhebliche zusätzliche **Aufwendungen** sowohl bei der Errichtung des Standorts als auch beim Betrieb verursachen. Die Erfahrung zeigt, daß manche Unternehmen neben gesetzlichen Vorschriften und behördlichen Auflagen bei der Standortwahl auch die öffentliche Meinung in Rechnung stellen, die z. B. in Bürgerinitiativen ihren Ausdruck finden kann. So wird es immer schwieriger, Standorte für Betriebe zu finden, deren Tätigkeit als unangenehm (Müllverbrennungsanlagen, Flugplätze) empfunden wird oder als Umweltrisiko (Atomkraftwerke) eingestuft wird.

---

[4] Quelle: Schröder, Chr., Industrielle Arbeitskosten im internationalen Vergleich, in: IW-Trends 2/1999, S. 44

Die Anforderungen an den Umweltschutz sind im **internationalen Vergleich** nicht an allen potentiellen Standorten so streng wie in Deutschland. Die folglich unterschiedlich hohen Kosten für Umweltschutzmaßnahmen können dabei im Extremfall einen die übrigen Faktoren überkompensierenden Einfluß haben, der zu einer Standortentscheidung für das Ausland führt.

f) Staatliche Leistungen

Die Rolle des Staates ist auf der leistenden Seite zunächst dadurch gekennzeichnet, daß er durch ein **Rechtssystem** (Garantie des Eigentums, Gewerberecht etc.) einen gesicherten wirtschaftlichen Betrieb überhaupt erst ermöglicht. Dieser Standortfaktor wird innerhalb eines Staates meist homogen sein, und auch zwischen Industrieländern sind die Unterschiede meist gering. Weniger entwickelte Länder können jedoch evtl. nicht in allen Regionen und in allen Rechtsbereichen eine hinreichende Rechtssicherheit gewährleisten.

Ein weiterer Standortfaktor ist die vom Staat bereitgestellte **Infrastruktur** (Verkehrswege, Leitungssysteme, Kommunikationsstruktur). Länder mit niedrigen Arbeitskosten verfügen häufig über eine schlechte Infrastruktur, ein Beispiel für kompensatorische Effekte zwischen einzelnen Standortfaktoren.

g) Steuern und Subventionen

Ein Gefälle auf
(1) nationaler Ebene und
(2) internationaler Ebene
macht Steuern und Subventionen zum Standortfaktor.

Ein (1) **nationales Gefälle** bei Steuern resultiert aus der Tatsache,[5] dass Gemeinden bei der Grundsteuer und der Gewerbesteuer ein Hebesatzrecht haben. So reicht die effektive **Gewerbeertragsteuerbelastung** in Deutschland von null Prozent (Norderfriedrichskoog) bis über 20 Prozent (Frankfurt a. M.). Subventionen in Form von Steuervergünstigungen oder Investitionszulagen sollen Investitionen in strukturschwache Gebiete[6] lenken.

Das (2) **internationale Gefälle** der Unternehmensteuern ist – schon in der EU – sehr ausgeprägt, wie die folgende Abbildung zeigt:

EU-Land	Einkommensteuer auf gewerbliche Einkünfte in %		Körperschaftsteuersatz in %	Sonstige Unternehmenssteuern
	Eingangssatz	Spitzensatz		
Belgien	10,50	57,75	39,00	Grundsteuer
Dänemark	37,50	58,00	34,00	Grundsteuer
Deutschland	22,90	43,00	40,00/30,00	Gewerbe(ertrag)steuer, Grundsteuer
Finnland	28,00	28,00	28,00	Grundsteuer

---

[5] Zu weiteren nationalen Besteuerungsunterschieden vgl. Wöhe/Bieg, (Steuerlehre), S. 158 ff.
[6] Vgl. Paus, B., (Steuerliche Förderungsmaßnahmen)

EU-Land	Einkommensteuer auf gewerbliche Einkünfte in %		Körperschaftsteuersatz in %	Sonstige Unternehmenssteuern
	Eingangssatz	Spitzensatz		
Frankreich	8,50	50,00	33,33	Gewerbekapitalsteuer, Grundsteuer, Lohnsummensteuer
Griechenland	5,00	45,00	35,00	Grundsteuer
Großbritannien	20,00	40,00	31,00	Grundsteuer
Irland	26,00	46,00	32,00	Grundsteuer
Italien	19,00	45,00	37,00	Wertschöpfungssteuer, Grundsteuer
Luxemburg	10,00	50,00	31,00	Vermögensteuer, Gewerbeertragsteuer, Grundsteuer
Niederlande	37,30	60,00	35,00	Grundsteuer
Österreich	10,00	50,00	34,00	Grundsteuer, Lohnsummensteuer
Portugal	15,00	40,00	34,00	Grundsteuer
Schweden	30,00	30,00	28,00	Grundsteuer
Spanien	32,00	56,00	35,00	Gewerbekapitalsteuer, Grundsteuer
Durchschnitt	**20,84**	**46,72**	**31,76**	

Abb. 90: Wichtige Unternehmenssteuern in der EU[7]

Einer uneingeschränkten Ausnutzung des internationalen Steuergefälles seht der Anspruch des Wohnsitzstaates (Sitzstaates) einer natürlichen (juristischen) Person im Wege, das Welteinkommen zu besteuern. Die Absicht, durch Produktionsverlagerung ins Ausland Steuern zu sparen, kann in eine **Doppelbesteuerung** (im Quellenstaat und im Wohnsitzstaat) führen. Eine Verlagerung wirtschaftlicher Aktivitäten in Niedrigsteuerländer führt nur dann zum gewünschten Erfolg, wenn der Wohnsitzstaat (Inland) die ausländischen Einkünfte von der Inlandsbesteuerung befreit **(Freistellungsmethode).**[8] (ÜB 2/70)

2. Güterabsatz

a) Kunden

Besonders Handelsbetriebe sind zur **kundenorientierten Standortwahl**[9] gezwungen. Auf **Käufermärkten** erwarten die Abnehmer, daß die Ware möglichst nahe an sie herangetragen wird. Der Kunde gibt jenem Anbieter den Vorzug, dessen Warenangebot mühelos und in angenehmer Umgebung (Erlebniseinkauf) geprüft und verglichen werden kann. Vor der Standortentscheidung prüft der Betrieb die Kundendichte, die Kaufkraft und Verbrauchsgewohnheiten im jeweiligen Absatzgebiet.[10]

---

[7] Quelle: Jacobs, O. H., (Internationale Unternehmensbesteuerung), S. 124 und 133, angepaßt an die aktuelle deutsche Rechtslage.
[8] Vgl. Jacobs, O. H., (Internationale Unternehmensbesteuerung), S. 16 ff.
[9] Vgl. hierzu die Ausführungen zur Marktsegmentierung auf S. 509 f.
[10] Vgl. hierzu ebenfalls die Ausführungen zur Marktsegmentierung auf S. 509 f.

b) Mitbewerber

Neben dem absoluten Absatzpotential sind auch die Zahl, Größe und Art der konkurrierenden Unternehmen im jeweiligen Absatzgebiet in die Überlegungen einzubeziehen. Deshalb kann man gewöhnlich davon ausgehen, daß sich Betriebe bei der Standortwahl **konkurrenzmeidend** verhalten. Diese Feststellung gilt jedenfalls für Betriebe, die Waren **des täglichen Bedarfs** (z.B. Lebensmittel) anbieten. Werden dagegen (teuere) Waren des **periodischen** (z.B. Kleidung) oder **aperiodischen Bedarfs** (z.B. Möbel) angeboten, wird der Konsument verstärkt Qualitäts- und Preisvergleiche anstellen wollen. In dieser Situation suchen die Betriebe einen **konkurrenznahen Standort**.

c) Herkunfts-Goodwill

Ein mittelbar absatzorientierter Einfluß auf die Standortentscheidung für Betriebe mit weitem Absatzradius kann sich schließlich durch die lange Tradition einiger Gebiete bei der Herstellung bestimmter Güter (Parmaschinken, Schweizer Uhren, Lübecker Marzipan usw.) ergeben. Je stärker das positive Image des Standorts ausstrahlt, desto eher sind Betriebe geneigt, einen solchen Produktionsstandort zu wählen.

III. Entscheidungsverfahren der Standortwahl

1. Quantitative Modelle

Quantitative Modelle basieren auf mathematischen Berechnungen, die den Erreichungsgrad des postulierten Zieles „Maximierung des Überschusses der standortspezifischen Erträge über die standortabhängigen Aufwendungen" ausweisen. Im einfachsten Fall handelt es sich um **Partialmodelle** zur isolierten Minimierung der Transportkosten (z.B. **Steiner-Weber-Modell**[1]), der Arbeitskosten, der Steuerbelastung usw. Zu bemängeln ist, daß i.d.R. nur eine Aufwandsart betrachtet und dass die Absatzseite ganz ausgeklammert wird.

Diese Mängel beseitigt die **Totalanalyse,** die sowohl die Aufwendungen als auch die Erträge berücksichtigt. Sie kann zunächst als **einperiodige Nettogewinnvergleichsrechnung** für die Gegenwart ausgestaltet sein. Geht man dagegen auf den eigentlich angebrachten prospektiv **mehrperiodigen Totalvergleich** auf Basis investitionsrechnerischer Ansätze über, so wird die praktische Umsetzung scheitern: Es ist i.d.R. nicht möglich, einen ausreichenden Zeithorizont zu überblicken, um die mit der Investition verbundenen Aufwendungen und Erträge unter allen Eventualitäten zu determinieren.

Deshalb muß zwischen **quantitativen Standortfaktoren**, d.h. solchen, deren Beitrag zum Unternehmenserfolg unmittelbar meßbar ist (z.B. Trans-

---

[1] Vgl. Weber, A. (Über den Standort der Industrien), S. 178ff.

portkosten), und **qualitativen Standortfaktoren,** deren Einfluß nur subjektiv geschätzt werden kann (z.B. infrastrukturelle Ausstattung des Standorts), unterschieden werden[2]. Die quantitative Analyse wird dann durch qualitative Modelle ergänzt.

2. Qualitative Modelle

Heuristisch-qualitative Entscheidungsmodelle ermöglichen zwar keine quantitativ-exakten Lösungen. Gleichwohl können sie eine wertvolle Entscheidungshilfe sein. Zu nennen sind hier v. a. das **branch and bound-Verfahren,** ein Vorgehen mit **Checklisten,** das evtl. durch die Einführung von KO-Kriterien erweitert werden kann, sowie **Scoring-Verfahren**[3] als formalisierte Nutzwertanalysen.[4] Beide Ansatzpunkte leiden jedoch meist an willkürlichen Gewichtungen sowie uneinheitlichen Meßgrößen.

---

[2] Vgl. Hansmann, K.-W., (Industrielles Management), S. 91
[3] Für ein Beispiel vgl. Hansmann, K.-W., (Industrielles Management), S. 92 ff.
[4] Vgl. S. 604

Dritter Abschnitt
Die Produktion

I. Grundlagen

1. Der Begriff der Produktion

Unter Produktion versteht man zuweilen jede **Kombination von Produktionsfaktoren**. In dieser weiten Definition umfaßt die Produktion den gesamten betrieblichen Leistungsprozeß. Wer dieser Definition folgt, muß alles, was in einem Unternehmen geschieht, als Produktion bezeichnen. Auch der Absatz, die Investition, die Finanzierung, die Unternehmensführung (Planung, Organisation und Kontrolle) würden dazugehören. Angesichts spezifischer Probleme in den genannten Unternehmensbereichen erscheint es zweckmäßig, den **Produktionsbegriff enger** zu fassen und ihn auf die **betriebliche Leistungserstellung** zu begrenzen.

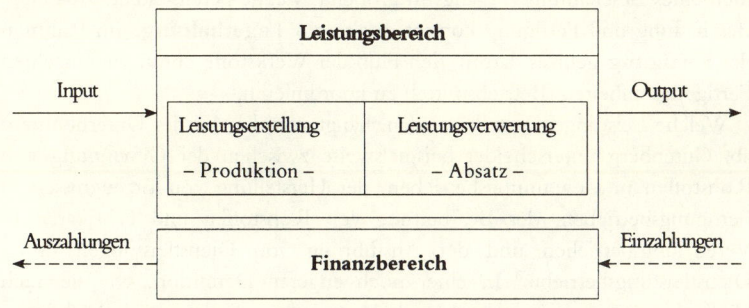

Abb. 1: Produktion als betriebliche Hauptfunktion

Die Kombination der Produktionsfaktoren, also der Input, ist für das Unternehmen mit Auszahlungen verbunden. Über die Leistungsverwertung, den Output, erwirtschaftet das Unternehmen Einzahlungen, die es zum Erwerb neuer Produktionsfaktoren verwenden kann. Dem Güterstrom (Input – Output) steht also ein gegenläufiger Finanzstrom (Auszahlung – Einzahlung) gegenüber.

Die **Koordination der Güterströme** (Input – Output) ist Gegenstand des **Leistungsbereichs**, der seinerseits in Leistungserstellung (Produktion) und Leistungsverwertung (Absatz) eingeteilt wird. Aufgabe des **Finanzbereichs** ist die **Koordination der Zahlungsströme**. Sie ist für das Unternehmen von existentieller Bedeutung, weil der Verlust der Zahlungsfähigkeit zwangsläufig das Ende der Unternehmenstätigkeit (Konkurs) bedeutet.

Die Produktion als betriebliche Hauptfunktion läßt sich weiter unterteilen:

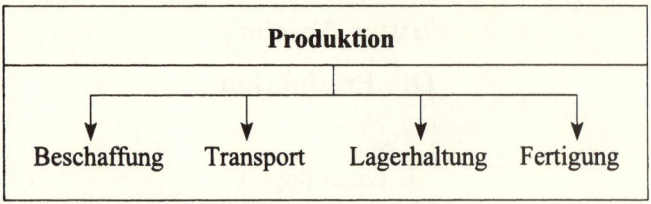

Abb. 2: Teilbereiche der Produktion

Im Rahmen der **Beschaffung** geht es um die Bereitstellung von **Werkstoffen**. Prinzipiell könnte man auch die Bereitstellung von Betriebsmitteln und Arbeitskräften zur Beschaffung zählen. Weil aber der Einsatz des Faktors Arbeit völlig andere Probleme aufwirft als die Bereitstellung von Werkstoffen, behandelt ihn die Betriebswirtschaftslehre im Rahmen der **Personalwirtschaft**.[1] Ähnliches gilt für die Beschaffung von Betriebsmitteln, die wegen ihrer spezifischen Problematik unter dem Stichwort **Investition**[2] abgehandelt wird.

Der **Transport** beschäftigt sich mit der Überwindung räumlicher Distanzen innerhalb eines Betriebes. Üblicherweise werden Werkstoffe im Rahmen eines Beschaffungsvorgangs in größerer Menge bereitgestellt. Zwischen Beschaffung und Fertigung kommt es also zur **Lagerhaltung**. Im Rahmen der **Fertigung** geht es darum, den Fluß der Werkstoffe durch die einzelnen Fertigungseinheiten (Betriebsmittel) zu koordinieren.

Welche Leistungen erstellt werden, hängt von der Art des Unternehmens ab. Gutenberg unterscheidet beispielsweise zwischen der Gewinnung von Rohstoffen in Gewinnungsbetrieben, der Herstellung von Erzeugnissen in Fertigungsbetrieben, der Bearbeitung von Rohstoffen und Fabrikaten in Veredelungsbetrieben und der Ausführung von Dienstleistungen durch Dienstleistungsbetriebe.[3] In einer noch engeren Definition, wie sie auch häufig im täglichen Sprachgebrauch Verwendung findet, wird Produktion auf die betriebliche Leistungserstellung von Fertigungsbetrieben, also die **Herstellung von Erzeugnissen** beschränkt.

Da mit dieser Definition jedoch die Tätigkeit der Gewinnungs-, Veredelungs- und Dienstleistungsbetriebe aus dem Untersuchungsbereich ausgeschlossen wird, ist sie zu eng.

2. Die Produktion als betriebliche Hauptfunktion

a) Produktionsplanung als Partialplanung

Im vorstehenden Kapitel wurde die Tätigkeit eines Unternehmens in den güterwirtschaftlichen Bereich mit den Teilbereichen Leistungserstellung und

---

[1] Vgl. hierzu S. 240 ff.
[2] Vgl. hierzu S. 617 ff.
[3] Vgl. Gutenberg, E., Grundlagen der Betriebswirtschaftslehre, Bd. I, Die Produktion, 24. Aufl., Berlin–Heidelberg–New York 1984, S. 1 ff.

I. Grundlagen

Leistungsverwertung sowie den finanzwirtschaftlichen Bereich aufgegliedert. Folgt ein Unternehmen dem Ziel der **langfristigen Gewinnmaximierung,** dann geht es darum, die Differenz zwischen Erlösen und Kosten auf lange Sicht zu maximieren. Unterstellt man, daß alle Entscheidungen im Absatzbereich bereits getroffen sind, ist die **Erlösseite konstant,** denn der für den Output erwartete Erlös ist fest vorgegeben. Zur Erreichung des Gewinnmaximums genügt es dann, die **Kosten** im Bereich der Leistungserstellung und im Finanzbereich (= Finanzierungskosten) zu **minimieren.**

Für die Erreichung seiner Ziele führt das Unternehmen **Planungen** durch, versucht also, künftige Entscheidungen gedanklich vorwegzunehmen. Planungsverfahren lassen sich danach unterscheiden, ob sie das gesamte Unternehmen (**Totalmodell**) oder einzelne Teilbereiche (**Partialmodelle**) umfassen. Idealerweise muß die unternehmerische Planung in Form eines Totalmodells erfolgen, also gleichzeitig Leistungserstellung, Leistungsverwertung und Finanzierung umfassen, weil sonst unter Umständen das Oberziel, ein maximaler langfristiger Gewinn, verfehlt wird. Werden der Finanzbereich und der Produktionsbereich unabhängig voneinander partial geplant, so könnte es beispielsweise sein, daß die optimalen Produktionsmengen, die dabei für den Produktionsbereich ermittelt werden, überhaupt nicht realisierbar sind, weil im Finanzierungsbereich der Kreditspielraum bereits so weit ausgeschöpft ist, daß die notwendigen Maschinen nicht mehr beschafft werden können.

Die unternehmerische Umwelt ist jedoch so komplex, daß das Idealziel einer gleichzeitigen **(simultanen)** Totalplanung im Regelfall nicht realisierbar ist. Das Entscheidungsfeld, d. h. die Gesamtheit aller unternehmerischen Handlungsmöglichkeiten, wird daher partialisiert (zerlegt), und die einzelnen Entscheidungsbereiche werden nacheinander **(sukzessiv)** geplant. Um dabei Abweichungen vom langfristigen Gewinnmaximum so weit wie möglich zu vermeiden, müssen die **Interdependenzen** zwischen den einzelnen Planungsfeldern berücksichtigt werden. Dabei werden zunächst die Ergebnisse eines Planungsbereichs als feste Daten für die übrigen Partialplanungen berücksichtigt. So müssen beispielsweise Begrenzungen des Finanzierungsbereichs oder Absatzrestriktionen bei der Planung der Produktion als Nebenbedingungen berücksichtigt werden.[4]

Für eine sukzessive Partialplanung ist zuerst die Frage zu beantworten, mit welchem betrieblichen Teilbereich man bei der Planung beginnen soll. Allgemein beginnt man mit der Planung im **Minimumsektor,** also in dem Bereich, in dem Engpässe am wahrscheinlichsten auftreten können. Dieses Vorgehen wird nach Gutenberg auch als **Ausgleichsgesetz der Planung**[5] bezeichnet.

Da in marktwirtschaftlichen Systemen im Regelfall das Güterangebot die Güternachfrage übersteigt, treten Engpässe häufig zuerst im Absatzbereich

---

[4] Trotz Berücksichtigung dieser Interdependenzen wird jedoch das Gewinnmaximum bei sukzessiver Planung verfehlt, wenn die jeweils optimalen Ergebnisse eines Teilbereiches voneinander abhängen, die optimalen Lösungen also interdependent sind.
[5] Vgl. S. 147f.

auf.[6] In einem solchen Fall kann zwar mehr produziert werden, und auch zusätzliche Kredite sind noch zu erhalten, eine weitere Steigerung der Absatzmengen ist jedoch nicht realisierbar. Daher ist es zweckmäßig, die betriebliche Planung mit der Absatzplanung zu beginnen.

Abb. 3: Ableitung der Teilpläne aus dem Gesamtplan (Sukzessive Planung)

Im Rahmen der **Absatzplanung** wird zunächst das gewinnmaximale Absatzprogramm ermittelt. Dabei wird festgelegt, welche Produkte in welcher Menge zu welchem Preis abgesetzt werden können. Damit ist die Erlösseite determiniert.

Produktarten und -mengen der Absatzplanung sind feste Vorgaben für die **Produktionsplanung.** Bei vorgegebener Erlösseite erfolgt in diesem Planungsbereich Gewinnmaximierung über die Minimierung der Produktionskosten.

Im Rahmen der Produktionsplanung wird u.a. festgelegt, welche Betriebsmittelkapazitäten benötigt werden. An diesen Vorgaben (Daten) hat sich der Investitionsplan zu orientieren. Bei der **Investitionsplanung** geht es dann beispielsweise nur noch darum, ob ein bestimmter Kapazitätsbedarf durch fünf parallel arbeitende Kleinaggregate oder durch eine Großanlage gedeckt werden soll. In diesem speziellen Fall orientiert man die Investitions-

---

[6] Vgl. S. 481

entscheidung an den (minimalen) Kosten bzw. am minimalen Barwert der Auszahlungen der Kapazitätsvorhaltung.[7]

Hat sich im Rahmen der Investitionsplanung die Großanlage als optimal erwiesen, gilt die Anschaffung dieses Betriebsmittels als Datum für die **Finanzplanung**. Die Suche nach der kostengünstigsten Finanzierungsalternative ist schließlich Aufgabe der Finanzplanung.

b) Sachliche Partialisierung der Produktionsplanung

Folgt man vorstehendem Vorgehen und beginnt die Planung mit dem Absatzbereich, so hat der Produktionsbereich die Aufgabe, Produktionsfaktoren zu beschaffen und einzusetzen **(Input)** und damit vom Absatzbereich vorgegebene Produkte in vorgegebener Menge zu erzeugen **(Output)**, wobei dieser Kombinationsprozeß dem Ziel der Kostenminimierung zu folgen hat. Die **Produktionstheorie** versucht, den mengenmäßigen Zusammenhang zwischen Input und Output in Form von Produktionsfunktionen oder komplexeren Produktionsmodellen abzubilden. Die **Kostentheorie** bewertet den mengenmäßigen Input mit Preisen und sucht anschließend mit Hilfe mathematischer Kalküle nach kostenminimalen Faktoreinsatzkombinationen für die Produktion bestimmter vorgegebener Mengen. Die Produktions- und Kostentheorie stellt also die **theoretische Grundlage** praktischer Produktionsplanung dar; sie wird in Kapitel II ausführlich behandelt.

In der Praxis allerdings ist die Planung des Produktionsablaufes sehr komplex, da völlig unterschiedliche Entscheidungen wie z. B. über das Produktionsprogramm, über den Standort einzelner Maschinen, über Zeitpunkte und Zeitdauer von Maschinenbelegungen, über die Reihenfolge der Auftragsbearbeitung oder über die optimale Bestellmenge von Rohstoffen getroffen werden. Wegen dieser hohen Komplexität gelingt es in der Regel nicht, den gesamten Produktionsablauf in einem einzigen Modellbereich abzubilden und das Produktionsoptimum simultan zu bestimmen.

Die unternehmerische **Praxis** hat sich daher weitgehend von der **Produktions- und Kostentheorie gelöst** und das Teilentscheidungsfeld „Produktionsplanung" noch weiter partialisiert. Weil dabei eine Orientierung am Güterstrom (Beschaffung – Fertigung – Absatz) erfolgt, kann man diese Aufteilung auch als **sachliche Partialisierung** bezeichnen.

Die Zerlegung des Produktionsplans in einzelne Teilpläne hat den Vorteil, daß die **Anzahl** der in einem Teilplan zu optimierenden **Handlungsalternativen überschaubar** bleibt. Das übernächste Kapitel (III. Die Produktionsplanung) folgt in seiner Gliederung diesem sachlichen Partialisierungskonzept.

Nach dem Konzept der sukzessiven Planung wird der Unternehmensgesamtplan in **Teilpläne** (Produktionsplan, Absatzplan usw.) **zerlegt,** die ihrerseits in Unterteilpläne (Vgl. Abb. 4) gegliedert werden. In einem zweiten

---

[7] Üblicherweise berücksichtigt aber die Investitionsplanung mögliche Erlösunterschiede der Investitionsalternativen, weshalb Auszahlungen und Einzahlungen in die Investitionsrechnung eingehen. Vgl. S. 626 ff.

Planungsschritt werden die Unterteilpläne wieder zu einem Teilplan und die Teilpläne zu einem Gesamtplan **zusammengeführt**. Diese zusammenführende Abstimmung ist nötig, weil die gegenseitige Abhängigkeit **(Interdependenz)** zwischen den Teilplänen berücksichtigt werden muß.

Produktionsplanung	
Teilplan	**Zielvorschrift**
Produktionsprogramm-planung	Erlösseite offen: Maximiere Gewinn!
	Erlösseite konstant: Minimiere Kosten!
Innerbetriebliche Standortplanung	Minimiere Transportkosten!
Bereitstellungsplanung	Minimiere Summe aus Beschaffungs- und Lagerkosten!
Fertigungsplanung	Minimiere Stückkosten!
Planung der Abfallwirtschaft	Minimiere Entsorgungskosten!

Abb. 4: Sachliche Partialisierung der Produktionsplanung

Erst mit dem Vordringen der elektronischen Datenverarbeitung und ihrer Fähigkeit, auch komplexere Probleme bei relativ geringen Planungskosten zu lösen, wurden in jüngerer Zeit einzelne Teilprobleme der Produktionsplanung wieder zu umfassenderen Modellen im Rahmen von **Produktionsplanungs- und -steuerungssystemen (PPS-Systemen)** zusammengefaßt. Kapitel III behandelt daher zunächst einzelne, sukzessiv zu lösende Teilprobleme der Produktionsplanung, während Kapitel IV der Integration dieser Ansätze in umfassenderen PPS-Systemen gewidmet ist.

c) Zeitliche Partialisierung der Produktionsplanung

Die Zerlegung von Entscheidungsfeldern erfolgt nicht nur wie vorstehend beschrieben in sachlicher, sondern auch in zeitlicher Hinsicht. Abhängig davon, wie lange ein Unternehmen an die Folgen seiner Entscheidung gebunden ist, unterscheidet man zwischen **langfristiger (strategischer) und**

I. Grundlagen

kurzfristiger (operativer) Planung.[8] Da die im Rahmen der langfristigen Planung getroffenen Entscheidungen den Unternehmer hinsichtlich seiner weiteren Entscheidungen binden, beginnt die sukzessive Planung in zeitlicher Hinsicht mit der langfristigen (Rahmen-)Planung und endet mit der kurzfristigen (Fein-)Planung.

Diese Reihenfolge gilt auch im Produktionsbereich, so daß die Zerlegung der Produktionsplanung sowohl sachlichen als auch zeitlichen Kriterien folgt. Sie beginnt mit der Festlegung des **langfristigen Produktionsprogramms**, also der Festlegung, welche Produkte überhaupt mit Hilfe welcher Techniken und Maschinen produziert werden sollen. Die Darstellung der sukzessiven Produktionsplanung beginnt daher mit diesem Kapitel (III.1.).

Sind die Entscheidungen über das langfristige Produktionsprogramm getroffen, so müssen die benötigten Betriebsmittel beschafft und finanziert, die notwendigen Arbeitskräfte eingestellt und der Standort der Maschinen unter Berücksichtigung der Transportwege festgelegt werden. Hier findet wiederum eine Arbeitsteilung zwischen den betrieblichen Funktionsbereichen statt: Während die **innerbetriebliche Standortplanung** innerhalb des Teilbereichs „Produktionsplanung" (Kapitel III.2.) erfolgt, sind Entscheidungen über die konkret zu beschaffenden Betriebsmittel der überwiegend langfristig orientierten Hauptfunktion „Investition und Finanzierung" zuzuordnen, während die Planung der Personalkapazität von der „Personalwirtschaft" vorzunehmen ist.

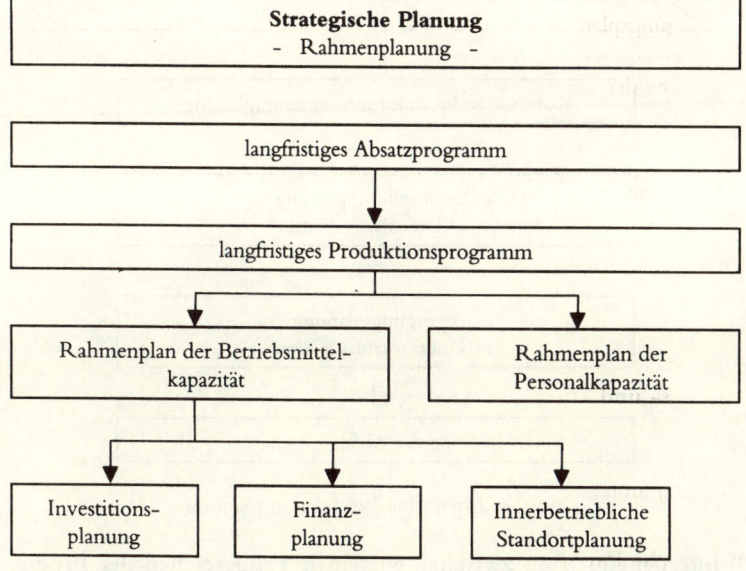

Abb. 5: Festlegung des Kapazitätsrahmens im Wege strategischer Planung

---

[8] Zur strategischen und operativen Planung vgl. S. 135 ff. Zuweilen unterscheidet die Literatur zwischen lang-, mittel- und kurzfristiger Planung. Die mittelfristige Planung wird dann als taktische Planung bezeichnet.

Das Konzept strategischer Planung läßt sich am Beispiel der Automobilproduktion einfach erläutern: Im Wege der Marktforschung wird festgestellt, in welchen Marktsegmenten für die kommenden 10 Jahre die besten Absatzchancen liegen. Aus dem Absatzprogramm (Typen, Seriengröße) wird das **langfristige Produktionsprogramm** abgeleitet. Aus dem langfristigen Produktionsprogramm wird der langfristige Betriebsmittelbedarf abgeleitet. Nach diesen Vorgaben wird der langfristige Investitions- und Finanzplan erstellt. Die **innerbetriebliche Standortplanung** beschäftigt sich mit der optimalen räumlichen Anordnung der Betriebsmittel. Derartige Standortentscheidungen reichen weit in die Zukunft und gehören somit zur **strategischen Produktionsplanung**.

Auf der Grundlage der Daten dieser Rahmenplanung kann die **kurzfristige Produktionsprogrammplanung** (Kapitel III.3.) erfolgen. Diese liefert wiederum die Grundlage für die **Bereitstellungsplanung** (Kapitel III.4.), die **Planung des Produktionsablaufes** (Kapitel III.5.) und die **Planung der Abfallwirtschaft** (Kapitel III.6.), die sich mit dem Recycling und der Beseitigung der nicht am Markt absetzbaren Abfallprodukte beschäftigt.

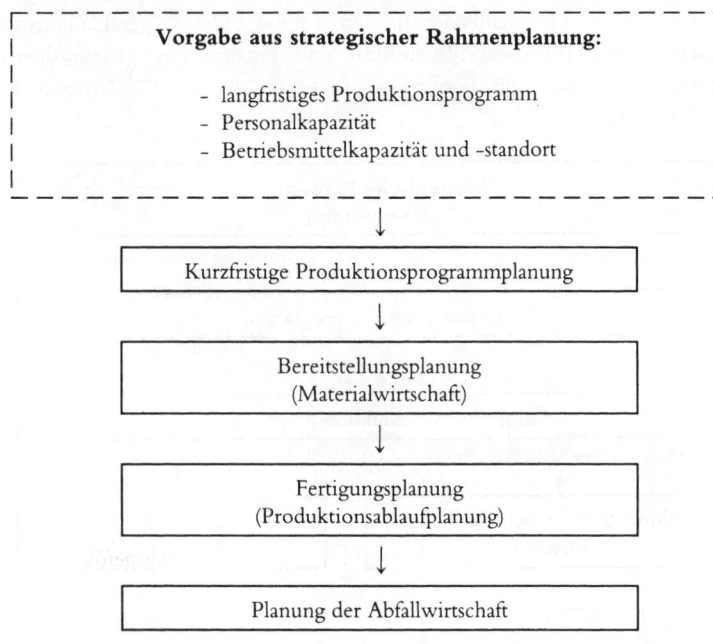

Abb. 6: Operative Produktionsplanung

d) Interdependenzen zwischen einzelnen Teilbereichen der Produktionsplanung

Mit der Auswahl des Betriebsmittelstandorts werden die innerbetrieblichen Transportwege festgelegt. Sowohl die Probleme des **innerbetrieblichen Transports** als auch die der **Lagerplanung** treten überall dort im Unter-

I. Grundlagen

nehmen auf, wo mit materiellen Gütern gearbeitet wird. Neu beschaffte Rohstoffe werden im Eingangslager gelagert und zum passenden Zeitpunkt zu einer ersten Fertigungsstelle transportiert. Die an der ersten Fertigungsstelle hergestellten Zwischenprodukte werden zwischengelagert und anschließend zur zweiten Maschine transportiert; innerbetrieblicher Transport und Lagerung sind Teilprobleme der Fertigungsplanung. Die an der zweiten Maschine hergestellten Endprodukte schließlich werden zum Fertigwarenlager transportiert und dort gelagert. Hier liegt ein Teilproblem der Absatzplanung.

Würde man Maßnahmen der Lagerung und des innerbetrieblichen Transports jedoch für jeden Teilbereich – also für die Beschaffung, für die Fertigung selbst und schließlich für den Absatz – einzeln planen, so würde das Gewinnmaximum des Unternehmens verfehlt werden, da in einem solchen Fall gemeinsam nutzbare, teure Ressourcen wie Lagerplätze oder Transportfahrzeuge häufig weniger effizient eingesetzt würden.

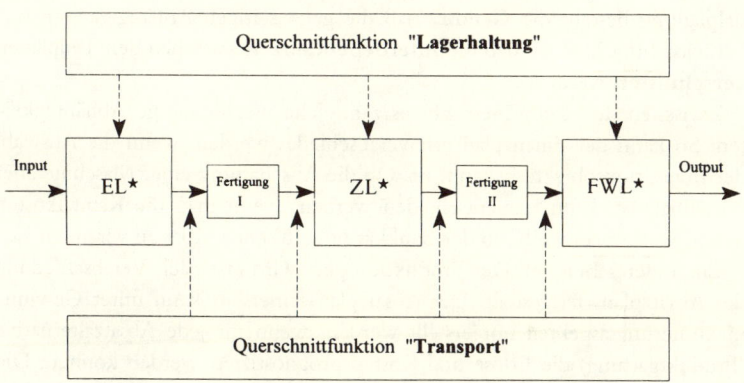

* EL = Eingangslager, ZL = Zwischenlager, FWL = Fertigwarenlager

Abb. 7: Innerbetrieblicher Transport und Lagerhaltung

Es bietet sich daher an, die gesamten Funktionen innerbetrieblicher Transport und Lagerwirtschaft bereichsübergreifend und simultan zu planen. Beide Aufgabenbereiche stellen dann **Querschnittsfunktionen** im Betrieb dar. Am konsequentesten wird der Idee der Simultanplanung gefolgt, wenn die gesamte Organisation der Güterwirtschaft von einer einzigen Abteilung, der **Logistikabteilung,** vorgenommen wird. Die Logistikabteilung ist dann für die Koordination von Lagerhaltung und innerbetrieblichem Transport zuständig.

Existiert keine separate Logistikabteilung, so erfolgt die Zuordnung der beiden Funktionen im wesentlichen nach praktischen Gesichtspunkten. Möglichkeiten und Grenzen des innerbetrieblichen Transports hängen vom Standort der einzelnen Fertigungsstellen, der einzelnen Lager usw. ab, während die innerbetriebliche Standortplanung ihrerseits zu einem großen Teil von Transportfragen determiniert wird. Die Planung von **innerbetriebli-**

chem **Standort und innerbetrieblichem Transport** erfolgt daher häufig simultan und zu einem großen Teil vor der eigentlichen Fertigungsplanung (Kapitel III.2.). Die **Lagerwirtschaft** dagegen wird häufig als Teil der Materialwirtschaft, also der **Bereitstellungsplanung** angesehen und betrifft die Lagerung von Werkstoffen (Eingangslager) sowie von Zwischenprodukten (Zwischenlager); sie wird in Kapitel III.4.d.) ausführlich behandelt. Die Lagerung der Fertigfabrikate dagegen stellt in einem solchen Fall einen Teil der Absatzplanung dar.

e) Interdependenzen der Produktionsplanung zu anderen betrieblichen Teilplänen

Bei der Erläuterung der sukzessiven Planung[9] wurde festgestellt, daß im allgemeinen zunächst der Absatzplan verabschiedet wird. Auf der Grundlage dieser Teilplandeterminierung wird der Produktionsplan verabschiedet, aus dem wiederum der Finanzplan abgeleitet wird usw. Bei einer isolierten Partialplanung besteht die **Gefahr**, daß die gegenseitigen Abhängigkeiten unberücksichtigt bleiben, daß die **Interdependenzen** zwischen den Teilplänen **zerschnitten** werden.

Zwischen den Teilplänen gibt es zahlreiche wechselseitige Abhängigkeiten: So kann der Finanzplan erst verabschiedet werden, wenn die Auswahl der Investitionsobjekte bekannt ist. Ob die Anschaffung einer Maschine aber vorteilhaft ist, kann erst entschieden werden, wenn man die Kapitalkosten kennt, wenn man weiß, ob der Bankkredit zu 8% oder 10% zu verzinsen ist.

Ein anderes Beispiel: Der Produktionsplan wird erst nach Verabschiedung des Absatzplans festgestellt. Der Absatzplan seinerseits kann unter Gewinnmaximierungsaspekten nur erstellt werden, wenn für jede Absatzalternative (Produktgattung) die Erlöse und Kosten prognostiziert werden können. Die Kosten für eine Produkteinheit können aber nur prognostiziert werden, wenn man konkrete Vorstellungen über die Beschaffungskosten der Werkstoffe, die Lagerkosten, die Fertigungskosten usw. hat.

Diesen Interdependenzen trägt man Rechnung, indem man sich um eine weitgehende **Koordination**[10] **der Teilpläne** bemüht. Absatz-, Produktions-, Investitions- und Finanzplan haben im ersten Planungsdurchgang nur vorläufigen Charakter. Im zweiten (und jedem weiteren) Planungsdurchgang werden die erkannten Interdependenzen berücksichtigt. Mit jedem Planungsdurchgang werden die Teilpläne konkreter, plausibler und verbindlicher.

3. Produktion und Umwelt

Die ständig zunehmende Industrialisierung der vergangenen Jahrzehnte hat zu verstärkten **Umweltbelastungen** geführt, die in hohem Maße im Rahmen des betrieblichen Fertigungsprozesses entstehen. Zunehmende Umwelt-

---

[9] Vgl. die Darstellung in Abb. 3 auf S. 350
[10] Zur Koordination von Teilplänen vgl. S. 147 ff.

belastungen führen zu einer verstärkten Wahrnehmung dieser Auswirkungen und damit zu einem steigenden **Umweltbewußtsein** der Bevölkerung insbesondere westlicher Industrieländer.[11] Damit gewinnen Fragen des **Umweltschutzes** im Rahmen der Produktionstheorie[12] und insbesondere der Produktionsplanung an Bedeutung.

Unter Umwelt werden im Rahmen dieser Diskussion Komponenten der natürlichen Umwelt wie Luft, Wasser und Boden verstanden. Unternehmen beanspruchen im Rahmen des industriellen Fertigungsprozesses insbesondere auf folgende Arten die natürliche Umwelt:

– Es werden für die Produktion bestimmte Güter eingesetzt, die unmittelbar (z. B. Wasser zur Kühlung) oder mittelbar (z. B. Rohstoffe aus dem Boden oder Energie) der Umwelt entnommen werden. Durch den **Input** werden also Umweltgüter verbraucht.

– Auch der **Output** belastet direkt oder indirekt die Umwelt. Direkt belastet er sie beispielsweise mit unerwünschten Kuppelprodukten des Fertigungsprozesses wie Abwasser, Abgas, Strahlung oder Lärm. Indirekt entstehen Umweltbelastungen unter anderem durch die Verpackung der hergestellten Güter oder durch Rückstände beim Verbrauch der Produkte wie beispielsweise Kühlaggregate von nicht mehr verwendbaren Kühlschränken.

Nach traditioneller volkswirtschaftlicher Lehre werden große Teile der von der Umwelt bereitgestellten Güter als unbegrenzt verfügbar und damit als **freie Güter** (Luft, Wasser, Licht usw.) angesehen. Freie Güter brauchen, da sie kostenlos sind, bei einzelwirtschaftlichen, gewinnorientierten Entscheidungen nicht berücksichtigt zu werden. Tatsächlich sind diese Güter jedoch nicht unbegrenzt verfügbar. Ein großer Teil ist zwar in hohem Maße vorhanden, kann jedoch, sollen die Bestände geschont werden, nur in einem bestimmten Maße für den Input genutzt (Holz, Trinkwasser) bzw. durch den Output belastet (Luftverschmutzung durch Abgase, Strahlung) werden. In anderen Fällen sind die Güter (z. B. Erdöl oder Erdgas) zwar noch reichlich vorhanden, werden jedoch in absehbarer Zeit verbraucht sein.

Häufig handelt es sich bei einzelnen Komponenten der Umwelt daher nicht um freie, sondern um **öffentliche Güter:** Sie mögen für den einzelnen Nachfrager unbegrenzt verfügbar und damit kostenlos sein, für die gesamte Volkswirtschaft oder die Weltgemeinschaft dagegen ist ihre Menge begrenzt. Der am Markt gebildete, „private" Preis dieser Güter entspricht somit nicht dem „öffentlichen" Preis, den sie eigentlich haben müßten, um die tatsächliche Knappheit der Güter abzubilden, weil die **Mechanismen der Marktwirtschaft** hier **versagen.**

Die Güter sind zu billig – im Extremfall kostenlos –, weil der heutige Marktpreis nicht oder zuwenig von künftiger Knappheit beeinflußt wird

---

[11] Vgl. Steven, M., Umweltschutz im Produktionsbereich (I), WISU 1992, S. 35
[12] Vgl. dazu beispielsweise Strebel, H., Umwelt und Betriebswirtschaft. Die natürliche Umwelt als Gegenstand der Unternehmenspolitik, Berlin 1980, S. 38 ff.; Steven, M., Umwelt als Produktionsfaktor?, ZfB 1991, S. 509 ff.; Dyckhoff/Souren, Grundlegende umweltschutzorientierte Erweiterungen der Produktionstheorie, WISU 1993, S. 333 ff.

(Erdöl) oder weil die Möglichkeiten, das eigentlich knappe Gut auf einem Markt zu handeln, technisch und finanziell begrenzt sind (Handel mit Luft oder Wasser). Da in solchen Fällen der Markt nicht funktioniert, muß der **Staat eingreifen** - entweder durch **gesetzliche Normen,** mit der Belastungsobergrenzen festgelegt werden (Bundesimmissionsschutzgesetz, Wasserhaushaltsgesetz) oder durch die „künstliche" Festlegung höherer Marktpreise, die der tatsächlichen Knappheit der Güter gerecht werden. Letzteres kann beispielsweise durch den Handel mit **Zertifikaten,**[13] die Rechte auf Umweltbelastung verbriefen oder durch „Umweltsteuern" geschehen.

Man versucht, negativen Umweltwirkungen, über einen Kostenfaktor, die Umweltsteuer, Rechnung zu tragen. In der Volkswirtschaftslehre spricht man von der **Internalisierung negativer externer Effekte.** Ein Beispiel stellt die Mineralölsteuer dar, mit deren Hilfe Benzin künstlich verteuert wird, um im Endverbraucherpreis nicht nur die Rohstoffkosten, sondern auch die aus der Nutzung von Kraftfahrzeugen resultierenden Umweltbelastungen zu erfassen. In dieselbe Richtung zielen Diskussionen über die Einführung von Energiesteuern, Grundwasserabgaben usw.

Inwieweit ein Unternehmer die durch seine Entscheidungen **verursachten Umweltbelastungen berücksichtigen** sollte, hängt von seinem Zielsystem ab. Vier Betrachtungsweisen lassen sich unterscheiden:[14]

(1) Der Unternehmer fühlt sich von seinen eigenen moralischen und ethischen Normen her verpflichtet, den Schutz der Umwelt in bestimmtem Maße genau wie beispielsweise die Einhaltung der Menschenrechte oder christliche Wertvorstellungen bei seinen Entscheidungen zu berücksichtigen. In einem solchen Fall kann das modellmäßige Ziel der langfristigen Gewinnmaximierung beibehalten werden. Die **ethischen Normen** zum Umweltschutz stellen dann **Nebenbedingungen** dar, die der Unternehmer im Rahmen seiner Entscheidungen – oft unbewußt – berücksichtigt.

(2) Der Unternehmer nimmt das Ziel „Umweltschutz" explizit in sein Zielsystem auf und berücksichtigt es beispielsweise neben dem Gewinnmaximierungsziel als **konkurrierendes Ziel.**

(3) Der Unternehmer verfolgt das Ziel der Gewinnmaximierung und berücksichtigt dabei den Umweltschutz, soweit er dazu **durch geltende Gesetze gezwungen** wird. Zum einen liefern Gesetze und Verordnungen zwingend einzuhaltende Nebenbedingungen (z.B. Abgasobergrenzen), die bei einzelnen Entscheidungen relevant sind, zum anderen existieren Preise für die Nutzung der Umwelt. Beispiele sind Lizenzgebühren für Umweltnutzungszertifikate oder steuerlich erhöhte Mineralölkosten, die im Gewinnmaximierungskalkül zu berücksichtigen sind.

(4) Der Unternehmer **antizipiert** eine mögliche Verschärfung der **künftigen Umweltgesetzgebung** und fällt seine Entscheidungen schon heute so, daß er möglichen künftigen Anforderungen genügt. Gleichzeitig be-

---

[13] Vgl. Kreikebaum, H., Umweltgerechte Produktion, Wiesbaden 1992, S. 7f.
[14] Für die Punkte (2) bis (4) vgl. Strebel, H., Umwelt und Betriebswirtschaft, a.a.O., S. 48 ff.

I. Grundlagen

rücksichtigt er veränderte Absatzmöglichkeiten: er forciert umweltfreundliche Produkte und nimmt – anders als die Konkurrenz – umweltbelastende Produkte aus dem Markt.

Inwieweit die Berücksichtigung von Umweltschutzaspekten durch die Verankerung in ethischen Normen und Werten erfolgen soll, ist ein **primäres Werturteil,** das nicht richtig oder falsch sein kann, sondern dem jeder Entscheidungsträger nach dem eigenen Gewissen folgen kann.[15] Die westliche Industriegesellschaft ist offensichtlich zur Zeit dabei, derartige Normen und Wertvorstellungen für ihre Mitglieder zu entwickeln, so daß diese langfristig bei unternehmerischen Entscheidungen und somit auch in der Betriebswirtschaftslehre zu berücksichtigen sind. Noch scheint es allerdings zu früh für ein gefestigtes, von der Mehrheit akzeptiertes Normensystem zu sein.

Ähnliches gilt für die Berücksichtigung des Zieles „Umweltschutz" im Rahmen des betrieblichen Zielsystems. Hier treten bei der Anwendung eines solchen Zielsystems auf praktische Entscheidungen große Probleme (Meßbarkeit, Gewichtung der Ziele usw.) auf, die eine Anwendung erschweren.

Aus diesen Gründen gehen wir in unserer **vereinfachenden Modellanalyse** weiter davon aus, daß der Unternehmer dem **Ziel der langfristigen Gewinnmaximierung** folgt. Dabei hat er in jedem Fall die unter (3) genannten **Gesetze und Steuern** bei seiner Planung zu **berücksichtigen.** Da die Umwelt überwiegend im Rahmen des betrieblichen In- und Outputs tangiert wird, ist bei einer sukzessiven Produktionsplanung die Berücksichtigung von Umweltschutzaspekten insbesondere bei der Bedarfs- und Beschaffungsplanung (Kapitel III.4.) und im Rahmen der Abfallwirtschaft (Kapitel III.6.) relevant.

Dieses Vorgehen ist jedoch **defensiv** ausgerichtet, da es nur auf die jeweils geltenden staatlichen Beschränkungen reagiert. Will der Unternehmer sein langfristiges Gewinnmaximum erreichen, so muß er eine **offensive** Strategie verfolgen, indem er **langfristig erwartete Entwicklungen antizipiert.** Für die unternehmerische Planung bedeutet das folgendes:

(1) Unterstellt man, daß das Umweltbewußtsein weiter zunehmen wird, so kann der Unternehmer versuchen, Umweltschutzinnovationen (neu entwickelte umweltfreundliche Erzeugnisse und Verfahren) vorzunehmen und sich so einen Vorsprung vor seiner Konkurrenz zu verschaffen. Sein antizipativer „Umweltschutz" wird durch künftige Pioniergewinne belohnt. Die Entwicklung entsprechender umweltorientierter Produktions- und Absatzstrategien ist Teil der **strategischen Planung.**

(2) Bei Entscheidungen im Absatzbereich sind mögliche Mengen- oder Erlösrückgänge durch das Angebot umweltschädigender Produkte oder das Bekanntwerden von Informationen über umweltschädigende Produktionsverfahren (Imageverluste) zu berücksichtigen. So kann die Kostenersparnis durch eine zwar kostengünstige, jedoch umweltbelastende Entsorgung durch einen Verbraucherboykott, der zu starken Absatzrückgängen

---

[15] Vgl. S. 53 ff.

führt, überkompensiert werden. Beispielsweise beabsichtigte 1995 der Ölkonzern Shell, eine ausgediente Ölplattform kostengünstig in der Nordsee zu versenken. Der darauf folgende Verbraucherboykott, der zu Absatzeinbußen von regional bis zu 50% führte, veranlaßte den Konzern jedoch letztlich dazu, eine teurere Abwrackung an Land vorzunehmen. Die Berücksichtigung derartiger Aspekte ist Aufgabe der **strategischen Produktions- und Absatzplanung.**

(3) Schließlich kann eine offensive Strategie auch in der Produktionsplanung zu einer langfristigen Kostenersparnis und damit Gewinnsteigerung führen, wenn die **Planung** des **Umweltschutzes in integrierter Form** erfolgt. Zum einen werden Nachteile der Sukzessivplanung (Verarbeitung umweltschädigender Rohstoffe und nachfolgende teure Entsorgung der Produktionsrückstände) vermieden. Zum anderen kann auf die nachträgliche teure Anpassung von Produktionsverfahren an neue Auflagen (Beispiel: nachträglicher Einbau von Rauchgasentschwefelungsanlagen) verzichtet werden, wenn von vornherein bei der Produktionsplanung Umweltaspekte berücksichtigt und mögliche künftige Gesetzesänderungen antizipiert werden. Diese integrierte Berücksichtigung des Umweltschutzes in der Produktionsplanung wird in Kapitel IV.5. behandelt.

II. Die Produktions- und Kostentheorie

1. Ziele und Teilbereiche der Produktions- und Kostentheorie

Unternehmen produzieren Güter durch die Kombination oder Umwandlung anderer Güter. Die von den Unternehmen produzierten Güter bezeichnet man auch als **Produkte,** Output oder Ausbringung, die zur Produktion eingesetzten Güter als **Produktionsfaktoren,** Input oder Faktoreinsatz. Ein Möbelhersteller beispielsweise produziert Möbel (Produkte) durch den Einsatz von Holz, Schrauben und Leim (Werkstoffe), den Einsatz von Werkzeugen und Maschinen (Betriebsmittel) und den Einsatz von Arbeit.[1]

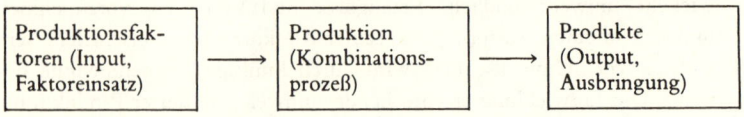

Abb. 8: Produktionsprozeß

Das Ziel der **Produktionstheorie** besteht darin, die funktionalen Zusammenhänge zwischen der Menge der eingesetzten Produktionsfaktoren und der Menge der damit hergestellten Produkte (Ausbringungsmenge) aufzuzeigen. Bezogen auf den oben erwähnten Möbelhersteller hätte die Produktionstheorie beispielsweise die Frage zu beantworten, wieviel

---

[1] Zur Einteilung der Produktionsfaktoren vgl. S. 102 ff.

Holz, Schrauben, Leim, wieviel Arbeitszeit und wieviele Maschinenstunden benötigt werden, um einen, zwei oder mehr Tische vom Typ M herzustellen.

Dem Betriebswirt genügt es jedoch nicht, Informationen über die mengenmäßigen Beziehungen zwischen Input und Output zu erhalten. Ihn interessiert nicht nur, welche Mengen an Produktionsfaktoren verbraucht wurden, sondern auch, was dieser Verbrauch und was damit die Produktion eines einzelnen Produktes kostet. Zu diesem Zweck müssen die in der Produktionstheorie ermittelten Verbrauchsmengen bewertet, also mit den Preisen der jeweiligen Produktionsfaktoren multipliziert werden. Das Ziel der **Kostentheorie** besteht darin, die funktionalen Beziehungen zwischen Ausbringungsmenge und den durch die Produktion entstandenen Kosten darzustellen. Für den Möbelhersteller wäre beispielsweise die kostentheoretische Fragestellung relevant, wie sich die Gesamtkosten entwickeln, wenn die Produktion von Tischen vom Typ M um 10% erhöht wird.

2. Grundlagen der Produktionstheorie

a) Produktionsmodelle und Produktionsfunktionen

Untersucht wird eine einfache Produktion, bei der ein Produkt M durch die Kombination von zwei Produktionsfaktoren R_1 und R_2 produziert wird. Die täglich hergestellte Menge des Produktes M beträgt 5 Einheiten (m = 5). Weiterhin wird angenommen, daß es verschiedene Möglichkeiten gibt, 5 Einheiten M mit Hilfe der beiden Produktionsfaktoren R_1 und R_2 zu produzieren. Die nachfolgende Wertetabelle gibt alle denkbaren Kombinationen der beiden Produktionsfaktoren zur Produktion von 5 Einheiten M wieder.

Punkt	r_1	r_2	m
A	1	5	5
B	2	3	5
C	2	6	5
D	3	2	5
E	3	3	5
F	3	5	5
G	4	2	5
H	5	1	5
I	6	1	5

Abb. 9: Faktoreinsatzkombinationen

Trägt man diese möglichen Kombinationen in ein Diagramm ein, in dem auf der Abszisse r_1 und auf der Ordinate r_2 abgetragen werden, so ergibt sich das in Abb. 10 dargestellte Bild.

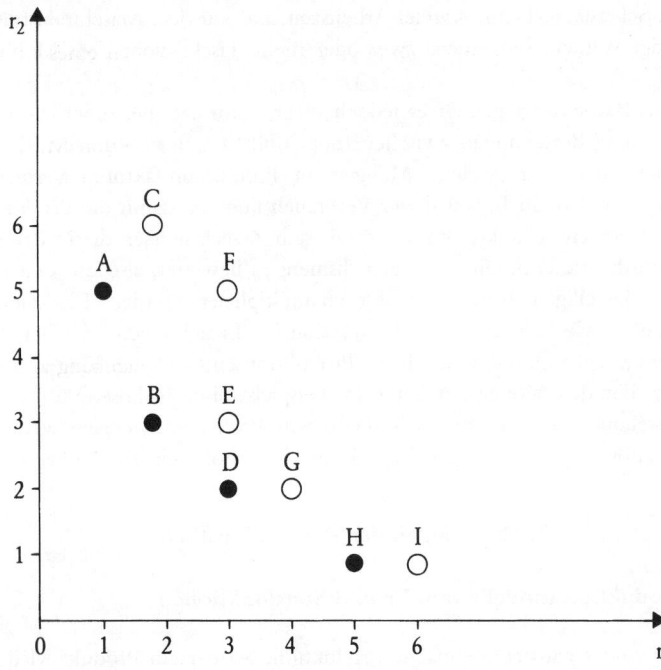

Abb. 10: Effiziente Faktoreinsatzkombinationen

Das ökonomische Prinzip verlangt, einen vorgegebenen physischen Ertrag m mit so wenig Produktionsfaktoren r_1 und r_2 wie möglich herzustellen. So gesehen sind die durch einen ausgefüllten Kreis gekennzeichneten Punkte (•), an denen **technisch effizient** produziert wird, ökonomisch sinnvoller als die durch einen leeren Kreis (○) gekennzeichneten Punkte. Beispielsweise kann dieselbe Menge an Output (m = 5) sowohl durch die Kombination B mit $r_1 = 2$, $r_2 = 3$ als auch durch die Kombination C mit $r_1 = 2$, $r_2 = 6$ hergestellt werden. Würde man aber die Kombination C statt der Kombination B wählen, so würden damit 3 Einheiten des Faktors R_2 verschwendet werden; die Produktion wäre ineffizient. Allgemein wird eine Produktion als technisch effizient bezeichnet, wenn das **ökonomische Prinzip eingehalten** wird, wenn also die beiden folgenden Voraussetzungen erfüllt sind:
(1) Es ist nicht möglich, eine gegebene Ausbringungsmenge bei Verminderung der Einsatzmenge eines Produktionsfaktors herzustellen, ohne die Einsatzmenge mindestens eines weiteren Produktionsfaktors zu erhöhen.
(2) Es ist nicht möglich, mit einer gegebenen Einsatzmenge jedes Produktionsfaktors eine höhere Ausbringungsmenge herzustellen.

Unterstellt man für alle Produktionsfaktoren und für die Produkte beliebige Teilbarkeit und Homogenität, so lassen sich die Beziehungen zwischen technisch effizienten Faktoreinsatzkombinationen und Ausbringungsmenge durch **Produktionsfunktionen** darstellen. Die Forderung nach **beliebiger Teilbarkeit** ist beispielsweise dann erfüllbar, wenn statt der Messung von

Einheiten (Stückzahlen) eine Messung nach Gewicht, Raum- oder Flächeneinheiten erfolgt. **Homogenität** bedeutet, daß die Einheiten eines Produktionsfaktors oder eines Produktes untereinander beliebig austauschbar sein müssen. Stellt der Faktor R_1 beispielsweise Arbeitsstunden dar, so muß die Qualität einer Arbeitsstunde unabhängig davon sein, ob sie von Mitarbeiter A oder B und ob sie am Vormittag oder am Nachmittag erbracht wird.

Für das hier beschriebene Beispiel läßt sich die folgende Produktionsfunktion aufstellen:

(1) $\quad m = f(r_1, r_2)$

Die Produktionsfunktion stellt den funktionalen Zusammenhang zwischen Faktoreinsatzmengen r_1 und r_2 (Input) und Ausbringungsmenge m (Output) bei technisch effizienter Produktion dar. Sie gibt für jede denkbare technisch effiziente Faktorkombination die Höhe der dazugehörigen Ausbringungsmenge an.[2]

Anstelle des Begriffs Produktionsfunktion wird häufiger – insbesondere bei der Abbildung komplexer Produktionsvorgänge – der Begriff **Produktionsmodell** verwendet.[3] Bezieht man die mehrstufige Produktion und die Produktion mehrerer Güter ein, so lassen sich die in Abb. 11 dargestellten Arten von Produktionsmodellen unterscheiden.

Fertigungsstufen \ Produkte	eins	mehrere
eine	einstufige Einproduktmodelle	einstufige Mehrproduktmodelle
mehrere	mehrstufige Einproduktmodelle	mehrstufige Mehrproduktmodelle

Abb. 11: Arten statisch-deterministischer Produktionsmodelle

Die bisher beschriebenen Produktionsmodelle oder -funktionen sind dadurch gekennzeichnet, daß sich alle Größen (Faktoreinsatzmengen und Ausbringungsmengen) auf eine fest vorgegebene Periode beziehen. Bei dem in diesem Kapitel untersuchten Beispiel ist die Bezugsperiode ein Arbeitstag (m = 5/Tag). Darüber hinaus unterstellt es Sicherheit hinsichtlich der zu berücksichtigenden Daten. Es handelt sich somit um ein **statisch-deterministisches Produktionsmodell.** Wird dagegen die zeitliche Gestaltung des Produktionsablaufs mitberücksichtigt, liegt ein **dynamisches** Modell

---

[2] Bei mehr als zwei Produktionsfaktoren gilt die Produktionsfunktion $m = f(r_1, r_2, \ldots, r_n)$.

[3] Zur Abgrenzung der beiden Begriffe sowie weiterführend vgl. Bloech/Lücke, Produktionswirtschaft, Stuttgart, New York 1982, S. 105 ff.; Busse von Colbe/Laßmann, Betriebswirtschaftstheorie, Bd. 1, Grundlagen, Produktions- und Kostentheorie, 5. Aufl., Berlin u. a. 1991, S. 96 ff.

vor. Berücksichtigt man die Unsicherheit auf der Grundlage wahrscheinlichkeitstheoretischer Überlegungen, handelt es sich um ein **stochastisches** Modell. Insgesamt lassen sich die in Abb. 12 dargestellten Fälle unterscheiden.

Sicherheit \ Berücksichtigung der Zeit	nein	ja
sicher	statisch-deterministische Produktionsmodelle	dynamisch-deterministische Produktionsmodelle
unsicher	statisch-stochastische Produktionsmodelle	dynamisch-stochastische Produktionsmodelle

Abb. 12: Arten von Produktionsmodellen

Bei den nachfolgenden Ausführungen werden wir uns auf den einfachsten Fall beziehen, der überhaupt denkbar ist:[4] Wir gehen von einer **statisch-deterministischen** Produktion aus, bei der ein Produkt auf einer einzigen Produktionsstufe **(einstufiges Einproduktmodell)** mit Hilfe von **zwei Produktionsfaktoren** hergestellt wird. Es gilt somit eine einfache Produktionsfunktion vom Typ der Gleichung (1).

Wie wir noch sehen werden, führt bereits dieses einfache Modell zu einer gewissen Komplexität. Diese Komplexität nimmt weiter zu, wenn realistischere Fälle (Mehrproduktunternehmen, mehrstufige Fertigung, nichtlineare Produktionsbeziehungen) einbezogen werden. Die hohe Komplexität ist auch der Grund dafür, daß exakte Produktionsmodelle nur in Ausnahmefällen zur Lösung praktischer Produktionsprobleme verwendet werden. Produktionstheoretische Überlegungen sind somit in erster Linie für das Verständnis grundlegender betriebswirtschaftlicher Zusammenhänge relevant. (ÜB 3/1–3)

b) Substitutionalität und Limitationalität

Wir haben die Produktionsfunktion als funktionalen Zusammenhang zwischen Input und Output bei technisch effizienter Produktion definiert. In Abb. 10 stellen daher die ausgefüllten Punkte A, B, D und H die Produktionsfunktion dar. Berücksichtigen wir zusätzlich, daß die Produktionsfaktoren R_1 und R_2 beliebig teilbar sind, so lassen sich die möglichen Faktoreinsatzkombinationen (r_1, r_2) für einen Output von m = 5 durch eine durchgezogene Linie, die sogenannte **Isoquante,** darstellen. Entsprechende Isoquanten lassen sich für andere Outputmengen (m = 6, m = 7 usw.) erstellen:

---

[4] Zu Erweiterungen vgl. Fandel, G., Produktion I, Produktions- und Kostentheorie, 5. Aufl., Berlin u. a. 1996, S. 149 ff.

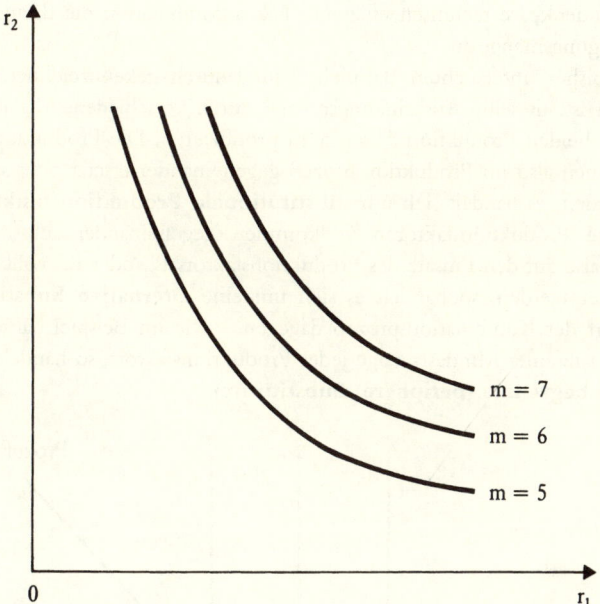

Abb. 13: Isoquanten für alternative Ausbringungsmengen

Stellt man die Ausbringungsmenge m als Senkrechte zur dazugehörigen Faktorkombination (r_1, r_2) dar, so erhält man die dreidimensionale Darstellung in Abb. 14, das sogenannte **Ertragsgebirge.** Das Ertragsgebirge zeigt

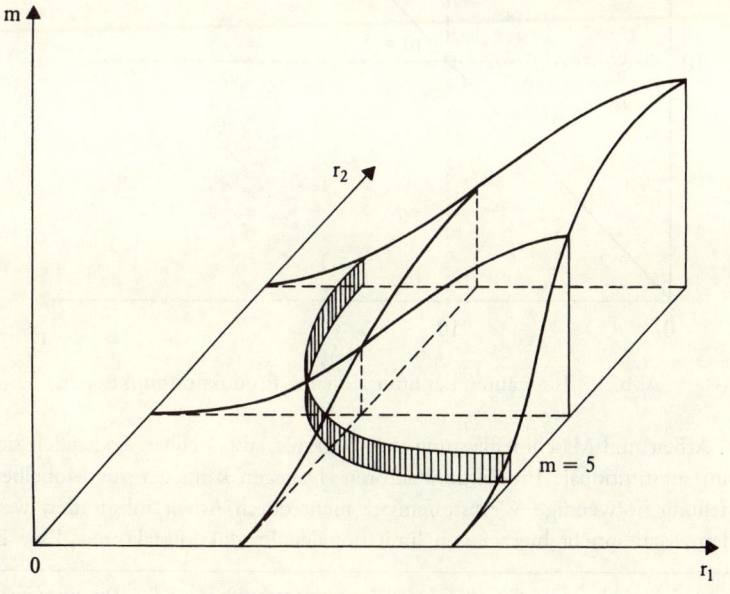

Abb. 14: Ertragsgebirge

für jede denkbare technisch effiziente Faktorkombination die dazugehörige Ausbringungsmenge an.

Die bisher untersuchten Beispiele sind dadurch gekennzeichnet, daß es möglich ist, dieselbe Ausbringungsmenge durch verschiedene Kombinationen der beiden Produktionsfaktoren zu produzieren. Die Produktionsfaktoren können also im Produktionsprozeß gegeneinander ersetzt oder substituiert werden; es handelt sich um **substitutionale Produktionsfunktionen**. Sind die Produktionsfaktoren vollkommen gegeneinander substituierbar, könnte also auf den Einsatz des Produktionsfaktors R_1 oder R_2 vollkommen verzichtet werden, so handelt es sich um eine **alternative Substitution**. Erfordert der Kombinationsprozeß dagegen – wie im Beispiel dargestellt – den Einsatz einer Mindestmenge jedes Produktionsfaktors, so handelt es sich um eine **begrenzte (periphere) Substitution**.[5]

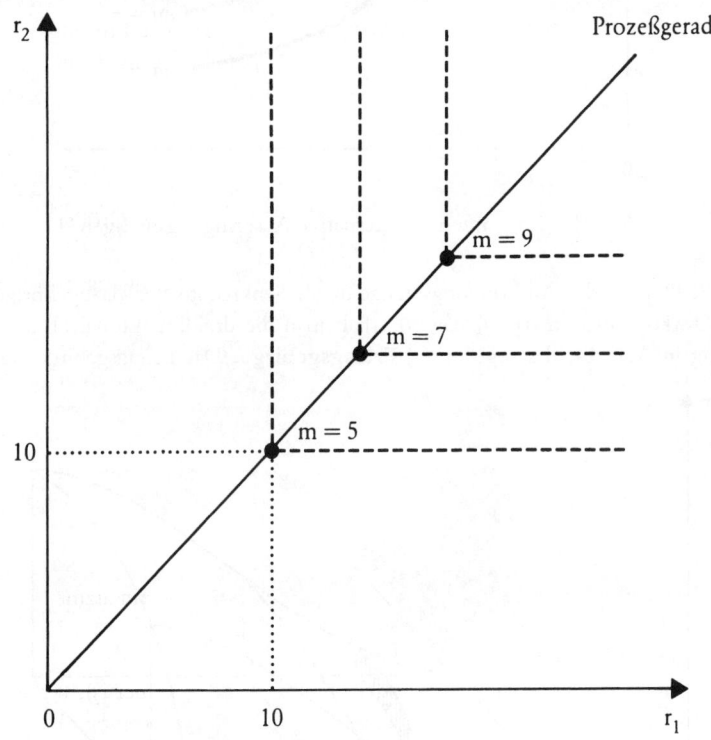

Abb. 15: Isoquanten bei limitationalen Produktionsfunktionen

Arbeit und Maschinenleistung sind begrenzt austauschbar. Es handelt sich um substitutionale Produktionsfaktoren. Dagegen kann der zur Möbelherstellung notwendige Werkstoffeinsatz nicht durch Arbeit substituiert werden. Man spricht hierbei von limitationalen Produktionsfaktoren. Eine li-

---

[5] Vgl. Gutenberg, E., Grundlagen der Betriebswirtschaftslehre, Bd. I, Die Produktion, 24. Aufl., Berlin u. a. 1984, S. 301 f. und 312.

mitationale **Produktionsfunktion** geht von festen Faktoreinsatzverhältnissen aus. Hier gibt es für jede Ausbringungsmenge (z. B. m = 5) nur **eine** mögliche **effiziente Faktorkombination** (z. B. r_1 = 10, r_2 = 10), so daß sich die Isoquanten in Form einzelner Punkte darstellen lassen (Abb. 15). Die geometrische Verbindung aller effizienten Faktorkombinationen wird als **Prozeßgerade** bezeichnet (Abb. 15). Für limitationale Produktionsprozesse ist kennzeichnend, daß nicht zwischen mehreren Faktoreinsatzkombinationen (Faktorsubstitution), sondern nur zwischen mehreren Produktionsprozessen mit jeweils vorgegebenen Einsatzkombinationen – beispielsweise durch einen Wechsel der fertigenden Maschine – unterschieden werden kann (**Prozeßsubstitution**). Wird der Produktionsprozeß verändert, so handelt es sich um eine **Prozeßvariation.** Für den entsprechenden Produktionsprozeß ergibt sich damit eine zweite Prozeßgerade. Je mehr Prozeßvariationen möglich sind, desto mehr Prozeßgeraden existieren. Gibt es unendlich viele Prozeßvariationen, so gibt es auch unendlich viele Prozeßgeraden. Der Grenzfall limitationaler Produktionsfunktionen entspricht damit wieder einer substitutionalen Produktionsfunktion.

c) Partialanalyse und Totalanalyse

Das oben in Abb. 14 dargestellte Ertragsgebirge setzt drei Größen zueinander in Beziehung: die Einsatzmenge des Produktionsfaktors R_1 (r_1), die Einsatzmenge des Produktionsfaktors R_2 (r_2) und die Ausbringungsmenge m. Mit Hilfe des Ertragsgebirges kann also eine Produktionsfunktion vom Typ (m = f (r_1, r_2)) dargestellt werden. Bei der Analyse derartiger Produktionsfunktionen können drei Arten der Betrachtung unterschieden werden:

(1) Die **Ausbringungsmenge** m wird **konstant** als $\overline{m}$ gesetzt, variabel sind die Einsatzmengen r_1 und r_2 der Produktionsfaktoren R_1 und R_2. Die Fragestellung lautet hier: Welche technisch effizienten Kombinationen der Produktionsfaktoren R_1 und R_2 erlauben die Produktion einer vorgegebenen Ausbringungsmenge $\overline{m}$?

(2) Die **Einsatzmenge eines Produktionsfaktors** – beispielsweise des Faktors R_1 – wird **konstant** gesetzt, variabel sind die Einsatzmenge des zweiten Produktionsfaktors R_2 und die Ausbringungsmenge m. Die Fragestellung lautet: Wie ändert sich die Ausbringungsmenge m in Abhängigkeit von der Einsatzmenge eines Produktionsfaktors (hier r_2), wenn die Einsatzmenge der übrigen Produktionsfaktoren (hier r_1) konstant bleibt?

(3) **Alle** drei betrachteten **Größen** (r_1, r_2 und m) sind **variabel.** Die Fragestellung lautet: Wie ändert sich die Ausbringungsmenge m, wenn die Einsatzmenge aller Produktionsfaktoren (hier r_1 und r_2) proportional (bei unveränderten Faktoreinsatzverhältnissen) verändert wird?

Aus Abb. 14 ergibt sich, daß sich diese drei Fragestellungen als unterschiedliche Schnitte durch das Ertragsgebirge darstellen lassen. Bei **Frage (1)** wird die auf der Senkrechten abgetragene Ausbringungsmenge konstant gesetzt. Abhängig davon, in welcher Höhe die Ausbringungsmenge (z. B. mit m = 5) fixiert wird, werden horizontale Schnitte durch das Ertragsgebirge durchgeführt. Das Ertragsgebirge wird also von oben betrachtet. Genauso, wie Höhenlinien auf Landkarten die Punkte in der Ebene miteinander verbinden, in denen eine bestimmte Höhe gerade erreicht wird, entstehen bei horizontalen Schnitten durch das Ertragsgebirge Linien, die die Punkte in der Faktoreinsatzebene miteinander verbinden, in denen die betreffende Höhe der Ausbringung gerade erreicht wird. Auf diese Art entsteht das bereits bekannte Bild der Isoquanten (Abb. 13).

Bei **Frage (2)** wird die auf der waagerecht nach rechts verlaufenden Achse gemessene Faktoreinsatzmenge r_1 konstant gesetzt. Abhängig davon, in welcher Höhe diese Faktoreinsatzmenge fixiert wird, entstehen vom Vordergrund in den Hintergrund verlaufende vertikale Schnitte durch das Ertragsgebirge. In diesem Fall wird das Ertragsgebirge von der Seite her betrachtet.[6] Da man sich bei der Betrachtung auf die Variation nur eines Produktionsfaktors (R_2) beschränkt und die Abhängigkeit der Ausbringungsmenge von der Einsatzmenge nur dieses Produktionsfaktors untersucht, stellt man eine Partialbetrachtung an. Es wird also eine **partielle Faktorvariation** durchgeführt. Für das in Abb. 14 dargestellte Ertragsgebirge ergeben sich beispielsweise die aus vertikalen Schnitten abgeleiteten partiellen Gesamtertragsfunktionen der Abb. 16.

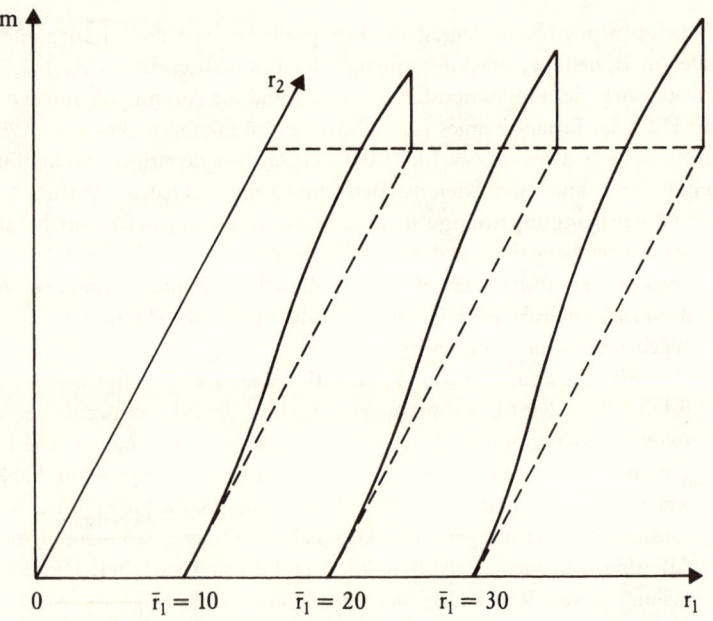

Abb. 16: Partielle Gesamtertragsfunktionen

Frage (3) schließlich betrifft Änderungen der Ausbringungsmenge in Abhängigkeit von Änderungen der Einsatzmengen aller Produktionsfaktoren. Es

---

[6] Analog entspricht die Variation des Faktors R_1 bei Konstantsetzung des Faktors R_2 einem Blick von vorne auf das Ertragsgebirge, also einem Schnitt von links nach rechts.

wird eine Totalbetrachtung vorgenommen, also eine **totale Faktorvariation** durchgeführt. Da nach der Änderung der Ausbringungsmenge in Abhängigkeit von einer proportionalen Änderung der Faktoreinsatzmengen gefragt wird, bleibt das Faktoreinsatzverhältnis $r_1 : r_2$ stets konstant. Für Fragestellung (3) wird folglich ebenfalls ein vertikaler Schnitt durch das Ertragsgebirge vorgenommen. Dieser Schnitt erfolgt jedoch im Gegensatz zur partiellen Faktorvariation (Fragestellung (2)) nicht parallel zur r_1- oder r_2-Achse, sondern vom Nullpunkt aus entlang einer Geraden, deren Verlauf vom vorgegebenen Einsatzverhältnis $r_1 : r_2$ bestimmt wird. Das Ertragsgebirge wird wie eine Torte schräg durchschnitten, wie Abb. 17 zeigt.

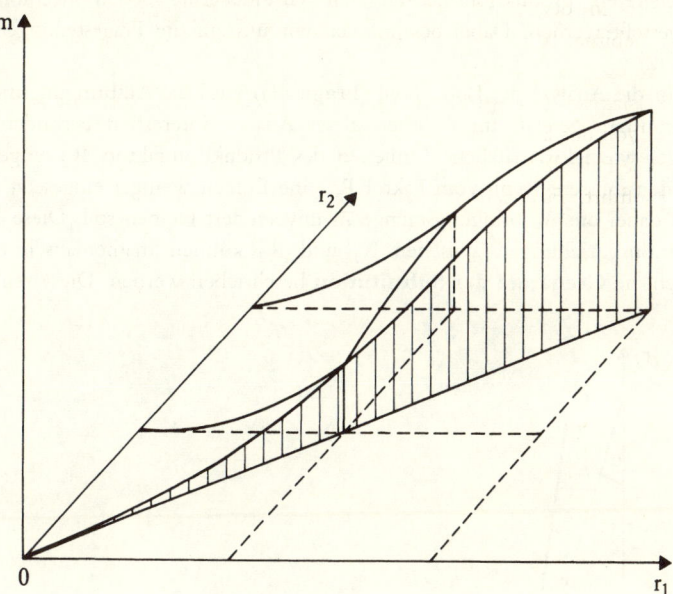

Abb. 17: Totale Faktorvariation beim Ertragsgebirge

Die Zusammenhänge zwischen den drei Fragestellungen verdeutlicht nochmals die folgende Übersicht (Abb. 18). (**ÜB 3/4**)

Fragestellung	Konstant	Schnitt durch Ertragsgebirge	Untersuchungsgegenstand
(1)	Ausbringungsmenge (m)	horizontal	Isoquanten
(2)	Faktoreinsatzmenge (r_1 oder r_2)	vertikal, parallel zur r_2-Achse oder r_1-Achse	Partielle Faktorvariation
(3)	Faktoreinsatzverhältnis ($r_1 : r_2$)	vertikal, entlang der Prozeßgeraden	Totale Faktorvariation

Abb. 18: Produktionstheoretische Analysebereiche

d) Produktionstheoretische Grundbegriffe

aa) Analyse der Isoquanten

Bereits bei einer sehr einfachen Produktionsfunktion mit nur zwei Produktionsfaktoren stößt man an die Grenzen einer graphischen Darstellung der Funktionsverläufe. Bei Einsatz von mehr als zwei Produktionsfaktoren kann die auf drei Dimensionen beschränkte graphische Analyse überhaupt nicht mehr eingesetzt werden. Man bedient sich zur Charakterisierung der ökonomischen Merkmale der Produktionsfunktionen daher bestimmter mathematischer Instrumente. Die mit Hilfe dieser Instrumente abgeleiteten produktionstheoretischen Grundbegriffe sollen nachfolgend dargestellt werden. Dabei beschränken wir uns auf die Fragestellungen (1) und (2).

Für die Analyse der Isoquanten **(Frage (1))** wird die Ausbringungsmenge $\overline{m}$ konstant gesetzt. Im Rahmen dieser Analyse interessiert besonders die Frage, wieviele zusätzliche Einheiten des Produktionsfaktors R_2 eingesetzt werden müssen, wenn vom Faktor R_1 eine Einheit weniger eingesetzt wird und dabei die Ausbringungsmenge $\overline{m}$ unverändert bleiben soll. Diese Substitutionsbeziehungen zwischen R_1 und R_2 können mathematisch exakt durch die **Grenzrate der Substitution** beschrieben werden. Die Grenzrate

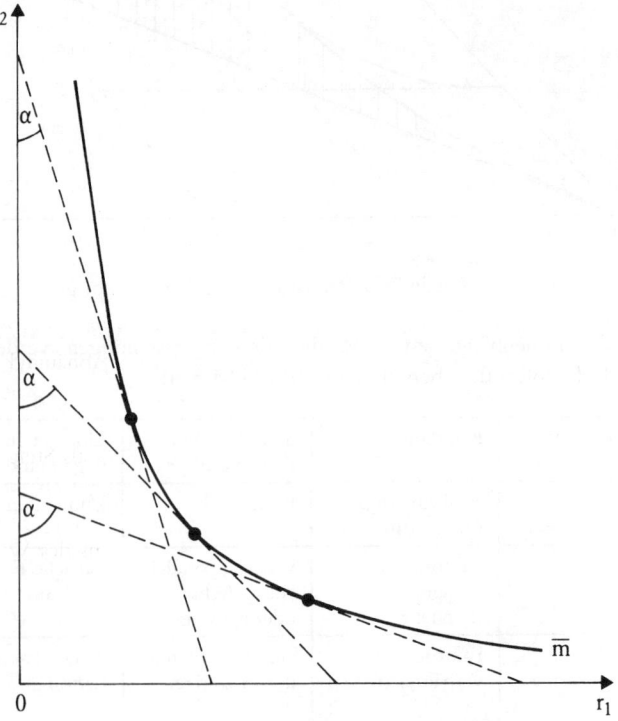

Abb. 19: Graphische Ermittlung der Grenzrate der Substitution

der Substitution gibt für jede beliebige Stelle der Isoquante an, wieviele zusätzliche Einheiten eines Produktionsfaktors für die Produktion einer vorgegebenen Ausbringungsmenge $\bar{m}$ notwendig sind, wenn auf eine Einheit des anderen Produktionsfaktors verzichtet werden soll.[7] Graphisch läßt sich die Grenzrate der Substitution als Steigung der Isoquante an der betreffenden Stelle bestimmen. Diese Steigung ergibt sich aus dem Tangens des Winkels a zwischen Tangente und Ordinate, wie Abb. 19 zeigt.

Analytisch läßt sich die Steigung der Isoquante ermitteln, indem die Produktionsfunktion nach einem Produktionsfaktor – beispielsweise nach r_1 – aufgelöst und die so entstandene Isoquantengleichung nach dem anderen Produktionsfaktor abgeleitet wird. (**ÜB 3/5–9**)

bb) Analyse der partiellen Faktorvariation

Bei der Partialanalyse **(Frage (2))** wird die Ausbringungsmenge m in Abhängigkeit von der Einsatzmenge eines (variablen) Produktionsfaktors – hier des Faktors R_2 – untersucht, während die Einsatzmenge der übrigen (fixen) Faktoren – hier des Faktors R_1 – konstant gesetzt wird. Diese Analyse ist beispielsweise bei einer kurzfristigen Betrachtung sinnvoll, bei der nur die Einsatzmenge eines Faktors (beispielsweise die Rohstoffmenge) variiert werden kann, während die Einsatzmengen der übrigen Faktoren (beispielsweise Personal oder Maschinen) kurzfristig nicht beeinflußbar (fixiert) sind. Die partielle Gesamtertragsfunktion ist gleich der Produktionsfunktion, wenn die Einsatzmenge der übrigen Faktoren konstant gesetzt wird:

(2) $\qquad m = f(\bar{r}_1, r_2)$

Bei der partialanalytischen Betrachtung interessiert besonders die Frage, wie sich die Ausbringungsmenge bei Einsatz einer zusätzlichen Einheit des variablen Faktors verändert. Dieser Ertragszuwachs wird als **Grenzertrag des variablen Faktors** oder auch als **partielles Grenzprodukt** bezeichnet. Betrachtet man Änderungen der Ausbringungsmenge in Abhängigkeit von infinitesimal kleinen Veränderungen der Faktoreinsatzmenge, so spricht man von der **Grenzproduktivität** des variablen Faktors.

Graphisch läßt sich der Grenzertrag des variablen Faktors als Steigung der partiellen Gesamtertragsfunktion bestimmen, indem an die betreffende Stelle der Funktion eine Tangente gelegt wird. Abb. 20 zeigt, daß sich die Steigung der partiellen Gesamtertragsfunktion damit als Tangens des Winkels a zwischen Tangente und Abszisse berechnen läßt. Algebraisch ergibt sich die Grenzproduktivität durch Ableitung der partiellen Gesamtertragsfunktion (2) nach dem variablen Faktor R_2.

---

[7] Da ein einzelner Punkt der Isoquante betrachtet wird, muß es genau heißen: Wieviele zusätzliche Einheiten des einen Produktionsfaktors werden für die Produktion einer vorgegebenen Ausbringungsmenge $\bar{m}$ zusätzlich benötigt, wenn auf eine **infinitesimal kleine** Einheit des anderen Produktionsfaktors verzichtet wird?

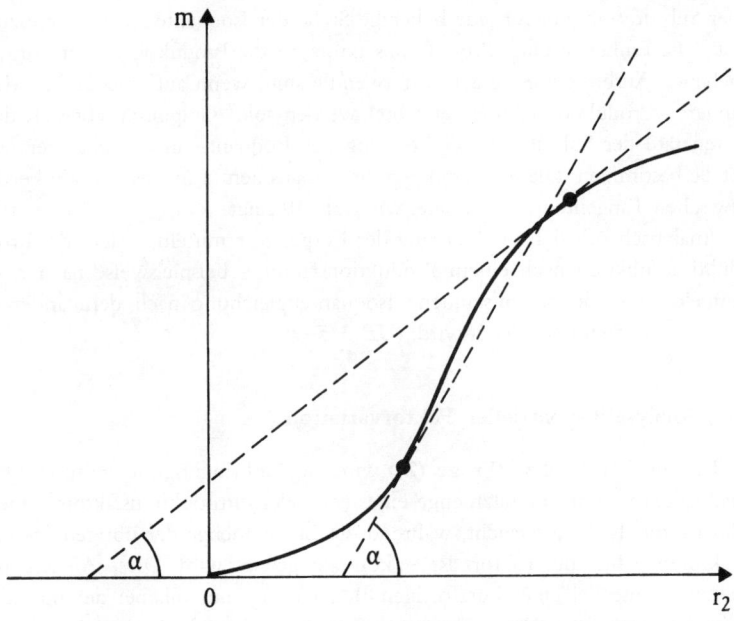

Abb. 20: Bestimmung der Grenzproduktivität

Der **Durchschnittsertrag** e (auch Durchschnittsprodukt oder Produktivität des betreffenden Faktors genannt) läßt sich bestimmen, indem der Gesamtertrag durch die Einsatzmenge des variablen Produktionsfaktors dividiert wird.

(3) $\quad e_1 = \dfrac{m}{r_1}, e_2 = \dfrac{m}{r_2} \quad \left(\begin{array}{l}\text{Durchschnittsertrag des} \\ \text{variablen Faktors } R_1 \text{ bzw. } R_2\end{array}\right)$

Den Kehrwert des Durchschnittsertrages e bezeichnet man auch als **Produktionskoeffizienten** a des variablen Faktors. Er gibt die Anzahl der im Produktionsprozeß durchschnittlich notwendigen Faktoreinsatzmengen des jeweiligen Produktionsfaktors zur Produktion einer Einheit der Ausbringungsmenge m an.

(4) $\quad a_1 = \dfrac{r_1}{m}, a_2 = \dfrac{r_2}{m} \quad \left(\begin{array}{l}\text{Produktionskoeffizient des} \\ \text{variablen Faktors } R_1 \text{ bzw. } R_2\end{array}\right)$

cc) Zusammenfassung und Beispiel

Zum Abschluß sollen die in den vorhergehenden Kapiteln erarbeiteten produktionstheoretischen Grundbegriffe noch einmal in Form einer Übersicht zusammengestellt werden.

Begriff	Berechnung	Art der Analyse	Erläuterung
Grenzrate der Substitution	$\dfrac{dr_1}{dr_2}$	Analyse der Isoquanten	Austauschrelation zwischen zwei Produktionsfaktoren R_1 und R_2 bei Konstanz der Ausbringungsmenge m
Grenzproduktivität	$\dfrac{\delta m}{\delta r_1}, \dfrac{\delta m}{\delta r_2}$	Analyse der partiellen Faktorvariation	Veränderung der Ausbringungsmenge m in Abhängigkeit von infinitesimal kleinen Änderungen der Faktoreinsatzmenge r_1 bzw. r_2
Partielles Grenzprodukt, Grenzertrag des variablen Faktors	$dm_{r1} = \dfrac{\delta m}{\delta r_1} \cdot dr_1$ $dm_{r2} = \dfrac{\delta m}{\delta r_2} \cdot dr_2$	Analyse der partiellen Faktorvariation	Veränderung der Ausbringungsmenge m in Abhängigkeit von hinreichend kleinen Änderungen der Faktoreinsatzmengen der variablen Faktoren dr_1 bzw. dr_2
Durchschnittsertrag, Durchschnittsprodukt, Produktivität	$e_1 = \dfrac{m}{r_1}, e_2 = \dfrac{m}{r_2}$	Analyse der partiellen Faktorvariation	Durchschnittlicher Ertrag des Produktionsfaktors R_1 bzw. R_2
Produktionskoeffizient	$a_1 = \dfrac{r_1}{m}, a_2 = \dfrac{r_2}{m}$	Analyse der partiellen Faktorvariation	Anzahl der im Produktionsprozeß durchschnittlich notwendigen Faktoreinsatzmengen r_1 bzw. r_2 zur Produktion einer Einheit m

Abb. 21: Übersicht über produktionstheoretische Grundbegriffe

Beispiel: Gegeben sei eine einstufige Einproduktfertigung des Produktes M mit der Menge m mit Hilfe der beiden Produktionsfaktoren R_1 und R_2, die in den Mengen r_1 und r_2 eingesetzt werden. Die Produktionsfunktion wird durch Gleichung (1) beschrieben. Berechnet werden sollen Werte für die Variablen $r_1 = 3$, $r_2 = 4$, $dr_1 = 1$ und $dr_2 = 2$. Die Ausbringungsmenge beträgt somit $m = r_1 \cdot r_2 = 12$.

Grenzrate der Substitution: Analysiert wird der Zusammenhang zwischen r_1 und r_2, wenn die Ausbringungsmenge m konstant gesetzt wird. Zunächst muß die Produktionsfunktion (1) nach r_2 (oder alternativ nach r_1) abgeleitet werden:

(5) $$r_2 = \frac{\overline{m}}{r_1}$$

Die so entstehende Isoquantengleichung ist unter Anwendung der Quotientenregel[8] nach r_1 abzuleiten:

(6) $$\frac{dr_2}{dr_1} = \left(\frac{\overline{m}}{r_1}\right)' = \frac{\overline{m}' \cdot r_1 - \overline{m} \cdot r_1'}{r_1^2} = -\frac{\overline{m}}{r_1^2}$$

Für m = 12 und r_1 = 3 ergibt sich somit die Grenzrate der Substitution als $(dr_2 : dr_1) = -(12 : 9) = -1,33$.

Grenzproduktivitäten: Die Grenzproduktivitäten der Produktionsfaktoren R_1 und R_2 lassen sich ermitteln, indem die Produktionsfunktion nach den Faktoreinsatzmengen r_1 und r_2 unter Anwendung der Produktregel[9] abgeleitet wird.

(7) $$\frac{\delta m}{\delta r_1} = \left(r_1 \cdot \overline{r}_2\right)' = r_1' \cdot \overline{r}_2 + r_1 \cdot \overline{r}_2' = \overline{r}_2$$

$$\frac{\delta m}{\delta r_2} = \left(\overline{r}_1 \cdot r_2\right)' = \overline{r}_1' \cdot r_2 + \overline{r}_1 \cdot r_2' = \overline{r}_1$$

Für das Beispiel betragen die Grenzproduktivitäten damit
$(\delta m : \delta r_1) = 4$
$(\delta m : \delta r_2) = 3$.

Partielle Grenzprodukte (Grenzerträge der variablen Faktoren): Zur Ermittlung der partiellen Grenzprodukte sind die Grenzproduktivitäten mit hinreichend kleinen Mengenänderungen – hier $dr_1 = 1$, $dr_2 = 2$ – zu multiplizieren:

(8) $$dm_{r1} = \frac{\delta m}{\delta r_1} \cdot dr_1, \quad dm_{r2} = \frac{\delta m}{\delta r_2} \cdot dr_2$$

Die partiellen Grenzproduktivitäten berechnen sich somit im Beispiel wie folgt:
$dm_{r1} = 4 \cdot 1 = 4$, $dm_{r2} = 3 \cdot 2 = 6$.

Durchschnittsertrag (Produktivität) der variablen Faktoren: Der Durchschnittsertrag der Produktionsfaktoren R_1 und R_2 ergibt sich, indem

---

[8] Zur Quotientenregel vgl. beispielsweise Gal, T. u. a., Mathematik für Wirtschaftswissenschaftler, Band II, Analysis, 3. Aufl., Berlin u. a. 1991, S. 172.
[9] Vgl. ebenda.

die Ausbringungsmenge m durch die jeweilige Faktoreinsatzmenge r_1 bzw. r_2 geteilt wird. Im Beispiel berechnen sich die Durchschnittserträge als

$$e_1 = 4, e_2 = 3.$$

Produktionskoeffizienten: Die Produktionskoeffizienten geben an, wieviele Einheiten der Produktionsfaktoren R_1 bzw. R_2 durchschnittlich benötigt werden, um eine Einheit der Ausbringungsmenge m herzustellen. Sie berechnen sich als Kehrwert des Durchschnittsertrages:

(9) $$a_1 = \frac{r_1}{m}, a_2 = \frac{r_2}{m}$$

und betragen somit im Beispiel

$$a_1 = 0{,}25,\ a_2 = 0{,}33.\ (\text{ÜB 3}/10)$$

3. Grundlagen der Kostentheorie

a) Der Zusammenhang zwischen Produktions- und Kostenfunktionen

Mit Hilfe der Produktionstheorie gelingt es, unter einer Anzahl von möglichen Produktionsprozessen die Prozesse auszuwählen, die hinsichtlich der Einhaltung des Wirtschaftlichkeitsprinzips optimal sind. Auf der Ebene der Produktionstheorie wird dem Wirtschaftlichkeitsprinzip dabei mit Hilfe des Effizienzkriteriums gefolgt, indem alle technisch ineffizienten (faktorverschwendenden) Produktionsprozesse ausgesondert werden.

In der Kostentheorie werden die zur Produktion eingesetzen Produktionsfaktoren **bewertet,** also mit den vom Markt vorgegebenen Faktorpreisen multipliziert. Das mit Hilfe der Produktionstheorie ermittelte **Mengengerüst** der Produktion wird von der Kostentheorie um ein **Wertgerüst** ergänzt.[10] Genauso kann der mengenmäßige Output (die Ausbringungsmenge m) in die Wertgröße „Erlös" transformiert werden, indem die Ausbringungsmenge mit dem ebenfalls vom Markt vorgegebenen Marktpreis des Produktes multipliziert wird. Der unternehmerische **Gewinn** ergibt sich als Differenz zwischen Erlösen und Kosten.

Existieren bei substitutionalen Produktionsfunktionen – z.B. in einem Heizwerk – mehrere alternative Produktionsfaktoren zur Produktion derselben Ausbringungsmenge, so sind zwar die Erlöse bei jeder Produktionsalternative gleich, die Kosten jedoch können sich unterscheiden. Damit unterscheidet sich auch der Gewinn des Unternehmens bei den einzelnen Alternativen: er wird um so größer, je größer die Differenz zwischen Erlösen und Kosten ist, je geringer also die Kosten sind. Aufgabe der Kostentheorie ist es in einem solchen Fall, unter den technisch effizienten Produktionsprozessen denjenigen Prozeß auszuwählen, der zu minimalen Kosten führt und damit den ökonomisch effizientesten Produktionsprozeß darstellt **(Ziel der Kostenminimierung).**

---

[10] Vgl. Adam, D., Produktions- und Kostentheorie, 2. Aufl., Tübingen 1977, S. 19f.

Die Bewertung der Produktionsfaktoren führt damit zu einer Vereinheitlichung der Rechengrößen: Statt den Faktorverbrauch in Stück, Kilogramm usw. für Werkstoffe und in Stunden für den Arbeits- und Betriebsmitteleinsatz anzugeben, erfolgt nunmehr die Messung einheitlich in Geldeinheiten (z. B. in DM). Erst diese Vereinheitlichung erlaubt die Auswahl des kostenminimalen Produktionsprozesses unter mehreren technisch effizienten Möglichkeiten. Kosten lassen sich daher wie folgt definieren:

Kosten stellen den mit Preisen bewerteten Verzehr von Produktionsfaktoren (einschließlich öffentlicher Abgaben) dar, der durch die Erstellung der betrieblichen Leistungen verursacht wird.[11]

Eine Produktionsfunktion stellt die mengenmäßigen Beziehungen zwischen Faktoreinsatzmengen und Ausbringungsmengen dar. Bewertet man die Faktoreinsatzmengen r_1, r_2, ..., r_n mit den Preisen q_1, q_2, ..., q_n, so ergibt sich die **Gesamtkostenfunktion:**

(10) $\qquad K = q_1 \cdot r_1 + q_2 \cdot r_2 + \ldots + q_n \cdot r_n$

Dabei stellen die Faktoreinsatzmengen r_1 bis r_n das Mengengerüst und die Preise q_1 bis q_n das Wertgerüst dar. Da die Faktoreinsatzmengen von der Ausbringungsmenge abhängen, gibt die Kostenfunktion gleichzeitig die **Abhängigkeit der Kosten von der Ausbringungsmenge** wieder. Aktionsparameter (unabhängige Variable) ist dabei die Ausbringungsmenge, während die Kosten die abhängige Variable bilden:

(11) $\qquad K = f(m)$

b) Ableitung der Gesamtkostenfunktion

aa) Kostenisoquanten (Isokostengeraden)

Die Gesamtkosten K sind eine Funktion der Ausbringungsmenge m (Gleichung (11)). Die Faktorpreise q_1 bis q_n gelten im folgenden als vom Markt vorgegeben und konstant ($\bar{q}_1$ bis $\bar{q}_n$). Bei einer Produktionsfunktion vom Typ (1) ist die Ausbringungsmenge m von der Höhe des Faktoreinsatzes r_1 und r_2 abhängig. Sind $\bar{q}_1$ und $\bar{q}_2$ vorgegeben, läßt sich die Gesamtkostenfunktion für eine solche Produktionsfunktion wie folgt darstellen:

(12) $\qquad K = \bar{q}_1 \cdot r_1 + \bar{q}_2 \cdot r_2$

Die Gesamtkosten hängen damit nur von den Faktoreinsatzmengen r_1 und r_2 ab. Steht ein vorgegebenes **Kostenbudget** K^{12} zur Verfügung, so läßt sich dieses Budget in unterschiedlicher Weise auf die beiden Produktionsfaktoren R_1 und R_2 aufteilen. Wird das gesamte Budget ausschließlich zum Kauf des Produktionsfaktors R_1 verwendet, so können damit

---

[11] Zur Abgrenzung der Kosten vom Aufwand und von den Ausgaben vgl. S. 861 ff. sowie Mellerowicz, K., Kosten und Kostenrechnung, Bd. I, Theorie der Kosten, 5. Aufl., Berlin, New York 1973, S. 6 ff.

[12] Turgot, A. R. J., Réflexions sur la formation et la distribution des richesses, Paris 176

(13) $$r_1 = \frac{K^0}{\bar{q}_1}$$

Einheiten des Produktionsfaktors R_1 erworben werden, während die Verausgabung ausschließlich für den Produktionsfaktor R_2 den Kauf von

(14) $$r_2 = \frac{K^0}{\bar{q}_2}$$

Einheiten R_2 ermöglicht. Wird das Kostenbudget K^0 in unterschiedlicher Weise auf die beiden Produktionsfaktoren aufgeteilt, so können analog den Produktionsisoquanten die verschiedenen Kombinationen in Form von **Kostenisoquanten (Isokostengeraden)** in einem r_1-r_2-Diagramm dargestellt werden, wie Abb. 22 zeigt.

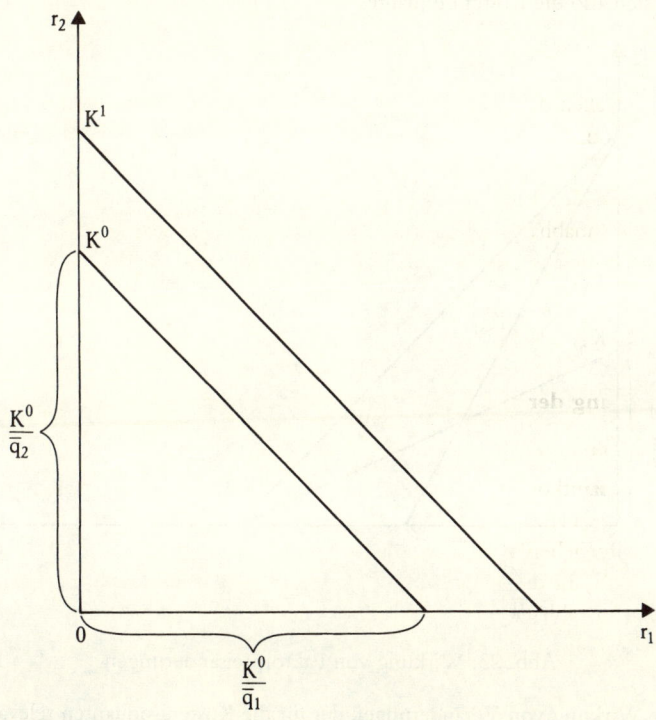

Abb. 22: Kostenisoquanten

In Abb. 22 zeigt die Strecke $K^0 : \bar{q}_1$ auf der Abszisse die vollständige Verausgabung des Kostenbudgets K^0 für den Produktionsfaktor R_1 an, während die Strecke $K^0 : \bar{q}_2$ auf der Ordinate entsprechendes für den Faktor R_2 bezeichnet. Die Funktionsgleichung der Kostenisoquante läßt sich ermitteln, indem Gleichung (12) für das Kostenbudget K^0 nach r_2 aufgelöst wird:

(15) $$r_2 = \frac{K^0}{\bar{q}_2} - \frac{\bar{q}_1}{\bar{q}_2} \cdot r_1$$

Der Schnittpunkt der Ordinate wird durch das Verhältnis des vorhandenen Budgets K^0 und des Preises des Faktors R_2 ($\bar{q}_2$) determiniert, während die (negative) Steigung der Kostenisoquante durch das Verhältnis der Preise der beiden Produktionsfaktoren ($\bar{q}_1 : \bar{q}_2$) festgelegt. Erhöht man das Kostenbudget von K^0 auf K^1, so ändert sich der Schnittpunkt mit der Ordinate, nicht jedoch die Steigung der Kostenisoquante; die Kostenisoquante verschiebt sich in Abb. 22 parallel von K^0 nach K^1.

Die Steigung der Kostenisoquante verändert sich, wenn sich die Preise der Produktionsfaktoren $\bar{q}_1$ oder $\bar{q}_2$ ändern. Steigt der Preis des Faktors R_1 von $\bar{q}_1^{\,0}$ auf $\bar{q}_1^{\,1}$, so verschiebt sich der Schnittpunkt der Kostenisoquante mit der Abszisse nach links (Abb. 23: Kostenisoquante K^0_{q1}); steigt der Preis des Faktors R_2 auf $\bar{q}_2^{\,1}$, verschiebt sich der Schnittpunkt der Kostenisoquante mit der Ordinate nach unten (Abb. 23: Kostenisoquante $K^0 q_2$). In beiden Fällen dreht sich also die Kostenisoquante.

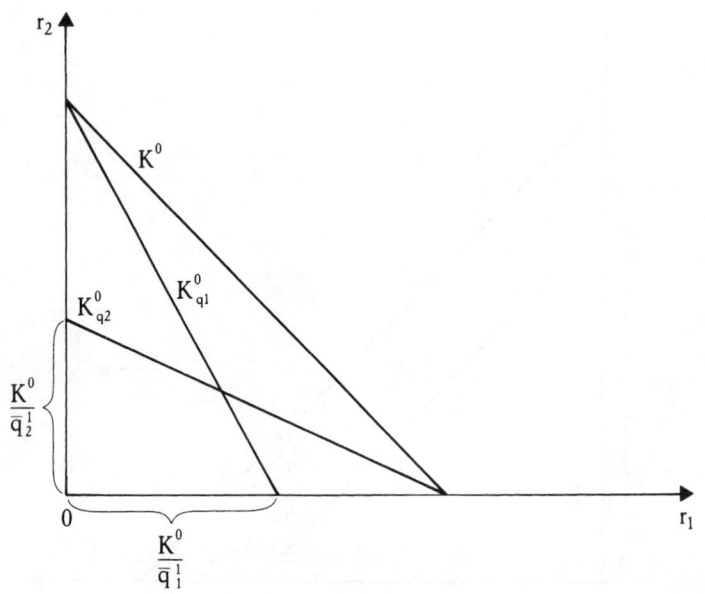

Abb. 23: Wirkung von Faktorpreisänderungen

Die Wirkung von Veränderungen der für die Kostenisoquanten relevanten Daten ist noch einmal in Abb. 24 zusammengefaßt. (**ÜB 3/11**)

Erhöhung des ...	Wirkung
– Kostenbudgets K	Parallelverschiebung der Kostenisoquante nach rechts oben
– Faktorpreises q_1	Verschiebung des Schnittpunktes mit der Abszisse nach links, steilerer Verlauf der Isoquante
– Faktorpreises q_2	Verschiebung des Schnittpunktes mit der Ordinate nach unten, flacherer Verlauf der Isoquante

Abb. 24: Wirkung von Datenänderungen auf Kostenisoquanten

bb) Kostenminimum bei limitationalen Produktionsfunktionen

Die im vorhergehenden Kapitel eingeführten Kostenisoquanten bilden alle r_1-r_2-Kombinationen ab, die zur Realisierung desselben Kostenbudgets führen. Mit Hilfe der Produktionsisoquanten werden dagegen alle zur Realisierung derselben Ausbringungsmenge $\overline{m}$ führenden r_1-r_2-Kombinationen dargestellt. Bildet man beide Arten von Isoquanten in einem Diagramm ab, so ergibt sich für limitationale Produktionsfunktionen das in Abb. 25 dargestellte Bild.

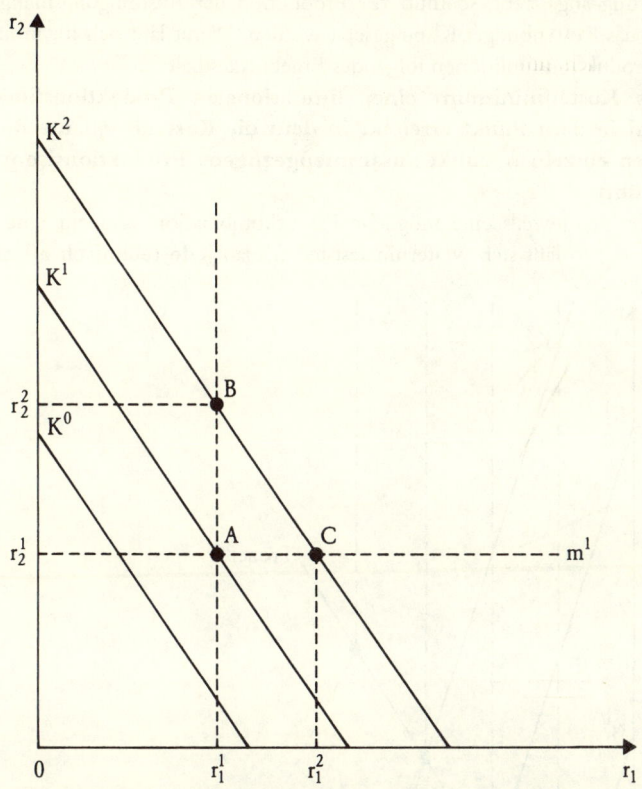

Abb. 25: Kosten- und Produktionsisoquanten bei limitationalen Produktionsfunktionen

Die Produktionsisoquante zeigt an, daß zur Produktion der Ausbringungsmenge m^1 mindestens die Faktoreinsatzmengen $r_1^{\,1}$ und $r_2^{\,1}$ eingesetzt werden müssen. Da die dafür benötigten Faktoreinsatzmengen mit Hilfe des Kostenbudgets K^0 nicht beschafft werden können, muß das Budget auf K^1 erhöht werden. Die Kostenisoquante K^1 berührt gerade die Produktionsisoquante m^1 (genauer: schneidet gerade die auf den Punkt A reduzierte Produktionsisoquante m^1). Mit Hilfe des Kostenbudgets K^1 kann also eine einzige r_1-r_2-Kombination erworben werden, die genau ausreicht, die Menge m^1 zu produzieren (Punkt A). Wird das Kostenbudget weiter auf K^2 erhöht, so kann mit Hilfe dieses Budgets der Punkt B (r_1^1-r_2^2) oder der Punkt C (r_1^2-r_2^1) realisiert werden; in beiden Fällen wird ebenfalls genau die Menge m^1 produziert. Diese Punkte liegen jedoch nicht mehr auf der Produktionsisoquante, stellen also **keine technisch effizienten Produktionsmöglichkeiten** mehr dar. Im ersten Fall wird ein Teil des Faktors R_2 (die Menge $r_2^2 - r_2^1$, also die Strecke BA), im zweiten Fall ein Teil des Faktors R_1 (die Menge $r_1^2 - r_1^1$, also die Strecke CA) verschwendet. Diese Verschwendung führt zu höheren Kosten und damit zum höheren Kostenbudget K^2. Wird Kostenminimierung angestrebt, so muß zur Produktion der Ausbringungsmenge m^1 genau das Kostenbudget K^1 eingesetzt werden. Damit läßt sich für limitationale Produktionsfunktionen folgendes Ergebnis festhalten:

Das Kostenminimum einer limitationalen Produktionsfunktion wird in dem Punkt erreicht, in dem die Kostenisoquante die auf einen einzelnen Punkt zusammengezogene Produktionsisoquante berührt.

Existiert nur jeweils eine mögliche Faktorkombination, also nur eine Prozeßgerade, so läßt sich weiterhin feststellen, daß **jede technisch effiziente**

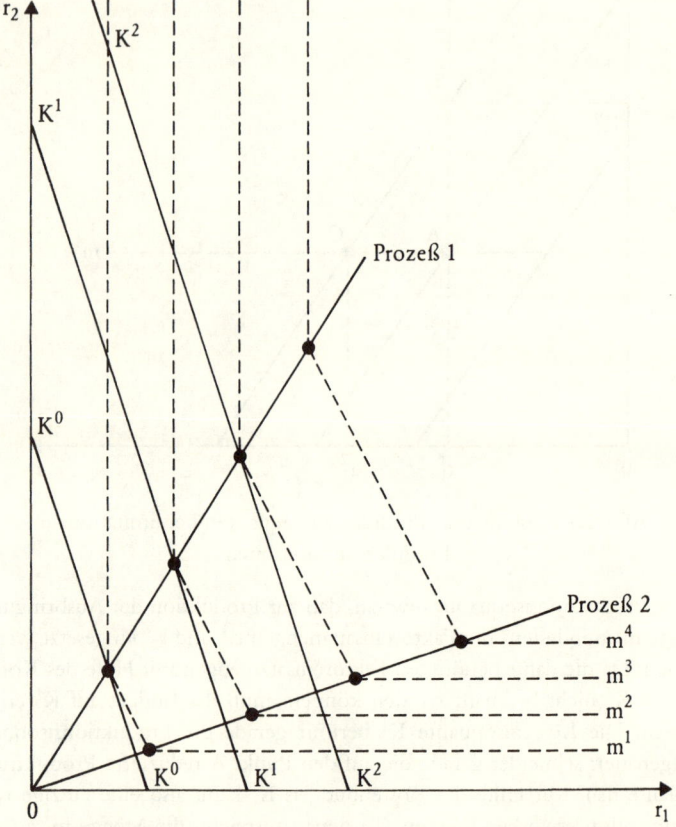

Abb. 26: Minimalkosten bei alternativen Prozeßgeraden

Faktorkombination gleichzeitig auch eine kostenminimale Faktorkombination** darstellt. Da in diesem Fall nur eine einzige technisch effiziente Faktorkombination existiert, gibt es auch keine Möglichkeit, durch Veränderung des Kostenbudgets bei Variation nur eines Produktionsfaktors die Ausbringung zu erhöhen. Existieren dagegen alternative Prozeßgeraden **(Prozeßvariation),** so kann sich das in Abb. 26 dargestellte Bild ergeben.

Können die in Abb. 26 dargestellten Kostenbudgets K^0, K^1 oder K^2 realisiert werden, so ist ersichtlich, daß in jedem Fall Prozeß 1 wirtschaftlich sinnvoller ist als Prozeß 2, denn jede Kostenfunktion schneidet die Prozeßgerade 2 bei einem niedrigeren Ausbringungsniveau als die Prozeßgerade 1. Zwar können stets zwei alternative, jeweils technisch effiziente Faktoreinsatzkombinationen – die Punkte auf den Prozeßgeraden – realisiert werden. Die mit Hilfe des Prozesses 1 realisierten Ausbringungsmengen sind jedoch in jedem Fall höher als die mit Hilfe des Prozesses 2 realisierten Alternativen, wenn dasselbe Kostenbudget eingesetzt wird. Für den Fall mehrerer linear-limitationaler Produktionsprozesse gilt also:

Das Kostenminimum wird erreicht, wenn stets der Prozeß gewählt wird, der bei einem beliebigen Kostenbudget die Realisierung der höheren Ausbringungsmenge zuläßt.

cc) Kostenminimum bei substitutionalen Produktionsfunktionen

Analog dem Vorgehen bei limitationalen Produktionsbeziehungen kann auch bei substitutionalen Produktionsfunktionen das Kostenminimum ermittelt werden, indem Produktions- und Kostenisoquanten gleichzeitig in ein r_1-r_2-Diagramm eingezeichnet werden. Dabei ergibt sich das in Abb. 27 dargestellte Bild.

Das Kostenminimum wird dort erreicht, wo mit einem gegebenen Kostenbudget die maximale Ausbringungsmenge realisiert wird. Das ist in Abb. 27 offensichtlich an der Stelle der Fall, wo die Kostenisoquante K^1 die Produktionsisoquante m^1 tangiert (Punkt A). Liegt die Produktionsisoquante höher (Abb. 27: m^2), so gibt es keinen Berührungspunkt zwischen ihr und der Kostenisoquante; die betreffende Ausbringungsmenge ist nicht realisierbar. Liegt die Produktionsisoquante dagegen niedriger (Abb. 27: m^0), so gibt es zwar zwei Schnittpunkte zwischen der Produktionsisoquante und der Kostenisoquante und damit zwei mögliche technisch effiziente Faktorkombinationen, das so erreichte Ausbringungsniveau ist jedoch geringer. Die kostenminimale Faktoreinsatzkombination einer substitutionalen Produktionsfunktion, die sogenannte **Minimalkostenkombination,** ist an genau einer Stelle realisierbar, an der eine Kostenisoquante eine Produktionsisoquante gerade tangiert. Mit Hilfe der Minimalkostenkombination wird daher die **ökonomisch** effiziente (gleich kostengünstigste) Faktorkombination aus der Menge aller **technisch** effizienten Faktorkombinationen ausgewählt.

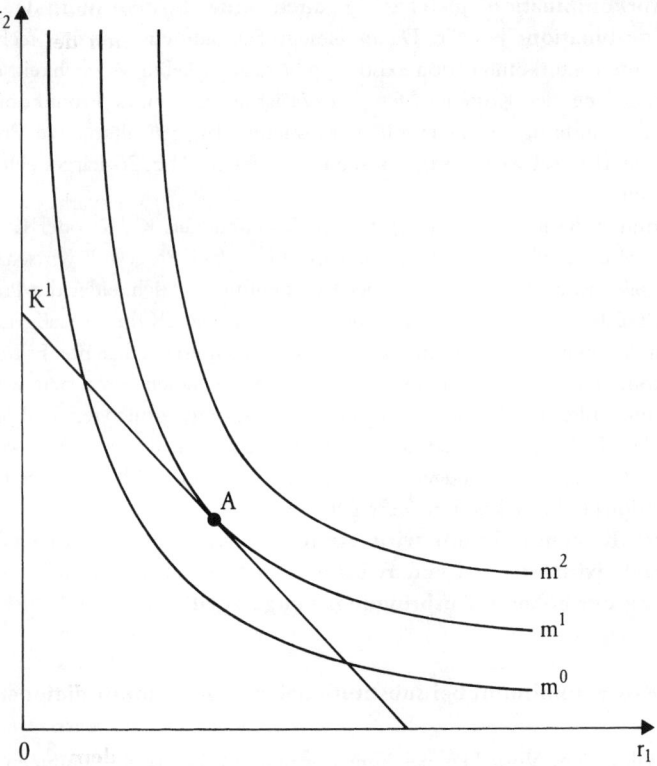

Abb. 27: Minimalkostenkombination

Die Steigung der Kostenisoquante wird, wie aus Gleichung (15) ersichtlich ist, durch das Preisverhältnis der beiden Produktionsfaktoren bestimmt. Mathematisch ausgedrückt: Die Steigung der Kostenisoquante ergibt sich, indem die nach einem Produktionsfaktor aufgelöste Kostenfunktion (Gleichung (15)) nach dem anderen Produktionsfaktor abgeleitet wird:

(16) $$r_2 = \frac{\overline{K}}{\overline{q}_2} - \frac{\overline{q}_1}{\overline{q}_2} \cdot r_1$$

$$\frac{dr_2}{dr_1} = -\frac{\overline{q}_1}{\overline{q}_2} \left(\text{Steigung der Kostenisoquante}\right)$$

Die Steigung der Produktionsfunktion an der betreffenden Stelle wird durch die erste Ableitung der Produktionsisoquante, die Grenzrate der Substitution, ausgedrückt. Da die Minimalkostenkombination gerade dort erreicht wird, wo sich Produktionsisoquante und Kostenisoquante tangieren, sind dort die Steigungen der Produktionsisoquante und der Kostenisoquante gleich.

II. Die Produktions- und Kostentheorie

Für die Minimalkostenkombination muß also die Bedingung erfüllt sein, daß die Grenzrate der Substitution gleich dem negativen umgekehrten Faktorpreisverhältnis ist:

(17) $\quad \dfrac{dr_2}{dr_1} = -\dfrac{q_1}{q_2} \quad \begin{pmatrix} \text{Grenzrate der Substitution gleich} \\ \text{negatives umgekehrtes Faktorpreisverhältnis} \end{pmatrix}$

Da die Grenzrate der Substitution gleich dem umgekehrten Grenzproduktivitätsverhältnis der Produktionsfaktoren ist, gilt weiterhin:

(18) $\quad \dfrac{q_1}{q_2} = \dfrac{\frac{\delta m}{\delta r_1}}{\frac{\delta m}{\delta r_2}} \quad \begin{pmatrix} \text{Faktorpreisverhältnis gleich} \\ \text{Verhältnis der Grenzproduktivitäten} \end{pmatrix}$

Somit läßt sich abschließend folgende Bedingung für die kostenminimale Produktion formulieren:
Bei substitutionalen Produktionsfunktionen wird das Ziel der Kostenminimierung in dem Punkt erreicht, in dem die Minimalkostenkombination realisiert wird. Dort ist das Verhältnis der Preise von je zwei Produktionsfaktoren gleich dem Verhältnis ihrer Grenzproduktivitäten.
Anhand dieser Aussage läßt sich auch ersehen, daß eine Veränderung der Faktorpreise zu einer Veränderung der Minimalkostenkombination führen muß. Abb. 28 zeigt, daß die Minimalkostenkombination für einen solchen Fall nur erreicht wird, wenn ein anderer Punkt auf der Produktionsisoquante und somit eine andere Grenzrate der Substitution gewählt wird.
Steigt der Preis des Produktionsfaktors R_1 (q_1), so verschiebt sich der Schnittpunkt der Kostenisoquante mit der Abszisse nach links, und die Kostenisoquante verläuft steiler (Kostenisoquante K^1 statt K^0). Die Verteuerung des Produktionsfaktors bewirkt, daß mit demselben Kostenbudget nur noch eine geringere Ausbringungsmenge m^1 realisiert werden kann (Punkt B statt Punkt A). Folglich geht die Menge der eingesetzten Produktionsfaktoren zurück. Gleichzeitig wird jedoch der jetzt relativ teure Produktionsfaktor R_1 teilweise durch R_2 substituiert, so daß einer Verringerung des Faktoreinsatzes R_1 ($r_1^0 - r_1^1$) eine Erhöhung des Faktoreinsatzes R_2 gegenübersteht ($r_2^1 - r_2^0$). Soll dieselbe Menge m^0 wie vor der Preiserhöhung von R_1 produziert werden, so muß das Kostenbudget auf K^2 erhöht werden. Die neue Minimalkostenkombination (Punkt C) liegt oberhalb der alten Kombination A, und auch hier findet eine teilweise Substitution des teureren Produktionsfaktors R_1 (r_1^0 sinkt auf r_1^2) durch den relativ preiswerteren Faktor R_2 statt (r_2^0 steigt auf r_2^2).

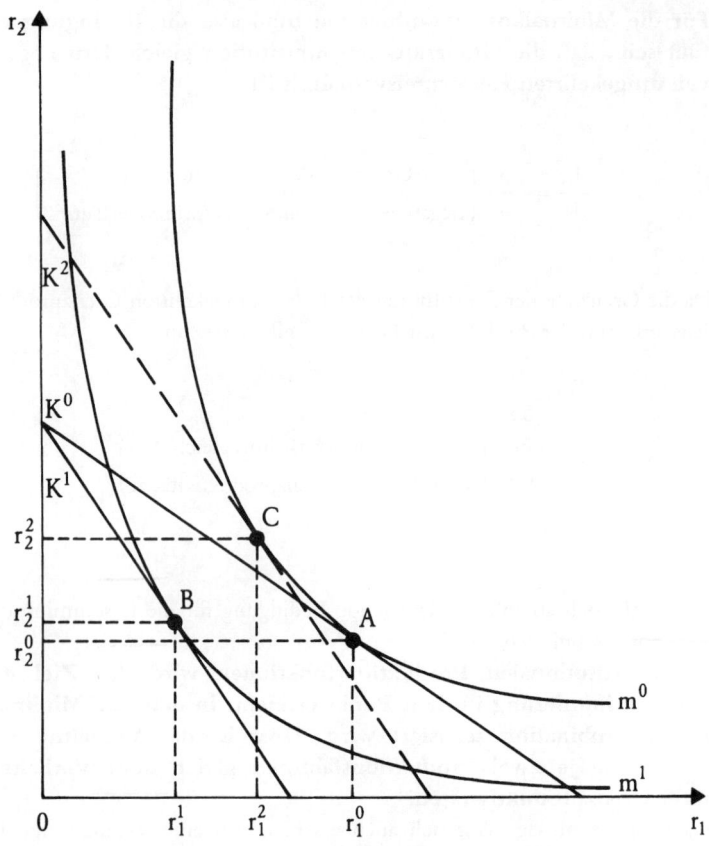

Abb. 28: Wirkung von Preisänderungen

Schließlich sei auf die Frage eingegangen, welche Änderungen sich bei partiellen Faktorvariationen ergeben. Es sei davon ausgegangen, daß der Faktor R_2 auf dem Niveau $\bar{r}_2^0$ fixiert sei, während die Einsatzmenge des Faktors R_1 ausgehend von r_1^0 variiert werden kann. Die Zusammenhänge zwischen partieller Faktorvariation und Minimalkostenkombination verdeutlicht Abb. 29.

Abb. 29 zeigt, daß durch die Erhöhung des Kostenbudgets von K^0 auf K^1 bei partieller Faktorvariation, also bei Fixierung der Einsatzmenge eines Produktionsfaktors, eine Erhöhung der Ausbringungsmenge erreicht werden kann. Da $\bar{r}_2^0$ fixiert ist, kann durch Erhöhung des Kostenbudgets auf K^1 die Faktoreinsatzkombination r_1^1-$\bar{r}_2^0$ (Übergang von Punkt A zu Punkt B) und damit bei technisch effizienter Produktion die Ausbringungsmenge m^1 realisiert werden. Die Minimalkostenkombination und damit die Produktion der Ausbringungsmenge m^2 (Punkt C) kann jedoch nicht erreicht werden, da dazu auch die Einsatzmenge des Produktionsfaktors R_2 erhöht werden müßte.

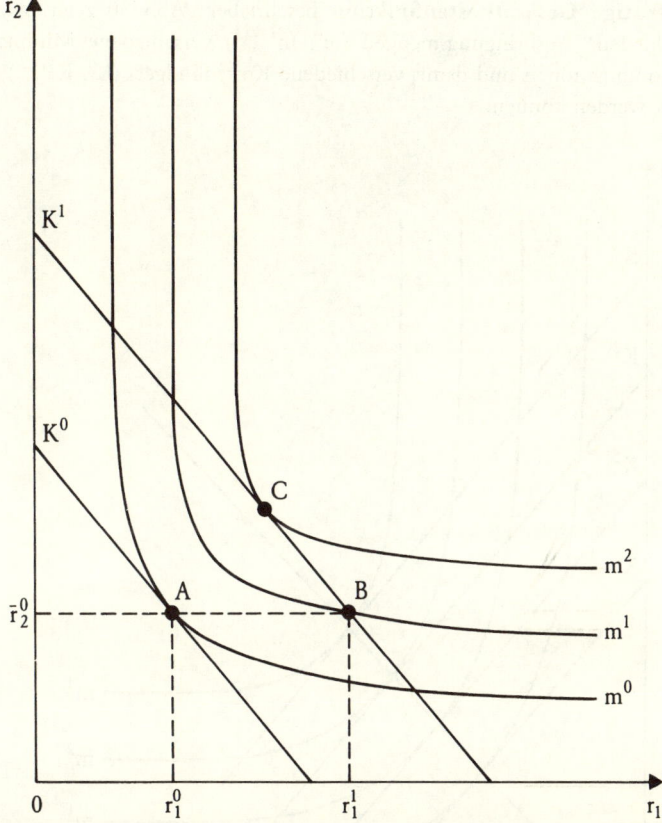

Abb. 29: Partielle Faktorvariation und Minimalkostenkombination

Partielle Faktorvariation bei substitutionalen Produktionsfunktionen führt somit zwar zur Erhöhung der Ausbringungsmenge, die Minimalkostenkombination (= Produktion zu minimalen Kosten) kann dabei jedoch nicht mehr realisiert werden. (ÜB 3/12–16)

dd) Ableitung von langfristigen Gesamtkostenfunktionen

Am Beispiel einer **substitutionalen Produktionsfunktion** soll dargestellt werden, wie mit Hilfe der Kostenisoquanten Gesamtkostenfunktionen abgeleitet werden können.

Oben wurde festgestellt, daß es bei substitutionalen Produktionsfunktionen für eine gegebene Ausbringungsmenge genau eine Minimalkostenkombination gibt. An der betreffenden Stelle wird technisch effizient produziert und gleichzeitig die Forderung nach Kostenminimierung erfüllt. Die Minimalkosten geben dabei die für eine vorgegebene Produktionsmenge m entstehenden Kosten an. Wird jetzt variiert, so existiert für jedes mögliche m auch eine Minimalkostenkombination. Die Beziehung zwischen alternativen Ausbringungsmengen und realisierbaren Minimalkosten wird durch die

langfristige Gesamtkostenfunktion beschrieben. Abb. 30 zeigt, wie für verschiedene Ausbringungsmengen (m^0, m^1 ...) verschiedene Minimalkostenkombinationen und damit verschiedene Kostenbudgets (K^0, K^1 ...) festgelegt werden können.

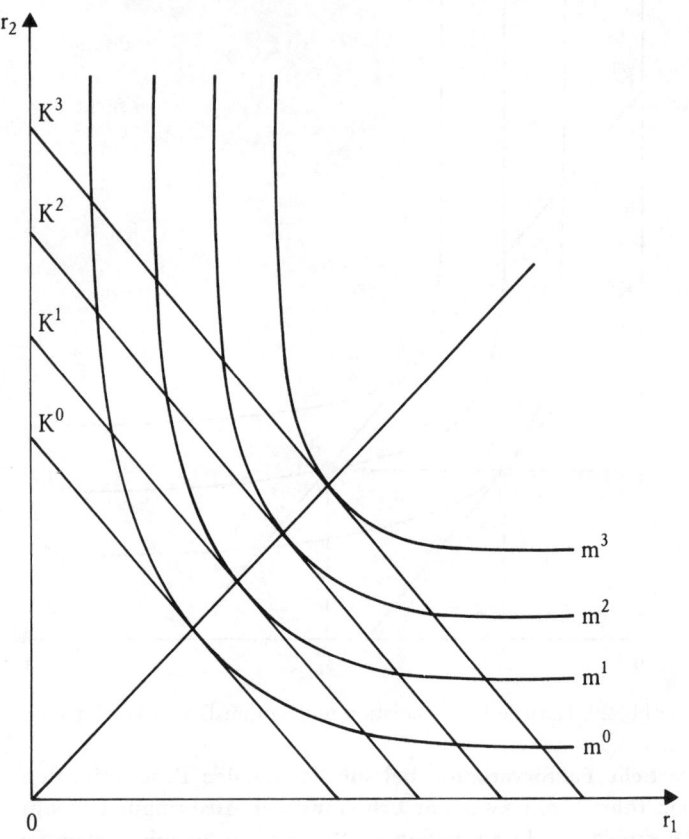

Abb. 30: Ausbringungsmenge und Minimalkostenkombination

In Abb. 30 wird deutlich, daß bei homogenen Produktionsfunktionen alle Minimalkostenkombinationen auf derselben Linie liegen. Homogene Produktionsfunktionen sind dadurch gekennzeichnet, daß unabhängig von der Ausbringungsmenge m stets ein bestimmtes Faktoreinsatzverhältnis $R_1 : R_2$ optimal ist. Die in Abb. 30 dargestellten Produktionsisoquanten sind aus einer **linear-homogenen Produktionsfunktion** abgeleitet: Die Verdoppelung der Faktoreinsatzmengen führt auch zur Verdoppelung der Ausbringungsmenge m, so daß die Produktionsisoquanten dieselben Abstände voneinander aufweisen. Folglich haben auch die Kostenisoquanten denselben Abstand voneinander: Die Verdoppelung der Ausbringungsmenge erfordert eine Verdoppelung der Einsatzmengen der Produktionsfaktoren und damit bei gegebenen Faktorpreisen auch eine Verdoppelung des Kostenbudgets.

Die Gesamtkostenfunktion einer linear-homogenen Produktionsfunktion verläuft damit ebenfalls **linear**. Entsprechend führen andere typische Produktionsfunktionen auch zu anderen typischen Gesamtkostenkurven.

ee) Ableitung von kurzfristigen Gesamtkostenfunktionen

Bisher wurde unterstellt, daß die Einsatzmenge aller Produktionsfaktoren beliebig variiert werden kann. Damit gelingt es auch stets, die Minimalkostenkombination zu realisieren. Diese Bedingung ist jedoch nicht immer erfüllt. Stellt beispielsweise der Faktor R_1 einen Rohstoff 1, der frei am Markt erworben wird, und der Faktor R_2 einen Rohstoff 2 dar, für den aufgrund seiner relativen Knappheit langfristige Lieferverträge bestehen, so können langfristig die Einsatzmengen beider Rohstoffe variiert werden. Kurzfristig ist es ebenfalls möglich, die Rohstoffmenge 1 (r_1) zu verändern, indem unterschiedliche Mengen am Markt beschafft und sofort im Produktionsprozeß

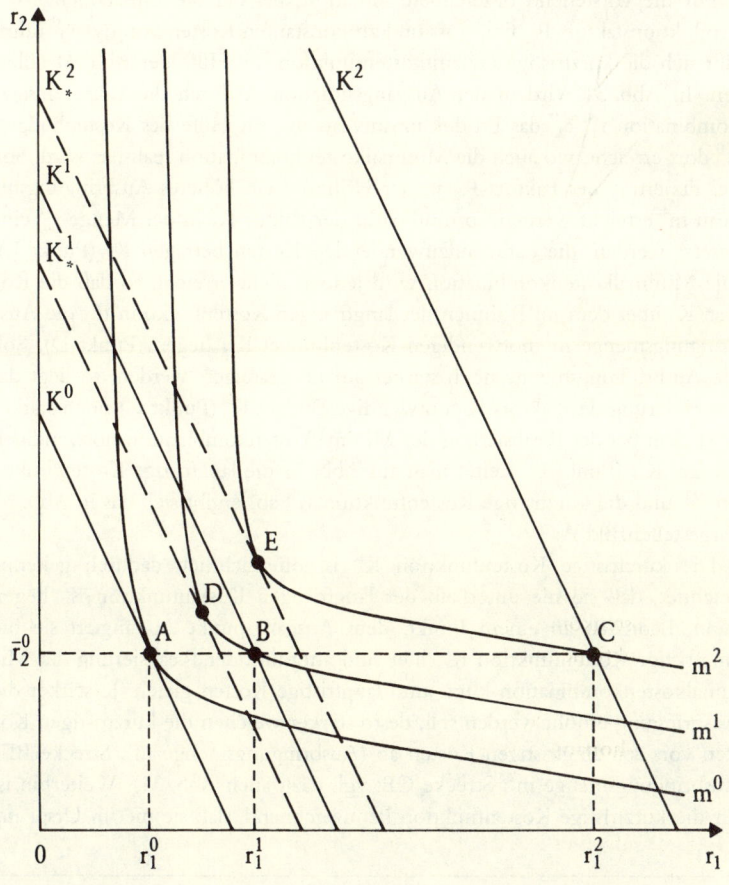

Abb. 31: Ableitung der kurzfristigen Gesamtkostenfunktion

eingesetzt werden.[12] Die Menge des Rohstoffes 2 (r_2) dagegen kann kurzfristig nicht beliebig variiert werden, da der Unternehmer, wollte er die Rohstoffmenge 2 senken, die Kündigungsfristen dieser Verträge einhalten müßte. Analog müßte er, wollte er die Rohstoffmenge 2 erhöhen, neue Bezugsquellen für den knappen Faktor suchen; auch das wäre nicht sofort realisierbar.

Handelt es sich um einen limitationalen Produktionsprozeß, so ist damit die Ausbringungsmenge m festgelegt, und es existiert nur eine einzige Minimalkostenkombination. Bei substitutionalen Produktionsprozessen dagegen kann die Ausbringung durch **partielle Faktorvariation** (Veränderung der Einsatzmenge v_1) in bestimmten Maßen variiert werden.[13] Die Kosten des fixen Faktors R_2 bleiben somit unabhängig von der Ausbringungsmenge m stets konstant, während sich durch Veränderungen der Faktoreinsatzmenge r_1 die Kosten des Faktors R_1 abhängig von der Ausbringungsmenge m verändern.

Für die vorstehend bezeichnete Situation, bei der die Einsatzmenge des Produktionsfaktors R_2 fixiert ist und zu konstanten Kosten von $\bar{q}_2 \cdot \bar{r}_2^0$ führt, läßt sich die kurzfristige Gesamtkostenfunktion mit Hilfe der Abb. 31 ableiten. In Abb. 31 wird in der Ausgangssituation A durch die Faktoreinsatzkombination r_1^0-$\bar{r}_2^0$ das Produktionsniveau m^0 mit Hilfe des Kostenbudgets K^0 dort erreicht, wo auch die Minimalkostenkombination realisiert wird. Soll bei Fixierung des Faktors R_2 in der Höhe $\bar{r}_2^0$ ein höheres Ausbringungsniveau m^1 erreicht werden, so muß dafür der Faktor R_1 in der Menge r_1^1 eingesetzt werden, die dafür aufzuwendenden Kosten betragen K^1 (Punkt B). Die Minimalkostenkombination wird jedoch nicht erreicht, so daß die Kosten K^1 über dem im Rahmen der langfristigen Kostenfunktion für die Ausbringungsmenge m^1 notwendigen Kostenbudget K^1_* liegen (Punkt D). Soll die Ausbringungsmenge noch stärker auf m^2 gesteigert werden, so liegt das bei Fixierung des Faktors R_2 notwendige Budget K^2 (Punkt C) noch stärker über dem bei der Realisierung der Minimalkostenkombination notwendigen Budget K^2_* (Punkt E). Leitet man aus Abb. 31 die langfristige Kostenfunktion K^L und die kurzfristige Kostenfunktion K^K ab, ergibt sich das in Abb. 32 dargestellte Bild.[14]

Die kurzfristige Kostenfunktion K^K ist offensichtlich dadurch gekennzeichnet, daß sie nie unterhalb der langfristigen Kostenfunktion K^L liegen kann. Lediglich an einem Punkt, dem Ausgangspunkt A, tangiert sie die langfristige Kostenfunktion K^L; hier sind aufgrund der Realisierung der Minimalkostenkombination kurz- und langfristige Kosten gleich. Je stärker die Ausbringung erhöht werden soll, desto stärker weichen die kurzfristigen Kosten von den langfristigen Kosten ab (Ausbringungsmenge m^1: Strecke BD, Ausbringungsmenge m^2: Strecke CE; vgl. dazu auch Abb. 31). Weiterhin ist für die kurzfristige Kostenfunktion kennzeichnend, daß sie nie im Ursprung

---

[12] Das Beispiel unterstellt, daß keine Lagerhaltung möglich ist.
[13] Vgl. S. 371f.
[14] Im Beispiel wird eine linear-homogene Produktionsfunktion unterstellt.

beginnt: Selbst bei einer Ausbringungsmenge von m = 0 fallen für den fixen Faktor (im Beispiel langfristige Lieferbeziehungen für R_2) Kosten an.

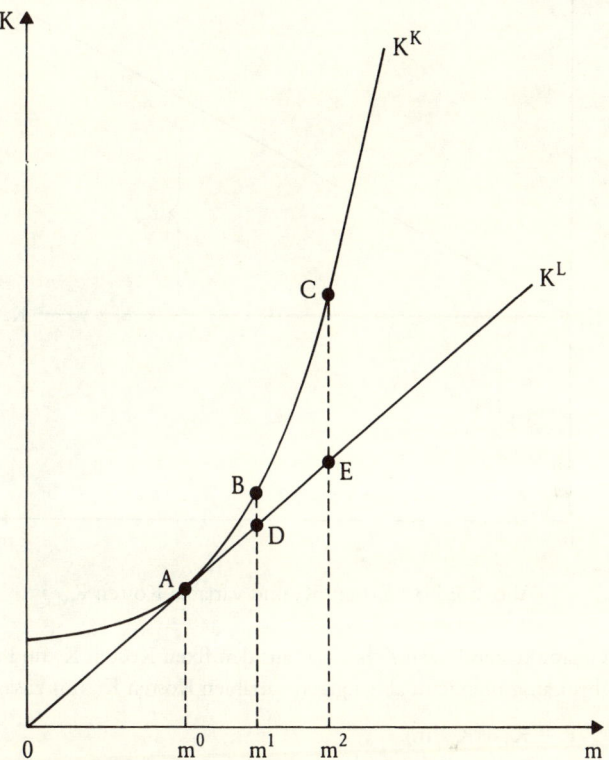

Abb. 32: Kurz- und langfristige Kostenfunktion

ff) Fixe und variable Kosten

Ehe ein Betrieb die Produktion aufnehmen kann, müssen bestimmte Grundvoraussetzungen (Kauf oder Miete von Betriebsmitteln, Aufbau einer Organisation usw.) erfüllt sein. Output setzt die Herstellung der **Betriebsbereitschaft** voraus. Die Herstellung der Betriebsbereitschaft verursacht Kosten, die man als **fixe Kosten** bezeichnet. Beispiele für fixe Kosten sind Mieten für Büroräume oder Produktionshallen, Darlehenszinsen, Geschäftsführergehälter usw.

Während fixe Kosten zeit- oder bereitschaftsabhängige Kosten sind, handelt es sich bei **variablen Kosten** um **ausbringungsmengenabhängige Kosten**. Beispiele sind Werkstoffkosten oder Akkordlöhne. Wie Abb. 33 zeigt, setzen sich die Gesamtkosten somit aus fixen und variablen Kosten zusammen. In Abb. 33, in der zur Vereinfachung nunmehr auch bei der kurzfristigen Kostenfunktion von einem linearen Verlauf ausgegangen wird, beginnt die Gesamtkostenkurve stets auf Basis der fixen Kosten, die daher auch als **Fixkostensockel** bezeichnet werden.

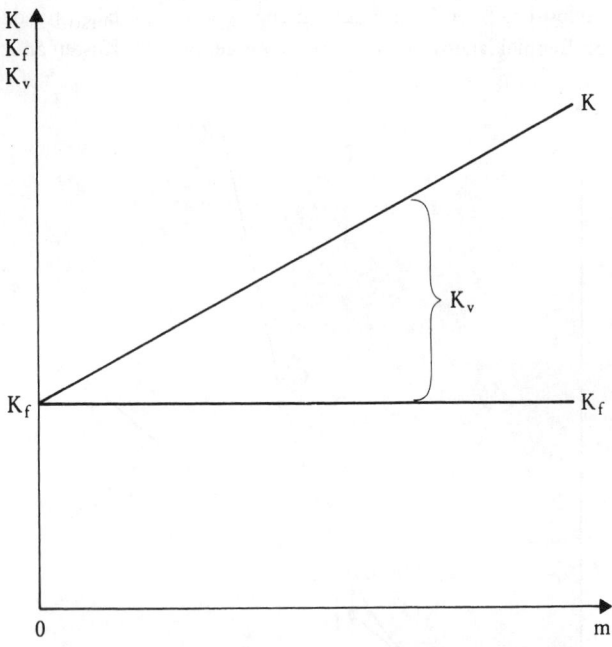

Abb. 33: Fixe Kosten K_f und variable Kosten K_v

Die Gesamtkosten setzen sich somit aus den fixen Kosten K_f und den von der Ausbringungsmenge m abhängigen variablen Kosten K_v (m) zusammen:

(19)
$$K = K_f + K_v (m)$$
mit: K = Gesamtkosten
K_f = fixe Kosten
K_v (m) = variable Kosten

Bisher wurde stets davon ausgegangen, daß die Einsatzmenge der Produktionsfaktoren völlig beliebig gestaltet werden kann, daß also die Produktionsfaktoren beliebig teilbar sind. Hebt man diese Annahme zugunsten einer realitätsnäheren Betrachtung auf, so erfährt der Begriff der fixen und variablen Kosten eine Relativierung, denn tatsächlich sind Produktionsfaktoren nicht unendlich teilbar. Will der Unternehmer beispielsweise die Menge des Produktionsfaktors „menschliche Arbeitskraft" durch den Einsatz zusätzlicher Arbeitskräfte erhöhen, so kann er den Einsatz dieses Produktionsfaktors in der Regel nicht um einzelne Stunden erhöhen, sondern er muß sich (bei Vollzeitkräften und im Rahmen der geltenden Tarifverträge) entscheiden, entweder eine zusätzliche Vollzeitkraft mit beispielsweise 35 zusätzlichen Wochenarbeitsstunden einzustellen oder sie nicht einzustellen. Die Faktoreinsatzmenge kann in diesem Fall nicht beliebig, sondern nur in Sprüngen von 35 Wochenarbeitsstunden erhöht werden. Da jede eingestellte Arbeitskraft voll entlohnt werden muß, steigen auch die Kosten nicht kontinuierlich, sondern abhängig von der Anzahl der beschäftigten Vollzeitkräfte an.

Auch bei langfristiger Betrachtung verhalten sich die Personalkosten also nicht variabel, sondern fix mit einzelnen Sprüngen. Man spricht in diesem Fall von **sprungfixen Kosten**. Würde man beispielsweise ein Produkt nur mit Hilfe des Produktionsfaktors „menschliche Arbeit" herstellen, so würde die langfristige Gesamtkostenfunktion nicht kontinuierlich steigen, sondern den in Abb. 34 gezeigten sprungfixen Verlauf aufweisen.

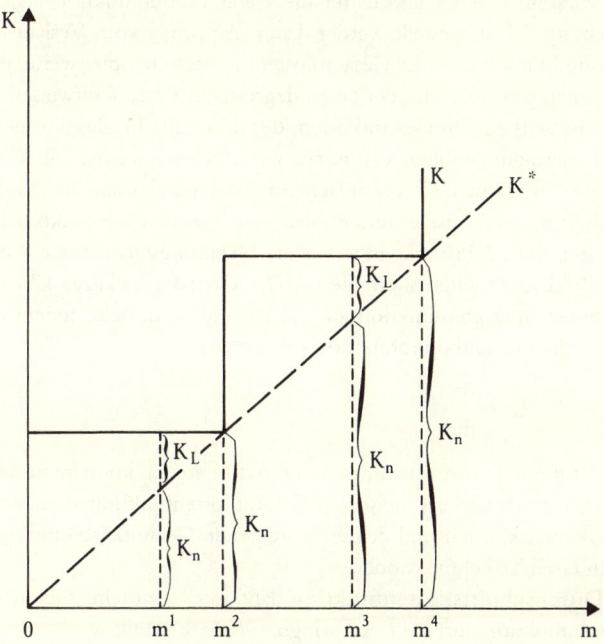

Abb. 34: Sprungfixe Kosten

Die Funktion K zeigt den tatsächlichen Verlauf der Kostenfunktion an, während K^* die idealisierte Version (Behandlung als variable Kosten bei unterstellter vollständiger Teilbarkeit) darstellt.

Je stärker Produktionsfaktoren teilbar sind, desto mehr nähern sich die durch sie verursachten Kosten kontinuierlich steigenden variablen Kostenfunktionen an; je weniger das der Fall ist, desto stärker treten die Fixkostensprünge zum Vorschein.

Die jeweilige Differenz zwischen K und K^* (K liegt oberhalb von K^*) ist darauf zurückzuführen, daß die mit jeweils einer Arbeitskraft eingekaufte Kapazität (35 Wochenarbeitsstunden) nur dann voll ausgenutzt wird, wenn auch genau 35, 70 oder ein anderes Vielfaches an Wochenarbeitsstunden in der Produktion benötigt werden (Punkte m^2, m^4). Werden dagegen nur 25 bzw. 50 Wochenarbeitsstunden benötigt (Punkte m^1, m^3), so müssen trotzdem 35 bzw. 70 Wochenarbeitsstunden bezahlt werden. Die Differenz von 10 bzw. 20 Wochenarbeitsstunden verursacht zwar Kosten, führt aber nicht zu Produktionssteigerungen. Diese Kosten werden daher auch als **Leerko-**

sten K_2 bezeichnet, während man die Kosten für die im Produktionsprozeß tatsächlich genutzten Faktoreinheiten (25 bzw. 50 Stunden) **Nutzkosten** K_n nennt.[15] (ÜB 3/17–20)

c) Spezielle Kostenbegriffe

Es wurde festgestellt, daß sich die Gesamtkosten aus fixen und variablen Kosten zusammensetzen und damit die Gesamtkostenfunktion generell wie in Gleichung (19) dargestellt werden kann. Abhängig vom Verlauf der Produktionsfunktion kann die Gesamtkostenfunktion beispielsweise einen linearen, einen progressiven oder einen degressiven Verlauf aufweisen.

Den Zuwachs zu den Gesamtkosten, der durch die Produktion der jeweils letzten Ausbringungseinheit verursacht wird, bezeichnet man als **Grenzkosten (K′)**. So kann man vereinfachend die Grenzkosten der 33. Produktionseinheit in der Weise ermitteln, daß man von den Gesamtkosten bei der Produktion von 33 Produkteinheiten die Gesamtkosten bei der Produktion von 32 Produkteinheiten subtrahiert.[16] Die Grenzkostenkurve gibt die Steigung der Gesamtkostenfunktion an. Sie läßt sich ermitteln, indem die erste Ableitung der Gesamtkostenfunktion gebildet wird:

$$(20) \qquad K' = \frac{dK}{dm}$$

Dabei führen lineare Gesamtkostenfunktionen zu konstanten Grenzkostenfunktionen, progressiv steigende Gesamtkostenfunktionen zu steigenden Grenzkostenfunktionen und degressiv steigende Gesamtkostenfunktionen zu fallenden Grenzkostenfunktionen.

Die **Durchschnittskostenfunktion** läßt sich ermitteln, indem die Gesamtkostenfunktion durch die Ausbringungsmenge geteilt wird:

$$(21) \qquad k = \frac{K}{m} = \frac{K_f}{m} + \frac{K_v}{m} = k_f + k_v$$

Gleichung (21) zeigt, daß sich die Durchschnittskosten oder **Stückkosten k** aus den **fixen Stückkosten** k_f und den **variablen Stückkosten** k_v zusammensetzen.

Diese kostentheoretischen Grundbegriffe seien nachfolgend am einfachen Beispiel einer proportionalen (linearen) Kostenfunktion mit Fixkostenblock verdeutlicht:

$$(22) \qquad K = K_f + k_v \cdot m$$

Die Grenzkostenfunktion für diese Gesamtkostenfunktion lautet:

$$(23) \qquad K' = \frac{dK}{dm} = k_v$$

---

[15] Vgl. Bredt, O., Der endgültige Ansatz der Planung, in: Technik und Wirtschaft, 1939, S. 252; Gutenberg, E., Grundlagen, Bd. I, a. a. O., S. 348 ff.

[16] Genau genommen handelt es sich bei den Grenzkosten um die Kosten, die die zusätzliche Produktion einer infinitesimal kleinen Menge an Produkten verursacht.

II. Die Produktions- und Kostentheorie

Die Grenzkosten K′ sind damit bei einer proportionalen (linearen) Gesamtkostenfunktion gleich den variablen Stückkosten k_v.
Die Durchschnittskostenfunktion schließlich berechnet sich als

(24) $$k = \frac{K}{m} = \frac{K_f}{m} + k_v$$

Da die variablen Stückkosten k_v bei einer linearen Gesamtkostenfunktion konstant sind, wird der Verlauf der Durchschnittskostenfunktion im wesentlichen von den fixen Stückkosten k_f bestimmt. Da sich die Fixkosten mit steigender Ausbringungsmenge auf immer mehr Produkte verteilen, weist die Funktion der fixen Stückkosten und damit auch die gesamte Stückkostenfunktion einen fallenden Verlauf auf. Dieser Sachverhalt wird als **Fixkostendegression** bezeichnet.

Die unterschiedlichen Kostenverläufe einer **linearen Gesamtkostenfunktion** K verdeutlicht nochmals Abb. 35. (**ÜB 3/21–28**)

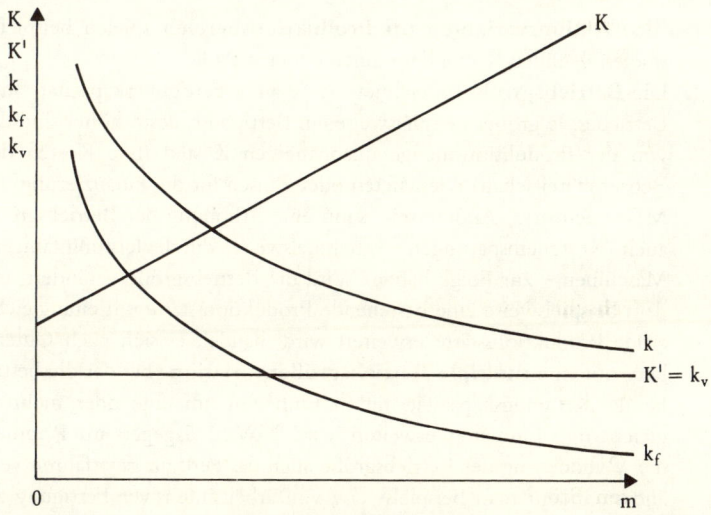

Abb. 35: Kostenfunktionen

Beispiel: Ein Betrieb weist Fixkosten von $K_f = 100\,000$ DM und variable Stückkosten von $k_v = 10$ DM bei linearem Gesamtkostenverlauf auf. Daraus lassen sich die folgenden Größen ableiten:

	Funktion	Beispiel: m = 2.000
Gesamtkosten	$K = 100.000 + 10 \cdot m$	$K = 100.000 + 20.000$ = 120.000
Grenzkosten	$K′ = 10$	$K′ = 10$
Stückkosten	$k = (100.000 : m) + 10$	$k = 50 + 10 = 60$
Variable Stückkosten	$k_v = 10$	$k_v = 10$
Fixe Stückkosten	$k_f = (100.000 : m)$	$k_f = 50$

d) Überblick über die Bestimmungsfaktoren der Kosten

Die Gesamtkosten der Produktion werden von verschiedenen Kosteneinflußgrößen oder **Kostendeterminanten** bestimmt. Im Rahmen der Kostentheorie versucht die Betriebswirtschaftslehre,
- die verschiedenen Kostendeterminanten zu systematisieren, gegenseitige Abhängigkeiten zu analysieren und die Wirkung der Kostendeterminanten auf die Gesamtkosten zu ermitteln **(Erklärungsaufgabe)**;
- dem Unternehmer Hilfestellung bei einzelnen Entscheidungen zu geben, damit durch eine geeignete Beeinflussung der Kostendeterminanten – soweit möglich – im Hinblick auf das unternehmerische Ziel optimale Entscheidungen getroffen werden können **(Gestaltungsaufgabe)**.

Bei den Kostendeterminanten kann danach unterschieden werden, ob es sich um Aktionsvariable (vom Unternehmer beeinflußbare Kostendeterminanten) im Produktionsbereich, um Aktionsvariable in anderen betrieblichen Teilbereichen oder um (durch den Unternehmer nicht beeinflußbare) Daten handelt.[17]

(1) Bei den **Aktionsvariablen im Produktionsbereich** spielen beispielsweise die folgenden Kostendeterminanten eine Rolle:

(a) Die **Betriebsgröße** bezeichnet die gesamte Fertigungskapazität eines Betriebes. Je größer beispielsweise ein Betrieb ist, desto höher sind die von der Produktionsmenge unabhängigen Kosten (fixe Kosten der Betriebsbereitschaft) wie Mieten oder Zinsen für die Finanzierung des Maschinenparks. Andererseits kann eine Erhöhung der Betriebsgröße auch Kosteneinsparungen – beispielsweise durch leistungsfähigere Maschinen – zur Folge haben. Wird die Betriebsgröße verändert, indem beispielsweise eine bestehende Produktionsstätte um eine gleichartige Produktionsstätte erweitert wird, handelt es sich nach Gutenberg um eine **multiple Betriebsgrößenvariation,** bei der die bestehende Fertigungskapazität mit m Einheiten um eine oder mehrere gleichartige Einheiten erweitert wird.[18] Wird dagegen im Rahmen der Veränderung der Betriebsgröße auch das Fertigungsverfahren verändert, indem man beispielsweise von arbeitsintensiver Fertigung zu maschineller Fertigung übergeht, so spricht man von **mutativen Betriebsgrößenvariationen**.[19]

(b) Unter dem **Produktionsprogramm** versteht man die im Verlauf einer Periode in bestimmter zeitlicher und mengenmäßiger Verteilung erzeugten Güter verschiedener Qualität. Werden beispielsweise neue Produkte in das Produktionsprogramm aufgenommen oder einzelne Produkte aus dem Produktionsprogramm eliminiert, so ändert sich die Kombination der Produktionsfaktoren und ändern sich somit die Kosten. Gleiches gilt, wenn beispielsweise durch eine Veränderung der

---

[17] Zur Gliederung der Kostendeterminanten vgl. Gutenberg, E., Grundlagen, Bd. I, a. a. O., S. 344 ff. Vgl. außerdem Adam, D., Produktionsmanagement, 9. Aufl., Wiesbaden 1998, S. 261 ff.
[18] Vgl. Gutenberg, E., Grundlagen, Bd. I, a. a. O., S. 424
[19] Vgl. ebd., S. 428 ff.

II. Die Produktions- und Kostentheorie

Produktionsreihenfolge oder der Losgröße die Kostenstruktur des Betriebes verändert wird. Unter einer Losgröße versteht man die in einem Produktionsgang gefertigte Stückzahl eines Produktes, also z.B. die Auflage eines Buches.

(c) Unter der **Beschäftigung** versteht man die Zahl der von einem Betrieb in einer bestimmten Periode gefertigten Produktmenge. Setzt man die Beschäftigung in Relation zu der theoretisch maximalen Beschäftigung (Kapazität) eines Betriebes, so erhält man den **Beschäftigungsgrad**. Wird die Beschäftigung ausgedehnt, so müssen beispielsweise mehr Rohstoffe eingesetzt werden, während eine Maschine mit freien Kapazitäten noch zusätzlich genutzt werden kann, ohne daß bestimmte zusätzliche Kosten – z.B. Leasinggebühren – entstehen. Die Veränderung der Beschäftigung kann folglich zu Veränderungen der Kostenstruktur führen.

(d) Die **Produktionsbedingungen** betreffen die Gestaltung des Produktionsablaufs. Dabei wird vor allem zwischen arbeitsintensiven und maschinenintensiven (kapitalintensiven) Fertigungsverfahren unterschieden.

(e) Unter **Faktorqualitäten** versteht man die für einen speziellen Produktionsprozeß relevanten Eigenschaften der Produktionsfaktoren. Wechselt man beispielsweise geringwertiges Schmieröl einer Maschine gegen hochwertiges Schmieröl aus, so erhöhen sich die Kosten durch das teure Schmieröl, während unter Umständen gleichzeitig die Reparaturkosten der Maschine sinken.

(f) Die **Faktorpreise** sind teilweise vom Unternehmen beeinflußbar. Das kann beispielsweise der Fall sein, wenn durch die Bestellung größerer Rohstoffmengen zwar einerseits die Beschaffungskosten für den Rohstoff durch die Gewährung größerer Mengenrabatte sinken, andererseits jedoch die Lagerkosten für den Rohstoff ansteigen.

Die vorstehend beschriebenen Kostendeterminanten stellen grundsätzlich vom Unternehmer beeinflußbare Aktionsvariable dar. Für einzelne Entscheidungen jedoch können diese Kostendeterminanten auch den Charakter von Daten annehmen. So ist die Betriebsgröße zwar langfristig eine Aktionsvariable, kurzfristig jedoch kann sie nicht verändert werden und stellt für unternehmerische Entscheidung ein Datum dar.

(2) Die betriebliche Praxis ist durch sukzessive Planung gekennzeichnet. So hat der Betrieb (z.B. durch Werbung) begrenzten Einfluß auf die absetzbare Menge. Die Absatzmenge ist also eine Aktionsvariable der Absatzpolitik. Ist aber der Absatzplan festgelegt, dann stellt die **Aktionsvariable aus einem anderen betrieblichen Teilbereich** für den Produktionsbereich ein **Datum** dar. Will der Leiter des Produktionsbereichs die Stückkosten durch Steigerung der Ausbringungsmenge senken, bedarf es einer Abstimmung mit den Leitern der von der Mengenänderung betroffenen Funktionsbereiche, insbesondere also mit dem Bereich des **Absatzes** und der **Finanzierung**. Die Planung muß in diesen Fällen simultan erfolgen.

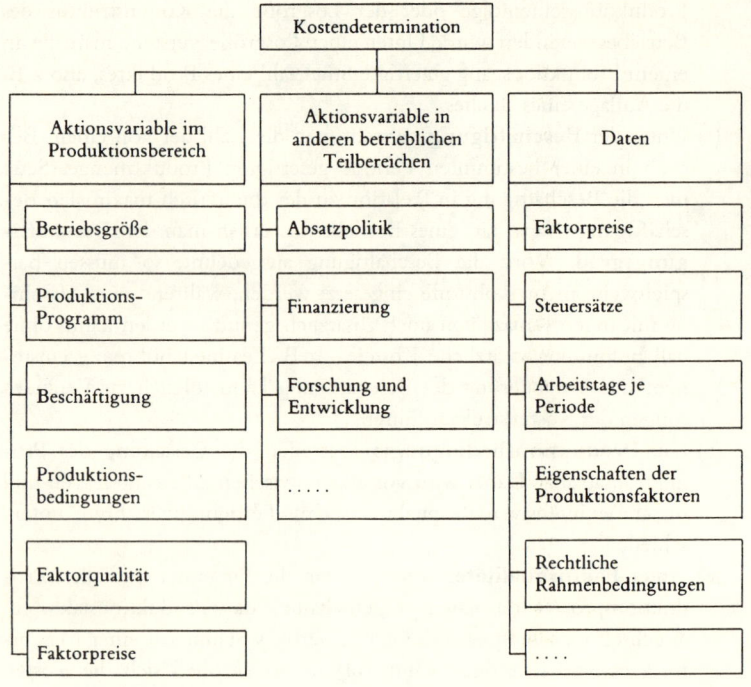

Abb. 36: Kostendeterminanten

(3) Schließlich existieren noch Kostendeterminanten, die für das gesamte Unternehmen **Daten** darstellen, also nicht beeinflußbar sind. Zu ihnen gehören beispielsweise
- (a) In aller Regel die Faktorpreise; zur Ausnahme vgl. (1) (f);
- (b) Steuersätze;
- (c) Anzahl der Arbeitstage je Periode;
- (d) bestimmte (häufig technische) Eigenschaften von Produktionsfaktoren, beispielsweise der Energieverbrauch einer Maschine und
- (e) rechtliche Rahmenbedingungen (z.B. Auflagen beim Umweltschutz).

Abb. 36 gibt noch einmal die Kostendeterminanten in Form eines Überblicks wieder.

4. Ausgewählte Produktions- und Kostenfunktionen

a) Ertragsgesetzliche Produktionsfunktion (Produktionsfunktion vom Typ A)

aa) Produktionsfunktionen nach dem Ertragsgesetz

Der älteste aus der Literatur bekannte Typ einer Produktionsfunktion ist die im 18. Jahrhundert von Turgot[20] für die landwirtschaftliche Produktion

---

[20] Turgot, A. R. J., Réflexions sur la formation et la distribution des richesses, Paris 1766

entwickelte und im 19. Jahrhundert von v. Thünen[21] statistisch nachgewiesene **ertragsgesetzliche Produktionsfunktion.** Turgot beobachtete in der Landwirtschaft, daß der zunehmende Einsatz des Produktionsfaktors Arbeit bei konstanten Einsatzmengen der Produktionsfaktoren Boden, Saatgut und Dünger zunächst zu steigenden und später zu abnehmenden Grenzerträgen führt. Da in einem solchen Fall die Abhängigkeit der Ausbringungsmenge von der Einsatzmenge eines Produktionsfaktors (Arbeit) bei Konstanz der übrigen Produktionsfaktoren (Boden, Saatgut und Dünger) untersucht wird, handelt es sich um einen Fall der partiellen Faktorvariation.[22] Später wurden diese Erklärungsansätze von Gutenberg unter dem Namen **„Gesetz vom abnehmenden Ertragszuwachs"** oder **„Ertragsgesetz"** in die Betriebswirtschaftslehre übernommen und um den Fall der totalen Faktorvariation erweitert.[23]

Die **partielle Gesamtertragsfunktion** m einer ertragsgesetzlichen Produktionsfunktion läßt sich aus einem vertikalen Schnitt durch das in Abb. 14 dargestellte Ertragsgebirge gewinnen.[24] Sie weist den in Abb. 37 ausgewiesenen Verlauf auf.

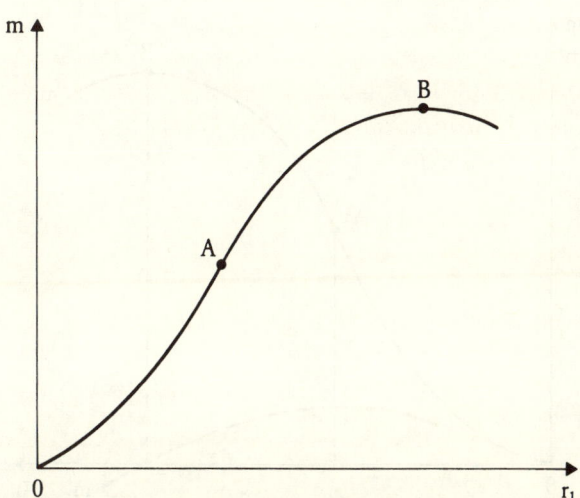

Abb. 37: Gesamtertragsfunktion einer ertragsgesetzlichen Produktionsfunktion

Bis zum Punkt A, dem **Wendepunkt,** nimmt der Gesamtertrag progressiv (mit steigenden Zuwachsraten) zu. Zwischen Punkt A und Punkt B verläuft die Gesamtertragskurve degressiv, die Grenzerträge nehmen ab. Vom Punkt B an, dem **Maximum** der Gesamtertragsfunktion, nimmt der Gesamtertrag

---

[21] Thünen, J. H. v., Der isolierte Staat in Beziehung auf Landwirtschaft und Nationalökonomie, Rostock 1842
[22] Vgl. S. 371 f.
[23] Vgl. Gutenberg, E., Grundlagen, Bd. I, a. a. O., S. 303 ff.
[24] Vgl. S. 365

wieder ab. Die Grenzerträge werden negativ, da der zusätzliche Einsatz des variablen Produktionsfaktors nicht nur keine zusätzlichen Erträge erbringt, sondern sogar die Wirksamkeit der zuvor eingesetzten Produktionsfaktoren beeinträchtigt. Damit läßt sich das Ertragsgesetz wie folgt formulieren:
Werden steigende Einsatzmengen eines variablen Faktors mit konstanten Einsatzmengen anderer Produktionsfaktoren kombiniert, so steigt der Gesamtertrag zunächst progressiv; die Grenzerträge nehmen zu. Vom Wendepunkt der Gesamtertragsfunktion an nimmt der Grenzertrag wieder ab, und die Gesamtertragsfunktion steigt degressiv. Schließlich erreicht die Gesamtertragsfunktion ihr Maximum. Sie weist einen fallenden Verlauf auf, die Grenzerträge sind negativ.

Wie gezeigt wurde, läßt sich die **Grenzertragsfunktion** m´ durch Bildung des Differentialquotienten für die partielle Gesamtertragsfunktion ermitteln. Graphisch ergibt sie sich, indem an die betreffende Stelle der Funktion eine Tangente gelegt wird. Abb. 38 zeigt, daß die Grenzertragsfunktion in Punkt A ihr Maximum erreicht und von Punkt B an negativ wird.

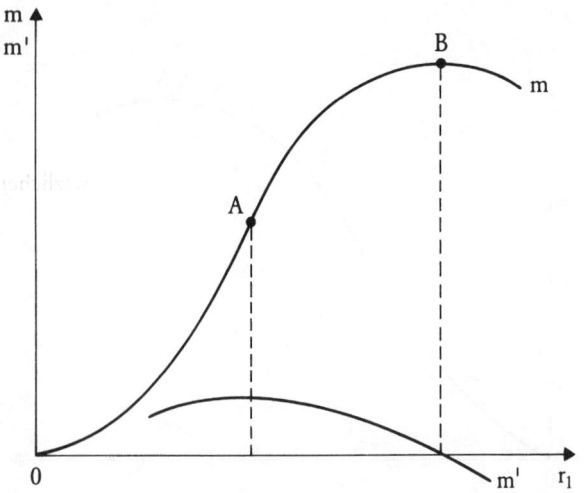

Abb. 38: Grenzertragsfunktion einer ertragsgesetzlichen Produktionsfunktion

Die **Durchschnittsertragsfunktion** e schließlich ergibt sich, indem der Gesamtertrag (Ordinatenwert) durch die eingesetzte Faktormenge (Abszissenwert) dividiert wird. Verbindet man den Punkt der Gesamtertragsfunktion, für die der Durchschnittsertrag ermittelt werden soll (z.B. Punkt C), durch eine Gerade (Fahrstrahl) mit dem Ursprung, so gibt der Tangens des Winkels zwischen Fahrstrahl und Abszisse (α_3) die Höhe des Durchschnittsertrages an (Abb. 39). Abb. 39 zeigt, daß der Durchschnittsertrag sein Maximum an der Stelle erreicht, an der der Fahrstrahl zur Tangente an der Gesamtertragsfunktion wird (Punkt D). Da eine Tangente auch die Steigung

II. Die Produktions- und Kostentheorie

der Gesamtertragsfunktion, also den Grenzertrag mißt, schneiden sich in Punkt D Grenzertrags- und Durchschnittsertragsfunktion:

Bei einer ertragsgesetzlichen Produktionsfunktion sind Grenzertrag und Durchschnittsertrag in dem Punkt gleich, in dem der Durchschnittsertrag sein Maximum erreicht.

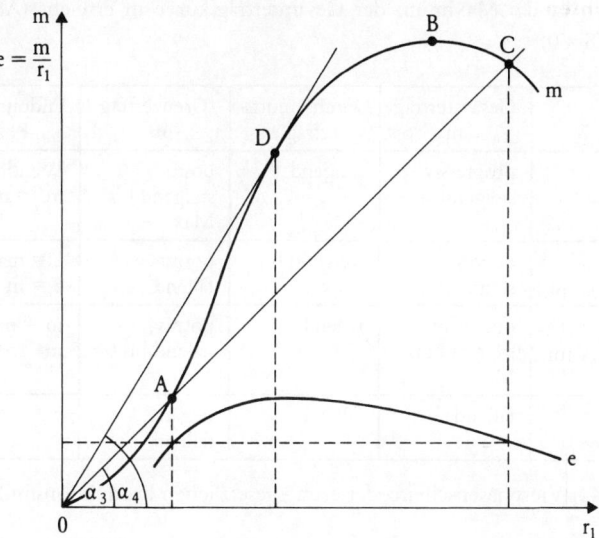

Abb. 39: Durchschnittsertragsfunktion einer ertragsgesetzlichen Produktionsfunktion

Die Beziehungen zwischen Gesamtertragsfunktion, Grenzertragsfunktion und Durchschnittsertragsfunktion verdeutlicht Abb. 40.

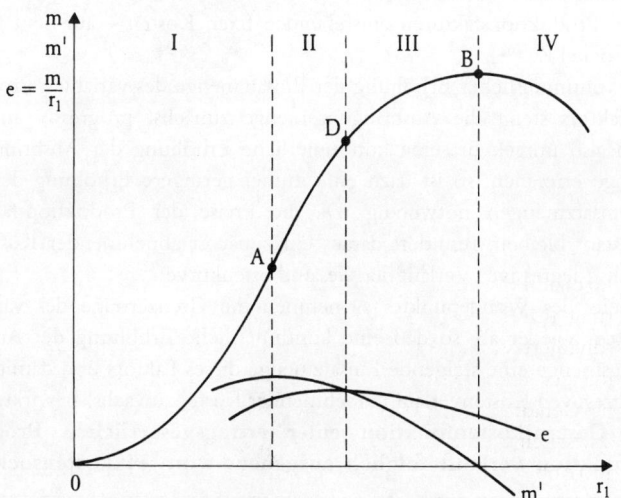

Abb. 40: Beziehungen zwischen den Ertragskurven

Mit Hilfe der Punkte A, D und B läßt sich die Gesamtertragsfunktion anhand eines von Gutenberg entwickelten Vierphasenschemas darstellen.[25] Am Ende der Phase I, dem Wendepunkt der Gesamtertragsfunktion, erreicht der Grenzertrag m´ sein Maximum, um danach wieder zu fallen. Am Ende der Phase II wird der Durchschnittsertrag e maximal, am Ende der Phase III schließlich ist das Maximum der Gesamtertragskurve m erreicht (Abb. 41). (ÜB 3/78–80)

Phase	Gesamtertrag m	Durchschnittsertrag e	Grenzertrag m´	Endpunkt der Phase
I	progressiv steigend	steigend	positiv, steigend bis Max.	Wendepunkt m´ = max.
II	degressiv steigend	steigend bis Max.	positiv, fallend	e = max. e = m´
III	degressiv steigend bis Max.	fallend	positiv, fallend bis 0	m = max. m´ = 0
IV	fallend	fallend	negativ, fallend	

Abb. 41: Vierphasenschema der ertragsgesetzlichen Produktionsfunktion

bb) Kostenfunktionen nach dem Ertragsgesetz

Die Gesamtkostenfunktion K einer Produktionsfunktion vom Typ A ist durch folgende Merkmale gekennzeichnet:

(1) Da eine partielle Gesamtertragsfunktion mit einem variablen und einem oder mehreren fixen Produktionsfaktoren vorliegt, beginnt die Gesamtkostenfunktion nicht im Ursprung, sondern – bedingt durch die für die fixen Produktionsfaktoren entstehenden fixen Kosten – auf dem Fixkostensockel K_f.[26]

(2) Bei kontinuierlicher Erhöhung der Einsatzmenge des variablen Produktionsfaktors steigt die Ausbringungsmenge zunächst progressiv an. Will man also umgekehrt eine kontinuierliche Erhöhung der Ausbringungsmenge erreichen, so ist dazu eine immer geringere Erhöhung der Faktoreinsatzmengen notwendig. Da die Preise der Produktionsfaktoren konstant bleiben, resultiert daraus ein zunächst abnehmender Kostenzuwachs (degressiver Verlauf der Gesamtkostenkurve).

(3) Jenseits des Wendepunktes A nehmen die Grenzerträge des variablen Faktors wieder ab, so daß eine kontinuierliche Erhöhung der Ausbringungsmenge eine steigende Einsatzmenge dieses Faktors und damit einen progressiven Kostenverlauf (zunehmender Kostenzuwachs) bewirkt.

Die Gesamtkostenfunktion einer ertragsgesetzlichen Produktionsfunktion verläuft folglich ausgehend vom Fixkostensockel K_f

---

[25] Vgl. Gutenberg, E., Grundlagen, Bd. I, a.a.O., S. 309 ff.
[26] Vgl. S. 389 ff.

zunächst degressiv und anschließend progressiv, so daß sich insgesamt ein S-förmiger Kostenverlauf ergibt.

Die **Grenzkostenfunktion** K′ läßt sich wiederum analytisch durch Bildung der ersten Ableitung und graphisch durch Tangenten an die Gesamtkostenfunktion ableiten. Damit ergibt sich für die Gesamt- und für die Grenzkostenfunktion das in Abb. 42 dargestellte Bild. Abb. 42 zeigt, daß die Grenzkosten fallen, solange die Gesamtkostenfunktion degressiv verläuft. In Punkt A, in dem die Gesamtertragsfunktion ihren Wendepunkt hat, erreichen die Grenzkosten ihr Minimum, um anschließend – im progressiven Teil der Gesamtkostenfunktion – wieder anzusteigen.

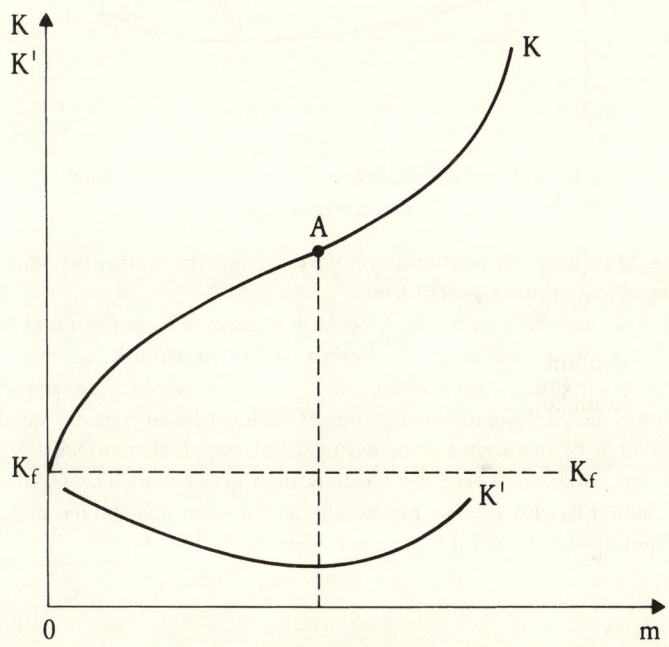

Abb. 42: S-förmige Gesamtkostenfunktion

Die **Durchschnittskostenfunktion** k ergibt sich analytisch, indem die Gesamtkosten an einem beliebigen Punkt durch die dort erreichte Ausbringungsmenge geteilt werden. Graphisch lassen sich die Durchschnittskosten ermitteln, indem eine Gerade (Fahrstrahl) durch den betreffenden Punkt der Gesamtkostenfunktion und den Ursprung gelegt wird (Abb. 43).

Dort, wo der Durchschnittsertrag einer ertragsgesetzlichen Produktionsfunktion sein Maximum erreicht, sinken die Durchschnittskosten auf ihr Minimum (Punkt B). Da an diesem Punkt der Fahrstrahl durch den Ursprung zur Tangente der Gesamtkostenfunktion wird und da die Tangente der Gesamtkostenfunktion die Grenzkosten anzeigt, sind in Punkt B Durchschnittskosten und Grenzkosten gleich.

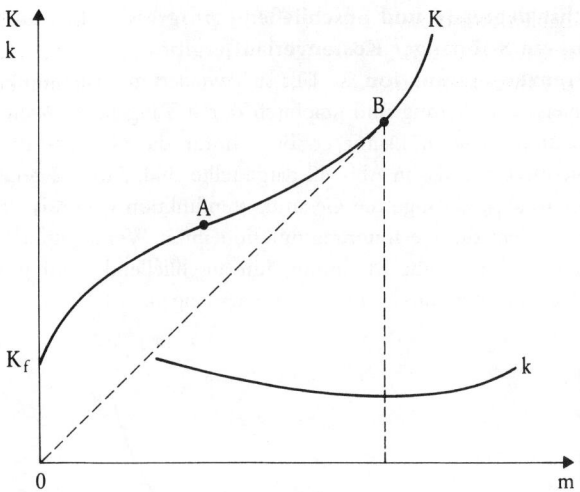

Abb. 43: Durchschnittskostenfunktion einer S-förmigen Gesamtkostenfunktion

Die Durchschnittskostenkurve wird in ihrem Minimum von der Grenzkostenkurve geschnitten.

Die Durchschnittskosten oder Stückkosten setzen sich aus fixen und variablen Stückkosten zusammen. Die **variablen Stückkosten** k_v gewinnt man analog den gesamten Stückkosten, indem man die variablen Gesamtkosten K_v durch die Ausbringungsmenge teilt. Graphisch lassen sich die variablen Stückkosten k_v bestimmen, indem ausgehend vom Fixkostensockel K_f ein Fahrstrahl durch die Kurve der Gesamtkosten gelegt wird. Die Gesamtkostenfunktion K wird also zur Ermittlung der variablen Stückkosten praktisch von ihrem Fixkostensockel K_f „heruntergehoben" (Abb. 44).

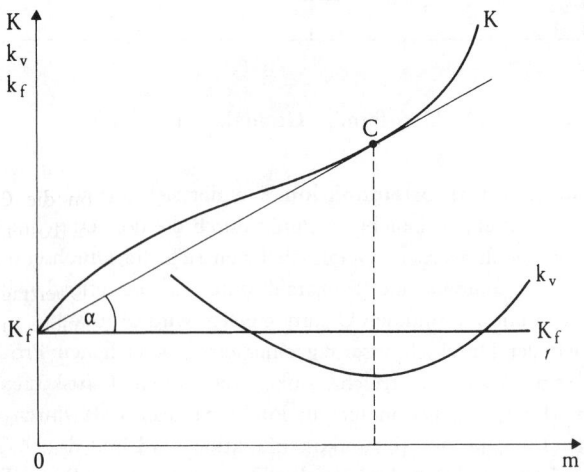

Abb. 44: Ableitung der variablen Durchschnittskostenfunktion

Die variablen Stückkosten fallen bis zum Punkt C, in dem sie ihr Minimum erreichen. Da dort der Fahrstrahl zur Tangente wird, schneiden sich in Punkt C die Grenzkosten und die variable Durchschnittskostenfunktion:
Die variable Durchschnittskostenkurve schneidet in ihrem Minimum die Grenzkostenkurve.
Stellt man abschließend die verschiedenen Kostenfunktionen in einer Abbildung zusammen, so ergibt sich das in Abb. 45 dargestellte Bild.

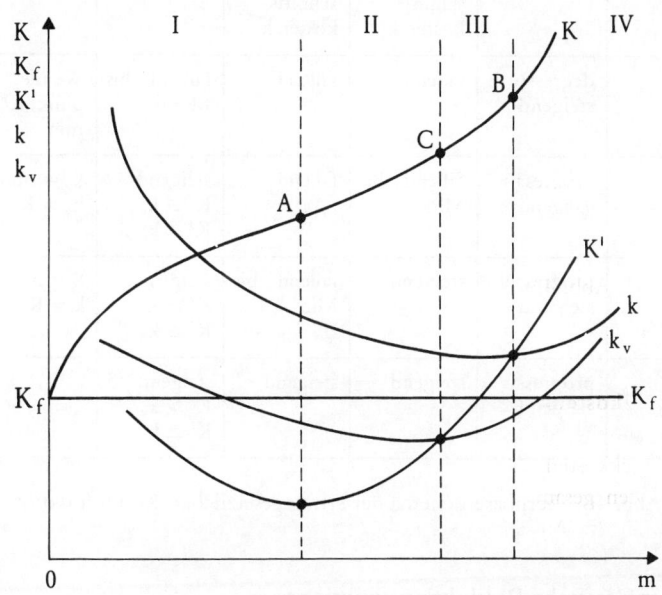

Abb. 45: Beziehungen zwischen den Kostenkurven

Mit Hilfe der Punkte A, B und C läßt sich auch die Gesamtkostenfunktion in vier Phasen einteilen. Dabei kennzeichnet der Punkt A (Ende der Phase I) das Minimum der Grenzkosten. Am Ende der Phase II (Punkt C) erreichen die variablen Stückkosten ihr Minimum; gleichzeitig schneidet die variable Durchschnittskostenkurve die Grenzkostenkurve. Am Punkt B schließlich (Ende der Phase III) erreichen die gesamten Stückkosten ihr Minimum. Gleichzeitig schneidet dort die Durchschnittskostenfunktion die Grenzkostenfunktion. Das Vierphasenschema der ertragsgesetzlichen Kostenfunktionen ist abschließend in Abb. 46 zusammengefaßt.

Wie eingangs erwähnt, entstand das Ertragsgesetz aus der Übertragung von Erfahrungen in der Landwirtschaft auf den industriellen Bereich. In der betriebswirtschaftlichen Realität können ertragsgesetzliche Produktionsfunktionen jedoch kaum beobachtet werden.[27] Ertragsgesetzliche Produktions- und Kostenfunktionen beruhen auf der Annahme partieller Faktorvariation. Da Unternehmen jedoch die auf der langfristigen Kostenfunktion liegenden Mi-

---

[27] Vgl. dazu Gutenberg, E., Bd. I, a.a.O. S. 318 ff.; Fandel, G., a.a.O., S. 191 ff.

nimalkostenkombinationen realisieren wollen und die kurzfristig fixierten Produktionsfaktoren ebenfalls variieren, gelten ertragsgesetzliche Kostenfunktionen in der betriebswirtschaftlichen Realität allenfalls bei kurzfristigen Betrachtungen. (ÜB 3/29–32)

Phase	Gesamt-kosten K	variable Durch-schnitts-kosten k_v	gesamte Durch-schnitts-kosten k	Grenz-kosten K'	Endpunkt der Phase
I	degressiv steigend	fallend	fallend	fallend bis Min.	Wende-punkt K' = min.
II	progressiv steigend	fallend bis Min.	fallend	steigend $K' \leq k_v$ $K' < k$	k_v = min. k_v = K'
III	progressiv steigend	steigend	fallend bis Min.	steigend $K' \geq k_v$ $K' \leq k$	k = min. k = K'
IV	progressiv steigend	steigend	steigend	steigend $K' > k_v$ $K' \geq k$	

Abb. 46: Vierphasenschema der ertragsgesetzlichen Kostenfunktion

b) Neoklassische Produktionsfunktionen

Aus der Kritik am klassischen Ertragsgesetz heraus wurde das Konzept der neoklassischen Produktionsfunktion entwickelt. Dabei handelt es sich ebenfalls um substitutionale Faktorbeziehungen, wobei jedoch im Gegensatz zum klassischen Ertragsgesetz nicht zunächst zunehmende und später abnehmende Grenzerträge, sondern von Anfang an abnehmende Grenzerträge unterstellt werden. Es handelt sich bei neoklassischen Produktionsfunktionen somit praktisch um einen Sonderfall der ertragsgesetzlichen Produktionsfunktion:
Die neoklassische Produktionsfunktion stellt den Teil der ertragsgesetzlichen Produktionsfunktion dar, in dem die Gesamtertragskurve degressiv steigend und die Grenzertragskurve fallend verläuft (Phasen II und III).
Da es sich ebenfalls um eine substitutionale Produktionsfunktion handelt, ist es auch möglich, partielle Faktorvariationen vorzunehmen. Die partielle **Gesamtertragsfunktion** weist den bereits bekannten degressiven (unterlinear-homogenen) Verlauf auf. Die **Grenzertragsfunktion** m´ verläuft durchgehend fallend. Auch die **Durchschnittsertragsfunktion** e fällt kontinuierlich, liegt jedoch oberhalb der Grenzertragsfunktion. Die Zusammenhänge zwischen diesen Funktionen verdeutlicht Abb. 47.

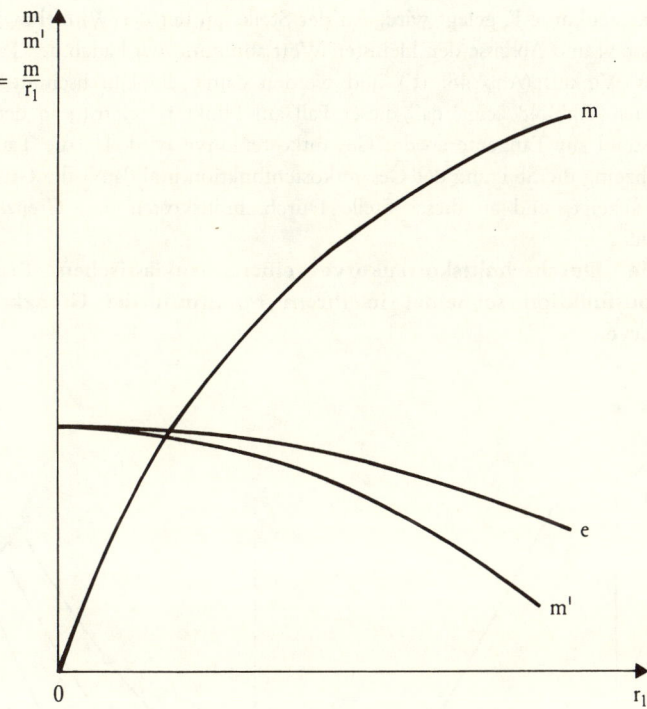

Abb. 47: Neoklassische Ertragsfunktionen

Da die Grenzerträge kontinuierlich sinken, steigen die **Gesamtkosten** K ausgehend vom Fixkostensockel K_f bei festen Faktorpreisen mit der Ausbringungsmenge kontinuierlich an (progressiver Verlauf der Gesamtkostenfunktion).[28] Die **Grenzkostenfunktion** K′ weist damit ebenfalls einen kontinuierlich ansteigenden Verlauf auf. Bei den **Stückkosten** k muß zwischen fixen und variablen Stückkosten unterschieden werden. Bei den **fixen Stückkosten** k_f verteilen sich die gesamten Fixkosten mit steigender Ausbringungsmenge auf immer mehr Produkte; der bereits bekannte Effekt der Fixkostendegression führt zu einem fallenden Verlauf der fixen Durchschnittskostenkurve. Die **variablen** Stückkosten k_v dagegen, die sich durch einen vom Fixkostensockel K_f ausgehenden Fahrstrahl durch die Gesamtkostenkurve graphisch ermitteln lassen (Tangens des Winkels α_1), steigen von Anfang an progressiv an. Die sich aus den fixen und den variablen Stückkosten zusammensetzenden gesamten Stückkosten werden dabei zunächst weitgehend von den fallenden fixen Stückkosten determiniert, bis sie ihr Minimum erreichen (Abb. 48: Punkt A). Von dort an überwiegt der Einfluß der variablen Stückkosten; die Durchschnittskostenkurve steigt wieder an. Graphisch läßt sich das Minimum der Durchschnittskostenkurve k wiederum bestimmen, indem ausgehend vom Ursprung ein Fahrstrahl durch die Ge-

---

[28] Vgl. S. 389

samtkostenkurve K gelegt wird. An der Stelle, an der der Winkel zwischen Fahrstrahl und Abszisse den kleinsten Wert annimmt, wird auch der Tangens dieses Winkels (Abb. 48: α_2) und werden damit die Durchschnittskosten minimal. Abb. 48 zeigt, daß dieser Fall am Punkt r_1^0 eintritt, in dem der Fahrstrahl zur Tangente an der Gesamtkostenkurve wird. Da die Tangente gleichzeitig die Steigung der Gesamtkostenfunktion und damit die Grenzkosten anzeigt, sind an dieser Stelle Durchschnittskosten und Grenzkosten gleich:

Die Durchschnittskostenkurve einer neoklassischen Produktionsfunktion schneidet in ihrem Minimum die Grenzkostenkurve.

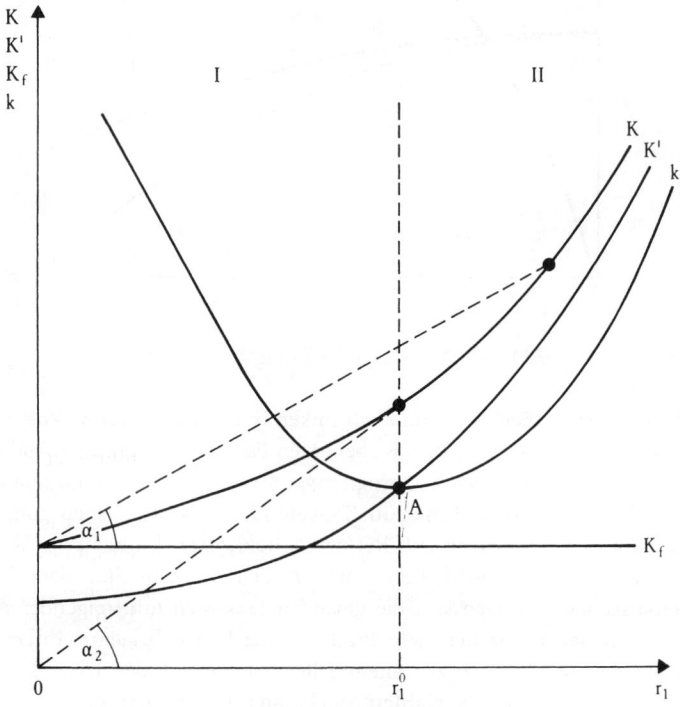

Abb. 48: Zusammenhänge zwischen neoklassischen Kostenfunktionen

Mit Hilfe des Punktes A kann für die Kostenfunktionen einer neoklassischen Produktionsfunktion ein Zweiphasenschema entwickelt werden, wobei in Phase I die gesamten Stückkosten bis auf ihr Minimum (Punkt A) fallen und in Phase II wieder ansteigen.[29] In Abb. 49 sind die wichtigsten Merkmale dieses Zweiphasenschemas zusammengestellt.

---

[29] Vgl. Fandel, G., a.a.O., S. 267 ff.

Phase	Gesamt-kosten K	Grenz-kosten K'	fixe Durch-schnitts-kosten k_f	variable Durch-schnitts-kosten k_v	gesamte Durch-schnitts-kosten k	Endpunkt der Phase
I	progressiv steigend	steigend	fallend	steigend	fallend bis Min.	k = min. k = K'
II	progressiv steigend	steigend	fallend	steigend	steigend	

Abb. 49: Zweiphasenschema der neoklassischen Kostenfunktionen

Konkrete neoklassische Produktionsfunktionen wurden erstmals 1928 von Cobb und Douglas entwickelt (Cobb-Douglas-Produktionsfunktionen).[30] Einen anderen Ansatz stellt die 1961 entwickelte CES-Produktionsfunktion mit ihren späteren Erweiterungen dar.[31]

Die Gültigkeit neoklassischer Produktionsfunktionen konnte im Gegensatz zu ertragsgesetzlichen Produktionsfunktionen empirisch häufig nachgewiesen werden. Das ist insbesondere auf die im Gegensatz zum Ertragsgesetz realitätsnähere Annahme der kontinuierlich sinkenden Grenzerträge zurückzuführen. Da in der Betriebswirtschaftslehre limitationale Faktoreinsatzverhältnisse vorherrschen, kann die Abbildung der betrieblichen Realität mit Hilfe substitutionaler Produktionsfunktionen wie der neoklassischen Produktionsfunktion jedoch nur in Ausnahmefällen gelingen. **(ÜB 3/33)**

c) Leontief-Produktionsfunktionen

Die Kritik an substitutionalen Produktionsfunktionen führte zur Entwicklung der Leontief-Produktionsfunktion.[32] Dabei handelt es sich um eine Produktionsfunktion, die durch folgende Merkmale gekennzeichnet ist:
(1) Die Produktionsfaktoren können nicht gegeneinander substituiert werden, es handelt sich um eine **limitationale** Produktionsfunktion.
(2) Das Faktoreinsatzverhältnis ist unabhängig von der Ausbringungsmenge stets konstant **(homogene Produktionsfunktion),** so daß sich die auf einen Punkt reduzierten Isoquanten durch eine Prozeßgerade miteinander verbinden lassen. Weiterhin führt eine proportionale Erhöhung der Faktoreinsatzmenge zu einer ebenfalls proportionalen Erhöhung der Ausbringungsmenge. Die Leontief-Produktionsfunktion ist also **linearlimitational**.

---

[30] Vgl. Cobb/Douglas, A Theory of Production, in: American Economic Review, 1928, Supplement, S. 139 ff. Vgl. auch Wittmann, W., Produktionstheorie, Berlin u. a. 1968, S. 141 ff.
[31] Vgl. Arrow/Chenery/Minhas/Solow, Capital-Labor-Substitution and Economic Efficiency, in: The Review of Economics and Statistics, 1961, S. 225 ff.
[32] Vgl. Leontief, W., u. a. (Hrsg.), Studies in the Structure of American Economy. – Theoretical and Empirical Explorations in Input-Output-Analysis, New York, Oxford 1953; Leontief, W., Input-Output-Analysis, in: Leontief, W. (Hrsg.), Input-Output-Economics, New York 1966, S. 134 ff.

(3) Da es sich um eine limitationale Produktionsfunktion handelt, existiert keine Möglichkeit, die Ausbringungsmenge durch partielle Faktorvariation zu erhöhen.[33]
Damit lassen sich die Isoquanten einer Leontief-Produktionsfunktion entsprechend Abb. 50 darstellen.

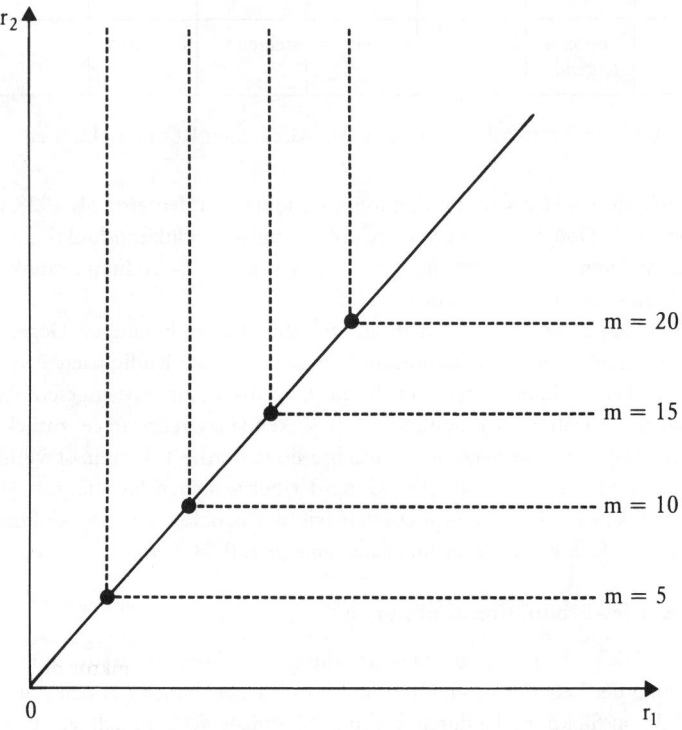

Abb. 50: Isoquanten einer Leontief-Produktionsfunktion

Da keine partielle Faktorvariation vorgenommen wird, ist nur die langfristige Kostenfunktion, bei der keine Fixkosten existieren, von Interesse. Die **Gesamtkostenfunktion** beginnt folglich im Ursprung. Da die Ausbringungsmenge weiterhin proportional von den Faktoreinsatzmengen abhängt und die Faktorpreise konstant sind, verläuft die Gesamtkostenfunktion darüber hinaus linear. **Grenzkosten** und **Durchschnittskosten** sind damit stets gleich, beide Funktionen verlaufen konstant (Abb. 51).

Im Gegensatz zu klassischen und neoklassischen Produktionsfunktionen hat die Leontief-Produktionsfunktion den Vorzug, die in der Betriebswirtschaftslehre relevanten limitationalen Faktoreinsatzverhältnisse abzubilden. Die Frage, ob der aus dieser Produktionsfunktion resultierende **lineare Gesamtkostenverlauf** die tatsächlichen Produktionsverhältnisse richtig wider-

---

[33] Vgl. S. 380 f. Allerdings ist es bei alternativen Prozeßvarianten und damit alternativen Prozeßgeraden möglich, dieselbe Ausbringungsmenge durch verschiedene Faktoreinsatzkombinationen zu erzeugen.

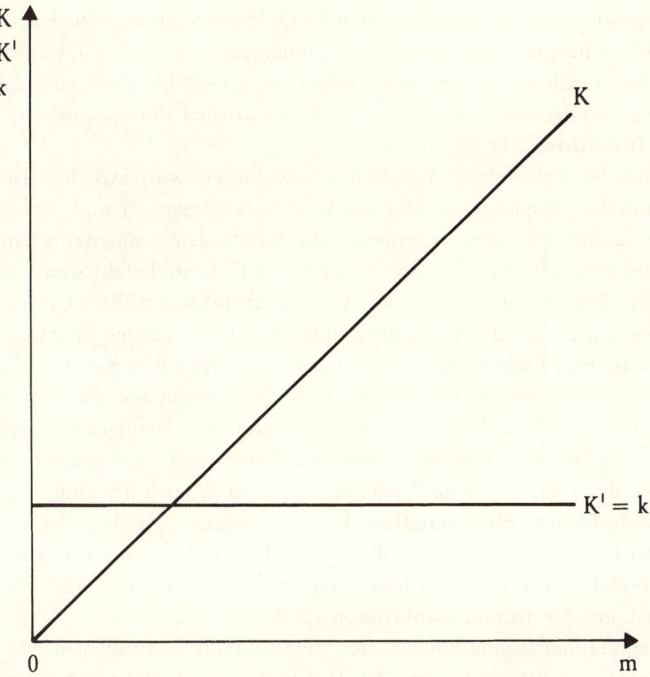

Abb. 51: Kostenfunktionen einer Leontief-Produktionsfunktion

spiegelt, muß differenziert beantwortet werden. Normalerweise operieren Betriebe innerhalb eines relativ **kleinen Ausbringungsmengenbereichs.** Dieser wird – um ein Beispiel zu nennen – bei guter Konjunktur durch eine Kapazitätsauslastung von 98% und bei schlechter Konjunktur von 85% markiert. Innerhalb dieses kleinen Beschäftigungsintervalls steigen die Gesamtkosten annähernd proportional zur Ausbringungsmenge, so daß die Verwendung entsprechender Produktionsfunktionen möglich ist. In anderen Situationen dagegen (Expansion, teilweise Betriebsstillegungen usw.) müssen aber die Produktions- und Kostenverhältnisse innerhalb größerer Beschäftigungsintervalle untersucht werden. Hierbei begegnet man auch nichtlinearen Gesamtkostenverläufen. Auch erfordert die genauere Abbildung der betrieblichen Realität die Berücksichtigung von Faktoreinsatzverhältnissen, die zwar für eine gegebene Ausbringungsmenge festgelegt (limitational) sind, die sich jedoch mit der Ausbringungsmenge verändern.

d) Gutenberg-Produktionsfunktionen (Produktionsfunktionen vom Typ B)

aa) Ableitung der Produktionsfunktion aus Verbrauchsfunktionen

Gutenberg versucht bei der von ihm entwickelten Produktionsfunktion vom Typ B, die Mängel der bisher behandelten Produktionsfunktionen –

insbesondere der ertragsgesetzlichen Produktionsfunktion – zu beseitigen.[34] Er geht dabei von den folgenden Annahmen aus:

(1) Die Annahme weitgehender Substituierbarkeit der Produktionsfaktoren wird aufgegeben und durch die im industriellen Bereich vorherrschende **Limitationalität** ersetzt.

(2) Bei der Behandlung der Produktionsfaktoren wird zwischen Betriebsmitteln (beispielsweise Maschinen oder Werkzeugen) und den übrigen Produktionsfaktoren – beispielsweise Rohstoffen – unterschieden.[35] Die Betriebsmittel werden von Gutenberg als **Gebrauchsfaktoren,** die übrigen Produktionsfaktoren als **Verbrauchsfaktoren** bezeichnet. Dabei werden Produktionsfunktionen differenziert für einzelne **überschaubare Einheiten** (Arbeitsplätze oder Maschinenaggregate) ermittelt.

(3) Bei den Gebrauchsfaktoren geht Gutenberg davon aus, daß es keine unmittelbaren Beziehungen zwischen dem Input an Verbrauchsfaktoren und dem Output an Produkten gibt. Stattdessen wird angenommen, daß sowohl der Verbrauch an Produktionsfaktoren als auch der Output von den **technischen Eigenschaften** des untersuchten Betriebsmittels und von der Intensität der Nutzung abhängen.[36] Es bestehen somit nur **mittelbare Beziehungen** zwischen Input und Output, die sich mit Hilfe von sogenannten **Verbrauchsfunktionen** abbilden lassen.

Die Verbrauchsfunktionen stellen das wichtigste Instrument der von Gutenberg entwickelten Theorie dar. Der Verbrauch an Produktionsfaktoren – beispielsweise des Produktionsfaktors r_1 – ist abhängig von den mit $z_1, z_2, \ldots, z_n$ bezeichneten technischen Eigenschaften des Betriebsmittels und der Intensität d, mit der es genutzt wird. Betrachtet man beispielsweise einen im Betrieb eingesetzten Benzinmotor, so hängt der Verbrauch des Produktionsfaktors Benzin von technischen Eigenschaften des Motors wie Verbrennungsgrad oder Kompression und von der Drehzahl (also der Intensität) ab. Gleichzeitig bestimmen diese Faktoren auch die technische Leistung des Aggregates Benzinmotor. Stellt man in einem Diagramm den Benzinverbrauch und die Leistungsabgabe in Abhängigkeit von der Intensität (Drehzahl) gegenüber, so ergibt sich das in Abb. 52 dargestellte Bild.

Entsprechend kann auch der Verbrauch des Benzinmotors an weiteren Produktionsfaktoren $r_2, r_3, \ldots, r_n$ (Schmiermittelverbrauch, Verschleiß, Inspektions- und Instandhaltungsaufwand usw.) durch weitere Verbrauchsfunktionen dargestellt werden. Diese Verbrauchsfunktionen können auch in anderer als der in Abb. 52 dargestellten konvexen Form verlaufen. Der Verbrauch an Werkstoffen beispielsweise kann intensitätsunabhängig sein und damit den in Abb. 53 dargestellten konstanten Verlauf (Kurve A) aufweisen. Ist der Verbrauch zunächst leistungsunabhängig und nach Überschreiten einer bestimmten Intensität intensitätsabhängig, ergibt sich die Kurve B. Bei Zeitlohnarbeit dagegen ergibt sich eine degressive Verbrauchsfunktion (Kurve C).

---

[34] Zu den folgenden Ausführungen vgl. insbesondere Gutenberg, E., Grundlagen, Bd. I, a. a. O., S. 326 ff.
[35] Zur Einteilung der Produktionsfaktoren vgl. S. 102 ff.
[36] Vgl. Gutenberg, E., Grundlagen, Bd. I, a. a. O., S. 329 ff.

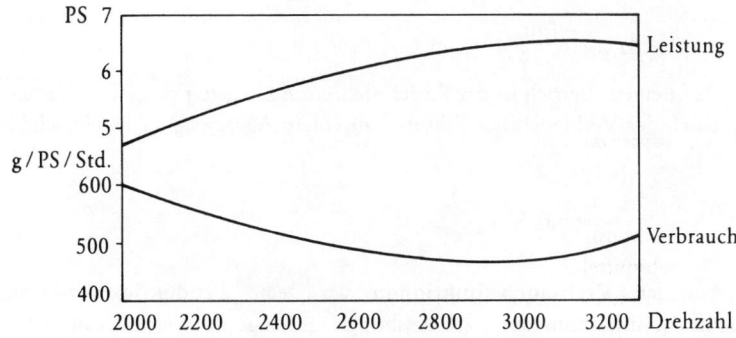

Abb. 52: Verbrauch und PS-Leistung eines Benzinmotors

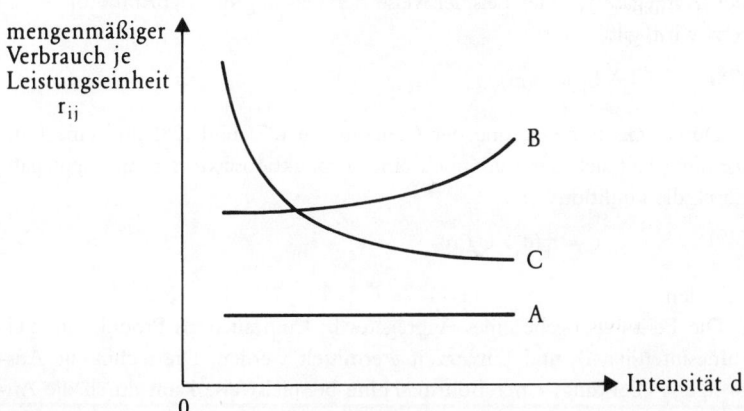

Abb. 53: Verbrauchsfunktionen

Der Benzinverbrauch r_1 des Motors pro technischer Ausbringungseinheit b (Leistung) ist wie beschrieben abhängig von den technischen Eigenschaften $z_1, z_2, \ldots, z_n$ und der Intensität d. Gutenberg beschränkt seine Untersuchungen auf die Variation der Intensität d und betrachtet die technischen Eigenschaften als konstant (sog. z-Situation).[37] Für die einzelnen Produktionsfaktoren r_i (Benzin, Schmiermittel, Verschleiß usw.) läßt sich der Verbrauch des Aggregates 1 (hier des Benzinmotors) pro technischer Ausbringungseinheit des Aggregates b in Abhängigkeit von der als konstant unterstellten z-Situation $\bar{z}_1, \bar{z}_2, \ldots, \bar{z}_n$ und der Intensität d darstellen als

(25) $$\frac{r_i}{b} = f_i(\bar{z}_1, \bar{z}_2, \ldots \bar{z}_n, d)$$

oder einfacher als

---

[37] Vgl. Gutenberg, E., Grundlagen, Bd. I, a. a. O., S. 330. Eine Berücksichtigung aller Prozeßbedingungen erfolgt bei Aufstellung der „engineering production functions". Siehe dazu Bloech/Lücke, a. a. O., S. 131 ff.; Chenery, H. B., Engineering Production Functions, in: The Quarterly Journal of Economics, Bd. 63 (1949), S. 507 ff.

(26) $$\frac{r_i}{\bar{b}} = f_i(d)$$

Da in einem Betrieb in der Regel mehrere Aggregate j eingesetzt werden, läßt sich der Verbrauch des Faktors i an einem Aggregat j allgemein schreiben als

(27) $$\frac{r_{ij}}{\bar{b}_j} = f_{ij}(d_j)$$

Aus den **Verbrauchsfunktionen** wird eine **Produktionsfunktion,** wenn der Faktoreinsatz r_{ij} zur Ausbringungsmenge des Betriebes m in Beziehung gesetzt wird. Da die Ausbringungsmenge m – die Menge der hergestellten Produkte – in Beziehung zur technischen Ausbringung $\bar{b}_j$ der einzelnen Aggregate j – hier beispielsweise der Leistung des Benzinmotors – gesetzt wird, gilt

(28) $$\bar{b}_j = \varphi(m)$$

Durch Zusammenfassung der Gleichungen (27) und (28) und eine Umformung läßt sich der Verbrauch eines Produktionsfaktors r_i am Aggregat j durch die Funktion

(29) $$r_{ij} = f_{ij}(d_j) \cdot \varphi(m)$$

abbilden.

Die Leistungsabgabe eines Aggregates b_j kann auch als Produkt aus Leistungsintensität d_j und Einsatzzeit t ermittelt werden. Die technische Ausbringung (Leistung) einer Bohrmaschine beispielsweise kann durch die Anzahl der Umdrehungen gemessen werden, die sich als Produkt aus Leistungsintensität – gemessen in Umdrehungen pro Minute – und der Einsatzzeit – gemessen in Minuten – ergibt. Damit gilt weiterhin

(30) $$b_j = b_j \cdot t$$
$$\Rightarrow d_j = \frac{b_j}{t} = \frac{\varphi(m)}{t}$$

Somit läßt sich Gleichung (29) in allgemeinerer Form auch schreiben als

(31) $$r_{ij} = f_{ij}\left(\frac{\varphi(m)}{t}\right) \cdot \varphi(m)$$

Gleichung (31) verdeutlicht, wieso mit Hilfe der Gutenberg-Produktionsfunktion nur mittelbare Input-Output-Beziehungen hergestellt werden. Unmittelbar hängt der Input (Faktorverbrauch) von der technischen Leistung und von der Intensität ab, mittelbar dagegen von der Faktoreinsatzzeit und vom Output.

Addiert man die Faktorverbrauchsfunktionen aller Aggregate j für jeweils einen Produktionsfaktor r_i, so erhält man die Verbrauchsmengen des jeweili-

gen Faktors für das gesamte Unternehmen. Addiert man weiterhin die Faktoreinsatzfunktionen für sämtliche Produktionsfaktoren und für die unmittelbar von der Ausbringungsmenge abhängigen Verbrauchsfaktoren, so erhält man schließlich die nach den Produktionsfaktoren aufgelöste **Produktionsfunktion vom Typ B.** Löst man Gleichung (31) nach der Ausbringungsmenge m auf, so stellt man fest, daß sie von folgenden Faktoren abhängt:
- über die Faktorverbrauchsfunktion indirekt von der **Einsatzmenge** der Produktionsfaktoren,
- von der **Intensität**,
- von der **Einsatzzeit** der Aggregate. (ÜB 3/34–35)

bb) Aus Verbrauchsfunktionen abgeleitete Kostenverläufe

Die Gesamtkostenfunktion eines Betriebes läßt sich in gewohnter Weise ermitteln, indem auf Grundlage der zuvor ermittelten Produktionsfunktion die für eine bestimmte Ausbringungsmenge anfallenden Faktorverbrauchsmengen mit ihren jeweiligen – wiederum als konstant unterstellten – Faktorpreisen bewertet werden. Abhängig vom Verlauf der zugrunde liegenden Verbrauchsfunktionen können die aus einer Gutenberg-Produktionsfunktion abgeleiteten Gesamtkostenfunktionen unterschiedliche Verläufe aufweisen. Sowohl lineare, progressive, degressive, S-förmige als auch jede andere Form von Gesamtkostenverläufen sind denkbar. Im Gegensatz zum Ertragsgesetz gibt es also keinen „gesetzmäßigen", sondern einen **aus der betriebsindividuellen Produktionstechnik abgeleiteten Verlauf** der Gesamtkostenfunktion.

Soll die Ausbringungsmenge des Betriebes verändert werden, so ändern sich auch die Gesamtkosten. Im Gegensatz zu den bisher behandelten Produktionsfunktionen hängen jedoch die Gesamtkosten nicht unmittelbar von der Ausbringungsmenge ab, sondern variieren entsprechend den zugrunde gelegten Verbrauchsfunktionen. Wie festgestellt wurde, ist die Ausbringungsmenge mittelbar von den Faktoreinsatzmengen abhängig. Die Faktoreinsatzmengen wiederum variieren abhängig von der Anzahl der zur Produktion eingesetzten Aggregate, von der Intensität und von der Einsatzzeit. Somit gibt es auch verschiedene Möglichkeiten, die Ausbringungsmenge zu verändern, also an **unterschiedliche Beschäftigungslagen** anzupassen:[38]
(1) Anpassung der Anzahl der Aggregate **(quantitative Anpassung)**,
(2) Anpassung der Intensität der Nutzung **(intensitätsmäßige Anpassung)**,
(3) Anpassung der Einsatzzeit der Aggregate **(zeitliche Anpassung)**,
(4) Kombination der vorstehenden Anpassungsformen **(kombinierte Anpassung)**.

Bei der **quantitativen Anpassung** bleiben Intensität und Einsatzdauer der Aggregate unverändert, während die Anzahl der eingesetzten Gebrauchsfaktoren (Betriebsmittel) verändert wird. Kann dieselbe Leistung durch Aggregate verschiedener Kostenniveaus erbracht werden, so können darunter

---

[38] Zu einer weitergehenden Differenzierung möglicher Anpassungsarten vgl. Gutenberg, E., Grundlagen, Bd. I, a.a.O., S. 354ff.; Busse v. Colbe/Laßmann, a.a.O., S. 262ff.

die Aggregate mit den geringsten Produktionskosten ausgewählt werden. Diese Anpassungsart, bei der zwischen Aggregaten mit unterschiedlichen Kostenniveaus ausgewählt wird, bezeichnet man als **selektive Anpassung**. Geht in einem solchen Fall die Beschäftigung zurück, so werden zunächst die am unwirtschaftlichsten arbeitenden Aggregate abgeschaltet. Wird die Beschäftigung ausgedehnt, so wird jeweils das kostengünstigste der bisher nicht genutzten Aggregate eingesetzt.

Bei der **intensitätsmäßigen Anpassung** wird die Ausbringungsmenge durch Veränderung der Intensität (Leistungsabgabe pro Zeiteinheit) bei konstanter Anzahl der eingesetzten Aggregate und konstanter Einsatzzeit variiert. Da die Kosten von den Faktoreinsatzmengen und diese wiederum von den zugrunde liegenden Verbrauchsfunktionen abhängen, müssen die anhand der Verbrauchsfunktionen ermittelten Faktoreinsatzmengen bewertet und anschließend die bewerteten Faktoreinsatzfunktionen addiert werden, um die Gesamtkosten eines Aggregates zu ermitteln. Die Durchschnittskosten pro Ausbringungseinheit können auf ähnliche Art abhängig von der Intensität bestimmt werden, indem die Verbrauchsfunktionen direkt mit Preisen multipliziert und die sich ergebenden Funktionen addiert werden (Abb. 54: Durchschnittskosten auf der Ordinate). Gleichzeitig kann, da bei sonst unveränderten Bedingungen die Ausbringungsmenge linear von der Intensität abhängt, auf der Abszisse statt der Intensität die Ausbringungsmenge abgetragen werden.

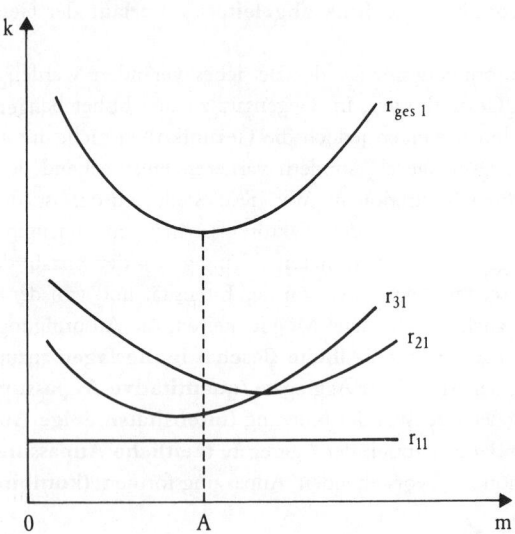

Abb. 54: Durchschnittskostenermittlung bei intensitätsmäßiger Anpassung

Wie Abb. 54 entnommen werden kann, existiert ein Intensitätsgrad, an dem die Durchschnittskosten des betreffenden Aggregats minimal werden (Punkt A). Es handelt sich dabei um das Minimum der Kurve des bewerteten

Gesamtfaktorverbrauchs pro Leistungseinheit, das auch als **optimaler Leistungsgrad** bezeichnet wird. Existiert ein optimaler Leistungsgrad und erfolgt eine intensitätsmäßige Anpassung, so steigen die Kosten verglichen mit anderen Anpassungsformen in der Regel stärker an; der dann gewählte Intensitätsgrad ist unwirtschaftlich. Diese Anpassungsform kommt daher in der Realität in der Regel nur dann zur Anwendung, wenn aus technischen Gründen keine andere Form der Anpassung erfolgen kann (z.B. bei chemischen Prozessen, die nicht beliebig unterbrochen werden können).

Die **zeitliche Anpassung** stellt eine in der Praxis weit wichtigere Anpassungsform dar, bei der bei unverändertem Bestand an Gebrauchsfaktoren und unveränderter Intensität die Einsatzzeit der Gebrauchsfaktoren variiert wird. Verändern sich die Kosten je Faktoreinsatzeinheit nicht, ergibt sich daraus ein **linearer Gesamtkostenverlauf;** die Gesamtkosten hängen proportional von der Einsatzzeit und somit von der Ausbringungsmenge ab. Verändern sich dagegen die Preise der Produktionsfaktoren (beispielsweise durch die Zahlung von Überstundenzuschlägen bei Erhöhung der Einsatzzeit der Arbeitskräfte), so kann die Gesamtkostenfunktion an der betreffenden Stelle auch einen anderen Verlauf aufweisen (Abb. 55).

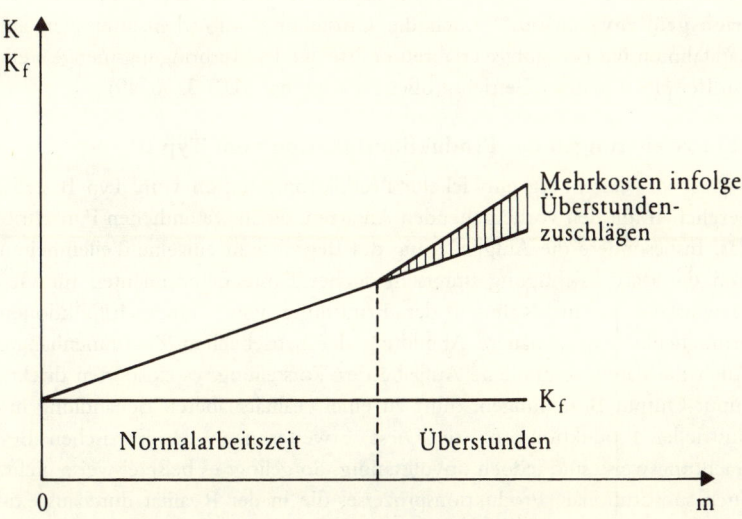

Abb. 55: Kostenverlauf bei zeitlicher Anpassung

Bei **kombinierten Anpassungen** erfolgt eine Anpassung an veränderte Beschäftigungsgrade, indem jeweils die Anpassungsart gewählt wird, die die geringstmöglichen Durchschnittskosten für die jeweils neue Beschäftigungsmenge verursacht. Beispielsweise sei angenommen, daß eine bestimmte Ausbringungsmenge mit der optimalen Intensität (optimaler Leistungsgrad) bei vollständiger Ausnutzung der Betriebszeit (maximaler Betriebszeit) erzeugt wird. Soll eine Verringerung der Ausbringungsmenge erreicht werden, wäre es unwirtschaftlich, eine intensitätsmäßige Anpassung vorzunehmen, da in einem solchen Fall die Durchschnittskosten steigen würden. Die Anpassung der Beschäftigung **nach unten** erfolgt daher mit Hilfe **zeitlicher Anpassung**. Diese Anpassungsform ist jedoch nicht möglich, wenn die Ausbringungsmenge erhöht werden soll, da die maximale Einsatzzeit bereits erreicht ist. Die Anpassung der Beschäftigung **nach oben** muß daher kurzfristig mit Hilfe **intensitätsmäßiger Anpassung** erfolgen.[39]

Die bisher beschriebenen Anpassungsarten gehen von einem gegebenen Bestand an Gebrauchsfaktoren (Betriebsmitteln) aus, sind also bei kurzfristigen Anpassungen der Beschäftigung relevant. Langfristig dagegen ist es auch möglich, die Anzahl der eingesetzten Betriebsmittel (Aggregate) zu erhöhen oder zu vermindern. In derartigen Fällen ändert sich der Gesamtkostenverlauf durch die **Veränderung der Betriebsgröße.** Wird die Anzahl der Gebrauchsfaktoren verändert, ohne daß dabei die Verfahrenstechnik verändert wird, spricht man von einer **multiplen Betriebsgrößenvariation.** Das ist beispielsweise dann der Fall, wenn im Betrieb bereits 10 Maschinen vom Typ X existieren und eine elfte (gleichartige) Maschine zusätzlich erworben wird. Wird dagegen die Verfahrenstechnik verändert, indem die 10 Maschinen vom Typ X ausgesondert und durch 10 schnellere und modernere Maschinen vom Typ Y ersetzt werden, handelt es sich um eine **mutative Betriebsgrößenvariation.**[40] Auch die Umstellung von arbeitsintensiven auf kapitalintensive Fertigungsverfahren bei steigender Ausbringungsmenge stellt ein Beispiel mutativer Betriebsgrößenvariation dar. (**ÜB 3/36–49**)

cc) Erweiterungen der Produktionsfunktion vom Typ B

Die von Gutenberg entwickelte Produktionsfunktion vom Typ B stellt, verglichen mit den vorhergehenden Ansätzen, einen wesentlichen Fortschritt dar. Insbesondere die Aufgliederung des Betriebes in einzelne Teileinheiten und die Berücksichtigung unterschiedlicher Kostendeterminanten für Gebrauchsfaktoren im Rahmen der Ermittlung von Verbrauchsfunktionen ermöglichen eine genauere Abbildung der betrieblichen Zusammenhänge. Auch die damit verbundene Aufgabe der Vorstellung, es existierten direkte Input-Output-Beziehungen, führt zu einer realitätsnäheren Behandlung industrieller Produktionsprozesse. Diese Erweiterungen der klassischen Betrachtungsweise sind jedoch unvollständig. So gelingt es beispielsweise nicht, auch substitutionale Produktionsprozesse, die in der Realität durchaus existieren, abzubilden. Auch bleibt – beispielsweise durch die Konstantsetzung der technischen Bedingungen – die Anzahl der berücksichtigten Kostendeterminanten nach wie vor relativ gering.

Aufbauend auf dieser Kritik entwickelte Heinen **Produktionsfunktionen vom Typ C,** die den Versuch einer Synthese von substitutionalen und limitationalen Produktionsfunktionen darstellen.[41] Auch er unterteilt den Betrieb in Teileinheiten, die er so festlegt, daß eindeutige Beziehungen zwi-

---
[39] Vgl. im einzelnen Adam, D., Produktions- und Kostentheorie, a. a. O., S. 32 ff.
[40] Vgl. Gutenberg, E., Grundlagen, Bd. I, a. a. O., S. 421 ff.; vgl. auch S. 394
[41] Hierzu und zu den nachfolgenden Ausführungen vgl. Heinen, E., Betriebswirtschaftliche Kostenlehre, 6. Aufl., Wiesbaden 1983, S. 244 ff.

schen der technischen Leistung und der erzeugten Produktmenge pro Zeiteinheit bestehen (sogenannte „Elementarkombinationen"). Für jede Elementarkombination untersucht er den Verbrauch an Produktionsfaktoren, die er in beliebig teilbare, im Produktionsprozeß untergehende Faktoren („Repetierfaktoren") und nicht beliebig teilbare, ein Nutzungspotential verkörpernde Faktoren („Potentialfaktoren") einteilt. Bei Untersuchung des Faktorverbrauchs unterscheidet Heinen **technische Verbrauchsfunktionen** und **ökonomische Verbrauchsfunktionen**. In den technischen Verbrauchsfunktionen wird der Zusammenhang zwischen dem Verbrauch eines Produktionsfaktors und den technischen Daten eines Aggregates dargestellt, während die ökonomischen Verbrauchsfunktionen auf der Grundlage der technischen Verbrauchsfunktionen den Zusammenhang zwischen dem Faktorverbrauch und der erstellten Produktmenge beschreiben. Die Produktionsfunktion vom Typ C wird in der Weise ermittelt, daß für jede Faktorart die ökonomischen Verbrauchsfunktionen zusammengefaßt werden. Im Ergebnis erhält man dann den Gesamtverbrauch an Produktionsfaktoren. Das besondere Verdienst Heinens liegt in der Erfassung aller in der Realität auftretenden technologischen Prozesse und ihrer Klassifizierung mit Hilfe einer **Typologie der Elementarkombinationen.**

Kloock versucht mit der von ihm entwickelten **Produktionsfunktion vom Typ D,** den Einfluß organisatorischer Beziehungen – beispielsweise mehrstufiger Fertigung einschließlich der Abbildung von Zwischenlagern – auf Produktionsfunktionen darzustellen.[42] Dazu überträgt er die in der Volkswirtschaftslehre gebräuchlichen Input-Output-Modelle auf betriebswirtschaftliche Produktionsprozesse. Damit gelingt es ihm insbesondere, einen formalen Rahmen zur Verfügung zu stellen, mit dessen Hilfe alle denkbaren Produktionsfunktionen – auch die bisher in diesem Abschnitt behandelten Produktionsfunktionen vom Typ A, B und C – abgebildet werden können. Nicht untersucht wird dagegen eine weitere (zusätzliche) Berücksichtigung von Kosteneinflußgrößen; hier wird ein auf der Gutenberg'schen Analyse aufbauendes System von Verbrauchsfunktionen zugrunde gelegt.

III. Die Produktionsplanung

1. Die langfristige Produktionsprogrammplanung

Kapitel I.2. behandelte den Zusammenhang zwischen Total- und Partialplanung. Dabei wurde festgestellt, daß eine Totalplanung zwar theoretisch optimal ist, häufig jedoch an der Komplexität der Praxis scheitert. Damit ist das Unternehmen darauf angewiesen, seine Entscheidungen zu zerlegen (zu partialisieren) und sukzessiv zu planen. Ausgangspunkte der sukzessiven Planung stellen dabei in sachlicher Hinsicht ein wahrscheinlicher Engpaßsektor

---

[42] Zur Produktionsfunktion vom Typ D vgl. Kloock, J., Zur gegenwärtigen Diskussion der betriebswirtschaftlichen Produktionstheorie und Kostentheorie, in: ZfB 1969, 1. Ergänzungsheft, S. 64 ff.

wie z. B. der Absatzbereich und in zeitlicher Hinsicht die langfristige Planung dar, an deren Entscheidungen die Planungen mit kürzerem Planungshorizont gebunden sind.[1]

Für die sukzessive Produktionsplanung, die im folgenden behandelt wird, bietet es sich an, mit der langfristigen Produktionsprogrammplanung zu beginnen, denn die dabei getroffenen Entscheidungen sind Ausgangspunkt weiterer Teilplanungen im Produktionsbereich. Ist das Unternehmen auf einem Käufermarkt tätig, liegt also der Engpaß beim Absatz, baut die langfristige Produktionsprogrammplanung auf der strategischen Absatzplanung auf. **Aufgabe** der langfristigen Produktionsprogrammplanung ist es, ausgehend vom Ziel der langfristigen Gewinnmaximierung festzulegen, welche **Arten von Produkten** mit Hilfe welcher **Produktionsverfahren** produziert werden sollen.[2] Im einzelnen hat sich die langfristige Produktionsprogrammplanung mit den folgenden Teilproblemen zu beschäftigen:

- Festlegung der **Produktfelder,** in denen das Unternehmen tätig werden will, sowie Festlegung der einzelnen Produkte und ihrer Eigenschaften;
- Auswahl des **Produktionsverfahrens,** mit dessen Hilfe die ausgewählten Produkte gefertigt werden sollen, sowie die Entscheidung über den **Fertigungstyp**[3] wie z. B. Werkstatt- oder Fließfertigung;
- Entscheidungen über die **Fertigungstiefe,** d. h. Festlegung der Grenze zwischen Eigenerstellung von Komponenten und deren Fremdbezug von Zulieferern (Beispiel: Zubehörteile in der Automobilindustrie);
- Festlegung des **Kapazitätsrahmens** für Betriebsmittel und Arbeitskräfte.

Häufig binden Entscheidungen der langfristigen Produktionsprogrammplanung das Unternehmen für sehr lange Zeit. In der Automobilindustrie beispielsweise beträgt der Zeitraum von der Entwicklung eines bestimmten Automobiltyps bis zur Einstellung der Produktion für alle Varianten dieses Typs manchmal mehrere Jahrzehnte. Aus diesem Grund gehen in die Entscheidung über das langfristige Produktionsprogramm auch sehr langfristige Erwägungen ein.

Dazu gehören beispielsweise:[4]
- Erwartete technische, ökonomische und gesellschaftliche Entwicklungen und deren Einfluß auf die künftige Nachfrage nach bestimmten Produkten (Beispiel: Zunehmende Freizeit führt zu verstärkter Nachfrage nach Freizeitartikeln). Hier besteht eine wichtige Aufgabe der **Marktforschung** darin, diese Entwicklungen und ihre Auswirkungen möglichst genau zu prognostizieren.[5]
- **Technische Neuentwicklungen,** die beispielsweise zur Entwicklung neuer Produkte durch die Forschungs- und Entwicklungsabteilung führen.

---

[1] Vgl. ausführlich S. 147 f.
[2] Vgl. Blohm, H. u. a., Produktionswirtschaft, 3. Aufl., Herne/Berlin 1997, S. 296 f.
[3] Die verschiedenen Fertigungstypen werden ausführlich auf S. 440 behandelt.
[4] Vgl. Streitferdt, L., Produktionsprogrammplanung, HWB, Bd. I/2, 5. Aufl., Stuttgart 1993, Sp. 3478 ff.
[5] Zur Marktforschung vgl. S. 491 ff.

- Die Berücksichtigung von **Fertigungs- oder Absatzverwandtschaften,** also der Möglichkeit, bestehende Fertigungsanlagen oder Vertriebskanäle für neue Produkte nutzen zu können.
- Die Möglichkeit der Verbesserung der **Risikomischung** bei Konjunktur- oder Saisonschwankungen (Beispiel: Ein Hersteller von Tennisbekleidung nimmt Skianzüge in sein Produktionsprogramm mit auf).

Die Entscheidungen über das langfristige Produktionsprogramm binden das Unternehmen nicht nur für viele Jahre, sondern sind auch sonst für seinen Fortbestand und seine weitere Entwicklung entscheidend. Die langfristige Produktionsprogrammplanung ist daher häufig Teil der **strategischen Planung,** deren Träger die oberste Unternehmensleitung ist.

2. Die Planung von innerbetrieblichem Standort und innerbetrieblichem Transport

Nach Durchführung der langfristigen Produktionsprogrammplanung sind folgende Rahmenentscheidungen getroffen:

- Festlegung der Produktgruppen bzw. **Produktarten**
- Festlegung der durchschnittlichen **Produktionshöchstmenge**
- Festlegung der **Fertigungsverfahren**
- Festlegung des **Kapazitätsrahmens** für Betriebsmittel und Arbeitskräfte
---

Abb. 56: Vorgaben der langfristigen Produktionsprogrammplanung

Im Rahmen der **strategischen Investitionsplanung** wurde bereits entschieden, **welche Betriebsmittel** (Art, Menge) im Rahmen des langfristigen Investitionsprogramms angeschafft werden sollen. Aufgabe der **langfristigen Produktionsplanung** ist die Bestimmung des **optimalen innerbetrieblichen Standorts** für jedes Betriebsmittel. Die Wahl des innerbetrieblichen Maschinenstandorts determiniert die Transportwege zwischen den Betriebsmitteln. Dabei entstehen **Transportkosten,** die **minimiert** werden müssen. Deshalb ist es sinnvoll, den innerbetrieblichen Standort und den innerbetrieblichen Transport simultan zu planen. Bei der innerbetrieblichen Standortwahl geht es um die räumliche Planung von
- kompletten **Produktionsstätten** wie Fabriken und Werkstätten,
- Standorten für einzelne **Betriebsmittel** und
- Standorten von **Lagerplätzen** zwischen den einzelnen Fertigungsplätzen.

Wie alle unternehmerischen Entscheidungen hat sich auch die innerbetriebliche Standortwahl am Prinzip langfristiger Gewinnmaximierung zu orientieren. Dieses Oberziel läßt sich – unter vereinfachenden Annahmen – für die innerbetriebliche Standortwahl folgendermaßen operationalisieren:

Zielebene	Zielvorschrift
(1) Oberziel	Maximiere langfristigen Gewinn
(2) Zwischenziel (a)	Minimiere Produktionskosten
(3) Zwischenziel (b)	Minimiere Transportkosten
(4) Unterziel	Minimiere Transportwege

Abb. 57: Zielhierarchie innerbetrieblicher Standortwahl

Geht man davon aus, daß die innerbetriebliche Standortentscheidung die Erlösseite nicht tangiert, gelangt man auf Ebene (2) zur Kostenminimierung. Unterstellt man ferner, daß die Standortwahl ausschließlich die Transportkosten beeinflußt, reduziert sich das Planungsproblem auf der Ebene (3) zur Transportkostenminimierung. Geht man ferner davon aus, daß die Transportkosten pro Streckeneinheit identisch sind, gelangt man auf Ebene (4) zur Streckenminimierung. Gelten diese Annahmen, so können zur Lösung innerbetrieblicher Standortprobleme standardisierte betriebswirtschaftliche Modelle[6] auf der Basis der linearen Programmierung verwendet werden.

Da die oben beschriebenen vereinfachenden Annahmen jedoch in der Regel nicht zutreffen, muß die Praxis, will sie zu korrekten Entscheidungen kommen, häufig für jedes innerbetriebliche Standort- und Transportproblem eine individuelle Lösung suchen, ohne dabei auf betriebswirtschaftliche Standardmodelle zurückgreifen zu können.

3. Die kurzfristige Produktionsprogrammplanung

Die langfristige Produktionsprogrammplanung[7] hatte die Aufgabe, Produktionskapazitäten zu schaffen, die den langfristigen Absatzerwartungen angepaßt sind. Auf der strategischen Planungsebene wurde also festgelegt, welche Jahresproduktion (gegliedert nach Produktarten und Produktmengen) während eines längeren Planungszeitraums von beispielsweise fünf Jahren realisiert werden soll. An diesem langfristigen Produktionsrahmen orientierte sich die Kapazitätsbereitstellung von Arbeitskräften und Betriebsmitteln. Rechnete man beispielsweise mit einem langfristigen Absatzvolumen m_a von 950 Einheiten, so legte man die Betriebsmittelkapazität auf beispielsweise 1.000 Produktionseinheiten m_p aus.

Ein Kapazitätsproblem ergibt sich dann, wenn z.B. im dritten Jahr des Fünfjahreszeitraums die Absatzmöglichkeiten die Produktionskapazität übersteigen ($m_a > 1.000$). Es entsteht ein Produktionsengpaß. Auf der langfristigen Planungsebene löst man ein solches Engpaßproblem durch eine Neuanschaffung von Betriebsmitteln. Im Rahmen kurzfristiger, operativer Produktionsprogrammplanung (z.B. quartalsweise Planung) betrachtet man den Produktionsengpaß als **gegeben**, d.h. unabänderlich. Die kurzfristige **Produktionsprogrammplanung** hat die **Aufgabe**, für eine **optimale Nutzung des vorhandenen Produktionsengpasses** zu sorgen. Optimal ist die

---

[6] Vgl. ausführlich Corsten, H., Produktionswirtschaft, 8. Aufl., München/Wien 1999, S. 376 ff.
[7] Vgl. S. 418 f.

III. Die Produktionsplanung

Nutzung des Produktionsengpasses dann, wenn unter den gegebenen Kapazitätsrestriktionen das Gewinnmaximum erreicht wird.

Der Periodengewinn G ist die Differenz zwischen den Gesamterlösen E und den Gesamtkosten K. Die Gesamtkosten K setzen sich zusammen[8] aus variablen, d.h. (mengenabhängigen) Kosten K_v (z.B. Materialkosten) und (mengenunabhängigen) fixen Kosten K_f (z.B. Fremdkapitalzinsen oder Leasinggebühren). Da bei der kurzfristigen Produktionsprogrammplanung die Produktionskapazitäten eine vorgegebene Größe sind, sind auch die Fixkosten K_f eine von der Produktionsmenge m unabhängige Größe. Die variablen Kosten $K_v = k_v \cdot m$ dagegen und die Erlöse $E = p \cdot m$ variieren mit der Ausbringungsmenge m. Die Differenz zwischen dem Stückerlös p und den variablen Stückkosten k_v bezeichnet man als Bruttogewinn/Stück oder **Deckungsbeitrag/Stück db** (db = p – k_v).

Die Zusammenhänge zwischen **Deckungsbeitragsrechnung** und Gewinnermittlung lassen sich an folgendem Beispiel demonstrieren:

gegeben:		
p	= Erlös/Stück	10 DM
k_v	= variable Kosten/Stück	4 DM
db	= Deckungsbeitrag/Stück (p – k_v)	6 DM
m	= Ausbringungsmenge/Jahr	900 Stück
K_f	= Fixkosten/Jahr	2.000 DM
gesucht:		
G	= Periodengewinn	
G	= Deckungsbeitrag/Jahr – Fixkosten	
G	= db · m – K_f	
G	= 6 · 900 – 2.000	
G	= 5.400 – 2.000	
G	= + 3.400	

Abb. 58: Gewinnermittlung im Rahmen der Deckungsbeitragsrechnung

Würde im obigen Beispiel die Ausbringungsmenge um ein Stück erhöht (verringert), würde sich der Periodengewinn G um den Stückdeckungsbeitrag von 6 erhöhen (verringern). Aus db · m ergibt sich DB, der Deckungsbeitrag/Periode. Für den Periodengewinn G gilt:

$G = DB - K_f$

Da K_f als konstante Größe nicht entscheidungsrelevant ist, basieren die Optimierungsmodelle für das kurzfristige Produktionsprogramm auf der Maximierung des Periodendeckungsbeitrags DB.

Der **Stückdeckungsbeitrag** db ist die **Schlüsselgröße** zur **kurzfristigen Produktionsprogrammplanung.** Die konkrete Ausgestaltung der

---
[8] Zur Unterscheidung von variablen und fixen Kosten vgl. S. 390ff.

kurzfristigen Produktionsprogrammplanung[9] ist sowohl von der Anzahl der Produkte als auch von der Anzahl der Kapazitätsengpässe abhängig. Fünf Fälle (1) bis (5) sind zu unterscheiden:

Engpässe Anzahl \ Produkte Anzahl	eins	zwei	mehrere
einer	(1)	(3)	(3)
mehrere	(2)	(4)	(5)

Abb. 59: Varianten kurzfristiger Produktionsprogrammplanung

Variante (1)

Das Einproduktunternehmen maximiert seinen Periodengewinn G, wenn es die einzige vorhandene Maschine bis zur Kapazitätsgrenze auslastet. Bedingung: Der Deckungsbeitrag db muß positiv sein ($p > k_v$).

Variante (2)

Ein einziges Produkt durchläuft mehrere Fertigungsstufen (Betriebsmittel). Man ermittelt zunächst den absoluten Produktionsengpaß, der z. B. bei Aggregat D liegt. Zur Auslastungsregel von D vgl. Variante (1).

Variante (3)

In einem Mehrproduktunternehmen liegt der Produktionsengpaß beim Aggregat F. Mit den drei Produkten lassen sich die Stückdeckungsbeiträge db_1, db_2 und db_3 erwirtschaften. Sind die Bearbeitungszeiten der drei Produkte unterschiedlich lang, ermittelt man zunächst die **Deckungsbeiträge pro Engpaßbelastungseinheit** db_1/E, db_2/E und db_3/E. Definiert man die Engpaßbelastungseinheit E z.B. als 60 Maschinenminuten, zeigt db/E den in einer Maschinenstunde erzielbaren Deckungsbeitrag. Man belastet dann den Engpaß F vorrangig mit dem Produkt, das den höchsten Deckungsbeitrag/Stunde erwirtschaftet. Ist damit die Kapazitätsgrenze von F noch nicht erreicht, fertigt man zweitrangig das Produkt mit dem zweithöchsten db/E-Wert usw. Ein konkretes Anwendungsbeispiel findet sich im zugehörigen Übungsbuch.[10]

Variante (4)

Ein Unternehmen fertigt zwei Produkte, von denen jedes mehrere (mindestens zwei) Fertigungsstufen, im einfachsten Fall also die Aggregate A und B durchläuft. Die Absatzmöglichkeit für beide Produkte ist größer als die Produktionskapazität von A bzw. B. Welches Produkt soll in welcher Menge gefertigt werden?

Dieses Problem löst man mit Hilfe der linearen Programmierung. Hilfsweise kann man eine graphische Lösung herbeiführen, die im zugehörigen

---

[9] Vgl. hierzu Adam, D., Produktionsmanagement, 9. Aufl., Wiesbaden 1998, S. 215ff.
[10] Vgl. Wöhe/Kaiser/Döring, Übungsbuch, a.a.O., 3. Abschnitt, Aufg. 50–56

Übungsbuch[11] beispielhaft **erläutert** wird. Hier kann der Lösungsweg nur ansatzweise beschrieben werden.

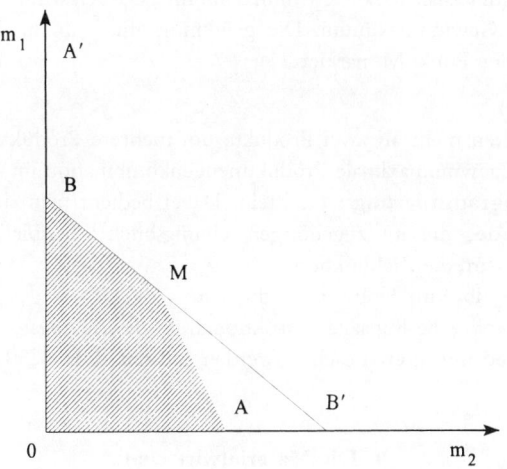

Abb. 60: Kapazitätsrestriktionen und zulässiger Lösungsbereich

Die Geraden A´A bzw. BB´ markieren die **Kapazitätsrestriktionen** der Aggregate A bzw. B. Die schraffierte Fläche zeigt den **zulässigen Lösungsbereich**, d.h. die Produktmengenkombinationen m_1/m_2, die realisierbar sind. Die maximalen Kapazitätsauslastungsmöglichkeiten liegen an der Linie BMA.

Zur Ermittlung der gewinnmaximalen Produktmengenkombination muß man die **Isogewinnlinie** G kennen, deren Verlauf durch das konkrete Verhältnis der Deckungsbeiträge db_1 und db_2 bestimmt wird (vgl. Abb. 61).

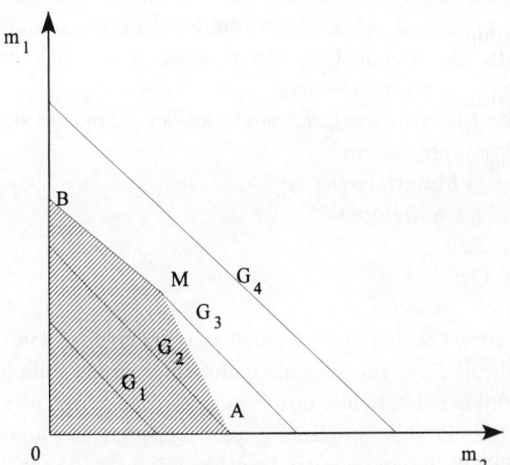

Abb. 61: Ermittlung der gewinnmaximalen Mengenkombination

---

[11] Vgl. Wöhe/Kaiser/Döring, Übungsbuch, a.a.O., 4. Abschnitt, Aufg. 5

424 Dritter Abschnitt. Die Produktion

Das Gewinniveau G_4 kann nicht realisiert werden, weil es außerhalb des Lösungsbereichs AMB liegt. Die Gewinniveaus G_1 bzw. G_2 sind realisierbar, liegen aber unterhalb des Gewinnmaximums. Das Gewinniveau G_3 entspricht dem Gewinnmaximum. Die gewinnmaximale m_1/m_2-Kombination wird durch den Punkt M markiert.

Variante (5)

Konkurrieren mehr als zwei Produkte um mehrere Produktionsengpässe, läßt sich die gewinnmaximale Produktmengenkombination im Wege der **linearen Programmierung**[12] ermitteln. Dabei bedient man sich der **Simplex-Methode,** die im zugehörigen Übungsbuch[13] beispielhaft erläutert wird. Dabei wird die Zielfunktion

$$G = db_1 \cdot m_1 + db_2 \cdot m_2 + db_3 \cdot m_3$$

maximiert, wobei die Kapazitätsrestriktionen für die Aggregate A, B, C usw. als **Nebenbedingungen** beachtet werden müssen (**ÜB 3**/50–56 und **ÜB 4**/3–8).

4. Die Materialwirtschaft

a) Aufgaben der Materialwirtschaft

Nach Durchführung der lang- und kurzfristigen Produktionsprogrammplanung steht im einzelnen fest, welche Produkte in welchen Mengen mit Hilfe welcher Produktionsverfahren gefertigt werden sollen. Die notwendigen Arbeitskräfte und Betriebsmittel sind beschafft und die Betriebsmittel mit Hilfe der innerbetrieblichen Standort- und Transportplanung an den dafür geeigneten Stellen aufgestellt worden. Damit die Fertigung tatsächlich beginnen kann, fehlen nur noch die **Werkstoffe**, also der Teil der Produktionsfaktoren, der kurzfristig zu beschaffen ist. Die bereitzustellenden Werkstoffe bezeichnet man auch als Material und die Bereitstellungsplanung als **Materialwirtschaft.** Bei Handelsbetrieben dagegen befaßt sich die Bereitstellungsplanung mit den Handelswaren.

Aufgabe der Materialwirtschaft[14] ist es, auf der Grundlage des verabschiedeten Produktionsprogramms

- die benötigten **Materialarten** und -qualitäten
- in den benötigten **Mengen**
- zur rechten **Zeit**
- am rechten **Ort**

bereitzustellen.

Bei gegebener Qualität der verarbeiteten Materialien kann man davon ausgehen, daß die Erlösseite des Unternehmens von den Entscheidungen im Rahmen der Materialwirtschaft unabhängig ist. Damit läßt sich auch in diesem Bereich der Produktionsplanung das langfristige Gewinnmaximum auf dem Weg der Kostenminimierung erreichen. **Ziel** der Materialwirtschaft ist

---

[12] Vgl. hierzu Kahle, E., Produktion, 4. Aufl., München/Wien 1996, S. 72 ff.
[13] Vgl. Wöhe/Kaiser/Döring, Übungsbuch, a. a. O., 4. Abschnitt, Aufgabe 5–8
[14] Vgl. Kilger, W., Optimale Produktions- und Absatzplanung, Opladen 1973, S. 55

III. Die Produktionsplanung

also die **Minimierung aller Kosten,** die mit der Beschaffung und Bereitstellung von Materialien verbunden sind. Dazu gehören
(1) die **unmittelbaren Beschaffungskosten** (Materialeinkaufspreise)
(2) die **mittelbaren Beschaffungskosten** (z. B. Transportkosten vom Lieferanten zum Unternehmen) und
(3) die **Lagerkosten.**

Lagerkosten entstehen dann, wenn Werkstoffe und Einbauteile (Materialien) auf Vorrat beschafft werden. Lagerhaltung ist die Regel; vorratslose Fertigung ist die Ausnahme. **Vorratslose Faktorbeschaffung** ist problemlos möglich, wenn die Faktorbereitstellung über Versorgungsnetze (Wasser, Gas, Elektrizität, Fernwärme) erfolgt. Im übrigen ist eine lagerlose Beschaffung von Werkstoffen und Einbauteilen nur im Falle
– **auftragsweiser Einzelfertigung** oder
– nach dem **Just-in-Time-Konzept**
möglich. Im ersten Fall verzichtet z. B. ein Heizungsinstallationsbetrieb auf Lagerhaltung und beschafft sich für jeden Auftrag die Einbauteile beim Großhändler. Im zweiten Fall bemüht sich z. B. ein Automobilhersteller um eine vollständige Synchronisierung von Beschaffung und Fertigung, wie sie das Just-in-Time-Konzept anstrebt. Das jeweils benötigte Material wird erst unmittelbar vor Beginn der Fertigung vom Lieferanten übernommen. Das Ziel beim Just-in-Time-Konzept besteht in einer möglichst geringen – im Idealfall überhaupt keiner – Lagerhaltung und damit in der Vermeidung von Lagerkosten.[15] Wer glaubt, Kostenminimierung durch **Vermeidung** von **Lagerkosten,** also über vorratslose Fertigung erreichen zu können, muß folgendes bedenken: Bei auftragsindividueller Materialbeschaffung werden zwar Lagerkosten vermieden, dafür steigen aber die mittelbaren Beschaffungskosten (z. B. Personalkosten und Transportkosten für den Pendelverkehr zwischen Liefer-Großhändler und Handwerksbetrieb) an. Beim Just-in-Time-Konzept werden die Lagerkosten häufig nicht vermieden, sondern nur auf die vorgelagerte Fertigungsstufe, d. h. den Zulieferbetrieb, verlagert, der seinerseits die ihm entstandenen Lagerkosten in die Materialpreise einkalkuliert.

Beschaffungsart	Vorteil	Nachteil
Fallweise bei Einzelfertigung	Lagerkosten sinken	mittelbare Beschaffungskosten steigen
Just-in-Time-Konzept	Lagerkosten sinken	unmittelbare Beschaffungskosten (Einkaufspreise) steigen

Abb. 62: Vor- und Nachteile vorratsloser Fertigung

Die **einzelnen Planungsaufgaben** der **Materialwirtschaft,** die in die organisatorische Zuständigkeit der Einkaufsabteilung und der Logistikabtei-

---

[15] Das Just-in-Time-Konzept wird weiter unten dargestellt. Vgl. S. 468 f.

lung (Lagerverwaltung und Transport) fallen, werden in folgenden Arbeitsschritten dargestellt:
(1) Zunächst wird der **Materialbedarf** für eine **Planungsperiode,** z.B. für ein Jahr, ermittelt (Kapitel 4. b).
(2) Danach stellt sich die Frage, bei **welchen Lieferanten** der Materialbedarf gedeckt werden soll (Kapitel 4. c).
(3) Laufen – was die Regel ist – Beschaffung und Fertigung nicht synchron, wird Material auf Vorrat beschafft. Es entsteht das Problem der Lagerhaltung. Bei der **strategischen Lagerplanung** geht es darum, den Standort, die räumliche Kapazität und die Ausstattung der Lager zu optimieren (Kapitel 4. d. aa). Bei der **operativen Lagerplanung** geht es darum, den Materialbedarf einer Periode in optimale Einzelbestellmengen aufzuteilen (Kapitel 4. d. bb).

Zum letzten Punkt: Streng genommen gehören die Entscheidungen über **Lagerkapazitäten** und -ausstattungen in den Bereich der **Investitionsplanung.** Ob ein Lager gebaut oder eine maschinelle Großanlage beschafft wird: es handelt sich um eine langfristige Investitionsentscheidung, die durch die Investitionsrechnung[16] fundiert wird. Gleichwohl erscheint es zweckmäßig, derartige Entscheidungen im Rahmen der Materialwirtschaft zu behandeln. Der Grund: Die von der Investitionsrechnung benötigten Planungsdaten wie Mindestkapazität, materialgerechte Lagerausstattung und zweckmäßiger Lagerstandort müssen von der Einkaufs- bzw. Logistikabteilung bereitgestellt werden.

b) Die Materialbedarfsermittlung

Im jetzigen Planungsstadium sind die lang- und kurzfristige Produktionsprogrammplanung abgeschlossen. Die zur Produktion benötigten Kapazitäten (Arbeitskräfte und Betriebsmittel) stehen bereit. Es fehlen nur noch die Materialien. Ehe eine Beschaffungsentscheidung getroffen werden kann, muß festgestellt werden,
– welche **Materialarten**
– in welchen **Mengen**
für die Planungsperiode benötigt werden. Die Berechnung des erwarteten Materialbedarfs kann als
(1) programmgebundene Materialbedarfsermittlung oder als
(2) verbrauchsgebundene Materialbedarfsermittlung
erfolgen.

Im **Fall (1)** wird der erwartete Materialbedarf auf **technisch-analytischem Wege** ermittelt. Einfachheitshalber kann man von einem Ein-Produkt-Unternehmen ausgehen. Die geplante Produktionsmenge von beispielsweise zehntausend Einheiten wird als Primärbedarf bezeichnet. Benötigt man zur Produktion von einem Stück 3 kg Rohstoff der Sorte A und zwei Einbauteile vom Typ B, läßt sich aus dem Primärbedarf der Sekundärbedarf der Materialarten A und B ableiten. Den Bedarf von Hilfs- und Betriebsstof-

---

[16] Vgl. hierzu S. 626 ff.

fen sowie von kleinen Verschleißwerkzeugen bezeichnet man als Tertiärbedarf.

Im **Fall (2)** wird der Materialbedarf mit Hilfe statistischer Verfahren auf der Grundlage des **Verbrauchs vergangener Planungsperioden** ermittelt. Beide Verfahren werden im folgenden kurz dargestellt.

aa) Programmgebundene Materialbedarfsermittlung

Werden bei der Fertigung die Produktionsfaktoren in festen Relationen[17] eingesetzt, läßt sich der Materialbedarf technisch-analytisch prognostizieren. Dabei stehen für die Fertigung von Produkten entweder Baupläne oder – bei chemischen Prozessen oder Lebensmitteln – Rezepturen zur Verfügung, mit deren Hilfe ermittelt werden kann, aus welchen Komponenten ein Produkt besteht. Die programmgebundene Bedarfsermittlung kann daher nur funktionieren, wenn das Verhältnis zwischen In- und Output der einzelnen Fertigungsstufen genau bekannt und eindeutig (deterministisch) festgelegt ist.

Die programmgebundene Bedarfsermittlung erfolgt in der Regel mit Hilfe von **Stücklisten**,[18] wobei insbesondere die Strukturstückliste, die Baukastenstücklisten und die Mengenübersichtsstückliste von Bedeutung sind.[19] Die **Strukturstückliste** enthält eine nach Fertigungsstufen strukturierte Aufstellung aller Einzelteile eines Produktes. Bezeichnet man die beiden herzustellenden Produkte mit X_1 und X_2, die verwendeten Baugruppen mit Großbuchstaben und die in die Baugruppen eingebauten Einzelteile mit Kleinbuchstaben, dann kann die **Fertigungsstruktur** folgendes Aussehen haben:

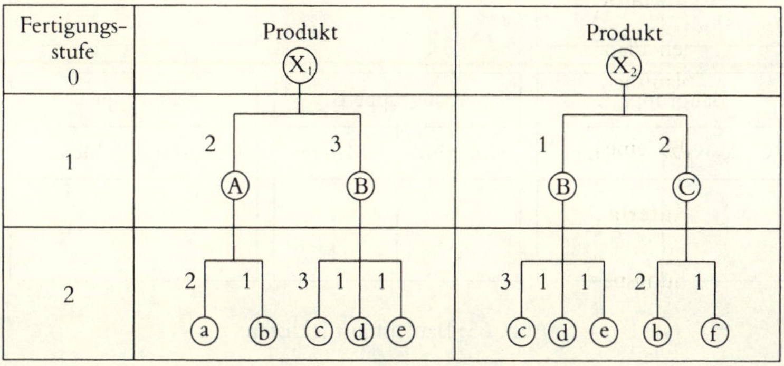

Abb. 63: Beispiel einer Fertigungsstruktur

Die an den Verbindungslinien markierten Zahlen beziffern die Anzahl der verwendeten Baugruppen bzw. Einzelteile.

---

[17] Zur limitationalen Produktionsfunktion vgl. S. 366f.
[18] Allerdings existieren auch andere Verfahren wie z.B. Gozinto-Graphen. Vgl. dazu z.B. Schneeweiß, C., Einführung in die Produktionswirtschaft, 7. Aufl., Berlin u. a. 1999, S. 48f.
[19] Zu einer ausführlichen Darstellung von Stücklisten vgl. Schneeweiß, C., Einführung in die Produktionswirtschaft, a. a. O., S. 202ff.; Blohm, H. u. a., Produktionswirtschaft, a. a. O., S. 262ff.; Reichwald/Dietel, Produktionswirtschaft, in: Industriebetriebslehre, hrsg. von E. Heinen, 9. Aufl., Wiesbaden 1991, S. 494ff.

Hieraus läßt sich folgende **Strukturstückliste** ableiten:

Produkt X_1		Produkt X_2	
Code-Nr.	Menge	Code-Nr.	Menge
A	2	B	1
←a	2	←c	3
←b	1	←d	1
B	3	←e	1
←c	3	C	2
←d	1	←b	2
←e	1	←f	1

Abb. 64: Strukturstücklisten

Zerlegt man die Strukturstücklisten in ihre Komponenten, erhält man **Baukastenstücklisten**:

Produkt X_1		Produkt X_2	
Code-Nr.	Menge	Code-Nr.	Menge
A	2	B	1
B	3	C	2

Baugruppe A		Baugruppe B		Baugruppe C	
Code-Nr.	Menge	Code-Nr.	Menge	Code-Nr.	Menge
a	2	c	3	b	2
b	1	d	1	f	1
		e	1		

Abb. 65: Baukastenstücklisten

Der Vorteil von Baukastenstücklisten besteht insbesondere bei komplizierteren Fertigungsprozessen (z.B. der Fertigung von Autos) darin, daß man sie für jedes Endprodukt in unterschiedlicher Weise wie mit einem Baukastensystem kombinieren kann, ohne jedesmal von Grund auf neue Strukturstücklisten erstellen und – zum Beispiel in einer EDV-Anlage – speichern zu müssen. So läßt sich im Beispiel die Materialplanung dadurch vereinfachen, daß man bei beiden Produkten X_1 und X_2 auf den Baukasten B zurückgreifen kann, ohne die Einzelteile c, d, e zu spezifizieren.

Aus den Baukastenstücklisten lassen sich **Mengenübersichtsstücklisten** ableiten:

Produkt X_1	
Code-Nr.	Menge
A	2
B	3
a	4
b	2
c	9
d	3
e	3

Produkt X_2	
Code-Nr.	Menge
B	1
C	2
b	4
c	3
d	1
e	1
f	2

Abb. 66: Mengenübersichtsstücklisten

Aus der Mengenübersichtsstückliste ergibt sich der konkrete Bedarf an bestimmten Komponenten für die einzelnen Produkte. Faßt man nun den Bedarf an einzelnen Komponenten – beispielsweise Einzelteile – für alle in einer bestimmten Produktionsperiode zu fertigenden Produkte zusammen, so erhält man den **Bruttobedarf** für die einzelnen Materialarten. In der Praxis wird dieser Bruttobedarf häufig noch um eine Sicherheitsmarge, den **Mehrverbrauchszuschlag,** erhöht. Zieht man vom Bruttobedarf den noch vorhandenen Lagerbestand ab, so erhält man den **Nettobedarf,** wobei in der Praxis häufig nochmals eine Sicherheitsmarge, der **Sicherheitsbestand,** berücksichtigt wird, um sich gegen kurzfristige Fehlprognosen bei der Bedarfsberechnung abzusichern. (**ÜB 3/65**)

bb) Verbrauchsgebundene Materialbedarfsermittlung

Statt einer programmgebundenen kann auch eine verbrauchsgebundene Bedarfsermittlung stattfinden, bei der der Materialbedarf nicht aus Bauplänen oder Rezepturen, sondern aus dem Verbrauch vergangener Planungsperioden ermittelt wird. Diese Verfahren müssen angewandt werden, wenn keine exakten Beziehungen zwischen In- und Output bestehen und somit eine programmgebundene Bedarfsermittlung ausgeschlossen ist. Eine Faustregel besagt daher, daß der **Sekundärbedarf** (Rohstoffe) eher **programmgebunden,** der **Tertiärbedarf** (Hilfsstoffe und Betriebsstoffe wie Sägeblätter für die elektrische Säge) dagegen eher **verbrauchsgebunden** ermittelt wird.

Grundlage jeder verbrauchsgebundenen Bedarfsplanung ist eine Verbrauchsstatistik vergangener Planungsperioden. Das einfachste Verfahren verbrauchsgebundener Bedarfsermittlung besteht darin, den Bedarf der nächsten Periode als **Durchschnitt** sämtlicher vergangenen Perioden zu berechnen. Wurden beispielsweise in den vergangenen 5 Planungsperioden 1.000, 800, 600, 1.200 und 1.400 Einheiten der Materialart M_1 verbraucht, so wird bei diesem Verfahren von einem Bruttomaterialbedarf von 1.000 Einheiten für die nächste Periode ausgegangen.

Offensichtlich kann dieses Verfahren jedoch zu einer Fehleinschätzung des tatsächlichen Verbrauchs führen: Ging der Verbrauch zunächst von 1.000 über 800 auf 600 Einheiten zurück, so stieg er anschließend sprunghaft auf

1.200 und dann sogar auf 1.400 Stück an. Es besteht also in diesem Fall eine gewisse Wahrscheinlichkeit, daß dieser steigende Trend sich fortsetzt und der tatsächliche Bruttobedarf weit über 1.000 Stück liegt.

Derartige Fehler lassen sich durch verfeinerte statistische Verfahren vermeiden: Im einfachsten Fall wird ein **gleitender Durchschnitt** berechnet; weiterhin werden Verfahren der **exponentiellen Glättung** oder – bei Vorliegen von Trends wie in diesem Beispiel – Verfahren der **linearen Einfachregression** eingesetzt.[20] Die Grundproblematik der verbrauchsorientierten Bedarfsermittlung bleibt jedoch trotz verfeinerter Verfahren bestehen: Es werden Vergangenheitswerte extrapoliert, ohne die Ursachen der Verbrauchsschwankungen in der Vergangenheit (z. B. Absatzschwankungen durch Konjunkturänderungen) und ohne mögliche zukünftige Entwicklungen (z. B. geänderte Fertigungsverfahren) zu berücksichtigen. Will man vermeiden, daß bestimmte Materialien aufgrund eines unerwartet hohen Verbrauchs plötzlich nicht mehr verfügbar sind, so müssen höhere Sicherheitsbestände vorrätig gehalten werden.

cc) Materialklassifizierung mit Hilfe der ABC-Analyse

Die programmorientierte Bedarfsermittlung erfordert hohen Planungsaufwand und damit hohe Planungskosten. Die verbrauchsorientierten Verfahren benötigen dagegen zwar weniger Planungsaufwand, verlangen aber höhere Sicherheitsbestände im Lager. Höhere Sicherheitsbestände bedeuten wiederum vermehrten Lagerplatzbedarf und damit höhere Lagerkosten. Vor allen Dingen bedeuten sie jedoch höhere Finanzierungskosten, weil das im Lager gebundene Kapital „totes" Kapital ist, das verzinst werden muß.

Die **Zinskosten** sind ein sehr wichtiger **Bestandteil** der **Lagerkosten.** Die Zinskosten verhalten sich proportional zum Wert des eingelagerten Materials. Ein Unternehmen, das Gold und Kupfer verarbeitet, wird die Lagerbestände an Gold minimieren, um Zinskosten zu sparen. Die Sicherheitsbestände sind klein; die Materialbedarfsprognose muß präzise, d. h. programmgesteuert sein. Bei der Einlagerung von Kupfer fallen die Zinskosten weniger ins Gewicht. Hier bevorzugt man die ungenauere Prognoserechnung mit den geringeren Planungskosten (verbrauchsgebundene Prognose).

Eine differenziertere Behandlung einzelner Materialarten ist in vereinfachter Form möglich, wenn der Wert einzelner Materialarten (und damit ihre Lagerkosten) ins Verhältnis zu ihrem mengenmäßigen Bedarf (und damit ihren Planungskosten) gesetzt wird. Während dabei teure, in geringen Mengen benötigte Materialien eher programmorientiert beschafft werden sollten (die Planungskosten sind geringer als die Lagerkosten), sollte die Beschaffung billiger, in großen Mengen benötigter Materialien eher verbrauchsorientiert erfolgen (die Planungskosten sind höher als die Lagerkosten).

---

[20] Vgl. dazu ausführlich Blohm, H. u. a., Produktionswirtschaft, a. a. O., S. 265 ff.

III. Die Produktionsplanung

Eine einfache Methode der Materialklassifizierung im Hinblick auf Wert und Menge stellt die **ABC-Analyse**[21] dar. Mittels der ABC-Analyse erfolgt eine Einteilung des Materialsortiments in A-Güter, B-Güter und C-Güter. Dabei stellen A-Güter Materialien mit hohem Wertanteil, jedoch niedrigem Mengenanteil, C-Güter Materialien mit niedrigem Wertanteil und hohem Mengenanteil und B-Güter die dazwischenliegenden Güter dar. Zunächst wird für jede Materialart ihr Periodenverbrauch in Geldeinheiten ermittelt, indem die jeweilige Periodenverbrauchsmenge mit dem jeweiligen Preis multipliziert wird. Der so ermittelte wertmäßige Verbrauch wird anschließend ins Verhältnis zum wertmäßigen Gesamtverbrauch gesetzt und so der prozentuale Verbrauch der einzelnen Materialarten in der jeweiligen Periode in Geldeinheiten ermittelt. Schließlich werden die einzelnen Materialarten nach ihrem Prozentanteil am wertmäßigen Verbrauch in absteigender Reihenfolge sortiert, wie ein Beispiel im zugehörigen Übungsbuch[22] zeigt.

Ob eine bestimmte Materialart in die A, B oder C-Kategorie gehört, hängt von der Festlegung der Grenzwerte ab, die auf Konventionen beruht, letztlich also willkürlich erfolgt. Oft ergeben sich aber anhand der Rangfolge Anhaltspunkte für eine sinnvolle Festlegung der Grenzwerte.[23] Häufig stützen sich ABC-Analysen auf folgende **Einteilungskonvention:**[24]

Materialart	Wertanteil in %	Mengenanteil in %
A-Güter	ca. 80%	ca. 10%
B-Güter	ca. 15%	ca. 20%
C-Güter	ca. 5%	ca. 70%

Abb. 67: ABC-Analyse

Die erste Zeile der Tabelle beispielsweise besagt, daß die Summe der A-Güter ca. 80% des wertmäßigen Periodenbedarfs repräsentiert, ihr Anteil an der Gesamtzahl der benötigten Materialarten jedoch nur bei ca. 10% liegt.

Die Ergebnisse der ABC-Analyse lassen sich auch graphisch entweder in Form einer Konzentrationskurve (Lorenzkurve) oder als Balkendiagramm darstellen.[25]

---

[21] Vgl. ausführlich Reichwald/Dietel, Produktionswirtschaft, a. a. O., S. 500. Neben der Anwendung für die Materialklassifizierung existiert eine Vielzahl anderer Anwendungsmöglichkeiten wie z. B. in der Absatzplanung die Abstufung von Verkaufsbemühungen für einzelne Güter in Abhängigkeit von deren Wert und mengenmäßigem Umsatz.
[22] Wöhe/Kaiser/Döring, Übungsbuch, a. a. O., 3. Abschnitt, Aufg. 66
[23] Vgl. hierzu Glaser/Geiger/Rhode, PPS-Produktionsplanung und -steuerung, 2. Aufl., Wiesbaden 1992, S. 45
[24] Vgl. Grün, O., Industrielle Materialwirtschaft, in: Industriebetriebslehre, hrsg. von M. Schweitzer, 2. Aufl., München 1994, S. 557 f.
[25] Vgl. ebenda, S. 558 f.

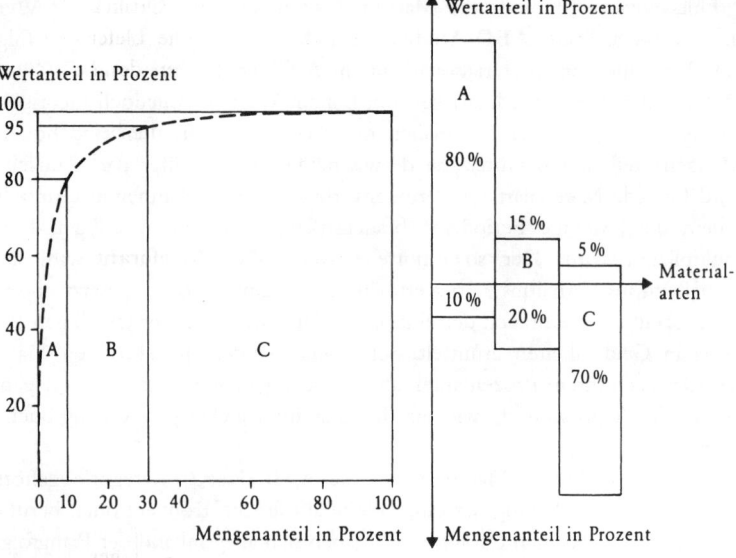

Abb. 68: Darstellung der Wert- und Mengenanteile

Nach den konventionellen Annahmen der ABC-Analyse sollen
- **A-Güter** möglichst **programmgesteuert**
- **B-Güter** mit **verbrauchsorientierten Verfahren** und
- **C-Güter** auf der Grundlage **gröberer Schätzungen**

disponiert werden.

Die ABC-Analyse ist in der betrieblichen Planungspraxis weit verbreitet. Dem Vorteil der Einfachheit stehen **methodische Schwächen** gegenüber: Zu bemängeln ist beispielsweise die Tatsache, daß nicht alle Lagerkostenarten (z. B. Raumkosten) wertabhängig sind. Besonders häufig wird in der Literatur[26] die Beliebigkeit der Klassenbildung kritisiert. (**ÜB 3/66**)

c) Beschaffungsmarktforschung und Lieferantenauswahl

Steht fest, welche Materialien in welcher Menge benötigt werden, stellt sich die Frage nach der Auswahl des/der besten Lieferanten. Bei einer **kurzfristigen Beschaffungsentscheidung** läßt sich diese Frage leicht beantworten: Bei gegebener Bedarfsmenge und gegebener Materialqualität sollte der Lieferant den Zuschlag erhalten, bei dem die **Beschaffungskosten** (Einkaufspreis und Transportkosten) **minimiert** werden.

Die – kurzfristige – Kostenminimierung garantiert aber nicht in jedem Fall die Erreichung des **langfristigen Gewinnmaximums.** Kommt es auf einem Beschaffungsmarkt zu Versorgungsengpässen, wird der Nachfrager das Nachsehen haben, der keine langfristige Lieferbeziehung aufgebaut, sondern

---

[26] Vgl. Tempelmeier, H., Material-Logistik, 3. Aufl., Berlin u. a. 1995, S. 13

III. Die Produktionsplanung

von Fall zu Fall den billigsten Lieferanten ausgewählt hat. Qualitätsmerkmale gibt es nicht nur für das Material, sondern auch für die Lieferanten: Ein Großlieferant, der sich flexibel den Bedarfsschwankungen des Nachfragers anpassen kann, nimmt in der Prioritätenskala des nachfragenden Unternehmens einen höheren Stellenwert ein als ein Kleinanbieter, der bei stoßweiser Nachfrage im Saisongeschäft mangels Produktionskapazität schnell in Lieferschwierigkeiten kommt.

Schon diese wenigen Beispiele machen deutlich, daß der Aufbau langfristiger Lieferbeziehungen notwendig und daß damit die **Lieferantenauswahl** ein **strategisches Entscheidungsproblem** ist. Die strategische Lieferantenauswahl, man spricht von Beschaffungsmarketing, vollzieht sich normalerweise in einem zweistufigen Entscheidungsprozeß. Auf der ersten Stufe wird der **Beschaffungsmarkt sondiert**[27] und festgestellt, welche Lieferanten für

Bewertungskriterien	Gewichtungsziffer	A	
		Punktzahl	gewichtet
Finanzielle Kriterien			
Einstandspreis	• •	• •	• •
Transportkosten	• •	• •	• •
Zahlungsbedingungen	• •	• •	• •
•			
•			
Materialqualität			
Technische Standards	• •	• •	• •
Umweltverträglichkeit	• •	• •	• •
•			
Lieferantenqualität			
Termintreue	• •	• •	• •
Flexibilität	• •	• •	• •
Innovationsfähigkeit	• •	• •	• •
•			
•			
Gesamtpunktzahl			• •

Abb. 69: Lieferantenauswahlsystem

---

[27] Vgl. hierzu Arnold, U., Beschaffungsinformation, HWB, Band I/1, 5. Aufl., Stuttgart 1993, Sp. 325 ff. und die dort angegebene Literatur, insbes. Hammann/Lohrberg, Beschaffungsmarketing, Stuttgart 1986

die jeweilige Materialart überhaupt in die engere Wahl genommen werden können. Bei dieser Vorauswahl spielen qualitativ-technische, räumliche und quantitative, insbesondere kapazitätsbezogene Lieferantenkriterien eine herausragende Rolle.

Nach dieser ersten Vorauswahl verbleiben meist fünf bis zehn oder mehr Lieferanten, die sich zum Aufbau einer langfristigen Lieferbeziehung grundsätzlich eignen. Dieser begrenzte Kreis von Kandidaten wird auf einer zweiten Auswahlebene einer genauen Analyse unterzogen. Dabei bedient man sich eines **Scoringmodells,** d. h. eines **Punktbewertungssystems,** das etwa folgendermaßen aufgebaut ist: In der Kopfzeile werden die möglichen Lieferanten A, B, C, in der Vorspalte die Entscheidungskriterien aufgeführt. Ein vorrangiges (nachrangiges) Entscheidungskriterium erhält eine hohe (niedrige) Gewichtungsziffer. Jeder Lieferant erhält für jedes Kriterium einen Punktwert einer Skala, die von 1 bis 5 oder 1 bis 10 reicht. Der lieferantenindividuelle Punktwert wird seinerseits mit der Gewichtungsziffer multipliziert. Der Lieferant mit der höchsten gewichteten Gesamtpunktzahl rangiert auf Platz 1:

Steht die Lieferantenrangreihe fest, muß entschieden werden, ob der Gesamtbedarf bei einem oder mehreren Lieferanten gedeckt werden soll. Diese Entscheidung hängt von Faktoren wie Marktmacht des Einkäufers, Marktmacht der Lieferanten, Risiko von Versorgungsengpässen usw. ab.[28]

d) Die Lagerplanung

Im Rahmen der Bedarfsermittlung[29] wurde für jede Materialart festgestellt, wie hoch der Gesamtbedarf B für eine Planungsperiode, z. B. ein Jahr, ist. Außerdem ist entschieden, bei welchen Lieferanten das jeweilige Material eingekauft werden soll. Offen ist jetzt noch die Frage, ob der **Periodenbedarf B**
– durch **eine große Bestellung** oder
– **mehrere kleine Bestellungen**
gedeckt werden soll.

Im ersten Fall benötigt man große, im zweiten Fall geringere Lagerkapazitäten. Lagerhaltung verursacht Kosten, z. B. Raumkosten, Zinskosten und Versicherungskosten. Trotzdem kann es sich kaum ein Unternehmen leisten, auf Lagerhaltung zu verzichten, weil hiermit wichtige Funktionen erfüllt werden:
(1) Die **Ausgleichsfunktion** sichert die Überbrückung von Mengen- und Zeitdifferenzen, die sich zwischen Beschaffung und Fertigung auftun.[30]
(2) Im Rahmen der **Sicherungsfunktion** werden vorsichtsbedingte Pufferbestände aufgebaut, um eventuellen Versorgungsengpässen vorzubeugen.
(3) Im Zuge der **Spekulationsfunktion** werden Lagerbestände bei drohenden Preiserhöhungen aufgestockt.

---

[28] Vgl. hierzu Reichwald/Dietel, Produktionswirtschaft, a. a. O., S. 465 ff.
[29] Vgl. S. 426 ff.
[30] Nur bei leitungsgebundener Versorgung (z. B. Gas oder Wasser) entfällt die Ausgleichsfunktion.

In Produktionsbetrieben[31] orientiert sich die Lagerhaltung an der Fertigungsabfolge:

Fertigungs-prozeß	○─────────────────────────────────▶			
Lagerart	Eingangs-lager	Hand-lager	Zwischen-lager	Ausgangs-lager
Lager-gegenstand	Material	Material	Halb-fabrikate	Fertig-fabrikate
Lagerort	Sammel-lager Einkauf	Vor jeweiligem Arbeits-platz	Zwischen einzelnen Fertigungs-stufen	Sammel-lager Verkauf

Abb. 70: Lagerarten

Im Rahmen der Lagerplanung sind
– **langfristige Entscheidungen** zum Aufbau der Lagerkapazitäten und
– **kurzfristige Entscheidungen** zur Optimierung der Bestellmenge
zu treffen, die im folgenden behandelt werden.

aa) Langfristige Lagerkapazitätsplanung

Im Zuge langfristiger Lagerplanung sind im wesentlichen drei Fragen zu beantworten:
(1) Wie groß soll das Lager sein? – **Kapazitätsplanung** –
(2) Wo soll das Lager gebaut werden? – **Standortplanung** –
(3) Wie soll das Lager ausgestattet werden? – **Ausstattungs- und Organisationsplanung** –

Die Entscheidung über die **langfristige Lagerkapazität** hängt letzten Endes von der strategischen Produktionsprogrammplanung ab, die ihrerseits den Rahmen für die Materialbedarfsplanung vorgibt.

Die Wahl des **Lagerstandorts** unterliegt grundsätzlich denselben Erwägungen wie andere Entscheidungen im Bereich der innerbetrieblichen Standortwahl. Reduziert man – wie dort erläutert – das Ziel der Kostenminimierung im Produktionsbereich auf das Ziel der Minimierung der Transportwege, so können die Standardmodelle der innerbetrieblichen Standortwahl Verwendung finden. Durch die Anwendung dieser Verfahren wird der Lagerstandort so gewählt, daß die im Laufe der Planungsperiode zurückzulegenden Transportwege minimiert werden.

Sollen jedoch weitere kostenbestimmende Faktoren (Höhe der Transportkosten pro Transportmeter, Berücksichtigung der Anlieferungsmöglichkeiten an die Eingangswarenlager usw.) berücksichtigt werden, so sind umfassendere Modelle erforderlich. Das gilt insbesondere dann, wenn berücksichtigt

---

[31] In Handelsbetrieben gibt es nur ein Warenlager.

wird, daß statt eines einzelnen, **zentralen** Lagers auch mehrere kleinere **dezentrale** Lager errichtet werden können. Während zentrale Lager die Lagerkosten beispielsweise durch ein erleichtertes Bestandscontrolling, geringere Mindestbestände und geringeren Personalaufwand vermindern können, führen dezentrale Lager in der Regel zu niedrigeren Transportkosten. In einem solchen Fall bedarf die Planung des Lagerstandortes eines komplexeren Planungsmodells, in dem sämtliche Kosten berücksichtigt werden.

Bei der **Lagerausstattung** und **-organisation** ist abhängig von den Eigenschaften des zu lagernden Gutes festzulegen, ob die Lagerhaltung im Freien **(Freilager),** in geschlossenen Gebäuden **(Gebäudelager)** oder in speziellen Lagern (Tank, Silo oder Bunker) erfolgen soll. Weiterhin muß entschieden werden, in welcher technischen Form die Lagerung organisiert werden soll.[32] So kann beispielsweise das Material ohne weitere Vorrichtungen am Boden **(Bodenlagerung)** oder es kann – bei geringeren Lagerkosten – in Regalen gelagert werden **(Fachregallagerung).** Regale wiederum können so gebaut werden, daß sie direkt von Gabelstaplern befahren werden können **(Einfahrregal)** oder Teil komplexer Regalsysteme – z.B. in Form von **Hochregallagern,** mit deren Hilfe die benötigte Grundfläche des Lagers verkleinert wird – sind. Auch bei der Entscheidung für ein bestimmtes Lagersystem steht das Ziel der Minimierung der Lagerkosten unter Berücksichtigung von Be- und Entladevorgängen im Vordergrund.

bb) Kurzfristige Bestellmengenplanung

Mit Hilfe der Materialbedarfsermittlung wurde für die einzelnen Materialarten der Gesamtbedarf B für die Planungsperiode ermittelt. Mit der Auswahl der Lieferanten wurde festgelegt, wo der betreffende Bedarf gedeckt werden kann. Zur Bereitstellung des benötigten Materials muß nunmehr die konkrete Bestellung vorgenommen werden.

Nur in den seltensten Fällen wird die für den Planungszeitraum, z.B. ein Jahr, ermittelte **Bedarfsmenge B** auf einmal bestellt werden, da in einem solchen Fall der anfängliche Lagerbestand und somit auch die Lagerkosten zu hoch würden. Sinnvoller ist es, im Laufe des Jahres mehrmals – beispielsweise zu Beginn jedes Quartals – zu bestellen. **Bestellmenge** und Bedarfsmenge fallen in einem solchen Fall auseinander. Wird jedes Quartal derselbe Teil des Jahresbedarfs bestellt, so beträgt die Bestellmenge ein Viertel der (jährlichen) Bedarfsmenge. Bezeichnet man mit B den mengenmäßigen Bedarf für ein Jahr, mit m die Bestellmenge und mit h die Bestellhäufigkeit, so gilt der folgende einfache Zusammenhang zwischen Bedarfs- und Bestellmenge:

$$B = h \cdot m$$

Die Gesamtkosten der Beschaffung der Jahresbedarfsmenge B setzen sich wie folgt zusammen:

---

[32] Vgl. ausführlich Jünemann, R., Materialfluß und Logistik – Systemtechnische Grundlagen mit Praxisbeispielen, Berlin u.a. 1989, S. 145 ff.

III. Die Produktionsplanung 437

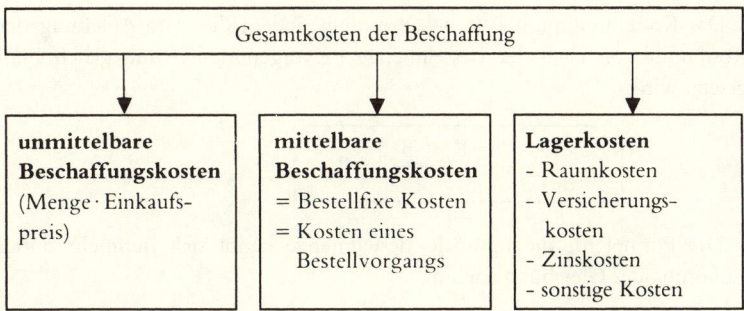

Abb. 71: Gesamtkosten der Beschaffung[33]

Mit **steigender Bestellmenge**
- sinkt die Zahl der Beschaffungsvorgänge/Jahr, so daß – auf ein Jahr bezogen – die **bestellfixen Kosten sinken;**
- erhöht sich der durchschnittliche Lagerbestand, so daß die **Lagerkosten steigen.**

Lagerkosten und bestellfixe Kosten weisen also eine gegenläufige Tendenz auf. Die **optimale Bestellmenge,** ist die kritische Menge, bei der die **Gesamtkosten der Beschaffung** (des Jahresbedarfs) das **Minimum** erreichen. Das Grundmodell zur Ermittlung der optimalen Bestellmenge m_{opt} verwendet folgende Symbole:

B = Jahresbedarf
p = Preis pro Mengeneinheit
K_f = Bestellfixe Kosten pro Bestellung
i = Zinskostensatz pro Jahr in % des Materialwertes
l = Lagerkostensatz pro Jahr in % des Materialwertes
q = (i + l) = zusammengefaßter Zins- und Lagerkostensatz in % des Materialwertes
K = Gesamtkosten der Beschaffung pro Jahr
m = Bestellmenge
m_{opt} = optimale Bestellmenge

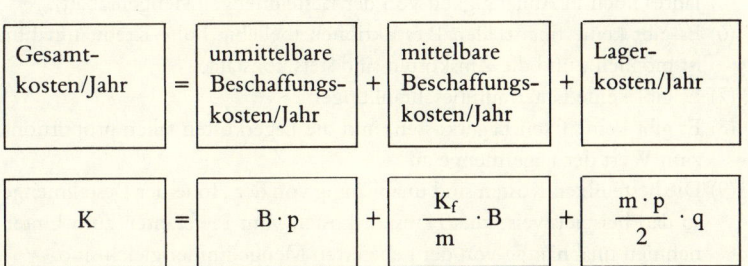

Abb. 72: Grundgleichung zur Bestimmung der optimalen Bestellmenge

---

[33] Daneben werden in der Literatur Fehlmengenkosten genannt, die bei unzureichender Vorratshaltung entstehen können. Vgl. Reichwald/Dietel, Produktionswirtschaft, a. a. O., S. 517 ff.

Das Kostenminimum läßt sich ermitteln, indem die erste Ableitung der Kostenfunktion nach der Bestellmenge m vorgenommen und gleich Null gesetzt wird:

$$\frac{dK}{dm} = -\frac{B \cdot K_f}{m^2} + \frac{p \cdot q}{2} = 0$$

Die Formel für die optimale Bestellmenge ergibt sich nunmehr durch Auflösung der Gleichung nach m:

$$m_{opt} = \sqrt{\frac{2 \cdot B \cdot K_f}{p \cdot q}}$$

Beispiel:
Beträgt der Jahresbedarf 10.000 Stück, kostet eine Materialeinheit 100 DM, liegen die bestellfixen Kosten pro Bestellung bei 500 DM, die Lagerkosten bei 3% und die Zinskosten bei 7%, so errechnet sich die optimale Bestellmenge wie folgt:

$$m_{opt} = \sqrt{\frac{2 \cdot 10.000 \cdot 500}{100 \cdot 0,10}} = 1.000 \text{ Stück}$$

Das Grundmodell der optimalen Bestellmenge geht, wie schon ansatzweise bei der Behandlung der Lager- und Zinskosten gezeigt wurde, von vielen vereinfachenden Annahmen aus:
(1) Die Planungsperiode beträgt 1 Jahr, der Jahresbedarf ist bekannt.
(2) Der Verbrauch ab Lager erfolgt kontinuierlich, also in stets gleichbleibender Höhe.
(3) Die Beschaffungsgeschwindigkeit ist unendlich groß.
(4) Es gibt keinen Materialausschuß, keinen Schwund und keinen Verderb.
(5) Der Preis pro Stück ist immer gleich; er schwankt weder im Laufe des Jahres noch in Abhängigkeit von der Bestellmenge (Mengenrabatt).
(6) Es gibt keine finanziellen Restriktionen (beliebig hohe Kreditaufnahme ist möglich), und die Zinskosten sind stets konstant.
(7) Es gibt keine Lagerraumbeschränkungen.
(8) Es gibt keine fixen Lagerkosten, und die Lagerkosten fallen proportional zum Wert der Lagermenge an.
(9) Die bestellfixen Kosten sind unabhängig von der Höhe der Bestellmenge, so daß beispielsweise die Transportkosten vom Lieferanten zum Unternehmen unabhängig von der gelieferten Menge immer gleich sind.
(10) Es gibt keine Abnahmevorschriften von Seiten des Lieferanten wie z.B. Mindestabnahmemengen.

Die Aufzählung macht deutlich, wie weit das Grundmodell der optimalen Bestellmenge von der Realität entfernt ist. Man kann versuchen, bestimmte Annahmen aufzuheben und so zu besseren Modellen zu kommen, bezahlt

III. Die Produktionsplanung

dafür jedoch mit höherem Planungs- und Rechenaufwand. So existieren beispielsweise Erweiterungen des Grundmodells der optimalen Bestellmenge, bei denen mengenabhängige Beschaffungskosten (Mengenrabatte), beschränkte Lagerkapazitäten oder fixe Lagerkosten berücksichtigt werden.[34] Bei noch umfassenderen Modellen werden explizit die Zeit (dynamisch-deterministische Modelle) oder die Unsicherheit hinsichtlich des Eintretens bestimmter zukünftiger Ereignisse (stochastische Modelle) erfaßt.[35]

Häufig lohnt es sich jedoch nicht, derartig komplizierte Modelle zu verwenden. Auch gelingt es nur in wenigen Fällen, ein tatsächlich realitätsgetreues Modell zu konstruieren. In solchen Fällen behilft man sich daher mit Näherungslösungen (Heuristiken), die zwar keine optimalen, jedoch relativ gute Lösungen bei begrenztem Planungsaufwand liefern. Typische Beispiele dafür sind **flexible Bestellstrategien,** bei denen insbesondere das Bestellpunktsystem und das Bestellrhythmussystem Anwendung finden.[36] Beide Systeme gehen von der Grundgleichung für die Beschaffungsplanung aus, nach der der Materialbedarf B gleich dem Produkt aus Bestellmenge m und Bestellhäufigkeit h ist. Im Gegensatz zum Grundmodell der optimalen Bestellmenge heben sie jedoch die Annahme (2), nach der der Verbrauch während der Planungsperiode gleichmäßig erfolgt, auf.

Man kennt zwar die geplante Produktionsmenge und somit auch für jede Materialart die (Jahres-)Bedarfsmenge B. Angesichts der Verbrauchsschwankungen ist aber die Lagerentnahmemenge in den einzelnen Kalenderwochen nicht prognostizierbar. Die beiden in der Praxis entwickelten Systeme gehen von einer gegebenen Bedarfsmenge B aus. Sie setzen einen der beiden Parameter in Abhängigkeit von den Verbrauchsschwankungen. Beim **Bestellpunktsystem** wird die Bestellmenge m – ermittelt beispielsweise mit Hilfe des Grundmodells der optimalen Bestellmenge – fixiert, der Bestellzeitpunkt jedoch zunächst offengelassen. Bestellt wird immer dann, wenn ein bestimmter **Meldebestand** als Mindestbestand des Lagers erreicht ist. Dieser Meldebestand berücksichtigt sowohl die normale Lieferzeit, während der die Produktion und damit der Materialbedarf fortgesetzt werden, als auch Sicherheitsreserven für unerwartet höheren Verbrauch oder Lieferfristüberschreitungen.

Beim **Bestellrhythmussystem** wird der umgekehrte Weg gewählt: Die Bestellzeitpunkte und damit der Bestellrhythmus werden festgelegt und die Bestellmenge in Abhängigkeit vom tatsächlichen Verbrauch variiert. Sie errechnet sich, indem bei jedem Bestellvorgang soviel bestellt wird, daß unter Berücksichtigung des jeweils noch vorhandenen Lagerbestandes und der normalen Lieferfrist das Lager bis an seine Kapazitätsgrenze gefüllt wird. Damit können beide Systeme bei sehr geringem Planungsaufwand sowohl Verbrauchsschwankungen als auch implizit Sicherheitsbestände (eiserne Reserven), Fehlmengen oder beschränkte Lagerkapazitäten berücksichtigen und so

---

[34] Vgl. z. B. Grochla, E., Grundlagen der Materialwirtschaft, a. a. O., S. 84 ff.; Corsten, H., Produktionswirtschaft, a. a. O., S. 427 ff.
[35] Vgl. Schneeweiß, C., Modellierung industrieller Lagerhaltungssysteme, Berlin u. a. 1981, S. 41 ff.
[36] Vgl. z. B. Kahle, E., Produktion, a. a. O., S. 156 ff.

wesentlich realitätsnähere Ergebnisse als das Grundmodell der optimalen Bestellmenge liefern. (**ÜB 3/57–64**)

5. Die Fertigungsplanung

Gegenstand der Fertigungsplanung ist die Festlegung der Aufbauorganisation und der Ablauforganisation der Fertigung. Gegenstand der **Aufbauorganisation** sind die Rahmenentscheidungen zur Festlegung von **Fertigungsverfahren**. Die Entscheidungen binden das Unternehmen langfristig und werden folglich auf der **strategischen Ebene** getroffen.

Gegenstand der **Ablauforganisation** ist die **zeitliche Optimierung** des Fertigungsablaufs. Diese Entscheidungen werden kurzfristig, d. h. auf der Basis gegebener Fertigungsverfahren und -kapazitäten getroffen. Sie sind also auf der **operativen Ebene** angesiedelt.

a) Die Fertigungsverfahren

Die Festlegung des Fertigungsverfahrens und der Organisation der Fertigung erfolgt im Rahmen der langfristigen Produktionsprogrammplanung, da das Unternehmen auch an diese Entscheidungen langfristig gebunden ist. Die Diskussion über die Planung des Fertigungsverfahrens wurde jedoch zunächst zurückgestellt.

Die Fertigungsverfahren lassen sich nach verschiedenen Kriterien einteilen. Zunächst sollen sie danach differenziert werden, wieviele Produkte der gleichen Art nacheinander hergestellt werden:

Art des Verfahrens	Charakteristikum	Beispiel
Einzelfertigung	einzelne Stücke oder Aufträge	Maßanzug Einfamilienhaus
Serienfertigung	mehrere Einheiten verschiedener Produkte auf unterschiedlichen Anlagen	PKW und LKW
Sortenfertigung	mehrere Einheiten verschiedener Produkte auf gleichen Anlagen	Kollektion Wintermäntel oder Buchdruck
Massenfertigung	unbegrenzt viele Einheiten eines (mehrerer) Produkte auf gleichen Anlagen	Bier Koks

Abb. 73: Fertigungsverfahren nach Zahl der Produkte

Eine weitere Einteilung der Fertigungsverfahren erfolgt im Hinblick auf die **organisatorische Gestaltung** des Fertigungsablaufes. Dabei geht es um die Frage, ob bei der Planung eher eine Orientierung an einzelnen Arbeitsgängen (Verrichtungsorientierung) oder am Fertigungsablauf für die einzelnen Produkte (Produkt- oder Objektorientierung) erfolgt. Werden die Betriebsmittel im Hinblick auf die Optimierung einzelner Arbeitsgänge angeordnet, so kommt man zum Extremtyp der **Werkstattfertigung**. Dabei werden die Betriebsmittel und Arbeitsplätze nach dem **Verrichtungsprinzip** zu einzelnen Werkstätten wie beispielsweise Tischlerei, Lackiererei oder Schlosserei zusammengefaßt.

Orientiert sich die Aufstellung der Betriebsmittel dagegen im wesentlichen am Fertigungsablauf einzelner Produkte, gelangt man zum anderen Extremfall der **Fließfertigung**. Die Betriebsmittel und Arbeitsplätze werden hier so angeordnet, daß das einzelne Produkt die Fertigung möglichst ohne Unterbrechung und mit möglichst wenigen Zwischentransporten durchläuft. Die Planung erfolgt hier orientiert am **Produkt- oder Objektprinzip.** Die konsequenteste Ausprägung der Fließfertigung stellt die **Fließbandfertigung** z.B. bei der Montage von Autos dar, bei denen die Werkstücke mit Hilfe von Fließbändern von Arbeitsplatz zu Arbeitsplatz weiterbefördert werden.

Zwischen diesen beiden extremen Organisationsformen der Fertigung stehen Zwischenformen wie beispielsweise die **Gruppenfertigung,** bei der zwar die Produktionsmittel für einzelne Fertigungsschritte ähnlich der Werkstattfertigung zu Gruppen zusammengefaßt werden, innerhalb der einzelnen Gruppen jedoch eine Aufstellung nach dem Arbeitsgang (Objektorientierung wie bei der Fließfertigung) erfolgt.[37]

Stark beeinflußt wird die Fertigungsplanung auch von der Frage, ob es sich um einen ortsgebundenen oder um einen nicht ortsgebundenen Fertigungstyp handelt. Eine ortsgebundene Fertigung liegt vor, wenn nicht das Produkt zu den Betriebsmitteln, sondern die Betriebsmittel zum Produkt transportiert werden müssen. Das ist beispielsweise der Fall bei der **Baustellenfertigung** oder bei sehr großen und damit schwer beweglichen Produkten (Schiffbau, Großmaschinenbau). Weitere Einteilungskriterien betreffen beispielsweise die Frage, ob eine auftrags- oder marktorientierte Fertigung erfolgt, ob Investitions- oder Konsumgüter gefertigt werden oder ob eher material-, arbeits- oder kapitalintensiv gefertigt wird.[38]

Abschließend lassen sich die Fertigungstypen folgendermaßen systematisieren:

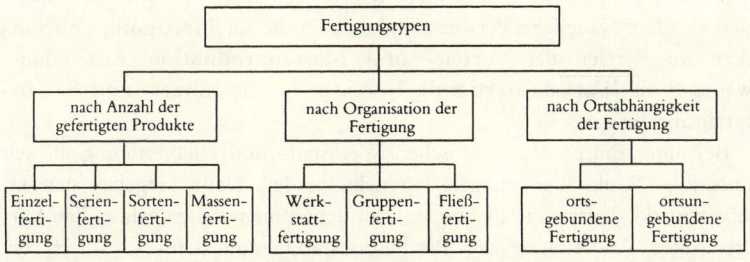

Abb. 74: Systematisierung von Fertigungstypen

---

[37] Vgl. hierzu Kaluza, B., Gruppen- und Inselfertigung, HWProd, Stuttgart 1996, Sp. 613 ff.
[38] Zu diesen Einteilungsmöglichkeiten vgl. Krycha, K.-T., Produktionstypologien, HWProd, a.a.O., Sp. 1617 ff. und die dort angegebene Literatur.

Wie gelangt man zur **optimalen Gestaltung** der **Fertigungstypen?** Da die Erlösseite – im allgemeinen – von der Wahl des Fertigungstyps unabhängig ist, orientiert sich die Entscheidung am **Kostenminimum.** Vergleicht man die beiden Extremtypen Werkstattfertigung und Fließfertigung, sind folgende Entscheidungskriterien, die ihrerseits die Kostenhöhe und Kostenstruktur beeinflussen, zu berücksichtigen:

Fertigungstyp Kriterium	Werkstattfertigung	Fließfertigung
Investitionssumme/ Kapitalintensität	niedrig	hoch
Kapitalkosten	niedrig	hoch
Personalqualifikation	hoch	niedrig
Arbeitsintensität	hoch	niedrig
Lohnstückkosten	hoch	niedrig
Transportwege	lang	kurz
Leerkosten (Fehl- und Wartezeiten)	hoch	niedrig
Fixkostenanteil	niedrig	hoch
Flexibilität	hoch	niedrig

Abb. 75: Kostenmerkmale der Werkstatt- und Fließfertigung

Zusammenfassend läßt sich etwas vereinfachend sagen, daß sich die Werkstattfertigung gegenüber der Fließfertigung durch geringere einmalige Kosten, jedoch höhere laufende Kosten (Personalkosten, Transportkosten und Leerkosten) auszeichnet. Je höher die zu fertigende Stückzahl, desto eher lohnen auch die hohen Investitionen für eine Fließfertigung, da die geringeren einmaligen Kosten der Werkstattfertigung im Laufe der Produktionszeit durch die geringeren laufenden Kosten der Fließfertigung überkompensiert werden. Naheliegenderweise findet daher die **Fließfertigung** insbesondere im Bereich der **Sorten- und Massenproduktion** Anwendung, während die **Werkstattfertigung** besonders für die **Einzel- und Serienfertigung** geeignet ist.

Bei einer Entscheidung zwischen Werkstatt- und Fließfertigung müssen unbedingt Risikoüberlegungen angestellt werden. Häufig ergeben sich am Absatzmarkt Bedarfsverschiebungen, mit denen niemand gerechnet hat. Unerwarteten Änderungen des Produktionsprogramms kann man sich bei Werkstattfertigung besser und schneller anpassen als bei Fließfertigung. Auch konjunkturell bedingten Schwankungen der Produktions- und Absatzmenge kann die Werkstattfertigung weitaus besser Rechnung tragen. Die höhere **Flexibilität** ist wohl der größte **Vorteil** der **Werkstattfertigung**. (ÜB 3/67–69)

b) Die Produktionsablaufplanung

aa) Überblick

An dieser Stelle ist ein Planungsstadium erreicht, wo über das Produktionsprogramm entschieden ist, die Fertigungsverfahren festliegen, die Betriebsmittel installiert sind und die Aufträge angenommen sind und ihrer Erledigung harren. Zu entscheiden ist jetzt die Frage, in welcher zeitlichen Abfolge die Aufträge abgewickelt werden sollen. Hat die Auftragsabfolge keinen Einfluß auf die Erlösseite, orientiert man sich am Ziel der Kostenminimierung.

Bei Sortenfertigung, wo eine Fertigungsstelle, z.B. eine Näherei, von mehreren Sorten, z.B. Hemden und Hosen, beansprucht wird, stellt sich die Frage, ob der gesamte Jahresbedarf an Hemden bzw. Hosen hintereinander produziert werden soll oder ob der Jahresbedarf in kleinere Fertigungslose zerlegt wird, die umschichtig die Fertigungsstelle durchlaufen. Dieses Problem wird unter dem Stichwort **„Optimierung der Losgrößen"** erörtert und gleich anschließend unter dem Gliederungspunkt bb) behandelt.

Bei der Planung der Fertigungsfolge soll im Endergebnis entschieden werden, daß beispielsweise der Auftrag A in der Fertigungsstelle F am 30. Mai von 10 Uhr bis 13 Uhr bearbeitet wird. Vorstufe zur Erreichung dieses Planungsziels ist eine **grobe Terminplanung** ohne Berücksichtigung möglicher Kapazitätsengpässe. Dieser Planungsschritt wird unter dem Stichwort **„Durchlaufterminierung"** unter dem Gliederungspunkt cc) abgehandelt.

Im Rahmen der **Kapazitätsterminierung** (Gliederungspunkt dd) erfolgt eine Abstimmung der Istkapazität mit dem Kapazitätsbedarf. Sind die Kapazitäten aufeinander abgestimmt, erfolgt eine **Terminfeinplanung,** die als Reihenfolge- oder Maschinenbelegungsplanung bezeichnet wird (Gliederungspunkt ee). Die **zeitliche Optimierung** der **Fließfertigung** wird schließlich unter dem Gliederungspunkt ff) erläutert.

bb) Losgrößenplanung

Kennzeichen der Sortenfertigung ist die Herstellung artverwandter Produkte, die die gleichen Betriebsmittel beanspruchen. Oben wurde das Beispiel einer Näherei erwähnt, wo Hosen und Hemden bearbeitet werden. Dabei ist zu entscheiden, ob jeweils der gesamte Jahresbedarf gefertigt wird oder ob man jeweils nur einen Monatsbedarf (Wochenbedarf) produziert, wobei der Jahresbedarf in zwölf (52) Fertigungslose zerlegt wird.

Auch bei der Festlegung der optimalen Größe des Fertigungsloses (kürzer: der optimalen Losgröße) ist die Entscheidung am Ziel der **Minimierung der Produktionskosten** auszurichten. Die wichtigsten Kosten, die bei der Entscheidung zu berücksichtigen sind, sind die Rüstkosten einerseits und die Zins- und Lagerkosten andererseits.

Unter den **Rüstkosten**[39] versteht man alle Kosten, die durch einen Sortenwechsel verursacht werden. Dazu gehören beispielsweise die Kosten der

---

[39] Vgl. Hoitsch, H.-J., Produktionswirtschaft, 2. Aufl., München 1993, S. 390 f.

Umrüstung der Maschinen (durch Arbeits- oder Werkzeugeinsatz, wenn die Maschinen von der Produktion von Hosen auf die Produktion von Hemden umgestellt werden) und die durch den Produktionsausfall entstehenden indirekten Kosten in Form entgangener Gewinne, da während der Umrüstungszeit weder Hosen noch Hemden produziert und anschließend verkauft werden können (Opportunitätskosten). Da die Rüstkosten bei jeder Umrüstung und damit für jedes einzelne Fertigungslos anfallen, werden sie auch als **auflagefixe Kosten** bezeichnet. Je seltener eine Umrüstung erfolgt und je größer damit die Fertigungslose werden, desto geringer werden die auflagefixen Kosten für ein produziertes Stück. Wird jeweils der gesamte Jahresbedarf an Hosen und Hemden auf einmal produziert, sind die auflagefixen Kosten pro Stück besonders niedrig.

Auf der anderen Seite müssen sämtliche gefertigten Produkte bis zur Weiterveräußerung gelagert werden, verursachen also **Lagerkosten** und – bedingt durch das im gelagerten Material gebundene Kapital – **Zinskosten.** Erfolgt die Weiterveräußerung kontinuierlich während des Jahres, so entstehen höhere Zins- und Lagerkosten, wenn die gesamte Produktionsmenge am Jahresbeginn gefertigt und gelagert wird, als wenn mehrmals pro Jahr kleinere Mengen gefertigt und relativ zeitnah abgesetzt werden. Sollen die Zins- und Lagerkosten pro produziertes Stück minimiert werden, so muß die jeweils gefertigte Stückzahl, also das Fertigungslos, möglichst klein sein. Im Extremfall wird jede Hose, die verkauft werden kann, unmittelbar vor dem Verkauf gefertigt und verursacht so weder Lager- noch Zinskosten.

Bei der Wahl der optimalen Losgröße ist also im wesentlichen abzuwägen zwischen den auflagefixen Kosten einerseits, die große Fertigungslose erfordern und den Zins- und Lagerkosten andererseits, die kleine Fertigungslose verlangen. Das einfachste Modell zur Festlegung der optimalen Losgröße ist das statische **Grundmodell der Losgrößenplanung,** auch unter dem Namen Adler'sche Losgrößenformel bekannt. Für die nachfolgende Darstellung dieses Modells werden folgende Symbole verwandt:

B = Jahresbedarf (Jahresabsatzmenge)
K_f = auflagefixe Kosten (Rüstkosten pro Sortenwechsel)
i = Zinskostensatz pro Jahr und Produkteinheit
l = Lagerkostensatz pro Jahr und Produkteinheit
q = (i + l) = zusammengefaßter Zins- und Lagerkostensatz
K = gesamte relevante Kosten der Losgrößenplanung
m = Losgröße
m_{opt} = optimale Losgröße

Da die Adler'sche Losgrößenformel stark dem Grundmodell zur Ermittlung der optimalen Bestellmenge ähnelt, kann im wesentlichen auf die dortigen Ausführungen verwiesen werden.[40] Ähnlich wie dort ergeben sich die gesamten relevanten Kosten als Summe der auflagefixen Kosten K_f und der durchschnittlichen Lager- und Zinskosten.

---

[40] Vgl. S. 436 ff.

$$K = \frac{B}{m} \cdot K_f + \frac{m \cdot q}{2}$$

Wie schon bei der Berechnung der optimalen Bestellmenge läßt sich die optimale Losgröße ermitteln, indem die erste Ableitung der Kostenfunktion nach Losgröße m mit Null gleichgesetzt (Ermittlung des Kostenminimums) und die entstehende Gleichung nach m aufgelöst wird:

$$m_{opt} = \sqrt{\frac{2 \cdot B \cdot K_f}{q}}$$

Beispiel:
Beträgt die jährliche Absatzmenge 180.000 Stück, liegen die auflagefixen Kosten bei 2.500 DM und die Lager und Zinskosten pro Jahr und Stück bei 9 DM, so errechnet sich die optimale Losgröße wie folgt:

$$m_{opt} = \sqrt{\frac{2 \cdot 180.000 \cdot 2.500}{9}} = 10.000$$

Bei einem Jahresbedarf von 180 000 Stück sind die Stückkosten am geringsten, wenn jeweils 10 000 Stück produziert werden, bevor ein Sortenwechsel erfolgt. Insgesamt sind daher in der betreffenden Periode 18 Fertigungslose zu produzieren.

Wie das Grundmodell der optimalen Bestellmenge geht auch das Grundmodell der optimalen Losgröße von einer Fülle unrealistischer Voraussetzungen aus. Beispielsweise unterstellt es einen kontinuierlichen Absatz im Jahr (also z.B. kein Weihnachtsgeschäft), pro Umrüstung konstante auflagefixe Kosten und konstante Lagerkosten. Beschränkte Lagerkapazitäten werden genauso vernachlässigt wie mögliche finanzielle Restriktionen. Bessere Lösungen des Problems der optimalen Losgröße verlangen auch hier nach besseren Modellen, die z.B. mehrstufige Produktion mit oder ohne Engpässe, Bedarfsschwankungen im Zeitablauf im Rahmen dynamischer Modelle oder eine der Höhe nach unsichere (stochastische) Jahresbedarfsmenge berücksichtigen.[41] (**ÜB 3/70**)

cc) Durchlaufterminierung

Ausgangsbasis der Durchlaufterminierung sind vorgegebene Kapazitäten an Arbeitskräften und Betriebsmitteln sowie ein konkreter Auftragsbestand für den Planungszeitraum, z.B. für den Monat September. Häufig ist das Unternehmen für einzelne Aufträge an fest zugesagte Fertigstellungstermine gebunden.

---

[41] Vgl. Hoitsch, H.-J., Produktionsplanung, HWB, Bd. I/2, 5. Aufl., Stuttgart 1993, Sp. 3463

Aufgabe der Durchlaufterminierung[42] ist es, unter Beachtung technologischer Arbeitsabläufe, für jeden Arbeitsvorgang die **Bearbeitungszeit festzustellen.** Daraus läßt sich der Anfangs- und Endtermin für jeden Auftrag ableiten.

Die Durchlaufterminierung ist eine – vorläufige – **Termingrobplanung.** Die Frage, ob die Fertigungskapazitäten zur Auftragsabwicklung während des Planungszeitraums ausreichen, wird zunächst ausgeblendet. Mit diesem Problem setzt sich erst der nächste Gliederungspunkt – dd) Kapazitätsterminierung – auseinander.

Ziel der Durchlaufterminierung ist die aus dem Gewinnmaximierungsprinzip abgeleitete **Kostenminimierung.** Je schneller ein Auftrag abgewickelt wird, desto

(1) kürzer sind die Liegezeiten für Materialien und Halbfabrikate, die zwischen den einzelnen Fertigungsstationen lagern **(Minimierung Lagerkosten),**

(2) früher ist mit dem Eingang der Veräußerungserlöse zu rechnen **(Minimierung Finanzierungskosten)** und desto

(3) geringer ist die Gefahr von Terminüberschreitungen **(Minimierung Vertragsstrafen).**

Somit kann die **Minimierung der Durchlaufzeiten** als operationales **Unterziel** der Durchlaufterminierung angesehen werden.

Üblicher Gegenstand der Durchlaufterminierung ist ein Auftrag, der mehrere Fertigungsstufen durchläuft. Die Verweildauer eines Auftrags auf einer Fertigungsstufe bezeichnet man als vorgangsbezogene Durchlaufzeit:

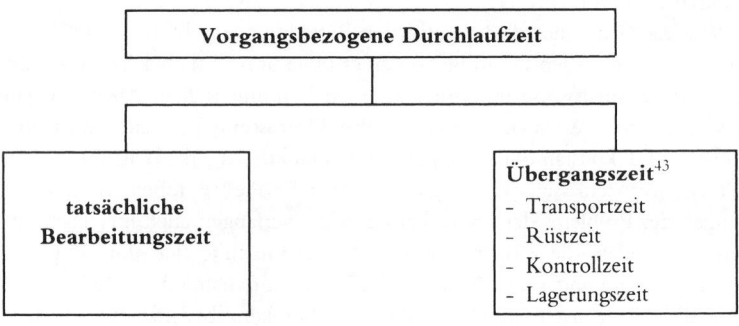

Abb. 76: Zusammensetzung der Durchlaufzeit

Die Arbeitsweise der Durchlaufterminierung soll an folgendem Beispiel erläutert werden: Ein Konfektionsunternehmen hat den Auftrag, 1.000 Anzüge zu fertigen. Die Anzüge durchlaufen vier Fertigungsstufen. H (J) steht für die getrennte Bearbeitungszeit von Hosen (Jacken). In den Fertigungsstellen (2) und (3) gibt es getrennte Arbeitsplätze für die Bearbeitung von

---

[42] Vgl. Zäpfel, G., Produktionswirtschaft, Berlin/New York 1982, S. 221 ff.
[43] Unter der Übergangszeit versteht man die Zeitspanne, die zwischen dem Ende der Bearbeitungszeit auf Stufe n-1 und dem Beginn der Bearbeitungszeit auf Stufe n liegt.

III. Die Produktionsplanung

Jacken bzw. Hosen. H + J steht für die gemeinsame Bearbeitungszeit von Hosen und Jacken.

Fertigungsstufe	Durchlaufzeit
(1) Zuschneiden	H + J : 2 Tage
(2) Zusammenstecken	H : 2 Tage J : 3 Tage
(3) Nähen	H : 4 Tage J : 6 Tage
(4) Bügeln	H + J : 2 Tage

Abb. 77: Durchlaufzeit (Beispiel)

Bei der Aufstellung der Durchlaufzeiten ist die logische Arbeitsfolge zu beachten, d. h. hier Zuschneiden vor Zusammenstecken usw. Aus Abb. 77 läßt sich folgendes **Balkendiagramm** ableiten:

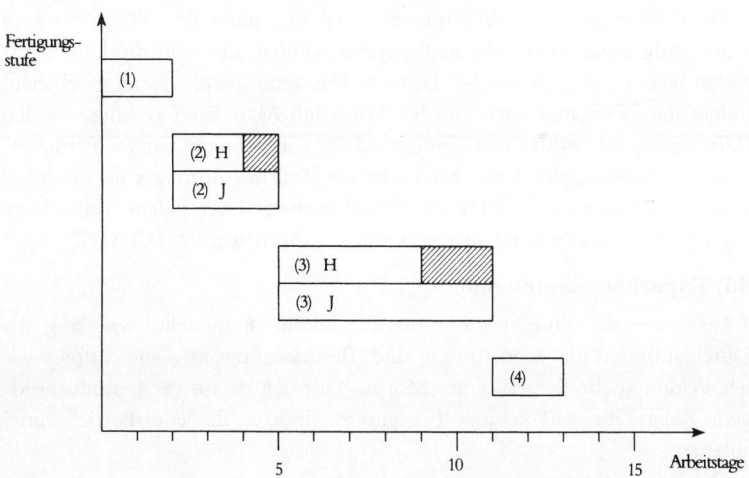

Abb. 78: Balkendiagramm mit Durchlaufzeiten

Aus Abb. 78 wird deutlich, daß
- die **auftragsbezogene Durchlaufzeit** mindestens 13 Arbeitstage beträgt,
- die Bearbeitung der Jacken auf Stufe (2) bzw. (3) die Durchlaufzeit determiniert **(kritischer Pfad)** und daß
- bei der Bearbeitung von Hosen auf Stufe (2) und (3) **Pufferzeiten** (schraffierte Flächen) entstehen.

Käme es auf einer Fertigungsstufe zu unerwarteten Verzögerungen, würde sich die auftragsbezogene Durchlaufzeit entsprechend verlängern. Ausnahme: Wenn man auf Fertigungsstufe (2) mit dem Zusammenstecken der Hosen am dritten Arbeitstag beginnt, könnte eine unerwartete Verzögerung beim Zusammenstecken der Hosen durch die Pufferzeit aufgefangen werden, ohne daß es zu einer Verzögerung bei der Abwicklung des Gesamtauftrags käme.[44]

Als zeitliche Manövriermasse können die Pufferzeiten nur im Falle der **Vorwärtsterminierung** eingesetzt werden, wo man mit jedem Arbeitsgang zum frühestmöglichen Zeitpunkt beginnt. Hätte man mit dem Zusammenstecken der Hosen nicht am zweiten, sondern erst am dritten Arbeitstag (= spätestmöglicher Termin) begonnen, hätte eine **Rückwärtsterminierung**[45] vorgelegen.

Die Verwendung von Balkendiagrammen wird bei komplexeren Fertigungsprogrammen und stärkeren Abhängigkeiten der einzelnen Arbeiten voneinander schnell unübersichtlich. In der Praxis werden daher für die Planung der Durchlaufterminierung überwiegend **Netzpläne**[46] eingesetzt und mit ihrer Hilfe Pufferzeiten, kritische Wege und mögliche Anfangs- und Endzeitprodukte festgelegt. Bekannte Verfahren des sogenannten **Projektmanagements** mit Hilfe der Netzplantechnik sind beispielsweise CPM (Critical Path Method) oder PERT (Program Evaluation and Review Technique).

Stellt man fest, daß die termingerechte Fertigstellung einzelner Fertigungsaufträge nicht mehr gewährleistet ist, weil die minimale auftragsbezogene Durchlaufzeit zu lang ist, so muß geprüft werden, ob nicht die Durchlaufzeiten weiter reduziert werden können. Das kann beispielsweise geschehen, indem die Übergangszeiten bei den kritischen Aktivitäten verkürzt werden **(Übergangszeitreduktion),** indem schon vor der endgültigen Fertigstellung des Fertigungsloses der bereits fertige Teil des Auftrages der nächsten Bearbeitungsstufe zugeführt wird **(Überlappung)** oder indem Teilaufträge auf mehrere Betriebsmittel aufgeteilt werden **(Splitting).**[47] (ÜB 3/72)

dd) Kapazitätsterminierung

Im Zuge der Durchlaufterminierung wurde festgestellt, wie lang die Durchlaufzeiten für jeden Auftrag sind. Berücksichtigt man alle Aufträge einer Planungsperiode, z.B. eines Monats, läßt sich daraus der periodenbezogene Kapazitätsbedarf für jede Fertigungsstelle bzw. für jedes Betriebsmittel ableiten.

Die **Kapazitätsterminierung** hat die **Aufgabe,**
(1) den Kapazitätsbedarf **(Sollkapazität)** mit der verfügbaren **Istkapazität** zu **vergleichen** und
(2) Maßnahmen zum **Ausgleich von Soll- und Istkapazität** zu ergreifen.

---

[44] Analog ist die Pufferzeit auf Stufe (3) als zeitliche Manövriermasse anzusehen.
[45] Zur Vorwärts- und Rückwärtsterminierung vgl. Hoitsch, H.-J., Produktionswirtschaft, a.a.O., S. 445 ff.
[46] Vgl. dazu Corsten, H., Produktionswirtschaft, a.a.O., S. 459 ff. und Schwarze, J., Netzplantechnik, 6. Aufl., Herne/Berlin 1990.
[47] Vgl. Hoitsch, H.-J., Produktionswirtschaft, a.a.O., S. 449 ff.

Die Istkapazität wird in der Regel auf Basis von Zeiteinheiten, also z.B. in Maschinenstunden pro Arbeitstag ermittelt. Dabei werden zunächst normale Produktionsverhältnisse zugrundegelegt, also von der Möglichkeit von Überstunden, Zusatzschichten usw. abgesehen. Der Istkapazität wird anschließend der ebenfalls in Zeiteinheiten umgerechnete Kapazitätsbedarf (Sollkapazität) für dieselbe Planungsperiode gegenübergestellt.

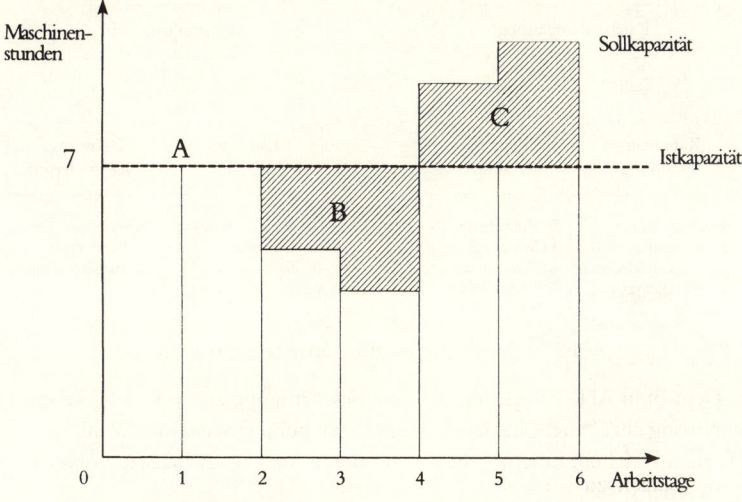

Abb. 79: Istkapazität und Sollkapazität

Beim **Kapazitätsabgleich** für ein konkretes Betriebsmittel wurde von einer normalen Betriebszeit von sieben Stunden pro Tag ausgegangen. Drei Fälle sind denkbar:

A **Idealzustand:** Soll- und Istkapazität sind deckungsgleich.
B **Unterbeschäftigung:** Das Betriebsmittel ist nicht ausgelastet; es entstehen Leerkosten (z.B. anteilige Leasinggebühren).
C **Überbeschäftigung:** Ein Produktionsengpaß (am 5. und 6. Tag) verhindert die termingerechte Abwicklung. Deckungsbeiträge gehen verloren.

Das Gewinnmaximum wird nur erreicht, wenn die Situation B bzw. C vermieden wird. Damit ist man bei Aufgabe (2), dem **Ausgleich** von Soll- und Istkapazität. Hierbei kann man zwischen

(k) **kurzfristigen** Ausgleichsmaßnahmen auf der Basis gegebener Kapazitäten (an Betriebsmitteln und Stammpersonal) und

(l) **langfristigen** Ausgleichsmaßnahmen durch Erhöhung bzw. Reduzierung der vorhandenen Kapazitäten

unterscheiden. Zum Ausgleich von Soll- und Istkapazität kann man

(1) die Istkapazität verändern (**Kapazitätsanpassung**)[48] oder
(2) den Kapazitätsbedarf verändern (**Belastungsanpassung**).

Beide Möglichkeiten werden in Abb. 80 systematisiert, wobei zwischen kurzfristigen (k) und langfristigen (l) Maßnahmen unterschieden wird:

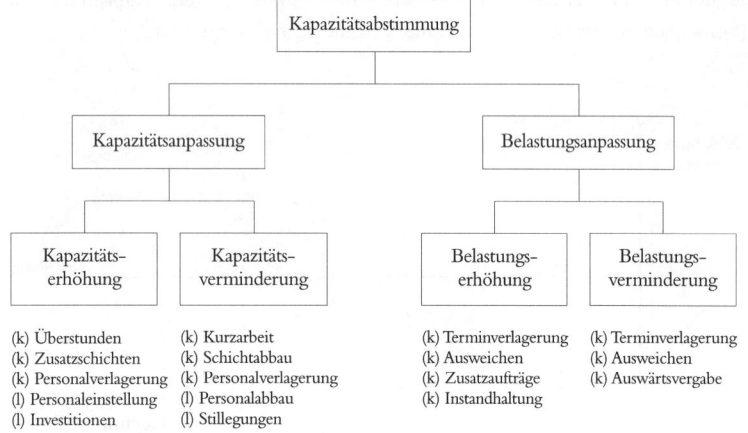

Abb. 80: Maßnahmen zur Kapazitätsabstimmung

Geht es in Abb. 79 darum, die Überbeschäftigung am 5. und 6. Arbeitstag kurzfristig abzubauen, hat das Unternehmen beispielsweise die Wahl
(1) auszuweichen, indem Arbeiten auf den 3. bzw. 4. Arbeitstag vorverlagert werden,
(2) Überstunden zu fahren oder
(3) Fremdaufträge zu vergeben.

Vorzuziehen ist in jedem Fall Möglichkeit (1). Scheidet diese aus organisatorischen Gründen aus, entscheidet man zwischen (2) und (3) nach dem **Kostenminimierungsprinzip**. (**ÜB 3/71**)

ee) Reihenfolge- und Maschinenbelegungsplanung

Im Zuge der Termingrobplanung wurde festgelegt, in welchen Zeitabschnitten die Aufträge die einzelnen Fertigungsstellen durchlaufen sollen. Im Zuge der Kapazitätsterminierung wurde sichergestellt, daß die notwendigen Kapazitäten zur Verfügung stehen. Diese Entscheidungen sind Daten für die nun folgende Terminfeinplanung. Hier werden die Aufträge nicht mehr Werkstätten oder Fertigungsstellen, sondern einzelnen Maschinenarbeitsplätzen (Aggregaten) zugeordnet.

Reihenfolge- und Maschinenbelegungsplanung können den Arbeitsablauf aus unterschiedlicher Perspektive betrachten:
(1) In welcher zeitlichen Abfolge sollen die Aufträge N = 1,2 ... n das Aggregat A durchlaufen? Die Antwort gibt das **Maschinenbelegungsdiagramm**.

---

[48] Die unten spezifizierten Kapazitätsanpassungsmaßnahmen laufen im Prinzip auf eine zeitliche, intensitätsmäßige und quantitative Anpassung hinaus, wie sie im Rahmen der Produktions- und Kostentheorie behandelt wurde. Vgl. S. 413 ff.

III. Die Produktionsplanung

(2) In welcher zeitlichen Abfolge soll der Auftrag N1 die Aggregate A, B, C ... durchlaufen? Die Antwort gibt das **Auftragsfolgediagramm**.

Auch die **Terminfeinplanung** strebt nach **Kostenminimierung**. Lange Durchlaufzeiten bedeuten lange Liegezeiten für die Materialien sowie die Halbfabrikate, die zwischen den einzelnen Fertigungsstufen lagern. Mit langen Durchlaufzeiten erhöht sich die Kapitalbindung im Umlaufvermögen. Zur Minimierung der (Kapital-)Kosten strebt man folglich nach **Minimierung der Durchlaufzeiten**.

Im folgenden wird die Erstellung eines Maschinenbelegungs- und eines Auftragsfolgediagramms am Beispiel erläutert:
- Ein Unternehmen erhält einen Gesamtauftrag G, der zu einem festen Zeitpunkt erledigt sein muß.
- G läßt sich technisch in die Teilaufträge (1) und (2) zerlegen.
- Beide Teilaufträge (1) und (2) beanspruchen die Aggregate A, B, C in (technologisch bedingt) unterschiedlicher Reihenfolge, wobei die Zahlen die jeweilige Bearbeitungszeit in Stunden angeben:

Teilauftrag / Aggregat	A	B	C	technologische Reihenfolge
(1)	2	2	3	A, B, C
(2)	2	2	4	B, C, A

Abb. 81: Beispieldaten zur Maschinenbelegungs- und Auftragsfolgeplanung

Das Reihenfolgeproblem läßt sich – wie in Abb. 82 dargestellt – graphisch lösen. Zunächst werden die jeweiligen Bearbeitungsdauern unter Beachtung der Bearbeitungsfolge in einem Koordinatensystem abgetragen. Die mit A, B und C bezeichneten Felder werden **Konfliktfelder** genannt. Die Konfliktfelder zeigen, in welchen Zeitabschnitten die beiden Teilaufträge das gleiche Aggregat beanspruchen. Ziel der Terminplanung ist es, den kürzesten Weg vom Ursprungspunkt 0 zum Zielpunkt Z zu finden. Die Strecke zwischen 0 und Z markiert die (minimale) Fertigungsdauer für beide Teilaufträge. Grundsätzlich liegt der **kritische Weg** (die kürzeste Durchlaufzeit) an der 45°-Linie. Der kritische Weg darf aber kein Konfliktfeld durchschneiden. Um dies zu vermeiden, muß man von der 45°-Linie abweichen und einen Umweg machen, was zu Zeitverlusten führt.

Abb. 82 zeigt, daß das Aggregat C zum zeitlichen Engpaß wird. Hier entsteht bei der Bearbeitung der beiden Teilaufträge eine zweistündige Wartezeit. Die gesamte Bearbeitungszeit beträgt 9 Stunden.

Die Auftragsfolge bzw. die Maschinenfolge werden üblicherweise in einem **Gantt-Diagramm** dargestellt, wo auf der Horizontalen die Zeiteinheiten (z.B. Maschinenstunden) und auf der Vertikalen die Aufträge bzw. die Aggregate abgetragen werden.

452   *Dritter Abschnitt. Die Produktion*

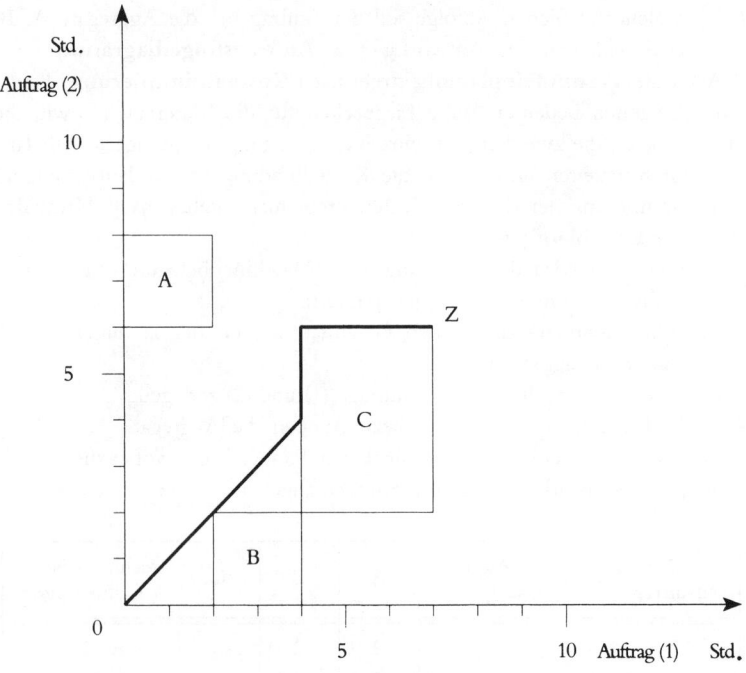

Abb. 82: Struktur des Reihenfolgeproblems

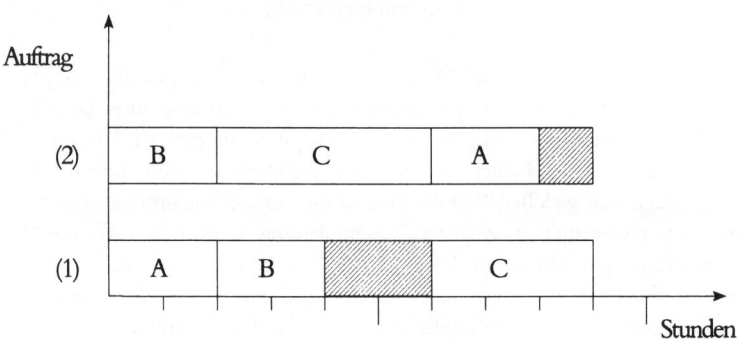

Abb. 83: Auftragsfolgediagramm

Die schraffierten Flächen stehen für Wartezeiten der Aufträge bzw. für Leerzeiten der Aggregate. Leerzeiten der Betriebsmittel sind mit Leerkosten verbunden, die man im Sinne des Gewinnmaximierungsziels soweit wie möglich abbauen sollte. Will man jedoch zur Vermeidung von Leerkosten zu einer verbesserten Kapazitätsauslastung gelangen, muß man sich um zusätzliche Aufträge bemühen, wodurch sich schließlich die Durchlaufzeiten im Regelfall verlängern. Wer eine Maximierung der Kapazitätsauslastung und

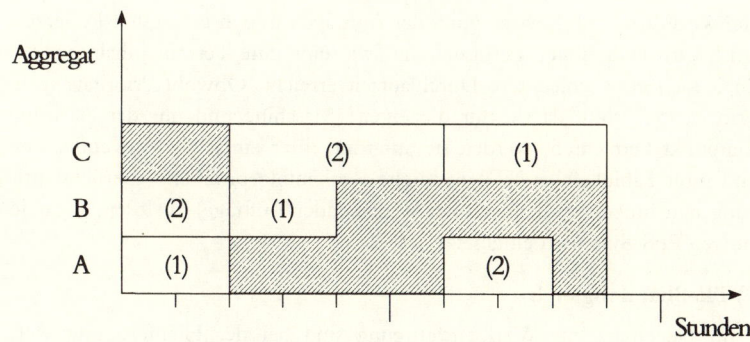

Abb. 84: Maschinenbelegungsdiagramm

eine Minimierung der Durchlaufzeit anstrebt, verfolgt zwei konkurrierende Ziele und gerät in das **Dilemma der Ablaufplanung**.[49]

Graphische Lösungsverfahren haben den Vorzug, schnell und einfach relativ gute Lösungen zu erbringen und flexibel auf neue Aufträge oder Auftragsstornierungen reagieren zu können. Dafür stoßen sie aber bei komplexeren Problemstellungen (viele Maschinen und Aufträge, mehrere mögliche Bearbeitungsreihenfolgen) schnell an ihre Grenzen. Mit Hilfe **kombinatorischer Verfahren** formalisiert man den Lösungsprozeß auf Basis von GANTT-Diagrammen, statt intuitive Verschiebungen der einzelnen Aufträge vorzunehmen.[50] Da es sich auch hierbei um ein heuristisches Verfahren handelt, ermittelt man ebenfalls suboptimale Lösungen, kommt jedoch unter Umständen schneller zum Ergebnis als beim einfachen Ausprobieren.

Will man optimale Lösungen ermitteln, muß man auf Verfahren der **gemischt-ganzzahligen** oder der **nichtlinearen Programmierung** zurückgreifen.[51] Diese Verfahren führen jedoch bei Berücksichtigung von mehreren Maschinen und mehreren Aufträgen durch eine explosive Zunahme der zu beachtenden Nebenbedingungen und Variablen schnell zu so komplexen Modellen, daß eine Anwendung in der Praxis sich bislang nicht bewährt hat.

In der Regel kommen daher neben den bereits erwähnten kombinatorischen Verfahren weitere heuristische Verfahren wie z.B. das **Branch-and-Bound-Verfahren**[52] oder einfache **Prioritätsregeln**[53] zur Anwendung. Prioritätsregeln bieten einfache Empfehlungen, welche Aufträge zuerst bearbeitet werden sollen. So werden z.B. mit Hilfe der **KOZ-Regel** (Kürzeste Operationszeit-Regel), bei der die Aufträge mit der jeweils kürzesten Bearbeitungszeit zuerst bearbeitet werden, gute Durchlaufzeiten und eine hohe Kapazitätsauslastung erreicht, während bei der Einhaltung von Lieferterminen Abstriche zu machen sind. Bei der **SZ-Regel** (Schlupfzeit-Regel) dage-

---

[49] Vgl. hierzu Corsten, H., Produktionswirtschaft, a.a.O., S. 478 f.
[50] Vgl. Kistner/Steven,Produktionsplanung, 2. Aufl., Heidelberg 1993, S. 130 ff.
[51] Vgl. Zäpfel, G., Produktionswirtschaft, a.a.O., S. 263 ff. sowie ausführlich Müller-Merbach, H., Operations Research, 3. Aufl., München 1973, S. 370 ff.
[52] Vgl. Hoitsch, H.-J., Produktionswirtschaft, a.a.O., S. 505 ff.
[53] Vgl. dazu Kistner/Steven, Produktionsplanung, a.a.O., S. 150 ff.

gen wird durch die Bevorzugung der Aufträge mit den geringsten Pufferzeiten bis zur endgültigen Fertigstellung zwar eine gute Termineinhaltung, dafür jedoch eine schlechtere Durchlaufzeit erreicht. Obwohl Prioritätsregeln „kurzsichtig" sind, da sie nur die eigene Maschine und nur den nächsten Zeitpunkt betrachten, werden sie aufgrund ihrer einfachen Anwendbarkeit und ihrer Fähigkeit, auch dynamische Reihenfolgeprobleme (Berücksichtigung neu hinzukommender oder wegfallender Aufträge) zu lösen, sogar in einigen PPS-Systemen eingesetzt.

ff) Fließbandabgleich

Im Gegensatz zur Werkstattfertigung sind bei der Fließfertigung viele Termin- und Kapazitätsplanungsprobleme durch die Vorgabe eines festen Fertigungsablaufes bereits gelöst. Den Regelfall der Fließfertigung stellt die **zeitlich gebundene Fließfertigung** dar, bei der die jeweilige Bearbeitungsdauer an den einzelnen Stationen z. B. durch die Wahl eines einheitlichen Transportbandes **(Fließbandfertigung)** voneinander abhängt. Das wichtigste Problem der Fertigungsplanung bei Fließbandproduktion besteht in der Vornahme des **optimalen Fließbandabgleichs.**

Start- und Endtermine der Fertigung werden auch bei der Fließfertigung durch die Termingrobplanung vorgegeben. Damit stehen zur Optimierung des Fließbandabgleichs noch zwei Parameter zur Verfügung:
(1) Die Festlegung der **Taktzeit,** mit der das Fließband weiterbewegt wird.
(2) Die Festlegung der **Anzahl der Arbeitsstationen,** zu denen einzelne elementare Arbeitsschritte zusammengefaßt werden.

Zur Erläuterung dieser Zusammenhänge kann man von einem ganz einfachen Beispiel ausgehen: An einem Fließband wird ein Produkt in zwei Arbeitsgängen A und B gefertigt. Arbeitszeitstudien[54] haben ergeben, daß
– Verrichtung A 40 Sekunden/Stück
– Verrichtung B 80 Sekunden/Stück

dauert. Würde man für jede Verrichtung eine Arbeitsstation einrichten und die Taktzeit auf 80 Sekunden festlegen, entstünde auf der Verrichtungsstufe A bei jedem durchlaufenden Stück eine Leerzeit von 40 Sekunden.

Zum optimalen Fließbandabgleich sollte man daher versuchen, Verrichtung B zu kürzen. Kann man beispielsweise Verrichtung B in zwei Arbeitsschritte B1 und B2 mit einer Dauer von je 40 Sekunden aufteilen, so erhält man einen optimalen Fließbandabgleich mit drei Arbeitsstationen A, B1 und B2 und einer Taktzeit von 40 Sekunden. (**ÜB 3**/73–79)

6. Die Planung der Abfallwirtschaft

Oben[55] wurde bereits gezeigt, daß bei der industriellen Produktion in hohem Maße natürliche Ressourcen verbraucht werden, wodurch Produktion und Umweltschutz in Kollision geraten. Mögliche Umweltbelastungen beim Output können auf zwei Arten auftreten:

---

[54] Vgl. hierzu S. 246 f.
[55] Vgl. S. 356 ff.

(1) Die Umwelt kann durch unerwünschte Nebenprodukte der Produktion (Kuppelprodukte) **unmittelbar belastet** werden. Abb. 84 gibt einen Überblick über mögliche Umweltbelastungen in Form unerwünschter Kuppelprodukte.

(2) Daneben kann die Umwelt **mittelbar belastet** werden, indem umweltbelastende Produkte abgesetzt werden. Zu den möglichen mittelbaren Belastungen gehören dabei sowohl Belastungen durch den Ge- oder Verbrauch der Produkte (Abgase beim Autofahren, Rückstände bei der Entsorgung von Kühlschränken) als auch Belastungen durch die Verpackung der Produkte (z. B. Einwegflaschen).

Art der Emission	Beispiele
gasförmig	Gas, Schwefeldioxyd, organische Verbindungen
fest	Abfallstoffe
flüssig	Abwasser
energetisch	Abwärme, Strahlung
Lärm	Maschinenbetrieb

Abb. 85: Unerwünschte Kuppelprodukte

Für die Planung von Umweltschutzmaßnahmen stehen zwei verschiedene Ansätze, die als integrierter und als additiver Umweltschutz bezeichnet werden, zur Verfügung. Beim **integrierten Umweltschutz** geht es darum, Umweltschutzmaßnahmen integriert für den gesamten Betrieb bzw. etwas eingeschränkter für den gesamten Produktionsbereich zu planen. Dabei werden in jedem Planungsbereich (Materialbeschaffung, Festlegung der Fertigungsverfahren, Festlegung der Verpackung im Rahmen der Distributionsplanung usw.) von vornherein mögliche Umweltschutzaspekte berücksichtigt.[56] Etwas plastischer läßt sich dieser Ansatz mit dem Satz „**Vorsorge** ist besser als Nachsorge" umschreiben.

Der integrierte Ansatz berücksichtigt, daß jeder einzelne Planungsbereich mit seinen Entscheidungen bereits die Beziehungen zwischen dem Betrieb und seiner Umwelt beeinflussen kann. So determiniert beispielsweise bereits die langfristige Produktionsprogrammplanung mit ihren Entscheidungen für bestimmte, mehr oder weniger umweltfreundliche Produkte und Fertigungsverfahren die gesamte weitere Planung im Umweltbereich. Aus diesem Grund erfordert der integrierte Umweltschutz auch eine integrierte Planung aller Teilbereiche der Produktionswirtschaft. Er wird daher ausführlich im Rahmen der integrierten Produktionsplanung und -steuerung (Kap. IV.5.) behandelt.

Im Gegensatz dazu erfolgt die Planung von Umweltschutzmaßnahmen beim **additiven Umweltschutz** erst nach Abschluß des Produktionsprozes-

---

[56] Vgl. Kreikebaum, H., Umweltgerechte Produktion, Wiesbaden 1992, S. 5 ff. sowie die ausführliche Darstellung auf S. 598 ff.

ses. Sämtliche Entscheidungen der vorgelagerten Planungsbereiche (lang- und kurzfristige Produktionsprogrammplanung, die gesamte Beschaffungsplanung, die Losgrößenplanung sowie die genaue Termin- und Kapazitätsplanung) sind dabei bereits gefallen, ohne daß Umweltschutzaspekte (ausgenommen vielleicht bei der Beschaffungsplanung) berücksichtigt wurden.

Die Ergebnisse dieser Teilplanungen stellen **Daten** für die nach Abschluß des Fertigungsprozesses einsetzende Planung des Umweltbereiches dar. Man bezeichnet entsprechende Technologien daher auch als „nachgeschaltete" oder **end-of-pipe-Technologien.** Beim additiven Umweltschutz geht es nur noch darum, die Abfälle zu beseitigen, die der Produktionsprozeß insgesamt verursacht hat – unabhängig davon, ob diese vielleicht durch eine bessere Planung in vorgelagerten Bereichen ganz oder teilweise hätten vermieden werden können. Der additive Umweltschutz folgt daher dem Gedanken der **„Nachsorge";** sein Planungsgegenstand ist die **betriebliche Abfallwirtschaft.**

Ziel der betrieblichen Abfallwirtschaft ist die **Minimierung** der **Kosten** der **Umweltnutzung** (z. B. Abwasserabgaben, Kosten der Müllentsorgung). Gesetzliche Auflagen z. B. über Abgasobergrenzen stellen Nebenbedingungen dar, die bei der Verfolgung des Zieles „Minimierung der Umweltkosten" zu berücksichtigen sind. Derartige Bedingungen sind z.B. in den folgenden Gesetzen verankert:
– Bundesimmissionsschutzgesetz und TA Luft (Luftreinhaltung);
– Wasserhaushaltsgesetz und Abwasserabgabengesetz (Gewässerschutz);
– Atomgesetz (radioaktive Strahlung);
– Benzinbleigesetz (Abgasbelastung);
– Abfallgesetz (Abfallbeseitigung und Recycling);
– Gesetz über die Umweltverträglichkeitsprüfung (indirekte Umweltbelastungen);
– Verpackungsverordnung (Umweltbelastung durch Verpackungen).

Additive Umweltschutzmaßnahmen werden insbesondere dann eingesetzt, wenn in der betrieblichen Umweltschutzpolitik eine **defensive Strategie** verfolgt wird, wobei sich das Unternehmen darauf beschränkt, auf die gesetzlichen Rahmenbedingungen (zum einen gesetzliche Ge- und Verbote, zum anderen „Umweltabgaben") zu reagieren.

Maßnahmen der betrieblichen Abfallwirtschaft betreffen im wesentlichen gasförmige (Abgase), flüssige (Abwässer) und feste (Abfälle im engeren Sinne) Stoffe. Abfallstoffe können danach unterschieden werden, ob sie weiter verwertet werden können oder nicht. Im einzelnen bestehen die folgenden Möglichkeiten:[57]

(1) Beim **Recycling** versucht man, zu einer vermehrten Kreislaufwirtschaft von Stoffen zu kommen, indem Abfallstoffe wieder als Rohstoffe in den Produktionsprozeß eingehen. Abfallstoffe können entweder unmittelbar (unbearbeitet) oder mittelbar (bearbeitet) in denselben oder in einen an-

---

[57] Zur Abfallwirtschaft vgl. ausführlich Steven, M., Umweltschutz im Produktionsbereich (II), WISU 1992, S. 109 f.

deren Produktionsprozeß eingehen. Installiert ein Kohlekraftwerk beispielsweise eine Rauchgasentschwefelungsanlage, so wird mit deren Hilfe ein Teil des Schwefels, der bei der Verbrennung entsteht, herausgefiltert und in Gips umgewandelt. Es handelt sich um eine Recyclingmaßnahme, bei der die Abfallstoffe (Schwefel) unmittelbar, also unbearbeitet in einem anderen Produktionsprozeß (Gipserzeugung) eingesetzt werden. Allerdings muß bei mittelbaren Recyclingmaßnahmen stets überprüft werden, ob nicht die bei der Bearbeitung entstehenden Umweltbelastungen größer sind als beim Verzicht auf das Recycling.

(2) Bei der **thermischen Verwertung** (Müllverbrennung) wird versucht, einen Teil der Abfallstoffe durch den thermischen Prozeß in Energie umzuwandeln, die wiederum im Produktionsprozeß eingesetzt werden kann. Auch hier ist jedoch zu prüfen, in welchem Verhältnis die aus der Verbrennung resultierenden Belastungen (Rückstände, Rauch) zu den bei Nichtverwertung entstehenden Belastungen des Abfallstoffes stehen.

(3) Sowohl die nicht weiterverwertbaren Abfälle als auch die Rückstände aus dem Recycling und der thermischen Verwertung müssen der endgültigen **Abfallverwertung** zugeführt werden. Hier werden die Abfälle entweder auf Deponien oder, sofern solche nicht existieren, in sogenannte „Zwischenlager" – z.B. auf dem Fabrikgelände – verbracht. Dabei handelt es sich allerdings nicht mehr um eine Maßnahme des Umweltschutzes, sondern um eine zeitliche Verschiebung des Entsorgungsproblems.

Damit die betriebliche Abfallwirtschaft koordiniert und das Ziel der Minimierung der Kosten der Umweltnutzung – hier der Kosten der Abfallverwertung – erreicht wird, bietet es sich an, ein **integriertes Abfallwirtschaftskonzept** zu erstellen. Mit seiner Hilfe werden sämtliche in der Produktion entstehenden Abfälle getrennt nach Arten erfaßt, um dann über die Weiterverwendung (Recycling), thermische Verwertung oder Entsorgung auf geeigneten Deponien zu entscheiden.[58]

IV. Integration der Produktionsplanung und -steuerung

1. Ansätze zur Integration

Im ersten Teil dieses Abschnitts wurde festgestellt, daß die betriebliche Planung im Idealfall im Rahmen eines **Totalmodells** erfolgt. Nur in diesem Fall ist gewährleistet, daß das betriebliche Oberziel, die langfristige Gewinnmaximierung, auch tatsächlich erreicht wird. Wird das Planungssystem dagegen in einzelne **Partialmodelle** zerlegt und erfolgt die Planung schrittweise **(sukzessiv),** so kann dieses Ziel verfehlt werden, weil wichtige **Interdependenzen** zwischen den einzelnen Teilbereichen vernachlässigt werden.

---

[58] Ein Beispiel für ein integriertes Abfallwirtschaftskonzept findet sich bei John, H., Abfallwirtschaftskonzept – Handlungsgrundlage für wirtschaftliche und ökologische Entscheidungen im Chemieunternehmen, in: Seidel, E. (Hrsg.), Betrieblicher Umweltschutz: Landschaftsökologie und Betriebswirtschaftslehre, Wiesbaden 1992, S. 211 ff.

Die unternehmerische Umwelt ist jedoch so komplex, daß die Formulierung eines Totalmodells in der Regel nicht gelingt. Die gesamte Produktionsplanung (Teil III) war von einer immer feineren Zerlegung des Planungsproblems in kleinere Teilprobleme gekennzeichnet, wobei diese Zerlegung gleichzeitig auch immer die Gefahr der Verfehlung des betrieblichen Oberziels mit sich bringt. Es liegt daher nahe, zu versuchen, einige dieser Teilplanungsprobleme wieder zu einem umfangreicheren Modell zu integrieren. Erreicht die Zusammenfassung von Teilmodellen eine gewisse Größenordnung, so spricht man von **Produktionsplanungs- und -steuerungssystemen** oder kürzer **PPS-Systemen.**

Ein möglicher Weg der Berücksichtigung von Interdependenzen zwischen Planungsmodellen besteht darin, diese zu einem Totalmodell zusammenzufassen und **simultan** zu planen. In den ersten Ansätzen zur integrierten Produktionsplanung in den 60er und 70er Jahren wurde versucht, die Integration der Produktionsplanung mit **Modellen der linearen Programmierung (LP-Modellen)** vorzunehmen, bei denen beispielsweise Programm-, Losgrößen- und Maschinenbelegungsplanung simultan vorgenommen wurden.[1] Insbesondere wegen gravierender rechentechnischer Probleme und methodischer Schwächen wie z.B. fehlender Flexibilität sind diese Ansätze jedoch nicht weiterverfolgt worden.

In der Praxis hat sich daher parallel zu den Simultanplanungsansätzen ein anderes Vorgehen durchgesetzt, bei dem von vornherein auf die Erreichung eines absoluten Optimums (maximaler langfristiger Gewinn) verzichtet wird. Ausgangspunkt war die Erkenntnis, daß viele Planungsfehler auf einem widersprüchlichen Datengerüst beruhen. Bei jeder Planänderung in einem einzelnen Teilbereich – beispielsweise bei einer Anpassung der kurzfristigen Produktionsprogrammplanung wegen der Annahme eines Zusatzauftrages – müssen die veränderten Daten von allen anderen Planungsbereichen wie z.B. der Materialwirtschaft entsprechend berücksichtigt werden. Das wichtigste Ziel der ersten in der Praxis eingesetzten PPS-Systeme bestand daher darin, ein **einheitliches Datengerüst** für die gesamte Produktionsplanung zur Verfügung zu stellen, bei dem sämtliche Teilplanungen auf denselben Datenbestand zurückgreifen. Das erste derartige System stellte das Programm **MRP (Material Requirements Planning)** dar, dessen wesentliche Aufgabe es war, vom Bedarf an Enderzeugnissen (Primärbedarf) über eine Stücklistenauflösung auf den Sekundärbedarf zurückzuschließen.

Im **Programmteil** eines PPS-Systems, dem eigentlichen Planungsteil, folgen traditionelle PPS-Systeme der Grundidee der **sukzessiven Planung** und planen die einzelnen Teilbereiche unabhängig voneinander, wie es in Kap. III ausführlich beschrieben wurde. Erst in jüngerer Zeit ist man dazu übergegangen, PPS-Systeme nicht nur zur gemeinsamen Datenverwaltung, sondern auch zu einer weiteren Verbesserung der Planung zu nutzen. Das geschieht im wesentlichen mit Hilfe von **Rückkopplungen** inner-

---

[1] Zu einem Überblick vgl. Hoitsch, H.-J., Produktionsplanung, HWB, Bd. I/2, 5. Aufl., Stuttgart 1993, Sp. 3464f.

halb des Systems, mit denen vermehrt Interdependenzen berücksichtigt werden.

System	Datenverwaltung	Planungsansatz	Zielerreichung
dezentrale Planung	unabhängig je Teilbereich	sukzessiv	gering
simultane PPS-Systeme	integriert	simultan	theoretisch maximal, praktisch gering
traditionelle PPS-Systeme	integriert	sukzessiv	gering bis mittel
neuere PPS-Systeme	integriert	sukzessiv mit Rückkopplungen	mittel bis hoch

Abb. 86: Arten von PPS-Systemen

In Kap. IV.2. werden zunächst traditionelle PPS-Systeme vorgestellt, während einige neuere, EDV-gestützte Planungsansätze in Kap. IV.3 erläutert werden. (**ÜB 3/80**)

2. Traditionelle PPS-Systeme

a) Aufgaben und Aufbau

Die besonderen Stärken von PPS-Systemen liegen im Bereich der Verwaltung umfangreicher Datenmengen und der Lösung von klar strukturierten, quantitativen Problemen wie beispielsweise der Ermittlung der optimalen Losgröße.

Dagegen lassen sich eher „unscharfe", schwer quantifizierbare Problemstellungen wie die langfristige Produktionsprogrammplanung mit Hilfe klassischer Operations-Research-Verfahren und herkömmlicher Datenverarbeitung nicht lösen.[2] Folgerichtig beschränken sich PPS-Systeme im Regelfall auf die **kurzfristige Mengen- und Zeitplanung,** während die strategische Planung mit Hilfe anderer Verfahren erfolgt. Die Ergebnisse der strategischen Planung stellen dann **Daten** für das operativ planende PPS-System dar.

Ein PPS-System hat daher die **Aufgabe,** den mengenmäßigen und zeitlichen Produktionsablauf auf Basis erwarteter und/oder vorliegender Kundenaufträge und unter Beachtung der verfügbaren Kapazitäten zu planen und zu steuern.[3] Da die Erlösseite bereits festgelegt ist, ist grundlegendes **Ziel** wiederum die Minimierung der Produktionskosten. Bei der praktischen Realisierung werden aus Vereinfachungsgründen häufig daraus abgeleitete Teilziele – Minimierung der Durchlaufzeiten, Minimierung der Terminabweichungen, Maximierung der Kapazitätsauslastung oder Minimierung der Lagerbestände – verfolgt.

---

[2] Zu den Möglichkeiten und Grenzen des EDV-Einsatzes vgl. S. 225 ff.
[3] Vgl. Zäpfel, G., Produktionsplanungs- und -steuerungssysteme (PPS), HWB, Bd. I/2, 5. Aufl., Stuttgart 1993, Sp. 3468

PPS-Systeme greifen zur Erfüllung ihrer einzelnen Aufgaben auf Informationen aus den unterschiedlichsten betrieblichen Teilbereichen zurück. Als Voraussetzung für die Realisation eines PPS-Systems ist somit zunächst eine einheitliche Datenbasis zu schaffen. Diese Datenbasis beschreibt das Unternehmen und seine relevanten ökonomischen und technischen Prozesse. Sie wird in einer Datenbank abgespeichert. Die Schaffung einer einheitlichen Datendefinition ist ausgesprochen aufwendig, bringt dem Unternehmen aber große Vorteile. Da alle Abteilungen mit derselben Datenbasis arbeiten, können Fehler, die aus Dateninkonsistenzen bei einer redundanten Informationssicherung auf Abteilungsebene entstehen, verhindert werden.

Die Planungsbereiche eines PPS-Systems werden in einzelne Komponenten, sogenannte **Module,** zerlegt. Typischerweise besteht ein traditionelles PPS-System aus den folgenden Modulen:[4]

Modul	Aufgabe
Grunddatenverwaltung	Integrierte Verwaltung aller Planungsdaten
Produktionsprogrammplanung	Ermittlung des Primärbedarfs
Mengenplanung	Materialbedarfsermittlung Bestellmengenplanung Losgrößenplanung
Termin- und Kapazitätsplanung	Durchlaufterminierung Kapazitätsterminierung
Werkstattsteuerung	Auftragsveranlassung
Betriebsdatenerfassung	Auftragsüberwachung
Vertriebssteuerung	Steuerung Produktdistribution

Abb. 87: PPS-Module

Die einzelnen Module, die im folgenden Kapitel genauer beschrieben werden, unterscheiden sich bei den einzelnen PPS-Systemen naturgemäß in Abhängigkeit von Branche, Betriebsgröße und Fertigungstyp. So wird ein großer Hersteller von Massenware, der auf eine Fließbandfertigung zurückgreift, beispielsweise mit völlig anderen Planungsproblemen konfrontiert als ein kleiner, spezialisierter Nischenanbieter, der auftragsbezogene Einzel- und Kleinserienfertigung betreibt. Im allgemeinen ist die Grundstruktur traditioneller PPS-Systeme jedoch ähnlich. Die sukzessive Planung folgt dabei dem in Kap. III ausführlich erläuterten Gedankengang.

b) Komponenten eines traditionellen PPS-Systems

Der Aufgabenbereich der einzelnen Module eines traditionellen PPS-Systems läßt sich wie folgt spezifizieren:

---

[4] Zu einer ausführlichen Diskussion der Elemente von PPS-Systemen vgl. z.B. Reichwald/Dietel, Produktionswirtschaft, a.a.O., S. 581 ff.; Scheer, A.W., CIM – Der computergesteuerte Industriebetrieb, 4. Aufl., Berlin u.a. 1990, S. 19 ff.

(1) Praktisch alle PPS-Systeme verfügen heute über eine integrierte **Grunddatenverwaltung**. Durch die Integration werden – wie erwähnt – die durch eine Mehrfacherfassung von Daten entstehende Mehrarbeit und Fehler, die auf einem inkonsistenten Datengerüst beruhen, vermieden. Im einzelnen stellt die Grunddatenverwaltung folgende Arten von Informationen zum Abruf bereit:

Information	Beispiele
Absatzbezogene Daten	Kundenstammdaten Auftragsbestand Verkaufszahlen
Beschaffungsbezogene Daten	Lieferantenstammdaten Lieferkapazitäten Lieferkonditionen
Teilestammdaten	Technische Daten der Vor-, Zwischen- und Endprodukte (z. B. Maße) Wirtschaftliche Daten der Produktion (Kosten, Preise)
Erzeugnisstrukturdaten	Baukastenstücklisten Rezepturen Strukturstücklisten
Arbeitsplandaten	Fertigungsablauf je Produkt Betriebsmittelbedarf Fertigungszeiten
Betriebsmitteldaten	Kapazitäten Rüstzeiten Kosten je Maschinenstunde

Abb. 88: Grunddaten eines PPS-Systems

(2) Mit Hilfe der **Produktionsprogrammplanung** wird der Primärbedarf an Endprodukten – in der Regel für einen Zeitraum von 6 bis 12 Monaten – festgelegt. Je nachdem, ob eine auftragsbezogene Fertigung oder eine anonyme Massenfertigung erfolgt, unterstützt die EDV die Planung des Produktionsprogramms durch Daten der Kundenauftragsverwaltung oder durch Absatzprognosen. Zum Teil wird der aus dem geplanten Produktionsprogramm abgeleitete Primärbedarf (Festlegung der zu produzierenden Endprodukte nach Art, Menge und Termin) auch unmittelbar von der Vertriebsabteilung vorgegeben.

(3) Ausgehend vom ermittelten Primärbedarf an Enderzeugnissen erfolgt in der **Mengenplanung** eine Ermittlung des Bedarfs an Zwischenprodukten und Werkstoffen. Grundsätzlich erfolgt die Bedarfsermittlung mit Hilfe von **Stücklisten**, wie es in Kap. III.4.b) ausführlich erläutert wurde.[5] Während bei der **Bruttobedarfsermittlung** der Gesamtbedarf festgelegt wird, wird der Bedarf bei der **Nettobedarfsermittlung** um die

---

[5] Vgl. S. 426 ff.

verfügbaren Lagerbestände gemindert. Anschließend erfolgt die Ermittlung der **optimalen Bestellmenge**[6] und der **optimalen Losgröße**[7] der einzelnen Fertigungslose. Da mit der Größe des Fertigungsloses die notwendige Bearbeitungsdauer der einzelnen Fertigungsgänge festgelegt wird, werden durch diesen Planungsschritt auch die Rahmendaten für den nächsten Planungsschritt, die Terminplanung, vorgegeben.

(4) Im nächsten Schritt, der **Termin- und Kapazitätsplanung,** steht die Zeitwirtschaft im Vordergrund. Es geht nun darum, ausgehend vom geplanten Fertigstellungstermin auf den Starttermin für die jeweiligen Fertigungsaufträge zurückzuschließen. Für diesen Zweck werden die im Rahmen der **Durchlaufterminierung** behandelten Instrumente eingesetzt.[8] Dabei geht man von **geplanten Durchlaufzeiten** aus. Obwohl die geplanten Durchlaufzeiten auf historischen Erfahrungen basieren, enthalten sie im gesamten Planungskonzept die größten Unsicherheiten, da sie sich zu einem erheblichen Teil aus kaum vorhersagbaren Übergangszeiten zusammensetzen.

Die Terminplanung ist damit aber noch nicht abgeschlossen, denn es muß zuvor noch überprüft werden, ob für die geplanten Fertigungen auch **ausreichende Kapazitäten** zur Verfügung stehen. Kapazitätsüber- oder -unterdeckungen können durch Lagerhaltung, durch Einsatz von Überstunden oder Ausweichaggregaten oder durch eine Erhöhung von Produktionsintensitäten ausgeglichen werden. Notfalls müssen einzelne Aufträge in die Zukunft verschoben werden. Hier greifen PPS-Systeme auf die Verfahren der **Kapazitätsterminierung** zurück.[9]

Das Ergebnis der Termin- und Kapazitätsplanung ist i. d. R. noch weit von einem optimalen Plan entfernt, da das Ziel der meisten PPS-Systeme nur darin besteht, einen mit den Kapazitäten übereinstimmenden (zulässigen) Produktionsplan zu finden. Je ungenauer dabei die Kapazitätsgrobplanung im Bereich der Produktionsprogrammplanung war, desto umfangreicher ist dann der Planungsaufwand im Rahmen des Kapazitätsabgleichs.

(5) Mit der Durchführung der Termin- und Kapazitätsplanung endet in der Regel die Planungsarbeit eines PPS-Systems. Mit der nunmehr erfolgenden konkreten Erteilung von Fertigungsaufträgen an die einzelnen Werkstätten, der **Werkstattsteuerung,** beginnt der Einsatz der **Steuerungskomponente** eines PPS-Systems. Voraussetzung für die Auftragsfreigabe ist, daß die benötigten Werkstoffe und Betriebsmittel verfügbar sind. Ist das der Fall, wird der Fertigungsauftrag freigegeben und in die Warteschlangen vor den Betriebsmitteln eingereiht. Die **Reihenfolge- und Maschinenbelegungsplanung**[10] erfolgt also nicht mehr im Rahmen des PPS-Systems, sondern dezentral auf Meister- oder Disponenten-

---

[6] Vgl. S. 436 ff.
[7] Vgl. S. 443 ff.
[8] Vgl. S. 445 ff.
[9] Zur Kapazitätsabstimmung vgl. ausführlich S. 448 ff.
[10] Vgl. S. 450 ff.

ebene. Dabei wird für einen kurzfristigen Planungszeitraum von maximal ein bis zwei Wochen festgelegt, welche Maschinen in welcher Reihenfolge durch die einzelnen Fertigungsaufträge belastet werden.

(6) Eine zuverlässige Werkstattsteuerung ist nur gewährleistet, wenn in ausreichendem Maße Rückmeldungen über den Fortschritt der Aufträge sowie über den Zustand der Betriebsmittel und der Werkzeuge erfolgen. Dieser Informationsrückfluß wird als **Betriebsdatenerfassung (BDE)** bezeichnet. Für ihn stehen oft eigene Rechnersysteme zur Verfügung, deren Terminals so konstruiert sind, daß sie den besonderen Belastungen (Hitze, Staub und Nässe) des Produktionsbereichs standhalten. Zeigt die Betriebsdatenerfassung Produktionsrückstände, Anlagenausfälle oder Veränderungen im Krankenstand an, so gehen diese Daten, zusammen mit den Daten aus dem Planungsbereich, wieder in die kurzfristige Detailplanung des PPS-Systems ein.

(7) Im Rahmen einiger PPS-Systeme werden schließlich die Daten über fertiggestellte Produktmengen direkt der **Vertriebssteuerung** übergeben. Dort werden dann beispielsweise Verpackungseinheiten oder Touren zusammengestellt, oder es wird im Rahmen der Auftragsfertigung eine Mitteilung über die Fertigstellung des Produktes an den Kunden vorbereitet.[11] **(ÜB 3/81)**

3. Neuere Ansätze der Produktionssteuerung

a) Schwächen traditioneller PPS-Systeme

Es wurde bereits erläutert, daß PPS-Systeme in der Praxis zunächst mit dem Ziel entwickelt wurden, durch den Rückgriff auf eine gemeinsame Datenbasis (integrierte Datenverwaltung) Planungsfehler aufgrund eines inkonsistenten Datengerüstes zu vermeiden. Durch die mit Einführung von PPS-Systemen erfolgte Verbesserung der Datenverwaltung konnte dieses Ziel weitgehend erreicht werden.

Das Konzept der sukzessiven Planung der einzelnen Teilbereiche wurde dabei weitgehend beibehalten. Mit diesem Konzept kann jedoch das Oberziel der operativen Produktionsplanung, die Maximierung des langfristigen Gewinns, verfehlt werden. Das verdeutlichen die folgenden Überlegungen zur Kritik an traditionellen PPS-Systemen:

- Es wird – beispielsweise bei der Kapazitätsplanung – weitgehend auf **Rückkopplungen** zwischen den einzelnen Modulen verzichtet.
- Aus der Partialisierung von Entscheidungen auf einer Planungsebene resultieren Abweichungen vom Optimum durch die **Vernachlässigung von Interdependenzen.** Ergebnisse anderer Teilplanungen werden als Daten angesehen, während sie in Wirklichkeit indirekt von den Ergebnissen der eigenen Planung abhängen. So wird beispielsweise die optimale Losgröße für jeden einzelnen Fertigungsschritt bei gegebenen Rahmendaten (z. B. Lagerplatz) separat festgelegt, ohne daß die Veränderung der

---

[11] Vgl. Scheer, A. W., CIM – Der computergesteuerte Industriebetrieb, a. a. O., S. 27

knappen Kapazitäten „Lagerplatz" durch die eigene Planung Berücksichtigung findet.
- Statt aufwendigerer betriebswirtschaftlicher Verfahren, die zu besseren Ergebnissen führen würden, werden häufig nur **einfache Heuristiken** eingesetzt.
- Die tatsächlichen Durchlaufzeiten weichen häufig von den bei der Durchlaufterminierung zugrunde gelegten durchschnittlichen Durchlaufzeiten ab. Dadurch stimmen jedoch auch die Ergebnisse des Kapazitätsabgleichs nicht mehr, was zu einer Verlängerung der realen Durchlaufzeiten führen kann. Da dieses Risiko den Verwendern eines PPS-Systems bekannt ist, neigen sie dazu, Fertigungsaufträge sicherheitshalber frühzeitig freizugeben, wodurch die Warteschlangen vor den einzelnen Fertigungsstellen sich vergrößern und wodurch sich die tatsächliche Durchlaufzeit noch weiter erhöht. Dieser sich selbst verstärkende Prozeß wird auch als **Durchlaufzeit-Syndrom** bezeichnet.[12]

Die betriebswirtschaftlichen Mängel herkömmlicher PPS-Systeme haben dazu geführt, daß die mit der Einführung derartiger Systeme verfolgten Ziele (Verkürzung der Durchlaufzeiten, Verbesserung der Kapazitätsauslastung, Verminderung der Lagerkosten) häufig nicht im gewünschten Ausmaß erreicht werden konnten. Neuere PPS-Systeme versuchen, diesem Mangel durch verbesserte Planungstechniken abzuhelfen. Da sich jedoch – wie anfangs beschrieben – eine simultane Planung des kurzfristigen Produktionsablaufs in der Praxis nicht bewährt hat, behalten die neueren Systeme das Konzept der Sukzessivplanung grundsätzlich bei. Sie versuchen jedoch, den Engpaßbereich der Planung ausfindig zu machen und durch eine engpaßorientierte Planung den Zielerreichungsgrad zu erhöhen. Einige dieser Systeme werden nachfolgend kurz vorgestellt.

b) MRP II (Manufacturing Resource Planning)

Mit Hilfe des ursprünglichen MRP-Konzepts (MRP I) wurden PPS-Systeme entwickelt, die im wesentlichen aus einem Modul zur Produktionsprogrammplanung und einem Modul zur Mengenplanung mit Materialbedarfsermittlung und (teilweise) Bestellmengenplanung und Losgrößenplanung bestanden.[13] Eine daraus abgeleitete Termin- und Kapazitätsplanung dagegen existierte nicht. Die Vernachlässigung insbesondere der Kapazitätsplanung führte jedoch dazu, daß die vom MRP I errechneten optimalen Pläne – beispielsweise die optimale Losgröße – häufig überhaupt nicht realisierbar waren.

Das System MRP II entstand als Antwort auf die Kritik an diesem Vorgehen.[14] Im Gegensatz zum MRP I berücksichtigt es auf jeder Planungsstufe Kapazitätsrestriktionen und folgt darüber hinaus der Idee der **hierarchischen Planung,** bei der die Planung ausgehend von der strategischen bis

---

[12] Vgl. Zäpfel, G., Produktionsplanungs- und -steuerungssysteme (PPS), a. a. O., Sp. 3470
[13] Vgl. Orlicky, J., Material Requirements Planning, New York u. a. 1975
[14] Ein entsprechender Vorschlag aus dem Jahr 1981 stammt von Wight. Vgl. dazu Wight, O., Manufacturing Resource Planning: MRP II, 2. Aufl., New York 1986

hin zur operativen Ebene erfolgt. Ein MRP II-System setzt sich aus folgenden Komponenten zusammen:[15]

Komponente	Aufgaben
Geschäftsplanung	Erstellung von Ergebnisplänen, Finanzplänen, Absatzplänen, Investitionsplänen
Produktionsprogrammplanung für Produktgruppen	Ableitung von Produktionsprogrammplänen für einzelne Produktgruppen auf Basis der Absatzplanung
Produktionsprogrammplanung für einzelne Erzeugnisse	Festlegung der einzelnen Produktionsmengen je Produktart (Primärbedarf), grobe Terminplanung
Materialbedarfsplanung	Materialbedarfsermittlung über Stücklisten, Bestellmengenplanung, Losgrößenplanung
Termin- und Ablaufplanung	Durchlaufterminierung, Kapazitätsterminierung, Reihenfolge- und Maschinenbelegungsplanung

Abb. 89: Komponenten eines MRP II-Systems

Das Ziel der Kapazitätsberücksichtigung führt dazu, daß auf jeder einzelnen Planungsebene eines MRP II-Systems **Kapazitätsüberlegungen** berücksichtigt werden. So wird bereits bei der Geschäftsplanung der Ressourcenbedarf grob abgeschätzt, und bei der Produktionsprogrammplanung für Produktgruppen werden die Kapazitäten einzelner Werkstandorte abgeglichen. Dem hierarchischen Planungskonzept folgend werden außerdem vielfach **Rückkopplungen** eingebaut, so daß beispielsweise ein bei der Losgrößenplanung festgestellter Kapazitätsengpaß zu einer Rückmeldung zur Produktionsprogrammplanung für einzelne Enderzeugnisse und zu Planrevisionen auf dieser Planungsebene führt.

Durch den Einsatz von MRP II-Systemen konnten stellenweise erhebliche Verkürzungen der Lagerdauer und der Durchlaufzeiten realisiert werden. Theoretisch liegt die Stärke dieser Systeme darin, daß sie – anders als traditionelle PPS-Systeme – neben der operativen Produktionsprogrammplanung auch die strategische Ebene und die sehr kurzfristige Reihenfolge- und Maschinenbelegungsplanung mit berücksichtigen.

Diese theoretische Stärke ist jedoch gleichzeitig auch ihre praktische Schwäche. Zum einen benötigt ein MRP II-System sehr genaue Daten wie z.B. detaillierte Absatzpläne für einen längeren Zeitraum in der Zukunft. Diese Daten sind jedoch häufig auf strategischer Ebene noch nicht in der gewünschten Genauigkeit bekannt. Zum anderen reagiert es durch die Einbeziehung der Reihenfolge- und Maschinenbelegungsplanung sehr empfind-

---

[15] Vgl. ausführlicher Reichwald/Dietel, Produktionswirtschaft, a.a.O., S. 602ff.; Zäpfel, G., Produktionsplanungs- und -steuerungssysteme (PPS), a.a.O., Sp. 3472f.

lich auf kurzfristige Störungen (Maschinenausfälle, Ausfall von Materiallieferungen usw.).

c) OPT (Optimized Production Technology)

Es wurde bereits erwähnt, daß neuere PPS-Systeme zwar das sukzessive Vorgehen bei der Planung beibehalten, sich jedoch stärker als traditionelle PPS-Systeme an betrieblichen Engpässen orientieren und ihre Planung an diesen Engpässen ausrichten. Sie folgen damit dem von Gutenberg konzipierten Ausgleichsgesetz der Planung.[16] Konsequent umgesetzt wird diese Idee von **OPT-Systemen**. Das wesentliche Ziel dieser Systeme besteht in der **Minimierung der Durchlaufzeiten** und damit gleichzeitig einer **Verminderung der Lagerkosten**. Das Planungskonzept der OPT läßt sich in den folgenden fünf Schritten darstellen:[17]

Nr.	Arbeitsschritt
(1)	Identifikation der Engpässe
(2)	Festlegung der effizienten Ausnutzung der Engpässe
(3)	Unterordnung der übrigen Ressourcen unter die Engpaßplanung aus (2)
(4)	Soweit möglich, Beseitigung oder Lockerung von Systemengpässen
(5)	Soweit (4) erfolgreich war, Neuplanung ab (1)

Abb. 90: Planungskonzept eines OPT-Systems

Die Ermittlung und Darstellung von Systemengpässen erfolgt im allgemeinen mit Hilfe eines **OPT-Produkt-Netzwerks**. In diesem wird zunächst der gesamte Material- und Fertigungsfluß in Form eines Netzwerks dargestellt. Anschließend werden die Systemengpässe, die eine Auslastung von 100% und darüber aufweisen, durch eine **Rückwärtsterminierung** ermittelt und im Netzwerk besonders hervorgehoben. Die den Engpässen vorgelagerten, also unkritischen Arbeiten werden auch weiterhin mit Hilfe der Rückwärtsterminierung geplant. Die Planung der Engpaßsektoren und der nachgelagerten Stellen erfolgt dagegen mit Hilfe einer Vorwärtsterminierung, die Kapazitätsbeschränkungen berücksichtigt. Das genaue Vorgehen des computergestützten Systems ist jedoch nicht bekannt, da die Algorithmen der kommerziell verwerteten OPT-Systeme geheimgehalten werden.[18]

Geeignet sind OPT-Systeme insbesondere für die Serienfertigung. Eine Detailkritik ist wegen des nicht veröffentlichten Lösungsalgorithmus nicht möglich. In jedem Falle wurde festgestellt, daß ein OPT-System extrem

---

[16] Vgl. S. 147 f.
[17] Vgl. Cohen, O., The Drum-Buffer-Rope (DBR) Approach to Logistics, in: Computer-Aided Production Management, hrsg. von Rolstadas, A., Berlin u. a. 1988; Schragenheim/Ronen, Drum-Buffer-Rope Shop Floor Control, in: Production and Inventory Management Journal, Third Quarter 1990, S. 18 ff.
[18] Zur Funktionsweise vgl. Hoitsch/Lingnau, Neue Ansätze der Fertigungssteuerung – Ein Vergleich, WISU 1992, S. 307 f.; Zäpfel, G., Produktionsplanungs- und -steuerungssysteme (PPS), a. a. O., Sp. 3475 f.

empfindlich auf Störungen und Änderungen in den Engpaßbereichen reagiert, da sich ein Fehler in diesen Bereichen in allen nachfolgenden Planungsschritten fortpflanzt und dabei häufig vergrößert. (**ÜB 3**/82)

d) Belastungsorientierte Auftragsfreigabe (BORA)

Im Rahmen der Darstellung traditioneller PPS-Systeme wurde bereits auf das **Durchlaufzeit-Syndrom** hingewiesen, das zu einer Verlängerung der Durchlaufzeiten der einzelnen Produkte und somit über steigende Zins- und Lagerkosten zu einer Erhöhung der Produktionskosten führt.[19] Ursache dieses Phänomens sind im wesentlichen ein ungenauer Kapazitätsabgleich und die Verwendung geschätzter (durchschnittlicher) Durchlaufzeiten.

Dieses Problem versucht man mit der **belastungsorientierten Auftragsfreigabe** zu lösen.[20] Dabei geht man zunächst von geplanten Durchlaufzeiten aus und vergleicht diese mit der noch zur Verfügung stehenden Zeit. Als Ergebnis dieses Vergleichs erhält man entweder einen zeitlichen Verzug oder einen Puffer. Für die Aufträge mit dem größten Verzug wird dann die Freigabe erteilt. Die durch diesen Auftrag verursachte Kapazitätsbelastung an der betreffenden Maschine wird auf ein **Belastungskonto** gebucht. Da die Möglichkeit besteht, daß der betreffende Arbeitsgang noch in der laufenden Planungsperiode beendet und der Auftrag an die nächste Bearbeitungsstelle weitergereicht wird, muß auch eine eventuelle Belastung des nächsten Betriebsmittels berücksichtigt werden. Auch dort erfolgt eine Belastung auf dem Belastungskonto für dieses Betriebsmittel, wobei die geringere Wahrscheinlichkeit, daß der Auftrag tatsächlich noch in der laufenden Planungsperiode dort bearbeitet werden muß, durch einen pauschalen Abschlag von der Bearbeitungszeit berücksichtigt wird. Der Abschlag ist so zu wählen, daß er im Durchschnitt aller Aufträge möglichst realistisch den Wegfall einzelner Aufträge abbildet. Entsprechend ist auf allen folgenden Produktionsstufen zu verfahren.

Führt die geplante Freigabe eines Auftrags dazu, daß auf einem Belastungskonto eine bestimmte **Belastungsschranke** überschritten wird, so wird das entsprechende Aggregat für alle weiteren Aufträge gesperrt. Der betrachtete Auftrag wird allerdings trotz des Überschreitens der Belastungsschranke freigegeben,[21] um zu gewährleisten, daß die geplante Belastung eines Aggregats nach Möglichkeit realisiert wird. Alle weiteren Aufträge, die auf bereits gesperrten Maschinen zu bearbeiten sind, werden ebenso wie die nicht dringlichen Aufträge in die nächste Planperiode verschoben. Die Belastungsschranke liegt zwischen 200 und 300% der Periodenkapazität. Die Wartezeiten und letztlich auch die Durchlaufzeiten hängen also unmittelbar von der Belastungsschranke ab und sind somit weitgehend statisch vorgegeben. Nach Angaben in der Literatur soll durch die belastungsorientierte Auftragsfreigabe eine Reduzierung der Durchlaufzeiten um 20 bis 50% möglich

---

[19] Vgl. S. 464
[20] Vgl. Wiendahl, H., Belastungsorientierte Fertigungssteuerung, München/Wien 1987.
[21] Vgl. Glaser/Geiger/Rhode, PPS-Produktionsplanung und -steuerung, a. a. O., S. 216 f.

sein.²² Derartige Verringerungen sind allerdings nur im günstigsten Fall zu erwarten. An der BORA wird bemängelt, daß dieses Verfahren für seinen vorrangigen Einsatzbereich in der Werkstattfertigung zu starr und kaum mit der Realität in diesem Bereich (Maschinenausfall, kurzfristige Eilaufträge) in Einklang zu bringen sei.

e) Das Kanban-Verfahren

Die Kanban-Fertigungssteuerung wurde in Japan von Taiichi Ohno entwickelt, der sie bei der Toyota Motor Company auch praktisch umgesetzt hat.²³ Sie stellt eine Anpassung des PPS-Systems an die besonderen Verhältnisse in Japan dar, die durch eine sehr kleine bebaubare Landfläche, Rohstoffknappheit, Unternehmensverbundenheit und Gruppendenken gekennzeichnet sind. Während das knappe Bauland zu hohen Lagerkosten führt, resultiert aus der Rohstoffknappheit der Zwang zu einer möglichst ausschußfreien Produktion. Damit spielen Zins- und Lagerkosten in Japan eine besonders wichtige Rolle. Erinnert sei hier an die Überlegungen zur Ermittlung der optimalen Bestellmenge:²⁴ Je höher Zins- und Lagerkosten werden, desto geringer wird die optimale Bestellmenge. Bei extrem hohen Zins- und Lagerkosten sinkt die optimale Bestellmenge so weit, daß man jedes Stück genau zu dem Zeitpunkt einzeln beschafft, an dem es für den Produktionsbetrieb benötigt wird. Das ist die Grundidee der **Just-in-Time-Produktion** und die Basis des Kanban-Systems, dessen Realisierung zu sehr kleinen Lagerbeständen führt.

Der wichtigste Unterschied des Kanban-Verfahrens zum traditionellen PPS-System besteht darin, daß die Fertigungssteuerung umgedreht wird. Das bedeutet, daß die Werkstücke nicht entsprechend dem Produktionsfluß vor dem nächsten Betriebsmittel auf die Weiterbearbeitung warten, sondern daß der Anreiz zur Produktion von der nachgelagerten Produktionsstufe ausgeht **(Holprinzip)**. Diese entnimmt aus dem Pufferlager einen Behälter mit Vorprodukten. Die Behälter sind genormt und enthalten stets dieselbe Anzahl von Vorprodukten. An den Behältern sind **Laufkarten** (japanisch: Kanban) angebracht. Bei der Entnahme wird der Kanban abgelöst und in die Kanban-Box der entsprechenden Fertigungsstelle gelegt, die diese Vorprodukte herstellt. Der Kanban dient somit als Fertigungsauftrag. Die neu produzierten Vorprodukte werden wieder in Behältern im Pufferlager mit einem Kanban versehen und zur weiteren Entnahme bereitgestellt.

Das Kanban-Verfahren ist, wie oben bereits angedeutet, unmittelbar mit den Begriffen Just-In-Time-Production und Lean Production verbunden. **Lean Production** bedeutet, daß das Unternehmen mit möglichst kleinen Lagerbeständen auskommt. Durch das Kanban-Verfahren werden nicht nur die Lagerbestände reduziert, sondern auch die **Durchlaufzeiten** um ca. 50–

---

²² Vgl. Helberg, P., PPS als CIM-Baustein, Gestaltung der Produktionsplanung und -steuerung für computerintegrierte Produktion, Berlin 1987, S. 76
²³ Vgl. Ohno, T., Toyota Production System. Beyond Large Scale Production, Cambridge/Norwalk 1988
²⁴ Vgl. S. 436 ff.

70% vermindert.[25] Darüber hinaus hat die dezentrale Fertigungssteuerung durch das Kanban-Verfahren eine Entlastung der zentralen Planungsinstanz und durch die Delegation von Verantwortung auch eine Steigerung der Motivation zur Folge. Häufig wird deshalb Lean Production nicht nur als ein Fertigungsprinzip, sondern umfassender als ein Managementprinzip **(Lean Management)** verstanden.

Voraussetzungen für den Einsatz des Kanban-Verfahrens sind geringe Bedarfsschwankungen bei hohem Wiederholungsgrad der Fertigung und möglichst konstante Losgrößen. Das bedeutet, daß das Kanban-System besonders für die Massen- und Sortenfertigung geeignet ist.[26] Sein Einsatz setzt weiterhin eine sofortige Qualitätskontrolle, die räumliche Nähe der aufeinanderfolgenden Produktionsstellen bzw. ein leistungsfähiges innerbetriebliches Transportsystem sowie einen flexiblen Mitarbeitereinsatz voraus.

Kritisiert wird am Kanban-Verfahren vor allen Dingen die einseitige Ausrichtung an einer einzigen Zielgröße, den Zins- und Lagerkosten. Der Vorzug einer hohen Zielerreichung für das Teilziel einer Minimierung der Lagerkosten wird oftmals mit Einbußen in anderen Planungsbereichen bezahlt. So führt eine Orientierung am Kanban-System beispielsweise beinahe zwingend zu einer geringeren Kapazitätsauslastung. Eine Reihenfolge- und Maschinenbelegungsplanung fehlt dem System ebenfalls. Darüber hinaus werden die Anfälligkeit des Systems für größere Störungen (Systemzusammenbrüche) und die großen Planungsprobleme im Rahmen der Einführung des Verfahrens (z. B. die Bestimmung der Anfangsbestände der Pufferlager) kritisiert.

f) Das Fortschrittszahlenkonzept

Beim **Fortschrittszahlenkonzept** wird der gesamte Produktionsbereich in einzelne **Kontrollblöcke** eingeteilt.[27] So kann beispielsweise eine einzelne Werkstatt, eine Fertigungsstraße oder auch eine einzelne Maschine einen Kontrollblock bilden. Jeder Kontrollblock läßt sich durch eine bestimmte Menge an Input von Materialien und Vorprodukten und eine bestimmte Menge an Output an dort erstellten Zwischen- oder Fertigfabrikaten kennzeichnen. Die kumulierte Menge der einzelnen Input- und Outputgüter bezeichnet man als **Fortschrittszahl.**

Im Rahmen der Produktionsplanung werden Sollfortschrittszahlen, die die angestrebten Produktionsmengen für die verschiedenen Kontrollblöcke repräsentieren, vorgegeben. Die Abstimmung der verschiedenen Kontrollblöcke erfolgt dadurch, daß die Ausgangsfortschrittszahlen (Outputfortschrittszahlen) eines Kontrollblocks mit den Eingangsfortschrittszahlen (Inputfortschrittszahlen) des nachfolgenden Kontrollblocks verglichen werden. Bildet man für einen Kontrollblock die Differenz aus Output- und Inputfortschrittszahl, so erhält man unter Beachtung eventueller Anfangsbestände

---

[25] Vgl. Wildemann, H., Das Just-in-Time-Konzept, 4. Aufl., St. Gallen 1995
[26] Vgl. S. 440
[27] Zum Fortschrittszahlenkonzept vgl. ausführlich Heinemeyer, W., Die Planung und Steuerung des logistischen Prozesses mit Fortschrittszahlen, in: Fertigungssteuerung II, hrsg. von D. Adam, Wiesbaden 1988, S. 5 ff.

und technologischer Mengeneinsatzverhältnisse den Umlaufbestand in diesem Kontrollblock. Vergleicht man schließlich die Sollfortschrittszahlen mit den Istfortschrittszahlen, d. h. dem tatsächlichen Produktionsfortschritt, so kann festgestellt werden, ob gegenüber der Planung ein Vorlauf oder ein Rückstand besteht.

Als Vorteile des Fortschrittszahlenkonzeptes werden die Vereinfachung der Kommunikation zwischen den Kontrollblöcken, die erleichterte Bestandsüberwachung und Bedarfsermittlung sowie die leichtere Erkennbarkeit von systematischen Fehlern genannt.[28] Die Einsatzmöglichkeit dieses Konzepts ist allerdings auf die Serien- und Massenfertigung mit hoher Auftragswiederholungshäufigkeit begrenzt.

g) Das CIM-Konzept (Computer Integrated Manufacturing)

PPS-Systeme wurden ursprünglich zum Zweck der Datenintegration entwickelt. Im Rahmen der Produktionsplanung und -steuerung werden jedoch nicht nur die relevanten **betriebswirtschaftlichen Daten** (z.B. Kosten), sondern auch eine Vielzahl **technischer Daten** benötigt. Technische und betriebswirtschaftliche Daten sind in vielfacher Weise miteinander verzahnt. Beispielsweise erzeugt die rechnerunterstützte Entwicklung neuer Produkte **(CAD, Computer Aided Design)** technische Daten wie die Auflistung der Bestandteile eines Produktes (Stücklisten), auf deren Grundlage eine programmgebundene Materialbedarfsermittlung vorgenommen werden kann. Andererseits erfordert die Durchführung einer computergestützten Fertigung **(CAM, Computer Aided Manufacturing),** bei der einzelne Maschinen und unter Umständen sogar vollständige Lager- und Transportsysteme vom Computer gesteuert werden, betriebswirtschaftliche Daten der Produktionsplanung, um beispielsweise die einzelnen Werkstücke zum richtigen Zeitpunkt zum richtigen Betriebsmittel befördern zu können.[29]

Ausgangsbasis des **CIM-Konzepts (Computer Integrated Manufacturing)** ist das Ziel, durch Integration der technischen und betriebswirtschaftlichen Datenverwaltung überflüssige Organisationsarbeiten und Planungsfehler zu vermeiden. Gleichzeitig können auf der gemeinsamen Datenbasis gemeinsame Programme (Funktionen) wie z.B. eine vollautomatische Werkzeugmaschinensteuerung installiert werden **(Vorgangsintegration).** Durch die mögliche Daten- und Vorgangsintegration, die durch die vermehrte Berücksichtigung von Interdependenzen eine Verbesserung der betriebswirtschaftlichen Zielerreichung bewirken kann, birgt das CIM ein immenses **Rationalisierungspotential,** mit dessen Hilfe Durchlaufzeiten weiter verkürzt und Lagerkosten vermindert werden können.

Für die Einführung eines CIM-Konzeptes müssen die betriebswirtschaftlichen Daten eines PPS-Systems und die technischen Daten der einzelnen technischen Teilsysteme integriert werden.

---

[28] Vgl. Helberg, P., PPS als CIM-Baustein, a.a.O., S. 60f.
[29] Zu den Daten- und Funktionsbeziehungen zwischen CAD und CAM einerseits und PPS-Systemen andererseits vgl. ausführlich Scheer, A.W., CIM – Der computergesteuerte Industriebetrieb, a.a.O., S. 60 ff.

IV. Integration der Produktionsplanung und -steuerung 471

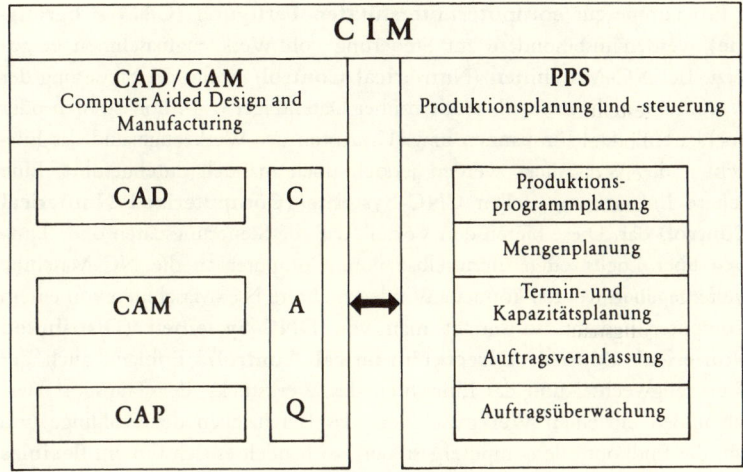

Abb. 91: Komponenten des CIM-Konzepts[30]

Die einzelnen Komponenten eines PPS-Systems wurden bereits weiter oben erläutert. Die einzelnen Bestandteile des CAD/CAM-Systems haben folgende Aufgaben:

Komponente	Aufgabe
CAD	Computer Aided Design (Anfertigung von Konstruktionszeichnungen)
CAM	Computer Aided Manufacturing (Computersteuerung von Werkzeugmaschinen)
CAP	Computer Aided Planning (Arbeitsplanerstellung)
CAQ	Computer Aided Quality Assurance (Computergestützte Qualitätsrechnung)

Abb. 92: Aufgaben der CAD/CAM-Komponenten

Programme zur **computerunterstützten Konstruktion (CAD-Programme)** dienen der **Anfertigung von Konstruktionszeichnungen** als Grundlage von Konstruktionsberechnungen. Durch graphische Darstellungen direkt auf dem Bildschirm ersetzen CAD-Programme Reißbrett, Bleistift und Zirkel. Neben der zweidimensionalen Darstellung (z.B. für Schaltpläne) ermöglichen viele Systeme auch eine dreidimensionale Wiedergabe, was beispielsweise bei der Konstruktion von Automodellen eine erhebliche Rationalisierung bewirkt. Die Outputdaten der CAD-Programme können beispielsweise zur Steuerung der Fertigung im Rahmen des CAM eingesetzt werden.

---

[30] Entnommen aus: Integrierter EDV-Einsatz in der Produktion, hrsg. vom Ausschuß für wirtschaftliche Fertigung (AWF), Eschborn 1985, S. 10

Programme zur **computerunterstützten Fertigung (CAM-Programme)** werden insbesondere zur Steuerung von Werkzeugmaschinen eingesetzt. Bei **NC-Maschinen (Numerical Control)** erfolgt die Steuerung der Werkzeuge nicht manuell, sondern über Datenträger (z.B. Lochstreifen oder Lochkarten). Das Einspannen bzw. Umrüsten der Werkzeuge und das Einrichten des Werkstücks werden jedoch noch manuell durchgeführt. Eine neuere Entwicklung stellen **CNC-Systeme (Computerized Numerical Control)** dar. Diese bieten den Vorteil, daß die Steuerungsdaten ohne Umweg über Lochstreifen unmittelbar vom Computer an die NC-Maschine weitergegeben werden können. Werden mehrere NC-Maschinen von einem Computer bedient, so spricht man von **DNC-Systemen (Distributed Numerical Control, Direct Numerical Control).** Erfolgen auch der Werkzeugwechsel und das Einrichten des Werkstücks, der Transport zwischen den einzelnen Werkmaschinen, das Bereitstellen der Rohlinge und ggf. die Endkontrolle computergesteuert, so handelt es sich um ein **flexibles Fertigungssystem (FFS).**[31]

Bei der **computergestützten Planung (CAP)** werden die Auswahl der Werkstoffe, die Erstellung von Arbeits- und Montageplänen sowie die Entwicklung von Programmen für NC-Maschinen geplant. Im **Arbeitsplan** werden die Arbeitsvorgangsfolge, die Maschinenauswahl, die Bearbeitungszeit, die notwendigen Rückvorgänge und die zu verwendenden Werkzeuge festgelegt. Darüber hinaus unterstützen einige Programme auch die Erstellung von **Prüfungsplänen** für die Qualitätskontrolle.

Unter **CAQ (Computerunterstützte Qualitätssicherung)** werden computerunterstützte Maßnahmen zur Qualitätssicherung verstanden. Die bisher entwickelten CAQ-Programme entwickeln vor allen Dingen Prüfprogramme (z.B. mit der Ziehung von Zufallsstichproben) und unterstützen Meßsysteme, die feststellen können, ob bei der Fertigung von Werkstücken bestimmte Toleranzgrenzen überschritten werden (Ausschußerfassung). Ziel eines umfassenden computerunterstützten Qualitätsmanagements ist es, die Qualität aller Arbeitsvorgänge von der Produktentwicklung bis zum Vertrieb zu überprüfen.

Im Idealfall besteht zwischen den einzelnen CIM-Komponenten keine Trennung. Das bedeutet, daß aus der im CAD entwickelten Konstruktionszeichnung automatisch ein Programm für die NC-Maschinen (CAP) abgeleitet wird. Im Wege des DNC kann das Programm für die konkrete Produktion abgerufen und umgesetzt werden (CAM). Parallel dazu werden aus der CAD-Konstruktion die Stücklisten erstellt und darauf aufbauend der Arbeitsplan sowie der Prüfungsplan entwickelt (CAP). Somit liegen alle notwendigen Daten vor, damit im Rahmen eines flexiblen Fertigungssystems, das auch die Qualitätssicherung umfaßt (CAQ), eine **ausschließlich computergesteuerte Produktion** durchgeführt werden kann. Dieser Arbeitsablauf läßt sich wie folgt darstellen:

---

[31] Vgl. Hirt/Reineke/Sudkamp, FFS-Management, Köln 1991, S. 7

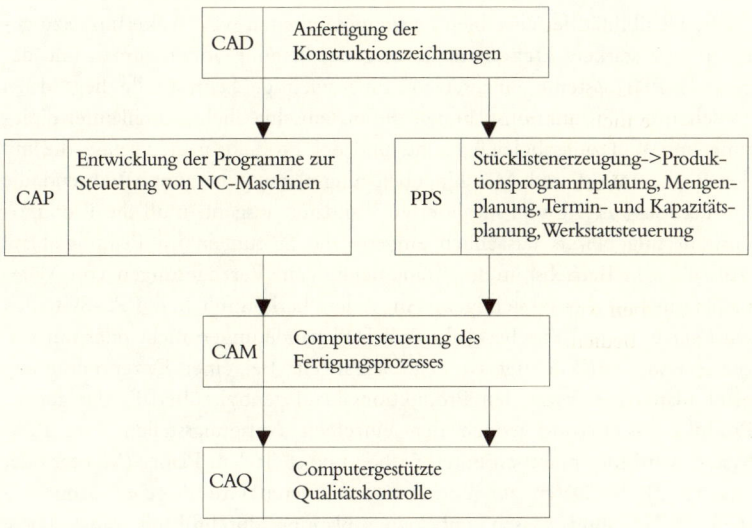

Abb. 93: Arbeitsablauf nach dem CIM-Konzept

Der geschilderten Idealsituation stehen allerdings eine Vielzahl von praktischen Hindernissen entgegen. Abgesehen von den außerordentlich hohen Kosten für die Anschaffung von flexiblen Fertigungssystemen gibt es zur Zeit noch viele Arbeiten, die nicht vollautomatisch durchgeführt werden können. Des weiteren können die Plandaten der Termin- und Ablaufplanung bei mehrstufiger Produktion in den wenigsten Fällen eingehalten werden, so daß unvermeidlich Stillstandszeiten für die flexiblen Fertigungssysteme eintreten, da entsprechende Vorprodukte fehlen. Eine Amortisation der in flexible Fertigungssysteme investierten Mittel setzt oft voraus, daß diese Anlagen ohne Unterbrechung 24 Stunden in Betrieb sind. (**ÜB 3/83**)

h) Entwicklungsperspektiven beim EDV-Einsatz in der Produktionsplanung und -steuerung

Die obigen Ausführungen haben gezeigt, daß die Produktionsplanung und -steuerung in zunehmendem Maße die Entwicklung **flexibler Fertigungssysteme** anstrebt. Die Möglichkeit, Betriebsmittel als NC-Maschinen elektronisch zu steuern, erlaubt es, sie für eine Vielzahl unterschiedlicher Produkte einzusetzen. Damit können hohe **Investitionsausgaben** vermieden werden. Der normalerweise hohe Zeitaufwand für die Umrüstung flexibler Systeme läßt sich durch den Einsatz des Computers (CAP und CAM) vermindern. Umfaßt das flexible System nur eine Maschine, so spricht man von einer **flexiblen Fertigungszelle.** Die höchste Entwicklungsstufe flexibler Fertigungssysteme stellen Systeme dar, die einzelne flexible Fertigungszellen mit einem flexiblen Transportsystem verketten. Dadurch werden die Vorteile der Fließfertigung mit denen der Werkstattfertigung kombiniert.

Die Flexibilität der einzelnen Fertigungseinheiten wird weiterhin dazu genutzt, eine stärkere **Dezentralisierung** der Planung vorzunehmen und dezentrale PPS-Systeme einzusetzen. Eine wichtige Schnittstelle liegt dabei zwischen der Produktionsplanung, die bis einschließlich Durchlaufterminierung und Kapazitätsabgleich reicht, und der Produktionssteuerung, die mit der Reihenfolge- und Maschinenbelegungsplanung beginnt. Während die Produktionsplanung von idealisierten Plandaten ausgeht, muß die Produktionssteuerung bereits tatsächlich eingetretene Störungen im Planungsablauf (Ausfälle von Betriebsmitteln, Krankmeldungen, Verzögerungen von Materiallieferungen) berücksichtigen. An vielen herkömmlichen PPS-Systemen wird genau diese Tatsache, daß nämlich Planänderungen nicht oder nur unzureichend berücksichtigt werden, bemängelt. Bei einer Dezentralisierung plant man daher zwar den Produktionsablauf zentral, überläßt die genaue Produktionssteuerung jedoch den einzelnen Fertigungsstellen. Das PPS-System wird hier praktisch unterbrochen und stellt dem Planer (Meister oder Disponent) die Daten zur Verfügung, auf deren Grundlage er dann eine Reihenfolge- und Maschinenbelegungsplanung durchführen kann. Diese dezentrale Planung wird unterstützt von **elektronischen Leitständen,** mit deren Hilfe beispielsweise GANTT-Diagramme zur Maschinenbelegung am Bildschirm als elektronische Plantafeln entwickelt werden können. Gleichzeitig dient ein Leitstandsystem auch als Frühwarnsystem, da Rückmeldungen über Störungen automatisch an die zentrale PPS-Systemsteuerung gemeldet und dort im Wege von Plankorrekturen berücksichtigt werden.

Weitere Tendenzen beim EDV-Einsatz in der Produktionsplanung und -steuerung lassen sich kurz wie folgt zusammenfassen:[32]

- Die Einrichtung flexibler Fertigungssysteme und die Dezentralisierung der Steuerung ermöglichen den gleichzeitigen Einsatz **mehrerer unterschiedlicher PPS-Systeme,** von denen beispielsweise eines primär für Einzelfertigung (Auftragsfertigung) und eines primär für die Serienfertigung (Marktfertigung) im selben Betrieb geeignet ist.
- Zur Datenkommunikation zwischen den einzelnen Rechnern und Peripherieeinheiten an unterschiedlichen Standorten (z. B. bei mehreren Werken) sowie zwischen dem Betrieb und seinen Lieferanten und Kunden werden zunehmend **elektronische Kommunikationsmedien** (Internet, Intranet) eingesetzt.[33]
- Im Zuge immer besserer Software erfolgt eine stärkere Orientierung von PPS-Systemen am Ziel der **Benutzerfreundlichkeit,** was beispielsweise zu einer besseren Benutzerführung oder zu übersichtlicheren Benutzeroberflächen (graphische Darstellung der Maschinenbelegung) führt.
- Als geeignetes Instrument der Produktionsplanung werden vermehrt **Simulationstechniken** eingesetzt, mit deren Hilfe die Auswirkungen unterschiedlicher Datenkonstellationen – z. B. unterschiedlicher Maschinen-

---

[32] Vgl. Zäpfel, G., Produktionsplanung und -steuerung (PPS), in: Lexikon der Betriebswirtschaftslehre, hrsg. von H. Corsten, 3. Aufl., München/Wien 1995, S. 784 f.
[33] Vl. S. 231 ff.

belegungspläne – auf das gesamte Produktionssystem am Rechner simuliert werden können.

Der Leser, der den gesamten Abschnitt zur Produktion kritisch gelesen hat, wird feststellen, daß die Betriebswirtschaftslehre weit davon entfernt ist, Instrumente für die Produktionsplanung zur Verfügung zu stellen, die gleichzeitig betriebswirtschaftlich geeignet, einfach zu bedienen und bei den häufigen Datenänderungen im Produktionsbereich hinreichend flexibel sind. Wie die Tendenz zur dezentralen Leitstandsteuerung mit ausdrücklicher Einbeziehung des Wissens und der Erfahrungen des Meisters zeigt, kann bislang offensichtlich kein noch so ausgefeiltes Programm zur Maschinensteuerung den Fachmann vor Ort ersetzen. So liegt es nahe, zur Produktionsplanung und -steuerung EDV-Techniken einzusetzen, die dieselbe „Denkweise" wie ein Mensch haben, also auch mit unscharfen und schwer quantifizierbaren Problemen arbeiten können. Derartige Instrumente bezeichnet man als Instrumente der **künstlichen Intelligenz.** Besonders geeignet für die Produktionsplanung sind **Expertensysteme,** da diese darauf ausgelegt sind, das (heuristische) Erfahrungswissen eines menschlichen Experten aufzunehmen, mit Hilfe einfacher logischer Operationen auf konkrete Probleme anzuwenden und dabei im Laufe der Zeit zu lernen, also neues Wissen aufzunehmen. Expertensysteme werden im Produktionsbereich beispielsweise zur Diagnose von Systemfehlern, zur Reihenfolgplanung oder zur sequentiellen Zeit-, Kapazitäts- und Reihenfolgeplanung eingesetzt. In Deutschland befindet sich die Anwendung von Expertensystemen allerdings erst in ihren Anfängen.[34]

4. Integrierter Umweltschutz

In Kap. III.6. wurden zwei Ansätze zur Planung von Umweltschutzmaßnahmen, der additive und der integrierte Ansatz, vorgestellt. Während der additive Ansatz sich auf Nachsorgemaßnahmen (Recycling, Entsorgung) im Bereich der betrieblichen Abfallwirtschaft beschränkt, wird beim integrierten Ansatz versucht, Umweltschutzmaßnahmen integriert in jedem Planungsbereich von vornherein zu berücksichtigen, also **Vorsorge statt Nachsorge** zu betreiben.

Entscheidend für die Beurteilung von Umweltschutzmaßnahmen ist letztlich nicht der In- und Output einzelner Planungsbereiche, sondern der In- und Output des gesamten Unternehmens gegenüber der Umwelt. So stellt beispielsweise die Weitergabe eines umweltschädigenden Stoffes von der Materialbeschaffung zur Fertigung keine Umweltschädigung dar. Diese tritt erst dann auf, wenn der umweltschädigende Stoff in irgendeiner Form – sei es als Bestandteil des verkauften Produktes, sei es als unerwünschtes Kuppelprodukt Abgas – den Betrieb verläßt. Die Verfolgung eines integrierten

---

[34] Zu einer Bestandsaufnahme vgl. Scheer, A.W. (Hrsg.), Betriebliche Expertensysteme I – Einsatz von Expertensystemen in der Betriebswirtschaft – Eine Bestandsaufnahme, Wiesbaden 1988; ders., Betriebliche Expertensysteme II – Einsatz von Expertensystem-Prototypen in betriebswirtschaftlichen Funktionsbereichen, Wiesbaden 1989

Umweltschutzkonzeptes erfordert daher ebenfalls ein Konzept der **integrierten Planung,** das sämtliche planerischen und stofflichen Beziehungen zwischen den Teilbereichen eines Unternehmens berücksichtigt und auf Beziehungen zwischen dem Unternehmen und seiner Umwelt zurückführt. Nur damit ist sichergestellt, daß Umweltbelastungen tatsächlich an ihrer Wurzel entdeckt und ihre Wirkung auf andere betriebliche Planungsbereiche und in letzter Instanz auf den betrieblichen Output berechnet werden können.

Stellt man beispielsweise fest, daß bestimmte Abgasobergrenzen überschritten werden, so kann die mögliche Ursache der Überschreitungen über die Maschinenbelegungsplanung (eine Änderung der Maschinenbelegungsplanung bewirkt zeitliche Verschiebungen der Abgasentstehung) und die Materialwirtschaft (die Weiterverarbeitung bestimmten Materials erzeugt die Abgase) bis hin zur langfristigen Produktionsprogrammplanung, die die Art der zu fertigenden Produkte festgelegt hat, zurückverfolgt werden. Damit bietet es sich an, Maßnahmen des integrierten Umweltschutzes in die Verfahren zur **integrierten Produktionsplanung und -steuerung,** wie sie in diesem Kapitel besprochen wurden, einzubeziehen.

Maßnahmen des integrierten Umweltschutzes sind weiterhin besonders dafür geeignet, im Rahmen der langfristigen Gewinnmaximierung eine **offensive Umweltschutzstrategie** zu verfolgen, bei der mögliche künftige Änderungen der Bedarfsstruktur (erhöhte Nachfrage nach umweltschonenden Produkten) oder Verschärfungen der Umweltgesetzgebung antizipiert oder Veränderungen der betrieblichen Erlöse durch schwer quantifizierbare Faktoren (Unternehmensimage) berücksichtigt werden.[35] Da die Berücksichtigung derartiger Faktoren nicht nur die Kosten-, sondern auch die Erlösseite betrifft und da eine einfache deterministische Rechnung wegen der schwer quantifizierbaren und mit künftigen Unsicherheiten behafteten Faktoren nicht möglich ist, ist es in der Regel auch nicht möglich, ein einfaches, **operationales Ziel** wie „Kostenminimierung" für die integrierte Umweltschutzplanung abzuleiten. Statt dessen müssen sämtliche Maßnahmen unter Berücksichtigung künftiger Unsicherheiten im Hinblick auf die Beeinflussung des Oberzieles „langfristige Gewinnmaximierung" beurteilt werden.

Grundlage für die mögliche Ergreifung von Umweltschutzmaßnahmen stellt die Kenntnis möglicher und tatsächlicher Umweltbelastungen dar. Basis einer integrierten Umweltschutzplanung ist daher ein **betriebliches Umweltinformationssystem,** mit dessen Hilfe die für mögliche Umweltbelastungen relevanten Stoff- und Energieflüsse im Unternehmen dargestellt werden können. Auf Basis eines solchen Informationssystems kann auch eine **ökologische Buchführung** oder eine zur Veröffentlichung vorgesehene **Ökobilanz** erstellt werden. Häufig wird die Erstellung eines derartigen Informationssystems wie auch die Koordination sämtlicher Umweltschutzaktivitäten vom **Umweltbeauftragten** des Unternehmens vorgenommen.

---

[35] Zur Zielformulierung bei einer offensiven Umweltschutzstrategie vgl. S. 357 f.

Maßnahmen des integrierten Umweltschutzes können in beinahe jedem Teilbereich der Produktionsplanung ergriffen werden. So sind beispielsweise folgende Ansätze denkbar:[36]

Bereich	Maßnahmen (Beispiele)
langfristige Produktionsprogrammplanung	Wahl umweltfreundlicher Produkte Wahl weniger umweltbelastender Fertigungsverfahren Umweltverträglichkeitsprüfungen
kurzfristige Produktionsprogrammplanung	Verschiebung von Teilaufträgen
Materialwirtschaft	Beschaffung umweltfreundlichen Materials
Lagerhaltung	Sichere Lagerung umweltgefährdender Stoffe Vermeidung von Ausschuß
innerbetrieblicher Transport	Geringer Energieverbrauch bzw. geringe Emission der Transportmittel

Abb. 94: Maßnahmen des integrierten Umweltschutzes

Weitere Beispiele lassen sich mühelos für beinahe jeden Teilbereich der Planung finden. Allerdings ist damit das Problem der **integrierten Planung im Rahmen eines PPS-Systems** nicht gelöst. Will man dieses Ziel erreichen, so muß eine Vielzahl zusätzlicher Daten (z. B. Emissionsgrenzen, Rückstandskoeffizienten, Endlagerkapazitäten) usw. im Modell erfaßt und von den einzelnen Teilmodulen berücksichtigt werden. Das erfordert wiederum umfangreichere betriebswirtschaftliche Modelle, als sie zur Zeit zur Verfügung stehen. Da eine zentrale Erfassung aller Beziehungen zwischen Betrieb und Umwelt angestrebt wird, erfordert die integrierte Planung des Umweltschutzes überdies eine stärkere Zentralisierung im Rahmen von Totalmodellen – eine Anforderung, die im Gegensatz zu den gegenwärtigen Tendenzen bei der Integration der Produktionsplanung steht. Bereits diese wenigen Andeutungen zeigen, daß die Produktionsplanung gegenwärtig weit von einer Integration von Umweltschutzgesichtspunkten in den gesamten Produktionsplanungsprozeß und noch weiter von einer vollständig integrierten Planung entfernt ist.

---

[36] Vgl. ausführlicher Lücke/Schulz, Umweltschutz und Investitionen, Wiesbaden 1992, S. 134 ff.; Steven, M., Umweltschutz im Produktionsbereich (II), WISU 1992, S. 105 ff.

Vierter Abschnitt
Der Absatz

I. Grundlagen

1. Der Absatz als betriebliche Hauptfunktion

Jeder Betrieb ist eingebettet in ein System von Märkten.[1] Auf dem **Beschaffungsmarkt** agiert er als Nachfrager von Arbeitskräften, Betriebsmitteln und Werkstoffen. Auf dem **Geld- und Kapitalmarkt** tritt der Betrieb i. d. R. als Nachfrager von Eigen- und Fremdkapital auf. Verfügt er über Liquiditätsüberschüsse, findet man ihn auf der Anbieterseite des Kapitalmarkts. Am **Absatzmarkt** betätigt sich der Betrieb als Anbieter von Gütern und Dienstleistungen.

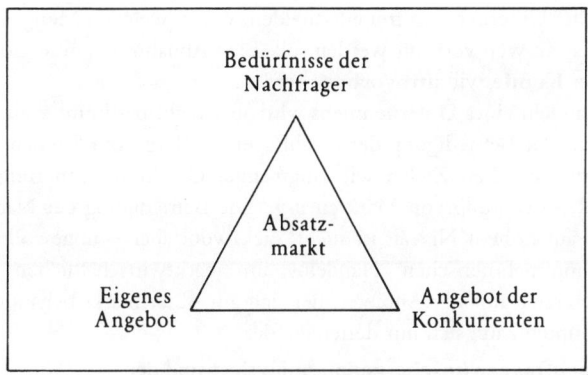

Abb. 1: Determinanten des Absatzmarktes

Der Absatzmarkt läßt sich als Dreieck darstellen, das durch die Eckpunkte „Bedürfnisse der Nachfrager", „eigenes Angebot" und „Angebot der Konkurrenten" markiert wird. Die Bedürfnisse der Nachfrager stehen nicht zufällig an der Spitze dieses Dreiecks. Orientierungspunkt für das eigene Angebot sind in erster Linie die Nachfragerbedürfnisse und in zweiter Linie die Angebote der Konkurrenz.

Betriebliche Tätigkeit ist ein sich ständig wiederholender Prozeß von Leistungserstellung und Leistungsverwertung. Als **Leistungserstellung** bezeichnen wir die Beschaffung von Produktionsfaktoren und ihre Verarbeitung zu Gütern oder Dienstleistungen. Diese Vorgänge wurden im dritten Abschnitt „Die Produktion" untersucht. Zur **Leistungsverwertung** gehört die Suche nach Abnehmern und die physische Distribution der Güter. Nach

---

[1] Vgl. die Abbildung auf S. 11

dem Absatz der Güter oder Dienstleistungen fließen dem Betrieb Geldmittel zu, die er zum erneuten Erwerb von Produktionsfaktoren einsetzt. Damit schließt sich der Wertekreislauf: Geld – Produktionsfaktoren – Produkte – Geld.

Im Zuge einer einführenden Darstellung[2] der Beziehungen zwischen Produktion, Absatz, Investition und Finanzierung wurde der betriebliche Funktionsbereich Absatz als Leistungsverwertung charakterisiert. Es ist an der Zeit, diese Kurzbeschreibung zu modifizieren.

Im **planwirtschaftlichen System** bedeutet Leistungsverwertung letztlich **Distribution.** Der zentrale Volkswirtschaftsplan bestimmt, welche Menge in welcher Qualität zu welchem Preis an welchen Abnehmer geleitet wird. Der einzelne Betrieb hat nur ein Ziel: Planerfüllung.

Im **marktwirtschaftlichen System** fallen dem Funktionsbereich Absatz eigenständige Planungsaufgaben zu, die weit über die Distribution und die Leistungsverwertung im technisch-physikalischen Sinne hinausgehen. Neben dem Privateigentum an den Produktionsmitteln charakterisiert den Betrieb im marktwirtschaftlichen System (= Unternehmung) das Autonomieprinzip und das erwerbswirtschaftliche Prinzip. Nach dem Autonomieprinzip kann das einzelne Unternehmen frei entscheiden, was in welchen Mengen zu welchem Preis an wen verkauft werden soll. Eine Abnahmegarantie gibt es aber nicht. Der **Kunde** will **umworben** werden.

Das Handeln eines Unternehmens wird aber nicht bestimmt vom Wunsch nach optimaler Befriedigung der Nachfrager, sondern vom Streben nach erwerbswirtschaftlichen Zielen wie langfristiger Gewinnmaximierung, Sicherung und Ausweitung von Märkten usw. Die Befriedigung der Nachfragerwünsche auf hohem Niveau ist nicht Ziel, wohl aber – ungewolltes – Ergebnis unternehmerischen Handelns im marktwirtschaftlichen System: Gewinne erzielt nur der Anbieter, der sich am Absatzmarkt behaupten kann und behaupten kann sich nur derjenige, der

– die **Nachfragerwünsche genau analysiert** und der
– den Nachfragerwünschen mit einem **besseren Angebot** entgegenkommt als die Konkurrenz.

Im Rahmen seiner absatzwirtschaftlichen Bemühungen sucht ein Unternehmen Antworten auf folgende Fragen: Welche Bedürfnisse haben die Nachfrager heute und in welche Richtung werden sich die Nachfragerwünsche entwickeln? Was bieten die Konkurrenten? Wo bietet sich eine Marktlücke für das eigene Unternehmen? Wie läßt sich die eigene Produkt- und Sortimentsgestaltung optimieren? Wie kann man die potentiellen Nachfrager von der eigenen Leistungsfähigkeit überzeugen? Welcher Vertriebsweg sichert eine effiziente Weiterleitung des Angebots an die Endabnehmer? Und schließlich: Welche Gütermenge läßt sich – voraussichtlich – innerhalb der Planperiode zu welchem Preis absetzen?

Als knappe Vorschau zu den Ausführungen dieses Abschnitts läßt sich festhalten:

---

[2] Vgl. S. 348 ff.

I. Grundlagen

(1) Wie jedes unternehmerische Handeln, so orientieren sich auch alle Planungen im Bereich des Absatzes an den **Unternehmenszielen**.

(2) Planvolles Handeln setzt detaillierte Informationen über die innerbetrieblichen Gegebenheiten und die betriebliche Umwelt voraus. Die Marktforschung hat die Aufgabe, alle entscheidungsrelevanten **Daten** über den Absatzmarkt – d. h. über die Nachfrager und ihre Wünsche und über die Konkurrenten und ihr Angebot – bereitzustellen.

(3) Märkte sind keine Erbhöfe. Sie müssen erobert und verteidigt werden. Durch den zielbewußten Einsatz der **absatzpolitischen Instrumente** (Produktpolitik, Preispolitik, Werbung und Distribution) versucht jedes Unternehmen, sich einen Wettbewerbsvorsprung vor seinen Konkurrenten zu sichern.

Ziele, Daten (der Umwelt) und Instrumente (Entscheidungsvariable) bilden die Grundlage unternehmerischer (Absatz-)Entscheidungen. Diese drei Planungselemente werden im folgenden ausführlich behandelt. Zuvor müssen noch die Begriffe „Absatz" und „Marketing" gegeneinander abgegrenzt werden.

2. Absatz versus Marketing

Unternehmerisches Handeln orientiert sich immer an den Marktgegebenheiten. Auf ungesättigten Märkten (Verkäufermärkten) dominiert eine produktionsorientierte Denkweise: Wie können wir die Produktion ausdehnen? Lassen sich durch Produktionssteigerung die Stückkosten bzw. die Grenzkosten senken? Auf gesättigten Märkten (Käufermärkten) stellt sich eine verkaufsorientierte Denkweise ein: Wie können wir Absatzwiderstände überwinden?

Merkmal	Verkäufermarkt	Käufermarkt
Wirtschaftliches Entwicklungsstadium	Knappheitswirtschaft	Überflußgesellschaft
Verhältnis Angebot zu Nachfrage	Nachfrage > Angebot (Nachfrageüberhang), Nachfrager aktiver als Anbieter	Angebot > Nachfrage (Angebotsüberhang), Anbieter aktiver als Nachfrager
Engpaßbereich der Unternehmung	Beschaffung und/oder Produktion	Absatz
Primäre Anstrengungen der Unternehmung	Rationelle Erweiterung der Beschaffungs- und Produktionskapazität	Weckung von Nachfrage und Schaffung von Präferenzen für eigenes Angebot

Abb. 2: Verkäufermarkt und Käufermarkt

Käufermärkte sind das Kennzeichen westlicher Industriegesellschaften. Natürlich gilt auch hier das Kostenminimierungsdenken der Produktionswirtschaft. Bei steigendem Güterangebot, bei zunehmender Verschärfung des Wettbewerbs rückt aber die Absatzwirtschaft immer stärker in den Mittelpunkt unternehmerischen Denkens. Wenn die Beschaffungs-, Produktions-, Investitions- und Finanzierungsmöglichkeiten größer sind als die Absatzmöglichkeiten, wird der Absatz zum **Unternehmensengpaß**. Der Absatzsektor wird zum Dreh- und Angelpunkt unternehmerischer Planung. Nach dem von Gutenberg konzipierten „**Ausgleichsgesetz der Planung**"[3] nimmt die kurzfristige Unternehmensplanung ihren Ausgang von dem Funktionsbereich, in dem der Engpaß liegt. Dieser Minimumsektor liegt für die meisten Unternehmen auf dem Gebiet des Absatzes. Mit dem Übergang von der Produktions- zur Verkaufsorientierung hat die Absatzwirtschaft sowohl in der Unternehmenspraxis als auch in der betriebswirtschaftlichen Literatur an Bedeutung gewonnen.

Im betriebswirtschaftlichen Schrifttum und im wissenschaftlichen Lehrbetrieb hat sich der Begriff **Marketing** auf breiter Front durchgesetzt. Dabei stößt man auf drei Marketinginterpretationen:
(1) Marketing als Lehre von der optimalen Gestaltung des **Absatzbereichs**.
(2) Marketing als (marktbezogene) **Betriebswirtschaftslehre**.
(3) Marketing als **selbständige Wissenschaft**.

Nach der **Version (1)** wird Marketing als Teilgebiet der Betriebswirtschaftslehre angesehen. Man spricht in diesem Zusammenhang auch von Business-Marketing oder kommerziellem Absatzmarketing. Diese enge Marketingversion deckt sich umfangmäßig vollständig und inhaltlich weitgehend[4] mit der traditionellen Lehre vom Absatz, wie sie von Erich Gutenberg entwickelt wurde.

Nach der **Version (2)** gehört nicht nur der Absatzmarkt, sondern gehören auch alle Beschaffungsmärkte zum Untersuchungsgegenstand des Marketing. Ob Rohstoffmärkte, Arbeitsmarkt, Finanzmarkt – alles ist Bestandteil des Marketing. Mit dieser Begriffsausdehnung tritt das Marketing an die Stelle der Allgemeinen Betriebswirtschaftslehre: „Marketing ist die bewußt marktorientierte Führung des gesamten Unternehmens oder marktorientiertes Entscheidungsverhalten in der Unternehmung".[5]

In seiner weitesten **Version (3)** wird Marketing über den Unternehmensbereich hinaus auf die Untersuchung zwischenmenschlicher Beziehungen ausgedehnt. Dieses allgemeine Marketingkonzept wird in der Literatur als **Sozio-Marketing, Sozial-Marketing** oder **Generic Marketing** bezeichnet. „Marketing überwindet damit immer stärker seinen vormals spezifisch absatzwirtschaftlichen Charakter und wird mehr und mehr zu einer Schlüsselvariablen im Rahmen der Steuerung zwischenmenschlicher und gesellschaftlicher Prozesse (Generic Marketing)".[6]

Die Marketingliteratur ist inzwischen weit über ihren absatzwirtschaftlichen Kern hinausgewachsen. Das hat dazu geführt, daß immer größere Be-

---

[3] Vgl. hierzu S. 148
[4] Zu einer ersten Skizzierung der inhaltlichen Unterschiede vgl. S. 483 ff.
[5] Meffert, H., Marketing, 8. Aufl., Wiesbaden 1997, S. 7
[6] Nieschlag/Dichtl/Hörschgen, Marketing, 18. Aufl., Berlin 1997, S. 25

I. Grundlagen

reiche des Marketing nicht mehr in die Betriebswirtschaftslehre eingeordnet werden können und daß das Marketing – wie Tietz[7] es schon in den siebziger Jahren charakterisiert hat – zur Marketingwissenschaft im Sinne einer selbständigen wissenschaftlichen Disziplin geworden ist. Marketing stellt vom Standpunkt heutiger Wissenschaftseinteilung einen **interdisziplinären Ansatz** dar, in dem Teile der Betriebswirtschaftslehre, der Volkswirtschaftslehre, vor allem aber der Soziologie, der Psychologie und der Verhaltenswissenschaft zusammengefaßt werden.

Im folgenden wollen wir uns nur noch mit der engsten Marketingversion (1), dem **absatzorientierten Marketing** beschäftigen. Diese Marketingvariante bildet zumindest in der deutschsprachigen Lehrbuchliteratur ganz eindeutig den Untersuchungsschwerpunkt.

Verglichen mit der traditionellen Lehre vom Absatz hat der Marketingansatz Stärken und Schwächen. In der einschlägigen Literatur findet sich fast durchweg die These vom **Primat des Marketing**. Danach fordert man die Unterordnung aller unternehmerischen Planungsbereiche unter die Vorgaben der Marketingplanung. Begründung: Der Absatz sei immer unternehmerischer Engpaßsektor. Dieser Dominanzanspruch ist in seiner absoluten Form **nicht gerechtfertigt:**

(1) Für manches Unternehmen liegt der Engpaß in einem anderen Bereich, etwa im Personal- oder Finanzbereich.
(2) Bei Änderung der gesamtwirtschaftlichen Rahmenbedingungen kann sich der Minimumsektor sehr schnell verlagern.

Zwei Energiekrisen haben uns gelehrt, daß sich betriebliche Engpässe sehr schnell in den Beschaffungsbereich verlagern können. Auch die Vielzahl ungelöster Umweltprobleme sollte uns vorsichtig machen: Möglicherweise wird die Produktion von Industriegütern in der Zukunft nicht durch die eingeschränkten Absatzmöglichkeiten, sondern durch die ungelösten Probleme der Belastung von Luft, Gewässern und Boden eingeengt.

Unternehmensziele, Marktforschung (Daten) und Instrumente sind die konstitutiven Elemente des Marketing. Der Zusammenhang zwischen diesen Elementen läßt sich folgendermaßen darstellen (siehe Abb. 3):
(1) Zur Erreichung der Unternehmensziele sind die absatzpolitischen Instrumente planvoll einzusetzen. Die Auswahl dieser Instrumente hängt nicht nur von den Zielen, sondern auch von den Umweltdaten ab.
(2) Die Marktforschung hat die Aufgabe, die benötigten Umweltdaten (über Abnehmer und Konkurrenten) bereitzustellen.
(3) Unternehmensziele und Marktforschungsergebnisse bestimmen die Auswahl der einzusetzenden Instrumente.
(4) Mit dem Einsatz der absatzpolitischen Instrumente will der Anbieter das Verhalten seiner Abnehmer, aber auch seiner Konkurrenten beeinflussen.

Zwischen der traditionellen Lehre vom Absatz und dem Marketing gibt es keinen prinzipiellen, sondern nur einen graduellen Unterschied. Die **Stärke des Marketingansatzes** zeigt sich dabei in

---

[7] Vgl. Tietz, B., Marketing, 3. Aufl., Düsseldorf 1993, S. 1 ff.

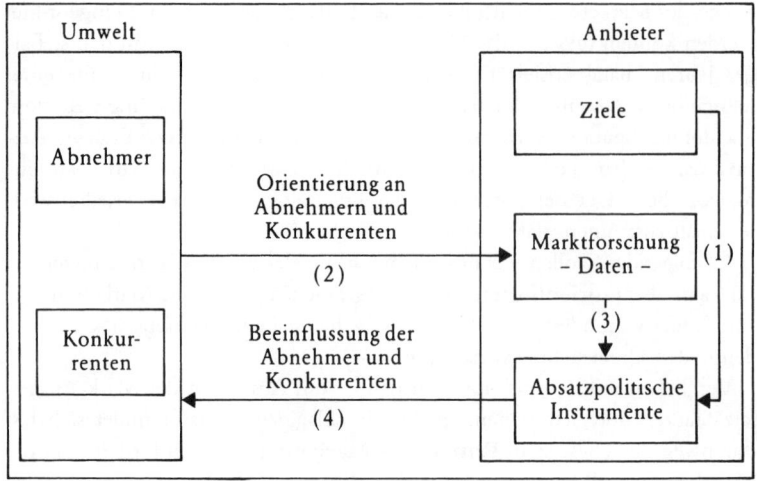

Abb. 3: Ziele, Daten und Instrumente des Marketing

(a) einer **intensiven, systematischen Marktanalyse** (Datensammlung) und
(b) einem gezielten, teilweise **aggressiven Einsatz der absatzpolitischen Instrumente.**

Es ist das unbestreitbare Verdienst der Marketingliteratur, die Wettbewerbsverschärfung auf den Absatzmärkten zeitig erkannt zu haben. Mit ihren Forschungsergebnissen zur verbesserten Marktanalyse (Daten) und Marktbearbeitung (Instrumente) ist sie den Bedürfnissen der Unternehmenspraxis entgegengekommen.

Im Zuge verbesserter (a) Marktanalyse strebt die Marketingliteratur verstärkt nach
– umfassender Identifikation der **Nachfragerwünsche,**
– genauer Analyse des **Nachfragerverhaltens** und
– Aufteilung des Gesamtmarktes in homogene Nachfragergruppen **(Marktsegmentierung).**

Zur Erforschung der Kundenwünsche und des Nachfragerverhaltens bedient sich die Marketingliteratur psychologischer Erkenntnisse. Im ständig sich verschärfenden Wettbewerb kann nur der Anbieter bestehen, der die Bedürfnisse der Nachfrager genau analysiert und der ihr Kaufverhalten erforscht, um es in seinem Sinne zu beeinflussen.

Diesem Ziel dient letztlich auch die Marktsegmentierung. Im Zuge der Marktsegmentierung wird eine heterogene Gesamtmenge von Marktteilnehmern in homogene Nachfragerschichten zerlegt. Auf diese Art entstehen **Zielgruppen** (z.B. Babynahrung: Frauen im Alter von 20 bis 40 Jahren), auf die sich die absatzpolitischen Bemühungen konzentrieren sollen. Diese bestehen im (b) gezielten Einsatz der Marketinginstrumente. Auf heißumkämpften Märkten genügt es nicht mehr, den Bedarf der Nachfrager zu erforschen und sich diesem Bedarf mit dem Einsatz der Instrumente anzupassen. Es geht vielmehr darum, Kaufmotive zu untersuchen und durch geeignete Maßnah-

I. Grundlagen

men **Bedürfnisse zu wecken,** deren sich die Nachfrager möglicherweise gar nicht bewußt sind. Vor allem das subjektive Erscheinungsbild eines Produktes und eine aggressive Werbung sollen Kaufimpulse auslösen und den Absatzerfolg steigern. Die Schwerpunktverschiebung von der traditionellen Absatzlehre zum Marketing, das was die Marketingliteratur teilweise als **Marketing-Maxime**[8] bezeichnet, läßt sich am besten an folgender Aussage festmachen: **Versuche nicht, zu verkaufen, was bereits produziert wurde, sondern produziere, was sich verkaufen läßt.** (ÜB 4/1–2)

3. Absatzplanung und Absatzpolitik

Auf Käufermärkten müssen die Anbieter große Anstrengungen zur Überwindung von Absatzwiderständen unternehmen. Zu diesem Zweck werden die absatzpolitischen Instrumente eingesetzt. Nach Gutenberg[9] gehören Produktgestaltung, Preispolitik, Werbung (Kommunikationspolitik) und Absatzmethoden (Distributionspolitik) zu den **absatzpolitischen Instrumenten.** Diese Einteilung der **Absatzpolitik** hat sich in der Marketingliteratur auf breiter Front durchgesetzt.

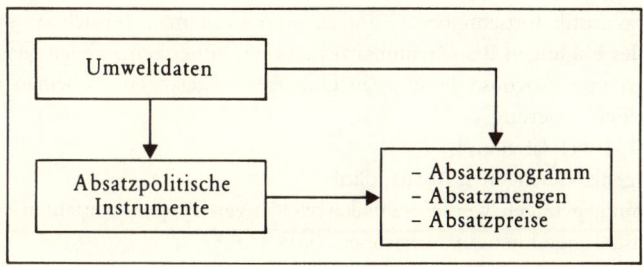

Abb. 4: Absatzplanung

Ziel der Absatzplanung ist die Festlegung des Absatzprogramms und die Prognose der Absatzmengen und Absatzpreise. Ausgangspunkt der Absatzplanung sind die Umweltdaten; die Informationen über die Nachfrage- und Konkurrenzsituation werden von der Marktforschung zur Verfügung gestellt. In Abhängigkeit von der Nachfrage- und Konkurrenzsituation konzipiert der Anbieter seine Absatzpolitik. So plant er die Einführung neuer oder die Umgestaltung bestehender Produkte; er plant z.B. weiterhin eine Niedrigpreisaktion, verschiedene Werbemaßnahmen für bestimmte Produkte und den Ausbau seines Vertriebssystems durch Gewinnung neuer Händler.

Erst auf der Basis dieser absatzpolitischen Konzeption kann der Anbieter sein Absatzprogramm planen und die zugehörigen Mengen und Preise prognostizieren. Liegt der Minimumsektor – wie auf Käufermärkten üblich – im

---

[8] Vgl. Dichtl, E., Marketing, in: Allgemeine Betriebswirtschaftslehre, Bd. 3: Leistungsprozeß, hrsg. von Bea/Dichtl/Schweitzer, 7. Aufl., Stuttgart 1997, S. 134
[9] Vgl. Gutenberg, E., Grundlagen der Betriebswirtschaftslehre, Bd. II: Der Absatz, 17. Aufl., Berlin u.a. 1984, S. 104 ff.

Absatzbereich, ist der Absatzplan **Ausgangspunkt** zur Erstellung weiterer **Teilpläne.** Aus dem Absatzplan wird der Produktionsplan abgeleitet. Aus diesem wiederum werden die einzelnen Beschaffungspläne (Werkstoffe, Arbeitskräfte, Betriebsmittel) abgeleitet. Letztlich muß im Rahmen des Finanzierungsplans die Bereitstellung der notwendigen Finanzmittel geplant werden. Die Aufrechterhaltung des finanziellen Gleichgewichts (= Erhaltung der Zahlungsbereitschaft) ist schließlich Voraussetzung jeglicher betrieblicher Tätigkeit.

Als Dreh- und Angelpunkt betrieblicher Planung ist die Absatzplanung mit größten **Schwierigkeiten** verbunden. Das hat folgenden Grund: Die von der Marktforschung bereitgestellten **Daten** sind **lückenhaft** und **unsicher.** Hieraus folgt zweierlei: Erstens steht die Prognose der Absatzmengen und Absatzpreise von vornherein auf schwankendem Boden. Zweitens kann die Fehleinschätzung der Nachfrage- und Konkurrenzsituation den Anbieter zwingen, im Laufe der Planungsperiode seine Absatzpolitik zu ändern. Das hat wiederum zur Folge, daß die Istwerte der Absatzmengen und -preise von den Planwerten abweichen.

Die im Rahmen der Absatzplanung vorzunehmende Umsatzprognose baut auf Vergangenheitsdaten auf. Zum einen läßt sich die unternehmenseigene Umsatzstatistik fortschreiben. Zum anderen kann man versuchen, auf der Basis des bisherigen Branchenumsatzes und des bisherigen eigenen Marktanteils zu einer Prognose des eigenen Umsatzes zu gelangen. In beiden Fällen muß einer Änderung
- der Umweltdaten und
- der geplanten eigenen Absatzpolitik

Rechnung getragen werden. Zu den vielfältigen Prognoseverfahren sei auf die einschlägige Literatur[10] verwiesen. (**ÜB 4/3–8**)

II. Die absatzpolitischen Ziele

Mit seinen absatzpolitischen Entscheidungen verfolgt das Unternehmen den Zweck, den eigenen Nutzen zu mehren, indem es Abnehmer und Konkurrenten in seinem Sinne zu beeinflussen sucht. Merkmal unternehmerischen Handelns ist die Zweckmäßigkeit, d.h. die Ausrichtung der eigenen Aktionen auf ein oder mehrere **Unternehmensziele.** Allgemein versteht man unter einem Ziel einen angestrebten Zustand, der mit Hilfe unternehmerischer Aktionen erreicht werden soll.

Planvolles unternehmerisches Handeln setzt
- die Entwicklung eines Zielsystems und
- die Durchsetzung der Ziele auf allen Ebenen der Unternehmung

voraus. Bei der Formulierung des **Zielsystems,** d.h. bei der Definition der anzustrebenden Ziele orientiert sich ein Unternehmen an

---

[10] Vgl. Berndt, R., Marketing 3, Marketing-Management, Berlin u.a. 1991; Meffert, H., Marketing, a.a.O., S. 165 ff.; Nieschlag-Dichtl-Hörschgen, a.a.O., S. 835 ff.

II. Die absatzpolitischen Ziele

- den eigenen Wünschen (Nutzenvorstellungen),
- den eigenen Möglichkeiten (Ressourcen) und
- den Umweltbedingungen.

Der unternehmerische Entscheidungsprozeß ist ein mehrstufiger Vorgang, der sich über alle Ebenen der Unternehmenshierarchie, also von der Geschäftsleitung bis zum Werkmeister erstreckt. Die Geschäftsleitung orientiert ihre Entscheidungen am Oberziel (Unternehmensziel). Dieses Oberziel läßt sich aber nur erreichen, wenn den **nachgeordneten Hierarchieebenen** genauere Handlungsanweisungen, also **Unterziele** vorgegeben werden.

Die Unterziele müssen so definiert sein, daß sie sich widerspruchsfrei dem jeweiligen Oberziel unterordnen lassen.[1] Die Unterziele dienen der Erreichung des Oberziels; sie haben Instrumentalcharakter.

Im marktwirtschaftlichen System können die Wirtschaftssubjekte die Ziele ihres Handelns – im Rahmen der gesetzlichen Vorschriften – autonom festlegen. Für jeden Unternehmer ist die Betätigung am Markt mit einem erheblichen Risiko behaftet: Er riskiert den Verlust seines gesamten Eigenkapitals. Der Unternehmer nimmt dieses **Verlustrisiko** auf sich, weil er nur so die Chance erhält, Gewinne zu erwirtschaften. Kein Unternehmer würde das Verlustrisiko eingehen, nur um

- den Bedarf der Nachfrager zu decken,
- Güter von guter Qualität herzustellen,
- Umsätze zu machen und Marktanteile zu erringen,
- sichere Arbeitsplätze zu garantieren oder
- soziale Verantwortung zu übernehmen.

Ein Unternehmer unterwirft sich dem Verlustrisiko nur, weil er die Chance zur Gewinnerzielung nutzen will. Weil er auf lange Sicht einen hohen Gewinn einem niedrigen vorzieht, kann man die **langfristige Gewinnmaximierung als oberstes Unternehmensziel** ansehen.[2]

Ein Unternehmen wird üblicherweise eingeteilt in Funktionsbereiche (Produktion, Absatz, Finanzierung usw.). Die Unternehmensleitung orientiert sich am obersten **Unternehmensziel** (Gewinnmaximierung). Das Unternehmensziel wird in Funktionsbereichsziele zerlegt. In Abb. 5 wird dabei nur das Absatzziel weiter aufgegliedert. Das **Absatzziel** könnte darin bestehen, den eigenen Marktanteil unter Beachtung des Gewinnmaximierungsprinzips in der Planungsperiode um zwei Prozentpunkte zu erhöhen.

Im Rahmen einer Matrixorganisation[3] kann der Absatzbereich nach Produktgruppen aufgeteilt werden, die jeweils von einem Produktmanager geleitet werden. Das **Produktgruppenziel 2** kann z. B. lauten, einen Beitrag von 30% zum geplanten Jahresgewinn zu leisten.

Aus Abb. 5 läßt sich erkennen, daß sich die Produktgruppenziele in **Funktionsziele** untergliedern lassen. Die Funktionsziele können sich richten auf

---

[1] Vgl. S. 120f.
[2] Anderer Meinung z. B. Meffert, H., Marketing, a. a. O., S. 70ff., der eine Reihe gleichrangiger Unternehmensziele aufführt.
[3] Vgl. S. 187ff.

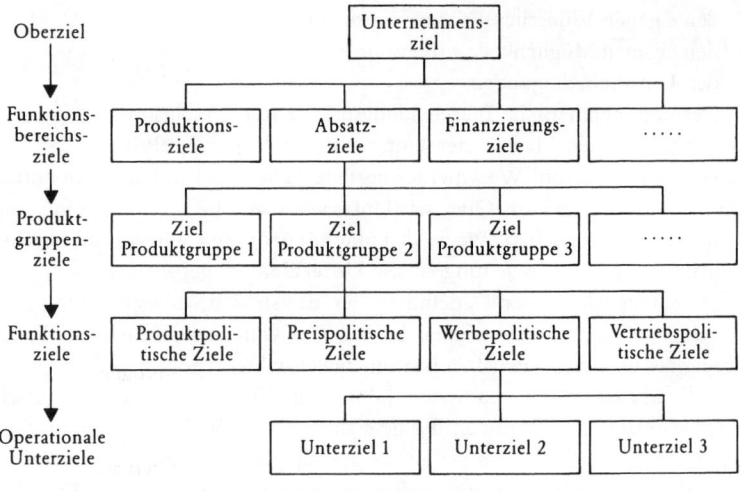

Abb. 5: Zielhierarchie im Absatzbereich

- produktpolitische Maßnahmen,
- preispolitische Maßnahmen,
- Werbeaktivitäten und
- vertriebspolitische Maßnahmen.

Damit sind wir auf der hierarchischen Ebene angelangt, die den Einsatz der vier **absatzpolitischen Instrumente** plant, durchführt und kontrolliert. Wie sich ein absatzpolitisches Funktionsziel weiter aufgliedern läßt, ist in Abb. 5 nur noch angedeutet. Nieschlag-Dichtl-Hörschgen geben ein Beispiel für die Bildung von **operationalen Unterzielen** im Bereich der **Werbung.** Die Werbung sollte dabei folgendes erreichen:

- „Bekanntheitsgrad: Das für einen speziellen Verwendungszweck konzipierte Produkt sollte am Ende des ersten Jahres 75% aller Hausfrauen bekannt sein.
- Probieranteil: 30% aller Hausfrauen sollten den Artikel im selben Zeitraum erprobt haben.
- Stammverbraucher(innen)anteil: Innerhalb derselben Frist sollten 12% aller Hausfrauen zu Stammverbraucherinnen geworden sein."[4]

Die obigen Ausführungen lassen erkennen, daß das oberste Unternehmensziel über alle hierarchischen Ebenen solange aufgegliedert wird, bis man zu den absatzpolitischen Instrumenten gelangt. Mit der Optimierung des absatzpolitischen Instrumentariums beschäftigt sich das übernächste Kapitel. Zuvor wird die Gewinnung und Auswertung von Marktinformationen (Umweltdaten) dargestellt, denn die Auswahl der absatzpolitischen Instrumente ist nicht nur von den Unternehmenszielen, sondern auch von den Umweltdaten abhängig.

---

[4] Nieschlag/Dichtl/Hörschgen, a.a.O., S. 882

III. Informationsbeschaffung im Absatzbereich

1. Der Informationsbedarf der Absatzplanung

Die Absatzplanung besteht aus einer Vorbereitungs-, Durchführungs- und Kontrollphase (siehe Abb. 6). In allen drei Phasen werden Informationen als Entscheidungshilfen benötigt, wobei die Qualität der Informationen in hohem Maße die Qualität der gesamten Absatzplanung beeinflußt.

Vorbereitungsphase	1. Situationsanalyse 2. Erstellen von Entwicklungsprognosen 3. Festlegung der Absatzziele
Durchführungsphase	4. Bestimmung der Handlungsalternativen 5. Bewertung der Handlungsalternativen 6. Entscheidung für Instrumenteneinsatz 7. Durchführung der Maßnahme
Kontrollphase	8. Kontrolle der Maßnahme

Abb. 6: Phasen der Absatzplanung

Als Ausgangspunkt der Absatzplanung sind in der **Vorbereitungsphase** zunächst in einer **Situationsanalyse** die bestehenden Marktverhältnisse zu erfassen. Ein Unternehmen definiert seine Stellung am Markt und vergleicht die bestehende mit früheren Marktsituationen. Hierdurch können Marktentwicklungen und Veränderungen der eigenen Marktposition erkannt und das Zustandekommen der derzeitigen Situation erklärt werden.

Um bei der Situationsanalyse zu detaillierten Erkenntnissen zu gelangen, bedarf es aufgrund der Komplexität der Märkte einer hohen und vielschichtigen Anzahl von Einzelinformationen, die zu erfassen und auszuwerten sind. Benötigt werden Informationen über

– das eigene Unternehmen (Einsatz der produkt-, preis-, kommunikations- und distributionspolitischen Instrumente, bisherige Absatz- und Umsatzzahlen, Marktanteile, finanzielle und technische Ressourcen),
– die Konkurrenten (deren Instrumenteneinsatz, Absatz- und Umsatzzahlen, Marktanteile sowie finanzielle und technische Ressourcen),
– den Handel als Absatzmittler (Sortimentsgestaltung und Verkaufsförderungsmaßnahmen der Händler, bestehende Verbindungen zwischen bestimmten Händlern und Produzenten),
– die Endverbraucher bzw. Konsumenten (Wer kauft warum, wo, wann und in welchen Abständen welche Produkte? Welche Bedürfnisse und Einstellungen haben die Konsumenten?) und
– die sonstigen Rahmenbedingungen (bestehende rechtliche, politische, ökonomische, technische und kulturelle Rahmenbedingungen).

Aufgabe der Situationsanalyse ist die Beschreibung und Untersuchung gegenwärtiger und vergangener Marktverhältnisse. Da die Absatzplanung jedoch grundsätzlich zukunftsorientiert ist, benötigt sie Informationen über zukünftige Marktverhältnisse. Zur Gewinnung dieser Informationen erstellt ein Unternehmen im nächsten Schritt **Entwicklungsprognosen,** wobei – ausgehend von den derzeitigen Marktverhältnissen – die voraussichtlichen Marktveränderungen geschätzt werden und dadurch die weitere Entwicklung des Marktes in der Zukunft prognostiziert wird.[1] Erst durch das Erstellen von Entwicklungsprognosen gelingt es einem Unternehmen, bestehende Marktchancen und -risiken richtig zu erkennen und abzuschätzen. Hierfür sind die voraussichtlichen Veränderungen bei sämtlichen in der Situationsanalyse ermittelten Daten zu prognostizieren.

Die Vorbereitung der Absatzplanung endet mit der **Festlegung von Absatzzielen,** die als konkrete Vorgaben für die Durchführung der Absatzplanung gelten. Die Zielbestimmung erfolgt als Abstimmungsprozeß zwischen dem betrieblichen Zielsystem und den aus der Situationsanalyse und insbesondere den Entwicklungsprognosen gewonnenen Informationen.

Zur Erreichung der Absatzziele setzt ein Unternehmen die absatzpolitischen Instrumente Produkt, Preis, Kommunikation und Distribution ein. Ein Absatzziel kann dabei grundsätzlich durch verschiedene Handlungsalternativen (Kombinationen der absatzpolitischen Instrumente, Marketing-Mix) erreicht werden. Die **Durchführungsphase** beginnt mit einer **Bestimmung sämtlicher Handlungsalternativen,** mit denen das angestrebte Absatzziel angesteuert werden könnte. Hierfür wird auf Erfahrungen früherer, ähnlicher Planungsabläufe, Vorgehensweisen der Konkurrenten und den Einsatz von Kreativitätstechniken (z. B. Brain Storming) zurückgegriffen.

Im nächsten Planungsschritt sind die alternativen **Handlungsmöglichkeiten** zielorientiert zu **bewerten.** Für jede Handlungsalternative ist eine **Wirkungsprognose** zu erstellen, die die voraussichtliche Wirkung der Maßnahme auf das angestrebte Absatzziel (den Zielerreichungsgrad) bestimmt. Man fragt sich, wie sich eine Preissenkung, eine Verbesserung der Produktqualität oder eine Erhöhung des Werbebudgets usw. auf das Absatzziel auswirken.[2]

Nach der Bewertung der Handlungsalternativen folgt die **Entscheidung für** den konkreten **Instrumenteneinsatz.** Die zuständigen Entscheidungsträger wählen aus den alternativen Handlungsmöglichkeiten jene aus, die den höchsten Zielerreichungsgrad aufweist. Hierbei sollte nicht vergessen werden, daß das Absatzziel stets dem unternehmerischen Oberziel, der langfristigen Gewinnmaximierung, untergeordnet ist.

Als Abschluß der Durchführungsphase ist die getroffene Entscheidung zu realisieren **(Durchführung der Maßnahme).** Das Unternehmen trifft die notwendigen organisatorischen Maßnahmen und setzt die gewählte Handlungsalternative um.

Die **Kontrolle der** realisierten **Maßnahme** bildet den Abschluß des Absatzplanungsprozesses **(Kontrollphase).** Es ist zu prüfen, ob die vorgegebenen Ziele erreicht wurden. Treten Abweichungen zwischen der Zielvorgabe

---

[1] Zu Entwicklungsprognosen vgl. S. 512 f.
[2] Zu Wirkungsprognosen vgl. S. 512 f.

und dem tatsächlichen Zustand auf, sind die Ursachen hierfür zu ermitteln. Das Erkennen von Abweichungsursachen liefert wichtige Informationen für eventuelle Gegensteuerungsmaßnahmen und für zukünftige ähnliche Planungsabläufe. Die Kontrollphase stellt in gewisser Weise schon wieder den Beginn einer neuen Absatzplanung dar, da die Erfassung des Istzustands als Teil einer neuen Situationsanalyse angesehen werden kann.

Der Gesamtbedarf an Informationen im gesamten Absatzplanungsprozeß läßt sich zusammenfassend folgendermaßen systematisieren:

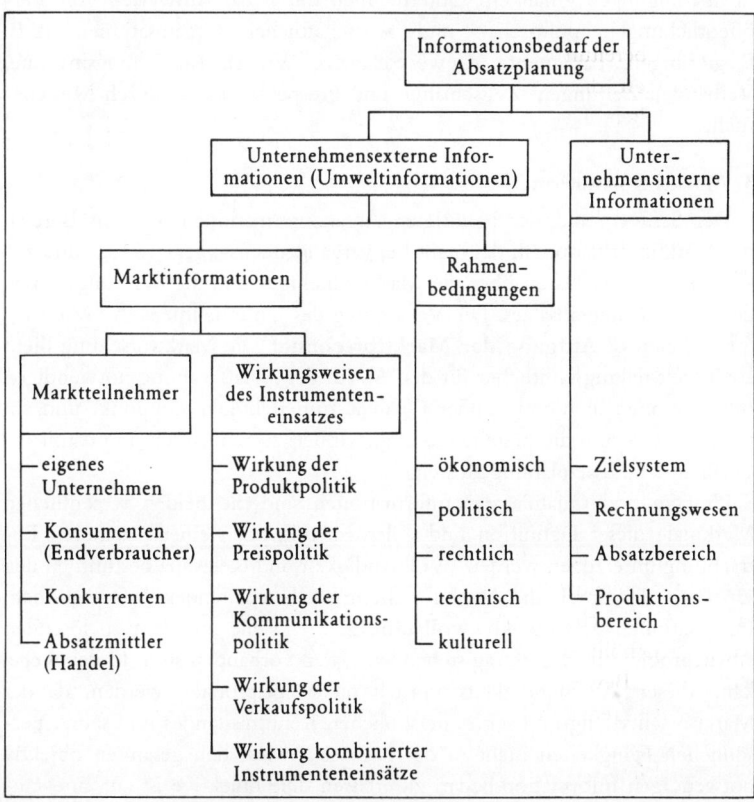

Abb. 7: Informationsbedarf der Absatzplanung

2. Marktforschung

a) Aufgabe der Marktforschung

Nachdem der Informationsbedarf ermittelt ist, stellt sich die Frage, wie die Informationen beschafft werden können.

1. Unternehmensinterne Informationen

Der Informationsbedarf an unternehmensinternen Informationen läßt sich verhältnismäßig einfach decken. Die benötigten Daten liegen entweder im

Absatzbereich selbst (Umsätze, Absatzzahlen, Daten über eigenen Instrumenteneinsatz) oder in anderen Unternehmensbereichen (Unternehmensführung, Rechnungswesen, Produktion) vor und sind lediglich zweckentsprechend auszuwählen, abzurufen und aufzubereiten.

2. Informationen über die Rahmenbedingungen

Auch dieser Typ von Informationen ist relativ einfach und ohne großen Forschungsaufwand zu beschaffen. Informationen über die relevanten Rahmenbedingungen erhält ein Unternehmen durch das Auswerten von Veröffentlichungen politischer und wirtschaftlicher Organisationen (z.B. Regierungen, Parlamente, Gewerkschaften, Wirtschaftsforschungsinstitute, Verbände), Zeitungen, Zeitschriften und Prospekten sowie durch Messebesuche.

3. Marktinformationen

Der Schwerpunkt der benötigten Absatzinformationen liegt im Bereich der Marktinformationen, das heißt bei vergangenheits-, gegenwarts- und zukunftsbezogenen Daten über die Marktteilnehmer und die Wirkungsweisen des Instrumenteneinsatzes. Die Versorgung des Unternehmens mit Marktinformationen ist **Aufgabe der Marktforschung:** Die Marktforschung dient zur Bereitstellung sämtlicher für den Ablauf der Absatzplanung notwendigen Informationen in hinreichender Qualität zum richtigen Zeitpunkt und am richtigen Ort, um die bestehende Ungewißheit zu reduzieren und damit die Qualität der Absatzplanung zu steigern.[3]

Umfang und Qualität der Informationen sind die beiden wesentlichen Merkmale dieser Definition und sollen im folgenden einer genaueren Betrachtung unterzogen werden.[4] Vollständigkeit und Relevanz bestimmen den **Umfang** der durch die Marktforschung zu beschaffenden Informationen. Informationen sind objektiv **vollständig,** wenn alle mit dem zu lösenden Absatzproblem in Beziehung stehenden Daten vorhanden sind. In der Regel kann diesem Vollständigkeitsanspruch nicht entsprochen werden, da der Marktforscher aufgrund seines persönlichen Kenntnisstandes und seiner persönlichen Fähigkeiten nicht in der Lage sein wird, den gesamten objektiv notwendigen Informationsbedarf zu erfassen. Die objektive ist auf eine subjektive (aus Sicht des Marktforschers) Vollständigkeit zu reduzieren. Des weiteren schränken ungünstige Kosten-Nutzen-Verhältnisse (der Beschaffungsaufwand ist größer als der Nutzen von Informationen) und zeitliche Restriktionen (die Informationen sind innerhalb einer bestimmten Frist zu besorgen) die Vollständigkeit weiter ein. Neben der Vollständigkeit von In-

---

[3] Üblicherweise wird zur Marktforschung auch die Erforschung der Beschaffungsmärkte gezählt (vgl. Meffert, H., Marketingforschung und Käuferverhalten, 2. Aufl., Wiesbaden 1992, S. 15f.; Böhler, H., Marktforschung, 2. Aufl., Stuttgart u.a. 1992, S. 17f.). Hiervon soll abgesehen werden, da sich dieser Abschnitt ausschließlich mit dem Absatzbereich einer Unternehmung auseinandersetzt.

[4] Vgl. Meffert, H., Marketingforschung, a.a.O., S. 180f.; Berekoven/Eckert/Ellenrieder, Marktforschung – Methodische Grundlagen und praktische Anwendung, 8. Aufl., Wiesbaden 1999, S. 26ff.

formationen ist auch auf die **Relevanz** der beschafften Daten zu achten. Es geht nicht darum, alle nur denkbaren Informationen zu beschaffen, sondern sich auf jene Informationen zu beschränken, die für das zu lösende Absatzproblem von Bedeutung sind.

Die **Qualität** von Informationen wird durch die Zuverlässigkeit (Reliabilität) und Gültigkeit (Validität) des zugrundeliegenden Erhebungs- bzw. Meßvorgangs determiniert. Informationen sind **zuverlässig,** wenn der Meßvorgang nicht durch zufällige Einflüsse beeinträchtigt wird. Das Auftreten eines **Zufallsfehlers** liegt in den meisten Fällen darin begründet, daß Marktforschungsstudien nicht als Vollerhebung, sondern als Teilerhebung in Form einer Stichprobenauswahl durchgeführt werden.[5] Wie weit das in der Stichprobe erzielte Ergebnis dem „wahren", aber unbekannten Wert der Grundgesamtheit entspricht, bleibt selbst bei einer repräsentativen Auswahl der Stichprobe teilweise dem Zufall überlassen: Eine Stichprobe kann eine Grundgesamtheit zwar repräsentieren, sie ist jedoch nie die Grundgesamtheit selbst. Zufallsfehler lassen sich nicht vermeiden, nehmen jedoch mit zunehmender Größe des Stichprobenumfangs ab.

Der Marktforscher überprüft die Zuverlässigkeit von Informationen, indem er zwei vom Konzept her vergleichbare Untersuchungen durchführt.[6] Führen beide Untersuchungen zu demselben Ergebnis, liegen zuverlässige Informationen vor; bei abweichenden Ergebnissen kann sich der Marktforscher weder auf die Resultate der einen noch der anderen Studie verlassen.

Neben der Zuverlässigkeit von Informationen ist auch deren Gültigkeit (Validität) zu überprüfen. Informationen sind **gültig (valide),** wenn die Marktforschung keinen **systematischen Fehler** begeht. Folgende Beispiele verdeutlichen eine geringe Güte von Marktforschungsstudien:

– An einem Werktag wird vormittags in einer Fußgängerzone eine Befragung zum Ernährungsverhalten durchgeführt. Problem: Die Ergebnisse lassen sich nicht verallgemeinern, da Berufstätige kaum erfaßt werden.
– In einem Supermarkt soll untersucht werden, wie sich eine Preissenkung auf den Absatz eines Produktes auswirkt. Unberücksichtigt bleibt, daß gleichzeitig das Hauptkonkurrenzprodukt wegen Lieferschwierigkeiten kurzfristig nicht angeboten wird.

b) Die Vorgehensweise (Technik) der Marktforschung

Die Marktforschung wird zur Lösung einer Vielzahl unterschiedlicher Informationsbeschaffungsprobleme im Absatzbereich herangezogen. Trotz der Differenziertheit der Anwendungen laufen jedoch nahezu alle Marktforschungsstudien nach einem einheitlichen **Grundmuster** ab. Abb. 8 zeigt vier Phasen, die eine Marktforschungsstudie idealtypischerweise durchläuft.[7]

---

[5] Zu Voll- und Teilerhebungen vgl. S. 502f.
[6] Zu den einzelnen Verfahren der Reliabilitätsmessung vgl. Berekoven/Eckert/Ellenrieder, a.a.O., S. 87; Hammann/Erichson, Marktforschung, 3. Aufl., Stuttgart, New York 1994, S. 75 ff.
[7] Vgl. Berekoven/Eckert/Ellenrieder, a.a.O., S. 36; Böhler, H., a.a.O., S. 24; Hammann/Erichson, a.a.O., S. 56

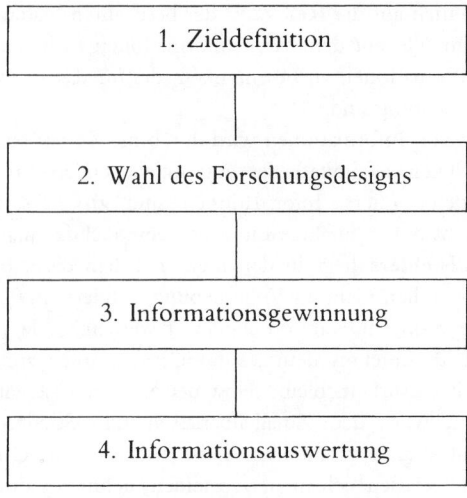

Abb. 8: Ablaufschema der Marktforschung

aa) Zieldefinition

Der Ausgangspunkt für den Beginn eines Marktforschungsprozesses liegt im Vorhandensein eines Informationsdefizits im Absatzbereich einer Unternehmung. Zur Lösung eines Absatzproblems fehlen wichtige Marktdaten als Entscheidungshilfen. Die Marktforschung wird beauftragt, die fehlenden Informationen durch eine Forschungsstudie zu beschaffen. Aus dem vorliegenden Absatzproblem hat der Marktforscher das angestrebte **Forschungsziel** abzuleiten. Das Forschungsziel gibt Art, Ausmaß und Qualität der benötigten Informationen an.

Diesem einfach erscheinenden Schritt kommt eine große Bedeutung zu, da ein Fehler in der Zieldefinition sich im gesamten Prozeß fortpflanzt. Nur wenn sich das Marktforschungsziel direkt aus dem Absatzproblem ergibt und klar und deutlich formuliert ist, kann sichergestellt werden, daß auch wirklich das erforscht wird, was erforscht werden sollte. Zu weit oder nur vage gefaßte Zielformulierungen können zum einen dazu führen, daß zuviel erforscht wird und dabei wertvolle Ressourcen in zeitlicher und finanzieller Hinsicht vergeudet werden. Zum anderen können unpräzise Zielformulierungen bewirken, daß um das Absatzproblem herumgeforscht wird und die bereitgestellten Informationen nicht zur Beseitigung des eigentlichen Informationsdefizits beitragen.

bb) Wahl des Forschungsdesigns

Unter **Wahl des Forschungsdesigns** versteht man die Festlegung des grundsätzlichen Untersuchungsaufbaus und -ablaufs. Der Marktforscher bestimmt die in den nachfolgenden Phasen anzuwendenden Verfahren der Informationsgewinnung und -auswertung. Aufgrund der Vielfalt existierender Forschungsdesigns sollen an dieser Stelle nur drei Grundtypen vorgestellt werden. Sie leiten sich aus der **Forschungsart** ab, die durch das Absatzproblem und die Zielformulierung vorgegeben wird.[8]

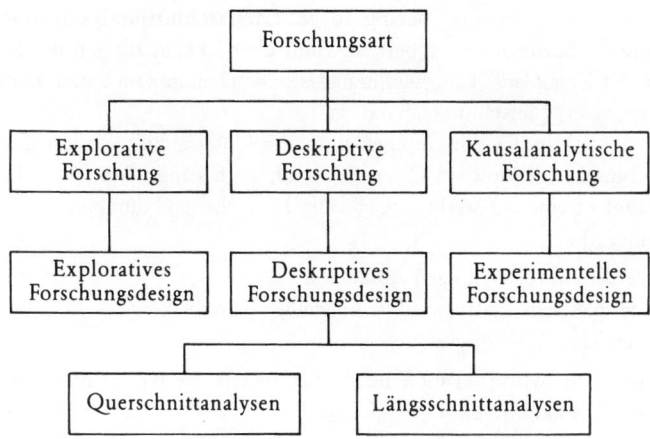

Abb. 9: Forschungsart und Forschungsdesign

Ein **exploratives Forschungsdesign** wird eingesetzt, wenn über das zu untersuchende Problem gar keine oder nur wenige Informationen vorliegen. Es sollen Basisinformationen gesammelt werden, die erste Erkenntnisse über mögliche Lösungsmöglichkeiten liefern und als Ausgangspunkt für weiterführende Untersuchungen (deskriptiver oder kausalanalytischer Art) dienen. Vom Marktforscher wird hierbei ein hohes Maß an Flexibilität und Kreativität verlangt.

In explorativen Untersuchungen steht nicht die Ermittlung quantitativer Zusammenhänge, sondern das Erfassen qualitativer Ausprägungen im Vordergrund. An die Repräsentativität der Ergebnisse werden keine hohen Ansprüche gestellt. Häufigstes Anwendungsgebiet explorativer Forschungsdesigns bei der Absatzplanung ist die Bestimmung möglicher Handlungsalternativen, mit denen ein Absatzziel erreicht werden kann. Beispiele für den Einsatz explorativer Forschungsdesigns finden sich im zugehörigen Übungsbuch.

Die **deskriptive Forschung** dient zur quantitativen Beschreibung von Markttatbeständen (Absatzzahlen, Marktanteile, Einkaufshäufigkeiten der Konsumenten usw.) und deren zeitlicher Entwicklung. Im Absatzplanungsprozeß finden deskriptive Forschungen hauptsächlich im Rahmen der Situationsanalyse und der Maßnahmenkontrolle Anwendung. Des weiteren liefern deskriptive Forschungen Informationsgrundlagen zur Erstellung von Prognosen. Im Gegensatz zur explorativen Forschung verfügt der Marktforscher bei der deskriptiven Forschung bereits über ein gewisses Maß an Informationen über den Untersuchungsgegenstand, wodurch die Forschungsziele und -abläufe konkret festgelegt werden können.

---

[8] Vgl. Green/Tull, Methoden und Techniken der Marktforschung, 4. Aufl., Stuttgart 1982, S. 61 ff.; Böhler, H., a.a.O., S. 30 ff.

Die deskriptive Forschung verwendet zwei Arten von Forschungsdesigns: Querschnittanalysen und Längsschnittanalysen. **Querschnittanalysen** sind zeitpunktbezogen und werden zur Beschreibung von Markttatbeständen an einem bestimmten Stichtag herangezogen. **Längsschnittanalysen** hingegen sind zeitraumbezogen und geben Auskunft über Veränderungen der Marktgrößen im Zeitablauf. Längsschnittanalysen betrachten somit den Zeitraum zwischen zwei Querschnittanalysen.

Ein für deskriptive Forschungen typisches Untersuchungsdesign sind Panelerhebungen, die sowohl Querschnitt- als auch Längsschnittdaten liefern. Ein **Panel** ist eine auf Verbraucher- oder Handelsebene durchgeführte Teilerhebung,[9] die

– wiederholt in regelmäßigen Abständen,
– mit der gleichen Teilauswahl (den gleichen Testobjekten),
– zum gleichen Untersuchungsgegenstand

vorgenommen wird.[10] Panelerhebungen bieten wertvolle Informationen über den Zustand und die Entwicklung

– von Absatz- und Umsatzzahlen sowie Marktanteilen,
– des Preisniveaus,
– des Käuferverhaltens (z. B. Wiederkaufverhalten, Markenwechsel, Kaufhäufigkeiten),
– der einzelnen Marktsegmente (Käufersegmente wie Rentner, Singles, Akademiker, Handelssegmente) und
– der vorgenommenen Verkaufsförderungsaktivitäten.

Deskriptive Forschungsdesigns beschreiben zwar Markttatbestände und Marktentwicklungen, erklären jedoch nicht die Ursachen ihres Zustandekommens. Die Frage nach dem „Warum" eines beobachteten Marktphänomens ist Gegenstand **kausalanalytischer Forschungen:** Zusammenhänge sollen ergründet und in Form einer **Ursache-Wirkung-Beziehung** dargestellt werden. Je besser der Informationsstand über die Ursachen von Marktphänomenen bzw. die Wirkung von Maßnahmen ist, desto effektiver läßt sich die Absatzpolitik einsetzen. Beispiele für kausalanalytische Forschungen finden sich im zugehörigen Übungsbuch.

Kausalanalytische Untersuchungen verwenden experimentelle Forschungsdesigns. Unter einem **Experiment** versteht man einen Forschungsaufbau, mit dem in einer kontrollierten und bewußt beeinflußten Umgebung ein bestimmter Sachverhalt oder ein Ablauf untersucht wird. Folgende Elemente charakterisieren ein experimentelles Forschungsdesign:[11]

– **Unabhängige Variable (Experimentiervariable):** Die absatzpolitische Maßnahme, deren Einsatz isoliert variiert wird und deren Wirkung gemessen werden soll (z. B. Preis, Werbemaßnahme, Verpackung, Serviceleistung, Regalplazierung).

---

[9] Vgl. S. 502 f.
[10] Hammann/Erichson, a. a. O., S. 137
[11] Angelehnt an Meffert, H., Marketingforschung, a. a. O., S. 207 f.

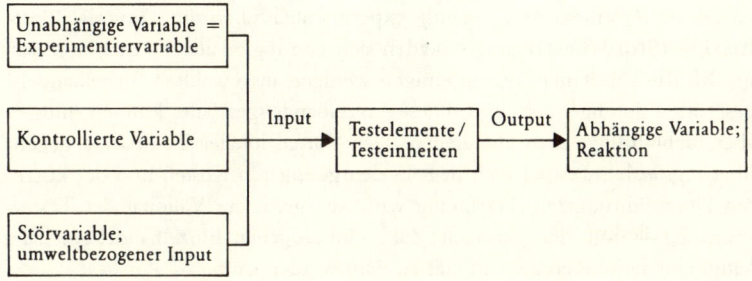

Abb. 10: Elemente eines Experiments

- **Abhängige Variable:** Größe, an der die Wirkung der Variation der unabhängigen Variable gemessen wird (z. B. Absatzzahlen, Marktanteil, Werbeerinnerung, Imagewert).
- **Testelemente/-einheiten:** Objekte, an denen das Experiment durchgeführt wird (Personen, Einzelhandel oder Produkte).
- **Kontrollierte Variablen:** Die Variablen, die nicht untersucht werden sollen und deren Einsatz direkt gesteuert werden kann (z. B. alle weiteren eigenen absatzpolitischen Instrumente außer der unabhängigen Variablen).
- **Störvariablen:** Einflußgrößen, die im Gegensatz zu den kontrollierten Variablen nicht direkt beeinflußt werden können (z. B. Konkurrenzmaßnahmen, saisonale und konjunkturelle Einflüsse).

Die Güte von Experimenten hängt entscheidend davon ab, inwiefern es gelingt, den Einfluß der Störvariablen zu eliminieren bzw. zu kontrollieren. Bei einer vollständigen Kontrolle der Störvariablen (z. B. Ausbleiben von Konkurrenzreaktionen) läßt sich die eingetretene Reaktion einzig auf die Variation der unabhängigen Experimentiervariablen (z. B. Preisänderung) zurückführen. Zur Kontrolle der Störvariablen werden die Testelemente in zwei sich in ihrer Struktur vergleichbare Gruppen (**Experimentiergruppe** und **Kontrollgruppe**) eingeteilt. Bei der Experimentiergruppe erfolgt eine Variation der unabhängigen Variable, während bei der Kontrollgruppe die ursprünglichen Bedingungen bestehen bleiben. Durch die Strukturgleichheit der Experimentier- und Kontrollgruppe liegt die Ursache für eventuelle unterschiedliche Reaktionen allein in der Experimentiervariablen begründet.[12]

Experimente können als Labor- oder Feldexperimente durchgeführt werden. **Laborexperimente** finden marktfern in einer künstlichen Umgebung (z. B. einem Studio), **Feldexperimente** (Marktexperimente, Testmärkte) marktnah in einer natürlichen Umgebung (z. B. einem Testmarkt) statt. Die Unterschiede zwischen Labor- und Feldexperimenten sind zusammenfassend aus der Abb. 11 ersichtlich.

Typische Formen von Feldexperimenten sind regionale und lokale Testmärkte. Bei einem **regionalen Testmarkt (Markttest)** wird die Wirkung einer Marketing-Maßnahme in einem als repräsentativ erachteten regionalen

---

[12] Näheres zur Kontrolle der Störvariablen siehe Böhler, H., a. a. O., S. 33 ff.; Berekoven/Eckert/Ellenrieder, a. a. O., S. 152 ff.

Gebiet (z. B. einem Bundesland) experimentell überprüft. **Lokale Testmärkte (Store-Tests)** unterscheiden sich von regionalen Testmärkten darin, daß das Experiment nur in einigen wenigen ausgewählten Einzelhandelsgeschäften durchgeführt wird. Diese Einzelhandelsgeschäfte können, müssen aber nicht örtlich zusammenliegen. Der Vorteil lokaler Testmärkte gegenüber regionalen Testmärkten liegt in den geringeren Kosten und der kürzeren Durchführungszeit. Nachteilig wirkt die geringere Validität der Testergebnisse, da mit der geringen Zahl einbezogener Einzelhandelsgeschäfte kaum eine hohe Repräsentativität erreicht werden kann.

Laborexperimente	Feldexperimente
– unrealistische Umweltbedingungen, da marktfern – gute Kontrolle der Störvariablen (z. B. Konkurrenzaktivitäten) – unnatürliche Verhaltensweisen der Testteilnehmer, da realitätsfern – Geheimhaltung gegenüber der Konkurrenz möglich – geringere Kosten – kürzere Dauer	– realistische Umweltbedingungen, da marktnah – schlechte Kontrolle der Störvariablen – natürliche Verhaltensweisen der Testteilnehmer, da realitätsnah – Geheimhaltung gegenüber der Konkurrenz nicht möglich – höhere Kosten – längere Dauer

Abb. 11: Unterschiede zwischen Labor- und Feldexperimenten

Eine Sonderform lokaler Testmärkte bilden **Minimarkttests.** Bei dieser Art von Marktexperimenten werden repräsentativ zusammengestellte Test-Haushalte (Panel-Haushalte) über Kabelfernsehen mit speziellen Werbesendungen angesprochen. Anschließend wird das Einkaufsverhalten der Test-Haushalte in ausgewählten Einzelhandelsgeschäften über Scanner-Kassen erfaßt. Minimarkttest liefern trotz der geringen Zahl einbezogener Haushalte und Einzelhandelsgeschäfte aufgrund der exakten Steuerung und Erfassung des Kaufverhaltens gute Testergebnisse. (**ÜB 4**/9–11)

cc) Informationsgewinnung

Durch die Wahl des Forschungsdesigns steht der weitere Ablauf der Untersuchung in seiner Grundstruktur fest. Noch ungelöst sind Fragen hinsichtlich des konkreten Vorgehens bei der Informationsgewinnung. Ausgangspunkt der Informationsgewinnung ist eine Entscheidung über die zu verwendende **Informationsgewinnungsmethode.** Der Marktforscher kann sich die benötigten Informationen grundsätzlich über eine Primär- oder Sekundärforschung besorgen. Bei einer **Primärforschung** (field research) werden die zu beschaffenden Informationen durch eine Marktforschungsstudie neu erhoben. Eine **Sekundärforschung** (desk research) verarbeitet vorhandene, bereits früher selbst oder von einem Dritten für einen anderen oder ähnlichen Zweck erhobene Daten. Bei beiden Methoden können die Daten sowohl aus **internen** als auch aus **externen Quellen** gewonnen werden:

III. Informationsbeschaffung im Absatzbereich 499

	Sekundärerhebung	Primärerhebung
innerbetrieblich	– Absatzstatistik – Kostenrechnung – Außendienstberichte	– Befragung des Außendienstes
außerbetrieblich	– Amtliche Statistik – Verbandsstatistiken – Standardisierte Marktinformationsdienste (Verbraucher- und Handelspanels, Media-Analysen)	– Befragung bzw. Beobachtung von Endabnehmern oder des Handels

Abb. 12: Informationsgewinnungsmethoden und Informationsquellen[13]

Insbesondere aus Zeit- und Kostengründen sollte zunächst immer versucht werden, die benötigten Informationen über eine Sekundärforschung zu gewinnen. Eine teurere und aufwendigere Primärforschung erfolgt nur, wenn kein ausreichendes Sekundärmaterial verfügbar ist, weil über das zu untersuchende Problem keine Daten vorliegen, vorhandene Daten eine mangelnde Aktualität, Sicherheit oder Detailliertheit aufweisen oder der Umfang der verfügbaren Daten unzureichend ist.

Mit der Entscheidung für eine Sekundärforschung ist der Informationsgewinnungsprozeß mit dem Erhalt der Informationen aus den entsprechenden Datenquellen abgeschlossen. Bei einer Primärforschung hingegen sind vor der eigentlichen Datenerhebung weitere Fragen bezüglich der anzuwendenden **Erhebungsmethode** (Befragung oder Beobachtung) und des **Erhebungsumfangs** (Voll- oder Teilerhebung) zu klären, die im folgenden behandelt werden (siehe Abb. 13).

Die meisten Primärforschungen verwenden eine **Befragung** als Erhebungsmethode. Eine Befragung wird durch die verwendete Kommunikationsform, Befragungsstrategie und Befragungstaktik charakterisiert.[14] Die **Kommunikation** zwischen dem Befrager (Interviewer) und dem Befragten (Auskunftsperson) kann mündlich, telefonisch oder schriftlich erfolgen. **Mündliche Befragungen** sind durch einen direkten Kontakt zwischen Interviewer und Befragtem gekennzeichnet, wobei der Interviewer die Fragen stellt und die Antworten notiert. Auch bei **telefonischen Befragungen** erfolgt die Fragestellung und das Aufzeichnen der Antworten durch einen Interviewer, allerdings sind Befrager und Befragter räumlich voneinander getrennt. Bei **schriftlichen Befragungen** erhält die Auskunftsperson in der Regel per Post einen Fragebogen zugesandt und schickt ihn ausgefüllt zurück.

Bei der auszuwählenden **Befragungsstrategie** reicht das Spektrum von streng standardisierten bis zu vollkommen nicht-standardisierten Fragestellungen. Bei streng **standardisierten Befragungen** sind die Fragestellungen

---
[13] Entnommen aus Böhler, H., a.a.O., S. 54
[14] Vgl. Behrens, K. Ch., Demoskopische Marktforschung, 2. Aufl., Wiesbaden 1966, S. 35 ff.; Böhler, H., a.a.O., S. 77 ff.; Green/Tull, a.a.O., S. 95 ff.

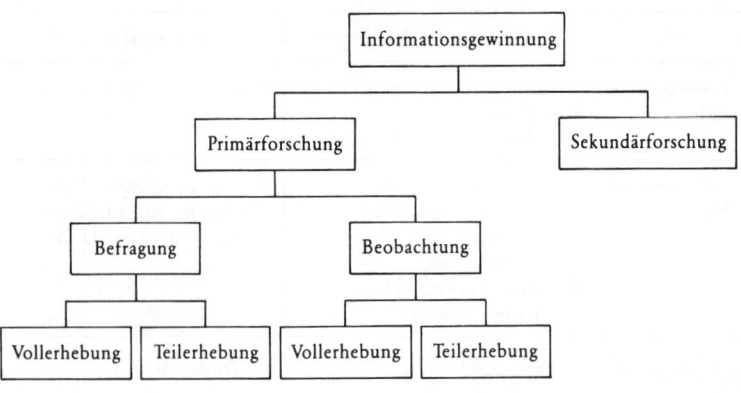

Abb. 13: Ablauf der Informationsgewinnungsphase

und die Fragereihenfolge fest vorgegeben. Auch die Antwortmöglichkeiten stehen fest (geschlossene Fragestellungen; z.B. ja/nein). Standardisierte Fragebögen eignen sich für wohlbekannte Themenkreise, engen den Interviewereinfluß ein und bieten eine gute Vergleichbarkeit und Quantifizierbarkeit der Ergebnisse. Nachteilig wirkt hingegen der inflexible Aufbau, der keinen Spielraum für individuelle Situationen zuläßt. Bei einer vollkommen **nicht-standardisierten Befragung** wird vom Marktforscher nur das Thema und Ziel der Befragung vorgegeben, in der konkreten Ablaufgestaltung bleibt der Interviewer völlig frei. Dem Befragten werden keine Antwortmöglichkeiten vorgegeben (offene Fragen). Die Vorteile (Nachteile) der nicht-standardisierten Befragung entsprechen den Nachteilen (Vorteilen) der standardisierten Befragung. Die Marktforschungspraxis verwendet in den meisten Fällen keinen der beiden vorgestellten Extrempole der Befragungsstrategie, sondern benutzt **teilstandardisierte Fragebögen:** Ein Kernbereich wird fest vorgegeben, ansonsten bleibt dem Interviewer ein individueller Gestaltungsspielraum überlassen.

Bezüglich der **Befragungstaktik** kann zwischen direkten und indirekten Fragestellungen gewählt werden. Bei einer **direkten Fragestellung** wird der zu erforschende Sachverhalt ohne Umschweife angesprochen („Wie alt sind Sie?", „Ist Ihnen bei Ihrem Einkauf das neue Produkt A aufgefallen?"). Der Anwendungsbereich direkter Fragen beschränkt sich auf Themenbereiche, bei denen die Auskunftspersonen bereitwillig eine Antwort geben. Bei Sachverhalten, die den Persönlichkeitsbereich des Befragten berühren bzw. als unangenehm empfunden werden (z.B. Fragen nach der Konsumhäufigkeit von Alkohol), greift der Marktforscher auf **indirekte Fragestellungen** zurück. Durch psychologisch geschickte Frageformulierungen wird versucht, mittelbar Auskünfte über den Untersuchungsgegenstand zu erhalten. Indirekte Fragestellungen dienen darüber hinaus zur Erforschung von Verhaltensweisen, Einstellungen und Motiven,[15] deren sich die Auskunftspersonen selbst nicht bewußt sind und über die sie demzufolge auch keine direkte

---

[15] Vgl. S. 504 ff.

III. Informationsbeschaffung im Absatzbereich

Antwort geben können. (Warum kauft ein Kunde die Marke A und nicht die gleichwertige Marke B? Warum wählt ein Kunde eine bestimmte Route durch einen Supermarkt?)

Neben der Befragung stellt die **Beobachtung** die zweite Erhebungsmethode der Primärforschung dar. Die Beobachtung ist im Gegensatz zur Befragung nicht auf die Auskunftsbereitschaft von Personen angewiesen, wodurch die Repräsentanz der Ergebnisse nicht durch auskunftsunwillige Personen, einen eventuellen Interviewereinfluß oder das Erinnerungsvermögen der Befragten beeinträchtigt wird. Die Stärken der Beobachtung liegen in der Erfassung selbstverständlicher, unreflektierter und nichtabfragbarer Sachverhalte (z.B. Verhaltensweisen von Kunden in einem Kaufhaus, Betrachten von Schaufenstern). Andererseits beschränkt sich die Beobachtung auf die Erfassung äußerlicher Merkmale. Eine Vielzahl interessanter Sachverhalte (Motive, Meinungen, Images) entzieht sich somit einer Beobachtung.[16]

Bezüglich der Rolle des Beobachters lassen sich teilnehmende und nichtteilnehmende Beobachtungen unterscheiden. Bei einer **teilnehmenden Beobachtung** nimmt der Beobachter aktiv an der Beobachtung teil. Die Beobachtung ist **offen,** wenn sich die Testperson der Tatsache, daß sie beobachtet wird, bewußt ist. (Der Beobachter begleitet einen Außendienstmitarbeiter auf seiner Tour, um Informationen über Veränderungsmöglichkeiten im Außendienst zu erhalten.) Da diese Kenntnis häufig zu Verhaltensänderungen seitens der Testperson führt (Beobachtungseffekt), werden **verdeckte** Beobachtungen bevorzugt. (Der Beobachter geht als Kunde in ein Fachgeschäft für Unterhaltungselektronik, um die Qualität der Beratung zu beurteilen.)

Bei **nicht-teilnehmenden Beobachtungen** setzt der Marktforscher technische Geräte (z.B. Scannerkassen, Kameras, Video) ein, mit denen er Verhaltensweisen aufzeichnet. Durch nicht-teilnehmende Beobachtungen können zum Beispiel
- Verkäufe an Scannerkassen aufgezeichnet,
- die Wege der Kunden durch einen Supermarkt (Kundenlaufstudien) bestimmt oder
- durch ein eingebautes Gerät im Fernseher die von bestimmten Haushalten eingeschalteten Fernsehprogramme ermittelt werden.

Eine Primärforschung kann hinsichtlich der Anzahl der in die Befragung bzw. Beobachtung einzubeziehenden Testobjekte als Voll- oder Teilerhebung konzipiert sein (siehe Abb. 14). In **Vollerhebungen** werden die relevanten Daten bei jedem Element der zugrundeliegenden Grundgesamtheit (z.B. alle potentiellen Käufer eines Produktes; alle Geschäfte, die ein bestimmtes Produkt im Sortiment führen) erhoben. Vollerhebungen kommen aus Kosten- und Zeitgründen in der Marktforschung nur bei relativ kleinen Grundgesamtheiten (in der Regel im Investitionsgüterbereich: Nachfrager einer Spezialmaschine) vor. In den meisten Fällen beschränkt sich

---

[16] Vgl. S. 504 ff.

die Marktforschung auf eine **Teilauswahl (Stichprobe),** die ein möglichst realistisches (repräsentatives) Abbild der Grundgesamtheit verkörpert. Die Daten werden in der Stichprobe erhoben und die erzielten Ergebnisse im Wege des Repräsentationsschlusses auf die Grundgesamtheit hochgerechnet.[17] Bei der Festlegung der Größe der Teilauswahl hat der Marktforscher zwischen der Genauigkeit und den Kosten der Teilauswahl abzuwägen: Je größer (kleiner) die Teilauswahl, desto höher (kleiner) ist die Genauigkeit der Ergebnisse, desto höher (geringer) sind aber auch die entstehenden Kosten.[18]

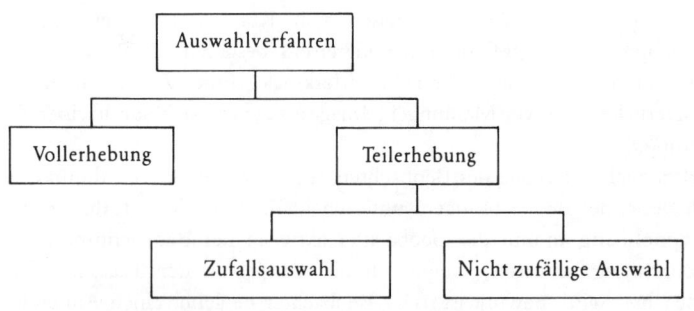

Abb. 14: Auswahlverfahren

Erfolgt die Teilauswahl nach dem Zufallsprinzip **(Zufallsauswahl),** besitzt jedes Element der Grundgesamtheit eine statistisch berechenbare und von Null verschiedene Wahrscheinlichkeit, in die Stichprobe zu gelangen. Legt der Marktforscher dagegen die Auswahl nach subjektivem Ermessen fest, liegt eine **nichtzufällige Auswahl** ohne Wahrscheinlichkeitswerte vor. Zufällige Auswahlverfahren haben den Vorteil, daß der Zufallsfehler (die Verläßlichkeit bzw. Reliabilität der Untersuchung) berechenbar ist und nur der systematische Fehler (die Gültigkeit bzw. Validität der Untersuchung) als unbekannte Größe übrigbleibt. Dagegen liegen die Nachteile der Zufallsauswahl in den höheren Kosten und der im allgemeinen längeren Zeitdauer der Erhebungen. Auch besteht keine Möglichkeit, Testobjekte bei Verweigerung oder Einstellung der Mitarbeit auszutauschen, weil dadurch das Zufallsprinzip durchbrochen würde.

dd) Informationsauswertung

An den Informationsgewinnungsprozeß schließt sich die **Informationsauswertung** an, in der die Marktforschung die erhobenen Daten **zielbezogen analysiert.** Hierfür steht dem Marktforscher ein breites Spektrum von **Analyseverfahren** (Auswertungsverfahren) zur Verfügung:

---

[17] Um festzustellen, ob die in einer Teilauswahl erzielten Ergebnisse auf die Grundgesamtheit übertragbar sind, stehen dem Marktforscher verschiedene Testverfahren zur Verfügung. Vgl. Böhler, H., a. a. O., S. 140 ff. und S. 172 ff.
[18] Die Bestimmung des Stichprobenumfangs wird ausführlich bei Green/Tull, a. a. O., S. 202 ff. behandelt.

III. *Informationsbeschaffung im Absatzbereich* 503

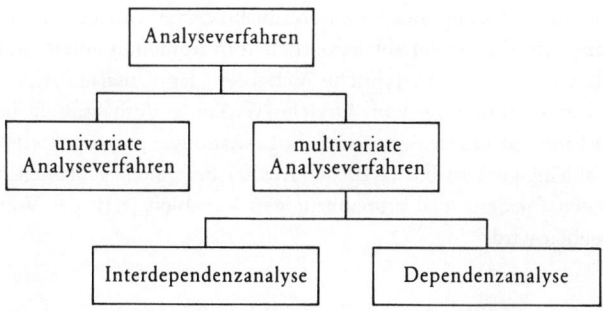

Abb. 15: Analyseverfahren der Marktforschung

Univariate Analyseverfahren[19] beziehen nur eine einzige Variable in die Auswertung ein. Dadurch sind der Erklärungskraft univariater Analyseverfahren enge Grenzen gesetzt. Dennoch kann die Betrachtung nur einer Variablen in gewissen Situationen sinnvoll sein:
- Die Untersuchung beschränkt sich auf eine Variable (z. B. Ermittlung des Bekanntheitsgrads eines Produktes).
- Neben einer zusammenhängenden Analyse mehrerer Variablen liefern auch isolierte Betrachtungen einzelner Variablen aussagekräftige Ergebnisse (z. B. Charakterisierung von Kunden eines Supermarktes anhand einzelner Merkmale wie Alter, Beruf, Einkommen und Wohnort).
- Durch univariate Analysen werden erste Erkenntnisse gewonnen, die als Grundlage für weiterführende multivariate Analysen dienen.

Multivariate Analyseverfahren werten Zusammenhänge zwischen zwei oder mehr Variablen aus. In Form von **Interdependenzanalysen** untersuchen sie wechselseitige Beziehungen zwischen Variablen bzw. Objekten. Die Fragestellungen könnten beispielsweise lauten: Welche gegenseitigen Zusammenhänge bestehen zwischen dem Alter, dem Einkommen und dem Bildungsstand von Käufern von Pauschalreisen? Lassen sich die Kunden von Lebensmitteldiscountern hinsichtlich ihrer Kaufgewohnheiten zu Gruppen zusammenfassen? Desweiteren dienen Interdependenzanalysen zur Verdichtung umfangreicher, unpraktikabler Datenmengen auf handhabbarere Datenbestände, indem gleichartige Variablen oder Objekte zusammengefaßt werden. Die geläufigsten Verfahren der Interdependenzanalyse sind die Faktorenanalyse, die Clusteranalyse und die Multidimensionale Skalierung.[20]

Während Interdependenzanalysen gegenseitige Beziehungen zwischen Variablen untersuchen, liefern **Dependenzanalysen** Aussagen über einseitige Abhängigkeitsverhältnisse. Die Variablen werden in eine oder mehrere abhängige Variablen (**Kriteriumsvariablen;** z. B. Absatz, Marktanteil, Be-

---

[19] Zu univariaten Analysemethoden siehe Böhler, H., a. a. O., S. 164 ff.
[20] Eine ausführliche Darstellung der Verfahren der Interdependenzanalyse findet sich bei Backhaus, K., u. a., Multivariate Analysemethoden, 8. Aufl., Berlin u. a. 1996, S. 189 ff.

kanntheitsgrad) und eine oder mehrere unabhängige Variablen (**Prädiktorvariablen;** z. B. Einsatz der absatzpolitischen Instrumente) unterteilt. Dependenzanalysen stellen somit typische Verfahren der kausalanalytischen Forschung zur Bestimmung von Ursache-Wirkungs-Verhältnissen dar. Des weiteren kann anhand der gewonnenen Erkenntnisse prognostiziert werden, wie die abhängige Variable (z. B. der Absatz) bei einem geplanten bzw. zu erwartenden Einsatzgrad der unabhängigen Variablen (z. B. des Werbebudgets) aussehen wird.[21]

3. Ausgewählte Anwendungsgebiete der Marktforschung

a) Käuferverhalten

Obwohl die Verhaltensforschung keinen eigentlichen Forschungsgegenstand der Betriebswirtschaftslehre darstellt, sondern primär der Psychologie und Soziologie zuzuordnen ist, gehören Erkenntnisse über das Verhalten der Nachfrager und Konkurrenten zu den wesentlichen informatorischen Grundlagen der Absatzplanung. Die Verhaltensweisen dieser Gruppen und das eigene Verhalten determinieren die Marktsituation und entscheiden somit über Erfolg bzw. Mißerfolg des Unternehmens. Marktanteile, Umsätze und Gewinne sind das Resultat der aggregierten Verhaltensweisen der Marktteilnehmer. Je besser es einem Anbieter gelingt, das Nachfrager- und Konkurrentenverhalten auf der einen Seite und das eigene Verhalten auf der anderen Seite zielbezogen aufeinander abzustimmen, desto stärker wird die Stellung des Unternehmens am Markt sein. Denn nur wer die Verhaltensweisen insbesondere der Nachfrager und deren Bedürfnisse und Einstellungen genau kennt und mit einer bedürfnisbefriedigenden und bedürfnisweckenden Absatzpolitik antwortet, kann Absatzwiderstände überwinden und sich einen Wettbewerbsvorsprung sichern.

Die **Ziele der** auf den Absatzbereich einer Unternehmung bezogenen **Verhaltensforschung** bestehen daher in
- dem Erkennen von Verhaltensweisen (Wie verhalten sich die Nachfrager bzw. Konkurrenten?),
- dem Ergründen von hinter dem Verhalten stehenden Ursachen (Warum verhalten sich die Nachfrager bzw. Konkurrenten in einer bestimmten Art und Weise?),
- der Prognose von voraussichtlichen Veränderungen der Verhaltensweisen (Mit welchen Veränderungen im Verhalten der Nachfrager und Konkurrenten ist in Zukunft zu rechnen?) und
- der im Interesse des eigenen Unternehmens zielgerichteten Beeinflussung und Steuerung des Verhaltens der Abnehmer und Konkurrenten durch den Einsatz des absatzpolitischen Instrumentariums.

Die Verhaltensforschung läßt sich folgendermaßen einteilen:

---

[21] Zu den einzelnen Verfahren der Dependenzanalyse siehe Backhaus, K. u. a., Analysemethoden, a. a. O., S. 1 ff.

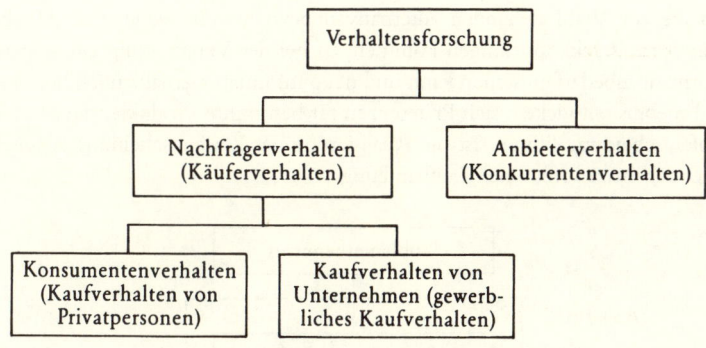

Abb. 16: Teilgebiete der Verhaltensforschung

Im folgenden werden nur die Grundzüge des **Konsumentenverhaltens** näher erläutert. Dies geschieht aus zwei Gründen: Zum einen liegt der Schwerpunkt der marketingorientierten Verhaltensforschung eindeutig beim Konsumentenverhalten, zum anderen ist die Mehrzahl der Produktionsunternehmen im Konsumgüterbereich tätig. Die Erforschung des Konsumentenverhaltens befaßt sich mit der Beschreibung, Erklärung und Prognose von (privaten) Kaufentscheidungsprozessen. Dabei ist von verschiedenen Typen von Kaufentscheidungen auszugehen:[22]

1. Impulsive Kaufentscheidungen

Impulsive Kaufentscheidungen sind ungeplante, emotionale Kaufhandlungen. Der spontane Kauf wird durch starke Reize ausgelöst (z.B. durch eine interessante und verlockende Warenplazierung im Geschäft oder im Schaufenster) und beinhaltet in den meisten Fällen ein geringes finanzielles Risiko bei einem Fehlkauf.

2. Habitualisierte (gewohnheitsmäßige) Kaufentscheidungen

Diese Art der Kaufentscheidung läuft quasi routinemäßig und automatisch ab. Sie ist hauptsächlich bei bekannten, wohlvertrauten Produkten, die häufig gekauft werden (z.B. Güter des täglichen Bedarfs), anzutreffen.

3. Extensive Kaufentscheidungen

Extensive Kaufentscheidungen sind vor allem beim Kauf teurer, langlebiger Gebrauchsgüter zu beobachten, bei denen bei einer Fehlentscheidung ein hohes finanzielles Risiko besteht. Beim Konsumenten findet ein langer, ausführlicher Entscheidungsprozeß statt (Abb. 17).[23] Am Anfang des Prozesses steht die Problemerkenntnis, d.h. die Feststellung eines Bedürfnisses (z.B. nach einem Fertighaus). Der Problemerkenntnis schließt sich eine umfangreiche Informationsaufnahme und -verarbeitung an. Informationen aus externen Quellen (z.B. Werbung, Familie) und internen Quellen (Gedächtnis) werden aufgenommen

---

[22] Vgl. Weinberg, P., Das Entscheidungsverhalten der Konsumenten, Paderborn u.a. 1981, S. 12ff.
[23] Vgl. Kuß, A., Käuferverhalten, Stuttgart 1991, S. 26ff.

und die zur Wahl stehenden Alternativen bewertet und verglichen. Hierbei kann es zu Rückkoppelungen kommen, da bei der Verarbeitung ein weiterer Informationsbedarf entstehen kann und neue Informationen aufzunehmen sind. Als Ergebnis entwickeln sich Präferenzen für bestimmte Produkte, die zu einer Kaufentscheidung führen. Ist die Realisierung der Kaufentscheidung möglich, endet der Prozeß mit einer Kaufhandlung.

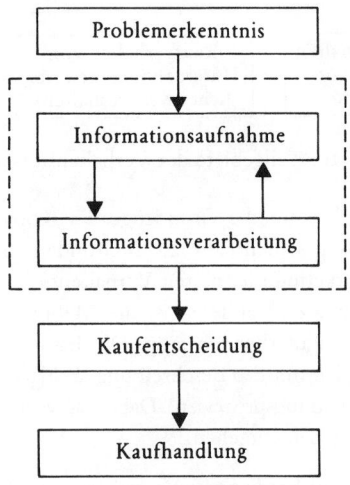

Abb. 17: Prozeß einer extensiven Kaufentscheidung

4. Limitierte (vereinfachte) Kaufentscheidungen

Hierbei durchläuft der Konsument nur einen eingeschränkten, verkürzten Entscheidungsprozeß. Er beendet den Entscheidungsprozeß, sobald er ein Produkt gefunden hat, das seinen Ansprüchen und Vorstellungen genügt. Weitere Produktalternativen bleiben unberücksichtigt. Andere Gründe für eine Limitation können in einer Beschränkung der Auswahl auf bekannte Produkte, zeitlichen Restriktionen oder einfach Bequemlichkeit liegen. Beispielhaft sei hier der Kauf von Kleidung oder Schuhen erwähnt.

Zur Analyse der den einzelnen Typen zugrundeliegenden Kaufentscheidungsprozessen hat die Verhaltensforschung eine Vielzahl von Modellen entwickelt. Abb. 18 zeigt eine Systematisierung der verschiedenen Modellansätze zum Konsumentenverhalten.

Um die Unterschiede zwischen den verschiedenen Modellansätzen zu verdeutlichen, sei von dem in Abb. 19 dargestellten allgemeinen Ablauf eines Kaufentscheidungsprozesses ausgegangen. Dabei ist zu beachten, daß sich ein Kaufentscheidungsprozeß nur zum Teil beobachten läßt. Beobachtbar sind bestimmte Inputgrößen, die als äußere **Reize (Stimuli)** auf den Käufer einwirken. Hierzu gehören
- entscheidungsrelevante Merkmale des Käufers (**endogene Einflußfaktoren**) wie z.B. demographische und sozioökonomische Merkmale (Alter, Geschlecht, Bildung und Einkommen) und

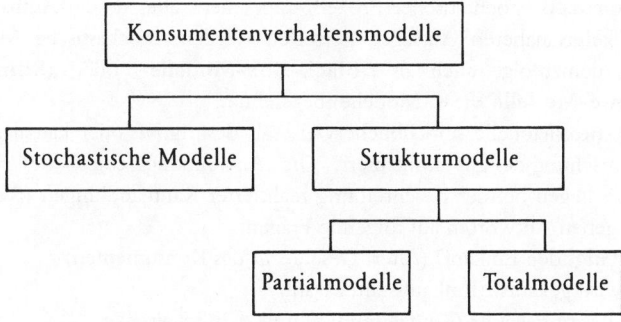

Abb. 18: Modellansätze des Konsumentenverhaltens

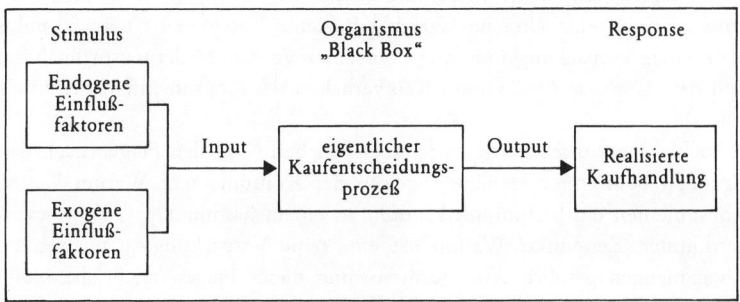

Abb. 19: Schematische Darstellung eines allgemeinen Kaufentscheidungsprozesses[24]

- entscheidungsrelevante Umwelteinflüsse **(exogene Einflußfaktoren)** in Form der eingesetzten absatzpolitischen Instrumente. Aus Sicht eines bestimmten Anbieters kann hierbei zwischen **kontrollierbaren** (eigene absatzpolitische Instrumente) und **nicht-kontrollierbaren Elementen** (absatzpolitische Instrumente der Konkurrenz) unterschieden werden.

Des weiteren ist das Resultat der Kaufentscheidung, der tatsächlich durchgeführte Kaufakt, als Output **(Reaktion, Response)** des Kaufentscheidungsprozesses zu beobachten. Die eigentliche Kaufentscheidung läuft jedoch im Innern des Käufers ab und entzieht sich einer Beobachtung. Sie stellt zunächst eine **„Black Box"** dar, über die keine Erkenntnisse vorliegen.

Der Hauptunterschied zwischen den einzelnen Modellansätzen liegt in der Behandlung der Black Box. **Stochastische Verhaltensmodelle** stützen sich nur auf die beobachtbaren Merkmale (Input und Output) einer Kaufhandlung **(Konsumentenbeobachtung).** Eine Untersuchung der nicht beobachtbaren Abläufe im Innern eines Käufers unterbleibt; die Black Box bleibt dunkel. Das Zustandekommen der individuellen Kaufentscheidung wird als

---

[24] Angelehnt an Topritzhofer, E., Absatzwirtschaftliche Modelle des Kaufentscheidungsprozesses unter besonderer Berücksichtigung des Markenwahlaspektes, Wien 1974, S. 14

Zufallsprozeß (stochastischer Prozeß) angesehen, über dessen Aufbau und Ablauf keine näheren Aussagen getroffen werden. Stochastische Modelle werden demzufolge auch als „**Black-Box-Modelle**" oder „**Stimulus-Response-Modelle**" (SR-Modelle) bezeichnet.

Black-Box-Modelle sind üblicherweise als deskriptive oder kausalanalytische Forschungsdesigns konzipiert. Die Anwendungsgebiete deskriptiver Designs[25] liegen bei der Beschreibung realisierter Kaufhandlungen (Response). Sie geben Antworten auf folgende Fragen:
- Wer tätigt den Einkauf? (Alter, Geschlecht des Konsumenten)
- Wo wird gekauft? (Einkaufsstättenwahl)
- Wann wird gekauft? (Kaufzeitpunkte und -häufigkeiten)
- Was wird gekauft? (Produktwahl, Wiederkaufverhalten, Markenwechselverhalten)

Mit kausalanalytischen Forschungsdesigns in Form von Experimenten[26] wird versucht, eine Ursache-Wirkung-Beziehung zwischen einem Stimulus (z.B. einer Verpackungsänderung oder einer Verkaufsförderungsmaßnahme) und der Response (verändertes Kaufverhalten der Konsumenten) herzustellen.

Nicht beantwortet werden von stochastischen Modellen Fragen nach den Gründen bestimmter Handlungsweisen der Konsumenten. Warum kaufen Konsumenten ein bestimmtes Produkt an einem bestimmten Ort zu einem bestimmten Zeitpunkt? Warum hat eine neue Verpackung zu niedrigeren Absatzmengen geführt? Zur Beantwortung dieser Fragen reicht die bloße Beobachtung von Kaufprozessen nicht aus. Bedürfnisse, Einstellungen oder Images sind nur durch **Konsumentenbefragungen** im Rahmen von **Strukturmodellen** zu ermitteln. Durch gezielte und psychologisch geschickte Fragestellungen wird versucht, auch den bei einem Kaufentscheidungsprozeß im Innern des Konsumenten ablaufenden Vorgang zu ergründen. Die zusätzlich zu den beobachtbaren Verhaltensweisen gewonnenen Erkenntnisse über innere Beweggründe helfen, den Einsatz der absatzpolitischen Instrumente noch gezielter auf die Nachfragerbedürfnisse auszurichten.

Strukturmodelle betrachten die Black Box nicht mehr als zufallsgesteuerten Prozeß, sondern als **Organismus,** der in einzelne Elemente zerlegt und detailliert abgebildet werden kann. Die Black Box wird „erhellt". Die Stimulus-Response-Modelle der stochastischen Modellansätze erfahren somit eine Erweiterung zu „**Stimulus-Organismus-Response-Modellen**" (SOR-Modellen). Vereinfacht dargestellt besteht die Struktur des Organismus in SOR-Modellen aus folgenden nicht beobachtbaren Elementen, deren Wesen zu ergründen ist und deren Zusammenwirken den inneren Kaufentscheidungsprozeß determinieren:[27]

Psychische Strukturelemente kennzeichnen jene Verhaltenseinflüsse, die allein auf den Konsumenten bezogen sind und intrapersonelle Prozesse

---

[25] Vgl. S. 495
[26] Vgl. S. 496 f.
[27] Vgl. hierzu Kroeber-Riel, W., Konsumentenverhalten, 6. Aufl., München 1996

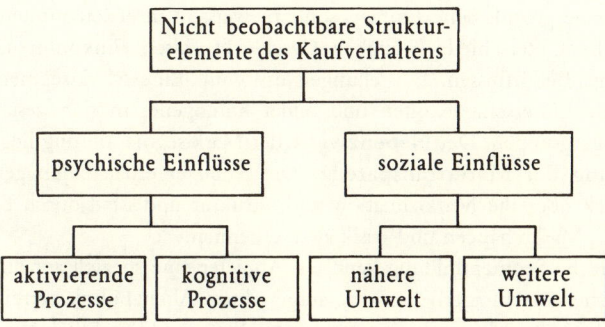

Abb. 20: Strukturelemente des Kaufverhaltens

auslösen. Hierzu zählen zum einen **aktivierende Prozesse,** die als menschliche Antriebskräfte („Energiegeber") aufzufassen sind und in Form von Bedürfnissen (Motiven), Einstellungen und Emotionen auftreten. Zum anderen existieren **kognitive** (gedankliche) **Prozesse,** die das Wahrnehmungsverhalten, die Denkweisen, das Lernverhalten und das Gedächtnis eines Individuums widerspiegeln.

Neben psychischen beeinflussen auch **soziale Einflüsse** das Kaufverhalten der Konsumenten. Soziale Einflüsse beziehen sich auf zwischenmenschliche (interpersonelle) Prozesse und bestimmen das Verhältnis zwischen dem Käufer und seiner Umwelt. Dabei wird zwischen Einflüssen der **näheren Umwelt** (Familie, Bezugsgruppen wie z.B. Freundeskreis) und der **weiteren Umwelt** (Kulturkreis, soziale Schicht, Massenkommunikation) unterschieden.

Strukturmodelle teilen sich in Totalmodelle und Partialmodelle. **Totalmodelle** berücksichtigen alle Strukturelemente des Kaufentscheidungsprozesses und versuchen, den inneren Entscheidungsprozeß vollständig abzubilden. Totalmodelle sind bislang wenig verbreitet, da die Erfassung sämtlicher Abläufe einer Kaufhandlung zu einer kaum noch zu bewältigenden Komplexität der Modelle führt. **Partialmodelle** berücksichtigen entweder nur eine Einflußgröße oder beschränken sich auf wenige Verhaltensdeterminanten (z.B. Modelle der Motivtheorie, der Einstellungstheorie oder der Kaufentscheidungsfindung in Familien). Sie sind zwar in ihrer Erklärungskraft gegenüber Totalmodellen eingeschränkt, liefern jedoch aufgrund der überschaubaren und praktikablen Komplexität gute Ergebnisse zur Erklärung einzelner Teilbereiche des inneren Kaufentscheidungsprozesses. (**ÜB 4/12**)

b) Marktsegmentierung

Als **Marktsegmentierung** bezeichnet man die Aufteilung eines Gesamtmarktes in einzelne Käufergruppen. Die Käufergruppen (Segmente) sollen dabei in sich möglichst homogen (ähnlich) und untereinander möglichst heterogen (unähnlich) sein. Die Marktsegmentierung verfolgt einen Haupt- und einen Nebenzweck. **Hauptzweck** der Marktsegmentierung ist die **Strukturierung von Nachfragergruppen.** Die Gesamtheit der Nachfrager bildet keine geschlossene Einheit, sondern weist in ihrer Zusammensetzung erhebliche Unterschiede bezüglich Geschlecht, Alter, Einkommen, Beruf, Wohnort, Bedürfnissen, Einstellungen usw. auf. Eine Marktsegmentierung legt diese Unterschiede offen und bildet homogene, in sich geschlossene Nachfragergruppen. Der **Nebenzweck** der Marktsegmentierung liegt in der **Erhöhung der Markttransparenz.** Der Anbieter erhält einen genaueren Überblick über die Marktsituation und -struktur und ist dadurch besser in der Lage, Marktchancen und -risiken zu erkennen.

Durch die Segmentbildung kann ein Anbieter eine speziell auf die unterschiedlichen Nachfragerbedürfnisse ausgerichtete Absatzpolitik betreiben. Jedes Marktsegment kann als Zielmarkt betrachtet und hinsichtlich Produktgestaltung, Preisbildung, Kommunikation und Distribution getrennt bearbeitet werden. Dem Unternehmen ist es damit möglich, eine hohe Identität zwischen der angebotenen Marktleistung und den Wünschen der Nachfrager zu erreichen. Dadurch überwindet das Unternehmen Absatzwiderstände und festigt seine Wettbewerbsposition.

Um eine Marktsegmentierung erfolgreich durchführen zu können, müssen bestimmte **Voraussetzungen** erfüllt sein. Zum einen müssen zwischen den Nachfragern überhaupt nachfragerelevante Unterschiede bestehen, die eine Segmentierung erforderlich machen. Weiterhin müssen die Marktsegmente mit den vorhandenen Methoden der Marktforschung bestimmbar sein. Und schließlich sollten Marktsegmente eine bestimmte Mindestgröße aufweisen, die ein eigenständiges Absatzprogramm wirtschaftlich rechtfertigen.

Die Aufteilung des Gesamtmarktes in einzelne Marktsegmente kann anhand verschiedener Kriterien erfolgen.[28]

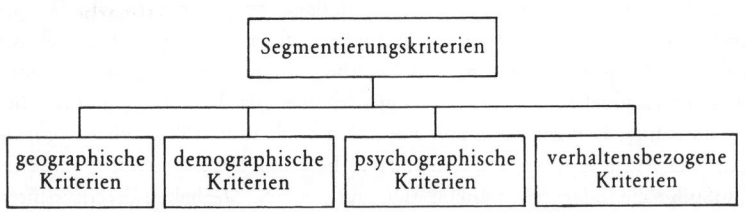

Abb. 21: Marktsegmentierungskriterien

Eine **geographische Marktsegmentierung** (nach Wohngebieten, Städten, Bundesländern, Regionen, Ländern u. ä.) bildet vielfach den ersten Segmentierungsschritt. Ein Lebensmittelgeschäft beschränkt sich auf das Wohngebiet um seinen Standort; ein multinationaler Konzern teilt sein Absatzgebiet nach Ländern ein, in denen er seine Produkte vertreibt bzw. vertreiben möchte. Bei einer **demographischen Marktsegmentierung** finden Kriterien wie Alter, Geschlecht, Familienstand, Beruf, Einkommen, Bildungsstand, Nationalität und Zugehörigkeit zu einer sozialen Schicht

---

[28] Vgl. Kotler/Bliemel, Marketing-Management, dt. Übersetzung der 9. Aufl., Stuttgart 1999, S. 434 ff.

Verwendung. Demographische Merkmale sind verhältnismäßig leicht meßbar und liefern gute Segmentierungsergebnisse, weswegen sie zusammen mit geographischen Kriterien die traditionelle und beliebteste Segmentierungsform darstellen.

Eine **psychographische Marktsegmentierung** erfolgt häufig zusätzlich zu geographischen und demographischen Segmentierungen, um die einzelnen Marktsegmente noch genauer zu bestimmen und gegeneinander abzugrenzen. Zu den psychographischen Kriterien gehören die Persönlichkeitsstruktur (z.B. gesellig, häuslich, ehrgeizig, autoritär) und der Lebensstil der Käufer. Immer mehr Unternehmen führen eine psychographische Marktsegmentierung durch und versuchen, das Image ihrer Produkte über entsprechende Werbebotschaften bestimmten Persönlichkeitsmerkmalen und Lebensstilen anzupassen. Beispielhaft erwähnt seien die Zigarettenwerbung (der zigarettenrauchende Abenteurer oder Cowboy) und die Spirituosenwerbung (Spirituosen für den stillen Genießer oder für die lustige Gesellschaft). Eng verbunden mit der psychographischen ist die **verhaltensbezogene Marktsegmentierung.** Hierbei werden Merkmale wie Kaufanlässe, Markentreue und Einstellungen zur Segmentierung herangezogen.

Der Marktforschung kommt bei der Marktsegmentierung die Aufgabe zu, durch Forschungsstudien aus der Vielzahl der oben genannten Kriterien jene herauszufiltern, die für das jeweilige Unternehmen und Produkt die Nachfragerunterschiede am deutlichsten kennzeichnen. Bei Oberbekleidung könnten dies z.B. die Kriterien Alter, Einkommen und Modebewußtsein, bei Urlaubsreisen die Kriterien Einkommen, Familienstand, Bildungsniveau und Lebensstil sein.

Nach erfolgter Marktsegmentierung stellt sich einem Anbieter die Frage, welche Marktsegmente er überhaupt bearbeiten will **(Marktbearbeitungsstrategie).** Ein Unternehmen kann hierbei zwischen einem undifferenzierten, differenzierten und konzentrierten Marketing wählen. Beim **undifferenzierten Marketing** bietet das Unternehmen ein einheitliches Produkt und Absatzprogramm für den Gesamtmarkt an. Diese Strategie eignet sich nur für Märkte, bei denen die Nachfrager insgesamt relativ homogen sind (z.B. Butter). Auf heterogenen Gesamtmärkten wird sich das Einheitsprodukt nicht durchsetzen, da die Konsumenten Konkurrenzprodukte bevorzugen werden, die spezieller auf ihre Bedürfnisse zugeschnitten sind.

Beim **differenzierten Marketing** richtet ein Anbieter seine Aktivitäten ebenfalls auf den Gesamtmarkt, bietet jedoch im Gegensatz zum undifferenzierten Marketing für jedes Segment ein den Käuferbedürfnissen entsprechendes Produkt an. Ein Beispiel hierfür sind große Kaffeeanbieter, die den gesamten Kaffeemarkt mit verschiedenen, segmentspezifischen Kaffeesorten abdecken. Der Vorteil dieser Strategie liegt in hohen Absatzmengen und damit hohen Gewinnchancen sowie der Möglichkeit eines Risikoausgleichs zwischen den Segmenten. Allerdings ist mit einem differenzierten Marketing auch ein sehr hoher finanzieller Bedarf in allen Unternehmensbereichen verbunden, so daß diese Strategie nur von finanzkräftigen – im allgemeinen größeren – Unternehmen verfolgt werden kann.

In den meisten Fällen wird sich ein Anbieter auf wenige Marktsegmente konzentrieren (**konzentriertes Marketing**). Im Extremfall ist er als Nischenanbieter nur in einem kleinen Marktsegment tätig. Beispiele für eine konzentrierte Marktbearbeitungsstrategie sind Porsche (prestigeträchtige Sportwagen) oder Öko-Läden. Durch die Konzentration der zur Verfügung stehenden Ressourcen wird der Anbieter zum Spezialisten, der genaue Kenntnisse über die von ihm bearbeiteten Marktsegmente besitzt und sich in den Segmenten eine starke Wettbewerbsposition aufbaut. Die Nachteile des konzentrierten Marketings sind in der Abhängigkeit von nur einem oder wenigen Segmenten zu sehen. Eine schlechte Konjunkturlage, Marktanteilsgewinne der Konkurrenten oder stärkere Bedarfsverschiebungen im Segment (z. B. durch veränderte Kundenwünsche) können nicht durch andere Marktsegmente aufgefangen werden und bedeuten für das Unternehmen ein hohes Risiko.

c) Markt- und Absatzprognosen

Unter einer **Absatzprognose (Marktprognose)** versteht man allgemein eine Vorhersage des zukünftigen Absatzes eines Unternehmens (der gesamten Branche) in genau festgelegter produktbezogener, zeitlicher und räumlicher Hinsicht bei einem bestimmten Einsatzgrad der absatzpolitischen Instrumente.

Gegenstand von Markt- und Absatzprognosen „sind vor allem der zukünftige Zustand bzw. die Entwicklung von **Markt- und Absatzpotential, Markt- und Absatzvolumen** sowie des **Marktanteils** einer Unternehmung":[29]

Marktpotential (MP)	Die Gesamtheit möglicher Absatzmengen eines Produktes auf einem bestimmten Markt (Aufnahmefähigkeit des Marktes)
Absatzpotential (AP)	Der Anteil am Marktpotential, den ein einzelnes Unternehmen maximal erreichen zu können glaubt (Zielsetzung)
Marktvolumen (MV)	Die realisierte bzw. prognostizierte effektive Absatzmenge einer Branche
Absatzvolumen (AV)	Die realisierte bzw. prognostizierte effektive Absatzmenge eines Unternehmens
Marktanteil (MA)	Das Verhältnis des Absatzvolumens eines Unternehmens zum Marktvolumen

Abb. 22: Gegenstand von Markt- und Absatzprognosen

Im Rahmen der Absatzplanung sind zum einen Prognosen über die zukünftige Entwicklung des Marktes (Entwicklungsprognosen), zum anderen Prognosen über die voraussichtlichen Wirkungsweisen alternativer Instru-

---

[29] Meffert, H., Marketing, a. a. O., S. 165 f.

menteneinsätze (Wirkungsprognosen) zu erstellen.[30] **Entwicklungsprognosen** sind zeitraumbezogen (Längsschnittprognosen) und stellen die zu prognostizierende Größe (z.B. das Absatzvolumen) in Abhängigkeit der unabhängigen Variablen Zeit – bei gegebenem Instrumenteneinsatz und gegebenen sonstigen Umwelteinflüssen (z.B. konjunktureller Lage) – dar. Zeitpunktbezogene **Wirkungsprognosen** (Querschnittprognosen) gehen von den absatzpolitischen Instrumenten als unabhängigen Variablen aus, wobei vom Zeitablauf und sonstigen Umwelteinflüssen abstrahiert wird. Zur Schätzung des Absatzpotentials oder -volumens wird der eigene Instrumenteneinsatz, für das Marktpotential oder -volumen der Instrumenteneinsatz der gesamten Branche als unabhängige Variable herangezogen (siehe Abb. 23).

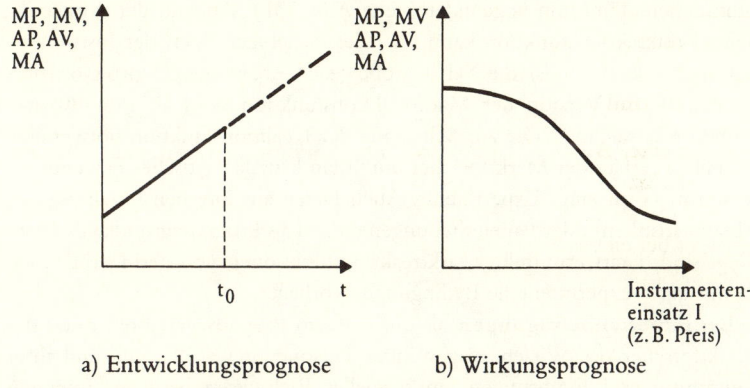

a) Entwicklungsprognose   b) Wirkungsprognose

Abb. 23: Entwicklungs- und Wirkungsprognosen

Neben Entwicklungs- und Wirkungsprognosen ist zwischen quantitativen und qualitativen Prognosen zu unterscheiden. **Quantitative Prognosen** werden anhand mathematisch-statistischer Verfahren (z.B. Regressionsanalyse) erstellt, bei **qualitativen Prognosen** stützt sich die Marktforschung auf verbale Äußerungen von Personen, die spezielle Erfahrungen und Kenntnisse auf dem zu untersuchenden Gebiet aufweisen. Abb. 24 zeigt die geläufigsten Prognoseverfahren und ordnet sie den genannten Prognosearten zu.

	Entwicklungsprognosen	Wirkungsprognosen
quantitativ	Trendextrapolation	Marktreaktionsfunktionen
qualitativ	Expertenbefragungen	Expertenbefragungen

Abb. 24: Prognoseverfahren

Bei der **Trendextrapolation** wird untersucht, ob die zu schätzende Größe (z.B. das Marktvolumen) in der Vergangenheit eine bestimmte Entwicklung (einen Trend) über die Zeit erkennen läßt. Ein mathematisch-statisti-

---

[30] Vgl. Abb. 6 auf S. 489

sches Verfahren (Regressionsanalyse) wertet tatsächliche Datenkombinationen der Vorperioden (Zeitpunkte und zugehöriges Marktvolumen) aus und stellt einen eventuell erkennbaren Zusammenhang in einer (linearen, exponentiellen oder logarithmischen) Funktion dar. Die Trendextrapolation unterstellt nun, daß ein in der Vergangenheit festgestellter Trend sich auch in der Zukunft fortsetzt und prognostiziert das zukünftige Marktvolumen anhand der vorliegenden Funktion (siehe gestrichelte Linie in Abb. 23 a).

Marktreaktionsfunktionen geben an, welche Wirkung von Instrumentenvariablen (z. B. von alternativen Preisen oder Werbebudgets) auf die Schätzgröße (z. B. den Marktanteil) ausgeht. Der bestehende Zusammenhang wird auch hier wie bei der Trendextrapolation durch ein mathematisch-statistisches Verfahren ermittelt und in einer (linearen, exponentiellen oder logarithmischen) Funktion abgebildet (siehe Abb. 23 b). Anhand der vorliegenden Marktreaktionsfunktion kann für jeden beliebigen Wert der Instrumentenvariable (z. B. Preis) die Schätzgröße (z. B. Absatzmenge) prognostiziert werden. Diese Version der Marktreaktionsfunktion wird als Preis-Absatz-Funktion bezeichnet. Die zur Schätzung der Reaktionsfunktion notwendige Datenbasis erhält der Marktforscher durch ein kausalanalytisches Forschungsdesign in Form eines Experiments. Auch Daten aus internen Quellen (z. B. Absatzstatistiken) oder Panelerhebungen dienen als Prognosegrundlage. Allerdings sind derart ermittelte Marktreaktionsfunktionen von geringerer Güte, da nur quasi-experimentelle Bedingungen vorliegen.

Bei **Expertenbefragungen** als qualitativem Prognoseverfahren nutzt der Marktforscher das Wissen ausgewählter Personenkreise, die aufgrund ihrer Kenntnisse und Erfahrungen ein spezielles Fachwissen besitzen. Experten können dabei das Verkaufspersonal (Außendienst, Verkäufer), Händler, Mitarbeiter des eigenen Unternehmens oder auch Wissenschaftler sein. Die Experten werden veranlaßt, die Schätzgröße subjektiv zu prognostizieren. Aus den vorliegenden Einzelprognosen erstellt der Marktforscher dann eine aggregierte Gesamtprognose. Expertenbefragungen können sowohl für Entwicklungs- als auch für Wirkungsprognosen herangezogen werden.[31]

IV. Die absatzpolitischen Instrumente

1. Überblick

a) Marktbedingungen und Wettbewerb

Unter einem Markt versteht man das Zusammentreffen von Angebot und Nachfrage. Jenseits dieser abstrakten Definition bedürfen Märkte in der Praxis einer **Abgrenzung** in sachlicher, räumlicher und personeller Hinsicht.

In **sachlicher Hinsicht** sind Märkte nach Gütern oder Gütergruppen abzugrenzen. So gibt es auf einem Wochenmarkt einen Markt für Kartoffeln, einen Markt für Eier usw. Die **räumliche Abgrenzung** eines Marktes ist

---

[31] Näheres zu den einzelnen Prognoseverfahren findet sich bei Hüttner, M., Markt- und Absatzprognosen, Stuttgart u. a. 1982

IV. Die absatzpolitischen Instrumente

von den Einkaufsgewohnheiten abhängig. Der Markt für Backwaren oder Zeitschriften ist auf einen engen Raum von vielleicht einem Quadratkilometer (= Wohngebiet) begrenzt. Der Gebrauchtwagenmarkt oder Möbelmarkt ist dagegen ein ausgedehnter, regionaler Markt. In **personeller Hinsicht** konstituiert sich der Markt aus den im Marktgebiet agierenden Anbietern und Nachfragern.

Wie stark der Wettbewerb auf einem Markt ist, hängt bei gegebener Nachfrage vor allem von zwei Faktoren ab: der Anzahl der Anbieter und der Art der angebotenen Güter. Je größer die **Anzahl der Anbieter,** desto stärker ist c. p. der Wettbewerbsdruck.

Nicht nur die Zahl der Anbieter, auch die **Art der Güter** hat Einfluß auf die Intensität des Wettbewerbs. Hierbei ist zunächst zwischen homogenen und heterogenen Gütern zu unterscheiden. **Homogenität** bedeutet, daß eine angebotene Gütereinheit mit der anderen qualitativ identisch ist. Beispiele sind Strom, Gas, Heizöl usw. Von **Heterogenität** spricht man, wenn sich die Gütereinheiten artmäßig oder qualitativ unterscheiden. Beispiele sind Autos, Schuhe, Kosmetika usw.

Auf der Güterebene unterscheidet man weiterhin zwischen Substitutionsgütern und Komplementärgütern. Von **Substitutionsgütern** spricht man, wenn zwei Güter ein und denselben Zweck erfüllen. Gas, Kohle und Heizöl sind Substitutionsgüter. Bei Kaffee und Tee ist Substitutionalität in abgeschwächter Form gegeben. Substitutionalität erhöht den Wettbewerbsdruck. Ein Heizölhändler konkurriert direkt mit anderen Heizölanbietern und indirekt mit den Anbietern von Gas und Fernwärme. Man nennt das **Substitutionskonkurrenz.**

Substitutionsgüter ersetzen sich, **Komplementärgüter** ergänzen sich. Beispiele für Komplementärgüter sind Getränke und Speisen in der Gastronomie, Kameras und Filme, Hardware und Software usw. Durch Ausnutzung von Komplementaritätsbeziehungen kann ein Unternehmen den Wettbewerbsdruck abmildern. Der Markt für Personal-Computer bietet ein gutes Beispiel. Der Wettbewerb auf dem Hardware-Markt ist extrem hart. Dem Wettbewerbsdruck auf dem heiß umkämpften Hardware-Markt kann sich ein Anbieter weitgehend entziehen, wenn er ein **Leistungsbündel** schnürt, indem er das Komplementärgut, die knappe Software, gleich mitanbietet.

Das von der klassischen Preistheorie entwickelte Modell des vollkommenen Marktes dient u. a. der Erklärung der Wettbewerbsintensität. Von einem **vollkommenen Markt** sprechen wir, wenn vier Bedingungen erfüllt sind:

(1) Alle Marktteilnehmer handeln nach dem **Maximumprinzip,** d. h. alle Anbieter streben nach dem Gewinnmaximum und alle Nachfrager nach dem Nutzenmaximum.
(2) Es herrscht **vollständige Markttransparenz,** d. h. alle Anbieter und Nachfrager sind stets vollkommen informiert.
(3) Es gilt die **Homogenitätsbedingung,** d. h. es gibt keine persönlichen und sachlichen, aber auch keine räumlichen und zeitlichen Präferenzen.
(4) Anbieter und Nachfrager **reagieren unendlich schnell** auf Preisänderungen oder andere Verschiebungen der Marktbedingungen.

Einen wirklich vollkommenen Markt gibt es in der Realität nicht, denn allein schon vollständige Information und unendlich hohe Reaktionsgeschwindigkeit sind eine Utopie. Immerhin finden wir aber in Finanzmärkten, d. h. im Aktienmarkt, im Rentenmarkt, im Devisenmarkt usw. Beispiele, die vollkommenen Märkten sehr nahe kommen.

Je höher der **Vollkommenheitsgrad** eines Marktes, desto stärker ist die **Wettbewerbsintensität.** Ein Anbieter wird deshalb immer versuchen, eine oder mehrere Bedingungen des vollkommenen Marktes aufzuheben, um sich dem Wettbewerbsdruck zu entziehen, um sich einen begrenzten Freiraum zur autonomen Preisgestaltung zu schaffen.

Denn Wettbewerbsdruck bedeutet: Druck auf die Absatzpreise, Druck auf die Erlösseite der Gewinn- und Verlustrechnung, bedeutet letztlich Druck auf den Gewinn. Der Wettbewerbsdruck kann so groß werden, daß das Unternehmen in die Verlustzone gerät und früher oder später als sog. Grenzbetrieb vom Markt verschwinden muß.

Gelingt es einem Anbieter, die Bedingung der **Markttransparenz** aufzuheben, kann er sich dem Konkurrenzdruck – teilweise – entziehen. Der Grund: aus Bequemlichkeit verzichten die Nachfrager auf vollständigen Preisvergleich, auf die Herstellung vollständiger Markttransparenz. Fehlende Markttransparenz schafft Freiräume im Wettbewerb.

Ähnliches gilt für die unendliche **Reaktionsgeschwindigkeit.** Wenn die Konkurrenz den Wettbewerbsdruck durch Preissenkungen erhöht, kann ein einzelner Anbieter für einen begrenzten Zeitraum den höheren Absatzpreis beibehalten, denn die Nachfrager reagieren erfahrungsgemäß nicht sofort, sondern mit erheblicher zeitlicher Verzögerung auf Preisänderungen.

Gelingt es einem Unternehmen, die **Homogenitätsbedingung** des vollkommenen Marktes zu unterlaufen, gelingt es also, sich vom (Einheits-) Angebot der Konkurrenten abzuheben, ist die **Marktnische** gefunden. Mit dem Unterlaufen der Homogenitätsbedingung schafft ein Unternehmen persönliche und/oder sachliche Präferenzen für das eigene Angebot. Um dem Preisdruck auszuweichen, wird ein Unternehmen versuchen,
– sein Angebot so zu differenzieren, daß es als **tatsächlich heterogenes Produkt** mit dem Konkurrenzangebot nicht mehr vergleichbar ist,
– ein homogenes Produkt in den Augen der Nachfrager als Gut eigener Art (= **Markenartikel**) erscheinen zu lassen oder
– die Nachfrager durch **Schaffung persönlicher Kontakte** (Kundendienst, persönliche Ansprache) fest an sich zu binden.

Ein Unternehmen kann sich also auf mannigfache Weise positiv vom Konkurrenzangebot abheben. Je eher ihm das gelingt, desto größer ist in den Augen der Kunden seine Attraktivität, sein **akquisitorisches Potential.** Je stärker sein akquisitorisches Potential ist, desto eher kann sich ein Anbieter dem Konkurrenzdruck entziehen; er nimmt – in den Grenzen dieses Potentials – eine **monopolähnliche Stellung** ein.

Wir haben gesehen: Der Wettbewerb kann stärker oder weniger stark ausgeprägt sein. Von vollkommener Konkurrenz sprechen wir, wenn die stärk-

ste Form von Wettbewerbsintensität erreicht ist. Die klassische Preistheorie spricht von **vollkommener Konkurrenz,** wenn
- die Bedingungen des **vollkommenen Marktes** erfüllt und
- **unendlich viele Anbieter und Nachfrager** am Markt tätig sind.

Bei vollkommener Konkurrenz kann sich ein Anbieter dem Preiswettbewerb nicht entziehen: Sobald seine Preisforderung den – einheitlichen – Marktpreis übersteigt, verliert er die gesamte bisherige Nachfrage. Bei vollkommener Konkurrenz gibt es keine Preisdifferenzen. Jedes (homogene) Gut hat einen einheitlichen Marktpreis, von dem kein Anbieter abweicht.

Das von der klassischen Preistheorie entwickelte **Marktformenschema** teilt die Märkte nach der Anzahl der beteiligten Marktteilnehmer ein. Von einem Monopol sprechen wir, wenn nur ein Anbieter (Nachfrager), von einen Oligopol, wenn wenige Anbieter (Nachfrager) und von atomistischer Konkurrenz, wenn sehr viele kleine Anbieter (Nachfrager) am Markt agieren (siehe Abb. 25).

Anbieter / Nachfrager	viele Kleine	wenige Mittelgroße	ein Großer
viele Kleine	Vollkommene Konkurrenz	Angebotsoligopol	Angebotsmonopol
wenige Mittelgroße	Nachfrageoligopol	Bilaterales Oligopol	Beschränktes Angebotsmonopol
ein Großer	Nachfragemonopol	Beschränktes Nachfragemonopol	Bilaterales Monopol

Abb. 25: Marktformenschema

Am stärksten eingeschränkt ist der Wettbewerb beim Angebots-Monopol. Der Monopolist wird in seiner Entscheidungsfreiheit nur durch die Substitutionskonkurrenz eingeengt. Die höchste Wettbewerbsintensität herrscht bei vollkommener Konkurrenz, d.h. auf einem vollkommenen Markt. Gelingt es einem Anbieter, die Bedingungen des vollkommenen Marktes im einen oder anderen Punkt auszuhebeln, verschafft er sich also ein akquisitorisches Potential, gewinnt er – in Grenzen – einen autonomen Preisspielraum und steigt damit in eine monopolartige Stellung auf. (**ÜB 4**/13–16, 24–26)

b) Mittel zur Stärkung der Wettbewerbsposition

Je schärfer der Wettbewerbsdruck auf Käufermärkten ist, desto größer sind die Absatzwiderstände, denen sich der einzelne Anbieter gegenübersieht. Unter **absatzpolitischen Instrumenten** – die Literatur spricht häufig von Marketing-Instrumenten – versteht man alle Maßnahmen, die ein Anbieter ergreift, um die **Absatzwiderstände zu reduzieren,** um die eigene **Wettbewerbsposition zu stärken.**

Das vorliegende Lehrbuch folgt der gängigen Einteilung der Marketingliteratur: Produkt-, Preis-, Kommunikations- und Distributionspolitik bilden zusammen das absatzpolitische Instrumentarium. In Anlehnung an Zentes[1] lassen sich die vier Aktionsfelder folgendermaßen unterteilen (siehe Abb. 26).

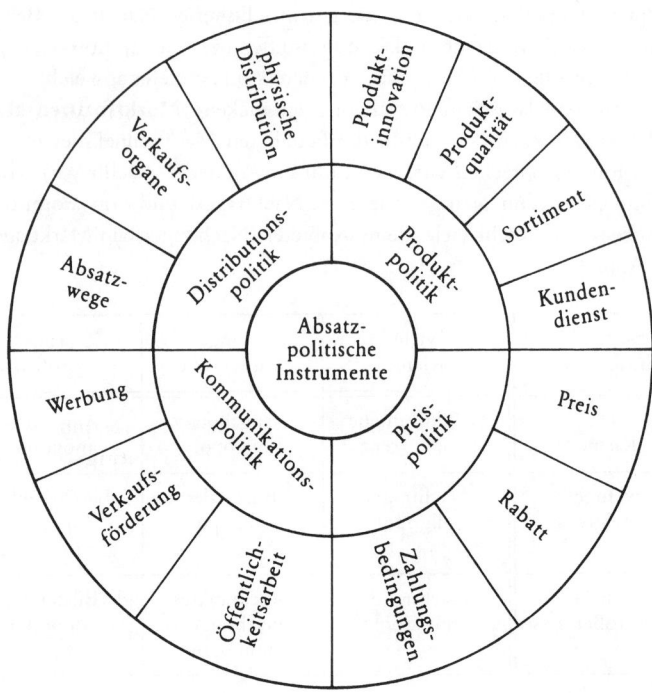

Abb. 26: Absatzpolitische Instrumente

Die **Produktpolitik** steht nicht zufällig an der Spitze dieser Aufzählung. Ihre Aufgabe ist es, ein an den Bedürfnissen der Nachfrager orientiertes Angebot zu konzipieren. Mit Recht wird daher die Produktpolitik als das ‚Herz des Marketing' bezeichnet.[2]

Ziel der Produktpolitik ist es, sich positiv vom Konkurrenzangebot abzuheben. Man setzt alles daran, das eigene Angebot zu einem Gut eigener Art zu machen, denn Produktheterogenität enthebt den Anbieter den Niederungen des Preiswettbewerbs.

Die **Preispolitik** ist aus der volkswirtschaftlichen Preistheorie in die Betriebswirtschaftslehre überführt worden. Im Rahmen der Preispolitik werden Preissenkungen als absatzförderndes Instrument betrachtet. Dadurch treten die Anbieter in einen Preiswettbewerb, den sie – wegen des Drucks auf die

---

[1] Vgl. Zentes, J., Marketing, in: Vahlens Kompendium der Betriebswirtschaftslehre, Bd. 2, 4. Aufl., München 1998, S. 383
[2] Meffert, Marketing, a. a. O., S. 317

IV. Die absatzpolitischen Instrumente 519

Gewinnmargen – eigentlich vermeiden wollen. Deshalb bevorzugen Literatur und Praxis i. d. R. die anderen absatzpolitischen Instrumente.

Im Zentrum der **Kommunikationspolitik** steht die Werbung. Mit der Werbung verfolgt ein Anbieter häufig den Zweck, ein homogenes Gut als Produkt eigener Art (Markenartikel) erscheinen zu lassen. So möchte man sich dem harten Preiswettbewerb entziehen, der auf den Märkten für homogene Massengüter herrscht.

Durch eine effiziente **Distributionspolitik** möchte ein Anbieter erreichen, daß seine Produkte zur rechten Zeit am rechten Ort verfügbar sind. Damit dient auch die Distributionspolitik dem Versuch, einen Wettbewerbsvorsprung gegenüber den Mitanbietern zu erreichen.

Mit dem Einsatz der absatzpolitischen Instrumente will ein Anbieter die **Nachfrager** von der Leistungsfähigkeit des eigenen Angebots **überzeugen** und die **Konkurrenten übertrumpfen.** Die Wirksamkeit des Einsatzes dieser Instrumente hängt davon ab, daß sie
– zielgerecht ausgewählt,
– sorgfältig aufeinander abgestimmt und
– wohldosiert eingesetzt werden.

Die dabei anzustellenden Überlegungen faßt man unter dem Begriff **Optimierung des absatzpolitischen Instrumentariums** zusammen. Dafür hat sich in der Marketingliteratur die Bezeichnung **Marketing-Mix** durchgesetzt. (**ÜB 4/2, 15–16**)

2. Produktpolitik

a) Ziele und Teilbereiche der Produktpolitik

Ein Produkt ist mehr als die Summe seiner technischen Bestandteile. Der Käufer eines Autos strebt nicht danach, Eigentümer einer Karosserie, eines Motors, eines Fahrgestells usw. zu werden. Mit dem Erwerb möchte er vielmehr einen objektiven Grundnutzen und einen subjektiven Zusatznutzen befriedigen.

Grundnutzen	Zusatznutzen
– Schaffung einer individuellen Fortbewegungsmöglichkeit	– Befriedigung eines Bedürfnisses nach – Prestige – Sicherheit – Komfort – Bedienungsfreundlichkeit – Umweltfreundlichkeit usw.

Abb. 27: Grundnutzen und Zusatznutzen

Die auf weitgehend gesättigten Märkten bestehenden Verkaufswiderstände überwindet ein Anbieter umso leichter, je eher es ihm gelingt, den Bedürfnissen der Nachfrager gerecht zu werden. Ziel der Produktpolitik ist nicht (allein) die Entwicklung technisch hochwertiger Produkte, sondern die Orientierung aller Produkteigenschaften an den Bedürfnissen der relevanten Nachfrage.

Einem Produkt lassen sich über seine technischen Eigenschaften hinaus folgende Elemente zuordnen:

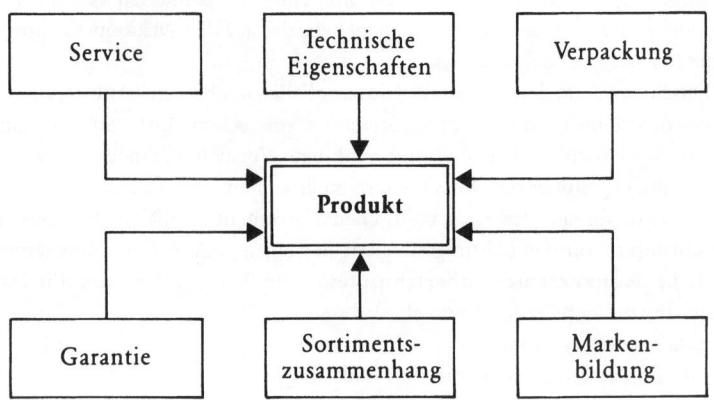

Abb. 28: Elemente eines Produktes

Gegenstand der Produktpolitik ist die Schaffung eines bedarfsgerechten Güter- bzw. Dienstleistungsangebots. Nach den in Abb. 28 aufgeführten Produktelementen können wir zwischen einem Kernbereich und einem Randbereich der Produktpolitik unterscheiden.

Produktpolitik	
Kernbereich	**Randbereich**
Optimierung technischer Produkteigenschaften durch – Produktinnovation – Produktvariation – Produkteliminierung	Optimierung der – Programm- und Sortimentspolitik – Verpackungs- und Markenpolitik – Kundendienstpolitik

Abb. 29: Teilbereiche der Produktpolitik

Die Produktpolitik steht im Dienste der unternehmerischen Zielsetzung. Sie muß sich nahtlos in die Zielhierarchie einordnen lassen. Zwischen Ober-, Zwischen- und Unterziel besteht etwa folgender Zusammenhang:
- **Maximiere** den langfristigen **Gewinn!**
- Meide den (gewinnschmälernden) Preiswettbewerb auf annähernd vollkommenen Märkten!
- Sorge für Unvollkommenheit des Marktes!
- Strebe nach monopolähnlicher Stellung durch Aufbau eines akquisitorischen Potentials!
- Schaffe sachliche und persönliche Präferenzen für eigenes Angebot!
- Gestalte das Angebot so, daß es den **Nachfragerbedürfnissen besser entspricht** als das Konkurrenzangebot!

Die Schaffung eines bedarfsgerechten Angebots ist eine logische Folge des unternehmerischen Gewinnstrebens. Hat ein Unternehmen durch Schaffung eines akquisitorischen Potentials eine monopolähnliche Stellung erlangt, wird es versuchen, sie möglichst lange zu behaupten. Sobald es einem Konkurrenzunternehmen gelingt, die offenen Bedürfnisse und latenten Wünsche der Nachfrager besser zu bedienen, ist es mit der eigenen monopolähnlichen Stellung vorbei.

Ob ein Unternehmen erfolgreich ist, d. h. Gewinn erzielt, indem es sich ein akquisitorisches Potential erobert, hängt einerseits von seinem technischen Know-how, andererseits von seiner Fähigkeit zu effizienter **Marktforschung** ab. Sorgfalt und Kreativität auf dem Gebiet der Marktforschung sind unabdingbare Voraussetzungen zur Erkundung der Nachfragerbedürfnisse und des Käuferverhaltens. Persönliche und sachliche Präferenzen werden nur dem zuteil, der Kundenwünsche und Nachfragerverhalten sorgfältiger ergründet hat als seine Konkurrenten. (**ÜB 4/17**)

b) Kernbereich der Produktpolitik

Im marktwirtschaftlichen Wettbewerb zwingt das Gewinnstreben jeden Anbieter, bedarfsgerechte Leistungen auf den Markt zu bringen. Gewinnerzielungsabsicht auf der einen und uneingeschränkter Wettbewerb auf der anderen Seite führen – gesamtwirtschaftlich betrachtet – zu bestmöglicher, zumindest sehr guter Versorgung des Marktes.

Ein Güterangebot, das die Nachfrager zum Zeitpunkt t_0 als optimal, gut oder befriedigend klassifizieren, kann unter Umständen schon im Zeitpunkt t_1 als ausreichend und in t_2 als mangelhaft eingestuft werden. Der **technische Fortschritt** auf der Produzentenseite und **Bedarfsverschiebungen** auf der Nachfragerseite verleihen den Märkten eine mehr oder weniger starke **Dynamik**. Ein einzelner Anbieter kann eine einmal errungene Vorzugsstellung nur dann behaupten, wenn er seine Produkte bzw. Dienstleistungen ständig diesen beiden Marktänderungskomponenten anpaßt.

Jeder Anbieter muß versuchen, durch Höchstleistungen im Rahmen der **innerbetrieblichen Forschung und Entwicklung** auf der Höhe des technischen Fortschritts zu bleiben. Und er muß sich im Rahmen sorgfältiger **Marktforschung** um eine Früherkennung von Bedarfsverschiebungen bemühen. Das vorhandene Angebot muß permanent überprüft werden. Auf diese Weise kommt es zur
– Produktinnovation,
– Produktvariation bzw.
– Produkteliminierung.

Von **Produktinnovation** spricht man, wenn technischer Fortschritt und/oder Bedarfsverschiebungen zur Entwicklung völlig neuer Produkte führen. **Produktvariation** liegt vor, wenn bereits existierende Produkte technisch verbessert werden. Im Zusammenhang mit der Produktvariation ist die Produktdifferenzierung und die Diversifikation zu erwähnen. In beiden Fällen handelt es sich nicht um die Variation eines bestehenden, sondern um die Einführung eines neuen Produktes (Produktinnovation). Von **Produktdifferenzierung** spricht man, wenn eine bereits bestehende Produktlinie, z. B. Mittelklassefahrzeuge um ein neues Produkt in Form eines Kleinwagens ergänzt wird. **Produktdiversifikation** liegt vor, wenn ein Unternehmen eine neue Produktlinie einführt, wenn also beispielsweise ein Fahrradhersteller Mofas auf den Markt bringt. Wird – wie in diesem Beispiel – einartverwandtes Produkt eingeführt, spricht man von **horizontaler Diversifikation**. Unter **vertikaler Diversifikation** versteht man dagegen die Herstellung verwandter Produkte einer vor- oder nachgelagerten Produktionsstufe. So kann der Mofa-Hersteller seine Zweitaktmotoren an Rasenmäherhersteller liefern. Schließlich gibt es noch die **laterale Diversifikation,** wo sogenannte Diversifikationskonzerne (DaimlerChrysler, Thyssen, Oetker) völlig artfremde Produkte anbieten.

Technischer Fortschritt und Bedarfsverschiebungen haben nicht nur die Einführung neuer und die Variation bestehender Produkte zur Folge. Von **Produkteliminierung** spricht man, wenn alte Produkte vom Markt verschwinden. Beispiele sind mechanische Rechenmaschinen, asbesthaltige Baumaterialien, Koksheizkessel u. ä.

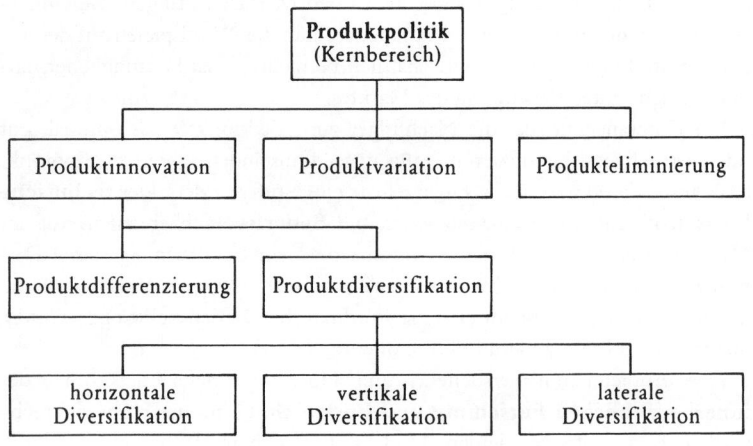

Abb. 30: Kernbereich produktpolitischer Entscheidungen

Die obige Abb. 30 enthält in Anlehnung an Kuß[3] eine Zusammenfassung produktpolitischer Grundsatzentscheidungen. (**ÜB 4/18**)

aa) Produktinnovation

Die Entwicklung und Einführung neuer Produkte ist ein sehr kostspieliges Unterfangen. Ist eine Produktinnovation – z. B. auf dem Arzneimittelmarkt – erfolgreich, sichert sie dem innovativen Anbieter für begrenzte Zeit einen

---

[3] Vgl. Kuß, A., Absatzpolitik, Kurseinheit 2 – Marketingplanung, Schriftenreihe der Fernuniversität Hagen, Hagen 1991, S. 12

IV. Die absatzpolitischen Instrumente

Wettbewerbsvorsprung vor seinen Konkurrenten. Das neue Produkt verkörpert dann ein Umsatz- bzw. Gewinnpotential, von dem das Unternehmen jahrelang zehren kann. Findet die Produktinnovation dagegen keine positive Marktresonanz, schlagen die hohen Einführungskosten – bei fehlenden Erlösen – als Verlust zu Buche.

Die Produktinnovation kann für ein Unternehmen zur Existenzfrage werden: Einerseits können schon wenige fehlgeschlagene Einführungsversuche das Eigenkapital aufzehren und den Ruin bedeuten. Andererseits kann es sich ein Unternehmen nicht leisten, auf Produktinnovation zu verzichten. Sein hergebrachtes Produktionsprogramm würde im Laufe der Zeit veralten und an den Rand des Marktgeschehens gedrängt. Auch damit wäre der Konkurs vorprogrammiert. Daraus folgt: Produktinnovation ist unverzichtbar, muß aber sehr sorgfältig geplant werden.

Ausgangspunkt einer Produktinnovation ist die Frage, in welchem Marktsegment ein Produkt plaziert werden soll. Man nennt dies **Produktpositionierung.** Für die Produktpositionierung gibt es in der Theorie ein Erfolgsrezept: Das Produkt sollte in dem Marktsegment plaziert werden, wo
– die Nachfrage sehr groß und
– das Konkurrenzangebot sehr klein

ist. Aber die Marktverhältnisse sind nicht so. Derartige Wunschmärkte existieren nur dort, wo es an technischen Lösungen fehlt. Beispiele für derartige **Zukunftsmärkte,** wie sie in der folgenden Abbildung 31 aufgeführt sind, sind der Markt für Solarenergie, für ein durchschlagendes Antikrebsmittel u. ä. Für die Produktpositionierung von Interesse sind Massenmärkte und Nischenmärkte. Nur große, kapitalkräftige Unternehmen werden es wagen, mit einem weiteren Produkt in heißumkämpfte **Massenmärkte** einzutreten. Innovative Kleinunternehmen werden ihr Augenmerk eher auf **Nischenmärkte** richten. In der Marktnische können sie angesichts schwacher Konkurrenz eine monopolähnliche Stellung in einem kleinen Marktsegment erringen. **Schrumpfmärkte** wie z.B. der Schiffbau oder der Kohlebergbau (in Hochlohnländern) locken keine zusätzlichen Anbieter an, denn hier ist der Kapazitätsabbau noch in vollem Gange.

Konkurrenz \ Nachfrage	stark	schwach
stark	**Massenmärkte** – große Umsätze – kleine Gewinnmargen	**Schrumpfmärkte** – Überkapazitäten – sinkende Umsätze – (hohe) Verluste
schwach	**Zukunftsmärkte** – fehlende technische Lösungen	**Nischenmärkte** – kleine Umsätze – hohe Gewinnmargen

Abb. 31: Produktpositionierung auf Massen- oder Nischenmärkten

Die Marketingliteratur[4] hat Modelle entwickelt, die einem Anbieter im Zuge der Produktpositionierung das Auffinden von Marktnischen erleichtern sollen. Ziel dieser Modelle ist es,
(1) die von Konkurrenzprodukten bereits eingenommenen Marktpositionen und
(2) die auf das Produkt bezogenen Idealvorstellungen nachfragerelevanter Personengruppen
sichtbar zu machen.

Zunächst werden die bereits am Markt befindlichen Konkurrenzprodukte – z. B. Automarken – nach verschiedenen Merkmalen wie z. B. Motorstärke, Bequemlichkeit, Wirtschaftlichkeit, modernes Design usw. sortiert. Bei n Merkmalen gelangt man zu einem n-dimensionalen Objektraum. Aus Gründen anschaulicher Darstellung beschränkt man sich im allgemeinen auf die Wiedergabe eines zweidimensionalen Objektraums.

Im Rahmen der Marktforschung stellt man zunächst durch Befragung eines repräsentativen Verbraucherquerschnitts fest, welches Image die bereits angebotenen Automarken bei den Nachfragern haben. In unserem Beispiel werden die Automarken nur nach den Merkmalen Sportlichkeit und Wirtschaftlichkeit identifiziert (siehe Abb. 32). Markiert man die Automarken A, B, C ... im Koordinatensystem jeweils mit einem x, kann man leicht zwei unbesetzte Felder I und II ausmachen, die wir als **Produktlücke** bezeichnen wollen. Damit ist ein erster Schritt zur Auffindung einer Marktnische getan.

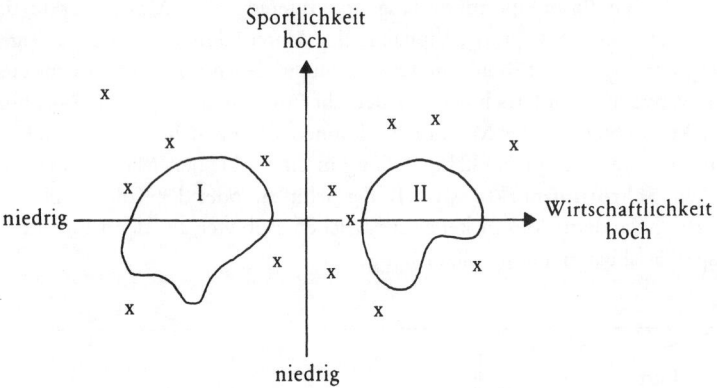

Abb. 32: Objektraum für Automobilmarken

In einem zweiten Schritt fragt man die Verbraucher, welche Idealvorstellungen sie von einem Produkt haben. Dabei werden die Verbraucher nach soziodemographischen und anderen Merkmalen in relevante Käufergruppen – Marktsegmente – eingeteilt. In unserem Beispiel werden die nach Alter, Geschlecht, Einkommen usw. geschichteten Nachfragergruppen befragt, wie

---

[4] Vgl. Kotler/Bliemel, a. a. O., S. 525 ff.; Nieschlag/Dichtl/Hörschgen, a. a. O., S. 217 ff. und die dort angegebene Literatur.

sportlich bzw. wie sparsam ihr „Idealauto" sein sollte. Nach dieser Befragung lassen sich die Nachfragergruppen als Punkte in einem gemeinsamen Merkmalsraum eintragen:

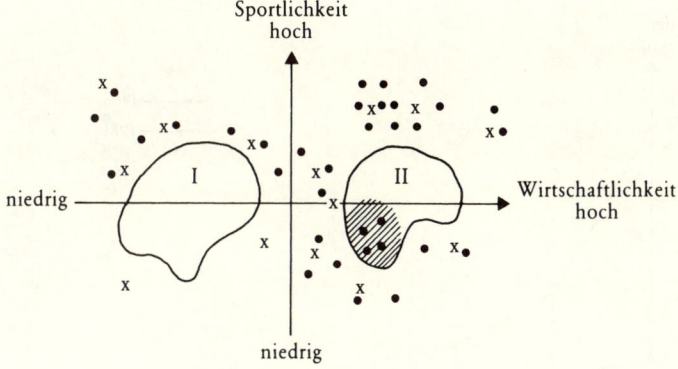

Abb. 33: Gemeinsamer Merkmalsraum

Der in Abb. 33 dargestellte Merkmalsraum zeigt, daß
- die Produktlücke I für die Produktpositionierung völlig uninteressant ist, weil es keine Nachfrage gibt;
- die beiden unterhalb der Produktlücke I angesiedelten Marken sehr schlecht im Markt liegen, weil die Produktmerkmale nicht gefragt sind;
- im unteren Teil der Produktlücke II eine **Marktnische** besteht, die schraffiert dargestellt ist;
- alle übrigen Marken (insbesondere die oberhalb der Produktlücke II angesiedelten Marken) sehr gut positioniert sind.

Produktinnovation ist im Hinblick auf künftiges Unternehmenswachstum nicht nur notwendig, sondern sie ist in ihrer praktischen Durchführung auch schwierig, zeitraubend und kostspielig. In der Marketingliteratur fand die empirische Studie, die eine amerikanische Unternehmensberatungsfirma zur Produktinnovation durchgeführt hat, große Beachtung. Die Untersuchungen stammen aus den Jahren 1968 und 1981, führen zu annähernd gleichen Ergebnissen und haben auch heute noch Gültigkeit. Ausführlich wiedergegeben werden die Untersuchungsergebnisse bei Kotler[5] und Kuß[6], deren Darstellung wir in diesem Zusammenhang weitgehend folgen.

Nach dieser empirischen Studie läßt sich der Prozeß der Produktinnovation in sechs Phasen einteilen:
(1) Entwicklung von Produktideen
(2) Bewertung und Selektion von Produktideen
(3) Wirtschaftlichkeitsanalyse von Produktideen
(4) Produktentwicklung im engeren Sinne
(5) Markt-Tests
(6) Einführung und Vermarktung.

---

[5] Vgl. Kotler/Bliemel, a.a.O., S. 511f.
[6] Vgl. Kuß, A., Kurseinheit 2, a.a.O., S. 21 ff.

In der obigen Abbildung 34 werden die Ergebnisse der empirischen Untersuchung vorgestellt. Die Phase (1) „Entwicklung von Produktideen" ist dabei – zunächst – ausgeklammert.

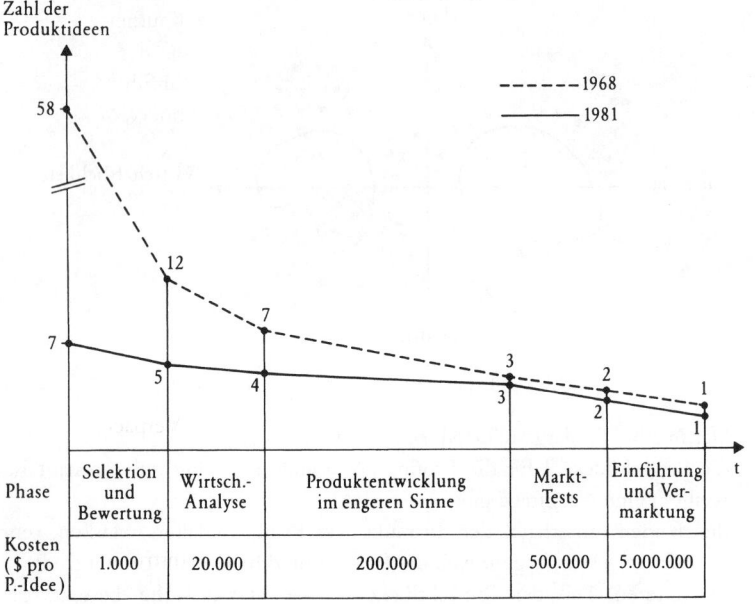

Abb. 34: Schematische Darstellung des Prozesses der Produktinnovation

Auf der Ordinate ist die Anzahl der weiterverfolgten Produktideen, auf der Abzisse ist die jeweilige Prozeßphase zeitanteilig abgetragen. Schließlich sind für jede Prozeßphase die pauschalierten „Bearbeitungskosten" für jeweils eine Produktidee angegeben.

Aus Abb. 34 läßt sich erkennen, daß
- sehr **viele Produktideen geprüft** werden müssen, um eine einzige Produktinnovation zur Marktreife zu bringen;
- mit fortschreitendem Produktentwicklungsprozeß die **„Bearbeitungskosten"** einer Produktvariante rapide **ansteigen**;
- ein sorgfältiges Ausleseverfahren notwendig ist, damit weniger erfolgversprechende Produktideen – zwecks Kostenersparnis – **rechtzeitig separiert** werden können.

Im folgenden sollen die einzelnen Prozeßschritte der Produktinnovation kurz charakterisiert werden.

1. Entwicklung von Produktideen

Orientierungspunkt: Wünsche und Bedürfnisse der Nachfrager.
Informationsquelle: Außendienst, Handel, Marktforschung.
Ideenentwicklung durch eigene Forschungs- und Entwicklungsabteilung, Brain-Storming, Konkurrenzprodukte.

2. Selektion und Bewertung

Bewertungskriterien seitens der Unternehmung: Zielmarkt, Konkurrenzsituation, Preisklasse, Entwicklungskosten, Ertragsspanne.
Bewertungskriterien seitens ausgewählter Testpersonen: Welche Produkteigenschaften werden bevorzugt? Wie groß ist die jeweilige Kaufneigung?
Entwicklung alternativer Marketing-Strategien: Merkmale des anvisierten Marktes; Festlegung der Preisklasse, Vertriebsform und Einführungskosten; Prognose kurzfristiger und langfristiger Umsatz- und Gewinnerwartungen.

3. Wirtschaftlichkeitsanalyse von Produktideen

Überprüfung der Marketing-Strategie durch Marktforschung: Absicherung der Erlös- und Kostenprognose durch externe Daten.
Wirtschaftlichkeitsrechnung auf Basis der Marktforschungsdaten: Break-even-Analyse[7] oder Investitionskalküle[8] (Kapitalwerte).

4. Produktentwicklung im engeren Sinne

Produktentwicklung im technischen Sinne: Prototyp, Geschmacksmuster.
Entwicklung einer Marketing-Konzeption: Produktpreis, Verpackung, Vertriebsform und Werbebudget werden vorläufig festgelegt.

5. Markttests

Ziel: Ist die Produktidee tragfähig? Welche Marketing-Instrumente sollen eingesetzt werden?
Datengewinnung: Marktforschungsergebnisse, insbesondere Testmärkte.
Besonderheiten: hoher Zeitaufwand, hohe Kosten, hohe Prognosesicherheit.
Entscheidungskriterium auf Testmarkt: Zahl der Testkäufe (Versuchsrate); Zahl der Wiederholungskäufe (Wiederkaufrate).

Versuchs-rate	Wieder-kauf-rate	Urteil über		Entscheidung des Unternehmens
		Produkt	Marketing-Konzept	
hoch	hoch	gut	gut	Produkt einführen
hoch	niedrig	schlecht	gut	Produktidee ändern oder aufgeben
niedrig	hoch	gut	schlecht	Marketing-Konzept, insb. Werbung verbessern
niedrig	niedrig	schlecht	schlecht	Produktidee aufgeben

Abb. 35: Systematik von Testmarktergebnissen[9]

---

[7] Zur Feststellung der kostendeckenden Mindestabsatzmenge im Rahmen der Break-even-Analyse vgl. S. 1157 f.
[8] Zur Rentabilitätsrechnung im Rahmen der Kapitalwertmethode vgl. S. 637 ff.
[9] Ähnlich Kuß, A., Kurseinheit 2, a. a. O., S. 27

6. Einführung und Vermarktung

Markteinführung: regional oder national.

Planung: Beginn der Serienproduktion; Abstimmung von Produktions- und Absatzplanung; Optimierung der Vertriebsform.

Kontrolle: Ist-Umsätze (-Gewinne) werden mit Plan-Umsätzen (-Gewinnen) aus 3. – Wirtschaftlichkeitsanalyse – verglichen.

Negative Kontrollergebnisse: Änderung des Marketing-Konzepts oder Produktionseinstellung.

Abschließend läßt sich festhalten, daß die Planung und Durchführung der Produktinnovation in den zurückliegenden Jahren kontinuierlich verfeinert wurde. So läßt sich aus Abb. 34 ablesen, daß 1968 noch 58 Produktideen in die erste Selektionsphase gebracht werden mußten, um ein Produkt erfolgreich am Markt zu plazieren; im Jahre 1981 waren dazu nur noch sieben Produktideen erforderlich.

Unternehmen können im Blick auf neue Produkte drei verschiedene Strategien verfolgen:

1. Kopiervariante

Man verzichtet auf die Entwicklung neuer Produkte. Sobald ein neues Konkurrenzprodukt auf den Markt kommt, greift man die vom Konkurrenten realisierte Idee auf und bemüht sich um technische Verbesserungen. Vor- und Nachteile: Eingesparte Entwicklungskosten, geringes Risiko, zu später Markteintritt, schlechtes Image als innovationsfeindliches Unternehmen.

2. Innovationsvariante

Eine eigene Abteilung „Forschung und Entwicklung"[10] bemüht sich – gestützt von der Marktforschung als Datenlieferant – permanent um die Entwicklung neuer Produkte. Vor- und Nachteile: Vorsprung beim Markteintritt, gutes Image als innovationsfreudiges Unternehmen, hohe Entwicklungskosten.

3. Kaufvariante

Risikofeindliche (Groß-)Unternehmen verzichten auf selbständige Forschung und Entwicklung. Sie verschaffen sich neue Produkte, indem sie (Klein-)Unternehmen aufkaufen, die bei der Produktinnovation erfolgreich waren. Vor- und Nachteile: Geringes Risiko, hoher Kapitalbedarf.

Bei einzelwirtschaftlicher Betrachtung möchte sich ein Anbieter durch Produktinnovation vom Massenmarkt positiv abheben und sich dem unmittelbaren Preiswettbewerb entziehen. So gesehen dient Produktinnovation der Entschärfung des Wettbewerbs. Bei gesamtwirtschaftlicher Betrachtung entpuppt sich die Produktinnovation aber sehr schnell als wettbewerbsverschärfender Prozeß: Hat ein Anbieter mit der Einführung eines neuen Produktes Erfolg, müssen sich die Konkurrenten – wollen sie nicht ins Hin-

---

[10] Zu den Problemen von Forschung und Entwicklung vgl. insbesondere Brockhoff, K., Produktpolitik, 4. Aufl., Stuttgart 1999, S. 205 ff.

tertreffen geraten – ebenfalls innovativ betätigen. Es wird eine zweite Wettbewerbsfront eröffnet: zum Preiswettbewerb kommt der Innovationswettbewerb.

Bedarfsverschiebungen und der technische Fortschritt sorgen dafür, daß Produkte „veralten". Ein ehemals erfolgreiches Produkt verliert an Attraktivität; Umsätze und Gewinne sind rückläufig. Diesen Sachverhalt versucht der Produktlebenszyklus darzustellen. Im Fall erfolgreicher Produktinnovationen zeigen Umsatz und Gewinn im Zeitablauf die in Abb. 36 angedeutete idealtypische Entwicklung:

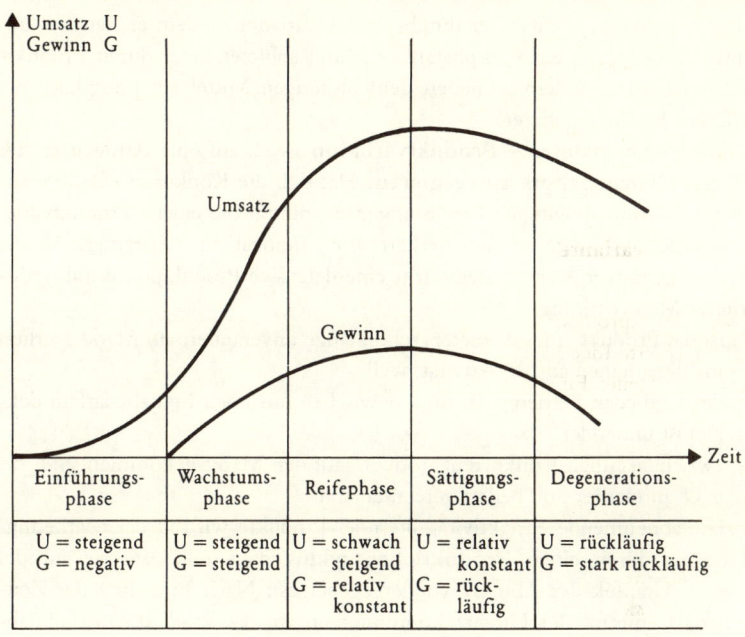

Abb. 36: Produktlebenszyklus

Im zugehörigen Übungsbuch wird am Beispiel gezeigt, welche absatzpolitischen Instrumente typischerweise in den einzelnen Lebensphasen eingesetzt werden. (**ÜB 4**/19, 27–28)

bb) Produktvariation

Von Produktvariation spricht man, wenn ein bereits am Markt befindliches Produkt so verändert wird, daß es den Nachfragern als mehr oder weniger neues Produkt erscheint. Im Zuge der Produktvariation wird mindestens eine der folgenden **Produkteigenschaften geändert:**[11]
(1) physikalische oder funktionale Eigenschaften (Material, Bauart, Qualität, Haltbarkeit),
(2) ästhetische Eigenschaften (Farbe, Form, Verpackung),

---
[11] Vgl. Meffert, H., Marketing, a. a. O., S. 423

(3) symbolische Eigenschaften (Markenname),
(4) Zusatzleistungen (Garantie, Kundendienst).

Mit dieser Aufzählung wird deutlich, daß die Produktvariation starke Bezüge zur Produktinnovation aufweist.

Für einen Anbieter, der ein gut positioniertes Produkt im Markt hat, stellt sich die Frage der Produktvariation dann, wenn sich die Marktbedingungen verändert haben. **Ziel – rechtzeitiger – Produktvariation** ist es, sofort auf eine **Änderung der Bedürfnisstruktur zu reagieren.** Setzt sich in breiten Bevölkerungskreisen die Meinung durch, daß phosphathaltige Waschmittel die Umwelt belasten, muß der Hersteller eines traditionellen Waschmittels sofort reagieren, – entweder durch Produktvariation, indem er statt der traditionellen Marke ein phosphatarmes Mittel anbietet, oder durch Produktdifferenzierung, indem er neben dem bisherigen Mittel ein phosphatarmes (-freies) Produkt anbietet.

Ziel – verspäteter – Produktvariation ist es, auf eine **Änderung des Konkurrenzangebots zu reagieren.** Hat sich die Konkurrenz den veränderten Marktbedingungen bereits angepaßt, nimmt die eigene Produktvariation defensive Züge an und verliert ihren innovativen Charakter. An die Stelle aggressiver Marktstrategie tritt eine defensive Produktpolitik mit reduzierter Marktwirkung.

Ist das Produkt eines Anbieters schon lange unverändert am Markt, verliert es im allgemeinen an Attraktivität, weil
– der Erstbedarf befriedigt ist und inzwischen nur noch Ersatzbedarf zu decken ist und/oder
– zwischenzeitlich Konkurrenzprodukte auf den Markt gekommen sind, die u. U. moderner und bedarfsgerechter sind.

Die abnehmende Attraktivität alternder Produkte wird in der Marketing-Literatur durch einen **Produktlebenszyklus** dargestellt, wie er auf der oberen Graphik der Abb. 37 wiedergegeben ist: Nach Erreichen des Zeitpunkts t´ nimmt der Umsatz kontinuierlich ab; das Produkt wird allmählich aus dem Markt gedrängt. Entschließt sich das anbietende Unternehmen zur Produktvariation, indem es z.B. ein in entscheidenden Punkten modernisiertes und verbessertes Automodell in t* auf den Markt bringt, kann es zur sog. Zwei-Höcker-Funktion kommen, wie sie im unteren Teil der Abb. 37 dargestellt ist. Im vorliegenden Fall war die Produktvariation erfolgreich. Diese Art der Wiederbelebung eines Produktes bzw. einer Marke wird in der Marketingliteratur vielfach als **Relaunch** bezeichnet. (**ÜB 4/29**)

cc) Produkteliminierung

Langfristig kann ein Unternehmen nur existieren, wenn es mit Erfolg neue Produkte auf den Markt bringt. Gleichzeitig müssen alte Produkte aus dem Programm genommen werden. Ohne eine solche Programmbereinigung würde das Sortiment immer größer. Die negativen Folgen für die Kostenstruktur und damit für die Zielgröße „Gewinn" liegen auf der Hand.

IV. Die absatzpolitischen Instrumente 531

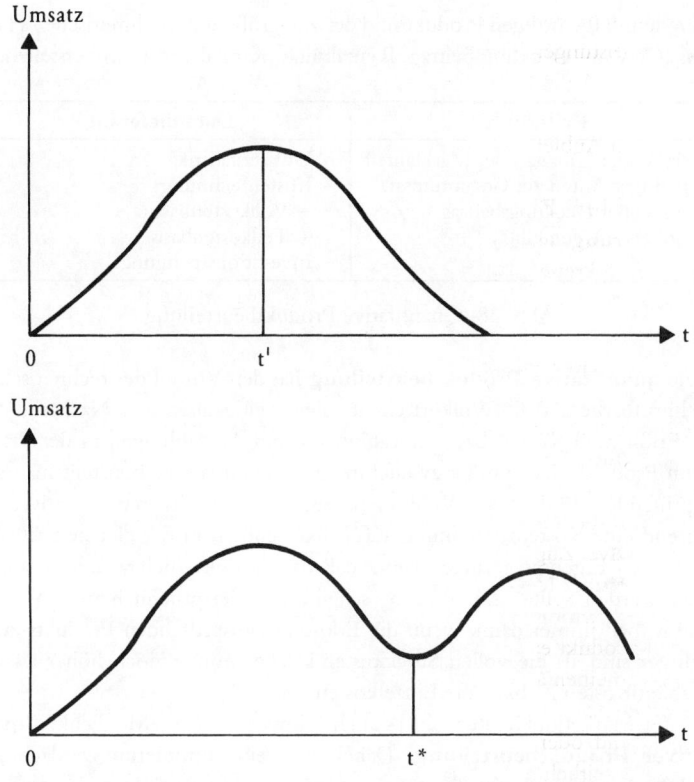

Abb. 37: Produktvariation und Produktlebenszyklus

Die Produkteliminierung ist ein schwerer Entschluß, zu dem sich ein Anbieter nur nach sorgfältiger Prüfung entschließen sollte. Solange ein Produkt noch am Markt ist, erzielt das Unternehmen Umsatzerlöse, die einen – vielleicht nur noch bescheidenen – Beitrag zur Deckung der hohen Vorleistungskosten erbringen. Solange die Erlöse einen in diesem Sinne positiven Deckungsbeitrag abwerfen, sollte das Produkt – noch – nicht aus dem Markt genommen werden.

Gegenstand einer Eliminierungsprüfung sind im allgemeinen
- **alle Produkte,** die sich in der **Degenerationsphase**[12] befinden und
- **neue Produkte,** die sich als sogenannter **Flop**[13] erwiesen haben.

Dabei darf das eliminierungsverdächtige Produkt niemals isoliert beurteilt werden. Vielmehr muß ein möglicher **Absatzverbund** mit anderen Produkten berücksichtigt werden.

Will man zu eindeutig nachprüfbaren Entscheidungen über die Zweckmäßigkeit einer Produkteliminierung kommen, muß man eine Beziehung zwi-

---

[12] Zur Degenerationsphase vgl. S. 528
[13] Von einem Flop spricht man, wenn das neue Produkt nach der Markteinführung weit hinter dem gewünschten Mindestumsatz zurückbleibt.

schen dem fragwürdigen Produkt und der Zielgröße unternehmerischen Handelns (Gewinn, Deckungsbeitrag, Rentabilität, Kapitalwert u. ä.) herstellen.

Kriterium	Datenlieferant

– sinkender Umsatz oder Marktanteil
– geringer Anteil am Gesamtumsatz
– sinkender Deckungsbeitrag
– sinkende Rentabilität
	– Umsatzstatistik
	– Kostenrechnung
	  – Vollkostenbasis
	  – Teilkostenbasis
	– Investitionsrechnung

Abb. 38: Quantitative Produktbeurteilung

Die **quantitative Produktbeurteilung** hat den Vorteil der rechnerischen Nachprüfbarkeit, d. h. Willkürfreiheit, gleichzeitig aber den Nachteil, daß sich Erlöse und Kosten bzw. Einzahlungen und Auszahlungen in der Praxis einem Produkt nicht immer zweifelsfrei zurechnen lassen. Beurteilt man ein zu prüfendes Produkt auf Vollkostenbasis, kann das Ergebnis negativ sein, während eine Kostenzurechnung auf Teilkostenbasis in der gleichen Situation zu dem Ergebnis gelangen kann, daß das Produkt auch weiterhin angeboten werden sollte. Zu dieser – scheinbar widersprüchlichen – Aussage kommt man immer dann, wenn die Erlöse des zu prüfenden Produkts zwar niedriger sind als die vollen Stückkosten k, aber immer noch höher als die variablen Kosten k_v bzw. die Einzelkosten sind.

In der Marketingliteratur gibt es auch Hinweise auf die Möglichkeit **qualitativer Produktbeurteilung.** Dabei wird ein eliminierungsverdächtiges Produkt nach Kriterien wie
– Störungen im Produktionsablauf,
– negativer Einfluß auf Firmenimage,
– nachlassende Wirkung von Marketingaktivitäten,
– Änderung der Bedarfsstruktur und
– Änderung gesetzlicher Vorschriften
beurteilt. Auffallend ist der Zusammenhang zwischen qualitativen und quantitativen Beurteilungskriterien: Ein qualitativer Negativfaktor schlägt sich immer in einer Reduzierung des Produktpreises bzw. der Absatzmenge oder in einer Erhöhung der Produktionskosten nieder.

Bei qualitativer Produktbeurteilung nimmt man die oben aufgeführten Kriterien in einen **Produktbewertungsbogen** auf. Jedem Kriterium wird eine Bewertungsskala von 0 bis 1 oder von 0 bis 10 beigegeben. Der unterste (oberste) Wert spricht für Eliminierung (Beibehaltung) des Produkts. Eliminiert wird das Produkt dann, wenn ein subjektiv festgelegter Mindestpunktwert nicht erreicht wird. Solche **Scoring-Modelle**[14] sind in der Marketing-Praxis weit verbreitet. Da
– die Aufnahme der Kriterien,
– die Zuordnung der Rangziffer zu einem Kriterium und
– die Fixierung der kritischen Mindestpunktzahl

---

[14] Zu Einzelheiten vgl. Meffert, H., Marketing, a. a. O., S. 385 ff.

willkürlich sind, sollte den quantitativen Bewertungsmethoden im Rahmen der Kosten- bzw. Investitionsrechnung nach Möglichkeit der Vorzug gegeben werden. (**ÜB 4/20**)

c) Randbereiche der Produktpolitik

aa) Programm- und Sortimentspolitik

Bisher sind wir Fragen nachgegangen, die jeweils nur ein Produkt betrafen. Diese isolierte Betrachtungsweise wollen wir jetzt aufgeben, denn ein Unternehmen bietet in der Regel mehrere Leistungen gleichzeitig an. Der Grund: auf der Seite der Leistungserstellung stehen die Güter in einem Beschaffungs- bzw. Produktionszusammenhang; hinsichtlich der Leistungsverwertung liegt ein Bedarfszusammenhang seitens der Nachfrager vor. Die **optimale Gestaltung des Leistungsprogramms** bezeichnet man bei Produktionsunternehmen als **Programmpolitik** und bei Handelsunternehmen als **Sortimentspolitik**.

Die konzeptionelle Ausrichtung des Produktionsprogramms bzw. des Sortiments gehört in den Bereich strategischer Unternehmensentscheidungen. Nach Nieschlag-Dichtl-Hörschgen[15] bestimmen folgende Kriterien die programmpolitische Grundorientierung:

Industrie	Handel
A Produktionsprogramm	**B Sortiment**
(1) Materialorientierung (2) Verfahrensorientierung (3) Bedarfsorientierung	(1) Materialorientierung (2) Preislagenorientierung (3) Bedarfsorientierung (4) Bedienungsorientierung

Abb. 39: Programmpolitische Grundorientierung

Unter einer **Produktlinie** versteht man eine Gruppe von Produkten, die in engem technischen Zusammenhang stehen. So befaßt sich ein Hersteller von Unterhaltungselektronik z.B. mit vier Produktlinien (Fernsehgeräte, Radiogeräte, Cassettenrecorder, Videorecorder). Zu jeder Produktlinie gehören mehrere Typen. Bei einem Radiohändler, der diese Produkte vertreibt, spricht man statt von Produktlinien von **Warengruppen**. Die Anzahl der Produktlinien (Warengruppen) kennzeichnet die Breite, die Anzahl der Typen pro Produktlinie (Warengruppe) die Tiefe eines Programms (Sortiments).

Die Verkaufsabteilung eines Industriebetriebs (Handelsbetriebs) ist an einem großen Produktionsprogramm (Sortiment) interessiert: Je größer das Leistungsprogramm, desto größer ist der **Verkaufserfolg**. Mit jedem weiteren Leistungselement läßt sich unter Umständen ein zusätzliches Marktsegment abdecken.

---

[15] Nieschlag/Dichtl/Hörschgen, a.a.O., S. 252 ff.

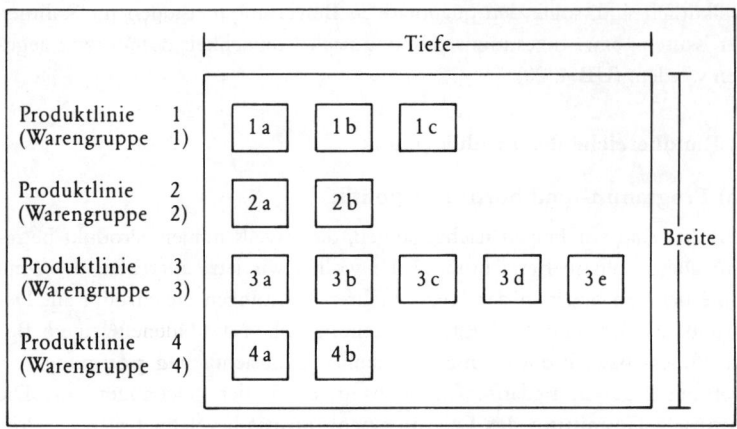

Abb. 40: Elemente eines Produktionsprogramms (Sortiments)

Im Gegensatz dazu orientiert sich die Unternehmensleitung nicht an Umsatzzahlen, sondern an Gewinngrößen. Sie hat nicht nur die Verkaufserlöse, sondern auch die **Kostenseite** im Auge. Je größer aber das Produktionsprogramm ist, desto höher sind die Kosten pro Produktionseinheit. Beschränkt sich ein Hersteller auf ein kleines Produktionsprogramm, hat er den Vorteil der großen Serie mit geringen Stückkosten. Er kann Material und Zubehör in großen Mengen zu günstigen Konditionen einkaufen. Seine Lagerhaltung ist ebenfalls mit geringen Kosten verbunden, weil sich das Materiallager und das Halb- und Fertigfabrikatelager auf wenige Sorten beschränkt. Ähnliche Überlegungen muß der Handel anstellen: Je größer das Sortiment, desto größer ist der Bedarf an Verkaufs- und Lagerfläche sowie an Verkaufspersonal. Die Warenumschlagshäufigkeit ist gering, die Kapitalbindung hoch. Je größer also das Sortiment, desto stärker wird die Handelsspanne, d.h. die Differenz zwischen Verkaufs- und Einkaufspreis durch die Handlungskosten aufgezehrt.

Ein großes Produktionsprogramm/Sortiment stellt einen großen Absatzerfolg bei hohen Kosten in Aussicht. Beim kleinen Leistungsprogramm ist es umgekehrt. Die beiden Merkmale Sortimentsbreite und Sortimentstiefe lassen vier Kombinationsmöglichkeiten zu, von denen drei in der Unternehmenspraxis anzutreffen sind.

Sortiment			
breit/tief	breit/flach	schmal/tief	schmal/flach
unüblich	Warenhäuser	Fachhandel	Discounter

Abb. 41: Sortimentstypen

Ist die konzeptionelle Entscheidung über das Produktionsprogramm bzw. Sortiment gefallen, muß auf der operativen Ebene in jedem Einzelfall geprüft werden, ob ein Produkt/Artikel zum Leistungsprogramm gehören soll oder nicht. Letzten Endes stellt sich hier also die Frage nach der Einführung bzw. Eliminierung von Produkten/Artikeln. Wir verweisen in diesem Zusammenhang auf die obigen Ausführungen.[16] Ob ein Produkt (Artikel) in das Programm (Sortiment) aufgenommen wird, hängt letzten Endes von dem Beitrag ab, den es (er) zur Deckung der Fixkosten (Handlungskosten)[17] des Unternehmens leistet. Dieser Deckungsbeitrag ist definiert als Differenz zwischen Verkaufspreis und variablen Stückkosten k_v. Ein Produkt wird dann ins Programm (Sortiment) aufgenommen, wenn der erwartete Deckungsbeitrag über dem Solldeckungsbeitrag, d.h. dem gewünschten Mindestdeckungsbeitrag liegt. Bezüglich des gewünschten Mindestdeckungsbeitrags stellt die betriebswirtschaftliche Theorie nur bescheidene Anforderungen: Hier genügt es, wenn der erwartete **Deckungsbeitrag positiv** ist. Im Klartext: Ein Produkt wird ins Programm (Sortiment) aufgenommen, wenn der Verkaufspreis höher ist als die variablen Stückkosten.

Es wurde bereits an früherer Stelle[18] darauf hingewiesen, daß es vorteilhaft sein kann, Produkte selbst bei negativem Deckungsbeitrag ($p<k_v$) im Programm/Sortiment zu belassen. Das ist der Fall, wenn ein „Verlustartikel" im Rahmen eines **Absatzverbunds** für den Verkauf gewinnträchtiger Artikel förderlich ist. Aus dem Beispiel[19] in Abb. 42 läßt sich der Absatzverbund im Rahmen eines Sortiments feststellen. So besteht zwischen den Artikeln A und B ein sehr loser Absatzverbund; sie wurden nur einmal zusammen erworben. Dagegen besteht zwischen den Artikeln C und D ein sehr enger Absatzverbund: In sieben Einkaufsfällen wurden sie fünfmal gemeinsam gekauft. Die Verbreitung moderner Datenerfassungstechniken, insbesondere die Einführung von Scannerkassen, ermöglicht es dem Handel, den Absatzverbund zwischen einzelnen Artikeln des Sortiments mühelos festzustellen. (**ÜB 4**/20–23)

Kauf \ Artikel	A	B	C	D	E	F	Zahl der gekauften Artikel
(1)	1		1	1			3
(2)					1	1	2
(3)					1	1	2
(4)		1	1	1	1		4
(5)	1			1	1	1	4
(6)	1	1	1	1	1		5
(7)	1		1	1			3
Summe der Käufe eines Artikels	4	2	5	5	5	2	23

Abb. 42: Sortiment und Absatzverbund

---

[16] Vgl. hierzu S. 522 ff.
[17] Bei kurzfristiger Betrachtung sind die Handlungskosten mit den Fixkosten identisch.
[18] Vgl. S. 532 f.
[19] Vgl. Merkle, E., Die Erfassung und Nutzung von Informationen über den Sortimentsverbund in Handelsbetrieben, Berlin 1981, S. 49; Nieschlag/Dichtl/Hörschgen, a.a.O., S 258 ff.

bb) Verpackungs- und Markenpolitik

Die Verpackungs- und Markenpolitik ist ein wichtiges absatzpolitisches Steuerungsinstrument. Bei vielen Produkten – insbesondere im Konsumgüterbereich – bestimmt die Verpackung die äußere Erscheinungsform eines Produktes. Besonders im Konsumgüterbereich begegnet man häufig dem Phänomen des Impulskaufs. Weniger die Produktqualität, als vielmehr das **positive Erscheinungsbild** des Produkts beeinflußt den Verkaufserfolg.

Fragt man nach der Rolle der **Verpackung** im Rahmen der absatzpolitischen Instrumente, hat man zwischen
- technischer Funktion,
- rechtlicher Funktion und
- wirtschaftlicher Funktion

zu unterscheiden.

Ursprünglich hatte die Verpackung eine rein **technische Funktion**. Sie hatte nur die Aufgabe, die Ware auf ihrem langen Weg vom Hersteller zum Endverbraucher vor Beschädigung zu schützen. Im Laufe der Zeit bildeten sich normierte Packeinheiten heraus. Nicht mehr der einzelne Abnehmer, sondern die Verpackung bestimmte den Umfang der kleinstmöglichen Abnahmemenge.

Verbraucherschutz ist ein öffentliches Anliegen. Unter Verbraucherschutz versteht man die Gesamtheit aller Maßnahmen, die die Verbraucher vor Praktiken von Anbietern privater und öffentlicher Güter wie Irreführung, Übervorteilung, Gefährdung von Leib und Leben usw. bewahren sollen.[20] Die **rechtliche Funktion** der Verpackung besteht darin, dem Verbraucher gesetzlich vorgeschriebene Mindestinformationen, z. B. über die Packungsmenge, das Mindesthaltbarkeitsdatum, den Anteil gesundheitsgefährdender Substanzen (Nikotin, Konservierungsstoffe) u. ä. zu geben.

Im absatzpolitischen Zusammenhang kommt der **wirtschaftlichen Funktion** der Verpackung die größte Bedeutung zu. Oberstes Ziel aller absatzpolitischen Bemühungen ist die langfristige Gewinnmaximierung. Zwischenziele sind Kostensenkung auf der einen und Erlössteigerung auf der anderen Seite. Die daraus abzuleitenden verpackungspolitischen Unterziele lassen sich folgendermaßen darstellen:

langfristiges Gewinnmaximum	
Kostensenkung	**Erlössteigerung**

– Senkung der Transportkosten
– Senkung der Lager- und Präsentationskosten
– Kostensenkung im Einweg- bzw. Mehrwegsystem
– Personalkostensenkung durch Selbstbedienung
	– Gebrauchsnutzensteigerung für Nachfrager durch
	  – Gebrauchsanweisung
	  – bedarfsadäquate Packungsmenge
	  – bedienungsfreundliche Packungstechnik
	– Imageoptimierung zur Verbesserung der Selbstverkäuflichkeit

Abb. 43: Ziele der Verpackungspolitik

---

[20] Vgl. Nieschlag/Dichtl/Hörschgen, a. a. O., S. 63 ff.

IV. Die absatzpolitischen Instrumente

Zunächst geht es darum, durch Materialgestaltung und Normierung (Eurokartons, Europaletten, Eurocontainer) die **Kosten** des Transports zu **minimieren**. Daneben gilt es, die Lagerkosten und die Präsentationskosten im Verkaufsregal des Handels möglichst gering zu halten. Hierbei sollte die Verpackung widerstandsfähig, normiert und präsentationsfähig sein. Besonders in der Getränkebranche stellt sich die Frage nach Ein- bzw. Mehrwegverpackungen. Hierbei wird das Einwegsystem aus Kostengründen häufig bevorzugt. Es verursacht zwar höhere Materialkosten, dafür aber geringere Transport-, Personal- (Leergutrücknahme) und (Leergut-) Reinigungskosten.

Zunehmender Wohlstand bedeutet: Lohn- und Gehaltssteigerungen. Das **Personal** fällt als Kostenfaktor immer stärker ins Gewicht. Die Industrie weicht dem zunehmenden Personalkostendruck durch Mechanisierung, der Handel durch **Selbstbedienung** aus. Der Siegeszug der personalkostensenkenden Selbstbedienung war nur möglich, weil die Verpackungsindustrie Lösungen anbot, die es erlaubten, die Leistungen des Verkaufspersonals zu ersetzen. Es fand ein tiefgreifender Substitutionsprozeß vom Faktor Arbeit zum Faktor Werkstoffe (Verpackungsmaterial) statt. Einzelwirtschaftlich führte dies zu Kostensenkungen, gesamtwirtschaftlich zu kostengünstiger Versorgung der Verbraucher.

Verpackungspolitik dient auch dem Versuch, **Erlössteigerungen zu bewirken**. Durch Erzeugung sachlicher Präferenzen will sich der einzelne Anbieter ein positives akquisitorisches Potential schaffen, um sich dem harten Preiswettbewerb auf (annähernd) vollkommenen Märkten zu entziehen. So gesehen dient Verpackungspolitik der Aufhebung der Homogenitätsbedingung,[21] d.h. der **Heterogenisierung von Massenprodukten**. Preissteigerungspotentiale verschafft sich ein Anbieter zunächst durch mannigfache Verbesserungsmöglichkeiten im Rahmen des objektiven Gebrauchsnutzens. Von größerem absatzpolitischen Gewicht sind aber Maßnahmen zur Herstellung eines subjektiv empfundenen positiven Produktimages. Überall dort, wo Kaufentscheidungen nicht kognitiv, sondern impulsiv getroffen werden,[22] kommt es nicht so sehr darauf an, wie die Produkte wirklich sind, sondern wie sie nach außen erscheinen.

Sachliche Präferenzen schafft also der Anbieter, dem es gelingt, durch ein als angenehm empfundenes Produktäußeres ein positives Produktimage zu erzeugen. Während früher dem Verkaufspersonal die Aufgabe zufiel, solche Überzeugungsarbeit zu leisten, hat im modernen Selbstbedienungshandel die Verpackung die Funktion der Übermittlung positiver Produktnachrichten übernommen. Aufwendige, exklusive, psychologisch ausgeklügelte Verpackungen sind ein Wohlstandssymptom: Der Wohlstand brachte den Selbstbedienungshandel und mit dem Selbstbedienungshandel etablierte sich die Verpackung als verkaufsförderndes Absatzinstrument.

Zwischen der Verpackungspolitik, die einen Teilaspekt der Produktpolitik bildet, und den übrigen absatzpolitischen Instrumenten gibt es viele Querbe-

---

[21] Vgl. hierzu S. 516
[22] Vgl. zu dieser Unterscheidung S. 504 ff.

ziehungen. So ist **Markenbildung** ohne Verpackung nicht denkbar. Diese ist Träger der **Werbung** für das Produkt und seinen Hersteller. Die Verpackung öffnet den Weg zur Realisierung bestimmter **Vertriebsformen** (Selbstbedienung). Deshalb besteht ein enger Zusammenhang zwischen Verpackung und **Preispolitik.** Denn einerseits muß durch die Verpackung zum Ausdruck kommen, ob sich ein Produkt dem Hoch- oder Niedrigpreissegment zuordnen möchte. Zum anderen versuchen die Anbieter, durch Packungen unterschiedlicher Größe verschiedene Marktsegmente abzudecken und (gewinnmaximierende) Preisdifferenzierung zu betreiben.

Gerade am letzten Punkt zeigt sich der Zusammenhang zwischen der **Marktforschung** und der **Verpackungspolitik.** Die Marktforschung untersucht die Bedürfnisse und Kaufgewohnheiten der Nachfrager und betätigt sich auch hier als Datenlieferant für eine zielbewußte Absatzpolitik. Nicht nur neue Produktvarianten, auch neue Verpackungsvarianten müssen sich – zur Sicherung optimaler Lösungen – auf Testmärkten bewähren. So ist es nicht verwunderlich, daß zwischen der Entwicklung einer Verpackungsidee und ihrer endgültigen Markteinführung ein Zeitraum von über einem Jahr liegen kann.[23]

Es wurde oben angedeutet, daß der Siegeszug der Verpackung ein Wohlstandssymptom industrieller Wohlstandsgesellschaften ist. Personalkosteneinsparungen und gesteigerte Verkaufserfolge sind die eine Seite der Verpackungsflut, Müllberge die andere. Hopfenbeck[24] weist darauf hin, daß Ende der achtziger Jahre Verpackungen
– 50% unseres Hausmüllvolumens ausmachten,
– im Nahrungsmittelbereich Kosten in Höhe von 6% des Umsatzes verursachten und
– mit jährlichen Zuwachsraten von ca. 8% etwa doppelt so schnell wachsen wie die gesamte volkswirtschaftliche Leistungserstellung.

Die Verpackungsflut führte zu **Umweltbelastungen,** die ordnungspolitisch nicht mehr tragbar erschienen. Folglich versucht der Gesetzgeber, durch
– freiwillige Vereinbarungen mit der (Getränke-)Industrie den Anteil der Einwegverpackungen zu senken und durch
– zwingende Rücknahmeverpflichtungen von Verpackungen[25] die Müllentsorgungskosten auf Handel und Hersteller zurückzuverlagern.

Der Entsorgungskostendruck soll die Anbieter zu sparsamerem Umgang mit Verpackungsmaterial veranlassen. Es ist zu erwarten, daß die gesetzgeberischen Initiativen auf der Produzentenseite zur Entwicklung neuer Strategien im Rahmen der Verpackungspolitik führen. Diese Erwartung wird zusätzlich gestützt durch die Beobachtung, daß sich in immer größeren Nachfragerkreisen ein Müllvermeidungsbewußtsein entwickelt. Das Marktsegment umweltorientierter Nachfrager wird immer größer. Durch weniger aufwen-

---

[23] Vgl. Kotler/Bliemel, a. a. O., S. 713
[24] Vgl. Hopfenbeck, W., Umweltorientiertes Management und Marketing, 3. Aufl., Landsberg/Lech 1994, S. 274 ff.
[25] Vgl. die „Verordnung über die Vermeidung von Verpackungsabfällen" (Verpackungsverordnung)

dige Verpackung, durch die Wahl umweltverträglicher Verpackungsmaterialien versuchen die Anbieter inzwischen eine differenzierte Verpackungspolitik zu betreiben, die den Bedürfnissen dieses (wachsenden) Marktsegments gerecht wird.

Aufwendige, vielfältig gestaltete Produktverpackungen sollen den Nachfrager nicht nur ansprechen, sondern sie sollen ihm auch helfen, das einmal gekaufte Produkt bei Wiederholungskäufen wiederzuerkennen. Ein Hersteller markiert seine Produkte durch
– Farb- und Formgebung der Packung,
– Produktnamen, Firmenzeichen und Firmennamen.

Das Ergebnis dieser Produktmarkierung sind **Markenartikel**. Ob Lebensmittel, Kosmetika, Kleidung oder technische Geräte, im Regelfall werden wir mit Markenartikeln konfrontiert.

Die Anbieter setzen die Marke als absatzpolitisches Instrument ein. Mit der Markenbildung wollen sie ihr Angebot von Konkurrenzprodukten unterscheiden. Mit der Marke bürgen sie für **gleichbleibende Qualität** und hoffen, den Nachfrager als Wiederholungskäufer zu gewinnen, ihn zur **Markentreue** zu bewegen.

Markenbildung und Werbung stehen in wechselseitiger Beziehung zueinander. Werbung ist nur sinnvoll, wenn sie das eigene Unternehmen oder die eigenen Produktmarken zum Gegenstand hat. Und Markenbildung ist nur möglich, wenn der markierte Artikel einen hohen Bekanntheitsgrad hat. Erst die Werbung macht aus einem markierten Artikel einen Markenartikel. Die Markenpolitik verursacht Kosten. Diese resultieren weniger aus den Mehrkosten der Verpackungsmarkierung als vielmehr aus den hohen Kosten der Markenartikelwerbung in den unterschiedlichsten Medien.

Mit Blick auf das unternehmerische Gewinnziel erweist sich Markenpolitik nur dann als sinnvoll, wenn die Markenbildung zu Mehrerlösen führt, die höher sind als die damit verbundenen Kosten. In diesem Zusammenhang erhebt sich die Frage, warum die Käufer vorzugsweise Markenartikel erwerben und warum sie für Markenartikel einen höheren Preis zu zahlen bereit sind als für sogenannte No-name-Produkte.

In der klassischen Preistheorie wird der Nachfrager als homo oeconomicus dargestellt, als nutzenmaximierendes, rational handelndes, emotionsloses Wesen. Die Marktwirklichkeit sieht anders aus: Ein Teil der Nachfrager trifft seine Kaufentscheidungen mit hohem Preisbewußtsein, andere Nachfrager sind an bequemem Einkauf ohne lange Preis- und Qualitätsvergleiche interessiert. Eine andere Gruppe bevorzugt zur Stärkung des Selbstbewußtseins Produkte mit einem hohen Prestigegehalt, wieder andere wollen nur umweltfreundliche Produkte erwerben usw. Gefragt sind nicht homogene, sondern **heterogene Produkte**. Derart unterschiedliche Nachfragerpräferenzen führen zur Aufsplitterung des Marktes, d. h. zur Herausbildung von Marktsegmenten.

Die **verschiedenen Marktsegmente** können ihre unterschiedlichen Bedürfnisse nur dann befriedigen, wenn sie die Möglichkeit haben, die angebotenen Produkte als mehr oder weniger bedarfsgerecht zu identifizieren.

Mit der Markenbildung kommen die Anbieter dem **Nachfragerwunsch nach Produktidentifikation** entgegen. Daß die Markenpolitik auf das unternehmerische Oberziel der langfristigen Gewinnmaximierung ausgerichtet ist, läßt folgende Gedankenkette erkennen:
- Markenbildung führt zu Markentreue und sachlichen Präferenzen für die eigene Marke,
- sachliche Präferenzen schaffen die Möglichkeit zur Preisdifferenzierung,
- Preisdifferenzierung erlaubt Erlössteigerungen und
- Erlössteigerungen führen zu höheren Gewinnen.

Adressaten der Markenpolitik sind – hauptsächlich – zwei Gruppen: die qualitätsbewußten und die prestigebewußten Nachfrager. Die erste Gruppe zahlt den Markenartikelmehrpreis, weil sie einerseits Qualität bevorzugt und andererseits an bequemem Einkauf ohne lange Vergleiche, an einem habitualisierten Kaufverhalten festhalten möchte. Für die zweite Gruppe ist der höhere Preis kein Argument gegen, sondern häufig sogar für den Markenartikelkauf. Damit sind Markenartikelhersteller der vollkommenen Konkurrenz enthoben. Sie können eine **Qualitätsgarantierende** und eine **Prestigerente** abschöpfen.

Nachfrager	Handel	Hersteller
– Qualitätsgarantie – gute Verfügbarkeit – habitualisierter Einkauf – bedarfsgerechter Einkauf wegen Produktidentifikation	– empf. Richtpreis – hohe Handelsspanne – hoher Selbstverkäuflichkeitsgrad – große Nachfrage – schneller Warenumschlag	– akquisitorisches Potential – Prestigerente – Qualitätsgarantierende – starke Position gegenüber Handel

Abb. 44: Vorteile von Markenartikeln

Markenartikel haben sich am Markt durchgesetzt, weil sie verschiedenen Nachfragerbedürfnissen Rechnung tragen. Weil die Markenartikel sich größter Beliebtheit beim Nachfrager erfreuen, sind sie zur Hauptstütze des Umsatzes im Einzelhandel geworden. Der Markenartikel hat für den Handel den Nachteil, daß er vom Hersteller abhängig wird. Größer sind aber die Vorteile: Markenartikel sind für den Handel Selbstgänger. Wegen ihres hohen Bekanntheitsgrades bedarf es keiner besonderen – personalintensiven – Verkaufsanstrengungen. Der Hersteller wirbt für seine Markenartikel nicht beim Handel, sondern beim Endverbraucher. Hat sich der Markenartikel beim Endverbraucher erst einmal durchgesetzt, muß ihn der Handel in sein Sortiment aufnehmen.

Neben den klassischen **Herstellermarken,** die wir bisher behandelt haben, gibt es **Handelsmarken,** z.B. Aldi-Kaffee. Für Handelsmarken wird weitaus weniger Werbung betrieben. Sie sind meist etwas billiger als die Herstellermarken und haben die Aufgabe, die Nachfrage des Marktsegments preisbewußter Verbraucher auf sich zu ziehen. (**ÜB 4/24–25**)

cc) Kundendienstpolitik

Nachfrager verlangen von einem Anbieter keine Produkte oder Dienstleistungen, sondern Problemlösungen. Der Käufer eines PC ist i.d.R. nicht zufriedengestellt, wenn ihm zwei Kisten Hardware über den Ladentisch geschoben werden. Neben dieser Hauptleistung erwartet er vom Hersteller bzw. Einzelhändler **Nebenleistungen** im Bereich von **Garantie** und **Service**. Besonders begehrt sind die Nebenleistungen dann, wenn sie unentgeltlich zur Verfügung gestellt werden.

Die im Rahmen des Kundendienstes zu erbringenden Nebenleistungen haben die Aufgabe

– den Kunden **beim Kaufentscheidungsprozeß** fachkundig zu **unterstützen** (Auswahl der bedarfsgerechten Lösung),
– eine **reibungslose Funktion** des Gerätes während der gesamten Nutzungsdauer zu gewährleisten und
– am Ende der Nutzungsdauer eine **reibungslose Entsorgung** des Altgerätes sicherzustellen.

Schon diese Aufzählung macht deutlich, daß Kundendienstleistungen weniger im Konsumgütersektor als vielmehr im Bereich komplizierter, langlebiger **technischer Geräte,** insbesondere im Bereich der **Investitionsgüterhersteller** nachgefragt werden. Je teurer und spezialisierter das Gerät ist, desto größer wird die Bedeutung der Kundendienstpolitik als absatzpolitisches Instrument. Wichtige Anwendungsfelder der Kundendienstpolitik gegenüber privaten Nachfragern[26] sind der Bereich der Haustechnik, der Kraftfahrzeugtechnik, der Unterhaltungselektronik, der Computertechnik usw. Mit zunehmender Technisierung unserer Umwelt gewinnt die Kundendienstpolitik als absatzpolitisches Instrument an Bedeutung. Die starke Nachfrage nach kundendienstlichen Nebenleistungen hat zwei Ursachen: zum einen ist es die Bequemlichkeit der Nachfrager und ihr Wunsch nach Leistungen aus einer Hand, zum anderen ist es die Tatsache, daß der Hersteller eines Produktes im allgemeinen eine höhere Beratungs- und Betreuungskompetenz aufzuweisen hat als ein zwischengeschaltetes Dienstleistungsunternehmen.

Die einzelnen Bereiche der Kundendienstpolitik lassen sich folgendermaßen gliedern:

Kundendienst
– Information, Beratung und Unterstützung beim Einkauf – Schulung und Instruktion der Endabnehmer bzw. der Einzelhandelsmitarbeiter – Transport und Inbetriebnahme – Unterhalt, Reparatur, Ersatzteil- und Garantiedienst, Entsorgung

Abb. 45: Bereiche der Kundendienstpolitik[27]

---

[26] Zur Kundendienstpolitik gegenüber gewerblichen Nachfragern vgl. die Literatur zum Investitionsgütermarketing, insbes. Backhaus, K., Investitionsgütermarketing, 5. Aufl., München 1997, S. 359 ff.

[27] Eine detaillierte Darstellung findet sich bei Berndt, R., Marketing 2, Marketing-Politik, 2. Aufl., Berlin u.a. 1992, S. 124 f.

Kundendienstleistungen können – wie bereits dargestellt – vor bzw. nach dem Kauf erbracht werden, sie können technischer oder kaufmännischer Natur sein und sie können entgeltlich oder unentgeltlich zur Verfügung gestellt werden. Die technischen Aufgaben des Kundendienstes wurden bereits angesprochen. Zum kaufmännischen Kundendienst gehört neben dem Umtauschrecht und dem Zustellen der Ware die Schaffung optimaler Einkaufsbedingungen (Kinderhort im Kaufhaus, Parkmöglichkeiten usw.).

Als Teilbereich der Absatzpolitik steht die Kundendienstpolitik im Dienst der Erreichung des unternehmerischen Oberziels der langfristigen Gewinnmaximierung. Informationsbeschaffung und Präferenz- und Imagebildung sind Subziele der Kundendienstpolitik.

langfristige Gewinnmaximierung	
Informationsbeschaffung	Präferenz- und Imagebildung
– Marktinformationen über Kundenwünsche – technische Informationen zur Produktverbesserung	– akquisitorisches Potential steigt – eingeschränkter Preiswettbewerb – Preiserhöhungsspielräume
Zukunftsgewinn steigt	Gegenwartsgewinn steigt

Abb. 46: Ziele der Kundendienstpolitik

Die Aussage, daß Kundendienstpolitik zur Gewinnsteigerung führt, bedarf der Präzisierung. In jedem Fall muß die Kundendienstpolitik auf den Prüfstand einer **Kosten-Nutzen-Analyse** gestellt werden. Dabei gilt es, die **positiven Kundendienstwirkungen** mit den **Kosten des Kundendienstes** zu vergleichen. Einfach ist dieser Vergleich, wenn Kundendienstleistungen entgeltlich zur Verfügung gestellt werden. Dann ist eine Kundendienstleistung vorteilhaft, wenn $K_{KD} < E_{KD}$, wobei K_{KD} für die Kosten, E_{KD} für die Erlöse aus der Kundendienstleistung steht. Nach dieser Bedingung müssen Kundendiensterlöse mindestens kostendeckend sein. Das gilt allerdings nur dann, wenn von der – entgeltlichen – Kundendienstleistung keine positiven Präferenzwirkungen ausgehen. Kundendienstleistungen sind aber im praktischen Regelfall durch das Entstehen positiver Präferenzwirkungen gekennzeichnet, die sich in späteren Perioden in Mehrerlösen niederschlagen können.

Gehen wir jetzt von einer unentgeltlichen Kundendienstleistung aus, müssen wir die Kosten des Kundendienstes K_{KD} mit dem kundendienstbedingten Mehrerlös ME_{KD}, der sich aus der Nutzung des Preissteigerungspotentials ergibt, vergleichen.

Der in Abb. 47 wiedergegebene Optimierungsansatz dient der Ermittlung des **gewinnmaximalen Kundendienstniveaus.** Es wird ein proportionaler Anstieg der Kundendienstkosten unterstellt, d. h. die Grenzkosten einer zusätzlichen Kundendiensteinheit sind konstant. Der degressive Anstieg der ME-Funktion zeigt, daß die präferenzbildende Wirkung der Kundendienstleistungen mit zunehmender Serviceintensität nachläßt. Vom Nullpunkt aus

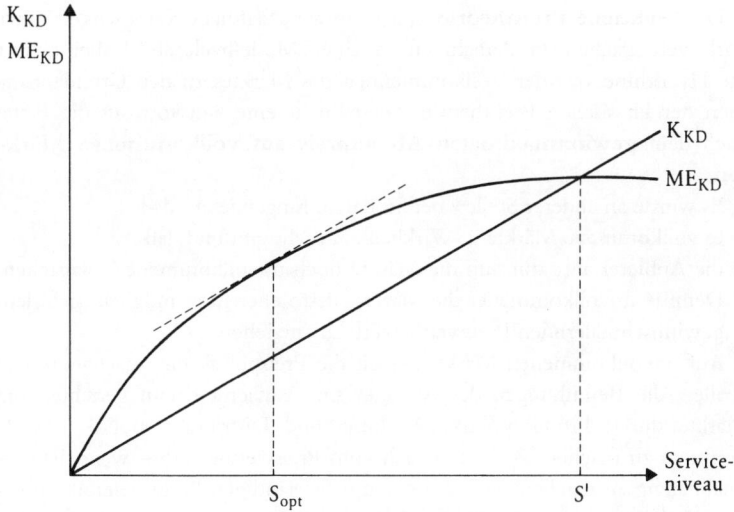

Abb. 47: Optimale Kundendienstintensität

gehend wird die Steigerung des Serviceniveaus solange fortgesetzt, bis der Abstand zwischen ME_{KD} und K_{KD} seinen maximalen Wert erreicht. Das ist beim Serviceniveau S_{opt} der Fall. Vor (nach) diesem Serviceniveau sind die Grenzerträge einer zusätzlichen Servicemaßnahme größer (kleiner) als die Grenzkosten des Kundendienstes. Würde der Anbieter seine Serviceintensität auf S´ ausdehnen, wäre sein Gewinn genauso hoch wie im Nullpunkt, d.h. im Falle des Verzichts auf jegliche Kundendienstleistung. Diesem Optimierungsansatz sind praktische Grenzen gesetzt: In der Kundendienstpraxis ist es schon schwer, die durch eine Kundendienstmaßnahme verursachten Kosten K_{KD} zu schätzen. Noch schwerer ist es, die kundendienstbedingten Mehrerlöse ME_{KD} zuverlässig von anderen Erlöskomponenten zu isolieren. (**ÜB 4/26**)

3. Preispolitik

a) Ziele und Teilbereiche der Preispolitik

Bis weit in die sechziger Jahre galt die Preispolitik als wichtigstes absatzpolitisches Instrument zur Erreichung unternehmerischer Ziele. Zwischenzeitlich haben sich die Absatzmärkte in den westlichen Industriegesellschaften stark verändert. Dabei haben vor allem Werbung und Produktpolitik an Bedeutung gewonnen, wodurch die Preispolitik ihren absatzpolitischen Vorrang einbüßte.

Gleichwohl nimmt die Darstellung der Preispolitik in der Marketingliteratur noch immer breiten Raum ein. Sie wird üblicherweise in zwei Unterkapiteln abgehandelt, der klassischen Preistheorie und der praxisorientierten Preispolitik. Wir folgen dieser zweigeteilten Darstellung.

Die **klassische Preistheorie** bildet die wirtschaftliche Wirklichkeit unter stark vereinfachenden Annahmen in einer Modellwelt ab. Dabei gehört die Hypothese von der Vollkommenheit des Marktes zu den Grundannahmen der klassischen Preistheorie. Diese sucht eine Antwort auf die Frage nach dem **gewinnmaximalen Absatzpreis auf vollkommenen Märkten**.

Es wurde an anderer Stelle[28] bereits darauf hingewiesen, daß
- es vollkommene Märkte in Wirklichkeit nicht gibt und daß
- die Anbieter alles tun, um die Märkte noch unvollkommener zu machen.

Denn je unvollkommener die Märkte, desto eher ist es möglich, sich dem gewinnschmälernden Preiswettbewerb zu entziehen.

Auf unvollkommenen Märkten spielt die Preispolitik eine nachgeordnete Rolle. Alle Bemühungen der Anbieter sind zunächst darauf gerichtet, die Märkte durch Produktpolitik, Werbung und Distributionspolitik unvollkommen zu machen. Ziel ist es, sich vom Preiswettbewerb – weitgehend – unabhängig zu machen, sich also einen eigenständigen Preisspielraum zu erkämpfen. Die **praktische Preispolitik** fragt folgerichtig nach der optimalen Gestaltung des Absatzpreises auf **unvollkommenen Märkten**.

Die klassische Preistheorie hat ihre Wurzeln in der volkswirtschaftlichen Mikrotheorie. Sie hat einen nicht zu unterschätzenden didaktischen Vorzug: Sie zeigt auf anschauliche Weise, daß ein einzelner Anbieter unter den Bedingungen des vollkommenen Marktes[29] keine Möglichkeit zu eigenständiger Preispolitik hat. Erst auf unvollkommenen Märkten kann man sich als Anbieter dem Diktat des einheitlichen Konkurrenzpreises entziehen und aktive Preispolitik betreiben.

Wie jeder Entscheidungskalkül so basiert auch die Preispolitik auf Zielen, Instrumenten (Handlungsalternativen) und Daten. Die klassische Preistheorie unterstellt als **Ziel** unternehmerischen Handelns die **langfristige Gewinnmaximierung**. Dieses Unternehmensziel spielt auch in der praktischen Preispolitik[30] die dominierende Rolle. Üblicherweise definiert man den Gewinn als Differenz zwischen Erlösen und Kosten, also G = E − K. Kosten und Erlöse sind abhängig von der abgesetzten Menge m. Die Erlöse E sind das Produkt aus abgesetzter Menge m und dem erzielten Verkaufspreis p. Der erzielbare Erlös E ist in zweifacher Hinsicht vom geforderten Kaufpreis abhängig: direkt über den Faktor p und indirekt über den Faktor m, denn je höher (niedriger) die Preisforderung p, desto geringer (höher) ist nach landläufiger Erfahrung die absetzbare Menge.

Die Preispolitik bedient sich einer Anzahl von **Instrumenten**. Die klassische Preistheorie geht von der Vorstellung aus, daß ein (homogenes) Gut auf einem vollkommenen Markt alternativ – also nicht gleichzeitig – zum Preis

---

[28] Vgl. S. 515 f.
[29] Vgl. dazu die Ausführungen zur vollkommenen Konkurrenz auf S. 517.
[30] So weist Berndt auf empirische Untersuchungen hin, wonach etwa 80 Prozent aller befragten Unternehmen die Erzielung eines maximalen bzw. eines branchenüblichen oder „angemessenen" Gewinns als wichtigstes preispolitisches Ziel nennen. Vgl. Berndt, R., Marketing 2, a. a. O., S. 128 f.

IV. Die absatzpolitischen Instrumente

p_1, p_2, p_3 usw. angeboten werden kann, wobei die entsprechenden Alternativmengen m_1, m_2, m_3 usw. abgesetzt werden können. Es gilt, die Preisalternative p_i ausfindig zu machen, bei der der Gewinn $G = m \cdot p - K$ den maximalen Wert erreicht.

Die praktische Preispolitik erweitert das Spektrum der preispolitischen Instrumente. Während auf vollkommenen Märkten immer nur ein Einheitspreis herrscht, der **alternativ** die Höhe p_1, p_2, p_3 usw. haben kann, können auf unvollkommenen Märkten nicht nur alternative, sondern auch **differenzierte Preise** nebeneinander existieren. Auf unvollkommenen Märkten kann es also vorkommen, daß im Wege der Preisdifferenzierung in den Marktsegmenten a, b, c usw. – gleichzeitig – die Preise p_a, p_b, p_c mit den zugehörigen Absatzmengen m_a, m_b und m_c vorzufinden sind.

Merkmal	Klassische Preistheorie	Praktische Preispolitik
Marktverfassung	vollkommener Markt	unvollkommener Markt
gehandelte Güter	homogen	heterogen
alternative Einheitspreise	möglich	möglich
differenzierte Preise	unmöglich	möglich

Abb. 48: Preispolitische Instrumente auf vollkommenen und unvollkommenen Märkten

Neben dem Preis kennt die praktische Preispolitik noch andere Instrumente:

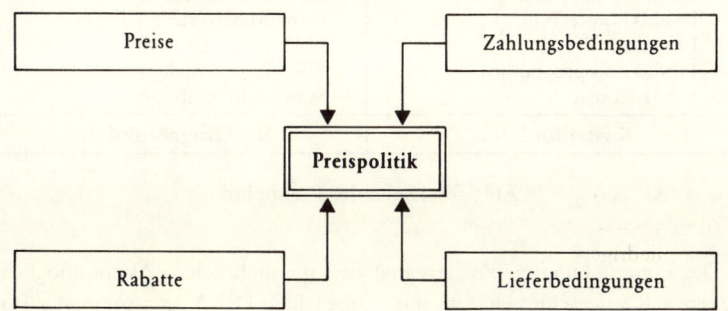

Abb. 49: Instrumente der praktischen Preispolitik

Differenzierte Rabatte, Zahlungs- und Lieferbedingungen erlauben eine differenzierte Marktbearbeitung. Ein Markt, auf dem nur der Preis variiert wird, ist sehr transparent, er neigt c.p. zur Vollkommenheit. Mit den anderen drei preispolitischen Aktionsparametern wollen die Anbieter die Märkte unübersichtlich machen. Auf diese Weise erzeugt man unvollkommene Märkte, auf denen sich höhere Gewinne erwirtschaften lassen. Eine Preispolitik, die neben dem Preis auch die Instrumente Rabatte, Zahlungs- und Lieferbedingungen optimiert, wird in der absatzwirtschaftlichen Literatur häufig als **Konditionenpolitik** bezeichnet.

Im planwirtschaftlichen System ist Preispolitik unmöglich, weil die Preise durch eine zentrale Planungsbehörde vorgegeben werden. Im marktwirtschaftlichen System ist dagegen jeder Anbieter in den Möglichkeiten zur Preisgestaltung frei. Von diesem Grundsatz gibt es einige Ausnahmen. So müssen sich Versicherungen ihre Tarife vom Bundesaufsichtsamt für das Versicherungswesen genehmigen lassen. Für Angehörige freier Berufe, also für Ärzte, Anwälte, Architekten, Notare usw. gibt es Gebührenordnungen mit festgeschriebenen Höchstpreisen. Daneben gibt es eine vertikale Preisbindung, wonach der Einzelhandel mit seinen Preisforderungen vom Herstellerpreis nicht abweichen darf (Arzneimittel, Druckerzeugnisse).

Der Zustandsraum preispolitischer Optimierungsmodelle wird durch betriebsinterne und betriebsexterne **Daten** determiniert. Durch Verdichtung aller betriebsinternen (betriebsexternen) Daten gelangt man zur Kostenfunktion (Nachfragefunktion). Die Nachfragefunktion wird auch als **Preis-Absatz-Funktion** bezeichnet. Sie zeigt, in welchen Mengen sich ein homogenes Gut auf einem Gesamtmarkt bei alternativen Preisforderungen absetzen läßt. Die Preis-Absatz-Funktion ist eine Marktreaktionsfunktion, die angibt, mit welchen Mengenänderungen die Nachfrager auf eine Preisänderung der Anbieter reagieren, während alle übrigen absatzpolitischen Instrumente unverändert bleiben.

Betriebsinterne Daten	Betriebsexterne Daten
– Unternehmensgröße – Unternehmensstandort – Produktionstechnik – Produktqualität – Produktionsprogramm – Kapazität usw.	– Marktgröße – Konkurrenzsituation – Konkurrenzverhalten – Nachfragereinkommen – Nachfragerverhalten – Substitutionsgüter usw.
Kostenfunktion	**Nachfragefunktion**

Abb. 50: Daten der Preispolitik

Die Unternehmenspraxis begegnet den preispolitischen Aktionsmöglichkeiten teils aufgeschlossen, teils mit Vorbehalten. Die Aktionsparameter Rabatt, Zahlungs- und Lieferbedingungen erfreuen sich ungeteilter Beliebtheit, weil man mit diesen Instrumenten den harten Preiswettbewerb unterlaufen kann. Anders verhält es sich mit dem Preis als Aktionsmöglichkeit. Der Vorteil des absatzpolitischen Instruments Preis wird darin gesehen, daß es schneller greift als die Werbung oder gar die Produktpolitik. Dem steht der Nachteil gegenüber, daß sich eine zur kurzfristigen Absatzbelebung vorgenommene Preissenkung später nur sehr schwer wieder rückgängig machen läßt. (**ÜB 4/24, 26, 30–31**)

b) Preispolitik im Rahmen der klassischen Preistheorie

aa) Grundlagen der Preistheorie

Ziel der klassischen Preistheorie ist die Bestimmung des gewinnmaximalen Absatzpreises unter modellmäßigen Bedingungen. Zur Konkretisierung preispolitischer Entscheidungsmodelle benötigt man betriebsinterne und marktbezogene Informationen. Die **betriebsinternen Informationen** werden vor allem von der Kostenrechnung bereitgestellt. Im modelltheoretischen Idealfall werden die Kosteninformationen in einer **Kostenfunktion**[31] zusammengefaßt.

Weitaus schwieriger gestaltet sich die Beschaffung zuverlässiger **Marktinformationen**. Die genaue Kenntnis der jeweiligen Marktgegebenheiten ist eine unabdingbare Voraussetzung zur modellmäßigen Ermittlung des gewinnmaximalen Absatzpreises. Wer als Anbieter den gewinnmaximalen Absatzpreis bestimmen will, muß über

(1) die Struktur von Angebot und Nachfrage,
(2) das Marktverhalten der Konkurrenten und
(3) das Marktverhalten der Nachfrager

informiert sein.

Preispolitische Modelle basieren – wie alle Modelle – auf einer vereinfachten Abbildung der Wirklichkeit. Zu den **modellmäßigen Vereinfachungen** gehört die Annahme, daß
– sich Anbieter und Nachfrager auf einem vollkommenen Markt begegnen,
– nur der Preis als Aktionsparameter eingesetzt wird, d. h. daß die übrigen absatzpolitischen Instrumente konstant gehalten werden,
– die Wirkung einer Preisänderung sich nur auf eine Periode erstreckt[32] und daß – üblicherweise –
– vollkommene Sicherheit bezüglich der angenommenen Erlöse und Kosten herrscht.

Vereinfachung und Schematisierung ist das gemeinsame Kennzeichen aller preispolitischen Modelle. Die (1) **Struktur von Angebot und Nachfrage** wird im sog. **Marktformenschema**[33] zusammengefaßt. Daraus hat man je ein preispolitisches Modell für das (Angebots-)**Monopol,** das (Angebots-)**Oligopol** und die **vollkommene Konkurrenz,** die zuweilen auch atomistische Konkurrenz genannt wird, entwickelt.

Auch das (2) **Marktverhalten der Konkurrenten** muß in preistheoretischen Modellen berücksichtigt werden. Versucht ein Anbieter, seinen mengenmäßigen Absatz durch eine Preissenkung zu steigern, dann hängt – auf einem vollkommenen Markt – der Erfolg dieser Maßnahme wesentlich von der Reaktion der Konkurrenten ab. Kann der betreffende Anbieter davon ausgehen, daß seine Konkurrenten nicht reagieren, verhält er sich monopolistisch, d. h. er ist in seiner Preispolitik nur von der Reaktion der Nachfra-

---

[31] Zur Ermittlung von Kostenfunktionen vgl. S. 375 ff.
[32] Man spricht in diesem Zusammenhang von einer statischen Preis-Absatz-Funktion. Zu dynamischen Preis-Absatz-Funktionen vgl. Meffert, Marketing, a. a. O., S. 547 ff.
[33] Vgl. S. 515 f.

ger, nicht von der Reaktion der Konkurrenten abhängig. Muß der Anbieter aber im obigen Fall damit rechnen, daß seine Konkurrenten ihrerseits mit einer Preissenkung reagieren, verhält er sich konkurrenzgebunden. Konkurrenzgebundenes Verhalten engt den preispolitischen Spielraum ein: Wer den Gewinn mittels Preissenkung erhöhen will, weil er hofft, daß er dabei einen Teil der Nachfrage von der Konkurrenz auf sich ziehen kann, wird dieses Ziel nicht erreichen, wenn die Konkurrenz mit einer Preissenkung reagiert. Weil unter solchen Bedingungen eine Preissenkung die Position aller Anbieter verschlechtert, wird sie von keinem Anbieter ins preispolitische Kalkül gezogen.

Die Intensität der Konkurrenzbeziehung zwischen zwei Anbietern läßt sich mit Hilfe des **Triffinschen Koeffizienten** messen. In diesem Zusammenhang stellt Triffin[34] die Frage, in welchem Maße die relative Preisänderung des agierenden Anbieters A bei einem beliebigen Konkurrenten B zu einer relativen Veränderung der Absatzmenge führt.

Preisänderung durch A (Aktion) $\dfrac{\Delta p_A}{p_A}$	Mengenänderung bei B (Reaktion) $\dfrac{\Delta m_B}{m_B}$
$T = \dfrac{\Delta m_B}{m_B} : \dfrac{\Delta p_A}{p_A} = \dfrac{p_A \cdot \Delta m_B}{m_B \cdot \Delta p_A}$	

Abb. 51: Triffinscher Koeffizient T

Ausgehend von diesem Koeffizienten kommt Triffin zu folgenden Formen der Konkurrenzbeziehung:
a) Keine Konkurrenzbeziehung (T = O).
b) Homogene Konkurrenz. Im Extremfall sorgt eine infinitesimal kleine Preissenkung (Preiserhöhung) durch A dafür, daß es bei B zu einem starken Einbruch (Anwachsen) der Absatzmenge kommt (T = ∞).
c) Heterogene Konkurrenz. Sie liegt zwischen den beiden oben genannten Extremen. Je stärker die Heterogenität des Gutes, desto geringer ist die Konkurrenzbeziehung, desto geringer ist T (O < T < ∞).

Bei der Ermittlung des gewinnmaximalen Absatzpreises muß der Anbieter schließlich das (3) **Marktverhalten der Nachfrager** berücksichtigen. Hierbei interessiert vor allem die Frage, wie die Nachfrager oder einzelne Nachfragergruppen auf Änderungen des Angebotspreises reagieren. Normalerweise können die Anbieter davon ausgehen, daß infolge einer Preiserhöhung (Preissenkung) die insgesamt nachgefragte Menge abnimmt (zunimmt). Wenn eine Preisänderung von beispielsweise 10 Prozent eine prozentual stärkere (schwächere) Änderung der Nachfragemenge nach sich zieht, spricht man von einer elastischen (unelastischen) Nachfrage.

---

[34] Vgl. Triffin, R., Monopolistic Competition and General Equilibrium Theory, Cambridge (Mass.) 1949, S. 97 ff.

IV. Die absatzpolitischen Instrumente

Unter der **Elastizität der Nachfrage** η versteht man das Verhältnis der relativen Änderung der Nachfragemenge (Wirkungsgröße) zu der sie verursachenden prozentualen Preisänderung (Einflußgröße). Der Elastizitätskoeffizient η ist in der Regel negativ, weil eine Preiserhöhung (-minderung) eine Mengenänderung in umgekehrter Richtung auslöst. Meist wird der Elastizitätskoeffizient durch ein eingefügtes Minuszeichen zu einem positiven Wert umdefiniert. Wenn beispielsweise eine zehnprozentige Preiserhöhung (-senkung) eine fünfzigprozentige Senkung (Steigerung) der Absatzmenge nach sich zieht, ist η = 5; die Nachfrage ist elastisch. Führt die gleiche prozentuale Preisänderung zu einer Änderung der Nachfragemenge um nur zwei Prozent, ist η = 0,2; die Nachfrage wird als unelastisch bezeichnet.

$$\eta = \frac{\Delta m}{m} : \frac{\Delta p}{p} = \frac{p}{m} \cdot \frac{\Delta m}{\Delta p}$$

$\eta = \infty$	$\eta = 1$	$\eta = 0$
Schon die kleinste Preisänderung verursacht eine extrem starke Änderung der Nachfragemenge	Eine Preisänderung um x Prozent verursacht eine gleich starke Veränderung der Nachfragemenge	Eine Preisänderung verursacht keinerlei Änderung der Nachfragemenge

Abb. 52: Elastizität der Nachfrage

Ob sich infolge einer Preisänderung der Umsatz erhöht oder verringert, hängt von der Elastizität der Nachfrage ab. Allgemein gilt:

Preisänderung \ Elastizität	$\infty > \eta > 1$	$\eta = 1$	$1 > \eta > 0$
Preiserhöhung	Umsatz sinkt	Umsatz konstant	Umsatz steigt
Preissenkung	Umsatz steigt	Umsatz konstant	Umsatz sinkt

Abb. 53: Elastizität der Nachfrage und Umsatz

Die klassische Preistheorie arbeitet mit der Fiktion des vollkommenen Marktes, auf dem ein homogenes Gut zu einem einheitlichen Preis angeboten wird. Kennt ein Anbieter – ausgehend von einem gegebenen Marktpreis p_i^* – die zugehörige Elastizität der Nachfrage η_i^*, dann weiß er, wie sich der gegenwärtige Umsatz U_i^* verändert, wenn p_i^* geringfügig gesenkt oder erhöht wird. Ist darüber hinaus die Kostenfunktion K bekannt, läßt sich bei

Kenntnis der zu p_i^* gehörigen Elastizität unschwer prognostizieren, in welchem Maße sich der gegenwärtige Gewinn $G_i^* = U_i^* - K_i^*$ verändert, wenn der gegenwärtige Marktpreis p_i^* geringfügig erhöht oder gesenkt wird.

Die Bestimmung der für das gegenwärtige Preisniveau p_i^* geltenden Nachfrageelastizität η_i^* ist in der Unternehmenspraxis mit größten Schwierigkeiten behaftet. Über solche Hindernisse setzt sich die klassische Preistheorie hinweg. Mehr noch: sie betrachtet nicht nur die zum gegenwärtigen Marktpreis p_i^* gehörende Nachfrageelastizität η_i^* als gegeben, sondern sie unterstellt, daß die zu jedem denkbaren Absatzpreis p_i gehörende Gesamtnachfragemenge m_i bekannt ist. Weiß man, welche alternativen Gesamtmengen $m_1, m_2, m_3 \ldots$ bei alternativen Angebotspreisen $p_1, p_2, p_3 \ldots$ nachgefragt werden, ist die **Preis-Absatz-Funktion,** auch Nachfragefunktion oder Nachfragereaktionsfunktion genannt, bekannt. Die zugehörigen Nachfrageelastizitäten $\eta_1, \eta_2, \eta_3 \ldots$ sind dann zwangsläufig gegeben.

Die Preis-Absatz-Funktion der klassischen Preistheorie zeigt, welche Gesamtmengen auf einem vollkommenen Markt zu alternativen Einheitspreisen abgesetzt werden können.

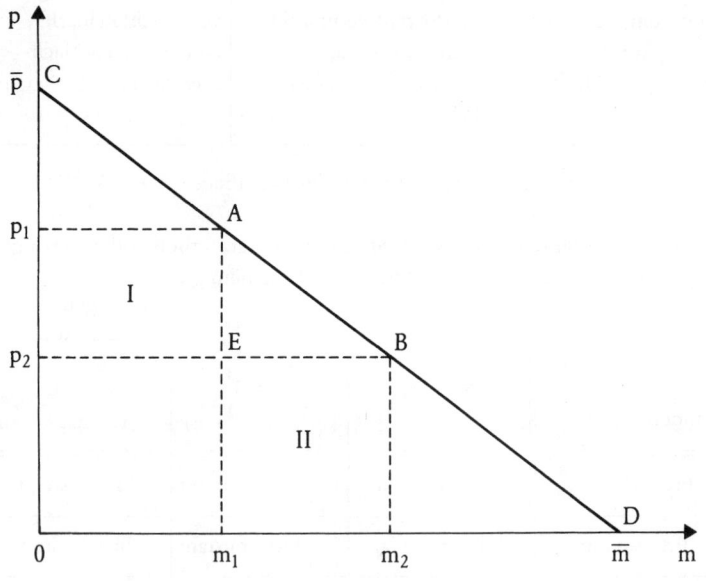

Abb. 54: Preis-Absatz-Funktion

Zum Preis p_1 (p_2) kann die Gesamtmenge m_1 (m_2) abgesetzt werden. Das bei einem Preis p_1 realisierbare Gesamtumsatzvolumen wird durch das Rechteck p_1Am_1O abgebildet. Der Preis $\bar{q}$ wird als **Prohibitivpreis** bezeichnet: es läßt sich kein Stück mehr absetzen. Die Menge $\bar{m}$ nennt man **Sättigungsmenge:** in so reichem Maße verfügbar ist das Gut wertlos geworden.

Die zum Preis p_1 (p_2) gehörende Elastizität der Nachfrage ist durch das Verhältnis der Streckenabschnitte

$$\frac{AD}{AC} \left(\frac{BD}{BC} \right)$$

bestimmt. Da AD > AC, ist die dem Preis p_1 zuzuordnende Elastizität der Nachfrage größer als 1. Nach Abb. 53 führt eine Preissenkung zu einem Umsatzanstieg, wenn $\eta > 1$. Abb. 54 bestätigt diese Behauptung. Bei einer Preissenkung von p_1 auf p_2 geht die Umsatzfläche I (AEp_2p_1) verloren, die Umsatzfläche II (Bm_2m_1E) kommt aufgrund der Mengenexpansion hinzu. Da II > I, ist der Umsatz durch die Preisermäßigung per Saldo gestiegen. Die Preissenkung wurde im Bereich elastischer Nachfrage ($\eta > 1$) vorgenommen.

Gewöhnlich zeigt die Preis-Absatz-Funktion den in Abb. 54 angedeuteten Verlauf: Je höher der Preis, desto kleiner die absetzbare Menge. Nur in Ausnahmefällen steigt die Absatzmenge mit steigendem Preis:

(1) **Veblen-Effekt:** Der Einzelne möchte durch aufwendigen Konsum auffallen, wobei die Aufwendigkeit der Güter am Preis gemessen wird (es wird mehr gekauft, nur weil der Preis höher ist).

(2) **Snob-Effekt:** Der Snob möchte sich von der Masse abheben und Güter besitzen, die andere nicht besitzen (es wird mehr gekauft, weil andere weniger kaufen).

(3) **Mitläufer-Effekt:** Personen in gesellschaftlich herausgehobener Position werden zu Meinungsführern (es wird trotz steigenden Preises mehr gekauft, weil andere auch mehr kaufen).

(4) **Preis als Qualitätsmaßstab:** Von einem hohen (niedrigen) Preis wird auf eine hohe (geringe) Qualität geschlossen (es wird gekauft, nur weil der Preis höher ist).

Die Angehörigen dieser vier Nachfragergruppen sind für die Anbieter von besonderem Interesse. Wem es durch ein spezifiziertes Angebot gelingt, sich eines dieser attraktiven Marktsegmente zu erschließen, entzieht sich dem harten Preiswettbewerb mit seinem unerbittlichen Druck auf die Gewinnmargen.

Alle Preisoptimierungsmodelle der klassischen Preistheorie basieren auf der Annahme einer gegebenen Preis-Absatz-Funktion. Es gibt Versuche, Preis-Absatz-Funktionen aus (**ÜB 4**/30–35, 64)
– Gesamtmarktdaten der Vergangenheit,
– Preisexperimenten,
– Expertenbefragungen oder
– Konsumentenbefragungen
empirisch abzuleiten.[35] Die Ergebnisse sind – noch – unbefriedigend.

bb) Preisbildung im Monopol

Als einziger Anbieter beherrscht der Monopolist den Markt. Erhöht der Monopolist seinen Angebotspreis, können die Nachfrager nicht auf andere

---

[35] Vgl. Berndt, R., Marketing 2, a. a. O., S. 150 ff. und die dort angegebene Literatur.

Anbieter ausweichen. Sie haben lediglich die Möglichkeit, die Nachfragemenge zu reduzieren oder auf Substitutionsgüter (z. B. Kohle statt Heizöl) auszuweichen. Man spricht in diesem Zusammenhang von **Substitutionskonkurrenz.**

Weil sich im Monopolfall die gesamte Nachfrage auf einen Anbieter konzentriert, ist die auf den Gesamtmarkt bezogene Preis-Absatz-Funktion identisch mit der einzelwirtschaftlichen Angebotsfunktion des Monopolisten. Bei der Festsetzung seines Angebotspreises ist der Monopolist autonom. Er möchte den Preis so festsetzen, daß er seinen Gewinn langfristig maximiert. Der Monopolist erreicht dann sein **Gewinnmaximum,** wenn die Differenz zwischen seinem Gesamterlös (E) und seinen Gesamtkosten (K) am größten ist. Er muß also seine Gesamterlöskurve und seine Gesamtkostenkurve kennen.

Der Gesamterlös (E) ergibt sich, wenn man die Absatzmenge (m) mit dem dazugehörigen Preis (p) multipliziert.

Nehmen wir der Einfachheit halber an, die Preis-Absatz-Funktion (AB) verlaufe linear. Dann steigt die Gesamterlöskurve (E) vom Nullpunkt des Koordinatensystems an. Bei einem Absatz von Null ist auch der Gesamterlös E = 0, bei Erreichen der Sättigungsmenge, d. h. im Schnittpunkt der Nachfragekurve mit der Abszisse (B), ist der Preis p=0, also der Gesamterlös ebenfalls gleich 0 (Abb. 55). Der Gesamterlös steigt zunächst stetig an, solange die Verminderung des Preises durch die Zunahme der abgesetzten Menge

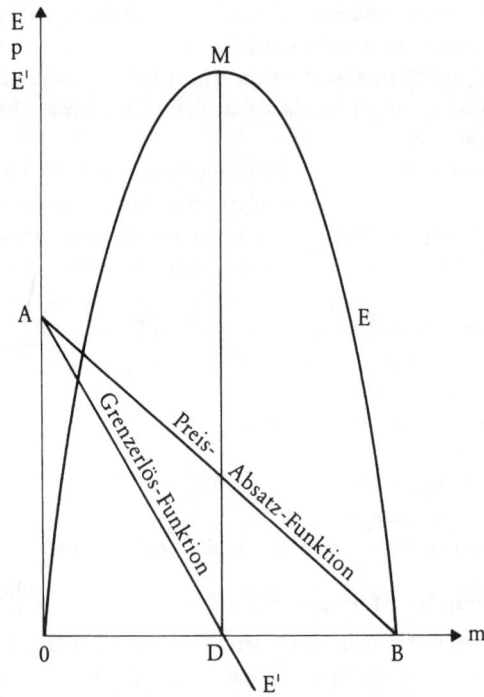

Abb. 55: Erlös- und Grenzerlösfunktion des Monopolisten

überkompensiert wird, erreicht ein Maximum (M) und sinkt wieder bis 0 ab, sobald die Erhöhung der Menge die Verminderung des Preises nicht mehr kompensieren kann. Als **Grenzerlös** (E´) bezeichnet man die durch den Verkauf der jeweils letzten Mengeneinheit verursachte Erlösveränderung. Somit entspricht die Grenzerlösfunktion E´ der ersten Ableitung der Erlösfunktion E. Wenn der Monopolist im Ausbringungsmengenbereich OD seine Absatzmenge (durch Preissenkung) erhöht, steigt sein Gesamterlös E an; der Grenzerlös E´ ist also positiv. Erhöht er die Absatzmenge über den Punkt D hinaus, ist der Gesamterlös E rückläufig; der Grenzerlös E´ wird negativ. Anders gesagt: Eine Umsatzsteigerung durch Preissenkung und Erhöhung der Angebotsmenge ist solange möglich, wie der Grenzerlös E´ positiv ist. Dies ist nach Abb. 53 der Fall, wenn die Elastizität der Nachfrage $\eta > 1$ ist. Im Ausbringungsmengenbereich OD gilt für die Elastizität: $\infty > \eta > 1$. Bei der Absatzmenge D (Erlösmaximum) ist η gleich Eins. Im Mengenbereich DB gilt: $1 > \eta > 0$.

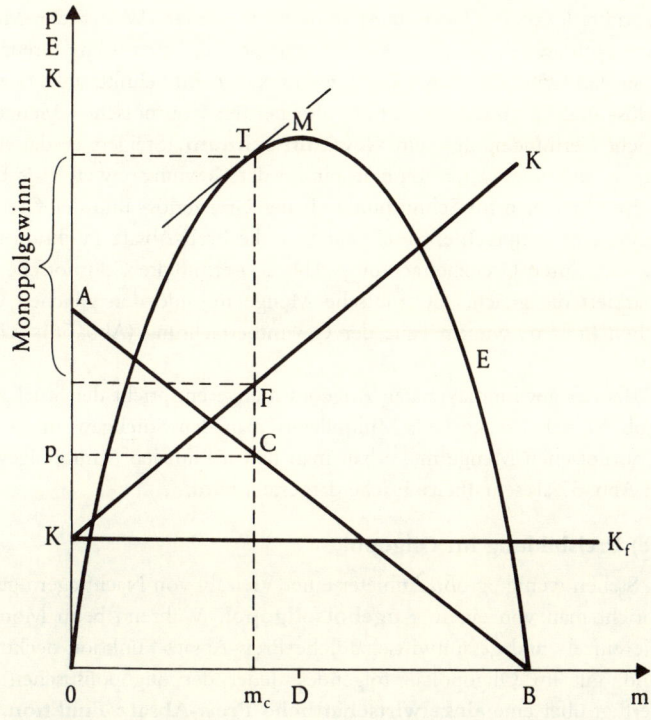

OMB	= Gesamterlöskurve	C	= Cournotscher Punkt
KK	= Gesamtkostenkurve	p_c	= Cournotscher Preis
KK_f	= Fixkostenkurve	m_c	= Cournotsche Menge
AB	= Preis-Absatz-Funktion	FT	= Monopolgewinn

Abb. 56: Monopolgewinnermittlung auf der Basis von Gesamterlösen und Gesamtkosten

Die gewinnmaximale Ausbringungsmenge des Monopolisten ist im Mengenbereich OD zu suchen. Würde er – durch Preissenkung – die Absatzmenge über D hinaus ausdehnen, würden seine Kosten K steigen und seine Erlöse E fallen.

Das Modell zur Ermittlung des gewinnmaximalen Absatzpreises im Monopolfall wurde von Cournot entwickelt. Die gewinnmaximale Absatzmenge des Monopolisten bezeichnet man als **Cournotsche Menge** (m_c), den gewinnmaximalen Absatzpreis als **Cournotschen Preis** (p_c). In Abb. 56 findet man auf der Preis-Absatz-Funktion den Punkt C. Er markiert den sog. Cournotschen Punkt, d.h. die gewinnmaximale Menge m_c mit dem zugehörigen Preis p_c.

Den **Cournotschen Punkt** C kann man einerseits – wie in Abb. 56 – durch Vergleich des Gesamterlöses und der Gesamtkosten bestimmen. Andererseits läßt sich der Cournotsche Punkt C auch durch Gegenüberstellung der **Grenzerlöskurve** E´ und der **Grenzkostenkurve** K´ ermitteln (Abb. 57): Zunächst wird die Grenzerlöskurve (Grenzkostenkurve) aus der Gesamterlöskurve (Gesamtkostenkurve) abgeleitet. Weitet der Monopolist von Null ausgehend seine Angebotsmenge aus, liegen seine Grenzerlöse E´ über den Grenzkosten K´: Der Gewinn steigt. Im Schnittpunkt J der Grenzerlös- und Grenzkostenfunktion, also bei der Cournotschen Menge m_c, erreicht der Monopolist sein **Gewinnmaximum.** Steigert er die Angebotsmenge um eine weitere Einheit, nimmt der Gewinn ab, weil K´ > E´.

Errichtet man im Schnittpunkt (J) der Grenzerlös- und der Grenzkostenkurve eine Senkrechte, so schneidet sie die Preis-Absatz-Funktion im Punkt C. Der durch Grenzbetrachtung (Abb. 57) ermittelte Cournotsche Punkt C markiert die gleiche Cournotsche Menge m_c und den gleichen Cournotschen Preis p_c wie im Falle der Gesamtbetrachtung (Abb. 56). (**ÜB 4/36-43**)

Bei der gewinnmaximalen Angebotsmenge entspricht der Stückgewinn in Abb. 57 der Strecke CG. Multipliziert man den Stückgewinn CG mit der Cournotschen Menge m_c, erhält man den maximalen Monopolgewinn, der in Abb. 57 als schraffierte Fläche dargestellt wird.

cc) Preisbildung im Oligopol

Stehen wenige große Anbieter einer Vielzahl von Nachfragern gegenüber, spricht man von einem **Angebotsoligopol.** Während beim Monopolisten die einzel- und gesamtwirtschaftliche Preis-Absatz-Funktion deckungsgleich sind, gilt im Oligopolfall folgendes: Jeder der oligopolistischen Anbieter verfügt über eine **einzelwirtschaftliche Preis-Absatz-Funktion.** So kann beispielsweise jeder der fünf Konkurrenten bei einem Preis von 40 DM/Stück zweihunderttausend Stück absetzen. Bezogen auf die **gesamtwirtschaftliche Preis-Absatz-Funktion** gehört dann zu einem Preis von 40 DM/Stück eine Absatzmenge von einer Million Stück.

Solange die Veränderung der Absatzmenge eines Anbieters die Absatzmengen der Konkurrenten spürbar beeinflußt, bewegen wir uns auf einem oligopolistischen Markt. Mit zunehmender Zahl der Konkurrenten geht der

IV. Die absatzpolitischen Instrumente 555

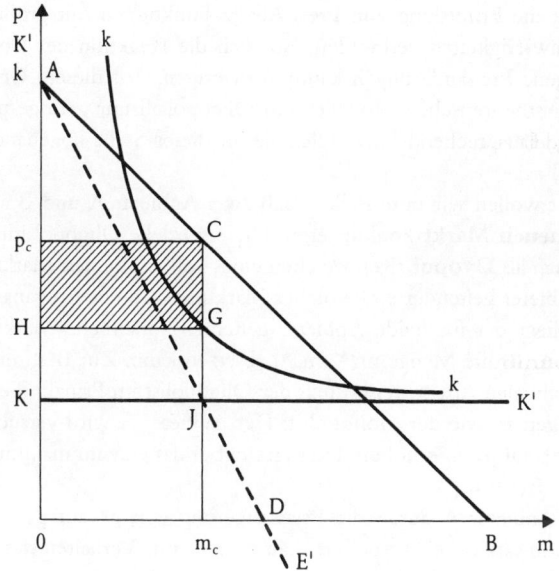

AB = Preis-Absatz-Funktion	p_c = Cournotscher Preis
K'K' = Grenzkostenkurve	m_c = Cournotsche Menge
ADE' = Grenzerlöskurve	CG = Monopolgewinn je Stück
kk = Stückkostenkurve	$CGHp_c$ = gesamter Monopolgewinn
C = Cournotscher Punkt	

Abb. 57: Monopolgewinnermittlung auf der Basis von
Grenzerlösen und Grenzkosten

Marktanteil eines einzelnen Anbieters c. p. zurück. Eine Änderung der Absatzmenge eines Anbieters wird dann von den Konkurrenten kaum noch wahrgenommen. Das Oligopol geht allmählich über in **atomistische Konkurrenz.**

Der Oligopolist betreibt Preispolitik mit dem gleichen Ziel wie der Monopolist: Er möchte den **gewinnmaximalen Absatzpreis** ausfindig machen. Zur Bestimmung des gewinnmaximalen Absatzpreises benötigt aber der Oligopolist weitaus mehr Informationen als der Monopolist (siehe Abb. 58).

Monopolist	Oligopolist
– eigene PAF[36] – eigene Kostenfunktion	– eigene PAF – eigene Kostenfunktion – PAF der Konkurrenten – Reaktion der Konkurrenten auf eigene Preisänderungen

Abb. 58: Informationen zur Bestimmung des gewinnmaximalen Preises

---

[36] PAF = Preis-Absatz-Funktion

Ist schon die Ermittlung von Preis-Absatz-Funktionen mit größten praktischen Schwierigkeiten verbunden, läßt sich die Reaktion der Konkurrenten auf eigene Preisänderungen kaum vorhersagen. Aus diesem Grunde haben die preistheoretischen Modelle zum Oligopolfall nur geringe praktische Bedeutung. Entsprechend kurz sollen sie an dieser Stelle abgehandelt werden.

Zunächst wollen wir unterstellen, daß zwei Anbieter A und B auf einem **vollkommenen Markt** konkurrieren. Diese spezielle Oligopolsituation bezeichnet man als **Dyopol**. Kennzeichen eines vollkommenen Marktes ist ein für alle Anbieter geltender einheitlicher Marktpreis. In der Ausgangssituation (Abb. 59) liegt der für beide Anbieter geltende einheitliche Marktpreis bei $p^\star$, wobei A (B) die Menge $m_A^\star$ ($m_B^\star$) absetzen kann. Zur Bestimmung des gewinnmaximalen Absatzpreises stellt der Oligopolist im Prinzip die gleichen Überlegungen an wie der Monopolist: Der Anbieter A wird versuchen, den Preis von $p^\star$ auf p_A zu erhöhen. Hier erreicht er das Gewinnmaximum, denn bei p_A^1 gilt: $E_A' = K_A'$!

Ob der Anbieter A durch die Preissteigerung von $p^\star$ auf p_A^1 seine Gewinnsituation tatsächlich verbessert, hängt aber vom Verhalten des Konkurrenten B ab. Wenn B auf die Preiserhöhung des A reagiert und seinerseits den Absatzpreis auf p_B^1 erhöht, ergibt sich ein neuer Einheitspreis. Die Absatzmengenrelationen $m_A : m_B$ bleiben unverändert. Zumindest A hat seine Situation verbessert.

Für B könnte es aber durchaus interessant sein, der Preiserhöhung des A nicht zu folgen: Bleibt B beim Angebotspreis $p^\star$, würden nach der Preiserhöhung des A alle Nachfrager zu B abwandern, denn sie haben – in Ermangelung persönlicher und/oder sachlicher Präferenzen – keinen Grund, bei A

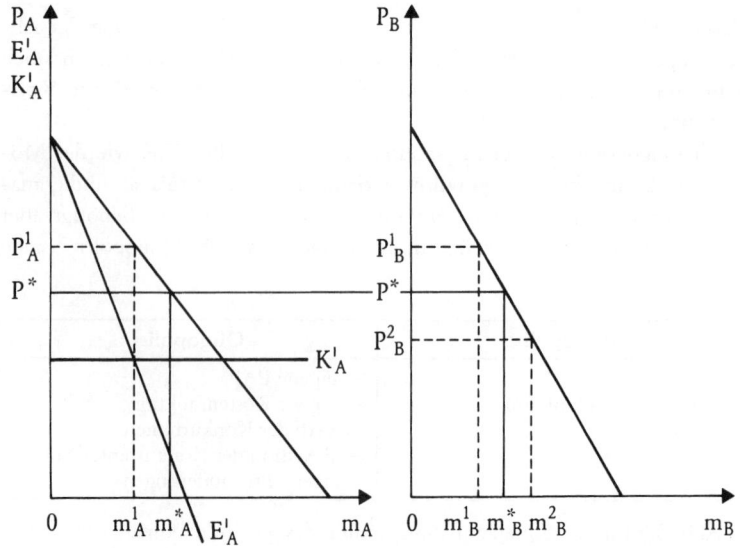

Abb. 59: Preisänderung im Dyopol

einen höheren Preis zu zahlen als bei B. An dieser Stelle wird deutlich: Wie jeder Anbieter so muß auch der Oligopolist bestrebt sein, die Vollkommenheitsbedingung des Marktes aufzuheben und **persönliche bzw. sachliche Präferenzen** für sein Angebot zu schaffen, weil er sich nur so die Möglichkeit zu (begrenzten) **Preiserhöhungen** eröffnen kann.[37]

Kehren wir zur Ausgangssituation (Abb. 59) zurück, wo der einheitliche Marktpreis bei p* lag. Würde der Anbieter B – aus welchen Gründen auch immer – seinen Angebotspreis auf p_B^2 absenken, hätte A die Möglichkeit,

(1) **nicht zu reagieren,** d.h. bei p* zu bleiben und damit die gesamte Nachfrage zu verlieren,

(2) den eigenen Preis p_a **in gleichem Maß zu senken** ($p_A^2 = p_B^2$) und damit die Absatzmengenrelationen $m_A : m_B$ (auf verringertem Gewinniveau) aufrechtzuerhalten,

(3) den eigenen Preis p_A^2 noch stärker zu senken, in der Hoffnung, die gesamte Nachfrage auf sich zu ziehen und B **zu ruinieren** oder

(4) mit B im Wege stillschweigenden **Übereinkommens** oder offener Absprache[38] zu vereinbaren, die Preissenkung zurückzunehmen oder zumindest keine weiteren Preissenkungen vorzunehmen.

Wegen drohenden Verlustes der gesamten Nachfrage (1) wird man auf vollkommenen Märkten in der Unternehmenspraxis immer davon auszugehen haben, daß die Konkurrenz auf Preissenkungen eines oligopolistischen Anbieters reagiert. Den Fall (2) bezeichnet man als wirtschaftsfriedliches Verhalten. Das Kampfverhalten des Falles (3) werden allenfalls Anbieter an den Tag legen, die sich – gemessen an den Verhältnissen der Konkurrenz – einer sehr günstigen Kostenstruktur sicher sein können. Im allgemeinen werden Oligopolisten bestrebt sein, dem gewinnschmälernden **Preiswettbewerb auszuweichen.** Mit gutem Grund scheut ein Oligopolist X vor dem Versuch zurück, die eigene Absatzmenge durch eine Preissenkung zu erhöhen. Senken die Konkurrenten die Angebotspreise in gleichem Maße, ist für X nichts gewonnen. Ein weiterer Versuch, durch eine erneute Preissenkung zur Mengenexpansion zu kommen, kann durch eine Preissenkungsreaktion der Konkurrenten wiederum vereitelt werden. Statt eines sinnlosen Preiswettbewerbs legen Oligopolisten eher ein stillschweigendes Koalitionsverhalten an den Tag oder sie bedienen sich anderer absatzpolitischer Instrumente wie der Produktpolitik oder der Werbung, um sich eine bevorzugte Marktposition zu verschaffen. (**ÜB 4/44–46**)

dd) Preisbildung bei vollkommener Konkurrenz

Wenn sich auf einem vollkommenen Markt sehr viele Nachfrager und sehr viele Anbieter begegnen, spricht man von **vollkommener Konkurrenz** oder auch von **atomistischer Konkurrenz.** Vollkommene Konkurrenz bedeutet:

---

[37] Zu den Möglichkeiten oligopolistischer Preispolitik auf unvollkommenen Märkten vgl. Meffert, H., Marketing, a.a.O., S. 515 ff.
[38] In der Praxis wird es bei verdeckten Übereinkünften bleiben, weil Preisabsprachen gegen wettbewerbsrechtliche Vorschriften verstoßen. Vgl. S. 331

(1) Angesichts der Vollkommenheit des Marktes gibt es für ein (homogenes) Gut einen **einheitlichen Marktpreis,** den man auch als Gleichgewichtspreis bezeichnet, weil er Angebot und Nachfrage zum Ausgleich bringt.

(2) Bei der Vielzahl von Anbietern verfügt jeder Betrieb nur über einen **verschwindend kleinen Marktanteil.** Anders als beim Monopol und beim Oligopol fehlt es dem Anbieter bei vollkommener Konkurrenz an Marktmacht.

(3) Bei vollkommener Konkurrenz ist der **Marktpreis** für den einzelnen Anbieter ein **Datum.** Würde er einen Preis fordern, der über dem einheitlichen Marktpreis liegt, würde er – wegen der Vollkommenheit des Marktes – auf einen Schlag alle Nachfrager verlieren. Würde er dagegen seinen individuellen Angebotspreis unter den bisherigen Marktpreis senken, dann würde er zwar die gesamte Nachfrage des Marktes auf sich ziehen. Angesichts seiner beschränkten Produktionskapazität könnte er diese Nachfrage aber nicht befriedigen.

Daraus folgt: bei vollkommener Konkurrenz hat der einzelne Anbieter **keine Möglichkeit zu aktiver Preispolitik.** Eine Verbesserung der individuellen Gewinnmarge läßt sich nicht durch Preiserhöhungen, sondern nur durch Kostensenkungen erreichen. Da alle Anbieter nach Gewinnmaximierung streben, sind sie ständig um Kostensenkungen bemüht, die durch Rationalisierung erreicht werden.

Herrscht im marktwirtschaftlichen System scharfer Wettbewerb, nähern sich die Marktbedingungen dem Modell der vollkommenen Konkurrenz. Aus Eigennutz strebt der einzelne Anbieter nach Gewinnmaximierung, wobei er um Kostenminimierung bemüht sein muß. Das allgemeine Kostenminimierungsstreben führt aber zu erhöhtem Wettbewerbsdruck, der die Anbieter zu erneuter Kostensenkung herausfordert. Nutznießer des erhöhten Wettbewerbsdrucks ist der einzelne Nachfrager, dem die Kostensenkungen in Form von Qualitätsverbesserungen oder Preisermäßigungen zugute kommen. Einzelwirtschaftliches Gewinnmaximierungsstreben führt zu gesamtwirtschaftlich kostenoptimaler Güterversorgung. **Marktwirtschaft mit funktionierendem Wettbewerb** ist deshalb so effektiv, weil sich eigennütziges Gewinnmaximierungsstreben in **gemeinnützige Wohlfahrt** (kostenoptimale Güterversorgung) verwandelt.

Bei vollkommener Konkurrenz ist der Marktpreis für den einzelnen Anbieter ein Datum. Betrachtet man die betriebsindividuellen Kosten ebenfalls als gegebene Größe, muß jeder Anbieter zur Erreichung des Gewinnmaximums die Angebotsmenge ausfindig machen, bei der die Differenz zwischen den Gesamterlösen E und den Gesamtkosten K am größten ist. Beim Versuch zur Bestimmung der gewinnmaximalen Angebotsmenge unterscheiden die preistheoretischen Modelle zwischen linearem und S-förmigen Gesamtkostenverlauf.

Bei vollkommener Konkurrenz verhält sich die Erlösfunktion E proportional zur abgesetzten Menge, weil der einzelne Anbieter zum Marktpreis p – innerhalb seiner begrenzten Kapazität – jede beliebige Menge absetzen kann. In Abb. 60 wird die proportionale Erlösfunktion E mit einer **linearen**

Kostenfunktion (mit Fixkostenblock) K kombiniert. Die gewinnmaximale Angebotsmenge $\overline{m}$ liegt allgemein gesagt dort, wo die positive Differenz zwischen Erlösen E und Kosten K am größten ist. Bei linearem Gesamtkostenverlauf liegt die **gewinnmaximale Angebotsmenge** $\overline{m}$ an der **Kapazitätsgrenze**. Die linke (rechte) Graphik in Abb. 60 zeigt die Gegenüberstellung von Gesamterlösen und Gesamtkosten (Stückerlösen und Stückkosten). Unter der Nutzschwelle NS versteht man die Angebotsmenge, nach deren Überschreiten der Anbieter in die Gewinnzone gelangt. Ist die Angebotsmenge größer (kleiner) als m_1, agiert der Betrieb in der Gewinnzone (Verlustzone). In der Gesamtbetrachtung wird der (maximale) Gewinn als Strecke EK dargestellt. In der Stückbetrachtung der rechten Graphik erscheint der maximale Gewinn als Produkt aus dem Stückgewinn (e–k) und der Angebotsmenge $\overline{m}$ (schraffierte Fläche).

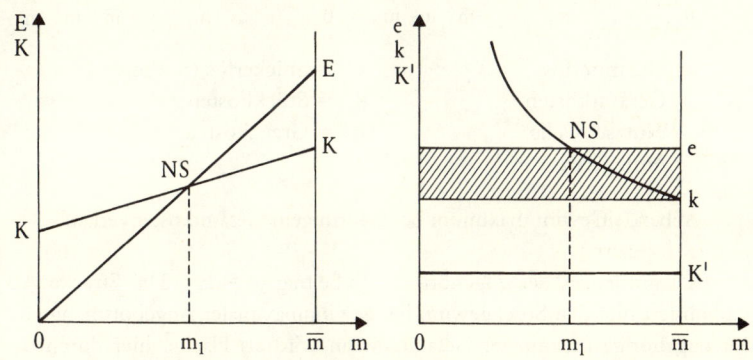

Abb. 60: Gewinnmaximum bei linearem Gesamtkostenverlauf

In Abb. 61 gehen wir von einem **S-förmigen Gesamtkostenverlauf** aus. Dabei wird unterstellt, daß die betriebsindividuelle Kapazitätsgrenze jenseits der Angebotsmenge m_2 liegt. Die gewinnmaximale Angebotsmenge wird auch hier durch $\overline{m}$ symbolisiert. In der Gesamtbetrachtung (linke Graphik) wird der maximale Gewinn als Strecke AB abgebildet. Der größtmögliche positive Abstand zwischen E und K liegt dort (B), wo die Parallele zur Erlösfunktion die Kostenfunktion tangiert. Hier haben beide Funktionen das gleiche Steigungsmaß: die erste Ableitung beider Funktionen, also E´ und K´ sind hier identisch. Die Nutzschwelle NS (Nutzgrenze NG) zeigt die Ausbringungsmenge, wo der Anbieter die Gewinnzone betritt (verläßt). Innerhalb des Mengenbereichs m_1 bis m_2 liegt also die Gewinnzone. Die Verlustzonen liegen zwischen 0 und m_1 und zwischen m_2 und der Kapazitätsgrenze.

In der Stückbetrachtung (rechte Graphik) symbolisiert e den Stückerlös, der zugleich Grenzerlös ist und dem Marktpreis p entspricht. Für den Anbieter ist es vorteilhaft, die Angebotsmenge solange zu erhöhen, wie die Grenzkosten K´ noch unter dem Stückerlös e liegen. Würde die Angebotsmenge über $\overline{m}$ ausgedehnt, wäre der Kostenbeitrag der nächsten Mengenein-

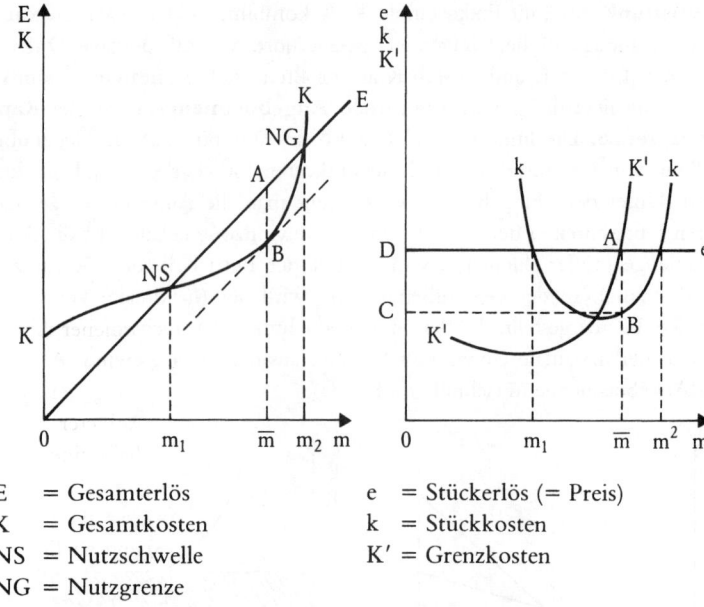

E = Gesamterlös
K = Gesamtkosten
NS = Nutzschwelle
NG = Nutzgrenze

e = Stückerlös (= Preis)
k = Stückkosten
K' = Grenzkosten

Abb. 61: Gewinnmaximum bei S-förmigem Gesamtkostenverlauf

heit (K') größer als der zugehörige Erlösbeitrag (e = E'). Die Strecke AB symbolisiert hier den Stückgewinn bei gewinnmaximaler Angebotsmenge $\overline{m}$. Der zugehörige (maximale) Gesamtgewinn wird als Fläche, hier durch das Rechteck ABCD abgebildet. (**ÜB 4/47–53**)

ee) Preisbildung bei unvollkommener Konkurrenz

Nach dem preistheoretischen Modell vollkommener Konkurrenz ist der Marktpreis für den einzelnen Anbieter ein Datum. Aktive Preispolitik ist nicht möglich. Die Gewinnerzielungsmöglichkeiten sind (auf Mengenexpansion und Kostensenkungsmöglichkeiten) begrenzt.

In der Unternehmenspraxis wird der gewinnmaximierende Anbieter versuchen, positive Erfolgsbeiträge nicht nur über eine Senkung der Kosten, sondern auch über eine Erhöhung der Angebotspreise zu erwirtschaften. Da der einzelne, kleine Anbieter auf vollkommenen Märkten keine Möglichkeit zu aktiver Preispolitik hat, wird er alles daran setzen, den **Markt unvollkommen** zu machen. Durch geschickte Produktpolitik versucht er, die Homogenitätsbedingung des vollkommenen Marktes zu durchbrechen und sein Angebot als Gut eigener Art zu präsentieren. Bei faktischer Homogenität (z.B. bei Benzin) wird er bemüht sein, sein Angebot durch ansprechende Werbung als heterogenes Gut erscheinen zu lassen. Bei der Wahl der Distributionswege läßt er sich vom Wunsch leiten, seine Ware dem Kunden möglichst nahe zu bringen. Der Kunde soll sich nicht nur durch die Ware selbst, sondern auch durch die Art ihrer Präsentation, durch ein angenehmes Auftreten des Verkaufspersonals, positiv angesprochen fühlen.

Wir sehen: Mit allen **absatzpolitischen Mitteln** versucht der einzelne Anbieter, seine Ware und sich selbst vom Konkurrenzangebot positiv abzuheben. Durch **Schaffung persönlicher und sachlicher Präferenzen,** durch den Aufbau eines akquisitorischen Potentials, soll die gewinnbegrenzende Vollkommenheitsbedingung des Marktes unterlaufen werden.

Den modellmäßigen Bedingungen unvollkommener Konkurrenz begegnet man in der Unternehmenspraxis sehr häufig. Ob Lebensmittel, Elektrogeräte, Textilien, Sportartikel usw. – immer bearbeitet eine sehr große Zahl von Einzelhandelsbetrieben einen Markt, der mindestens eine der vier Vollkommenheitsbedingungen[39] nicht erfüllt.

Ein von sehr vielen kleinen Anbietern beschickter vollkommener (unvollkommener) Markt ist dadurch gekennzeichnet, daß ein einzelner Anbieter, der eine geringfügige Preiserhöhung wagt, die gesamte Nachfrage (einen geringfügigen Teil der Nachfrage) verliert. Bewegt sich ein Anbieter bei unvollkommener Konkurrenz mit seiner Preisänderung innerhalb einer Preisklasse, tolerieren die Nachfrager die Preisbewegung. Erst wenn die Preisänderung eines Anbieters den oberen (unteren) Grenzpreis überschreitet (unterschreitet), reagieren die Nachfrager durch Abwanderung zu (Zuwanderung von) Konkurrenzanbietern.[40]

In Abb. 62 liegt das von den Nachfragern tolerierte Preisintervall zwischen dem unteren Grenzpreis p_u und dem oberen Grenzpreis p_o. Die Preis-

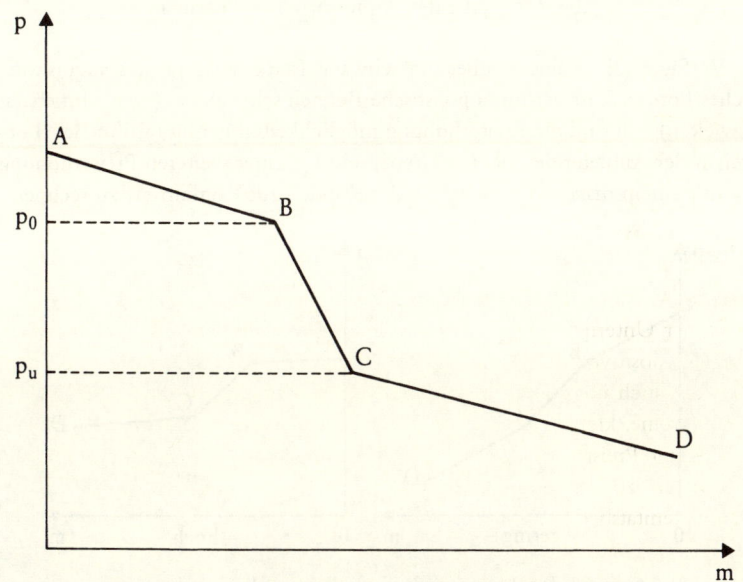

Abb. 62: Preis-Absatz-Funktion bei unvollkommener (polypolistischer) Konkurrenz

---

[39] Zu den Bedingungen des vollkommenen Marktes vgl. S. 515
[40] Vgl. hierzu im einzelnen Meffert, H., Marketing, a. a. O., S. 509 ff.

Absatz-Funktion ABCD ist die individuelle Nachfragefunktion, der sich der Anbieter i gegenübersieht. Den innerhalb der Preistoleranz gelegenen Streckenabschnitt BC bezeichnet man als **monopolistischen Bereich.** Innerhalb des Preisintervalls ($p_u - p_o$) kann selbst der kleinste Anbieter wie ein Monopolist agieren: Preisänderungen lösen keine Wanderbewegungen zu und von Konkurrenzanbietern aus.

Den Streckenabschnitt AB (CD) bezeichnet man als oberen (unteren) atomistischen Bereich. Die Preis-Absatz-Funktion verläuft hier sehr flach, weil schon geringfügige Preisänderungen eines Anbieters eine starke Kundenwanderung zur Konkurrenz bzw. von der Konkurrenz auslösen.

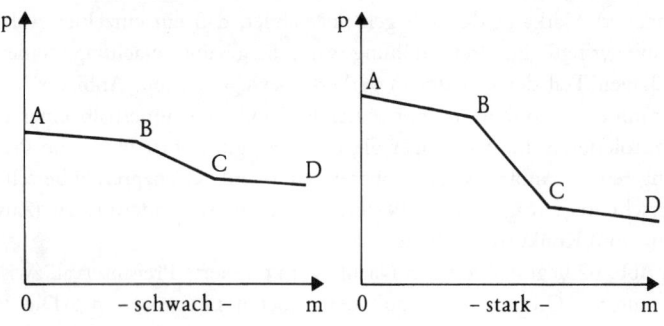

Abb. 63: Stärke des akquisitorischen Potentials

Verfügen die Anbieter über ein schwach (stark) ausgeprägtes akquisitorisches Potential, ist der monopolistische Bereich sehr schmal (breit). Im ersten (zweiten) Fall sind die Preiserhöhungsmöglichkeiten gering (groß): Bei B erreicht der Anbieter den oberen Grenzpreis; bei einer weiteren Preiserhöhung ist mit einem massiven Abwandern der Kunden zur Konkurrenz zu rechnen.

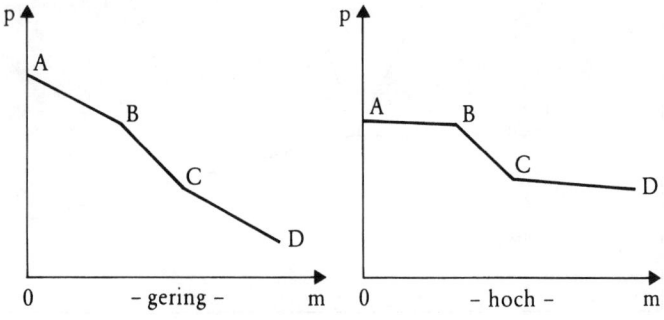

Abb. 64: Reaktionsgeschwindigkeit auf Preisänderungen

Wieviele Kunden beim Überschreiten des oberen Grenzpreises B (Unterschreiten des unteren Grenzpreises C) zur Konkurrenz abwandern (von Konkurrenzanbietern zuwandern), hängt von ihrer Reaktionsgeschwindigkeit ab. Ist diese sehr gering (Abb. 64, links), sind wir also den Bedingungen des vollkommenen Marktes recht fern, ähnelt die Preis-Absatz-Funktion der des Monopolisten.

Auch bei unvollkommener Konkurrenz läßt sich die **gewinnmaximale Angebotsmenge** durch Gegenüberstellung der Erlöse E und der Kosten K (Abb. 65) bzw. der Grenzerlöse E´ und der Grenzkosten K´ (Abb. 66) ermitteln.

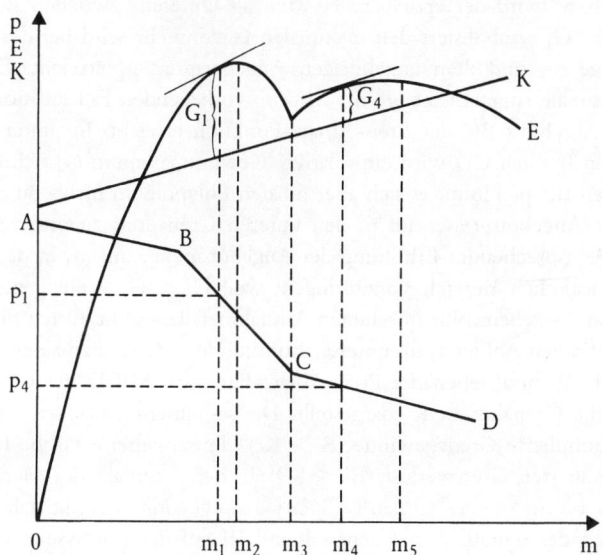

Abb. 65: Gewinnmaximale Angebotsmenge (E − K → max!)

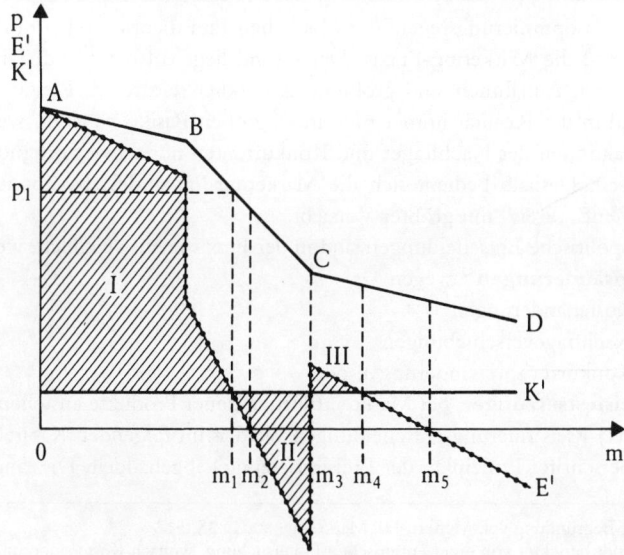

Abb. 66: Gewinnmaximale Angebotsmenge (E´ = K´)

Gegeben ist in Abb. 65 und 66 die polypolistische Preis-Absatz-Funktion ABCD und die Kostenfunktion K. Aus der Preis-Absatz-Funktion läßt sich die Erlösfunktion E (Abb. 65) ableiten. Aus der in Abb. 65 wiedergegebenen Erlösfunktion E und der Kostenfunktion K kann man die Grenzerlösfunktion E´ bzw. die Grenzkostenfunktion K´ ableiten, wie sie in Abb. 66 wiedergegeben sind.

In Abb. 65 wird der erzielbare Gewinn als Differenz zwischen E und K dargestellt. G_1 symbolisiert den maximalen Gewinn. Er wird bei der Angebotsmenge m_1 und dem zugehörigen Angebotspreis p_1 erreicht. Die gewinnmaximale Angebotsmenge m_1 wird im vorliegenden Fall im monopolistischen Abschnitt BC der Preis-Absatz-Funktion erreicht. Im unteren atomistischen Bereich CD wird ein relatives Gewinnmaximum G_4 sichtbar. Im gegebenen Beispiel lohnt es sich aber für den Polypolisten nicht, durch Senkung des Angebotspreises auf p_4 den unteren Grenzpreis zu unterschreiten und mit entsprechender Erhöhung der Angebotsmenge auf m_4 in den unteren atomistischen Bereich vorzudringen, weil $G_4 < G_1$. Verallgemeinernd kann man feststellen: Nur in seltenen Ausnahmefällen lohnt es sich für einen polypolistischen Anbieter, im unteren atomistischen Bereich zu agieren.[41]

In Abb. 66 sind neben der Preis-Absatz-Funktion ABCD der Grenzerlös E´ und die Grenzkosten K´ dargestellt. Die schraffierten Flächen I und III zeigen kumulierte Grenzgewinne (E´ > K´), die schraffierte Fläche II bildet den kumulierten Grenzverlust (E´ < K´) ab, der innerhalb des Mengenbereichs m_1 bis m_3 zu verzeichnen ist. Der Gesamtgewinn G ergibt sich aus der Saldierung der schraffierten Flächen I und III auf der Positivseite und der Fläche II auf der Negativseite. (ÜB 4/54–57)

c) Preispolitik in der betrieblichen Praxis

Die Preisoptimierungsregeln der klassischen Preistheorie finden nur selten Eingang in die Marketing-Praxis. Der Grund liegt auf der Hand: Die modellmäßigen Annahmen sind größtenteils wirklichkeitsfremd. Preisänderungen sind in der Realität immer mit einem großen Risiko behaftet, weil sich die Reaktionen der Nachfrager und Konkurrenten nur schwer prognostizieren lassen. Deshalb bedient sich die Marketing-Praxis des absatzpolitischen Instruments „Preis" mit größter Vorsicht.

Preispolitische Entscheidungen sind in der Praxis unausweichlich, wenn

(1) **Preisänderungen**[42] wegen
  – Kostenänderungen
  – Nachfrageverschiebungen
  – Konkurrenzpreisänderungen oder

(2) **Preisfestsetzungen** bei Markteinführung neuer Produkte anstehen.

Die (1) Preisänderungsentscheidungen werden im folgenden Kapitel unter der Überschrift „Prinzipien der Preisfestsetzung" abgehandelt. Die langfristig

---

[41] Zur Begründung vgl. Meffert, H., Marketing, a. a. O., S. 512
[42] Berndt berichtet von einer empirischen Untersuchung, wonach Kostenänderungen mit weitem Abstand als häufigster Preisänderungsanlaß genannt werden. Vgl. Berndt, R., Marketing 2, a. a. O., S. 127

geltenden Prinzipien der (2) Preisfestsetzung für neue Produkte werden anschließend unter dem Stichwort „Preispolitische Strategien" erläutert.

aa) Prinzipien der Preisfestsetzung

(1) Kostenorientierte Preisbildung

Kostenorientierte Preisbildung ist ein Charakteristikum des planwirtschaftlichen Systems. Im marktwirtschaftlichen System begegnet man der kostenorientierten Preisbildung[43] in modifizierter Form: Der Angebotspreis p ergibt sich aus den Kosten k, die um einen mehr oder weniger einheitlichen **Gewinnzuschlag** g erhöht werden. Für den gesuchten Angebotspreis p gilt also

$$p = k \cdot \left(1 + \frac{g}{100}\right)$$

In **Handelsbetrieben** steht k für den Einkaufspreis. Der „Gewinnaufschlag" g muß dann so hoch bemessen sein, daß er die Handlungskosten abdeckt und darüber hinaus den gewünschten Gewinn verspricht. In **Industriebetrieben** symbolisiert g einen reinen Gewinnaufschlag, denn k repräsentiert die Selbstkosten/Stück, die im Einproduktunternehmen nach der Divisionskalkulation,[44] im Mehrproduktunternehmen i.d.R. nach der Zuschlagskalkulation[45] ermittelt werden.

Bei einer **Kalkulation auf Vollkostenbasis** enthalten die Selbstkosten k anteilige Gemeinkosten bzw. anteilige Fixkosten.[46] In beiden Fällen gilt: je kleiner die abgesetzte Menge m, desto höher ist der in k enthaltene Anteil an Gemeinkosten bzw. Fixkosten.

Zur Ermittlung des Angebotspreises p muß also ein Unternehmen
(1) dem jeweiligen Gut anteilige Gemeinkosten bzw. Fixkosten zuordnen,
(2) den „richtigen", produktspezifischen Gewinnzuschlag g ermitteln und
(3) zur Bestimmung von (1) die erwartete Absatzmenge m prognostizieren.

Der zuletzt genannte Punkt läßt die **Problematik kostenorientierter Preisbildung** besonders deutlich werden: Der gesuchte Angebotspreis p wird von der Absatzmenge m abhängig gemacht, wo doch die Absatzmenge ihrerseits von der Höhe der Preisforderung abhängig ist.

Ermittelt ein Unternehmen die Angebotspreise (zuzüglich Gewinnaufschlag) auf **Vollkostenbasis,** besteht die Gefahr, daß es sich **„aus dem Markt herauskalkuliert".** Mit einer Verringerung der Angebotsmenge steigen die fixen Stückkosten, wodurch sich die Preisforderung erhöht und die absetzbare Menge abermals verringert.

Die Preisbildung auf Vollkostenbasis führt – bei überdurchschnittlich hohem Kostenniveau eines Anbieters – zu einer Kosten-Preis-Spirale, die das angebotene Gut zunehmend wettbewerbsunfähig macht. Dieser preistrei-

---

[43] Zu den Möglichkeiten und Grenzen kostenorientierter Preisbildung vgl. im einzelnen Diller, H., Preispolitik, 2. Aufl., Stuttgart u.a. 1991, S. 150ff.
[44] Vgl. hierzu S. 1136ff.
[45] Vgl. hierzu das Schema der Zuschlagskalkulation auf S. 1141
[46] Zur Problematik der Verrechnung von Gemeinkosten bzw. Fixkosten vgl. S. 1156ff.

bende Effekt der Fixkostenverteilung läßt sich vermeiden, wenn die **Kalkulation auf Teilkostenbasis** umgestellt wird. Der gesuchte Angebotspreis p ergibt sich dann aus

$$p = k_v + db,$$

der Addition von variablen Stückkosten k_v und einem Solldeckungsbeitrag db.[47] Die Problematik dieses Preisfindungsverfahrens liegt in der Ermittlung des **Solldeckungsbeitrags.** Der Solldeckungsbeitrag setzt sich aus einem gewünschten Fixkostenanteil und einem gewünschten Gewinnanteil zusammen. Aus dem Gewinnmaximierungsziel lassen sich aber weder „richtige" Fixkostenanteile noch „richtige" Gewinnanteile für ein Produkt ableiten. Die teilkostenorientierte Preisbildung ist demnach ein Verfahren, bei dem Intuition eine größere Rolle spielt als logische Stringenz.

Zusammenfassend lassen sich die Vor- und Nachteile kostenorientierter Preisbildung wie folgt darstellen:

Vorteile	Nachteile
– einfach zu rechnen – wenig Informationsbedarf – erscheint Nachfragern plausibel und „gerecht" – Vermeidung von Preiskämpfen bei vergleichbaren Kostenstrukturen	– Verteilung von Gemeinkosten bzw. Fixkosten willkürlich – Gewinnzuschlag willkürlich – p wird von m abhängig gemacht; m ist aber von p abhängig – kein Anreiz zur Kostensenkung

Abb. 67: Vor- und Nachteile kostenorientierter Preisbildung

Ein Punkt bedarf kurzer Erläuterung: bei annähernd gleichen Kostenstrukturen gibt es keinen Preisdruck. Das Fehlen eines Preiswettbewerbs ist für das **einzelne Unternehmen ein Vorteil.** Aus der Sicht der Nachfrager, d.h. **gesamtwirtschaftlich** betrachtet, ist der fehlende Preiswettbewerb **von Nachteil,** weil ohne entsprechenden Preis- und Kostensenkungsdruck Rationalisierungsbemühungen erlahmen. Vor diesem Hintergrund muß die kostenorientierte Preispolitik[48] öffentlicher Betriebe skeptisch beurteilt werden.

Wo freier Wettbewerb herrscht, resultiert der Absatzpreis p nicht aus den Selbstkosten k, sondern er ergibt sich aus Angebot und Nachfrage. In Marktpreisen spiegeln sich Knappheitsrelationen. Ist – bei gegebenem Angebot – die Nachfrage groß (klein), ist das Gut knapp (reichlich vorhanden) und der Preis entsprechend hoch (niedrig).

Dieser Marktmechanismus versagt, wenn die öffentliche Hand Güter nachfragt, die nur von einem einzigen Unternehmen[49] angeboten werden. Um den öffentlichen Auftraggeber vor überzogenen Preisforderungen eines Angebotsmonopolisten zu schützen, gelten für solche **öffentlichen Aufträ-**

---

[47] Zur Ermittlung von Deckungsbeiträgen vgl. S. 421 und 1156 ff.
[48] Vgl. hierzu S. 9
[49] Zum Beispiel Beschaffungsentscheidungen, nachdem sich die öffentliche Hand für das System eines Anbieters entschieden hat (Panzer, Kampfflugzeuge).

ge die „**Leitsätze für die Preisermittlung aufgrund von Selbstkosten**" (LSP). In diesen Sonderfällen gilt uneingeschränkt das Prinzip kostenorientierter Preisermittlung.[50]

Bei der kostenorientierten Preisbildung sind die Kosten die gegebene, der Angebotspreis ist die gesuchte Größe. Hinter der Ermittlung von **Preisuntergrenzen** steht ein ganz anderes gedankliches Konzept: Hier werden nicht nur die Kosten, sondern auch der Marktpreis eines Gutes als gegebene Größen betrachtet. Die Preisuntergrenze ist ein **Indifferenzpreis.** Sie markiert jenen Absatzpreis, bei dem es für den Anbieter gleichgültig ist, ob er eine Gütereinheit verkauft oder nicht. Erfolgt der Verkauf gerade zur Preisuntergrenze, ist der **Verkaufserfolg definitionsgemäß gleich Null.**

Bei der Bestimmung von Preisuntergrenzen muß man den Zeitaspekt berücksichtigen. Langfristig kann ein Betrieb nur existieren, wenn seine Erlöse E (mindestens) die Gesamtkosten K decken. Langfristig gilt also für das Betriebsminimum: $E = K$ oder $p = k$.

Die **langfristige Preisuntergrenze** entspricht also den **Stückkosten** k. Langfristig kann ein Unternehmen nur existieren, wenn der Absatzpreis die Durchschnittskosten deckt. Sein Verkaufserfolg ist dann gerade gleich Null. Sinkt der Marktpreis unter die Stückkosten k, muß die Produktion eingestellt werden, weil das Unternehmen nicht mehr wettbewerbsfähig ist.[51]

Bei **kurzfristiger Betrachtung** muß man die Gesamtkosten[52] K in fixe Kosten K_f und variable Kosten K_v zerlegen. Auf kurze Sicht verursachen die Produktion und der Verkauf eines Gutes nur variable Kosten, wie z.B. Materialkosten und Akkordlöhne. Fixe Kosten, also Miete, Fremdkapitalzinsen, Leasinggebühren u.ä. beruhen auf vertraglichen Vereinbarungen, die erst innerhalb bestimmter Kündigungsfristen aufgelöst werden können. **Fixe Kosten** können also nur (mehr oder weniger) langfristig abgebaut werden. Kurzfristig sind sie unvermeidlich, sind sie **entscheidungsirrelevant.** Daraus folgt: Wenn nichts produziert (und verkauft) wird, wenn also $m = 0$, dann entsteht nicht ein Erfolg in Höhe von Null, sondern ein **Verlust in Höhe der fixen Kosten.** Wenn aber ein Verlust in Höhe der fixen Kosten in jedem Falle unvermeidlich ist, gilt kurzfristig für den zu erzielenden Mindesterlös: $E = K_v$ oder $p = k_v$.

Die **kurzfristige Preisuntergrenze** entspricht also den **variablen Durchschnittskosten** k_v. Sinkt der Marktpreis unter diesen Grenzwert, sollten Produktion und Verkauf sofort eingestellt werden. Werden die fixen Kosten im Zeitablauf – durch Kündigungsmöglichkeiten – disponibel, verwandeln sich entscheidungsirrelevante Fixkostenbestandteile (z.B. Leasinggebühren) in entscheidungsrelevante, d.h. variable Kosten. Die kurzfristige Preisuntergrenze steigt entsprechend an. (**ÜB 4/49–51, 58–59**)

---

[50] Vgl. hierzu Berndt, R., Marketing für öffentliche Aufträge, München 1988
[51] Hierbei wird unterstellt, daß alle Kostensenkungsmöglichkeiten ausgeschöpft sind.
[52] Der Einfachheit halber gehen wir hier von einem linearen Gesamtkostenverlauf aus. Die Grenzkosten K´ sind also mit den variablen Durchschnittskosten k_v identisch.

(2) Nachfrageorientierte Preisbildung

Im Zuge nachfrageorientierter Preisbildung möchte ein Anbieter in Erfahrung bringen, welche alternativen Mengen eines Gutes X sich zu alternativen Preisen absetzen lassen. Die Kenntnis solcher Preis-Mengen-Relationen, die sich jedes Unternehmen mühsam erarbeiten muß, läuft in die gleiche Richtung wie die Vorgabe von Preis-Absatz-Funktionen im Rahmen der klassischen Preistheorie.

Nachfrageorientierte Preisbildung hat die Aufgabe,
(1) im Zuge einer Sammlung von Marktdaten **Informationen über Preis-Mengen-Relationen zu beschaffen** und
(2) die gesammelten Informationen zur **Grundlage gewinnmaximaler Preisentscheidungen** zu machen.

Bezüglich der Informationssammlung stellen sich folgende Fragen:
- Welchen Preis (welche Preise) sind einzelne Nachfrager(schichten) für ein bestimmtes Gut zu zahlen bereit?
- Wie reagieren die Nachfrager(schichten) auf mögliche Preisänderungen?

Kostenorientierte Preisbildung macht die Selbstkosten zum Maßstab der Preisermittlung. Nachfrageorientierte Preisbildung macht die Preisermittlung vom Urteil der Nachfrager abhängig. Im marktwirtschaftlichen System hängt der Verkaufserfolg eines Produktes vom positiven Urteil der Nachfrager über das Preis-Leistungs-Verhältnis ab. Das Verbraucherurteil orientiert sich aber nicht an der Höhe der Produktionskosten des Gutes, sondern an seinem Bedürfnisbefriedigungsgrad, am Nutzen, den es zu stiften vermag. Die Zahlungsbereitschaft der Nachfrager orientiert sich nicht an den Produktionskosten, sondern am (Nutz-)Wert[53] des jeweiligen Gutes.

Voraussetzung für die Preisfindung durch die Anbieter ist also die **Erfassung der Nutzeneinschätzung seitens der Nachfrager.** Wie kann ein

	Konsumentenbefragung	Beobachtung des Konsumentenverhaltens
Vorteile	– einfach – kostengünstig – auch auf Marketinginnovationen anwendbar	– hohe Validität
Nachteile	– geringe Validität, weil Konsumentenaussage ≠ tatsächlichem Einkaufsverhalten	– teuer – erst nach abgeschlossener Produktentwicklung anwendbar
Instrumente	Befragung mittels – Interview – Fragebögen	– Store-Test – Minimarkttest – regionaler Markttest

Abb. 68: Konsumentenbefragung und Konsumentenbeobachtung

---

[53] Meffert spricht in diesem Zusammenhang vom Wertprinzip der Preisbildung. Vgl. Meffert, H., Marketing, a.a.O., S. 512ff.

Anbieter feststellen, welchen Preis die Nachfrager zu zahlen bereit sind, wie sie ein vorgegebenes Preis-Leistungs-Verhältnis beurteilen, wie sie auf Preisänderungen reagieren? Zwei Wege führen zum Ziel: die Konsumentenbefragung und die Beobachtung des Konsumentenverhaltens (siehe Abb. 68).

In der Marketingliteratur[54] und Marketingpraxis kennt man in diesem Zusammenhang verschiedene **Arten der Konsumentenbefragung,** die sich übersichtmäßig wie folgt zusammenfassen lassen (siehe Abb. 69).

Befragungsart	Fragestellung
Preisschätzungs-Test	Wieviel darf das vorgegebene Gut X nach Ihrer Meinung kosten?
Preis-Reaktions-Test	Halten Sie die Preise P_1, P_2, P_3 ... für das Gut X für – zu niedrig – angemessen – zu hoch?
Preis-Kaufbereitschafts-Test	Sind Sie bereit, das Gut X zum Preis P_1, P_2, P_3 ... in nächster Zeit zu kaufen?
Preisklassen-Test	Bei welchem Höchstpreis P_1, P_2, P_3 ... würden Sie das Gut X noch kaufen? Bei welchem Niedrigpreis P_1, P_2, P_3 ... beginnen Sie, an der Produktqualität zu zweifeln?

Abb. 69: Arten der Konsumentenbefragung

Oben wurde unter dem Stichwort „geringe Validität" bereits angedeutet, daß Auskünfte der befragten Testpersonen nicht für bare Münze genommen werden dürfen, daß man die bekundete Kaufbereitschaft nicht mit tatsächlich vollzogenem Kauf gleichsetzen darf. Deshalb versucht die Marketingpraxis mit Hilfe verschiedener Verfahren der **Beobachtung des Konsumentenverhaltens**[55] herauszufinden, wie alternative Preise p_1, p_2, p_3 ... das tatsächliche Kaufverhalten der Nachfrager beeinflussen.

Anbieter, die im Zuge der Konsumentenbefragung bzw. der Beobachtung des Konsumentenverhaltens Marktforschung betrieben haben, werden häufig feststellen, daß die Nachfragergruppe A die Angemessenheit des Preises anders beurteilt als die Gruppe B oder daß die Nachfragergruppe C auf Preisänderungen empfindlicher reagiert als die Gruppe D. Folglich kann man den Preis bzw. die Preisempfindlichkeit einzelner Käufergruppen als **Marktsegmentierungskriterium** heranziehen.

Hat man aber erst einmal festgestellt, unter welchen Bedingungen einzelne Nachfragergruppen für ein Gut mehr (oder weniger) zu zahlen bereit sind als andere Nachfragergruppen, gelangt man sehr schnell zur **Preisdifferenzierung.** Dabei können die Angebotspreise nach verschiedenen Kriterien differenziert werden.

---

[54] Vgl. hierzu insbesondere Berndt, R., Marketing 2, a.a.O., S. 141 ff. und die dort angegebene Literatur.
[55] Zu den Möglichkeiten der Beobachtung des Käuferverhaltens vgl. S. 507 ff.

Art der Preis- differenzierung	Alternative Preise differenziert nach
mengenbezogen	– der Höhe der Abnahmemenge
personell	– der Angehörigkeit zu bestimmten sozioökonomischen Gruppen
räumlich	– dem Ort des Angebots
verwendungs- bezogen	– dem Verwendungszweck
zeitlich	– dem Zeitpunkt der Inanspruchnahme der Leistung

Abb. 70: Arten der Preisdifferenzierung

Die Preisdifferenzierung dient der Gewinnmaximierung durch differenzierte Marktbearbeitung. So sollen z.B. im Rahmen personeller Preisdifferenzierung einkommensschwache Bevölkerungsschichten (Schüler, Rentner, Soldaten u.a.) über einen niedrigeren Preis als zusätzliche Nachfrager gewonnen werden. Dagegen sollen bei zeitlicher Preisdifferenzierung besonders preisempfindliche Käuferschichten veranlaßt werden, ihre Nachfrage in Zeiten nicht ausgelasteter Kapazitäten (Nachttarife, Nebensaisonpreise) zu verlagern. (ÜB 4/52–53, 60–63)

(3) **Konkurrenzorientierte Preisbildung**

In der Marketingpraxis begegnet man häufig dem Phänomen, daß ein Anbieter auf eine **aktive Preispolitik verzichtet** und sich statt dessen an der Preisforderung eines Konkurrenten oder am Branchendurchschnittspreis orientiert. Änderungen des **Leitpreises** veranlassen den einzelnen Anbieter zu einer entsprechenden Preisänderung. Ändern sich für den einzelnen Anbieter dagegen die Nachfrageverhältnisse oder die Produktionskosten, zieht das keine Preisänderung nach sich, jedenfalls solange nicht, wie der Leitpreis unverändert bleibt.

Die Rahmenbedingungen konkurrenzorientierter Preisbildung sind von der jeweiligen Marktkonstellation abhängig:

Marktkon- stellation	Wenige Großan- bieter mit atomi- stischem Rest- markt	Oligopol	Atomistische Konkurrenz
Leitpreis	Preisführerschaft der Großanbieter	Wechselnde Preisführerrolle	Branchendurch- schnittspreis
Preisabwei- chung	Preis der Klein- anbieter liegt unter dem Preis der Großanbieter	Einheitspreis bei homogenen Gütern	Begrenzte Ab- weichung nach beiden Seiten
Beispiele	Champagner Cognay	Benzin Kaffee	Backwaren Wurstwaren

Abb. 71: Grundelemente konkurrenzorientierter Preisbildung

Werden auf einem oligopolistischen Markt heterogene Güter gehandelt, treten an die Stelle des Einheitspreises Preisrelationen, die im Zeitverlauf annähernd konstant bleiben. Hierbei kann man an die Automobilhersteller denken, wo die verschiedenen Anbieter in regelmäßigen Zeitabständen die Preise in annähernd gleichen Raten erhöhen.

bb) Preispolitische Strategien

Veränderte Umweltbedingungen können – wie wir oben gesehen haben – einen Anbieter zur Preisänderung veranlassen. Ändert sich die Kosten-, die Nachfrage- oder die Konkurrenzsituation erneut, muß die frühere Preisänderung einer Überprüfung unterzogen werden.

Jenseits dieser kurzfristig geltenden preispolitischen Routineentscheidungen muß ein Anbieter **preispolitische Grundsatzentscheidungen mit Langzeitwirkung** treffen. Solche Grundsatzentscheidungen stellen sich regelmäßig bei der Preisfestsetzung für neue Produkte. Dabei gebietet das Prinzip **langfristiger Gewinnmaximierung,** bei Festlegung des Einstiegspreises für das neue Produkt nicht nur den Einfluß auf den Gewinn des laufenden Geschäftsjahrs zu berücksichtigen. Der langfristige Kalkül muß vielmehr die preisbedingten Erfolgswirkungen während des gesamten **Produktlebenszyklus** zu prognostizieren versuchen. Optimal ist der Preis, bei dem der **Barwert aller produktspezifischen Zukunftsgewinne** maximiert wird.

(1) Prämienpreise versus Promotionspreise

Bei Einführung eines neuen Produktes muß sich der Anbieter entscheiden, ob er einen Luxusartikel zum Prämienpreis oder einen Massenartikel zum Promotionspreis auf den Markt bringen will. Hinter dem Prämienpreis stehen hohe Stückgewinne mit geringen Verkaufszahlen, hinter dem Promotionspreis geringe Stückgewinne mit hohen Verkaufszahlen.

Im einzelnen sind bei der Festsetzung von Prämien- bzw. Promotionspreisen folgende Merkmale zu beachten:

Preisstrategie	Prämienpreis	Promotionspreis
Art des Gutes	Luxusartikel	Massenprodukt
Käuferschicht	prestigebewußt	preisbewußt
Marktsegment	klein	groß
Bevorzugtes absatzpolitisches Instrument	Markenbildung durch – Produktgestaltung – Werbung	Niedrigpreis
Vertriebsweg	Exklusivgeschäfte	Niedrigpreisläden
Beispiele	Parfum Haute Couture Luxusautos	Baustoffe T-Shirts Kleinwagen

Abb. 72: Prämienpreise und Promotionspreise

Der Wechsel vom Promotionspreis zum Prämienpreis ist ausgeschlossen. Ein Wechsel in die umgekehrte Richtung ist möglich, wie gleich zu zeigen ist.

(2) Abschöpfungspreise versus Penetrationspreise

Der mit einem Produkt j erzielbare Periodengewinn G_j läßt sich definieren als

$$G_j = (p_j - k_j) \cdot m_j$$

Wären die drei Einflußvariablen p, k und m voneinander unabhängig, ließe sich die Gewinnmaximierungsaufgabe leicht lösen. Absatzpreise und Absatzmengen müßten maximiert, die Stückkosten k müßten minimiert werden. Die Wirklichkeit ist anders: Erhöht man den Angebotspreis, geht die Absatzmenge zurück. Sinkt aber die Absatzmenge, dann steigen die Stückkosten,[56] weil sich die Fixkosten nur noch auf eine kleinere Stückzahl verteilen lassen.

Bei Einführung eines neuen Produktes hat also jeder Anbieter – theoretisch – die Wahl, ob er mit
(1) hohem Preis, kleiner Menge und hohen Stückkosten oder mit
(2) niedrigem Preis, großer Menge und niedrigen Stückkosten
in den Markt eintreten will. Im ersten Fall spricht man von einer **Abschöpfungspreisstrategie** (skimming-pricing): Kaufkräftige preisunempfindliche Nachfrage wird über einen hohen Einführungspreis abgeschöpft. In späteren Perioden wird der Angebotspreis sukzessiv gesenkt, wobei dem Produkt immer weitere Nachfragerkreise erschlossen werden. Im zweiten Fall hat man es mit einer **Penetrationspreisstrategie** zu tun: Mit einem extrem niedrigen Einführungspreis will der Anbieter den Markt durchdringen, will so lange wie möglich eine Monopolstellung einnehmen oder zumindest einen sehr großen Marktanteil halten. Dabei gehen niedrige Preise mit niedrigen Stückkosten einher. Niedrige Stückgewinne nimmt der Anbieter billigend in Kauf: Erstens werden sie durch hohe Verkaufszahlen relativiert und zweitens nehmen die niedrigen Gewinnmargen potentiellen Konkurrenten den Mut zum Eintritt in einen scheinbar uninteressanten Markt.

Die Frage, welche der beiden Preisstrategien hinsichtlich langfristiger Gewinnmaximierung vorteilhafter ist, läßt sich modelltheoretisch leicht beantworten. Zu maximieren ist der Barwert[57] K aller während des Produktlebenszyklus (t = 0, 1, 2..n) erzielbaren Periodengewinne $G = (p-k) \cdot m$.

$$K = \sum_{t=1}^{n} \left[(p_t - k_t) \cdot m_t \right] \cdot (1+i)^{-t}$$

Den Barwert der Zukunftsgewinne $(p_t - k_t) \cdot m_t$ kann ein Anbieter aber nur ermitteln, wenn er für den gesamten Planungszeitraum t_o bis t_n

---

[56] Unterstellt wird ein linearer Gesamtkostenverlauf.
[57] Zur Barwertmaximierung nach der Kapitalwertmethode vgl. die Ausführungen auf S. 637 ff.

(1) die Kostenfunktion und
(2) die Preis-Absatz-Funktion

kennt. In der Marketing-Praxis ist zumindest die Bedingung (2) nicht erfüllt. An die Stelle des Entscheidungsmodells müssen deshalb Plausibilitätsüberlegungen treten.

Eine Abschöpfungspreisstrategie kann nur solange erfolgreich sein, wie das angebotene Gut nicht in gleicher oder ähnlicher Form von Konkurrenten angeboten werden kann. So gesehen eigenen sich **patent- oder urheberrechtlich geschützte Güter** (technische Neuerungen, Medikamente oder Bücher) besonders gut für eine Abschöpfungspreisstrategie. Sobald Konkurrenten mit vergleichbaren Produkten in den Markt eintreten, ist es mit der monopolistischen Sonderstellung und der Abschöpfungspreispolitik vorbei.

Die Penetrationspreisstrategie strebt ebenfalls nach einer monopolähnlichen Sonderstellung. Der Anbieter sucht aber diese Sonderstellung nicht über technische Innovation oder rechtlichen Schutz, sondern über den **Mut zur Größe:** Man kalkuliert die Stückkosten und den Einführungspreis von Anfang an auf der Basis
(1) hoher Verkaufszahlen pro Periode und
(2) langer Lebensdauer des Produktes.

Der Hersteller eines medizinischen Präparates versucht, die Forschungs- und Entwicklungskosten des Produktes über hohe Abschöpfungspreise zu amortisieren. Der Hersteller eines Massenprodukts ist dagegen bestrebt, die Forschungs- und Entwicklungskosten in minimalen Stückraten über große Stückzahlen wiederzugewinnen. Zeigt sich der Markt für das angebotene Massengut weniger aufnahmefähig als erwartet oder bieten Konkurrenten schon bald vergleichbare Güter zu ähnlich günstigen Preisen an, wird das eigene Gut wegen mangelnder Deckung der Forschungs- und Entwicklungskosten zum „Flop". Die Penetrationspreisstrategie ist gescheitert.

Abschöpfungspreisstrategie kommt – unabhängig von der **Größe des Unternehmens** – nur für Anbieter mit hohem innovatorischem Potential in Frage. Die Penetrationspreisstrategie setzt große Serien und somit eine hohe Kapitalintensität voraus. Den Mut zur Größe und zum Wagnis können sich im allgemeinen nur kapitalstarke Großunternehmen leisten. (**ÜB 4/64**)

Preisstrategie	Abschöpfungspreis	Penetrationspreis
Merkmal des Anbieters	großes Innovationspotential	große Kapitalkraft
Sonderstellung durch	technischen Vorsprung; rechtlichen Schutz	konkurrenzlos niedrigen Preis
Chance	schnelle Amortisation der F+E-Kosten über Abschöpfungspreis	langsame Amortisation der F+E-Kosten über Massenabsatz
Risiko	Innovation mißlingt	Aufnahmefähigkeit des Marktes wird überschätzt

Abb. 73: Abschöpfungs- und Penetrationspreisstrategie

d) Konditionenpolitik

Die Höhe des Entgelts, das ein Anbieter für seine Leistung erhält, wird in erster Linie durch den Preis bestimmt. Darüber hinaus beeinflussen aber Rabatte, Skonti sowie Zahlungs- und Lieferbedingungen die Höhe und den Zuflußzeitpunkt des Leistungsentgelts. Die Marketingliteratur rechnet die
(1) Rabattpolitik,
(2) Lieferungs- und Zahlungsbedingungen und die
(3) Absatzkreditpolitik
zum Bereich konditionenpolitischer Entscheidungen. Im folgenden wird auf die gesonderte Behandlung der (3) Absatzkreditpolitik[58] verzichtet, weil sich Art, Umfang und Zeitraum der Absatzkreditierung indirekt aus der Festlegung der (2) Zahlungsbedingungen ergeben.

aa) Rabattpolitik

Als Preisnachlaß ist der Rabatt ein **Instrument zur differenzierten (Netto-)Preisgestaltung.** (Brutto-)Absatzpreise, die für jeden Nachfrager Gültigkeit haben, erlauben die Beurteilung des Preis-Leistungs-Verhältnisses und sind somit ein Beitrag zur Markttransparenz. Rabatte, die nicht für alle Nachfrager Gültigkeit haben, sind der Markttransparenz abträglich und können deshalb als Instrument zur Einschränkung des offenen (Preis-)Wettbewerbs interpretiert werden. Aus wettbewerbspolitischen Gründen unterliegt die Rabattgewährung einer Einschränkung[59] durch den Gesetzgeber.

Bei der Rabattpolitik haben wir zwischen
– Wiederverkäuferrabatten und
– Verbraucherrabatten
zu unterscheiden. Der **Verbraucherrabatt** spielt in der Marketing-Praxis eine untergeordnete Rolle, weil er gesetzlich auf drei Prozent des ausgezeichneten Preises begrenzt ist.[60] Im Rahmen des **Wiederverkäuferrabatts** begegnen wir folgenden Rabattarten:

Rabattart	Charakteristikum
Funktionsrabatt	Vergütung von Leistungen, die vom Groß- bzw. Einzelhandel übernommen werden. Äquivalent für Lagerhaltung, Vertrieb und Kundenbetreuung.
Mengenrabatt	– auf Einzelbestellmenge: Vergütung hinsichtlich Vermeidung mehrfacher auftragsfixer Kosten bei wiederholter Lieferung von Kleinmengen – Periodenbestellmenge: „Erziehung" des Kunden zur Lieferantentreue

---

[58] Vgl. hierzu etwa Meffert, H., Marketing, a. a. O., S. 572 ff.
[59] Gemeint sind das Rabattgesetz, das Gesetz gegen unlauteren Wettbewerb und das Gesetz gegen Wettbewerbsbeschränkungen. Vgl. hierzu Ahlert/Schröder, Rechtliche Grundlagen des Marketing, 2. Aufl., Stuttgart u. a. 1996, S. 237 ff.
[60] Vgl. § 2 Rabattgesetz

Rabattart	Charakteristikum
Zeitrabatt	Einführungsrabatt Auslaufrabatt Nebensaisonrabatt

Abb. 74: Arten des Wiederverkäuferrabatts

Der Wiederverkäuferrabatt hat als absatzpolitisches Instrument folgende **Aufgaben:**

(1) Mittel zum Kaufanreiz gegenüber Handel, wenn Rabattvolumen > Handlungskosten
(2) Mittel zur kundenspezifischen Preisdifferenzierung
(3) Mittel zur Weitergabe von Kostenvorteilen (bei großer Bestellmenge)
(4) Mittel zur Wahrung des Exklusivimage durch hohen Bruttopreis
(5) Mittel zur zeitlichen Steuerung des Auftragseingangs

Abb. 75: Aufgaben des Wiederverkäuferrabatts

Der vom Anbieter eingeräumte (Mengen-)Rabatt beeinflußt den Umsatz in gegenläufiger Richtung:
– durch die Rabattgewährung sinkt der Nettopreis (= Stückerlös);
– über den gesunkenen Nettopreis erhöht sich die Absatzmenge.

Der Einfluß der Rabattgewährung auf **Umsatz und Gewinn**[61] ist also abhängig von der Preiselastizität der Nachfrage. Teilt man die Nachfrager in Kleinabnehmer, die keine oder geringe Rabatte, und Großabnehmer, die hohe Rabatte erhalten, kommt man zu folgender Tendenzaussage: Wenn
– die Kleinabnehmer eher preisunelastisch (= preisunempfindlich) und
– die Großabnehmer eher preiselastisch
reagieren, stellt die Rabattpolitik positive Auswirkungen auf Umsatz und Gewinn in Aussicht. Die negative Reaktion der Kleinabnehmer auf die hohen Preise fällt dann weniger scharf aus als die positive Reaktion der Großabnehmer auf die vergleichsweise niedrigen Nettopreise. So gesehen kann auch die Rabattpolitik nicht darauf verzichten, sich mit dem Problem der Preiselastizität einzelner Nachfragergruppen auseinanderzusetzen. (**ÜB** 4/60, 65)

bb) Lieferungs- und Zahlungsbedingungen

Die Lieferungs- und Zahlungsbedingungen sind im allgemeinen Bestandteil der Geschäftsbedingungen eines Lieferanten. Sie regeln die Rechte und Pflichten für Verkäufer und Käufer und können im Einzelfall modifiziert werden.

Die **Lieferungsbedingungen** regeln Umfang und Zeitpunkt der Lieferverpflichtung durch den Verkäufer.

Das Umtauschrecht spielt beim Verkauf an Endverbraucher eine große Rolle. Die Punkte (1) bis (4) sind für Wiederverkäufer und im **Investitionsgütermarketing** von besonderer Bedeutung. Hier (z.B. im Schiffbau) ist die Zusage **kurzfristiger Lieferung** und die in der Vergangenheit **prak-**

---

[61] Vgl. hierzu Tacke, G., Nichtlineare Preisbildung, Wiesbaden 1989, S. 144 ff.

```
(1) Mindestabnahmemengen
(2) Zeitpunkt der Lieferung
(3) Ort der Warenübergabe (Gefahrenübergang)
(4) Übernahme von Fracht- und Versicherungskosten
(5) Umtauschrecht
```

Abb. 76: Elemente der Lieferungsbedingungen

tizierte **Vertragstreue** häufig ein wichtigeres Verkaufsargument als ein niedriger Preis.[62]

Die **Zahlungsbedingungen** beinhalten die Modalitäten der Zahlung des Kaufpreises.

```
(1) Zahlungsfristen (Anzahlungen, Zahlungsziele)
(2) Skonto bei vorzeitiger Zahlung
(3) Kreditzinsen bei später Zahlung
(4) Sicherung des Lieferantenkredits
(5) Kompensationsgeschäfte (Export in Weichwährungsländer)
(6) Inzahlungnahme des zu ersetzenden Gutes
```

Abb. 77: Elemente der Zahlungsbedingungen

Die Lieferungs- und Zahlungsbedingungen haben nicht nur die Aufgabe, Rechte und Pflichten im juristischen Sinne zu regeln. Sie werden – wie oben bereits angedeutet – auch zur Stärkung des akquisitorischen Potentials eines Anbieters eingesetzt. Häufig kommt ein Geschäft mit einem Wiederverkäufer nur zustande, wenn der Lieferant den Kaufpreis bis zum Endverkaufszeitpunkt kreditiert. Natürlich sind großzügige Lieferungs- und Zahlungsbedingungen für den Anbieter mit zusätzlichen Kosten verbunden. Günstige Lieferungs- und Zahlungsbedingungen gehen somit immer zu Lasten des Angebotspreises. Auch hier muß sich das Marketing an den Kundenwünschen orientieren: Es gilt, die Nachfragerschichten ausfindig zu machen, die komfortable Lieferungs- und Zahlungsbedingungen stärker bevorzugen als einen extrem scharf kalkulierten Preis.

4. Kommunikationspolitik

a) Ziele und Teilbereiche der Kommunikationspolitik

Ist das Güterangebot kleiner als die Güternachfrage, haben die Nachfrager ein Problem: Sie suchen nach einem Güterangebot und reihen sich in Warteschlangen ein. In westlichen Volkswirtschaften mit ihrem Überangebot an Gütern ist es umgekehrt. Die Anbieter haben ein Problem: Um die vollen Läger zu räumen, müssen sie sich ihre Nachfrager suchen.

Wohlstandsgesellschaften sind gekennzeichnet durch
- überreichliches Güterangebot,
- unübersichtliche Märkte,

---

[62] Vgl. Backhaus, K., Investitionsgütermarketing, a. a. O., S. 524 ff. und S. 537 f.

IV. Die absatzpolitischen Instrumente 577

- technisch ausgereifte, nahezu homogene Produkte und
- bequeme, zur Passivität neigende Nachfrager.

Die Anbieter müssen große Anstrengungen unternehmen, um die verwöhnten Nachfrager mit der Qualität, der Preiswürdigkeit und den Bezugsquellen ihres Angebots bekannt zu machen. Hierin liegt die **Aufgabe der Kommunikationspolitik.** Ziel ist es also, durch **Information und gezielte Beeinflussung** der Nachfrager Absatzwiderstände zu überwinden. Das Kommunikationsziel läßt sich lückenlos aus dem Oberziel des Unternehmens ableiten: Wer den langfristigen Gewinn maximieren will (Oberziel), muß sich bemühen, Absatzwiderstände zu überwinden (Marketingziel); zu diesem Zweck müssen potentielle Nachfrager umfassend informiert und positiv beeinflußt werden (Kommunikationsziel).

In der Marketingliteratur gliedert man die Kommunikationspolitik in drei, bisweilen auch vier Teilbereiche (siehe Abb. 78).

Teilbereich	Gegenstand
(Media-)Werbung	Durch den Einsatz von breit gestreuten Werbemedien sollen Nachfrager zum Kauf angeregt werden.
Verkaufsförderung	Durch gezielte Maßnahmen am Ort des Verkaufs sollen Abnehmer zum Kauf angeregt werden.
Öffentlichkeitsarbeit	Die Einstellung der Öffentlichkeit zur Unternehmung soll positiv beeinflußt werden.
Persönlicher Verkauf	Ein schlagkräftiger Außendienst soll in direktem Gespräch den Kunden informieren und zum Kauf anregen.

Abb. 78: Teilgebiete der Kommunikationspolitik

Das Schwergewicht der Kommunikationspolitik liegt eindeutig auf dem Gebiet der **(Media-)Werbung.** Dies gilt sowohl für die Breite und Tiefe, mit der dieses Teilgebiet der Kommunikationspolitik in der Marketingliteratur abgehandelt wird, wie auch für den Kostenanteil am Kommunikationsbudget eines Unternehmens. Dieser Tatsache wird durch eine vergleichsweise ausführliche Behandlung der Werbung Rechnung getragen.

Die insbesondere im Konsumgüterbereich zu beobachtende **Werbeflut** beeinträchtigt die Effizienz der einzelnen Werbemaßnahmen. Das hat zur Folge, daß viele Anbieter ihre absatzfördernden Bemühungen in den Bereich der anderen Kommunikationsinstrumente verlagern. Diese Verschiebung ist vor allem der **Verkaufsförderung** (Sales Promotions) zugute gekommen, deren relative Bedeutung dadurch gewachsen ist.

Die Mitglieder einer Wohlstandsgesellschaft erwarten von einem Unternehmen nicht nur die Erstellung von Gütern und Dienstleistungen, sondern auch eine umweltschonende Produktionsweise, moderne, sichere, menschenfreundliche Arbeitsplätze, keine Überbelastung der örtlichen Infrastruktur, kurz: ein Eintreten für gesellschaftliche Belange. Ein Unternehmen, das diese Erwartungen der Öffentlichkeit nicht erfüllt, wird als Anbieter auf dem Absatzmarkt mit einem Negativimage behaftet sein. Zur Überwindung von Absatzwiderständen gehören somit auch Maßnahmen zur Herstellung eines positiven Unternehmensimage im Rahmen der **Öffentlichkeitsarbeit** (Public Relations).

Persönlicher Verkauf, d. h. Umwerbung des Kunden im unmittelbaren Verkaufsgespräch ist die effizienteste, wohl aber auch die teuerste Form der Kommunikationspolitik. In der angelsächsischen Marketingliteratur[63] spielt dieser Aspekt der Kommunikationspolitik eine weitaus stärkere Rolle als in den deutschen Lehrbüchern[64] zum Marketing. Die Probleme des persönlichen Verkaufs werden im Kapitel „Distributionspolitik" behandelt.

Alle kommunikationspolitischen Maßnahmen müssen einerseits in der Unternehmenspraxis sorgfältig aufeinander abgestimmt werden **(Kommunikations-Mix).** Andererseits müssen sie als kommunikationspolitische Programme in ein schlüssiges Konzept von Marketing-Maßnahmen, also: Produktpolitik, Preispolitik, Kommunikationspolitik und Distributionspolitik eingebaut werden. Wer als Anbieter einen groß angelegten Werbefeldzug für ein Produkt startet, das schlecht, zu teuer oder im Handel kaum erhältlich ist, verstößt gegen das Gebot der Optimierung absatzpolitischer Instrumente (Marketing-Mix).

Der Kommunikationsprozeß zwischen dem Anbieter (Sender) und den Nachfragern (Empfängern) läuft folgendermaßen ab: Der Sender übermittelt eine (Werbe-)Botschaft an den Empfänger. Das Medium (z. B. Fernsehspot, Anzeige, mündliche Übertragung) ist der Weg, über den die Botschaft den

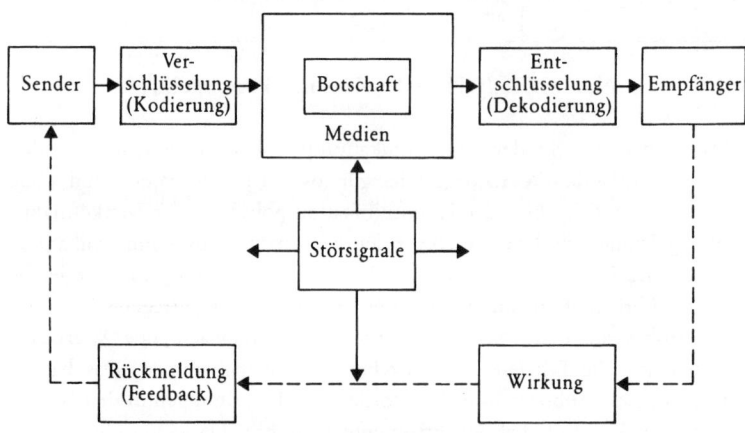

Abb. 79: Informationstheoretische Grundstruktur der Marktkommunikation[65]

---

[63] Vgl. für viele andere Kotler/Bliemel, a. a. O., S. 1086 ff.
[64] Vergleichsweise ausführlich behandelt werden die Fragen des persönlichen Verkaufs von Meffert. Vgl. Meffert, H., Marketing, a. a. O., S. 821 ff.
[65] Vgl. Kotler/Bliemel, a. a. O., S. 928

Empfänger erreicht. Unter Kodierung versteht man das Umsetzen der Botschaft in symbolische Form (Bilder, Schriftzeichen, Laute). Verschiedene Empfänger werden die Botschaft verschieden interpretieren, weil sich die Dekodierung, also etwa die Interpretation der Bilder, weitgehend auf der Gefühlsebene des Empfängers abspielt. Uneinheitlich ist auch die Nachrichtenwirkung beim Empfänger. Sie reicht von Nichtwahrnehmung der Botschaft über Gleichgültigkeit, Freude oder Ärger bis hin zum spontanen Kauf des angepriesenen Gutes. Unerwünschte Wirkungen können auf den Einfluß von Störsignalen zurückzuführen sein. Der Sender ist bestrebt, im Wege der Rückmeldung Informationen über die Reaktion des Empfängers zu erhalten. Auf diese Weise kann er den Erfolg seiner Nachrichtenübermittlung kontrollieren und die (Werbe-)Botschaft so modifizieren, daß sich ein größerer (Werbe-)Erfolg einstellt.

Werbung, Verkaufsförderung und Öffentlichkeitsarbeit, also die Kommunikation mit den Nachfragern, müssen vom Anbieter geplant, durchgeführt und kontrolliert werden.

Dabei stellen sich die in Abb. 80 aufgeführten Fragen, die im Laufe des folgenden Unterkapitels „Werbung" ausführlicher behandelt werden. Der im Rahmen der Verkaufsförderung und der Öffentlichkeitsarbeit ablaufende Kommunikationsprozeß läßt sich im Prinzip nach dem gleichen Planungs- und Kontrollschema abhandeln. Beide Kommunikationsfelder werden im Anschluß an die Ausführungen zur Werbung kurz dargestellt.

Planung	Fragestellung
– Ziele	(1) Was soll durch Kommunikation erreicht werden? (2) Wie sollen Zielgruppen reagieren?
– Daten	(3) Für welches Objekt soll geworben werden? (4) Welche Zielgruppe soll umworben werden? (5) Wie verarbeitet der Empfänger (Werbesubjekt) die (Werbe-)Botschaft?
– Instrumente	(6) Wie muß die Botschaft (zielgerecht) gestaltet werden? (7) Welche Medien sollen zur Übermittlung der Botschaft eingesetzt werden?
Kontrolle	(8) Hat die Botschaft das Kaufverhalten des Empfängers beeinflußt?

Abb. 80: Planung und Kontrolle der Marktkommunikation

b) Werbung

aa) Grundlagen

Alle Formen der (vom Anbieter betriebenen) Marktkommunikation haben werbenden Charakter, wollen den Abnehmer für das Unternehmen und seine Leistungen einnehmen. Die Mediawerbung, auch klassische Werbung oder einfach Werbung genannt, unterscheidet sich von anderen Formen der Kommunikationspolitik dadurch, daß sie

- sich an eine sehr **große Zahl von Menschen** wendet, die dem Werbetreibenden im einzelnen nicht bekannt sind und
- eine Marktkommunikation **mittels Sachen** ist.

Die Werbebotschaft wird nicht durch einzelne Personen, sondern durch Massenkommunikationsmittel überbracht. „Werbung kennzeichnet den bewußten Versuch, Marktpartnern mit Hilfe eines spezifischen Mix an Mitteln zu einem bestimmten, unternehmenspolitischen Zielen dienenden Verhalten zu veranlassen."[66]

Im Rahmen der Werbung übermittelt der Werbetreibende einer Vielzahl von Werbesubjekten (Zielgruppe) eine Werbebotschaft. Die verbale bzw. visuelle Gestaltung der Werbebotschaft bezeichnet man als Werbemittel. Unter dem Werbeträger versteht man das Medium, das die Werbebotschaft übermittelt.

Werbemittel	Werbeträger
Anzeigen in Insertionsmedien	Zeitungen, Zeitschriften, Telefonbücher usw.
Werbefilme	Fernsehprogramme, Kinos
Rundfunkspots	Rundfunkprogramme
Plakate	Plakatsäulen, öffentliche Verkehrsmittel, Fußballstadien usw.

Abb. 81: Werbemittel und Werbeträger

Die meisten Güter durchlaufen die Absatzkette Produzent – Großhandel – Einzelhandel – Endabnehmer. Dabei entfaltet der Großhandel die geringsten kommunikationspolitischen Aktivitäten.

Im Investitionsgütersektor sind Kundendienst, Termintreue, technische Beratung u. ä. die Hauptverkaufsargumente. Werbung findet kaum statt. Anders im Konsumgüterbereich: Die Produkte sind technisch ausgereift, weitgehend homogener Art, unkompliziert in der Anwendung und überall sofort erhältlich. Wenn Anbieter im Konsumgüterbereich mit Markenartikeln konkurrieren, versuchen sie,
- im Rahmen der **Aktionswerbung** das Publikum durch kurzfristig wirkende Werbemaßnahmen zum Spontankauf zu aktivieren bzw.
- im Rahmen der **Imagewerbung** die Produktwahrnehmung seitens des Publikums zu verbessern und sich ein positives Image aufzubauen, das langfristig zur Kaufbereitschaft führen kann.

Die Werbung hat sowohl in einzel- wie gesamtwirtschaftlicher Hinsicht einen hohen Stellenwert. Es gibt zahlreiche Markenartikelhersteller, bei denen der Werbeetat zehn oder sogar zwanzig Prozent vom Umsatz erreicht. Die gesamten Werbeausgaben in der Bundesrepublik Deutschland belaufen sich auf über 50 Mrd. DM pro Jahr bei einer durchschnittlichen jährlichen

---

[66] Nieschlag/Dichtl/Hörschgen, a. a. O., S. 531 f.

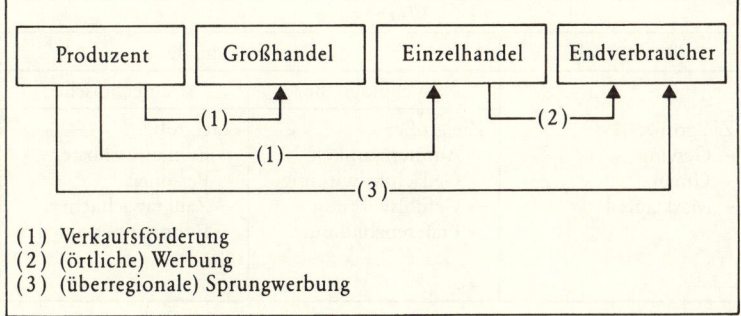

Abb. 82: Werbung und Verkaufsförderung

Steigerung von 3–4 Prozent.[67] Berndt[68] macht darüber hinaus zahlenmäßige Angaben zur Verteilung der Werbeaufwendungen auf Mediengruppen, Branchen und große Unternehmen. (**ÜB 4/66**)

bb) Werbeplanung

Wie jeder Planungsvorgang erfordert auch die Werbeplanung eine Definition der Ziele, eine Erfassung und Verarbeitung der Daten (des Entscheidungsfeldes) und eine Untersuchung der Instrumente. Mit diesen drei Elementen der Werbeplanung wollen wir uns im folgenden auseinandersetzen.

(1) Ziele der Werbeplanung

Im Zuge der Zielplanung stellen sich die folgenden beiden Fragen: Was soll durch Werbung erreicht werden? Wie sollen die verschiedenen Zielgruppen reagieren? Als Unterziele müssen sich die Werbeziele in die Zielhierarchie einbauen lassen. Es gilt also, die Verknüpfung von Unternehmenszielen, Marketingzielen und Werbezielen zu beachten.

Neue Käuferschichten zu gewinnen, eine Preiserhöhung argumentativ abzusichern, eine Preissenkung einem breiten Publikum bekanntzumachen, das Produktimage zu verbessern, die Marktdurchdringung in einem verkaufsschwachen Gebiet zu erhöhen – die Aufzählung diverser Werbeziele ließe sich lange fortsetzen.[69]

Die Literatur zum Marketing unterscheidet üblicherweise zwischen ökonomischen und außerökonomischen Werbezielen. **Ökonomische Werbeziele** sind auf den unmittelbaren Vollzug einer Kaufhandlung gerichtet. Zielgröße ist der realisierte Gewinn, der realisierte Umsatz, der realisierte Marktanteil u. ä. **Außerökonomische Werbeziele** – zuweilen auch als kommunikative Werbeziele bezeichnet – stehen nur in mittelbarem Bezug zur Kaufhandlung. Sie tragen der Tatsache Rechnung, daß positive Werbewirkungen schon im Vorstadium des Kaufs eintreten können.

---

[67] Vgl. ZAW, Werbung in Deutschland, Bonn 1995, S. 5 f.
[68] Vgl. Berndt, R., Marketing 2, a. a. O., S. 225 ff.
[69] Zu weiteren Werbezielen vgl. Meffert, H., Marketing, a. a. O., S. 660 ff.

Werbeziele		
ökonomische	außerökonomische	
	psychologische	streutechnische

Zielgrößen:
– Gewinn
– Umsatz
– Marktanteil
.
.
.
	Zielgrößen:
	– Aufmerksamkeit
	– Gedächtniswirkung
	– Gefühlswirkung
	– Präferenzbildung
	.
	.
	.
		Zielgrößen:
		– Zahl erreichbarer
		   Personen
		– Zahl tatsächlicher
		   Informationskontakte
		.
		.
		.

Abb. 83: Werbeziele

Ökonomische Werbeziele haben den **Vorteil,** daß sich die Zielgröße der Werbung auf direktem Wege aus der unternehmerischen Zielsetzung der langfristigen Gewinnmaximierung ableiten läßt. Dennoch finden außerökonomische Werbeziele in der Marketing-Praxis stärkere Anwendung. Literatur[70] und Praxis sehen den **Nachteil** ökonomischer Werbeziele in der Tatsache, daß sich die ökonomischen Wirkungen der Werbung

– **nicht isolieren lassen,** weil Gewinne, Umsatz, Marktanteil u. ä. durch alle vier absatzpolitischen Instrumente (Marketing-Mix) beeinflußt werden und
– **nicht periodengerecht abgrenzen lassen.**

Letzteres bezieht sich auf den sog. Carry-Over-Effekt. Gemeint ist eine Werbewirkungsverzögerung, wonach der gewünschte Kaufakt nicht in der Werbeperiode – hier wurde nur Aufmerksamkeit oder Interesse geweckt –, sondern erst in einer späteren Periode ausgelöst wird.

Außerökonomische Werbeziele tragen der Tatsache Rechnung, daß dem Kaufakt ein kognitiver Prozeß vorausgeht. Die Marketingliteratur[71] hat sog. **Stufenkonzepte** entwickelt, die den psychischen Prozeß zwischen Werbemittelkontakt und Kaufakt beschreiben sollen. Das bekannteste Stufenkonzept ist das **AIDA-Schema:**

– **A**ttention (Aufmerksamkeit)
– **I**nterest (Interesse)
– **D**esire (Kaufwunsch)
– **A**ction (Aktion)

Das AIDA-Schema macht deutlich, wie die Werbesubjekte nach dem Wunsch des Werbetreibenden (stufenweise) reagieren sollen.[72]

(2) **Daten der Werbeplanung**

Vor einer Entscheidung über den Einsatz der Werbeinstrumente muß sich der Werbetreibende Informationen über werberelevante Umweltdaten verschaffen. Folgende Fragen sind dabei zu beantworten:

---

[70] Vgl. Nieschlag/Dichtl/Hörschgen, a. a. O., S. 577 ff. und die dort angegebene Literatur.
[71] Vgl. für viele andere Kotler/Bliemel, a. a. O., S. 935 ff.; Meffert, H., Marketing, a. a. O., S. 676 ff. Zur Kritik am Stufenkonzept vgl. Nieschlag/Dichtl/Hörschgen, a. a. O., S. 580.
[72] Zur näheren Erläuterung vgl. Abb. 84 auf S. 584

(a) Für welches Objekt soll geworben werden?
(b) Welche Zielgruppe soll umworben werden?
(c) Wie verarbeitet das Werbesubjekt die Werbebotschaft?

Als **Werbeobjekt** kommt ein Produkt, eine Produktgruppe oder das Unternehmen als Ganzes in Frage. Entsprechend unterscheidet man zwischen Produktwerbung und Firmenwerbung. Die **Produktwerbung** hebt die positiven Produkteigenschaften hervor. Die **Firmenwerbung** hebt auf Merkmale wie Zuverlässigkeit, Tradition, Innovationsfähigkeit, Größe bzw. Weltgeltung eines Herstellers ab.

Im Rahmen der Produktwerbung hat man nicht nur festzustellen, welche Produkte für die Werbung in Frage kommen. Darüber hinaus muß man versuchen, den Deckungsbeitrag, die vorhandene Produktionskapazität, die absatzmäßige Verflechtung mit anderen Produkten und die werbebedingte Absatzmengenänderung zu prognostizieren. Ein knappes Werbebudget zwingt dazu, sich auf erfolgversprechende Werbeprojekte zu konzentrieren.

Im Zusammenhang mit der Werbeplanung versteht man unter der **Zielgruppe** jenen Personenkreis (Marktsegment), auf den der Anbieter seine Werbemaßnahmen konzentrieren möchte. Zur Zielgruppe gehören jene Personen, deren Bedürfnisse durch das Werbeobjekt in spezifischer Weise befriedigt werden können. Die Informationen zur Abgrenzung der Zielgruppe[73] liefert die Marktforschung. Die Bildung von Zielgruppen hat den Zweck, durch Abgrenzung des Adressatenkreises
– die **Kosten** der Werbung zu **minimieren** und
– auf eine **homogene Bedürfnisstruktur** der Gruppenmitglieder mit einer homogenen Werbebotschaft zu antworten.

Je besser die Zielgruppe abgegrenzt ist, desto treffsicherer und erfolgreicher ist die Werbung.

Der Werbetreibende benötigt schließlich Informationen darüber, wie ein Werbesubjekt die **Werbebotschaft verarbeitet.** Es stellt sich also die Frage, welche gedanklichen Prozesse in einem Menschen vorgehen, an den eine Werbebotschaft herangetragen worden ist. Worauf ist es zurückzuführen, daß einzelne Werbesubjekte auf die Werbebotschaft so unterschiedlich reagieren? Folgende Reaktionen sind denkbar:
– sofortiger Kauf mit Wiederholungskäufen,
– einmaliger Spontankauf,
– hohe Kaufbereitschaft,
– positive (negative) Einstellung zum Werbeobjekt,
– Gleichgültigkeit oder
– Nichtwahrnehmung der Werbebotschaft.

Wer erfolgreich werben will, braucht eine zugkräftige Werbebotschaft. Die optimale Gestaltung der Werbebotschaft setzt aber Kenntnisse über den Informationsverarbeitungsprozeß beim Werbesubjekt voraus. Um solche

---

[73] Zur Zielgruppenbildung im Rahmen der Werbeplanung vgl. Berndt, R., Marketing 2, a. a. O., S. 231 ff.

Kenntnisse bemüht sich die verhaltenswissenschaftlich orientierte Marketing-Forschung, die an anderer Stelle[74] behandelt wurde.

Der Prozeß zwischen dem Empfang der Werbebotschaft und der Reaktion des Empfängers (Kauf oder Nichtkauf) läßt sich in mehrere Stufen zerlegen (siehe Abb. 84).

Prozeßstufe	Kurzcharakteristik
Kontakt mit der Botschaft	Werbesubjekt muß die Botschaft sehen bzw. hören.
Aufnahme der Botschaft	Werbesubjekt muß – aufmerksam sein und – die Botschaft verstehen. (Problem: selektive Wahrnehmung)
Kognitive Reaktion	Werbesubjekt muß die Botschaft – annehmen und – vom Kurzzeit- in das Langzeitgedächtnis übertragen. (Ziel: Erzeugung positiver Einstellung)
Attitüdenbildung	Kognitiver Prozeß kann die Einstellung zum Produkt (positiv oder negativ) verändern.
Intention	Aus positiver Attitüde wird Kaufbereitschaft, wenn – persönliche Einstellung und – soziales Umfeld den Kauf gutheißt.
Kaufakt	Kaufintention führt zum Kaufakt, wenn – Trägheit überwunden wird und – externe Störfaktoren (z. B. Arbeitsplatzverlust) ausbleiben.

Abb. 84: Informationsverarbeitung durch Werbesubjekt

Die verhaltenswissenschaftlich orientierte Untersuchung des Informationsverarbeitungsprozesses gehört trotz erheblicher Forschungserfolge immer noch zu den größten Herausforderungen der Werbeforschung. (**ÜB 4/67–68**)

(3) Instrumente der Werbeplanung

Instrument der Werbeplanung ist die Werbemaßnahme, die in Form einer Werbebotschaft an die potentiellen Nachfrager herangetragen wird. Die Kosten aller Werbemaßnahmen finden im Werbebudget ihren Niederschlag. Zur Durchführung der Werbeplanung gehört somit

– die Festlegung des (jährlichen) **Werbebudgets,**
– die Verteilung des Werbebudgets auf verschiedene Werbemittel – **Mediaselektion** – und
– die (optische bzw. akustische) **Gestaltung der Werbebotschaft.**

Ziel der Planung ist die Entwicklung eines Werbeprogramms, bei dem die Differenz zwischen werbebedingten Mehrerträgen und werbebedingten

---

[74] Vgl. die Ausführungen auf S. 504 ff.

Mehrkosten (Werbekosten) maximiert wird. Dieses Optimierungsproblem kann simultan (einstufig) oder sukzessiv (mehrstufig) gelöst werden.

Bei **simultaner Lösung** wird über die Höhe des Budgets, die Verteilung des Budgets und die Gestaltung der einzelnen Werbebotschaft gleichzeitig entschieden. Nur dieser Simultanansatz führt zum gewünschten Optimum. Denn einerseits kann ohne Aussagen über die Verteilung nicht über die Höhe des Budgets entschieden werden. Andererseits beeinflußt die Höhe des Budgets die Verteilung auf einzelne Werbemedien.

Der praktischen Verwirklichung der simultanen Lösung des Optimierungsproblems stehen **erhebliche Schwierigkeiten** im Wege. Sie liegen auf dem Gebiet der Datenbeschaffung. Weil sich Grenzerlöse und Grenzkosten einer einzelnen Werbemaßnahme kaum bestimmen lassen, wählt die Praxis den **sukzessiven Lösungsweg,** wonach zuerst über die Höhe des Budgets, dann über dessen Aufteilung auf einzelne Werbeträger und schließlich über die Gestaltung der einzelnen Werbebotschaft entschieden wird. Ergebnis der sukzessiven Festlegung der Parameter ist eine suboptimale (Näherungs-) Lösung. In Anlehnung an die Lehrbuchliteratur zum Marketing vernachlässigen wir im folgenden die Interdependenzen des Entscheidungsproblems und behandeln die drei Planungsbereiche in getrennter Form.

(a) **Höhe des Werbebudgets**

Wie hoch ist das optimale Werbebudget? Seit Jahrzehnten bemühen sich Modelltheorie und Werbepraxis um eine Antwort. Die Modelltheorie arbeitet analytisch einwandfrei, aber mit praxisfernen Annahmen. Die Werbepraxis findet praktizierbare Lösungen, die analytisch nicht haltbar sind; das erstrebte Gewinnmaximum wird allenfalls zufällig erreicht.

Beim **analytischen Ansatz** versucht man, die Höhe des Werbebudgets W mit der unternehmerischen Zielfunktion G (Gewinn) zu verknüpfen. Dabei wird die **Werbeerfolgsfunktion** $m_i = f(W_i)$ als gegeben betrachtet. Die durch eine Erhöhung des Werbebudgets ΔW_i bewirkte Erhöhung der Absatzmenge Δm_i gilt also als bekannt.

Gewinn = Erlös − Produktionskosten − Werbekosten
$G_i = p \cdot m_i - (k_v \cdot m_i + K_f) - W_i$
$G_i = (p - k_v) \cdot m_i - K_f - W_i$

p = Stückerlös
k_v = variable Stückkosten
m_i = Absatzmenge in Abhängigkeit von W_i
K_f = fixe Kosten
W_i = Werbebudget i

Optimal ist das Werbebudget, bei dem G_i sein Maximum erreicht. Bei marginalanalytischer Betrachtung ist die Ausdehnung des Werbebudgets vorteilhaft, solange der Grenzertrag einer zusätzlichen Werbemaßnahme i höher ist als die Grenzkosten dieser Werbemaßnahme. Es gilt also

Grenzertrag der Werbung ≥ Grenzkosten der Werbung
$(p - k_v) \cdot \Delta m_i$ ≥ ΔW_i

Werbung ist also zweckmäßig, solange das Produkt aus Deckungsbeitrag $(p - k_v)$ und werbebedingtem Mehrabsatz (Δm_i) größer ist als die Kosten der zusätzlichen Werbemaßnahme (ΔW_i).

Neben diesem einfachen Modell hat die Literatur[75] weitaus anspruchsvollere Ansätze zur Bestimmung des optimalen Werbebudgets entwickelt. Alle Modelle gehen aber von einer gegebenen Werbeerfolgsfunktion aus, die in der Realität nur in den seltensten Fällen näherungsweise bekannt ist.

Die **Praktikerverfahren** zur Werbebudgetoptimierung ziehen
- den Umsatz (Gewinn),
- das Budget der Konkurrenz,
- die Höhe verfügbarer finanzieller Mittel oder
- ein operationales Werbeziel

als Orientierungsgröße der Budgetierung heran.

Die **Orientierung am Umsatz** (bzw. Gewinn) hat für „gute" Jahre ein hohes, für „schlechte" Jahre ein geringes Werbebudget zur Folge. Dieses weitverbreitete Budgetierungsverfahren hat mehrere **Nachteile:** Es ist sachlogisch falsch, denn der Werbeaufwand ist nicht vom Umsatz, sondern der Umsatz ist vom Werbeaufwand abhängig. Es wirkt prozyklisch. Eher wünschenswert scheint eine antizyklische Werbung, d. h. einem Umsatzeinbruch sollte mit verstärkten Werbeanstrengungen begegnet werden. Schließlich setzt diese Form der Budgetierung die Festlegung eines (Umsatz- bzw. Gewinn-)Prozentsatzes voraus, was nicht ohne Willkür möglich ist.

Die **Orientierung am Konkurrenzbudget** ist mit anderen **Nachteilen** behaftet: Zum einen läßt sich das Budget der Konkurrenz allenfalls für das abgelaufene Jahr, nicht aber für das Planungsjahr ermitteln. Zum anderen kann die Budgetplanung der Konkurrenz ebenso desolat sein wie die eigene. Eine Orientierung an der Desorientierung ist aber wenig hilfreich. Schließlich sind die Verhältnisse im Konkurrenzunternehmen nur in den seltensten Fällen mit denen des eigenen Unternehmens vergleichbar.

Auch die **Orientierung am Finanzvolumen** (Liquidität) ist **unbefriedigend.** Das Verfahren ist sachlogisch falsch, denn die verfügbare Liquidität ist nicht Richtgröße, sondern (werbe-)abhängige Variable: Durch verstärkten Werbeaufwand kann der Umsatz erhöht und der Mittelzufluß gesteigert werden. Auch dieses Verfahren wirkt prozyklisch, d. h. in ertragschwachen Jahren werden die Werbeanstrengungen reduziert.

Wer das Budget **an operationalen Werbezielen orientiert,** befindet sich auf dem **Weg zum Optimum.** Bei diesem Verfahren werden
- operationale Werbeziele für einzelne Produkte festgelegt (z. B.: Steigere den Umsatz um 5 Prozent.),
- die zur Zielerreichung erforderlichen Werbemaßnahmen bestimmt,
- die mit den diversen Maßnahmen verbundenen Kosten ermittelt; in der Summe ergibt sich das zielkonforme Budget,

---

[75] Vgl. hierzu insbesondere Schmalen, H., Kommunikationspolitik, 2. Aufl., Stuttgart u. a. 1992, S. 73 ff.

- die Kosten des zielkonformen Budgets mit den verfügbaren Mitteln verglichen und
- die Werbeziele modifiziert, wenn die verfügbaren Mittel nicht ausreichen.

Der Vorzug dieses Verfahrens liegt in seiner sachlogischen Richtigkeit. Es existiert aber ein gravierendes Prognoseproblem: Wer die zur Zielerreichung notwendigen Werbemaßnahmen bestimmen will, muß im Grunde genommen in jedem Einzelfall die Werbeerfolgsfunktion kennen.

Orientierungsgröße	Schwachpunkte
Umsatz (Gewinn)	– sachlogisch falsch – prozyklische Wirkung – willkürlicher Prozentsatz
Konkurrenzbudget	– künftiges Konkurrenzbudget unbekannt – Orientierung an Desorientierung
Finanzielle Mittel	– sachlogisch falsch – prozyklische Wirkung
Operationale Werbeziele	– Werbewirkung einzelner Maßnahmen nicht exakt prognostizierbar

Abb. 85: Schwächen der Praktikerverfahren

Zur empirischen Relevanz der einzelnen Budgetierungsverfahren äußert sich Berndt.[76] Danach ist die Orientierung am Umsatz das gängigste Verfahren. Modelltheoretisch fundierte Verfahren kommen kaum zur Anwendung. Das an operationalen Werbezielen orientierte Budgetierungsverfahren erfreut sich zunehmender praktischer Verbreitung. (**ÜB 4/29**)

(b) **Verteilung des Werbebudgets**

Steht das Werbebudget der Höhe nach fest, muß es nach sachlichen und zeitlichen Gesichtspunkten aufgeteilt werden. Dieser Vorgang wird als **Streuplanung** bezeichnet. Optimale Streuplanung hat zwei Aspekte zu berücksichtigen:
- die **Auswahl** der zur Übermittlung der Werbebotschaft geeignetsten **Werbeträger** (Mediaselektion) und
- die Bestimmung des **günstigsten Werbezeitpunktes** und der Zahl von möglichen Wiederholungen der Werbebotschaft.

Die im Rahmen der **Mediaselektion** zur Wahl stehenden Werbeträger lassen sich in drei große Gruppen einteilen:
- **Printmedien;** hier hat der Werbetreibende in Deutschland die Wahl zwischen etwa 600 Tageszeitungen und 1200 Zeitschriften.
- **Elektronische Medien;** etwa zehn regionale Rundfunkanstalten, etwa zehn regionale Fernsehanstalten und eine Reihe von Privatsendern treten als Anbieter auf.
- **Sonstige Medien;** hierunter fallen die verschiedensten Formen der Außenwerbung.

---

[76] Vgl. Berndt, R., Marketing 2, a. a. O., S. 342 f.

Die Mediaselektion findet auf zwei Ebenen statt: Zunächst prüft der Werbetreibende, ob er beispielsweise Zeitungs- oder Rundfunkwerbung durchführen soll (Inter-Mediaselektion). Hat er sich für die Zeitungswerbung entschieden, bleibt die Wahl zwischen den Tageszeitungen X, Y und Z (Intra-Mediaselektion). Weitergehende Informationen über die praktische Bedeutung einzelner Werbeträger finden sich in der einschlägigen Literatur.[77]

Die Auswahl der günstigsten Werbeträger kann im Rahmen von Optimierungsmodellen oder heuristischen Verfahren erfolgen.

Optimierungsmodelle haben den Vorteil, die Auswahl des günstigsten Werbeträgers in Bezug zur unternehmerischen Zielsetzung zu stellen.

$i = 1 \ldots n$ Anzahl der Werbeträgeralternativen
WE_i Werbeertrag beim Einsatz des Werbeträgers i
WA_i Werbeaufwand beim Einsatz des Werbeträgers i
$WE_i - WA_i$ Werbeerfolg beim Einsatz des Werbeträgers i

$$\sum_{i=1}^{n} WE_i - WA_i \to Max!$$

Abb. 86: Zielfunktion eines Mediaselektionsmodells

Bei unbeschränktem Werbebudget werden alle Werbeträgeralternativen i realisiert, bei denen $WE_i > WA_i$. Bei beschränktem Werbebudget wird für die Werbeträgeralternativen i eine Rangreihe gebildet. An der Spitze (am Ende) der Rangreihe steht jene Werbeträgeralternative, bei der die Differenz zwischen WE_i und WA_i am größten (kleinsten) ist. Wieviele Werbeträgeralternativen in absteigender Reihe realisiert werden können, hängt von der Budgetrestriktion ab.

Die in der Literatur[78] diskutierten Optimierungsmodelle finden in der Praxis kaum Anwendung. Der Grund: Während sich der Werbeaufwand WA_i meistens exakt bestimmen läßt, ist der **Werbeertrag WE_i kaum meßbar.** Man weiß, daß ein Fernsehspot von 30 Sekunden Dauer etwa 30 000 DM und daß eine ganzseitige Anzeige in einer großen Illustrierten etwa 25 000 DM kostet. Man weiß aber nicht, wie hoch der zusätzliche Ertrag WE ist, den jeder der beiden Werbeträger erwirtschaftet.

So kann es nicht verwundern, daß sich die Marketing-Praxis **heuristischen Planungsverfahren** zuwendet. Die heuristischen Verfahren tragen der Tatsache Rechnung, daß sich der dem Einsatz des Werbeträgers i zurechenbare Werbeertrag nicht messen läßt. An die Stelle des Werbeertrags treten Hilfsgrößen, die Auskunft über positive Werbewirkungen geben sollen (siehe Abb. 87).

---

[77] Vgl. Nieschlag/Dichtl/Hörschgen, a. a. O., S. 541 ff.; zur zunehmenden Bedeutung des Direktmarketing vgl. Link/Schleuning, Das neue interaktive Direktmarketing, Ettlingen 1999.

[78] Vgl. Berndt, R., Marketing 2, a. a. O., S. 276 ff. sowie Nieschlag/Dichtl/Hörschgen, a. a. O., S. 610 ff. und die dort angegebene Literatur.

IV. Die absatzpolitischen Instrumente

Werbeerfolg	
Positivkomponente	Negativkomponente
indirekte Messung	direkte Messung
- Verbreitungsgrad des Mediums - Reichweite des Mediums - Kontaktwahrscheinlichkeit - Werbeträgerimage	- Werbeaufwand WA_i

Abb. 87: Werbeerfolgsfaktoren bei heuristischer Mediaselektion

Heuristische Planungsverfahren haben den Vorteil der Praktikabilität und den Nachteil, nicht zum optimalen Ergebnis (des Werbeträgereinsatzes) zu führen.

Das erste Indiz zur hilfsweisen Beurteilung des Werbeertrags ist der **Verbreitungsgrad des Mediums.** Bei Printmedien versteht man hierunter die Auflage, bei elektronischen Medien die Zahl der Empfangsgeräte im Sendegebiet. Je größer der Verbreitungsgrad eines Mediums, desto erfolgversprechender ist c.p. die Werbung. Je größer der Verbreitungsgrad, desto teurer ist aber auch die Belegung einer Anzeigenseite bzw. die Belegung von 30 Sekunden Sendezeit. Zur Bestimmung der relativen Vorteilhaftigkeit des Werbeträgers ermittelt man deshalb den sog. Tausenderpreis.

$$\text{Tausenderpreis} = \frac{\text{Werbekosten/Ganzseite}}{\text{Auflagenhöhe}} \cdot 1000 \text{ bzw. } \frac{\text{Werbekosten/30 Sek.}}{\text{Empfänger}} \cdot 1000$$

Entscheidend für den Werbeerfolg ist weniger die Höhe der Auflage bzw. die Zahl der Empfangsgeräte als vielmehr die Tatsache, wieviele Personen die Zeitung tatsächlich lesen bzw. das Rundfunk- oder Fernsehprogramm tatsächlich empfangen. Eine Zeitung mit einer Auflage von 120 000 Stück, die durchschnittlich von drei Personen gelesen wird, hat eine größere **Reichweite** als ein Konkurrenzblatt mit einer Auflage von 150 000 Stück, das nur im Durchschnitt von zwei Personen gelesen wird.

Indiz für den Werbeerfolg ist nicht nur die Reichweite eines Mediums, sondern auch die Intensität, mit der das Medium genutzt wird. Weil eine Fachzeitschrift im allgemeinen viel intensiver gelesen wird als eine große Publikumszeitschrift, ist die **Kontaktwahrscheinlichkeit,** d.h. die Wahrscheinlichkeit, daß der Leser mit der eigenen Werbebotschaft in Kontakt kommt, bei der Fachzeitschrift c.p. größer.

Das Werbesubjekt muß die Werbebotschaft nicht nur empfangen, sondern es muß ihr auch Glauben schenken. Der Werbetreibende muß also versuchen, sich eines glaubwürdigen Mediums zu bedienen. Hierbei spielt das **Werbeträgerimage** eine bedeutende Rolle. Nieschlag-Dichtl-Hörschgen[79]

---
[79] Vgl. Nieschlag/Dichtl/Hörschgen, a.a.O., S. 542f.

berichten in diesem Zusammenhang von Untersuchungen, wonach Tageszeitungen als glaubwürdigster Lieferant von Werbebotschaften eingestuft werden, während Fernsehwerbung als langweilig und irreführend bewertet wird.

Die Mediaforschung fragt aber nicht nur nach Verbreitungsgrad, Reichweite, Kontaktwahrscheinlichkeit und Image eines Mediums. Sie fragt vor allem danach, in welchem Maße die **Zielgruppe,** die der Werbetreibende ansprechen möchte, unter den Empfängern des jeweiligen Mediums wiederzufinden ist. So macht es wenig Sinn, in einer Jugendzeitschrift für ein Rheumamittel oder in einer Autozeitschrift für Babynahrung zu werben.

Über den Werbemitteleinsatz muß auch in **zeitlicher Hinsicht entschieden** werden. Die Frage des Werbezeitpunktes stellt sich besonders bei Saisonartikeln. Aber auch bei der Werbung für Ganzjahresartikel ist die Wahl des Werbezeitpunktes wichtig, wie der Blick auf die Werbeflaute in den Ferienmonaten oder auf die unterschiedlichen Einschaltquoten zu unterschiedlichen Tageszeiten belegt.

Schließlich muß der Werbetreibende festlegen, wie oft die Werbebotschaft in einem Medium wiederholt werden soll. In den meisten Fällen wird die Botschaft erst nach mehrmaliger Wiederholung verinnerlicht. Wird danach die Werbung eingestellt, gerät die – verinnerlichte – Werbebotschaft bald in Vergessenheit. Wer als Werbetreibender die Zielgruppe zu Markentreue, d. h. zu ständigen Wiederholungskäufen „erziehen" will, kann auf eine Werbewiederholung in bestimmten Zeitabständen nicht verzichten. (**ÜB 4/69**)

(c) **Gestaltung der Werbebotschaft**

Die Werbebotschaft gleicht einer Brücke, die eine Verbindung zwischen dem Werbeobjekt und dem Werbesubjekt herstellen soll. Tragfähig ist diese Brücke aber nur dann, wenn bei ihrer Konstruktion die Besonderheiten der beiden Brückenpfeiler, das sind die Merkmale des Werbeobjekts auf der einen Seite und die Wünsche und Lebensbedingungen des Werbesubjekts auf der anderen Seite, beachtet werden.

Gestaltungselemente der Werbebotschaft sind das gesprochene bzw. geschriebene Wort, das Bild, die Musik, die graphische Gestaltung, die Farbe und die räumliche bzw. zeitliche Extension. Endziel der Werbung ist das Überwinden von Absatzwiderständen. Dies setzt voraus, daß die Werbebotschaft – und sei es nur für einen flüchtigen Augenblick – die Aufmerksamkeit des Werbesubjekts findet. Mit zunehmender Werbeflut nimmt die Aufnahmebereitschaft des Umworbenen für die einzelne Werbebotschaft ab. Die Botschaft hat nur dann eine Chance, wahrgenommen zu werden, wenn sie **kurz und prägnant** ist, wenn sie den entscheidenden Produktvorteil mit einem einprägsamen Bild und/oder Worten zum Ausdruck bringt.

Vor Gestaltung der Werbebotschaft benötigt man also **Kenntnisse** über den entscheidenden **Produktvorteil.** Solche Kenntnisse kann der Werbetreibende durch Nachdenken (deduktive Methode) oder durch Befragung von Verbrauchern, Handel und Außendienst (induktive Methode) gewinnen. Danach können alternative Werbebotschaften – meist durch eine zwischengeschaltete Werbeagentur – entwickelt werden. Diese alternativen Botschaften können Testpersonen zur Beurteilung vorgelegt werden.

Die letzte Entscheidung über die Auswahl der – optimalen – Werbebotschaft liegt beim Werbetreibenden. Die Wirksamkeit einer Werbebotschaft basiert nach Kotler,[80] der sich seinerseits auf ältere Untersuchungen bezieht, auf drei Elementen:

Wünschbarkeit	Im Werbesubjekt muß der Wunsch entstehen, das Produkt zu erwerben.
Trennschärfe	Das Werbesubjekt muß von der Exklusivität und Originalität (= absolute Vorziehenswürdigkeit) der Marke X überzeugt werden.
Glaubwürdigkeit	Das Werbesubjekt muß von der Seriosität der Werbeaussage überzeugt werden.

Abb. 88: Elemente der Werbebotschaft

Wird auch nur eine dieser drei Bedingungen nicht oder nur in schwachem Maße erfüllt, hat die Werbung keine Aussicht auf Erfolg.

Will man die – alles entscheidende – Frage beantworten, wie eine Werbebotschaft vom Werbesubjekt aufgenommen und verarbeitet wird, muß man sich den Erklärungsmustern der Konsumentenverhaltensforschung zuwenden, die oben bereits angesprochen wurden. In welchem Maße aktivierende Prozesse, d.h. emotionale Vorgänge, bzw. kognitive Prozesse wie Denken und Lernen beim Werbesubjekt ausgelöst werden, hängt ab von
– der Aufmerksamkeit des Werbesubjekts,
– der Art des Werbeobjekts und
– der Art der Werbebotschaft.

Die hieraus resultierenden Werbewirkungsmuster hat Kroeber-Riel[81] umfassend beschrieben.

Wie an früherer Stelle bereits dargestellt, kann ein Nachfrager **rational** geprägte (z.B. Heizkessel oder Baudarlehen) oder **emotional** geprägte Beschaffungsentscheidungen (z.B. Erfrischungsgetränk, Kosmetika) treffen. Sprechen wir einfachheitshalber im einen Fall von Investitionsgütern, im anderen von Konsumgütern. Im Rahmen rationaler (emotionaler) Beschaffungsentscheidungen trifft der Werbetreibende i.a. auf eine hohe (geringe) Aufmerksamkeit des Werbesubjekts. Hieraus ergibt sich das in Abb. 89 aufgeführte Grundmuster emotionaler bzw. informativer Werbung.

In der Werbepraxis begegnet man fast immer Mischformen von emotionaler und informativer Werbung. Ob dabei in einer Werbebotschaft das emotionale oder das informative Element in den Vordergrund treten sollte, muß vom Einzelfall abhängig gemacht werden.[82] (**ÜB 4/70–74**)

---

[80] Kotler/Bliemel, a.a.O., S. 84f.
[81] Vgl. Kroeber-Riel, W., Strategie und Technik der Werbung – Verhaltenswissenschaftliche Ansätze, Edition Marketing, 4. Aufl., Stuttgart u.a. 1993
[82] Vgl. hierzu die Grundmuster der Werbewirkung bei Kroeber-Riel, W., Konsumentenverhalten, a.a.O., S. 586ff.

Emotionale Werbung	Informative Werbung
„Konsumgut"	„Investitionsgut"
Geringe Aufmerksamkeit	Hohe Aufmerksamkeit
Aktivierende Prozesse im Vordergrund	Kognitive Prozesse im Vordergrund
Emotionale Signale (Bilder, Farben, Musik u. a.)	Informative Signale (Techn. Daten, Garantieleistung, Preis, Bezugsquelle u. a.)
Häufige Wiederholung nötig	Einmalige Werbung möglich

Abb. 89: Emotionale und informative Werbung

cc) Werbeerfolgskontrolle

Bei vielen Unternehmen, insbesondere bei Markenartikelherstellern mit ihrer langfristig angelegten Werbestrategie sind die Werbeaufwendungen so umfangreich, daß sie als Investitionen zur Erreichung verbesserter Absatzerfolge interpretiert werden können. Im Zuge der Werbeerfolgskontrolle möchte man feststellen, wie **erfolgreich einzelne Werbemaßnahmen** gewesen sind. Auf diese Frage hält die Investitionstheorie eine Antwort bereit: Die Werbemaßnahme i war erfolgreich, wenn der Kapitalwert positiv ist. Den Kapitalwert[83] der Werbemaßnahme i erhält man, wenn man
- vom Barwert aller auf die Werbemaßnahme i zurückzuführenden Mehreinzahlungen (Deckungsbeiträge)
- den Barwert der für die Werbemaßnahme i getätigten Auszahlungen (Werbeaufwendungen)

abzieht. Solche Investitionsmodelle finden in der Werbepraxis kaum Anwendung, weil
- die zeitliche Ausdehnung (positiver) Werbewirkungen kaum bestimmbar ist und
- die Zurechnung von (Mehr-)Einzahlungen auf einzelne Werbemaßnahmen so gut wie unmöglich ist.

Die **Marketing-Praxis** bemüht sich im Rahmen der Werbeerfolgskontrolle einerseits um die Feststellung des ökonomischen Werbeerfolgs, andererseits um die Ermittlung des außerökonomischen (kommunikativen) Werbeerfolgs (siehe Abb. 90).

Bei der Kontrolle des **ökonomischen Werbeerfolgs** versucht man, die (positiven) Werbewirkungen unmittelbar zu messen. Man fragt also: In welchem Maße hat sich die Zielgröße (Umsatz, Gewinn bzw. Marktanteil) durch die einzelne Werbemaßnahme verändert? In den weitaus meisten Fällen versucht man, die im Untersuchungszeitraum eingetretene **werbebedingte Umsatzänderung** festzustellen. Zu diesem Zweck werden einerseits Zeitreihenanalysen, andererseits Querschnittanalysen angestellt.

---

[83] Zur Ermittlung von Kapitalwerten vgl. S. 637 ff.

IV. Die absatzpolitischen Instrumente 593

Ökonomischer Werbeerfolg	Außerökonomischer Werbeerfolg
Maßgrößen – Umsatz – Gewinn – Marktanteil	Maßgrößen: – Reichweite des Mediums – Erinnerung an Werbebotschaft – Physiologische Reaktion auf Werbebotschaft
Meßverfahren: – Zeitreihenanalyse – Querschnittanalyse	Meßverfahren: – Befragung – Labortest

Abb. 90: Ökonomischer und außerökonomischer Werbeerfolg

Nehmen wir an, das Unternehmen X habe in den zurückliegenden Jahren mit sehr unterschiedlicher Intensität geworben. Der einer Periode p zurechenbare Jahresumsatz U_p wird als abhängige Variable, der jährliche Werbeaufwand WA_p als unabhängige Variable betrachtet. Im Rahmen einer Regressionsanalyse versucht man, für eine **möglichst lange Zeitreihe** festzustellen, wie sich U_p in Abhängigkeit von WA_p entwickelt hat. In der Literatur ist man übereinstimmend der Auffassung, daß die Zeitreihenanalyse höchst unzuverlässige Ergebnisse zur Kontrolle des Werbeerfolgs liefert. Die Unzulänglichkeiten der Zeitreihenanalyse liegen in der Tatsache[84] begründet, daß
– die Umsatzentwicklung nicht allein vom Werbeaufwand abhängig ist (Konkurrenzaktivitäten, Konjunkturzyklen u. a.) und
– die Werbeaufwendungen der Periode p erst mit zeitlicher Verzögerung umsatzwirksam werden (Carry-Over-Effekt).

Zu weitaus zuverlässigeren Kontrollergebnissen führt die **Querschnittanalyse.** Hierbei versucht man, die umsatzmäßigen Auswirkungen der Werbung durch Vergleich zweier Teilmärkte zu eliminieren. Auf dem Testmarkt findet Werbung statt, auf dem Kontrollmarkt findet keine Werbung statt. Test- und Kontrollmarkt sollten
– hinsichtlich ihrer Bevölkerungsstruktur vergleichbar sein und der Zielgruppe der Werbung entsprechen und
– möglichst klein und scharf abgrenzbar sein.

Das **Testmarktverfahren** ist das **genaueste,** aber auch das **teuerste** und **zeitraubendste** Verfahren der ökonomischen Werbeerfolgskontrolle. Aus Kostengründen geht die Werbeforschung zunehmend vom regionalen Markttest zum **Minimarkttest** über, der an anderer Stelle[85] bereits beschrieben wurde.

Die Verfahren zur Kontrolle des ökonomischen Werbeerfolgs messen nur die Werbewirkungen, die sich in einer Erhöhung des Umsatzes, also in realisierten Kaufhandlungen niedergeschlagen haben. Latente Werbewirkungen, d. h.
– die Erinnerung an eine Werbemaßnahme,

---

[84] Zur weiteren Kritik und komplizierteren Modellansätzen vgl. insbesondere Nieschlag/Dichtl/Hörschgen, a. a. O., S. 635 ff.
[85] Vgl. hierzu S. 498

- die stimulierende Wirkung einer Werbemaßnahme oder
- die (positive) Änderung der Einstellung gegenüber dem Werbeobjekt

lassen sich als kommunikative Werbewirkungen nur im Rahmen der **außerökonomischen Werbeerfolgskontrolle** erfassen. Die Determinanten des außerökonomischen Werbeerfolgs lassen sich wie folgt systematisieren:

Außerökonomischer Werbeerfolg		
quantitativ	qualitativ	
Reichweite des Mediums	kognitive Wirkungen (Wahrnehmung, Wiedererkennung, Erinnerung)	emotionale Wirkungen (physiologische Reaktionen)

Abb. 91: Determinanten des außerökonomischen Werbeerfolgs

Die **Reichweite des Mediums** gibt Auskunft darüber, wieviele Personen mit dem Medium in Kontakt kommen. Die Messung von Einschaltquoten bei elektronischen Medien dient der Ermittlung dieser Größe. Die Reichweite ist ein sehr fragwürdiger, weil **vordergründiger Erfolgsmaßstab**. Die Zahl der angesprochenen Personen sagt nichts über eine aufmerksame Aufnahme der Werbebotschaft und schon gar nichts über eine Einstellungsänderung durch die Werbebotschaft aus.

Voraussetzung für den Werbeerfolg im Sinne sofortiger oder späterer Kaufhandlungen ist die Wahrnehmung der Werbebotschaft. Die Messung **kognitiver Werbewirkungen** kann durch Tests oder Befragungen erfolgen. Mit Hilfe der **Blickaufzeichnung**[86] läßt sich im Labortest feststellen, welche Teile einer Werbevorlage visuell fixiert werden und welche nicht. Hierbei wird die Augenbewegung der Testperson durch ein Blickaufzeichnungsgerät registriert. Die Meßergebnisse erlauben eine sehr zuverlässige Beurteilung der Wahrnehmung der Werbebotschaft. Sie eignen sich dabei nicht nur zur nachträglichen Werbeerfolgskontrolle, sondern ebenso zum Pretest, d. h. zur Vorauswahl von Anzeigen im Rahmen der Werbeplanung.

Um verhaltenswirksam zu werden, muß eine **Werbebotschaft** nicht nur wahrgenommen, sondern auch **im Gedächtnis gespeichert** werden. In diesem Zusammenhang will man nachträglich feststellen, inwieweit sich ein Werbesubjekt an die Werbebotschaft erinnert. Im Zuge des **Wiedererkennungsverfahrens** wird einem Zeitschriftenleser eine Zeitschrift wieder vorgelegt, wobei ein Interviewer Seite für Seite abfragt, an welche Anzeige sich die Testperson erinnert. Im Rahmen des **Erinnerungsverfahrens** prüft man die Markenbekanntheit. Ein Interviewer stellt der Testperson etwa folgende Frage: „Wenn Sie an Bier (Zigaretten, Waschmittel …) denken – welche Marken fallen Ihnen dabei ein?" Die Marketingliteratur[87] steht diesen Verfahren sehr reserviert gegenüber, weil eine unmittelbare Beziehung zwischen dem Bekanntheitsgrad und der Kaufbevorzugung bislang nicht nachgewiesen werden konnte.

---

[86] Vgl. hierzu Kroeber-Riel, W., Konsumentenverhalten, a. a. O., S. 259 ff.
[87] Zur Kritik vgl. für viele andere Nieschlag/Dichtl/Hörschgen, a. a. O., S. 645 ff.

Weitaus besser als die kognitiven lassen sich die **emotionalen Wirkungen** der Werbung erfassen. Vom Umfang emotionaler Bewegung schließt man auf das Ausmaß aktivierender Prozesse, von diesen zur Einstellungsänderung gegenüber dem Werbeobjekt und von dort aus schließlich zu erhöhter Kaufwahrscheinlichkeit. Im Rahmen von Labortests läßt sich das Ausmaß emotionaler Erregung, das von der Werbebotschaft ausgeht, feststellen. Zu diesem Zweck werden gehirnelektrische Vorgänge, die Atemfrequenz, der Pulsschlag, die Durchblutung des peripheren Gewebes u. a. gemessen.

Zwar ist noch nicht restlos geklärt, in welcher Richtung und in welchem Umfang die beim Umworbenen gemessenen Reaktionen dessen tatsächliches Kaufverhalten beeinflussen. Gleichwohl wurden auf diesem Gebiet der Werbeerfolgskontrolle erhebliche Fortschritte gemacht, die eine fruchtbare Anwendung verhaltenswissenschaftlicher Ansätze in der Betriebswirtschaftslehre als aussichtsreich erscheinen lassen. (**ÜB 4/75–77**)

c) Verkaufsförderung

Hinter dem Begriff Verkaufsförderung **(Sales Promotion)** steht eine Vielzahl von absatzfördernden Maßnahmen, die sich teilweise der Preis-, Produkt- oder Distributionspolitik zuordnen lassen, bei denen aber der kommunikationspolitische Aspekt ein besonderes Gewicht hat. Unter den kommunikationspolitischen Instrumenten hat die Verkaufsförderung seit den sechziger Jahren zunehmend an Bedeutung gewonnen. Gleichwohl bleibt die Vorrangstellung der Werbung unangefochten.

Werbung und Verkaufsförderung versuchen gleichermaßen, Absatzwiderstände zu überwinden. Während die Werbung im allgemeinen auf eine breite Streuung und langfristige Wirkung angelegt ist, sucht die Verkaufsförderung den **schnellen,** meist kurzlebigen **Absatzerfolg** durch gezielte Beeinflussung einer **beschränkten Personenzahl.**

Kommunikations-wirkung	Produktinformationen oder die Produkte selbst werden an den Konsumenten herangetragen.
Anreiz	Der Konsument muß die Offerte als einmalige Kaufgelegenheit empfinden.
Aufforderung	Der Gelegenheitscharakter „zwingt" den Konsumenten, sofort zu kaufen.

Abb. 92: Elemente der Verkaufsförderung

Die Verkaufsförderung wird in der angelsächsischen Literatur[88] ausführlicher behandelt als im deutschen Sprachraum.[89] Je nach Zielrichtung der verkaufsfördernden Maßnahmen unterscheidet man zwischen konsumentenorientierter, handelsorientierter und verkaufspersonalorientierter Förderung.

---

[88] Vgl. Kotler/Bliemel, a. a. O. S. 1023 ff.
[89] Einschlägige Monographien liefern Hänel, G., Verbraucher-Promotions, Wiesbaden 1974 und Döppner, H. W., Verkaufsförderung – Eine Marketing-Funktion, Berlin 1977

> - Preisausschreiben
> - Sonderverkaufsaktionen mit Preisnachlaß
> - Verteilung von Produktproben
> - Zusicherung der Warenrücknahme
> - Attraktive Zusatzangebote zum Selbstkostenpreis (Sonnenbrillen im Kaffeegeschäft)

Abb. 93: Beispiele konsumentenorientierter Verkaufsförderung

Mit **konsumentenorientierter Verkaufsförderung** versucht der Hersteller u. a., Erstkäufer zu gewinnen und das (neue) Produkt durch Anreiz der Endnachfrage mit einem Sogeffekt durch den Vertriebskanal zu ziehen (Pull-Effekt).

Im Rahmen der **verkaufspersonalorientierten Förderung** versuchen Hersteller bzw. Händler, ihr Verkaufspersonal zu Höchstleistungen zu motivieren. Hierzu dienen Schulungs- und Informationsveranstaltungen ebenso wie die Auslobung von Prämien für die erfolgreichsten Verkäufer.

Der Handel fungiert für den Hersteller als Verkäufer. Zu den **handelsorientierten Fördermaßnahmen** gehören somit auch Schulung und Prämie. Darüber hinaus werden dem Handel Werbekostenzuschüsse (für Sonderverkaufsaktionen) und produktspezifische Verkaufsstände (Display-Material) zur Verfügung gestellt. Das wichtigste Element handelsorientierter Förderungsmaßnahmen ist der Sonderrabatt, der etwa bei der Einführung neuer Produkte oder zum beschleunigten Verkauf auslaufender Modelle eingeräumt wird.

d) Öffentlichkeitsarbeit

In einer Knappheitsgesellschaft mißt man unternehmerische Leistung allein an Umfang und Qualität des Güterangebots. Wohlstandsgesellschaften legen strengere Maßstäbe an: Sie betrachten das Güterangebot als Selbstverständlichkeit und beurteilen ein Unternehmen (auch) danach, in welchem Maße es den gerade vorherrschenden gesellschaftlichen Normvorstellungen entspricht. Neben scheinbar selbstverständlicher Güterbereitstellung erwartet man von Unternehmen sorgsamen Umgang mit der Umwelt, Einsatz für die sozialen Belange der Mitarbeiter und ihrer Angehörigen, Bereitstellung sicherer, sauberer Arbeitsplätze, Unterstützung kommunalpolitischer Anliegen am Betriebsstandort, vorbehaltlose Unterrichtung der Öffentlichkeit über unternehmensinterne Vorgänge, Unterstützung karitativer Einrichtungen, Förderung von Kunst und Wissenschaft u. v. a.

> - Pflege guter Kontakte zu den Medien
> - regelmäßige Unterrichtung der Öffentlichkeit (Pressekonferenzen, Geschäftsberichte)
> - Öffnung des Unternehmens für die Öffentlichkeit
> - finanzielle Unterstützung öffentlicher Anliegen u. v. a.

Abb. 94: Instrumente der Öffentlichkeitsarbeit

IV. Die absatzpolitischen Instrumente

Ein Unternehmen, das solchen Wunschvorstellungen nicht gerecht wird, genießt geringes gesellschaftliches Ansehen, hat ein schlechtes Image. Die Öffentlichkeitsarbeit (Public Relations) hat die Aufgabe, durch verschiedene kommunikationspolitische Maßnahmen zur **Verbesserung des Unternehmensbildes in der Öffentlichkeit,** zur Steigerung des Image beizutragen.

Die Öffentlichkeitsarbeit dient der Steigerung des Unternehmensimage und dieses wiederum dient der Erreichung des Unternehmensziels.

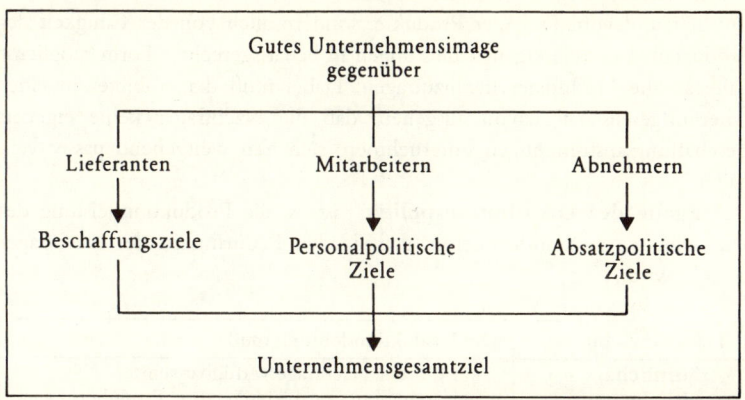

Abb. 95: Ziele der Öffentlichkeitsarbeit

An dieser Stelle interessieren nur die **absatzpolitischen Ziele** der Öffentlichkeitsarbeit: Der Absatzerfolg eines Unternehmens wird ungeachtet eines guten Preis/Leistungsverhältnisses unzureichend bleiben, wenn der Hersteller in der Öffentlichkeit ein schlechtes Ansehen genießt. Darüber hinaus muß folgendes beachtet werden: Werbung kann nur dann erfolgreich sein, wenn sie glaubwürdig ist. Ein Hersteller mit hohem Ansehen gilt aber im allgemeinen als glaubwürdig.

Abschließend soll die Öffentlichkeitsarbeit zur Werbung einerseits und zur Verkaufsförderung andererseits abgegrenzt werden. Produktwerbung und Öffentlichkeitsarbeit lassen sich klar trennen, während die Grenzen zwischen Öffentlichkeitsarbeit und Firmenwerbung fließend sind. Der Unterschied zwischen Verkaufsförderung und Öffentlichkeitsarbeit läßt sich an folgendem Beispiel demonstrieren: Wenn ein Pharmahersteller zu einem Ärztekongreß einlädt und in einer Vortragsreihe nur die eigenen Präparate vorstellt, handelt es sich um Verkaufsförderung; werden dagegen den Kongreßteilnehmern wissenschaftliche Vorträge – ohne firmenspezifische Produktinformation – angeboten, haben wir es mit Öffentlichkeitsarbeit zu tun, die das Firmenimage heben und – langfristig – zur Stärkung der Marktposition des Veranstalters beitragen soll.

5. Distributionspolitik

a) Ziele und Teilbereiche der Distributionspolitik

Moderne, arbeitsteilige Volkswirtschaften sind gekennzeichnet durch
- zentrale Produktion in großer Serie und
- dezentralen Verbrauch in kleinen Einheiten.

Der Absatzerfolg eines Produktionsbetriebes hängt nicht nur von der Qualität und vom Preis der Produkte, sondern auch von der Fähigkeit des Produzenten ab, die eigenen Leistungen in bedarfsgerechter Form möglichst nahe an die Nachfrager heranzutragen. Dabei muß der Anbieter in einer Überflußgesellschaft davon ausgehen, daß die Nachfrager keine eigenen Beschaffungsanstrengungen unternehmen, sich also weitgehend passiv verhalten.

Aufgabe der Distributionspolitik[90] ist es, die Produktionsleistung des Herstellers so zu transformieren, daß sie den Bedürfnissen der Nachfrager gerecht wird:

Transformation	Die Produktionsleistung muß ...
– **räumliche**	– am Ort der Nachfrage verfügbar sein.
– **zeitliche**	– jederzeit, d. h. unabhängig vom Produktionszeitpunkt verfügbar sein.
– **quantitative**	– in bedarfsgerechten (Klein-)Mengen verfügbar sein.
– **qualitative**	– in bedarfsgerechten Leistungsbündeln (z. B. Benzin + Reiselektüre + Reiseproviant) verfügbar sein.

Abb. 96: Leistungstransformation im Rahmen der Distributionspolitik

Distribution ist weitaus mehr als der Transport von Gütern vom Hersteller zum Endabnehmer. Die Fragen nach
- Transportmitteln,
- Transportwegen,
- (Zwischen-)Lagerkapazität und
- (Zwischen-)Lagerstandort

sind Gegenstand der **physischen Distribution.** Bei der Lösung dieser logistischen Probleme – man spricht in diesem Zusammenhang häufig von **Marketing-Logistik** – stehen Kostenminimierungsüberlegungen im Vordergrund.

Jenseits dieser technischen Probleme erhebt sich die Frage, welche Institutionen in welcher Art und Weise an der Lösung der Distributionsaufgabe beteiligt sein sollen. Böcker[91] spricht in diesem Zusammenhang von **akquisitorischer Distribution.** Das zentrale Problem der akquisitorischen Distribution ist die **Optimierung des Absatzweges.** Unter dem Absatzweg, dem sog. Marktkanal, versteht man die Gesamtheit der betrieblichen Organe

---

[90] Zu den Aufgaben und Gestaltungsmöglichkeiten der Distributionspolitik vgl. insbesondere Ahlert, D., Distributionspolitik, 2. Aufl., Stuttgart 1991
[91] Vgl. Böcker, F., Marketing, 6. Aufl., Stuttgart 1996, S. 299 f.

(z. B. Reisende) und der externen Institutionen (z. B. Groß- und Einzelhandel), über die ein Hersteller seine Produkte an die Konsumenten bzw. Verwender leitet. Bei der Optimierung des Absatzweges stellen sich u. a. folgende Fragen:

---

(1) In welcher Form sollen die Produkte in den Letztverkaufsstellen präsentiert werden?
(2) Wo soll der Absatz an den Letztverbraucher erfolgen?
(3) Soll sich der Hersteller bei der Distribution auf unternehmensinterne Institutionen (direkter Absatz) oder auf unternehmensexterne Institutionen (indirekter Absatz) stützen?
(4) Welche Institutionen sollen beim direkten Absatz eingeschaltet werden?
(5) Wie soll der Hersteller bei indirektem Absatz seine vertraglichen Beziehungen zu Groß- und Einzelhandel gestalten?

Abb. 97: Grundfragen zur Optimierung des Absatzweges (Marktkanals)

Die Fragen (1) und (2) sind von den Letztverkaufsstellen, also insbesondere vom Einzelhandel, die Fragen (3) bis (5) vom Hersteller zu beantworten. Zwischen den fünf Fragekomplexen gibt es Interdependenzen: Ob der Hersteller sich für oder gegen die Einschaltung des Handels entschließt (3), hängt u. a. davon ab, ob es dem Handel gelungen ist, die nachfragestarken Verkaufsstandorte zu besetzen (2).

Als Teilgebiet der Unternehmenspolitik steht die Distributionspolitik im Dienst der unternehmerischen Zielsetzung. Somit ist jede distributionspolitische Entscheidung auf ihren Gewinnbeitrag hin zu untersuchen. Geht man im Rahmen der **physischen Distribution** davon aus, daß die Absatzerlöse von der Wahl des Transportmittels, des Transportweges usw. unabhängig sind, kann die Erlösseite bei allen Optimierungsüberlegungen unberücksichtigt bleiben. **Kostenminimale Entscheidungen** sind dann gleichzeitig gewinnmaximale Entscheidungen.

Bei der **akquisitorischen Distribution** liegen die Dinge nicht so einfach. Absatzpreis und Absatzvolumen hängen u. a. davon ab, ob ein Hersteller den Weg des **direkten Absatzes** geht oder ob er Absatzmittler (Handel) zwischenschaltet, die auf eigene Rechnung und eigenes Risiko arbeiten; man spricht dann von **indirektem Absatz.** Der Absatzerfolg hängt auch davon ab, ob der Hersteller das Produkt als exklusiven Artikel über den gehobenen Fachhandel (geringere Stückzahlen, höherer Preis) oder über Discounter (hohe Stückzahlen, geringerer Preis) absetzen will. Bei jeder distributionspolitischen Alternative muß die **Erlösseite** (Menge × Preis) mit der **Kostenseite,** hier also mit den Distributionskosten **verglichen** werden.

Beim direkten Absatz resultieren die **Distributionskosten** aus allen mit dem Vertrieb verbundenen Kosten. Hierzu gehören u. a. Vertreterprovisionen, Kosten für den firmeneigenen Fuhrpark, Lagerhaltungskosten usw. Beim indirekten Absatz wird ein Großteil dieser Kosten auf den Groß- bzw. Einzelhandel verlagert. Dafür muß der Hersteller dem Handel die sog. **Handelsspanne,** d. h. einen Abschlag vom Endverkaufspreis einräumen. Der indirekte Absatz ist also für den Hersteller durch geringere Distributionskosten auf der einen Seite und geringere Herstellerabgabepreise auf der anderen Seite gekennzeichnet.

Opportunitätskosten resultieren aus entgangenen Erlösen.[92] Aus der Sicht des Herstellers kann die eingeräumte Handelsspanne als ein Teil der Distributionskosten interpretiert werden. Auf funktionierenden Märkten sind besonders hohe Distributionskosten ein Indiz für eine besonders schwierige Distributionsaufgabe. Die Distribution homogener Massengüter (z. B. Heizöl) ist einfach. Die Handelsspanne ist entsprechend niedrig. Bei Modeartikeln oder extrem schnell verderblichen Gütern (z. B. Blumen) sind die Distributionskosten wegen der Gefahr des Veraltens oder des Verderbs besonders hoch. Zur Abgeltung der hohen Distributionskosten müssen dem Handel Spannen eingeräumt werden, die bis zu 70 Prozent vom Endverkaufspreis ausmachen können.

Distributionspolitische Grundsatzentscheidungen haben **strategischen Charakter,** d. h. sie können kurzfristig nicht revidiert werden. Das gilt für die Wahl zwischen direktem und indirektem Absatz ebenso wie – im Falle des indirekten Absatzes – für den Aufbau eines Händlernetzes. Angesichts ihrer großen sachlichen und zeitlichen Reichweite gehört die Optimierung distributionspolitischer Grundsatzentscheidungen zu den schwierigsten Aufgaben der Absatzpolitik. (**ÜB 4/78–80**)

b) Distributionspolitik aus der Sicht des Einzelhandels

aa) Distributionswünsche der Nachfrager

Der Weg eines Gutes von der Urproduktion zum Letztverbraucher ist in einer arbeitsteiligen Wirtschaft sehr weit. So kann etwa eine Jeanshose auf folgende Entstehungskette zurückblicken: Baumwollplantage, Spinnerei, Weberei, Färberei, Näherei, Großhandel, Einzelhandel, Endabnehmer. Jedes dieser acht Kettenglieder ist mit dem nächsten Glied durch eine Markttransaktion verbunden. Jede dieser sieben Transaktionen setzt beim Anbieter eine spezifische Distributionsleistung voraus: Will ein Anbieter Erfolg haben, muß er seinen Absatzmarkt pflegen und auf die spezifischen Distributionswünsche seines Abnehmers eingehen.

So läßt sich der Großhandel von den Distributionswünschen seiner Nachfrager, der Einzelhändler und gewerblichen Endabnehmer, leiten. Der Einzelhandel seinerseits muß den Distributionswünschen der Endabnehmer folgen. Im folgenden wollen wir uns ausschließlich mit den Distributionswünschen der **Endabnehmer** beschäftigen. Sie finden besondere Beachtung, weil
- die Marketingliteratur konsumgüterorientiert ist und weil
- die Distributionswünsche der Endabnehmer indirekt auf alle vorgelagerten Markttransaktionen zurückwirken.

Die Distributionswünsche der Nachfrager sind von vielfältigen Faktoren abhängig. Drei besonders wichtige seien hier erwähnt:

---

[92] Zu Opportunitätskosten vgl. S. 673

IV. Die absatzpolitischen Instrumente

Determinante	Distributionswunsch
Nachfrager	Senioren: Lieferung frei Haus Autofahrer: Kundenparkplatz
Produkt	Heizkessel: Technische Erläuterung Zigaretten: Tag und Nacht verfügbar
Verbrauchs- gelegenheit	Champagner zu Hause: Sonderangebot im Supermarkt Champagner außer Haus: Ambiente im Nobellokal

Abb. 98: Determinanten von Distributionswünschen

Der Einzelhandel hat eine jahrhundertelange Tradition. Sein Bemühen, auf diverse Distributionswünsche der Nachfrager einzugehen, hat zur Bildung verschiedenartiger institutioneller Einzelhandelsformen geführt. Die verschiedenen **Betriebstypen des Einzelhandels**[93] können an dieser Stelle nicht dargestellt werden. Statt dessen soll an Hand einiger Beispiele gezeigt werden, welche institutionellen Distributionsformen sich aus diversen Distributionswünschen entwickelt haben:

Distributionswünsche	Institutionelle Distributionsformen
Kurze Wege	„Tante-Emma-Laden" im Wohngebiet (Kleineinkäufe)
Schnelle Wege	Verbrauchermarkt am Verkehrsknotenpunkt (Großeinkäufe)
Schneller Einkauf	Selbstbedienung
Gute Beratung	Bedienung im Fachgeschäft
Ständige Verfügbarkeit	Automatenverkauf
Kostengünstiger Einkauf	Discountgeschäft
Kaufentscheidung zu Hause	Haustürverkauf; Versandhandel
Kauf an einem Ort	Warenhaus
Große Auswahl	Fachgeschäft; Spezialgeschäft
Erlebniseinkauf	Einkaufszentrum; Großstadtpassage

Abb. 99: Distributionswünsche und Distributionsformen

Den diversen Distributionswünschen begegnet der Einzelhandel vor allem durch
– spezifische Arten der **Warenpräsentation** und
– gezielte Wahl seines **Standorts**.
Diese beiden **Gestaltungselemente der Distributionspolitik** des Einzelhandels sollen im folgenden behandelt werden.

bb) Wahl der Präsentationsform

Durch aufwendige Warenpräsentation, z.B. in einem Juweliergeschäft, werden Kaufanreize geschaffen. Die damit verbundene **Verbesserung der Erlösseite** wird aber von einer **Verschlechterung auf der Kostenseite**

---

[93] Vgl. hierzu ausführlich Tietz, B., Konsument und Einzelhandel, 3. Aufl., Frankfurt/Main 1983; ders., Der Handelsbetrieb, 2. Aufl., München 1993

begleitet, denn aufwendige Warenpräsentation ist mit erhöhtem Personal- und Kapitaleinsatz verbunden. Ob die Ware eher spartanisch und kostengünstig (Getränkemarkt) oder aufwendig und kostspielig (Boutique) präsentiert wird, hängt davon ab, ob
- problemlose, standardisierte Massengüter oder
- prestigeträchtige Güter des individuellen Bedarfs
angeboten werden.

	Massengut	Prestigegut
Beispiel	Bier	Pelzmantel
Prestigewert	gering	hoch
Produktinformation durch	Werbung	Verkaufsgespräch
Qualitätsunterschiede	klein	groß
Preisempfindlichkeit	groß	klein
Sortimentstiefe	klein	groß
Selbstbedienung	ja	nein
Ladengestaltung	nüchtern	aufwendig
Erlebniseinkauf	nein	ja
Handelsspanne	klein	groß
Einzelhandelstyp	- Discounter - Verbrauchermarkt	- Fachgeschäft - Spezialgeschäft - Warenhaus

Abb. 100: Präsentationsform von Massen- und Prestigegütern

Konsumgüter mit niedrigem Prestigeprofil werden vorzugsweise in nüchtern ausgestalteten Verkaufsräumen angeboten. Mit zunehmendem Prestigewert der Güter steigen die Ansprüche der Nachfrager an eine gediegene **Ladenausstattung**. Gehobenes Ambiente ist Voraussetzung für den umsatzfördernden Erlebniseinkauf. Die teuere Ladenausstattung verlängert die Verweildauer des Kunden. Dadurch steigt zum einen die Zahl der Sichtkontakte zur ausgestellten Ware, zum anderen werden durch die angenehme, nicht alltägliche Atmosphäre **positive aktivierende Prozesse** ausgelöst, die häufig in - vorher unerwartete - Kaufentscheidungen münden.

Die Frage nach Bedienung oder Selbstbedienung ist für die Präsentationsform von grundlegender Bedeutung. Die zunehmende Verbreitung der Selbstbedienung erklärt sich vor allem aus dem Bestreben des Einzelhandels, die Personalkosten zu senken, denn in einer Wohlstandsgesellschaft steckt in dieser Kostenart das stärkste Wachstumspotential.

Bedienung	Selbstbedienung
- Aufbau eines akquisitorischen Potentials durch persönliche Beratung - Informationsrückfluß über Kundenwünsche	- geringe Personalkosten - Preisvorteil durch Kostenvorteil - keine Wartezeichen - ungeplante Impulskäufe möglich

Abb. 101: Vorteile von Bedienung und Selbstbedienung

IV. Die absatzpolitischen Instrumente 603

Die Möglichkeit der Selbstbedienung findet ihre Grenze bei
- erklärungsbedürftigen Produkten (Brillen),
- hochwertigen, diebstahlgefährdeten Produkten (Schmuck),
- unverpackten Frischwaren (Fleisch, Fisch) und
- Produkten mit gesetzlich regulierter Abgabe (Waffen, Arzneimittel).

Ob ein Artikel für ein Einzelhandelsunternehmen zum „Renner" oder zum „Penner" wird, hängt oft auch von der **Plazierung innerhalb des Verkaufsraums** ab. Von Bedeutung ist hierbei
- der Standort des Regals,
- der Standort im Regal und
- die zugebilligte Fläche im Regal.

Die Attraktivität des Regalstandortes ist von der Kundenfrequenz abhängig. In einem Selbstbedienungsladen liegen die besten Regalstandorte an dem Weg, den der Kunde vom Eingang bis zur Kasse zurücklegt. Von den Markenartikelherstellern besonders begehrt sind Standorte in der Nähe der Fleischabteilung, der Rolltreppe, insbesondere aber der Kasse.

Innerhalb des Regals zählen die Flächen in Sicht- und Griffhöhe[94] zu den begehrtesten Plätzen. Besonders verkaufsfördernd wirken **Sonderdisplays,** d. h. vom Markenartikelhersteller bereitgestellte Verkaufsständer, die vorübergehend an markanten Punkten plaziert werden. Empirische Untersuchungen belegen, daß Sonderdisplays verbunden mit geringfügigen Preisnachlässen ein wesentlich stärkeres Absatzstimulans darstellen als große Preisnachlässe am herkömmlichen Regalstandort.

cc) Wahl des Standorts

Marktwirtschaft ist ein Suchprozeß. Die Anbieter sind ständig auf der Suche nach Marktlücken: Um Bedarfsänderungen Rechnung zu tragen, entwickeln innovative Hersteller neue Produkte. Um die distributive Unterversorgung von Randzonen des Absatzgebietes zu beseitigen, erschließt der Einzelhandel neue Standorte.

Steht ein Einzelhändler vor der Frage, ob er am Standort X eine Filiale eröffnen soll, müßte er streng genommen im Rahmen eines Investitionskalküls alle künftigen Ein- und Auszahlungen, die er aus der Filiale X erwartet, auf t_0 abzinsen. Dann fällt nur bei positivem Kapitalwert[95] die Standortentscheidung positiv aus. Ein solches **quantitatives Optimierungsverfahren** läßt sich praktisch **nicht realisieren,** weil vor allem die erwarteten Einzahlungen (Umsatzerlöse) nicht mit hinreichender Genauigkeit prognostiziert werden können.

Zur **Standortbewertung** bedient sich die Marketing-Praxis des **Stufenwertzahlverfahrens,** das sich um eine mehr oder weniger vage Aussage über die Standortqualität bemüht. In Ermangelung genauerer Planungsgrundlagen gibt man sich mit einer suboptimalen Lösung des Standortproblems zufrieden. Das Stufenwertzahlverfahren arbeitet etwa nach folgendem Prinzip:

---

[94] Zu abweichenden Ergebnissen empirischer Untersuchungen vgl. Nieschlag/Dichtl/Hörschgen, a. a. O., S. 45 f.
[95] Zur Ermittlung von Kapitalwerten vgl. S. 637 ff.

(1) Enumeriere umsatzbeeinflussende Standortmerkmale!
(2) Ordne jedem internen und externen Standortmerkmal eine standortindividuelle Wertziffer zu!
(3) Gewichte die wichtigen (weniger wichtigen) Standortmerkmale mit einer hohen (weniger hohen) Äquivalenzziffer!
(4) Berechne für jedes Standortmerkmal den Punktwert als Produkt aus Wert- und Äquivalenzziffer und ermittle den Gesamtpunktwert!

Standortmerkmale	Wert-ziffer	Äquivalenz-ziffer	Punkt-wert
interne			
– Verkaufsfläche	–	–	–
– Straßenfront	–	–	–
– eigene Parkplätze	–	–	–
.			
.			
externe			
– Einwohnerzahl	–	–	–
– relevante Kaufkraft/ Einwohner	–	–	–
– Verkehrsanbindung	–	–	–
– Passantenfrequenz	–	–	–
– Konkurrenzsituation	–	–	–
.			
.			
		Gesamtpunktwert:	=====

Abb. 102: Standortbewertung nach dem Stufenwertzahlverfahren

Die **Unwägbarkeiten des Stufenwertzahlverfahrens** liegen in
– der Enumerierung relevanter Merkmale,
– der Schätzung individueller Wertziffern und
– der Festlegung normierter Äquivalenzziffern.

Gleichwohl ist dieses heuristische Verfahren eine wertvolle praktische Entscheidungshilfe insbesondere für Einzelhandelsfilialisten, die es tausendfach anwenden. Wenn die in der Vergangenheit ermittelten Gesamtpunktwerte der Standorte $i = 1 \ldots n$ positiv mit den Umsätzen der jeweiligen Standorte korrelieren, können Merkmalsauswahl und -gewichtung als gelungen betrachtet werden.

Kann man den **Gesamtpunktwert** als **Umsatzindikator** ansehen, müssen ihm als negative Entscheidungskomponente die standortabhängigen Kosten, insbesondere der Personalaufwand und der Mietaufwand gegenübergestellt werden. Die Monatsmiete für ein etwa 100 qm großes Ladenlokal streut zwischen unter 1000 DM (ländlicher Raum) und etwa 50 000 DM (Spitzenlage in der Fußgängerzone einer Großstadt). In ähnlicher Streubreite können sich die Gesamtpunktwerte einzelner Standorte bewegen.

Je nach Betriebstyp und Branche verfolgt der Einzelhandel unterschiedliche **Standortstrategien:** In **räumlicher Hinsicht** unterscheiden wir Einzelhandelsbetriebe, die **laufstarke Citylagen** und solche, die **verkehrs-**

günstige Stadtrandlagen bevorzugen. Zur letzten Gruppe gehören Anbieter mit großem Verkaufsflächenbedarf (Mietkostenminimierung) bzw. Anbieter, die sperrige Produkte an Selbstabholer verkaufen. Zu diesem Typ gehört – als Extrembeispiel – des Möbelhaus IKEA, dessen Distributionsnetz aus etwa zwanzig Verkaufsstellen besteht, die weitmaschig über das gesamte Bundesgebiet verteilt, vorzugsweise an einem Autobahnkreuz in der Nähe eines Ballungsgebietes angesiedelt sind. Inzwischen lassen sich auch **Einkaufszentren** als Agglomeration von Fachgeschäften, Supermärkten und Warenhäusern an der Peripherie der Ballungsgebiete nieder, weil sie dem Mietpreisniveau und dem Verkehrschaos der Innenstädte ausweichen wollen.

In **konkurrenzmäßiger Hinsicht** haben wir zwischen konkurrenzsuchenden und konkurrenzmeidenden Anbietern zu unterscheiden. Anbieter, die heterogene Produkte des nicht alltäglichen Bedarfs (z.B. Möbel, Orientteppiche, kostbaren Schmuck, Antiquitäten) offerieren, agieren **konkurrenzgebunden**: Sie lassen sich vorzugsweise an einem Standort nieder, der bereits von einem oder mehreren Konkurrenten besetzt ist. Einzelhändler, die eher homogene Produkte des täglichen Bedarfs anbieten, **meiden** dagegen **die Konkurrenz** (siehe Abb. 103).

Das Gros der Anbieter ist konkurrenzscheu und sucht laufstarke Citystandorte. Dabei ist der Citystandort umso attraktiver, je mehr Kundenlauf auslösende Anbieter, vor allem Warenhäuser und Lebensmittelmärkte, dort bereits ansässig sind. Anbieter, die selbst keinen Kundenlauf erzeugen, diesen aber benötigen (z.B. Imbißketten, Spielsalons, Optiker u.a.), suchen die Nähe solcher Publikumsmagneten.

Mit stetiger Wettbewerbsverschärfung hat der Einzelhandel eine zunehmend **aggressive Standortpolitik** betrieben, was zu erneuter Wettbewerbsverschärfung beitrug: Insbesondere die Lebensmittelfilialisten haben den Markt mit einem engmaschigen Verkaufsstellennetz überzogen. Die Grenzen der Überversorgung sind sichtbar, wenn nicht gar überschritten. Andere Filialisten (Schuhe, Kleidung, Reisebüros, Kaffee, Parfümerien, Imbißketten usw.) überbieten sich gegenseitig bei der Anmietung von Ladenlokalen an laufstarken Spitzenstandorten. Die Fluktuation in den Fußgängerzonen ist dadurch erheblich größer geworden. Durch asymmetrische Mietverträge[96]

	Lauflage	Verkehrsgünstige Lage
Konkurrenz-gebunden	– Juwelen – Designer-Möbel – Antiquitäten usw.	– Autohandel – Billigmöbel usw.
Konkurrenz-scheu	Geschäfte des täglichen Bedarfs – Bäckereien – Fleischereien – Apotheken usw.	– Tankstellen – Verbrauchermarkt – Baumarkt – Gartencenter usw.

Abb. 103: Standorttypologie

---

[96] Den Mietern werden einseitige Mietverlängerungsoptionen eingeräumt.

versuchen die Mieter, das Risiko in Grenzen zu halten: Mit Mietverlängerungsoptionen sichern sie sich die **Standortchancen.** Mit der Möglichkeit zu baldiger Kündigung durch den Mieter wird das **Standortrisiko** dem Vermieter zugewiesen.

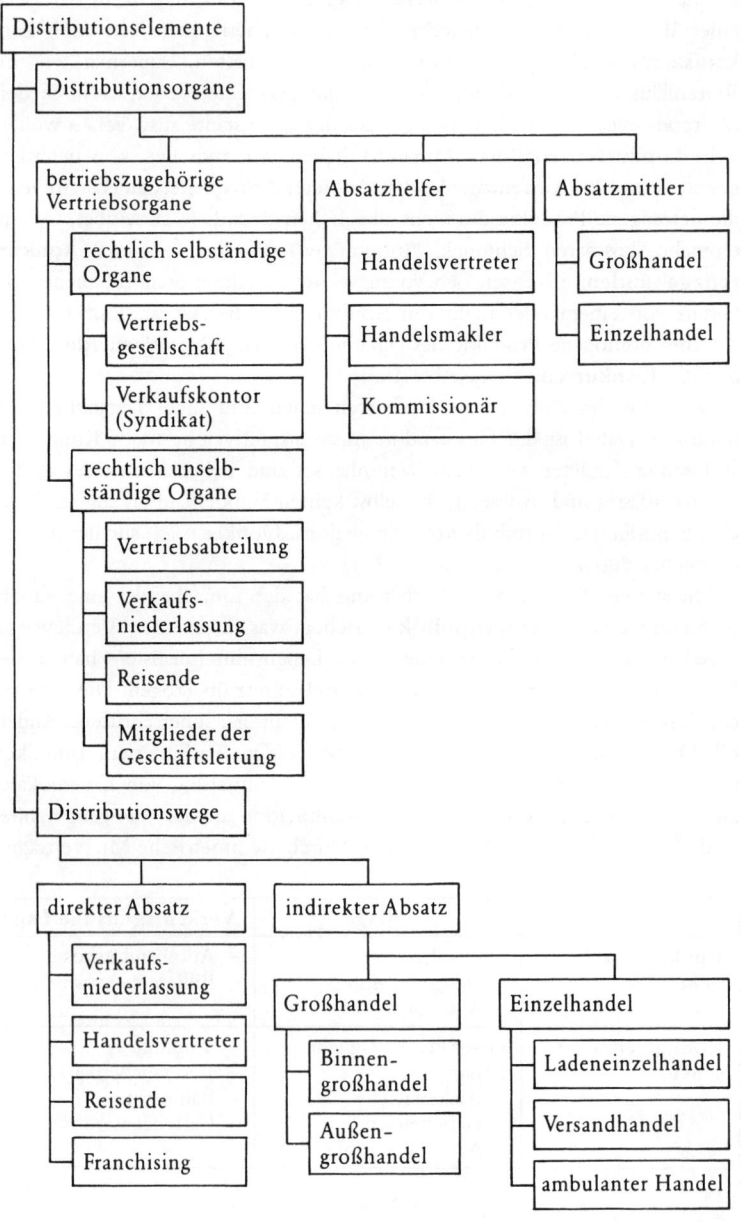

Abb. 104: Distributionselemente

c) Distributionspolitik aus der Sicht des Herstellers

Anders als der Einzelhandel, der nur die Distributionsbedürfnisse des Endabnehmers im Auge haben muß, steht der Hersteller vor einem **mehrschichtigen Distributionsproblem:** Langfristig ist der Absatzerfolg des Herstellers von der Aufnahmebereitschaft der Endabnehmer abhängig. Kurz- und mittelfristig wird das Absatzvolumen – bei indirektem Absatz – durch die Abnahmebereitschaft der Absatzmittler (Groß- und Einzelhandel) bestimmt.

Den Weg des Produkts vom Hersteller zum Endabnehmer bezeichnet man als Marktkanal. Die distributionspolitische Aufgabe des Herstellers besteht in der **optimalen Gestaltung des Marktkanals.** Hierbei ist die Frage zu beantworten,
(1) welche Distributionsorgane,
(2) wieviele Distributionsorgane und
(3) in welcher Form die Distributionsorgane

an der Lösung der Distributionsaufgabe beteiligt werden sollen. Auf der ersten Ebene geht es darum, ob der Hersteller sich auf betriebseigene Vertriebsorgane, Absatzhelfer oder Absatzmittler stützen soll. Das Ergebnis dieser Entscheidung ist ein direkter bzw. ein indirekter Absatzweg. Auf der zweiten Ebene muß der Hersteller entscheiden, ob er sich – im Falle des indirekten Absatzes – auf wenige große oder auf viele kleine Händler stützen soll. Auf der dritten Ebene steht schließlich die Frage an, ob die vertragliche Bindung zwischen Hersteller und Handel eher lose oder eher eng gestaltet werden soll.

Die **Distributionsziele** lassen sich folgendermaßen gliedern:

Oberziel:	Langfristige Gewinnmaximierung
Unterziele:	(1) Minimale Distributionskosten (2) Maximale Distributionsquote (3) Maximale Distributionssicherheit

Abb. 105: Distributionsziele

Ist die Erlösseite unabhängig vom Absatzweg, entscheidet sich der Hersteller für die (1) **kostenminimale Lösung.** Dem Opportunitätskostenkonzept folgend werden die Erlöse, die dem Hersteller infolge der Einräumung der Handelsspanne entgehen, als Kosten des indirekten Absatzes interpretiert.

In der Marketing-Praxis hat natürlich der Absatzweg Einfluß auf das Absatzvolumen. Die (2) **Distributionsquote**[97] gibt Auskunft über die marktmäßige Verbreitung eines Markenerzeugnisses. Eine hohe Distributionsquote ist nur dann ein starker Absatzrückhalt, wenn sie langfristig gesichert ist. Die

---

[97] Eine Distributionsquote von 70 Prozent für die Marke X besagt, daß die Marke X in sieben von zehn in Frage kommenden Letztverkaufsstellen des Absatzgebietes angeboten wird.

(3) **Distributionssicherheit** ist dabei für einen Hersteller umso größer, je stärker sein vertraglicher oder faktischer Einfluß auf die Distributionsorgane ist.

aa) Wahl zwischen direktem und indirektem Absatz

Die Möglichkeiten des Herstellers, den Marktkanal nach Belieben zu gestalten, sind begrenzt. Der Großhandel, insbesondere aber der Einzelhandel repräsentiert ein Distributionssystem mit gewachsenen Strukturen. Ist es dem **Einzelhandel** – wie oben dargestellt – gelungen,
- sein **Sortiment** und dessen **Präsentation** optimal zu gestalten und
- die **nachfragestarken Distributionsstandorte** zu besetzen,

verfügt er über eine erhebliche **Marktmacht**. Unter diesem Aspekt ist mancher Hersteller regelrecht gezwungen, den indirekten Absatzweg zu beschreiten, auch wenn dieser Weg mit höheren Distributionskosten und geringerer Distributionssicherheit (Abhängigkeit vom Einzelhandel) verbunden ist.

Direkter bzw. indirekter Absatzweg zeichnen sich durch die in Abb. 106 aufgeführten Vorteile und Bestimmungsgründe der Alternativenwahl aus.

Die Markenartikelhersteller des **Konsumgüterbereichs** wählen fast ausnahmslos den indirekten Absatzweg. Den Weg des direkten Absatzes gehen dagegen vorzugsweise **Anbieter von Investitionsgütern**. Nieschlag-Dichtl-Hörschgen[98] liefern ein instruktives Beispiel differenzierter Absatzwegentscheidungen (siehe Abb. 107):

	Direkter Absatz	**Indirekter Absatz**
Vorteile	– großer Einfluß auf Marktkanal – direkter Zugang zu Kundeninformationen	– hohe Distributionsquote – geringe Kapitalbindung – Handel übernimmt Sortimentsbildung – Handel ist bestens über Kundenwünsche informiert
Bestimmungsgründe der Alternativenwahl – produktspezifische	– erklärungsbedürftige Produkte – sortimentsungebundene Produkte	– problemlose Markenartikel – sortimentsgebundene Produkte
– nachfragespezifische	– wenige Großabnehmer	– viele Kleinabnehmer
– anbieterspezifische	– monopolähnliche Stellung als Spezialhersteller	– breiter Bekanntheitsgrad als Markenartikelhersteller

Abb. 106: Vorteile und Bestimmungsgründe der Absatzwegalternative

---

[98] Vgl. Nieschlag/Dichtl/Hörschgen, a. a. O., S. 466 ff.

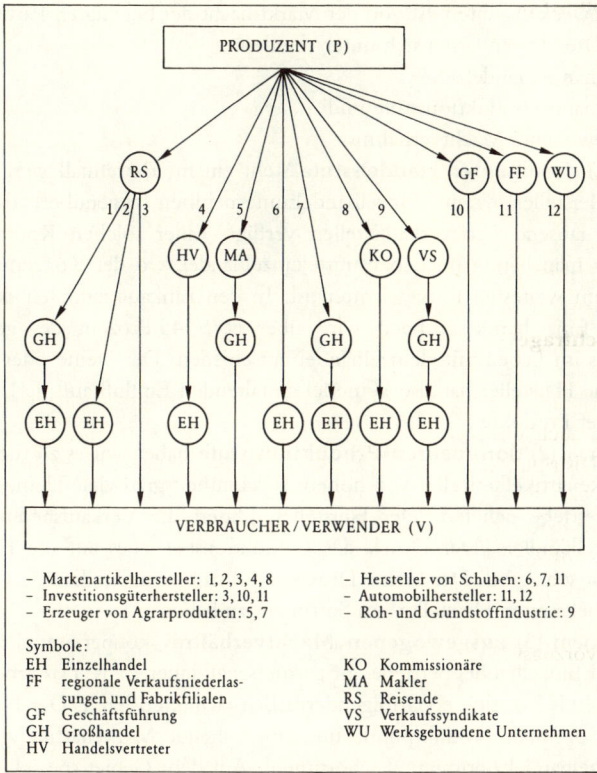

Abb. 107: Schematische Darstellung alternativer Absatzwege

Eine **modelltheoretisch** saubere Lösung der Absatzwegentscheidung ist auf der Basis einer **Kapitalwertrechnung** denkbar. Eine solche Rechnung scheitert – vor allem – an der Möglichkeit, die mit einer Absatzwegalternative verbundenen Erlöserwartungen für einen sehr langen Planungszeitraum hinreichend genau zu prognostizieren. In Ermangelung besserer Planungsverfahren stützt sich die Marketing-Praxis vorzugsweise auf **Punktbewertungsverfahren.**[99] Dabei werden der Distributionsgrad, das Wachstumspotential, die Kontrollierbarkeit sowie die Kosten des Absatzweges und andere Merkmale als Entscheidungskriterien herangezogen und mit Punkten – etwa von 1 bis 5 – bewertet. (**ÜB 4**/78–79)

bb) Gestaltungsmöglichkeiten bei indirektem Absatz

Wenn es einem Produktionsbetrieb gelingt, seine Erzeugnisse über ein dichtmaschiges Händlernetz abzusetzen, kann er mit einer hohen Distributionsquote rechnen. Um diese Distributionsquote langfristig zu sichern, wird der Produktionsbetrieb versuchen, die **Abhängigkeit vom Einzelhandel** zu reduzieren. Welche distributionspolitischen Maßnahmen die Hersteller zu

---

[99] Vgl. Meffert, H., Marketing, a.a.O., S. 606ff.

diesem Zweck ergreifen, ist von der Marktmacht der beteiligten Parteien abhängig. Drei Typen lassen sich unterscheiden:
(1) dominante Handelsstufe,
(2) dominante Produktionsstufe und
(3) ausgewogenes Machtverhältnis.

Bei (1) **dominanter Handelsstufe** steht ein im Extremfall wenig namhafter Hersteller einem Einzelhandelsunternehmen gegenüber, das über mehrere tausend Letztverkaufsstellen verfügt. Einer solchen Konstellation begegnet man häufig im Lebensmitteleinzelhandel, wo der Konzentrationsprozeß am weitesten fortgeschritten ist. In den Einkaufszentralen der zehn größten Einzelhandelsgruppen wird über etwa 45 Prozent des gesamten Umsatzes im Lebensmitteleinzelhandel entschieden. Der kleine oder mittelständische Hersteller hat also keinerlei gestaltenden Einfluß auf die Distribution seiner Produkte.

Mit einer (2) **dominanten Produktionsstufe** haben wir es zu tun, wenn ein Markenartikelhersteller von hohem Bekanntheitsgrad viele kleine Einzelhandelsbetriebe beliefert. Der Hersteller diktiert die Verkaufsbedingungen des Einzelhändlers. Der Druck des Produktionsbetriebes auf die Handelsspanne ist sehr groß. Der kleine Drogist muß froh sein, das Eau de Cologne des weltbekannten Herstellers im Sortiment zu haben.

Bei einem (3) **ausgewogenen Machtverhältnis** kooperieren Produktions- und Einzelhandelsbetriebe auf partnerschaftlicher Basis. Das arbeitsteilige Verhältnis läßt sich etwa folgendermaßen charakterisieren: Der Hersteller sorgt für optimale Produktpolitik und ansprechende Markenartikelwerbung. Der Einzelhandel optimiert das Sortiment. Auf dem Gebiet spezieller Werbeaktionen und der Produktpräsentation arbeiten beide Partner Hand in Hand. Man bezeichnet diese Arbeitsteilung als **Vertikales Marketing.**

Die attraktiv positionierten Regalflächen des Einzelhandels sind knapp. Der **Wettbewerb** der Hersteller um die **knappen Regalflächen** ist stark ausgeprägt. Um eine attraktive Plazierung im Verkaufsraum zu erreichen, muß der Produktionsbetrieb entweder mit
- einem **Markenartikel** mit starker originärer Nachfragewirkung (u. a. durch Markenartikelwerbung) oder mit
- besonders attraktiven **Handelsspannen**

aufwarten.

Häufig sichern Produktionsbetriebe die Geschäftsbeziehungen zu den Letztverkaufsstellen durch Rahmenverträge ab. Brauereien schließen mit Gaststätten Bierlieferungsverträge ab, Hersteller von langlebigen Konsumgütern (Fahrzeuge, Elektrogeräte, Möbel usw.) bauen sich ein Netz von **Vertragshändlern** auf. Der Produktionsbetrieb gewährt teilweise dabei Gebietsschutz, der Handelsbetrieb verpflichtet sich im Gegenzug, andere Marken nicht zu führen; zuweilen garantiert er sogar Mindestabnahmemengen. Solche Verträge erhöhen die Distributionssicherheit für den Hersteller und vermindern den Wettbewerbsdruck für den Einzelhandel. (**ÜB 4/80–83**)

cc) Gestaltungsmöglichkeiten bei direktem Absatz

Beim direkten Absatz vertreibt ein Produktionsbetrieb seine Erzeugnisse über unternehmenseigene Verkaufsorgane (z. B. Verkaufsniederlassungen, Reisende) oder über unternehmensfremde Organe (z. B. Handelsvertreter, Handelsmakler, Franchisebetrieb), deren wirtschaftliche Entscheidungsfreiheit durch vertragliche Bindungen zum Produktionsbetrieb stark eingeschränkt ist. Die vielfältigen Gestaltungsmöglichkeiten des direkten Absatzes können an dieser Stelle nicht beschrieben werden.[100]

Starke Beachtung findet in der Lehrbuchliteratur zum Marketing[101] die Frage, ob es für einen Produktionsbetrieb vorteilhafter ist, den direkten Absatz über eigene, d. h. abhängige Reisende oder über selbständige Handelsvertreter zu bewerkstelligen.

Eine besondere Form des Direktvertriebs ist das **Factory Outlet Center**. Es handelt sich um Fabrikverkaufszentren, in denen **Markenartikelhersteller** insbesondere aus der Bekleidungs-, Schmuck- und Uhrenindustrie Flächen anmieten, um ihre hochwertigen Produkte direkt zu vermarkten. Solche Fabrikverkaufszentren werden in Randregionen angesiedelt. Damit will man noch schäferen Konflikten mit dem Facheinzelhandel in den Ballungsgebieten aus dem Wege gehen.

Angesprochen wird der preisbewußte Nachfrager von **Designerware** und **Luxusgütern**. Je höher die Preisabschläge vom normalen Ladenpreis, desto größer ist die Bereitschaften des Kunden, eine lange Anfahrt in Kauf zu nehmen.

In den USA werden mit dieser Handelsform etwa drei Prozent des gesamten Einzelhandelsumsatzes erreicht.

Vorteile für Nachfrager	Vorteile für Anbieter
• Erfüllung Prestigebedüfnis • Schnäppchenjagd mit Rabatt • Erlebniseinkauf mit Gourmet-Gastronomie	• Händlerrabatt entfällt • direkter Kundenkontakt • Abverkauf von Restposten • Absatzverbund mit anderen Markenartikelherstellern

Abb. 108: Vorteile von Fabrikverkaufszentren

Abschließend ist ein Grenzfall zwischen direktem und indirektem Absatzweg anzusprechen: das **Franchising**. Ein Franchise-System besteht aus einem Franchise-Geber und einer Mehrzahl von Franchise-Nehmern. Bei den **Franchise-Nehmern** kann es sich um Handels-, Produktions- oder Dienstleistungsbetriebe handeln. Die Franchise-Nehmer sind rechtlich selbständig. Die enge Bindung an den Franchise-Geber entsteht nicht durch Kapitalbeteiligung, sondern durch umfassende vertragliche Regelungen. Dem Franchising begegnet man besonders häufig im Hotel- und Gaststättengewerbe. Bekannte Anwender dieses Systems sind Coca-Cola und McDonalds.

---

[100] Vgl. hierzu etwa Albers, S., (Entscheidungshilfen), Berlin 1989
[101] Vgl. Meffert, H., (Marketing), S. 608 ff.

Der **Franchise-Geber** hat eine starke, monopolartige Stellung. Er verfügt über einen Markenartikel, eine Rezeptur, ein Firmenzeichen oder ein anderes rechtlich geschütztes Gut. Der Franchise-Geber verleiht dem Franchise-Nehmer während der Vertragsdauer das Recht, die Rezeptur anzuwenden, das Firmenzeichen zu nutzen usw. Der Franchise-Nehmer verpflichtet sich im Gegenzug, eine einmalige und/oder laufende Franchise-Gebühr zu zahlen. Außerdem unterwirft er sich weitgehenden Weisungs- und Kontrollbefugnissen des Franchise-Gebers. Das Gebot, ein einheitliches Firmenimage zu wahren, ist so stark, daß Außenstehende den Franchise-Verbund für ein einziges Unternehmen halten. Das Franchise-System hat von der formalen Struktur große Ähnlichkeit mit einem Vertragshändlersystem. Auch beim Franchise-System tragen die einzelnen Mitglieder das volle unternehmerische Risiko. Allein die starken Weisungs- und Kontrollrechte des Franchise-Gebers legen es nahe, diese Form wirtschaftlicher Zusammenarbeit dem direkten Absatz zuzuordnen. (**ÜB 4/84–85**)

d) Optimierung der physischen Distribution

Die physische Distribution hat das **Ziel,** den Fluß der Produkte vom Produktionsort zum Ort der Letztverkaufsstelle optimal zu gestalten. Man bezeichnet dieses Problemfeld auch als Marketing-Logistik. Es geht um die art-, mengen- und zeitgerechte Bereitstellung der Produkte am Ort der Nachfrage. Sind die Umsatzerlöse von der Art der physischen Distribution unabhängig, wird das angestrebte Gewinnmaximum über eine **Minimierung der Distributionskosten** erreicht.

Die Kosten der physischen Distribution setzen sich im wesentlichen aus Lagerkosten und Transportkosten zusammen. Diese Kostenzusammensetzung ergibt sich aus den **Daten** des Distributionsproblems: Produktionsstandort und Standorte der Letztverkaufsstellen sind nicht identisch. Aus der Funktion **räumlicher Überbrückung** resultieren Transportkosten. Außerdem lassen sich Produktionsrhythmus und Nachfragerhythmus nicht in Einklang bringen. Aus der Funktion **zeitlicher Überbrückung** resultieren Lagerkosten.

Die Optimierung der physischen Distribution hat sowohl im Investitions- wie im Konsumgüterbereich große Bedeutung. Im Investitionsgütermarketing sind Termintreue und reibungslose Ersatzteilversorgung meist ein stärkeres Verkaufsargument als ein günstiger Preis. Und im Konsumgütermarketing fallen die Kosten der physischen Distribution so stark ins Gewicht, daß der Kostenminimierung aus Wettbewerbsgründen große Aufmerksamkeit zu schenken ist. Es erhebt sich die Frage, welche Institutionen die Transport- und Lagerfunktion übernehmen. Der Wettbewerbsdruck des marktwirtschaftlichen Systems sorgt quasi automatisch dafür, daß Transport und Lagerhaltung – bei gleicher Qualität – vom billigsten Anbieter übernommen werden. Da die Lagermieten i.d.R. am Ort der Letztverkaufsstellen – im Extremfall in Fußgängerzonen – sehr hoch sind, wird die Lagerfunktion vom Hersteller oder vom Großhandel (marktkanalintern) bzw. von einem selbständigen Lagerhaus (marktkanalextern) übernommen. Die Transportfunktion wird i. d. R. von Fremdunternehmen, seltener vom Hersteller ausgeübt.

Lager- und Transportkosten weisen interdependente Beziehungen auf. Die gegenseitige Abhängigkeit zeigt sich besonders deutlich an der Frage, ob ein Produktionsbetrieb den Groß- bzw. Einzelhandel unmittelbar beliefern soll oder ob es kostengünstiger ist, **Zwischenlager** zu bilden, von denen aus die nachgegliederten Institutionen des Marktkanals beliefert werden. Die Bildung von Zwischenlagern hat zur Folge, daß
- die Transportkosten sinken,
- die Lagerkosten steigen und
- die Lieferzeit verkürzt

wird. Die **Verkürzung der Lieferzeit,** d. h. die Erhöhung der Lieferbereitschaft ist in einigen Branchen (z. B. Blumen, Fisch, Arzneimittel, Bücher) von ausschlaggebender absatzpolitischer Bedeutung. Allgemein läßt sich sagen, daß sich eine hohe Lieferbereitschaft positiv auf die Erlösseite auswirkt, denn viele Abschlüsse kommen nur bei schneller Belieferungsmöglichkeit zustande. Lange Lieferzeiten haben also Gewinneinbußen, genauer gesagt: Einbußen an Deckungsbeiträgen zur Folge. Die durch verspätete Lieferung entgehenden Deckungsbeiträge können als Opportunitätskosten der „langsamen" Distributionsalternative interpretiert werden. Der **Opportunitätskostenansatz** hat den Vorteil, daß man sich zur Optimierung des Distributionsproblems auf ein **Kostenminimierungsmodell** beschränken kann. Die Distributionswirkungen auf die Erlösseite werden indirekt, d. h. über den Ansatz entgangener Deckungsbeiträge erfaßt.

Auch die **Wahl des Transportmittels** gehört in den Bereich physischer Distributionspolitik. Kleine und schnelle Transporte (Kurierdienst) verursachen hohe stückbezogene Transportkosten, steigern aber auch die Lieferbereitschaft und senken somit die Opportunitätskosten. Große und langsame Transporte (Schiffsfracht) lösen gegenläufige Kostenbewegungen aus.

Müssen vom Standort der Produktion bzw. des Zwischenlagers mehrere Distributionsstandorte angefahren werden, stellt sich das Problem der **Tourenplanung.** Zur Lösung dieses Problems stellt die Unternehmensforschung Modellansätze auf Kostenminimierungsbasis zur Verfügung.[102]

Zu den **Instrumenten** der physischen Distribution gehört somit die Bestimmung von
- Lagerstandort,
- Transportmittel,
- Transportvolumen und -zeitpunkt und
- Transportweg.

Zielgröße sind die zu minimierenden Kosten physischer Distribution, die sich aus Transport-, Lager-, Verpackungs-, Verwaltungs- und Opportunitätskosten zusammensetzen. EDV-gestützte Bestell-, Lagerhaltungs- und Auf-

---

[102] Zur Behandlung dieser und anderer Probleme physischer Distribution vgl. Tempelmeier, H., Quantitative Marketing-Logistik, Berlin u. a. 1983

tragsabwicklungssysteme leisten einen entscheidenden Beitrag zur Beschleunigung der Distribution und zur Senkung der Kosten.

6. Optimierung der absatzpolitischen Instrumente – Marketing-Mix

Die obigen Ausführungen zur Optimierung der absatzpolitischen Instrumente könnten folgendermaßen interpretiert werden: Wenn ein Anbieter zunächst seine Produktpolitik, dann seine Preispolitik, danach seine Kommunikationspolitik und schließlich seine Distributionspolitik optimiert hat, erreicht er zwangsläufig das langfristige Gewinnmaximum. Dieses schrittweise Vorgehen bezeichnet man als **sukzessiven Entscheidungsprozeß**.

Die sukzessive Auswahl der Aktionsmöglichkeiten führt aber nur dann zum gewünschten Optimum, wenn es zwischen den Aktionsmöglichkeiten keine erfolgsmäßigen Interdependenzen gibt. In der Marketing-Praxis läßt sich beobachten, daß etwa eine Werbemaßnahme oder eine Produktvariation oder eine Sonderverkaufsaktion jeweils für sich allein betrachtet wenig (Erfolgszuwachs) bewirkt, daß aber der kombinierte, d. h. gezielt abgestimmte Einsatz aller drei Aktionsvariablen eine erhebliche Steigerung des Absatzerfolgs mit sich bringen kann. Umgekehrt kann es zu negativen Synergieeffekten kommen, wenn einzelne absatzpolitische Maßnahmen nicht zueinander passen. Bei sukzessiver Auswahl der Aktionsmöglichkeiten bleiben die Interdependenzen in jedem Fall unberücksichtigt; das Gewinnmaximum wird verfehlt.

Darum ist es aus entscheidungstheoretischer Sicht unabdingbar, in einem **simultanen Ansatz,** d. h. in einem Zug, über die Auswahl der absatzpolitischen Handlungsmöglichkeiten zu entscheiden. Das gewünschte absatzpolitische Ziel, i. d. R. das langfristige Gewinnmaximum, wird nur erreicht, wenn das Entscheidungsmodell
- **alle denkbaren Kombinationen** absatzpolitischer Aktionsmöglichkeiten berücksichtigt,
- so **langfristig** angelegt ist, daß auch die in späteren Teilperioden eintretenden Erfolgswirkungen berücksichtigt werden können und
- von einer **sicheren Zukunft** ausgeht, in der sich die langfristigen Erfolgswirkungen der Handlungsalternativen genau prognostizieren lassen.

Sind diese modelltheoretischen Bedingungen erfüllt, läßt sich das optimale absatzpolitische Aktionsprogramm folgendermaßen charakterisieren: Würde aus dem geplanten Bündel absatzpolitischer Maßnahmen eine Einzelaktion herausgenommen, hinzukommen oder ausgetauscht, wäre der erwartete Absatzerfolg (langfristiger Gewinn) geringer.

Bei diesem Optimierungsmodell wird unterstellt, daß
- die Kosten jeder absatzpolitischen Aktionsmöglichkeit und
- die Marktreaktionsfunktionen

bekannt sind. Sind die Kosten- und Ertragswirkungen jeder einzelnen Handlungsmöglichkeit bekannt, werden die Alternativen realisiert, deren Grenzertrag größer/gleich den zugehörigen Grenzkosten ist.

IV. Die absatzpolitischen Instrumente 615

Dieses **marginal-analytische Auswahlverfahren** ist in der Marketing-Praxis **unbrauchbar**. Die Gründe liegen vor allem in
(1) der unüberschaubaren Vielzahl von Kombinationsmöglichkeiten absatzpolitischer Handlungsalternativen und
(2) der Unmöglichkeit, die Erfolgsbeiträge dieser Handlungsalternativen sicher zu prognostizieren.

Nehmen wir beispielsweise an, aus jedem der vier absatzpolitischen Gebiete stünden nur zwei Aktionen zur Wahl, von denen jede in zehnfach gestufter Intensität realisiert werden kann. In einem solchen Fall (1) müßten 10^8, also 100 Mio. Kombinationsmöglichkeiten geprüft werden.

In der Marketing-Praxis wissen wir nicht (2), wie eine Werbemaßnahme, eine Preissenkung, eine Public Relations-Maßnahme, eine Verkäuferschulung, eine Umgestaltung des Verkaufsraumes u. a. auf den gegenwärtigen und zukünftigen Umsatz wirkt. Marktreaktionsfunktionen sind uns nicht mit Sicherheit bekannt. Der Anwendungsbereich quantitativer Planungsmöglichkeiten[103] ist deshalb sehr stark eingeschränkt. **Simultanplanung** im Rahmen eines Totalmodells ist jedenfalls völlig **illusorisch**.

Die **praktische Marketing-Planung** ist daher durch
(1) partielle, d. h. unvollständige Betrachtung,
(2) sukzessive Festlegung und
(3) nichtquantitative Beurteilung
der absatzpolitischen Aktionsmöglichkeiten gekennzeichnet.

Zur praktischen Optimierung des Marketing-Mix[104] beschränkt man sich auf (1) die Berücksichtigung einer überschaubaren Zahl von Kombinationsmöglichkeiten. Hilfreich ist hierbei eine produktspezifische Vorauswahl.[105] Im Zuge einer (2) sukzessiven Festlegung unterscheidet man zwischen strategischen und taktischen Marketing-Instrumenten. Produktpolitische und distributionspolitische Maßnahmen haben strategischen Charakter, weil sie langfristige Wirkungen haben und sich nur in großen Zeitabständen variieren lassen. Diese **strategischen Instrumente** werden zuerst festgelegt.

Preispolitik und Werbung gehören zu den **taktischen Instrumenten,** die in kurzen Zeitabständen variierbar sind. Preispolitik und Werbung betrachten die strategischen Vorentscheidungen im Bereich der Produkt- und Distributionspolitik als Datum.

Wenn überhaupt quantitative Entscheidungsmodelle zur Anwendung kommen, beschränken sie sich auf das Gebiet der taktischen Absatzplanung. Im übrigen werden die absatzpolitischen Handlungsmöglichkeiten (3) nicht mit exakten Erfolgsziffern versehen, sondern nur in die Kategorien sehr gut, gut, befriedigend, ausreichend, mangelhaft eingeordnet. Subjektives Ermessen steht hierbei – ebenso wie bei Punktbewertungsmodellen – im Vordergrund.

Das hier zur Anwendung kommende Planungsverfahren hat sehr viel Ähnlichkeit mit der praktischen Werbeplanung: Nach Festlegung der strate-

---

[103] Vgl. hierzu Berndt, R., Marketing 2, a. a. O., S. 402 ff. und Meffert, H., Marketing, a. a. O., S. 894 ff.
[104] Vgl. hierzu Nieschlag/Dichtl/Hörschgen, a. a. O., S. 890 ff.
[105] Vgl. Berndt, R., Marketing 2, a. a. O., S. 398 ff.

gischen Ziele und Auswahl strategischer Instrumente (Produkt- und Distributionspolitik) wird ein **Marketing-Budget** aufgestellt. Daran schließt sich die Bestimmung von Leistungs- und Kostenvorgaben für die Aktionsbereiche taktischer Marketing-Planung an. Die **Leistungsvorgaben** richten sich auf Absatzmenge, Umsatz, Marktanteil, Bekanntheitsgrad usw. Die **Kostenvorgaben** ergeben sich aus der Aufteilung des Marketing-Budgets.

Subjektivem Ermessen ist hierbei Tür und Tor geöffnet. Optimale Lösungen können bei diesem heuristischen Planungsverfahren nicht erwartet werden.[106] Andererseits gilt auch hier: Planvolles Wirtschaften ist nur begrenzt berechenbar. Wer vom Prinzip optimaler Entscheidungen keine Abstriche machen will, ist praktisch zum Nichtstun verdammt. Die Ergebnisse des Nichtstuns sind aber meist schlechter als die Ergebnisse unzulänglichen unternehmerischen Handelns. Unternehmerische Entscheidungen im allgemeinen und Marketing-Entscheidungen im besonderen sind häufig **suboptimale Entscheidungen.** Der (entscheidungstheoretisch) optimale Gewinn läßt sich praktisch kaum erreichen. Unternehmerische Intuition spielt gerade im Marketing, wo es in so weiten Bereichen um Käuferpsychologie, also um nichtrechenbare Vorgänge geht, eine entscheidende Rolle. Wer als Anbieter ein gutes Gespür für die Bedürfnisse der Nachfrager und für die Reaktionen des Marktes auf absatzpolitische Aktionen hat, wird auch einen guten Absatzerfolg erwirtschaften.

---

[106] Zu den entscheidungstheoretischen Einwendungen gegen solche Planungspraktiken vgl. die Ausführungen zur Ermittlung und Aufteilung des Werbebudgets auf S. 705 ff.

Fünfter Abschnitt
Investition und Finanzierung

I. Grundlagen

Der Leser versetze sich in Gedanken 500 Jahre zurück: Ein Kaufmann in Antwerpen kauft ein Handelsschiff, heuert eine Mannschaft an und stellt eine Kollektion exportfähiger Waren zusammen. Man nennt das heute: Bereitstellung von Produktionsfaktoren oder einfach Input.

Der Kaufmann läßt das Schiff beladen, erteilt dem Kapitän Aufträge hinsichtlich des Ziels, der Route und der Art und Menge der in Indien einzutauschenden Gewürze. Er stattet das Schiff mit Proviant aus und betet für eine glückliche Rückkehr. Das nennt man heute Leistungserstellungsprozeß.

Nach zwei Jahren kehrt das Schiff vollbeladen mit Gewürzen zurück. Die Waren werden entladen und finden reißenden Absatz. Das nennt man heute: Output oder Leistungsverwertung.

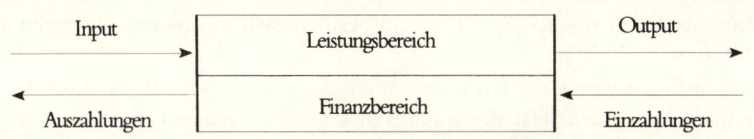

Abb. 1: Leistungs- und Finanzbereich

Dem realwirtschaftlichen **Güterstrom** (Input/Output) steht ein gegenläufiger **Geldstrom** (Einzahlung/Auszahlung) gegenüber. Dabei ist unternehmerische Tätigkeit seit jeher durch folgenden Wertekreislauf bestimmt: Geld (Anfangskapital), Input, Leistungserstellung, Output, Geld (Endkapital). Die Größe des unternehmerischen Erfolgs mißt man als Differenz zwischen Endkapital und Anfangskapital.

Wird das Unternehmen nach Beendigung der Expedition liquidiert, wird das vorhandene Geld als Endkapital ausgeschüttet. Wird das Unternehmen – wie es der Going-concern-Annahme entspricht – fortgeführt, steht das am Ende des ersten Leistungszyklus vorhandene Geld für eine Fortführung des Leistungsprozesses zur Verfügung.

Die zweckmäßige Gestaltung des Finanzbereichs wird in der Literatur unter den Stichworten Investition und Finanzierung abgehandelt. Diese Thematik ist Gegenstand des fünften Abschnitts dieses Buches. Als **Investition** bezeichnet man ganz allgemein die **Verwendung finanzieller Mittel**. In unserem Eingangsbeispiel ist die Beschaffung des Handelsschiffs der klassische Fall einer Investition mit markanten Merkmalen: hoher Kapitalbedarf und langfristige Kapitalbindung.

Man kann aber auch die ganze Expedition als Investitionsobjekt auffassen. Dabei läßt sich jede Investition als zeitliche Abfolge von Zahlungsvorgängen betrachten. Wie bei fast allen Investitionen steht auch hier am Anfang eine Auszahlung (Anschaffung Schiff, Heuer, Proviant), der zu späteren Zeitpunkten Einzahlungen (Verkaufserlöse der Waren, ggf. auch des Schiffs) folgen. Unter diesem Aspekt läßt sich eine Investition begreifen als **Hingabe von Geld** (Auszahlung) heute in der Hoffnung auf **höhere Geldrückflüsse** (Einzahlungen) in der Zukunft.

Mit jeder Investitionsentscheidung stellt sich zwangsläufig die Finanzierungsfrage. Unter **Finanzierung** versteht man landläufig die **Bereitstellung finanzieller Mittel**. Investitions- und Finanzierungsentscheidungen sind untrennbar miteinander verbunden. Jeder – vorsichtige – Häuslebauer weiß: Mit dem Erdaushub beginnt man erst, wenn die Gesamtkosten (= Investitionsvolumen) prognostiziert sind und die Finanzierung gesichert ist.

Zurück zu unserem Eingangsbeispiel: Bei Beginn der Expedition, also in t_0, ist der Leistungssaldo, also die Differenz von Einzahlungen und Auszahlungen, negativ. Es gibt eine Anfangsauszahlung A_0 in Höhe von -1.000. In t_2, also am Ende der Expedition, gibt es Einzahlungen E_2 in Form von Verkaufserlösen der Waren. Fallen zu diesem Zeitpunkt auch Auszahlungen z.B. durch Verkaufsspesen an, bezeichnet man sie mit A_2. Wird auch das Schiff in t_2 verkauft, bezeichnet man den Liquidationserlös mit L_2. Der Leistungssaldo[1] in t_2, also $(E_2 + L_2 - A_2)$, beziffere sich in unserem Beispiel auf 1.400.

Zur Finanzierung der Expedition muß in t_0 ein Startkapital von 1.000 bereitgestellt werden. Hat der Kaufmann sein Unternehmen gerade erst gegründet, muß das zur Investition benötigte Kapital von außen in den Betrieb eingebracht werden. Man nennt das **Außenfinanzierung.** Bringt er das benötigte Startkapital aus seinem eigenen Privatvermögen ein, handelt es sich um Eigenkapital; man spricht von **Eigenfinanzierung.** Muß er sich Kapital leihen, handelt es sich um Fremdkapital bzw. eine **Fremdfinanzierung.** Beim eingebrachten Startkapital handelt es sich aus der Sicht des Unternehmens auf jeden Fall um eine Einzahlung, die mit dem Vorzeichen + zu versehen ist.

In t_2 ergibt sich aus investitionstheoretischer Sicht eine Einzahlung (Kapitalrückfluß) von $+1.400$. Wird das Unternehmen in t_2 eingestellt, wird das vorhandene Endvermögen von 1.400 an den oder die Kapitalgeber zurückgezahlt. Für das Unternehmen ist dies mit einer Auszahlung von -1.400 verbunden.

Im Falle vollständiger Eigenfinanzierung empfängt der Eigenkapitalgeber 1.400. Er interpretiert diesen Betrag als (Eigen-) Kapitalrückzahlung von 1.000 und Kapitalzuwachs, also Gewinn, von 400. Der Gewinn von 400 enthält das Entgelt für die Kapitalbereitstellung für zwei Jahre und das Entgelt für die Übernahme des Unternehmerrisikos. Dieses Unternehmerrisiko reicht vom Teilverlust (Plünderung des Schiffs) bis zum Totalverlust des

---

[1] Es wird unterstellt, daß alle Zahlungen am Ende der Periode 2, also in t_2 anfallen.

I. Grundlagen

Startkapitals (Untergang des Schiffs). Bezieht man das Risiko der Übernahme von Sozialplanverpflichtungen (Versorgung der Witwen) mit ein, übersteigt das Verlustrisiko die Höhe der Anfangsauszahlung A_0.

Im Fall vollständiger Fremdfinanzierung hat das Unternehmen in t_2 ebenfalls eine Auszahlung von − 1.400. Davon erhält die kreditgebende Bank in t_2 1.210. Dieser Betrag setzt sich aus der Kreditrückzahlung von 1.000 und Zinseszinsen (10 Prozent pro Jahr auf 1.000) in Höhe von 210 zusammen. Den Restbetrag von 190 erhält der Kaufmann als Gewinnausschüttung, d. h. als Prämie für die Übernahme des Verlustrisikos. Im Fall des Scheiterns der Expedition hätte die Bank bei einem betrieblichen Vermögenspotential von Null ihre Darlehensforderung von 1.000 fällig gestellt und in das Privatvermögen des Kaufmanns vollstreckt.

Der mit der Expedition verbundene Zahlungsstrom läßt sich folgendermaßen abbilden:

Zeitpunkt	Geschäftsvorfall aus Sicht des Unternehmens	Investitionsseite	Finanzierungsseite
t_0	− Bereitstellung Startkapital durch Kapitalgeber E_0 − Realisierung Investition A_0	− 1.000	+ 1.000
t_2	− Geldzufluß ($E_2 + L_2 − A_2$) − Geldabfluß an Kapitalgeber	+ 1.400	− 1.400

Abb. 2: Struktur des Zahlungsstroms

Man erkennt leicht: Investition und Finanzierung sind zwei Seiten ein und derselben Medaille. Eine Investition ist durch einen Zahlungsstrom gekennzeichnet, der mit einer Auszahlung beginnt und dem später Einzahlungen bzw. Einzahlungsüberschüsse folgen. Dagegen beginnt die Finanzierung mit einer entsprechenden Einzahlung und endet mit einer Auszahlung (an die Kapitalgeber). „Investition und Finanzierung unterscheiden sich also nur durch das Vorzeichen der ersten Zahlung."[2]

Oben wurde die Eigen- bzw. Fremdkapitalzuführung von außen als **Außenfinanzierung** bezeichnet. Im Gegensatz dazu spricht man von einer **Innenfinanzierung,** wenn die für Investitionszwecke benötigten **Mittel im betrieblichen Leistungsprozeß erwirtschaftet** wurden. Wird das Unternehmen nach Beendigung der Expedition in t_2 nicht aufgelöst, stehen in t_2 liquide Mittel in Höhe von

1.400 bei Eigenfinanzierung bzw.
190 bei Fremdfinanzierung
(der ersten Expedition) zur Verfügung. Diese Mittel können zur Finanzierung eines zweiten Leistungszyklus eingesetzt werden.

---

[2] Schneider, D., Investition, Finanzierung und Besteuerung, 7. Aufl., Wiesbaden 1992, S. 21

Der Zusammenhang zwischen Investitions- und Finanzierungsvorgängen läßt sich auch durch eine schematisierte Bilanz darstellen:

Aktiva	Bilanz zum 31. 12. . . .	Passiva
Investitionsbereich		Kapitalbereich
Zahlungsbereich		

Abb. 3: Investitions- und Finanzierungszusammenhang

Zum Zahlungsbereich gehören jederzeit verfügbare Geldbestände, also Kasse und Sichtguthaben. Alle übrigen Vermögenswerte, also Vorräte, Sachanlagen usw. werden dem Investitionsbereich zugeordnet. Der Kapitalbereich setzt sich aus Eigen- und Fremdkapitalpositionen zusammen.

Außenfinanzierung

Durch eine Eigenkapitaleinlage bzw. eine Kreditaufnahme vergrößert sich der Kapitalbereich. Entsprechend wächst der Zahlungsbereich.

Investition

Durch Barkauf (Kreditkauf) eines Investitionsgegenstands vergrößert sich der Investitionsbereich und verringert sich der Zahlungsbereich (vergrößert sich der Kapitalbereich).

Innenfinanzierung

Durch Barverkauf eines Gegenstands aus dem Investitionsbereich (z.B. Waren) kommt es zu einem Aktivtausch zugunsten des Zahlungsbereichs. Durch diese Desinvestition erhöht sich das Innenfinanzierungsvolumen.

Umfinanzierung

Durch einen Passivtausch, z.B. Einlösung von Lieferantenverbindlichkeiten bei gleichzeitiger Aufnahme eines Darlehenskredits, ändert sich die Kapitalbereitstellung nicht im Volumen, wohl aber in der Struktur.

Investitions- und **Finanzierungsentscheidungen** bedingen einander, sind **interdependent**.[3] Ob ein Unternehmer seinem Betrieb weiteres Eigenkapital zuführt, hängt von dessen Expansionsmöglichkeiten, also seinen Gelegenheiten zu lukrativen Investitionen ab. Andererseits: Ob eine aussichtsreiche Investition realisiert werden kann, hängt von den Finanzierungsmöglichkeiten, insbesondere von den Finanzierungskosten ab.

Gegenstand dieses Lehrbuchabschnitts ist die Optimierung von Investitions- und Finanzierungsentscheidungen. Aus der Vielzahl von Investitionsmöglichkeiten $I_1, I_2, \ldots I_l$ und aus der Vielzahl von Finanzierungsvarianten $F_1, F_2, \ldots F_m$ sollen diejenigen ausgewählt werden, die der unternehmerischen Zielsetzung am ehesten entsprechen.

Bei den Investitionsprojekten I kann es sich um **Sachinvestitionen** (z.B. maschinelle Anlagen, Gebäude), um **Finanzinvestitionen** (z.B. Anlagen

---

[3] Vgl. hierzu S. 684.

I. Grundlagen

in Aktien oder Schuldverschreibungen) oder um **immaterielle Investitionen** (z. B. Entwicklung eines Patents, Ausbildungsinvestitionen) handeln.

Investitions-alternativen $I_{1,2,\ldots l}$	Sachinvestitionen	
	Finanzinvestitionen	
	Immaterielle Investitionen	
Finanzierungs-alternativen $F_{1,2,\ldots m}$	Außenfinanzierung	Eigenfinanzierung
		Fremdfinanzierung
	Innenfinanzierung	

Abb. 4: Investitions- und Finanzierungsalternativen

Bei den Finanzierungsalternativen geht es um die Unterscheidung zwischen Außen- und Innenfinanzierungsvarianten. Im Rahmen der Außenfinanzierungsmöglichkeiten[4] ist zwischen Eigenfinanzierungsvarianten und Fremdfinanzierungsvarianten zu unterscheiden. Auch die Innenfinanzierung läßt sich in verschiedene Varianten unterteilen; sie werden an späterer Stelle[5] ausführlich erläutert.

Die Optimierung der Investitions- und Finanzierungsentscheidungen ist Gegenstand der Investitions- und Finanzplanung. Die **Investitionsplanung** hat die Aufgabe, aus der Vielzahl der Investitionsalternativen $I_{1,2,\ldots l}$ die vorteilhafteste auszuwählen. Als Vorteilhaftigkeitskriterium wird den Investitionsplanungsmodellen der langfristige Gewinn zugrunde gelegt, den es zu maximieren gilt. Im Mittelpunkt der Investitionsplanung steht also die **Bewertung der Investitionsalternativen,** wobei jeder Alternative der **Gewinnbeitrag** zugerechnet wird, der aus ihrer Realisierung erwartet wird.

Ein Unternehmen, das seinen Zahlungsverpflichtungen nicht mehr nachkommen kann, ist gezwungen, Konkurs anzumelden. Das unternehmerische Oberziel der langfristigen Gewinnmaximierung setzt also die Aufrechterhaltung der Zahlungsbereitschaft, man spricht auch von der Wahrung des finanziellen Gleichgewichts, zwingend voraus. Ziel der **Finanzplanung** ist also die **langfristige Gewinnmaximierung** unter der Nebenbedingung der **Wahrung des finanziellen Gleichgewichts.** Zur Einhaltung dieser Nebenbedingung erstellt man einen **Finanzplan,** der die künftig erwarteten Ein- und Auszahlungen eines Unternehmens enthält.

Wie in der Investitionsplanung den Investitionsalternativen $I_{1,2,\ldots l}$, so müssen in der Finanzplanung den Finanzierungsalternativen $F_{1,2,\ldots m}$ die durch sie ausgelösten Gewinnbeiträge zugerechnet werden. Grundsätzlich ist der einer Handlungsalternative zurechenbare Gewinnbeitrag immer von der Differenz zwischen der Positivkomponente (Erlös, Ertrag, Einzahlung) und

---

[4] Zur ausführlichen Darstellung der Instrumente der Außenfinanzierung vgl. S. 694 ff.
[5] Vgl. S. 749 ff.

der Negativkomponente (Kosten, Aufwand, Auszahlung) abhängig. Investitionsentscheidungen beeinflussen die Positiv- und die Negativkomponente. Finanzierungsentscheidungen haben dagegen in aller Regel keinen Einfluß auf die Höhe der erzielbaren Erlöse oder Einzahlungen. Hier ist die Positivkomponente entscheidungsirrelevant, weil sie von der Finanzierungsentscheidung unabhängig ist. Bei der **Finanzplanung** reduziert sich also das Gewinnmaximierungsstreben zum **Kostenminimierungsstreben**. (ÜB 5/47–48)

II. Investitionsplanung und Investitionsrechnung

1. Grundlagen der Investitionsplanung

Die Investitionsplanung ist Bestandteil der Unternehmensgesamtplanung. Gegenstand der Investitionsplanung ist
- die **Optimierung** der Investitionsentscheidung
- die **Realisierung** des Investitionsprojekts und
- die **Kontrolle** des Investitionsprojekts.

Der Investitionsplanung kommt in Theorie und Praxis große Bedeutung zu, weil Investitionsentscheidungen i. d. R. mit
- hohem Kapitaleinsatz
- langfristiger Kapitalbindung und
- weitreichenden Wirkungen in andere Unternehmensbereiche

verbunden sind. Zum letzten Punkt: Wenn bei der Investitionsplanung die künftigen Folgen einer Investition im Produktions-, Absatz- und Finanzierungsbereich nicht berücksichtigt werden, ist die Gefahr der **Fehlinvestition** sehr groß. Von einer Fehlinvestition spricht man dann, wenn die tatsächlichen Kapitalrückflüsse so weit hinter den ursprünglichen Erwartungen zurückbleiben, daß sich der Investor nachträglich betrachtet mit der Unterlassensalternative, d. h. mit der Nichtdurchführung der Investition, besser gestellt hätte.

Wie jede Planung ist auch die Investitionsplanung ein stufenweiser Prozeß, der sich nach Abb. 5 in folgende Planungsschritte[1] einteilen läßt:

zu 1.1: Zielanalyse

Unter den von einem Unternehmen verfolgten **monetären** Zielen nimmt die langfristige Gewinnmaximierung eine herausragende Stellung ein. Daneben verfolgen Unternehmen **nicht-monetäre Ziele** wie das Streben nach Macht, Sicherheit, sozialer Anerkennung, Traditionspflege usw. Unternehmerische Planungsrechnungen orientieren sich an monetären Zielvorgaben, weil nicht-monetäre Ziele nicht rechenbar gemacht werden können.

Die folgenden Schritte der Investitionsplanung orientieren sich ausschließlich am Ziel der langfristigen Gewinnmaximierung. Erst im Zuge der end-

---

[1] Nach weitverbreiteter Auffassung gehören die Realisationsphase und die Kontrollphase nicht mehr zum Planungsprozeß. Wegen ihrer Rückwirkungen auf den Planungsprozeß werden sie aber hier in die Betrachtung einbezogen.

II. Investitionsplanung und Investitionsrechnung

gültigen „1.6 Entscheidung" werden die in Frage kommenden Alternativen auch unter nicht-monetären Gesichtspunkten betrachtet.

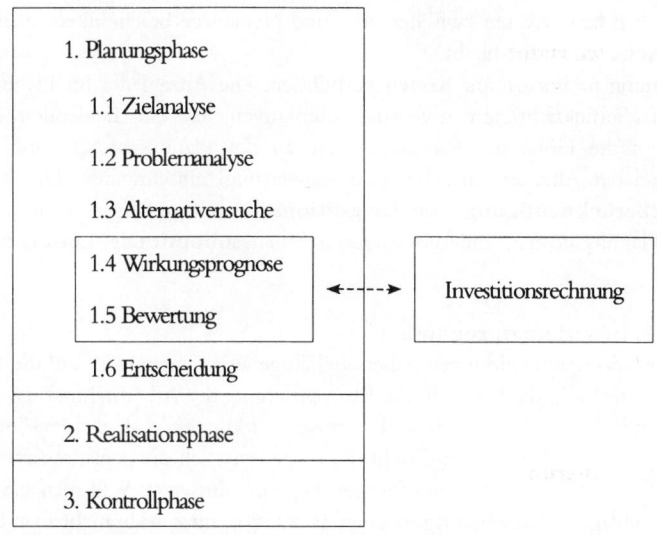

Abb. 5: Investitionsplanungsprozeß

zu 1.2: Problemanalyse

Im Zuge der Problemanalyse verschafft sich der Investor Klarheit über die Unternehmens- und Umweltsituation, die ihn zu einer Investitionsentscheidung drängt. Für ein Unternehmen, das auf hohen Liquiditätsüberschüssen sitzt, in seiner angestammten Sparte aber keine Chancen sieht, stellt sich die Investitionsproblematik ganz anders dar als für einen erfindungsreichen Jungunternehmer, der sich mit innovativen Investitionen interessante Marktnischen erschließen könnte, der in Kreditgesprächen aber immer wieder erfährt, daß Kreativität einen geringen Beleihungswert hat.

zu 1.3: Alternativensuche

Der eben angesprochene Jungunternehmer möchte Sachinvestitionen tätigen, hat aber kein Geld. Das hochliquide Unternehmen hat Geld, aber keine (erfolgversprechenden) Sachinvestitionsalternativen. Hier bleibt der Ausweg in Finanzinvestitionen.

Im Mittelpunkt der Literatur zur Investitionsplanung und -rechnung stehen **Sachinvestitionen**.[2] Sie lassen sich unterteilen in:
- Ersatzinvestitionen
- **Rationalisierungsinvestitionen und**
- **Erweiterungsinvestitionen**

---

[2] Sachinvestitionen werfen bezüglich ihrer Bewertung, insbesondere bei der Abgrenzung der Zahlungsströme, weitaus größere Probleme auf als Finanzinvestitionen. Mit dem in der Literatur entwickelten Instrumentarium der Investitionsrechnung lassen sich die Optimierungsprobleme von Finanzinvestitionen also leichter lösen als die von Sachinvestitionen.

Die beiden letztgenannten Investitionsvarianten haben kapazitätserhöhende Wirkung, wodurch sich die Erlösseite der Unternehmung verändert. Bei **Ersatzinvestitionen** kann man sich dagegen auf einen Vergleich der Auszahlungen bzw. Kosten zwischen Alt- und Neuanlage beschränken, weil die **Erlösseite konstant** bleibt.

Planung ist immer mit Kosten verbunden. Die Anzahl der im Planungsprozeß berücksichtigten Investitionsalternativen hat entscheidenden Einfluß auf die Höhe der Planungskosten. In der Planungspraxis wird man sich bei der Alternativensuche (und -bewertung) einschränken. Durch die **Nichtberücksichtigung** von **Investitionsalternativen** spart man einerseits Planungskosten, andererseits nimmt man **suboptimale Lösungen** in Kauf.

zu 1.4: Wirkungsprognose

Investitionsentscheidungen haben vielfältige Wirkungen, z. B. auf die Produktionstechnik, die Umwelt, die Beanspruchung der Arbeitnehmer usw. Im Investitionskalkül bleiben diese Investitionswirkungen – zunächst – unberücksichtigt. Im Vordergrund steht die Frage, wie sich die geplante Investition auf die Zielgröße, den langfristigen Gewinn, auswirkt. Will man die **gewinnmäßigen Auswirkungen** einer Investition messen, braucht man ähnlich wie bei der Temperaturmessung einen Bezugswert, einen Nullpunkt, einen Eichstrich. Als Eichstrich zur Messung der Investitionswirkungen gilt üblicherweise die **Unterlassensalternative,** d. h. die Nichtdurchführung der Investition. Je nach Lage der Dinge kann die Unterlassensalternative im Nichtstun oder Unterlassen der Investition bei anderweitiger Anlage[3] der knappen Geldmittel gesehen werden.

zu 1.5: Bewertung

Hat man ihre gewinnmäßigen Wirkungen erst einmal ermittelt, ist es verhältnismäßig einfach, die Investitionsalternativen $I_{1, 2, \ldots, 1}$ zu bewerten. Im Falle einer Ersatzinvestition, wo die Investitionsentscheidung keinen Einfluß auf die Erlösseite hat, weil diese im Realisierungsfall (Neuanlage) genauso aussieht wie bei der Unterlassensalternative (Altanlage), können die Bewertungsziffern aus der Negativkomponente (Kosten bzw. Auszahlungen) abgeleitet werden.

Ist dagegen von der Investitionsentscheidung auch die Erlösseite betroffen, muß der Differenzwert zwischen positiver Erfolgskomponente (Erträge, Einzahlungen) und negativer Erfolgskomponente (Kosten, Auszahlungen) als Bewertungsziffer herangezogen werden.

Die Analyse der monetären Investitionswirkungen (1.4) und die Verdichtung dieser quantitativen Wirkungen zu Wertziffern (1.5) wird als **Investitionsrechnung** bezeichnet. Die Investitionsrechnung ist damit ein wichtiger Baustein der Investitionsplanung. Die Investitionsrechnung steht sowohl in

---

[3] Wird die Investitionswirkung auf der Ergebnisbasis eines alternativen Eigenkapitaleinsatzes gemessen, dann steht dahinter der gleiche Opportunitätskostengedanke wie hinter der Berücksichtigung kalkulatorischer Eigenkapitalzinsen in der Kostenrechnung. Vgl. S. 1115 ff.

der Unternehmenspraxis als auch in der einschlägigen Literatur[4] im Mittelpunkt der Investitionsplanung. Dieser Tatsache trägt auch das vorliegende Lehrbuch Rechnung: In den folgenden beiden Kapiteln werden die Verfahren der statischen, vor allem aber der dynamischen Investitionsrechnung ausführlich behandelt.

zu 1.6: Entscheidung

Mit der Entscheidung für eine der Investitionsalternativen $I_{1, 2 \ldots 1}$ endet der Planungsprozeß im engeren Sinne. Die Entscheidung wird einerseits nach den Ergebnissen der **Investitionsrechnung**, d.h. nach den aus der monetären Zielgröße abgeleiteten Wertziffern, andererseits unter **Hinzuziehung nicht-monetärer Beurteilungsmaßstäbe** getroffen. So kann es z.B. durchaus vorkommen, daß sich ein Traditionsunternehmen für eine Betriebserweiterung am angestammten Standort entscheidet, obwohl die Investitionsrechnung die Gründung einer Betriebsstätte in einem Niedriglohnland als die gewinnträchtigere Investitionsalternative ausweist.

zu 2.: Realisationsphase

In der Realisationsphase geht es darum, das in Stufe 1.6 verabschiedete Investitionsprojekt unter **Einhaltung** der technischen Standards und des geplanten **Finanz- und Zeitrahmens** zu realisieren.

zu 3.: Kontrollphase

Nach Realisierung der Investition hat der Investor Gelegenheit, die in der Bewertungsphase geplanten Erfolgsbeiträge mit den tatsächlich eingetretenen Erfolgsbeiträgen zu vergleichen. Ein solcher **Soll-Ist-Vergleich** ist in zweifacher Hinsicht wichtig: Einerseits kann man bei negativen Istabweichungen versuchen, beim konkreten Investitionsobjekt **gegenzusteuern.** Zweitens befähigt der Soll-Ist-Vergleich und die mit ihm verbundene Abweichungsanalyse den Investor bei künftigen Investitionsbeurteilungen zu einer **besseren Prognose.**

Bisher haben wir uns nur mit der Optimierung von Einzelprojekten, also mit der in Abb. 6 dargestellten Planungsebene (3) beschäftigt. Faßt man alle in einem Jahr zu realisierenden Investitionsprojekte (Planungsebene 3) zusammen, erhält man das **Investitionsbudget.** Das Investitionsbudget muß mit der Finanzplanung abgestimmt sein. Es ist der Schlußstein der einjährigen Investitionsplanung (Ebene 2). Der langfristige Investitionsplan (Ebene 1) ist ein strategischer Rahmenplan, der für die operative Planungsebene Vorgabecharakter hat. Der strategische Investitionsplan (1) wird von der Unternehmensleitung verabschiedet. Die operative Planung auf Jahresebene (2) und (3) liegt auf der Funktionsbereichsebene (Anlagenwirtschaft/Finanzen).[5]

---

[4] Zur Vertiefung vgl. für viele andere das Lehrbuch von Kruschwitz, L., Investitionsrechnung, 7. Aufl., Berlin/New York 1998

[5] Zu Einzelheiten vgl. Lüder, K., Investitionsplanung und -kontrolle, in: HWB, Bd. 2, 5. Auflage, Stuttgart 1993, Sp. 1982 ff.

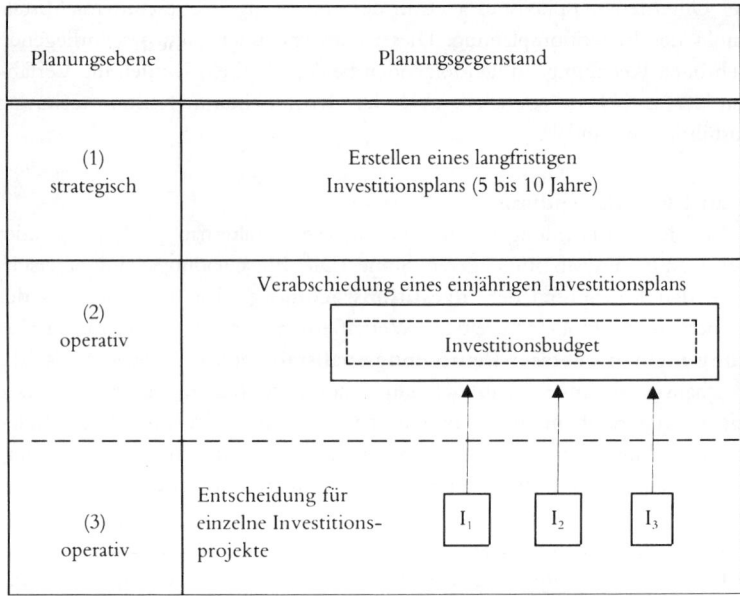

Abb. 6: Ebenen der Investitionsplanung

2. Investitionsrechnung im Zahlungstableau[6]

Die Investitionsrechnung (Wirtschaftlichkeitsrechnung) hat die Aufgabe, den künftigen Investitionserfolg zu prognostizieren und zu bewerten. Zum Zweck der Vorteilhaftigkeitsbeurteilung bedient man sich in der Unternehmenspraxis verschiedener Verfahren der statischen und dynamischen Investitionsrechnung, die in den nächsten beiden Unterkapiteln dargestellt werden. Diese beiden unterschiedlichen Verfahren der Investitionsrechnung lernt man besser verstehen, wenn man alle aus einem Investitionsprojekt resultierenden Ein- und Auszahlungen in einer Tabelle, einer Art Kontokorrent, zusammenfaßt.

Erstellt man dieses Zahlungstableau ex post, erhält man eine Ergebnisrechnung mit tatsächlich realisierten Zahlungen. Da eine Investitionsrechnung vor der Investitionsentscheidung zu erstellen ist, muß man in einer solchen ex ante-Rechnung folgende Werte prognostizieren: Die Einzahlungen E_t, die Auszahlungen A_t, die Investitionsdauer n, den Liquidationserlös der Anlage L_n und den Zinssatz (für Fremdkapital) i. Die Einzahlungen E_t basieren bei einer Sachinvestition im wesentlichen auf Umsatzerlösen, die Auszahlungen A_t auf Zahlungen für Lohn, Material, Energie, Reparaturen usw. In investitionsrechnerischen Modellen wird üblicherweise unterstellt, daß die Ein- bzw. Auszahlungen jeweils zum Periodenende anfallen.

---

[6] Zu dieser Art von Investitionsrechnung vgl. Grob, H. L., Investitionsrechnung mit vollständigen Finanzplänen, München 1989

II. Investitionsplanung und Investitionsrechnung

Die in t_0 anfallende Anschaffungsauszahlung A_0 für das Investitionsprojekt ist in jedem Fall bekannt. In einem **Modell unter Sicherheit,** von dem wir im folgenden zunächst ausgehen wollen, gelten auch die Größen E_t, A_t, n, L_n und i als in t_0 bekannt. In unserem Beispielfall wollen wir von einem Investitionsprojekt mit folgenden Daten ausgehen:

Zeitpunkt	t_0	t_1	t_2
Anschaffungsauszahlung A_0	– 1.000		
Einzahlungen E_t		+ 500	+ 900
Auszahlungen A_t		– 400	– 200
Liquidationserlös L_n			+ 600
Kreditaufnahme	+ 1.000		
Kredittilgung			– 1.000
Fremdkapitalzins i	10 Prozent		
Investitionsdauer n	2 Jahre		

Abb. 7: Ausgangsdaten Investitionsprojekt I

Das Projekt ist vollständig fremdfinanziert; der Kredit wird in t_2 zurückgezahlt. Aus diesen (sicheren) Erwartungsgrößen läßt sich folgendes Zahlungstableau ableiten:

Zeitpunkt	Zahlungsvorgang	Betrag
t_0	Geldzufluß Kreditaufnahme	+ 1.000
t_0	Anschaffungsauszahlung A_0	– 1.000
t_1	E_1	+ 500
t_1	A_1	– 400
t_1	Fremdkapitalzinsen (1)	– 100
t_1	Bestand Schulden (–) Guthaben (+)	0
t_2	E_2	+ 900
t_2	A_2	– 200
t_2	Fremdkapitalzinsen (2)	– 100
t_2	Liquidationserlös L_n	+ 600
t_2	Kredittilgung	– 1.000
t_2	Bestand Schulden (–) Guthaben (+)	+ 200

Abb. 8: Zahlungstableau Investitionsprojekt I

Im obigen Beispiel reichen die Einzahlungen (E_t, L_n) aus, die laufenden Auszahlungen A_t, die Fremdkapitalzinsen und die Kredittilgung abzudecken.

Darüber hinaus steht dem Investor in t_2 ein Guthaben von 200 DM zur Verfügung.

Wie steht es um die Vorteilhaftigkeit dieses Investitionsprojekts? Der Investor hat kein Eigenkapital eingesetzt. Sein Reinvermögen in t_0 war also Null. Sein Reinvermögen in t_2 beträgt + 200. Im Reinvermögenszuwachs (= Gewinn) von + 200 konkretisiert sich der Investitionserfolg. Geht man von einem festen Reinvermögen (= Eigenkapital) in t_0 aus und stellt man diesem EK_0 das Eigenkapital am Ende des Investitionszeitraums EK_n gegenüber, beziffert sich der Investitionserfolg Δ_I auf

$$\Delta_I = EK_n - EK_0.$$

Ausgehend vom Ziel der **langfristigen Gewinnmaximierung** geht es bei Investitionsentscheidungen darum, die Größe Δ_I zu maximieren. Da aber das zu Beginn des Planungszeitraums vorhandene Eigenkapital EK_0 eine konstante Größe ist, gelangt man auf zwei Wegen zur optimalen Investitionsentscheidung: Zum einen über die Gewinnmaximierung (Δ_I max!), zum anderen über die **Endvermögensmaximierung** (EK_n max!).[7]

Auch im Falle der Eigenfinanzierung läßt sich die Vorteilhaftigkeit einer Investition durch ein Zahlungstableau ermitteln. In diesem Zusammenhang stellt sich für den Eigenkapitaleinsatz die Opportunitätskostenfrage. Zur Lösung dieses Problems findet sich eine Aufgabe im zugehörigen Übungsbuch. (ÜB 5/20–21)

3. Statische Verfahren der Investitionsrechnung

a) Überblick

Eine Optimierung von Investitionsentscheidungen ist – wie oben gezeigt wurde – mit Hilfe eines vollständigen Zahlungstableaus möglich, wenn die Investitionsdauer und die Höhe und der Zeitpunkt aller investitionsrelevanten Ein- und Auszahlungen prognostiziert werden können. Um diesen in der Tat beachtlichen Prognoseaufwand zu vermeiden, hat die Unternehmenspraxis vereinfachte Rechenverfahren entwickelt, die in der Literatur[8] unter der Bezeichnung „Praktikerverfahren", „Hilfsverfahren der Praxis" oder „statische Investitionsrechnung" behandelt werden.

Mit Hilfe der statischen Verfahren will man **Investitionswahlentscheidungen optimieren.** Man möchte also feststellen, ob die zu beurteilende Investition I günstiger ist als die Unterlassensalternative (Ja/Nein-Entscheidung) bzw. welches von mehreren sich gegenseitig ausschließenden Projekten $I_{1,2,\ldots,1}$ das vorteilhafteste ist. Sollte sich im folgenden herausstellen, daß die statischen Verfahren bei geringerem Prognoseaufwand (= Planungskosten) immer zum gleichen Optimierungsergebnis kommen wie das exakte,

---

[7] Zum weitergehenden Zusammenhang zwischen Entnahmestrom sowie Gewinn- und Endvermögensmaximierung vgl. Kruschwitz, L., (Investitionsrechnung), a. a. O., S. 10 ff.

[8] Zu den statischen Verfahren vgl. insbesondere Blohm/Lüder, Investition, 8. Aufl., München 1995, S. 157 ff.

weil zielkonforme Zahlungstableau, wären sie das leistungsfähigere Rechenverfahren.

Hinsichtlich der verwendeten Rechengrößen und der Anzahl der Planungsperioden (jeweils ein Jahr) unterscheidet man folgende Verfahren:

Statische Verfahren	Rechengrößen	Anzahl der Planungsperioden
Kostenvergleichsrechnung	Kosten	eine
Gewinnvergleichsrechnung	Kosten und Leistungen	eine
Rentabilitätsvergleichsrechnung	Kosten und Leistungen	eine
Amortisationsrechnung	Einzahlungen und Auszahlungen	mehrere, maximal n

Abb. 9: Charakteristika statischer Verfahren

Die statischen Verfahren erfreuen sich in der Praxis noch immer großer Beliebtheit, obwohl sie wegen ihrer Fehleranfälligkeit in zunehmendem Maße durch die dynamischen Verfahren verdrängt werden. Mit Ausnahme der Amortisationsrechnung gewinnen sie ihre Planungsgrößen aus der Kosten- und Leistungsrechnung (seltener aus dem externen Rechnungswesen). Die drei einperiodigen Verfahren stützen sich bei der Investitionsbeurteilung auf die Auswertung der **Rechengrößen einer Periode.** Dies ist entweder das erste Jahr der Nutzungsdauer oder eine – ominöse – **Repräsentativperiode.** (ÜB 5/1–5)

b) Die Kostenvergleichsrechnung

Die Kostenvergleichsrechnung will vorzugsweise die Frage nach der **Vorteilhaftigkeit** einer **Ersatzinvestition** (Vergleich: Altanlage/Neuanlage) beantworten. Darüber hinaus will sie Auskunft über die Vorteilhaftigkeit mehrerer **vergleichbarer Erweiterungsinvestitionen** geben. Dabei soll sich der Investor für die Anlage mit den minimalen Kosten[9] entscheiden. Die Beschränkung auf den Kostenvergleich setzt die Entscheidungsirrelevanz der Erlösseite voraus; die **Erlöse** müssen also bei allen betrachteten Investitionsalternativen **gleich hoch** sein.

---

[9] Beim angestrebten Kostenminimum kann es sich um einen Vergleich auf Stückkostenbasis oder auf Jahreskostenbasis handeln.

Bei einem Vorteilhaftigkeitsvergleich der Anlagen I_1 und I_2 vergleicht man die mit dem Anlageneinsatz einhergehenden Kostenwerte K_1 und K_2 nach etwa folgendem Schema:

Kostenart	Anlage I_1	Anlage I_2
1. **Aufwandsgleiche Betriebskosten**		
1.1 Personalkosten	...	...
1.2 Reparaturkosten	...	...
1.3 Energiekosten	...	...
1.4 Materialkosten	...	...
1.5 Raumkosten usw.	...	...
2. **Kalkulatorische Abschreibungen**	...	...
3. **Kalkulatorische Zinsen**	...	...
Gesamtkosten	K_1	K_2

Abb. 10: Schema der Kostenvergleichsrechnung

Mit Hilfe der kalkulatorischen Abschreibung will man den Wertverzehr an der jeweiligen Anlage berücksichtigen. Dabei geht man von einem kontinuierlichen Wertverzehr aus. Im einfachsten Fall ermittelt man die kalkulatorische Abschreibung wie folgt:

$$\text{kalkulatorische Abschreibung} = \frac{A_0}{n}$$

Unabhängig von der Eigen- bzw. Fremdfinanzierung ermittelt man kalkulatorische Zinsen nach der Durchschnittsmethode.[10] Die kalkulatorischen Zinsen werden also nach Maßgabe des durchschnittlich gebundenen Kapitals ermittelt, im einfachsten Fall als

$$\text{kalkulatorische Zinsen} = \frac{A_0}{2} \cdot i$$

Wer eine Investitionsentscheidung nach diesem Rechenverfahren trifft, geht ein erhebliches Risiko ein: Er kennt zwar die kostengünstigste Alternative, weiß aber nicht, ob die erzielbaren Erlöse zur Kostendeckung ausreichen. (**ÜB 5**/1)

c) Die Gewinnvergleichsrechnung

Ist der bewertete Output der zu vergleichenden Investitionsprojekte $I_{1, 2, \ldots, 1}$ nicht identisch, sind die Ergebnisse der Kostenvergleichsrechnung unbrauchbar. Die Erlösseite muß berücksichtigt werden. Darum bemüht sich die Gewinnvergleichsrechnung.

---

[10] Vgl. hierzu S. 1115 ff.

II. Investitionsplanung und Investitionsrechnung

Nach der Gewinnvergleichsrechnung ermittelt man für die Investitionsalternativen $I_{1,2,\ldots,1}$ die jeweiligen **Gewinne für eine repräsentative Periode** $G_{1,2,\ldots,1}$. Die Gewinndefinition lautet

$$G = E - K,$$

wobei E für die dem Projekt zurechenbaren Erlöse steht und die Kosten K nach dem in Abb. 10 dargestellten Schema zu ermitteln sind.

Wird nur ein einziges Projekt beurteilt, entscheidet man sich für die Realisierung, wenn der ermittelte Gewinnwert G positiv ist bzw. wenn er einen gewünschten Mindestgewinn übersteigt. Hat man zwischen mehreren konkurrierenden Projekten $I_{1,2,\ldots,1}$ zu wählen, entscheidet man sich für das Projekt mit dem höchsten Gewinnwert G, sofern dieser positiv ist. **(ÜB 5/2)**

d) Die Rentabilitätsvergleichsrechnung

Werden im Wege der Gewinnvergleichsrechnung die beiden Alternativen I_1 und I_2 verglichen, wobei $G_1 = +300$ und $G_2 = +320$, so kann man sich nicht ohne weiteres für I_2 entscheiden, wenn der erforderliche Kapitaleinsatz A_0 mit $A_0^1 = 5.000$ und $A_0^2 = 10.000$ stark differierende Werte ausweist. Dieser Kapitaldifferenzierung möchte die Rentabilitätsrechnung gerecht werden. Sie setzt deshalb eine korrigierte Gewinngröße G_p (pagatorischer Gewinn) ins Verhältnis zum durchschnittlich gebundenen Kapital, so daß sich eine Rentabilitätskennziffer ergibt, die in ihrem Aufbau der Gesamtkapitalrentabilität[11] ähnelt:

$$\text{Rentabilität } r = \frac{\text{korrigierter Gewinn } G_p}{\text{durchschn. gebundenes Kapital}} \cdot 100$$

Wie bei der Steuerungsgröße der Gewinnvergleichsrechnung bezieht sich die Gewinngröße auf eine repräsentative Periode. Zwischen der originären Gewinngröße G und der korrigierten Gewinngröße G_p besteht folgender Zusammenhang:

$$\begin{array}{l} \text{originärer Gewinn G} \\ + \text{ kalkulatorische Zinsen } \dfrac{A_0}{2} \cdot i \\ \hline = \text{korrigierter Gewinn } G_p \end{array}$$

Der **korrigierte Gewinn** G_p ist also der Gewinn vor Abzug von Fremdkapital- bzw. kalkulatorischen Eigenkapitalzinsen. Bei vollständiger Eigenfinanzierung ist der korrigierte Gewinn G_p das Entgelt, welches der Unternehmer für die Bereitstellung von Eigenkapital und für die Übernahme des Unternehmerrisikos erhält.[12] Wie bei der Darstellung der Kostenvergleichsrechnung gezeigt wurde, entspricht die **durchschnittliche Kapitalbindung** im einfachsten Fall der halben Anschaffungsauszahlung, also $(A_0 : 2)$.

---

[11] Zur Ermittlung der Gesamtkapitalrentabilität vgl. S. 47
[12] So gesehen enthält der originäre Gewinn G nur die Prämie für die Übernahme des Unternehmerrisikos.

Im Zuge der Rentabilitätsvergleichsrechnung vergleicht man die projektindividuelle Rentabilität r mit der vom Investor gewünschten Mindestverzinsung i. Ist r größer als i, wird die Investition realisiert. Die gewünschte Mindestverzinsung i kann als Kalkulationszinsfuß, d. h. als Kapitalkostenäquivalent interpretiert werden. (**ÜB 5/3–4**)

e) Die Amortisationsrechnung

Als einziges der Praktikerverfahren schaut die Amortisationsrechnung – auch **Pay-off-Methode** genannt – über den Tellerrand einer repräsentativen Einzelperiode hinaus. Ein weiterer Unterschied besteht darin, daß die Amortisationsrechnung nicht mit den Rechengrößen der Kosten- und Leistungsrechnung, sondern mit Ein- und Auszahlungen E_t und A_t arbeitet. Der Einzahlungsüberschuß einer Periode, also $E_t - A_t$, wird im folgenden mit dem Symbol EÜ bezeichnet.

Eine „**Normalinvestition**" ist idealtypisch dadurch gekennzeichnet, daß nach dem Investitionszeitpunkt t_0 mit seiner Auszahlung A_0 nur noch positive Einzahlungsüberschüsse EÜ anfallen. Weisen die prognostizierten EÜ-Werte im Zeitverlauf keine großen Schwankungen auf, kann man für EÜ, wie im folgenden dargestellt, von einem repräsentativen Periodendurchschnittswert ausgehen.

Die Amortisationsrechnung will feststellen, wieviel Perioden es dauert, bis sich die **Anschaffungsauszahlung A_0** durch Kapitalrückflüsse EÜ **amortisiert** hat. Liegen beispielsweise die jährlichen Einzahlungsüberschüsse bei 25.000 und beträgt die Anschaffungsauszahlung A_0 100.000, dann beziffert sich die Amortisationsdauer auf vier Jahre:

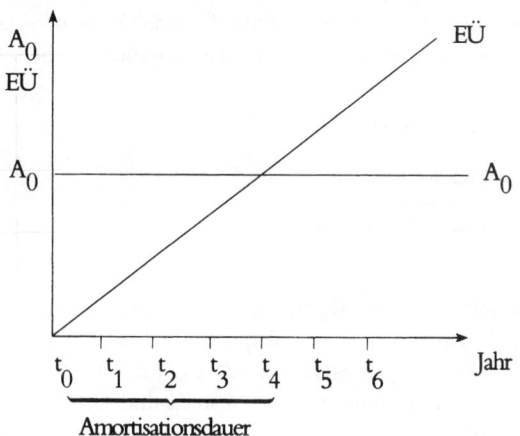

Abb. 11: Ermittlung der Amortisationsdauer

In weiten Bereichen der Unternehmenspraxis herrscht die Vorstellung, daß eine Investition ein Fehlschlag ist, wenn sie vor Erreichen der Amortisationsdauer abgebrochen werden muß. Hat der Investor dagegen erst einmal den vom Ende der Amortisationsdauer markierten Schwellenwert überschritten, betritt er nach landläufiger Vorstellung die ersehnte Gewinnzone. Der **risikoscheue Investor** ist bei vordergründiger Betrachtungsweise daran interessiert, Investitionen mit möglichst **kurzer Amortisationsdauer** zu tätigen, um nur möglichst schnell aus der Gefahrenzone zu kommen.

Bei diesem Praktikerverfahren vergleicht der Investor die errechnete Amortisationsdauer mit einer **Soll-Amortisationsdauer**. Liegt die errechnete Amortisationsdauer unter der subjektiv geschätzten Soll-Amortisationsdauer, wird die Investition durchgeführt. (**ÜB 5/5**)

f) Zusammenfassende Kritik

„Statisch einperiodige Investitionsrechnungen sind Rechnungen, die sich auf **eine fiktive Jahres-Abrechnungsperiode** beziehen und mit periodisierten **Erfolgsgrößen (Kosten/Erlöse; Anm. d. Verf.)** arbeiten."[13] An den beiden hervorgehobenen Merkmalen dieser Rechenverfahren läßt sich die zusammenfassende Kritik festmachen.

Wer im Interesse der Planungsbequemlichkeit die Rechnung auf eine **repräsentative Einzelperiode** bezieht, bezahlt mit einem schwerwiegenden Verzicht auf Planungsgenauigkeit. Welche Einzelperiode des Planungszeitraumes repräsentativ sein soll, läßt sich auf zweifachem Weg bestimmen: Entweder nach subjektivem Ermessen, zu deutsch: **willkürlich** oder durch gezielte Auswahl bei der Beurteilung der **Ergebnisziffern aller Planeinzelperioden**. Der erste Weg ist indiskutabel; der zweite plausibel, aber trotzdem problematisch. Zum einen geht bei der Analyse aller periodenbezogenen Erfolgsziffern ein Großteil der Planungsbequemlichkeit verloren. Zum anderen ist man auch hierbei vor Fehlentscheidungen nicht sicher, wie folgendes Beispiel einer Gewinnvergleichsrechnung zeigt:

Investition \ Periode	1	2	3	4	Durchschnittsgewinn
I_1	100	500	900	1.300	+ 700
I_2	1.300	900	500	80	+ 695

Abb. 12: Beispiel einer Gewinnvergleichsrechnung

Berechnet man den Gewinn der repräsentativen Einzelperiode als Durchschnittsgewinn, muß man sich für I_1 entscheiden. Betrachtet man aber die zeitliche Struktur der Gewinnziffern und unterstellt man, daß der geplante Gewinn pro Periode mit dem Einzahlungsüberschuß pro Periode identisch ist, wird man sich für I_2 entscheiden, weil man für hohe Rückflüsse in der Gegenwart eine größere Präferenz hat als für hohe Rückflüsse in einer fer-

---

[13] Kruschwitz, L., (Investitionsrechnung), a. a. O., S. 30

neren Zukunft. Man kann es auch anders sagen: Der statische Charakter der Rechnungen vernachlässigt die intertemporären Ergebnisunterschiede, die – wie man im nächsten Kapitel sehen kann – bei den dynamischen Verfahren der Investitionsrechnung durch die Berücksichtigung von Zins und Zinseszins erfaßt werden.

Ein weiteres Manko der einperiodigen Verfahren liegt in der Auswahl der **Rechengrößen Kosten/Erlöse.** Es gibt Kosten, die nicht auszahlungsgleich (z. B. Abschreibungen) und Erlöse, die nicht einzahlungsgleich (z. B. Verkauf auf Ziel) sind. Bei der Erläuterung des vollständigen Zahlungstableaus[14] wurde gezeigt, daß nur das Rechnen mit Ein- und Auszahlungen zu zielkonformen Investitionsentscheidungen führt. Die Fehleranfälligkeit der einperiodigen Verfahren läßt sich in dem Maße mindern, wie es gelingt, Kosten und Erlöse in die Größen Ein- bzw. Auszahlungen zu überführen. Wer sich aber im Interesse der Planungsgenauigkeit dieser Mühe unterzieht, kann von vornherein mit E_t und A_t, also mit dem vollständigen Zahlungstableau oder mit den dynamischen Verfahren rechnen, die im folgenden dargestellt werden.

Abschließend ein Wort zur **Amortisationsrechnung:** Es wurde bereits festgestellt, daß risikoscheue Anleger bei vordergründiger Betrachtung Investitionen mit kurzer Amortisationszeit bevorzugen, weil sie möglichst schnell aus der verlustträchtigen Gefahrenzone in die sichere Gewinnzone kommen wollen. Als Instrument zur **Risikobegrenzung** ist sie aber – wie das Beispiel im zugehörigen Übungsbuch (**ÜB 5/5**) demonstriert – nur **wenig geeignet,** weil sich gerade Investitionen mit einem geringen Risiko durch eine lange Amortisationsdauer auszeichnen.

4. Dynamische Verfahren der Investitionsrechnung

a) Überblick

Die dynamischen Verfahren der Investitionsrechnung verfolgen im Prinzip das gleiche Ziel wie das prospektive Zahlungstableau und wie die statischen Verfahren: Sie wollen Aussagen über die **Vorteilhaftigkeit** einer anstehenden **Investitionsentscheidung** machen.

Im Gegensatz zu den einperiodig-statischen Verfahren wollen die dynamischen Verfahren, die man auch als finanzmathematische Verfahren bezeichnet, die finanziellen Auswirkungen einer Investitionsentscheidung über den gesamten Investitionszeitraum t_0 bis t_n erfassen und auswerten. Wie schon an anderer Stelle erläutert, manifestieren sich die finanziellen Investitionswirkungen in folgenden Größen:

A_0 Anschaffungsauszahlung in t_0
E_t Einzahlung zum Zeitpunkt t (Periodenende)
A_t Auszahlung zum Zeitpunkt t (Periodenende)
n   Anzahl der Nutzungsdauerperioden
L_n Liquidationserlös zum Ende der Nutzungsdauer
i   Kalkulationszinsfuß

---

[14] Vgl. S. 626 ff.

II. Investitionsplanung und Investitionsrechnung

Grundlage der Vorteilhaftigkeitsberechnung ist also der für die **Nutzungsdauer zu prognostizierende Zahlungsstrom**. Anders als beim vollständigen Zahlungstableau, wo man Fremdkapitalaufnahme, -tilgung und -zinsen explizit als Auszahlungen erfaßt, werden diese Größen bei den im folgenden darzustellenden dynamischen Verfahren implizit, d. h. außerhalb der Zahlungsreihe berücksichtigt.

Die folgende Erläuterung der dynamischen Verfahren knüpft an das Beispiel aus den Abb. 7 und 8 an. Der Zahlungsstrom des zu beurteilenden Investitionsprojekts läßt sich folgendermaßen darstellen:

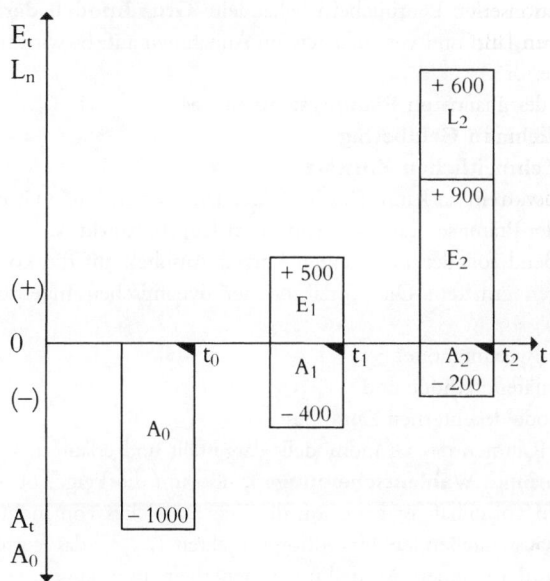

Abb. 13: Struktur des Zahlungsstroms des Investitionsprojekts I

Da man Geldmittel verzinslich anlegen kann, ist dem Investor ein Kapitalrückfluß E_t zum Zeitpunkt t_1 lieber als ein gleichhoher Kapitalrückfluß in t_2. Daraus folgt: **Zahlungen,** die zu **unterschiedlichen Zeitpunkten** anfallen, darf man nicht addieren bzw. subtrahieren. Will man sie vergleichbar machen, muß man die Zeitpräferenz des Investors berücksichtigen, die sich im **Zinsfaktor** i niederschlägt. Unmittelbar verrechenbar und damit vergleichbar sind nur die Zahlungen, die sich auf ein und denselben Zeitpunkt beziehen. Die übrigen Zahlungen werden vergleichbar gemacht, indem man sie auf einen einzigen Zeitpunkt bezieht, wozu man sich der Aufzinsung bzw. der Abzinsung bedient. Leser, die noch nicht (nicht mehr) über die entsprechenden finanzmathematischen Grundkenntnisse verfügen, werden auf die einfachen, erläuternden Übungsaufgaben im zugehörigen Übungsbuch[15] verwiesen.

---

[15] Vgl. Wöhe/Kaiser/Döring, Übungsbuch zur Einführung in die Allgemeine Betriebswirtschaftslehre, 9. Aufl., München 2000, **(ÜB 5/6–19)** = 5. Abschnitt, Aufgabe 6 bis 19

Im **Kalkulationszinsfuß** i manifestiert sich – allgemein gesprochen – die **gewünschte Mindestverzinsung** des Investors; sie entspricht den Kapitalkosten. Die Kapitalkosten ihrerseits hängen bei Fremdfinanzierung vom Sollzins und bei Eigenfinanzierung von der entgangenen Verzinsung (Habenzins) bei der maßgeblichen Alternativanlage des Eigenkapitals (= Opportunitätskosten des Eigenkapitaleinsatzes) ab. In der Realität erheben sich zwei Probleme: Erstens weichen Soll- und Habenzins bezogen auf ein Planungsjahr voneinander ab. Zweitens ist jeder dieser beiden Zinssätze während der Investitionsdauer Schwankungen unterworfen. Beide Phänomene erschweren die Wirtschaftlichkeitsrechnung mit Hilfe der dynamischen Verfahren. Deshalb baut das in allen Lehrbüchern behandelte **Grundmodell der Investitionsrechnung** auf drei vereinfachenden Annahmen auf. Es wird unterstellt, daß der Investor

– während des **gesamten Planungszeitraumes**
– jeden **beliebigen Geldbetrag**
– zu einem **einheitlichen Zinssatz i**

ausleihen bzw. anlegen kann. Das im folgenden darzustellende Grundmodell basiert auf der Prämisse des **vollkommenen Kapitalmarktes.**

Abschließend soll der Leser einen kurzen Ausblick auf die kommenden Ausführungen erhalten: Die Verfahren der dynamischen Investitionsrechnung, also

– die Kapitalwertmethode,
– die Annuitätenmethode und
– die Methode des internen Zinsfußes

werden im Rahmen des Grundmodells dargestellt und erläutert. Dabei geht es um sogenannte **Wahlentscheidungen,** also um die Frage, ob eine Einzelinvestition vorteilhaft ist bzw. um die Frage, welches von mehreren sich gegenseitig ausschließenden Investitionsprojekten $I_{1, 2, \ldots, 1}$ das vorteilhafteste ist. Dabei wird von einem Modell unter Sicherheit ausgegangen, es wird also unterstellt, daß alle künftigen Zahlungen in t_0 bekannt sind. In einem zweiten Schritt wird die Annahme aufgegeben, daß die Anzahl der Nutzungsjahre n in t_0 feststeht. Damit steht das **Problem der optimalen Nutzungsdauer** einer Investition zur Diskussion. In einem dritten Schritt wird das Grundmodell um die **Einbeziehung von Ertragsteuern** erweitert.

Leider entspricht die Wirklichkeit der Investitionsplanung nicht den Annahmen des Grundmodells. Investitionsentscheidungen lassen sich nicht durch isolierte Beurteilung eines Investitionsprojektes optimieren. Dieser Tatsache versucht die **Investitionsprogrammplanung,** wo Bündel von Investitionsprojekten auf den Prüfstand gestellt werden, Rechnung zu tragen.

Weiterhin muß man sich von der modellmäßigen Illusion der Investitionsentscheidung unter Sicherheit verabschieden. Dabei können in einem einführenden Lehrbuch die Möglichkeiten zur **Berücksichtigung des Risikos** nur in grundlegender Form angesprochen werden. Schließlich soll die Frage der Unternehmensbewertung angesprochen werden. Dabei wird sich zeigen, daß die **Unternehmensbewertung** – theoretisch – als Anwendungsfall der dynamischen Investitionsrechnung betrachtet werden kann. (**ÜB 5**/20–21)

b) Grundmodell der dynamischen Investitionsrechnung

Bei der folgenden Darstellung der dynamischen Verfahren wird unterstellt, daß der Zahlungsstrom und die Dauer einer projektierten Investition in t_0 bekannt sind. Nach der Modellannahme des vollkommenen Kapitalmarktes ist der Kalkulationszinsfuß i eine von Eigen- bzw. Fremdfinanzierung unabhängige Größe.

aa) Die Kapitalwertmethode

In Abb. 13 ist der Zahlungsstrom einer Investition I abgebildet, auf die wir an dieser Stelle zurückkommen wollen. Dabei stelle man sich zunächst vor, in einer Welt ohne Zinsen zu leben, also gilt $i = 0$. Zur Beurteilung der Vorteilhaftigkeit von I saldiert man die Größen E_t, L_n auf der einen und A_t, A_0 auf der anderen Seite. Es ergibt sich ein Überschuß der Einzahlungen über die Auszahlungen in Höhe von 400. Bei $i = 0$ hat die Investition einen Kapitalwert von $+ 400$. Zwischen dem **Kapitalwert K** und der Vorteilhaftigkeit einer Investition gibt es folgende Beziehung:

$K > 0 \rightarrow$ Investition vorteilhaft
$K = 0 \rightarrow$ Entscheidungsindifferenz
$K < 0 \rightarrow$ Investition unvorteilhaft

Stehen mehrere sich gegenseitig ausschließende Investitionsalternativen zur Wahl, sollte sich der Investor für das Projekt mit dem **höchsten Kapitalwert** entscheiden.

Die Annahme einer Welt ohne Zinsen ist unrealistisch. Wegen der Vorliebe des Investors für gegenwartsnahe Einzahlungsüberschüsse müssen jetzt die zu unterschiedlichen Zeitpunkten anfallenden Zahlungen gleichnamig gemacht werden. Als Bezugszeitpunkt wählt die Kapitalwertmethode t_0, also den Zeitpunkt, zu dem die Anschaffungsauszahlung A_0 anfällt. Bezieht man die künftigen Zahlungen E_t, A_t und L_n auf t_0, erhält man bei entsprechender Abzinsung **Barwerte**. Zwischen den Barwerten der Zahlungen und dem Kapitalwert besteht folgender Zusammenhang:

Barwert L_n + Barwert E_t − Barwert A_t
= **Zukunftserfolgswert** künftiger Zahlungen   − Anschaffungsauszahlung A_0
= **Kapitalwert K**

Abb. 14: Barwert, Zukunftserfolgswert und Kapitalwert

Die Formel[16] zur Berechnung des Kapitalwerts K lautet:

$$K = -A_0 + \sum_{t=1}^{n}(E_t - A_t)\cdot(1+i)^{-t} + L_n(1+i)^{-n}$$

Je höher der Kalkulationszinsfuß, desto stärker wird eine künftige Zahlung durch den Barwertabschlag abgewertet. Daraus folgt für eine Normalinvestition[17]: Mit steigendem i verringert sich c. p. der Zukunftserfolgswert der Kapitalrückflüsse und somit auch der Kapitalwert K.

Geht man von einem Kalkulationszinsfuß von 10 Prozent (i = 0,10) aus, läßt sich für die obige Zahlungsreihe der folgende Zukunftserfolgswert ZEW bzw. Kapitalwert K ermitteln, wobei E_t, A_t und L_n zu Nettoeinzahlungen zusammengefaßt werden:

	t_1	t_2
E_t	+ 500	+ 900
A_t	− 400	− 200
L_n		+ 600
Nettoeinzahlung	+ 100	+ 1.300
Abzinsungsfaktor[18]	$1{,}10^{-1}$	$1{,}10^{-2}$
Barwert	+ 90,91	+ 1.074,38

Barwert t_1	+ 90,91
+ Barwert t_2	+ 1.074,38
= Zukunftserfolgswert	+ 1.165,29
./. A_0	− 1.000,00
= Kapitalwert	+ 165,29

Abb. 15: Beispiel einer Kapitalwertermittlung

Der **Zukunftserfolgswert** repräsentiert den Barwert aller Kapitalrückflüsse (= Zahlungen zwischen t_1 und t_n) der Investition. Der Zukunftser-

---

[16] In manchen Lehrbüchern wird die Anschaffungsauszahlung unter dem Symbol A_0 und der Liquidationserlös L_n unter dem Symbol E_n geführt. Die Kapitalwertformel lautet dann:

$$K = \sum_{t=0}^{n}(E_t - A_t)\cdot(1+i)^{-t}$$

[17] Vgl. S. 632
[18] $1{,}10^{-1} = 0{,}909100$
$1{,}10^{-2} = 0{,}826446$
Vgl. Die Zinstabellen am Ende von Wöhe/Kaiser/Döring, Übungsbuch, a. a. O.

II. Investitionsplanung und Investitionsrechnung 639

folgswert ist der **Gegenwartswert des Investitionsobjekts**, also der Betrag, den der Investor in t_0 maximal als Anschaffungsauszahlung leisten darf.

Zieht man vom Zukunftserfolgswert die Anschaffungsauszahlung A_0 ab, erhält man den Kapitalwert. Beim Erwerb des Investitionsobjektes opfert der Investor die Anschaffungsauszahlung und erhält als Gegenwert den Zukunftserfolgswert der Zahlungsreihe. Im **positiven Kapitalwert** spiegelt sich der **Reinvermögenszuwachs zum Investitionszeitpunkt t_0**. Der positive Kapitalwert gibt den Betrag an, der dem Investor in t_0 als Ausgleich für den Verzicht auf die Investition gezahlt werden müßte. Der **negative Kapitalwert** gibt den Betrag an, der dem Investor in t_0 als Subvention gezahlt werden müßte, um ihn gerade noch zur Investition zu veranlassen.

Im obigen Beispiel gelangt man für die Investition I zu einem Kapitalwert von + 165,29. Bei der Erläuterung des vollständigen Zahlungstableaus[19] ergab sich für die gleiche Investition I ein Gewinn, genauer gesagt ein Endvermögenszuwachs in t_2, von + 200. Wie ist diese Diskrepanz zu erklären? Bei einem Kalkulationszins von 10 Prozent ist es dem Investor gleichgültig, ob er in t_0 einen Reinvermögenszuwachs (K) von 165,29 oder in t_2 einen Reinvermögenszuwachs von 200 erhält.

Anfangsvermögenszuwachs $\cdot (1 + i)^n$ = Endvermögenszuwachs
K $\cdot 1{,}1^2$ = Endvermögenszuwachs in t_2
165,29 $\cdot 1{,}21$ = 200

Damit ist – für den Fall der Fremdfinanzierung – bewiesen, daß eine am **Kapitalwertkriterium** orientierte Investitionsentscheidung zum **gleichen Ergebnis** führt wie eine auf das **vollständige Zahlungstableau** gestützte Entscheidung. Bei Fremdfinanzierung zeigt K den auf t_0 bezogenen Reinvermögenszuwachs nach Abzug der Kapitalkosten, d.h. nach Abzug der Fremdkapitalzinsen. Bei Eigenfinanzierung zeigt K ebenfalls den auf t_0 bezogenen Reinvermögenszuwachs nach Abzug der Kapitalkosten. Kapitalkosten sind hier die entgangenen Zinsen der Alternativanlage des Eigenkapitals. Bei einer eigenfinanzierten Investition wird also der Erfolg K (= Reinvermögenszuwachs in t_0) nicht auf der Basis des Nichtstuns, sondern auf der Basis der Alternativanlage des Eigenkapitals zum Kalkulationszinsfuß gemessen. Im Klartext: Gelangt man bei einem Kalkulationszinsfuß von 10 Prozent zu einem Kapitalwert von Null, dann wird das eingesetzte Eigenkapital gerade zu 10 Prozent verzinst. Der Investor ist dieser Investition gegenüber indifferent, weil sich das eingesetzte Eigenkapital gerade so verzinst wie bei einer Anlage zum Kalkulationszinsfuß. Nicht ohne Grund erfreut sich die Kapitalwertmethode in Theorie und Praxis großer Beliebtheit: Wer sich bei Investitionsentscheidungen am Kapitalwertkriterium orientiert, gelangt zum angestrebten Gewinn- bzw. Endvermögensmaximum. (**ÜB 5/9–13; 22–24**)

---

[19] Vgl. S. 627 f.

bb) Die Annuitätenmethode

Nach den Prämissen des Grundmodells basiert auch dieses Rechenverfahren auf der Annahme eines vollkommenen Kapitalmarkts (i = Sollzins = Habenzins) und der Unterstellung, daß während des Planungszeitraums keine Zinsschwankungen auftreten. Die Kapitalwertmethode weist den Investitionserfolg als Vermögenszuwachs (K > 0) bzw. Vermögensabnahme (K < 0) bezogen auf den Zeitpunkt t_0 aus.

Jetzt wird unterstellt, daß ein Investor den investitionsbedingten Vermögenszuwachs für Konsumzwecke entnehmen möchte. Dabei sind (mindestens) drei Fälle denkbar: Er möchte den Vermögenszuwachs = Investitionserfolg einer Investition von zwei Jahren Nutzungsdauer in t_0 oder in t_2 oder in gleichen Raten in t_1 bzw. t_2 entnehmen. Für diese drei Entnahmealternativen kann er drei Arten von Investitionsrechnungen aufmachen:

Entnahmezeitpunkt	Entnahmebetrag	Geeignete Investitionsrechnung
t_0	K	**Kapitalwertmethode**
t_2	$K^{20} \cdot (1 + i)^2$	**Vollständiges Zahlungstableau**
t_1, t_2	$a_1 = a_2$	**Annuitätenmethode**

Abb. 16: Eignung von Investitionsrechnungen

Bei der Annuitätenmethode geht es darum, einen auf t_0 bezogenen Betrag K umzurechnen in eine **gleichbleibende nachschüssige Periodenzahlung a**, die als **Annuität** (Rente) bezeichnet wird. Bezeichnet man den (positiven) Kapitalwert mit K und den gesuchten Entnahmebetrag im Zwei-Perioden-Fall mit a_1, a_2, dann läßt sich das Umrechnungsproblem folgendermaßen abbilden:

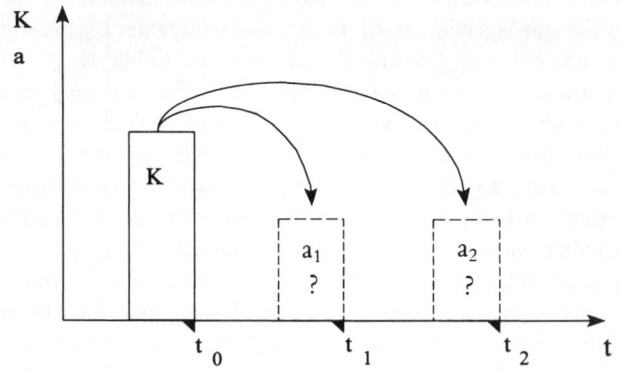

Abb. 17: Umformung des Kapitalwerts zur Annuität

---

[20] $K \cdot (1 + i)^2$ = Reinvermögenszuwachs in t_2

Den Barwert K einer nachschüssigen Rente a ermittelt man als

$$K = a \cdot RBF,$$

wobei RBF für den Rentenbarwertfaktor

$$\frac{(1+i)^n - 1}{i(1+i)^n}$$

steht.[21] Das hier zu lösende Rechenproblem stellt sich in umgekehrter Form; gegeben ist K und gesucht ist die Annuität a:

$$a = K \cdot \frac{1}{RBF}$$

Den Kehrwert des RBF bezeichnet man als Annuitätenfaktor ANF,[22] also

$$\frac{i(1+i)^n}{(1+i)^n - 1}$$

Zurück zur beispielhaften Investition I mit ihrem Kapitalwert K = 165,29![23] Aus der am Ende des Übungsbuchs abgedruckten Zinstabelle läßt sich für ANF 10% /2 Jahre der Faktor 0,57619 entnehmen. Somit gilt:

$$a = K \cdot ANF$$
$$a = 165{,}29 \cdot 0{,}57619$$
$$a = 95{,}24$$

Statt einer Anfangsentnahme K = 165,29 kann der Investor eine ratenweise Entnahme a_1, a_2 von jeweils 95,24 tätigen. Interpretiert man den erwarteten Investitionserfolg als in t_0 entnahmefähigen Reinvermögenszuwachs K = 165,29 und unterstellt man, daß dieser Betrag zum Kalkulationszinsfuß i = 0,10 angelegt wird, kann man folgende Proberechnung aufmachen:

t_0 Anfangskapital K	+ 165,29
t_1 Zinsgutschrift Periode 1	+ 16,53
t_1 Entnahme a_1	− 95,24
t_1 Guthaben	+ 86,58
t_2 Zinsgutschrift Periode 2	+ 8,66
t_2 Entnahme a_2	− 95,24
t_2 Endbestand	0

Abb. 18: Kapitalwert und Annuität im Zahlungstableau

---

[21] Zur Herleitung vgl. Wöhe/Kaiser/Döring, Übungsbuch, a.a.O., (**ÜB 5**/12–13).
[22] Zur Herleitung vgl. erneut Wöhe/Kaiser/Döring, Übungsbuch, a.a.O., (**ÜB 5**/14).
[23] Vgl. S. 638

Wie die Kapitalwertrechnung läßt sich also auch die Annuitätenrechnung in ein vollständiges Zahlungstableau integrieren. Nach der Annuitätenmethode gilt eine Einzelinvestition I als **vorteilhaft, wenn a > 0**. Wer mit diesem Vorteilhaftigkeitskriterium arbeitet, gelangt immer zum gleichen Optimierungsergebnis wie nach dem vollständigen Zahlungstableau oder nach der Kapitalwertmethode.

Steht der Investor vor der Frage, welche von mehreren sich gegenseitig ausschließenden Investitionsalternativen $I_{1, 2, \ldots, 1}$ er realisieren soll, dann sollte er sich für die **Alternative mit der höchsten Annuität** entscheiden, sofern diese positiv ist. Rangentscheidungen nach der Annuitätenmethode führen bei einheitlicher Nutzungsdauer der Investitionsobjekte zum gleichen Ergebnis wie das Rechnen mit Kapitalwerten. Haben die Investitionsalternativen unterschiedliche Nutzungsdauern, darf die Annuität nicht auf eine Nutzungsdauer n, sondern sie muß auf den einheitlichen Planungszeitraum T bezogen werden.[24]

Abschließend soll versucht werden, die Annuität als Kennziffer der Vorteilhaftigkeit von Investitionen ökonomisch zu interpretieren. Eine **positive Annuität a** zeigt

– welchen gleichbleibenden Jahresbetrag der Investor als Erfolgsrate entnehmen kann, ohne sein ursprüngliches Reinvermögen zu dezimieren oder

– um welchen gleichbleibenden Jahresbetrag die objektbezogenen Einzahlungsüberschüsse im „Krisenfall" absinken könnten, ohne daß das Investitionsprojekt unvorteilhaft wird.

Dagegen zeigt eine **negative Annuität a** z. B. an, mit welchem jährlichen Subventionsbetrag die öffentliche Hand ein an sich unvorteilhaftes Investitionsobjekt – z.B. einen einzurichtenden Arbeitsplatz – bezuschussen müßte, damit sich die Investitionsmaßnahme für das Unternehmen gerade noch trägt. (**ÜB 5**/14–15 und 25–26)

cc) Die Methode des internen Zinsfußes

Eine Investition mit einem Kapitalwert von Null bringt dem Investor bei Fremdfinanzierung keinen Reinvermögenszuwachs. Die Einzahlungsüberschüsse reichen lediglich aus, die Anschaffungsauszahlung zu kompensieren und die Finanzierungskosten zu decken. Das investierte Kapital verzinst sich gerade zum Kalkulationszinsfuß.[25]

Eine Investition mit einem positiven (negativen) Kapitalwert verzinst sich dagegen zu einem Zinssatz, der über (unter) dem Kalkulationszinsfuß liegt. Die **Verzinsung** des in einem Investitionsobjekt **durchschnittlich gebundenen Kapitals** bezeichnet man als **interne Verzinsung**, den zugehörigen Zinsfuß r als internen Zinsfuß.

---

[24] Vgl. hierzu Kruschwitz, L., Investitionsrechnung, in: HWB, Bd. 2, 5. Auflage, Stuttgart 1993, Sp. 2020 ff., insb. Sp. 2028 f.
[25] Bei Eigenfinanzierung erwirtschaftet der Investor einen Reinvermögenszuwachs in Höhe der marktüblichen Eigenkapitalverzinsung i. Einen darüber hinausgehenden Reinvermögenszuwachs gibt es nicht.

II. Investitionsplanung und Investitionsrechnung

Zur Ermittlung des internen Zinsfußes r setzt man den Kapitalwert K gleich null, also

$$-A_0 + \sum_{t=1}^{n}(E_t - A_t)\cdot(1+r)^{-t} + L_n \cdot (1+r)^{-n} = 0$$

und löst die Gleichung nach r auf. Dabei läßt sich r in der Regel nicht exakt ermitteln. Die Erläuterung einer brauchbaren **Näherungslösung** findet sich im zugehörigen Übungsbuch.[26] Dort wird gezeigt, daß die exemplarische Investition einen internen Zinsfuß von 19,13 Prozent aufzuweisen hat. Die Investition verzinst sich also mit annähernd 20 Prozent, während die Kapitalkosten nur etwa halb so hoch sind (i = 0,10).

Zur Beurteilung der Vorteilhaftigkeit einer einzelnen Investition vergleicht man die interne Verzinsung r (= Investitionsnutzen) mit dem Kalkulationszins i (= Kapitalkosten). Die Entscheidungsregel lautet:

r > i → Investition vorteilhaft
r = i → Entscheidungsindifferenz
r < i → Investition unvorteilhaft

Stehen mehrere sich gegenseitig ausschließende Investitionsobjekte zur Wahl, sollte sich der Investor für das Objekt mit dem **höchsten internen Zinsfuß entscheiden.** Voraussetzung ist aber, daß r > i.

Versucht man, den internen Zinsfuß **ökonomisch** zu **interpretieren,** kann er als „Rendite" der Investition angesehen werden. Er ähnelt damit der Gesamtkapitalrentabilität, die an anderer Stelle[27] behandelt wurde. Bei **vollständiger Eigenfinanzierung** zeigt r die Verzinsung des eingesetzten Eigenkapitals. Bei **vollständiger Fremdfinanzierung** gibt r den Zinsfuß an, bis zu dem der Kreditgeber die Zinsen anheben könnte, ohne daß das Projekt für den Investor unrentabel wird.

In der einschlägigen Literatur ist die Methode der internen Zinsfüße nicht ohne Kritik geblieben.[28] Die kritischen Einwendungen an diesem Rechenverfahren sind von der Struktur des Zahlungsstroms eines Investitionsobjektes abhängig.

Bei einem beliebigen Investitionsobjekt kann der Zahlungsstrom beliebigen Schwankungen unterliegen. Einem Einzahlungsüberschuß (+) in Periode 3 kann ein Auszahlungsüberschuß (–) in Periode 4 folgen usw. Je **häufiger** das **Vorzeichen** des Zahlungsstroms **wechselt,** desto **problematischer** wird der interne Zinsfuß als Vorteilhaftigkeitskriterium. Es kommt bei solchen Investitionsobjekten häufig vor, daß sich
- überhaupt kein interner Zinsfuß ermitteln läßt **(Nichtexistenz)** oder daß sich
- aus der obigen Definitionsgleichung mehrere interne Zinsfüße[29] **(Mehrdeutigkeit)** ermitteln lassen.

---

[26] Vgl. Wöhe/Kaiser/Döring, Übungsbuch, a. a. O. (**ÜB 5**/27).
[27] Vgl. S. 47
[28] Vgl. dazu z. B. Kilger, W., Zur Kritik am internen Zinsfuß, ZfB 1965, S. 765 ff.
[29] Aus diesem Grund spricht man von der Methode der internen Zinsfüße.

Eine **„Normalinvestition"** ist dadurch charakterisiert, daß es nach der Anschaffungsauszahlung (−) nur noch zu **einem Vorzeichenwechsel** kommt. Die Serie der Einzahlungsüberschüsse (+) darf nicht unterbrochen werden. Das Problem der Nichtexistenz taucht hier nicht auf. Für jedes Investitionsobjekt läßt sich also **ein konkreter interner Zinsfuß** ermitteln.

Laufen beim Vergleich mehrerer sich gegenseitig ausschließender Investitionsobjekte die Reihe der Kapitalwerte und der internen Zinsfüße ohne Rangverschiebung konform, gibt es kein Problem. Es kann aber auch anders kommen:

Beispiel:
- Investitionsalternative: Objekt A oder Objekt B
- Kalkulationszinsfuß: i = 0,10
- Kriterium Kapitalwert: $K_A > K_B$; $K_A, K_B > 0$
- Kriterium interner Zinsfuß: $r_A < r_B$; $r_A, r_B > i$

Abb. 19: Kapitalwert und interner Zinsfuß

Wer nach der Kapitalwertmethode rechnet, hat sich für A, wer nach der Methode der internen Zinsfüße rechnet, hat sich für B zu entscheiden. Es stellen sich zwei Fragen:
(1) Welches Rechenverfahren ist richtig?
(2) Warum kommen beide Verfahren zu unterschiedlichen Ergebnissen?

Zu Frage (1): Der Kapitalwert ist das richtige Vorteilhaftigkeitskriterium. Die Methode des internen Zinsfußes führt zu unzweckmäßigen Rechenergebnissen und ist abzulehnen. Den Grund für die Ablehnung liefert die Antwort auf Frage (2): Die Kapitalwertmethode geht davon aus, daß die Kapitalrückflüsse zum Kalkulationszinsfuß, hier also zu 10 Prozent, angelegt werden. Die Methode des internen Zinsfußes geht dagegen von der spezifischen **Wiederanlageprämisse** aus. Danach wird unterstellt, daß die Kapitalrückflüsse zum internen Zinsfuß verzinst werden. In unserem Beispiel bedeutet das: Die Rückflüsse aus der Sachinvestition B (A) werden zum Zinssatz r_B (r_A) angelegt. Diese Prämisse ist bei einer Finanzinvestition vielleicht realistisch, bei einer individuellen Sachinvestition aber völlig unrealistisch. Überzeugender erscheint da die Anlageprämisse[30] der Kapitalwertmethode: Rückflüsse aus den Objekten A bzw. B werden zum (einheitlichen) Kalkulationszinsfuß i verzinst. Ein erläuterndes Zahlenbeispiel findet sich im zugehörigen Übungsbuch. (**ÜB 5**/16–17 und 27–28)

c) Die optimale Nutzungsdauer

Oben[31] wurde gezeigt, wie sich die Vorteilhaftigkeit eines einzelnen Investitionsobjektes bestimmen läßt. Die dazu notwendige Investitionsrechnung

---

[30] Die modellmäßige Annahme eines einheitlichen Soll- und Habenzinses i liegt allerdings auch ein gutes Stück von der Kapitalmarktrealität entfernt.
[31] Vgl. S. 637 ff.

basierte auf mehreren (sicheren) Ausgangsdaten, die als fest vorgegeben anzusehen waren:
(1) Einzahlungsüberschüsse/Periode $E_t - A_t$
(2) Liquidationserlös am Ende der Nutzungsdauer L_n
(3) Kalkulationszinsfuß (auf vollkommenen Kapitalmarkt) i
(4) Anzahl der Perioden der Nutzungsdauer n

Den Zeitraum, während dessen eine maschinelle Anlage technisch einwandfreie Nutzungen abgeben kann, bezeichnet man als **technische Nutzungsdauer.**[32] In vielen Fällen ist es möglich, die technische Nutzungsdauer eines Aggregats durch ständige Unterhaltungsmaßnahmen und den Ersatz ganzer Bauteile beliebig zu verlängern. Irgendwann kommt aber der Zeitpunkt, wo sich solche Reparaturen nicht mehr lohnen. Es ist wirtschaftlich sinnvoll, das Aggregat vor Ablauf der technischen Nutzungsdauer durch eine neue Anlage (Ersatzinvestition) zu ersetzen.

Die wirtschaftliche Betrachtung der Nutzungsdauer löst sich vom technischen Aspekt. Man fragt jetzt: welche Nutzungsdauervariante stiftet den größten Nutzen, leistet den höchsten Beitrag zur unternehmerischen Zielsetzung? Oben wurde festgestellt, daß die Kapitalwertmaximierung dem Ziel langfristiger Gewinnmaximierung (bzw. Endvermögensmaximierung) entspricht. Daraus folgt: Das Unternehmen sollte sich für jene Nutzungsdauervariante entscheiden, die den **höchsten Kapitalwert** verspricht. Diese kritische Nutzungsdauer bezeichnet man als optimale oder **wirtschaftliche Nutzungsdauer.**

Anders als oben dargestellt ist bei der Ermittlung der Vorteilhaftigkeit von Investitionsobjekten die Nutzungsdauer nicht Datum, sondern Entscheidungsvariable. Man ermittelt also die Vorteilhaftigkeit einer Anlage nicht für eine vorgegebene Nutzungsdauer, sondern für mehrere Nutzungsdaueralternativen. Zur Erläuterung dieser Problematik wollen wir davon ausgehen, daß
– der zeitabhängige Zahlungsstrom bekannt und sicher ist und daß
– auf einem vollkommenen Kapitalmarkt während des Planungszeitraums der Kalkulationszinsfuß i gilt.

Wie lang die wirtschaftliche Nutzungsdauer eines Investitionsobjektes ist, hängt nicht nur von diesen Daten ab. Am Ende der wirtschaftlichen Nutzungsdauer des Aggregates I wird Kapital freigesetzt, das man natürlich nicht in der Kasse liegen läßt, sondern das man im allgemeinen reinvestiert. Schon jetzt sagt der gesunde Menschenverstand: **Je lukrativer die Folgeinvestitionen** (nach Beendigung der wirtschaftlichen Nutzungsdauer von I sind), desto stärker ist der Anreiz zur Folgeinvestition, desto stärker ist der Anreiz, die Investition **I vorzeitig abzubrechen.**

Wer also die wirtschaftliche Nutzungsdauer n_I von I ermitteln will, muß klare Vorstellungen über seine Investitionsmöglichkeiten nach n_I haben. Eine Unternehmung mit offenem Ende steht also vor dem Problem, die Investitionsmöglichkeiten für einen unendlichen Planungszeitraum zu prognostizieren und zu bewerten.

---

[32] Vgl. S. 938

Das offene Entscheidungsfeld entzieht sich planerischer Beherrschbarkeit: Der Versuch, für einen unendlichen Planungszeitraum unendlich viele Investitionsalternativen durchzurechnen, ist zum Scheitern verurteilt. Zur didaktischen Darstellung des Problems schränkt die gängige Investitionsliteratur[33] die Frage der Nachfolgeinvestitionen von I auf drei Fälle ein:
(1) **Einmalige Investition** von I. Nach n_I wird das Kapital zum Kalkulationszinsfuß i angelegt.
(2) **Zweimalige Investition** von I_1 und I_2. Nach $n_{I1} + n_{I2}$ wird das Kapital zum Kalkulationszinsfuß i angelegt.
(3) **Unendliche Kette** identischer Investitionsobjekte $I_1, I_2, \ldots I_l$.

Im folgenden wird gezeigt, wie sich in allen drei Fällen die optimale Nutzungsdauer der Anlage I ermitteln läßt. Dabei wird einschränkend unterstellt, daß die technische Nutzungsdauer von I auf sechs Perioden beschränkt ist. Die Frage ist dann, ob die wirtschaftliche Nutzungsdauer n_I bei 1, 2, ... oder 6 Perioden liegt.

Fall (1) Einmalige Investition

Bei einem Kalkulationszinsfuß i = 0,10 soll die Sachinvestition I nur ein einziges Mal getätigt werden. Nach Beendigung der wirtschaftlichen Nutzungsdauer von I soll verfügbares Kapital zum Kalkulationszinsfuß angelegt werden. Das Aggregat I kann maximal sechs Jahre genutzt werden (technische Nutzungsdauer). Die Anschaffungsauszahlung A_0 beträgt 1.700. Die jährlichen Einzahlungsüberschüsse $E_t - A_t$ sowie der Restwertverlauf L_n sind der folgenden Übersicht zu entnehmen:

Zeitpunkt	t_0	t_1	t_2	t_3	t_4	t_5	t_6
A_0	− 1.700						
$E_t - A_t$		300	450	640	350	400	250
L_n		1.500	1.450	1.375	1.250	1.000	800
K		− 64	+ 143	+ 458	+ 518	⌐+ 534⌐	+ 506

Abb. 20: Kapitalwerte bei einmaliger Investition

Würde die Anlage I nur ein Jahr lang genutzt, hätte sie einen negativen Kapitalwert von − 64. Das Kapitalwertmaximum erreicht man innerhalb der wirtschaftlichen Nutzungsdauer von fünf Jahren (K = + 534). Eine Weiternutzung in der sechsten Periode wäre unvorteilhaft, weil der Kapitalwert in diesem Fall auf + 506 zurückginge.

Zur Bestimmung der optimalen Nutzungsdauer muß man nicht unbedingt den dynamischen Weg über die Ermittlung der Kapitalwerte für die einzelnen Nutzungsdaueralternativen gehen. Es gibt einen zweiten, statischen Lösungsweg. Dabei betrachtet man nur die Zahlungsströme in der **letzten, kritischen Periode**.

---

[33] Vgl. für viele andere Kruschwitz, L., (Investitionsrechnung), a. a. O., S 137 ff.

Ehe der Zahlungsstrom des obigen Beispiels analysiert wird, sei an einen kostenrechnerischen Grundtatbestand erinnert. Dort werden für die Nutzung von Betriebsmitteln
- kalkulatorische Abschreibungen[34] und
- kalkulatorische Zinsen[35]

als Kosten in Ansatz gebracht. Eine maschinelle Anlage muß also mit ihrem Produktionsergebnis pro Periode den Wertverzehr, d. h. die Abnahme des Restverkaufserlöses innerhalb der Periode und die Zinsen auf das in der Anlage gebundene Kapital erwirtschaften.

Auf die Zahlungsebene der Investitionsrechnung übertragen heißt dies: Die **laufenden Einzahlungen** der zu beurteilenden Periode n, also E_n müssen mindestens so groß sein wie die Summe aus
- den **laufenden Auszahlungen A_n**, die im Zusammenhang mit Lohnzahlungen, Werkstoffverbrauch usw. anfallen,
- die **Wertminderung** der Anlage I, die sich aus der **Abnahme des Restverkaufserlöses** L während der Periode n ergibt ($L_{n-1} - L_n$) und
- den **Zinsen** auf das gebundene Kapital. Am Periodenanfang ist Kapital in Höhe des Restverkaufserlöses L_{n-1} gebunden. Die Zinsen beziffern sich somit auf $i \cdot L_{n-1}$.

Mit anderen Worten: Die Fortführung des Investitionsobjektes während der zu beurteilenden Periode n lohnt sich nur, wenn die im fraglichen Zeitraum erzielbaren Einzahlungsüberschüsse ($E_n - A_n$) größer sind als der Wertverzehr ($L_{n-1} - L_n$) zuzüglich der Zinsen auf das am Periodenanfang gebundene Kapital ($i \cdot L_{n-1}$). Diese Zinsen müssen aus den Einzahlungsüberschüssen erwirtschaftet werden, weil bei Abbruch der Investition am Ende der Vorperiode n–1 der Liquidationserlös L_{n-1} erzielt würde, wobei das freigesetzte Kapital zum Kalkulationszinsfuß angelegt werden könnte.

Die Investition sollte also in der fraglichen Periode n nur fortgeführt werden, wenn folgende Bedingung erfüllt ist:

$$(E_n - A_n) > (L_{n-1} - L_n) + i \cdot L_{n-1} \text{ oder:}$$
$$(E_n - A_n) - (L_{n-1} - L_n) - i \cdot L_{n-1} > 0$$

Ist im Beispiel aus Abb. 20 die Fortführung der Investition im sechsten Jahr vorteilhaft?

$$(E_6 - A_6) \quad - (L_5 - L_6) \quad - i \cdot L_5 \quad > \quad 0$$
$$250 \quad - (1.000 - 800) \quad - 0,10 \cdot 1.000 \quad = -50$$

Das negative Ergebnis von –50 zeigt, daß sich die Fortführung der Investition während des sechsten Jahres nicht lohnt. Zinst man den auf t_6 bezogenen „Nachteil" von 50 auf t_0 mit i = 0,10 ab, erhält man für den Nachteil einen Barwert von – 28. Dies entspricht exakt der Abnahme des Kapitalwertes, die durch die Weiternutzung im sechsten Jahr eintritt (506–534 = 28).

---

[34] Vgl. S. 1115 ff.
[35] Vgl. S. 1117 ff.

Fall (2) Zweimalige Investition

Im folgenden wird angenommen, daß die Investition I ein einziges Mal wiederholt werden soll. Es gilt also folgende Sequenz:

Investition	Investition	Kapitalanlage zu
I_1	I_2	i

Da der zweiten Investition I_2 die Kapitalanlage zum Kalkulationszinsfuß i folgt, gilt für diese Investition und ihre Nutzungsdauer n_2 das, was zum Fall (1) gesagt wurde: Die optimale Nutzungsdauer n_2 beträgt fünf Jahre. Es stellt sich also nur noch die Frage, wie lang die **optimale Nutzungsdauer n_1** der **Investition I_1** ist.

Bezogen auf die kritische Periode n steht der Investor vor der Frage, ob er die Investition I_1 bis zum Periodenende n weiterführt oder ob er sie am Periodenanfang n−1 abbricht. Gemessen am Abbruch in n−1 hat die Fortführung den Vorteil, daß man die Einzahlungsüberschüsse der Periode n, also ($E_n - A_n$) noch vereinnahmen kann. Diesem Vorteil stehen mehrere **Nachteile** gegenüber:
- Die **Wertminderung** in n **($L_{n-1} - L_n$)**,
- die (entgangenen) **Zinsen** auf den nicht realisierten **Liquidationserlös** am Periodenanfang, also $i \cdot L_{n-1}$ sowie
- die Verschiebung des Starts der lukrativen Investition I_2 von n−1 auf n. Die Realisierung des Kapitalwerts K_2 der Folgeinvestition I_2 um eine Periode verursacht **Opportunitätskosten** in Höhe von $i \cdot K_2$.

Die Fortführung von I_1 während der kritischen Periode n ist nur vorteilhaft, wenn folgende Bedingung erfüllt ist:

$$(E_n - A_n) - (L_{n-1} - L_n) - i \cdot L_{n-1} - i \cdot K_2 > 0$$

Aus Abb. 20 ist ersichtlich, daß die Investition I_2 eine optimale Nutzungsdauer von fünf Jahren hat und der Kapitalwert K_2 + 534 beträgt. Zunächst ist zu prüfen, ob auch die Investition I_1 während des fünften Jahres fortgeführt werden soll:

$(E_5 - A_5)$	$-(L_4 - L_5)$	$-i \cdot L_4$	$-i \cdot K_2$	>	0
+ 400	− (1.250 − 1.000)	− 0,10 · 1.250	− 0,10 · 534	=	− 28,4

Der Wert von − 28,4 zeigt, daß eine Nutzung von I_1 während der fünften Periode unvorteilhaft ist. Ist die Nutzung von I_1 während der vierten Periode vorteilhaft?

$(E_4 - A_4)$	$-(L_3 - L_4)$	$-i \cdot L_3$	$+i \cdot K_2$	>	0
+ 350	− (1.375 − 1.250)	− 0,10 · 1.375	+ 0,10 · 534	=	+ 34,1

Die Nutzung von I_1 während der vierten Periode bringt einen Vorteil von + 34,1. In unserem Beispiel liegt also die optimale Nutzungsdauer von I_1 bei vier, diejenige von I_2 bei fünf Jahren.

Fall (3) Unendliche Investitionskette

Der Investor steht jetzt vor der Situation, die identische Investition unendlich oft zu wiederholen. Die **Investitionskette** setzt sich also aus den

Einzelgliedern $I_1, I_2, \ldots I_m$ zusammen. Für jede Einzelinvestition gilt eine technische Nutzungsdauer von sechs Jahren und ein Kalkulationszinsfuß $i = 0{,}10$. Der Zahlungsstrom mit den nutzungsdauerabhängigen Kapitalwerten $K_1, K_2, \ldots K_6$ findet sich in der obigen Abb. 20. Für den Investor erhebt sich die Frage nach der **optimalen Nutzungsdauer eines Investitionsgliedes I**.

Nutzungsjahre	Kapitalwert der Einzelinvestition (K)	Annuitätenfaktor (ANF)	Annuität (a = K · ANF)	Kapitalwert der Investitionskette $\left(\dfrac{a}{i}\right)$
1	− 64	1,10000	− 70,40	− 704
2	+ 143	0,57619	+ 82,40	+ 824
3	+ 458	0,40211	+ 184,17	+ 1.842
4	+ 518	0,31547	+ 163,41	+ 1.634
5	+ 534	0,26380	+ 140,87	+ 1.409
6	+ 506	0,22961	+ 115,95	+ 1.160

Abb. 21: Kapitalwerte einer unendlichen Investitionskette

Zur Ermittlung der optimalen Nutzungsdauer einer unendlichen Investitionskette werden die alternativen nutzungsdauerabhängigen Kapitalwerte der Einzelinvestition aus Abb. 20 in einen kontinuierlichen Zahlungsstrom **(Annuität)** umgerechnet. Bei dreijähriger Nutzungsdauer erreicht die Annuität mit + 184,17 ihr Maximum. Der Investor erwirtschaftet also bei einem dreijährigen Investitionsturnus einen Entnahmestrom von + 184,17 pro Periode. Optimal ist die (Einzel-) Nutzungsdauer von drei Jahren, weil der Jahresbetrag der ewigen Rente bei dieser Nutzungsdaueralternative sein Maximum erreicht. Der **Kapitalwert** der **gesamten Investitionskette** entspricht dem **Barwert der ewigen Rente**. Er ist in der letzten Spalte der Abb. 21 ausgewiesen.

Das Ergebnis der Fälle (1) bis (3) läßt sich wie folgt zusammenfassen:

Investitionsvariante	optimale Nutzungsdauer
einmalige Investition	5 Jahre
zweimalige Investition	4 Jahre
unendliche Investition	3 Jahre

Abb. 22: Optimale Nutzungsdauer

Dieses Ergebnis entspricht unserer Eingangshypothese: Je **lukrativer** die **Folgeinvestition**(en), desto stärker ist die **Tendenz** zur **Verkürzung der Nutzungsdauer** der laufenden Investition. Durch eine Verlängerung der

Nutzungsdauer der laufenden Investition werden die Vorteile aus den Folgeinvestitionen auf die lange Bank geschoben. Durch die Wartezeit entstehen Opportunitätskosten, die der laufenden Investition anzulasten sind.

Bis jetzt haben wir uns mit der Frage beschäftigt, wie die optimale Nutzungsdauer einer Investition ex ante, d. h. vor Durchführung der Investition ermittelt werden kann. Könnte ein Unternehmen – wie hier unterstellt – von sicheren Erwartungen ausgehen, wären mit der Ermittlung der optimalen Nutzungsdauer alle Nutzungsdauerprobleme gelöst.

In Wirklichkeit muß aber jeder Investor damit rechnen, daß die tatsächlichen Zahlungsströme von den Plandaten abweichen. Eine Investition kann sich – je nach Entwicklung der Umweltbedingungen – günstiger oder ungünstiger entwickeln als ursprünglich erwartet. Entwickelt sich die Investition günstiger (ungünstiger) als ursprünglich erwartet, besteht c. p. eine Tendenz zur Verlängerung (Verkürzung) der Nutzungsdauer.

In beiden Fällen zwingt die veränderte Datenlage den Investor ex post, d. h. nach der Realisierung des Investitionsprojektes, die ursprünglich veranschlagte wirtschaftliche Nutzungsdauer einer **Überprüfung** zu unterziehen. Bei **veränderter Datenlage** stellt sich die Frage nach dem **optimalen Ersatzzeitpunkt**. Bei der Feststellung des optimalen Ersatzzeitpunktes ist zu entscheiden, ob eine vorhandene Anlage durch eine gleichartige bzw. eine modernere, leistungsfähigere Neuanlage ersetzt werden soll. Zur Ermittlung des optimalen Ersatzzeitpunktes gelten im wesentlichen die **gleichen Grundsätze** wie sie zur Feststellung der **optimalen Nutzungsdauer**[36] entwickelt wurden. Auch hier läßt sich sagen: je vorteilhafter die Ersatzinvestition ist, desto höher ist c. p. die Wahrscheinlichkeit eines schnellen Ersatzes der Altanlage. (**ÜB 5**/29–30)

d) Investitionsmodelle zur Berücksichtigung von Gewinnsteuern

Das deutsche Steuerrecht kennt mehrere **gewinnabhängige Steuern** (Ertragsteuern).[37] Zu ihnen gehören
– die Einkommensteuer
– die Körperschaftsteuer und
– die Gewerbeertragsteuer.[38]

In der dynamischen Investitionsrechnung können Steuerzahlungen[39] unter der Auszahlungsgröße A_t und Steuererstattungen unter der Einzahlungsgröße E_t erfaßt werden. Trotz dieser klaren Zuordnung ist die Berücksichtigung gewinnabhängiger Steuern im Investitionskalkül mit großen Problemen verbunden.

Will man den **tatsächlichen Einfluß** der Gewinnsteuern auf die Vorteilhaftigkeit einer Einzelinvestition erfassen, muß man die künftige Steuerbela-

---

[36] Vgl. hierzu Kruschwitz, L., (Investitionsrechnung), a. a. O., S. 150 ff.
[37] Zu den steuerlichen Einzelheiten vgl. Wöhe, G., Die Steuern des Unternehmens, 6. Aufl., München 1991, S. 43 ff.
[38] Da sich die Kirchensteuer nach der Höhe der Einkommensteuer richtet, wird sie in Theorie und Praxis häufig als Quasiertragsteuer berücksichtigt.
[39] Auch gewinnunabhängige Steuern, wie insbesondere die Substanzsteuern, können auf diesem Wege in die Investitionsrechnung integriert werden.

stung im Wege der **Veranlagungssimulation** für jede Planungsperiode ermitteln. Diese Vorgehensweise ist **zeitraubend,** weil die Gewinnsteuerbemessungsgrundlagen nicht einheitlich definiert und zudem noch (teilweise) interdependent sind; sie ist außerdem mit großen Abgrenzungsproblemen verbunden. Eine exakte Zurechnung der anteiligen Gewinnsteuerbelastung auf ein einzelnes Investitionsobjekt bereitet bei einem progressiven Einkommensteuertarif und einem ausschüttungsabhängigen Körperschaftsteuertarif größte Probleme.[40]

Hat man die anteilige Gewinnsteuerbelastung eines zu beurteilenden Investitionsobjektes im Wege der Veranlagungssimulation prognostiziert, kann man ein **vollständiges Zahlungstableau** erstellen, in dem die Realisierungsvariante mit der Unterlassensalternative verglichen wird.[41]

Die Veranlagungssimulation führt zu relativ exakten Planungsergebnissen, ist aber mit hohem Planungsaufwand verbunden. Man hat deshalb nach Wegen zur vereinfachten, modellmäßigen Berücksichtigung von Steuern im Investitionskalkül gesucht. Das bekannteste und einfachste Rechenverfahren ist das sog. **Standardmodell mit Gewinnsteuern.** Dieses Modell läßt sich – verkürzt – so charakterisieren:

– Im Wege der **Kapitalwertmethode** ermittelt man K_S, den Kapitalwert nach Steuern.
– Auf einem **vollkommenen Kapitalmarkt** herrscht ein einheitlicher Kalkulationszinsfuß i.
– Es gibt nur eine einzige **allgemeine Gewinnsteuer,** die alle Anlagemöglichkeiten im betrieblichen und privaten Bereich mit einem proportionalen Steuertarif erfaßt.
– **Steuerzahlungen** sind jeweils zum **Periodenende** zu leisten. Bei **Verlusten** (V) leistet das Finanzamt eine (unbegrenzte) **Steuerrückzahlung** in Höhe von s · V zum Ende der Verlustperiode.

Das folgende Beispiel geht davon aus, daß der Kalkulationszinsfuß vor Steuern 10 Prozent beträgt (i = 0,10) und daß der Tarif der allgemeinen Gewinnsteuer bei 40 Prozent liegt (s = 0,40). Wird das Investitionsobjekt mit Fremdkapital finanziert, können die **Fremdkapitalzinsen** als **steuermindernder Aufwand** geltend gemacht werden. Die Kapitalkosten nach Abzug von Steuern belaufen sich auf 6 Prozent (= **Nettokapitalkosten**).

Wird das Investitionsvorhaben mit **Eigenkapital** finanziert, stellt der Investor folgende Überlegung an: Beim Unterlassen der Investition wird das verfügbare Eigenkapital zu 10 Prozent brutto am Kapitalmarkt angelegt. Auch diese **Eigenkapitalverzinsung** wird von der allgemeinen Gewinnsteuer getroffen. Der **Nettoertrag** der „Unterlassensalternative" liegt also bei 6 Prozent. Bei Durchführung der betrieblichen Investitionsalternative verzichtet der Investor auf den Nettoertrag der „Unterlassensalternative". Seine **Nettokapitalkosten** liegen also auch im Falle der Eigenfinanzierung bei 6 Prozent.

---

[40] Vgl. Wöhe/Bieg, a. a. O., S. 356
[41] Zur Vorgehensweise vgl. Kruschwitz, L., (Investitionsrechnung), a. a. O., S. 117 ff.

Bezeichnet man die Gewinnsteuerbelastung einer Planperiode t mit S_t, dann erfaßt man den Zahlungsstrom des (betrieblichen) Investitionsobjektes mit:

$$E_t - A_t - S_t$$

Dem zu beurteilenden Investitionsobjekt werden also Zahlungen nach **Abzug von Gewinnsteuern** zugerechnet. Der Vorteilhaftigkeitsvergleich zwischen Realisieren und Unterlassen würde verzerrt, wenn die Nettoerträge der (betrieblichen) Investition mit den Bruttoerträgen der Alternativanlage am Kapitalmarkt verglichen würden. Die **Nettoerträge** der (betrieblichen) Investition müssen vielmehr an den **Nettokapitalkosten** gemessen werden. Als Kalkulationszinsfuß im Steuerfall i_S gilt deshalb:

$$i_s = i \cdot (1 - s)$$

Sowohl bei Eigen- wie bei Fremdfinanzierung sind die Nettozahlungsströme der (betrieblichen) Investition mit dem **Nettokalkulationszinsfuß** i_S zu diskontieren. Wenn im folgenden die Formel zur Ermittlung des Nettokapitalwerts K_S entwickelt wird, soll zunächst von der Existenz eines **Veräußerungserlöses L_n** der ausscheidenden Altanlage **abgesehen** werden.

Die am Periodenende fällige Gewinnsteuerzahlung S_t ist das Produkt aus der Steuerbemessungsgrundlage B_t und dem Gewinnsteuersatz s, also:

$$S_t = B_t \cdot s$$

Dabei wird die Gewinnsteuerbemessungsgrundlage B_t – anders als bei der Veranlagungssimulation – nicht nach dem real geltenden Steuerrecht ermittelt. Man unterstellt vielmehr, daß

$$B_t = E_t - A_t - AfA_t$$

Man geht also von der wirklichkeitsfernen Fiktion aus, daß die Gewinnsteuerbemessungsgrundlage dem Einzahlungsüberschuß abzüglich der steuerlichen Abschreibungen AfA_t entspricht. Die folgende Übersicht zeigt, wie sich der Kapitalwert vor Steuern K^{42} zum **Kapitalwert nach Steuern K_S** transformieren läßt.

		(ohne Steuern)
$K = \sum_{t=1}^{n} (E_t - A_t)$	$\cdot (1+i)^{-t}$	$- A_0$
		(mit Steuern)
(1) $K_s = \sum_{t=1}^{n} (E_t - A_t - S_t)$	$\cdot (1+i_s)^{-t}$	$- A_0$
(2) $K_s = \sum_{t=1}^{n} (E_t - A_t - s \cdot B_t)$	$\cdot (1+i_s)^{-t}$	$- A_0$
(3) $K_s = \sum_{t=1}^{n} [E_t - A_t - s \cdot (E_t - A_t - AfA_t)]$	$\cdot (1+i_s)^{-t}$	$- A_0$

Abb. 23: Kapitalwert nach Steuern (ohne Veräußerungserlös L_n)

---

[42] Zur Entwicklung der Kapitalwertformel K vgl. S. 638

Die Gleichung in Zeile (3) zeigt die **gängige Formel** zur Berechnung des Kapitalwertes nach Steuern, wenn es keinen **Veräußerungserlös L_n** am Ende der Nutzungsdauer gibt.

Werden bei einer Sachinvestition planmäßige Periodenabschreibungen AfA_t in Ansatz gebracht, verringert sich der **Restbuchwert RBW_t** um die bis zum Zeitpunkt t vorgenommenen Periodenabschreibungen. Eine Anlage mit Anschaffungskosten von 1.000, die über fünf Jahre linear abgeschrieben wird, steht am Ende der vierten Periode mit $RBW_4 = 200$ zu Buche. Wird die Anlage in t_4 veräußert, erhält man den Veräußerungserlös L_4, der größer, gleich oder geringer ist als der Restbuchwert RBW_4.

Am Ende der Nutzungsdauer können bei Berücksichtigung des Veräußerungserlöses L_n folgende Fälle eintreten:

Annahme	Steuerwirkung	
$L_n = RBW_n$	erfolgsneutral	→ keine Steuerwirkung
$L_n > RBW_n$	Veräußerungsgewinn	→ Steuerbelastung in n steigt
$L_n < RBW_n$	Veräußerungsverlust	→ Steuerbelastung in n sinkt

Abb. 24: Steuerwirkung im Veräußerungsfall

Es gilt also:
Veräußerungserfolg: $(L_n - RBW_n)$
Steuer auf Veräußerungserfolg: $s \cdot (L_n - RBW_n)$
Steuerbarwert: $s \cdot (L_n - RBW_n) \cdot (1 + i_s)^{-n}$
Nettobarwert: $[L_n - s \cdot (L_n - RBW_n)] \cdot (1 + i_s)^{-n}$

Unter Berücksichtigung des **Veräußerungserlöses L_n** läßt sich für den **Kapitalwert nach Steuern** schreiben:

$$K_s = \sum_{t=1}^{n} \left[E_t - A_t - s \cdot (E_t - A_t - AfA_t) \right] \cdot (1 + i_s)^{-t}$$
$$+ [L_n - s \cdot (L_n - RBW_n)] \cdot (1 + i_s)^{-n}$$
$$- A_0$$

Im zugehörigen Übungsbuch findet sich ein Anwendungsbeispiel zur Ermittlung des Kapitalwerts nach Steuern. (**ÜB 5/31–33**) Dabei wird das **Steuerparadoxon,**[43] wonach der Nettokapitalwert mit steigendem Steuersatz steigt, erläutert.

Der hohe Abstraktionsgrad des **Standardmodells** mit Gewinnsteuern hat Vor- und Nachteile. Der **Vorteil** besteht darin, daß
- die Querbeziehungen zwischen der Besteuerung des zu beurteilenden Investitionsobjekts und der **Vergleichsalternative** (Verzinsung zum Kalkulationszinsfuß) **transparent** gemacht werden und daß

---

[43] Vgl. hierzu Schneider, D., Investition, Finanzierung und Besteuerung, a.a.O., S. 246 ff.

654 Fünfter Abschnitt. Investition und Finanzierung

– der Einfluß unterschiedlicher **steuerlicher Abschreibungen** auf die Vorteilhaftigkeit der Investition mit einfachen Mitteln (vgl. die Aufgabe im zugehörigen Übungsbuch) errechnet werden kann.

Der **Nachteil** der modellmäßigen Abstraktion ist die **Entfernung** vom **geltenden Ertragsteuerrecht.** Je höher die Gewinnsteuerbelastung und je gewichtiger das zu beurteilende Investitionsvorhaben, desto eher lohnt sich der hohe Planungsaufwand der Veranlagungssimulation. (ÜB 5/31–33)

e) Weiterentwicklung des Grundmodells der Investitionsrechnung

Das **Grundmodell** der Investitionsrechnung[44] wird wegen seiner realitätsfernen Vereinfachungen heftig kritisiert. Die wichtigsten Kritikpunkte sind:

(1) Es gibt **keinen vollkommenen Kapitalmarkt,** auf dem beliebige Beträge zum einheitlichen Zinsfuß geliehen bzw. angelegt werden können.
(2) Es ist **schwer,** in vielen Fällen unmöglich, einer zu beurteilenden Sachinvestition anteilige **Auszahlungen,** vor allem aber anteilige **Einzahlungen zuzuordnen.**
(3) Es gibt **keine vollkommene Voraussicht.** Investitionen sind mit Risiko behaftet.

Diese drei Kritikpunkte veranlaßten die einschlägige Literatur zur Weiterentwicklung der Investitionsrechnung. An dieser Stelle wollen wir uns mit den Konsequenzen aus den ersten beiden Kritikpunkten auseinandersetzen. Möglichkeiten zur Berücksichtigung des Risikos bei Investitionsentscheidungen – Kritikpunkt (3) – werden im nächsten Kapitel aufgegriffen. Entfällt die Annahme eines vollkommenen Kapitalmarkts – Kritikpunkt (1) –, ist der **Kalkulationszinsfuß kein Datum** mehr. Die Annäherung der Investitionsrechnung an die Realität hat ihren Preis: **Investitionsentscheidungen** können – anders als im Grundmodell – **nicht** mehr **isoliert** getroffen werden. Je niedriger die Finanzierungskosten i, desto höher wird c.p. das Investitionsvolumen. Je erfolgversprechender („rentabler") die Investitionsprojekte, desto höher wird c.p. das Fremdfinanzierungsvolumen, weil Investitionen mit hoher interner Verzinsung auch bei teurer Kreditaufnahme noch lohnenswert sind.

Dieser Interdependenz von Investitions- und Finanzierungsentscheidungen versucht das sogenannte Dean-Modell,[45] das schon zu Beginn der fünfziger Jahre entwickelt wurde, auf einfachste Weise Rechnung zu tragen. Das Dean-Modell basiert auf folgender Erfahrung: Die in ein Investitionsprogramm aufzunehmenden einzelnen Investitionsobjekte haben eine unterschiedliche **interne Verzinsung.** Die verschiedenen Finanzierungsalternativen sind mit unterschiedlichen **Finanzierungskosten** verbunden. Dean sortiert die Investitions- und Finanzierungsalternativen nach ihrer Vorziehenswürdigkeit: Investitionsobjekte nach abnehmendem internen Zinsfuß r und Finanzierungsalternativen nach zunehmenden Finanzierungskosten i.

---

[44] Vgl. S. 637 ff.
[45] Zum Dean-Modell vgl. Hax, H., Investitionstheorie, 5. Aufl., Würzburg 1985, S. 62 ff.

Investitions- alternativen I	Investitions- betrag A_0	interner Zinsfuß r
1	100	0,18
2	200	0,15
3	100	0,12
4	300	0,10
5	200	0,06

Finanzierungs- alternativen F	Kredit- volumen	Finanzierungs- kosten i
1	600	0,06
2	400	0,08
3	300	0,12

Abb. 25: Investitions- und Finanzierungsalternativen

In den Investitionsalternativen (Finanzierungsalternativen) manifestiert sich die Kapitalnachfrage (das Kapitalangebot). Graphisch läßt sich dieser Zusammenhang folgendermaßen darstellen:

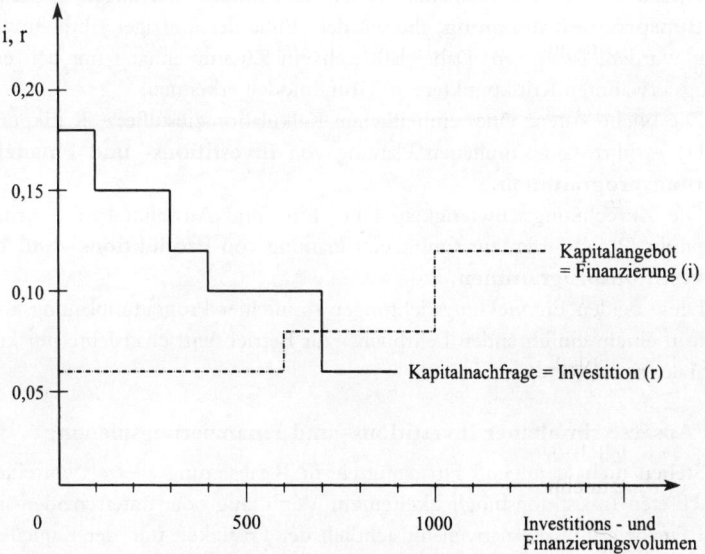

Abb. 26: Kapitalangebot und -nachfrage im Dean-Modell

Das vierte Investitionsobjekt kann noch realisiert werden, weil seine interne Verzinsung (10 Prozent) über den zugehörigen Finanzierungskosten (6 Prozent bzw. 8 Prozent) liegt. Die Realisierung des fünften Investitionsprojektes führt zu einem negativen Grenzgewinn, weil die Finanzierungskosten die interne Verzinsung übersteigen.

Das Dean-Modell hat große **Vorteile:**
- Es berücksichtigt die **Kapitalmarktrealität** weitaus besser als das Grundmodell, weil es ohne die wirklichkeitsfremde Vorgabe eines (einheitlichen) Kalkulationszinsfußes auskommt.
- Anders als die nachfolgend beschriebenen simultanen Planungsmodelle ist es **rechentechnisch leicht** zu handhaben.

Diese Planungsbequemlichkeit hat ihren Preis. Die **Kritik** an diesem Modell konzentriert sich auf zwei Punkte:
- Unternehmerische Tätigkeit setzt permanente Zahlungsbereitschaft[46] voraus. Als statisches Modell beschränkt sich das Dean-Modell auf eine Zeitpunktbetrachtung und **vernachlässigt** mögliche **Auszahlungsüberschüsse** im Zeitverlauf.
- Die Annahme, daß **Kapitalrückflüsse** aus den geplanten Investitionen zu deren **internem Zinsfuß** angelegt werden können, ist in der Regel **unrealistisch.**

Das Dean-Modell kann keine exakte, sondern nur eine näherungsweise Antwort auf die Frage nach der Vorteilhaftigkeit einer Investition bzw. eines Investitionsprogramms geben. Als **heuristisches Planungsverfahren** führt es nicht zu optimalen, wohl aber zu **guten** oder **befriedigenden Planungsergebnissen.**

Diesen methodischen Nachteil wollen die **exakten Verfahren** der **Investitionsprogrammplanung,** die seit dem Ende der fünfziger Jahre entwickelt wurden, beseitigen. Dabei läßt sich ein Zusammenhang mit den eingangs erwähnten Kritikpunkten am Grundmodell erkennen:
- Die Nichtexistenz eines einheitlichen Kalkulationszinsfußes – Kritikpunkt (1) – führte zur simultanen Planung von **Investitions- und Finanzierungsprogrammen.**
- Die Zurechnungsschwierigkeiten bei Ein- und Auszahlungen – Kritikpunkt (2) – führten zur simultanen Planung von **Produktions- und Investitionsprogrammen.**

Diese beiden Entwicklungsrichtungen simultaner Programmplanung können in einem einführenden Lehrbuch[47] zur Betriebswirtschaftslehre nur kurz charakterisiert werden.

(1) Ansätze simultaner Investitions- und Finanzierungsplanung

Stehen nicht genügend Finanzmittel zur Realisierung aller als vorteilhaft erachteten Investitionsmöglichkeiten zur Verfügung oder unterscheiden sich die Finanzierungsalternativen hinsichtlich der Fristigkeit und der Kapitalkosten, müssen die Restriktionen des Finanzbereichs bei der Investitionsplanung berücksichtigt werden. Hierfür eignen sich die Modelle der simultanen

---

[46] Wer die Zahlungsfähigkeit verliert, muß Insolvenz anmelden. Vgl. S. 686
[47] Der an Einzelheiten interessierte Leser wird auf folgende Quellen verwiesen: Blohm/Lüder, a. a. O., München 1995, S. 296 ff. sowie Kruschwitz, L., a. a. O., (Investitionsrechnung) S. 161 ff.

Investitions- und Finanzierungsplanung. Mit ihrer Hilfe können die Investitions- und Finanzierungsprojekte ermittelt werden, deren Kombination dem Betrieb den **höchsten Gewinn** versprechen. Die Ergebnisse der Produktions- sowie der Absatzplanung werden dabei als Datum vorausgesetzt.

Zur simultanen Investitions- und Finanzierungsplanung sind verschiedene Ansätze entwickelt worden. Allen Modellen ist gemeinsam, daß sie das Optimierungsproblem mit Hilfe der **linearen Programmierung**[48] zu lösen versuchen. Dabei soll eine Zielfunktion unter Beachtung restriktiver Nebenbedingungen maximiert werden. Die **Zielfunktion** beschreibt die Zahlungsströme der Investitions- und Finanzierungsalternativen, die **Nebenbedingungen** umfassen die Liquiditäts- und Projektmengenrestriktionen. Der Unterschied zwischen den einzelnen Ansätzen liegt im verwendeten Zielkriterium. Als Zielkriterium wird entweder das Endvermögen[49] oder der Kapitalwert[50] der Programme benutzt. Die Endvermögensmodelle sind den Kapitalwertmodellen allerdings methodisch überlegen. Durch die explizite Berücksichtigung der spezifischen Zahlungsreihen der Investitions- und Finanzierungsalternativen in allen Planungsperioden entfällt bei ihnen die Notwendigkeit der einschränkenden Annahmen der Wiederanlageprämisse. Die Einzahlungsüberschüsse der Investitionen werden innerhalb des Planungszeitraums nicht pauschal zum Kalkulationszinsfuß angelegt, sondern schon im Modell der besten Verwendung zugeführt.[51]

Dem ermittelten Optimaltableau der Endwertmodelle ist nicht nur die beste Kombination von Investitions- und Finanzierungsalternativen zu entnehmen. Es liefert auch, als **Nebenprodukt,** die **endogenen Kalkulationszinsfüße** der einzelnen Perioden. Sie lassen sich aus den Dualwerten der Liquiditätsbedingungen ableiten. Wären diese Werte nicht erst nach der Ermittlung des optimalen Ergebnisses bekannt, könnte die Programmplanung auch mit Hilfe des Kapitalwertkriteriums sukzessiv gelöst werden. Zinst man die Zahlungsreihen aller nicht in das Optimalprogramm aufgenommenen Investitionsprojekte mit den aus dem Optimaltableau abgeleiteten endogenen Kalkulationszinsfüßen ab, so sind die Kapitalwerte dieser Projekte negativ. Die Kapitalwerte aller im Optimalprogramm enthaltenen Alternativen sind nicht negativ.

(2) **Ansätze simultaner Investitions- und Produktionsplanung**

Ein Nachteil aller Modelle der simultanen Investitions- und Finanzierungsplanung ist, daß den Investitionsalternativen jeweils genaue Zahlungs-

---

[48] Vgl. zum Verfahren der linearen Programmierung Müller-Merbach, H., Operations-Research, 3. Aufl., München 1973, S. 88 ff. sowie Domschke/Drexl, Einführung in Operations Research, 4. Aufl., Berlin u. a. 1998, S. 11 ff.
[49] Vgl. Hax, H., Investitions- und Finanzplanung mit Hilfe der linearen Programmierung, ZfbF 1964, S. 430 ff., Weingartner, H., Mathematical Programming and the Analysis of Capital Budgeting Problems, 2nd printing, Englewood Cliffs, N. J. 1964
[50] Vgl. Albach, H., Investition und Liquidität – Die Planung des optimalen Investitionsbudgets, Wiesbaden 1962
[51] Auch bei den Endvermögensmodellen kann nicht auf eine Abzinsung mit einem geschätzten Kalkulationszinsfuß verzichtet werden. Um die nach dem Planungsende liegenden Zahlungen zu berücksichtigen, werden diese mit dem Kalkulationszinsfuß auf das Planungsende abgezinst.

reihen zugeordnet werden müssen. Dies ist insbesondere bei Mehrproduktunternehmen und bei mehrstufigen Produktionsprozessen aufgrund der starken Interdependenzen in der Regel nicht möglich. Dieser Nachteil kann durch die Verwendung simultaner Investitions- und Produktionsplanungsmodelle[52] umgangen werden.

Auch diese Modelle basieren auf der **linearen Programmierung.** Ziel ist es, das optimale Investitions- und Produktionsprogramm zu ermitteln. Bei diesen Modellen werden in der **Zielfunktion** nur die Auszahlungen A_0 bei der Anschaffung und die Veräußerungserlöse L_n den Investitionsobjekten direkt zugeordnet. Die Erfassung aller anderen Zahlungen erfolgt produktbezogen über die Stückdeckungsbeiträge (Umsatzerlöse abzüglich variable Stückkosten). Die Zuordnung der Zahlungen auf die Investitionsobjekte wird somit auf die exakt verrechenbaren Zahlungen beschränkt. Dies erhöht die Realitätsnähe des Modells. Die **Nebenbedingungen** umfassen die Liquiditätsbedingungen, die Produktionsbedingungen und Absatzhöchstmengen.

Die Ansätze der simultanen Investitions- und Produktionsplanung unterliegen insbesondere der folgenden **Kritik:** Zum einen finden Interdependenzen der beiden Bereiche zum Finanzbereich keine Berücksichtigung. Die **Finanzplanung** wird als **Datum** vorausgesetzt. Es bleibt offen, zu welchem Zins Kapitalrückflüsse angelegt werden können. Ebenso wird die **Absatzplanung** als **Datum** angesehen. Die zum Absatzbereich bestehenden Interdependenzen bleiben somit unberücksichtigt.

Obwohl auch die Modelle zur simultanen Investitionsprogrammplanung die Realität mit ihren Entscheidungsinterdependenzen nur unzureichend abbilden, sind sie mit **hohem Rechenaufwand** verbunden. Die simultanen Planungsmodelle haben sich in der **Praxis** der Investitionsplanung **nicht durchsetzen** können: Zu gering ist der Nutzen aus der größeren Planungsgenauigkeit gemessen an den zusätzlichen Planungskosten. Ungeachtet dieser praktischen Vorbehalte haben diese Modelle die Investitionsplanung positiv beeinflußt: Sie haben die Notwendigkeit zur Berücksichtigung der Planungszusammenhänge zwischen den betrieblichen Funktionsbereichen Produktion, Absatz, Investition und Finanzierung aufgezeigt. Als **Erklärungsmodelle** sind sie von hohem didaktischen Wert.

Die Praxis der Investitionsplanung wird sich bei Abwägung von Planungsnutzen und Planungskosten auch weiterhin auf **heuristische Näherungslösungen** konzentrieren. Hierbei wird sie – auf absehbare Zeit – das Konzept **sukzessiver Planung** weiterverfolgen. Dabei wird man sich bemühen, die Interdependenzen durch schrittweisen **Abgleich** der **Teilpläne** weitgehend zu berücksichtigen. (**ÜB 5**/36 und 51)

---

[52] Vgl. zu diesen Modellen z. B. Albach, H., Investitionsentscheidungen in Mehrproduktunternehmen, in: Betriebsführung und Operations Research, hrsg. von Angermann, A., Frankfurt 1963, S. 24 ff.; Förstner/Henn, Dynamische Produktionstheorie und lineare Programmierung, Meisenheim a. Glan 1957; Jacobs, H., Neuere Entwicklungen in der Investitionsrechnung, ZfB 1964, S. 487 ff. und S. 551 ff.; Swoboda, P., Die simultane Planung von Rationalisierungs- und Erweiterungsinvestitionen und von Produktionsprogrammen, ZfB 1965, S. 148 ff.

5. Investitionsrechnung bei unsicheren Erwartungen

Investitionsrechnungen erfassen die erwarteten finanziellen Konsequenzen einer anstehenden Investitionsentscheidung. Zur informatorischen Unterstützung dieser Entscheidung werden im Rahmen der Investitionsrechnung Inputgrößen zu einer Ergebnisgröße verdichtet, die als Entscheidungskriterium dient. Bei der Kapitalwertmethode[53] gelten Einzahlungen E_t, Auszahlungen A_t, Nutzungsdauer n und Kalkulationszinsfuß i als **Inputgrößen,** der Kapitalwert seinerseits repräsentiert die **Ergebnisgröße.**

Die bisher dargestellten Verfahren der Investitionsrechnung[54] waren deterministische Modellrechnungen: die finanziellen Konsequenzen einer Investitionsentscheidung – also die Inputgrößen – galten als bekannt und sicher. Folglich konnte auch die Ergebnisgröße nur einen einzigen – sicheren – Wert annehmen. Der Ergebniswert, also beispielsweise ein Kapitalwert, der entweder positiv oder negativ war, erlaubte eine eindeutige Aussage über die Vorteilhaftigkeit der Investition.

Die **Investitionswirklichkeit** sieht anders aus. Die Inputgrößen (E_t, A_t, n und i) können nicht mit Sicherheit prognostiziert werden. So sind beispielsweise die künftigen Einzahlungen von der konjunkturellen Entwicklung, die künftigen Auszahlungen von der Entwicklung der Lohnkosten bzw. der Rohstoffpreise auf dem Weltmarkt abhängig. Für die Zukunft sind also **verschiedene Umweltzustände** denkbar, die die Inputgrößen in vielfacher Weise beeinflussen:

Umweltzustand	Inputgrößen	Ergebnisgröße
U_1	E_t A_t n i	K_1
U_2	E_t A_t n i	K_2

Abb. 27: Abhängigkeit der Ergebnisgröße von Inputgrößen und Umweltzustand

Aus jedem Umweltzustand resultiert eine bestimmte Wertkonstellation für die Inputgrößen. Je größer die Zahl alternativer Umweltzustände $U_{1,2,...u}$, desto größer die Bandbreite möglicher Kapitalwerte $K_{1,2,...u}$. Bei dem in Abb. 27 dargestellten Fall resultieren die beiden Kapitalwerte K_1 und K_2 aus der Inputgrößenkonstellation der Umweltzustände U_1 und U_2. Die Kapitalwerte K_1 und K_2 können verschieden sein, können aber auch gleich hoch sein. Eine Betragsgleichheit kann sich aus kompensatorischen Effekten bei

---

[53] Die folgenden Ausführungen beziehen sich vorzugsweise auf dieses Verfahren der Investitionsrechnung.
[54] Vgl. S. 628

den Inputgrößen ergeben. Wie ist das zu erklären? Markiert beispielsweise U_2 im Vergleich zu U_1 eine schlechtere Konjunkturlage, kann dies mit einem Rückgang der Einzahlungen E_t auf der einen Seite (der Kapitalwert würde c.p. sinken) und einem Rückgang der Auszahlungen A_t sowie einem sinken des Kalkulationszinsfußes i auf der anderen Seite (der Kapitalwert würde c.p. steigen) verbunden sein.

Andererseits kann es vorkommen, daß aus U_1 ein positiver Kapitalwert K_1, aus U_2 ein negativer Kapitalwert K_2 resultiert. Aus der Ungewißheit über den künftigen Umweltzustand ergibt sich dann das **Investitionsrisiko**.

Die Unsicherheit über das Eintreten künftiger Umweltzustände führt zu **mehrwertigen Investitionsergebnissen**. Man spricht von **stochastischen Investitionsmodellen**. Mit diesem Modelltyp beschäftigen sich die folgenden Ausführungen. Dabei wird gezeigt, wie

- Korrekturverfahren,
- Sensitivitätsanalysen,
- Risikoanalysen,
- Entscheidungsbaumverfahren und
- Portfoliotheoretische Ansätze

der Problematik des Investitionsrisikos begegnen. Bei dieser Gelegenheit wird man an eine alte Erfahrung erinnert: Einfache Planungsrechnungen sind zwar billig, aber ungenau. Anspruchsvolle Planungsrechnungen sind zwar genauer, dafür aber teurer.

a) Korrekturverfahren

Bei den Korrekturverfahren handelt es sich um einfache Faustregeln zur Bewältigung des Investitionsrisikos. Für jede der oben genannten Inputgrößen E_t, A_t, n und i wird zunächst ein Wert geschätzt. Der ursprüngliche Schätzwert wird dann nach dem Prinzip der Vorsicht mit einem Zuschlag bzw. Abschlag versehen.

geschätzte Inputgröße	Sicherheitskorrektur	korrigierte Inputgröße
E_t	wird verringert	$E_t^\star$
A_t	wird erhöht	$A_t^\star$
n	wird verkürzt	$n^\star$
i	wird erhöht	$i^\star$

Abb. 28: Zu- und Abschläge beim Korrekturverfahren

Alle Korrekturen laufen in eine Richtung: sie **dezimieren** den **Kapitalwert**. Dabei bemüht man sich, die Zu- und Abschläge so zu bemessen, daß man im Rahmen der Investitionsrechnung mit einwertigen, sicheren Inputdaten rechnen kann, ohne sich dem Risiko einer Fehlinvestition auszusetzen. Zu diesem Zweck kann man eine, mehrere oder alle Inputgrößen korrigieren. Wichtig ist nur, daß die Korrekturen so bemessen werden, daß der errechnete Kapitalwert auch unter ungünstigsten Umweltbedingungen mindestens erwirtschaftet werden kann. Je größer die Sicherheitsabschläge, desto sicherer erreicht man dieses Ziel.

Dieses **heuristische Planungsverfahren** ist einfach und kostengünstig, weist aber erhebliche **Mängel** auf:
- Pauschale Schätzung des Risikos ohne Ursachenanalyse;
- Gefahr der Doppelerfassung von Risiken (z. B. Kürzung von E_t und Erhöhung von i);
- Beim verengten Blick auf die ungünstigste Zukunftsentwicklung werden unter Umständen lukrative Investitionsalternativen „totgerechnet".

Der Anwendungsbereich der Korrekturverfahren beschränkt sich auf kleinere Investitionsvorhaben, bei denen sich ein höherer Planungsaufwand nicht lohnt.

b) Sensitivitätsanalysen

Die Sensitivitätsanalyse setzt dort an, wo die deterministischen Verfahren der Investitionsrechnung enden. Sie stellt somit eine Ergänzung dieser Verfahren dar. Die Sensitivitätsanalyse beruht auf der Annahme, daß die Werte der **Inputgrößen** um einen (unter der Annahme von Sicherheit) geschätzten Wert **schwanken** können. Ausgehend von diesem ersten Schätzwert der Inputgrößen sollen durch systematische Variation der Werte zwei Fragen beantwortet werden:
(1) Welche Inputgrößen beeinflussen die Höhe der Ergebnisgröße besonders stark?
(2) Innerhalb welcher Grenzen können die Werte der Inputgrößen schwanken, ohne daß eine zuvor getroffene Vorteilhaftigkeitsentscheidung geändert werden muß? Hierbei werden die Werte der Inputgrößen als kritische Werte[55] bezeichnet, bei denen sich die Vorteilhaftigkeit ändert, also z. B. das Vorzeichen des Kapitalwerts wechselt oder sich die Rangfolge der Investitionsalternativen ändert.

Bei der ersten Fragestellung der Sensitivitätsanalyse werden die Werte einzelner oder mehrerer[56] Inputgrößen variiert. Sollte sich herausstellen, daß die Ergebnisgröße bei Variation der Werte der Inputgrößen nur sehr **geringen Schwankungen** unterliegt, kann im konkreten Einzelfall die **Unsicherheit** bei der Investitionsrechnung **vernachlässigt** werden. Sind die Schwankungen dagegen relativ groß, gibt die Sensitivitätsanalyse gute Anhaltspunkte darüber, welche Inputgrößen vorrangig für die instabile Vorteilhaftigkeitskennziffer (z. B. Kapitalwert) verantwortlich sind. Durch eine weitere Analyse der die Höhe der Inputgrößen bestimmenden Einflußfaktoren kann der

---

[55] Vgl. Kilger, W., Kritische Werte in der Investitions- und Wirtschaftlichkeitsrechnung, ZfB 1965, S. 338 ff.
[56] Die weiteren Ausführungen beziehen sich der Einfachheit halber ausschließlich auf die Variation der Werte einer einzelnen Inputgröße. Die gleichzeitige Variation mehrerer Inputgrößen stellt aber methodisch keinen Unterschied dar. Vgl. zur multiplen Sensitivitätsanalyse z. B. Kruschwitz, L., (Investitionsrechnung), a. a. O., S. 260 ff.

Investor die Risikostruktur besser erkennen. Diese Kenntnis verhilft ihm unter Umständen zur – partiellen – Beherrschung der Unsicherheit.

Mit der zweiten Fragestellung soll untersucht werden, wie stabil eine Entscheidung gegenüber Änderungen der Unternehmensumwelt ist. Der interne Zinsfuß[57] stellt beispielsweise den **kritischen Wert** für die Inputgröße „Kalkulationszins" einer Investitionseinzelentscheidung dar. Solange der Kalkulationszinsfuß i unter dem internen Zinsfuß liegt, ist der Kapitalwert einer Investition c.p. positiv. Übersteigt er dagegen den internen Zinsfuß, wird der Kapitalwert c.p. negativ. Nehmen wir an, das Investitionsobjekt I lasse eine interne Verzinsung von 20% erwarten. Der Investor rechnet für den „Normalfall" mit Kapitalkosten von 10%. Er erwartet, daß die Kapitalkosten im günstigsten (ungünstigsten) Fall auf 7% fallen (13% steigen) können. Unter diesen Bedingungen wird er den Einfluß von Zinsänderungen auf die Vorteilhaftigkeit der Investition als gering einschätzen. Auch bei Änderung der Umweltdaten wird die Investitionsalternative vorteilhaft bleiben.

Die Sensitivitätsanalyse stellt keine Entscheidungsregel dar. Sie liefert keinen Hinweis darauf, welche Investitionsalternative zu wählen ist. Mit ihr kann aber der Einfluß der Unsicherheit über die zukünftige Umweltsituation auf die anstehende Investitionsentscheidung ausgelotet werden. Insofern liefert sie einen guten Beitrag zur Bewältigung des Investitionsrisikos. (**ÜB 5/34**)

c) Risikoanalyse

Während bei der Sensitivitätsanalyse das Augenmerk auf den Inputfaktoren lag, untersucht die Risikoanalyse die Risikostruktur der Ergebnisgröße. Mit Hilfe der Risikoanalyse soll durch kombinierte Variation der Inputgrößen eine **Wahrscheinlichkeitsverteilung** der **Ergebnisgröße** ermittelt werden. Hierzu stehen drei Lösungsansätze zur Verfügung:
(1) Vollenumeration
(2) Analytische Verfahren
(3) Simulation

Die folgende Beschreibung der Risikoanalyse beschränkt sich aus Gründen der didaktischen Vereinfachung auf das Verfahren der Vollenumeration, da das praktische Anwendungsfeld der analytischen Verfahren wegen ihrer zum Teil recht restriktiven Annahmen sehr beschränkt ist und die Simulation keinen großen methodischen Unterschied zur Vollenumeration aufweist.[58]

Die Vorgehensweise der **Vollenumeration** wird im folgenden am Beispiel einer einfachen Kapitalwertermittlung beschrieben. Der Kapitalwert soll nach der bekannten Formel[59] aus den Inputgrößen Einzahlungen E_t, Auszahlungen A_t, Nutzungsdauer n und Kalkulationszinsfuß i berechnet werden. Zur weiteren Vereinfachung sei unterstellt, daß die Werte der Inputgrößen von sechs denkbaren zukünftigen Entwicklungen der Unternehmensumwelt U abhängen und daß der Investor in der Lage sei, Eintrittswahrscheinlich-

---

[57] Vgl. S. 642
[58] Vgl. zu Einzelheiten der beiden Verfahren z.B. Franke/Hax, Finanzwirtschaft des Unternehmens und Kapitalmarkt, 3. Aufl., Berlin, Heidelberg 1994, S. 254 ff.
[59] Vgl. S. 638

keiten w für die jeweiligen Umweltzustände anzugeben. Errechnet man für alle denkbaren Umweltzustände den Kapitalwert, erhält man eine Wahrscheinlichkeitsverteilung, d. h. eine Aussage darüber, mit welcher Wahrscheinlichkeit ein bestimmter Kapitalwert zu erwarten ist. Für eine Investitionsalternative kann die Wahrscheinlichkeitsverteilung des Kapitalwerts beispielsweise folgendes Aussehen haben:

Umweltzustand	U_1	U_2	U_3	U_4	U_5	U_6
relative Eintrittswahrscheinlichkeit w	0,10	0,15	0,25	0,25	0,20	0,05
erwarteter Kapitalwert	−100	−25	0	+150	+200	+300

Abb. 29: Beispiel einer Wahrscheinlichkeitsverteilung des Kapitalwertes

Aus der Wahrscheinlichkeitsverteilung läßt sich das Risikoprofil der Investitionsalternative ableiten.[60] Aus dem Risikoprofil kann abgelesen werden, mit welcher Wahrscheinlichkeit mindestens ein bestimmter Kapitalwert erzielt wird.

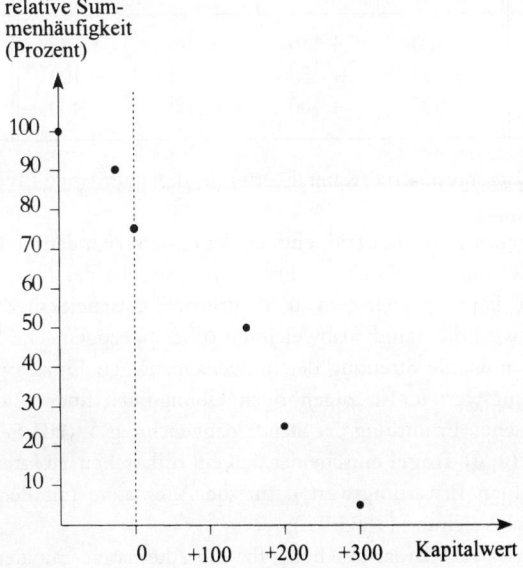

Abb. 30: Beispiel eines diskreten Risikoprofils

Der Abb. 30 ist zu entnehmen, daß bei der betrachteten Investitionsalternative mit einer Wahrscheinlichkeit von 75% ein nicht negativer Kapitalwert

---

[60] Vgl. z. B. Perridon/Steiner, Finanzwirtschaft der Unternehmung, 10. Aufl., München 1999, S. 126f.

erwartet werden kann. Der Wahrscheinlichkeitswert von 75% ergibt sich dabei aus der Summe der Eintrittswahrscheinlichkeit der vier Kapitalwerte in Abb. 29, die kein negatives Vorzeichen haben. Zwar sind die meisten Kapitalwerte der Ergebnisverteilung der betrachteten Investitionsalternative positiv, doch besteht die Gefahr, daß bei Eintritt der Umweltzustände U_1 und U_2 kein positiver Kapitalwert erzielt werden kann. Die Eintrittswahrscheinlichkeit für ein negatives Ergebnis beträgt 25% (10 + 15). Die Aussicht, mit 25% Wahrscheinlichkeit im negativen Bereich zu landen, mag für den risikofreudigen (risikoscheuen) Unternehmer kein Investitionshindernis (Grund zur Ablehnung der Investition) sein. In jedem Fall leistet das Risikoprofil mit seinem Bezug zur subjektiven Risikoneigung eine wertvolle Entscheidungshilfe.

Das folgende Beispiel geht davon aus, daß ein Unternehmer über drei sich gegenseitig ausschließende Sachinvestitionen A, B und C zu entscheiden hat. Die Höhe des erwarteten Kapitalwerts ist davon abhängig, welcher von vier möglichen Umweltzuständen U_1 bis U_4 eintritt. Die zugehörigen Eintrittswahrscheinlichkeiten w_1 bis w_4 sind bekannt und betragen jeweils 25%:

	U_1	U_2	U_3	U_4	**Erwartungswert μ**
w	0,25	0,25	0,25	0,25	
A	+ 120	+ 110	+ 90	+ 80	+ 100
B	+ 350	+ 150	0	− 100	+ 100
C	+ 900	+ 100	− 100	− 400	+ 125

Abb. 31: Ergebnismatrix (Kapitalwerte) für drei alternative Investitionen

Ist der Investor **risikoneutral,** entscheidet er sich nach dem μ-Prinzip[61] für das Projekt C mit dem höchsten Erwartungswert. Ist der Investor dagegen **risikoscheu,** kann er nach dem (μ, σ)-Prinzip[62] entscheiden: Zur Messung des Risikos wird die Standardabweichung σ herangezogen. Die Standardabweichung σ mißt die Streuung der umweltabhängigen Einzelergebnisse um den Erwartungswert μ. Im zugehörigen Übungsbuch finden sich Beispiele zur rechnerischen Ermittlung der Standardabweichung σ. (**ÜB 5**/36)

Nach der **(μ, σ)-Regel** entscheidet sich ein risikoscheuer Unternehmer
(a) bei gleichem Erwartungswert μ für die Alternative mit der geringeren Standardabweichung (= Risiko);
(b) bei gleicher Standardabweichung für die Alternative mit dem höchsten Erwartungswert.

Im Beispiel der Abb. 31 ist $\sigma_A < \sigma_B < \sigma_C$. Nach der (μ, σ)-Regel (a) gibt der Investor der Investition A den Vorzug vor B. Damit scheidet B aus der Betrachtung aus. Vergleicht der Investor jetzt die Investitionen

---
[61] Vgl. S. 157
[62] Bamberg/Coenenberg, Betriebswirtschaftliche Entscheidungslehre, 9. Aufl., München 1996, S. 88 ff.

A, niedriger Erwartungswert, geringes Risiko und
B, hoher Erwartungswert, hohes Risiko,
hilft die (μ, σ)-Regel nicht weiter. Eine theoretische Lösungsmöglichkeit bietet das **Bernoulli-Prinzip**,[63] was allerdings die Quantifizierung der subjektiven Risikoneigung in Form einer Risikopräferenzfunktion voraussetzt.

Die Risikoanalyse wird überwiegend positiv beurteilt und ist auch in der Praxis, insbesondere zur Beurteilung von Großprojekten, beliebt.[64] Die vorgebrachte Kritik richtet sich hauptsächlich auf die Ermittlung der Werte der Inputgrößen und ihrer Eintrittswahrscheinlichkeiten. Da es sich bei ihnen um Schätzdaten handelt, sind sie stets subjektiv geprägt und nur schwer objektiv überprüfbar. Dieses Problem läßt sich aber bei einem zukunftsorientierten Verfahren kaum umgehen. (**ÜB 5**/36 und 92)

d) Entscheidungsbaumverfahren

Das Entscheidungsbaumverfahren läßt sich am besten an einem Beispiel erklären, wobei ein Entscheidungsbaum mit sehr einfacher Grundstruktur ausgewählt wurde:

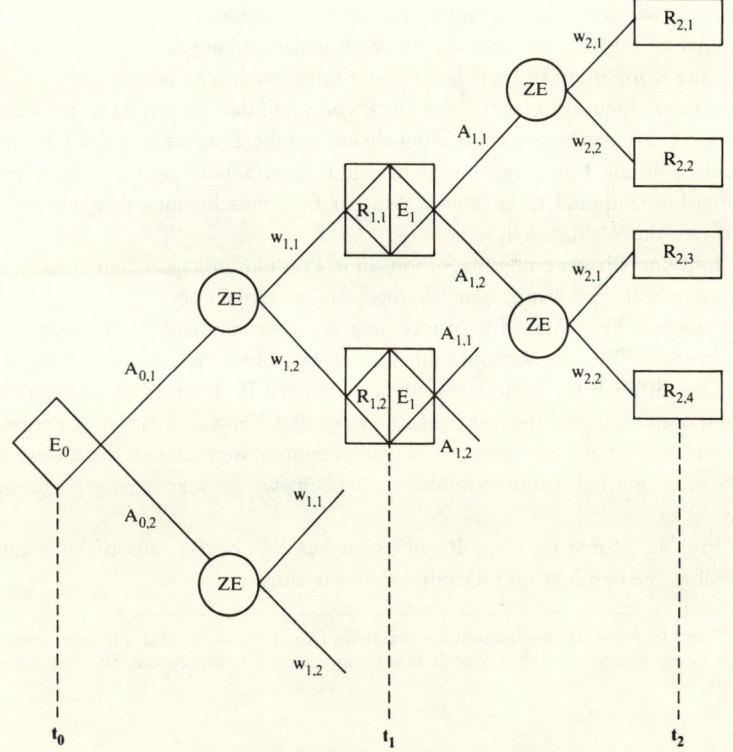

Abb. 32: Teilstruktur eines Entscheidungsbaums

---

[63] Bamberg/Coenenberg, a. a. O., S. 74 ff.
[64] Vgl. Blohm/Lüder, a. a. O., S. 279 f.

In t_0 ist die **Investitionsentscheidung E_0** zu treffen. Entscheidet man sich für die Investitionsvariante 1, hat man mit der Anschaffungsauszahlung $A_{0,1}$, im Fall der Investitionsvariante 2 mit der Anschaffungsauszahlung $A_{0,2}$ zu rechnen. Aus Gründen der didaktischen Vereinfachung wird im folgenden nur die Entscheidungskette betrachtet, die sich dem Investor eröffnet, wenn in t_0 die Variante 1 gewählt wird.

Der Anschaffungsauszahlung $A_{0,1}$ steht in t_1 ein **Investitionsresultat R_1** gegenüber. Als Investitionsresultat wird hier der in t_1 erwartete Einzahlungsüberschuß (als Barwert abgezinst auf t_0) betrachtet. Das in t_1 erzielbare Resultat R_1 ist davon abhängig, wie sich die Unternehmensumwelt in der Periode 1 entwickelt. Der **Zufallsereignisknoten ZE** stellt die Weiche in zwei mögliche Umweltzustände. In unserem Beispiel kann sich die Konjunktur und damit die Produktnachfrage in Periode 1 gut entwickeln. Dann wird das günstige Resultat $R_{1,1}$ erwartet. Entwickeln sich Konjunktur und Absatzzahlen dagegen ungünstig, wird ein schlechteres Resultat $R_{1,2}$ erwartet. Die geschätzten **Eintrittswahrscheinlichkeiten** für die gute (schlechte) Konjunktur in Periode 1 wird mit $w_{1,1}$ ($w_{1,2}$) bezeichnet.

Die weitere Beschreibung des Entscheidungsbaums setzt im Knoten $R_{1,1}$ an, d.h. wir gehen im folgenden von der Konstellation
- Investitionsvariante 1 mit der Anschaffungsauszahlung $A_{0,1}$,
- gute Konjunktur in Periode 1 mit der Eintrittwahrscheinlichkeit $w_{1,1}$

aus und richten den planerischen Blick von t_0 auf den Zeitpunkt t_1. Im Zeitpunkt t_1 hat der Investor die Möglichkeit, auf die Entwicklung der Umwelt in der Periode 1 zu reagieren. Er hat die Folgeentscheidung E_1 (= Entscheidung im Zeitpunkt t_1) zu treffen. Mit der Folgeentscheidung mag der Investor vor die Wahl gestellt sein, in t_1
- mit einer Erweiterungsinvestition seine Produktionskapazitäten auszubauen und die Anschaffungsauszahlung[65] $A_{1,1}$ zu tätigen oder
- eine mit der Anschaffungsauszahlung $A_{1,2}$ verbundene Werbekampagne zu starten, um die Verkaufszahlen der hergestellten Produkte zu erhöhen.

Das am Ende der Periode 2 erwartete Resultat R_2 (= in t_2 erwarteter Einzahlungsüberschuß, abgezinst auf t_0) ist von der Umweltsituation in Periode 2 abhängig. Auch hier zeigt der Zufallsereignisknoten ZE, ob die Umweltsituation günstig (Eintrittswahrscheinlichkeit $w_{2,1}$) oder weniger günstig ($w_{2,2}$) ist.

In Abb. 32 sind für t_2 die Resultatvarianten $R_{2,1}$ bis $R_{2,4}$ ausdrücklich aufgeführt. Sie beruhen auf folgenden Voraussetzungen:

---

[65] Die in t_1 anfallende Anschaffungsauszahlung ($A_{1,1}$ bzw. $A_{1,2}$) wird mit dem jeweiligen Betrag angegeben. Dabei handelt es sich um einen auf t_0 abgezinsten Auszahlungsbarwert.

Folgeinvestition in t_1	Umwelt Periode 2	Resultat t_2
Erweiterungsinvestition	günstig	$R_{2,1}$
Erweiterungsinvestition	ungünstig	$R_{2,2}$
Werbekampagne	günstig	$R_{2,3}$
Werbekampagne	ungünstig	$R_{2,4}$

Abb. 33: Ergebnistableau (Ausschnitt)

Es wird deutlich, daß sich schon bei Wahl der Handlungsalternative 1 und bei Eintritt der günstigen Umweltsituation in Periode 1 in t_2 vier Resultatvarianten ergeben. Unterstellt man, daß
- in t_0 bzw. t_1 jeweils zwei Handlungsalternativen und
- in Periode 1 bzw. 2 ein Zufallsereignisknoten mit jeweils zwei möglichen Umweltzuständen

existieren, erhält man in t_2 schon 16 Resultatvarianten.

Jeder **Pfad** durch den **Entscheidungsbaum**, d.h. jeder Weg vom Entscheidungsknoten E_0 bis zu den Resultatvarianten der letzten Periode, entspricht einer möglichen vollständigen Entscheidungsfolge. Jede dieser Entscheidungsfolgen umfaßt die ursprüngliche Investition in t_0 und alle zustandsabhängigen Folgeentscheidungen. Es gilt nun, im Planungszeitpunkt t_0 die Entscheidungsfolge zu finden, die dem Investor den höchsten Zielbeitrag verspricht.

Mit Hilfe des **Roll-Back-Verfahrens** kann das Entscheidungsproblem gelöst werden. Ausgehend von den Resultaten der letzten Periode ist für jeden Entscheidungsknoten der letzten Periode der Zielbeitrag aller Handlungsalternativen zu ermitteln. Als Entscheidungskriterium kann z.B. der **Erwartungswert des Kapitalwerts** dienen. Im obigen Beispiel wäre dann der ersten Handlungsalternative des Knotens $R_{1,1}/E_1$ (= Erweiterungsinvestition) das gewogene Mittel der Resultate $R_{2,1}$ und $R_{2,2}$ zuzuordnen. Als Gewichtungsfaktoren dienen dabei die Eintrittswahrscheinlichkeiten der Umweltzustände $w_{2,1}$ und $w_{2,2}$. Bei der weiteren Betrachtung wird für jeden Entscheidungsknoten nur noch die Alternative, die den höchsten Zielbeitrag verspricht, berücksichtigt. Die schlechteren Alternativen eines Entscheidungsknotens fallen aus der Betrachtung heraus.

Nachdem für jeden Entscheidungsknoten der letzten Periode die optimale Folgeentscheidung gefunden wurde, sind die Alternativen der Vorperiode – im Beispiel die Alternativen der Periode 1 (Entscheidungsknoten E_0) – in gleicher Weise zu bewerten. Die Vorteilhaftigkeit der Alternativen der Periode 1 hängt aber unter anderem auch von den Entscheidungen ab, die erst in der Folgeperiode zu treffen sind. Daher ist, neben den Resultaten der Periode 1, der Zielbeitrag der optimalen Folgeentscheidungen bei der Bewertung zu berücksichtigen. Auch für die Periode 1 ist die Handlungsalternative zu ermitteln, die den höchsten Zielbeitrag verspricht.

Erstreckt sich das Entscheidungsproblem über mehr als zwei Perioden, wird dieses Vorgehen solange wiederholt, bis der Entscheidungsknoten E_0

erreicht ist. Für jeden Entscheidungsknoten wird die optimale Alternative bestimmt, so daß die optimale Entscheidungsfolge am Ende der Prozedur feststeht. Im zugehörigen Übungsbuch befindet sich ein geschlossenes Beispiel, welches den Lösungsweg des Entscheidungsbaumverfahrens noch einmal verdeutlicht. (**ÜB 5/35**)

Während bei den bisher beschriebenen Verfahren der Investitionsrechnung unterstellt wurde, daß die Folgeentscheidungen des Investors schon bei Planungsbeginn endgültig feststehen, wird beim Entscheidungsbaumverfahren explizit berücksichtigt, daß der Investor seine Folgeentscheidungen in Abhängigkeit von der zukünftigen Entwicklung der Unternehmensumwelt treffen kann. Das Entscheidungsbaumverfahren zeichnet sich in dieser Beziehung durch eine größere Realitätsnähe aus. Dabei dürfen folgende **Nachteile** nicht übersehen werden:

– Je mehr Daten zu verarbeiten sind, desto umfangreicher und **unübersichtlicher** wird der **Entscheidungsbaum**.[66]
– Schon zu Beginn der Planung müssen alle Werte geschätzt und mit den entsprechenden Eintrittswahrscheinlichkeiten belegt werden. Hierbei ist zu beachten, daß auch die **Wahrscheinlichkeiten geschätzte Werte** sind, so daß die Planungsgenauigkeit stark von der Prognosefähigkeit des Investors abhängt.

Zwar stellt das Entscheidungsbaumverfahren das Entscheidungsproblem gut strukturiert dar, doch steht diesem Vorteil ein sehr hoher Planungsaufwand gegenüber. Die praktische Anwendbarkeit dieses Verfahrens dürfte bei realen, komplexen Entscheidungsproblemen sehr beschränkt sein. (**ÜB 5/35**)

e) Portfoliotheoretische Ansätze

Die bisher beschriebenen Verfahren dienen der Berücksichtigung von Unsicherheit bei der isolierten Beurteilung einzelner Investitionsobjekte bzw. -ketten. Der Einfluß der einzelnen Investitionsobjekte auf die **Risikostruktur des Gesamtunternehmens** kann dabei allerdings nicht dargestellt werden. Da sich aber das Risiko des Gesamtunternehmens durch **gezielte Diversifikation** verringern läßt, sollte dieser Aspekt bei der Beurteilung von Investitionsalternativen nicht vernachlässigt werden.

Einzelne Investitionsalternativen können durchaus einen unterschiedlichen Einfluß auf die Risikostruktur des Gesamtunternehmens haben. Dies gilt z. B. für einen Hersteller von Lastkraftwagen. Der Erfolg seines Unternehmens unterliegt unter anderem dem Risiko, daß die Verkehrspolitik eine Verlagerung des Güterverkehrs von der Straße auf die Schiene (Instrumente: Mineralölsteuer, Straßenbenutzungsgebühr) anstrebt. Werden Mineralölsteuern und Straßenbenutzungsgebühren in Zukunft drastisch erhöht, dürfte das Transportvolumen auf den Straßen und damit der Bedarf an LKW sinken, die Nachfrage nach Schienenfahrzeugen dürfte dagegen steigen.

---

[66] Ein Planungsproblem, das sich über vier Perioden erstreckt und bei dem pro Periode vier Handlungsalternativen und vier alternative Umweltzustände möglich sind, würde schon zu $4^8 = 65.536$ Resultatvarianten führen.

Erweitert der LKW-Hersteller seine Fertigungsstraße zur LKW-Produktion, kann sich diese Investition dann als Fehlinvestition erweisen, wenn sich der Güterverkehr auf die Schienen verlagert, da die neu aufgebauten Kapazitäten wegen der sinkenden Nachfrage nach LKW nicht ausgelastet werden können. Investiert er dagegen in einen neuen Geschäftszweig „Schienenfahrzeuge", kann er sich gegen das von der Verkehrspolitik ausgehende **Risiko weitgehend immunisieren:** Bei einer Erhöhung von Steuern und Abgaben sinken zwar die Absatzzahlen und damit auch die Kapitalrückflüsse aus der LKW-Produktion; gleichzeitig ist aber eine Erhöhung der Absatzzahlen und Kapitalrückflüsse aus der Schienenfahrzeugproduktion zu erwarten.

Je dynamischer die Unternehmensumwelt, desto mehr trägt eine gezielte Diversifikation zur Minderung des Investitionsrisikos eines Unternehmens bei. Dieser risikomindernde Effekt der Diversifikation kann mit Hilfe der portfoliotheoretischen Ansätze erfaßt werden, die an anderer Stelle genauer erläutert werden.[67] Sie helfen somit bei der Beurteilung der Wirkung einzelner Investitionsobjekte auf die Risikostruktur des Gesamtunternehmens.

III. Die Unternehmensbewertung

1. Vorbemerkung

Wird ein Unternehmen zum Verkauf angeboten, kann ein Kaufinteressent das Unternehmensvermögen unter dem Aspekt
(1) der Einzelveräußerung der Vermögensteile oder
(2) der Fortführung der Unternehmenstätigkeit
begutachten. Die Verwendungsvariante (1) führt zur **Einzelbewertung.** Nach diesem Bewertungsgrundsatz[1] ist der handelsrechtliche Jahresabschluß aufzustellen. Bei der Verwendungsvariante (2) soll das Unternehmen als Einkommensquelle für den Erwerber erhalten bleiben. Maßgeblich für den Wert des Unternehmens ist nicht die Summe der Einzelwerte der Vermögensgegenstände; maßgeblich ist vielmehr der **Wert** der **Einkommensquelle.** Dieses Bewertungskonzept, das man als **Gesamtbewertung** bezeichnet, steht im Mittelpunkt der folgenden Ausführungen.

2. Anlässe und Funktionen der Unternehmensbewertung

Was veranlaßt den Betriebswirt, sich mit der Frage der Gesamtbewertung von Unternehmen zu beschäftigen? Man denkt zunächst an den Kauf bzw. Verkauf eines Unternehmens. Daneben gibt es eine Vielzahl weiterer Anlässe zur Unternehmensbewertung. Die **Bewertungsanlässe** können in solche mit und ohne Eigentümerwechsel[2] systematisiert werden.

---

[67] Vgl. S. 790 ff.
[1] Vgl. S. 928 ff.
[2] Zu weiteren Einteilungsmöglichkeiten vgl. Sieben, G., Unternehmensbewertung, HWB, Bd. I/3, 5. Aufl., Stuttgart 1993, Sp. 4315 ff., hier Sp. 4321.

Mit Eigentümerwechsel
– Kauf/Verkauf – Fusion – Erbauseinandersetzung – Enteignung – Eintritt bzw. Ausscheiden eines Gesellschafters einer Personengesellschaft
Ohne Eigentümerwechsel
– Sanierung – Kreditwürdigkeitsprüfung – Steuerliche Bewertung

Abb. 34: Anlässe zur Unternehmensbewertung

Beim Eigentümerwechsel geht es vornehmlich um die Frage, welchen Preis der neue Eigentümer zahlen, bzw. der alte Eigentümer erhalten sollte. Anders ist es in den Fällen ohne Eigentümerwechsel: Im Rahmen der Sanierung haben die Gesellschafter zu entscheiden, ob sie eine Kapitalgesellschaft durch Zuführung weiteren Haftungskapitals[3] vor dem Konkurs retten wollen. Zur Beantwortung dieser Frage sollten sie den gegenwärtigen Wert des Unternehmens kennen. Das gilt auch für eine Hausbank, die vor der Frage steht, ob sie sich mit einem weiteren Großkredit in einem bereits stark verschuldeten Unternehmen weiter engagieren soll. Schließlich zeigt der Fiskus Interesse für den Gesamtwert eines Unternehmens, wenn es darum geht, nicht börsengängige Anteile an einer Kapitalgesellschaft für vermögensteuerliche Zwecke zu bewerten.

Nach herrschender Meinung der einschlägigen Literatur hat die Unternehmensbewertung eine
– Beratungsfunktion,
– Vermittlungsfunktion,
– Argumentationsfunktion und
– Steuerbemessungsfunktion.

Im Rahmen der **Beratungsfunktion** wird ein Bewerter für den Käufer oder Verkäufer tätig. Die zu beratende Partei soll erfahren, ob die geplante Transaktion vorteilhaft ist. Der potentielle Verkäufer V wird nur verkaufen, wenn der erzielbare Preis P über dem für ihn maßgeblichen Unternehmenswert UW_V liegt. Entsprechend wird der potentielle Käufer K nur kaufen, wenn der für ihn maßgebliche Unternehmenswert UW_K über dem zu zahlenden Preis P liegt. Im Rahmen der Beratungsfunktion muß also der individuelle Unternehmenswert UW_V bzw. UW_K ermittelt werden. Eine Transaktion kommt nur zustande, wenn $UW_V < UW_K$. In diesem Fall spricht man von einem positiven **Einigungsbereich**. UW_V ist die **Preisuntergrenze**

---
[3] Vgl. S. 825

des **Verkäufers,** UW_K ist die **Preisobergrenze des Käufers.** Der auszuhandelnde Kaufpreis liegt irgendwo zwischen diesen beiden Eckwerten.

Im Rahmen der **Vermittlungsfunktion** wird der Unternehmensbewerter für beide Kontrahenten tätig. Der Vermittler hat die Aufgabe, den iustum pretium, den „**angemessenen Preis**", zu ermitteln. Dabei wird der Vermittler zunächst den Einigungsbereich ausloten, indem er die Eckwerte UW_V und UW_K ermittelt. Danach wird er einen sog. Schiedswert oder Arbitriumwert als Einigungsbasis vorschlagen. Klassisches Beispiel für die Vermittlungsfunktion ist der Vorschlag, den ein Wirtschaftsprüfer bei einer geplanten Fusion für das Aktienumtauschverhältnis macht. Der Schiedswert teilt den Einigungsbereich zwischen den Kontrahenten auf. Ob dabei der Einigungsbereich symmetrisch oder asymmetrisch aufzuteilen ist, kann nur nach ethischen, nicht nach ökonomischen Kategorien beantwortet werden.

Im Rahmen der **Argumentationsfunktion** wird der Bewerter wiederum nur für eine Partei tätig, die bei den Preisverhandlungen unterstützt werden soll. Auch hierbei wird sich der Bewerter bemühen, die beiden Eckwerte UW_V und UW_K festzustellen.

Wird er als Berater für den Käufer (Verkäufer) tätig, wird er versuchen, durch eine **parteiische,** jedoch plausibel klingende **Argumentation** den Kaufpreis so weit wie möglich zu drücken (anzuheben).

Im Zuge der **Steuerbemessungsfunktion** geht es darum, für nicht notierte Anteile an einer Kapitalgesellschaft den gemeinen Wert zum Zwecke der Vermögensbesteuerung zu ermitteln. Als fingierter Marktpreis soll der **gemeine Wert** den Preis angeben, der im gewöhnlichen Geschäftsverkehr bei einer Veräußerung zu erzielen wäre.

3. Das investitionstheoretische Konzept des Zukunftserfolgswerts

Eine Investition ist die Hingabe von Geld heute in Erwartung (höherer) Geldrückflüsse in der Zukunft. So gesehen ist ein Unternehmen ein Investitionsobjekt: Der Käufer zahlt heute den Kaufpreis A_0, weil er hofft, daß die jährlichen Kapitalrückflüsse ($E_t - A_t$) die Anschaffungsauszahlung A_0 übertreffen. Die Investition „Unternehmenskauf" lohnt sich nach dem Kapitalwertkriterium dann, wenn der **Zukunftserfolgswert,**[4] d.h. der **Barwert aller künftigen Zahlungen,** größer ist als die Anschaffungsauszahlung A_0. In diesem Fall ist der Kapitalwert K positiv:[5]

$$K = \sum_{t=1}^{n} (E_t - A_t)(1+i)^{-t} + L_n(1+i)^{-n} \quad - A_0$$

$$K = \text{Zukunftserfolgswert} \quad - A_0$$

Abb. 35: Der Zukunftserfolgswert

---

[4] Dieser Begriff wurde von Busse von Colbe geprägt. Vgl. Busse von Colbe, W., Der Zukunftserfolg, Wiesbaden 1957.
[5] Vgl. hierzu S. 637 ff.

Aus investitionstheoretischer Sicht entspricht der Wert des Investitionsobjekts „Unternehmung" dem Zukunftserfolgswert. Die moderne investitionsorientierte Unternehmensbewertung unterscheidet sich von den herkömmlichen Verfahren[6] vor allem durch zwei Merkmale: Sie ist
- zukunftsorientiert und
- subjektbezogen.

Die **Zukunftsorientierung** zeigt sich darin, daß man nicht Zahlungsüberschüsse oder Gewinne vergangener Perioden, sondern erwartete Zukunftserfolge diskontiert. Wie ist der Zukunftserfolg zu definieren? Der Unternehmenskäufer erwartet, daß seinem Haushalt künftige Einzahlungen E_t aus dem Unternehmen zufließen. Es kann auch vorkommen, daß Zahlungen in umgekehrter Richtung fließen: Der Unternehmer (Gesellschafter) leistet eine Privateinlage (beteiligt sich an einer Kapitalerhöhung). Aus der Sicht des Unternehmerhaushalts ist das eine Auszahlung A_t. Zur Ermittlung des Zukunftserfolgswerts diskontiert man also den erwarteten **Nettoentnahmestrom** ($E_t - A_t$). Beim Nettoentnahmestrom kann es sich um eine variierende oder eine feste Größe (= Rente) handeln.

Ob bei der Ermittlung des Zukunftserfolgswerts auch ein **künftiger Veräußerungserlös** L_n berücksichtigt werden sollte, ist umstritten. Gegen eine Berücksichtigung des künftigen Veräußerungserlöses L_n spricht dreierlei: Eine spätere Veräußerung liegt meist
- jenseits des Planungshorizonts des Käufers;
- so weit in der Zukunft, daß L_n kaum noch geschätzt werden kann;
- so weit in der Zukunft, daß der Barwert von L_n durch einen extrem hohen Abzinsungsfaktor $(1 + i)^n$ zur vernachlässigbaren Größe werden kann.

Für eine Berücksichtigung des späteren Veräußerungserlöses L_n spricht die Notwendigkeit, **künftige Gewinnthesaurierungen** – indirekt – im Bewertungskalkül zu erfassen. Will das zu bewertende Unternehmen künftig einen Großteil seiner Gewinne thesaurieren, reduziert sich der Nettoentnahmestrom ($E_t - A_t$). Diskontiert man also nur den Entnahmestrom ($E_t - A_t$), sinkt der Zukunftserfolgswert infolge von Gewinnthesaurierungen. Berücksichtigt man bei der Unternehmenswertermittlung auch den künftigen Veräußerungserlös L_n zeigt sich schnell die **kompensatorische Wirkung:** Durch Gewinnthesaurierung erhöht sich die Vermögenssubstanz des Unternehmens. Das Absinken des Nettoentnahmestroms ($E_t - A_t$) wird durch den Anstieg des potentiellen Veräußerungserlöses L_n rechnerisch ausgeglichen. Deshalb sollte man den künftigen Veräußerungserlös L_n bei der Unternehmenswertermittlung berücksichtigen.[7]

Der Zukunftserfolgswert ist einerseits ein zukunftsbezogener, andererseits ein **subjektiver Wert.** Die Zukunftserfolge eines Unternehmens sind abhängig von der **Leitungsqualifikation** des Unternehmers. Daraus folgt: Wenn ein zum Verkauf stehendes Unternehmen von fünf verschiedenen

---

[6] Vgl. S. 94 ff.
[7] Gleicher Meinung – wenn auch mit anderer Begründung – Moxter, A., Grundsätze ordnungsmäßiger Unternehmensbewertung, 2. Aufl., Wiesbaden 1983, S. 103.

Kaufinteressenten bewertet wird, dann werden sich aus dem Bewertungskalkül fünf verschiedene, subjektive Zukunftserfolgswerte ergeben. Derjenige Kaufinteressent wird einen besonders hohen Zukunftserfolgswert ermitteln, der c. p. mit besonders
- hohen Einzahlungen E_t,
- geringen Auszahlungen A_t,
- hohen Veräußerungserlösen L_n,
- langer Unternehmensdauer n und
- geringem Kalkulationszinsfuß i

rechnet. Wer hohe Einzahlungsüberschüsse ($E_t - A_t$) erwirtschaften kann und dank günstiger Fremdfinanzierungsmöglichkeiten mit geringen Zinskosten rechnet, gilt als guter Wirt. Soll der Unternehmenskauf mit **Eigenkapital** finanziert werden, leitet der Kaufinteressent den für ihn maßgeblichen Kalkulationszinsfuß i als Opportunitätskostensatz aus der – entgangenen – Verzinsung jener Kapitalanlage ab, die durch den Unternehmenskauf unmöglich gemacht wird **(Opportunitätskostenprinzip)**. Gleichgültig ob Eigen- oder Fremdfinanzierung: der Kalkulationszinsfuß ist immer ein individueller, d. h. **subjektbezogener Kapitalkostensatz.**

Verhandelt der Verkäufer mit allen fünf Kaufinteressenten, wird vermutlich jener Bewerber zum Abschluß kommen, der für sich den höchsten Zukunftserfolgswert (= subjektive Preisobergrenze) ermittelt hat. Bei ungehindertem Marktmechanismus haben Unternehmen die Tendenz, **zum besten Wirt** zu **wandern.** Die Vermögenstransaktion von V zu K kommt zustande, wenn UW_K größer als UW_V, wenn also K das Unternehmen besser bewirtschaftet als der bisherige Eigentümer V. Die Volkswirtschaftslehre bezeichnet diesen Marktmechanismus als **Allokationsprozeß.**

Die **Stärke** des hier vorgestellten Bewertungskonzepts liegt in seiner **investitionstheoretisch** überzeugenden **Fundierung.** Seine **Schwäche** liegt in der Bewältigung des **Informationsproblems**. Diesem Einwand begegnet zwar jede dynamische Investitionsrechnung. Im Fall der Unternehmensbewertung wiegt er aber besonders schwer. Aus zwei Gründen:

Zeitliche Extension	Sachliche Extension
Laufzeit „Unternehmung" teilweise unbegrenzt, auf jeden Fall länger als bei sonstiger Sachinvestition	Hohes Investitionsvolumen; hohe, schwierig zu prognostizierende Kapitalrückflüsse

Abb. 36: Besondere Schwierigkeiten der Zukunftserfolgswertermittlung

Der Zukunftserfolgswert ist zwar zukunftsorientiert. Bei der Prognose künftiger Zahlungsströme muß man jedoch **an Vergangenheitsgrößen anknüpfen,** die – das kommt erschwerend hinzu – aus Aufwands- und Ertragsgrößen des externen Rechnungswesens abzuleiten sind.[8] **(ÜB 5/37–38)**

---

[8] Vgl. hierzu S. 862

4. Discounted Cash Flow-Methode

a) Weiterentwicklung des Zukunftserfolgswertkonzepts

Der Zukunftserfolgswert ist ein investitionstheoretisch tragfähiges Konzept zur Unternehmensbewertung. Seine Anwendungsschwierigkeiten liegen in der Prognose zukünftiger Einzahlungsüberschüsse ($E_t - A_t$). Zur Überwindung dieser Anwendungsprobleme wurde in den USA die Discounted Cash Flow-Methode (DCF-Methode) entwickelt.[9] Die DCF-Methode, die sich auch in Europa immer stärker durchsetzt, ist kein eigenständiges Bewertungskonzept, sondern (nur) eine **praxisorientierte Weiterentwicklung** des Zukunftserfolgswertes, der näherungsweise ermittelt werden soll.

Die DCF-Methode präzisiert den Zukunftserfolgswert in drei Punkten:
(1) Die zu diskontierende **Erfolgsgröße** wird aus Aufwands- und Ertragsgrößen abgeleitet.
(2) Der **risikoabhängige Kapitalisierungszinssatz** wird aus dem CAPM[10] abgeleitet.
(3) Im Vordergrund steht – dem Shareholder Value-Konzept folgend – der **Marktwert des Eigenkapitals** einer Unternehmung.

Den Marktwert des Eigenkapitals erhält man, indem man vom Marktwert des Unternehmens (des Gesamtkapitals) den Marktwert des Fremdkapitals abzieht.[11] Die Trennung beider Wertgrößen wird bei der Beschreibung der Modigliani-Miller-These[12] erläutert.

b) Ermittlung der Erfolgsgröße

Die Kapitalgeber erwarten von einem Unternehmen ein Entgelt für die Kapitalbereitstellung: Die Fremdkapitalgeber erhalten die vertraglich vereinbarten Fremdkapitalzinsen FKZ; die Eigenkapitalgeber haben einen Anspruch auf (risikoabhängige) Gewinnausschüttungen G. Damit entspricht der künftige Bruttogewinn BG_t der Summe aus künftigen Jahresgewinnen G_t und künftigen Zinszahlungen/Jahr FKZ_t:

$$BG_t = G_t + FKZ_t$$

Um das Verständnis der DCF-Methode zu erleichtern, wird im folgenden unterstellt, daß Eigen- und Fremdkapital am Beginn (Ende) des Planungszeitraums eingezahlt (zurückgezahlt) werden. Wenn es während des Planungszeitraums keine Kapitalveränderung gibt, entspricht der Unternehmensgesamtwert UW dem Barwert der künftigen Bruttogewinne BG_t:

$$UW = \text{Barwert } BG_t = \sum_{t=1}^{n}(G_t + FKZ_t) \cdot (1+i)^{-t}$$

---

[9] Vgl. Copeland/Koller/Murrin, (Unternehmenswert), S. 100 ff. sowie Rappaport, A., (Shareholder Value), S. 25 ff.
[10] Vgl. hierzu S. 796 ff.
[11] Ein solches Vorgehen wird als Bruttomethode bezeichnet. Die folgenden Ausführungen konzentrieren sich auf die Bruttomethode.
[12] Vgl. die Ausführungen auf S. 785, insbesondere Abb. 72

III. Die Unternehmensbewertung 675

Das entscheidende **Problem** der Unternehmensbewertung besteht darin, den von Eigen- und Fremdkapitalgebern **entziehbaren Entnahmestrom**, hier also BG_t, zu **prognostizieren**.

Dieses Prognoseproblem überwindet die DCF-Methode durch eine Näherungslösung: Sie leitet den für die Kapitalgeber
- zu erwartenden **Entnahmestrom** BG_t
- aus den **Plan-GuV** künftiger Perioden

ab. Zu diesem Zweck müssen die Aufwands- bzw. Ertragsgrößen der Plan-GuV künftiger Perioden in einen entziehbaren Geldbetrag, also in Zahlungsgrößen[13] transformiert werden. Bei diesem Transformationsprozeß leistet das Cash Flow-Konzept[14] wertvolle Dienste: Zieht man vom Gesamtaufwand einer Periode den Aufwand ab, der in dieser Periode nicht zahlungswirksam ist, kann man retrograd die Höhe der Auszahlungen bestimmen.

Dabei läßt sich in der Praxis eine exakte Abgrenzung von Aufwand und Auszahlung (Ertrag und Einzahlung) nicht erreichen. Deshalb liefert dieses Konzept mit dem **Cash Flow** nur einen mehr oder weniger groben **Näherungswert** zur Ermittlung des Einzahlungsüberschusses.

In einem einführenden Lehrbuch zur Allgemeinen Betriebswirtschaftslehre erscheint es angebracht, ein **vereinfachtes Cash Flow-Konzept**[15] zur Unternehmensbewertung beispielhaft vorzustellen:

Betriebsergebnis vor Zinsen und Steuern	920
− Unternehmenssteuern	− 120
= Betriebsergebnis vor Zinsen	800
+ (−) Abschreibungen (Zuschreibungen)	+ 120
+ (−) Bildung (Auflösung) langfristiger Rückstellungen	+ 80
= Brutto Cash Flow	1.000
− (+) Erhöhung (Minderung) Anlagevermögen	− 600
− (+) Erhöhung (Minderung) Umlaufvermögen	− 100
= Free Cash Flow (FCF)	300

Abb. 37: Vereinfachtes Free Cash Flow-Konzept

Ausgangsgröße zur Ermittlung des Free Cash Flow ist das Betriebsergebnis vor Zinsen und Steuern, von dem die Unternehmenssteuern[16] (z.B. Grundsteuer und Gewerbeertragsteuer) abzuziehen sind.

Beträgt das Betriebsergebnis vor Abzug von Fremdkapitalzinsen beispielsweise 800 und ist mit einer Periodenabschreibung von 120 und einer Erhöhung der langfristigen Rückstellungen um 80 zu rechnen, dann ist ein Brutto Cash Flow von 1.000 zu erwarten.

---

[13] Zur Unterscheidung von Einzahlungen und Erträgen (Auszahlungen und Aufwendungen) vgl. S. 862 ff.
[14] Vgl. S. 804 f.
[15] Zur präziseren Ermittlung vgl. Copeland/Koller/Murrin, (Unternehmensbewertung), S. 425 sowie Ballwieser, W., Unternehmensbewertung mit Discounted Cash Flow-Verfahren, WPg 1998, S. 86
[16] Zur Berücksichtigung der Körperschaftsteuer vgl. Ballwieser, W., Unternehmensbewertung mit Discounted Cash Flow-Verfahren, WPg 1998, S. 86 ff. sowie Siepe, G., Unternehmensbewertung, in: Wirtschaftsprüfer Handbuch 1998, Bd. II, Düsseldorf 1998, S. 108

War der Bestand liquider Mittel am Periodenanfang gleich Null und waren mit Ausnahme der Abschreibungen und der Rückstellungsbildung alle Erträge und Aufwendungen zahlungswirksam, dann entspricht der Bestand liquider Mittel am Periodenende dem Brutto Cash Flow (1.000).

Der so definierte Brutto Cash Flow entspricht dem Innenfinanzierungsvolumen des Unternehmens. Zieht man von diesem Liquiditätspotential die Beträge ab, die zur Finanzierung von Anlageinvestitionen (600) bzw. zur Finanzierung von Lagerbestandserhöhungen (100) benötigt werden, verbleibt ein FCF von 300. Der FCF ist jener Geldbetrag, der zur Befriedigung ihrer Zahlungsansprüche an die Kapitalgeber gezahlt werden kann. Im vereinfachten Beispiel stehen also zur Gewinnausschüttung und zur Zahlung von Fremdkapitalzinsen erwartungsgemäß 300 Geldeinheiten zur Verfügung.

Zur Ermittlung des Unternehmenswerts UW müssen die für den Planungszeitraum erwarteten Bruttogewinne BG_t (= FCF_t) diskontiert werden. Bei der Prognose der künftigen FCF_t sind verschiedene Faktoren zu berücksichtigen, die den künftigen Unternehmenserfolg beeinflussen. Hierzu gehören u. a.

- die Wachstumsrate des Umsatzes,
- die Entwicklung der Umsatzrentabilität und
- die Synergie-Effekte aus Unternehmenszusammenschlüssen.

Als praxisorientiertes Bewertungsverfahren arbeitet die DCF-Methode mit einem endlichen Planungszeitraum. Dabei begrenzt man den **Planungszeitraum** auf **5 bis 10 Jahre**. Für diesen Planungszeitraum werden die erwarteten FCF_t konkret aus der jeweiligen Plan-GuV abgeleitet. Der jenseits des Planungshorizonts (z. B. t_{10}) zu erwartende FCF wird pauschaliert: Man unterstellt, daß auch nach t_{10} der geplante FCF_{10} erwirtschaftet wird. Anstelle eines geplanten Liquidationserlöses L_{10} geht der **Barwert** einer **ewigen Rente**[17] in Höhe von FCF_{10} in die Ermittlung des Unternehmenswertes UW ein. Ein Berechnungsbeispiel findet sich im zugehörigen Übungsbuch. (**ÜB 5**/44)

c) Ermittlung des Kalkulationszinsfusses

Wie jede Investition so ist auch der Kauf eines Unternehmens mit erheblichen Risiken verbunden: Es ist keineswegs sicher, ob die prognostizierten Zukunftserfolge ($E_t - A_t$ bzw. FCF_t) auch tatsächlich erwirtschaftet werden können. Zur Berücksichtigung des Investitionsrisikos können Korrekturverfahren eingesetzt werden: Risikoscheue Investoren tragen dem **Investitionsrisiko** durch

- **Abschläge** vom erwarteten **Ergebnis** ($E_t - A_t$ bzw. FCF_t) und/oder
- **Zuschläge** zum **Kalkulationszinsfuß** i

Rechnung.[18] Die Schätzung der notwendigen Korrekturgröße unterliegt weitgehend subjektivem Belieben.

---

[17] Im Beispielfall lautet die Barwertformel $\frac{FCF_{10}}{i} \cdot (1+i)^{-10}$

[18] Vgl. S. 660 f.

An dieser Stelle bemüht sich die DCF-Methode um Objektivierung: Ein hohes (geringes) Investitionsrisiko schlägt sich in einem erhöhten (ermäßigten) Kalkulationszinsfuß nieder. Dabei wird der theoretisch richtige Zinssatz (für Eigen- bzw. Fremdkapital) aus dem Capital Asset Pricing Model (CAPM)[19] abgeleitet. Der im Rahmen der DCF-Methode verwendete **risikoadäquate Zinssatz** läßt sich in einem vereinfachten Ansatz[20] folgendermaßen bestimmen:

(1) Zur Ermittlung des Unternehmensgesamtwertes UW ist der **Free Cash Flow** FCF_t mit dem unternehmensspezifischen Kapitalkostensatz i_G zu **diskontieren**.

(2) Der Kapitalkostensatz i_G ist als gewogener durchschnittlicher Zinssatz aus den Verzinsungswünschen der Fremdkapitalgeber (i_F) und der Eigenkapitalgeber (i_E) abzuleiten. Der Mischzinssatz i_G wird auch als Weighted Average Cost of Capital **(WACC)** bezeichnet.

$$i_G = i_E \cdot \frac{EK}{GK} + i_F \frac{FK}{GK}$$

i_G = Gesamtkapitalkostensatz der Unternehmung
i_E = Eigenkapitalkostensatz der Unternehmung
i_F = Fremdkapitalkostensatz der Unternehmung
$\frac{EK}{GK}$ = Eigenkapitalquote
$\frac{FK}{GK}$ = Fremdkapitalquote

Abb. 38: Ermittlung der Kapitalkosten (i_G; WACC)

(3) Annahmegemäß bleibt die **Kapitalquote** (EK/GK; FK/GK) während des gesamten Planungszeitraums **konstant**.

(4) Der **Fremdkapitalkostensatz** i_F ergibt sich aus dem risikolosen Basiszins i_B (Pure Rate)[21] von beispielsweise 4 Prozent, der um einen unternehmensspezifischen Risikozuschlag für Fremdkapitalaufnahme von beispielsweise 2 Prozent zu erhöhen ist.

(5) Der **Eigenkapitalkostensatz** i_E kann nach dem CAPM[22] ermittelt werden:

$$i_E = i_B + \underbrace{\beta \cdot (\mu_M - i_B)}_{\text{Risikoprämie}}$$

Als Restbetragsbeteiligte[23] tragen die Eigenkapitalgeber ein höheres Risiko als die Fremdkapitalgeber mit ihren vertraglich gesicherten Verzin-

---

[19] Zu Einzelheiten der Zinssatzermittlung nach dem CAPM vgl. S. 799 ff.
[20] Hierbei werden Ertragsteuerwirkungen vernachlässigt.
[21] Vgl. S. 776
[22] Vgl. S. 801 f.
[23] Vgl. S. 775 f.

sungsansprüchen. Deshalb erwarten sie eine höhere Risikoprämie als die Fremdkapitalgeber.

Die von den Eigenkapitalgebern geforderte Risikoprämie setzt sich nach dem CAPM aus zwei Komponenten zusammen: dem allgemeinen Marktrisiko, das durch den Faktor ($\mu_M - i_B$), und dem unternehmensspezifischen Risiko, das durch den Faktor β (Beta-Faktor) symbolisiert wird.

Liegt der risikolose Basiszins i_B bei 4 Prozent und die Verzinsung der Marktportefeuilles μ_M bei 9%, dann wird für die Übernahme des systematischen Marktrisikos (z. B. des allgemeinen Konjunkturrisikos) eine Marktrisikoprämie ($\mu_M - i_B$) von 5% erwartet.

Die unternehmensspezifische Konjunkturanfälligkeit des zu bewertenden Unternehmens wird im Beta-Faktor gemessen. Konjunktursensitive Unternehmen (z. B. Automobilindustrie) haben einen Beta-Faktor > 1, konjunkturunabhängige Unternehmen (z. B. Grundnahrungsmittel) haben einen Beta-Faktor < 1. Liegt der Beta-Faktor des zu bewertenden Unternehmens bei 1,2, dann beziffert sich im Beispielfall die geforderte Risikoprämie auf [1,2 · (9 – 4) =] 6 Prozent und die gewünschte Eigenkapitalverzinsung i_E auf 10 Prozent.

Der praktischen Anwendung des CAPM stehen zahlreiche Hindernisse[24] im Wege. Deshalb wird die Bewertungspraxis bei der Bemessung der Zinsfaktoren i_F und i_E auf **subjektive Schätzungen** angewiesen bleiben. Diese Schätzungen werden sich u. a. an Kapitalmarktdaten der Vergangenheit und damit an einer **marktmäßigen Risikoklassifizierung** orientieren.

d) Ermittlung des Marktwerts des Eigenkapitals

Der Unternehmensgesamtwert UW entspricht dem Marktwert des Gesamtkapitals GK. Er setzt sich also folgendermaßen zusammen:

$$UW = \text{Marktwert des Eigenkapitals} + \text{Marktwert des Fremdkapitals}$$

Die verschiedenen Varianten des DCF-Verfahrens verfolgen das Ziel, den Marktwert des Eigenkapitals zu ermitteln. Dabei können zwei Verfahrenswege beschritten werden:
- die Bruttomethode (Entity-Methode);
- die Nettomethode (Equity-Methode).

Beide Methoden führen zum gleichen Unternehmenswert. Die **Bruttomethode** hat die größere praktische Bedeutung. Danach wird der Marktwert des Eigenkapitals in zwei Schritten festgestellt. Der Unternehmensgesamtwert UW läßt sich durch Diskontierung des Free Cash Flow[25] ermitteln:

$$UW = \sum_{t=1}^{n} \frac{FCF_t}{(1+i_G)^t}$$

---

[24] Vgl. Ballwieser, W., Unternehmensbewertung mit Discounted Cash Flow-Verfahren, WPg 1998, S. 83
[25] Der Einfachheit halber werden FCF, die jenseits des Planungshorizonts anfallen, vernachlässigt.

III. Die Unternehmensbewertung

Der Marktwert des Fremdkapitals FK läßt sich – im vereinfachten Modell – durch Diskontierung der Fremdkapitalzinsen FKZ bestimmen:

$$FK = \sum_{t=1}^{n} \frac{FKZ}{(1+i_F)^t}$$

Damit gilt für den Marktwert des Eigenkapitals EK:

$$EK = UW - FK$$

$$EK = \sum_{t=1}^{n} \frac{FCF_t}{(1+i_G)^t} - \sum_{t=1}^{n} \frac{FKZ}{(1+i_F)^t}$$

Nach der **Nettomethode** ergibt sich der Marktwert des Eigenkapitals EK, indem man die Nettozahlungen an die Eigenkapitalgeber (vereinfacht: die erwarteten Dividendenzahlungen) mit dem Eigenkapitalkostensatz i_E diskontiert. Ein Beispiel findet sich im zugehörigen Übungsbuch. (**ÜB 5/44**)

5. Herkömmliche Verfahren der Unternehmensbewertung

Anders als die investitionstheoretisch fundierte Unternehmensbewertung streben die herkömmlichen Bewertungsverfahren nach einem **objektiven**, d. h. für jedermann gültigen **Unternehmenswert**.[26] Darüber hinaus sind sie mehr oder weniger stark **vergangenheitsorientiert**. Schließlich wird der Wert eines Unternehmens teilweise von den erzielbaren Gewinnen (Ertragswertverfahren), teilweise von der vorhandenen Vermögenssubstanz (Substanzwertverfahren) abhängig gemacht. Dabei versuchen verschiedene Kombinationsverfahren, die Kluft zwischen divergierendem Ertrags- und Substanzwert zu überwinden.

a) Das Ertragswertverfahren

Auch das Ertragswertverfahren hat einen investitionstheoretischen Hintergrund: Zukünftige Gewinne G werden mit dem Kalkulationszinsfuß i diskontiert. Ausgangspunkt zur Schätzung der Zukunftsgewinne G sind die **Gewinne der Vergangenheit**. Häufig begnügt man sich damit, zur Ermittlung des Zukunftsgewinns G aus den Gewinngrößen der letzten fünf Perioden einen einfachen Durchschnitt zu bilden. Der Zukunftsgewinn G soll den **„normalen"** Erfolg bei „normaler" Unternehmerleistung abbilden. In der Regel geht man von einem in Zukunft gleichbleibenden Gewinn G (= **Rente**) aus.

Als Kalkulationszinsfuß gilt der sog. **„landesübliche Zins"**; dieser soll dem Zins für langfristige Staatsanleihen entsprechen. Da eine Investition in ein Unternehmen im allgemeinen riskanter ist als der Erwerb von Staatsanleihen, erhöht man den Diskontierungszins häufig um einen Risikozuschlag von etwa 2–3 Prozentpunkten.

---

[26] Zu diesen Verfahren vgl. insb. Jacob, H., Die Methoden zur Ermittlung des Gesamtwertes einer Unternehmung, ZfB 1960, S. 131 ff. u. 209 ff.

Rechnet man mit einer **endlichen Lebensdauer** des Unternehmens, kann man zur Ermittlung des Ertragswerts EW einen fiktiven Liquidationserlös L_n berücksichtigen:

$$EW = \sum_{t=1}^{n} G_t(1+i)^{-t} + L_n(1+i)^{-n}$$

Häufig ermittelt man den Ertragswert EW unter zwei vereinfachenden Annahmen:
- G bleibt in Zukunft konstant (Rente);
- die Lebensdauer des Unternehmens ist unendlich.

Der Ertragswert EW entspricht dann dem **Barwert** einer **ewigen Rente:**

$$EW = \frac{G}{i}$$

Ist das zu bewertende Unternehmen teilweise mit Fremdkapital finanziert, werden nicht die Nettogewinne G, sondern die Bruttogewinne BG diskontiert. Dabei gilt

$$BG = G + FKZ.$$

Der Bruttogewinn BG setzt sich also aus dem den Eigenkapitalgebern zustehenden Nettogewinn G und den Fremdkapitalzinsen FKZ zusammen. Auch bei der Ermittlung des Bruttogewinns orientiert man sich an „Normalwerten" der Vergangenheit.

In formaler Hinsicht ähneln sich Ertragswert und Zukunftserfolgswert: Beide Werte repräsentieren den Barwert des Unternehmenserfolgs. Die große **Schwäche** des **Ertragswertverfahrens** liegt aber in seinem
- unreflektierten Rückgriff auf **„normale" Vergangenheitsgewinne** und seinem
- **Verzicht** auf Berücksichtigung **individueller Finanzierungkosten.**

Damit ist das Ertragswertverfahren zur Ermittlung einer Preisobergrenze für den Käufer (Preisuntergrenze für den Verkäufer) ungeeignet. (**ÜB 5/39**)

b) Das Substanzwertverfahren

Bei den investitionstheoretisch fundierten Verfahren zur Unternehmensbewertung (Zukunftserfolgswert bzw. Ertragswert) muß man die künftige Ertragslage prognostizieren. Dieser Problematik möchten die Anhänger des Substanzwertverfahrens aus dem Wege gehen. Das Substanzwertverfahren arbeitet mit der Fiktion, man könne ein dem zu bewertenden Unternehmen **identisches Unternehmen nachbauen.** Seiner Idee nach ist also der Substanzwert ein Rekonstruktionswert bzw. **Reproduktionswert.**

Zur Ermittlung des Reproduktionswertes
- konzentriert man sich auf das betriebsnotwendige Vermögen und
- berücksichtigt nur die bilanzierungsfähigen Wirtschaftsgüter,
- die man einzeln mit dem Tageswert bewertet.

Würde ein Unternehmen nachgebaut, müßten die betriebsnotwendigen Wirtschaftsgüter neu beschafft werden. Bewertet man neuwertige materielle Vermögensgegenstände zum Tageswert, erhält man den **Teilreproduktionsneuwert.** Von diesem Betrag setzt man kalkulatorische Abschreibungen ab, um dem fortgeschrittenen Alter der maschinellen Anlagen des zu bewertenden Unternehmens Rechnung zu tragen. Auf diese Weise erhält man den **Teilreproduktionsaltwert,** den man üblicherweise mit dem Substanzwert gleichsetzt. Der Teilreproduktionsaltwert entspricht dem zu Tageswerten bilanzierten Vermögen. Zum Teilreproduktionsaltwert gelangt man also, wenn man die in den Bilanzwerten steckenden **stillen Rücklagen auflöst.**

Üblicherweise ist der Ertragswert eines Unternehmens höher als der Teilreproduktionsaltwert. Das hat folgenden Grund: Zum Teilreproduktionsaltwert kann man ein technisches Gebilde auf der grünen Wiese rekonstruieren. Zu einem Unternehmen, das sich am Markt behaupten und künftig Gewinne erwirtschaften soll, gehört weitaus mehr als die Rekonstruktion einer Produktionsanlage: Technisches Know-how, eine reibungslose Organisation, geschultes, motiviertes Personal, die Kenntnis günstiger Bezugsquellen, ein gutes Produktimage und ein hoher Bekanntheitsgrad am Markt, ein fester Kundenstamm, Produktionsgeheimnisse u.v.a. beeinflußt die Ertragsaussichten und damit den Wert der Unternehmung. Die hier genannten Faktoren gehören zu den **immateriellen Wirtschaftsgütern.** In ihnen konkretisiert sich der selbstgeschaffene, originäre Firmenwert,[27] der auch als Geschäftswert oder Goodwill[28] bezeichnet wird.

Materielle Vermögensgegenstände zum Neuwert
= **Teilreproduktionsneuwert**
− Kalkulatorische Abschreibung
Teilreproduktionalsaltwert = Substanzwert
+ Originärer Firmenwert
(=Wert der immateriellen Wirtschaftsgüter)
Ertragswert

Abb. 39: Substanz-, Ertrags- und Firmenwert

Um ein Unternehmen von gleicher Ertragskraft nachzubauen, müßten auch die immateriellen Wirtschaftsgüter rekonstruiert werden. Wäre es möglich, die Firmenwertkomponenten zu rekonstruieren und jeweils einzeln mit Anschaffungspreisen zu bewerten, könnte man den Teilreproduktionsaltwert zum **Vollreproduktionswert** ausbauen. Ein so interpretierter Substanzwert würde einen wesentlichen Beitrag zur Unternehmensbewertung leisten.

---

[27] Der originäre Firmenwert darf in der Bilanz nicht ausgewiesen werden.
[28] Vgl. hierzu Döring, U., Goodwill, HWR, 3. Aufl., Stuttgart 1993, Sp. 810ff.

Eine solche direkte Ermittlung des Firmenwertes ist aber nicht möglich. Der originäre Firmenwert läßt sich nur indirekt als Differenz zwischen Ertrags- und Teilreproduktionsaltwert ermitteln. Solange der Substanzwert nur auf dem **Teilreproduktionsaltwert** beruht, ist er zur Unternehmensbewertung **nicht brauchbar.**

Die im folgenden dargestellten herkömmlichen Bewertungsverfahren basieren auf folgender Überlegung: Der Substanzwert (= Teilreproduktionsaltwert) ist zu niedrig, weil er den werterhöhenden Firmenwert völlig vernachlässigt. Der Ertragswert erscheint den Anhängern der traditionellen Bewertungspraxis als zu hoch, weil

– sich der vom bisherigen Eigentümer geschaffene Firmenwert nach dessen Ausscheiden bald verflüchtigen könne;
– die über den Teilreproduktionswert hinausgehenden (Ertrags-)Wertkomponenten im marktwirtschaftlichen Wettbewerb einem besonders hohen Schwundrisiko ausgesetzt seien.

Deshalb versucht man, den „objektiven Unternehmenswert" nach schematischen Regeln irgendwo zwischen Substanzwert und Ertragswert anzusiedeln. (**ÜB 5**/40)

c) Kombinationsverfahren

Beim sog. **Mittelwertverfahren** wird der Unternehmenswert UW als Mittelwert zwischen Ertrags- und Substanzwert gebildet.

$$UW = \frac{\text{Ertragswert} + \text{Substanzwert}}{2}$$

Das **Verfahren der Übergewinnkapitalisierung** geht von der Vorstellung aus, daß ein Unternehmen – auf einem zur Vollkommenheit tendierenden Kapitalmarkt – langfristig nur einen Normalgewinn als Verzinsung des Substanzwertes (SW) erwirtschaften kann. Zieht man vom nachhaltig erwarteten Zukunftserfolg G den Normalgewinn ab, erhält man den sog. Übergewinn:

$$\frac{\text{Erwarteter Zukunftsgewinn G}}{./.\ \text{Normalgewinn (SW} \cdot \text{i)}}$$
Übergewinn

Weil der **Übergewinn** als flüchtige Größe angesehen wird, diskontiert man ihn mit einem **erhöhten Kalkulationszinsfuß.** Je höher der Risikozuschlag, desto kleiner ist der Anteil des originären Firmenwertes, der in den Unternehmenswert UW Eingang findet. Hinter diesem Verfahren steht ein Denkfehler: Wenn man schon mit „Normalverzinsung" rechnet, müßte sie auf der Basis des Vollreproduktionswertes ermittelt werden.

Auch das **Verfahren** der **verkürzten Goodwillrentendauer** differenziert zwischen einem „sicheren" Normalgewinn und einem flüchtigen Übergewinn. Der Unbeständigkeit des Übergewinns trägt man nicht durch Erhöhung des Zinsfußes, sondern durch **Herabsetzung** der **Goodwillren-**

tendauer Rechnung. Der Unternehmenswert UW ergibt sich aus dem Substanzwert (Teilreproduktionsaltwert) und dem Barwert der Übergewinne. Je kürzer die Goodwillrentendauer[29] angesetzt wird, desto geringer ist die im Unternehmenswert UW enthaltene Firmenwertkomponente. **(ÜB 5/41–43)**

Unternehmensbewertung nach dem IdW-Verfahren

Im Zuge einer Beratungs- oder Vermittlungsfunktion sind Wirtschaftsprüfer häufig mit Unternehmensbewertungen beauftragt. Auf europäischer Ebene hat der Berufsstand durch die U.E.C.-Kommission[30] eine Empfehlung zur Bewertung ganzer Unternehmen ausgearbeitet. Hierauf baut die Stellungnahme des HFA des IdW[31] auf. Beide Bewertungsempfehlungen gehen von einer **ertragsabhängigen Bewertung** aus, wie sie bei der Darstellung des Zukunftserfolgswerts[32] konzipiert wurde. Der **Substanzwert** wird – wie die Kombinationsverfahren – als theoretisch nicht haltbar **abgelehnt**.

Die Stellungnahme des HFA widmet sich hauptsächlich der Bewältigung des **Ungewißheitsproblems.** Im übrigen unterscheidet man nach vier grundlegenden Problembereichen:

(a) **Anpassung der Aufwendungen und Erträge an Zahlungsvorgänge**

Das Ertragswertverfahren beruht auf investitionstheoretischen Überlegungen. Der Wert der Unternehmung läßt sich theoretisch richtig nur bestimmen, wenn die zukünftigen Einzahlungsüberschüsse diskontiert werden. Eine Einzahlungsüberschußrechnung für einen längeren Zeitraum ist praktisch aber nicht durchführbar. Aus dem Rechnungswesen der Unternehmung können nur zukünftige Aufwendungen und Erträge geschätzt werden. Der Unternehmenswert ist daher **auf der Grundlage der zukünftigen Erfolge** zu bestimmen. Liegen Zahlungszeitpunkt und Aufwands-/Ertragsverrechnung weit auseinander, müssen die Zeitunterschiede berücksichtigt werden. Um Veränderungen der Finanzierungsstruktur und eventuell erforderliche Kapitalzuführungen zu ermitteln, ist die Erfolgsprognose um eine langfristige Finanzbedarfsrechnung zu ergänzen. Der Finanzbedarf wird wesentlich durch den Zustand der vorhandenen Wirtschaftsgüter, d.h. durch den **Substanzwert,** bestimmt. Der Substanzwert ist daher auch weiterhin zu berücksichtigen, allerdings nicht als wertbeeinflussender Faktor, sondern nur als Ausgangsgröße für die Ermittlung des Finanzbedarfs, der Zinsen und der Abschreibungen.

(b) **Die Ermittlung der zukünftigen Erfolge (Prognoseproblem)**

Der HFA schlägt vor, die zukünftigen Erfolge möglichst unabhängig von den Werten der Vergangenheit, gestützt auf Marktanalysen und Um-

---

[29] Das Stuttgarter Verfahren zur steuerlichen Bewertung nicht notierter Anteile einer Kapitalgesellschaft begrenzt die Goodwillrentendauer auf 5 Jahre. Vgl. Hierzu Wöhe, G., Betriebswirtschaftliche Steuerlehre, Bd. I/2, 7. Aufl., München 1992, S. 577 ff.
[30] Vgl. U.E.C.-Kommission, Empfehlung zur Vorgehensweise von Wirtschaftsprüfern bei der Bewertung ganzer Unternehmen TRC 1, U.E.C.-Empfehlungen 1980.
[31] Vgl. Stellungnahme HFA 2/1983, Grundsätze zur Durchführung von Unternehmensbewertungen, WPg 1983, S. 468 ff.; die Erläuterungen folgen dieser Stellungnahme (HFA = Hauptfachausschuß).
[32] Vgl. S. 671 ff.

satz-, Finanzbedarfs- und Abschreibungsprognosen zu ermitteln. Die Ergebnisschätzung wird in drei Phasen unterteilt. Für die erste Phase (3–4 Jahre) wird eine detaillierte Erfolgsplanung vorgeschlagen; aus dieser Planungsrechnung ist der Erfolgstrend für die zweite Phase (etwa 5 Jahre) zu schätzen. Für den weiteren Planungszeitraum werden gleichbleibende Ergebnisse unterstellt. Durch die Phasenmethode wird die traditionelle Ertragswertmethode verbessert; das Problem der mit zunehmendem Zeitabstand stark steigenden Unsicherheit bleibt aber bestehen.

(c) **Die Festlegung des Kalkulationszinsfußes**

Bei der Festlegung des Kalkulationszinsfußes ist von der für den Käufer/Verkäufer erreichbaren günstigsten Alternativrendite oder vom langfristigen Kapitalmarktzins auszugehen. Wird hierzu der Kapitalmarktzinssatz verwendet, können das allgemeine Unternehmerwagnis und Inflationserwartungen zu einer Anpassung des Kalkulationszinssatzes führen. Eine allgemeingültige Quantifizierung dieser Einflußgrößen ist jedoch unmöglich.

(d) **Die Berücksichtigung subjektiver Erwartungen**

Der Wirtschaftsprüfer kann Unternehmensbewertungen als neutraler Gutachter, als Schiedsgutachter oder als Berater einer Partei durchführen. In den beiden ersten Fällen können subjektive Einflußfaktoren nicht oder nur begrenzt berücksichtigt werden. Die Stellungnahme geht davon aus, daß zunächst ein **„objektivierter Wert"**, d. h. ein Unternehmenswert unter Berücksichtigung der bisherigen Ertragskraft und Unternehmenskonzeption im Vergleich zu einer Alternativanlage am Kapitalmarkt ermittelt wird. Im zweiten Schritt sind die **subjektiven Faktoren** der betroffenen Personen (Käufer/Verkäufer) zu berücksichtigen. Derartige Faktoren sind eventuell auftretende Synergieeffekte, die steuerlichen Verhältnisse, der subjektive Kalkulationszinsfuß u. ä.

Die Verlautbarungen stellen einen Versuch dar, praktikable Handlungsanweisungen zur Unternehmensbewertung zu entwickeln. Sie berücksichtigen sowohl theoretische Erkenntnisse als auch praktische Erfahrungen. (ÜB 5/45–46)

IV. Grundlagen der Finanzplanung

1. Finanzplanung als betriebliche Teilplanung

Produktions-, Absatz-, Investitions- und Finanzierungsentscheidungen sind eng miteinander verbunden. Die starke gegenseitige Abhängigkeit erfordert aus theoretischer Sicht eine gleichzeitige Optimierung aller Entscheidungen, also eine simultane Planung. An dieser Stelle ist erneut darauf hinzuweisen: Eine **simultane Unternehmensplanung scheitert** in der Realität an der Vielzahl der zu berücksichtigenden Entscheidungsalternativen.

Eine Zerlegung des Unternehmensgesamtplans (Partialisierung) in einzelne Teilpläne ist in der Planungspraxis unausweichlich. Im Zuge **sukzessiver Planung** werden die Teilpläne nacheinander erstellt. Es handelt sich in einem ersten Planungsdurchlauf um **vorläufige Teilpläne**. Dabei ist zu erwarten, daß die Teilpläne nicht auf Anhieb zusammenpassen. Deshalb werden sie in

IV. Grundlagen der Finanzplanung 685

einem zweiten (dritten, vierten usw.) Planungsdurchlauf koordiniert. Nach Abschluß der Koordinationsphase erhält man **endgültige Teilpläne,** die sich zu einem stimmigen Unternehmensgesamtplan zusammenfassen lassen.

Vor dem Start des ersten Planungsdurchlaufs beruht die Finanzplanung auf einer vorläufigen Verabschiedung der Produktions-, Absatz- und Investitionsentscheidungen. Neben dem Produktions- und Absatzplan ist auch der **Investitionsplan** ein **(vorläufiges) Datum.**

An dieser Stelle muß an die bilanzielle Darstellung des Investitions-, Zahlungs- und Kapitalbereichs[1] erinnert werden. Aufgrund der vorläufig getroffenen Produktions-, Absatz- und Investitionsentscheidungen ist der Investitionsbereich (vorläufiges) Datum. **Aufgabe** der sich anschließenden **Finanzplanung** ist die Optimierung

– des Kapitalbereichs und
– des Zahlungsbereichs.

Dabei kann man sich nicht gleich auf die Suche nach der kostengünstigsten Finanzierungsquelle für die geplanten Investitionsvorhaben begeben. Vorher ist zu prüfen, ob für die Planungsperiode das vorläufig geplante Investitionsvolumen mit dem vorhandenen Finanzierungspotential realisiert werden kann. Im allgemeinen steht man vor der Notwendigkeit, beide Teilpläne abzustimmen. Folgende Situationen sind denkbar:

Ausgangs-situation	Investitionsvolumen größer Finanzierungspotential	Investitionsvolumen kleiner Finanzierungspotential
Anpassungs-maßnahmen	– Erschließung zusätzlicher Finanzquellen – Verzicht auf Investitionsprojekte	– Abbau des Finanzierungspotentials (z. B. Kredittilgung) – Zusätzliche Investitionsprojekte (z. B. Finanzinvestitionen)

Abb. 40: Grobabstimmung von Investitions- und Finanzplan

Man hat also bei sukzessiver Planung die Möglichkeit, die Interdependenzen zwischen den Planungsbereichen durch den Abgleich der Teilpläne weitgehend zu berücksichtigen.

2. Ziele der Finanzplanung

Das Subziel eines Teilplans ist immer aus dem für das Gesamtunternehmen geltenden Oberziel abzuleiten. Welches **Subziel** der Finanzplanung läßt sich aus dem Oberziel „langfristige Gewinnmaximierung" herleiten? Bei vordergründiger Betrachtung könnte man zu folgendem Ergebnis kommen: Die Erlösseite ist von der Wahl der Finanzierungsalternative im allgemeinen un-

---
[1] Vgl. Abb. 3 auf S. 620

abhängig. Wer also die kostengünstigsten Finanzierungsalternativen wählt, gelangt zum langfristigen Gewinnmaximum.

In Wahrheit kann sich die Finanzplanung nicht allein auf die Kapitalkostenminimierung beschränken. Wenn ein Unternehmen nicht mehr in der Lage ist, seinen laufenden Zahlungsverpflichtungen nachzukommen, muß es das Insolvenzverfahren anmelden, also seine Tätigkeit einstellen.[2] Langfristige Gewinnmaximierung gebietet also **Kapitalkostenminimierung** unter der **Nebenbedingung**, die **Zahlungsbereitschaft** zu wahren.

Das finanzielle Gleichgewicht eines Unternehmens ist gesichert, wenn über alle (infinitesimal kleinen) Planungsperioden gilt: Einzahlungen ≥ Auszahlungen. Gäbe es vollkommene Voraussicht, könnte sich die Finanzplanung zur Wahrung des finanziellen Gleichgewichts darauf beschränken, die künftigen Ein- und Auszahlungen nach der obigen Bedingung zu koordinieren.

In der Realität gibt es aber keine vollkommene Voraussicht. Die Finanzplanung muß dem **Risiko** Rechnung tragen, daß
- tatsächliche Einzahlungen < geplante Einzahlungen und
- tatsächliche Auszahlungen > geplante Auszahlungen

sein können.

Zur Schließung **drohender Deckungslücken** muß die Finanzplanung Liquiditätsvorsorge betreiben.

Liquidität	
Liquidität als Eigenschaft eines Wirtschaftssubjektes	Liquidität als Eigenschaft eines Vermögensgegenstandes
Während eines **Zeitraums** ist ein Unternehmen liquide, wenn es alle Zahlungsverpflichtungen termingerecht erfüllt.	Zu einem **Zeitpunkt** verfügt ein Unternehmen über hohe (geringe) Bestände an Liquidität.

Abb. 41: Zeitraum- und zeitpunktbezogene Liquidität

Bei einer Zeitpunktbetrachtung zeigt die **Liquidität** die **Geldnähe** eines Vermögensgegenstandes. Vermögensgegenstände lassen sich nach abnehmender Liquidität[3] (= Geldnähe) folgendermaßen sortieren:
- Kasse, Bank, Postscheck
- Forderungen aus Lieferung und Leistung
- Warenbestände, Fertigfabrikate
- Halbfabrikate
- Rohstoffe usw.

---

[2] Gemäß § 17 InsO ist bei Zahlungsunfähigkeit das Insolvenzverfahren über das Vermögen eines Wirtschaftssubjektes zu eröffnen. Einen weiteren Insolvenzgrund (für Kapitalgesellschaften) stellt die Überschuldung dar. Vgl. § 92 Abs. 2 AktG; § 19 InsO

[3] Vgl. Vormbaum, H., Liquidität, HWB, Bd. I/2, 5. Aufl., Stuttgart 1993, Sp. 2608 ff.

IV. Grundlagen der Finanzplanung

Bei vollkommener Voraussicht benötigt man keine Zahlungsmittelbestände, sofern Ein- und Auszahlungen koordiniert sind. Bei Planungsmittelunsicherheit ist das anders: Unternehmen, die über ein starkes **Liquiditätspolster**, also über einen großen Zahlungsbereich verfügen, können unvorhergesehene **Zahlungsmitteldefizite** durch einen Rückgriff auf den vorhandenen Pufferbestand **ausgleichen**.

Hohe Zahlungsmittelbestände haben den Vorteil guter Konkursvorsorge; sie haben aber den Nachteil fehlender Verzinsung. Hohe Zahlungsmittelbestände sind der Nebenbedingung des Gewinnstrebens (= Wahrung des finanziellen Gleichgewichts) zuträglich, sind aber der Zielgröße „Gewinn" abträglich.

Eine Finanzplanung, die Gewinnmaximierung und finanzielles Gleichgewicht im Auge behalten will, steht also vor der Aufgabe,

- die **günstigste Finanzierungsalternative** und
- das **optimale Liquiditätspolster**

ausfindig zu machen. Bei gegebenen Zahlungsstromerwartungen hängt die Wahl des optimalen Liquiditätspolsters ab von

- der **Risikoneigung** des Unternehmers und
- den **Kapitalkosten** (Zinsentgang bei Kassenhaltung).

Die geplanten Einzahlungen (E_t) und Auszahlungen (A_t) ergeben sich aus den geplanten Produktions-, Absatz- und Investitionsentscheidungen. Diese Entscheidungen haben also folgenden Einfluß auf den Zahlungsmittelbestand:

$E_t > A_t$ → Zahlungsmittelbestand steigt
$E_t < A_t$ → Zahlungsmittelbestand sinkt

Die geplanten Produktions-, Absatz- und Investitionsentscheidungen beeinflussen also den geplanten Zahlungsmittelbestand (ZMB). Dieser kann, muß aber nicht mit dem gewünschten Zahlungsmittelbestand (subjektive Risikoneigung; Kapitalkosten) übereinstimmen, wie die folgende Übersicht zeigt:

geplanter ZMB gleich gewünschter ZMB	geplanter ZMB größer gewünschter ZMB	geplanter ZMB kleiner gewünschter ZMB
Idealliquidität	**Überliquidität**	**Unterliquidität**
Anpassungsmaßnahmen: keine	Anpassungsmaßnahmen: – zusätzliche Sachinvestitionen – zusätzliche Finanzinvestitionen – Kapitalrückzahlung	Anpassungsmaßnahmen: – Streichungen von geplanten Investitionen – Auflösungen vorhandener Investitionen – Kapitalzuführung

Abb. 42: Anpassungsmaßnahmen zur Optimierung der Zahlungsmittelbestände

Abschließend lassen sich die **Subziele der Finanzplanung** wie folgt zusammenfassen:
1. Wähle **kostenminimale** Finanzierungsalternative!
2. Verhindere **Überliquidität** (Minimiere Zinsverlust)!
3. Verhindere **Unterliquidität** (Minimiere Insolvenzrisiko)! (**ÜB 5**/86–90)

3. Instrumente der Finanzplanung

Wer Planungsinstrumente beschreiben will, muß die Planungsgrundlagen kennen. Grundlage der Finanzplanung sind vorläufig geplante Produktions-, Absatz- und Investitionsentscheidungen. Diese führen zu geplanten Ein- und Auszahlungen, deren Saldo den Zahlungsmittelbestand zum Ende der Planperiode verändert.

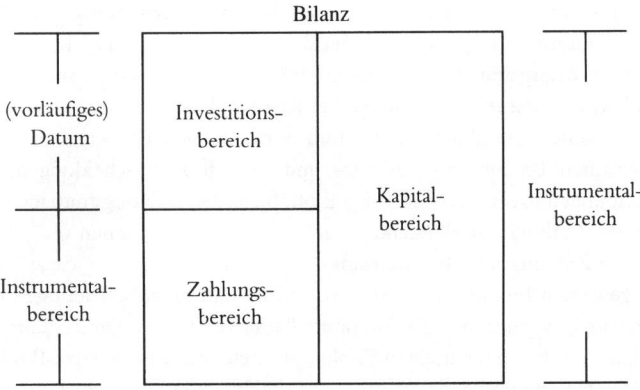

Abb. 43: Daten und Instrumente der Finanzplanung

Die Finanzplanung erstreckt sich auf die Optimierung der Außen- und der Innenfinanzierung. Gibt es keine Rückstellungen, weist also der Kapitalbereich nur Eigen- und Fremdkapital aus, gilt:

$$\text{Außenfinanzierung} = \frac{\text{optimale Gestaltung}}{\text{des Kapitalbereichs}}$$

Zur **Optimierung der Außenfinanzierung** gehören die
– Charakteristik verschiedener Formen der Einlagen- und Beteiligungsfinanzierung,
– Charakteristik verschiedener Formen der Kreditfinanzierung und
– Optimierung der Relation zwischen Einlagen- und Kreditfinanzierung.

Diese Fragenkomplexe werden in den folgenden Kapiteln V. und VII. ausführlich behandelt.

Bei der Frage nach der **optimalen Innenfinanzierung** hat man vom Umstand vorläufig geplanter Produktions-, Absatz- und Investitionsentscheidungen auszugehen. Der Saldo aus geplanten Ein- und Auszahlungen erhöht (vermindert) den geplanten Zahlungsmittelbestand. Deckt sich zum Ende der Zahlungsperiode der geplante Zahlungsmittelbestand mit dem gewünschten Liquiditätspotential, bedarf es keiner weiteren Finanzplanung. Produktions-, Absatz-, Investitions- und Finanzplan sind abgestimmt und können endgültig verabschiedet werden.

Führt dagegen der Saldo aus geplanten Ein- und Auszahlungen zu einem geplanten Zahlungsmittelbestand, der die gewünschte Liquidität überschreitet (unterschreitet), muß die **Überliquidität (Unterliquidität)** durch geeignete Anpassungsmaßnahmen, wie sie in Abb. 42 kurz dargestellt wurden, aufgehoben werden. Der **Zahlungsbereich** wird hier zum **Instrumentalbereich** der Finanzplanung.

Wer das künftige Innenfinanzierungsvolumen über die **Prognose** laufender **Ein-** und **Auszahlungen** ermitteln will, muß sich auf einen **kurzen Planungszeitraum** beschränken. Schon bei mittelfristiger Planung (1 bis 5 Jahre) ist die Schätzung laufender Ein- und Auszahlungen mit großen Prognosefehlern behaftet. Notgedrungen begnügt sich die Praxis bei der **mittelfristigen Finanzplanung** mit einer gröberen und somit **ungenaueren Planungsrechnung.** Es handelt sich hierbei um die Prognose des Cash-Flow.

In der unternehmerischen Planungspraxis ist es üblich, Planbilanzen und Planerfolgsrechnungen aufzustellen. Letztere sind aufgebaut wie eine Gewinn- und Verlustrechnung (GuV). Im Gegensatz zur üblichen GuV erstrecken sie sich aber nicht auf die abgelaufene, sondern auf eine künftige Periode. Solche Planerfolgsrechnungen beziehen sich üblicherweise auf ein Jahr und werden meist für einen mittleren Planungszeitraum (bis zu 5 Jahren) erstellt.

Aus finanzwirtschaftlicher Sicht ist der Cash-Flow[4] eine **Näherungsgröße** zur Bestimmung des **Innenfinanzierungsvolumens.** Er wird aus einer Planerfolgsrechnung abgeleitet.

Bei der finanzwirtschaftlichen Cash-Flow-Analyse versucht man, aus dem erwarteten Ertrag (Aufwand) der Plan-GuV die künftigen Einzahlungen (Auszahlungen) abzuleiten. Unter dem finanzwirtschaftlichen **Cash-Flow** versteht man
– den erwarteten Mittelrückfluß aus dem Umsatzprozeß, der
– nicht in Kürze zu Auszahlungen führt.

Das einfachste Modell zur Cash-Flow-Berechnung geht von folgenden vereinfachenden Annahmen aus:
(1) Alle Erträge der Plan-GuV sind einzahlungswirksam.
(2) Alle Aufwendungen der Plan-GuV sind auszahlungswirksam mit Ausnahme
    – der Abschreibungen und
    – der Zuführungen zu Rückstellungen.

---

[4] Vgl. zu Einzelheiten der Cash-Flow-Ermittlung Wöhe, G., Bilanzierung und Bilanzpolitik, 9. Aufl., München 1997, S. 835 ff., sowie Coenenberg, A. G., Jahresabschluß und Jahresabschlußanalyse, 16. Aufl., Landsberg/Lech 1997, S. 618 ff.

Hieraus ergibt sich folgende Cash-Flow-Definition:
Gewinn
+ Abschreibungen
+ Zuführungen zu langfristigen Rückstellungen[5]

Brutto-Cash-Flow

Zieht man von diesem Brutto-Cash-Flow die anstehende
- Gewinnsteuerzahlung und
- Gewinnausschüttungen

ab, erhält man den **Netto-Cash-Flow,** der eine brauchbare Näherungsgröße zur Bestimmung des Innenfinanzierungsvolumens darstellt. Zur Cash-Flow-Ermittlung findet sich eine Aufgabe im zugehörigen Übungsbuch. (**ÜB 5/47–48**)

Bei der Behandlung der Innenfinanzierung (Kapitel VI) folgt dieses Lehrbuch der gängigen Finanzierungsliteratur[6] und gliedert diesen Problembereich nach dem Muster: Finanzierung aus
- Gewinnthesaurierung (Selbstfinanzierung),
- langfristigen Rückstellungen und
- Abschreibungen.

Ergänzt wird diese Kapiteleinteilung um die Finanzierung aus Vermögensumschichtungen. Hier kann man beispielsweise an die Freisetzung finanzieller Mittel durch Veräußerung einer Beteiligung denken. Durch solche operativen Maßnahmen kann das Innenfinanzierungsvolumen kurzfristig erhöht werden. (**ÜB 5/48–49**)

4. Fristigkeit der Finanzplanung

Aufgabe der Finanzplanung[7] ist es, die kostengünstigsten Finanzierungsinstrumente auszuwählen und gleichzeitig die künftigen Zahlungsströme so zu koordinieren, daß weder Über- noch Unterliquidität entsteht. Damit orientiert sich die Finanzplanung an den Größen Rentabilität und Liquidität.

Wie jede Planung vollzieht sich auch die Finanzplanung auf einer langfristigen (strategischen), einer mittel- und einer kurzfristigen Zeitebene. Je **kürzer** der **Planungszeitraum,** desto **detaillierter** und sicherer werden die Prognoserechnungen. Nur die kurzfristige Finanzplanung (bis 12 Monate) mit ihren hohen Anforderungen an die Prognosegenauigkeit leistet sich den großen Planungsaufwand einer Einzahlungs-/Auszahlungsprognose. Die mittel- und langfristige Planung basieren dagegen auf gröberen Planungsdeterminanten.

Die langfristige Finanzplanung (über 5 Jahre hinaus) ist eine strategische Rahmenplanung. Ihre Ergebnisse sind als Vorgaben für die mittelfristige Fi-

---

[5] Kurzfristige Rückstellungen werden nicht berücksichtigt, weil sie schon in Kürze zu Auszahlungen führen.
[6] Vgl. Spremann, K., Investition und Finanzierung, 5. Aufl., München/Wien 1996, S. 317 ff.; Perridon/Steiner, Finanzwirtschaft der Unternehmung, 10. Aufl., München 1999, S. 450 ff.
[7] Vgl. zu Einzelheiten z. B. Krümmel, H.-J., Grundsätze der Finanzplanung, ZfB 1964, S. 225 ff.

nanzplanung (1–5 Jahre) anzusehen. Die Resultate der mittelfristigen Finanzplanung gelten ihrerseits als – vorläufiges – Datum für die kurzfristige Finanzplanung (bis 12 Monate).

a) Strategische Finanzplanung

Ausgangsgrößen (**Daten**) der strategischen Finanzplanung sind
(1) das vorhandene **Eigenkapital** und seine langfristige Entwicklung,
(2) der **Tätigkeitsbereich** des Unternehmens und
(3) die geplante **Betriebsgröße**.

Aus den Datenbereichen (2) und (3) wird der strategische Produktions-, Absatz- und Investitionsplan abgeleitet. Der **strategische Investitionsplan** gibt das **Investitionsvolumen** in seiner Größenordnung vor. Gleichzeitig determiniert er die **Dauer** der **Vermögensbindung**. So verursachen z. B. Investitionen im Sachanlagevermögen eines Bergbauunternehmens eine langfristige, Investitionen im Umlaufvermögen eines Handelsbetriebs eine kurzfristige Mittelbindung.

Rahmenmäßig vorgegeben ist also das Eigenkapital auf der Passivseite und die Investitionshöhe und -dauer auf der Aktivseite der Bilanz. Als Instrument der strategischen Finanzplanung verbleibt die optimale Gestaltung der Passivseite. Hierbei geht es zum Beispiel um die Frage, ob die Differenz zwischen dem langfristig geplanten Investitionsvolumen und dem (langfristig geplanten) Eigenkapital eher durch langfristige oder durch kurzfristige Kredite gedeckt werden soll.

Bei der Beantwortung dieser Frage hat man nicht nur die Höhe der **Kapitalkosten**, sondern auch die langfristige **Versorgungssicherheit** auf den Kreditmärkten zu beachten. Die Anbieter von Fremdkapital haben subjektive Vorstellungen darüber, wann eine Unternehmensfinanzierung als solide bzw. als risikoreich oder sogar unsolide anzusehen ist. Diese Vorstellungen finden ihren Niederschlag in sogenannten Finanzierungsregeln, die in Kapitel VII. behandelt werden.

b) Mittelfristige Finanzplanung

Ausgangsdatum der mittelfristigen Finanzplanung ist der strategische Investitions- und Finanzplan. Daraus wird für den mittelfristigen Planungszeitraum von 1 bis 5 Jahren das in den einzelnen Teilperioden gewünschte Investitionsvolumen abgeleitet. Dieses gewünschte Investitionsvolumen ist ein (vorläufiges) Datum.

Gegenstand der mittelfristigen Finanzplanung ist die Frage, wie das gewünschte Investitionsvolumen finanziert werden soll. Dabei stellen sich folgende Teilfragen:
(1) Soll die Außenfinanzierung als **Eigen- oder Fremdfinanzierung** betrieben werden?
(2) Soll **lang- oder kurzfristiges Fremdkapital** aufgenommen werden?
(3) Inwieweit kann der Kapitalbedarf aus dem **Innenfinanzierungsvolumen** gedeckt werden?

Eine näherungsweise Antwort auf die Frage (3) liefert die oben dargestellte Cash-Flow-Prognose. Reichen die internen und externen Finanzierungsmittel zur Realisierung des vorläufig geplanten Investitionsvolumens nicht aus, muß der mittelfristige Investitionsplan revidiert werden. (ÜB 5/48–49)

c) Kurzfristige Finanzplanung

Wichtigstes Anliegen der kurzfristigen Finanzplanung ist die **Vermeidung von Unter- und Überliquidität.** Zur Ermittlung der „richtigen" Liquidität geht die Planungspraxis zwei Wege:
– Ermittlung von Liquiditätskennziffern;
– Erstellung eines prospektiven Finanzplans.

Bei der Ermittlung von Liquiditätskennziffern fragt man, wie weit die vorhandene Liquidität zur Abdeckung der kurzfristigen Verbindlichkeiten ausreicht:

$$\text{Liquidität 1. Grades} = \frac{\text{Zahlungsmittel}}{\text{kurzfr. Verbindlichkeiten}} \times 100$$

$$\text{Liquidität 2. Grades} = \frac{\text{Zahlungsmittel + kurzfr. Forderungen}}{\text{kurzfr. Verbindlichkeiten}} \times 100$$

$$\text{Liquidität 3. Grades} = \frac{\text{Zahlungsmittel + kurzfr. Forderungen + Vorräte}}{\text{kurzfr. Verbindlichkeiten}} \times 100$$

Abb. 44: Liquiditätskennziffern

Zur Einschränkung des Insolvenzrisikos sind die **Liquiditätskennziffern wenig geeignet.** Der Grund: Die Kennziffern sind auf einen **Zeitpunkt bezogen.** Selbst wenn die Liquidität 3. Grades > 100 Prozent ist, kann es zu Zahlungsschwierigkeiten kommen: Kurz nach dem kritischen Stichtag wird ein langfristiges Darlehen zur Rückzahlung fällig. Zur Wahrung des finanziellen Gleichgewichts benötigt man einen Anschlußkredit oder ein Aktivum, das sich kurzfristig flüssig machen läßt.

Im Gegensatz zu den statischen Liquiditätskennziffern berücksichtigt der **Finanzplan** als dynamische Rechnung, die auf einen **Planungszeitraum** von 1 bis 12 Monaten bezogen ist, alle künftigen Ein- und Auszahlungen. Der zukunftsbezogene Finanzplan muß folgende Bedingungen erfüllen:
– Prinzip der **Vollständigkeit:** alle erwarteten Ein- und Auszahlungen sind zu erfassen.
– **Bruttoprinzip:** Ein- und Auszahlungen dürfen nicht saldiert werden.

IV. Grundlagen der Finanzplanung   693

- Prinzip der **Termingenauigkeit:** die Zahlungen sollten möglichst tageweise zugeordnet werden.
- Prinzip der **Betragsgenauigkeit:** die Zahlungen sollten möglichst exakt, in der Tendenz aber eher zu pessimistisch als zu optimistisch geschätzt werden.

Das folgende Beispiel zeigt die **Grundstruktur** eines **Finanzplans.** Als Zeitintervalle in der Kopfzeile können Tage, Wochen, Dekaden oder Monate angenommen werden. Bei allen Betragsangaben handelt es sich um **prognostizierte Größen.**

	Zeitintervall	1	2	3...
	Einzahlungen	800	400	750
−	Auszahlungen	− 650	− 500	− 900
=	Saldo	+ 150	− 100	− 150
	Zahlungsmittel AB	+ 100	+ 250	+ 150
+/−	Saldo	+ 150	− 100	− 150
=	Zahlungsmittel EB	+ 250	+ 150	0

Abb. 45: Grobstruktur eines zukunftsbezogenen Finanzplans

Hinter dem hier skizzierten übersichtlichen Finanzplan für das Gesamtunternehmen stehen **Teilfinanzpläne** für einzelne Geschäftssparten. In diesen Teilplänen werden die **Ein-** und **Auszahlungen** stärker **spezifiziert.**[8] Die Einzahlungen reichen von Umsatzerlösen über Zinseinnahmen, Kreditaufnahmen bis zu Einnahmen aus der Veräußerung von Sach- oder Finanzanlagen. Als Auszahlungen kommen Zahlungen für die Beschaffung von Produktionsfaktoren, Steuerzahlungen, Kreditrückzahlungen, Finanzinvestitionen usw. in Betracht.

Bei der **Analyse** des **zukunftsbezogenen Finanzplans** hat man vor allem auf folgende Punkte zu achten:

(1) Salden mit durchweg negativen (positiven) Vorzeichen signalisieren die Tendenz zu **struktureller Unterliquidität (Überliquidität).**
(2) Das Vorliegen einer Unter- bzw. Überliquidität läßt sich auch durch den **Vergleich** der im Finanzplan ausgewiesenen Zahlungsmittelbestände mit der Sollgröße einer **gewünschten Liquidität** feststellen.
(3) Je nach Dauer und Ausmaß erfordern Unter- bzw. Überliquidität **Anpassungsmaßnahmen** zur Sicherung der Liquidität bzw. Rentabilität.[9]
(4) Die planmäßigen Anfangs- bzw. Endbestände an **Zahlungsmitteln** dürfen **niemals negativ** werden.
(5) Die **gewünschte Liquidität** als vorsichtsbedingter Pufferbestand sollte die **Richtschnur** für die geplanten Zahlungsmittelbestände sein. Höhe

---

[8] Vgl. Witte, E., Finanzplanung der Unternehmung, 3. Aufl., Opladen 1983, S. 46 ff.
[9] Vgl. zu den möglichen Maßnahmen Abb. 42 auf S. 687

und/oder lang anhaltende Abweichungen von der subjektiv gewünschten Liquidität erfordern entsprechende **Anpassungsmaßnahmen**.

Auch im Rahmen der kurzfristigen Finanzplanung stehen die schon oben beschriebenen Anpassungsmaßnahmen zur Verfügung. Liegt der geplante Zahlungsmittelbestand unter dem gewünschten Liquiditätsbestand, sind Mittel zuzuführen oder freizusetzen. Liegt der Endbestand dagegen für längere Zeit über der gewünschten Liquidität, sollte nach einer rentableren Verwendung der Überschüsse gesucht werden. Ziel der kurzfristigen Finanzplanung sollte somit sein, den Zahlungsmittelbestand möglichst konstant auf dem Niveau der gewünschten Liquidität zu halten.

Auch bei der kurzfristigen Finanzplanung ist das Prinzip der **rollenden Planung** sinnvoll anwendbar. So läßt sich beispielsweise ein Planungszeitraum von einem Jahr in zwölf Monate, diese wiederum in jeweils drei Dekaden einteilen. Die Planung für die ersten drei Dekaden ist eine **Feinplanung,** die Planung für die folgenden Monate eine weniger exakte „**Grobplanung**". Nach Ablauf der ersten (zweiten) Dekade wird die Feinplanung auf die vierte (fünfte) Dekade ausgedehnt. Auch ein „rollender" Finanzplan ist nach den soeben beschriebenen Gesichtspunkten zu analysieren. (ÜB 5/47 und 50)

V. Quellen der Außenfinanzierung

1. Die Eigenfinanzierung (Einlagen- und Beteiligungsfinanzierung)

Eine Einlagen- oder Beteiligungsfinanzierung liegt vor, wenn dem Betrieb durch die Eigentümer (Einzelunternehmung), Miteigentümer (Personengesellschaften) oder Anteilseigner (Kapitalgesellschaften) **Eigenkapital von außen** zugeführt wird. Das Eigenkapital entspricht grundsätzlich der Differenz zwischen Vermögen und Schulden (Reinvermögen). Seine speziellen bilanzmäßigen Formen werden maßgeblich von der Rechtsform des Betriebes beeinflußt. Soweit Eigenkapital nicht durch Gewinnthesaurierung (Innenfinanzierung) gebildet wird, erhalten Einzelunternehmen und Personengesellschaften ihr Eigenkapital durch Einlage von privaten Mitteln, also aus dem Haushalt des Unternehmers bzw. der Gesellschafter, die zugleich Eigentümer bzw. Miteigentümer des Betriebes sind, Kapitalgesellschaften durch Gewährung von Gesellschaftsrechten an natürliche oder juristische Personen, die Anteile übernehmen. Die Kapitalgesellschaft ist als juristische Person Eigentümer des Betriebes; die Anteilseigner können als „wirtschaftliche Eigentümer" bezeichnet werden.

Für Personenunternehmen bestehen keinerlei Vorschriften über eine Mindesthöhe des Eigenkapitals. Bei der Aktiengesellschaft ist ein nominell fest gebundenes Grundkaptial von mindestens 100.000 DM (50.000 Euro)[1] und bei der GmbH ein nominell fest gebundenes Stammkapital von mindestens

---

[1] Vgl. § 7 AktG

V. Quellen der Außenfinanzierung

50.000 DM (25.000 Euro)[2] als Haftungsuntergrenze erforderlich. Davon müssen mindestens 25% eingezahlt sein.

Betrachtet man das gesamte Außenfinanzierungsvolumen unserer Wirtschaft, so nimmt die **Finanzierung durch Aktien** umfangmäßig den bedeutendsten Rang ein. Durch die Festsetzung des Mindestnennbetrages von nur 5 DM (1 Euro) für eine Aktie[3] kann die Aktiengesellschaft auch kleinste Kapitalbeträge zur Finanzierung mobilisieren. Hierin liegt ein Vorteil in der Eigenkapitalbeschaffung gegenüber allen anderen Rechtsformen. Ein weiterer Vorteil ergibt sich dadurch, daß der einzelne Aktionär sein Beteiligungsverhältnis nur dadurch beenden kann, daß er seine Aktie an einen anderen Aktionär verkauft. Die Gesellschaft erfährt in der Regel von dem Wechsel ihrer Gesellschafter überhaupt nichts, es sei denn, die Aktien lauten auf den Namen[4] oder die in § 20 Abs. 1 und 4 AktG festgesetzten Beteiligungsgrenzen, die eine Mitteilungspflicht auslösen, werden erreicht oder überschritten. Für die Gesellschaft ist das Aktienkapital seitens der Gesellschafter unkündbar. Unternehmen, die Zugang zu hochorganisierten Kapitalmärkten haben und sich über die Ausgabe von börsengängigen Aktien Eigenkapital beschaffen können, bezeichnet man als emissionsfähige Unternehmen.

a) Die Beteiligungsfinanzierung emissionsfähiger Unternehmen

aa) Nennwertaktien – Stückaktien

Aktien sind Wertpapiere (Teilhaberpapiere), die das Mitgliedschaftsrecht der Aktionäre an der Gesellschaft verbriefen. Die nach deutschem Recht zulässigen Aktien sind entweder **Nennwertaktien** (§ 6 AktG), d. h. sie lauten auf einen bestimmten in Geld ausgedrückten Nennbetrag, der – wie bereits erwähnt – mindestens 5 DM (1 Euro) betragen muß (§ 8 Abs. 1 AktG) oder – ab 1. 1. 1999 im Vorfeld der Einführung der Euro-Währung – Stückaktien. Nennwertaktien dürfen nicht unter pari, also nicht unter dem Nennwert ausgegeben werden, wohl aber über pari. Dann entsteht ein sog. **Agio** (Aufgeld). Für eine Aktie zum Nennwert von 1.000 DM sind dann beispielsweise 1.100 DM zu zahlen (Kurs 110%). Die Gesellschaft erhält einen über den Nennwert hinausgehenden Betrag, der Eigenkapital darstellt und der Kapitalrücklage zugeführt werden muß.[5]

Die Summe der Nennwerte ergibt das Grundkapital.

Stückaktien sind nennwertlose Aktien, die wie Nennbetragsaktien einen Anteil am Grundkapital verkörpern. Sie unterscheiden sich nur darin, daß sie nicht auf einen Nennbetrag lauten. Der auf die einzelne Aktie entfallende anteilige Betrag des Grundkapitals („fiktiver Nennbetrag") läßt sich errech-

---

[2] Vgl. § 5 Abs. 1 GmbHG
[3] Das Aktiengesetz 1937 setzte den Mindestbetrag für eine Aktie auf 1.000 RM fest; durch § 60 Abs. 2 DM-Bilanzgesetz vom 21. 8. 1949 wurde er auf 100 DM, durch § 8 Abs. 1 AktG 1965 auf 50 DM, durch das Gesetz vom 2. 8. 1994 auf 5 DM und durch das Gesetz vom 9. 6. 1998 auf 1 Euro herabgesetzt.
[4] Vgl. S. 701 ff.
[5] Vgl. § 272 Abs. 2 Nr. 1 HGB

nen, indem das Grundkapital durch die Zahl der Aktien dividiert wird. Daher wird die Stückaktie auch als unechte nennwerte Aktie bezeichnet.

Der Börsenkurs von Stückaktien kann nur als Stückkurs (DM/Stück) ausgedrückt werden, während bei Nennwertaktien zwei Kursnotierungen möglich sind. Der Kurs einer Aktie mit einem Nennwert von 5 DM kann als Stücknotierung angegeben werden – z. B. 7,50 DM – aber auch als auf den Nennwert bezogene Prozentnotierung – in diesem Fall also 150%.[6]

bb) Stammaktien – Vorzugsaktien

Nach dem Umfang der Rechte der Aktionäre sind zu unterscheiden:
(1) **Stammaktien.** Sie stellen den Normaltyp der Aktie dar und gewähren gleiches Stimmrecht in der Hauptversammlung, gleichen Anspruch auf Gewinnanteile (Dividende), gleichen Anteil am Liquidationserlös und ein gesetzliches Bezugsrecht auf junge Aktien bei Kapitalerhöhungen oder auf Wandelschuld- und Optionsschuldverschreibungen.

(2) **Vorzugsaktien** sind Aktien besonderer Gattung. Sie räumen dem Aktionär im Verhältnis zu den Stammaktien einen besonderen Anspruch auf Dividende, Stimmrecht, Bezugsrecht oder Liquidationserlös ein. Von praktischer Bedeutung sind vor allem die Dividendenvorzugsaktien. Ihre Ausgabe erfolgt beispielsweise dann, wenn eine Erhöhung des Aktienkapitals erforderlich ist, aber mit Stammaktien nicht durchgeführt werden kann, weil der Aktienkurs unter dem Nennwert liegt, eine Ausgabe von Aktien unter pari jedoch nicht zulässig ist. Dann ist eine Unterbringung neuer Aktien zum Nennwert, also über dem Börsenkurs der alten Aktien, nur möglich, wenn die neuen Aktien mit einem Vorzugsrecht ausgestattet werden.

Vorzugsaktien werden auch dann ausgegeben, wenn infolge eines hohen Verlustvortrages eine Sanierung erfolgen muß. Sanierung bedeutet Herabsetzung des Grundkapitals in vereinfachter Form und anteilsmäßige Verteilung des Verlustes auf die Aktionäre. Das kann durch Herabstempelung des Nennwertes oder durch Zusammenlegung von Aktien erfolgen.[7] Da die Gesellschaft in einer schlechten wirtschaftlichen Lage jedoch nicht nur an einer buchtechnischen Beseitigung des Verlustvortrages interessiert ist, wird sie die Aktionäre auffordern, ihren Verlustanteil durch eine Zuzahlung zu begleichen. Um einen Anreiz zur Zuzahlung zu geben, können die Aktien der zuzahlenden Aktionäre mit einem Vorzug ausgestattet werden.

Das Aktiengesetz bestimmt, daß dann, wenn mehrere Aktiengattungen vorhanden sind, ein Beschluß der Hauptversammlung zur Kapitalerhöhung oder zur Kapitalherabsetzung nur wirksam ist, wenn die Aktionäre jeder Gattung einen gesonderten Beschluß fassen und die gesetzlich oder satzungsmäßig erforderliche Stimmenmehrheit erreichen.[8] Die Ausgabe von Vorzugsaktien kann deshalb auch den Zweck verfolgen, eine Verschiebung der Mehrheitsverhältnisse in einer Gesellschaft zu erreichen.

---

[6] Wöhe/Bilstein, Grundzüge der Unternehmensfinanzierung, a. a. O., S. 45
[7] Vgl. S. 822 ff.
[8] Vgl. §§ 182 Abs. 2 und 222 Abs. 2 AktG

Häufig haben die Vorzugsaktien **kein Stimmrecht**.[9] Dann stellen sie ein Finanzierungsmittel dar, mit dem Eigenkapital beschafft werden soll, ohne daß sich die bestehenden Stimmrechtsverhältnisse in der Gesellschaft verschieben. Der Ausschluß des Stimmrechts erfolgt also aus machtpolitischen Gründen. Als Ersatz wird ein wirtschaftlicher Vorteil in Form eines erhöhten Dividendenanspruchs gewährt.

Es gibt verschiedene Gattungen von Vorzugsaktien. Gewöhnlich besteht der Vorzug in einem **prioritätischen Dividendenanspruch,** d. h., daß bei der Verteilung des Gewinns vorweg an die Vorzugsaktionäre eine Vorzugsdividende zu zahlen ist, also bevor an die Stammaktionäre eine Dividende ausgeschüttet wird. Die Vorzugsaktionäre erhalten beispielsweise zunächst 6 DM Vorzugsdividende je 50 DM Aktien. Ist dann noch Gewinn vorhanden, so werden an die Stammaktionäre auch 6 DM Dividende je 50 DM Aktie ausgeschüttet; der Rest wird gleichmäßig auf alle Aktien verteilt. Ein Vorzug ergibt sich hier nur, wenn der Gewinn nicht ausreicht, den Stammaktionären ebenfalls 6 DM Dividende zu gewähren. Anderenfalls sind Vorzugs- und Stammaktien gleichgestellt.

Der Vorzug kann auch in einem prioritätischen Dividendenanspruch mit **Überdividende** bestehen. Es wird z.B. bestimmt, daß die Vorzugsaktien zunächst 8 DM, danach die Stammaktien 5 DM erhalten und der Rest gleichmäßig auf alle Aktien verteilt wird. Dann kann je nach der Gewinnlage der „Vorsprung" der Vorzugsaktionäre unterschiedlich groß sein.

Beispiel:

Prioritätische Dividende mit Überdividende					
	01	02	03	04	05
Vorzugsaktien	8 DM	8 DM	10 DM	11 DM	8 DM
Stammaktien	0 DM	5 DM	7 DM	8 DM	3 DM
Differenz	8 DM	3 DM	3 DM	3 DM	5 DM

Die Vorzugsdividende kann auf einen bestimmten Höchstbetrag festgesetzt sein **(limitierte Vorzugsaktien).** Darüber hinaus erhalten die Vorzugsaktionäre keine weiteren Gewinnanteile, sondern der gesamte verbleibende Gewinn wird an die Stammaktionäre verteilt. Einen Vorzug gewähren diese Aktien nur bei relativ schlechter Geschäftslage. Je größer der Gewinn wird, desto stärker kehrt sich der Vorteil in einen Nachteil um.

Vom Standpunkt des Ertrages, den ein Anleger erzielt, ähnelt diese Aktiengattung festverzinslichen Papieren, solange die Ertragslage günstig ist. In Verlustjahren dagegen braucht die Gesellschaft keine Dividende zu zahlen. Da die Vorzugsaktien vielfach kein Stimmrecht haben, ist auch hier eine Ähnlichkeit zur Obligation, also zum Gläubigerpapier gegeben. Da aber im Konkursfall die aus Obligationen geltend gemachten Ansprüche vorab be-

---

[9] Vgl. § 139 AktG

friedigt werden, während die Ansprüche der Inhaber von Vorzugsaktien nur für den (seltenen) Fall zur Geltung kommen, daß die Vermögensmasse noch höher ist als die Summe aller Konkursforderungen; da außerdem die Vorzugsaktien sämtliche anderen Aktionärsrechte verbriefen (z. B. Teilnahme an der Hauptversammlung, Informationsrecht, Bezugsrecht, Recht auf Anteil am Liquidationserlös), bestehen trotz dieser Gemeinsamkeiten wichtige Unterschiede zwischen beiden Finanzierungsinstrumenten.

Limitierte Vorzugsdividende					
	01	02	03	04	05
Vorzugsaktien	6 DM	6 DM	6 DM	6 DM	6 DM
Stammaktien	0 DM	2 DM	6 DM	10 DM	14 DM
Differenz	+ 6 DM	+ 4 DM	± 0 DM	− 4 DM	− 8 DM

Von **kumulativen Vorzugsaktien**[10] spricht man dann, wenn ein Anspruch auf Vorzugsdividende auch in Verlustjahren besteht und im nächsten Gewinnjahr nachgezahlt werden muß. Die Aktie wird damit praktisch mit einer garantierten Mindestverzinsung ausgestattet. Sind diese Aktien stimmrechtslos, so muß dem Aktionär sein Stimmrecht wieder zuwachsen, wenn in einem Jahr der Vorzugsbetrag nicht oder nur teilweise bezahlt wird und im folgenden Jahr neben dem Vorzugsbetrag dieses Jahres eine Nachzahlung der Rückstände nicht oder nur teilweise möglich ist. In diesem Falle müssen die Vorzugsaktien auch bei der Berechnung einer nach Gesetz oder Satzung erforderlichen Kapitalmehrheit berücksichtigt werden.[11]

Beispiel:
Die kumulative Vorzugsdividende beträgt 6 DM, der Gewinn des ersten Geschäftsjahres reicht zur Zahlung von 4 DM, der des zweiten Jahres zur Zahlung von 4 DM und der des dritten Jahres zur Zahlung von 6 DM Vorzugsdividende aus.
(1) Der Rückstand für das erste Jahr beträgt 2 DM.
(2) Im zweiten Jahr wären zu bezahlen:
　(a) der Rückstand von 2 DM,
　(b) die Vorzugsdividende dieses Jahres von 6 DM.
　　Tatsächlich werden 4 DM bezahlt, Rückstand also 4 DM. Die Vorzugsaktionäre erhalten das Stimmrecht.
(3) Im dritten Jahr wären zu bezahlen:
　(a) der Rückstand von 4 DM,
　(b) die Vorzugsdividende dieses Jahres von 6 DM.
　　Tatsächlich werden 6 DM bezahlt. Der Rückstand beträgt 4 DM. Das Stimmrecht bleibt bestehen.

---
[10] Vgl. Wöhe/Bilstein, a. a. O., S. 50 f.
[11] Vgl. § 140 Abs. 2 AktG

(4) Im vierten Jahr müßten den Vorzugsaktionären 10 DM ausgeschüttet werden, damit das Stimmrecht erlischt.

Nach § 139 Abs. 2 AktG darf der Gesamtnennbetrag der stimmrechtslosen Vorzugsaktien nicht größer sein als der Gesamtnennbetrag der Stammaktien. Diese Vorschrift soll verhindern, daß der Einfluß der stimmberechtigten Stammaktionäre im Verhältnis zu ihrer Kapitalbeteiligung zu groß wird.

Der Vorzug kann sich auch auf das Stimmrecht beziehen und Aktien mit einem mehrfachen Stimmrecht ausstatten. Die Ausgabe von **Mehrstimmrechtsaktien** ist nach § 12 Abs. 2 AktG (gleichlautend in den AktG 1937 und 1965) grundsätzlich unzulässig. Soweit Mehrstimmrechtsaktien vor Inkrafttreten des Aktiengesetzes von 1937 ausgegeben worden sind, haben sie weiterhin Gültigkeit. Gem. § 5 Abs. 1 des Einführungsgesetzes zum AktG 1965 (EGAktG) erlöschen sie jedoch am 1. Juni 2003, es sei denn, die Hauptversammlung hat mit einer Mehrheit, die mindestens drei Viertel des bei der Beschlußfassung vertretenen Grundkapitals umfaßt, ihre Fortgeltung beschlossen. Gem. § 5 Abs. 2 EGAktG hat jedoch die Hauptversammlung das Recht, mit einer Mehrheit von drei Vierteln des bei der Beschlußfassung vertretenen Grundkapitals die Beseitigung oder Beschränkung der Mehrstimmrechte zu beschließen.

Die bestehenden Mehrstimmrechtsaktien haben in den seltensten Fällen in erster Linie als Finanzierungsinstrument gedient, sondern sollten eine Veränderung der Stimmenverhältnisse in der Hauptversammlung zugunsten ihrer Inhaber ohne entsprechende Kapitalbeteiligung herbeiführen.[12] Sie wurden vor allem in den zwanziger Jahren während und nach der Inflation ausgegeben, um die Einflußnahme ausländischer Kapitalgruppen, deren Geld man zwar benötigte, denen man aber nur mindere Stimmrechte einräumen wollte, abzuwehren und die Gesellschaft vor einer „äußeren Überfremdung" zu bewahren. Sie sind aber auch ein Instrument der Machtpolitik, um eine „innere Überfremdung", die durch Einfluß unerwünschter Machtgruppen eintreten kann, zu verhindern. Damit sie ihre Aufgaben erfüllen konnten, wurden sie in der Regel als vinkulierte Namensaktien ausgegeben.

Das Stimmrecht eines Aktionärs, der über eine größere Zahl von Aktien verfügt, kann durch die Satzung begrenzt werden. Ein Beispiel dafür war die Satzung der Feldmühle Nobel AG, in der bestimmt worden war, daß das Stimmrecht eines einzelnen Aktionärs auch bei höherem Aktienbesitz auf 5% des Aktienkapitals beschränkt wird.

cc) Vorratsaktien – eigene Aktien

Steht das Mitgliedschaftsrecht der Gesellschaft selbst (oder einem Dritten für Rechnung der Gesellschaft) zu, so lassen sich unterscheiden:
(1) **Vorratsaktien** (§ 56 AktG). Man bezeichnet sie auch als Verwaltungs- oder Verwertungsaktien. Es handelt sich um Aktien, die beispielsweise im Rahmen einer ordentlichen Kapitalerhöhung über den momentanen Kapitalbedarf der Gesellschaft hinaus geschaffen und für Rechnung der Gesell-

---

[12] Vgl. Wöhe/Bilstein, a. a. O., S. 51

schaft oder eines abhängigen oder in Mehrheitsbesitz stehenden Unternehmens von einem Dritten (z. B. einer Bank) oder einem Treuhänder übernommen werden. Der Übernehmer haftet auf die volle Einlage; er kann sich dieser Forderung auch nicht durch den Einwand entziehen, daß er die Aktien nicht für eigene Rechnung übernommen habe. Weder der Übernehmer noch die Gesellschaft können Rechte aus den Vorratsaktien geltend machen, bevor sie ordnungsgemäß übernommen worden sind.

Bilanztechnisch wirken sich Vorratsaktien so aus, daß das Grundkapital um ihren Betrag erhöht wird. Dem steht bei 25%iger Einzahlung der Posten „ausstehende Einlagen auf das Grundkapital" in Höhe von 75% des Gesamtbetrages der Vorratsaktien gegenüber, außerdem die Forderung an den Übernehmer in Höhe von 25%. Der Übernehmer zahlt in der Regel nur den Mindesteinzahlungsbetrag (25% des Nennwerts) ein und erhält dafür einen Kredit von der Gesellschaft in entsprechender Höhe. Dem Betrieb fließen also bei dieser Transaktion keine neuen Mittel oder Vermögenswerte zu. Das ist erst bei der endgültigen Verwertung der Aktien der Fall.

Die Vorratsaktien müssen zur Verfügung der Gesellschaft gehalten werden. Ihre Aufgabe besteht darin, daß die Gesellschaft sie später zum Erwerb größerer Beteiligungen, zur Vorbereitung von Fusionen oder bei Vornahme größerer Investitionen verwerten kann. Die Vorratsaktien sind jedoch durch die Schaffung des sog. genehmigten Kapitals (§ 202 AktG)[13] praktisch überflüssig geworden.

(2) **Eigene Aktien** (§ 71 AktG). Der Erwerb eigener Aktien durch die Gesellschaft ist **grundsätzlich verboten,** da er gegen das Prinzip des Schutzes der Gläubiger und Aktionäre verstößt, denn wirtschaftlich bedeutet der Erwerb eigener Aktien nichts anderes als eine Rückzahlung von Teilen des Grundkapitals. § 71 Abs. 1 AktG läßt jedoch in einigen **Ausnahmefällen** den Kauf eigener Aktien zu und zwar dann, wenn

(1) der Erwerb notwendig ist, um einen schweren Schaden von der Gesellschaft abzuwenden;

(2) die Aktien den Arbeitnehmern der Gesellschaft oder eines mit ihr verbundenen Unternehmens zum Erwerb angeboten werden sollen;

(3) der Erwerb den Zweck verfolgt, die Aktien außenstehender Aktionäre (Minderheitsaktionäre), die beim Abschluß eines Beherrschungsvertrages aus der abhängigen Gesellschaft ausscheiden wollen, durch Hingabe eigener Aktien der herrschenden Gesellschaft zu erwerben (Abfindung nach § 305 Abs. 2 AktG) oder die ausscheidenden Aktionäre einer Gesellschaft, die bereits zu 95% der eigenen Gesellschaft gehört und nach § 320 AktG i. V. m. § 320b AktG eine Eingliederung in diese Gesellschaft beschließt, oder die ausscheidenden Gesellschafter bei Verschmelzung, Spaltung oder Formwechsel der Gesellschaft i. S. d. UmwG mit eigenen Aktien abzufinden;

(4) der Erwerb unentgeltlich geschieht oder ein Kreditinstitut mit dem Erwerb eine Einkaufskommission ausführt;

---

[13] Vgl. S. 816f.

(5) der Erwerb durch Gesamtrechtsnachfolge eintritt;
(6) die Aktien auf Beschluß der Hauptversammlung nach den Vorschriften über die Herabsetzung des Grundkapitals eingezogen werden sollen;
(7) ein Kredit- oder Finanzinstitut durch einen Beschluß der Hauptversammlung dazu ermächtigt wird, die eigenen Anteile zum Zwecke des Wertpapierhandels zu erwerben. Dabei ist die Höhe des Bestands an eigenen Aktien ebenso wie die Zeitdauer der Ermächtigung begrenzt.
(8) eine höchstens 18 Monate geltende Ermächtigung der Hauptversammlung vorliegt, die den niedrigsten und den höchsten Gegenwert sowie den Anteil am Grundkapital, der 10% nicht übersteigen darf, festlegt.

Der Gesamtnennbetrag der für die unter Nr. 1–3 und 7, 8 genannten Zwecke erworbenen eigenen Aktien darf jedoch zusammen mit den eigenen Anteilen, die die Gesellschaft schon besitzt, 10 Prozent des Grundkapitals der Gesellschaft nicht übersteigen. Aus den eigenen Aktien stehen der Gesellschaft keine Rechte zu. Außerdem sind die Vorschriften des § 272 Abs. 4 HGB über die Bildung einer Rücklage für eigene Anteile zu beachten.

Um Umgehungen des Verbots, eigene Aktien zu erwerben, zu verhindern, untersagt § 71 d AktG einem abhängigen Unternehmen, **Aktien der herrschenden Gesellschaft,** und einem in Mehrheitsbesitz stehenden Unternehmen, Aktien der an ihm mit Mehrheit beteiligten Gesellschaft zu erwerben. Die oben unter Nr. 1–5 und 7, 8 aufgeführten Ausnahmen gelten jedoch auch in diesen Fällen.

Die Vorratsaktien unterscheiden sich von den eigenen Aktien dadurch, daß sie nicht wie die eigenen Aktien im Handel waren und von der Gesellschaft erworben worden sind. Eigene Aktien werden am Markt (Börse, Bank) gekauft, Vorratsaktien werden für Rechnung der Gesellschaft übernommen, ohne zunächst in den Verkehr zu gelangen.

dd) Namensaktien – Inhaberaktien

Je nach den Übertragungsmodalitäten unterscheidet man zwei verschiedene Aktienarten: Namens- und Inhaberaktien.

(1) **Namensaktien** lauten auf den Namen des Aktionärs, der im Aktienbuch der Gesellschaft eingetragen werden muß.[14] Sie sind geborene Orderpapiere und werden durch Indossament und Übergabe übertragen. Außerdem ist eine Umschreibung im Aktienbuch erforderlich. Dadurch wird die Übertragung recht umständlich und schränkt die Beweglichkeit (Fungibilität) der Aktie ein. Der Gesellschaft gegenüber gilt als Aktionär, wer im Aktienbuch eingetragen ist. Bei Ausübung des Stimmrechts und bei Dividendenzahlungen können u. U. Unstimmigkeiten bei der Legitimation entstehen. Diesen Nachteilen steht der Vorteil einer größeren Publizität der Eigentumsverhältnisse gegenüber, da das Aktienbuch eingesehen werden kann. Dadurch werden auch die Möglichkeiten der Steuerhinterziehung eingeschränkt. Die Urkunden der Namensaktien dürfen bereits vor der Volleinzahlung des Nennbetrages ausgegeben werden. Die Mindesteinzahlung

---

[14] Vgl. § 67 AktG

beträgt 25% des Nennwertes. Das geforderte Agio muß voll eingezahlt werden.

Wird durch die Satzung die Übertragung an die Zustimmung der Gesellschaft gebunden, so bezeichnet man die Aktien als **„vinkulierte Namensaktien"**. Mit Hilfe der Vinkulierung kann die Gesellschaft verhindern, daß die Aktien in die Hände von Personen gelangen, die ihr aus machtpolitischen Gründen als Aktionäre nicht genehm sind (z.B. ausländische Anteilseigner) oder – im Falle nicht voll eingezahlter Aktien – deren Kreditwürdigkeit problematisch ist. Bei Familiengesellschaften soll die Vinkulierung eine Übertragung an nicht zur Familie gehörende Personen verhindern oder unter Kontrolle halten.

(2) **Inhaberaktien** lauten auf den Inhaber. Sie sind Inhaberpapiere und werden durch Einigung und Übergabe übertragen (§ 929 BGB). Ihre Ausgabe ist nur dann zulässig, wenn der Nennbetrag voll eingezahlt worden ist. Solange die Volleinzahlung nicht erfolgt ist, können an Stelle von Aktien Interimsscheine ausgegeben werden, die auf den Namen lauten[15] und wie Namenspapiere behandelt werden. Sie gewähren die gleichen Rechte wie die Aktien. In der Satzung ist festzulegen, ob die Aktien auf den Inhaber oder den Namen ausgestellt werden.[16] Inhaberaktien bilden in Deutschland den Normaltyp der Aktie.

ee) Stammeinlagen (Anteile) einer GmbH

Die Eigenkapitalbeschaffung der GmbH erfolgt durch die Übernahme von Stammanteilen durch die Gesellschafter. Die GmbH hat ein festes Stammkapital wie die AG, das im Gesellschaftsvertrag festgelegt wird und mindestens 50.000 DM (25.000 Euro) betragen muß. Die Stammeinlage jedes Gesellschafters muß nach § 5 Abs. 1 GmbHG mindestens 500 DM (100 Euro) betragen. Die Anmeldung zur Eintragung in das Handelsregister darf gem. § 7 Abs. 1 GmbHG erst erfolgen, wenn auf jede Stammeinlage 25% eingezahlt sind und der Gesamtbetrag der geleisteten Einlagen 25.000 DM (die Hälfte des Mindeststammkapitals gem. § 5 Abs. 1) erreicht. Die Fungibilität eines Anteils an einer GmbH wird durch die notarielle oder gerichtliche Beurkundung des Übertragungsvorgangs sowie die besondere Bewertungsproblematik, da die Anteile nicht an der Börse gehandelt werden, erheblich eingeschränkt.

ff) Die Ermittlung des Wertes von Anteilen

Das Nominalkapital einer Aktiengesellschaft ist nicht mit ihrem gesamten Eigenkapital identisch. Während sich bei den Einzelunternehmungen und den Personengesellschaften Gewinne und Verluste in einer Veränderung der Kapitalkonten zeigen, vollziehen sich Bewegungen im Eigenkapital der Kapitalgesellschaften nicht im Haftungskapital (Nominalkapital), sondern in gesonderten Eigenkapitalpositionen: den Rücklagen und dem Gewinn- bzw. Verlustvortrag. Bei der Aktiengesellschaft setzt sich das ausgewiesene Eigenkapital vereinfacht folgendermaßen zusammen:

---

[15] Vgl. § 10 Abs. 3 AktG
[16] Vgl. § 23 Abs. 3 Nr. 5 AktG

V. Quellen der Außenfinanzierung

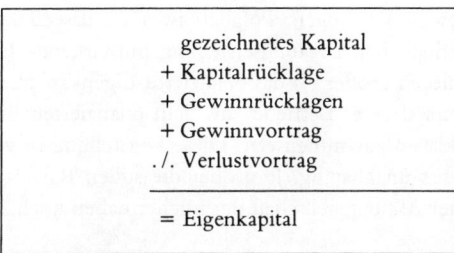

```
        gezeichnetes Kapital
       + Kapitalrücklage
       + Gewinnrücklagen
       + Gewinnvortrag
      ./. Verlustvortrag
      ─────────────────────
       = Eigenkapital
```

Es läßt sich auch wie folgt bestimmen:

```
Vermögen
 - Schulden (einschließlich Rückstellungen)
 - noch auszuschüttender Gewinn
─────────────────────────────────────────
= Eigenkapital
```

Ist das Eigenkapital infolge von Verlusten kleiner als das Nominalkapital geworden, so darf dieses in der Bilanz nicht vermindert werden, sondern ist weiterhin in voller Höhe auszuweisen. Der Verlust wird auf der Passivseite der Bilanz bei den Eigenkapitalpositionen ausgewiesen.

Das Verhältnis des bilanzierten Eigenkapitals zum gezeichneten Kapital bezeichnet man als **Bilanzkurs**.

$$\text{Bilanzkurs} = \frac{\text{bilanziertes Eigenkapital}}{\text{gezeichnetes Kapitel}} \times 100$$

Beispiel:

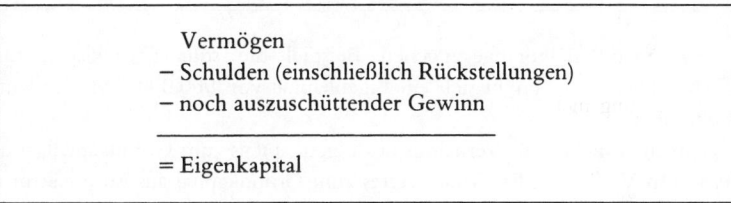

gezeichnetes Kapital	500.000	
Kapitalrücklage	50.000	$\text{Bilanzkurs} = \frac{800.000}{500.000} \times 100 = 160\%$
Gewinnrücklagen	250.000	
Eigenkapital	800.000	

Dieser Bilanzkurs besagt, daß auf je 100 DM Nominalkapital 60 DM weiteres Eigenkapital entfallen.

Es darf nicht übersehen werden, daß dann, wenn durch Unterbewertung von Vermögensteilen oder Überbewertung von Schulden stille Rücklagen[17] gebildet worden sind, das Vermögen des Betriebes größer ist als das in der

---

[17] Vgl. S. 1074 ff.

Bilanz ausgewiesene Vermögen. Folglich ist auch das effektiv vorhandene und bei der betrieblichen Leistungserstellung mitwirkende Eigenkapital um die stillen Rücklagen größer als das bilanzierte Eigenkapital, so daß sich das gesamte Eigenkapital eines Betriebes aus dem bilanzierten Eigenkapital und den stillen Rücklagen zusammensetzt. Diese Feststellung ist von der Rechtsform des Betriebes unabhängig. Je größer die stillen Rücklagen sind, desto höher ist bei einer Aktiengesellschaft der solchermaßen korrigierte Bilanzkurs der Aktie.

$$\text{Korrigierter Bilanzkurs} = \frac{\text{bilanziertes Eigenkapital + stille Rücklagen}}{\text{Grundkapital}} \times 100$$

Setzt man im vorangegangenen Beispiel die stillen Rücklagen mit 100.000 DM an, so ergibt sich ein Eigenkapital von 900.000 DM, der Kurs beträgt dann 180%.

Geht man nicht vom Verhältnis des Eigenkapitals zum Grundkapital, sondern vom Verhältnis des Ertragswertes zum Grundkapital aus, so erhält man den **Ertragswertkurs:**

$$\text{Ertragswertkurs} = \frac{\text{Ertragswert}}{\text{Grundkapital}} \times 100$$

Der Ertragswert läßt sich durch Kapitalisierung des nachhaltig erwarteten Reinertrages ermitteln:[18]

$$\text{Ertragswert} = \frac{\text{Reinertrag}}{\text{Kapitalisierungszinsfuß}} \times 100$$

Angenommen, der Reinertrag beträgt 60.000 DM, der Kapitalisierungszinsfuß 5%, so ergibt sich ein Ertragswert von

$$\frac{60.000}{5} \times 100 = 1.200.000 \text{ DM};$$

der Ertragswertkurs beträgt dann:

$$\frac{1.200.000}{500.000} \times 100 = 240\%.$$

Während der Bilanzkurs lediglich zum Ausdruck bringt, wieviele Rücklagen im Verhältnis zum Grundkapital vorhanden sind, d. h. wie groß der „innere Wert" einer Aktie auf Grund der vorhandenen Vermögenssubstanz ist, zeigt der Ertragswertkurs den „inneren Wert" einer Aktie unter Berücksichtigung der Ertragserwartungen.

---

[18] Vereinfachte Formel, vgl. die Errechnung des Ertragswerts S. 679 f.

V. Quellen der Außenfinanzierung

Keiner der bisher dargestellten Kurse entspricht dem **Börsenkurs.** Dieser bildet sich durch Angebot und Nachfrage an der Börse und wird folglich durch alle Komponenten beeinflußt, von denen Angebot und Nachfrage abhängen.

Grundlage der Kursbildung sind die **Erwartungen der Anleger** hinsichtlich der Erträge des Unternehmens und ihrer sonstigen Anlagemöglichkeiten. Diese Erwartungen werden u. a. durch Dividendenankündigungen, Bekanntmachungen über Gewinne und den Geschäftsverlauf der Unternehmen, durch die allgemeine Konjunkturentwicklung, wirtschafts- und sozialpolitische Maßnahmen, Veränderungen der innen- und außenpolitischen Lage beeinflußt. Die Erwartungen der Anleger können sich auch auf Kurssteigerungen bzw. -verluste richten, die nicht Ergebnis der Ertragslage der Unternehmen sind, z. B. Ankündigungen von Kapitalerhöhungen, die Ausgabe von Zusatzaktien, die Absicht einzelner Anleger, Mehrheitsbeteiligungen zu erwerben u. ä. Alle diese sich gegenseitig beeinflussenden Faktoren rufen eine optimistische oder pessimistische Stimmung an der Börse hervor, die die Entschlüsse zum Kauf oder Verkauf berührt.

An jeder Wertpapierbörse unterscheidet man den **amtlichen Handel,** den **geregelten Markt** und den **Freiverkehr,**[19] der aus den bisherigen Marktsegmenten „geregelter" und „ungeregelter Freiverkehr" entstanden ist.

Innerhalb des Freiverkehrs besteht an der Frankfurter Wertpapierbörse unter der Trägerschaft der Deutsche Börse AG der **Neue Markt** als eigenständiges Handelssegment.

Der Neue Markt ist ein staatlich anerkanntes und überwachtes Handelssegment, das kleine und mittlere innovative Unternehmen mit privaten und institutionellen Anlegern zusammenbringt. Die Zulassung zum Neuen Markt folgt den Vorschriften für den geregelten Markt. Der Handel ist nach eigenständigen Regeln privatrechtlich organisiert. Der Unterschied zu anderen Marktsegmenten besteht in höheren Transparenzanforderungen an den Emittenten und einer stärkeren internationalen Ausrichtung.[20]

Neben den **Präsenzbörsen** gibt es in Deutschland das elektronische Handelssystem **„Xetra"** (Exchange Electronic Trading). Dieses in die Frankfurter Wertpapierbörse integrierte Handelssystem steht Kreditinstituten und Börsenmaklern bundesweit und ganztägig zur Verfügung.

Die Zulassung von Aktien zum amtlichen Handel erfordert die Genehmigung der Zulassungsstelle der Börse, die an eine Reihe von Voraussetzungen geknüpft ist.[21] Die Zulassungsanforderungen für den geregelten Markt sind geringer, so daß auch kleine und mittlere Unternehmen leichteren Zugang zur Börse finden. Während das Mindestgesamtvolumen des an der Börse einzuführenden Kapitals im amtlichen Handel 2.500.000 DM beträgt, beläuft es sich für den geregelten Markt nur auf 500.000 DM. Zudem ist der von den Unternehmen einzureichende und zu veröffentlichende sogenannte **Unter-**

---

[19] Vgl. hierzu ausführlich Vormbaum, H., (Finanzierung), 9. Aufl., Wiesbaden 1995, S. 197 ff.
[20] Wöhe/Bilstein, a. a. O., S. 57 f.
[21] Vgl. §§ 36 ff. und § 71 ff. BörsG

nehmensbericht weniger umfangreich als der für den amtlichen Handel erforderliche **Börseneinführungsprospekt**. Im geregelten Markt handelt es sich um nicht-amtliche, jedoch der Aufsicht des Börsenvorstandes unterliegende Kurse. Unternehmen, die nicht in der Lage sind, die Zulassungsvoraussetzungen des amtlichen Handels bzw. des geregelten Marktes zu erfüllen, können auf den Freiverkehr ausweichen. Dort findet eine Preisbildung auf privatrechtlicher Basis statt.

Beim amtlichen Handel ist zwischen einem Einheitsmarkt und einem variablen Markt zu unterscheiden. Am **Einheitsmarkt** wird an einem Tag nur ein einheitlicher Kurs (Kassakurs) ermittelt, am variablen Martk erfolgt dagegen eine fortlaufende Notierung während der Börsenzeit. Am **variablen Markt** sind nur Aktien von Gesellschaften zugelassen, deren Grundkapital mindestens zehn Millionen DM beträgt. Außerdem muß das einzelne Geschäft über mindestens 50 Stück oder ein Vielfaches davon abgeschlossen werden.

Der **Einheitskurs**[22] wird in der Weise ermittelt, daß der Börsenmakler sämtliche Kauf- und Verkaufsaufträge sammelt und daraus den Kurs festsetzt, bei dem der größtmögliche Umsatz vollzogen wird. Käufer und Verkäufer können ihren Börsenauftrag entweder limitieren, d. h. den Kurs angeben, der beim Kauf nicht überschrittten oder beim Verkauf nicht unterschritten werden darf, oder sie können – wenn sie wünschen, daß ihr Auftrag in jedem Falle ausgeführt wird – angeben, daß „billigst" angeschafft oder „bestens" verkauft wird (unlimitierter Auftrag).

Beispiel:

Nachfrage (Kaufaufträge)		Angebot (Verkaufsaufträge)	
200 Stück A-Aktien	zu 164 DM	400 Stück A-Aktien	zu 160 DM
500 Stück dto.	zu 163 DM	400 Stück dto.	zu 161 DM
300 Stück dto.	zu 162 DM	100 Stück dto.	zu 162 DM
200 Stück dto.	zu 161 DM	300 Stück dto.	zu 163 DM
300 Stück dto.	zu 160 DM	300 Stück dto.	zu 164 DM

Der Kurs wird auf 162 DM festgesetzt, da bei diesem Kurs der größte Umsatz erzielt wird, wie die folgende Übersicht zeigt:

Kurs	Angebot	Nachfrage
160 DM	400 Stück	1500 Stück
161 DM	800 Stück	1200 Stück
162 DM	900 Stück	1000 Stück
163 DM	1100 Stück	700 Stück
164 DM	1500 Stück	200 Stück

---

[22] Vgl. Obst, G./Hintner, O., Geld-, Bank- und Börsenwesen, 39. Aufl., Stuttgart 1993, S. 1138 ff.

Da beim Kurs von 162 DM nicht alle Kaufaufträge erledigt werden können, wird dieser Kurs mit dem Zusatz „bG" notiert; bG bedeutet: bezahlt und Geld, d. h. es wurden Umsätze durchgeführt, die Nachfrage wurde jedoch nicht voll gedeckt.

Auf dem **Kurszettel** können den Kursen folgende Zeichen hinzugesetzt werden:[23]

b, bz oder bez. (**= bezahlt**) besagt, daß Angebot und Nachfrage sich ausgeglichen haben, d. h. es wurden ausgeführt:
(1) alle Kauf- und Verkaufsaufträge, die nicht limitiert oder zum notierten Kurs limitiert waren,
(2) alle höher limitierten Kaufaufträge und
(3) alle niedriger limitierten Verkaufsaufträge.

G (**= Geld**) bedeutet: zum notierten Kurs bestand Nachfrage, aber kein oder nur unbedeutendes Angebot, so daß der größte Teil der limitierten Kaufaufträge nicht erledigt werden konnte und nur „Bestens-Aufträge" ausgeführt wurden.

B (**= Brief**) heißt, daß zum notierten Kurs ein Angebot, aber keine oder nur unbedeutende Nachfrage vorhanden war, so daß nur Bestens-Verkaufsaufträge erledigt werden konnten.

bG oder bez.G (**= bezahlt und Geld**) bedeutet, daß Umsätze erfolgt sind, aber die Nachfrage nicht voll befriedigt werden konnte.

etw.bez.G (**= etwas bezahlt und Geld**) besagt: es wurden Umsätze durchgeführt, die limitierten Kaufaufträge konnten aber nur zum Teil erledigt werden.

bB oder bez.B (**= bezahlt und Brief**) bedeutet, daß Umsätze erfolgt sind, aber noch Angebot bestand.

etw.bez.B (**= etwas bezahlt und Brief**) besagt, daß Umsätze durchgeführt wurden, aber nur ein Teil der limitierten Verkaufsaufträge erledigt werden konnte.

– (**= gestrichen**) bedeutet: da keine Aufträge vorlagen, erfolgte keine Kursbildung.

T (**= Taxe**) heißt: Der Kurs wurde geschätzt, da keine Aufträge vorlagen. Umsätze werden jedoch zum geschätzten Kurs für möglich gehalten.

b) Die Beteiligungsfinanzierung nicht-emissionsfähiger Unternehmen

Nicht-emissionsfähige Unternehmen haben keinen Zugang zur Börse, so daß ihnen – im Gegensatz zu großen Aktiengesellschaften – kein organisierter Markt zur Beschaffung von Eigenkapital zur Verfügung steht. Davon sind insbesondere Einzelunternehmungen und Personengesellschaften, aber auch GmbH und kleinere AG betroffen. Sie sind zur Deckung ihres Kapitalbedarfs auf Gewinnthesaurierung, Zuführung von privaten Mitteln oder die Aufnahme eines stillen Gesellschafters bzw. weiterer Gesellschafter angewiesen.[24] Dabei können Schwierigkeiten hinsichtlich der zu gewährenden Mitspra-

---

[23] Vgl. Wöhe/Bilstein, a. a. O., S. 60
[24] Vgl. S. 301 ff.

cherechte und der Möglichkeiten zur Einflußnahme bzw. der Aufteilung stiller Rücklagen entstehen. Negativ wirkt sich auch die mangelnde Fungibilität bzw. Liquidierbarkeit der Beteiligungen aus. Da bei gegebenem Eigenkapitalvolumen auch die Fremdfinanzierungsmöglichkeiten begrenzt sind, wachsende Unternehmungen jedoch zur Einführung neuer Produkte bzw. zur Entwicklung neuer Technologien zusätzliche finanzielle Mittel benötigen, hat man neue Finanzierungsinstrumente entwickelt, um den Mangel an Beteiligungskapital nicht-emissionsfähiger Unternehmen zu beheben.

aa) Kapitalbeteiligungsgesellschaften

Bei Kapitalbeteiligungsgesellschaften handelt es sich häufig um Tochtergesellschaften von Banken, die anstelle von Krediten Eigenkapital zur Verfügung stellen. Dies kann in Form einer offenen Beteiligung durch den Erwerb von Gesellschaftsanteilen oder in Form einer stillen Beteiligung erfolgen, wobei die Beteiligungen in der Regel nur befristet gehalten werden. Dabei streben die Kapitalbeteiligungsgesellschaften keine Beherrschung der jeweiligen Unternehmen an, sondern beschränken sich auf die Finanzierungsfunktion, werden aber in gewissem Umfang auch beratend und überwachend tätig. Allerdings sind Kapitalbeteiligungsgesellschaften eher risikoscheu, so daß sie kaum junge, innovative Unternehmen oder mit hohen Risiken verbundene Gründungsinvestitionen fördern, sondern vielmehr langjährig bestehende Unternehmen bevorzugen.[25]

bb) Venture-Capital-Gesellschaften

Die Anlageobjekte von Venture-Capital-Gesellschaften sind dagegen gerade solche jungen innovativen Unternehmen. Weil die Bereitstellung von Eigenkapital für diese Unternehmen oftmals besonders risikoreich ist, strebt man beim Erwerb von Gesellschaftsanteilen **Risikodiversifikation** an, um dadurch das Scheitern einzelner Engagements auszugleichen. Venture-Capital-Gesellschaften finanzieren sich über Banken, Versicherungen, Großunternehmen und ggf. auch über Privatpersonen durch die **Bildung von Fonds.**

Während Kapitalbeteiligungsgesellschaften in erster Linie am laufenden Gewinn der Gesellschaften beteiligt sind, profitieren Venture-Capital-Gesellschaften von der Wertsteigerung der Beteiligung bei späterer Veräußerung, nachdem die Anteile langfristig gehalten wurden. Venture-Capital-Gesellschaften stellen neben finanziellen Mitteln auch ihr Know-how zur Verfügung und übernehmen somit auch eine **Managementberatungsfunktion.**[26] Jedoch sind die Grenzen zwischen Kapitalbeteiligungsgesellschaften und Venture-Capital-Gesellschaften inzwischen fließend geworden, so daß beide Finanzierungsinstrumente ineinander übergehen können.

---

[25] Vgl. Perridon/Steiner, Finanzwirtschaft der Unternehmung, 10. Aufl., München 1999, S. 354f.
[26] Vgl. Vormbaum, H., (Finanzierung), a. a. O., S. 175

cc) Unternehmensbeteiligungsgesellschaften

Das Problem der Eigenkapitalbeschaffung für nicht börsennotierte Unternehmen hat den Gesetzgeber zur Schaffung sog. Unternehmensbeteiligungsgesellschaften veranlaßt,[27] mit denen die Außenfinanzierungsmöglichkeiten derartiger Unternehmen verbessert und dem breiten Publikum eine mittelbare Beteiligung an mittelständischen Unternehmen ermöglicht werden soll. Für Unternehmensbeteiligungsgesellschaften ist die **Rechtsform der Aktiengesellschaft**, der GmbH oder der KG aA vorgeschrieben. Ihr Gegenstand ist der Erwerb, die Verwaltung und die Veräußerung von Anteilen oder Beteiligungen als stiller Gesellschafter an inländischen Unternehmen, deren Anteile weder an der Börse noch einem sonstigen organisierten Markt gehandelt werden.[28] Eine Anlage in börsennotierten Anteilen ist nicht erlaubt.

Die Tätigkeit der Unternehmensbeteiligungsgesellschaften ist durch gesetzliche Kapitalanlage- und -beschaffungsgrundsätze, die den Erwerb von Anteilen, die Kreditaufnahme und unzulässige Kapitalbeschaffungsmöglichkeiten (Schuldverschreibungen, Genußscheine) regeln, genau festgelegt.[29] Gemäß § 9 UBGG muß eine Unternehmensbeteiligungsgesellschaft innerhalb von zehn Jahren nach ihrer Anerkennung mindestens 70% ihrer Aktien öffentlich zum Erwerb anbieten. Diese Aktien müssen an einer inländischen Börse zugelassen sein.

Von besonderer Bedeutung sind die für anerkannte Unternehmensbeteiligungsgesellschaften vorgesehenen **steuerlichen Vorteile.** Diese sind ein Anreiz für klassische Kapitalbeteiligungsgesellschaften bzw. Venture-Capital-Gesellschaften, sich den strengen Anforderungen des UBGG durch Erfüllung der Anerkennungsvoraussetzungen zu unterwerfen, damit sie in den Genuß von Steuerbefreiungen kommen. Um den privaten Anleger, der nur mittelbar über die Unternehmensbeteiligungsgesellschaft an den nicht börsennotierten Unternehmen beteiligt ist, steuerlich so zu stellen, als handele es sich um eine unmittelbare Beteiligung, sind die Unternehmensbeteiligungsgesellschaften gem. § 3 Nr. 23 GewStG von der **Gewerbesteuer befreit.** Die explizite Aufnahme der Unternehmensbeteiligungsgesellschaften in § 9 Nr. 2a GewStG, d.h. in die Gruppe der begünstigten Schachtelungesellschaften, stellt die Anwendung des gewerbesteuerlichen Schachtelprivilegs auch für die steuerbefreiten Unternehmensbeteiligungsgesellschaften sicher, denn diese Vergünstigung gilt grundsätzlich nur für nicht steuerbefreite inländische Kapitalgesellschaften. Ferner bleibt gem. § 4 Nr. 8j UStG die Beteiligung als stiller Gesellschafter am Unternehmen oder am Gesellschaftsanteil eines Dritten von der Umsatzsteuer befreit.

Eine Alternative zu den Unternehmensbeteiligungsgesellschaften wäre die Erleichterung des Börsenzugangs kleinerer und mittlerer Aktiengesellschaften sowie die direkte Zulassung von GmbH- und KG-Anteilen zur Börse.[30] Mit

---

[27] Vgl. Gesetz über Unternehmensbeteiligungsgesellschaften (UBGG) vom 17. 12. 1986, BStBl 1987 I, S. 181, zuletzt geändert durch Gesetz vom 24. 3. 1998, BGBl I, S. 529
[28] Vgl. § 2 UBGG
[29] Vgl. §§ 3–8 UBGG
[30] Vgl. Perridon/Steiner, a.a.O., S. 357

dem „Gesetz für kleine Aktiengesellschaften und zur Deregulierung des Aktienrechts" vom 2. 8. 1994 versucht der Gesetzgeber, mittelständischen Unternehmen die Aktiengesellschaft zu erschließen.

2. Die Fremdfinanzierung (Kreditfinanzierung)

a) Übersicht

Die Arten des Fremdkapitals lassen sich nach verschiedenen Kriterien einteilen:
(1) Nach der **Herkunft des Kapitals,** d. h. nach den Kreditgebern unterscheidet man:
   (a) Bankkredite (z. B. Kontokorrentkredit, Darlehen, Diskontkredit, Akzeptkredit, Lombardkredit);
   (b) Kredite von Privatpersonen und Betrieben (z. B. Darlehen, Schuldscheindarlehen, Obligationen);
   (c) Lieferantenkredite (Kaufpreisstundung);
   (d) Kundenkredite (Anzahlungen);
   (e) Kredite der öffentlichen Hand (z. B. auf Grund öffentlicher Förderungsprogramme).
(2) Nach der erforderlichen **rechtlichen Sicherung** ist zu trennen zwischen:
   (a) Schuldrechtlicher Sicherung:
      aa) Bürgschaft oder Garantie (Avalkredit);
      bb) Forderungsabtretung;
   (b) Sachenrechtlicher Sicherung:
      aa) Grundpfandrechte (Hypothekarkredite, Grundschuld);
      bb) bewegliche Pfandrechte (z. B. Waren- und Effektenlombardkredit);
      cc) Sicherungsübereignung;
      dd) Eigentumsvorbehalt.
(3) Nach der **Dauer der Kapitalüberlassung** (Fristigkeit) wird gegliedert in:
   (a) Kurzfristige Kredite: bis zu 90 Tagen (z. B. Handelswechsel), teilweise bis zu 360 Tagen, die Abgrenzung zu b) ist fließend;
   (b) Mittelfristige Kredite: über 90 bzw. 360 Tage bis zu 5 Jahren;
   (c) langfristige Kredite: über 5 Jahre Laufzeit; so z. B. die Fristeneinteilung der Bankenstatistik der Deutschen Bundesbank.[31]
(4) Nach dem **Gegenstand der Übertragung** auf den Betrieb ist zu unterscheiden in:
   (a) Sachkredite: dem Betrieb fließen Sachwerte zu, z. B. Lieferantenkredit, Naturalkredit;
   (b) Geldkredite: dem Betrieb fließt Geld zu, z. B. Darlehen, Anzahlungen;

---

[31] Vgl. Krüger, W., Langfristige Fremdfinanzierung durch Kreditinstitute und andere Finanzinstitutionen, in: Finanzierungshandbuch, hrsg. von F. W. Christians, 2. Aufl., Wiesbaden 1988, S. 259

(c) Kreditleihe: der Betrieb erhält weder Geld noch Sachwerte, sondern Sicherheiten, mit denen er Kredite nach (a) oder (b) aufnehmen kann, z. B. Akzeptkredit, Avalkredit, Akkreditiv.

b) Langfristige Fremdfinanzierung

Die langfristige Fremdfinanzierung ist eine Darlehensfinanzierung. **Darlehen** sind festverzinsliche Kredite, die an bestimmten, vertraglich vereinbarten Terminen auszuzahlen oder zurückzuzahlen sind. Sie belasten den Betrieb im Gegensatz zu Aktien und Geschäftsanteilen auch in Verlustjahren mit Zinsen, andererseits sind die Zinsen bei der Ermittlung des Gewinns abzugsfähig, d. h. sie werden buchtechnisch als Aufwand verrechnet und mindern den ausgewiesenen und den steuerpflichtigen Gewinn. Dividenden dagegen sind aus dem versteuerten Gewinn zu zahlen. Nach der Art der Kapitalbeschaffung und der rechtlichen Sicherung unterscheidet man:
(1) Anleihen (Obligationen),
(2) Schuldscheindarlehen,
(3) Hypotheken- und Grundschulden,
(4) sonstige langfristige Darlehen.

Wegen ihrer besonderen Bedeutung als Finanzierungsinstrument von Großbetrieben sollen die Obligationen und Schuldscheindarlehen ausführlicher besprochen werden.

aa) Industrieobligationen

Die von der gewerblichen Wirtschaft ausgegebenen Obligationen bezeichnet man als Industrieobligationen, auch wenn sie nicht nur von Industriebetrieben, sondern z. B. auch von Handels- oder Verkehrsbetrieben begeben werden. Andere Anleihegruppen bilden die Obligationen der öffentlichen Hand (Anleihen des Bundes, der Länder und der Gemeinden) und die Pfandbriefe der Realkreditinstitute (z. B. Hypothekenbanken).

Die Aufnahme von Fremdkapital durch **Emission von Teilschuldverschreibungen** ist die typische Form langfristiger Fremdfinanzierung von großen Aktiengesellschaften. Durch Stückelung des Gesamtbetrages in kleinere Teilbeträge bieten die Anleihen den Vorteil, daß große Kreditsummen, die eine einzelne Bank einzuräumen nicht bereit oder in der Lage wäre, von vielen einzelnen Gläubigern (Obligationären) aufgebracht werden können. Von seiten der Gläubiger kann die Obligation nicht gekündigt werden, doch hat jeder Obligationär die Möglichkeit, das Kreditverhältnis durch Verkauf seiner Schuldverschreibung für sich persönlich zu beenden – ebenso wie ein Aktionär sein Beteiligungsverhältnis durch Veräußerung seiner Aktien lösen kann.

Obligationen verbriefen keine Mitgliedschaftsrechte, sondern Forderungsrechte, d. h. sie sind reine **Gläubigerpapiere**. Im Falle des Konkurses zählen sie zu den Konkursforderungen. Die Ausgabe von Obligationen ist an sich nicht auf Betriebe einer bestimmten Rechtsform beschränkt, praktisch jedoch kommen nur sehr große Betriebe, also in den meisten Fällen Aktiengesellschaften, in Frage, da die Ausgabekosten von Obligationen sehr hoch sind und sich erst bei Anleihebeträgen von mehreren Millionen rentieren. Außerdem setzt die Börseneinführung nach § 2 Abs. 2 BörsZulV einen bestimmten Mindestbetrag in Höhe von 500.000 DM voraus. Zum Zwecke der schnelleren Unterbringung werden Obligationen häufig von einem Bankenkonsortium übernommen, das der ausgebenden Gesellschaft sofort den Gegenwert zur Verfügung stellt und dann gegen Vergütung einer Provision die Obligationen im Publikum unterbringt.

Die Emission von Anleihen ist an **staatliche Genehmigung** gebunden (zuständiger Bundesminister im Einvernehmen mit der zuständigen obersten Landesbehörde). Die Teilschuldverschreibungen sind gewöhnlich Inhaberpapiere, die auf einen bestimmten Nennwert lauten. Sie sind festverzinslich. Die Sicherung erfolgt in der Regel durch Eintragung eines Grundpfandrechts. Sie kann durch die sog. Negativklausel verstärkt werden, d. h. durch die vertragliche Zusage gegenüber den Obligationären, sie im Hinblick auf die Sicherheit nicht schlechter zu stellen als die Gläubiger später ausgegebener Anleihen.

Im Gegensatz zur Aktienausgabe ist eine **Unter-pari-Emission** zulässig. Wird eine Anleihe unter pari begeben, z.B. zum Kurs von 97%, so muß der Käufer für eine Obligation von 1.000 DM nur 970 DM bezahlen. Da der Nennbetrag von 1.000 DM verzinst wird, bedeutet die Unter-pari-Emission, daß der Effektivzins über dem Nominalzins liegt. Das stellt einen zusätzlichen Anreiz zur Zeichnung einer Obligation dar, der noch dadurch erhöht wird, daß die Rückzahlung der Obligation über pari, z.B. zu 103%, erfolgen kann. Für den Betrieb bedeutet die Unter-pari-Ausgabe und die Über-pari-Rückzahlung einen Verlust **(Disagio)**, denn für je 1.000 DM erhält er nur 970 DM und muß 1.030 DM zurückzahlen.

§ 253 Abs. 1 HGB schreibt vor, daß die Bilanzierung der Obligationen zum Rückzahlungsbetrag erfolgen muß, und § 250 Abs. 3 HGB läßt zu, daß der Disagiobetrag auf der Aktivseite unter den Posten der Rechnungsabgrenzung eingestellt und über die Laufzeit der Anleihe durch planmäßige Abschreibungen getilgt oder sofort abgeschrieben werden kann.

Die **Laufzeit** der Obligationen beträgt im allgemeinen 10 bis 20 Jahre. Die **Rückzahlung** kann entweder nach Ablauf der Frist auf einmal erfolgen, oder es wird von einem bestimmten Zeitpunkt an eine allmähliche Tilgung nach einem festgelegten Tilgungsplan durchgeführt. Da neben der Tilgungsquote auch Zinsen gezahlt werden müssen, ist die Belastung der einzelnen Jahre bei gleicher Tilgungsquote verschieden. Will man eine gleichmäßige Belastung erreichen, so tilgt man anfangs weniger, weil die Zinsen noch höher sind; je mehr die Zinsen abnehmen, um so mehr wird die Tilgungsquote erhöht. Die Summe aus jährlicher Tilgungsquote und jährlichem Zinsbetrag bezeichnet man als **Annuität**.

Die Tilgung kann entweder durch **Auslosung** erfolgen – die gezogenen Nummern werden dann zurückgezahlt – oder durch **Rückkauf** der zu tilgenden Stücke an der Börse. Die erste Form der Tilgung bringt bei hohem Emissionsdisagio und Rückzahlungsagio den Obligationären einen Zinsvorteil, deren Stücke frühzeitig ausgelost werden, da Disagio bzw. Agio die durchschnittliche Verzinsung um so mehr erhöhen, je kürzer die effektive Laufzeit ist. Die zweite Form der Tilgung ist für die Gesellschaft dann günstig, wenn der Kurs der Obligationen unter dem Rückzahlungskurs liegt. Für die Obligationäre hat sie den Vorteil, daß die beim Rückkauf entfaltete Nachfrage zu Kurssteigerungen führen kann.

bb) Wandelschuldverschreibungen

Die Obligationen können mit verschiedenen Sonderrechten ausgestattet sein. Wandelschuldverschreibungen (Convertible bonds) enthalten das Recht, nach einer bestimmten Sperrfrist in Aktien umgetauscht zu werden. Damit bietet man gegenüber den normalen Obligationen einen gewissen Anreiz durch die Möglichkeit, das Gläubigerverhältnis in ein Beteiligungsverhältnis umzuwandeln. Die Ausgabe der Bezugsaktien gegen Wandelschuldverschreibungen darf nur erfolgen, wenn die Differenzen zwischen dem Ausgabebetrag der zum Umtausch eingereichten Schuldverschreibungen und dem höheren Nennbetrag der für sie auszugebenden Bezugsaktien durch Zuzahlung des Obligationärs oder aus einer anderen Gewinnrücklage, die zu diesem Zweck verwendet werden kann, gedeckt ist.[32] Das Umtauschverhältnis und eine eventuelle Zuzahlung werden von vornherein in den Emissionsbedingungen festgelegt.

Das Aktienbezugsrecht der Obligationäre wird durch eine **bedingte Kapitalerhöhung**[33, 34] gesichert, d.h. durch eine Kapitalerhöhung, „die nur so weit durchgeführt werden soll, wie von einem Umtausch- oder Bezugsrecht Gebrauch gemacht wird, das die Gesellschaft auf die neuen Aktien (Bezugsaktien) einräumt.[35]" Der Nennbetrag des bedingten Kapitals darf die Hälfte des Grundkapitals nicht überschreiten.[36] Da die Erhöhung des Aktienkapitals durch Umtausch der Wandelschuldverschreibungen zu einer Veränderung des Aktienkurses und einer Verwässerung der Aktionärsrechte (z.B. Anteil an den stillen Rücklagen, Dividendenanteil, Anteil am Liquidationserlös) führen kann, haben die Aktionäre auf Wandelschuldverschreibungen ebenso ein Bezugsrecht wie auf neue Aktien.[37]

Die **Umtauschfrist** erstreckt sich gewöhnlich über mehrere Jahre. Die Gesellschaft kann auf den Zeitpunkt der Umwandlung der Obligation in Aktien einen gewissen Einfluß durch eine zeitliche Staffelung der Zuzahlungsbeträge ausüben. Wünscht man einen möglichst schnellen Umtausch, so wird man die Zuzahlung anfangs niedrig und später immer höher festsetzen, will man den Umtausch auf einen möglichst späten Zeitpunkt hinausschieben, so geht man umgekehrt vor. Da es für den Betrieb vorteilhafter sein kann, sich über Wandelschuldverschreibungen statt über Aktien zu finanzie-

---

[32] Vgl. § 199 Abs. 2 AktG
[33] Vgl. S. 817 f.
[34] Vgl. § 192 Abs. 2 Nr. 1 AktG
[35] § 192 Abs. 1 AktG
[36] Vgl. § 192 Abs. 3 AktG
[37] Vgl. § 221 Abs. 4 AktG

ren, denn die Fremdkapitalzinsen mindern als Betriebsausgabe den steuerpflichtigen Gewinn und folglich die Körperschaftsteuer, während Dividenden aus dem versteuerten Gewinn zu zahlen sind, werden die Gesellschaften in der Regel bestrebt sein, den Umtausch möglichst spät vorzunehmen.

Die **Zuzahlung** kann dann folgendermaßen geregelt werden: entweder wird sie in Prozent des Nennwertes bemessen, und zwar im Zeitablauf fallend, oder sie wird in Prozent der Dividende, und zwar ebenfalls fallend, berechnet.[38]

(1) Beispiel für eine **in Prozent des Nennwerts** fallende Zuzahlung: Ausgabe der Wandelschuldverschreibung 1995
Sperrfrist bis 2000
Zuzahlung:

     bis 2005   100%
   von 2006 bis 2008 jährlich 3% fallend bis 91%
   von 2009 bis 2011 jährlich 4% fallend bis 79%
   von 2012 bis 2015 jährlich 6% fallend bis 55%.

(2) Beispiel für eine in **Prozent der Dividende** fallende Zuzahlung:
Ausgabe der Wandelschuldverschreibung 1995
Sperrfrist bis 2000
2001–2005 4% Zuzahlung je 1% Dividende der Stammaktien
      im Vorjahr, mindestens 20%
2006–2010 3% Zuzahlung je 1% Dividende der Stammaktien
      im Vorjahr, mindestens 15%
2011–2015 2% Zuzahlung je 1% Dividende der Stammaktien
      im Vorjahr, mindestens 10%.

Rittershausen stellt fest: „Der Kurs der Wandelobligationen wird bei allen Schwankungen der Aktie immer nahezu genau um den Zahlungssatz tiefer liegen als die Aktie ...", und er kommt zu dem Ergebnis, „daß die Zuzahlung, die eine Art Preis des vorzunehmenden Umtauschs ist, den Zweck hat, die fortgesetzt wechselnde Differenz zwischen Obligationen- und Aktienkurs zu überbrücken."[39]

Die Wandelschuldverschreibungen haben in Deutschland als Finanzierungsinstrument vor allem in Zeiten außergewöhnlicher Verhältnisse am Kapitalmarkt größere Bedeutung erlangt, so insbesondere in den Jahren der Kapitalknappheit nach den beiden Weltkriegen. Nach der Währungsreform des Jahres 1948 waren viele Aktiengesellschaften jahrelang nicht in der Lage, Dividenden auszuschütten und Kapitalerhöhungen durch Ausgabe junger Aktien durchzuführen, weil sie eine Neufestsetzung der Kapitalverhältnisse in der DM-Eröffnungsbilanz wegen des erwarteten Lastenausgleichsgesetzes (1952) verzögerten. Andererseits bestand bei den Sparern wenig Interesse an festverzinslichen Gläubigerpapieren, die gerade auf ein Zehntel ihres Wertes abgewertet worden waren. In dieser Situation stellte die Wandelschuldverschrei-

---

[38] Vgl. Rittershausen, H., Industrielle Finanzierungen, Systematische Darstellung mit Fällen aus der Unternehmenspraxis, Wiesbaden 1964, S. 229 f., an dessen Ausführungen sich auch die folgenden Beispiele anlehnen.
[39] Rittershausen, H., a. a. O., S. 230

bung das geeignetste Finanzierungsmittel dar. Sie bot den Gläubigern die Möglichkeit, das Gläubigerpapier nach einigen Jahren, nach denen sich die Ertragslage der Gesellschaft und die Kursentwicklung ihrer Aktien wieder überblicken ließ, in ein Anteilspapier umzuwandeln.

cc) Optionsschuldverschreibungen

Optionsanleihen sind den Wandelanleihen insofern ähnlich, als sie ebenfalls ein Aktienbezugsrecht verbriefen. Aber im Gegensatz zu den Wandelschuldverschreibungen werden Optionsanleihen beim Aktienbezug nicht in Zahlung gegeben, sondern bleiben nebenher bestehen. Die Aktien werden also **zusätzlich** zur Obligation durch Kauf erworben. Die Optionsanleihe kann mit und ohne Optionsschein **(Warrant),** der auch selbständig am Wertpapiermarkt gehandelt wird, notiert werden. Das Aktiengesetz bezieht die Optionsanleihen in den Begriff der Wandelschuldverschreibung ein, denn es bezeichnet als Wandelschuldverschreibung „Schuldverschreibungen, bei denen den Gläubigern ein Umtausch- oder Bezugsrecht auf Aktien eingeräumt wird".[40] Auch hier ist eine bedingte Kapitalerhöhung erforderlich. Den Aktionären steht ein Bezugsrecht auf die Optionsanleihen zu.

Während bei den Wandelschuldverschreibungen Fremdkapital in Eigenkapital umgewandelt wird und aus den Gläubigern Gesellschafter werden, tritt bei den Optionsanleihen zum vorhandenen Fremdkapital weiteres Eigenkapital hinzu. Die Inhaber der Optionsanleihen sind nach Ausübung ihres Bezugsrechts Gläubiger und Gesellschafter zugleich.

dd) Gewinnschuldverschreibungen

Eine weitere Sonderform der Schuldverschreibungen sind die Gewinnschuldverschreibungen. Das Aktiengesetz bezeichnet sie als Schuldverschreibungen, „bei denen die Rechte der Gläubiger mit Gewinnanteilen von Aktionären in Verbindung gebracht werden".[41] Sie sind entweder festverzinslich, haben aber zusätzlich einen weiteren Gewinnanspruch in einem bestimmten Verhältnis zur Dividende **(Zusatzzins),** oder sie sind nicht mit festem Zins ausgestattet, sondern haben einen nach oben **begrenzten Gewinnanspruch.** Sie sind also risikobehaftet; in Verlustjahren gehen sie leer aus, in Jahren hoher Gewinne haben sie die Chance, weit über dem normalen Zins verzinst zu werden. Hinsichtlich der Erträge für den Anleger und der laufenden Belastung für die Gesellschaft ähneln Gewinnschuldverschreibungen also dem Eigenkapital, wenn sie auch in ihren sonstigen Rechten Fremdkapital sind.

Von den limitierten Vorzugsaktien unterscheiden sie sich durch ihren festen Rückzahlungstermin und durch ihre Rechtsstellung im Konkursfalle. Weitere Unterschiede bestehen darin, daß Gewinnschuldverschreibungen, soweit sie mit einer festen Grundverzinsung ausgestattet sind, auch in Ver-

---

[40] § 221 Abs. 1 AktG
[41] § 221 Abs. 1 AktG

lustjahren verzinst werden müssen, während auf Vorzugsaktien dann keine Dividende ausgeschüttet wird, allerdings unter Umständen ein Nachzahlungsanspruch bestehen kann. Die Liquidität des Betriebes wird also unterschiedlich beeinflußt. Werden auf stimmrechtslose Vorzugsaktien zwei Jahre lang keine Dividenden gezahlt, so wächst ihnen das Stimmrecht zu, während die Gewinnschuldverschreibungen reine Gläubigerpapiere bleiben. Gewinnschuldverschreibungen sind allerdings mit dem Risiko einer wirtschaftlichen Benachteiligung behaftet, wenn nämlich die Gesellschaft einen großen Teil des Gewinns zur Selbstfinanzierung verwendet, also den Rücklagen zuführt, statt ihn als Dividende auszuschütten. Eine Zunahme der Rücklagen wird zwar in der Regel zu einem Steigen des Aktienkurses führen, aber auf den Kurs der Gewinnschuldverschreibungen unmittelbar keinen Einfluß haben.

ee) Schuldscheindarlehen

Schuldscheindarlehen als Mittel der langfristigen Investitionsfinanzierung unterscheiden sich in rechtlicher Hinsicht von Obligationen dadurch, daß Schuldscheine keine Wertpapiere, sondern **Beweisurkunden** sind. Der Obligationär kann sein Recht nicht ohne das Wertpapier geltend machen („Das Recht aus dem Papier folgt dem Recht am Papier"), der Gläubiger eines Schuldscheindarlehens kann sein Recht bei Verlust des Schuldscheins anderweitig beweisen.

Obligationen werden als Inhaberpapiere durch Einigung und Übergabe übertragen und an der Börse gehandelt, d. h., die Gläubiger können durch Verkauf der Wertpapiere jederzeit wechseln und bleiben gegenüber dem Schuldner anonym. Schuldscheine werden durch Zession übertragen, die häufig an die Zustimmung des Schuldners gebunden ist. Es besteht also ein persönliches Kreditverhältnis und damit eine begrenzte Fungibilität. Die Laufzeit beträgt i. d. R. nicht mehr als 15 Jahre.

Eine Besonderheit der Schuldscheine liegt darin, daß sie in großem Umfange nicht in erster Linie von Banken, sondern insbesondere **von Versicherungsgesellschaften** gewährt werden, die langfristiges Kapital aus ihrem Deckungsstock anlegen wollen. Damit ist diese Finanzierungsform zwar von vornherein auf große Unternehmen allererster Bonität beschränkt, es kommen als Schuldner aber auch Unternehmen in Betracht, die wegen der Höhe der Emissionskosten oder der für die Börseneinführung erforderlichen Mindestbeträge keine Obligationen ausgeben können oder wollen.

Die Hingabe von Schuldscheindarlehen ist **nicht genehmigungspflichtig**. Die Sicherung erfolgt durch erststellige Grundschulden. Da Versicherungsunternehmen dem Versicherungsaufsichtsgesetz (VAG) unterliegen, das strenge Anforderungen an die Beträge stellt, die dem Deckungsstock zuzuführen sind, spielen die Kreditwürdigkeit des Schuldners und die Qualität der Sicherheiten hier eine besondere Rolle. In § 54a VAG ist genau geregelt, wie das gebundene Vermögen angelegt werden kann. Das Bundesaufsichtsamt für das Versicherungs- und Bausparwesen (BVA) überwacht die Deckungsstockfähigkeit von Kapitalanlagen.

Wegen der fehlenden Fungibilität liegt der Zinssatz der Schuldscheindarlehen i. a. etwa 1/4 bis 1/2% über dem jeweiligen Zins für Obligationen. Die einmaligen Kosten bei der Schuldaufnahme sind wesentlich geringer als die Emissionskosten von Obligationen.

Schuldscheindarlehen werden häufig nicht direkt begeben, sondern durch **Einschaltung von Banken oder Finanzmaklern** vermittelt. Solcher Institutionen bedarf es dann, wenn sich die Wünsche des Gläubigers und des Schuldners hinsichtlich des Umfangs und/oder der Fristigkeit des Darlehens nicht decken. Aufgabe des Finanzmaklers ist es, dann ggf. Schuldscheindarlehen mehrerer Kreditgeber zusammenzufassen und zeitlich so aneinanderzureihen, daß die gewünschte langfristige Finanzierung zustande kommt (Revolving-System).

Das **Fristenrisiko**, d. h. das Risiko, daß bei Fälligkeit von Teilbeträgen, deren Laufzeit kürzer als die des gesamten Darlehens ist, kein rechtzeitiger Anschlußkredit vorhanden ist, trägt:[42]

(1) entweder der Betrieb als Kreditnehmer (direktes System). Die Zinsen werden dabei für jedes Teildarlehen gesondert vereinbart, die effektive Zinsbelastung einer mit dem Gesamtdarlehen finanzierten Investition ist dann im voraus nicht zu berechnen;

(2) oder eine Bank, wenn sie ein langfristiges Schuldscheindarlehen aus kurzfristigen Mitteln gewährt, die ihr von einem Makler wie beim Direkt-Revolving vermittelt werden (indirektes System); der Kredit verteuert sich folglich;

(3) oder der Makler selbst. Er garantiert dem Kreditnehmer den termingerechten Geldanschluß und dem Kreditgeber die termingerechte Rückzahlung (sog. 7-M-System). Das Kreditwesengesetz 1961 hat derartige revolvierende Schuldscheindarlehen in den Kreis der Bankgeschäfte[43] einbezogen, so daß sie nur noch von den Banken vermittelt werden können.

ff) Genußscheine und Partizipationsscheine

Bei Genußscheinen handelt es sich um eine Kategorie von Wertpapieren, die zwar bestimmte Vermögensrechte, aber keine Mitgliedschaftsrechte verbriefen. Ihre Ausgabe kann unterschiedliche **Anlässe** haben. So können sie als Entschädigung für besondere Leistungen von Anteilseignern im Zusammenhang mit Gründungs-, Sanierungs- und Verschmelzungsvorgängen dienen; ferner können sie als Instrument der Erfolgsbeteiligung von Arbeitnehmern Verwendung finden oder als eigenständiges Finanzierungsinstrument eingesetzt werden.[44] Für die Gesellschaft hat die Ausgabe von Genußscheinen den Vorteil, daß sie sich am Kapitalmarkt Mittel beschaffen kann, ohne daß die bestehenden Beteiligungsverhältnisse verändert werden, da Genußscheine im Gegensatz zu Aktien kein Stimmrecht gewähren.

---

[42] Vgl. Krause, M. W., Die langfristige Fremdfinanzierung; in: Handbuch der Unternehmensfinanzierung, hrsg. von O. Hahn, München 1971, S. 661
[43] Vgl. § 1 Abs. 1 Nr. 7 KWG
[44] Vgl. Wöhe/Bilstein, a. a. O., S. 212

718 Fünfter Abschnitt. Investition und Finanzierung

Genußscheine sind eindeutig weder dem Eigenkapital noch dem Fremdkapital zuzuordnen. Je nach ihrer Ausstattung, also den Rechten, die sie verbriefen, stehen Genußscheine entweder mehr dem Fremdkapital oder mehr dem Eigenkapital näher. Das hat vor allem **steuerliche Konsequenzen.** Genußscheine haben den Charakter von **Eigenkapital,** wenn sie eine unbegrenzte Laufzeit haben, vom Inhaber nicht gekündigt werden können und nicht nur eine Beteiligung am Gewinn und Verlust, sondern auch am Liquidationserlös und somit an den stillen Rücklagen vorsehen. Nach § 8 Abs. 3 Satz 2 KStG dürfen Gewinnausschüttungen auf derart ausgestattete Genußrechte bei der Gewinnermittlung nicht als Betriebsausgaben abgesetzt werden; solche Genußrechte werden also steuerlich wie Aktien behandelt, d.h. die Gesellschaft muß die Ausschüttungsbelastung herstellen.

Diese steuerlichen Belastungen können vermieden werden, wenn die Genußrechte so ausgestaltet werden, daß sie **Fremdkapitalcharakter** haben, d.h. wenn ihre Laufzeit begrenzt ist, ein beiderseitiges Kündigungsrecht besteht und keine Beteiligung am Liquidationserlös, d.h. an den stillen Rücklagen vorgesehen ist. Dann mindern Gewinnausschüttungen als Betriebsausgaben den körperschaftsteuerpflichtigen Gewinn und unterliegen gem. § 8 Nr. 1 GewStG nur zu 50% der Gewerbeertragsteuer.

Die Emission von Genußscheinen ist nicht an eine bestimmte Rechtsform des Unternehmens gebunden. Nach § 221 Abs. 3 AktG muß bei Aktiengesellschaften die Hauptversammlung der Ausgabe mit Dreiviertelmehrheit zustimmen. Außerdem haben die Aktionäre nach § 221 Abs. 4 AktG ein Bezugsrecht auf den Erwerb von Genußscheinen, da diese Anteile am Gewinn der Gesellschaft verbriefen.

Zu den Genußscheinen zählen auch die **Partizipationsscheine.** Sie ähneln stimmrechtslosen Aktien, da sie die gleichen Vermögensrechte wie Aktien (Recht auf Dividende und Liquidationserlös, Bezugsrechte) gewähren, aber durch das Fehlen des Stimmrechts eine Einflußnahme auf die Gesellschaft ausschließen. Partizipationsscheine sind besonders häufig in der Schweiz anzutreffen, weil dort die Ausgabe stimmrechtsloser Aktien nicht zulässig ist und folglich eine Beschaffung von langfristigem Eigenkapital ohne Stimmrecht vorwiegend mit Hilfe von Partizipationsscheinen erfolgt.[45]

c) Vergleich zwischen der Beteiligungs- und der langfristigen Fremdfinanzierung

aa) Entscheidungsbefugnisse und Liquidität

Die Entscheidung der Frage, ob es für eine Gesellschaft zweckmäßig ist, langfristiges Kapital von außen auf dem Wege der Eigenfinanzierung oder der Fremdfinanzierung zu beschaffen, hängt von einer Reihe von Überlegungen ab. Zusätzliches Eigenkapital bedeutet Aufnahme von neuen Gesellschaftern und Aktionären in die Gesellschaft (falls die bisherigen das benötigte Kapital nicht aufbringen können), die ein Mitbestimmungsrecht bei der

---

[45] Vgl. Vormbaum, H., (Finanzierung), a.a.O., S. 195

laufenden Geschäftsführung oder bei besonderen, in Gesetz und Satzung festgelegten Anlässen haben; dadurch kann eine **Einengung der Entscheidungsbefugnisse** und eine **Verschiebung der Mehrheits- und Abstimmungsverhältnisse** bei der Aktiengesellschaft erfolgen. Die Gläubiger des Fremdkapitals haben in der Regel kein Recht zur Einflußnahme auf die Geschäftsführung, es sei denn auf dem Wege besonderer vertraglicher Vereinbarungen. Die Aufnahme von Fremdkapital setzt andererseits eine bestimmte Kreditwürdigkeit voraus, deren Grundlage zunächst eine entsprechende Eigenkapitalbasis und eine zufriedenstellende Ertragslage darstellen.

Auch das **Liquiditätsproblem** spielt bei der Entscheidung eine Rolle. Eigenkapital erfordert keine regelmäßigen Zinszahlungen, also keine terminmäßige Belastung der Liquidität durch Zinsausgaben, wie das beim Fremdkapital der Fall ist. Dazu hat das Fremdkapital den Nachteil, daß Zinsen auch in Verlustjahren gezahlt werden müssen und die betriebliche Substanz mindern können, ganz abgesehen von der Liquiditätsbelastung in Verlustjahren. Eigenkapital erhält dagegen nur Dividenden, wenn zuvor Gewinne erzielt worden sind. Außerdem kann der Betrieb, indem er auf das Eigenkapital keine Zinsen oder weniger als erwirtschaftet zahlt, das Eigenkapital durch Selbstfinanzierung (Rücklagenbildung) vermehren, während diese Möglichkeit beim Fremdkapital nur besteht, wenn es höhere Erträge als die vereinbarten Zinsen erzielt, die sich als Gewinn zeigen und thesauriert werden können.

Faßt man die Zielsetzung des Betriebes, das Gewinnmaximum zu erzielen, so auf, daß er die Rendite des Eigenkapitals maximieren will, so wird es stets dann zweckmäßig sein, Fremdkapital einzusetzen, wenn die Fremdkapitalzinsen, also die Kosten des Fremdkapitals, niedriger sind als die mit dem Fremdkapital erzielte effektive Verzinsung. Der mit dem Fremdkapital über die Fremdkapitalzinsen hinaus erzielte Ertrag erhöht die Rendite des Eigenkapitals **(leverage effect)**. Dieser Vorteil schlägt dann in einen Nachteil um, wenn die Gesamtkapitalrentabilität unter dem Fremdkapitalzins liegt.

Bei dieser Rechnung muß der Unternehmer allerdings beachten, daß sein außerhalb des Betriebes im Privatvermögen noch verfügbares Eigenkapital, das er nicht im Betriebe einsetzt, weil aus den eben angeführten Überlegungen eine Finanzierung mit Fremdkapital günstiger ist, sich mindestens zum Fremdkapitalzins außerhalb des Betriebes[46] verzinst, da er sonst Fremdkapital zu einem höheren Zins aufnimmt, als er selbst für sein ausgeliehenes Kapital erhält. Ist das der Fall, so ist die Verwendung von Eigenkapital im Betriebe billiger als die Aufnahme von Fremdkapital.

bb) Unterschiede in der Besteuerung

Die Entscheidung über eine Außenfinanzierung mit Eigen- oder Fremdkapital wird wesentlich durch **steuerliche Überlegungen** beeinflußt. Ein einführendes Lehrbuch zur Allgemeinen Betriebswirtschaftslehre kann nur

---

[46] Vgl. Moxter, A., Die Bestimmung des Kalkulationszinsfußes bei Investitionsentscheidungen – Ein Versuch zur Koordinierung von Investitions- und Finanzierungslehre, ZfhF 1961, S. 189

grobe Anhaltspunkte für Steuerbelastungsunterschiede zwischen Eigen- und Fremdfinanzierung geben. Es wird ausdrücklich darauf hingewiesen, daß die Ausführungen die komplexe Rechtsmaterie stark vereinfachen und schematisieren.[47]

Die folgende Darstellung der Steuerbelastungsunterschiede zwischen Eigen- und Fremdfinanzierung geht von folgenden Annahmen aus:

(1) Ein Kapitalgeber hat die Wahl,
 – einer Personengesellschaft,[48]
 – einer Kapitalgesellschaft
 einen bestimmten Geldbetrag als Eigen- oder Fremdkapital zur Verfügung zu stellen.
(2) Als Gegenleistung für die Kapitalhingabe erhält er entweder eine Gewinnbeteiligung (Dividende) oder Fremdkapitalzinsen. Dabei ist davon auszugehen, daß er mit dem so erzielten Grenzeinkommen in der oberen Proportionalzone der Einkommensteuerbelastung liegt.

(a) **Eigen- oder Fremdfinanzierung bei Personengesellschaften**

Wird der Kapitalanleger zum Fremdkapitalgeber, muß er die erhaltenen Fremdkapitalzinsen als Einkünfte aus Kapitalvermögen dem maximalen Steuersatz von 51% der **Einkommensteuer** unterwerfen. Wird er dagegen Eigenkapitalgeber, muß er seinen Gewinnanteil als Einkünfte aus Gewerbebetrieb mit einem nach § 32c EStG auf 43% begrenzten Steuersatz versteuern.

Der Gewinn geht in voller Höhe in den Gewerbeertrag ein. Bei einem Hebesatz von 400% ergibt sich eine **Gewerbeertragsteuerbelastung** des Gewinnanteils von 16,67%. Die Zinszahlungen für langfristiges Fremdkapital werden hingegen nur zur Hälfte im Gewerbeertrag erfaßt. Somit verringert sich die Gewerbeertragsteuerbelastung der Fremdkapitalzinsen auf 8,33%.

Nach der Aufhebung der Vermögensteuer und der Gewerbekapitalsteuer spielen frühere Vorteile der Eigenfinanzierung bei der Vermögensteuer und Vorteile der Fremdfinanzierung bei der Gewerbekapitalsteuer beim Vergleich beider Finanzierungsarten keine Rolle mehr.

(b) **Eigen- oder Fremdfinanzierung bei Kapitalgesellschaften**

Gewinnausschüttungen einer Kapitalgesellschaft muß ein Eigenkapitalgeber der Einkommensteuer unterwerfen. Durch das **körperschaftsteuerliche Anrechnungsverfahren** ist sichergestellt, daß diese Einkünfte in Höhe seines individuellen Einkommensteuersatzes – hier also mit 51% – belastet werden. Wird er statt dessen Fremdkapitalgeber, muß der Kapitalanleger seine Zinseinkünfte dem gleichen Steuersatz der Einkommensteuer unterwerfen. Folglich hat in einer Kapitalgesellschaft die Finanzierungsform bei einer Vollausschüttung der Gewinne keinen Einfluß auf die Einkommensteuerbelastung des Kapitalgebers.

---

[47] Zu Einzelheiten vgl. Wöhe/Bieg, a. a. O., S. 391 ff. Hier wird auch ausgeführt, wie sich die im folgenden genannten Steuersätze ergeben.
[48] Es wird unterstellt, daß er bislang noch nicht an dieser Gesellschaft beteiligt ist.

Hinsichtlich der Belastung mit **Gewerbeertragsteuer** ergeben sich in diesem Fall keine Unterschiede zwischen Kapital- und Personengesellschaften, so daß auch in Kapitalgesellschaften die Eigenfinanzierung in diesem Bereich steuerlich benachteiligt wird.

Im Ergebnis zeigt sich eine eindeutige **steuerliche Diskriminierung der Eigenfinanzierung** gegenüber der Fremdfinanzierung. Diese resultiert aus der ungleichen gewerbesteuerlichen Behandlung der Alternativen. In Kapitalgesellschaften reduziert sich die Benachteiligung der Eigenfinanzierung, da durch die Aufhebung der Vermögensteuer die Doppelbelastung von Eigenkapitaleinlagen einerseits bei der Gesellschaft und andererseits beim Eigenkapitalgeber weggefallen ist. (**ÜB 5**/55)

d) Leasing

Die Idee, Anlagegüter zu mieten statt zu kaufen, wurde zwar bereits Ende des letzten Jahrhunderts entwickelt, gelangte aber in Deutschland erst nach dem zweiten Weltkriege zu größerer Verbreitung.[49] Inzwischen gibt es in der Bundesrepublik Deutschland fast tausend Leasing-Gesellschaften. Infolge der vielen Gestaltungsmöglichkeiten von Miet- und Pachtverträgen, die sich in der Praxis herausgebildet haben, ist der Begriff des Leasing-Vertrages weder in der juristischen noch in der wirtschaftswissenschaftlichen Literatur eindeutig und abschließend geklärt.

Die Besonderheit des Leasing-Vertrages gegenüber dem normalen Mietvertrag nach § 535 BGB liegt meist darin, daß nicht der Hersteller der vermieteten Anlagegüter mit dem Mieter (Leasing-Nehmer) den Vertrag schließt (**direktes Leasing**), sondern eine Leasing-Gesellschaft (Finanzierungsgesellschaft) als Leasing-Geber eingeschaltet wird (**indirektes Leasing**), die vom Hersteller die Mietobjekte erwirbt. Der Hersteller kann jedoch auch die Aufgabe der Leasing-Gesellschaft selbst übernehmen.

Je nach der Gestaltung der Verträge (laufende Kündigungsmöglichkeit oder feste **Grundmietzeit**, Länge der Grundmietzeit im Verhältnis zur betriebsgewöhnlichen Nutzungsdauer, Einräumung einer Verlängerungs- oder Kaufoption nach Ablauf der Grundmietzeit u. ä.) werden Leasing-Verhältnisse als normale Mietverträge,[50] als verdeckte Teilzahlungsverträge,[51] als Geschäftsbesorgungsverträge,[52] als Treuhandverhältnisse[53] oder als Verträge eigener Art interpretiert.

Nach der Art der Vertragsgestaltung lassen sich zwei Typen von Leasing-Verträgen unterscheiden:

(1) **Operate-Leasing-Verträge** sind normale Mietverträge im Sinne des BGB. Sie können von beiden Seiten sofort oder unter Einhaltung einer rela-

---

[49] Mit der Gründung der „Deutschen Leasing GmbH" Düsseldorf, im Jahre 1962 begann die Verbreitung des Leasing in Deutschland.
[50] Vgl. Vogel, H., Aktuelle Fragen des Einkommensteuerrechts, StbJb 1964/65, S. 187
[51] Vgl. Thiel, R., Das Leasing steuerlich gesehen. Die Information über Steuer und Wirtschaft 1964, S. 121 („eingekleideter Teilzahlungsvertrag").
[52] Vgl. Koch, P., Haag, J., Die Rechtsnatur des Leasing-Vertrages, BB 1968, S. 93; Wagner, P., Leasing als Geschäftsbesorgung? BB 1969, S. 109
[53] Vgl. Pougin, E., Leasing in Handels- und Steuerbilanz, ZfB 1965, S. 402

tiv kurzen Kündigungsfrist ohne Zahlung von Konventionalstrafen gekündigt werden. Infolgedessen übernimmt der **Leasing-Geber das gesamte Investitionsrisiko.** Eine volle Amortisation kann bei Kündigung vor Ablauf der Nutzungsdauer nur durch eine oder mehrere Anschlußmieten erzielt werden. Die Gefahren des zufälligen Unterganges und der wirtschaftlichen Entwertung (technischer Fortschritt) sowie die Aufwendungen für Versicherung, Wartung und Reparaturen trägt der Vermieter. Infolge dieser Risikobelastung des Leasing-Gebers kommen für derartige Verträge in der Regel nur solche Wirtschaftsgüter (z. B. Universalmaschinen) in Frage, die von einer größeren Zahl von potentiellen Mietern nachgefragt werden, also jederzeit erneut vermietet werden können.

Die Bilanzierung von Operate-Leasing-Verträgen folgt in der Handels- und Steuerbilanz der zivilrechtlichen Gestaltung. Die Leasing-Objekte sind beim Leasing-Geber zu aktivieren und über die betriebsgewöhnliche Nutzungsdauer abzuschreiben. Der Leasing-Nehmer kann die gezahlten Leasing-Raten als Aufwand (Betriebsausgaben) verrechnen.

(2) **Finance-Leasing-Verträge** (Finanzierungs-Leasing) sind vor allem dadurch gekennzeichnet, daß sie für eine zwischen dem Leasing-Geber und dem Leasing-Nehmer vereinbarte **Grundmietzeit** unkündbar sind. Die Grundmietzeit entspricht maximal der betriebsgewöhnlichen Nutzungsdauer, ist aber in der Regel kürzer, jedoch meist länger als die Hälfte der in den AfA-Tabellen angegebenen betriebsgewöhnlichen Nutzungsdauer.[54]

Die Mietraten werden so bemessen, daß das vermietete Objekt sich nach Ablauf der Grundmietzeit einschließlich aller Nebenkosten voll amortisiert und der Leasing-Geber einen Gewinn erzielt hat. Sie sind in der Regel in gleichbleibender Höhe monatlich im voraus zu leisten.

Im Gegensatz zum Operate-Leasing trägt beim Finanzierungs-Leasing der **Leasing-Nehmer das volle Investitionsrisiko,** insbesondere auch die Gefahr der Überalterung im Zuge des technischen Fortschritts oder der Einschränkung bzw. des Wegfalls der Verwendungsmöglichkeit des Mietobjekts während der Grundmietzeit. Außerdem trifft ihn neben den Versicherungs-, Wartungs- und Reparaturaufwendungen auch das Risiko des zufälligen Unterganges des Mietobjektes, da in diesem Falle die Verpflichtung zur Zahlung der noch fälligen Mietraten bestehen bleibt. Ferner werden im Falle des Verzugs oder des Konkurses des Leasing-Nehmers sämtliche Mietraten auch dann fällig, wenn die vermieteten Wirtschaftsgüter in den Besitz des Leasing-Gebers zurückfallen.

Das Finanzierungs-Leasing eignet sich wegen der vertraglichen Risikoübernahme durch den Leasing-Nehmer nicht nur für marktgängige Wirtschaftsgüter, sondern auch für Verträge über Güter, die nach den besonderen Wünschen eines Leasing-Nehmers gestaltet werden **(Spezial-Leasing),** wobei ggf. der Leasing-Nehmer unmittelbar mit dem Hersteller in Verhandlungen tritt.

Infolge der besonderen Vertragsgestaltung beim Finanzierungs-Leasing ist die Frage nach der Ordnungsmäßigkeit der Bilanzierung derartiger Verträge

---

[54] Vgl. DIHT (Hrsg.), Leasing im Steuerrecht, 2. Aufl., Bonn 1969, S. 28

nicht so eindeutig zu beantworten wie beim Operate-Leasing. Für die steuerliche Behandlung, von der es entscheidend abhängt, ob Leasing vorteilhafter ist als ein durch Eigen- oder Fremdkapital finanzierter Kauf, ist von Bedeutung, was mit dem Leasing-Objekt nach Ablauf der Grundmietzeit geschieht. Folgende Möglichkeiten sind denkbar:

(1) Finanzierungs-Leasing **ohne Option,** d.h. der Vertrag enthält keine Vereinbarungen, und es bestehen auch keine (geheimen) Nebenabreden für die Zeit nach Ablauf der Grundmietzeit. In diesem Fall entscheidet die Relation von Grundmietzeit und betriebsgewöhnlicher Nutzungsdauer über die bilanzielle Zurechnung des Leasing-Objektes.

(2) Der Vertrag enthält ein **Kaufoptionsrecht.** Für die bilanzielle Behandlung eines solchen Miet-Kaufvertrages ist von Bedeutung, ob es sich um einen Kaufvertrag mit gestundeten Kaufpreisraten oder in erster Linie um einen Mietvertrag handelt, der ein Kaufangebot nach Ablauf des Mietvertrages enthält. Die Zuordnung zu einem dieser beiden Vertragstypen hängt vom Inhalt des Vertrages ab.

(3) Der Vertrag enthält ein **Verlängerungsoptionsrecht,** d.h. der Leasing-Nehmer kann ihn durch einseitige Willenserklärung verlängern. In diesem Falle beträgt die Folgemiete in der Regel nur einen geringen Prozentsatz (etwa nur 5% der bisherigen Rate) der Grundmiete. Wirtschaftlich handelt es sich also nur um eine Anerkennungsgebühr. Für die bilanzielle Behandlung ist die Relation von Summe der Folgemieten und dem Restwert bzw. dem niedrigeren gemeinen Wert des Leasing-Objektes von Bedeutung.

Das Finanzierungs-Leasing ist eine **Form der Fremdfinanzierung,** denn der Leasing-Nehmer erhält vom Leasing-Geber praktisch einen Kredit in Höhe der Anschaffungs- oder Herstellungskosten des Leasing-Gebers (in der Regel vermindert um eine Abschlußgebühr). Da aber die Grundmietzeit kürzer als die wirtschaftliche Nutzungsdauer ist, sind die bis zum Ende der Grundmietzeit aufzubringenden Leasing-Raten höher als die durch den Umsatzprozeß freigesetzten Abschreibungsgegenwerte. Dadurch entsteht bei jedem Leasing-Objekt im Laufe seiner Nutzung eine Finanzierungslücke, die durch andere Finanzierungsmittel gedeckt werden muß.[55] Diese Finanzierungslücke ist um so größer, je kürzer die Grundmietzeit im Verhältnis zur wirtschaftlichen Nutzungsdauer des Leasing-Objektes ist. Das Finanzierungsproblem ist im Prinzip das gleiche wie bei einer Fremdfinanzierung von Investitionsobjekten, bei der die Fristigkeit des Kredits kürzer als die wirtschaftliche Nutzungsdauer ist.[56]

Büschgen hat nachgewiesen, daß die **Ausgaben beim Finanzierungs-Leasing** größer sind als bei Fremd- oder Eigenfinanzierung eines gekauften Investitionsobjektes. Diese Ausgaben setzen sich zusammen:[57]

---

[55] Vgl. Büschgen, H.E., Das Leasing als betriebswirtschaftliche Finanzierungsalternative, DB 1967, S. 476
[56] Vgl. Kolbeck, R., Leasing als finanzierungs- und investitionstheoretisches Problem, ZfbF 1968, S. 789
[57] Vgl. Büschgen, H.E., a.a.O., S. 561 ff.

(1) aus den Tilgungsanteilen in den Leasing-Raten während der Grundmietzeit,
(2) aus den Kapitalkostenanteilen in den Leasing-Raten während der Grundmietzeit,
(3) aus den nach Ablauf der Grundmietzeit entstehenden Kosten für eine Verlängerungsmiete bis zum Ende der betriebsgewöhnlichen Nutzungsdauer oder für einen Kauf des Leasing-Objektes zum Zeitwert,
(4) aus den für die Deckung der zu erwartenden Finanzierungslücke entstehenden Kapitalkosten.

Der Nachteil des Finanzierungs-Leasing gegenüber dem Kauf kann jedoch vermindert werden oder sogar in einen Vorteil umschlagen, wenn man berücksichtigt, daß im Falle der **steuerlichen Abzugsfähigkeit** der Leasing-Raten Gewinnsteuerzahlungen auf spätere Perioden verschoben werden können. Die steuerliche Wirkung des Finanzierungs-Leasing hängt von der bilanziellen Behandlung der Leasing-Objekte in der Steuerbilanz ab, genauer gesagt davon, ob das Leasing-Objekt beim Leasing-Geber oder beim Leasing-Nehmer bilanziert werden muß.

Wird das vermietete Wirtschaftsgut **dem Leasing-Geber zugerechnet**, so hat er es mit seinen Anschaffungs- oder Herstellungskosten zu aktivieren und über die betriebsgewöhnliche Nutzungsdauer abzuschreiben. Die vereinnahmten Mietraten sind Betriebseinnahmen. Der Leasing-Nehmer hat Betriebsausgaben in Höhe dieser Leasing-Raten.

Erfolgt die **Zurechnung beim Leasing-Nehmer**, so muß er das Leasing-Objekt mit seinen Anschaffungs- oder Herstellungskosten bilanzieren. Nach dem Leasing-Erlaß sind das die Anschaffungs- oder Herstellungskosten des Leasing-Gebers, die der Berechnung der Leasing-Raten zugrunde gelegt worden sind, zuzüglich etwaiger weiterer Anschaffungs- oder Herstellungskosten, die nicht in den Leasing-Raten enthalten sind (z. B. Transport- und Versicherungsaufwendungen oder Aufwendungen für die Herstellung von Fundamenten). Die Abschreibung nach der betriebsgewöhnlichen Nutzungsdauer erfolgt durch den Leasing-Nehmer.

Der Leasing-Nehmer muß in Höhe der Anschaffungs- oder Herstellungskosten, die die Grundlage für die Berechnung der Leasing-Raten bilden, eine Verbindlichkeit gegenüber dem Leasing-Geber passivieren. Die Leasing-Raten sind in einen Tilgungsanteil sowie einen Kosten- und Zinsanteil aufzuteilen. Letzterer vermindert sich mit fortschreitender Tilgung, so daß sich der Tilgungsanteil entsprechend erhöht.

Der Tilgungsanteil wird mit der Verbindlichkeit erfolgsneutral verrechnet. Als Betriebsausgaben sind nur der Zins- und Kostenanteil sowie die Abschreibungen abzuziehen, d. h. die Bilanzierung beim Leasing-Geber ist für den Leasing-Nehmer steuerlich vorteilhafter, weil er bei kurzer Grundmietzeit die Anschaffungs- bzw. Herstellungskosten des Leasing-Objektes in Form von Leasing-Raten als Betriebsausgaben verrechnen kann, d. h. in jeder Periode Leasing-Raten gewinnmindernd absetzen kann, die erheblich über den steuerlich zulässigen Periodenabschreibungen (AfA) liegen. Dadurch werden Gewinnsteuerzahlungen auf spätere Perioden verschoben, d. h.

der Betrieb erhält einen zinslosen Kredit von den Finanzbehörden, durch den die Finanzierungslücke reduziert wird und die Finanzierungskosten gesenkt werden. Da der Steuervorteil im Falle der Bilanzierung des Leasing-Objektes beim Leasing-Geber für den Leasing-Nehmer um so größer ist, je kürzer die Grundmietzeit im Verhältnis zur betriebsgewöhnlichen Nutzungsdauer ist, sah sich die Finanzverwaltung im Interesse der Gleichmäßigkeit der Besteuerung gezwungen, in Verwaltungsanweisungen[58] zu regeln, unter welchen Voraussetzungen eine Bilanzierung beim Leasing-Geber bzw. beim Leasing-Nehmer erfolgen muß. (**ÜB 5**/56–57)

e) Kurzfristige Fremdfinanzierung

Die Beschaffung von kurzfristigen Mitteln kann grundsätzlich auf **drei Arten** erfolgen: erstens durch Kredite der Lieferanten, zweitens durch Anzahlungen von Kunden und drittens durch Aufnahme von kurzfristigen Bankkrediten, die sich vor allem durch die Art ihrer Sicherung und den damit verbundenen Kreditkosten unterscheiden.

aa) Der Lieferantenkredit

Der Lieferantenkredit entsteht dadurch, daß zwischen den verschiedenen Wirtschaftsstufen Zahlungsziele eingeräumt werden. So erhält der Betrieb seine Rohstofflieferungen oder Warenlieferungen „auf Ziel", d.h. er muß den Rechnungsbetrag erst nach einer bestimmten Frist, z.B. nach 30 oder 60 Tagen, begleichen; er liefert seinerseits an seine Kunden auf Ziel, gibt also Kredit. Der Lieferantenkredit ist seinem Wesen nach ein **Mittel der Absatzförderung.** Der Lieferant ist im Gegensatz zu einer Bank nicht wegen des Kreditgeschäfts, sondern zur Steigerung seines Umsatzes an der Einräumung des Kredits interessiert, d.h. er finanziert den Absatz seiner Produkte. Der Lieferant ermöglicht es dem Einzelhändler, seine Lieferungen aus den Umsatzerlösen der verkauften Waren zu bezahlen, so daß der sonstige Kapitalbedarf des Einzelhändlers dadurch wesentlich geringer ist.

Der Lieferantenkredit ist eine besonders bequeme Form der kurzfristigen Finanzierung. Er wird ohne jede Formalität, ohne besondere Kreditwürdigkeitsprüfung, in der Regel ohne Sicherheiten – abgesehen vom Eigentumsvorbehalt – gewissermaßen „nebenbei" bei einem Kaufvertrag gewährt.

Für den Lieferantenkredit wird zwar kein Zins gezahlt, doch wird er dennoch nicht umsonst gewährt, da bei Barzahlung vom Rechnungspreis ein **Skonto** abgesetzt werden kann. Da bei der Ermittlung des Preisangebots der Skontobetrag einkalkuliert wird, ist i.d.R. die Verzinsung des Lieferantenkredits im Kaufpreis bereits enthalten, m.a.W., der Rechnungspreis setzt sich aus dem Preis für die gelieferten Wirtschaftsgüter und dem Zins für die Kreditinanspruchnahme („Ziel") zusammen. Wird innerhalb der Skontofrist

---

[58] Vgl. hierzu die BMF-Schreiben v. 19. 4. 1971, BStBl I 1971, S. 264 betr. bewegl. WG v. 21. 3. 1972, BStBl. I 1972, S. 188 betr. unbewegl. WG, v. 22. 12. 1975, BB 1976, S. 72 betr. bewegl. WG bei Teilamortisationsverträgen und v. 23. 12. 1991, BStBl. I 1992, S. 13 betr. unbewegl. WG bei Teilamortisationsverträgen.

gezahlt, so hat der Lieferant den Vorteil, daß die Kaufverträge schneller und ohne Mahnungen und Beitreibungen abgewickelt werden. Der Anreiz zum Skontoabzug wird verständlich, wenn aus den Zahlungsbedingungen der vergleichbare Jahreszinssatz errechnet wird.

Ist in einem Wirtschaftszweig z. B. die Gewährung eines Zahlungszieles von 30 Tagen und ein Skontoabzug von 3% bei Barzahlung üblich, so entspricht das einer jährlichen Verzinsung von 36%. Tatsächlich ist diese Verzinsung noch höher, wenn man berücksichtigt, daß vom Lieferanten in der Regel eine gewisse Frist – oft bis zu 8 Tagen – eingeräumt wird, innerhalb deren der Skontoabzug gewährt wird (Skontofrist). Beträgt diese Frist bei einem Ziel von 30 Tagen z. B. 6 Tage und der Skontoabzug 3%, so wird der Lieferantenkredit für 6 Tage zinslos gewährt, und der im Preis eingerechnete Skontobetrag entspricht den Zinskosten für 24 Tage (**Skontobezugsspanne**). Der Jahreszins beträgt dann nicht 36%, sondern sogar 45%. Zur Berechnung des Jahreszinses dient die folgende Faustformel, die allerdings nicht berücksichtigt, daß es sich um eine unterjährige Verzinsung handelt.[59]

$$p = \frac{S}{Z-s} \cdot 360$$

Es bedeuten:
Z = Zahlungsziel
s = Skontofrist
S = Skontosatz

Eine sofortige Barzahlung mit Hilfe eines kurzfristigen Bankkredits wäre in solchen Fällen wirtschaftlicher als die Inanspruchnahme des Lieferantenkredits. Allerdings können die Kosten des Lieferanten- und des Bankkredits nur verglichen werden, wenn die Finanzierung mit Lieferantenkrediten laufend erfolgt.

Diese Art der Finanzierung ist für diejenigen Betriebe von besonderer Bedeutung, deren Kapitalausstattung und Liquidität gering ist und die nicht über genügend Sicherheiten verfügen, um Bankkredite in Anspruch nehmen zu können. Mit Hilfe eines Lieferantenkredits können sie eine zumindest teilweise Finanzierung ihrer Lagerbestände vornehmen und in den Fällen, in denen die durchschnittliche Lagerdauer kürzer als die Kreditzeit ist, sogar ihrerseits einen Absatzkredit gewähren, der – wenn er und die durchschnittliche Lagerdauer zusammen nicht länger als der in Anspruch genommene Lieferantenkredit sind – die Liquiditätslage des Betriebes nicht verschlechtert und außerdem eine „Überwälzung" eines Teils des nicht in Anspruch genommenen Skontos ermöglicht.

Erhält ein Betrieb z. B. von seinem Lieferanten 30 Tage Ziel oder 3% Skonto, beträgt die durchschnittliche Lagerdauer 10 Tage und gibt er selbst seinem Abnehmer 20 Tage Ziel oder 2% Skonto, so kann er seinen Lieferanten aus den Umsatzerlösen bezahlen, braucht seine Lagerbestände also

---

[59] Vgl. Hahn, O., Der Skonto in der Wirtschaftspraxis, Frankfurt a. M. 1962, S. 22

nicht vorzufinanzieren, und kann – wenn sein Abnehmer das gewährte Ziel in Anspruch nimmt – seine eigenen Kreditkosten in Höhe von 3% des Einkaufspreises dadurch vermindern, daß er innerhalb der ihm eingeräumten Kreditzeit 2% vom Absatzpreis für die Kreditgewährung an seine Abnehmer „verdient".

Der Lieferantenkredit ist zwar in der Regel wesentlich teurer als ein Bankkredit, praktisch werden die Kreditkosten aber durch die **Stärke der Marktposition des Abnehmers** und des Lieferanten beeinflußt. Ist der Lieferant vom Abnehmer abhängig, so kann dieser die Zahlungsziele oft weit überschreiten, was eine Skontierung uninteressant macht und den Lieferantenkredit erheblich verbilligt. Eine starke Stellung gegenüber dem Lieferanten kann u. U. sogar zu einer längerfristigen Einsparung von Mitteln führen, die für andere Finanzierungsvorhaben eingesetzt werden können.

Nehmen wir an, ein Betrieb bezieht von seinem Lieferanten an jedem 1. eines Monats für 10.000 DM Waren mit 30 Tagen Ziel, muß also am 30. desselben Monats zahlen. Ist der Lieferant von ihm abhängig, so kann der Betrieb, ohne Verzugszinsen zahlen zu müssen, z. B. erst nach 60 Tagen, also am 30. des zweiten Monats den Betrag begleichen. Inzwischen sind erneut für 10.000 DM Waren bezogen worden. Wird von nun an im Abstand von je einem Monat regelmäßig ein Betrag von 10.000 DM beglichen, so ist praktisch die erste Warenlieferung ohne Bezahlung erfolgt, d. h. es ist nicht eine, sondern es sind zwei Lieferungen kreditiert worden, eine vertragsgemäß und unter Verzicht auf den Skontoabzug, eine nicht mehr vertragsgemäß und ohne Skontoeinbuße. Die Skontobelastung der ersten Lieferung wurde so halbiert. Solange die Geschäftsbeziehungen im gleichen Umfange fortgeführt werden, bleibt der Betrieb mit dem Wert einer Lieferung in Verzug, d. h. er hat 10.000 DM, die er seinem Lieferanten schuldet, für andere Zwecke freigesetzt. Er muß sie erst begleichen, wenn die Geschäftsbeziehung abreißt.

Hier handelt es sich um einen **erzwungenen zinslosen Kredit;** der Betrieb behält die Umsatzerlöse aus den verkauften Waren, die bei Einhaltung des Vertrages längst zur Rückzahlung des Lieferantenkredits hätten verwendet werden sollen, unter Umständen langfristig zurück und kann mit ihnen seinen Geschäftsumfang erweitern. Es liegt eine Ausnutzung einer wirtschaftlichen Machtstellung vor, die aus keiner Bilanz ersichtlich wird. (**ÜB 5**/58)

bb) Anzahlungen

Anzahlungen von Abnehmern, die in bestimmten Wirtschaftszweigen, z. B. im Schiffbau, Großmaschinenbau, Wohnungsbau u. a. üblich sind, stellen eine weitere Quelle kurzfristiger, teilweise mittelfristiger Fremdkapitalbeschaffung dar. Sie werden entweder vor Beginn des Produktionsprozesses oder nach teilweiser Fertigstellung gewährt. Sie stehen dem Betrieb **zinslos** zur Verfügung und verbessern seine Liquiditätslage. In manchem Wirtschaftszweig wäre infolge langer Produktionsdauer eine alleinige Finanzierung durch den Hersteller nicht durchführbar. Im Maschinenbau ist es branchenüblich, daß ein Drittel des Kaufpreises bei Erteilung des Auftrages, das zweite Drittel bei Lieferung und der Rest mit vereinbartem Ziel fällig wird. Bei dieser Finanzierungsform spielt aber nicht nur die Länge des Produktionsprozesses, sondern auch die Stärke der Marktstellung des Betriebes und seiner Abnehmer eine entscheidende Rolle.

Der Auftraggeber geht bei der Gewährung von Anzahlungen das Risiko ein, daß der Lieferant seinen Verpflichtungen nicht nachkommt oder nicht mehr nachkommen kann. Aus diesem Grunde wird er – wenn dem Hersteller an der Auftragserteilung gelegen ist – durchsetzen können, daß der Hersteller eine Bankgarantie zur Sicherheit beibringt.[60] Die Gebühren hierfür sind indirekt Kosten des Kundenkredits. Ist die Konkurrenz groß und die Auftragslage schlecht, so wird der Betrieb entweder bei unveränderten Anzahlungsquoten Preisnachlässe einräumen müssen oder wesentlich weniger Anzahlungen fordern können, als wenn im gesamten Wirtschaftszweig lange Lieferfristen bestehen und der Abnehmer froh ist, einen einigermaßen günstigen Liefertermin vereinbaren zu können. Bei langen Lieferzeiten und starker Nachfrage wird die Anzahlung auch oft dazu verwendet, den Kunden an seinen Auftrag zu binden, so z. B. in Möbel- und Einrichtungshäusern.

Zusammenfassend liegen die besonderen Vorteile für den Auftragnehmer darin, daß er in Höhe der Anzahlung keine eigenen Finanzierungsmittel zur Vorfinanzierung des Auftrages einzusetzen hat und daß die geleisteten Anzahlungen das Risiko aus dem Gesamtauftrag herabsetzen.

cc) Kontokorrentkredit

Der Kontokorrentkredit ist die am häufigsten auftretende Form des kurzfristigen Bankkredits. Wohl jeder Betrieb hat eine Bankverbindung, also ein Konto bei einer Bank, auf dem Zahlungen der Kunden eingehen und aus dem Lieferanten bezahlt oder Beträge zur Zahlung von Löhnen usw. abgebucht werden. Der Kredit entsteht bei der Abwicklung des Zahlungsverkehrs. Die Bank räumt ihren Kunden einen Kredit bis zu einer bestimmten Höhe ein, d. h. der Betrieb kann sein Konto bis zu einem vereinbarten Maximalbetrag (Kreditlinie) belasten. So entsteht ein Kontokorrent (geregelt in §§ 355 ff. HGB), d. h. eine laufende Rechnung, die ein **wechselseitiges Schuld- und Guthabenverhältnis** darstellt. Jede über das Konto laufende Zahlung ändert den Saldo, der entweder ein Guthaben oder eine Kreditinanspruchnahme zeigt. Der Kontokorrentkredit dient zwar der kurzfristigen Finanzierung, das Kontokorrentverhältnis ist aber – obwohl es, wenn der Vertrag nichts anderes vorsieht, jederzeit gekündigt werden kann (§ 355 Abs. 3 HGB) – de facto langfristig.

Der Kontokorrentkredit dient der **Sicherung der Zahlungsbereitschaft,** insbesondere der Finanzierung von Spitzenbelastungen, und ist besonders für die Lohnzahlungen oder für die Ausnutzung von Skonto von großer Bedeutung. Das Kontokorrent gewährt der Bank einen guten Einblick in die wirtschaftliche Lage eines Betriebes. Es gibt z. B. Aufschlüsse

---

[60] Vgl. die Ausführungen zum Avalkredit auf S. 732 f.

über den Kundenkreis des Kreditnehmers und zeigt seine Umsätze mit Abnehmern und Lieferanten, die regelmäßig wiederkehrenden Zahlungsverpflichtungen u. a. Es bildet somit zugleich eine wertvolle Unterlage bei der Prüfung der Kreditwürdigkeit, die der Gewährung weiterer Bankkredite an den Betrieb vorausgeht.

Die Kosten des Kontokorrentkredits sind verhältnismäßig hoch. Die Soll-Zinsen für den Kreditsaldo sind erheblich höher als die Haben-Zinsen für den Guthabensaldo. Zu verzinsen ist der jeweils in Anspruch genommene Kredit bzw. das sich bei der Abwicklung des Zahlungsverkehrs ergebende Guthaben. Mit Hilfe der Zinsstaffelrechnung wird die sich täglich ändernde Kreditinanspruchnahme berücksichtigt. Neben den **Kreditzinsen** kann eine **Kreditprovision** erhoben werden, die entweder einen bestimmten Prozentsatz vom zugesicherten oder vom in Anspruch genommenen Kredit beträgt oder nach dem Höchst-Sollsaldo einer Abrechnungsperiode berechnet wird. Im ersten Falle ist sie also unabhängig von der tatsächlichen Kreditinanspruchnahme und wird von der Bank damit begründet, daß sie die zugesagten Mittel nicht an andere Kunden vergeben kann; für den Betrieb stellt die Kreditprovision somit einen konstanten Aufwand dar. Weiterhin wird eine **Umsatzprovision** von der jeweils größeren Seite des Kontos erhoben, und, falls das Kreditlimit überschritten wird, fällt außerdem eine **Überziehungsprovision** an.

dd) Wechselkredit

Der Wechselkredit tritt in zwei Formen auf: der **Diskontkredit** wird von der Bank durch Ankauf von Kundenwechseln eingeräumt; beim **Akzeptkredit** zieht der Betrieb einen Wechsel auf seine Bank, die ihn akzeptiert und ihn damit praktisch zum Zahlungsmittel macht, ohne selbst Mittel zur Verfügung zu stellen (Kreditleihe), wenn sie ihn nicht selbst ankauft. Ein **Wechsel** ist ein Wertpapier, das ein Zahlungsversprechen des Schuldners enthält. Verpflichtet sich der Aussteller des Wechsels, die Wechselsumme selbst zu zahlen, so liegt ein „eigener" Wechsel **(Solawechsel)** vor. Gibt dagegen im Wechsel der Aussteller dem Bezogenen (Wechselschuldner) die Anweisung, die Wechselsumme an einen Dritten (den Remittenten) zu zahlen, so spricht man von einem „gezogenen" Wechsel **(Tratte)**. Beim Solawechsel ist also der Aussteller selbst der Schuldner; beim gezogenen Wechsel ist dagegen der Bezogene der Schuldner, und der Aussteller haftet nur als Rückgriffsschuldner.

Der Wechsel ist ein geborenes Orderpapier, seine Übertragung erfolgt durch Indossament. Ein gezogener Wechsel muß folgende **gesetzlichen Bestandteile** enthalten:
(1) Das Wort „Wechsel" im Text der Urkunde (Wechselklausel),
(2) die unbedingte Anweisung, eine bestimmte Geldsumme zu zahlen (Zahlungsklausel),
(3) den Namen der Person oder Firma, die zahlen soll (Bezogener),
(4) die Angabe der Verfallzeit,
(5) die Angabe des Zahlungsortes,

(6) den Namen der Person oder Firma, an die oder deren Order gezahlt werden soll (Remittent),
(7) den Ausstellungstag und -ort,
(8) die Unterschrift des Ausstellers.

Der wesentlichste Unterschied zwischen dem Wechseldiskontkredit und anderen Formen der kurzfristigen Fremdfinanzierung liegt in der Möglichkeit der **Refinanzierung** für den Kreditgeber. Verkauft der Betrieb seine Produkte auf Ziel, so belastet diese Gewährung eines Lieferantenkredits seine Liquidität, zieht er dagegen auf einen Abnehmer einen Wechsel, so kann der Betrieb sich durch Weitergabe des Wechsels refinanzieren.[61]

Erwirbt der Betrieb Waren auf Kredit, so wird er die Kosten eines Lieferantenkredits, eines Kontokorrentkredits oder eines Wechseldiskontkredits miteinander vergleichen, wenn er die Wahl zwischen diesen Kreditformen hat. Am teuersten ist in der Regel der Lieferantenkredit, am billigsten der Wechseldiskontkredit. Infolge des höheren Liquiditätsgrades und der größeren Sicherheit fordert der Kreditgeber bei letzterem i. a. einen geringeren Zinssatz als beim Kontokorrentkredit. Das zeigt die Übersicht auf der folgenden Seite über die Durchschnittssätze und Streubreite der Sollzinsen von Kontokorrent- und Diskontkrediten.

Die Banken kaufen in erster Linie solche Wechsel an, die der Finanzierung des Warenumschlags dienen **(Handels- oder Warenwechsel).** Da die Banken ihrerseits die Möglichkeit haben, im Rahmen ihrer Kontingente eine Refinanzierung bei der Bundesbank durchzuführen, müssen sie beim Ankauf von Wechseln darauf achten, daß diese den Anforderungen der Deutschen Bundesbank entsprechen. Die Bundesbank diskontiert nur Wechsel, deren Restlaufzeit drei Monate nicht übersteigt, die mindestens drei gute Unterschriften tragen (eine davon ist das Indossament der Bank an die Landeszentralbank) und die an einem Bankplatz zahlbar sind, d. h. an einem Ort, an dem die Bundesbank eine Niederlassung hat.

Übersicht über die Durchschnittssätze und Streubreite der Sollzinsen von Kontokorrent- und Diskontkrediten[62]

Erhebungszeitraum Oktober	Kontokorrentkredit						Wechseldiskontkredit für bundesbankfähige Abschnitte bis unter 100.000 DM	
	unter 200.00 DM		von 200.000 DM bis unter 1 Mio. DM		von 1 Mio. DM bis unter 5 Mio. DM			
	Durchschnittszinssatz p. a.	Streubreite	Durchschnittszinssatz p. a.	Streubreite	Durchschnittszinssatz p. a.	Streubreite	Durchschnittszinssatz p. a.	Streubreite
1997	9,96	7,75–11,75	9,12	7,00–11,25	7,73	6,00–10,50	4,71	3,00–7,00
1998	9,98	7,75–11,75	8,98	6,75–11,50	7,58	6,00–10,50	4,77	3,20–7,00
1999	9,89	7,75–11,75	8,75	6,50–11,25	7,40	5,70–10,50	5,40	3,50–8,50

---

[61] Vgl. auch Hagenmüller/Diepen, Der Bankbetrieb, 14. Aufl., Wiesbaden 1996, S. 483 ff.

[62] **Quelle:** Monatsberichte der Deutschen Bundesbank, Statistischer Teil, VI. Zinssätze, Heft 12, Dezember 1997, S. 45, Heft 12, Dezember 1998, S. 45 sowie Heft 12, Dezember 1999, S. 45

V. Quellen der Außenfinanzierung

Die bei der Finanzierung eines Handelsgeschäfts durch einen Wechsel entstehenden Beziehungen verdeutlicht das folgende Schema:

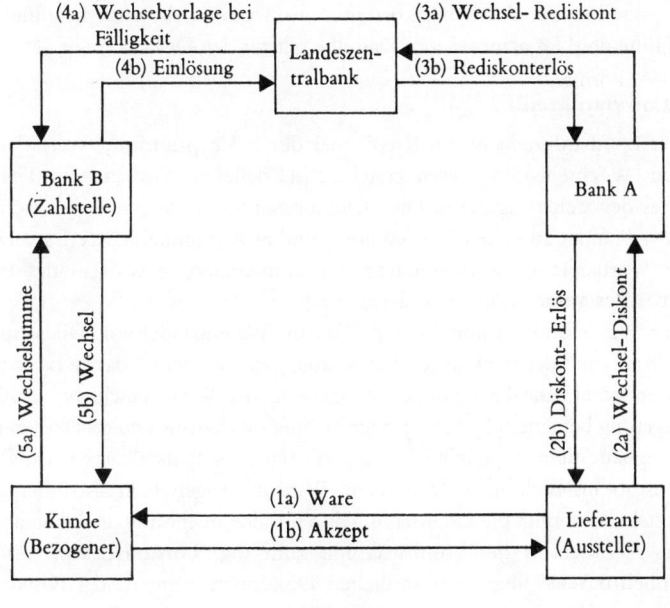

Abb. 46

Der Lieferant liefert Waren an seinen Kunden (1a) und zieht einen Wechsel, den der Kunde akzeptiert (1b). Der Lieferant refinanziert sich durch Weitergabe des Wechsels an seine Bank A (2a, b). Die Bank A wiederum refinanziert sich, indem sie den Wechsel an die Landeszentralbank verkauft (3a, b). Bei Fälligkeit legt diese den Wechsel der im Wechsel bezeichneten Zahlstelle (Bank B) vor (4a), die ihn einlöst (4b). Die Bank B präsentiert den Wechsel dem Bezogenen (5b), der ihn bezahlt (5a).

Die **Kosten** des Diskontkredits bestehen im wesentlichen aus dem Diskont, der von der Bank einbehalten wird. Er ist abhängig von der Höhe des jeweils geltenden Diskontsatzes der Deutschen Bundesbank, der mit einem Zuschlag versehen wird. Dieser Zuschlag richtet sich einerseits danach, ob die eingereichten Wechsel rediskontfähig sind oder nicht, zum anderen nach dem Ergebnis der Kreditverhandlung mit dem Kreditnehmer und der Höhe der Wechselsumme. Für bundesbankfähige Wechsel beträgt der Zuschlag zum Diskontsatz ca. 0,75%–2,5% p.a., für andere Wechsel 2%–4% p.a.

Beim **Akzeptkredit** zieht der Betrieb einen Wechsel auf seine Bank, die ihn akzeptiert. Entweder diskontiert die Bank ihr eigenes Akzept selbst, oder der Betrieb kann den Wechsel, dessen Bezogener die Bank ist, anderweitig verwerten. Für die Bank handelt es sich dann bei dieser Kreditart nicht um eine Geldleihe, sondern um eine **Kreditleihe.** Der Betrieb erhält kein Geld, sondern lediglich einen von der Bank akzeptierten Wechsel, den er jedoch wie Bargeld verwenden kann. Der Betrieb ist verpflichtet, den Gegenwert des Wechsels am Tage der Fälligkeit bei der Bank bereitzustellen. Die Abwicklung dieses Kreditgeschäftes erfolgt gewöhnlich über das Kontokorrentkonto. Als Kosten fällt neben dem Zins eine Akzeptprovision an. Soweit der Akzeptkredit über das Kontokorrentkonto abgewickelt wird, beeinflußt er die Höhe der Umsatzprovision. Dasselbe gilt für den Diskontkredit.

ee) Lombardkredit

Der Lombardkredit ist ein Kredit, der durch **Verpfändung** von Wertpapieren, Wechseln und Waren gesichert ist. Beliehen wird nur ein Teil des Wertes des Sicherungsgutes. Die Beleihungsgrenzen schwanken je nach der Art des Pfandes zwischen 50% (Waren) und 80% (mündelsichere festverzinsliche Wertpapiere). Voraussetzung der Lombardierung ist, daß das Pfand wertbeständig und schnell realisierbar ist.

Der Warenlombard kommt vor allem im Warenhandel vor. Die verpfändete Ware muß der Bank übergeben werden, was meistens – da die Bank nicht über entsprechende Lagerräume verfügt – in der Weise geschieht, daß eine Einlagerung bei einem Spediteur oder in einem Lagerhaus erfolgt. Der über die eingelagerte Ware ausgestellte Lagerschein wird der Bank übergeben und der Herausgabeanspruch an sie abgetreten. Wird der Lagerschein als Orderpapier ausgestellt, so genügt die Übertragung durch Indossament und die Übergabe.

Zu verzinsen ist der Lombardkredit zum sog. **Lombardsatz,** der gewöhnlich 0,5–1% über dem amtlichen Diskontsatz liegt, da das Risiko des Lombardgeschäftes größer ist als das des Wechselgeschäftes. Der Nachteil des Lombards liegt darin, daß der Betrieb nicht mehr über die verpfändeten Gegenstände verfügen kann.

In der Praxis hat sich deshalb eine Variante dieser Kreditform in der **Sicherungsübereignung** herausgebildet. Das Eigentum der als Sicherheit dienenden Gegenstände, z.B. Maschinen eines Industriebetriebes, wird zwar auf den Kreditgeber übertragen, jedoch bleibt durch Vereinbarung eines Besitzkonstituts der Betrieb unmittelbarer Besitzer der Gegenstände, deren Nutzung gewöhnlich überhaupt erst die Voraussetzung zur Rückzahlung des Kredits darstellt.

ff) Avalkredit

Der Avalkredit ist eine **Kreditleihe.** Eine Bank übernimmt für ihren Kunden bis zu einer vereinbarten Höhe eine **Bürgschaft** oder eine **Garantie.** Der Unterschied zwischen der Bürgschaft und der Garantie besteht darin, daß die Bürgschaftsverpflichtung, die auf einem Vertrag zwischen dem Gläubiger und dem Bürgen beruht, vom Bestehen und vom Umfang der Hauptschuld abhängig, also akzessorisch ist, während die Garantie eine von der Hauptschuld unabhängige selbständige Verpflichtung darstellt, also nicht akzessorisch ist.[63]

Die Bürgschaft oder Garantie kann z.B. der Sicherung eines größeren Lieferantenkredits dienen oder bei der Vergabe von Großaufträgen, z.B.

---

[63] Vgl. Hagenmüller/Diepen, Der Bankbetrieb, a.a.O., S. 501 ff.

durch öffentliche Auftraggeber, die Voraussetzung zur Erlangung des Auftrages sein. Da kein Geld, sondern nur eine Bürgschaft oder Garantie zur Verfügung gestellt wird, fallen keine Zinsen an, sondern es ist lediglich eine Avalprovision zu zahlen.

gg) Factoring

Das Factoring ist eine Finanzierungsform, die einem erhöhten Bedarf an Liquidität und Schutz vor Kreditrisiken Rechnung trägt. Steigende Umsatzzahlen des Factorings belegen die zunehmende Bedeutung dieser Finanzierungsform. Während in Deutschland 1988 zweiundfünfzig Gesellschaften tätig waren (Umsatzvolumen über 12 Milliarden DM)[64] erzielten die zum Deutschen Factoring-Verband e.V. gehörenden Factoringinstitute 1996 einen Umsatz von 29,3 Milliarden DM. Auf das inländische Geschäft entfielen 81%, auf das internationale Geschäft 19% des Umsatzes.[65]

Das Factoring ist ein Finanzierungsgeschäft, bei dem ein Finanzierungsinstitut (der Factor) die Forderungen, die bei seinen Kontrahenten aus dem Verkauf von Waren entstehen, erwirbt und das Risiko für den Ausfall der Forderungen übernimmt. Der Verkäufer wird auf diese Weise in die Lage versetzt, seinen Abnehmern die Forderungen zu stunden, d.h. „Ziel" zu gewähren, ohne daß ihn diese Kreditgewährung liquiditätsmäßig belastet und ohne daß er ein Kreditrisiko tragen muß. Dafür hat er dem Factor eine Vergütung zu zahlen.

Neben dem Erwerb der Forderungen (Finanzierungsfunktion) und der Übernahme des Kreditrisikos (Delkrederefunktion) übt das Finanzierungsinstitut noch eine Dienstleistungsfunktion aus. Der „Service" besteht vor allem in der Führung der Debitorenbuchhaltung des Vertragspartners,[66] in der Übernahme des Mahnwesens, oft sogar in der Ausstellung der Rechnung für den Vertragspartner, im Inkassodienst von nicht abgetretenen Forderungen und in einer allgemeinen Unternehmensberatung, die nicht nur die Finanzierungsfragen, sondern auch die Fragen der Investition, der Produktion, des Absatzes, der Werbung u.a. umfassen kann.

Das Factoring-Geschäft kann in offener oder stiller Form erfolgen. Beim **offenen System (notifiziertes Factoring)** enthalten die Rechnungen des Vertragspartners den Hinweis, daß die Forderung im Rahmen eines Factoring-Vertrages abgetreten wird und daß folglich unmittelbar an das Factoring-Institut zu zahlen ist. Beim **stillen System (nichtnotifiziertes Factoring)** dagegen zahlen die Kunden des Vertragspartners an diesen, und er leitet die eingegangenen Zahlungen an das Institut weiter. Beim offenen System mahnt das Finanzierungsinstitut die säumigen Schuldner der Ver-

---

[64] Vgl. Wassermann, H., Factoring in Deutschland 1988, FIF 1989, Heft 4, S. 132ff.
[65] Wöhe/Bilstein, a.a.O., S. 237
[66] Beim echten Factoring, d.h. dem Forderungsverkauf, führt der Factor dagegen seine eigene Debitorenbuchhaltung, denn die Forderungen gehen in seinen Vermögensbereich über. Statt zahlreicher Kundenkonten verbleibt beim Vertragspartner nur das Konto des Factors (vgl. Lambeck, P., Factoring und Forfaitierung als Alternativen der Fremdfinanzierung, in: Finanzierungshandbuch, hrsg. non F.W. Christians, 2. Aufl., Wiesbaden 1988, S. 471).

tragspartner unmittelbar, beim stillen System stellt es zwar im Rahmen des Service die Mahnung aus, versendet sie jedoch über den Vertragspartner, der auf diese Weise die Möglichkeit hat, einzelne Mahnungen zurückzubehalten, insbesondere bei Kunden, die besonders wichtig sind und nicht verärgert werden sollen. (**ÜB 5**/59)

In der Praxis wird echtes Factoring, also die Übernahme von Finanzierungs-, Delkredere- und Servicefunktion, in der Regel in der Form des offenen Verfahrens betrieben. Die sich hierbei ergebenden Beziehungen zwischen den Beteiligten werden durch Abbildung 47 verdeutlicht.

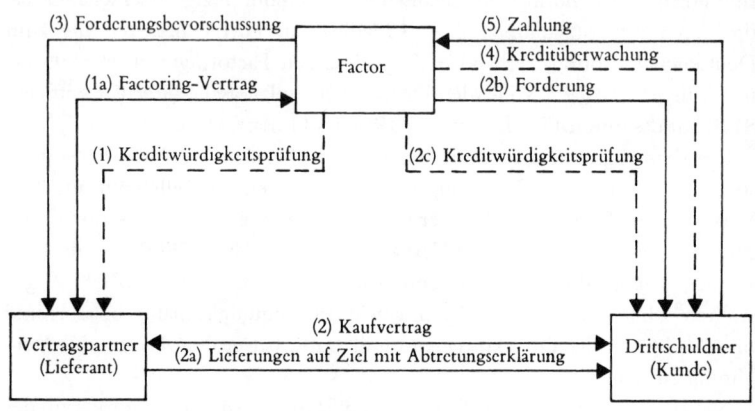

Abb. 47

hh) Rembourskredit

Durch die räumlichen Entfernungen und die damit oft verbundenen Informationslücken über den Geschäftspartner erwachsen aus Auslandsgeschäften besondere Risiken. Auch zur Verringerung dieser Risiken werden Wechsel verwendet.

Die **erste Schwierigkeit** im Außenhandel ergibt sich daraus, daß die Importeure bestrebt sind, erst zu leisten, wenn sie über die Ware verfügen. Sie wollen also das Zug-um-Zug-Prinzip aufrecht erhalten. Da in diesem Fall der Exporteur frühestens nach Ablauf der Transportzeit den Kaufpreis erhält, ist von der Praxis das **Akkreditiv** entwickelt worden, das unter Wahrung der Interessen des Importeurs eine frühere Bezahlung des Exporteurs ermöglicht. Unter einem Akkreditiv ist ein Auftrag an ein Kreditinstitut zu verstehen, einem Dritten (dem Akkreditierten) einen bestimmten Geldbetrag zur Verfügung zu stellen und unter bestimmten Bedingungen auszuzahlen.

Um dem Exporteur eine Sicherheit zu geben, daß er das Geld auch tatsächlich erhält, gibt das Kreditinstitut eine Verpflichtungserklärung ab, zu zahlen, wenn der Exporteur den Nachweis erbringt, daß die Lieferung erfolgt ist. Dieser Nachweis wird mit Dokumenten (z. B. Konnossement,[67]

---

[67] Das Konnossement ist ein im Seefrachtgeschäft ausgestelltes Wertpapier über den Empfang der Güter mit der Verpflichtung, diese an den legitimierten Inhaber des Konnossements abzuliefern.

V. Quellen der Außenfinanzierung 735

Versicherungspolicen, Rechnungen) geführt (**Dokumenten-Akkreditiv**).
Gewöhnlich enthalten die Akkreditive die Vereinbarung, daß das Kreditinstitut gegen Vorlage der Dokumente zahlt. Dabei werden diese sehr genau von den Banken geprüft.

Für den Exporteur hat das Akkreditiv-Verfahren zwei Vorteile:
(1) Er erhält bereits gegen die Dokumente sein Geld, unabhängig davon, daß die Güter sich noch auf dem Transport befinden.
(2) Durch die Verpflichtung des Kreditinstituts hat er einen (weiteren) potenten Schuldner gewonnen, der für die Bezahlung garantiert.

In der Praxis ist das Verfahren jedoch nicht ganz so einfach, weil meist außer der Akkreditivbank noch ein weiteres Kreditinstitut (im Land des Exporteurs) als Zahlstelle tätig wird.

Die **zweite Schwierigkeit** bei Auslandsgeschäften liegt in der Absicherung von Zahlungszielen. Auch hier bietet sich die Unterlegung der Exportforderung durch einen Wechsel an, der es dem Exporteur ermöglicht, sich bei Bedarf durch Diskontierung des Wechsels zu refinanzieren.

Will z.B. ein deutscher Importeur von einem brasilianischen Exporteur Kaffee auf Ziel beziehen, ist der deutsche Importeur aber auf dem Weltmarkt unbekannt, so wird der brasilianische Exporteur darauf bestehen, daß zu seinen Gunsten ein Dokumenten-Akkreditiv eröffnet wird. An Stelle sofortiger Zahlung bei Vorlage der Dokumente tritt jedoch die Aushändigung des Akzeptes einer deutschen Bank oder auch einer ausländischen Bank (Korrespondenzbank), wenn hierfür die deutsche Bank die Haftung übernimmt. Wechselrechtlich ist also nicht der Importeur, sondern ein bekanntes Kreditinstitut Hauptschuldner. Diese Art des Akzeptkredits wird als **Rembourskredit** bezeichnet.

Das Geschäft wird folgendermaßen abgewickelt (s. Abb. 48): Der Importeur schließt einen Kaufvertrag mit dem Exporteur ab (1) und beauftragt seine Bank (2), bei der Bank des Exporteurs zu dessen Gunsten ein Dokumentenakkreditiv zu eröffnen und eine Akzeptzusage zu geben (3). Die Bank des Exporteurs benachrichtigt diesen davon (4), der daraufhin die Ware an den Importeur absendet (5). Der Exporteur übergibt die Versanddokumente (Konnossement, Versicherungsschein, Rechnung) und einen Wechsel (Tratte) auf die Akzeptbank an seine Bank (6), die diese Unterlagen an die Bank des Importeurs weiterleitet (7). Diese akzeptiert den Wechsel (8) und gewährt dem Importeur einen Akzeptkredit (9). Das Akzept wird über die Bank des Exporteurs an den Exporteur weitergeleitet (10), der den Wechsel bei seiner Bank diskontieren lassen kann (10a, b). Die Dokumente werden dem Importeur von seiner Bank ausgehändigt (11), damit er die Ware bei Eingang in Empfang nehmen kann. Bei Fälligkeit stellt er die Wechselsumme seiner Bank zur Verfügung (12), die wiederum diese Summe bei der Bank des Exporteurs bereitstellt (13), wenn diese den Wechsel vorlegt (14).

ii) Negoziationskredit

Der Negoziationskredit ist eine weitere Kreditform im Auslandsgeschäft. Er unterscheidet sich vom Rembourskredit dadurch, daß bei diesem der Ex-

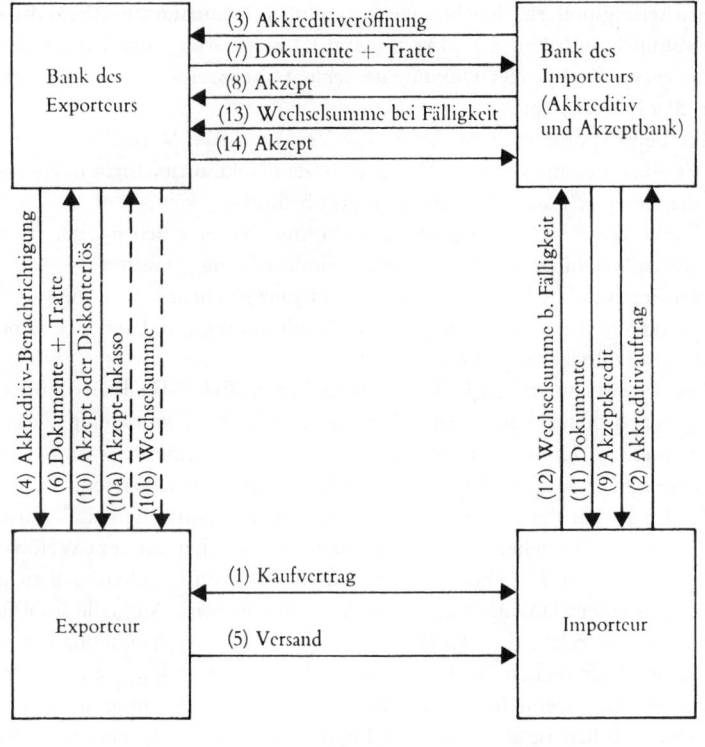

Abb. 48

porteur von der deutschen Bank ein Akzept erhält, das er bei seiner Bank diskontieren kann, während beim Negoziationskredit die Bank des Exporteurs sich verpflichtet, einen vom Exporteur auf den Importeur gezogenen Wechsel gegen Vorlage der Dokumente anzukaufen oder zu bevorschussen (zu negoziieren), also bereits bevor er vom Importeur oder dessen Bank akzeptiert worden ist. Das setzt voraus, daß sich die Bank des Exporteurs im Besitze eines Dokumenten-Akkreditivs befindet. Auf das bei der Darstellung des Rembourskredits verwendete Beispiel übertragen, besagt das, daß der deutsche Importeur über seine Bank bei der Bank des Exporteurs zu dessen Gunsten ein Dokumentenakkreditiv eröffnen läßt, das mit einer Negoziierungsklausel versehen ist und die ausländische Bank ermächtigt, einen vom Exporteur auf den Importeur gezogenen Wechsel anzukaufen, bevor er akzeptiert ist. Auf diese Weise erhält der Exporteur sein Geld unverzüglich, aber als Aussteller des Wechsels haftet er für diesen, wenn er nicht eingelöst wird. Er hat also zunächst nur einen Wechselkredit erhalten.

jj) **Forfaitierung**

Eine andere Finanzierungsvariante im Auslandsgeschäft, die in den letzten Jahren an Bedeutung zugenommen hat, ist der regreßlose Verkauf von Auslandsforderungen an spezielle Finanzierungsinstitute (Forfaiteure). Vom Factoring unterscheidet sich die Forfaitierung[68] dadurch, daß bei letzterer die Veräußerung einzelner Forderungen möglich ist und die Übernahme besonderer Serviceleistungen nicht erfolgt.

Von der Forfaitierung wird in der Regel dann Gebrauch gemacht, wenn die Anwendung traditioneller Finanzierungsinstrumente, z. B. die Refinanzierung bei Spezialbanken (Kreditanstalt für Wiederaufbau, Ausfuhrkredit-Gesellschaft m.b.H.), nicht möglich ist. Dieses Verfahren verursacht allerdings höhere Kreditkosten, die in der Regel in einer Art Diskontsatz pro Jahr ausgedrückt werden.[69] In der Bilanz schlägt sich die Forfaitierung als Aktivtausch nieder.

Bei der Forfaitierung sind zwei Grundvarianten zu unterscheiden. Im einen Falle werden Wechselforderungen, im anderen Falle Auslandsforderungen, die nicht durch Wechsel unterlegt sind, veräußert. Da Rückgriffe auf den Veräußerer (Forfaitist) der Forderung ausgeschlossen werden, achten die Forfaitierungs-Institute darauf, daß die Forderungen durch Verpflichtungserklärungen von Kreditinstituten gesichert sind.

3. Innovative Finanzierungsinstrumente

a) Innovationsursachen

An den Finanzmärkten hat sich in den letzten Jahren verstärkt ein Wandel zu neuen Anlage- und Finanzierungsleistungen vollzogen.[70] Einerseits ist dies auf eine **Veränderung der ökonomischen Rahmenbedingungen** zurückzuführen. Die Inflation in den 70er und zu Beginn der 80er Jahre verursachte erhebliche Schwankungen der Zinssätze und Wechselkurse. Das förderte die Entwicklung von Finanzierungsinstrumenten, die durch entsprechende Ausgestaltung eine Beschränkung der Währungs- und Zinsänderungsrisiken anstrebten.

Als Folge der internationalen Verschuldungskrise sind zahlreiche Forderungen von Banken an die Entwicklungsländer eingefroren bzw. überhaupt nicht mehr eintreibbar; das schränkte den Kapitalfluß über die Märkte stark ein.[71] Ferner nahmen die Zahlungsbilanzüberschüsse der ölexportierenden Länder ab und damit auch ihre Nachfrage nach kurzfristigen Bankeinlagen. In den Industrieländern dagegen wuchs das Interesse an verbrieften Forderungen. Infolgedessen rückten die Banken von der direkten Gewährung von Bankkrediten ab, während im Gegenzug die Emission von Wertpapieren beträchtlich zunahm. Diese Tendenz zur Verbriefung von Forderungen in Wertpapieren wird als **Securitization** bezeichnet. Auf diese Weise werden im allgemeinen bis zur Fälligkeit gehaltene Buchforderungen weitgehend durch handelbare Effekten ersetzt, zumal diese die Liquidität der Banken und ihre Refinanzierungsmöglichkeiten beträchtlich erhöhen.

---

[68] A forfait = in Bausch und Bogen.
[69] Vgl. v. Stein/Kirschner, Kreditleistungen, in: Obst/Hintner, Geld-, Bank- und Börsenwesen, 39. Aufl., Stuttgart 1993, S. 479f.
[70] Vgl. Vormbaum, H., (Finanzierung), a. a. O., S. 343 ff.
[71] Vgl. Monatsberichte der Deutschen Bundesbank, 38. Jg., Heft Nr. 4, April 1986, S. 26

Außerdem hat sich der Wettbewerb zwischen den Banken infolge der geringeren Kreditnachfrage seitens der Entwicklungsländer einerseits und wegen der zunehmenden Internationalisierung im Finanzdienstleistungsbereich andererseits erheblich verschärft, so daß die Suche nach neuen Finanzierungsinstrumenten immer mehr an Bedeutung gewann.

Neben den ökonomischen Rahmenbedingungen haben sich andererseits auch die **institutionellen Rahmenbedingungen** geändert. Dazu gehören Anpassungen bei Aufsichtsregelungen, Liberalisierungs- und Deregulierungstendenzen und eine Verringerung der Kapitalverkehrsbeschränkungen. So ist seit dem 1. 5. 1985 die Begebung von DM-Auslandsanleihen nicht mehr nur deutschen Kreditinstituten vorbehalten; vielmehr steht seither auch inländischen Tochtergesellschaften ausländischer Banken die Übernahme der Konsortialführung offen.

Nicht zuletzt haben **Fortschritte in der Kommunikationstechnologie,** verbunden mit einer Verringerung der Transaktionskosten und einer erst dadurch erzielbaren Rentabilität bei der Durchführung bestimmter Innovationen, die Einführung neuer Finanzierungsinstrumente begünstigt.

b) Innovationen bei Anleihen

aa) Null-Kupon-Anleihen (Zerobonds)

Bei Null-Kupon-Anleihen (Zerobonds) handelt es sich um Schuldverschreibungen, die im Gegensatz zu festverzinslichen Anleihen nicht zu kontinuierlichen Zinszahlungen führen und deshalb auch nicht mit Zinskupons ausgestattet sind. Vielmehr werden dem Anleger die Zinsen und Zinseszinsen erst **am Ende der Laufzeit** zusammen mit dem ursprünglich eingezahlten Kapitalbetrag ausbezahlt. Dabei ergibt sich die Verzinsung aus der Differenz zwischen Emissionskurs und höherem Rückzahlungskurs. Je nach Ausgestaltung der Anleihe erfolgt entweder die Ausgabe zu einem Kurs von 100% mit einem weit darüber liegenden Rückzahlungskurs **(Aufzinsungsanleihe)** oder die Rückzahlung erfolgt zu 100% mit entsprechend darunter liegendem Emissionskurs.

Die mit Null-Kupon-Anleihen verbundenen **Vor- bzw. Nachteile** stellen sich bei Kapitalanleger (Anleihegläubiger) und -nehmer (Anleiheschuldner) genau spiegelbildlich dar. Null-Kupon-Anleihen haben in der Regel eine Laufzeit zwischen 10 und 20 Jahren, während der keine Zahlungen vom Anleiheschuldner an den Anleihegläubiger fließen. Dies ist für den **Kapitalnehmer** von Vorteil, weil seine Liquidität nicht durch laufende Zinszahlungen belastet wird.[72] Allerdings trägt er das Wiederanlagerisiko, das noch dadurch verstärkt wird, daß er außer der Erzielung der Zinsen auch die Zinseszinsen sicherstellen muß.

Umgekehrt profitiert der **Kapitalanleger** bei Null-Kupon-Anleihen davon, daß er sich nicht um die Reinvestition der Zinserträge kümmern muß; diese werden bei Halten der Anleihe bis zur Endfälligkeit von Zinsschwan-

---

[72] Vgl. Kußmaul, H., Betriebswirtschaftliche Überlegungen bei der Ausgabe von Null-Kupon-Anleihen, BB 1987, S. 1562 ff., siehe bes. S. 1563

V. Quellen der Außenfinanzierung

kungen nicht berührt. Andererseits haben spekulationsfreudige Anleger die Möglichkeit, durch vorzeitigen Verkauf der Papiere Zinsentwicklungen auszunutzen. Mit steigenden Marktzinsen sinkt der Kurs der Null-Kupon-Anleihen und umgekehrt, wobei diese Effekte stärker sind als bei üblichen Anleihen, weil außer dem Kapitalbetrag auch die **Zinsen mitverzinst** werden. Die mit einer Veränderung des Marktzinssatzes verbundene Hebelwirkung sinkt mit abnehmender Restlaufzeit.[73]

Für den Kapitalanleger kommt der Kauf einer Null-Kupon-Anleihe gerade während einer Hochzinsphase in Betracht, weil er sich auf diese Weise die hohen Zinsen während der gesamten Laufzeit sichert. Dagegen ist für den Kapitalnehmer die Ausgabe einer Anleihe in einer Niedrigzinsphase vorteilhaft.

Nicht zu vernachlässigen ist ferner die Tatsache, daß die **Sicherheit** der Anleihe wegen ihrer langen Laufzeit von der dauerhaften Bonität des Anleiheschuldners abhängt. Außerdem steigt wegen fehlender laufender Zinszahlungen das **Inflationsrisiko;** auch das **Wechselkursrisiko** bei einer Anlage in fremder Währung fällt höher aus, da die Zinszahlung erst im Fälligkeitszeitpunkt erfolgt und nicht zwischenzeitlich über eine Reinvestition der Zinsen in einer anderen Währung entschieden werden kann.[74]

In der Handelsbilanz sind Null-Kupon-Anleihen beim Anleiheschuldner zum jeweiligen Emissionsbetrag zuzüglich der bis zum Bilanzstichtag aufgelaufenen Zinsen auszuweisen **(Nettoausweis).**[75] Dies gilt ebenso für den Anleihegläubiger, sofern er die Anleihe im Betriebsvermögen hält. Über das Maßgeblichkeitsprinzip ist dieser sog. Nettoausweis auch für die **Steuerbilanz** relevant; das kann zur Folge haben, daß beim Anleihegläubiger auf die aufgelaufenen Zinserträge Steuerzahlungen bzw. Gewinnausschüttungen entfallen, ohne daß tatsächlich Zinszahlungen zugeflossen sind, während der Anleiheschuldner den **Zinsaufwand als Betriebsausgabe** geltend machen kann, obwohl effektive Zahlungen grundsätzlich erst zum Fälligkeitszeitpunkt erfolgen.

Gehören die Null-Kupon-Anleihen dagegen zum **Privatvermögen** des Anleihegläubigers, wird der Kapitalbetrag einschließlich der Zinsen erst beim eigentlichen Zufluß, d.h. bei Endfälligkeit, als Einkünfte aus Kapitalvermögen gem. § 20 Abs. 1 Nr. 7 EStG der Besteuerung unterworfen. Dadurch ergibt sich ein **Steuerstundungseffekt,** der im Falle einer Steuersatzsenkung gegenüber dem Zeitpunkt des Kaufs der Anleihe zu einer endgültigen Steuerersparnis führen kann.

Bei vorzeitiger Veräußerung der Anleihe wird der jeweils aufgelaufene Zinsanteil besteuert. In Höhe der Differenz zwischen Veräußerungserlös einerseits und Kapitalbetrag einschließlich zum Veräußerungszeitpunkt aufgelaufener Zinsen andererseits entsteht ein Veräußerungsgewinn, der jedoch

---

[73] Vgl. Büschgen, H. E., Finanzinnovationen, Neuerungen und Entwicklungen an nationalen und internationalen Finanzmärkten, ZfB 1986, S. 301 ff., siehe bes. S. 307 f.
[74] Vgl. Büschgen, H. E., a. a. O., S. 313
[75] Vgl. hierzu und zum Bruttoausweis ausführlich Kußmaul, H., a. a. O., S. 1564 f., 1566 ff.

nur unter der Voraussetzung des § 23 bei Veräußerungsgeschäften, bei denen der Zeitraum zwischen Anschaffung und Veräußerung nicht mehr als ein Jahr beträgt, EStG, d. h. bei Abs. 1 Nr. 2, der Besteuerung unterliegt.

bb) Variabel verzinsliche Anleihen (Floating Rate Notes)

Floating Rate Notes sind Schuldverschreibungen, bei denen der Zins nicht für die gesamte Laufzeit festgelegt ist, sondern **in regelmäßigen Zeitabständen** – überwiegend viertel- oder halbjährlich – in Abhängigkeit von der Entwicklung eines bestimmten Referenzzinssatzes angepaßt wird. Die Verzinsung besteht in der Regel aus dem Referenzzinssatz und einem Aufschlag, der die Bonität des Emittenten berücksichtigt. Als Referenzzinssätze werden häufig der **LIBOR-Satz** (London interbank offered rate) für Euro-Anleihen oder der **FIBOR-Satz** (Frankfurt interbank offered rate) für DM-Anleihen herangezogen; letzterer wird als Durchschnitt der Geldmarktsätze für Drei- und Sechsmonatsgelder im Interbankenhandel von zwölf deutschen Kreditinstituten von der Privatdiskont AG ermittelt.

Floating Rate Notes werden als geldmarktnahe Anleiheform wegen der in der Regel **erstklassigen Bonität** der Anleiheschuldner und der ausgezeichneten Handelbarkeit insbesondere von **institutionellen Anlegern** nachgefragt.[76] Aufgrund der regelmäßigen Zinsanpassung ist das Risiko von Kursschwankungen der Anleihe sehr gering, was gerade für Anleger, die mit einem unerwarteten bzw. kurzfristigen Verkauf der Papiere rechnen müssen, von Vorteil ist. Der Kauf von Floating Rate Notes an Stelle einer festverzinslichen Anleihe bietet sich **in Zeiten steigender Marktzinsen** an, um von einem sich später tatsächlich ergebenden Zinsanstieg profitieren zu können.

Aus Sicht des Emittenten bieten Floating Rate Notes gute Refinanzierungsmöglichkeiten. Auch bei langfristiger Aufnahme von Kapital gewährleisten sie eine marktkonforme Verzinsung. Der Anleiheschuldner kann sich neben einer größeren Refinanzierungsbasis auch bessere Diversifikationsmöglichkeiten zunutze machen.

cc) Doppelwährungsanleihen (Multi Currency Notes)

Doppelwährungsanleihen sind dadurch gekennzeichnet, daß Kapitalaufnahme und Zinszahlungen sowie Rückzahlung **in unterschiedlicher Währung** erfolgen. Bezüglich der Zinszahlungen können die an der Emission Beteiligten die Einzahlungs- oder Rückzahlungswährung vereinbaren. Dabei werden die Zinszahlungen sowie die Höhe des Rückzahlungsbetrages im Begebungszeitpunkt der Anleihe festgelegt. Die **Emissionsrendite** einer Doppelwährungsanleihe liegt zwischen der Rendite einer Anleihe in der Einzahlungswährung und der Rendite einer Anleihe in der Rückzahlungswährung.[77]

Nimmt z. B. ein US-amerikanisches Unternehmen am deutschen Kapitalmarkt durch Emission einer Doppelwährungsanleihe einen bestimmten Ka-

---

[76] Vgl. im folgenden Büschgen, H. E., a. a. O., S. 305 f.
[77] Vgl. Perridon/Steiner, a. a. O., S. 402

pitalbetrag in DM auf und werden die Zinszahlungen ebenfalls in DM, die Rückzahlung des Anleihebetrages bei Fälligkeit jedoch in US-$ beglichen, entfällt das Wechselkursrisiko des Emittenten hinsichtlich des Rückzahlungsbetrages. Es beschränkt sich auf die jährlichen Zinszahlungen und kann somit erheblich reduziert werden.

Auf diese Weise kommt es zu einer weitgehenden Abwälzung des Wechselkursrisikos auf den Kapitalanleger. Als Ausgleich erhält dieser eine Rendite, die höher ist als der sonst übliche inländische Marktzins, jedoch unter dem ausländischen Zinsniveau verbleibt, da die Zinszahlungen ohne Wechselkursrisiko in inländischer Währung erfolgen.

c) Finanzierungsinstrumente am Euromarkt

Über die nationalen Geld- und Kapitalmärkte hinaus ist in den letzten Jahren ein internationaler Kreditmarkt entstanden, der sog. Euromarkt, auf dem Transaktionen in Währungen außerhalb ihrer Ursprungsländer getätigt werden. Man unterscheidet den **Eurogeldmarkt** als kurzfristiges Marktsegment, auf dem Kredite bis zu einer Laufzeit von einem Jahr, üblicherweise jedoch 90 Tage gehandelt werden, den mittelfristigen **Kreditmarkt** mit Kreditlaufzeiten zwischen einem Jahr und fünf Jahren sowie den **Eurokapitalmarkt,** der sich durch langfristige internationale Anleihen mit Laufzeiten zwischen 5 und 15 Jahren auszeichnet.[78]

Der internationale Kreditmarkt entwickelte sich, als in den USA die Zahlungsbilanzüberschüsse in Zahlungsbilanzdefizite übergingen und die Dollarguthaben im europäischen Besitz anwuchsen. Weil in den USA nur eine äußerst niedrige bzw. unverzinsliche Anlage dieser Dollarguthaben möglich war, im Ausland jedoch eine starke Dollarnachfrage bestand, bot der Euromarkt den Anlegern eine wesentlich höhere Verzinsung als in den USA. Heute werden am Euromarkt Geschäfte außer in Dollar auch in allen europäischen Hartwährungen abgewickelt.

Die wachsende Bedeutung des Euromarktes ist darauf zurückzuführen, daß sich dieser den jeweiligen nationalstaatlichen Maßnahmen zur Geld-, Währungs- und Konjunkturpolitik sowie den spezifischen nationalen Aufsichtsregelungen weitgehend entzieht, deshalb bessere Zinskonditionen bietet und das Kreditvolumen im Gegensatz zu den nationalen Geld- und Kapitalmärkten nicht begrenzt ist. Nicht zuletzt können auch steuerliche Gründe für eine Anlage am Euromarkt sprechen. Zentrum des europäischen Euromarktes ist **London** mit dem **LIBOR** (London interbank offered rate) als wichtigster Zinsbasis, daneben aber auch **Luxemburg** (Zinsbasis **LUXIBOR**).

Der **Eurogeldmarkt** zeichnet sich durch den Handel von Devisenguthaben durch Abtretung aus; er stellt also einen Markt für Fremdwährungsguthaben dar.[79] Den Abtretungen liegt ein eigener, von den nationalen Geldmarktzinsen unabhängiger Marktzins zugrunde. Um den Handel von Ter-

---

[78] Vgl. im folgenden ausführlich Perridon/Steiner, a.a.O., S. 169 ff.
[79] Vgl. im folgenden Perridon/Steiner, S. 171

mineinlagen zu erleichtern, wurden spezielle Einlagenzertifikate, sog. **Certificates of Deposit** geschaffen. Dabei handelt es sich um eine von einem Kreditinstitut ausgestellte marktfähige Quittung über die Einlage von Geldern bei einer Bank innerhalb eines bestimmten Zeitraums zu einem bestimmten festen oder variablen Zinssatz. Für die als Inhaberpapiere ausgestatteten Einlagenzertifikate, die durch Einigung und Übergabe übertragen werden, existiert auch ein Sekundärmarkt, so daß sie für den Anleger mit hoher Flexibilität und Liquidität verbunden sind und sich auch für sehr kurzfristige Anlagezwecke eignen.

Der **Eurokreditmarkt** refinanziert sich in erster Linie über den Eurogeldmarkt. Die dort von den Banken kurzfristig aufgenommenen Mittel leihen diese mittelfristig auf dem Eurokreditmarkt primär an Nicht-Banken aus unter Abwälzung des Zinsänderungsrisikos auf den Kreditnehmer anhand sog. **Roll-Over-Kredite.** Diese sind dadurch gekennzeichnet, daß es keine festen Zinskonditionen gibt, sondern Zinsanpassungen auf Basis eines variablen Referenzzinssatzes (i. d. R. LIBOR) zuzüglich eines Aufschlags, der die Refinanzierungskosten des Kreditgebers beinhaltet und dessen Höhe von der Bonität des Kreditnehmers und der Kreditlaufzeit abhängt, erfolgen. Die Banken ihrerseits können die Ausgabe von Roll-Over-Krediten fristen- und zinsgerecht durch Floating Rate Notes finanzieren.[80]

Am **Eurokapitalmarkt** werden internationale Anleihen gehandelt, die über ein internationales Emissionskonsortium gleichzeitig in mehreren Ländern plaziert werden. Diese können als fest oder variabel verzinsliche Anleihen bzw. als Wandel- oder Optionsanleihen mit Option auf den Bezug von Aktien oder Anleihen, ggf. mit Wahl der Währung, in der die Tilgungs- und Zinszahlungen erfolgen, ausgestaltet sein.

Besondere Bedeutung am Euromarkt haben die sog. **Euronote Facilities** erlangt, bei denen die Banken nicht mehr unmittelbar als Kreditgeber auftreten, sondern die Kapitalnehmer die benötigten Mittel direkt von den meist institutionellen Kapitalanlegern über die Emission von nicht börsennotierten kurzfristigen Papieren flexibel und zu geldmarktnahen Konditionen beziehen.[81] Falls die Unterbringung der Papiere am Markt nicht (bzw. nicht zu dem gewünschten Zinssatz) gelingt, übernehmen Banken die Euronotes entweder selbst zu einem vertraglich vereinbarten Zinssatz oder stellen dem Kreditnehmer im Rahmen einer Kreditlinie Buchkredite zur Verfügung, damit dieser die Papiere selbst aus dem Markt nehmen kann. In diesem Fall erhöhen sich die dem Kreditnehmer entstehenden Kosten, die ansonsten unter denjenigen vergleichbarer langfristiger Kredite mit variabler Verzinsung liegen. Die Kapitalanleger können durch kurzfristige Anlage ihrer verfügbaren Gelder in Euronotes i. d. R. eine höhere Rendite erzielen als bei vergleichbaren Anlageformen; außerdem gehören nicht nur Banken zu den Emittenten, sondern auch Staaten und internationale Unternehmen, so

---

[80] Vgl. Perridon/Steiner, a. a. O., S. 173
[81] Vgl. hierzu ausführlich, insbesondere auch zu den Plazierungsverfahren Binkowski/Beeck, Finanzinnovationen, 3. Aufl., Bonn 1995, S. 124 ff.

daß ein breiteres Anlagespektrum im Nicht-Bankenbereich zur Verfügung steht.[82]

Im Gegensatz zu Euronotes gehen die Banken bei **Commercial Papers**, die als kurzfristige abgezinste Inhaberschuldverschreibungen ausgestattet sind, keine Verpflichtung ein, die Papiere im Falle der Nicht-Plazierung selbst zu übernehmen, so daß das Plazierungsrisiko beim Emittenten verbleibt. Aus Sicht des Emittenten ist es dennoch vorteilhaft Commercial Papers zu begeben, weil diese ein äußerst kostengünstiges und flexibles Finanzierungsinstrument darstellen. In der Regel handelt es sich um eine Roll-Over-Emission, indem durch Ausgabe neuer Papiere fällige Papiere eingelöst werden. Für Kapitalanleger, überwiegend internationale Konzerne und institutionelle Anleger, sind Commercial Papers interessant, weil sie gute Renditen bieten, eine Anlage im Nichtbanken-Bereich ermöglichen sowie über eine hohe Liquidität verfügen und somit jederzeit einlösbar sind.[83]

d) Instrumente zur Begrenzung von Zinsänderungs- und Währungsrisiken

aa) Forward Rate Agreements (FRA)[84]

Das Forward Rate Agreement (FRA) ist ein Instrument zur Absicherung gegen Zinsänderungsrisiken. Dabei vereinbaren zwei Vertragspartner einen festen Zinssatz auf der Grundlage eines nominellen Kapitalbetrages zum Zweck der Zinssicherung für einen in der Zukunft liegenden Zeitraum. Die Zeit zwischen Vertragsabschluß und Beginn der Zinsfestsetzung wird als Vorlaufperiode bezeichnet, die zusammen mit der eigentlichen Zinsperiode die Gesamtlaufzeit ergibt. Die während des Zinssicherungszeitraums anfallenden Zinsen werden nicht in voller Höhe gezahlt, sondern nur in Höhe der Differenz zwischen dem vereinbarten festen Zinssatz und dem zu Beginn der Zinsperiode tatsächlich vorliegenden Referenzzinssatz (i. d. R. LIBOR).

Der Käufer eines Forward Rate Agreement kann geplante künftige Kreditaufnahmen oder bereits bestehende variabel verzinsliche Kreditengagements gegen das Risiko steigender Zinsen absichern. Ist der Referenzzinssatz zu Beginn der Zinsperiode höher als der FRA-Satz, erhält der Käufer vom Verkäufer eine entsprechende Ausgleichszahlung. Plant ein Unternehmen künftig die Anlage bestimmter freiwerdender Mittel bzw. verfügt es bereits über Terminanlagen oder variabel verzinsliche Anlagen, rechnet es aber in Zukunft mit sinkenden Zinsen, so erreicht es durch den Verkauf eines Forward Rate Agreement eine Absicherung gegen daraus resultierende Risiken. Sinkt nämlich der Referenzzinssatz unter den vereinbarten Zins, so erfolgt eine Kompensationszahlung vom Käufer des Forward Rate Agreement an den Verkäufer.

---

[82] Vgl. Binkowski/Beeck, a. a. O., S. 126 f.
[83] Vgl. Binkowski/Beeck, a. a. O., S. 128 ff. sowie Eilenberger, G., Lexikon der Finanzinnovationen, 3. Aufl., München 1996, S. 85 f.
[84] Vgl. hierzu mit Rechenbeispielen Binkowski/Beeck, a. a. O., S. 62 ff. sowie Wöhe/Bilstein, a. a. O., S. 271 f.

Die **Vorteile** der Forward Rate Agreements[85] bestehen darin, daß sie hinsichtlich der Laufzeit und des Betrags individuell zugeschnitten werden können und somit eine hohe Flexibilität gewährleisten und daß sie wegen der hohen Marktliquidität – zumindest bis zu einer Laufzeit von zwei Jahren – durch gegenläufige Transaktionen neutralisiert werden können. Da außer den Ausgleichszahlungen keine Kapitalbeträge fließen, führen sie weder zu Bilanzverlängerungen, noch belasten sie Kreditlinien in vollem Umfang. Ferner sind Forward Rate Agreements kostengünstige Finanzierungsinstrumente, weil keine Provisionen oder Vorabkosten anfallen.

bb) Caps und Floors[86]

Ein Cap stellt ein Zinssicherungsinstrument dar, das es ermöglicht, die Zinskosten über einen bestimmten Zeitraum hinweg nach oben zu begrenzen. Die Vertragsparteien vereinbaren dabei, daß im Falle eines Anstiegs des Referenzzinssatzes über die festgelegte Zinsobergrenze der Verkäufer dem Käufer die jeweilige Differenz, bezogen auf einen bestimmten nominellen Kapitalbetrag, erstattet. Im umgekehrten Fall findet keine Ausgleichszahlung statt. Die Vertragslaufzeit beträgt i. d. R. zwischen zwei und zehn Jahren, innerhalb der in bestimmten, im voraus festgelegten Zeitabständen **(Roll-Over-Termine)** ein Vergleich zwischen Referenzzinssatz und Zinsobergrenze stattfindet, so daß es zu mehrmaligen **Ausgleichszahlungen** kommen kann. Der Verkäufer des Caps, der das wirtschaftliche Risiko eines Zinsanstiegs trägt, erhält als Ausgleich bei Vertragsabschluß eine **Prämie** vom Käufer; u. U. kann auch eine periodische Zahlung der Prämie vereinbart werden.

Der Käufer eines Caps beschränkt sein Verlustrisiko bei sinkenden Zinsen auf die Zahlung der Prämie; gleichzeitig bleibt ihm jedoch die Möglichkeit, aufgrund der fallenden Zinssätze Zinsersparnisse zu realisieren. Er kann zudem von der hohen Flexibilität und der möglichen Vereinbarung langer Vertragslaufzeiten profitieren.

Die **Höhe der Prämie** ist vom aktuellen Marktzinsniveau, der Vertragslaufzeit, der Höhe der Zinsobergrenze und der erwarteten Schwankungsbreite des Referenzzinssatzes abhängig. Je niedriger die Zinsobergrenze bzw. je länger die Laufzeit gewählt wird, um so teurer ist die Prämie. Anbieter und Verkäufer von Caps sind i. d. R. Banken.

Das Gegenstück zu einem Cap ist der sog. **Floor,** bei dem die Vertragsparteien eine Zinsuntergrenze vereinbaren. Hier leistet der Verkäufer eine Ausgleichszahlung an den Käufer, wenn der Referenzzinssatz diese Zinsuntergrenze unterschreitet. Somit bieten Floors eine **Absicherung gegen fallende Zinsen,** indem sie dem Käufer einen Mindestzins garantieren. Auch hier beschränkt sich das Risiko des Käufers bei wider Erwarten steigenden Zinsen auf die Floor-Prämie.

---

[85] Vgl. Binkowski/Beeck, a. a. O., S. 66 f.
[86] Vgl. Perridon/Steiner, a. a. O., S. 331 ff. sowie mit Rechenbeispielen Binkowski/Beeck, a. a. O., S. 50 ff. und Wöhe/Bilstein, a. a. O., S. 266 ff.

Von einem **Collar** spricht man, wenn der Kauf eines Caps mit dem Verkauf eines Floors kombiniert wird. Dadurch kann der variable Zinssatz einer Verbindlichkeit auf eine Bandbreite zwischen Ober- und Untergrenze festgelegt werden. Von sinkenden Zinsen kann das Unternehmen nur bis zur Zinsuntergrenze des Floors profitieren. Dem Käufer eines Collars entstehen durch den Kauf eines Caps Kosten für das Recht auf eine Zinsobergrenze, während er aus dem Verkauf des Floors für das Recht auf Einräumung einer Untergrenze selbst eine Prämie erhält, so daß auf diese Weise die Cap-Kosten verringert werden.

cc) Devisentermingeschäfte[87]

Gegenüber Kassageschäften zeichnen sich Termingeschäfte dadurch aus, daß Vertragsabschluß und Vertragserfüllung zeitlich auseinanderfallen. Ziel von Termingeschäften ist die Sicherung gegenwärtiger Kurse für einen in der Zukunft liegenden Zeitpunkt. Durch Abschluß eines Devisentermingeschäftes kann sich ein Unternehmen gegen die aus Fremdwährungsverbindlichkeiten resultierenden Währungsrisiken absichern. Dabei werden im Zeitpunkt des Vertragsschlusses für einen zukünftigen Devisenkauf oder -verkauf die Höhe des Währungsbetrages, der künftige Zahlungstermin und insbesondere der Währungskurs vorab zwischen den Vertragspartnern vereinbart. Bestimmungsfaktoren des Terminkurses sind der Kassakurs sowie durch die Zinsdifferenzen zwischen beiden Währungen bedingte Auf- bzw. Abschläge. Die Wechselkurssicherung über Devisentermingeschäfte gewährleistet eine sichere Kalkulationsgrundlage, nimmt dem Unternehmen jedoch die Möglichkeit, an positiven Wechselkursänderungen teilzuhaben.

dd) Futures[88]

Ausgehend vom Terminmarkt hat sich durch zunehmende Standardisierung der Verträge hinsichtlich der Kontraktanzahl und der Fälligkeitstermine sowie durch Vereinfachung der Zugangsvoraussetzungen der Future-Markt entwickelt. Bei **Financial Futures** handelt es sich um börsenfähige standardisierte Finanzterminkontrakte. Sie beruhen auf der vertraglichen Vereinbarung zweier Parteien, eine bestimmte standardisierte Menge eines Finanzierungsinstruments in einem künftigen standardisierten Erfüllungszeitpunkt zu einem im voraus festgelegten Kurs zu kaufen bzw. verkaufen. Zu den Financial Futures zählen Währungs-Futures, Zinsterminkontrakte und Aktienindexterminkontrakte.

Während zur Absicherung von Währungsrisiken neben dem Handel mit **Währungs-Futures** auch auf den Devisenterminhandel zurückgegriffen werden kann, konnte die Absicherung von Zinsänderungsrisiken durch Abwälzung auf andere Marktteilnehmer erst mit Einführung der **Zins-Futures**

---

[87] Vgl. Perridon/Steiner, a. a. O., S. 300
[88] Vgl. ausführlich Binkowski/Beeck, a. a. O., S. 70 ff. sowie Perridon/Steiner, a. a. O., S. 303 ff.

erreicht werden. **Aktienindex-Futures** richten sich auf den Ausgleich von Aktienkursschwankungen. Dabei macht man sich die Tatsache zunutze, daß Kursschwankungen einer Aktie in einer bestimmten Relation zur Änderung eines bestimmten Aktienindex stehen.

Zu den Motiven für ein Engagement am Future-Markt zählen Hedging, Arbitrage und Trading.[89] Unter **Hedging** versteht man die Durchführung von Transaktionen am Future-Markt zur Verminderung des Zins- bzw. Währungsrisikos aus bereits bestehenden oder künftig abzuschließenden Positionen. Dies wird durch das Eingehen einer Position am Terminmarkt erreicht, die einer gegenwärtigen oder künftigen Position am Kassamarkt genau entgegengerichtet ist. Auf diese Weise soll ein eventueller Verlust am Kassamarkt durch einen Kursgewinn am Terminmarkt kompensiert werden.

Durch **Arbitragegeschäfte** wird ein Zusammenhang zwischen Future- und Kassamarkt hergestellt, indem die Arbitrageure bestrebt sind, Kursunterschiede zwischen Kontrakten an verschiedenen Märkten auszugleichen.

Trader versuchen, sich Kursschwankungen eines oder mehrerer Kontrakte zunutze zu machen durch den Verkauf von Terminkontrakten in Erwartung einer Aufwärtsbewegung der Zinsen bzw. durch den Kauf entsprechender Kontrakte bei erwarteter Abwärtsbewegung der Zinsen, wobei der geringe Kapitaleinsatz im Verhältnis zur Größe eines Future-Kontraktes dem Trader enorme Spekulationsmöglichkeiten eröffnet.

Die Abrechnung und Abwicklung der an der Börse abgeschlossenen Kontrakte erfolgt über eine Clearing-Stelle, durch deren Zwischenschaltung Bonitätsrisiken weitgehend beseitigt und somit Marktsicherheit und Liquidität gewährleistet werden. Seit 1990 werden auch in Deutschland an der Deutschen Terminbörse Financial Futures gehandelt, wobei der Handel vollständig computerisiert ist. Die Terminbörse ist durch hohe Markttransparenz, hohe Sicherheitsanforderungen sowie umfangreiche Kontroll- und Aufsichtsregelungen gekennzeichnet.[90]

ee) Swaps[91]

Auch Swaps sind Finanzierungsinstrumente, die zur Begrenzung von Währungs- bzw. Zinsänderungsrisiken herangezogen werden. Es handelt sich dabei um **Tauschgeschäfte,** durch die komparative Kostenvorteile an internationalen Finanzmärkten ausgenutzt werden können, die auf unterschiedliche Bonitätseinschätzungen bzw. Marktzugangsmöglichkeiten der einzelnen Vertragsparteien zurückzuführen sind.

Bei einem **Währungsswap** werden sowohl Zins- als auch Kapitalbeträge ausgetauscht; er kann in folgende drei Schritte aufgespalten werden: Bei

---

[89] Vgl. im folgenden Eilenberger, G., a. a. O., S. 197 ff.
[90] Vgl. hierzu ausführlich Binkowski/Beeck, a. a. O., S. 84 ff. sowie Perridon/Steiner, a. a. O., S. 174 f.
[91] Vgl. im folgenden mit Beispielen Perridon/Steiner, a. a. O., S. 307 ff., Binkowski/Beeck, a. a. O., S. 32 ff., Wöhe/Bilstein, a. a. O., S. 272 ff. sowie Büschgen, H. E., a. a. O., S. 321 ff.

Abschluß des Geschäftes werden fest vereinbarte Kapitalbeträge in unterschiedlichen Währungen, üblicherweise zum aktuellen Kassakurs getauscht. Während der Laufzeit des Swaps werden auch die auf die ursprünglichen Kapitalbeträge entfallenden Zinszahlungen zwischen den Vertragspartnern ausgetauscht. Am Ende der Laufzeit kommt es dann zu einem Rücktausch der Kapitalbeträge, der sich auf der Grundlage des ursprünglich vereinbarten Wechselkurses vollzieht.

Je nach Art der Zinszahlungen, die stets in unterschiedlichen Währungen erfolgen, unterscheidet man Festsatz-Währungsswaps mit Zahlung von Festsatzzinsen, Variable-Währungsswaps mit Austausch variabler Zinsen sowie kombinierte Zins-/Währungsswaps, bei denen fest und variabel verzinsliche Positionen ausgetauscht werden. Währungsswaps sichern die Vertragspartner langfristig gegen Wechselkursänderungen ab, so z.B. bei der Währungssicherung von in Fremdwährung gewährten Krediten innerhalb internationaler Konzerne. Ferner ermöglichen sie eine kostengünstigere Finanzierung als bei einem Direktengagement in der gewünschten Fremdwährung.

Ein **Zinsswap** beruht auf dem Austausch von Zinszahlungen zwischen den Vertragspartnern auf Basis eines festen Kapitalbetrages innerhalb einer bestimmten Laufzeit zu vorab festgelegten Zahlungsterminen. In der Regel werden dabei Festsatzzinsen gegen variable Zinsverpflichtungen und umgekehrt getauscht; es können jedoch auch verschiedene Arten von variablen Zinssätzen Gegenstand des Tausches sein.

Charakteristisch für Zinsswaps ist die Tatsache, daß **beide** Vertragspartner Zinsvorteile realisieren, und zwar nicht nur dann, wenn jeder Vertragspartner im jeweils anderen Markt Kostenvorteile besitzt, sondern u.U. auch, wenn einer der Partner sich auf beiden Märkten billiger refinanzieren kann. Mit Hilfe von Zinsswaps können somit die Finanzierungskosten bereits bestehender bzw. neu einzugehender Verbindlichkeiten reduziert werden. Ferner ermöglichen sie die Festschreibung eines günstigen Zinsniveaus im Zusammenhang mit der Aufnahme von Kapital, aber auch bei Geldanlagen. Die Anwendung von Swaps beschränkt sich somit nicht nur auf die Mittelbeschaffung, sondern wird verstärkt auch auf das Aktivgeschäft ausgedehnt. Insbesondere Banken nutzen Swaps zum Schließen offener Zins- bzw. Währungspositionen, zum Austausch von Länderkreditforderungen bzw. zum aktiven Zinsmanagement von Rentenportefeuilles.[92]

In den letzten Jahren haben sich aus den Swap-Grundformen neuartige Swaps entwickelt, die eine immer bessere Anpassung an individuelle Gegebenheiten hinsichtlich Laufzeit- und Tilgungsmodalitäten, aber auch der Anzahl der Vertragspartner ermöglichen. Inzwischen ist auch ein Sekundärmarkt für den Handel bereits bestehender Swap-Vereinbarungen entstanden, auf dem Kreditinstitute als Vermittler fungieren. Dabei treten Dritte in eine Swap-Vereinbarung ein, so daß der Ausscheidende Vertragspartner zu seiner ursprünglichen Finanzierung zurückkehrt.

---

[92] Vgl. hierzu ausführlich Perridon/Steiner, a.a.O., S. 307ff. sowie zu den Risiken aus Swap-Geschäften, insbesondere für Banken, Büschgen, H.E., a.a.O., S. 326ff.

ff) Optionen[93]

Optionsgeschäfte beinhalten das Recht oder die Verpflichtung zum Kauf bzw. Verkauf einer bestimmten Anzahl von Finanztiteln. Dabei werden die Art der Finanztitel, die Optionsfrist, d. h. die Zeit innerhalb der die Option ausgeübt werden kann, die Optionsprämie und der Basispreis für das jeweilige Optionsgeschäft bereits im voraus festgelegt. Man unterscheidet zwischen **Kaufoption** (call) und **Verkaufsoption** (put) sowie zwischen Käufer und Verkäufer der entsprechenden Optionsart. Der Verkäufer wird auch als Stillhalter bezeichnet, weil sein Verhalten von dem des Käufers abhängt, er also lediglich auf dessen Entscheidungen reagieren kann.

Während der Käufer einer europäischen Option bezüglich der Ausübung seines Optionsrechtes an festgelegte Fälligkeitstermine gebunden ist, ist die Ausübung einer amerikanischen Option zu jedem beliebigen Zeitpunkt innerhalb der Optionsfrist möglich. So erwirbt der Käufer einer (amerikanischen) Kaufoption das Recht, innerhalb der Optionsfrist die Lieferung bestimmter Finanztitel vom Verkäufer zu fordern, dem folglich die Beschaffung der Finanztitel obliegt. Umgekehrt kann der Käufer einer Verkaufsoption vom Verkäufer die Abnahme der vereinbarten Finanztitel verlangen, so daß dieser zum Kauf verpflichtet ist.

		Optionsarten	
		Kaufoption	Verkaufsoption
Am Optionsgeschäft Beteiligte	Käufer	Recht zum Kauf von Finanztiteln innerhalb der Optionsfrist	Recht zum Verkauf von Finanztiteln innerhalb der Optionsfrist
	Verkäufer	Verpflichtung zum Verkauf von Finanztiteln bei Optionsausübung ⇨ Stillhalter in Finanztiteln	Verpflichtung zur Abnahme von Finanztiteln bei Optionsausübung durch den Käufer ⇨ Stillhalter in Geld

Das Optionsgeschäft vollzieht sich in zwei Schritten: der erste Schritt besteht im Kauf bzw. Verkauf des Optionsrechtes und der Zahlung der Optionsprämie vom Käufer an den Verkäufer, die dieser in jedem Fall unabhängig von der tatsächlichen Ausübung der Option erhält; der zweite Schritt umfaßt die Ausübung der Option durch den Käufer und somit den Kauf bzw. Verkauf von Finanztiteln innerhalb der Optionsfrist. Das Optionsrecht verfällt, wenn die Optionsfrist verstrichen ist, ohne daß der Käufer aktiv tätig wird.

---

[93] Vgl. Perridon/Steiner, a. a. O., S. 316 ff. sowie Binkowski/Beeck, a. a. O., S. 96 ff.

Um einen effizienten Optionsmarkt zu gewährleisten und die Handelbarkeit von Optionen zu erhöhen, ist ein gewisses Maß an **Standardisierung** erforderlich. So ist der der Übertragung der Finanztitel zugrundeliegende Basispreis, auf den sich Käufer und Verkäufer einigen und der sich am jeweiligen Tageskurs orientiert, innerhalb bestimmter Intervalle standardisiert. Ferner sind die Laufzeiten der jeweiligen Optionsrechte sowie die Fälligkeitstermine entsprechend festgelegt.

Gegenstand von Optionen sind nicht nur Aktien, sondern auch Währungen, verschiedene Anleiheformen, Swaps sowie Futures-Kontrakte. Durch Kombination der genannten innovativen Finanzierungsinstrumente mit Optionen dienen auch diese letztlich dazu, die aus Zins- bzw. Währungsänderungen resultierenden Risiken auszuschalten.

VI. Quellen der Innenfinanzierung

1. Begriff und Formen der Innenfinanzierung

Jede Finanzierungsmaßnahme führt zu einer Ausweitung des Finanzbereichs, wie er in Abb. 3 dargestellt[1] ist. Im Gegensatz zur Außenfinanzierung fließen dem Betrieb im Rahmen der Innenfinanzierung die Finanzmittel nicht über die Finanzierungsmärkte zu. Die zur Verfügung stehenden Mittel werden vielmehr vom Betrieb selbst über den betrieblichen Umsatzprozeß erwirtschaftet. Notwendige Voraussetzung der Innenfinanzierung ist somit, daß durch den **Umsatzprozeß** ein **Zahlungsmittelüberschuß** erzielt wird. Dies bedeutet, daß dem Zufluß liquider Mittel kein oder ein geringerer Mittelabfluß gegenübersteht.

Bei der Darstellung der Innenfinanzierung macht die deutschsprachige Literatur einen didaktischen Umweg. Sie erfaßt das Innenfinanzierungsvolumen einer Periode nicht direkt durch die Gegenüberstellung periodenbezogener Ein- und Auszahlungen. Sie geht statt dessen den indirekten Weg über die Gewinn- und Verlustrechnung, wobei sie **Aufwendungen** und **Erträge** auf ihre **Zahlungswirksamkeit** überprüft.

Der Gewinn einer Periode ist der Saldo aus Erträgen und Aufwendungen. Unterstellt man, daß alle Erträge zu Einzahlungen und alle Aufwendungen zu Auszahlungen führen, so steht der bilanzielle Gewinn dem Betrieb in liquider Form zur Verfügung. Diese liquiden Mittel können in voller Höhe an die Gesellschafter ausgeschüttet werden. Wird allerdings nicht der gesamte Gewinn an die Gesellschafter ausgezahlt, verbleibt ein Teil der erwirtschafteten Finanzmittel im Betrieb, der sie frei nutzen kann. Der **einbehaltene Teil** des **Gewinns** beschreibt in diesem Fall das Innenfinanzierungsvolumen der Periode. Diese Form der Finanzierung aus nicht abgeführten Gewinnen wird als **Selbstfinanzierung** bezeichnet.

Das Innenfinanzierungsvolumen einer Periode erhöht sich, wenn nicht alle **Aufwendungen** in der gleichen Periode, sondern erst in der **Zukunft**

---
[1] Vgl. S. 620

auszahlungswirksam sind. Bleibt die Annahme der Zahlungswirksamkeit der Erträge bestehen, so stehen diesem Mittelzufluß Aufwendungen gegenüber, die den Zahlungsmittelbestand nicht sofort reduzieren. Bis zum späteren Zeitpunkt der Auszahlung ist dieser Betrag für den Betrieb im Rahmen der Finanzplanung frei disponierbar. Der Zeitraum zwischen Aufwandsverrechnung und Auszahlung beträgt unter Umständen mehrere Jahre, so daß ein beachtliches Finanzierungspotential aufgebaut werden kann. Als typisches Beispiel für das zeitliche Auseinanderfallen von Aufwandsverrechnung und Auszahlung ist die Bildung **langfristiger Rückstellungen** zu nennen. Das Innenfinanzierungsvolumen wird folglich durch die Dotierung von Rückstellungen erhöht.

Zusätzliche Kapitalbindung	Bilanzverlängerung	**Selbstfinanzierung**	Erhöhung des Eigenkapitals
		Finanzierung aus langfristigen Rückstellungen	Erhöhung des Fremdkapitals

Abb. 49: Innenfinanzierung durch zusätzliche Kapitalbindung

Der Selbstfinanzierung und der Finanzierung aus Rückstellungsgegenwerten ist gemeinsam, daß sich c.p. der Zahlungsmittelbestand erhöht. Dieser Vermögensmehrung steht eine zusätzliche Kapitalbindung auf der Passivseite der Bilanz gegenüber. Die Selbstfinanzierung hat eine Aufstockung des Eigenkapitals zur Folge, dagegen stellt die Bildung von Rückstellungen eine Ausweitung des Fremdkapitals[2] dar. In beiden Fällen verlängert sich die Bilanz.

Die zweite große Aufwandsposition, die nicht auszahlungswirksam ist, sind die **Abschreibungen.** Im Gegensatz zur Bildung von Rückstellungen erhöht sich bei der Verrechnung von Abschreibungen die Bilanzsumme aber nicht. Es wird kein zusätzliches Kapital gebunden. Vielmehr beruht die Finanzierungswirkung der Abschreibungen auf einem Aktivtausch, d.h. auf einer **Vermögensumschichtung.**

Durch die Produktion von Gütern nutzen sich maschinelle Anlagen ab. Der Maschineneinsatz führt bei den Aggregaten zu einer Wertminderung, die über Abschreibungen erfaßt wird, und bei den hergestellten Produkten zu einer Wertsteigerung. Buchtechnisch vermindern die Abschreibungen den Wert der Maschinen und erhöhen – im Rahmen der Aktivierung von Herstellungskosten – den Wert der Produkte. Wenn es gelingt, einen kostendeckenden Preis zu erzielen, wird auch der Wertverzehr an den maschinellen Anlagen vom Markt vergütet, und die Abschreibungsgegenwerte fließen dem Betrieb über den Verkaufspreis in liquider Form zu. Der Finanzierungseffekt der Abschreibungen entfaltet sich somit stufenweise. Teile des

---

[2] Rückstellungen für ungewisse Verbindlichkeiten sind bei wirtschaftlicher Betrachtung als Fremdkapital anzusehen. Vgl. S. 976f.

VI. Quellen der Innenfinanzierung

relativ liquiditätsfernen Anlagevermögens werden über die Abschreibungen auf das liquiditätsnahe Umlaufvermögen (Fertigerzeugnisse) übertragen. Durch den Verkauf der Produkte wird der Investitionsbereich zugunsten des Finanzbereichs verringert. Der Kapitalbestand bleibt durch diese Transaktionen unberührt.[3]

Neben den planmäßigen Vermögensumschichtungen durch Abschreibungen besteht die Möglichkeit, das Innenfinanzierungsvolumen kurzfristig durch **andere Vermögensumschichtungen,** wie z.B. die Veräußerung von nicht benötigtem Sachvermögen oder Rationalisierungsmaßnahmen, zu erhöhen. Bei der Veräußerung von Vermögensgegenständen ist der Finanzierungseffekt offensichtlich. Aus dem Verkauf fließen dem Betrieb direkt Zahlungsmittel zu. **Sachvermögen** wird somit in **Geldvermögen** umgewandelt.

Rationalisierungsmaßnahmen können z.B. die Lagerhaltung betreffen. Wenn es gelingt, die Lagerhaltung effizienter zu gestalten, kann langfristig der durchschnittliche Lagerbestand und damit auch die durchschnittliche Kapitalbindung des Umlaufvermögens reduziert werden. Unterstellt man, daß der Kapitalbereich unverändert bleiben soll, so folgt aus der Reduktion des Investitionsbereichs eine Ausweitung des Finanzbereichs. Es liegt also auch hier ein Aktivtausch vor. (ÜB 5/47–48; 85)

Vermögens-umschichtung	Aktivtausch	Abschreibungen	planmäßige Kapitalfreisetzung
		andere Vermögens-umschichtungen	außerplanmäßige Kapitalfreisetzung

Abb. 50: Innenfinanzierung durch Vermögensumschichtung

2. Selbstfinanzierung

a) Formen der Selbstfinanzierung

Innenfinanzierung aus zurückbehaltenem (thesauriertem) Gewinn wird als **Selbstfinanzierung** bezeichnet. Das Selbstfinanzierungspotential steigt also in dem Maße, in dem die Gesellschafter – wissentlich oder unwissentlich – auf eine **Gewinnausschüttung** verzichten.

Literatur und Praxis machen eine Trennung zwischen
– offener Selbstfinanzierung und
– stiller Selbstfinanzierung.

Den Unterschied zwischen beiden Formen der Selbstfinanzierung kann man sich an folgendem Beispiel klar machen: Ein Unternehmen erzielt einen

---

[3] Der Kapitalbereich bleibt nur unberührt, wenn durch den Verkauf der Produkte keine Gewinne erzielt werden. Sobald Gewinne realisiert werden können, vergrößert sich auch der Kapitalbereich.

tatsächlichen Gewinn von 500. **Ausschüttungsrichtgröße** für die Gesellschafter ist der **ausgewiesene Gewinn**. Annahmegemäß beanspruchen die Gesellschafter die Hälfte des ausgewiesenen Gewinns als Ausschüttung. Wird der tatsächlich erzielte Gewinn in voller Höhe (500) im Jahresabschluß ausgewiesen, verbleiben **nach Ausschüttung** 250 zur **offenen Selbstfinanzierung**.

Will der Vorstand des Unternehmens das Selbstfinanzierungspotential weiter ausdehnen, geht er den Weg der **stillen Selbstfinanzierung**. Zu diesem Zweck bildet er z. B. durch Unterbewertung von Vermögensteilen in der Bilanz eine stille Rücklage[4] von 200. Der tatsächliche Gewinn beträgt nach wie vor 500, der ausgewiesene Gewinn 300. Der ausgewiesene Gewinn wird zur Hälfte ausgeschüttet.

Tatsächlicher Gewinn	500
./. stille Selbstfinanzierung durch Bildung stiller Rücklagen	200
ausgewiesener Gewinn	300
./. Ausschüttung	150
offene Selbstfinanzierung	150

Abb. 51: Offene und stille Selbstfinanzierung

b) Offene Selbstfinanzierung

Durch offene Selbstfinanzierung wird das Eigenkapital eines Unternehmens gestärkt und der Zahlungsmittelbestand durch Ausschüttungsverzicht erhöht. Sind sich Vorstand und Gesellschafter einig, daß das Eigenkapital des Unternehmens um 250 gestärkt werden soll, stehen zwei Alternativen offen:

(1) **Gewinnthesaurierung** (250) oder

(2) **Gewinnausschüttung** (250) mit **anschließender Wiedereinlage** des ausgeschütteten Betrags.

Die zweite Alternative wird als **Schütt-aus-hol-zurück-Verfahren** bezeichnet. In einer Welt ohne Steuern ist es unerheblich,[5] ob der Gewinn direkt thesauriert oder zuerst an die Gesellschafter ausgeschüttet und später im Wege einer Kapitalerhöhung wieder eingelegt wird. Es ist lediglich sicherzustellen, daß die Gesellschafter auch tatsächlich den gesamten ausgeschütteten Gewinn dem Betrieb wieder zuführen, damit bei beiden Alternativen das Eigenkapital um den gleichen Betrag erhöht wird.

Ein anderes Bild zeigt sich, wenn **Steuern** in die Betrachtung mit **einbezogen** werden. Steuerzahlungen führen grundsätzlich zu Auszahlungen und damit zu einer Verringerung der Zahlungsmittelbestände. Da Gewinnthe-

---

[4] Zu den Möglichkeiten und Grenzen der Bildung stiller Rücklagen vgl. S. 1074f.
[5] Es wird unterstellt, daß die beiden Alternativen die gleichen Transaktionskosten verursachen.

VI. Quellen der Innenfinanzierung

saurierungen und Gewinnausschüttungen aus dem Gewinn nach Steuern getätigt werden, können die Alternativen nur dann das gleiche Finanzierungsvolumen gewährleisten, wenn ausgeschüttete und thesaurierte Gewinne gleich stark belastet werden.

Das deutsche Steuersystem kennt drei Ertragsteuern:
- Gewerbeertragsteuer,
- Einkommensteuer und
- Körperschaftsteuer.

Will man den Einfluß der Ertragsteuern auf die anstehende Finanzierungsentscheidung untersuchen, muß man zwischen
- Einzelfirmen bzw. Personengesellschaften und
- Kapitalgesellschaften

unterscheiden.

Der Gewinn einer **Einzelfirma** bzw. einer **Personengesellschaft** wird mit der **Gewerbeertragsteuer**[6] und der **Einkommensteuer**[7] belastet. Die Höhe dieser beiden Ertragsteuern ist unabhängig davon, ob der Gewinn einbehalten oder ausgeschüttet wird. Gewinnthesaurierung und Schütt-aus-hol-zurück-Verfahren unterliegen folglich der gleichen Ertragsteuerbelastung. Für Einzelfirmen und Personengesellschaften ist also die **Ertragsbesteuerung** – bezogen auf diese Finanzierungsalternative – **entscheidungsneutral.**

Anders liegen die Verhältnisse bei Kapitalgesellschaften. Der von ihnen erzielte Gewinn unterliegt der Gewerbeertragsteuer und der Körperschaftsteuer.[8] Hinsichtlich der Gewerbeertragsteuerbelastung gibt es auch hier keinen Unterschied zwischen einbehalten und ausgeschütteten Gewinnen. Die Körperschaftsteuer belastet einbehaltene Gewinne gegenwärtig mit 40 Prozent und ausgeschüttete Gewinne mit 30 Prozent. Der erste Anschein spricht für eine Steuerbegünstigung ausgeschütteter Gewinne und damit für Schütt-aus-hol-zurück.

Aber der erste Anschein trügt. Die Gesellschafter müssen die ihnen zufließenden Gewinnausschüttungen der Einkommensteuer unterwerfen. Bemessungsgrundlage ist dabei der Gewinn nach Steuern (Bardividende) zuzüglich der abgezogenen Körperschaftsteuer. Es ist also der gesamte ausgeschüttete Gewinn nach Gewerbeertragsteuer zu versteuern. Auf diesen Betrag ist die Einkommensteuer nach Maßgabe des persönlichen Steuersatzes der Gesellschafter zu entrichten. Hierbei ist zu beachten, daß die von der Gesellschaft gezahlte Körperschaftsteuer auf die ausgeschütteten Gewinne bei der Einkommensteuerveranlagung der Gesellschafter angerechnet werden kann. **Ausgeschüttete Gewinne** sind somit im Endeffekt nur mit der **Gewerbeertragsteuer** und der persönlichen **Einkommensteuer** der Gesellschafter **belastet.**

Es wird unterstellt, der Gewinn nach Abzug der Gewerbeertragsteuer betrage 100. Das Finanzierungsvolumen bei offener **Selbstfinanzierung** beziffert sich nach Abzug der Körperschaftsteuer auf 60:

---

[6] Zu den steuerrechtlichen Einzelheiten vgl. Wöhe, G., (Steuern), a.a.O., S. 190 ff.
[7] Vgl. ebenda, S. 43 ff.
[8] Vgl. ebenda, S. 127 ff.

754 Fünfter Abschnitt. Investition und Finanzierung

Gewinn nach Gewerbeertragsteuer	100
./. Körperschaftsteuer	40
= Thesaurierungsbetrag	60

Abb. 52: Finanzierungsvolumen bei offener Selbstfinanzierung

Das Finanzierungsvolumen im **Schütt-aus-hol-zurück-Verfahren** hängt – wie Abb. 53 zeigt – vom individuellen Einkommensteuersatz[9] (ESt) des Gesellschafters ab:

	ESt = 25%	ESt = 45%	ESt = 50%
Gewinn nach Gewerbeertragsteuer	100	100	100
./. Körperschaftsteuer (Ausschüttungsbelastung)	30	30	30
= Ausschüttung	70	70	70
+ Körperschaftsteuererstattung	30	30	30
= zu versteuerndes Einkommen	100	100	100
./. Einkommensteuer	25	45	50
= Nettoeinkommen der Gesellschafter = verbleibendes Finanzierungsvolumen	75	55	50

Abb. 53: Finanzierungsvolumen beim Schütt-aus-hol-zurück-Verfahren bei unterschiedlichen Einkommensteuersätzen

Je niedriger der Einkommensteuersatz, desto größer ist das Finanzierungsvolumen, das sich durch Ausschüttung mit anschließender Wiedereinlage erreichen läßt. Ist der individuelle **Einkommensteuersatz** des Gesellschafters **genauso hoch** wie der **Körperschaftsteuersatz** für thesaurierte Gewinne (zur Zeit 40 Prozent) führen die beiden konkurrierenden Gewinnverwendungsvarianten zu einem **gleichwertigen Finanzierungsvolumen.** Für Gesellschafter mit einem höheren (niedrigeren) Einkommensteuersatz ist Gewinnthesaurierung (Schütt-aus-hol-zurück) vorteilhafter.

Die **Vorteilhaftigkeit** des **Schütt-aus-hol-zurück-Verfahrens** ist nicht nur vom persönlichen Einkommensteuersatz der Gesellschafter abhängig. Sie **sinkt** unter anderem auch, wenn
– **Kirchensteuer** mit berücksichtigt wird. Diese Steuer bemißt sich nach der Höhe der Einkommensteuer und ist der Steuerbelastung der Gesell-

---

[9] Aus Vereinfachungsgründen wurde auf die Berücksichtigung der Kapitalertragsteuer verzichtet, wodurch sich das Endergebnis nicht ändert.

schafter hinzuzurechnen, so daß der kritische Einkommensteuersatz, bei dem Indifferenz zwischen Thesaurierung und Ausschüttung herrscht, sinkt,
- die **Kosten** einer **ordentlichen Kapitalerhöhung** ins Kalkül einbezogen werden, da sie nur beim Schütt-aus-hol-zurück-Verfahren anfallen und dieses zusätzlich verteuern,
- **nicht** alle Gesellschafter den vollständigen Betrag der Gewinnausschüttung **wiedereinlegen**.

Der letzte Punkt ist bei Kapitalgesellschaften mit großem Gesellschafterkreis von besonderer Bedeutung: Die Gewinnthesaurierung erfreut sich gerade bei Publikumsaktiengesellschaften großer Beliebtheit, weil hier das Risiko einer ausbleibenden Wiedereinlage ausgeschaltet wird. Nach einer Erhebung der Deutschen Bundesbank[10] machen die offenen Rücklagen bei deutschen Kapitalgesellschaften etwa 30 Prozent des ausgewiesenen Eigenkapitals aus. (**ÜB 5**/62; 64–65)

c) Stille Selbstfinanzierung

Gelingt es einem Unternehmen, am Markt Preise zu realisieren, die über den Kosten liegen, erwirtschaftet es Gewinn. Werden im Rahmen der Bilanzerstellung durch die bewußte Nutzung bilanzpolitischer Möglichkeiten stille Rücklagen gebildet, verkürzt dies den Gewinnausweis. Nur der ausgewiesene Gewinn fungiert als Ausschüttungsrichtgröße. Bei Verkürzung des Gewinnausweises kommt es zur stillen Selbstfinanzierung in Höhe der stillen Rücklagen.

Die verschiedenen Möglichkeiten zur Bildung stiller Rücklagen[11] reduzieren – bei gegebenen Einzahlungsüberschüssen – das Ausschüttungsvolumen, wodurch sich das Innenfinanzierungspotential erhöht.

Im folgenden wird unterstellt, daß
- ein Unternehmen eine stille Rücklage von 1.000 bildet,
- bei einem Ertragsteuersatz von 40 Prozent die Bildung der stillen Rücklage steuerlich anerkannt wird,
- der ausgewiesene Gewinn immer in voller Höhe ausgeschüttet wird.

In diesem Fall **verhindert** die Bildung der **stillen Rücklage** einen **Geldabfluß**
- an den **Fiskus** in Höhe von 400 und
- an die **Gesellschafter** in Höhe von 600.

Durch die Bildung der stillen Rücklage erhöht sich das Innenfinanzierungsvolumen um 1.000. Aufgaben im zugehörigen Übungsbuch erläutern die Finanzierungswirkung bei alternativen Ausschüttungsquoten. (**ÜB 5**/66–68)

Stille Rücklagen haben eine begrenzte Lebensdauer. Steht hinter der stillen Rücklage die Unterbewertung einer Wertpapierposition, kommt es – spätestens – beim Verkauf der Wertpapiere zur erfolgswirksamen **Auflösung**

---

[10] Vgl. Monatsberichte der Deutschen Bundesbank, Heft 11, 1992, S. 24
[11] Vgl. S. 1074f.

der **stillen Rücklage**. Bei Auflösung der stillen Rücklage erhöht sich der ausgewiesene Gewinn in unserem Beispiel um 1.000. In der Auflösungsperiode **erhöht** sich die **Ertragsteuerbelastung** um 400 und die **Gewinnausschüttung** um 600.

Man kann es auch so sehen: Für die Zeitdauer zwischen Bildung (t_0) und Auflösung (t_n) der stillen Rücklage haben das Finanzamt und die Gesellschafter dem Unternehmen einen zinslosen Zahlungsaufschub eingeräumt. Der **Vorteil** der **stillen Selbstfinanzierung** für das Unternehmen liegt auf der Hand: Zwischen t_0 und t_n hat sich
- die **Liquidität** durch verhinderten Geldabfluß und
- die **Rentabilität** durch zinslose Kapitalüberlassung

erhöht. (**ÜB 5**/63–68)

d) Beurteilung der Selbstfinanzierung

Beurteilt man die Alternativen zur Selbstfinanzierung nach ihrer Finanzierungswirkung, können Unterschiede festgestellt werden. Offene Selbstfinanzierung kann nur aus dem Gewinn nach Steuern betrieben werden, d. h. der thesaurierte Betrag ist stets mit Steuern belastet. Dagegen mindert die stille Selbstfinanzierung schon die Bemessungsgrundlage der Ertragsteuern, so daß der einbehaltene Betrag nicht durch Steuern gekürzt ist. Folglich kann die **stille Selbstfinanzierung** die **größere Finanzierungswirkung** entfalten.

Beiden Formen der **Selbstfinanzierung** ist eine Reihe von **Vorteilen** gemeinsam. Unter anderem sind zu nennen:[12]

(1) Durch die Selbstfinanzierung fallen in der Zukunft **keine Zins-** und **Tilgungszahlungen** an. Die zukünftige Liquiditätslage des Betriebes wird somit nicht beeinflußt.

(2) Da sich Kreditgeber bei der Kreditgewährung häufig an der Kapitalstruktur eines Betriebes orientieren, **erhöht** die Stärkung des Eigenkapitals die **Kreditwürdigkeit** und verringert somit die Krisenanfälligkeit des Betriebes. Zukünftige Liquiditätsengpässe können leichter durch die Zuführung von Fremdkapital beseitigt werden.

(3) Die Mittel aus der Selbstfinanzierung unterliegen keiner Zweckbindung und können daher auch zur **Finanzierung risikoreicher Investitionen** herangezogen werden.

Aus den genannten Vorteilen resultieren aber auch die **Nachteile** der **Selbstfinanzierung.** Durch die fehlenden Zinszahlungen wird die Selbstfinanzierung leicht als kostenlose Finanzierungsalternative angesehen. Dies ist allerdings ein Trugschluß. Bei der Entscheidung über die Verwendung finanzieller Mittel sind alle möglichen Anlagealternativen, also auch solche außerhalb des Betriebes, zu berücksichtigen. Versprechen die Investitionsalternativen innerhalb des Betriebes nicht mindestens die **Renditen** der **außerbetrieblichen Alternativen,** sollte der Gewinn lieber ausgeschüttet und der lukrativeren Alternative außerhalb des Betriebes zugeführt werden. Wird der

---

[12] Vgl. Perridon/Steiner, a. a. O., S. 456 ff.

Gewinn dennoch nicht ausgeschüttet, entstehen Kosten dadurch, daß auf einen möglichen höheren Gewinn verzichtet wird. Diese Kosten der entgangenen Alternative sind bei der Beurteilung der Selbstfinanzierung als Opportunitätskosten stets im Kalkül zu berücksichtigen. Sie stellen die **Kosten der Selbstfinanzierung** dar.

3. Finanzierung aus Rückstellungen

Rückstellungen sind für ungewisse, zukünftige Verpflichtungen zu bilden und dienen der periodengerechten Aufwandsverrechnung. Der Finanzierungseffekt von Rückstellungen liegt darin, daß in einer Periode Aufwand verrechnet wird, der erst in der Zukunft zu Auszahlungen führt. Notwendige Voraussetzung dafür, daß die Bildung von Rückstellungen tatsächlich einen Finanzierungseffekt entfaltet, ist allerdings, daß die Gegenwerte der Aufwendungen verdient wurden, daß also den verrechneten Aufwendungen einzahlungswirksame Erträge in zumindest gleicher Höhe gegenüberstehen. Ein Teil der erwirtschafteten Finanzmittel kann durch die Rückstellungsbildung im Betrieb gehalten werden und steht ihm vom Zeitpunkt der Aufwandsverrechnung bis zur tatsächlichen Auszahlung zur freien Verfügung. Fällt der Grund für die Rückstellungsbildung ganz oder teilweise fort, sind die **Rückstellungen** erfolgswirksam **aufzulösen**. Auch in diesem Fall **endet** der durch sie erzielte **Finanzierungseffekt**.

Betrachtet man die Finanzierungswirkung der Rückstellungsbildung genauer, so sind zwei **Finanzierungseffekte** zu erkennen:
– Verringerung der Steuerzahlung und
– Verringerung der Gewinnausschüttung.

Die Bildung von Rückstellungen von beispielsweise 1.000 erfolgt durch die Verrechnung von Aufwand. Werden die Rückstellungen auch steuerlich anerkannt, verringert sich in der Periode der Rückstellungsbildung durch die Erhöhung der Aufwendungen c. p. der zu versteuernde Gewinn und damit auch die Steuerzahlung. Bei einem Ertragsteuersatz von 45 Prozent vermindert sich die Steuerbelastung in der Periode der Rückstellungsbildung um 450. Die **eingesparte Ertragsteuerzahlung erhöht** das **Innenfinanzierungsvolumen**.

Rückstellungsbildungen führen bei gleichbleibenden Steuersätzen nicht zu einem endgültigen Steuerausfall. Die aus der Aufwandsverrechnung resultierende Steuerminderung wird durch die Bildung einer Rückstellung lediglich zeitlich vorgezogen, so daß in einer **späteren Periode** mit einer **erhöhten Steuerzahlung** zu rechnen ist. Per Saldo bleibt die **gesamte Steuerlast gleich**. Da aber die **Steuerstundung** für den Betrieb **zinslos** ist, entsteht für den Betrieb neben der Finanzierungswirkung der Rückstellungsbildung ein positiver Rentabilitätseffekt, wenn die verfügbaren Mittel rentabel investiert werden.

Orientiert sich die Gewinnausschüttung am ausgewiesenen Gewinn, tritt neben die Verringerung der Steuerzahlungen ein weiterer Finanzierungseffekt. Durch die Bildung von Rückstellungen verringert sich der ausgewiesene Gewinn nach Steuern um 550. Unter den gegebenen Bedingungen **verhindert** die **Rückstellungsbildung** eine **Gewinnausschüttung** von 550. Dies ist der Beitrag der Gesellschafter zur Erhöhung des Innenfinanzierungsvolumens.

Der **Finanzierungseffekt** der Bildung von Rückstellungen ist **vom Ausschüttungsverhalten** der Gesellschaft **abhängig:** Wird der ausgewiesene Gewinn üblicherweise thesauriert, käme es ohne Bildung der Rückstellung zur offenen Selbstfinanzierung in Höhe von 550. Der Finanzierungseffekt der Rückstellungsbildung beschränkt sich dann auf die Verschiebung der Gewinnsteuerzahlung von 450.

Unabhängig von der Gewinnverwendung hängt das Finanzierungsvolumen der Rückstellungsbildung grundsätzlich von zwei Faktoren ab:
(1) Höhe der Rückstellung
(2) Dauer der Kapitalbindung durch die Rückstellungsbildung.

Pauschal kann gesagt werden, daß der Finanzierungseffekt um so größer ist, je höher der Betrag und je länger die Dauer der Kapitalbindung der Rückstellungsbildung ist. Als Paradebeispiel für **langfristige Rückstellungen,** die zusätzlich ein hohes Finanzierungsvolumen darstellen, können die **Pensionsrückstellungen**[13] genannt werden.

Verpflichtet sich ein Betrieb vertraglich, seinen Arbeitnehmern eine Pension P als Alters-, Invaliden- oder Hinterbliebenenversorgung zu leisten, so sind vom Zeitpunkt der Zusage t_z bis zum Zeitpunkt des Eintritts des Versorgungsfalls t_v Rückstellungen zu bilden. Dieser Zeitraum (t_z bis t_v) kann unter Umständen mehrere Jahrzehnte betragen. Die Zuführungen zu den Rückstellungen während der Anwartschaft stellen Lohn- und Gehaltsaufwand dar und sind, solange die Vorschriften des § 6a EStG beachtet werden,[14] auch steuerlich anzuerkennen. Sie mindern folglich den steuerlichen Gewinn und somit die Steuerzahlungen. Mit Eintritt des Versorgungsfalls leistet der Betrieb regelmäßige Zahlungen oder eine einmalige Kapitalleistung an den Berechtigten. Nach Maßgabe dieser Zahlungen sind die Rückstellungen erfolgsneutral aufzulösen.

Die **Bildung** einer **Pensionsrückstellung** vollzieht sich – vereinfacht dargestellt – in folgenden **Schritten:**
(1) Die erwartete Zahl der Pensionszahlungen P werden auf den Zeitpunkt t_v diskontiert. Man erhält den Barwert X.
(2) Der Barwert X wird auf den Zeitpunkt t_z diskontiert. Man erhält den Barwert Y.
(3) Aus dem Barwert Y bildet man die Annuität A für den Zeitraum t_z bis t_v.
A markiert die jährliche Zuführung zur Pensionsrückstellung.

Im zugehörigen Übungsbuch findet sich ein anschauliches Rechenbeispiel, das mit dem steuerrelevanten Diskontierungszinsfuß von 6 Prozent arbeitet. (**ÜB 5/82**)

---

[13] Zum Einfluß der Pensionsrückstellungen auf die Finanzierung vgl. insbesondere Weihrauch, H., Pensionsrückstellungen als Mittel der Finanzierung, Stuttgart 1962; derselbe, Finanzierungseffekt der Rückstellungen, insbesondere der Pensionsrückstellungen, in: Finanzierungs-Handbuch, hrsg. von H. Janberg, 2. Aufl., Wiesbaden 1970, S. 319 ff.
[14] Vgl. im einzelnen z. B. Wöhe, G., (Bilanzierung), a. a. O., S. 543 ff.

VI. Quellen der Innenfinanzierung

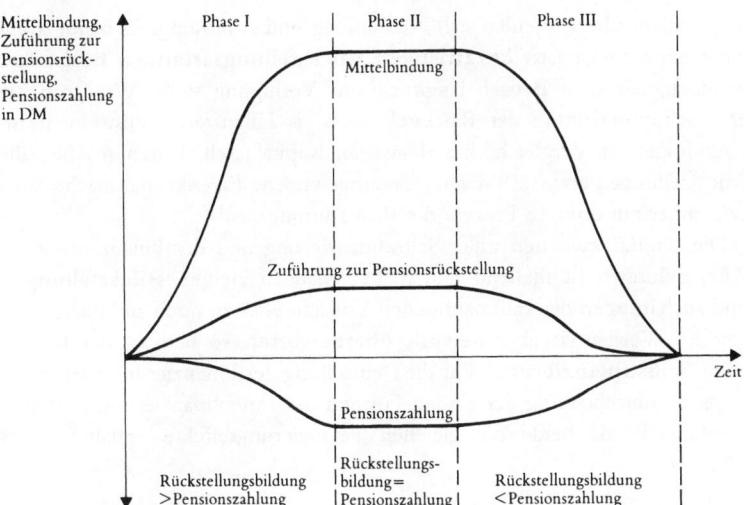

Abb. 54: Bildung und Auflösung von Pensionsrückstellungen

Die obige Abbildung beschreibt den **Aufbau** des **Finanzierungspotentials** von Pensionsrückstellungen im **Lebenszyklus** eines **Betriebes**. Es lassen sich hierbei drei Phasen unterscheiden:

(1) In **Phase I** beginnt der Betrieb, seinen Mitarbeitern Pensionszusagen zu geben. Durch die Rückstellungsbildung werden mehr Mittel an den Betrieb gebunden, als den Betrieb durch Pensionsauszahlungen verlassen. Das durch die Pensionsrückstellungen im Betrieb gebundene **Finanzierungspotential wächst** im Zeitablauf.

(2) In **Phase II** halten sich die Auszahlungen an pensionierte Mitarbeiter die Waage mit den Zuführungen zu den Rückstellungen für Anwartschaften und neue Pensionszusagen. Das **Finanzierungsvolumen** bleibt konstant, da sich Auszahlungen und Aufwandsverrechnung ausgleichen, sich also die erfolgswirksamen Dotierungen zu den Rückstellungen und die erfolgsneutralen Auszahlungen kompensieren. Das während der Phase I angesammelte Vermögen steht jedoch weiterhin zur Verfügung.

(3) In **Phase III** beziehen mehr ehemalige Mitarbeiter Pensionen als Neuzusagen und damit verbundene Rückstellungsdotierungen getätigt werden. Die erfolgsneutralen Auszahlungen übersteigen somit die erfolgswirksame Aufwandsverrechnung. Daher **verringert** sich auch das im Betrieb durch die Pensionsrückstellungen gebundene Vermögen und damit ihr **Finanzierungsvolumen.**

Durch die Bildung von Pensionsrückstellungen kann sich ein Betrieb ein beachtliches Finanzierungspotential aufbauen, das ihm praktisch während der gesamten Zeit seiner Existenz zur Verfügung steht. Aber nicht nur aus den langfristigen Rückstellungen kann ein dauerhaftes Finanzierungsvolumen aufgebaut werden. Da gewisse Rückstellungsarten, wie z.B. Steuerrückstellungen oder Rückstellungen für Garantieleistungen, jährlich aufs neue gebildet werden, überschneiden sich Neubildung und Auflösung. Es bleibt somit selbst bei diesen relativ **kurzfristigen Rückstellungsarten** ein **Bodensatz** bestehen, der dem Betrieb langfristig zur Verfügung steht. Wie groß die praktische Bedeutung der Rückstellungen als Finanzierungsinstrument ist, zeigt folgender Vergleich: Bei deutschen Kapitalgesellschaften machen die Rückstellungen etwa 22 Prozent, das ausgewiesene Eigenkapital macht demgegenüber nur etwa 18 Prozent der Bilanzsumme aus.[15]

Die Grenze zwischen stiller Selbstfinanzierung und der Finanzierung aus Rückstellungen ist fließend und nicht genau zu ziehen. **Rückstellungen** sind aus Gründen der kaufmännischen Vorsicht eher zu hoch zu bilden als zu niedrig. Werden sie aber **bewußt überbewertet,** so betreibt der Betrieb **stille Selbstfinanzierung.** Für die Beurteilung der Finanzierungswirkungen ist die Unterscheidung der beiden Formen der Innenfinanzierung allerdings unerheblich, da beide die gleichen Finanzierungseffekte entfalten. (ÜB 5/82–84)

4. Finanzierung aus Abschreibungen

Planmäßige Abschreibungen[16] haben die Aufgabe, die Anschaffungs- oder Herstellungskosten langlebiger, abnutzbarer Wirtschaftsgüter über die Jahre der Nutzungsdauer zu verteilen. Die verrechneten Abschreibungsbeträge stellen Aufwand der jeweiligen Periode dar. Die Finanzierungswirkung der Abschreibungen beruht auf einem Desinvestitionsprozeß: Die verrechneten Abschreibungsbeträge bilden einen Bestandteil der Herstellungskosten der produzierten Güter. Der über die Abschreibungen verrechnete Teil der Anschaffungskosten geht auf die Produkte über. Teile des **Anlagevermögens** (maschinelle Anlagen) werden in **Umlaufvermögen** (Halb- und Fertigfabrikate) **transformiert** (Aktivtausch). Können die Produkte kostendeckend am Markt abgesetzt werden, so fließen auch die Gegenwerte der Abschreibungsbeträge dem Betrieb zu. Sieht man von Zielverkäufen ab, wurde stufenweise **Sachanlagevermögen** in **Geldvermögen umgewandelt.**

Grundidee der Abschreibungsverrechnung ist die Substanzerhaltung. Es soll gewährleistet werden, daß am Ende der Nutzungsdauer eines Wirtschaftsgutes die **Ersatzbeschaffung** mit den **kumulierten Abschreibungsgegenwerten finanziert** werden kann. Da die Nutzungsdauer der Wirtschaftsgüter mehrere Perioden beträgt, wäre es allerdings unzweckmäßig, die Abschreibungsgegenwerte über den gesamten Zeitraum in liquider Form anzusammeln. Sie sollten vielmehr rentableren Verwendungen zugeführt werden. Bei einem solchen Vorgehen ist lediglich sicherzustellen, daß zum späteren Ersatzzeitpunkt genügend liquide Mittel zur Wiederbeschaffung zur Verfügung stehen. Hierbei muß die Ersatzbeschaffung eines Wirtschaftsgutes jedoch nicht aus „seinen" Abschreibungsgegenwerten erfolgen, sondern sie kann aus irgendwelchen Abschreibungsgegenwerten finanziert werden.

---

[15] Vgl. die Aufstellung auf S. 771
[16] Zu Einzelheiten der Abschreibungsverrechnung vgl. S. 937 ff.

Unter diesem Gesichtspunkt sind zwei Effekte der Abschreibungsverrechnung zu unterscheiden:
(1) Kapitalfreisetzungseffekt und
(2) Kapazitätserweiterungseffekt.

Der **Kapitalfreisetzungseffekt** erwächst daraus, daß die **Ersatzinvestitionen nicht sofort** getätigt werden müssen. Die erwirtschafteten Abschreibungsgegenwerte fließen dem Betrieb aber während der gesamten Nutzungsdauer eines Wirtschaftsgutes zu und können bis zur Auszahlung für die Ersatzinvestition frei genutzt werden.

Ein einfaches Zahlenbeispiel macht diesen Zusammenhang deutlich:[17] Angenommen, ein Betrieb beschafft in fünf aufeinanderfolgenden Jahren je eine Maschine im Wert von 1.000, deren Nutzungsdauer fünf Jahre beträgt. Die Abschreibung erfolgt in konstanten Quoten (lineare Abschreibung). Es wird unterstellt, daß die verrechneten Abschreibungen dem Wertminderungsverlauf entsprechen und über den Markt verdient werden. Die Jahresabschreibung je Maschine beträgt:

$$\frac{\text{Anschaffungskosten}}{\text{Zahl der Jahre der Nutzung}} = \frac{1.000}{5} = 200$$

Jahr (Ende) / Maschinen	1	2	3	4	5	6	7	8	9	10
1	200	200	200	200	200	200	200	200	200	200
2		200	200	200	200	200	200	200	200	200
3			200	200	200	200	200	200	200	200
4				200	200	200	200	200	200	200
5					200	200	200	200	200	200
jährl. Abschreibg.	200	400	600	800	1000	1000	1000	1000	1000	1000
liquide Mittel	200	600	1200	2000	3000	3000	3000	3000	3000	3000
./. Reinvestitionen	–	–	–	–	1000	1000	1000	1000	1000	1000
freigesetzte Mittel	200	600	1200	2000	2000	2000	2000	2000	2000	2000 usw.

Abb. 55: Kapitalfreisetzungseffekt

Während der ersten fünf Jahre beträgt der Kapitalbedarf jährlich 1.000. Die Mittel werden durch externe Finanzierung aufgebracht. Im 6. Jahr muß die 1. Maschine ersetzt werden, im 7. Jahr die 2. Maschine usw.; die Ersatzbeschaffung beläuft sich also vom 6. Jahr an auf 1.000. Vom Ende des 5. Jahres entspricht das Abschreibungsvolumen jedes Jahres genau dem Reinvestitionsbetrag von 1.000.

---

[17] Vgl. Ruchti, H., Die Abschreibung, ihre grundsätzliche Bedeutung als Aufwands-, Ertrags- und Finanzierungsfaktor, Stuttgart 1953, S. 112 ff.

Die Abschreibungsbeträge des 1. bis 4. Jahres sind also zur Reinvestition nicht erforderlich. Durch das zeitliche Auseinanderfallen von Aufwandsverrechnung und Auszahlung für die Ersatzinvestitionen ist ein Finanzierungsvolumen von 2.000 aufgebaut worden. Das freigesetzte Kapital kann auf verschiedene Weise genutzt werden. So könnten z.B. **Kredite zurückgezahlt** oder Finanz- bzw. **Sachinvestitionen getätigt** werden.

Ein Spezialfall des Kapitalfreisetzungseffektes ist der **Kapazitätserweiterungseffekt.** Werden die freigesetzten Mittel sofort in **identische Maschinen** investiert, kann die **Periodenkapazität** erweitert werden, ohne daß eine Kapitalbeschaffung von außen notwendig wäre. Diesen Effekt bezeichnet man in der Literatur als **Ruchti-Effekt** oder als Lohmann-Ruchti-Effekt.[18]

Da die Erweiterung der Periodenkapazität aus den Abschreibungsbeträgen der vorhandenen Anlagen – und somit aus deren Kapazitätsabbau – finanziert werden, kann die Gesamtkapazität (Summe aller in sämtlichen Maschinen steckenden Leistungseinheiten) des Betriebes nicht steigen. Die insgesamt in allen vorhandenen Anlagen steckenden Leistungen lassen sich nicht vermehren, aber durch die unterschiedliche Altersstruktur kann die Anzahl der Anlagen in den einzelnen Perioden erhöht werden.

Das zeigt folgendes Beispiel[19] in Abb. 56, in dem unterstellt wird, daß der Betrieb einen Bestand von Anlagen in Höhe von 1.000 DM (Anschaffungskosten = Bilanzansatz) hat, der über 5 Jahre in gleichen Jahresbeträgen abgeschrieben wird. Die Leistungsabgabe pro Jahr betrage 1.000 Einheiten (Periodenkapazität), die Gesamtkapazität ist folglich 5.000 Einheiten. Die Abschreibungen eines Jahres werden am Ende dieses Jahres in Anlagen gleicher Technik, gleicher Nutzungsdauer und gleicher Wiederbeschaffungskosten investiert. Die 15 Jahresspalten zeigen über dem Strich die Abschreibungen; die unter dem Strich ausgewiesene Abschreibungssumme eines Jahres ist gleich der Zunahme der Periodenkapazität, die zu Beginn des folgenden Jahres zur Verfügung steht.

Die Tabelle enthält **folgende Voraussetzungen:**
(1) Die Periodenabschreibungen stehen am Ende der Periode in liquider Form zur Verfügung und werden sofort wieder investiert.
(2) Die Abschreibungen erfolgen in gleichen Jahresbeträgen; sie entsprechen genau der Minderung der Nutzungsfähigkeit, d.h. der Abnahme der Gesamtkapazität.
(3) Die Periodenkapazität jeder Anlage bleibt zum Ende der Nutzungsdauer konstant. Wirtschaftliche und technische Nutzungsdauer sind gleich.
(4) Die Abnahme der Gesamtkapazität wird durch die Wiederverwendung der Abschreibungsgegenwerte kompensiert. Die Gesamtkapazität des Betriebes bleibt also konstant.
(5) Technik und Wiederbeschaffungskosten der neuen Anlagen entsprechen denen der alten Anlagen.

---

[18] Vgl. Ruchti, H., Die Bedeutung der Abschreibung für den Betrieb, Berlin 1942; Lohmann, M., Abschreibungen, was sie sind und was sie nicht sind, in: Der Wirtschaftsprüfer 1949, S. 353 ff.
[19] Vgl. Schneider, D., (Investition), a.a.O., S. 161 ff.

VI. Quellen der Innenfinanzierung

Jahr	Periodenkapazität LE[20]	Gesamtkapazität		Abschreibung = Investition am Ende des Jahres														
		Bilanzansatz DM	Restleistungsabgabe LE	1	2	3	4	5	6	7	8	9	10	11	12	13	14	15
1	1.000	1.000	5.000	200/200														
2	1.200	1.000	5.000	200	40/240													
3	1.440	1.000	5.000	200	40	48/288												
4	1.728	1.000	5.000	200	40	48	57/345											
5	2.073	1.000	5.000	200	40	48	58	69/415										
6	1.488	1.000	5.000		40	48	57	69	83/297									
7	1.585	1.000	5.000			48	58	69	83	59/317								
8	1.662	1.000	5.000				58	69	83	59	63/332							
9	1.706	1.000	5.000					69	83	60	63	66/341						
10	1.702	1.000	5.000						83	59	64	66	68/340					
11	1.627	1.000	5.000							60	63	67	68	68	64	67	69	68
															66	68	68	
															68	68		
															68			

Abb. 56: Kapazitätserweiterungseffekt

[20] Leistungseinheiten

(6) Die Anlagen sind so weit teilbar, daß eine Wiederverwendung aller Abschreibungsgegenwerte einer Periode am Ende dieser Periode möglich ist. Abb. 56 zeigt, daß die Periodenkapazität bis zum 5. Jahr auf 2.073 Leistungseinheiten steigt. Vom 6. Jahr an wird sie durch das Ausscheiden abgenutzter Anlagen wieder reduziert bzw. die Zunahme teilweise kompensiert. Insgesamt spielt sich jedoch unter den Annahmen des Beispiels eine Erhöhung der Periodenkapazität auf etwa das 1,6-fache der Anfangskapazität ein. Die **Gesamtkapazität** bleibt während der ganzen Zeit **unverändert.** Das zeigt sich, wenn man die in einem Zeitpunkt in den Anlagen noch enthaltenen Restnutzungsabgaben addiert.

Investitionszeitpunkt	Anschaffungskosten DM	Restbuchwert DM
Beginn des 1. Jahres	1.000	2 × 200 = 400
Ende des 1. Jahres	200	3 × 40 = 120
Ende des 2. Jahres	240	4 × 48 = 192
Ende des 3. Jahres	288	5 × 57,6 = 288
	1.728	1.000

Abb. 57: Periodenkapazität und Gesamtkapazität

Die Gesamtkapazität entspricht in jedem Zeitpunkt der Anfangskapazität von 1.000 DM (unter Berücksichtigung der Nutzungsdauer entspricht das einer Gesamtkapazität von 5.000 Leistungseinheiten). Die Restkapazitäten zu Beginn des 4. Jahres sind in der obigen Tabelle dargestellt. Die Periodenkapazität beträgt dagegen 1.728 LE.

Der zu erwartende Kapazitätserweiterungseffekt läßt sich mit Hilfe des Kapazitätserweiterungsfaktors prognostizieren:

$$\text{Kapazitätserweiterungsfaktor } r = \frac{2}{1+\frac{1}{n}}$$

In der Formel beschreibt n die Nutzungsdauer einer einzelnen Anlage. Es ist zu sehen, daß der Kapazitätserweiterungseffekt maßgeblich von der Nutzungsdauer der einzelnen Maschinen abhängt. Unterstellt man eine unendliche Nutzungsdauer, so ist zu erkennen, daß sich die Kapazität maximal verdoppeln kann. Nimmt n einen sehr hohen Wert an, so ist der Wert des Bruches $1/n$ im Nenner zu vernachlässigen, der Kapazitätserweiterungseffekt beträgt in diesem Fall $2/1 = 2$.

Abschließend muß vor einer Überschätzung der Bedeutung des Kapazitätserweiterungseffektes gewarnt werden. Die **Prämissen,** die im Beispiel genannt wurden, sind zum Teil sehr **realitätsfern.** Insbesondere die Annahme der **unendlichen Teilbarkeit** der Anlagen ist in der Regel nicht ge-

VI. Quellen der Innenfinanzierung

geben, so daß die neuen Investitionen nicht sofort getätigt werden können, da nicht genügend Mittel zur Finanzierung einer vollständigen Anlage angesammelt werden konnten. Durch die Verzögerung der Neuinvestitionen reduziert sich der Erweiterungseffekt. Auch die Annahme der konstanten Wiederbeschaffungskosten ist realitätsfern. Ebenso wie bei Nichtexistenz der unendlichen Teilbarkeit reduziert sich der zu erwartende Effekt bei steigenden Wiederbeschaffungskosten.

Ferner ist zu beachten, daß durch die erhöhte Kapazität auch mehr Produkte gefertigt werden können. Diese müssen am Markt kostendeckend abgesetzt werden, damit die Abschreibungsgegenwerte erwirtschaftet werden können. Können nicht entsprechende Einzahlungen realisiert werden, so stehen auch nicht die notwendigen Finanzmittel für die Kapazitätserweiterungen zur Verfügung. **Absatzschwierigkeiten** können also den Effekt einschränken.

Steigende Kapazitäten ziehen in der Regel einen **Anstieg** des **Umlaufvermögens** nach sich. Auch die Ausweitung an Lagerbeständen und der Mehrbedarf an Roh-, Hilfs- und Betriebsstoffen muß finanziert werden. Ist die Finanzierung nicht gewährleistet, ist die Ausweitung der Kapazität in dieser Hinsicht einer weiteren Restriktion unterworfen. (ÜB 5/69–79)

5. Finanzierung aus außerplanmäßigen Vermögensumschichtungen

Durch eine außerplanmäßige Vermögensumschichtung wird dem Betrieb kein neues Kapital von außen zugeführt. Es erfolgt vielmehr eine **Reduktion** des **Investitionsbereichs** zugunsten des Finanzbereichs. Der Finanzierungseffekt dieser Maßnahmen erwächst aus einem außerordentlichen Umsatzprozeß oder aus dauerhaften Kapitalfreisetzungen.

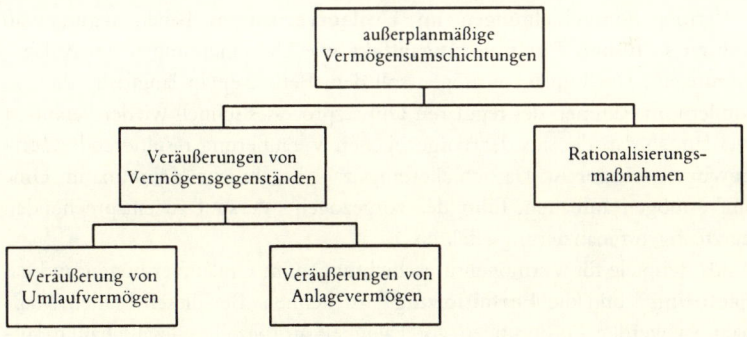

Abb. 58: Arten außerplanmäßiger Vermögensumschichtungen

Die **Veräußerung von Teilen des Anlagevermögens** führt stets zu einem Aktivtausch. Sachvermögen wird in Geldvermögen getauscht. Die erzielten Einzahlungsüberschüsse sind für den Betrieb frei disponierbar. Hat ein Betrieb Schwierigkeiten, seine Zahlungsfähigkeit zu wahren, können geldnahe Vermögensteile relativ schnell veräußert werden, um die **Liquiditäts-**

lücke zu **schließen**. Häufig legen Betriebe in Zeiten mit einer guten Ertragslage Liquiditätspolster an, die bei Bedarf schnell wieder aufzulösen sind. Solche Polster können im **Anlagevermögen** u. a. langfristige Kapitalanlagen oder Investitionen in rentable aber **nicht** unbedingt **betriebsnotwendige Wirtschaftsgüter** (z. B. zur Vermietung bestimmte Gebäude) sein. Bei diesen Vermögenspositionen besteht die Möglichkeit, sie relativ einfach zu veräußern, ohne daß der reguläre Betriebsablauf gestört wird.

Sobald in den verkauften Vermögensteilen stille Rücklagen enthalten sind, wird durch die Veräußerung ein Gewinn realisiert. In diesen Fällen steht nicht der volle Verkaufserlös für Finanzierungszwecke zur Verfügung. Der Erlös wird vielmehr durch die zu entrichtenden Ertragsteuern geschmälert; nur der Nettobetrag nach Steuern kann zu Finanzierungszwecken genutzt werden.

Die Veräußerung von Vermögensgegenständen wird **problematisch**, wenn es sich dabei um **betriebsnotwendiges Vermögen** handelt. Stehen dem Betrieb diese Wirtschaftsgüter nicht mehr zur Verfügung, treten Störungen im Leistungserstellungsprozeß auf. Diese Beeinträchtigungen können durch eine besondere Variante der Vermögensumschichtung, das **Sale-And-Lease-Back-Verfahren**,[21] umgangen werden. Beim Sale-And-Lease-Back-Verfahren verkauft der Betrieb betriebsnotwendige Vermögensteile an eine Leasinggesellschaft und mietet die Wirtschaftsgüter von dieser sofort wieder an.

Der Vorteil dieses Vorgehens besteht darin, daß dem Betrieb durch den Verkauf liquide Mittel zufließen, er aber dennoch nicht auf die Nutzung der entsprechenden Vermögensteile verzichten muß. Beim Sale-And-Lease-Back-Verfahren ist allerdings im Rahmen der Finanzplanung zu beachten, daß durch die Zahlung der (unter Umständen hohen) Leasingraten die Liquidität des Betriebs in der Zukunft belastet wird.

Vermögensumschichtungen im **Umlaufvermögen** haben naturgemäß **keinen** so **hohen Finanzierungseffekt** wie Umschichtungen des Anlagevermögens. Das Umlaufvermögen soll dem Betrieb nicht langfristig dienen, sondern im Rahmen des regulären Umsatzprozesses schnell wieder veräußert werden, so daß der aus der vorgezogenen Veräußerung resultierende **Zeitgewinn geringer** ist. Da sich allerdings z. T. beachtliche Volumina im Umlaufvermögen aufbauen, führt der vorgezogene Verkauf zu entsprechenden kurzfristigen Finanzierungseffekten.

Als Beispiele für Vermögensumschichtungen im Umlaufvermögen sind das **Factoring**[22] und die **Forfaitierung**[23] zu nennen. Bei diesen beiden Maßnahmen werden Forderungen vor Fälligkeit an spezielle Gesellschaften verkauft. Der Vorteil für den Betrieb liegt darin, daß der Zahlungseingang zeitlich vorgezogen wird. Da der Verkauf der Forderungen mit Kosten verbunden ist und die Kosten in der Regel vom zu vergütenden Forderungsbetrag

---

[21] Zu Einzelheiten des Leasing vgl. S. 721
[22] Vgl. zu Einzelheiten S. 733
[23] Vgl. zu Einzelheiten S. 736

VI. Quellen der Innenfinanzierung

abgezogen werden, fließen dem Betrieb keine Mittel in der vollen Höhe des Forderungsbestandes zu. Die zeitliche Vorverlegung der Einzahlung wird also mit einer Reduktion des Finanzierungsvolumens erkauft.

Auch **ohne akuten Liquiditätsengpaß** kann es sinnvoll sein, Vermögensumschichtungen vorzunehmen. So ist es z.B. für einen Betrieb, der in seinem Vermögen Kapitalanlagen hält, sinnvoll, diese zu veräußern, wenn er die Möglichkeit hat, den Verkaufserlös in Alternativanlagen zu investieren, die eine höhere Rendite versprechen. Der Verkaufserlös kann so z.B. zur Finanzierung einer neuen, rentableren Kapitalanlage genutzt werden. Dieser Umschichtungsvorgang war zur Wahrung der Liquidität des Betriebes nicht erforderlich, er hat aber zur Folge, daß sich die **Rentabilität** des Betriebes **erhöht,** ohne daß zusätzliches Kapital von außen zugeführt werden muß. Somit können Vermögensumschichtungen auch positiv auf die Ertragslage des Betriebes wirken.

Rationalisierungsmaßnahmen sind dadurch gekennzeichnet, daß nach ihrer Umsetzung eine gegebene Leistung mit geringerem Arbeits-, Zeit- und (oder) Kapitalaufwand erbracht werden kann. Der Finanzierungseffekt der Rationalisierungsmaßnahmen liegt somit darin, daß die leistungsbedingte **Bindung finanzieller Mittel reduziert** wird.

Als Beispiele für Rationalisierungsmaßnahmen können genannt werden:
(1) Verringerung der Lagerhaltung durch Just-In-Time-Anlieferung[24] der Rohstoffe;
(2) Verbesserung der Abstimmung im Produktionsbereich[25] (Vermeidung von Zwischenlagern).

Diese Maßnahmen führen dazu, daß weniger Kapital im Umlaufvermögen gebunden wird. Es werden Mittel freigesetzt, die z.B. für neue Investitionen oder zur Tilgung von Krediten genutzt werden können. Unterstellt man, daß das Kapital konstant bleiben soll, haben alle Rationalisierungsmaßnahmen, bei denen Kapital freigesetzt wird, einen Aktivtausch zur Folge. Gelingt es zusätzlich, die freigesetzten Mittel rentabel zu investieren, verbessert sich außerdem die Ertragslage des Betriebs.

Rationalisierungsmaßnahmen können auch auf eine **Steigerung der Effizienz der Produktionsverfahren**[26] zielen. Solche Maßnahmen führen oft nicht zu einer direkten Kapitalfreisetzung, sondern zu einer **Reduktion der Aufwendungen** (z.B. für Material oder Personal) und damit verbunden zu einer Erhöhung des Gewinns. Der Finanzierungseffekt hängt bei ihnen im weiteren von der Gewinnverwendung, also von der Bereitschaft zur **Selbstfinanzierung,**[27] ab.

Der **Finanzierungseffekt,** der aus einer **Reduktion von Aufwendungen** resultiert, ist **nachhaltiger** als der einer Veräußerung von Vermögensgegenständen oder einer Rationalisierungsmaßnahme, bei der Kapital freigesetzt wird. Während sich bei diesen reinen außerplanmäßigen Vermögens-

---
[24] Vgl. S. 425 f.
[25] Vgl. S. 459 ff.
[26] Vgl. S. 440 ff.
[27] Vgl. zur Selbstfinanzierung S. 751 ff.

umschichtungen die Liquidität nur zu einem Zeitpunkt (dem Zeitpunkt der Veräußerung/Reduktion des Umlaufvermögens) erhöht, wird durch die Steigerung der Effizienz der Produktionsverfahren die Liquiditätslage aller folgenden Perioden c. p. verbessert. Gelingt es z. B. die auszahlungswirksamen Materialaufwendungen zu verringern, wird, solange die Einzahlungen konstant bleiben, ein höherer Einzahlungsüberschuß erwirtschaftet. Bei gleichbleibendem Ausschüttungsverhalten stehen dem Betrieb in jeder Folgeperiode somit zusätzliche Finanzmittel zur Verfügung. (ÜB 5/60–61; 80–81)

VII. Optimierung der finanzierungspolitischen Instrumente

1. Ziele und Instrumente der Optimierung

Die Optimierung der finanzierungspolitischen Instrumente orientiert sich an einem Subziel, das aus dem betrieblichen Oberziel der langfristigen Gewinnmaximierung abzuleiten ist. Geht man davon aus, daß die Auswahl der Finanzierungsmittel keinen Einfluß auf die Erlösseite hat, reduziert sich das **finanzierungspolitische Subziel** auf die
- **Minimierung** der **Finanzierungskosten** unter der
- **Nebenbedingung** der Wahrung des **finanziellen Gleichgewichts** (Wahrung der Zahlungsfähigkeit).

Die zur Finanzierung eingesetzten Instrumente wurden dem Leser ausführlich vorgestellt. Im V. Kapitel wurden die Instrumente der Außenfinanzierung, im VI. Kapitel wurden die Instrumente der Innenfinanzierung behandelt. Dabei wurden bereits Aussagen zur Vorteilhaftigkeit einzelner Innenfinanzierungsformen gemacht.[1] Dagegen ist die Frage der Optimierung der Außenfinanzierungsinstrumente bisher offengeblieben. Somit konzentrieren sich die folgenden Ausführungen auf die **kostenminimale Gestaltung der Außenfinanzierung** unter der Nebenbedingung der Wahrung des finanziellen Gleichgewichts.

Ein Blick auf die Passivseite der Bilanz läßt erkennen, welche Instrumente in Form von Eigenkapital oder Fremdkapital zur Außenfinanzierung eingesetzt werden. Die Gliederung des Kapitals in Eigenkapital auf der einen Seite und verschiedene Positionen des Fremdkapitals (langfristige Darlehen, kurzfristige Darlehen, Lieferantenverbindlichkeiten usw.) bezeichnet man als Kapitalstruktur. Die Optimierung der Außenfinanzierung ist also gleichbedeutend mit der **Optimierung der Kapitalstruktur.**

Das folgende Unterkapitel „2. Finanzierungsregeln und Kapitalstruktur" betrachtet die Kapitalstruktur nicht unter Kostenminimierungsaspekten, sondern im Hinblick auf die langfristige Einhaltung der Nebenbedingung (Wahrung des finanziellen Gleichgewichts). Das Unterkapitel „3. Optimierung der Kapitalstruktur" will die Frage beantworten, bei welcher Relation

---

[1] Vgl. z. B. den Vorteilhaftigkeitsvergleich zwischen stiller und offener Selbstfinanzierung S. 756 f.

von Fremd- und Eigenkapital die Finanzierungskosten minimiert werden. Im Unterkapitel „4. Zinsänderungsrisiko und Finanzierungskosten" geht es um einen Kostenvergleich der Fremdfinanzierung mit kurz- bzw. langfristiger Zinsbindung. Und schließlich stellt sich im Unterkapitel „5. Das Kapitalmarktmodell" die Frage, welchen Preis Unternehmen mit unterschiedlicher Risikostruktur für die Bereitstellung von Eigenkapital an die Gesellschafter zahlen müssen.

2. Finanzierungsregeln und Kapitalstruktur

a) Überblick

Die Wahrung des finanziellen Gleichgewichts ist Voraussetzung für unternehmerische Tätigkeit.[2] In der Regel ist die **Insolvenz** ein schleichender Prozeß:
- Das Unternehmen macht über mehrere Jahre Verluste. Das Eigenkapital ist aufgezehrt. Es droht Überschuldung.
- Eine Kapitalzuführung von außen scheitert einerseits an mangelnden Eigenmitteln, andererseits an mangelnder Kreditfähigkeit gegenüber Fremdkapitalgebern.
- Schließlich kommt es zur Zahlungsunfähigkeit und damit zum **Konkurs**.

Die Finanzierungsregeln richten sich auf die **optimale Gestaltung** der **Kapitalstruktur**. Ausgangspunkt ist ein gegebenes Investitionsprogramm und somit eine gegebene Vermögensstruktur. **Ziel der Finanzierungsregeln** ist es,
- bei gegebener Vermögensstruktur
- die Kapitalstruktur so zu gestalten, daß
- die Zahlungsfähigkeit langfristig gesichert ist.

Man unterscheidet zwischen vertikalen Finanzierungsregeln, die die Passivseite der Bilanz isoliert betrachten und horizontalen Finanzierungsregeln, die eine Beziehung zwischen der Vermögensstruktur und der Kapitalstruktur herstellen. (Vgl. Abb. 59)

b) Die vertikale Finanzierungsregel

In ihrer strengsten Form verlangt die vertikale Kapitalstrukturregel, daß das Eigenkapital mindestens so hoch sein soll wie das Fremdkapital. In abgemilderter Form hält man ein Kapitalstrukturverhältnis

EK : FK = 1 : 1 für erstrebenswert,
EK : FK = 1 : 2 für solide,
EK : FK = 1 : 3 für noch zulässig.

Die **Mängel** solcher Kapitalstrukturregeln liegen auf der Hand:
- In ihrer starren Verallgemeinerung ist die vertikale Kapitalstrukturregel unbrauchbar. **Branchenzugehörigkeit** und Vermögenszusammensetzung werden **vernachlässigt**. Ein anlagenintensiver Produktionsbetrieb bedarf einer anderen Kapitalstruktur als ein vorratsintensiver Handelsbetrieb.

---

[2] Vgl. hierzu S. 686 ff

Finanzierungsregeln		
vertikale	horizontale	
„Vertikale Kapitalstrukturregel"	„Goldene Bankregel" „Goldene Finanzierungsregel"	„Goldene Bilanzregel"
EK : FK = 1 : 1 oder EK : FK = 1 : 2 oder EK : FK = 1 : 3	Fristenkongruenz: Dauer der Mittelbindung gleich Dauer der Mittelverfügbarkeit	EK $\geq$ AV oder EK + langfr. FK $\geq$ AV oder EK + langfr. FK $\geq$ AV + langfr. UV

FK = Fremdkapital AV = Anlagevermögen
EK = Eigenkapital UV = Umlaufvermögen

Abb. 59: Finanzierungsregeln (Überblick)

- In der Finanzierungspraxis wird die Regel nicht eingehalten. Aus Abb. 60 läßt sich erkennen, daß deutsche Unternehmen nur zu etwa **18 Prozent** mit **Eigenkapital** finanziert sind.
- Erstrebenswert ist unter Erfolgsgesichtspunkten eine Kapitalstruktur, bei der die **Eigenkapitalrentabilität** maximiert[3] wird bzw. die durchschnittlichen **Kapitalkosten** minimiert[4] werden.

Ungeachtet dieser Kritik hat die vertikale Kapitalstrukturregel mit ihrer Mindestanforderung an die Eigenkapitalausstattung der Unternehmen auch einen **Vorteil:** Je höher die Eigenkapitalquote, desto größer ist c. p. die Kreditwürdigkeit des Unternehmens. Je höher das **Eigenkapital,** desto länger kann ein Unternehmen **Verluste verkraften,** ohne die Gläubiger in ihren Zahlungsansprüchen zu gefährden. (ÜB 5/92)

c) Die horizontalen Finanzierungsregeln

Die **goldene Finanzierungsregel** fordert eine **Fristenkongruenz** zwischen der Mittelbindung auf der Aktivseite und der Kapitalverfügbarkeit auf der Passivseite. Weil sie im Bankgewerbe entstanden ist, heißt sie auch **goldene Bankregel.** Hier besagt die goldene Finanzierungsregel, daß der Bankier kurzfristig hereingenommene Kundengelder (Passivgeschäft) nur kurzfristig ausleihen darf (Aktivgeschäft). Würde er Dreimonatsgelder seiner Kunden auf drei Jahre ausleihen, hätte er das Problem der **Anschlußfinanzierung.** Fordern die Kunden nach drei Monaten ihr Kapital zurück und findet die Bank keine neuen Kreditgeber, kommt es zur Zahlungsunfähigkeit.

---

[3] Vgl. S. 777 ff.
[4] Vgl. S. 780 ff.

VII. Optimierung der finanzierungspolitischen Instrumente 771

Wirtschaftszweig	Jahr	Bilanzsumme[5]	Eigenkapital	Fremdkapital			Rechnungsabgrenzungsposten
				Verbindl.	Rückstellungen[6]	insgesamt	
		Mrd. DM	in % der Bilanzsumme				
Alle Unternehmen	1994	3.132,2	17,6	60,1	21,9	82,0	0,4
	1995	3.091,2	17,9	59,8	22,0	81,8	0,3
	1996	3.122,9	17,9	60,0	21,8	81,8	0,3
Verarbeitendes Gewerbe	1994	1.468,6	23,3	49,6	26,9	76,5	0,2
	1995	1.474,0	23,7	49,0	27,1	76,1	0,1
	1996	1.494,2	23,7	49,4	26,7	76,1	0,2
Baugewerbe[7]	1994	321,5	5,9	83,1 (72,1)	10,8	93,9	0,1
	1995	313,8	6,0	82,9 (71,4)	11,0	93,9	0,1
	1996	311,5	5,9	83,2 (71,3)	10,8	94,0	0,1
Großhandel und Handelsvermittlung	1994	458,0	14,6	75,4	9,8	85,2	0,2
	1995	456,4	14,3	75,7	9,8	85,5	0,2
	1996	462,9	14,7	75,4	9,7	85,1	0,2
Einzelhandel (einschl. Kraftfahrzeughandel, Tankstellen)	1994	342,5	3,6	88,0	8,2	96,2	0,2
	1995	354,7	3,4	88,0	8,3	96,3	0,2
	1996	363,2	3,2	87,7	8,8	96,5	0,2

Abb. 60: Kapitalstruktur deutscher Unternehmen nach Wirtschaftszweigen[8]

[5] Abzüglich Berichtigungsposten zum Eigenkapital und Wertberichtigungen
[6] Einschließlich anteiliger Sonderposten mit Rücklageanteil
[7] Die kurzfristen Verbindlichkeiten sind in % der Bilanzsumme in Klammern angegeben
[8] Quelle: Monatsberichte der Deutschen Bundesbank, Heft 11, 1997, S. 48 ff. und Heft 19, 1998, S. 42 ff.

Die goldene Finanzierungsregel läßt sich auf andere Wirtschaftsbereiche nicht ohne weiteres übertragen. Es fehlt an der banküblichen Querbeziehung zwischen Aktiv- und Passivgeschäft. Auf der Aktivseite der Bilanz steht z.B. eine maschinelle Anlage A_1 mit einer Nutzungsdauer von zwei Jahren neben einer Anlage A_2 mit einer Nutzungsdauer von 20 Jahren. Welche von beiden Anlagen mit Eigenkapital oder langfristigem bzw. kurzfristigem Fremdkapital finanziert wurde, läßt sich in aller Regel nicht feststellen.

An dieser Stelle setzt die **goldene Bilanzregel** ein. Auch ihr Anliegen ist die Fristenkongruenz zwischen Finanzmittelbindung auf der Aktivseite und Finanzmittelverfügbarkeit auf der Passivseite.

Anlagevermögen	Eigenkapital
Umlaufvermögen langfristig	Fremdkapital langfristig
Umlaufvermögen kurzfristig	Fremdkapital kurzfristig

Abb. 61: Goldene Bilanzregel (weite Fassung)

Mangels genauer Zurechenbarkeit von einem einzelnen Aktivum zum jeweiligen Passivum beschränkt man sich auf eine **pauschalisierte Fristenkongruenz:** Langfristig gebundenes Vermögen soll langfristig, kurzfristig gebundenes Vermögen darf kurzfristig finanziert werden. In ihrer weitesten Fassung besagt die goldene Bilanzregel, daß Anlagevermögen und langfristig gebundenes Umlaufvermögen – z.B. eiserne Bestände – mit Eigenkapital bzw. langfristigem Fremdkapital finanziert sein müssen. Nur das kurzfristig gebundene Umlaufvermögen darf mit kurzfristigem Kapital finanziert werden.

d) Beurteilung der Finanzierungsregeln

Als theoretisch nicht abgesicherte Faustformel ist die goldene Bilanzregel – wie auch die anderen beiden Finanzierungsregeln – in der einschlägigen Literatur[9] heftiger Kritik ausgesetzt. Diese **Kritik** läßt sich im wesentlichen zu zwei Punkten zusammenfassen:

(1) Die **Einhaltung** der Finanzierungsregeln garantiert nicht unbedingt die Zahlungsfähigkeit.
(2) Die **Mißachtung** der Finanzierungsregeln führt nicht zwangsläufig zur Zahlungsunfähigkeit.

Beispiel zu (1): Auch ein Unternehmen, das alle drei Finanzierungsregeln eingehalten hat, kann zahlungsunfähig werden, wenn

---

[9] Vgl. Wöhe/Bilstein, a.a.O., S. 345 ff., Härle, D., Finanzierungsregeln und ihre Problematik, Wiesbaden 1961, S. 83 ff., Süchtig, J., Finanzmanagement, 6. Aufl., Wiesbaden 1995, S. 494 ff.

- ein Großkunde in Konkurs geht und umfangreiche Forderungen nicht eingetrieben werden können oder wenn
- unerwartet große Schadensersatzansprüche an das Unternehmen gestellt werden.

Beispiel zu (2): Auch bei geringer Eigenkapitalausstattung und Mißachtung der Fristenkongruenzregel kann ein Unternehmen zahlungsfähig bleiben, wenn die notwendige Anschlußfinanzierung durch Aufnahme neuer Kredite gesichert werden kann.

Damit kommt man zu einem Paradoxon: Ein Unternehmen darf sich über die Finanzierungsregeln hinwegsetzen, wenn es seine **Kreditwürdigkeit wahrt** und eine **Anschlußfinanzierung** ermöglicht. Aber: Bei der Kreditwürdigkeitsprüfung eines Unternehmens achten die potentiellen Kreditgeber – auch – auf die Einhaltung der Finanzierungsregeln. Nicht die theoretische Begründbarkeit, sondern die Praxis der Kreditwürdigkeitsprüfung gibt den Finanzierungsregeln ihren Stellenwert. Für ein Unternehmen kommt es also nicht so sehr darauf an, die schematischen Regeln auf Punkt und Komma einzuhalten. Vielmehr geht es darum, bei gegebener Vermögensstruktur die Kapitalstruktur so zu gestalten, daß die potentiellen Kreditgeber – sie heißen nicht von ungefähr „Gläubiger" – an die Solvenz des Unternehmens glauben. Die Begrenzung des Verschuldungsgrads und fristgerechte Finanzierung steigern c. p. die Kreditwürdigkeit und dienen somit der **strategischen Finanzplanung**.[10]

3. Optimierung der Kapitalstruktur

a) Finanzierungstheoretische Grundlagen

Im Zentrum der Finanzierungstheorie[11] steht die Frage nach der optimalen Kapitalstruktur einer Unternehmung. Ausgehend von
- einem gegebenen Investitionsprogramm I
- mit einem gegebenen Kapitalbedarf A_0 und
- gegebenen Kapitalrückflüssen $E_t - A_t$

stellt sich die Frage, in welchem Maße der Kapitalbedarf A_0 durch Eigenkapital (EK) oder Fremdkapital (FK) gedeckt werden soll. Der Kapitalbedarf A_0 ist also betragsgleich mit dem bereitzustellenden Gesamtkapital GK. Die Relation zwischen Fremdkapital und Eigenkapital wird dabei bezeichnet als

$$\text{Verschuldungsgrad } v = \frac{FK}{EK}$$

Die periodischen Kapitalrückflüsse $E_t - A_t$ werden üblicherweise als Bruttogewinn BG bezeichnet. Zieht man vom **Bruttogewinn** die Fremdkapitalzinsen ab, erhält man den Nettogewinn. Der **Nettogewinn** G fließt den Eigentümern als Entschädigung für die Bereitstellung des Eigenkapitals zu.

---

[10] Ähnlich Franke/Hax, a. a. O., S. 116 und 119
[11] Vgl. hierzu insbesondere Drukarczyk, J., Theorie und Politik der Finanzierung, 2. Aufl., München 1993, S. 119 ff.

Beziffert sich der jährliche Bruttogewinn BG auf 100 und das gesamte Investitionsvolumen A_0 (= GK) auf 1.000, erwirtschaftet das eingesetzte Gesamtkapital eine Verzinsung r_{GK} von 10 Prozent/Jahr. Der Kapitalertrag r_{GK} darf nicht verwechselt werden mit den Verzinsungswünschen der Kapitalgeber. Aus der Sicht des Unternehmens handelt es sich hierbei um Kapitalkosten. Bezeichnet man die **gewünschte Mindestverzinsung**
- der Eigenkapitalgeber mit i_E,
- der Fremdkapitalgeber mit i_F,

kann sich folgende Konstellation ergeben:

	A	B
Eigenkapitalkosten i_E (Prozent)	8	14
Fremdkapitalkosten i_F (Prozent)	6	11
Kapitalertrag r_{GK} (Prozent)	10	10

Abb. 62: Kapitalkosten und Kapitalertrag

Ein Unternehmen will ein Investitionsprogramm realisieren, bei dem sich der Kapitaleinsatz GK mit 10 Prozent/Jahr verzinst. In der A-Situation wird es keine Probleme haben, Eigen- und Fremdkapital zu akquirieren, weil die erwarteten Kapitalerträge höher sind als die gewünschte Mindestverzinsung (= Kapitalkosten). In der B-Situation reichen die **Kapitalerträge** von 10 Prozent zur Deckung der **Kapitalkosten** nicht aus. Das Investitionsprogramm I kann bei dieser Konstellation nicht realisiert werden.

Die Höhe der gewünschten Mindestverzinsung i_E (i_F) richtet sich nach den entgangenen Erträgen aus alternativen Anlagemöglichkeiten für Eigenkapital (Fremdkapital). Die Fixierung der gewünschten Mindestverzinsung folgt also dem Opportunitätskostenkonzept.

In Abb. 62 (Situation A) waren die Kosten für Eigenkapital (Fremdkapital) auf 8 (6) Prozent beziffert worden. Aus der Sicht des Unternehmens – es handele sich um eine Publikumsaktiengesellschaft – hängen die **durchschnittlichen Kapitalkosten** i vom Verschuldungsgrad v ab. Finanziert der Vorstand das Investitionsprogramm I nicht vollständig mit Eigenkapital (v = 0), sondern zu 75% mit Fremdkapital (v = 3), kann er die durchschnittlichen Kapitalkosten i von 8 auf 6,5 Prozent senken:

v	i_E	i_F	i
0	8	–	8
1	8	6	7
3	8	6	6,5

Abb. 63: Durchschnittliche Kapitalkosten i und Verschuldungsgrad v

VII. Optimierung der finanzierungspolitischen Instrumente

In den obigen Beispielen sind die Mindestverzinsungsansprüche der Eigenkapitalgeber höher als die der Fremdkapitalgeber. Wie ist dieser Unterschied zu erklären? Die **künftigen Rückflüsse BG** aus einem gegebenen Investitionsprogramm I sind nicht sicher, sondern **risikobehaftet**.[12] Wenn im obigen Beispiel ein Bruttogewinn von 100 unterstellt wurde, dann soll es sich bei diesem Betrag unter Risikogesichtspunkten um den Erwartungswert[13] des Bruttogewinns handeln. Dieser Erwartungswert des Bruttogewinns BG wird aus den zufallsabhängigen Größen $BG_{1,2...n}$ gebildet.

Eintrittswahrschein-lichkeit	w_1 0,60	w_2 0,40	Erwartungswert BG
Bruttogewinn $BG_{1,2}$	+ 300	− 200	+ 100

Abb. 64: Erwartungswert des Bruttogewinns

Tritt der ungünstige Umweltzustand 2 ein, resultiert aus dem Investitionsprogramm I ein jährlicher Bruttoverlust $BG_2 = -200$. Wie werden Eigen- bzw. Fremdkapitalgeber von diesem Verlustrisiko betroffen? Zur Beantwortung dieser Frage kann man beispielhaft von einem Verschuldungsgrad v = 1 ausgehen. Das Investitionsprogramm ist also zu 500 mit Eigenkapital, zu 500 mit Fremdkapital finanziert. Die Fremdkapitalgeber haben einen einklagbaren Anspruch auf die Zahlung jährlicher Fremdkapitalzinsen (500 · 0,06) von 30. Damit erhöht sich der Nettoverlust G auf − 230. Dieser geht voll zu Lasten der Eigenkapitalgeber. Zunächst tragen also die Eigenkapitalgeber das volle Investitionsrisiko. Nach zwei Verlustjahren hat sich das Eigenkapital von ursprünglich + 500 zweimal um − 230 auf + 40 verringert. Kommt es im dritten Jahr erneut zu einem Nettoverlust von − 230, kann das Eigenkapital diesen Verlust nur noch teilweise auffangen. Das Unternehmen ist überschuldet. Die Fremdkapitalgeber müssen im dritten Jahr mit einem Forderungsausfall von 190 rechnen. Zusammenfassend läßt sich sagen:

− Die **Eigenkapitalgeber** tragen ein **größeres Risiko** als die Fremdkapitalgeber, weil Verluste − zunächst − ausschließlich von den Eigenkapitalgebern zu tragen sind.
− Haben die bisherigen Verluste das Vermögen soweit dezimiert, daß V ≤ FK, steht also kein Eigenkapital mehr als Verlustauffangpotential zur Verfügung, treffen darüber hinausgehende **Verluste** die **Fremdkapitalgeber**.[14]

---

[12] Zur Risikoproblematik bei Investitionsentscheidungen vgl. S. 76
[13] Zur Ermittlung des mathematischen Erwartungswerts vgl. S. 157 f.
[14] Das Finanzierungsmodell von Modigliani und Miller geht von der Annahme aus, daß das Eigenkapital stets ausreicht, Verluste aufzufangen, so daß die Gläubiger kein Verlustrisiko tragen. Vgl. S. 783 f.

– Je **höher** der **Verschuldungsgrad** v, je kleiner also der Anteil des Eigenkapitals am Gesamtkapital, desto größer wird das **Risiko** des **Vermögensverlustes** für Eigen- und Fremdkapitalgeber.

Je höher das von den Eigen- und Fremdkapitalgebern übernommene Risiko, desto höher sind ihre Verzinsungswünsche i_E bzw. i_F. Im geforderten Zins (= Kapitalkosten) ist also eine Risikoprämie enthalten.

Risikoloser Zins (Pure Rate)
Entgelt für gegenwärtigen Konsumverzicht

Risikozuschläge
Entgelt für Geldentwertungs- und Zinsänderungsrisiko
Entgelt für Bonitätsrisiko
– Existentielles Risiko
– Kapitalstrukturrisiko

Abb. 65: Zinskostenbestandteile

Für Wirtschaftssubjeke hat gegenwärtiger Konsum im allgemeinen einen höheren Nutzen als künftiger Konsum. Die **Pure Rate** ist der Preis, den die Kapitalanleger in einer Welt ohne Risiko als Ausgleich für ihren Konsumverzicht fordern. Dieser **risikolose Basiszins** dürfte sich auf etwa 2 bis 3 Prozent pro Jahr beziffern.

Darüber hinaus fordern die Kapitalgeber ein Entgelt für die Übernahme diverser Risiken. Mit zunehmender Geldentwertung steigen ihre Zinsforderungen. Erwarten sie für die Zukunft einen **Anstieg** der **Inflationsraten**, sind künftige Zinssteigerungen vorprogrammiert. Folglich verlangen die Kapitalgeber bei langfristigen Kapitalanlagen ein zusätzliches Entgelt für das künftige **Geldentwertungs- und Zinsänderungsrisiko**.[15]

Abb. 64 hat deutlich gemacht, daß hinter dem Erwartungswert des Bruttogewinns (BG = + 100) eine zufallsabhängige Streuung möglicher Bruttogewinne (BG_1 = + 300; BG_2 = – 200) steht. Die Unsicherheit künftiger Bruttogewinne bezeichnet man als existentielles Risiko. Je größer die **Streuung** der **Bruttogewinne**, desto höher ist das **existentielle Risiko**,[16] desto höher ist der von den Kapitalgebern geforderte Risikozuschlag.

Ist das Unternehmen ausschließlich mit Eigenkapital finanziert, ist das Kapitalstrukturrisiko gleich Null. Das **Bonitätsrisiko** ist dann mit dem existentiellen Risiko identisch. Nimmt das Unternehmen Fremdkapital auf, erhöht sich das Bonitätsrisiko um das hinzutretende Kapitalstrukturrisiko. Mit zunehmendem Verschuldungsgrad v werden die unsicheren Bruttogewinne BG durch den Vorwegabzug sicherer Fremdkapitalzinsen (FKZ) belastet. Je höher der Verschuldungsgrad, desto unsicherer werden die den Eigenkapitalgebern zustehenden Nettogewinne G (G = BG – FKZ). Je höher der **Ver-**

---

[15] Zum Zinsänderungsrisiko vgl. S. 786 ff.
[16] Zum existentiellen bzw. systematischen Risiko vgl. S. 800 f.

schuldungsgrad v, desto höher wird der in den Zinssatz einkalkulierte Zuschlag für die Übernahme des Kapitalstrukturrisikos.[17]

In der neueren Finanzierungstheorie nimmt der **Marktwert eines Unternehmens** eine zentrale Stellung ein. Wie ist das zu erklären? Investitionstheoretisch vereinfacht läßt sich ein Unternehmen gleichsetzen mit der Realisierung eines Investitionsprogramms I. Zur weiteren Vereinfachung wird angenommen, daß die künftigen Bruttogewinne BG in Form einer **ewigen Rente** anfallen. In diesem einfachen Fall kann man den **Marktwert des Unternehmens** (EW) nach der Ertragswertformel[18] berechnen:

$$EW = \frac{BG}{i}$$

Wird ein (ewiger) Bruttogewinn von 100 mit einem Kapitalkostensatz i von 8 Prozent (5 Prozent) diskontiert, gelangt man zu einem Unternehmenswert EW von 1.250 (2.000). Der Zusammenhang liegt auf der Hand: Je niedriger die Kapitalkosten i, desto höher ist c. p. der Marktwert der Unternehmung EW.

Oben wurde festgestellt, daß der Kapitalkostensatz i (auch) vom Verschuldungsgrad der Unternehmung abhängt; es gilt also i = f (v). Aus der Sicht der Unternehmensleitung – z. B. des Vorstands einer Publikumsaktiengesellschaft – liegt der **optimale Verschuldungsgrad** dort, wo die **Finanzierungskosten i** ihr **Minimum** erreichen. Aus der Sicht der Anteilseigner liegt der optimale Verschuldungsgrad dort, wo der **Wert ihres Gesamtvermögens** (= Marktwert des Unternehmens + Privatvermögen) das **Maximum**[19] erreicht. Dabei zeigt Vormbaum[20] in einem einfachen Beispiel, daß die Maximierung des Marktwerts der Unternehmung gleichzeitig zur Maximierung des Vermögens der Anteilseigner führt. Es ist also gleichgültig, ob die Optimierung des Verschuldungsgrads aus der Sicht des Unternehmens oder aus der Sicht der Eigenkapitalgeber betrieben wird: Der optimale Verschuldungsgrad v* erfüllt gleichzeitig die Bedingungen

$$i \rightarrow min!$$
und
$$EW \rightarrow max!$$ (ÜB 5/36; 92–93)

b) Der Leverage-Effekt

Der Leverage-Effekt läßt sich am besten an einem Beispiel erklären: Ein Unternehmen verfügt über ein Eigenkapital EK von 1.000. Im Unternehmen kann beliebig viel Kapital investiert werden. Das Kapital verzinst sich mit 10 Prozent/Jahr (Gesamtkapitalrentabilität r_{GK} = 10 Prozent). Fremdka-

---

[17] Zum Kapitalstrukturrisiko vgl. S. 782. Droht bei sehr hohem Verschuldungsgrad die Gefahr der Überschuldung (V < FK), verlangen auch die Gläubiger einen Ausgleich für das Kapitalstrukturrisiko.
[18] Vgl. hierzu S. 675
[19] Dieses Vermögensmaximierungsstreben läuft in die gleiche Richtung wie das Streben nach maximaler Reinvermögenssteigerung (= Gewinnmaximierung).
[20] Vgl. Vormbaum, H., (Finanzierung), a. a. O., S. 47 f.

pital FK kann zu 6 Prozent aufgenommen werden (i_F = 6 Prozent). Der Leverage-Effekt zeigt, wie sich die sukzessive Aufnahme von Fremdkapital, wie sich also die **Erhöhung des Verschuldungsgrades v**, auf die **Eigenkapitalrentabilität r_{EK}** auswirkt:

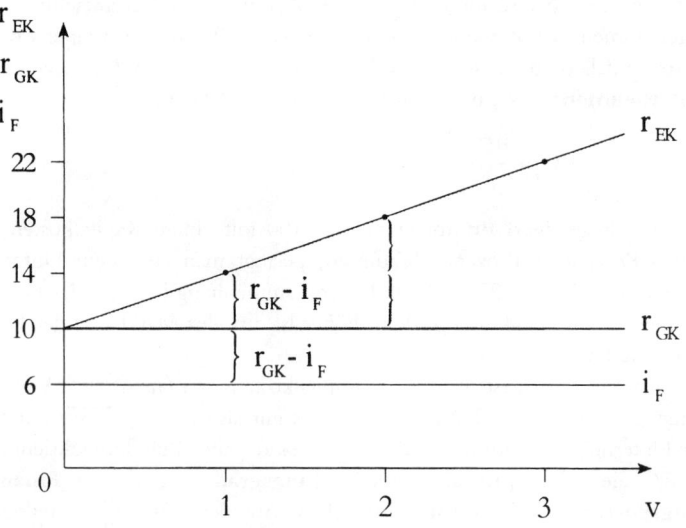

Abb. 66: Positiver Leverage-Effekt

Bei vollständiger Eigenfinanzierung (v = 0) verzinst sich das Eigenkapital mit 10 Prozent. Nimmt das Unternehmen 1.000 Geldeinheiten Fremdkapital auf (v = 1), erwirtschaftet es mit dem Gesamtkapital GK von 2.000 einen Bruttogewinn BG in Höhe von 200. Nach Abzug von 60 Fremdkapitalzinsen verbleibt ein Nettogewinn G von 140.

Für v = 1 gilt also

$$r_{EK} = \frac{G}{EK} = \frac{140}{1.000} = 14 \text{ Prozent}$$

Die unterlegte Fläche in Abb. 66 zeigt, in welchem Maße die Erhöhung des Verschuldungsgrads v als **Hebel zur Veränderung der Eigenkapitalrentabilität** eingesetzt werden kann. Dabei ist zwischen einem positiven und einem negativen Hebeleffekt zu unterscheiden:

Positiver Hebeleffekt: ($r_{GK} > i_F$) → r_{EK} steigt
Negativer Hebeleffekt: ($r_{GK} < i_F$) → r_{EK} fällt

mit steigendem Verschuldungsgrad v.
Die Eigenkapitalrentabilität läßt sich folgendermaßen ermitteln:

VII. Optimierung der finanzierungspolitischen Instrumente

$$r_{EK} = \frac{BG - i_F \cdot FK}{EK} = \frac{r_{GK} \cdot GK - i_F \cdot FK}{EK}$$

$$r_{EK} = \frac{r_{GK} \cdot EK + r_{GK} \cdot FK - i_F \cdot FK}{EK}$$

$$r_{EK} = r_{GK} + (r_{GK} - i_F) \cdot \frac{FK}{EK}$$

Ist $r_{GK} < i_F$, wird der Klammerausdruck in der letzten Gleichung negativ. Der Kapitalertrag einer zusätzlich investierten Geldeinheit an Fremdkapital ist kleiner als die zugehörigen Kapitalkosten i_F. Der Grenzgewinn ist negativ. Mit zunehmender Verschuldung geht die Eigenkapitalrentabilität zurück. Hier wirkt der **Hebeleffekt negativ.** In diesem Fall sollte auf eine **Fremdkapitalaufnahme** vollständig **verzichtet** werden.

	Leverage-Effekt							
	positiv				negativ			
Verschuldungsgrad v	0	1	2	3	0	1	2	3
r_{GK} (Prozent)	10	10	10	10	6	6	6	6
i_F (Prozent)	6	6	6	6	9	9	9	9
r_{EK} (Prozent)	+10	+14	+18	+22	+6	+3	0	−3

Abb. 67: Positiver und negativer Leverage-Effekt

Bei einem positiven Leverage-Effekt ($r_{GK} > i_F$) wird die maximale Eigenkapitalrentabilität − theoretisch − bei einem unendlich hohen Verschuldungsgrad erreicht. Einer solchen Verschuldungsstrategie sind in der Finanzierungspraxis Grenzen gesetzt:
(1) Es ist **unrealistisch,** für jeden beliebigen Investitionsbetrag mit einer **konstanten Gesamtkapitalrentabilität** r_{GK} zu rechnen. Sind die rentabelsten Investitionsprojekte realisiert, wird die Rentabilität von Projekt zu Projekt geringer ausfallen.[21]
(2) Mit zunehmendem Verschuldungsgrad steigt andererseits das Kreditausfallrisiko für die Fremdkapitalgeber. Hierfür wollen die Fremdkapitalgeber entschädigt werden. Deshalb werden die **Fremdkapitalkosten** i_F mit zunehmendem **Verschuldungsgrad steigen.**[22]

Allgemein läßt sich deshalb nur sagen: Liegt die Gesamtkapitalrentabilität r_{GK} anfangs über den Fremdkapitalkosten i_F, dann lohnt sich die Aufnahme

---
[21] Dieser Sachverhalt wird im Dean-Modell durch die fallende Kapitalnachfragefunktion abgebildet. Vgl. S. 655
[22] Diesen Sachverhalt bildet das Dean-Modell durch eine steigende Kapitalangebotsfunktion ab. Vgl. S. 655

von Fremdkapital solange, wie die (fallenden) Kapitalerträge r_{GK} noch höher sind als die (steigenden) Kapitalkosten i_F.[23] (**ÜB 5/86–91**)

c) Die traditionelle These zur optimalen Kapitalstruktur

Wie alle Kapitalstrukturmodelle möchte auch die jetzt vorzustellende „traditionelle These"[24] die Frage beantworten, in welchem Maße die Aufnahme von Fremdkapital aus der Sicht eines Unternehmens bzw. seiner Anteilseigner vorteilhaft ist. Dabei ist von einem gegebenen Investitionsprogramm I auszugehen. Damit liegt der gesamte Kapitalbedarf GK fest. Der Bruttogewinn BG (Erwartungswert) ist gegeben. In der Regel geht man davon aus, daß der Bruttogewinn in Form einer ewigen Rente anfällt. Das Leverage-Modell geht von einem gegebenen Eigenkapitaleinsatz und der Möglichkeit der Aufnahme zusätzlichen Fremdkapitals aus. Die klassische These dagegen geht von einem gegebenen Gesamtkapital und sukzessiver Substitution von Eigenkapital durch Fremdkapital aus.

Die traditionelle These zum optimalen Verschuldungsgrad ist durch zwei Merkmale gekennzeichnet:

(1) Optimalitätskriterium ist das **Minimum** der durchschnittlichen **Kapitalkosten i** bzw. das **Maximum des Marktwerts** der Unternehmung EW.
(2) Die Änderung des Verschuldungsgrades v wird die **Mindestverzinsungsansprüche** der Eigen- und Fremdkapitalgeber in bestimmter Weise **verändern.**

Um die Wirkungsweise des Optimalitätskriteriums in einem einfachen Beispiel vorführen zu können, wird die Verhaltensannahme (2) der traditionellen These zunächst ignoriert. Es wird zunächst unterstellt, daß die Mindestverzinsungsansprüche der Kapitalgeber unabhängig vom Verschuldungsgrad sind. Diese – vorläufige – didaktische Vereinfachung eröffnet die Möglichkeit, die Gemeinsamkeiten des hier vorzustellenden Marktwertmaximierungsansatzes mit der einfachsten Version des Leverage-Effekts (vgl. Abb. 66) aufzuzeigen.

Gegeben:

Gesamtkapitalbedarf GK	1.000
Bruttogewinn (Erwartungswert) BG	100
Gesamtkapitalrentabilität (Prozent) r_{GK}	10
Eigenkapitalkosten (Prozent) i_E	10
Fremdkapitalkosten (Prozent) i_F	6

Gesucht:
Durchschnittliche Kapitalkosten i abhängig von Verschuldungsgrad v

---

[23] Zu entsprechenden Berechnungen vgl. Vormbaum, H., (Finanzierung), a. a. O., S. 94 ff.
[24] Vgl. hierzu ausführlich Perridon/Steiner, a. a. O., S. 481 ff.

VII. *Optimierung der finanzierungspolitischen Instrumente* 781

$$\text{Marktwert der Unternehmung } EW = \frac{BG}{i}$$

$$\text{Optimaler Verschuldungsgrad } v^\star = \frac{FK^\star}{EK^\star}$$

v	0	1	2	3	4	5
i_E	10	10	10	10	10	10
i_F	–	6	6	6	6	6
i	10,00	8,00	7,33	7,00	6,80	6,66
EW	1.000	1.250	1.364	1.429	1.471	1.500

Abb. 68: Der Marktwert der Unternehmung bei verschuldungsgradunabhängigen Verzinsungsansprüchen (Prozent)

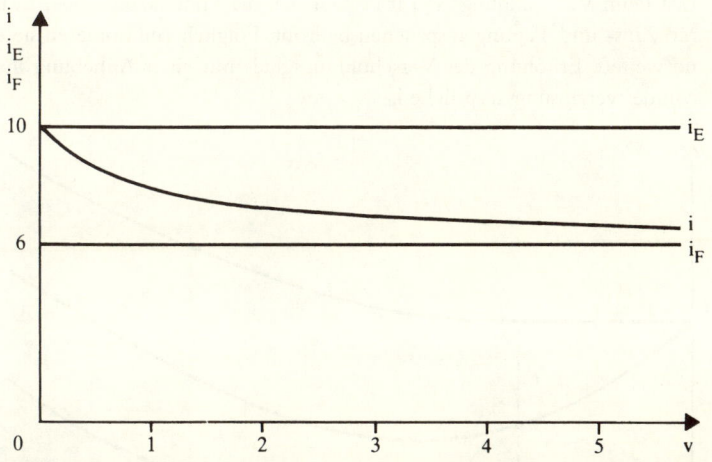

Abb. 69: Durchschnittsverzinsung i bei verschuldungsgradunabhängigen Verzinsungsansprüchen

Wird das Unternehmen ausschließlich mit Eigenkapital finanziert (v = 0) beträgt der Marktwert 1.000. Mit zunehmender Aufnahme von Fremdkapital gelingt es
– die durchschnittlichen Kapitalkosten i zu senken bzw.
– den Marktwert der Unternehmung EW zu steigern.

Der Marktwert des Unternehmens EW darf dabei nicht mit dem in der Bilanz ausgewiesenen Gesamtkapital (= 1.000) gleichgesetzt werden. Die Zusammenhänge zwischen beiden Größen werden im zugehörigen Übungsbuch erläutert. (**ÜB 5/97**)

Das hier vorgestellte **Marktwertmaximierungsmodell** kommt zum **gleichen Ergebnis** wie das einfache **Leverage-Modell** in Abb. 66: Der optimale Verschuldungsgrad liegt im Unendlichen. Dieses Ergebnis ist auf die einheitlichen Grundannahmen beider Modelle zurückzuführen:

(1) i_F ist kleiner als i_E bzw. r_{GK} und
(2) i_F ist unabhängig von der Höhe des Verschuldungsgrads v.

Die Annahme (2) wird jetzt aufgegeben. An ihre Stelle setzt die **klassische These** folgende **Prämissen** (siehe Abb. 70):

(1) Ausgehend von vollständiger Eigenfinanzierung (v = 0) reagieren weder Eigen- noch Fremdkapitalgeber auf eine schrittweise, aber moderate Erhöhung des Verschuldungsgrads.
(2) Überschreitet der Verschuldungsgrad die kritische Schwelle (a), beginnen die Eigenkapitalgeber das verschuldungsgradabhängige Verlustrisiko zu fürchten. Folglich erhöhen sie ihre Mindestzinsforderung i_E um eine verschuldungsgradabhängige Risikoprämie.
(3) Beim Verschuldungsgrad (a) verspüren die Fremdkapitalgeber noch kein Verlustrisiko. Im Verschuldungsintervall (a) bis (b) gehen sie davon aus, daß drohende Verluste vom Eigenkapital aufgefangen werden können. Erst beim Verschuldungsgrad (b) sehen sich die Fremdkapitalgeber in ihren Zins- und Tilgungsansprüchen bedroht. Folglich sanktionieren sie eine weitere Erhöhung des Verschuldungsgrads mit einer Anhebung ihrer Mindestverzinsungsansprüche i_F.

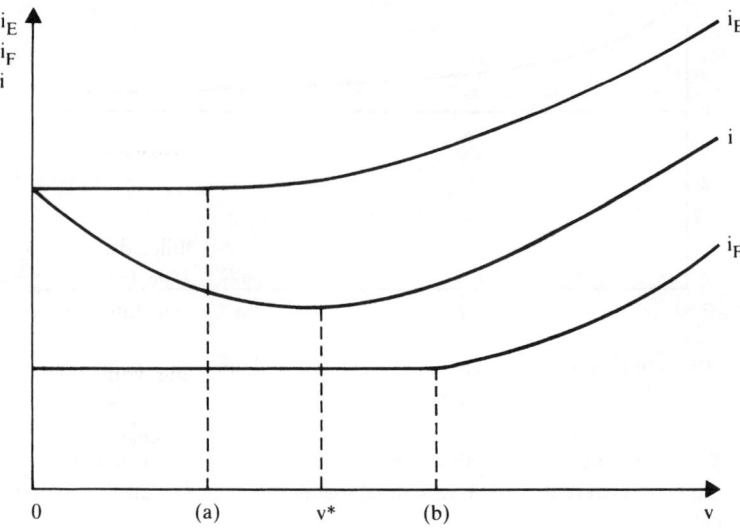

Abb. 70: Durchschnittliche Kapitalkosten i bei verschuldungsgradabhängiger Verzinsung

Nach der klassischen These liegt der optimale Verschuldungsgrad v* dort, wo die Funktion der durchschnittlichen Kapitalkosten i ihr Minimum erreicht. Da der Erwartungswert des Bruttogewinns BG eine gegebene Größe ist, wird bei **minimalem i** der **maximale Unternehmenswert EW** erreicht. Im zugehörigen Übungsbuch findet sich ein Beispiel zur Berechnung des optimalen Verschuldungsgrads v*. **(ÜB 5/95)**

Zwischen 0 und v* sinken die durchschnittlichen Kapitalkosten i, weil die zunehmende Beimischung von billigem Fremdkapital dominiert. Wird der Verschuldungsgrad über v* hinaus angehoben, dominiert die bei (a) bzw. (b) einsetzende Erhöhung der Verzinsungsansprüche der Eigen- bzw. Fremdkapitalgeber.

Die klassische These geht davon aus, daß die verschuldungsgradabhängige Erhöhung der Kapitalkosten i_E bzw. i_F vom Markt vorgegeben wird. In der **Realität** wird es aber **schwierig** sein, die **kritischen Verschuldungsschwellen** (a) bzw. (b) sowie die danach einsetzende Kapitalkostenerhöhung exakt zu bestimmen. Anders als im Modell sind die Eigenkapitalanbieter (Fremdkapitalanbieter) keine homogene Gruppe mit einheitlichen Risikopräferenzen. Deshalb kann man auch nicht von einheitlichen Mindestverzinsungsansprüchen ausgehen. **(ÜB 5/94–95)**

d) Die Modigliani-Miller-These

Nach der „klassischen These" gibt es einen optimalen Verschuldungsgrad. Er liegt dort, wo die durchschnittlichen Kapitalkosten i ihr Minimum, bzw. der Marktwert der Unternehmung EW sein Maximum erreicht.

Im Grunde genommen stellen Modigliani und Miller in ihrem grundlegenden Aufsatz[25] aus dem Jahre 1958 die gleiche Frage wie die Vertreter der klassischen These. Sie lautet: Kann bei

- **gegebenem Investitionsprogramm** einer Unternehmung und somit bei
- **gegebenem Gesamtkapitalbedarf** und
- **gegebenen Bruttogewinnen**
- durch eine **Variation des Verschuldungsgrads** (sukzessiven Ersatz von Eigenkapital durch Fremdkapital)
- der **Marktwert eines Unternehmens maximiert** werden?

Entscheidungskriterium ist also auch für Modigliani-Miller das Minimum von i bzw. Maximum von EW. Die Antwort auf die obige Frage ist unter dem Namen Modigliani-Miller-These **(MM-These)** in die Literatur[26] eingegangen:

- Der Marktwert des Unternehmens EW ist unabhängig vom Verschuldungsgrad v.
- Die durchschnittlichen Kapitalkosten i sind für jeden denkbaren Verschuldungsgrad konstant.
- Die gewünschte Mindestverzinsung des Eigenkapitals i_E erhöht sich mit steigendem Verschuldungsgrad v.

Der MM-These liegen **modellmäßige Annahmen** zugrunde, die sich – verkürzt – so zusammenfassen lassen:

---

[25] Vgl. Modigliani/Miller, The cost of capital, corporation finance and the theory of investment, The American Economic Review, Vol. 48 (1958), S. 261 ff.
[26] Als Sekundärliteratur empfiehlt sich dem Anfänger die leicht verständliche Interpretation bei Vormbaum, H., (Finanzierung), a. a. O., S. 54 ff.

(1) Kapitalanleger haben die Wahl
- **Forderungstitel** zu erwerben (= Fremdkapital bereitzustellen) oder
- **Beteiligungstitel** zu erwerben (= Eigenkapital bereitzustellen).

Für Forderungstitel (Beteiligungstitel) erhalten sie Fremdkapitalzinsen (Dividenden).

(2) Es gibt einen **vollkommenen Kapitalmarkt,** wo Privatanleger und Unternehmen beliebige Kapitalbeträge zu einem einheitlichen Zinssatz i_F (Sollzins = Habenzins) anlegen oder ausleihen können.

(3) Für Fremdkapitalgeber existiert annahmegemäß **kein Forderungsausfallrisiko.** Der Erwerb von Forderungstiteln ist also risikolos. Die gewünschte Mindestverzinsung für Fremdkapital i_F ist entsprechend niedrig.

(4) Der von den Unternehmen erwirtschaftete Bruttogewinn BG unterliegt dem **allgemeinen Geschäftsrisiko.** Hohes (geringes) Geschäftsrisiko zeigt sich in einer starken (schwachen) Streuung der Bruttogewinne um ihren Erwartungswert.

(5) Unternehmen mit gleichem Streuungsmaß der Bruttogewinne werden zu **einer Risikoklasse** zusammengefaßt.

(6) Die **Anleger** sind **risikoscheu.** Je riskanter der Kapitaleinsatz, desto höher ist die in den Verzinsungsanspruch (= Kapitalkosten) einkalkulierte Risikoprämie.

Nach der MM-These gibt es **keinen optimalen Verschuldungsgrad.** Den Zusammenhang zwischen
- den durchschnittlichen Kapitalkosten i,
- den Fremdkapitalkosten i_F,
- den Eigenkapitalkosten i_E und
- dem Verschuldungsgrad v

zeigt Abb. 71.

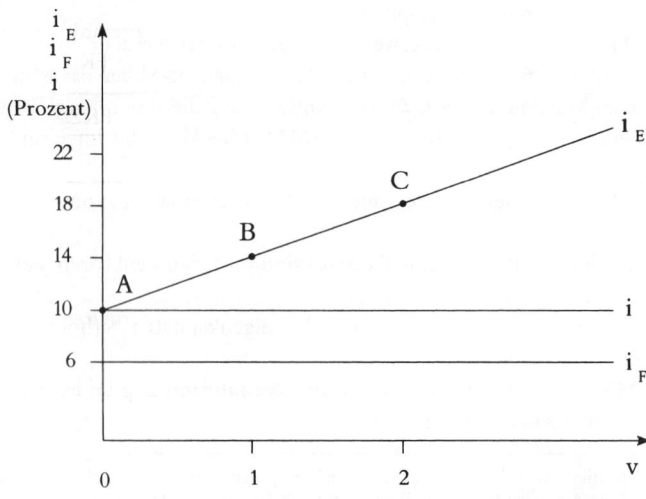

Abb. 71: Kapitalkostenstruktur nach der MM-These

Beispielhaft läßt sich die MM-These folgendermaßen erklären: Am Kapitalmarkt läßt sich ein risikofreier Einheitszins i_F erwirtschaften, der im Beispiel 6 Prozent beträgt. Möglich ist eine Alternativanlage in Beteiligungstiteln einer vorgegebenen Risikoklasse.

Der Anleger kann sich an einem unverschuldeten Unternehmen A beteiligen. Hier ist FK = 0, so daß die durchschnittlichen Kapitalkosten i den Eigenkapitalkosten i_E entsprechen. Beteiligt sich der Anleger an A, partizipiert er am **allgemeinen Geschäftsrisiko**. In unserem Beispiel verlangt er hierfür einen Risikozuschlag von 4 Prozent ($i - i_F$). Je höher die Risikoklasse, desto größer wird der Abstand zwischen i und i_F.

Statt dessen kann sich der Anleger auch an einem mehr oder weniger verschuldeten Unternehmen C oder B beteiligen, die der gleichen Risikoklasse wie A angehören. Neben dem allgemeinen Geschäftsrisiko hat er jetzt ein mehr oder weniger hohes **Kapitalstrukturrisiko** zu tragen. Je größer das Verschuldungsgradrisiko, desto höher ist die in die Eigenkapitalkosten i_E einkalkulierte Risikoprämie.

Nach der MM-These gilt:

$$i_F < i < i_E \quad \text{für } v > 0$$
$$i_F < i = i_E \quad \text{für } v = 0$$
$$i_E = i + (i - i_F)\frac{FK}{EK}$$

Der Marktwert des Unternehmens EW setzt sich zusammen aus dem Marktwert des Eigenkapitals und dem Marktwert des Fremdkapitals. Diese drei Marktwerte lassen sich – bei unendlicher Lebensdauer – folgendermaßen ermitteln:

Marktwert des Unternehmens (des Gesamtkapitals)	Marktwert des Eigenkapitals EK	Marktwert des Fremdkapitals FK
$\dfrac{BG}{i}$	$\dfrac{BG - FKZ}{i_E}$	$\dfrac{FKZ}{i_F}$

FKZ = Fremdkapitalzinsen

Abb. 72: Marktwert und Kapitalkosten

Nach der MM-These läßt sich der Marktwert der Unternehmung durch Beimischung billigen Fremdkapitals nicht steigern, weil mit wachsendem Kapitalstrukturrisiko die Mindestverzinsungsansprüche i_E der Eigenkapitalgeber steigen.

Im MM-Modell können sich private Anleger am Kapitalmarkt zu gleichen Konditionen verschulden wie Unternehmen. Für einen Anleger macht es also keinen Unterschied, ob er sich mit einem gegebenen Eigenkapitalbetrag X am verschuldeten Unternehmen B beteiligt oder ob er sich selbst am Kapitalmarkt verschuldet, um sich am unverschuldeten Unternehmen A zu beteiligen. Im zugehörigen Übungsbuch wird am konkreten Zahlenbeispiel der Zusammenhang zwischen der Indifferenz des Anlegers gegenüber A und B und der Irrelevanzthese erläutert. (**ÜB 5/98**)

Für die beiden Unternehmen A und B wird ein identischer Bruttogewinn BG angenommen. Der Marktwert beider Unternehmen ergibt sich aus:

$$EW_A = \frac{BG}{i_A}; \quad EW_B = \frac{BG}{i_B}$$

Nach der MM-These gilt

$$i_A = i_B$$

Die Behauptung, i sei für jeden Verschuldungsgrad gleich hoch, wird durch den sog. **Arbitragebeweis**[27] gestützt: Wäre in der Ausgangssituation der Marktwert des Unternehmens B größer als der von A, würden B-Anteile angeboten (der Marktwert von B sinkt) und A-Anteile nachgefragt (der Marktwert von A steigt). Der Arbitrageprozeß ist erst beendet, wenn

$$EW_A = EW_B$$

Ist aber diese Gleichgewichtsbedingung erfüllt, muß auch $i_A = i_B$ sein. Damit ist die MM-These bewiesen.

In **praktischer Hinsicht** stößt die MM-These auf **Kritik,** weil sie auf völlig wirklichkeitsfremden Annahmen (z.B. vollkommener Kapitalmarkt; kein Forderungsausfallrisiko für Fremdkapitalgeber) beruht. Wegen der wirklichkeitsnäheren Grundannahmen erscheint die klassische These der Finanzierungspraxis glaubwürdiger.

In **theoretischer Hinsicht** hat das MM-Modell großen **Zuspruch** gefunden. Weil es die marktabhängige Bewertung unterschiedlicher Risiken erlaubt, hat es den Weg in die moderne Finanzierungstheorie eröffnet, die weiter unten[28] ansatzweise dargestellt wird. (**ÜB 5/96–98**)

4. Zinsänderungsrisiko und Finanzierungskosten

Unter dem Stichwort „Optimierung der Kapitalstruktur" wurde im vorangegangenen Kapitel gezeigt, welchen Einfluß das Bonitätsrisiko, insbesondere aber das Kapitalstrukturrisiko auf die Höhe der Finanzierungskosten ausübt. Im folgenden soll gezeigt werden, wie das Zinsänderungsrisiko die Finanzierungskosten beeinflußt.

Oben wurde festgestellt,[29] daß die Höhe der Zinsforderungen u.a. von den Inflationserwartungen der Kapitalanbieter abhängig ist. Je größer die Gefahr künftiger Geldentwertung, desto höher ist der geforderte Zuschlag für das **Zinsänderungsrisiko.**

---

[27] Vgl. hierzu das erläuternde Beispiel bei Schmidt/Terberger, Grundzüge der Investitions- und Finanzierungstheorie, 4. Aufl., Wiesbaden 1997, S. 253 ff.
[28] Vgl. S. 789 ff.
[29] Vgl. S. 775 f.

Üblicherweise muß ein Schuldner X bei gegebener Bonität Y für einen Kredit mit langfristiger Zinsfestschreibung von beispielsweise 10 Jahren einen höheren Jahreszins bezahlen als für einen kurzfristigen Kredit von beispielsweise 6 Monaten. Die folgende **Zinsstrukturkurve** zeigt beispielhaft die Höhe des Zinssatzes i_F in Abhängigkeit von der Dauer der Zinsbindung:

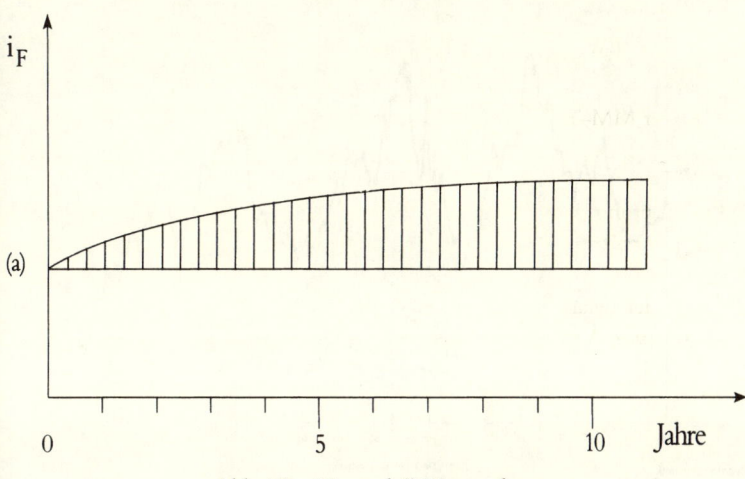

Abb. 73: „Normale" Zinsstruktur

Ist ein variabler, d. h. täglich änderbarer Jahreszinssatz (a) vereinbart, ist das Zinsänderungsrisiko für die Fremdkapitalgeber gleich null. Die Senkrechten in der unterlegten Fläche zeigen den jeweiligen Zinszuschlag, den die Fremdkapitalgeber für die Übernahme des Zinsänderungsrisikos verlangen.

Wenn ein Kredit mit kurzfristiger Zinsbindung billiger ist als ein Kredit mit langfristiger Zinsbindung, liegt der Gedanke nahe,
- langfristigen Kapitalbedarf durch
- langfristigen Kredit mit
- kurzfristiger Zinsbindung

zu decken. Diese Kreditkonstruktion wird als **Roll-over-Kredit** oder revolvierender Kredit bezeichnet.

Ziel des kreditsuchenden Unternehmens ist die Minimierung der Finanzierungskosten auf lange Sicht. Ob sich dieses Ziel durch den Roll-over-Kredit erreichen läßt, ist nicht von der im Entscheidungszeitpunkt t_0 geltenden Zinsstruktur, sondern von der bis zum Ende des Planungszeitraums (z. B. t_{10}) erwarteten Zinsentwicklung abhängig. So ist es denkbar, daß schon in t_1 oder t_2 eine **inverse Zinsstruktur**[30] vorherrscht, wo der kurzfristige Kredit teurer ist als der langfristige.

Will man – vage – Prognosen über die künftige Zinsentwicklung abgeben, lohnt es sich, einen Blick auf die Zinsentwicklung der Vergangenheit zu werfen. In den vergangenen 30 Jahren hat sich der langfristige Kapitalmarkt-

---

[30] Zur inversen Zinsstruktur vgl. Süchting, J., a. a. O., S. 425 ff.

zins, hier dargestellt als Effektivverzinsung der Bundesanleihen mit einer Restlaufzeit von 10 Jahren, in der Bundesrepublik Deutschland folgendermaßen entwickelt:

Abb. 74: Entwicklung des langfristigen Kapitalmarktzinses in Deutschland

Die Zinsentwicklung der Vergangenheit zeigt, daß der **langfristige Kapitalmarktzins**
- etwa bei 10 Prozent sein **Maximum** bzw.
- etwa bei 4 Prozent sein **Minimum** erreicht und daß
- ein **Zinszyklus** etwa 8 bis 10 Jahre dauert.

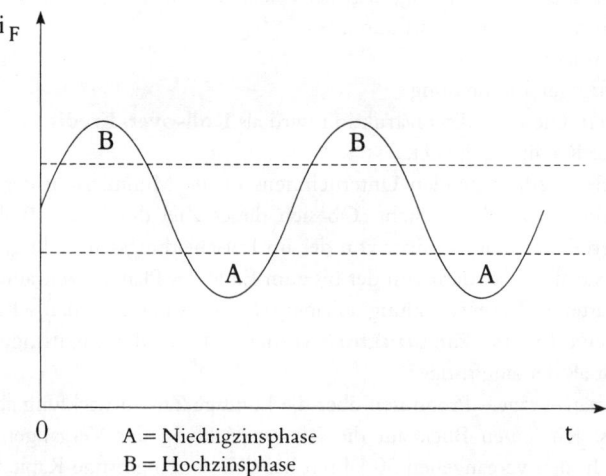

Abb. 75: Schema von Hoch- und Niedrigzinsphasen

Geht man davon aus, daß sich diese „Regelmäßigkeiten" zwischen Hoch- und Niedrigzinsphase auch in Zukunft wiederholen werden, erhält man aus der Vergangenheit vage Anhaltspunkte für die Prognose der künftigen Zinsentwicklung.

In **schematisierter Form** läßt sich der **Zinszyklus** wie in Abb. 75 darstellen. Die Empfehlung zur Dauer der Zinsfestschreibung des langfristigen Kredits hängt davon ab, ob sich das kreditsuchende Unternehmen zum Entscheidungszeitpunkt t_0 gerade in einer Niedrig- oder in einer Hochzinsphase befindet.

Entscheidungspunkt t_0	
Niedrigzinsphase A	Hochzinsphase B
Langfristige Zinsbindung für gesamte Investitionsdauer	(1) Zunächst kurzfristige Zinsbindung zum Erreichen der Niedrigzinsphase (2) Danach langfristige Zinsbindung für restliche Investitionsdauer

Abb. 76: Zinsbindung in Niedrig- und Hochzinsphase

Bei den in Abb. 76 enthaltenen Empfehlungen handelt es sich um grobe **Faustregeln,** die eine genaue Vorteilhaftigkeitsberechnung nach Maßgabe des langfristigen Finanzierungskostenminimums (= minimaler Barwert der Fremdkapitalzinsen) nicht ersetzen können.

5. Das Kapitalmarktmodell

a) Vorbemerkungen

Jeder risikoscheue, rational handelnde Kapitalgeber läßt sich die Übernahme von Risiko vergüten. Je höher das zusätzlich zu übernehmende Risiko eingeschätzt wird, desto höhere Zuschläge zum Basiszinssatz (Pure Rate) werden verlangt.[31] Bei der Ermittlung der durchschnittlichen Kapitalkosten i wurde bislang unterstellt, daß die Zinssätze für Fremdkapital i_F und Eigenkapital i_E vom Markt vorgegeben sind. Mit Hilfe kapitalmarkttheoretischer Modelle soll nun untersucht werden, wie auf **vollkommenen Kapitalmärkten** die **Risikoübernahme bewertet** wird, um dann Ansätze aufzuzeigen, mit denen die Werte für i_F und i_E aus einem Modell heraus ermittelt und erklärt werden können. Zwar ist das Kapitalmarktmodell vorrangig zur Bewertung von Wertpapieren entwickelt worden; die aus ihm gewonnenen Erkenntnisse lassen sich aber ohne große Probleme auf alle risikobehafteten

---

[31] Vgl. zu den Zinsbestandteilen S. 776

Investitionen übertragen.[32] Somit bietet es eine Möglichkeit, den risikoabhängigen Kalkulationszinssatz für alle Investitionsobjekte bei Unsicherheit abzuleiten.

Bevor erklärt werden kann, wie sich auf vollkommenen Kapitalmärkten Preise für riskante Anlagen bilden, muß gezeigt werden, wie sich rational handelnde Anleger am Kapitalmarkt verhalten. Im Rahmen des Kapitalmarktmodells wird das Anlegerverhalten mit Hilfe der Portfoliotheorie erklärt. Daher ist im folgenden zunächst die Portfoliotheorie zu erläutern, bevor das eigentliche Kapitalmarktmodell, das Capital Asset Pricing Model (CAPM), erörtert wird. Während die Portfoliotheorie zeigen will, wie ein risikoaverser Anleger bei gegebener Rendite sein Risiko minimieren kann, bemüht sich das CAPM, die Preismechanismen, d. h. den Zusammenhang von Renditeforderung und Risiko, auf Kapitalmärkten zu erklären.

Portfoliotheorie und **CAPM** beruhen auf einer Reihe von gemeinsamen **Annahmen**.[33] Die wichtigsten sind:

(1) Es gibt einen vollkommenen Kapitalmarkt bei Unsicherheit, auf dem der freie Kapitalverkehr nicht durch Transaktionskosten, Steuern oder andere Kapitalmarktbeschränkungen behindert wird.

(2) Das Volumen aller am Markt gehandelten Wertpapiere ist gegeben; jedes Wertpapier ist unendlich teilbar, d.h. man könnte z.B. auch ein Hundertstel einer Aktie kaufen.

(3) Die Marktteilnehmer handeln rational und sind risikoscheu.

Lassen sich alle Wertpapiere durch die Erwartungswerte der Renditen (μ) und durch die Streuung (σ)[34] der Renditen um die Erwartungswerte hinreichend genau beschreiben, kann die Streuung als Risikomaß angesehen werden. Wertpapiere mit einer schwachen Streuung der Renditen um den Erwartungswert μ stellen für den Investor weniger riskante Positionen dar als Wertpapiere, deren Renditen stark streuen. In einer solchen Situation kann der Investor seine **Entscheidung** nach der **(μ, σ)-Regel** treffen. Er wird bei gleichem Rendite-Erwartungswert μ die Alternative mit dem geringsten Risiko (der geringsten Streuung σ) oder bei gleichem Risiko (bei gleicher Streuung σ) die Alternative mit dem höchsten Rendite-Erwartungswert μ wählen. Im folgenden wird unterstellt, daß die Investoren sich nach der (μ, σ)-Regel entscheiden.

b) Die Portfoliotheorie

Die grundlegende Struktur der Portfoliotheorie[35] soll an einem einfachen Beispiel erklärt werden. Die hieraus gewonnenen Erkenntnisse lassen sich

---

[32] Die folgenden Ausführungen beschränken sich einfachheitshalber auf die Analyse von Wertpapieren.

[33] Vgl. zu den einzelnen Annahmen z.B. Swoboda, P., Betriebliche Finanzierung, 3. Aufl., Würzburg/Wien 1994, S. 75 f.

[34] In der Portfoliotheorie wird meist die Standardabweichung s als Risikomaß verwendet. Vgl. zur Standardabweichung als Risikomaß z.B. Schmidt/Terberger, a.a.O., S. 282 ff.

[35] Die Portfoliotheorie geht auf H.M. Markowitz zurück. Vgl. Markowitz, H.M., Portfolio Selection, Journal of Finance 1952, S. 77 ff. Eine umfassende Einführung in die Portfoliotheorie findet sich bei Franke/Hax, a.a.O., S. 309 ff.

dann ohne weiteres auf komplexere, realitätsnähere Anwendungsfelder übertragen.

Ein Investor besitzt beispielsweise einen bestimmten Geldbetrag A_0, den er vollständig für die Dauer einer Periode in Wertpapieren anlegen will. Ihm stehen dafür nur die Aktien zweier Unternehmen (A und B) zur Auswahl. Für die beiden Aktien seien der Erwartungswert der Rendite μ[36] und die Streuung σ der Renditen um den Erwartungswert bekannt:

Aktie	A	B
Erwartungswert der Rendite μ	0,12	0,08
Streuung σ	8	4

Abb. 77: Beispiel Rendite-Risiko-Relationen zweier Aktien

Der Investor hat somit folgende drei Handlungsalternativen:
(1) Anlage des gesamten Betrags in A-Aktien,
(2) Anlage des gesamten Betrags in B-Aktien oder
(3) Bildung eines Portefeuilles aus beiden Aktien, d.h. er legt einen Teilbetrag in A-Aktien an, der Restbetrag wird in B-Aktien investiert.

Wegen der Unsicherheit der Rendite kann sich der Anleger nicht ohne weiteres für die höherrentierliche A-Aktie entscheiden. Die höhere Rendite erkauft er sich mit der Übernahme eines höheren Risikos. Eine eindeutige Entscheidung nach der (μ, σ)-Regel ist nicht möglich.

Im folgenden interessiert die Frage, wie sich
– Rendite[37] und
– Risiko

entwickeln, wenn A- und B-Aktien in einem Portefeuille gemischt werden. Hinsichtlich der Rendite fällt die Antwort leicht: Die **Rendite des Portefeuilles** entspricht dem gewogenen arithmetischen Mittel der Aktienrenditen. Wird also im obigen Beispiel der Anlagebetrag A_0 jeweils zur Hälfte in A-Aktien und B-Aktien investiert, beziffert sich die Rendite des Portefeuilles auf 10 Prozent. Dagegen ist keineswegs ausgemacht, daß auch das **Portefeuille-Risiko** dem gewogenen arithmetischen Mittel der Einzelrisiken entspricht.[38] Im obigen Beispiel trägt ein gleichgewichtetes A-B-Portefeuille nur dann die Risikoziffer 6, wenn die A- und B-Aktien vollständig positiv korreliert sind.

Wie ist das zu verstehen? Das Ergebnis einer Investition oder eines ganzen Unternehmens ist davon abhängig, welcher zufallsbedingte Umweltzustand

---

[36] Die Rendite einer Aktie ergibt sich aus: $\dfrac{\text{Dividende} + \text{Kursänderung}}{A_0}$

[37] Im folgenden wird zur Vereinfachung statt vom Erwartungswert der Rendite nur noch von der Rendite eines Wertpapiers gesprochen.

[38] Vgl. zur mathematischen Herleitung der Rendite und des Risikos eines Wertpapierportefeuilles z.B. Uhlir/Steiner, Wertpapieranalyse, 3. Aufl., Heidelberg 1994, S. 134 ff.

U eintritt. Dabei ist es denkbar, daß sich die Ergebnisse zweier Unternehmen A und B bei einem Wechsel von U_1 nach U_2 gleichförmig oder gegenläufig entwickeln.

Bei Änderung der Umweltsituation entwickeln sich die Ergebnisse von A und B:	Korrelationskoeffizient ϱ
Vollständig gleichförmig	$\varrho = +1$
mehr oder weniger gleichförmig	$0 < \varrho < +1$
völlig unabhängig	$\varrho = 0$
mehr oder weniger gegenläufig	$-1 < \varrho < 0$
vollständig gegenläufig	$\varrho = -1$

Abb. 78: Korrelationskoeffizient $+1$ bis -1

Der Unterschied zwischen positiver und negativer **Korrelation** läßt sich an folgendem Beispiel erklären: Zur künftigen Energiegewinnung können Kernkraftwerke Y und Kohlekraftwerke Z eingesetzt werden. Außerdem gibt es für abgebrannte Kernbrennstäbe eine Wiederaufbereitungsanlage X. Für die Zukunft gebe es nur ein einziges Risiko, das sich in zwei denkbaren Umweltzuständen manifestiert. Die Gesellschaft entscheidet sich
– U_1 gegen Kernkraft und nimmt den CO_2-Ausstoß in Kauf;
– U_2 gegen den CO_2-Ausstoß und nimmt das Kernkraftrisiko in Kauf.
Ein Anleger, der bereits Anteile an der Wiederaufbereitungsanlage X hält, hat die Möglichkeit, entweder Anteile am Kernkraftwerk Y oder am Kohlekraftwerk Z beizumischen. X und Y sind vollständig positiv korreliert ($\varrho = +1$): Tritt U_1 (U_2) ein, bringen beide Anteile Verlust (Gewinn). Dagegen sind X und Z vollständig negativ korreliert ($\varrho = -1$): Tritt U_1 ein, bringt X Verlust und Z Gewinn; tritt U_2 ein, bringt X Gewinn und Z Verlust. Allgemein läßt sich also sagen: Je stärker der Korrelationskoeffizient zweier Portefeuille-Anteile von $+1$ abweicht, desto besser läßt sich das **Portefeuille-Risiko** durch **Diversifikation vermindern**. Wäre der theoretisch mögliche Extremwert eines Korrelationskoeffizienten von $\varrho = -1$ realisierbar – was praktisch nicht möglich ist –, könnte das Risiko des Portefeuilles – wie gleich gezeigt wird – restlos wegdiversifiziert werden.

Zurück zum Ausgangsbeispiel. Welche Rendite und welches Risiko der Investor mit seinem Aktienkauf realisieren kann, hängt von zwei Faktoren ab. Zum einen ist entscheidend, wie der Investor sein Geld anlegt, also die Frage, ob er ausschließlich die Aktien eines Unternehmens kauft oder ob er ein Portefeuille aus beiden Wertpapieren bildet. Zum anderen ist entscheidend, in welchem Maß die Renditen der beiden Aktien miteinander korre-

VII. Optimierung der finanzierungspolitischen Instrumente

lieren. In Abb. 79 sind in Anlehnung an den Zwei-Wertpapier-Fall aus Abb. 77 die Rendite-Risikorelationen verschiedener Portefeuillestrukturen beispielhaft für fünf **unterschiedliche Korrelationskoeffizienten** wiedergegeben. In der ersten Spalte wird die Aufteilung der Finanzmittel beschrieben. Hierbei geben die Werte von a_1 (a_2) den Anteil der B-Aktien (A-Aktien) am Portefeuille wieder. Der zweiten Spalte ist die Portefeuillerendite zu entnehmen, die letzten fünf Spalten beschreiben das Portefeuillerisiko in Anhängigkeit von der Portefeuillezusammensetzung und dem Korrelationskoeffizienten.

Portefeuille-Struktur		Erwartungswert der Portefeuillerendite	Portefeuillerisiko (σ_p) in Abhängigkeit vom Korrelationskoeffizienten ϱ				
a_1	a_2	μ_p	$\varrho = +1{,}0$	$\varrho = +0{,}5$	$\varrho = 0$	$\varrho = -0{,}5$	$\varrho = -1{,}0$
0,00	1,00	0,120	8,0000	8,0000	8,0000	8,0000	8,0000
0,10	0,90	0,116	7,6000	7,4081	7,2111	7,0086	6,8000
0,20	0,80	0,112	7,2000	6,8352	6,4498	6,0399	5,6000
0,30	0,70	0,108	6,8000	6,2865	5,7271	5,1069	4,4000
0,40	0,60	0,104	6,4000	5,7689	5,0596	4,2332	3,2000
0,50	0,50	0,100	6,0000	5,2915	4,4721	3,4641	2,0000
0,60	0,40	0,096	5,6000	4,8662	4,0000	2,8844	0,8000
0,70	0,30	0,092	5,2000	4,5078	3,6878	2,6230	0,4000
0,80	0,20	0,088	4,8000	4,2332	3,5777	2,7713	1,6000
0,90	0,10	0,084	4,4000	4,0596	3,6878	3,2741	2,8000
1,00	0,00	0,080	4,0000	4,0000	4,0000	4,0000	4,0000

Abb. 79: Rendite und Risiko eines Portefeuilles bei unterschiedlichen Korrelationskoeffizienten (tabellarisch)

Betrachtet man die letzten fünf Spalten der Abb. 79, ist zu erkennen, daß die Streuung der Portefeuillerenditen σ_p vom Wert des Korrelationskoeffizienten abhängt. Überträgt man die Werte aus Abb. 79 in ein Koordinatenkreuz, ergibt sich das in Abb. 80 dargestellte Bild.

Die Punkte A und B verdeutlichen die Fälle, in denen der Investor ausschließlich die Aktien eines Unternehmens erwirbt. Punkt A gibt die Rendite-Risiko-Relation wieder, die der Anleger erzielen kann, wenn er seinen gesamten Anlagebetrag A_0 in A-Aktien investiert. Kauft er ausschließlich A-Aktien, kann er die höchste Rendite erzielen. Diese hohe Rendite erkauft er sich allerdings mit der Übernahme des höchsten Risikos. Der Zusammenhang von höchster Rendite und höchstem Risiko wird durch die Lage des Punktes A deutlich: Er ist der Punkt, der am weitesten vom Ursprung des Koordinatenkreuzes entfernt liegt. Punkt B symbolisiert den Fall, daß der Investor ausschließlich B-Aktien kauft. Er trägt im Punkt B zwar ein deutlich geringeres Risiko als im Punkt A, die erzielbare Rendite ist allerdings auch geringer als im Punkt A. Die Minderung des Risikos wird somit durch eine Minderung der Rendite erkauft.

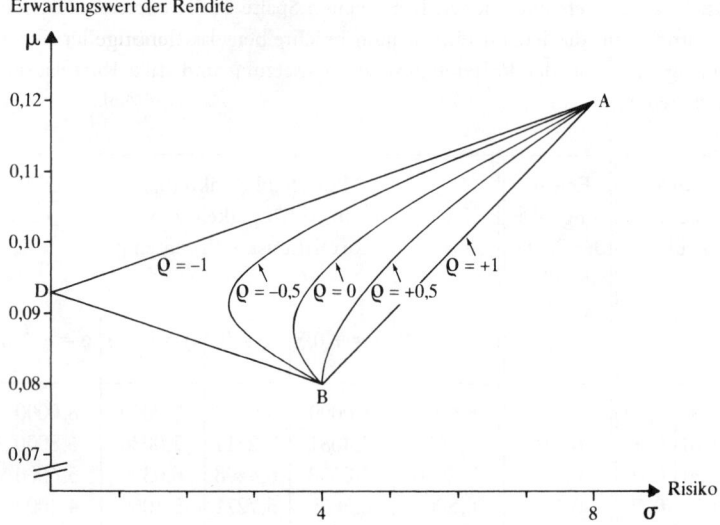

Abb. 80: Rendite und Risiko eines Portefeuilles bei unterschiedlichen Korrelationskoeffizienten (graphisch)

Jede der fünf **Linien,** die die Punkte A und B verbinden, stellt mögliche **Rendite-Risiko-Relationen** eines Portefeuilles aus den Aktien A und B bei alternativen Korrelationskoeffizienten dar. Die Lage der Linien verdeutlicht die Wirkung der Diversifikation, d.h. der Risikostreuung durch Bildung eines Mischportefeuilles. Während bei vollständig positiver Korrelation ($\varrho = +1$) das Risiko des Portefeuilles noch genau dem gewogenen Durchschnitt der Einzelrisiken der beiden Aktien entspricht, ist bei allen anderen Werten des Korrelationskoeffizienten eine risikomindernde Wirkung zu sehen. Das Risiko des Portefeuilles ist in diesen Fällen stets kleiner als der gewogenen Durchschnitt der Einzelrisiken.

Im Extremfall (Punkt D in Abb. 80) ist bei **vollständig negativer Korrelation** ($\varrho = -1$) eine vollständige Eliminierung des Portefeuillerisikos möglich. Jeder rational handelnde Anleger würde es vorziehen, ein Portefeuille zu halten, dessen Zusammensetzung dem Punkt D entspricht, als seinen gesamten Anlagebetrag in B-Aktien zu investieren. Im Punkt D ist das Risiko kleiner (gleich Null) und die Rendite höher als im Punkt B. Punkt D dominiert den Punkt B eindeutig.

Die Wirkung der Diversifikation ist abhängig vom Grad der Korrelation:
- Sobald die Renditen der Aktien nicht vollkommen positiv miteinander korreliert sind, ist Diversifikation sinnvoll.

- Je näher der Wert des Korrelationskoeffizienten an – 1 liegt, desto größer ist die risikomindernde Wirkung der Diversifikation, desto größer ist auch die Möglichkeit, daß das Portefeuillerisiko unter das Risiko der risikoärmeren Einzelinvestition – im Beispiel B-Aktien – sinkt.

Man unterscheidet in der Portfoliotheorie zwischen zulässigen, effizienten und optimalen Portefeuilles. Zur Erläuterung dieses Zusammenhangs wird beispielhaft die zum Korrelationskoeffizienten $\varrho = -0{,}5$ gehörige Portefeuillelinie aus Abb. 80 in Abb. 81 übertragen. Zulässig sind alle Portefeuilles, die sich der Investor aufgrund der Marktsituation und seines Anlagebetrages zusammenstellen kann. Im hier beschriebenen Zwei-Wertpapier-Fall liegen alle **zulässigen Portefeuilles** auf der **Linie AB′DB**.

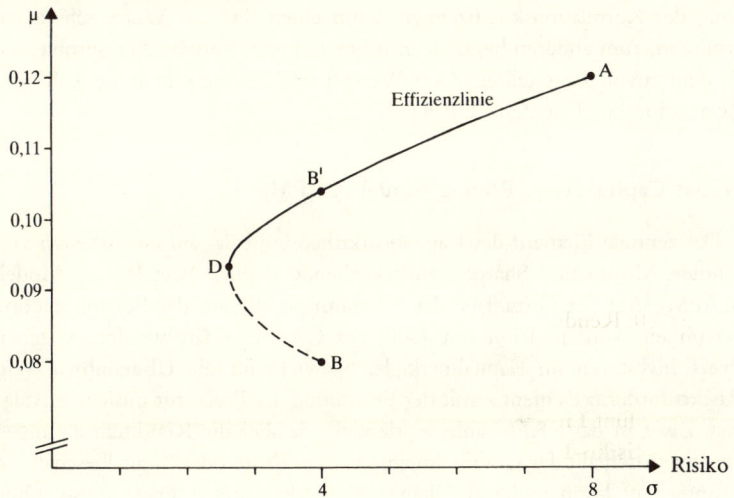

Abb. 81: Zulässige und effiziente Portefeuilles

Effizient sind solche Portefeuilles, die nicht von anderen Portefeuilles dominiert werden, d.h. für **effiziente Portefeuilles** gilt: Es gibt kein Portefeuille, das
- bei gleicher Rendite μ ein geringeres Risiko σ oder
- bei gleichem Risiko σ eine höhere Rendite μ oder
- bei geringerem Risiko σ eine höhere Rendite μ hat.

In Abb. 81 liegen alle effizienten Portefeuilles auf der fett gezeichneten Linie AB′D. Sie wird als **Effizienzlinie** bezeichnet. Alle Portefeuilles auf dem gestrichelten Teil der Linie sind ineffizient, sie werden von den effizienten Portefeuilles dominiert. So hat z.B. das Portefeuille B′ bei gleichem Risiko eine höhere Rendite als das Portefeuille B. Rational handelnde Anleger würden B′ eindeutig präferieren.

Auf der Effizienzlinie liegen alle Mischvarianten aus A- und B-Aktien (= Portefeuilles), die für einen rational handelnden, risikoaversen Anleger in

Frage kommen. Welcher Punkt der Effizienzlinie repräsentiert aber das **optimale Portefeuille?** Die Frage läßt sich nicht eindeutig beantworten: Unter den risikoscheuen Anlegern gibt es graduelle Unterschiede im Ausmaß der Risikoaversion. Ein extrem risikoscheuer Kapitalanleger K_1 wird das Portefeuille D realisieren. Hier erreicht das Portefeuillerisiko σ_p sein Minimum. Mit abnehmender Risikoaversion werden sich die Kapitalanleger K_2 oder K_3 auf der Effizienzlinie von D in Richtung A bewegen. Erst die Kenntnis der individuellen **Risikonutzenfunktion** des jeweiligen Kapitalanlegers K erlaubt die modellmäßige Bestimmung des individuellen Optimalportefeuilles.

Die Portfoliotheorie vermittelt gute Einblicke in das Anlageverhalten risikoscheuer Anleger. Ihre praktische Anwendbarkeit dürfte allerdings beschränkt sein.[39] Ein Hauptproblem des Portfoliomodells liegt in der Schätzung der Korrelationskoeffizienten. Zum einen sind die Werte schwer zu ermitteln, zum anderen benötigt man bei größeren Entscheidungsproblemen als dem zuvor dargestellten Zwei-Wertpapier-Fall eine sehr hohe Zahl von Korrelationskoeffizienten. (**ÜB 5/99**)

c) Das Capital Asset Pricing Model (CAPM)

Das zentrale Element der Kapitalmarkttheorie ist das auf die Arbeiten von Lintner, Mossin und Sharpe[40] zurückgehende Capital Asset Pricing Modell (CAPM). Auf der Grundlage der Erkenntnisse, die aus der Portfoliotheorie gewonnen wurden, kann mit Hilfe des CAPM erklärt werden, welchen **Preis** Investoren im Kapitalmarktgleichgewicht für die **Übernahme von Risiko** fordern. Es dient somit der Ermittlung der Preise für unsichere Anlagen. Zwar ist das CAPM anlegerorientiert, da aber die Renditeforderungen der Investoren auf der Unternehmensseite den Kosten der Kapitalbeschaffung entsprechen, können die aus dem CAPM abgeleiteten Erkenntnisse ohne weiteres zur Ermittlung der Kapitalkosten bei Unsicherheit genutzt werden.

Zusätzlich zu den in den Vorbemerkungen getroffenen Annahmen gelten die folgenden **Prämissen:**

(1) Alle Marktteilnehmer verhalten sich im Sinne der Portfoliotheorie, d. h. sie sind risikoavers und investieren ihr Kapital ausschließlich in effiziente Portefeuilles.
(2) Alle Marktteilnehmer haben die selben Erwartungen über das Risiko und die Rendite aller Wertpapiere. Die Erwartungen der Anleger sind somit homogen.
(3) Neben mehreren verschiedenen riskanten Wertpapieren bietet der Kapitalmarkt die Möglichkeit, zu einem einheitlichen Zinssatz i_B unbeschränkt risikolos Geld anzulegen oder Kredite aufzunehmen. Der Zinssatz für die risikolose Anlage am Kapitalmarkt liegt unter dem des risiko-

---

[39] Vgl. zur Kritik an der Portefoliotheorie z. B. Franke/Hax, a. a. O., S. 322.
[40] Vgl. Sharpe, W. F., Portfolio Theory and Capital Markets, New York 1970, S. 77 ff. Eine gute Einführung in das CAPM ist z. B. bei Uhlir/Steiner zu finden. Vgl. Uhlir/Steiner, a. a. O., S. 185 ff.

ärmsten Wertpapierportefeuilles und entspricht dem Basiszinssatz (Pure Rate).

Bisher wurde unterstellt, daß der Kapitalmarkt nur aus zwei riskanten Wertpapieren besteht. Die Annahme, daß am Kapitalmarkt mehr als zwei riskante Wertpapiere existieren, ändert nichts an der grundlegenden Modellstruktur. Die Bildung von Portefeuilles und die risikomindernde Wirkung der Diversifikation ist auch bei mehr als zwei Wertpapieren möglich. Zwar liegt die Menge aller zulässigen Portefeuilles nicht mehr auf einer Linie, sondern innerhalb einer Fläche, die hier interessierende Menge der effizienten Portefeuilles liegt aber weiterhin auf einer Kurve. In Abb. 82 sei die fett gezeichnete Verbindungslinie der Punkte A, C, M und D die **Effizienzlinie**. Auf ihr liegen alle effizienten Portefeuilles, die bei gegebener Kapitalausstattung der Anleger durch Mischung der riskanten Wertpapiere realisiert werden können. Zur Veranschaulichung kann man sich jeden beliebigen Punkt auf der Effizienzlinie als Wertpapierfonds vorstellen, dessen Fondsvermögen in spezieller Weise auf die verschiedenen riskanten Wertpapiere verteilt ist.

Da die Investoren annahmegemäß homogene Erwartungen haben, ist die Effizienzlinie für alle Investoren gleich. Sie beschreibt somit alle effizienten Portefeuilles des gesamten Kapitalmarkts. Führt man die Möglichkeit der **risikolosen Geldanlage** in die Betrachtung ein, stehen den Investoren verschiedene Anlagealternativen offen. Extrem risikoscheue Investoren legen ihr gesamtes Geld risikolos an und erzielen eine sichere Rendite in Höhe der Pure Rate (i_B). Diese Position beschreibt Punkt R in Abb. 82. Weniger risikoscheue Investoren können ihr gesamtes Geld ausschließlich in effiziente Wertpapierportefeuilles anlegen oder ein Mischportefeuille bilden. Ein solches **Mischportefeuille** entsteht, wenn der Investor sein Gesamtkapital aufteilt und einen Teil in die risikolose Anlage R, das Restkapital in eines der riskanten Wertpapierportefeuilles auf der Effizienzlinie investiert. Die Rendite-Risiko-Relationen dieser Anlagealternativen werden durch Linien beschrieben, die im Punkt R beginnen und durch die die verschiedenen Wertpapierportefeuilles repräsentierenden Punkte auf der Effizienzlinie laufen. Die Linie RD steht z. B. für die Rendite-Risiko-Relationen aller Kombinationsmöglichkeiten der risikolosen Anlage R mit dem Wertpapierportefeuille D.

Vergleicht man die Punkte D und D´ miteinander, ist leicht zu erkennen, daß der Punkt D´ bei gleichem Risiko eine höhere Rendite als D verspricht. Das Wertpapierportefeuille D wird von dem Mischportefeuille D´ dominiert und ist somit nicht mehr effizient. Ist ein Investor bereit, Risiko in Höhe von σ_D zu übernehmen, wird er sein gesamtes Kapital nicht in das Wertpapierportefeuille D investieren, sondern ein Mischportefeuille bilden, das in der durch Punkt D´ beschriebenen Relation aus der risikolosen Anlage und dem Wertpapierportefeuille M besteht.

Die Strecke RM in Abb. 82 liegt links oberhalb des Abschnitts DM der Effizienzlinie. Das bedeutet, daß bei gegebenem Kapitalbestand der Investoren die **Mischung** von **risikoloser Anlage** mit dem **Portefeuille M** jedes denkbare Portefeuille auf diesem Abschnitt der Effizienzlinie und damit auch jedes andere Mischportefeuille hinsichtlich der Kriterien Rendite und Risiko **dominiert**. Rational handelnde Investoren werden somit ihren gesamten Anlagebetrag in Mischportefeuilles investieren, die zu einem Teil aus der risikolosen Anlage und zum anderen Teil aus dem Wertpapierportefeuille M bestehen. Nur wenn ein Investor Risiko in Höhe von σ_M übernehmen möchte, ist es sinnvoll, das gesamte Kapital ausschließlich in ein reines Wertpapierportefeuille – in das Portefeuille M – zu investieren.

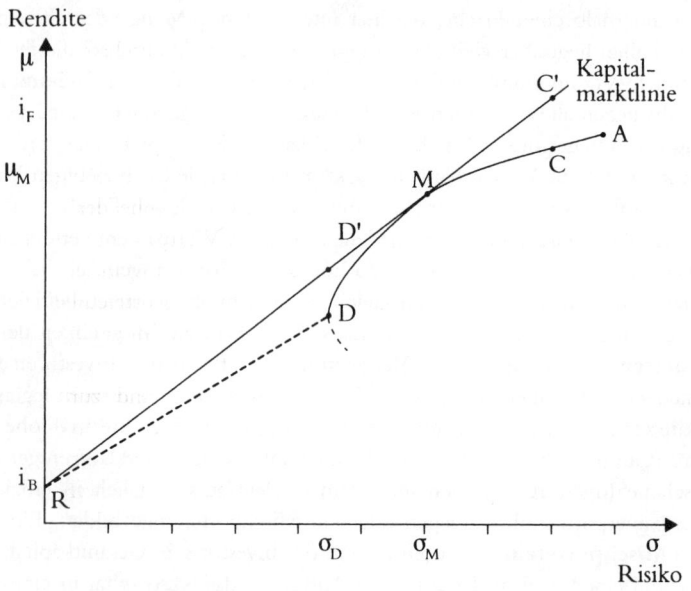

Abb. 82: Die Kapitalmarktlinie

Bisher wurde die Möglichkeit der Kreditaufnahme zum Zinssatz i_B vernachlässigt. Möchte ein Anleger ein höheres Risiko als σ_M übernehmen, kann er ohne Kreditaufnahme z. B. das Portefeuille C realisieren. Die Verlängerung der Strecke RM zeigt allerdings, daß der Anleger bei gleichem Risiko seine Renditeerwartungen steigern kann, wenn er sein gesamtes Kapital in M investiert und zusätzlich einen Kredit aufnimmt, um auch das Fremdkapital in M zu investieren. Durch die **Hebelwirkung der Verschuldung** könnte er dann z. B. den Punkt C´ realisieren. Im Punkt C´ ist bei gleichem Risiko die Rendite höher als in C. Die Abb. 82 zeigt, daß auch jedes rechts von M auf der Effizienzlinie liegende Portefeuille (und damit auch jedes andere Mischportefeuille) von einer mit Eigen- und Fremdkapital finanzierten Investition in das Wertpapierportefeuille M dominiert wird.

Das **Portefeuille M** wird als **Marktportefeuille** bezeichnet. Es wird durch den Tangentialpunkt der Geraden aus R mit der Effizienzkurve beschrieben und enthält sämtliche am Markt gehandelten risikobehafteten Wertpapiere im Verhältnis ihrer Marktwerte. Den Marktteilnehmern stehen somit folgende **Anlagemöglichkeiten** offen:

VII. Optimierung der finanzierungspolitischen Instrumente

(1) Anlage des verfügbaren Eigenkapitals zum risikolosen Zins i_B (Punkt R).
(2) Anlage des verfügbaren Eigenkapitals in einer Mischung aus risikoloser Anlage i_B und dem Marktportefeuille M (Strecke RM).
(3) Anlage des verfügbaren Eigenkapitals im Marktportefeuille M (Punkt M).
(4) Anlage des verfügbaren Eigenkapitals und Aufnahme von Fremdkapital zum Zinssatz i_B zur Investition in das Marktportefeuille M (Kapitalmarktlinie rechts oberhalb von M).

Die konkrete Wahl der Anlagemöglichkeit ist abhängig vom **Ausmaß** der **Risikoaversion** des jeweiligen Anlegers. Der extrem risikoscheue Anleger wählt die Alternative (1). Mit zunehmender Risikobereitschaft beschreiten die Anleger einen Pfad steigenden Risikos (und steigender Renditeerwartung), der durch die Anlagestationen (2), (3) und (4) markiert wird. Die Zusammensetzung des Marktportefeuilles bleibt dabei aber stets konstant. Ein Blick auf Abb. 82 verdeutlicht, daß die Zusammensetzung des Marktportefeuilles nur durch zwei Faktoren, nämlich durch die Höhe der Pure Rate und die Lage der Effizienzlinie, bestimmt wird. Die Risikoneigung des einzelnen Investors hat keinen Einfluß auf die Struktur des Marktportefeuilles. Diese Unabhängigkeit der Zusammensetzung des Marktportefeuilles von der Risikoneigung der einzelnen Investoren wird als **Tobin-Separation** bezeichnet.[41]

Besteht die Möglichkeit, risikolos Geld anzulegen und zum gleichen Zinssatz i_B Kredite aufzunehmen, liegen alle effizienten Mischportefeuilles auf der Linie, die durch die Punkte R, D´, M und C´ verläuft. Sie bildet jetzt die Effizienzlinie und wird als **Kapitalmarktlinie** bezeichnet. Sie ist noch einmal in Abb. 83 dargestellt.

Die Steigung der Kapitalmarktlinie gibt den Preis wieder, der am Kapitalmarkt für die Übernahme einer zusätzlichen Risikoeinheit verlangt wird. Sie stellt somit eine Beziehung zwischen Rendite und Risiko dar. Es gilt der Zusammenhang:

$$\mu_p = i_B + \frac{\mu_M - i_B}{\sigma_M} \cdot \sigma_P$$

Ein Beispiel: Die Pure Rate (i_B) betrage 2 Prozent. Das Marktportefeuille M habe eine Rendite μ_M von 12 Prozent und ein Risiko σ_M von 5 Einheiten. Für die Übernahme von 5 Risikoeinheiten gewährt der Markt einen Risikozuschlag ($\mu_M - i_B$) von 10 Prozent. Eine Risikoeinheit wird mit 2 Zinspunkten honoriert. Ist σ_P gleich 2, ist also ein Anleger bereit, zwei Risikoeinheiten zu übernehmen, kann er eine Rendite von 6 Prozent erwarten.

Aus dem Verlauf der Kapitalmarktlinie lassen sich zwei Folgerungen ableiten:
(1) Zwischen **Rendite** und **Risiko** besteht im Kapitalmarktgleichgewicht ein **linearer** Zusammenhang.

---

[41] Vgl. Schmidt/Terberger, a.a.O., S. 334 ff.

(2) Die Übernahme jeder zusätzlichen Risikoeinheit wird mit einer **Risikoprämie** in Höhe von

$$\frac{(\mu_M - i_B)}{\sigma_M} \text{ vergütet.}$$

Die Kapitalmarktlinie stellt eine allgemeine Beziehung zwischen Rendite und Risiko im Kapitalmarktgleichgewicht her. Sie zeigt, wie Risiko am Kapitalmarkt bewertet wird. Die Kapitalkosten eines einzelnen Unternehmens innerhalb des Marktportefeuilles lassen sich mit ihr allerdings nicht ohne weiteres herleiten. Daher soll im folgenden das Konzept der Wertpapierlinie beschrieben werden, das zur Bestimmung der Kapitalkosten direkt herangezogen werden kann.

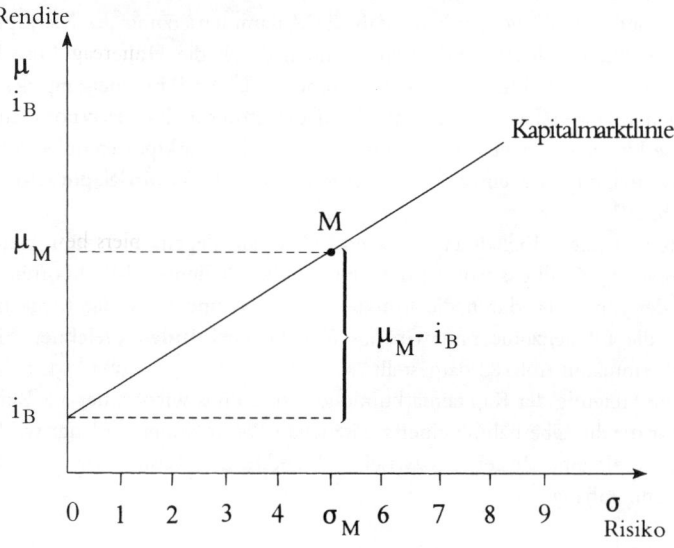

Abb. 83: Steigung der Kapitalmarktlinie

Die Höhe der **Kapitalkosten** eines Unternehmens hängt davon ab, wie hoch die Investoren das **Risiko** einschätzen, das ein finanzielles Engagement in dieses Unternehmen in sich birgt. Bevor die konkreten Kapitalkosten eines Unternehmens bestimmt werden können, ist somit zunächst ein geeignetes Risikomaß zu suchen.

Die Portfoliotheorie hat gezeigt, daß durch gezielte Diversifikation Teile des Gesamtrisikos der einzelnen Wertpapiere wegdiversifiziert werden können.[42] Der Teil des Risikos eines Wertpapiers, der durch Diversifikation eliminiert werden kann, wird als **unsystematisches Risiko** bezeichnet, der Teil, der auch durch gezielte Diversifikation nicht beseitigt werden kann, wird als **systematisches Risiko** bezeichnet. Der Prototyp des systematischen Risikos ist das allgemeine Konjunkturrisiko. Auf einem vollkommenen

---

[42] Vgl. S. 790 ff.

Kapitalmarkt braucht ein Anleger das unsystematische Risiko nicht zu tragen, weil er es durch **Diversifikation** beseitigen kann. Da die Anleger das unsystematische Risiko nicht tragen müssen, wird es am Kapitalmarkt auch **nicht extra vergütet**. Der Kapitalmarkt gewährt keine Prämie für ein unnötigerweise übernommenes Risiko. Somit ist das unsystematische Risiko für die weitere Ableitung der Kapitalkosten ohne Relevanz.

Selbst bei vollständiger Diversifikation ist die Rendite eines Portefeuilles nicht sicher. Sie unterliegt immer noch dem systematischen Risiko.[43] Das Marktportefeuille ist ein gut diversifiziertes Portefeuille. Seine Rendite unterliegt daher ausschließlich dem systematischen Risiko. Da das Marktportefeuille alle am Markt gehandelten riskanten Wertpapiere umfaßt, ist das **Risiko** des **Marktportefeuilles** gleich dem **systematischen Risiko** des gesamten Marktes. Stellvertretend für das systematische Risiko sei hier die Veränderung der Konjunktur genannt. Im Marktportefeuille sind Titel enthalten, die sehr sensibel auf Veränderungen der Konjunktur reagieren, z.B. die Aktien von Herstellern von Luxusautomobilen, und Titel, die auf Änderungen der Konjunktur weniger reagieren, z.B. Aktien von Versorgungsunternehmen.

Der **β-Wert**[44] (Beta) einer Aktie ist ein standardisiertes Maß für die Korrelation des betreffenden Wertpapiers mit dem Marktportefeuille. Er beschreibt also, wie stark die Rendite des jeweiligen Wertpapiers bei Schwankungen der Renditen des Marktportefeuilles reagiert. Der β-Wert stellt somit ein geeignetes Risikomaß für die weitere Untersuchung dar.

Das **Marktportefeuille** hat definitionsgemäß ein **Beta** von **eins**. Konjunkturanfällige Werte haben ein Beta > 1, weniger konjunkturanfällige Werte ein Beta < 1. Ist eine Anlage risikolos, hat sie ein Beta von Null. Im Übungsbuch wird dies an einem Zahlenbeispiel verdeutlicht. (**ÜB 5**/100) Stellt man eine Beziehung zwischen dem Beta eines Wertpapiers als Risikomaß und seiner Rendite her, so erhält man die **Wertpapierlinie**[45] in Abb. 84.

Je höher der **Betawert** einer Aktie, desto höher ist das systematische Risiko der Aktie. Je höher das Risiko einer Aktie eingeschätzt wird, um so höhere **Risikozuschläge** werden am Kapitalmarkt verlangt. Formal lautet die entsprechende Gleichung der Wertpapierlinie:

$$\mu_P = i_B + (\mu_M - i_B) \cdot \beta_P$$

Die Renditeforderungen der Kapitalgeber und damit die Kapitalkosten eines Unternehmens sind unmittelbar aus dieser Gleichung abzulesen. Solange die Vergabe von Fremdkapital für die Kapitalgeber kein Risiko in sich birgt, entspricht der Kostensatz für Fremdkapital der Pure Rate i_B. Die Kosten für Eigenkapital übersteigen in diesem Fall die Fremdkapitalkosten um den Risi-

---

[43] Der Fall der vollständig negativen Korrelation, bei dem das Risiko vollkommen eliminiert werden kann, wird wegen seiner Realitätsferne nicht weiter betrachtet.
[44] Vgl. zum ß-Wert z.B. Franke/Hax, a.a.O., S. 265 ff.
[45] Vgl. zur mathematischen Herleitung der Wertpapierlinie z.B. Perridon/Steiner, a.a.O., S. 265 ff.

kozuschlag $(\mu_M - i_B) \cdot \beta_p$. Die Höhe des Risikozuschlags hängt somit vom Beta des jeweiligen Unternehmens (β_p) ab. Diese Eigenkapitalkosten entsprechen dem Kostensatz für Eigenkapital eines unverschuldeten Unternehmens und damit den konstanten durchschnittlichen Kapitalkosten einer Unternehmung.

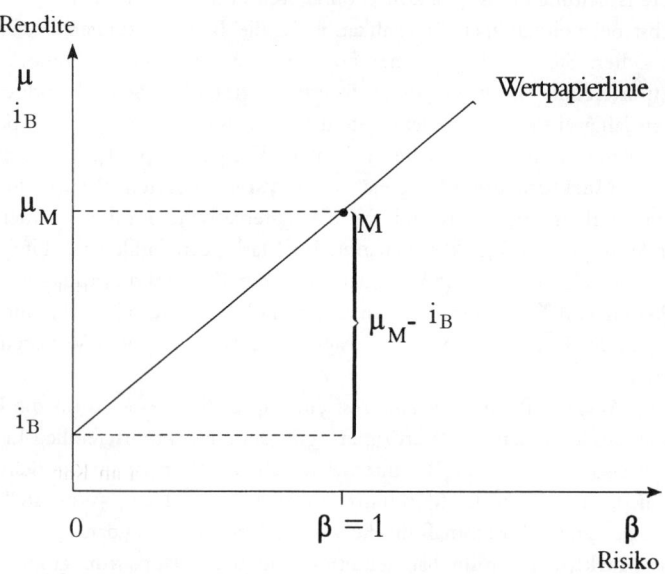

Abb. 84: Die Wertpapierlinie

Die wichtigsten **Folgerungen,** die aus dem **CAPM** gezogen werden können, sind:
(1) Bei der Bewertung einzelner Unternehmen innerhalb des Marktportefeuilles ist nicht das gesamte Risiko des Unternehmens relevant, sondern nur sein systematisches Risiko.
(2) Zwischen dem Risikomaß Beta für das systematische Risiko und der Rendite besteht ein linearer Zusammenhang. Die Risikoprämie beträgt $(\mu_M - i_B) \cdot \beta_p$.

Die **Kritik** am CAPM richtet sich hauptsächlich gegen die Prämissen des Modells.[46] Die Annahme, daß der Zinssatz der risikolosen Geldanlage und der Zinssatz für die Kreditaufnahme identisch sind, entspricht nicht der Realität. In der Regel liegen die Kreditzinsen stets über den Guthabenszinsen. Auch die Annahmen, daß alle Anleger identische Erwartungen haben und das Marktportefeuille halten, sind gleichermaßen realitätsfern. Es wird keine zwei Anleger geben, die die zukünftige Entwicklung des Kapitalmarkts gleich einschätzen. Somit werden die Investoren auch kein identisches Marktportefeuille bilden. Zum anderen wird es keinen Anleger geben, der Stücke aller am Markt gehandelten Wertpapiere in seinem Depot hält. Die

---

[46] Vgl. zur Kritik am CAPM insbesondere Schneider, D., (Investition), a. a. O., S. 510 ff.

genannten Kritikpunkte machen deutlich, daß das CAPM das tatsächliche Anlegerverhalten nicht realitätsgetreu abbildet. Dennoch können mit Hilfe des CAPM aus einem Gleichgewichtsmodell heraus Aussagen über die Beziehung von Risiko und Rendite abgeleitet werden. Das Modell ist in sich logisch konsistent, d.h. die abgeleiteten Aussagen sind aus dem Modell heraus begründbar. Es stellt daher eine gute Ausgangsbasis für eine entscheidungstheoretische Analyse von Risiko und Ertragserwartungen dar. (ÜB 5/99–100)

VIII. Besondere Anlässe der Außenfinanzierung

1. Übersicht

Bevor einzelne Anlässe der Außenfinanzierung im Detail erörtert werden, soll zunächst eine systematische Übersicht über die bedeutsamen Fälle gegeben werden:

(1) **Die Gründung**

Sie kann erstens entweder als Bargründung durch Einlage von Geldmitteln (Personenunternehmung) oder durch Erwerb von Anteilen an Kapitalgesellschaften erfolgen. Sie kann zweitens als Sachgründung durch Einbringung von einzelnen Vermögenswerten (Grundstücke, Maschinen, Beteiligungen, Wertpapiere) oder von Betriebsteilen bzw. ganzen Betrieben vorgenommen werden. Im letztgenannten Fall kann eine Verschmelzung (Fusion) durch Neugründung oder einen Formwechsel (z.B. Umwandlung einer OHG in eine GmbH, d.h. Gründung einer GmbH, in die die OHG eingebracht wird) vorliegen.

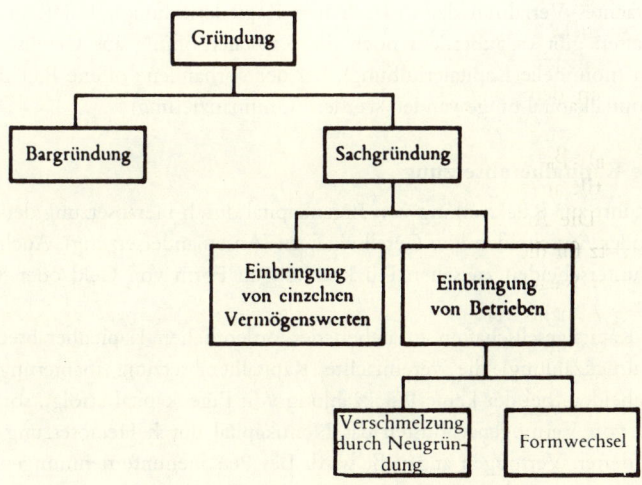

Abb. 85: Gründung

(2) Die Kapitalerhöhung

Auch sie kann durch Zuführung von Bargeld oder Sachwerten durchgeführt werden, wobei entweder die bisherigen Gesellschafter ihre Kapitalanteile erhöhen oder neue Gesellschafter eintreten. Eine Kapitalerhöhung kann auch in der Weise erfolgen, daß eine Verschmelzung durch Aufnahme stattfindet, d. h. eine Gesellschaft eine andere Gesellschaft aufnimmt, indem sie ihr Vermögen gegen Gewährung von Gesellschaftsrechten übernimmt.

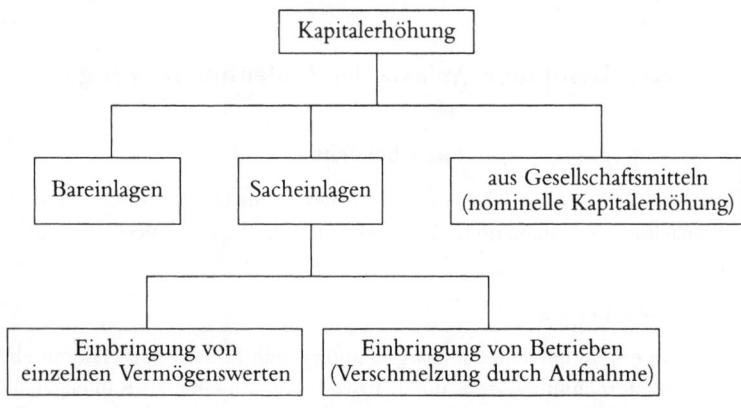

Abb. 86: Kapitalerhöhung

Das Aktiengesetz unterscheidet neben der normalen (ordentlichen) Kapitalerhöhung durch Ausgabe neuer (junger) Aktien die bedingte Kapitalerhöhung, deren Wirksamwerden vom Eintritt bestimmter Bedingungen abhängt (z. B. Umwandlung von Wandelschuldverschreibungen [Fremdkapital] in Aktien), und das genehmigte Kapital (Ermächtigung des Vorstandes für ein vereinfachtes Verfahren der ordentlichen Kapitalerhöhung). Bei Kapitalgesellschaften gibt es außerdem noch die Kapitalerhöhung aus Gesellschaftsmitteln (nominelle Kapitalerhöhung), bei der vorhandene offene Rücklagen in Nominalkapital umgewandelt werden (Umfinanzierung).

(3) Die Kapitalherabsetzung

Sie führt zur Rückzahlung von Eigenkapital durch Herabsetzung der Einlagen oder Ausscheiden von Gesellschaftern (Auseinandersetzung). Auch hier ist zu unterscheiden zwischen Rückzahlung in Form von Geld oder Sachwerten.

Bei Kapitalgesellschaften ist neben der ordentlichen Kapitalherabsetzung (Kapitalrückzahlung) die vereinfachte Kapitalherabsetzung (Sanierung) zu unterscheiden, bei der keine Rückzahlung von Eigenkapital erfolgt, sondern infolge von Vermögensverlusten das Nennkapital durch Herabsetzung dem verminderten Vermögen angepaßt wird. Bei Personenunternehmungen tritt diese Anpassung automatisch ein, da dort die Eigenkapitalkonten beweglich sind, d. h. direkt um Verluste gekürzt bzw. um Gewinne erhöht werden.

VIII. Besondere Anlässe der Außenfinanzierung

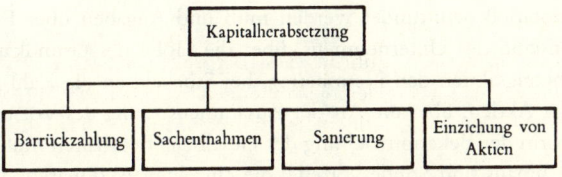

Abb. 87: Kapitalherabsetzung

(4) Die Liquidation

Die Liquidation führt zur Auflösung des Betriebes. Im Falle materieller Liquidation werden alle Vermögenswerte veräußert, die Schulden getilgt und ggf. noch verbleibende liquide Mittel den Eigenkapitalgebern zurückgewährt.

Im Falle formeller Liquidation wird der Betrieb nur rechtlich aufgelöst, wirtschaftlich aber fortgeführt, jedoch unter einer anderen Rechtsform (Umwandlung) und/oder einer anderen Firma (Fusion).

Da die teils zur Gründung, teils zur Kapitalerhöhung zählenden Vorgänge der Umwandlung und Fusion in Handels- und Steuerrecht jeweils besonders geregelt sind, werden sie – damit Wiederholungen vermieden werden – in besonderen Abschnitten behandelt.

2. Die Gründung

Die Probleme der Gründung eines Betriebes sollen in diesem Zusammenhang nur kurz behandelt und in erster Linie auf die finanzielle Seite beschränkt werden, da die sonstigen betriebswirtschaftlichen Überlegungen, die einer Gründung vorangehen, an anderer Stelle bereits ausführlich besprochen wurden. Vor der Gründung wird man die Aufnahmefähigkeit des Marktes, die Stärke der Konkurrenz u.a. mit Hilfe der Marktforschung feststellen. Sodann wird man sich über die Höhe und die Struktur des Kapitalbedarfs, über die Möglichkeiten der Kapitalbeschaffung und damit zusammenhängend über die Rechtsform des Betriebes, über den Standort usw. Gedanken machen. Die Probleme sollen hier nicht wiederholt werden.

Der rechtliche Hergang der Gründung ist bei den einzelnen **Rechtsformen** verschieden stark formbelastet. Bei der Einzelunternehmung erfolgt gewöhnlich eine Eintragung im Handelsregister, bei Personen- und Kapitalgesellschaften muß diese Eintragung durchgeführt werden. Gesellschaften müssen darüber hinaus einen Gesellschaftsvertrag abschließen. Bei der OHG ist er formlos, bei der AG bedarf die Satzung einer notariellen Beurkundung. Bei Personengesellschaften ist kein Mindestkapital vorgeschrieben, bei der AG muß das Grundkapital mindestens 100.000 DM (50.000 Euro), bei der GmbH mindestens 50.000 DM (25.000 Euro) betragen.

Die Gründung einer **Aktiengesellschaft**[1] vollzieht sich im einzelnen folgendermaßen: Die Personen, die Aktien übernehmen (Gründer) bilden ein Gründungskonsortium. Sie stellen die **Satzung** fest, die – wie bereits er-

---

[1] Vgl. §§ 23–53 AktG

wähnt – notariell beurkundet werden muß und Angaben über Firma, Sitz und Gegenstand des Unternehmens, über die Höhe des Grundkapitals und bei Nennbetragsaktien den Nennbetrag, bei Stückaktien die Zahl sowie die Gattung der Aktien, über die Art der Zusammensetzung des Vorstandes und über die Form der Bekanntmachung der Gesellschaft enthalten muß.[2]

Darüber hinaus sind Sondervorteile, die einzelnen Aktionären eingeräumt werden (z. B. Gewinnvorteile, Vorteile beim Liquidationserlös, Bezugs- oder Lieferungsrechte),[3] ferner Entschädigungen oder Belohnungen, die den Gründern oder anderen Personen für die Gründung oder ihre Vorbereitung gewährt werden (Gründerlohn),[4] sowie der Nennbetrag der bei einer Sacheinlage dem einbringenden Aktionär zu gewährenden Aktien oder die bei einer Sachübernahme durch die Gesellschaft zu gewährende Vergütung[5] in der Satzung festzusetzen.

Fehlen entsprechende Angaben, so sind bereits geschlossene Verträge der Gesellschaft gegenüber unwirksam. An Stelle der vereinbarten Sacheinlage hat der Aktionär dann eine Bareinlage zu erbringen.

Im Anschluß an die Feststellung der Satzung erfolgt die **Aufbringung des Grundkapitals** durch Übernahme der Aktien. Hierbei ist zu unterscheiden zwischen Einheitsgründung (Simultangründung), bei der sämtliche Aktien von den Gründern, zu denen häufig eine Bank oder ein Bankenkonsortium gehört, übernommen werden, und der Stufengründung (Sukzessivgründung), bei der die Gründer nur einen Teil der Aktien übernehmen, während der übrige Teil durch Zeichnung im Publikum untergebracht wird. Die zweite Form ist seltener, da sie umständlicher und demgemäß mit höheren Kosten (Einschaltung von Emissionsbanken, Veröffentlichung von Prospekten usw.) verbunden ist. Außerdem ist sie mit dem Risiko behaftet, daß nicht alle Aktien gezeichnet werden. Das deutsche Aktienrecht (AktG 1965) sieht nur noch die Einheitsgründung vor, d. h. alle Aktien müssen durch die Gründer übernommen werden.[6]

Nach der Übernahme der Aktien wird der **Aufsichtsrat** bestellt; bei der Einheitsgründung erfolgt die Bestellung durch die Gründer,[7] bei der Stufengründung wurde sie durch die von den Gründern einberufene Hauptversammlung vorgenommen.[8] Der Aufsichtsrat bestellt seinerseits den ersten **Vorstand.**[9] Der Vorstand fordert das Aktienkapital ein. Es müssen mindestens 25% des Nennwertes, zuzüglich dem Agio (zur Deckung der Gründungskosten), eingezahlt werden. Die eingehenden Geldmittel werden zum Aufbau des Betriebes verwendet. Diesen wirtschaftlichen Vorgang bezeichnet man als Errichtung, er hat nichts mehr mit der Gründung zu tun.[10]

---

[2] Vgl. § 23 Abs. 3 und 4 AktG
[3] Vgl. § 26 Abs. 1 AktG
[4] Vgl. § 26 Abs. 2 AktG
[5] Vgl. § 27 Abs. 1 AktG
[6] Vgl. § 29 AktG
[7] Vgl. § 30 Abs. 1 AktG
[8] Vgl. § 30 Abs. 4 AktG 1937
[9] Vgl. § 30 Abs. 4 AktG
[10] Das Aktiengesetz bezeichnet eine Gesellschaft als errichtet, wenn die Gründer alle Aktien übernommen haben (vgl. § 29 AktG)

VIII. Besondere Anlässe der Außenfinanzierung

Nach der Einzahlung des Grundkapitals (bzw. des eingeforderten Teils) erfolgt durch alle Gründer und Mitglieder des Vorstands und Aufsichtsrats die **Anmeldung zum Handelsregister,**[11] der neben der Satzung und den Urkunden über die Bestellung von Aufsichtsrat und Vorstand auch ein Gründungsbericht,[12] in dem die Gründer den Hergang der Gründung beschreiben müssen, und ein Prüfungsbericht[13] beizufügen sind. Die **Gründungsprüfung** nehmen Vorstand und Aufsichtsrat vor. Gehört jedoch ein Gründungsmitglied zum Vorstand oder Aufsichtsrat oder liegt eine qualifizierte Gründung vor, so sind außerdem vom Gericht besondere Gründungsprüfer zu bestellen.

Von **qualifizierter Gründung** spricht man dann, wenn entweder Aktien nicht gegen bar (Bargründung), sondern gegen Hingabe von Sacheinlagen, z. B. von Patenten, Maschinen, Grundstücken u. a. (Sachgründung) erworben werden, oder wenn den Gründern oder sonstigen Aktionären besondere Vorteile in Form eines Gründerlohns oder von Warenlieferungs- oder Warenbezugsverträgen eingeräumt worden sind. Die verschärften Prüfungsvorschriften bei der qualifizierten Gründung sollen insbesondere verhindern, daß bei Einbringung von Sachwerten durch Bewertungsmanipulationen einzelnen Aktionären auf Kosten anderer Vorteile eingeräumt werden oder daß durch Überbewertung von Vermögenswerten keine volle Deckung des Grundkapitals erreicht wird und somit von vornherein eine Erhöhung des Risikos für die Gläubiger gegeben ist.

Die für die qualifizierte Gründung gegebenen Schutzvorschriften könnten dadurch umgangen werden, daß zunächst eine Bargründung erfolgt, danach aber von der Gesellschaft Sachübernahmen von Aktionären vorgenommen werden, die praktisch eine Rückzahlung des Bargeldes bedeuten und nicht ausschließen, daß durch Festsetzung überhöhter Kaufpreise eine Schädigung anderer Aktionäre eintritt. Derartige Gründungen bezeichnet man als Schein-Bargründungen. Sie sollen durch die Bestimmungen über die Nachgründung erschwert werden.

Eine **Nachgründung**[14] liegt vor, wenn eine Aktiengesellschaft in den ersten zwei Jahren nach der Eintragung im Handelsregister Verträge schließt, nach denen sie Anlagen oder sonstige Vermögensgegenstände für eine den zehnten Teil des Grundkapitals übersteigende Vergütung erwerben soll. Derartige Verträge sind nur rechtswirksam, wenn ihnen die Hauptversammlung mit Dreiviertelmehrheit zugestimmt hat, nachdem sie zuvor vom Aufsichtsrat und einem Gründungsprüfer geprüft worden sind und der Aufsichtsrat einen Nachgründungsbericht erstattet hat. Außerdem ist eine Eintragung im Handelsregister erforderlich.

Nach der Prüfung der Anmeldung zum Handelsregister erfolgt die **Eintragung,** die die Aktiengesellschaft zur Entstehung bringt und somit konstitutive Wirkung hat.

---

[11] Vgl. § 36 AktG
[12] Vgl. §§ 32 AktG
[13] Vgl. §§ 33–35 AktG
[14] Vgl. § 52 AktG

Die **Gründungskosten** bestehen in erster Linie aus Steuern, Notariats- und Gerichtskosten, Bankgebühren und Zinsen für die Übernahme der Anteile (Konsortium) und Prüfungsgebühren. Der Erwerb von Gesellschaftsrechten an Kapitalgesellschaften unterlag in Höhe der geleisteten Einlagen der Gesellschaftsteuer. Sie betrug bis zu ihrer Aufhebung mit Wirkung vom 31. 12. 1991 1% der tatsächlichen Einzahlungen. Der Erwerb von Grundstücken und Gebäuden wird von der Grunderwerbsteuer erfaßt. Diese Umsätze sind umsatzsteuerfrei, da sie der Grunderwerbsteuer unterliegen.[15] Auch die Übertragung der Gesellschaftsrechte durch die Gesellschaft an die Aktionäre ist von der Umsatzsteuer befreit.[16, 17]

Notariats- und Gerichtskosten fallen bei der Beurkundung der Satzung, dem Erwerb von Grundstücken und bei der Eintragung ins Handelsregister an. Die Gebühren der Gründungsprüfung sind bei Sachgründungen gewöhnlich erheblich höher als bei Bargründungen. Zu den Gründungskosten zählen ferner die Druckkosten für die Aktien und Interimsscheine, für die Satzung, die ersten Pflichtveröffentlichungen in Zeitungen u. ä. und die Gebühren für die Bescheinigung des Finanzamts, daß der Eintragung steuerliche Bedenken nicht entgegenstehen.

Die Gründungskosten sollen durch das **Agio**, mit dem die Aktien in der Regel ausgegeben werden, gedeckt werden. Sie dürfen allerdings das in die Kapitalrücklage einzustellende Agio nicht direkt kürzen, sondern sind zu Lasten des jeweiligen Jahresergebnisses zu verrechnen.[18] Sie betragen im Durchschnitt etwa 5–7% des Aktienkapitals. Eine Aktivierung der Gründungskosten in der Jahresbilanz und eine Verteilung durch Abschreibung über mehrere Jahre ist nicht zulässig.[19]

3. Die Kapitalerhöhung

a) Begriff und Motive

Als Kapitalerhöhung kann man an sich jede Erweiterung der Kapitalbasis eines Betriebes durch Einbringung eigener oder Aufnahme fremder Mittel bezeichnen; gewöhnlich wird der Begriff aber enger gefaßt und nur für die Erhöhung des **Eigenkapitals** oder noch enger für die Erhöhung des **Nominalkapitals** der Aktiengesellschaft oder des Stammkapitals der GmbH verwendet. Die Erhöhung des Eigenkapitals kann durch Zuführung neuer Mit-

---

[15] Vgl. § 4 Nr. 9 Buchstabe a UStG
[16] Vgl. § 4 Nr. 8 Buchstabe f UStG
[17] Bei der Einbringung von Sacheinlagen entsteht durch die Notwendigkeit einer Bewertung der Sacheinlagen eine Reihe steuerlicher Probleme, deren Behandlung in diesem Zusammenhang zu weit führen würde. Vgl. dazu: Wöhe, G., Betriebswirtschaftliche Steuerlehre, Bd. II, 2. Halbband, 3. Aufl., a. a. O., S. 206 ff.
[18] Vgl. Baetge, J., Fey, D., Weber, C.-P., in: Küting/Weber, Handbuch der Rechnungslegung, 4. Aufl., Stuttgart 1995, Anm. 4 zu § 248 HGB
[19] Die Gründungskosten sind nicht mit den „Aufwendungen für die Ingangsetzung und Erweiterung des Geschäftsbetriebes" (§ 269 HGB) zu verwechseln, zu denen die Aufwendungen für den Aufbau des Betriebes, der Betriebsorganisation und der Verwaltung gehören. Sie dürfen aktiviert werden und sind durch jährliche Abschreibungen in jedem folgenden Geschäftsjahr mit mindestens einem Viertel zu tilgen (§ 282 HGB).

tel von außen (z. B. durch Einlagen des Unternehmers bzw. der Mitunternehmer oder durch Ausgabe neuer Aktien) oder durch Selbstfinanzierung (z. B. durch Nichtentnahme von Gewinnen bzw. Zuweisung von Gewinnen an die Rücklagen) erfolgen.

Die Folge einer Kapitalerhöhung ist eine Verbesserung der **Liquidität** des Betriebes, es sei denn, die Erhöhung vollzieht sich durch Einbringung von Sacheinlagen. Da durch eine Erhöhung des nominell gebundenen Eigenkapitals der Kapitalgesellschaften bzw. der Kommanditeinlagen die Haftungsbasis des Betriebes erweitert wird, nimmt in der Regel auch seine **Kreditwürdigkeit** zu, so daß eine Kapitalerhöhung den Weg zur Aufnahme weiteren Fremdkapitals freimachen kann.

Eine Kapitalerhöhung wird immer dann erfolgen müssen, wenn ein Betrieb auf Grund einer guten Geschäftslage seine Kapazität erweitern will und folglich neue Mittel zur Finanzierung benötigt. Erhöhungen des Eigenkapitals können aber auch dazu dienen, Fremdkapital durch Eigenkapital zu ersetzen, so daß keine Erweiterung der Kapitalbasis, sondern nur eine Änderung in der Zusammensetzung des Kapitals eintritt. Das ist insbesondere dann erforderlich, wenn infolge Kapitalmangels eine Finanzierung von Anlagen vorübergehend mit kurzfristigem Fremdkapital erfolgt ist, das unbedingt durch langfristiges Kapital abgelöst werden muß, wenn nicht schwere Schäden für den Betrieb eintreten sollen. Auch Rationalisierungsmaßnahmen, insbesondere Modernisierungsinvestitionen zur Berücksichtigung technischer Fortschritte können Kapitalerhöhungen notwendig machen.

Bei Aktiengesellschaften kann die Kapitalerhöhung auch andere als reine Finanzierungszwecke verfolgen, so z. B. wenn junge (neue) Aktien den **Belegschaftsmitgliedern** angeboten oder wenn durch die Erhöhung des Aktienkapitals bestehende Mehrheitsverhältnisse verändert oder die neuen finanziellen Mittel zum Erwerb von Beteiligungen verwendet werden sollen.

b) Die Kapitalerhöhung der Einzelunternehmung und der Personengesellschaften

Bei der Einzelunternehmung ist die Selbstfinanzierung oft die einzige Möglichkeit zur Erhöhung des Eigenkapitals, es sei denn der Einzelunternehmer verfügt noch über Privatvermögen, das er in den Betrieb einbringen kann oder es gelingt ihm, einen stillen Gesellschafter aufzunehmen.

aa) Kapitalerhöhung ohne Aufnahme neuer Gesellschafter

Bei den Personengesellschaften kann die Kapitalerhöhung eine Anzahl schwieriger Probleme aufwerfen. Wird z. B. in einer OHG weiteres Eigenkapital benötigt, sind aber nicht alle Gesellschafter in der Lage, ihren bisherigen Anteil am Kapital im gleichen Verhältnis aufzustocken, so tritt eine **Verschiebung der prozentualen Anteile** am Gesellschaftskapital ein. Erfolgt die Gewinnverteilung nach Gewährung einer festen Verzinsung der Einlagen nach Köpfen, so hat die Verschiebung der Anteile auf die nach der festen Verzinsung erfolgende Gewinnverteilung keinen Einfluß.

Im Falle der Liquidation oder beim Ausscheiden eines Gesellschafters aus der Gesellschaft berechnet sich jedoch der Liquidationserlös bzw. das Auseinandersetzungsguthaben des ausscheidenden Gesellschafters nicht nach dem Gewinnverteilungsschlüssel, sondern nach dem prozentualen Anteil am Kapital. Das führt dann, wenn im Betrieb erhebliche stille Rücklagen vorhanden sind, zu einer Bevorzugung der Gesellschafter, die bei einer Kapitalerhöhung ihren Anteil am Gesellschaftskapital prozentual vergrößern. Dabei ist es gleichgültig, ob die Kapitalerhöhung durch Zuführung von Mitteln von außen oder durch Nichtentnahme von Gewinnen (Selbstfinanzierung) erfolgt.

Ein **Beispiel** soll das erläutern. Am Eigenkapital einer OHG von 100.000 DM ist der Gesellschafter A mit 80.000 DM, der Gesellschafter B mit 20.000 DM beteiligt. Die Gewinnverteilung erfolgt nach einer Verzinsung der Einlagen mit 6 % nach Köpfen, da auf Grund der privaten Vermögensverhältnisse das Risiko beider Gesellschafter das gleiche sein soll. Sind in der Gesellschaft stille Rücklagen in Höhe von 20.000 DM vorhanden, so würden sie im Falle der Liquidation im Verhältnis der Anteile (4 : 1) verteilt, d. h. A würde 16.000 DM und B würde 4.000 DM erhalten.

Erhöhen jetzt beide Gesellschafter ihr Kapital nicht im bisherigen Verhältnis der Anteile, sondern um den gleichen absoluten Betrag von beispielsweise 10.000 DM, so verschiebt sich das Beteiligungsverhältnis von 4 : 1 (80.000 : 20.000) auf 3 : 1 (90.000 : 30.000). Bei der Verteilung der stillen Rücklagen im Liquidationsfalle würde jetzt A 15.000 DM und B 5.000 DM erhalten, obwohl das neu eingebrachte Kapital an der Erwirtschaftung der Rücklagen überhaupt nicht beteiligt war.

Es tritt also eine Verschiebung zugunsten des Gesellschafters B, also des Gesellschafters mit dem kleineren Kapitalanteil ein. Sollen derartige Verschiebungen verhindert werden, so ist es zweckmäßig, im Gesellschaftsvertrag die Gesellschaftsanteile festzulegen und nicht entnommene Gewinnanteile auf gesonderten Konten zu erfassen. Bei wesentlichen Kapitalerhöhungen durch Zuführung von Mitteln von außen wird dann in der Regel eine Neufestsetzung der Gesellschaftsanteile unter Berücksichtigung der bereits gebildeten stillen Rücklagen notwendig sein.

bb) Kapitalerhöhung durch Aufnahme neuer Gesellschafter

Ein analoges Problem entsteht, wenn die Kapitalerhöhung einer OHG durch Aufnahme eines neuen Gesellschafters erfolgt. Da in der Gesellschaft in der Regel bereits stille Rücklagen vorhanden sind, an denen der neue Gesellschafter im Liquidationsfalle automatisch entsprechend seinem Anteil beteiligt ist, obwohl diese stillen Rücklagen zu Lasten der Gewinnentnahme oder zu Lasten der Erhöhung der Kapitalkonten der alten Gesellschafter gebildet wurden, wird ihm nicht seine gesamte Einlage als Kapitalanteil zugeschrieben, sondern nur der Bruchteil, der unter Berücksichtigung der Beteiligung an den stillen Rücklagen wertmäßig der Einlage entspricht.

VIII. Besondere Anlässe der Außenfinanzierung

Beispiel:
Das Eigenkapital einer OHG, an der A und B im Verhältnis 3 : 1 beteiligt sind, soll durch Aufnahme eines weiteren Gesellschafters (C) von 200.000 DM auf 250.000 DM erhöht werden. Die stillen Rücklagen betragen 40.000 DM.

Würden A und B diese stillen Rücklagen unmittelbar vor dem Eintritt des Gesellschafters C auflösen, so wären nach der Kapitalerhöhung A, B und C im folgenden Verhältnis an der Gesellschaft beteiligt:

Gesell-schafter	Eigenkapital-Buchwert	Stille Rücklagen	Kapitalerhöhung	Gesamtes Eigenkapital	
A	150.000 DM	30.000 DM	–	180.000 DM	62,07 %
B	50.000 DM	10.000 DM	–	60.000 DM	20,69 %
C	–	–	50.000 DM	50.000 DM	17,24 %
Σ	200.000 DM	40.000 DM	50.000 DM	290.000 DM	100 %

Soll C nicht an den alten stillen Rücklagen partizipieren, so dürfen ihm von den 50.000 DM nur 43.100 DM (= 17,24% des neuen buchmäßigen Eigenkapitals) zugeschrieben werden, wenn eine Auflösung der stillen Rücklagen zuvor nicht erfolgt. Die Differenz entfällt anteilsmäßig auf die Eigenkapitalkonten von A und B. Eine Auflösung der stillen Rücklagen unter Verwendung des neuen Beteiligungsverhältnisses beteiligt C an den stillen Rücklagen. Sein Anteil entspricht genau dem Betrag, um den sein Kapitalanteil (Kapitalkonto) zu Gunsten der alten Gesellschafter niedriger festgesetzt wurde.

Erfolgt die Kapitalerhöhung einer Personengesellschaft durch Aufnahme weiterer Gesellschafter, so stellt sich außerdem die Frage, ob der bisherige Gewinnverteilungsschlüssel weiterhin angewendet werden kann und welchen Einfluß auf die Unternehmenspolitik die alten Gesellschafter den neuen Gesellschaftern einräumen wollen oder müssen. Dabei spielt eine Rolle, ob die neuen Gesellschafter als Komplementäre die volle Haftung übernehmen oder als Kommanditisten ihr wirtschaftliches Risiko auf ihre Kapitaleinlage beschränken wollen.

c) Die Kapitalerhöhung der Aktiengesellschaft

Bei der Aktiengesellschaft sind verschiedene Formen der Kapitalerhöhung zu unterscheiden:
(1) Die Kapitalerhöhung durch Zufluß neuer Geldmittel. Dieser Zufluß kann erfolgen durch:
   (a) die ordentliche Kapitalerhöhung (§§ 182–191 AktG);
   (b) die bedingte Kapitalerhöhung (§§ 192–201 AktG);
   (c) das genehmigte Kapital (§§ 202–206 AktG);
(2) Die Kapitalerhöhung aus Gesellschaftsmitteln (nominelle Kapitalerhöhung [§§ 207–220 AktG]).

Gesell-schafter	Eigenkapital-Buchwert		Anteil an den stillen Rücklagen		
			Nach Kapital-erhöhung[20]	Vor Kapital-erhöhung	Differenz
A	150.000 DM + 5.175 DM = 155.175 DM	62,07%	24.825 DM	30.000 DM	− 5.175 DM
B	50.000 DM + 1.725 DM = 51.725 DM	20,69%	8.275 DM	10.000 DM	− 1.725 DM
C	50.000 DM − 5.175 DM − 1.725 DM = 43.100 DM	17,24%	6.900 DM	−	+ 6.900 DM
Σ	250.000 DM	100%	40.000 DM	40.000 DM	− DM

aa) Die ordentliche Kapitalerhöhung

Die ordentliche Kapitalerhöhung (Kapitalerhöhung gegen Einlagen §§ 182 ff. AktG) vollzieht sich durch Ausgabe neuer (junger) Aktien. Sie erfordert einen Beschluß der Hauptversammlung mit mindestens Dreiviertelmehrheit des bei der Beschlußfassung anwesenden Aktienkapitals. Sind mehrere stimmberechtigte Aktiengattungen vorhanden, so muß diese Mehrheit für die jeweilige Gattung getrennt erzielt werden. Solange das bisherige Grundkapital noch nicht voll eingezahlt ist, soll eine Kapitalerhöhung nicht durchgeführt werden; lediglich für Versicherungsgesellschaften kann die Satzung etwas anderes bestimmen.[21] Der Beschluß über die Kapitalerhöhung und ihre Durchführung sind zur Eintragung in das Handelsregister anzumelden. Die Kapitalerhöhung wird wirksam, wenn ihre Durchführung eingetragen worden ist.

Den Aktionären steht grundsätzlich ein unentziehbares **Bezugsrecht** auf die neuen Aktien entsprechend ihrem Anteil am bisherigen Grundkapital zu,[22] um dem Aktionär die Aufrechterhaltung seiner bisherigen prozentualen Beteiligung (Besitzverhältnisse) zu ermöglichen. Ein **Ausschluß des Bezugsrechts** ist jedoch im Beschluß über die Kapitalerhöhung mit Dreiviertelmehrheit des bei der Beschlußfassung vertetenen Grundkapitals möglich,[23] vorausgesetzt, die Ausschließung ist in der Tagesordnung der Hauptversammlung enthalten und mit dieser ordnungsgemäß bekanntgemacht worden.[24] Ein Ausschluß ist beispielsweise bei einer Fusion oder zur Schaffung von Beleg-

---

[20] Auftretende Rundungsdifferenzen wurden beseitigt.
[21] Vgl. § 182 Abs. 4 AktG
[22] Vgl. § 186 Abs. 1 AktG
[23] Vgl. § 186 Abs. 3 und 4 AktG
[24] Vgl. § 124 Abs. 1 AktG

VIII. Besondere Anlässe der Außenfinanzierung

schaftsaktien erforderlich. Nimmt die Gesellschaft eine andere Gesellschaft im Wege der Verschmelzung auf, so müssen die Aktionäre der aufgenommenen Gesellschaft mit Aktien der aufnehmenden entschädigt werden. Die erforderlichen Aktien werden im Wege einer bedingten Kapitalerhöhung[25] beschafft. Eine „Verwässerung" (Wertminderung) der alten Aktien kann durch Festsetzung eines den beiden Unternehmenswerten entsprechenden Umtauschverhältnisses zwischen den Aktien der aufnehmenden und der aufgenommenen Gesellschaft verhindert werden.

Wird bei einer Kapitalerhöhung durch teilweisen Ausschluß des Bezugsrechts ein Teil der jungen Aktien der Gesellschaft überlassen, damit man sie Arbeitnehmern anbieten kann, so verschieben sich die bisherigen Besitzverhältnisse.

Kein Entzug des Bezugsrechts tritt ein, wenn der Ausschluß nur aus verwaltungstechnischen Gründen erfolgt. Die Gesellschaft kann die neuen Aktien den Aktionären direkt zur Zeichnung anbieten. Diese sog. Eigenemission ist allerdings gewöhnlich recht umständlich und verzögert die Kapitalerhöhung. Zweckmäßiger ist es, die neuen Aktien unter Ausschluß des gesetzlichen Bezugsrechts einem Bankenkonsortium zu übertragen, das sich verpflichtet, sie den alten Aktionären zu vorher vereinbarten Bedingungen anzubieten. Diese sog. Fremdemission hat den Vorteil, daß der Gesellschaft der Gegenwert der neuen Aktien sofort zur Verfügung steht, ein Vorteil freilich, den sich das Konsortium in „angemessener Weise" honorieren läßt. Den Liquiditätsvorteil erkauft sich die Gesellschaft durch einen nicht unbeachtlichen Vermögensnachteil.

Das Bezugsrecht hat erstens die **Aufgabe,** der Gesellschaft die Ausgabe neuer Aktien zu einem Kurs zu ermöglichen, der erheblich unter dem Kurs der alten Aktien liegen kann. Werden neue Aktien zu einem niedrigeren Kurs ausgegeben als die alten Aktien notiert werden, so bildet sich nach der Kapitalerhöhung ein **Mittelkurs,** der unter dem Kurs der alten Aktien und über dem Emissionskurs der jungen Aktien liegt. Bei der neuen Notierung erzielt also der Inhaber einer jungen Aktie sofort einen Kursgewinn, während der Inhaber der alten Aktie einen entsprechenden Kursverlust hinnehmen muß. Handel und Notierung des Bezugsrechts sind solange überflüssig, wie es sich bei den Inhabern der alten und der jungen Aktien um jeweils identische Personen handelt, da unter Berücksichtigung des Bezugsverhältnisses bei jedem Anleger der Kursverlust durch den Kursgewinn kompensiert wird. Erst wenn diese personale Identität aufgehoben wird, wenn es also Interessenten gibt, die junge Aktien (mit Kursgewinn) erwerben, ohne vorher alte Aktien (mit Kursverlust) besessen zu haben, sind die Kursdifferenzen über den Bezugsrechtshandel in der Weise auszugleichen, daß die „Jung-Aktionäre" ihren Kursgewinn durch Bezahlung des Bezugsrechts an die „Alt-Aktionäre" weiterleiten und so deren Kursverlust eliminieren.

Ohne Bezugsrecht kann man einen Verlust für die alten Aktionäre nur ausschließen, wenn man neue Aktien zum gleichen Kurs ausgibt, zu dem die

---

[25] Vgl. S. 816 f.

alten Aktien notiert werden. Anderenfalls würde sich in der Hauptversammlung die für einen Kapitalerhöhungsbeschluß erforderliche Dreiviertelmehrheit des bei der Beschlußfassung anwesenden Aktienkapitals nicht finden. Für die Gesellschaft aber bestünde bei hohem Ausgabekurs die Gefahr, daß nicht alle Aktien gezeichnet werden.

Das Bezugsrecht hat aber noch eine **zweite Aufgabe**. Der Ausgleich des für die alten Aktionäre durch die Kapitalverwässerung eingetretenen Vermögensverlustes genügt allein nicht, um ihre Zustimmung zu einer Kapitalerhöhung zu gewinnen, denn die Erhöhung des Grundkapitals führt zu einer Veränderung der Stimmrechtsverhältnisse, wenn nicht jeder alte Aktionär im Verhältnis seines bisherigen Anteils an der Kapitalerhöhung teilnehmen kann. Ein Mehrheitsaktionär wird in der Regel einer Kapitalerhöhung nur zustimmen, wenn er seine Mehrheit durch diese Maßnahme nicht verliert. Das Bezugsrecht bietet die Möglichkeit zur Wahrung der bestehenden Stimmrechtsverhältnisse. Ohne Bezugsrecht wäre eine Ausgabe neuer Aktien nur in der Form von stimmrechtslosen Vorzugsaktien möglich, die aber – je nach ihrer Ausgestaltung – die Dividendenzahlung an die Stammaktionäre negativ beeinflussen können.[26]

Die **Berechnung des Bezugsrechts** zeigt das folgende Beispiel: Das Grundkapital einer Gesellschaft wird um 50% erhöht, auf je zwei alte Aktien entfällt also eine neue Aktie, d. h. das Bezugsverhältnis ist 2 : 1. Da alle Aktien nach der Kapitalerhöhung zum gleichen Kurs notiert werden, ergibt sich ein Mittelkurs zwischen dem Kurs der alten und dem Kurs der neuen Aktien, der vom Bezugsverhältnis abhängt.

Beispiel:

	Nennwert	Kurs	Gesamtwert
bisheriges Aktienkapital (alte Aktien)	1.000.000	180 %	1.800.000
Kapitalerhöhung (junge Aktien)	500.000	120 %	600.000

$$\text{neuer Kurs} = \frac{2.400.000 \times 100}{1.500.000} = 160\%$$

Gewinn je junge Aktie 160 % − 120 % = 40 %
Verlust je alte Aktie 180 % − 160 % = 20 %

Der rechnerische Wert des Bezugsrechts läßt sich einfacher durch folgende Formel bestimmen:

$$B = \frac{K_a - K_n}{\frac{a}{n} + 1}$$

---

[26] Vgl. Vormbaum, H., (Finanzierung), a. a. O., S. 215

VIII. Besondere Anlässe der Außenfinanzierung

B = Bezugsrecht
K_a = Kurs der alten Aktie
K_n = Kurs der neuen Aktie
$\frac{a}{n}$ = Bezugsverhältnis

Unter Verwendung des obigen Zahlenbeispiels ergibt sich:

$$B = \frac{180\% - 120\%}{\frac{2}{1} + 1} = \frac{60\%}{3} = 20\%$$

Das Bezugsrecht beträgt 20, der Mittelkurs = K_a − B = 180 − 20 = 160. Der Aktionär verliert an jeder alten Aktie 20 Punkte, an zwei Aktien also 40, und gewinnt an einer neuen Aktie 40 Punkte, ist also durch die Kapitalerhöhung nicht benachteiligt. Will er selbst keine neuen Aktien beziehen, so kann er das an seinen alten Aktien hängende Bezugsrecht an der Börse verkaufen und erhält auf diese Weise einen Geldersatz für die Wertminderung seines in Aktien angelegten Vermögens. Für den Aktionär ist diese Einnahme „der Erlös eines Teilverkaufs seiner Substanz".[27] Will ein Außenstehender eine neue Aktie erwerben, so muß er die für eine Aktie erforderlichen Bezugsrechte kaufen. Erst dann kann er zum Bezugskurs eine Aktie beziehen. Der rechnerische Wert des Bezugsrechts, der im obigen Beispiel als Prozentkurs ermittelt wurde, läßt sich auch in DM je Stück berechnen, wenn in die Formel die Kursangaben in DM je Aktie statt in Prozent eingesetzt werden. Bei einem Nennwert von 50 DM je Aktie ergibt sich:

$$B = \frac{90 - 60}{\frac{2}{1} + 1} = \frac{30}{3} = 10 \text{ DM}$$

Der theoretisch ermittelte Wert des Bezugsrechtes und der Kurs nach der Kapitalerhöhung werden praktisch allerdings durch die Angebots- und Nachfrageverhältnisse an der Börse und durch die Faktoren beeinflußt, von denen der Wert der neuen Aktien abhängt. Das sind erstens der Zeitpunkt der Dividendenberechtigung der neuen Aktien, zweitens die im nächsten Jahr erwartete Dividende und drittens der Zeitpunkt der Lieferbarkeit der neuen Aktien.[28] Wird z.B. eine Dividende von 12% erwartet und erfolgt die Kapitalerhöhung am 1. 10., so tritt − wenn die Dividendenberechtigung am 1. 10. einsetzt − ein Kursabschlag von 9% ein. Solange die neuen Aktien noch nicht ausgefertigt sind, ist eine Zulassung zum Börsenhandel nicht möglich, folglich erfolgt ein Kursabschlag, dessen Höhe Rittershausen mit

---

[27] Rittershausen, H., a.a.O., S. 78
[28] Vgl. Rittershausen, H., a.a.O., S. 75f.

3–12% angibt.[29] Das Bezugsrecht wird gewöhnlich 14 Tage vor der Ausgabe der jungen Aktien an der Börse notiert.

Die **Höhe des Bezugskurses** für die jungen Aktien ist von der Interessenlage der Aktionärsgruppen und der Verwaltung der Gesellschaft abhängig. Je höher der Bezugskurs festgesetzt wird, d. h. je mehr er dem Börsenkurs angenähert ist, desto größer ist bei gegebener Erhöhung des Nominalkapitals der Zufluß an liquiden Mitteln. Will eine Gesellschaft einen bestimmten Betrag an finanziellen Mitteln über eine Kapitalerhöhung beschaffen, so muß die Nominalkapitalerhöhung um so größer sein, je niedriger der Bezugskurs gewählt wird; um so größer ist dann auch die Kapitalverwässerung.

Beispiel:

Benötigte Mittel	Bezugskurs	notwendige Erhöhung des Grundkapitals
1.000.000	100 %	1.000.000
1.000.000	125 %	800.000
1.000.000	200 %	500.000

Der Vorstand muß prüfen, bei welchem Bezugskurs die Kapitalerhöhung in der Hauptversammlung die erforderliche Mehrheit erhält und am Markt untergebracht werden kann. Kleinaktionäre betrachten häufig einen niedrigen Bezugskurs (hoher Wert des Bezugsrechts) als vorteilhaft. Sind sie nicht am Bezug junger Aktien interessiert, so sehen sie im Verkauf des Bezugsrechts einen zusätzlichen Gewinn, der in der Regel steuerfrei ist. Erwerben sie die ihnen zustehenden jungen Aktien, so erhalten sie bei niedrigem Bezugskurs einen relativ hohen dividendenberechtigten Nennwert für ihre Zahlung.

Ist die Gesellschaft daran interessiert, auch nach der Kapitalerhöhung die gleiche Nominaldividende wie bisher zu zahlen, so strebt sie einen möglichst hohen Bezugskurs und damit eine relativ niedrige Erhöhung des dividendenberechtigten Nominalkapitals an.

Ein Großaktionär, der finanziell in der Lage ist, seine beherrschende Stellung zu erweitern, zieht in der Regel einen hohen Bezugskurs vor, um den Kleinaktionären die Ausübung ihrer Bezugsrechte zu erschweren und so zusätzliche Bezugsrechte erwerben zu können. Allerdings verstößt er letztlich gegen sein eigenes Interesse, wenn er aufgrund seiner beherrschenden Position einen so hohen Bezugskurs durchsetzt, daß dadurch die Unterbringung der von ihm nicht übernommenen jungen Aktien gefährdet wird.

bb) Das genehmigte Kapital

Das genehmigte Kapital[30] ist eine Form der Kapitalerhöhung, die nicht an einen bestimmten Finanzierungsanlaß gebunden ist. Der Vorstand der

---

[29] Vgl. Rittershausen, H., a. a. O., S. 76
[30] Vgl. §§ 202 ff. AktG

Aktiengesellschaft wird für längstens fünf Jahre von der Hauptversammlung ermächtigt, das Grundkapital bis zu einem bestimmten Nennbetrag, der die Hälfte des bisherigen Grundkapitals nicht überschreiten darf, durch Ausgabe neuer Aktien, zu der der Aufsichtsrat seine Zustimmung geben soll, zu erhöhen. Dieses Verfahren soll die Schwerfälligkeit, die der ordentlichen Kapitalerhöhung durch eine Anzahl rechtlicher Vorschriften anhaftet, überwinden und dem Vorstand eine größere Elastizität in der finanziellen Disposition, insbesondere die Ausnutzung günstiger Situationen am Kapitalmarkt ermöglichen.

Die Ermächtigung der Hauptversammlung kann vorsehen, daß der Vorstand mit Zustimmung des Aufsichtsrats über den Ausschluß des Bezugsrechts entscheidet. Ein Ausschluß ist erforderlich, wenn die jungen Aktien an Arbeitnehmer der Gesellschaft ausgegeben werden sollen.

Das genehmigte Kapital ist an die Stelle der Vorratsaktien[31] getreten, mit denen vor Inkrafttreten des Aktiengesetztes 1937 erheblicher Mißbrauch getrieben werden konnte. Vorratsaktien sind zwar im Aktiengesetz nicht verboten worden; sie sind aber durch die Einrichtung des genehmigten Kapitals praktisch überflüssig geworden. Das genehmigte Kapital darf in der Bilanz nur in der Vorspalte ausgewiesen werden, jedoch ist ein Vermerk vor Ausgabe der Aktien und vor Eintragung im Handelsregister nicht vorgeschrieben. Das genehmigte Kapital ist im Anhang anzugeben.[32]

cc) Die bedingte Kapitalerhöhung

Die bedingte Kapitalerhöhung[33] ist eine Sonderform, die drei Zwecke verfolgen kann:
(1) Sie soll die Ansprüche auf Aktien, die sich aus Umtausch- und Bezugsrechten der Inhaber von Wandel- oder Optionsanleihen ergeben, sichern;
(2) Sie dient zur Vorbereitung von Fusionen;
(3) Sie soll die Gewährung von Bezugsrechten an Arbeitnehmer der Gesellschaft zum Bezug neuer Aktien gegen Einlage von Geldforderungen ermöglichen, die den Arbeitnehmern aus einer ihnen von der Gesellschaft eingeräumten Gewinnbeteiligung zustehen.[34]

Der Nennbetrag des bedingten Kapitals darf die Hälfte des Nennbetrages des bisherigen Grundkapitals nicht überschreiten.[35]

Eine bedingte Kapitalerhöhung kann ebenso wie das genehmigte Kapital nur mit Dreiviertelmehrheit von der Hauptversammlung beschlossen werden. Es dürfen nur so viele Aktien ausgegeben werden, wie Umtausch- oder Bezugsrechte durch die Inhaber von Wandel- oder Optionsanleihen und durch gewinnbeteiligte Arbeitnehmer geltend gemacht werden. Im Beschluß müssen auch der Zweck der bedingten Kapitalerhöhung, der Kreis der Be-

---

[31] Vgl. S. 700 f.
[32] Vgl. § 160 Abs. 1 Nr. 4 AktG
[33] Vgl. §§ 192 ff. AktG
[34] Vgl. § 192 Abs. 2 Nr. 3 AktG
[35] Vgl. § 192 Abs. 3 AktG

zugsberechtigten und der Ausgabebetrag oder die Grundlagen festgestellt werden, nach denen dieser Betrag errechnet wird.[36]

Da durch die bedingte Kapitalerhöhung der Aktienkurs beeinflußt werden kann und die Aktionäre kein Bezugsrecht auf die im Rahmen einer solchen Kapitalerhöhung ausgegebenen Aktien besitzen, wird eine mögliche Vermögensminderung für die Aktionäre dadurch ausgeschlossen, daß ihnen ein **Bezugsrecht auf die Wandel- und Optionsanleihen** eingeräumt werden muß.[37]

Das Aktiengesetz hat besondere Sicherungen vorgesehen, um zu verhindern, daß beim Umtausch von Wandelschuldverschreibungen in Aktien eine Aktienausgabe unter dem Nennwert möglich ist. Die Ausgabe von Bezugsaktien gegen Wandelschuldverschreibungen darf nur erfolgen, wenn der Unterschied zwischen dem Ausgabebetrag der zum Umtausch eingereichten Schuldverschreibungen und dem höheren Nennbetrag der für sie zu gewährenden Bezugsaktien entweder durch eine **Zuzahlung** der Umtauschberechtigten oder durch die Gesellschaft selbst aus einer anderen Gewinnrücklage gedeckt ist.[38] Die gesetzliche Rücklage darf hierfür nicht verwendet werden.

Der Beschluß über die bedingte Kapitalerhöhung ist zur Eintragung in das Handelsregister anzumelden.[39] Ist die Eintragung des Beschlusses erfolgt, so dürfen die Bezugsaktien ausgegeben werden. Im Gegensatz zur ordentlichen Kapitalerhöhung wird die bedingte Kapitalerhöhung bereits mit der Ausgabe der Aktien und nicht erst mit der Eintragung der Durchführung der Kapitalerhöhung wirksam.[40] Der Vorstand ist verpflichtet, nach Ablauf eines Geschäftsjahres zur Eintragung in das Handelsregister anzumelden, in welchem Umfang im abgelaufenen Geschäftsjahr Bezugsaktien ausgegeben worden sind.[41] Aktien, die bei einer bedingten Kapitalerhöhung im Geschäftsjahr bezogen worden sind, müssen im Anhang aufgeführt werden.[42]

dd) Die Kapitalerhöhung aus Gesellschaftsmitteln

Bei Kapitalgesellschaften gibt es eine Form der Kapitalerhöhung, bei der keine zusätzlichen finanziellen Mittel von außen durch Ausgabe neuer Aktien bzw. Geschäftsanteile beschafft werden, sondern das Nominalkapital durch Umwandlung von bisher als Kapital- oder Gewinnrücklagen ausgewiesenem Eigenkapital in gebundenes Haftungskapital (Nominalkapital) erhöht wird. Auch stille Rücklagen können in Nominalkapital überführt werden, wenn sie zuvor auf offene Rücklagen übertragen worden sind.

Die Höhe des Eigenkapitals ändert sich durch eine Kapitalerhöhung aus Gesellschaftsmittel nicht, wohl aber die Zusammensetzung des Eigenkapitals, d. h. die Aufteilung des Eigenkapitals auf stimm- und dividendenberechtigtes

---

[36] Vgl. § 193 Abs. 2 AktG
[37] Vgl. § 221 Abs. 4 AktG
[38] Vgl. § 199 Abs. 2 AktG
[39] Vgl. § 195 AktG
[40] Vgl. § 200 AktG
[41] Vgl. § 201 Abs. 1 AktG
[42] Vgl. § 160 Abs. 1 Nr. 3 AktG

Haftungskapital einerseits und Rücklagen andererseits. Buchmäßig gesehen erfolgt ein **Passivtausch,** die Rücklagen vermindern sich, das Nominalkapital wird entsprechend größer. Die Vermögensseite der Bilanz wird von diesem Vorgang nicht berührt.

Bei der Aktiengesellschaft erhalten die Aktionäre im Rahmen einer nominellen Kapitalerhöhung Zusatzaktien **(Gratisaktien),** bei der GmbH Zusatzanteile im Verhältnis ihrer bisherigen Beteiligung. Die Gewinnrücklagen stellen Gewinn dar, der in früheren Jahren nicht ausgeschüttet wurde, also den Aktionären zusteht. Folglich ist die Gewährung von Zusatzaktien für die Gesellschafter kein vermögensmäßiger Vorteil.

Das Vermögen des einzelnen Gesellschafters bleibt durch eine Kapitalerhöhung aus Gesellschaftsmitteln unberührt, da durch die Reduzierung der Rücklagen und gleichzeitige Aufstockung des Aktienkapitals sich das Verhältnis von Nominalkapital zu Rücklagen, durch das der Bilanzkurs bestimmt wird, zugunsten des Nominalkapitals verschiebt, wodurch der Bilanzkurs sinkt. Das effektive Vermögen jedes Aktionärs ergibt sich aus dem Nominalwert seines Anteils mal Kurs. Durch eine Kapitalerhöhung aus Gesellschaftsmitteln erhöht sich die Anzahl der Aktien, der Kurs sinkt, aber das **Produkt aus Nominalwert mal Kurs bleibt** grundsätzlich, wenn man von Einflüssen der Börse absieht, **unverändert.**

Beispiel:

Bilanz vor der Kapitalerhöhung		Bilanz nach der Kapitalerhöhung	
Vermögen 900	Grundkapital 200 Rücklagen 600 Verbindlich- keiten 100	Vermögen 900	Grundkapital 400 Rücklagen 400 Verbindlich- keiten 100
900	900	900	900

Das Grundkapital wird zu Lasten der Rücklagen um 100% erhöht. Bezugsrechtverhältnis ist 1 : 1.

$$\text{Bilanzkurs:} \frac{\text{Bilanziertes Eigenkapital}}{\text{Grundkapital}} \times 100$$

$$\text{Bilanzkurs vor der Kapitalerhöhung} \frac{800}{200} \times 100 = 400\%$$

$$\text{Bilanzkurs nach der Kapitalerhöhung} \frac{800}{400} \times 100 = 200\%.$$

Eine Aktie zum Nennwert von 100 DM repräsentiert bei einem Kurs von 400% vor der Kapitalerhöhung ein Vermögen von 400 DM. Eine Aktie und eine darauf ausgegebene Gratisaktie haben nach der Kapitalerhöhung bei einem Kurs von 200% ebenfalls einen Wert von 400 DM.

Die nominelle Kapitalerhöhung dient nicht der Beschaffung neuer finanzieller Mittel, sondern hat andere Gründe. So können z.B. die Rücklagen im Verhältnis zum bisherigen Grundkapital sehr groß geworden sein. Folglich ist der Aktienkurs relativ hoch, und die Gesellschaft muß, wenn sie eine bestimmte **Realdividende** gewähren will, eine sehr hohe Nominaldividende ausschütten. Das kann aus „optischen Gründen" unerwünscht sein.

Steigt z. B. der Kurs einer zu pari erworbenen Aktie durch hohe Rücklagenbildung auf 400% an, so bedeutet die Ausschüttung von 20% Dividende eine Realverzinsung von nur 5%. Würde man das Aktienkapital durch Überführung von Rücklagen in Nominalkapital verdoppeln, so würde der Bilanzkurs auf die Hälfte absinken. Erlaubt die Ertragslage die Zahlung einer Dividende von 40%, will man aber aus Gründen der Optik den Satz von 20% nicht überschreiten, so kann eine Verdoppelung der Dividendenzahlung durch Ausgabe von Gratisaktien im Verhältnis 1 : 1 bei einem unveränderten Dividendensatz von 20% erreicht werden.

Hohe Aktienkurse haben außerdem den Nachteil, daß sie eine breite Streuung der Aktie im Publikum verhindern, da kleine Sparer den im Verhältnis zum Nennwert hohen Anschaffungspreis scheuen. Ist eine solche Streuung erwünscht, so kann sie durch eine nominelle Kapitalerhöhung ermöglicht werden.

Die nominelle Kapitalerhöhung ist jahrelang durch **steuerliche Vorschriften** erschwert worden, da die Ausgabe von Zusatzaktien bei der Gesellschaft der Gesellschaftsteuer und bei den Aktionären der Einkommensteuer unterworfen wurde. Der Steuergesetzgeber ging dabei von der Fiktion aus, daß Rücklagen, die in Nominalkapital umgewandelt werden, zunächst an die Aktionäre als Gewinnanteile ausgeschüttet und von diesen gegen Erwerb von Gesellschaftsrechten sofort wieder eingezahlt wurden (Theorie der Doppelmaßnahme).[43] Die Fiktion der Doppelmaßnahme wurde zum 1. 1. 1960 beseitigt.[44] Die nominelle Kapitalerhöhung löst seitdem keine Steuerpflichten mehr aus.

Die Diskussion um die steuerliche Behandlung der Kapitalerhöhung aus Gesellschaftsmitteln ist im Zusammenhang mit der Körperschaftsteuerreform wieder aufgelebt. Mit dem körperschaftsteuerlichen Anrechnungssystem wird das Ziel verfolgt, die von der Gesellschaft gezahlte Körperschaftsteuer bei der Ausschüttung von Gewinnen auf die Einkomensteuerschuld der Anteilseigner anzurechnen bzw. zu erstatten. Offene Rücklagen sind bei ihrer Bildung mit 81,81% (bis einschließlich 1993 sogar mit 100%) Körperschaftsteuer belastet worden, d.h. von 100 DM Gewinn sind 45 DM an das Finanzamt abgeführt und – sieht man von anderen Steuern ab – 55 DM in die Rücklagen eingestellt worden.[45]

Die Steuerreformkommission hat vorgeschlagen, die „Theorie der Doppelmaßnahme" wieder anzuwenden und bei der Umwandlung von offenen

---

[43] Zur Kritik vgl. Wöhe, G., Betriebswirtschaftliche Steuerlehre, Band II, 2. Halbband, 2. Aufl., Berlin und Frankfurt a. M. 1965, S. 247 ff. und die dort angegebene Spezialliteratur.

[44] Vgl. Gesetz über die Kapitalerhöhung aus Gesellschaftsmitteln und über die Gewinn- und Verlustrechnung vom 23. 12. 1959, BGBl. I, S. 789 und Gesetz über steuerrechtliche Maßnahmen bei der Erhöhung des Nennkapitals aus Gesellschaftsmitteln und bei der Überlassung von eigenen Aktien an Arbeitnehmer vom 30. 12. 1959, BGBl. I, S. 834

[45] Ab 1994: $\frac{45 \times 100}{100-45} = \frac{45}{55} \times 100 = 81{,}81\%$; bis 1993: $\frac{50 \times 100}{100-50} = 100\%$

Rücklagen in Nennkapital zusammen mit der Ausgabe von Zusatzaktien die früher auf diese Rücklagen gezahlte Körperschaftsteuer bei den Anteilseignern anzurechnen.[46] Das KStG 1977 ist dem Vorschlag der Steuerreformkommission nicht gefolgt. § 29 Abs. 3 KStG löst das Problem der Körperschaftsteueranrechnung bei der nominellen Kapitalerhöhung durch die Bestimmung, daß das Nennkapital, das nicht durch Einlagen, sondern durch Umwandlung von Rücklagen, die nach dem 31. 12. 1976 aus dem Gewinn gebildet worden sind, erhöht worden ist, zum **für Ausschüttungen verwendbaren Eigenkapital** zählt. Dadurch wird sichergestellt, daß im Falle der Rückzahlung dieses Nennkapitals der Anrechnungsmechanismus ausgelöst wird. Die Anrechnung wird dadurch allerdings auf einen Zeitpunkt verschoben, der in der Regel außerhalb des Planungshorizonts der Finanz- und Steuerplanung der Gesellschaft liegt.

Das Aktiengesetz 1965 hat das seit dem 1. 1. 1960 geltende Recht in die §§ 207 ff. mit nur geringen Modifizierungen aufgenommen. Nach § 208 Abs. 1 AktG dürfen nur Rücklagen in Grundkapital umgewandelt werden, die in der letzten Jahresbilanz – wenn dem Beschluß eine andere Bilanz zugrunde gelegt wird, auch in dieser Bilanz – als Kapital- oder Gewinnrücklagen ausgewiesen werden. Diese Bestimmung soll verhindern, daß stille Rücklagen, die noch nicht versteuert sind, zur Aufstockung des Grundkapitals verwendet werden. Will der Betrieb stille Rücklagen in Nominalkapital umwandeln, so muß er sie zuvor über die Erfolgsrechnung auflösen, versteuern und als Gewinnrücklagen ausweisen. Grundsätzlich dürfen umgewandelt werden:
(1) andere Gewinnrücklagen in voller Höhe (wenn sie jedoch einem bestimmten Zweck dienen nur, soweit es mit diesem vereinbar ist);
(2) die Kapitalrücklage und die gesetzliche Rücklage, soweit sie den zehnten oder den satzungsgemäß höheren Teil des bisherigen Grundkapitals übersteigen.

Rücklagen, denen in der Bilanz ein Verlust, ein Verlustvortrag oder ein anderer Eigenkapital-Gegenposten gegenübersteht, dürfen nicht in Grundkapital überführt werden.

Die Kapitalerhöhung aus Gesellschaftsmitteln wird mit der Eintragung des Beschlusses über die Erhöhung des Grundkapitals wirksam. Die neuen Aktien gelten als voll eingezahlt.[47] Sie stehen den Aktionären im Verhältnis ihrer Anteile am bisherigen Grundkapital zu.[48] Die Bedeutung der Kapitalerhöhung aus Gesellschaftsmitteln ist erheblich. Die Erhöhung des Grundkapitals bei Aktiengesellschaften betrug z.B. im Jahre 1992, 6,371 Mrd. DM und 1993 4,854 Mrd. DM. Davon entfielen 1992 0,393 Mrd. DM und 1993 0,755 Mrd. DM auf Kapitalerhöhungen aus Gesellschaftsmitteln.[49]

---

[46] Vgl. Gutachten der Steuerreformkommission, Bonn 1971, S. 365 ff.
[47] Vgl. § 211 AktG
[48] Vgl. § 212 AktG
[49] Vgl. Statistisches Jahrbuch 1994 für die Bundesrepublik Deutschland, Wiesbaden 1994, S. 138 sowie Statistisches Jahrbuch 1995 für die Bundesrepublik Deutschland, Wiesbaden 1995, S. 132

4. Die Kapitalherabsetzung

a) Überblick

Ähnlich wie der Begriff der Kapitalerhöhung kann auch der Begriff der Kapitalherabsetzung unterschiedlich weit gefaßt werden. Im allgemeinen versteht man unter Kapitalherabsetzung nicht einfach jede Verminderung der Kapitalbasis, sondern nur eine Verminderung der Eigenkapitalbasis, im engsten Sinne sogar nur eine Herabsetzung des Grundkapitals der Aktiengesellschaft oder des Stammkapitals der GmbH.

Während die Kapitalherabsetzung bei Einzelunternehmungen und **Personengesellschaften** relativ einfach vorgenommen werden kann, ist sie bei Kapitalgesellschaften an umfangreiche gesetzliche Vorschriften gebunden. Bei den Einzelunternehmern und den persönlich haftenden Gesellschaftern der Personengesellschaften gibt es keine nominelle Bindung der Kapitalanteile. Jeder Gewinn, der nicht entnommen wird, stellt eine Kapitalerhöhung, jeder Verlust und jede Privatentnahme eine Herabsetzung des Kapitals dar.

Während aber beim Einzelunternehmer die Privatentnahmen nicht durch den erzielten Gewinn begrenzt werden, dürfen die Gesellschafter der Offenen Handelsgesellschaft – soweit der Gesellschaftsvertrag nicht etwas anderes vorsieht – nur einen Betrag in Höhe von 4% ihres Kapitalanteils und – vorausgesetzt, daß es nicht zum offenbaren Schaden der Gesellschaft gereicht – darüber hinaus den diesen Betrag übersteigenden Anteil am Gewinn entnehmen.[50] Die gleiche Regelung gilt für die Komplementäre der Kommanditgesellschaft. Ist kein Gewinn erzielt worden, so können also die Kapitalanteile durch Privatentnahmen in Höhe von 4% oder eines im Gesellschaftsvertrag vereinbarten anderen Zinssatzes herabgesetzt werden. Jede weitergehende Kapitalherabsetzung bedarf eines Gesellschafterbeschlusses.

Da die Haftungssumme der Kommanditisten im Handelsregister eingetragen ist, ist eine Herabsetzung der Kommanditeinlagen durch laufende Privatentnahmen ausgeschlossen. Gewinnanteile darf der Kommanditist erst entnehmen, wenn er seine Einlage voll eingezahlt hat. Eine Herabsetzung der Einlage muß von allen Gesellschaftern beschlossen und in das Handelsregister eingetragen werden. Der Kommanditist haftet nach § 174 HGB jedoch weiterhin gegenüber den Gläubigern, „deren Forderungen zur Zeit der Eintragung begründet waren".

Bei den **Kapitalgesellschaften,** bei denen es eine persönliche Haftung der Gesellschafter nicht gibt, ist das Hauptanliegen der gesetzlichen Vorschriften über die Kapitalherabsetzung der Gläubigerschutz. Sie sollen verhindern, daß eine von den Gläubigern nicht kontrollierbare Rückzahlung des Haftungskapitals möglich ist. Die Vorschriften über die Kapitalherabsetzung finden sich für die GmbH in §§ 58 und 58a GmbHG.

Das Aktiengesetz unterscheidet drei Formen der Kapitalherabsetzung:

---

[50] Vgl. § 122 HGB

(1) die ordentliche Kapitalherabsetzung (§§ 222 ff. AktG),
(2) die vereinfachte Kapitalherabsetzung (§§ 229 ff. AktG) und
(3) die Kapitalherabsetzung durch Einziehung von Aktien (§§ 237 ff. AktG).

Die beiden letztgenannten Formen kommen vor allem im Zusammenhang mit Sanierungsvorgängen vor. Wir wollen uns im folgenden zunächst den Formen der Kapitalherabsetzung zuwenden, die der Sanierung von Gesellschaften dienen sollen, die in wirtschaftliche Schwierigkeiten geraten sind.

b) Die Sanierung

Wenn ein Betrieb in finanzielle Schwierigkeiten geraten ist, dann soll eine Sanierung dazu dienen, die Leistungsfähigkeit wieder herzustellen. Das setzt allerdings voraus, daß nicht nur entstandene Verluste durch Herabsetzung des Grundkapitals buchtechnisch beseitigt oder daß dem Betrieb neue finanzielle Mittel zur Verbesserung seiner Liquidität zugeführt werden, sondern daß sich die Betriebsführung zunächst über die Ursachen der schlechten Geschäftslage Klarheit verschafft und prüft, ob durch eine durchgreifende Reorganisation eine Gesundung des Betriebes möglich ist.

Die Ursachen für die Schwierigkeiten können teils innerbetrieblicher Natur sein, d. h. z. B. durch mangelnde Rationalisierung, veraltete Betriebsorganisation oder durch falsche Finanzierungs- und Abschreibungspolitik bedingt sein, teils können sie auf außerbetriebliche Faktoren wie Verschlechterung der Konjunkturlage, Nachfrage- und Modeänderungen, wirtschaftspolitische Maßnahmen, z. B. Aufhebung von Schutzzöllen und Subventionen, usw. zurückzuführen sein.

aa) Die reine Sanierung

Bei der Aktiengesellschaft zeigen sich Verluste durch einen Verlustvortrag auf der Passivseite, der eine Korrektur des nominell ausgewiesenen Grundkapitals bedeutet.[51] Der Verlust läßt sich durch Herabsetzung des Grundkapitals im Wege der vereinfachten Kapitalherabsetzung,[52] die von der Hauptversammlung mit Dreiviertelmehrheit beschlossen werden muß, buchtechnisch beseitigen, d. h. er wird gleichmäßig auf alle Aktionäre verteilt, indem entweder der Nennwert der Aktien um den Verlustanteil (durch **Abstempelung**) herabgesetzt wird oder die Aktien in einem bestimmten Verhältnis (z. B. 3 : 2) **zusammengelegt** werden.

Eine **Zusammenlegung von Aktien** ist jedoch nur dann zulässig, wenn durch Herabsetzung des Nennbetrages der Mindestnennbetrag (5 DM) un-

---

[51] Nur wenn das Eigenkapital durch Verluste aufgebraucht ist, ist der überschießende Betrag nach § 268 Abs. 3 HGB auf der Aktivseite unter der Bezeichnung „Nicht durch Eigenkapital gedeckter Fehlbetrag" auszuweisen.
[52] „Vereinfacht" heißt diese Form der Kapitalherabsetzung deshalb, weil gegenüber der ordentlichen Kapitalherabsetzung keine besonderen Vorschriften zum Gläubigerschutz erforderlich sind, denn die Herabsetzung des Grundkapitals darf nur dazu dienen, „Wertminderungen auszugleichen, sonstige Verluste zu decken oder Beträge in die Kapitalrücklage einzustellen" (§ 229 Abs. 1 AktG). Folglich vermindern sich das vorhandene Eigenkapital und somit das Vermögen der Gesellschaft nicht, da keine Rückzahlung, sondern nur eine Umbuchung erfolgt.

terschritten würde.⁵³ Diese Bestimmung soll verhindern, daß durch die Wahl von sehr ungeraden Zusammenlegungsrelationen (z.B. 11 : 9) die Kleinaktionäre benachteiligt werden. Wer nur eine oder zwei Aktien besitzt, wäre dann gezwungen, seine Aktien entweder zu verkaufen oder weitere Aktien hinzuzukaufen.

Voraussetzung für eine vereinfachte Kapitalherabsetzung ist, daß die **gesetzliche Rücklage** und die **Kapitalrücklage** so weit aufgelöst werden, daß sie nicht mehr als 10% des herabgesetzten Grundkapitals betragen. Ferner müssen zuvor alle Gewinnrücklagen aufgelöst worden sein. Da das Aktiengesetz vorschreibt, daß nach einer vereinfachten Kapitalherabsetzung Gewinne erst wieder ausgeschüttet werden dürfen, wenn die gesetzliche Rücklage und die Kapitalrücklage 10% des herabgesetzten Grundkapitals erreicht haben⁵⁴ – auch dann ist die Ausschüttung in den beiden ersten Jahren nach der Sanierung auf 4% beschränkt –, setzt man das Kapital gewöhnlich um einen höheren Betrag herunter, als der Verlust ausmacht. Dadurch entsteht ein Buchgewinn, der auf die Kapitalrücklage überführt werden muß. § 231 AktG bestimmt jedoch, daß die aus der Auflösung anderer Gewinnrücklagen bzw. aus der Kapitalherabsetzung gewonnenen Beträge, die in die gesetzliche Rücklage bzw. in die Kapitalrücklage eingestellt werden, 10% des herabgesetzten Grundkapitals nicht überschreiten dürfen. Diese Vorschrift soll zum Schutz der Aktionäre verhindern, daß der Kapitalschnitt zu groß wird.

Beispiel: Grundkapital 600.000 DM, Verlust 100.000 DM, Kapitalherabsetzung 145.000 DM. Das Grundkapital verkürzt sich um den Betrag der Kapitalherabsetzung, beträgt also nur noch 455.000 DM, die Kapitalrücklage steigt um 45.000 DM, der Verlust ist aus der Bilanz verschwunden.

Durch diese Art der Sanierung (reine Sanierung) werden dem Betrieb keinerlei neue Geldmittel zugeführt, die er in einer schlechten wirtschaftlichen Situation dringend zur Reorganisation braucht.

Bilanz vor der Kapitalherabsetzung A (in 1.000 DM)			Bilanz nach der Kapitalherabsetzung A (in 1.000 DM)		
Vermögen	500	Gezeichnetes Kapital 600 ./. Verlustvortrag 100	Vermögen	500	Gezeichnetes Kapital 455 Kapitalrücklage 45
	500	500		500	500

Da die Kapitalherabsetzung buchtechnisch zu einem **Sanierungsgewinn** führen kann, der größer als der Verlustvortrag ist (im obigen Beispiel 145.000 DM bei einem Verlustvortrag von 100.000 DM), bestimmt § 230 AktG im Interesse des Gläubigerschutzes, daß die aus einer Kapitalherabsetzung gewonnenen Beträge nicht zur Zahlung an die Aktionäre oder dazu

---

⁵³ Vgl. § 222 Abs. 4 Nr. 2 AktG
⁵⁴ Vgl. § 233 AktG

verwandt werden dürfen, die Aktionäre von der Verpflichtung zur Leistung von Einlagen zu befreien.

Stellt sich jedoch bei der Aufstellung der Jahresbilanz für das Geschäftsjahr, in dem der Beschluß über die Kapitalherabsetzung gefaßt wurde, oder für eines der beiden folgenden Geschäftsjahre heraus, daß die Wertminderungen oder sonstigen Verluste gar nicht die Höhe erreichen, von der man bei der Beschlußfassung ausgegangen ist, so sind die sich dadurch ergebenden Buchgewinne nach § 232 AktG in die Kapitalrücklage einzustellen. Das kann z. B. der Fall sein, wenn die Buchverluste durch zu hohe Abschreibungen, insbesondere außerplanmäßige Abschreibungen oder zu hohe Rückstellungen, die u. U. nicht zu den erwarteten Ausgaben führen und folglich gewinnerhöhend aufzulösen sind, entstanden sind.

Die Pflicht zur Einstellung derartiger Beträge in die Kapitalrücklage verhindert, daß sie als Gewinne ausgeschüttet werden können.

bb) Die Sanierung durch Zuführung neuer Mittel

Aus den eben genannten Gründen strebt der Betrieb gewöhnlich eine andere Methode an, die Sanierung mit Zuführung von Mitteln. Eine Zuzahlung wird entweder erreicht durch eine Kapitalerhöhung, die sich an die vereinfachte Kapitalherabsetzung anschließen kann, oder durch Zuzahlung der Aktionäre, d. h. dadurch, daß die Aktionäre ihren „Verlustanteil" bezahlen. Im ersten Falle hat die Kapitalherabsetzung den Zweck, die Unterbilanz zu beseitigen und den Kurs der Aktien wieder auf oder über pari zu heben, damit die formelle Voraussetzung für eine Kapitalerhöhung durch Ausgabe junger Aktien geschaffen wird (eine Ausgabe von Aktien unter pari ist unzulässig).

Im zweiten Falle ist die Gesellschaft auf den guten Willen der Aktionäre angewiesen. Da gewöhnlich nicht alle Aktionäre bereit und in der Lage sein werden, ihren Verlustanteil zu bezahlen, wird häufig eine **Alternativsanierung** beschlossen, d. h. die Aktionäre werden vor die Wahl gestellt, entweder den Verlustanteil durch Zuzahlung zu begleichen oder den Nennwert ihrer Aktien heruntersteMpeln zu lassen. Da die Gesellschaft an der Zuzahlung stärker interessiert ist, bietet sie in diesem Falle den Aktionären Vorzugsrechte an.

cc) Die Sanierung durch Einziehung von Aktien

Eine weitere Form der Sanierung ist die Sanierung durch Einziehung von Aktien.[55] Diese Einziehung erfolgt gegen Entgelt, d. h. die Gesellschaft kauft eigene Aktien unter pari zurück. Das setzt voraus, daß sie trotz der Sanierungsbedürftigkeit noch über entsprechende liquide Mittel verfügt. Wegen dieses Einsatzes liquider Mittel hat man diese Form der Sanierung auch als „Sanierung mit Ausschüttung von Mitteln" (im Gegensatz zur oben erwähnten Sanierung mit Zuführung von Mitteln) bezeichnet.

Angenommen, ein Verlustvortrag ist dadurch entstanden, daß der Betrieb nur noch einen Teil seiner Kapazität ausnutzt, für die stilliegenden Anlagen

---

[55] Vgl. §§ 237 ff. AktG

aber weiterhin Abschreibungen in der Erfolgsrechnung verrechnet. Der Markt deckt nur noch die Abschreibungen für die noch beschäftigten Anlagen. Folglich entstehen Verluste in Höhe der nicht mehr verdienten Abschreibungen. Verkauft der Betrieb nun die überzähligen Anlagegüter, und verwendet er die erlösten Geldmittel zum Rückkauf eigener Aktien, die auf Grund des Verlustvortrages unter pari notiert werden, so entsteht bei einer Herabsetzung des Grundkapitals um den Nennwert der zurückgekauften Aktien ein Buchgewinn.

Ein Beispiel mag das erläutern: Der Betrieb (Ausgangsbilanz I) verkauft Anlagen im Werte von 100.000 DM und kauft mit den vereinnahmten Geldmitteln zum Kurs von 50% eigene Aktien zum Nennwert von 200.000 DM zurück. Diese werden nach § 253 HGB nicht zum Nennwert, sondern nach dem Niederstwertprinzip bewertet, in diesem Fall also mit 100.000 DM (Bilanz II). Der Betrieb setzt nun das Grundkapital um den Nennwert der eigenen Aktien, also um 200.000 DM, herab, dafür verschwindet auf der Aktivseite die Position eigene Aktien, und es entsteht ein Buchgewinn in Höhe der Differenz zwischen dem Nennwert (200.000 DM) und dem Kurswert (100.000 DM) der eigenen Aktien, also in Höhe von 100.000 DM, der zur teilweisen Tilgung des Verlustvortrages verwendet werden kann (Bilanz III).

Beispiel: (in 1.000 DM)

A	Bilanz I		P
AV	200	GK	500
UV	100	./. Verlust	200
	300		300

A	Bilanz II		P
AV	100	GK	500
UV	100	./. Verlust	200
eig. Aktien	100		
	300		300

A	Bilanz III		P
AV	100	GK	300
UV	100	./. Verlust	100
	200		200

Das Aktiengesetz schränkt zwar in § 71 Abs. 2 AktG den Erwerb eigener Aktien in einigen Fällen auf 10% des Nennkapitals ein. Die 10%-Klausel gilt jedoch nicht, wenn Aktien nach § 237 AktG eingezogen werden. In diesem Falle müssen aber die Vorschriften über die ordentliche Kapitalherabsetzung beachtet werden. Es muß ein Beschluß der Hauptversammlung über diese Maßnahme mit einfacher Mehrheit herbeigeführt werden, außerdem sind die Vorschriften über den Gläubigerschutz,[56] die bei der vereinfachten Kapitalherabsetzung nicht gelten, anzuwenden.

---

[56] Vgl. § 225 AktG

c) Die ordentliche Kapitalherabsetzung

Neben der vereinfachten Kapitalherabsetzung, die nur zur Verlustdeckung oder zur Zuführung eines Betrages in die Kapitalrücklage erlaubt ist, sieht das Aktiengesetz ferner die sog. ordentliche Kapitalherabsetzung[57] vor, die mit einer Auszahlung von Mitteln verbunden sein kann. Sie erfordert einen Beschluß der Hauptversammlung mit Dreiviertelmehrheit, in dem anzugeben ist, zu welchem Zweck die Kapitalherabsetzung erfolgt und ob Teile des Grundkapitals zurückgezahlt werden sollen.[58] Die Herabsetzung wird durch Verminderung des Nennwertes der Aktien vorgenommen. Nur wenn dadurch der Mindestnennbetrag für eine Aktie unterschritten würde, ist eine Zusammenlegung von Aktien zulässig.

Der Beschluß über die Kapitalherabsetzung ist zur Eintragung in das Handelsregister anzumelden. Mit der Eintragung des Beschlusses ist das Grundkapital herabgesetzt. Gläubigern, deren Forderungen begründet worden sind, bevor die Eintragung des Beschlusses über die Kapitalherabsetzung bekanntgemacht worden ist, ist Sicherheit zu leisten, wenn sie das binnen 6 Monaten nach der Bekanntmachung verlangen. Eine Rückzahlung von Kapital an die Aktionäre darf frühestens 6 Monate nach der Bekanntmachung der Eintragung erfolgen.[59]

d) Kapitalherabsetzung durch Einziehung von Aktien

Eine weitere Form der Kapitalherabsetzung ist die Herabsetzung durch Einziehen von Aktien.[60] Dabei sind zwei Fälle zu unterscheiden:
(1) Der Erwerb von eigenen Aktien durch eine Gesellschaft;
(2) die zwangsweise Einziehung von Aktien.

Ein Sonderfall, der Rückkauf durch die Gesellschaft unter pari zum Zwecke der Einziehung bei der Sanierung, wurde bereits erwähnt. In diesem Falle und im Falle eines zwangsweisen Einziehens der Aktien bei Rückzahlung des Kapitals, das nur zulässig ist, wenn es in der ursprünglichen Satzung oder durch eine Satzungsänderung vor Übernahme oder Zeichnung der Aktien angeordnet oder gestattet war, erfolgt sie nach den Vorschriften über die ordentliche Kapitalherabsetzung, d.h. die Bestimmungen zum Schutze der Gläubiger, insbesondere die sechsmonatige Sperrfrist für die Rückzahlung, sind einzuhalten.

Werden dagegen Aktien, auf die der Nennbetrag oder der höhere Ausgabebetrag voll geleistet ist, zu Lasten des Bilanzgewinns oder einer anderen Gewinnrücklage eingezogen, oder werden sie der Gesellschaft unentgeltlich zur Verfügung gestellt, so besteht keine Gefahr, daß die Gläubiger benachteiligt werden, da kein Haftungskapital zurückgezahlt, sondern Gewinnteile verwendet bzw. im Falle der unentgeltlichen zur Verfügungstellung überhaupt keine Mittel benötigt werden. Deshalb brauchen die Vorschriften über

---

[57] Vgl. §§ 222 ff. AktG
[58] Vgl. § 222 Abs. 3 AktG
[59] Vgl. § 225 Abs. 2 AktG
[60] Vgl. §§ 237 ff. AktG

die ordentliche Kapitalherabsetzung nicht befolgt zu werden.[61] Um den Gesamtnennbetrag der eingezogenen Aktien ist die Kapitalrücklage zu erhöhen.[62]

Beispiel: (in 1.000 DM)
Angenommen, es werden Aktien im Nennwert von 100.000 DM eingezogen.

A	Bilanz vor der Einziehung		P
Vermögen 1.280	Gez. Kapital	800	
	ges. Rücklage	80	
	andere Gewinnrückl.	60	
	Gewinn	40	
	Schulden	300	
1.280		1.280	

A	Bilanz nach der Einziehung		P
Vermögen 1.180	Gez. Kapital	700	
	Kapitalrücklage	100	
	ges. Rücklage	80	
	Schulden	300	
1.180		1.180	

Durch die Einstellung in die Kapitalrücklage wird verhindert, daß der Bilanzgewinn und die anderen Gewinnrücklagen zusätzlich ausgeschüttet werden können.

e) Der Ausweis der Kapitalherabsetzung

Der Ausweis der Kapitalherabsetzung ist in § 240 AktG geregelt. In die Gewinn- und Verlustrechnung ist der aus der Kapitalherabsetzung gewonnene Betrag als „Ertrag aus Kapitalherabsetzung" auszuweisen. Eine Erhöhung der Kapitalrücklage im Zusammenhang mit einer vereinfachten Kapitalherabsetzung ist gesondert anzugeben. Außerdem muß der Anhang Angaben darüber enthalten, „ob und in welcher Höhe die aus der Kapitalherabsetzung und aus der Auflösung von Gewinnrücklagen gewonnenen Beträge
1. zum Ausgleich von Wertminderungen,
2. zur Deckung von sonstigen Verlusten oder
3. zur Einstellung in die Kapitalrücklage verwandt werden."[63]

5. Die Umwandlung

a) Begriff, Motive und Arten

Da die wirtschaftlichen und rechtlichen Faktoren, die bei der Gründung eines Betriebes zur Wahl einer bestimmten Rechtsform geführt haben, sich im Laufe der Zeit durch Änderung der allgemeinen Wirtschaftslage, durch Wechsel des wirtschaftspolitischen Kurses, durch Wachstum oder Schrumpfung des Betriebes und nicht zuletzt durch Änderung von Steuergesetzen verschieben können, muß der Betrieb die Möglichkeit haben, sich den veränderten Verhältnissen durch einen Wechsel der Rechtsform anzupassen. Eine andere Rechtsform kann auch notwendig werden durch den Tod eines

---
[61] Vgl. § 237 Abs. 3 AktG
[62] Vgl. § 237 Abs. 5 AktG
[63] § 240 Satz 3 AktG

Unternehmers und den Übergang des Betriebes auf eine Erbengemeinschaft, ferner durch das Bestreben, die Haftung zu beschränken, oder zur Erweiterung der Kapitalbeschaffungsmöglichkeiten.

Die Überführung eines Betriebes von einer Rechtsform in eine andere bezeichnet man als „**Umwandlung**". Es muß unterschieden werden zwischen einer Umwandlung, die ohne Liquidation entweder im Wege der Gesamtrechtsnachfolge oder ohne Vermögensübertragung durch Satzungsänderung vollzogen werden kann, und einer Umwandlung, bei der eine formelle Liquidation der Rechtsform, d. h. eine Einzelübertragung der Vermögensteile auf eine andere Rechtsform erfolgt (**Umgründung**). Der Betrieb als wirtschaftliche Einheit wird davon zunächst nicht tangiert.

Die handels- und steuerrechtliche Regelung der Umwandlung ist im mit Wirkung vom 1. 1. 1995 novellierten **Umwandlungsgesetz**[64] bzw. **Umwandlungssteuergesetz**[65] enthalten. Das neue Umwandlungsrecht faßt den Begriff der Umwandlung weiter als das frühere Recht. Entsprechend der Zielsetzung der Novellierung, alle Spielarten der Umstrukturierung von Unternehmen in einem einheitlichen Gesetz zu regeln, wird unter Umwandlung nicht nur wie bisher in erster Linie der Wechsel der Rechtsform verstanden, sondern es werden **vier Arten der Umstrukturierung** unter dem Oberbegriff Umwandlung subsumiert. Nach § 1 Abs. 1 UmwG 1995 können Rechtsträger mit Sitz im Inland umgewandelt werden:

(1) **durch Verschmelzung.** Die Verschmelzung (Fusion) wird unten ausführlich behandelt.[66] Sie liegt vor, wenn das Vermögen eines oder mehrerer Rechtsträger gegen Gewährung von Gesellschaftsrechten im Wege der Gesamtrechtsnachfolge auf einen anderen Rechtsträger übertragen wird, und zwar entweder **im Wege der Aufnahme** (ein oder mehrere Rechtsträger übertragen ihr Vermögen als Ganzes auf einen bereits bestehenden Rechtsträger) oder **im Wege der Neugründung** (zwei oder mehrere Rechtsträger übertragen ihr Vermögen als Ganzes auf einen neu gegründeten Rechtsträger);

(2) **durch Spaltung.** Bei dieser erstmals im Handelsrecht geregelten Umstrukturierungsmaßnahme wird zwischen Aufspaltung, Abspaltung und Ausgliederung unterschieden. Während bei der **Aufspaltung** ein Rechtsträger sein Vermögen teilt, auf wenigstens zwei andere Rechtsträger überträgt und dabei ohne Abwicklung aufgelöst wird, bleibt bei **Abspaltung** und **Ausgliederung** der sich spaltende Rechtsträger als Rumpfunternehmen bestehen. Wie bei der Verschmelzung ist auch bei der Spaltung zwischen einer **Spaltung zur Aufnahme** (der sich spaltende Rechtsträger überträgt sein Vermögen oder Teile davon auf mindestens zwei bestehende Rechtsträger) und einer **Spaltung zur Neugründung** (der sich spaltende Rechtsträger überträgt sein Vermögen oder Teile davon auf mindestens zwei neugegründete Rechtsträger);

---

[64] Umwandlungsgesetz vom 28. 10. 1994, BGBl. I, S. 3210, ber. BGBl. 1995 I, S. 428
[65] Umwandlungssteuergesetz vom 28. 10. 1994, BGBl. I, S. 3267
[66] Vgl. S. 837 f.

830 Fünfter Abschnitt. Investition und Finanzierung

(3) **durch Vermögensübertragung.** Sie unterscheidet sich von der Verschmelzung oder Spaltung dadurch, daß das Vermögen nicht gegen Gewährung von Gesellschafts- oder Mitgliedschaftsrechten übertragen wird, sondern gegen eine andere Leistung, bzw. eine Geldzahlung erfolgt;

(4) **durch Formwechsel.** Bei dieser Form der Umwandlung erfolgt **keine Vermögensübertragung,** sondern lediglich eine Änderung der Rechtsform. Das Unternehmen erhält durch einen Umwandlungsbeschluß der Anteilseigner des formwechselnden Rechtsträgers eine neue Rechtsform, z.B. Formwechsel einer Personengesellschaft in eine Kapitalgesellschaft (z.B. OHG in GmbH) oder Formwechsel einer Kapitalgesellschaft in eine andere Kapitalgesellschaft (z.B. GmbH in Aktiengesellschaft).

Die verschiedenen Formen der Umwandlung zeigt noch einmal das folgende Schaubild:[67]

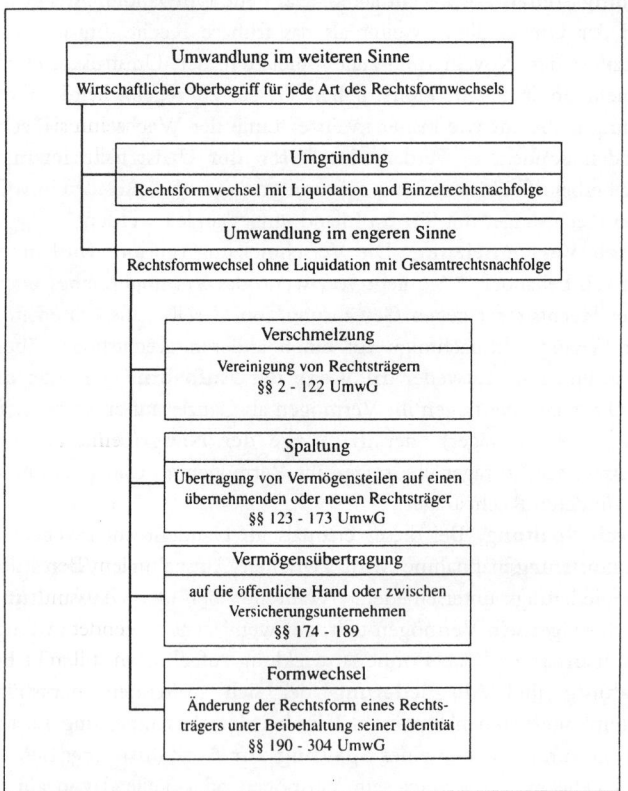

b) Steuerliche Probleme der Umwandlung

aa) Überblick

Daß in diesem Zusammenhang die steuerliche Problematik etwas ausführlicher als bei anderen Problemkreisen behandelt wird, findet seine Begrün-

---

[67] Wöhe/Bilstein, a.a.O., S. 100

dung darin, daß es dabei weniger um die Vermittlung steuerrechtlicher Spezialkenntnisse, als vielmehr um die Darstellung eines besonders instruktiven Beispiels geht, wie durch steuerrechtliche Vorschriften weit in die Zukunft reichende unternehmerische Entscheidungen beeinflußt werden.[68]

Die Entscheidung für eine neue Rechtsform kann als eine **Investitionsentscheidung** aufgefaßt werden, die Einzahlungen in Höhe der in Zukunft erwarteten, allein durch die Rechtsform bedingten Mehrerlöse (z. B. als Folge besserer Finanzierungsmöglichkeiten oder geringerer laufender Steuerzahlungen) erbringt und Auszahlungen in Höhe der durch den Umwandlungsvorgang ausgelösten einmaligen Steuerzahlungen sowie sonstiger Auszahlungen für Gründungskosten, Gebühren, Beraterhonorare u. ä. – das sind gewissermaßen die Anschaffungsauszahlungen für die neue Rechtsform – und in Höhe der ggf. laufenden Steuermehrbelastungen gegenüber der bisherigen Rechtsform (z. B. Körperschaft- und Vermögensteuer bei der Umwandlung eines Personenunternehmens in eine Kapitalgesellschaft) und laufender höherer Auszahlungen für die Rechtsform (z. B. Verwaltungsorgane, für Rechnungslegung, Pflichtprüfung und Veröffentlichung des Jahresabschlusses) verursacht.

Diese Investition wird jedoch nicht nur durchgeführt, wenn sie mit hoher Wahrscheinlichkeit vorteilhaft ist, sondern es wird auch Fälle geben, wo sie **Nachteile** erwarten läßt, aber aus zwingenden Gründen dennoch vorgenommen werden muß, so z. B. wenn der Wechsel der Rechtsform durch einen Erbfall unvermeidlich geworden ist.

Es gilt steuerrechtlich der **allgemeine Grundsatz,** daß bei Wirtschaftsgütern, die zu einem Betriebsvermögen gehören, eine im Zeitablauf eingetretene Wertsteigerung, die aufgrund des Realisationsprinzips vor ihrer Verwirklichung durch einen Umsatz- bzw. Entnahmevorgang steuerlich nicht erfaßt werden kann, im Falle der Entnahme in der wirtschaftlichen Einheit verwirklicht wird, in der sie entstanden ist. Es soll also eine **Verlagerung stiller Rücklagen verhindert** werden, damit nicht zu einem späteren Zeitpunkt andere Steuerpflichtige zur Besteuerung von Wertsteigerungen herangezogen werden oder eine Besteuerung überhaupt vermieden werden kann.

Würde der Grundsatz, daß Wertsteigerungen stets in dem Bereich zu besteuern sind, in dem sie entstanden sind, auch bei der Umwandlung einer Personengesellschaft in eine Kapitalgesellschaft angewendet werden, so müßten sämtliche in der Personengesellschaft entstandenen stillen Rücklagen – ganz gleich, ob sie eine Folge zulässiger Unterbewertungen von Vermögensteilen (z. B. durch steuerliche Sonderabschreibungen) oder eine Folge von Wertsteigerungen über die Anschaffungskosten sind – vor der Übertragung der Wirtschaftsgüter auf die Kapitalgesellschaft **aufgelöst** und noch bei der Personengesellschaft **als Umwandlungsgewinn** ausgewiesen und von ihren Gesellschaftern versteuert werden.

Entsprechend würde bei der Umwandlung einer Kapitalgesellschaft in eine Personengesellschaft erreicht, daß alle in der Kapitalgesellschaft gebildeten

---

[68] Eine weiter ins Detail gehende Darstellung findet sich bei Wöhe, G., Betriebswirtschaftliche Steuerlehre, Band 2, 1. Halbband, 5. Aufl., München 1990, S. 469 ff.

stillen Rücklagen noch der Körperschaftsteuer und Gewerbeertragsteuer unterworfen werden. Diese Regelung wäre bei formaljuristischer Betrachtung konsequent, denn sie würde verhindern, daß Steuerpflichtige durch die Umwandlung Steuern vermeiden könnten. Seit Einführung des Anrechnungssystems (1977) könnte die Körperschaftsteuer allerdings durch Anrechnung neutralisiert werden.

Besteht ein Zwang, die Wirtschaftsgüter in der Umwandlungsbilanz zum **Teilwert**[69] anzusetzen, d. h. die stillen Rücklagen aufzulösen und der normalen Besteuerung zu unterwerfen, so führt das zu einer **Liquiditätsbelastung,** die das finanzielle Gleichgewicht des Unternehmens stört. Vom wirtschaftlichen Standpunkt aus ist es nicht sinnvoll, ein Unternehmen, dessen Produktions- und Absatzprozeß durch den Umwandlungsvorgang in der Regel nicht berührt werden, zur Auflösung und Besteuerung stiller Rücklagen zu zwingen. In der Vergangenheit sah sich der Gesetzgeber mehrfach veranlaßt, dem Bedürfnis nach Umwandlungen durch zeitlich befristete steuerliche Erleichterungen Rechnung zu tragen.[70]

bb) Die steuerliche Behandlung der stillen Rücklagen bei der Umwandlung einer Kapitalgesellschaft in eine Personengesellschaft

Wird das Vermögen einer Kapitalgesellschaft im Wege der Gesamtrechtsnachfolge auf eine Personengesellschaft übertragen, so mußte die Kapitalgesellschaft nach bis zum 31. 12. 1994 geltendem Recht in ihrer Umwandlungsbilanz die **Teilwerte** ansetzen und folglich die stillen Rücklagen auflösen, so daß bei ihr ein Übertragungsgewinn entstand. § 3 UmwStG 1995 dagegen räumt ein **Wahlrecht** ein, die Wirtschaftsgüter in der steuerlichen Schlußbilanz der übertragenden Kapitalgesellschaft mit dem Buchwert oder einem höheren Wert, höchstens aber mit dem Teilwert anzusetzen. Als Buchwert bezeichnet § 3 UmwStG den Wert, „der sich nach den steuerrechtlichen Vorschriften über die Gewinnermittlung ergibt."

Wählt die übertragende Kapitalgesellschaft den **Buchwertansatz** für die zu übertragenden Wirtschaftsgüter, so erfolgt die Übertragung **steuerneutral.** Werden dagegen die Teilwerte oder Zwischenwerte angesetzt, so ergibt sich bei der Kapitalgesellschaft ein **Übertragungsgewinn.** Voraussetzung für die Buchwertfortführung ist, daß die spätere Besteuerung der stillen Rücklagen im Inland sichergestellt ist. Das ist grundsätzlich dann der Fall, „wenn das Vermögen der übertragenden Körperschaft Betriebsvermögen der übernehmenden Personengesellschaft oder der übernehmenden natürlichen

---

[69] Nach § 6 Abs. 1 Nr. 1 EStG ist der Teilwert „der Betrag, den ein Erwerber des ganzen Betriebs im Rahmen des Gesamtkaufpreises für das einzelne Wirtschaftsgut ansetzen würde; dabei ist davon auszugehen, daß der Erwerber den Betrieb fortführt."

[70] Vgl. Gesetz über Steuererleichterungen bei der Umwandlung und Auflösung von Kapitalgesellschaften vom 5. 7. 1934 (UmwStG 1934), RGBl I, S. 572; Gesetz über Steuererleichterungen bei der Umwandlung von Kapitalgesellschaften und bergrechtlichen Gewerkschaften vom 11. 10. 1957 (UmwStG 1957), BGBl I, S. 1713; Gesetz über steuerliche Maßnahmen bei Änderung der Unternehmensform vom 15. 8. 1968 (UmwStG 1969), BGBl I, S. 1163; Gesetz über steuerliche Maßnahmen bei Änderung der Unternehmensform (UmwStG 1977) vom 6. 9. 1976, BGBl I, S. 2641; Umwandlungssteuergesetz (UmwStG 1995) vom 28. 10. 1994, BGBl I, S. 3267

VIII. Besondere Anlässe der Außenfinanzierung

Person wird."[71] Ein im Falle des Ansatzes von Zwischenwerten oder Teilwerten entstehender Übertragungsgewinn ist voll zu versteuern. Die Körperschaftsteuer wird jedoch bei den Gesellschaftern angerechnet.

Die übernehmende Personengesellschaft muß die auf sie übertragenen Wirtschaftsgüter mit den Werten übernehmen, mit denen sie in der Schlußbilanz der übertragenden Kapitalgesellschaft angesetzt worden sind, d.h. es besteht grundsätzlich **Buchwertverknüpfung**.[72] Die übernehmende Personengesellschaft tritt bezüglich der Absetzungen für Abnutzung, der erhöhten Absetzungen, der Sonderabschreibungen u.a. in die Rechtsstellung der übertragenden Kapitalgesellschaft ein, jedoch nicht bezüglich eines verbleibenden Verlustabzugs im Sinne des § 10d Abs. 3 Satz 2 EStG. Da ein **Verlustvortrag** der übertragenden Kapitalgesellschaft „nicht von der Ebene der Körperschaftsteuer auf die Ebene der Einkommensteuer (Ebene des Anteilseigners) übertragen werden"[73] kann, sondern bei der Vermögensübertragung untergeht, kann es zweckmäßig sein, die Wirtschaftsgüter statt mit den Buchwerten mit solchen Zwischenwerten anzusetzen, durch die der Verlustvortrag ausgeglichen wird. Da die Teilwerte der Wirtschaftsgüter nicht überschritten werden dürfen, kann bei hohen Verlustvorträgen ein Restverlust bleiben, der dann untergeht.

Infolge der Übertragung des Vermögens der Kapitalgesellschaft auf die Personengesellschaft ergibt sich ein **Übertragungsgewinn oder -verlust** in Höhe der Differenz zwischen dem Wert, mit dem die übertragenen Wirtschaftsgüter zu übernehmen sind, und dem Buchwert der Anteile an der übertragenden Gesellschaft; das ist der Wert, „mit dem die Anteile nach den steuerrechtlichen Vorschriften über die Gewinnermittlung in einer für den steuerlichen Übertragungsstichtag aufzustellenden Steuerbilanz anzusetzen sind oder anzusetzen wären."[74]

Nach § 10 Abs. 1 UmwStG ist die **Körperschaftsteuer,** die auf den Teilbeträgen des für Ausschüttungen verwendbaren Eigenkapitals der übertragenden Kapitalgesellschaft lastet, auf die Einkommensteuer oder Körperschaftsteuer der Gesellschafter der übernehmenden Personengesellschaft anzurechnen. Um diese anzurechnende Steuer erhöht sich der Übernahmegewinn bzw. vermindert sich der Übernahmeverlust.[75]

Ensteht ein **Übernahmeverlust,** weil der Buchwert der Anteile der Personengesellschaft an der Kapitalgesellschaft den Wert des übernommenen Vermögens übersteigt, so ist dieser Verlust „auf im Buchwert der Anteile enthaltene gekaufte stille Reserven zurückzuführen."[76] Dieser um die anzurechnende Körperschaftsteuer reduzierte Verlust ist im Gegensatz zum früheren Recht bei den Gesellschaftern der Personengesellschaft in der Weise zu berücksichtigen, daß die Wertansätze der übertragenen Wirtschaftsgüter

---

[71] Begründung zu § 3 UmwStG, a.a.O., S. 46
[72] Vgl. § 4 Abs. 1 UmwStG
[73] Begründung zu § 4 Abs. 2 UmwStG, a.a.O., S. 49
[74] § 4 Abs. 4 Satz 2 UmwStG
[75] Vgl. § 4 Abs. 5 UmwStG
[76] Begründung zu § 4 Abs. 4 UmwStG, BR.-Drs. 132/94, S. 50

in der Bilanz der Personengesellschaft gleichmäßig bis maximal zu ihren Teilwerten aufgestockt werden. Der Aufstockungsbetrag wird dann mit dem Übernahmeverlust verrechnet. Durch diese Aufstockung der Werte abschreibungsfähiger Wirtschaftsgüter wird ein **zusätzliches Abschreibungspotential** geschaffen, das in den folgenden Jahren zur Minderung der Gewinne führt.[77] Bleibt nach dieser Verrechnung noch ein Übernahmeverlust übrig, so mindert er den laufenden Gewinn der Personengesellschaft.

Der Übertragungsgewinn unterliegt bei der übertragenden Kapitalgesellschaft der **Gewerbesteuer,** jedoch kann durch Ansatz der steuerlichen Buchwerte bei der Kapitalgesellschaft ein Übertragungsgewinn und damit auch eine Gewerbesteuerbelastung vermieden werden. Ein Übernahmegewinn bei der Personengesellschaft ist nach § 18 Abs. 2 UmwStG „nicht zu erfassen".

cc) Die steuerliche Behandlung der stillen Rücklagen bei der Umwandlung einer Personengesellschaft in eine Kapitalgesellschaft

Wird eine Personengesellschaft in eine Kapitalgesellschaft umgewandelt, räumt das UmwStG ein **Wahlrecht** ein,

(a) alle stillen Rücklagen aufzulösen, indem in der Umwandlungsbilanz die Teilwerte angesetzt werden;
(b) nur einen Teil der stillen Rücklagen aufzudecken oder
(c) die steuerlichen Buchwerte fortzuführen.[78]

Die für das in die Kapitalgesellschaft eingebrachte Betriebsvermögen gewählten Wertansätze sind für die Gesellschaft die **Anschaffungskosten** und für den Einbringenden einerseits der **Veräußerungspreis** und andererseits die **Anschaffungskosten des Anteils** an der Kapitalgesellschaft.

Das Wahlrecht ermöglicht dem umwandelnden Unternehmen eine Entscheidung, durch die die steuerliche Belastung soweit wie möglich reduziert bzw. ihre nachteilige Auswirkung auf die Rentabilitäts- und Liquiditätslage vermindert werden kann. Bei der Entscheidung, wie das Wahlrecht ausgeübt werden soll, ist folgendes zu berücksichtigen:

(1) Die **Auflösung der stillen Rücklagen** durch Teilwertansatz bedeutet, daß

    a) ein sofort zu versteuernder Übertragungsgewinn entsteht, der jedoch durch einen Sondertarif und eine Freibetragsregelung begünstigt ist;[79] die Anwendung der Freibetragsregelung des § 16 Abs. 4 EStG ist beim Ansatz von Zwischenwerten ausgeschlossen;

    b) eine spätere der Körperschaftsteuer unterliegende Auflösung der stillen Rücklagen in der Kapitalgesellschaft vermieden wird;

    c) durch den Ansatz der Teilwerte sich bei abnutzbaren Gütern des Anlagevermögens die Abschreibungen während der Restnutzungsdauer um den Betrag der aufgelösten stillen Rücklagen erhöhen und damit je nach Ertragslage und Gewinnverwendung die laufende Steuerbelastung der Kapitalgesellschaft mindern;

---

[77] Vgl. Dehmer, H., Das Umwandlungssteuergesetz 1994 (Teil I), DStR 1994, S. 1718
[78] Vgl. § 20 Abs. 2 UmwStG
[79] Vgl. § 20 Abs. 5 UmwStG; § 34 Abs. 1 EStG; § 16 Abs. 4 EStG

d) ein in die Kapitalgesellschaft nicht übertragbarer Verlustvortrag gegen die aufgelösten stillen Rücklagen übertragungsgewinnmindernd aufgerechnet werden kann;

e) die von den bisherigen Personengesellschaftern übernommenen Anteile an der Kapitalgesellschaft keine stillen Rücklagen enthalten, die im Falle späterer Veräußerung zu versteuern wären.

(2) Die **Übertragung der stillen Rücklagen** hat zur Folge, daß

a) die später frei werdenden stillen Rücklagen der Körperschaftsteuer bzw. bei Ausschüttung der Einkommensteuer unterworfen werden müssen, ohne daß Tarifbegünstigungen und Freibetragsregelungen ausgenutzt werden können;

b) kein Übertragungsgewinn und folglich keine Liquiditätsbelastung durch Ertragsteuerzahlungen entsteht;

c) ein Zinsgewinn auf den Kapitalbetrag eintritt, der im Falle der Auflösung der stillen Rücklagen das Unternehmen als Steuern auf den Übertragungsgewinn verlassen hätte;

d) in den Anteilen an der Kapitalgesellschaft stille Rücklagen enthalten sind, die zu steuerpflichtigen Veräußerungsgewinnen führen können.

Die optimale Entscheidung zwischen vollständiger bzw. teilweiser Übertragung oder vollständiger Auflösung der stillen Rücklagen, d.h. zwischen Teilwert-, Zwischenwert- oder Buchwertansatz bei der übernehmenden Kapitalgesellschaft läßt sich mit einer **Kapitalwertrechnung** vorbereiten, da für diese Entscheidung gegenwärtige und zukünftige Steuerzahlungen von Bedeutung sind. Sind die Gesellschafter der übertragenden Personengesellschaft und der übernehmenden Kapitalgesellschaft die gleichen natürlichen Personen, so ist der Kapitalwert der Summe der Steuerzahlungen der Gesellschafter und der Kapitalgesellschaft, der sich bei den drei Alternativen ergibt, als Maßstab der Vorteilhaftigkeit zu verwenden. Folgende Vergleiche sind durchzuführen:

(1) **Beim Teilwertansatz:** Vergleich der Steuerzahlungen der Personengesellschaft bzw. ihrer Gesellschafter im Zeitpunkt der Umwandlung als Folge der Auflösung der stillen Rücklagen der Personengesellschaft und der Steuerersparnisse der Kapitalgesellschaft und ihrer Gesellschafter in der Zukunft aufgrund höherer Ausgangswerte und dadurch bedingter höherer Abschreibungen bzw. niedrigerer Veräußerungsgewinne.

(2) **Bei der Buchwertfortführung:** Vergleich der Steuerersparnisse der Personengesellschaft bzw. ihrer Gesellschafter im Zeitpunkt der Umwandlung und der Steuerzahlungen der Kapitalgesellschaft und ihrer Gesellschafter in der Zukunft als Folge der Auflösung der in den von der Kapitalgesellschaft übernommenen Wirtschaftsgütern und der in den von ihr dafür gewährten Anteilen liegenden stillen Rücklagen.

(3) **Beim Zwischenwertansatz:** Vergleich der Differenz der durch Teilauflösung stiller Rücklagen eintretenden Steuerzahlungen und Steuerersparnisse der Personengesellschaft bzw. ihrer Gesellschafter im Zeitpunkt der Umwandlung und der Differenz der als Folge höherer Wertansätze und höherer Abschreibungen bzw. niedrigerer Veräußerungsgewinne

eintretenden Steuerersparnisse und der aufgrund der Auflösung der restlichen stillen Rücklagen bzw. eintretenden Veräußerungsgewinne in der Zukunft ausgelösten Steuerzahlungen der Kapitalgesellschaft und ihrer Gesellschafter.

Bei der Ermittlung der steuerlich vorteilhaftesten Alternative der Behandlung der stillen Rücklagen muß eine Anzahl von **Restriktionen** beachtet werden. Da es sich um eine in die Zukunft gerichtete Entscheidung handelt, sind die in die Rechnung eingehenden Variablen um so ungewisser, je länger der **Planungszeitraum** gewählt wird. Er wird insbesondere von der Verteilung der Realisierung der stillen Rücklagen im Zeitablauf, also vor allem von der Restnutzungsdauer der übernommenen Wirtschaftsgüter bestimmt.

Neben der durch den Gesetzgeber verfügten Einschränkung des Wertansatzwahlrechtes in den Fällen, in denen bei der umzuwandelnden Personengesellschaft ein negatives Kapitalkonto besteht oder die übernehmende Kapitalgesellschaft neben den neuen Gesellschaftsanteilen auch „andere Wirtschaftsgüter" für das übernommene Betriebsvermögen der Personengesellschaft gewährt,[80] hängt die Entscheidung vor allem von folgenden weiteren Faktoren ab:

(1) der Länge des Planungszeitraums,
(2) der Restnutzungsdauer der übernommenen Wirtschaftsgüter,
(3) der Aufteilung der stillen Rücklagen auf abschreibungsfähige und nicht abschreibungsfähige Wirtschaftsgüter,
(4) der Höhe des gewünschten Stammkapitals,
(5) der Übereinstimmung oder Nichtübereinstimmung des Gewinnverteilungsschlüssels in der übertragenden Personengesellschaft und der übernehmenden Kapitalgesellschaft,
(6) der für die Zukunft geplanten Gewinnverwendung, d.h. der Aufteilung der zukünftigen Gewinne auf Ausschüttung und Thesaurierung,
(7) der im Umwandlungszeitpunkt durch Steuerzahlungen eintretenden Liquiditätsbelastung.

Sind die dargestellten Größen mit einiger Sicherheit zu quantifizieren, so ist **im Falle der Auflösung der stillen Rücklagen** durch Ansatz der Teilwerte eine optimale Entscheidung mit Hilfe des Kapitalwertkriteriums möglich. Der Kapitalwert der Summe der Steuerzahlungen ergibt sich, wenn die Steuerzahlungen der Personengesellschaft bzw. ihrer Gesellschafter auf den sich als Folge der Auflösung der stillen Rücklagen ergebenden Umwandlungsgewinn (Auszahlungen) und die Steuerersparnisse der übernehmenden Kapitalgesellschaft und ihrer Gesellschafter (Einzahlungen) während des Planungszeitraums aufgrund hoher Ausgangswerte (Teilwerte = Anschaffungskosten) und dadurch bedingte höhere Abschreibungen (Anlagen) bzw. niedrigere Umsatzgewinne (Vorräte) auf den Umwandlungsstichtag abgezinst werden.

Ist der Barwert der in den Perioden des Planungszeitraums zu erzielenden Steuerersparnisse größer als die Einkommensteuerzahlung auf den Um-

---

[80] Vgl. § 20 Abs. 2 Satz 4 und 5 UmwStG

wandlungsgewinn im Zeitpunkt der Übertragung des Betriebsvermögens auf die Kapitalgesellschaft, so ist die Vollauflösung der stillen Rücklagen durch Ansatz der Teilwerte vorteilhaft. Man wird sich für eine Vollauflösung entscheiden, soweit es die Liquiditätslage erlaubt.

Im **Falle der Übertragung der stillen Rücklagen** ergibt sich der Kapitalwert der Summe der Steuerzahlungen, indem die Steuerersparnisse der Personengesellschaft bzw. ihrer Gesellschafter als Folge der Vermeidung eines Umwandlungsgewinns durch Buchwertverknüpfung (Einzahlungen) und die Steuerzahlungen der Kapitalgesellschaft und ihrer Gesellschafter (Auszahlungen) während des Planungszeitraumes als Folge der Auflösung der in den zu Buchwerten übernommenen Wirtschaftsgütern und in den dafür gewährten Anteilen liegenden stillen Rücklagen auf den Umwandlungsstichtag abgezinst werden.

Ist der Barwert der in den Perioden des Planungszeitraumes auf die sich auflösenden stillen Rücklagen oder auf die bei der Veräußerung von Anteilen anfallenden Veräußerungsgewinne zu zahlenden Steuern niedriger als die im Zeitpunkt der Übertragung des Betriebsvermögens zu Buchwerten in die Kapitalgesellschaft durch Vermeiden eines Umwandlungsgewinns ersparte Einkommensteuer, so ist die Buchwertverknüpfung vorteilhaft.

6. Die Fusion (Verschmelzung)

a) Begriff, Formen und Motive

Als **Fusion** bezeichnet man einen Konzentrationsvorgang, der zu einem Unternehmenszusammenschluß führt, bei dem die sich zusammenschließenden Unternehmen nicht nur zu einer **wirtschaftlichen** Einheit, sondern auch zu einer **rechtlichen** Einheit zusammengefaßt werden, und zwar dadurch, daß das Betriebsvermögen zweier oder mehrerer bisher selbständiger Unternehmen zu einem einzigen Betriebsvermögen „verschmolzen" wird. Während bei der Bildung von Unterordnungskonzernen die einzelnen Konzerngesellschaften rechtlich selbständig bleiben, jedoch unter der einheitlichen Leitung der Konzernspitze ihre wirtschaftliche Selbständigkeit in mehr oder weniger großem Umfange aufgeben müssen, gibt es nach einer Fusion rechtlich nur noch ein Unternehmen. Die „eingeschmolzenen" Unternehmen werden zu **rechtlich unselbständigen Betriebsstätten** dieses einheitlichen Unternehmens.

Die gesetzliche Regelung der verschiedenen Fusionsvorgänge war bis zum 31. 12. 1994 in mehreren Gesetzen enthalten. Das Umwandlungsgesetz (1969), das Aktiengesetz, das Kapitalerhöhungsgesetz, das Genossenschaftsgesetz und das Versicherungsaufsichtsgesetz verwendeten für derartige Fusionsvorgänge den Begriff **„Verschmelzung"** und bezeichneten damit die in diesen Gesetzen geregelten Fusionsfälle, bei denen es sich stets um die Fusion von Kapitalgesellschaften bzw. von sonstigen in den genannten Gesetzen geregelten Körperschaften im Wege der Gesamtrechtsnachfolge handelte. **Gesamtrechtsnachfolge** bedeutet, daß das Vermögen einer Körperschaft als Ganzes übertragen wird, d. h. daß zur Übertragung von Grundstücken keine Auflassung und Eintragung, sondern nur eine Korrektur des Grundbuchs erforderlich ist, und daß bewegliche Sachen ohne Einigung und Übergabe, Forderungen ohne Zession, Orderpapiere ohne Indossament übergehen.

Mit Wirkung vom 1. 1. 1995 ist im Rahmen der Neuordnung des Umwandlungsrechts auch die Verschmelzung neu geregelt worden. Mit dem Gesetz zur Bereinigung des Umwandlungsrechts vom 28. 10. 1994[81] verfolgt der Gesetzgeber für Umwandlungen, die nach dem 1. 1. 1995 vollzogen werden, eine grundlegende Reform in Form einer „Rechtsbereinigung", „indem die bisherigen Regelungen des Umwandlungsrechts aus vielen Gesetzen herausgelöst und in einer Kodifikation zusammengefaßt werden. Darüber hinaus sollen zahlreiche neue Möglichkeiten der Umwandlung eröffnet werden, um den Unternehmen die Anpassung ihrer rechtlichen Strukturen an die veränderten Umstände des Wirtschaftslebens zu erleichtern."[82] Wie schon das Umwandlungsgesetz 1969 wird auch das neue Gesetz durch ein **Umwandlungssteuergesetz**[83] ergänzt, das einerseits das bisherige Umwandlungssteuerrecht an die neuen handelsrechtlichen Regelungen anpassen und andererseits steuerliche Hemmnisse abbauen soll, indem es Kapitalgesellschaften in Zukunft die steuerneutrale Umwandlung in Personengesellschaften ermöglicht.

Für die technische Durchführung der Fusion bietet das Umwandlungsgesetz zwei Wege an: Rechtsträger können nach § 2 UmwG unter Auflösung ohne Abwicklung verschmolzen werden:

(1) **im Wege der Aufnahme (§§ 4–35 UmwG):** Das Vermögen des übertragenden Unternehmens wird als Ganzes auf das übernehmende Unternehmen gegen Gewährung von Anteilen oder Mitgliedschaften dieses Unternehmens an die Anteilseigner (Gesellschafter, Aktionäre, Genossen oder Mitglieder) des übertragenden Unternehmens übertragen;

(2) **im Wege der Neugründung (§§ 36–38 UmwG):** Das Vermögen zweier oder mehrerer Unternehmen (übertragende Rechtsträger) wird jeweils als Ganzes auf ein neues, von ihnen dadurch gegründetes Unternehmen gegen Gewährung von Anteilen oder Mitgliedschaften des neuen Unternehmens an die Anteilseigner übertragen.

Die Formen der Fusion zeigt noch einmal die Abbildung auf S. 839.[84]

Ebenso wie bei der Bildung von Konzernen unterscheidet man zwischen einer **horizontalen** und einer **vertikalen** Fusion, je nachdem, ob Betriebe der gleichen Produktions- und Handelsstufe oder Betriebe vor- und nachgelagerter Produktions- und Handelsstufen sich vereinigen.

Die **Motive** der Verschmelzung sind ähnlich denen der Konzernbildung: Erringen einer Machtstellung entweder zur Sicherung des Absatzmarktes oder zur Sicherung der Rohstoffbeschaffung, Erweiterung der Kapital- und

---

[81] BGBl. I, S. 3210
[82] Begründung des Gesetzentwurfs der Bundesregierung, BR-Drs. 132/94, S. 38
[83] Umwandlungssteuergesetz vom 28. 10. 1994, BGBl. I, S. 3267
[84] Siehe folgende Seite; aus Wöhe/Bilstein, a. a. O., S. 114

Kreditbasis, gemeinsame Verwertung von Patenten, Vereinheitlichung des Produktionsprogramms, leichtere Durchführung von Rationalisierungsmaßnahmen unter einheitlicher Leitung usw.

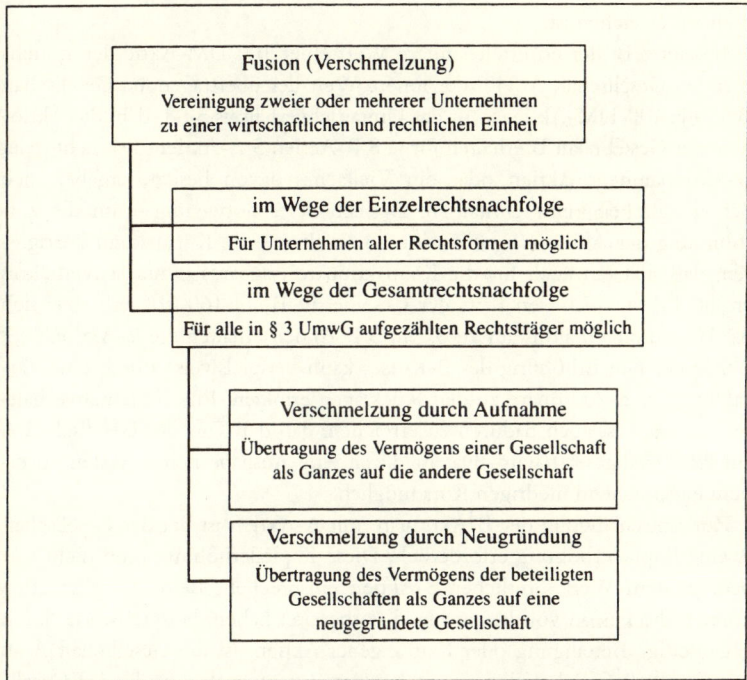

b) Die Berechnung der Umtauschverhältnisse und der Kapitalerhöhung

Die entscheidenden betriebswirtschaftlichen Probleme bei der Fusion entstehen dadurch, daß die aufnehmende Gesellschaft die übertragende Gesellschaft „entschädigen" muß, indem sie den Anteilseignern der übertragenden Gesellschaft eigene Anteile überläßt. Dazu ist bei Aktiengesellschaften gewöhnlich nach § 192 Abs. 2 Nr. 2 AktG eine bedingte Kapitalerhöhung erforderlich. Nimmt z.B. die Aktiengesellschaft A die Aktiengesellschaft B auf, so müssen die Vermögensansprüche der bisherigen B-Aktionäre, die nun A-Aktien erhalten, errechnet werden. Eine Zugrundelegung der Börsenkurse ist dann nicht zweckmäßig, wenn sie auf Grund von Marktschwankungen oder bewußten Manipulationen nicht dem wirtschaftlichen Wert der beiden Gesellschaften entsprechen. Dann ist es erforderlich, entweder nach Auflösung der stillen Rücklagen den Bilanzkurs oder den Ertragswertkurs bei der **Berechnung des Umtauschverhältnisses** heranzuziehen. Wie problematisch jedoch die Ermittlung des Ertragswertes ist, wurde oben[85] bereits ausgeführt.

---

[85] Vgl. S. 674 f.

Da die Hauptversammlungen der sich verschmelzenden Gesellschaften der Fusion zustimmen müssen, ist eine Korrektur der errechneten Kurse unter Umständen dann erforderlich, wenn sich ein recht ungerades Umtauschverhältnis ergibt, für das eine Dreiviertelmehrheit in der Hauptversammlung nicht zu erreichen ist.

Beträgt z. B. der ermittelte innere Wert einer 100-DM-Aktie der aufnehmenden Gesellschaft A 240, der innere Wert der übertragenden Gesellschaft B 150 je 100-DM-Aktie, so ist das Umtauschverhältnis 5 : 8, d. h. die Aktionäre der Gesellschaft B erhalten für je 8 B-Aktien 5 A-Aktien. Da nicht jeder B-Aktionär acht Aktien oder ein Vielfaches davon besitzt, ergeben sich Schwierigkeiten beim Umtausch. Deshalb ist es notwendig – um die Zustimmung der Aktionäre zur Fusion zu erhalten – die Kurse so zu korrigieren, daß sich auch für die Kleinaktionäre tragbares Umtauschverhältnis ergibt. Erhöht man den Kurs der Gesellschaft B auf 160, so verbessert sich das Umtauschverhältnis auf 2 : 3. Für 3 B-Aktien erhalten die B-Aktionäre 2 A-Aktien. Die Erhöhung des B-Kurses kann beispielsweise durch eine Zuzahlung der B-Aktionäre zu den Rücklagen erfolgen. Ein Umtauschverhältnis von 2 : 3 ist auch dadurch zu erreichen, daß der Kurs der Gesellschaft A auf 225 herabgesetzt wird. Das ist durch eine Ausgabe neuer Aktien zu einem entsprechend niedrigen Kurs möglich.

Zur Entschädigung der B-Aktionäre mit A-Aktien ist bei der Gesellschaft A eine Kapitalerhöhung erforderlich. Diese Kapitalerhöhung muß nicht unbedingt dem Wert sämtlicher B-Aktien entsprechen. Beide Gesellschaften können die Fusion von langer Hand vorbereitet haben, beispielsweise durch gegenseitige Beteiligung oder Kauf eigener Aktien. Ist die Gesellschaft A an der Gesellschaft B beteiligt, so ist bei der Zusammenlegung beider Gesellschaften für den Wert der Beteiligung keine Kapitalerhöhung notwendig. An die Stelle der Position „Beteiligung" in der Bilanz der Gesellschaft A treten entsprechende, von B übernommene Vermögenswerte. Besitzt B eine Beteiligung an A und verfügt A über eigene Aktien, so können diese A-Aktien zur Entschädigung von B-Aktionären verwendet werden. Die erforderliche Kapitalerhöhung vermindert sich entsprechend.

Beispiel:

Ermittelter innerer Wert einer 100-DM-Aktie der aufnehmenden Gesellschaft A: 240%
Ermittelter innerer Wert einer 100-DM-Aktie der übertragenden Gesellschaft B: 160%
Umtauschverhältnis: A : B = 2 : 3
Grundkapital B: 600.000 DM

Fall 1:

Sind weder eigene Aktiven bei A und B vorhanden, und besteht auch keine Beteiligung von A an B oder umgekehrt, so sind zur Entschädigung von nominell 600.000 DM B-Aktien nominell 400.000 DM A-Aktien erforderlich:

VIII. *Besondere Anlässe der Außenfinanzierung* 841

innerer Wert des vorhandenen B-Kapitals:
600.000 zu 160% = 960.000 DM
innerer Wert des erforderlichen A-Kapitals:
400.000 zu 240% = 960.000 DM
Das Grundkapital bei A muß also um 400.000 DM erhöht werden.

Fall 2:
Nehmen wir an,
B besitzt 1. eigene Aktien zum Nennwert von 60.000 DM,
2. eine Beteiligung an A zum Nennwert von 50.000 DM;
A besitzt 1. eigene Aktien zum Nennwert von 60.000 DM,
2. eine Beteiligung an B zum Nennwert von 300.000 DM;
dann berechnet sich die Kapitalerhöhung wie folgt:

	Nennwert	Kurswert (innerer Wert)	
		A-Aktien	B-Aktien
Grundkapital B – eigene Aktien B – Beteiligung A an B	600.000 60.000 300.000		
= abzulösende B-Aktien	240.000		384.000
erforderliche A-Aktien – eigene Aktien A – Beteiligung B an A	160.000 60.000 50.000	144.000 120.000	384.000
= erforderliche Kapital- erhöhung	50.000	120.000	384.000

Da der Unterschied im Kurs der A- und B-Aktien bereits im Umtauschverhältnis berücksichtigt wird, erfolgt die Berechnung der Kapitalerhöhung auf der Grundlage der Nennwerte.[86]

c) Die Besteuerung des Fusionsvorganges[87]

aa) Allgemeine Grundsätze

Bei der Fusion – ganz gleich, ob sie mit oder ohne Liquidation erfolgt – wird der Betriebsprozeß in der Regel nicht unterbrochen. Es ändern sich lediglich die rechtlichen und organisatorischen Verhältnisse der beteiligten Betriebe, und es kann auf längere Sicht zu Umstellungen im Produktionsprozeß kommen. Vom betriebswirtschaftlichen Standpunkt aus besteht in der Regel keine Veranlassung, die stillen Rücklagen bei der Fusion anders zu behandeln als zuvor. Die Finanzverwaltung hat jedoch ein durchaus berech-

---

[86] Vgl. Vormbaum, H. (Finanzierung), a. a. O., S. 497
[87] Vgl. Wöhe, G., Betriebswirtschaftliche Steuerlehre, Bd. II, 2. Halbband, 3. Aufl., München 1982, S. 206 ff.

tigtes Interesse daran, daß durch den Fusionsvorgang keine stillen Rücklagen der Besteuerung endgültig entzogen werden können, da anderenfalls nicht nur Steuereinnahmen verlorengingen, sondern auch die Gleichbehandlung aller Steuerpflichtigen verletzt würde.

Aus dieser Überlegung folgt, daß eine Auflösung und **Besteuerung stiller Rücklagen** nur in den Fällen erforderlich ist, in denen infolge der Verschmelzung eine spätere Erfassung nicht mehr möglich ist. Vollzieht sich die Fusion durch Aufnahme, so scheint auf den ersten Blick die spätere Versteuerung der stillen Rücklagen immer dann sichergestellt zu sein, wenn aufnehmende und übertragende Gesellschaft eine Rechtsform haben, die den gleichen Steuern unterliegt. Ist die aufnehmende Gesellschaft dagegen eine Einzelunternehmung oder eine Personengesellschaft, die übertragende Gesellschaft aber eine Kapitalgesellschaft, so würden die stillen Rücklagen der übertragenden Gesellschaft der Körperschaftsteuer entzogen, wenn sie unversteuert auf die aufnehmende Gesellschaft übertragen werden dürften, da diese nicht körperschaftsteuerpflichtig ist.

Würde steuerrechtlich ausnahmslos der Grundsatz gelten, daß bei Wirtschaftsgütern, die zu einem Betriebsvermögen gehören, eine im Zeitablauf eingetretene Wertsteigerung, die aufgrund des Realisationsprinzips vor ihrer Verwirklichung durch einen Umsatz- oder Entnahmevorgang steuerlich nicht erfaßt werden kann, im Falle der Entnahme **in der wirtschaftlichen Einheit verwirklicht wird, in der sie entstanden ist,** so stünde der Steuergesetzgeber vor dem Dilemma, daß er einerseits bei Beachtung des genannten Bewertungsgrundsatzes auf der Auflösung und Besteuerung der stillen Rücklagen bei der Vermögensübertragung im Wege der Verschmelzung bestehen müßte und andererseits steuerliche Hemmnisse bei der Umstrukturierung von Unternehmen möglichst vermeiden möchte.

Um letzteres zu erreichen, hat er in verschiedenen Umwandlungssteuergesetzen (1934, 1956, 1969, 1977, 1995) nach und nach die **Übertragung der stillen Rücklagen** des übertragenden auf den übernehmenden Rechtsträger zunächst in den Fällen zugelassen, in denen diese Übertragung für den Fiskus vorteilhaft war – z. B. die Übertragung von stillen Rücklagen aus der Sphäre der Einkommensteuer in die Sphäre der Körperschaftsteuer bei der Verschmelzung einer Personengesellschaft auf eine Kapitalgesellschaft – oder die spätere steuerliche Gleichbehandlung übertragener stiller Rücklagen sichergestellt war – z. B. bei der Verschmelzung von Kapitalgesellschaften. Die steuerneutrale Übertragung von stillen Rücklagen bei der Verschmelzung einer Kapitalgesellschaft auf eine Personengesellschaft ist erstmals durch das UmwStG 1995 zugelassen worden. Zuvor mußten bei diesem Verschmelzungsvorgang die stillen Rücklagen der übertragenden Kapitalgesellschaft aufgelöst und noch bei ihr der Körperschaftsteuer unterworfen werden.

Gem. § 3 UmwG können an Verschmelzungen als übertragende und damit untergehende, als übernehmende oder als neue Rechtsträger sowohl Kapitalgesellschaften als auch Personengesellschaften beteiligt sein. Das bedeutet, daß Vermögensübertragungen in vier Rechtsformkombinationen möglich sind, die im Umwandlungssteuergesetz geregelt sind:

(1) Die Vermögensübertragung von einer Kapitalgesellschaft auf eine andere Kapitalgesellschaft (§§ 11–13 UmwStG);
(2) die Vermögensübertragung von einer Kapitalgesellschaft auf eine Personengesellschaft (§§ 3–10 UmwStG);
(3) die Vermögensübertragung von einer Personengesellschaft auf eine Kapitalgesellschaft (§§ 20–22 UmwStG) und
(4) die Vermögensübertragung von einer Personengesellschaft auf eine andere Personengesellschaft (§ 24 UmwStG).

In den genannten Fällen räumt das Umwandlungssteuergesetz grundsätzlich ein **Wahlrecht** ein, die letzten steuerlichen **Buchwerte** des übertragenden Rechtsträgers fortzuführen, d. h. die stillen Rücklagen nicht aufzulösen und somit Übertragungsgewinne zu vermeiden, oder die **Teilwerte** anzusetzen, d. h. die stillen Rücklagen aufzulösen und als Übertragungsgewinn auszuweisen. Außerdem ist der Ansatz von **Zwischenwerten** zwischen den (höheren) Teilwerten und den (niedrigeren) Buchwerten zulässig. Die Minimierung der Steuerbelastung bei Verschmelzungsvorgängen erfordert also eine Entscheidung über die Behandlung der stillen Rücklagen der übertragenden Gesellschaft im Rahmen des Wertansatzwahlrechts.

bb) Die steuerliche Behandlung der stillen Rücklagen bei der Fusion von Kapitalgesellschaften

§ 11 Abs. 1 UmwStG räumt der übertragenden Kapitalgesellschaft ein Wahlrecht ein, in der steuerlichen Schlußbilanz für das letzte Wirtschaftsjahr (Übertragungsbilanz) die übergegangenen Wirtschaftsgüter entweder mit dem Wert, der sich nach den steuerrechtlichen Vorschriften über die Gewinnermittlung ergibt, d. h. mit dem **Buchwert** anzusetzen oder einen **höheren Wert** zu wählen. Dabei dürfen die Teilwerte der einzelnen Wirtschaftsgüter nicht überschritten werden.

Die Fortführung der Buchwerte setzt nach § 11 Abs. 1 Satz 1 UmwStG voraus, daß die **spätere Besteuerung** der in den übertragenen Wirtschaftsgütern enthaltenen stillen Rücklagen bei der übernehmenden Körperschaft sichergestellt ist und eine Gegenleistung (z. B. in Form von Barleistungen, von Leistungen in Sachwerten oder sonstigen Wirtschaftsgütern) nicht gewährt wird oder in Gesellschaftsrechten besteht. Sind diese Voraussetzungen nicht erfüllt, sind die übertragenen Wirtschaftsgüter mit dem Wert der für die Übertragung gewährten **Gegenleistung** anzusetzen. Wird eine Gegenleistung nicht gewährt, sind die Wirtschaftsgüter mit dem **Teilwert** zu bewerten.[88]

Für die Übernahme der übertragenen Wirtschaftsgüter durch die aufnehmende Kapitalgesellschaft verweist § 12 Abs. 1 UmwStG auf § 4 Abs. 1 dieses Gesetzes. Danach hat die übernehmende Körperschaft die übernommenen Wirtschaftsgüter „mit dem in der steuerlichen Schlußbilanz der übertragenden Körperschaft enthaltenen Wert zu übernehmen", d. h. es besteht **Buchwertverknüpfung.** Dieser Begriff besagt, daß die übernehmende

---

[88] Vgl. § 11 Abs. 2 UmwStG

Körperschaft die von der übertragenden Körperschaft gewählten Wertansätze (= Buchwerte) – das können die letzten steuerlichen Buchwerte, die Teilwerte oder Zwischenwerte sein – unverändert zu übernehmen hat.

Hat sich die übertragende Kapitalgesellschaft für den Ansatz der letzten steuerlichen **Buchwerte** entschieden, so werden die stillen Rücklagen auf die Übernehmerin übertragen und sind von ihr zu versteuern, sobald sie durch den Umsatzprozeß realisiert worden sind. Hat die übertragende Körperschaft ihr Vermögen mit den **Teilwerten** bewertet, weil beispielsweise die in § 11 Abs. 1 UmwStG geforderten Voraussetzungen für die Fortführung der Buchwerte nicht erfüllt sind, so sind alle stillen Rücklagen aufgelöst und eine Übertragung auf die übernehmende Körperschaft und eine spätere Besteuerung kommt nicht in Betracht.

Erfolgt die Übernahme des Vermögens der untergehenden Kapitalgesellschaft **gegen Gewährung von Gesellschaftsrechten,** d.h. ist die übernehmende Gesellschaft nicht an der übertragenden beteiligt, so hat die Buchwertverknüpfung zur Folge, daß ein Übernahmegewinn nicht entstehen kann. Die übernommenen Werte gelten als **Anschaffungskosten** der übergegangenen Wirtschaftsgüter.

Ist die übernehmende Kapitalgesellschaft bereits an der übertragenden beteiligt, so kann ein **Übernahmegewinn** in Höhe der Differenz zwischen dem Buchwerte der Beteiligung und dem Wert der Beteiligung entsprechenden Teils der übernommenen Wirtschaftsgüter entstehen. Eine Übereinstimmung des Buchwerts der Beteiligung, deren Anschaffungskosten auch im Falle des Steigens des Wertes des Vermögens der übertragenden Gesellschaft und damit des Steigens des Teilwertes über die Anschaffungskosten wegen des Realisationsprinzips nicht erhöht werden dürfen, wäre rein zufällig. Die in der Beteiligung liegenden stillen Rücklagen würden voll aufgedeckt, wenn an die Stelle der Beteiligung die zu Teilwerten bewerteten Teile des der Beteiligung entsprechenden Vermögens der übertragenden Gesellschaft treten würden. Es käme dann zu einer **Verdoppelung der aufgelösten stillen Rücklagen;** sie würden einerseits im Vermögen der übertragenden Gesellschaft und andererseits in der einen Anspruch auf dieses Vermögen verbriefenden Beteiligung aufgelöst. Es ist also in der Regel zweckmäßig, die letzten steuerlichen Buchwerte anzusetzen, denn dann erfolgt nur eine Teilauflösung der in der Beteiligung liegenden stillen Rücklagen, nämlich in Höhe der Differenz zwischen den Buchwerten der dem Wert der Beteiligung entsprechenden übernommenen Vermögenswerte und einem niedrigeren Buchwert der Beteiligung.

Der **Übernahmegewinn** wird durch § 12 Abs. 2 UmwStG **von der Besteuerung ausgenommen,** d.h. nur die aufgelösten stillen Rücklagen in den Wirtschaftsgütern der übertragenden Gesellschaft sind zu versteuern, nicht dagegen die stillen Rücklagen in der schwindenden Beteiligung der übernehmenden Gesellschaft. Das gilt auch für die Gewerbesteuer.[89] Sind allerdings die **tatsächlichen Anschaffungskosten** der Beteiligung höher als

---

[89] Vgl. § 19 Abs. 1 UmwStG

VIII. *Besondere Anlässe der Außenfinanzierung* 845

der Buchwert im Zeitpunkt der Verschmelzung, so ist die Differenz dem Gewinn der übernehmenden Kapitalgesellschaft hinzuzurechnen, d.h. dieser Betrag ist steuerpflichtig.

Eine solche Differenz kann z.B. dadurch entstehen, daß die Beteiligung zu einem früheren Zeitpunkt auf den niedrigeren Teilwert abgeschrieben, bei späterer Wertsteigerung aber nicht wieder bis zu den Anschaffungskosten aufgewertet wurde. Diese Aufwertung hätte als Zuschreibung Steuerpflicht ausgelöst.

Beispiel:
Die Aktiengesellschaft B wird im Wege der Verschmelzung von der Aktiengesellschaft A aufgenommen. A ist bereits an B beteiligt.

Buchwert der Beteiligung von A an B	800.000 DM
Anschaffungskosten der Beteiligung von A an B	900.000 DM
Buchwert des der Beteiligung entsprechenden Vermögens B	1.000.000 DM
Teilwert des der Beteiligung entsprechenden Vermögens B	1.400.000 DM

Lfd. Nr.		Ansatz gem. § 11 Abs. 1 Satz 2 UmwStG	Ansatz gem. § 11 Abs. 1 Satz 1 UmwStG
(1)	Übertragungsbilanz B	1.400.000	1.000.000
(2)	Übertragungsgewinn B	400.000	0
(3)	Übernahmebilanz A	1.400.000	1.000.000
(4)	Übernahmegewinn A (Differenz zwischen übernommenem Vermögen und Buchwert der Beteiligung)	600.000	200.000
(5)	davon steuerfrei (Differenz zwischen übernommenem Vermögen und Anschaffungskosten der Beteiligung)	500.000	100.000
(6)	davon steuerpflichtig (Differenz zwischen Anschaffungskosten und Buchwert der Beteiligung)	100.000	100.000
(7)	spätere Auflösung stiller Rücklagen bei A	0	400.000
(8)	kst.-pflichtig insgesamt (Nr. 2 + 6 + 7)	500.000	500.000

Ergebnis:
(1) Beim Ansatz der Teilwerte gem. § 11 Abs. 1 Satz 2 UmwStG zahlt die Gesellschaft B sofort Körperschaftsteuer auf 400.000 DM, die Gesellschaft A auf 100.000 DM. Insgesamt sind also 500.000 DM zu versteuern; das ist die Differenz zwischen den Anschaffungskosten der Beteiligung und dem Teilwert des dafür übernommenen Vermögens. Die gezahlte Körperschaftsteuer ist anrechenbar.

(2) Beim Ansatz der Buchwerte gem. § 11 Abs. 1 Satz 1 UmwStG zahlt die Gesellschaft B zunächst keine Körperschaftsteuer, die Gesellschaft A auf 100.000 DM. Bei späterer Auflösung der stillen Rücklagen fällt bei A Körperschaftsteuer auf 400.000 DM an, insgesamt unterliegen auch in diesem Falle 500.000 DM der Körperschaftsteuer. Es tritt aber ein Liquiditäts- und Zinsvorteil durch die spätere Zahlung ein.

Der Umfang dieser Vorteile hängt davon ab, ob die stillen Rücklagen in nichtabnutzbaren oder in abschreibungsfähigen Anlagegütern bzw. in Warenvorräten liegen. Die Vorteile sind um so größer, je weiter in der

Zukunft die Auflösung der stillen Rücklagen liegt. Da Vorschriften des UmwStG über die Fusion auch für die Ermittlung des Gewerbeertrages anzuwenden sind,[90] fallen die Gewerbesteuerzahlungen zum gleichen Zeitpunkt wie die Körperschaftsteuerzahlungen an.

7. Die Spaltung[91]

a) Begriff und Arten der Spaltung

Bei der Unternehmensspaltung erfolgt eine Neuzuordnung von Unternehmensteilen, z. B. von Geschäftsbereichen, d. h. von Teilen des bisherigen Gesamtvermögens von Unternehmen. Bis zur Regelung derartiger Vorgänge im Umwandlungsgesetz 1995 (§§ 123–173) und im Umwandlungssteuergesetz 1995 (§§ 15 und 16) konnten sie nur im Wege der **Einzelrechtsnachfolge** durchgeführt werden. Bei der Vermögensübertragung mußten in der Regel stille Rücklagen aufgedeckt und versteuert werden, soweit nicht Sonderregelungen wie z. B. bei der Einbringung eines Betriebes oder Teilbetriebes gegen Gewährung von Gesellschaftsrechten bestehen.

Ebenso wie die Fusion kann auch die Spaltung von Unternehmen entweder zur Aufnahme oder zur Neugründung vorgenommen werden. Bei der **ohne Abwicklung** vollzogenen **Aufnahme** werden ein oder mehrere ab- oder aufgespaltene Vermögensteile auf einen (oder mehrere) Rechtsträger verschmolzen. Erfolgt die Spaltung zur **Neugründung,** werden der oder die aufnehmenen Rechtsträger mit der Vermögensübernahme neu gegründet. Damit die Unternehmen möglichst viel Gestaltungsspielraum für Umstrukturierungsmaßnahmen haben, läßt § 123 Abs. 4 UmwG zu, daß Spaltungen „auch durch gleichzeitige Übertragung auf bestehende und neue Rechtsträger erfolgen" können.

Gem. § 124 Abs. 1 und § 3 Abs. 1 UmwG wird zwischen Aufspaltung und Abspaltung einerseits und Ausgliederung andererseits unterschieden. Alle in § 3 Abs. 1 UmwG genannten verschmelzungsfähigen Rechtsträger (OHG, KG GmbH, AG KGaA, e. G., e. V., genossenschaftliche Prüfungsverbände, VVaG) können bei einer **Auf- oder Abspaltung** übertragender, übernehmender oder neuer Rechtsträger sein. Wirtschaftliche Vereine können nur übertragender Rechtsträger sein. Der Kreis der Rechtsträger, die eine **Ausgliederung** vollziehen können, umfaßt außerdem gem. § 124 Abs. 1 UmwG wirtschaftliche Vereine, Einzelkaufleute, Stiftungen und Zusammenschlüsse von Gebietskörperschaften, die nicht selbst Gebietskörperschaften sind.

Das folgende Schaubild zeigt die veschiedenen Arten der Spaltung, die jeweils zur Aufnahme oder zur Neugründung vollzogen werden können.[92]

Da die in den Spaltungsvorschriften eingeräumten Gestaltungsfreiheiten die **Interessen der Gläubiger** erheblich beinträchtigen können, sieht § 133

---

[90] Vgl. § 19 UmwStG
[91] Vgl. dazu die ausführliche Darstellung bei Wöhe/Bilstein, a. a. O., S. 121 ff.
[92] Vgl. Wöhe/Bilstein, a. a. O., S. 123

UmwG umfangreiche Schutzvorschriften vor. So haften gem. § 133 Abs. 1 UmwG die an der Spaltung beteiligten Rechtsträger **als Gesamtschuldner** für die Verbindlichkeiten des übertragenden Rechtsträgers, die vor dem Wirksamwerden der Spaltung begründet worden sind. Auch für die Ansprüche der Inhaber von Sonderrechten (Inhaber von Wandel- oder Gewinnschuldverschreibungen, Genußrechten usw.) haften die an der Spaltung beteiligten Rechtsträger gesamtschuldnerisch. Gem. § 133 Abs. 3 UmwG haften auch Rechtsträger, denen die Verbindlichkeiten des übertragenden Rechtsträgers im Spaltungs- und Übernahmevertrag nicht zugewiesen worden sind, für diese Verbindlichkeiten, „wenn sie vor Ablauf von fünf Jahren nach der Spaltung fällig und daraus Ansprüche gegen sie gerichtlich geltend gemacht sind".

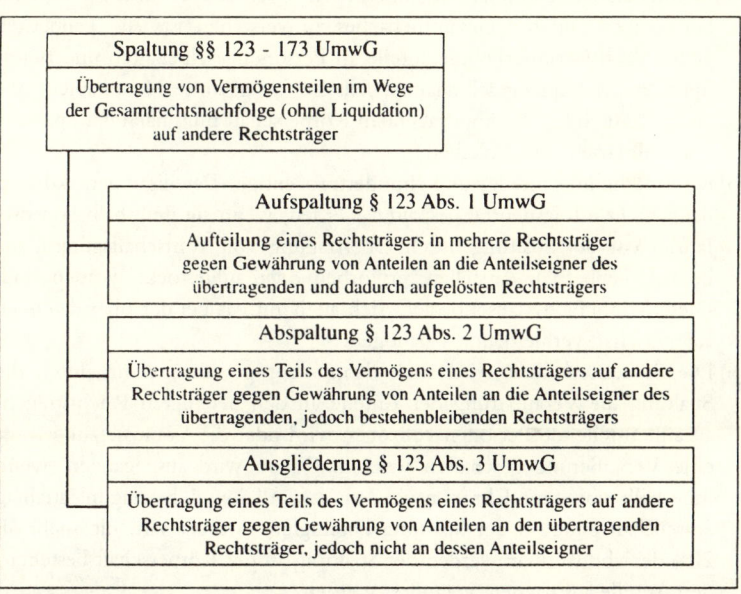

b) Steuerliche Probleme der Spaltung

Auch bei der Spaltung stellt sich wie bei der Fusion die Frage nach der steuerlichen Behandlung der im übertragenen Vermögen enthaltenen stillen Rücklagen. Damit die mit dem Umwandlungsgesetz gewollte Erleichterung von Umstrukturierungsmaßnahmen nicht durch steuerliche Vorschriften behindert wird, läßt der Steuergesetzgeber unter bestimmten im Umwandlungssteuergesetz enthaltenen Voraussetzungen eine **steuerneutrale Auf- bzw. Abspaltung** durch Fortführung der Buchwerte des übertragenden Rechtsträgers durch den übernehmenden Rechtsträger zu.[93] Wie bei der Fusion besteht ein **Wahlrecht,** auch die Teilwerte oder Zwischenwerte zwischen Buchwerten und höheren Teilwerten anzusetzen. Hinsichtlich der

---

[93] Vgl. § 15 i. V. m. §§ 11–13 UmwStG

Abschreibungen, Sonderabschreibungen, Bewertungsfreiheiten usw. tritt die übernehmende Körperschaft in die Rechtsstellung der übertragenden ein.

Der Gesetzgeber hat die steuerneutrale Spaltung an eine Anzahl von Voraussetzungen geknüpft, die handelsrechtlich nicht bestehen:

(1) Die übertragende und übernehmende Körperschaft müssen unbeschränkt körperschaftsteuerpflichtig sein.[94]

(2) Es muß sichergestellt sein, daß die in dem übergegangenen Vermögen enthaltenen stillen Rücklagen später bei der übernehmenden Körperschaft der Körperschaftsteuer unterliegen.[95]

(3) Die Gegenleistung für die Übertragung des Vermögens darf nur in Gesellschaftsrechten bestehen.

(4) Zu übertragen ist ein Teilbetrieb, unter dem ein mit einer gewissen Selbständigkeit ausgestatteter, organisatorisch geschlossener und für sich lebensfähiger Teil des Gesamtbetriebes zu verstehen ist. Als Teilbetrieb gelten auch Mitunternehmeranteile an Personengesellschaften und Beteiligungen an Kapitalgesellschaften, falls sie das gesamte Nennkapital umfassen.[96] Auch bei der übertragenden Körperschaft muß nach der Spaltung ein Teilbetrieb zurückbleiben.

(5) Mitunternehmeranteile und hundertprozentige Beteiligungen können dann nicht erfolgsneutral gespalten werden, wenn sie innerhalb von drei Jahren vor der Spaltung durch Übertragung von Wirtschaftsgütern, die keinen Teilbetrieb darstellen, erworben oder aufgestockt worden sind. Diese Mißbrauchsklausel bezieht sich auch auf das bei der übertragenden Körperschaft verbleibende Vermögen.[97]

(6) Die Steuerneutralität wird auch dann nicht gewährt, wenn durch die Spaltung die Veräußerung der Anteile an den beteiligten Rechtsträgern an außenstehende Personen vollzogen wird oder die Voraussetzungen für eine Veräußerung geschaffen werden. Davon wird ausgegangen, wenn innerhalb von fünf Jahren nach dem steuerlichen Übertragungsstichtag Anteile an einer an der Spaltung beteiligten Körperschaft, die mehr als 20% der vor Wirksamwerden der Spaltung an der Körperschaft bestehenden Anteile ausmachen, veräußert werden.[98]

Hierdurch soll sichergestellt werden, daß die bei der Veräußerung eines Teilbetriebs oder eines Mitunternehmeranteils normalerweise anfallende Steuer nicht über die Spaltung und die Veräußerung der Anteile vermieden werden kann.

8. Auflösung und Liquidation (Abwicklung)

Stellt ein Betrieb seine Tätigkeit ein, so wird er aufgelöst. Die Auflösung ist ein rechtlicher Vorgang. An die Auflösung schließt sich die Liquidation

---

[94] Vgl. § 1 Abs. 5 UmwStG
[95] Vgl. § 11 Abs. 1 Nr. 1 UmwStG
[96] Vgl. § 15 Abs. 1 UmwStG
[97] Vgl. § 15 Abs. 3 Satz 1 UmwStG
[98] Vgl. ebenda

(Abwicklung) an, d.h. die vorhandenen Vermögenswerte werden veräußert und der erzielte Erlös wird zur Tilgung der Schulden und zur Rückzahlung des Eigenkapitals verwendet. Nicht immer werden die Geldmittel ausreichen, um alle Ansprüche voll zu decken, denn in den meisten Fällen erfolgt die Auflösung dann, wenn der Betrieb durch laufende Umsatzverluste immer mehr Eigenkaptial verloren und keine Möglichkeit mehr hat, seine Rentabilität wieder zu erhöhen. Eine Auflösung des Betriebes ist aber auch aus anderen Gründen möglich, so beispielsweise dann, wenn der Betriebszweck erreicht ist (z.B. Abbau eines Kohlevorkommens).

Wie bei den bisher behandelten Finanzierungsanlässen ist auch im Falle des Kapitalrückflusses bei der Liquidation im Interesse der Gläubiger und der an der Geschäftsführung nicht beteiligten Anteilseigner die rechtliche Regelung bei den Kapitalgesellschaften besonders streng.

Das Aktiengesetz nennt vor allem folgende **Auflösungsgründe:**[99]
(1) Ablauf der in der Satzung bestimmten Zeit,
(2) Beschluß der Hauptversammlung mit Dreiviertelmehrheit,
(3) Eröffnung des Insolvenzverfahrens über das Vermögen der Gesellschaft,
(4) Ablehnung des Insolvenzverfahrens mangels Masse.

Mit der Auflösung wird aus der Erwerbsgesellschaft eine Abwicklungsgesellschaft. Dem Firmennamen wird die Bezeichnung „i.L." (in Liquidation) hinzugefügt. Die Abwicklung wird in der Regel von den Mitgliedern des Vorstandes durchgeführt. Sie kann sich über mehrere Jahre erstrecken, da die Abwickler bestrebt sein müssen, die vorhandenen Vermögenswerte so günstig wie nur möglich zu veräußern.

Die Abwickler haben für den Beginn der Liquidation eine Eröffnungsbilanz und bis zu ihrer Beendigung für den Schluß jedes Geschäftsjahres einen Jahresabschluß und einen Lagebericht aufzustellen und der Hauptversammlung vorzulegen. Durch das Bilanzrichtlinien-Gesetz haben die Vorschriften zur Rechnungslegung einer in Liquidation befindlichen AG zwei wesentliche Änderungen erfahren. Erstens gelten nun die Vorschriften über den Jahresabschluß der werbenden AG entsprechend für die gesamte Rechnungslegung der sich in Abwicklung befindenden AG. Nur soweit für Vermögensgegenstände des Anlagevermögens innerhalb eines übersehbaren Zeitraums eine Veräußerung beabsichtigt ist oder diese Gegenstände nicht mehr dem Geschäftsbetrieb dienen, sind Gegenstände des Anlagevermögens wie Umlaufvermögen zu bewerten.[100] Zweitens ist die Prüfung der Abwicklungsbilanzen jetzt die Regel.

Sind alle Gläubiger aus dem Liquidationserlös befriedigt worden, so wird das restliche Vermögen auf die Anteilseigner im Verhältnis ihrer Kapitalanteile verteilt. Zum Schutze der Gläubiger schreibt § 267 AktG allerdings vor, daß die Gläubiger in den Gesellschaftsblättern dreimal aufzufordern sind, ihre Ansprüche anzumelden. Erst ein Jahr nach der Veröffentlichung der dritten

---

[99] Vgl. § 262 Abs. 1 AktG. In § 60 Abs. 1 GmbHG werden im wesentlichen dieselben Auflösungsgründe aufgeführt.
[100] Vgl. § 270 Abs. 2 Satz 3 AktG

Aufforderung darf das restliche Vermögen an die Aktionäre verteilt werden.[101] Gleiche Regelungen gelten bei der Liquidation einer GmbH.[102]

Sind im Liquidationserlös Beträge aus der Auflösung stiller Rücklagen enthalten, so werden sie auf die Gesellschafter entsprechend ihrem nominellen Kapitalanteil verteilt. Bei Personengesellschaften kann das zur Benachteiligung einzelner Gesellschafter führen, wenn die Gewinnverteilung, wie z. B. bei der Offenen Handelsgesellschaft, nach Köpfen im Anschluß an eine 4%ige Verzinsung der Anteile erfolgt. Dabei ist zu bemerken, daß die betroffenen Gesellschafter die Ursache für diese Benachteiligung nicht beim Gesetzgeber, sondern in ihren eigenen Entscheidungen zu suchen haben, denn die Vorschriften über die Gewinnverteilung (§ 121 HGB) und die Verteilung des Restvermögens (§ 155 HGB) sind nicht zwingendes, sondern dispositives Recht.

Angenommen, eine OHG hat zwei Gesellschafter, von denen der Gesellschafter A mit 20%, der Gesellschafter B mit 80% an der Gesellschaft beteiligt ist. Werden bei der Liquidation stille Rücklagen in Höhe von 10.000 DM aufgelöst, so erhält A 2.000 DM, B 8.000 DM. Wären diese Rücklagen in früheren Jahren als Gewinn ausgewiesen und ausgeschüttet worden, so hätte bei einer Gewinnverteilung nach Köpfen jeder der beiden Gesellschafter je 5.000 DM erhalten. Der kapitalschwächere A ist also bei der Verteilung der stillen Rücklagen im Falle der Liquidation benachteiligt, wenn im Gesellschaftsvertrag nicht ein bestimmter Verteilungsschlüssel vereinbart worden ist.

Der bei einer Liquidation erzielte Gewinn ist der **Besteuerung** zu unterwerfen. Hierbei ist zu unterscheiden, ob es sich um Personenunternehmen einerseits oder um Kapitalgesellschaften und Genossenschaften andererseits handelt.

Bei der Liquidation von Kapitalgesellschaften und Genossenschaften wird der im Abwicklungszeitraum erzielte Gewinn besteuert. Die Gewinnermittlung erfolgt nicht nach Geschäftsjahren, sondern für den **gesamten Abwicklungszeitraum,** der aber drei Jahre nicht übersteigen soll.[103] Zur Ermittlung des steuerlichen Abwicklungsgewinns ist das Abwicklungs-Endvermögen, das zur Verteilung gelangt, dem Abwicklungs-Anfangsvermögen gegenüberzustellen, d. h. dem Vermögen, das am Schluß des der Auflösung vorangegangenen Wirtschaftsjahrs der Körperschaftsteuerveranlagung zugrunde lag.[104]

Der Abwicklungsgewinn unterliegt in der Regel dem normalen Körperschaftsteuersatz von 40%. Für die Anteilseigner ergibt sich das Abwicklungsergebnis aus der Differenz des ihnen zufließenden Liquidationserlöses und dem Buchwert/Anschaffungswert ihrer Anteile.

Durch das körperschaftsteuerliche Anrechnungsverfahren erfolgt bei den Anteilseignern eine Erstattung der von der Gesellschaft entrichteten Körperschaftsteuer. Einbezogen in die Anrechnung ist auch die Körperschaftsteuer,

---

[101] Vgl. § 272 Abs. 1 AktG
[102] Vgl. §§ 72 u. 73 GmbHG
[103] Vgl. § 11 Abs. 1 KStG
[104] Vgl. § 11 Abs. 2–4 KStG

VIII. Besondere Anlässe der Außenfinanzierung

die auf in früheren Jahren nach dem KStG 1977 versteuerten und evtl. in Nennkapital umgewandelten Rücklagen liegt.[105]

Die Liquidation von Einzelunternehmen und Personengesellschaften wird der **Veräußerung des Betriebes** gleichgestellt.[106] Veräußerungsgewinn ist der Betrag, um den der Veräußerungspreis nach Abzug der Veräußerungskosten den Wert des Betriebsvermögens oder den Wert des Anteils am Betriebsvermögen übersteigt. Er ist durch besondere Tarifvorschriften und Freibetragsregelungen steuerlich begünstigt.[107]

Neben der beschriebenen materiellen Liquidation kann ein Betrieb auch formell liquidiert werden. Eine **formelle Liqudiation** liegt z.B. bei der Umwandlung im Wege der Einzelübertragung vor (Umgründung). Bei der Wahl der Wertansätze in der Liquidationsbilanz muß in diesem Falle davon ausgegangen werden, daß der Betrieb fortgeführt und nur die Rechtsform liquidiert wird.

---

[105] Vgl. §§ 41 Abs. 2 KStG, 20 Abs. 1 Nr. 2 EStG
[106] Vgl. § 16 Abs. 3 EStG
[107] Vgl. §§ 34, 16 Abs. 4 EStG

Sechster Abschnitt
Das betriebliche Rechnungswesen

A. Grundlagen

I. Aufgaben und Gliederung des betrieblichen Rechnungswesens

1. Überblick

Unter dem Begriff betriebliches Rechnungswesen faßt man sämtliche Verfahren zusammen, deren Aufgabe es ist, alle im Betrieb auftretenden Geld- und Leistungsströme, die vor allem – aber nicht ausschließlich – durch den Prozeß der betrieblichen Leistungserstellung und -verwertung (betrieblicher Umsatzprozeß) hervorgerufen werden, mengen- und wertmäßig zu erfassen und zu überwachen (**Dokumentations- und Kontrollaufgabe**).

Diese Aufgabe kann sich im einzelnen auf die **Ermittlung von Beständen** in einem Zeitpunkt erstrecken (z. B. die Ermittlung des Vermögens und der Schulden des Betriebes an einem Stichtag) oder sie kann in der **Feststellung von Bestandsveränderungen** im Zeitablauf (z. B. die Zu- und Abnahme von Forderungen und Verbindlichkeiten) oder des **Erfolges** einer Zeitperiode bestehen (z. B. die Höhe des Aufwandes und Ertrages einer Abrechnungsperiode); sie kann ferner auf die **Ermittlung der Selbstkosten** der betrieblichen Leistungen gerichtet, also nicht nur zeitbezogen, sondern auch stückbezogen sein. Über die Stichtagsfeststellung oder den Zeitvergleich von Bestands- und Erfolgsgrößen soll das Rechnungswesen in erster Linie der Kontrolle der Wirtschaftlichkeit und der Rentabilität der betrieblichen Prozesse dienen und der Betriebsführung damit zugleich Unterlagen für ihre auf die Zukunft gerichteten Planungsüberlegungen liefern (**Dispositionsaufgabe**).

Neben diesen betriebsinternen Aufgaben hat das Rechnungswesen **externe Aufgaben**: auf Grund gesetzlicher Vorschriften dient es der Rechenschaftslegung und informiert – soweit es auf Grund gesetzlicher Vorschriften veröffentlicht oder freiwillig zur Einsicht freigegeben wird – die Gesellschafter (Aktionäre, Gesellschafter der GmbH, Kommanditisten usw.), die Gläubiger (Lieferanten, Kreditgeber), die Belegschaft, die Finanzbehörden und die Öffentlichkeit (potentielle Aktionäre und Gläubiger, staatliche Instanzen, wissenschaftliche Institute, Wirtschaftspresse, sonstige Interessierte) über die Vermögens-, Finanz- und Ertragslage des Betriebes (**Rechenschaftslegungs- und Informationsaufgabe**).

Aus der Verschiedenheit der Aufgaben hat sich eine Einteilung des betrieblichen Rechnungswesens in die folgenden **vier Teilgebiete** entwickelt, die in enger Verbindung miteinander stehen und zum Teil das gleiche Zah-

lenmaterial – allerdings unter verschiedenen Gesichtspunkten bzw. mit unterschiedlichen Zielsetzungen – verwenden. Es sind das:
(1) die Buchführung und Bilanz (Zeitrechnung)
(2) die Selbstkostenrechnung (Stückrechnung)
(3) die betriebswirtschaftliche Statistik
(4) die Planungsrechnung (Vorschaurechnung).

Diese Gliederung ist bis heute im Grundsatz im allgemeinen beibehalten worden, jedoch erweist es sich von der Aufgabenstellung der einzelnen Teilgebiete her als zweckmäßig, die beiden Bereiche der Buchführung – die Finanzbuchführung (Geschäftsbuchführung), aus der die Bilanz entwickelt wird, einerseits und die Betriebsbuchführung (kalkulatorische Buchführung, Betriebsabrechnung), die der Kostenerfassung und -verteilung dient, andererseits – zu trennen und letztere unter dem Oberbegriff Kostenrechnung mit der Selbstkostenrechnung (Kalkulation) zusammenzufassen. Dann ergibt sich folgende Einteilung:

(1) **Finanzbuchführung und Bilanz**
   (a) Buchführung
   (b) Inventar
   (c) Jahresabschluß (Jahresbilanz, Erfolgsrechnung und ggf. Anhang)
   (d) Sonderbilanzen, Zwischenbilanzen
(2) **Kostenrechnung**
   (a) Betriebsabrechnung (kalkulatorische Buchführung)
      (aa) Kostenartenrechnung
      (bb) Kostenstellenrechnung
      (cc) Kostenträger-Zeitrechnung
      (dd) kurzfristige Erfolgsrechnung
   (b) Selbstkostenrechnung (Kostenträger-Stückrechnung)
(3) **Betriebswirtschaftliche Statistik und Vergleichsrechnung**
   (a) Betriebswirtschaftliche Statistik
   (b) Einzelbetrieblicher Vergleich
      (aa) Zeitvergleich
      (bb) Verfahrensvergleich
      (cc) Soll-Ist-Vergleich
   (c) Zwischenbetrieblicher Vergleich
(4) **Planungsrechnung**

Alle Teilgebiete bestehen aus einem **theoretischen** und einem **angewandten** Teil. Beide lassen sich in der Darstellung in der Regel nicht scharf trennen. Theoretische Erkenntnisse können häufig nur dann praktisch angewendet werden, wenn sie „rechenbar" gemacht werden können. Nicht alles, was im Bereich des Rechnungswesens als richtig erkannt worden ist, läßt sich auch auf Mark und Pfennig ausrechnen. Die Anwendung verschiedener als theoretisch richtig erkannter Lösungen von Verteilungs- und Zurechnungsproblemen scheitert bisher daran, daß nicht alle für eine exakte Ausrechnung erforderlichen Größen quantifiziert werden können oder daß die Anwendung wirtschaftlich zweckmäßiger und auch rechenbarer Lösungen handels- und steuerrechtlich nicht erlaubt ist.

A. I. Aufgaben und Gliederung des betrieblichen Rechnungswesens

Aufbau und Organisation des Rechnungswesens sind von den spezifischen Gegebenheiten eines Betriebes abhängig, also beispielsweise vom Wirtschaftszweig, von der Wirtschafts- und Rechtsform, der Betriebsgröße, dem Fertigungsverfahren und dem Fertigungsprogramm.[1] Je nach dem **Wirtschaftszweig** liegt die Betonung bei der Abrechnung einmal mehr auf der Erfassung und Verteilung der Kosten zum Zwecke der genauen Ermittlung der Selbstkosten der Erzeugnisse und der Kontrolle der Wirtschaftlichkeit der Produktion (Industrie) oder auf der Kontrolle des Umsatzes und der Warenbestände (Handel). Die **Rechtsform** bedingt die Beachtung bestimmter Gliederungs- und Bewertungsvorschriften für Bilanz und Erfolgsrechnung. Die **Wirtschaftsform,** d. h. die Tatsache, daß die Betriebe erwerbswirtschaftlich oder gemeinwirtschaftlich geführt werden können, hat Einfluß auf die Kalkulation und Preispolitik. Von der **Betriebsgröße** hängt es ab, bis zu welchem Grad der Verfeinerung durch Anwendung komplizierter Abrechnungsmethoden, durch Einführung einer Normal- oder Plankostenrechnung und durch Verwendung der betriebswirtschaftlichen Statistik das Rechnungswesen ausgebaut werden kann. Das **Fertigungsprogramm** und die Fertigungsverfahren (z. B. die Anzahl der Artikel und ihre produktionstechnische Verwandtschaft oder Differenzierung) beeinflussen die Wahl der Kalkulationsverfahren (z. B. Divisionskalkulation bei Massenfertigung, Zuschlagskalkulation bei Fertigung verschiedener Serien).

Die Tatsache, daß im betrieblichen Rechnungswesen in zunehmendem Maße – und zwar nicht nur in Großbetrieben, sondern auch bis hin zu kleineren Handwerksbetrieben – die Verfahren der EDV Anwendung finden (z. B. **computergestützte Buchführung und Jahresabschlußrechnung**), hat nicht nur eine teilweise erhebliche Reduzierung der Personalkosten im Rechnungswesen zur Folge, die durch die Abschreibungen der EDV-Anlagen bei weitem nicht kompensiert wird, sondern führt auch zu einer bedeutenden Erweiterung des Informationswertes aller Bereiche des betrieblichen Rechnungswesens. Wer Programme für einzelne Gebiete des Rechnungswesens entwickeln oder von Dritten erworbene Programme nicht nur anwenden, sondern auch begreifen will, muß auch im Zeitalter der EDV die Grundlagen des Systems der doppelten Buchführung und die gesetzlichen Vorschriften über die Bilanzierung dem Grunde und der Höhe nach beherrschen und muß die bilanzpolitischen Spielräume, die diese Vorschriften bei der Aufstellung des Jahresabschlusses und bei der steuerlichen Gewinnermittlung gewähren, kennen. Auch der Einsatz von EDV-Programmen in der Kostenrechnung setzt eine genaue Kenntnis der Kostenrechnungsverfahren voraus.

2. Finanzbuchführung und Bilanz

Die Aufgabe der **Buchführung** besteht darin, alle in Zahlenwerten festgestellten wirtschaftlich bedeutsamen Vorgänge (Geschäftsvorfälle), die sich im Betrieb ereignen, in chronologischer Reihenfolge festzuhalten. Sie beginnt mit

---

[1] Vgl. Mellerowicz, K., Kosten und Kostenrechnung, Bd. II, Teil 1, 5. Aufl., Berlin 1974, S. 2.

der Gründung und endet mit der Liquidation eines Betriebes. Wirtschaftlich bedeutsam sind alle Vorgänge, die zur Änderung der Höhe und/oder der Zusammensetzung des Vermögens und des Kapitals eines Betriebes führen.

Alle in der Buchführung und Bilanz erfaßten Bestands- und Bewegungsgrößen werden in Geldeinheiten ausgedrückt. Die mengenmäßige Erfassung der Bestände erfolgt durch **Inventur** (körperliche Bestandsaufnahme) vor der Bilanzaufstellung und findet ihren Niederschlag in einem Bestandsverzeichnis, das als **Inventar** bezeichnet wird. Das Inventar enthält neben den durch körperliche Inventur ermittelten Beständen die Forderungen und Schulden des Betriebes, die nur durch Buchinventur ermittelt werden können. Alle Vermögensbestände und Schulden sind dabei art-, mengen- und wertmäßig aufzuführen. Die Bilanz unterscheidet sich vom Inventar dadurch, daß sie in der Regel Kontoform hat und keine mengenmäßigen, sondern nur art- und wertmäßige Angaben enthält. Außerdem zieht sie die vielen Arten von Wirtschaftsgütern zu Gruppen, sog. Bilanzpositionen, zusammen.

Die Buchführung ist also eine **Zeitrechnung.** Sie kann Finanzbuchführung (Geschäftsbuchführung) oder Betriebsbuchführung sein. Erstere erfaßt den gesamten Wertzuwachs oder Wertverbrauch sowie die Änderungen der Vermögens- und Kapitalstruktur während einer Zeitperiode (Jahr, Monat). Den gesamten Wertverbrauch einer Abrechnungsperiode bezeichnet man als **Aufwand,** den gesamten Wertzuwachs als **Ertrag**. Die in der Buchführung an einem Stichtag (Bilanzstichtag) erfaßten Bestände an Vermögen und an Kapital werden in der Bilanz, die erfaßten Aufwendungen und Erträge einer Abrechnungsperiode in der Erfolgsrechnung (Gewinn- und Verlustrechnung) gegenübergestellt.

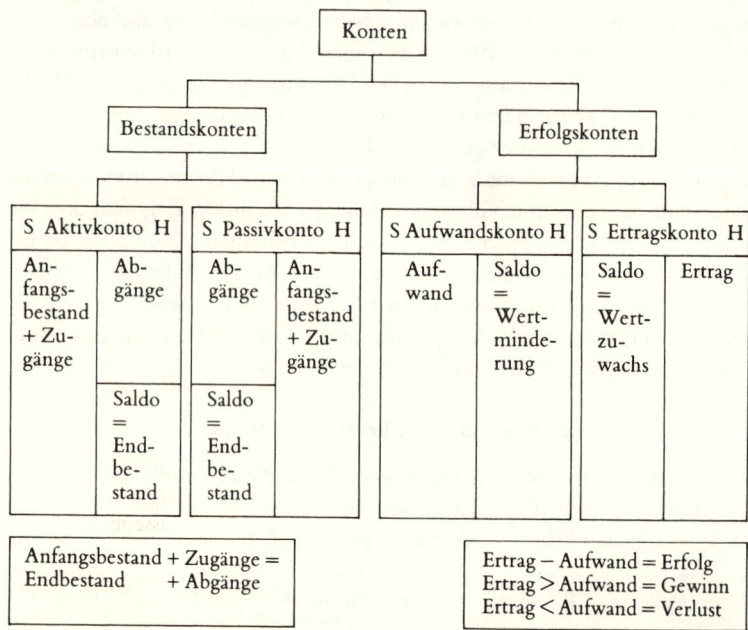

A. I. Aufgaben und Gliederung des betrieblichen Rechnungswesens

Die Buchführung liefert alle Zahlenwerte, die zur Erstellung von Bilanzen – und zwar sowohl von Jahresbilanzen (Handels- und Steuerbilanz) als auch von Sonderbilanzen (z.B. Umwandlungs-, Fusions-, Liquidationsbilanzen) – benötigt werden. Außerdem stellt sie das für Liquiditäts- und Finanzkontrollen erforderliche Zahlenmaterial zur Verfügung.

Zur Erfassung der Geschäftsvorfälle bedient sich die Buchführung folgender Arten von Konten:

(1) **Bestandskonten.** Sie nehmen für jede Vermögens- und Kapitalart den Anfangsbestand einer Abrechnungsperiode auf, sammeln die Zugänge und Abgänge während der Periode, zeigen also die Bewegung der Bestände, und ermöglichen am Ende der Periode durch Gegenüberstellung von Anfangsbestand und Zugängen einerseits und Abgängen andererseits die Ermittlung des Endbestandes.

(2) **Erfolgskonten.** Sie sammeln – getrennt nach Aufwands- und Ertragsarten – die Aufwendungen und Erträge einer Abrechnungsperiode. Der Saldo zwischen sämtlichen Aufwendungen und Erträgen ergibt den Erfolg der Periode, der mit dem Eigenkapitalkonto verrechnet wird und als Gewinn das Eigenkapital vermehrt, als Verlust das Eigenkapital vermindert.

(3) Eine dritte Art von Konten sind die **gemischten Konten,** die eine Kombination von Bestands- und Erfolgskonten bilden. Bekanntestes Beispiel ist das ungeteilte (gemischte) Warenkonto. Diese Konten haben den Nachteil, daß ihr Saldo eine Mischung von Endbestandswert und Erfolg ist und sich folglich eine sinnvolle Aussage nur ergibt, wenn vor der Saldierung der durch Inventur festgestellte Endbestand eingesetzt wird, so daß der Saldo nur noch den Erfolg zeigt. Im Interesse einer klaren und übersichtlichen Buchführung und Bilanzierung sollten gemischte Konten durch Aufteilung in ein reines Bestands- und ein reines Erfolgskonto (z.B. Wareneinkaufskonto und Warenverkaufskonto) vermieden werden.

Der formale Aufbau der doppelten Buchführung ermöglicht die **Ermittlung des Periodenerfolges** in doppelter Weise:

(1) durch Vermögensvergleich:

Erfolg = Vermögen am Ende der Periode – Vermögen am Anfang der Periode + Entnahmen – Einlagen;

(2) durch Aufwands- und Ertragsvergleich:

Erfolg = Ertrag – Aufwand.

Alle Geschäftsvorfälle können mit einem der vier Typen von Buchungsfällen erfaßt werden. Es sind das:

(1) Der **Aktivtausch.** Er führt zu einer Veränderung der Vermögensstruktur, ohne daß sich die Bilanzsumme vergrößert oder verringert. Der Zugang auf einem Vermögenskonto entspricht dem Abgang auf einem anderen Vermögenskonto. Beispiel: Kauf von Rohstoffen gegen Barzahlung = Zunahme des Rohstoffbestandes und Abnahme des Kassenbestandes in gleicher Höhe.

(2) Der **Passivtausch.** Er führt zu einer Veränderung der Kapitalstruktur, ohne daß sich die Bilanzsumme vergrößert oder verringert. Der Zugang

auf einem Kapitalkonto entspricht dem Abgang auf einem anderen Kapitalkonto. Beispiel: Umwandlung eines Lieferantenkredits in einen Wechselkredit = Abnahme des Kreditorenbestandes und Zunahme des Schuldwechselbestandes (Akzepte) in gleicher Höhe.

(3) Die **Bilanzverlängerung.** Aktiv- und Passivseite vermehren sich um den gleichen Betrag. Dem Zugang auf einem Vermögenskonto entspricht ein Zugang auf einem Kapitalkonto in gleicher Höhe oder umgekehrt. Die Bilanzsumme nimmt zu. Beispiel: Kauf von Waren auf Kredit = Zunahme des Warenbestandes und Zunahme des Kreditorenbestandes in gleicher Höhe.

(4) Die **Bilanzverkürzung.** Aktiv- und Passivseite vermindern sich um den gleichen Betrag. Einem Abgang auf einem Vermögenskonto entspricht ein Abgang auf einem Kapitalkonto in gleicher Höhe oder umgekehrt. Die Bilanzsumme nimmt ab. Beispiel: Bezahlung einer Lieferantenschuld = Abnahme des Bankbestandes und Abnahme des Kreditorenbestandes in gleicher Höhe.

Erfolgswirksame Geschäftsvorfälle ändern die Höhe des Eigenkapitals und führen entweder zu einer Bilanzverkürzung oder zu einer Bilanzverlängerung.

3. Die Kostenrechnung

Die Betriebsabrechnung (Betriebsbuchführung) bildet zusammen mit der Selbstkostenrechnung (Kalkulation) das Gebiet der Kostenrechnung, deren Aufgabe die Erfassung, Verteilung und Zurechnung der Kosten ist, die bei der betrieblichen Leistungserstellung und -verwertung entstehen, zu dem Zwecke,

(1) durch Vergleich der Kosten mit der erzielten Leistung und somit durch Feststellung des Erfolges (kurzfristige Erfolgsrechnung) eine **Kontrolle der Wirtschaftlichkeit** des Betriebsprozesses zu ermöglichen und dadurch eine Grundlage für betriebliche Dispositionen zu schaffen und

(2) auf der Grundlage der ermittelten Selbstkosten der Leistungen (Kostenträger) eine **Kalkulation des Angebotspreises** bzw. die Feststellung der Preisuntergrenze zu ermöglichen.

Die Kostenrechnung erfaßt nur den Teil des Wertverbrauchs und Wertzuwachses, der durch die Erfüllung der spezifischen Aufgaben des Betriebes (Erzeugung und Absatz von Gütern und Leistungen) verursacht wird, nicht dagegen betriebsfremde und außerordentliche Aufwendungen und Erträge, die neben den betriebsbedingten Aufwendungen und Erträgen in der Finanzbuchführung aufgezeichnet werden.

Den Wertverbrauch, der bei der Erstellung der Betriebsleistungen erfolgt, bezeichnet man als **Kosten,** den entstandenen Wertzuwachs als **Leistung.** Während in der Finanzbuchführung nur der Wertverzehr erfaßt wird, der mit Ausgaben verbunden war (Aufwand), bezieht die Betriebsbuchführung auch den Wertverzehr ein, der – ohne Ausgaben zu verursachen – durch die Erstellung der Betriebsleistungen hervorgerufen wird.[2]

---

[2] Zur Abgrenzung der Begriffe vgl. S. 861 ff.

Da die Erfassung und Verteilung der Kosten in der Regel nicht nur mit Hilfe der Buchführung, sondern teilweise auch mit Hilfe statistischer Methoden erfolgen kann, ist die Bezeichnung Betriebsbuchführung als zu eng anzusehen. Sie wird deshalb in zunehmendem Maße durch die Bezeichnung **Betriebsabrechnung** ersetzt. Sie ist eine Periodenrechnung, die als **Kostenartenrechnung** ermittelt, welche Arten von Kosten im Betrieb angefallen sind (z. B. Personalkosten, Materialkosten, Abschreibungen, Zinsen, Kosten für Dienstleistungen Dritter, Steuern usw.) und als **Kostenstellenrechnung** die Kostenarten auf die einzelnen Kostenbereiche verteilt (z. B. Beschaffungs-, Fertigungs-, Verwaltungs- und Vertriebsbereich), um durch die Feststellung, wo die Kosten verursacht worden sind, eine genaue Zurechnung der Kosten auf die Leistungen der Periode **(Kostenträgerzeitrechnung)** und durch Vergleich der Kostenstellenkosten mit anderen Größen z. B. eine Kontrolle der Wirtschaftlichkeit in den einzelnen Kostenentstehungsbereichen zu ermöglichen.

Die **Selbstkostenrechnung** (Kalkulation) führt als Kostenträger-Stückrechnung – aufbauend auf der Kostenarten- und Kostenstellenrechnung – die Zurechnung der Kosten auf die einzelne Leistung durch, d. h. sie ermittelt die Selbstkosten und schafft damit die Grundlage für die Preispolitik (Feststellung der Preisuntergrenzen bzw. Kalkulation des Angebotspreises). Wird die Selbstkostenrechnung vor der Erstellung der Betriebsleistung durchgeführt, so bezeichnet man sie als Vorkalkulation, erfolgt sie nach Abschluß der Leistungserstellung, so spricht man von Nachkalkulation.

Zwischen der Finanzbuchführung und der Bilanz einerseits und der Kostenrechnung andererseits bestehen enge Wechselbeziehungen. Die Bestände an Halb- und Fertigfabrikaten und die vom Betrieb für die eigene Verwendung erstellten Werkzeuge und Maschinen werden in der Bilanz mit ihren Herstellungskosten bewertet, die in der Kostenrechnung ermittelt werden. Die Finanzbuchführung zeichnet zwar die in einer Periode verbrauchten Aufwandsarten (Löhne, Gehälter, Material usw.) auf, verteilt sie aber nicht auf die einzelnen Leistungen (Kostenträger). Das ist Aufgabe der Betriebsabrechnung.

Ein wesentlicher Unterschied zwischen Finanzbuchführung und Bilanz einerseits und Kostenrechnung andererseits ist darin zu sehen, daß die Bilanz eine periodische Rechenschaftslegung ist, die der Betrieb (Unternehmer, Geschäftsführer, verfassungsmäßige Organe von Kapitalgesellschaften) sowohl den Eigenkapitalgebern (Mitunternehmer, Anteilseigner von Kapitalgesellschaften) als auch den Fremdkapitalgebern (Gläubigern) sowie den Finanzbehörden zu geben hat.

Die Verpflichtung zur Rechenschaftslegung **beruht auf Gesetz;** auch ihr Umfang, ihre Form und ihr Inhalt (Bilanzgliederung, Bilanzbewertung usw.) sind gesetzlich geregelt. Sie trifft stets den Betrieb als rechtliche Einheit in seiner Gesamtheit und richtet sich nach außen.

Aufbau und Organisation der Kostenrechnung dagegen sind in das **Ermessen des Betriebes** gestellt. Die Kostenrechnung ist eine innerbetriebliche Angelegenheit. Sie dient nicht der Rechenschaftslegung gegenüber einem bestimmten Personenkreis. Ihr Gegenstand ist nicht der gesamte betriebliche Prozeß eines Zeitraumes und der Zustand an einem Zeitpunkt, sondern sie kann sich je nach der vom Betrieb gewünschten Ausgestaltung auf einzelne betriebliche Bereiche (Kostenstellen) oder auf einzelne Produkte (Kostenträger) richten. Die Länge des Abrechnungszeitraums kann vom Betrieb ebenso bestimmt werden wie das angewandte Verrechnungsverfahren (z. B. Istkosten-, Normalkosten- oder Plankostenrechnung, Vollkosten- oder Teilkostenrechnung u. a.).

4. Die betriebswirtschaftliche Statistik und Vergleichsrechnung

Diese Zweige des Rechnungswesens werten neben anderen Unterlagen die Zahlen der Buchführung, der Bilanz und der Kostenrechnung zur Kontrolle der Wirtschaftlichkeit und zur Gewinnung von Unterlagen für die Planung und Disposition aus. Während Buchführung, Bilanz und Kostenrechnung in erster Linie Werte, Wertbewegungen und Wertveränderungen erfassen, gewinnt die betriebswirtschaftliche Statistik durch Vergleichen von betrieblichen Tatbeständen und Entwicklungen mit Hilfe sog. betrieblicher **Kennzahlen** (z. B. der Entwicklung der Produktion, der Lagerbewegungen, der Umsätze in verschiedenen Monaten) oder durch Feststellung von Beziehungen und Zusammenhängen zwischen betrieblichen Größen (z. B. Beziehungen zwischen Eigenkapital und Gewinn, zwischen eingesetztem Material und Materialabfall, zwischen Lohnkosten und Gesamtkosten) neue zusätzliche Erkenntnisse über betriebliche Vorgänge und Erscheinungen. Die betriebswirtschaftliche Statistik dient also wie die übrigen Zweige des Rechnungswesens selbständig der betrieblichen Kontrolle, Planung und Disposition.

Als rein formale Methode findet die betriebswirtschaftliche Statistik daneben auch in den übrigen Teilen des Rechnungswesens Anwendung und tritt hier entweder an die Stelle anderer Rechnungsverfahren oder ergänzt sie.

Die Vergleichsrechnung (Betriebsvergleich) kann als **Zeitvergleich** die Entwicklung bestimmter betrieblicher Größen im Zeitablauf (z. B. die Umsatzentwicklung, die Produktionsentwicklung usw.) erfassen, als **Verfahrensvergleich** die Wirtschaftlichkeit verschiedener Verfahren (z. B. Fertigungsverfahren) ermitteln oder als **Soll-Ist-Vergleich** Soll-Werte, d. h. vorgegebene Richtgrößen (z. B. Plankosten) den Ist-Werten, d. h. den tatsächlich angefallenen Größen, gegenüberstellen.

Sie kann ferner als **zwischenbetrieblicher Vergleich** Betriebe derselben oder verschiedener Branchen vergleichen oder Kennzahlen des eigenen Betriebes an Hand von Branchendurchschnittszahlen (Richtzahlen) überprüfen. Die Methoden der Betriebsstatistik dienen hier als Hilfsmittel.

5. Die Planungsrechnung

Sie stellt eine mengen- und wertmäßige Schätzung der erwarteten betrieblichen Entwicklung dar und hat die Aufgabe, die betriebliche Planung in Form von Voranschlägen der zukünftigen Ausgaben und Einnahmen zahlenmäßig zu konkretisieren. Sie bedient sich einerseits des bereits von der

Buchhaltung, der Bilanz, der Kostenrechnung und der betriebswirtschaftlichen Statistik erfaßten und verarbeiteten Zahlenmaterials; da jedoch jede Planung in die Zukunft gerichtet ist, müssen andererseits auch die **Zukunftserwartungen** geschätzt und in Rechnung gestellt werden. Je unvollkommener die Informationen der Betriebsführung sind, desto größer sind die Unsicherheiten und Risiken, die in den Erwartungen stecken.

Die Planungsrechnung läßt sich nicht immer scharf von den anderen Teilgebieten des Rechnungswesens abgrenzen. So ist z. B. die Kostenplanung in Form einer Plankostenrechnung ihrem Wesen nach eine Planungsrechnung, zugleich aber als Bestandteil der Kostenrechnung anzusehen.

Mit zunehmender Betriebsgröße und zunehmender Differenzierung des Fertigungsprogramms bzw. des Sortiments werden die Planungsaufgaben immer schwieriger. Ihre Lösung erfordert die Anwendung immer komplizierterer Rechenverfahren. Der betriebliche Gesamtplan setzt sich aus einer Anzahl von Teilplänen zusammen, die auf Grund der Rahmenplanung der Betriebsführung von den einzelnen betrieblichen Funktionsbereichen aufgestellt und von der Betriebsführung koordiniert werden müssen. Solche Teilpläne sind z. B. der Absatzplan, der Produktionsplan und der Finanzplan, die ihrerseits wiederum aus verschiedenen Teilplänen bestehen.

Zur Lösung schwieriger Planungs- und Koordinierungsprobleme sind nach dem Zweiten Weltkriege wissenschaftliche Methoden und Verfahren entwickelt worden, die gewöhnlich unter der Bezeichnung Unternehmensforschung (Operations Research) zusammengefaßt werden. Die **Unternehmensforschung** arbeitet mit mathematischen Entscheidungsmodellen, zu deren rechnerischen Lösung spezielle mathematische Verfahren verwendet werden. Die betriebliche Planungsrechnung hat durch die Entwicklung des Operations Research und die Bewältigung ihrer schwierigen Rechnungen mit Hilfe von EDV-Anlagen eine erhebliche Erweiterung und Verfeinerung erfahren. Die wichtigsten dieser Verfahren wurden aus didaktischen Gründen bereits im Zusammenhang mit der betrieblichen Planung behandelt.[3] (**ÜB 6** 1)

II. Die Grundbegriffe des betrieblichen Rechnungswesens[1]

1. Übersicht

Die Betriebswirtschaftslehre hat zur Bezeichnung der vom betrieblichen Rechnungswesen erfaßten Zahlungs- und Leistungsvorgänge eine eigene Terminologie entwickelt. Sie benutzt vier Begriffspaare, die auch im täglichen Sprachgebrauch Anwendung finden, dort aber nicht die scharfe begriffliche Trennung erfahren wie in der Betriebswirtschaftslehre, sondern teilweise synonym verwendet werden. Es handelt sich um folgende Begriffspaare:

---

[3] Vgl. S. 164 ff.
[1] Entnommen aus: Wöhe, G., Bilanzierung und Bilanzpolitik, 9. Aufl., München 1997, S. 9 ff.

(1) Einzahlungen – Auszahlungen;
(2) Einnahmen – Ausgaben;
(3) Ertrag – Aufwand;
(4) Leistung – Kosten.

Das Steuerrecht verwendet in den Vorschriften über die Gewinnermittlung mit Hilfe der Steuerbilanz ein weiteres Begriffspaar, das sich mit keinem der oben genannten in vollem Umfange deckt:
(5) Betriebseinnahmen – Betriebsausgaben.

Bei allen genannten betriebswirtschaftlichen Begriffen handelt es sich um **Strömungsgrößen,** also um Zahlungs- bzw. Leistungsvorgänge, die sich innerhalb einer bestimmten Periode ereignen. Diese Strömungsgrößen führen zu einer Veränderung von **Bestandsgrößen,** wobei die „positiven" Strömungsgrößen (Einzahlung, Einnahme, Ertrag, Leistung) eine Bestandserhöhung, die „negativen" (Auszahlung, Ausgabe, Aufwand, Kosten) eine Bestandsverminderung hervorrufen. Dabei bewirkt jedes der vier Begriffspaare die Veränderung eines anders definierten Bestandes. Die Differenz zwischen der „positiven" Strömungsgröße einer Periode (Bestandserhöhung) und der dazugehörigen „negativen" Strömungsgröße einer Periode (Bestandsminderung) ergibt die Veränderung (Erhöhung oder Verminderung) des betreffenden Bestandes in dieser Periode.

2. Einzahlungen – Einnahmen; Auszahlungen – Ausgaben

Die Summe aus **Kassenbeständen** und jederzeit verfügbaren **Bankguthaben,** also den Bestand an liquiden Mitteln, bezeichnet man als **Zahlungsmittelbestand.** Jeder Vorgang, bei dem der Zahlungsmittelbestand zunimmt, ist eine Einzahlung, jeder Vorgang, der zu einer Abnahme des Zahlungsmittelbestandes führt, ist eine Auszahlung.

Beispiele für **Einzahlungen** sind folgende Vorgänge: Bareinlagen, Aufnahme eines Barkredits (z. B. Bankdarlehen), Bartilgung eines vom Betrieb gegebenen Finanzkredits, Bartilgung eines vom Betrieb gegebenen Lieferantenkredits, Vorauszahlungen an den Betrieb, Barverkauf von Fertigfabrikaten oder Waren.

Beispiele für **Auszahlungen** sind folgende Vorgänge: Barentnahme, eigene Barausleihungen (Finanzkredit), Bartilgung eines in einer früheren Periode empfangenen Finanzkredits, Bartilgung eines Lieferantenkredits, Vorauszahlungen für später eingehende Produktionsfaktoren, Barkauf von Produktionsfaktoren.

Als **Geldvermögen** wird die Summe aus Zahlungsmittelbestand (Kassenbestände und jederzeit verfügbare Bankguthaben) und Bestand an sonstigen Forderungen[2] abzüglich des Bestandes an Verbindlichkeiten bezeichnet.[3]

---

[2] Gemeint sind alle „übrigen" Forderungen, die nicht bereits im Zahlungsmittelbestand enthalten sind.
[3] Forderungen und Verbindlichkeiten werden als Geldforderungen und Geldverbindlichkeiten verstanden; Sachforderungen und Sachverbindlichkeiten werden hier noch nicht erfaßt.

A. II. Die Grundbegriffe des betrieblichen Rechnungswesens

Jeden Geschäftsvorfall, der zu einer Erhöhung des Geldvermögens führt, nennt man **Einnahme;** jeder Geschäftsvorfall, der eine Verminderung des Geldvermögens hervorruft, wird als **Ausgabe** bezeichnet.

Damit wird deutlich, daß der Begriffsinhalt der Strömungsgrößen von der Definition des zugehörigen Bestandes abhängig ist. Der Zusammenhang zwischen Änderungen des Zahlungsmittelbestandes und des Geldvermögens, oder anders ausgedrückt zwischen Ein- und Auszahlungen einerseits und Einnahmen und Ausgaben andererseits wird im folgenden genauer aufgezeigt.

Einzahlungen (Periode) (= Erhöhungen des Zahlungsmittelbestandes)	
Einzahlungen, keine Einnahmen (1)	Einzahlungen = Einnahmen (2)
Einnahmen = Einzahlungen (2)	Einnahmen, keine Einzahlungen (3)
Einnahmen (Periode) (= Erhöhungen des Geldvermögens)	

Fall 1: Einzahlungen, aber keine Einnahmen

Es handelt sich um Vorgänge, durch die sich der Zahlungsmittelbestand erhöht, ohne daß sich das Geldvermögen verändert. Das ist nur möglich, wenn sich eine der beiden Komponenten des Geldvermögens (außer dem Zahlungsmittelbestand), also entweder die sonstigen Forderungen oder die Verbindlichkeiten, in gleicher Höhe, aber in entgegengesetzter Richtung verändern, wodurch die Erhöhung des Zahlungsmittelbestandes gerade kompensiert wird.

Beispiele:
(1) Aufnahme eines Barkredits (z. B. Bankdarlehen).
Im Umfang des gewährten Kredits (z. B. 1.000 DM) fließen liquide Mittel zu (Einzahlung). Gleichzeitig entsteht jedoch eine Verbindlichkeit, so daß die Summe aus Zahlungsmittelbestandserhöhung (1.000 DM) + Erhöhung sonstiger Forderungen (0 DM) ./. Erhöhung von Verbindlichkeiten (1.000 DM) Null ist, d. h. eine Änderung des Geldvermögens liegt nicht vor.
Die gleichen Auswirkungen hat eine erhaltene Anzahlung.

Einzahlungen	+	Forderungszugang	−	Schuldenzugang	=	Einnahmen
1.000	+	0	−	1.000	=	0

Änderung des Zahlungsmittelbestands	= + 1.000
Änderung des Geldvermögens	= ± 0

(2) Bartilgung eines vom Betrieb gegebenen Finanzkredits.

Auch hier wird die Zunahme des Zahlungsmittelbestandes (Einzahlung) durch eine betragsgleiche entgegengerichtete Veränderung der übrigen Komponenten des Geldvermögens kompensiert. Das zeigt folgende Rechnung (Tilgung in Höhe von 500 DM unterstellt) unter Beachtung der richtigen Vorzeichen:

Zunahme der liquiden Mittel	+ 500
+ Erhöhung der sonstigen Forderungen	− 500
− Erhöhung der Verbindlichkeiten	+ 0
Geldvermögensänderung	= 0

| Einzahlungen − Forderungsabgang ± Schuldenänderung = Einnahmen |
| 500 − 500 ± 0 = 0 |
| Änderung des Zahlungsmittelbestands = + 500 |
| Änderung des Geldvermögens = ± 0 |

Fall 2: Einzahlungen = Einnahmen

Hierbei handelt es sich um Geschäftsvorfälle, die zu einer Erhöhung sowohl des Bestandes an liquiden Mitteln (Zahlungsmittelbestand) als auch der Summe aus Zahlungsmittelbestand und sonstigen Forderungen abzüglich Verbindlichkeiten (Geldvermögen) führen. Der Einzahlung darf also keine kompensierende Veränderung der beiden übrigen Komponenten des Geldvermögens (sonstige Forderungen und Verbindlichkeiten) gegenüberstehen.

Beispiele:
Barzuführung von 1.000 DM Eigenkapital, Barverkauf von Fertigfabrikaten oder Waren (1.000 DM).

| Einzahlungen ± Forderungsänderung ± Schuldenänderung = Einnahmen |
| 1.000 ± 0 ± 0 = 1.000 |
| Änderung des Zahlungsmittelbestandes = + 1.000 |
| Änderung des Geldvermögens = + 1.000 |

Fall 3: Einnahmen, aber keine Einzahlungen

Derartige Geschäftsvorfälle erhöhen das Geldvermögen, ohne den Zahlungsmittelbestand zu beeinflussen. Das ist nur möglich, wenn sich eine der Komponenten des Geldvermögens ändert, die nicht Bestandteil des Zahlungsmittelbestandes ist (sonstige Forderungen, Verbindlichkeiten).

Beispiel: Warenverkauf auf Ziel in Höhe von 600 DM.

Während die liquiden Mittel durch diesen Vorgang nicht berührt werden, erhöhen sich die sonstigen Forderungen um den Verkaufspreis. Da die dritte Komponente des Geldvermögens, der Bestand an Verbindlichkeiten, unverändert bleibt, ergibt sich eine Geldvermögenserhöhung in Höhe der Zunahme der sonstigen Forderungen.

Einzahlungen	+	Forderungszugang	±	Schuldenänderung	=	Einnahmen
0	+	600	±	0	=	600

Änderung des Zahlungsmittelbestandes	= 0
Änderung des Geldvermögens	= + 600

In gleicher Weise können die „negativen" Bestandsveränderungen, also die Auszahlungen und Ausgaben, einander gegenübergestellt werden.

Auszahlungen (Periode) (= Verminderung des Zahlungsmittelbestandes)	
Auszahlungen, keine Ausgaben (1)	Auszahlungen = Ausgaben (2)
Ausgaben = Auszahlungen (2)	Ausgaben, keine Auszahlungen (3)
Ausgaben (Periode) (= Verminderung des Geldvermögens)	

Fall 1: Auszahlungen, aber keine Ausgaben

In diesen Fällen steht der Verringerung der liquiden Mittel (Auszahlungen) eine betragsgleiche entgegengerichtete Veränderung der beiden übrigen Komponenten des Geldvermögens gegenüber, durch die die Verminderung des Zahlungsmittelbestands gerade kompensiert wird.

Beispiele:
(1) Bartilgung eines in einer früheren Periode empfangenen Finanzkredits.
Zahlt der Betrieb ein bei einer Bank aufgenommenes Darlehen in Höhe von 20.000 DM in bar zurück, so nehmen seine liquiden Mittel (Kassenbestände und jederzeit verfügbare Bankguthaben[4]) um 20.000 DM ab. Im gleichen Umfang ergibt sich eine Verringerung der Verbindlichkeiten. In die Definitionsgleichung für Geldvermögensänderungen – unter Beachtung der richtigen Vorzeichen – eingesetzt ergibt dies:

---

[4] Bankverbindlichkeiten sind also nicht Bestandteil des Zahlungsmittelbestandes.

Zahlungsmittelbestandsverminderung (– 20.000 DM)
+ Erhöhung des Bestandes an sonstigen Forderungen (0 DM)
./. Verminderung des Bestandes an Verbindlichkeiten (+ 20.000 DM)

Auszahlungen	±	Forderungsänderung	+	Schuldenabgang	=	Ausgaben
– 20.000	±	0	+	20.000	=	0
Änderung des Zahlungsmittelbestandes					=	– 20.000
Änderung des Geldvermögens					=	0

(2) Eigene Barausleihungen (Finanzkredit)
Gewährt der Betrieb einen Kredit, z. B. in Höhe von 7.000 DM, und zahlt er diesen dem Kreditnehmer in bar aus, so vermindert sich der Bestand an liquiden Mitteln (Zahlungsmittelbestand) um 7.000 DM. Da die sonstigen Forderungen entsprechend um 7.000 DM zunehmen und die Verbindlichkeiten durch diesen Vorgang nicht berührt werden, kompensieren sich Zahlungsmittelbestandsverringerung und Erhöhung des sonstigen Geldvermögens; das Geldvermögen bleibt unverändert.

Auszahlungen	+	Forderungszugang	±	Schuldenänderung	=	Ausgaben
– 7.000	+	7.000	±	0	=	0
Änderung des Zahlungsmittelbestandes					=	– 7.000
Änderung des Geldvermögens					=	0

Fall 2: Auszahlungen = Ausgaben

Bei derartigen Geschäftsvorfällen nimmt außer den Kassenbeständen und den jederzeit verfügbaren Bankguthaben (Zahlungsmittelbestand) auch die Summe aus Zahlungsmittelbestand + Bestand an sonstigen Forderungen ./. Bestand an Verbindlichkeiten ab, was nur möglich ist, wenn die übrigen Komponenten des Geldvermögens außer dem Zahlungsmittelbestand unverändert bleiben.

Beispiele:
Barentnahme in Höhe von 5.000 DM, Bareinkauf von Produktionsfaktoren (5.000 DM).

Auszahlungen	±	Forderungsänderung	±	Schuldenänderung	=	Ausgaben
– 5.000	±	0	±	0	=	– 5.000
Änderung des Zahlungsmittelbestandes					=	– 5.000
Änderung des Geldvermögens					=	– 5.000

Fall 3: Ausgaben, aber keine Auszahlungen

Diese Geschäftsvorfälle vermindern bei unverändertem Zahlungsmittelbestand das Geldvermögen. Das ist nur bei einer entsprechenden Veränderung

A. II. Die Grundbegriffe des betrieblichen Rechnungswesens

der beiden Komponenten „Bestand an sonstigen Forderungen" und „Bestand an Verbindlichkeiten" möglich.

Beispiel: Wareneinkauf auf Ziel in Höhe von 800 DM.

Es erhöhen sich lediglich die Verbindlichkeiten, die Zahlungsmittelbestände und der Bestand an sonstigen Forderungen ändern sich nicht. Das Geldvermögen reduziert sich in Höhe der Zunahme der Verbindlichkeiten.

Auszahlungen	±	Forderungsänderung	−	Schuldenzugang	=	Ausgaben
0	±	0	−	800	=	− 800

Änderung des Zahlungsmittelbestandes	= 0
Änderung des Geldvermögens	= − 800

3. Einnahmen – Ertrag; Ausgaben – Aufwand

Die Summe aus **Geldvermögen** und **Sachvermögen,** also die Summe aus dem Bestand an Kassenbeständen und jederzeit verfügbaren Bankguthaben, dem Bestand an sonstigen Forderungen sowie dem Bestand an Sachvermögen, für dessen Bewertung die Wertansätze der Finanzbuchhaltung herangezogen werden, abzüglich des Bestandes an Verbindlichkeiten, wird als Netto- oder **Reinvermögen** bezeichnet. Jeden Vorgang, der zu einer Erhöhung dieses Nettovermögens führt, nennt man Ertrag, jeden Geschäftsvorfall, der eine Verminderung des Nettovermögens hervorruft, Aufwand.

Die Beziehungen zwischen Einnahmen und Erträgen einer Periode können dreifacher Art sein:

Einnahmen (Periode) (= Erhöhungen des Geldvermögens)	
Einnahmen, keine Erträge (1)	Einnahmen = Erträge (2)
Erträge = Einnahmen (2)	Erträge, keine Einnahmen (3)
Erträge (Periode) (= Erhöhungen des Nettovermögens)	

Fall 1: Einnahmen, aber keine Erträge

Hier handelt es sich um Geschäftsvorfälle, die das Geldvermögen erhöhen, bei denen aber eine betragsgleiche Sachvermögensverringerung zu einer Kompensation der Geldvermögenserhöhung führt, so daß das Nettovermögen unverändert bleibt.

Beispiele:

(1) Verkauf von Sachvermögen zum Buchwert von 2.000 DM, also zu dem Wertansatz, zu dem der verkaufte Gegenstand vorher in der Finanzbuchhaltung erfaßt war, unabhängig von Art und Zeitpunkt der Zahlung. Dies gilt für den Verkauf aller Sachvermögensbestandteile, also auch für den Verkauf von Waren und Fertigfabrikaten, falls dieser gerade zu dem Wert erfolgt, mit denen sie zu Buche standen,[5] denn diese Gegenstände verlassen beim Verkauf den Betrieb, was zu einer Verminderung des Sachvermögens in Höhe der Buchwerte der verkauften Waren bzw. Fertigfabrikate führt.

Sachvermögensabgang	+	Geldvermögenszugang	=	Nettovermögensänderung
		(Einnahmen)		(Ertrag)
− 2.000	+	2.000	=	0

Es erweist sich jedoch insbesondere für die Trennung in Wareneinkaufs- und Warenverkaufskonto als vorteilhaft, den Verkaufsvorgang gedanklich in einen Aufwand, der durch das Hingeben der Ware entsteht, und einen Ertrag, der sich durch das gleichzeitige Entstehen der Forderung bzw. durch den gleichzeitigen Zahlungsvorgang ergibt, zu zerlegen. Im Falle des Verkaufs zum Buchwert entsprechen sich Aufwand und Ertrag, so daß das Nettovermögen unverändert bleibt.

(2) Bei der Produktion der betrieblichen Erzeugnisse findet eine Umformung der verbrauchten Sachvermögensbestandteile „Produktionsfaktoren" (= Aufwand) in die mit dem gleichen Wertansatz (Herstellungskosten) versehenen Sachvermögensbestandteile „Fertigfabrikate" (= Ertrag) statt, die das Nettovermögen nicht verändert. Auch bei einem Verkauf der Fertigfabrikate zum Buchwert ändert sich – analog zum Verkauf von Waren zum Buchwert – das Nettovermögen nicht; trotzdem wird eine gedankliche Trennung dieses Vorgangs in einen Güterabgang (= Aufwand) und einen entsprechenden Ertrag vorgenommen. In beiden Fällen steigt jedoch das Geldvermögen um den Verkaufserlös.

Fall 2: Einnahmen = Erträge

Es tritt eine Erhöhung sowohl des Geldvermögens als auch des Nettovermögens ein. Das ist nur möglich, wenn der Erhöhung des Geldvermögens keine gleichhohe Verminderung des Sachvermögens gegenübersteht.

Beispiele:

(1) Entstehung eines Zinsanspruchs in Höhe von 1.500 DM gegenüber einem Kreditnehmer. Unabhängig davon, ob diese Zinszahlung in bar (Einzahlung = Einnahme) oder auf dem Bankkonto mit Guthaben (Einzahlung = Einnahme) oder auf dem Bankkonto, das Schulden gegenüber der Bank ausweist (Einnahme, aber keine Einzahlung) eingeht, oder

---

[5] Auf die Ermittlung der Wertansätze für Waren und Fertigfabrikate in der Finanzbuchhaltung soll hier nicht eingegangen werden; vgl. dazu S. 932

ob überhaupt noch keine Zahlung erfolgt (Einnahme, aber keine Einzahlung), handelt es sich in allen Fällen um eine Erhöhung des Geldvermögens. Dieser steht jedoch keine Verringerung des Sachvermögens gegenüber, es tritt also auch eine Erhöhung des Nettovermögens ein.

```
Sachvermögensänderung + Geldvermögenszugang = Nettovermögenszugang
                        (Einnahmen)              (Ertrag)
       0           +      1.500         =        1.500
```

(2) Beim Verkauf von Waren und Fertigfabrikaten zu einem über dem in der Finanzbuchhaltung gewählten Wertansatz liegenden Preis (2.000 DM) ergibt sich in Höhe des Buchwertes (1.800 DM) lediglich eine Erhöhung des Geldvermögens, jedoch keine Erhöhung des Nettovermögens, weil eine gleich hohe Verminderung des Sachvermögens eintritt.[6] Nur die Differenz zwischen (höherem) Verkaufspreis und Buchwert stellt eine Einnahme (200 DM) dar, der keine Sachvermögensminderung gegenübersteht, d.h. diese Differenz ist nicht nur eine Einnahme, sondern auch ein über den gleichzeitig entstehenden Aufwand hinausgehender Ertrag, also ein Nettovermögenszugang.

```
Sachvermögensabgang + Geldvermögenszugang = Nettovermögenszugang
                       (Einnahmen)              (Ertrag)
     – 1.800       +      2.000         =         200
```

Fall 3: Erträge, aber keine Einnahmen

Hier handelt es sich um Geschäftsvorfälle, die zwar zu einer Erhöhung des Nettovermögens führen, jedoch das Geldvermögen unverändert lassen. Es muß sich also notwendigerweise um eine Zunahme des Sachvermögensbestandes handeln.

Beispiele:

Der Betrieb erhält einen Sachvermögensgegenstand geschenkt, oder (weniger unrealistisch) es wird eine Werterhöhung eigener Sachvermögensgegenstände vorgenommen, z.B. werden Wertpapiere des Anlagevermögens, deren Wert um 1.500 DM gestiegen ist, ohne damit die Anschaffungskosten zu überschreiten, entsprechend höher bilanziert.

```
Sachvermögenszugang ± Geldvermögensänderung = Nettovermögenszugang
                       (Einnahme)               (Ertrag)
     1.500        ±       0            =        1.500
```

Analog zu den Beziehungen zwischen Einnahmen und Erträgen können auch die Beziehungen zwischen **Ausgaben** und **Aufwand** dreifacher Art sein:

---

[6] Aufwand und Ertrag aus dem Verkauf gleichen sich gerade aus (vgl. Fall 1, 867)

Ausgaben (Periode)	
(= Verminderung des Geldvermögens)	
Ausgaben, kein Aufwand (1)	Ausgaben = Aufwand (2)
	Aufwand = Ausgaben (2)	Aufwand, keine Ausgaben (3)
	Aufwendungen (Periode) (= Verminderung des Nettovermögens)

Fall 1: Ausgaben, aber kein Aufwand

Der Verminderung des Geldvermögens steht eine betragsgleiche Erhöhung des Sachvermögens kompensierend gegenüber, so daß das Nettovermögen unverändert bleibt.

Beispiele:

(1) Kauf von Sachvermögen (Maschine) im Wert von 10.000 DM und Ansatz in der Finanzbuchhaltung zu den Anschaffungskosten, unabhängig von der Art und dem Zeitpunkt der Zahlung. Das gilt sowohl für Sachvermögensgegenstände, die für immer im Betrieb bleiben sollen, auch wenn sie in ihrem Wertansatz in der Regel nicht unter die Anschaffungskosten sinken, also nicht zu Aufwand führen (so z.B. Grundstücke), als auch für Maschinen, deren Nutzung in den folgenden Perioden Abschreibungsaufwand verursacht, als auch für Waren, die im Zeitpunkt ihres Verkaufs zu Aufwand in Höhe des Buchwertes führen.[7]

Sachvermögenszugang	−	Geldvermögensabgang	=	Nettovermögensabgang
		(Ausgabe)		(Aufwand)
10.000	−	10.000	=	0

(2) Verwendung von Rückstellungen:
Rückstellungen haben die Aufgabe, Aufwendungen, die in der Abrechnungsperiode verursacht worden sind, aber erst in einer späteren Periode zu einer Ausgabe führen, zu erfassen (z.B. Steuerrückstellungen). Tritt die Ausgabe dann in einer späteren Periode ein, so beeinflußt sie nur noch das Geldvermögen, während das bereits im Jahre der Verur-

---

[7] Erfolgt der Verkauf in der Periode der Anschaffung, so fallen in der gleichen Periode die Ausgaben und der Aufwand an, während beim Verkauf in einer der folgenden Perioden der Aufwand nicht in die Periode der Ausgaben fällt. Es ist jedoch vorteilhaft, die einzelnen Geschäftsvorfälle, hier Kauf und Verkauf der Waren, getrennt zu betrachten, auch wenn sie in die gleiche Periode fallen.

sachung verminderte Nettovermögen von diesem Vorgang unberührt bleibt.[8]

Fall 2: Ausgaben = Aufwand
Geschäftsvorfälle dieser Art vermindern sowohl das Geldvermögen als auch das Nettovermögen. Das bedeutet, daß der Verringerung des Geldvermögens keine betragsmäßig gleiche Erhöhung des Sachvermögens entgegenwirken darf.

Beispiel:
Entstehung einer Zinszahlungsverpflichtung in Höhe von 1.400 DM gegenüber einem Kreditgeber; das gilt (siehe oben Fall 2, Einnahmen = Erträge) unabhängig von der Art und dem Zeitpunkt der Zinszahlung bereits zu dem Zeitpunkt, zu dem die Zinszahlungsverpflichtung entsteht. Das Sachvermögen erhöht sich dadurch nicht, so daß eine Verringerung des Nettovermögens eintritt.

Sachvermögensänderung	−	Geldvermögensabgang (Ausgaben)	=	Nettovermögensabgang (Aufwand)
0	−	1.400	=	− 1.400

Fall 3: Aufwand, aber keine Ausgaben
In diesen Fällen handelt es sich um Geschäftsvorfälle, die zu einer Verminderung des Nettovermögens führen. Das Geldvermögen bleibt dagegen unverändert. Das ist nur möglich, wenn ausschließlich eine Verminderung des Sachvermögensbestandes eintritt.

Beispiele:
(1) Abschreibung einer früher angeschafften Maschine in Höhe von 800 DM. Die Geldvermögensminderung erfolgte bereits in der Periode der Beschaffung. Durch Abschreibung soll der Wertverzehr (Aufwand) an der Maschine, also die Verminderung des Sachvermögensbestandes, erfaßt werden.

Sachvermögensabgang	±	Geldvermögensänderung (Ausgaben)	=	Nettovermögensabgang (Aufwand)
− 800	±	0	=	− 800

(2) Bildung von Rückstellungen:
Hier wird der Aufwand in der Periode der Verursachung verrechnet, die Ausgaben treten erst in späteren Perioden ein.
(3) Der Betrieb leistet eine Sachspende.

Die bisher erörterten Beziehungen zwischen den **Bestands-** und **Strömungsgrößen** zeigt das folgende Schaubild:

---

[8] Zum Problem der Schätzung der Rückstellungen und der wegen möglicher Schätzungsfehler notwendigen erfolgswirksamen (d.h. Ertrag oder Aufwand verursachenden) Korrektur in der Periode, in der die Ausgaben erfolgen, s. S. 980

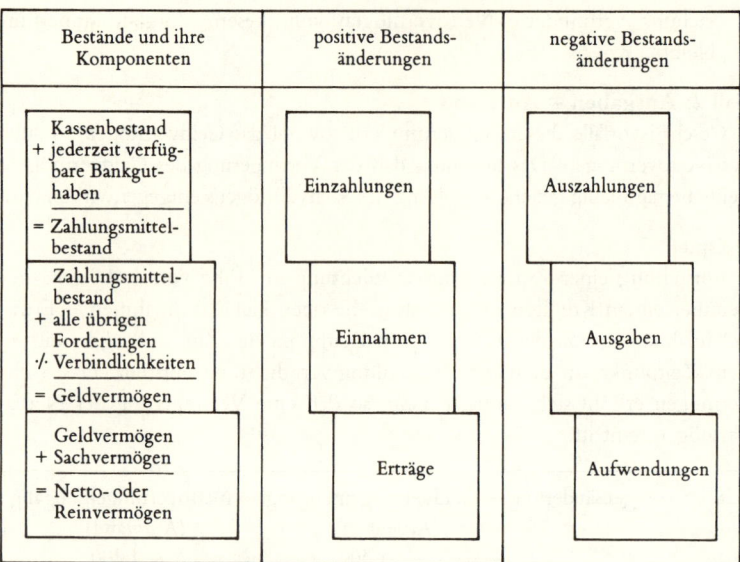

4. Ertrag – Leistung; Aufwand – Kosten

Die bisher behandelten Begriffspaare charakterisieren die Zahlen der **Finanzbuchführung**. Die Begriffe Leistung und Kosten, die im folgenden den Begriffen Ertrag und Aufwand gegenübergestellt werden, dienen zur Bezeichnung von Vorgängen, die ihren zahlenmäßigen Niederschlag in der **Betriebsabrechnung** finden.

Als **Aufwand** bezeichnet man die Verminderung des Nettovermögens, also den in der Finanzbuchhaltung erfaßten Wertverzehr (Wertverbrauch) einer Abrechnungsperiode. Der „Verbrauch" von Werten kann einerseits in einer **Umformung** von Werten (z. B. Verbrauch von Rohstoffen zur Erstellung von Fabrikaten bzw. Verkauf von Waren und Fabrikaten) bestehen, dann steht dem Güterverzehr ein Gegenwert in Form von Betriebs-leistungen gegenüber, oder er kann **ohne Gegenwert** erfolgen, wie z.B. bei der Zahlung einer Spende (freiwillig) oder der Zahlung von Steuern (zwangsweise).

Der Teil des in einer Periode eingetretenen Wertverzehrs, der bei der Erstellung der Betriebsleistungen angefallen ist, stellt **Kosten** dar. Aufwand und Kosten stimmen nicht in vollem Umfang überein, da es einerseits Aufwand, also in der Finanzbuchhaltung erfaßten Wertverzehr an Nettovermögen, gibt, der entweder nichts mit der Erstellung von Betriebsleistungen zu tun hat oder ihnen nicht oder nicht in voller Höhe zugerechnet wird (**neutraler Aufwand**). Andererseits gibt es Kosten, die lediglich in der Betriebsbuchführung verrechnet werden, denen entweder kein Aufwand oder nicht in voller Höhe der Kosten Aufwand entspricht (**Zusatzkosten**). Soweit sich Aufwand und Kosten decken, spricht man von **Zweckaufwand** und **Grundkosten**.

Die Beziehungen zwischen Aufwand und Kosten lassen sich anhand des folgenden Schemas erläutern:

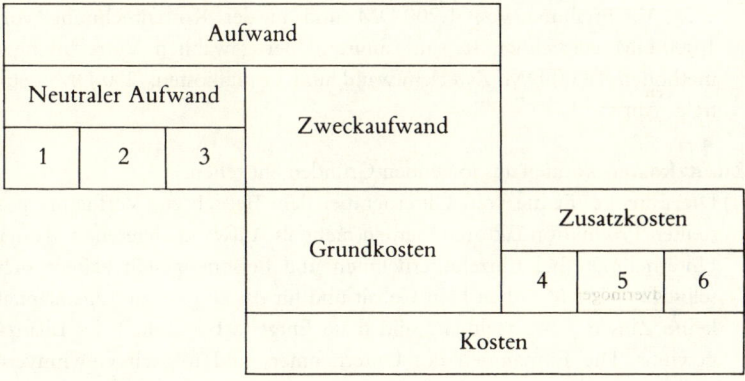

1 Betriebsfremder Aufwand
2 Außerordentlicher Aufwand
3 Bewertungsbedingter neutraler Aufwand
4 Kalkulatorische Kostenarten, denen keine Aufwandsarten entsprechen (z. B. kalkulatorischer Unternehmerlohn)
5 Kalkulatorische Kostenarten, deren Aufgabe die Periodisierung aperiodisch eintretenden betriebsbedingten Wertverzehrs ist (z. B. kalkulatorische Wagnisse)
6 Kalkulatorische Kostenarten, soweit sie entsprechende Aufwandsarten übersteigen (z. B. kalkulatorische Abschreibungen)

Der **neutrale Aufwand,** d. h. der Aufwand, dem keine Kosten entsprechen, läßt sich in drei Kategorien unterteilen:

(1) **Betriebsfremder Aufwand** liegt vor, wenn ein Wertverzehr überhaupt keine Beziehung zur betrieblichen Leistungserstellung hat (z. B. eine Spende an das Rote Kreuz).

(2) **Außerordentlich** ist ein Aufwand dann, wenn er zwar durch die Erstellung von Betriebsleistungen verursacht worden ist, aber so außergewöhnlich ist, daß er nicht in die Selbstkosten einbezogen werden kann (z. B. Feuer-, Sturm-, Diebstahlschäden, Verluste aus Bürgschaften), weil sonst die Selbstkosten einer Periode durch zufallsbedingten Wertverzehr erhöht würden und folglich weder eine Grundlage für die Produktionsplanung noch für die Preiskalkulation oder die Ermittlung der Preisuntergrenze sein könnten.

(3) **Bewertungsbedingter** neutraler Aufwand liegt vor, wenn ein Aufwand zwar seinem Wesen nach, nicht aber in seiner Höhe kostengleich ist. Das ist der Fall, wenn z. B. in der Bilanz für ein Wirtschaftsgut ein höherer Abschreibungsbetrag als in der Kostenrechnung verrechnet wird, weil entweder die Verteilung der Anschaffungskosten auf die Jahre der Nutzung aufgrund unterschiedlicher Zielsetzungen in der Bilanz nach einem anderen Abschreibungsverfahren als in der Kostenrechnung erfolgt oder/

und die Abschreibung in der Bilanz auf Basis der Anschaffungskosten, in der Kostenrechnung auf Basis der Wiederbeschaffungskosten vorgenommen wird. Wird z. B. für ein Wirtschaftsgut in einer Periode in der Bilanz eine Abschreibung von 1.200 DM und in der Kostenrechnung von 1.000 DM verrechnet, so sind aufgrund der gewählten Verrechnungsmethoden 1.000 DM Zweckaufwand und Grundkosten, 200 DM neutraler Aufwand.

Zusatzkosten können aus folgenden Gründen entstehen:
(1) Die Entgelte für die vom Unternehmer dem Betrieb zur Verfügung gestellten Produktionsfaktoren werden nicht als Aufwand angesehen, da der Unternehmer (bei Einzelunternehmen und Personengesellschaften) sich selbst für seine Mitarbeit kein Gehalt und für das eingesetzte Eigenkapital keine Zinsen zahlt, vielmehr sind diese Entgelte Bestandteil des Bilanzgewinns. Die Entnahmen des Unternehmers sind folglich Gewinnverwendung, nicht Aufwand. In der Kostenrechnung dagegen müssen für die Mitarbeit des Unternehmers (bei Einzelunternehmen und Personengesellschaften[9]) **Unternehmerlöhne** und für den Einsatz des Eigenkapitals **Eigenkapitalzinsen** (als Bestandteil der kalkulatorischen Zinsen) in die Kosten einbezogen werden, da diese sonst zu niedrig angesetzt wären, denn wenn die Betriebsleistungen z. B. genau zu ihren Selbstkosten abgesetzt würden, so hätte anderenfalls der Unternehmer einen Nutzenentgang in Höhe der Beträge erlitten, die er erzielt hätte, wenn er seine Arbeitskraft und sein Kapital einem anderen Betrieb zur Verfügung gestellt hätte. Es handelt sich also um Kosten im Sinne von entgangenem Nutzen (Alternativkosten, opportunity costs).
(2) Bei der Erstellung der Betriebsleistungen aperiodisch auftretende Wagnisverluste werden in der Kostenrechnung durch Ansatz geschätzter **kalkulatorischer Wagniszuschläge** berücksichtigt. Es erfolgt auf diese Weise eine „**Periodisierung von Kosten**", die aperiodisch anfallen. In einer Periode, in der keine Wagnisverluste eingetreten sind, ist auch kein Aufwand angefallen, die verrechneten kalkulatorischen Wagniszuschläge sind in voller Höhe Zusatzkosten. Entsteht in einer Periode ein Wagnisverlust, so stellt er einen außerordentlichen Aufwand dar und wird in der Kostenrechnung nicht berücksichtigt.[10]

---

[9] Bei Kapitalgesellschaften erhalten die Geschäftsführer oder Vorstandsmitglieder Gehälter von der Gesellschaft, auch wenn sie zugleich – wie häufig bei der GmbH – Gesellschafter sind. Diese Gehälter sind Personalaufwand wie alle übrigen Gehälter und Löhne, da die Kapitalgesellschaften als juristische Personen auch mit den geschäftsführenden Gesellschaftern schuldrechtliche Verträge abschließen können.
[10] Eine wenigstens teilweise Übereinstimmung von Aufwand und Kosten könnte erreicht werden, wenn in der Bilanz Rückstellungen für Wagnisverluste gebildet und aperiodisch eintretende Wagnisverluste erfolgsunwirksam mit den Rückstellungen verrechnet würden. Auf diese Weise würde in der Bilanz analog zur Kostenrechnung eine Periodisierung von Aufwand vorgenommen. Da die Bildung derartiger Rückstellungen in der Bilanz nicht erlaubt ist, sind in Jahren, in denen keine Wagnisverluste eingetreten sind, c. p. die kalkulatorischen Wagniszuschläge im steuerpflichtigen bzw. im ausschüttungsfähigen Gewinn enthalten und stehen infolge der Besteuerung bzw. Ausschüttung nicht mehr in vollem Umfange zur Deckung späterer Wagnisverluste zur Verfügung.

(3) Ebenso wie beim neutralen Aufwand gibt es neben den Kosten, die ihrem Wesen nach Zusatzkosten sind, **bewertungsbedingte Zusatzkosten.** Nehmen wir an, daß aus den oben genannten Gründen in der Bilanz eine andere Periodenabschreibung als in der Kostenrechnung angesetzt wird. Beträgt z.B. die kalkulatorische Abschreibung 1.500 DM, die Bilanzabschreibung aber nur 1.000 DM, so sind 1.000 DM Grundkosten und Zweckaufwand, 500 DM Zusatzkosten.

Ertrag ist der in der Finanzbuchhaltung in Geld bewertete Wertzugang einer Periode. Er stellt den Gegenbegriff zum Aufwand dar. Stammt der Ertrag aus dem Prozeß der betrieblichen Leistungserstellung und -verwertung, so handelt es sich um einen **Betriebsertrag,** anderenfalls wird er als **neutraler** Ertrag bezeichnet. Die Differenz zwischen Ertrag und Aufwand, also die Veränderung des Nettovermögens, wird als Erfolg (positiv: Gewinn, negativ: Verlust) bezeichnet.

Die (Betriebs-)**Leistung** ist das Ergebnis der betrieblichen Tätigkeit, die sich in Sachgütern und Dienstleistungen niederschlägt. Leistung ist der Gegenbegriff zu den Kosten; die Differenz beider Größen stellt das Betriebsergebnis dar. Dem neutralen Ertrag steht keine Betriebsleistung gegenüber.

Die **Betriebsleistung** setzt sich aus folgenden Komponenten zusammen:
(1) Umsatzerträge, d.h. Erlöse[11] aus dem Verkauf von Fertigfabrikaten, Waren usw.;
(2) Erhöhung der Bestände an Halb- und Fertigfabrikaten;
(3) Innerbetriebliche Erträge, z.B. zu Herstellungskosten bewertete selbststellte Maschinen, Werkzeuge u.a., die im eigenen Betrieb eingesetzt werden.

Neutrale Erträge sind entweder betriebsfremde Erträge (z.B. Kursgewinne bei Wertpapieren, Erträge aus Beteiligungen) oder außergewöhnliche Erträge (z.B. Anlagenverkäufe über dem Buchwert).

5. Erfolg – Betriebsergebnis

Unter Verwendung der bisher erläuterten Begriffe ergeben sich der Erfolg und das Betriebsergebnis einer Periode aus folgenden Beziehungen:

(1) **Handelsbilanz**

Betriebsertrag	./. Zweckaufwand	= Betriebserfolg
neutraler Ertrag	./. neutraler Aufwand	= neutraler Erfolg
Gesamtertrag	./. Gesamtaufwand	= Gesamterfolg
Gesamtertrag	> Gesamtaufwand	= Bilanzgewinn
Gesamtertrag	< Gesamtaufwand	= Bilanzverlust

---

[11] Als Erlös bezeichnet man den Geldwert der umgesetzten Teile des Ertrages. Die Begriffe Umsatzertrag und Umsatzerlös können also synonym verwendet werden.

(2) Steuerbilanz

> Erfolgswirksame Betriebseinnahmen ./. abzugsfähige Betriebsausgaben = steuerpflichtiger Erfolg
> Erfolgswirksame Betriebseinnahmen > abzugsfähige Betriebsausgaben = steuerpflichtiger Gewinn
> Erfolgswirksame Betriebseinnahmen < abzugsfähige Betriebsausgaben = steuerlicher Verlust

(3) Kostenrechnung

> Leistung ./. Kosten = Betriebsergebnis

Betriebserfolg und Betriebsergebnis einer Periode stimmen in der Regel nicht überein, da – wie oben gezeigt – sowohl zwischen Betriebsertrag und Leistung als auch zwischen Zweckaufwand und Kosten einer Periode Differenzen bestehen können.

Ebenso sind Gesamterfolg und steuerlicher Erfolg in der Regel nicht identisch, weil sowohl zwischen dem Gesamtertrag und den erfolgswirksamen Betriebseinnahmen als auch zwischen dem Gesamtaufwand und den abzugsfähigen Betriebsausgaben einer Periode Differenzen bestehen können. (**ÜB 6/2–3**)

B. Der Jahresabschluß

Der Jahresabschluß ist das wichtigste Instrument zur Information unternehmensexterner Personen und Institutionen. Dabei werden die Bezeichnung „Bilanz" bzw. „Jahresabschluß" häufig als Synonyme für den Begriff „externes Rechnungswesen" verwendet. Im folgenden wird der Jahresabschluß in zehn Kapiteln abgehandelt. Ihr Inhalt läßt sich – in aller Kürze – folgendermaßen skizzieren: In „I. Grundlagen der Bilanzierung" werden die grundlegenden Zusammenhänge zwischen Vermögens- und Schuldenausweis einerseits und Erfolgsausweis andererseits erläutert. Vor allem aber wird der Jahresabschluß als Instrument zum Schutz der Bilanzadressaten vorgestellt. Da Bilanzadressaten – wie beispielsweise Gläubiger und Kleinaktionäre – unterschiedliche Ziele verfolgen, haben sie auch unterschiedliche Vorstellungen vom „richtigen" Jahresabschluß.

Zum Schutz der Bilanzadressaten hat der deutsche Gesetzgeber Bilanzierungsnormen erlassen. In Kapitel II werden die „Grundsätze ordnungsmäßiger Buchführung und Bilanzierung" abgehandelt.

In Kapitel „III. Die Bilanz" geht es dann um die Fragen,
- welche Sachverhalte auf der Aktiv- bzw. Passivseite auszuweisen sind (Bilanzierung dem Grunde nach) und
- wie die Aktiva und Passiva zu bewerten sind (Bilanzierung der Höhe nach).

Grundsätze ordnungsmäßiger Buchführung und Bilanzierung und gesetzliche Einzelvorschriften bilden den Rechtsrahmen zur Beantwortung dieser Fragen.

Mit der Bilanzierung der Aktiva und Passiva wird gleichfalls der auszuweisende Jahreserfolg determiniert. Die Erfolgsrechnung (Gewinn- und Verlustrechnung), die im IV. Kapitel behandelt wird, hat die Aufgabe, den Jahreserfolg in die Erfolgskomponenten „Ertrag" und „Aufwand" zu zerlegen und damit die Erfolgsquellen sichtbar zu machen.

Die Vorschriften zum Jahresabschluß räumen den Unternehmen teilweise Bilanzierungs- und Bewertungswahlrechte ein. Die Bilanzierungsspielräume erlauben die Bildung (Auflösung) stiller Rücklagen, wodurch der ausgewiesene Jahreserfolg gekürzt (gesteigert) werden kann. Eine der wichtigsten Aufgaben des Anhangs besteht darin, die Bildung und Auflösung stiller Rücklagen transparent zu machen und so den Einblick in die (verzerrt ausgewiesene) Ertragslage des Unternehmens zu verbessern. Mit diesen Zusammenhängen befaßt sich das Kapitel „V. Anhang und Lagebericht".

Jahresabschlüsse entfalten ihre Informationswirkung erst dann, wenn sie publiziert werden. Die Glaubwürdigkeit der Jahresabschlußinformationen wird erhöht, wenn die Abschlüsse vor ihrer Publizierung von unabhängigen Personen oder Institutionen geprüft werden. Dieser Problemstellung ist das Kapitel „VI. Publikation und Prüfung des Jahresabschlusses" gewidmet.

Die Kapitel III bis VI beschäftigen sich mit dem Jahresabschluß nach deutschem Recht. Zunehmende internationale Verflechtung stellt auch deutsche Unternehmen vor die Aufgabe, Jahresabschlüsse nach dem Recht des jeweiligen „Standortstaates" zu erstellen. Hierbei spielen die Rechtsnormen des angelsächsischen Wirtschaftsraums (IAS und US-GAAP) eine herausragende Rolle. Diese werden im Kapitel „VII. Rechnungslegung im internationalen Kontext" überblicksmäßig dargestellt.

Die Kapitel III bis VI haben den Jahresabschluß eines einzelnen Unternehmens zum Gegenstand. Durch kapitalmäßige Verflechtung und einheitliche Leitung von Unternehmen entsteht ein Konzern. Im Wege der sog. Konsolidierung werden die Einzelabschlüsse der Konzernunternehmen zusammengefaßt, woraus „VIII. Der Konzernabschluß" resultiert.

Es wurde bereits angedeutet, daß die Jahresabschlußvorschriften in gewissem Umfang die Bildung und Auflösung stiller Rücklagen gestatten. In Kapitel „IX. Bilanzpolitik und Bilanzanalyse" wird dieser bilanzpolitische Spielraum der Unternehmensleitung näher ausgeleuchtet. Es wird deutlich, daß die Ausnutzung bilanzpolitischer Spielräume im Interesse der Unternehmensleitung liegt und daß sie den Interessen der Bilanzadressaten in den meisten Fällen zuwiderläuft. Die Bilanzanalyse verfolgt das Ziel, durch Bereinigung und Aufbereitung der Jahresabschlußinformationen den Einblick in die Vermögens-, Finanz- und Ertragslage des Unternehmens zu verbessern.

In den Kapiteln I bis IX werden die geltenden Rechnungslegungsvorschriften als Datum angesehen. Im Rahmen dieses Datenkranzes versucht die Unternehmensleitung ihre bilanzpolitischen Ziele zu optimieren. Die externen Bilanzadressaten reagieren, indem sie durch bilanzanalytische Anstrengungen versuchen, aus dem ihnen vorgesetzten Datum „Jahresabschluß" das Beste zu machen. Das abschließende Kapitel „X. Theorien des Jahresabschlusses" macht sich eine völlig andere Sichtweise zu eigen. Aus bilanztheoretischer Sicht stellt sich die Frage, wie eine ordnende Instanz – z.B. der deutsche Gesetzgeber oder das IASC – die Jahresabschlußvorschriften gestalten müßte, damit sie die gewünschten Ziele – z.B. den Schutz der Bilanzadressaten – erreichen. Die Jahresabschlußvorschriften sind unter bilanztheoretischem Aspekt nicht mehr Datum, sondern Aktionsvariable.

I. Grundlagen der Bilanzierung

1. Formalaufbau der Bilanz

Jeder Kaufmann ist nach § 240 HGB verpflichtet, zu Beginn seines Handelsgewerbes und zu jedem folgenden Bilanzstichtag ein Inventar zu erstellen, worin er die einzelnen Vermögensgegenstände V_1, V_2, ..., V_n und die einzelnen Schulden S_1, S_2, ..., S_n mengen-, art- und wertmäßig zu verzeichnen hat.

V_1	...
V_2	...
$\vdots$	
V_n	...
I. Vermögen	**1.000**
S_1	...
S_2	...
$\vdots$	
S_n	...
II. Schulden	**700**
III. Reinvermögen	**300**

Abb. 1: Inventar zum 31.12.01

Das Inventar wird in Staffelform erstellt. Zieht man vom Gesamtbetrag „I. Vermögen" den Gesamtbetrag „II. Schulden" ab, erhält man als Differenzbetrag das „III. Reinvermögen". Das Reinvermögen wird auch als Eigenkapital bezeichnet.

Die **Bilanz** wird aus dem **Inventar abgeleitet**. Dabei werden in der Bilanz
(1) keine mengenmäßigen Angaben gemacht,
(2) verschiedene Vermögensgegenstände (Schulden) von gleicher Risikostruktur zu einer Bilanzposition zusammengefaßt und
(3) Vermögen einerseits und Eigenkapital und Schulden andererseits einander gegenübergestellt.

Bei der Positionsbildung (2) kann man beispielsweise verschiedene maschinelle Anlagen zur Position „Sachanlagen" zusammenfassen. Analog kann man Schulden bei verschiedenen Lieferanten zur Position „Lieferantenverbindlichkeiten" zusammenziehen.

Bei Bildung solcher Bilanzpositionen läßt sich das schematisierte Inventar (Staffelform) aus Abb. 1 in folgende Bilanz (Kontoform) überführen:

Aktiva		Bilanz zum 31.12.01	Passiva
Anlagevermögen		**Eigenkapital**	300
Sachanlagen	350		
Finanzanlagen	250	**Fremdkapital**	
		Verbindlichkeiten gegenüber Kreditinstituten	470
Umlaufvermögen			
Warenvorräte	100		
Forderungen	180	Lieferantenverbindlichkeiten	230
Zahlungsmittel	120		
	1.000		1.000

Abb. 2: Bilanz zum 31.12.01

Auf der Aktivseite der Bilanz steht das Vermögen, gegliedert nach Anlage- und Umlaufvermögen. Zum **Anlagevermögen** gehören alle Gegenstände, die dem Betrieb auf **Dauer** zu dienen bestimmt sind. Zum **Umlaufvermö-**

gen gehören dagegen alle Vermögensgegenstände, die – wie z.B. Vorräte und Forderungen aus Lieferung und Leistung – durch den **Umsatzprozeß** möglichst bald „zu Geld gemacht werden" sollen. Schwierigkeiten bei der Zuordnung zum Anlage- bzw. Umlaufvermögen können sich bei Finanztiteln ergeben: Hat das Unternehmen einen Teil seiner flüssigen Mittel in festverzinslichen Anleihen investiert, die aus Renditeerwägungen langfristig gehalten werden sollen, gehören die Titel in die Position „Finanzanlagen". Handelt es sich dagegen bei den Wertpapieren um eine – verzinslich angelegte – Liquiditätsreserve, die demnächst zur Finanzierung einer Großinvestition aufgelöst werden soll, sind die Titel der Position „Wertpapiere des Umlaufvermögens" zuzuordnen.

Die **Aktivseite** der Bilanz zeigt die **Mittelverwendung.** Der Bilanzleser sieht, in welche Vermögenspositionen das verfügbare Gesamtkapital (1.000) investiert wurde. Die Passivseite zeigt die **Mittelherkunft.** Im Fall der Abb. 2 ist zu erkennen, daß zur Finanzierung des Unternehmensvermögens von 1.000 der oder die Eigentümer 300, die Gläubiger 700 Geldeinheiten zur Verfügung gestellt haben.[1]

Wird das Unternehmen – freiwillig oder zwangsweise – liquidiert, sind die **Gläubiger vorab** aus dem Liquidationserlös zu **befriedigen,** wie folgendes Beispiel zeigt:

	Fall (a)	Fall (b)	Fall (c)
Liquidationserlös aus U.-vermögen	1.000	1.200	600
– Befriedigung der Gläubiger	700	700	600
= Ausschüttung an Eigentümer	300	500	0

Abb. 3: Kapitalrückzahlung bei Liquidation

Der Fall (a) ist unproblematisch: Der Liquidationserlös entspricht dem bilanzierten Vermögenswert. An die Gläubiger (Eigentümer) fließen Geldmittel in Höhe des bilanzierten Fremdkapitals (Eigenkapitals). Fall (b) und (c) macht die unterschiedliche Rechtsstellung der Kapitalgeber deutlich: Die Fremdkapitalgeber sind **Festbetragsbeteiligte,** deren Zahlungsanspruch vertraglich fixiert ist. Die Eigenkapitalgeber sind **Restbetragsbeteiligte,** auf welche die Chancen (Fall b) bzw. die Risiken (Fall c) unternehmerischer Tätigkeit voll durchschlagen.

Handelt es sich beim liquidierten Unternehmen um eine **Einzelfirma** oder **Personengesellschaft,** können die Gläubiger im Fall (c) versuchen, ihren Restanspruch in Höhe von 100 durch Vollstreckung ins **Privatvermögen** der Eigenkapitalgeber[2] zu befriedigen.

---

[1] Die Gleichungen: Aktiva = Summe aller Vermögenspositionen bzw. Passiva = Eigenkapital + Fremdkapital wird durch die Bilanzierung aktiver bzw. passiver Rechnungsabgrenzungsposten durchbrochen. Aus didaktischen Gründen werden diese Bilanzierungssachverhalte im einführenden Textteil vernachlässigt. Vgl. dazu später S. 978 und 981

[2] Eine Vollstreckung ins Privatvermögen des Kommanditisten ist ausgeschlossen, sofern dieser seine vertraglich fixierte Eigenkapitaleinlage ins Unternehmen voll geleistet hatte.

Handelt es sich beim liquidierten Unternehmen dagegen um eine **Kapitalgesellschaft**, deren Gesellschafter ihre vertraglich fixierte Eigenkapitaleinlage voll eingezahlt hatten, bleibt der Restzahlungsanspruch der Gläubiger in Höhe von 100 unbefriedigt. Die Kapitalgesellschaft als juristische Person haftet zwar unbegrenzt mit ihrem gesamten Vermögen; sie haftet aber nicht mit dem Privatvermögen der Gesellschafter. Folglich tragen die Gläubiger einer Kapitalgesellschaft c. p. ein höheres Ausfallrisiko als die Gläubiger einer Nichtkapitalgesellschaft. Dieser Sachverhalt findet seinen Niederschlag im deutschen Bilanzrecht: Weil die **Gläubiger** einer Kapitalgesellschaft **stärker gefährdet** sind als die Gläubiger einer Nichtkapitalgesellschaft, unterwirft der deutsche Gesetzgeber die **Kapitalgesellschaft strengeren Bilanzierungsvorschriften**[3].

2. Einzelbewertung in der Bilanz

Oben wurde gezeigt, daß die Aktivseite der Bilanz alle Vermögensgegenstände des Unternehmens ausweist. Diese Feststellung darf nicht zu der Annahme verleiten, daß die auf der Aktivseite ausgewiesene Bilanzsumme – in Abb. 2: 1.000 Geldeinheiten – den Gesamtwert des Unternehmens repräsentiert.

Schon die Ableitung der Bilanz aus dem Inventar zeigt, daß die **Bilanzierung** dem **Prinzip der Einzelbewertung** folgt. Dieser Einzelbewertungsgrundsatz ist in § 252 Abs. 1 Nr. 3 ausdrücklich kodifiziert. Streng zu unterscheiden von dem (auf Einzelbewertung basierenden) Bilanzwert ist der Marktwert des Unternehmens. Der Marktwert wird aus den diskontierten Zukunftserfolgen des Unternehmens (Zukunftserfolgswert) abgeleitet.

Der Unterschied zwischen bilanzieller Einzelbewertung und **zukunftserfolgsorientierter Gesamtbewertung**[4] läßt sich am Beispiel eines erfolgreichen Software-Kleinunternehmens besonders einfach erläutern: Bilanziert werden nur wenige Einrichtungsgegenstände, wie Büroausstattung und technische Anlagen. Der hohe Markterfolg (Gewinnpotential) des Unternehmens ist aber nicht auf diese materiellen Vermögensgegenstände, sondern auf das in den Köpfen der Mitarbeiter steckende Innovationspotential zurückzuführen. Letzteres ist entscheidend für den Markterfolg und damit für den Marktwert des Unternehmens. Weil sich dieses Innovationspotential aber exakter Bewertungsmöglichkeiten entzieht, darf es aus Gründen mangelnder Kontrollierbarkeit des Wertansatzes als sog. **selbstgeschaffener immaterieller Wert** nach § 248 Abs. 2 HGB **nicht bilanziert** werden. Das Streben des deutschen Bilanzrechts nach Kontrollierbarkeit und Rechtssicherheit hat also seinen Preis: Die Summe der bilanzierten Vermögenswerte hat mit dem erfolgsabhängigen Marktwert nur wenig zu tun.

---

[3] Dies zeigt sich u. a. bei den Vorschriften zum Mindesteigenkapital (vgl. S. 965) und zur eingeschränkten Eigenkapitalverwendung – Ausschüttungssperre – bei Kapitalgesellschaften (vgl. S. 964 ff.).
[4] Vgl. hierzu die Ausführungen zur Gesamtbewertung von Unternehmen auf S. 671 ff.

Die bilanzielle Einzelbewertung ist auf den Krisenfall des Unternehmens, die Einzelveräußerung der Vermögensgegenstände, ausgerichtet. Die Gesamtbewertungskonzepte bemühen sich dagegen, den Marktwert eines auf Dauer angelegten Unternehmens zu ermitteln:

	Bilanzielle Einzelbewertung	**Marktorientierte Gesamtbewertung**
Bewertungsziel	Ermittlung des Schuldendeckungspotentials für den möglichen Krisenfall der Einveräußerung	Ermittlung des Marktwertes eines auf Dauer angelegten Unternehmens
Bewertungsgegenstand	Verkehrsfähige, d. h. einzelveräußerbare Sachen und Rechte	Erwartete, unsichere Zukunftserfolge
Vorteile + Nachteile −	+ Marktrelevanz im Krisenfall + gute Kontrolliertbarkeit − mangelnde Aussagekraft für florierende Unternehmen	+ Marktrelevanz im Normalfall − unzureichende Kontrollierbarkeit

Abb. 4: Einzel- und Gesamtbewertung

3. Bilanzarten

Bilanzen als Gegenüberstellung von Vermögen auf der einen und Kapital (Eigen- und Fremdkapital) auf der anderen Seite haben die Aufgabe, die Bilanzadressaten über die wirtschaftliche Lage des bilanzierenden Unternehmens zu informieren. Allein schon die Unterschiedlichkeit der Informationsanlässe (z. B. Unternehmensgründung oder Unternehmensliquidation), aber auch die Verschiedenartigkeit der Bilanzadressaten (z. B. kreditgebende Banken; Finanzbehörden) führt zu einer Vielzahl von Bilanzierungsvarianten.

In der folgenden Abb. 5 wird versucht, Bilanzen nach sechs verschiedenen Merkmalen zu systematisieren und das Einteilungsergebnis als Bilanzarten im Überblick darzustellen. Das Schaubild[5] kann nur horizontal, also zeilenweise, gelesen werden.

Nach der Häufigkeit der Bilanzerstellung unterscheidet man **zwischen laufenden Bilanzen** und **Sonderbilanzen.** Die laufenden Bilanzen (Sonderbilanzen) bezeichnet man auch als ordentliche (außerordentliche) Bilanzen. Gegenstand der weiteren Ausführungen dieses einführenden Lehrbuchs ist die praktisch bedeutendste Bilanzart: die Jahresbilanz.[6]

Nach dem Adressatenkreis unterscheidet man zwischen **internen Bilanzen,** welche die Unternehmensleitung für eigene Informationszwecke er-

---

[5] In Anlehnung an Wöhe, G., (Bilanzierung), S. 40
[6] Zu den Sonderbilanzen vgl. insbesondere Eisele, W., (Technik des betrieblichen Rechnungswesens), S. 827 ff.

stellt und **externen Bilanzen,** die an Außenstehende (Gläubiger, Anteilseigner, Finanzbehörden, Belegschaft und interessierte Öffentlichkeit) gerichtet sind. Entsprechend ihrer weitaus größeren Verbreitung werden im folgenden nur externe Bilanzen behandelt. Die Pflicht zur Erstellung einer externen Bilanz kann sich entweder aus gesetzlichen Vorschriften (z. B. dem HGB oder EStG) oder aus einer vertraglichen Vereinbarung (z. B. mit der kreditgebenden Hausbank) ergeben.

Systematisierungsmerkmal	Bilanzarten								
Häufigkeit der Bilanzerstellung	laufende Bilanzen			Sonderbilanzen					
	Monatsbilanz	Quartalsbilanz	Jahresbilanz	Gründungsbilanz	Umwandlungsbilanz	Fusionsbilanz	Auseinandersetzungsbilanz	Sanierungsbilanz	Konkursbilanz
Adressatenkreis und Bilanzierungsanlaß	externe Bilanzen						interne Bilanzen		
	Gesetzl. vorgeschr. Bilanzen			Vertragl. vereinbarte Bilanzen			Freiwillig erstellte Bilanzen		
Gesetzlich vorgeschriebene Bilanzen	laufende Bilanzen			Sonderbilanzen					
	Handelsbilanz		Steuerbilanz	wie oben					
Zahl der bilanzierenden Unternehmen	Einzelbilanz			Gemeinschaftsbilanz			Konsolidierte Bilanz (Konzernbilanz)		
Schwerpunkt der Information	Vermögensbilanz			Erfolgsbilanz			Liquiditätsbilanz		
Zeitbezug	Zeitpunktbilanz (Beständebilanz)						Zeitraumbilanz (Veränderungsbilanz)		

Abb. 5: Bilanzarten

Gesetzlich vorgeschrieben sind die **Handelsbilanz,** die **Steuerbilanz** und die verschiedenen Arten der Sonderbilanzen. Der Schwerpunkt der folgenden Ausführungen liegt ganz eindeutig bei der Handelsbilanz. Die Steuerbilanz ist eine aus der Handelsbilanz abgeleitete Bilanz. Die Wertansätze der Steuerbilanz sind mit denen der Handelsbilanz identisch, es sei denn, die einschlägigen steuerlichen Vorschriften verlangten zwingend einen abweichenden Wertansatz. Dieser als „Maßgeblichkeitsprinzip" bezeichnete Grundsatz des deutschen Ertragsteuerrechts ist in § 5 Abs. 1 EStG verankert. Die wichtigsten Abweichungen der Steuerbilanz von der Handelsbilanz werden an späterer Stelle erläutert.[7]

Nach der Zahl der bilanzierenden Unternehmen unterscheidet man zwischen Einzelbilanzen, Gemeinschaftsbilanzen und konsolidierten Bilanzen

---

[7] Vgl. S. 948f.

(Konzernbilanzen). Von untergeordneter Bedeutung sind die **Gemeinschaftsbilanzen** (Generalbilanzen). Sie werden von Unternehmen erstellt, die sich bei Wahrung ihrer rechtlichen und wirtschaftlichen Selbständigkeit in einer Kooperationsform (z. B. Interessengemeinschaft) zusammengefunden haben. Im folgenden werden schwerpunktmäßig die mit der Erstellung von **Einzelbilanzen** verbundenen Probleme erörtert. Ihnen kommt die größte praktische Bedeutung zu. Bilden mehrere rechtlich selbständige Unternehmen eine wirtschaftliche Einheit, spricht man von einem Konzern.[8] Jedes zum Konzern gehörende Unternehmen hat eine Einzelbilanz zu erstellen. Bei der Ableitung der **Konzernbilanz** aus den Einzelbilanzen sind die konzerninternen Verflechtungen im Wege der Konsolidierung zu eliminieren. Die damit verbundenen Spezialprobleme werden in einem gesonderten Kapitel behandelt.[9]

Nach dem Schwerpunkt gewünschter Bilanzinformationen unterscheidet man zwischen Vermögens-, Erfolgs- und Liquiditätsbilanzen. Prinzipiell nimmt die Bilanz die Funktion des Vermögens- und Erfolgsausweises wahr, weil der Erfolg als Reinvermögensänderung interpretiert wird. Gleichwohl gibt es Unterschiede, die im wesentlichen auf der Bewertungsebene liegen. In der Vermögensbilanz werden allein die am Bilanzstichtag vorhandenen Vermögenswerte und Schulden (und das sich als Saldo ergebende Reinvermögen) aufgeführt. Dabei können die Vermögensgegenstände mit dem am Bilanzstichtag geltenden Wert angesetzt werden, auch wenn er über den Anschaffungskosten liegt.

Anders als die **Vermögensbilanz,** die in Form eines **Vermögensstatus** das Schuldendeckungspotential ausweisen möchte, strebt die **Erfolgsbilanz** nach „richtigem" Ausweis des Periodenerfolgs. Hierzu bedient sie sich **des Prinzips periodengerechter Erfolgsermittlung.** Die um den Ausweis des periodengerechten Jahreserfolgs bemühte Erfolgsbilanz steht im Mittelpunkt der folgenden Ausführung. Die wichtigsten Instrumente zur Ermittlung des periodengerechten Erfolgs sind
- die Bildung und Auflösung von Rechnungsabgrenzungsposten,[10]
- Abschreibungen (und Zuschreibungen)[11] sowie
- die Bildung und Auflösung von Rückstellungen.[12]

Von der Vermögens- und Erfolgsbilanz unterscheidet sich die **Liquiditätsbilanz** vor allem durch eine spezifizierte Gliederung der Vermögens- bzw. Kapitalpositionen. Im Vordergrund steht die Information über die Fristigkeit der Kapitalbindung in den einzelnen Vermögenspositionen (Aktivseite) bzw. die Dauer der Kapitalverfügbarkeit (Eigenkapital, langfristiges Fremdkapital, kurzfristiges Fremdkapital) auf der Passivseite.

Eine auf den Bilanzstichtag bezogene Bilanz weist Bestandsgrößen (Vermögen, Schulden und Eigenkapital) aus. Diese Bilanz bezeichnet man als

---

[8] Zum Konzern vgl. S. 333 ff.
[9] Vgl. S. 1038
[10] Vgl. S. 957
[11] Vgl. S. 936 ff. u 944
[12] Vgl. S. 975 ff.

Zeitpunktbilanz oder Beständebilanz. Diese gängige Form der Bilanz steht im Vordergrund der Darstellung dieses Lehrbuchs.

Eine Zeitraumbilanz bezieht sich dagegen auf einen Zeitraum, i. allg. ein Jahr, und weist Strömungsgrößen aus. **Zeitraumbilanzen** verfolgen das Ziel, die Bilanzadressaten über

- Herkunft und
- Verwendung

finanzieller Mittel während des Betrachungszeitraums zu informieren. Sie werden auch als **Kapitalflußrechnungen**[13] bezeichnet, die entweder vergangenheitsorientiert sind und somit auf Istgrößen basieren oder die als Zukunftsrechnungen auf Plangrößen beruhen. Die einfachste Variante der Zeitraumbilanz ist die Veränderungsbilanz, die nach folgendem Schema aufgebaut ist:

Veränderungsbilanz 1.1.01 bis 31.12.01	
Mittelverwendung	**Mittelherkunft**
Aktivzunahmen	Passivzunahmen
Passivabnahmen	Aktivabnahmen

Abb. 6: Grundstruktur einer Veränderungsbilanz

Ein erläuterndes Beispiel zum Informationsziel und Informationsgehalt einer Veränderungsbilanz findet sich im zugehörigen Übungsbuch. (**ÜB 6**/90)

Die obigen Ausführungen haben gezeigt, daß die Bilanzierungsproblematik ein vielschichtiges Thema ist. Vor diesem Hintergrund zwingt gerade ein einführendes Lehrbuch zur Allgemeinen Betriebswirtschaftslehre zur Schwerpunktbildung. Den folgenden Lehrbuchausführungen liegt eine Bilanz zugrunde, die sich schwerpunktmäßig nach folgenden Merkmalen charakterisieren läßt:

- Laufende Bilanz
- Jahresbilanz
- Externe Bilanz
- Gesetzlich vorgeschriebene Bilanz
- Handelsbilanz mit Sonderaspekten Steuerbilanz
- Einzelbilanz mit Sonderbezug Konzernbilanz
- Erfolgsbilanz
- Zeitpunktbilanz

Abb. 7: Bilanzmerkmale als Gegenstand dieses Lehrbuchs

Ergänzend und abschließend sei bemerkt, daß die Bilanz ihrer Aufgabe über den Jahreserfolg zu informieren nur dann gerecht werden kann, wenn man die zugehörige GuV hinzuzieht oder die Eigenkapitalpositionen zweier aufeinanderfolgender Geschäftsjahre vergleicht. (**ÜB 6**/4–5; 90–91)

---

[13] Vgl. hierzu insbes. Busse von Colbe, W., Aufbau und Informationsgehalt von Kapitalflußrechnungen, ZfB 1966, Ergänzungsheft 1, S. 88 ff. und Käfer, K., (Kapitalflußrechnungen)

4. Formalaufbau der Erfolgsrechnung

Den Periodenerfolg unternehmerischer Tätigkeit mißt man im externen Rechnungswesen an der Veränderung des Reinvermögens (Eigenkapitals):
- Gewinn = Reinvermögenszuwachs ($EK_1 - EK_0$ positiv)
- Verlust = Reinvermögensminderung ($EK_1 - EK_0$ negativ).

Man bezeichnet diese Form der Erfolgsermittlung als **einfache Distanzrechnung**.[14] Es handelt sich hierbei um einen Bestandsgrößenvergleich.

A	Bilanz 31.12.00		P
Vermögen		FK_0	700
1.000		EK_0	300

A	Bilanz 31.12.01		P
$Vermögen_1$		FK_1	700
1.200		EK_1	500

Abb. 8: Gewinnfall ($EK_1 - EK_0 = +\ 200$)

A	Bilanz 31.12.00		P
Vermögen		FK_0	700
1.000		EK_0	300

A	Bilanz 31.12.01		P
$Vermögen_1$		FK_1	700
900		EK_1	200

Abb. 9: Verlustfall ($EK_1 - EK_0 = -\ 100$)

Im Fall der Abb. 9 hat ein Verlust von 100 das Eigenkapital zum Periodenende dezimiert; da das Vermögen zum Zeitpunkt 01 immer noch größer ist als die Schulden (FK_1), bleibt das Eigenkapital positiv. Fällt das Vermögen zum Zeitpunkt 01 auf einen Wert, der niedriger ist als die Schulden FK_1, spricht man von **Überschuldung**. Das Reinvermögen zum Zeitpunkt 01 wird negativ. Das Eigenkapital EK_1 wird auf der Aktivseite ausgewiesen. Bei Eintritt der Überschuldung (Vermögen < FK) ist eine Kapitalgesellschaft zur sofortigen Konkursanmeldung gezwungen.[15]

Eine weitere Vermögensauszehrung und damit eine noch stärkere Gefährdung der Zahlungsansprüche der Fremdkapitalgeber soll so vermieden werden.

A	Bilanz 31.12.00		P
Vermögen		FK_0	700
1.000		EK_0	300

A	Bilanz 31.12.01		P
$Vermögen_1$	450	FK_1	700
EK_1	250		

Abb. 10: Verlustfall mit Überschuldung ($EK_1 - EK_0 = -\ 550$)

---

[14] Zur Berücksichtigung von Einlagen und Entnahmen durch die Eigentümer muß eine erweiterte Distanzrechnung durchgeführt werden. Vgl. Döring/Buchholz, (Jahresabschluß), S. 42 f.
[15] Vgl. § 92 AktG, § 64 GmbHG

Die Erfolgsermittlung im Wege der Distanzrechnung ist rechentechnisch einfach, aber wenig informativ. Soll die Erfolgsrechnung nicht nur über die Höhe, sondern auch über die **Erfolgsquellen,** bzw. über die Komponenten des Periodenerfolgs informieren, bedient man sich einer Zeitraum-Rechnung, die als **Gewinn- und Verlustrechnung** (GuV) bezeichnet wird. Die positive (negative) Erfolgskomponente nennt man Ertrag (Aufwand).

Ertrag	(=	Wertzuwachs innerhalb der Periode)
− Aufwand	(=	Wertminderung innerhalb der Periode)
= Erfolg	(=	Reinvermögensänderung der Periode)

Angenommen ein Handelsbetrieb hat neben dem „ordentlichen" Handelsgeschäft in der Periode 01 auch eine zum Betriebsvermögen gehörende Wertpapierposition für 320 veräußert, die ursprünglich für 200 erworben worden war. Bei diesem Geschäft ergaben sich also „sonstige betriebliche Erträge" von 120. Erstellt man für Periode 01 die GuV in Kontoform, ergebe sich folgendes Bild:

Soll	Gewinn- und Verlustrechnung Periode 01		Haben
Wareneinsatz	700	Umsatzerlöse	1.000
Personalaufwand	220	sonst. betr. Erträge	120
Gewinn	200		
	1.120		1.120

Abb. 11: Gewinn- und Verlustrechnung in Kontoform

Die Distanzrechnung ermittelt den Erfolg als Differenz zwischen zwei Eigenkapitalbestandsgrößen. Die GuV kommt zum gleichen Endergebnis, ermittelt aber den Erfolg (200) als Differenz (Saldo) zwischen Erträgen (1.120) und Aufwendungen (920).

Die in der Abb. 11 dargestellte GuV in Kontoform läßt sich auch in eine **GuV** in **Staffelform** transformieren:

Gewinn- und Verlustrechnung Periode 01	
Umsatzerlöse	1.000
− Wareneinsatz	700
− Personalaufwand	220
Ergebnis aus Handelsgeschäft	80
+ sonst. betriebliche Erträge	120
= Gesamtergebnis (Gewinn)	200

Abb. 12: Gewinn- und Verlustrechnung in Staffelform

Die GuV in Staffelform ermöglicht in besonders anschaulicher Weise die sog. **Erfolgsspaltung:** Durch entsprechende Anordnung der Aufwendungen und Erträge kann das Gesamtergebnis (+ 200) in ein betriebsbezogenes Ergebnis (+ 80) und ein betriebsfremdes bzw. zufallsbedingtes Ergebnis (120) aufgeteilt werden. Wegen dieses höheren **Informationsgehaltes** der Staffelform sah sich der deutsche Gesetzgeber veranlaßt, die GuV in Staffelform nach § 275 HGB für Kapitalgesellschaften zwingend vorzuschreiben.

5. Aufgaben des Jahresabschlusses

a) Bestandteile des Jahresabschlusses

Zum Ende eines jeden Geschäftsjahres erstellen Einzelfirmen und Personengesellschaften nach § 242 HGB einen einfachen Jahresabschluß; Kapitalgesellschaften haben nach § 264 HGB einen erweiterten Jahresabschluß zu erstellen. Einfacher und erweiterter Jahresabschluß setzen sich aus verschiedenen Bestandteilen zusammen. Jeder dieser **Jahresabschlußbestandteile** enthält verschiedene **Informationen**, die in der folgenden Abbildung in Klammer gesetzt sind.

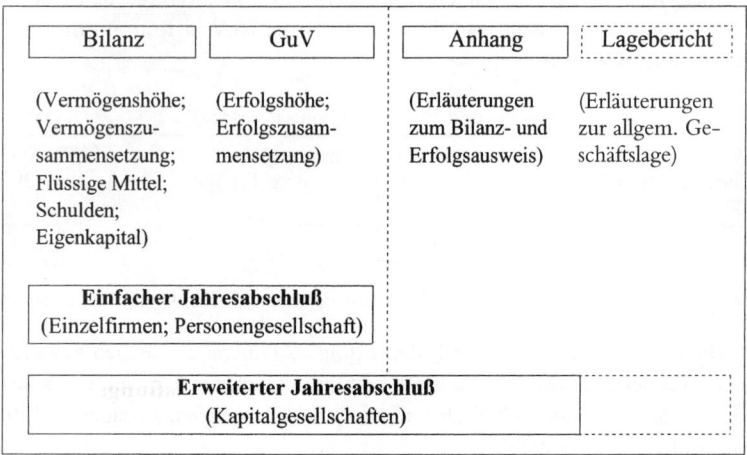

Abb. 13: Einfacher und erweiterter Jahresabschluß

Der **Anhang** ist fester Bestandteil des erweiterten Jahresabschlusses. Seine Aufgabe besteht vor allem darin, die Ansätze in der Bilanz und GuV zu erläutern und zu präzisieren (§ 284 HGB). Darüber hinaus müssen Kapitalgesellschaften einen **Lagebericht** erstellen. Dieser soll vor allem
- den Geschäftsverlauf,
- die Geschäftsfelder und
- die voraussichtliche Geschäftsentwicklung

der Kapitalgesellschaft in groben Zügen umreißen (§ 289 HGB).
Der Blick auf eine schematisierte Bilanz

Aktiva	Bilanz		Passiva
		Eigenkapital	300
Vermögen	1.000	Fremdkapital	700

Abb. 14: Schematisierte Bilanz einer Kapitalgesellschaft

läßt schnell erkennen, welchen Jahresabschlußgrößen ein besonders hoher Informationsgehalt zuzumessen ist.

Art der Jahresabschlußgröße	Ökonomische Funktion der Jahresabschlußgröße
Vermögen	Haftungspotential
Eigenkapital	Verlustauffangpotential
Gewinn (Δ Eigenkapital +)	(a) Ausschüttungsvariante – Ausschüttungspotential (b) Thesaurierungsvariante – Steigerung Haftungspotential – Steigerung Verlustauffangspotential – Steigerung künftigen Erfolgspotentials
Verlust (Δ Eigenkapital -)	– Reduzierung Haftungspotential – Reduzierung Verlustauffangspotential

Abb. 15: Ökonomischer Informationswert wichtiger Jahresabschlußgrößen

Fragt man in einer Anfängervorlesung zur Betriebswirtschaftslehre: „Womit haftet eine Kapitalgesellschaft ihren Gläubigern?" erhält man sehr häufig die Antwort: „Mit dem Eigenkapital". Das ist falsch. Wie jede andere Person haftet auch die juristische Person „Kapitalgesellschaft" mit ihrem gesamten Vermögen. Im konkreten Fall der Abb. 14 steht den (zu einem früheren oder späteren Zeitpunkt zu erwartenden) Zahlungsansprüchen der Gläubiger (Darlehensgeber, Lieferanten) in Höhe von 700 ein **Haftungspotential** (= Vermögen) von 1.000 gegenüber. Würde das Unternehmen heute liquidiert und könnte für das Vermögen ein Erlös in Höhe des Bilanzansatzes realisiert werden, könnten die Gläubiger befriedigt feststellen, daß das Haftungspotential zur Abgeltung der Verbindlichkeiten mehr als ausreichend ist.

Mit dieser theoretischen Annahme wird man aber dem tatsächlichen Ausfallrisiko der Gläubiger nicht gerecht, weil das **Risiko künftiger Verluste** ausgeblendet wird.
- Wenn die Verbindlichkeiten (700) erst in zwei Jahren (t_2) fällig werden,
- wenn bis dahin jeweils zwei Jahresverluste von je 150 aufgelaufen sind und
- wenn das in t_2 bilanzierte Vermögen von 700 nur noch für 450 liquidiert werden kann,

erleidet das Unternehmen einen Totalverlust von (150 + 150 + 250) 550 und die Gläubiger müssen einen Zahlungsausfall von (450–700) 250 hinnehmen. Fazit: Das **Eigenkapital** einer Kapitalgesellschaft fungiert als **Verlustauffangpotential.** Ein Eigenkapital von 300 besagt, daß Zukunftsverluste von 300 aufgefangen werden können, ohne daß die Zahlungsansprüche der Gläubiger gefährdet werden.

Wird – von einem Eigenkapital von 300 ausgehend – in Zukunft ein **Gewinn** von 100 erwirtschaftet, gibt es zwei Verwendungsmöglichkeiten:

- Ausschüttung oder
- Thesaurierung.

Im Ausschüttungsfall beziffert der Gewinn das **Ausschüttungspotential**.

Im **Thesaurierungsfall** bewirkt der Gewinn von 100 dreierlei:
(1) Das **Haftungspotenial** (Vermögen) **steigt** (von 1.000 auf 1.100).
(2) Das **Verlustauffangpotential steigt** (von 300 auf 400).
(3) Das künftige **Erfolgspotential wächst** ebenfalls, weil aus einem angestiegenen Unternehmensvermögen c. p. für die Zukunft höhere Erträge zu erwarten sind.

Analog bewirkt ein künftiger **Verlust** von 100 eine **Schmälerung**
- des **Haftungspotentials**,
- des **Verlustauffangpotentials** und
- des **Zukunftserfolgspotentials**.

b) Funktionen des Jahresabschlusses

Der Jahresabschluß hat die Aufgabe, den **Interessen** bestimmter Personengruppen zu dienen, die man Jahresabschlußadressaten bzw. **Bilanzadressaten** nennt. Innerhalb des Kreises der Bilanzadressaten unterscheidet man zwischen
- internen Bilanzadressaten (Geschäftsführung) und
- externen Bilanzadressaten (Gläubiger, Kleinaktionäre, Finanzverwaltung, Arbeitnehmer, interessierte Öffentlichkeit u. a.).

Eine Sonderstellung nehmen Großaktionäre ein. Sofern sie keine Geschäftsführungsfunktion haben, möchte man sie zwar den externen Bilanzadressaten zuordnen. Da sie aber in der Realität häufig unternehmensinterne Informationen erhalten, unterscheiden sie sich von den übrigen externen Bilanzadressaten, deren wichtigste Informationsquelle der Jahresabschluß ist.

Die Interessenschutzfunktion des Jahresabschlusses wird häufig untergliedert[16] in eine
(1) Dokumentationsfunktion,
(2) Informationsfunktion und
(3) Zahlungsbemessungsfunktion.

Nach § 120 AktG hat die Hauptversammlung über die Entlastung des Vorstandes zu beschließen. Dabei kann der Jahresabschluß Auskunft darüber geben, ob der Vortand die Geschäfte des Unternehmens gut oder schlecht geführt hat. Der Jahresabschluß basiert auf der Verbuchung sämtlicher Geschäftsvorfälle der abgelaufenen Abrechnungsperiode. Mit Hilfe der Finanzbuchhaltung und des Jahresabschlusses werden alle wirtschaftlichen Aktivitäten des Vorstands nachträglich kontrollierbar gemacht. Diese Jahresabschlußaufgabe nennt man **Dokumentationsfunktion**.

Die **Informationsfunktion** des Jahresabschusses läßt sich – exemplarisch – an folgender Übersicht erläutern:

---

[16] Zu Einzelheiten und zu anderen Jahresabschlußfunktionen vgl. Heinhold, M., (Jahresabschluß), S. 7ff.

Informations-interessenten	Gläubiger	Aktionäre
Informations-interesse	Wie groß ist das Ausfallrisiko?	Wie groß ist der erwartete Anlageerfolg?
Relevante Jahresabschluß-informationen	derzeitiges Vermögen (= Haftungspotential) derzeitige Liquidität künftige Liquidität derzeitiges Eigenkapital derzeitige Ertragslage künftige Ertragslage	derzeitiges Vermögen (Ertragspotential) derzeitiger Gewinn künftige Ertragslage

Abb. 16: Informationsfunktion des Jahresabschlusses

Da der Jahresabschluß eine Vergangenheitsrechnung ist, kann er seiner Informationsfunktion nur mit **Einschränkungen** gerecht werden, wenn er über **unsichere Zukunftsgrößen** (künftige Ertragslage bzw. künftige Zahlungsfähigkeit) berichten soll.

Bilanzadressaten können unterschiedliche Zahlungsansprüche an das Unternehmen haben. Dabei kann man zwischen vertraglich fixierten bzw. gewinnabhängigen Zahlungsansprüchen unterscheiden:

Bilanz-adressaten	Zahlungsansprüche	
	vertraglich fixierte	gewinn-abhängige
Darlehensgeber Lieferanten Aktionäre Arbeitnehmer Finanzverwaltung	Zinsen/Tilgung Rechnungsbetrag Lohn/Gehalt	Dividende Gewinnbeteiligung Ertragsteuern

Abb. 17: Zahlungsansprüche der Bilanzadressaten

Im Rahmen der **Zahlungsbemessungsfunktion** interessieren nur die gewinnabhängigen Zahlungsansprüche. Hier ist die Höhe der zu leistenden Zahlung abhängig von der Höhe des ausgewiesenen Gewinns. Ein hoher (niedriger) **Gewinnausweis** hat hohe (niedrige) Zahlungen an Dividenden, Tantiemen und Ertragsteuern zur Folge. Dabei begegnet man einer der zentralen Fragen, die sich wie ein roter Faden durch das externe Rechnungswesen zieht: Inwieweit erlaubt der Gesetzgeber dem bilanzierenden Unternehmen, seinen **Erfolgsausweis zu gestalten?** Inwieweit kann ein Unternehmen mit einem mehr oder weniger hohen Gewinnausweis insbesondere die Höhe seiner

- **Dividendenzahlungen** und
- **Ertragsteuerzahlungen**

beeinflussen? Diese Frage wird im Rahmen des Kapitels „Bilanzpolitik" zu beantworten sein.[17] **(ÜB 6/7)**

6. Einfluß subjektiver Erwartungen auf Bilanzierung und Erfolgsausweis

Die Ermittlung des Unternehmenserfolgs ist einfach, wenn man den **Totalerfolg** betrachtet. Der Totalerfolg ist der auf die gesamte Lebensdauer des Unternehmens (= Totalperiode) bezogene Reinvermögenszuwachs. Da am Ende unternehmerischer Tätigkeit (Unternehmensverkauf oder Liquidation) auf der Vermögensseite nur Geldbestände ausgewiesen werden, ist die Vermögensbewertung völlig unproblematisch. Zieht man am Ende der Totalperiode vom vorhandenen Barvermögen die Schulden ab, erhält man ein eindeutig bezifferbares Reinvermögen. Der **Totalerfolg** wird **ex post** errechnet. Seine Ermittlung bereitet deshalb **keine Schätzungsprobleme.**

Die Aufgabe des externen Rechnungswesens besteht darin, die Bilanzadressaten laufend, zumindest jährlich, über den Erfolg unternehmerischer Tätigkeit zu unterrichten. Die a priori unbekannte Totalperiode wird in Teilperioden zerlegt. Dabei entsteht folgendes Problem: Zum Ende jeder **Teilperiode** ist eine Bilanz zu erstellen. Auf der Aktivseite werden Grundstücke, Patentrechte, maschinelle Anlagen u. ä. ausgewiesen. Anders als bei Kassenbeständen und Bankguthaben läßt sich der Wert dieser Vermögensgegenstände nicht exakt ermitteln. Das **Unsicherheitsproblem** steht eindeutiger Wertermittlung im Wege. Zwischen extrem positiver und extrem negativer Zukunftseinschätzung eröffnet sich eine breite **Wertskala alternativer Vermögenswertansätze.**

Ähnliches gilt für die Passivseite der Bilanz. Man denke nur an die Möglichkeit, daß das Unternehmen einen Fremdwährungskredit aufgenommen hat. Da diese Verbindlichkeit in der Bilanz in inländischer Währung zu bewerten ist, entsteht ein Bewertungsproblem, weil man nicht weiß, in welche Richtung sich der Kurs der Fremdwährung bis zur Fälligkeit der Darlehensverbindlichkeit entwickelt. Der optimistische (pessimistische) Schuldner rechnet mit einem Kursrückgang (einer Kurssteigerung) der Fremdwährung, womit auch der Wertansatz für die Verbindlichkeiten zur unsicheren Größe wird.

Die unsicheren Erwartungen über die Zukunft geben Raum für optimistische bzw. pessimistische Einschätzungen, die auch in der Bilanzierung ihren Niederschlag finden. Dabei muß sich der Leser des Jahresabschlusses über eines im Klaren sein: Der Bilanzausweis ist ein unzulängliches Abbild der Realität und darf nicht mit ihr verwechselt werden. Ein stark optimistisch (pessimistisch) bilanzierendes Unternehmen wird
- das Vermögen,
- das Reinvermögen und
- den Erfolg

---

[17] Vgl. S. 1063 ff.

mit einem Betrag ausweisen, der über (unter) dem „tatsächlichen" Wert liegt. Den Ausweis „tatsächlicher" Werte darf der Bilanzleser nicht erwarten, weil niemand diese Werte kennt. Die Konsequenzen optimistischer bzw. pessimistischer Bilanzierung lassen sich im graphischen Überblick folgendermaßen darstellen:

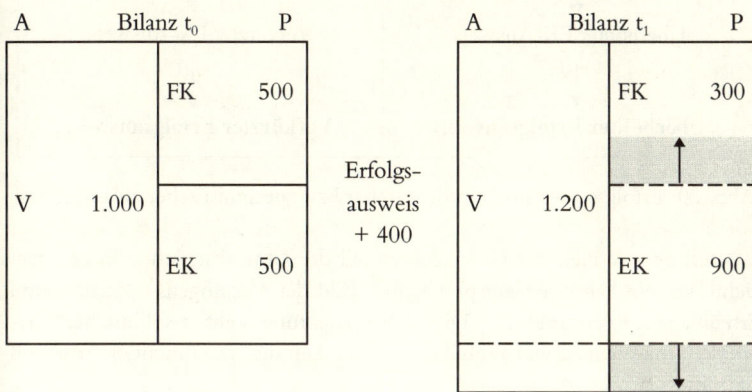

Abb. 18: Aufgeblähter EK-Ausweis bei optimistischer Bilanzierung

Optimistische Bilanzierung führt zu einer **Aufblähung des Eigenkapitalausweises**, die durch die grau unterlegte Fläche abgebildet wird. Die untere (obere) grau unterlegte Fläche zeigt die Wirkung der Vermögensüberbewertung (Schuldenunterbewertung).

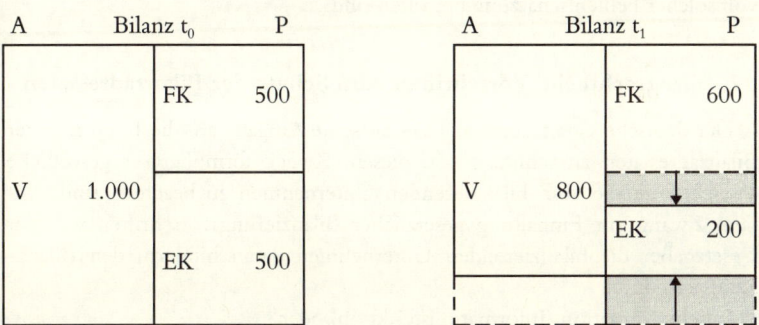

Abb. 19: Verkürzter EK-Ausweis bei pessimistischer Bilanzierung

Pessimistische Bilanzierung ist verbunden mit einer
- Unterbewertung von Vermögen und/oder
- Überbewertung von Schulden.

Durch diese beiden bilanziellen Bewertungsmaßnahmen wird der Eigenkapitalausweis – bildlich ausgedrückt – zusammengepreßt. Die grau unterlegten Flächen der Abb. 19 markieren den Umfang der **Verkürzung des Eigenkapitalausweises**.

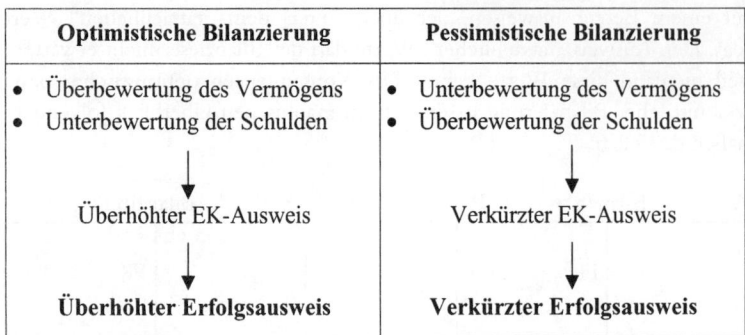

Abb. 20: Erfolgsausweis bei optimistischer bzw. pessimistischer Bilanzierung

Nach dem Willen des Gesetzgebers soll der Jahresabschluß „ein den tatsächlichen Verhältnissen entsprechendes Bild der Vermögens-, Finanz- und Ertragslage ... vermitteln."[18] Dieser Verpflichtung steht das Unsicherheitsproblem im Wege. Zwei Probleme beschränken den gewünschten „true and fair view":

(1) Der Empfänger des Jahresabschlusses kann nur näherungsweise erkennen, ob sich das bilanzierende Unternehmen von optimistischer oder pessimistischer Zukunftseinschätzung leiten ließ.
(2) Es besteht die Gefahr, daß das Unternehmen der Bilanzierung die falsche Zukunftseinschätzung zugrunde legt.

Im zweiten Punkt ist zwischen unbewußter und bewußter Fehleinschätzung zu unterscheiden. Im folgenden wird gezeigt, wie die Bilanzadressaten von solcher Fehleinschätzung betroffen sind.

7. Bilanzrechtliche Vorschriften zum Schutz der Bilanzadressaten

Der deutsche Gesetzgeber sieht es als seine Aufgabe an, die Interessen der Bilanzadressaten zu schützen. Zu diesem Zweck formuliert er gesetzliche Vorschriften, die vom bilanzierenden Unternehmen zu beachten sind. Mit dem Zwang zur Einhaltung gesetzlicher Bilanzierungsvorschriften will der Gesetzgeber die bilanzierenden Unternehmen daran hindern, den Bilanzadressaten durch
* Falschinformation (Informationsfunktion) oder
* Falschberechnung gewinnabhängiger Zahlungen (Zahlungsbemessungsfunktion)

Schaden zuzufügen.

Der vom Gesetzgeber beabsichtigte Schutz der Bilanzadressaten wirft folgende Fragen auf:
a) Welche Bilanzadressaten sollen geschützt werden?
b) Welche Interessen haben die Bilanzadressaten?
c) Welches Interesse haben Bilanzadressaten an der Bildung stiller Rücklagen?

---

[18] § 264 Abs. 2 HGB

d) Welche Bilanzierungsprinzipien müssen zum Schutz der Bilanzadressaten gesetzlich verankert werden?
e) Wie löst der Gesetzgeber Zielkonflikte beim Schutz der Bilanzadressaten?

a) Bilanzadressaten

Externe Bilanzadressaten[19] sind alle Personen und Institutionen, deren wirtschaftliche Lage durch die Entscheidungen der Unternehmensleitung beeinflußt werden kann. Zu den externen Bilanzadressaten gehören: die Gläubiger, die Anteilseigner (insbes. Aktionäre), die Finanzverwaltung, die Arbeitnehmer und die interessierte Öffentlichkeit.

Den Zielen eines einführenden Lehrbuchs entsprechend beschränken sich die folgenden Ausführungen auf jene Bilanzadressaten, denen der Gesetzgeber vorrangigen bilanzrechtlichen Schutz angedeihen lassen möchte:
- Gläubiger,
- Anteilseigner und
- Finanzverwaltung.

Zu den übrigen Bilanzadressaten, ihren Zielen und gesetzlichen Schutzinstrumenten[20] findet sich eine Übersicht im zugehörigen Übungsbuch (**ÜB 6/5**).

b) Interessen der Bilanzadressaten

Oberstes Interesse der **Gläubiger** ist der termingerechte Eingang vertraglich vereinbarter Zins- und Tilgungszahlungen. Ihr vorrangiges **Informationsinteresse** richtet sich darauf, die Kreditwürdigkeit des bilanzierenden Unternehmens sachgerecht beurteilen zu können.

Die Gläubiger haben ein Interesse an der Erhaltung der Haftungssubstanz (= Vermögen) des bilanzierenden Unternehmens. Je höher der Betrag an liquiden Mitteln, der zur Zahlung von
- Gewinnausschüttungen an die Anteilseigner bzw.
- Gewinnsteuerzahlungen an die Finanzverwaltung

das Unternehmen verläßt, desto geringer wird die Haftungssubstanz, die im Krisenfall (Konkurs) zur Befriedigung der Gläubiger zur Verfügung steht. Die Abneigung der Gläubiger gegenüber gewinnabhängigen Zahlungen (an Aktionäre und Finanzamt) bezeichnet man als **negatives Zahlungsbemessungsinteresse**.

Die **Aktionäre** haben ein Interesse an
- hohen Dividendenzahlungen in der Gegenwart und
- möglichst großen Kurssteigerungen ihrer Aktien in der Zukunft.[21]

Im Rahmen ihres **Informationsinteresses** erwarten Aktionäre aus dem Jahresabschluß Informationen zur Beurteilung des Kursentwicklungspotentials ihrer Aktien. Dabei versuchen sie, aus der Ertragsentwicklung, wie sie in

---

[19] Interner Bilanzadressat ist die Unternehmensleitung selbst.
[20] Vgl. hierzu auch Wöhe, G., (Bilanzierung), S. 41 ff.
[21] Zwischen beiden Zielen gibt es Interdependenzen. Vor die Wahl gestellt zwischen sicherer Dividendenzahlung heute und möglicher Kurssteigerung morgen, neigen risikoscheue Aktionäre zur höheren Gegenwartsdividende.

den Jahresabschlüssen vergangener Jahre dargestellt wurde, Rückschlüsse auf die künftige Ertragsentwicklung zu ziehen.

Im Gegensatz zu Großaktionären haben Kleinaktionäre meist nur ein zeitlich befristetes Engagement im Auge. An einer maximalen Dividendenzahlung für das abgelaufene Geschäftsjahr liegt ihnen mehr als an einer vagen Möglichkeit der Aktienkurssteigerung in einer ferneren Zukunft. Gerade die Kleinaktionäre hoffen, über einen hohen Gewinnausweis in den Genuß hoher Dividendenzahlungen zu kommen. Das nennt man **positives Zahlungsbemessungsinteresse**.

Die **Finanzverwaltung** hat ein Interesse daran, daß die steuerpflichtigen Unternehmen ihre (Gewinn-) Steuerbemessungsgrundlagen richtig ermitteln. Das **Informationsinteresse** am Jahresabschluß richtet sich auf die Kontrolle der ermittelten Gewinngröße.

Steuern zu zahlen gehört zu den unangenehmen Begleiterscheinungen unternehmerischer Tätigkeit. Wenn die Gewinnsteuerzahlung für das Unternehmen der Höhe nach schon unausweichlich ist, will man sie nach Möglichkeit weit in die Zukunft verschieben. Zu diesem Zweck wird das Unternehmen versuchen, den Gewinnausweis von der abgelaufenen in eine zukünftige Abrechnungsperiode zu verlagern. Genau dies will die Finanzverwaltung verhindern. Ihrem positiven **Zahlungsbemessungsinteresse** entspricht es, daß der Gewinnausweis der gegenwärtigen Abrechnungsperiode eher zu hoch als zu niedrig ist. (**ÜB 6/5**)

c) Bilanzadressaten und stille Rücklagen

Oben wurde auf die Notwendigkeit hingewiesen,[22] zwischen
- tatsächlichem Vermögen und ausgewiesenem Vermögen
- tatsächlichem Reinvermögen und ausgewiesenem Reinvermögen
- tatsächlichem Jahreserfolg und ausgewiesenem Jahreserfolg

zu unterscheiden. Einschränkend wurde hinzugefügt, daß es wegen der Unsicherheit der Zukunft kaum möglich ist, exakte „tatsächliche Werte" festzustellen.

Unter **stillen Rücklagen**, auch stille Reserven genannt, versteht man den Teil des betrieblichen Reinvermögens, der in der Bilanz nicht in Erscheinung tritt. Anders gesagt: Stille Rücklagen sind die Differenz zwischen dem tatsächlichen Reinvermögen und dem niedrigeren Reinvermögensausweis in der Bilanz.[23]

Stille Rücklagen entstehen durch übertrieben **pessimistische Bewertung** von
- **Vermögen** (→ Unterbewertung) und
- **Schulden** (→ Überbewertung)

in der Bilanz.

---

[22] Vgl. S. 892 ff.
[23] Entsprechend wird die Differenz zwischen tatsächlichem Reinvermögen und höherem Reinvermögensausweis in der Bilanz als stille Last bezeichnet. Vgl. Coenenberg, A. G., (Jahresabschluß), S. 478 ff.

B. I. Der Jahresabschluß

	Vermögen	Schulden	Reinvermögen (Eigenkapital)
„tatsächlicher" Wert	1.000	500	500
Bilanzansatz	800	600	200
Stille Rücklage = verstecktes Reinvermögen			300

Abb. 21: Bildung stiller Rücklagen

Durch Unterbewertung des Vermögens um 200 und Überbewertung der Schulden um 100 gelingt es, das „tatsächliche" Reinvermögen von 500 auf einen ausgewiesenen Bilanzwert von 200 zu drücken. Es wird eine stille Rücklage von 300 gebildet. Wird aber der Eigenkapitalausweis zum Periodenende um 300 gekürzt, wird auch der ausgewiesene Periodenerfolg um 300 gekürzt.

Die Bildung stiller Rücklagen erlaubt die **Kürzung des ausgewiesenen Periodenerfolgs.** Unter diesem Aspekt erfreut sich die Bildung stiller Rücklagen bei den Bilanzadressaten unterschiedlicher Wertschätzung. Gläubiger begrüßen die Bildung stiller Rücklagen, weil die Kürzung des Gewinnausweises die Verpflichtung des bilanzierenden Unternehmens zur
- Gewinnausschüttung an die Aktionäre und
- Gewinnsteuerzahlung an die Finanzverwaltung

(= Reduzierung des Haftungspotentials) verringert. Dagegen erwarten die Aktionäre und die Finanzverwaltung, daß das Bilanzrecht die Bildung stiller Rücklagen unterbindet.

d) Bilanzierungsprinzipien zum Schutz der Bilanzadressaten

Ist die Bildung stiller Rücklagen wünschenswert? An dieser Frage scheiden sich die Geister. Ohne die Problematik[24] der Bildung stiller Rücklagen in diesem einführenden Kapitel bis ins Detail auszuleuchten, kann man festhalten:

Die Bildung stiller Rücklagen wird i. allg.
- von Gläubigern begrüßt,
- von Kleinaktionären abgelehnt und
- von der Finanzverwaltung abgelehnt.

Bei diesem Interessenkonflikt der Bilanzadressaten steht der Gesetzgeber vor dem Problem, einen **bilanzrechtlichen Zielkonflikt** zu lösen.

Will er **Gläubigerschutz** erreichen, muß er die Bildung stiller Rücklagen zulassen und einen eher pessimistischen Wertansatz für Vermögen und Schulden vorschreiben. In der bilanzrechtlichen Literatur spricht man vom **Vorsichtsprinzip**, wonach
(1) Vermögensteile im Zweifelsfalle eher zu niedrig als zu hoch und
(2) Schulden im Zweifelsfalle eher zu hoch als zu niedrig
anzusetzen sind. Den Grundsatz (1) bezeichnet man auch als Niederstwertprinzip, den Grundsatz (2) als Höchstwertprinzip.[25]

Will der Gesetzgeber **Gesellschafterschutz** (für Kleinaktionäre) erreichen, muß er die Bildung stiller Rücklagen unterbinden. Vermögen und Schulden

---
[24] Vgl. hierzu die Ausführungen auf S. 1074 ff.
[25] Vgl. zu beiden Prinzipien S. 916 f.

sollen weder zu pessimistisch noch zu optimistisch bewertet werden. Vielmehr soll der Jahresabschluß nach dem „**true and fair view**" ein
* den tatsächlichen Verhältnissen entsprechendes Bild
* der Vermögens-, Finanz- und Ertragslage

vermitteln. (**ÜB 6/5**)

Will der Gesetzgeber die Interessen der **Finanzverwaltung** schützen, muß er die Bildung stiller Rücklagen unterbinden. Dieses Ziel soll mit dem „**Prinzip periodengerechter Gewinnermittlung**" erreicht werden. Auf der operativen Bewertungsebene führt dieses Bilanzierungsprinzip zu ähnlichen Wertansätzen für Vermögen und Schulden wie der „true and fair view".

Das bisher Gesagte läßt sich in folgender Übersicht zusammenfassen:

Bilanz-adressaten	Gläubiger	Kleinaktionäre	Finanz-verwaltung
Informations-interesse	Wie kreditwürdig ist das Unternehmen?	Welche Ertragspotentiale stecken im Unternehmen?	Hat das Unternehmen Steuerbemessungsgrundlage richtig ermittelt?
Zahlungs-bemessungs-interesse	– negativ – Je höher • Gewinnausschüttung, • Gewinnsteuerzahlungen desto kleiner wird die Haftungssubstanz	– positiv – Möglichst hohe Dividendenzahlung für laufendes Geschäftsjahr	– positiv – Möglichst hohe Gewinnsteuerzahlung für laufendes Geschäftsjahr
Interesse an der Bildung stiller Rücklagen	– ja – Durch Bildung stiller Rücklagen werden • Gewinnausschüttungen, • Gewinnsteuerzahlungen in Zukunft verschoben. Dadurch wird Entzug von Haftungssubstanz (vorübergehend) verhindert.	– nein – Durch Bildung stiller Rücklagen werden Gewinnausschüttungsansprüche gekürzt.	– nein – Durch Bildung stiller Rücklagen werden Gewinnsteueransprüche gekürzt.
Bilanzierungs-prinzipien	Vorsichtsprinzip (eher pessimistischer Bilanzansatz; Vermögen niedrig, Schulden hoch)	true and fair view (weder optimistisch noch pessimistisch; „richtiger" Ansatz von Vermögen und Schulden)	Prinzip periodengerechter Gewinnermittlung (weder optimistisch noch pessimistisch; „richtiger" Ansatz von Vermögen und Schulden)

Abb. 22: Bilanzierungsprinzipien zum Schutze der Bilanzadressaten

e) Zielkonflikt für den Gesetzgeber

Das **Vorsichtsprinzip** ist das **dominierende Bilanzierungsprinzip** des deutschen Bilanzrechts. Damit gibt der deutsche Gesetzgeber – anders als die im anglo-amerikanischen Rechtskreis geltende Rechnungslegung[26] – dem Schutz der Fremdkapitalgeber einen höheren Rang als dem Schutz der Eigenkapitalgeber.

Gleichwohl ist das HGB bemüht, auch dem Schutzbedürfnis der Aktionäre Geltung zu verschaffen. Zu diesem Zweck werden die §§ 264–289 als **spezielle Rechnungslegungsvorschriften für Kapitalgesellschaften** im HGB verankert. Ziel dieser speziellen Vorschriften ist

- die Eingrenzung der Möglichkeit zur Bildung stiller Rücklagen bzw.
- die offene Information über die Bildung stiller Rücklagen durch Angaben im Anhang.

Zum Schutz der Interessen der **Finanzverwaltung** ist der deutsche Gesetzgeber einen anderen Weg gegangen: Grundlage zur Ermittlung des steuerpflichtigen Gewinns ist die Steuerbilanz. Dabei gilt das **Maßgeblichkeitsprinzip** der Handelsbilanz für die Steuerbilanz. Da die Handelsbilanz vom Vorsichtsprinzip dominiert wird, besteht prinzipiell die Möglichkeit, daß stille Rücklagen und damit Gewinnausweiskürzungen via Handelsbilanz in die Steuerbilanz gelangen.

Um im Interesse der Finanzverwaltung die **Bildung stiller Rücklagen** in der Steuerbilanz in **Grenzen** zu halten, wurden im Einkommensteuergesetz in den §§ 4–7 zwingende Vorschriften erlassen, die

- die Unterbewertung von Vermögen und
- die Überbewertung von Schulden

in Grenzen halten sollen.

8. Gesetzliche Rechnungslegungsvorschriften

a) Handelsrechtliche Vorschriften

aa) Überblick

Die handelsrechtlichen Rechnungslegungsvorschriften finden sich im dritten Buch des HGB. Es ist – wie Abb. 23 zeigt – in fünf Abschnitte unterteilt. Von zentraler Bedeutung ist der erste Abschnitt, der unabhängig von der Rechtsform und Branche des Unternehmens für **alle Kaufleute** gilt. Hier finden sich die **allgemeinen Vorschriften** zur Buchführung und Bilanzierung.

Die Abschnitte (2) bis (4) enthalten **ergänzende Rechnungslegungsvorschriften** für

(2) Kapitalgesellschaften,
(3) Genossenschaften und
(4) Kreditinstitute und Versicherungsunternehmen.

---

[26] Vgl. dazu S. 1007 ff.

Drittes Buch: Handelsbücher				
(1)	(2)	(3)	(4)	(5)
§§ 238-263	§§ 264-335	§§ 336-339	§§ 340-341o	§§ 342-342a
Vorschriften für alle Kaufleute	Ergänzende Vorschriften für Kapitalgesellschaften	Ergänzende Vorschriften für eingetragene Genossenschaften	Ergänzende Vorschriften für Unternehmen bestimmter Geschäftszweige	Privates Rechnungslegungsgremium und Rechnungslegungsbeirat

§§ 238-241	§§ 242-256	§§ 257-261	§§ 262-263	§§ 264-289	§§ 290-315	§§ 316-335
Buchführung, Inventar	Eröffnungsbilanz, Jahresabschluß	Aufbewahrung, Vorlage	Sollkaufleute, Landesrecht	Jahresabschluß der Kap.ges. und Lagebericht	Konzernabschluß und -lagebericht	Vier weitere Unterabschnitte

§§ 242-245	§§ 246-251	§§ 252-256	§§ 264-265	§§ 266-274	§§ 275-278	§§ 279-283	§§ 284-288	§ 289
allg. Vorschriften	Ansatzvorschriften	Bewertungsvorschriften	allg. Vorschriften	Bilanz	GuV	Bewertungsvorschriften	Anhang	Lagebericht

Abb. 23: Grundstruktur der handelsrechtlichen Rechnungslegungsvorschriften (Drittes Buch HGB)

Weitere Regelungen finden sich im Aktiengesetz (AktG), im Gesetz betreffend die Gesellschaften mit beschränkter Haftung (GmbHG), im Publizitätsgesetz (PublG) sowie in weiteren branchenspezifischen Verordnungen und Gesetzen. Teilweise müssen auch bilanzsteuerrechtliche Regelungen, insbesondere das Einkommensteuergesetz (EStG), bei der handelsrechtlichen Buchführung und Bilanzierung beachtet werden.

Der fünfte Abschnitt des dritten Buchs des HGB wurde durch das Gesetz zur Kontrolle und Transparenz im Unternehmensbereich (KonTraG) neu eingeführt. Er umfaßt gesetzliche Regelungen bezüglich des Deutschen Rechnungslegungs Standards Committee (DRSC). Die Aufgabe des DRSC ist die Vertretung Deutschlands in internationalen Standardisierungsgremien, die Beratung des Bundesministeriums der Justiz (BMJ) und die Entwicklung von Empfehlungen zur Rechnungslegung der Konzerne.

bb) Allgemeine Vorschriften für Unternehmen aller Rechtsformen

Der Inhalt und Umfang der handelsrechtlichen Rechnungslegung ist hauptsächlich von der Rechtsform, der Größe und der Branchenzugehörigkeit des Unternehmens abhängig. Zum Zweck des Gläubigerschutzes, aber auch des Gesellschafterschutzes, werden **Kapitalgesellschaften** detailliertere und strengere Vorschriften auferlegt als Einzelkaufleuten und Personengesellschaften. Die weniger umfangreichen Vorschriften im Sinne des **Gläubigerschutzes** bei Personengesellschaften lassen sich teilweise begründen mit der Möglichkeit des Gläubigers, im Insolvenzfall auf das Privatvermögen (mindestens) eines vollhaftenden Gesellschafters zurückgreifen zu können.

Die üblicherweise anzutreffende personelle Trennung von Unternehmensleitung und Gesellschaftern bei Kapitalgesellschaften führen dagegen dazu, daß auch **Gesellschafterschutzvorschriften** in der Rechnungslegung der Kapitalgesellschaft berücksichtigt werden müssen. Kapitalgesellschaften, Genossenschaften und Großunternehmen werden weitergehende Vorschriften auch deshalb auferlegt, weil das als schutzwürdig angesehene allgemeine Informationsinteresse der Kapitalgeber und der sog. interessierten Öffentlichkeit stärker ausgeprägt ist. Branchenspezifisch strengere Rechnungslegungsvorschriften gelten auch für das Kredit- und Versicherungsgewerbe, weil der Gesetzgeber in diesen Fällen nicht nur den Kapitalgebern, sondern auch den Kunden einen hohen Vertrauensschutz zubilligen möchte.

Dieser Differenzierung entsprechend stellen die Rechnungslegungsvorschriften des ersten Abschnitts
- für Einzelfirmen und Personengesellschaften abschließende Regelungen,
- für Kapitalgesellschaften, Großunternehmen, Genossenschaften und das Kredit- und Versicherungsgewerbe Basisvorschriften der Rechnungslegung (lex generalis)

dar.

Jeder Kaufmann ist gem. § 238 Abs. 1 HGB verpflichtet, „Bücher zu führen und in diesen seine Handelsgeschäfte und die Lage seines Vermögens nach den Grundsätzen ordnungsmäßiger Buchführung ersichtlich zu machen".[27] Der Kaufmann ist weiterhin gem. § 242 Abs. 1 HGB verpflichtet, „zu Beginn seines Handelsgewerbes und für den Schluß eines jeden Geschäftsjahres einen das Verhältnis seines Vermögens und seiner Schulden darstellenden Abschluß (Eröffnungsbilanz, Bilanz) aufzustellen". Dieser Abschluß umfaßt für Personengesellschaften und Einzelkaufleute die Bilanz und die Gewinn- und Verlustrechnung (§ 242 Abs. 3 HGB), die beide den Grundsätzen ordnungsmäßiger Buchführung entsprechen müssen (§ 243 Abs. 1 HGB). Insbesondere muß der (Jahres-)Abschluß „klar und übersichtlich" sein (§ 243 Abs. 2 HGB), wobei „das Anlage- und das Umlaufvermögen, das Eigenkapital, die Schulden sowie die Rechnungsabgrenzungsposten gesondert auszuweisen und hinreichend aufzugliedern" sind (§ 247 Abs. 1 HGB). Weitergehende Ansatz- und Bewertungsvorschriften sind in den §§ 246–256 HGB gesetzlich geregelt. Von **zentraler Bedeutung** ist § 253 HGB mit seinen **Bewertungsvorschriften** für
- Anlagevermögen,
- Umlaufvermögen,
- Rückstellungen und
- Verbindlichkeiten.

Hervorzuheben ist hier § 253 Abs. 4 HGB, der es erlaubt, durch Abschreibung nach vernünftiger kaufmännischer Beurteilung das Vermögen niedriger zu bewerten. Damit wird die **Bildung stiller Rücklagen** ausdrücklich **gestattet**. Der Jahresabschluß ist ohne konkretes Zeitlimit[28] „innerhalb der einem ordnungsmäßigen Geschäftsgang entsprechenden Zeit" (§ 243 Abs. 2 HGB) aufzustellen. Eine für alle Kaufleute geltende Prüfungs- und Publizitätspflicht existiert nicht.

---

[27] Wer Kaufmann ist, bestimmt sich nach den Kaufmannseigenschaften der §§ 1–7 HGB.
[28] Eine Zeitspanne von bis zu zwölf Monaten nach dem Bilanzstichtag wird noch als ordnungsgemäß anerkannt.

cc) Spezielle rechtsform-, größen- und branchenspezifische Vorschriften

Die dargestellten Vorschriften des HGB werden für Kapitalgesellschaften (§ 264 Abs. 1 HGB) und Genossenschaften (§ 336 Abs. 1 HGB) dahingehend erweitert, daß diese Unternehmen den Jahresabschluß um einen Anhang zu erweitern und außerdem einen Lagebericht aufzustellen haben. Die Bilanz und die Gewinn- und Verlustrechnung sind gem. §§ 265–278 HGB weiter aufzugliedern und haben bestimmte detailliertere Positionen zu enthalten. Auch die Bewertungsvorschriften für Kapitalgesellschaften sind im Gegensatz zu den Vorschriften für Einzelkaufleute und Personengesellschaften detaillierter. Teilweise werden die allgemeinen Bewertungsvorschriften des § 253 HGB durch Sondervorschriften eingeschränkt oder aufgehoben. So wird gem. § 279 Abs. 1 HGB die Anwendung des § 253 Abs. 4 HGB für Kapitalgesellschaften ausgeschlossen, d. h. **Kapitalgesellschaften** ist es **untersagt**, mit Hilfe von Abschreibungen nach vernünftiger kaufmännischer Beurteilung **stille Rücklagen** zu bilden. Diese Einschränkung entspricht der Generalnorm des § 264 HGB, die als Ausdruck des gesteigerten schutzwürdigen Informationsinteresses der Kapitalgeber bei Kapitalgesellschaften interpretiert werden kann. Dieser **Generalnorm** entsprechend muß der Jahresabschluß einer **Kapitalgesellschaft** so aufgestellt werden, daß

- „unter Beachtung der **Grundsätze ordnungsmäßiger Buchführung**
- ein den **tatsächlichen Verhältnissen** entsprechendes Bild
- der **Vermögens-, Finanz- und Ertragslage**"

vermittelt wird (§ 264 Abs. 2 HGB). Eine „Unterbewertung" des Vermögens durch die Anwendung des § 253 Abs. 4 HGB würde dieser Generalnorm zuwiderlaufen.

Die strengeren Rechnungslegungsvorschriften für Kapitalgesellschaften (§§ 265–289 HGB) treffen in vollem Umfang nur große Kapitalgesellschaften. Für mittelgroße und erst recht für kleine Kapitalgesellschaften gibt es **größenklassenabhängige Erleichterungen**. Die in § 267 HGB definierten Größenklassen und die daraus resultierenden wichtigsten Erleichterungen zeigt Abb. 24.

Zur Zuordnung in eine Größenklasse müssen jeweils mindestens zwei von drei der oben aufgeführten Größenmerkmale an den Abschlußstichtagen von zwei aufeinanderfolgenden Geschäftsjahren überschritten werden. Kapitalgesellschaften, deren Anteile an einer Börse innerhalb der Europäischen Union notiert sind, gelten jedoch immer als groß (§ 267 Abs. 3 HGB).

Auf die **Genossenschaften** sind die nach Größenklassen differenzierten Vorschriften zur Aufstellung des Jahresabschlusses bei Kapitalgesellschaften entsprechend anzuwenden. Die Größenmerkmale gelten entsprechend auch für Genossenschaften (§ 336 Abs. 2 HGB).

Kapitalgesellschaften und Genossenschaften sind grundsätzlich zur
- Prüfung und
- Offenlegung

des Jahresabschlusses verpflichtet. Dabei gibt es Erleichterungen für kleine Kapitalgesellschaften und Genossenschaften.

Größenmerkmale:	große Kapitalgesellschaften	mittelgroße Kapitalgesellschaften	kleine Kapitalgesellschaften
– Bilanzsumme in DM	> 21,24 Mio.	> 5,31 Mio. ≤ 21,24 Mio.	≤ 5,31 Mio.
– Umsatzerlöse in DM	> 42,48 Mio.	> 10,62 Mio. ≤ 42,48 Mio.	≤ 10,62 Mio.
– Arbeitnehmer	> 250	> 50 ≤ 250	≤ 50
Erleichterungen:			
Gliederungsschema • Bilanz • GuV	Detailliertes Schema • Bilanz § 266 • GuV § 275	wie große Kapitalgesellschaften	Verkürztes Schema • Bilanz § 266 • GuV § 275
Umfang des Anhangs	komplette Erläuterungen und Ergänzungen nach §§ 284–285 HGB	Freistellung von der Segmentberichterstattung nach § 285 Nr. 4 HGB	Weitgehende Freistellung von Berichtspflichten
Prüfungspflicht	Prüfungspflicht des JA und Lageberichts nach § 316 Abs. 1 HGB	wie große Kapitalgesellschaften	keine Prüfungspflicht gem. § 316 Abs. 1 HGB

Abb. 24: Größenklassen und größenabhängige Erleichterungen für Kapitalgesellschaften

Auch Einzelkaufleute und Personengesellschaften können publizitäts- und prüfungspflichtig sein, wenn sie gem. § 1 PublG an drei aufeinanderfolgenden Stichtagen zwei der drei nachstehenden Kriterien erfüllen:

	Bilanzsumme in DM	Umsatzerlöse in DM	Arbeitnehmer
Großunternehmen gem. PublG	≥ 125 Mio.	≥ 250 Mio.	≥ 5.000

Abb. 25: Größenmerkmale nach dem Publizitätsgesetz

Sind die Kriterien erfüllt, müssen die i.S. des Publizitätsgesetzes großen Unternehmen grundsätzlich die Rechnungslegungsvorschriften für große Kapitalgesellschaften anwenden.

Der vierte Abschnitt des dritten Buches des HGB umfaßt ergänzende Vorschriften für **Kreditinstitute und Versicherungsunternehmen**. Für diese Unternehmen gelten grundsätzlich die Rechnungslegungsvorschriften für große Kapitalgesellschaften. Darüber hinausgehende Vorschriften sind auf branchenspezifische Besonderheiten zurückzuführen und sollen in diesem einführenden Lehrbuch nicht weiter erläutert werden.[29]

Eine **Verletzung handelsrechtlicher Rechnungslegungsvorschriften** hat Folgen: Verstößt der Jahresabschluß einer Aktiengesellschaft gegen Gläubigerschutzvorschriften, ist er nichtig (§ 256 AktG). Wer Buchführungsvorschriften verletzt oder Jahresabschlüsse fälscht, begeht eine Straftat, die mit mehrjährigem Freiheitsentzug geahndet werden kann (§§ 283–283 b StGB).

b) Steuerrechtliche Vorschriften

aa) Maßgeblichkeit der Handelsbilanz für die Steuerbilanz

In Deutschland hängen Handelsbilanz und Steuerbilanz eng zusammen. Dies ist nicht zuletzt auf den sog. Grundsatz der Maßgeblichkeit der Handelsbilanz für die Steuerbilanz (§ 5 Abs. 1 Satz 1 EStG) zurückzuführen. Danach muß jeder, der nach steuerrechtlichen Vorschriften eine Steuerbilanz zu erstellen hat, auch die handelsrechtlichen Grundsätze ordnungsmäßiger Buchführung beachten. Aus diesem Grundsatz folgt weiterhin, daß nicht nur die abstrakten Grundsätze ordnungsmäßiger Buchführungen zu beachten sind. Darüber hinaus gilt die Maßgeblichkeit der konkret in der Handelsbilanz gewählten Wertansätze für die Steuerbilanz. Dem Kaufmann ist damit die Möglichkeit gegeben, eine sog. **Einheitsbilanz** zu erstellen, d. h. eine einzige Bilanz, die sowohl den steuerlichen als auch den handelsrechtlichen Vorschriften entspricht. Dies ist aber nur möglich, soweit die in der Handelsbilanz gewählten Wertansätze mit den steuerrechtlichen Vorschriften übereinstimmen.

Die neben den handelsrechtlichen Vorschriften für die Steuerbilanz zu beachtenden steuerlichen Vorschriften sind überwiegend in den §§ 4–7k EStG enthalten und werden regelmäßig von der Steuerrechtsprechung, insbesondere dem Bundesfinanzhof (BFH) näher konkretisiert. Weitere steuerliche Buchführungs- und Bilanzierungsvorschriften finden sich in der Abgabenordnung (AO); vornehmlich in den §§ 140 und 141 AO. Mit
- ergänzenden Regelungen, vor allem aber mit
- zwingenden abweichenden Steuervorschriften[30]

versucht der Steuergesetzgeber, die Bildung **stiller Rücklagen** zu **unterbinden** und damit die Kürzung des Gewinnausweises in möglichst engen Grenzen zu halten. Damit trägt er dem fiskalischen Interesse, das auf **sofortige** statt künftige **Ertragsteuerzahlung** gerichtet ist, Rechnung.

Zwingende steuerrechtliche Bewertungsvorschriften resultieren vornehmlich aus den §§ 6 und 7 EStG. Dort ist z. B. der niedrigere Teilwert bei einer dauerhaften Wertminderung als steuerliche Bewertungsuntergrenze festgelegt. Der Ansatz handelsrechtlich zulässiger Werte wie z. B. des niedrigeren Wertes aufgrund einer Abschreibung nach vernünftiger kaufmännischer Beurteilung (§ 253 Abs. 4 HGB) für die Steuerbilanz ist also steuerrechtlich un-

---

[29] Vgl. Wöhe, G., (Bilanzierung), S. 161 ff.
[30] Zu Einzelheiten vgl. Wöhe, G., (Bilanzierung), S. 169 ff.

zulässig. Der Zielsetzung der Steuerpolitik entsprechend werden die handelsrechtlichen Abschreibungsmöglichkeiten durch die strengeren Abschreibungsvorschriften des § 7 EStG eingeschränkt. Dieser Kurs wird von der höchstrichterlichen Steuerrechtsprechung[31] unterstützt, wonach
- handelsrechtliche Aktivierungswahlrechte zu steuerlichen Aktivierungsgeboten und
- handelsrechtliche Passivierungswahlrechte zu steuerlichen Passivierungsverboten

führen.

Eine **Verletzung** der **steuerlichen Buchführungs- und Bilanzierungsvorschriften** hat Folgen: Sind die Buchführungsunterlagen unvollständig, kann die Finanzbehörde die Besteuerungsgrundlagen (z.B. Umsatz oder Gewinn) schätzen (§ 162 AO). Darüber hinaus kann Bilanzfälschung, die zum Zweck der Steuerhinterziehung erfolgt, mit Freiheitsentzug von maximal zehn Jahren bestraft werden (§ 370 AO).

bb) Umkehrung des Maßgeblichkeitsgrundsatzes

Aufgrund der engen Verbindung der handelsrechtlichen und steuerrechtlichen Vorschriften kann es zur „**umgekehrten Maßgeblichkeit**" kommen. Die Steuerbilanz bzw. die steuerrechtlichen Vorschriften sind dann genau entgegengesetzt der ehemaligen gesetzlichen Intention für die handelsrechtliche Bilanzierung und Bewertung maßgeblich. Folgender Sachverhalt führt zur umgekehrten Maßgeblichkeit:
(1) **Steuerliche Wahlrechte**, z.B. wirtschaftspolitisch motivierte Sonderabschreibungen, dürfen bei der steuerlichen Gewinnermittlung nur in Übereinstimmung mit der Handelsbilanz ausgeübt werden (§ 5 Abs. 1 EStG).
(2) Über die handelsrechtlich zulässigen Abschreibungen hinaus dürfen steuerliche (Sonder-)Abschreibungen in die Handelsbilanz übernommen werden (§ 254 HGB).

Auf dem Weg über die umgekehrte Maßgeblichkeit gelangen (steuerliche) Wertansätze in die Handelsbilanz, die weit unter den tatsächlichen Werten liegen können. Damit wird der handelsrechtlich **gewünschte Einblick in die Vermögens- und Ertragslage erheblich erschwert.**

II. Grundsätze ordnungsmäßiger Buchführung und Bilanzierung

1. Überblick

Die Rechnungslegung nach Handels- und Steuerrecht basiert auf vielen Einzelvorschriften, die im wesentlichen im HGB und im EStG fixiert sind. Neben diesen konkreten gesetzlichen Vorschriften müssen

---

[31] Vgl. Beschluß des Großen Senats vom 3. Februar 1969 GrS 2/68, BFHE 95, 31, BStBl. II 1969, 291

- Grundsätze ordnungsmäßiger Buchführung (GoB)
- von jedem Kaufmann
- bei der Verbuchung der Geschäftsvorfälle (§ 238 Abs. 1 HGB) und
- beim handelsrechtlichen Jahresabschluß (§ 243 Abs. 2 HGB) sowie
- bei der Erstellung der Steuerbilanz (§ 5 Abs. 1 EStG)

beachtet werden. Damit haben die GoB die **Aufgabe, gesetzliche Regelungslücken auszufüllen.** Sie stehen neben und über den kodifizierten Vorschriften.

Ursprünglich waren die GoB allgemein anerkannte, ungeschriebene Regeln, an die sich jeder Kaufmann bei der Rechnungslegung zu halten hatte. Einige dieser ursprünglich ungeschriebenen Regeln hat der Gesetzgeber ins HGB übernommen, so daß man inzwischen zu unterscheiden hat zwischen nichtkodifizierten und kodifizierten GoB.

In der betriebswirtschaftlichen Literatur[1] war lange Zeit umstritten, ob die GoB

- auf **induktivem Wege** (aus der tatsächlichen Übung „ehrbarer Kaufleute") oder
- auf **deduktivem Wege** (aus der Zielsetzung der handelsrechtlichen Rechnungslegung)

abzuleiten seien. Inzwischen hat die deduktive Ermittlungsmethode eindeutig die Oberhand gewonnen: Buchführungspraktiken und Wertansätze in der Bilanz gelten nur dann als GoB-konform, wenn sie der adressatenbezogenen Dokumentations- und Informationsfunktion des Jahresabschlusses entsprechen.

Als Quelle[2] zur Interpretation und Weiterentwicklung der GoB kommen somit in Betracht:

(1) die **praktische Übung** ordentlicher Kaufleute, die zum Handelsbrauch geworden ist und einer laufenden Entwicklung – z. B. durch den EDV-Einsatz – unterliegt;
(2) die **Rechtsordnung** (Handelsrecht, Steuerrecht, Rechtsprechung);
(3) **Erlasse, Empfehlungen und Gutachten** von Behörden, Kammern und Wirtschaftsverbänden;
(4) die **wissenschaftliche Diskussion,** die sich bei der Entwicklung ungeschriebener Rechnungslegungsnormen an der Wahrung der Adressateninteressen orientiert.

Bei einem Versuch, die GoB zu systematisieren, muß man zwischen GoB im engeren Sinne (= Buchführungsgrundsätze) und GoB im weiteren Sinne (= Buchführungs- + Bilanzierungsgrundsätze) unterscheiden.

Die für die Buchhaltung und Inventur geltenden GoB i. e. S. bezwecken die lückenlose und sachgerechte Dokumentation aller Geschäftsvorfälle. Die Grundsätze ordnungsmäßiger Bilanzierung (GoBil) gelten für die Erstellung des Jahresabschlusses. Mit der Einhaltung der Grundsätze ordnungsmäßiger Bilanzierung soll die Informationsfunktion erfüllt werden, wonach der Jah-

---

[1] Vgl. Leffson, U., (Grundsätze), S. 28 ff.
[2] Vgl. hierzu im einzelnen Wöhe, G., (Bilanzierung), S. 179 ff.

B. II. *Grundsätze ordnungsmäßiger Buchführung und Bilanzierung* 907

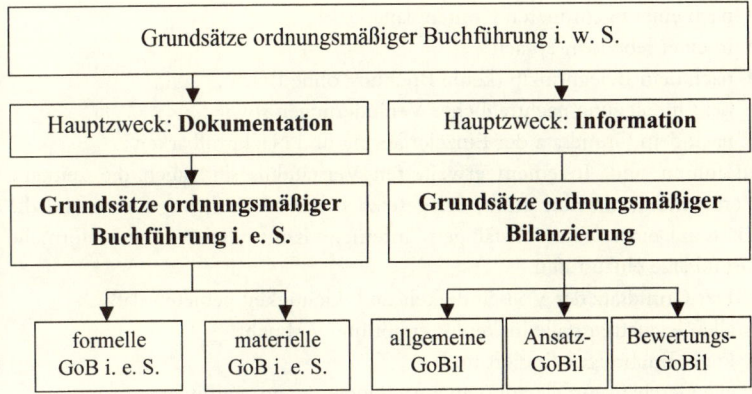

Abb. 26: Systematisierung der Grundsätze ordnungsmäßiger Buchführung und Bilanzierung

resabschluß ein den tatsächlichen Verhältnissen entsprechendes Bild der Vermögens-, Finanz- und Ertragslage zu vermitteln hat. Die Grundsätze ordnungsmäßiger Bilanzierung bestehen aus
- allgemeinen Grundsätzen
- Grundsätzen zur Bilanzierung dem Grunde nach (Ansatzgrundsätze) und
- Grundsätze zur Bilanzierung der Höhe nach (Bewertungsgrundsätze).

Im folgenden werden die GoB i. e. S. und die Bilanzierungsgrundsätze näher erläutert.

2. Grundsätze ordnungsmäßiger Buchführung im engeren Sinne

Vorrangige Aufgabe der GoB i. e. S. ist es
- die Dokumentation des Geschäftsablaufs zu sichern und
- die Buchführung vor Verzerrungen und Verfälschungen zu bewahren.

Die Buchführung soll so beschaffen sein, daß sie „einem sachverständigen Dritten innerhalb angemessener Zeit einen Überblick über die Geschäftsvorfälle und die Lage des Unternehmens vermitteln kann" (§ 238 Abs. 1 HGB).

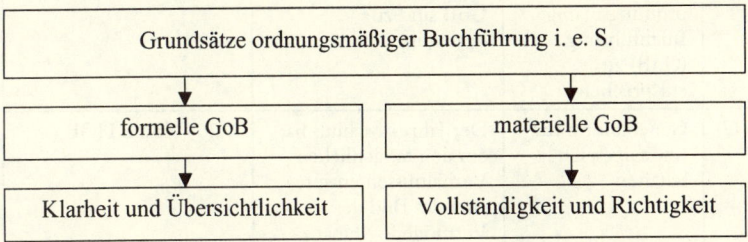

Abb. 27: Formelle und materielle GoB

Klarheit und Übersichtlichkeit (§ 239 Abs. 2 HGB) verlangen, daß die Bücher und sonstigen Aufzeichnungen

- nach einem geordneten Kontenplan,
- in einer lebenden Sprache,
- nach dem Belegprinzip (keine Buchung ohne Beleg),
- bei Offenlegung nachträglicher Veränderungen sowie
- nach dem Grundsatz der Einzelerfassung und Nachprüfbarkeit

zu führen sind. In einem erweiterten Verständnis sind auch die zeitnahe Verbuchung, die Einhaltung der gesetzlichen Aufbewahrungsfristen und die Existenz eines funktionsfähigen internen Kontrollsystems[3] als formelle Grundsätze einzustufen.

Der Grundsatz der Vollständigkeit und Richtigkeit gebietet, daß
- alle Geschäftsvorfälle lückenlos erfaßt und verbucht,
- keine Buchungen fingiert und
- alle Geschäftsvorfälle auf dem zutreffenden Konto verbucht

werden.

Da die Inventurunterlagen und das Inventar als Bücher i. S. d. § 238 I HGB anzusehen sind, gelten die GoB i. e. S. auch hier. Insbesondere die formellen Grundsätze der Einzelerfassung und Nachprüfbarkeit sowie die materiellen Prinzipien der Vollständigkeit und Richtigkeit der Bestandsaufnahme sind dabei von Bedeutung.[4]

3. Grundsätze ordnungsmäßiger Bilanzierung

Mit der Verordnung von Grundsätzen ordnungsmäßiger Bilanzierung will der Gesetzgeber den **Informationswert des Jahresabschlusses** im Interesse der Bilanzadressaten **erhöhen**. Die folgenden Ausführungen sollen einen knappen Überblick über die wichtigsten Bilanzierungsgrundsätze geben. Dabei werden allgemeine Grundsätze, Ansatzgrundsätze und Bewertungsgrundsätze angesprochen.

a) Allgemeine Grundsätze

	Grundsatz	Inhalt	Rechtsgrundlage
(1)	Der Jahresabschluß hat den Grundsätzen ordnungsmäßiger Buchführung (GoB) zu entsprechen	Alle kodifizierten und nicht kodifizierten formellen und materiellen GoB sind zu beachten.	§ 243 Abs. 1 HGB
(2)	Generalnorm für Kapitalgesellschaften	Der Jahresabschluß hat ein den tatsächlichen Verhältnissen entsprechendes Bild der Vermögens-, Finanz- und Ertragslage zu vermitteln.	§ 264 Abs. 2 HGB

---

[3] Vgl. Leffson, U., (Grundsätze), S. 167 ff.
[4] Vgl. Wöhe, G., (Bilanzierung), S. 196 ff.

Grundsatz		Inhalt	Rechtsgrundlage
(3)	Klarheit und Übersichtlichkeit	Insb. Beachtung der Gliederungsvorschriften der Bilanz und Erfolgsrechnung sowie klarer Aufbau von Anhang und Lagebericht.	§ 243 Abs. 2 HGB
(4)	Bilanzwahrheit	Die Bilanzansätze sollen nicht nur rechnerisch richtig, sondern auch geeignet sein, den jeweiligen Bilanzzweck zu erfüllen.	nicht kodifiziert
(5)	Einhaltung der Aufstellungsfristen	• Nichtkapitalgesellschaften innerhalb angemessener Frist (max. 12 Monate); • kleine Kapitalgesellschaften innerhalb von 3, spätestens 6 Monaten des folgenden Geschäftsjahres; • mittelgroße und große Kapitalgesellschaften innerhalb von 3 Monaten des folgenden Geschäftsjahres.	§ 243 Abs. 3 HGB § 264 Abs. 1 Satz 3 HGB § 264 Abs. 1 Satz 2 HGB

Abb. 28: Allgemeine Grundsätze ordnungsmäßiger Bilanzierung im Überblick

Unabhängig von der Rechtsform des Unternehmens müssen alle Kaufleute bei der Erstellung des Jahresabschlusses die GoB beachten (§ 243 Abs. 1 HGB). Die Bildung stiller Rücklagen ist ausdrücklich gestattet (§ 253 Abs. 4 HGB). Kapitalgesellschaften haben beim Jahresabschluß ebenfalls die GoB zu beachten.

Verschärfend kommt aber die Generalnorm hinzu, wonach der Jahresabschluß den „true and fair view", d.h. ein den tatsächlichen Verhältnissen entsprechendes Bild der Vermögens-, Finanz- und Ertragslage zu vermitteln hat (§ 264 Abs. 2 HGB). Dabei soll – vor allem im Interesse der Kleinaktionäre – die Bildung stiller Rücklagen weitgehend vermieden werden.[5]

Bei vordergründiger Betrachtung scheint der Grundsatz der **Bilanzwahrheit** am ehesten geeignet, den gewünschten „true and fair view" zu vermitteln. Bei näherem Hinsehen erweist sich aber dieser Grundsatz als **nicht praktikabel**. Eine wahre Bilanz kann es schon deshalb nicht geben, weil es angesichts der Ungewißheit der Zukunft keine eindeutigen Maßstäbe zur richtigen Vermögensbewertung gibt.

---

[5] Auch im Jahresabschluß von Kapitalgesellschaften wird es stille Rücklagen, z. B. in Form von Zwangsrücklagen geben. Zu den Zwangsrücklagen vgl. S. 1074 f.

Zur Operationalisierung zerlegt man den Grundsatz der Bilanzwahrheit in die Grundsätze
- Richtigkeit und
- Willkürfreiheit.

Nach dem **Grundsatz der Richtigkeit** muß der Jahresabschluß unter Beachtung der übrigen GoB aus dem richtigen Zahlenmaterial erstellt werden. Dabei sind die Positionen der Bilanz und der GuV inhaltlich zutreffend zu bezeichnen. Die Jahresabschlußangaben können wegen des Ungewißheitsproblems zwar
- nicht objektiv richtig, wohl aber
- intersubjektiv nachprüfbar

sein.

Nach dem **Grundsatz der Willkürfreiheit** müssen die in der Bilanz enthaltenen Schätzwerte – z. B. bei der Bewertung von Rückstellungen – der inneren Überzeugung des Kaufmanns entsprechen. Bewußte Über- bzw. Unterbewertungen sind unzulässig. Wünschenswert ist eine Bilanzierung, die den Zielen der Bilanzadressaten gerecht wird. (**ÜB 6/7**)

b) Ansatzgrundsätze

Unter Ansatzgrundsätzen versteht man die Grundsätze zur Bilanzierung dem Grunde nach. Die wichtigsten Grundsätze enthält folgende Übersicht:

	Grundsatz	Inhalt	Rechtsgrundlage
(1)	Bilanzidentität	Identität der Eröffnungsbilanz mit der Schlußbilanz des Vorjahres.	§ 252 Abs. 1 Nr. 1 HGB
(2)	Vollständigkeit	Ausweis sämtlicher Vermögensgegenstände, Schulden, RAP, Aufwendungen, Erträge sowie bei Kapitalgesellschaften sämtlicher Pflichtangaben im Anhang und Lagebericht.	§ 246 Abs. 1 HGB §§ 284 und 285 HGB
(3)	Verrechnungsverbot (Saldierungsverbot, Bruttoprinzip)	keine Aufrechnung zwischen Aktiv- und Passivposten oder zwischen Aufwendungen und Erträgen sowie zwischen Grundstücksrechten und -lasten.	§ 246 Abs. 2 HGB
(4)	Darstellungsstetigkeit (formelle Bilanzkontinuität)	Die Form der Darstellung, insbesondere die Gliederung der Bilanz ist beizubehalten.	§ 265 Abs. 1 HGB

Abb. 29: Ansatzgrundsätze im Überblick

B. II. Grundsätze ordnungsmäßiger Buchführung und Bilanzierung

Mit dem **Verrechnungsverbot** will der Gesetzgeber eine unverkürzte Jahresabschlußinformation sicherstellen. Wäre es gestattet, Forderungen mit Verbindlichkeiten bzw. Zinserträge mit Zinsaufwendungen zu verrechnen, hätten die Bilanzadressaten nur einen eingeschränkten Einblick in die Vermögens-, Finanz- und Ertragslage.

Die **formelle Bilanzkontinuität** gebietet die Beibehaltung der Gliederung von Bilanz und GuV. Dadurch wird eine wichtige Voraussetzung zur **Vergleichbarkeit** mehrerer **aufeinanderfolgender Jahresabschlüsse** geschaffen. Dies wiederum ermöglicht den Bilanzadressaten ein Urteil zur Unternehmensentwicklung[6] im Zeitverlauf.

c) Bewertungsgrundsätze

Im folgenden werden jene Grundsätze ordnungsmäßiger Bilanzierung vorgestellt, die sich mit Bewertungsfragen befassen. Diese Bilanzierungsgrundsätze werden häufig auch als **Bewertungsprinzipien** bezeichnet. Wie die folgende Übersicht zeigt, ist ein Großteil dieser Bewertungsprinzipien in § 252 HGB geregelt:

	Grundsatz	Inhalt	Rechtsgrundlage
(1)	Unternehmensfortführung	Sog. Going-concern-Prinzip. Bewertung und Abschreibung unter dem Gesichtspunkt der Weiterführung des Betriebes, nicht der Liquidation.	§ 252 Abs. 1 Nr. 2 HGB
(2)	Einzelbewertung	Vermögensgegenstände und Schulden sind einzeln zu bewerten, soweit nicht Ausnahmen zulässig sind.	§ 252 Abs. 1 Nr. 3 HGB
(3)	Wesentlichkeit	Auf schwer erreichbare Genauigkeit bei der Bewertung kann verzichtet werden, wenn es sich um Sachverhalte von untergeordneter Bedeutung handelt, die wegen ihrer Größenordnung nur geringen Einfluß auf das Jahresergebnis haben.	nicht kodifiziert

---

[6] Hierzu muß allerdings auch der Grundsatz der materiellen Bilanzkontinuität (= Bewertungsstetigkeit) eingehalten werden. Vgl. S. 912

Grundsatz		Inhalt	Rechtsgrundlage
(4)	Bewertungsstetigkeit (materielle Bilanzkontinuität)	Die im vorhergehenden Jahresabschluß angewendeten Bewertungs- und Abschreibungsmethoden sollen beibehalten werden.	§ 252 Abs. 1 Nr. 6 HGB
(5)	Methodenbestimmtheit	Vermögensgegenstände und Schulden sind nach einer bestimmten Bewertungsmethode zu ermitteln. Zwischenwerte zwischen unterschiedlichen Wertansätzen alternativ zulässiger Methoden sind nicht erlaubt.	nicht kodifiziert
(6)	Anschaffungskostenprinzip (Prinzip der nominellen Kapitalerhaltung)	Die Anschaffungs- bzw. Herstellungskosten bilden die obere Grenze der Bewertung und für die Bemessung der Gesamtabschreibungen. Höhere Wiederbeschaffungskosten dürfen nicht berücksichtigt werden.	§ 253 HGB
(7)	Vorsichtsprinzip	Eher pessimistische Bewertung bei Unsicherheit • Realisationsprinzip • Imparitätsprinzip • Niederstwertprinzip • Höchstwertprinzip	§ 252 Abs. 1 Nr. 4 HGB
(8)	Periodenabgrenzung	Aufwendungen und Erträge des Geschäftsjahres sind unabhängig von den Zeitpunkten der entsprechenden Zahlungen im Jahresabschluß zu berücksichtigen.	§ 252 Abs. 1 Nr. 5 HGB

Abb. 30: Bewertungsgrundsätze im Überblick

Vermögensgegenstände (und Schulden) sind zum Bilanzstichtag einzeln zu bewerten. Besonders bei den Gegenständen des Sachanlagevermögens macht es einen großen Unterschied, ob man bei der Wertermittlung von der Annahme
- der Einzelveräußerung im Wege der Unternehmensauflösung oder
- der Unternehmensfortführung ausgeht.

Würde eine langlebige, unternehmensspezifisch ausgelegte Produktionsanlage am ersten Bilanzstichtag nach ihrer Anschaffung unter Einzelveräußerungsaspekten bewertet, bezifferte sich der Bilanzansatz (im Extremfall der Schrottwert) nur auf einen geringfügigen Buchteil der ursprünglichen Anschaffungskosten. Der Differenzbetrag zwischen Anschaffungskosten und Bilanzansatz würde als Abschreibungsaufwand den ausgewiesenen Jahreserfolg der Anschaffungsperiode belasten. Dagegen wäre der Abschreibungsaufwand für die verbleibenden Jahre der Restnutzungsdauer verschwindend gering. Fazit: Eine Vermögensbewertung unter Einzelveräußerungsaspekten widerspräche dem Prinzip periodengerechter Erfolgsermittlung.

Mit dem **(1) Grundsatz der Unternehmensfortführung** will der Gesetzgeber den **Ausweis vergleichbarer Periodenergebnisse** erreichen. Besonders das Sachanlagevermögen soll nicht unter Liquidations-, sondern unter Fortführungsaspekten bewertet werden. Statt den „Löwenanteil" der Anschaffungskosten im ersten Nutzungsjahr als Abschreibung zu verrechnen, sollen die Anschaffungskosten nutzungsadäquat auf die planmäßige Nutzungsdauer verteilt[7] werden. Eine solche, mehr oder weniger gleichmäßige Verteilung der Anschaffungskosten auf die Nutzungsdauer bezeichnet man als **Verteilungsabschreibung.**

Dem Gedanken der dynamischen Bilanztheorie folgend ist dem Gesetzgeber eine periodengerechte Gewinnermittlung wichtiger als eine vorsichtige Vermögensbewertung unter Einzelveräußerungsaspekten, wie sie die statische Bilanztheorie[8] präferiert. Eine Vermögensbewertung unter Fortführungsaspekten hat nur dann zu unterbleiben, wenn im konkreten Einzelfall in Kürze mit einer Einzelveräußerung oder mit der Unternehmensliquidation zu rechnen ist. Dann sind Einzelveräußerungswerte anzusetzen.

Die obigen Ausführungen zur Unternehmensbewertung[9] haben gezeigt, daß zur Ermittlung eines aussagefähigen Unternehmensgesamtwertes
- nicht die Werte einzelner Vermögensgegenstände zu addieren (Substanzwert), sondern
- die erwarteten Zukunftserfolge zu diskontieren sind (Zukunftserfolgswert).

Dieser Erkenntnis zum Trotz verbietet das Bilanzrecht eine ertragsabhängige Gesamtbewertung und beharrt auf dem **(2) Prinzip der Einzelbewertung**. Das Festhalten des HGB am Prinzip der Einzelbewertung hat Nachteile und Vorteile. Der **Nachteil** besteht darin, daß

Bilanzsumme $\neq$ Unternehmensgesamtwert.

Der **Vorteil** des Prinzips der Einzelbewertung liegt auf dem Gebiet der **Willkürfreiheit,** der Rechtssicherheit und der Nachprüfbarkeit. Würde das Bilanzrecht eine ertragsabhängige Gesamtbewertung zulassen, wäre der Bilanzmanipulation über

---

[7] Zu den dabei anzuwendenden Abschreibungsverfahren vgl. S. 939 ff.
[8] Zur statischen und dynamischen Bilanztheorie vgl. S. 1096 ff.
[9] Vgl. S. 671 ff.

- eine willkürliche Schätzung der Zukunftserfolge und
- eine bilanzpolitisch motivierte Festlegung des Kalkulationszinsfußes

Tür und Tor geöffnet.

Ausnahmen[10] vom Prinzip der Einzelbewertung sind nur für
- die Gruppenbewertung (§ 240 Abs. 4 HGB),
- die Festbewertung (§ 240 Abs. 3 HGB) und
- die Sammelbewertung mittels Verbrauchsfolgefiktionen (Lifo, Fifo) (§ 256 HGB)

zugelassen. Die Zulassung dieser Ausnahmen resultiert aus dem **(3) Prinzip der Wesentlichkeit**, wonach Bewertungsvereinfachung zulässig sind, wenn sie den Ausweis des **Jahreserfolgs nur unwesentlich verändern**.

Die gesetzlichen Vorschriften zur Bewertung von Vermögensgegenständen und Schulden eröffnen dem bilanzierenden Unternehmen zahlreiche Wahlrechte. So können beispielsweise
- gleichartige Vorräte nach unterschiedlichen Methoden bewertet
- maschinelle Anlagen nach unterschiedlichen Methoden abgeschrieben und
- Pensionsrückstellungen mit unterschiedlichem Diskontierungszinssatz (3 bis 6 Prozent) bewertet

werden. Mit der Wahl dieser Bewertungs- und Abschreibungsmethoden wird einerseits der Vermögens- und Schuldenausweis, andererseits der Erfolgsausweis beeinflußt. Um eine gezielte Manipulation des Erfolgsausweises zu unterbinden und eine (annähernde) **Vergleichbarkeit der Periodenergebnisse** zu gewährleisten, hat der Gesetzgeber den **(4) Grundsatz der Bewertungsstetigkeit** im HGB verankert.

In diesen Kontext gehört auch das **(5) Prinzip der Methodenbestimmtheit**. Zwar ist es dem bilanzierenden Unternehmen gestattet, frei zwischen gesetzlich zulässigen Bewertungs- und Abschreibungsmethoden zu wählen. Das hat zur Folge, daß für abnutzbare Anlagegegenstände entweder der nach linearer oder nach degressiver Abschreibungsmethode ermittelte Restbuchwert als Bilanzansatz erscheinen darf. Verboten ist aber der Ansatz von Zwischenwerten. Dadurch soll einer **bilanzpolitisch motivierten Manipulation** des Erfolgsausweises ein **Riegel vorgeschoben** werden.

Die Gewinnermittlung nach Handels- und Steuerrecht folgt dem **(6) Prinzip nomineller Kapitalerhaltung**: Jede Mehrung des nominellen Reinvermögens gilt als Gewinn:[11]

Nominell ausgewiesenes Eigenkapital am Periodenende
− Nominell ausgewiesenes Eigenkapital am Periodenanfang

= Gewinn der Periode (nach nomineller Kapitalerhaltung)

Nach dem Gewinnermittlungskonzept der Substanzerhaltung liegt ein Gewinn erst dann vor, wenn sich die Vermögenssubstanz vermehrt hat. Geht man von der Annahme konstanter Wiederbeschaffungspreise für

---

[10] Vgl. hierzu S. 951 ff.
[11] Beim Vorliegen von Privateinlagen oder Privatentnahmen ist die Gewinndefinition zu erweitern. Vgl. Döring/Buchholz, (Buchhaltung), S. 41 ff.

B. II. Grundsätze ordnungsmäßiger Buchführung und Bilanzierung

- abgesetzte Waren,
- verbrauchte Rohstoffe bzw.
- eingesetzte maschinelle Anlagen

aus, führt das Gewinnermittlungskonzept der nominellen Kapitalerhaltung zum gleichen Erfolgsausweis wie das Gewinnermittlungskonzept der Substanzerhaltung.

In Zeiten schleichender Geldentwertung muß man aber von steigenden Wiederbeschaffungskosten für die verbrauchten Produktionsfaktoren ausgehen. Nach dem Urteil der Substanzerhaltungstheoretiker setzt sich dann der nach dem Konzept der nominellen Kapitalerhaltung ermittelte Gewinn aus zwei Komponenten
- einem Scheingewinn (unechter Gewinn) und
- einem Umsatzgewinn (echter Gewinn)

zusammen.

	GE
Umsatzerlös	400
Faktoreinsatz (Anschaffungskosten)	240
Faktoreinsatz (Wiederbeschaffungskosten)	300
Gewinnermittlung nach nomineller Kapitalerhaltung:	
Umsatzerlös 400	
− Anschaffungskosten 240	
Nominalgewinn	**160**
Gewinnermittlung nach Substanzerhaltung:	
Umsatzerlös 400	
− Wiederbeschaffungskosten 300	
Umsatzgewinn (echter Gewinn)	**100**
Wiederbeschaffungskosten 300	
− Anschaffungskosten 240	
Scheingewinn (unechter Gewinn)	**60**

Abb. 31: Nominalgewinn, Umsatzgewinn und Scheingewinn

Nach Handels- und Steuerrecht ist der Faktoreinsatz (Wareneinsatz, bilanzielle Abschreibung) zu Anschaffungskosten zu bewerten. Dabei nimmt man in Kauf, daß der Nominalgewinn (160) das Unternehmen in Form von
- Ertragssteuerzahlungen ans Finanzamt und
- Dividendenzahlungen an die Aktionäre

verläßt. Zur Wiederbeschaffung der verbrauchten Produktionsfaktoren stehen dann nur 400 − 160 = 240 GE zur Verfügung. Weil aber zur Wiederbeschaffung der verbrauchten Produktionsfaktoren 300 GE benötigt werden, ist eine Erhaltung der Unternehmenssubstanz nicht möglich. Nach der Auffassung der Substanzerhaltungstheoretiker ließe sich dieses Problem vermeiden, wenn nur der Umsatzgewinn (100) als besteuerungs- und ausschüttungsfähig behandelt würde.

Warum beharren Handels- und Steuerrecht auf dem **Prinzip nomineller Kapitalerhaltung?** Aus Gründen der **Willkürfreiheit und Nachprüfbar-**

keit. Anschaffungskosten sind – anhand von Belegen – eindeutig feststellbar. Kämen dagegen bei der Gewinnermittlung künftige Wiederbeschaffungskosten ins Spiel, wäre der Manipulation des Erfolgsausweises durch hohe oder niedrige Schätzwerte der Wiederbeschaffungskosten Tür und Tor geöffnet.

Das **(7) Vorsichtsprinzip** ist der **dominierende Grundsatz** handelsrechtlicher Rechnungslegung. Anders als im angloamerikanischen Rechtssystem[12] zieht sich ein stark betontes Prinzip kaufmännischer Vorsicht wie ein roter Faden durch das deutsche Bilanzrecht.

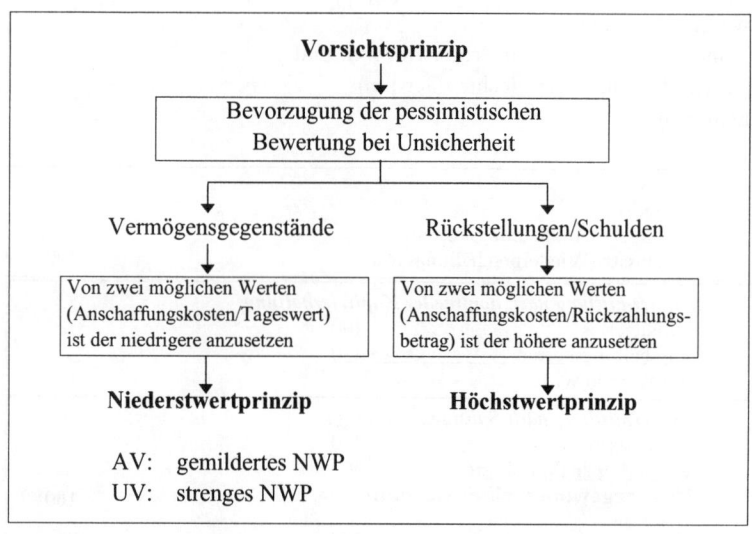

Abb. 32: Vorsichtsprinzip, Niederstwertprinzip und Höchstwertprinzip

Für Vermögensgegenstände bilden die Anschaffungs- bzw. Herstellungskosten die Obergrenze der Bewertung (§ 253 Abs. 1). Steigt der Tageswert über die Anschaffungskosten, müssen die Anschaffungskosten als Bilanzansatz beibehalten werden. Der über die Anschaffungskosten hinausgehende Wertzuwachs darf erst dann als Gewinn ausgewiesen werden, wenn er durch Umsatz, d. h. durch den Verkauf der Vermögensposition, realisiert ist. Diese Bewertungsmaxime bezeichnet man als **Realisationsprinzip**.

Sinkt der Tageswert von Vermögensgegenständen unter die Anschaffungsbzw. Herstellungskosten, droht also aufgrund von Wertminderungen ein Verlust, dann gebietet das Niederstwertprinzip den Ansatz des niedrigeren Tageswertes. Dabei ist zwischen dem gemilderten und dem strengen Niederstwertprinzip zu unterscheiden.

- **Gemildertes Niederstwertprinzip im Anlagevermögen:**
  Bei voraussichtlich vorübergehender (dauernder) Wertminderung darf (muß) der niedrigere Tageswert angesetzt werden (§ 253 Abs. 2 HGB).

---
[12] Vgl. hierzu S. 1010 f.

B. II. Grundsätze ordnungsmäßiger Buchführung und Bilanzierung

- **Strenges Niederstwertprinzip im Umlaufvermögen:**
Der niedrigere Tageswert muß in jedem Fall angesetzt werden (§ 253 Abs. 3 HGB).

Auf der Passivseite führt das Vorsichtsprinzip zum **Höchstwertprinzip:** Verbindlichkeiten und Rückstellungen sind eher zu hoch als zu niedrig zu bewerten. Steigt z.B. eine ausländische Währung im Kurs, dann ist die entsprechende Fremdwährungsverbindlichkeit unter Zugrundelegung des gestiegenen Kurses zum höheren Tageswert zu bewerten.

Gemessen an den Anschaffungs- bzw. Herstellungskosten (100) kann es im Zeitablauf zu Wertsteigerungen (120) bzw. Wertminderungen (85) kommen. Deren bilanzielle Behandlung läßt sich wie folgt skizzieren (TW = Tageswert):

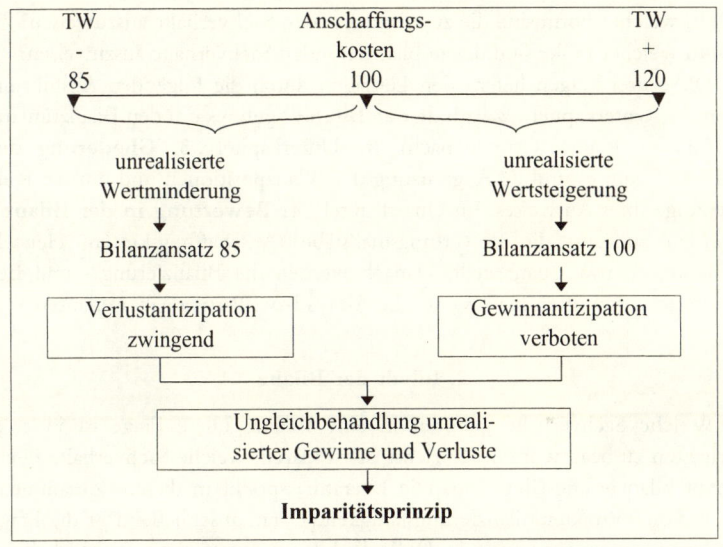

Abb. 33: Das Imparitätsprinzip

Dem **(8) Prinzip der Periodenabgrenzung** entsprechend sind Aufwendungen und Erträge unabhängig vom Zeitpunkt der Aus- bzw. Einzahlung im Jahresabschluß zu berücksichtigen. Dieser Bilanzierungsgrundsatz entspricht einerseits dem vorsichtsbedingten Wunsch nach Verlustantizipation. Andererseits trägt er dem Wunsch nach periodengerechter Gewinnermittlung durch Bildung aktiver bzw. passiver Rechnungsabgrenzungsposten[13] Rechnung.

Dem Prinzip der Willkürfreiheit entsprechend ist ein willkürlicher Wechsel der hier erörterten Bilanzierungs- und Bewertungsmethoden verboten. Gleichwohl ist es in begründeten Ausnahmefällen erlaubt,[14] von den Bewertungsgrundsätzen des § 252 Abs. 1 abzuweichen. Auch wenn das Prinzip

---

[13] Vgl. § 250 HGB
[14] Vgl. § 252 Abs. 2 HGB

materieller Bilanzkontinuität durchbrochen wird, ist eine **wohlbegründete Änderung der Bewertungs- und Abschreibungsmethoden zulässig.** Kapitalgesellschaften müssen eine Änderung der Bilanzierungs- und Bewertungsmethoden im Anhang angeben.[15] (**ÜB 6**/25, 61, 80)

III. Die Bilanz

1. Überblick

Im Zentrum des handelsrechtlichen Jahresabschlusses steht die Erstellung der Bilanz. Die dabei auftretenden Probleme lassen sich in drei Fragen artikulieren:
(1) Welche Sachverhalte sind zu bilanzieren?
(2) In welcher Form sind die zu bilanzierenden Sachverhalte auszuweisen?
(3) In welcher Höhe sind die zu bilanzierenden Sachverhalte auszuweisen?

Diese drei Fragen liefern den Leitfaden durch die folgenden Ausführungen: Im Unterkapitel „**2. Inhalt der Bilanz**" geht es um den Bilanzumfang (Bilanzierung dem Grunde nach). Im Unterkapitel „**3. Gliederung der Bilanz**" geht es um die Abgrenzung der Bilanzpositionen und um die Reihenfolge ihres Ausweises. Im Unterkapitel „**4. Bewertung in der Bilanz**" werden zunächst die Bewertungsmaßstäbe (Anschaffungskosten, Herstellungskosten usw.) dargestellt. Danach werden die Bilanzierungs- und Bewertungsvorschriften für ausgewählte Aktiva bzw. Passiva näher erläutert.

2. Inhalt der Bilanz

Welche Sachverhalte gehören in eine Bilanz? Diese Frage ist in zwei Schritten zu beantworten. Zunächst ist zu klären, welche Sachverhalte überhaupt bilanzierungsfähig sind. Die Literatur[1] spricht in diesem Zusammenhang von abstrakter Bilanzierungsfähigkeit. Daran anschließend ist die Frage zu beantworten, inwieweit das HGB die bilanzierungsfähigen Sachverhalte in konkrete
• Aktivierungsgebote, -verbote und -wahlrechte bzw.
• Passivierungsgebote, -verbote und -wahlrechte
umgesetzt hat.

a) Bilanzierungsfähigkeit

Unter abstrakter Bilanzierungsfähigkeit versteht man die Eignung eines Sachverhalts, als Aktivum bzw. Passivum in die Bilanz aufgenommen zu werden. Letzten Endes entscheidet der Bilanzzweck darüber, welche Sachverhalte in die Bilanz aufzunehmen sind.

Primärer **Bilanzzweck** ist die **Schuldendeckungskontrolle**. Demnach muß die Bilanz

---

[15] Vgl. § 284 Abs. 2 Nr. 3 HGB
[1] Vgl. Coenenberg, A. G., (Jahresabschluß), S. 72

- einerseits alle Vermögensgegenstände (= Schuldendeckungspotential),
- andererseits alle Schulden

des Unternehmens enthalten.

Vermögensgegenstände, die im Eigentum[2] Dritter stehen oder die zum Privatvermögen des Unternehmers gehören, haben keinen Platz in der Bilanz. Im Gegenzug sind auch die Verbindlichkeiten Dritter und private Schulden des Unternehmers nicht passivierungsfähig. Bürgt das bilanzierende Unternehmen für die Verbindlichkeiten Dritter, dann sind solche **Eventualverbindlichkeiten** nicht in der Bilanz, sondern nach § 251 HGB **unter der Bilanz anzugeben.**

Aktivierungsfähig sind **alle Vermögensgegenstände.** Aber was ist ein Vermögensgegenstand? Das Bilanzierungsschema für Kapitalgesellschaften (§ 266 Abs. 2) führt zwar als Aktivposten wichtige Beispiele für Vermögensgegenstände auf. Eine gesetzliche Definition des Begriffs „Vermögensgegenstand" gibt es aber nicht. Darum muß der Begriff des Vermögensgegenstands aus dem primären Bilanzzweck der Schuldendeckungskontrolle abgeleitet werden.

So gesehen versteht man unter Vermögensgegenständen
- alle Sachen und Rechte,
- die bei Insolvenzgefahr
- durch Einzelveräußerung
- zur Schuldendeckung

herangezogen werden können. **Werthaltigkeit** und **Einzelveräußerbarkeit** sind damit die wichtigsten Merkmale[3] eines Vermögensgegenstands. Für die abstrakte Aktivierungsfähigkeit ist es gleichgültig, ob der Vermögensgegenstand im Unternehmen hergestellt oder durch Kauf oder Schenkung erworben wurde. Neben Sachen und Rechten können auch immaterielle Güter, z.B. selbstentwickelte Software, zu den Vermögensgegenständen gehören. Für die abstrakte Aktivierungsfähigkeit macht es keinen Unterschied, ob es sich um materielle oder immaterielle Vermögensgegenstände handelt.

Passivierungsfähig sind **alle Schulden.** Zu den Schulden zählen
- einerseits die sicheren **Verbindlichkeiten**
- andererseits die **Rückstellungen**[4] (unsichere Verbindlichkeiten).

Verzeichnet man auf der Aktivseite die aktivierungsfähigen Vermögensgegenstände und auf der Passivseite die passivierungsfähigen Schulden, ergibt sich als Saldo das Eigenkapital, das im Normalfall (im Überschuldungsfall) als passivierungsfähiger (aktivierungsfähiger) Tatbestand zu gelten hat.

In Grenzfällen kann es Zweifel an der Aktivierungsfähigkeit bzw. Passivierungsfähigkeit eines Tatbestands geben. Hier leistet das **Vorsichtsprinzip**

---

[2] Ausnahmen gelten für die Fälle, wo ein Dritter Eigentümer im rechtlichen Sinne, das Unternehmen aber Eigentümer im wirtschaftlichen Sinne ist. Hier liegt die Bilanzierungspflicht beim wirtschaftlichen Eigentümer. Vgl. Heinhold, M., (Der Jahresabschluß), S. 83 und Wöhe, G., (Bilanzierung), S. 244 ff.
[3] Zur abstrakten Aktivierungsfähigkeit vgl. Baetge, J., (Bilanzen), S. 148 ff. und die dort angegebene Literatur.
[4] Zu den Rückstellungen gehören Verpflichtungen gegenüber Dritten, die nach Höhe und/oder Fälligkeit nicht exakt bekannt sind. Vgl. hierzu S. 976 f.

eine Entscheidungshilfe. Im Zweifelsfall sollte auf eine Aktivierung verzichtet, eine Passivierung aber vollzogen werden.

b) Konkrete Aktivierungsvorschriften

Nach dem abstrakten Bilanzierungsgrundsatz hat die Aktivseite nicht mehr, aber auch nicht weniger als sämtliche (materielle und immaterielle; entgeltlich erworbene und selbsterstellte) Vermögensgegenstände auszuweisen. Dieser abstrakte **Bilanzierungsgrundsatz** wird im geltenden deutschen Handelsrecht in zwei entscheidenden Punkten **durchbrochen.** Der Wunsch nach

(1) **Rechtssicherheit und Kontrollierbarkeit** führt zur Einschränkung, der Wunsch nach

(2) **periodengerechter Gewinnermittlung** führt zur Ausdehnung

des Kreises aktivierungsfähiger Sachverhalte.

(1) Kontrollierbarkeit der Jahresabschlußangaben schafft **Rechtssicherheit** für die Bilanzadressaten. Erwirbt ein Unternehmen einen immateriellen Vermögensgegenstand, liefern die Anschaffungskosten einen kontrollierbaren Maßstab für den Wertansatz in der Bilanz.

Problematisch ist die Bewertung selbstgeschaffener immaterieller Vermögensgegenstände des Anlagevermögens. Hierbei kann es sich um die Entwicklung von Rezepturen, die Schaffung eines Kundenstamms, die Qualifizierung von Mitarbeitern o. ä. handeln. Würde man diese Sachverhalte aktivieren, müßten sie zu Herstellungskosten[5] bewertet werden. Dabei besteht die Gefahr, daß das bilanzierende Unternehmen Sachverhalte als Herstellungskosten aktiviert, die eigentlich Aufwand der Abrechnungsperiode sind. Um die Gläubiger vor zu hohem Vermögens- und Eigenkapitalausweis zu schützen, hat das Handelsrecht (§ 248 Abs. 2 HGB) die **Aktivierung von nicht entgeltlich erworbenen immateriellen Vermögensgegenständen des Anlagevermögens** – sie finden ihren Niederschlag im originären Firmenwert[6] – **untersagt.** Bei selbsterstellten immateriellen Vermögensgegenständen des Umlaufvermögens (z.B. Programme eines Software-Anbieters) ist mit einer baldigen Veräußerung zu rechnen; sie sind nach deutschem Handelsrecht aktivierungspflichtig.

(2) Periodengerechte Gewinnermittlung liegt im Interesse der Bilanzadressaten.[7] Nach deutschem Handelsrecht soll der Jahresabschluß beide Aufgaben erfüllen: die nach statischer Bilanzauffassung vorrangige Schuldendeckungskontrolle und die nach dynamischer Bilanzauffassung vorrangige periodengerechte Gewinnermittlung.

Durch

- die **Aktivierungspflicht** für transitorische **Rechnungsabgrenzungsposten** und
- die **Aktivierungsfähigkeit** sog. **Bilanzierungshilfen**

möchte das deutsche Handelsrecht dem Wunsch nach periodengerechter Erfolgsermittlung gerecht werden.

---

[5] Zur Ermittlung der Herstellungskosten vgl. S. 931 ff.
[6] Zum originären Firmenwert vgl. S. 681 f.
[7] Vgl. S. 898

B. III. Die Bilanz

Soweit Auszahlungen vor dem Abschlußstichtag Aufwand für eine bestimmte Zeit nach dem Abschlußstichtag (z.B. vorschüssig zu zahlende Versicherungsprämien) darstellen, ist nach § 250 Abs. 1 HGB ein aktiver Rechnungsabgrenzungsposten zu bilden. Dieser Aktivposten stellt keinen Vermögensgegenstand dar. Er dient allein der periodengerechten Gewinnermittlung.

Prinzipiell versteht man unter Aufwand Reinvermögensminderung einer Periode. Verrechnet man sporadisch auftretende Auszahlungen – z.B. Auszahlungen zur schrittweisen Erweiterung des Vertriebsnetzes – als Aufwand der Auszahlungsperiode, kann das dem von dynamischer Bilanzauffassung geprägten Bedürfnis nach einer Vergleichbarkeit der Periodenergebnisse abträglich sein: Der Erfolgsausweis der Auszahlungsperiode ist zu gering, der Erfolgsausweis der übrigen Perioden ist zu hoch.

Zur zeitlichen Glättung des Erfolgsausweises läßt das deutsche Bilanzrecht in der Auszahlungsperiode die Bildung eines Aktivums zu, das als Bilanzierungshilfe bezeichnet wird. Die **Bilanzierungshilfe**
- ist ein Aktivum, aber **kein Vermögensgegenstand,**
- ist in den Folgeperioden **planmäßig abzuschreiben,** wodurch
- eine **zeitlich gestreckte Aufwandsverrechnung** erreicht wird.

Als Beispiele aktivierungsfähiger Bilanzierungshilfen[8] sind zu nennen:
(1) das Disagio bei der Darlehensaufnahme (§ 250 Abs. 3 HGB),
(2) der derivative Firmenwert (§ 255 Abs. 4 HGB),
(3) Aufwendungen für die Ingangsetzung und Erweiterung des Geschäftsbetriebes,
(4) aktive latente Steuern (§ 274 Abs. 2 HGB).

Die folgende Abb. zeigt die wichtigsten Aktivierungsvorschriften des HGB im Überblick:

	HGB
Aktivierungsgebot	
• „sämtliche" Vermögensgegenstände (VG)	(246 Abs. 1)
• alle materiellen VG	
• alle entgeltlich erworbenen immateriellen VG	
• nicht entgeltlich erworbene immateriellen VG des Umlaufvermögens	
• transitorische Rechnungsabgrenzungsposten (RAP)	(250 Abs. 1)
Aktivierungswahlrecht	
• Bilanzierungshilfen	
• Disagio als RAP	(250 Abs. 3)
• derivativer Firmenwert	(255 Abs. 4)
• Ingangsetzungs- und Erweiterungsaufwendungen (nur für Kapitalgesellschaften)	(269)
• aktive latente Steuern als „Abgrenzungsposten" (nur für Kapitalgesellschaften)	(274 Abs. 2)

---

[8] Zur ausführlichen Behandlung vgl. S. 957 ff.

Aktivierungsverbot	
• Gründungsaufwendungen	(248 Abs. 1)
• Aufwendungen für Eigenkapitalbeschaffung	(248 Abs. 1)
• nicht entgeltlich erworbene immaterielle VG des Anlagevermögens (originärer Firmenwert)	(248 Abs. 2)

Abb. 34: Wichtige Aktivierungsvorschriften des HGB im Überblick

Von besonderem Interesse sind die Aktivierungswahlrechte. Durch sie erlangt das Unternehmen einen bilanzpolitischen Spielraum[9] zur Gestaltung des Vermögens- und Erfolgsausweises.

c) Konkrete Passivierungsvorschriften

Nach dem abstrakten Bilanzierungsgrundsatz hat die Passivseite nicht mehr, aber auch nicht weniger als **sämtliche Schulden** und – als Saldo zwischen Vermögen und Schulden – das Eigenkapital auszuweisen. Dabei setzen sich die auszuweisenden Schulden aus

(1) **sicheren Verbindlichkeiten** gegenüber Dritten und
(2) **ungewissen Verbindlichkeiten**[10] gegenüber Dritten
zusammen.

Sichere (ungewisse) Verbindlichkeiten müssen unter der Passivposition „Verbindlichkeiten" („Rückstellungen") ausgewiesen werden. Mit der Passivierung dieser beiden Sachverhalte ist dem Anliegen der statischen Bilanzauffassung nach vollständigem Schuldenausweis Genüge getan.

Mit seinen konkreten Passivierungsvorschriften geht das HGB einen Schritt weiter. Indem es für

- **transitorische Rechnungsabgrenzungsposten** und
- **bestimmte Aufwandsrückstellungen**

ein Passivierungsgebot verordnet, folgt es der dynamischen Bilanzauffassung, d. h. dem Verlangen nach **periodengerechter Gewinnermittlung**.

Aufwandsrückstellungen[11] (z. B. Rückstellungen für unterlassene Reparaturen) dienen der **Antizipation von Aufwand**. In § 249 HGB ist genau festgelegt, für welche Arten von Aufwandsrückstellungen ein Passivierungsgebot, ein Passivierungswahlrecht bzw. ein Passivierungsverbot gilt.

Kapitalgesellschaften wird nach § 273 HGB ein Passivierungswahlrecht zur Bildung eines **„Sonderpostens mit Rücklageanteil"** eingeräumt. Gedanklich läßt sich der Sonderposten mit Rücklageanteil in einen Eigen- und einen Fremdkapitalanteil zerlegen.[12]

Die folgende Abbildung zeigt die wichtigsten Passivierungsvorschriften des HGB im Überblick:

---

[9] Vgl. S. 1064 ff. insb. 1070
[10] Zu den ungewissen Verbindlichkeiten vgl. S. 976 f.
[11] Vgl. S. 923 und 977
[12] Vgl. hierzu ausführlich S. 973 ff.

Passivierungsgebot	HGB
• sichere Verbindlichkeiten	(246 Abs. 1)
• Verbindlichkeitsrückstellungen	(246 Abs. 1)
(= alle ungewissen Verbindlichkeiten gegenüber Dritten)	(249 Abs. 1)
• bestimmte Aufwandsrückstellungen	(249 Abs. 1)
• unterlassene Instandhaltung	
(geplant im 1. bis 3. Monat der Folgeperiode)	
• unterlassene Abraumbeseitigung	
(geplant in der Folgeperiode)	
• transitorische Rechnungsabgrenzungsposten	(250 Abs. 2)
• Eigenkapital (Vermögen > Schulden)	(247 Abs. 1)
Passivierungswahlrecht	
• bestimmte Aufwandsrückstellungen	
• unterlassene Instandhaltung	
(geplant im 4. bis 12. Monat der Folgeperiode)	(249 Abs. 1)
• genau umschriebene Großreparaturen	(249 Abs. 2)
• Sonderposten mit Rücklageanteil	(273)
(nur für Kapitalgesellschaften)	
Passivierungsverbot	
• andere als die in den Abs. 1 und 2 genannten Rückstellungen	(249 Abs. 3)
• Eventualverbindlichkeiten	
(aus der Haftung für die Schulden Dritter)	(248 Abs. 1)

Abb. 35: Wichtige Passivierungsvorschriften des HGB im Überblick

Von besonderem Interesse sind die Passivierungswahlrechte. Durch sie erlangt das Unternehmen einen bilanzpolitischen Spielraum[13] zur Gestaltung des Erfolgsausweises.

3. Gliederung der Bilanz

Der Jahresabschluß dient der Information der Bilanzadressaten. Zu diesem Zweck muß er klar und übersichtlich sein (§ 243 Abs. 2 HGB). Die (teilweise) sehr detaillierten **Bilanzgliederungsvorschriften** des HGB sind als **Mindeststandard** zur Vermittlung eines Einblicks in die Vermögens- und Finanzlage (Schuldensituation) des Unternehmens zu interpretieren.

a) Gliederungsprinzipien

Die Bilanzpositionen der Aktiv- bzw. Passivseite lassen sich nach unterschiedlichen Gesichtspunkten (Prinzipien) anordnen. Von besonderer Bedeutung ist eine Gliederung nach
- dem Liquiditätsprinzip,
- dem Prozeßgliederungsprinzip,

---

[13] Vgl. S. 1070f.

- den Rechtsverhältnissen und
- dem Fristigkeitsprinzip.

Das **Liquiditätsprinzip** dominiert die Gliederung der Aktivseite. Nach diesem Grundsatz soll die Vermögensposition an der Spitze (am Schluß) der Aktivposten aufgeführt werden, deren Liquidierung in einer sehr fernen (nahen) Zukunft liegt. Diesem Prinzip gehorchend wird zunächst das Anlagevermögen (= Vermögensgegenstände, die auf Dauer dem Betrieb zu dienen bestimmt sind), danach das Umlaufvermögen[14] bilanziert. Zahlungsmittelbestände (Kasse und Sichtguthaben) schließen den Reigen der bilanzierten Vermögensgegenstände[15] ab.

Das **Prozeßgliederungsprinzip** folgt dem Wertekreislauf: Rohstoffe – Halbfabrikate – Fertigfabrikate – Forderungen – Zahlungsmittel. Nach diesem Prinzip ist das Umlaufvermögen gegliedert.

Die **Rechtsverhältnisse** der Kapitalbereitstellung bestimmen die Grobgliederung der Passivseite: Zuerst wird das Eigenkapital (= Risikokapital), danach das Fremdkapital (= Kapital mit festem Rückzahlungsanspruch) ausgewiesen.[16] Die Rückstellungen werden zwischen Eigenkapital und Verbindlichkeiten aufgeführt. Als ungewisse Verbindlichkeiten gegenüber Dritten sind sie dem Fremdkapital zuzuordnen.

Das **Fristigkeitsprinzip** ordnet das ausgewiesene Kapital nach der Dauer der Verfügbarkeit: An der Spitze steht das Eigenkapital, das dem Unternehmen auf unbeschränkte Dauer zur Verfügung steht. Am Schluß sollen die Verbindlichkeiten mit dem kürzesten Zahlungsziel stehen. (**ÜB 6/6**)

b) Gliederungsschema

Unter einem Gliederungsschema soll hier die mehr oder weniger detaillierte **gesetzliche Vorgabe zur Bilanzgliederung** verstanden werden. Bei den gesetzlichen Gliederungsschemata spielen
- die Rechtsform,
- die Größe und
- die Branchenzugehörigkeit

des jeweiligen Unternehmens eine besondere Rolle. Branchenspezifische Gliederungsvorschriften gelten z.B. für Versicherungsunternehmen und Kreditinstitute.[17] Im übrigen unterscheiden die gesetzlichen Gliederungsvorschriften zwischen
- Nichtkapitalgesellschaften und
- Kapitalgesellschaften.[18]

---

[14] Zu möglichen Abgrenzungsproblemen bei Finanztiteln des Anlage- bzw. Umlaufvermögens vgl. S. 880
[15] Der am Schluß aufgeführte Rechnungsabgrenzungsposten ist kein Vermögensgegenstand.
[16] Als Mischposition läßt sich der „Sonderposten mit Rücklageanteil" den Kategorien Eigen- bzw. Fremdkapital nicht zuordnen. Vgl. S. 973 ff.
[17] Vgl. hierzu Adler/Düring/Schmaltz, (Rechnungslegung), § 330 HGB
[18] Einzelfirmen und Personengesellschaften, die die Größenmerkmale nach § 1 Abs. 1 PublG erfüllen, sind den Kapitalgesellschaften gleichgestellt.

Bilanzgliederungsschema für Kapitalgesellschaften gem. § 266 HGB	
Aktivseite gem. § 266 Abs. 2 HGB	**Passivseite gem. § 266 Abs. 3 HGB**

A. Anlagevermögen:
  I. Immaterielle Vermögensgegenstände:
    1. Konzessionen, gewerbliche Schutzrechte und ähnliche Rechte und Werte sowie Lizenzen an solchen Rechten und Werten;
    2. Geschäfts- oder Firmenwert;
    3. geleistete Anzahlungen;
  II. Sachanlagen:
    1. Grundstücke, grundstücksgleiche Rechte und Bauten einschließlich der Bauten auf fremden Grundstücken;
    2. technische Anlagen und Maschinen;
    3. andere Anlagen, Betriebs- und Geschäftsausstattung;
    4. geleistete Anzahlungen und Anlagen im Bau;
  III. Finanzanlagen:
    1. Anteile an verbundenen Unternehmen;
    2. Ausleihungen an verbundene Unternehmen;
    3. Beteiligungen;
    4. Ausleihungen an Unternehmen, mit denen ein Beteiligungsverhältnis besteht;
    5. Wertpapiere des Anlagevermögens;
    6. sonstige Ausleihungen.
B. Umlaufvermögen:
  I. Vorräte:
    1. Roh-, Hilfs- und Betriebsstoffe;
    2. unfertige Erzeugnisse, unfertige Leistungen;
    3. fertige Erzeugnisse und Waren;
    4. geleistete Anzahlungen;
  II. Forderungen und sonstige Vermögensgegenstände:
    1. Forderungen aus Lieferungen und Leistungen;
    2. Forderungen gegen verbundene Unternehmen;
    3. Forderungen gegen Unternehmen, mit denen ein Beteiligungsverhältnis besteht;
    4. sonstige Vermögensgegenstände;
  III. Wertpapiere:
    1. Anteile an verbundenen Unternehmen;
    2. eigene Anteile;
    3. sonstige Wertpapiere;
  IV. Schecks, Kassenbestand, Bundesbank- und Postgiroguthaben, Guthaben bei Kreditinstituten.
C. Rechnungsabgrenzungsposten.
	A. Eigenkapital:
	  I. Gezeichnetes Kapital;
	  II. Kapitalrücklage;
	  III. Gewinnrücklagen:
	    1. gesetzliche Rücklage;
	    2. Rücklage für eigene Anteile;
	    3. satzungsmäßige Rücklagen;
	    4. andere Gewinnrücklagen;
	  IV. Gewinnvortrag/Verlustvortrag;
	  V. Jahresüberschuß/ Jahresfehlbetrag.
	B. Rückstellungen:
	  1. Rückstellungen für Pensionen und ähnliche Verpflichtungen;
	  2. Steuerrückstellungen;
	  3. sonstige Rückstellungen.
	C. Verbindlichkeiten:
	  1. Anleihen, davon konvertibel;
	  2. Verbindlichkeiten gegenüber Kreditinstituten;
	  3. erhaltene Anzahlungen auf Bestellungen;
	  4. Verbindlichkeiten aus Lieferungen und Leistungen;
	  5. Verbindlichkeiten aus der Annahme gezogener Wechsel und der Ausstellung eigener Wechsel;
	  6. Verbindlichkeiten gegenüber verbundenen Unternehmen;
	  7. Verbindlichkeiten gegenüber Unternehmen, mit denen ein Beteiligungsverhältnis besteht;
	  8. sonstige Verbindlichkeiten, davon aus Steuern, davon im Rahmen der sozialen Sicherheit.
	D. Rechnungsabgrenzungsposten.

Abb. 36: Bilanzgliederungsschema für Kapitalgesellschaften nach § 266 HGB

Nichtkapitalgesellschaften sind nach § 247 Abs. 1 HGB verpflichtet, „das Anlage- und das Umlaufvermögen, das Eigenkapital, die Schulden sowie die Rechnungsabgrenzungsposten gesondert auszuweisen und hinreichend aufzugliedern." Die Grundsätze ordnungsmäßiger Buchführung bestimmen den Umfang hinreichender Aufgliederung.

Für **Kapitalgesellschaften** und Großunternehmen im Sinne des Publizitätsgesetzes ist im § 266 HGB das in Abb. 36 dargestellte Mindestgliederungsschema kodifiziert.

Kleinen Kapitalgesellschaften wird nach § 266 Abs. 1 HGB eine Erleichterung eingeräumt: Sie müssen nur die mit Buchstaben und römischen Zahlen bezeichneten Posten (Fettdruck in Abb. 36) ausweisen.

Bei der Bilanzdarstellung können Nichtkapitalgesellschaften zwischen **Staffelform**[19] und Kontoform frei wählen. Kapitalgesellschaften sind an die in Abb. 36 enthaltene **Kontoform** gebunden.

Eine Reihe von **Bilanzpositionen** ist im Gliederungsschema nicht enthalten, weil sie **selten vorkommen:**

- Ausstehende Einlagen auf das gezeichnete Kapital sind vor dem Anlagevermögen auszuweisen (§ 272 Abs. 1 HGB).
- Aufwendungen für die Ingangsetzung und Erweiterung des Geschäftsbetriebs sind vor dem Anlagevermögen auszuweisen (§ 269 HGB).
- Aktive latente Steuern sind vor oder nach den aktiven Rechnungsabgrenzungsposten auszuweisen (§ 272 Abs. 2 HGB).
- Ein nicht durch Eigenkapital gedeckter Fehlbetrag (negatives Eigenkapital) ist nach den aktiven Rechnungsabgrenzungsposten auszuweisen (§ 263 Abs. 3 HGB).
- Ein Sonderposten mit Rücklageanteil ist zwischen dem Eigenkapital und den Rückstellungen auszuweisen (§ 273 HGB).

Eventualverbindlichkeiten sind nach § 251 HGB **außerhalb der Bilanz** („unter dem Strich") auszuweisen.

c) Zusätzliche Vorschriften zur Verbesserung des Einblicks in die Vermögens- und Finanzlage

In § 265 HGB sind zahlreiche Einzelvorschriften zur verbesserten Unterrichtung der Bilanzadressaten enthalten. Hervorzuheben sind hier das Prinzip der formalen Bilanzkontinuität (§ 265 Abs. 1 HGB) und die Verpflichtung, für jede Bilanzposition auch den Vorjahresbetrag anzugeben (§ 265 Abs. 2 HGB).

aa) Einblick in die Vermögenslage

Im Gegensatz zur direkten hat die indirekte Abschreibung[20] den Vorteil, auf der Aktivseite die Anschaffungs- bzw. Herstellungskosten eines Vermögensgegenstandes und auf der Passivseite als „Wertberichtigung auf Anlagen" die bislang getätigten – kumulierten – Abschreibungen auszuweisen.

---

[19] Zur Staffelform vgl. Heinhold, M., (Jahresabschluß), S. 57 f.
[20] Zum Vorteil indirekter Abschreibung vgl. Wöhe, G., (Bilanzierung), S. 119

Die indirekte Form der Abschreibung ist für Kapitalgesellschaften nicht mehr zulässig. Statt dessen müssen große und mittelgroße Kapitalgesellschaften nach § 268 Abs. 2 HGB einen **Anlagespiegel** erstellen, wie er auszugsweise und beispielhaft in Abb. 37 dargestellt ist.

Der Anlagespiegel ist im Rahmen der Bilanz oder im Anhang zu erstellen. Er hat in Spalte (1) die „Aufwendungen für die Ingangsetzung und Erweiterung des Geschäftsbetriebs" und jeden Einzelposten des Anlagevermögens aufzunehmen. In den übrigen Spalten sind Geldbeträge für folgende Sachverhalte anzugeben:

(2) Anschaffungs-, Herstellungskosten (historisch/kumuliert);
(3) Zugänge des Geschäftsjahrs zu Anschaffungs- bzw. Herstellungskosten;
(4) Abgänge des Geschäftsjahrs zu Anschaffungs- bzw. Herstellungskosten;
(5) Umbuchungen zu Anschaffungs- bzw. Herstellungskosten (z.B. von „Anlagen im Bau" zu „technische Anlagen");
(6) Zuschreibungen des Geschäftsjahrs (= wertmäßige Erhöhung durch Rückgängigmachung überhöhter Vorperiodenabschreibungen);
(7) kumulierte Abschreibung, d.h. Summe aller bisherigen Abschreibungen mit Ausnahme der lfd. Jahresabschreibung;
(8) Abschreibung im lfd. Geschäftsjahr;
(9) Restbuchwert (RBW) am Vorjahresende,
(10) Restbuchwert (RBW) am Ende des lfd. Geschäftsjahrs.

(1) Bilanzposten	(2) Ako/Hko	(3) Zugänge	(4) Abgänge	(5) Umbuchungen	(6) Zuschreibungen	(7) kum. Abschreibung	(8) lfd. Abschreibung	(9) RBW Vorjahr	(10) RBW lfd. Jahr
		+	−	+/−	+	−	−		
•	•	•	•	•	•	•	•	•	•
•	•	•	•	•	•	•	•	•	•
techn. Anl.	800	+100	−80	+40	+20	−350	−50	500	530
•	•	•	•	•	•	•	•	•	•

Abb. 37: Anlagespiegel (Auszug) nach § 268 Abs. 2 HGB

Zu den wichtigsten Informationen, die ein Bilanzadressat dem Anlagespiegel entnehmen kann, gehören der Einblick in die Altersstruktur (2)–(7) bzw. in die Fluktuation im Anlagenbestand (3) bzw. (4). (**ÜB 6/89**)

bb) Einblick in die Finanzlage

Die **Zahlungsfähigkeit** eines Unternehmens hängt in hohem Maße davon ab, wann und in welchem Umfang mit
- einem Mittelzufluß aus fälligen Forderungen bzw.
- einem Mittelabfluß aus fälligen Verbindlichkeiten

zu rechnen ist. Zur Verbesserung des Einblicks in die Finanzlage schreibt § 268 HGB Kapitalgesellschaften[21] vor, bei jedem ausgewiesenen Posten

---

[21] Kleine Kapitalgesellschaften sind nach § 274a HGB von dieser Angabepflicht befreit.

- den Betrag der **Forderungen** mit einer **Restlaufzeit von mehr als einem Jahr** bzw.
- den Betrag der **Verbindlichkeiten** mit **einer Restlaufzeit von weniger als einem Jahr**

gesondert (in der Vorspalte) auszuweisen.

Darüber hinaus muß eine Kapitalgesellschaft im Anhang[22] den Betrag von
- Verbindlichkeiten mit einer **Restlaufzeit** von mehr als **fünf Jahren** sowie
- Verbindlichkeiten, die durch **Grundpfandrechte** gesichert sind

angeben.

Bilanz-posten	Gesamt-betrag	Restlaufzeit			gesicherter Betrag	Art der Sicherung
		≤ 1 Jahr	2–5 Jahre	> 5 Jahre		
•	•	•	•	•	•	–
•	•	•	•	•	•	–
Verbindl. ggü. Kreditinstituten	800	80	500	220	440	Grundschuld
•	•	•	•	•	•	–
•	•	•	•	•	•	–

Abb. 38: Verbindlichkeitenspiegel (Auszug)

Die notwendigen Pflichtangaben können in einem Verbindlichkeitenspiegel zusammengefaßt werden. Damit liefert der Verbindlichkeitenspiegel dem Bilanzanalysten die notwendigen Informationen zur Analyse der Kapitalstruktur.[23]

4. Bewertungsprinzipien und Bewertungsmaßstäbe

a) Bewertungsprinzipien

Gläubigerschutz ist das oberste Anliegen deutschen Handelsrechts. Bei der Bewertung der Aktiva und Passiva ist das Vorsichtsprinzip (§ 252 Nr. 4 HGB) zu beachten. Das **Vorsichtsprinzip**[24] gebietet
- Vermögensgegenstände eher zu niedrig als zu hoch (Niederstwertprinzip) und
- Verbindlichkeiten (und Rückstellungen) eher zu hoch als zu niedrig (Höchstwertprinzip)

zu bewerten. Die Einhaltung des Niederstwertprinzips bei der Vermögensbewertung bzw. des Höchstwertprinzips bei der Schuldenbewertung führt zum gewünschten Ziel: Der **Eigenkapitalbestand** am Periodenende und somit auch die Eigenkapitalveränderung (= Erfolg) der Periode **wird eher zu niedrig als zu hoch** ausgewiesen.

Nach dem Niederstwertprinzip (Höchstwertprinzip) müssen bei der Bewertung einer Bilanzposition zu jedem Bilanzstichtag zwei Werte miteinan-

---

[22] Vgl. § 285 Nr. 1 und 2 HGB
[23] Vgl. S. 993 ff.
[24] Vgl. hierzu auch S. 897

der verglichen werden. Als **Basiswert** fungieren die historischen Anschaffungskosten[25] bzw. Herstellungskosten.[26]

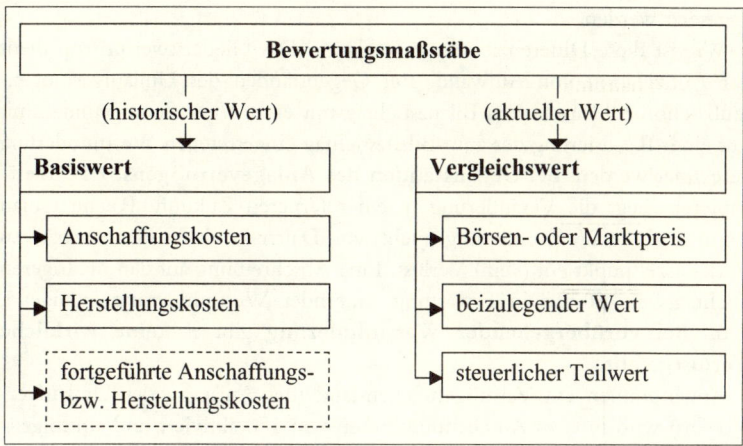

Abb. 39: Wertvergleich nach dem Niederstwertprinzip

Käuflich erworbene (selbsterstellte) Vermögensgegenstände werden bei ihrer Aufnahme ins Betriebsvermögen zu Anschaffungskosten (Herstellungskosten) bewertet und bilanziert.

Vermögensgegenstände (z.B. maschinelle Anlagen), deren Nutzung zeitlich begrenzt ist, müssen nach § 253 Abs. 2 HGB planmäßig abgeschrieben[27] werden. Den um planmäßige Abschreibungen verminderten Basiswert bezeichnet man als **fortgeführte Anschaffungs- bzw. Herstellungskosten**.

Als **Vergleichswert** ist der aktuelle Stichtagswert heranzuziehen. Vergleichswert in der Handelsbilanz[28] ist vor allem der Börsen- oder Marktpreis bzw. der beizulegende Wert. Als Vergleichswert in der Steuerbilanz fungiert der sog. Teilwert. Ist der aktuelle Vergleichswert (z.B. Marktpreis am Bilanzstichtag = 80) niedriger als der historische Basiswert (z.B. Anschaffungskosten = 100), hat das bilanzierende Unternehmen die Pflicht (bzw. das Recht), einen Wertabschlag (20) vorzunehmen, der als Aufwand (= außerplanmäßige Abschreibung) in die GuV eingeht.

Im **Umlaufvermögen** gilt das **strenge Niederstwertprinzip**. Ist der Stichtagswert (Marktpreis) niedriger als die historischen Anschaffungs- oder Herstellungskosten, muß der **niedrigere Wert zwingend** angesetzt werden.

Im **Anlagevermögen** gilt das **gemilderte Niederstwertprinzip**. Liegt der Stichtagswert unter den historischen Anschaffungs- bzw. Herstellungskosten, gibt es nach § 253 Abs. 2 HGB zwei Bewertungsmöglichkeiten:

---

[25] Vgl. S. 931
[26] Vgl. S. 931 ff.
[27] Zur planmäßigen Abschreibung vgl. S. 937 ff.
[28] Als weitere Vergleichswerte kommen der „nach vernünftiger kaufmännischer Beurteilung zulässige Wert" (§ 253 Abs. 4 HGB) sowie der „steuerlich zulässige Wert" (§ 254 HGB) in Betracht.

Rechnet man damit, daß die Wertminderung nur **vorübergehender Natur** ist, **darf** der niedrigere Stichtagswert angesetzt werden. Rechnet man damit, daß die Wertminderung **von Dauer** ist, **muß** der niedrigere Stichtagswert angesetzt werden.

Wie ist diese Differenzierung zu erklären? Das Niederstwertprinzip dient der Antizipation von Aufwand. Bei Gegenständen des Umlaufvermögens muß schon bald nach dem Bilanzstichtag mit einer Veräußerung und damit mit einer Realisierung der zum Bilanzstichtag eingetretenen Wertminderung gerechnet werden. Bei **Gegenständen des Anlagevermögens**, z. B. Wertpapieren, liegt die Veräußerung in einer ferneren Zukunft. Rechnet man damit, daß die Wertminderung (nicht) von Dauer ist, droht für den späteren Verkaufszeitpunkt ein (kein) Verlust. Eine Abschreibung auf den niedrigeren Stichtagswert ist nur in Erwartung dauernder Wertminderung zwingend, denn **bei vorübergehender Wertminderung** gibt es **keine wirkliche Verlustgefahr**.

Angenommen ein Vermögensgegenstand (des Anlage- oder Umlaufvermögens) wird in t_0 zu Anschaffungskosten von 100 aktiviert und am folgenden Bilanzstichtag t_1 nach dem Niederstwertprinzip auf 70 abgeschrieben. Zu welchem Betrag ist der Vermögensgegenstand zum nächstfolgenden Bilanzstichtag t_2 zu bewerten, wenn der aktuelle Wert in t_2 bei 110 liegt? In diesem Falle gilt das **Beibehaltungswahlrecht** des § 253 Abs. 5 HGB. Zum Bilanzstichtag t_3 hat das Unternehmen die Möglichkeit

- den Bilanzansatz aus t_2 (in Höhe von 80) beizubehalten oder
- eine Wertaufholung (= Wertzuschreibung) vorzunehmen.

Da die **Anschaffungskosten** die **absolute Wertobergrenze** bilden (§ 253 Abs. 1 HGB), kann das Unternehmen im konkreten Beispiel jeden beliebigen Wert zwischen 80 und 100 wählen.

Abschließend werden die oben angesprochenen Bewertungsprinzipien[29] folgendermaßen zusammengefaßt:

---

(1) Anschaffungs- bzw. Herstellungskosten bilden die **Wertobergrenze**
(2) **Strenges Niederstwertprinzip** im Umlaufvermögen
(3) **Gemildertes Niederstwertprinzip** im Anlagevermögen
(4) **Beibehaltungswahlrecht** nach Wiederanstieg des Stichtagswertes

---

Abb. 40: Bewertungsprinzipien im Überblick

b) Bewertungsmaßstäbe

aa) Basiswerte

Unter einem Basiswert wird hier jener Geldbetrag verstanden, mit dem ein Vermögensgegenstand bei erstmaliger Aktivierung bewertet wird. Entgeltlich erworbene Gegenstände werden zu Anschaffungskosten, selbsterstellte Vermögensgegenstände werden zu Herstellungskosten bewertet.

---

[29] Zur genannten Darstellung der Bewertungsregeln vgl. S. 948 f.

(1) Anschaffungskosten

Die handelsrechtlichen[30] Anschaffungskosten (§ 255 Abs. 1 HGB) sind nach folgendem Schema zu ermitteln:

		Zeile
	Anschaffungspreis	(1)
–	Anschaffungspreisminderungen	(2)
+	Anschaffungsnebenkosten	(3)
+	nachträgliche Anschaffungskosten	(4)
=	Anschaffungskosten	

Abb. 41: Schema zur Ermittlung der Anschaffungskosten

Die einzelnen Komponenten[31] lassen sich folgendermaßen erläutern:
(1) **Anschaffungspreis** ist der Nettorechnungspreis (ohne Umsatzsteuer).
(2) **Anschaffungspreisminderungen** sind Rabatte, Skonti oder Boni.
(3) **Anschaffungsnebenkosten** sind alle Aufwendungen, die anfallen, um den Vermögensgegenstand in einen betriebsbereiten Zustand zu versetzen. Beispiele sind Transportaufwand, Transportversicherung, Zölle, Montagekosten (bei Maschinen) bzw. Grunderwerbsteuer, Maklergebühren, Grundbuchgebühren (bei Grundstücken).
(4) Nachträgliche Anschaffungskosten liegen vor, wenn nach Inbetriebnahme[32] des Gegenstandes weitere Zahlungen in Form von nachträglichen Korrekturen des Anschaffungspreises bzw. Anschaffungsnebenkosten zu leisten sind.

Mit dem Zwang zur Aktivierung der Anschaffungsnebenkosten folgt das HGB dem Bestreben der dynamischen Bilanzauffassung nach einem Ausweis vergleichbarer Periodenergebnisse. Beziffern sich die Anschaffungsnebenkosten auf 5 Mio. Geldeinheiten und beträgt die Nutzungsdauer der Anlage 10 Jahre, würden im Falle der
(1) Nichtaktivierung einmalig 5 Mio. als Aufwand der Anschaffungsperiode
(2) Aktivierung 0,5 Mio. als Mehrabschreibung eines jeden Nutzungsjahres
verrechnet. Bei (1) **Nichtaktivierung** wäre die **Vergleichbarkeit der Periodenergebnisse erheblich gestört.** (ÜB 6/17–20)

(2) Herstellungskosten

Selbsterstellte Vermögensgegenstände (Halb- und Fertigfabrikate, selbsterstellte Anlagen) sind zu Herstellungskosten zu bewerten. Drei wesentliche Merkmale unterscheiden diesen Bewertungsmaßstab von den oben erläuterten Anschaffungskosten:
(1) Herstellungskosten[33] sind weitaus **schwerer zu ermitteln** als Anschaffungskosten.

---

[30] Kalkulatorische Kosten gehören niemals zu den Anschaffungskosten.
[31] Vgl. hierzu ausführlich Wöhe, G., (Bilanzierung), S. 376 ff.
[32] Fallen nach Inbetriebnahme Kosten für die Erweiterung oder wesentliche technische Verbesserung einer Anlage an (z.B. Fahrstuhleinbau), handelt es sich nicht um nachträgliche Anschaffungskosten, sondern um aktivierungspflichtigen Herstellungsaufwand.
[33] Zum Kostenermittlungsschema der Zuschlagskalkulation vgl. S. 1141

(2) Für Teile der Herstellungskosten gibt es ein **Aktivierungswahlrecht**.[34]
(3) Die Wertuntergrenze (vgl. die folgende Abb.) der Herstellungskosten ist in der **Handelsbilanz niedriger** als in der Steuerbilanz.

In § 255 Abs. 2 HGB werden Herstellungskosten folgendermaßen definiert: „Herstellungskosten sind die Aufwendungen, die durch den Verbrauch von Gütern und die Inanspruchnahme von Diensten für die Herstellung eines Vermögensgegenstands, seine Erweiterung oder für eine über seinen ursprünglichen Zustand hinausgehende wesentliche Verbesserung entstehen."

Kalkulatorische Kosten[35] können nicht Bestandteil der Herstellungskosten sein. Korrekterweise müßte man also von **Herstellungsaufwand** sprechen. Für die Ermittlung der handelsrechtlichen Herstellungskosten gilt folgende Faustregel:[36]

- **Aktivierungsgebot**: alle Einzelkosten im Material- und Fertigungsbereich
- **Aktivierungsverbot**: alle Vertiebskosten (Einzel- und Gemeinkosten)
- **Aktivierungswahlrecht**: alle Gemeinkosten im Material-, Fertigungs- und Verwaltungsbereich

Die folgende Abbildung gibt einen Überblick über die Bestandteile handels- und steuerrechtlicher Herstellungskosten:

Handelsbilanz (§ 255 Abs. 2 und 3 HGB)	Aufwandsart	Steuerbilanz (Abschn. 33 EStR)
Aktivierungspflicht	(1) Materialeinzelkosten	Aktivierungspflicht
Aktivierungspflicht	(2) Fertigungseinzelkosten	Aktivierungspflicht
Aktivierungspflicht	(3) Sondereinzelkosten der Fertigung	Aktivierungspflicht
= **Wertuntergrenze**		
Aktivierungswahlrecht	(4) Angemessene Teile der notwendigen Materialgemeinkosten	Aktivierungspflicht
Aktivierungswahlrecht	(5) Angemessene Teile der notwendigen Fertigungsgemeinkosten	Aktivierungspflicht
Aktivierungswahlrecht	(6) Angemessene Teile des Wertverzehrs des Anlagemermögens	Aktivierungspflicht
		= **Wertuntergrenze**
Aktivierungswahlrecht	(7) Kosten der allgemeinen Verwaltung	Aktivierungswahlrecht
Aktivierungswahlrecht	(8) Aufwendungen für soziale Einrichtungen des Betriebes	Aktivierungswahlrecht
Aktivierungswahlrecht	(9) Aufwendungen für freiwillige soziale Leistungen	Aktivierungswahlrecht
Aktivierungswahlrecht	(10) Aufwendungen für betriebliche Altersversorgung	Aktivierungswahlrecht
Aktivierungswahlrecht	(11) Fremdkapitalzinsen (unter bestimmten Voraussetzungen)	Aktivierungswahlrecht
= **Wertobergrenze**		= **Wertobergrenze**
Aktivierungsverbot	(12) Vertriebskosten (Einzel- und Gemeinkosten)	Aktivierungsverbot

Abb. 42: Herstellungskosten in Handels- und Steuerbilanz

---

[34] Einen solchen bilanzpolitischen Spielraum gibt es bei den Anschaffungskosten nicht.
[35] Vgl. hierzu S. 1112 ff.
[36] Zu Einzelheiten vgl. ausführlich Wöhe, G., (Bilanzierung), S. 385 ff.

Fremdkapitalzinsen gehören grundsätzlich nicht zu den Herstellungskosten. Ein Einbeziehungswahlrecht gilt nur für den Teil der Fremdkapitalzinsen,[37] der sich einem konkreten Vermögensgegenstand (z.B. Anlagen im Bau) für den Zeitraum der Herstellung zuordnen läßt.

Das handelsrechtliche Aktivierungswahlrecht für die Gemeinkostenarten (4) bis (11) eröffnet einen weiten bilanzpolitischen Spielraum. Eine Ermittlung der handelsrechtlichen **Herstellungskosten auf Einzelkostenbasis** (= Wertuntergrenze) ist nicht unproblematisch. Der Verzicht auf die Aktivierung von Material-, Fertigungs- und Verwaltungsgemeinkosten bewirkt
- in der Bilanz eine **Unterbewertung der Aktiva**
- in der GuV eine **Verkürzung des Erfolgsausweises**.

Der Verzicht auf die Aktivierung der Gemeinkosten beeinträchtigt also den Einblick in die Vermögens- und Ertragslage. (ÜB 6/21–23, 41–48)

(3) **Hilfswerte**

Es gibt Aktiv- bzw. Passivposten, die bei erstmaliger Bilanzierung weder mit Anschaffungs- noch mit Herstellungskosten zu bewerten sind. Als Basiswert kommen nach § 253 Abs. 1 HGB folgende Hilfswerte[38] in Betracht:
- Forderungen sind zum Nennbetrag,
- Verbindlichkeiten sind zum Rückzahlungsbetrag,
- Rentenverpflichtungen sind zum Barwert,
- Rückstellungen sind zu dem nach vernünftiger kaufmännischer Beurteilung notwendigen Betrag

zu bewerten.

bb) Vergleichswerte

Mit ihrem Zugang zum Betriebsvermögen werden Aktiva bzw. Passiva zum Basiswert (Anschaffungskosten, Herstellungskosten, Hilfswert) bewertet. An den folgenden Bilanzstichtagen muß der historische Basiswert mit dem aktuellen Stichtagswert (Vergleichswert) verglichen werden.

(1) **Der aus dem Börsen- oder Marktpreis abgeleitete Wert**

Dieser Stichtagswert gilt nach § 253 Abs. 3 HGB für Vermögensgegenstände des Umlaufvermögens. Ist ein Börsen- oder Marktpreis zum Bilanzstichtag nicht festzustellen, tritt an seine Stelle „der am Bilanzstichtag beizulegende Wert".

Als **Börsenpreis** gilt der an einer amtlichen Börse oder im Freiverkehr ermittelte Kurs. Dieser Vergleichswert findet vor allem bei der Bewertung börsennotierter Wertpapiere Anwendung.

Der **Marktpreis** ist der Preis, der an einem Markt für Waren einer bestimmten Gattung (z.B. Edelsteine) zu einem bestimmten Zeitpunkt gezahlt wird. Marktunvollkommenheiten sorgen für ein Auseinanderfallen in Beschaffungsmarktpreise und Absatzmarktpreise.

---

[37] Vgl. Adler/Düring/Schmaltz, (Rechnungslegung), § 255 HGB, Tz. 202 ff.
[38] Vgl. Heinhold, M., (Jahresabschluß), S. 230 ff.

Für die Ermittlung des Vergleichswertes gilt folgende Grundregel: Für Gegenstände, die **regelmäßig wiederbeschafft** werden müssen (z. B. Roh-, Hilfs- und Betriebsstoffe), ist der Stichtagswert vom **Beschaffungsmarkt** abzuleiten. Hier werden die Wiederbeschaffungskosten (= Wiederbeschaffungspreise + Nebenkosten) angesetzt.

Für Gegenstände, die **nicht wiederbeschafft** werden können (betriebsindividuelle Halb- oder Fertigfabrikate) bzw. nicht wiederbeschafft werden sollen (Überbestände an Roh-, Hilfs- und Betriebsstoffen) ist der Stichtagswert vom **Absatzmarkt** abzuleiten. Hier werden die Veräußerungspreise abzüglich noch anfallender Aufwendungen (verlustfreie Bewertung) angesetzt.

Für Handelswaren gilt die aus dem Vorsichtsprinzip abgeleitete doppelte Maßgeblichkeit: Bei der Feststellung des aktuellen Stichtagswertes ermittelt man sowohl die Wiederbeschaffungskosten als auch die erwarteten Veräußerungspreise abzüglich noch anfallender Aufwendungen. Der niedrigere von beiden Werten ist als maßgeblicher Vergleichswert den historischen Anschaffungskosten gegenüberzustellen.

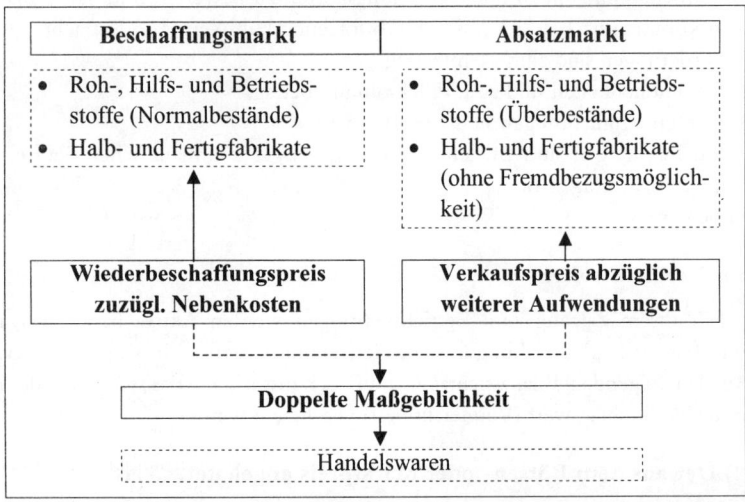

Abb.: 43 Vergleichswertermittlung für Gegenstände des Umlaufvermögens

Die verlustfreie Bewertung geht von folgendem Rechenschema[39] aus:

Vorsichtig geschätzter Verkaufspreis
− Erlösschmälerungen
− Verpackungskosten und Ausgangsfrachten
− sonstige Vertriebskosten
− noch anfallende Verwaltungskosten
− Kapitaldienstkosten
= Vergleichswert am Bilanzstichtag

Abb. 44: Verlustfreie Bewertung

---

[39] Vgl. Wöhe, G., (Bilanzierung), S. 469 f.

Ist der Vergleichswert am Bilanzstichtag höher als die historischen Anschaffungs- bzw. Herstellungskosten, dann sind die Anschaffungs- bzw. Herstellungskosten für die Bilanzbewertung maßgeblich. Die Gefahr eines Ausweises unrealisierter Gewinne existiert nicht. Die **verlustfreie Bewertung** verfolgt allein den Zweck, bei einem Preisverfall auf dem Absatzmarkt **drohende Verluste** zu antizipieren. (ÜB 6/24)

(2) Der am Bilanzstichtag beizulegende Wert

Ist ein Börsen- oder Marktpreis nicht festzustellen, fungiert der „beizulegende Wert" als Vergleichswert zum Bilanzstichtag. Letztlich ist dieser unbestimmte Wertbegriff nach den Grundsätzen ordnungsmäßiger Buchführung aus den Verhältnissen am Beschaffungsmarkt bzw. Absatzmarkt abzuleiten. Der **beizulegende Wert** orientiert sich damit an den **Wiederbeschaffungskosten** bzw. an den Ergebnissen aus **verlustfreier Bewertung**.

Der beizulegende Wert ist für alle Gegenstände des Anlagevermögens der maßgebliche Stichtagswert (§ 253 Abs. 2 HGB). Bei den Wertpapieren des Anlagevermögens gilt der Börsenkurs als beizulegender Wert. Der beizulegende Wert von abnutzbaren Gegenständen des Anlagevermögens ist der Wiederbeschaffungswert (Zeitwert- bzw. Neuwert abzüglich planmäßiger Abschreibungen) oder – bei nicht mehr benötigten Anlagen – der Veräußerungspreis (ggf. Schrottwert) abzüglich Abbruchkosten.

(3) Der Teilwert

In der Steuerbilanz wird die untere Wertgrenze durch den Teilwert fixiert. § 6 Abs. 1 Nr. 1 Satz 3 EStG definiert den Teilwert als den Betrag, „den ein Erwerber des ganzen Betriebs im Rahmen des Gesamtkaufpreises für das einzelne Wirtschaftsgut ansetzen würde; dabei ist davon auszugehen, daß der Erwerber den Betrieb fortführt." Der Teilwert ist aus der Überlegung entwickelt worden, daß die an Marktpreisen orientierten Bewertungsmaßstäbe unbrauchbar sind, wenn es gilt, eine Wertuntergrenze für Güter zu finden, die nicht am Markt abgesetzt werden sollen, sondern – wie Grund und Boden, Gebäude, Maschinen usw. – im Betrieb verbleiben und viele Jahre lang Nutzungen abgeben und dabei entweder keiner Abnutzung unterliegen (Grundstücke) oder allmählich von Periode zu Periode im Wert sinken (Gebäude, Maschinen). Eine Orientierung an den Wiederbeschaffungskosten erscheint hier nicht zweckmäßig, auch wenn sie unter den Anschaffungs- oder Herstellungskosten liegen, da der Wert dieser Güter nicht von ihren Marktpreisen, sondern von den **Nutzungsmöglichkeiten im Betrieb** abhängt. Die Nutzungsmöglichkeiten aber sind nicht festzustellen, indem man das zu bewertende Gut isoliert für sich betrachtet, sondern indem man es in Verbindung mit allen übrigen Vermögensteilen des Betriebes bewertet.

An Stelle einer preisabhängigen Bewertung (Wiederbeschaffungskosten) wird hier vom Steuerrecht eine nutzungs- oder **ertragsabhängige Bewertung** angestrebt, die davon ausgeht, welcher Ertrag mit dem zu bewertenden Gut (in Gemeinschaft mit allen anderen Teilen des Betriebes) noch zu erwarten ist. Werden diese Werte bewußt unterschritten, so entstehen stille Rücklagen.

Die bewertungstheoretisch an sich richtige Konzeption des Teilwertes hat sich jedoch als **unpraktikabel** erwiesen, weil es bis heute weder eine Methode gibt, den Gesamtwert eines Betriebes exakt festzustellen, noch ein Verfahren, den Gesamtwert auf die einzelnen Wirtschaftsgüter des Betriebes genau aufzuteilen. Folglich muß der Teilwert in der Praxis mit Hilfe von marktabhängigen Werten (Anschaffungskosten, Herstellungskosten, Wiederbeschaffungskosten) bestimmt werden.[40]

5. Abschreibungen und Zuschreibungen

a) Wertverzehr und Abschreibungen

Wird ein Vermögensgegenstand angeschafft, fließen in Höhe der Anschaffungskosten liquide Mittel ab. An ihre Stelle tritt eine Position des Anlage- oder Umlaufvermögens, die zu Anschaffungskosten bilanziert wird. Es handelt sich um einen Aktivtausch, also um einen erfolgsneutralen Vorgang.

Kommt es zu einem späteren Zeitpunkt zu einer Wertsteigerung, darf eine Zuschreibung (= Ertrag) nicht vorgenommen werden, weil die Anschaffungs- bzw. Herstellungskosten nach § 253 Abs. 1 HGB die Wertobergrenze bilden. Kommt es zu einem späteren Zeitpunkt zu einer Wertminderung, muß (darf) nach dem strengen (gemilderten) Niederstwertprinzip eine **Abschreibung** vorgenommen werden. Eine Abschreibung ist also die **buchhalterische Erfassung eines Wertverzehrs.**

Wertverzehr kann unterschiedliche Ursachen haben, die in Abb. 45 stichwortartig wiedergegeben sind. Dabei wird zwischen vorhersehbarem, planmäßigem (pl.) Wertverzehr und unerwartetem, außerplanmäßigem (apl.) Wertverzehr unterschieden.

Verbrauchsbedingter (technischer) Wertverzehr	
• technischer Verschleiß (Abnutzung durch Gebrauch)	pl.
• natürlicher Verschleiß (Witterungseinfluß)	pl.
• Substanzverringerung (z. B. Kiesabbau)	pl.
• Katastrophen (Feuer; Unfallschaden)	apl.
Wirtschaftlich bedingter Wertverzehr	
• Fehlinvestition (mangelnde Kapazitätsauslastung)	apl.
• sinkende Wiederbeschaffungskosten (Kursrückgang)	apl.
• Bonitätsverlust eines Schuldners (bei Forderungen)	apl.
• Nachfragerückgang bei Warenvorräten	apl.
Zeitablaufbedingter Wertverzehr	
• Ablauf von Konzessionen, Patenten	pl.

Abb. 45: Wertminderungsursachen

---

[40] Zur Problematik und Kritik des Teilwertes vgl. Wöhe, G., (Steuerlehre, Band I/2. Halbbd.), S. 175 ff.

Vorhersehbarer, planmäßiger Wertverzehr stellt sich bei allen Vermögensgegenständen ein, deren Nutzung zeitlich begrenzt ist. Beispiele sind maschinelle Anlagen, Gebäude und Patente. Solche Vermögensgegenstände gehören ausnahmslos zum Anlagevermögen. Dem **planmäßigen Wertverzehr** trägt man durch **planmäßige Abschreibung** Rechnung. In der Steuerbilanz bezeichnet man die planmäßige Abschreibung als Absetzung für Abnutzung (AfA).

Nicht vorhersehbarer, außerplanmäßiger Wertverzehr kann bei allen Vermögensgegenständen, abnutzbaren wie nichtabnutzbaren (z.B. Forderungen, Wertpapiere, Warenvorräte, Rohstoffe) eintreten. Dem **außerplanmäßigen Wertverzehr** trägt man durch **außerplanmäßige Abschreibungen** Rechnung.

Ob planmäßige oder außerplanmäßige Abschreibung: In beiden Fällen wird der Wertansatz eines Aktivums um den Abschreibungsbetrag X verringert. Gleichzeitig verringert sich der Erfolgsausweis um den Abschreibungsaufwand X. (**ÜB 6**/27–28, 30–32)

b) Planmäßige Abschreibungen

aa) Aufgaben und Inhalt

„Bei Vermögensgegenständen des Anlagevermögens, deren Nutzung zeitlich begrenzt ist, sind die Anschaffungs- oder Herstellungskosten um planmäßige Abschreibungen zu vermindern. Der Plan muß die Anschaffungs- oder Herstellungskosten auf die Geschäftsjahre verteilen, in denen der Vermögensgegenstand voraussichtlich genutzt werden kann."[41]

Mit dieser Abschreibungsvorschrift möchte der Gesetzgeber erreichen, daß der zu Anschaffungs- bzw. Herstellungskosten bewertete Nutzenvorrat in ökonomisch plausiblen Quoten (= jährliche Abschreibungsbeträge) auf die Nutzungsdauer verteilt wird. Hauptzweck planmäßiger Abschreibung ist
- nicht der richtige Vermögensausweis (statische Bilanzauffassung), sondern
- periodengerechte Erfolgsermittlung (dynamische Bilanzauffassung).

Man spricht deshalb auch von **Verteilungsabschreibung.**

Bei Aktivierung des abnutzbaren Vermögensgegenstandes ist ein Abschreibungsplan zu erstellen. Im **Abschreibungsplan** ist die **Abschreibungsbasis**, die **Nutzungsdauer** und das **Abschreibungsverfahren** festzulegen. Aus dem Abschreibungsplan lassen sich für den jeweiligen Gegenstand
- die Abschreibungsbeträge künftiger Geschäftsjahre und
- die Restbuchwerte künftiger Bilanzstichtage

ableiten.

Ist an einem späteren Bilanzstichtag der Restbuchwert (= fortgeführte Anschaffungs- oder Herstellungskosten) höher als der beizulegende Stichtagswert (Wiederbeschaffungskosten), muß unter Umständen eine außerplanmäßige Abschreibung verrechnet werden. Dadurch würde die Ver-

---

[41] § 253 Abs. 2 HGB

gleichbarkeit der Periodenergebnisse gestört. Um dies zu verhindern, sollte man bei der Erstellung des Abschreibungsplans das **Vorsichtsprinzip** walten lassen: Die Wahl
- einer **kürzeren Nutzungsdauer** und
- eines **beschleunigten Abschreibungsverfahrens**[42]

führt zu niedrigeren Restbuchwerten und macht künftige außerplanmäßige Abschreibungen unwahrscheinlicher. (**ÜB 6/26**)

bb) Abschreibungsbasis

Abschreibungsbasis sind die Anschaffungs- bzw. Herstellungskosten. Ist von Anfang an mit einem nennenswerten **Restverkaufserlös** der abzuschreibenden Anlage zu rechnen, gilt für die Handels- und Steuerbilanz: Abschreibungsbasis = Anschaffungskosten − Restverkaufserlös.

Die handelsrechtliche **Abschreibungspraxis** geht von **unverminderten Anschaffungs- bzw. Herstellungskosten** aus. Diese Praxis erklärt sich aus dem Prognoseproblem zur zuverlässigen Bestimmung des Restverkaufserlöses einerseits und dem Vorsichtsprinzip andererseits.

cc) Nutzungsdauer

Begrifflich muß man zwischen
- technischer Nutzungsdauer,
- optimaler Nutzungsdauer und
- wirtschaftlicher Nutzungsdauer

unterscheiden. Durch Wartung und wiederholte Erneuerung von Einbauteilen kann die technische Nutzungsdauer extrem lange ausgedehnt werden, was unter wirtschaftlichen Gesichtspunkten unzweckmäßig ist. Unter investitionstheoretischen Kriterien geht die optimale Nutzungsdauer[43] in jener Periode zu Ende, da der Kapitalwert sein Maximum erreicht. In der Praxis läßt sich dieses Nutzungsdaueroptimum nicht vorausberechnen.

Die für die Erstellung des Abschreibungsplans maßgebliche **wirtschaftliche Nutzungsdauer** ist ein praktischer Näherungswert an die optimale Nutzungsdauer. Anhaltspunkte zur Prognose der wirtschaftlichen Nutzungsdauer liefern
- **betriebsindividuelle Erfahrungen** und
- die **AfA-Tabellen.**

Die AfA-Tabellen[44] der Finanzverwaltung geben für einzelne Anlagegegenstände betriebsgewöhnliche Nutzungsdauern vor, die allerdings nur zur Berechnung der steuerlichen Abschreibung bindend sind.

Dem Vorsichtsprinzip folgend ist die **Nutzungsdauer eher zu kurz** als zu lang zu schätzen. Dies gilt besonders für Anlagegegenstände (z. B. im Bereich der Informationstechnik), die einem starken technischen Fortschritt ausgesetzt sind.

---

[42] Gemeint ist eine degressive Abschreibung; vgl. S. 940 f.
[43] Vgl. S. 644 ff.
[44] Zu Einzelheiten vgl. Wöhe, G., (Bilanzierung), S. 430 f.

Im Beschaffungsjahr sind Anlagegegenstände **grundsätzlich pro rata temporis** abzuschreiben. Für bewegliche Anlagegüter gibt es eine handels- und steuerrechtlich zulässige **Vereinfachung:** Beschaffungen innerhalb der ersten (zweiten) Jahreshälfte werden mit der vollen (halben) Jahresrate abgeschrieben.

Mit Ablauf der planmäßigen Nutzungsdauer ist ein Anlagegegenstand auf den Erinnerungswert von 1 DM abgeschrieben. Wird der Gegenstand auch in der Folgeperiode weitergenutzt, dürfen keine weiteren Abschreibungen als Aufwand verrechnet werden. Im Gegensatz zur Kostenrechnung gilt in der Finanzbuchhaltung der Grundsatz, daß die Summe der Abschreibungsbeträge die Anschaffungs- bzw. Herstellungskosten nicht übersteigen darf.

Stellt sich zu einem späteren Zeitpunkt heraus, daß die ursprünglich geschätzte Nutzungsdauer zu lang war, ist ein neuer Abschreibungsplan zu erstellen. Dabei ist
- der nach altem Abschreibungsplan erreichte Restbuchwert
- auf die verkürzte Restnutzungsdauer zu verteilen.

Einer nachträglichen Verlängerung der Nutzungsdauer sind dagegen enge Grenzen gesetzt.[45]

dd) Abschreibungsverfahren

Die jährlichen Abschreibungsraten lassen sich zeitabhängig oder leistungsabhängig ermitteln. Unter diesem Gesichtspunkt wurden folgende Abschreibungsverfahren entwickelt:

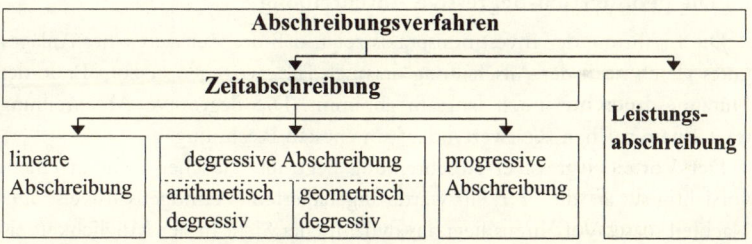

Abb. 46: Abschreibungsverfahren im Überblick

Die einfachste Form der Zeitabschreibung ist die lineare Abschreibung. Hierbei wird die Abschreibungsbasis in gleichbleibenden Jahresraten auf die Nutzungsdauer verteilt. Die degressive (progressive) Abschreibung verteilt das Abschreibungsvolumen in fallenden (steigenden) Jahresraten.

Das in Abb. 47 enthaltene Beispiel geht von folgenden Daten aus:

Anschaffungskosten in t_0: 1.200
Nutzungsdauer: 5 Jahre
RBW = Restbuchwert
A = jährlicher Abschreibungsbetrag

---

[45] Vgl. Adler/Düring/Schmaltz, (Rechnungslegung), § 253 HGB, Tz. 426

Zeitpunkt	(1) lineare Abschreibung		(2 a) geometrisch degressive A. 30%		(2 b) geometrisch degressive A. 50%		(3) arithmetisch degressive A.		(4) arithmetisch progressive A.	
	RBW	A	RBW	A	RBW	A	RBW	A	RBW	A
t_0	1.200		1.200		1.200		1.200		1.200	
		240		360		600		400		80
t_1	960		840		600		800		1120	
		240		252		300		320		160
t_2	720		588		300		480		960	
		240		176		150		240		240
t_3	480		412		150		240		720	
		240		124		75		160		320
t_4	240		288		75		80		400	
		240		86		37		80		400
t_5	0		202		38		0		0	

Abb. 47: Zeitabschreibungsverfahren

(1) Die lineare Abschreibung

Der Vorteil dieses Abschreibungsverfahrens besteht in der Verrechnung gleichbleibenden Periodenaufwands (240). Die Vergleichbarkeit der Periodenergebnisse wird nicht gestört. Die lineare Abschreibung ist **handels- und steuerrechtlich zulässig.** (ÜB 6/29)

(2) Die geometrisch-degressive Abschreibung

Die Erfahrung der Investitionspraxis zeigt, daß der Zeitwert eines Anlagegutes gleich nach der Anschaffung drastisch fällt, wogegen er zum Ende der Nutzungsdauer nur noch langsam abnimmt. Die degressive Abschreibung trägt einem solchen Restwertverlauf am ehesten Rechnung.

Der Vorteil degressiver Abschreibung liegt aus statischer Sicht in einem vorsichtigen, an die Verkehrswerte angenäherten Vermögensausweis. Der Nachteil dieses Verfahrens liegt aus dynamischer Sicht in der Möglichkeit eines verzerrten Erfolgsausweises: In den Anfangsperioden wird ein zu geringes, in den Endperioden wird ein zu hohes Jahresergebnis ausgewiesen.

Die geometrisch-degressive Abschreibung ist für bewegliche Wirtschaftsgüter **handels- und steuerrechtlich zulässig.** Nach gegenwärtig geltendem Einkommensteuerrecht (§ 7 Abs. 2 Satz 2 EStG) darf der Abschreibungsprozentsatz 30 Prozent bzw. das Dreifache des Satzes linearer Abschreibung[46] nicht übersteigen. Handelsrechtlich sind Abschreibungsprozentsätze von mehr als 30 Prozent zulässig, bedürfen jedoch besonderer Begründung.[47]

Beim geometrisch degressiven Verfahren ist eine **vollständige Abschreibung nicht möglich.** Die Abschreibungspraxis hilft sich durch einen

---

[46] Ein Anlagegegenstand mit zwanzigjähriger Nutzungsdauer darf also höchstens mit 15 Prozent abgeschrieben werden.
[47] Vgl. Adler/Düring/Schmaltz, (Rechnungslegung), § 253 HGB, Tz. 395

Übergang zur linearen Abschreibungsmethode. Der Methodenwechsel findet in der Periode statt, da die gleichmäßige Verteilung des Restbuchwertes (= lineare Methode) eine höhere Jahresabschreibung ergibt als die Fortführung der geometrischen Abschreibung. Im Beispielfall der Abb. 47 ist bei geometrisch degressiver Abschreibung zu 30 Prozent in t_2 ein Restbuchwert von 588 erreicht. Schreibt man diesen Restbuchwert linear auf die Restnutzungsdauer von drei Jahren ab, ergibt sich ein Abschreibungsbetrag A von 196 pro Jahr. Bei Fortführung der geometrisch-degressiven Methode wären in der dritten Periode nur 176 abzuschreiben. Deshalb erfolgt der Wechsel zur linearen Methode in der dritten Periode.

(3) Die arithmetisch-degressive Abschreibung

Auch dieses Abschreibungsverfahren zeichnet sich durch eine hohe Aufwandsverrechnung in den Anfangsperioden aus. Man gelangt auch hier sehr schnell zu niedrigen Restbuchwerten, womit dem Gläubigerschutzgedanken Rechnung getragen wird.

Bei arithmetisch-degressiver Abschreibung (digitaler Abschreibung) werden die Abschreibungsbeträge A nach foldendem Schema ermittelt: Man errechnet zunächst den Degressionsbetrag als Quotienten aus Anschaffungswert und der Summe der Nutzungsjahre.

$$\text{Degressionsbetrag} = \frac{1.200}{1+2+3+4+5} = 80$$

Den Abschreibungsbetrag des ersten (zweiten) Jahres erhält man, indem man den Degressionsbetrag mit der Ziffer des letzten (zweitletzten) Nutzungsjahres multipliziert.

1. Jahr $\quad 80 \cdot 5 = 400$
2. Jahr $\quad 80 \cdot 4 = 320$ usw.

Die arithmetisch-degressive Abschreibung ist **handelsrechtlich zulässig, steuerrechtlich unzulässig.**

(4) Die progressive Abschreibung

Eine progressive Abschreibung ist die Umkehrvariante degressiver Abschreibung: Die Abschreibungsbeträge sind in den Anfangsperioden sehr gering. Der Restbuchwert liegt anfangs auf hohem Niveau und sinkt erst zum Ende der Nutzungsdauer kräftig ab. Damit steht die Restbuchwertentwicklung in krassem Gegensatz zur tatsächlichen Zeitwertentwicklung der Investitionspraxis.

In den meisten Fällen **widerspricht** die progressive Abschreibung dem handelsrechtlichen **Prinzip vorsichtiger Bewertung.** Als **handelsrechtliches** Abschreibungsverfahren ist sie nur in **eng begrenzten Ausnahmefällen**[48] zulässig. **Steuerrechtlich** ist sie **unzulässig.**

---

[48] Vgl. Küting/Weber, (HdR), § 253, Tz. 125

(5) **Die Leistungsabschreibung**

Bei diesem Abschreibungsverfahren werden nicht zeitabhängige, sondern leistungsabhängige Abschreibungsquoten ermittelt. Zu diesem Zweck wird die Periodenleistung zur Gesamtleistung in Beziehung gesetzt. Als Leistungsgrößen kommen produzierte Stückzahlen, gefahrene Kilometer, Maschinenstunden usw. in Betracht. Belaufen sich die Anschaffungskosten eines LKW auf 200.000 DM und die erwartete Gesamtlaufleistung auf 200.000 km, dann sind bei einer Laufleistung von 27.000 km in der ersten Nutzungsperiode 27.000 DM Abschreibungsaufwand zu verrechnen.

Dieses Abschreibungsverfahren ist **handelsrechtlich** und – für bewegliche Anlagegüter – auch **steuerrechtlich zulässig.** Gleichwohl lassen sich bei diesem Verfahren **zwei Nachteile** nicht übersehen: Erstens ist es sehr schwer, die erwartete Gesamtkapazität zu prognostizieren. Zweitens ist dieses Verfahren nicht in der Lage, zeitabhängigen Verschleiß zu erfassen. Von einem Vermögensgegenstand, der in einer Periode nicht genutzt wird, keinerlei Wertminderung abzuschreiben, ist sachlich sicher nicht gerechtfertigt.

c) Außerplanmäßige Abschreibungen nach dem Niederstwertprinzip

aa) Abschreibungen auf den beizulegenden Wert

Nach dem Niederstwertprinzip muß zu jedem Bilanzstichtag der bisherige Buchwert eines Vermögensgegenstandes mit dem aktuellen Stichtagswert (= Marktpreis bzw. beizulegender Wert) verglichen werden. Das Problem außerplanmäßiger Abschreibung stellt sich nur dann, wenn **der beizulegende Wert unter dem bisherigen Buchwert** liegt.

Tritt eine solche Wertminderung bei Gegenständen des **Umlaufvermögens** ein, ist nach § 253 Abs. 3 HGB eine außerplanmäßige Abschreibung auf den beizulegenden Wert **zwingend erforderlich** (strenges Niederstwertprinzip). Auch im **Anlagevermögen** ist eine außerplanmäßige Abschreibung **zwingend,** wenn die **Wertminderung von Dauer** ist (§ 253 Abs. 2 HGB). In beiden Fällen gilt das **Abschreibungsgebot** über das Maßgeblichkeitsprinzip auch für die **Steuerbilanz.** Dort bezeichnet man die außerplanmäßige Abschreibung als Teilwertabschreibung.

Ist bei Gegenständen des Anlagevermögens die zum Bilanzstichtag erkennbare **Wertminderung** voraussichtlich **vorübergehender Art**, räumt § 253 Abs. 2 HGB allen Kaufleuten ein grundsätzliches **Abschreibungswahlrecht**[49] ein. Eine Ausnutzung dieses Wahlrechts hat
- einen verringerten Erfolgsausweis und
- eine geringere Gewinnausschüttung[50]

zur Folge. Ist die Wertminderung tatsächlich vorübergehender Art, wird durch die (wahlweise) außerplanmäßige Abschreibung eine stille Rücklage (durch Unterbewertung von Vermögensteilen) gelegt.

---

[49] In der Steuerbilanz gilt ein Abschreibungsverbot (§ 6 Abs. 1 Nr. 1 S. 2 EStG).
[50] Hierbei wird unterstellt, daß sich die Gewinnausschüttung quotenmäßig am Gewinnausweis orientiert.

Wie schon an anderer Stelle[51] hervorgehoben, ist das deutsche Handelsrecht bemüht, die Bildung stiller Rücklagen durch Kapitalgesellschaften im Interesse des Gesellschafterschutzes (Sicherung von Ausschüttungsansprüchen) einzuschränken. Aus diesem Grunde wird für **Kapitalgesellschaften** das **Abschreibungswahlrecht** bei vorübergehender Wertminderung für **Sachanlagen** und immaterielle Gegenstände des Anlagevermögens **aufgehoben** (§ 279 Abs. 1 HGB).

Bei voraussichtlich vorübergehender Wertminderung haben Kapitalgesellschaften nur noch dann ein **Abschreibungswahlrecht,** wenn es sich um **Finanzanlagen** handelt. Der Sinn dieser Ausnahmeregelung liegt auf der Hand: Im Gegensatz zu Sachanlagen kann sich bei Finanzanlagen die Notwendigkeit zur vorzeitigen Veräußerung ergeben. Liquiditätsprobleme sind der häufigste Grund für solche „Notverkäufe". Solche möglichen Transaktionen können im neuen Jahr nur dann verlustfrei abgewickelt werden, wenn im alten Jahr eine außerplanmäßige Abschreibung auf den beizulegenden Wert vorgenommen wurde.

Trotz der Einschränkung des Abschreibungswahlrechts bleibt Kapitalgesellschaften ein **erheblicher bilanzpolitischer Spielraum:**[52] Will man zur Minderung des Erfolgsausweises eine außerplanmäßige Abschreibung durchführen, muß man bei Gegenständen des Sachanlagevermögens in Richtung „dauernde Wertminderung" argumentieren.

bb) Änderung des Abschreibungsplans

Bei abnutzbaren Gegenständen des Anlagevermögens wirft eine außerplanmäßige Abschreibung ein besonderes Problem auf: Durch die außerplanmäßige Abschreibung verringert sich der Restbuchwert des Vermögensgegenstandes. Damit vermindert sich auch das Potential planmäßiger Abschreibungen. Aus diesem Grunde muß der ursprüngliche Abschreibungsplan geändert werden.

In Anlehnung an das Beispiel der Abb. 47 ist von folgendem Beispielfall einer technischen Anlage auszugehen:

alter Abschreibungsplan

Anschaffungskosten:	1.200
erwartete Nutzungsdauer:	5 Jahre
Abschreibungsverfahren:	linear

Planänderung (a)

Am Ende der zweiten Periode sinkt der beizulegende Wert auf 450; erwartete Nutzungsdauer 5 Jahre.

Planänderung (b)

Am Ende der zweiten Periode sinkt der beizulegende Wert auf 450; erwartete Nutzungsdauer 4 Jahre.

---

[51] Vgl. S. 899
[52] Vgl. hierzu S. 1070 ff.

Zeitpunkt	alter A.-plan		apl. Abschreibung	(a) neuer A.-plan		(b) neuer A.-plan	
	RBW	A		RBW	A	RBW	A
t_0	1.200						
t_1	960	240					
t_2	(720)	240	270	450		450	
t_3	(480)	(240)		300	150	225	225
t_4	(240)	(240)		150	150	0	225
t_5	(0)	(240)		0	150		

Abb. 48: Änderung des Abschreibungsplans

cc) Zuschreibungen

Abschreibungen führen zu einem verringerten Vermögensausweis in der Bilanz und einem verringerten Erfolgsausweis in der GuV. Im Gegenzug führen Zuschreibungen zu

- einem erhöhten Vermögensausweis in der Bilanz und
- einem erhöhten Erfolgsausweis in der GuV.

Aus Gründen des Gläubigerschutzes hat das HGB die Wertzuschreibungsmöglichkeiten extrem eingeengt. Eine Zuschreibung kommt nach § 253 Abs. 5 HGB nur dann in Betracht, wenn in einer Vorperiode

- eine **außerplanmäßige Abschreibung** nach dem Niederstwertprinzip durchgeführt wurde und
- der **Abschreibungsgrund** zwischenzeitlich **entfallen** ist.

Nichtkapitalgesellschaften haben in der Handelsbilanz ein **Wahlrecht**: Sie können den niedrigeren Wertansatz beibehalten (= Bildung einer stillen Rücklage) oder eine Wertzuschreibung (= Wertaufholung) vornehmen.[53]

Aus Gründen des Gesellschafterschutzes wird **Kapitalgesellschaften** die Bildung einer solchen **stillen Rücklage prinzipiell untersagt.** Aus dem Beibehaltungswahlrecht des § 253 Abs. 5 HGB macht § 280 Abs. 1 HGB ein **Wertaufholungsgebot.**

Die prinzipielle Zuschreibungspflicht erhöht den Gewinnausweis in der Handelsbilanz und (über das Maßgeblichkeitsprinzip) auch in der Steuerbilanz. So wie die außerplanmäßige Abschreibung seinerzeit zu einer Ertragsteuerminderung führte, so löst die Zuschreibung in einer Folgeperiode eine Ertragsteuermehrbelastung aus.

Die in § 280 Abs. 2 HGB konzipierte Relativierung des Wertaufholungsgebots ist inzwischen gegenstandslos. Seit Einführung des strikten steuerli-

---

[53] Vgl. S. 948 f.

chen Wertaufholungsgebots für Gegenstände des Anlage- und Umlaufvermögens (§ 6 Abs. 1 Nr. 1 und 2) gilt für Kapitalgesellschaften auch handelsrechtlich ein striktes Wertaufholungsgebot.

Im Falle der Wertaufholung gilt für nichtabnutzbare Vermögensgegenstände: Maximaler Zuschreibungsbetrag ≤ frühere außerplanmäßige Abschreibung. Bei abnutzbaren Vermögensgegenständen kehrt man im Falle der **Wertaufholung** in den **alten Abschreibungsplan** zurück.

Die Fortführung des Beispiels aus Abb. 48 verdeutlicht den Zusammenhang:

Anschaffungskosten: 1.200
erwartete Nutzungsdauer: 5 Jahre
Abschreibungsverfahren: linear
apl. Abschreibung in t_2: 270

Wegfall des Grunds apl. Abschreibung in t_4

Zeitpunkt	alter A.-plan		apl. Abschr.	Zuschreibung	neuer A.-plan	
	RBW	A			RBW	A
t_0	1.200					
		240				
t_1	960					
		240				
t_2	(720)		−270		450	
		(240)				150
t_3	(480)				300	
		(240)				150
t_4	(240) ◄		-----------	+90 -----►	240	
		(240)				240
t_5	(0)				0	

Abb. 49: Rückkehr in den alten Abschreibungsplan bei Wertaufholung

Kehrt man in t_4 in den alten Abschreibungsplan zurück (RBW = 240), beziffert sich die dazu erforderliche Zuschreibung auf 90.

d) Wahlweise außerplanmäßige Abschreibungen

Nach dem (strengen) Niederstwertprinzip ist der beizulegende Stichtagswert anzusetzen, wenn er unterhalb des Restbuchwerts eines Vermögensgegenstandes liegt. Die dazu notwendigen außerplanmäßigen Abschreibungen wurden unter dem obigen Gliederungspunkt c) abgehandelt.

Darüber hinaus läßt das deutsche Handelsrecht weitergehende außerplanmäßige Abschreibungen zu, wie sie in Abb. 50 skizziert sind.

Erlaubter Bilanzansatz	Wahlweise außerplanmäßige Abschreibungen		
	Der nahe Zukunftswert	Der nach vernünftiger kaufmännischer Beurteilung zulässige Wert	Der steuerlich zulässige Wert
Rechtsgrundlage	§ 253 Abs. 3 HGB	§ 253 Abs. 4 HGB	§ 254 HGB
objektiver Geltungsbereich	nur UV	AV + UV	AV + UV
subjektiver Geltungsbereich	alle Unternehmen	nur Nichtkapitalgesellschaften	alle Unternehmen
Zweck der Vorschrift	Antizipation künftiger Wertminderungen	Bildung stiller Rücklagen	umgekehrte Maßgeblichkeit

Abb. 50: Wahlweise außerplanmäßige Abschreibungen

aa) Abschreibungen auf den nahen Zukunftswert

Mit diesem **Abschreibungswahlrecht** wird das Niederstwertprinzip über den Bilanzstichtag hinaus erweitert: Es dürfen künftige Wertminderungen als Abschreibung antizipiert werden. Das Abschreibungswahlrecht ist auf
* Gegenstände des Umlaufvermögens (UV) und
* Wertminderungen der nächsten Zukunft

beschränkt. Als nächste Zukunft gilt nach herrschender Meinung ein Prognosezeitraum von maximal zwei Jahren.[54] (**ÜB 6**/62)

bb) Abschreibung auf den nach vernünftiger kaufmännischer Beurteilung zulässigen Wert

Liegen die Anschaffungskosten eines Vermögensgegenstandes bei 1.000 und der beizulegende Wert am Bilanzstichtag bei 800, so ist auf diesen Wert abzuschreiben. Eine weitergehende Abschreibung ist nach § 253 Abs. 4 zwecks Bildung stiller Rücklagen zulässig.

Die **Bildung stiller Rücklagen gefährdet** aber die Ausschüttungsansprüche der **Aktionäre.** Deshalb ist dieses Abschreibungswahlrecht auf **Nichtkapitalgesellschaften beschränkt.**

cc) Abschreibung auf den steuerlich zulässigen Wert

Das deutsche Ertragsteuerrecht erlaubt in einzelnen Fällen Sonderabschreibungen, erhöhte Absetzungen und Bewertungsabschläge.[55] Damit geht es teilweise über die handelsrechtlich zulässigen Abschreibungen hinaus.

Nach dem **Prinzip der Maßgeblichkeit** der Handelsbilanz für die Steuerbilanz (§ 5 Abs. 1 EStG) muß die Steuerbilanz die handelsrechtlichen

---

[54] Vgl. Adler/Düring/Schmaltz, (Rechnungslegung), § 253 HGB, Tz. 557 f.
[55] Vgl. hierzu die Übersicht bei Baetge, J., (Bilanzen), S. 276

Wertansätze übernehmen, es sei denn, zwingende steuerrechtliche Vorschriften stünden einer solchen Übernahme im Wege. Bei den eingangs erwähnten steuerlichen Abschreibungsmöglichkeiten handelt es sich nicht um zwingende Vorschriften, sondern um Abschreibungswahlrechte.

Nach § 5 Abs. 1 EStG sind „steuerrechtliche Wahlrechte bei der Gewinnermittlung ... in Übereinstimmung mit der handelsrechtlichen Jahresbilanz auszuüben." Diese Möglichkeit eröffnet § 254 HGB: Das Handelsrecht gestattet die Übernahme steuerlicher (Mehr-)Abschreibungen. Man bezeichnet diesen Vorgang als **umgekehrte Maßgeblichkeit**.

Soweit die steuerliche Abschreibung über die handelsrechtlich übliche Abschreibung hinausgeht (= **steuerliche Mehrabschreibung**) steht ihr keine tatsächliche Wertminderung gegenüber. Mit dem Einlaß steuerlicher Mehrabschreibungen in die Handelsbilanz gestattet das HGB – auch für Kapitalgesellschaften – die Bildung stiller Rücklagen: Der Einblick in die Vermögens- und Ertragslage wird verfälscht.

Nach §§ 273 und 281 HGB haben Kapitalgesellschaften ein Ausweiswahlrecht: Sie dürfen die steuerliche Mehrabschreibung in einen **„Sonderposten mit Rücklageanteil"** einstellen. Damit wird die **Bildung stiller Rücklagen** zwar **nicht unterbunden,** wohl aber **transparent** gemacht.

6. Bilanzierung und Bewertung ausgewählter Aktiva

Die oben dargestellten Ausweisvorschriften[56] (= Bilanzierung dem Grunde nach) sowie die ebenfalls abgehandelten Bewertungs- und Abschreibungsvorschriften determinieren den Bilanzausweis für jeden Aktivposten. An dieser Stelle werden die oben ausführlich dargestellten Bewertungs- und Abschreibungsvorschriften[57] für das Anlage- bzw. Umlaufvermögen in zwei kurzen Übersichtsdarstellungen zusammengefaßt. Danach werden Aktivposten, soweit sie spezielle Bilanzierungs- und Bewertungsprobleme aufwerfen, behandelt.[58]

a) Allgemeine Bewertungsvorschriften für das Anlage- und Umlaufvermögen im Überblick

Die folgenden beiden Abbildungen[59] enthalten eine Zusammenfassung der allgemeinen Bewertungs- und Abschreibungsvorschriften für das Anlage- bzw. Umlaufvermögen: (**ÜB 6**/35–48, 60–64)

---

[56] Vgl. S. 918 ff.
[57] Vgl. S. 928 ff.
[58] Zur Abgrenzung der einzelnen Aktivposten vgl. ausführlich Heinhold, M., (Jahresabschluß), S. 101 ff.
[59] In Anlehnung an Heinhold, M., (Jahresabschluß), S. 247 und S. 282

	Handelsbilanz		Steuerbilanz
	allgemeine Regelungen	besondere Regelungen für Kapitalgesellschaften	
Basiswert und Wertobergrenze	**Anschaffungs- bzw. Herstellungskosten** (§ 253 Abs. 1 HGB)		**Anschaffungs- bzw. Herstellungskosten** (§ 6 Abs. 1 Nr. 1 und 2 EStG)
planmäßige Abschreibungen für abnutzbares AV	**Abwertungsgebot** (§ 253 Abs. 2 HGB)		**Abwertungsgebot** (§ 6 Abs. 1 Nr. 1 i. V. m § 7 EStG)
außerplanmäßige Abschreibungen			
• bei dauernder Wertminderung	**Abwertungspflicht** (strenges Niederstwertprinzip § 253 Abs. 2 HGB)		**Abwertungspflicht** (Maßgeblichkeitsprinzip)
• bei vorübergehender Wertminderung	**Abwertungswahlrecht** (gemildertes Niederstwertprinzip, § 253 Abs. 2 HGB)	**Abwertungsverbot** für immaterielle Anlagen und Sachanlagen; **Abwertungswahlrecht** für Finanzanlagen (§ 279 Abs. 1 HGB)	**Abwertungsverbot** (§ 6 Abs. 1 Nr. 1, Satz 2)
• auf den nach vernünftiger kaufm. Beurteilung zulässigen Wert	**zulässig** (§ 253 Abs. 4 HGB)	**verboten** (§ 279 Abs. 1 HGB)	**verboten** (mit Teilwertbegriff nicht vereinbar)
• auf den niedrigeren steuerlich zulässigen Wert	**zulässig** [§ 254 HGB (i.V. m. § 279 Abs. 2 HGB)]		**zulässig**
Zuschreibungen bei wiederangestiegenem Wert	**Beibehaltungswahlrecht** (§ 253 Abs. 5 HGB)	**Wertaufholungsgebot** (§ 280 Abs. 1 HGB)	**Wertaufholungsgebot** (§ 6 Abs. 1 Nr. 1 EStG)

Abb. 51: Bewertungs- und Abschreibungsvorschriften für das Anlagevermögen

	Handelsbilanz		Steuerbilanz
	allgemeine Regelungen	besondere Regelungen für Kapitalgesellschaften	
Basiswert und Wertobergrenze	Anschaffungs- bzw. Herstellungskosten (§ 253 Abs. 1 HGB)		Anschaffungs- bzw. Herstellungskosten (§ 6 Abs. 1 Nr. 2 EStG)
Außerplanmäßige Abschreibungen • auf den Stichtagswert	**Abwertungsgebot** nach strengem Niederstwertprinzip auf Börsenkurs, Marktpreis, beizulegenden Wert (§ 253 Abs. 3 HGB)		**Abwertungsgebot** nach Maßgeblichkeitsprinzip auf Teilwert
• auf den nahen Zukunftswert	**Abwertungswahlrecht** (§ 253 Abs. 3 Satz 3 HGB)		**Abwertungsverbot** (mit Teilwertbegriff nicht vereinbar)
• auf den nach vernünftiger kaufm. Beurteilung zulässigen Wert	zulässig (§ 253 Abs. 4 HGB)	verboten (§ 279 Abs. 1 HGB)	verboten (mit Teilwertbegriff nicht vereinbar)
• auf niedrigeren steuerlich zulässigen Wert	zulässig [§ 254 HGB (i.V. m. § 279 Abs. 2 HGB)]		zulässig
Zuschreibungen bei wiederangestiegenem Wert	**Beibehaltungswahlrecht** (§ 253 Abs. 5 HGB)	**Wertaufholungsgebot** (§ 280 Abs. 1 HGB)	**Wertaufholungsgebot** (§ 6 Abs. 1 Nr. 2 EStG)

Abb. 52: Bewertungs- und Abschreibungsvorschriften für das Umlaufvermögen

b) Bilanzierung und Bewertung von Leasinggegenständen

Grundsätzlich sind Leasinggegenstände beim Leasinggeber zu bilanzieren (**Operate-Leasing-Verträge**).[60] Der Vermieter ist Eigentümer. In dieser Eigenschaft ist er verpflichtet, den vermieteten Gegenstand in der betreffenden Position des Sachanlagevermögens zu aktivieren. Der Leasinggeber verrechnet Aufwand in Höhe der planmäßigen Abschreibungen und Zinsaufwand (bei Fremdfinanzierung). Die Leasingraten werden beim Leasinggeber (Leasingnehmer) als sonstiger betrieblicher Ertrag (sonstiger betrieblicher Aufwand) gebucht.

Leasingverträge können so gestaltet sein, daß das volle Investitionsrisiko[61] vom Leasinggeber auf den Leasingnehmer übergeht. Bei derartigen **Finance-Leasing-Verträgen** bleibt zwar der Leasinggeber de jure Eigentümer. Wirtschaftlicher Eigentümer wird aber der Leasingnehmer. Als solcher ist er verpflichtet,[62] den Leasinggegenstand zu aktivieren. Der Leasinggegenstand wird also nicht beim Leasinggeber, sondern beim **Leasingnehmer bilanziert**. Im Bilanzrecht wird der Leasingnehmer so behandelt, als hätte er den Gegenstand nicht gemietet, sondern als hätte er ihn bei vollständiger Fremdfinanzierung käuflich erworben.

Derartige Finance-Leasing-Verträge werden beim Leasingnehmer nach folgenden Grundsätzen[63] bilanziert:

(1) Der Leasingnehmer aktiviert das Objekt zu (fiktiven) Anschaffungskosten und passiviert in gleicher Höhe eine Verbindlichkeit gegenüber dem Leasinggeber (= erfolgsneutraler Vorgang).

(2) Wie beim fremdfinanzierten Kauf verrechnet der Leasingnehmer Abschreibungsaufwand und zinsähnlichen Aufwand.

(3) Zur Berücksichtigung des Abschreibungsaufwands werden die Anschaffungskosten auf die wirtschaftliche Nutzungsdauer verteilt.

(4) Zur Berücksichtigung des Zinsaufwands wird die zu zahlende Leasingrate in einen Zinsanteil und einen Tilgungsanteil zerlegt. Der Buchungssatz lautet:

Darlehensverbindlichkeiten an Bank
zinsähnlicher Aufwand

(5) Durch Verrechnung von Abschreibungsquoten (Tilgungsraten) verringert sich das Aktivum (Passivum).

Im Gegenzug wird beim Leasinggeber eine Forderung bilanziert. Beim Eingang der Leasingraten bucht er

Bank an zinsähnlicher Ertrag
Forderungen

Aus ertragsteuerlicher Sicht sind Finance-Leasing-Verträge ungünstiger. Deshalb bemüht sich die Leasingpraxis um eine Vertragsgestaltung in Richtung des Operate-Leasing-Vertrags.

---

[60] Vgl. S. 721 f.
[61] Ein Indiz hierfür ist die langfristige vertragliche Bindung des Leasingnehmers. Zu den übrigen Modalitäten vgl. S. 722
[62] Vgl. S. 724 f.
[63] Zu Einzelheiten der Bilanzierung vgl. Wöhe, G., (Bilanzierung), S. 244 ff.

c) Bilanzierung und Bewertung des Vorratsvermögens

Nach dem Prinzip der Einzelbewertung (§ 252 Abs. 1 Nr. 3 HGB) sind Vermögensgegenstände zum Bilanzstichtag einzeln zu erfassen und zu bewerten.

Eine solche Einzelbewertung ist einerseits sehr genau, andererseits sehr zeitaufwendig und teuer. Deshalb läßt das HGB aus **Vereinfachungsgründen** eine **Festbewertung** zu.

Davon zu unterscheiden ist die Gruppenbewertung und die Verbrauchsfolgebewertung. Diese beiden Verfahren werden dann eingesetzt, wenn für einen Endbestand **gleichartiger Vorräte** zum Bilanzstichtag **keine effektiven Anschaffungs- bzw. Herstellungskosten** ermittelt werden können.

	Festbewertung	Gruppenbewertung	Verbrauchsfolgebewertung
Rechtsgrundlage	§ 240 Abs. 3 HGB	§ 240 Abs. 4 HGB	§ 256 HGB
Bewertungsgegenstände	Roh-, Hilfs- und Betriebsstoffe Sachanlagen	gleichartiges • Vorratsvermögen • bewegliches Vermögen	gleichartiges Vorrratsvermögen
Wertgröße	Festwert	gewogener Durchschnittswert	Verbrauchsfolgewert
Ziel des Verfahrens	**Bilanzansatz**	Ermittlung fiktiver Anschaffungskosten	

Abb. 53: Bewertungsvereinfachung im Überblick

aa) Festbewertung

Die Festbewertung läßt sich am einfachsten an einem Beispiel erklären: Geschirr und Gläser gehören in der Gastronomie zum Anlagevermögen. Glasbruch ist an der Tagesordnung und wird von Zeit zu Zeit durch Neuanschaffungen ersetzt. Streng genommen müßte
- der Glasbruch als Aufwand verbucht und
- jede Ersatzbeschaffung als Zugang aktiviert

werden. Bei der Festbewertung dagegen
- **fingiert** man einen **gleichbleibenden Bestand** und
- verbucht die **Ersatzbeschaffung** als **Aufwand**.

Wichtige Anwendungsvoraussetzungen sind
- regelmäßige Ersetzung der Gegenstände,
- Festwert ist gemessen am Gesamtwert von untergeordneter Bedeutung und
- geringe Mengen- und Wertschwankungen.

In Zeitintervallen von drei Jahren wird der Festwert durch Inventur überprüft. Unter den genannten Bedingungen ist das Verfahren handels- und steuerrechtlich zulässig.

bb) Bewertung gleichartiger Vorräte

Nach dem Niederstwertprinzip müssen zu jedem Bilanzstichtag die historischen Anschaffungskosten (bzw. Herstellungskosten) mit dem aktuellen Wert am Bilanzstichtag verglichen werden. Werden
- gleichartige Vorräte
- zu unterschiedlichen Preisen beschafft und
- gemeinsam gelagert

lassen sich für den Endbestand keine tatsächlichen, sondern nur **fiktive Anschaffungskosten** ermitteln.

Angenommen ein Edelmetallkontor kauft im Laufe eines Monats vier Kilobarren Gold zu unterschiedlichen Preisen. Gegen Ende des Monats wird ein Kilobarren für 16.500,– verkauft. Wie hoch ist der Erfolg?

1. Zugang 1 kg	14.500	Wareneinsatz 1 kg	15.000
2. Zugang 1 kg	14.000		
3. Zugang 1 kg	16.000	Endbestand 3 kg	45.000
4. Zugang 1 kg	15.500		
	60.000		60.000

Abb. 54: Warenkonto mit gleichartigen Vorräten (Durchschnittsmethode)

Bewertet man Wareneinsatz und Endbestand zu durchschnittlichen Anschaffungskosten (= Gruppenbewertung)[64] wie in Abb. 54, beziffert sich der Erfolg auf 1.500 (16.500 – 15.000).

Nach den Verbrauchsfolgefiktionen kann man folgende Fälle unterscheiden:
- **Fifo** (first in – first out): Verkauf des ersten Zugangs
- **Lifo** (last in – first out): Verkauf des letzten Zugangs
- **Hifo** (highest in – first out): Verkauf des teuersten Zugangs
- **Lofo** (lowest in – first out): Verkauf des billigsten Zugangs.

Bezogen auf den Beispielfall der Abb. 54 führen Durchschnittsmethode und Verbrauchsfolgeunterstellungen zu folgenden Ergebnissen:

	Durchschnitt	Fifo	Lifo	Hifo	Lofo
Wareneinsatz	15.000	14.500	15.500	16.000	14.000
fiktive Anschaffungskosten EB	45.000	45.500	44.500	44.000	46.000
Zulässigkeit Handelsbil.	ja	ja	ja	ja	nein
Zulässigkeit Steuerbil.	ja	bedingt	ja	nein	nein

Abb. 55: Bewertungsmöglichkeiten gleichartiger Vorräte (Ergebnisse; Zuverlässigkeit)

---

[64] Neben der Bewertung gleichartiger Vorräte kann die Gruppenbewertung (Durchschnittsmethode) auch zur Bewertung anderer gleichartiger Vermögensgegenstände herangezogen werden.

Gerade in einem einführenden Lehrbuch muß mit Nachdruck darauf hingewiesen werden: Beim Festwertverfahren wird der endgültige Bilanzansatz ermittelt. Bei den Verfahren zur Bewertung gleichartiger Vorräte werden zunächst nur die **fiktiven Anschaffungskosten** des Endbestands ermittelt. Diese sind nach dem Niederstwertprinzip mit dem Wert am Bilanzstichtag (Marktpreis oder **beizulegender Wert) zu vergleichen:** Wendet das bilanzierende Unternehmen die Durchschnittsmethode (Hifo-Methode) an und beträgt der beizulegende Wert am Bilanzstichtag 44 600,-, dann beziffert sich der Bilanzansatz auf 44 600,- (44 000,-).

Zur Ermittlung der fiktiven Anschaffungskosten gleichartiger Vorräte ist **handelsrechtlich** nur die Lofo-Methode unzulässig,[65] weil sie mit der gezielten Höchstbewertung des Endbestands dem Vorsichtsprinzip extrem widerspricht. **Steuerrechtlich** ist die Fifo-Methode dann zulässig, wenn die tatsächliche Entnahmepraxis dieser Verbrauchsfolgeunterstellung entspricht (Bunkerlagerung).

Verfolgt ein Unternehmen das bilanzpolitische Ziel[66] eines niedrigen Vermögens- und Erfolgsausweises, wird es in Zeiten **steigender Preise** die **Lifo-Methode** wählen. Bei langjähriger Anwendung können mit dieser Methode in größerem Umfang **stille Rücklagen** gebildet werden. (**ÜB 6/49–59**)

d) Bilanzierung und Bewertung von Forderungen

Forderungen sind grundsätzlich zu Anschaffungskosten zu bewerten. Am Bilanzstichtag sind sie nach dem Niederstwertprinzip auf ihre Werthaltigkeit zu überprüfen und gegebenenfalls auf den niedrigeren Stichtagswert abzuschreiben. Wie jede Vermögensbewertung verfolgt auch die Forderungsbewertung zum Bilanzstichtag zwei Ziele:
(1) Vorsichtiger Vermögensausweis (statische Bilanzauffassung)
(2) Periodengerechte Erfolgsermittlung (dynamische Bilanzauffassung).

Eine Forderung ist – allgemein gesagt – der rechtliche Anspruch auf eine Einzahlung in der Zukunft.

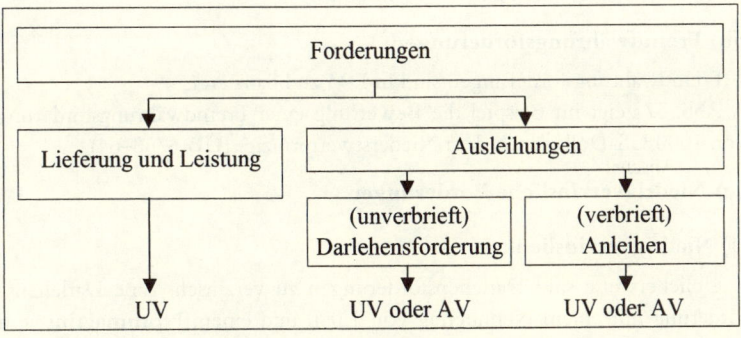

Abb. 56: Arten von Forderungen

---

[65] Vgl. Adler/Düring/Schmaltz, (Rechnungslegung), § 256 HGB, Tz. 53
[66] Vgl. hierzu S. 1070 f.

Forderungen aus Lieferung und Leistung gehören zum Umlaufvermögen (UV). Als Anschaffungskosten ist der Rechnungsbetrag incl. Umsatzsteuer anzusehen.

Die Anschaffungskosten einer **Anleihe** setzen sich aus dem Anschaffungspreis und den Anschaffungsnebenkosten zusammen. Bei **Darlehensforderungen** gilt im Regelfall[67] der Nennbetrag als Anschaffungskosten.

Hinter einer Forderungsabschreibung können unterschiedliche Wertminderungsursachen stehen: eine mangelnde Bonität des Schuldners (zweifelhafte Forderungen), mangelnde Devisenkursstabilität (Fremdwährungsforderungen) bzw. mangelnde Verzinslichkeit (niedrigverzinsliche Forderungen).

aa) Zweifelhafte Forderungen

Nach dem Prinzip der **Einzelbewertung** ist jede Forderung zum Bilanzstichtag auf ihr individuelles Ausfallrisiko zu überprüfen. Zweifelhafte Forderungen sind auf den Betrag des **wahrscheinlichen Zahlungseingangs**[68] **abzuschreiben.** Die Abschreibung dient erstens der vorsichtigen Vermögensbewertung und zweitens der Verlustantizipation.

Setzt sich der Forderungsbestand aus vielen kleinen Einzelforderungen (z. B. bei einem Versandhaus) zusammen, ist eine Einzelbewertung und Einzelabschreibung nicht möglich. Unter Rückgriff auf Erfahrungssätze des eigenen Unternehmens bzw. der Branche läßt sich in solchen Fällen ein statistisch belegbares Ausfallrisiko (z. B. Forderungsausfallquote 4 Prozent vom Forderungsbestand) ermitteln. In solchen Fällen erfolgt die Forderungsabschreibung als Pauschalwertberichtigung. Nichtkapitalgesellschaften können die **Pauschalabschreibung** als passiven Wertberichtigungsposten (Delkredere) in der Bilanz ausweisen. **Kapitalgesellschaften** müssen die Pauschalabschreibung **aktivisch absetzen.**

In der Praxis begegnet man häufig einer Kombination von Einzel- und Pauschalabschreibung.[69] Das spezielle Kreditrisiko wird bei (großen) Forderungen im Wege der Einzelabschreibung erfaßt. Soweit die Forderungen nicht einzeln abgeschrieben wurden (= Restbestand scheinbar sicherer Forderungen), erfolgt eine Pauschalabschreibung.

bb) Fremdwährungsforderungen

Fremdwährungsforderungen sind in DM zu bilanzieren.

Abb. 57 zeigt im Beispiel die Bewertung einer Fremdwährungsforderung von 1000 US-Dollar nach dem Niederstwertprinzip. (**ÜB 6**/60–64)

cc) Niedrigverzinsliche Forderungen

(1) Niedrigverzinslichkeit

Üblicherweise sind Darlehensforderungen zu verzinsen. Eine Darlehensforderung mit einem Nennbetrag von 1.000 und einem **Nominalzins** von

---

[67] Zu den Ausnahmen vgl. S. 956 und 982
[68] Bei Forderungen aus Lieferung und Leistung wird vom Nettobetrag abgeschrieben. Eine Umsatzsteuerkorrektur erfolgt erst, wenn der Zahlungsausfall sicher ist.
[69] Vgl. Döring/Buchholz, (Buchhaltung), S. 142 ff.

t_0	Fremdwährungsforderung (USD) 1.000 t_0 Kurs DM/USD 1,80	
t_0	**Bilanzansatz** (Anschaffungskosten) t_1 (a) Kurs DM/USD 1,70 (b) Kurs DM/USD 1,92	1.800
t_1	**Bilanzansatz** (a) (niederigerer Stichtagswert) (b) (Anschaffungskosten)	1.700 1.800

Abb. 57: Bewertung von Fremdwährungsforderungen

6 Prozent könnte – bei tadelloser Bonität des Schuldners – zu 1.000 abgetreten werden (= Marktpreis der Forderung), wenn der **fristadäquate Marktzins** ebenfalls 6 Prozent beträgt. Liegt der Marktzins dagegen über dem Nominalzins, handelt es sich um eine (gemessen am Marktzins) niedrigverzinsliche Forderung. Niedrigverzinsliche Forderungen können nur mit einem Barwertabschlag abgetreten werden. Die Höhe des notwendigen **Barwertabschlags** ist abhängig
– vom **Ausmaß der Niedrigverzinslichkeit** (Marktzins minus Nominalzins) und
– von der Restlaufzeit der Forderung.
Der Zusammenhang läßt sich am leichtesten am Beispiel einer unverzinslichen Forderung demonstrieren.

Nennbetrag einer unverzinslichen Forderung: 1.000; Laufzeit: 5 Jahre; Marktzins: 6 Prozent		
Zeitpunkt	**Barwert**	Barwertanstieg
t_0	747	
		45
t_1	792	
		48
t_2	840	
		50
t_3	890	
		53
t_4	943	
		57
t_5	1.000	

Abb. 58: Barwert (Marktwert einer unverzinslichen Forderung)

Die unverzinsliche Forderung ist in t_0 zum Barwert (t_0) von 747 zu aktivieren, wobei eine außerplanmäßige Abschreibung von 253 zu verrechnen ist.

t_0 Forderungen 747 an Bank 1.000
sonst. betr. Aufwand 253

Mit dem Barwertansatz trägt man dem Vorsichtsprinzip Rechnung. Zum nächsten Bilanzstichtag t_1 ist die Forderung zum Barwert (t_1) von 792 zu bewerten.

t_1 Forderungen an sonst. betr. Ertrag 45

Die **außerplanmäßige Abschreibung** in t_0 wird also durch eine **betragsgleiche Summe von Zuschreibungen** in den Folgeperioden kompensiert.

Üblicherweise sind Nominalzins und Marktzins beim Entstehen der Forderung deckungsgleich. Die Forderung wird zum Nennbetrag (1.000) aktiviert. Erst durch einen späteren **Anstieg des Marktzinses** wird aus der normalverzinslichen eine niedrigverzinsliche Forderung. In diesem Fall errechnet man den notwendigen Barwertabschlag durch Diskontierung des Nennbetrags mit der Zinsdifferenz zwischen Marktzins und niedrigerem Nominalzins. In den Folgeperioden wird eine sukzessive Zuschreibung nach obigem Muster durchgeführt.

(2) Zerobonds

Als Zerobonds oder Null-Kupon-Anleihen[70] bezeichnet man Schuldverschreibungen, die nicht kontinuierlich verzinst werden. Das Zinsäquivalent besteht für den Gläubiger im Wertzuwachs vom niedrigen Ausgabebetrag (Barwert) zum höheren Rückzahlungsbetrag (Nennwert) bei Endfälligkeit.

Hat ein in t_0 emittierter Zerobond eine Laufzeit von fünf Jahren und liegt der Marktzins in t_0 bei 6 Prozent, dann entspricht der (Bar-)Wertverlauf des Zerobonds dem Zahlenbeispiel der Abb. 58. Beim Erwerb in t_0 lautet der erfolgsneutrale Buchungssatz:

> Wertpapiere an Bank 747

In den Folgeperioden muß eine **Wertzuschreibung** (sonst. betrieblicher Ertrag) in **Höhe des jeweiligen Barwertanstiegs** vorgenommen werden. Eine einmalige Wertzuschreibung bei Endfälligkeit (253) würde dem Prinzip periodengerechter Erfolgsermittlung widersprechen. (**ÜB 6/81**)

(3) Disagio

Angenommen ein Unternehmen gibt ein Darlehen mit einer Laufzeit von 5 Jahren nicht zum Marktzins von 6 Prozent, sondern zum Nominalzins von 5 Prozent. Als Kompensation wird ein Disagio von 5 Prozent auf den Nennbetrag von 1.000 vereinbart. Der Auszahlungsbetrag beziffert sich also auf 950.

In einem solchen Fall erhält der Kreditgeber zwei Ertragskomponenten
- eine jährliche Zinszahlung von 50 und
- einen einmaligen Vermögenszuwachs (Disagio) von 50.

Im Interesse periodengerechter Erfolgsermittlung (= Vergleichbarkeit der Periodenergebnisse) muß das **Disagio** (= Vermögensmehrung) als **zinsähnlicher Ertrag** auf die **Laufzeit des Darlehens verteilt** werden. Zu diesem Zweck wird die Darlehensforderung in t_0 zum Ausgabebetrag aktiviert:

> t_0 Darlehensforderung an Bank 950

In jeder Folgeperiode, erstmalig in t_1, wird ein laufzeitanteiliger Bruchteil des Disagios (50 : 5 = 10) der Forderung erfolgswirksam zugeschrieben:

> t_1 Darlehensforderung an sonst. betr. Ertrag 10

---

[70] Vgl. S. 738 f. und die dort angegebene Literatur

Am Ende der Laufzeit steht die Darlehensforderung mit ihrem Nennbetrag zu Buche. Die Rückzahlung (Bank an Darlehensforderungen 1.000) wird erfolgsneutral abgerechnet.

e) Bilanzierungshilfen[71]

Im folgenden werden Sachverhalte behandelt, die
- keine Vermögensgegenstände darstellen, aber
- aktiviert werden dürfen.

Man faßt diese Sachverhalte unter dem Begriff Bilanzierungshilfen zusammen. Mit der Aktivierung von Bilanzierungshilfen soll
- **aperiodisch** auffallender **Aufwand**
- auf mehrere **Zukunftsperioden verteilt**

werden. Der Wunsch nach Vergleichbarkeit der Periodenergebnisse (durch zeitliche Glättung von Aufwand) rangiert vor dem Prinzip kaufmännischer Vorsicht.

Das Beispiel der Abb. 59 geht von der Annahme aus, daß in Periode 1 ein aperiodischer Aufwand von 150 entsteht. Ohne die Bilanzierungshilfe (Nichtaktivierung) gelangt man zu einem diskontinuierlichen Erfolgsausweis. Aktiviert man aber diesen Aufwand in Periode 1 (= Bildung der Bilanzierungshilfe) und schreibt man das Aktivum über fünf Perioden linear ab (= Auflösung der Bilanzierungshilfe), gelangt man **zum Ausweis vergleichbarer Periodenergebnisse** (+ 70).

Nichtaktivierung					
Periode:	1	2	3	4	5
vorläufiges Ergebnis	100	100	100	100	100
– aperiodischer Aufwand	– 150				
ausgewiesenes Ergebnis	**– 50**	**100**	**100**	**100**	**100**
Aktivierung als Bilanzierungshilfe					
Periode:	1	2	3	4	5
vorläufiges Ergebnis	100	100	100	100	100
– aperiodischer Aufwand	– 150				
+Ertrag aus Aktivierung Bilanzierungshilfe	+ 150				
– Abschreibung der Bilanzierungshilfe	– 30	– 30	– 30	– 30	– 30
ausgewiesenes Ergebnis	**70**	**70**	**70**	**70**	**70**

Abb. 59: Bilanzierungshilfe und Ergebnisausweis

Abb. 60 zeigt die im folgenden behandelten Bilanzierungshilfen im Überblick und gibt einige Hinweise auf ihre bilanzielle Behandlung.

---

[71] Angesichts der Komplexität der hier behandelten Sachverhalte kann der Anfänger die Ausführungen dieses Unterkapitels zunächst überspringen.

Gegenstand:	HGB
aa) Damnum bei Kreditaufnahme	§ 250 Abs. 3
bb) Derivativer Firmenwert	§ 255 Abs. 4
cc) Aufwendungen für Ingangsetzung und Erweiterung des Geschäftsbetriebes	§ 269
dd) Aktive latente Steuern	§ 274 Abs. 2
Besonderheiten: – Aktivierungswahlrecht – Aktivum, kein Vermögensgegenstand – Berichtspflicht im Anhang – Abschreibungszwang aa) bis cc) – Selbstauflösungsmechanismus dd) – Ausschüttungssperre freier Rücklagen cc) und dd)	

Abb. 60: Bilanzierungshilfen im Überblick

Abschreibungszwang bzw. Selbstauflösungsmechanismus bewirken zweierlei: Erstens eine zeitlich geglättete Aufwandverrechnung und zweitens einen zeitlich befristeten Ausweis des Aktivums.

In Abb. 59 wird deutlich, daß es im Fall der Aktivierung der Bilanzierungshilfe in der Anfangsperiode zu einer **Erhöhung des Erfolgsausweises** (von – 50 auf + 70) kommt. Für Aktiengesellschaften ist die Gewinnausschüttung u. a. von der Höhe des ausgewiesenen Erfolgs abhängig.[72] Die Ausnutzung der Bilanzierungshilfe könnte also bei Aktiengesellschaften über einen höheren Erfolgsausweis und erhöhte Ausschüttungen zu einem Geldabfluß führen. Um eine solche **Verringerung der Haftungssubstanz** in Grenzen zu halten, werden im Falle von aktivierten Ingangsetzungsaufwendungen bzw. aktiven latenten Steuern
- freie Rücklagen
- in Höhe der aktivierten Bilanzierungshilfe
- als Mindestbestand „eingefroren".

Eine solche gesetzliche Vorkehrung[73] wird als **Ausschüttungssperre** bezeichnet.

aa) Damnum bei Kreditaufnahme

Angenommen ein Unternehmen nimmt in t_0 einen Kredit mit fünf Jahren Laufzeit zu folgenden Konditionen auf:
- Nennbetrag 1.000
- Auszahlungsbetrag t_0 960
- Rückzahlungsbetrag t_5 1.010
- Nominalzins 6 Prozent

Nach § 253 Abs. 1 HGB sind Verbindlichkeiten zum Rückzahlungsbetrag zu passivieren. Dem Passivum von 1.010 steht im Beispielfall ein Mittelzufluß von 960 als Aktivum gegenüber. Die Differenz zwischen Auszahlungs- und höherem Rückzahlungsbetrag bezeichnet man als **Damnum**.

---

[72] § 58 AktG
[73] §§ 269 und 274 Abs. 2 HGB

Das kreditnehmende Unternehmen hat in Bezug auf das Damnum ein Bilanzierungswahlrecht zwischen sofortiger Aufwandsverrechnung und Aktivierung einer Bilanzierungshilfe:

Sofortige Aufwandverrechnung

Periode:	1	2	3	4	5
vorläufiges Ergebnis	100	100	100	100	100
– Damnum (Aufwand)	– 50				
– Zinsaufwand	– 60	– 60	– 60	– 60	– 60
ausgewiesenes Ergebnis	**– 50**	**40**	**40**	**40**	**40**

Aktivierung als Bilanzierungshilfe

Periode:	1	2	3	4	5
vorläufiges Ergebnis	100	100	100	100	100
– Damnum (Aufwnad)	– 50				
+Ertrag aus Aktivierung Bilanzierungshilfe	+ 50				
– Abschreibung der Bilanzierungshilfe	– 10	– 10	– 10	– 10	– 10
– Zinsaufwand	– 60	– 60	– 60	– 60	– 60
ausgewiesenes Ergebnis	**30**	**30**	**30**	**30**	**30**

Abb. 61: Aktivierungswahlrecht für das Damnum

Betriebswirtschaftlich läßt sich das Damnum als verdeckter Zinsbestandteil des Darlehens interpretieren. So gesehen ist es angebracht, das Damnum gleichmäßig über die Laufzeit des Darlehens als Aufwand zu verrechnen. Das in § 250 Abs. 3 HGB eingeräumte Aktivierungswahlrecht[74] bei gleichzeitiger Abschreibungspflicht führt zum besseren Einblick in die Ertragslage des Unternehmens. (**ÜB 6/82–84**)

bb) Derivater Firmenwert

Die Firmenwertproblematik läßt sich am einfachsten an einem Beispiel erläutern. Dabei wird angenommen, daß für ein zum Verkauf stehendes Unternehmen[75] folgende Zahlenwerte gelten:

	Bilanzwert der Aktiva	710
	Zeitwert der Aktiva (Teilreproduktionswert/Substanzwert)	910
+	**Originärer Firmenwert**	90
	Ertragswert	1.000

Abb. 62: Originärer Firmenwert

---

[74] Im Aktivierungsfall ist das Damnum unter den aktiven Rechnungsabgrenzungsposten auszuweisen.
[75] Einfachheitshalber wird eine vollständige Eigenfinanzierung unterstellt.

Würde man die bilanzielle Unterbewertung des Vermögens rückgängig machen und die Vermögensgegenstände zum Zeitwert (910) ansetzen, würden stille Rücklagen von 200 aufgelöst. Bei einer ertragsabhängigen Bewertung[76] gelangte man zu einem Vermögenswert von 1.000. Die Differenz zwischen dem Ertragswert und dem Teilproduktionswert bezeichnet man als originären Firmenwert.[77] Als selbstgeschaffenes immaterielles Wirtschaftsgut (Gegenwert des Kundenstamms, des Innovationspotentials u. ä.) darf der **originäre Firmenwert nicht aktiviert** werden.[78]

Wird das besagte Unternehmen zum Preis von 970 verkauft, ergibt sich ein derivativer Firmenwert von 60:

	Kaufpreis des Unternehmens	970
−	Zeitwert der Aktiva	910
	Derivativer Firmenwert	60

Abb. 63: Aktivierungsfähiger derivativer Firmenwert

Im Beispielfall ist der Käufer des Unternehmens bereit, den vom Verkäufer geschaffenen originären Firmenwert (90) zum Teil (60) durch einen über dem Zeitwert der Aktiva liegenden Kaufpreis zu vergüten.

In der Erwerbsperiode entsteht beim Käufer im Normalfall ein buchmäßiger Verlust (60), denn dem Vermögenszugang von 910 (Zeitwert der Aktiva) steht ein Mittelabfluß (Kaufpreiszahlung) von 970 gegenüber.

Dieser Buchverlust der Erwerbsperiode kann vermieden werden, wenn das erwerbende Unternehmen vom **Aktivierungswahlrecht** für den **derivativen Firmenwert**[79] Gebrauch macht.[80] Bei Ausnutzung dieser Bilanzierungshilfe lautet der erfolgsneutrale Buchungssatz in der Erwerbsperiode:

diverse Aktiva 910
(derivativer) Firmenwert 60 an Bank 970

Normalerweise ist der unter „Immateriellen Vermögensgegenständen" aktivierte Geschäfts- oder Firmenwert in den folgenden vier Geschäftsjahren zu mindestens einem Viertel abzuschreiben. Statt dessen kann er auch planmäßig über die „Nutzungsdauer" verteilt werden. Steuerrechtlich gilt für den derivativen Firmenwert ein Aktivierungsgebot. Als Abschreibungszeitraum sind in § 7 Abs. 1 EStG 15 Jahre festgelegt.

cc) Aufwendungen für die Ingangsetzung und Erweiterung des Geschäftsbetriebs

Soweit Aufwendungen zur Schaffung von materiellen Vermögensgegenständen (Halb- und Fertigfabrikate, selbsterstellte Anlagen) getätigt werden, sind sie zu aktivieren. Damit sind sie nicht mehr erfolgswirksam. Im Gegen-

---

[76] Vgl. hierzu die Ausführungen zum Zukunftserfolgswert S. 671 ff.
[77] Vgl. S. 681
[78] § 248 Abs. 2 HGB
[79] § 255 Abs. 4 HGB
[80] Zu Einzelheiten vgl. Wöhe, G., (Bilanzierung), S. 696 ff.

satz hierzu werden mit den Aufwendungen für die Ingangsetzung und Erweiterung des Geschäftsbetriebes **immaterielle Werte** wie
* Aufbau einer Verwaltung
* Erweiterung des Vertriebssystems
* Werbekampagne bei Aufbau eines neuen Geschäftsfelds

geschaffen.

Solche Aufwendungen können zu einem hohen Verlustausweis führen. Übersteigt der Verlust die Hälfte des gezeichneten Kapitals, muß nach § 92 Abs. 1 AktG eine außerordentliche Hauptversammlung[81] einberufen werden.

Ein solches Signal „Existenzgefährdung der Gesellschaft" erscheint dem Gesetzgeber bei Ingangsetzungs- und Erweiterungsaufwendungen nicht angebracht. Aus diesem Grunde räumt er **Kapitalgesellschaften** ein **Aktivierungswahlrecht** ein. In § 269 HGB wird dieses Wahlrecht ausdrücklich als Bilanzierungshilfe bezeichnet.

Wird eine solche Bilanzierungshilfe z.B. in Höhe von 100 aktiviert, dann erhöht sich der Eigenkapital- und der Erfolgsausweis ebenfalls um 100. Die Lage des Unternehmens wird zu positiv dargestellt. Um dem **Gläubigerschutz** zu genügen, verordnet der Gesetzgeber in §§ 269 und 282 HGB **flankierende Maßnahmen**. Im Falle der Aktivierung ist die Bilanzierungshilfe
* als „Aufwendungen für die Ingangsetzung und Erweiterung des Geschäftsbetriebs"
* **vor** dem Anlagevermögen auszuweisen,
* im **Anhang** zu erläutern,
* in den Folgejahren zu **mindestens einem Viertel abzuschreiben** und
* an eine betragsgleiche **Ausschüttungssperre** für freie Rücklagen gekoppelt.

Mit der Ausschüttungssperre werden an sich ausschüttungsfähige Beträge zur Sicherung der Haftungssubstanz an das Unternehmen gebunden.

dd) Aktive latente Steuern

(1) Abgrenzung von Steuerzahlung und Steueraufwand[82]

Im handelsrechtlichen Gliederungsschema der GuV (§ 275 Abs. 2 HGB) werden in Position 18 „Steuern vom Einkommen und vom Ertrag" als Aufwand angesetzt. Der Jahresüberschuß (Position 20) ist also ein Gewinn nach Steuern. Geht man einfachheitshalber von einem einheitlichen Ertragsteuersatz[83] von 50 Prozent aus, kann der Jahresüberschuß wie folgt ermittelt werden:

Gewinn vor Steuern (Pos. 1 bis 17 und 19)	800
− Ertragsteueraufwand (Pos. 18)	400
Jahresüberschuß (Pos. 20)	400

Der hier ausgewiesene Ertragsteueraufwand ist ein **kalkulatorischer Ertragsteueraufwand,** der aus dem handelsrechtlich ausgewiesenen Gewinn vor Steuern (Handelsbilanzgewinn) abgeleitet wurde. Hiervon zu unter-

---

[81] Eine analoge Vorschrift (§ 49 Abs. 3 GmbHG) gilt für die GmbH.
[82] Vgl. hierzu ausführlich Coenenberg, A. G., (Jahresabschluß), S. 264 ff.
[83] Zur Ertragsbesteuerung vgl. S. 307 ff. und die dort angegebene Literatur

scheiden ist die **tatsächliche Steuerzahlung** an das Finanzamt. Maßgebend für die Höhe der tatsächlichen Steuerzahlung ist nicht der Gewinn der Handelsbilanz, sondern der Gewinn der Steuerbilanz.

Im Idealfall gelangen Handels- und Steuerbilanz zum gleichhohen Gewinnausweis (vor Steuern). Steuerzahlung und Steueraufwand sind identisch. Es gibt kein Abgrenzungsproblem.

In der Realität sind **Handels- und Steuerbilanzgewinn nicht deckungsgleich**. Beispiel: Eine Anlage mit Anschaffungskosten von 800 wird in der Steuerbilanz linear über 8 Jahre abgeschrieben. Der steuerliche Abschreibungsaufwand/Periode beträgt 100. Handelsrechtlich wird die Maschine arithmetisch-degressiv über 4 Jahre abgeschrieben. Der handelsrechtliche Abschreibungsaufwand[84] der ersten Periode beziffert sich auf 320. Handels- und Steuerbilanz weisen also unterschiedliche Periodenergebnisse aus, obwohl der ausgewiesene **Aufwand** für die **Totalperiode** (800) **identisch** ist.

Solche Fälle **periodischer Verschiebung** des Gewinnausweises in Handels- und Steuerbilanz bedürfen der **Steuerabgrenzung** nach § 274 HGB. Dabei kann es vorkommen, daß in der **Anfangsperiode** der Steuerbilanzgewinn größer als der Handelsbilanzgewinn ist (häufiger Fall) oder daß der Steuerbilanzgewinn kleiner als der Handelsbilanzgewinn (seltener Fall) ist.

Steuerbilanzgewinn größer Handelsbilanzgewinn	Steuerbilanzgewinn kleiner Handelsbilanzgewinn
Steuerzahlung > Steueraufwand	Steuerzahlung < Steueraufwand
Steuerzahlungsvorlauf (Quasiforderung gegenüber Finanzamt)	Steuerzahlungsrückstand (Quasiverbindlichkeit gegenüber Finanzamt)
Aktive latente Steuern ↓ *Aktivierungswahlrecht* nach § 274 Abs. 2 HGB	Passive latente Steuern ↓ *Passivierungsgebot*[85] nach § 274 Abs. 1 HGB

Abb. 64: Steuerabgrenzung in der Handelsbilanz

(2) **Aktivierungswahlrecht für aktive Steuern**

Ist die Steuerzahlung in der Anfangsperiode höher als der kalkulatorische Aufwand, liegt aus der Sicht der Handelsbilanz eine „Steuerüberzahlung" vor. Dieser „forderungsähnliche Tatbestand" darf nach § 274 Abs. 2 HGB als Bilanzierungshilfe aktiviert werden.

Aktive latente Steuern entstehen z. B. dann, wenn in der Handelsbilanz schneller abgeschrieben wird als in der Steuerbilanz. Der Steuerbilanzgewinn

---
[84] Zur Berechnung vgl. S. 941
[85] Zur bilanziellen Behandlung passiver Steuern vgl. S. 980

und die Steuerzahlung (z.B. 400) ist in der Anfangsperiode höher als der Handelsbilanzgewinn und der kalkulatorische Steueraufwand (z.B. 280). Macht man vom Aktivierungswahlrecht für die aktive latente Steuer Gebrauch, lautet der Buchungssatz in der **Anfangsperiode:**

Steueraufwand 280
aktive latente Steuer 120 an Bank (Steuerzahlung) 400

In den Folgeperioden wird eine kompensatorische Wirkung eintreten: Der Abschreibungsaufwand der Steuerbilanz übersteigt den Abschreibungsaufwand der Handelsbilanz. Die Steuerzahlung (z.B. 280) ist kleiner als der kalkulatorische Steueraufwand (z.B. 400). Dann wird der aktive Abgrenzungsposten „Aktive latente Steuern" in der **Folgeperiode** aufgelöst:

Steueraufwand 400 an Bank 280
aktive latente Steuern 120

In Höhe der aktivierten Bilanzierungshilfe kommt es zu einer Steigerung des Eigenkapital- und Erfolgsausweises. Nach § 274 Abs. 2 sind flankierende Maßnahmen zum **Schutz der Gläubiger** vorgesehen. Im Fall der Aktivierung ist die Bilanzierungshilfe

- als aktiver Abgrenzungsposten **gesondert auszuweisen,**
- im **Anhang** zu erläutern,
- in den folgenden Steuerentlastungsjahren **aufzulösen** und
- an eine betragsgleiche **Ausschüttungssperre** für freie Rücklagen gekoppelt.

Trotz deutlicher Kritik[86] des Schrifttums ist die Aktivierung der Bilanzierungshilfe unter diesen Prämissen zulässig.

7. Bilanzierung und Bewertung ausgewählter Passiva

a) Eigenkapital

Bei der Bilanzierung des Eigenkapitals gibt es kein spezielles Bewertungsproblem: Der Bilanzwert des Eigenkapitals ergibt sich zwangsläufig als Saldo zwischen dem Wertansatz der Vermögensgegenstände auf der Aktivseite und der Rückstellungen und Verbindlichkeiten auf der Passivseite.[87]

Die folgenden Ausführungen konzentrieren sich auf den Eigenkapitalausweis von Kapitalgesellschaften.[88] Hierbei geht es um die Frage, nach welchen Regeln die verschiedenen Eigenkapitalposten zu bilden bzw. aufzulösen sind.

aa) Besonderheiten des Eigenkapitalausweises bei Kapitalgesellschaften

Der Einzelunternehmer haftet für die Verbindlichkeiten seiner Firma mit seinem gesamten Vermögen. So gesehen macht es keinen Unterschied, ob sich einzelne Vermögensteile im bilanzierten Unternehmensvermögen oder

---

[86] Vgl. hierzu Wöhe, G., (Bilanzierung), S. 565 f. und die dort angegebene Literatur
[87] Streng genommen muß man Rechnungsabgrenzungsposten und Bilanzierungshilfen (vgl. S. 957 ff.) in die Saldierung einbeziehen.
[88] Zur Bilanzierung des Eigenkapitals bei Einzelfirmen und Personengesellschaften vgl. Döring/Buchholz, (Buchführung), S. 166 ff. und Wöhe/Kußmaul, (Grundzüge), S. 313 ff.

im nicht bilanzierten Privatvermögen befinden. Dagegen haftet der Gesellschafter einer Kapitalgesellschaft (z.B. ein Einmann-GmbH-Gesellschafter) für die Verbindlichkeiten der Kapitalgesellschaft nur mit seiner Einlage.

Würden Gewinne ausgeschüttet oder Eigenkapitalanteile an die Gesellschafter einer Kapitalgesellschaft zurückerstattet, verringerte sich nicht nur das Eigenkapital, sondern – durch den Abfluß liquider Mittel – auch die Vermögensmasse, d.h. die Haftungssubstanz der Kapitalgesellschaft. Je höher das Eigenkapital, desto größer ist das Potential zum Auffangen künftiger Verluste.

Eigenkapital	
Abgänge:	Zugänge:
• Entnahmen	• Einlagen
• Verluste	• Gewinne

Abb. 65: Zugänge und Abgänge beim Eigenkapital

Aus Gründen des **Gläubigerschutzes** bemüht sich der Gesetzgeber um **Sicherung der Haftungssubstanz** einer Kapitalgesellschaft. Zu diesem Zweck werden Vorschriften
* zur **Mindesteinlage** von Eigenkapital und
* zur **beschränkten Eigenkapitalentnahme**
  * durch beschränkte Gewinnausschüttung,
  * durch vorrangige Verlustabdeckung und
  * durch Entnahmebeschränkung in gewinnlosen Jahren

erlassen.

Eigenkapitalbildung kann durch
* Außenfinanzierung (= Beteiligungsfinanzierung)[89] oder
* Innenfinanzierung (= Selbstfinanzierung)[90]

erreicht werden. Im Falle der Selbstfinanzierung werden Gewinne in ertragstarken Jahren thesauriert (= Eigenkapitalzugang). Das Verlustauffangpotential erhöht sich. In späteren Verlustjahren kommt es dann zu einem entsprechenden Rückgang des Eigenkapitals.

Abb. 66 gibt einen Grobüberblick über die Eigenkapitalposten einer Kapitalgesellschaft. Die Bestimmungen zur Bildung und Auflösung der einzelnen Posten werden im folgenden erläutert. An dieser Stelle nur soviel: Das **gezeichnete Kapital** ist das durch Gesellschaftsvertrag bzw. Satzung fixierte Nominalkapital. Die **Gewinnrücklagen** basieren auf **Gewinnthesaurierungen** vergangener Perioden. Kommt es in der laufenden Periode zu einem Gewinn (Verlust), erhöht (vermindert) sich das bilanzierte Eigenkapital entsprechend.

Zählt man zum bilanzierten Eigenkapital die **stillen Rücklagen**[91] hinzu, erhält man das tatsächliche Eigenkapital. Die stillen Rücklagen resultieren aus Unterbewertungen von Vermögensteilen bzw. Überbewertungen von Verbindlichkeiten und Rückstellungen. Eine exakte Bemessung der stillen Rück-

---

[89] Zur Beteiligungsfinanzierung vgl. S. 694ff.
[90] Zur Selbstfinanzierung vgl. S. 751ff.
[91] Zur Bildung und Auflösung stiller Rücklagen vgl. S. 1074ff.

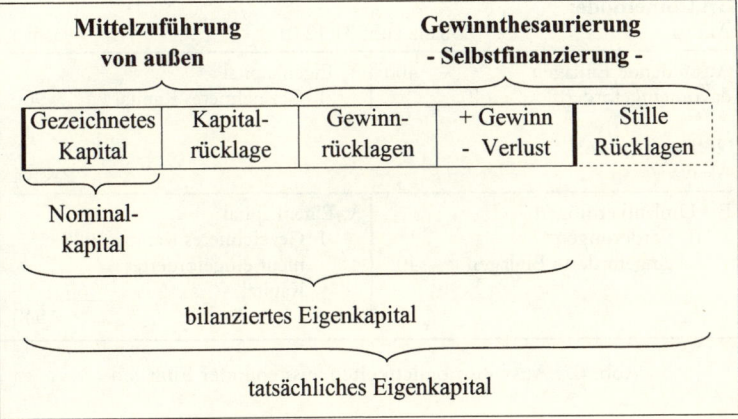

Abb. 66: Eigenkapital einer Kapitalgesellschaft (Grobgliederung)

lagen setzt eine exakte Wertermittlung für Vermögensteile, Schulden und Rückstellungen voraus. Dabei stößt man auf ein Prognoseproblem: Wegen der Unsicherheit der Zukunft können stille Rücklagen in aller Regel nur grob geschätzt werden.

bb) Gezeichnetes Kapital und Kapitalrücklage

Unter dem gezeichneten Kapital versteht man den Teil des Eigenkapitals, zu dessen Einzahlung sich die Gesellschafter einer Kapitalgesellschaft verpflichtet haben. Ist das gezeichnete Kapital voll eingezahlt, sind die Gesellschafter von einer weitergehenden Haftung für die Verbindlichkeiten der Gesellschaft freigestellt (§ 272 Abs. 1 HGB).

Bei der AG wird das gezeichnete Kapital als Grundkapital, bei der GmbH als Stammkapital bezeichnet. Zur Sicherung eines Mindesthaftungsvermögens muß
• das Grundkapital mindestens 100.000 DM,
• das Stammkapital mindestens 50.000 DM
betragen. Der Mindestnennwert einer einzelnen Aktie (eines Stammkapitalanteils) beträgt 5 DM (500 DM). Multipliziert man den **Nennwert/Aktie** mit der Anzahl der ausgegebenen Aktien, erhält man den zu passivierenden Nennwert des **Grundkapitals**.

Ist das gezeichnete Kapital noch **nicht voll eingezahlt**, kann nach § 272 Abs. 1 HGB zwischen zwei Ausweisformen (vgl. Abb. 67) gewählt werden:

Im Gegensatz zu den Rücklagen, die eine variable Eigenkapitalposition darstellen, handelt es sich beim gezeichneten Kapital um eine **konstante Eigenkapitalposition**. Soll das gezeichnete Kapital verändert werden, ist
• eine Kapitalerhöhung[92] bzw.
• eine Kapitalherabsetzung[93]
erforderlich.

---

[92] Vgl. ausführlich S. 808 ff.
[93] Vgl. ausführlich S. 822 ff.

Bruttomethode:

Aktiva		Bilanz zum 31.12.01	Passiva
Ausstehende Einlagen	400	A. Eigenkapital	
davon eingefordert	40	I. Gezeichnetes Kapital	900

Nettomethode:

Aktiva		Passiva	
B. Umlaufvermögen		A. Eigenkapital	
II. Forderungen		I. Gezeichnetes Kapital	900
eingeforderte Einlagen	40	nicht eingefordertes	
		Kapital	− 360
			540

Abb. 67: Ausweismöglichkeiten ausstehender Einlagen

Werden neue Aktien ausgegeben, liegt der Ausgabekurs häufig über dem Nennbetrag.[94] Die Differenz zwischen Nennbetrag (5 DM) und Ausgabekurs bezeichnet man als Aufgeld oder Aktienagio. Werden eine Mio. Aktien zum Kurs von 12 DM/Stück ausgegeben, führt das zu folgender Bilanz:

Aktiva		Bilanz zum 31.12.01 (in Mio.)	Passiva
		Gezeichnetes Kapital	5
Bank	12	Kapitalrücklage	7
	12		12

Abb. 68: Kapitalrücklage

Die Bildung der **Kapitalrücklage** erfolgt also über ein **vereinnahmtes Aktienagio** oder ähnliche Zuzahlungen.[95] Die Auflösung der Kapitalrücklage ist an die Auflösung der gesetzlichen Rücklage gekoppelt, die gleich anschließend behandelt wird.

cc) Gewinnrücklagen

Gewinnrücklagen werden aus thesaurierten Gewinnen gebildet. Im Bilanzgliederungsschema (§ 266 Abs. 3 HGB) sind folgende Arten von Gewinnrücklagen aufgeführt:
(1) gesetzliche Rücklage
(2) Rücklage für eigene Anteile
(3) satzungsmäßige Rücklagen
(4) andere Gewinnrücklagen.

(1) **Gesetzliche Rücklagen**

Die Funktion der gesetzlichen Rücklage läßt sich an einem abstrakten Beispiel beschreiben: Angenommen eine neugegründete Aktiengesellschaft emittiert 4 Mio. Aktien zum Nennbetrag von 5 DM. Es werden 40 Mio. Fremdkapital aufgenommen. In den ersten drei Perioden werden hohe Ge-

---

[94] Eine Unterpari-Emission ist nach § 9 Abs. 1 AktG unzulässig.
[95] Vgl. hierzu Adler/Düring/Schmaltz, (Rechnungslegung), § 272 HGB, Tz. 74 ff.

B. III. Die Bilanz

winne (Jahresüberschüsse) erwirtschaftet und in voller Höhe ausgeschüttet. In der vierten Periode entsteht ein Verlust von 1 Mio. Die Bilanz zum 31.12.04 hat folgendes Aussehen:

Aktiva	Bilanz zum 31.12.04 (in Mio.)		Passiva
Diverse Aktiva	59	Gezeichnetes Kapital	20
		Jahresfehlbetrag	− 1
		Verbindlichkeiten	40
	__59__		__59__

Abb. 69: Unterbilanz; Jahresfehlbetrag ohne gesetzliche Rücklage

Der Jahresfehlbetrag ist nicht durch Rücklagen gedeckt. Es entsteht eine **Unterbilanz**. Ohne einen gesetzlichen Zwang zur Bildung von Rücklagen wäre die Verlustauffangfunktion des Eigenkapitals auf das gezeichnete Kapital beschränkt. Aus Gründen des **Gläubigerschutzes** zwingt der Gesetzgeber alle Aktiengesellschaften zur **Risikovorsorge**. § 150 Abs. 1 und 2 AktG schreibt allen Aktiengesellschaften die **Bildung einer gesetzlichen Rücklage**[96] vor, die zusammen mit der Kapitalrücklage 10 Prozent des Grundkapitals betragen muß. Solange dieses Niveau noch nicht erreicht ist, müssen 5 Prozent des (um einen eventuellen Verlustvortrag aus dem Vorjahr gekürzten) Jahresüberschusses in die gesetzliche Rücklage eingestellt werden.

Ebenso wie bei der Kapitalrücklage handelt es sich bei der gesetzlichen Rücklage um einen Eigenkapitalposten, der nicht zur Gegenbuchung von Entnahmen (= Dividendenzahlungen) herangezogen werden darf.

In beiden Fällen wird
- durch **gesetzlichen Zwang**
- ein **zusätzliches Verlustauffangpotential** geschaffen und
- mit einer **Ausschüttungssperre** belegt.

Kapitalrücklage und gesetzliche Rücklage dürfen **im wesentlichen nur zur Verlustabdeckung** aufgelöst werden. Soweit diese beiden Rücklagenposten 10 Prozent des Grundkapitals nicht übersteigen, sind Verluste (Jahresfehlbetrag bzw. Verlustvortrag)
- vorrangig aus anderen Gewinnrücklagen und
- nachrangig aus der Kapitalrücklage und der gesetzlichen Rücklage

abzudecken (§ 150 Abs. 3 AktG).

Der über 10 Prozent des Grundkapitals hinausgehende Teil dieser beiden Rücklagenposten darf
- zur Verlustabdeckung bzw.
- zur Kapitalerhöhung aus Gesellschaftsmitteln[97]

herangezogen werden. (§ 150 Abs. 4 AktG).

---

[96] Die GmbH braucht keine gesetzliche Rücklage zu bilden.
[97] Zur Umwandlung von Rücklagen in Grundkapital vgl. S. 818 ff.

(2) **Rücklage für eigene Anteile**

Erwirbt eine Aktiengesellschaft eigene Anteile, sind diese nach § 266 Abs. 2 HGB als Wertpapiere des Umlaufvermögens in der Bilanzposition B. III. 2. gesondert auszuweisen. Es findet ein ganz normaler Aktivtausch statt: An die Stelle abfließender finanzieller Mittel treten eigene Aktien. Gerät die Gesellschaft nach dem Erwerb in eine **ernsthafte Krise**, sind die **eigenen Aktien** u. U. **wertlos**. Der scheinbar harmlose Aktivtausch entpuppt sich nachträglich betrachtet als gläubigergefährdender Tatbestand.

Aus Gründen des Gläubigerschutzes hat der Gesetzgeber Vorkehrungen getroffen:

(1) Eigene Aktien dürfen nur im gesetzlich bestimmten Höchstumfang bzw. für gesetzlich bestimmte Zwecke (z. B. Weitergabe als Arbeitnehmeraktien) erworben werden.[98]

(2) In die „Rücklage für eigene Anteile"[99] ist der Betrag einzustellen, der dem aktivierten Betrag entspricht (§ 272 Abs. 4 HGB).

Die Bildung der Rücklage für eigene Anteile erfolgt entweder
- aus frei verfügbaren Gewinnrücklagen[100] oder
- aus dem laufenden Jahresüberschuß.[101]

Durch diese Umbuchung werden vormals frei verfügbare Eigenkapitalposten der Ausschüttungsmöglichkeit entzogen. Die **Ausschüttungssperre** wird erst bei der Auflösung der Rücklage für eigene Anteile aufgehoben. Die Auflösung ist nur möglich, wenn die aktivierten Anteile veräußert, ausgegeben oder abgewertet werden. Erfolgte die Bildung der Rücklage zu Lasten frei verfügbarer Rücklagen, kommt es bei Auflösung der Rücklage für eigene Aktien zu einer Dotierung der frei verfügbaren Rücklagen.

(3) **Satzungsmäßige Rücklagen**

Die Satzung einer AG bzw. der Gesellschaftsvertrag einer GmbH kann **vertraglich bindende Regelungen** zur Rücklagenbildung beinhalten. Die danach zu bildenden Gewinnrücklagen bezeichnet man als satzungsmäßige bzw. statutarische Rücklagen.

Ob die satzungsmäßigen Rücklagen zweckgebunden (z. B. Substanzerhaltungsrücklage) oder zweckfrei sind, bleibt der einzelnen Satzungsregelung überlassen. Unabhängig von einer Zweckbindung kann die Satzung vorsehen, daß
- nach Einstellung in die gesetzliche Rücklage und in die Rücklage für eigene Anteile
- Teile des Jahresüberschusses in die satzungsmäßige Rücklage

einzustellen sind.

Auch für die Auflösung dieser Rücklage sind die satzungsmäßigen Bestimmungen maßgebend. Sieht die Satzung nur eine Auflösung zwecks Ver-

---

[98] Vgl. § 71 AktG
[99] Der Erwerb von Anteilen eines herrschenden Unternehmens ist dem Erwerb eigener Anteile gleichgestellt.
[100] Zu Einzelheiten vgl. Adler/Düring/Schmaltz, (Rechnungslegung), § 274 HGB, Tz. 188
[101] Vgl. Abb. 72 auf S. 971

lustabdeckung vor, ist eine weitere Eigenkapitalposition mit einer **Ausschüttungssperre** belegt.

(4) Andere Gewinnrücklagen

Im Gegensatz zu gesetzlich vorgeschriebenen und satzungsmäßigen Rücklagen handelt es sich bei „anderen Gewinnrücklagen" um freiwillig gebildete Rücklagen. Deshalb werden „andere Gewinnrücklagen" häufig auch als **„freie Rücklagen"** bezeichnet.

Der Jahresüberschuß ist der Gewinn nach Steuern. Aus diesem Jahresüberschuß sind nach Gesetz und Satzung bestimmte Teile in bestimmte Gewinnrücklagen[102] einzustellen.

Für den verbleibenden, frei verfügbaren Jahresüberschuß gibt es zwei Verwendungsmöglichkeiten:
- die Ausschüttung (= Bilanzgewinn) oder
- die Thesaurierung (= Einstellung in Gewinnrücklagen).

Dabei können die Gesellschafter einer **GmbH** über die **Ergebnisverwendung frei entscheiden.** Bei Publikumskapitalgesellschaften (AG, KGaA) offenbart sich ein Konflikt zwischen Ausschüttungs- und Thesaurierungsinteresse:

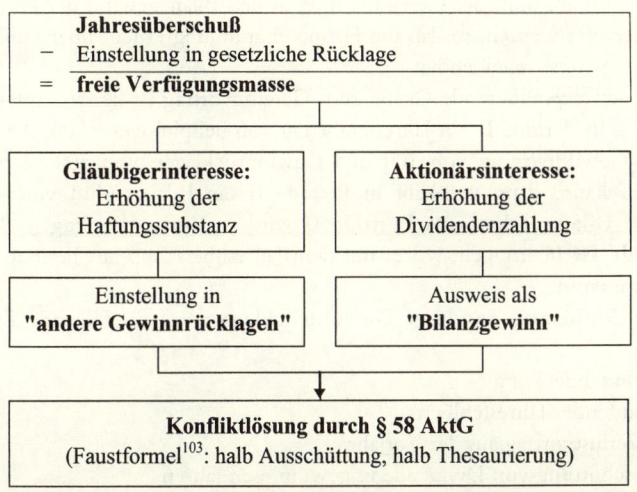

Abb. 70: Gewinnverwendung

Die **Einstellung**[104] in **„andere Gewinnrücklagen"** erfolgt aus der freien Verfügungsmasse des Jahresüberschusses. Der verbleibende Rest wird den Aktionären als Bilanzgewinn zur Ausschüttung angeboten. Über die Verwendung des Bilanzgewinns entscheidet die Hauptversammlung. Dabei hat sie nach § 58 Abs. 3 AktG drei Verwendungsmöglichkeiten:

---

[102] Vgl. hierzu die obigen Ausführungen zur gesetzlichen Rücklage, (S. 966 f.), zur Rücklage für eigene Anteile (S. 968) und zur satzungsmäßigen Rücklage (S. 968 f.).
[103] Zur genaueren Bestimmung von Thesaurierung und Ausschüttung vgl. S. 970 f.
[104] Zur Bildung und Auflösung „anderer Gewinnrücklagen" vgl. ausführlich Coenenberg, A. G., (Jahresabschluß), S. 200 ff. und die dort angegebene Literatur.

Abb. 71: Verwendung des Bilanzgewinns durch die Hauptversammlung

Im Normalfall stellen Vorstand und Aufsichtsrat den Jahresabschluß fest. Dabei dürfen sie maximal 50 Prozent des korrigierten Jahresüberschusses[105] in „andere Gewinnrücklagen" einstellen (§ 58 Abs. 2 AktG). Die Hauptversammlung darf aus dem ihr angebotenen Bilanzgewinn weitere Beträge in die Gewinnrücklagen einstellen (§ 58 Abs. 3 AktG).

Statt dessen kann sie den Bilanzgewinn ganz oder teilweise in die nächste Abrechnungsperiode vortragen. Der **übertragene Teil des Bilanzgewinns** aus Periode I erscheint als „**Gewinnvortrag**" in Periode II. Entsteht in Periode II ein Verlust (Jahresfehlbetrag), wird der Gewinnvortrag zur Verlustabdeckung herangezogen. Schließt Periode II mit einem Gewinn (Jahresüberschuß) ab, muß der Gewinnvortrag in den Bilanzgewinn der Periode II eingerechnet werden, so daß die Hauptversammlung erneut über seine Verwendung zu entscheiden hat.

Die korrespondierende Größe zum Gewinnvortrag ist der Verlustvortrag. Entsteht in Periode II ein Jahresfehlbetrag von beispielsweise 800, der gegen einen Gewinnvortrag von 100 und Gewinnrücklagen von 500 verrechnet werden kann, dann verbleibt in Periode II ein Bilanzverlust von − 200. **Dieser Bilanzverlust aus Periode II** wird als **Verlustvortrag** (− 200) in **Periode III** übertragen, wo er mit dem Jahresüberschuß aus Periode III zu verrechnen ist.

Die **Auflösung „anderer Gewinnrücklagen"** ist für folgende Zwecke denkbar:
- Verlustabdeckung
  - laufender Jahresfehlbetrag
  - Verlustvortrag aus der Vorjahr
- Ausschüttung von Dividende in gewinnlosen Jahren
- Überführung in gezeichnetes Kapital.

Wenn Vorstand und Aufsichtsrat den Jahresabschluß feststellen, liegt es in deren Ermessen, ob sie andere Gewinnrücklagen zur Ausschüttung freigeben wollen. Dagegen hat die Hauptversammlung das Recht, eine Kapitalerhöhung aus Gesellschaftsmitteln zu beschließen („andere Gewinnrücklagen" an „gezeichnetes Kapital").

Die folgende Abbildung zeigt beispielhaft und in vereinfachter Form[106] die Verwendung des Jahresüberschusses einer Aktiengesellschaft (Feststellung des Jahresabschlusses durch Vorstand und Aufsichtsrat):

---

[105] Zum korrigierten Jahresüberschuß vgl. Abb. 72 auf S. 971
[106] Zum vollständigen Schema vgl. Coenenberg, A. G., (Jahresabschluß), S. 204

	(a)	(b)
Jahresüberschuß	200	200
− Verlustvortrag	40	-
Bemessungsgrundlage I	160	200
− Einstellung in gesetzliche Rücklage (5% von I)	8	10
Korrigierter Jahresüberschuß (BG II)	152	190
− Einstellung in andere Gewinnrücklagen (max. 50% von BG II)	76	95
Bemessungsgrundlage III	76	95
− Einstellung in Rücklage für eigene Anteile	6	6
− Einstellung in satzungsmäßige Rücklagen	20	20
Bemessungsgrundlage IV	50	69
+ Gewinnvortrag	-	50
Bilanzgewinn	**50**	**119**

Abb. 72: Verwendung des Jahresüberschusses einer Aktiengesellschaft

Das Beispiel der Abb. 72 geht im Fall (a) von einem Verlustvortrag von 40, im Fall (b) von einem Gewinnvortrag von 50 aus. (**ÜB 6/65–68**)

dd) Eigenkapitalausweis vor bzw. nach Ergebnisverwendung

Das Eigenkapital einer Kapitalgesellschaft kann
(1) vor Ergebnisverwendung,
(2) nach teilweiser Ergebnisverwendung oder
(3) nach vollständiger Ergebnisverwendung
ausgewiesen werden.[107] Anknüpfend an das Zahlenbeispiel der vorangegangenen Abb. 72 (Version a) werden alle drei Ausweisalternativen in der folgenden Abbildung beispielhaft dargestellt.

(1) Der Eigenkapitalausweis vor Ergebnisverwendung erfaßt die Jahresanfangsbestände der Gewinnrücklagen, so wie den Jahresanfangsbestand des Gewinnvortrags bzw. des Verlustvortrags. Die Eigenkapitaländerung der Periode wird als Jahresüberschuß (+) bzw. Jahresfehlbetrag (−) ausgewiesen. Erst in der Folgeperiode wird die Verwendung des Jahresüberschusses − z.B. durch Einstellung in Gewinnrücklagen − gebucht. Diese Form des Eigenkapitalausweises entspricht dem Bilanzgliederungsschema des § 266 Abs. 3 HGB.

(2) Der Eigenkapitalausweis nach teilweiser Ergebnisverwendung (§ 268 Abs. 1 HGB) entspricht der **gängigen Bilanzierungspraxis** von Kapitalgesellschaften. Die Gewinnverwendungsrechnung wird zum Bilanzstichtag durchgeführt. Als Gewinnrücklagen werden nicht die Jahresanfangs-, sondern die Jahresendbestände ausgewiesen. Soweit der Jahresüberschuß nicht thesauriert wird, erscheint er als Bilanzgewinn. Über dessen Verwendung befindet die Hauptversammlung in der Folgeperiode. In Verlustjahren wird ein Jahresfehlbetrag durch Auflösung von Gewinnrücklagen abgedeckt. Der nicht abgedeckte Jahresfehlbetrag wird zum Periodenende als Bilanzverlust ausgewiesen und als Verlustvortrag in die Folgeperiode übertragen.

---

[107] Zu Einzelheiten vgl. ausführlich Coenenberg, A. G., (Jahresabschluß), S. 213 ff.

Passiva der XY AG	(1)	(2)	(3)
I. Gezeichnetes Kapital	1.000	1.000	1.000
II. Kapitalrücklage	50	50	50
III. Gewinnrücklagen			
1. Gesetzliche Rücklage	10	18	18
2. Rücklage für eigene Anteile	-	6	6
3. Satzungsmäßige Rücklage	15	35	35
4. Andere Gewinnrücklagen	25	101	101
IV. Verlustvortrag	- 40	-	-
V. **Jahresüberschuß**	200	-	-
Bilanzgewinn	-	50	-
Eigenkapital insgesamt	1.260	1.260	1.210
Verbindlichk. gegenüber Kreditinstituten	340	340	340
Sonstige Verbindlichkeiten	-	-	50
Passiva insgesamt	1.600	1.600	1.600

Abb. 73: Eigenkapitalausweis vor (1), nach teilweiser (2) bzw. nach vollständiger (3) Ergebnisverwendung

(3) Der Eigenkapitalausweis nach vollständiger Ergebnisverwendung (§ 268 Abs. 1 HGB) unterscheidet sich von der Ausweisversion (2) nur in einem einzigen Punkt: Der zur Ausschüttung bestimmte Gewinnanteil wird nicht als Eigenkapitalposten „Bilanzgewinn", sondern als Fremdkapitalposten ausgewiesen. Ökonomisch gesehen stellt die künftige Dividendenzahlung eine Verbindlichkeit der Kapitalgesellschaft (juristische Person) gegenüber ihren Anteilseignern dar.

Unabhängig davon, ob sie ihr Eigenkapital in der Bilanz vor oder nach Ergebnisverwendung ausweisen, müssen Aktiengesellschaften nach § 158 AktG eine erweiterte GuV erstellen. Dabei wird die GuV und die **Gewinnverwendungsrechnung** im Anschluß an den Posten Jahresüberschuß/Jahresfehlbetrag folgendermaßen fortgeführt:

Jahresüberschuß (+) / Jahresfehlbetrag (-)
+ Gewinnvortrag aus dem Vorjahr
- Verlustvortrag aus dem Vorjahr
+ Entnahmen aus Rücklagen
- Einstellungen in Rücklagen
= **Bilanzgewinn (+) / Bilanzverlust (-)**

Abb. 74: Fortgeführte GuV für Aktiengesellschaften (vereinfachte Form)

Ersatzweise können die notwendigen Angaben im Anhang gemacht werden.

b) Sonderposten mit Rücklageanteil[108]

aa) Unversteuertes Eigenkapital

Oben wurde festgestellt, daß Gewinnrücklagen aus dem einbehaltenen Teil des Jahresüberschusses gebildet werden. Der Jahresüberschuß ist eine Gewinngröße nach Abzug von Ertragsteuern. Folglich steht in den Gewinnrücklagen versteuertes Eigenkapital.

Im Gegensatz dazu enthält der Passivposten „Sonderposten mit Rücklageanteil" **unversteuertes Eigenkapital.** Wird der Sonderposten mit Rücklageanteil z.B. in Höhe von 100 aufgelöst, erhöht sich der Gewinnausweis. Nach Abzug der Ertragsteuerbelastung von beispielsweise 45 Prozent erhöht sich der Jahresüberschuß um 55. Dieser Betrag stellt versteuertes Eigenkapital dar. Der **Rücklageanteil (= Eigenkapital)** beziffert sich im Beispiel auf 55 Prozent, der **Steueranteil (= Fremdkapital)** auf 45 Prozent.

Im Rahmen der Bilanzanalyse ist der Sonderposten mit Rücklageanteil in einen Eigen- und einen Fremdkapitalanteil zu zerlegen. Da die spätere Ertragsteuerbelastung nicht exakt prognostizierbar ist, geht man pauschalierend von einer hälftigen Aufteilung aus.

Für den Sonderposten mit Rücklageanteil gilt ein **Passivierungswahlrecht** (§ 247 Abs. 3 HGB). In der Bilanz einer Kapitalgesellschaft ist der Sonderposten zwischen dem Eigenkapital und den Rückstellungen anzusiedeln (§ 273 HGB). Damit will man dem **Mischkapitalcharakter** Rechnung tragen.

Der Sonderposten mit Rücklageanteil gelangt über die umgekehrte Maßgeblichkeit in die Handelsbilanz.

Sonderposten mit Rücklageanteil (SoPo)	
§ 247 Abs. 3 HGB **Steuerfreie Rücklagen** Ausweismöglichkeit in HaBi: SoPo auf Passivseite	§ 281 Abs. 1 HGB **Steuerliche Mehrabschreibung** Ausweismöglichkeit in HaBi: Absetzung auf Aktivseite oder SoPo auf Passivseite

Abb. 75: Ausweis Sonderposten bei Kapitalgesellschaften

Unter steuerlicher Mehrabschreibung versteht man die Differenz zwischen höherer steuerlicher Abschreibung (zulässig nach § 254 HGB) und planmäßiger handelsrechtlicher Abschreibung (nach § 253 Abs. 2 HGB).

bb) Steuerfreie Rücklagen und steuerliche Mehrabschreibung

Zur Erreichung wirtschaftlicher Ziele[109] gewährt die Steuerbilanz die Möglichkeit zur Bildung **steuerfreier Rücklagen.**[110] Standardbeispiel zur Erklärung ist die steuerfreie Rücklage nach § 6b EStG: Ein Betrieb will aus der städtischen Kernzone in das Gewerbegebiet umsiedeln. Das alte Betriebsgrundstück könnte für 5 Mio. verkauft werden. Der Buchwert in Handels-

---

[108] Dieses Kapitel richtet sich vorzugsweise an den Leser mit fortgeschrittenem Kenntnisstand.
[109] Vgl. ausführlich Wöhe, G., (Bilanzierung), S. 764 ff.
[110] Vgl. den Kurzüberblick bei Heinhold, M., (Jahresabschluß), S. 145

und Steuerbilanz beträgt 1 Mio. Im Verkaufsfall wird eine **stille Rücklage** (= Veräußerungsgewinn von 4 Mio.) **aufgedeckt,** die normalerweise versteuert werden müßte. Die drohende Besteuerung des Veräußerungsgewinns gleicht einer Klippe: An ihr kann eine wirtschaftlich sinnvolle Maßnahme (Betriebsverlegung) scheitern. Deshalb gestattet § 6b Abs. 3 EStG im Veräußerungsjahr die Bildung einer steuerfreien Rücklage. Im vorliegenden Beispiel darf der Veräußerungsgewinn von 4 Mio. in der Steuerbilanz in eine steuerfreie Rücklage eingestellt werden (erfolgsneutraler Vorgang). Dabei gebietet die umgekehrte Maßgeblichkeit die vorherige Passivierung eines Sonderpostens mit Rücklageanteil in der Handelsbilanz.

Wird innerhalb angemessener Frist[111] ein Ersatzwirtschaftsgut erworben, wird die steuerfreie Rücklage auf das Ersatzwirtschaftsgut übertragen. Der Buchwert des Ersatzwirtschaftsgutes ergibt sich dann aus Anschaffungskosten abzüglich steuerfreier Rücklagen.

Unterbleibt die fristgerechte Ersatzbeschaffung, ist die steuerfreie Rücklage erfolgswirksam aufzulösen. Bei einem Steuersatz von 50 Prozent werden 2 Mio. Ertragsteuer fällig. Diese **drohende Steuernachholung** erklärt den partiellen Fremdkapitalcharakter des Sonderpostens mit Rücklageanteil.

Ähnlich verhält es sich mit **steuerlichen Sonderabschreibungen,**[112] die ebenfalls am Beispielfall erklärt werden sollen. Ein Betrieb in den neuen Bundesländern erwirbt eine maschinelle Anlage, für die folgende Eckdaten[113] gelten:

Anschaffungskosten t_0	100
Planmäßige Nutzungsdauer in Jahren	5
Planmäßige Abschreibung/Jahr (§ 253 Abs. 2 HGB)	20
Steuerliche Sonderabschreibung 1. Jahr	40
Steuerliche Normalabschreibung 1. Jahr	20
Steuerliche Normalabschreibung 2.–5. Jahr je	10

Nach § 254 HGB ist die **Übernahme** der **steuerlichen Sonderabschreibung** in die Handelsbilanz **zulässig.** Macht das Unternehmen von diesem Abschreibungswahlrecht Gebrauch, beziffert sich der Abschreibungsaufwand auf 60 und der Restbuchwert in t_1 auf 40.

Statt dessen erlaubt § 281 Abs. 1 HGB einer Kapitalgesellschaft, die steuerliche Mehrabschreibung (40) in einen Sonderposten mit Rücklageanteil einzustellen. Die handelsrechtliche Normalabschreibung (20) erfolgt dann direkt, die steuerliche Mehrabschreibung (40) indirekt.

Somit hat die Kapitalgesellschaft drei Bilanzierungsmöglichkeiten (vgl. Abb. 76):

Der Mischcharakter des Sonderpostens mit Rücklageanteil läßt sich folgendermaßen erklären: Würde die Anlage in t_1 zum Zeitwert von 80 veräußert, müßte der Sonderposten gewinnhöhend aufgelöst werden (Sonder-

---

[111] Bei Gebäuden: vier bzw. sechs Jahre (§ 6b Abs. 3 EStG).
[112] Vgl. ausführlich Wöhe, G., (Bilanzierung), S. 736 ff. bzw. im Kurzüberblick Heinhold, M., (Jahresabschluß), S. 144
[113] Sonderabschreibung nach § 4 Abs. 2 Fördergebietsgesetz

posten an sonst. betrieblichen Ertrag 40). Die dabei fällig werdende Ertragsteuerzahlung verkörpert den Fremdkapitalanteil.

Inanspruchnahme steuerl. SonderAfA	nein	ja	ja
handelsr. Abschr. nach HGB	253 II HGB	254 HGB (i. V. m. 279 II HGB)[114]	281 HGB (i. V. m. 279 II HGB)
steuerl. Abschr.	20	60	60
handelsr. Abschr. • direkt • indirekt	20 –	60 –	20 40
Handelsbilanz t_0	Masch. 100 | EK 100	Masch. 100 | EK 100	Masch. 100 | EK 100
Handelsbilanz t_1	Masch. 80 | EK 80	Masch. 40 | EK 40	Masch. 80 | EK 40 / SoPo 40
GuV 1. Jahr	Abschr. Aufw. 20	Abschr. Aufw. 60	Abschr. Aufw. 20 sonst. betr. Aufw. 40

Abb. 76: Steuerliche Sonderabschreibungen im handelsrechtlichen Jahresabschluß einer Kapitalgesellschaft

Wird die Anlage nicht veräußert, kommt es nach der Sonderabschreibung in Periode 1 in Höhe von 40 in den Folgeperioden zu einer Minderabschreibung: An die Stelle der handelsrechtlichen Normalabschreibung (20) tritt die verringerte steuerliche Abschreibung von 10.

Sonderposten mit Rücklageanteil	
Auflösung (in Höhe steuerlicher Minderabschreibung) **sonstiger betrieblicher Ertrag**	**Bildung** (in Höhe steuerlicher Mehrabschreibung) **sonstiger betrieblicher Aufwand**

Abb. 77: Bildung und Auflösung des Sonderpostens

Die Bilanzierung nach § 254 HGB führt zum gleichen Erfolgsausweis wie die Bilanzierung nach § 281 Abs. 1 HGB (vgl. Abb. 76). Der indirekten Abschreibung ist aber der Vorzug zu geben: Die Höhe des Sonderpostens macht sichtbar, in welchem Umfang stille Rücklagen gebildet wurden.

c) Rückstellungen

aa) Aufgabe und Arten

Auf der Passivseite der Bilanz stehen die Rückstellungen zwischen dem Eigenkapital und den Verbindlichkeiten.[115] Mit kaum einer anderen Bilanz-

---

[114] Diese Vorschrift ist faktisch gegenstandslos, seit die umgekehrte Maßgeblichkeit 1990 in § 5 Abs. 1 verankert wurde.
[115] Vgl. § 266 Abs. 3 HGB.

position hat sich das betriebswirtschaftliche Schrifttum so intensiv beschäftigt wie mit den Rückstellungen.[116] Solange die bilanztheoretische Diskussion über den vorrangigen Zweck der Bilanzierung offen ist, wird auch der Rückstellungsbegriff nach Umfang und Inhalt umstritten bleiben.

Nach **statischer Bilanzauffassung** dient die Rückstellungsbildung der **vollständigen Erfassung von Schulden.** Im Rahmen der Schuldendeckungskontrolle müssen dem auf der Aktivseite ausgewiesenen Schuldendeckungspotential (= Vermögen) auf der Passivseite alle Zahlungsansprüche gegenübergestellt werden, die im Krisenfall an das Unternehmen gerichtet werden.

Dazu gehören neben
- gewissen Verbindlichkeiten (z. B. Darlehensverbindlichkeiten)
- ungewissse Verbindlichkeiten (z. B. künftige Pensionszahlungen).

Gewisse wie ungewisse Verbindlichkeiten führen **in Zukunft** zu **Auszahlungen.** Ungewisse Verbindlichkeiten sind
- **wahrscheinlich,** aber nicht sicher und
- nach **Höhe und Fälligkeitstermin** noch **ungewiß.**

Wie Abb. 78 zeigt, können ungewisse Verbindlichkeiten einen bürgerlich-rechtlichen, einen öffentlich-rechtlichen oder einen wirtschaftlichen Verpflichtungsgrund haben. In allen Fällen handelt es sich um eine
- **wahrscheinliche Verpflichtung gegenüber einem Dritten**
- **zur zukünftigen Zahlung.**

1. **Bürgerlich-rechtliche Verpflichtung**
• Pensionen
• Prozeßkosten
• Garantieleistungen mit rechtl. Verpflichtung
• Bergschäden
• Drohende Verluste aus schwebenden Geschäften
2. **Öffentlich-rechtliche Verpflichtung**
• Steuerzahlungen
• Entsorgung von Altlasten
• Sozialplanverpflichtungen
3. **Wirtschaftliche Verpflichtung**
• Garantieleistung ohne rechtliche Verpflichtung

Abb. 78: Rückstellungen für ungewisse Verbindlichkeiten gegenüber Dritten

Ein Wort zur wirtschaftlichen Verpflichtung: Beharrt ein Großabnehmer nach Ablauf der Gewährleistungsfrist auf Garantieleistungen, ist es ein Gebot wirtschaftlicher Vernunft, solchem Verlangen nachzugeben. Für erwartete Kulanzleistungen wird dann eine Kulanzrückstellung gebildet.

Die Bildung einer Rückstellung für ungewisse Verbindlichkeiten gegenüber Dritten[117] entspricht dem **Prinzip kaufmännischer Vorsicht,** letztendlich dem Gläubigerschutzprinzip. Danach ist ein vorsichtiger und voll-

---

[116] Vgl. hierzu Eifler, G., (Grundsätze), sowie Baetge, J., (Bilanzen), S. 351 ff.; Coenenberg, A. G., (Jahresabschluß), S. 235 ff.; Heinhold, M., (Jahresabschluß), S. 146 ff.; Wöhe, G., (Bilanzen), S. 515 ff. und die dort angegebene Literatur
[117] Zu Einzelheiten vgl. Adler/Düring/Schmaltz, (Rechnungslegung), § 249 HGB, Tz. 42 ff.

ständiger Schuldenausweis (§ 246 Abs. 1 HGB) ebenso geboten, wie ein vorsichtiger Erfolgsausweis. Beides wird durch die Rückstellungsbildung erreicht: Angenommen in Periode 1 wird ein Prozeßrisiko deutlich. Man rechnet für Periode 2 mit einer Verurteilung sowie einer Auszahlung von 100. Würde keine Rückstellung gebildet, würde ein Aufwand erst in der Zahlungsperiode verbucht. Wird dagegen in Periode 1 eine Rückstellung

sonst. betr. Aufwand an sonstige Rückstellungen 100

gebildet, wird die **Aufwandverrechnung** in die Verursachungsperiode **vorgezogen**.

Nach **dynamischer Bilanzauffassung** gilt die **periodengerechte Erfolgsermittlung** als vorrangiges Bilanzierungsziel. Dabei gilt es,
1. Aufwand zu antizipieren
2. Aufwand zeitanteilig zu verrechnen.

Im ersten Punkt geht es um ein **Vorziehen** von der Zahlungs- in **die Entstehungsperiode**. Als Beispiel gelten unterlassene Instandhaltungen (z.B. Flachdachsanierung), die (witterungsbedingt) erst in der kommenden Abrechnungsperiode durchgeführt werden können.

Im zweiten Punkt geht es um die **Periodisierung aperiodisch anfallenden Aufwands**. Beispiel: Eine Fluggesellschaft erwirbt in t_0 ein Großraumflugzeug. Alle drei Jahre ist eine technische Abnahme erforderlich, der eine Generalüberholung vorausgeht. Die Kosten dieser Maßnahme belaufen sich auf 6 Mio. Zur besseren Vergleichbarkeit der Periodenergebnisse ist es erlaubt, einen jährlichen Aufwand von 2 Mio. zu verrechnen und den Gegenwert einer Aufwandsrückstellung zuzuführen:

sonst. betriebl. Aufwand an sonstige Rückstellungen 2 Mio.

Am Ende der dritten Periode wird die Aufwandsrückstellung erfolgsneutral aufgelöst (sonstige Rückstellung an Bank 6 Mio.).

Ungewisse Verbindlichkeiten gegenüber Dritten lassen sich als **Außenverpflichtungen** interpretieren. Hinter Aufwandsrückstellungen steht dagegen eine **Innenverpflichtung,** eine Verpflichtung des Unternehmens gegenüber sich selbst.

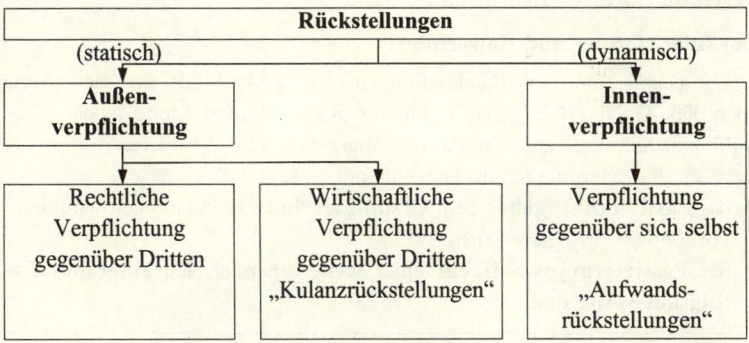

Abb. 79: Klassifikation von Rückstellungen

bb) Abgrenzung gegenüber anderen Bilanzpositionen

(1) Verbindlichkeiten

Im Gegensatz zu Rückstellungen sind Verbindlichkeiten sicher und nach Höhe und Fälligkeitstermin eindeutig determiniert. Soweit Rückstellungen aus erwarteten Außenverpflichtungen resultieren, sind sie ökonomisch als Fremdkapital[118] zu interpretieren. Ist jedoch die gebildete **Rückstellung** bewußt **überhöht**, wurde insoweit eine **stille Rücklage** gebildet, die dem Eigenkapital zuzuordnen ist. Soweit hinter Rückstellungsbildung nur eine Innenverpflichtung steht (= Aufwandsrückstellungen), kann die Zuordnung zum Eigen- bzw. Fremdkapital problematisch sein. Soweit der Rückstellungsgrund, z. B. eine unterlassene Instandhaltung, einen fiktiven Käufer zu einem Wertabschlag veranlassen würde, müssen auch Aufwandsrückstellungen ökonomisch dem Fremdkapital zugeordnet werden.

(2) Sonderposten mit Rücklageanteil

Im Sonderposten mit Rücklageanteil stecken thesaurierte Erfolgsbestandteile, die zu einem späteren Zeitpunkt der Ertragsbesteuerung unterliegen. In Höhe der erwarteten Ertragsteuerbelastung sind sie ökonomisch als Fremdkapital zu interpretieren. Hinter Rückstellungen, die prinzipiell dem Fremdkapital zuzuordnen sind, stecken in aller Regel antizipierte Aufwendungen, die in einer späteren Periode (erwartungsgemäß) in voller Höhe zu Auszahlungen führen werden.

(3) Rücklagen

Gewinnrücklagen (Kapitalrücklagen) basieren auf thesaurierten, versteuerten Gewinnen (vereinnahmten Agiobeträgen). Rückstellungen basieren auf antizipiertem Aufwand.

(4) Passive Rechnungsabgrenzungsposten

Passive Rechnungsabgrenzungsposten (§ 250 Abs. 2 HGB) basieren auf Einnahmen (z. B. Mieteinnahmen), soweit sich diese auf einen bestimmten Zeitraum nach dem Abschlußstichtag erstrecken. Ein RAP passiv beruht also auf einer Ertragsverschiebung in die Zukunft, eine Rückstellung beruht dagegen auf einem Vorziehen von Aufwand.

cc) Bilanzierung und Bewertung

Die Bilanzierung von Rückstellungen ist in § 249 HGB, ihre Bewertung in § 253 Abs. 1 HGB geregelt. Für die Rückstellungsbildung in der Handelsbilanz gilt teilweise ein Passivierungsgebot, ein Passivierungswahlrecht bzw. ein Passivierungsverbot. Dabei dient

- das **Passivierungsgebot** dem **Gläubigerschutz** (vollständiger Schulden-, vorsichtiger Erfolgsausweis),
- das **Passivierungswahlrecht** einer weitergehenden **Kürzung des Erfolgsausweises** und

---

[118] Eine Zuordnung zum Eigen- bzw. Fremdkapital ist im Rahmen der Bilanzanalyse erforderlich. Vgl. S. 1080 f.

- das **Passivierungsverbot** dem **Gesellschafterschutz** (Sicherung einer Mindestausschüttung).

Rückstellungsart	Handelsbilanz	Steuerbilanz
(1) **RSt für ungewisse Verbindlichkeiten**	§ 249 Abs. 1 P.-gebot	Maßgeblichkeit P.-gebot
(Beispiele) (a) Pensions-RSt, (b) Steuer-RSt, (c) RSt für drohende Verluste aus schwebenden Geschäften	„ „ „	„ „ „
(2) **RSt für passive latente Steuern**	§ 274 Abs. 1 P.-gebot[119]	entfällt
(3) **RSt für Abraumbeseitigung bei Nachholung im Folgejahr**	§ 249 Abs. 1 P.-gebot	Maßgeblichkeit P.-gebot
(4) **RSt für unterlassene Instandhalt. bei Nachholung im Folgejahr**	§ 249 Abs. 1	Maßgeblichkeit
• 1. bis 3. Monat	P.-gebot	P.-gebot
• 4. bis 12. Monat	P.-wahlrecht	P.-verbot
(5) **RSt für bestimmte Aufwendungen**	§ 249 Abs. 2 P.-wahlrecht	P.-verbot
(6) **RSt für weitere Zwecke**	§ 249 Abs. 3 P.-verbot	P.-verbot

Abb. 80: Ansatzvorschriften für Rückstellungen

Die unter (3) bis (5) aufgeführten Rückstellungen basieren auf **Verpflichtungen des Unternehmens gegenüber sich selbst**. Sie werden unter dem Begriff „Aufwandsrückstellungen" zusammengefaßt.

Die verschiedenen in Abb. 80 aufgeführten Rückstellungsarten sind nach dem Bilanzgliederungsschema für Kapitalgesellschaften (§ 266 Abs. 3 HGB) in drei Bilanzpositionen auszuweisen:

Bilanzposition	Rückstellungsart (aus Abb. 80)
RSt für Pensionen und ähnl. Verpflichtungen	(1a)
Steuerrückstellungen	(1b) und (2)
Sonstige Rückstellungen	alle übrigen

Abb. 81: Bilanzpositionen für Rückstellungen

Bei der Bildung von Steuerrückstellungen ist zu unterscheiden zwischen
- entstandenen Steuern und
- passiven latenten Steuern.

Bei Veranlagungssteuern (Körperschaftsteuer, Gewerbeertragsteuer) entsteht eine rechtskräftige Steuerschuld erst nach dem Eingehen eines Steuer-

---

[119] Gilt nur für Kapitalgesellschaften.

bescheids. Geht der Steuerbescheid für Periode 1 erst in Periode 2 ein, muß die erwartete Steuerbelastung für Periode 1 (= entstandene Steuer) berechnet werden. Als ungewisse Verbindlichkeit ist die **entstandene Steuer**[120] in die **Steuerrückstellung** einzustellen.

Hiervon sind passive latente Steuern[121] zu unterscheiden. **Passive latente Steuern** entstehen in den Fällen, wo

- der **Steuerbilanzgewinn** (in der Anfangsperiode) **kleiner** ist als der **Handelsbilanzgewinn** und
- die **Besteuerung** in späteren Jahren **nachgeholt** wird.

Passive latente Steuern resultieren aus einer zulässigen Durchbrechung des Maßgeblichkeitsprinzips. Beispiele sind

- die Aufwandverrechnungspflicht für Ingangsetzungsaufwendungen in der Steuerbilanz oder
- erhöhte Gebäudeabschreibungen nach § 7 Abs. 4 EStG in der Steuerbilanz.[122]

In der Anfangsperiode entsteht eine Differenz zwischen höherem kalkulierten Steueraufwand (lt. Handelsbilanz) und geringerer tatsächlicher Steuerzahlung (lt. Steuerbilanz).

Dieser Differenzbetrag ist

- nach § 274 Abs. 1 zu passivieren,
- unter „Steuerrückstellungen" auszuweisen,
- in Anhang oder Bilanz besonders anzugeben und
- erfolgsneutral aufzulösen, sobald die Steuerbilanz den Gewinnausweis nachholt, d. h. eine Steuermehrbelastung eintritt.

Rückstellungen sind in Höhe des Betrages anzusetzen, der nach vernünftiger kaufmännischer Beurteilung notwendig ist (§ 253 Abs. 1). Maßgeblich ist dabei (z. B. bei Prozeßkostenrückstellungen) der **vorsichtig geschätzte Betrag künftiger Inanspruchnahme**. Pensionsrückstellungen sind mit dem Barwert der zu erwartenden Pensionsleistungen anzusetzen.[123] § 6a Abs. 3 EStG schreibt für die steuerliche Bewertung einen Diskontierungszinsfuß von 6 Prozent vor. Für die Bewertung in der Handelsbilanz darf ein Zinssatz von 3 Prozent nicht unterschritten werden. Ein schematisches Berechnungsbeispiel findet sich im zugehörigen Übungsbuch. (**ÜB** 5/82)

Nach § 249 Abs. 3 dürfen **Rückstellungen** nur **aufgelöst** werden, soweit der Grund für die Rückstellungsbildung entfallen ist. Am Beispiel einer Prozeßkostenrückstellung läßt sich der Unterschied zwischen erfolgsneutraler und erfolgswirksamer Auflösung erläutern. Wird das Unternehmen zur Zahlung verurteilt, lautet der Buchungssatz: Sonstige Rückstellungen an Bank. Wird das Unternehmen wider Erwarten freigesprochen, lautet der Buchungssatz: Sonstige Rückstellungen an sonstiger betrieblicher Ertrag. (**ÜB** 6/69–79)

---

[120] Gegebenenfalls nach Abzug bereits getätigter Steuervorauszahlungen.
[121] Vgl. hierzu S. 961 f.
[122] Zu weiteren Fällen vgl. Adler/Düring/Schmaltz, (Rechnungslegung), § 274 HGB, Tz. 36 ff.
[123] Zur Bewertung vgl. im einzelnen Wöhe, G., (Bilanzierung), S. 545 ff.

d) Verbindlichkeiten

Verbindlichkeiten sind Zahlungsverpflichtungen eines Unternehmens, die – im Gegensatz zu Rückstellungen – nach Höhe und Fälligkeit eindeutig feststehen.

> (1) **Verbindlichkeiten** sind zum Rückzahlungsbetrag anzusetzen (§ 253 Abs. 1 HGB).
> (2) **Rentenverpflichtungen** sind zum Barwert anzusetzen (§ 253 Abs. 1 HGB).
> (3) **Fremdwährungsverbindlichkeiten** sind nach dem Höchstwertprinzip zu bewerten (§ 252 Abs. 1, Nr. 4).
> (4) **Zero-Bonds** sind zum Ausgabebetrag zu passivieren und aufzuzinsen.

Abb. 82: Bilanzierung von Verbindlichkeiten im Überblick

(1) Verbindlichkeiten sind grundsätzlich zum Rückzahlungsbetrag zu bilanzieren. Liegt der Rückzahlungsbetrag (z.B. 100) über dem Auszahlungsbetrag (z.B. 95) darf das Disagio von 5 entweder
- sofort als Aufwand verrechnet oder
- als aktiver Rechnungsabgrenzungsposten aktiviert

werden. Im Falle der Aktivierung (§ 250 Abs. 3 HGB) ist der Rechnungsabgrenzungsposten planmäßig über die Laufzeit abzuschreiben.[124] In der Steuerbilanz gilt für das Disagio eine Aktivierungspflicht: Das fiskalische Interesse ist auf eine verzögerte Aufwandverrechnung gerichtet.

Steigt nach einer Kreditaufnahme der Marktzins über den vereinbarten Nominalzins, wird aus einer normalverzinslichen eine niedrigverzinsliche Verbindlichkeit. Niedrigverzinsliche Forderungen müssen nach dem Niederstwertprinzip zum geringeren Barwert angesetzt werden. Der Barwertabschlag wird als sonstiger betrieblicher Aufwand[125] verbucht. Würden auch **niedrigverzinsliche Verbindlichkeiten** zum (niedrigeren) Barwert bilanziert, liefe dies auf die Verbuchung eines sonstigen betrieblichen Ertrags hinaus. Nach dem Imparitätsprinzip sind nur potentielle Wertminderungen, nicht aber potentielle Wertsteigerungen zu antizipieren. Deshalb sind Verbindlichkeiten nach dem Höchstwertprinzip, hier also zum höheren Rückzahlungsbetrag zu bewerten.

(2) Rentenverpflichtungen entstehen z.B. durch den Ratenkauf einer Maschine oder beim Erwerb eines Grundstücks auf Rentenbasis. Solche Rentenverpflichtungen sind zum Barwert zu passivieren. Ein Beispiel findet sich im zugehörigen Übungsbuch. Je höher der Diskontierungssatz, desto niedriger ist der Wertansatz der Verbindlichkeit. Als Diskontierungssatz ist höchstens der fristadäquate Marktzins heranzuziehen. Aus Gründen kaufmännischer Vorsicht darf ein niedrigerer Zinssatz gewählt werden. Nach herrschender Meinung[126] liegt die Zinsuntergrenze bei 3 Prozent.

---

[124] Vgl. S. 959
[125] Vgl. S. 955f.
[126] Vgl. Adler/Düring/Schmaltz, (Rechnungslegung), § 253 HGB, Tz. 170

(3) Fremdwährungsverbindlichkeiten unterliegen einem Kursänderungsrisiko. Nach dem Vorsichtsprinzip müssen drohende Verluste antizipiert werden. Wenn der Währungskurs steigt (fällt), ist die Fremdwährungverbindlichkeit aufzuwerten (unverändert zu bilanzieren). Im Falle der Aufwertung ist der Zuschreibungsbetrag als sonstiger betrieblicher Aufwand zu verbuchen.

(4) Zero-Bonds (Null-Kupon-Anleihen) werden beim Anleiheschuldner zum Zeitpunkt der Kreditaufnahme zum Auszahlungsbetrag bilanziert. Während der Laufzeit der Anleihe erfolgt eine kontinuierliche aufwandswirksame Zuschreibung dieses Passivums. Ein Zahlenbeispiel findet sich im zugehörigen Übungsbuch. (**ÜB 6**/81–84)

IV. Die Erfolgsrechnung

1. Aufgaben und Aufbau der Gewinn- und Verlustrechnung

Während in der Bilanz der Erfolg einer Abrechnungsperiode als Saldo durch Gegenüberstellung von Vermögens- und Kapitalpositionen an einem Zeitpunkt (Bilanzstichtag) ermittelt wird, saldiert die Gewinn- und Verlustrechnung sämtliche Erträge und sämtliche Aufwendungen einer Abrechnungsperiode und ermittelt so nicht nur den Erfolg als Saldo, sondern zeigt auch die **Quellen des Erfolges** auf, d. h. sie erklärt sein Zustandekommen.

Die Erfolgsrechnung ist eine **Aufwands- und Ertragsrechnung,** keine Zahlungsrechnung. Nur ein Teil der Aufwendungen und Erträge einer Abrechnungsperiode stimmt mit den Auszahlungen und Einzahlungen dieses Zeitraums überein; anderen Aufwendungen und Erträgen sind Auszahlungen und Einzahlungen in früheren Perioden vorausgegangen, oder es folgen ihnen in späteren Perioden Auszahlungen und Einzahlungen nach, wenn aus Kreditvorgängen Zahlungsvorgänge werden, z.B. Abschreibungen auf Maschinen (Auszahlungen früher, Aufwand jetzt), Verbrauch von Rohstoffen, die auf Kredit gekauft worden sind (Aufwand jetzt, Auszahlung später),[1] Lieferungen auf Grund früherer Anzahlungen (Einzahlungen früher, Ertrag jetzt) oder Forderungen aus Warenlieferungen (Ertrag jetzt, Einzahlung später).[2]

Die Erfolgsrechnung **grenzt den Erfolg zweier oder mehrerer Perioden ab,** indem sie jeder Periode die Aufwendungen und Erträge zurechnet, die in dieser Periode verursacht worden sind, auch wenn die entsprechenden Zahlungsvorgänge in früheren oder späteren Perioden liegen. Sind Zahlungen für die folgende Periode geleistet und auf Aufwandskonten gegengebucht worden (z.B. Vorauszahlungen von Löhnen und Gehältern, Versicherungsprämien, Mieten u.ä.), so ist eine Rechnungsabgrenzung[3] er-

---

[1] Der Kreditkauf ist als Schuldenzugang eine Ausgabe, die bei späterer Zahlung zu einer Auszahlung, also einer anderen Form der Ausgabe wird (vgl. die Abgrenzung der Begriffe auf S. 861 ff.).

[2] Die Warenlieferung ist als Forderungszugang eine Einnahme, die bei späterer Bezahlung zu einer Einzahlung, also einer anderen Form der Einnahme wird (vgl. die Abgrenzung der Begriffe auf S. 861 ff.).

[3] Vgl. S. 861.

forderlich, durch die verhindert wird, daß die Zahlungen bereits in dieser Periode erfolgswirksam werden, denn der Aufwand tritt erst in der folgenden Periode ein und ist ihr folglich zuzurechnen. Ist z.B. eine Vorauszahlung von Löhnen für die kommende Periode erfolgt, die auf dem Lohnkonto (Aufwandskonto) dieser Periode erfaßt ist, so darf der Betrag vom Lohnkonto nicht in die Erfolgsrechnung, sondern muß mit Hilfe eines Rechnungsabgrenzungspostens (transitorisches Aktivum) auf die Vermögensseite der Bilanz übernommen werden, damit die für die kommende Periode geleistete Zahlung und die dadurch eingetretene Vermögensminderung buchtechnisch kompensiert wird, und der Vorgang folglich nicht in dieser, sondern erst in der nächsten Periode in der Erfolgsrechnung wirksam wird.

Sind Zahlungen in der Abrechnungsperiode eingegangen, die erst in der folgenden Periode zu Erträgen führen, so ist eine passive Rechnungsabgrenzung erforderlich (z.B. im voraus erhaltene Mieten), denn das Vermögen der Periode ist um diese Zahlungen zu hoch, die Gegenbuchung auf dem Mietertragskonto darf in der Abrechnungsperiode nicht erfolgswirksam werden, da der Mietertrag ein Erfolg der nächsten Periode ist.

Beim Aufbau und der Ausgestaltung der Gewinn- und Verlustrechnung sind folgende Grundsätze zu beachten:

a) Kontoform oder Staffelform

Durch die Neufassung der aktienrechtlichen Gewinn- und Verlustrechnung durch das Gesetz über die Kapitalerhöhung aus Gesellschaftsmitteln und über die Gewinn- und Verlustrechnung vom 23. Dezember 1959 war neben der bis dahin in Deutschland üblichen und für die Aktiengesellschaft zwingend vorgeschriebenen Kontoform auch die Staffelform für die Gewinn- und Verlustrechnung zulässig geworden. Nach § 157 Abs. 1 AktG 1965 (a.F.) war für Aktiengesellschaften nur noch die Staffelform erlaubt.

Die handelsrechtliche Mindestgliederung,[4] die für alle Kapitalgesellschaften verbindlich ist, folgt dieser Regelung. Diese Mindestgliederung ist **in Staffelform nach dem Gesamtkosten- oder Umsatzkostenverfahren** aufzustellen.[5] Für kleine und mittelgroße Kapitalgesellschaften gelten gem. § 276 HGB größenabhängige Erleichterungen.

Der Vorteil der Staffelform ist die größere Übersichtlichkeit durch Bildung von **Zwischensummen,** die den Charakter betriebswirtschaftlicher Kennzahlen haben und damit die Aussagekraft der Erfolgsrechnung erheblich erweitern können.

b) Bruttoprinzip oder Nettoprinzip

Die Grundsätze ordnungsmäßiger Buchführung und Bilanzierung gelten für die Erfolgsrechnung sinngemäß. Sie hat in erster Linie **klar und übersichtlich** zu sein. Für den Aufbau der Gewinn- und Verlustrechnung gibt es grundsätzlich zwei Möglichkeiten:

---

[4] Vgl. § 275 Abs. 1 HGB
[5] Vgl. § 275 Abs. 2 und 3 HGB

(1) Der Aufbau erfolgt nach dem **Bruttoprinzip**, d. h. sämtliche Aufwendungen und Erträge werden ohne jede Saldierung gegenübergestellt. Nur so sind die Voraussetzungen gegeben, daß sämtliche Erfolgsquellen voll ersichtlich sind. Vor allem wird der betriebliche Umsatzerlös ohne Abzug bestimmter (z. B. Materialverbrauch) oder aller Aufwendungen ausgewiesen.

(2) Der Aufbau erfolgt nach dem **Nettoprinzip**, d. h. Aufwands- und Ertragspositionen werden völlig oder teilweise gegeneinander aufgerechnet; im Extremfall erscheint nur noch der Gewinn oder der Verlust. Die Aufrechnung kann z. B. bei gleichartigen Aufwands- und Ertragspositionen (z. B. Zinsaufwand und Zinsertrag) oder bei aus mehreren Aufwands- und Ertragsarten zusammengesetzten Positionen (z. B. außerordentliche Aufwendungen und Erträge) oder zwischen sämtlichen Umsatzerlösen und bestimmten Aufwandsarten (z. B. Materialaufwand, Energieaufwand, Steueraufwand u. a.) erfolgen.

Die Aussagefähigkeit der Salden ist gering. Beträgt z. B. nach Saldierung mit den Zinserträgen der Zinsaufwand der Periode 5.000 DM, so kann sich dieser Saldo aus Zinsaufwand von 6.000 DM und Zinserträgen von 1.000 DM, aber ebensogut aus Zinsaufwand von 600.000 DM und Zinserträgen von 595.000 DM ergeben.

Je größer die Zahl der Aufwands- und Ertragsarten ist, die miteinander verrechnet werden, und je ungleichartiger ihre Zusammensetzung ist, desto geringer ist der Aussagewert des Saldos. Saldierungen beim Umsatzerlös verhindern jeden Einblick in die Höhe des Umsatzes und verschleiern damit eine für die Beurteilung der Ertragslage des Betriebs entscheidende Größe.

§ 246 Abs. 2 HGB fordert nicht nur für die Bilanz, sondern auch für die Gewinn- und Verlustrechnung die strenge Beachtung des Bruttoprinzips.

c) Trennung von Betriebserfolg und neutralem Erfolg

Das Prinzip der Klarheit erfordert eine scharfe Trennung der Aufwendungen und Erträge, die mit der Erstellung und dem Absatz der Betriebsleistung zusammenhängen, von den Aufwendungen und Erträgen, die neutralen (betriebsfremden oder außerordentlichen) Charakter haben. Nur so wird erkenntlich, welcher Teil des Gesamterfolges das Ergebnis der eigentlichen betrieblichen Tätigkeit ist und welcher Teil aus anderen Quellen stammt.

Das folgende Beispiel zeigt eine Bruttoerfolgsrechnung (Abb. 83) und eine Nettoerfolgsrechnung (Abb. 84) mit Spaltung des betrieblichen und neutralen Erfolges. Aus der Gegenüberstellung wird ersichtlich, daß die Aussagekraft der Bruttoerfolgsrechnung wesentlich größer ist.

d) Produktionsrechnung oder Umsatzrechnung[6]

Produktion (Ertrag) und Verkauf (Umsatzerlös) einer Periode stimmen gewöhnlich nicht überein, sondern es bilden sich Lagerbestände an Halb-

---

[6] In § 275 HGB werden diese Verfahren als Gesamtkosten- bzw. Umsatzkostenverfahren bezeichnet. Sie stimmen somit mit den in der Kostenrechnung geläufigen Bezeichnungen

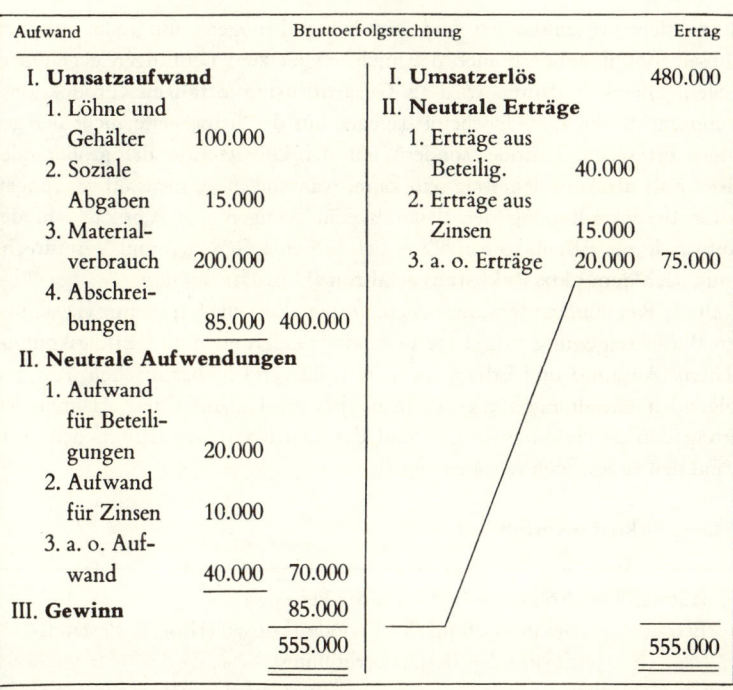

Aufwand	Bruttoerfolgsrechnung		Ertrag	
I. **Umsatzaufwand**			I. **Umsatzerlös**	480.000
1. Löhne und Gehälter	100.000		II. **Neutrale Erträge**	
2. Soziale Abgaben	15.000		1. Erträge aus Beteilig.	40.000
3. Materialverbrauch	200.000		2. Erträge aus Zinsen	15.000
4. Abschreibungen	85.000	400.000	3. a. o. Erträge	20.000 75.000
II. **Neutrale Aufwendungen**				
1. Aufwand für Beteiligungen	20.000			
2. Aufwand für Zinsen	10.000			
3. a. o. Aufwand	40.000	70.000		
III. **Gewinn**		85.000		
		555.000		555.000

Abb. 83: Bruttoerfolgsrechnung

Aufwand	Nettoerfolgsrechnung	Ertrag	
I. Umsatzaufwand abzüglich Materialverbrauch	200.000	I. Umsatzerlös abzügl. Materialverbrauch	280.000
II. Neutrale Aufwendungen, a.o. Aufwand (Saldo)	20.000	II. Neutrale Erträge, Erträge aus Beteiligungen (Saldo)	20.000
III. Gewinn	85.000	Erträge aus Zinsen (Saldo)	5.000
	305.000		305.000

Abb. 84: Nettoerfolgsrechnung

und Fertigfabrikaten, so daß mehr verkauft als produziert (Minderung der Bestände an Fertigfabrikaten) oder mehr produziert als verkauft werden kann (Mehrung der Bestände). Die Erfolgsrechnung kann zur Ermittlung des Betriebserfolges entweder sämtliche Aufwendungen, die bei der Erstellung der

---

überein (vgl. S. 1153 ff). Verfahrenstechnisch besteht kein Unterschied zwischen der Gewinn- und Verlustrechnung und der kurzfristigen Erfolgsrechnung der Kostenrechnung. Die verrechneten Werte stimmen jedoch wegen möglicher Differenzen zwischen Aufwendungen und Kosten in der Regel nicht überein. Außerdem wird die kurzfristige Erfolgsrechnung in der Regel für einen kürzeren Zeitraum (z. B. monatlich) erstellt.

Betriebsleistung entstanden sind, sämtlichen Erträgen, also nicht nur den Umsatzerlösen, sondern auch den nicht abgesetzten Leistungen gegenüberstellen. Dieses Verfahren wird als **Gesamtkostenverfahren** (Produktionsrechnung) bezeichnet. Erscheint dagegen auf der Ertragsseite nicht der gesamte Ertrag der Periode, sondern nur der Umsatzerlös, der größer oder kleiner als der Periodenertrag sein kann, während die Umsatzaufwendungen unter Berücksichtigung der Bestandsveränderungen der Fabrikate auf der Aufwandsseite stehen, so handelt es sich um eine Gewinn- und Verlustrechnung nach dem **Umsatzkostenverfahren** (Umsatzrechnung).

Beide Rechnungsarten unterscheiden sich also lediglich darin, wie sie unter Berücksichtigung von Lagerbestandsveränderungen die Erfolgskomponenten (Aufwand und Ertrag) mengenmäßig vergleichbar machen. Aus den folgenden Gleichungen erkennt man, daß das Gesamtkostenverfahren den Ertrag den Produktionsmengen und das Umsatzkostenverfahren den Aufwand den abgesetzten Mengen anpaßt.

Gesamtkostenverfahren:

Aufwand = Produktionsaufwand der Periode
Ertrag = Gesamtleistung der Periode (Umsatzerlöse − Bestandsabnahme + Bestandserhöhung)

Umsatzkostenverfahren:

Aufwand = Umsatzaufwand (Produktionsaufwand + Bestandsabnahme − Bestandserhöhung)
Ertrag = Umsatzerlöse der Periode

Abb. 85: Gesamtkosten- und Umsatzkostenverfahren

Im Ergebnis stimmen Produktionsrechnung und Umsatzrechnung überein. Bei Bestandserhöhungen, d. h. wenn mehr produziert als umgesetzt wird, weist die Umsatzrechnung einen um den zur Bestandserhöhung erforderlichen Aufwand geringeren Aufwand aus als die Produktionsrechnung. Im Periodenertrag der Produktionsrechnung werden demgegenüber neben den Umsatzerlösen auch die Bestandserhöhungen als Ertragskomponente ausgewiesen. Bei Bestandsabnahmen ist der Produktionsaufwand entsprechend geringer als der Aufwand für die insgesamt in der Periode umgesetzten Erzeugnisse. Die Umsatzrechnung enthält dafür auch die vollen Erlöse für die ab Lager verkauften Produkte als Ertragskomponenten.

Die folgende Produktionsrechnung (Gesamtkostenverfahren) zeigt nur den Produktionsaufwand der Abrechnungsperiode, gegliedert nach Aufwandsarten. Die Betriebsleistung aus dem Umsatz der Periode wird korrigiert um die Veränderung der Bestände an Halb- und Fertigfabrikaten. Da der Endbestand niedriger als der Anfangsbestand ist, ist in der Abrechnungsperiode mehr umgesetzt als produziert worden.

B. IV. Die Erfolgsrechnung

Aufwand	Gewinn- und Verlustrechnung (Gesamtkostenverfahren)		Ertrag
Betriebsaufwand der Periode	**Betriebsleistung**		
1. Löhne und Gehälter 30.000 2. Materialverbrauch 70.000 3. Abschreibungen 10.000 4. Zinsen 5.000 5. Sonstige Aufwendungen 25.000 140.000 Gewinn 40.000 180.000	1. Umsatzerlös 200.000 2. Endbestand an Halb- und Fertigfabrikaten 20.000 220.000 3. Anfangsbestand an Halb- und Fertigfabrikaten − 40.000 180.000 180.000		

Abb. 86: Beispiel zum Gesamtkostenverfahren

Aufwand	Gewinn- und Verlustrechnung (Umsatzkostenverfahren)		Ertrag
Anfangsbestand an Fertigfabrikaten 20.000 + Herstellungskosten der produzierten Fabrikate (einschließlich Bestandsveränderungen der Halbfabrikate) 140.000 + Verwaltungs- und Vertriebsaufwand 10.000 170.000 ./. Endbestand an Fertigfabrikaten 10.000 Umsatzaufwand 160.000 Gewinn 40.000 200.000	Umsatzerlös 200.000 200.000		

Abb. 87: Beispiel zum Umsatzkostenverfahren

2. Die handelsrechtlichen Vorschriften zum Aufbau und Inhalt der Erfolgsrechnung

a) Gliederung und Erfolgspaltung

§ 275 HGB sieht für Kapitalgesellschaften wahlweise das **Gesamtkosten- oder Umsatzkostenverfahren** vor. Entsprechend enthält das HGB zwei Mindestgliederungsschemata. Für Einzelunternehmen und Personengesellschaften ist — ebenso wie bei der Bilanz — kein Mindestgliederungsschema vorgeschrieben.

Die Gliederung der Gewinn- und Verlustrechnung ist nach § 277 Abs. 3 Satz 2 HGB um den gesonderten Ausweis von Erträgen und Aufwendungen aus Verlustübernahme und von aufgrund einer Gewinngemeinschaft, eines Gewinnabführungs- oder eines Teilgewinnabführungsvertrages erhaltenen oder abgeführten Gewinnen zu ergänzen.

Die beiden Formen der Gliederung der Gewinn- und Verlustrechnung nach § 275 Abs. 2 und 3 HGB zeigt die folgende Übersicht. In der sich anschließenden Übersicht (Abb. 89) wird gezeigt, auf welche Komponenten der Jahresüberschuß (Jahresfehlbetrag) zurückzuführen ist und wie sich aus dem Jahresüberschuß (Jahresfehlbetrag) der Bilanzgewinn (Bilanzverlust) ergibt.

Gliederung der Gewinn- und Verlustrechnung (§ 275 HGB)	
Gesamtkostenverfahren (§ 275 Abs. 2 HGB)	Umsatzkostenverfahren (§ 275 Abs. 3 HGB)

1. Umsatzerlöse
2. Erhöhung oder Verminderung des Bestands an fertigen und unfertigen Erzeugnissen
3. andere aktivierte Eigenleistungen
4. sonstige betriebliche Erträge
5. Materialaufwand:
  a) Aufwendungen für Roh-, Hilfs- und Betriebsstoffe und für bezogene Waren
  b) Aufwendungen für bezogene Leistungen
6. Personalaufwand:
  a) Löhne und Gehälter
  b) soziale Abgaben und Aufwendungen für Altersversorgung und für Unterstützung
7. Abschreibungen:
  a) auf immaterielle Vermögensgegenstände des Anlagevermögens und Sachanlagen sowie auf aktivierte Aufwendungen für die Ingangsetzung und Erweiterung des Geschäftsbetriebs
  b) auf Vermögensgegenstände des Umlaufvermögens, soweit diese die in der Kapitalgesellschaft üblichen Abschreibungen überschreiten
	1. Umsatzerlöse
	
	2. Herstellungskosten der zur Erzielung der Umsatzerlöse erbrachten Leistungen
	
	3. Bruttoergebnis vom Umsatz
	
	4. Vertriebskosten
	
	5. allgemeine Verwaltungskosten
	6. sonstige betriebliche Erträge

8. (7.) sonstige betriebliche Aufwendungen 9. (8.) Erträge aus Beteiligungen 10. (9.) Erträge aus anderen Wertpapieren und Ausleihungen des Finanzanlagevermögens 11. (10.) sonstige Zinsen und ähnliche Erträge 12. (11.) Abschreibungen auf Finanzanlagen und auf Wertpapiere des Umlaufvermögens 13. (12.) Zinsen und ähnliche Aufwendungen 14. (13.) Ergebnis der gewöhnlichen Geschäftstätigkeit 15. (14.) außerordentliche Erträge 16. (15.) außerordentliche Aufwendungen 17. (16.) außerordentliches Ergebnis 18. (17.) Steuern vom Einkommen und vom Ertrag 19. (18.) sonstige Steuern 20. (19.) Jahresüberschuß/Jahresfehlbetrag	

Abb. 88: Gliederungsschema der GuV

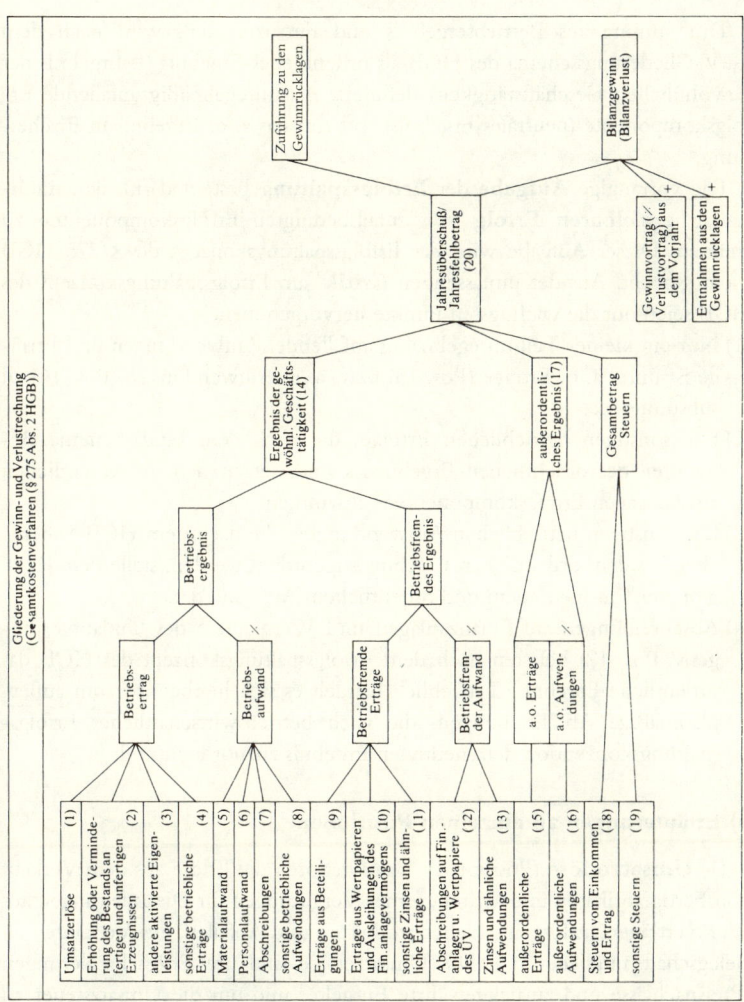

Abb. 90: Erfolgsspaltung nach dem Gesamtkostenverfahren

Läßt man Ertragsteuern außer Betracht, dann setzt sich das in der GuV-Rechnung ausgewiesene Gesamtergebnis – wie Abb. 90 zeigt – aus drei Bestandteilen zusammen:

	Betriebsergebnis	(Pos. 1–8)
+	Finanzergebnis	(Pos- 9–13)
+	a. o. Ergebnis	(Pos. 15–17)
–	sonstige Steuern	(Pos. 19)

Gesamtergebnis vor Ertragsteuern

Die Summe aus Betriebsergebnis und Finanzergebnis wird nach dem GuV-Gliederungsschema des HGB als ordentliches Ergebnis (= Ergebnis der gewöhnlichen Geschäftstätigkeit) definiert. Als unregelmäßig anfallende Erfolgskomponente (neutrales Ergebnis) tritt nur das a. o. Ergebnis in Erscheinung.

Die vorrangige **Aufgabe** der **Erfolgsspaltung** besteht darin, den **nachhaltig erzielbaren Erfolg** von zufallsbedingten Erfolgskomponenten zu trennen. Dieser Aufgabe wird das Erfolgsspaltungskonzept des § 275 HGB nicht gerecht. Aus der umfassenden **Kritik**[7] am Erfolgsspaltungskonzept des HGB seien nur die wichtigsten Punkte hervorgehoben:

(1) Nur ein kleiner Teil unregelmäßig anfallender Aufwendungen und Erträge ist unter a. o. Erträge (Pos. 15) bzw. a. o. Aufwendungen (Pos. 16) zu subsumieren.

(2) Die sonstigen betrieblichen Erträge, die nach dem HGB-Schema Bestandteil des ordentlichen Ergebnisses sind, setzen sich im wesentlichen aus neutralen Ertragskomponenten[8] zusammen.

(3) Die sonstigen betrieblichen Aufwendungen, die nach dem HGB-Schema ebenfalls dem ordentlichen Ergebnis zugeordnet werden, stellen ein Konglomerat[9] aus neutralem und ordentlichem Aufwand dar.

(4) Abschreibungen auf Finanzanlagen und Wertpapiere des Umlaufvermögens (Pos. 12) belasten nach dem Erfolgsspaltungskonzept des HGB das ordentliche Ergebnis. Tatsächlich handelt es sich hierbei aber um außerplanmäßige Abschreibungen, die nach betriebswirtschaftlicher Erfolgsspaltungskonzeption dem neutralen Ergebnis zuzuordnen sind.

b) Erläuterungen zu einzelnen Positionen

(1) **Umsatzerlöse** (Position 1). Dazu gehören die Erlöse aus dem Verkauf von Fertigfabrikaten und Waren, ferner Vergütungen für Dienstleistungen aus Werkverträgen, Erlöse aus Nebenprodukten und Abfällen, aus Verkäufen an Belegschaftsmitglieder u. a. Die Umsatzerlöse sind um Erlösschmälerungen (Preisnachlässe und zurückgewährte Entgelte) und um die Umsatzsteuer zu vermindern.[10] Zu den Preisnachlässen gehören nach § 1 Rabattgesetz auch die Skonti.

(2) **Erhöhung oder Verminderung des Bestandes** an fertigen und unfertigen Erzeugnissen (Position 2).[11] Bestandserhöhungen treten dann ein, wenn in einem Jahr mehr produziert als abgesetzt worden ist, Bestandsminderungen im umgekehrten Falle. Die Bewertung erfolgt zu Herstellungskosten. Zu beachten ist allerdings, daß Bestandsveränderungen nicht nur aufgrund von Mengenänderungen eintreten können, sondern auch infolge von Bewertungsmaßnahmen, z.B. der Auflösung stiller Rücklagen in den Be-

---

[7] Vgl. Coenenberg, G. A., (Jahresabschluß), S. 686 ff.; Küting/Weber, (Bilanzanalyse), 220 ff.
[8] Vgl. S. 991
[9] Vgl. S. 991 f.
[10] Vgl. § 277 Abs. 1 HGB
[11] Gesamtkostenverfahren, vgl. § 275 Abs. 2 HGB

ständen oder der Bewertung von Beständen mit einem unter den Herstellungskosten liegenden Börsen- oder Marktpreis. § 277 Abs. 2 HGB stellt durch die Formulierung klar, daß als Bestandsveränderungen „sowohl Änderungen der Menge als auch solche des Wertes zu berücksichtigen" sind.

(3) **Andere aktivierte Eigenleistungen** (Position 3). Das sind innerbetriebliche Leistungen, z. B. selbsterstellte Anlagen und Werkzeuge, die ebenfalls einen betrieblichen Ertrag darstellen, auch wenn kein Gewinn entsteht, sondern sich nur eine Vermögensumschichtung vollzieht.

(4) **Sonstige betriebliche Erträge** (Position 4) sind als Sammelposition zur Erfassung verschiedenartiger Erträge anzusehen. Dabei handelt es sich **zumeist** um **neutrale Erträge** wie
- betriebsfremde Umsätze,
- Erträge aus dem Abgang von Gegenständen des Anlagevermögens,
- Erträge aus Zuschreibungen zu Gegenständen des Anlagevermögens,
- Erträge aus der Auflösung des Sonderpostens mit Rücklageanteil,
- Erträge aus Zuschreibungen zu Forderungen u. a.

Weiterhin gehören die Erträge aus der Herabsetzung einer Pauschalwertberichtigung bzw. aus der (erfolgswirksamen) Auflösung von Rückstellungen zu den sonstigen betrieblichen Erträgen. Eine klare Zuordnung zum neutralen oder ordentlichen Ergebnis ist in den beiden letztgenannten Fällen nicht möglich. In der Praxis der **Bilanzanalyse**[12] werden die sonstigen betrieblichen Erträge dem **a. o. Ergebnis** zugeordnet.

(5) **Abschreibungen** (Position 7) sind gegliedert nach
- 7 a) planmäßigen und außerplanmäßigen Abschreibungen auf das Anlagevermögen und
- 7 b) „unüblichen" Abschreibungen auf das Umlaufvermögen.

Im Posten 7 a sind im einzelnen auszuweisen:
- Abschreibungen auf Ingangsetzungskosten,[13]
- planmäßige Abschreibungen auf das AV,
- außerplanmäßige Abschreibungen auf das AV,[14]
- direkte steuerliche Sonderabschreibungen.

Soweit die steuerliche Mehrabschreibung in den Sonderposten mit Rücklageanteil[15] eingestellt wird (indirekte Abschreibung), wird „sonstiger betrieblicher Aufwand" verrechnet.

In den Posten 7 b sind Abschreibungen auf Vorräte, Forderungen und sonstige Vermögensgegenstände einzustellen, soweit sie über das übliche Maß hinausgehen. In der Praxis der Bilanzanalyse wird die Aufwandposition 7 b dem a. o. Ergebnis zugeordnet.[16]

(6) **Sonstige betriebliche Aufwendungen** (Position 8) sind ein Sammelbecken zur Aufnahme ordentlicher und neutraler Aufwendungen.

---

[12] Vgl. S. 1083
[13] Vgl. S. 960
[14] Die außerplanmäßigen Abschreibungen sind nach § 277 Abs. 3 HGB gesondert auszuweisen.
[15] Vgl. S. 974 f.
[16] Vgl. S. 1083

Sonstige betriebliche Aufwendungen	
neutraler Aufwand	ordentlicher Aufwand
• Einstellungen in den Sonderposten mit Rücklageanteil • Verluste aus dem Abgang von AV • Verluste aus dem Abgang von UV (z. B. durch Brand)	• Materialaufwand, soweit nicht unter Nr. 5 • sonstige betriebsbed. Aufwend. • Miete • Zuführung zu Rückstellungen • Werbeaufwand usw.

Abb. 91: Neutraler und ordentlicher Aufwand

In der Bilanzanalysepraxis[17] werden die Einstellungen in den Sonderposten mit Rücklageanteil dem a. o. Ergebnis, alle übrigen Bestandteile des sonstigen betrieblichen Aufwands dem ordentlichen Ergebnis angelastet. Damit bemüht sich die Praxis der Erfolgsspaltung um eine vorsichtige Ermittlung des nachhaltig erzielbaren (ordentlichen) Betriebsergebnisses.

V. Anhang und Lagebericht

1. Aufgaben und Aufstellung

Externe Bilanzadressaten erwarten aus dem Jahresabschluß (einer Kapitalgesellschaft) die Vermittlung eines
• den tatsächlichen Verhältnissen entsprechenden Bildes
• der Vermögens-, Finanz- und Ertragslage
des Unternehmens (§ 264 Abs. 2 HGB). Den geforderten „true and fair view" vermögen **Bilanz** und **GuV-Rechnung** allein **nicht zu vermitteln**. Die Unzulänglichkeit von Bilanz und GuV-Rechnung als umfassendes Informationsinstrument hat im wesentlichen drei Gründe:
1. Komprimierte Darstellung von Vermögen, Schulden und Periodenerfolg.
2. Bindung an gesetzliche Vorschriften
    • Bilanzierungs- und Bewertungswahlrechte
    • Dominanz des Vorsichtsprinzips.
3. Fehlender Zukunftsbezug des Jahresabschlusses.

Bilanz und GuV-Rechnung, als komprimierter, pessimistisch gefärbter „Rechenschaftsbericht" über das abgelaufene Geschäftsjahr, liefern kaum Informationen über die künftige Unternehmensentwicklung. Gerade diese Zukunftsinformationen sind es aber, die Kapitalanleger (Gläubiger und Anteilseigner) für ihre Anlageentscheidungen benötigen.

Um die Diskrepanz zwischen diesem Informationsbedarf und dem Informationsangebot durch Bilanz und GuV zu überbrücken, schreibt § 264 Abs. 1 HGB Kapitalgesellschaften vor,

---

[17] Vgl. S. 1083

- einen Anhang[1] (§ 284–288 HGB) und
- einen Lagebericht (§ 289 HGB)

zu erstellen. Damit stehen Anhang und Lagebericht im Dienste der **Informationsfunktion** der externen Rechnungslegung. Dabei haben beide Informationsinstrumente im wesentlichen folgende Aufgaben zu erfüllen:

Anhang	Lagebericht
• Erläuterung • Aufschlüsselung • Ergänzung verdichteter und verzerrter Informationen aus Bilanz und GuV.	Zukunftsorientierte Informationen über • das Unternehmen • die Branche • das geschäftliche Umfeld.

Abb. 92: Informationsschwerpunkte aus Anhang und Lagebericht

Anhang und Lagebericht sind vom Vorstand einer Kapitalgesellschaft zu erstellen und wie die Bilanz und die GuV-Rechnung dem Abschlußprüfer vorzulegen (§ 320 Abs. 1 HGB).

Der **Mindestumfang der Berichterstattung** in Anhang[2] und Lagebericht[3] ist gesetzlich vorgeschrieben. Kleinen und mittelgroßen Kapitalgesellschaften werden beim Anhang Erleichterungen eingeräumt (§ 289 HGB). Über ihre Berichtspflichten hinaus hat jede Kapitalgesellschaft die Möglichkeit, **freiwillige Zusatzangaben** zu machen. Im Wettbewerb um knappes Kapital sehen sich immer mehr Unternehmen zu einer über das gesetzliche Mindestmaß hinausgehenden Berichterstattung gezwungen. Anhang und Lagebericht werden dadurch zu bevorzugten Instrumenten einer aktiven **Informationspolitik**[4] des Unternehmens. (**ÜB 6/85**)

2. Pflichtangaben im Anhang und Lagebericht

a) Anhang

Der Anhang hat vor allem die Aufgabe,[5] das Zahlenwerk der Bilanz und der GuV-Rechnung zu interpretieren und zu ergänzen. Die Angabe- und Erläuterungsvorschriften sind in den §§ 284–285 HGB präzisiert. Für kleine und mittelgroße Kapitalgesellschaften gibt es partielle Erleichterungen bei der Berichtspflicht (§ 288 HGB).

Durch handelsrechtliche Bilanzierungs-, Bewertungs- und Abschreibungswahlrechte hat eine Kapitalgesellschaft einen erheblichen bilanzpolitischen Spielraum.[6] Diese bilanzpolitische Manövriermasse kann zur Gestaltung des Erfolgsausweises, also zur **Bildung bzw. Auflösung stiller Rücklagen** genutzt werden.

---

[1] Dabei wird der Anhang integrativer Bestandteil des Jahresabschlusses einer Kapitalgesellschaft.
[2] § 284, 285 HGB
[3] § 289 HGB
[4] Vgl. S. 1066 ff.
[5] Vgl. im einzelnen Rust, (Anhang), S. 20 ff.
[6] Vgl. hierzu S. 1070 f.

Der Anhang hat vor allem die Aufgabe
- den bilanzpolitischen Nebel zu lichten und
- den Einblick in die Ertragslage zu verbessern.

Die wichtigsten Pflichtangaben[7] zur **Verbesserung des Einblicks in die Ertragslage** enthält Abb. 93:

	HGB
(1) **Angabe der Bilanzierungs- und Bewertungsmethoden** • Umfang der Herstellungskosten • Abschreibungsmethoden • Bewertungsmethoden gleichartiger Vorräte • Abzinsung niedrig verzinsl. Forderungen • Abzinsung von Pensionsrückstellungen u. a.	284 Abs. 2 Nr. 1
(2) **Änderung der Bilanzierungs- und Bewertungsmethoden** • Änderung angeben • Änderung begründen • Einfluß auf Erfolgsausweis quantifizieren	284 Abs. 2 Nr. 3
(3) **Ergebnisverfälschung durch steuerl. Abschreibungen** • Einfluß auf Erfolgsausweis quantifizieren	285 Nr. 5

Abb. 93: Wichtige Pflichtangaben zur Verbesserung des Einblicks in die Ertragslage

Die (1) Pflichtangaben zu den **Bilanzierungs- und Bewertungsmethoden** geben dem geübten Bilanzleser Informationen darüber, in welchem Maße das Unternehmen die Strategie einer besonders pessimistischen Bilanzierung verfolgt. Die (2) Pflichtangaben zur **Änderung der Bilanzierungs- und Bewertungsmethoden** sollen Anhaltspunkte dafür liefern, in welchem Maße das ausgewiesene Jahresergebnis durch Bildung bzw. Auflösung stiller Rücklagen beeinflußt wurde. Der gleiche Zweck wird mit der (3) **Quantifizierung** des Einflusses **steuerlicher Abschreibungen** (nach § 254 HGB) auf den handelsrechtlichen Ergebnisausweis verfolgt.

Weitere Pflichtangaben zur Lage des Unternehmens verlangt § 285 HGB:

Angaben zu	HGB
• Verbindlichkeiten mit Restlaufzeit > 5 Jahre	285 Nr. 1 a
• Gesamtbetrag gesicherter Verbindlichkeiten	285 Nr. 1 b
• Umsatzerlösen gegliedert nach • Tätigkeitsbereichen • geographisch bestimmten Märkten	285 Nr. 4
• Anzahl der beschäftigten Arbeitnehmer gegliedert nach Gruppen	285 Nr. 7
• Beteiligungen > 20 Prozent Anteil • Name der Gesellschaft • Kapitalanteil, Ergebnisbeitrag	

Abb. 94: Sonstige Pflichtangaben (Auswahl)

---

[7] Zu Einzelheiten vgl. Wöhe, G., (Bilanzen), S. 625 ff.

Von besonderem Interesse ist hierbei die sektorale und geographische Quotierung der Umsatzerlöse.[8] Die Bilanzadressaten erhalten Informationen[9] darüber, ob das Unternehmen in wachsenden oder schrumpfenden Marktsegmenten tätig ist und inwieweit es in Krisenregionen engagiert ist.

b) Lagebericht

Neben dem Anhang hat jede Kapitalgesellschaft einen Lagebericht zu erstellen (§ 289 HGB). Die vom Gesetz geforderten Pflichtinformationen über den Geschäftsverlauf und die Lage der Kapitalgesellschaft sollen die quantitativen **Jahresabschlußangaben ergänzen und abrunden**. Der Wunsch nach zukunftsbezogenen Informationen eröffnet subjektiver Beurteilung breiten Raum. Abb. 95 gibt einen knappen Überblick über wichtige berichtspflichtige Sachverhalte:

	§ 289 HGB
(1) **Geschäftsverlauf und Lage der Gesellschaft** • Marktstellung und Konkurrenzsituation • Auftragseingang und Beschäftigungsgrad • Entwicklung von Kosten und Erlösen • Liquiditätsentwicklung und Finanzierung	Abs. 1
(2) **Bedeutende Vorgänge nach dem Bilanzstichtag** • Abschluß von Großverträgen • Geschäftserweiterung/Betriebsschließungen	Abs. 2 Nr. 1
(3) **Prognosebericht** (ca. zwei Jahre) • Voraussichtliche Entwicklung im Personal-, Produktions-, Absatz- und Investitionsbereich	Abs. 2 Nr. 2
(4) **Bereich Forschung und Entwicklung (FuE)** • Schwerpunkte FuE • Aufwendungen FuE • Einfluß FuE auf Zukunftserlöse	Abs. 2 Nr. 3

Abb. 95: Wesentliche Pflichtangaben im Lagebericht

Bei den Pflichtangaben im Lagebericht hat das berichtende Unternehmen weitgehende Gestaltungsfreiheiten. Der sich verschärfende **Wettbewerb** auf den Märkten für Eigen- bzw. Fremdkapital veranlaßt auch in Deutschland immer mehr Unternehmen zu einer aktiven **Informationspolitik**.[10] Damit gewinnt der Lagebericht mit seinen Gestaltungsmöglichkeiten zunehmend an Bedeutung. (**ÜB 6/88**)

3. Freiwillige Zusatzangaben

Durch freiwillige Zusatzinformationen versuchen viele Kapitalgesellschaften, ihr Ansehen bei den Bilanzadressaten (Kapitalgeber, Arbeitnehmer, in-

---

[8] Vgl. S. 998 ff.
[9] Diese Angaben dürfen nach § 286 Abs. 2 HGB unterlassen werden, wenn dem Unternehmen aus der Publikation erhebliche Nachteile erwachsen würden.
[10] Vgl. S. 1067 ff.

teressierte Öffentlichkeit) im Sinne einer aktiven Informationspolitik zu verbessern.

Diese freiwilligen Zusatzinformationen können im Anhang, im Lagebericht oder im Geschäftsbericht enthalten sein. Der Geschäftsbericht ist eine jährlich erscheinende Unternehmenspublikation, in der sich eine Kapitalgesellschaft im Zusammenhang mit der Veröffentlichung des Jahresabschlusses und des Lageberichts der interessierten Öffentlichkeit vorstellt.

In der Literatur werden eine Vielzahl solcher Zusatzangaben diskutiert und auch in den Geschäftsberichten deutscher Unternehmen variieren die Anzahl und die Qualität solcher Angaben nach wie vor stark. Grundsätzlich in Frage kommen zum Beispiel zusätzliche Angaben
- über Risiken der künftigen Geschäftstätigkeit,
- zu Wiederbeschaffungs- bzw. Zeitwerten von Vermögensgegenständen,
- zu Rückstellungen,
- zu unrealisierten Gewinnen,
- zur Investitionsintensität, -notwendigkeit und -richtung,
- zu Kennzahlen und Kennzahlensystemen,
- zu Wertschöpfungsrechnungen,
- zu Kapital- und Substanzerhaltungsrechnungen,
- zu Prognoserechnungen (Planbilanzen, Plan- GuV-Rechnungen) u. a.

Im Rahmen der freiwilligen Berichterstattung nimmt die Kapitalflußrechnung, die Segmentberichterstattung, die Sozialberichterstattung und die Umweltberichterstattung einen besonderen Rang ein. Diese Segmente freiwilliger Berichterstattung sollen im folgenden kurz dargestellt werden.

a) Kapitalflußrechnung

Die GuV-Rechnung basiert auf der Gegenüberstellung von Ertrag (Reinvermögensmehrung) und Aufwand (Reinvermögensminderung). Zur Beurteilung der Zahlungsfähigkeit eines Unternehmens müßten jedoch Einzahlungen und Auszahlungen analysiert werden. Die mangelnde Liquiditätsorientierung des Jahresabschlusses vernebelt den Einblick in die Finanzlage. Drohende **Zahlungsengpässe** können **nicht rechtzeitig erkannt** werden. Die **Insolvenzprophylaxe** ist also **unzureichend**.

Demgegenüber hat die Kapitalflußrechnung[11] das Ziel, den Zahlungsmittelstrom eines Unternehmens transparent zu machen. Zur Ermittlung des Zahlungsstroms bedient man sich meist der **indirekten Methode**: Wie bei der indirekten Ermittlung des Cash Flow werden Einzahlungen und Auszahlungen
- aus Aufwendungen und Erträgen und
- aus Veränderungen von Aktiv- und Passivposten abgeleitet.

Man unterscheidet zwischen retrospektiven und prospektiven Kapitalflußrechnungen.

---

[11] Vgl. Busse von Colbe, W., Aufbau und Informationsgehalt von Kapitalflußrechnungen, ZfB 1966, S. 82 ff.; Käfer, K., (Kapitalflußrechnungen), S. 5 ff.

Kapitalflußrechnung			
retrospektiv		prospektiv	
Informationsbasis: • vorliegender Jahresabschluß		Informationsbasis • Planbilanz, Plan-GuV	
Vorteil	Nachteil	Vorteil	Nachteil
objektiv nachprüfbar	prognoseuntauglich	prognosetauglich	subjektiv

Abb. 96: Arten der Kapitalflußrechnung

Nur prospektive Kapitalflußrechnungen eignen sich zur Beurteilung der künftigen Zahlungsfähigkeit. Die unvermeidliche Subjektivität der Planungsgrundlage beeinträchtigt aber ihre Eignung zur sachgerechten Unterrichtung externer Jahresabschlußadressaten.

Börsennotierte Mutterunternehmen eines Konzerns sind nach deutschem Recht (§ 297 Abs. 1 Satz 2 HGB) zur Erstellung einer retrospektiven Kapitalflußrechnung verpflichtet. Damit nähert sich das deutsche Bilanzrecht internationalen Rechnungslegungsstandards.[12]

Eine Kapitalflußrechnung verfolgt das **Ziel**
- die **Veränderung des Liquiditätspotentials** im Zeitverlauf zu quantifizieren und
- die **Ursachen** dieser Veränderung transparent zu machen.

Das Liquiditätspotential wird dabei als Finanzmittelfond bezeichnet.

Die Grobstruktur einer Kapitalflußrechnung läßt sich am einfachsten an einem Beispiel erläutern:

	Mittelzufluß aus laufender Geschäftstätigkeit	+	1.000
−	Mittelabfluß aus der Investitionstätigkeit	−	1.550
+	Mittelzufluß aus der Finanzierungstätigkeit	+	600
	Zahlungswirksame Veränderung des Finanzmittelfonds (+) Erhöhung; (−) Verminderung	+	50
+	Finanzmittelbestand am Periodenanfang	+	120
	Finanzmittelbestand am Periodenende	+	170

Abb. 97: Grobstruktur einer Kapitalflußrechnung (Beispiel)

Aus der laufenden Geschäftstätigkeit wird ein Einzahlungsüberschuß von 1.000 erwirtschaftet. Aus diesem Einzahlungsüberschuß können
- Anlageinvestitionen,
- Kredittilgungen und
- Gewinnausschüttungen an die Anteilseigner

finanziert werden. Im Beispielsfall wurden 1.550 investiert und neue Kredite von 600 aufgenommen.

---

[12] Vgl. S. 1011 f.

Die folgende Abb. zeigt den Aufbau einer Kapitalflußrechnung auf der Basis der Stellungnahme des HFA 1/1995.[13]

Kapitalflußrechnung 1.1. – 31.12.01		
1.	+/–	Jahresüberschuß/Jahresfehlbetrag
2.	+/–	Abschreibungen/Zuschreibungen auf das Anlagevermögen
3.	+/–	Zunahme/Abnahme der Rückstellungen
4.	+/–	sonstige zahlungsunwirksame Aufwendungen/Erträge
5.	+/–	Verlust/Gewinn aus dem Abgang vom Anlagevermögen
6.	+/–	Abnahme/Zunahme der Vorräte, Forderung aus LuL u. anderer Aktiva
7.	+/–	Zunahme/Abnahme der Verbindlichkeiten aus LuL u. anderer Passiva
8.	**=**	**Mittelzufluß/-abfluß aus laufender Geschäftstätigkeit**
9.	+	Einzahlungen aus Abgängen des Anlagevermögens
10.	–	Auszahlungen für Investitionen des Anlagevermögens
11.	**=**	**Mittelzufluß/-abfluß aus laufender Investitionstätigkeit**
12.	+	Einzahlungen aus Kapitalerhöhungen und Zuschüssen der Gesellschafter
13.	–	Auszahlungen an Gesellschafter
14.	+	Einzahlungen aus der Aufnahme von Anleihen und Krediten
15.	–	Auszahlungen für die Tilgung von Anleihen und Krediten
16.	**=**	**Mittelzufluß/-abfluß aus der Finanzierungstätigkeit**
17.		Zahlungswirksame Veränderung des Finanzmittelfonds (Zeile 8, 11 und 16)
18.	+/–	Wechselkursbedingte und sonstige Erhöhungen oder Verminderungen des Finanzmittelbestandes durch Wertänderungen
19.	+	Finanzmittelbestand am Anfang der Periode
20.	**=**	**Finanzmittelbestand am Ende der Periode**

Abb. 98: Aufbau einer Kapitalflußrechnung

Ein Zahlenbeispiel findet sich im zugehörigen Übungsbuch. (**ÜB 6**/89–91)

b) Segmentberichterstattung

Im Jahresabschluß werden Informationen über das gesamte Spektrum der unternehmerischen Tätigkeit aggregiert ausgewiesen. Segmentspezifische Besonderheiten gehen im Konglomerat des Gesamtabschlusses unter. Um die künftigen Risiken und Chancen unternehmerischer Tätigkeit besser abschätzen zu können, benötigen die externen Bilanzadressaten Informationen darüber, ob das Unternehmen bezüglich seiner
• Arbeitsgebiete (sektorale Segmente)
• Absatzgebiete (regionale Segmente)
auf **wachsenden oder schrumpfenden Märkten** agiert.

Die Segmentberichterstattung hat die Aufgabe, segmentspezifische Unternehmensinformationen für externe Bilanzadressaten aufzubereiten. Für die

---
[13] Vgl. Stellungnahme HFA 1/1995: Die Kapitalflußrechnung als Ergänzung des Jahres- und Konzernabschlusses, HFA/SG, WPg 1995, S. 210 ff.

Segmentbildung wählte der Siemens-Konzern in seinem Geschäftsbericht (1998) folgende Abgrenzung:

Segmentberichterstattung	
Arbeitsgebiete	**Regionen**
• Energie • Industrie • Kommunikation • Informationssysteme • Medizinische Technik • Bauelemente • Licht • Übrige	• Deutschland • Übriges Europa • Amerika • Asien/Pazifik • Übrige

Abb. 99: Segmentbildung im Siemens-Konzern

Die einfachste Form der Segmentberichterstattung ist die Aufteilung der Umsätze nach sektoralen und regionalen Gesichtspunkten. Diese einfache Segmentberichterstattung ist für den
• Einzelabschluß großer Kapitalgesellschaften (§ 282 Nr. 4 HGB)
• Konzernabschluß (§ 314 Abs. 1 Nr. 3 HGB)
zwingend vorgeschrieben.

Der zunehmenden Internationalisierung und Diversifizierung großer deutscher Kapitalgesellschaften hat der deutsche Gesetzgeber mit dem Gesetz zur Kontrolle und Transparenz im Unternehmensbereich (KonTraG) Rechnung getragen: Börsennotierten deutschen Muttergesellschaften eines Konzerns wird eine **erweiterte Segmentberichterstattung** auferlegt.[14]

Form und Inhalt der erweiterten Segmentberichterstattung nehmen erst allmählich konkrete Formen an. Noch sind also die Grenzen zwischen gesetzlich zwingender und freiwilliger erweiterter Segmentberichterstattung fließend.

Segmentberichterstattung nach • **Umsätzen** • **Ergebnis vor Steuern** • **Vermögen** • **Sachanlageinvestitionen** • **Abschreibungen**

Abb. 100: Segmentierung im Siemens-Konzern

Die erweiterte Segmentberichterstattung des Siemens-Konzerns informiert die externen Bilanzadressaten u. a. über sektoral und regional gegliederte Umsätze, Ergebnisbeiträge u. a. Damit läßt sich die Umsatzrentabilität für die verschiedenen Segmente ermitteln. Wenn es dem Unternehmen gelingt, im Laufe der Zeit in renditestarke Marktsegmente vorzudringen, werden die

---

[14] Vgl. § 297 Abs. 1 Satz 2 HGB

Bilanzanalysen diese Information verbreiten und der Kapitalmarkt wird sie mit steigenden Aktienkursen honorieren. (ÜB 6/86–88)

c) Sozial- und Umweltberichterstattung

Immer mehr Unternehmen gehen dazu über, im Lagebericht bzw. im Geschäftsbericht auf freiwilliger Basis detaillierte Angaben über ihre sozialen und ökologischen Leistungen zu machen. Die Sozialberichterstattung ist in erster Linie an die Belegschaft, die Umweltberichterstattung an die interessierte Öffentlichkeit adressiert. Aber auch für die Anteilseigner ist es wichtig zu wissen, in welchem Umfang das jeweilige Unternehmen die gängigen sozialen und ökologischen Standards[15] erfüllt.

Im Rahmen der **Sozialberichterstattung** sind insbesondere folgende Angaben von Interesse: Zahl der Belegschaftsmitglieder, Einzelheiten über die Zusammensetzung der Belegschaft, Veränderungen der Entlohnung und der Arbeitszeit, Urlaubsregelung, Freizeitgestaltung, Facharbeiter- und Nachwuchsschulung, Werkswohnungen, Erholungsheime, Weihnachtsgratifikationen, Gewinnbeteiligung der Arbeitnehmer, Zuweisungen an Pensions- und Unterstützungskassen usw. Hohe Sozialstandards sind nicht nur ein **Kostenfaktor**. Soweit sie positiv auf die Motivation der Mitarbeiter wirken, entwickeln sie sich über eine Produktivitätssteigerung zum **Ertragsfaktor**.[16]

Die Motivation zur **Umweltberichterstattung** ist ähnlich gelagert wie bei der Sozialberichterstattung. Zum einen verlangt die Öffentlichkeit in zunehmendem Maße, daß die Unternehmen Rechenschaft über die Auswirkungen des unternehmerischen Handelns auf die Umwelt ablegen.[17] Um keinen Imageschaden hinzunehmen, erscheint eine Berichterstattung über ökologische Sachverhalte für manche Unternehmen daher fast obligatorisch. Zum anderen können umweltverträgliche Fertigungstechniken und die daraus resultierenden Aufwendungen einen großen Einfluß auf die Wettbewerbsfähigkeit[18] eines Unternehmens ausüben. Unter Berücksichtigung der eben genannten Aspekte sollte eine Umweltberichterstattung daher vor allem die Aufwendungen und Investitionen für den Umweltschutz beinhalten. Weiterhin können Verfahren und Betriebsabläufe erläutert werden, um eine ökologische Produktion zu dokumentieren. Wie beim Sozialbericht besteht natürlich auch hier die Gefahr der verbalen Schönfärberei. Zur Erhöhung der Glaubwürdigkeit ist daher eine Vielzahl der Unternehmen dazu übergegangen, eine Zertifizierung im Rahmen eines „Öko-Audits" durch einen zugelassenen Umweltgutachter vorzunehmen.

---

[15] Vgl. Fichter, K., (Umweltkommunikation), S. 41 ff.
[16] Vgl. Baetge/Schulze, Möglichkeiten der Objektivierung der Lageberichtserstattung über „Risiken der künftigen Entwicklung", DB 1997, S. 937 ff.
[17] Vgl. Peemöller/Zwingel, Analyse der ökologischen Berichterstattung im handelsrechtlichen Jahresabschluß ausgewählter Branchen, WPg 1996, S. 50 ff.
[18] Vgl. Fichter, K., (Umweltkommunikation), S. 291 ff.

VI. Die Jahresabschlußprüfung

1. Gegenstand und Aufgaben

Da der Jahresabschluß für Unternehmensexterne oft die einzige, zumindest aber eine wesentliche Quelle für Informationen über die wirtschaftliche Lage des Unternehmens darstellt, müssen an seine Glaubwürdigkeit und Richtigkeit insbesondere bei Kapitalgesellschaften wegen der fehlenden persönlichen Haftung der Gesellschafter hohe Anforderungen gestellt werden. Für diese Rechtsform kommt noch hinzu, daß auf Grundlage des Jahresabschlusses die Ausschüttung bestimmt wird, so daß ein auf falschen Daten beruhender Ausschüttungsbeschluß bei einem zu hoch ausgewiesenen Jahreserfolg Risiken für den Bestand des Unternehmens bergen kann. Drittens liegt – anders als bei einer Personengesellschaft – bei Kapitalgesellschaften oft keine Einheitlichkeit von Geschäftsführung und Gesellschafterkreis vor. Zu befürchten ist deshalb nicht nur eine einseitige Manipulation des Jahresabschlusses durch die Geschäftsführung zu Lasten der Gläubiger. Ebenso ist eine Benachteiligung der Gesellschafter durch einen zu niedrig ausgewiesenen Erfolg möglich.

Zur Minimierung dieser Risiken hat der Gesetzgeber für mittelgroße und große Kapitalgesellschaften die eigenverantwortliche Prüfung des Jahresabschlusses sowie des ihn ergänzenden Lageberichts hinsichtlich der **Gesetzmäßigkeit und Ordnungsmäßigkeit** durch einen von den Gesellschaftern gewählten, unabhängigen und unbefangenen Abschlußprüfer[1] zwingend vorgesehen.[2] Darüber hinaus sind für Kreditinstitute und Versicherungen Jahresabschlußprüfungen gesetzlich vorgeschrieben.[3] Deren Ausgestaltung ist aber von Branchenspezifika geprägt, die in einem einführenden Lehrbuch zur Allgemeinen Betriebswirtschaftslehre nicht zu behandeln sind. Deshalb wird im folgenden ausschließlich die branchenunabhängige gesetzliche Jahresabschlußprüfung nach den Regelungen des Handelsgesetzbuches beschrieben.

Gegenstände der Prüfung sind damit unter Berücksichtigung der §§ 238–289 HGB, §§ 150–160 AktG bzw. §§ 41–42a GmbHG und der Bestimmungen in Satzung oder Gesellschaftsvertrag zunächst

(1) die Prüfung der Buchführung,
(2) die Prüfung der Bilanz,
(3) die Prüfung der Gewinn- und Verlustrechnung sowie
(4) die Prüfung des Anhangs und Lageberichts.[4]

---

[1] Dies können Wirtschaftsprüfer/Wirtschaftsprüfungsgesellschaften, für mittelgroße GmbH auch vereidigte Buchprüfer/Buchprüfungsgesellschaften sein (§ 319 HGB).
[2] Vgl. § 316 Abs. 1 HGB
[3] Vgl. § 340k Abs. 1 HGB, § 341k Abs. 1 HGB
[4] Vgl. § 317 HGB. Bei Aktiengesellschaften, deren Anteile amtlich notiert werden, ist auch das **Risikofrüherkennungssystem** (§ 91 Abs. 2 AktG) Prüfungsgegenstand; vgl. hierzu IDW (PS 340).

2. Prüfung der Buchführung

Die **Buchführung** bildet die Grundlage für die Bilanz und die GuV-Rechnung; aus diesem Grund steht die Buchhaltung am Beginn jeder Prüfungshandlung. Selbstverständlich werden nicht sämtliche Buchungen des abgelaufenen Geschäftsjahres überprüft. Dies wäre i.d.R. undurchführbar, zumindest aber unökonomisch. Deshalb wird auf eine weiter gefaßte **Systemprüfung** desjenigen Teils des unternehmerischen **Internen Kontrollsystems**[5] (IKS) zurückgegriffen, welcher die Rechnungslegung direkt oder indirekt, d.h. über die Bereitstellung relevanter Daten, betrifft. Aufbauend auf der ersten Erfassung und (theoretischen) Beurteilung der **Sollkonzeption** erfolgt dazu in einem zweiten Schritt die Überprüfung des **Istzustands**, d.h. der praktischen Funktionsfähigkeit des IKS anhand ausgewählter **Stichproben**.

Da dieser Prüfungsabschnitt wesentliche Aufschlüsse über die **Ordnungsmäßigkeit** des Rechnungswesens insgesamt liefert, wird von seinem Ergebnis der weitere Verlauf der Jahresabschlußprüfung maßgeblich beeinflußt. Stellt der Prüfer fest, daß das Prinzip der Funktionstrennung nicht beachtet wurde, so daß z.B. Buchführung und Kassenführung in einer Hand liegen (Gefahr der Unterschlagung), muß er das IKS flächendeckend prüfen. Findet er dagegen ein gut funktionierendes IKS vor, so kann er bei seinen weiteren Prüfungshandlungen von einer hohen Zuverlässigkeit der vom Unternehmen gelieferten Daten ausgehen und entsprechend seinen Prüfungsumfang geringer halten.

3. Prüfung der Bilanz

Die Prüfung der Bilanz hat im wesentlichen folgende Fragen zu beantworten:

„(1) Sind sämtliche Vermögens- und Schuldposten **vollständig erfaßt** und sind sämtliche ausgewiesenen Posten auch tatsächlich vorhanden? (Bilanzvollständigkeit)

(2) Sind sämtliche Aktiva und Passiva entsprechend den jeweiligen gesetzlichen **Gliederungsvorschriften ausgewiesen?** (Bilanzklarheit)

(3) Sind die ausgewiesenen Vermögens- und Schuldposten nach den gesetzlichen Vorschriften und den **GoB bewertet** und ist von bestehenden Ansatzwahlrechten und Bilanzierungshilfen zutreffend Gebrauch gemacht worden? (Bilanzwahrheit)".[6]

Dazu bildet der Prüfer aufgrund sachlogischer Verknüpfungen zwischen einzelnen Bilanzposten sog. **Prüffelder** und übergeordnete **Prüffeldgruppen**,[7] die nicht nur Bilanz-, sondern zugleich korrespondierende GuV-Bestandteile sowie eventuell Anhangangaben beinhalten können. Beispiel: Bei der Prüfung der Sachanlagen (Bilanz) sind auch die Abschreibungen

---

[5] Zum Begriff vgl. S. 195
[6] IDW (FG 1/1988), Abschn. D. II 4. a); Hervorhebungen geändert.
[7] Vgl. Lück, w. (Jahresabschlußprüfung), S. 44f.

(GuV-Rechnung) zu berücksichtigen. Beide Teilprüfungen überlappen sich mit der Prüfung des Anlagespiegels, der wahlweise in den Anhang integriert werden kann.

Innerhalb der einzelnen Prüffelder wird der Jahresabschlußprüfer einerseits **analytische Prüfungshandlungen** (z. B. Verprobungen zwischen Umsatzerlösen und ausgewiesener Umsatzsteuer) vornehmen. Zur Gewinnung einer hinreichenden Urteilssicherheit über das jeweilige Gebiet sind außerdem jedoch – z. T. unter Rückgriff auf weitere Bestandteile des betrieblichen Rechnungswesens – auch **Einzelfallprüfungen** durchzuführen. In den meisten Fällen wird dabei von einer **Vollprüfung** zugunsten der Prüfung einer hinreichend großen **Stichprobe** abgesehen.

4. Prüfung der Gewinn- und Verlustrechnung

Da bereits bei der Prüfung der Bilanz die Bewertungsfrage geklärt wurde, muß für die GuV-Rechnung i. d. R. nur noch überprüft werden, ob alle Erträge und Aufwendungen **vollständig, periodengerecht,** unter **korrekter Bezeichnung** sowie unter Einhaltung der vorgeschriebenen **Gliederungsschemata** ausgewiesen wurden.[8] Sind Positionen – z. B. die sonstigen betrieblichen Erträge oder sonstigen betrieblichen Aufwendungen – jedoch bei der Prüfung der Bilanz noch nicht vollständig miterfaßt, so bedürfen sie einer gesonderten Durchleuchtung.

5. Prüfung des Anhangs und des Lageberichts

Im **Anhang** bilden zahlreiche Angaben zu einzelnen Posten der Bilanz und der GuV-Rechnung den Schwerpunkt des Prüfungsgebietes. Erwähnenswert sind insbesondere die **Bilanzierungs- und Bewertungsmethoden** sowie deren **Änderungen.** Zwar gilt hier, ebenso wie für die sonstigen Angaben, daß sie größtenteils bereits bei der Bilanz oder bei der GuV-Rechnung in die Prüfung einbezogen wurden. Es ist jedoch im Rahmen der Prüfung des Anhangs insgesamt sicherzustellen, daß die Berichterstattung klar, übersichtlich, vollständig und richtig erfolgt. Vermittelt der Jahresabschluß unter Beachtung der GoB kein den tatsächlichen Verhältnissen entsprechendes Bild, so muß sich die Prüfung auch auf die dann erforderlichen zusätzlichen Anhangangaben erstrecken.

Nach § 317 Abs. 2 HGB ist beim **Lagebericht** festzustellen, ob er mit dem Jahresabschluß sowie mit den bei der Prüfung gewonnenen Erkenntnissen des Abschlußprüfers in Einklang steht und ob insgesamt eine zutreffende Vorstellung von der Lage des Unternehmens vermittelt wird. Die Prüfung muß sich dabei auch auf die Darstellung der Risiken der künftigen Entwicklung beziehen. Können die vergangenheitsbezogenen Angaben oft noch relativ einfach nachvollzogen werden, so ergibt sich die besondere Schwierigkeit des Prüfungsbereiches aus seinen zukunftsorientierten und

---

[8] Vgl. IDW (WP-Handbuch 1996), S. 1418 ff.

wertenden Aussagen. Hier muß sich der Prüfer auf eine Beurteilung der zugrunde gelegten Annahmen, Wirkungszusammenhänge und Schätzungsarten sowie deren Plausibilität unter Beachtung der übrigen Prüfungsergebnisse und Feststellungen beschränken.[9]

6. Prüfungsbericht und Bestätigungsvermerk

Über seine Untersuchungen hat der Prüfer einen nicht zur Veröffentlichung bestimmten **Prüfungsbericht** anzufertigen und diesen unverzüglich der Geschäftsführung bzw. dem Aufsichtsrat zu übergeben.[10] Damit soll neben einer Dokumentation der Prüfung gegenüber den Auftraggebern vor allem eine Unterstützung des Aufsichtsrats bzw. der Gesellschafter bei der Ausübung ihrer Überwachungsfunktion erfolgen. Durch einen vom Prüfungsbericht getrennten **Management Letter** kann der Abschlußprüfer außerdem zusätzliche gutachterliche Hinweise aus Anlaß der Jahresabschlußprüfung geben. Der Prüfungsbericht ist zweckmäßig zu gliedern und enthält[11]

(1) den Prüfungsauftrag;
(2) grundsätzliche Feststellungen
 – zum Stand und zur künftigen Entwicklung des Unternehmens;
 – zu gravierenden Prüfungsergebnissen (bestandsgefährdende Tatsachen; schwere Rechtsverletzungen);
(3) Angaben zum Prüfungsverlauf
 – Organisation der Prüfung;
 – Mitwirkungspflichten der Unternehmensleitung;
(4) Feststellungen zur Ordnungsmäßigkeit der Rechnungslegung;
(5) den Bestätigungsvermerk.

Über das abschließende Ergebnis der Prüfung ist ein zusammenfassender **Vermerk** zu erstellen, welcher der Information der Gesellschafter, der Gläubiger und der interessierten Öffentlichkeit über die Ordnungs- und Gesetzmäßigkeit von Buchführung, Jahresabschluß und Lagebericht dient und folglich auch mit dem Jahresabschluß bekanntzumachen ist:[12]

– Ein **uneingeschränkter** Bestätigungsvermerk ist zu erteilen, wenn keine Einwendungen zu erheben sind.
– Ein **einschränkter** Bestätigungsvermerks wird erteilt, wenn im Rahmen der Prüfung Mängel festgestellt wurden. Diese Mängel dürfen aber nicht so schwerwiegend sein, daß die Ordnungs- und Gesetzmäßigkeit der Rechnungslegung insgesamt gefährdet ist.
– Ist ein positiver Gesamtbefund unmöglich, so wird ein **Versagungsvermerk** erstellt.

Zwar ist die rechtliche Wirkung eines eingeschränkten Bestätigungs- oder eines Versagungsvermerks nicht groß. Die Versagung eines uneingeschränk-

---

[9] Vgl. IDW (PS 350), Tz. 4
[10] Vgl. § 321 Abs. 1 S. 1, Abs. 5 HGB
[11] Vgl. § 321 HGB sowie IDW (PS 450), Tz. 10 ff.
[12] Vgl. § 322 HGB, zu vom Berufsstand der Wirtschaftsprüfer empfohlenen Formulierungen auch IDW (PS 400), Anhang.

ten Bestätigungsvermerks hat aber wegen der starken öffentlichen Signalwirkung eine große praktische Bedeutung. Unternehmen werden deshalb alles daran setzen, einen uneingeschränkten Bestätigungsvermerk zu erhalten.

VII. Rechnungslegung im internationalen Kontext

1. Internationaler Kapitalmarkt und internationale Rechnungslegung

In den letzten Jahren – insbesondere seit dem Fall des „Eisernen Vorhangs" – ist eine zunehmende internationale Verflechtung der Wirtschaft festzustellen. Im Zuge dieser **Globalisierung bzw. Internationalisierung** wachsen nicht nur die Gütermärkte, sondern auch die Finanzmärkte immer mehr zusammen. Das Kapital kann – nicht zuletzt durch moderne Informations- und Kommunikationstechniken – sekundenschnell weltweit transferiert werden. Dies hat zur Konsequenz, daß
- Kapitalanleger weltweit nach den **günstigsten Anlagealternativen** suchen und
- kapitalnachfragende Unternehmen bestrebt sind, sich weltweit **möglichst kostengünstig zu finanzieren**.

Damit ein Kapitalanbieter seine Anlageentscheidung optimal treffen kann, ist er auf Informationen über die verschiedenen Anlagealternativen angewiesen. Möchte der Anleger sein Geld in Unternehmen (als Eigen- oder Fremdkapital) investieren, ist er an Informationen über die (aktuelle und künftige) wirtschaftliche Lage der zur Auswahl stehenden Unternehmen interessiert. Diese Informationen gewinnt er zu einem erheblichen Teil aus den Jahresabschlüssen der Unternehmen. Im Sinne aktiver Informationspolitik nutzen Unternehmen den **Jahresabschluß als „Werbemittel"** zur internationalen Kapitalakquisition.

International orientierte Kapitalanleger erwarten von der externen Rechnungslegung eine informatorische Fundierung ihrer Anlageentscheidungen. Dazu müssen Jahresabschlüsse zwei **Bedingungen** erfüllen:
1. Jahresabschlüsse haben (potentielle und aktuelle) Investoren über die (aktuelle und zukünftige) **wirtschaftliche Lage des Unternehmens** zu informieren.
2. Jahresabschlüsse sollten **international verständlich und vergleichbar** sein.

Beide Bedingungen werden vom traditionellen deutschen HGB-Jahresabschluß nicht erfüllt:
- Durch die übermäßige Betonung des Gläubigerschutzgedankens im HGB und die daraus resultierende zentrale Stellung des Vorsichtsprinzips gibt der **HGB-Abschluß** ein **pessimistisch verzerrtes Bild** der wirtschaftlichen Lage des Unternehmens.
- Dagegen bemüht sich die **anglo-amerikanische Rechnungslegung** um eine „**objektive**" Darstellung der Vermögens- und Ertragslage. Für international orientierte Kapitalanleger sind deutsche und anglo-amerika-

nische Jahresabschlüsse also nicht vergleichbar. Bei sonst gleichen Bedingungen würden sie ihr Kapital in ein Unternehmen investieren, welches einen für sie verständlichen und international vergleichbaren Jahresabschluß vorlegt.

Wollen sich deutsche Großunternehmen zu günstigen Konditionen am internationalen Kapitalmarkt finanzieren, müssen sie einen **international verständlichen Jahresabschluß** vorlegen. Zur Vermeidung von Wettbewerbsnachteilen deutscher Unternehmen auf internationalen Kapitalmärkten hat der Gesetzgeber mit der Verabschiedung des **Kapitalaufnahmeerleichterungsgesetzes (KapAEG)**[1] reagiert. Durch den mit diesem Gesetz neu eingeführten § 292a HGB ist es deutschen Konzernmüttern, die internationale Kapitalmärkte in Anspruch nehmen, nunmehr erlaubt, **wahlweise** einen **Konzernabschluß** nach deutschem HGB oder nach **international akzeptierten Rechnungslegungsnormen** aufzustellen. Damit können deutsche Unternehmen erstmals (zumindest teilweise) von den traditionellen deutschen Rechnungslegungsvorschriften abweichen. Obwohl diese Möglichkeit zur Zeit nur für den Konzernabschluß besteht,[2] soll die internationale Rechnungslegung bereits an dieser Stelle behandelt werden. Dies hat folgende Gründe:

1. Es ist davon auszugehen, daß das KapAEG nur einen ersten Schritt bildet, dem weitere folgen werden. Aller Voraussicht nach wird sich die deutsche Rechnungslegung in den nächsten Jahren weiter an internationale Standards annähern, wovon dann auch der Einzelabschluß betroffen sein wird.
2. Der Konzernabschluß setzt sich aus den Einzelabschlüssen der Konzerngesellschaften zusammen. Ein Konzernabschluß nach internationalen Normen setzt somit voraus, daß vorher im Rahmen der Konsolidierung die Einzelabschlüsse an die internationale Norm angepaßt werden.[3]
3. Unternehmen, die an einer US-amerikanischen Börse gelistet sein wollen (z.B. DaimlerChrysler, Deutsche Bank oder Deutsche Telekom), müssen einen Abschluß nach US-amerikanischem Standard (US-GAAP) vorlegen. Die US-amerikanische Börsenaufsichtsbehörde SEC erkennt nur Abschlüsse nach US-amerikanischen Normen als Börsenzulassungsvoraussetzung an. Ebenso müssen junge Unternehmen, deren Aktien am Neuen Markt in Frankfurt gehandelt werden sollen, einen Abschluß nach internationalen Vorschriften erstellen.
4. Durch die zunehmende Bedeutung der internationalen Standortwahl[4] sind die Unternehmen gezwungen, sich mit ausländischen Bilanzierungsregeln auseinanderzusetzen.

---

[1] Gesetz zur Verbesserung der Wettbewerbsfähigkeit deutscher Konzerne an Kapitalmärkten und zur Erleichterung der Aufnahme von Gesellschafterdarlehen (Kapitalaufnahmeerleichterungsgesetz – KapAEG) i.d.F. vom 20. 4. 1998, BGBl I, S. 707. Vgl. hierzu auch S. 1025
[2] Zum Konzernabschluß vgl. S. 1024 ff. ff.
[3] Zur Konsolidierungstechnik vgl. S. 1032 ff.
[4] Vgl. S. 339 ff.

2. Systeme internationaler Rechnungslegung

Wenn von internationaler Rechnungslegung gesprochen wird, sind hiermit zwei Normensysteme gemeint:
(1) Die „**International Accounting Standards**" **(IAS)**.
(2) Die „**Generally Accepted Accounting Principles**" **(US-GAAP)**.

	(1) International Accounting Standards (IAS)	(2) Generally Accepted Accounting Principles (US-GAAP)
Normensetzer	International Accounting Standards Committee (IASC)	Financial Accounting Standards Board (FASB)
Zielsetzung	• Formulierung und weltweite Verbreitung von Rechnungslegungsgrundsätzen. • Verbesserung und internationale Harmonisierung von Rechnungslegungsnormen.	• Rechnungslegung zum Schutze des Wertpapierhandels in den USA.

Abb. 101: Normensysteme internationaler Rechnungslegung

Die **(1) IAS** werden vom **International Accounting Standards Committee (IASC)** mit Sitz in London herausgegeben. Das IASC ist eine 1973 gegründete Vereinigung berufsständischer Organisationen aus dem Bereich der Rechnungslegung. Ihr gehören mittlerweile rund 140 Berufsverbände aus dem Bereich der Rechnungslegung aus über 100 Ländern (darunter alle größeren Industrienationen) an. Deutschland wird vom Institut der Wirtschaftsprüfer und von der Wirtschaftsprüferkammer vertreten.

Das IASC steht seit einigen Jahren mit der **IOSCO (International Organisation of Securities Commissions),** dem internationalen Zusammenschluß der Börsenaufsichtsbehörden, in Verhandlungen, um die IAS als weltweiten Rechnungslegungsstandard bei der Börsenzulassung zu etablieren. Eine abschließende Einigung ist zwar bisher nicht erreicht worden, könnte aber in naher Zukunft erfolgen.[5]

Die **(2) US-GAAP** werden vorrangig vom **Financial Accounting Standards Board (FASB)** erlassen. Das FASB ist – ebenso wie das IASC – ein privates Rechnungslegungsgremium, welches von der **Securities and Exchange Commission SEC** (= US-amerikanische Börsenaufsichtsbehörde) beauftragt wurde, Rechnungslegungsstandards zum Schutze des Wertpapierhandels in den USA zu entwickeln. Die US-GAAP weisen zwei wesentliche Besonderheiten auf:

---

[5] Zum derzeitigen Verhandlungsstand vgl. Barckow, A., Der Abschluß des Core Set of Standards durch das IASC – Inhalte, Bewertungen, Folgen, DB 1999, S. 1179 ff.

1. Sie gelten nur für **börsennotierte Unternehmen**.[6]
2. Vom FASB entwickelte Standards (= Statements of Financial Accounting Standards, SFAS) sind erst dann **verbindlich,** wenn sie **von der SEC genehmigt** worden sind.

Sowohl die IAS als auch die US-GAAP sind angelsächsisch geprägt und verfolgen eine vom deutschen HGB abweichende **Bilanzierungsphilosophie**:

Deutsche Rechnungslegung (HGB)	Internationale Rechnungslegung (US-GAAP; IAS)
kontinentaleuropäisch geprägt	angelsächsisch geprägt
Dominanz des Gläubigerschutzes	Dominanz des Anteilseignerschutzes
Bankenfinanzierung vorherrschend	Kapitalmarktfinanzierung vorherrschend
Normenfestsetzung durch Gesetzgeber; code law	Normenfestsetzung durch private Organisationen; case law
enge Verknüpfung von Handels- und Steuerbilanz (Maßgeblichkeit)	Trennung von Handels- und Steuerbilanz (keine Maßgeblichkeit)

Abb. 102: Unterschiedliche Philosophien von deutscher und internationaler Rechnungslegung.

Die **kontinentaleuropäisch** geprägte deutsche Rechnungslegung stellt den **Gläubigerschutz** in den Mittelpunkt der Bilanzierung. Durch eine vorsichtige Bilanzierung und die Bildung stiller Rücklagen soll die Haftungssubstanz hoch gehalten werden. Die Interessen der **Fremdkapitalgeber** werden über die der Eigenkapitalgeber gestellt.[7]

Die **angelsächsisch** geprägte internationale Rechnungslegung nach IAS und US-GAAP stellt demgegenüber die Bedürfnisse der **Eigenkapitalgeber** in den Mittelpunkt des Interesses. Diese unterschiedliche Stoßrichtung der Rechnungslegung resultiert nicht zuletzt aus einer anderen **Finanzierungstradition:** Während in Deutschland die Bankenfinanzierung (und damit die Fremdfinanzierung) dominiert, finanzieren sich angelsächsische Unternehmen stärker über den Eigenkapitalmarkt.

Ein weiterer wesentlicher Unterschied liegt in der unterschiedlichen Normensetzung. Die Rechnungslegungsvorschriften in Kontinentaleuropa werden primär vom **Gesetzgeber** erlassen.[8] Die Gesetzgeber sind dabei bestrebt, mög-

---

[6] Es sei allerdings darauf hingewiesen, daß die US-GAAP eine weitergehende Akzeptanz erfahren. So dürfen die amerikanischen Wirtschaftsprüfer auch den Jahresabschluß nicht börsennotierter Unternehmen nur dann testieren, wenn er den US-GAAP entspricht. Vgl. hierzu Haller, A., Die „Generally Accepted Accounting Principles" – Die Normen der externen Rechnungslegung in den USA, zfbf 1990, S. 753 f.

[7] Vgl. S. 897 ff.

[8] Es sind allerdings inzwischen auch in Deutschland mit der Gründung des Deutschen Rechnungslegungs Standards Committee (DRSC) erste Schritte des Übergangs zu einer privatrechtlich organisierten Normensetzung eingeleitet worden. Zum DRSC vgl. Moxter, A., Deutsches Rechnungslegungs Standards Committee: Aufgaben und Bedeutung, DB 1998, S. 1425 ff.

lichst einen allgemeingültigen, systematischen Rahmen der Rechnungslegung zu setzen (**code law**). Die handelsrechtlichen Regelungen dienen auch als Grundlage zur Bemessung der Ertragsteuern (**Maßgeblichkeitsgrundsatz**).[9] Im Gegensatz dazu erfolgt die Normensetzung im angelsächsischen Raum durch **privatrechtliche Organisationen**.[10] Die verabschiedeten Normen folgen dabei – der anglo-amerikanischen Rechtstradition entsprechend – einer einzelfallspezifischen Regelungstechnik (**case law**). Eine Maßgeblichkeit der handelsrechtlichen Normen für die Ertragsbesteuerung ist nicht vorgesehen.

Da die IAS und die US-GAAP derselben Bilanzierungsphilosophie folgen, bestehen zwischen beiden Normensystemen viele Gemeinsamkeiten. Im folgenden werden die IAS in ihren Grundzügen erläutert und der HGB-Rechnungslegung gegenübergestellt.[11] Hierfür sprechen zwei Gründe:

1. Deutsche Unternehmen, die ihre Rechnungslegung international ausrichten, verwenden mehrheitlich die IAS.[12]
2. Bei den IAS handelt es sich um eine „echte" internationale Rechnungslegung. Gleichwohl werden die nationalen Rechnungslegungsgrundsätze der US-GAAP auf die Fortentwicklung der IAS Einfluß nehmen, so daß sich beide Systeme aneinander annähern werden.

3. Allgemeine Grundlagen der Rechnungslegung nach IAS

a) Überblick

Die IAS-Rechnungslegung besteht aus dem „framework for the preparation and presentation of financial statements"[13] sowie einzelnen Standards:

Rechnungslegung nach IAS	
Framework	**Einzelstandards**

• Ziele der Rechnungslegung
• Adressaten der Rechnungslegung
• Grundsätze der Rechnungslegung
• Definition, Erfassung und Bewertungsgrundsätze zu Abschlußposten
  • Aktiva
  • Passiva
  • Aufwendungen
  • Erträge
• Kapitalerhaltungskonzeption
	• Bestandteile des Jahresabschlusses
	• Spezielle Regelungen für einzelne
	  • Aktiva
	  • Passiva
	  • Aufwendungen
	  • Erträge

Abb. 103: Rechnungslegung nach IAS

---

[9] Vgl. S. 904f.
[10] So z.B. in den USA – wie erwähnt – primär über das Financial Accounting Standards Board (FASB) und in Großbritannien primär über das Accounting Standards Board (ASB).
[11] Zu den US-GAAP vgl. Haller, A., Die „Generally Accepted Accounting Principles" – Die Normen der externen Rechnungslegung in den USA, zfbf 1990, S. 753ff; ders., (Rechnungslegung USA)
[12] Vgl. Förschle, G./Glaum, M./Mandler, U., Internationale Rechnungslegung und Kapitalaufnahmeerleichterungsgesetz – Meinungswandel bei Führungskräften deutscher Unternehmen?, DB 1998, S. 2284f.
[13] Im folgenden kurz als „Framework" bezeichnet.

Das **Framework** enthält allgemeine **Grundsätze und Leitlinien** der IAS-Rechnungslegung. Es bildet ein vorgeschaltetes **Rahmenkonzept** zur
- **Koordination** und
- **Interpretation**

der einzelnen Standards und dient als Grundlage zur
- **Ableitung neuer Standards** und
- **Überarbeitung bestehender Standards**.

Das Framework – welches selbst keinen IAS darstellt[14] – ist mit den deutschen handelsrechtlichen **GoB** vergleichbar.

Die einzelnen **Standards** enthalten die eigentlichen Bilanzierungs- und Bewertungsvorschriften. Sie sind mit den **Einzelnormen** zur Bilanzierung und Bewertung im **HGB** vergleichbar. Jeder IAS befaßt sich dabei – der angelsächsischen einzelfallbezogenen Regelungstechnik folgend – mit einem abgegrenzten Teilbereich. Ende 1999 waren 39 Standards endgültig verabschiedet, von denen noch 33 Gültigkeit besitzen.[15] Die einzelnen Standards gelten im Grundsatz
- sowohl für den Einzel- wie den Konzernabschluß,
- rechtsformunabhängig,
- unternehmensgrößenunabhängig und
- branchenunabhängig.

b) Ziele und Adressaten der Rechnungslegung

Ziel der Erstellung eines Jahresabschlusses nach IAS ist die **Vermittlung von Informationen** über die Vermögens-, Finanz- und Ertragslage eines Unternehmens (incl. deren Veränderungen). Diese Informationen sollen die (aktuellen und potentiellen) Investoren bei ihren Anlageentscheidungen unterstützen. Die **Entscheidungsunterstützung** („decision usefulness") ist das zentrale Merkmal der IAS-Rechnungslegung. Als entscheidungsrelevant gelten Jahresabschlußinformationen dann, wenn sie die Anlegererwartungen hinsichtlich zukünftiger Zahlungsströme (cash flows) verändern.

Die **Adressaten** der IAS-Rechnungslegung sind somit **Investoren**, wobei Investoren mit **Eigenkapitalgeber** gleichgesetzt werden. Die Rechnungslegung nach IAS orientiert sich mithin am Shareholder Value-Konzept.[16] Dabei wird unterstellt, daß zwischen den Informationsbedürfnissen der Investoren (= Eigenkapitalgeber = Shareholder) und denen der anderen Rechnungslegungsadressaten (Gläubiger, Arbeitnehmer, Lieferanten, Kunden, Staat, Öffentlichkeit) keine wesentlichen Unterschiede bestehen. Jahresabschlüsse – so wird unterstellt –, die die Informationswünsche der Anteilseigner erfüllen, befriedigen auch die meisten Informationswünsche der an-

---

[14] Bei Konflikten zwischen dem Framework und einzelnen Standards haben die Einzelnormen Vorrang.

[15] Sechs bereits verabschiedete Standards sind in der Zwischenzeit durch andere Standards ersetzt worden. Ein Überblick über den aktuellen Stand der Standards findet sich bei Barckow, A., Der Abschluß des Core Set of Standards durch das IASC – Inhalte, Bewertungen, Folgen, DB 1999, S. 1173 f.

[16] Zum Shareholder Value vgl. S. 94 ff.

deren Adressaten. Insofern orientieren sich die IAS auch am Stakeholder-Ansatz.

Die obigen Ausführungen verdeutlichen, daß die IAS im Gegensatz zum HGB nur eine **Informationsfunktion** aufweisen. Eine **Zahlungsbemessungsfunktion ist nicht vorgesehen**, d. h. der IAS-Jahresabschluß dient nicht als Grundlage zur Bestimmung von Ausschüttungen (Dividenden) und Ertragsteuerzahlungen. Hierzu sind, den Jahresabschluß ergänzende Rechnungen oder Vereinbarungen hinzuzuziehen.

	IAS	HGB
Adressatenkreis	Shareholder/Stakeholder	Stakeholder
Adressatenvorrang	Eigenkapitalgeber (Anteilseignerschutz)	Fremdkapitalgeber (Gläubigerschutz)
Funktionen	Informationsfunktion	Informations- und Zahlungsbemessungsfunktion

Abb. 104: Adressaten und Funktionen nach IAS und HGB

c) Bestandteile des Jahresabschlusses

Wie der HGB-Jahresabschluß setzt sich auch der Jahresabschluß nach IAS aus mehreren Bestandteilen zusammen. Die verpflichtenden Bestandteile eines IAS-Jahresabschlusses gehen dabei allerdings über die Pflichtbestandteile eines HGB-Jahresabschlusses hinaus:

	IAS	HGB
Bilanz (balance sheet)	Pflicht	Pflicht
Gewinn- und Verlustrechnung (income statement)	Pflicht	Pflicht
Anhang und Lagebericht (notes)	Pflicht	bedingte Pflicht
Kapitalflußrechnung (cash flow statement)	Pflicht	bedingte Pflicht
Segmentberichterstattung (reporting financial information by segment)	bedingte Pflicht	bedingte Pflicht
Eigenkapitalentwicklung (statement of changes in stockholders' equity)	Pflicht	–[17]

Abb. 105: Bestandteile des Jahresabschlusses nach IAS und HGB

Während eine **Bilanz** und eine **GuV-Rechnung** in beiden Rechnungslegungssystemen für alle Unternehmen die Basiselemente des Jahresabschlusses bilden, kommt es bei den anderen Bestandteilen zu Abweichungen:
- **Anhang und Lagebericht** sind im HGB-Abschluß nur von Kapitalgesellschaften zu erstellen (erweiterter Jahresabschluß). Nach den IAS sind

---

[17] Elemente der Eigenkapitalentwicklung sind in der Bilanz und in der fortgeführten GuV-Rechnung enthalten.

die dem deutschen Anhang und Lagebericht entsprechenden **notes** unabhängig von der Rechtsform und der Größe eines Unternehmens Pflichtbestandteil eines jeden Jahresabschlusses. Darüber hinaus gehen die in den notes verlangten Erläuterungen weit über die nach HGB geforderten Angaben hinaus. Durch die Vielzahl der in den notes verlangten zusätzlichen Informationen soll der Jahresabschlußleser (= Investor) eine Fülle weiterer Informationen erhalten, die für seine Anlageentscheidung relevant sind.

- Nach dem HGB muß eine **Kapitalflußrechnung** und eine **Segmentberichterstattung** nur von Konzernen aufgestellt werden, deren Mutterunternehmen börsennotiert sind.[18] In einem IAS-Jahresabschluß wird eine Kapitalflußrechnung von jedem Unternehmen verlangt. Eine Segmentberichterstattung hingegen wird nach IAS nur von Unternehmen, deren Wertpapiere öffentlich gehandelt werden, sowie von anderen wirtschaftlich bedeutenden Unternehmen einschließlich deren Tochterunternehmen verlangt.
- Die IAS verlangen ferner von jedem Unternehmen die Aufstellung einer **Eigenkapitalentwicklung (statement of changes in stockholders' equity)**. Hierin haben die Unternehmen sämtliche – erfolgswirksamen und erfolgsneutralen – Veränderungen der einzelnen Eigenkapitalpositionen, die im Laufe des Jahres entstanden sind, aufzuzeichnen.[19]

d) Grundsätze (Prinzipien) der Rechnungslegung

Ähnlich wie die Grundsätze ordnungsmäßiger Bilanzierung im HGB[20] existieren auch in den IAS bestimmte Grundsätze (Grundprinzipien) der Rechnungslegung. Einen Überblick gibt Abb. 106:

Aus der **decision usefulness** als Ziel der IAS-Rechnungslegung lassen sich zunächst zwei **Grundannahmen (underlying assumptions bzw. fundamental accounting assumptions)** ableiten, ohne deren Einhaltung keine Entscheidungsunterstützung möglich ist.

Die Grundannahme des **(1) going concern** unterstellt, daß bei der Erstellung des Jahresabschlusses von der Fortführung des Unternehmens über den Bilanzstichtag hinaus auszugehen ist. Dies entspricht dem Bilanzierungsgrundsatz des § 252 Abs. 1 Nr. 2 HGB.

Durch die Grundannahme der **(2) accrual basis** stellt die periodengerechte Aufwands- und Ertragsverrechnung ein zentrales Merkmal der IAS-Rechnungslegung dar. Die Ein- und Auszahlungen sind nicht nach dem Zeitpunkt ihrer Entstehung, sondern nach ihrer wirtschaftlichen Zugehörigkeit den einzelnen Perioden zuzurechnen. Hierdurch soll die wirtschaftliche Leistungsfähigkeit eines Unternehmens innerhalb einer Periode korrekt ermittelt werden. Diese Grundannahme entspricht dem Prinzip periodengerechter Erfolgsermittlung des § 252 Abs. 1 Nr. 5 HGB.

---

[18] Vgl. S. 996 ff.
[19] Näheres zur Aufstellung über die Eigenkapitalentwicklung vgl. KPMG, (IAS), S. 128 ff.
[20] Vgl. S. 905 ff.

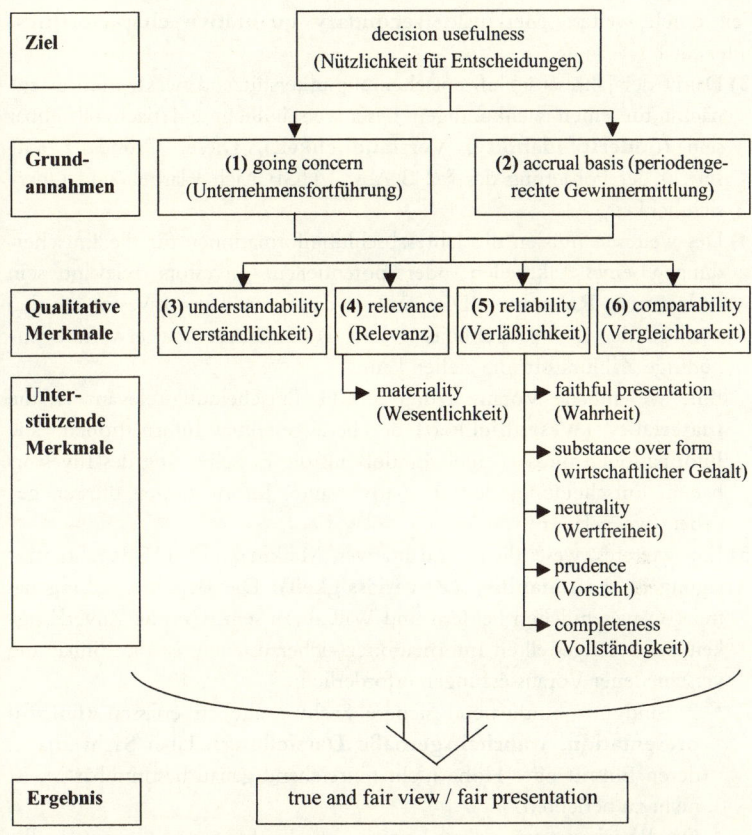

Abb. 106: Grundprinzipien der IAS-Rechnungslegung

Die periodengerechte Aufwands- und Ertragsverrechnung wird durch zwei Unterprinzipien konkretisiert:
- Den Zeitpunkt der erfolgswirksamen Erfassung der Erträge regelt das **realisation principle (Realisationsprinzip)**. Erträge sind dann auszuweisen, wenn sie zuverlässig bestimmbar sind. Der entsprechende Realisationszeitpunkt kann dabei durchaus auch vor dem Umsatzzeitpunkt liegen.
- Die Aufwendungen werden über das **matching principle** den Erträgen zugeordnet. Das matching principle verlangt, den zeitlichen Zusammenhang zwischen dem Ertragsausweis und der Aufwandsverrechnung zu wahren. Das HGB folgt diesem Prinzip bei der Berücksichtigung latenter Steuern.

Damit der Zweck (Entscheidungsunterstützung) und die daraus abgeleiteten Grundannahmen (Unternehmensfortführung und periodengerechte Gewinnermittlung) der IAS-Rechnungslegung erfüllt werden können, ist die Einhaltung bestimmter **qualitativer Merkmale (primary qualitative characteristics)** erforderlich. Diese Anforderungen wiederum werden zum

Teil durch weitere Merkmale (**secondary qualitative characteristics**) unterstützt:

(3) Damit der Jahresabschluß entscheidungsunterstützend wirkt, muß er zunächst für einen sachkundigen Leser verständlich und nachvollziehbar sein (**understandability, Verständlichkeit**). Dieser Grundsatz entspricht der Forderung des § 243 Abs. 2 HGB nach Klarheit und Übersichtlichkeit.

(4) Des weiteren müssen die Jahresabschlußinformationen für die Entscheidungen eines (aktuellen oder potentiellen) Investors relevant sein (**relevance, Relevanz**). Dies sind sie dann, wenn der Investor aus den vorliegenden (Vergangenheits-)Daten Rückschlüsse auf erwartete zukünftige Zahlungsströme ziehen kann.

Eine wesentliche Voraussetzung für die Entscheidungsrelevanz ist die **materiality (Wesentlichkeit)** der bereitgestellten Informationen: Die Informationen müssen einen Einfluß auf die Entscheidung des Investors haben. Entscheidungsrelevante (-irrelevante) Informationen müssen gegeben (weggelassen) werden.

(5) Ein weiteres wesentliches qualitatives Merkmal der IAS-Rechnungslegung ist die **reliability (Zuverlässigkeit)**: Die Berichterstattung hat frei von wesentlichen Fehlern und Willkür zu sein. Um die Zuverlässigkeit der bereitgestellten Informationen sicherzustellen, ist die Einhaltung verschiedener Voraussetzungen erforderlich:

- Es sind nur hinreichend sichere Sachverhalte zu erfassen (**faithful presentation, wahrheitsgemäße Darstellung**). Über Sachverhalte, deren Eintritt oder Höhe nicht hinreichend genau bestimmbar ist, ist nicht zu berichten.
- Der Berichterstattung liegt keine juristische, sondern eine wirtschaftliche Betrachtungsweise zugrunde (**substance over form, wirtschaftlicher Gehalt**). So sind beispielsweise – wie im deutschen Jahresabschluß – geleaste Vermögensgegenstände nicht beim (juristischen) Eigentümer, sondern beim Leasingnehmer zu bilanzieren, wenn dieser das Investitionsrisiko trägt.
- Bei der Erstellung des Jahresabschlusses ist eine wertfreie, unvoreingenommene Position einzunehmen (**neutrality, Wertfreiheit**).
- Zur Berücksichtigung unsicherer Erwartungen ist das **Vorsichtsprinzip (prudence)** zu beachten. Die Berichterstattung hat weder zu optimistisch, noch zu pessimistisch zu erfolgen. Sind für einen Sachverhalt (z.B. bei der Bemessung des Forderungsausfallrisikos) mehrere Wertansätze möglich, ist der Wert mit der höchsten Eintrittswahrscheinlichkeit anzusetzen.
- Ferner sind im Jahresabschluß alle relevanten Sachverhalte aufzuführen (**completeness, Vollständigkeit**). Dies entspricht dem Vollständigkeitsgebot des § 246 Abs. 1 HGB.

(6) Schließlich hat die Jahresabschlußerstellung in qualitativer Hinsicht das **Vergleichbarkeitskriterium (comparability)** zu erfüllen: Der Jahresabschluß soll sowohl unternehmensinterne Zeitvergleiche von Jahr zu

Jahr als auch externe Vergleiche mit anderen Unternehmen ermöglichen. Insbesondere die internen Zeitvergleiche erfordern, daß die gewählten Ansatz- und Bewertungsmethoden von Jahr zu Jahr beibehalten werden. Durchbrechungen des **Stetigkeitsprinzips (consistency of presentation)** sind daher nur in Ausnahmefällen möglich. Dies entspricht dem Stetigkeitsgebot des § 252 Abs. 1 Nr. 6 HGB.

Eine Rechnungslegung, die unter Beachtung der aufgeführten Prinzipien erfolgt, führt im Ergebnis zur Vermittlung eines den tatsächlichen Verhältnissen entsprechenden Bildes der Vermögens-, Finanz- und Ertragslage eines Unternehmens **(true and fair view bzw. fair presentation)**. Der true and fair view bzw. die fair presentation stellt damit in den IAS nicht das Oberprinzip (overriding principle), sondern das (zwangsläufige) Resultat der Rechnungslegung dar.[21]

Die Ausführungen zu den Prinzipien der IAS-Rechnungslegung zeigen, daß sich dort viele Grundsätze wiederfinden, die auch in der HGB-Rechnungslegung zu den Grundsätzen ordnungsmäßiger Bilanzierung gehören.[22]

IAS	HGB
going concern	Unternehmensfortführung (§ 252 Abs. 1 Nr. 2)
understandability	Klarheit und Übersichtlichkeit (§ 243 Abs. 2)
materiality	Wesentlichkeit (GoB nicht kodifiziert)
faithful presentation	Wahrheitsgemäße Darstellung (GoB nicht kodifiziert)
substance over form	Wirtschaftlicher Gehalt (GoB nicht kodifiziert)
neutrality	Wertfreiheit (GoB nicht kodifiziert)
completeness	Vollständigkeit (§ 246 Abs. 1)
comparability/consistency of presentation	Vergleichbarkeit/Stetigkeit (§ 252 Abs. 1 Nr. 6)

Abb. 107: Gemeinsamkeiten der Rechnungslegungsgrundsätze nach IAS und HGB

Daneben wird aus der Erläuterung der IAS-Grundsätze jedoch auch deutlich, daß zwischen den IAS-Prinzipien und den deutschen Grundsätzen ordnungsmäßiger Bilanzierung diverse Unterschiede bestehen. Diese finden sich insbesondere in den Bewertungsgrundsätzen. Angesichts der unterschiedlichen Zielsetzung der beiden Rechnungslegungssysteme (IAS: Informationsfunktion mit Anteilseignerschutz; HGB: Informations- und Zahlungsbe-

---

[21] Anders hier die US-GAAP, in denen die fair presentation das Ziel der Rechnungslegung bildet. Vgl. hierzu Haller, A., Die „Generally Accepted Accounting Principles" – Die Normen der externen Rechnungslegung in den USA, zfbf 1990, S. 767f.
[22] Zu den entsprechenden GoB vgl. S. 908 ff.

messungsfunktion mit Gläubigerschutz) verwundert dies allerdings nicht. Die **wesentlichen Unterschiede** zwischen den Rechnungslegungsgrundsätzen nach IAS und HGB zeigt die folgende Abbildung:

Grundsatz/Prinzip	IAS	HGB
(1) true and fair view/fair presentation	Ergebnis der Rechnungslegung; Generalnorm	Generalnorm; eingeschränkt durch Bilanzierungs- und Bewertungswahlrechte
(2) Vorsicht (prudence)	untergeordnete Bedeutung: Schätzregel bei Unsicherheit	dominierende Stellung: breiter Raum für stille Rücklagen
(3) Periodengerechte Erfolgsermittlung (accrual basis)	dominierende Norm der Gewinnermittlung	Einschränkung durch Gläubigerschutz
(4) Realisationsprinzip (realisation principle)	Ertragserfassung vor Umsatzrealisation möglich	Ertragserfassung erst bei Umsatzrealisation
(5) Anschaffungskostenprinzip	Durchbrechungen möglich	strikte Wertobergrenze
(6) matching principle	Aufwandserfassung folgt der Ertragserfassung	kein eigener Grundsatz
(7) Imparitätsprinzip	nicht bekannt	dominierende Stellung
(8) Relevanz (relevance)	zentrale Bedeutung	kein eigener Grundsatz
(9) Verläßlichkeit (reliability)	zentrale Bedeutung	kein eigener Grundsatz

Abb. 108: Wesentliche Unterschiede zwischen den Grundsätzen der Rechnungslegung nach IAS und HGB

Der **(1) Grundsatz des true and fair view** (bzw. der fair presentation) stellt zwar keine übergeordnete Generalnorm der IAS dar. Durch die Unterstellung, daß ein nach den aufgeführten IAS-Grundsätzen erstellter Jahresabschluß automatisch zur Vermittlung eines den tatsächlichen Verhältnissen entsprechenden Bildes führt, kommt dem true and fair view dennoch die Stellung einer Generalnorm zu. Es ist allerdings zu bedenken, daß es durch den Vorrang der Einzelnormen zu Beeinträchtigungen dieses Grundsatzes kommen kann. Der Vorrang der Einzelnormen vor der Generalnorm gilt auch für das HGB. Im HGB kommt jedoch eine weitere Einschränkung hinzu: Der true and fair view kann durch die GoB dominiert und eingeschränkt werden. Er ist mithin den GoB und damit dem dominanten (2) Vorsichtsprinzip untergeordnet.

Der Zwang zur pessimistischen Darstellung der Vermögens-, Schulden- und Ertragslage dominiert das HGB. In den IAS existiert zwar auch ein **(2) Vorsichtsprinzip (prudence)**. Dies ist allerdings mit einem anderen Inhalt versehen. Es ist (lediglich) eine **Schätzregel** zur Berücksichtigung unsicherer Erwartungen.

Die im HGB verankerte Kette „Gläubigerschutz → Vorsichtsprinzip → Bildung stiller Rücklagen" führt zwangsläufig auch bei den weiteren Bewertungsprinzipien zu Unterschieden zwischen dem HGB und den IAS. Die **(3) periodengerechte Erfolgsermittlung** nimmt im Rahmen der IAS eine zentrale Stellung ein. Unter Rückgriff auf das **(4) Realisationsprinzip** und das **(6) matching principle** soll der in der Periode wirtschaftlich entstandene Erfolg ermittelt werden. Dieser soll weder zu hoch noch zu niedrig ausgewiesen werden. Anders im HGB: Die periodengerechte Erfolgsermittlung stellt zwar auch hier eine wichtige Bewertungsnorm dar. Durch die Dominanz des Gläubigerschutzes soll der Gewinn jedoch eher zu niedrig ausgewiesen werden. Im Ergebnis führt dies zu einem tendenziell früheren Gewinnausweis in den IAS:

- Bei der **Erfassung der Erträge** greifen beide – IAS und HGB – auf das Realisationsprinzip zurück. Dieses wird jedoch unterschiedlich interpretiert. Während nach deutscher Rechnungslegung ein Ertrag erst mit dem Umsatzzeitpunkt entsteht, gilt er nach der IAS-Auslegung bereits dann als realisiert, wenn er zuverlässig bestimmbar ist. I.d.R. ist dies gleichbedeutend mit dem Zeitpunkt der wirtschaftlichen Entstehung. Erträge werden demzufolge in den **IAS tendenziell früher** erfaßt als im HGB.

Aus der unterschiedlichen Interpretation des Realisationsprinzips folgen zwangsläufig Unterschiede beim **(5) Anschaffungskostenprinzip.** Im HGB ist eine Bewertung von Vermögensgegenständen über den Anschaffungskosten grundsätzlich nicht möglich. In den IAS hingegen sind Zuschreibungen über die Anschaffungskosten hinaus möglich, sofern die Wertsteigerung wirtschaftlich entstanden ist (z.B. bei Wertpapieren des Umlaufvermögens, deren aktueller Börsenkurs über den Anschaffungskosten liegt).[23]

- Die **Aufwandserfassung** wird in den beiden Rechnungslegungsnormen über unterschiedliche Prinzipien geregelt. In den IAS folgt – dem **(5) matching principle** entsprechend – die Aufwands- der Ertragserfassung. In der deutschen Rechnungslegung wird die Aufwandserfassung über das – in den IAS nicht vorkommende – **(7) Imparitätsprinzip** geregelt. Ein „matching" von Aufwendungen und Erträgen findet im HGB nicht statt. Die Aufwendungen werden folglich nach **HGB tendenziell früher** erfaßt als nach IAS.

Schließlich enthalten die IAS mit dem **(8) Relevanzprinzip (relevance)** und dem **(9) Verläßlichkeitsprinzip (reliability)** zwei Grundsätze, die im HGB in dieser Form nicht zu den Grundsätzen ordnungsmäßiger Bilanzierung gehören. Auch dies erklärt sich aus dem unterschiedlichen Zweck der beiden Normensysteme. Die Relevanz und Verläßlichkeit sind notwendige Voraussetzungen für die decision usefulness der Informationen. Sie dienen folglich primär dem – in den IAS verfolgten – Anlegerschutz und weniger dem – im HGB dominierenden – Gläubigerschutz.

---

[23] Vgl. hierzu S. 914 ff.

4. Ansatz und Bewertung einzelner Bilanzpositionen

a) Bilanzierung und Bewertung ausgewählter Aktiva

aa) Bewertungsgrundsätze im Überblick

Die nachfolgende Übersicht zeigt die wesentlichen Bewertungsgrundsätze der IAS für den Vermögensausweis und stellt sie den entsprechenden Bewertungsvorschriften des HGB gegenüber.

Ein Blick in die Übersicht verdeutlicht, daß für die Vermögensbewertung zwischen den beiden Rechnungslegungssystemen viele Parallelen bestehen. Daneben existieren aber auch deutliche Unterschiede. Auf einige Aspekte soll im folgenden kurz eingegangen werden.

Selbsterstellte Vermögensgegenstände sind sowohl nach HGB wie nach IAS mit ihren **Herstellungskosten** anzusetzen. Hinsichtlich der Höhe der anzusetzenden Herstellkosten besteht im HGB ein Wahlrecht: Als Wertuntergrenze sind mindestens die Einzelkosten, als Wertobergrenze die Einzelkosten plus zurechenbare Gemeinkosten anzusetzen.[24] Dieses Wahlrecht besteht in den IAS nicht. Selbsterstellte Vermögensgegenstände sind immer mit ihren vollen Herstellungskosten – allerdings ohne anteilige allgemeine Verwaltungskosten – zu bewerten.[25]

Wie im HGB, so ergibt sich auch in der IAS-Rechnungslegung der in der Bilanz anzusetzende Wert grundsätzlich aus einer Gegenüberstellung von ursprünglichen Anschaffungs- bzw. Herstellungskosten und dem Wert am Bilanzstichtag. Als zentraler Maßstab zur Bestimmung des Stichtagswertes dient der **fair value**.[26] Er ist definiert als der Betrag, zu dem ein Vermögensgegenstand zwischen zwei sachverständigen, vertragswilligen und voneinander unabhängigen Vertragspartnern getauscht werden könnte.[27] Der fair value entspricht damit dem **beizulegenden Wert** in der HGB-Bilanzierung.

Wie bereits bei den Grundprinzipien der Rechnungslegung erläutert, kann es in der IAS-Rechnungslegung zur Durchbrechung des Anschaffungskostenprinzips kommen. Ein solches Zuschreibungswahlrecht wird erfolgsneutral durch die Bildung einer **Neubewertungsrücklage** ausgeübt. Hierzu folgendes Beispiel:

Am 01.01.01 wird ein Wertpapier für 100.000 DM gekauft. Der Marktwert (fair value) des Wertpapiers am 31.12.01 beträgt 120.000 DM. Zu diesem Betrag kann das Wertpapier in der Bilanz zum 31.12.01 angesetzt werden. Die Wertsteigerung (20.000 DM) wird nicht als Ertrag über die GuV-Rechnung, sondern auf der Passivseite unter dem Eigenkapital als Neubewertungsrücklage ausgewiesen.

Beläuft sich der Marktpreis des Wertpapiers am 31.12.02 auf 90.000 DM, ist die eingetretene Wertminderung (30.000 DM) zunächst mit der Neube-

---

[24] Vgl. S. 931 ff.
[25] Vgl. Baukmann/Mandler, (IAS), S. 82 f.
[26] Zu weiteren Wertbegriffen der IAS-Rechnungslegung vgl. KPMG, (IAS), S. 35 ff.
[27] Vgl. zur Definition des fair value beispielsweise IAS 17.3

	HGB	IAS
Wertbegriffe • Anschaffungskosten • Herstellungskosten • Wert am Bilanzstichtag	• Anschaffungspreis + Anschaffungsnebenkosten • Vollkosten oder Teilkosten • Marktpreis; beizulegender Wert	• Anschaffungspreis + Anschaffungsnebenkosten • Vollkosten • fair value

Abschreibungen
• planmäßige Abschreibungen
• steuerliche Abschreibungen
• außerplanmäßige Abschreibungen
• voraussichtlich dauernde Wertminderung
• voraussichtlich vorübergehende Wertminderung
	• lineare, degressive oder Leistungsabschreibung
	• Übernahme zulässig
	
	• AV, UV: Abschreibungszwang
	• Sachanlagen: Abschreibungsverbot
	  Finanzanlagen: Abschreibungswahlrecht
	• UV: Abschreibungszwang
		• lineare, degressive oder Leistungsabschreibung
		• Übernahme unzulässig
		
		• AV, UV: Abschreibungszwang
		• Sachanlagen: Abschreibungszwang
		  Finanzanlagen: Abschreibungswahlrecht[28]
		• UV: Abschreibungszwang

Zuschreibungen
• Wertaufholung nach außerplanmäßiger Abschreibung
• über Anschaffungs- oder Herstellungskosten hinaus
	• Sachanlagen: Wertaufholung zwingend
	  Finanzanlagen: Wertaufholung zwingend
	  UV: Wertaufholung zwingend
	• grundsätzlich verboten
		• Sachanlagen: Wertaufholung zwingend
		  Finanzanlagen: Wertaufholung erlaubt[29]
		  UV: Wertaufholung zwingend
		• Zuschreibungswahlrecht
		  (→ erfolgsneutrale Zuschreibung)

Abb. 109: Bewertungszustände nach HGB (für Kapitalgesellschaften) und IAS im Überblick

---

[28] Bei Einzelbewertung
[29] Bei Einzelbewertung

wertungsrücklage erfolgsneutral zu verrechnen. Nur der übersteigende Betrag (10.000 DM) wird als Aufwand in der GuV-Rechnung erfaßt.

Bilanz 31.12.01 (in Tsd. DM)		Bilanz 31.12.02 (in Tsd. DM)	
Wertpapiere 120	EK 100	Wertpapiere 90	EK 90
	Neubew.-RL 20		

Abb. 110: Beispiel zur Neubewertungsrücklage

bb) Bilanzierung und Bewertung des Anlagevermögens

Die Gemeinsamkeiten und Unterschiede zwischen der IAS- und HGB-Rechnungslegung hinsichtlich der Bilanzierung und Bewertung ausgewählter Posten des **Anlagevermögens (non-current assets)** zeigt die nachstehende Übersicht. Wesentliche Unterschiede werden anschließend kurz erläutert.

Bilanzposition	IAS	HGB
Sachanlagen (property, plant and equipment) • Ansatz: • Erstbewertung: • Folgebewertungen:	IAS 16 und 36 • Aktivierungspflicht • Anschaffungs- oder Herstellungskosten • <u>benchmark:</u> fortgeführte Anschaffungs- oder Herstellungskosten <u>allowed alternative:</u> Neubewertung	§§ 246 I und 253 HGB • Aktivierungspflicht • Anschaffungs- oder Herstellungskosten • fortgeführte Anschaffungs- oder Herstellungskosten
Langfristige Finanzanlagen (long-term investments) • Ansatz: • Erstbewertung: • Folgebewertungen:	IAS 25 • Aktivierungspflicht • Anschaffungskosten • Anschaffungskosten oder Marktwert	§§ 246 I und 253 HGB • Aktivierungspflicht • Anschaffungskosten • Anschaffungskosten oder niedrigerer Marktwert
Geschäfts- oder Firmenwert (goodwill) • Ansatz: • Erstbewertung: • Folgebewertungen:	IAS 22 • originärer: Aktivierungsverbot derivativer: Aktivierungspflicht • Differenz aus Kaufpreis und Zeitwert der übernommenen Vermögenswerte abzgl. Schulden • planmäßige Abschreibung über die voraussichtliche Nutzungsdauer (i.d.R. 5, maximal 20 Jahre)	§§ 248 II und 255 IV HGB • originärer: Aktivierungsverbot derivativer: Aktivierungswahlrecht • Differenz aus Kaufpreis und Zeitwert der übernommenen Vermögenswerte abzgl. Schulden • Abschreibung mit mindestens 25% pro Jahr oder planmäßig über die voraussichtliche Nutzungsdauer

Bilanzposition	IAS	HGB
Forschungskosten (research costs) • Ansatz:	IAS 38 • Aktivierungsverbot	§ 248 II HGB • Aktivierungsverbot
Entwicklungskosten (development costs) • Ansatz: • Erstbewertung: • Folgebewertungen:	IAS 38 • Aktivierungspflicht • direkt zurechenbare Kosten • benchmark: fortgeführte Anschaffungs-/Herstellungskosten allowed alternative: Neubewertung	§ 248 II HGB • Aktivierungsverbot

Abb. 111: Ansatz und Bewertung des Anlagevermögens nach IAS und HGB

Bei den **Sachanlagen** kann es – neben den bereits erwähnten Unterschieden in der Höhe der Herstellungskosten bei selbsterstellten Anlagen – nach dem Erstansatz an den folgenden Bilanzstichtagen zu einer unterschiedlichen Bewertung kommen. Das IAS gewährt für die Folgebewertung zwei Alternativen:

1. Nach der **Benchmarkmethode (benchmark treatment)**[30] sind Sachanlagen zu ihren fortgeführten – d. h. um planmäßige und außerplanmäßige Abschreibungen verringerten – Anschaffungs- oder Herstellkosten anzusetzen. Diese Vorgehensweise entspricht im Grundsatz der im HGB vorgesehenen Folgebewertung.
2. Als **alternativ zulässige Methode (allowed alternative treatment)** erlauben die IAS auch eine Neubewertung des Sachanlagevermögens. Hierzu ist in regelmäßigen (jedoch nicht unbedingt jährlichen) Abständen[31] der Zeitwert des Sachanlagegegenstandes zu bestimmen. Dieser Neuwert ist dann in den Folgejahren – bis zu einer weiteren Neubewertung – um planmäßige Abschreibungen zu verringern. In diesem Fall treten Unterschiede zur HGB-Bilanzierung, die eine Neubewertung mit entsprechender Rücklagenbildung nicht kennt, auf.

Analoges gilt für **langfristige Finanzanlagen** (z. B. Wertpapiere). Auch hier kann es nach IAS zu einem höheren Bilanzausweis kommen, wenn das bilanzierende Unternehmen vom bestehenden Wahlrecht einer Neubewertung Gebrauch macht.

Für den **originären Geschäfts- oder Firmenwert** besteht sowohl nach IAS wie nach HGB aus Gründen der Objektivierbarkeit ein Aktivierungsverbot. Ein **derivativer Geschäfts- oder Firmenwert** hingegen wird in den IAS – im Gegensatz zum HGB – als Vermögensgegenstand (asset) angesehen und unterliegt damit einem generellen Ansatzgebot. Zu einem unter-

---

[30] Eine Benchmarkmethode (benchmark treatment) stellt die vom IASC empfohlene Methode dar. Eine alternativ zulässige Methode (alternativly allowed treatment) ist eine zweite, ebenfalls erlaubte Methode. Vgl. KPMG, (IAS), S. 11 f.
[31] Näheres zur Bestimmung der Häufigkeit der Neubewertungen vgl. IAS 16.34

schiedlichen Bilanzausweis kommt es folglich immer dann, wenn sich der HGB-Bilanzierer gegen die Aktivierung entscheidet. Für die Abschreibung eines aktivierten Geschäfts- oder Firmenwertes bestehen in beiden Rechnungslegungssystemen relativ breite Wahlmöglichkeiten.

Für **Forschungskosten** besteht sowohl nach IAS wie auch nach HGB aufgrund der fehlenden Objektivierbarkeit ein Aktivierungsverbot. Bei der Bilanzierung von **Entwicklungskosten** hingegen besteht zwischen IAS und HGB ein – auch durch Wahlrechtsausnutzung nicht überbrückbarer – Unterschied. Nach HGB fallen Entwicklungskosten unter das generelle Aktivierungsverbot immaterieller Anlagegegenstände (§ 248 II HGB). In den IAS hingegen besteht für Entwicklungskosten ein Ansatzgebot. Hiermit wird der Grundannahme der periodengerechten Erfolgsermittlung Rechnung getragen. Voraussetzung für die Aktivierung ist allerdings die kumulative Erfüllung folgender Ansatzkriterien:[32]

a) Der zu entwickelnde Gegenstand läßt sich zur Marktreife führen.

b) Das Unternehmen hat die Absicht und ist technisch und wirtschaftlich in der Lage, den Entwicklungsprozeß zu vollenden und den zu entwickelnden Gegenstand nutzbringend einzusetzen.

c) Die Kosten des zu entwickelnden Gegenstandes lassen sich ermitteln.

Zu aktivieren sind sämtliche Kosten, die sich dem Entwicklungsobjekt direkt zurechnen lassen (z.B. Materialkosten, Personalkosten und anteilige Abschreibungen für einen Prototyp). Die Folgebewertung kann nach zwei Alternativen erfolgen:

1. Nach der **Benchmarkmethode** sind die Entwicklungsobjekte mit ihren fortgeführten – d.h. um planmäßige und außerplanmäßige Abschreibungen verringerten – Anschaffungs- bzw. Herstellungskosten zu bilanzieren. Die Abschreibungen beginnen in der Periode, in der der Entwicklungsgegenstand fertiggestellt ist. Die planmäßige Abschreibung darf dabei 5 Jahre nur in Ausnahmefällen überschreiten.

2. Als **alternativ zulässige Methode** kann auch – analog zum Sachanlagevermögen – eine Neubewertung durchgeführt werden. Hierzu ist in regelmäßigen (jedoch nicht unbedingt jährlichen) Abständen ein vergleichbarer Marktwert (Zeitwert) des Entwicklungsobjektes zu bestimmen.

Als Ergebnis bleibt festzuhalten, daß das **Anlagevermögen in einem IAS-Jahresabschluß tendenziell höher ausgewiesen** wird als in einem HGB-Jahresabschluß. Dies entspricht der Intention der IAS-Rechnungslegung, die Vermögenslage im Sinne der Anteilseignerinformation aktueller (marktnäher) abzubilden und die (gläubigerschutzorientierte) Bildung stiller Rücklagen zu unterbinden.

cc) Bilanzierung und Bewertung des Umlaufvermögens

Die folgende Übersicht zeigt die Gemeinsamkeiten und Unterschiede hinsichtlich der Bilanzierung und Bewertung ausgewählter Posten des **Umlaufvermögens (current assets)** nach IAS und HGB.

---

[32] Vgl. IAS 38.45

Bilanzposition	IAS	HGB
Vorräte (inventories) • Ansatz: • Erstbewertung: • Folgebewertungen:	IAS 2 • Aktivierungspflicht • Anschaffungs- oder Herstellungskosten • aktueller Wert mit Anschaffungs- bzw. Herstellungskosten als Wertobergrenze	§§ 246 I und 253 HGB • Aktivierungspflicht • Anschaffungs- oder Herstellungskosten • aktueller Wert mit Anschaffungs- bzw. Herstellungskosten als Wertobergrenze
Forderungen (receivables) • Ansatz: • Erstbewertung: • Folgebewertungen:	Framework • Aktivierungspflicht • Anschaffungskosten • Aktueller Wert	§§ 246 I und 253 HGB • Aktivierungspflicht • Anschaffungskosten • aktueller Wert mit Anschaffungskosten als Wertobergrenze
Kurzfristige Finanzanlagen (short-term investments) • Ansatz: • Erstbewertung: • Folgebewertungen:	IAS 25 • Aktivierungspflicht • Anschaffungskosten • Marktwert oder Anschaffungskosten	§§ 246 I und 253 HGB • Aktivierungspflicht • Anschaffungskosten • aktueller Wert mit Anschaffungskosten als Wertobergrenze

Abb. 112: Ansatz und Bewertung des Umlaufvermögens nach IAS und HGB

Die Übersicht verdeutlicht, daß bei der Bilanzierung und Bewertung des Umlaufvermögens nur **geringe Unterschiede** zwischen IAS und HGB existieren. Die einzig wesentliche Abweichung besteht darin, daß nach IAS bei den Forderungen und kurzfristigen Finanzanlagen auch ein **Ausweis über den Anschaffungskosten möglich** ist. Dieser kann wahlweise erfolgswirksam (über die GuV-Rechnung) oder erfolgsneutral (über eine Neubewertungsrücklage) erfaßt werden. Analog zum Anlagevermögen findet damit auch im Umlaufvermögen in der **IAS-Rechnungslegung** eine marktnähere Bewertung statt, die tendenziell zu einem **höheren Ausweis des Umlaufvermögens** führt.

b) Bilanzierung und Bewertung ausgewählter Passiva

Abschließend ist in der folgenden Übersicht die Bilanzierung und Bewertung der **Schulden (liabilities)** im Vergleich von IAS und HGB dargestellt.

Während die **Verbindlichkeiten** nach IAS und HGB weitestgehend identisch ausgewiesen werden, bestehen bei den Rückstellungen Unterschiede im Bilanzausweis. **Verbindlichkeitsrückstellungen** dürfen erst gebildet werden, wenn ihre Eintrittswahrscheinlichkeit über 50% liegt. Dabei darf es bei der Bewertung nicht zur Bildung stiller Rücklagen kommen. Der Ansatz von **Aufwandsrückstellungen** ist im Gegensatz zum HGB in den IAS generell verboten.

Bilanzposition	IAS	HGB
Verbindlichkeiten • Ansatz: • Bewertung:	Framework • Passivierungspflicht • Rückzahlungsbetrag	§§ 246 I und 253 I HGB • Passivierungspflicht • Rückzahlungsbetrag
Verbindlichkeits- rückstellungen • Ansatz: • Bewertung:	IAS 10, 12 und 19 • Passivierungspflicht • nach wahrscheinlicher Inanspruchnahme	§§ 249 und 253 I HGB • Passivierungspflicht • nach vernünftiger kaufmännischer Beurteilung

**Aufwands-
rückstellungen**
• Ansatz:
 	
• Bewertung:
	IAS 10
	
	• Passivierungsverbot
		§§ 249 und 253 I HGB
		
		• teilweise
		  • Pass.-pflicht
		  • Pass.-wahlrecht
		  • Pass.-verbot
		• nach vernünftiger kaufmännischer Beurteilung

Abb. 113: Ansatz und Bewertung der Schulden nach IAS und HGB

Insgesamt werden damit in einem **IAS**-Jahresabschluß tendenziell **weniger Schulden und Rückstellungen** ausgewiesen als in einem HGB-Jahresabschluß. Der höhere Vermögensausweis und der niedrigere Schuldenausweis führen im Ergebnis zu einem **höheren Eigenkapitalausweis im IAS-Jahresabschluß**.

VIII. Die Rechnungslegung im Konzern[1]

1. Überblick

Der (Einzel-)Jahresabschluß stellt die Lage der einzelnen **rechtlichen Unternehmenseinheit** dar. Durch ihn sollen v. a. die Zahlungsbemessungs-[2] und die Informationsfunktion erfüllt werden. Beim Vorliegen von Unternehmenszusammenschlüssen[3] ist jedoch sein **Informationswert** nur unzureichend. Entscheidend für die Beurteilung der Situation ist nicht die Teilunternehmung, sondern die Lage der **wirtschaftlichen Einheit** insgesamt. Um diesen Mangel zu beheben, müssen nach der Umsetzung der 7. EG-Richtlinie[4] in § 290 ff. HGB inländische Kapitalgesellschaften als Muttergesellschaften grundsätzlich einen Konzernabschluß nach den Vorschriften des HGB aufstel-

---

[1] Da im Rahmen dieses Lehrbuchs nicht auf alle Einzelheiten der teilweise komplizierten gesetzlichen Vorschriften eingegangen werden kann, wird auf Spezialliteratur verwiesen: vgl. u. a. Baetge, J., (Konzernbilanzen); Busse von Colbe/Ordelheide, (Konzernabschlüsse); Küting/Weber, (Konzernabschluß); Küting/Weber, (Handbuch Konzernrechnungslegung); Wöhe, G., (Bilanzierung), S. 883–986.
[2] An den Einzelabschluß wird die Ausschüttung geknüpft. Mittelbar dient er durch die abgeleitete Steuerbilanz auch der Bemessung von Steuerzahlungen.
[3] Vgl. S. 320 ff.
[4] Richtlinie des Rates v. 13. 6. 1983 über den konsolidierten Abschluß 83/349/EWG, Abl. EG Nr. L 193 v. 18. 7. 1983, im folgenden zitiert als Konzernrichtlinie.

len.[5] Dies gilt nach § 11 PublG auch für Mutterunternehmen anderer Rechtsform, sobald der Konzern eine bestimmte Größe erreicht. Befreiungen greifen insbesondere, wenn das Mutterunternehmen seinerseits in einen übergeordneten Konzernabschluß einbezogen wurde[6] oder wenn es als börsennotierte Gesellschaft einen Konzernabschluß nach **international anerkannten Rechnungslegungsgrundsätzen** im Einklang mit der Konzernrichtlinie erstellt.[7]

Aus betriebswirtschaftlicher Sicht unzureichend geregelt ist nach wie vor die steuerliche Berücksichtigung des Konzernsachverhalts. Zwar bestehen mit dem (derzeit geltenden) körperschaftsteuerlichen Anrechnungsverfahren, Schachtelprivilegien sowie den körperschaft- und gewerbesteuerlichen Organschaften einzelne Regelungen zur **Minderung konzernspezifischer Steuernachteile.** Solange aber keine konsequente Eliminierung von Zwischenerfolgen, z. B. durch ein an die handelsrechtliche Konzernbilanz angelehntes Konzernsteuerrecht, erfolgt, kann die bestehende Diskriminierung gegenüber einem Einzelunternehmen nicht vollständig beseitigt werden.[8]

2. Begriff und Aufgaben des Konzernabschlusses

Der Konzernabschluß setzt sich aus einer Konzernbilanz, einer Konzernerfolgsrechnung und einem Konzernanhang zusammen. Eine Konzernbilanz entsteht nicht durch Addition der Einzelbilanzen der Konzernunternehmen. Eine solche Zusammenfassung ergibt eine **Gemeinschaftsbilanz,** die nicht geeignet ist, Einblicke in die wirtschaftliche Lage eines Konzerns zu geben. Die Konzernbilanz ist eine **konsolidierte Bilanz,** d. h. eine Bilanz, die zwar ebenso wie die Gemeinschaftsbilanz aus den Einzelbilanzen der Konzernunternehmen zusammengesetzt wird, aber unter Aufrechnung der Positionen, die eine Folge der wirtschaftlichen Beziehungen zwischen den rechtlich selbständigen Konzernunternehmen sind.

Ausgehend von der Fiktion, daß der Gesamtkonzern wie ein einziges Unternehmen abrechnet, müssen zur Vermeidung von Doppelzählungen folgende Aufrechnungen (Konsolidierungen) erfolgen:
(1) Aufrechnung der Beteiligungen der Muttergesellschaft gegen den entsprechenden Anteil des Kapitals der Tochtergesellschaften **(Kapitalkonsolidierung);**
(2) Aufrechnung von Forderungen und Verbindlichkeiten zwischen Konzernunternehmen **(Forderungs- und Schuldenkonsolidierung);**
(3) Eliminierung von Gewinnen und Verlusten aus Lieferungen und Leistungen zwischen Konzernunternehmen **(Erfolgskonsolidierung);**
(4) Eliminierung von Umsatzerlösen aus Lieferungen und Leistungen zwischen Konzernunternehmen in der Konzern-Gewinn- und Verlustrechnung **(Konsolidierung der Innenumsatzerlöse).**

---

[5] § 290 HGB. Vgl. detailliert S. 1032 ff.
[6] Vgl. § 291, § 292 HGB
[7] Vgl. § 292 a HGB. Praktisch relevant sind v. a. US-GAAP und IAS. Vgl. detailliert S. 1005 ff.
[8] Im internationalen Vergleich Grotherr, S.: Die unterschiedlichen Konzernbesteuerungssysteme in den Mitgliedsstaaten der Europäischen Union, in: StuW 1996, S. 356–378

Aus den Einzelbilanzen ist die wirtschaftliche Lage eines Konzerns nicht ohne weiteres zu erkennen, da Gewinne oder Verluste einzelner Gesellschaften, die eine Folge von Umsätzen zwischen diesen Gesellschaften sind, nicht in jedem Falle zugleich Gewinne oder Verluste des gesamten Konzerns sind. Außerdem kann durch die Konzernverwaltung das Bild über die wirtschaftliche Lage der einzelnen Gesellschaften verändert werden, da die Konzernverwaltung die Möglichkeit hat, **Gewinnverlagerungen** zwischen den einzelnen Gesellschaften vorzunehmen und die **Liquidität** der einzelnen Gesellschaften zu beeinflussen. Das soll an einem Zahlenbeispiel gezeigt werden.

Beispiel:

Angenommen, in einem vertikalen Konzern liefert die Gesellschaft A Halbfabrikate an die Gesellschaft B, die diese zu Endprodukten weiterverarbeitet und entweder an einen außerhalb des Konzerns stehenden Abnehmer verkauft oder zunächst auf Lager nimmt.

Fall 1: A liefert zu 500 DM an B, B verkauft zu 1.000 DM weiter.

Selbstkosten bei A Verkauf an B	500 DM 500 DM	
Gewinn bei A Weiterverarbeitung bei B Selbstkosten bei B Verkauf nach außen	300 DM 800 DM 1.000 DM	0 DM
Gewinn bei B Gewinn des Konzerns		200 DM 200 DM

Fall 2: A liefert zu 700 DM an B, B verkauft zu 1.000 DM weiter.

Selbstkosten bei A Verkauf an B	500 DM 700 DM	
Gewinn bei A Weiterverarbeitung bei B Selbstkosten bei B Verkauf nach außen	300 DM 1.000 DM 1.000 DM	200 DM
Gewinn bei B Gewinn des Konzerns		0 DM 200 DM

Das Beispiel zeigt, daß der Gewinn des Konzerns in Höhe von 200 DM je nach der Höhe des Verrechnungspreises, den die Konzernleitung für die Lieferung von A an B festsetzt, entweder bei A oder B entstehen oder auf beide Gesellschaften verteilt werden kann.

B. VIII. Die Rechnungslegung im Konzern

Veräußert die Gesellschaft B die zu Endprodukten verarbeiteten Halbfabrikate in der Abrechnungsperiode noch nicht weiter, sondern nimmt sie sie auf Lager, so hat der Konzern als wirtschaftliche Einheit noch keinen Gewinn erzielt. Im Falle 1 würde dann keine der beiden Gesellschaften einen Gewinn ausweisen, im Falle 2 dagegen hat A mit einem Gewinn von 200 DM an B verkauft, B dagegen hat noch keinen Gewinn erzielt. Soll die wirtschaftliche Lage des Konzerns richtig dargestellt werden, so muß eine Eliminierung der konzerninternen Gewinne erfolgen.

Die Konzernverwaltung hat auch die Möglichkeit, die **Liquidität** der einzelnen Gesellschaften (bei gegebener Liquidität des Konzerns) zu beeinflussen. Hat B eine Verbindlichkeit gegenüber A von 1.000 DM und zahlt B kurz vor dem Bilanzstichtag, so verbessert sich die Liquidität bei A, während sie sich bei B verschlechtert. Vom Standpunkt des Konzerns ist die Summe der liquiden Mittel unverändert.

Die Konzernbilanz hat aber nicht nur für die Konzernleitung große Bedeutung als Informations- und Dispositionsinstrument, sondern auch für die **außenstehenden Anteilseigner.** Da die Geschäftsleitung der Muttergesellschaft die Möglichkeit hat, den Gewinn- und Liquiditätsausweis der einzelnen Konzerngesellschaften zu beeinflussen, können sich die Minderheitsgesellschafter aus der Bilanz ihrer Gesellschaft allein kein umfassendes Bild über die wirtschaftliche Lage des Konzerns machen und deshalb auch nicht entscheiden, ob es z. B. zweckmäßig ist, ihre Anteile zu veräußern. Das gilt insbesondere dann, wenn einzelne Konzerngesellschaften in einer Rechtsform geführt werden, die keine Jahresabschlüsse veröffentlichen muß. Dann stehen den Minderheitsgesellschaftern zu ihrer Information noch nicht einmal die Bilanzen aller Konzerngesellschaften zur Einsicht zur Verfügung, und nur eine konsolidierte Bilanz kann ihnen die erforderlichen Aufschlüsse geben.

Ist im Konzern ein Gewinn entstanden, so könnte die Konzernleitung dafür sorgen, daß er stets bei Gesellschaften zum Ausweis gelangt, an denen die Muttergesellschaft zu 100% beteiligt ist, während Gesellschaften, an denen Minderheiten beteiligt sind, leer ausgehen. Solche Gewinnverlagerungen kann auch die Konzernbilanz nicht verhindern. Sie zeigt lediglich den gesamten im Konzern entstandenen Gewinn und kann dadurch **Hinweise auf möglicherweise stattgefundene Gewinnverlagerungen** geben.

Das Aktiengesetz versucht daher durch eine Reihe weiterer Bestimmungen, einen Ausgleich zwischen den Interessen des Konzerns und der außenstehenden Anteilseigner (sowie der Gläubiger) zu schaffen. Beruht der Konzern auf **Vertrag**, so darf die herrschende Gesellschaft im Interesse des Konzerns einer abhängigen Gesellschaft auch Weisungen erteilen, die für diese nachteilig sind. Der Vorstand der abhängigen Gesellschaft muß diese **Weisungen befolgen.** Die Minderheitsgesellschafter sollen jedoch vor Nachteilen durch die Bestimmung geschützt werden, so daß die herrschende Gesellschaft ihnen entweder eine **Dividendengarantie** zusichern[9] oder eine angemessene Entschädigung gewähren muß, wenn sie ausscheiden wollen,

---

[9] Vgl. § 304 AktG

nachdem ein Beherrschungs- oder ein Gewinnabführungsvertrag geschlossen worden ist.[10]

Beruht der Konzern nicht auf Vertrag, sondern auf **faktischer Beherrschung**, so darf eine herrschende Gesellschaft ihren Einfluß nicht dazu benutzen, eine abhängige Gesellschaft zu veranlassen, „ein für sie nachteiliges Rechtsgeschäft vorzunehmen oder Maßnahmen zu ihrem Nachteil zu treffen oder zu unterlassen, es sei denn, daß die Nachteile ausgeglichen werden".[11]

Damit diese den Interessen der außenstehenden Anteilseigner und der Gläubiger gleichermaßen dienende Vorschrift eingehalten wird, ist der Vorstand der abhängigen Gesellschaft verpflichtet, einen Bericht über die Beziehungen der Gesellschaft zu verbundenen Unternehmen aufzustellen, in dem alle Rechtsgeschäfte und anderen Maßnahmen, welche die abhängige Gesellschaft auf Veranlassung oder im Interesse der herrschenden Gesellschaft oder anderer Konzernunternehmen vorgenommen oder unterlassen hat, aufzuführen sind.[12] Am Schluß dieses sog. **Abhängigkeitsberichts** hat der Vorstand zu erklären, ob seine Gesellschaft für alle derartigen Rechtsgeschäfte und Maßnahmen eine angemessene Gegenleistung erhalten hat und ob Nachteile, die ihr entstanden sind, ausgeglichen worden sind. Diese Erklärung ist auch in den Lagebericht zum Einzelabschluß der abhängigen Gesellschaft aufzunehmen.[13] Der Abhängigkeitsbericht ist von den Abschlußprüfern[14] und vom Aufsichtsrat[15] zu prüfen.

3. Theoretische Grundlagen des Konzernabschlusses

Über die Ausgestaltung der Konzernbilanz sind mehrere Theorien entwickelt worden, die sich insbesondere in der Behandlung der Minderheitsanteile unterscheiden. Von praktischer Bedeutung sind vor allem die Einheitstheorie und die Interessentheorie.

Die **Einheitstheorie** kann heute als die herrschende angesehen werden. Sie bildete bereits die Grundlage der Vorschriften über die Konzernrechnungslegung im Aktiengesetz 1965 (a. F.) und wurde in den entsprechenden Vorschriften des Dritten Buchs des HGB berücksichtigt, allerdings mit der Einschränkung, daß für Beziehungen zu Dritten, also zu Gesellschaftern, Gläubigern und den Finanzbehörden die **Einzelabschlüsse maßgeblich** bleiben, d. h., daß die Verrechnung innerkonzernlicher Beziehungen im Konzernabschluß für sie keine rechtlichen Wirkungen hat.

So richten sich die Gewinnansprüche der Anteilseigner jedes Konzernunternehmens nach dessen Jahresabschluß. Das gilt gleichermaßen für die Muttergesellschaft, wie auch für die abhängigen Gesellschaften. Allerdings schließt das nicht aus, daß von der Konzernleitung „zur Beurteilung einzelner Fragen, z.B. der Angemessenheit einer Gewinnausschüttung, aus dem

---

[10] Vgl. § 305 AktG
[11] § 311 Abs. 1 AktG
[12] Vgl. § 312 Abs. 1 und 2 AktG
[13] Vgl. § 312 Abs. 3 AktG
[14] Vgl. § 313 Abs. 1 AktG
[15] Vgl. § 314 Abs. 2 AktG

Konzernabschluß gewonnene Erkenntnisse mit zu berücksichtigen sind",[16] d. h. z. B., daß konzerninterne Gewinne, also Gewinne, die zwar vom Standpunkt eines Konzernunternehmens realisiert und in seinem Jahresabschluß ausgewiesen, vom Standpunkt des Konzerns als wirtschaftliche Einheit aber noch nicht durch Umsatz mit konzernexternen Wirtschaftseinheiten verwirklicht worden sind, nicht zur Ausschüttung freigegeben werden.

Die Einheitstheorie geht von der Vorstellung aus, daß die in einem Konzern zusammengefaßten rechtlich selbständigen Unternehmen eine **wirtschaftliche Einheit** bilden und daß es folglich die Aufgabe des Konzernabschlusses ist, ein den tatsächlichen Verhältnissen entsprechendes Bild der Vermögens-, Finanz- und Ertragslage des Konzerns zu geben, der durch einen Konzernlagebericht noch verbessert werden soll. Betrachtet man die Konzernunternehmen wirtschaftlich als Betriebsabteilungen eines einheitlichen Unternehmens, d. h. vernachlässigt man die rechtliche Selbständigkeit der unter einheitlicher Leitung stehenden Unternehmen, so folgt daraus, daß sowohl die Gesellschafter des herrschenden Unternehmens als auch die außenstehenden Gesellschafter (Minderheiten) des abhängigen Unternehmens als Anteilseigner der wirtschaftlichen Einheit angesehen werden. Alle Fragen der Gliederung, Bewertung sowie der Aufrechnung konzerninterner Positionen werden unter diesem Gesichtspunkt behandelt.

Die **Interessentheorie** betrachtet den Konzernabschluß zwar auch als Abschluß einer aus mehreren selbständigen Unternehmen bestehenden wirtschaftlichen Einheit, faßt die wirtschaftliche Einheit aber enger als die Einheitstheorie. Nach der Interessentheorie wird die handels- und steuerrechtliche Selbständigkeit der Konzernunternehmen in den Vordergrund gestellt. Der Konzernabschluß wird lediglich als ein **erweiterter Abschluß der Obergesellschaft** aufgefaßt. Er kann folglich keinen Einblick in das von der wirtschaftlichen Einheit insgesamt erzielte Ergebnis liefern wie ein nach der Einheitstheorie aufgestellter Konzernabschluß. Anders formuliert: Der nach der Interessentheorie aufgestellte Konzernabschluß dient in erster Linie den Interessen der Obergesellschaft und der an der Obergesellschaft interessierten Personengruppen. Der Konzernabschluß nach der Einheitstheorie ist für alle zum Konsolidierungskreis gehörenden Unternehmen und für alle an diesen Unternehmen interessierten Gruppen nicht nur ein wichtiges, sondern auch ein brauchbares Informationsinstrument.

Die Anteile der außenstehenden Anteilseigner (Minderheiten) werden bei der Interessentheorie wie Fremdkapital behandelt. Die auf die Minderheiten entfallenden Zwischengewinne (konzerninternen Gewinne) werden **als realisiert** angesehen und nur die auf die Gesellschafter der Obergesellschaft entfallenden Zwischengewinne werden eliminiert.

Der Konzernabschluß zeigt nur die Anteile der Gesellschafter der Obergesellschaft am Vermögen des Konzerns, die Minderheiten werden wie Gläubiger betrachtet. Der Konzern wird also nur in dem Umfange als wirtschaftliche Einheit angesehen, in dem er den Gesellschaftern der Obergesell-

---

[16] Kropff, B. (Aktiengesetz 1965), S. 437

schaft gehört. An die Stelle der Position „Beteiligungen" der Obergesellschaft an den abhängigen Gesellschaften treten die den Beteiligungen entsprechenden Teile der Aktiva dieser Gesellschaften.

Von den Minderheiten wird unterstellt, daß sie kein Interesse am Konzern, sondern nur ein Interesse an ihrer Einzelgesellschaft haben. Deshalb müssen die Anteile der Minderheiten am Gewinn – unabhängig davon, ob sie vom Standpunkt des Konzerns realisiert sind oder nicht – getrennt ausgewiesen werden.

Nach dieser Theorie ist es auch möglich, auf den Ausweis der Minderheitsbeteiligungen überhaupt zu verzichten und die Aktiva und Passiva nur in Höhe des Prozentsatzes der Mehrheitsbeteiligung in die konsolidierte Bilanz einzusetzen.

Ein auf diese Weise aufgestellter Konzernabschluß ist nicht geeignet, ein den tatsächlichen Verhältnissen entsprechendes Bild der Vermögens-, Finanz- und Ertragslage eines Konzerns zu geben und dadurch der Konzernleitung als Instrument der Information und der Planung, Lenkung und Kontrolle zu dienen, weil die **Konsolidierung** – insbesondere die Erfolgskonsolidierung – **unvollständig** ist. Er ist deshalb vom betriebswirtschaftlichen Standpunkt aus als unzweckmäßig anzusehen. Aus diesem Grunde ist der Gesetzgeber – u.E. zu Recht – auch für die auf Grund gesetzlicher Vorschriften zu veröffentlichenden Konzernabschlüsse im wesentlichen der Einheitstheorie gefolgt.

Die **Aufgaben des Konzernabschlusses** und sein Verhältnis zu den Einzelabschlüssen der Konzernunternehmen lassen sich bei Anwendung des Gedankens der Einheitstheorie folgendermaßen charakterisieren:

(1) Der Konzernabschluß soll ein den tatsächlichen Verhältnissen entsprechendes Bild der Vermögens-, Finanz- und Ertragslage des Konzerns als wirtschaftliche Einheit vermitteln.

Der Einblick in die **Vermögenslage** wird erreicht durch eine Aufrechnung der konzerninternen Beteiligungen (Kapitalkonsolidierung) und der konzerninternen Forderungen und Verbindlichkeiten (Forderungs- und Schuldenkonsolidierung). Durch diese Aufrechnungen werden Doppelzählungen von Vermögenswerten und die Erfassung von Schulden, die vom Standpunkt des Konzerns als Einheit nicht existieren, vermieden, und es wird einerseits das Gesamtvermögen aller im Konsolidierungskreis zusammengefaßten Unternehmen und andererseits der Gesamtbetrag aller Verbindlichkeiten gegenüber Dritten ausgewiesen.

Der Einblick in die **Ertragslage** wird erreicht durch eine Eliminierung konzerninterner Gewinne, d.h. durch die Reduzierung der Einzelbilanzgewinne auf einen durch den Konzern als wirtschaftliche Einheit realisierten Gewinn und durch die Eliminierung der Innenumsatzerlöse und der auf sie entfallenden Aufwendungen.

Die Einblicke in die **Finanzlage** werden vor allem dadurch verbessert, daß im Rahmen der Schuldenkonsolidierung finanzielle Transaktionen zwischen Konzerngesellschaften, welche die Liquiditätslage optisch verbessern sollen, neutralisiert werden. So könnte z.B. durch Verlagerung von flüssigen Mitteln von einer nicht publizitätspflichtigen auf eine publizitätspflichtige Konzerngesellschaft die Liquiditätslage in der veröffentlichten Einzelbilanz verbessert werden.

(2) Die **Interessenten am Konzernabschluß** sind die Konzernleitung, der Aufsichtsrat und die Anteilseigner der Obergesellschaft, die Vorstände, Aufsichtsräte und Minderheitsgesellschafter der abhängigen Gesellschaften, ferner die Gläubiger, die potentiellen Anteilseigner, die Belegschaften, die Konkurrenten und der Staat.

Die **Konzernleitung** benötigt den Konzernabschluß als Unterlage für ihre Führungsentscheidungen, insbesondere für ihre Weisungen an die abhängigen Gesellschaften, die sie ohne exakte Information über die wirtschaftliche Lage des Konzerns sinnvoll nicht erteilen kann. Das Informationsinteresse der **übrigen Gruppen** richtet sich zwar in erster Linie auf die Situation derjenigen Konzerngesellschaft, an der sie beteiligt sind oder an die sie Ansprüche – sei es als Gläubiger, als Arbeitnehmer oder als Fiskus – zu stellen haben, also auf den Einzeljahresabschluß; durch den Konzernabschluß können aber die durch die einheitliche Konzernleitung im Interesse des Gesamtkonzerns vorgenommenen Beeinträchtigungen der Aussagefähigkeit der Einzelbilanzen zum Teil aufgedeckt werden.

So kann die Konzernleitung die **Vermögens- und Liquiditätslage** einer Einzelgesellschaft **beeinflussen,** indem sie diese veranlaßt, Forderungen an andere Konzernunternehmen abzutreten, Schulden zu übernehmen oder Darlehen zu gewähren oder indem sie Kapitalerhöhungen mittels wechselseitiger Beteiligungen veranlaßt, durch die dem Konzern keine neuen Mittel zufließen, sondern nur das Haftungskapital und als Gegenposten die Beteiligungen erhöht werden.

Durch Bewertungs-, Abschreibungs- und Aktivierungspolitik sowie durch den Ansatz von Verrechnungspreisen für Lieferungen und Leistungen zwischen Konzernunternehmen kann die Konzernleitung die Gewinne der Einzelbilanzen beeinflussen, so daß die dort ausgewiesene Ertragslage nicht der tatsächlichen Ertragslage des Einzelunternehmens entspricht.

Durch Information über die Lage der wirtschaftlichen Einheit kann das sich aus einem Einzelabschluß ergebende Bild korrigiert werden.

(3) Im Hinblick auf den in den Einzelbilanzen und der Konzernbilanz ausgewiesenen Gewinn läßt sich folgendes feststellen:
 (a) In der **Handelsbilanz eines einzelnen Konzernunternehmens** setzt sich der Jahresüberschuß zusammen:
   – aus Gewinnen, die durch Umsatz mit konzernfremden Wirtschaftseinheiten erzielt worden sind,
   – aus neutralen Gewinnen (Beteiligungsgewinne, Zinsgewinne u. a.), die mit konzernfremden Wirtschaftseinheiten erzielt worden sind,
   – aus konzerninternen Verrechnungsgewinnen (Umsatzgewinne, Zinsgewinne u. a.),
   – aus erhaltenen Gewinnanteilen anderer Konzernunternehmen.

Der Jahresüberschuß ist gekürzt um Gewinnabführungen an andere Konzernunternehmen.

(b) In der **Steuerbilanz eines einzelnen Konzernunternehmens** ergibt sich der steuerpflichtige Gewinn:
- aus Gewinnen, die durch Umsatz mit konzernfremden Wirtschaftseinheiten erzielt worden sind,
- aus neutralen Gewinnen, die mit konzernfremden Wirtschaftseinheiten erzielt worden sind,
- aus konzerninternen Verrechnungsgewinnen.

Durch die Anwendung des körperschaftsteuerlichen Anrechnungssystems oder der Organtheorie wird allerdings sichergestellt, daß die von einem Konzernunternehmen an ein anderes ausgeschütteten bzw. abgeführten Gewinne nur einmal besteuert werden.

(c) In der **Konzernbilanz** setzt sich der Jahresüberschuß zusammen:
- aus Gewinnen, die durch Umsatz mit konzernfremden Wirtschaftseinheiten erzielt worden sind,
- aus neutralen Gewinnen, die mit konzernfremden Wirtschaftseinheiten erzielt worden sind.
- Konzerninterne Gewinne bleiben außer Ansatz.

Konzernexterne Gewinne werden nur einmal berücksichtigt, auch wenn sie auf Grund von Verschachtelungen durch Weitergabe an andere Konzerngesellschaften mehrfach in den (Einzel-)Handelsbilanzen erscheinen.

4. Der Konsolidierungskreis

a) Der Kreis der nach dem HGB und dem Publizitätsgesetz zur Aufstellung eines Konzernabschlusses verpflichteten Unternehmen

aa) Konzernabschlüsse

Das Konzernrechnungslegungsrecht des HGB verwendet statt der aktienrechtlichen Begriffe Ober- und Untergesellschaft die Begriffe **Mutter- und Tochterunternehmen**. Nach § 290 Abs. 1 HGB besteht die Pflicht zur Aufstellung eines Konzernjahresabschlusses und eines Konzernlageberichts, wenn wenigstens ein Tochterunternehmen unter der einheitlichen Leitung eines Mutterunternehmens steht, das stets Kapitalgesellschaft (AG, KGaA, GmbH) sein muß. Als weitere Voraussetzungen werden gefordert: Das Mutterunternehmen besitzt eine **Beteiligung** i.S. des § 271 Abs. 1 HGB (im Zweifel mehr als 20% der Anteile) an dem Tochterunternehmen und hat seinen Sitz im Inland. Eine Mehrheitsbeteiligung ist nicht erforderlich.

Im Gegensatz zum früheren Recht kann das Bestehen der einheitlichen Leitung nicht widerlegt werden, wenn das Mutterunternehmen die **rechtliche Möglichkeit** hat, einen beherrschenden Einfluß auszuüben – unabhängig davon, ob es von dieser Möglichkeit Gebrauch macht oder nicht. Nach § 290 Abs. 2 HGB ergibt sich daher eine Pflicht zur Konzernrechnungslegung, wenn einem Mutterunternehmen die **Mehrheit der Stimmrechte**

B. VIII. Die Rechnungslegung im Konzern

bei einem Tochterunternehmen zusteht oder ihm das Recht zusteht, die Mehrheit der Mitglieder des Verwaltungs-, Leitungs- oder Aufsichtsorgans des Tochterunternehmens zu bestellen oder abzuberufen, oder einen beherrschenden Einfluß aufgrund eines mit der Tochtergesellschaft geschlossenen Beherrschungsvertrages bzw. aufgrund einer entsprechenden Satzungsbestimmung des Tochterunternehmens auszuüben. In den meisten dieser Fälle wird gleichzeitig eine einheitliche Leitung vorliegen.

§ 293 HGB sieht **größenabhängige Befreiungen** von der Pflicht zur Konzernrechnungslegung vor. Als Größenmerkmale dienen die Bilanzsumme, die Umsatzerlöse und die Zahl der Arbeitnehmer im Jahresdurchschnitt. Diese Merkmale können entweder nach der **Bruttomethode,** d. h. durch Addition der Bilanzsummen und Umsatzerlöse des Mutterunternehmens und der einbezogenen Tochterunternehmen, oder nach der **Nettomethode,** d. h. auf Basis der sich aus dem vom Mutterunternehmen aufzustellenden Konzernabschluß ergebenden Größen ermittelt werden. Die Bruttomethode wurde zugelassen, „damit die Unternehmen nicht genötigt werden, einen Konzernabschluß aufzustellen, nur um feststellen zu können, ob sie zur Konzernrechnungslegung verpflichtet sind."[17]

Die Befreiung von der Konzernrechnungslegungspflicht tritt ein, wenn am Abschlußstichtag und am vorhergehenden Abschlußstichtag mindestens zwei der drei genannten Größenmerkmale die folgenden Werte nicht überschreiten:

Größenmerkmal	Bruttomethode	Nettomethode
Bilanzsumme	63,72 Mio DM	53,10 Mio DM
Umsatzerlöse	127,44 Mio DM	106,20 Mio DM
Arbeitnehmer	500	500

Kreditinstitute und Versicherungsunternehmen sind hingegen unabhängig von ihrer Größe und sogar Rechtsform zur Konzernrechnungslegung verpflichtet, soweit ein Mutter-Tochter-Verhältnis vorliegt.[18]

Das **Publizitätsgesetz** dehnt die Pflicht zur Aufstellung von Konzernabschlüssen auf alle Unternehmen aus, die – obwohl sie Konzernobergesellschaften sind – auf Grund ihrer Rechtsform nicht zur Konzernrechnungslegung nach dem HGB verpflichtet sind, jedoch die Größenmerkmale nach § 11 Abs. 1 PublG erfüllen.

Ein Konzernabschluß ist aufzustellen, wenn für drei aufeinanderfolgende Abschlußstichtage der Konzernobergesellschaft jeweils mindestens zwei der drei folgenden Merkmale zutreffen:
(1) Die **Bilanzsumme** einer auf den Abschlußstichtag aufgestellten Konzernbilanz übersteigt 125 Mill. DM.
(2) Die **Außenumsatzerlöse** des Konzerns in den zwölf Monaten vor dem Abschlußstichtag übersteigen 250 Mill. DM.

---

[17] BT-Drucksache 10/3440 vom 3. 6. 1985, S. 44
[18] Vgl. § 340i Abs. 1 und § 341i Abs. 1 HGB

(3) Die Konzernunternehmen mit Sitz im Inland haben in den zwölf Monaten vor dem Abschlußstichtag insgesamt durchschnittlich mehr als **5.000 Arbeitnehmer** beschäftigt.

Für Unternehmen, die dem Publizitätsgesetz unterliegen, ist das einzige Kriterium für die Rechnungslegungspflicht die „**einheitliche Leitung**". Hat das die einheitliche Leitung ausübende Mutterunternehmen seinen Sitz im Ausland, so haben die inländischen Unternehmen, die der ausländischen Konzernleitung am nächsten stehen, nach § 11 Abs. 3 PublG für ihren Konzernbereich (**Teilkonzern**) einen Konzernabschluß aufzustellen, wenn die Größenmerkmale des § 11 Abs. 1 PublG für den Teilkonzern erfüllt sind.

bb) Teilkonzern- und befreiende Konzernabschlüsse

Da ein Mutterunternehmen selbst zugleich Tochterunternehmen sein kann (Beispiel: Gesellschaft B beherrscht die Gesellschaft C, steht aber ihrerseits unter der einheitlichen Leitung von Gesellschaft A), müßte nach § 290 HGB Gesellschaft A einen Konzernabschluß (Konsolidierung von A, B und C) und Gesellschaft B einen Teilkonzernabschluß (Konsolidierung von B und C) aufstellen. Zur Vereinfachung der Rechnungslegung bestimmt § 291 Abs. 1 HGB jedoch, daß ein Mutterunternehmen (im Beispiel B), das zugleich Tochterunternehmen eines Mutterunternehmens (im Beispiel A) mit Sitz in einem Mitgliedstaat der EG ist, von der Aufstellung eines Konzernabschlusses **befreit** ist, wenn sein Mutterunternehmen (A) einen den Anforderungen des § 291 Abs. 2 HGB entsprechenden Konzernabschluß und Konzernlagebericht in deutscher Sprache in der Bundesrepublik Deutschland offenlegt. Zu den **Anforderungen an den befreienden Konzernabschluß** und Konzernlagebericht gehören nach § 291 Abs. 2 HGB u. a., daß das zu befreiende Mutterunternehmen (B) und sein Tochterunternehmen (C) in den befreienden Konzernabschluß des Mutterunternehmens (A) einbezogen worden sind, daß der befreiende Konzernabschluß und der befreiende Konzernlagebericht den Anforderungen der 7. EG-Richtlinie entsprechen und von einem Abschlußprüfer geprüft worden sind, der die Prüferqualifikation gem. der 8. EG-Richtlinie besitzt und daß der Anhang des Jahresabschlusses des zu befreienden Unternehmens (B) Angaben über Name und Sitz seines Mutterunternehmens (A) sowie einen Hinweis auf die Befreiung von der Konzernrechnungslegungspflicht enthält.

Die Befreiung von der Aufstellung eines Konzernabschlusses und Konzernlageberichts kann – auch wenn die in § 291 Abs. 2 HGB genannten Voraussetzungen erfüllt sind – nicht in Anspruch genommen werden, wenn Aktionäre, die mindestens 10% der Anteile, oder Gesellschafter einer GmbH, die mindestens 20% der Anteile besitzen, spätetens 6 Monate vor Ablauf des Konzerngeschäftsjahres die Aufstellung eines Konzernabschlusses und eines Konzernlageberichts beantragt haben.[19] Gehören dem von der Konzernrechnungslegung zu befreienden Mutterunternehmen mindestens 90% der Anteile des Tochterunternehmens, so ist als weitere Voraussetzung der Befrei-

---

[19] Vgl. § 291 Abs. 3 Satz 1 HGB

ung zu beachten, daß gem. § 291 Abs. 3 Satz 2 HGB die außenstehenden Gesellschafter der Befreiung von der Konzernrechnungslegungspflicht zustimmen müssen.

Die Vorschriften des § 291 HGB über befreiende Konzernabschlüsse gelten sinngemäß für Unternehmen, die einen Konzernabschluß **nach dem PublG** aufstellen müssen, d. h. daß ein Teilkonzernabschluß nicht aufgestellt zu werden braucht, wenn die ausländische Konzernspitze oder ein ausländisches Unternehmen, das zwischen der ausländischen Konzernspitze und dem inländischen Unternehmen steht, das zur Aufstellung eines Teilkonzernabschlusses verpflichtet ist, einen befreienden Konzernabschluß erstellt.

Ein Konzernabschluß eines Mutterunternehmens **mit Sitz außerhalb der EG** hat nur dann eine befreiende Wirkung, wenn eine solche Befreiung durch eine Rechtsverordnung gem. § 292 HGB ausdrücklich erlaubt wird. Nach § 2 Abs. 1 Nr. 2 der am 15. 10. 1991 auf dieser Basis erlassenen Konzernabschlußbefreiungsverordnung (KonBefrV)[20] besitzt ein Konzernabschluß befreiende Wirkung, wenn er entweder nach dem Recht eines EG-Mitgliedstaates, das der 7. EG-Richtlinie entspricht, aufgestellt wird oder einem nach diesem Recht aufgestellten Konzernabschluß gleichwertig ist. Ist ein Tochterunternehmen, das zugleich im Verhältnis zu nachgeordneten Unternehmen Mutterunternehmen ist, jedoch nicht in einen befreienden Konzernabschluß und Konzernlagebericht einbezogen worden, so ist dieses Unternehmen dazu verpflichtet, für den ihm nachgeordneten Teil des Konzerns einen Teilkonzernabschluß und einen Teilkonzernlagebericht aufzustellen.

b) Voraussetzungen für die Einbeziehung eines Konzernunternehmens in den Konzern- bzw. Teilkonzernabschluß nach dem HGB

aa) Konsolidierungspflichten

Die Abgrenzung des Konsolidierungskreises im HGB stimmt mit der früheren aktienrechtlichen Regelung im Ergebnis weitgehend überein. Allerdings wird das Wahlrecht für die Einbeziehung von Tochterunternehmen mit Sitz im Ausland durch ein Einbeziehungsgebot ersetzt. Nach § 294 Abs. 1 HGB sind grundsätzlich „das Mutterunternehmen und alle Tochterunternehmen ohne Rücksicht auf den Sitz der Tochterunternehmen einzubeziehen". Nach dieser Vorschrift ist also ein **Weltabschluß** zu erstellen. Sind die in § 290 Abs. 1 und 2 HGB aufgezählten Kriterien (einheitliche Leitung und Beteiligung nach § 271 Abs. 1 HGB oder Control-Verhältnis) erfüllt, erfolgt grundsätzlich eine Einbeziehung, und zwar unabhängig davon, ob eine Mehrheitsbeteiligung vorliegt oder nicht.

Die Einbeziehungspflicht für ausländische Konzernunternehmen trägt wesentlich dazu bei, die Forderung des § 297 Abs. 2 HGB, daß der Konzernabschluß „ein den tatsächlichen Verhältnissen entsprechendes Bild der Vermögens-, Finanz- und Ertragslage des Konzerns zu vermitteln" habe, besser als im früheren Aktienrecht zu realisieren.

---

[20] BGBl. I, S. 2122

bb) Konsolidierungsverbote

Verboten ist die Einbeziehung nach § 295 Abs. 1 HGB, wenn die Tätigkeit des Tochterunternehmens sich von der aller anderen einbezogenen Unternehmen so wesentlich unterscheidet, daß durch die Einbeziehung die Aufgabe des Konzernabschlusses, ein den tatsächlichen Verhältnissen entsprechendes Bild der Vermögens-, Finanz- und Ertragslage des Konzerns zu vermitteln, nicht realisiert werden kann. § 295 Abs. 2 HGB weist jedoch ausdrücklich darauf hin, daß der Verzicht auf die Einbeziehung nicht allein damit begründet werden kann, daß „die in den Konzernabschluß einbezogenen Unternehmen teils Industrie-, teils Handels- und teils Dienstleistungsunternehmen sind" oder daß „diese Unternehmen unterschiedliche Erzeugnisse herstellen, mit unterschiedlichen Erzeugnissen Handel treiben oder Dienstleistungen unterschiedlicher Art erbringen". Diese Vorschrift ist eng auszulegen und sollte auf Ausnahmefälle beschränkt werden, weil „auch der Ausschluß eines Unternehmens von der Konsolidierung den Einblick in die Vermögens-, Finanz- und Ertragslage des Konzerns beeinträchtigt."[21]

Darf ein Tochterunternehmen nach § 295 Abs. 1 und 2 HGB nicht in den Konzernabschluß einbezogen werden, so sind die Gründe dafür **im Konzernanhang anzugeben.** Dabei sollte auch angegeben werden, „warum und in welchen Posten des Konzernabschlusses bei einer Einbeziehung der Einblick in die Vermögens-, Finanz- und Ertragslage des Konzerns beeinträchtigt würde."[22]

cc) Konsolidierungswahlrechte

§ 296 HGB zählt erschöpfend die Konsolidierungswahlrechte auf. Danach braucht ein Tochterunternehmen nicht in den Konzernabschluß einbezogen zu werden, wenn „erhebliche und andauernde Beschränkungen die Ausübung der Rechte des Mutterunternehmens in bezug auf das Vermögen oder die Geschäftsführung dieses Unternehmens nachhaltig beeinträchtigen."[23] Ist das der Fall, so wird trotz Bestehens einer Mehrheitsbeteiligung in der Regel weder eine einheitliche Leitung nach § 290 Abs. 1 HGB, noch ein beherrschender Einfluß nach § 290 Abs. 2 Nr. 3 HGB gegeben sein. Damit der Spielraum für die Nichteinbeziehung in den Konsolidierungskreis nicht zu groß wird, muß eine „erhebliche und andauernde Beschränkung" der Geschäftsführungs- und/oder der Vermögensrechte bestehen. Diese Beschränkung kann auf wirtschaftspolitischen oder allgemein politischen Gründen (z.B. bei ausländischen Tochterunternehmen) oder auf gesellschaftsrechtlicher oder vertraglicher Grundlage beruhen.[24] Im Interesse des Aussagewertes des Konzernabschlusses müssen bei Inanspruchnahme dieses Konsolidierungswahlrechts strenge Maßstäbe angelegt werden.[25]

---

[21] IDW, (WP-Handbuch 1996), S. 873 f.
[22] IDW, (WP-Handbuch 1996), S. 874
[23] § 296 Abs. 1 Nr. 1 HGB
[24] IDW, (WP-Handbuch 1996), S. 876
[25] Zu Einzelheiten und Beispielen vgl. V. Wysocki/Wohlgemuth, (Konzernrechnungslegung), S. 87; IDW, (WP-Handbuch 1996), S. 875 ff.; Küting/Weber (Handbuch der Konzernrechnungslegung), Erl. Zu § 296 HGB

B. VIII. Die Rechnungslegung im Konzern 1037

Ein weiteres Konsolidierungswahlrecht besteht dann, wenn „die für die Aufstellung des Konzernabschlusses erforderlichen Angaben nicht ohne unverhältnismäßig hohe Kosten oder Verzögerungen zu erhalten sind".[26] Auch diese Vorschrift ist eng auszulegen, da die unbestimmten Rechtsbegriffe „unverhältnismäßig hohe Kosten" und „unverhältnismäßige Verzögerungen" ebensowenig zu quantifizieren sind wie der Begriff der „erheblichen Beschränkungen" bei der Ausübung von Geschäftsführungs- und Vermögensrechten. Das WP-Handbuch nennt als Beispiele für zeitliche Verzögerungen, die einen Verzicht auf die Konsolidierung rechtfertigen, „außergewöhnliche Ereignisse oder Katastrophenfälle" wie z.B. „Zusammenbruch der Datenverarbeitung, Streik, Vernichtung von Unterlagen oder Anlagen durch Naturkatastrophen, politische Behinderungen".[27]

Weitere Konsolidierungswahlrechte bestehen dann, wenn „die Anteile des Tochterunternehmens ausschließlich zum Zwecke ihrer Weiterveräußerung gehalten werden",[28] ferner wenn die Einbeziehung eines grundsätzlich konsolidierungspflichtigen Tochterunternehmens „für die Verpflichtung, ein den tatsächlichen Verhältnissen entsprechendes Bild der Vermögens-, Finanz- und Ertragslage des Konzerns zu vermitteln, von untergeordneter Bedeutung ist."[29] Diese Vorschrift entspricht im wesentlichen der oben besprochenen Vorschrift des § 329 Abs. 2 Satz 2 AktG 1965 (a. F.).

Wird gem. § 296 Abs. 1 und 2 HGB auf die Einbeziehung von Tochterunternehmen in den Konzernabschluß verzichtet, so ist das im Konzernanhang zu begründen.[30]

dd) Schematische Übersicht über den Konsolidierungskreis

Die folgende Übersicht gibt noch einmal einen zusammenfassenden Überblick über die in §§ 294, 295 und 296 HGB geregelten Konsolidierungspflichten, -wahlrechte und -verbote:

I. Die **Einbeziehung in den Konzernabschluß ist zwingend** unter folgenden Voraussetzungen:
(1) Das Mutterunternehmen ist eine inländische Kapitalgesellschaft (§ 290 Abs. 1 HGB) oder
(2) das Mutterunternehmen wird in einer beliebigen Rechtsform außer der einer Kapitalgesellschaft geführt, und für drei aufeinanderfolgende Konzernabschlußstichtage sind bestimmte Größenmerkmale erfüllt (§ 11 Abs. 1 und 5 PublG);
(3) die einheitliche Leitung wird tatsächlich ausgeübt (§ 290 Abs. 1 HGB), und es besteht eine Beteiligung i. S. d. § 271 Abs. 1 HGB (im Zweifel mehr als 20% der Anteile) oder
(4) die Ausübung der einheitlichen Leitung ist rechtlich möglich (Mehrheit der Stimmrechte, Beherrschungsvertrag, Recht des Mutterunter-

---

[26] § 296 Abs. 1 Nr. 2 HGB
[27] IDW, (WP-Handbuch 1996), S. 877
[28] § 296 Abs. 1 Nr. 3 HGB
[29] § 296 Abs. 2 HGB
[30] Vgl. § 296 Abs. 3 HGB

nehmens, die Mehrheit der Mitglieder des Verwaltungs-, Leitungs- oder Aufsichtsorgans zu bestellen oder abzuberufen, § 290 Abs. 2 HGB);

(5) das Tochterunternehmen ist ein in- oder ausländisches Unternehmen beliebiger Rechtsform (§ 294 Abs. 1 HGB).

II. Die **Einbeziehung eines Tochterunternehmens in den Konzernabschluß ist freiwillig** unter folgenden Voraussetzungen:

(1) Die Ausübung der Rechte des Mutterunternehmens in bezug auf das Vermögen oder die Geschäftsführung des Tochterunternehmens wird durch erhebliche und andauernde Beschränkungen nachhaltig beeinträchtigt (§ 296 Abs. 1 Nr. 1 HGB);

(2) die für die Aufstellung des Konzernabschlusses erforderlichen Angaben sind nicht ohne unverhältnismäßig hohe Kosten oder Verzögerungen zu erhalten (§ 296 Abs. 1 Nr. 2 HGB);

(3) die Anteile des Tochterunternehmens werden ausschließlich zum Zwecke ihrer Weiterveräußerung gehalten (§ 296 Abs. 1 Nr. 3 HGB);

(4) das Tochterunternehmen ist für die Vermittlung eines den tatsächlichen Verhältnissen entsprechenden Bildes der Vermögens-, Finanz- und Ertragslage des Konzerns von untergeordneter Bedeutung (§ 296 Abs. 2 HGB).

III. **Die Einbeziehung eines Tochterunternehmens in den Konzernabschluß ist verboten** unter folgender Voraussetzung:

Die Tätigkeit des Tochterunternehmens unterscheidet sich von der Tätigkeit der anderen einbezogenen Unternehmen derart, daß die Einbeziehung in den Konzernabschluß unvereinbar ist „mit der Verpflichtung, ein den tatsächlichen Verhältnissen entsprechendes Bild der Vermögens-, Finanz- und Ertragslage des Konzerns zu vermitteln" (§ 295 Abs. 1 HGB).

Nach §§ 295 Abs. 3 und 296 Abs. 3 HGB muß das Mutterunternehmen im **Konzernanhang** die Gründe dafür angeben, daß Tochterunternehmen aufgrund des Konsolidierungsverbots oder aufgrund von Konsolidierungswahlrechten nicht in den Konzernabschluß einbezogen worden sind.

Ferner ist eine einheitliche Anwendung und Auslegung der Bewertungsvorschriften erforderlich, insbesondere in den Fällen, in denen die gesetzlichen Vorschriften einen Ermessensspielraum einräumen (Abschreibungspolitik, Rücklagenpolitik, Aktivierungs- und Passivierungspolitik).

5. Allgemeine Grundsätze für die Aufstellung der Konzernbilanz

a) Gliederung

Für die Aufstellung einer Konzernbilanz muß eine Anzahl technischer Voraussetzungen erfüllt sein. In formaler Hinsicht sind ein einheitliches Buchhaltungs- und Kontierungssystem und ein **einheitliches Gliederungsschema** der Bilanz erforderlich. Letzteres ist dann nicht möglich, wenn in einem Konzern Unternehmen zusammengefaßt sind, die auf Grund gesetzlicher Vorschriften unterschiedliche Gliederungsschemata anwenden müssen (z. B. Industriebetriebe, Banken, Versicherungen).

Das HGB schreibt für die Konzernbilanz kein besonderes Gliederungsschema vor, sondern es sind grundsätzlich die für die Einzelbilanzen geltenden Gliederungsvorschriften[31] anzuwenden, soweit die Eigenart der Konzernbilanz keine Abweichungen bedingt. Eine solche Abweichung ergibt sich beispielsweise bei den Positionen Roh-, Hilfs- und Betriebsstoffe, unfertige und fertige Erzeugnisse sowie Waren, die nach § 298 Abs. 2 HGB in einer Position zusammengefaßt werden dürfen, „wenn deren Aufgliederung wegen besonderer Umstände mit einem unverhältnismäßigen Aufwand verbunden wäre." So können z. B. in einem vertikalen Konzern die Fertigfabrikate eines vorgelagerten Konzernunternehmens für das nachgelagerte Konzernunternehmen Rohstoffe oder Halbfabrikate sein; folglich können Schwierigkeiten bei der Zurechnung in der Konzernbilanz entstehen, die durch die Zusammenfassung in einer Position „Vorräte" umgangen werden.

Besondere Schwierigkeiten bei der Aufstellung einer Konzernbilanz können dann auftreten, wenn einzelne Konzernunternehmen entweder, weil sie keine Kapitalgesellschaften sind oder weil sie ausländische Unternehmen sind, ihre Einzelbilanzen nach anderen Prinzipien gliedern, als nach dem für das Mutterunternehmen vorgeschriebenen Schema. In solchen Fällen müssen **Umgliederungen** erfolgen, die besonders dann kompliziert sind, wenn die abweichenden Gliederungen weniger ausführlich sind, so daß z.B. Vermögensgegenstände in einer Position zusammengefaßt sind, die nach § 266 Abs. 2 und 3 HGB grundsätzlich getrennt ausgewiesen werden müssen. Diese Schwierigkeiten könnten – wenigstens bei inländischen Konzernunternehmen – vermieden werden, wenn die Konzernleitung für alle Konzernunternehmen Richtlinien für die Anwendung eines einheitlichen, den gesetzlichen Vorschriften genügenden Gliederungsschemas erläßt. Derartige Gliederungsprobleme können sich z.B. bei der Konsolidierung von Tochterunternehmen ergeben, die als kleine Kapitalgesellschaften i. S. des § 267 Abs. 1 HGB nach § 266 Abs. 1 Satz 3 HGB nur eine verkürzte Bilanz aufzustellen brauchen.

b) Bewertung

In materieller Hinsicht ist eine einheitliche Anwendung und Auslegung der Bewertungsvorschriften und -grundsätze zu fordern, insbesondere in den Fällen, in denen die gesetzlichen Vorschriften einen Ermessensspielraum einräumen (Abschreibungspolitik, Politik der stillen Rücklagen, Aktivierungs- und Passivierungspolitik).

Der Gesetzgeber hat keine besonderen Bewertungsvorschriften für die Konzernbilanz erlassen. Nach § 308 Abs. 1 HGB gilt der **Grundsatz der Einheitlichkeit der Bewertung**, d.h. die in den Konzernabschluß übernommenen Vermögensgegenstände und Schulden sind nach den auf den Jahresabschluß des Mutterunternehmens anwendbaren Bewertungsmethoden einheitlich zu bewerten. Bewertungswahlrechte, die nach dem Recht des Mutterunternehmens zulässig sind, können unabhängig von ihrer Ausübung in

---

[31] Vgl. §§ 265, 266 HGB

den einzelnen Abschlüssen der in den Konzernabschluß einbezogenen Tochterunternehmen ausgeübt werden. Gleiches gilt nach § 300 Abs. 2 Satz 2 HGB auch für die nach dem Recht des Mutterunternehmens zulässigen Wahlrechte bezüglich der Bilanzierung dem Grunde nach (Ansatzwahlrechte).

Der Grundsatz der Einheitlichkeit der Bewertung in der Konzernbilanz besagt nicht, daß die für die Konzernbilanz angewendeten Bewertungsgrundsätze des Mutterunternehmens auch in den Einzelbilanzen der Tochterunternehmen beachtet werden müssen, sondern verlangt, daß dann, wenn die im Einzelabschluß eines Konzernunternehmens angewendeten Bewertungsmethoden von denen des Mutterunternehmens abweichen, eine sog. **Handelsbilanz II** aufgestellt werden muß, in der der Einzelabschluß nach den Bewertungsmethoden des Mutterunternehmens korrigiert wird **(Neubewertung).** Es ist also zwischen dem Einzelabschluß eines Unternehmens (Handelsbilanz I), der die Grundlage für die Ansprüche der Gesellschafter und der Gläubiger dieses Unternehmens und für die Ableitung der Steuerbilanz bildet, und der Handelsbilanz II zu unterscheiden, die in den Konzernabschluß eingeht.

Da in der Handelsbilanz Wahlrechte bestehen, nur nach steuerrechtlichen Vorschriften zulässige Sonderabschreibungen und sonstige Bewertungsfreiheiten zu berücksichtigen (Prinzip der umgekehrten Maßgeblichkeit), durch die der Aussagewert des Einzelabschlusses – trotz gewisser Berichterstattungspflichten im Anhang – beeinträchtigt werden kann, müßten im Interesse der Vermittlung eines den tatsächlichen Verhältnissen entsprechenden Bildes der Vermögens-, Finanz- und Ertragslage in der Handelsbilanz II derartige **steuerlich bedingte Wertansätze korrigiert** werden. § 308 Abs. 3 HGB sieht jedoch – der 7. EG-Richtlinie folgend – ein **Wahlrecht** vor, derartige steuerlich bedingte Wertansätze in die Handelsbilanz II und damit in den Konzernabschluß zu übernehmen. Diese Bestimmung lautet: „Wurden in den Konzernabschluß zu übernehmende Vermögensgegenstände oder Schulden im Jahresabschluß eines in den Konzernabschluß einbezogenen Unternehmens mit einem nur nach Steuerrecht zulässigen Wert angesetzt, weil dieser Wertansatz sonst nicht bei der steuerrechtlichen Gewinnermittlung berücksichtigt werden würde, oder ist aus diesem Grunde auf der Passivseite ein Sonderposten gebildet worden, so dürfen diese Wertansätze unverändert in den Konzernabschluß übernommen werden. Der Betrag der im Geschäftsjahr nach Satz 1 in den Jahresabschlüssen vorgenommenen Abschreibungen, Wertberichtigungen und Einstellungen in Sonderposten sowie der Betrag der unterlassenen Zuschreibungen sind im Konzernanhang anzugeben; die Maßnahmen sind zu begründen."

c) Bilanzstichtag

In zeitlicher Hinsicht ist ein **einheitlicher Bilanzstichtag** zu fordern, da anderenfalls eine zuverlässige Eliminierung von konzerninternen Beziehungen, insbesondere von Zwischengewinnen, nicht möglich ist. Nach § 299 Abs. 1 HGB ist der Konzernabschluß grundsätzlich auf den Stichtag des Jahresabschlusses des Mutterunternehmens aufzustellen; jedoch kann im Interesse der

Klarheit und Übersichtlichkeit des Konzernabschlusses der hiervon abweichende „Stichtag der Jahresabschlüsse der bedeutendsten oder der Mehrzahl der in den Konzernabschluß einbezogenen Unternehmen" gewählt werden. Liegt der Stichtag des Jahresabschlusses eines Tochterunternehmens um mehr als 3 Monate vor dem Stichtag des Konzernabschlusses, so ist dieses Unternehmen mit einem auf den Stichtag und den Zeitraum des Konzernabschlusses aufgestellten Zwischenabschluß in den Konzernabschluß einzubeziehen.[32]

Eine Vereinheitlichung abweichender Bilanzstichtage kann sowohl vom betriebswirtschaftlichen als auch vom rechtlichen Standpunkt aus problematisch sein. Bei Saisonbetrieben ist es oft zweckmäßig, einen vom Ende des Kalenderjahres abweichenden Bilanzstichtag zu wählen, der auf einen Zeitpunkt fällt, an dem die Saisonspitze vorbei ist. Dann sind in der Regel die Lagerbestände weitgehend abgebaut, so daß die Inventurarbeiten und die Aufstellung des Inventars erleichtert werden, außerdem steht Personal zur Durchführung der Abschlußarbeiten zur Verfügung.

6. Die Konsolidierung des Kapitals

a) Aufgabe der Kapitalkonsolidierung

Würde man bei der Aufstellung einer Konzernbilanz die Eigenkapitalkonten der Mutter- und der Tochtergesellschaften addieren, so käme es aus der Sicht der Einheitstheorie des Konzerns in dem Umfange zu **Doppelzählungen,** in dem das Mutterunternehmen an den Tochterunternehmen beteiligt ist. Die beim Mutterunternehmen ausgewiesene Beteiligung muß folglich gegen das entsprechende Kapital des Tochterunternehmens aufgerechnet werden.

Beispiel:

Muttergesellschaft A ist zu 100% an Gesellschaft B beteiligt.

A	Bilanz A (in TDM)		P
Beteiligung	350	Kapital	900
versch. Aktiva	650	Rücklagen	100
	1000		1000

A	Bilanz B (in TDM)		P
versch. Aktiva	350	Kapital	300
		Rücklagen	50
	350		350

A	Konzernbilanz (in TDM)		P
versch. Aktiva	1000	Kapital	900
		Rücklagen	100
	1000		1000

---

[32] Vgl. § 299 Abs. 2 HGB; vgl. auch Küting/Weber, (Konzernabschluß), Übersicht 16, S. 108.

Eine Addition des Kapitals der beiden Gesellschaften ergibt ein Eigenkapital von 1.350.000 DM, bestehend aus Grundkapital von 1.200.000 DM und Rücklagen von 150.000 DM. Im Konzern als wirtschaftliche Einheit sind aber nur 1.000.000 DM an Eigenkapital wirksam. Die Differenz von 350.000 DM ist eine Folge der durch die rechtliche Selbständigkeit und der dadurch bedingten Rechtsbeziehungen zwischen den beiden Gesellschaften eintretenden Doppelzählungen.

Beispiel:
Muttergesellschaft A ist zu 80% an der Gesellschaft B beteiligt.

A	Bilanz A (in TDM)		P
Beteiligung	280	Kapital	900
versch. Aktiva	720	Rücklagen	100
	1000		1000

A	Bilanz B (in TDM)		P
versch. Aktiva	350	Kapital	300
		Rücklagen	50
	350		350

Im Rahmen der Kapitalkonsolidierung wird im vorangegangenen Beispiel die 80%ige Beteiligung von A an B in Höhe von 280.000 DM gegen das Kapital und die Rücklagen von B aufgerechnet. Die verbleibenden 20% des Kapitals (60.000 DM) und der Rücklagen (10.000 DM) von B hat eine außerhalb des Konzern stehende Minderheit zur Verfügung gestellt. Eine nach den Grundsätzen der Einheitstheorie aufgestellte Konzernbilanz weist wie im Beispiel die Anteile der Minderheit gesondert aus.

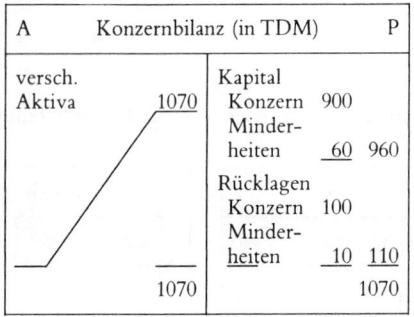

Bestehen mehrfache Abhängigkeiten, so müssen weitere Aufrechnungen erfolgen. In der Konzernbilanz darf nur das Kapital erscheinen, das dem Konzern als wirtschaftliche Einheit tatsächlich zur Verfügung steht. Infolge der rechtlichen Selbständigkeit werden Teile des Kapitals der wirtschaftlichen Einheit mehrfach ausgewiesen.

b) Durchführung der Kapitalkonsolidierung nach § 301 HGB

Nach § 301 Abs. 1 HGB wird bei der Kapitalkonsolidierung der „Wertansatz der dem Mutterunternehmen gehörenden Anteile an einem in den

B. VIII. Die Rechnungslegung im Konzern

Konzernabschluß einbezogenen Tochterunternehmen ... mit dem auf diese Anteile entfallenden Betrag des Eigenkapitals des Tochterunternehmens verrechnet". Das Eigenkapital kann dabei nach zwei verschiedenen Methoden ermittelt werden: der Buchwertmethode und der Neubewertungsmethode.

Bei Anwendung der **Buchwertmethode** wird das Eigenkapital mit dem Betrag angesetzt, „der dem Buchwert der in den Konzernabschluß aufzunehmenden Vermögensgegenstände, Schulden, Rechnungsabgrenzungsposten, Bilanzierungshilfen und Sonderposten ... entspricht".[33] Statt mit den Buchwerten kann das Eigenkapital auch mit den Werten angesetzt werden, die den genannten Positionen im Zeitpunkt der Verrechnung beizulegen sind.[34] Das erfordert eine Neubewertung.

Die **Neubewertungsmethode** unterscheidet sich von der dargestellten Buchwertmethode lediglich dadurch, daß die Auflösung der stillen Rücklagen und die Zuordnung zu den einzelnen Vermögensgegenständen des Tochterunternehmens nicht erst bei der Aufstellung der Konzernbilanz, sondern bereits vom Tochterunternehmen in einer Handelsbilanz II vorgenommen wird. Eine Begrenzung findet diese Methode allerdings durch § 301 Abs. 1 Satz 4 HGB, der bestimmt, daß „das anteilige Eigenkapital nicht mit einem Betrag angesetzt werden (darf), der die Anschaffungskosten des Mutterunternehmens für die Anteile an dem einbezogenen Tochterunternehmen überschreitet".

Das Mutterunternehmen ist verpflichtet, die angewendete Konsolidierungsmethode **im Konzernanhang anzugeben**.

Als **Zeitpunkt** der Konsolidierung kommt nach § 301 Abs. 2 HGB entweder der Zeitpunkt des Erwerbs der Anteile oder der Zeitpunkt der erstmaligen Einbeziehung des Tochterunternehmens in den Konzernabschluß in Betracht. Sind die Anteile an einem Tochterunternehmen zu verschiedenen Zeitpunkten erworben worden, so ist für die Konsolidierung der Zeitpunkt maßgebend, zu dem das Unternehmen Tochterunternehmen geworden ist. Der Grundsatz der Einheitlichkeit der Bewertung kann vor der Konsolidierung eine Neubewertung erforderlich machen.

Zwischen dem Buchwert der Beteiligung und den an seine Stelle tretenden Werten der Vermögensgegenstände und Schulden besteht in der Regel eine **Differenz**. Ist der Buchwert der Beteiligung höher, so ist das ein Zeichen dafür, daß Vermögensgegenstände zu niedrig bewertet sind, also stille Rücklagen enthalten, oder daß die Muttergesellschaft aufgrund hoher Ertragserwartungen beim Erwerb der Beteiligung höhere Anschaffungskosten zu zahlen bereit war. Folglich entsteht bei der Konsolidierung eine **aktive Differenz**, weil z.B. an die Stelle einer Beteiligung von 500.000 DM Vermögensgegenstände zu Buchwerten von 450.000 DM treten. Im Gegensatz zur früheren aktienrechtlichen Regelung ist diese Differenz nicht als aktive Aufrechnungsdifferenz zu bilanzieren, sondern gemäß § 301 Abs. 1 Satz 3 HGB „den Wertansätzen von in der Konzernbilanz anzusetzenden Vermö-

---

[33] § 301 Abs. 1 Satz 2 Nr. 1 HGB
[34] Vgl. § 301 Abs. 1 Satz 2 Nr. 2 HGB

gensgegenständen und Schulden des jeweiligen Tochterunternehmens insoweit zuzuschreiben oder mit diesen zu verrechnen, als deren Wert höher oder niedriger ist als der bisherige Wertansatz", d. h. die **stillen Rücklagen** in den Vermögensgegenständen des Tochterunternehmens sind in der Konzernbilanz entsprechend **aufzulösen und zuzuschreiben.** Verbleibt dennoch eine Differenz, weil der höhere Buchwert der Beteiligung nicht nur eine Folge stiller Rücklagen in den ihr entsprechenden Vermögensgegenständen ist, sondern für zukünftige Ertragserwartungen bezahlt wurde, so ist dieser Unterschiedsbetrag nach § 301 Abs. 3 HGB als **Geschäfts- oder Firmenwert** auszuweisen. Er ist mit einem Unterschiedsbetrag zu vergleichen, den der Käufer eines Unternehmens über den Wert der Vermögensgegenstände und Schulden hinaus für Ertragskomponenten zu zahlen bereit ist, die nicht bilanzierungsfähig sind. Der bei der Kapitalkonsolidierung entstehende Firmenwert ist gemäß § 309 Abs. 1 HGB (erfolgswirksam) abzuschreiben oder (erfolgsunwirksam) offen mit den Rücklagen zu verrechnen.

Entsteht der Unterschiedsbetrag bei der Kapitalkonsolidierung auf der **Passivseite,** weil die Beteiligung unterbewertet ist oder ihre Anschaffungskosten wegen geringer Ertragserwartungen unter dem Wert der der Beteiligung entsprechenden Vermögenswerte liegen (negativer Firmenwert), so ist der Unterschiedsbetrag nach § 301 Abs. 3 Satz 1 HGB auf der Passivseite als „Unterschiedsbetrag aus der Kapitalkonsolidierung" auszuweisen. Dieser darf nach § 309 Abs. 2 HGB nur dann erfolgswirksam aufgelöst werden, wenn

„1. eine zum Zeitpunkt des Erwerbs der Anteile oder der erstmaligen Konsolidierung erwartete ungünstige Entwicklung der künftigen Ertragslage des Unternehmens eingetreten ist oder zu diesem Zeitpunkt erwartete Aufwendungen zu berücksichtigen sind oder
2. am Abschlußstichtag feststeht, daß er einem realisierten Gewinn entspricht."

c) Die Kapitalkonsolidierung bei Interessenzusammenführung

Das Konzernrechnungslegungsrecht läßt unter bestimmten, in § 302 Abs. 1 Nr. 1–3 HGB aufgeführten Voraussetzungen zu, daß das Mutterunternehmen bei der Kapitalkonsolidierung den Beteiligungsbuchwert nur gegen das gezeichnete Kapital (Grundkapital, Stammkapital) des Tochterunternehmens aufrechnet. Diese sog. **Methode der Kapitalkonsolidierung bei Interessenzusammenführung** (Pooling of Interest-Methode) kann dann angewendet werden, „wenn die Unternehmensverbindung zwischen dem Mutterunternehmen und dem Tochterunternehmen im wesentlichen durch Hingabe (Tausch) von Anteilen der Obergesellschaft und nicht durch Kauf von Anteilen hergestellt wird".[35]

Ein sich bei der Kapitalkonsolidierung nach dieser Methode ergebender Unterschiedsbetrag auf der Aktivseite ist nach § 302 Abs. 2 HGB mit den Konzernrücklagen zu verrechnen, ein passiver Unterschiedsbetrag ist den

---

[35] Groß/Schruff/v. Wysocki, K., (Konzernabschluß), S. 151

Konzernrücklagen hinzuzurechnen. § 302 Abs. 3 HGB fordert eine Berichterstattung im Konzernanhang über die Anwendung dieser Methode und die sich daraus ergebenden Veränderungen der Rücklagen.

d) Die Quotenkonsolidierung für Gemeinschaftsunternehmen

§ 310 Abs. 1 HGB sieht vor, daß Gemeinschaftsunternehmen in den Konzernabschluß entsprechend den Kapitalanteilen einbezogen werden dürfen, die dem Mutterunternehmen gehören. Das Gesetz spricht von **„anteilmäßiger Konsolidierung"**. In der Literatur hat sich für dieses Verfahren der Konsolidierung der Begriff **„Quotenkonsolidierung"** durchgesetzt. Küting/Weber definieren Gemeinschaftsunternehmen als „eine Form der wirtschaftlichen Zusammenarbeit zwischen zwei oder mehreren voneinander unabhängigen Unternehmungen – den sog. Gesellschafterunternehmen (Stammunternehmen) –, die sich darin niederschlägt, daß ein rechtlich selbständiges Unternehmen gegründet oder erworben wird mit dem Ziel, Aufgaben im gemeinsamen Interesse der Gesellschafterunternehmen auszuführen."[36] Wird eine derartige Zusammenarbeit auf internationaler Ebene durchgeführt, so wird eine solche Unternehmensverbindung als **„Joint venture"** bezeichnet.

Die Einbeziehung von Gemeinschaftsunternehmen kann wahlweise auch nach der **Equity-Methode** vorgenommen werden. Diese ist für assoziierte Unternehmen nach § 311 HGB vorgeschrieben, wenn also eine Beteiligung gem. § 271 Abs. 1 HGB, d.h. im Zweifel eine Beteiligung von mindestens 20% vorliegt.

Für die Quotenkonsolidierung ist keine Beteiligungsquote vorgeschrieben. Es genügt das Kriterium der **gemeinsamen Leitung** durch wenigstens zwei Gesellschaftsunternehmen. § 310 Abs. 1 HGB spricht von einem in den Konzernabschluß einbezogenen Mutter- oder Tochterunternehmen, das „ein anderes Unternehmen gemeinsam mit einem oder mehreren nicht in den Konzernabschluß einbezogenen Unternehmen" führt.

Nach § 310 Abs. 2 HGB sind auf die anteilmäßige Konsolidierung die Vorschriften über die **Vollkonsolidierung** des Kapitals, der Schulden, des Erfolges sowie der Aufwendungen und Erträge entsprechend anzuwenden. Die Vermögensgegenstände und Schulden sowie die Aufwendungen und Erträge des Gemeinschaftsunternehmens werden in den Konzernabschluß nur in Höhe des Anteils des Mutterunternehmens übernommen. Die Kapitalanteile der übrigen Gesellschafterunternehmen werden nicht berücksichtigt. Folglich ist ein Ausgleichsposten für Anteile von Minderheiten nicht erforderlich. Die Auflösung der stillen Rücklagen erfolgt nur quotal. Ebenso werden in der Konzern-Gewinn- und Verlustrechnung die Aufwendungen und Erträge des Gemeinschaftsunternehmens nur anteilmäßig verrechnet; „folglich geht in den Konzernjahreserfolg nur der quotale Erfolg des Gemeinschaftsunternehmens ein".[37]

---

[36] Küting/Weber, (Konzernabschluß), S. 352
[37] Küting/Weber, (Konzernabschluß), S. 354

Die Quotenkonsolidierung unterliegt der **Kritik,**[38] weil sie gegen die Einheitstheorie verstößt. Sie entspricht der **Interessentheorie,** nach der im Konzernabschluß nur der Teil des Vermögens und der Schulden sowie der Aufwendungen und Erträge konsolidiert wird, der dem Mutterunternehmen gehört, so daß der Konzernabschluß lediglich ein erweiterter Jahresabschluß des Mutterunternehmens ist. Der Einfluß der Minderheitsgesellschafter wird nicht gezeigt.

e) Die Bewertung von Beteiligungen an assoziierten Unternehmen nach der Equity-Methode

Eine durch die 7. EG-Richtlinie zwingend vorgeschriebene Neuerung im deutschen Konzernrechnungslegungsrecht ist die Bewertung von **Beteiligungen an assoziierten Unternehmen** nach der Equity-Methode. § 311 Abs. 1 HGB umschreibt ein assoziiertes Unternehmen als ein nicht in den Konzernabschluß einbezogenes Unternehmen, auf dessen Geschäfts- und Finanzpolitik ein in den Konzernabschluß einbezogenes Unternehmen einen „maßgeblichen Einfluß" ausübt und an dem letzteres „nach § 271 Abs. 1 beteiligt ist". Ein maßgeblicher Einfluß wird nach § 311 Abs. 1 Satz 2 HGB vermutet, wenn ein Unternehmen von einem anderen Unternehmen mindestens 20% der Stimmrechte besitzt.

Beteiligungen dürfen in der Einzelbilanz höchstens zu ihren **Anschaffungskosten** bewertet werden. Diese Bewertungsvorschrift unterliegt deshalb der Kritik,[39] weil sich im Falle der Bildung von Gewinnrücklagen der Substanzwert der Beteiligungsgesellschaft laufend erhöht, die dadurch bedingte Erhöhung des Beteiligungswertes aber wegen des Anschaffungswertprinzips (Realisationsprinzip) in der Bilanz nicht erkennbar ist.

Ein weiterer Mangel der Anschaffungswertmethode besteht darin, daß anteilige Beteiligungsgewinne bei der beteiligten Gesellschaft erst mit einer Zeitverschiebung bilanziert werden können, weil zunächst der Gewinnverteilungsbeschluß der Beteiligungsgesellschaft erfolgen muß.

Während die Bewertung von Beteiligungen im Einzelabschluß im neuen Bilanzrecht unverändert nach dem Anschaffungswertprinzip erfolgt, sind Beteiligungen an assoziierten Unternehmen im Konzernabschluß nach der **Equity-Methode** zu bewerten. Nach dieser Methode bilden die Anschaffungskosten der Beteiligung im Erwerbszeitpunkt zwar die Ausgangsbasis der Bewertung, in den Folgeperioden ist jedoch der Buchwert der Beteiligung laufend an die Entwicklung des Eigenkapitals des Beteiligungsunternehmens anzupassen, und zwar durch folgende Rechnung:[40]

---

[38] Vgl. insbesondere Küting, K., Die Quotenkonsolidierung nach der 7. EG-Richtlinie – Anwendungsprobleme und kritische Würdigung, BB 1983, S. 804 ff. sowie die dort aufgeführte Literatur

[39] Vgl. dazu Havermann, H., Zur Bilanzierung von Beteiligungen an Kapitalgesellschaften in Einzel- und Konzernabschlüssen – Einige Bemerkungen zum Equity-Accounting, WPg 1975, S. 233 ff.; Harms, J./Küting, K., Equity-Accounting im Konzernabschluß. Die Bewertung von Beteiligungen gemäß dem geänderten Vorschlag für eine 7. EG-Richtlinie nach dem Stand vom 10. Februar 1982, BB 1982, S. 2150 ff.

[40] Vgl. Havermann, H., Zur Bilanzierung, a. a. O., S. 235

	Anschaffungskosten der Beteiligung
+	anteilige Gewinne des assoziierten Unternehmens
./.	anteilige Verluste des assoziierten Unternehmens
./.	vereinnahmte Gewinnausschüttungen vom assoziierten Unternehmen
=	Wertansatz der Beteiligung

Der Vorteil der Equity-Methode besteht darin, daß diejenigen stillen Reserven in den Beteiligungen, welche durch offene Rücklagen entstanden sind, ähnlich dem Vorgehen bei der Kapitalkonsolidierung aufgedeckt werden. Außerdem wird durch die Bilanzierung at equity ein periodengerechter Ausweis der Beteiligungserträge erreicht.

Die Bewertung nach der Equity-Methode hat zwar ebenso wie bei der Vollkonsolidierung des Kapitals zur Folge, daß die Differenz zwischen den Anschaffungskosten der Beteiligung und den ihr entsprechenden (anteiligen) Eigenkapitalpositionen eines assoziierten Unternehmens ermittelt wird, jedoch werden im Gegensatz zur Vollkonsolidierung die anteiligen Vermögenswerte des assoziierten Unternehmens nicht in den Konzernabschluß übernommen, sondern es wird **die Beteiligung angesetzt.**

Wird die Beteiligung an einem assoziierten Unternehmen mit dem Buchwert bilanziert, so ist nach § 312 Abs. 1 Satz 2 HGB „der Unterschiedsbetrag zwischen diesem Wert und dem anteiligen Eigenkapital des assoziierten Unternehmens bei erstmaliger Anwendung in der Konzernbilanz zu vermerken oder im Konzernanhang anzugeben" (**Buchwertmethode**).

§ 312 Abs. 1 Satz 1 Nr. 2 HGB läßt daneben die „**Kapitalanteilsmethode**" zu, d.h. einen Ansatz der Beteiligung „mit dem Betrag, der dem anteiligen Eigenkapital des assoziierten Unternehmens entspricht". Diese Methode entspricht der Neubewertungsmethode bei der Vollkonsolidierung. Das Eigenkapital des assoziierten Unternehmens ist nach § 312 Abs. 1 Satz 3 HGB im Zeitpunkt der erstmaligen Einbeziehung „mit dem Betrag anzusetzen, der sich ergibt, wenn die Vermögensgegenstände, Schulden, Rechnungsabgrenzungsposten, Bilanzierungshilfen und Sonderposten des assoziierten Unternehmens mit dem Wert angesetzt werden, der ihnen ... beizulegen ist, jedoch darf dieser Betrag die Anschaffungskosten für die Anteile an dem assoziierten Unternehmen nicht überschreiten".

7. Die Konsolidierung von Forderungen und Verbindlichkeiten

Die in einem Konzern bestehenden Schuldverhältnisse sind für die Aufstellung des Konzernabschlusses in zwei Gruppen einzuteilen:
(1) in Schuldverhältnisse zwischen den einzelnen Konzernunternehmen und
(2) in Schuldverhältnisse zwischen Konzernunternehmen und Konzernfremden (Fremdschuldverhältnisse).

§ 303 Abs. 1 HGB bestimmt: „Ausleihungen und andere Forderungen, Rückstellungen und Verbindlichkeiten zwischen den in den Konzernabschluß einbezogenen Unternehmen sowie entsprechende Rechnungsabgrenzungsposten sind wegzulassen." Die gesetzliche Regelung entspricht also der

Einheitstheorie des Konzerns, nach der Forderungen und Verbindlichkeiten zwischen Konzernunternehmen des Konsolidierungskreises nur **interne Verrechnungsposten** sind, wie sie zwischen rechtlich nicht selbständigen Betriebsabteilungen entstehen. Die in der Konzernbilanz ausgewiesenen Forderungen und Verbindlichkeiten sind folglich immer Forderungen und Verbindlichkeiten gegenüber konzernfremden Unternehmen oder gegenüber Konzernunternehmen, die nicht in den Konzernabschluß einbezogen worden sind.

Die gesetzlichen Vorschriften enthalten trotz der Präzisierung im § 303 Abs. 1 HGB keinen erschöpfenden Hinweis darauf, welche Forderungen und Verbindlichkeiten aufzurechnen sind. Es handelt sich zwar in erster Linie um die Forderungen und Verbindlichkeiten, die in den Einzelbilanzen der Konzernunternehmen als „Forderungen und Verbindlichkeiten gegenüber verbundenen Unternehmen" auszuweisen sind, jedoch beschränkt sich die Konsolidierung nicht allein auf diese Positionen.

Auch andere Positionen können Verrechnungsbeträge enthalten, so z. B. ausstehende Einlagen auf das gezeichnete Kapital und Einlageverpflichtungen. Hat z. B. eine einbezogene Gesellschaft eine Forderung aus ausstehenden Einlagen an eine andere Konzerngesellschaft, so kann eine Forderungs- und Schuldenkonsolidierung allerdings nur erfolgen, wenn letztere eine entsprechende Einzahlungsverpflichtung passiviert hat. Eine derartige Passivierung erfolgt in der Regel erst, wenn die Einlagen eingefordert worden sind. Ist noch keine Passivierung vorgenommen worden, so hat die Forderung aus ausstehenden Einlagen den Charakter einer Wertberichtigung auf das Nominalkapital; bei der Kapitalkonsolidierung muß die ausstehende Einlage vom Nominalkapital abgesetzt werden.

Weitere konsolidierungspflichtige Positionen sind erhaltene und geleistete Anzahlungen, Wechselforderungen und -verbindlichkeiten, Darlehens-, Hypotheken- und Obligationskonten, aktive und passive Rechnungsabgrenzungsposten, Rückstellungen für Risiken aus dem Lieferungs- und Leistungsverkehr zwischen in den Konzernabschluß einbezogenen Unternehmen und sonstige Forderungen und Verbindlichkeiten, die aus Beziehungen zwischen Konzernunternehmen resultieren.

Auch die in den Einzelbilanzen unter dem Strich vermerkten **Eventualforderungen und -verbindlichkeiten** können Beträge enthalten, die aufgerechnet oder weggelassen werden müssen. Die in den Einzelbilanzen vorhandenen Vermerke müssen vom Standpunkt der Einheitstheorie analysiert werden. Alle Vermerke, die den Rechtsverkehr zwischen in den Konzernabschluß einbezogenen Unternehmen betreffen, sind in der Konzernbilanz wegzulassen, z. B. Bürgschaften, Gewährleistungsverträge und das Wechselobligo.[41] Die Forderung nach einer Aufrechnung von konzerninternen Schuldverhältnissen ergibt sich aus der wirtschaftlichen Betrachtungsweise der Konzerneinheit. Ein Unternehmen kann gegen sich selbst keine Forderungen und Verbindlichkeiten haben und darf sie dementsprechend nicht

---

[41] Vgl. § 251 HGB

in der Bilanz ausweisen.[42] Man verhindert damit Wertwiederholungen und -aufblähungen in der Konzernbilanz.

Das Gesetz enthält keine Regelung der Frage, ob Forderungen eines Konzernunternehmens gegen einen **Konzernfremden** und Verbindlichkeiten eines anderen Konzernunternehmens gegenüber dem gleichen Konzernfremden aufgerechnet werden dürfen. Die Auffassungen in der Literatur sind unterschiedlich. Vom Standpunkt der Einheitstheorie wäre eine solche Aufrechnung konsequent in allen Fällen, in denen die Aufrechnung rechtlich zulässig wäre, wenn die Konzerngesellschaften zu einer rechtlichen Einheit zusammengeschlossen würden.

Nach § 303 Abs. 2 HGB braucht die Schuldenkonsolidierung nicht durchgeführt zu werden, „wenn die wegzulassenden Beträge für die Vermittlung eines den tatsächlichen Verhältnissen entsprechenden Bildes der Vermögens-, Finanz- und Ertragslage des Konzerns nur von untergeordneter Bedeutung sind".

8. Die Konsolidierung des Erfolgs

a) Der Grundsatz der Eliminierung konzerninterner Ergebnisse

Die Notwendigkeit zur Ausschaltung von Zwischengewinnen (konzerninternen Gewinnen) ergibt sich aus der Tatsache, daß ein Konzern eine wirtschaftliche Einheit bildet, so daß Gewinne aus Lieferungen und Leistungen zwischen rechtlich selbständigen Konzerngesellschaften vom betriebswirtschaftlichen Standpunkt aus ebensowenig als realisiert angesehen werden können wie Gewinne, die als Folge von Lieferungen und Leistungen zwischen mehreren Betriebsstätten einer Unternehmung entstehen können. In beiden Fällen sind die „Gewinne" das Ergebnis von **Verrechnungspreisen,** die die Konzern- bzw. Unternehmensleitung nach eigenem Ermessen festsetzen kann. Ein Konzern als wirtschaftliche Einheit kann im betriebswirtschaftlichen Sinne einen Gewinn erst erzielen, wenn er Umsätze mit außerhalb des Konzerns stehenden Wirtschaftseinheiten tätigt.

Die Bedeutung der Ausschaltung von Zwischengewinnen liegt vor allem darin, daß die Konzernleitung bei ihrer Dividendenpolitik davor bewahrt wird, Gewinne der einzelnen Konzernunternehmen zur Ausschüttung an außenstehende Aktionäre freizugeben, die nicht durch Umsatz mit Konzernfremden, sondern durch konzerninterne Gewinne entstanden, also vom Standpunkt des Konzerns noch gar nicht realisiert sind. Eine Ausschüttung solcher Gewinne käme einer Substanzverminderung gleich und wäre vom Standpunkt der Einheitstheorie nicht zu vertreten.

b) Schematisches Beispiel zur Technik der Ausschaltung konzerninterner Gewinne

Angenommen, die Obergesellschaft A liefert an die abhängige Gesellschaft B Fabrikate zu 100.000 DM, die B als Vorräte zunächst auf Lager behält. Die

---

[42] Vgl. FN 52: Vgl. Küting/Weber, (Konzernabschluß), S. 277f.

Herstellungskosten, die der Einfachheit halber gleich den Konzernherstellungskosten sein sollen, betragen 80.000 DM.

A	Bilanz A (in TDM)		P
Forderungen	100	gez. Kapital	400
Beteiligung	150	Rücklagen	50
sonst. Aktiva	220	Gewinn	20
	470		470

A	Bilanz B (in TDM)		P
Vorräte	100	gez. Kapital	150
sonst. Aktiva	150	Verbindl.	100
	250		250

A	Konzernbilanz (in TDM)		P
Vorräte	80	gez. Kapital	400
sonst. Aktiva	370	Rücklagen	50
	450		450

In der Konzernbilanz werden die Beteiligung A gegen das Kapital B und die Forderung A gegen die Verbindlichkeit B (aus der Lieferung der Fabrikate) gegeneinander aufgerechnet. Die Vorräte werden ohne Zwischengewinn mit 80.000 DM bilanziert, der Konzern hat noch keinen Gewinn erzielt, da der Gewinn von 20.000 DM in der Bilanz von A noch nicht realisiert ist.

Besser als die kontenmäßige Darstellung der Bilanzen zeigt die folgende Übersicht die Konsolidierungsvorgänge:

Bilanzpositionen (in TDM)	Gesellschaft A		Gesellschaft B		Kapitalkonsolidierung		Schuldenkonsolidierung		Erfolgskonsolidierung		Konzernbilanz	
	S	H	S	H	S	H	S	H	S	H	S	H
Aktiva:												
Beteiligungen	150	–				150					–	
Vorräte	–		100							20	80	
Forderungen	100		–					100			–	
sonst. Aktiva	220		150								370	
	470		250								450	
Passiva:												
gez. Kapital		400		150	150							400
Rücklagen		50		–								50
Verbindlichkeiten		–		100			100					–
Gewinn		20		–					20			–
		470		250	150	150	100	100	20	20		450

In der folgenden Periode veräußert B die Vorräte an einen konzernexternen Abnehmer zu 130.000 DM (es wird unterstellt, daß kein weiterer Aufwand dabei entsteht), außerdem begleicht B die Forderung von A, A schüttet den (unrealisierten) Gewinn der Vorperiode von 20.000 DM an die Anteilseigner bzw. das Finanzamt aus.

Bilanzpositionen (in TDM)	Gesellschaft A		Gesellschaft B		Kapitalkonsolidierung		Schuldenkonsolidierung		Erfolgskonsolidierung		Konzernbilanz	
	S	H	S	H	S	H	S	H	S	H	S	H
Aktiva:												
Beteiligungen	150					150					–	
sonst. Aktiva	300		50								350	
Bank			130								130	
	450		180								480	
Passiva:												
gez. Kapital		400		150	150							400
Rücklagen		50		–								50
Gewinn		–		30								30
		450		180	150	150	–	–	–	–		480

Diese Konzernbilanz ist falsch, denn der Konzern als wirtschaftliche Einheit hat einen Gewinn von 50.000 DM und nicht von 30.000 DM erzielt: die Herstellungskosten bei A betrugen 80.000 DM, der Absatzpreis bei B 130.000 DM, es wurde unterstellt, daß keine weiteren Aufwendungen eingetreten sind. Das falsche Ergebnis der Konsolidierung ist entstanden, weil der in der Vorperiode bei der Konsolidierung ausgeschaltete Zwischengewinn in dieser Periode nach erfolgtem Umsatz in der Konzernbilanz nicht hinzugerechnet wurde. Der Konzerngewinn in dieser Periode ist also größer als die Summe der Gewinne der Einzelbilanzen.

Sobald Bestände, deren Wertansätze bei der Konsolidierung um konzerninterne Gewinne gekürzt worden sind, an Konzernfremde veräußert werden, ist der Konzerngewinn um den gleichen Betrag zu erhöhen, der in einer früheren Periode gekürzt wurde. „In der Totalrechnung muß die Summe aller Konzerngewinne mit der Summe aller Gewinne der Konzernmitglieder übereinstimmen, da es nach Abschluß der Totalperiode keine unrealisierten Gewinne mehr geben kann."[43] Diese Übereinstimmung kann nur erzielt werden, wenn jeder Kürzung des Konzerngewinns um Einzelgewinne, die vom Standpunkt des Konzerns unrealisierte Gewinne sind, eine entsprechende Erhöhung des Konzerngewinns nach erfolgter Realisierung entspricht.

c) Die Behandlung von Zwischenergebnissen nach dem HGB

Das Konzernrechnungslegungsrecht des HGB schreibt in § 304 Abs. 1 HGB in konsequenter Anwendung der Einheitstheorie die **Eliminierung von Zwischenergebnissen** vor, also nicht nur von Zwischengewinnen, sondern auch von Zwischenverlusten. Die Zwischenergebniseliminierung

---

[43] Hax, H., Zum Problem des Konzernabschlusses, ZfbF 1966, S. 64 ff.

braucht nach § 304 Abs. 2 HGB ausnahmsweise nicht vorgenommen zu werden, wenn die Lieferung oder Leistung zu üblichen Marktbedingungen vorgenommen worden ist und die Ermittlung des Zwischenergebnisses einen unverhältnismäßig hohen Aufwand erfordern würde. In diesem Falle besteht eine Berichtspflicht im Konzernanhang, wenn die Unterlassung der Zwischenergebniseliminierung einen wesentlichen Einfluß auf die Vermögens-, Finanz- und Ertragslage des Konzerns hat.

Die Zwischenergebniseliminierung kann ferner nach § 304 Abs. 3 HGB unterbleiben, wenn sie für die Vermittlung eines den tatsächlichen Verhältnissen entsprechenden Bildes der Vermögens-, Finanz- und Ertragslage nur von untergeordneter Bedeutung ist. Durch diese Befreiungstatbestände dürfte in den meisten Fällen die Pflicht zur Zwischenergebniseliminierung bei Anwendung der Equity-Methode nach § 312 Abs. 5 Satz 3 HGB entfallen.

Der **Grundsatz der Einheitlichkeit der Bewertung,** nach dem Bewertungsspielräume, die beim Mutterunternehmen für Wertansätze zwischen einer Wertobergrenze und einer Wertuntergrenze bestehen, auch im Konzernabschluß genutzt werden können, hat zur Folge, daß zum Zwecke der Zwischengewinneliminierung dem Wertansatz in der Einzelbilanz zwar die Konzernherstellungskosten gegenüberzustellen sind, diese aber durch die Möglichkeit zur Neubewertung einen Spielraum zwischen aktivierungspflichtigen und aktivierungsfähigen Komponenten und somit zwischen einem Mindest- und einem Höchstwert zulassen.[44] Konsolidierungstechnisch bedeutet dieser auch für den Konzernabschluß geltende Ermessensspielraum bei der Bestimmung der Höhe der zu aktivierenden Herstellungskosten, daß entweder der Mindestwert, der Höchstwert oder ein Zwischenwert der Konzernherstellungskosten den in der Handelsbilanz II für Konzernbestände angesetzten Werten gegenüberzustellen ist.

Beispiel: A liefert an B Fabrikate, die B am Bilanzstichtag noch auf Lager hat, zu einem Verrechnungspreis, der einen Zwischengewinn enthält.

Selbstkosten bei A	100.000 DM
Verrechnungspreis (Lieferung A an B)	130.000 DM
aktivierungspflichtige Konzernherstellungskosten (Wertuntergrenze)	90.000 DM
aktivierungsfähige Konzernherstellungskosten	+ 20.000 DM
gesamte Konzernherstellungskosten (Wertobergrenze)	= 110.000 DM

Da nach § 304 Abs. 1 HGB Vermögensgegenstände, die Zwischengewinne enthalten, in der Konzernbilanz mit dem Betrag anzusetzen sind, „zu dem

---

[44] Vgl. ausführlich mit tabellarischen Übersichten: Küting/Weber, (Konzernabschluß), S. 292 ff.

sie in der auf den Stichtag des Konzernabschlusses aufgestellten Jahresbilanz dieses Unternehmens angesetzt werden könnten, wenn die in den Konzernabschluß einbezogenen Unternehmen auch rechtlich ein einziges Unternehmen bilden würden", besteht ein **Wahlrecht,** ob die positive Differenz zwischen dem Einzelabschlußwert und entweder dem Höchstwert (Wertobergrenze) oder dem Mindestwert (Wertuntergrenze) oder einem Zwischenwert der Konzernherstellungskosten als Zwischengewinn eliminiert wird. Im obigen Beispiel müßten mindestens 20.000 DM (130.000 ./. 110.000 DM) und dürften höchstens 40.000 DM (130.000 ./. 90.000 DM) als Zwischengewinn eliminiert werden.

Ein **Zwischenverlust** ergibt sich, wenn die Konzernherstellungskosten größer sind als der entsprechende Einzelabschlußwert. Geht man von den Zahlen des obigen Beispiels aus, unterstellt man aber, daß der Verrechnungspreis bei A nur 80.000 DM beträgt, so ist die Differenz zwischen dem Mindestwert der Konzernherstellungskosten (90.000 DM) und dem Einzelabschlußwert (80.000 DM) bei B als Zwischenverlust eliminierungspflichtig, während die Differenz zwischen dem Mindest- und dem Höchstwert der Konzernherstellungskosten (20.000 DM) zusätzlich eliminierungsfähig ist, der Zwischenverlust bei Ansatz des Höchstwertes der Konzernherstellungskosten also 30.000 DM beträgt (80.000 ./. 110.000 DM).

Die folgende **Zusammenstellung** zeigt noch einmal die Fälle der Zwischenergebniseliminierung:

Verrechnungspreis (Lieferung A an B)	130.000 DM
aktivierungspflichtige und aktivierungsfähige Konzernherstellungskosten (Wertobergrenze)	./. 110.000 DM
eliminierungspflichtiger Zwischengewinn	= 20.000 DM
Verrechnungspreis (Lieferung A an B)	130.000 DM
aktivierungspflichtige Konzernherstellungskosten (Wertuntergrenze)	./. 90.000 DM
maximal eliminierungsfähiger Zwischengewinn	= 40.000 DM
Verrechnungspreis (Lieferung A an B)	80.000 DM
aktivierungspflichtige Konzernherstellungskosten (Wertuntergrenze)	./. 90.000 DM
eliminierungspflichtiger Zwischenverlust	= 10.000 DM
Verrechnungspreis (Lieferung A an B)	80.000 DM
aktivierungspflichtige und aktivierungsfähige Konzernherstellungskosten (Wertobergrenze)	./. 110.000 DM
maximal eliminierungsfähiger Zwischenverlust	= 30.000 DM

9. Die Konzern-Gewinn- und Verlustrechnung

a) Das Problem der Eliminierung und Umgliederung der Innenumsatzerlöse

Wie jede Erfolgsrechnung, so hat auch die Konzern-Gewinn- und Verlustrechnung die Aufgabe, die Erträge und die Aufwendungen einer Periode gegenüberzustellen, um einen Einblick in das Zustandekommen des Erfolges zu geben. Faßt man den Konzern als wirtschaftliche Einheit auf, so wird dieses Ziel der Gewinn- und Verlustrechnung **nicht durch Addition** der Erfolgsrechnungen der einzelnen Konzernunternehmen erreicht, sondern ebenso wie bei der Erstellung der Konzernbilanz müssen alle Positionen herausgerechnet werden, die zu Doppelzählungen führen und folglich ein falsches Bild von der Ertragslage des Konzerns geben.

In einer nach § 275 Abs. 2 HGB nach dem Gesamtkostenverfahren gegliederten Gewinn- und Verlustrechnung enthält das Ergebnis der gewöhnlichen Geschäftstätigkeit folgende Ertragskomponenten:
(1) die Umsatzerlöse,
(2) die Erhöhung oder Verminderung des Bestandes an fertigen und unfertigen Erzeugnissen,
(3) die anderen aktivierten Eigenleistungen (z.B. selbststellte Anlagen),
(4) die sonstigen betrieblichen Erträge und
(5) die Erträge aus Finanzvermögen.[45]

Für den Konzern als wirtschaftliche Einheit liegen Umsatzerlöse nur vor, wenn sie mit Konzernfremden getätigt worden sind **(Außenumsatzerlöse)**, d.h. alle konzerninternen Lieferungen und Leistungen **(Innenumsatzerlöse)** müssen eliminiert werden, solange der Umsatz noch nicht nach außen erfolgt ist. Sie sind bei der liefernden Gesellschaft Umsatzerlöse, bei der empfangenden Gesellschaft Aufwendungen und sind folglich ebenso wie konzerninterne Forderungen und Verbindlichkeiten aufzurechnen.

Beispiel: Gesellschaft A produziert aus dem Rohstoff X ein Halbfabrikat Y und liefert es an die Gesellschaft B. Diese bearbeitet das Halbfabrikat zum Fertigfabrikat Z und verkauft es nach außen. Es entsteht kein Zwischengewinn.

A	Gewinn- und Verlustrechung A (in TDM)		E
Rohstoff X	300	Umsatz Y	550
Löhne	250		
	550		550

---

[45] Vgl. § 275 Abs. 2 Nr. 9, 10 und 11 HGB

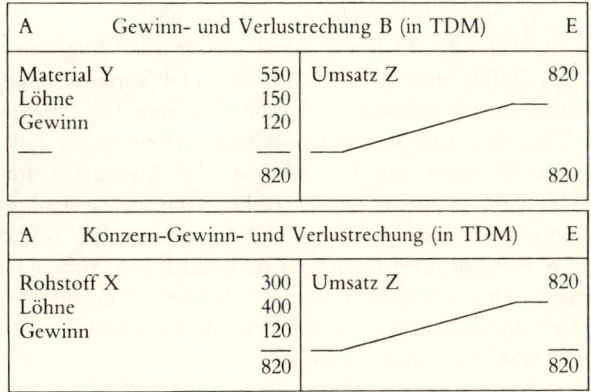

Der Innenumsatzerlös aus den Halbfabrikaten Y von 550.000 DM bei A wird aufgerechnet gegen den Materialaufwand Y bei B. Der Konzern erzielt bei einem Außenumsatz von 820.000 DM einen (externen) Gewinn von 120.000 DM und hat dafür Rohstoffe von 300.000 DM und Löhne von 400.000 DM eingesetzt. Würde man die Umsatzerlöse und Aufwendungen bei A und B zusammenzählen, so ergäbe sich ein Umsatz von 1.370.000 DM, dem Aufwendungen von 1.250.000 DM gegenüberstehen. Der Außenumsatz beträgt aber nur 820.000 DM.

Sind Innenumsätze erfolgt, die nicht oder noch nicht zu Außenumsätzen geführt haben, so muß in der Konzern-Gewinn- und Verlustrechnung eine **Umgliederung von Umsatzerlösen in Bestandsänderungen** oder andere aktivierte Eigenleistungen erfolgen. Liegen die einem Konzernunternehmen gelieferten Güter bei der empfangenden Gesellschaft noch unverarbeitet auf Lager oder sind sie zwar verarbeitet und an ein drittes Konzernunternehmen weitergeliefert worden, hält diese Gesellschaft die Güter aber noch auf Lager, so ist vom Standpunkt des Konzerns noch kein Umsatz, wohl aber eine Bestandsänderung eingetreten.

Beispiel: Es gelten die gleichen Angaben wie oben, jedoch wird noch eine Bearbeitungsstufe C eingeschaltet; B liefert Halbfabrikate Z an das Konzernunternehmen C weiter, das diese nach Bearbeitung als Fertigfabrikate auf Lager nimmt.

A	Gewinn- und Verlustrechnung A (in TDM)		E	A	Gewinn- und Verlustrechnung B (in TDM)		E
Rohstoff X	300	Umsatz Y	550	Material Y	550	Umsatz Z	700
Löhne	250			Löhne	150		
	550		550		700		700

A	Gewinn- und Verlustrechnung C (in TDM)		E	A	Konzern-Gewinn- und Verlustrechnung (in TDM)		E
Material Z	700	Bestandsver-		Rohstoff X	300	Bestandsver-	
Löhne	50	änderung	750	Löhne	450	änderung	750
	750		750		750		750

Der Konzern als wirtschaftliche Einheit hat noch keinen Umsatzerlös erzielt, wohl aber eine Mehrung der Bestände an Fertigfabrikaten um 750.000 DM. Würde man die drei Gewinn- und Verlustrechnungen der Konzernunternehmen addieren, so ergäbe sich eine Gesamtleistung von 2.000.000 DM, bestehend aus (Innen-)Umsatzerlösen von 1.250.000 DM und Bestandsmehrungen von 750.000 DM, der Aufwand würde ebenfalls 2.000.000 DM betragen. Die tatsächlich eingesetzten Rohstoffe von 300.000 DM wären dreimal gezählt worden (je einmal bei A, B und C), die Löhne von A ebenfalls dreimal, die von B zweimal. Der Aufwand enthielte also Materialkosten von 600.000 DM und Lohnkosten von 650.000 DM zuviel. Die tatsächliche Leistung des Konzerns als wirtschaftliche Einheit beträgt 750.000 DM, der Aufwand ebenfalls.

Liefert ein Konzernunternehmen eine selbsterstellte Anlage an ein anderes Konzernunternehmen, das sie im eigenen Betriebe einsetzt, so ist auch in diesem Falle vom Standpunkt des Konzerns kein Umsatzerlös erzielt worden, sondern es sind innerbetriebliche Erträge eingetreten, die als **aktivierte Eigenleistungen** in der Konzern-Gewinn- und Verlustrechnung auszuweisen sind.

Zusammenfassend läßt sich feststellen: Erträge eines Konzernunternehmens, die Aufwendungen eines anderen Konzernunternehmens sind, lassen sich formal einteilen
(1) in solche, die ihre Bezeichnung behalten (z.B. Zinsen, Mieten) und
(2) in solche, die bei einer Gesellschaft Umsatzerlöse, bei einer nachgelagerten Gesellschaft dagegen Aufwendungen für Rohstoffe u.ä. darstellen.

Während die erste Art von Aufwendungen und Erträgen gegeneinander aufgerechnet, also bei der Konsolidierung einfach weggelassen wird, sind bei der zweiten Gruppe zwei Fälle zu unterscheiden:
(1) die Umsatzerlöse der liefernden Gesellschaft sind bei der empfangenden Gesellschaft entweder als Aufwand in der Gewinn- und Verlustrechnung enthalten, falls sie schon verbraucht sind, oder
(2) sie sind als Bestand in der Bilanz aufgeführt, falls sie noch nicht verbraucht sind.

Sind sie bereits von der empfangenden Gesellschaft verbraucht worden, so wird der Umsatzerlös der liefernden Gesellschaft gegen den gleich hohen Aufwand der empfangenden Gesellschaft aufgerechnet. Sind die Umsatzerlöse der liefernden Gesellschaft noch als Bestand in der empfangenden Gesellschaft vorhanden, so werden sie in der Konzernbilanz – vorausgesetzt, daß keine Zwischengewinne im Umsatzerlös stecken – durch diesen Bestand ersetzt und erscheinen in der Konzern-Gewinn- und Verlustrechnung als Bestandsänderung an Halb- und Fertigfabrikaten oder als andere aktivierte Eigenleistungen.

b) Die Konzern-Gewinn- und Verlustrechnung nach dem HGB

§ 305 HGB sieht die **Vollkonsolidierung** vor. Das entspricht der stärkeren Betonung der Einheitstheorie. Die Konzern-Gewinn- und Verlustrechnung ist so aufzustellen, als ob alle im Konzern zusammengefaßten Unternehmen ein einheitliches Unternehmen bilden würden.

Das Konzernrechnungslegungsrecht sieht keine besondere Gliederung der Konzern-Gewinn- und Verlustrechnung vor, sondern verweist in § 298 Abs. 1 HGB auf die entsprechenden Gliederungsvorschriften für die Einzel-Gewinn- und Verlustrechnung. Ein gesonderter Ausweis wird jedoch für die auf Minderheitsgesellschafter und assoziierte Beteiligungen entfallenden Gewinne oder Verluste vorgeschrieben.[46]

Die Vollkonsolidierung erfordert die **Ausschaltung aller Innenumsatzerlöse.** Nach § 305 Abs. 1 Nr. 1 HGB sind die Erlöse aus Lieferungen und Leistungen zwischen den in den Konzernabschluß einbezogenen Unternehmen mit den auf sie entfallenden Aufwendungen zu verrechnen, vorausgesetzt, daß sie nicht als Erhöhung des Bestandes an Halb- und Fertigfabrikaten oder als andere aktivierte Eigenleistungen auszuweisen sind. Die Probleme sind hier im wesentlichen die gleichen, wie sie oben anhand von Beispielen bereits dargestellt wurden.

Auch für die Aufwands- und Ertragskonsolidierung gilt das **Prinzip der Wesentlichkeit,** d. h. Innenumsätze betreffende Aufwendungen und Erträge brauchen nach § 305 Abs. 2 HGB dann nicht weggelassen zu werden, wenn sie für die Vermittlung eines den tatsächlichen Verhältnissen entsprechenden Bildes der Vermögens-, Finanz- und Ertragslage „nur von untergeordneter Bedeutung" sind.

Während die frühere aktienrechtliche Gewinn- und Verlustrechnung gem. § 157 AktG 1965 (a. F.) ausschließlich auf der Grundlage des Gesamtkostenverfahrens aufzustellen war, läßt § 275 HGB **wahlweise das Gesamtkosten- oder das Umsatzkostenverfahren** für die Einzel-Gewinn- und Verlustrechnung und durch Verweisung in § 298 Abs. 1 HGB auch für die Konzern-Gewinn- und Verlustrechnung zu. Da der Konzernabschluß grundsätzlich nach den vom Mutterunternehmen angewendeten Bilanzierungs- und Bewertungsgrundsätzen aufzustellen ist, können erhebliche Umgliederungen erforderlich werden, wenn z. B. das Mutterunternehmen für die Gewinn- und Verlustrechnung das Gesamtkostenverfahren und einzelne Tochterunternehmen das Umsatzkostenverfahren anwenden und dadurch die Aufwendungen in der Einzel-Gewinn- und Verlustrechnung teils nach Kostenarten, teils nach Kostenstellen gegliedert sind.

Da nach geltendem Recht im Gegensatz zum früheren Aktienrecht ausländische Konzernunternehmen grundsätzlich in den Konzernabschluß einbezogen werden müssen, können sich **umfangreiche Umgliederungsarbeiten** ergeben, wenn das Mutterunternehmen das früher allein zulässige Gesamtkostenverfahren verbindlich vorschreibt, ausländische Unternehmen jedoch das im angelsächsischen Raum vorherrschende Umsatzkostenverfahren anwenden müssen.

Umgliederungsprobleme können auch dann auftreten, wenn kleine und mittelgroße Kapitalgesellschaften i. S. des § 267 Abs. 1 und 2 HGB die ihnen

---

[46] Vgl. §§ 307 Abs. 2 bzw. 312 Abs. 4 HGB

1058　Sechster Abschnitt. Das betriebliche Rechnungswesen

in § 276 HGB eingeräumten größenabhängigen Erleichterungen in Anspruch nehmen und eine verkürzte Gewinn- und Verlustrechnung aufstellen. Derartige Gewinn- und Verlustrechnungen müssen vor ihrer Konsolidierung in die ausführliche Form des § 275 HGB umgegliedert werden, weil in der in § 298 Abs. 1 HGB enthaltenen Aufzählung der auf den Konzernabschluß anzuwendenden Vorschriften für den Einzelabschluß die Erleichterungsvorschrift des § 276 HGB nicht genannt wird.

10. Der Konzernanhang und der Konzernlagebericht

Analog zu der Vorschrift des § 264 Abs. 1 HGB, nach der Kapitalgesellschaften den Jahresabschluß um einen Anhang zu erweitern haben, der mit der Bilanz und der Gewinn- und Verlustrechnung eine Einheit bildet, und außerdem einen Lagebericht aufzustellen haben, bestimmt § 297 Abs. 1 HGB, daß zum Konzernabschluß als dritter Bestandteil der Konzernanhang gehört, und § 290 Abs. 1 HGB verlangt, daß neben dem Konzernabschluß ein gesonderter Konzernlagebericht aufzustellen ist. Die Vorschriften über den Konzernanhang und den Konzernlagebericht sind entsprechend den Vorschriften der §§ 284 bis 288 HGB über den (Einzel-)Anhang und des § 289 HGB über den (Einzel-)Lagebericht aufgebaut. § 313 HGB regelt die erforderlichen Erläuterungen der Konzernbilanz und Konzern-Gewinn- und Verlustrechnung, § 314 HGB zählt eine Anzahl „sonstiger Pflichtangaben" auf und § 315 HGB enthält die Bestimmungen über den Konzernlagebericht.

a) Der Konzernanhang

Nach § 313 Abs. 1 Satz 1 HGB sind in den Konzernanhang die Angaben aufzunehmen, „die zu einzelnen Posten der Konzernbilanz oder der Konzern-Gewinn- und Verlustrechnung vorgeschrieben oder die im Konzernanhang zu machen sind, weil sie in Ausübung eines Wahlrechts nicht in die Konzernbilanz oder in die Konzern-Gewinn- und Verlustrechnung aufgenommen wurden." Der Ersatz des Grundsatzes der Maßgeblichkeit der Einzelbilanzen für die Konzernbilanz gem. § 331 Abs. 1 Nr. 1 AktG 1965 (a. F.) durch den Grundsatz der Einheitlichkeit der Bewertung gem. § 308 HGB macht es im Gegensatz zu den früher anwendbaren aktienrechtlichen Vorschriften erforderlich, daß im Konzernanhang nach § 313 Abs. 1 Nr. 1 und 3 HGB die auf die Posten der Konzernbilanz und der Konzern-Gewinn- und Verlustrechnung angewendeten **Bilanzierungs- und Bewertungsmethoden angegeben** werden sowie Abweichungen von den Bilanzierungs-, Bewertungs- und Konsolidierungsmethoden angegeben und begründet werden. Hier sind auch Angaben über die Quotenkonsolidierung von Gemeinschaftsunternehmen und die Equity-Konsolidierung von assoziierten Unternehmen zu machen.

Da auch **ausländische Unternehmen** in den Konzernabschluß einzubeziehen sind (Weltabschluß), gewinnt die Vorschrift des § 313 Abs. 1 Nr. 2

HGB besondere Bedeutung, nach der die Grundlagen für die **Umrechnung in Deutsche Mark** angegeben werden müssen, „sofern der Konzernabschluß Posten enthält, denen Beträge zugrunde liegen, die auf fremde Währung lauten oder ursprünglich auf fremde Währung lauteten".

Umfangreiche Angaben über den **Konsolidierungskreis** werden in § 313 Abs. 2 HGB gefordert. Hier sind Name und Sitz der in den Konzernabschluß einbezogenen Unternehmen sowie der Anteil am Kapital der Tochterunternehmen, der dem Mutterunternehmen und den in den Konzernabschluß einbezogenen Tochterunternehmen gehört, anzugeben. Entsprechende Angaben sind über assoziierte Unternehmen zu machen. Ferner ist über Gemeinschaftsunternehmen sowie über andere Unternehmen zu berichten, an denen das Mutterunternehmen oder ein Tochterunternehmen mit wenigstens 20% beteiligt ist. Bei der letztgenannten Gruppe von Unternehmen ist auch die Höhe des Eigenkapitals und des Ergebnisses des letzten Geschäftsjahres anzugeben.[47] Für diese Angaben gilt das **Prinzip der Wesentlichkeit.** Sie können unterbleiben, „wenn sie für die Vermittlung eines den tatsächlichen Verhältnissen entsprechenden Bildes der Vermögens-, Finanz- und Ertragslage des Konzerns von untergeordneter Bedeutung sind."[48] Auf die Angabe des Eigenkapitals und des Ergebnisses kann verzichtet werden, wenn das in Anteilsbesitz stehende Unternehmen seinen Jahresabschluß nicht offenzulegen hat und die Beteiligung unter 50% liegt.[49]

Werden die Angaben über Tochterunternehmen und sonstige Beteiligungsunternehmen statt im Konzernanhang in einer besonderen **Aufstellung des Anteilsbesitzes** (Beteiligungsliste) nach § 313 Abs. 4 HGB gemacht, die als Bestandteil des Anhangs gilt, so kann die Erleichterung der Offenlegung nach § 325 Abs. 3 Satz 2 HGB in Anspruch genommen werden, d.h. diese Angaben brauchen nicht im Bundesanzeiger bekanntgemacht zu werden. Allerdings muß im Konzernanhang auf diese Beteiligungsliste und den Ort ihrer Hinterlegung (Handelsregister) hingewiesen werden.[50]

Die speziellen Vorschriften zum Anhang und zum Konzernanhang enthalten nur etwa die Hälfte der im Konzernanhang geforderten Angaben. Die andere Hälfte ist über die sonstigen Konzernrechnungslegungsvorschriften verstreut geregelt.[51] Harms/Küting stellen die Frage, „ob der Umfang der Berichterstattung noch in einem sinnvollen Verhältnis zum Nutzen der Information steht."[52] Sie halten aufgrund des großen Umfangs der Berichterstattungspflichten eine besondere Gliederung des Konzernanhangs für erforderlich und machen dafür den folgenden „Strukturierungsvorschlag":[53]

---

[47] Vgl. § 313 Abs. 2 Nr. 4 HGB
[48] § 313 Abs. 2 Nr. 4 HGB
[49] Vgl. § 313 Abs. 2 Nr. 4 letzter Satz HGB
[50] Vgl. § 313 Abs. 4 HGB
[51] Vgl. Harms, J.E., Küting, K., Der Konzernanhang nach künftigem Recht, BB 1984, S. 1980
[52] Harms, J.E., Küting, K., Der Konzernanhang, a.a.O., S. 1980
[53] Harms, J.E., Küting, K., Der Konzernanhang, a.a.O., S. 1980

I. Abgrenzung des Konsolidierungsbereichs
   (1) Konzern- und Beteiligungsunternehmen
       a) Konzernunternehmen
       b) Gemeinschaftsunternehmen
       c) Assoziierte Unternehmen
       d) Andere Unternehmen
       e) Anwendung der Schutzklausel
   (2) Änderung des Konsolidierungsbereichs
   (3) Begründung der Nichteinbeziehung
II. Konsolidierungsgrundsätze
   (1) Allgemeine Angaben
       a) Generalnormen
       b) Vorgänge nach dem Bilanzstichtag
       c) Abweichende Konsolidierungsmethoden gegenüber dem Vorjahr
       d) Abweichender Bilanzstichtag
       e) Währungsumrechnung
   (2) Einheitlichkeit der Bewertung
       a) Abweichungen vom Einheitlichkeitsgrundsatz
       b) Unterlassung einer Neubewertung
       c) Steuerliche Sonderregelungen
   (3) Kapitalkonsolidierung und kapitalkonsolidierungsähnliche Verfahren
       a) Vollkonsolidierung
       b) Quotenkonsolidierung
       c) Equity-Konsolidierung
   (4) Zwischenerfolgseliminierung
III. Erläuterungen zur Konzernbilanz und Konzernerfolgsrechnung
   (1) Generalnorm
   (2) Einzelangaben
       a) Eigene Aktien
       b) Organkredite
       c) langfristige Verbindlichkeiten
       d) sonstige finanzielle Verpflichtungen
       e) Haftungsverhältnisse
       f) Aufgliederung der Umsatzerlöse
       g) Organaufwendungen
       h) Steuerabgrenzung
IV. Sonstige Angaben
   (1) Anzahl und Struktur der Belegschaft
       a) Angaben bei vollkonsolidierten Unternehmen
       b) Angaben bei quotal einbezogenen Unternehmen
   (2) Inanspruchnahme steuerlicher Vergünstigungen
   (3) Anwendung der Schutzklausel

b) Der Konzernlagebericht

Im Konzernlagebericht sind nach § 315 Abs. 1 HGB „zumindest der Geschäftsverlauf und die Lage des Konzerns so darzustellen, daß ein den tatsächlichen Verhältnissen entsprechendes Bild vermittelt wird". In diesem Bereich unterscheidet sich der Konzernlagebericht grundsätzlich nicht von der früher im Rahmen des Geschäftsberichts nach § 334 Abs. 2 AktG 1965 (a. F.) geforderten Berichterstattung über die **allgemeine wirtschaftliche Lage** des Konzerns. Gleiches gilt auch für die Berichterstattung über **Vorgänge von besonderer Bedeutung,** die nach dem Schluß des Geschäftsjahres eingetreten sind.

Der Konzernlagebericht muß – ebenso wie der Einzellagebericht – nach neuem Recht gem. § 315 Abs. 2 HGB über die frühere Berichterstattung gem. AktG 1965 hinaus auf die **voraussichtliche Entwicklung** des Konzerns und auf den **Bereich der Forschung und Entwicklung** des Konzerns eingehen. Von dieser Berichterstattungspflicht sind grundsätzlich nur solche Entwicklungen betroffen, „die den Konzern in seiner Gesamtheit und nicht nur einzelne Konzernunternehmen beeinflussen. Gleichwohl kann auch über einzelne Konzernunternehmen zu berichten sein, wenn sich aufgrund neuerer Entwicklungen für die überschaubare Zukunft z.B. abzeichnet, daß einzelne Konzernunternehmen stillzulegen sind und dies gleichzeitig für die Lage des Konzerns bedeutsam ist."[54]

Der Konzernanhang und der Konzernlagebericht dürfen nach §§ 298 Abs. 3 und 315 Abs. 3 HGB mit dem Anhang und dem Lagebericht des Mutterunternehmens zusammengefaßt werden. Diese Unterlagen müssen dann gemeinsam offengelegt werden. Auch die Prüfungsberichte und Bestätigungsvermerke dürfen jeweils zusammengefaßt werden.

11. Die Prüfung der Konzernrechnungslegung

Ebenso wie der Jahresabschluß und der Lagebericht unterliegen auch der Konzernabschluß und der Konzernlagebericht der Pflichtprüfung.[55] Die Prüfung des Konzernabschlusses hat sich darauf zu erstrecken, ob die gesetzlichen Vorschriften und sie ergänzende Bestimmungen des Gesellschaftsvertrages oder der Satzung beachtet sind. Der Konzernlagebericht ist nach § 317 Abs. 1 HGB darauf zu prüfen, ob er mit dem Konzernabschluß in Einklang steht und ob die sonstigen Angaben im Konzernlagebericht nicht eine falsche Vorstellung von der Lage des Konzerns erwecken. Das Bilanzrecht faßt die Vorschriften über die Prüfung des Einzelabschlusses und des Konzernabschlusses zusammen, damit Mehrfachregelungen vermieden werden.[56]

Als **Konzernabschlußprüfer** gelten – wenn keine anderen Prüfer bestellt werden – die Prüfer als bestellt, die für die Prüfung des Mutterunternehmens bestellt worden sind.[57]

Da der Konzernabschluß aus den Einzelabschlüssen der einbezogenen Konzernunternehmen entwickelt wird, ist dessen Prüfung nur sinnvoll, wenn zuvor **alle Einzelabschlüsse geprüft** worden sind. Das bedeutet, daß die

---

[54] IDW, (WP-Handbuch 1996), S. 1040
[55] Vgl. § 316 Abs. 2 HGB
[56] Vgl. §§ 316ff. HGB.
[57] Vgl. § 318 Abs. 2 HGB

Konzernabschlußprüfer alle Einzelabschlüsse einer Prüfung unterziehen müssen, die nicht bereits einer Pflichtprüfung nach den Vorschriften des HGB oder nach anderen gesetzlichen Vorschriften unterlegen haben oder nach den Grundsätzen dieser Vorschriften auf freiwilliger Basis geprüft worden sind. Bei bereits geprüften in den Konzernabschluß einzubeziehenden ausländischen Unternehmen fordert § 317 Abs. 2 HGB darüber hinaus, daß der ausländische Abschlußprüfer eine den Anforderungen der EG-Prüferrichtlinie **gleichwertige Befähigung** hat und der Jahresabschluß in einer den Vorschriften des HGB entsprechenden Weise geprüft worden ist. Die Prüfung der noch nicht geprüften Jahresabschlüsse von Konzernunternehmen beschränkt sich nach § 317 Abs. 2 HGB auf die Feststellung, ob sie den Grundsätzen ordnungsmäßiger Buchführung entsprechen. § 317 Abs. 2 HGB fordert darüber hinaus die Prüfung, „ob die für die Übernahme in den Konzernabschluß maßgeblichen Vorschriften beachtet sind."

Nach Eingang des Prüfungsberichts des Abschlußprüfers hat der Vorstand des Mutterunternehmens diesen Bericht zusammen mit dem Konzernabschluß und dem Konzernlagebericht unverzüglich dem **Aufsichtsrat** des Mutterunternehmens „zur Kenntnisnahme" vorzulegen.[58] Im Gegensatz zum Einzelabschluß unterliegt der Konzernabschluß also nach der Prüfung durch die Abschlußprüfer nicht einer weiteren Prüfung durch den Aufsichtsrat. Auf eine solche Prüfung kann deshalb verzichtet werden, weil aus dem Konzernabschluß niemand Rechte herleiten kann. Konzernabschluß und Konzernlagebericht werden der Hauptversammlung des Mutterunternehmens vom Vorstand zusammen mit dem Jahresabschluß und dem Lagebericht dieser Gesellschaft vorgelegt. Der Konzernabschluß wird aber im Gegensatz zum Einzelabschluß nicht festgestellt. Rechtliche Wirkungen für Anteilseigner, Gläubiger und Finanzbehörden haben allein die Einzelabschlüsse der Konzernunternehmen.

Der Konzernabschluß und der Konzernlagebericht sind gem. § 325 Abs. 3 HGB im Bundesanzeiger bekanntzumachen. Die Bekanntmachung ist mit allen Unterlagen zum Handelsregister einzureichen.

IX. Bilanzpolitik und Bilanzanalyse

1. Überblick

Nach dem Willen des Gesetzgebers (§ 264, Abs. 2 HGB) soll der Jahresabschluß
* ein den tatsächlichen Verhältnissen entsprechendes Bild
* der Vermögens-, Finanz- und Ertragslage
eines Unternehmens vermitteln. Dabei dürften die bisherigen Ausführungen deutlich gemacht haben, daß die externen Bilanzadressaten von ihren Informationswünschen Abstriche machen müssen. Die Bilanzleser müssen sorgsam unterscheiden zwischen

---

[58] Vgl. § 337 Abs. 1 Satz 1 AktG 1965 (a. F. und n. F.)

- **tatsächlichem** Vermögen, Reinvermögen bzw. Jahreserfolg und
- **ausgewiesenem** Vermögen, Reinvermögen bzw. Jahreserfolg.

Die tatsächlichen, „richtigen" Wertangaben sind dem Jahresabschluß nicht zu entnehmen, weil die Werte von Vermögensgegenständen zukunftsabhängig und damit unsicher sind und weil das bilanzierende **Unternehmen legale Bilanzgestaltungsmöglichkeiten** hat, die man als bilanzpolitischen Spielraum bezeichnet.

Jedes Unternehmen kann den bilanzpolitischen Spielraum zur Erreichung bilanzpolitischer Ziele nutzen. Durch eine pessimistische (optimistische) Bewertung von Vermögen und Schulden wird man zu einem untersetzten (überhöhten) Erfolgsausweis gelangen.

Die Bilanzadressaten wünschen aber Informationen über die „tatsächliche Höhe" von Vermögen und Jahreserfolg. Darum suchen sie nach Möglichkeiten, das bilanzpolitische Störpotential aus dem Jahresabschluß soweit wie möglich herauszufiltern. Hierzu bedient man sich der **Bilanzanalyse.** Bilanzanalysen übernehmen die Aufgabe, den **Jahresabschluß**
- von bilanzpolitischem Störpotential zu befreien und
- den bereinigten Jahresabschluß durch Verdichtung des Zahlenmaterials (= Kennzahlenbildung)

für die Bilanzadressaten **transparenter** zu machen.

2. Bilanzpolitik

Wie jede betriebliche Teilbereichspolitik (Beschaffungs-, Produktions-, Absatz-, Investitions-, Finanzpolitik usw.) so ist auch die Bilanzpolitik der Erreichung des betrieblichen Oberziels, i.d.R. der langfristigen Gewinnmaximierung, untergeordnet.[1] Die Bilanzpolitik – korrekterweise sollte man von Jahresabschlußpolitik sprechen – ist einerseits Innen-, andererseits Außenpolitik. Im Zuge der Bilanzpolitik soll
- die **finanzwirtschaftliche Aktionsebene** des Unternehmens optimiert (Innenwirkung) und
- das **gute Ansehen** des Unternehmens bei den Bilanzadressaten maximiert werden (Außenwirkung).

Nach Handels- und Steuerrecht fällt die Erstellung des Jahresabschlusses in den Verantwortungsbereich der Unternehmensleitung. Diese Aufgabe wird zum großen Teil an das externe Rechnungswesen delegiert. Die Richtlinienkompetenz der Bilanzpolitik sollte sich aber die Unternehmensleitung auf jeden Fall vorbehalten. Zu den bilanzpolitischen Entscheidungen von strategischer Bedeutung gehören die Festlegungen, ob das Unternehmen
- im Hinblick auf die Kapitalgeber eher eine **gläubigerorientierte** oder eine **aktionärsorientierte** Bilanzpolitik und
- im Hinblick auf den Informationsumfang eher eine **passive** oder eine **aktive Publizitätspolitik**[2]

---

[1] Vgl. hierzu Bieg/Kußmaul, (Externes Rechnungswesen), S. 179 ff.
[2] Unter passiver (aktiver) Publizitätspolitik versteht man eine gesetzlich vorgeschriebene Mindestinformation (eine weit über das vorgeschriebene Maß hinausgehende Zusatzinformation) der Bilanzadressaten. Vgl. S. 1066 ff.

verfolgen will. Das Treffen dieser bilanzpolitischen Grundsatzentscheidungen gehört zu den Führungsaufgaben der Unternehmensleitung. Im folgenden werden die Ziele und die Instrumente der Bilanzpolitik in ihren Grundzügen abgehandelt.[3]

a) Ziele der Bilanzpolitik

Die aus dem unternehmerischen Gesamtziel abgeleiteten bilanzpolitischen Zwischen- und Unterziele lassen sich folgendermaßen systematisieren:

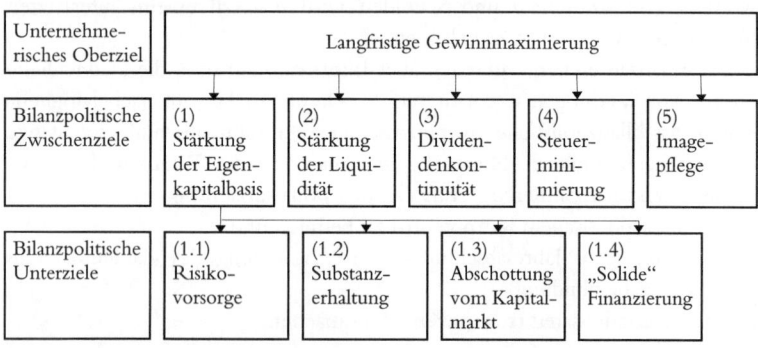

Abb. 114: Bilanzpolitische Ziele im Überblick

(1) Die **Stärkung der Eigenkapitalbasis** ist wohl das wichtigste bilanzpolitische Ziel. Die Ausschüttungsquote soll möglichst niedrig gehalten werden. Dieses Ziel läßt sich durch
• Bildung stiller Rücklagen oder
• Bildung offener Rücklagen
erreichen.

(1.1) Durch **Risikovorsorge** in ertragstarken Jahren schafft man ein Ausgleichspotential für schlechte Zeiten. Durch Gewinnthesaurierung in offener oder verdeckter Form (offene oder stille Rücklagen) erhöht man das **Eigenkapital**, damit es in Verlustjahren seiner Funktion als Verlustauffangpotential gerecht werden kann. Das allgemeine Unternehmerrisiko ist nicht versicherbar. Deshalb muß es durch diese Form der Eigenvorsorge abgedeckt werden. Risikovorsorge durch Gewinnthesaurierung dient
• den Gläubigern (sinkendes Ausfallrisiko) und
• den Aktionären (sinkendes Sanierungsfallrisiko).[4]

(1.2) Substanzerhaltung wird in Zeiten allgemeiner Geldentwertung zu einem wichtigen bilanzpolitischen Ziel. Das Handels- und Steuerrecht definiert den Gewinn als nominellen Eigenkapitalzuwachs. Der so ermittelte Gewinn unterliegt der Ertragsteuer. Wird der verbleibende Nettogewinn in vollem Umfang ausgeschüttet, verfügt das Unternehmen am Periodenende über den gleichen Nominal(eigen-)kapitalbetrag wie am Periodenanfang. In

---
[3] Zur vertieften Darstellung vgl. Wöhe, G., (Bilanzierung), S. 673 ff.
[4] Zur Problematik der Risikovorsorge durch Bildung stiller Rücklagen vgl. S. 1074 ff.

Zeiten steigender Preise ist damit eine Substanzerhaltung nicht möglich. Will man eine Erhaltung der Unternehmenssubstanz erreichen, gilt für den zu thesaurierenden Mindestgewinnbetrag

> Thesaurierungsbetrag ≥ Scheingewinn

wobei der Scheingewinn[5] definiert wird als Differenz zwischen gestiegenen Wiederbeschaffungskosten und Anschaffungskosten. Die Sicherung des Mindestthesaurierungsbetrags erreicht man durch Bildung offener bzw. stiller Rücklagen.

(1.3) Abschottung vom Kapitalmarkt ist eine in Kontinentaleuropa – noch – weitverbreitete Unternehmenspolitik. Man versucht, einen Großteil des Kapitalbedarfs durch offene, vorzugsweise durch stille Selbstfinanzierung[6] zu decken. Man bevorzugt diese Finanzierungsform gegenüber der Außenfinanzierung. Selbstfinanzierung ist bequemer als die Aufnahme von Eigen- oder Fremdkapital. Ob Beteiligungstitel oder Schuldtitel – auf dem Kapitalmarkt herrscht ein zunehmender Wettbewerbsdruck, dem sich kapitalsuchende Unternehmen gerne entziehen.

Bilanzpolitische Bestrebungen, sich vom Kapitalmarkt abzuschotten, entspringen der Vorstellung vom „Unternehmen an sich". Sie widersprechen dem Shareholder Value-Ansatz,[7] wonach die Unternehmung eine Institution zur Maximierung der Anteilseignerinteressen ist.

(1.4) Solide Finanzierung ist ein wichtiger Faktor zur Beurteilung der Kreditwürdigkeit von Unternehmen. Je höher die Eigenkapitalquote, desto höher wird c. p. die Bonität des Unternehmens eingeschätzt. Je besser aber die Bonitätseinschätzung, desto günstiger sind die Konditionen, zu denen das Unternehmen Fremdkapital aufnehmen kann. Aus diesem Grunde sind viele Unternehmen bestrebt, ihre Eigenkapitalquote durch offene oder stille Selbstfinanzierung zu erhöhen.

(2) Stärkung der Liquidität ist eine weitere Voraussetzung zur Steigerung der Kreditwürdigkeit. Unterliquidität[8] kann zur Zahlungsunfähigkeit führen und Zahlungsunfähigkeit führt zum Konkurs, also zum Ende allen Gewinnstrebens. Eine Stärkung der Liquidität kann durch

- stille Selbstfinanzierung[9] (Mittelabfluß für Steuer- und Dividendenzahlungen gleich Null),
- offene Selbstfinanzierung[10] (Mittelabfluß für Dividendenzahlungen gleich Null) oder
- vorzeitige Veräußerung von Vermögenspositionen[11] erreicht werden.

(3) Dividendenkontinuität ist ein weiteres wichtiges bilanzpolitisches Ziel. Dividendenkontinuität ist erreicht, wenn unabhängig vom erwirtschafteten Jahresergebnis eine mehr oder weniger konstante Gewinnausschüttung

---

[5] Vgl. S. 915
[6] Zur Selbstfinanzierung vgl. S. 751 ff.
[7] Zum Shareholder Value-Ansatz vgl. S. 94 ff.
[8] Vgl. S. 752 ff.
[9] Vgl. S. 755 ff.
[10] Vgl. ebenfalls S. 687
[11] Vgl. S. 1069

je Aktie geleistet wird. Eine modifizierte Form der Dividendenkontinuität liegt dann vor, wenn Unternehmen auch in ertragschwachen Jahren der Erwartung ihrer Anteilseigner nach einer „Mindestdividende" nachkommen. Dividendenkontinuität wird erreicht, wenn
- in ertragschwachen Jahren stille und/oder offene Rücklagen aufgelöst bzw.
- in ertragstarken Jahren stille und/oder offene Rücklagen gebildet werden.

Ob diese Art der Bilanzpolitik vom Kapitalmarkt honoriert wird, hängt von der Einstellung der (Klein-)Aktionäre ab. Herrscht bei den Anteilseignern eines Unternehmens mit dem Wunsch nach stabilisierter Dividende eine gewisse Rentenmentalität vor, wird der Aktienmarkt eine Politik der Dividendenkontinuität mit der Akzeptanz höherer Aktienemissionskurse (→ geringere Kapitalkosten) honorieren.

(4) Steuerminimierung als bilanzpolitisches Zwischenziel steht in enger Beziehung zum Oberziel des Unternehmens, das als langfristige Gewinnmaximierung nach Steuern zu interpretieren ist. Durch – legale – bilanzpolitische Maßnahmen soll – im Mehrperiodenmodell – der Erfolgsausweis in der Steuerbilanz so gestaltet werden, daß die Steuerbelastung des Planungszeitraums minimiert wird. Die Bemühungen zur Minimierung der Steuerbelastung richten sich auf die Realisierung von
- Steuerersparnissen und
- Steuerverschiebungen.

Die Einkommensteuer folgt einem **progressiven Tarif**.[12] Unterliegen die steuerpflichtigen Gewinne im Zeitverlauf starken Schwankungen, wird ein Unternehmen versuchen,
- durch steuerbilanzpolitische Maßnahmen
- Gewinnbestandteile von ertragstarken in ertragschwache Jahre zu verlagern, weil
- sie dort einer **geringeren Grenzbelastung** unterliegen.

So lassen sich echte Steuerersparnisse erzielen.

Die Körperschaftsteuer und die Gewerbeertragsteuer folgen einem **proportionalen Tarif**, d. h. die Grenzbelastung des Gewinns ist unabhängig von der Gewinnhöhe. Hier wird man versuchen
- durch steuerbilanzpolitische Maßnahmen
- Gewinnbestandteile in die **Zukunft** zu **verlagern,** weil so
- ein **zinsloser „Kredit"** vom Fiskus erwirkt werden kann.

Im Modell der Steuerbarwertminimierung[13] geht es darum, die Steuerbemessungsgrundlagen so zu gestalten, daß die auf den Zeitpunkt t_0 diskontierten (Ertrag-)Steuerzahlungen minimiert werden. Damit erfaßt dieses Modell sowohl den Ersparnis- als auch den Verschiebungseffekt.

(5) Imagepflege gegenüber den Bilanzadressaten zu betreiben ist eine unternehmenspolitische Selbstverständlichkeit geworden. In diesem Zusammenhang ist die Frage zu stellen, ob es für ein Unternehmen vorteilhafter ist,

---

[12] Vgl. dazu S. 307 f.
[13] Vgl. hierzu Wöhe/Bieg, (Grundzüge), S. 90 ff. und die dort angegebene Literatur

eine Bilanzpolitik gegen die Interessen oder für die Interessen der Bilanzadressaten zu betreiben.

Nach traditioneller Auffassung ist es für die Unternehmen von Vorteil, den Jahresabschluß gegen die Interessen der Bilanzadressaten auszugestalten: Gegenüber Gläubigern versucht man, die Vermögens- und Ertragslage in einem günstigen Licht erscheinen zu lassen, um eine gute Bonität vorzuspiegeln. Dagegen erscheint es gegenüber den Kleinaktionären und der Finanzverwaltung zweckmäßig, die Vermögens- und Ertragslage grau in grau darzustellen, um Dividenden- und Steuerzahlungen zu minimieren.

Gegenüber der Finanzverwaltung ist die Richtigkeit einer **adressatenfeindlichen Bilanzpolitik** nach wie vor unbestritten. Ob es sich aber für ein Unternehmen langfristig lohnt, eine gläubigerfeindliche bzw. aktionärsfeindliche Bilanzpolitik zu betreiben, ist sehr die Frage.

Der wirksamste Schutz für diese Bilanzadressaten sind die drohenden **Sanktionsmechanismen des Kapitalmarktes.** Fühlen sich Gläubiger (Kleinaktionäre) durch einen übertrieben optimistischen (pessimistischen) Jahresabschluß getäuscht, verlieren sie das Vertrauen in die Informationspolitik des Unternehmens. Den Vertrauensschwund werden die Gläubiger mit höheren Zinsforderungen, die Kleinaktionäre mit der Bewilligung niedrigerer Aktienemissionskurse quittieren. In beiden Fällen sind **steigende Kapitalkosten** die Folge einer adressatenfeindlichen Bilanzpolitik.

	Bilanzpolitik	
	gegen die Interessen der Bilanzadressaten	**für die Interessen der Bilanzadressaten**
Informationsfärbung gegenüber • Kreditgebern • Kleinaktionären	optimistisch pessimistisch	realistisch realistisch
Informationsumfang	Beschränkung auf gesetzliche Mindest-Information: • Gesetz. Gliederungsschema Bilanz, GuV • Pflichtangaben im Anhang ↓ **passive Publizitätspolitik**	Freiwillige Zusatzinformationen: • Kapitalflußrechnung • Segmentberichterstattung • Erfolgsspaltung • Erfolgsprognosen ↓ **aktive Publizitätspolitik**

Abb. 115: Aktive und passive Publizitätspolitik

Eine aktive Publizitätspolitik kann sich auch an andere Bilanzadressaten richten. Dabei werden bei der Öffentlichkeit Ökobilanzen[14] und bei der Be-

---

[14] Vgl. dazu S. 1001

legschaft Sozialbilanzen[15] auf besonderes Interesse stoßen. Die bevorzugte Informationsplattform für eine aktive Publizitätspolitik stellen Anhang und Lagebericht dar. In jedem Fall muß die jahresabschlußbezogene Publizitätspolitik in der prinzipiellen Weichenstellung von Abschottung versus Transparenz mit dem von der Unternehmung angestrebten Erscheinungsbild, auch Unternehmenskultur oder Corporate Identity,[16] in Einklang stehen.

b) Instrumente der Bilanzpolitik

Welche Instrumente können zur Erreichung bilanzpolitischer Ziele wie
- Stärkung der Liquidität oder
- optimale Gestaltung des Erfolgsausweises (z. B. zwecks Steuerminimierung oder Dividendenkontinuiät)

eingesetzt werden? Zur Beantwortung dieser Frage muß man zunächst zwischen der Handlungsebene im Betrieb und der Darstellungsebene auf dem Jahresabschlußpapier unterscheiden. Während des Geschäftsjahres, also **vor** dem **Bilanzstichtag,** geht es um die optimale Gestaltung wirtschaftlicher Tatbestände **(Sachverhaltsgestaltung).** Im Zuge der Bilanzerstellung, also **nach** dem **Bilanzstichtag,** geht es um die optimale Darstellung der Vermögens-, Finanz- und Ertragslage **(Sachverhaltsdarstellung).** Schließlich gehört eine zielgerichtete Gewinnverwendungspolitik zum bilanzpolitischen Instrumentarium.

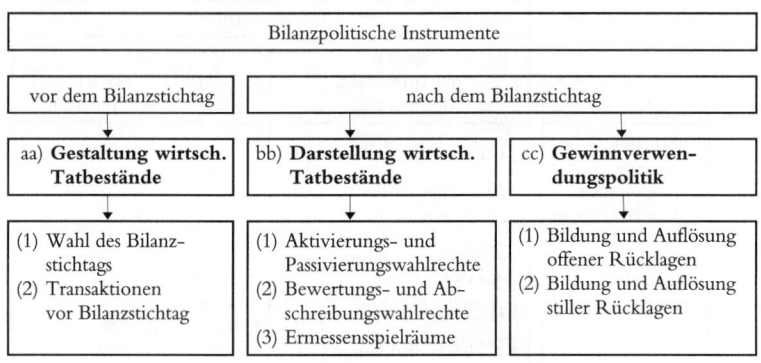

Abb. 116: Bilanzpolitische Instrumente

Abb. 116 gibt einen Überblick über die bilanzpolitischen Instrumente, wie sie im folgenden behandelt werden.

aa) Gestaltung wirtschaftlicher Tatbestände vor dem Bilanzstichtag[17]

(1) Wahl des Bilanzstichtags

Das HGB überläßt den bilanzierenden Unternehmen die Terminierung ihres Geschäftsjahres, dessen Dauer allerdings zwölf Monate nicht überstei-

---

[15] Vgl. dazu S. 1000 f.
[16] Vgl. dazu S. 124
[17] Vgl. hierzu ausführlich Bieg/Kußmaul, (Externes Rechnungswesen), S. 202 ff.

gen darf. Bei der Wahl des Bilanzstichtages sind also die Unternehmen frei. Die Möglichkeit einen anderen, vom 31.12. abweichenden Bilanzstichtag zu wählen, kann gerade für Saisonbetriebe interessant sein.

Für Saisonbetriebe macht es einen großen Unterschied, ob sie den Bilanzstichtag an den Beginn oder an das Ende der Saison legen. Angenommen die Saison eines Sportbootherstellers läuft von April bis August. Die Produktion läuft über das ganze Jahr. Im August ist das Lager geräumt, im September ist die Ware bezahlt. Die Wahl des Bilanzstichtags hat dann großen Einfluß auf die Bilanzstruktur:

Bilanzstichtag	Vorräte	Forderungen	Liquidität	kurzfr. Verbindlichkeiten
März	hoch	niedrig	niedrig	hoch
August	niedrig	hoch	niedrig	hoch
Oktober	niedrig	niedrig	hoch	niedrig

Abb. 117: Bilanzstichtag und Bilanzstruktur

Legt man den Bilanzstichtag in den Oktober, kann man ein hohes Liquiditätspotential ausweisen. Legt man den Bilanzstichtag in den März, wo die Warenvorräte sehr hoch sind, eröffnet sich ein Spielraum zum Erfolgsausweis: Durch Wahlrechte bei der Ermittlung der Herstellungskosten bzw. bei außerplanmäßigen Abschreibungen kann der Erfolgsausweis (legal) manipuliert werden.

(2) **Transaktionen vor dem Bilanzstichtag**

Es wurde schon mehrfach festgestellt, daß durch bilanzpolitische Maßnahmen der Liquiditätsausweis und/oder der Erfolgsausweis gesteuert werden soll. Wie man durch bilanzpolitisch motivierte Transaktionen vor dem Bilanzstichtag diese Zielgrößen beeinflussen kann, zeigt beispielhaft folgende Übersicht:

Transaktionsentscheidungen	Bilanzpolitisches Ziel		
	hoher Erfolg	niedriger Erfolg	höhere Liquidität
Forderungsabtretung			x
Einforderung von Anzahlungen			x
Vorverlagerung Anlagenkauf zwecks Antizipation von Abschreibungen		x	
Verzögerung Anlagenverkauf (Erlös > Buchwert)		x	
Vorziehen einer Großreparatur		x	
Vorziehen Abwicklung Großauftrag	x		x
Verschieben Abwicklung Großauftrag		x	
Veräußerung einer Beteiligung (Erlös > Buchwert)	x		x

Transaktionsentscheidungen	Bilanzpolitisches Ziel		
	hoher Erfolg	niedriger Erfolg	höhere Liquidität
Vorziehen einer Pensionszusage		x	
Operate-Leasing statt Kauf von Anlagen			x
Sale and lease back von Gebäuden (Erlös > Buchwert)	x		x

Abb. 118: Einfluß bilanzpolitisch motivierter Transaktionen

Für den externen Bilanzadressaten ist es so gut wie unmöglich, bilanzpolitisch motivierte Transaktionen von geschäftsüblichen Transaktionen zu unterscheiden.

bb) Darstellung wirtschaftlicher Tatbestände nach dem Bilanzstichtag[18]

(1) **Aktivierungs- und Passivierungswahlrechte**

Aktivierungs- und Passivierungswahlrechte eröffnen einen bilanzpolitischen Spielraum zur Gestaltung des Erfolgsausweises.

gewünschter Erfolgsausweis	hoch	niedrig
Aktivierungswahlrecht	wahrnehmen	verzichten
Passivierungswahlrecht	verzichten	wahrnehmen

Abb. 119: Bilanzierungswahlrechte und Erfolgsausweis

Die Ausübung von Aktivierungs- bzw. Passivierungswahlrechten beeinflußt den Eigenkapitalausweis. Aus einem höheren oder niedrigeren Eigenkapitalausweis zum Periodenende resultiert dann ein höherer oder niedriger Erfolgsausweis. Die einzelnen Aktivierungswahlrechte[19] und Passivierungswahlrechte[20] wurden bereits oben erläutert und schaubildartig zusammengefaßt.

(2) **Bewertungs- und Abschreibungswahlrechte**

Im Zentrum des bilanzpolitischen Instrumentariums stehen die Bewertungs- und Abschreibungswahlrechte. Folgende Gedankenkette führt von der Bewertung zum Erfolgsausweis:
- Aktiva hoch; Passiva niedrig → hoher Eigenkapitalausweis am Periodenende → hoher Erfolgsausweis
- Aktiva niedrig; Passiva hoch → niedriger Eigenkapitalausweis am Periodenende → niedriger Erfolgsausweis.

Die wichtigsten Bewertungswahlrechte lassen sich folgendermaßen zusammenfassen:

---

[18] Vgl. hierzu ausführlich Wöhe, G., (Bilanzierung), S. 694 ff.
[19] Vgl. S. 920 ff.
[20] Vgl. S. 922 f.

(1) **Halb- und Fertigfabrikate** (Wahlrecht zur Aktivierung der Material- und Fertigungsgemeinkosten im Rahmen der Herstellungskosten)	§ 255 Abs. 2
(2) **Gleichartige Vorräte** (Methodenwahl bei der Ermittlung der fiktiven Anschaffungskosten)	§ 256
(3) **Pensionsrückstellungen** (Wahl des Diskontierungszinsfußes zwischen 3 und 6 Prozent)	§ 253 Abs. 1
(4) **Alle Vermögensgegenstände** (Beibehaltungswahlrecht nach Wegfall des Grundes außerplanmäßiger Abschreibung)[21]	§ 253 Abs. 5

Abb. 120: Wichtige bilanzpolitische Bewertungswahlrechte

Die wichtigsten handelsrechtlichen Abschreibungswahlrechte lassen sich wie folgt zusammenfassen:

(1) **Sachanlagevermögen** (Bei planmäßigen Abschreibungen Methodenwahlrecht – linear, degressiv, leistungsabhängig)	§ 253 Abs. 2
(2) **Anlagevermögen** (Abschreibungswahlrecht nach gemildertem Niederstwertprinzip bei vorübergehender Wertminderung)[22]	§ 253 Abs. 2
(3) **Umlaufvermögen** (Abschreibungswahlrecht zur Berücksichtigung künftiger Wertschwankungen)	§ 253 Abs. 3
(4) **Alle Vermögensgegenstände** (Abschreibungswahlrecht zur Bildung stiller Rücklagen für Nichtkapitalgesellschaften)	§ 253 Abs. 4
(5) **Alle Vermögensgegenstände** (Wahlrecht zur Übernahme steuerlicher Mehrabschreibungen im Zuge der umgekehrten Maßgeblichkeit)	§ 254
(6) **Derivativer Firmenwert** (Verteilung der Anschaffungskosten auf – maximal – vier Jahre oder auf tatsächliche Nutzungsdauer)	§ 255 Abs. 4

Abb. 121: Wichtige bilanzpolitische Abschreibungswahlrechte

Eine sehr umfassende Darstellung der Abschreibungs- und Bewertungswahlrechte findet sich bei Wöhe;[23] einen sehr informativen Überblick über die Wahlrechte liefert Heinhold.[24] (**ÜB 6**/38, 45–59, 63–64, 93–100)

(3) **Ermessensspielräume bei unvollständiger Information**

Häufig wird der Jahresabschluß als Vergangenheitsrechnung charakterisiert, in der nur die Geschäftsvorfälle des abgelaufenen Geschäftsjahres erfaßt werden. Diese Interpretation greift zu kurz, weil

---

[21] Zur Einschränkung des Beibehaltungswahlrechts für Kapitalgesellschaften ist § 280 HGB zu beachten.
[22] Zur Einschränkung für Kapitalgesellschaften ist § 279 Abs. 1 HGB zu beachten
[23] Vgl. Wöhe, G., (Bilanzierung), S. 721 ff.
[24] Vgl. Heinhold, M., (Jahresabschluß), S. 440 ff.

- zum **Bilanzstichtag** alle Vermögensgegenstände und Schulden (§ 253 Abs. 1 HGB) zu **bewerten** sind, wobei
- das **Vorsichtsprinzip** (§ 252 Abs. 1 Nr. 4 HGB) zu beachten ist. So müssen
- **negative künftige Entwicklungen** bei der Bewertung antizipiert werden.

Informationen über die künftige Wertentwicklung sind unvollständig. Pessimisten schätzen die Zukunft anders ein als Optimisten. Aus diesem Ungewißheitsproblem resultieren Ermessensspielräume bei der Bewertung von Vermögensgegenständen und Schulden bzw. Rückstellungen. Die Unternehmensleitung hat einen recht breiten bilanzpolitischen Spielraum, indem sie bei der

- planmäßigen und außerplanmäßigen Abschreibung von Vermögensgegenständen bzw. bei der
- Bildung und Bewertung von Rückstellungen (z. B. Prozeßkosten- oder Kulanzrückstellungen)

einen bewußt optimistischen bzw. pessimistischen Standpunkt bezieht.

(1) **Rückstellungsbildung** (nach vernünftiger kaufm. Beurteilung)	§ 253 Abs. 1
(2) **Planmäßige Abschreibung** (Verteilung auf voraussichtliche Nutzungsdauer)	§ 253 Abs. 2
(3) **Gemildertes Niederstwertprinzip AV** (Abschreibungszwang nur bei voraussichtlich dauernder Wertminderung)	§ 253 Abs. 2
(4) **Außerplanmäßige Abschreibung AV, UV** (auf beizulegenden Wert)	§ 253 Abs. 2 + 3
(5) **Außerplanmäßige Abschreibung, UV** (zur Antizipation möglicher Wertminderungen der nächsten Zukunft)	§ 253 Abs. 3
(6) **Außerplanmäßige Abschreibung AV, UV** (zusätzliche Abschreibung im Rahmen vernünftiger kaufm. Beurteilung)	§ 253 Abs. 4

Abb. 122: Bilanzpolitische Ermessensspielräume

Bilanzpolitische Ermessensspielräume ergeben sich aus der Tatsache, daß sich der Gesetzgeber mit seinen Rückstellungs- und Abschreibungsvorschriften

- angesichts **unsicherer Zukunftsinformationen**
- auf **unbestimmte Rechtsbegriffe**

stützen muß, die sich aus den Klammerhinweisen in Abb. 122 ergeben.

cc) Gewinnverwendungspolitik[25]

Für den erwirtschafteten Jahresgewinn eines Unternehmens gibt es zwei Verwendungsmöglichkeiten: Er kann entweder ausgeschüttet oder thesauriert werden. Im Falle der Gewinnthesaurierung spricht man - bei Kapital-

---

[25] Zur Gewinnverwendungs- und Rücklagenpolitik vgl. ausführlich Wöhe, G., (Bilanzierung), S. 764 ff.

gesellschaften – von Rücklagenbildung. So ist es zu verstehen, daß in der Literatur die Begriffe Gewinnverwendungspolitik und Rücklagenpolitik teilweise synonym verwendet werden.

Entscheidet sich ein Unternehmen im Rahmen seines bilanzpolitischen Zielkatalogs gegen die Ausschüttungsvariante, dann kann die angestrebte **Rücklagenbildung**
- in **offener Form** durch vollständige oder teilweise Einstellung des Jahresüberschusses in Gewinnrücklagen oder
- in **stiller Form** durch Unterbewertung von Aktiva bzw. Überbewertung von Passiva (= Bildung stiller Rücklagen)

erfolgen. Der fundamentale Unterschied zwischen stillen und offenen Rücklagen liegt bei den Ertragsteuern:

a) **offene Rücklagen** → Bildung aus **Gewinn nach Steuern;**[26]
b) **stille Rücklagen** → Bildung aus **unversteuertem Gewinn.**

Voraussetzung für b) ist, daß auch das Steuerrecht die Bildung stiller Rücklagen zuläßt.

(1) **Bildung und Auflösung offener Rücklagen**

Die handelsrechtlichen Vorschriften zur Bildung und Auflösung offener Rücklagen wurden oben[27] ausführlich erläutert. Die in den
- Kapitalrücklagen und
- Gewinnrücklagen

ausgewiesenen Beträge stellen in vollem Umfang Eigenkapital dar. Der aus unversteuertem Gewinn gebildete Sonderposten mit Rücklageanteil ist – in Höhe der erwarteten Ertragsteuerbelastung – dem Fremdkapital, im übrigen dem Eigenkapital zuzurechnen.

Inwieweit lassen sich über die Bildung bzw. Auflösung offener Rücklagen die oben skizzierten **bilanzpolitischen Ziele**[28] **erreichen?** Durch Bildung offener Rücklagen wird in jedem Falle
- eine **Stärkung der Eigenkapitalbasis** und
- eine **Stärkung der Liquidität**

erreicht, denn die offene Gewinnthesaurierung verhindert auf der Aktivseite einen Mittelabfluß in Form von Dividendenzahlungen und bewirkt auf der Passivseite eine Erhöhung der Gewinnrücklagen.

Strebt das Unternehmen nach **Dividendenkontinuität,** müssen in ertragstarken Jahren (freie) Gewinnrücklagen gebildet werden, die in ertragschwachen Jahren zur Dividendenzahlung aufgelöst werden können (Buchungssatz: andere Gewinnrücklagen an Bilanzgewinn).

Ob sich die Bildung offener Rücklagen zur **Steuerminimierung** eignet, hängt von folgenden Faktoren ab:
- Körperschaftsteuersatz für thesaurierte Gewinne und
- maßgeblicher Einkommensteuersatz der Anteilseigner.

---

[26] Werden offene Rücklagen aus unversteuertem Gewinn gebildet, spricht man von Sonderposten mit Rücklageanteil. Vgl. hierzu S. 973 ff.
[27] Vgl. S. 966 ff.
[28] Vgl. Abb. 114 auf S. 1064 und die erläuternden Ausführungen auf S. 1064 ff.

Ist die Körperschaftsteuer auf ausgeschüttete Gewinne (nicht) auf die Einkommensteuerschuld der Aktionäre anrechenbar, muß die Körperschaftsteuerbelastung der Thesaurierungsvariante mit der (Summe aus Körperschaftsteuer bei Ausschüttung zuzüglich) Einkommensteuerbelastung beim Anteilseigner verglichen werden.

Die Frage, ob die Bildung offener Rücklagen der **Imagepflege** dient, ist differenziert zu beantworten: In den Augen der Gläubiger steigt das Ansehen c.p. an, wenn das Unternehmen offene Rücklagen bildet. Kleinaktionäre werden dagegen in aller Regel eine höhere Gewinnausschüttung vor einer höheren Rücklagenbildung bevorzugen.

(2) **Bildung und Auflösung stiller Rücklagen**

Durch die Bildung stiller Rücklagen verringert sich der ausgewiesene Jahresgewinn. Erlaubt auch die Steuerbilanz die Unterbewertung von Vermögensteilen bzw. die Überbewertung von Rückstellungen, dann wird die stille Rücklage aus unversteuertem Gewinn gebildet. Wird die stille Rücklage zu einem späteren Zeitpunkt aufgelöst, z.B. durch Veräußerung einer unterbewerteten Beteiligung, dann erhöht sich in einer späteren Periode der Erfolgsausweis und damit die Steuerbelastung. Stille Rücklagen führen also (in aller Regel)
- nicht zu endgültiger Steuerersparnis, sondern
- nur zu einer Steuerverschiebung in die Zukunft.

Schätzt man bei einem Unternehmen die stillen Rücklagen auf beispielsweise 10 Mio. Geldeinheiten und liegt die Ertragsteuerbelastung bei 40%, dann sind die 10 Mio. mit 4 Mio. dem Fremdkapital „drohende Verbindlichkeiten gegenüber dem Finanzamt" und zu 6 Mio. dem Eigenkapital zuzurechnen.

Bildung und Auflösung stiller Rücklagen lassen sich in ihren Voraussetzungen und ihren erfolgsmäßigen Auswirkungen folgendermaßen skizzieren:

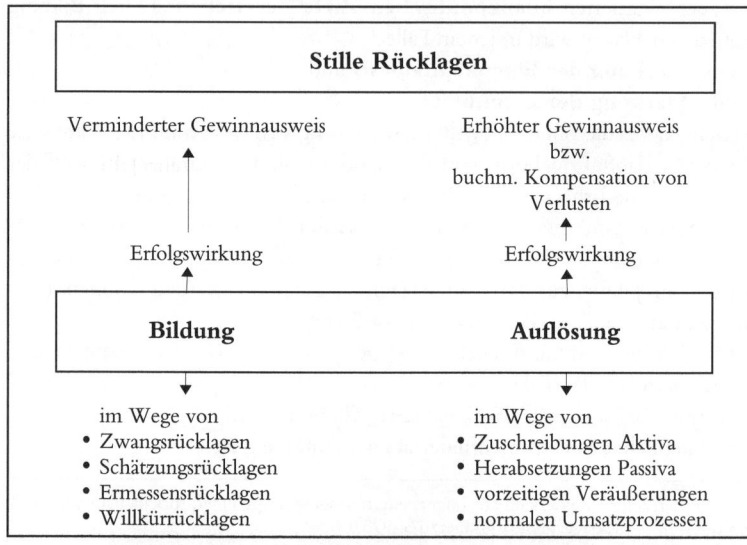

Abb. 123: Bildung und Auflösung stiller Rücklagen

Stille Rücklagen können als Zwangs-, Schätzungs-, Ermessens- oder Willkürrücklagen gebildet werden.

Zwangsrücklagen:	Wert am Bilanzstichtag > Anschaffungs- oder Herstellungskosten
Schätzungsrücklagen:	Heutige Rückstellungsbildung > künftige Inanspruchnahme durch Dritte
Ermessensrücklagen:	Ausübung des Beibehaltungswahlrechts
Willkürrücklagen:	Bewußte Unterbewertung (Überbewertung) von Vermögensteilen (Rückstellungen)

Abb. 124: Arten stiller Rücklagen

Zur rechtlichen Zulässigkeit ist folgendes zu sagen:
- Zwangsrücklagen müssen,
- Schätzungs- und Ermessensrücklagen dürfen und
- Willkürrücklagen dürfen nicht

gebildet werden. Allerdings dürfte es in der Bilanzierungspraxis kaum möglich sein, eine klare Trennungslinie zwischen Schätzungs- und Willkürrücklagen zu ziehen.

Die Auflösung stiller Rücklagen kann in offener oder stiller Form vonstatten gehen: Wird die stille Rücklage durch einen buchungsmäßigen Bewertungsvorgang aufgelöst
- Wertzuschreibung bei Vermögensteilen oder
- Herabsetzung von Rückstellungen,

dann erfolgt die Gegenbuchung unter „Sonstiger betrieblicher Ertrag". Hierbei handelt es sich um eine **offene Auflösung stiller Rücklagen**. Wird eine unterbewertete Vermögensposition
- durch vorzeitige Veräußerung oder
- im normalen Umsatzprozeß

zu einem Preis > Buchwert verkauft, dann wird die stille Rücklage ebenfalls offen aufgelöst. Komplizierter liegen die Dinge bei **einer stillen Auflösung stiller Rücklagen**. Ein Beispiel mag den Zusammenhang erklären: Angenommen eine Maschine hat Anschaffungskosten von 100. Die erwartete Nutzungsdauer beträgt 4 Jahre, der tatsächliche Wertverzehr/Jahr beziffere sich auf 25. Bei arithmetisch-degressiver Abschreibung werden in den vier Nutzungsjahren 40, 30, 20 und 10 abgeschrieben.

Maschinelle Anlage	t_0	t_1	t_2	t_3	t_4
Tatsächlicher Wert	100	75	50	25	0
Buchwert	100	60	30	10	0
Stille Rücklage	0	15	20	15	0

Abb. 125: Stille Auflösung stiller Rücklagen

Weil in den Perioden 1 und 2 der verrechnete Abschreibungsaufwand größer ist als der tatsächliche Wertverzehr, baut sich eine stille Rücklage von 20 bis zum Ende der zweiten Periode auf. Da in den Perioden 3 und 4 der verrechnete Abschreibungsaufwand kleiner ist als der tatsächliche Wertverzehr, löst sich die stille Rücklage sukzessive und unmerklich auf.

Inwieweit kann ein Unternehmen durch Bildung und Auflösung stiller Rücklagen seine **bilanzpolitischen Ziele** erreichen? Wird die Bildung stiller Rücklagen steuerlich anerkannt, dann eignen sie sich
- zur Stärkung der Eigenkapitalbasis,
- zur Stärkung der Liquidität,
- zur Dividendenkontinuität und
- zur Steuerminimierung

noch besser als offene Rücklagen. Der Grund liegt auf der Hand: Für die Dauer der Bildung stiller Rücklagen wird eine Ertragsbesteuerung und damit ein Mittelabfluß aus dem Unternehmen an das Finanzamt unterbunden. Bei einem Ertragsteuersatz von (beispielsweise) 50 Prozent ist die Liquiditätswirkung stiller Rücklagen **temporär** doppelt so stark wie die von offenen Rücklagen.

Umstritten ist die Frage, ob die Bildung stiller Rücklagen das Unternehmensimage in den Augen der Bilanzadressaten steigert. Die Bildung stiller Rücklagen verstößt normalerweise gegen die Interessen der Kleinaktionäre, weil diese in aller Regel eine Abneigung gegen verkürzte Gewinnausschüttungen haben.

Gläubiger dagegen werden die Bildung stiller Rücklagen – aus Sicherheitsgründen – begrüßen. Aber die Medaille hat zwei Seiten: Einerseits kann die Bildung stiller Rücklagen als gläubigerschützender Tatbestand begrüßt werden. Andererseits versetzt die Existenz stiller Rücklagen ein Unternehmen in die Lage, Krisensituationen durch (unmerkliche) Auflösung stiller Rücklagen zu kaschieren. Wird die **Auflösung stiller Rücklagen** nicht transparent gemacht, können sie von der Unternehmensleitung als **Verlustverschleierungspotential** mißbraucht werden. Dann wird aus einem gläubigerschützenden ein **gläubigergefährdender Tatbestand**.

Zusammenfassend läßt sich sagen: Stille Rücklagen sind in der Bilanzierungspraxis unvermeidbar und wohl auch unverzichtbar. Aber ihre Bildung und Auflösung sollte im Anhang so weit wie möglich transparent gemacht werden. (**ÜB 6**/92–100)

3. Bilanzanalyse

a) Ziele und Aufgaben der Bilanzanalyse

Ziele, Daten und Instrumente der Bilanzanalyse lassen sich – auf einen kurzen Nenner gebracht – folgendermaßen umschreiben:

(1) Ziele: Informationsverbesserung durch bedarfsgerechte Unterrichtung externer Bilanzadressaten
(2) Daten: Jahresabschluß und Lagebericht
(3) Instrumente: Bereinigung und bedarfsadäquate Aufbereitung (Verdichtung) von Jahresabschlußdaten.

Externe Bilanzadressaten, insbesondere
- aktuelle und potentielle Gläubiger und
- aktuelle und potentielle (Klein-)Aktionäre

sind an einer Unterrichtung durch Bilanzanalysen interessiert. Für Insider und Großaktionäre ist die Bilanzanalyse von untergeordneter Bedeutung, weil der Jahresabschluß für diesen Personenkreis ein nachrangiges Informationsinstrument ist.

Gegenstand (Datum) der Bilanzanalyse ist der Jahresabschluß. Korrekterweise müßte man also von Jahresabschlußanalyse sprechen. Der Erkenntnisgewinn aus der Bilanzanalyse des Unternehmens W läßt sich erhöhen, wenn
- mehrere **aufeinanderfolgende Jahresabschlüsse** des Unternehmens W und
- die Jahresabschlüsse von Unternehmen der **gleichen Branche**

in die Untersuchung einbezogen werden.[29]

Die wichtigsten Informationsadressaten der Bilanzanalyse sind die Gläubiger und Anteilseigner mit ihren unterschiedlichen Informationsinteressen.

Adressaten	Gläubiger	Anteilseigner
Ziele	pünktliche Zahlung von Zinsen und Tilgung	gute Performance (hohe Ausschüttung + Kursgewinn)
Bedingung zur Zielerreichung	Finanzielles Gleichgewicht in Zukunft	hohe Ertragskraft in Zukunft
Informationsinteresse aus Jahresabschluß	ungetrübter Einblick in künftige Vermögens- und Finanzlage	ungetrübter Einblick in künftige Ertragslage
Analyseschwerpunkt	**Finanzwirtschaftliche Bilanzanalyse**	**Erfolgswirtschaftliche Bilanzanalyse**

Abb. 126: Adressatenbezogene Bilanzanalyse

Die **finanzwirtschaftliche Bilanzanalyse** ist in erster Linie an die Gläubiger adressiert und liefert vor allem Kennzahlen zu den Bestandsgrößen Vermögen, Reinvermögen, Schulden und Liquidität. Die **erfolgswirtschaftliche Bilanzanalyse** ist in erster Linie an die Anteilseigner adressiert und liefert Kennzahlen zum Jahreserfolg, zu den Erfolgsquellen und zur Rentabilität.

In zweiter Linie interessieren sich die Anteilseigner auch für die Vermögenslage bzw. die Gläubiger für die Ertragslage des Unternehmens, denn
- im Vermögen und seiner Zusammensetzung spiegelt sich – auch – das künftige Erfolgspotential und
- in einer guten bzw. schlechten Ertragslage spiegelt sich – auch – die Konkursanfälligkeit des Unternehmens.

Ablauftechnisch läßt sich die **Bilanzanalyse** in die drei **Arbeitsschritte** Datenaufbereitung, Kennzahlenbildung und Kennzahlenauswertung gliedern.

---

[29] Vgl. dazu S. 1085

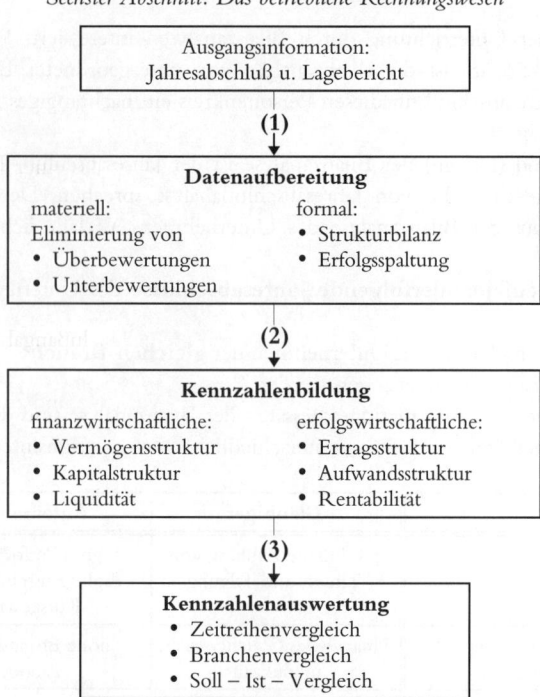

Abb. 127: Arbeitsschritte der Bilanzanalyse

Bei der **(1) Datenaufbereitung** geht es darum, einzelne Positionen der Bilanz bzw. der GuV in formaler Hinsicht umzugliedern. Beispielhaft läßt sich hier die Zuordnung einzelner Rückstellungen zum langfristigen bzw. kurzfristigen Fremdkapital nennen. In materieller Hinsicht geht es darum, durch Eliminierung von Über- bzw. Unterbewertungen die Bildung bzw. Auflösung stiller Rücklagen – so weit wie möglich – transparent zu machen.[30]

Bei der **(2) Kennzahlenbildung**[31] geht es darum, die (aufbereiteten) Jahresabschlußangaben durch Bildung von Kennzahlen so zu verdichten, daß die Bilanzadressaten eine bedarfsgerechte Information erhalten. Beispiel: Ein Kleinaktionär interessiert sich weniger für den Jahresüberschuß des Unternehmens als für den Gewinn pro Aktie.

Die Ergebnisse der Bilanzanalyse sollen Gläubigern und Anteilseignern ein fundiertes Urteil über die Zweckmäßigkeit ihres finanziellen Engagements ermöglichen. Hierzu bedient man sich der **(3) Kennzahlenauswertung**.[32] Hat man z. B. für das Unternehmen W im Zuge der Kennzahlenbildung eine Eigenkapitalrentabilität von 5 Prozent ermittelt, dann kann man auf der Basis dieser isolierten Information noch kein Urteil abgeben. Möglich wird die Urteilsbildung aber dann, wenn man die Eigenkapitalrentabilität des abgelaufenen Jahres

---

[30] Zu Einzelheiten vgl. S. 1079 f.
[31] Zur Kennzahlenbildung und -auswertung vgl. S. 1083 ff.
[32] Zur Urteilsbildung vgl. ausführlich Baetge, J., (Bilanzanalyse), S. 513 ff.

- mit der Eigenkapitalrentabilität der Vorperioden (**Zeitreihenvergleich**) oder
- mit der Eigenkapitalrentabilität von Konkurrenzunternehmen (**Branchenvergleich**) oder
- mit einer gewünschten Mindestverzinsung, abgeleitet aus einer Alternativanlage am Kapitalmarkt (**Soll-Ist-Vergleich**)

vergleicht.

b) Aufbereitung von Jahresabschlußdaten

Die Datenaufbereitung hat die Aufgabe, die Jahresabschlußangaben
aa) in materieller Hinsicht zu bereinigen und
bb) in formaler Hinsicht zur Erstellung einer Strukturbilanz und zur
cc) Erfolgsspaltung
umzugliedern.

Erst die wertmäßig bereinigten und formal umgegliederten Jahresabschlußdaten werden zur Grundlage der Kennzahlenbildung[33] gemacht.

aa) Wertmäßige Bereinigung der Jahresabschlußdaten

Wegen ungewisser Zukunftserwartungen läßt sich der „tatsächliche" Wert eines bilanzierten Gegenstandes niemals exakt bestimmen. Gleichwohl ist es möglich, den **Wertansatz** einzelner Vermögenspositionen der Bilanz im Wege einer Schätzung, die sich an **aktuellen Marktgegebenheiten** orientiert, zu überprüfen. Da die Anschaffungskosten die Wertobergrenze bilden, stecken in Vermögenspositionen, die schon lange zum Betriebsvermögen gehören, in vielen Fällen erhebliche stille Rücklagen, die man als Zwangsrücklagen bezeichnet. Gerade bei Grundstücken und Beteiligungen liegt der Bilanzwert (= Anschaffungskosten) oft erheblich unter dem marktgängigen Zeitwert. Für bilanzanalytische Zwecke bedarf es der Aufwertung solcher Vermögensgegenstände.

Eine Abwertung von Vermögensgegenständen wird der praktische Ausnahmefall bleiben, weil die handelsrechtlichen Bewertungsvorschriften (Niederstwertprinzip) den Ansatz eines niedrigeren beizulegenden Wertes für den Bilanzausweis vorschreiben.[34] Auch Passivpositionen, insbesondere Rückstellungen, können sich als korrekturbedürftig erweisen.

Jede wertmäßige Bereinigung einer Bilanzposition führt zwangsläufig zu einer Änderung der Eigenkapitalposition:

Art der Wertbereinigung	Auswirkung auf Eigenkapital
Werterhöhung Aktivum	→ EK steigt
Wertherabsetzung Aktivum	→ EK sinkt
Werterhöhung Passivum	→ EK sinkt
Wertherabsetzung Passivum	→ EK steigt

Abb. 128: Wertbereinigung und Eigenkapital

---

[33] Vgl. hierzu Wöhe, G., (Bilanzierung), S. 850
[34] Vgl. S. 928 ff.

Beim Versuch, die Bilanzansätze für Aktiva und Passiva an die **tatsächlichen Wertverhältnisse** heranzuführen, kann der **Anhang gute Dienste** leisten. Die dortige Berichterstattung[35] über
- die angewandten Bilanzierungs- und Bewertungsmethoden sowie
- die Änderung der Bilanzierungs- und Bewertungsmethoden

gibt wertvolle Hinweise auf die vom Unternehmen verfolgte bilanzpolitische Strategie, stille Rücklagen zu bilden bzw. aufzulösen.

bb) Die Strukturbilanz

Voraussetzung für die Unternehmensexistenz ist die Sicherung der künftigen Zahlungsfähigkeit. Wird – z. B. im Anlagenbau oder im Schiffbau – ein Kredit zur Rückzahlung fällig, noch ehe die damit finanzierte Vermögensposition veräußert ist, kann das Unternehmen in Zahlungsschwierigkeiten kommen. Zur Sicherung des finanziellen Gleichgewichts hat die Praxis Finanzierungsregeln[36] entwickelt. Die horizontalen Finanzierungsregeln stellen eine Beziehung her zwischen
- der investitionsbedingten Dauer der Kapitalbindung und
- der Dauer der Kapitalverfügbarkeit.

Einen sehr groben Einblick in die Dauer der Kapitalbindung gibt die Aktivseite, wo Positionen des Anlagevermögens (AV) als langfristig, Positionen des Umlaufvermögens (UV) als kurzfristig gebunden gelten. Auch die Passivpositionen werden nach der Fristigkeit gegliedert, wobei das Eigenkapital als unbegrenzt verfügbar gilt. Das Bemühen, Aktiva und Passiva fristenmäßig zu ordnen, findet seinen Niederschlag in der Strukturbilanz, die folgendes Aussehen hat:

AKTIVA	PASSIVA
Anlagevermögen Umlaufvermögen	Eigenkapital Fremdkapital • langfristig (> 5 Jahre) • mittelfristig (1–5 Jahre) • kurzfristig (< 1 Jahr)

Abb. 129: Gliederungsschema einer Strukturbilanz

Von besonderem Interesse ist die Umgliederung der Passivseite:[37] Bei einem angenommenen Ertragsteuersatz von 50 Prozent wird der **Sonderposten mit Rücklageanteil** je zur Hälfte dem Eigenkapital und dem mittelfristigen Fremdkapital zugeordnet. In Höhe des ausgewiesenen **Bilanzgewinns** ist schon wenige Monate nach dem Bilanzstichtag mit einem Mittelabfluß in Form von Dividendenzahlungen zu rechnen. Folgerichtig wird diese Position dem kurzfristigen Fremdkapital zugeordnet.

---

[35] Vgl. Wöhe, G., (Bilanzierung), S. 657 ff. sowie Coenenberg, A. G, (Jahresabschluß), S. 668 ff.
[36] Vgl. dazu S. 769 ff.
[37] Zur Umgliederung der Aktivseite vgl. Coenenberg, A. G., (Jahresabschluß), S. 568 ff.

Umgliederung auf der Passivseite		
von		nach
½ SoPoRLA★	→	EK
Pensionsrückstellungen	→	FK langfristig
½ SoPoRLA★	→	FK mittelfristig
Erhalt. Anzahlungen	→	FK mittelfristig
EK-Bilanzgewinn	→	FK kurzfristig
Steuerrückstellungen	→	FK kurzfristig
Sonstige Rückstellungen	→	FK kurzfristig
RAP passiv	→	FK kurzfristig

★ Sonderposten mit Rücklageanteil

Abb. 130: Passivumgliederung zur Strukturbilanz

Unter wirtschaftlichem Aspekt sind **Rückstellungen** – besonders solche für ungewisse Verbindlichkeiten – dem Fremdkapital zuzuordnen. Im Zuge schematisierender Betrachtung nimmt man im Falle von Pensionsrückstellungen an, daß der Zeitpunkt des Barmittelabflusses in einer fernen Zukunft liegt.[38] Alle übrigen Rückstellungen werden – ebenfalls schematisch – dem kurzfristigen Fremdkapital zugeordnet.

cc) Die Erfolgsspaltung

Für die Anteilseigner ist der Jahresabschluß ein unzureichendes Informationsinstrument zur Fundierung ihrer Anlageentscheidungen:
- Der Jahresabschluß informiert über den **Erfolg** der **abgelaufenen Periode.**
- Die Anteilseigner benötigen aber Informationen über die **Höhe künftiger Erfolge.**

Mit Hilfe der Erfolgsspaltung bemüht sich die Bilanzanalyse, die Kluft zwischen Informationsangebot und Informationsnachfrage – notdürftig – zu verringern. Die Erfolgsspaltung ist Bestandteil der Ergebnisanalyse:

Erfolgsanalyse	
qualitativ	quantitativ
Zerlegung des Jahresergebnisses in • ordentl. Betriebsergebnis • ord. betriebsfremdes Ergebnis • periodenfremdes Ergebnis	Rückrechnung der • Bildung stiller Rücklagen • Auflösung stiller Rücklagen aus vorliegendem Jahresabschluß
Erfolgsspaltung	Erfolgsbereinigung

Abb. 131: Erfolgsspaltung und Erfolgsbereinigung

Die (begrenzten) Möglichkeiten der Erfolgsbereinigung wurden oben[39] behandelt. Daß das handelsrechtliche Gliederungsschema der GuV kein brauchbares Konzept für eine betriebswirtschaftlich überzeugende Erfolgs-

---

[38] Analog müßte man bei Rückstellungen für Bergschäden verfahren.
[39] Vgl. S. 989f.

spaltung liefert, wurde bei den obigen Ausführungen[40] zur GuV bereits gezeigt. Mit ihrem Erfolgsspaltungskonzept versucht die Bilanzanalyse, Versäumnisse des Gesetzgebers auszugleichen. Die Informationsempfänger sollen
(a) ausgehend vom **Jahresüberschuß** der abgelaufenen Periode
(b) über den **nachhaltig erzielbaren Erfolg**
(c) durch **Eliminierung „ungewöhnlicher Ergebniskomponenten"**
unterrichtet werden.

Zu (a): Ausgangspunkt der Erfolgsspaltung ist der Jahresüberschuß (Jahresfehlbetrag). Erhöht man ihn um die Steuern vom Einkommen und Ertrag, erhält man das Gesamtergebnis vor (Ertrag-)Steuern. Der **Bilanzgewinn** ist als Ausgangsgröße **ungeeignet**, weil er vor dem Hintergrund der Bildung bzw. Auflösung offener Rücklagen keine Aussage über das erwirtschaftete Periodenergebnis macht.

Zu (b): Als nachhaltig erzielbarer Erfolg wird das **korrigierte** (vgl. c) **„Ergebnis aus der gewöhnlichen Geschäftstätigkeit"** angesehen. Es setzt sich aus
- dem (korrigierten) ordentlichen Betriebsergebnis und
- dem Finanzergebnis
zusammen.

Zu (c): Als **„ungewöhnliche Ergebniskomponenten"** gelten alle Sachverhalte, die den Erfolgsausweis der abgelaufenen Periode in untypischer Weise
- belasten (z.B. Einstellungen in Sonderposten mit Rücklageanteil SoPoRLA oder Abschreibungen auf Gegenstände des Umlaufvermögens UV) oder
- begünstigen (z.B. sonstige betriebliche Erträge durch Zuschreibungen auf Aktiva, erfolgswirksame Auflösung von Rückstellungen oder Auflösungen des Sonderpostens mit Rücklageanteil).

Die folgende Abbildung 132 basiert auf dem gesetzlichen Gliederungsschema der GuV nach dem Gesamtkostenverfahren.[41] Die Umgliederung von Aufwands- und Ertragsposten ist durch Kursivdruck hervorgehoben.

Die Erfolgsspaltung verfolgt das Ziel, mit
- dem korrigierten Ergebnis aus der gewöhnlichen Geschäftstätigkeit (14)
- den nachhaltig erzielbaren Periodenerfolg

auszuweisen. Dieses Ziel wird nicht erreicht. Ohne Anspruch auf Vollständigkeit[42] sind folgende **Kritikpunkte** zu nennen:
(1) Die strukturellen Schwächen der handelsrechtlichen GuV-Gliederung[43] stehen einer überzeugenden Erfolgsspaltung im Wege.
(2) Außerplanmäßige Abschreibungen zum AV müßten aus der Position (7a) ausgegliedert und dem a. o. Ergebnis zugeordnet werden.
(3) Abschreibungen auf Finanzanlagen und Wertpapiere des UV (Position 12) müßten dem a. o. Ergebnis zugeordnet werden.

---

[40] Vgl. S. 989 f.
[41] Die in Klammern gesetzten Ziffern entsprechen der Positionsnumerierung des § 275 Abs. 2 HGB
[42] Vgl. ausführlich Loenenberg, A. G., (Jahresabschluß), S. 686 ff.
[43] Zur Kritik vgl. S. 990

	(1)	Umsatzerlöse
±	(2)	Bestandsänderungen uE, fE
+	(3)	aktivierte Eigenleistungen
		Gesamtleistung
−	(5)	Materialaufwand
		Rohertrag
−	(6)	Personalaufwand
−	(7 a)	Abschreibungen AV
−	(8)	*sonstige betr. Aufwendungen* *
−	(19)	*sonstige Steuern*
		ORD. BETRIEBSERGEBNIS
+	(9) (10) (11)	Finanzerträge
−	(12) (13)	Finanzaufwendungen
		FINANZERGEBNIS
	(14)	**ERGEBNIS AUS GEWÖHNLICHER GESCHÄFTSTÄTIGKEIT**
+	(15)	a. o. Erträge
−	(16)	a. o. Aufwendungen
+	(4)	*sonstige betriebl. Erträge*
−	(7 b)	*Abschreibungen UV*
−	(8*)	*Einstellungen in SoPoRLA*
	(17)	a. o. Ergebnis
		GESAMTERGEBNIS VOR ERTRAGSTEUERN
−	(18)	Steuern vom Einkommen und Ertrag
	(20)	JAHRESÜBERSCHUSS (+) JAHRESFEHLBETRAG (−)

Abb. 132: GuV** nach Erfolgsspaltung

* sonst. betr. Aufwand abzüglich Einstellung in SoPoRLA
** GuV nach dem Gesamtkostenverfahren

Ein wesentlich präziseres Erfolgsanalysekonzept hat die Deutsche Vereinigung für Finanzanalyse und Anlageberatung e.V. **(DVFA)** erarbeitet. Es handelt sich hierbei um ein **integriertes Konzept** zur Erfolgsspaltung und Erfolgsbereinigung. Aktienanalysten orientieren sich am Arbeitsschema der DVFA,[44] wenn sie den Gewinn pro Aktie ermitteln wollen. **(ÜB 6/103–104)**

c) Ermittlung und Auswertung von Kennzahlen

Nachdem die Datenaufbereitung in
- quantitativer (Strukturbilanz, Erfolgsspaltung) und
- qualitativer (Erfolgsbereinigung)

Hinsicht abgeschlossen ist, werden die **bereinigten Jahresabschlußdaten** zu Kennzahlen **verdichtet.** Die kaum überschaubare Vielzahl von Kennzahlen

---

[44] Vgl. Küting/Weber, (Bilanzanalyse), S. 265 ff.

läßt sich in finanzwirtschaftliche und erfolgswirtschaftliche Kennzahlen einteilen. Die folgende Abbildung spiegelt die gängige Kennzahleneinteilung wieder:

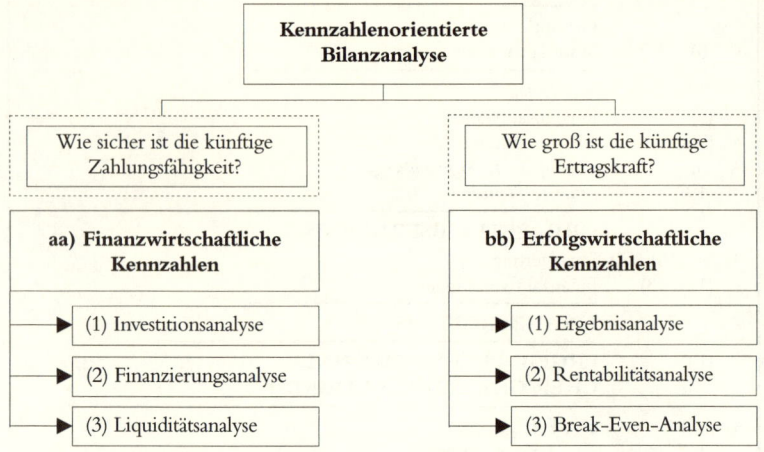

Abb. 133: Kennzahlenorientierte Bilanzanalyse

Die Ordnungsbuchstaben und Ordnungsziffern entsprechen der Rubrizierung der folgenden Textgliederung.

In einem einführenden Lehrbuch zur Allgemeinen Betriebswirtschaftslehre kann die Kennzahlenbildung und -auswertung nur in ihren Grundzügen angesprochen werden. Der interessierte Leser wird ausdrücklich auf die weiterführende Literatur[45] verwiesen.

aa) Auswertung finanzwirtschaftlicher Kennzahlen

(1) **Investitionsanalyse**

Gegenstand der Investitionsanalyse ist die Durchleuchtung des Vermögenspotentials eines Unternehmens. Vorrangiges Ziel der Investitionsanalyse ist es,
- aus der Vermögensstruktur
- Aussagen über die künftige Zahlungsfähigkeit

abzuleiten. Dabei spielt die **Selbstliquidationsperiode** eine herausragende Rolle. Unter der Selbstliquidationsperiode versteht man den Zeitraum, während dessen ein Vermögensgegenstand bei normalem Geschäftsablauf wieder zu Geld wird. Die Selbstliquidationsperiode einer Produktionsanlage ist sehr lang, diejenige von Warenvorräten ist kurz und diejenige von Forderungen aus Lieferungen und Leistungen ist noch kürzer.

Eine hohe Anlagenintensität (Finanzanlagenintensität,[46] Vorratsintensität) wird von den Kreditgebern mit Skepsis (Wohlwollen) betrachtet, weil der erwartete Mittelrückfluß in einer fernen (nahen) Zukunft liegt. Eine hohe Investitionsquote ist differenziert zu beurteilen: Einerseits spricht sie für ein

---

[45] Vgl. insbesondere Baetge, J., (Bilanzanalyse), S. 139 ff.; Hauschildt, J., (Erfolgs-, Finanz- und Bilanzanalyse), S. 18 ff. und Küting/Weber, (Bilanzanalyse), S. 76 ff.

[46] Auch bei Finanzanlagen liegt der Mittelrückfluß unter normalen Bedingungen in einer fernen Zukunft. Sie können aber durch vorzeitige Verkäufe als Liquiditätspotential mobilisiert werden.

$$\text{Anlagenintensität} = \frac{\text{Anlagevermögen}}{\text{Gesamtvermögen}} \times 100$$

$$\text{Finanzanlagenintensität} = \frac{\text{Finanzanlagevermögen}}{\text{Gesamtvermögen}} \times 100$$

$$\text{Vorratsintensität} = \frac{\text{Vorratsvermögen}}{\text{Gesamtvermögen}} \times 100$$

$$\text{Investitionsquote} = \frac{\text{Nettoinvestitionen zum Sachanlagevermögen}}{\text{Sachanlagevermögen zum Periodenanfang}} \times 100$$

Abb. 134: Wichtige Kennzahlen zur Investitionsanalyse

wachsendes, innovatives Unternehmen, andererseits für einen hohen Kapitalbedarf, der durch Gewinnthesaurierung oder Mittelzuführung von außen zu decken ist.

(2) **Finanzierungsanalyse**

Ziel der Finanzierungsanalyse ist die Abschätzung von Finanzierungsrisiken. Besonders hoch ist das Finanzierungsrisiko bei kurzfristigen (Darlehens-) Verbindlichkeiten, wo der Schuldner mit dem **Risiko**
- einer baldigen **Anschlußfinanzierung** und
- einer baldigen **Zinsänderung**

leben muß. Bei langfristigem Fremdkapital (Eigenkapital) sind diese Risiken weitaus geringer (gleich Null).

$$\text{Statischer Verschuldungsgrad} = \frac{\text{Fremdkapital (FK)}}{\text{Eigenkapital (EK)}} \times 100$$

$$\text{Eigenkapitalquote} = \frac{\text{EK}}{\text{Gesamtkapital}} \times 100$$

$$\text{Anspannungsgrad} = \frac{\text{FK}}{\text{Gesamtkapital}} \times 100$$

$$\text{Intensität langfristigen Kapitals} = \frac{\text{EK} + \text{lfr.FK}}{\text{Gesamtkapital}} \times 100$$

$$\text{Fremdkapitalzinslast} = \frac{\text{Zinsen} + \text{ähnliche Aufwendungen}}{\text{FK}} \times 100$$

Abb. 135: Wichtige Kennzahlen zur Finanzanalyse

Ein hoher statischer Verschuldungsgrad bzw. Anspannungsgrad signalisiert ein hohes Finanzierungsrisiko. Bei einer Eigenkapitalquote von 100% ist das Finanzierungsrisiko gleich Null. Verringert sich die Eigenkapitalquote im **Zeitreihenvergleich,** muß die Ursache geklärt werden: Die rückläufige Eigenkapitalquote kann auf verstärkte Fremdfinanzierung (zur Ausnutzung des Leverage-Effekts[47] oder auf eine Aushöhlung der Eigenkapitalbasis durch permanente Verluste zurückzuführen sein. Zeichnet sich ein Unternehmen XY im **Branchenvergleich** durch eine hohe Fremdkapitalzinslast aus, deutet dies c. p. darauf hin, daß das Unternehmen wegen schlechter Bonität hohe Risikoaufschläge an seine Gläubiger zahlen muß.

Im Rahmen des **Soll-Ist-Vergleichs** knüpft die Finanzierungsanalyse an subjektive Bewertungsmaßstäbe an. Von besonderer Bedeutung sind in diesem Zusammenhang die **Finanzierungsregeln,** die an anderer Stelle[48] dieses Lehrbuchs dargestellt und beurteilt werden.

(3) **Liquiditätsanalyse**

Ähnlich wie die Finanzierungsanalyse stellt die Liquiditätsanalyse die Frage nach dem Risiko der Zahlungsunfähigkeit in den Mittelpunkt ihrer Überlegungen. Konkretes Untersuchungsziel ist die Frage, inwieweit
- das Liquiditätspotential ausreicht,
- gegebenen Zahlungsverpflichtungen nachzukommen.

$$\text{Liquidität 1. Grades} = \frac{\text{Zahlungsmittel (ZM)}}{\text{kurzfr. Verbindlichkeiten}} \times 100$$

$$\text{Liquidität 2. Grades} = \frac{\text{ZM + kurzfr. Forderung (kF)}}{\text{kurzfr. Verbindlichkeiten}} \times 100$$

$$\text{Liquidität 3. Grades} = \frac{\text{ZM + kF + Vorräte}}{\text{kurzfr. Verbindlichkeiten}} \times 100$$

Net Working Capital = Umlaufvermögen − kurzfr. Verbindlichkeiten

Cash-Flow = Jahresüberschuß
− alle nicht einzahlungswirksamen Erträge
+ alle nicht auszahlungswirksamen Aufwendungen
_____
Cash Flow

$$\text{dynamischer Verschuldungsgrad} = \frac{\text{Fremdkapital}}{\text{Cash Flow}}$$

Abb. 136: Wichtige Kennzahlen zur Liquiditätsanalyse

Eine Liquiditätskennzahl gibt an, zu wieviel Prozent die kurzfristigen Verbindlichkeiten am Bilanzstichtag durch vorhandene Liquidität am Bilanzstichtag gedeckt sind. Durch Erweiterung des Liquiditätsbegriffs um kurzfristige Forderungen bzw. Vorräte kommt man zu differenzierten Liquiditätskennzahlen. Das Net Working Capital ähnelt in seinem Aussagegehalt der

---
[47] Vgl. hierzu S. 777 ff.
[48] Vgl. S. 769 ff.

Liquidität 3. Grades. Wie die Liquiditätskennzahlen hat auch diese Kennziffer nur einen begrenzten Aussagewert: Die Bilanzadressaten wünschen Informationen über die **künftige Zahlungsfähigkeit**. Die zeitpunktbezogenen Liquiditätskennzahlen liefern dagegen nur eine Information über die **Zahlungsfähigkeit** eines **vergangenen Stichtags**.

Diese Informationslücke möchte man mit **zeitraumbezogenen Liquiditätskennzahlen** schließen: An die Stelle von Bestandsgrößen (Liquidität bzw. Verbindlichkeiten zum Bilanzstichtag) treten Strömungsgrößen (Einzahlungen bzw. Auszahlungen der Periode). Sind die periodenbezogenen Einzahlungen größer (kleiner) als die periodenbezogenen Auszahlungen, ist die Zahlungsfähigkeit des Unternehmens gesichert (gefährdet).

Eine auf Ein- und Auszahlungen basierende Rechnung wird als Finanzplan[49] bezeichnet. Im Rahmen der GuV wird der Bilanzleser aber nur über die Höhe der Erträge und Aufwendungen informiert. Deshalb versucht man,
- Aufwendungen und Erträge
- um zahlungsunwirksame Vorgänge zu bereinigen und
- gelangt so zum Cash Flow.

Der Cash Flow läßt sich in seiner einfachsten Version als
 Jahresüberschuß
+ Abschreibungen
+ Zuführung zu langfristigen Rückstellungen

Cash Flow

umschreiben. Er verkörpert das Innenfinanzierungsvolumen eines Betriebes. Sieht man von Ausschüttungen ab, kann der Cash Flow
- zur Finanzierung von Investitionen oder
- zur Rückzahlung von Verbindlichkeiten

eingesetzt werden. So gesehen bezeichnet der dynamische Verschuldungsgrad die Entschuldungsdauer (in Jahren). Dabei wird unterstellt, daß der Cash Flow des abgelaufenen Jahres in Zukunft in gleicher Höhe erwirtschaftet werden kann.

Der Cash Flow gibt Auskunft über die Mittelherkunft. Bezieht man die Mittelverwendung in die Berechnung ein, gelangt man zu Veränderungsbilanzen und Kapitalflußrechnungen, die an anderer Stelle[50] behandelt wurden.

bb) Auswertung erfolgswirtschaftlicher Kennzahlen

(1) Ergebnisanalyse

Oben wurde gezeigt,[51] wie die Bilanz und die GuV in materieller Hinsicht bereinigt werden kann. Bezogen auf die GuV werden dabei Aufwendungen und Erträge mit Werten angesetzt, die einen Einblick in die tatsächliche Ertragslage des Unternehmens erleichtern sollen. An diese betragsmäßige Ergebnisanalyse schließt sich die strukturelle Ergebnisanalyse an.

---

[49] Vgl. die Ausführungen zum Finanzplan auf S. 693 f.
[50] Vgl. S. 996 ff.
[51] Vgl. S. 1079 f.

Nach Coenenberg[52] wird die strukturelle Ergebnisanalyse gegliedert in die Bestandteile
* Ergebnisquellenanalyse und
* Analyse der Aufwands- und Ertragsstruktur.

Die **Ergebnisquellenanalyse** soll zeigen, welche Teile des (betragsmäßig bereinigten) Jahreserfolgs aus
* dem ordentlichen Betriebsergebnis,
* dem Finanzergebnis und
* dem a. o. Ergebnis

stammen. Diese Problematik wurde oben unter dem Gliederungspunkt „Die Erfolgsspaltung"[53] behandelt.

Die folgenden Ausführungen brauchen sich also nur noch mit der **Analyse der Aufwands- und Ertragsstruktur** zu befassen. Die Analyse der Aufwands- und Ertragsstruktur soll deutlich machen, welchen Beitrag die einzelnen Aufwands- und Ertragskomponenten zur Erzielung des Gesamtergebnisses leisten. Zu diesem Zweck werden Kennzahlen gebildet, die auf der Relation
* Aufwand/Aufwand (z. B. Personalaufwand/Gesamtaufwand),
* Aufwand/Ertrag (z. B. Abschreibungsaufwand/Gesamtleistung) oder
* Ertrag/Ertrag (z. B. Beteiligungsertrag/Gesamtertrag)

beruhen können.

Aufwand-Ertrag-Relationen:

$$\text{Personalaufwandquote} = \frac{\text{Personalaufwand}}{\text{Gesamtleistung}} \times 100$$

$$\text{Abschreibungsaufwandquote} = \frac{\text{Abschreibung auf Sachanlagen}}{\text{Gesamtleistung}} \times 100$$

$$\text{Materialaufwandquote} = \frac{\text{Materialaufwand}}{\text{Gesamtleistung}} \times 100$$

Ertrag-Ertrag-Relationen:

$$\text{Umsatzquote I} = \frac{\text{Spartenumsatz}}{\text{Umsatz}} \times 100$$

$$\text{Umsatzquote II} = \frac{\text{Gebietsumsatz (z. B. Ausland)}}{\text{Umsatz}} \times 100$$

Abb. 137: Wichtige Kennzahlen zur Ergebnisanalyse

Die **Aufwand-Ertrag-Relationen** geben gute Einblicke in die Wirtschaftlichkeit eines Unternehmens. Dabei dürfen die Kennzahlen nicht isoliert beurteilt werden. Eine im Zeitreihenvergleich steigende Abschreibungsaufwandquote muß positiv beurteilt werden, wenn die Personalaufwandquote sich im Gegenzug noch stärker verringert hat. Die Quotenverän-

---

[52] Vgl. Coenenberg, A. G., (Jahresabschluß), S. 685 ff.
[53] Vgl. S. 1081

derungen zeigen an, daß Rationalisierungsmaßnahmen erfolgreich waren. Andererseits kann eine über dem Branchendurchschnitt liegende Mietaufwandquote eines Lebensmittelfilialisten als Indiz für eine verfehlte Standortpolitik interpretiert werden.

Auch mit der Bildung von **Ertrag-Ertrag-Relationen** möchte man Stärken und Schwächen eines Unternehmens analysieren. Weist ein Mischkonzern einen hohen Spartenumsatz[54] auf schrumpfenden (expandierenden) Märkten aus, sind die künftigen Ertragsaussichten c.p. negativ (positiv) zu beurteilen. Ähnliches gilt, wenn ein international agierendes Unternehmen seinen Umsatzschwerpunkt in Krisenregionen[55] bzw. Wachstumsregionen hat.

(2) **Rentabilitätsanalyse**

Rentabilitätskennzahlen setzen eine Ergebnisgröße (Gewinn, Jahresüberschuß, ordentliches Betriebsergebnis, Cash Flow oder den Bruttogewinn)[56] ins Verhältnis zu einer Kapital- oder Vermögensgröße (Eigenkapital, Gesamtkapital oder betriebsnotwendiges Vermögen). Als Bezugsgröße kommt auch der Umsatz in Betracht. Vergleicht man Unternehmen verschiedener Größe, wird sehr schnell klar: Eine aussagekräftige Erfolgsanalyse kann nicht auf der Gegenüberstellung absoluter Ergebnisgrößen basieren. Erst der Bezug auf die zur Erfolgserzielung eingesetzte – unterschiedliche – Kapital- oder Umsatzgröße, erst die Rentabilitätskennziffer, ermöglicht den Unternehmensvergleich.

$$\text{Eigenkapitalrentabilität} = \frac{\text{Gewinn}}{\text{EK}} \times 100$$

$$\text{Gesamtkapitalrentabilität} = \frac{\text{Gewinn + FKZ}}{\text{EK + FK}} \times 100$$

$$\text{Umsatzrentabilität} = \frac{\text{Gewinn}}{\text{Umsatz}} \times 100$$

$$\text{Return on Investment} = \frac{\text{Ergebnisgröße}}{\text{Gesamtkapital}} \times 100$$

$$\text{Gewinn je Aktie} = \frac{\text{Gewinn}}{\text{Grundkapital}} \times \text{Aktiennennbetrag}$$

$$\text{Price-Earnings-Ratio} = \frac{\text{Preis je Aktie}}{\text{Gewinn je Aktie}}$$

EK = Eigenkapital
FK = Fremdkapital
FKZ = Fremdkapitalzinsen

Abb. 138: Wichtige Kennzahlen zur Rentabilitätsanalyse

---

[54] Nach § 285 Nr. 4 HGB sind Kapitalgesellschaften verpflichtet, im Anhang Angaben zur Umsatzaufteilung nach Tätigkeitsbereichen und Umsatzregionen zu machen.
[55] Siehe erneut § 285 Nr. 4 HGB
[56] Mit Bruttogewinn wird hier die Summe aus Gewinn und Fremdkapitalzinsen bezeichnet.

Zur Beurteilung der Ertragskraft können die Eigenkapitalgeber die Eigenkapitalrentabilität ihres Unternehmens vergleichen mit
- der branchenüblichen Eigenkapitalrentabilität oder
- der marktüblichen Verzinsung langfristiger Kapitalanlagen.

Hierbei ist die Ertragsteuerproblematik zu beachten. Es ist unsinnig, eine Kapitalmarktverzinsung von beispielsweise 7 Prozent vor Steuern mit der Eigenkapitalrentabilität eines Unternehmens von beispielsweise 5 Prozent nach Ertragsteuerabzug zu vergleichen. Zur Ermittlung von Rentabilitätskennzahlen sollte also immer von einem (nachhaltig erzielbaren) **Gewinn vor Steuern** ausgegangen werden. Der **Jahresüberschuß** ist als Ergebnisgröße **unbrauchbar,** weil er ein Gewinn nach Steuern ist.

Die Gesamtkapitalrentabilität entspricht der internen Verzinsung des im Betrieb eingesetzten Kapitals. Im zwischenbetrieblichen Vergleich ist die **Gesamtkapitalrentabilität** ein **zuverlässigerer Ertragskraftindikator** als die Eigenkapitalrentabilität.

Die Gesamtkapitalrentabilität zeigt die Ertragskraft des Unternehmens unabhängig von der Höhe des Verschuldungsgrads. Die Ursache für eine hohe Eigenkapitalrentabilität muß nicht unbedingt in einer hohen Ertragskraft, sondern kann auch in einem besonders hohen Verschuldungsgrad des Unternehmens liegen. Eine beispielhafte Aufgabe zum Leverage-Effekt[57] findet sich im zugehörigen Übungsbuch.

Ausschlaggebende Größe für die Höhe der Eigenkapital-, Gesamtkapital- und Umsatzrentabilität ist der Gewinn. Wegen der Bilanzierungs- und Bewertungsspielräume ist der ausgewiesene Gewinn eine manipulationsanfällige Größe. Aus diesem Grunde lassen manche Analysten bei der Ermittlung von Rentabilitätskennziffern den Cash Flow an die Stelle des Gewinns treten.

Die Literatur[58] zur Bilanzanalyse begegnet diesem Vorgehen mit großer Skepsis: Im **Cash Flow** sind wesentliche Aufwandsbestandteile (Abschreibungen, Rückstellungsbildung) enthalten. Als Orientierungsgröße zur Quantifizierung des Innenfinanzierungsvolumens ist der Cash Flow unverzichtbar. Als **Erfolgsmaßstab** ist er **problematisch** bis unbrauchbar.

Der **Gewinn je Aktie** ist für den Eigenkapitalgeber eine wichtige Erfolgskennziffer. Allerdings interessieren sich Kapitalanleger weniger für den Gewinn der abgelaufenen Periode; ihr Hauptinteresse gilt den Gewinnerwartungen. Dieser Interessenlage trägt die Analysepraxis Rechnung, indem sie versucht, den Gewinn je Aktie für das laufende Geschäftsjahr zu prognostizieren.[59] Ändern die Bilanzanalysten ihre Gewinnprognosen, hat das im allgemeinen Kursänderungen an der Börse zur Folge.

Aktienanalysten erteilen Anlageempfehlungen (Kaufen, Halten, Verkaufen). Dabei spielt die **Preise-Earnings-Ratio** eine große Rolle. Im Deutschen wird die Price-Earnings-Ratio als Kurs-Gewinn-Verhältnis bezeichnet. Im Börsenjargon spricht man häufig nur vom KGV. Ein KGV von 20 besagt,

---

[57] Zum Leverage-Effekt vgl. S. 777 ff.
[58] Vgl. Baetge, J., (Bilanzanalyse), S. 417 ff.; Coenenberg, A. G., (Jahresabschluß), S. 679 ff.
[59] Teilweise werden Gewinnprognosen für einen Zukunftszeitraum von ein bis zwei Jahren abgegeben.

daß eine Aktie das Zwanzigfache des auf sie entfallenden Gewinnanteils kostet. Das entspricht einer (erwarteten) Kapitalverzinsung von fünf Prozent.

Vordergründig betrachtet könnte man meinen, Aktien mit einem niedrigen KGV seien „billiger" und deshalb kaufenswerter als Aktien mit einem hohen KGV. Diese Einschätzung greift zu kurz. Das KGV wird auf der Basis der Gewinnerwartung des laufenden Jahres gebildet. In **Krisenbranchen** (z.B. Montanwerten) wird mit sinkenden, in **Wachstumsbranchen** (z.B. bei Technologiewerten) wird mit steigenden Gewinnerwartungen gerechnet. Steigende (sinkende) Gewinnerwartungen quittiert die Börse mit Kursaufschlägen (Kursabschlägen). So kann es vorkommen, daß ein Technologiewert mit hohem Gewinnsteigerungspotential und einem KGV von 40 kaufenswert ist, während ein Titel aus einer Krisenbranche und einem KGV von 9 wegen rückläufiger Ertragsaussichten auf „Verkaufen" gestellt wird.

Beim **Return on Investment** (ROI) wird eine Ergebnisgröße auf das eingesetzte Gesamtkapital bezogen. Dabei herrscht in Literatur und Praxis Uneinigkeit darüber, ob als Ergebnisgröße
- der Jahresüberschuß,[60]
- das Jahresergebnis vor Ertragsteuern[61] oder
- das ordentliche Betriebsergebnis[62]

herangezogen werden soll. Die dem Gesamtkapital adäquate Ergebnisgröße ist die Gesamtkapitalverzinsung, die sich aus Gewinn (vor Steuern) und Fremdkapitalzinsen (FKZ) zusammensetzt. Mit dieser Ergebnisdefinition entspricht der Return on Investment der **Gesamtkapitalrentabilität**.

$$ROI = \frac{Gewinn + FKZ}{Gesamtkapital} \times 100$$

Erweitert man diesen Quotienten im Zähler und Nenner um den Umsatz, dann erhält man

$$ROI = \frac{Gewinn + FKZ}{Umsatz} \times \frac{Umsatz}{Gesamtkapital}$$

$$ROI = \underset{rentabilität}{Umsatz-} \times \underset{umschlag}{Kapital-}$$

Diese Kennzahlerweiterung hat Vorteile. Sie macht deutlich, daß eine Steigerung der Gesamtkapitalrentabilität durch
- eine Erhöhung der Umsatzrentabilität oder
- eine Erhöhung der Häufigkeit des Kapitalumschlags

erreicht werden kann. Diese Steigerung des Kapitalumschlags wiederum kann c.p. durch eine Umsatzsteigerung oder eine Verringerung des Kapitaleinsatzes z.B. durch Einführung des Just-in-Time-Konzepts[63] erreicht werden. Durch weitergehende Aufschlüsselung der Spitzenkennzahl ROI ge-

---

[60] Vgl. Bieg/Kußmaul, (Externes Rechnungswesen), S. 297
[61] Vgl. Baetge, J., (Bilanzanalyse), S. 448
[62] Vgl. Coenenberg, A. G., (Jahresabschluß), S. 707 ff.
[63] Vgl. S. 468 f.

langt man zu einem **Kennzahlensystem,** dessen bekannteste Variante das sog. Du Pont-Kennzahlensystem[64] ist. (**ÜB 6**/105)

(3) **Break-even-Analyse**

Im Rahmen der Break-even-Analyse versucht man, den Break-even-Point, den Kostendeckungspunkt, zu ermitteln. Der Break-even-Point bezeichnet jene **kritische Ausbringungsmenge m,** bei deren Überschreiten ein Unternehmen die Verlustzone verläßt und in die Gewinnzone eintritt. Für den Break-even-Point gilt die Bedingungsgleichung Umsatz = Kosten.

$$U = K$$
$$p \cdot m_D = K_f + k_v \cdot m_D$$
$$K_f = m_D (p - k_v)$$
$$m_D = \frac{K_f}{p - k_v}$$

U = Umsatzerlöse	m_D = kritische Ausbringungsmenge (Break-even-Point)
K = Gesamtkosten	p = Preis/Stück
K_f = fixe Gesamtkosten	k_v = variable Kosten/Stück
	$p - k_v$ = Deckungsbeitrag/Stück

Abb. 139: Kostenrechnerische Ermittlung des Break-even-Points

Zur kostenrechnerischen Ermittlung des Kostendeckungspunktes m_D muß man die Höhe der Fixkosten K_f und die Höhe des Stückdeckungsbeitrags (db = $p - k_v$) kennen. Liegen die Fixkosten/Jahr bei 10 Mio. Geldeinheiten und beträgt der Deckungsbeitrag/Stück db 10 Geldeinheiten, dann überschreitet das Unternehmen mit dem Verkauf der millionsten Produkteinheit die Gewinnschwelle m_D.

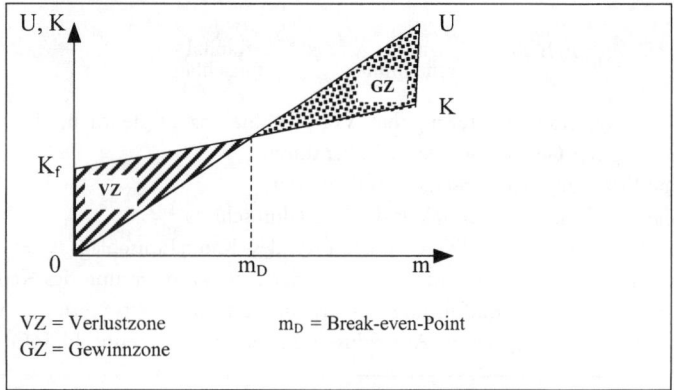

VZ = Verlustzone m_D = Break-even-Point
GZ = Gewinnzone

Abb. 140: Gewinn- und Verlustzone bei grafischer Break-even-Analyse

---

[64] Vgl. hierzu Küting/Weber, (Bilanzanalyse), S. 33

Als **theoretisches** Konzept ist die Break-even-Analyse ein **brauchbarer Ansatz,** um
- die Kosten- und Erlösstrukturen,
- beschäftigungsabhängige Verlustrisiken und
- beschäftigungsabhängige Gewinnchancen

transparent zu machen.

In der **Praxis** der Bilanzanalyse stößt die Umsetzung der Break-even-Analyse auf große **Schwierigkeiten.**[65]

(1) Es werden proportionale Gesamtkostenverläufe unterstellt.
(2) Externen Analysten sind Verkaufspreise und Absatzmengen nicht bekannt.
(3) Die in der GuV ausgewiesenen Aufwendungen können nicht mit Kosten gleichgesetzt werden.
(4) Eine Spaltung der Gesamtkosten in fixe und variable Bestandteile ist nahezu unmöglich.

Eine hilfsweise Lösung der Analysepraxis besteht darin, statt
- der verlustfreien Mindestausbringungsmenge m_D
- den verlustfreien Mindestumsatz U_D

zu ermitteln. Zu diesem Zweck ist zunächst der **Gesamtaufwand** A in einen **beschäftigungsabhängigen Teil A_v** und einen **beschäftigungsunabhängigen Teil A_f zu zerlegen.** Die Quote a_v des variablen Aufwands A_v am Umsatz U

$$a_V = \frac{A_V}{U}$$

wird zur Berechnung des verlustfreien Mindestumsatzes U_D benötigt:

$$U_D = \frac{A_F}{1-a_v}$$

Die Frage, welche Aufwandbestandteile als variabel anzusehen sind, ist nicht einfach zu beantworten. Einigkeit besteht darin, den Materialaufwand als variabel einzustufen.[66] Gelingt es, über zusätzliche Jahresabschlußangaben Teile des Personalaufwands als variabel zu identifizieren, erhöht sich der Genauigkeitsgrad der Break-even-Analyse.

d) Grenzen der Bilanzanalyse

Die Bilanzanalyse will – verkürzt gesagt – Informationen zur Beurteilung
- der künftigen Zahlungsfähigkeit und
- des Zukunftserfolgspotentials

eines Unternehmens liefern. Dabei stößt die Bilanzanalyse bald an ihre Grenzen, weil ihre Informationsbasis – der Jahresabschluß – nicht die Informationen bereitstellen kann, die von den Informationsadressaten erwartet werden.

---

[65] Vgl. Küting/Weber, (Bilanzanalyse), S. 321 ff.
[66] Vgl. Coenenberg, A. G., (Jahresabschluß), S. 720

Die Mängel der Informationsbasis „Jahresabschluß" lassen sich folgendermaßen systematisieren.[67]

Mangelnde Vollständigkeit	Mangelnde Zukunftsbezogenheit	Mangelnde Objektivität
Keine Information über • Qualität des Managements • Marktstellung des Unternehmens • Forschungs- und Entwicklungspotentiale usw.	Keine Information über • künftige Liquidität • künftige Erfolge usw.	Keine Information über „tatsächliches" Vermögen und „tatsächlichen" Erfolg wegen • Dominanz des Vorsichtsprinzips • unsicherheitsbedingter Bewertungssubjektivität

Abb. 141: Ursachen unzulänglicher Bilanzanalyse

Der Jahresabschluß ist eine unzulängliche Informationsbasis, weil er **das Erfolgspotential** in Form von Vermögen und Schulden nur **unzulänglich** abbildet und weil in die Erfolgsermittlung nur abgeschlossene Geschäftsvorfälle der **Vergangenheit** einbezogen werden. Wegen mangelnder Objektivität wird nicht einmal der Erfolg der abgelaufenen Periode korrekt ausgewiesen. Durch die Möglichkeit der **Bildung** bzw. **Auflösung stiller Rücklagen** wird der Erfolgsausweis verfälscht.

Kaum ein Bilanzanalyst wird in der Lage sein, den Umfang der Bildung bzw. Auflösung stiller Rücklagen zu quantifizieren. Gleichwohl liefert der Jahresabschluß eine Reihe von Indizien, die eine Grobklassifizierung von Unternehmen erlauben.

Indikator	starkes Unternehmen	schwaches Unternehmen
Ausnutzung steuerl. Mehrabschreibung	ja	nein
außerplanmäßige Abschreibung	ja	nein
planmäßige Abschreibung	degressiv	linear
Abwertung nach gemildertem NWP	ja	nein
Wertaufholung[68]	nein	ja
Herstellungskosten	Teilkosten	Vollkosten
Rückstellungen	Zuführung	Auflösung
Diskontierungssatz für Pensionsrückstellungen	3%	6%
offene Rücklagen	Bildung	Auflösung

NWP = Niederstwertprinzip

Abb. 142: Jahresabschlußindikatoren zur „Unternehmensstärke"

In der obigen Übersicht werden als starke Unternehmen solche identifiziert, die es sich leisten können, offene und stille Rücklagen zu bilden. Als

---

[67] Zur Vertiefung vgl. Baetge, J., (Bilanzanalyse), S. 54 ff., Coenenberg, A. G., (Jahresabschluß), S. 564 ff. und die dort angegebene Literatur
[68] Zur Einschränkung des Beibehaltungswahlrechts für Kapitalgesellschaften ist § 280 HGB zu beachten.

schwache Unternehmen werden solche klassifiziert, die weder offene noch stille Rücklagen bilden können oder die sich gar genötigt sehen, offene bzw. stille Rücklagen aufzulösen. Eine solche Grobklassifizierung von Unternehmen ist häufig entschlußreicher als die Ermittlung von Bilanzkennzahlen, denen es vielleicht an Zukunftsbezogenheit und Objektivität mangelt.

X. Bilanztheorie

1. Überblick

Handels- und Steuerrecht haben detaillierte Vorschriften zu Inhalt, Gliederung und Bewertungsregeln der Bilanz erlassen. Diese Bilanzierungsvorschriften wurden in den vorangegangenen Kapiteln I. bis VIII. ausführlich behandelt.

Mit den Bilanzierungsvorschriften möchte der Gesetzgeber den Schutz der Bilanzadressaten erreichen. Dabei setzt sich die Bilanztheorie mit einem normativen Problem auseinander: Es geht um die Frage, wie die gesetzlichen Bilanzierungsvorschriften zu gestalten sind, damit die Bilanz – genauer gesagt: der Jahresabschluß – den **Interessen der Bilanzadressaten gerecht** wird.

Oben[1] wurde bereits auf die Vielfalt, teilweise auch Gegensätzlichkeit unterschiedlicher Adressateninteressen hingewiesen. Es gibt keine richtige Bilanz, sondern nur eine **zweckmäßige Bilanz**: Die Vielfalt der Adressateninteressen führt zu unterschiedlichen Auffassungen zweckmäßiger Bilanzierung. Die folgende Abbildung[2] gibt einen Überblick über die seit mehr als einhundert Jahren entwickelten Bilanzauffassungen:

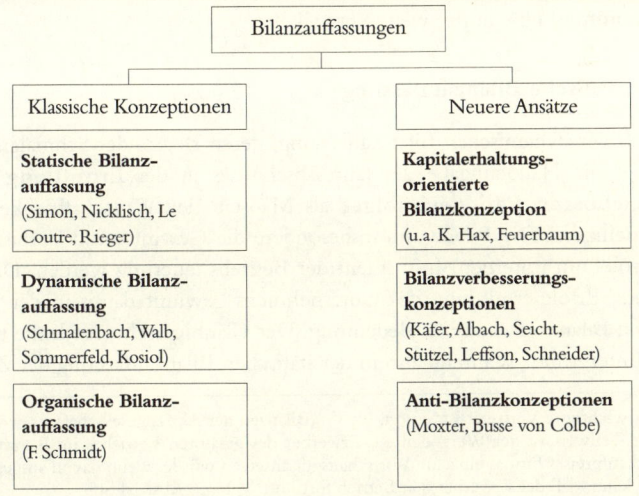

Abb. 143: Bilanzauffassungen

---

[1] Vgl. S. 895 ff.
[2] Vgl. Heinen, E., (Handelsbilanzen), S. 104

Die folgenden Ausführungen geben einen kurzen Überblick über die einzelnen Bilanzauffassungen.

2. Klassische Bilanzauffassungen

a) Statische Bilanzauffassung

Die älteren statischen Bilanzauffassungen weisen dem Jahresabschluß den Zweck der **stichtagsbezogenen Vermögensdarstellung** zu. Der Vermögens- und Schuldenbestand und das daraus resultierende Reinvermögen sollen zum jeweiligen Stichtag ermittelt und insbesondere zum Zweck der Bilanzanalyse detailliert aufgegliedert werden. Die Bewertung, aber auch die Gliederung des Vermögens bzw. der Schulden wurden dabei zunächst unter dem Gesichtspunkt der möglichen Liquidation des Unternehmens gesehen. Man spricht deshalb von **Zerschlagungsstatik**. Die Ermittlung des Vermögens und der Schulden erfolgte unter der Fiktion der Unternehmenszerschlagung und konnte damit als Gläubigerzugriffsvermögen bzw. Haftungspotential des Unternehmens interpretiert werden.

Demgegenüber geht die **Fortführungsstatik**[3] davon aus, daß es grundsätzlich nicht interessiert, über welches Gläubigerzugriffsvermögen das Unternehmen im Konkursfall verfügt, sondern welchen Wert das Unternehmen bei Fortführung der wirtschaftlichen Betätigung verkörpert. Deshalb darf auch nicht von der Fiktion der Unternehmenszerschlagung, sondern von der Fiktion der Unternehmensfortführung ausgegangen werden (Grundsatz der Unternehmensfortführung). Der Bewertungsmaßstab nach dieser Konzeption ist der individuelle „Betriebswert", aus dem der steuerliche Teilwert[4] abgeleitet wurde. Die statische Bilanzauffassung wurde insbesondere von Rieger,[5] Nicklisch[6] und Le Courte[7] weiterentwickelt.

b) Dynamische Bilanzauffassung

Nach der dynamischen Bilanzauffassung, deren Begründer Schmalenbach[8] ist, liegt die Hauptaufgabe des Jahresabschlusses in der **Ermittlung** eines **vergleichbaren Periodenerfolges** als Maßstab der Wirtschaftlichkeit des Unternehmens. Die Bilanz und insbesondere die Gewinn- und Verlustrechnung soll zum (internen) Instrument der Betriebssteuerung werden. Die zutreffende Erfolgsermittlung des Unternehmens gewinnt damit in der dynamischen Bilanzauffassung an Bedeutung. Der Gläubigerschutzgedanke tritt in den Hintergrund. Während also in der statischen Bilanzauffassung der Zweck

---

[3] Der wichtigste Vertreter ist Simon, H. V., (Bilanzen der Aktiengesellschaften).
[4] Der Teilwert ist der Wert, den ein Erwerber des gesamten Betriebes im Rahmen des Gesamtkaufpreises für das einzelne Wirtschaftsgut ansetzen würde, wenn davon ausgegangen werden kann, daß der Erwerber den Betrieb fortführt, vgl. § 6 Abs. 1 EStG.
[5] Vgl. Rieger, W., (dynamische Bilanz)
[6] Vgl. Nicklisch, W., (Betriebswirtschaft)
[7] Vgl. Le Courte, W., (Zeitgemäße Bilanzierung)
[8] Vgl. Schmalenbach, E., Grundlagen dynamischer Bilanzlehre, ZfhF 1919, S. 1–60, S. 65–101; ders., (Dynamische Bilanz)

in der richtigen Vermögensdarstellung lag und der Erfolg sich nur als Saldo (= Reinvermögenszuwachs) ergab, versucht die dynamische Bilanzauffassung nur den richtigen Periodenerfolg zu ermitteln. Der Vermögensausweis und die Schuldendeckungskontrolle spielen allenfalls eine untergeordnete Rolle.

Es ist ersichtlich, daß in der Dynamik und Statik unterschiedliche Gewinnbegriffe verwendet werden. Während in der statischen Bilanzauffassung kein Widerspruch in der Vermögens- und Erfolgsermittlung gesehen wird, nimmt die dynamische Bilanzauffassung eine bestimmte Verzerrung der Vermögenslage in Kauf, um nur vergleichbare Periodenerfolge auszuweisen. Diese Erfolgsrechnung enthält alle in der entsprechenden Periode erfolgswirksam gewordenen Einnahmen und Ausgaben der jetzigen Periode und der Vor- und Nachperioden (siehe Abb. 144).

Aufwand	Ertrag
1. Aufwand jetzt, Ausgabe jetzt (Kauf und Verbrauch von Rohstoffen)	1. Ertrag jetzt, Einnahme jetzt (Verkauf von in der Periode produzierten Produkten)
2. Aufwand jetzt, Ausgabe früher (Abschreibungen)	2. Ertrag jetzt, Einnahme früher (Nachlieferung auf Grund von Anzahlungen)
3. Aufwand jetzt, Ausgabe später (Verbrauch von Rohstoffen auf Kredit)	3. Ertrag jetzt, Einnahme später (Produktion auf Lager, Verkauf auf Ziel)
4. Aufwand jetzt, Ertrag jetzt (Produktion von Fabrikaten)	4. Ertrag jetzt, Aufwand jetzt (Produktion von Fabrikaten)
5. Aufwand jetzt, Ertrag früher (Abschreibungen selbsterstellter Maschinen)	5. Ertrag jetzt, Aufwand früher (Nachholung rückständiger Instandsetzung durch eigene Werkstatt)
6. Aufwand jetzt, Ertrag später (rückständige Instandsetzungen durch eigene Werkstatt)	6. Ertrag jetzt, Aufwand später (Produktion von Maschinen zum eigenen Gebrauch)

Abb. 144: Erfolgsrechnung nach Schmalenbach

Die Bilanz wird damit zu einem Hilfsmittel der Erfolgsrechnung. Sie nimmt als eine Art Abgrenzungskonto die noch nicht abgewickelten Geschäftsvorfälle (schwebenden Geschäfte) auf. Dies sind neben den liquiden Mitteln und dem Kapital alle Einnahmen und Ausgaben, die noch nicht in der Aufwands- und Ertragsrechnung verrechnet worden sind. Diese Einnahmen und Ausgaben, die erst später zu Ertrag und Aufwand werden, werden in der Bilanz gespeichert, so daß die Bilanz als der „Kräftespeicher der Unternehmung" gesehen werden kann, welcher alle vorhandenen aktiven Kräfte und passiven Verpflichtungen aufnimmt (vgl. Abb. 145):

Die dynamische Bilanztheorie wurde von Walb, Sommerfeld und Kosiol weiterentwickelt.[9] **(ÜB 6/27)**

---

[9] Vgl. im einzelnen Wöhe, G., (Bilanzierung), S. 222 ff.

AKTIVA	PASSIVA
1. Liquide Mittel	1. Kapital
2. Ausgabe, noch nicht Aufwand (Gekaufte Maschinen mit mehrjähriger Nutzungsdauer)	2. Aufwand, noch nicht Ausgabe (Kreditoren, Rückstellungen)
3. Ausgabe, noch nicht Einnahme (Wertpapiere, Aktivdarlehen)	3. Einnahme, noch nicht Ausgabe (Passivdarlehen)
4. Ertrag, noch nicht Aufwand (selbsterstellte Maschinen und Werkzeuge)	4. Aufwand, noch nicht Ertrag (rückständige Instandsetzungen durch eigene Werkstatt)
5. Ertrag, noch nicht Einnahme (Forderungen, Fertigfabrikate)	5. Einnahme, noch nicht Ertrag (Anzahlungen von Kunden)

Abb. 145: Bilanzschema nach Schmalenbach

c) Organische Bilanzauffassung

Die von Fritz Schmidt[10] entwickelte organische Bilanzauffassung strebt im Gegensatz zur Dynamik und Statik das Ziel der richtigen Feststellung sowohl des Vermögens als auch des Erfolges an. Die Bezeichnung „organisch" bedeutet, daß der einzelne Betrieb bei der Ermittlung des Erfolges und des Vermögens als Organ der Volkswirtschaft betrachtet werden soll. In diesem Sinne ist ein unternehmerischer Erfolg erst dann entstanden, wenn das Unternehmen seine relative Stellung in der gesamten Volkswirtschaft behaupten konnte, das heißt, wenn die **leistungswirtschaftliche Substanz** des Unternehmens **erhalten** wurde. Das Hauptanliegen der organischen Bilanztheorie ist somit die Eliminierung aller Geldwertänderungen in der Bewertung des Vermögens und des Erfolges. Die Gewinnermittlung und die Bewertung des Vermögens und des Erfolges haben also so zu erfolgen, daß nicht nur eine Erhaltung des Kapitals, sondern auch der realen Vermögenssubstanz erreicht wird. Deshalb ist es erforderlich, echte Gewinne von sog. Scheingewinnen und echte Verluste von Scheinverlusten zu trennen. Ein echter Gewinn ist unter dem Aspekt der Substanzerhaltung nur dann entstanden, wenn der Verkaufspreis einer Ware höher ist als der Wiederbeschaffungspreis am Umsatztag.

3. Neuere Ansätze

a) Kapitalerhaltungsorientierte Bilanzkonzeptionen

Die Erhaltung der Leistungsfähigkeit des Unternehmens ist die Voraussetzung für eine ungestörte Fortsetzung des Betriebsprozesses. In Zeiten **nachhaltiger Geldentwertung** kommt dem Problem der Substanzerhaltung große Bedeutung zu. Die im folgenden behandelten Kapitalerhaltungs- und Bewertungskonzeptionen suchen nach Möglichkeiten, den Jahreserfolg so zu ermitteln, daß ein Unternehmen

---

[10] Vgl. Schmidt, F., (organische Tageswertbilanz)

- vor **Substanzentzug**
- durch **Gewinnausschüttung** und **Gewinnbesteuerung**

geschützt wird. (**ÜB 6/8–16**)

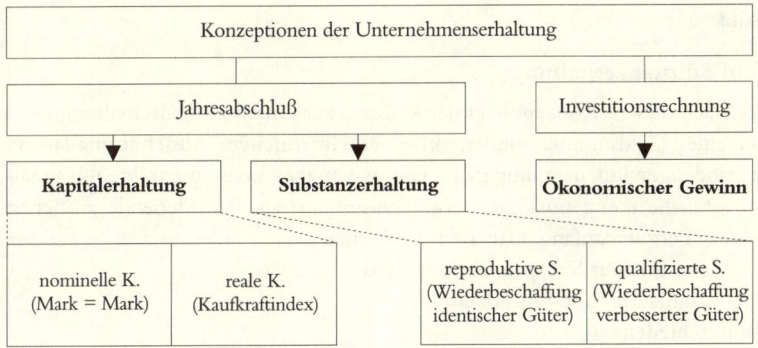

Abb. 146: Kapitalerhaltungs- und Bewertungskonzeptionen

aa) Kapitalerhaltung

Nach dem Konzept **nomineller Kapitalerhaltung** muß zur Sicherung des Unternehmensbestands das nominelle (Eigen-)Kapital erhalten werden. Übersteigt das nominelle Eigenkapital am Periodenende den entsprechenden Jahresanfangsbestand, wird der überschießende Betrag als Gewinn ausgewiesen.

Der **Gewinn** ist also als **Anstieg des Nominalkapitals** definiert. Er wird zur Unternehmenserhaltung nicht benötigt und kann als Ausschüttung bzw. Gewinnsteuerzahlung abfließen. Bezogen auf eine einzelne Transaktion entsteht Gewinn dann, wenn der Erlös aus dem Verkauf einer Vermögensposition höher ist als deren Anschaffungskosten.

Die Gewinndefinition des geltenden deutschen Handels- und Steuerrechts folgt dem Konzept nomineller Kapitalerhaltung.[11] Der **Vorteil** dieses Konzepts liegt in der Nachprüfbarkeit der Gewinnermittlung, denn zur Feststellung der Veräußerungserlöse bzw. Anschaffungskosten liegen Rechnungsbelege vor. Der **Nachteil** nomineller Kapitalerhaltung liegt in der Tatsache, daß in Zeiten permanenter Geldentwertung (= Wiederbeschaffungskosten > Anschaffungskosten) nach Gewinnausschüttung und Gewinnsteuerzahlung nur Erlöse in Höhe der Anschaffungskosten verbleiben, die für eine Wiederbeschaffung der ursprünglichen Vermögenssubstanz nicht ausreichen.

Hier versucht das Konzept **realer Kapitalerhaltung** Abhilfe zu schaffen. Nach diesem Konzept liegt ein ausschüttungsfähiger Gewinn dann vor, wenn die Kaufkraft des Endkapitals höher ist als die Kaufkraft des Anfangskapitals. Der allgemeinen Geldentwertung wird also durch Einfügung eines (amtlich ermittelten) **Kaufkraftindexes** Rechnung getragen. Auf die einzelne Transaktion bezogen liegt Gewinn dann vor, wenn der Verkaufserlös

---

[11] Vgl. S. 914 f.

eines Vermögensgegenstands höher ist als die um die allgemeine Preissteigerungsrate korrigierten Anschaffungskosten. Dabei wird eine Erhaltung der Unternehmenssubstanz dann nicht erreicht, wenn die Wiederbeschaffungskosten der veräußerten Gegenstände überdurchschnittlich stark angestiegen sind.

bb) Substanzerhaltung

Nach diesem Konzept liegt der Maßstab zur Unternehmenserhaltung nicht in einer Geldsumme, sondern in einer Gütermenge: Ausschüttungsfähiger Periodengewinn liegt nur dann vor, wenn (bei konstantem Fremdkapitaleinsatz) die mengenmäßige Vermögenssubstanz am Periodenende größer ist als am Periodenanfang. Dabei wird zwischen
(1) reproduktiver Substanzerhaltung und
(2) qualifizierter Substanzerhaltung
unterschieden.

Bei (1) **reproduktiver Substanzerhaltung**[12] wird die Erhaltung einer gleichartigen Gütermenge zum Erfolgsmaßstab gemacht. Nach dem Konzept (2) **qualifizierter Substanzerhaltung** liegt ein ausschüttungsfähiger Periodenerfolg erst dann vor, wenn am Periodenende
- eine größere Menge
- technisch verbesserter Güter

vorhanden ist als am Periodenanfang.[13]

Auf das einzelne Geschäft bezogen wird Gewinn als Differenz zwischen dem Verkaufserlös und den Wiederbeschaffungskosten eines gleichartigen (bzw. technisch verbesserten) Wirtschaftsgutes gemessen. Der Unterschied zum Konzept der nominellen Kapitalerhaltung läßt sich am einfachsten an einem Beispiel erklären:

Anschaffungskosten t_0	100
Wiederbeschaffungskosten t_1	120
Verkaufserlös t_1	150

Nach dem Prinzip nomineller Kapitalerhaltung beträgt der Periodengewinn 50. Aus der Sicht des Substanzerhaltungskonzepts beziffert sich der (echte) Gewinn, den man als **Umsatzgewinn** bezeichnet, auf 30. Die Differenz zwischen Anschaffungskosten und gestiegenen Wiederbeschaffungskosten wird als **Scheingewinn** (20) klassifiziert, der weder besteuert noch ausgeschüttet werden sollte.

cc) Theorie des ökonomischen Gewinns

Den Kapital- und Substanzerhaltungskonzepten steht die Theorie des ökonomischen Gewinns gegenüber. Diese Theorie geht grundsätzlich von der Gesamtbewertung des Unternehmens, d.h. von der Kapitalisierung der mit dem Unternehmen in der Zukunft nachhaltig erzielbaren Erträge aus.

---

[12] Vgl. Hax, K., (Substanzerhaltung), S. 19
[13] Vgl. Sommerfeld, H., Bilanz (eudynamische), HdB 1926, Bd. I, Sp. 1340 ff.

Dabei wird der Zukunftserfolgswert[14] durch Diskontierung der erwarteten Einzahlungsüberschüsse ermittelt. Die **Differenz** zwischen dem **Zukunftserfolgswert** am Periodenende und dem (geringeren) Zukunftserfolgswert am Periodenanfang bezeichnet man als ökonomischen Gewinn.[15] Der ökonomische Gewinnbegriff bestimmt damit den dem Betrieb maximal entziehbaren Betrag als Resteinnahmenüberschuß, der verbleibt, wenn zuvor diejenigen Investitions- und Finanzierungsvorhaben durchgeführt worden sind, die in der Zukunft das gleiche Einkommen sichern sollen.

Der dem Betrieb maximal entziehbare Betrag (ökonomischer Gewinn) kann nicht mit Hilfe einer aus der Buchhaltung abgeleiteten Bilanz bestimmt werden. Er errechnet sich aus in der Zukunft liegenden Größen, nämlich aus den zukünftig zu erwartenden Einnahmenüberschüssen des Unternehmens.

Die Theorie des ökonomischen Gewinns ist ein theoretisch korrektes und umfassendes Erhaltungskonzept. Die Anwendbarkeit wirft jedoch insbesondere im Hinblick auf die Ausschüttungsbemessungs- und Informationsfunktion des Jahresabschlusses Probleme auf. So wird die stark subjektive Ermittlung des Kalkulationszinsfußes und die Zukunftsorientierung dieses Erfolgskonzeptes mit den handelsrechtlichen Rechnungslegungsvorschriften und insbesondere den damit verbundenen Objektivierungszwängen kollidieren. (ÜB 6/8–16)

b) Bilanzverbesserungskonzeptionen

Die Bilanz ist ein Instrument, welches überwiegend auf vergangenheitsorientierten Daten basiert, um damit über die Verhältnisse von Vermögens-, Finanz- und Ertragslage zum Abschlußstichtag zu informieren. Diese vergangenheitsbezogenen Bilanzinhalte entsprechen aber kaum den Informationsbedürfnissen der meisten Rechnungslegungsadressaten, die beispielsweise für Kreditzusagen oder Kapitalanlageentscheidungen zukunftsbezogene Informationen benötigen. Der Jahresabschluß eines Unternehmens müßte folglich von einer Vergangenheitsrechnung zu einer Zukunftsrechnung umgestaltet werden.

Dementsprechend versucht die zukunftsorientierte Bilanzkonzeption von Käfer auch, den Inhalt der Bilanz auf der Grundlage von Zukunftserwartungen zu erklären. Die Bilanz wird von Käfer allgemein interpretiert als ein „Bericht über den in einem bestimmten Zeitpunkt zu erwartenden zukünftigen Zufluß von Gütern und Leistungen für eine Einzelwirtschaft."[16] Eine aktivierte Maschine stellt zum Beispiel in diesem Sinne ein zukünftiges Einnahmepotential dar, weil mit dieser Maschine Produkte gefertigt und damit Zukunftserfolge erwirtschaftet werden können.

---

[14] Zur Ermittlung des Zukunftserfolgswerts vgl. S. 671 ff.
[15] Der ökonomische Gewinn kann auch als die Verzinsung des Zukunftserfolgswertes am Beginn der Periode mit dem entsprechenden Kalkulationszinsfuß errechnet werden.
[16] Vgl. Käfer, K., (Bilanz als Zukunftsrechnung).
Andere Vertreter der zukunftsorientierten Bilanztheorie sind Seicht, G., (kapitaltheoretische Bilanz); Albach, H., Grundgedanken einer synthetischen Bilanztheorie, ZfB 1965, S. 21 ff.; Honko, J., Über einige Probleme bei der Ermittlung des Jahresgewinns der Unternehmung, ZfB 1965, S. 611 ff.

Der eingeschränkte Informationsgehalt des Jahresabschlusses für externe Rechnungslegungsadressaten wird auch von Stützel,[17] Leffson,[18] Schneider[19] und anderen gesehen. Dabei werden Vorschläge zur Verbesserung des traditionellen Jahresabschlusses unterbreitet. Mögliche Ansätze zur Verbesserung können Änderungen in den Bewertungsvorschriften (z. B. Modifikation des Niederstwertprinzips) oder **Ergänzungen** durch ein anders geartetes Rechnungslegungsinstrument (z. B. Feststellung des ökonomischen Gewinns, Bewegungsbilanzen, Kapitalflußrechnungen, Segmentberichterstattungen, Bilanzkennzahlen, Planerfolgsrechnungen) sein.

c) Anti-Bilanz-Konzeptionen

Die sog. Anti-Bilanz-Konzeptionen von Moxter[20] und Busse von Colbe[21] gehen sogar noch einen Schritt weiter als die meisten Kritiker des herkömmlichen Jahresabschlusses. Moxter fordert keine Verbesserungen der Bilanz durch Nebenrechnungen, sondern schlägt vor, die Bilanz und die Gewinn- und Verlustrechnung durch ein grundsätzlich **finanzplanorientiertes Tableau** zu ersetzen. Was die Rechnungslegungsadressaten wissen müssen, um Dispositionen über die Beteiligung an der Unternehmung treffen zu können, ist nach Moxter die zeitliche und sachliche Aufgliederung des in der Zukunft zu erwartenden Stroms der Ein- und Auszahlungen des Unternehmens bis zum ökonomischen Horizont.

Auch Busse von Colbe schlägt vor, den Jahresabschluß durch ein auf Zahlungsvorgänge aufgebautes Rechenwerk zu ersetzen (oder zu ergänzen), da auch er der Ansicht ist, daß der Periodengewinn als Maßgröße den Informationsbedürfnissen der Rechnungsempfänger nicht genügt.

Der prospektive Finanzplan erfüllt die Informationsbedürfnisse der externen Adressaten weitaus besser als der herkömmliche Jahresabschluß.[22] Seine Schwäche liegt aber in der mangelnden Kontrollierbarkeit durch die externen Adressaten. Kontrollierbarkeit der Rechnungslegungsinformationen ist aber die notwendige Voraussetzung zur Schaffung von Rechtssicherheit für die externen Adressaten. Auch die Vertreter der Anti-Bilanz-Konzeptionen räumen ein, daß nur die auf Vergangenheitsdaten basierende Information der Forderung nach Kontrollierbarkeit und Rechtssicherheit gerecht wird.

---

[17] Vgl. Stützel, W., Bemerkungen zur Bilanztheorie, ZfB 1967, S. 1314 ff.
[18] Vgl. Leffson, U., Kapitaldispositionsnachweis, NB 1986, S. 1 ff.
[19] Vgl. Schneider, D., Bilanzgewinn und ökonomische Theorie, ZfhF 1963, S. 469; ders., Wozu eine Reform des Jahresabschlusses, in: Der Jahresabschluß im Widerstreit der Interessen (Hrsg. Baetge, J.), S. 131 ff.
[20] Vgl. Moxter, A., (Bilanztheorie), S. 151 ff.
[21] Vgl. Busse v. Colbe, W., Aufbau und Informationsgehalt von Kapitalflußrechnungen, ZfB 1966, S. 88 ff.
[22] Busse v. Colbe, W., Aufbau und Informationsgehalt von Kapitalflußrechnungen, S. 97.

C. Die Kostenrechnung

I. Aufgaben, Teilgebiete, Systeme

Aufgabe der Kostenrechnung ist die Erfassung, Verteilung und Zurechnung der Kosten, die bei der betrieblichen Leistungserstellung und -verwertung entstehen, zu dem Zweck,
(1) durch Ermittlung der voraussichtlich anfallenden Kosten eine Grundlage für betriebliche Dispositionen zu schaffen (**entscheidungsorientierte Zukunftsrechnung**) und
(2) durch Vergleich der tatsächlich angefallenen Kosten mit den zuvor geplanten Kosten Planabweichungen festzustellen und somit die Möglichkeit zu schaffen, die Ursachen von Fehlleistungen, die sowohl im Planungs- als auch im Produktionsbereich liegen können, aufzudecken (**kontrollierende Vergangenheitsrechnung**).

Diesen beiden Zwecken dienen die beiden Teilgebiete der Kostenrechnung, die Betriebsabrechnung und die Selbstkostenrechnung (Kalkulation).

Über den **Kostenbegriff** besteht – wie auch über viele andere zentrale Begriffe der Betriebswirtschaftslehre – keine volle Übereinstimmung in der Literatur. Der herrschende Kostenbegriff ist der auf Schmalenbach[1] zurückgehende **wertmäßige Kostenbegriff**. Danach sind Kosten der bewertete Verbrauch von Gütern und Dienstleistungen für die Herstellung und den Absatz von betrieblichen Leistungen und die Aufrechterhaltung der dafür erforderlichen Kapazitäten. Güter- und Dienstleistungsverbrauch sowie Leistungsbezogenheit sind also die beiden charakteristischen Merkmale dieses Kostenbegriffs.

Demgegenüber geht der **pagatorische Kostenbegriff**[2] nicht vom Verbrauch von Gütern und Dienstleistungen, sondern von Ausgaben (Auszahlungen) aus. Da Ausgaben in einer früheren oder späteren Periode erfolgen können als der Verbrauch der Produktionsfaktoren, für die diese Ausgaben anfallen, und da ein derartiger Verbrauch nicht immer mit Ausgaben verbunden ist (z.B. bei kalkulatorischen Kostenarten[3] wie Unternehmerlohn und Eigenkapitalzins), hat sich dieser Kostenbegriff als nicht zweckmäßig erwiesen. Kilger weist zu Recht darauf hin, daß der wertmäßige Kostenbegriff „den Erfordernissen der betrieblichen Praxis" besser entspreche als der pagatorische und „daher insbesondere bei Planungsaufgaben besser geeignet ist."[4]

Von der Diskussion über den Kostenbegriff ist jedoch ein anderes Problem zu trennen: Da mit der Kostenrechnung mehrere Aufgaben verfolgt werden können, ist mit der Feststellung, welcher Teil des betrieblichen Wertverzehrs

---

[1] Vgl. Schmalenbach, E., Kostenrechnung und Preispolitik, 8. Aufl., Köln und Opladen 1963, S. 6
[2] Vgl. Koch, H., Zur Diskussion über den Kostenbegriff, ZfhF 1958, S. 361 f.
[3] Vgl. S. 1112 ff.
[4] Kilger, W., Flexible Plankostenrechnung und Deckungsbeitragsrechnung, 10. Aufl., Wiesbaden 1993, S. 2

zu den Kosten gehört, noch nicht entschieden, ob die als Kosten definierten Beträge **in einer konkreten Entscheidungssituation** auch in vollem Umfang verrechnet werden müssen.

Ebenso wie die Bewertung in der Bilanz zweckbezogen ist (so sind z. B. für Zwecke der nominellen Kapitalerhaltung andere Wertansätze zu wählen als für Zwecke der Substanzerhaltung), sind auch für **verschiedene Zwecke der Kostenrechnung** (z. B. dispositive Aufgaben beim Aufbau der betrieblichen Planung, Kalkulation, Ermittlung von Preisuntergrenzen, Kostenkontrolle) nicht automatisch die gleichen Kostenbeträge von Bedeutung. Eine Kostenrechnung, die die für bestimmte betriebliche Entscheidungen relevanten Kosten ermittelt, wird als **entscheidungsorientierte** oder **zweckorientierte** Kostenrechnung bezeichnet. Die Aufgabe einer solchen Kostenrechnung besteht darin, „für jedes Planungsproblem genau **die** Kosten anzugeben, die von den variierten Aktionsparametern funktional abhängig sind. Diese Kosten werden als **relevante Kosten** bezeichnet."[5]

Werden z. B. bei der Ermittlung der kurzfristigen Preisuntergrenze[6] nur die variablen Kosten erfaßt, so bleiben die fixen Kosten als für kurzfristige Entscheidungen nicht relevante Kosten zwar außer Ansatz, sie bleiben aber vom wertmäßigen Kostenbegriff her selbstverständlich Kosten. Bei der Ermittlung der langfristigen Preisuntergrenze müssen sie als relevante Kosten einbezogen werden, da hier eine andere Entscheidungssituation vorliegt.

Die **Betriebsabrechnung** ist eine Periodenrechnung. Sie ermittelt als Kostenartenrechnung, welche Arten von Kosten im Betriebe angefallen sind (z. B. Personalkosten, Materialkosten, Abschreibungen, Zinsen usw.), und verteilt als Kostenstellenrechnung die Kostenarten auf die einzelnen Funktionsbereiche des Betriebes (z. B. Beschaffungs-, Fertigungs-, Verwaltungs- und Vertriebsbereich), um durch die Feststellung, wo die Kosten verursacht worden sind, eine genaue Zurechnung der Kosten auf die Leistungen der Periode (Kostenträgerzeitrechnung) zu ermöglichen.

Durch Gegenüberstellung der in einer Kostenrechnungsperiode (in der Regel ein Monat) für einen Kostenträger ermittelten Kosten und erzielten Erlöse wird eine nach Kostenträgern gegliederte kurzfristige Betriebsergebnisrechnung **(kurzfristige Erfolgsrechnung)** durchgeführt. Sie liefert der Betriebsführung Entscheidungsunterlagen, die der Jahresabschluß aus zwei Gründen nicht zur Verfügung stellen kann: erstens kommt er zu spät, da er in der Regel erst mehrere Monate nach Abschluß des Wirtschaftsjahres zur Verfügung steht, und zweitens spiegeln die angesetzten Aufwendungen den tatsächlichen betrieblichen Werteverzehr nur bedingt wieder (z. B. überhöhte Aufwendungen durch Sonderabschreibungen oder zu niedrige Aufwendungen durch fehlende Zusatzkosten).[7]

Die **Selbstkostenrechnung** (Kalkulation) führt als Kostenträger-Stückrechnung – aufbauend auf der Kostenarten- und Kostenstellenrechnung – die

---

[5] Kilger, W., Flexible Plankostenrechnung ..., a. a. O., S. 191 (Hervorhebungen im Original kursiv)
[6] Vgl. S. 557 ff.
[7] Vgl. S. 558 f.

Zurechnung der Kosten auf die einzelne Leistung durch, d. h. sie ermittelt die Selbstkosten und schafft damit die Grundlage für die kurzfristige Erfolgsrechnung, die Verkaufssteuerung und die Preispolitik.[8] Wird die Selbstkostenrechnung vor der Erstellung der Betriebsleistung durchgeführt, so bezeichnet man sie als **Vorkalkulation,** erfolgt sie nach Abschluß der Leistungserstellung, so spricht man von **Nachkalkulation.** Die Vorkalkulation verwendet geplante Kosten, die Nachkalkulation stellt die tatsächlich angefallenen Kosten (Istkosten) fest.

Von der Vorkalkulation unterscheiden sich **Normal- und Plankalkulationen** dadurch, daß erstere auf die Kalkulation einer einzelnen Leistung zielt, letztere dagegen auf eine zeitlich vor der Leistungserstellung liegende Vorausrechnung der Gesamtkosten eines Abrechnungszeitraumes abstellen.

Nicht alle Kosten lassen sich nach dem gleichen Prinzip den Kostenstellen oder Kostenträgern zurechnen. Man unterscheidet folgende **Zurechnungsgrundsätze:**
(1) das Prinzip der Kostenverursachung,
(2) das Prinzip der Kostentragfähigkeit,
(3) das Prinzip der Durchschnittsbildung.

Theoretisch einwandfrei ist allein das **Kostenverursachungsprinzip:** jeder Kostenbereich (Kostenstelle) und jeder Kostenträger ist mit dem Kostenbetrag zu belasten, den er verursacht hat. Nur wenn eine kausale Beziehung zwischen angefallenen Kosten und einer Kostenstelle bzw. einem Kostenträger nicht feststellbar ist, kommen die anderen Zurechnungsprinzipien zur Anwendung.

Da fixe Kosten als vom Beschäftigungsgrad unabhängig anfallende Kosten nicht nach dem Verursachungsprinzip zugerechnet werden können, werden sie in der Regel nach dem **Prinzip der Kostentragfähigkeit** (Deckungsprinzip) verteilt, d. h. im proportionalen Verhältnis zu den Deckungsbeiträgen oder den Absatzpreisen der Kostenträger. Als Deckungsbeiträge (Bruttogewinne) bezeichnet man die Differenz zwischen dem erzielten bzw. erzielbaren Absatzpreis und den variablen Stückkosten. Die Differenz zwischen dem Absatzpreis und den gesamten Stückkosten ist der Nettogewinn.[9]

Das **Durchschnittsprinzip** ist ebenfalls eine Hilfsmethode, die in Betracht kommt, wenn das Verursachungsprinzip versagt. Statt nach der Verursachung fragt man danach, welche Kosten im Durchschnitt auf welche Leistungen entfallen.

Die Kostenrechnung kann sich verschiedener Abrechnungssysteme bedienen. Sie lassen sich nach der **Zeitbeziehung** der Kosten (vergangenheits-

---

[8] In der Literatur wird darauf hingewiesen, daß keine funktionale Beziehung zwischen den Selbstkosten und dem Angebotspreis besteht. Angebotspreise lassen sich daher in der Regel nicht ‚kalkulieren'. (Vgl. z. B. Kilger, W., Einführung in die Kostenrechnung, 3. Aufl., Wiesbaden 1987, S. 16, 279 f., 284). Die Kalkulation kann für die Preispolitik lediglich Preisuntergrenzen bestimmen. Die Ermittlung von Marktpreisen und der bei diesen Preisen erzielbaren Absatzmengen ist vorwiegend die Aufgabe der Marktforschung und der Produktions- und Absatzplanung, nicht aber der Kostenrechnung. (Vgl. Riebel. P., Einzelkosten- und Deckungsbeitragsrechnung, 7. Aufl., Wiesbaden 1993, S. 204 ff.)
[9] Einzelheiten zur Deckungsbeitragsrechnung vgl. S. 1156 ff.

oder zukunftsbezogen) oder nach dem **Umfang** der verrechneten Kosten (Vollkosten- oder Teilkostenrechnung) unterscheiden.

Nach dem ersten Kriterium ist zu trennen zwischen Ist-, Normal- und Plankostenrechnungssystemen. Eine **Istkostenrechnung** liegt vor, wenn die tatsächlich angefallenen Kosten (Istkosten = Ist-Verbrauchsmengen × Ist-Preise) ohne Eliminierung von Zufälligkeiten (Preisschwankungen am Beschaffungsmarkt, Störungen im Produktionsablauf) verrechnet werden. Sie ist eine Vergangenheitsrechnung.

Von einer **Normalkostenrechnung** spricht man dann, wenn bestimmte Kosten nicht mit ihren tatsächlichen, sondern mit durchschnittlichen Mengen und Preisen angesetzt werden (Normalkosten). Sie baut also ebenso auf Vergangenheitswerten auf.

Eine **Plankostenrechnung** liegt dann vor, wenn auf Grund detaillierter Berechnungen und Messungen unter Einschluß zukünftiger Erwartungen der Kostenanfall vorausgeplant wird und die Kosten für die einzelnen Kostenstellen und Kostenträger vorgegeben werden. Die Plankostenrechnung ist also eine auf die Zukunft gerichtete Rechnung. Die zwischen Normal- oder Plankosten einerseits und Istkosten andererseits sich ergebenden Differenzen (Abweichungen) werden gesondert erfaßt und stellen ein wichtiges Instrument der Kostenkontrolle dar.[10]

Nach dem zweiten Kriterium werden Voll- und Teilkostenrechnungssysteme unterschieden. Werden alle angefallenen Kosten auf die Kostenträger verrechnet, so handelt es sich um eine **Vollkostenrechnung.** Wird dagegen nur ein Teil der Kosten den Kostenträgern zugerechnet, während die übrigen Teile auf anderen Wegen in das Betriebsergebnis übertragen werden, so spricht man von einer **Teilkostenrechnung.** Beide Einteilungskriterien treten stets kombiniert auf, da die Ist-, Normal- und Plankostenrechnung jeweils als Voll- oder Teilkostenrechnung ausgestaltet werden können.

Historisch betrachtet ist die Vollkostenrechnung älter als die Teilkostenrechnung. Erst im Laufe der Zeit hat sich die Auffassung durchgesetzt, daß fixe Kosten den Kostenträgern nicht belastet werden dürfen, da sie in der Regel nicht nach dem Prinzip der Verursachung zugerechnet werden können. Deshalb übernimmt die Teilkostenrechnung nur die variablen Kosten auf die Kostenträger und rechnet die fixen Kosten en bloc erst in der Erfolgsrechnung ab.

Da bei linearem Gesamtkostenverlauf, der für die industrielle Produktion als repräsentativ angesehen wird, die variablen (proportionalen) Kosten gleich den Grenzkosten sind, wird für die Teilkostenrechnung häufig der Begriff **Grenzkostenrechnung** verwendet.

Die Teilkostenrechnung ist zwar geeignet, die Mängel, die der Vollkostenrechnung bei der Bestimmung der Preisuntergrenze, der Optimierung des Produktionsprogramms, der Verfahrensauswahl und der Anpassung des Betriebes an Beschäftigungsschwankungen anhaften, zu reduzieren, sie ist aber kein brauchbares Verfahren zur Ermittlung der bilanziellen Herstel-

---

[10] Einzelheiten vgl. S. 1177 ff.

lungskosten, da sie Zielen dient, die nicht mit den Zielen der Bewertung in der Bilanz übereinstimmen. Deshalb ist die Vollkostenrechnung bisher nicht überflüssig geworden. In der Steuerbilanz müssen anteilige Abschreibungen (Absetzungen für Abnutzung) in die Herstellungskosten einbezogen werden,[11] in der Handelsbilanz dürfen sie angesetzt werden.[12] Werden nur die beschäftigungsabhängigen (variablen) Teile der Abschreibungen in den Herstellungskosten aktiviert, so werden das Vermögen und der Periodenerfolg in der Bilanz zu niedrig ausgewiesen.[13] (**ÜB 6**/106–110)

II. Die Betriebsabrechnung

1. Die Kostenartenrechnung

a) Begriff und Gliederung der Kostenarten

Die Kostenartenrechnung dient der systematischen Erfassung aller Kosten, die bei der Erstellung und Verwertung der Kostenträger (Leistungen) entstehen. Ihre Fragestellung lautet: **Welche Kosten sind angefallen?** So sind beispielsweise Löhne und Gehälter die Kostenarten für die Arbeitsleistungen, Materialkosten die Kostenarten für den Verbrauch von Werkstoffen, Abschreibungen die Kostenart, die die Wertminderungen der Anlagegüter erfaßt. Diese Erfassung der Kosten erfolgt in Zusammenarbeit mit der Finanzbuchhaltung, insbesondere der Lohn- und Gehaltsabrechnung, der Materialabrechnung und der Anlagenabrechnung.

Die gesamten Kosten einer Abrechnungsperiode lassen sich nach verschiedenen Kriterien systematisieren:

Werden die Kostenarten nach der **Art der verbrauchten Produktionsfaktoren** eingeteilt, so ergibt sich folgende Gliederung:
(1) Personalkosten, z.B. Löhne, Gehälter, Provisionen, Tantiemen, soziale Abgaben;
(2) Sachkosten, z.B. Roh-, Hilfs- und Betriebsstoffe, Abschreibungen auf Gebäude, Maschinen, Werkzeuge, Geschäftseinrichtung;
(3) Kapitalkosten, z.B. kalkulatorische Zinsen;
(4) Kosten für Dienstleistungen Dritter, z.B. Transportkosten, Rechts- und Beratungskosten, Kosten für Strom, Gas, Wasser, Telefon, Versicherungskosten;
(5) Kosten für Steuern, Gebühren und Beiträge.

Die Kostenarten lassen sich ferner nach den wichtigsten **betrieblichen Funktionen** gliedern in:
(1) Kosten der Beschaffung,
(2) Kosten der Lagerhaltung,
(3) Kosten der Fertigung,

---

[11] Vgl. R 33 Abs. 4 EStR
[12] Vgl. § 255 Abs. 2 HGB
[13] Zur Problematik der Ermittlung der bilanziellen Herstellungskosten vgl. Wöhe, G., Bilanzierung und Bilanzpolitik, 9. Aufl., München 1997, S. 385 ff.

(4) Kosten der Verwaltung,
(5) Kosten des Vertriebs.

Auch diese Form der Kostenartensystematik läßt sich weiter differenzieren. Sie stimmt dann mit einer Aufteilung der Kostenarten auf eine nach Funktionen gegliederte Kostenstellenrechnung überein.

Nach der **Art der Verrechnung** auf die Leistungseinheiten lassen sich Einzelkosten und Gemeinkosten unterscheiden. **Einzelkosten** werden unmittelbar, d. h. ohne vorherige Verrechnung über die Kostenstellen, den Kostenträgern, z. B. einer bestimmten Leistung oder einem bestimmten Auftrag, zugerechnet, da sie pro Kostenträger genau erfaßt werden können (z. B. Fertigungslöhne in Form von Akkordlöhnen). Sie treten auch als Sondereinzelkosten der Fertigung (z. B. ein Werkzeug kann nur für einen Auftrag verwendet werden) oder Sondereinzelkosten des Vertriebs (z. B. Verpackungskosten, Vertreterprovisionen) auf. Sie müssen dem Verursachungsprinzip in hohem Maße entsprechen.

Gemeinkosten dagegen lassen sich nicht direkt auf die Leistung zurechnen, da sie für mehrere oder alle Leistungen der Kostenbereiche entstanden sind, z. B. Abschreibungen, Versicherungen, Transportlöhne, Gehälter leitender Angestellter, Strom, Wasser, Post- und Telefongebühren usw. Das Verursachungsprinzip ist bei ihnen schwerer (oder überhaupt nicht) als Verteilungsprinzip anzuwenden. Die Verrechnung auf die Leistungen erfolgt indirekt durch Zuschläge, die mit Hilfe von bestimmten Schlüsseln – meist durch Verwendung einer Kostenstellenrechnung – ermittelt werden und deren Basis bestimmte Bezugsgrößen wie z. B. die Einzelkosten, die Maschinenstunden oder die bearbeiteten Stückzahlen bilden.

Werden aus Gründen der abrechnungstechnischen Vereinfachung Einzelkosten als Gemeinkosten behandelt, d. h. nicht direkt, sondern indirekt per Zuschlag zugerechnet, so bezeichnet man sie als **unechte Gemeinkosten** (z. B. Hilfsstoffe wie Anstrichmittel, Leim, Nägel usw.).

Nach der **Art der Kostenerfassung** kann man die Kostenarten gliedern in:
(1) **Aufwandsgleiche Kostenarten.** Sie sind für die Kostenrechnung aus der Finanzbuchhaltung zu entnehmen und machen den größten Teil aller Kostenarten aus (z. B. Löhne, Material).
(2) **Kalkulatorische Kostenarten.** Sie stellen insoweit Zusatzkosten dar, als der durch sie erfaßte Werteverbrauch in der Finanzbuchhaltung überhaupt nicht oder in anderer Höhe verrechnet wird, z. B. Unternehmerlohn, kalkulatorische Zinsen, kalkulatorische Wagnisse, kalkulatorische Abschreibungen.[1]

Nach dem **Verhalten der Kosten bei Beschäftigungsänderungen** (Änderungen der Kapazitätsausnutzung) lassen sich die Kostenarten gliedern in:
(1) **Fixe (feste, konstante) Kostenarten,** die unabhängig von der Höhe der Ausbringung immer in gleicher Höhe anfallen, z. B. Abschreibungen,

---

[1] Vgl. S. 1112 ff.

die nicht nach der Inanspruchnahme der Anlagegüter, sondern nach der Kalenderzeit berechnet werden; auch Fremdkapitalzinsen sind zeitabhängige Kosten. Fixe Kosten sind in der Regel Gemeinkosten, da sie nicht durch eine einzelne Leistung, sondern durch die Aufrechterhaltung der Betriebsbereitschaft verursacht werden.

(2) **Variable Kostenarten,** die sich mit der Änderung der Ausbringung ebenfalls ändern, und zwar entweder im gleichen Verhältnis (proportionale Kosten) oder aber schneller (progressive Kosten) oder langsamer (degressive Kosten) als die Ausbringung.

Diese Einteilung der Kostenarten ist deshalb problematisch, weil es praktisch keine Kostenart gibt, die ihrem Wesen nach fixe oder variable Kosten darstellt, sondern weil bestimmte Kostenarten lediglich durch die Art der Verrechnung oder durch die Art der Formulierung des Entscheidungsproblems zu fixen oder variablen Kosten gemacht werden. So sind z.B. Abschreibungen dann fixe Kosten, wenn sie unabhängig davon, wie groß die Produktion der betreffenden Periode ist, für die Kalenderzeit, z.B. ein Jahr, verrechnet werden (Zeitabschreibung); sie sind variable, und zwar proportionale Kosten, wenn sie auf das Stück bezogen werden; dann fallen und steigen sie im gleichen Verhältnis wie die Ausbringung (Leistungsabschreibung).[2] Heißt beispielsweise die Entscheidungsalternative: 1.000 Stück produzieren oder den Betrieb schließen, so sind sämtliche Kosten variabel.

Einzelkosten sind variable Kosten, da sie durch die Produktion eines Stückes verursacht werden. Sie können vermieden werden, wenn dieses Stück nicht produziert würde (z.B. Akkordlöhne).

Nach der **Herkunft der Kostengüter** unterscheidet man primäre und sekundäre Kostenarten. Den **primären** (einfachen, ursprünglichen) Kostenarten ist gemeinsam, daß sie den Verbrauch von Gütern, Arbeits- und Dienstleistungen erfassen, die der Betrieb von außen, d.h. von den Beschaffungsmärkten bezogen hat. Alle primären Kosten werden in der Kostenartenrechnung erfaßt und auf Kostenstellen (Gemeinkosten) oder direkt auf Kostenträger (Einzelkosten) weiterverrechnet.

Sekundäre (zusammengesetzte, gemischte) Kostenarten sind der geldmäßige Gegenwert für den Verbrauch innerbetrieblicher Leistungen. Der Betrieb erstellt neben den Leistungen, die am Markt abgesetzt werden sollen, auch solche, die er selbst verwendet (innerbetriebliche Leistungen), z.B. Werkzeuge, Maschinen, Reparaturen, Strom, Dampf u.a. Bei der eigenen Stromerzeugung entstehen z.B. die einfachen (primären) Kostenarten Löhne, Stoffe, Abschreibungen usw. Diese einfachen Kostenarten ergeben zusammen die zusammengesetzte (sekundäre) Kostenart „selbsterzeugter Strom", die auf die Hauptkostenstellen und von dort auf die Kostenträger weiterverrechnet wird. Sekundäre Kostenarten entstehen also erst in der Kostenstellenrechnung.

Die verschiedenen Gliederungsgesichtspunkte werden bei der **Aufstellung eines Kostenartenplanes** kombiniert. Der oberste Gesichtspunkt ist

---

[2] Vgl. S. 942f.

grundsätzlich die Einteilung nach verbrauchten Produktionsfaktoren (Personal-, Sachkosten usw.). Die Lohnkosten lassen sich z. B. weiter unterteilen nach Funktionsbereichen: Löhne der Fertigung, der Beschaffung, der Verwaltung usw. Die Löhne der Fertigung werden z. B. nach verrechnungstechnischen Gesichtspunkten weiter gegliedert in Einzellöhne (direkt) und Gemeinkostenlöhne (indirekt). Beide Gruppen können weiter unterteilt werden nach der Berufsstellung in Facharbeiter- oder Hilfsarbeiterlöhne oder nach der Lohnform in Zeit-, Akkord- und Prämienlöhne usw. (ÜB 6/111, 112)

b) Die Erfassung der wichtigsten Kostenarten

aa) Personalkosten

Zu den Personalkosten zählen alle Kosten, die durch den Produktionsfaktor Arbeit unmittelbar oder mittelbar entstanden sind. Sie werden in der Lohn- und Gehaltsbuchhaltung erfaßt. Dabei entstehen keine besonderen Probleme, wenn man zunächst von zwei Sonderfällen, dem kalkulatorischen Unternehmerlohn und der zeitlichen Abgrenzung bestimmter Personalkosten wie Urlaubslöhne, Feiertags- und Krankheitslöhne absieht. Diese Sonderfälle werden in anderen Zusammenhängen besprochen.[3]

Die wichtigsten Kategorien der Personalkosten sind die Löhne, die Gehälter, die gesetzlichen Sozialabgaben, die freiwilligen Sozialleistungen und sonstige Personalkosten. Die Löhne und Gehälter werden an Hand von Zeitlohn- oder Akkordlohnscheinen, Prämienunterlagen, Gehaltslisten, Stempelkarten usw. erfaßt und verrechnet. Die gesetzlichen Sozialabgaben (z. B. Arbeitgeberanteile an der Renten-, Kranken-, Arbeitslosen- und Unfallversicherung) werden auf Basis der erfaßten Löhne und Gehälter ermittelt.

Die freiwilligen Sozialaufwendungen lassen sich in zwei Kategorien einteilen. Kommen sie einem Arbeitnehmer unmittelbar zugute, wie z. B. Pensionszusagen, Beihilfen für Fahrt und Verpflegung, Beihilfen zur Ausbildung usw., so bezeichnet man sie als primäre freiwillige Sozialleistungen; werden allen Arbeitnehmern bestimmte Einrichtungen zur Verfügung gestellt, z. B. Sportanlagen, Kantine, Sanitätsstation, Werksbibliothek, so handelt es sich um sekundäre freiwillige Sozialleistungen.

bb) Materialkosten

Die Materialkosten ergeben sich, wenn der mengenmäßige Verbrauch an Roh-, Hilfs- und Betriebsstoffen mit den entsprechenden Preisen bewertet wird. Die Erfassung der Kosten erfordert also zunächst eine Ermittlung der Verbrauchsmengen und danach eine Bewertung. Ersteres ist Aufgabe der Materialabrechnung, letzteres der Betriebsabrechnung, die die dafür erforderlichen Zahlen von der Finanzbuchhaltung erhält.

(1) Die Ermittlung der Verbrauchsmengen

Je nach der Organisation der Lagerbuchhaltung und des innerbetrieblichen Belegwesens werden die verbrauchten Materialmengen nach verschiedenen

---

[3] Vgl. S. 1112 und 1117 f.

Verfahren ermittelt, die sich in ihrer Exaktheit unterscheiden. Die am häufigsten benutzten Methoden sind die folgenden:

(a) Es erfolgt eine unmittelbare Erfassung in der Materialbuchhaltung durch laufende Addition der Abgänge laut Materialentnahmescheine (MES) **(Skontrationsmethode):**

> Abgang 1 (lt. MES) + Abgang 2 (lt. MES) ... = Verbrauch

Diese Methode ist am genauesten, erfordert aber auch den größten Arbeitsaufwand. Sie ist bei Einzel- und Serienfertigung üblich, da sich hier der Verbrauch annähernd bestimmen läßt und Rücklieferungen gewöhnlich nicht erfolgen. Die Entnahme aus dem Materiallager wird auf Materialentnahmescheinen (Einzel- oder Sammelscheine) oder auf Stücklisten erfaßt, wenn eine größere Zahl verschiedener Materialarten oder Einzelteile gebraucht wird. Das Lager führt für jede Materialart eine Karteikarte und bucht die Entnahme aus. Die Materialscheine werden gesammelt und zur Nachkalkulation verwendet. Da jeder Materialentnahmeschein neben anderen Angaben die empfangende Kostenstelle und die Auftragsnummer enthält, sind der Verwendungsort und der Verwendungszweck der Stoffe genau feststellbar.

Da der mit dieser Methode ermittelte Endbestand ein Soll-Endbestand ist, ermöglicht sie zugleich eine Feststellung von Inventurdifferenzen, wenn der durch Inventur ermittelte Ist-Endbestand bekannt ist. Wird die Skontrationsmethode angewendet, so kann man die für den externen Jahresabschluß vorgeschriebene körperliche Bestandsaufnahme als **permanente Inventur** über das ganze Jahr verteilt durchführen.[4]

(b) Die Erfassung des Materialverbrauchs kann auch mit Hilfe der **Inventurmethode** (Befundrechnung, Bestandsdifferenzrechnung) vorgenommen werden. Der Verbrauch ergibt sich aus Anfangsbestand zuzüglich der Zugänge, abzüglich des Endbestandes:

> Anfangsbestand + Zugang – Endbestand = Abgang (Verbrauch)

Die Feststellung des Endbestandes erfolgt durch Inventur. Das ist zeitraubend und nur dann zweckmäßig, wenn der Mengenverbrauch eines Materials pro Kostenstelle oder Kostenträger relativ einfach zu ermitteln ist. Werden Materialien für verschiedene Kostenträger verbraucht, so ist eine Zurechnung nicht möglich, da nur der Gesamtverbrauch, aber nicht der Verbrauch pro Kostenträger zu erfassen ist. Differenzen zwischen Soll- und Istverbrauch lassen sich mit dieser Methode nicht analysieren.

(c) Der Materialverbrauch kann auch am fertigen Produkt durch Rückrechnung **(retrograde Methode)** festgestellt werden. Das setzt voraus, daß der Verbrauch für jedes Produkt einmal erfaßt wird, z.B. durch Berechnung oder Schätzung, und als Soll-Verbrauch in einer Materialkartei festgehalten

---

[4] Vgl. Wöhe, G., Bilanzierung und Bilanzpolitik, a.a.O., S. 198 f.

wird. Die Ermittlung des Verbrauchs erfolgt durch Multiplikation der produzierten Stückzahlen mit den Soll-Materialverbrauchsmengen pro Stück.

Die retrogade Methode hat jedoch den Nachteil, daß Bestandsminderungen über den Soll-Verbrauch hinaus mit ihr nicht festgestellt werden können. Diese fehlende Kontrollmöglichkeit kann nur mit Hilfe von Materialentnahmescheinen und/oder durch Inventur, also mittels einer der beiden erstgenannten Methoden geschaffen werden.

(2) **Die Bewertung des Materialverbrauchs**

Die Bewertung des Materialverbrauchs kann entweder zu den **effektiven Anschaffungskosten** (Einstandspreisen) oder – wenn es zu einer Mischung der zu verschiedenen Zeitpunkten und zu unterschiedlichen Preisen beschafften Mengen kommt – zu **durchschnittlichen Anschaffungskosten**[5] erfolgen. Die Anschaffungskosten haben den Nachteil, daß sie in Zeiten von Preisschwankungen weder im Zeitpunkt des Materialverbrauchs noch des Umsatzes der Fertigfabrikate den „richtigen" Materialwert darstellen, d.h. den Wert, der über den Erlös die Wiederbeschaffung der gleichen Materialmengen, also die Substanzerhaltung ermöglicht.

Vorteilhaft wirkt sich die Verwendung von **Verrechnungspreisen** aus, die über eine längere Zeit fest sind und nicht nur den Durchschnitt der Anschaffungskosten der letzten Zeit bilden, sondern auch unter Berücksichtigung der zukünftigen Preiserwartungen errechnet werden. Dadurch werden Marktpreisschwankungen im Beschaffungssektor in der Kostenrechnung ausgeschaltet; außerdem ergibt sich der Vorteil, daß die Lagerkartei nur noch mengenmäßig geführt zu werden braucht. Die Differenzen zwischen den Durchschnitts- oder Verrechnungspreisen und den effektiven Anschaffungskosten werden eliminiert.

cc) Die Erfassung von Kosten durch zeitliche Verteilung von Ausgaben

Bei stoßweise oder aperiodisch auftretenden Ausgaben muß eine **Vor- oder Nachverrechnung** in der Kostenrechnung erfolgen, damit die einzelnen Abrechnungszeiträume gleichmäßig belastet werden. Man geht von der Fiktion eines gleichmäßigen Verbrauchs aus. Das ist z.B. bei folgenden Kostenarten erforderlich: Versicherungen, Urlaubslöhnen, Steuern, Umsatzprovisionen, Großreparaturen, Mieten u.a.

dd) Die kalkulatorischen Kostenarten

(1) **Begriff und Aufgaben**

Bei der Abgrenzung von Aufwand und Kosten zeigte sich, daß es Kosten gibt, denen kein Aufwand bzw. Aufwand in geringerer Höhe gegenübersteht (**Zusatzkosten**). Außerdem gibt es Aufwandsarten, deren Bemessung von Faktoren abhängig ist, die für die Ermittlung der Kosten nicht geeignet sind. So hängt z.B. die Höhe der Aufwandszinsen von der Art der Finanzierung

---

[5] Vgl. S. 951 f.

ab; je größer der Anteil des Fremdkapitals am Gesamtkapital ist, desto höher sind die Aufwandszinsen. In der Kostenrechnung müssen aber Zinsen für das gesamte bei der Erstellung der Betriebsleistung genutzte Kapital verrechnet werden, unabhängig davon, ob es Fremdkapital oder Eigenkapital ist.

Die Höhe der Abschreibungen in der Bilanz wird häufig von steuerlichen oder finanzierungspolitischen Überlegungen und nicht von der geschätzten Wertminderung bestimmt. In der Kostenrechnung dagegen müssen die tatsächlichen (geschätzten) Wertminderungen durch Abschreibungen erfaßt werden, wenn dem Kostenverursachungsprinzip Rechnung getragen werden soll.

Die Höhe des Personalaufwands ist abhängig von der Rechtsform. Der Gesellschafter-Geschäftsführer einer GmbH erhält ein Gehalt (Aufwand), der Einzelunternehmer oder geschäftsführende Gesellschafter einer Personengesellschaft bezieht kein Gehalt, sondern Gewinnanteile für seine Tätigkeit.[6] Die Kosten in der Kostenrechnung wären jedoch zu niedrig bemessen, wenn für die Mitarbeit des Unternehmers oder der Gesellschafter nicht ein entsprechender Unternehmerlohn (Zusatzkosten) verrechnet würde.

Aus diesen Beispielen geht hervor, daß es Kostenarten gibt, die entweder in der Bilanzrechnung überhaupt nicht oder in anderer Höhe als Aufwandsarten auftreten. Man bezeichnet sie als kalkulatorische Kostenarten. Ihr Zweck ist es, die **Genauigkeit der Kostenrechnung** zu erhöhen, indem

1. die Selbstkosten der Produkte mit dem Wertverbrauch belastet werden, der tatsächlich erfolgt ist, auch wenn er in der Erfolgsrechnung nicht oder in anderer Höhe angesetzt wurde, und
2. aperiodisch auftretende, durch den Betriebsprozeß bedingte Verluste durch kalkulatorische Wagniszuschläge gleichmäßig auf die Abrechnungszeiträume verteilt werden, um ihren stoßweisen Anfall in einzelnen Perioden zu vermeiden.

Die wichtigsten kalkulatorischen Kostenarten sind die folgenden:
- Die kalkulatorischen Abschreibungen,
- die kalkulatorischen Zinsen,
- der kalkulatorische Unternehmerlohn,
- die kalkulatorischen Wagniszuschläge,
- die kalkulatorische Miete.

(2) **Die kalkulatorischen Abschreibungen**

Sie haben die Aufgabe, die tatsächliche Wertminderung des Anlagevermögens zu erfassen und als Kosten zu verrechnen. Die Bilanzabschreibungen[7] dagegen bezwecken eine Bewertung von Vermögensteilen in der Bilanz durch eine Verteilung der Anschaffungskosten eines Wirtschaftsgutes auf die Jahre der Nutzung als Aufwand in der Erfolgsrechnung. Diese Verteilung erfolgt nicht notwendigerweise entsprechend dem geschätzten Wertverzehr,

---

[6] Auch wenn im Gesellschaftsvertrag die Zahlung eines Gehalts an den geschäftsführenden Gesellschafter vereinbart ist, bleibt dieses Gehalt verrechnungstechnisch in der Handels- und Steuerbilanz von Personengesellschaften Bestandteil des Gewinns (sog. „Vorweg-Gewinn").

[7] Vgl. die ausführliche Behandlung des Abschreibungsproblems auf S. 936 ff.

sondern nach bilanzpolitischen Zweckmäßigkeitserwägungen. Die Bilanzabschreibung erfaßt die gesamten Anschaffungskosten und ist beendet, wenn die der Verteilung der Anschaffungskosten zugrunde gelegte (geschätzte) Nutzungsdauer abgelaufen ist. Dann sind im Falle positiver Ertragslage die gesamten Anschaffungskosten über den Umsatzprozeß zurückvergütet worden und ganz oder teilweise wieder in liquider Form vorhanden. Ist das Anlagegut nach Ablauf der geschätzten Nutzungsdauer noch nutzungsfähig, so wird es mit einem Erinnerungswert von 1,-DM bilanziert.

Die kalkulatorische Abschreibung dagegen endet nicht, wenn die Anschaffungskosten vollständig verteilt sind, sondern wird so lange fortgesetzt, wie die Anlage noch verwendet wird. Die Bilanzabschreibung führt – wie eben ausgeführt – zu einer nominellen Erhaltung des investierten Kapitals. Eine abgenutzte Anlage kann aus den Abschreibungserlösen nur wiederbeschafft werden, wenn die Wiederbeschaffungskosten konstant geblieben sind. Verrechnet man in der Kostenrechnung auch nach Verteilung der Anschaffungskosten weiterhin Abschreibungen, solange das betreffende Anlagegut noch genutzt werden kann, so entsteht bei konstanten Wiederbeschaffungskosten der Anlagegüter und Erstattung der Selbstkosten durch den Markt ein Gewinn in der Bilanz, da die in den Selbstkosten enthaltenen Abschreibungsbeträge über den Absatzmarkt vergütet werden, ohne daß in der Gewinn- und Verlustrechnung ein entsprechender Aufwand angesetzt wird; bei steigenden Preisen der Anlagegüter ist eine Erhaltung der Substanz dadurch eher möglich, weil die Summe aller Abschreibungsbeträge die früheren Anschaffungskosten übersteigt. Würde man die kalkulatorischen Abschreibungen nach der Verteilung der Anschaffungskosten einstellen, so wären von nun an die verrechneten Kosten auch gegenüber einem mit neueren Maschinen arbeitenden Betrieb unter sonst gleichen Bedingungen geringer. Im Zeitpunkt der Ersatzbeschaffung der Anlage würden sie sprunghaft um die nun wieder einsetzenden Abschreibungen steigen.

Die Bemessung der kalkulatorischen Abschreibungen sollte grundsätzlich so erfolgen, daß eine **substantielle (gütermäßige) Kapitalerhaltung** ermöglicht wird. Theoretisch richtig wäre es daher, die **Wiederbeschaffungskosten zum Ersatzzeitpunkt** als Bemessungsgrundlage der Abschreibungen zu wählen. Die Schätzung der wirtschaftlichen Nutzungsdauer und der Wiederbeschaffungskosten zum Ersatzzeitpunkt ist jedoch mit so großen Unsicherheiten behaftet, daß die Abschreibungen in der Regel auf Basis der Wiederbeschaffungskosten der **jeweiligen Abrechnungsperiode** vorgenommen werden. Das Ziel der Substanzerhaltung wird so allerdings nicht vollständig erreicht, da im Falle von Preissteigerungen – bei richtiger Schätzung der Nutzungsdauer – die Summe der verrechneten Abschreibungen geringer ist als die Wiederbeschaffungskosten zum Ersatzzeitpunkt.[8]

Aus den bisherigen Ausführungen ergibt sich, daß sowohl zwischen dem für die Gesamtlebensdauer einer Anlage in der Bilanz und in der Kostenrechnung verrechneten Gesamtabschreibungsbetrag als auch zwischen den

---

[8] Vgl. Kilger, W., Einführung in die Kostenrechnung, 3. Aufl., Wiesbaden 1987, S. 116f.

für eine einzelne Periode verrechneten Quoten der bilanziellen und kalkulatorischen Abschreibung Differenzen bestehen können. Die Gründe für die unterschiedliche Höhe zwischen der Bilanzabschreibung und der kalkulatorischen Abschreibung lassen sich wie folgt zusammenfassen:
(1) Die mit der Bewertung verfolgten **Zielsetzungen** in der Handels- und Steuerbilanz einerseits und in der Kostenrechnung andererseits sind unterschiedlich. In der Bilanz gilt das Prinzip nomineller Kapitalerhaltung: die Gesamtabschreibung darf die Anschaffungskosten auch im Falle eines Steigens der Wiederbeschaffungskosten nicht übersteigen. Die Kostenrechnung dagegen ist bestrebt, durch Einrechnung von Abschreibungsquoten in die Selbstkosten vom Markt in den Umsatzerlösen so viele Abschreibungsbeträge zurückvergütet zu bekommen, daß die betriebliche Substanz erhalten bleibt. Das führt bei steigenden Preisen zu einer Erhöhung, bei sinkenden Preisen zu einer Ermäßigung der kalkulatorischen Abschreibungen.
(2) Im Falle falscher Schätzung der **Nutzungsdauer** unterscheiden sich die gesamten bilanziellen und kalkulatorischen Abschreibungen, da letztere auch nach Amortisation der Anschaffungskosten fortgesetzt werden.
(3) Sind die **Abschreibungsmethoden** in der Bilanz und in der Kostenrechnung unterschiedlich (z.B. degressives Verfahren in der Bilanz, lineare Methode in der Kostenrechnung), so sind die Abschreibungsquoten in der Bilanz und der Kostenrechnung auch dann verschieden hoch, wenn die verrechneten bilanziellen und kalkulatorischen Gesamtabschreibungen auf die gesamte Nutzungsdauer bezogen übereinstimmen würden.

Praktisch werden die drei genannten Gründe kombiniert auftreten. (**ÜB 6/115–123**)

(3) Die kalkulatorischen Zinsen

In der Erfolgsrechnung werden nur die für das Fremdkapital gezahlten Zinsen als Aufwand verrechnet. Da der Markt im Erlös aber auch eine Verzinsung für das Eigenkapital vergüten muß – anderenfalls wäre es zweckmäßiger, das Eigenkapital in einer anderen Verwendungsart zinsbringend anzulegen – werden in der Kostenrechnung Zinsen für das gesamte im Leistungserstellungsprozeß eingesetzte Kapital (**betriebsnotwendiges Kapital**) angesetzt. Um die kalkulatorischen Zinsen ermitteln zu können, muß zunächst das betriebsbedingte (betriebsnotwendige) Kapital errechnet werden.

Die Grundlage des betriebsnotwendigen Kapitals bildet das **betriebsnotwendige Vermögen.** Hierzu gehören sämtliche Vermögensteile, die laufend dem Betriebszweck dienen. Bei den Wertansätzen ist nicht von den Bilanzwerten auszugehen, sondern bei den Posten des abnutzbaren Anlagevermögens entweder von den kalkulatorischen Restwerten (**Restwertverzinsung**), hierunter sind die um die Abschreibungen verminderten Ausgangswerte zu verstehen, oder von den halben Anschaffungskosten (**Durchschnittswertverzinsung**). Auszugliedern sind nicht betriebsnotwendige Vermögensteile, z.B. landwirtschaftlich genutzte Grundstücke, stillgelegte

Anlagen, Wertpapiere, Beteiligungen, falls sie nicht – wie z.B. bei vertikalen Konzernen – mit der Leistungserstellung zusammenhängen.

Da bei der Methode der Restwertverzinsung die kalkulatorischen Zinsen im Zeitablauf mit dem Restwert abnehmen, werden die einzelnen Abrechnungszeiträume nicht gleichmäßig belastet, so daß unter der Annahme gleicher Produktionsbedingungen die Stückkosten von Jahr zu Jahr fallen. Bei der Durchschnittswertverzinsung sind dagegen die Zinsen im Zeitablauf konstant, weil sie bei abnutzbaren Anlagegütern stets auf Basis der halben und bei nicht abnutzbaren Anlagegütern auf Basis der gesamten Anschaffungskosten berechnet werden, denn diese sind während der gesamten Nutzungsdauer – lineare Abschreibung vorausgesetzt – durchschnittlich im Betrieb gebunden (**durchschnittlich gebundenes Kapital**).

Graphisch läßt sich der Unterschied zwischen beiden Methoden unter der Annahme linearer Abschreibung folgendermaßen darstellen:

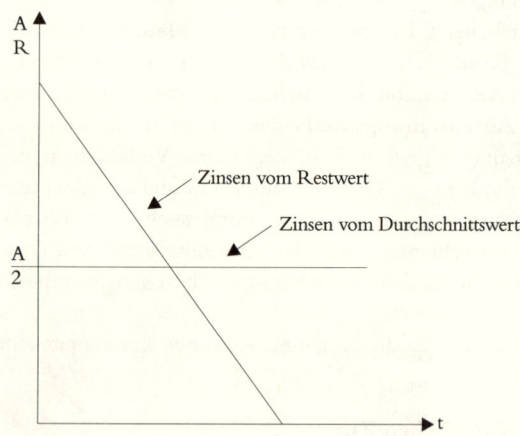

A = Anschaffungskosten, R = Restwert, t = Zeit

Abb. 147: Durchschnitts- und Restwertmethode

Die im Zeitablauf fallende Zinsbelastung bei der Restwertmethode ergibt sich nur bei homogener Alterszusammensetzung der Anlagegüter. Bei heterogener Alterszusammensetzung kann auch bei Anwendung der Restwertverzinsung eine etwa gleichmäßige Zinsbelastung pro Periode eintreten. Das trifft aber nur für den Gesamtbetrieb zu. Bei der Ermittlung der Kalkulationssätze der einzelnen Kostenstellen oder Maschinenplätze dagegen tritt nur bei Anwendung der Durchschnittswertverzinsung eine gleiche Zinskostenbelastung pro Periode auf.

Das Umlaufvermögen ist nach Ausgliederung nicht betriebsnotwendiger Teile mit den Beträgen anzusetzen, die durchschnittlich im Abrechnungszeitraum gebunden sind. Betriebsnotwendiges Anlagevermögen und Umlaufvermögen ergeben zusammen das betriebsnotwendige Vermögen. Von diesem Wert werden diejenigen Kapitalbeträge in Abzug gebracht (**Abzugskapital**), die dem Betrieb zinslos zur Verfügung stehen, z.B. Anzahlungen von Kunden. Kriterium dafür, daß Beträge zum Abzugskapital gerechnet werden, darf aber nicht sein, daß keine Zinsen dafür gezahlt werden, sondern daß effektiv keine Zinsen – auch nicht in Form von Opportunitätskosten (= verlorene Zinsen aus nicht genutzten Alternativanlagemöglichkeiten) – entstehen. Auch bei den Kreditoren handelt es sich deshalb gewöhnlich um Abzugskapital, weil bei Inanspruchnahme von Lieferantenkrediten die Skontierungsmöglichkeit verlorengeht und folglich eine Verzinsung bereits im Beschaffungspreis (z. B. Materialkosten) enthalten ist. (**ÜB 6/125**)

Zieht man vom betriebsnotwendigen Vermögen das Abzugskapital ab, so erhält man das betriebsnotwendige (betriebsbedingte) Kapital. Die Verzinsung des Betrages zum **Kalkulationszinsfuß**, d. h. zu den Konditionen der günstigsten Fremdkapitalbeschaffungsmöglichkeit bzw. den Konditionen der optimalen Alternativanlage, stellt die kalkulatorischen Zinsen dar.

Beispiel für die Berechnung des betriebsnotwendigen Kapitals:

I. Anlagevermögen betriebsnotwendig: (Hälfte der Anschaffungskosten der abnutzbaren Anlagegüter und gesamte Anschaffungskosten der nicht abnutzbaren Anlagegüter) Grundstücke und Gebäude 200.000 Maschinen + 500.000 Werkzeuge, Büroausstattung + 100.000		
Betriebsnotwendiges Anlagevermögen	=	800.000
II. Umlaufvermögen betriebsnotwendig: (Kalkulatorische Mittelwerte) Vorräte 300.000 Forderungen + 150.000 Zahlungsmittel + 100.000		
Betriebsnotwendiges Umlaufvermögen	+	550.000
Betriebsnotwendiges Vermögen (I + II) Abzugskapital: Anzahlungen und Lieferantenkredite	= ./.	1.350.000 150.000
betriebsnotwendiges Kapital davon 7% Zinsen = 84.000 kalkulatorische Zinsen = 7.000 pro Monat	=	1.200.000

(4) Der kalkulatorische Unternehmerlohn

Bei Einzelfirmen und Personengesellschaften wird für die Mitarbeit der Unternehmer im Betrieb kein als Aufwand abzugsfähiges Gehalt gezahlt, sondern der Jahresgewinn wird unter Berücksichtigung von Einlagen und Entnahmen als Einkommen angesehen. Dieses Einkommen stellt dann ein Entgelt sowohl für die Tätigkeit des Unternehmers als auch für den Einsatz des Eigenkapitals dar.[9] Ebenso aber wie die Eigenkapitalzinsen, soweit das

---

[9] Bei Personengesellschaften wird die Geschäftsführertätigkeit von Gesellschaftern in der Gewinnverteilungsabsprache berücksichtigt.

Kapital betriebsnotwendig ist, in den kalkulatorischen Zinsen als Kosten verrechnet werden, muß auch das **Entgelt für die Arbeitsleistung der Betriebsführung** (Einzelunternehmer oder geschäftsführende Gesellschafter von Personengesellschaften) als Kostenfaktor in die Selbstkosten eingerechnet werden, wenn diese nicht zu niedrig sein sollen. Maßstab für die Höhe des Unternehmerlohnes ist das Gehalt eines leitenden Angestellten, das für eine gleichartige Tätigkeit gezahlt würde.

Bei Kapitalgesellschaften tritt das Problem des Unternehmerlohns nicht auf, da hier die leitenden Personen (Vorstand, Geschäftsführung) Organe der Kapitalgesellschaft und Gehaltsempfänger sind.

Der Unternehmerlohn stellt seinem Wesen nach **Zusatzkosten** dar, Aufwand und Ausgaben entstehen nicht. Das hat zur Folge, daß der Unternehmerlohn in der Erfolgsrechnung als Gewinn erscheint, denn durch die Nichtverrechnung des Unternehmerlohnes als Aufwand erhöht sich c. p. der Saldo (Gewinn) der Erfolgsrechnung. (**ÜB 6/126**)

(5) **Die kalkulatorischen Wagniszuschläge**

Jede betriebliche Tätigkeit ist mit Wagnissen verbunden und kann damit zu Schadensfällen und Verlusten führen, die sich in ihrer Höhe und im Zeitpunkt des Eintretens nicht vorhersehen lassen. Man unterscheidet zwischen dem allgemeinen Unternehmerrisiko und den speziellen Einzelwagnissen.

Während die Einzelrisiken sich nur auf einzelne Bereiche des Betriebes, einzelne Kostenstellen, betriebliche Funktionen oder Leistungen beziehen, betrifft das **allgemeine Unternehmerrisiko** die Entwicklung des Gesamtbetriebes und ist folglich wesentlich schwerer zu erfassen. Es wird nicht als Kostenfaktor angesetzt, sondern ist aus dem Gewinn zu decken. Dem allgemeinen Risiko des Verlustes stehen entsprechende Chancen des Gewinns gegenüber. Zum allgemeinen Unternehmerrisiko gehören z. B. Wagnisse, die aus der gesamtwirtschaftlichen Entwicklung entstehen, z. B. Konjunkturrückgänge, plötzliche Nachfrageverschiebungen, Geldentwertungen, technische Fortschritte u. a.

Zu den **speziellen Wagnissen** gehören z. B. Feuergefahr, Diebstähle, Unfälle, Forderungsverluste u. ä. Daneben entstehen aus der Eigenart des Wirtschaftszweiges besondere Risiken, z. B. Schiffsverluste, Bergschäden, Abgas- und Abwässerschäden, Garantieverpflichtungen, Kosten für mißlungene Forschungs- und Konstruktionsarbeiten usw.

Die speziellen Wagnisse wirken sich nicht unmittelbar wie das allgemeine Unternehmerrisiko auf die Gesamtentwicklung des Betriebes aus, sondern lassen sich aufgrund von Erfahrungszahlen oder versicherungstechnischen Überlegungen in ihrer Größenordnung ungefähr bestimmen. Soweit sie durch den Abschluß von Versicherungen gedeckt sind, stellen sie Ausgaben, Aufwand und Kosten dar. Soweit sie nicht gedeckt sind, werden kalkulatorische Wagniszuschläge gewissermaßen **als Selbstversicherung** in die Gemeinkosten eingerechnet.

Da die Schadensfälle zufällig und unregelmäßig auftreten, würde ihre Verrechnung als Gemeinkosten der Periode, in denen sie angefallen sind, zu

Zufallsschwankungen in der Kostenrechnung führen. Deshalb werden die durch Schadensfälle bedingten Aufwendungen nur in der Erfolgsrechnung der Periode, in der sie angefallen sind, als neutraler Aufwand wirksam, während in der Kostenrechnung dieser Werteverbrauch durch gleichmäßige kalkulatorische Wagniszuschläge berücksichtigt wird.

Solange keine Schadensfälle eintreten, wirken sich die kalkulatorischen Wagniszuschläge ebenso wie der Unternehmerlohn gewinnerhöhend aus. Erstrebt wird ein **langfristiger Ausgleich zwischen eingetretenen Wagnisverlusten und verrechneten kalkulatorischen Wagniszuschlägen.** Das ist nur möglich, wenn zur Berechnung genügend Erfahrungsmaterial zur Verfügung steht, z. B. bei Debitorenausfällen, Garantieverpflichtungen u. ä., so daß auf statistischem Wege mit Hilfe der Wahrscheinlichkeitsrechnung eine Bestimmung der Höhe der wahrscheinlichen Verluste erfolgen kann. Die Berechnung der Wagniszuschläge erfolgt in Form von Prozentsätzen, die auf bestimmte Einzelkosten, z. B. Fertigungslohn, Fertigungsmaterial, oder auf die Herstellkosten bezogen werden. Dem Proportionalitätsprinzip folgend wählt man jeweils die Bezugsgröße, von der man annimmt, daß sie möglichst verursachungsgerecht mit dem Wagnisverlust in Beziehung steht.

Beispiel:

Beständewagnis (z. B. Minderung der Rohstoffvorräte), Zuschlagsbasis: Fertigungsmaterial	
Mengen- und wertmäßige Minderung der Bestände in 5 Jahren	12.000
Fertigungsmaterial in 5 Jahren	800.000
Wagniszuschlag	1,5%
Beständewagnis eines Monats:	
Fertigungsmaterial	15.000
kalkulatorischer Zuschlag 1,5%	225
tatsächliche Wertminderung der Rohstoffe (Aufwand)	100

Mittels kalkulatorischer Wagniszuschläge werden auch Abschreibungswagnisse verrechnet, die in der Schätzung der Nutzungsdauer der Anlagegüter liegen. Neben dem Bestände- und Anlagenwagnis setzt man kalkulatorische Wagniszuschläge für Vertriebs-, Gewährleistungs-, Entwicklungs-, Mehrkosten-, Ausschußwagnisse u. a. an. (**ÜB 6/127**)

(6) **Die kalkulatorische Miete**

Ähnlich wie der Unternehmerlohn für die Tätigkeit des Unternehmers im eigenen Betrieb in der Kostenrechnung berücksichtigt werden muß, ist auch ein Kostenbetrag zu verrechnen, wenn ein Einzelunternehmer oder ein Personengesellschafter private Räume für betriebliche Zwecke zur Verfügung stellt. Der Unternehmer zahlt sich selbst keine Miete dafür. Die kalkulatorische Miete entspricht einem Mietaufwand, der für die Nutzung vergleichbarer, von Dritten mietweise überlassener Räume entstehen würde.

2. Die Kostenstellenrechnung

a) Aufgaben und Gliederung der Kostenstellen

Die Kostenstellenrechnung baut auf der Kostenartenrechnung auf. An die Erfassung der Kostenarten schließt sich ihre **Verteilung auf die Betriebsbereiche** an, in denen sie angefallen sind. Bei differenziertem Fertigungsprogramm ist eine genaue Verrechnung der Gemeinkostenarten auf die Kostenträger ohne vorherige Aufteilung auf einzelne Betriebsbereiche (Kostenstellen) nicht möglich, da sich eine Zurechnung nach der effektiven Kostenverursachung bestenfalls bei den Einzelkosten durchführen läßt. Eine Zurechnung der Gemeinkosten müßte ohne Kostenstellenrechnung mit Hilfe eines Gesamtzuschlages auf die Einzelkosten erfolgen. Das wäre ungenau, denn es würde bedeuten, daß Einzelkosten und Gemeinkosten bei allen Kostenträgern im gleichen Verhältnis verrechnet werden, also eine **Proportionalität von Einzel- und Gemeinkosten** unterstellt wird, die den tatsächlichen Verhältnissen nicht entsprechen muß. Deshalb teilt man den Betrieb in einzelne Abrechnungsbereiche ein, die man z. B. nach den wichtigsten betrieblichen Funktionen Beschaffung, Lagerung, Fertigung, Verwaltung und Vertrieb bildet. Jeder Funktionsbereich wird dann in kleinere Bereiche, sog. Kostenstellen, unterteilt, für die man die anteiligen Kostenarten ermittelt.

Während die Kostenartenrechnung zeigt, welche Kosten entstanden sind, gibt die Kostenstellenrechnung Aufschluß darüber, **wo die Kosten angefallen sind.** Sie erfaßt die Kosten also am Ort ihrer Entstehung. Die Aufteilung der Kostenarten auf die Kostenstellen verfolgt einen doppelten Zweck:

(1) Sie soll eine **genauere Zurechnung der Gemeinkosten auf die Kostenträger** ermöglichen. Wenn die Kostenträger die einzelnen Betriebsabteilungen unterschiedlich beanspruchen, so würde die Verrechnung der Gemeinkosten mit einem Gesamtzuschlag auf die Einzelkosten alle Kostenträger im gleichen Verhältnis mit Gemeinkosten belasten, obwohl die einzelnen Kostenträger ganz unterschiedliche Kosten verursacht haben können. Die Aufteilung in Kostenstellen bedeutet, daß ein Zuschlag von Gemeinkosten auf einen Kostenträger nur erfolgt, wenn er die betreffende Kostenstelle auch beansprucht hat.

Innerhalb der einzelnen Kostenstellen gilt allerdings das **Prinzip der Proportionalität** von Einzel- und Gemeinkosten, d.h. wenn man die Gemeinkosten mit einem festen Prozentsatz auf die Einzelkosten verrechnet, so bedeutet eine Verdoppelung der Einzelkosten auch eine Verdoppelung der Gemeinkosten. Entspricht eine solche Verdoppelung der Gemeinkosten nicht den tatsächlichen Verhältnissen, so gebietet das Proportionalitätsprinzip die Suche nach einer anderen Bezugsgröße.

(2) Die zweite Aufgabe der Kostenstellenrechnung ist die **Überwachung und Kontrolle der Wirtschaftlichkeit** der betrieblichen Tätigkeit

C. II. Die Betriebsabrechnung

(Kostenkontrolle) in den einzelnen Tätigkeits- und Verantwortungsbereichen, die durch eine weitgehende Aufgliederung des Betriebes in Verantwortungsbereiche ermöglicht werden.

Die unter (1) genannte Aufgabe der Kostenstellenrechnung dient dem ersten Oberziel der Kostenrechnung, nämlich **Entscheidungsgrundlagen** zu schaffen. Hier geht es also um die Vorbereitung der Kalkulation, der kurzfristigen Erfolgsrechnung und der Planungsrechnung. Die unter (2) erwähnte Aufgabe der Kostenstellenrechnung deckt sich mit dem zweiten Oberziel der Kostenrechnung, nämlich ihrer **Kontrollfunktion**.

Die **Bildung von Kostenstellen** kann erstens nach **betrieblichen Funktionen** (Beschaffung, Fertigung, Verwaltung, Vertrieb), zweitens nach **Verantwortungsbereichen,** drittens nach **räumlichen Gesichtspunkten** (Werkstatt) und viertens nach **rechentechnischen Erwägungen** (Platzkostenrechnung) erfolgen. Diese Gliederungsgesichtspunkte können kombiniert werden. So kann z.B. die Bildung großer Kostenbereiche nach Funktionen erfolgen (z.B. Fertigungsbereich); die weitere Unterteilung kann dann entweder nach bestimmten Tätigkeiten, z.B. Gießerei, Formerei, Dreherei oder nach räumlichen Gesichtspunkten: Werkhalle I, Werkhalle II oder Maschinengruppe A, Maschinengruppe B usw. durchgeführt werden. Jede solche Kostenstelle kann gleichzeitig den Verantwortungsbereich eines Werkmeisters bilden.

Nach abrechnungstechnischen Gesichtspunkten unterscheidet man **Haupt- und Hilfskostenstellen.** Die Kosten der ersteren werden mit Hilfe von Kalkulationssätzen den Kostenträgern unmittelbar zugerechnet. Die Kosten der Hilfskostenstellen werden mit Hilfe eines der Verfahren der innerbetrieblichen Leistungsverrechnung auf die leistungsempfangenden Hauptkostenstellen umgelegt.

Allgemeine Kostenstellen sind solche Hilfskostenstellen, die dem Gesamtbetriebe dienen. Ihre Leistungen werden von allen oder fast allen Kostenstellen in Anspruch genommen; folglich sind ihre Kosten entsprechend der Inanspruchnahme auf die nachgelagerten Kostenstellen zu verteilen. Zu den allgemeinen Kostenstellen gehören z.B. Wasserversorgung, Kesselhaus, Kraftzentrale, Gebäudeinstandsetzung u.a.

In den **Fertigungsstellen** wird die Produktion der Kostenträger durchgeführt. Die **Fertigungshilfsstellen** sind indirekt für die Fertigung tätig und verrechnen ihre Kosten nur auf die Fertigungsstellen, z.B. technische Betriebsleitung, Arbeitsbüro, Lohnbüro, Werkzeugmacherei u.a.

Die **Materialstellen** nehmen die Kosten des Einkaufs, der Lagerung, der Materialannahme und -prüfung auf.

Zu den **Verwaltungsstellen** gehören: Geschäftsführung, Buchhaltung, Kalkulation, Statistik, interne Revision, Poststelle u.a.

Zu den **Vertriebsstellen** zählen: Verkauf, Korrespondenz, Vertreterdienst, Fertiglager, Werbung u.a.

Bei der Kostenstellengliederung sind **drei Grundsätze** zu beachten:
(1) Für jede Kostenstelle müssen sich genaue Maßstäbe **(Bezugsgrößen)** der Kostenverursachung finden lassen. Andernfalls besteht durch die Wahl

falscher Gemeinkostensätze die Gefahr einer fehlerhaften Kalkulation, die falsche Entscheidungen zur Folge hätte.

(2) Um der Kontrollfunktion der Kostenrechnung gerecht zu werden, muß jede Kostenstelle ein **selbständiger Verantwortungsbereich** sein. Nur so ist eine wirksame Überwachung der Entscheidungsträger (z. B. Meister) gewährleistet.

(3) Nach dem Wirtschaftlichkeitsprinzip ist jede Kostenstelle so zu bilden, daß sich alle Kostenbelege ohne große Schwierigkeiten verbuchen lassen.

Wie weit die Kostenstellengliederung geht, hängt von der Betriebsgröße, der Eigenart des Wirtschaftszweiges, vom Fertigungsprogramm, von der Abgrenzung der Verantwortungsbereiche, von den erstrebten Möglichkeiten der Kostenermittlung und -überwachung ab. Ihre Grenzen findet die Aufteilung in Kostenstellen dort, wo sie nicht mehr wirtschaftlich ist.

Die **Platzkostenrechnung** ist die weitestgehende Gliederung einer Betriebsabteilung in Kostenstellen. Sie geht über die sonst übliche funktionale, personale oder lokale Aufteilung der Bereiche hinaus und verwendet einzelne Maschinen, Maschinengruppen und Arbeitsplätze als eigene Kostenstellen. Die Summe der Kosten einer solchen Kostenstelle bezeichnet man als **Platzkosten.**

Der Zweck dieser weitgehenden und verfeinerten Kostenstellengliederung ist die Erhöhung der Genauigkeit der Gemeinkostenverrechnung. Mit Hilfe der Platzkostenrechnung ist die Zurechnung der Kosten nach der Verursachung genauer durchzuführen als mittels eines durchschnittlichen Zuschlagssatzes für einen größeren Fertigungsbereich. Die erhöhte Genauigkeit der Kostenverrechnung wird allerdings durch eine größere Kompliziertheit und damit durch höhere Kosten des betrieblichen Rechnungswesens erkauft. Das bedeutet, daß die Einführung der Platzkostenrechnung nur dort zweckmäßig ist, wo eine derart verfeinerte Gemeinkostenrechnung wirtschaftlich sinnvoll ist.

Das **Anwendungsgebiet** der Platzkostenrechnung liegt dort, wo die Maschinen- und Arbeitsplätze einer Kostenstelle nicht gleichmäßig beansprucht werden, sondern die verschiedenen technischen Eigenschaften der einzelnen Maschinen und die unterschiedliche Inanspruchnahme der einzelnen Kostenplätze einer Kostenstelle durch die Kostenträger die Verwendung unterschiedlicher Gemeinkostensätze erfordert. Ein Pauschalsatz für die ganze Kostenstelle wäre also nicht geeignet, die Kosten dem Kostenträger zuzurechnen, der sie verursacht hat (Beispiel: Kostenstelle Dreherei, in der mehrere Drehbänke verschiedener Leistungsfähigkeit zusammengefaßt sind, die von den Kostenträgern unterschiedlich beansprucht werden).

Die Platzkostenrechnung findet ferner **bei auftragsweiser Fertigung** (Spezialfertigung) Anwendung. Hier weist die kostenmäßige Beanspruchung der einzelnen Fertigungsstellen oft erhebliche Differenzen auf, und zwar nicht nur aus den eben genannten Gründen, sondern auch deshalb, weil bei den einzelnen Aufträgen häufig Sonderwünsche des Kunden berücksichtigt werden müssen, der Produktionsprozeß also grundsätzlich nicht wiederholbar ist. Das hat zur Folge, daß eine Verrechnung der Gemeinkosten mit einem pauschalen Zuschlagssatz für eine größere Kostenstelle zu ungenau ist und eine erhöhte Genauigkeit durch Aufteilung der Gemeinkosten auf einzelne Maschinen und Arbeitsplätze erstrebt wird. Man errechnet den Maschinenstundensatz, das ist der Betrag an Fertigungsgemeinkosten, der sich aus der Division der für eine Maschine ermittelten Gemeinkostensumme und der Laufzeit der Maschine ergibt. Man kann auch die Fertigungslöhne in den Maschinenstundensatz einbeziehen.

Die Ermittlung der Gemeinkosten je Maschine birgt deshalb gewisse Mängel in sich, weil von der Vielzahl der Gemeinkostenarten je Maschine unmittelbar nur die Kosten der Abschreibung, der Zinsen, des Werkzeug- und Energieverbrauchs und der Instandsetzung festgestellt werden können (**Platzeinzelkosten**). Alle anderen Gemeinkostenarten (**Platzgemeinkosten**) dagegen müssen mit Hilfe von Schlüsseln verteilt werden, die stets ungenau sind, da sie nivellierend wirken. Bei der Kalkulation eines Einzelauftrages wird die von einer Kostenstelle aufgewendete Stundenzahl mit dem errechneten Maschinenstundensatz multipliziert. Ist der Maschinenstundensatz bei jeder für den Auftrag verwendeten Maschine ein anderer, so zeigt das, daß eine Kalkulation auf Basis einer Verrechnung mit einem Pauschalzuschlagsatz zu ungenau wäre und die Verwendung der Platzkostenrechnung wirtschaftlich sinnvoll ist.

Die Methoden der Durchführung der Platzkostenrechnung sind je nach den konkreten Verhältnissen eines Betriebes unterschiedlich. In den seltensten Fällen erfolgt eine Aufteilung des ganzen Betriebes in Platzkostenstellen. Vielmehr werden gewöhnlich nur die Fertigungsstellen bis hin zu den einzelnen Arbeitsplätzen gegliedert oder auch nur einzelne Fertigungsbereiche, während andere Kostenstellen mit Pauschalzuschlägen arbeiten. Die jeweilige Gliederung hängt von organisatorischen und fertigungstechnischen Überlegungen und nicht zuletzt von der Frage der Wirtschaftlichkeit des verwendeten Verfahrens ab. (**ÜB 6**/131–132)

b) Die Ermittlung von Bezugsgrößen

Die Genauigkeit der Kostenrechnung hängt wesentlich davon ab, daß es gelingt, für jede Kostenstelle eine oder mehrere Bezugsgrößen (Maßgrößen der Kostenverursachung, Kostenschlüssel) zu finden, zu denen sich – unter der Voraussetzung konstanter Kapazitäten und fester Preis- und Lohnsätze – die variablen Kosten der jeweiligen Kostenstelle proportional verhalten. Bezugsgrößen sind erforderlich:
(1) für die Verteilung der primären Kostenarten auf die Kostenstellen;
(2) für die Kostenverrechnung der Kostenstellen untereinander (innerbetriebliche Leistungsverrechnung);
(3) für die Zurechnung der Kosten der Hauptkostenstellen auf die Kostenträger.

Es lassen sich zwei Hauptgruppen von Bezugsgrößen unterscheiden:[10]
(1) **Direkte Bezugsgrößen** können unmittelbar aus den Quantitäten der erstellten Leistungen abgeleitet werden. Sie sind für die Hauptkostenstel-

---

[10] Vgl. Kilger, W., Einführung ..., a.a.O., S. 163 ff., sowie ausführlicher Kilger, W., Flexible Plankosten- und Deckungsbeitragsrechnung, 10. Aufl., Wiesbaden 1993, S. 312 ff.

len des Fertigungsbereichs und gewisse Hilfskostenstellen von Bedeutung (z. B. Stückzahlen, Fertigungszeiten, Gewichtseinheiten).

(2) **Indirekte Bezugsgrößen** werden dort verwendet, wo keine Beziehung zwischen der Kostenverursachung der Kostenstellen und den Kostenträgern besteht (z. B. bei den Stellen des Beschaffungs-, Verwaltungs- und Vertriebsbereichs).

Sollen die Bezugsgrößen eine Kostenverteilung nach dem **Prinzip der Kostenverursachung** ermöglichen, so müssen sie möglichst allen Faktoren proportional sein, die die Kostenhöhe beeinflussen, mit anderen Worten, die Veränderungen der Bezugsgrößen müssen den Veränderungen der zu verteilenden Kosten proportional sein. Ebenso wie bei der direkten Messung, z. B. der Messung des Stromverbrauchs einer Maschine mittels eines Stromzählers, unterstellt wird, daß die von dem Zähler angegebenen Zahlenwerte den Stromkosten proportional sind, so muß auch bei der indirekten Kostenmessung mit Hilfe von Bezugsgrößen eine Proportionalität zwischen den Bezugsgrößen und den Kosten angenommen werden. Durch die direkte Messung der Bezugsgrößen erfolgt dann eine **indirekte Messung der Kosten.**

Wählt man z. B. die Laufzeit als Bezugsgröße für die Verteilung der Stromkosten auf Maschinen, so ist diese Bezugsgröße der Verursachung dann proportional, wenn die Stromaufnahme je Maschine pro Stunde gleich ist. Direkt gemessen wird die Laufzeit der Maschine, indirekt der Stromverbrauch. Bei unterschiedlich großer Stromaufnahme infolge verschiedener Motorenstärke müßte auch dieser Faktor in die Bezugsgröße einbezogen werden. Verbraucht beispielsweise eine Maschine viermal mehr Strom pro Zeiteinheit als eine andere und läuft sie doppelt so lange, so betragen ihre Stromkosten das Achtfache der zweiten Maschine.

Ein Kostenschlüssel (Bezugsgröße) ist also nur dann der Kostenverursachung proportional, wenn alle Kosteneinflußfaktoren ihn bestimmen. Der Schlüssel zur Verteilung einer Kostensumme ist das **Produkt der kostenbeeinflussenden Faktoren dieser Kostensumme** (im Beispiel: Laufzeit × Stromaufnahme des Motors).

Daraus folgt, daß zur Ermittlung der richtigen Bezugsgrößen eine Analyse der Kostenbeeinflussungsfaktoren erfolgen muß. Oftmals wird es nicht möglich sein, alle Faktoren zu ermitteln. Dann kommt es darauf an, die Haupteinflußgrößen ausfindig zu machen.

Man unterscheidet Wertschlüssel und Mengenschlüssel. **Wertmäßige Bezugsgrößen** sind z. B. die Fertigungslöhne, die Fertigungsmaterialkosten, die Herstellkosten, der wertmäßige Bestand an Maschinen, Gebäuden, Warenvorräten u. a.; **mengenmäßige Bezugsgrößen** sind z. B. Maschinen- oder Arbeitsstunden, der Materialverbrauch in kg, die Erzeugung in t, die Größe der Arbeitsräume in qm, der Wasserverbrauch in cbm, der Stromverbrauch in kWh usw. Der Vorteil mengenmäßiger Bezugsgrößen liegt darin, daß bei Preisänderungen die feststehende Mengengröße lediglich mit neuen Zahlenwerten multipliziert werden muß (z. B. Materialverbrauch in kg × Preis pro Materialeinheit).

Benötigt man für eine Kostenstelle nur eine direkte Bezugsgröße, die zu sämtlichen variablen Kosten dieser Stelle in einer proportionalen Beziehung steht, so spricht man von **homogener Kostenverursachung.** In diesem Falle müssen die Produktionsbeiträge der Kostenstelle gleichartig sein oder sich mit Hilfe von Äquivalenzziffern gleichnamig machen lassen. Wird in einer Kostenstelle nur eine Produktart oder werden unterschiedliche Produkte mit gleicher Kostenverursachung je Mengeneinheit bearbeitet, so eignet sich die Stückzahl als Bezugsgröße. Werden dagegen mehrere Produkte mit unterschiedlicher Kostenverursachung in einer Kostenstelle produziert, so müssen die erstellten Produkteinheiten mit Äquivalenzziffern, die sich proportional zur Kostenverursachung verhalten (Bezugsgröße pro Einheit), multipliziert werden. Als Bezugsgrößen verwendet man dann in Fertigungskostenstellen meist Arbeits- oder Maschinenzeiten in Stunden oder den Materialverbrauch in entsprechenden Mengeneinheiten.

Sind die Produktionsbeiträge einer Kostenstelle nicht homogen und lassen sie sich auch nicht gleichnamig machen, weil auf die Kostenhöhe verschiedene Einflußgrößen (Kostenbestimmungsfaktoren) einwirken, deren Maßgrößen nicht proportional zueinander sind, so müssen mehrere direkte Bezugsgrößen pro Kostenstelle gewählt werden **(heterogene Kostenverursachung).**

Beispiele für heterogene Kostenverursachung sind wechselnde Seriengrößen bei Serienfertigung (unterschiedliche Kosten für Rüstzeiten und Ausführungszeiten), wechselnde Bedienungsverhältnisse (z. B. unterschiedlicher Arbeitseinsatz für verschiedene Produkte des Fertigungsprogramms) oder wechselnde Auftragszusammensetzung (z. B. unterschiedliche Kosten für die Bearbeitung verschiedener Materialsorten).

Die **Grenzen und Probleme** der Bezugsgrößenwahl zeigen sich einerseits bei den Beschaffungs-, Verwaltungs- und Vertriebsstellen, da dort in der Regel keine objektbezogenen, sondern dispositive Tätigkeiten anfallen, und andererseits bei gewissen Hilfskostenstellen, bei denen sich Istkosten für an sich quantifizierbare Leistungen überhaupt nicht quantifizieren lassen (Leitungsstellen wie Meisterbüro, Arbeitsvorbereitung, Forschungs- und Entwicklungsabteilung u. ä.).

Für die **Beschaffungs-, Verwaltungs- und Vertriebsstellen** bedient man sich indirekter Bezugsgrößen, bei denen keine oder nur eine unzureichende Beziehung zur Kostenverursachung besteht. Dabei ist zu unterscheiden zwischen Kostenstellen, in denen überwiegend dispositive, planende oder organisatorische Tätigkeiten ausgeübt werden, und Kostenstellen, in denen überwiegend verwaltende Routinearbeiten mit Wiederholungscharakter erledigt werden.[11]

Bei ersteren wählt man **indirekte Bezugsgrößen,** weil sich die Leistungen dieser Stellen nicht quantifizieren lassen und sich daher keine direkte Bezugsgröße ermitteln läßt.

---

[11] Vgl. Kilger, W., Flexible Plankostenrechnung ..., a. a. O., S. 329 f. sowie die dort angegebene Literatur

Für letztere lassen sich theoretisch **direkte Bezugsgrößen** zum Zwecke der Kostenkontrolle finden. Als Kalkulationsgrundlagen sind direkte Bezugsgrößen im Beschaffungs-, Verwaltungs- und Vertriebsbereich jedoch ungeeignet, da sie in keiner Beziehung zu den Kostenträgern stehen.

Zur Messung der Leistungsbeiträge dieser Kostenstellen und damit für die Kostenkontrolle wären z. B. folgende **direkte** Bezugsgrößen denkbar:

Kostenstelle	Bezugsgröße
Verkauf, Einkauf	Zahl der erledigten Aufträge
Fakturierung	Zahl der Rechnungen
Mahnabteilung	Zahl der Mahnungen
Kalkulationsabteilung	Zahl der Kalkulationen
EDV-Abteilung	Zahl der Datensätze
Versand	Zahl der versendeten Einheiten

Als **indirekte** Bezugsgrößen wählt man für den Beschaffungsbereich die Einzelmaterialkosten und für den Verwaltungs- und Vertriebsbereich die Herstellkosten der abgesetzten Produkte.

Die Wahl indirekter Bezugsgrößen ist im Bereich der Hilfskostenstellen **in zwei Fällen** erforderlich:[12]

(1) Die Leistungsabgaben der Hilfskostenstellen an die Hauptkostenstellen sind überhaupt nicht quantifizierbar, aber aus Gründen der Kostenkontrolle wird eine Proportionalisierung (und damit Verteilung) angestrebt (z. B. bei Leitungsstellen wie Meisterbüro oder Arbeitsvorbereitung).

(2) Die Leistungsabgaben der Hilfskostenstellen sind zwar quantifizierbar, in den Hauptkostenstellen aber nicht erfaßbar (z. B. Energiestellen).

Als indirekte Bezugsgrößen werden dann sogenannte „DM-Deckungsbezugsgrößen" verwendet, die sich aus Bezugsgrößen anderer Kostenstellen ableiten lassen. (**ÜB 6**/151–155)

c) Die Verrechnung innerbetrieblicher Leistungen

aa) Begriff und Aufgaben der innerbetrieblichen Leistungsverrechnung

Ein besonders schwieriges Problem der Kostenverrechnung ergibt sich durch den Tatbestand, daß der Betrieb nicht nur Leistungen erstellt, die für den Markt bestimmt sind (Absatzleistungen, Außenaufträge), sondern auch Leistungen erzeugt, die im eigenen Betriebe wieder eingesetzt werden. Derartige Leistungen bezeichnet man als innerbetriebliche Leistungen (Eigenleistungen, Innenaufträge). Beispiele dafür sind selbsterstellte Maschinen, Werkzeuge, Modelle usw., die im eigenen Betriebe verwendet werden, ferner eigene Reparaturleistungen, innerbetriebliche Transportleistungen, Erzeugung von Energie, Versuchs- und Entwicklungsarbeiten usw.

Die innerbetrieblichen Leistungen sind zum Teil **aktivierbar,** wie z. B. Maschinen und Werkzeuge. Sie werden in diesem Falle wie Absatzleistungen

---

[12] Vgl. das Zahlenbeispiel bei Kilger, W., Einführung..., a. a. O., S. 167

zu Selbstkosten abgerechnet, also **als Kostenträger behandelt** und in späteren Perioden wieder als Kostenarten (Abschreibungen) verrechnet. Soweit eine Aktivierung nicht möglich ist, muß eine sofortige Verrechnung zwischen den Kostenstellen erfolgen.

Die Schwierigkeit einer exakten innerbetrieblichen Leistungsverrechnung liegt darin begründet, daß in der Regel zwischen den Kostenstellen eines Betriebes ein **ständiger Leistungsaustausch** stattfindet. So erstellt z.B. die Kostenstelle A nicht nur Leistungen für sich selbst und für die Stellen B, C, D usw., sondern sie empfängt ihrerseits auch Leistungen von B, C, D usw. Da jede Kostenstelle mit den Kosten belastet werden sollte, die sie verursacht hat, ist in diesem Falle eine gegenseitige Verrechnung der innerbetrieblichen Leistungen erforderlich. Haben beispielsweise zwei Kostenstellen gegenseitig Leistungen voneinander empfangen, so kann keine der beiden Stellen abrechnen, bevor sie nicht die Kosten der von der anderen Stelle empfangenen Leistung kennt.

Ohne eine exakte innerbetriebliche Leistungsverrechnung ist eine genaue Ermittlung der Selbstkosten der für den Absatz bestimmten Kostenträger nicht möglich. Da es sich bei den innerbetrieblichen Leistungen in der Regel um solche Leistungen handelt, die auch von außen, also von anderen Betrieben bezogen werden können, hat die innerbetriebliche Leistungsverrechnung außerdem die Aufgabe, dem Betrieb ein Urteil darüber zu ermöglichen, ob die Erzeugung von Eigenleistungen oder die Inanspruchnahme von Fremdleistungen (z.B. Werkzeugen, Strom, Reparaturen usw.) wirtschaftlicher ist.

Zur Verrechnung der innerbetrieblichen Leistungen sind verschiedene Verfahren entwickelt worden, die jedoch fast alle von der Unterstellung ausgehen, daß kein gegenseitiger Leistungsaustausch zwischen den Kostenstellen stattfindet. Man unterscheidet folgende Verfahren.[13]

bb) Das Anbauverfahren

Mit Hilfe dieses Verfahrens werden die Verrechnungssätze für innerbetriebliche Leistungen in der Weise gebildet, daß die primären Gemeinkosten der Hilfskostenstellen durch die an Hauptkostenstellen abgegebenen Leistungen dividiert werden. Die Verteilung auf die Hauptkostenstellen erfolgt dann durch Multiplikation der Kosten pro Leistungseinheit mit der Zahl der auf die jeweiligen Hauptkostenstellen entfallenden Leistungseinheiten. Bei der Bildung der Verrechnungssätze bleibt unberücksichtigt, daß manche Hilfskostenstellen auch an andere Hilfskostenstellen Leistungen abgeben und andererseits Leistungen anderer Hilfskostenstellen empfangen. (Interdependenz des innerbetrieblichen Leistungsaustauschs).[14]

---

[13] Vgl. hierzu insbesondere: Kosiol, E., Kalkulatorische Buchhaltung, 5. Aufl., Wiesbaden 1953, S. 360 ff.; ders., Kosten- und Leistungsrechnung, Berlin 1979, S. 285 ff.; ferner: Nowak, P., Leistungsverrechnung, innerbetriebliche, HdB, Bd. 3, 3. Aufl., Stuttgart 1960, Sp. 3791 ff.; Bergner, H., Leistungsverrechnung, innerbetriebliche, HWB Bd. I/2, 4. Aufl., Stuttgart 1975, Sp. 2493 f.; Kilger, W., Einführung..., a.a.O., S. 179 ff.

[14] Vgl. Kilger, W., Einführung..., a.a.O., S. 177

Beispiel:

	Hilfskostenstellen		
	Strom	Wasser	Reparatur
Summe der primären Kosten	1.500 DM	3.000 DM	5.000 DM
Insgesamt abgegebene Leistungseinheiten	10.000 kWh	3.000 cbm	150 Rep.Std.
Davon an Hauptkostenstellen abgegebene Leistungseinheiten	7.000 kWh	2.800 cbm	120 Rep.Std.
Empfangene Leistungseinheiten von Kostenstelle: Strom Wasser Reparatur	– 100 cbm –	1.000 kWh – –	2.000 kWh 100 cbm 30 Rep.Std.

Nach dem Anbauverfahren ergeben sich folgende innerbetriebliche Verrechnungssätze:

Hilfskostenstelle: Strom	$\dfrac{1.500 \text{ DM}}{7.000 \text{ kWh}} = 0{,}21 \text{ DM/kWh}$
Hilfskostenstelle: Wasser	$\dfrac{3.000 \text{ DM}}{2.800 \text{ cbm}} = 1{,}07 \text{ DM/cbm}$
Hilfskostenstelle: Reparatur	$\dfrac{5.000 \text{ DM}}{120 \text{ Rep.Std.}} = 41{,}67 \text{ DM/Rep.Std.}$

cc) Das Stufenleiterverfahren

Dieses Verfahren ist ein **Näherungsverfahren,** bei dem die Interdependenz des innerbetrieblichen Leistungsaustauschs durch sukzessive Weiterverrechnung der Kosten der allgemeinen Kostenstellen bzw. der Hilfskostenstellen berücksichtigt wird.

Es wird zunächst diejenige Kostenstelle abgerechnet, die die wenigsten Leistungen anderer Hilfskostenstellen empfängt. Den ersten zu bildenden Verrechnungssatz erhält man, indem man die primären Kosten durch die abgegebene Leistungsmenge abzüglich des Eigenverbrauchs dividiert. Die Reihenfolge der anschließend abzurechnenden Hilfskostenstellen ist so zu bestimmen, daß die jeweils abgerechneten Hilfskostenstellen möglichst wenig Leistungen von noch nicht abgerechneten Hilfskostenstellen empfangen.

Sodann werden die Verrechnungssätze gebildet, indem die primären Kosten zuzüglich der Kosten für empfangene Leistungen bereits abgerechneter Hilfskostenstellen (sekundäre Kosten) durch die abgegebene Leistungsmenge abzüglich des Eigenverbrauchs und der an vorgelagerte Stellen abgegebenen Leistungseinheiten dividiert werden.

Für unser Beispiel erhält man nach dem Stufenleiterverfahren folgende Verrechnungssätze:

$$\text{Hilfskostenstelle:}$$
$$\text{Strom: } \frac{1.500 \text{ DM}}{10.000 \text{ kWh}} = 0,15 \text{ DM/kWh}$$

$$\text{Hilfskostenstelle:}$$
$$\text{Wasser: } \frac{3.000 \text{ DM} + 1.000 \text{ kWh} \cdot 0,15 \text{ DM/kWh}}{3.000 \text{ cbm} - 100 \text{ cbm}} = 1,09 \text{ DM/cbm}$$

$$\text{Hilfskostenstelle:}$$
$$\text{Reparatur: } \frac{5.000 \text{ DM} + 2.000 \text{ kWh} \cdot 0,15 \text{ DM/kWh} + 100 \text{ cbm} \cdot 1,09 \text{ DM/cbm}}{120 \text{ Rep.Std.}}$$
$$= 45,08 \text{ DM/Rep.Std.}$$

dd) Das mathematische Verfahren (Gleichungsverfahren)

Den beiden bisher beschriebenen Verfahren haftet der Nachteil an, daß der gegenseitige Leistungsaustausch zwischen den Kostenstellen nicht oder nur in ungenügender Weise berücksichtigt wird. Will man diesem Leistungsaustausch Rechnung tragen, so muß man mit einem **System linearer Gleichungen** arbeiten, in denen die ausgetauschten Mengenleistungen bekannt sind, die jeweiligen Kostensätze dagegen als Unbekannte auftreten. Die Zahl der Gleichungen ist gleich der Anzahl der Kostenstellen, die in die Verrechnung einbezogen werden. Dieses Verfahren war früher wegen seiner erheblichen Rechenarbeit in der Praxis wenig verbreitet. Es ist jedoch das exakteste Verfahren. Mit Hilfe von EDV-Programmen ist die Lösung derartiger Gleichungssysteme heute kein Problem mehr.

Die Verrechnung erfolgt nach folgendem allgemeinen Prinzip:[15] Für jede Kostenstelle muß der Kostenwert der (nach außen und an andere Kostenstellen) abgegebenen Leistungen und der selbst verbrauchten eigenen Leistungen gleich der Summe aus den primären und den sekundären Kosten der Kostenstelle sein. Als primäre Kosten bezeichnet man alle aus der Buchhaltung in den Betriebsabrechnungsbogen übernommenen und auf die Kostenstellen verteilten Gemeinkosten („Summe der Gemeinkosten" im Beispiel). Sekundäre Kosten nennt man die Kosten, die einer Kostenstelle im Rahmen der innerbetrieblichen Leistungsverrechnung zugerechnet werden.

Damit die Kosten der Leistungseinheiten der einzelnen Kostenstellen ermittelt werden können, muß die Bedingung erfüllt sein, daß die Kosten für

---

[15] Vgl. Schneider, E., Industrielles Rechnungswesen, 5. Aufl., Tübingen 1969, S. 53

die von einer Stelle insgesamt abgegebenen Leistungen gleich der Summe aus ihren primären und sekundären Kosten sind.

Unter Verwendung der Zahlen des obigen Beispiels ergeben sich folgende Bestimmungsgleichungen:

Hilfskostenstelle Strom: $10.000 \ k_{Strom} = 1.500 \ DM + 100 k_{Wasser}$
Hilfskostenstelle Wasser: $3.000 \ k_{Wasser} = 3.000 \ DM + 1.000 k_{Strom}$
Hilfskostenstelle Reparatur: $150 k_{Reparatur} = 5.000 \ DM + 2.000 k_{Strom} + 100 k_{Wasser} + 30 k_{Reparatur}$

Löst man diese Gleichungen auf, so ergeben sich folgende Verrechnungssätze:

$k_{Strom} = 0{,}16 \ DM/kWh$
$k_{Wasser} = 1{,}05 \ DM/cbm$
$k_{Reparatur} = 45{,}21 \ DM/Rep.Std.$

Während das Stufenleiterverfahren nur dann zu richtigen Ergebnissen führt, wenn vorgelagerte Stellen keine Leistungen nachgelagerter Stellen empfangen, führt das Gleichungsverfahren unabhängig von der Komplexität der innerbetrieblichen Leistungsverflechtungen zu exakten Lösungen.

Mit Hilfe dieses Gleichungssystems ist es möglich, die Kosten der innerbetrieblichen Leistungen unter Berücksichtigung eines gegenseitigen Austausches exakt zu bestimmen. (**ÜB 6**/133–137)

d) Der Betriebsabrechnungsbogen

aa) Aufgaben, Aufbau und Arbeitsgang

Die Kostenstellenrechnung kann kontenmäßig oder tabellarisch durch Verwendung eines Betriebsabrechnungsbogens (BAB) durchgeführt werden. Der BAB ist eine Tabelle, in der gewöhnlich die Kostenarten vertikal und die Kostenstellen horizontal aufgeführt werden. Er wird heute häufig mit Hilfe der EDV erstellt.

Der BAB hat folgende **Aufgaben:**
(1) die primären Gemeinkostenarten nach dem Verursachungsprinzip auf die Kostenstellen zu verteilen,
(2) die Kosten der allgemeinen Kostenstellen auf nachgelagerte Kostenstellen umzulegen,
(3) die Kosten der Hilfskostenstellen auf die Hauptkostenstellen umzulegen,
(4) Kalkulationssätze für jede Kostenstelle durch Gegenüberstellung von Einzel- und Gemeinkosten für die Vor- und Nachkalkulation zu ermitteln,
(5) Kostenstellenüberdeckungen und -unterdeckungen, die bei der Verwendung von Normalgemeinkostensätzen als Differenz zwischen verrechneten (Durchschnitts-)Kosten und entstandenen (Ist-)Kosten auftreten, festzustellen,
(6) die Berechnung von Kennzahlen zur Kontrolle der Wirtschaftlichkeit der einzelnen Kostenstellen zu ermöglichen.

Wenn die Ausgestaltung des BAB auch von individuellen Gegebenheiten eines Betriebes abhängt, so liegt doch allgemein das Schema auf S. 1132 zugrunde.

C. II. Die Betriebsabrechnung

Der **Arbeitsgang im BAB** ist der folgende:

(1) Zunächst werden die **primären Gemeinkostenarten** mit Hilfe von Schlüsseln (Bezugsgrößen), die nach Möglichkeit dem Prinzip der Kostenverursachung Rechnung tragen sollen, auf die Kostenstellen verteilt. Dadurch wird jede Kostenstelle mit dem Bruchteil jeder Kostenart, der von ihr verbraucht worden ist, belastet. Die Gesamtsumme der Gemeinkostenarten ist gleich der Summe der im BAB auf sämtliche Haupt- und Hilfskostenstellen verteilten Kosten. Addiert man jede Spalte senkrecht auf, so erhält man die Summe der primären Gemeinkosten je Kostenstelle (vgl. Zeile 17 im BAB auf S. 1132).

(2) Nun werden die ermittelten Gemeinkosten der **allgemeinen Kostenstellen** auf die folgenden Stellen umgelegt (vgl. Zeilen 18–20 im BAB). Dabei wird in der Regel ein Kostenstellenumlageverfahren angewendet. Diese Verfahren und ihre Problematik wurden oben (S. 1124ff.) im Zusammenhang mit der Verrechnung innerbetrieblicher Leistungen dargestellt.

(3) Ebenso wie die allgemeinen Kostenstellen werden die **Hilfskostenstellen** auf die dazugehörigen Hauptkostenstellen umgelegt, eine erneute senkrechte Addition ergibt dann die gesamten Gemeinkosten je Stelle (vgl. Zeilen 21–22 im BAB).

(4) Man addiert die Einzelkosten und die Gemeinkosten je Fertigungskostenstelle und erhält so die Fertigungskosten je Stelle.

(5) Man errechnet nun die **Gemeinkostenzuschläge.** Die Fertigungszuschläge ergeben sich aus der Relation zwischen den Gemeinkosten und einer Bezugsgröße (Einzelkosten = Fertigungslohn, Maschinenstunden u. a.) je Fertigungsstelle. Die Einzelkosten bilden im Beispiel eines BAB auf S. 1132 die Basis (vgl. Zeilen 22, 23 und 29 im BAB auf S. 1132). Kennt man den Fertigungslohn, der in einer Kostenstelle bei der Bearbeitung eines Kostenträgers angefallen ist, so erfolgt die Zurechnung der Gemeinkosten auf den Kostenträger mittels des Fertigungszuschlages dieser Stelle auf den Fertigungslohn.

Der Materialzuschlag ergibt sich aus dem Verhältnis von Fertigungsmaterial (Einzelkosten) und Materialgemeinkosten. Für die Ermittlung der Verwaltungs- und Vertriebszuschläge werden, da hier in der Regel keine Einzelkosten erfaßt werden können, entweder die gesamten Fertigungskosten oder die gesamten Herstellkosten (Fertigungslohn + Fertigungsgemeinkosten + Fertigungsmaterial + Materialgemeinkosten) als Basis verwendet.

(6) Nimmt man in den BAB nicht nur die tatsächlich entstandenen Gemeinkosten (Istkosten), sondern auch die durchschnittlichen Gemeinkostenbeträge **(Sollkosten)** auf, mit denen man vorkalkuliert hat, so zeigen die Differenzen zwischen entstandenen und verrechneten Kosten die **Kostenstellenüberdeckungen oder -unterdeckungen.** Eine Überdeckung liegt vor, wenn die Istkosten kleiner sind als die in der Vorkalkulation verrechneten und damit „gedeckten" Normalkosten, eine Unterdeckung im umgekehrten Fall (vgl. Zeile 28 im BAB auf S. 1132).

Kostenstellen → Kostenarten ↓	Zahlen der Buchhaltung	Allgemeine Kostenstellen		Fert.-Hilfsstellen	Fertigungsstellen				Materialstellen				Material-lager	Vertriebsstelle
		Wasserversorg.	Kraftzentrale	Arbeitsbüro	A	B	C	Summen 6–8	Einkauf	Material-lager	Summen 10–11			
1	2	3	4	5	6	7	8	9	10	11	12	13	14
1. Fert.-Lohn[1]	4 500				1 200	1 600	1 700						
2. Fert.-Material	12 000												
3. Einzelkosten	16 500												
4. Hilfslöhne	4 030	120	80	60	600	900	850	2 350	20	400	420	400	600
5. Gehälter	2 460	10	5	180	200	250	220	670	15	80	95	600	900
6. Ges. Soz. Leistungen	381	10	6	5	60	80	75	215	5	40	45	45	55
7. Werkzeugverbrauch	48	2	8		10	12	11	33		5	5		
8. Instandhaltung	220	12	20	8	40	30	60	130		15	15	20	15
9. Hilfsmaterial	725	5	100	10	100	175	300	575	3	10	13	10	12
10. Neubau	93		4	2	10	12	10	32	2	8	10	25	20
11. Versicherung	147	6	8	5	20	30	25	75		20	20	15	18
12. Kalk. Abschreibungen	297	10	8	10	50	75	60	185	2	40	42	20	22
13. Kalk. Zinsen	58	2	1	2	9	11	10	30		8	8	8	7
14. Kalk. Wagnisse	99	3	2	3	10	25	28	63	1	10	11	7	10
15. Kalk. Untern.-Lohn	134			5	15	20	18	53	2	4	6	40	30
16. Sonstige	78	5	8		16	15	13	44		5	5	10	6
17. Summe (4–16)	8 770	185	250	290	1 140	1 635	1 680	4 455	50	645	695	1 200	1 695
18. Umlage Wasserversorg.		↳	20	5	50	45	45	140	1	10	10	5	5
19. Umlage Kraftzentrale			↳	3	80	90	85	255		5	6	3	3
20. Summe				298	1 270	1 770	1 810	4 850	51	660	711	1 208	70 3
21. Umlage Arbeitsbüro				↳	98	110	90	298					
22. Entst. Fert.-G.-K.[2]					1 368	1 880	1 900	5 148	Entst. Mat.-G.-K.		711	Verwalt.-Vertriebszuschlag bez. auf Herst.Kosten	
23. Fert.-Lohn					1 200	1 600	1 700	4 500	Fert.-Mat.		12 000		
24. Norm. Zuschlag in %					121%	110%	124%	—	Mat.-Zuschl. %		5,66%	5,37%	7,57%
25. Verr. Fert.-G.-K.[3]					1 452	1 760	2 108	5 310	Verr. Mat.-Kosten		680		
26. Verr. Fert.-K.[3] (23+25)					2 652	3 360	3 808	9 810	Entst. Mat.-Kosten		12 680	22 490[4]	22 490[4]
27. Entst. Fert.-K. (22+23)					2 568	3 480	3 600	9 648			12 711	22 359[5]	22 359[5]
28. Kostenst. Über- und Unterdeckung					+ 84	− 120	+ 208				− 31		
29. Zuschlag in %					114%	118%	112%				5,93%	5,40%	7,61%

[1]) Fertigungslohn und Fertigungsmaterial sind Einzelkosten und werden direkt auf die Kostenträger verrechnet. Die Einzelkosten dienen im BAB als Basis zur Ermittlung der Gemeinkostenzuschläge. [2]) G. K. = Gemeinkosten. [3]) K. = Kosten. [4]) verr. Herstellkosten = verr. Fert. Kosten + verr. Materialkosten. [5]) entst. Herstellkosten = entst. Fert. Kosten + entst. Materialkosten.

bb) Betriebsabrechnungsbogen und Beschäftigungsschwankungen

Es wurde bereits erwähnt, daß als Basis für die Ermittlung der Gemeinkostenzuschläge z.B. die Einzelkosten (Fertigungs- und Materialstellen) oder die Herstellkosten (Verwaltungs- und Vertriebsstellen) verwendet werden können. Fertigungslohn und Fertigungsmaterial sind variable Kosten, d.h. sie ändern sich in ihrer Höhe mit der Kapazitätsausnutzung (Ausbringung). Die Gemeinkosten setzen sich dagegen teils aus variablen, teils aus fixen Kosten zusammen. Ermittelt man z.B. einen Gemeinkostenzuschlag aus dem Verhältnis von Fertigungslohn und Fertigungsgemeinkosten einer Stelle, so gilt der Zuschlagsprozentsatz **nur für den Beschäftigungsgrad, für den er errechnet wurde.**

Gewöhnlich werden aber in einer Vollkostenrechnung die errechneten Zuschläge auch bei Zunahme oder Abnahme des Beschäftigungsgrades als Normalzuschläge bei der Vorkalkulation angewendet. Damit wird aber unterstellt, daß bei Änderungen der Ausbringung sich die Gemeinkosten in einem proportionalen Verhältnis zu den Einzelkosten entwickeln. Der BAB setzt also eine **Proportionalität von Einzelkosten und Gemeinkosten** voraus, die in Wirklichkeit jedoch um so weniger gegeben ist, je größer der Anteil der fixen Kosten an den Gemeinkosten ist.

Nehmen wir einmal an, die Fertigungslöhne (Einzelkosten) einer Kostenstelle seien proportionale Kosten, d.h. bei einer Zunahme der ausgebrachten Menge um 50% nehmen sie auch um 50% zu. Dann ist der Verlauf der Einzelkostenkurve OE (vgl. Abb. 148). Der Gemeinkostenzuschlag betrage bei der Ausbringung m_1 150%. Dann ist der angenommene Verlauf der Gesamtkosten der betreffenden Stelle OK, wenn bei Zu- oder Abnahme des Beschäftigungsgrades immer 150% Gemeinkosten verrechnet werden. Die Differenz zwischen beiden Kurven gibt die Gemeinkosten an. Tatsächlich sind aber in den Gemeinkosten fixe Kosten von OF enthalten, die auch anfallen, wenn die Ausbringung Null ist. Der tatsächliche Verlauf der Kosten ist FK_1.

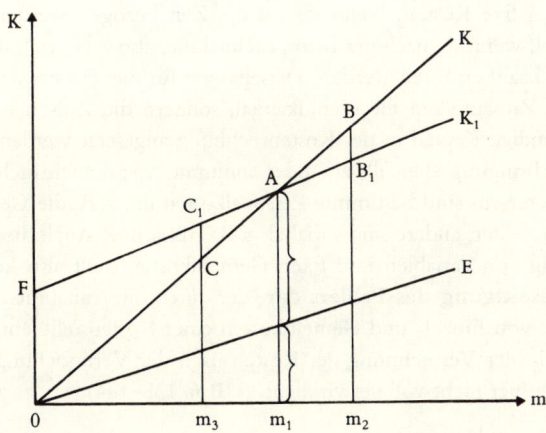

Abb. 148: Kostenüber- und Unterdeckungen

Nur bei der Ausbringung m_1 werden mit einem Zuschlag von 150% die Gesamtkosten m_1A gedeckt. Steigt die Ausbringung auf m_2, so werden die Kosten m_2B verrechnet. Es entstehen aber nur Kosten in Höhe von m_2B_1, da die fixen Kosten nicht mitsteigen. Der Zuschlagsprozentsatz von 150% ist also zu hoch. Es ergibt sich eine **Überdeckung** von B_1B.

Sinkt die Ausbringung auf m_3, so werden die Kosten von m_3C verrechnet, obwohl Kosten von m_3C_1 anfallen, da die fixen Kosten nicht mit absinken. Es entsteht eine **Unterdeckung.** Mit anderen Worten: Verwendet man bei der Änderung des Beschäftigungsgrades feste Gemeinkostenzuschläge, so sind diese bei einer Steigerung der Ausbringung zu hoch, und zwar um so mehr, je größer der Anteil der fixen Kosten an den Gemeinkosten ist. Bei einer Verminderung der Ausbringung sind die Zuschläge zu niedrig. Sie entsprechen in beiden Fällen nicht mehr dem Prinzip der Verursachung.

Dieser Fehler ist nur zu beseitigen, wenn man für jeden Kapazitätsausnutzungsgrad einen anderen Gemeinkostenzuschlag anwendet. Eine solche zeitraubende Berechnung ist praktisch kaum durchführbar. Eine Verminderung, jedoch keine Beseitigung der Ungenauigkeit tritt ein, wenn man für einige relevante Beschäftigungsgrade die Berechnung durchführt, z.B. für 60%, 70% und 80% der Kapazitätsausnutzung. Dann engt man den Fehler ein und kann die Zuschlagssätze für dazwischenliegende Beschäftigungsgrade durch Interpolation ermitteln. Diese Methode ist ein Behelf, dem kein Anspruch auf völlige Genauigkeit zukommt.

Ein anderes Verfahren **trennt die Gemeinkosten in fixe und variable** und verrechnet beide gesondert. Abgesehen davon, daß auch zwischen Einzelkosten und variablen Gemeinkosten keine durchgehende Proportionalität bestehen muß, entsteht die Schwierigkeit, welche Kostenarten zu den variablen und welche zu den fixen Kosten gehören. Es wurde bereits oben darauf hingewiesen, daß es keine Kostenarten gibt, die ihrem Wesen nach fix sind, sondern daß es von der durch die Fragestellung bedingten Art der Verrechnung abhängt, was als fix und was als variabel anzusehen ist. So sind die Abschreibungen fixe Kosten, wenn sie auf die Zeit bezogen werden, sie sind proportional, wenn sie nach der Inanspruchnahme, also z.B. nach der produzierten Stückzahl ermittelt werden. Dasselbe gilt für die Zinsen, da nicht der tatsächliche Zinsaufwand für Fremdkapital, sondern die Zinsen für das betriebsnotwendige Kapital in der Kostenrechnung angesetzt werden, das aber mit der Ausbringung ebenfalls zu- oder abnimmt, wenn auch nicht proportional. Andererseits sind bestimmte Personalkosten fix, z.B. die Gehälter leitender Angestellter, andere sind variabel, z.B. Hilfslöhne. Auch die getrennte Verrechnung von variablen und fixen Gemeinkosten stellt also **keine eindeutige Beseitigung des Fehlers dar,** der durch die Annahme einer Proportionalität von Einzel- und Gemeinkosten einer Kostenstelle entsteht. Das Grundprinzip der Verrechnung der Kosten nach der Verursachung wird jedenfalls auch hier nicht voll verwirklicht. (**ÜB 6**/138–144)

III. Die Kostenträgerrechnung (Selbstkostenrechnung)

1. Begriff und Aufgaben

Die Kostenträgerrechnung stellt die Frage: **Wofür sind Kosten entstanden?** Sie hat die Aufgabe, die Herstell- und Selbstkosten, die bei der Erstellung von absatzfähigen oder innerbetrieblichen Leistungen (Kostenträger) entstanden sind, auf die Leistungseinheiten zu verrechnen. Diese Kostenermittlung ist

(1) die **Grundlage der Bewertung der Bestände** an Halb- und Fertigfabrikaten sowie der selbsterstellten Anlagen und Werkzeuge in der Handels- und Steuerbilanz sowie in der kurzfristen Erfolgsrechnung (Herstellkosten);
(2) die **Grundlage der Planung und Kontrolle des Periodenerfolges** durch Bestimmung der Selbstkosten der abgesetzten Leistungen;
(3) die **Grundlage preispolitischer Entscheidungen,** z.B. der Kalkulation des Angebotspreises, sofern der Betrieb von sich aus einen Einfluß auf den Preis nehmen kann. Ist das – z.B. mit Blick auf die Preise der Konkurrenz – nicht der Fall, so beschränkt sich der Betrieb auf die Ermittlung der **Preisuntergrenze,** d.h. auf die Feststellung, welcher Marktpreis gerade noch geeignet ist, die Gesamtkosten der Produktion und des Vertriebs zu decken (langfristige Preisuntergrenze), oder welcher Preis nur noch die variablen Kosten deckt (kurzfristige Preisuntergrenze).

Bei bestimmten öffentlichen Aufträgen muß ein sog. „**Selbstkostenpreis**" nach den „Leitsätzen für die Preisermittlung aufgrund von Selbstkosten" (LSP) vom 21.11.1953[1] ermittelt werden. Dagegen ist es bei marktwirtschaftlicher Preisbildung oft nicht möglich, Angebotspreise zu kalkulieren, wenn die am Markt erzielbaren Preise und absetzbaren Mengen nicht auf Basis der Selbstkosten, sondern anhand vorgefundener Marktdaten bestimmt werden müssen. Dann ist es Aufgabe der Produktions- und Absatzplanung, den aufgrund der vermuteten betriebsindividuellen Nachfragekurve **gewinnmaximalen Preis** zu bestimmen.

Werden die gesamten in einer Abrechnungsperiode angefallenen Kosten – nach Kostenträgern gegliedert – ermittelt, so liegt eine **Kostenträgerzeitrechnung** vor. Sie wird unten im Rahmen der Betriebsergebnisrechnung (kurzfristigen Erfolgsrechnung) behandelt.

Im folgenden wird zunächst die **Kostenträgerstückrechnung** (Kalkulation oder Selbstkostenrechnung) besprochen.

Es gibt zwei Hauptformen der Zurechnung der Kosten auf die Kostenträger:
(1) die Divisionskalkulation und
(2) die Zuschlagskalkulation.

---
[1] BAnz 1953, Nr. 244

Beide Kalkulationsformen werden in unterschiedlichen Ausprägungsarten angewendet. Ihre Anwendung wird bedingt vom Produktionsprogramm und Produktionsverfahren eines Betriebes. So bietet die Kostenrechnung bei einheitlicher Massenfertigung keine besonderen Probleme. Sobald aber mehrere Sorten oder mehrere Serien gleichzeitig produziert werden, wird die Zurechnung der Kosten nach der Verursachung immer schwieriger, da nur wenige Kostenarten sich direkt, d. h. als Einzelkosten auf die Kostenträger, die meisten dagegen sich nur indirekt, d. h. als Gemeinkosten mit Hilfe von Zuschlägen verteilen lassen, und da eine verursachungsgemäße Zurechnung von Fixkosten unmöglich ist. (ÜB 6/145–146)

2. Die Divisionskalkulation

a) Die einstufige Divisionskalkulation

Bei der einstufigen (einfachen) Divisionskalkulation werden die Gesamtkosten (K) einer Periode durch die gesamte in dieser Periode produzierte Menge (m) dividiert. Der Quotient ergibt die Stückkosten (k):

$$k = \frac{K}{m}$$

Die Anwendung dieses Kalkulationsverfahrens setzt voraus, daß
(1) ein einheitliches Produkt hergestellt wird,
(2) keine Lagerbestandsveränderungen an Halbfabrikaten und
(3) keine Lagerbestandsveränderungen an Fertigfabrikaten entstehen.

Hauptanwendungsgebiet sind Betriebe mit **einheitlicher Massenfertigung**, z.B. in den Grundstoffindustrien oder bei der Elektrizitätserzeugung.

Eine Anwendung ist aber auch für die Abrechnung einzelner Kostenstellen möglich, die eine einheitliche Leistung erstellen, z.B. eigene Stromerzeugung oder Wasserversorgung (allgemeine Kostenstellen).

Man kann dieses recht grobe Verfahren dadurch verbessern, daß man bestimmte Kosten, die nur von einem Teil der Produkte verursacht worden sind (Vertriebskosten), aus den Gesamtkosten herausnimmt und auf die betreffenden Produkte zurechnet. Beispiel: unterschiedliche Transport- und Verpackungskosten bei Export eines Teils der Produktion nach Übersee. Hier liegt bereits ein Übergang zur zwei- oder mehrstufigen Divisionskalkulation vor.

b) Die zwei- und mehrstufige Divisionskalkulation

Hebt man die Voraussetzung, daß keine Lagerbestandsveränderungen bei den Fertigfabrikaten entstehen, auf, so müssen die Herstellkosten und Verwaltungs- und Vertriebskosten getrennt werden. Die gesamten Herstellkosten einer Periode werden durch die in dieser Periode produzierte Menge, die Verwaltungs- und Vertriebskosten dieser Periode durch die in diesem

Zeitraum abgesetzte Menge dividiert. So wird vermieden, daß die auf Lager gehenden Fabrikate mit Vertriebskosten belastet werden, die sie gar nicht verursacht haben, und daß der Angebotspreis der zum Verkauf gelangenden Produkte auf Basis einer zu niedrig ermittelten Preisuntergrenze kalkuliert wird. Man bezeichnet dieses Verfahren als **zweistufige** Divisionskalkulation.

Beispiel:

Herstellkosten	10.000 DM
Produktion	1.000 Stck.
Herst.Kosten/Stck.	10,— DM
Selbstkosten 10 + 5 =	15,— DM
Gewinnzuschl. 30%	4,50 DM
Angebotspreis	19,50 DM

Verw.+Vertr.Kosten	4.000 DM
Verkauf	800 Stck.
Vw.+Vt.-Kosten/Stck.	5,– DM

Wird die Trennung von produzierter und verkaufter Menge nicht durchgeführt, sondern werden die Gesamtkosten auf die produzierte Menge verteilt, so betragen die Selbstkosten pro hergestelltem Stück:

$$\frac{14.000}{1.000} = 14,\text{—DM}$$

+ Gewinnzuschlag 30% = 4,20 DM
Angebotspreis = 18,20 DM

Eine **mehrstufige Divisionsrechnung** (Stufen-Kalkulation) kann angewendet werden, wenn zwar ein einheitliches Produkt hergestellt wird, die Produktion sich jedoch in mehreren Stufen vollzieht und auf jeder Produktionsstufe Zwischenläger gebildet werden, deren Bestand wechselt. Dann ist es nicht möglich, die Gesamtkosten durch die Gesamtzahl der Fabrikate zu dividieren, weil die Zahl der produzierten Zwischenfabrikate auf den einzelnen Produktionsstufen mit der Zahl der Endfabrikate nicht übereinstimmt. Man ermittelt mit Hilfe einer Kostenstellenrechnung die in einer Periode angefallenen Gesamtkosten jeder Stufe und dividiert sie durch die Zahl der Halb- und Zwischenfabrikate, die eine Stufe innerhalb dieses Zeitraums durchlaufen haben. Die nachgelagerte Produktionsstufe (oder das Zwischenlager) übernimmt die Leistung der vorhergehenden Stufe dann mit ihren bisherigen Kosten bzw. mit Verrechnungspreisen (**ÜB 6/147**)

Beispiel:

Die Materialkosten eines Produktes betragen 20 DM. Die Produktion wird in zwei Stufen durchgeführt:
Produktionsstufe 1: 800 Stück Halbfabrikate; Fertigungskosten 16.000 DM;
Produktionsstufe 2: Weiterverarbeitung von 1.000 Stück Halbfabrikaten zu Fertigfabrikaten, Fertigungskosten 3.000 DM;
Absatz 400 Stück, Verwaltungs- und Vertriebskosten 2.400 DM.

$$\text{Stückkosten} = 20 + \frac{16.000}{800} + \frac{3.000}{1.000} + \frac{2.400}{400} ;$$
$$= 20 + 20 + 3 + 6 = 49.$$

Herstellkosten Halbfabrikat	40 DM	
Herstellkosten Fertigfabrikat	43 DM	
Selbstkosten je Stück	49 DM	
Lagerbestandsverminderung Halbfabrikate	200 Stck. à 40 =	8.000 DM
Lagerbestandsvermehrung Fertigfabrikate	600 Stck. à 43 =	25.800 DM

Man kann die Stufen-Divisionsrechnung auch in der Form durchführen, daß die Materialkosten den Kostenträgern direkt zugerechnet werden und auf jeder Produktionsstufe nur die Verarbeitungskosten erfaßt und verrechnet werden. Man bezeichnet dieses Verfahren als **Veredelungsrechnung**.

c) Die Divisionskalkulation mit Äquivalenzziffern

Dieses Kalkulationsverfahren wird angewendet, wenn mehrere **Sorten** eines Produktes produziert werden. Die Leistungen sind dann zwar nicht einheitlich, stehen aber in einer festen Kostenrelation zueinander. Es besteht eine verwandte Kostengestaltung, wenn z.B. der gleiche Rohstoff verarbeitet wird und lediglich die Arbeitszeit sowie die Zeit der Betriebsmittelbeanspruchung unterschiedlich sind (z.B. in Ziegeleien, Blechwalzwerken, Brauereien, Sägewerken u.a.).

Das bestehende Kostenverhältnis wird durch Beobachtung und Messung festgestellt und in einer Wertigkeitsziffer **(Äquivalenzziffer)** ausgedrückt. Durch Multiplikation der produzierten Menge mit der Äquivalenzziffer werden die einzelnen Leistungen kostenmäßig (rechnerisch) gleichnamig gemacht, d.h. in gleichartige „**Rechnungseinheiten**" umgerechnet, so daß die Gesamtkosten durch die Gesamtmenge aller durch Umrechnung gleichnamig gemachten Produkte (Rechnungseinheiten) dividiert werden können. Die sich ergebenden Stückkosten je Rechnungseinheit werden dann jeweils mit der Äquivalenzziffer der Sorte multipliziert und ergeben so die Stückkosten je Sorte. Multipliziert man diese mit der effektiv produzierten Menge je Sorte, so erhält man die Gesamtkosten je Sorte.

Das Beispiel auf S. 1139 zeigt eine **einstufige Äquivalenzziffernkalkulation**. Für sie gilt die Voraussetzung, daß bei den Halb- und Fertigfabrikaten keine Bestandsveränderungen erfolgen.

Das schwierigste Problem der Äquivalenzziffernkalkulation ist die Ermittlung von Äquivalenzziffern, die der Kostenverursachung entsprechen. Im Beispiel ist unterstellt, daß Sorte I 20% weniger und Sorte III 50% mehr Kosten verursacht haben als Sorte II.

Bestehen Abweichungen zwischen Produktions- und Absatzmengen und/oder sind die Kostenrelationen zwischen den einzelnen Sorten in verschiedenen Produktionsstufen unterschiedlich, so kann diesen Unterschieden durch eine Bildung mehrerer Äquivalenzziffernreihen Rechnung getragen werden (**mehrstufige Äquivalenzziffernkalkulation**). (ÜB 6/148–150)

Beispiel:

Sorte	1 Äquiv. Ziffer	2 prod. Menge (t)	3 Rechnungs- einheiten (1×2)	4 Stückkosten je Sorte	5 Gesamtkosten je Sorte (2×4)
I	0,8	5.000	4.000	30 × 0,8 = 24,–	120.000
II	1,0	10.000	10.000	30 × 1,0 = 30,–	300.000
III	1,5	4.000	6.000	30 × 1,5 = 45,–	180.000
			20.000		600.000

Gesamtkosten 600.000 —— Gesamtkosten 600.000 DM

$$\frac{\text{Gesamtkosten } 600.000 \text{ DM}}{\text{Gesamtrechnungsmenge } 20.000 \text{ t}} = 30,- \text{ DM je Rechnungseinheit.}$$

3. Die Zuschlagskalkulation

a) Begriff

Die Zuschlagskalkulation wird angewendet, wenn in einem Betriebe verschiedene Arten von Produkten in mehrstufigen Produktionsabläufen bei unterschiedlicher Kostenverursachung und laufender Veränderung der Lagerbestände an Halb- und Fertigfabrikaten hergestellt werden, z. B. bei **Serien- und Einzelfertigung.** Im Gegensatz zur Divisionskalkulation teilt dieses Kalkulationsverfahren die Kosten in Einzelkosten, die den Kostenträgern direkt zugerechnet werden, und in Gemeinkosten, die indirekt mit Hilfe von Bezugsgrößen und Zuschlägen verrechnet werden. Jedes Produkt soll mit den Kosten belastet werden, die es tatsächlich verursacht hat. Dabei muß das Bemühen dahin gehen, möglichst viele Kosten als Einzelkosten zu erfassen, da jeder Schlüsselung von Kosten eine gewisse Ungenauigkeit anhaftet.

Der Wahl der richtigen **Bezugsbasis** bei der Ermittlung der Gemeinkostenzuschläge ist besondere Aufmerksamkeit zu schenken. Je kleiner die Basis ist, und je größer die zu verrechnenden Gemeinkosten sind, desto höher werden die Zuschlagsprozentsätze, und desto stärker wirken sich die geringsten Fehler bei der Kostenerfassung der Basisgröße aus.

In der Fertigung wird vielfach der **Fertigungslohn** als Basis für die Gemeinkostenzurechnung verwendet. In Kostenstellen, in denen durch die fortschreitende Automation des Produktionsprozesses die Zahl der vollautomatischen Maschinen immer größer und die Zahl der Arbeitskräfte immer kleiner werden, eignet sich der Fertigungslohn nicht mehr als Basis, da z. B. die in den Gemeinkosten steckenden Abschreibungen der hochwertigen Spezialmaschinen um ein Vielfaches höher sein können als die Fertigungslöhne und dadurch infolge der kleinen Einzelkostenbasis Gemeinkostenzuschläge von 1.000% und mehr entstehen können. Hier ist es zweckmäßig, die **Maschinenstunden** als Zuschlagsgrundlage zu verwenden.

Mengenmäßige Bezugsgrößen, wie z. B. die Maschinenstunde, haben gegenüber den wertmäßigen Bezugsgrößen (z. B. Fertigungslohn) außerdem den Vorteil, daß sie gegen Preisschwankungen unempfindlich sind, also eine größere Dauerhaftigkeit aufweisen.

Ebenso wie bei der Divisionskalkulation gibt es auch bei der Zuschlagskalkulation mehrere Verfahren.

b) Die summarische Zuschlagskalkulation

Bei der summarischen Zuschlagskalkulation bilden entweder die gesamten **(kumulatives Verfahren)** oder ausgewählte Arten **(elektives Verfahren)** der Einzelkosten die Zuschlagsgrundlage. Man setzt also z. B. die gesamten Einzelkosten zu den gesamten Gemeinkosten in Beziehung und ermittelt einen Zuschlagssatz. Das bedeutet, daß man eine Proportionalität von Einzelkosten und Gemeinkosten bei allen Kostenträgern unterstellt, die gewöhnlich nicht gegeben ist.

Ohne Schaden anwendbar wäre dieses grobe Verfahren nur dann, wenn die Gemeinkosten, gemessen an den Einzelkosten, einen ganz unbedeutenden Anteil an den Gesamtkosten haben. Dennoch kann hierbei von einer Verteilung der Gemeinkosten nach dem Prinzip der Verursachung keine Rede sein. Verwendet man nur eine Einzelkostenart als Basis, z. B. die Lohn- oder Materialkosten, so wird unterstellt, daß die Gemeinkosten eine Funktion entweder des Fertigungslohns oder des Fertigungsmaterials sind. Bei arbeitsintensiven Betrieben arbeitet man mit einem Lohnzuschlag, bei materialintensiven mit einem Materialzuschlag.

Beispiel:

Lohnzuschlag:	
Gesamte Lohneinzelkosten	80.000
gesamte Gemeinkosten	120.000
Gemeinkosten in % der Lohneinzelkosten	150%

Stückrechnung:	
Fertigungslohn (FL)	70
Fertigungsmaterial	40
	110
Gemeinkosten (150% d. FL)	105
Herstellkosten	215

Die summarische Zuschlagsrechnung ist einfach zu handhaben, sie erfordert keine Kostenstellenrechnung. Allerdings muß bei Anwendung dieses Kalkulationsverfahrens die Bedingung erfüllt sein, daß **keine Bestandsveränderungen** in Zwischenlagern eintreten. (**ÜB 6**/158–160)

c) Die differenzierende Zuschlagskalkulation

Die differenzierende Zuschlagskalkulation geht anders vor. Sie verwendet nicht nur eine Zuschlagsbasis, sondern wählt Zuschlagsgrundlagen aus, die möglichst in kausaler Beziehung zur Entwicklung der Gemeinkosten stehen sollten. Das wird entweder dadurch erreicht, daß bestimmte Gruppen von Gemeinkostenarten zusammengefaßt werden, die zu einer bestimmten Einzelkostenart oder einer anderen Bezugsgröße in einem engen Verhältnis stehen, oder daß die Kostenarten auf Kostenstellen verteilt werden und dann für jede Kostenstelle aus der Relation von Einzelkosten (oder sonstigen Bezugsgrößen wie Maschinenstunden, Stückzahl) und Gemeinkosten der betreffenden Stelle ein Zuschlag errechnet wird; das kann z. B. mit Hilfe des Betriebsabrechnungsbogens erfolgen. Da nach Möglichkeit solche Bezugsgrößen ausgewählt werden, die eine verursachungsgemäße Zurechnung der Gemeinkosten erlauben, liegt auch hier eine elektive Zuschlagskalkulation vor, allerdings mit **elektiven Stellenzuschlägen** und nicht mit elektiven Gesamtzuschlägen wie im Falle der summarischen Zuschlagsrechnung.

Die Kostenstellenkalkulation ist die komplizierteste, aber auch die genaueste Art der Zuschlagsrechnung.

Bei der Zuschlagskalkulation ergibt sich folgendes allgemeines Kalkulationsschema:

	Fertigungsmaterial (FM)
+	Materialgemeinkosten (MGK)
=	Materialkosten (MK)
+	Fertigungslohn (FL)
+	Fertigungsgemeinkosten (FGK)
+	Sondereinzelkosten der Fertigung (SoKF)
=	Fertigungskosten (FK)
=	Herstellkosten (HK)
+	Verw.Gemeinkosten (VwGK)
+	Vertriebsgemeinkosten (VtGK)
+	Sondereinzelkosten des Vertriebs (SoKVt)
=	Selbstkosten (SK)

Bei der Kostenstellenkalkulation wird das allgemeine Kalkulationsschema dann folgendermaßen modifiziert, wobei 1, 2, ..., n die Zahl der Kostenstellen angibt (von Sonderkosten wird abgesehen):

$$
\begin{array}{l}
FM_1 + FM_2 + \ldots\ldots + FM_n \\
+ MGK_1 + MGK_2 + \ldots\ldots + MGK_n \\
+ FL_1 + FL_2 + \ldots\ldots + FL_n \\
+ FGK_1 + FGK_2 + \ldots\ldots + FGK_n \\
\hline
= \text{Herstellkosten} \\
+ VwGK_1 + VwGK_2 + \ldots\ldots + VwGK_n \\
+ VtGK_1 + VtGK_2 + \ldots\ldots + VtGK_n \\
\hline
= \text{Selbstkosten}
\end{array}
$$

Die folgende Übersicht zeigt noch einmal schematisch die Zusammensetzung der Selbstkosten.

FL	FGK	SoKF	FM	MGK			
Fertigungskosten			Materialkosten				
Herstellkosten					VwGK	VtGK	SoKVt
Selbstkosten							

Beispiel:

		DM/Stück
Materialeinzelkosten 8,— DM/Stück + Materialgemeinkosten = 10% der Material- einzelkosten 0,80 DM/Stück	Materialkosten	8,80
Fertigungsstelle I: Bezugsgröße: Maschinenstunden Bezugsgröße pro Stück: 0,5 Std./Stück $$\text{Kalkulationssatz} = \frac{\text{ges. Fertigungskosten}}{\text{gel. Maschinenstunden}}$$ $$= \frac{15.000 \text{ DM}}{300 \text{ Std.}}$$ $= 50$ DM/Std. Fertigungskosten I: 50 DM/Std. · 0,5 Std./Stück $= 25$ DM/Stück		
Fertigungsstelle II: Bezugsgröße: Durchsatzgewicht Bezugsgröße pro Stück: 7 kg/Stück $$\text{Kalkulationssatz} = \frac{\text{ges. Fertigungskosten}}{\text{Durchsatzgewicht}}$$ $$= \frac{5.000 \text{ DM}}{20.000 \text{ kg}}$$ $= 0,25$ DM/kg Fertigungskosten II: 0,25 DM/kg · 7 kg/Stück $= 1,75$ DM/Stück		
Sondereinzelkosten der Fertigung: $= 2,25$ DM/Stück	+ Fertigungs- kosten (25,– + 1,75 + 2,25)	29,—
	= Herstell- kosten + Verwaltungs- gemeinkosten + Vertriebsge- meinkosten + Sonderein- zelkosten des Vertriebs	37,80 2,10 2,60 1,50
	= Selbstkosten	44,—

Die Verwendung der Fertigungslöhne als Zuschlagsbasis hat folgende **Nachteile:**[2]

(1) Bei hohem Mechanisierungs- und Automatisierungsgrad entstehen extrem hohe Zuschlagssätze, so daß bereits geringfügige Erfassungsungenauigkeiten zu erheblichen Kalkulationsfehlern führen.

(2) Die absolute Höhe der Gemeinkostenzuschläge ist von der Lohnhöhe der ausführenden Arbeiter abhängig. Folglich ändern sich bei jeder Lohnerhöhung nicht nur die Gemeinkostenzuschläge, sondern es ergibt sich auch eine andere Bezugsbasis; das hat komplizierte Umrechnungen zur Folge.

(3) Eine Proportionalitätsbeziehung der Fertigungsgemeinkosten kann – wenn überhaupt – eher zu den Fertigungszeiten als zu den Fertigungslöhnen unterstellt werden.

Aufgrund dieser Mängel des Fertiglohnes geht man in jüngerer Zeit immer mehr dazu über, im Fertigungsbereich die wertmäßigen Bezugsgrößen durch mengenmäßige zu ersetzen. Diese allgemeinste Form der Kalkulation wird als **Bezugsgrößenkalkulation** bezeichnet. Bei ihr wird die Trennung zwischen Fertigungseinzellöhnen und Fertigungsgemeinkosten aufgegeben. Die Kalkulationssätze der einzelnen Kostenstellen werden in der Weise errechnet, daß die gesamten Fertigungskosten einer Kostenstelle durch die geleisteten Bezugsgrößeneinheiten dividiert werden. (**ÜB 6**/151–157)

Läßt sich in einer Kostenstelle keine eindeutige Proportionalitätsbeziehung herstellen, sondern verhält sich z. B. ein Teil der Kosten proportional zur Fertigungszeit, ein anderer Teil dagegen zur Rüstzeit, so müssen pro Fertigungsstelle 2 **Kalkulationssätze** gebildet werden (**heterogene Kostenverursachung**).

d) Die Kalkulation verbundener Produkte (Kuppelprodukte)

aa) Das Wesen der Kuppelproduktion

Die Kuppelproduktion (verbundene Produktion) ist dadurch gekennzeichnet, daß aus denselben Ausgangsmaterialien im gleichen Produktionsprozeß **zwangsläufig** mehrere verschiedene Erzeugnisse erstellt werden. Die Relationen zwischen dem mengenmäßigen Anfall der Kuppelprodukte können starr oder in gewissen Grenzen variierbar sein. So gewinnt man z. B. bei der Gasherstellung aus dem Ausgangsstoff Kohle nicht nur Gas, sondern gleichzeitig Koks, Teer, Ammoniak und Benzol, im Hochofenprozeß fallen Roheisen, Gichtgas und Schlacke, in Raffinerien Benzine, Öle und Gase an.

Da sich nur die Gesamtkosten der Produktion ermitteln lassen, ist eine Zurechnung der Kosten auf die Teilprodukte nur indirekt möglich. Sie erfolgt allerdings nicht nach dem Prinzip der Kostenverursachung, da diese infolge der gemeinschaftlichen Produktion nicht feststellbar ist, sondern gewöhnlich nach anderen Gesichtspunkten, insbesondere **nach der Tragfä-**

---

[2] Vgl. Kilger, W., Betriebliches Rechnungswesen, in: Allgemeine Betriebswirtschaftslehre, hrsg. von H. Jacob, 5. Aufl., Wiesbaden 1988, S. 996 f.; Haberstock, L., Grundzüge der Kosten- und Erfolgsrechnung, 3. Aufl., München 1982, S. 110

higkeit (Belastungsfähigkeit). Diese ist abhängig vom erzielbaren Marktpreis. Nach ihrer Herstellung durchlaufen die Kuppelprodukte in der Regel verschiedene Weiterverarbeitungsstufen. Dabei ist eine getrennte Kalkulation möglich.

Schließt man von der **Relation der Marktwerte** der einzelnen Teilprodukte auf die Relation der Kosten, so wird unterstellt, daß sich die Kosten der Teilprodukte proportional zu den Marktpreisen verändern. Das ist eine selten zutreffende Fiktion; steigt der Marktpreis eines Teilproduktes, so wird es automatisch mit höheren Kosten belastet, obwohl sich beim Produktionsprozeß nichts verändert haben muß, das betreffende Gut also nicht mehr Kosten verursacht hat als vorher, wohl aber mehr Kosten tragen kann. Schwanken Marktpreise stark, so ist es zweckmäßig, einen durchschnittlichen Marktwert einer längeren Periode oder einen für längere Zeit festgelegten festen Verrechnungswert zu verwenden.

Um die rein fiktive Kostenzurechnung auf ein Minimum zu beschränken, müssen selbstverständlich sämtliche Kosten, die nur für ein Teilprodukt entstanden sind, getrennt belastet werden, z. B. die Kosten der Nachbearbeitung, Reinigung, Lagerung, des Vertriebs u. a.

Bei der Abrechnung der Kuppelprodukte zeigen sich die **Grenzen der Kostenrechnung.** Die Feststellung des Erfolges der einzelnen verbundenen Produkte hat keinen großen Aussagewert, weil er erstens mehr oder weniger variiert werden kann, je nachdem nach welchen Methoden die Gesamtkosten verteilt werden, und da zweitens Folgerungen für die Betriebspolitik kaum aus der Erfolgshöhe gezogen werden können, denn eine Ausdehnung oder Einschränkung der Produktion nur eines Teilproduktes ist technisch nicht oder nur in sehr engen Grenzen möglich. Es muß immer die Gesamtproduktion verändert werden. Steigt der Marktpreis eines Teilproduktes, während der eines anderen sinkt, so kann der Betrieb meist keine Änderung der Mengenrelation der einzelnen Produkte vornehmen. Entscheidend ist also nur, daß der Gesamterlös mindestens die Gesamtkosten deckt. Die Verteilung der Gesamtkosten auf die einzelnen Kuppelprodukte muß jedoch zur Bestandsbewertung und zur Bildung innerbetrieblicher Verrechnungspreise vorgenommen werden.

Man unterscheidet bei der Kuppelproduktion zwei Verrechnungsmethoden.

bb) Die Subtraktionsmethode (Restwertrechnung)

Sie wird gewöhnlich angewendet, wenn ein Hauptprodukt und ein oder mehrere Nebenprodukte erzeugt werden. Die Erlöse der Nebenprodukte werden – abzüglich noch anfallender Weiterverarbeitungskosten – von den Gesamtkosten abgezogen und stellen somit eine Kostenminderung des Hauptproduktes dar. Die Kosten der Nebenprodukte sind dann nicht feststellbar, so daß weder eine auf den Selbstkosten aufbauende Preiskalkulation möglich ist, noch der Gewinn als Differenz zwischen Erlös und Kosten ermittelt werden kann. Bei Anwendung der Subtraktionsmethode wird unterstellt, daß die Selbstkosten der Nebenprodukte ihrem Verkaufspreis entsprechen und daß der Gesamtgewinn der Kuppelproduktion auf das Hauptprodukt entfällt.

Beispiel:

Produkte	Erlöse		
Gas (Hauptprodukt)	1.500.000	Gesamtkosten	2.400.000
Koks	900.000	− Erlös der Neben-	
Teer	225.000	produkte	1.500.000
Benzol	300.000	= Restkosten des	
Ammoniak	75.000	Hauptproduktes	900.000
insgesamt	3.000.000		

Ist ein Kuppelprodukt nicht verkäuflich, sondern muß es als Abfall beseitigt werden, so erhöhen die dadurch entstehenden Kosten die Gesamtkosten. Diese zusätzlichen Kosten hat allein das Hauptprodukt zu tragen.

cc) Die Verteilungsmethode

Sie wird angewendet, wenn sich **kein eindeutiges Hauptprodukt** bestimmen läßt. Die Gesamtkosten der Kuppelproduktion werden dann mittels Äquivalenzziffern auf die einzelnen Kuppelprodukte verteilt. Nach Henzel[3] kann die Verteilung erfolgen:
(1) nach dem Erlös (Erzeugungsmenge × Preis) jedes Kuppelproduktes;
(2) nach dem Erlös abzüglich der direkt erfaßbaren Kosten;
(3) nach der Erzeugungsmenge der anfallenden Produkte;
(4) nach der Erzeugungsmenge multipliziert mit den technischen Eigenschaften, z. B. Festigkeit;
(5) nach exakten Schlüsseln, z. B. dem Heizwert bei flüssigen und gasförmigen Brennstoffen.

Im allgemeinen werden die Kosten jedoch nach Maßgabe der Erlöse verteilt und die Äquivalenzziffern von den Marktpreisen abgeleitet, da dann „in den Wertansätzen die Ertragskraft der Kuppelprodukte zum Ausdruck kommt".[4] Dabei können zwei Verfahren angewendet werden.

Bei der **Proportionalitätsmethode** addiert man die Marktpreise der Teilprodukte und dividiert die Gesamtkosten durch die Summe der Verhältniszahlen, die sich aus der Relation der Marktpreise ergeben. Man erhält einen Quotienten, den man mit den einzelnen Verhältniszahlen multipliziert, um die Kosten der Teilprodukte zu ermitteln.

Bei dieser Art der Verteilung wird unterstellt, daß der Stückgewinn bei allen Kuppelprodukten prozentual gleich ist. Die Kosten der Gasproduktion betragen 1.200.000 DM, während sie bei der Subtraktionsmethode mit 900.000 DM ermittelt wurden. Die Problematik der gesamten Abrechnung der Kuppelprodukte wird daraus ersichtlich.

---

[3] Vgl. Henzel, F., Kostenrechnung, in: Bott, Lexikon des kaufmännischen Rechnungswesens, Bd. 3, 2. Aufl., Stuttgart 1956, Sp. 1646
[4] Riebel, P., Kuppelprodukte, Kalkulation der, HWR, 1. Aufl., hrsg. von E. Kosiol, Stuttgart 1970, Sp. 998; vgl. auch Kilger, W., Einführung in die Kostenrechnung, 3. Aufl., Wiesbaden 1987, S. 362

Beispiel:

Gesamtkosten 2.400.000 DM						
Produkt Marktpreis (in DM)	Gas 150 +	Koks 90 +	Teer 22,5 +	Benzol 30 +	Ammoniak 7,5	= 300

$$\frac{\text{Gesamtkosten}}{\text{Summe der Verhältniszahlen}} = \frac{2.400.000}{300} = 8.000$$

Produkt	Verhältniszahl × Quotient	Kosten des Kuppelprodukts	Erlös des Kuppelprodukts	Gewinn in %
Gas	150,0 × 8.000	1.200.000	1.500.000	25
Koks	90,0 × 8.000	720.000	900.000	25
Teer	22,5 × 8.000	180.000	225.000	25
Benzol	30,0 × 8.000	240.000	300.000	25
Ammoniak	7,5 × 8.000	60.000	75.000	25
insgesamt	–	2.400.000	3.000.000	

Während im vorangegangenen Beispiel implizit unterstellt wurde, daß von jedem Kuppelprodukt 10.000 Mengeneinheiten hergestellt werden, geht das folgende an die Divisionskalkulation mit Äquivalenzziffern angelehnte Verfahren von der realistischeren Annahme aus, daß von einzelnen Kuppelprodukten unterschiedliche Mengen produziert werden. Der Unterschied liegt lediglich in der Art der Gewinnung der Äquivalenzziffern, die rechnerische Durchführung ist die gleiche. Während die Sortenkalkulation eine Divisionskalkulation mit Äquivalenzziffern ist, bei der die Leistungsunterschiede **von der Kostenseite** ausgeglichen werden, bei der also die Äquivalenzziffern die unterschiedlichen Kostenrelationen zum Ausdruck bringen, ist diese Kuppelproduktkalkulation eine Divisionskalkulation mit Äquivalenzziffern, bei der der Ausgleich der Leistungsunterschiede **von der Ertragsseite** her erfolgt, d. h. bei der die Äquivalenzziffern die relativen Unterschiede in den erzielten Marktpreisen ausdrücken.

Dem Verteilungsverfahren liegt die Annahme zugrunde, daß sich der Gesamtgewinn der Kuppelproduktion auf alle Kuppelprodukte **proportional** gleich verteilt (vgl. das Beispiel auf S. (1147).

Der Stückgewinn des Produktes Gas ist bei der Verteilungsmethode also um die Hälfte niedriger (30,– statt 60,– DM) als im Beispiel der Subtraktionsmethode, bei der dieses Produkt als Hauptprodukt behandelt wurde.

Läßt sich ein Kuppelprodukt nicht verkaufen, sondern verursacht seine Beseitigung zusätzliche Kosten, so werden diese zu den Gesamtkosten der Kuppelproduktion addiert, so daß sie von allen am Markt absetzbaren Produkten anteilmäßig getragen werden.

C. III. Die Kostenträgerrechnung (Selbstkostenrechnung)

Gesamtkosten 2.400.000 DM

(1) Produkt	(2) Preis (DM)	(3) Mengen-einheiten	(4) Äquivalenz-ziffer	(5) Rechnungs-leistung	(6) Kosten je Rechnungs-leistung DM	(7) Gesamtkosten DM (5) × (6)	(8) Stückkosten DM (4) × (6)	(9) Stückgewinn in	
								DM	% von (8)
Gas	150,0	10.000	1,500	15.000	80,00	1.200.000	120,00	30,00	25
Koks	90,0	15.000	0,900	13.500	80,00	1.080.000	72,00	18,00	25
Teer	22,5	5.000	0,225	1.125	80,00	90.000	18,00	4,5	25
Benzol	30,0	1.000	0,300	300	80,00	24.000	24,00	6,0	25
Ammoniak	7,5	1.000	0,075	75	80,00	6.000	6,00	1,5	25
				30.000		2.400.000			

$$\frac{\text{Gesamtkosten}}{\text{Rechnungsleistung}} = \frac{2.400.000}{30.000} = 80,00 \text{ DM}$$

IV. Die kurzfristige Erfolgsrechnung

1. Die Zusammenhänge zwischen Betriebsabrechnung und Finanzbuchhaltung

Die organisatorische Eingliederung der Betriebsabrechnung kann in zwei Formen erfolgen:

(1) Finanzbuchhaltung und Betriebsabrechnung **bilden eine Einheit**, d.h. die Gesamtbuchhaltung wird nicht aufgeteilt. Die Betriebsabrechnung erfolgt dann innerhalb eines geschlossenen Kontensystems. Die Abrechnung läuft von Kontenklasse zu Kontenklasse in einem in sich geschlossenen Abrechnungskreis. Eine Ermittlung des Erfolges kann erst geschehen, wenn aus den Kosten der abgesetzten Produkte und den Umsatzerlösen oder aus den Kosten der produzierten Kostenträger und den Umsatzerlösen unter Berücksichtigung der Bestandsänderungen an Halb- und Fertigfabrikaten das Betriebsergebnis und durch Gegenüberstellung von neutralen Aufwendungen und neutralen Erträgen das neutrale Ergebnis errechnet worden ist. Man nennt diese Abrechnungsmethode **„Einkreissystem"**, weil sie einen in sich geschlossenen Abrechnungskreis darstellt, in dem sämtliche Vorgänge, gleichgültig ob innerbetriebliche oder außerbetriebliche, abgerechnet werden.

(2) Finanzbuchhaltung und Betriebsabrechnung werden getrennt. Dann entstehen zwei Abrechnungskreise, von denen jeder in sich geschlossen ist. Man spricht von einem **„Zweikreissystem"**. Die Finanzbuchhaltung ermittelt den angefallenen Aufwand und die eingegangenen Erlöse und stellt sie in der Gewinn- und Verlustrechnung gegenüber. Unter Berücksichtigung der Bestandsänderungen der Halb- und Fertigfabrikate läßt sich der Gesamterfolg errechnen, ohne daß eine innerbetriebliche Abrechnung erfolgt ist. Diese wird im zweiten Abrechnungskreis durchgeführt. Hier werden die Kosten der Kostenträger den Erlösen gegenübergestellt, und unter Berücksichtigung der Bestandsänderungen wird das Betriebsergebnis ermittelt. Die Einheit der Abrechnung wird durch Verbindung beider Abrechnungskreise erhalten, die entweder mit Hilfe von Spiegelbildkonten oder von Übergangskonten erfolgen kann.

Die Tatsache, daß heute in vielen Betrieben derartige Abrechnungen mit Hilfe der EDV durchgeführt werden, macht die Erklärung der Zusammenhänge für denjenigen nicht überflüssig, der verstehen will, wie die – ggf. von betriebsfremden Fachleuten eingeführten – EDV-Programme aufgebaut sind und was sie leisten können.

2. Das Einkreissystem

Die Abrechnung im Einkreissystem vollzieht sich unter Anwendung des Gemeinschaftskontenrahmens schematisch dargestellt folgendermaßen:[1]

---

[1] Vgl. zu den folgenden Ausführungen die schematische Übersicht auf S. 1150

C. IV. Die kurzfristige Erfolgsrechnung 1149

(1) Zunächst werden die Beträge der Aktiv- und Passivkonten aus der Eröffnungsbilanz als Anfangsbestände auf die Konten der Klasse 0 (Anlage- und Kapitalkonten), der Klasse 1 (Finanzkonten), der Klasse 3 (Konten der Roh-, Hilfs- und Betriebsstoffe) und der Klasse 7 (Halb- und Fertigfabrikate) übernommen.

(2) Sodann belastet man sämtliche **Aufwendungen, die kostengleich** sind, also bei der Erstellung der Betriebsleistungen anfallen, den Konten der Kostenarten (Klasse 4), während die neutralen Aufwendungen auf der Klasse 2 abgegrenzt werden. Klasse 2 nimmt alle Aufwendungen und Erträge auf, die nichts mit der Erstellung und dem Verkauf der Betriebsleistungen zu tun haben. Sie werden deshalb unmittelbar auf die Klasse 9 (Abschlußkonten) geleitet, wo sie als neutrales Ergebnis erscheinen.

(3) Die Klasse 4 wird ferner mit den **Zusatzkosten** (kalkulatorische Kostenarten: Abschreibungen, Zinsen, Wagnisse, Unternehmerlohn) belastet. Ihre Abgrenzung gegenüber den entsprechenden Aufwendungen (Bilanzabschreibung, Fremdkapitalzins, effektive Wagnisverluste) erfolgt auf Klasse 2, deren Beträge – wie gesagt – unmittelbar auf Klasse 9 weiterzuverrechnen sind. Klasse 2 grenzt außerdem solche Aufwendungen und Kosten ab, die zeitlich nicht übereinstimmen (Vor- und Nachleistungen, z.B. Versicherungsprämien).

(4) Der Abschluß der Kostenarten der Klasse 4 erfolgt durch Übertragung der Zahlenwerte auf den **Betriebsabrechnungsbogen.** Hier werden sie mit Hilfe von Bezugsgrößen auf die Kostenstellen verteilt; nach Umlage der allgemeinen Kostenstellen und der Hilfsstellen auf die Hauptstellen werden die ermittelten Stellengemeinkosten der Klasse 5 belastet. Die Summe der Salden der Gemeinkostenarten der Klasse 4 und der Kostenstellen der Klasse 5 müssen übereinstimmen, da im BAB nichts anderes erfolgt als eine Andersverteilung von gegebenen Zahlenwerten, es wird nichts hinzugefügt und nichts weggelassen.

(5) Die Klasse 5 gibt die Herstellkosten auf die Klasse 6 (Herstellkonten) ab, d.h. die Konten der Fertigungslöhne, Fertigungsgemeinkosten, des Fertigungsmaterials und der Materialgemeinkosten werden erkannt und die Herstellkonten der Klasse 6 belastet. Die Konten der Verwaltungs- und Vertriebsgemeinkosten und der Sonderkosten des Vertriebs bleiben zunächst offen.

(6) Nun überträgt man die **Herstellkosten** von Klasse 6 auf die Konten der Halb- und Fertigfabrikate (Kostenträgerkonten der Klasse 7). Damit ist die Abrechnung des Prozesses der Leistungserstellung abgeschlossen.

(7) Der Teil der Fertigfabrikate, der verkauft wird, wird den **Verkaufskonten** der Klasse 8 belastet und den Fertigfabrikatekonten entlastet. Die **Endbestände** an Halb- und Fertigfabrikaten gehen beim Abschluß in die Bilanz über. Den Verkaufskonten werden ferner die Verwaltungs- und Vertriebsgemeinkosten und die Sonderkosten des Vertriebs für die verkauften Produkte belastet und den entsprechenden Konten der Klasse 5 entlastet. Damit hat die Klasse 5 ihren endgültigen Abschluß gefunden. Auf den Verkaufskonten erscheinen im Soll somit die Selbstkosten (Herstellkosten +

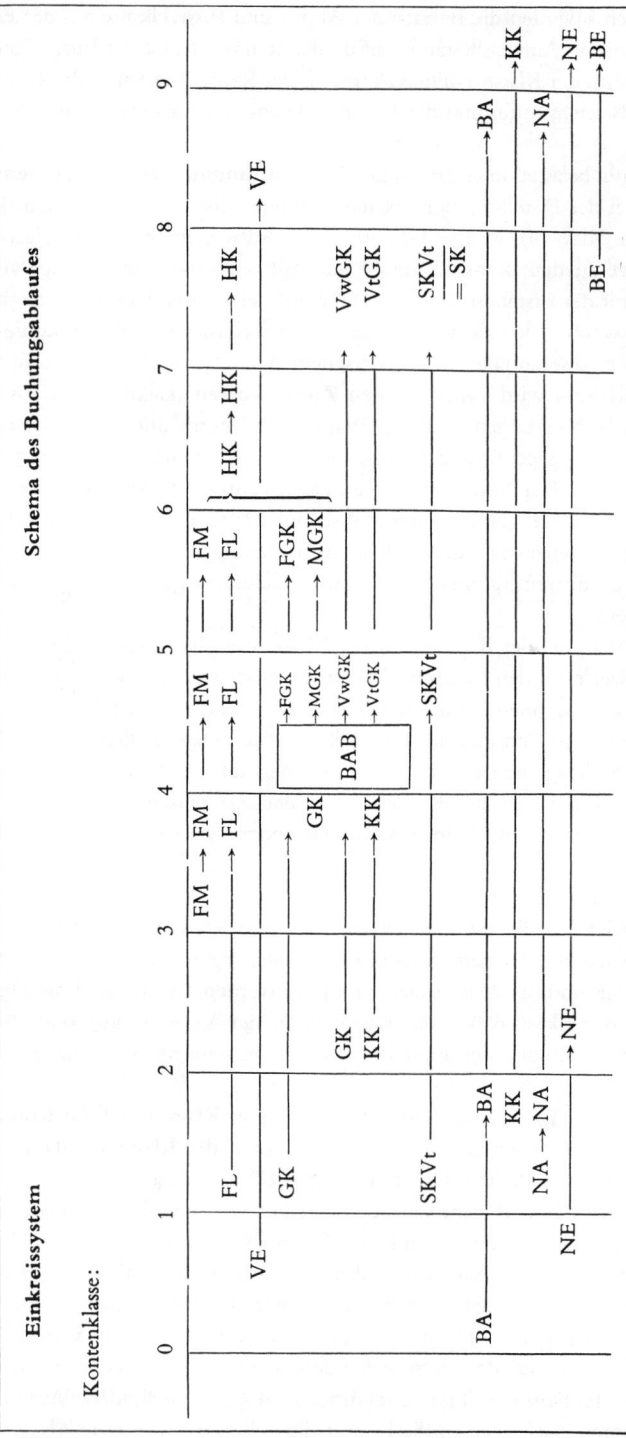

FM = Fertigungsmaterial, FL = Fertigungslohn, FGK = Fertigungsgemeinkosten, MGK = Materialgemeinkosten, VwGK = Verwaltungsgemeinkosten, VtGK = Vertriebsgemeinkosten, SKVt = Sonderkosten des Vertriebs, GK = Gemeinkosten, KK = kalkulatorische Kosten, HK = Herstellkosten, SK = Selbstkosten, VE = Verkaufserlös, NE = neutraler Ertrag, BE = Betriebsergebnis, BA = Bilanzabschreibung, NA = neutraler Aufwand.

Verwaltungs- und Vertriebsgemeinkosten + Sondereinzelkosten des Vertriebs). Die Verkaufskonten übernehmen auf die Habenseite die Verkaufserlöse, die auf den Finanzkonten der Klasse 1 eingegangen sind. Damit hat auch die Abrechnung des Prozesses der Leistungsverwertung sein Ende gefunden.

(8) Die Salden der Verkaufskonten stellen das **Betriebsergebnis** dar und werden auf das Betriebsergebniskonto übertragen (Klasse 9). Die neutralen Aufwendungen und Erträge der Klasse 2 werden auf dem Abgrenzungssammelkonto gesammelt, der Saldo dieses Kontos zeigt das neutrale Ergebnis. Betriebsergebnis und neutrales Ergebnis bilden auf dem Gewinn- und Verlustkonto zusammen das Gesamtergebnis. Der Saldo des Gewinn- und Verlustkontos und die Salden der Konten der Halb- und Fertigfabrikate (Endbestände) gehen auf das Schlußbilanzkonto über.

3. Das Zweikreissystem

a) Das Spiegelbildsystem

Finanzbuchhaltung und Betriebsabrechnung stellen je einen in sich geschlossenen Abrechnungskreis dar. Um die Geschlossenheit und Einheitlichkeit der Abrechnung zu erhalten, verbindet man beide Abrechnungskreise durch Spiegelbildkonten miteinander. Die Finanzbuchhaltung umfaßt die Konten der Klasse 0–4 und Teile von 7–9. Die Betriebsabrechnung enthält die Klassen 5–9.

aa) Die Finanzbuchhaltung

(1) Die Verrechnung bis zur Klasse 4 unterscheidet sich nicht vom Einkreissystem. Die Zahlen der Klasse 4 werden im geteilten System jedoch nicht über den BAB auf die Klasse 5 weiterverrechnet, sondern in der Finanzbuchhaltung unmittelbar auf das Gewinn- und Verlustkonto übertragen.

(2) Das **Verkaufskonto** der Klasse 8 ist nicht nach Kostenträgern gegliedert, sondern enthält nur die Gesamterlöse, die entsprechenden Gegenbuchungen erfolgen im Soll der Finanzkonten der Klasse 1. Das Verkaufskonto gibt den Bruttoverkaufserlös an das Gewinn- und Verlustkonto ab.

(3) Das **Fabrikatekonto** der Klasse 7 in der Finanzbuchhaltung dient ebenfalls nur der Verrechnung. Es weist nur die Anfangs- und Endbestände und als Differenz die Bestandsänderungen aus. Die einzelnen Zu- und Abgänge sind nicht ersichtlich, sondern auf den Fabrikatekonten der Betriebsabrechnung verbucht. Die Anfangsbestände stammen aus der Eröffnungsbilanz, die Endbestände gehen auf die Schlußbilanz über, die Bestandsänderungen werden auf das Gewinn- und Verlustkonto übertragen, und zwar die Bestandsminderungen auf die Aufwandsseite, die Bestandsmehrungen auf die Ertragsseite.

(4) Die neutralen Aufwendungen und Erträge werden von Klasse 2 über das Abgrenzungssammelkonto auf die Gewinn- und Verlustrechnung übernommen.

(5) Die **Gewinn- und Verlustrechnung** zeigt also auf der Aufwandsseite sämtliche **Aufwandsarten,** gespalten nach betrieblichen und neutralen Aufwendungen, sowie die Bestandsminderungen der Fabrikate und auf der Ertragsseite die Erträge, ebenfalls getrennt in Umsatzerlöse, Bestandsmehrungen und neutrale Erträge. Der Saldo ergibt den Gesamterfolg der Periode. Die Finanzbuchhaltung ist also in sich geschlossen und ist in der Lage, den Gesamterfolg als Saldo zu zeigen, sagt jedoch nichts über die Kosten und über den Erfolg der einzelnen Kostenträger bzw. -trägergruppen aus. Diese Gliederung der Gewinn- und Verlustrechnung nach Aufwands- und Ertragsarten **entspricht den gesetzlichen Anforderungen an den Jahresabschluß.**

bb) Die Betriebsabrechnung

(1) Da die Kontenklasse 4 bereits auf die Kontenklasse 9 abgeschlossen worden ist, muß sich die Betriebsabrechnung für ihre Abrechnung das erforderliche Zahlenmaterial aus der Finanzbuchhaltung „ausborgen". Dazu gehören sämtliche Kostenarten, Bestände und Verkaufserlöse. Die Kostenarten der Klasse 4 werden im BAB auf die Kostenstellen der Klasse 5 verteilt. Da die Übernahme der Stellengemeinkosten in der Klasse 5 und die Belastung der Konten der Klasse 5 in summa keine Gegenbuchung in der Klasse 4 wie im Einkreissystem findet, erfolgt die Gegenbuchung auf einem **betrieblichen Abschlußkonto** der Klasse 9. Diese Gegenbuchung stellt eine Gutschrift dar, d. h. sämtliche Gemeinkosten und ebenso die ohne Berührung des BAB übernommenen Einzelkosten werden also auf der Habenseite des betrieblichen Abschlußkontos aufgeführt.

(2) Die Abrechnung von Klasse 5 über die Klassen 6 und 7 auf die Verkaufskonten erfolgt wie beim Einkreissystem. Die übernommenen Anfangsbestände an Halb- und Fertigfabrikaten werden ebenfalls dem betrieblichen Abschlußkonto gutgeschrieben, die Endbestände und der Verkaufserlös, der auf der Klasse 8 im Haben erscheint, werden ihm belastet. Ebenso findet der Saldo der Verkaufskonten bzw. des Betriebsergebniskontos seine Gegenbuchung auf dem betrieblichen Abschlußkonto.

(3) Das betriebliche Abschlußkonto gleicht sich also aus. Es entsteht kein Saldo. Eine Übertragung eines Saldos auf die Gewinn- und Verlustrechnung wäre auch nicht möglich, da diese in der Finanzbuchhaltung bereits abgeschlossen ist.

Das betriebliche Abschlußkonto stellt hinsichtlich der Kosten und Erlöse und hinsichtlich der Bestände ein **Spiegelbildkonto zum Gewinn- und Verlustkonto** dar, wenn letzteres um das neutrale Ergebnis gekürzt wird. Das bezieht sich allerdings nur auf die Summe der Kosten und Erlöse, nicht auf die Aufgliederung. Diese erfolgt in der Gewinn- und Verlustrechnung nach Aufwandsarten, im betrieblichen Abschlußkonto nach Kostenträgern. Da die Summen der Salden der Klasse 4 (Kostenarten) und sämtliche auf der Klasse 5 (Kostenstellen) verrechneten Beträge übereinstimmen, stellen die gesamten Kostenartenkonten ein Spiegelbild zu sämtlichen Kostenstellenkonten dar.

Soll	Betriebliches Abschlußkonto	Haben
Endbestände Verkaufserlöse (Betriebsverlust)		Anfangsbestände Gesamtkosten der Periode Betriebsgewinn

b) Das Übergangssystem

An Stelle von Spiegelbildkonten läßt sich die Verbindung zwischen Betriebsabrechnung und Finanzbuchhaltung auch durch Übergangskonten herstellen. In der Finanzbuchhaltung wird dann ein Konto Betriebsabrechnung und in dieser ein Konto Finanzbuchhaltung geführt. Man kann auch mehrere Übergangskonten bilden, z. B. getrennt nach Aufwendungen (Kosten) und Erträgen. Dieses System stellt eine Vermehrung der Buchungsarbeit dar.

c) Tabellarische Durchführung der Betriebsabrechnung

In den letzten Jahrzehnten wurde die Kostenrechnung immer mehr von der Finanzbuchhaltung abgekoppelt. Die organisatorische Trennung wird durch den **Industrie-Kontenrahmen** (IKR)[2] ermöglicht. Für die Finanzbuchhaltung sind nach dem IKR die Kontenklassen 1–8 vorgesehen, während der Betriebsabrechnung die Kontenklasse 9 vorbehalten bleibt.[3] Die Abstimmung zwischen Finanzbuchhaltung und Kostenrechnung erfolgt auf den Kontengruppen 90 (Eliminierung des neutralen Erfolges) und 91 (Ergänzung durch kalkulatorische Kosten bei gleichzeitiger Eliminierung der entsprechenden Aufwendungen).

Da die Kontenform für die Zwecke der Kostenrechnung zu starr und zu umständlich ist, wird die Betriebsabrechnung heute von den meisten Unternehmen in **tabellarischer Form** durchgeführt.[4] Kilger hält es für zweckmäßig, auch die Abstimmung zwischen Finanzbuchhaltung und Betriebsabrechnung in tabellarischer Form durchzuführen und somit ganz auf die Kontenklasse 9 zu verzichten.[5]

4. Die Verfahren der kurzfristigen Erfolgsrechnung

a) Das Gesamtkostenverfahren

Beim Gesamtkostenverfahren werden den in der Abrechnungsperiode erstellten Leistungen die Gesamtkosten der Abrechnungsperiode gegenübergestellt. Die erstellten Leistungen bestehen aus den **Umsatzerlösen** zuzüglich (abzüglich) **Bestandserhöhungen** (Bestandsminderungen) an Halb- und Fertigfabrikaten, bewertet zu **Herstellkosten**. Ohne Berücksichtigung der Be-

---

[2] Vgl. Industrie-Kontenrahmen „IKR". Hrsg. vom Bundesverband der Deutschen Industrie. Betriebswirtschaftlicher Ausschuß. Bergisch Gladbach 1971; Neufassung 1986 in Anpassung an das Bilanzrichtlinien-Gesetz (BiRiLiG), Bergisch-Gladbach 1986
[3] Vgl. S. 1107 ff.
[4] Vgl. Kilger, W., Einführung ..., a. a. O., S. 476
[5] Vgl. ebenda, S. 477

standsveränderungen würde der Saldo zwischen den abgesetzten Leistungen (Umsatz) und den Gesamtkosten der Periode das Betriebsergebnis nur dann richtig wiedergeben, wenn Produktion und Absatz der Periode gleich sind. Ist dagegen mehr produziert als abgesetzt worden, so haben sich die Lagerbestände erhöht, ist mehr abgesetzt als produziert worden, so haben sie sich verringert. Folglich müssen die **Bestandsveränderungen** an Halb- und Fertigfabrikaten bei der Ermittlung des Betriebsergebnisses **berücksichtigt** werden.

Beispiel: Abgesetzte Menge: 1.000 Stück
Produzierte Menge: 1.200 Stück

Soll		Betriebsergebnis	Haben
Volle Herstellkosten der erzeugten Leistungen (gegliedert nach Kostenarten)	120.000	Verkaufserlöse (= 1.000 Stück × 140 DM/Stück)	140.000
Volle Verwaltungs- und Vertriebskosten (gegliedert nach Kostenarten)	22.000	Bestandserhöhung Fertigfabrikate (bewertet zu vollen Herstellkosten = 200 Stück × 100 DM/Stück)	20.000
Leistungserfolg	18.000		
	160.000		160.000

oder:

Verkaufserlöse (= 1.000 Stück × 140 DM/Stück)	140.000
+ Bestandserhöhung Fertigfabrikate (bewertet zu vollen Herstellkosten = 200 Stück × 100 DM/Stück)	+ 20.000
− Volle Herstellkosten der erzeugten Leistungen (gegliedert nach Kostenarten)	− 120.000
− Volle Verwaltungs- und Vertriebskosten (gegliedert nach Kostenarten)	− 22.000
= Leistungserfolg	= 18.000

Die Anwendung des Gesamtkostenverfahrens ist insbesondere dann zweckmäßig, wenn die Abstimmung zwischen Betriebsabrechnung und Finanzbuchhaltung in einem **Einkreissystem** erfolgt, da der Aufbau des Gesamtkostenverfahrens dem der Gewinn- und Verlustrechnung entspricht. Der zusätzliche Rechenaufwand für die kurzfristige Erfolgsrechnung ist dann vergleichsweise gering, obwohl auch hier für die Bestandsbewertung eine Kostenträgerrechnung erforderlich ist.

b) Das Umsatzkostenverfahren

Bei Anwendung des Umsatzkostenverfahrens werden die Verkaufserlöse nicht den Gesamtkosten der Periode, sondern den **Selbstkosten der abge-**

C. IV. Die kurzfristige Erfolgsrechnung

setzten **Leistungen** gegenübergestellt. Folglich ist eine Korrektur des Ergebnisses durch die Berücksichtigung der Bestandsveränderungen der Halb- und Fertigfabrikate nicht erforderlich.

Beispiel:

Soll	Betriebsergebnis		Haben
Volle Herstellkosten der abgesetzten Leistungen (gegliedert nach Kostenträgern = 1.000 Stück × 100 DM/Stück)	100.000	Verkaufserlöse (= 1.000 Stück × 140 DM/Stück)	140.000
Volle Verwaltungs- und Vertriebskosten (gegliedert nach Kostenträgern = 1.000 Stück × 22 DM/Stück)	22.000		
Leistungserfolg (gegliedert nach Kostenträgern = 1.000 Stück × 18 DM/Stück)	18.000		
	140.000		140.000

oder:

Verkaufserlöse (= 1.000 Stück × 140 DM/Stück)	140.000
− Volle Herstellkosten der abgesetzten Leistungen (gegliedert nach Kostenträgern = 1.000 Stück × 100 DM/Stück)	− 100.000
− Volle Verwaltungs- und Vertriebskosten (gegliedert nach Kostenträgern = 1.000 Stück × 22 DM/Stück)	− 22.000
= Leistungserfolg	= 18.000

Wie das Beispiel zeigt, bleibt der Leistungserfolg beim Umsatzkostenverfahren der gleiche wie beim Gesamtkostenverfahren, da sich die ausgewiesenen Herstellkosten genau um den Wert der beim Gesamtkostenverfahren aktivierten Bestandserhöhungen verringern.

Der Vorteil des Umsatzkostenverfahrens liegt zweifellos darin, daß die **Erfolgsbeiträge pro Kostenträger erkennbar** sind. Erst dadurch wird die kurzfristige Erfolgsrechnung zu einem aussagefähigen Kontroll- und Planungsinstrument für Mehrproduktunternehmen. Wird die kurzfristige Erfolgsrechnung in der Form des Umsatzkostenverfahrens durchgeführt, so empfiehlt sich das **Zweikreissystem** als Abstimmungsinstrument zwischen Betriebsabrechnung und kurzfristiger Erfolgsrechnung, da infolge des nach

Kostenträgern gegliederten Erfolgsausweises für die Finanzbuchhaltung ohnehin ein eigener Abschluß durchgeführt werden muß.[6]

V. Die Deckungsbeitragsrechnung

1. Begriff, Aufgaben und Grundformen

Die bisherige Darstellung der Kostenarten-, Kostenstellen- und Kostenträgerrechnung ist von zwei Voraussetzungen ausgegangen, nämlich erstens, daß es sich bei den verrechneten Kosten um **Istkosten** handelt und zweitens, daß **alle** angefallenen Kosten zur Verteilung auf die einzelnen Kostenträger gelangen **(Vollkostenrechnung).**

Da die Kostenrechnung jedoch auch die Aufgabe hat, eine Grundlage für die Preispolitik des Betriebes (Kalkulation des Angebotspreises oder Feststellung der Preisuntergrenze) zu schaffen, kann es zweckmäßig sein, nur die variablen Kosten auf die Kostenträger zu verteilen und die gesamten fixen Kosten (sog. Fixkostenblock) von der Verteilung auszuschließen **(Teilkostenrechnung),** wenn eine Vollkostenrechnung zu falschen Entscheidungen der Betriebsführung führen würde.

Langfristig kann ein Betrieb nur existieren, wenn er mindestens eine volle Deckung seiner Gesamtkosten durch die Absatzpreise erzielt. Erzeugt ein Betrieb beispielsweise 10 Produktarten, und erzielt er mit 9 Produktarten einen Gewinn von 1.000 DM, während durch den Absatz der 10. Produktart ein Verlust von 200 DM entsteht, so daß der Gesamtgewinn nur 800 DM beträgt, wäre es falsch, anzunehmen, daß durch die Einstellung der Produktion der 10. Produktart der Verlust von 200 DM vermieden und folglich ein Gesamtgewinn von 1.000 DM entstehen würde, wenn die Gesamtkosten der 10. Produktart von beispielsweise 900 DM sich aus fixen Kosten von 300 DM und variablen Kosten von 600 DM zusammensetzen. Durch Einstellung der Erzeugung dieser Produktart könnten nur die variablen Kosten eingespart werden, die fixen Kosten dagegen müßten durch die anderen 9 Produktarten gedeckt werden, so daß der Gesamtgewinn nicht 1.000 DM, sondern nur 700 DM, also weniger betragen würde, als wenn die Verlustproduktion der 10. Produktart fortgesetzt würde.

Aus dem Beispiel wird ersichtlich, daß eine Auflösung der Gesamtkosten in beschäftigungsabhängige (variable) und beschäftigungsunabhängige (fixe) Kosten erforderlich ist, damit die Kostenrechnung als Instrument der Betriebspolitik verwendet werden kann. Die Betriebsführung muß wissen, welchen Beitrag ein Produkt zur Deckung der fixen Kosten leistet. Solange der Absatzpreis über den variablen Kosten liegt, wird zumindest ein Teil der fixen Kosten gedeckt, d. h. solange liefert auch eine Verlustproduktion einen Beitrag zur Deckung der fixen Kosten, die durch Einstellung dieser Produktion nicht vermindert werden können, es sei denn, der Betrieb würde stillgelegt.

---

[6] Vgl. Götzinger, M., Michael, H., Kosten- und Leistungsrechnung, 6. Aufl., Heidelberg 1993, S. 173 f.

Auf diesen Überlegungen baut die Berechnung des „toten Punktes"[1] auf, der jenes Absatzvolumen angibt, bei dem die Summe der erzielten Deckungsbeiträge dem Fixkostenblock gleich ist. Der **Kostendeckungspunkt** („toter Punkt", break even point[2]) berechnet sich wie folgt:

$$U = K;$$
$$p \cdot m = k_v \cdot m + F$$
$$F = m_D (p - k_v)$$
$$m_D = \frac{F}{p - k_v}$$

U = Umsatzerlöse
K = Gesamtkosten
F = fixe Kosten
D = Deckungsbeiträge

k_v = variable Stückkosten
p = Preis
m = Absatzmenge
m_D = zur Kostendeckung erforderliche Absatzmenge
$p - k_v$ = Deckungsbeitrag/Stück

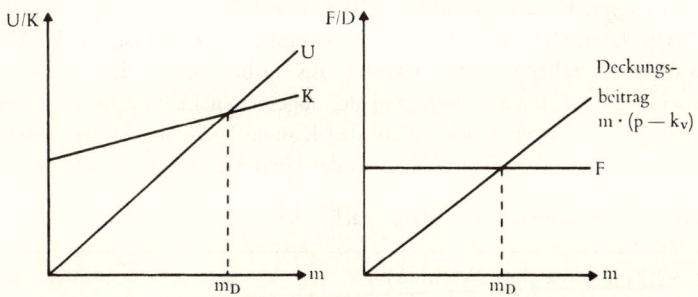

Abb. 149: Break-even-Point

Die Mängel, die der Vollkostenrechnung bei der Bestimmung der Preisuntergrenze und bei der Anpassung an Beschäftigungsschwankungen anhaften, führten in Deutschland bereits vor Jahrzehnten zur Entwicklung von Teilkostenrechnungen.[3] In der amerikanischen Literatur hat das Problem der Teilkostenrechnung unter der Bezeichnung **„Direct Costing"** Eingang gefunden. Kosiol macht mit Recht darauf aufmerksam, daß das Direct Costing „in Unkenntnis der deutschen Literatur vielfach als neuer Vorschlag zur Verbesserung der Kostenrechnung angesehen" wird.[4]

---

[1] Vgl. Schär, J. F., Allgemeine Handelsbetriebslehre, 5. Aufl., Leipzig 1923, S. 169
[2] Kilger weist darauf hin, daß in der anglo-amerikanischen Literatur break even points seit 1904 bekannt sind. Vgl. Kilger, W., Kurzfristige Erfolgsrechnung, Wiesbaden 1962, S. 93, Anm. 3
[3] Vgl. z. B. Schär, J. F., Buchhaltung und Bilanz, 2. Aufl., Berlin 1914; Schmalenbach, E., Selbstkostenrechnung und Preispolitik, 6. Aufl., Leipzig 1934, bearbeitet von R. Bauer unter dem Titel „Kostenrechnung und Preispolitik", 8. Aufl., Köln und Opladen 1963; ders., Der Kontenrahmen, 4. Aufl., Leipzig 1935; Rummel, K., Einheitliche Kostenrechnung auf der Grundlage einer vorausgesetzten Proportionalität der Kosten zu betrieblichen Größen, 3. Aufl., Düsseldorf 1949; Kosiol, E., Warenkalkulation in Handel und Industrie, 2. Aufl., Stuttgart 1953
[4] Kosiol, E., Kosten- und Leistungsrechnung, Berlin, New York 1979, S. 89

Die Direktkostenrechnung geht von einer Trennung der Kosten in variable, d.h. mengenabhängige (direct costs) und fixe, d.h. zeitabhängige (period costs) aus. Sie unterstellt, daß die variablen Kosten sich proportional zum Beschäftigungsgrad ändern.[5] Das bedeutet, daß die variablen Kosten pro Leistungseinheit konstant und folglich die durchschnittlichen variablen Kosten gleich den Grenzkosten sind. Unter Annahme eines linearen Gesamtkostenverlaufs ist die Direktkostenrechnung identisch mit der **Grenzkostenrechnung**.

Berücksichtigt man in einer Grenzkostenrechnung auch die Erlösseite, so bezeichnet man eine solche Form der kurzfristigen Erfolgsrechnung als **Deckungsbeitragsrechnung**. Sie ermöglicht eine Analyse des Erfolges und ist eine wesentliche Entscheidungshilfe für die Absatzpolitik. Eine der wichtigsten Voraussetzungen für den Erfolg einer Teilkostenrechnung ist eine **möglichst genaue Kostenauflösung**. Schwierigkeiten ergeben sich insbesondere bei solchen Kostenarten, die teils fixen, teils variablen Charakter haben (Mischkosten im Sinne Schmalenbachs, semivariable costs beim Direct Costing). Ein Beispiel dafür sind Lohnkosten, die zur Aufrechterhaltung der Betriebsbereitschaft erforderlich sind (fix), sich aber zugleich mit dem Beschäftigungsgrad ändern (variabel). (**ÜB 6**/169–170)

Das rechnerische Verfahren der Deckungsbeitragsrechnung ist das **Umsatzkostenverfahren** auf Grenzkostenbasis. Dabei werden den Verkaufserlösen nur die variablen Selbstkosten der abgesetzten Leistungen gegenübergestellt. Die Fixkosten werden nicht den Kostenträgern zugeordnet, sondern erscheinen global als Fixkostenblock in der kurzfristigen Erfolgsrechnung.

Beispiel: Verkaufte Menge: 1.000 Stück

Verkaufserlöse (140 DM/Stück)	140.000 DM
− Variable Herstellkosten der abgesetzten Leistungen (gegliedert nach Kostenträgern 60 DM/Stück)	− 60.000 DM
− Variable Verwaltungs- und Vertriebskosten (gegliedert nach Kostenträgern 12 DM/Stück)	− 12.000 DM
= Bruttoerfolg pro Periode (Deckungsbeitrag gegliedert nach Kostenträgern 140 − 60 − 12 = 68 DM/Stück)	= 68.000 DM
− Fixkostenblock	− 58.000 DM
= Nettoerfolg pro Periode	= 10.000 DM

Das Umsatzkostenverfahren auf Grenzkostenbasis ermittelt den Deckungsbeitrag **je Kostenträger** und zeigt somit, wieviel jeder Kostenträger zur Deckung des Fixkostenblocks beiträgt. Der Nettoerfolg wird dagegen pro Periode, jedoch nicht pro Kostenträger ermittelt, da der Fixkostenblock auf die einzelnen Kostenträger nicht verursachungsgerecht aufgeteilt werden kann.

---

[5] Die Bezeichnung „direkt" bezieht sich auf die Relation zwischen Kostenänderung und Beschäftigungsänderung und nicht auf das Verfahren der Zurechnung. Direkte Kosten sind in diesem Zusammenhang also nicht solche, die unmittelbar, d. h. als Einzelkosten verrechnet werden im Gegensatz zu den indirekten, d. h. als Gemeinkosten zuzurechnenden Kosten. Auch die variablen Fertigungsgemeinkosten und die variablen Materialgemeinkosten sind hier „direkte" Kosten, d.h. Kosten, die sich proportional zum Beschäftigungsgrad ändern.

Vergleicht man den Nettoerfolg des Umsatzkostenverfahrens auf Grenzkostenbasis (10.000 DM) mit dem mit Hilfe des Umsatzkostenverfahrens auf Vollkostenbasis ermittelten Nettoerfolg (18.000 DM),[6] so erklärt sich die Differenz von 8.000 DM daraus, daß beim Umsatzkostenverfahren **auf Vollkostenbasis** die Bestände mit **vollen Herstellkosten** bewertet werden, beim Umsatzkostenverfahren **auf Grenzkostenbasis** dagegen nur mit **variablen Herstellkosten**. Im Beispiel auf S. 1154 wurde angenommen, daß die abgesetzte Menge 1.000 Stück beträgt, die produzierte Menge dagegen 1.200 Stück, so daß eine Lagerbestandserhöhung an Fertigfabrikaten in Höhe von 200 Stück eintritt. Während bei Anwendung der Vollkostenrechnung die Bestandserhöhung mit 100 DM/Stück aktiviert wird, steht die Bestandserhöhung bei Anwendung der Grenzkostenrechnung mit 60 DM/Stück zu Buche. Der Nettoerfolg ist folglich um (100 DM − 60 DM) · 200 Stück = 8.000 DM **niedriger.**

Wird dagegen mehr abgesetzt als produziert (= Bestandsverringerung), so ist der Nettoerfolg beim Umsatzkostenverfahren auf Grenzkostenbasis **höher** als beim Umsatzkostenverfahren auf Vollkostenbasis. Allgemein läßt sich der Erfolgsunterschied folgendermaßen definieren:

Erfolgsunterschied = fixe Herstellkosten pro Stück × Bestandsveränderung

Folglich führen beide Verfahren zum gleichen Ergebnis, wenn keine Bestandsveränderung eintritt.

2. Erweiterte Formen der Deckungsbeitragsrechnung

a) Die stufenweise Fixkostendeckungsrechnung[7]

In der bisher behandelten einstufigen Deckungsbeitragsrechnung werden sämtliche Fixkosten einer Periode en bloc den Deckungsbeiträgen der betreffenden Periode gegenübergestellt. Im Gegensatz dazu versucht man in der stufenweisen Fixkostendeckungsrechnung, den **Fixkostenblock aufzuspalten** und Teile der Fixkosten zwar nicht einzelnen Kostenträgern, wohl aber der Gesamtstückzahl einer Produktart oder einer Produktgruppe, einer Kostenstelle oder einem ganzen Unternehmensbereich zuzuordnen. So kann man z. B. die Kapitalkosten einer Produktionsanlage, auf der nur eine Produktart produziert wird, durchaus der Summe der erzeugten Einheiten dieser Produktart zurechnen. Dagegen lassen sich z. B. die Kosten der Unternehmensleitung nicht einzelnen Kalkulationsobjekten zuordnen. Sie müssen von der Summe aller noch nicht verteilten Deckungsbeiträge gedeckt werden. Agthe differenziert die Fixkosten folgendermaßen:[8]

(1) **Erzeugnisfixkosten** sind der während einer Periode erzeugten Gesamtstückzahl einer Produktart direkt zurechenbar. Beispiele sind Entwick-

---

[6] Vgl. das Beispiel auf S. 1155 f.
[7] Vgl. Agthe, K., Stufenweise Fixkostendeckung im System des Direct Costing, ZfB, 29. Jg. (1959), S. 404–418; Mellerowicz, K., Neuzeitliche Kalkulationsverfahren, 6. Aufl., Freiburg i. Br. 1977, S. 169 ff.
[8] Vgl. Agthe, K., a.a.O., S. 406 ff.

lungskosten, die nur für die betreffende Produktart anfallen, oder die Kosten von Spezialaggregaten.

(2) **Erzeugnisgruppenfixkosten** entfallen auf mehrere ähnliche Produktarten, die zu einer Produktgruppe zusammengefaßt werden können. Derartige Fixkosten werden einer Produktgruppe zugeordnet, jedoch nicht auf die einzelnen Produktarten dieser Gruppe aufgeteilt. Beispiele sind die Kapitalkosten von Anlagen, die nur von der betreffenden Produktgruppe beansprucht werden oder Forschungs- und Entwicklungskosten für diese Produktgruppe.

(3) **Kostenstellenfixkosten** lassen sich nicht einzelnen Kostenträgergruppen, sondern einzelnen Kostenstellen direkt zuordnen.

(4) **Bereichsfixkosten** werden von mehreren Kostenstellen bzw. von einem ganzen Unternehmensbereich verursacht. Sie sind aus den noch nicht verteilten Deckungsbeiträgen aller Produkte, die diesen Bereich beanspruchen, zu decken.

(5) **Unternehmensfixkosten** sind der Rest der Fixkosten, der nicht auf die speziellen Kalkulationsobjekte verteilt werden kann, z.B. die Kosten der Unternehmensleitung.

Nach dieser differenzierten Aufteilung des Fixkostenblocks läßt sich folgende Hierarchie von Deckungsbeiträgen bilden:

Umsatzerlöse eines Erzeugnisses − variable Selbstkosten dieses Erzeugnisses
= Erzeugnisdeckungsbeitrag − Erzeugnisfixkosten
= Restdeckungsbeitrag I
Summe aller Restdeckungsbeiträge I einer Erzeugnisgruppe − Erzeugnisgruppenfixkosten
= Restdeckungsbeitrag II
Summe aller Restdeckungsbeiträge II einer Kostenstelle − Kostenstellenfixkosten
= Restdeckungsbeitrag III
Summe aller Restdeckungsbeiträge III eines Bereiches − Bereichsfixkosten
= Restdeckungsbeitrag IV
Summe aller Restdeckungsbeiträge IV eines Unternehmens − Unternehmensfixkosten
= Nettoerfolg

Durch die stufenweise Fixkostendeckungsrechnung ergibt sich ein besserer Einblick in die Erfolgsstruktur des Unternehmens. Man erkennt, ob und in welchem Umfang ein Produkt über die Deckung der von ihm verursachten Erzeugnisfixkosten hinaus zur Deckung allgemeiner Fixkosten und zum Gewinn beiträgt.[9] Die stufenweise Fixkostendeckungsrechnung liefert daher aufschlußreiche Daten für Entscheidungen über die Zusammensetzung des Produktsortiments, insbesondere über die Aufgabe alter und die Einführung neuer Produkte. (ÜB 6/171)

b) Deckungsbeitragsrechnung mit relativen Einzelkosten

Dieses von P. Riebel entwickelte Verfahren geht von einem weiter gefaßten Begriff des Deckungsbeitrags aus. Deckungsbeitrag nach Riebel ist der **Überschuß der Einzelerlöse über die Einzelkosten eines sachlich und zeitlich abzugrenzenden Kalkulationsobjektes,** mit dem dieses zur Deckung variabler und fixer Gemeinkosten und zum Gewinn beiträgt.[10] Es wird also darauf verzichtet, Gemeinkosten in fixe und variable Bestandteile aufzuteilen. Im Gegensatz zu den bisher behandelten Verfahren der Deckungsbeitragsrechnung werden auch variable Gemeinkosten nicht mehr auf Kostenträger weiterverrechnet. Deckungsbeiträge werden nicht nur für Kostenträger errechnet, sondern es werden Hierarchien von Kalkulationsobjekten (Bezugsgrößen) sowohl für Kostenträger als auch für Kostenstellen und einzelne Zeitabschnitte gebildet, für die jeweils Deckungsbeiträge ermittelt werden.

Konsequenterweise werden die Begriffe Einzelkosten und Gemeinkosten **relativiert.** Sie beziehen sich nunmehr auf das jeweilige Kalkulationsobjekt. Da jede Kostenart wenigstens einem Kalkulationsobjekt direkt zurechenbar ist, und sei es, daß dieses Kalkulationsobjekt das Gesamtunternehmen ist, werden alle Kosten als Einzelkosten erfaßt.[11] Kosten, die für spezielle Kalkulationsobjekte Einzelkosten sind, gelten als Gemeinkosten untergeordneter Kalkulationsobjekte. So wird z. B. ein Meistergehalt als Teil der Einzelkosten der jeweiligen Kostenstelle und zugleich als Teil der Gemeinkosten der einzelnen Kostenplätze dieser Kostenstelle angesehen.

Die Unterscheidung zwischen fixen und variablen Kosten hält Riebel für zu grob und zu unbestimmt.[12] Er unterscheidet statt dessen zwischen

(1) **Leistungskosten,** die vom tatsächlich realisierten Leistungsprogramm abhängen und sich automatisch mit Art, Menge und Wert der erzeugten bzw. abgesetzten Leistungen verändern und

(2) **Bereitschaftskosten,** die „auf Grund von Planungen und Erwartungen disponiert (werden), um die institutionellen und technischen Voraussetzungen für die Realisierung des Leistungsprogramms zu schaffen".[13]

Bei den Bereitschaftskosten wird **nach der zeitlichen Zurechenbarkeit** zwischen Perioden-Einzelkosten und Perioden-Gemeinkosten differenziert.

---

[9] Vgl. Hummel, S., Männel, W., Kostenrechnung 2, 3. Aufl., Wiesbaden 1983, S. 47
[10] Vgl. Riebel, P., Einzelkosten- und Deckungsbeitragsrechnung, 7. Aufl., Wiesbaden 1993, S. 759f.
[11] Vgl. Hummel, S., Männel, W., Kostenrechnung 2, a.a. O., S. 61
[12] Vgl. Riebel, P., Deckungsbeitragsrechnung, HWR, 3. Aufl., Stuttgart 1993, Sp. 366 ff.
[13] Ebenda, Sp. 368

Perioden-Einzelkosten sind fixe Kosten, die den jeweiligen Abrechnungsperioden direkt zugerechnet werden können. Unregelmäßig anfallende Kosten, z. B. Urlaubslöhne, die nur größeren Zeiträumen zugeordnet werden können, sind Perioden-Einzelkosten des jeweiligen größeren Zeitraumes und gleichzeitig **Gemeinkosten** kleinerer Abrechnungsperioden.[14]

Aufgrund der zeitlichen Differenzierung der Bereitschaftskosten dient die Deckungsbeitragsrechnung mit relativen Einzelkosten nicht nur kurzfristigen, sondern auch mittel- und langfristigen Planungsentscheidungen, die sonst Aufgabe der Investitionsrechnung sind. Nachteilig beurteilt wird diese Form der Deckungsbeitragsrechnung vor allem im Hinblick auf ihre praktische Anwendbarkeit.[15]

3. Erfolgsanalyse und Produktions- und Absatzplanung mit Hilfe der Deckungsbeitragsrechnung

Entscheidungen auf Grund von Vollkostenkalkulationen können im Bereich der Produktions- und Absatzplanung allenfalls zufällig zum richtigen Ergebnis führen. Der Grund für die Gefahr von Fehlentscheidungen liegt in der nicht verursachungsgemäßen Zurechnung der Fixkosten auf die Kostenträger; m. a. W.: Entscheidungen über das gewinnmaximale Produktionsprogramm und Aussagen über die daraus resultierenden Erfolgsänderungen können nur auf Basis der Deckungsbeiträge getroffen werden.

Im folgenden werden an Hand von Beispielen die einzelnen Schritte einer Erfolgsanalyse und Produktions- und Absatzplanung von der Nettogewinnanalyse bis zu einer simultanen Programmplanung mit Hilfe der linearen Programmierung dargestellt.

Es wird zunächst unterstellt, daß
(1) keine Absatzrestriktionen vorhanden sind (jedenfalls nicht in den betrachteten Größenordnungen);
(2) alle Produktarten die vorhandenen Kapazitäten gleichmäßig belasten; d. h. z. B., daß die Herstellung einer Einheit von Produkt 1 die gleiche Anzahl von Maschinenminuten erfordert wie eine Einheit von Produkt 2;
(3) die vorhandenen Kapazitäten voll ausgelastet sind, also maximal 800 Stück in beliebiger Kombination der vier Produktarten hergestellt werden können.

Angenommen, ein Betrieb erzielt einen Nettogewinn von 2.900 DM, der sich auf Grund der Zahlen im Beispiel auf S. 1163 errechnet.

Die Unternehmensleitung soll jetzt über das gewinnmaximale Produktions- und Absatzprogramm der nächsten Periode entscheiden. Sortimentsbindungen bestehen nicht. Die Entscheidung auf Grund obiger Unterlagen wird lauten: ausschließliche Herstellung der Produktart 4.

Da maximal 800 Stück produziert werden können, beträgt der geplante Nettogewinn: $800 \cdot 7 - 1.600 = 4.000$ DM.

---

[14] Vgl. Riebel, P., Einzelkosten- und Deckungsbeitragsrechnung, a. a. O., S. 38
[15] Vgl. Kilger, W., Flexible Plankostenrechnung ... a. a. O., S. 86

C. V. Die Deckungsbeitragsrechnung

(1) Produktart	(2) Stückpreis	(3) variable Kosten	(4) fixe Kosten pro Stück	(5) Stückkosten (3+4)	(6) Deckungsbeitrag (2-5)	(7) Absatzmenge	(8) Bruttogewinn (6×7)	(9) fixe Gesamtkosten (4×7)	(10) Nettogewinn (8-9)
1	6	1	2	3	5	100	500	200	300
2	8	2	2	4	6	100	600	200	400
3	4	1	2	3	3	200	600	400	200
4	10	3	2	5	7	400	2.800	800	2.000
						800	4.500	1.600	2.900

Eine Entscheidung **nach der Rangfolge der Deckungsbeiträge** führt dann zum richtigen Ergebnis, wenn das Unternehmen in allen Teilbereichen über genügend unausgelastete Teilkapazitäten verfügt. Da hier **keinerlei Engpässe** auftreten, wird man die Produkte mit den höchsten Deckungsbeiträgen herstellen.

Nähert sich aber der Betrieb wenigstens in einem Teilbereich der Vollbeschäftigung, dann reichen die Deckungsbeiträge pro Produkteinheit nicht mehr als alleiniges Entscheidungskriterium für die Steuerung der Produktions- und Absatzpolitik aus. Man muß dann die Deckungsbeiträge auf **eine Einheit der Engpaßkapazität** umrechnen und eine neue Rangfolge der zu fördernden Produkte aufstellen.[16]

$$\frac{\text{Bruttogewinn pro Einheit der Engpaßbelastung}}{} = \frac{\text{Deckungsbeitrag}}{\text{Engpaßbelastung in Bezugsgrößeneinheiten pro Stück}}$$

Diesen auf die Engpaßeinheit bezogenen Bruttogewinn bezeichnet man in der anglo-amerikanischen Literatur auch als **„speedfactor"**, weil er angibt, mit welcher Geschwindigkeit sich im Engpaß ein bestimmter Bruttogewinn erzielen läßt. Auch die Bruttogewinnanalyse mit Hilfe der Umrechnung auf die Engpaßbelastung reicht gewöhnlich nicht als Dispositionshilfe aus. Wenn man beachtet, daß gerade jene Produkte gefördert werden, die den betrachteten Engpaß am günstigsten „ausnutzen", so wird deutlich, daß auf Grund solcher Programmumstellungen leicht andere Teilbereiche zu Engpässen werden können; nämlich solche Teilbereiche, die durch die soeben geförderten Produkte in besonders hohem Maße beansprucht werden.

Es zeigt sich also, daß nur eine **simultane Betrachtung** aller Produkte und Teilbereiche zu optimalen Ergebnissen führen kann. Zur Lösung dieser Simultanprobleme stehen die Methoden der mathematischen, insbesondere der linearen Programmierung zur Verfügung. Ein einfaches Zahlenbeispiel für einen LP-Ansatz zur Ermittlung des gewinnmaximalen Fertigungs- und Absatzprogramms soll im folgenden wiedergegeben werden.[17]

Ein Betrieb kann drei Produkte herstellen, die folgende Deckungsbeiträge erbringen und folgende Kapazitäten benötigen:

---

[16] Vgl. Kilger, W., Optimale Produktions- und Absatzplanung, Opladen 1973, S. 83 ff.
[17] Verkürzt nach Kern, W., Operations Research, 6. Aufl., Stuttgart 1987, S. 43 ff.

Produkt	Deckungsbeitrag
1	10
2	6
3	7

Kostenstellen \ Produkt	Stückzeiten für Produkt			Gesamtkapazität der Kostenstelle
	1	2	3	
A	12	4	4	60
B	14	3	8	80
C	8	15	9	90
D	12	16	—	96

Zielfunktion:

Bruttogewinn = $10x_1 + 6x_2 + 7x_3 \rightarrow$ Max!

Kapazitätsrestriktionen:

$$A: 12x_1 + 4x_2 + 4x_3 \leq 60$$
$$B: 14x_1 + 3x_2 + 8x_3 \leq 80$$
$$C: 8x_1 + 15x_2 + 9x_3 \leq 90$$
$$D: 12x_1 + 16x_2 + 0x_3 \leq 96$$

Nichtnegativitätsbedingungen:

$$x_1 \geq 0$$
$$x_2 \geq 0$$
$$x_3 \geq 0$$

Es ergibt sich eine mehrfach optimale Lösung, d.h. es gibt (mindestens) zwei Produktionsmengenkombinationen, die zum gleichen (maximalen) Zielwert führen.

1. Lösung **2. Lösung**

max. Deckungsbeitrag = 70   max. Deckungsbeitrag = 70

$x'_1 = 3$ $x'_1 = 0$

$x'_2 = 2$ $x'_2 = 0$

$x'_3 = 4$ $x'_3 = 10$

Der Zielfunktionswert gibt den maximalen Deckungsbeitrag an; hiervon ist der Fixkostenblock zu subtrahieren, wenn der Nettogewinn ermittelt werden soll. In der Rechnung brauchen die Fixkosten nicht berücksichtigt zu werden, da sie als konstanter Faktor ohne Einfluß auf die Lage des Optimums sind.

Der dargestellte Ansatz wird auch als **„Standardansatz"** bezeichnet. Er beinhaltet noch viele vereinfachende Prämissen, die aber fast alle ohne besondere Schwierigkeiten durch Vergrößerung des Modells aufgehoben werden können.[18] (ÜB 6/172–173)

VI. Die Plankostenrechnung

1. Istkosten-, Normalkosten-, Plankostenrechnung

In der historischen Entwicklung der Kostenrechnung ist allmählich eine Akzentverschiebung bei ihren beiden Hauptaufgaben eingetreten. Lag insbesondere in den dreißiger Jahren der Schwerpunkt auf der Ermittlung der tatsächlichen Stückkosten (Nachkalkulation), so dominiert in der Zeit nach dem 2. Weltkrieg der Ausbau der Kostenrechnung zu einem Instrument der Kontrolle der Wirtschaftlichkeit. Diese Änderung des Schwerpunkts der Aufgabenstellung verläuft parallel mit dem Ausbau der betrieblichen Planungsrechnung und dem Vordringen arbeitswissenschaftlicher Methoden, die die Aufstellung von Maßgrößen (Normal-, Soll-, Plankosten) ermöglichen und so durch rechnerische Ausschaltung der im Zeitablauf eintretenden Schwankungen der Kosteneinflußfaktoren (z.B. Preise, Verbrauchsmengen, Kapazitätsausnutzung) aus der Kostenrechnung die Voraussetzungen für eine Analyse der Abweichungen zwischen geplanten und tatsächlich angefallenen Kosten (Soll-Ist-Vergleich) und damit für eine wirksame Kostenkontrolle geschaffen haben.

Die **Istkostenrechnung** ist dadurch charakterisiert, daß die in einer Abrechnungsperiode effektiv angefallenen Kosten ohne Korrekturen auf die produzierten und abgesetzten Kostenträger der gleichen Abrechnungsperiode weiterverrechnet werden. Infolgedessen wirken sich alle Zufallsschwankungen, denen die Kosten unterliegen können, in der Abrechnung bei der Ermittlung der Selbstkosten aus. So gehen Preisschwankungen auf den Beschaffungsmärkten, zufallsbedingte Mengenschwankungen beim Verbrauch von Kostengütern (z.B. erhöhter Ausschuß, größere Zahl von Arbeits- oder Maschinenstunden, erhöhter Material- oder Energieverbrauch) oder stoßweiser Anfall von Kosten und durch Änderungen des Beschäftigungsgrades eingetretene Kostenverschiebungen in die Kostenrechnung ein.

Der **Nachteil** der Istkostenrechnung liegt darin, daß eine Vergleichbarkeit und Auswertung des Zahlenmaterials verschiedener Abrechnungsperioden für Zwecke der Wirtschaftlichkeitskontrolle nur schwer möglich ist und daß folglich ein solches, nur auf Vergangenheitswerten basierendes Abrechnungssystem keine Grundlagen für dispositive Entscheidungen liefert. Der **Vorteil** liegt in der Einfachheit der abrechnungstechnischen Handhabung. Betrachtet man allerdings nicht nur eine Abrechnungsperiode, sondern einen längeren Zeitraum, so wird diese Einfachheit zum Nachteil, weil in jeder Abrechnungsperiode auf Grund neuer Istwerte eine Nachkalkulation durch-

---

[18] Vgl. dazu die Aufzählung bei Haberstock, L., Zur Integrierung der Ertragsbesteuerung in die simultane Produktions-, Investitions- und Finanzierungsplanung mit Hilfe der linearen Programmierung, Köln-Berlin-Bonn-München 1971, S. 91 ff.

geführt und neue Kalkulationssätze und neue Selbstkosten ermittelt werden müssen. Dieses Verfahren kann schwerfälliger sein als die Ermittlung von Abweichungen der Istkosten von den Sollkosten, die für einen längeren Zeitraum vorgegeben sind.

Die **Normalkostenrechnung** arbeitet mit einer Normung der Kosten, um Zufallsschwankungen der Kosteneinflußfaktoren auszuschalten und die laufende Abrechnung insbesondere durch Verwendung normalisierter Gemeinkostensätze zu vereinfachen. **Normalkosten** sind keine planmäßigen Kosten, die Vorgabecharakter haben, sondern sind **durchschnittliche** Kosten, die aus Vergangenheitswerten (Istkosten) gebildet werden. Grundlage ist der normale, d. h. durchschnittliche Verbrauch an Kostengütern. Aus Istwerten der Vergangenheit gebildete statistische Mittelwerte enthalten auch die aus Fehldispositionen resultierenden Mehrkosten. Sie sind also ein Durchschnitt aus günstigen und ungünstigen Werten.

Die Aussagefähigkeit einer Normalkostenrechnung kann vergrößert werden, wenn bei der Bildung der Durchschnittswerte inzwischen eingetretene Veränderungen der Kosteneinflußfaktoren berücksichtigt werden (aktualisierte Mittelwerte). Die Normalisierung der Kosten muß nicht sämtliche Kostenelemente erfassen, sondern kann verschieden weit gehen und sich z. B. auf die Verwendung von **festen Verrechnungspreisen** für die Materialkosten, festen Lohnsätzen, festen Gemeinkostenzuschlägen **(Normalkostenzuschlägen)** und festen Verrechnungspreisen für innerbetriebliche Leistungen beschränken.

Die Normalkostenrechnung wurde zeitlich vor der Plankostenrechnung entwickelt, und zwar zunächst als starre und später als flexible Rechnung.

Die **starre Normalkostenrechnung** arbeitet in der Regel mit nur zwei Abweichungen:

(1) Die **Preisabweichung** entsteht als Differenz zwischen Istpreisen für Roh-, Hilfs- und Betriebsstoffe und festen Verrechnungspreisen auf Durchschnittsbasis:

```
  Istmenge × Verrechnungspreis
− Istmenge × Istpreis
= Preisabweichung
```

(2) Die **Mengenabweichung** (Verbrauchsabweichung) tritt auf, wenn die durchschnittlichen Mengen an Kostengütern je Kostenstelle nicht mit den tatsächlich verbrauchten Mengen (Istmengen) übereinstimmen. Da die Normalkostenrechnung jedoch mit einem durchschnittlichen Beschäftigungsgrad (Kapazitätsausnutzungsgrad) arbeitet, sind Differenzen, die durch Abweichungen des Beschäftigungsgrades vom durchschnittlichen Beschäftigungsgrad bedingt sind, in der Verbrauchsabweichung enthalten. Der Aussagewert der entstehenden Differenzen (Über- und Unterdeckungen) für die Kostenkontrolle wird dadurch erheblich vermindert.

Die **flexible Normalkostenrechnung** führt im Interesse einer besseren Kostenkontrolle eine Aufspaltung der Mengenabweichung in eine Verbrauchs- und eine Beschäftigungsabweichung durch, indem sie die Normalkostensätze jeweils der veränderten Kapazitätsausnutzung anpaßt. Das setzt eine Trennung der Normalgemeinkosten jeder Kostenstelle in ihre fixen und ihre variablen Bestandteile voraus, da erstere von Änderungen des Beschäftigungsgrades nicht betroffen werden.

Die Normalkosten dienen einerseits der **Vorkalkulation,** andererseits der **Kostenkontrolle.** Ihre Begrenztheit ergibt sich daraus, daß zwar die Abweichungen der Istkosten von den Normalkosten festgestellt werden können, da aber „Istkosten kein Maßstab der Wirtschaftlichkeit sind, ist auch ihr Durchschnitt (Normalkosten) kein guter, wenn auch nicht wertloser Wirtschaftlichkeitsmaßstab".[1]

Die **Plankostenrechnung** ist dadurch charakterisiert, daß die Kosten nicht aus Vergangenheitswerten abgeleitet werden, sondern aus der betrieblichen Planung hervorgehen. Die Plankostenrechnung ist bestrebt, bestimmte Einflüsse, die auf die Kosten einwirken, durch Vorausplanen der Kosten für eine bestimmte Planungsperiode aus der Abrechnung zu eliminieren. Kostenschwankungen können vor allem verursacht werden:

(1) durch Schwankungen der Preise der Kostengüter,
(2) durch Schwankungen im Mengenverbrauch der Kostengüter,
(3) durch Schwankungen des Beschäftigungsgrades.

Damit die mit Hilfe der Kostenrechnung durchgeführte Kostenkontrolle und die Kalkulation durch derartige Schwankungen nicht gestört werden, verrechnet man an Stelle von Istkosten geplante Kosten, d. h. man legt „die Einzelkosten nach Produktarten und die Gemeinkosten nach Kostenstellen differenziert für eine bestimmte Planungsperiode (meistens ein Jahr) im voraus"[2] fest.

Plankosten sind nicht nur im voraus geplante Kosten, sondern sie sind auch planmäßig, d. h. sie fallen bei wirtschaftlicher Durchführung der Produktion an. Sie stellen das Ziel dar, das erreicht und unterschritten werden soll, sie haben also **Vorgabecharakter.** Nach Nowak sind Plankosten „der im voraus methodisch bestimmte, bei ordnungsmäßigem Betriebsablauf unter gegebenen Produktionsverhältnissen als erreichbar betrachtete wertmäßige leistungsverbundene Güterverzehr, der dadurch Norm- und Vorgabe-Charakter besitzt."[3] Die Plankosten werden aufgrund von Erfahrungen und Arbeitsstudien ermittelt. Sie müssen als Vorgabekosten erreichbar sein, sonst ergeben sich ungünstige psychologische Wirkungen, die die Arbeitsfreude und damit die Arbeitsleistung mindern können.

Um der betrieblichen Kontrolle dienen zu können, stellt die Plankostenrechnung im Wege des **Soll-Ist-Vergleichs** die Differenzen zwischen vorausgeplanten und tatsächlich angefallenen Kosten fest und spaltet die Diffe-

---

[1] Mellerowicz, K., Planung und Plankostenrechnung, Bd. II, Plankostenrechnung, Freiburg 1972, S. 18
[2] Kilger, W., Betriebliches Rechnungswesen, in: Allgemeine Betriebswirtschaftslehre, hrsg. v. H. Jacob, 5. Aufl., Wiesbaden 1988, S. 963
[3] Nowak, P., Kostenrechnungssysteme in der Industrie, 2. Aufl., Köln und Opladen 1961, S. 81

renzen in eine Anzahl von Abweichungen auf, aus denen die Ursachen ermittelt werden sollen, warum sich die Kosten nicht so entwickelt haben, wie es bei der Aufstellung der Soll-Rechnung erwartet wurde. Dieses Verfahren wird unten ausführlich besprochen.[4]

Die Plankostenrechnung hat eine ähnliche Entwicklung wie die Normalkostenrechnung durchgemacht. Sie war zunächst eine starre und ist heute in der Regel eine flexible Plankostenrechnung. Der Unterschied zwischen beiden Systemen besteht vor allem darin, daß bei der **starren Plankostenrechnung** die Kosten der Kostenstellen auf Basis eines bestimmten als Jahresdurchschnitt erwarteten Beschäftigungsgrades geplant werden und für die Dauer eines Jahres auch dann konstant (starr) gehalten werden, wenn sich wesentliche Plandaten, insbesondere die Kapazitätsausnutzung, ändern. Dadurch können erhebliche Abweichungen von den Istkosten entstehen. Vor allem aber ist eine kurzfristige Kostenkontrolle nicht möglich. Dieser schwerwiegende Nachteil wird auch durch die relativ einfache Form der Abrechnung (keine Auflösung der Plankosten in fixe und variable Bestandteile) nicht ausgeglichen.

Demgegenüber versucht die **flexible Plankostenrechnung** eine Anpassung an Plandatenänderungen (z.B. Änderung der technischen oder personellen Kapazität, der Produktarten, der Losgröße, der Produktionsverfahren) vorzunehmen, indem sie die Plankosten der Kostenstellen zwar ebenfalls auf Basis eines als Jahresdurchschnitt erwarteten Planbeschäftigungsgrades vorgibt, diese Plankosten aber auf den in den einzelnen Abrechnungsperioden (z.B. Monaten) der Planungsperiode tatsächlich erreichten Ausnutzungsgrad (Istbeschäftigungsgrad) umrechnet. Die Plankosten der jeweiligen Istbeschäftigung werden als **Sollkosten** bezeichnet. Damit die Sollkosten aus den Plankosten abgeleitet werden können, muß eine Auflösung der Plankosten in fixe und variable (proportionale) Bestandteile erfolgen. Erstere müssen in voller Höhe in die Sollkosten eingehen, letztere nur im Verhältnis der Istausnutzung zur Planausnutzung.

$$\text{Sollkosten} = \text{fixe Plankosten} + \frac{\text{proportionale Plankosten}}{\text{Planbeschäftigungsgrad}} \times \text{Istbeschäftigungsgrad}$$

Beispiel:

Fixe Plankosten	800 DM
variable Plankosten bei geplanter Nutzung	
(Planbeschäftigung) von 500 Maschinenstunden pro Monat	2.000 DM
Plankosten	2.800 DM

Die tatsächliche Nutzung (Istbeschäftigung) eines Monats beträgt 400 Maschinenstunden, d.h. $4/5$ der geplanten Nutzung. Die Plankosten der tatsächlichen Nutzung (Sollkosten) sind jedoch nicht $4/5$ der Plankosten bei Planbeschäftigung (2.240 DM), sondern $4/5$ der variablen Kosten bei Planbe-

---

[4] Vgl. S. 1177 ff.

schäftigung (1.600 DM), zuzüglich des vollen Betrages der fixen Plankosten (800 DM), also:

$$\text{Sollkosten} = 800\,\text{DM} + \frac{2.000\,\text{DM}}{500\,\text{Masch.Std.}} \times 400\,\text{Masch.Std.} = 2.400\,\text{DM.}$$

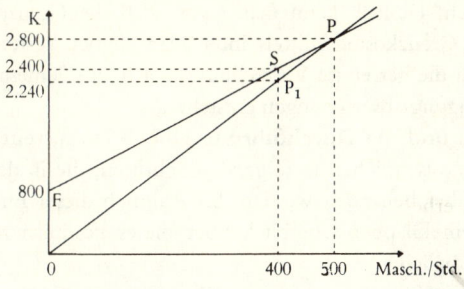

Abb. 150: Flexible Plankostenrechnung

OF = fixe Plankosten FSP = Sollkosten
OP = verrechnete Plankosten SP_1 = Beschäftigungsabweichung

Der Vorteil einer solchen Rechnung mit flexiblen Plankosten besteht darin, daß eine **nach Kostenstellen und Kostenarten differenzierte Kostenkontrolle** durchgeführt werden kann, indem zunächst auf Abweichungen vom geplanten Beschäftigungsgrad zurückzuführende Differenzen zwischen verrechneten Plankosten (= geplante Kosten beim geplanten Beschäftigungsgrad) und Sollkosten (= geplante Kosten beim tatsächlich realisierten Beschäftigungsgrad) festgestellt werden und dann die Differenzen zwischen Sollkosten und entsprechenden Istkosten als Verbrauchsabweichung bestimmt werden.

Die flexible Plankostenrechnung kann entweder eine Vollkostenrechnung sein, die alle Kosten, die bei der Leistungserstellung entstanden sind, verrechnet, oder sie kann als Grenzplankostenrechnung nur die Grenzkosten (variablen Kosten) berücksichtigen und ist dann eine Teilkostenrechnung, die durch Hinzunahme der fixen Kosten ergänzt werden muß.

Die Aufteilung der Kosten in fixe und proportionale Bestandteile dient in einer flexiblen Plankostenrechnung auf Vollkostenbasis **nur der Kostenkontrolle.** Für die Kalkulation und die darauf aufbauende kurzfristige Erfolgsrechnung werden die Kalkulationssätze gebildet, indem die gesamten Plankosten durch die Planbeschäftigung dividiert werden. Es werden also insgesamt die verrechneten Plankosten auf die Kostenträger weiterverrechnet.[5]

Die **Grenzplankostenrechnung**[6] vereinfacht das Abrechnungsverfahren der auf Vollkostenbasis arbeitenden flexiblen Plankostenrechnung, indem sie

---

[5] Vgl. Haberstock, L., Kostenrechnung II, (Grenz-)Plankostenrechnung, 8. Aufl., Hamburg 1999, S. 25
[6] Vgl. Plaut, H. G., Die Grenz-Plankostenrechnung, ZfB 1953, S. 347 ff. und S. 402 ff.; insbesondere aber das Standardwerk von Kilger, W., Flexible Plankostenrechnung und Deckungsbeitragsrechnung, 10. Aufl., Wiesbaden 1993

fixe und variable Gemeinkosten trennt und in den geplanten Gemeinkostenverrechnungssatz nur die variablen Gemeinkosten aufnimmt. Die fixen Gemeinkosten werden getrennt verrechnet. Dabei wird ein proportionaler Verlauf der variablen Gemeinkosten bei Beschäftigungsänderungen unterstellt. Das bedeutet, daß ein linearer Gesamtkostenverlauf angenommen wird. In diesem Falle sind die Grenzkosten und die variablen Durchschnittskosten identisch. Deshalb kann man sagen, daß die Grenzplankostenrechnung nur die Grenzkosten mittels ihrer Plan-Gemeinkostenzuschläge verrechnet. Durch die getrennte Verrechnung der fixen Gemeinkosten können keine Beschäftigungsabweichungen entstehen.

Der **Aufbau und die Durchführung einer Plankostenrechnung** vollziehen sich im wesentlichen in folgenden Schritten, die in den kommenden Abschnitten näher behandelt werden. Im Rahmen dieser Einführung ist allerdings nur ein knapper Überblick über dieses komplizierte Kostenrechnungssystem möglich.

(1) Planung von Verrechnungspreisen (Planpreisen), mit deren Hilfe Preisschwankungen von der Kostenrechnung ferngehalten und Preisdifferenzen zwischen Plan- und Istpreisen festgestellt werden.

(2) Einteilung des Betriebes in Kostenstellen oder ggf. Verbesserung einer bereits bestehenden Kostenstellengliederung für Zwecke der Plankostenrechnung.

(3) Planung der Einzelkosten der Kostenträger pro Kostenstelle.

(4) Planung der Gemeinkosten pro Kostenstelle. Sie vollzieht sich in mehreren Etappen:

   (a) Zunächst werden die Bezugsgrößen als Maßgrößen der Kostenverursachung ausgewählt (z.B. Fertigungslöhne, Fertigungszeiten, Produkteinheiten).

   (b) Nun wird die Planbeschäftigung auf Basis der Maximalkapazität, einer durch Abschläge von dieser bestimmten Normalkapazität oder unter Berücksichtigung von vorhandenen Engpässen festgelegt. Diese Beschäftigungsplanung wird auch als Bezugsgrößenplanung bezeichnet.

   (c) Sodann werden die Gemeinkostenpläne aufgestellt, d.h. es werden die der Planbeschäftigung entsprechenden Plankosten für jede Gemeinkostenart je Kostenstelle vorgegeben.

   (d) Schließlich werden die Plankalkulationssätze für alle Kostenstellen gebildet. Das geschieht in der Weise, daß die Summe der Gemeinkosten einer Kostenstelle durch die Bezugsgröße dividiert wird. So ergibt z.B. die Summe der geplanten Gemeinkosten, dividiert durch die vorgegebene Zahl der Maschinenstunden, den Plangemeinkostenzuschlag je Maschinenstunde.

(5) Ermittlung und Analyse der Kostenabweichungen. Da der primäre Zweck der Plankostenrechnung die Kostenkontrolle ist, werden die ermittelten Plankosten zur Durchführung des Soll-Ist-Vergleichs mit Hilfe der festgestellten Istbezugsgrößen (Istbeschäftigung) zu Sollkosten umgerechnet und im Betriebsabrechnungsbogen nach Kostenstellen differen-

ziert den Istkosten (Istmengen an Kostengütern × Planpreise) gegenübergestellt. Die dabei festgestellten Abweichungen werden analysiert und mit den zuständigen Kostenstellenleitern erörtert. Dabei darf nicht übersehen werden, daß negative Abweichungen nicht nur auf Fehlverhalten, positive Abweichungen auf besonderen Leistungen beruhen müssen, sondern auch durch Planungsfehler bedingt sein können. Fehlleistungen der für die Kostenplanung Verantwortlichen müssen durch die interne Revision aufgedeckt werden. (**ÜB 6/166–168**)

2. Die Planung und Kontrolle der Kosten[7]

a) Kostenplanung auf Basis von Verrechnungspreisen

Preisschwankungen auf den Beschaffungsmärkten, die sich bei der Kostenkontrolle störend auswirken können, werden im System der Plankostenrechnung mit Hilfe von **geplanten Verrechnungspreisen** ausgeschaltet. Die Preisabweichungen ergeben sich durch folgende Rechnung:

```
  Istmenge × Planpreis
− Istmenge × Istpreis
= Preisabweichung
```

Die Weiterverrechnung der Kosten erfolgt mit Planpreisen, so daß später auftretende Kostenabweichungen nicht mehr auf Preisschwankungen auf den Beschaffungsmärkten zurückgeführt werden können.

Geplante Verrechnungspreise werden in der Plankostenrechnung vor allem für Werkstoffe und Arbeitsleistungen, d. h. für solche Produktionsfaktoren gebildet, die

(1) ein fest umrissenes Mengengerüst haben (das ist z. B. bei Dienstleistungen nicht der Fall),
(2) regelmäßig in größeren Mengen bezogen werden (das trifft für Güter des Anlagevermögens nicht zu; sie werden deshalb nicht in die Verrechnungspreisbildung einbezogen),
(3) so bedeutsam sind, daß durchschlagende Preisschwankungen die innerbetriebliche Kostenkontrolle beeinträchtigen würden.

Grundlage der Verrechnungspreise können Vergangenheitswerte (Anschaffungskosten), Gegenwartswerte (Tagespreise) oder Zukunftswerte (Wiederbeschaffungskosten) sein. In der Praxis werden heute meist **erwartete Planpreise,** also Zukunftswerte verwendet. Sie werden sowohl für die Kostenkontrolle und die auf ihren Ergebnissen basierenden Entscheidungen als auch für die Plankalkulation und die darauf aufbauende Erfolgsrechnung benötigt.

---

[7] Zu Einzelheiten vgl. insbesondere die beiden angegebenen Standardwerke von Kilger (Flexible Plankostenrechnung und Deckungsbeitragsrechnung) und Mellerowicz (Planung und Plankostenrechnung, Bd. II) sowie die dort aufgeführte Literatur.

Mellerowicz nennt für die Bildung von Planpreisen drei Voraussetzungen:[8]
(1) Der Planpreis soll ein wenigstens für eine Planperiode fester Preis sein. Er darf sich allerdings nicht zu weit von der Entwicklung der Marktpreise entfernen, da sonst die Beziehungen zum Markt verlorengehen und die Abweichungen zum Istpreis zu groß werden.
(2) Das System der Planpreise soll nach Möglichkeit die Relationen der Marktpreise zueinander wiedergeben, da andernfalls die Lenkungsfunktion des Preises beeinträchtigt wird und folglich falsche Entscheidungen getroffen werden können.
(3) Die Planpreise sollen sich am preisgünstigsten Angebot orientieren, denn auch sie haben Vorgabecharakter wie alle Plankosten.

Bei Arbeitsleistungen bilden die Bruttolöhne und -gehälter den Inhalt der Verrechnungspreise (Planlöhne und -gehälter), da sie sich gut mit der Lohn- und Gehaltsabrechnung abstimmen lassen. Die gesetzlichen und freiwilligen Sozialaufwendungen werden hierauf als Zuschlag verrechnet. Erwartete Lohn- und Gehaltserhöhungen können relativ leicht berücksichtigt werden.

b) Planung und Kontrolle der Einzelkosten

Die Planung und Kontrolle der Einzelkosten ist im Vergleich zur Planung und Kontrolle der Gemeinkosten relativ einfach. Obwohl die Einzelkosten den Kostenträgern direkt zugerechnet werden, erfolgt ihre Kontrolle nach Kostenstellen, denn der Verbrauch wird durch die Arbeitskräfte in den Kostenstellen beeinflußt und kann nur hier gesteuert werden.

Die Planung und Kontrolle der **Einzelmaterialkosten** (Kosten des Fertigungsmaterials) vollzieht sich folgendermaßen:
(1) Zunächst werden die **Netto-Einzelmaterialkosten** aufgrund planmäßiger Produktgestaltung, der Materialeigenschaften und der Gestaltung des Fertigungsablaufs ermittelt. Unterlagen hierfür sind Stücklisten, Materialbedarfsaufstellungen, Mischungsanweisungen, Rezepturen u. a.
(2) Sodann wird der Abfall nach verschiedenen Abfallursachen auf Grund detaillierter Abfallanalysen geplant.
(3) Faßt man beide Werte zusammen, so ergeben sich die geplanten **Brutto-Einzelmaterialkosten,** die für die Plankalkulation verwendet werden.
(4) Zur **Kontrolle** der Einzelmaterialkosten werden den Brutto-Plan-Einzelmaterialkosten die tatsächlich angefallenen Einzelmaterialkosten gegenübergestellt. Letztere sind die mit geplanten Verrechnungspreisen bewerteten Materiallagerabgänge, die auf Basis einer Inventur und/oder von Materialentnahmescheinen ermittelt werden.
(5) Die sich ergebende „globale" **Materialverbrauchsabweichung** wird durch Aufspaltung in verschiedene Teilabweichungen analysiert.
   (a) Ursache von **auftragsbedingten Einzelmaterialabweichungen** sind besondere Kundenwünsche, die eine außerplanmäßige Produktgestaltung und damit evtl. anderes Einzelmaterial erfordern. Da diese Teilabweichungen von den Kostenstellenleitern nicht zu verantworten

---

[8] Vgl. Mellerowicz, K., a.. O., S. 86

sind, werden sie gelegentlich auch durch besondere Zusatz-Materialentnahmescheine vom Istverbrauch abgespalten.
(b) Abweichungen infolge **außerplanmäßiger Materialeigenschaften** können durch erhöhtes spezifisches Gewicht, geringere Reißfestigkeit, zu hohen Feuchtigkeitsgehalt u. ä. bedingt sein. Derartige Abweichungen lassen sich meistens nur in Verbindung mit Materialanalysen eliminieren und können oft dem Einkauf als zu verantwortende Abweichungen angelastet werden.
(c) Abweichungen infolge von **Schwankungen der innerbetrieblichen Wirtschaftlichkeit** sind das eigentliche Ziel der Kontrolle der Einzelmaterialkosten, denn die Mehrkosten sind – richtige Planung vorausgesetzt – durch dispositive Maßnahmen vermeidbar. Häufig wird versucht, über eine Prämierung der Einsparungen die innerbetriebliche Wirtschaftlichkeit positiv zu beeinflussen.

In Analogie zu den Materialkosten geht die Planung und Kontrolle der **Einzellohnkosten** (Fertigungslöhne) auf der Basis von Zeitstudien, Arbeitsablaufplänen u. a. folgendermaßen vor sich:
(1) Für jeden Arbeitsgang werden bei planmäßigem Arbeitsablauf und geplanten Leistungsgraden die Plan-Lohneinzelkosten ermittelt.
(2) Bei Akkordentlohnung werden alle bezahlten Zeitabweichungen als Zusatzlöhne festgelegt.
(3) Bei der Kontrolle der Lohnkosten ist zwischen Akkord- und Zeitlöhnen zu unterscheiden. Bei Akkordlöhnen können ex definitione keine Abweichungen zwischen Soll und Ist entstehen. Man kontrolliert aber die Leistungsgrade der Arbeiter. Bei Zusatzlöhnen wird allerdings eine Reihe von Abweichungen errechnet und auf folgende Ursachen zurückgeführt: Leistungsgarantien, Konstruktionsänderungen, Materialveränderungen (z.B. Brüchigkeit, Härtegrade) und kostenstellenbedingte Ursachen wie z.B. ablaufbedingte Wartezeiten oder Betriebsstörungen. Bei Zeitlöhnen ergibt sich die Einzellohnabweichung als Differenz zwischen den Iststunden und den Planstunden bei Istbeschäftigung (Sollstunden), jeweils multipliziert mit dem Lohnsatz pro Stunde.

In ähnlicher Weise wie das Fertigungsmaterial und die Fertigungslöhne werden in der Plankostenrechnung auch die **Sondereinzelkosten der Fertigung** (z.B. Entwicklungskosten oder Spezialwerkzeuge) **und des Vertriebs** (z.B. Verpackungs- und Frachtkosten) geplant und kontrolliert. (**ÜB 6/175–180**)

c) Planung und Kontrolle der Gemeinkosten

aa) Aufgaben und allgemeine Voraussetzungen

Die Gemeinkostenplanung erfolgt jeweils für die **Planperiode,** d. h. in der Regel für ein Jahr. In der Zwischenzeit eingetretene Veränderungen der Plandaten werden nur bei größeren produktionstechnischen, organisatorischen oder kapazitätsmäßigen Änderungen berücksichtigt.

Die Gemeinkostenkontrolle wird dagegen jeweils für die **Abrechnungsperiode,** d. h. gewöhnlich für jeden Monat vollzogen. Die Rechenarbeit bei der Kontrolle ist folglich außerordentlich umfangreich und muß deshalb straff durchorganisiert sein.

Ziel der Gemeinkostenplanung ist die Aufstellung von **Gemeinkostenplänen** pro Kostenstelle und pro Bezugsgröße. Diese Gemeinkostenpläne liefern

(1) die Sollkosten als eine der beiden Hauptkomponenten des Soll-Ist-Vergleichs,

(2) die Plankalkulationssätze als Grundlage der Plankalkulation und der Erfolgsplanung und -analyse.

Die Planung der Gemeinkosten erfolgt **pro Kostenstelle,** weil zum Zwecke der Kostenkontrolle die Ermittlung von Kostenabweichungen dort erfolgen muß, wo die Kosten anfallen und wo sie beeinflußbar sind. Auch die Einzelkosten werden pro Kostenstelle kontrolliert, obwohl sie pro Kostenträger geplant werden. Außerdem ist eine genaue Planung der Stückkosten nur möglich, wenn die Gemeinkosten entsprechend der unterschiedlichen Beanspruchung der Kostenstelle durch die Kostenträger zugerechnet werden. Eine Verrechnung der Gemeinkosten auf die Kostenträger mit Hilfe eines pauschalen Zuschlages würde zu ungenauen Planwerten führen.

Grundlage der Gemeinkostenplanung und -kontrolle ist die Einteilung des Betriebes in **Kostenstellen,** durch die klar voneinander abgegrenzte Verantwortungsbereiche gebildet werden sollen, und ferner die Wahl der für jede Kostenstelle geeigneten **Maßgröße der Kostenverursachung** (Bezugsgröße, Schlüsselgröße). Beide Probleme wurden oben[9] bereits in allgemeiner Form behandelt. Für die Kostenstelleneinteilung wurden jedoch von der Plankostenrechnung spezielle Verfahren entwickelt, die im folgenden kurz dargestellt werden.

bb) Die Kostenstelleneinteilung in der Plankostenrechnung

Durch die **Platzkostenrechnung** lassen sich zwar differenzierte Kalkulationssätze bilden, für Zwecke der Kostenkontrolle ist dieses Verfahren der Istkostenrechnung jedoch unzureichend. Daher wurden in der Plankostenrechnung zwei Verfahren der Kostenstelleneinteilung entwickelt, die sowohl Kontierungsschwierigkeiten vermeiden als auch genaue Maßgrößen der Kostenverursachung gewährleisten.[10] Es handelt sich um die Kostenplatzrechnung[11] und die Bildung von Bereichsstellen.[12]

In der **Kostenplatzrechnung** werden die Kostenstellen analog zur Platzkostenrechnung in einzelne Kostenplätze, z. B. Maschinen oder Arbeitsplätze, unterteilt. Differenziert nach Kostenplätzen werden dann die Kosten ge-

---

[9] Vgl. S. 1139 ff.
[10] Vgl. Kilger, W., Flexible Plankostenrechnung ..., S. 306 ff.
[11] Vgl. hierzu insbesondere Diercks, H., Petzold, F., Betriebsüberwachung durch Plankostenrechnung, ZfhF 1951, S. 490 ff.
[12] Vgl. hierzu insbesondere Plaut, H.-G., Die Grenz-Plankostenrechnung, ZfB 1953, S. 347 ff.

plant und Kalkulationssätze gebildet. Da aber die Istkosten zusammengefaßt nach **Kostenstellen** abgerechnet werden, damit Kontierungsschwierigkeiten bei den Platzgemeinkosten vermieden werden, können jeweils nur die Kostenabweichungen einer gesamten Kostenstelle, nicht aber die Kostenabweichungen der einzelnen Kostenplätze ersichtlich gemacht werden. Daraus ergeben sich die beiden **Nachteile** der Kostenplatzrechnung. Sie ermöglicht keine Kostenkontrolle auf der Ebene der Kostenplätze. Außerdem können Fehler der Kostenplanung bei den einzelnen Kostenplätzen nicht erkannt werden.

Diese Nachteile lassen sich durch die **Bildung von Bereichsstellen** vermeiden. Dabei erfolgt eine sehr weitgehende und differenzierte Einteilung in **Kostenstellen,** entsprechend der Kostenplatzrechnung. Der Unterschied zur Kostenplatzrechnung besteht darin, daß die Kosten auf diesen kleinen Kostenstellen nicht nur geplant, sondern auch abgerechnet werden. Kostenabweichungen werden auch auf Ebene der kleinen Kostenstellen erkennbar. Dadurch wird eine Kostenkontrolle an jedem Arbeitsplatz bzw. an jeder Maschine oder Maschinengruppe möglich. Kosten, die sich nicht eindeutig den einzelnen Kostenstellen zuordnen lassen, wie z.B. das Meistergehalt, Schmieröl oder Reinigungsstoffe, werden auf sogenannten Bereichsstellen geplant und abgerechnet. Sie werden dann nach einem Kostenschlüssel auf die einzelnen Kostenstellen verteilt.

cc) Die Festlegung der Planbezugsgrößen (Beschäftigungsplanung)

Nachdem für die einzelnen Kostenstellen die Bezugsgrößen als Maßstäbe der Kostenverursachung bestimmt worden sind, muß die Höhe der Planwerte der Bezugsgrößen pro Monat (z.B. 5.000 Fertigungsstunden pro Monat, 10.000 kg pro Monat) festgelegt werden. Dabei können zwei Verfahren angewendet werden:
(1) die Kapazitätsplanung,
(2) die Engpaßplanung.
Bei der **Kapazitätsplanung** wird die Höhe der Planbezugsgröße jeder Kostenstelle auf Basis der technischen Maximalkapazität oder besser der realisierbaren Optimalkapazität geplant (z.B. in Stück, kg, Akkordminuten, Maschinenstunden usw. pro Monat). Die übrigen betrieblichen Teilbereiche werden dabei nicht berücksichtigt. Die **Engpaßplanung** dagegen beachtet die Interdependenzen aller betrieblichen Teilpläne und orientiert sich (gemäß Gutenbergs Ausgleichsgesetz der Planung) am Minimumsektor (Engpaß). In der Regel wird hier die Beschäftigung der Kostenstelle aus dem Fertigungsprogrammplan abgeleitet, der seinerseits wiederum durch andere Teilpläne (z.B. den Absatzplan) begrenzt sein kann.

Als Planbezugsgröße (Planbeschäftigung) wird bei der Engpaßplanung die zu erwartende **Durchschnittsproduktion** gewählt, die man unter Berücksichtigung aller möglichen Engpässe (einschließlich des Absatzes) in der Planperiode zu erreichen hofft. Der Vorteil dieser Methode der Festlegung der Planbezugsgrößen ist die Einbettung in die betriebliche Gesamtplanung und damit die Berücksichtigung aller bekannten Engpässe. (**ÜB 6**/181–188)

dd) Die Durchführung der Gemeinkostenplanung

Nachdem die ersten drei Schritte der Vorbereitung der Gemeinkostenplanung vollzogen worden sind, nämlich die Einteilung des Betriebes in Kostenstellen, die Auswahl der der Kostenverursachung entsprechenden Bezugsgrößen und die Festlegung der Planhöhe dieser Bezugsgrößen, muß nun die Höhe der Gemeinkostenarten pro Kostenstelle und pro Bezugsgröße vorgegeben werden. Das Ergebnis dieser Planung sind die Kostenpläne für alle Kostenstellen. Sie bilden die Grundlage für die laufende Kostenkontrolle im Wege des Soll-Ist-Vergleichs.

Die Gemeinkostenplanung kann mit Hilfe statistischer oder analytischer Verfahren durchgeführt werden. Im ersten Falle werden die Kostenvorgaben aus vorhandenen Kostenstatistiken, d. h. aus Vergangenheitswerten abgeleitet. Im zweiten Falle wird unter Loslösung von den Istkosten vergangener Perioden die Planung aufgrund besonderer Kostenuntersuchungen vorgenommen.

Bei der **mehrstufigen analytischen Gemeinkostenplanung** werden die Sollgemeinkosten jeweils für verschiedene Bezugsgrößenwerte (Beschäftigungsgrade) gesondert geplant, und zwar an Hand exakter Verbrauchsmessungen, die unter Anwendung aller technischen, betriebswirtschaftlichen und arbeitswissenschaftlichen Erkenntnisse vorgenommen werden. Die Verbrauchsmengen werden dann mit den Planpreisen multipliziert.

Diese Methode wird deshalb mehrstufig genannt, weil die Plangemeinkosten nicht nur für die Planbezugsgrößen, sondern für eine ganze Skala alternativer Bezugsgrößenwerte (Beschäftigungsgrade) ermittelt werden. Diese einzelnen Stufen lassen sich dann durch Interpolationen für Zwischenwerte ergänzen. Grundsätzlich werden hier jedoch für jeden Beschäftigungsgrad (z. B. 70–80%, 90–100%) besondere Kalkulationssätze (auf Vollkostenbasis) festgelegt. Der Aufbau eines solchen Stufenplans erfolgt jedoch ohne Trennung in fixe und proportionale Kosten.

Bei der **einstufigen analytischen Gemeinkostenplanung** werden die Sollgemeinkosten, die der Planbezugsgröße entsprechen – also die Plankosten – ermittelt, und zwar ebenso wie bei der mehrstufigen Methode aufgrund besonderer Verbrauchsmessungen und Berechnungen. Die besondere Problematik dieses Planungsverfahrens liegt in der Auflösung der Plangemeinkosten in fixe und proportionale Bestandteile. Dabei untersucht man für jede Kostenstelle das Zeit- und Mengengerüst der ermittelten Sollgemeinkosten der Planbezugsgröße und entscheidet, welche Verbrauchsmengen bei einer maximalen konstanten Betriebsbereitschaft auch dann gerechtfertigt sind, wenn die Istbezugsgröße Null ist.[13] Das sind dann die fixen Kosten der Kostenstelle (z. B. Kosten der Betriebsbereitschaft, wenn überhaupt nicht produziert wird).

---

[13] Vgl. Kilger, W., Plankostenrechnung, HWR, 1. Aufl., hrsg. von E. Kosiol, Stuttgart 1970, Sp. 1351

d) Der Soll-Ist-Kostenvergleich

Es wurde oben bereits darauf hingewiesen, daß der Hauptzweck der Plankostenrechnung die **Kostenkontrolle,** die zweite Aufgabe die Schaffung von Dispositionsgrundlagen ist. Ein Ziel der Kostenkontrolle und der zu diesem Zweck durchgeführten Ermittlung und Analyse der Abweichungen von den vorgegebenen Kosten ist die Überwachung und Beurteilung der für die jeweilige Abweichung verantwortlichen Mitarbeiter. Dabei muß freilich berücksichtigt werden, daß sowohl positive wie negative Planabweichungen ihre Ursache nicht unbedingt in besonderer Leistungsfähigkeit bzw. in nennenswertem Fehlverhalten der an der Produktion beteiligten Mitarbeiter haben müssen. Planabweichungen können ebensogut durch falsche, d. h. zu optimistische bzw. zu pessimistische Auswahl der Plandaten, also durch Fehlleistungen auf der Planungsseite oder durch nicht vorhersehbare und von niemandem zu vertretende Datenänderungen hervorgerufen werden.

Die **Verbrauchsabweichung** wird dabei in der Weise ermittelt, daß man versucht, alle anderen Kostenbestimmungsfaktoren mit ihren außerplanmäßigen Auswirkungen vom Soll-Ist-Vergleich fernzuhalten. Man arbeitet deshalb mit Planpreisen und einem System von Bezugsgrößen, das die Einflüsse der anderen Kostenbestimmungsfaktoren planmäßig berücksichtigt.

Welche Kostenabweichungen diese anderen Kostenbestimmungsfaktoren verursachen, wird durch die Ermittlung von **Spezialabweichungen** außerhalb der Kostenstellenrechnung festgestellt (z. B. Kostenabweichungen als Folge von außerplanmäßiger Seriengröße, außerplanmäßigen Bedienungssystemen, Verfahrensabweichungen, Ablaufabweichungen). Hierbei handelt es sich in der Regel um zu Grenzkosten bewertete Bezugsgrößendifferenzen, die zwischen der Kostenstellen- und der Kostenträgerrechnung entstehen.

Da – wie oben bereits dargestellt – die Materialpreis- und Lohnsatzabweichungen bereits vor der Kostenrechnung erfaßt und abgegrenzt werden, gehen in die Kostenrechnung für die entsprechenden Kostenarten die Istmengen multipliziert mit ihren Planpreisen ein (= Istkosten der Plankostenrechnung). Diese „Istkosten" sind nicht zu verwechseln mit den Istkosten der Istkostenrechnung (Istmenge × Istpreis).

Bei der Vollplankostenrechnung wird die **Gesamtabweichung,** d. h. die Differenz zwischen den verrechneten Plankosten und den Istkosten (Istmenge × Planpreis) in zwei Abweichungen aufgeteilt: in die Beschäftigungsabweichung und die Verbrauchsabweichung.

Verbrauchsabweichungen entstehen, wenn die geplanten und die tatsächlich verbrauchten Mengen an Kostengütern nicht übereinstimmen. Rechnerisch läßt sich die Verbrauchsabweichung einer Kostenstelle ermitteln, indem man den Istmengenverbrauch jeder Kostenart einer Kostenstelle, bewertet mit Planpreisen, dem geplanten Mengenverbrauch, ebenfalls bewertet mit Planpreisen, gegenüberstellt, und zwar beim effektiven Beschäftigungsgrad (Istbeschäftigungsgrad, Istausnutzungsgrad). Da jede Mengeneinheit einer Kostenart mit dem gleichen Planverrechnungspreis bewertet wird und da der dem Vergleich zugrunde gelegte Beschäftigungsgrad ebenfalls gleich ist, kann eine entstehende Differenz nur eine Mengen-(Verbrauchs)-abweichung sein.

```
  Istmenge  × Planpreis beim Istbeschäftigungsgrad
− Planmenge × Planpreis beim Istbeschäftigungsgrad
= Verbrauchsabweichung
```

Oder:

```
Verbrauchsabweichung = Istkosten − Sollkosten
```

Die mit dem Planpreis bewerteten Planmengen beim Istbeschäftigungsgrad sind die **Sollkosten.**

Stellt man die Sollkosten den Plankosten des geplanten Beschäftigungsgrades gegenüber, so erhält man die **Beschäftigungsabweichung** (Ausnutzungsabweichung). Sie wird im Gegensatz zur Verbrauchsabweichung nicht je Kostenart, sondern für jede Kostenstelle insgesamt oder bei heterogener Kostenstruktur je Bezugsgröße ermittelt.[14]

```
  Planmenge × Planpreis beim Istbeschäftigungsgrad
− Planmenge × Planpreis beim Planbeschäftigungsgrad
            × Istbeschäftigungsgrad
= Beschäftigungsabweichung
```

Oder:

```
Beschäftigungsabweichung = Sollkosten − verrechnete Plankosten
```

Die Beschäftigungsabweichung ist eine Folge davon, daß der Plankostenverrechnungssatz bei der Vollplankostenrechnung fixe und variable Kosten enthält und infolgedessen auch die nicht proportionalen Kostenbestandteile wie proportionale verrechnet werden, wenn der Istbeschäftigungsgrad vom Planbeschäftigungsgrad abweicht. Es entsteht eine Überdeckung, wenn der Istbeschäftigungsgrad größer, eine Unterdeckung, wenn er kleiner ist als der Planbeschäftigungsgrad. Die Beziehungen zeigt die Abbildung auf S. 1179.

Der **Soll-Ist-Kostenvergleich** ist bei der Vollplankostenrechnung genau betrachtet ein

```
Istkosten − Sollkosten − verrechnete Plankosten − Vergleich
```

Hierbei werden die Verbrauchsabweichungen als zu verantwortende Restabweichungen im System der Plankostenrechnung als letzte Abweichung, d. h. nach Ermittlung aller anderen Abweichungen, errechnet und analysiert.

Die Verbrauchsabweichung ist als Differenz zwischen Ist- und Sollkosten bei richtig geplanten Sollkosten und richtig erfaßten Istkosten eindeutig bestimmt, d. h. sie wird nicht vom Kapazitätsausnutzungsgrad beeinflußt.

---

[14] Vgl. Mellerowicz, K., a. a. O., S. 257

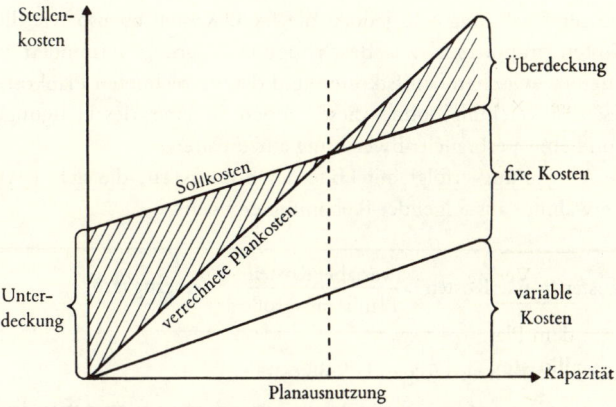

Abb. 151: Kostenüber- und -unterdeckung

Die Beschäftigungsabweichung dagegen ändert sich als Differenz zwischen Sollkosten und verrechneten Plankosten, wenn ein anderer Kapazitätsausnutzungsgrad als Planungsbasis verwendet wird, weil eine Veränderung der Planungsbasis auch zu einer Änderung des (Voll-)Plankostenverrechnungssatzes führt.

Beispiel:

Die Planbezugsgröße einer Kostenstelle beträgt bei 100%iger Kapazitätsausnutzung (Kapazitätsplanung) 6.000 Maschinenstunden, bei 80%iger Kapazitätsausnutzung (Engpaßplanung) 4.800 Maschinenstunden. Die entsprechenden Plankosten belaufen sich auf 24.000 DM bzw. 20.400 DM. Sie setzen sich aus 6.000 DM fixen Kosten und 18.000 bzw. 14.400 DM variablen Kosten zusammen.

Der **Plankostenverrechnungssatz**, d. h. der Plankostenbetrag je Maschinenstunde, ergibt sich durch Division der Plankosten durch die Planbezugsgröße, also:

bei Kapazitätsplanung	bei Engpaßplanung
$\frac{24.000\,\text{DM}}{6.000\,\text{Std.}} = 4\,\text{DM/Std.}$	$\frac{20.400\,\text{DM}}{4.800\,\text{Std.}} = 4{,}25\,\text{DM/Std.}$

Angenommen, die Istproduktion der Abrechnungsperiode beträgt 4.200 Maschinenstunden; dafür sind Istkosten von 19.200 DM angefallen. Die **verrechneten Plankosten** (= Plankosten der Istbeschäftigung) betragen dann:

bei Kapazitätsplanung	bei Engpaßplanung
4.200 Std. × 4 DM = 16.800 DM	4.200 Std. × 4,25 DM = 17.850 DM

Bei dieser Rechnung sind jedoch die fixen Kosten ebenso wie die variablen Kosten proportional zur Beschäftigungsänderung vermindert worden. Die Differenz zwischen den Istkosten und den verrechneten Plankosten zeigt die Gesamtabweichung, ohne diese jedoch in eine Beschäftigungsabweichung und eine Verbrauchsabweichung aufzuspalten.

Diese Aufspaltung erfolgt mit Hilfe der **Sollkosten,** die sich – wie oben bereits erwähnt – aus folgender Rechnung ergeben:

$$\text{Sollkosten} = \text{fixe Kosten} + \frac{\text{variable Kosten}}{\text{Planbezugsgröße}} \times \text{Istbezugsgröße}.$$

Es errechnen sich also folgende Sollkosten:

bei **Kapazitätsplanung:**	bei **Engpaßplanung:**
$6.000 + \dfrac{18.000}{6.000} \times 4.200 = 18.600 \text{ DM}$	$6.000 + \dfrac{14.400}{4.800} \times 4.200 = 18.600 \text{ DM}$

Es lassen sich nun folgende Abweichungen berechnen:

	Kapazitätsplanung	Engpaßplanung
Istkosten	19.200	19.200
Sollkosten	— 18.600	— 18.600
Verbrauchsabweichung	= 600	600
Sollkosten	18.600	18.600
verrechnete Plankosten bei Istbeschäftigung	— 16.800	— 17.850
Beschäftigungsabweichung	= 1.800	750
Gesamtabweichung	2.400	1.350

Abb. 152 Kostenabweichungen

Die Sollkosten verlaufen in beiden Fällen gleich. Bei einer Istbeschäftigung von 4.200 Maschinenstunden (= Kapazitätsausnutzung von 70%) sind die Istkosten in beiden Fällen ebenfalls gleich. Folglich ergibt sich in beiden Fällen die gleiche Verbrauchsabweichung (Istkosten – Sollkosten; vgl. Abb. 6).

Die verrechneten Plankosten steigen im Falle der Engpaßplanung steiler an, da sie bei einem Kapazitätsausnutzungsgrad von 80% (= 4.800 Maschinenstunden) und nicht erst von 100% (= 6.000 Maschinenstunden) den Sollkosten entsprechen. Die Beschäftigungsabweichung ist folglich bei Engpaßplanung (80%) geringer als bei Kapazitätsplanung (100%).

Bei der **Grenzplankostenrechnung** enthalten die Plankostenverrechnungssätze keine fixen Kosten. Folglich tritt hier keine Beschäftigungsabweichung auf. Die Sollgemeinkosten und die verrechneten Grenzplankosten sind gleich, wenn für alle Kostenarten proportionaler Kostenverlauf unterstellt wird. (**ÜB 6**/189–196; 201–205)

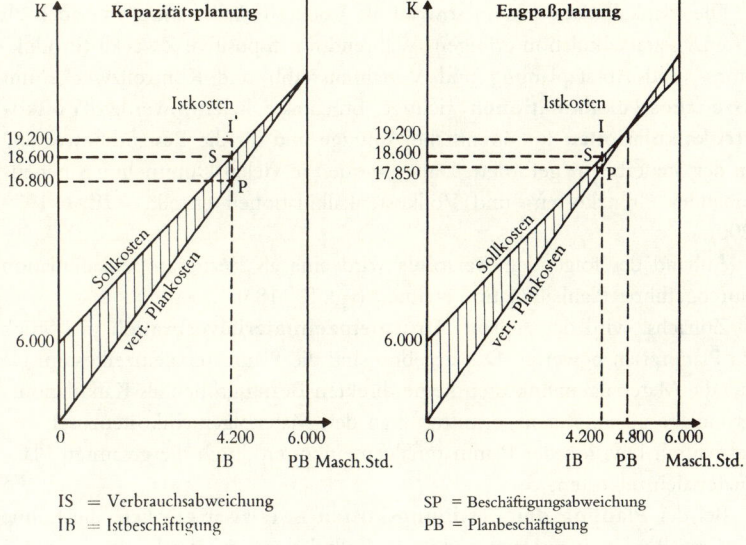

Abb. 153: Kostenabweichungen (graphisch)

3. Die Plankalkulation

Obwohl die Hauptaufgabe der Plankostenrechnung die Kostenkontrolle ist, die in den Kostenstellen durchgeführt wird, darf die Bedeutung der Plankostenrechnung **für die Kalkulation** (Kostenträgerrechnung) nicht unterschätzt werden. Die Plankalkulation hat grundsätzlich die gleichen Aufgaben wie die nicht auf geplanten Größen basierenden Vor- und Nachkalkulationen und verwendet dabei prinzipiell die oben dargestellten Kalkulationsverfahren, die – wie gezeigt – im wesentlichen von der Art der Produktion (Massen-, Sorten-, Serien-, Einzel-, Kuppelproduktion) bestimmt werden.

Die Besonderheit der Plankalkulation liegt vor allem darin, daß die verrechneten Werte (Verbrauchsmengen, Kalkulationssätze) **geplante Größen** sind. Mit Hilfe der Plankalkulation werden die geplanten Selbstkosten pro Kostenträger jeweils für eine Planungsperiode (i. d. R. ein Jahr) exakt ermittelt. Für diese Kalkulation sind **folgende Plandaten** erforderlich:
(1) Die geplanten Einzelkosten, die sich aus den geplanten Verbrauchsmengen und den Planpreisen ergeben.
(2) Die geplanten Gemeinkostensätze pro Bezugsgröße. Vor ihrer Ermittlung ist die Planbeschäftigung in den Kostenstellen festzulegen.

Eine Plankalkulation kann nur in **Unternehmen mit standardisierten Erzeugnissen** durchgeführt werden. In Unternehmen mit Einzel- und Auftragsfertigung stehen die erforderlichen Plandaten in der Regel nur für die jeweiligen Einzelaufträge, nicht aber für die gesamte Planungsperiode zur Verfügung.[15]

---

[15] Vgl. Kilger, W., Einführung in die Kostenrechnung, 3. Aufl., Wiesbaden 1987, S. 294 f.

Die Plankalkulation kann sowohl als Vollkostenkalkulation wie auch als Grenzkostenkalkulation erfolgen. Während für dispositive Zwecke (Produktions- und Absatzplanung und Verfahrenswahl) und Kontrollzwecke nur **Grenzkostenkalkulationen** richtige Ergebnisse liefern, werden **Vollkostenkalkulationen** für öffentliche Aufträge und für die Bestandsbewertung in der Steuerbilanz gefordert. Daher werden in vielen Unternehmen nebeneinander Grenzkosten- und Vollkostenkalkulationen erstellt. (**ÜB 6**/197–200)

Anhand des folgenden **Beispiels** wird eine als Bezugsgrößenkalkulation durchgeführte Plankalkulation erläutert (vgl. S. 1183):

Zunächst wird der geplante **Bruttoeinzelmaterialverbrauch** pro Stück zu Planpreisen bewertet. Das Ergebnis sind die Planmaterialeinzelkosten. Da für die Materialgemeinkosten keine direkten Bezugsgrößen als Kalkulationsgrundlage geeignet sind, ermittelt man den Materialgemeinkostenzuschlagssatz durch Division der Planmaterialgemeinkosten durch die gesamten Planmaterialeinzelkosten.

Bei der **Planung der Fertigungskosten** ist es zwar möglich, die Löhne als Einzelkosten anzusetzen und in die Kalkulationssätze der Fertigungsstellen nur die echten Gemeinkosten einzubeziehen, in der Plankostenrechnung hat es sich jedoch durchgesetzt, auch die **Einzellöhne über die Kalkulationssätze** der Kostenstellen abzurechnen.[16] Für die Fertigungsstelle I müssen für die Kalkulation auf Grenzkosten- bzw. auf Vollkostenbasis je zwei Kalkulationssätze gebildet werden, da sich ein Teil der Kosten proportional zur Maschinenlaufzeit, der andere Teil sich proportional zur Rüstzeit verhält, d. h. eine heterogene Kostenverursachung vorliegt. Bei der Fertigungsstelle II handelt es sich um eine Kostenstelle mit homogener Kostenverursachung, denn alle beschäftigungsabhängigen Kosten verhalten sich proportional zu einer Bezugsgröße, nämlich der Arbeitszeit. Folglich reicht in der Fertigungsstelle II je ein Kalkulationssatz aus.

Wie bereits erläutert wurde, gibt es auch für die **Verwaltungs- und Vertriebsgemeinkosten** keine als Kalkulationsgrundlage geeignete direkte Bezugsgröße, da sie in keiner direkten Beziehung zu den Kostenträgern stehen. Die Verwaltungs- und Vertriebsgemeinkostenzuschläge werden deshalb in der Weise ermittelt, daß die geplanten Verwaltungs- und Vertriebsgemeinkosten durch die Planherstellkosten der abzusetzenden Erzeugnisse (= indirekte Bezugsgröße) dividiert werden. Die Planverwaltungs- bzw. -vertriebsgemeinkosten pro Stück ergeben sich dann durch Multiplikation der Zuschlagssätze mit den Planherstellkosten pro Stück. Werden die Planverwaltungs- und -vertriebsgemeinkosten pro Stück sowie eventuelle Sondereinzelkosten des Vertriebs zu den Planherstellkosten pro Stück addiert, so erhält man die Planselbstkosten (im Beispiel als Grenzkosten und als Vollkosten).

---

[16] Vgl. Kilger, W., Flexible Plankostenrechnung ..., a. a. O., S. 247; Käfer, K., Standardkostenrechnung, 2. Aufl., Zürich und Stuttgart 1964, S. 165

		Grenzkosten	Vollkosten
I.	**Planmaterialkosten** Nettoeinzelmaterialverbrauch 3 kg/Stück + 10%iger Zuschlag für Ausschuß und Abfall 0,3 kg/Stück = Bruttoeinzelmaterialverbrauch 3,3 kg/Stück × Planpreis (10 DM/kg) = Planmaterialeinzelkosten 3,3 kg/Stück × 10 DM/kg + Planmaterialgemeinkosten (Bezugsbasis: Einzelmaterialkosten) { Zuschlagssatz: Grenzkosten 20% / Vollkosten 40% } = Summe Planmaterialkosten	33,— + 6,60 = 39,60	33,— + 13,20 = 46,20
II.	**Planfertigungskosten** Ftg.Stelle I — 0,5 Masch.Std. — 35 DM/Std (Grenz) / 45 DM/Std (Voll) + Ftg.Stelle I — 0,1 Rüst.Std. — 20 DM/Std / 30 DM/Std + Ftg.Stelle II — 1 Arbeitsstd. — 30 DM/Std / 40 DM/Std = Summe Planfertigungskosten	17,50 + 2,— + 30,— = 49,50	22,50 + 3,— + 40,— = 65,50
III.	**Planherstellkosten** (Summe I + II)	= 89,10	= 111,70
IV.	**Planverwaltungs- und -vertriebskosten** Verwaltungsgemeinkosten (Bezugsbasis: Planherstellkosten der abzusetzenden Leistungen) { Zuschlagssatz: Grenzkosten 10% / Vollkosten 15% } + Vertriebsgemeinkosten (Bezugsbasis: Planherstellkosten der abzusetzenden Leistungen) { Zuschlagssatz: Grenzkosten 4% / Vollkosten 10% } + Plansondereinzelkosten des Vertriebs	+ 8,91 + 3,56 + 12,—	+ 16,75 + 11,17 + 12,—
V.	**Planselbstkosten** (Summe III + IV)	= 113,57	= 151,62

VII. Neue Verfahren der Kostenrechnung

1. Strategische Ausrichtung der Kostenrechnung

Die Kostenrechnung in der bisher dargestellten Form wurde vornehmlich in den fünfziger und sechziger Jahren entwickelt. Seit etwa Mitte der achtziger Jahre ist diese – inzwischen als klassisch zu bezeichnende – Kostenrechnung um diverse neue Kostenrechnungsverfahren ergänzt worden. Die Entstehung dieser neuen Verfahren liegt in **veränderten** betrieblichen und damit auch kostenrechnerischen **Rahmenbedingungen** begründet.

Unternehmensexterne Veränderungen	Unternehmensinterne Veränderungen
• Internationalisierung und Globalisierung; • Dynamik und Komplexität der Unternehmensumwelt; • Zunehmender Wettbewerbsdruck;	• Umfangreichere Produktprogramme; • Automatisierung und Flexibilisierung der Fertigung; • Steigende Bedeutung der indirekt produktiven Unternehmensbereiche (Forschung und Entwicklung, Einkauf, Produktionsplanung, Logistik, Qualitätssicherung usw.); • Zunehmende Prozeßorientierung (Optimierung der Ablauforganisation, Wertschöpfungskettenoptimierung).

Abb. 154: Veränderte Rahmenbedingungen

Diese veränderten Rahmenbedingungen haben auch die **Kostenstrukturen** der Unternehmen erheblich **verändert**:[1]

(1) Anstieg der Gemeinkosten und Fixkosten.
(2) Anstieg der Vor- und Nachleistungskosten.
(3) Zunehmende Determiniertheit der Kosten in der Herstellungsphase.

Abb. 155: Veränderte Kostenstrukturen

(1) Anstieg der Gemeinkosten und Fixkosten

Der Anteil der Gemeinkosten an den Gesamtkosten eines Unternehmens ist stark gestiegen. Hierfür sind im wesentlichen zwei Gründe verantwortlich:

1. Durch die zunehmende **Automatisierung der Fertigung** hat sich der Anteil der – den Produkteinheiten nicht direkt zurechenbaren – Betriebsmittelkosten (insb. der Abschreibungen) erheblich erhöht.
2. Durch die **zunehmende Bedeutung der indirekt produktiven Unternehmensbereiche** (siehe Abb. 154) fallen auch immer mehr Kosten in

---

[1] Vgl. Männel, W., (Anpassung), S. 111 ff.

diesen Bereichen an. Da diese Bereiche nicht unmittelbar produktbezogen tätig sind, handelt es sich bei den dort anfallenden Kosten fast ausschließlich um Gemeinkosten.

Gemeinkosten stellen größtenteils Fixkosten dar. Somit geht mit dem Anstieg der Gemeinkosten auch ein Anstieg der Fixkosten einher.

(2) **Anstieg der Vor- und Nachleistungskosten**

Die Unterteilung der Gesamtkosten eines Unternehmens in Vorleistungskosten, laufende Kosten und Nachleistungskosten orientiert sich am zeitlichen Ablauf der betrieblichen Leistungserstellung:

- **Vorleistungskosten** sind jene Kosten, die vor Aufnahme der Fertigung eines Produktes (i. d. R. in der Vormarktphase des Produktlebenszyklusses)[2] anfallen. Hierzu gehören Forschungs- und Entwicklungskosten, Kosten der Markteinführung, Personalschulungskosten usw.
- Zu den **laufenden Kosten** gehören die während der eigentlichen Leistungserstellung anfallenden Kosten. Dies sind die klassischen Herstellkosten (Material- und Fertigungskosten), Verwaltungskosten und Vertriebskosten.
- **Nachleistungskosten** sind jene Kosten, die nach dem Verkauf eines Produktes noch anfallen. Hierzu gehören beispielsweise Kosten für Reparaturen, Wartungen und Garantieleistungen sowie Entsorgungskosten.

Während in den Unternehmen früher fast ausschließlich laufende Kosten angefallen sind, nehmen die Vor- und Nachleistungskosten in den letzten Jahren einen immer größeren Anteil an den Gesamtkosten ein.

(3) **Zunehmende Determiniertheit der Kosten in der Herstellungsphase**

Empirische Untersuchungen zeigen, daß die Höhe der **Herstellkosten eines Produktes** zu einem immer größeren Teil bereits **bei dessen Entwicklung und Konstruktion festgelegt** werden. Die Untersuchungen schwanken hierbei zwischen 60 und 95 Prozent der Herstellkosten.[3] Die in der Forschungs- und Entwicklungsphase getroffenen Entscheidungen über die Ausgangsmaterialien, die Stücklisten, das Produktionsverfahren, den Anteil der Eigen- und Fremdfertigung sowie das Qualitätsniveau determinieren in hohem Maße die späteren Herstellkosten. Die aus den konstruktiven Entscheidungen resultierenden Kostenwirkungen lassen sich später kaum noch oder nur noch mit erheblichem Aufwand ändern.

Die Gründe für die zunehmende Determiniertheit der Kosten in der Produktherstellungsphase liegen in

- den **gestiegenen Fixkosten** und
- den durch die **Installation automatisierter Fertigungsanlagen** weitgehend festgelegten Material-, Energie-, Personal- und Instandhaltungskosten.

---

[2] Zum erweiterten, integrierten Produktlebenszyklus vgl. Pfeiffer, W./Bischof, P., Produktlebenszyklen als Basis der Unternehmensplanung, ZfB 1974
[3] Vgl. beispielsweise Männel, W., (Anpassung), S. 128

Welche Konsequenzen ergeben sich nun aus den aufgezeigten Veränderungen für die Kostenrechnung? Die veränderten externen und internen Rahmenbedingungen führen zu einer **Schwerpunktverlagerung in der Unternehmensführung**: Während früher hauptsächlich kurzfristig-operative Entscheidungen zu treffen waren, hat sich die Unternehmensführung heutzutage immer mehr mit längerfristig-strategischen Fragestellungen auseinanderzusetzen. Dies bewirkt einen veränderten Informationsbedarf seitens der Unternehmensführung: Zur erfolgsorientierten Unternehmenssteuerung werden verstärkt **längerfristige, strategische Informationen** benötigt.

Diesem veränderten Informationsbedarf kann die klassische, kurzfristig-operativ ausgerichtete Kostenrechnung nicht gerecht werden. Die diesbezüglichen **Probleme der klassischen Kostenrechnung** zeigen sich recht deutlich an den aufgezeigten Kostenstrukturveränderungen:

- Der Anstieg der Gemeinkosten bewirkt, daß ein **immer größerer Teil der Kosten** bei der Kalkulation **zu schlüsseln** ist. Eine unzureichende Bezugsgrößenwahl führt dadurch zu einer immer **größeren Kalkulationsungenauigkeit**. Werden die Kalkulationsergebnisse als Basis für strategische Entscheidungen herangezogen, wächst damit die Gefahr strategischer Fehlentscheidungen.

- Der Anstieg der Fixkosten und die zunehmende Determiniertheit der Kosten in der Produktherstellungsphase bedingen, daß immer **weniger kurzfristige Kostenbeeinflussungsmöglichkeiten** bestehen. Bei Aufnahme der Fertigung ist ein immer größerer Teil der entstehenden Kosten vorbestimmt. Die Kostenrechnung darf sich deshalb nicht (wie die klassische Kostenrechnung) nur auf die eigentliche Leistungserstellungsphase beziehen, sondern muß verstärkt bereits in der Forschungs- und Entwicklungsphase (Vormarktphase) einsetzen. Je früher der Forschungs- und Entwicklungsprozeß kostenrechnerisch begleitet wird, desto größer sind die Kostenbeeinflussungsmöglichkeiten.

- Der Anstieg der Vor- und Nachleistungskosten schließlich bewirkt, daß sich die Kostenrechnung nicht mehr – wie dies die klassische Kostenrechnung tut – ausschließlich auf die Erfassung und Verrechnung der laufenden Kosten beziehen kann. Statt dessen ist eine **ganzheitliche Betrachtung der Produkte über ihren gesamten Lebenszyklus** notwendig. Ohne einen solch umfassenden und periodenübergreifenden Ansatz würden mit den Vor- und Nachleistungskosten zwei immer bedeutendere Kostenblöcke vernachlässigt werden.

Aufgrund der aufgezeigten Probleme der klassischen Kostenrechnung wird in der Literatur vielfach eine **Neuorientierung der Kostenrechnung** gefordert. Zusätzlich zur klassischen Kostenrechnung ist eine **strategische bzw. strategieorientierte Kostenrechnung** einzurichten.[4] Dieser neue Zweig der Kostenrechnung soll die für die immer wichtiger werdenden längerfristig-strategischen Fragestellungen benötigten Kosteninformationen bereitstellen.

---

[4] Vgl. Coenenberg, A. G., (Kostenrechnung), S. 40 ff.; Horváth, P., (Kostenmanagement), S. 73; Männel, W., (Anpassung), S. 109 ff.

C. VII. Neue Verfahren der Kostenrechnung

Aufgrund der Verschiedenartigkeit der langfristig-strategischen Entscheidungsprobleme ist es nicht möglich, für die strategische Kostenrechnung ein einziges Verfahren zu entwickeln. Die strategische Kostenrechnung als neuer Zweig der Kostenrechnung besteht folglich aus **mehreren Einzelverfahren**.[5] Von diesen neuen Verfahren werden im folgenden diejenigen kurz vorgestellt, die in Theorie und Praxis am meisten Beachtung gefunden haben.

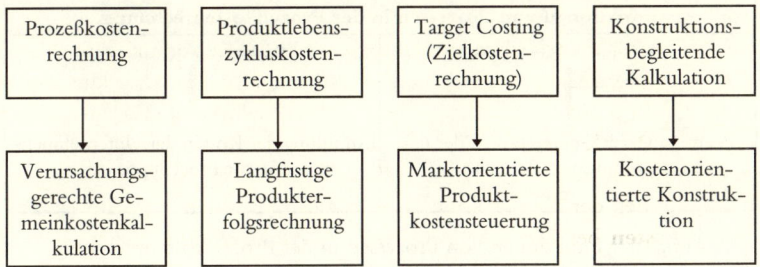

Abb. 156: Verfahren der strategischen Kostenrechnung

2. Prozeßkostenrechnung

Die Prozeßkostenrechnung entstand als Reaktion auf
- den – vornehmlich in den indirekt-produktiven Bereichen zu beobachtenden – fortschreitenden **Gemeinkostenanstieg** und
- die zunehmende **Prozeßorientierung** in den Unternehmen.

An der klassischen Kostenrechnung wurde bemängelt, daß sie diesen neuen Gegebenheiten nicht gerecht werde:[6]
- Die klassische Kostenrechnung verwendet bei der Kalkulation überwiegend **indirekte und wertmäßige Bezugsgrößen** (Materialeinzelkosten, Fertigungseinzelkosten, Herstellkosten).[7] Diese Bezugsgrößen seien keine geeigneten Maßgrößen der Kostenverursachung, da die Gemeinkosten in keinem proportionalen Verhältnis zu ihnen stünden. Aufgrund der Mißachtung des Verursachungs- und Proportionalitätsprinzips[8] würden die Kostenträger nicht mit den tatsächlich in Anspruch genommenen Faktorleistungen belastet. Die Kalkulationsergebnisse seien fehlerhaft. Insbesondere für die indirekt-produktiven Bereiche wurde festgestellt, daß die in diesen Bereichen durchgeführten Tätigkeiten (Prozesse, Aktivitäten) die eigentlichen Kostenverursacher seien. Folglich sind die klassischen (indirekten und wertmäßigen) Bezugsgrößen durch **prozeßorientierte (direkte und mengenmäßige) Bezugsgrößen** zu ersetzen.
- In der klassischen Kostenrechnung werden die Kosten lediglich Kostenstellen und Kostenträgern (Produkten, Aufträgen) zugerechnet, nicht je-

---
[5] Zu einem Überblick vgl. Seicht, G., Was ist unter „Instrumente zur Kostenbeeinflussung" zu verstehen?, Journal für Betriebswirtschaft 1994, S. 2ff.
[6] Vgl. Horváth, P./Mayer, R., Prozeßkostenrechnung – Der neue Weg zu mehr Kostentransparenz und wirkungsvolleren Unternehmensstrategien, Controlling 1989, S. 214ff.
[7] Vgl. S. 1140ff.
[8] Vgl. S. 1123ff.

doch den betrieblichen Prozessen. Damit fehlen wichtige Informationen über die Höhe der Kosten der einzelnen Prozesse, was eine Prozeßoptimierung verhindert. **Prozesse sollten damit als zusätzlicher Kostenträger** in die Kostenrechnung aufgenommen werden.

In der Prozeßkostenrechnung kommt den Prozessen folglich eine Doppelfunktion zu:

Funktionen von Prozessen in der Prozeßkostenrechnung	
1. Prozesse als Bezugsgrößen	2. Prozesse als Kostenträger
↓	↓
Verteilung der Gemeinkosten der indirekt-produktiven Bereiche über Prozesse	Ermittlung der Kosten der Unternehmensprozesse zur Prozeßoptimierung

Abb. 157: Funktionen von Prozessen in der Prozeßkostenrechnung

Die Prozeßkostenrechnung ist als **Vollkostenrechnung** konzipiert. Ihr Anwendungsgebiet liegt in den **indirekt-produktiven Leistungsbereichen** (= Gemeinkostenbereichen). Im direkt-produktiven Bereich (eigentlicher Fertigungsbereich) kommt die Prozeßkostenrechnung nicht zur Anwendung. Hier wird weiterhin auf die klassische Kostenrechnung zurückgegriffen.

Ebenso wie die klassische Kostenrechnung durchläuft auch die Prozeßkostenrechnung die Teilgebiete der Kostenarten-, Kostenstellen- und Kostenträgerrechnung:

Vorgehensweise der klassischen Kostenrechnung	Vorgehensweise der Prozeßkostenrechnung
Kostenarten	Kostenarten
↓	↓
Kostenstellen	Kostenstellen
	↓
	Teilprozesse
	↓
	Hauptprozesse
↓	↓
Kostenträger (Produkte)	Kostenträger (Produkte)

Abb. 158: Vorgehensweise der klassischen Kostenrechnung und der Prozeßkostenrechnung

In der Kostenartenrechnung bestehen keine wesentlichen Unterschiede zwischen der Prozeßkostenrechnung und der herkömmlichen Vollkostenrechnung. Von der Kostenstellenrechnung an geht die Prozeßkostenrechnung jedoch einen anderen Weg. Nachdem die Gemeinkosten in den Kostenstellen erfaßt sind, werden sie zunächst auf die in den Kostenstellen durchzuführenden **Teilprozesse** (Tätigkeiten, Aktivitäten; z.B. „Bestellung aufgeben" im Einkauf) verrechnet und die **Kosten pro Teilprozeßeinheit** ermittelt. Anschließend werden die Teilprozesse zu **kostenstellenübergreifenden Hauptprozessen** zusammengefaßt (Kosten pro Hauptprozeßeinheit; z. B. der Gesamtprozeß „Materialbeschaffung"). Zum Schluß werden den Kostenträgern (Produkten) die Gemeinkosten nach der Inanspruchnahme der Hauptprozesse zugerechnet.

Der Ablauf der Prozeßkostenrechnung wird nachfolgend anhand eines Beispiels vereinfacht aufgezeigt.[9] Betrachtet wird die Kostenstelle „Einkauf" eines Unternehmens.[10]

Prozesse	Art	Prozeß-größe	Plan-prozeß-menge (Einheiten)	Plan-prozeß-kosten (DM)	Prozeß-kosten-satz lmi (DM/ Einheit)	Umlage lmn (DM/ Einheit)	Gesamt-prozeß-kosten-satz (DM/ Einheit)
Angebote einholen	lmi	Anzahl Angebote	1.200	300.000	250,-	21,25	271,25
Bestellungen aufgeben	lmi	Anzahl Bestellungen	3,500	70.000	20,-	1,70	21,70
Reklamationen bearbeiten	lmi	Anzahl Reklamationen	100	100.000	1.000,-	85,00	1.085,00
Abteilung leiten	lmn	–	–	40.000	–	–	–

Abb. 159: Beispiel zur Prozeßkostenrechnung

Eine **Tätigkeitsanalyse** hat ergeben, daß in der Kostenstelle „Einkauf" im wesentlichen vier Tätigkeiten (= Teilprozesse) durchgeführt werden: Angebote einholen, Bestellungen aufgeben, Reklamationen bearbeiten und Abteilung leiten. Die letztgenannte Tätigkeit (Abteilung leiten) fällt dabei unabhängig vom insgesamt zu erbringenden Leistungsvolumen der Einkaufskostenstelle generell an. Es handelt sich um einen sog. **leistungsmengenneutralen Teilprozeß (lmn-Prozeß)**. Die anderen drei Teilprozesse (Angebote einholen, Bestellungen aufgeben, Reklamationen bearbeiten) bestehen aus überwiegend repetitiven Tätigkeiten, deren jeweilige Anzahl mit dem zu erbringenden Leistungsvolumen der Kostenstelle variiert. Solche Tätigkeiten werden als **leistungsmengeninduzierte Teilprozesse (lmi-Prozesse)** bezeichnet.

---

[9] Ausführlicher zur Vorgehensweise der Prozeßkostenrechnung vgl. für viele Coenenberg, A. G., (Kostenrechnung), S. 220 ff.; Glaser, H., Prozeßkostenrechnung – Darstellung und Kritik, ZfbF 1992, S. 275 ff.

[10] Leicht verändert übernommen aus Horváth, P./Mayer, R., Prozeßkostenrechnung – Der neue Weg zu mehr Kostentransparenz und wirkungsvolleren Unternehmensstrategien, Controlling 1989, S. 217

Die lmi-Prozesse werden über **Prozeßgrößen** (= Bezugsgrößen) gemessen. Die Prozeßgrößen sollen dabei Aufschluß über die jeweilige Kostenverursachung geben. Wie das Beispiel zeigt, bestehen die Prozeßgrößen i. d. R. aus der Anzahl der jeweils durchzuführenden Teilprozesse (Anzahl der eingeholten Angebote, Anzahl der aufgegebenen Bestellungen, Anzahl der bearbeiteten Reklamationen). Für leistungsmengenneutrale Prozesse existieren keine Prozeßgrößen, da diese Art der Tätigkeit leistungsvolumenunabhängig anfällt.

Die **Prozeßmengen** geben an, wieviele Tätigkeiten in der betrachteten Periode (i. d. R. 1 Jahr) jeweils durchzuführen sind. Die zugehörigen **Prozeßkosten** wiederum geben an, welcher Teil der Gesamtkosten der Kostenstelle durch welche Tätigkeit verursacht wird. Durch Division der Prozeßkosten durch die Prozeßmenge ergibt sich der jeweilige **Prozeßkostensatz** der einzelnen lmi-Tätigkeiten. Er gibt an, wieviel die einmalige Durchführung eines lmi-Teilprozesses kostet.

Da es sich bei der Prozeßkostenrechnung um eine Vollkostenrechnung handelt, sind auch die leistungsmengenneutralen Kosten auf die Kostenträger zu verrechnen. Dies geschieht durch eine **proportionale Umlage der leistungsmengenneutralen** auf die leistungsmengeninduzierten **Kosten**.[11] Der Anteil der lmn-Kosten an den lmi-Kosten der Kostenstelle beträgt 8,5 Prozent (40 000 : 470 000 · 100). Folglich wird jeder lmi-Prozeßkostensatz um 8,5 Prozent erhöht, um zu den jeweiligen Gesamtprozeßkostensätzen zu gelangen.

Anschließend werden die Teilprozesse zu **Hauptprozessen** zusammengefügt. Unter Hauptprozessen sind zusammenhängende, abteilungsübergreifende Arbeitsabläufe zu verstehen. So gehen beispielsweise aus der betrachteten Einkaufskostenstelle die Teilprozesse „Angebote einholen" und „Bestellungen aufgeben" in den Hauptprozeß „Material beschaffen" ein. Zu diesem Hauptprozeß gehören ferner die Teilprozesse „Material annehmen" (Kostenstelle Warenannahme), „Material prüfen" (Kostenstelle Qualitätssicherung) und „Material einlagern" (Kostenstelle Lager).

	Hauptprozeß „Material beschaffen"	
Teilprozesse	**Kostenstelle**	**Prozeßkosten**
Angebote einholen	Einkauf	300.000
Bestellungen aufgeben	Einkauf	70.000
Material annehmen	Warenannahme	80.000
Material prüfen	Qualitätssicherung	110.000
Material einlagern	Lager	105.000
Summe		665.000
Cost Driver	Anzahl Materialbeschaffungen	3.500
Hauptprozeßkostensatz		190

Abb. 160: Bestimmung des Hauptprozeßkostensatzes

---

[11] Zu einer anderen Form der Behandlung der leistungsmengenneutralen Kosten vgl. Coenenberg, A. G., (Prozeßkostenrechnung), S. 233

Die Summe der Prozeßkosten der beteiligten Teilprozesse ergibt die **Prozeßkosten des Hauptprozesses**. Den Prozeßkostensatz des Hauptprozesses erhält man, indem die gesamten Prozeßkosten durch die Prozeßmenge des Hauptprozesses dividiert werden. Zur Bestimmung der Prozeßmenge ist vorab die Prozeßgröße des Hauptprozesses, d.h. der Hauptkosteneinflußfaktor des betrachteten Hauptprozesses **(Cost Driver)**, festzulegen. Im Beispielsfall werden die Kosten des Hauptprozesses „Material beschaffen" primär durch die Anzahl der durchgeführten Materialbeschaffungen verursacht.

Sowohl der (aggregierte) Hauptprozeßkostensatz wie auch die (detaillierteren) Teilprozeßkostensätze dienen als **Informationsgrundlage für die Prozeßoptimierung**. Anhand dieser Informationen ist erkennbar, was die einmalige Durchführung eines Haupt- oder Teilprozesses kostet.

Wie oben erläutert, dient der Hauptprozeßkostensatz darüber hinaus als Kalkulationssatz im Rahmen der anschließenden Kostenträgerrechnung. Bei dieser sog. **strategischen Produktkalkulation** werden jedem Kostenträger entsprechend seiner Prozeßinanspruchnahme die Gemeinkosten der indirektproduktiven Bereiche zugeordnet. Hierzu wird der Hauptprozeßkostensatz mit der Anzahl der Prozeßwiederholungen, die zur Erstellung einer Kostenträgereinheit notwendig sind, multipliziert.[12]

Hauptprozeßkostensatz „Material beschaffen" (190,– DM/Einheit)		
Produkt	A	B
Anzahl Materialbeschaffung pro Einheit	0,8	1,5
Prozeßkosten pro Einheit	152,–	285,–

Abb. 161: Strategische Produktkalkulation

3. Produktlebenszykluskostenrechnung

Die gestiegenen Vor- und Nachleistungskosten sowie immer kürzere Produktlebenszyklen stellen neue Anforderungen an Produkterfolgsrechnungen. Nur durch eine ganzheitliche, periodenübergreifende, alle Phasen des Produktlebenszyklusses erfassende Produktlebenszykluskostenrechnung ist es möglich,

- **Aussagen über den tatsächlichen Produkterfolg** zu treffen sowie
- die während des gesamten Produktlebenszyklusses anfallenden **Produktkosten zu optimieren**.

Produktlebenszykluskostenrechnungen ergänzen die klassischen einperiodigen Produkterfolgsrechnungen (z.B. in Form von Deckungsbeitragsrechnungen)[13] um **mehrperiodige Betrachtungen von Produkterfolgen**. Sie bestehen aus Planungs- und Kontrollrechnungen:

---

[12] Diese Vorgehensweise wird als direkte Prozeßkalkulation bezeichnet. Zu weiteren Verfahren der prozeßorientierten Kalkulation vgl. Braun, S., (Prozeßkostenrechnung), S. 83 ff.

[13] Vgl. S. 1156 ff.

Produktlebenszykluskostenrechnungen	
zukunftsbezogen	**vergangenheitsbezogen**
produktbezogene Planungsrechnungen	**produktbezogene Kontrollrechnungen**
• Bezogen auf den noch verbleibenden Produktlebenszyklus. • Erstmalige Erstellung zu Beginn des Produktlebenszyklusses (am Anfang der Forschungs- und Entwicklungsphase). • Fortführung und Detaillierung im weiteren Verlauf des Produktlebenszyklusses.	• Bezogen auf den bereits abgelaufenen Teil des Produktlebenszyklusses. • Periodische Überprüfung anhand kumulierter Werte, um • Abweichungen aufzuzeigen, • Gegenmaßnahmen zu initiieren und • die weitere Planung anzupassen.

Abb. 162: Zeitbezug von Produktlebenszykluskostenrechnungen

Die Produktlebenszykluskostenrechnung basiert auf dem Konzept des **integrierten Produktlebenszyklusses**.[14] Dieser ergänzt den klassischen Produktlebenszyklus,[15] der nur die Marktphase eines Produktes betrachtet, um die Vormarktphase und die Nachmarktphase. Die Produktlebenszykluskosten lassen sich dementsprechend in

- **Kosten der Vormarktphase** (Vorleistungskosten; z. B. Kosten für Forschung und Entwicklung),
- **Kosten der Marktphase** (laufende Kosten; Material-, Fertigungs-, Verwaltungs- und Vertriebskosten) sowie
- **Kosten der Nachmarktphase** (Nachleistungskosten; z. B. Reparatur- und Garantieleistungskosten)

trennen. Analog ist zwischen

- **Vorleistungserlösen** (z. B. staatliche Investitionszulagen),
- **laufenden Erlösen** (klassische Umsatzerlöse) und
- **Nachleistungserlösen** (z. B. Wartungserlöse)

zu unterscheiden.

Die Produktlebenszykluskostenrechnung besteht aus **unterschiedlichen Rechenverfahren**. Zu unterscheiden ist hierbei im wesentlichen zwischen (1) Durchschnittsrechnungen, (2) Amortisationsrechnungen und (3) Barkapitalwertrechnungen.[16]

Bei den (1) **Durchschnittsrechnungen** werden

- die während des Produktlebenszyklusses insgesamt anfallenden Vorleistungskosten, laufenden Kosten und Nachleistungskosten addiert und
- durch die gesamte Absatzmenge während des Lebenszyklusses geteilt.

Die so gewonnenen Durchschnittskosten werden als **Lebenszyklus-Preisuntergrenze** interpretiert. Sie geben den Absatzpreis des Produktes an, der durchschnittlich mindestens erzielt werden muß, damit sich die Produktion des Produktes lohnt.

---

[14] Vgl. Pfeiffer, W./Bischof, P., Produktlebenszyklen als Basis der Unternehmensplanung, ZfB 1974
[15] Vgl. S. 529
[16] Vgl. Baden, A., (Kostenrechnung), S. 84 ff.

C. VII. Neue Verfahren der Kostenrechnung

Formen der Produktlebenszykluskostenrechnung
(1) Durchschnittsrechnungen $$\text{Lebenszyklus-Preisuntergrenze} = \frac{\text{Lebenszykluskosten}}{\text{Lebenszyklusabsatzmenge}}$$
(2) Amortisationsrechnungen   • Amortisationszeitpunkt = Deckung der Vor- und Nachleistungskosten durch kumulierte laufende Periodenergebnisse   • Amortisationsmenge = Bis zum Amortisationszeitpunkt kumulierte Absatzmenge   • Produktlebenszyklusergebnis = Summe der kumulierten laufenden Periodenergebnisse ./. Vor- und Nachleistungskosten
(3) Barwertrechnungen $$\begin{aligned} \text{BKW} &= \sum_{t=1}^{n}(\text{Erlöse} - \text{Kosten})_t \\ &= \sum_{t=1}^{n} \text{laufendes Periodenergebnis}_t - \sum_{t=1}^{n} \text{Vorleistungskosten}_t \\ &\quad - \sum_{t=1}^{n} \text{Nachleistungskosten}_t + \sum_{t=1}^{n} \text{Vorl.-/Nachleistungserlöse}_t \end{aligned}$$

Abb. 163: Formen der Produktlebenszykluskostenrechnung

Mit den (2) **produktbezogenen Amortisationsrechnungen** soll dem über den Produktlebenszyklus diskontinuierlichen Anfall der Kosten und Erlöse Rechnung getragen werden. Amortisationsrechnungen[17] ermitteln den Zeitpunkt, zu dem die aufsummierten Vor- und Nachleistungskosten[18] durch die kumulierten Periodenergebnisse der Marktphase gedeckt sind. Die Periodenergebnisse setzen sich dabei aus den Periodenerlösen abzüglich der laufenden Periodenkosten zusammen. Sie entsprechen damit dem herkömmlichen Produktdeckungsbeitrag der mehrstufigen Deckungsbeitragsrechnung.[19] Zusätzlich zum Amortisationszeitpunkt können noch die Amortisationsmenge und das Produktlebenszyklusergebnis berechnet werden.

Mit (3) **produktlebenszyklusbezogenen Barwertrechnungen** wird der sog. **strategische Produktdeckungsbeitrag** berechnet. Hierfür werden die laufenden Periodenergebnisse (= periodische Produktdeckungsbeiträge), die Vor- und Nachleistungskosten sowie eventuelle Vor- und Nachleistungserlöse in den Perioden, in denen sie angefallen sind, erfaßt. Über eine Diskontierung wird der Barkapitalwert bestimmt.[20] Dieser zeigt den **Gegenwartswert des Erfolgs**, der mit dem Produkt insgesamt über den Produktlebenszyklus erwirtschaftet wird.

---

[17] Vgl. hierzu S. 632 f.
[18] Von Vor- und Nachleistungserlösen wird an dieser Stelle abgesehen.
[19] Vgl. S. 1159 ff.
[20] Zur Barkapitalwertberechnung vgl. S. 637 ff.

4. Target Costing

Um der zunehmenden Determiniertheit der Kosten in der Produktherstellungsphase (= Marktphase) der Produkte gerecht zu werden, hat die Produktkostenbeeinflussung bereits so früh wie möglich in der Forschungs-, Entwicklungs- und Konstruktionsphase (= Vormarktphase) anzusetzen. Unternehmen, die auf Käufermärkten mit hohem Wettbewerb[21] agieren (was für die meisten Unternehmen zutreffen dürfte), können zur **frühzeitigen Kostenbeeinflussung** auf das Target Costing (die Zielkostenrechnung) zurückgreifen.

Käufermärkte haben auf die Unternehmen u. a. zwei Auswirkungen:
- Die Erreichung der Unternehmensziele hängt in erheblichem Maße davon ab, inwiefern es gelingt, die **Kundenwünsche** zu befriedigen.
- Der Absatzpreis eines Produktes wird weitestgehend durch die Marktverhältnisse bestimmt **(marktorientierte Preisbildung)**.[22] Dem einzelnen Anbieter bleiben nur sehr geringe Preisspielräume.

Die Unternehmen sind folglich gezwungen, Produkte anzubieten, welche
- die von den Kunden gewünschten Eigenschaften aufweisen und
- deren Kosten den marktüblichen Preis nicht übersteigen.

Die maximale Höhe der Selbstkosten eines Produktes wird damit vom Markt bestimmt. Es geht in der Produktentwicklung somit nicht mehr um die traditionelle Frage
- „Was wird ein Produkt kosten?",

sondern um die Frage
- „Was darf ein Produkt kosten?".

Durch die marktorientierte Sichtweise des Target Costing findet eine Umkehrung der **traditionellen Entscheidungskette**

$$\boxed{\text{Investition} \rightarrow \text{Selbstkosten} \rightarrow \text{Preis}}$$

in die **marktorientierte Entscheidungskette**

$$\boxed{\text{strategischer Marktpreis} \rightarrow \text{langfristige Selbstkosten} \rightarrow \text{Investition}}$$

statt. Diese Entscheidungskette verdeutlicht, daß die Produkte nicht auf Basis der im Unternehmen bestehenden Technologie- und Verfahrensstandards zu entwickeln sind, sondern daß die unternehmerischen Technologie- und Verfahrensstandards in bezug auf die Marktanforderungen anzupassen und zu optimieren sind.

Die Vorgehensweise des Target Costing verdeutlicht Abb. 164[23]

Ausgangspunkt des Target Costing ist die Durchführung einer **Marktforschungsstudie**.[24] Mit einer Conjoint-Analyse werden für ein Produktkonzept

---

[21] Zu Käufermärkten vgl. S. 481 ff.
[22] Vgl. S. 568 ff.
[23] Näheres zur Vorgehensweise des Target Costing vgl. für viele Seidenschwarz, W., (Target Costing), S. 140 ff.
[24] Vgl. S. 493 ff.

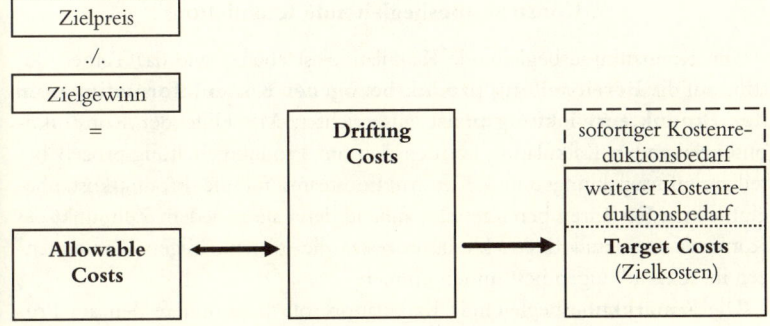

Abb. 164: Vorgehensweise des Target Costing

- der voraussichtliche **Marktpreis** (Zielpreis, Targetpreis) und
- die von den Konsumenten **gewünschten Produktmerkmale**

bestimmt.

Vom **Zielpreis** (z. B. 1.000 DM) wird die vom Unternehmen geforderte **Gewinnspanne** (z. B. 10% Umsatzrendite) abgezogen. Der Zielpreis abzüglich des Zielgewinns ergibt die vom Markt erlaubten Kosten (**Allowable Costs**; im Beispiel 900 DM). Diese bilden die langfristige Preisuntergrenze des Neuproduktes.

Den Allowable Costs werden die **Drifting Costs** gegenübergestellt. Drifting Costs sind unter „Aufrechterhaltung vorhandener Technologie- und Verfahrensstandards im Unternehmen erreichbare Plankosten."[25] Die Drifting Costs (z. B. 1.100 DM) sind Kostenprognosen, die aus Versuchsprodukten oder existierenden ähnlichen Produkten abgeleitet werden. In der Regel liegen die Drifting Costs (deutlich) über den Allowable Costs.

Die **Zielkosten (Target Costs)** ergeben sich aus der Gegenüberstellung von Allowable Costs (900 DM) und Drifting Costs (1.100 DM). Da die Allowable Costs i. d. R. eine kaum schnell zu realisierende Vorgabegröße bilden, entsprechen die anfänglichen Zielkosten nur in den seltensten Fällen den Allowable Costs. Üblicherweise wird für die Zielkosten ein Wert bestimmt, der zwischen den Allowable Costs und den Driftung Costs liegt (z. B. 930 DM). Die noch bestehende Lücke zwischen den anfänglichen Zielkosten und den Allowable Costs (30 DM) ist nach der Markteinführung des Produktes durch weitere **Kostenreduktionsmaßnahmen** zu schließen.

Die für ein Produkt ermittelten Zielkosten sind noch zu pauschal, um als konkrete Vorgaben für die am Produktentwicklungsprozeß beteiligten Abteilungen zu dienen. Die Zielkosten sind daher in mehreren Schritten bis auf die Einzelteile des Produktes herunterzubrechen.[26] Das Ergebnis dieser sog. **Zielkostenspaltung** sind die Zielkosten der einzelnen Produktbestandteile. Diese bilden die konkreten Kostenvorgaben, die im Rahmen des Produktentwicklungsprozesses einzuhalten sind.

---

[25] Horváth/Seidenschwarz, (Methodik), S. 23
[26] Vgl. hierzu ausführlich Horváth/Seidenschwarz, (Methodik), S. 11 ff.

5. Konstruktionsbegleitende Kalkulation

Die Konstruktionsbegleitende Kalkulation ist ebenso wie das Target Costing auf die **Bereitstellung produktbezogener Kosteninformationen in der Produktentwicklungsphase** ausgerichtet. Mit Hilfe der Konstruktionsbegleitenden Kalkulation werden den am Produktgestaltungsprozeß beteiligten Entwicklungs- und Konstruktionsteams für die Produktkostenbeeinflussung Verfahren bereitgestellt, anhand derer sie zu jedem Zeitpunkt des Konstruktions- und Entwicklungsprozesses die kostenmäßigen Konsequenzen ihrer Handlungen bestimmen können.

Die Konstruktionsbegleitende Kalkulation soll insbesondere den am Produktentwicklungsprozeß beteiligten Technikern (Ingenieuren) helfen, die **Neuproduktgestaltung wirtschaftlich zu betreiben**. Hierzu sind ihnen betriebswirtschaftliche Methoden bereitzustellen, die Aussagen über die Beziehung zwischen

- der **Kostenverursachung** in der Produktentwicklungsphase und
- der späteren **Kostenentstehung** nach der Markteinführung

ermöglichen sollen. Der Konstrukteur soll dabei unterstützt werden, ein Produkt „nur so gut wie nötig und nicht immer so gut wie technisch möglich"[27] zu gestalten.

Die Aufgaben der Konstruktionsbegleitenden Kalkulation liegen in

1. der Berechnung der **Kosten von Konstruktionsalternativen** („Was kostet es?") und
2. der Unterstützung bei der **Kostenminimierung** („Wie wird es kostengünstiger?").

Den Unterschied zwischen der traditionellen (Vor-)Kalkulation und der Konstruktionsbegleitenden Kalkulation zeigt die folgende Abbildung:

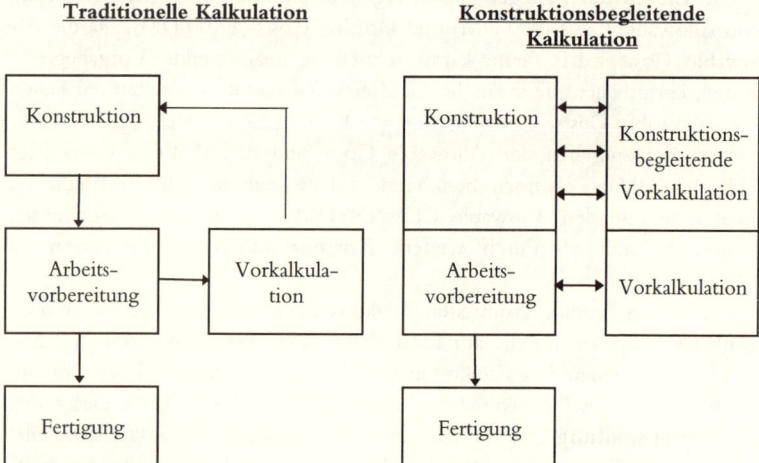

Abb. 165: Traditionelle und Konstruktionsbegleitende Kalkulation[28]

---

[27] Männel, W., (Anpassung), S. 128
[28] Vgl. Gröner, L., (Vorkalkulation), S. 24

Die **traditionelle Kalkulation** benötigt Daten über die Stücklisten und Arbeitspläne des Neuproduktes. Sie kann folglich erst nach Abschluß des Konstruktionsprozesses und der Arbeitsvorbereitung durchgeführt werden. Zeigt sich hierbei, daß die errechneten Produktkosten zu hoch sind, ist der Konstruktionsprozeß ganz oder teilweise zu wiederholen. Zur Begleitung des Konstruktionsprozesses ist die traditionelle Kalkulation nicht geeignet. Die Folge sind lange Produktentwicklungszeiten und ineffiziente Arbeitsweisen.

Um den Produktentwicklungsprozeß durch eine frühzeitige Kostenbeeinflussung zu beschleunigen und zu optimieren, ist der **Konstrukteur parallel zum Konstruktionsprozeß mit Kosteninformationen zu versorgen.** Durch eine Konstruktionsbegleitende Kalkulation, die die sofortige Bewertung, Auswahl und Generierung kostengünstiger Konstruktionsalternativen erlaubt, wird dem Konstrukteur die Möglichkeit gegeben, seine technischen Konzepte jederzeit wirtschaftlich zu analysieren und zu bewerten.

Zur Kostenberechnung und Kostenminimierung mittels einer Konstruktionsbegleitenden Kalkulation existiert eine **Vielzahl unterschiedlicher Verfahren.**[29] Da eine nähere Betrachtung der einzelnen Verfahren den Rahmen dieses einführenden Lehrbuches sprengen würde, seien hier nur einige wesentliche Merkmale der Verfahren der Konstruktionsbegleitenden Kalkulation aufgeführt:

- Gemeinsam ist allen Verfahren, daß sie zur **Vorkalkulation der Herstellkosten** (Material- und Fertigungskosten) der Neuprodukte dienen. Die Verwaltungs- und Vertriebskosten werden i.d.R. nicht erfaßt, da sie – im Gegensatz zu den Material- und Fertigungskosten – nicht in der Disposition des Konstrukteurs liegen.
- Gemeinsam ist den Verfahren ebenfalls, daß sie die Herstellkosten des Neuproduktes aus den Herstellkosten **repräsentativer Vergleichsobjekte** (Referenzobjekte) ableiten.
- Unterschiede zwischen den Verfahren bestehen in den verwendeten Rechenmethoden, ihrer Genauigkeit sowie ihrer Eignung für verschiedene Konstruktionsprobleme.

6. Beurteilung der strategischen Kostenrechnung

Mit der Entwicklung der strategischen Kostenrechnung erweitert sich das den Unternehmen zur Verfügung stehende kostenrechnerische Instrumentarium. An den neuen Verfahren sind insbesondere folgende Aspekte positiv zu bewerten:
1. Durch die veränderten Rahmenbedingungen gewinnen strategische gegenüber operativen Informationsinstrumenten zweifelsfrei an Bedeutung. Strategische Rechenverfahren spielen heutzutage eine immer wichtigere Rolle bei der informatorischen Unterstützung der Unternehmensführung. Diese Schwerpunktverlagerung greifen die neuen Verfahren der strategischen Kostenrechnung auf. Mit ihrem Einsatz werden **aktuelle betriebs-**

---

[29] Vgl. Gröner, L., (Vorkalkulation), S. 44 ff.

wirtschaftliche **Entwicklungen und Notwendigkeiten** wie Prozeßorientierung, Lebenszyklusbetrachtung, Marktorientierung und frühzeitige Kostenbeeinflussung **aufgegriffen** und informatorisch unterstützt.

2. Die Verfahren der strategischen Kostenrechnung bauen auf der klassischen Kostenrechnung auf. Damit bestehen **gute Anwendungsvoraussetzungen** für die Unternehmenspraxis, da

- in den Unternehmen i. d. R. eine gut ausgebaute Kostenrechnung vorhanden ist und
- die Instrumente sich auf vorhandenes Zahlenmaterial beziehen.

In methodischer Hinsicht weisen die einzelnen Verfahren allerdings Schwächen auf.[30] Zum einen handelt es sich in den meisten Fällen um **Vollkostenrechnungen** mit dem bekannten Problem der (nicht verursachungsgerechten) **Fixkostenproportionalisierung.**[31] Die sich hieraus ergebenden Ungenauigkeiten lassen sich durch die Verwendung „verursachungsgerechterer" Bezugsgrößen zwar einschränken, jedoch nicht beseitigen. Zum anderen handelt es sich bei den Verfahren streng genommen nicht um Kostenrechnungen, sondern um konkrete Anwendungsfälle der Investitionsrechnung. Statt dynamischer kommen dabei jedoch weitestgehend **statische Verfahren der Investitionsrechnung** (Kostenvergleichsrechnungen, Gewinnvergleichsrechnungen, Amortisationsrechnungen) zur Anwendung. Solche Rechnungen sind bekanntermaßen nur eingeschränkt geeignet, mehrperiodige strategische Planungsprobleme zu lösen.[32] Die Verfahren der strategischen Kostenrechnung stellen damit im Ergebnis **praktische Näherungslösungen mit methodischen Schwächen** dar.

---

[30] Vgl. hierzu ausführlicher Baden, A., Die strategische Kostenrechnung – Eine „revolutionäre Umorientierung des internen Rechnungswesens"?, ZfB 1998, S. 615 ff.
[31] Vgl. S. 1156 ff.
[32] Zu den Mängeln der statischen Investitionsrechnung vgl. S. 633 f.

Literaturverzeichnis

Vorbemerkung

Das Literaturverzeichnis zu den Abschnitten 2 bis 6 beschränkt sich im Interesse der Überschaubarkeit auf ausgewählte Monographien. Zeitschriftenaufsätze zu Spezialproblemen sind in der Regel in den Literaturverzeichnissen der angegebenen Monographien zu finden. Zu Abschnitt 1 konnte auf die Angabe von Zeitschriftenaufsätzen nicht verzichtet werden, da die meisten Beiträge zur Methodologie und Geschichte der Betriebswirtschaftslehre nicht in Büchern, sondern in Zeitschriften enthalten sind.

Den Literaturangaben zu den einzelnen Abschnitten ist eine Auswahl von Gesamtdarstellungen und Handwörterbüchern vorangestellt, die bei den Literaturangaben zu den einzelnen Abschnitten nicht noch einmal aufgeführt werden, obwohl sie alle oder mehrere Abschnitte dieses Buches betreffen.

Gesamtdarstellungen

Albach, H.: Allgemeine Betriebswirtschaftslehre, Wiesbaden 2000.
Albach, H., Albach, R.: Das Unternehmen als Institution, Rechtlicher und gesellschaftlicher Rahmen, Eine Einführung, Wiesbaden 1989.
Arndt, H.: Mikroökonomische Theorie, 1. Band: Markt und Macht, 2. Aufl., Tübingen 1973, 2. Band: Kapitalismus, Sozialismus, Konzentration und Konkurrenz, 2. Aufl., Tübingen 1976.
Bartling, H., Luzius, F.: Grundzüge der Volkswirtschaftslehre, 12. Aufl., München 1998.
Bea, F. X., Dichtl, E., Schweitzer, M. (Hrsg.): Allgemeine Betriebswirtschaftslehre, 3 Bde, Bd. 1: Grundfragen, Bd. 2: Führung, Bd. 3: Leistungsprozeß, alle 7. Aufl., Stuttgart 1997.
Bestmann, U. (Hrsg.): Kompendium der Betriebswirtschaftslehre, 9. Aufl., München/Wien 1997.
Brauer, K. M. (Hrsg.): Allgemeine Betriebswirtschaftslehre, Würzburg/Wien 1971.
Busse von Colbe, W., Laßmann, G.: Betriebswirtschaftstheorie, 3 Bde, Bd. 1: Grundlagen, Produktions- und Kostentheorie, 5. Aufl., Berlin, Heidelberg, New York, Tokio 1991, Bd. 2: Absatztheorie und Bd. 3: Investitionstheorie, 4. Aufl., Berlin, Heidelberg, New York, Tokio 1994.
Corsten, H. (Hrsg.): Lexikon der Betriebswirtschaftslehre, 3. Aufl., München/Wien 1995.
Corsten, H., Reiß, M. (Hrsg.): Betriebswirtschaftslehre, 3. Aufl., München/Wien 1999.
Diederich, H.: Allgemeine Betriebswirtschaftslehre, 7. Aufl., Stuttgart u. a. 1992.
Drukarczyk, J., Müller-Hagedorn, L. (Hrsg.): Betriebswirtschaftslehre, 2 Bde, Wiesbaden 1978.
Endres, W.: Der Betrieb. Grundriß der Allgemeinen Betriebswirtschaftslehre, 3. Aufl., Bergisch Gladbach/Köln 1998.
Federmann, R.: Allgemeine Betriebswirtschaftslehre, Wiesbaden 1976.
Fischer, G.: Allgemeine Betriebswirtschaftslehre, 10. Aufl., Heidelberg 1964.
Fries, H.-P.: Betriebswirtschaftslehre des Industriebetriebes, 5. Aufl., München/Wien 1999.
Gaugler, E.: Hundert Jahre Betriebswirtschaftslehre, Mannheim 1998.
Gutenberg, E.: Einführung in die Betriebswirtschaftslehre, Wiesbaden 1958.
–: Grundlagen der Betriebswirtschaftslehre, Bd. 1: Die Produktion, 24. Aufl., Berlin, Heidelberg, New York 1984, Bd. 2: Der Absatz, 17. Aufl., Berlin, Heidelberg, New York 1983, Bd. 3: Die Finanzen, 8. Aufl., Berlin, Heidelberg, New York 1980.
Hahn, O.: Allgemeine Betriebswirtschaftslehre, 3. Aufl., München/Wien 1997.
Handbuch der Wirtschaftswissenschaften, hrsg. von K. Hax und Th. Wessels, 2 Bde, 2. Aufl., Köln und Opladen 1966.
Handwörterbuch der Absatzwirtschaft, hrsg. von B. Tietz, Stuttgart 1974.
Handwörterbuch der Betriebswirtschaft, hrsg. von H. Seischab und K. Schwantag, 4 Bde, 3. Aufl., Stuttgart 1956/62.
Handwörterbuch der Betriebswirtschaft, hrsg. von E. Grochla und W. Wittmann, 3 Bde, 4. Aufl., Stuttgart 1974/1976.

Literaturverzeichnis

Handwörterbuch der Betriebswirtschaft, hrsg. von W. Wittmann, W. Kern, R. Köhler, H.-U. Küpper und K. v. Wysocki, 3 Bde, 5. Aufl., Stuttgart 1993.
Handwörterbuch der Produktionswirtschaft, hrsg. von W. Kern, 2. Aufl., Stuttgart 1996.
Handwörterbuch der Sozialwissenschaften, hrsg. von E. von Beckenrath und C. Brinkmann, 12 Bde, Stuttgart, Tübingen, Göttingen 1956/65.
Handwörterbuch der Wirtschaftswissenschaft, hrsg. von W. Albers u. a., 9 Bde, Stuttgart 1977/83.
Handwörterbuch des Marketing, hrsg. von R. Köhler, B. Tietz und J. Zentes, 2. Aufl., Stuttgart 1995.
Hanssmann, F.: Quantitative Betriebswirtschaftslehre, 4. Aufl., München 1995.
Heinen, E.: Einführung in die Betriebswirtschaftslehre, 9. Aufl., Wiesbaden 1985, Nachdruck 1992.
Henderson, J. M., Quandt, R. E.: Mikroökonomische Theorie, 5. Aufl., München 1983.
Hörschgen, H.: Grundbegriffe der Betriebswirtschaftslehre, 3. Aufl., Stuttgart 1992.
Hopfenbeck, W.: Allgemeine Betriebswirtschafts- und Managementlehre, 12. Aufl., Landsberg am Lech 1998.
Hüttner, M.: Betriebswirtschaftslehre. Einführung und Überblick, 2. Aufl., Berlin/New York 1995.
Illetschko, L. L.: Unternehmenstheorie. Elemente rationeller Betriebslenkung, 2. Aufl., Wien, New York 1967.
Jacob, H. (Hrsg.): Allgemeine Betriebswirtschaftslehre: Handbuch für Studium und Prüfung, 5. Aufl., Wiesbaden 1988, Nachdruck 1990.
Joschke, H. K.: Praktisches Lehrbuch der Betriebswirtschaft, 6. Aufl., Landsberg/Lech 1981.
Kirsch, W.: Betriebswirtschaftslehre: Systeme, Entscheidungen, Methoden, Wiesbaden 1974.
Kolbinger, J.: Die Betriebswirtschaftslehre als Lehre von der sozialen Leistungsordnung. Eine Einführung in die Betriebswirtschaftslehre als Sozialwissenschaft, Berlin, München 1980.
Korndörfer, W.: Allgemeine Betriebswirtschaftslehre, 11. Aufl., Wiesbaden 1996.
Kosiol, E.: Die Unternehmen als wirtschaftliches Aktionszentrum. Einführung in die Betriebswirtschaftslehre, Hamburg 1974.
–: Bausteine der Betriebswirtschaftslehre, Berlin 1973.
Küting, K. (Hrsg.): Saarbrücker Handbuch der Betriebswirtschaftlichen Beratung, 2. Aufl., Herne, Berlin 2000.
Lechner, K., Egger, A., Schauer, R.: Einführung in die Allgemeine Betriebswirtschaftslehre, 17. Aufl., Wien 1997.
Lehmann, M. R.: Allgemeine Betriebswirtschaftslehre. Allgemeine Theorie der Betriebswirtschaft, 3. Aufl., Wiesbaden 1956.
Löffelholz, J.: Repetitorium der Betriebswirtschaftslehre, 6. Aufl., Wiesbaden 1987.
Lohmann, M.: Einführung in die Betriebswirtschaftslehre, 4. Aufl., Tübingen 1964.
Lück, W. (Hrsg.): Lexikon der Betriebswirtschaft, 5. Aufl., Landsberg/Lech 1993.
Luger, A. E.: Allgemeine Betriebswirtschaftslehre, 2 Bde, Bd. 1: Der Aufbau des Betriebes, Bd. 2: Funktionsbereiche des betrieblichen Ablaufs, beide 4. Aufl., München, Wien 1998/99.
Marshall, A.: Principles of Economics, 9. Aufl., London 1961.
Meyer, L.: Grundriß der allgemeinen Betriebswirtschaftslehre, 2. Aufl., Wiesbaden 1970.
Mellerowicz, K.: Allgemeine Betriebswirtschaftslehre, 5 Bde, 12. Aufl., Berlin 1964/68, Bd. 1, 14. Aufl., Berlin 1973.
–: Unternehmenspolitik, 3 Bde, Bd. 1 u. 2, 3. Aufl., Freiburg i. Br. 1976/77, Bd. 3, 4. Aufl., Freiburg i. Br. 1978.
Mertens, P., Plötzeneder, H. D.: Einführung in die Betriebswirtschaftslehre, 9. Aufl., Wiesbaden 1996.
Müller-Merbach, H.: Einführung in die Betriebswirtschaftslehre für Erstsemester und Abiturienten, 2. Aufl., München 1976.
Nicklisch, H.: Die Betriebswirtschaft, 7. Aufl., der „Wirtschaftlichen Betriebslehre", Stuttgart 1932.
Peters, S.: Betriebswirtschaftslehre, 9. Aufl., München/Wien 1999.
Pfohl, H.-C. (Hrsg.): Betriebswirtschaftslehre der Mittel- und Kleinbetriebe, 3. Aufl., Berlin 1997.
Preitz, O.: Allgemeine Betriebswirtschaftslehre für Studium und Praxis, 5. Aufl., Baden-Baden und Bad Homburg 1986.

Radke, M.: Die große betriebswirtschaftliche Formelsammlung, Elementarausgabe, 9. Aufl., Landsberg a. Lech 1996.
Raffée, H.: Grundprobleme der Betriebswirtschaftslehre, Göttingen 1974.
Rieger, W.: Einführung in die Privatwirtschaftslehre, Nürnberg 1928, 3. Aufl., Erlangen 1964 (Nachdruck: Erlangen 1984).
Rößle, K.: Allgemeine Betriebswirtschaftslehre, 5. Aufl., Stuttgart 1956.
Samuelson, P. A.: Volkswirtschaftslehre, 2 Bde, 8. Aufl., Köln 1987.
Sandig, C.: Betriebswirtschaftspolitik, 2. Aufl., Stuttgart 1966.
Schäfer, E.: Die Unternehmung. Einführung in die Betriebswirtschaftslehre, 10. Aufl., Wiesbaden 1980 (Nachdruck: 1991).
Scheer, A.-W.: EDV-orientierte Betriebswirtschaftslehre, 4. Aufl., Berlin u. a. 1990.
Scheuch, F. (Hrsg.)**:** Allgemeine Betriebswirtschaftslehre, Texte für das Grundstudium, Wien 1990.
Schierenbeck, H.: Grundzüge der Betriebswirtschaftslehre, 14. Aufl., München u. a. 1999.
–: Übungsbuch zu Grundzüge der Betriebswirtschaftslehre, 7. Aufl., München/Wien 1996.
Schmalen, H.: Grundlagen und Probleme der Betriebswirtschaft, 10. Aufl., Köln 1996.
Schmidt, R.-B.: Wirtschaftslehre der Unternehmung, 3 Bde, Bd. 1, 2. Aufl., Stuttgart 1977, Bd. 2 u. 3, 1. Aufl., Stuttgart 1973/1978.
Schneider, D.: Allgemeine Betriebswirtschaftslehre, 3. Aufl., München/Wien 1987.
–: Betriebswirtschaftslehre, Bd. 1: Grundlagen, 2. Aufl., München/Wien 1995.
Schneider, E.: Einführung in die Wirtschaftstheorie, Teil 1: Theorie des Wirtschaftskreislaufs, 14. Aufl., Tübingen 1969, Teil 2: Wirtschaftspläne und wirtschaftliches Gleichgewicht in der Verkehrswirtschaft, 13. Aufl., Tübingen 1972.
Schult, E.: Allgemeine Betriebswirtschaftslehre, 2. Aufl., Freiburg i. Br. 1984.
Selchert, F. W.: Einführung in die Betriebswirtschaftslehre in Übersichtsdarstellungen, 6. Aufl., München/Wien 1997.
Specht, G.: Einführung in die Betriebswirtschaftslehre, 2. Aufl., Stuttgart 1997.
Stackelberg, H. v.: Grundlagen der theoretischen Volkswirtschaftslehre, 2. Aufl., Tübingen und Zürich 1951.
Stüdemann, K.: Allgemeine Betriebswirtschaftslehre, 3. Aufl., München/Wien 1993.
Thommen, J.-P., Achleitner, A.: Allgemeine Betriebswirtschaftslehre: umfassende Einführung aus managementorientierter Sicht, 2. Aufl., Wiesbaden 1998.
Ulrich, H.: Die Unternehmung als produktives soziales System, 2. Aufl., Berlin und Stuttgart 1970.
Vahlens Kompendium der Betriebswirtschaftslehre, 2 Bde, 4. Aufl., München 1998/99.
Vahlens Großes Wirtschaftslexikon, 2 Bde, hrsg. von E. Dichtl und O. Issing, 2. Aufl., München 1994.
Walther, A.: Einführung in die Wirtschaftslehre der Unternehmung, Bd. 1, 2. Aufl., Zürich 1959, Bd. 2, Zürich 1953.
Weber, W.: Einführung in die Betriebswirtschaftslehre, 3. Aufl., Wiesbaden 1999.
Wittgen, R.: Einführung in die Betriebswirtschaftslehre, 2. Aufl., München 1979.
Wittmann, W.: Betriebswirtschaftslehre, 2 Bde, Bd. 1: Grundlagen, Elemente, Instrumente, Tübingen 1982, Bd. 2: Beschaffung, Produktion, Absatz, Investition, Finanzierung, Tübingen 1985.
Wöhe, G., Kaiser, H., Döring, U.: Übungsbuch zur Einführung in die Allgemeine Betriebswirtschaftslehre, 9. Aufl., München 2000.
Woll, A.: Allgemeine Volkswirtschaftslehre, 12. Aufl., München 1996.
–: Wirtschaftslexikon, 8. Aufl., München/Wien 1996.
Wunderer, R., Grunwald, W., Moldenhauer, P.: Führungslehre, 2 Bde, Berlin, New York 1984.
Zimmerer, C.: Kompendium der Betriebswirtschaftslehre, 4. Aufl., Frankfurt/M. 1971.

Literatur zum 1. Abschnitt

1. Gegenstand und Methoden der Betriebswirtschaftslehre

Albach, H.: Ansätze zu einer empirischen Theorie der Unternehmung. In: Wissenschaftsprogramm und Ausbildungsziele der Betriebswirtschaftslehre, Berlin 1971, S. 133 ff.
Albert, H.: Das Werturteilsproblem im Lichte der logischen Analyse, ZfgSt 1956, S. 410 ff.
Bergner, H.: Grundzüge der formalen Logik für den betriebswirtschaftlichen Gebrauch. In: Die Betriebswirtschaftslehre in der zweiten industriellen Evolution, hrsg. von G. v. Kortzfleisch, Berlin 1969, S. 1 ff.

Literaturverzeichnis

Bidlingmaier, J.: Unternehmerziele und Unternehmerstrategien, Wiesbaden 1964.

–: Zielkonflikte und Zielkompromisse im unternehmerischen Entscheidungsprozeß, Wiesbaden 1968.

Budäus, D.: Betriebswirtschaftslehre und Wissenschaftstheorie. Ein Beitrag im Rahmen der Diskussion um die „Entscheidungsprozesse" von W. Kirsch, ZfB 1972, S. 373 ff.

Chmielewicz, K.: Forschungskonzeptionen der Wirtschaftswissenschaft, 3. Aufl., Stuttgart 1994.

–: Forschungsschwerpunkte und Forschungsdefizite in der deutschen Betriebswirtschaftslehre, ZfB 1984, S. 148 ff.

Dahrendorf, R.: Gesellschaft und Freiheit. Zur soziologischen Analyse der Gegenwart, München 1961.

Dlugos, G., Eberlein G., Steinmann, H. (Hrsg.): Wissenschaftstheorie und Betriebswirtschaftslehre. Eine methodologische Kontroverse, Düsseldorf 1972.

Eberlein, G., Kroeber-Riel, W. (Hrsg.): Forschungslogik der Sozialwissenschaften, Düsseldorf 1974.

Fettel, J.: Die normative Betriebswirtschaftslehre, BFuP 1949, S. 376 ff.

Fischer-Winkelmann, W. F.: Methodologie der Betriebswirtschaftslehre, München 1971.

Gäfgen, G.: Theorie der wirtschaftlichen Entscheidung. Untersuchung zur Logik und ökonomischen Bedeutung des rationalen Handelns, 3. Aufl., Tübingen 1974.

Grochla, E.: Einführung in die Organisationstheorie, Stuttgart 1978.

Gümbel, R.: Nebenbedingungen und Varianten der Gewinnmaximierung, ZfhF 1963, S. 12 ff.

Gutenberg, E.: Die Unternehmung als Gegenstand betriebswirtschaftlicher Theorie, Berlin und Wien 1929.

–: Zum „Methodenstreit", ZfhF 1953, S. 327 ff.

–: Betriebswirtschaftslehre als Wissenschaft, Kölner Universitätsrede, 2. Aufl., Krefeld 1961, 3. Aufl., Köln 1967.

Hasenack, W.: Funktions- oder Wirtschaftszweiglehren als spezielle Betriebslehren?, WPg 1954, S. 310. ff.

Hax, H.: Rentabilitätsmaximierung als unternehmerische Zielsetzung, ZfhF 1963, S. 337 ff.

Hax, K.: Die Unternehmung als Erkenntnisobjekt von Betriebswirtschaftslehre und Betriebssoziologie, ZfbF 1965, S. 233 ff.

Heinen, E.: Das Zielsystem der Unternehmung, Wiesbaden 1963.

–: Dynamische Bilanz, 5. Aufl., Leipzig 1931.

–: Betriebswirtschaftliche Steuerlehre, Bd. I, 1. Halbbd., 6. Aufl., München 1988.

Heinen, E., Dietel, B.: Zur „Wertfreiheit" in der Betriebswirtschaftslehre, ZfB 1976, S. 1 ff. und S. 101 ff.

Hill, W.: Betriebswirtschaftslehre als Wissenschaft, Zürich und St. Gallen 1957.

Kalveram, W.: Grundfragen der Betriebswirtschaft und der Betriebswirtschaftslehre, BFuP 1949, S. 10 ff.

Katterle, S.: Normative und explikative Betriebswirtschaftslehre, Göttingen 1964.

Keinhorst, H.: Die normative Betrachtungsweise in der Betriebswirtschaftslehre, Berlin 1956.

Kosiol, E.: Betriebswirtschaftslehre und Unternehmensforschung. Eine Untersuchung ihrer Standorte und Beziehungen auf wissenschaftstheoretischer Grundlage, ZfB 1964, S. 743 ff.

Kroeber-Riel, W.: Wissenschaftstheoretische Sprachkritik in der Betriebswirtschaftslehre, Berlin 1969.

Krüger, W.: Macht in der Unternehmung. Elemente und Strukturen, Stuttgart 1976.

Lehmann, M. R.: Die Stellung der Betriebswirtschaftslehre im Rahmen der Wirtschafts- und Sozialwissenschaften. In: Festschrift für Proessller, Erlangen 1953.

Lingenfelder, M.: 100 Jahre Betriebswirtschaftslehre in Deutschland, München 1999.

Marx, A.: Ethische Probleme in der Betriebswirtschaftslehre. In: Gegenwartsprobleme der Betriebswirtschaft, Festschrift für Walter Le Coutre, Baden-Baden, Frankfurt a. M. 1955, S. 41 ff.

Mellerowicz, K.: Die Stellung der Betriebswirtschaftslehre im Rahmen der Wirtschaftswissenschaften, ZfB 1951, S. 385 ff.

–: Eine neue Richtung in der Betriebswirtschaftslehre? Eine Betrachtung zu dem Buch von E. Gutenberg: „Grundlagen der Betriebswirtschaftslehre", 1. Bd.: Die Produktion, ZfB 1952, S. 145 ff.

–: Betriebswirtschaftslehre am Scheidewege?, ZfB 1953, S. 265 ff.

Moxter, A.: Methodologische Grundfragen der Betriebswirtschaftslehre, Köln und Opladen 1957.

Popper, K. R.: Logik der Forschung, 10. Aufl., Tübingen 1994.
Schanz, G.: Methodologie für Betriebswirte, 2. Aufl., Stuttgart 1988.
Schmalenbach, E.: Die Privatwirtschaftslehre als Kunstlehre, ZfhF 1911/12, S. 304 ff.
Schönpflug, F.: Betriebswirtschaftlehre. Methoden und Hauptströmungen, 2. Aufl. von: Das Methodenproblem in der Einzelwirtschaftslehre, hrsg. von H. Seischab, Stuttgart 1954.
Schreiber, R.: Erkenntniswert betriebswirtschaftlicher Theorien. Einführung in die Methodik der Betriebswirtschaftslehre, Wiesbaden 1960.
Steinmann, H. (Hrsg.): Betriebswirtschaftslehre als normative Handlungswissenschaft, Wiesbaden 1978.
Ulrich, H.: Nationalökonomie und Betriebswirtschaftslehre als Wirtschaftswissenschaften und ihr gegenseitiges Verhältnis, Bern 1944.
Weber, M.: Der Sinn der „Wertfreiheit" der soziologischen und ökonomischen Wissenschaften. In: Gesammelte Aufsätze zur Wissenschaftslehre, 2. Aufl., Tübingen 1951, S. 475 ff.
Wittmann, W.: Der Wertbegriff in der Betriebswirtschaftslehre, Köln und Opladen 1956.
Wöhe, G.: Methodologische Grundprobleme der Betriebswirtschaftslehre, Meisenheim 1959.
–: Zur Problematik der Werturteile in der Betriebswirtschaftslehre, ZfhF 1959, S. 165 ff.; wieder abgedruckt in: Wöhe, G.: Betriebswirtschaftslehre und Unternehmensbesteuerung, München 1984, S. 37 ff.
–: Die Betriebswirtschaftliche Steuerlehre – eine spezielle Betriebswirtschaftslehre?, ZfhF 1961, S. 49 ff.; wieder abgedruckt in: Wöhe, G.: Betriebswirtschaftslehre und Unternehmensbesteuerung, München 1984, S. 51 ff.
–: Betriebswirtschaftslehre, Entwicklungstendenzen der Gegenwart, HWB, Bd. 1, 4. Aufl., Stuttgart 1974, Sp. 710 ff.; wieder abgedruckt in: Wöhe, G.: Betriebswirtschaftslehre und Unternehmensbesteuerung, München 1984, S. 3 ff.
–: Entwicklungstendenzen der Allgemeinen Betriebswirtschaftslehre im letzten Drittel unseres Jahrhunderts – Rückblick und Ausblick, DBW 1990, S. 223 ff.
Wysocki, K. v.: Betriebswirtschaftslehre und Staat, ZfbF 1966, S. 198 ff.
Zimmermann, L. J.: Geschichte der theoretischen Volkswirtschaftslehre, 2. Aufl., Köln 1961.
Zinn, K.-G.: Wirtschaft und Wissenschaftstheorie – Erkenntnisse und Praxis für Betriebs- und Volkswirte, Herne u. a. 1976.
Zlábek, K.: Wirtschaftslehre der Unternehmung. Hauptgedanken ihrer theoretischen Begründung, Würzburg 1968.

2. Geschichte und gegenwärtige theoretische Ansätze

Baetge, J.: Betriebswirtschaftliche Systemtheorie. Regelungstheoretische Planungs- und Überwachungsmodelle für Produktion, Lager und Absatz, Opladen 1974.
–: Kybernetik. Die Systeme und ihre Gesetzmäßigkeiten. In: Betriebswirtschaftslehre heute. Hrsg. von Küting, K. und Schnorbus, A., Frankfurt/M. 1992, S. 23 ff.
Bellinger, B.: Geschichte der Betriebswirtschaftslehre, Stuttgart 1967.
–: Die Betriebswirtschaftslehre der neueren Zeit, Darmstadt 1988.
Elschen, R.: Betriebswirtschaftslehre und Verhaltenswissenschaften. Probleme einer Erkenntnisübernahme am Beispiel des Risikoverhaltens bei Gruppenentscheidungen, Thun, Frankfurt a. M. 1982.
Hasenack, W.: Zur Entwicklung der Betriebswirtschaftslehre. Rückblick und Ausblick, BFuP 1952, S. 459 ff.
Heinen, E.: Zum Wissenschaftsprogramm der entscheidungsorientierten Betriebswirtschaftslehre, ZfB 1969, S. 207 ff.
–: Grundfragen der entscheidungsorientierten Betriebswirtschaftslehre, München 1976.
Isaac, A.: Die Entwicklung der wissenschaftlichen Betriebswirtschaftslehre in Deutschland seit 1898, Berlin 1923.
–: Geschichte der Betriebswirtschaftslehre, Berlin 1932.
Jehle, E. (Hrsg.): Systemforschung in der Betriebswirtschaftslehre, Stuttgart 1975.
Kirsch, W.: Entscheidungsprozesse, Bd. I: Verhaltenswissenschaftliche Ansätze der Entscheidungstheorie, Wiesbaden 1970, Bd. II: Informationsverarbeitungstheorie des Entscheidungsverhaltens, Wiesbaden 1971, Bd. III: Entscheidungen in Organisationen, Wiesbaden 1971.
–: Die verhaltenswissenschaftliche Fundierung der Betriebswirtschaftslehre. In: Wissenschaftstheoretische Grundfragen der Wirtschaftswissenschaften, hrsg. von H. Raffée und B. Abel, München 1979.

Koch, H.: Betriebswirtschaftslehre als Wissenschaft vom Handeln, Tübingen 1975.
Köhler, R.: Theoretische Systeme der Betriebswirtschaftslehre im Lichte der neueren Wissenschaftslogik, Stuttgart 1966.
Kosiol, E. mit Szyperski, N. und Chmielewicz, K.: Zum Standort der Systemforschung im Rahmen der Wissenschaften (einschließlich ihrer Beziehungen zur Organisations-, Automations- und Unternehmensforschung), ZfbF 1965, S. 337 ff.
Kroeber-Riel, W.: Ideologische Komponenten der entscheidungsorientierten Betriebswirtschaftslehre. In: Forschungslogik der Sozialwissenschaften, hrsg. von G. Eberlein und W. Kroeber-Riel, Düsseldorf 1974, S. 285 ff.
Küting, K., Schnorbus, A. (Hrsg.): Betriebswirtschaftslehre heute, Frankfurt/M. 1992.
Leitherer, E.: Betriebswirtschaftslehre, Dogmengeschichte der, HWB, Bd. 1, 4. Aufl., Stuttgart 1974, Sp. 694 ff.
Linhardt, H.: Die historische Komponente der funktionalen Betriebswirtschaftslehre, Berlin 1964.
Löffelholz, J.: Geschichte der Betriebswirtschaft und der Betriebswirtschaftslehre, Stuttgart 1935.
Meffert, H.: Marketing. Grundlagen marktorientierter Unternehmensführung, 8. Aufl., Wiesbaden 1997.
Oechsler, W., Wagner, B.: Der konflikttheoretische Ansatz in der Betriebswirtschaftslehre. In: Zum Praxisbezug der Betriebswirtschaftslehre in wissenschaftstheoretischer Sicht, hrsg. von H. Ulrich, Bern 1976, S. 100 ff.
Penndorf, B.: Die geschichtliche Entwicklung der Handelswissenschaften bis zum Ende des 19. Jahrhunderts. In: Zur Entwicklung der Betriebswirtschaftslehre, Festgabe zum 70. Geburtstag von R. Stern, Berlin, Leipzig und Wien 1925.
Schanz, G.: Grundlagen der verhaltenstheoretischen Betriebswirtschaftslehre, Tübingen 1977.
–: Verhalten in Wirtschaftsorganisationen, München 1978.
Scheer, A.-W.: EDV-orientierte Betriebswirtschaftslehre, 4. Aufl., Berlin, Heidelberg, New York, Tokio 1990.
Schmölders, G.: Geschichte der Volkswirtschaftslehre, Wiesbaden 1961.
Schneider, D.: Allgemeine Betriebswirtschaftslehre, 3. Aufl., München 1987.
–: Geschichte betriebswirtschaftlicher Theorie, München, Wien 1981.
Seidel, E., Menn, H.: Ökologisch orientierte Betriebswirtschaft, Stuttgart 1988.
Seidel, E., Strebel, H.: Umwelt und Ökonomie, Reader zur ökologisch orientierten Betriebswirtschaft, Wiesbaden 1991.
Seyffert, R.: Betriebswirtschaftslehre, Geschichte, HWB, Bd. I, 3. Aufl., Stuttgart 1956, Sp. 995 ff.
Staehle, W. H.: Der situative Ansatz in der Betriebswirtschaftslehre. In: Zum Praxisbezug der Betriebswirtschaftslehre aus wissenschaftstheoretischer Sicht, hrsg. von H. Ulrich, Bern 1976.
Strebel, H.: Umwelt und Betriebswirtschaft. Die natürliche Umwelt als Gegenstand der Unternehmenspolitik, 1980.
Sundhoff, E.: Dreihundert Jahre Handelswissenschaft, 2. Aufl., Köln 1991.
Weber, E.: Literaturgeschichte der Handelsbetriebslehre, Tübingen 1914.
Weyermann M., Schönitz, H.: Grundlegung und Systematik einer wissenschaftlichen Privatwirtschaftslehre und ihre Pflege an Universitäten und Fachhochschulen, Karlsruhe 1912.
Wicke, L.: Umweltökonomie, 4. Aufl., München 1993.
Wicke, L., Haasis, H.-D., Schafhausen, F.-J., Schulz, W.: Betriebliche Umweltökonomie, München 1992.
Wöhe, G.: Betriebswirtschaftslehre, Entwicklungstendenzen der Gegenwart, HWB, Bd. 1, 4. Aufl., Stuttgart 1974, Sp. 710 ff.; wiederabgedruckt in Wöhe, G.: Betriebswirtschaftslehre und Unternehmensbesteuerung, München 1984, S. 3 ff.
–: Entwicklungstendenzen der Allgemeinen Betriebswirtschaftslehre im letzten Drittel unseres Jahrhunderts – Rückblick und Ausblick, DBW 1990, S. 223 ff.

Literatur zum 2. Abschnitt

1. Grundlagen und betriebliche Produktionsfaktoren

Acker, H. P.: Die organisatorische Stellengliederung im Betrieb, 3. Aufl., Wiesbaden 1973.
–: Organisationsanalyse. Verfahren und Techniken praktischer Organisationsarbeit, 2. Aufl., Baden-Baden, Bad Homburg v. d. H. 1966.

Ackermann, K.-F., Reber, G. (Hrsg.): Personalwirtschaft, Motivationale und kognitive Grundlagen, Stuttgart 1981.
Ackoff, R. L.: Unternehmensplanung. Ziele und Strategien rationaler Unternehmensführung, München, Wien 1972.
Adam, D.: Kurzlehrbuch Planung, 2. Aufl., Wiesbaden 1983.
–: Planung und Entscheidung, 4. Aufl., Wiesbaden 1996.
AGPLAN-Handbuch zur Unternehmensplanung. Hrsg. in Zusammenarbeit mit der Arbeitsgemeinschaft Planung – AGPLAN – e. V. von J. Fuchs, K. Schwantag, 2. Aufl., Berlin 1985 ff. (Loseblatt).
Agthe, K.: Strategie und Wachstum der Unternehmung. Praxis der langfristigen Planung, Baden-Baden, Bad Homburg v. d. H. 1972.
Agthe, K., Schnaufer, E. (Hrsg.): Unternehmensplanung, Baden-Baden 1963.
Albach, H.: Beiträge zur Unternehmensplanung, 3. Aufl., Wiesbaden 1979.
–: (Hrsg.) Mitarbeiterführung, Wiesbaden 1977.
Baetge, J.: Betriebswirtschaftliche Systemtheorie, Opladen 1974.
– (Hrsg.): Grundlagen der Wirtschafts- und Sozialkybernetik, Opladen 1975.
Baierl, F.: Lohnanreizsysteme: Mittel zur Produktivitätssteigerung, 5. Aufl., München 1974.
Bamberg, G., Coenenberg, A. G.: Betriebswirtschaftliche Entscheidungslehre, 9. Aufl., München 1996.
Bartling, H., Luzius, F.: Grundzüge der Volkswirtschaftslehre, 12. Aufl., München 1998.
Baumgarten, R.: Führungsstile und Führungstechniken, Berlin, New York 1977.
Bea, F. X., Dichtl, E., Schweitzer, M.: Allgemeine Betriebswirtschaftslehre, Bd. 2: Führung, 7. Aufl., Stuttgart, New York 1997.
Bergner, H. (Hrsg.): Planung und Rechnungswesen in der Betriebswirtschaftslehre, Festgabe für Gert v. Kortzfleisch zum 60. Geburtstag, Berlin 1981.
Berthel, J.: Personalmanagement: Grundzüge der Konzeptionen betrieblicher Personalarbeit, 5. Aufl., Stuttgart 1997.
Berthel, J., Moews, D.: Information und Planung in industriellen Unternehmungen. Eine empirische Studie, Berlin 1970.
Beyer, H.-T.: Betriebliche Arbeitszeitflexibilisierung zwischen Utopie und Realität, München 1986.
–: Personallexikon, 2. Aufl., München, Wien 1991.
Bidlingmaier, J.: Zielkonflikte und Zielkompromisse im unternehmerischen Entscheidungsprozeß, Wiesbaden 1968.
Biethahn, J.: Einführung in die EDV für Wirtschaftswissenschaftler, 8. Aufl., München, Wien 1996.
Bitz, M.: Entscheidungstheorie, München 1981.
Bleicher, K.: Zentralisation und Dezentralisation von Aufgaben in der Organisation der Unternehmungen, Berlin 1966.
–: Formen und Modelle der Organisation, Bd. 1: Idealmodelle als Alternativen, Wiesbaden 1982.
–: Organisation: Strategien – Strukturen – Kultur, 2. Aufl., Wiesbaden 1991.
–: Das Konzept integriertes Management, 5. Aufl., Frankfurt a. M. 1999.
Blum, E.: Betriebsorganisation – Methoden und Techniken, 3. Aufl., Wiesbaden 1991.
–: Grundzüge anwendungsorientierter Organisationslehre, München, Wien 2000.
Böhm, F., Briefs, G.: Mitbestimmung – Ordnungselement oder politischer Kompromiß, 2. Aufl., Stuttgart 1973.
Böhrs, H.: Leistungslohn, Wiesbaden 1959.
Bretzke, W.-R.: Der Problembezug von Entscheidungsmodellen, Tübingen 1980.
Brink, H.-J.: Grundzüge der Arbeitswissenschaft, München 1986.
Brockhoff, K.: Prognoseverfahren für die Unternehmensplanung, Wiesbaden 1977.
Brockhoff, K., Krelle, W. (Hrsg.): Unternehmensplanung, Berlin u. a. 1981.
Buck-Emden, R.: Die Technologie des SAP R/3-Systems, 1999.
Bühner, R.: Betriebswirtschaftliche Organisationslehre, 6. Aufl., München, Wien 1992.
–: Personalmanagement, 2. Aufl., Landsberg/Lech 1997.
Bühlmann, H., Loeffel, H., Nievergelt, E.: Entscheidungs- und Spieltheorie, Berlin, Heidelberg, New York 1975.
Burger, E.: Einführung in die Theorie der Spiele. Mit Anwendungsbeispielen, insbesondere aus Wirtschaftslehre und Soziologie, 2. Aufl., Berlin 1966.
Busse von Colbe, W.: Die Planung der Betriebsgröße, Wiesbaden 1964.
Busse von Colbe, W., Laßmann, G.: Betriebswirtschaftstheorie, Bd. 1: Grundlagen, Produktions- und Kostentheorie, 5. Aufl., Berlin, Heidelberg, New York 1991.

Busse von Colbe, W., Meyer-Dohm, P. (Hrsg.): Unternehmerische Planung und Entscheidung, Bielefeld 1969.
Bussmann, K. F.: Die Prüfung der Unternehmungen, 2. Aufl., Wiesbaden 1972.
Chroust, G.: Bus, in: Lexikon der Wirtschaftsinformatik, hrsg. von Mertens, P., 3. Aufl., Berlin, Heidelberg, New York 1997.
Churchman, C. W., Ackoff, R. L., Arnoff, E. L.: Operations-Research-Einführung in die Unternehmensforschung, 5. Aufl., München, Wien 1971.
Curth, M., Lang, B.: Management der Personalbeurteilung, 2. Aufl., München, Wien 1991.
Curth, M. A., Weiß, B.: PC-gestützte Managementtechniken, 2. Aufl., München, Wien 1989.
Diederich, H.: Allgemeine Betriebswirtschaftslehre, 7. Aufl., Stuttgart, Berlin, Köln 1992.
Dielmann, K.: Betriebliches Personalwesen, Stuttgart u. a. 1981.
Dinkelbach, W.: Entscheidungsmodelle und lineare Optimierung, 3. Aufl., München, Wien 1994.
–: Operations Research – Ein Kurzlehr- und Übungsbuch, Berlin 1992.
Domschke, W., Drexl, A.: Einführung in Operations Research, 3. Aufl., Heidelberg 1995.
Dorow, W.: Unternehmenspolitik, Stuttgart u. a. 1982.
Drumm, H. J.: Matrixorganisation, Regensburg 1978.
–: Personalwirtschaftslehre, 2. Aufl., Berlin/Heidelberg/New York 1992.
Drumm, H. J., Scholz, Ch.: Personalplanung. Planungsmethoden und Methodenakzeptanz, 2. Aufl., Bern/Stuttgart 1988.
Dürr, W., Kleibohm, K.: Operations-Research, 3. Aufl., München, Wien 1992.
Dullien, M.: Flexible Organisation. Praxis, Theorie und Konsequenzen des Projekt- und Matrix-Management, Opladen 1972.
Dunst, K. H.: Portfolio Management. Konzeption für die strategische Unternehmensplanung, 2. Aufl., Berlin, New York 1982.
Dworak, W.: Moderne Unternehmensorganisation in der Praxis, München 1972.
Eckardstein, D.v., Schnellinger, F.: Betriebliche Personalpolitik, 3. Aufl., München 1978.
Egner, H.: Betriebswirtschaftliche Prüfungslehre, Berlin, New York 1980.
Erichson, B., Hammann, P.: Information, in: Allgemeine Betriebswirtschaftslehre, Bd. 2, hrsg. von Bea, F. X., Dichtl, E., Schweitzer, M., 7. Aufl., Stuttgart, New York 1997.
Euler, H.: Die analytische Arbeitsbewertung als Hilfsmittel zur Bestimmung der Arbeitsschwierigkeit, 4. Aufl., Düsseldorf 1965.
Fischer, G.: Die Grundlagen der Organisation, 2. Aufl., Dortmund 1948.
–: Mensch und Arbeit im Betrieb, 2. Aufl., Stuttgart 1949.
Fitting, K., Auffarth, F., Kaiser, H.: Betriebsverfassungsgesetz, Handkommentar, 19. Aufl., München 1998.
Förstner, K., Henn, R.: Dynamische Produktionstheorie und lineare Programmierung, Meisenheim 1957.
Franke, G.: Stellen- und Personalbedarfsplanung, Opladen 1977.
Franke, G., Hax, H.: Finanzwirtschaft des Unternehmens und Kapitalmarkt, 4. Aufl., Berlin 1999.
Freiling, C.: Controlling, in: Lexikon der Rechnungslegung und Abschlußprüfung, hrsg. von W. Lück, 4. Aufl., Marburg 1998.
Frese, E.: Kontrolle und Unternehmensführung. Entscheidungs- und organisationstheoretische Grundfragen, Wiesbaden 1968.
–: Grundlagen der Organisation. Die Organisationsstruktur der Unternehmung. 7. Aufl., Wiesbaden 1998.
–: Organisationstheorie, 2. Aufl., Wiesbaden 1992.
– (Hrsg.): Handwörterbuch der Organisation, 3. Aufl., Stuttgart 1992.
Frese, E. u. a. (Hrsg.): Organisation, Planung, Informationssysteme, Erwin Grochla zu seinem 60. Geburtstag gewidmet, Stuttgart 1981.
Fuchs, H.: Systemtheorie und Organisation, Wiesbaden 1973.
Führungsprobleme personenbezogener Unternehmen. Gedenkschrift zum 75. Geburtstag von Karl Friedrich Rößle, hrsg. von der Karl-Rößle-Vereinigung, Stuttgart 1968.
Gabele, E.: Die Einführung von Geschäftsbereichsorganisationen, Tübingen 1981.
–: Portfolio-Planung, in: Vahlens Großes Wirtschaftslexikon, Bd. 2, 2. Aufl., München 1983.
Gäfgen, G.: Theorie der wirtschaftlichen Entscheidung. Untersuchungen zur Logik und ökonomischen Bedeutung des rationalen Handelns, 3. Aufl., Tübingen, 1974.

Gaitanides, M.: Prozeßorganisation. Entwicklung, Ansätze und Programme prozeßorientierter Organisationsgestaltung, München 1983.
Gal, T., Gehring, H.: Betriebswirtschaftliche Planungs- und Entscheidungstechniken, Berlin, New York 1981.
Gaugler, E. (Hrsg.): Instanzenbildung als Problem der betrieblichen Führungsorganisation, Berlin 1968.
Geist, M. N., Köhler, R. (Hrsg.): Die Führung des Betriebes, Stuttgart 1981.
Graf, O.: Arbeitsphysiologie, Wiesbaden 1960.
Graumann, C. F.: Einführung in die Psychologie, Bd. 1: Motivation, Frankfurt a. M. 1974.
Grobe, H.-J.: Mikrocomputer, in: Lexikon der Wirtschaftsinformatik, hrsg. von Mertens, P., Berlin, 3. Aufl., Heidelberg, New York 1997.
Grochla, E.: Automation und Organisation. Die technische Entwicklung und ihre betriebswirtschaftlich-organisatorischen Konsequenzen, Wiesbaden 1966.
–: Betriebliche Planung und Informationssysteme, Reinbek b. Hamburg 1975.
–: Organisationstheorie, Bd. I, Stuttgart 1975.
Grochla, E.: (Hrsg.): Betriebswirtschaftslehre, Teil 2: Betriebsführung, Stuttgart 1978.
– (Hrsg.): Handwörterbuch der Organisation, 3. Aufl., Stuttgart 1992.
–: Unternehmungsorganisation. Neue Ansätze und Konzeptionen, Reinbek b. Hamburg 1980.
–: Grundlagen der organisatorischen Gestaltung, Stuttgart 1982.
Gross, H. F.: Mensch und Organisation in der Unternehmung, Wiesbaden 1966.
Günther, H.: Das Dilemma der Arbeitsablaufplanung. Zielverträglichkeiten bei der zeitlichen Strukturierung, Berlin 1971.
Guserl, R.: Das Harzburger Modell. Idee und Wirklichkeit, 2. Aufl., Wiesbaden 1976.
Gutenberg, E.: Unternehmensführung, Organisation und Entscheidung, Wiesbaden 1962.
Haberkorn, K.: Zeitgemäße betriebliche Sozialleistungen, München 1973.
Hahn, D.: Planungs- und Kontrollrechnung, 5. Aufl., 1995.
– (Hrsg.): Führungsprobleme industrieller Unternehmungen, Festschrift für Friedrich Thomée zum 60. Geburtstag, Berlin, New York 1980.
–: Arbeitskreis „Langfristige Unternehmensplanung" der Schmalenbach-Gesellschaft: Strategische Planung, in: Strategische Unternehmensplanung, hrsg. von D. Hahn, B. Taylor, Würzburg, Wien 1980.
Hahn, D., Klausmann, W.: Frühwarnsysteme und strategische Unternehmensplanung, 4. Aufl., Heidelberg/Wien 1986.
Hahn, D., Taylor B. (Hrsg.): Strategische Unternehmensplanung – Stand und Entwicklungstendenzen, 5. Aufl., Heidelberg u. a. 1990.
Haller-Wedel, E.: Das Multimoment-Verfahren in Theorie und Praxis, 2. Aufl., München 1969.
Handwörterbuch der Organisation, hrsg. von E. Grochla, 1. Aufl., Stuttgart 1973, 2. Aufl., Stuttgart 1980, 3. Aufl. hrsg. von E. Frese, Stuttgart 1992.
Handwörterbuch der Planung, hrsg. von N. Szyperski, Stuttgart 1989.
Handwörterbuch des Personalwesens, hrsg. von E. Gaugler, Stuttgart 1975, 2. Aufl., Stuttgart 1992.
Handwörterbuch des Steuerrechts (HWStR), hrsg. von G. Strickrodt, G. Wöhe, C. Flämig, G. Felix, H. Sebiger, 2 Bde, 2. Aufl., München, Bonn 1981.
Hansen, H. R.: Wirtschaftsinformatik I, 7. Aufl., Stuttgart 1996.
Hanssmann, F.: Unternehmensforschung. Hilfsmittel moderner Unternehmensführung, Wiesbaden 1971.
Harlander, N., Heidack, C., Köpfle, F., Müller, K.-O.: Praktisches Lehrbuch Personalwirtschaft, 2. Aufl., Landsberg a. Lech 1991.
Hauschildt, J.: Entscheidungsziele. Zielbildung in innovativen Entscheidungsprozessen, Tübingen 1977.
Hax, H.: Die Koordination von Entscheidungen. Ein Beitrag zur betriebswirtschaftlichen Organisationslehre, Köln, Berlin, Bonn, München 1965.
–: Entscheidungsmodelle in der Unternehmung, Reinbek b. Hamburg 1974.
Hax, K.: Personalpolitik und Mitbestimmung, Köln und Opladen 1969.
–: Personalpolitik der Unternehmung, Reinbek b. Hamburg 1977.
Heinen, E.: Betriebswirtschaftslehre heute. Die Bedeutung der Entscheidungstheorie für Forschung und Praxis, Wiesbaden 1966.
–: Grundlagen betriebswirtschaftlicher Entscheidungen, 2. Aufl., Wiesbaden 1976.
– (Hrsg.): Betriebswirtschaftliche Führungslehre. Grundlagen, Strategien, Modelle – ein entscheidungsorientierter Ansatz, 2. Aufl., Wiesbaden 1984.

Heinrich, L. J., Burgholzer, P.: Informationsmanagement. Planung, Überwachung und Steuerung der Informations-Infrastruktur, 4. Aufl., München 1992.
Heinrich, L. J., Lehner, F., Roithmayr, F.: Informations- und Kommunikationstechnik, 4. Aufl., München 1994.
Heinrich, L. J., Roithmayr, F.: Wirtschaftsinformatik-Lexikon, 5. Aufl., München, Wien 1995.
Heiser, H. C.: Budgetierung. Grundsätze und Praxis der betriebswirtschaftlichen Planung, Berlin 1964.
Henderson, B. D.: Die Erfahrungskurve in der Unternehmensstrategie, 2. Aufl., Frankfurt, New York 1986.
Henn, R., Künzi, H. P.: Einführung in die Unternehmensforschung, Berlin, Heidelberg, New York 1968.
Hennecke, A.: Die Verfahren der Arbeitsbewertung. Untersuchungen über die methodologischen Grundlagen der verschiedenen Verfahren der analytischen Arbeitsbewertung, Düsseldorf 1965.
–: Betriebswirtschaftliche Organisationslehre, 5. Aufl., Wiesbaden 1971.
Hentze, J.: Personalwirtschaftslehre I und II, 6. Aufl., Bern und Stuttgart 1994/95.
Henzel, F.: Führungsprobleme der industriellen Unternehmen, 2 Bde, Berlin 1973.
Hichert, I.: Die Problematik des Investivlohns unter betriebswirtschaftlichem Aspekt, Frankfurt a. M., Zürich 1973.
Hieronimus, A.: Einbeziehung subjektiver Risikoeinstellungen in Entscheidungsmodellen, Thun und Frankfurt a. M. 1979.
Hill, W.: Unternehmensplanung, 2. Aufl., Stuttgart 1971.
Hill, W., Fehlbaum, R., Ulrich P.: Organisationslehre. Ziele, Instrumente und Bedingungen der Organisation sozialer Systeme, 2 Bde, 5. Aufl., Bern, Stuttgart 1994.
Hiltner, M.: Managementkontrolle in Publikumsaktiengesellschaften, Meisenheim 1972.
Hinterhuber, H. H.: Strategische Unternehmensführung, 2 Bde, 6. Aufl., Berlin, New York 1996/97.
Höhn, R.: Führungsbrevier der Wirtschaft, 7. Aufl., Bad Harzburg 1970.
–: Stellenbeschreibung und Führungsanweisung. Die organisatorische Aufgabe moderner Unternehmensführung, 10. Aufl., Bad Harzburg 1979.
Hörschgen, H.: Grundbegriffe der Betriebswirtschaftslehre, 3. Aufl., Stuttgart 1992.
Hoffmann, F.: Entwicklung der Organisationsforschung, 3. Aufl., Wiesbaden 1986.
–: Betriebswirtschaftliche Organisationslehre in Frage und Antwort, Wiesbaden 1976.
–: Computergestützte Informationssysteme, 2. Aufl., München, Wien 1995.
Horváth, P.: Controlling, 7. Aufl., München 1999.
Hub, H.: Unternehmensführung, 3. Aufl., Wiesbaden 1990.
Ihde, G.-B.: Grundlagen der Rationalisierung. Theoretische Analyse und praktische Probleme, Berlin 1970.
Illetschko, L. L.: Management und Betriebswirtschaft, Wien 1955.
–: Unternehmenstheorie. Elemente rationaler Betriebslenkung, 2. Aufl., Wien, New York 1967.
Jacob, H. (Hrsg.): Anwendung der Netzplantechnik im Betrieb, Wiesbaden 1969.
– (Hrsg.): Neue Aspekte der betrieblichen Planung, Wiesbaden 1980.
Jaggi, B. L.: Das Stabsproblem in der Unternehmung, Berlin 1969.
Janisch, M.: Das strategische Anspruchsgruppenmanagement, Vom Shareholder Value zum Stakeholder Value, Bern 1993.
John, G. (Hrsg.): Besteuerung und Unternehmenspolitik, Festschrift für Günter Wöhe, München 1989.
Kahle, E. (Hrsg.): Betriebswirtschaftslehre und Managementlehre, Wiesbaden 1997.
–: Betriebliche Entscheidungen, 5. Aufl., München, Wien 1998.
Kern, N.: Netzplantechnik. Bertriebswirtschaftliche Analyse von Verfahren der industriellen Terminplanung, Wiesbaden 1969.
Kern, W.: Optimierungsverfahren in der Ablauforganisation, Essen 1967.
–: Operations Research. Eine Einführung in die Optimierungs-Rechnung, 6. Aufl., Stuttgart 1987.
Kieser, A.: Organisationstheoretische Ansätze, München 1981.
Kieser, A., Kubicek, H.: Organisation, 3. Aufl., Berlin u. a. 1992
Kirsch, G.: Machtverteilung im Unternehmen. Von der Anwendung des Subsidiaritätsprinzips im Unternehmen, Köln 1967.
Kirsch, W.: Entscheidungsprozesse, 3 Bde, Wiesbaden 1970/71.
– (Hrsg.): Unternehmensführung und Organisation, Wiesbaden 1973.
–: Management-Informationssysteme, 2 Bde, Stuttgart 1977.

Kirsch, W., Bamberger, I., Gabele, E., Klein, H. K.: Betriebswirtschaftliche Logistik, Wiesbaden 1973.
Kirsch, W., Meffert, H.: Organisationstheorien und Betriebswirtschaftslehre, Wiesbaden 1970.
Koch, H.: Betriebliche Planung. Grundlagen und Grundfragen der Unternehmenspolitik, Wiesbaden 1961.
–: Aufbau der Unternehmensplanung, Wiesbaden 1977.
–: Integrierte Unternehmensplanung, Wiesbaden 1982.
– (Hrsg.): Unternehmensstrategien und strategische Planung. Erfahrungen und Folgen, ZfbF-Sonderheft 15/83, Wiesbaden 1983.
Kohlus, J., Waldburger, H. (Hrsg.): Informatik für EDV-Benützer, Bern, Stuttgart 1978.
Kolb, M.: Personalmanagement, Berlin 1995.
Korndörfer, W.: Grundlagen der Unternehmensführung, Wiesbaden 1980.
–: Unternehmensführungslehre, 8. Aufl., Wiesbaden 1995.
–: Einführung in das Prüfungs- und Revisionswesen, 3. Aufl., Wiesbaden 1993.
Kosiol, E.: Untersuchungen zur Aufbauorganisation der Arbeitsvorbereitung und des Einkaufs industrieller Unternehmungen, Berlin 1960.
–: Leistungsgerechte Entlohnung, 2. Aufl. der „Theorie der Lohnstruktur", Wiesbaden 1962.
Kosiol, E.: Organisation der Unternehmung, Wiesbaden 1962.
–: Grundlagen und Methoden der Organisationsforschung, 2. Aufl., Berlin 1968.
–: Die Unternehmung als wirtschaftliches Aktionszentrum, Reinbek b. Hamburg 1974.
Koubek, N. u. a. (Hrsg.): Betriebswirtschaftliche Probleme der Mitbestimmung, 2. Aufl., Köln 1980.
Kreikebaum, H.: Strategische Unternehmensplanung, 6. Aufl., Stuttgart, Berlin, Köln 1997.
Krüger, W.: Unternehmensprozeß und Operationalisierung von Macht. In: Macht in Organisationen, hrsg. von G. Reber, Stuttgart 1980.
Krystek, U.: Krisenbewältigungs-Management und Unternehmensplanung, Diss. Gießen 1979.
Külp, B., Schreiber, W. (Hrsg.): Arbeitsökonomik, Köln 1972.
Künzi, H. P., Krelle, W., Randow, R. v.: Nichtlineare Programmierung, 2. Aufl., Berlin u. a. 1979.
Küpper, H.-U.: Ablauforganisation, Stuttgart 1982.
–: Controlling – Konzeption, Aufgaben und Inhalte, 2. Aufl., Stuttgart 1997.
Küpper, H.-U., Weber, J.: Grundbegriffe des Controlling, Stuttgart 1995.
Kuhn, A.: Unternehmensführung, 2. Aufl., München 1991.
Kulhavy, E.: Operations Research. Die Stellung der Operationsforschung in der Betriebswirtschaftslehre, Wiesbaden 1963.
Kupsch, P. U.: Das neue Risiko im Entscheidungsprozeß, Wiesbaden 1973.
–: Unternehmensziele, Stuttgart/New York 1977.
Kurbel, K.: Entwicklung und Einsatz von Expertensystemen, 2. Aufl., Berlin, Heidelberg, New York 1992.
Kußmaul, H.: Betriebswirtschaftliche Steuerlehre, 2. Aufl., München, Wien 2000.
–: Betriebswirtschaftslehre für Existenzgründer, München, Wien 1998.
Kutzner, R.: Organisationskonzepte für Personal Computer, Köln 1988.
Laßmann, G.: Die Produktionsfunktion und ihre Bedeutung für die betriebswirtschaftliche Kostentheorie, Köln und Opladen 1958.
Lattmann, Ch., Ganz-Keppeler, V.: Mitbestimmung in der Unternehmung, Bern, Stuttgart 1972.
Laux, H.: Entscheidungstheorie, 2 Bde, 4. Aufl., Berlin u. a. 1998.
Laux, H., Liermann, F.: Grundlagen der Organisation, 3. Aufl., Berlin u. a. 1993.
Lehmann, G.: Praktische Arbeitsphysiologie, 3. Aufl., Stuttgart 1970.
Lehneis, A.: Langfristige Unternehmensplanung bei unsicheren Erwartungen, Neuwied 1971.
Likert, R.: Neue Ansätze der Unternehmensführung, Bern und Stuttgart 1972.
Lindemann, P.: Unternehmensführung und Wirtschaftskybernetik, Neuwied und Berlin 1970.
Lindley, D.: Einführung in die Entscheidungstheorie, Frankfurt a. M., New York 1974.
Lück, W. (Hrsg.): Lexikon der Rechnungslegung und Abschlußprüfung, 4. Aufl., Marburg 1998.
Lücke, W.: Arbeitsleistung, Arbeitsbewertung, Arbeitsentlohnung. In: Industriebetriebslehre in programmierter Form, hrsg. von H. Jacob, 4. Aufl., Wiesbaden 1990.

Luhmann, N.: Funktionen und Folgen formaler Organisation. 4. Aufl., Berlin 1995.
Macharzina, K., Oechsler, W.: Personalmanagement, Bd. I: Mitarbeiterführung und Führungsorganisation, Bd. II: Organisations- und Mitarbeiterentwicklung, Wiesbaden 1977.
Mag, W.: Entscheidung und Information, München 1977.
Martin, A.: Personalforschung, 2. Aufl., München/Wien 1994.
Maucher, H.: Zeitlohn, Akkordlohn, Prämienlohn, 4. Aufl., Neuwied, Berlin 1968.
Meffert, H.: Informationssysteme, Tübingen 1975.
Mellerowicz, K: Strukturwandel und Unternehmensführung, Freiburg i. Br. 1975.
–: Planung und Plankostenrechnung, 3. Aufl., Freiburg i. Br. 1979.
–: Betriebswirtschaftslehre der Industrie, 2 Bde, 7. Aufl., Freiburg i. Br. 1981.
Mensch, G.: Ablaufplanung, Köln und Opladen 1968.
Mertens, P. (Hrsg.): Lexikon der Wirtschaftsinformatik, 3. Aufl., Berlin, Heidelberg, New York 1997.
Mertens, P., Bodendorf, F., König, W., Picot, A., Schumann, M.: Grundzüge der Wirtschaftsinformatik, 4. Aufl., Berlin 1996.
Mertens, P., Griese, J.: Integrierte Informationsverarbeitung, Bd. 1: Administrations- und Dispositionssysteme in der Industrie, 11. Aufl., Wiesbaden 1997.
–: Integrierte Informationsverarbeitung, Bd. 2: Planungs- und Kontrollsysteme in der Industrie, 7. Aufl., Wiesbaden 1993.
Meyer, B. E.: Computergestützte Unternehmensplanung, Berlin, New York 1983.
Meyer, G. W. (Hrsg.): Probleme der Betriebsführung, Festschrift zum 65. Geburtstag von Otto R. Schnutenhausen, Berlin 1959.
Mirow, H. M.: Kybernetik. Grundlagen einer allgemeinen Theorie der Organisation, Wiesbaden 1969.
Morgenstern, O.: Spieltheorie und Wirtschaftswissenschaft, Wien, München 1963.
Müller, R.: Krisenmanagement in der Unternehmung, 2. Aufl., Frankfurt a. M. u. a. 1986.
Müller-Hagedorn, L.: Grundlagen der Personalbestandsplanung, Opladen 1970.
Müller-Merbach, H.: Operations Research. Methoden und Modelle der Optimalplanung, 3. Aufl., München 1973.
Nagel, K.: Datensicherung und Datenschutz, in: Grochla, E. (Hrsg.), Handwörterbuch der Organisation, 2. Aufl., Stuttgart 1980.
Neubauer, F.-F.: Strategische Unternehmensführung, in: Management Enzyklopädie, Bd. 8, 2. Aufl., Landsberg a. Lech 1984.
Neumann, v. J., Morgenstern, O.: Spieltheorie und wirtschaftliches Verhalten, Würzburg 1961.
Noltemeier, H.: Einführung in computergestützte Planungssysteme, in: Noltemeier, H. (Hrsg.), Computergestützte Planungssysteme, Würzburg, Wien 1976.
Nordsieck, F.: Die schaubildliche Erfassung und Untersuchung der Betriebsorganisation, 6. Aufl., Stuttgart 1962.
–: Betriebsorganisation, 2. Aufl., Stuttgart 1972.
Oechsler, W.: Personal und Arbeit: Einführung in die Personalwirtschaftslehre, 6. Aufl., München, Wien 1996.
Odiorne, G. S.: Management by objectives. Führung mit Zielvorgabe, München 1971.
–: Management by objektives: Führungssysteme für die achtziger Jahre, München 1980.
Ossadnik, W.: Controlling, München, Wien 1996.
Pfohl, H.-Ch.: Planung und Kontrolle, 2. Aufl., Stuttgart u. a. 1997.
–: Logistiksysteme, 5. Aufl., Berlin u. a. 1996.
Picot, A., Dietl, H., Franck, E.: Organisation. Eine ökonomische Perspektive, Stuttgart 1997.
Poensgen, O. H.; Geschäftsbereichsorganisation, Opladen 1973.
REFA: Methodenlehre des Arbeitsstudiums, 6 Teile: Teil 1: 7. Aufl., München 1984; Teil 2: 6. Aufl., München 1978; Teil 3: 7. Aufl., München 1985; Teil 4: 5. Aufl., München 1985; Teil 5: 3. Aufl., München 1985; Teil 6: München 1975.
–: Methodenlehre der Planung und Steuerung, Teil 1–6, München 1991.
Potthoff, E., Trescher, K.: Das Aufsichtsratsmitglied, 4. Aufl., Stuttgart 1999.
Prätsch, J.: Langfristige Finanzplanung und Simulationsmodelle, Frankfurt u. a. 1986.
Rappaport, A.: Shareholder Value: ein Handbuch für Manager und Investoren, 2. Aufl., Stuttgart 1999.
Reese, J.: Theorie der Organisationsbewertung, 2. Aufl., München, Wien 1994.
Remer, A.: Instrumente unternehmenspolitischer Steuerung, Berlin, New York 1982.
–: Organisationslehre, 4. Aufl., Berlin, New York 1997.

Reusch, P. J. A.: Aufbau und Einsatz betrieblicher Informationssysteme, Mannheim, Wien, Zürich 1984.
Rochau, E.: Das Bedaux-System, 3. Aufl., Würzburg 1952.
Rühle von Lilienstern, H. (Hrsg.): Die informierte Unternehmung, Berlin 1972.
Rühli, E.: Unternehmungsführung und Unternehmungspolitik, 3 Bde, Bern, Stuttgart 1985/88/93.
Rüttinger, R.: Unternehmenskultur, Erfolge durch Vision und Wandel, Düsseldorf, Wien 1986.
Rumpff, K.: Mitbestimmung in wirtschaftlichen Angelegenheiten und bei der Unternehmensplanung und Personalplanung, 3. Aufl., Heidelberg 1990.
Runzheimer, B.: Operations Research I, 6. Aufl., Wiesbaden 1995.
Sasieni, M., Yaspan, A., Friedman, L.: Methoden und Probleme der Unternehmensforschung, in: Operations Research, hrsg. von H. P. Künzi, 2. Aufl., Würzburg 1969.
Schanz, G.: Organisationsgestaltung – Struktur und Verhalten, München 1982.
–: Personalwirtschaftslehre, 2. Aufl., München 1993.
Scheer, A.-W.: Betriebliche Expertensysteme I, Schriften zur Unternehmensführung, Hrsg. von H. Jacob, Bd. 36, Wiesbaden 1988.
–: EDV-orientierte Betriebswirtschaftslehre, 4. Aufl., Berlin, Heidelberg, New York 1990.
–: Wirtschaftsinformatik – Referenzmodelle für industrielle Geschäftsprozesse, 6. Aufl., Berlin u. a. 1995.
–: Konsequenzen für die Betriebswirtschaftslehre aus der Entwicklung der Informations- und Kommunikationstechnologien, in: Scheer, A.-W. (Hrsg.): Veröffentlichungen des Instituts für Wirtschaftsinformatik, Heft 79, Saarbrücken 1991.
–: ARIS – Vom Geschäftsprozeß zum Anwendungssystem, 3. Aufl., Berlin 1998.
Scheffler, H. E.: Planung, strategische, in: Management Enzyklopädie, Bd. 7, 2. Aufl., Landsberg a. Lech 1984.
Schertler, W.: Unternehmensorganisation, 7. Aufl., München, Wien 1998.
Schiemenz, B.: Regelungstheorie und Entscheidungsprozesse. Ein Beitrag zur Betriebskybernetik, Wiesbaden 1972.
Schmalen, H.: Grundlagen und Probleme der Betriebswirtschaft, 10. Aufl., Köln 1996.
Schmalenbach, E.: Die Beteiligungsfinanzierung, bearb. von R. Bauer, 9. Aufl., Köln, Opladen 1966.
Schmidt, E.: Brevier der Unternehmensplanung, 2. Aufl., Bern, Köln, Opladen 1970.
Schmidt, G.: Methode und Techniken der Organisation, 11. Aufl., Gießen 1997.
–: Grundlagen der Aufbauorganisation, 3. Aufl., Gießen 1995.
Schmidt, H.-J.: Betriebswirtschaftslehre für die Verwaltung, 4. Aufl., Heidelberg, Hamburg 1994.
Schneeweiß, H.: Entscheidungskriterien bei Risiko, Heidelberg, New York 1967.
–: Planung, 2 Bd., Berlin, Heidelberg 1991/92.
Schnutenhaus, O. R.: Allgemeine Organisationslehre, Berlin 1951.
–: Die Entscheidungsanalyse der Unternehmensführung, Herne, Berlin 1969.
Scholz, Ch.: Strategisches Management, Berlin, New York 1987.
–: Personalmanagement, 5. Aufl., München 1997.
Schreyögg, G.: Unternehmensstrategie. Grundfragen einer Theorie strategischer Unternehmensführung, Berlin, New York 1984.
Schröder, H. J.: Projekt-Management, Wiesbaden 1970.
Schuster, D.: Die Deutsche Gewerkschaftsbewegung, 6. Aufl., Düsseldorf, Köln 1980.
Schwarz, G.: Konfliktmanagement, 4. Aufl., Wiesbaden 1999.
Schwarz, H.: Einführung in die moderne Systemtheorie, Braunschweig 1969.
–: Betriebsorganisation als Führungsaufgabe, Organisation, Lehre und Praxis, 9. Aufl., Landsberg a. Lech 1983.
–: Arbeitsplatzbeschreibungen, 13. Aufl., Freiburg i. Br. 1995.
Schweitzer, M.: Probleme der Ablauforganisation in Unternehmungen, Berlin 1964.
Schwerdtfeger, G. (Hrsg.): Mitbestimmung in privaten Unternehmen, Berlin, New York 1973.
Seicht, G. (Hrsg.): Management und Kontrolle, Festgabe für Erich Loitlsberger zum 60. Geburtstag, Berlin 1981.
Seidel, E., Redel, W.: Führungsorganisation, 2. Aufl., München 1995.
Selchert, F. W.: Die Ausgliederung von Leistungsfunktionen in betriebswirtschaftlicher Sicht, Berlin 1971.
Sieben, G., Schildbach, Th.: Betriebswirtschaftliche Entscheidungstheorie, 4. Aufl., Düsseldorf 1994.

Simon, H. A.: Entscheidungsverhalten in Organisationen. Eine Untersuchung von Entscheidungsprozessen in Management und Verwaltung. Deuts7che Übersetzung nach der 3. englischsprachigen Auflage, Landsberg a. Lech 1981.
Staehle, W. H.: Organisation und Führung sozio-technischer Systeme, Stuttgart 1973.
–: Management. Eine verhaltenswissenschaftliche Einführung, 8. Aufl., München 1999.
Stahlknecht, P.: Erfahrungen mit computergestützten Planungsmodellen, in: Modell- und computergestützte Unternehmensplanung, hrsg. von E. Grochla, Szyperski, N., Wiesbaden 1973.
–: Standardsoftware, in: Lexikon der Wirtschaftsinformatik, hrsg. von Mertens, P., 3. Aufl., Berlin, Heidelberg, New York 1997.
–: Einführung in die Wirtschaftsinformatik, 7. Aufl., Berlin, Heidelberg, New York 1995.
Stein, H.: Organisation und Delegation in Kompetenzsystemen, München 1974.
Steinle, C., Bruch, H. (Hrsg.): Controlling, 2. Aufl., Stuttgart 1999.
Steinmann, H.: Das Großunternehmen im Interessenkonflikt, Stuttgart 1969.
– (Hrsg.): Planung und Kontrolle. Probleme der strategischen Unternehmensführung, München 1981.
Steinmann, H., Schreyögg, G.: Management, 2. Aufl., Wiesbaden 1992.
Swoboda, P.: Die betriebliche Anpassung als Problem des betrieblichen Rechnungswesens, Wiesbaden 1964.
Szyperski, N.: Computergestützte Informationssysteme, in: Handwörterbuch der Organisation, hrsg. von E. Grochla, 3. Aufl., Stuttgart 1992.
– (Hrsg.): Handwörterbuch der Planung, Stuttgart 1989.
Szyperski, N., Grochla, E. (Hrsg.): Modell- und computergestützte Unternehmensplanung, Wiesbaden 1973.
Szyperski, N., Winand, U.: Entscheidungstheorie, Stuttgart 1974.
–: Grundbegriffe der Unternehmensplanung, Stuttgart 1980.
Thomsen, E.: Das Angebot betrieblicher Sozialleistungen als Instrument der Personalbeschaffungs- und Personalfreisetzungspolitik, Bochum 1982.
Tietz, B.: Der Handelsbetrieb, 2. Aufl., München 1993
Timmermann, M. (Hrsg.): Personalführung, Stuttgart, Berlin, Köln, Mainz 1977.
Töpfer, A.: Planungs- und Kontrollsysteme industrieller Unternehmungen, Berlin 1976.
Töpfer, A., Afheldt, H. (Hrsg.): Praxis der strategischen Unternehmensplanung, Frankfurt 1983.
Ulrich, H.: Betriebswirtschaftliche Organisationslehre, Bern 1949.
–: Organisation und Unternehmensführung. In: Probleme der Betriebsführung, Festschrift zum 65. Geburtstag von Otto R. Schnutenhaus, hrsg. von G. W. Meyer, Berlin 1959.
Wacker, W. H.: Betriebswirtschaftliche Informationstheorie. Grundlagen des Informationssystems, Opladen 1971.
Wächter, H.: Grundlagen der langfristigen Personalplanung, Herne, Berlin 1974.
Wagner, D., Zander, E., Hauke, C. (Hrsg.): Handbuch der Personalleitung, München 1992.
Weber, H.: Die Planung in der Unternehmung, Berlin 1963.
Weber, H. H.: Lineare Programmierung, Frankfurt a. M. 1973.
–: Einführung in Operations Research, 2. Aufl., Wiesbaden 1978.
Weber, W.: Personalplanung, Stuttgart 1975.
Weber, W., Mayrhofer, W., Nienhuser, W.: Grundbegriffe der Personalwirtschaft, Stuttgart 1993.
Wedekind, E. E.: Informationsmanagement in der Organisationsplanung, Wiesbaden 1988.
Wibbe, J.: Arbeitsbewertung. Entwicklung, Verfahren und Probleme, 3. Aufl., München 1966.
Wieselhuber, N.: Phasen und Prozeß der strategischen Planung, in: Praxis der strategischen Unternehmensplanung, hrsg. von A. Töpfer und H. Afheldt, Frankfurt 1983.
Wild, J.: Grundlagen und Probleme der betriebswirtschaftlichen Organisationslehre. Entwurf eines Wissenschaftsprogramms, Berlin 1966.
–: Neuere Organisationsforschung in betriebswirtschaftlicher Sicht, Berlin 1967.
– (Hrsg.): Unternehmensführung, Festschrift für Erich Kosiol, Berlin 1974.
– (Hrsg.): Unternehmensplanung, Reinbek b. Hamburg 1975.
–: Grundlagen der Unternehmensplanung, 4. Aufl., Opladen 1982.
Wildemann, H.: Das Just-In-Time Konzept, 4. Aufl., Aschaffenburg 1995.
Wille, F.: Management mit Profit Centers. Moderne Unternehmensführung mit Erfolgsbereichen, München 1970.

Wirtz, K. W.: Software Engineering, in: Mertens, P. u. a. (Hrsg.), Lexikon der Wirtschaftsinformatik, 3. Aufl., Berlin 1997.
Witte, E.: Das Informationsverhalten in Entscheidungsprozessen, Tübingen 1972.
Wittmann, W.: Entscheiden unter Ungewißheit, Wiesbaden 1975.
–: Unternehmung und unvollkommene Information, Köln, Opladen 1959.
Wöhe, G.: Betriebswirtschaftliche Steuerlehre, Bd. I, 1. Halbband, 6. Aufl., München 1988.
–: Betriebswirtschaftliche Steuerlehre, Bd. I, 2. Halbband, 7. Aufl., München 1992.
–: Betriebswirtschaftliche Steuerlehre, Bd. II, 1. Halbband, 5. Aufl., München 1990.
–: Betriebswirtschaftlehre und Unternehmensbesteuerung, München 1984.
Wöhe, G., Bilstein, J.: Grundzüge der Unternehmensfinanzierung, 8. Aufl., München 1998.
Wunderer, R. (Hrsg.): Führungsgrundsätze in Wirtschaft und öffentlicher Verwaltung, Suttgart 1983.
Wunderer, R., Grunwald, W.: Führungslehre, 2 Bde, Berlin New York 1980.
Wysocki, K. v.: Grundlagen des betriebswirtschaftlichen Prüfungswesens, 3. Aufl., München 1988.
Zimmermann, W.: Operations Research, 9. Aufl., München, Wien 1999.

2. Unternehmensformen, Unternehmenszusammenschlüsse, Standort

Behrens, K. Ch.: Allgemeine Standortbestimmungslehre, 2. Aufl., Köln, Opladen 1971.
Bloech, J.: Optimale Industriestandorte, Würzburg, Wien 1970.
Böttcher, C., Zartmann, H., Kandler, G.: Wechsel der Unternehmensform, Umwandlung, Verschmelzung, Einbringung, 4. Aufl., Stuttgart 1982.
Bohr, K. u. a. (Hrsg.): Unternehmensverfassung als Problem der Betriebswirtschaftslehre, Berlin 1981.
Brede, R.: Bestimmungsfaktoren industrieller Standorte. Eine empirische Untersuchung, Berlin 1971.
Bühler, O.: Steuerrecht der Gesellschaften und Konzerne, 3. Aufl., Berlin, Frankfurt 1956.
Chmielewicz, K. u. a. (Hrsg.): Unternehmensverfassung, Stuttgart 1981.
Clausen, U.: Verbundene Unternehmen im Bilanz- und Gesellschaftsrecht, Düsseldorf 1992.
Emmerich, V.: Kartellrecht, 8. Aufl., München 1999.
Endress, R.: Strategie und Taktik der Kooperation, 2. Aufl., Berlin 1991.
Fikentscher, W.: Die Interessengemeinschaft, Köln, Berlin, Bonn, München 1966.
Fischer, L.: Die Gesellschaft bürgerlichen Rechts, Bielefeld 1977.
Frank, G.-M.: Rahmenbedingungen von Unternehmensübernahmen in Deutschland, Stuttgart u. a. 1993.
Geßler, E., Hefermehl, W., Eckardt, U., Kropff, B.: Aktiengesetz, Kommentar, München 1984 ff. (Loseblatt).
Hansmann, K.-W.: Industrielles Management, 6. Aufl., München/Wien 1999.
Hoppmann, E.: Fusionskontrolle, Tübingen 1972.
Jacobs, O. H.: Unternehmensbesteuerung und Rechtsform, München 1988.
–: Internationale Unternehmensbesteuerung, deutsche Investitionen im Ausland, ausländische Investitionen im Inland, 4. Aufl., München 1999.
Kessler, W.: Typologie der Betriebsaufspaltung, Wiesbaden 1989.
Klunzinger, E.: Grundzüge des Gesellschaftsrechts, 11. Aufl., München 1999.
Küting, K.: Unternehmerische Wachstumspolitik, Berlin 1980.
Küting, K., Weber, C.-P.: Handbuch der Konzernrechnungslegung, 2. Aufl., Stuttgart 1998.
Kußmaul, H.: Unternehmerkinder. Ihre zivil- und steuerrechtliche Berücksichtigung in personenbezogenen, mittelständischen Familienunternehmen, Köln u. a. 1983.
Liebmann, H.-P.: Die Standortwahl als Entscheidungsproblem. Ein Beitrag zur Standortbestimmung von Produktions- und Handelsbetrieben, Würzburg 1971.
Müller-Henneberg, H., Schwartz, G.: Gesetz gegen Wettbewerbsbeschränkungen und europäisches Kartellrecht, Gemeinschaftskommentar, hrsg. von W. Benisch, 4. Aufl., Köln, Berlin, Bonn, München 1980 ff. (Loseblatt).
Oser, P.: Verbundene Unternehmen im Bilanzrecht, Stuttgart 1993.
Paulick, H.: Gelegenheitsgesellschaft, in: HwStR, Bd. I, 2. Aufl., München, Bonn 1981.
–: Konsortium HwStR, Bd. II, 2. Aufl., München, Bonn 1981.
Paus, B.: Steuerliche Förderungsmaßnahmen in den neuen Ländern, 3. Aufl., Herne/Berlin 1998.

Peter, K., Crezelius, G.: Gesellschaftsverträge und Unternehmensformen, 6. Aufl., Herne, Berlin 1995.
Rose, G.: Betrieb und Steuer. Grundlagen zur Betriebswirtschaftlichen Steuerlehre. Buch 1: Die Ertragsteuern, 15. Aufl., Wiesbaden 1997.
Rose, G., Glorius, C.: Unternehmungsformen und -verbindungen, 2. Aufl., Wiesbaden/Köln 1995.
Schmidt, R.-B. (Hrsg.): Probleme der Unternehmungsverfassung, Gedanken zum 60. Geburtstag von Martin Lohmann, Tübingen 1971.
Schneider, D. J. G.: Unternehmungsziele und Unternehmungskooperation, Wiesbaden 1973.
Schubert, W., Küting, K.: Unternehmungszusammenschlüsse, München 1981.
Theisen, M.: Der Konzern, 2. Aufl., Stuttgart 2000.
Tipke, K., Lang, J.: Steuerrecht, 16. Aufl., Köln 1998.
Weber, A.: Über den Standort der Industrien, 1. Teil, Reine Theorie des Standorts, Tübingen 1909.
Westermann, H. u. a.: Handbuch der Personengesellschaften, systematische Darstellung in gesellschaftsrechtlicher, betriebswirtschaftlicher, steuerrechtlicher und arbeitsrechtlicher Sicht, Köln 1982 ff. (Loseblatt).
Witte, E.: Die öffentliche Unternehmung im Interessenkonflikt, Berlin 1966.
Wöhe, G.: Betriebswirtschaftliche Steuerlehre, Bd. II, 1. Halbband, Der Einfluß der Besteuerung auf die Wahl und den Wechsel der Rechtsform des Betriebes, 5. Aufl., München 1990.
–: Betriebswirtschaftliche Steuerlehre, Bd. II, 2. Halbband, Der Einfluß der Besteuerung auf Unternehmenszusammenschlüsse und Standortwahl im nationalen und internationalen Bereich, 4. Aufl., München 1997.
–: Unternehmensformen, in: Management-Enzyklopädie, 2. Aufl., Bd. 9, München 1984.
Wöhe, G., Bieg, H.: Grundzüge der Betriebswirtschaftlichen Steuerlehre, 4. Aufl., München 1995.
Würdinger, H.: Aktienrecht und das Recht der verbundenen Unternehmen – eine systematische Darstellung, 4. Aufl., Heidelberg u. a. 1981.
Zartmann, H., Litfin, P. M.: Unternehmensform nach Maß, 3. Aufl., Stuttgart 1994.
Zündorf, H.: Die Konsolidierung von Gemeinschaftsunternehmen auf der Grundlage der Equity-Methode und der Quotenkonsolidierung nach neuem Konzernbilanzrecht, Stuttgart 1987.

Literatur zum 3. Abschnitt

Adam, D.: Produktionsplanung bei Sortenfertigung, Wiesbaden 1971.
–: Entscheidungsorientierte Kostenbewertung, Wiesbaden 1970.
–: Produktions- und Kostentheorie, 3. Aufl., Tübingen, 1995.
– (Hrsg.): Fertigungssteuerung II – Systeme zur Fertigungssteuerung, Schriften zur Unternehmensführung, Bd. 39, Wiesbaden 1988.
–: Produktionsmanagement, 9. Aufl., Wiesbaden 1998.
Arnolds, H., Heege, F., Tussing, W.: Materialwirtschaft und Einkauf, 10. Aufl., Wiesbaden 1998.
AWF – Ausschuß für Wirtschaftliche Fertigung e. V. – (Hrsg.): Flexible Fertigungsorganisation am Beispiel von Fertigungsinseln, Eschborn 1984.
– (Hrsg.): Integrierter EDV-Einsatz in der Produktion, Eschborn 1985.
Baetge, J.: Betriebswirtschaftliche Systemtheorie. Regelungstheoretische Planungsüberwachungsmodelle für Produktion, Lagerung und Absatz, Opladen 1974.
Bea, F. X., Dichtl, E., Schweitzer, M.: Allgemeine Betriebswirtschaftslehre, Bd. 3: Leistungsprozeß, 7. Aufl., Stuttgart 1997.
Bichler, K.: Verbesserung der betrieblichen Produktionsplanung durch lineare Programmierung, Hamburg, Berlin 1970.
Bloech, J., Bogaschewsky, R., Götze, U., Roland, F.: Einführung in die Produktion, 3. Aufl., Heidelberg 1998.
Bloech, J., Lücke, W.: Produktionswirtschaft, Stuttgart, New York 1982.
Blohm, H. u. a.: Produktionswirtschaft, 3. Aufl., Herne 1997.
Bohr, K.: Zur Produktionstheorie der Mehrproduktunternehmung. Traditionelle Theorie und Lineare und Nichtlineare Programmierung, Köln und Opladen 1967.
Busse von Colbe, W.: Die Planung der Betriebsgröße, Wiesbaden 1964.

Busse von Colbe, W., Laßmann, G.: Betriebswirtschaftstheorie, Bd. 1, Grundlagen, Produktions- und Kostentheorie, 5. Aufl., Berlin, Heidelberg, München, Tokio 1991.
Cohen, O.: The Drum – Buffer – Rope (DBR) Approach to Logistics, in: Computer Aided Production Management, hrsg. von A. Rolstadas, Berlin u. a. 1988.
Corsten, H.: Produktionswirtschaft. Einführung in das industrielle Produktionsmanagement, 8. Aufl., München u. a. 1999.
Dellmann, K.: Betriebswirtschaftliche Produktions- und Kostentheorie, Wiesbaden 1980.
Demarchi, Ch.: Beschaffungsmarketing, Düsseldorf, Wien 1974.
Dinkelbach, W.: Zum Problem der Produktionsplanung in Ein- und Mehrproduktunternehmen, Würzburg 1964.
Döring, U.: Kostensteuern, Stuttgart 1984.
Domschke, W.: Logistik, Bd. 1: Transport. Grundlagen, lineare Transport- und Umladeprobleme, 4. Aufl., München, Wien 1995.
Domschke, W., Scholl, A., Voß, S.: Produktionsplanung, Berlin u. a. 1993.
Dorninger, C., Janschek, O., Olearczick, E., Röhrenbacher, H.: PPS – Produktionsplanung und -steuerung. Konzepte, Methoden und Kritik, 2. Aufl., Wien 1996.
Dyckhoff, H.: Betriebliche Produktion, 2. Aufl., Berlin u. a. 1994.
Ellinger, T., Haupt, R.: Produktions- und Kostentheorie, 3. Aufl., Stuttgart 1996.
Ellinger, T., Wildemann, H.: Planung und Steuerung der Produktion aus betriebswirtschaftlich-technologischer Sicht, 2. Aufl., München 1985.
Enrick, N. L.: Optimales Lager-Management, München, Wien 1971.
Fandel, G.: Produktion I – Produktions- und Kostentheorie, 5. Aufl., Berlin u. a. 1996.
Fandel, G., Dyckhoff, H., Reese, J.: Industrielle Produktionsentwicklung. Eine empirisch-deskriptive Analyse ausgewählter Branchen, 2. Aufl., Berlin u. a. 1994.
Fandel, G., Francois, P., Gubitz, K.-M.: PPS- und integrierte betriebliche Softwaresysteme. Grundlagen, Methoden, Marktanalyse, 2. Aufl., Berlin 1997.
Franken, R.: Materialwirtschaft. Planung und Steuerung des betrieblichen Materialflusses, Stuttgart u. a. 1984.
Gal, T.: Mathematik für Wirtschaftswissenschaftler, Bd. II, Analysis, 3. Aufl., Berlin u. a. 1991.
Glaser, H.: Material- und Produktionswirtschaft, 3. Aufl., Düsseldorf 1986.
Glaser, H., Geiger, W., Rohde, V.: PPS – Produktionsplanung und -steuerung, 2. Aufl., Wiesbaden 1992.
Grochla, E.: Grundlagen der Materialwirtschaft, 3. Aufl., Wiesbaden 1978, (Nachdruck 1992).
Grochla, E., Schönbohm, P.: Beschaffung in der Unternehmung, Stuttgart 1980.
Günther, H.-O., Tempelmeier, H.: Produktion und Logistik, 2. Aufl., Berlin u. a. 1995.
–: Produktionsmanagement, 2. Aufl., Berlin u. a. 1995.
Gutenberg, E.: Grundlagen der Betriebswirtschaftslehre, Bd. 1: Die Produktion, 24. Aufl., Berlin, Heidelberg, New York 1984.
Hackstein, R.: Produktionsplanung und -steuerung (PPS), 2. Aufl., Düsseldorf 1989.
Hahn, D., Laßmann, G. (Hrsg.): Produktionswirtschaft – Controlling industrieller Produktion. Bd. 1: Grundlagen, Führung und Organisation, Produkte und Produktprogramm, Material und Dienstleistungen, 2. Aufl., Heidelberg, Wien, Zürich 1990, Bd. 2: Produktionsprozesse, Grundlegung zur Produktionsprozeßplanung, -steuerung u. -kontrolle u. Beispiele aus d. Wirtschaftspraxis, Heidelberg 1989.
Hansmann, K.-W.: Industrielles Management, 6. Auflage der Industriebetriebslehre, München, Wien 1998.
Harrington, J.: Computer Integrated Manufacturing, Florida 1973.
Heinen, E.: Betriebswirtschaftliche Kostenlehre, Kostentheorie und Kostenentscheidungen, 6. Aufl., Wiesbaden 1983, Nachdruck 1985.
– (Hrsg.): Industriebetriebslehre: Entscheidungen im Industriebetrieb, 9. Aufl., Wiesbaden 1991.
Helberg, P.: PPS als CIM-Baustein. Gestaltung der Produktionsplanung und -steuerung für die computerintegrierte Produktion, Berlin 1987.
Hilke, W.: Zielorientierte Produktions- und Programmplanung, 3. Aufl., Neuwied 1988.
Hirt, K., Reineke, B., Sudkamp, J.: FFS-Management. Optimale Organisation der Produktionsplanung und -steuerung für Flexible Fertigungssysteme (FFS), Köln 1991.
Hoitsch, H.-J.: Produktionswirtschaft, 2. Aufl., München 1993.
Jacob, H. (Hrsg.): Industriebetriebslehre: Handbuch für Studium und Prüfung, 4. Aufl., Wiesbaden 1990.

Japan Management Association (Hrsg.): KANBAN. Just-in-Time at Toyota, Cambridge 1989.
John, H.: Abfallwirtschaftskonzept. Handlungsgrundlage für wirtschaftliche und ökologische Entscheidungen im Chemieunternehmen, in: Betrieblicher Umweltschutz: Landschaftsökologie und Betriebswirtschaftslehre, hrsg. von E. Seidel, Wiesbaden 1992.
Jünemann, R.: Materialfluß und Logistik – Systemtechnische Grundlagen mit Praxisbeispielen, Berlin u. a. 1989.
Kahle, E.: Produktion, 4. Aufl., München, Wien 1996.
Kern, W.: Industrielle Produktionswirtschaft, 5. Aufl., Stuttgart 1992.
– (Hrsg.): Handwörterbuch der Produktionswirtschaft, 2. Aufl., Stuttgart 1996.
Kilger, W.: Produktions- und Kostentheorie, Wiesbaden 1958.
–: Optimale Produktions- und Absatzplanung, Opladen 1973.
Kistner, K.-P., Steven, M.: Produktionsplanung, 2. Aufl., Heidelberg 1993.
Kreikebaum, H.: Umweltgerechte Produktion, Wiesbaden 1992.
Kreis, R.: Betriebswirtschaftslehre – EDV-orientierte Einführung, 4. Aufl., München u. a. 1995.
Krelle, W.: Produktionstheorie, 2. Aufl., Tübingen 1969.
Krycha, K.-Th.: Produktionswirtschaft. Bielefeld/Köln 1978.
Küpper, H.-U., Helber, S.: Ablauforganisation in Produktion und Logistik, 2. Aufl., Stuttgart 1995.
Laßmann, G.: Die Produktionsfunktion und ihre Bedeutung für die betriebswirtschaftliche Kostentheorie, Köln, Opladen 1958.
Lermen, P.: Hierarchische Produktionsplanung und KANBAN, Wiesbaden 1992.
Link, J.: Computergestützte Fertigungswirtschaft, Wiesbaden 1978.
Leontief, W. (Hrsg.): Input – Output – Economics, New York 1966.
Leontief, W. u. a. (Hrsg.): Studies in the Structure of the American Economy. – Theoretical and Empirical Explorations in Input-Output-Analysis, New York, Oxford 1953.
Lücke, W.: Produktions- und Kostentheorie, 3. Aufl., Würzburg, Wien 1973.
Lücke, W., Schulz, K.: Umweltschutz und Investitionen, Wiesbaden 1992.
May, E.: Dynamische Produktionstheorie auf der Basis der Aktivitätsanalyse, Heidelberg 1992.
Mellerowicz, K.: Kosten und Kostenrechnung, Bd. 1: Theorie der Kosten, 5. Aufl., Berlin 1973; Bd. 2: Verfahren, 1. Teil: Allgemeine Fragen der Kostenrechnung und Betriebsabrechnung, 5. Aufl., Berlin 1974, 2. Teil: Kalkulation und Auswertung der Kostenrechnung und Betriebsabrechnung, 5. Aufl., Berlin 1980.
–: Betriebswirtschaftslehre der Industrie, 2 Bde, 7. Aufl., Freiburg i. Br. 1981.
–: Planung und Plankostenrechnung, Bd. 1: Betriebliche Planung, 3. Aufl., Freiburg i. Br. 1979.
Menrad, S.: Der Kostenbegriff. Eine Untersuchung über den Gegenstand der Kostenrechnung, Berlin 1965.
Moxter, A. u. a. (Hrsg.): Produktionstheorie und Produktionsplanung, Karl Hax zum 65. Geburtstag, Köln, Opladen 1966.
Müller-Merbach, H.: Operations Research, 3. Aufl., München 1973.
Nedeß, Ch. (Hrsg.): Von PPS zu CIM, Berlin u. a. 1992.
Ohno, T.: Toyota Production System. Beyond Large Scale Production. Cambridge/Norwalk 1988.
Orlicky, J.: Material Requirements Planning, New York u. a. 1975.
Pack, L.: Die Elastizität der Kosten – Grundlagen einer entscheidungsorientierten Kostentheorie, Wiesbaden 1966.
–: Optimale Bestellmenge und optimale Losgröße, 2. Aufl., 1964.
Pfohl, H.-C.: Logistiksysteme. Betriebswirtschaftliche Grundlagen, 5. Aufl., Berlin u. a. 1996.
Reese, J.: Standort- und Belegungsplanung für Maschinen in mehrstufigen Produktionsprozessen, Berlin, Heidelberg, New York 1980.
Reichmann, Th.: Die Abstimmung von Produktion und Lager bei saisonalem Absatzverlauf – Ein Beitrag zur Verbindung von Produktions-, Investitions- und Lagerplanung, Köln, Opladen 1968.
Reichwald, R., Dietel, B.: Produktionswirtschaft, in: Industriebetriebslehre, hrsg. von E. Heinen, 9. Aufl., Wiesbaden 1991.
Riebel, P.: Die Elastizität des Betriebes, Köln, Opladen 1954.
–: Kosten und Preise bei verbundener Produktion, Substitutionskonkurrenz und verbundener Nachfrage, Opladen 1971.
Rupper, P., Scheuchzer, R. (Hrsg.): Lagerlogistik, 2. Aufl., Zürich 1982.

Sasieni, M., Yaspan, A., Friedman, L.: Methoden und Probleme der Unternehmensforschung. Operations Research, hrsg. von H. P. Künzi, Würzburg 1969.
Scheer, A. W.: Instandhaltungspolitik, Wiesbaden 1974.
–: CIM – Der computergesteuerte Industriebetrieb, 4. Aufl., Berlin u. a. 1990.
–: EDV-orientierte Betriebswirtschaftslehre, 4. Aufl., Berlin u. a. 1990.
– (Hrsg.): Betriebliche Expertensysteme I – Einsatz von Expertensystemen in der Betriebswirtschaft – eine Bestandsaufnahme, Wiesbaden 1988.
– (Hrsg.): Betriebliche Expertensysteme I – Einsatz von Expertensystem – Prototypen in betriebswirtschaftlichen Funktionsbereichen, Wiesbaden 1989.
Schmalenbach, E.: Kostenrechnung und Preispolitik, 8. Aufl., Köln, Oplasen 1963.
Schneeweiß, Ch.: Einführung in die Produktionswirtschaft, 7. Aufl., Berlin u. a. 1999.
–: Modellierung industrieller Lagerhaltungssysteme, Berlin u. a. 1981.
Schneider, E.: Theorie der Produktion, Wien 1934.
Schroer, J.: Produktions- und Kostentheorie, 6. Aufl., München/Wien 1995.
Schweitzer, M. (Hrsg.): Industriebetriebslehre, 2. Aufl., München 1994.
Schweitzer, M., Küpper, H.-U.: Produktions- und Kostentheorie, 2. Aufl., Wiesbaden 1997.
Siegel, Th.: Optimale Maschinenbelegungsplanung, Berlin 1974.
Speith, G.: Vorgehensweise zur Beurteilung und Auswahl von Produktionsplanungs- und -steuerungssystemen für Betriebe des Maschinenbaus, Aachen 1982.
Stackelberg, H. v.: Grundlagen einer reinen Kostentheorie, Wien 1932.
Steffen, R.: Produktions- und Kostentheorie, 3. Aufl., Stuttgart u. a. 1997.
Strebel, H.: Umwelt und Betriebswirtschaft. Die natürliche Umwelt als Gegenstand der Unternehmenspolitik, Berlin 1980.
Szyperski, N., Roth, P.: Beschaffung und Unternehmensführung, Stuttgart 1982.
Tempelmeier, H.: Simulation mit SIMAN. Ein praktischer Leitfaden zur Modellentwicklung und Programmierung, Heidelberg 1991.
–: Material-Logistik, 3. Aufl., Heidelberg 1995.
Thünen, J. H. v.: Der isolierte Staat in Beziehung auf Landwirtschaft und Nationalökonomie, Rostock 1842.
Turgot, A. R. J.: Réflexions sur la formation et la distribution des richesses, Paris 1766.
Weidner, D.: Engpaßorientierte Fertigungssteuerung. Eine Untersuchung über die Optimized Production Technology implementierten Konzepte der Produktionsplanung und -steuerung, Frankfurt a. M. u. a. 1992.
Wiendahl, H.-P.: Belastungsorientierte Fertigungssteuerung, München/Wien 1987.
Wight, O.: Manufacturing Resource Planning: MRP II, 2. Aufl., New York 1986.
Wildemann, H.: Das Just-in-time-Konzept, 4. Aufl., St. Gallen 1995.
–: Einführungsstrategien in die computerintegrierte Produktion, München 1990.
–: Produktionssynchrone Beschaffung, 3. Aufl., München 1995.
Wittmann, W.: Produktionstheorie, Berlin, Heidelberg, New York 1968.
Wöhe, G.: Betriebswirtschaftliche Steuerlehre, Bd. II, 2. Halbband, 4. Aufl., München 1997.
Zahn, E. (Hrsg.): Organisationsstrategie und Produktion, München 1990.
Zäpfel, G.: Produktionswirtschaft – Operatives Produktions-Management, Berlin/New York 1982.
–: Strategisches Produktions-Management, Berlin/New York 1989.
–: Taktisches Produktions-Management, Berlin/New York 1989.
von Zwehl, W.: Kostentheoretische Analyse des Modells der optimalen Bestellmenge, Wiesbaden 1973.

Literatur zum 4. Abschnitt

Aaker, D. A.: Strategisches Markt-Management, Wiesbaden 1989.
Ahlert, D.: Distributionspolitik, 3. Aufl., Stuttgart 1996.
Ahlert, D., Schröder, H.: Rechtliche Grundlagen des Marketing, 2. Aufl., Stuttgart u. a. 1996.
Albers, S.: Entscheidungshilfen für den persönlichen Verkauf, Berlin 1989.
Assael, H.: Consumer Behavior and Marketing Action, 3. Aufl., Boston 1987.
Backhaus, K.: Investitionsgütermarketing, 5. Aufl., München 1997.
Backhaus, K., u. a.: Multivariate Analysemethoden, 8. Aufl., Berlin u. a. 1996.
Bänsch, A.: Einführung in die Marketing-Lehre, 4. Aufl., München 1998.
–: Verkaufspsychologie und Verkaufstechnik, 7. Aufl., München, Wien 1998.
–: Käuferverhalten, 8. Aufl., München, Wien 1998.

Barth, K., Theis, H.: Werbung des Facheinzelhandels, Wiesbaden 1991.
Bauer, H. H.: Die Entscheidung des Handels über die Aufnahme neuer Produkte, Berlin 1980.
Becker, J.: Marketing-Konzeption – Grundlagen des strategischen Marketing-Managements, 6. Aufl., München 1998.
Behrens, K. Ch.: Demoskopische Marktforschung, 2. Aufl., Wiesbaden 1966.
Belz, C. (Hrsg.): Realisierung des Marketing, Bd. 1 und 2, Savosa, St. Gallen 1986.
–: Konstruktives Marketing, Savosa, St. Gallen 1989.
Benkenstein, M.: F & E und Marketing, Wiesbaden 1987.
Berekoven, L., Eckert, W., Ellenrieder, P.: Marktforschung – Methodische Grundlagen und praktische Anwendung, 8. Aufl., Wiesbaden 1998.
Berndt, R.: Marketing für öffentliche Aufträge, München 1988.
–: Marketing 1, Käuferverhalten, Marktforschung und Marketing-Prognosen, 3. Aufl., Berlin u. a. 1996.
–: Marketing 2, Marketing-Politik, 3. Aufl., Berlin u. a. 1995.
–: Marketing 3, Marketing-Management, 2. Aufl., Berlin u. a. 1995.
Böcker, F.: Marketing-Kontrolle, Stuttgart 1988.
–: Marketing, 6. Aufl., Stuttgart 1996.
Böhler, H.: Marktforschung, 3. Aufl., Stuttgart u. a. 1994.
Bonoma, T. V.: The Marketing Edge, New York, London 1985.
Brockhoff, K.: Produktpolitik, 4. Aufl., Stuttgart 1994.
Bruhn, M.: Marketing, 3. Aufl., Wiesbaden 1997.
Cravens, D. W.: Strategic Marketing, Homewood 1982.
Day, G. S.: Market Driven Strategy, New York 1990.
Dichtl, E.: Der Weg zum Käufer, 2. Aufl., München 1991.
–: Marketing, in: Allgemeine Betriebswirtschaftslehre, Bd. 3: Leistungsprozeß, hrsg. von Bea, F. X., Dichtl, E., Schweitzer, M., 7. Aufl., Stuttgart 1997.
Diller, H.: Preispolitik, 2. Aufl., Stuttgart u. a. 1991.
–: (Hrsg.) Vahlens Großes Marketing-Lexikon, München 1992.
Döppner, H. W.: Verkaufsförderung – Eine Marketing-Funktion, Berlin 1977.
Engelhardt, W. H., Günter, B.: Investitionsgüter-Marketing, 2. Aufl., Stuttgart u. a. 1981.
Esch, F.-R.: Expertensystem zur Beurteilung von Anzeigenwerbung, Heidelberg 1990.
Freter, H.: Marktsegmentierung, Stuttgart u. a. 1983.
Fritz, W.: Marktorientierte Unternehmensführung und Unternehmenserfolg, Stuttgart 1992.
Green, P. E., Tull, D. S.: Methoden und Techniken der Marktforschung, 4. Aufl., Stuttgart 1982.
Gümbel, R.: Handel, Markt und Ökonomik, Wiesbaden 1985.
Gussek, F.: Erfolg in der strategischen Markenführung, Wiesbaden 1992.
Gutenberg, E.: Grundlagen der Betriebswirtschaftslehre, Bd. II: Der Absatz, 17. Aufl., Berlin u. a. 1984.
Haedrich, G. (Hrsg.): Operationale Entscheidungshilfen für die Marketingplanung, Berlin, New York 1977.
Haedrich, G., Tomczak, T.: Strategische Markenführung, 2. Aufl., Bern, Stuttgart 1996.
Hammann, P., Erichson, B.: Marktforschung, 3. Aufl., Stuttgart, New York 1994.
Hänel, G.: Verbraucher-Promotions, Wiesbaden 1974.
Hansen, U.: Absatz- und Beschaffungsmarketing des Einzelhandels, 2. Aufl., Göttingen 1990.
Hardy, K. G., Magrath, A. J.: Marketing Channel Management, Glenview, London 1988.
Hermanns, A., Flegel, V. (Hrsg.): Handbuch des Electronic Marketing, München 1992.
Hill, W., Rieser, I.: Marketing-Management, 2. Aufl., Bern, Stuttgart 1993.
Hopfenbeck, W.: Umweltorientiertes Management und Marketing, 3. Aufl., Landsberg/Lech 1994.
Huth, R., Pflaum, D.: Einführung in die Werbelehre, 6. Aufl., Stuttgart u. a. 1996.
Hüttner, M.: Markt- und Absatzprognosen, Stuttgart u. a. 1982.
Jeanett, J. P., Hennessey, H. D.: International Marketing Management, Boston 1988.
Kliche, M. (Hrsg.): Investitionsgütermarketing, Wiesbaden 1990.
Köhler, R.: Beiträge zum Marketing-Management, 3. Aufl., Stuttgart 1993.
Kotler, Ph., Bliemel, F.: Marketing-Management, dt. Übersetzung der 9. Aufl., Stuttgart 1999.
Kreilkamp, E.: Strategisches Management und Marketing, Berlin, New York 1987.

Kroeber-Riel, W.: Strategie und Technik der Werbung – Verhaltenswissenschaftliche Ansätze, 4. Aufl., Stuttgart u. a. 1993.
–: Konsumentenverhalten, 6. Aufl., München 1996.
Kuß, A.: Absatzpolitik, Kurseinheit 2 – Marketingplanung, Schriftenreihe der Fernuniversität Hagen, Hagen 1991.
–: Käuferverhalten, Stuttgart 1991.
Kuß, A., Tomczak, T.: Marketingplanung, Wiesbaden 1995.
Link, J., Scheuning, C.: Das neue interaktive Direktmarketing, Ettlingen 1999.
Meffert, H.: Marketing – Grundlagen marktorientierter Unternehmensführung, 8. Aufl., Wiesbaden 1997.
–: Marketing – Arbeitsbuch, 6. Aufl., Wiesbaden 1997.
–: Strategische Unternehmensführung und Marketing, 2. Aufl., Wiesbaden 1992.
–: Marketingforschung und Käuferverhalten, 2. Aufl., Wiesbaden 1992.
–: Marketing-Management, Wiesbaden 1994.
Meffert, H., Kirchgeorg, M.: Marktorientiertes Umweltmanagement, 3. Aufl., Stuttgart 1998.
Merkle, E.: Die Erfassung und Nutzung von Informationen über den Sortimentsverbund in Handelsbetrieben, Berlin 1981.
Meyer, P. W.: Integrierte Marketing-Funktionen, 4. Aufl., Stuttgart u. a. 1996.
Meyer, P. W., Meyer, A. (Hrsg.): Marketing-Systeme – Grundlagen des institutionalen Marketing, 2. Aufl., Stuttgart u. a. 1990.
Müller-Hagedorn, L.: Handelsmarketing, 2. Aufl., Stuttgart u. a. 1993.
–: Das Konsumentenverhalten, 2. Aufl., Wiesbaden 1991.
Nieschlag, R., Dichtl, E., Hörschgen, H.: Marketing, 18. Aufl., Berlin 1997.
Oehme, W.: Handelsmarketing, 2. Aufl., München 1992.
Raffée, H.: Marketing und Umwelt, Stuttgart 1979.
Raffée, H., Wiedmann, K.-P. (Hrsg.): Strategisches Marketing, 2. Aufl., Stuttgart 1995.
Rossiter, J. R., Percy, L.: Advertising and Promotion Management, New York u. a. 1987.
Scheuch, F.: Marketing, 5. Aufl., München 1996.
Schmalen, H.: Kommunikationspolitik, 2. Aufl., Stuttgart u. a. 1992.
Simon, H.: Goodwill und Marketingstrategie, Wiesbaden 1985.
–: Preismanagement, 2. Aufl., Wiesbaden 1992.
Specht, G.: Distributionsmanagement, 3. Aufl., Stuttgart u. a. 1998.
Steffenhagen, H.: Konflikt und Kooperation in Absatzkanälen, Wiesbaden 1975.
–: Wirkungen absatzpolitischer Instrumente, Stuttgart 1978.
–: Marketing, 3. Aufl., Stuttgart u. a. 1994.
Tacke, G.: Nichtlineare Preisbildung, Wiesbaden 1989.
Tempelmeier, H.: Quantitative Marketing-Logistik, Berlin u. a. 1983.
Tietz, B.: Konsument und Einzelhandel, 3. Aufl., Frankfurt/Main 1983.
–: Marketing, 3. Aufl., Düsseldorf 1993.
–: Der Handelsbetrieb, 2. Aufl., München 1993.
–: Binnenhandelspolitik, 2. Aufl., München 1993.
Tietz, B., Köhler, R., Zentes, J.: Handwörterbuch des Marketing, 2. Aufl., Stuttgart 1995.
Topritzhofer, E.: Absatzwirtschaftliche Modelle des Kaufentscheidungsprozesses unter besonderer Berücksichtigung des Markenwahlaspektes, Wien 1974.
Triffin, R.: Monopolistic Competition and General Equilibrium Theory, Cambridge (Mass.) 1949.
Trommsdorff, V.: Die Messung von Produktimages für das Marketing, Köln u. a. 1975.
–: Konsumentenverhalten, 2. Aufl., Stuttgart u. a. 1993.
Weinberg, P.: Das Entscheidungsverhalten der Konsumenten, Paderborn u. a. 1981.
–: Erlebnismarketing, München 1992.
Weinhold-Stünzi, H.: Marketing in 24 Lektionen, St. Gallen 1998.
Weisenfeld-Schenk, U.: Marketing- und Technologiestrategien: Unternehmen der Biotechnologie im internationalen Vergleich, Stuttgart 1995.
Wolfrum, B.: Strategisches Technologiemanagement, 2. Aufl., Wiesbaden 1994.
Zentes, J.: Außendienststeuerung, Stuttgart 1980.
–: Marketing, in: Vahlens Kompendium der Betriebswirtschaftslehre, Bd. 1, 4. Aufl., München 1998.
–: (Hrsg.) Moderne Distributionskonzepte in der Konsumgüterwirtschaft, Stuttgart 1991.
–: Grundbegriffe des Marketing, 4. Aufl., Stuttgart 1996.

Literatur zum 5. Abschnitt

Adam, D.: Investitionscontrolling, 2. Aufl., München, Wien 1997.
Adelberger, O. L., Günther, H. H.: Fall- und Projektstudien zur Investitionsrechnung, München 1982.
Albach, H.: Wirtschaftlichkeitsrechnung bei unsicheren Erwartungen, Köln, Opladen 1959.
–: Investition und Liquidität – Die Planung des optimalen Investitionsbudgets, Wiesbaden 1962.
–: Steuersystem und Investitionspolitik, Wiesbaden 1970.
–: (Hrsg.) Investitionstheorie, Köln 1975.
Albach, H., Hunsdiek, D., Kokalj, L.: Finanzierung mit Risikokapital, Stuttgart 1986.
Alexander, G. J., Sharpe, W. F.: Fundamentals of Investments, Englewood Cliffs, 1989.
Altrogge, G.: Investition, 4. Aufl., München, Wien 1996.
Arrow, K. J.: Aspects of the Theory of Risk-Bearing, Helsinki 1965.
Axmann, N.: Flexible Investitions- und Finanzierungspolitik, 2. Aufl., Wiesbaden 1966.
Baetge, J. (Hrsg.): Akquisition und Unternehmensbewertung, Düsseldorf 1991.
Ballwieser, W.: Unternehmensbewertung und Komplexitätsreduktion, 3. Aufl., Wiesbaden 1990.
Bamberg, G., Coenenberg, A. G.: Betriebswirtschaftliche Entscheidungslehre, 9. Aufl., München 1996.
Baxmann, U. G.: Kreditwirtschaftliche Betriebsgrößen, Stuttgart 1995.
Bea, F. X. u. a. (Hrsg.): Investition – Erklärung und Planung durch Simulation, München u. a. 1981.
Bellinger, B.: Langfristige Finanzierung, Wiesbaden 1964.
Bellinger, B., Vahl, G.: Unternehmensbewertung in Theorie und Praxis, 2. Aufl., Wiesbaden 1992.
Betge, P.: Investitionsplanung. Methoden, Modelle, Anwendungen, 3. Aufl., Wiesbaden 1998.
Beyer, H.-T., Bestmann, U.: Finanzlexikon, 2. Aufl., München 1989.
Bieg, H.: Betriebswirtschaftslehre 1: Investition und Unternehmensbewertung, Freiburg i. Br. 1991.
–: Betriebswirtschaftslehre 2: Finanzierung, Freiburg i. Br. 1991.
Biergans, E.: Investitionsrechnung, Nürnberg 1973.
Bierman, H., Smidt, S.: The capital budgeting decision: Economic analysis and financing of investment projects, 7th ed., New York u. a. 1988.
Binkowski, P., Beeck, H.: Finanzinnovationen. 3. Aufl., Bonn 1995.
Bischoff, W.: Cash flow und Working Capital. Schlüssel zur finanzwirtschaftlichen Unternehmensanalyse, Wiesbaden 1972.
Bitz, M.: Investition und Finanzierung I, Fernuniversität Hagen 1979.
Blohm, H., Lüder, K.: Investition. Schwachstellen im Investitionsbereich des Industriebetriebes und Wege zu ihrer Beseitigung, 8. Aufl., München 1995.
Blumentrath, U.: Investitions- und Finanzplanung mit dem Ziel der Endwertmaximierung, Wiesbaden 1969.
Born, A.: Entscheidungsmodelle zur Investitionsplanung. Ein Beitrag zur Konzeption der „flexiblen" Planung, Wiesbaden 1976.
Breuer, W.: Finanzintermediation im Kapitalmarktgleichgewicht, Wiesbaden 1993.
Brealey, R., Myers, S.: Principles of Corporate Finance, 4th ed., New York 1991.
Brönner, H., Bareis, P.: Die Besteuerung der Gesellschaften, des Gesellschafterwechsels und der Umwandlungen, 17. Aufl., Stuttgart 1999.
Buchner, R.: Das Problem der Kapazitätsausweitung durch laufende Reinvestition in Höhe des Abschreibungsaufwandes, Diss. Frankfurt a. M. 1960.
–: Grundzüge der Finanzanalyse, München 1981.
–: Finanzwirtschaftliche Statistik und Kennzahlenrechnung, München 1985.
Bühler, W., Gering, H., Glaser, H.: Kurzfristige Finanzplanung unter Sicherheit, Risiko und Ungewißheit, Wiesbaden 1979.
Bühler, W., Feuchtmüller, W., Vogel, M. (Hrsg.): Financial Futures, 2. Aufl., Wien 1987.
Büschgen, H.-E.: Zinstermingeschäfte, Instrumente und Verfahren zur Risikoabsicherung an Finanzmärkten, Frankfurt a. M. 1988.
–: Grundlagen betrieblicher Finanzwirtschaft: Unternehmensfinanzierung, 3. Aufl., Frankfurt a. M. 1991.

–: Bankbetriebslehre. Bankgeschäfte und Bankmanagement, 5. Aufl., Wiesbaden 1998.
–: Internationales Finanzmanagement, 3. Aufl., Frankfurt a. M. 1997.
–: Bankbetriebslehre, 3. Aufl., Stuttgart 1994.
Busse von Colbe, W.: Der Zukunftserfolg. Die Ermittlung des künftigen Unternehmungserfolges und seine Bedeutung für die Bewertung von Industriebetrieben, Wiesbaden 1957.
Busse von Colbe, W., Laßmann, G.: Betriebswirtschaftstheorie, Bd. 3: Investitionstheorie, 4. Aufl., Berlin 1994.
Chmielewicz, K.: Betriebliche Finanzwirtschaft, Berlin u. a. 1976.
Christians, F. W. (Hrsg.): Finanzierungs-Handbuch, 2. Aufl., Wiesbaden 1988.
Coenenberg, A. G.: Jahresabschluß und Jahresabschlußanalyse, 16. Aufl., Landsberg/Lech 1997.
Cohen, J. B., Zinbarg, E. D., Zeikel, A.: Investment Analysis and Portfolio Management, 5th ed., Homewood (Ill.) 1986.
Copeland, T., Koller, T., Murrin, J.: Unternehmenswert, Methoden und Strategien für eine wertorientierte Unternehmensführung, 2. Aufl., Frankfurt 1998.
Dean, J.: Kapitalbeschaffung und Kapitaleinsatz, Wiesbaden 1969.
Debreu, G.: The Theory of Value, New York 1959.
Degener, T.: Die Leasingentscheidung bei beweglichen Anlagegütern – ein Vorteilhaftigkeitsvergleich zwischen Leasing und Kreditkauf aus Sicht gewerblicher Investoren, Frankfurt a. M. 1986.
Deppe, H.-D.: Betriebswirtschaftliche Grundlagen der Geldwirtschaft. Bd. 1: Einführung und Zahlungsverkehr, Stuttgart 1973.
–: Grundlagen analytischer Finanzplanung, 2. Aufl., Göttingen 1989.
Dinkelbach, W.: Sensitivitätsanalysen und parametrische Programmierung, Berlin 1969.
Domschke, W., Drexl, A.: Einführung in Operations Research, 4. Aufl., Berlin u. a. 1998.
Drukarczyk, J.: Investitionstheorie und Konsumpräferenz, Berlin 1970.
–: Finanzierungstheorie, München 1980.
–: Finanzierung, 7. Aufl., Stuttgart u. a. 1996.
–: Theorie und Politik der Finanzierung, 2. Aufl., München 1993.
Eilenberger, G.: Lexikon der Finanzinnovationen, 3. Aufl., München, Wien 1996.
–: Betriebliche Finanzwirtschaft, 6. Aufl., München, Wien 1997.
Elton, E. J., Gruber, M. J.: Modern Portfolio Theory and Investment Analysis, 5th ed., New York 1995.
Engels, W.: Betriebswirtschaftliche Bewertungslehre im Licht der Entscheidungstheorie, Köln, Opladen 1962.
Everling, W.: Die Finanzierung des Unternehmens. Kapitalbeschaffung – Liquiditätsvorsorge – Finanzplanung, 2. Aufl., Berlin 1991.
Feinen, K.: Das Leasinggeschäft, 3. Aufl., Frankfurt a. M. 1990.
Fischer, O.: Finanzwirtschaft der Unternehmung, 2 Bde., Tübingen, Düsseldorf 1989/1993.
Fischer, T. R.: Agency-Probleme bei der Sanierung von Unternehmen, Wiesbaden 1999.
Förstner, K., Henn, R.: Dynamische Produktionstheorie und lineare Programmierung, Meisenheim a. Glan 1957.
Franke, G.: Verschuldungs- und Ausschüttungspolitik im Licht der Portefeuille-Theorie, Köln u. a. 1971.
Franke, G., Hax, H.: Finanzwirtschaft des Unternehmens und Kapitalmarkt, 3. Aufl., Berlin, Heidelberg 1994.
Gebhardt, G., Gerke, W., Steiner, M. (Hrsg.): Handbuch des Finanzmanagements. Instrumente und Märkte der Unternehmensfinanzierung, München 1993.
Georgi, A. A.: Steuern in der Investitionsplanung. Eine Analyse der Entscheidungsrelevanz von Ertrag- und Substanzsteuern, 2. Aufl., Hamburg 1994.
Glaser, H.: Liquiditätsreserven und Zielfunktion in der kurzfristigen Finanzplanung, Wiesbaden 1982.
Gräfer, H., Scheld, G., Beike, R.: Finanzierung, 2. Aufl., Hamburg 1994.
Grob, H. L.: Investitionsrechnung mit vollständigen Finanzplänen, München 1989.
–: Einführung in die Investitionsrechnung – Eine Fallstudiengeschichte, 3. Aufl., München 1999.
Gutenberg, E.: Untersuchungen über die Investitionsentscheidungen industrieller Unternehmen, Köln, Opladen 1959.
–: Grundlagen der Betriebswirtschaftslehre, Bd. III: Die Finanzen, 8. Aufl., Berlin, Heidelberg, New York 1980.

Haberstock, L.: Zur Integrierung der Ertragsbesteuerung in die simultane Produktions-, Investitions- und Finanzierungsplanung mit Hilfe der linearen Programmierung, Köln u. a. 1971.
Haegert, L.: Der Einfluß der Steuern auf das optimale Investitions- und Finanzierungsprogramm, Wiesbaden 1971.
Hagenmüller, K. F., Diepen, G.: Der Bankbetrieb, 14. Aufl., Wiesbaden 1996.
Hagenmüller, K. F., Eckstein, W. (Hrsg.): Leasing-Handbuch für die betriebliche Praxis, 6. Aufl., Frankfurt a. M. 1992.
Hagenmüller, K. F., Jacob, F.: Der Bankbetrieb, 3 Bde., 5. Aufl., Wiesbaden 1989.
Hagenmüller, K. F., Sommer, H. J., Brink, U. (Hrsg.): Handbuch des nationalen und internationalen Factoring, 3. Aufl., Frankfurt a. M. 1997.
Hahn, O. (Hrsg.): Handbuch der Unternehmensfinanzierung, München 1971.
–: Finanzwirtschaft, 2. Aufl., Landsberg/Lech 1983.
Handwörterbuch der Finanzwirtschaft (HWF), hrsg. von H. E. Büschgen, Stuttgart 1988.
Härle, D.: Finanzierungsregeln und ihre Problematik, Wiesbaden 1961.
Haumer, H.: Sequentielle stochastische Investitionsplanung, Wiesbaden 1983.
Hauschildt, J.: Organisation der finanziellen Unternehmensführung – eine empirische Untersuchung, Stuttgart 1970.
Hauschildt, J., Sachs, G., Witte, E.: Finanzplanung und Finanzkontrolle – Disposition, Organisation, München 1981.
Hax, H.: Investitionstheorie, 5. Aufl., Würzburg, Wien 1985.
Hax, H., Laux, H. (Hrsg.): Die Finanzierung der Unternehmung, Köln 1975.
Hax, K.: Die Substanzerhaltung der Betriebe, Köln, Opladen 1957.
Heinhold, M.: Investitionsrechnung, 8. Aufl., München, Wien 1999.
Heister, M.: Rentabilitätsanalyse von Investitionen. Ein Beitrag zur Wirtschaftlichkeitsrechnung, Köln, Opladen 1962.
Helbling, C.: Unternehmensbewertung und Steuern, 8. Aufl., Düsseldorf 1995.
Hielscher, U., Laubscher, H.-D.: Finanzierungskosten, 2. Aufl., Frankfurt a. M. 1989.
Hirshleifer, J.: Investment, Interest and Capital, Englewood Cliffs (N. J.) 1970.
Jacob, H.: Neuere Entwicklungen in der Investitionsrechnung, Wiesbaden 1964.
–: Investitionsplanung und Investitionsentscheidung mit Hilfe der Linearprogrammierung, 3. Aufl., Wiesbaden 1976.
–: Kurzlehrbuch Investitionsrechnung, 3. Aufl., Wiesbaden 1993.
Jaensch, G.: Wert und Preis der ganzen Unternehmung, Köln, Opladen 1966.
Janberg, H. (Hrsg.): Finanzierungshandbuch, 2. Aufl., Wiesbaden 1970.
Käfer, K.: Investitionsrechnungen. Einführungen in die Theorie, 4. Aufl., Zürich 1974.
–: Kapitalflußrechnungen, 2. Aufl., Stuttgart 1984.
Kahle, E., Lohse, D.: Grundkurs Finanzmathematik, 4. Aufl., München, Wien 1997.
Kegel, K.-P.: Risikoanalyse von Investitionen. Ein Modell für die Praxis, Darmstadt1991.
Kern, W.: Investitionsrechnung, Stuttgart 1974.
Keun, F., Wiese, O.: Finanzierung und Investition, Darstellung, Kontrollfragen, Aufgaben und Lösungen, 2. Aufl., Herne, Berlin 1985.
Kilger, W., Scheer, A. W. (Hrsg.): Investitions- und Finanzplanung im Wechsel der Konjunktur, Würzburg, Wien 1981.
Koch, H.: Grundlagen der Wirtschaftlichkeitsrechnung. Probleme der betriebswirtschaftlichen Entscheidungslehre, Wiesbaden 1970.
Kortzfleisch, G. v.: Die Grundlagen der Finanzplanung, Berlin 1957.
Kruschwitz, L.: Finanzierung und Investition, 2. Aufl., München, Wien 1999.
–: Finanzmathematik, 2. Aufl., München 1995.
–: Investitionsrechnung, 7. Aufl., München, Wien 1998.
Lachnit, L. (Hrsg.): Controllingsysteme für ein PC-gestütztes Erfolgs- und Finanzmanagement, München 1992.
Laux, H.: Kapitalkosten und Ertragsteuern, Köln u. a. 1969.
–: Flexible Investitionsplanung. Einführung in die Theorie der sequentiellen Entscheidungen bei Unsicherheit, Opladen 1971.
–: Entscheidungstheorie, 4. Aufl., Berlin u. a. 1998.
Layer, M.: Optimale Kapazitätsausnutzung und Kapitalbereitstellung. Sequentielle Produktions- und Investitionsplanung mit Hilfe der Dynamischen Programmierung, Würzburg, Wien 1975.
Lehmann, M.: Zur Theorie der Zeitpräferenz, Berlin 1975.
Lohmann, K.: Finanzmathematische Wertpapieranalyse, 2. Aufl., Göttingen 1989.
Loistl, O.: Grundzüge der betrieblichen Kapitalwirtschaft, Berlin u. a. 1986.
–: Kapitalmarkttheorie, 3. Aufl., München, Wien 1994.

Lücke, W.: Finanzplanung und Finanzkontrolle in der Industrie – Systematische Darstellung der Grundlagen, Wiesbaden 1965.
–: Investitionslexikon, 2. Aufl., München 1991.
Markowitz, H. M.: Portfolio Selection, Efficient Diversification of Investments, New York 1959.
Matschke, M. J.: Der Entscheidungswert der Unternehmung, Wiesbaden 1975.
–: Finanzierung der Unternehmung, Herne, Berlin 1991.
–: Investitionsplanung und Investitionskontrolle, Herne, Berlin 1993.
Mellwig, W.: Investition und Besteuerung. Ein Lehrbuch zum Einfluß der Steuern auf die Investitionsentscheidung, Wiesbaden 1985.
Moxter, A.: Grundsätze ordnungsmäßiger Unternehmensbewertung, 2. Aufl., Wiesbaden 1994.
Müller-Merbach, H.: Operations Research, 3. Aufl., München 1973.
Münstermann, H.: Wert und Bewertung der Unternehmung, 3. Aufl., Wiesbaden 1970.
Musil, S., Nippa, M.: Computergestützte Finanzplanung – Einsatzmöglichkeiten von Anwendungssoftware, München 1992.
Obst, G., Hintner, O.: Geld-, Bank- und Börsenwesen, 39. Aufl., Stuttgart 1993.
Olfert, K.: Finanzierung, 9. Aufl., Ludwigshafen 1997.
–: Investition, 7. Aufl., Ludwigshafen 1998.
Pack, L.: Betriebliche Investition – Begriff – Funktion – Bedeutung – Arten, Wiesbaden 1966.
Perridon, L., Steiner, M.: Finanzwirtschaft der Unternehmung, 10. Aufl., München 1999.
Priewasser, E.: Betriebliche Investitionsentscheidungen, Berlin 1972.
–: Bankbetriebslehre, 6. Aufl., München, Wien 1998.
Rappaport, A.: Shareholder Value: ein Handbuch für Manager und Investoren, 2. Aufl., Stuttgart 1999.
Rautenberg, H. G.: Finanzierung und Investition, 4. Aufl., Berlin 1993.
Rosenberg, O.: Investitionsplanung im Rahmen einer simultanen Gesamtplanung, Köln u. a. 1975.
Ruchti, H.: Die Abschreibung, ihre grundsätzliche Bedeutung als Aufwands-, Ertrags- und Finanzierungsfaktor, Stuttgart 1953.
Rudolph, B.: Kapitalkosten bei unsicheren Erwartungen, Berlin 1979.
–: (Hrsg.) Derivative Finanzinstrumente, Stuttgart 1995.
Sabel, H.: Die Grundlagen der Wirtschaftlichkeitsrechnung, Berlin 1965.
Saelzle, R.: Investitionsentscheidungen und Kapitalmarkttheorie, Wiesbaden 1976.
Sandig, C.: Finanzierung und Fremdkapital, 2. Aufl., Stuttgart 1974.
–: Finanzen und Finanzierung der Unternehmung, 3. Aufl., Stuttgart 1979.
Schacht, K.: Die Bedeutung der Finanzierungsregeln für unternehmerische Entscheidungen, Wiesbaden 1971.
Scheer, A.-W.: Die industrielle Investitionsentscheidung – Eine theoretische und empirische Untersuchung zum Investitionsverhalten in Industrieunternehmungen, Wiesbaden 1969.
Schierenbeck, H.: Beteiligungsentscheidungen, Berlin 1973.
–: Unternehmensfinanzierung und Konjunktur, Stuttgart 1980.
Schierenbeck, H., Hölscher, R.: Bankassurance. Institutionelle Grundlagen der Bank- und Versicherungsbetriebslehre, 4. Aufl., Stuttgart 1998.
Schirmeister, R.: Theorie finanzmathematischer Investitionsrechnungen bei unvollkommenem Kapitalmarkt, München 1990.
Schmalenbach, E.: Finanzierungen, 6. Aufl., Leipzig 1937.
–: Die Aufstellung von Finanzplänen, 3. Aufl., Leipzig 1939.
–: Kapital, Kredit, Zins in betriebswirtschaftlicher Betrachtung, bearb. von R. Bauer, 4. Aufl., Köln, Opladen 1961.
–: Dynamische Bilanz, bearb. von R. Bauer, 16. Aufl., Köln, Opladen 1962.
–: Die Beteiligungsfinanzierung, bearb. von R. Bauer, 9. Aufl., Köln, Opladen 1966.
Schmidt, H.: Wertpapierbörsen, München 1988.
Schmidt, R. H.: Aktienkursprognose, Wiesbaden 1976.
–: Ökonomische Analyse des Insolvenzrechts, Wiesbaden 1980.
Schmidt, R. H., Terberger, E.: Grundzüge der Investitions- und Finanzierungstheorie, 4. Aufl., Wiesbaden 1997.
Schmidtkunz, H.-W.: Die Koordination betrieblicher Finanzentscheidungen, Wiesbaden 1970.
Schneider, D.: Die wirtschaftliche Nutzungsdauer von Anlagegütern als Bestimmungsgrund der Abschreibungen, Köln, Opladen 1961.

—: Investition, Finanzierung und Besteuerung, 7. Aufl., Wiesbaden 1992.
—: Allgemeine Betriebswirtschaftslehre, 3. Aufl., München, Wien 1994.
Schneider, E.: Wirtschaftlichkeitsrechnung – Theorie der Investition, 8. Aufl., Tübingen, Zürich 1973.
Scholz, H., Lwowski, H.-J.: Das Recht der Kreditsicherung, 7. Aufl., Berlin 1994.
Schulte, K.-H.: Wirtschaftlichkeitsrechnung, 4. Aufl., Heidelberg 1986.
Seelbach, H.: Planungsmodelle in der Investitionsrechnung, Würzburg, Wien 1967.
—: (Hrsg.) Finanzierung, München 1980.
Seicht, G.: Die kapitaltheoretische Bilanz und die Entwicklung der Bilanztheorien, Berlin 1970.
—: Investition und Finanzierung. Theoretische Grundlagen und praktische Gestaltung, 9. Aufl., Wien 1997.
Sharpe, W. F.: Portfolio Theory and Capital Markets, New York 1970.
—: Investments, 3rd ed., Englewood Cliffs (N. J.) 1983.
Sieben, G.: Der Substanzwert der Unternehmung, Wiesbaden 1963.
Sieben, G., Zapf, B. (Hrsg.): Unternehmensbewertung als Grundlage unternehmerischer Entscheidungen, Stuttgart 1981.
Solomon, E.: The Theory of Financial Management, New York, London 1963.
Spittler, H.-J.: Leasing für die Praxis, 4. Aufl., Köln 1992.
Spremann, K.: Wirtschaft, Investition und Finanzierung, 5. Aufl., München, Wien 1996.
Standop, D.: Optimale Unternehmensfinanzierung: Zur Problematik der neueren betriebswirtschaftlichen Kapitaltheorie, Berlin 1975.
Steiner, J.: Gewinnsteuern in Partialmodellen für Investitionsentscheidungen. Barwert und Endwert als Instrumente zur Steuerwirkungsanalyse, Betriebswirtschaftliche Studien, Bd. 40, Berlin 1980.
Strobel, A.: Die Liquidität, Methoden ihrer Berechnung, 2. Aufl., Stuttgart 1953.
Süchting, J., Paul, S.: Bankmanagement, 4. Aufl., Stuttgart 1998.
—: Finanzmanagement: Theorie und Politik der Unternehmensfinanzierung, 6. Aufl., Wiesbaden 1995.
Swoboda, P.: Finanzierungstheorie, Würzburg, Wien 1973.
—: Investition und Finanzierung, 5. Aufl., Göttingen 1996.
—: Betriebliche Finanzierung, 3. Aufl., Würzburg, Wien 1994.
Teichmann, H.: Die Investitionsentscheidung bei Unsicherheit, Berlin 1970.
Terborgh, G.: Leitfaden der betrieblichen Investitionspolitik, hrsg. von H. Albach, Wiesbaden 1969.
Uhlir, H., Steiner, P.: Wertpapieranalyse, 3. Aufl., Heidelberg, Wien 1994.
Viel, J., Bredt, O., Renard, M.: Die Bewertung von Unternehmungen und Unternehmungsanteilen. Richtlinien ausgearbeitet von einer Studienkommission der U. E. C., 5. Aufl., Stuttgart 1975.
Vormbaum, H.: Finanzierung der Betriebe, 9. Aufl., Wiesbaden 1995.
Weber, M.: Risikoentscheidungskalküle in der Finanzierungstheorie, Stuttgart 1989.
Weihrauch, H.: Pensionsrückstellungen als Mittel der Finanzierung, Stuttgart 1962.
Weingartner, H. M.: Mathematical Programming and the Analysis of Capital Budgeting Problems, Englewood Cliffs (N. J.) 1963.
Welcker, J., Thomas, E.: Finanzanalyse, München 1981.
Widmann, S., Mayer, R.: Umwandlungsrecht, Bd. 1–4, (Loseblatt), Bonn 1999.
Witte, E.: Die Liquiditätspolitik der Unternehmung, Tübingen 1963.
—: Finanzplanung der Unternehmung, 3. Aufl., Opladen 1983.
Witte, E., Klein, H.: Finanzplanung der Unternehmung, Prognose und Disposition, 3. Aufl., Wiesbaden 1983.
Wittmann, F.: Der Einfluß der Steuern auf die Investitionsentscheidung der Unternehmung, Frankfurt a. M., New York 1986.
Wittmann, W.: Unternehmung und unvollkommene Information, Köln, Opladen 1959.
Wöhe, G.: Betriebswirtschaftslehre und Unternehmensbesteuerung, München 1984.
—: Betriebswirtschaftliche Steuerlehre, Bd. I, 1. Halbband, 6. Aufl., München 1988.
—: Betriebswirtschaftliche Steuerlehre, Bd. I, 2. Halbband, 7. Aufl., München 1992.
—: Betriebswirtschaftliche Steuerlehre, Bd. II, 2. Halbband, 4. Aufl., München 1997.
—: Die Steuern des Unternehmens, 6. Aufl., München 1991.
—: Bilanzierung und Bilanzpolitik, 9. Aufl., München 1997.
Wöhe, G., Bieg, H.: Grundzüge der Betriebswirtschaftlichen Steuerlehre, 4. Aufl., 1995.
Wöhe, G., Bilstein, J.: Grundzüge der Unternehmensfinanzierung, 8. Aufl., München 1998.

Literatur zum 6. Abschnitt

1. Jahresabschluß

Adler–Düring–Schmaltz: Rechnungslegung und Prüfung der Aktiengesellschaft, 8 Bde, 6. Aufl., Stuttgart 1995–2000.
Albach, H.: Die degressive Abschreibung, Wiesbaden 1967.
Albach, H., Forster, K. H. (Hrsg.): Beiträge zum Bilanzrichtlinien-Gesetz. Das neue Recht in Theorie und Praxis, Wiesbaden 1987.
Altenburger, O., Janschek, O., Müller, H.: Fortschritte im Rechnungswesen, Festschrift für Gerhard Seicht, Wiesbaden 1999.
Apelt, B.: Die Publizität der GmbH, Berlin 1991.
Baetge, J.: Möglichkeiten der Objektivierung des Jahreserfolges, 2. Aufl., Düsseldorf 1980.
–: (Hrsg.) Der Jahresabschluß im Widerstreit der Interessen, Düsseldorf 1983.
–: Bilanzanalyse und Bilanzpolitik, Düsseldorf 1989.
–: Bilanzen, 4. Aufl., Düsseldorf 1996.
–: Konzernbilanzen, 3. Aufl., Düsseldorf 1997.
Baetge, J., Dörner, D., Kleekämper, H., Wollmert, P. (Hrsg.): Rechnungslegung nach International Accounting Standards (IAS), Stuttgart 1997.
Baetge, J., Fischer, T. R., Paskert, D.: Der Lagebericht, Aufstellung, Prüfung und Offenlegung, Stuttgart 1989.
Baetge, J., Moxter, A., u. a. (Hrsg.): Bilanzfragen, Festschrift zum 65. Geburtstag von Ulrich Leffson, Düsseldorf 1976.
Ballwieser, W. (Hrsg.): US-amerikanische Rechnungslegung, 3. Aufl., Stuttgart 1998.
Ballwieser, W., Böcking, H., Drukarczyk, J., Schmidt, R.: Bilanzrecht und Kapitalmarkt, Festschrift Adolf Moxter, Düsseldorf 1994.
Ballwieser, W., Häger, R.: Jahresabschlüsse mittelgroßer Kapitalgesellschaften. Ergebnisse einer Untersuchung von 150 mittelgroßen Kapitalgesellschaften, Düsseldorf 1991.
Beck'scher Bilanz-Kommentar: Der Jahresabschluß nach Handels- und Steuerrecht, bearb. von Budde, W. D., Clemm, H., Pankow, M. und Sarx, M., 4. Aufl. München 1999.
Beck'sches Handbuch der Rechnungslegung, hrsg. von Castan, E., Heymann, G., Müller E., Ordelheide, D., Scheffler, E., München 1999 (Loseblatt).
Baukmann, D., Mandler, U.: International Accounting Standards, 2. Aufl., München, Wien 1998.
Bieg, H.: Schwebende Geschäfte in Handels- und Steuerbilanz, Frankfurt a. M., Bern 1977.
–: Bankbilanzen und Bankenaufsicht, München 1983.
–: Buchführung und Bilanz, Freiburg i. Br. 1991.
–: Die externe Rechnungslegung der Kreditinstitute und Finanzdienstleistungsinstitute, München 1998.
Bieg, H., Kußmaul, H.: Externes Rechnungswesen, 2. Aufl., München, Wien 1998.
Bitz, M., Schneeloch, D., Wittstock, W.: Der Jahresabschluß, 2. Aufl., München 1995.
Böcking, H.-J.: Bilanzrechtstheorie und Verzinslichkeit, Wiesbaden 1988.
Born, K.: Rechnungslegung international, 2. Aufl., Stuttgart 1999.
Brönner, H., Bareis, H. P.: Die Bilanz nach Handels- und Steuerrecht, 9. Aufl., Stuttgart 1991.
Buchner, R.: Rechnungslegung und Prüfung der Kapitalgesellschaft, 3. Aufl., Stuttgart/Jena 1996.
–: Buchführung und Jahresabschluß, 5. Aufl., München 1997.
Bundesverband der Deutschen Industrie. Betriebswirtschaftlicher Ausschuß; Industrie-Kontenrahmen „IKR", Neufassung in Anpassung an das Bilanzrichtlinien-Gesetz, Köln 1986.
Budde, W. D., Förschle, G.: Sonderbilanzen, 2. Aufl., München 1999.
Busse von Colbe, W.: Bilanzen, 5. Aufl., München 1999.
–: (Hrsg.): Lexikon des Rechnungswesens, 4. Aufl., München/Wien 1998.
Busse von Colbe, W., Ordelheide, D.: Konzernabschlüsse, 7. Aufl., Wiesbaden 1999.
–: Konzernabschlüsse: Übungsaufgaben und Beispiele, 7. Aufl., Wiesbaden 1993.
Castan, E.: Rechnungslegung der Unternehmung, 3. Aufl., München 1990.
Coenenberg, A. G.: Jahresabschluß und Jahresabschlußanalyse, 16. Aufl., Landsberg/Lech 1997.
–: Jahresabschluß und Jahresabschlußanalyse. Aufgaben und Lösungen, 9. Aufl., Landsberg/Lech 1997.
– (Hrsg.): Bilanzanalyse nach neuem Recht, 2. Aufl., Landsberg am Lech 1990.
Commandeur, D.: Die Bilanzierung der Aufwendungen für die Ingangsetzung und Erweiterung des Geschäftsbetriebs, Berlin 1986.

Le Coutre, W.: Grundzüge der Bilanzkunde, eine totale Bilanzlehre, Teil 1, 4. Aufl., Wolfenbüttel 1949.
–: Zeitgemäße Bilanzierung, Berlin, Wien 1934.
Demming, C.: Grundlagen der internationalen Rechnungslegung, München 1997.
Döring, U., Buchholz, R.: Buchhaltung und Jahresabschluß, 6. Aufl., Hamburg 1999.
Dusemond, M., Kessler, H.: Rechnungslegung kompakt, München, Wien 2000.
Ebeling, R. M.: Die Einheitsfiktion als Grundlage der Konzernrechnungslegung, Stuttgart 1995.
Egger, A., Samer, H.: Der Jahresabschluß nach dem Handelsgesetzbuch, Bd. 1: der Einzelabschluß, 7. Aufl., Wien 1999, Bd. 2: Der Konzernabschluß, 3. Aufl., Wien 1997.
Egner, H.: Bilanzen. Ein Lehrbuch zur Bilanztheorie, München 1974.
–: Betriebswirtschaftliche Prüfungslehre, Berlin 1980.
Eifler, G.: Grundsätze ordnungsgemäßer Bilanzierung für Rückstellungen, Düsseldorf 1976.
Eisele, W.: Technik des betrieblichen Rechnungswesens: Buchführung, Kostenrechnung, Sonderbilanzen, 6. Aufl., München 1999.
Eisolt, D.: US-amerikanische und deutsche Konzernrechnungslegung, Hamburg 1992.
Engels, W.: Betriebswirtschaftliche Bewertungslehre im Licht der Entscheidungstheorie, Köln, Opladen 1962.
Ewert, R.: Rechnungslegung, Gläubigerschutz und Agency-Probleme, Wiesbaden 1986.
Federmann, R.: Bilanzierung nach Handels- und Steuerrecht, 10. Aufl., Berlin 1994.
Feuerbaum, E.: Die polare Bilanz, Berlin 1966.
Fey, D.: Imparitätsprinzip und GoB-System im Bilanzrecht 1986, Berlin 1987.
Fichter, K.: Umweltkommunikation und Wettbewerbsfähigkeit, Marburg 1998.
Förschle, G., Knopp, M.: D-Markeröffnungsbilanz. Aufstellung, Inventar, Bewertung, Kapitalausstattung, Steuern, 2. Aufl., Bonn 1991.
Förschle, G., Kroner, M., Mandler, U.: Internationale Rechnungslegung: US-GAAP, HGB und IAS, 3. Aufl., Bonn 1999.
Förster, W.: Die Liquidationsbilanz, 3. Aufl. Köln 1992.
Gessler, E., Hefermehl, W.: Aktiengesetz, Kommentar, München.
Glade, A.: Rechnungslegung und Prüfung nach dem Bilanzrichtlinien-Gesetz. Systematische Darstellung und Kommentar, 2. Aufl., Herne/Berlin 1991.
Gräfer, H.: Der Jahresabschluß der GmbH, 3. Aufl., Herne/Berlin 1991.
–: Bilanzanalyse. Eine Einführung mit Aufgaben und Lösungen, 7. Aufl., Herne/Berlin 1997.
Gräfer, H., Scheld, G.: Konzernrechnungslegung, 2. Aufl., Hamburg 1994.
Gross, G., Schruff, L.: Der Jahresabschluß nach neuem Recht. Aufstellung – Prüfung – Offenlegung, 3. Aufl., Düsseldorf 1986.
Gross, G., Schruff, L., Wysocki, K. v.: Der Konzernabschluß nach neuem Recht, 2. Aufl. Düsseldorf 1987.
Großfeld, B.: Bilanzrecht, 3. Aufl., Heidelberg 1998.
Haase, K. D.: Finanzbuchhaltung, 7. Aufl., Düsseldorf 1991.
Haeger, B.: Die Bilanzierung steuerrechtlich bedingter Sachverhalte im handelsrechtlichen Jahresabschluß, Stuttgart 1989.
Handwörterbuch der Revision (HWRev), hrsg. von A. G. Coenenberg, K. v. Wysocki, 2. Aufl., Stuttgart 1992.
Handwörterbuch des Rechnungswesens (HWR), 1. Aufl., hrsg. von E. Kosiol, Stuttgart 1970, 2. Aufl., hrsg. von E. Kosiol, K. Chmielewicz, M. Schweitzer, Stuttgart 1981, 3. Aufl., hrsg. von K. Chmielewicz und M. Schweitzer, Stuttgart 1993.
Haller, A.: Grundlagen der externen Rechnungslegung in den AUS, 4. Aufl., Stuttgart 1994.
Hauschildt, J.: Krisendiagnose durch Bilanzanalyse, Köln 1988.
–: Erfolgs-, Finanz- und Bilanzanalyse, 3. Aufl., Köln 1996.
Hayn, S., Waldersee, G.: IAS/US-GAAP/HGB im Vergleich, Stuttgart 2000.
Hax, K.: Die Substanzerhaltung der Betriebe, Köln, Opladen 1957.
Heinen, E.: Handelsbilanzen, 12. Aufl., Wiesbaden 1986.
Heinhold, M.: Der Jahresabschluß, 4. Aufl., München/Wien 1996.
Helbling, C.: Bilanz- und Erfolgsanalyse, 10. Aufl., Bern/Stuttgart 1997.
Hüttemann, U.: Grundzüge ordnungsmäßiger Bilanzierung für Verbindlichkeiten. Düsseldorf, 2. Aufl., 1976.
Institut der Wirtschaftsprüfer (Hrsg.): Wirtschaftsprüfer-Handbuch, 2 Bände, jeweils 11. Aufl., Düsseldorf 1996/1998.
International Accounting Standards Committee (Hrsg.): International Accounting Standards 1999, Stuttgart 1999.

Jacobs, O. H., Schreiber, U.: Betriebliche Kapital- und Substanzerhaltung in Zeiten steigender Preise, Stuttgart 1979.
Käfer, K.: Die Bilanz als Zukunftsrechnung. Eine Vorlesung über den Inhalt der Unternehmungsbilanz, Zürich 1962.
–: Kapitalflußrechnungen, 2. Aufl., Stuttgart 1984.
–: Die Erfolgsrechnung. Theorie, Methoden, Formen, Zürich 1970, Nachdruck 1977.
Kammers, H.: Der Grundsatz der Bewertungsstetigkeit nach § 252 Abs. 1 Nr. 6 HGB, Stuttgart 1988.
Karrenbauer, M.: Die Abschreibung in Einkommen- und Bilanzsteuerrecht, Stuttgart 1993.
Karrenbrock, H.: Latente Steuern in Bilanz und Anhang, Düsseldorf 1991.
Kerth, A., Wolf, J.: Bilanzanalyse und Bilanzpolitik, 2. Aufl., München/Wien 1992.
Kessler, H.: Rückstellungen und Dauerschuldverhältnisse, Stuttgart 1992.
Kirsch, H.-J.: Die Equity-Methode im Konzernabschluß, Düsseldorf 1990.
Knobbe–Keuk, B.: Bilanz- und Unternehmenssteuerrecht, 9. Aufl., Köln 1993.
Kosiol, E.: Pagatorische Bilanz, Berlin 1976.
KPMG Deutsche Treuhand Gesellschaft (Hrsg.): International Accounting Standards, Stuttgart 1999.
Kropf, B.: Aktiengesetz 1965, Düsseldorf 1965.
Krumbholz, M.: Die Qualität publizierter Lageberichte, Düsseldorf 1994.
Kruse, H. W.: Grundsätze ordnungsmäßiger Buchführung. Rechtsnatur und Bestimmung, 3. Aufl., Köln 1978.
Küting, K.: Konsolidierungspraxis: Grundsätze ordnungsmäßiger Konsolidierung und die Konsolidierungspraxis deutscher Konzerne, 2. Aufl., Berlin 1981.
Küting, K., Weber, C. P.: Bilanzanalyse und Bilanzpolitik nach neuem Bilanzrecht, Stuttgart 1987.
–: Der Konzernabschluß, 5. Aufl., Stuttgart 1999.
–: Handbuch der Rechnungslegung. Kommentar zur Bilanzierung und Prüfung, Bd. II: Handbuch der Konzernrechnungslegung, 2. Aufl., Stuttgart 1998.
–: Handbuch der Rechnungslegung. Kommentar zur Bilanzierung und Prüfung, Bd. I a, 4. Aufl., Stuttgart 1995.
–: Die Bilanzanalyse, 4. Aufl., Stuttgart 1999.
Küting, K., Weber, C. P., Zündorf, H.: Praxis der Konzernbilanzanalyse, Stuttgart 1990.
Kuhn, U.: Planabschlüsse im Konzern, Stuttgart 1993.
Langenbucher, G.: Die Umrechnung von Fremdwährungsgeschäften, Stuttgart 1988.
Leffson, U.: Wirtschaftsprüfung, 4. Aufl., Wiesbaden 1988.
–: Die Grundsätze ordnungsmäßiger Buchführung, 7. Aufl., Düsseldorf 1987.
–: Bilanzanalyse, 3. Aufl., Stuttgart 1984.
Lück, W.: Lexikon der Rechnungslegung und Abschlußprüfung, 4. Aufl., München, Wien 1998.
–: Jahresabschlußprüfung, Stuttgart 1993.
–: Rechnungslegung im Konzern, Stuttgart 1994.
–: Prüfung der Rechnungslegung, München, Wien 1999.
Mellwig, W., Moxter, A., Ordelheide, D. (Hrsg.): Einzelabschluß und Konzernabschluß, Beiträge zum neuen Bilanzrecht, Bd. 1, Wiesbaden 1988.
–: Handelsbilanz und Steuerbilanz. Beiträge zum neuen Bilanzrecht, Bd. 2, Wiesbaden 1989.
Meyer, C.: Bilanzierung nach Handels- und Steuerrecht unter Einschluß der Konzernrechnungslegung, 12. Aufl., Herne/Berlin 1998.
Moxter, A.: Bilanzlehre, Bd. I, Einführung in die Bilanztheorie. 3. Aufl., Wiesbaden 1984, Nachdruck 1991.
–: Bilanzlehre, Bd. II, Einführung in das neue Bilanzrecht, 3. Aufl., Wiesbaden 1986.
–: Der Einfluß von Publizitätsvorschriften auf das unternehmerische Verhalten, Köln, Opladen 1962.
–: Betriebswirtschaftliche Gewinnermittlung, Tübingen 1982.
–: Bilanzrechtsprechung, 5. Aufl., Tübingen 1999.
Münstermann, H.: Einführung in die Dynamische Bilanz, Köln, Opladen 1957.
Naumann, K.-P.: Die Bewertung von Rückstellungen in der Einzelbilanz nach Handels- und Ertragsteuerrecht, Düsseldorf 1989.
Nicklisch, H.: Die Betriebswirtschaft, 7. Aufl., Stuttgart 1932.
Niehus, R. J.: Rechnungslegung der GmbH nach neuem Recht: Kommentar zu den die GmbH betreffenden Vorschriften des Regierungsentwurfs eines Bilanzrichtlinien-Gesetzes vom 12. 2. 1982, Berlin, New York 1982.

Oberbrinkmann, F.: Statische und dynamische Interpretation der Handelsbilanz, Düsseldorf 1990.
Oser, P.: Verbundene Unternehmen im Bilanzrecht, Stuttgart 1993.
Quick, R.: Grundsätze ordnungsmäßiger Inventurprüfung, Düsseldorf 1991.
Rieger, W.: Schmalenbachs dynamische Bilanz, 2. Aufl., Stuttgart, Köln 1954.
–: Einführung in die Privatwirtsschaftslehre, 3. Aufl., Erlangen 1964.
Rogler, S.: Gewinn- und Verlustrechnung nach dem Umsatzkostenverfahren, Wiesbaden 1990.
Roß, N.: Rechtsgeschäftliche Treuhandverhältnisse im Jahres- und Konzernabschluß, Düsseldorf 1994.
Ruchti, H.: Die Abschreibung, ihre grundsätzliche Bedeutung als Aufwands-, Ertrags- und Finanzierungsfaktor, Stuttgart 1953.
Ruhnke, K.: Konzernbuchführung, Düsseldorf 1995.
Ruppert, B.: Währungsumrechnung im Konzernabschluß, Düsseldorf 1993.
Schäfer, W.: Grundsätze ordnungsmäßiger Bilanzierung für Forderungen, 2. Aufl., Düsseldorf 1977, Nachdruck 1986.
Schaltegger, S., Sturm, A.: Ökologieorientierte Entscheidungen in Unternehmen. Ökologisches Rechnungswesen statt Ökobilanzierung, 2. Aufl., Basel 1994.
Schildbach, Th.: Der handelsrechtliche Jahresabschluß, 5. Aufl., Herne/Berlin 1997.
–: Der Konzernabschluß nach HGB, IAS und US-GAAP, 5. Aufl., München, Wien 1998.
Schmalenbach, E.: Der Kontenrahmen, 4. Aufl., Leipzig 1935.
–: Dynamische Bilanz, 13. Aufl., bearb. von R. Bauer, Köln, Opladen 1962, Nachdruck 1988.
Schmidt, F.: Bilanzwert, Bilanzgewinn und Bilanzumwertung, Berlin 1924.
–: Die organische Tageswertbilanz, 3. Aufl., 1929, unv. Nachdruck, Wiesbaden 1951.
Schneider, D.: Die wirtschaftliche Nutzungsdauer von Anlagegütern als Bestimmungsgrund der Abschreibungen, Köln, Opladen 1961.
–: Steuerbilanzen. Rechnungslegung als Messung steuerlicher Leistungsfähigkeit, Wiesbaden 1978.
–: Kapitalmarkteffizienz durch Jahresabschlußreformen, Göttingen 1981.
Schöttler, J., Spulak, R., Baur, W.: Technik des betrieblichen Rechnungswesens, 8. Aufl., München u. a. 1996.
Schreiber, U.: Unternehmenserhaltung bei steigenden Preisen, Frankfurt a. M. u. a. 1980.
Schult, E.: Bilanzanalyse. Möglichkeiten und Grenzen externer Unternehmensbeurteilung, 10. Aufl., Freiburg i. Br. 1999.
Schweitzer, M.: Struktur und Funktion der Bilanz, Berlin 1972.
Seicht, G.: Die kapitaltheorethische Bilanz und die Entwicklung der Bilanztheorien, Berlin 1970.
–: Bilanztheorien, Würzburg/Wien 1982.
–: Buchführung, Jahresabschluß und Steuern, 11. Aufl., Wien 1997.
Selchert, F.-W.: Der Anhang als Instrument der Informationspolitik, Stuttgart 1987.
–: Jahresabschlußprüfung der Kapitalgesellschaften, 2. Aufl., Wiesbaden 1996.
Selchert, F. W., Erhardt, M.: Internationale Rechnungslegung, München, Wien 1998.
Siener, F.: Der Cash-Flow als Instrument der Bilanzanalyse, Stuttgart 1991.
Simon, H. V.: Die Bilanzen der Aktiengesellschaften und der Kommanditgesellschaften auf Aktien, Berlin 1986.
Streim, H.: Grundzüge der handels- und steuerrechtlichen Bilanzierung, Stuttgart 1988.
Vogt, S.: Die Maßgeblichkeit des Handelsbilanzrechts für die Steuerbilanz, Düsseldorf 1991.
Walb, E.: Die Erfolgsrechnung privater und öffentlicher Betriebe, Berlin, Wien 1926.
–: Finanzwirtschaftliche Bilanz, 3. Aufl., Wiesbaden 1966.
Weber, C. P.: Praxis der Kapitalkonsolidierung im internationalen Vergleich, Stuttgart 1991.
Weber, H. K.: Betriebswirtschaftliches Rechnungswesen, Bd. I, Bilanz und Erfolgsrechnung, 4. Aufl., München 1993.
Wenger, E.: Unternehmenserhaltung und Gewinnbegriff, Wiesbaden 1981.
Wentland, N.: Die Konzernbilanz als Bilanz der wirtschaftlichen Einheit Konzern, Frankfurt a. M. u. a. 1980.
Wittmann, W.: Der Wertbegriff in der Betriebswirtschaftslehre, Köln, Opladen 1956.
Wöhe, G.: Die Handels- und Steuerbilanz, 3. Aufl., München 1996.
–: Betriebswirtschaftliche Steuerlehre, Bd. I, 2. Halbband, 7. Aufl., München 1992; Bd. II, 1. Halbband, 5. Aufl., München 1990; 2. Halbband, 4. Aufl., München 1997.
–: Betriebswirtschaftslehre und Unternehmensbesteuerung, München 1984.
–: Bilanzierung und Bilanzpolitik, Betriebswirtschaftlich, handelsrechtlich, steuerrechtlich,

Mit einer Einführung in die verrechnungstechnischen Grundlagen, 9. Aufl., München 1997.
Wöhe, G., Bieg, H.: Grundzüge der Betriebswirtschaftlichen Steuerlehre, 4. Aufl., München 1995.
Wöhe, G., Kußmaul, H.: Grundzüge der Buchführung und Bilanztechnik, 3. Aufl., München 2000.
Wysocki, K. v.: Grundlagen des betriebswirtschaftlichen Prüfungswesens, 3. Aufl., München 1988.
–: Sozialbilanzen, Stuttgart, New York 1981.
Wysocki, K. v., Wohlgemuth, M.: Konzernrechnungslegung, 4. Aufl., Düsseldorf 1996.
Zieger, M.: Gewinnrealisierung bei langfristiger Fertigung, Wiesbaden 1990.
Zündorf, H.: Der Anlagespiegel im Konzernabschluß, Stuttgart 1990.
–: Quotenkonsolidierung versus Equity-Methode, Stuttgart 1987.
Zwehl, W. v.: Untersuchung zur Erstellung einer Planbilanz als Ergänzung des Jahresabschlusses, Berlin 1968.
Zwingmann, L.: Die Abbildung ökonomischer Beziehungen zwischen Mutter- und Tochterunternehmen im Jahresabschluß des Konzerns, Bergisch Gladbach, Köln 1994.

2. Kostenrechnung

Adam, D.: Entscheidungsorientierte Kostenbewertung, Wiesbaden 1970.
Agthe, K.: Die Abweichungen in der Plankostenrechnung, Freiburg i. Br. 1958.
–: Kostenplanung und Kostenkontrolle im Industriebetrieb, Baden-Baden 1963.
Ahlert, D. (Hrsg.): Finanz- und Rechnungswesen als Führungsinstrument, Festschrift für Herbert Vormbaum, Wiesbaden 1990.
Ahlert, D., Franz, K.-P.: Industrielle Kostenrechnung, 5. Aufl., Düsseldorf 1992.
Baden, A.: Strategische Kostenrechnung, Wiesbaden 1997.
Böhm, H.-H., Wille, F.: Deckungsbeitragsrechnung, Grenzpreisrechnung und Optimierung, 6. Aufl., München 1977.
Braun, S.: Die Prozeßkostenrechnung, 3. Aufl., Ludwigsburg, Berlin 1999.
Burger, A.: Entscheidungsorientierte Kostenrechnung für die flexibel automatisierte Fertigung, Stuttgart 1992.
Chmielewicz, K. (Hrsg.): Entwicklungslinien der Kosten- und Erlösrechnung, Stuttgart 1983.
Coenenberg, A. G.: Kostenrechnung und Kostenanalyse, 3. Aufl., Landsberg/Lech 1997.
–: (Hrsg.): Unternehmensrechnung: Betriebliche Planungs- und Kontrollrechnung auf der Basis von Kosten und Leistungen, München 1976.
Dellmann, K., Franz, K.-P.: Neuere Entwicklungen im Kostenmanagement, Bern u. a. 1994.
Döring, U.: Kostensteuern. Der Einfluß von Steuern auf kurzfristige Produktions- und Absatzentscheidungen, Stuttgart 1984.
Ebert, G.: Kosten- und Leistungsrechnung, 8. Aufl., Wiesbaden 1997.
Ehrt, R.: Die Zurechenbarkeit von Kosten auf Leistungen auf der Grundlage kausaler und finaler Beziehungen, Stuttgart, Berlin, Köln, Mainz 1967.
Eisele, W.: Technik des betrieblichen Rechnungswesens, 6. Aufl., München 1999.
Ewert, R., Wagenhofer, A.: Interne Unternehmensrechnung, 3. Aufl., Berlin u. a. 1997.
Fäßler, K., Rehkugler, H., Wegenast, C.: Lexikon des Controlling, 5. Aufl., München 1991.
Freidank, C.-C.: Kostenrechnung, 6. Aufl., München, Wien 1997.
Gabele, E., Fischer, P.: Kosten- und Erlösrechnung, München 1992.
Götzinger, M., Michael, H.: Kosten- und Leistungsrechnung, Eine Einführung, 6. Aufl., Heidelberg 1993.
Gröner, L.: Entwicklungsbegleitende Vorkalkulation, Berlin u. a. 1991.
Haberstock, L.: Zur Integrierung der Ertragsbesteuerung in die simultane Produktions-, Investitions- und Finanzierungsplanung mit Hilfe der linearen Programmierung, Köln, Berlin, Bonn, München 1971.
–: Grundzüge der Kosten- und Erfolgsrechnung, 3. Aufl., München 1982.
–: Kostenrechnung I, Einführung mit Fragen, Aufgaben und Lösungen, 10. Aufl., Hamburg 1998.
–: Kostenrechnung II, (Grenz-)Plankostenrechnung, 8. Aufl., Hamburg 1999.
Handwörterbuch des Rechnungswesens (HWR): 1. Aufl., hrsg. von E. Kosiol, Stuttgart 1970, 2. Aufl., hrsg. von E. Kosiol, K. Chmielewicz, M. Schweitzer, Stuttgart 1981, 3. Aufl., hrsg. von K. Chmielewicz und M. Schweitzer, Stuttgart 1993.

1230 Literaturverzeichnis

Heinen, E.: Die Kosten. Ihr Begriff und ihr Wesen. Eine entwicklungsgeschichtliche Betrachtung, Saarbrücken 1956.
–: Betriebswirtschaftliche Kostenlehre, 6. Aufl., Wiesbaden 1983, Nachdruck 1985.
Heinhold, M.: Kosten- und Erfolgsrechnung in Fallbeispielen, Stuttgart 1998.
Hoitsch, H.-J.: Kosten- und Erlösrechnung: eine controllingorientierte Einführung, 2. Aufl., Berlin u. a. 1997.
Horváth, P. (Hrsg.): Strategieunterstützung durch das Controlling – Revolution im Rechnungswesen? Stuttgart 1990.
–: Controlling, 7. Aufl., München 1999.
–: Strategisches Kostenmanagement, in: Horváth, P., Gassert, H., Solaro, D. (Hrsg.), Controlling-Konzeptionen für die Zukunft, Stuttgart 1991.
Horváth, P., Seidenschwarz, W.: Die Methodik des Zielkostenmanagements, Controlling-Forschungsbericht Nr. 33, Stuttgart 1992.
Huch, B.: Einführung in die Kostenrechnung, 8. Aufl., Heidelberg 1986.
Hummel, S., Männel, W.: Kostenrechnung, 2 Bde, 4. Aufl., Wiesbaden 1986.
IFUA Horváth & Partner (Hrsg.): Prozeßkostenmanagement, München 1991.
Jacob, H.: Moderne Kostenrechnung, Wiesbaden 1978.
Jacobs, O. H.: Aussagemöglichkeiten und Grenzen der industriellen Kostenrechnung aus kostentheoretischer Sicht, Köln, Opladen 1968.
Käfer, K.: Standard-Kostenrechnung, 2. Aufl., Stuttgart 1964.
Kilger, W.: Kurzfristige Erfolgsrechnung, Wiesbaden 1962.
–: Industriebetriebslehre, Bd. I, Wiesbaden 1986.
–: Einführung in die Kostenrechnung, 3. Aufl., Wiesbaden 1987, Nachdruck 1992.
–: Flexible Plankostenrechnung und Deckungsbeitragsrechnung, 10. Aufl., Wiesbaden 1993.
Kilger, W., Scheer, A.-W. (Hrsg.): Saarbrücker Arbeitstagung. Plankostenrechnung und Deckungsbeitragsrechnung in der Praxis. Anwendungen – offene Probleme – Entwicklungstendenzen, Würzburg, Wien 1980.
–: (Hrsg.) Rechnungswesen und EDV, Würzburg u. a. 1983–86.
Kleiner, F.: Kostenrechnung bei flexibler Automatisierung, München 1991.
Kloock, J., Sieben, G., Schildbach, T.: Kosten- und Leistungsrechnung, 8. Aufl., Düsseldorf 1999.
Koch, H.: Grundprobleme der Kostenrechnung, Köln, Opladen 1966.
Kosiol, E.: Kostenrechnung und Kalkulation, 2. Aufl., Berlin, New York 1972.
–: Kosten- und Leistungsrechnung: Grundlagen, Verfahren, Anwendungen, Berlin 1979.
Laßmann, G.: Die Kosten- und Erlösrechnung als Instrument der Planung und Kontrolle in Industriebetrieben, Düsseldorf 1968.
Layer, M.: Möglichkeiten und Grenzen der Anwendbarkeit der Deckungsbeitragsrechnung im Rechnungswesen der Unternehmung, Berlin 1967.
Lorson, P.: Straffes Kostenmanagement und neue Technologien, Herne, Berlin 1993.
Männel, W. (Hrsg.): Handbuch Kostenrechnung, Wiesbaden 1992.
–: Anpassung der Kostenrechnung an moderne Unternehmensstrukturen, in: Männel, W. (Hrsg.), Handbuch Kostenrechnung, Wiesbaden 1992.
Medicke, W.: Die Gemeinkosten in der Plankostenrechnung, Berlin 1956.
Mellerowicz, K.: Abschreibungen in Erfolgs- und Kostenrechnung, Heidelberg 1957.
–: Kosten und Kostenrechnung, Bd. I: Theorie der Kosten, 5. Aufl., Berlin 1973; Bd. II: Verfahren, 1. Teil: Allgemeine Fragen der Kostenrechnung und Betriebsabrechnung, 5. Aufl., Berlin 1974; 2. Teil: Kalkulation und Auswertung der Kostenrechnung und Betriebsabrechnung, 5. Aufl., Berlin 1980.
–: Planung und Plankostenrechnung, Bd. I, Betriebliche Planung, 3. Aufl., Freiburg i. Br. 1979; Bd. II, Plankostenrechnung, 1. Aufl., Freiburg i. Br. 1972.
Menrad, S.: Der Kostenbegriff. Eine Untersuchung über den Gegenstand der Kostenrechnung, Berlin 1965.
Müller, H.: Prozeßkonforme Grenzplankostenrechnung, 2. Aufl., Wiesbaden 1996.
Plaut, H. G., Müller, H., Medicke, W.: Grenzplankostenrechnung und Datenverarbeitung, 3. Aufl., München 1973.
Preßmar, D. B.: Kosten- und Leistungsanalyse im Industriebetrieb, Wiesbaden 1971.
Reichmann, T.: Kosten und Preisgrenzen, Wiesbaden 1973.
–: Controlling mit Kennzahlen und Managementberichten, Grundlagen einer systemgestützten Controlling-Konzeption, 5. Aufl., München 1997.
Riebel, P.: Die Kuppelproduktion, Betriebs- und Marktprobleme, Köln, Opladen 1955.
–: Kosten und Preise bei verbundener Produktion, Substitutionskonkurrenz und verbundener Nachfrage, 2. Aufl., Opladen 1972.

—: Einzelkosten- und Deckungsbeitragsrechnung, 7. Aufl., Wiesbaden 1994.
Rummel, K.: Einheitliche Kostenrechnung auf der Grundlage einer vorausgesetzten Proportionalität der Kosten zu betrieblichen Größen, 3. Aufl., Düsseldorf 1967.
Scheer, A.-W. (Hrsg.): Grenzplankostenrechnung – Stand und aktuelle Probleme, 2. Aufl., Wiesbaden 1991.
Scherrer, G.: Kostenrechnung, 2. Aufl., Stuttgart u. a. 1991.
Schmalenbach, E.: Der Kontenrahmen, 4. Aufl., Leipzig 1935.
—: Kostenrechnung und Preispolitik, bearb. von R. Bauer, 8. Aufl., Köln, Opladen 1963.
Schneider, D.: Die wirtschaftliche Nutzungsdauer von Anlagegütern als Bestimmungsgrund der Abschreibungen, Köln, Opladen 1961.
Schneider, E.: Industrielles Rechnungswesen, 5. Aufl., Tübingen 1969.
Schönfeld, H.-M., Möller, H. P.: Kostenrechnung, 8. Aufl., Stuttgart 1995.
Schweitzer, M., Küpper, H.-U.: Systeme der Kosten- und Erlösrechnung, 7. Aufl., München 1998.
Seicht, G.: Moderne Kosten- und Leistungsrechnung. Grundlagen und praktische Gestaltung, 9. Aufl., Wien 1999.
Seidenschwarz, W.: Target Costing. Marktorientiertes Zielkostenmanagement, München 1993.
Strecker, A.: Prozeßkostenrechnung in Forschung und Entwicklung, München 1991.
Swoboda, P.: Die betriebliche Anpassung als Problem des betrieblichen Rechnungswesens, Wiesbaden 1964.
Vikas, K.: Controlling im Dienstleistungsbereich mit Grenzplankostenrechnung, Wiesbaden 1989.
Vormbaum, H.: Kalkulationsarten und Kalkulationsverfahren, 4. Aufl., Stuttgart 1977.
Vormbaum, H., Rautenberg, H. G.: Plankostenrechnung, Baden-Baden u. a. 1985.
Weber, J.: Einführung in das Rechnungswesen II, Kostenrechnung, 5. Aufl., Stuttgart 1997.
Weber, K.: Amerikanisches Direct Costing, Bern, Stuttart 1970.
Wilkens, K.: Kosten- und Leistungsrechnung, 8. Aufl., München 1996.
Witt, F. J.: Deckungsbeitragsmanagement, München 1991.
Zimmermann, G.: Grundzüge der Kostenrechnung, 7. Aufl., München, Wien 1997.

Sachverzeichnis

A

ABC-Analyse 430 ff.
Abfallwirtschaft
  integrierte – 457
  Planung der – 454 ff.
  Ziele der – 456
Abhängigkeitsbericht 1028
Abhängigkeitsverhältnis 335
Ablauforganisation 175 f., **190 f.**, 440
Ablaufplanung
  Dilemma der – 453
Absatz, s. auch Marketing
  direkter – 599, 606 ff.
  indirekter – 599, 606 ff.
Absatzhelfer 606
Absatzmarketing 482
Absatzmarkt 479
Absatzmenge 395 f.
Absatzmittler 606
Absatzplan 395
Absatzplanung 485 f., 1162 ff.
  Informationsbedarf der – 489 ff.
  Phasen der – 489 ff.
Absatzpolitik 485 f.
Absatzpotential 512
Absatzprognose 512 ff.
Absatzprogramm 485 f.
Absatzverbund 535
Absatzvolumen 512
Absatzweg
  Optimierung des -s 598 f.
Abschöpfungspreis 572 f.
Abschöpfungsstrategie 144
Abschreibung
  arithmetisch-degressive – 941
  – auf Ingangsetzungskosten 991
  außerplanmäßige – 937, **942 ff.**, 991
  wahlweise – – 945 ff.
  bilanzielle – 272
  digitale – 941
  Finanzierung aus -en 760 ff.
  geometrisch-degressive – 940
  indirekte – 926 f.
  kalkulatorische – 272, 1113 ff.
    Aufgaben der -n – 1113 ff.
  lineare – 940
  planmäßige – 937 ff., 991
  Verfahren der -n – 939 ff.
  progressive – 941
  Zweck der – 270 ff.
Abschreibungsaufwand 991
Abschreibungsaufwandquote 1088
Abschreibungsbasis 938
Abschreibungsmethoden, s. auch Abschreibungsverfahren 1115
Abschreibungsobergrenze 939
Abschreibungsplan

Änderung des -s 943 f.
Bestandteile des -s 937
Abschreibungstabellen, s. auch AfA-Tabellen 938
Abschreibungsverfahren 939 ff.
Abschreibungswahlrechte 942 f., 945 ff.
  bilanzpolitische – 1071
Absetzung für Abnutzung 724 f., 937
Abspaltung 829
Abstraktion 36
Abteilungsbildung 124, **179 ff.**
Abwicklung, s. Liquidation
acquisition 335 f.
Äquivalenzziffern 1138 f.
AfA, s. Absetzung für Abnutzung 937
AfA-Tabellen 938
AIDA-Schema 582
Akkordlohn 259 ff.
  Anwendungsgebiete des -n 260
  Berechnung des -n 259 f.
  Nachteile des -n 261
  Vorteile des -n 260 f.
Akkordrichtsatz 259
Akkreditiv 734
Akquisitorisches Potential 516 f., 561 f.
Aktien 303 f., 695 ff.
  Abstempelung von – 823
  Arten der – 695 ff.
  eigene – 700 f.
    Zulässigkeit der -n – 700 f.
    Einziehung von – 825 f., 827 f.
    Rechte aus – 332 f.
    Zusammenlegung von – 823 f., 827
Aktienagio 966
Aktiengesellschaft, s. auch Kapitalgesellschaft 110, 290
  Gründung einer – 805 ff.
  Kapitalerhöhung der – 811 ff.
Aktienindex-Futures 746
Aktienkaufoption 97 f.
Aktiennennbetrag 965 f.
Aktionäre
  Interessen der – 895 f.
  Schutz der – 897 f.
Aktionenraum 151
Aktionsparameter 151 f.
Aktivierende Prozesse 509, 591
Aktivierungsgebot 921
Aktivierungsverbot 922
Aktivierungsvorschriften
  konkrete – 920 ff.
Aktivierungswahlrecht 921
Aktivtausch **857**
Akzeptkredit 729, 731
Allgemeine Betriebswirtschaftslehre 18 f., 66
Allgemeines Geschäftsrisiko, s. Risiko, existentielles

Sachverzeichnis

Allgemeinverbindlichkeitserklärung
 – eines Tarifvertrages 268 f.
Allowable Costs 1195
Alternativpläne 134 f.
Amortisationsdauer 633
Amortisationsrechnung 632 f.
Analyseverfahren
 multivariate – 503
 univariate – 503
Anbauverfahren 1127 f.
Änderungsdaten 222
Anforderungsprofil 244 f.
Anhang 888, 992 ff.
 Aufgaben des -s 994
 freiwillige Zusatzangaben im – 995 ff.
 Informationsfunktion des -s 993
 Pflichtangaben im – 993 ff.
 Prüfung des -s 1003 f.
Anlagenintensität 1085
Anlagespiegel 927
Anlagevermögen 879 f.
Annuität 640, 712
Annuitätenmethode 640 ff.
Anpassung
 intensitätsmäßige – 414 f.
 kombinierte – 415 f.
 quantitative – 413 f.
 selektive – 414
 zeitliche – 415
Anrechnungsverfahren
 körperschaftsteuerliches – 310, 820 f., 850 f.
Anreizsystem
 Shareholder Value-konformes – 97
Anschaffungskosten 929, **931**
 fiktive – 952
 fortgeführte – 929
Anschaffungsnebenkosten 931
Anspannungsgrad 1086
Anspruchsniveau 121
Anteilsbesitz
 Aufstellung des -es 1059
Anteilseignerschutz
 Dominanz des -es 1008
Anwenderprogramme 214
Anwendungssoftware 204 f., **215 ff.**, 233 f.
Anwendungssysteme
 integrierte – 216, 233 f.
 SAP R/3–233 f.
Anzahlungen 727 f.
Arbeit
 ausführende – 103
 dispositive – 93 f.
 objektbezogene – 103
Arbeitgeberverbände 322
Arbeitnehmer
 Schutz der – 101
Arbeitsablauf 190 f.
Arbeitsablaufanalyse
 – für Betriebsmittel 273 ff.
Arbeitsbedingungen 241, **246 ff.**

Arbeitsbereicherung 127
Arbeitsbewertung
 analytische – 256 f.
 Methoden der – 255 ff.
 summarische – 256 f.
Arbeitsdirektor 117, 296
Arbeitsentgelt, s. auch Lohn
 241, 254 ff.
Arbeitserweiterung 127
Arbeitsgemeinschaft 327 f.
 echte – 328
 unechte – 328
Arbeitsgestaltung 247
Arbeitsgestaltungsstudie 247
Arbeitshypothesen 37
Arbeitsinhalt 190
Arbeitskampf 269
Arbeitskostenvergleich
 internationaler – 341 f.
Arbeitskurve
 physiologische – 250
Arbeitsleistungen 193, **240 ff.**
Arbeitslohn 104
Arbeitsobjekt 190
Arbeitsorganisation 241
Arbeitspausen 251 f.
Arbeitsphysiologie 248
Arbeitsplatzgestaltung 252 f.
Arbeitsplatzwechsel 127
Arbeitsproduktivität 249, 342
Arbeitsprozeß 190
Arbeitspsychologie 247, 249 f.
Arbeitsraum 252 f.
Arbeitsrhythmus 249 f.
Arbeitsspeicher 206, 210
Arbeitsstudien 241, 246 f.
Arbeitssystem 182, 190
Arbeitsvorbereitung 186, 193, 241
Arbeitswerte 256
Arbeitswertstudien 247
Arbeitswissenschaften 247
Arbeitszeit 190, 248, 250 ff.
 gleitende – 250
Arbeitszeitgesetz 248, 251
Arbeitszeitregelung 248 ff.
Arbeitszeitstudien 247
Arbitragebeweis 786
Attitüdenbildung 584
Aufbauorganisation 175 f., **176 ff.**, 440 ff.
 Ergebnis der – 182 ff.
Aufgaben
 Delegation von – 180
Aufgabenanalyse **176 f.**, 190
Aufgabenbereich 194
Aufgabengefüge 182
Aufgabengliederungsplan 177
Aufgabensynthese 176, **177 ff.**
Auflösung 848 f.
 Gründe der – 849
Aufsichtsrat 110, 296, 298, 1062
 Sitzverteilung im – 114 f.
 Willensbildung im – 116
Aufspaltung 829

Sachverzeichnis

Auftragserteilung
  Einheitlichkeit der – 183
Auftragsfolgediagramm 451 f., 451 f.
Aufwand 856, 862, 867, **870 ff.**, 887
  Antizipation von – 930
  außerordentlicher – 873
  betriebsfremder – 873
  neutraler – 873 f., 992
  ordentlicher – 992
Aufwandsrückstellungen 1023 f.
Aufwendungen
  sonstige betriebliche – 991 f.
Ausbringungsmenge 365
Ausführungsinformationen 199 f.
Ausgabe 862 f., 865 f.
  zeitliche Verteilung der -n 1112
Ausgleichsgesetz der Planung 147 f., 482
Ausgliederung 829
Ausschreibung
  innerbetriebliche – 243
Ausschuß 278
Ausschüttungssperre 958, 968 f.
Außenfinanzierung 618 ff., **694 ff.**
  besondere Anlässe der – 803 ff.
  Quellen der – 694 ff.
Außenumsatzerlöse 1054 ff.
Aussperrung 269
Auswahl, s. auch Stichprobe
  nicht zufällige – 502
  zufällige – 501 f.
Auswahlkriterien
  – der Personalauswahl 245
Auswahlprinzip 40 ff., 48 ff., 50 ff.
Auszahlungen 862, **865 ff.**
Autonomieprinzip 5 f., 480
Avalkredit 732 f.

B

β-Wert, s. Beta-Wert
Bankbetriebe 14
Bankenkonsortium 328
Basissystem 204 f.
Baukastenstückliste 428
Baustellenfertigung 441
BDE (Betriebsdatenerfassung) 463
Befehlswege 183
Befragung 616 f.
Befragungsstrategie 499 f.
Befragungstaktik 500 f.
Beherrschungsvertrag 335
Beibehaltungswahlrecht 930
Belegschaftsaktien 264, 700
Benchmarkmethode 1021 f.
Berichterstattung
  freiwillige – 996 ff.
Bernoulli-Prinzip 665
Beschaffungsgenossenschaften 291 f.
Beschaffungskosten
  mittelbare – 425, 437
  unmittelbare – 425, 437
Beschaffungsmarktforschung 432 ff.
Beschäftigung 395

Beschäftigungsabweichung 1178 ff.
Beschäftigungsänderungen 1108 f.
Beschäftigungsgrad 273, 395, 1177 ff.
  Änderung des -es 1177 ff.
Beschäftigungsplanung 1175
Beschäftigungsschwankungen 17
  Einfluß der – auf die Betriebsabrechnung 1133 ff.
Beschreibungsmodelle 39
Besitzpersonengesellschaft 315
Bestandsänderungen 990 f.
Bestandskonten 857
Bestätigungsvermerk 1004
Bestellmenge 169, 437 ff., 462
Bestellpunktsystem 439
Bestellrhythmussystem 439 f.
Bestellstrategie 439
Beta-Wert 678, 801 f.
Beteiligung 332 f.
  Bewertung von -en 1046 f.
  Quoten und Rechte 333
Beteiligungsfinanzierung, s. auch Einlagenfinanzierung 694 ff., 718 ff.
  – emissionsfähiger Unternehmen 695 ff.
  – nichtemissionsfähiger Unternehmen 707 ff.
Beteiligungsquoten 333
Betrieb
  Aufbau des -es 93 ff.
  Begriff des -es 2 ff., 5 f.
Betriebe 9, 293 f.
  anlagenintensive – 17
  Gliederung der – 13 ff.
  materialintensive – 17
  öffentliche –, s. auch öffentliche
Betriebsablaufplanung 147
Betriebsabrechnung 859, 1104, **1107 ff.**, 1130 ff., 1152 f.
  organisatorische Eingliederung der – 1148 ff.
Betriebsabrechnungsbogen 1130 ff., 1149
  Arbeitsgang im – 1130 ff.
  Aufbau des -s 1130 ff.
  Beispiel eines -s 1132
Betriebsaufbauplanung 147
Betriebsaufspaltung 314 f.
Betriebserfolg 875 f., 984
Betriebsergebnis 875 f., 989, 1151
  nachhaltig erzielbares – 990 ff.
Betriebsertrag 875
Betriebsfremder Aufwand 873
Betriebsführung, s. Arbeit, dispositive – 93 f., 106 ff.
  wissenschaftliche – 247
Betriebsgröße 17 f., 394
  Veränderung der – 416
Betriebsgrößenvariation
  multiple – 394, 416
  mutative – 394, 416
Betriebskapitalgesellschaft 315
Betriebsklima 176, 253 f.
Betriebsleistung 875

Betriebsmittel 93 f., 270 ff., 410, 416
Arbeitsablaufanalyse für – 273 ff.
Gestaltung der – 253
Nutzungszeiten der – 274
Betriebsmittelzeit 273 ff.
Betriebsorganisation 172 ff.
Betriebspolitik 19
Betriebsprozeß
   Erkenntnis des -es 19
   Gestaltung des -es 19
Betriebsprüfung
   steuerliche – 197
Betriebsrat 113
   Aufgaben des -s 113
   Mitbestimmungsrecht des -s 257
Betriebsruhe 275
Betriebssoziologie 54
Betriebsstoffe. s. auch Werkstoffe 276
Betriebssystem 215
Betriebstypologie 13 ff.
Betriebsvereinbarung 243
Betriebsverfassungsgesetz 113 ff.
Betriebswirtschaftliche Prüfungslehre 19 f.
Betriebswirtschaftliche Steuerlehre 19 f.
Betriebswirtschaftslehre
   angewandte – 33 ff., 67 f.
   arbeitsorientierter Ansatz der – 83 f.
   Aufgabe der – 27 ff., 394
   Auswahlprinzip der – 40 ff.
   EDV-orientierter Ansatz der – 87 f.
   entscheidungsorientierte – 77 ff.
   Entwicklung der – 57 ff.
   Erkenntnisobjekt der – 1 ff.
   Gegenstand der – 1 ff., 50
   Geschichte der – 56 ff.
   Gliederung der – 18 ff.
   konflikt- und machttheoretische Ansätze der – 85 f.
   Methoden der – 1 ff.
   normativ-wertende – 69
   ökologieorientierter Ansatz der – 88 ff.
   praktische – 69
   situativer Ansatz der – 86 f.
   spezielle – 19 f.
   Stellung der – im System der Wissenschaften 23 ff.
   systemorientierter Ansatz der – 79 ff.
   theoretische – 33 ff.
   verhaltensorientierter Ansatz der – 81 ff.
   wertende – 52 ff.
   wertfreie – 52 ff.
Betriebswissenschaft 31
Bewegungsstudien 247
Bewertung
   Grundsatz der Einheitlichkeit der – 1039 f., 1052
   – unter Unsicherheit 892 f.
   verlustfreie – 934 f.
Bewertungsgrundsätze 911 ff.
Bewertungsmaßstäbe 929 ff.
Bewertungsprinzipien 928 ff.
Bewertungsstetigkeit
   Prinzip der – 914

Bewertungsvorschriften
   – zum Anlagevermögen 948
   – zum Umlaufvermögen 949
Bewertungswahlrechte
   bilanzpolitische – 1071
Bezugsgrößen 1123 ff.
   Auswahl der – 1123 ff.
   direkte – 1123 f.
   Ermittlung der – 1123 ff.
   indirekte – 1124
Bezugsgrößenkalkulation 1143
Bezugskurs 816
Bezugsrecht 304, 812 ff.
   Aufgaben des -s 813 f.
   Ausschluß des -s 812 f., 817
   Berechnung des -s 814 f.
Bilanz
   außerordentliche – 882 f.
   externe – 883
   Finanzbuchführung und – 855 ff.
   Formalaufbau der – 878 ff.
   Gliederungsprinzipien der – 923 f.
   Gliederungsschema der – 924 ff.
   Inhalt der – 918 ff.
   interne – 882 f.
   konsolidierte –, s. auch Konzernbilanz 883 f., 1025
   ordentliche – 882 f.
   Prüfung der – 1002 f.
Bilanzadressaten 890 ff.
   Interessen der – 895 f.
   Schutz der – 894 ff.
Bilanzanalyse 1076 ff.
   Arbeitsschritte der – 1078
   Aufgaben der – 1063, 1076 ff.
   Beurteilungsmaßstäbe der – 1079
   erfolgswirtschaftliche – 1077
   finanzwirtschaftliche – 1077
   Grenzen der – 1093 ff.
Bilanzarten 882 ff.
Bilanzauffassung 1095 ff.
   dynamische – 913, 922, 937, 953, 977, 1096 ff.
   organische – 1098
   statische – 913, 922, 937, 953, 976 f., 1096
Bilanzfeststellungsrecht 300
Bilanzgewinn 970
Bilanzgliederung
   Fristigkeitsprinzip der – 924
   Kontoform der – 926
   Liquiditätsprinzip der – 924
   Prozeßgliederungsprinzip der – 924
   Staffelform der – 926
Bilanzidentität 910
Bilanzierung
   Bruttoprinzip der – 910 f.
   – dem Grunde nach 910 f., 918 ff.
   Grundlagen der – 878 ff.
   optimistische – 893 f.
   pessimistische – 893 f.
Bilanzierungsfähigkeit
   abstrakte – 918 f.

Sachverzeichnis

Bilanzierungsgrundsätze, s. auch Grundsätze ordnungsmäßiger Bilanzierung 908 ff.
Bilanzierungshilfen 920 f., 957 ff.
Bilanzierungsprinzipien 897 f.
Bilanzkennzahlen
  Auswertung von – 1083 ff.
  erfolgswirtschaftliche – 1084, 1087 ff.
  Ermittlung von – 1083 ff.
  finanzwirtschaftliche – 1084 ff.
Bilanzklarheit 909
Bilanzkontinuität
  formelle – 910 f., 926
Bilanzkurs 703, 819
  korrigierter – 704
Bilanzpolitik 1063 ff.
  adressatenfeindliche – 1067
  Ermessensspielräume im Rahmen der – 1071 f.
  Instrumente der – 1068 ff.
  liquiditätsorientierte – 1065
  Sachverhaltsdarstellung durch – 1068
  Sachverhaltsgestaltung durch – 1068
  strategische Ebene der – 1063 f.
  Ziele der – 1064 ff.
Bilanzrecht
  Ziele des -s 881
Bilanzstichtag
  einheitlicher – 1040 f.
  Wahl des -s 1068 f.
Bilanztheorie, s. auch Bilanzauffassungen 1095 ff.
Bilanzverkürzung 858
Bilanzverlängerung 858
Bilanzverlust 970
Bilanzwahrheit 909 f.
Binärbaum 224
Blickaufzeichnung 594
BORA (Belastungsorientierte Auftragsfreigabe) 467 f.
Börsen- oder Marktpreis 929
Börseneinführungsprospekt 706
Börsenkurs 705 ff.
Börsenpreis 933
Boston-Consulting-Group 140
  Vier-Felder-Matrix der – 141
Bottom-up-Planung 137
Brachzeit 275
Branch-and-Bound-Verfahren 453
Break-even-Analyse 1092 f.
Break-even-point, s. auch Kostendeckungspunkt 1092, 1157
Bruttobedarf 429
Bruttogewinn 674, 680, 773
  Barwert des -s 674
  Erwartungswert des -s 775
Bruttomethode 1033
Bruttoprinzip 910 f., 984
Buchführung
  Aufgabe der – 855 f.
  Prüfung der – 1002
Buchungsablauf
  Schema des -s 1150

Buchwert
  Aufstockung der -e 833 f.
  Fortführung der -e 832, 835, 843 f.
Buchwertmethode 1047
Buchwertverknüpfung 833, 837, 843 f.
Budgetplanung 148
Bürgschaft 732

C

CAD (Computer Aided Design) 470 ff.
CAM (Computer Aided Manufacturing) 470
Cap 744 f.
CAP (Computer Aided Planning) 471 ff.
CAPM (Capital Asset Pricing Model) 677 f., 796 ff.
  Annahmen des – 790, 796 f.
  Mischportefeuille des – 797 f.
CAQ (Computer Aided Quality Assurance) 471 ff.
Carry-Over-Effekt 582, 593
case law 1009
Cash Flow 689 f., 996, 1086 f.
  – als Erfolgsmaßstab 1090
  Brutto – 675 f., 690
  free – 675 f.
  indirekte Ermittlung des -s 996
  – und Unternehmensbewertung 675 f.
Cash-cows 142
CD-ROM 211
Certificates of Deposit 742
Ceteris-paribus-Methode 35
CIM (Computer Integrated Manufacturing) 470 ff.
Client-Server-Architektur 208 f.
CNC-Systeme (Computerized Numerical Control) 472
code law 1009
Collar 745
Commercial Papers 743
Controlling 234 ff.
  Begriff des -s 234 f.
  Bereiche des -s 237 f.
  Funktionen des – 236 f.
  koordinationsorientierter Ansatz des -s 237 ff.
Corporate Identity 124, 1068
Cost Driver 1191
Cournotsche Menge 553 ff.
Cournotscher Preis 553 ff.
Cournotscher Punkt 553 ff.

D

Damnum 958
Darlehen 711
  partiarisches – 288
Datei 206, 221
Daten 198 f.
  analoge – 199
  digitale – 199
  Suche von – 224 f.

Datenausgabegerät 212
Datenbank 221
Dateneingabegerät 212
Datenelement 220
Datenorganisation 220 ff., 223 ff.
Datensatz 220
Datenschutz 227
Datensegment 220
Datenübertragung 212 f.
DCF-Methode, s. auch Discounted Cash Flow-Methode 674 ff.
Dean-Modell 654 ff.
Deckungsbeitrag 421
Deckungsbeitragsrechnung 421
 Aufgaben der – 1156 ff.
 Begriff der – 1156 ff.
 – mit relativen Einzelkosten 1161 f.
 – zur Erfolgsanalyse und Produktions- und Absatzplanung 1162 ff.
Deckungsstock 716
Deduktion 34 f.
Defensivstrategie 142
Dependenzanalyse 503 f.
Depotstimmrecht 111
Desinvestitionsstrategie 142
Detailplan 147
Deutscher Gewerkschaftsbund, 267 ff.
Devisentermingeschäfte 745
Dezentralisation 181
Dienstleistungsbetriebe 15
Dienstprogramm 215
Dienstweg 183
Direct Costing 1157
Direktmarketing 232 f.
Disagio, s. auch Damnum 712, 956 f.
Discounted Cash Flow-Methode 674 ff.
Discounter 602
Diskontkredit 729
Dispositiver Faktor 102 f., **106 ff.**, 200
Distanzrechnung 886
Distribution
 akquisitorische – 598 ff.
 physische – 598, 612 ff.
Distributionsformen 601
Distributionskosten 599 f.
Distributionsorgane 606
Distributionspolitik 519
 akquisitorische – 599
 Elemente der – 598
 Ziele der – 598 f.
Distributionsquote 607
Distributionssicherheit 608
Distributionswege 606
Distributionswünsche 600 f.
Distributionsziele 607 f.
Diversifikation 325, 326, 668, 800 f.
 Arten der – 326
 – durch Unternehmenszusammenschlüsse 323 ff.
Dividendenanspruch
 prioritätischer – 697
Dividendengarantie 1027 f.
Dividendenkontinuität 1065

Divisionskalkulation 1136 ff.
 einstufige – 1136
 mehrstufige – 1136 ff.
 – mit Äquivalenzziffern 1138 f.
Dokumentationsfunktion 890
Doppelbesteuerung
 internationale – 344
 Vermeidung der – 309 f.
Doppelgesellschaft 314 f.
Doppelwährungsanleihen 740 f.
Drifting Costs 1195
DuPont-Kennzahlensystem 1092
Durchlaufterminierung 445 ff.
 Aufgabe der – 446
Durchlaufzeit
 auftragsbezogene – 446 f.
 Minimierung der – 446 ff., 451
Durchschnittsertrag **372 ff.**, 398 f.
Durchschnittsertragsfunktion 398 f., 404
Durchschnittskosten 392 f., 405 ff., 408, 414
Durchschnittskostenfunktion 401
Durchschnittskostenkurve 402
Durchschnittsprinzip 375
Durchschnittsprodukt 372 f.
Durchschnittsverzinsung 1115
Dyopol 556

E

Ecklohn 257
e-Commerce 232
EDV, s. auch Elektronische Datenverarbeitung 203
EDVA, s. auch Elektronische Datenverarbeitungsanlage 203
Effizienzkriterium 375
Effizienzlinie 795
Eigenbetriebe
 kommunale – 281, 293
Eigenfinanzierung, s. auch Eigenkapitalbeschaffung 301 ff., 618 ff., **694 ff.**
Eigenkapital 47
 Ausweis des -s 963 ff.
 bilanzielle Bestandteile des -s 964 f.
 Marktwert des -s 674, **678 f.**
 Mindesthöhe des -s 694 f.
 Mindestverzinsung des -s 94
 negatives – 886, 926
 nicht durch – gedeckter Fehlbetrag 303
 Stärkung des -basis 1064 ff.
 verwendbares – 821, 833
Eigenkapitalausweis
 Möglichkeiten des -es 971 f.
Eigenkapitalbeschaffung 301 ff.
 – bei Genossenschaften 304 f.
 – bei Kapitalgesellschaften 303 f.
 – bei Personenunternehmen 301 ff.
Eigenkapitalkostensatz 677
Eigenkapitalquote 1086
Eigenkapitalrentabilität **47 ff.**, 778, 1089 f.
Eigenleistungen
 aktivierte – 991
Eigentümerunternehmung 109

Sachverzeichnis

Eignungsprüfung 245 f.
Eingliederungskonzern 335
Einheitlichkeit der Leitung 183, 1032 ff.
Einheitsbilanz 904
Einheitsgründung 806
Einheitskurs
 Ermittlung des -es 706
Einheitsmarkt 706
Einheitstheorie 1028, 1048, 1056 f.
Einkaufsgenossenschaften 324
Einkommenskategorien
 funktionelle – 104
Einkommensteuer
 Grundzüge der – 308 f.
Einkreissystem 1148 ff.
Einlagen
 ausstehende – 926
Einlagenfinanzierung, s. auch Beteiligungsfinanzierung 694 ff.
Einliniensystem, s. auch Liniensystem 183
Einmanngesellschaft 286, 289
Einnahme 862 f., 867 ff.
Einplatzsystem 208
Einwirkzeit 277
Einzahlung 862 ff.
Einzelabschlüsse
 Maßgeblichkeit der – 1028
Einzelakkord 259
Einzelbewertung
 Prinzip der – 881 f., 913
Einzelbilanz 883 f.
 Maßgeblichkeit der – 1028
Einzelfertigung 425 f., 440 ff.
Einzelhandel 600 ff.
Einzelkosten 1108, 1172
 Kontrolle der – 1172 f.
 Planung der – 1172 f.
Einzelunternehmen, s. Personenunternehmen
Einzelunternehmer 118
Einzelwirtschaft 2
Einzelwirtschaftslehre
 arbeitsorientierte – 83 f.
Eiserner Bestand 439
Elastizitätskoeffizient 549
Elektronische Datenverarbeitung 203
 Entwicklungsperspektiven er -n – 473 ff.
Elektronische Datenverarbeitungsanlage 203
Elementarfaktoren 103
Elementarkombination 417
 Typologie der – 417
E-Mail 232
Emissionskosten 716
Endvermögensmaximierung 628
Energieorientierung 342
Engpaß 147
Engpaßfaktoren 147
Engpaßkapazität 1163
Engpaßplanung 1175, 1179 ff.
Entity-Methode 678
Entity-Relationship-Modell 224

Entscheidung 150 ff.
 Begriff der – 150 f.
 bei Risiko 153, **157 f.**
 bei Sicherheit 156 f.
 bei Unsicherheit 154, **158 ff.**
 funktionale – 93
 konstitutive – 93
Entscheidungsbaumverfahren 665 ff.
Entscheidungsbefugnis
 Delegation von -sen 131 f.
Entscheidungsfeld
 unternehmerisches – 151 ff.
Entscheidungskompetenz 131 f.
Entscheidungsmatrix 155 f.
Entscheidungsmodelle **39 f.**, 78, 84
 mathematische – 164
Entscheidungsprozeß 1, 134
Entscheidungsregeln 156 ff.
 Bayes-Prinzip 157 f.
 Bernoulli-Prinzip 158, 665
 Hurwicz-Regel 159 f.
 Laplace-Regel 161 f.
 Maximax-Regel 159
 Savage-Niehans-Regel 160 f.
Entscheidungstheorie 77 f., 150 f.
 deskriptive – 151
 normative – 150
Entsorgung 278 f.
Entwicklungsprognose 490, 513
Equity-Methode 678, 1046 f.
Erfahrungskurven-Analyse 139 f.
Erfolg 46 f., 875 f.
 betrieblicher – 887, 984
 betriebsfremder – 887
 Konsolidierung des -es 1049 ff.
 nachhaltig erzielbarer – 1082
 neutraler – 984
 Periodisierung des -s 892 f.
 zufallsbedingter – 1082
Erfolgsanalyse 1162
Erfolgs- und Liquiditätsplanung 136
Erfolgsausweis
 kontinuierlicher – 957
 optimistischer – 893 f.
 pessimistischer – 893 f.
Erfolgsbeteiligung 263 ff.
Erfolgsbeteiligungssysteme 265 ff.
Erfolgsbilanz 883 f.
Erfolgsermittlung, s. auch Gewinnermittlung 884
Erfolgskonsolidierung 1030, 1049 ff.
Erfolgskonten 857
Erfolgskontrolle 133
Erfolgspotential 890
Erfolgsprognosen 1067
Erfolgsrechnung, s. auch Gewinn- und Verlustrechnung 886, 982 ff.
 kurzfristige – 1104, 1148 ff.
Erfolgsspaltung 887, 1067, 1081 ff.
 Aufgabe der – 990
 betriebswirtschaftliches Konzept der – 990
 handelsrechtliches Konzept der – 989 f.

Ergebnis
 außerordentliches – 989
Ergebnisanalyse 1087 ff.
 Kennzahlen zur – 1088
Ergebnisbeteiligung, s. Erfolgsbeteiligung
Ergebniseinheit, s. auch Profit-Center 187
Ergebnisfunktion 154
Ergebnisgröße 659
Ergebnismatrix 154
Ergebnisquellenanalyse 1088
Erkenntnisobjekt 2, 23
Erkenntnisziele 28 f., 33
Erklärungsmodelle 39
Erklärungsvariable 39
Erlös 375
Ermessensrücklagen 1075
Erneuerungsmodelle 170 f.
Ersatzinvestition 623 f.
Ersatzmodelle 170 f.
Ersatzzeitpunkt
 optimaler – 650
Ersparnisprämie 262
Ertrag 47 f., 856, 867 ff., 875, 887
 neutraler – 875
 sonstiger betrieblicher – 991
Ertragsgebirge 365 f., 369, 397
Ertragsgesetz 396 ff., 403 f.
Ertragslage 1030
Ertragsteueraufwand 961
Ertragswert 680, 682, 704
Ertragswertkurs 704
Ertragswertverfahren 679 f.
Erwartung
 sichere – 150
 unsichere – 150
Erwartungswert μ 95, 158, 664
Erweiterungsinvestition 623 f.
Eurogeldmarkt 741 f.
Eurokapitalmarkt 741 f.
Eurokreditmarkt 742
Euronate Facilities 742
EVA-Prinzip 204, 208
Eventualverbindlichkeiten 919, 926
Ewige Rente 95 f., 676, 777
Experiment 497 f.
 Feld- 497 f.
 Labor- 497
Expertenbefragung 514
Expertensystem 229 ff., 475

F

Factoring 733 f., 766 f.
Factory Outlet Center 611
Faktor
 Aufgaben des dispositiven -s 106 ff.
 objektbezogene -en, s. Elementarfaktoren 103
 systemindifferente -en 5
Faktoreinsatzkombination
 technisch effiziente – 366
Faktorsubstitution 366

Faktorvariation
 Analyse der partiellen – 371 f., 373
 partielle – 368, 384 f., 397, 408
 totale – 369, 397
Falsifizierung 38
Fehlbetrag
 nicht durch Eigenkapital gedeckter – 303
Fertigung
 auftragsweise – 1122 f.
Fertigungsarten 16 f.
Fertigungskosten 1107 f.
Fertigungsplanung 440 ff.
Fertigungsprinzipien 15 f.
Fertigungsprogramm, s. auch Produktionsprogramm
Fertigungstypen
 Systematisierung der – 441
Fertigungsverfahren 418, 440 ff.
 arbeitsintensives – 394, 416, 441
 kapitalintensives – 394, 416, 441
Festbetragsbeteiligte 100, 880
Festbewertung 951
Festwertspeicher 210
FIBOR 740
Fifo-Methode 952 f.
Finalrelation 52 f.
Finance-Leasing-Verträge 722
Financial-Futures 745
Finanzanalyse
 Kennzahlen zur – 1085
Finanzanlagenintensität 1085
Finanzbereich 347, 617
Finanzergebnis 989
Finanzholding 336
Finanzielles Gleichgewicht, s. Liquidität 686 f.
Finanzierung 111, 395
 – aus Abschreibungen 760 ff.
 – aus Rückstellungen 757 ff.
 Begriff der – 618
 – durch Anzahlungen 727 f.
 – durch Rationalisierungsmaßnahmen 767
 Formen der – 621
 optimale – 768 f., 777
Finanzierungsanalyse 1085 f.
Finanzierungsinstrumente
 – am Euromarkt 741 ff.
 Innovative – 737 ff.
Finanzierungsmöglichkeiten
 – der Genossenschaft 304 f.
 – der Kapitalgesellschaft 303 f., 306 f.
 – der Personenunternehmen 301 ff., 305 f.
Finanzierungsregeln 769 ff., 1086
 Beurteilung der – 772 f.
 horizontale – 1080
Finanzlage 1030 f.
 Einblick in die – 927 f.
Finanzmittelfonds 997
Finanzplan 148, 1087
 Grundstruktur des -s 693
Finanzplanung
 Aufgaben der – 621 f.

Sachverzeichnis

Fristigkeit der – 690 f.
Grundlagen der – 684 ff.
Instrumente der – 688 ff.
mittelfristige – 691 f.
strategische – 691
Ziele der – 685 ff.
Firma 287, 290
Firmenwert 1044
derivativer – 959 f., 1021 f.
originärer – 681 f., 959 f., 1021
Fixkosten, s. auch Kosten, fixe 405, 408
Anstieg der – 1184 f.
Fixkostendeckungsrechnung 1159 ff.
Fixkostendegression **393**, 405
Fixkostensockel 389, 400 f.
Fließbandabgleich 454
Fließfertigung 440 ff.
Floating Rate Notes 740, 742
Floor 744 f.
Forderungen
Arten von – 953
Bewertung der – 953 ff.
Bilanzierung der – 953 ff.
Disagio bei – 956 f.
Konsolidierung der – 1047 ff.
niedrigverzinsliche – 954 ff.
Pauschalwertberichtigung auf – 954
zweifelhafte – 954
Förderzeit 277
Forfaitierung 736 f., 766 f.
Formwechsel 830
Forschung
empirisch-induktive – 75 f.
mathematisch-deduktive 75 f.
Forschung und Entwicklung 521
Forschungs- und Entwicklungskosten 573
Bilanzierung von – 1022
Forschungsdesign
deskriptives – 495, 508
exploratives – 495
kausalanalytisches – 496 ff., 508
Wahl des – 494 ff.
Fortführungsstatik 1096
Fortschrittzahlenkonzept 469 f.
Forward Rate Agreements 743 f.
Franchising 611 f.
Free Cash Flow (FCF) 675 f.
Freiverkehr 705
Fremdfinanzierung, s. auch Kreditfinanzierung 618, 710 ff.
kurzfristige – 725 ff.
langfristige – 711 ff., 718 ff.
Fremdkapitalbeschaffung
– der Kapitalgesellschaften 306 f.
– der Personenunternehmen 305 f.
Fremdkapitalkostensatz 677
Fremdkapitalzinslast 1086
Fremdwährung 982
Fremdwährungsforderungen 954
Fremdwährungsverbindlichkeiten 982
Fristenrisiko 717
Frühwarnsysteme **109**, 193, 228, 236

Führungsentscheidung 106 f., 338
Träger der – 109 ff.
Führungsinstrumente 125 ff.
immateriell direkte – 127 f.
immateriell indirekte – 128 ff.
Führungsneutralisierung 129 f.
Führungsprinzipien 103, 130 ff.
Führungsspritze
Organisation der – 118
Führungsstil 103
autokratischer – 128
bürokratischer – 128
charismatischer- 128
kooperativer – 128
patrialcharischer – 127
Führungsteilsysteme 234
interne Koordination von -n 238 f.
Koordination von -n 237 f.
Führungstheorie 87
Funktionsmeistersystem 183
Funktionssystem 183 ff.
Fusion, s. auch Verschmelzung 321
Arten der – 337
Fusionskontrollverordnung
Europäische – 338
Futures 745 f.

G

GANTT-Diagramm 451 ff., 474
Garantie 732
Gebietskartell 331
Gebrauchsfaktor 410, 416
Gegenstromverfahren 137
Geisteswissenschaften 24
Geldakkord 260
Gelegenheitsgesellschaft 286, 327 f.
Gemeinkosten 1108
Anstieg der – 1184 f.
Kontrolle der – 1173 ff.
Planung der – 1173 ff.
unechte – 1108
Verrechnung der – 1126 f.
Zurechnung der – 1120 f.
Gemeinkostenzuschläge
Ermittlung der – 1131
Gemeinschaftsbilanz 883 f., 1025
Gemeinschaftsunternehmen 332
Generally Accepted Accounting Principles (US-GAAP) 1007 ff.
Generalunternehmer 328
Generalversammlung 297 f.
Generic Marketing 482
Genfer Schema 256
Genossenschaften
Ergebnisbeteiligung bei – 301
Finanzierungsmöglichkeiten der – 304 f.
Haftung bei – 290 f.
Leitungsbefugnis bei – 297 f.
Genossenschaftsverbände 292
Genußscheine 265, 717 f.
Gesamtbewertung, s. auch Unternehmensbewertung 669 ff., 881 f.

Gesamtertragsfunktion 368, 397 f., 401
  partielle – 368, 371, 400, 404
Gesamtkapital 47
Gesamtkapitalrentabilität 47 ff., 777 f.,
  1089 f.
Gesamtkosten 405, 408
Gesamtkostenfunktion 376 ff., 403, 413
  Ableitung der – 376 ff.
  kurzfristige – 387 ff.
  langfristige – 385 ff.
Gesamtkostenverfahren 985 ff., 1057
Gesamtkostenverlauf
  linearer – 415, 558 f.
  S-förmiger – 559 f.
Gesamtrechtsnachfolge 837 f.
Geschäftsbericht 996
Geschäftseinheiten 138
Geschäftsfelder
  strategische – 138 ff.
Geschäftsfeldstärke 143
Geschäftsführer 109 f.
Geschäftsführer-Unternehmung 110
Geschäftsführungsbefugnis 294, 298
Geschäftswert, s. Firmenwert
Gesellschaft des bürgerlichen Rechts, s.
  auch Personenunternehmen 286 f.
Gesellschafter
  Aufnahme neuer – 302 ff.
Gesellschafterschutz 897 f., 900 f., 979
Gesellschafterversammlung 295
Gewerbeertragsteuer
  Grundzüge der – 310 f.
Gewerbesteuer 834, 844 f.
Gewerkschaften
  Aufgaben der – 267 ff.
Gewinn 41 ff., **45 ff.**, 110, 375, 966
  angemessener – 9
  kalkulatorischer – 47
  konzerninterne -e 1049 ff.
  ökonomischer – 1100 f.
  pagatorischer – 47
Gewinn- und Verlustgemeinschaft 330
Gewinn- und Verlustrechnung (GuV) 887
  Aufgaben der – 982 f.
  Einzelposten der – 990 ff.
  Erfolgsabgrenzung in der – 982 f.
  Gliederungsschema der – 987 f.
  – in Kontoform 887
  – in Staffelform 887
  Merkmale der – 983 ff.
  Prüfung der – 1003
Gewinnanspruch
  begrenzter – 715
Gewinnbegriff 46 f.
Gewinnbeteiligung, s. auch Erfolgsbeteiligung 263 ff.
  – bei Genossenschaften 301
  – bei Kapitalgesellschaften 300 ff.
  – bei Personenunternehmen 298 ff.
Gewinnermittlung
  Prinzip periodengerechter – 884, 898,
  913, 917 f., 920 f., 931, 956, 957, 1012 f.,
  1096 f.

Gewinnerzielung
  begrenzte – 50 ff.
Gewinnmaximierung **40 ff.**, 48
  Kritik an der – 44 ff.
  langfristige – 94, 119, 487, 628
Gewinnpoolung 330
Gewinnrücklagen, s. auch Rücklagen
  966 ff.
  andere – 821, 969 ff.
  Bestandteile der – 966
Gewinnschuldverschreibung 715 f.
Gewinnsteuer, s. Steuerbelastung mit Ertragsteuern 307 ff.
Gewinnsteuer
  allgemeine – 651
Gewinnthesaurierung 111
Gewinnvergleichsrechnung 630 f.
Gewinnverteilungskartell 330
Gewinnverwendungspolitik, s. auch Rücklagenpolitik 1072 ff.
Gewinnverwendungsrechnung 972
Gewinnvortrag 970, 971
Gewinnzone 559, 1092
Gezeichnetes Kapital 965 f.
Gläubiger
  Befriedigung der – 880 f.
  Interessen der – 895
  Schutz der – 101
Gläubigerpapiere 711 ff.
Gläubigerschutz 881, 891, 897 f., 928, 964,
  978
  Dominanz des -es 1008
Gleichgewicht
  finanzielles – 5
  Prinzip des organisatorischen -s 175
Gleichordnungskonzern 335
Gleichungsverfahren 1129 f.
Gliederung
  funktionale – 20 f.
Globalplan 147
GmbH & Co KG, s. auch Personenunternehmen 313 f.
GmbH, s. auch Kapitalgesellschaft 109 f.,
  290
Going-Concern-Prinzip 911, 1012,
  1096
Goldene Bilanzregel 772
Goldene Finanzierungsregel 770, 772
Goodwillrentendauer
  Verfahren der – 682 f.
  verkürzte – 682 f.
Graphentheorie 169 f.
Grenzertrag **371**, 373 f., 398, 404, 553
Grenzertragsfunktion 398, 404
Grenzkosten **392 f.**, 401, 405 ff.
Grenzkostenkurve 402 f.
Grenzkostenrechnung 1106, 1158
Grenzplankostenrechnung 1169 f.
Grenzpreis 561 f.
Grenzprodukt
  partielles – **371**, 373 f.
Grenzproduktivität 371, 373 f., 383
Grunddatenverwaltung 461

Sachverzeichnis

Grundkapital 303, 965
  Aufbringung des -s 806
Grundkosten 872 f.
Grundnutzen 519
Grundrente 104
Grundsätze ordnungsmäßiger Bilanzierung 908 ff., 1015
Grundsätze ordnungsmäßiger Buchführung und Bilanzierung 905 ff.
  Quellen der – 906
  Systematisierung der – 907
Gründung 285, 803, **805 ff.**
  Kosten der – 808
  qualifizierte – 807
Gruppenakkord 259
Gruppenfertigung 441
Gut
  freies – 357
  heterogenes – 515
  homogenes – 515
  öffentliches – 357
Güterversorgung
  optimale – 42

H
Haftung 285 ff.
Haftungspotential 889 f.
Haftungssubstanz
  Sicherung der – 964
Handel
  amtlicher – 705
Handelsbilanz 883
  Zielsetzung der – 1115
Handelshochschulen 56, 66
Handelsmarke 540
Handelsrecht
  Vorschriften des -s 899 ff.
Handelsspanne 599 f.
Handelsvertreter 611
Handlungsalternative 134
  absatzpolitische – 490 f.
Handlungswissenschaft 62 ff.
Hardware 204, **207 ff.**
  Komponenten der – 209 ff.
Harzburger Modell 132
Hauptkostenstellen 1121, 1127
Hauptnutzungszeit
  – der Betriebsmittel 274
Hauptspeicher 210
Hauptversammlung 110, 296 f.
Haushalte
  öffentliche – 4
  private – 3
Herstellermarke 540
Herstellungsaufwand 932
Herstellungskosten 929, **931**
  – nach IAS 1018
Hifo-Methode 952 f.
Hilfskostenstellen 1121, 1130
Hilfsstoffe, s. auch Werkstoffe 276
Hilfswissenschaften 31 ff.
Höchstwertprinzip 897, 916 f.
Homo oeconomicus **44**, 81

Homogenität 363
Homogenitätsbedingung 516
human relations, s. Betriebsklima 253
Humanisierung der Arbeitswelt 105
Hypothese 37 ff., 79 f.

I
IAS 1007 ff.
  Abschreibungen nach – 1019
  Anlagevermögen nach – 1020 f.
  Bewertungsgrundsätze der – 1018 ff.
  Framework der – 1009 f.
  Grundprinzipien der – 1012 ff.
  Hauptadressaten der – 1010 f.
  Informationsfunktion der – 1011
  Passivpositionen nach – 1023 f.
  Umlaufvermögen nach – 1022 f.
  Wertbegriffe nach – 1019
  Zahlungsbemessungsfunktion der – 1011
  Zuschreibungen nach – 1019
Idealwissenschaften 24
IdW-Verfahren 683 f.
Ignoranz
  vollkommene – 150
Imparitätsprinzip 917
Individualkonflikt 124
Individualsoftware 218 f.
Induktion 34 f.
Industrieobligationen 711 ff.
Information 45, 198, 200
  – als Führungsinstrument 129, 198
  unvollkommene – 150, **153**
  vollkommene – 149 f., **153**
Informationsausgabe 202 f.
Informationsbedarf 200 f.
Informationsbeschaffung 201
Informationsfunktion 894, 992 f.
Informationsinteresse 898
Informationskosten 200 f.
Informationspolitik
  aktive – 993, 995 ff., 1005
Informationsprozeß
  Organisation des -sses 200 ff.
Informationsquellen 201
Informationsspeicherung 201 f.
Informationssystem 153, 227 ff.
  betriebliches – 227 ff.
  computergestütztes – 87, 227 ff.
  Kontrollaspekte des -s 228
  Organisationsaspekte des -s 225 ff.
  Planungsaspekte des -s 227 ff.
  unvollkommenes – 153
  vollkommenes – 153
Informationsübermittlung 202
Informationsverarbeitung 202, 203
  Dezentralisierung der – 226
  Nachteile der – 203
  Vorteile der – 203
Informationsverarbeitungsprozeß 583 f.
Informationswirtschaft
  computergestützte – 198 ff.

Sachverzeichnis

Ingangsetzungskosten 926
  Bilanzierung der – 960 f.
Inhaberaktien 701 f.
Innenfinanzierung 619
  Begriff der – 749 ff.
  – durch Vermögensumschichtung 750 f.
  – durch Vermögenszuwachs 750
  Formen der – 749 ff.
Innenfinanzierungsvolumen 676, 689, 749
Innengesellschaft, s. auch Personenunternehmen 286 f.
Innenumsatzerlöse 1054 ff.
Innovation bei Anleihen 738 ff.
Innovationsursachen 737 f.
Innovative Finanzierungsinstrumente 737 ff.
Input 360, 363, 410, 412
Inputgröße 659
Input-Output-Beziehung 412, 416 f.
Insolvenzprophylaxe 996
Instanz 180, 185
Instanzenbildung 179 ff.
Instrumente
  absatzpolitische –, s. auch Marketinginstrumente 481, 485
    Optimierung der -n – 614 ff.
  Führungs- 125 ff.
Intelligenz
  künstliche – 229, 475
Intensität 412
Intensitätsgrad 414
Interdependenzanalyse 503
Interessengegensatz 111
Interessengemeinschaft 328 f.
  – im engeren Sinne 329 f.
  – im weiteren Sinne 329
Interessentheorie 1029
Interessenvertretung
  – der Arbeitnehmer 267 ff.
International Accounting Standards, s. auch IAS 1007 ff.
Internationale Rechnungslegung, s. auch Rechnungslegung, internationale 1005 ff.
Interne Revision
  Aufgabenbereiche der -n – 195 f.
Interner Zinsfuß 642 ff., 654 f.
Internet 231 ff.
  Anwendungsgebiete des -s 232
  Vorteile des -s 232
Intranet 231 ff.
Inventar 856, 878 f.
Inventur 856, 1111
Inventurmethode 1111
Investition
  Arten der – 620 f.
  Begriff der – 617
  einmalige – 646 ff.
  zweimalige – 648 ff.
Investitions- und Finanzierungsplanung 656 f.
Investitions- und Produktionsplanung 657 f.
Investitionsanalyse 1084 ff.
  Kennzahlen zur – 1085

Investitionsbereich 620, 688
Investitionsbudget 625 f.
Investitionskette
  unendliche – 648 ff.
Investitionsmodell
  stochastisches – 660
Investitionsplanung
  Aufgaben der – 621 ff.
  Ebenen der – 626
  Phasen der – 623
  Ziele der – 622 f.
Investitionsprogrammplanung 656
Investitionsquote 1085
Investitionsrechnung 624 f.
  dynamische Verfahren der – 634 ff.
  finanzmathematische Verfahren der – 634 ff.
  Grundmodell der – 636 ff., 654
  Korrekturverfahren der – 660 f., 676
  – mit Steuern 650 ff.
  Praktikerverfahren der – 628 ff.
  statische Verfahren der – 628 ff.
  – unter Sicherheit 627 ff.
  – unter Unsicherheit 654, 659 ff.
  Verfahren der – 1198
  Weiterentwicklung der – 654 ff.
Investitionsrisiko 95 f., 660, 676
Investivlohn 264
Irrelevanzthese 783 ff.
Isogewinnlinie 423
Isoquante **364 f.**, 368, 370, 407 f.
  Analyse der – 370 f., 373
Istbeschäftigungsgrad 1168
Istkosten 47
Istkostenrechnung 1106, 1165 f.
  Nachteile der – 1165
  Vorteile der – 1165 f.
IV, s. auch Informationsverarbeitung 203
IV-System 207

J

Jahresabschluß 877 ff.
  Aufgaben des -sses 888
  Aufstellungsfristen des -sses 909
  Bestandteile des -sses 888 ff.
  Dokumentationsfunktion des -sses 890
  Funktionen des -sses 890 ff.
  Informationsfunktion des -sses 890 f., 992 f.
  konsolidierter – 1025 ff.
  Aufgaben des -n -sses 1025 ff., 1030 ff.
  Begriff des -n -sses 1025 ff.
  Schwächen des -sses 1094
  Zahlungsbemessungsfunktion des -sses 890 ff.
Jahresabschlußanalyse, s. auch Bilanzanalyse 1076 ff.
Jahresabschlußdaten
  wertmäßige Bereinigung der – 1079 f.
Jahresabschlußpolitik, s. auch Bilanzpolitik 1063 ff.

Jahresabschlußprüfung 196
 Aufgaben der – 1001
 Gegenstände der – 1001
Job enlargement 127
Job enrichment 127
Job rotation 127
Joint Venture 332, 1045
Jugendvertretung 113
Juristische Person 289
Just-in-Time-Konzept 425 f., 468, 767
Just-in-time-production 226, 276

K

Kalkulation, s. auch Selbstkostenrechnung 859, 1104 f.
 konstruktionsbegleitende – 1196 f.
 strategische – 1191
 traditionelle – 1196 f.
Kalkulationszinsfuß 636, 654, 676 ff., 684, 1117
 endogener – 657
 – nach Steuern 652
Kameralwissenschaften 63 f.
Kanban-Verfahren 468 f.
Kapazität
 – von Anlagen 272 f.
Kapazitätsabgleich 449 f.
Kapazitätsauslastung 409
Kapazitätsausnutzungsgrad 273
Kapazitätserweiterungseffekt 762 ff.
 Einschränkung des -s 764 f.
Kapazitätsgrenze 559
Kapazitätsplanung 417 f., 462, 1175, 1179 f.
Kapazitätsrestriktionen 423 f.
Kapazitätsterminierung 462
 Anpassungsformen der – 450
 Aufgabe der – 448
Kapital 104
 betriebsnotwendiges – 1115
 Berechnung des -n -s 1117
 genehmigtes – 804, **816 f.**
 Konsolidierung des -s 1041 ff.
Kapitalangebot 655
Kapitalanteilsmethode 1047
Kapitalaufnahmeerleichterungsgesetz 1006
Kapitalbereich 620, 685, 688
Kapitalbeteiligungsgesellschaften 708 ff.
Kapitalerhaltung 1099 f.
 nominelle – 914 f., 1099
 reale – 1099 f.
 substantielle – 1100
Kapitalerhöhung 304, 804, **808 ff.**
 – aus Gesellschaftsmitteln 804, 970
 bedingte – 713, 804, **817 f.**
 Begriff der – 808 f.
 – bei Fusion 839 ff.
 – der Einzelunternehmung 809 ff.
 – der Personengesellschaft 809 ff.
 Formen der – 811
 Motive der – 808 f.
 nominelle – 804, **818 ff.**, 970
 Gründe der -n – 819 f.
 steuerliche Behandlung der -n – 820 f.
 ordentliche – 804, 812 ff.
Kapitalertrag 774
Kapitalflußrechnung 885, 996 ff., 997, 1087
 Aufgaben der – 996 f.
 Grobstruktur der – 997
 prospektive – 997
 retrospektive – 997
Kapitalfreisetzungseffekt 761 f.
Kapitalgesellschaften
 Ergebnisbeteiligung bei – 300 ff.
 Finanzierungsmöglichkeiten der – 303 f., 306 f.
 Generalnorm der – 908 f.
 Größeneinteilung der – 903
 Haftung bei – 289 f.
 Leistungsbefugnis bei – 295 ff.
Kapitalherabsetzung 804 f., **822 ff.**
 Ausweis der – 828
 – durch Einziehung von Aktien 827 f.
 Formen der – 822 f.
 ordentliche – 827
 vereinfachte – 804, 823 ff.
Kapitalkonsolidierung 1041 ff.
 – bei Interessenzusammenführung 1044 f.
 Unterschiedsbetrag aus der – 1044 f.
Kapitalkosten 101, 636, 774
 – bei Unsicherheit 796 ff.
 durchschnittliche – 677, 774
 Erhöhung der – 101
 – für Eigenkapital 677, 774, 677
 – für Fremdkapital 774
 minimale – 777
 Minimierung der – 686
 – nach der MM-These 783 ff.
 – nach traditioneller These 780 ff.
 risikoabhängige – 677, 800 f.
Kapitalmarkt
 Abschottung vom – 1065
 Sanktionsmechanismen des -s 1067
 vollkommener – 636
Kapitalmarktlinie 798 ff.
Kapitalmarktmodell 789 ff.
Kapitalmarktzins
 langfristiger – 788
Kapitalnachfrage 655
Kapitalrücklage 821, 824, 827 f., 965 f.
 Bildung der – 966
Kapitalstruktur
 – nach Wirtschaftszweigen 771
 Optimierung der – 769 ff., 773 ff.
Kapitalstrukturrisiko 785 f.
Kapitalwert 96 f., 637 ff., 835 f.
 Ertragswert von -en 664
 Maximierung des -s 639
 – nach Steuern 652 f.
 Wahrscheinlichkeitsverteilung des -s 663
Kapitalwertermittlung 638
Kapitalwertmethode 637 ff.
Kartelle 330 ff., 334
 Arten von -n 330 f.
 – höherer Ordnung 330

1246 Sachverzeichnis

– niederer Ordnung 330
rechtliche Zulässigkeit von -n 331
Kassakurs 706
Kaufentscheidung
  extensive – 505 f.
  gewohnheitsmäßige – 505
  impulsive – 505
  limitierte – 506
Kaufentscheidungsprozeß 506 ff.
Käufermarkt 481 ff.
Käuferverhalten, s. Konsumentenverhalten 504 ff.
Kaufoption 748
Kennzahlen, s. auch Bilanzkennzahlen 1083 ff.
Kognitive Prozesse 509, 584, 592
Kollegialprinzip 118
Kommanditgesellschaft, s. auch Personenunternehmen 110, 287
– auf Aktien, s. auch Kapitalgesellschaften 110, 290 ◆
Kommunikation 108, 128, 200
  Kontrolle der – 579
  Planung der – 579
Kommunikations-Mix 578
Kommunikationspolitik, s. auch Werbung 519, 576 ff.
  Teilgebiete der – 577 ff.
  Ziele der – 576 f.
Kommunikationssystem 182, **189**, 231 ff.
Kommunikationswege 189
Kommunikationsziel 577
Kompatibilität 212
Kompetenz 179
Kompetenzabgrenzung 124, 180 f.
Komplementärgut 515
Konditionskartell 330
Konditionspolitik, s. auch Preispolitik 574 ff.
Konflikt 85
  innenorganisatorischer – 124
Konfliktforschung 85
Konfliktmanagement 85
Konfliktsteuerung 129
Konkurrenz
  atomistische – 557 f.
  polypolistische – 561
  unvollkommene – 561
  vollkommene – 517, 557 f.
Konsolidierung 1025, 1032 ff., 1041 ff.
Konsolidierungskreis 1032 ff.
Konsolidierungsstrategie 142 f.
Konsolidierungsverbot 1036
Konsolidierungspflicht 1035
Konsolidierungswahlrecht 1036 f.
Konsortium 328
Konstruktivmodell 37
Konsumentenbefragung 508, 568 f.
Konsumentenbeobachtung 507
Konsumentenverhalten 82, 504 ff., 594 f.
  Beobachtung des -s 568 f.
  Modelle des -s 506 ff.
Konsumptionswirtschaft 2

Kontaktwahrscheinlichkeit 589
Kontingentierung 8 f.
Konto 856 f.
Kontoform 879, 926, 983
Kontokorrentkredit 728 f.
KonTraG 193, 999
Kontrolle 107, 135, 192 f., **194 f.**, 199
  Instrumente der – 194 f.
  interne – 194 f., 1002
Kontrollinformationen 199
Kontrollsystem 182, 194
Konzentration
  Begriff der – 321
  Formen der – 332 ff.
  wettbewerbsrechtliche Aspekte der – 337 f.
Konzern
  Arten des -s 334
  Begriff des -s 333 f.
  Entstehung von -en 335 f.
  faktischer – 335, 1028
  Gewinnverlagerungen im – 1026 ff.
  horizontaler – 334
  Merkmale des -s 333
  Organisation von -en 336
  Rechnungslegung im – 1024 ff.
  vertikaler – 334
Konzernabschluß 1024 ff.
  Aufgaben des -sses 1025 ff., **1030 ff.**
  befreiender – 1034 f.
  Begriff des -sses 1025 ff.
  Bewertung im – 1039 f.
  Grundlagen des -sses 1028 ff.
  Interessenten am – 1031
  Pflicht zur Aufstellung eines -sses 1032 ff.
  Prüfung des -sses 1061 f.
  Stichtag des -sses 1040 f.
Konzernabschlußprüfer 1061
Konzernabschlußprüfung 1061 f.
Konzernanhang 1058 ff.
Konzernbilanz 883 f., 1032, 1038 ff.
  Gliederung der – 1038 f.
Konzerngewinn- und -verlustrechnung 1054 ff.
Konzernherstellungskosten 1052 f.
Konzernlagebericht 1058, 1060 f.
Kooperation
  Begriff der – 321
  Formen der – 327 ff.
Körperschaftsteuer 820 f., 832 ff., 842, 845 f.
  Grundzüge der – 309 f.
Korrelationskoeffizient 792
Kosten 105, 375 ff., 858, 872 ff.
  auflagefixe – 444
  bestellfixe – 437
  Bestimmungsfaktoren der – 394 ff.
  fixe – 389 ff., 405, 408
  Aufgliederung der -n – 1159 ff.
  kalkulatorische – 873 f.
  laufende – 1185
  sprungfixe – 391

Sachverzeichnis

variable – 389 ff.
Zurechnungsgrundsätze der – 1105
Kostenarten 1104
  aufwandsgleiche – 1108
  Begriff der – 1107 ff.
  Erfassung der – 1110 ff.
  fixe – 1108 f.
  Gliederung der – 1107 ff.
  kalkulatorische – 1108, 1112 ff.
  primäre – 1109
  sekundäre – 1109
  variable – 1109
Kostenartenplan
  Aufstellung des -s 1109 f.
Kostenartenrechnung 859, 1107 ff.
Kostenbegriff
  pagatorischer – 1103
  wertmäßiger – 1103
Kostenbestimmungsfaktoren 1124
Kostenbudget 376 ff.
Kostendeckung 9
Kostendeckungspunkt 1092, 1157
Kostendeterminante 394 ff.
Kostenerfahrungskurve 139 f.
Kostenfunktion 375 ff., 546
  lineare – 558 f.
  – nach dem Ertragsgesetz 400 ff.
  S-förmige – 413
Kostenisoquante 376 ff., 380 f.
Kostenkontrolle 1167, 1171 ff., 1177
Kostenminimierung 622, 686
  Ziele der – 375 ff.
Kostenminimierungsprinzip 450
Kostenminimum 9, 379 ff.
Kostenplanung 1171 ff.
Kostenrechnung 858 ff., **1103 ff.**
  Aufgaben der – 858 f., 1103 ff.
  neue Verfahren der – 1184 ff.
  strategische
    Ausrichtung der -n – 1184 ff.
    Verfahren der -n – 1187
  Systeme der – 1103 ff.
  Teilgebiete der – 1103 ff.
  traditionelle Ausrichtung der – 1186 f.
Kostenschlüsselung 1123 ff.
Kostenschwankungen
  Verursachung der – 1167
Kostenstellen 1104, 1120 ff.
  allgemeine – 1121, 1130
  Aufgaben der – 1120 ff.
  Gliederung der – 1120 ff.
Kostenstellenrechnung 1120 ff.
Kostentheorie 360 ff.
  Grundlagen der – 375 ff.
  Teilbereiche der – 360 ff.
  Ziele der – 360 ff.
Kostenträger 1105
Kostenträgerrechnung
  Aufgaben der – 1135 f.
  Begriff der – 1135 f.
Kostenträgerstückrechnung 1135
Kostenträgerzeitrechnung 859, 1135

Kostentragfähigkeit
  Prinzip der – 1105, 1143 f.
Kostenunterdeckung 1134
Kostenvergleichsrechnung 629 f.
Kostenverlauf
  S-förmiger – 400 f.
Kostenverursachung
  heterogene – 1125
  homogene – 1125
Kostenverursachungsprinzip 1105, 1123 ff.
KOZ-Regel 453
Kreditfinanzierung, s. auch Fremdfinanzierung 710 ff.
Kreditleihe 731 f.
Kreditprovision 729
Kreditwürdigkeit
  – der Rechtsformen 305 ff.
Kreditwürdigkeitsprüfung 196, 725
Kreditzinsen 729
kritischer Pfad 447, 451
Kulanzrückstellungen 976
Kulturwissenschaften 24
Kundendienstintensität
  optimale – 542 f.
Kundendienstpolitik 541 ff.
Kündigungsschutz 254
Kunstlehre 67, 80
Kuppelprodukte
  Kalkulation der – 1143 ff.
Kurs-Gewinn-Verhältnis 1090
Kurszusätze 707

L

Lagebericht 888, 992 ff.
  freiwillige Zusatzangaben im – 995 ff.
  Informationsfunktion des -s 993
  Pflichtangaben im – 995 ff.
  Prüfung des -s 1003 f.
Lagerarten 435
Lagerbestände
  Finanzierung der – 726
Lagerhaltung 149
  Funktionen der – 434
Lagerhaltungsmodell 437 ff.
Lagerkosten 425, 437
Lagerorganisation 436
Lagerplanung 148, **434 ff.**
  kurzfristige – 436 ff.
  langfristige – 435 f.
  operative – 426
  strategische – 426
Lagerzeit 277
Längsschnittanalyse 496
Latente Steuern 926, 961 ff.
  aktive – 962 f.
  passive – 979 f.
Leasing 721 ff.
  direktes – 721
  Finance- 722 ff.
  – in der Handelsbilanz 950
  – mit Kaufoptionsrecht 723
  – mit Verlängerungsoptionsrecht 723

– Ohne Option 723
Operate- 721 f.
steuerliche Behandlung des – 724
Leerzeiten 168, 391 f.
Leistung 858, 875
   betriebliche – 376
Leistungsabschreibung 939, 942
Leistungsbereich 347, 617
Leistungsbewertung 132
Leistungserstellung 15 f.
Leistungsfähigkeit
   psychische – 240
Leistungsgrad
   optimaler – 415
Leistungslohn 259 ff.
Leistungsverrechnung
   innerbetriebliche –
   Aufgaben der -n – 1126 f.
   Begriff der -n – 1126 f.
Leistungswille 240 f.
Leistungsverwertung 479 f.
Leitpreis 570
Leitung
   einheitliche – 322, 333 f.
   Einheitlichkeit der – 183, 1032 ff.
   gemeinsame – 332
Leitungsbefugnis
   – bei Genossenschaften 297 f.
   – bei Kapitalgesellschaften 295 ff.
   – bei Personenunternehmen 294 f.
Delegation von -sen 180
Leitungsspanne 180
Leitungssystem **182 ff.**
Leverage-Effekt 719, 777 ff.
   negativer – 778 f.
   positiver – 778 f.
Liberalismus
   ökonomischer – 64
LIBOR 740 f., 743
Lieferantenauswahl 432 ff.
Lieferantenauswahlsystem 433
Lieferantenkredit 725 ff.
   Kosten des -s 725 ff.
Lieferungs- und Zahlungsbedingungen 575 f.
Liegezeit 276 f.
Lifo-Methode 952 f.
Limitationalität **364 ff.**, 410
Lineare Programmierung 165 ff.
   Anwendungsmöglichkeiten der -n – 167
Liniensystem 183
   – mit Querfunktion 186
Liquidation 805, 810, **848 ff.**
   Besteuerung der – 850 f.
   formelle – 851
Liquidität 686 f., 718 f.
   Belastung der – 832
   – dritten Grades 1086
   – ersten Grades 1086
   Kennzahlen der – 692
   optimale – 693 f.
   Optimierung der – 687 f.

Verbesserung der – 809
– zweiten Grades 1086
Liquiditätsanalyse 1086 f.
Kennzahlen zur – 692, 1086
Liquiditätsbilanz, s. auch Strukturbilanz 883 f.
Lifo-Methode 952 f.
Lohn
   – als Motivationsfaktor 254 f.
   Inputorientierung des -s 255
   leistungsabhängiger – 259 ff.
   Outputorientierung des -s 255
   Sozialorientierung des -s 255
   zeitabhängiger – 258 f.
Lohndifferenzierung 255
Lohndrift 259
Lohnformen 258 ff.
Lohngerechtigkeit 254, 262
Lohngruppen 257
Lohngruppenverfahren 257
Lohnsumme 265
Lohnzuschläge 258
Lombardkredit 732
Lombardsatz 732
Losgröße 169, 395
   optimale – 443 ff., 462
Losgrößenplanung 443 ff.
LUXIBOR 741

M

µ-Prinzip 664
(µ-σ)-Prinzip 664 f., 790
Macht
   wirtschaftliche – 323, 326
Makroökonomie 29
Management 106
   – by decision rules 131
   – by delegation 132
   – by exception 130 f.
   – by objectives 132 f.
   – by results 133
   – by systems 132
Management Letter 1004
Managementholding 336
Management-Informationssystem 218, 229
Managementkreis 108
Management-Prinzipien, s. auch Führungsprinzipien 103, 130 ff.
Manager 109 f.
Manager-Unternehmung 110
Manteltarifvertrag 269
Manware 205
Markenartikel 516, 539, 610
   Vorteile von -n 540
Markenpolitik 538 ff.
Marketing, s. Absatz
   absatzorientiertes – 482 f.
   Begriff des – 482 ff.
   Elemente des – 483 f.
   Primat des – 483
   vertikales – 610
   Zielgruppen des – 484 f.

Marketinginstrumente 514 ff., **518 f.**
Marketing-Logistik 598
Marketing-Mix 519, 614 ff.
Marketingplanung
  strategische – 615
  taktische – 615
Marketingziele 486 ff.
Markt 29 f.
  geregelter – 705
  unvollkommener – 560
  variabler – 706
  vollkommener – 44, 515 f.
Marktabgrenzung 514 f.
Marktanalyse, s. auch Marktforschung 484 f.
Marktanteil 512
  relativer – 141
Marktattraktivität 143
Marktbearbeitungsstrategie 511
Marktformenschema 517, 547
Marktforschung 481, 485 f., 491 ff., 521, 538
  Ablauf der – 493 ff.
  Aufgabe der – 492
  Auswahlverfahren der – 502
  Erhebungsmethoden der – 499 ff.
  Informationsauswertung der – 502
  Informationsgewinnung der – 498 ff.
  Technik der – 493 ff.
  Ziele der – 494
Marktinformationen 492 f.
Marktkanal
  Optimierung des -s 598 f., 607 ff.
Marktnische 516, 523 ff.
Marktphase 1194
Marktportefeuille 798 f.
Marktpotential 512
Marktpreis 933
Marktprognose 512 ff.
Marktreaktionsfunktion 514
Marktsegment 539 f.
Marktsegmentierung 484 f., 509 ff.
Markttest
  Ergebnisse des -s 527
  lokaler – 498
  Mini- 498, 593
  regionaler – 497 f., 568
Markttransparenz 515 f.
Marktverhalten
  – der Anbieter 547 f.
  – der Nachfrager 548 f.
Marktwachstumsrate 141
Marktwert
  – des Unternehmens 94 ff., 777
  maximaler – 777
Marktwertmaximierungsmodell 780 ff., 783 ff.
Marktwirtschaft 5 ff., 42, 480, 521, 546, 558
Marktzins
  fristadäquater – 955
Maschinenbelegungsdiagramm 450 f., 453
Maschinenbelegungsplanung 450 f., 462 f.
Massenfertigung 440 ff.
Maßgeblichkeit
  doppelte – 934
  umgekehrte – 905, **947,** 973
Maßgeblichkeitsprinzip 883, 899, 904 f., 1009
matching principle 1013
Materialabfälle 278
Materialaufwandquote 1088
Materialausbeute 278 f.
Materialbedarfsermittlung 426 ff.
  programmgebundene – 427 ff.
  verbrauchsgebundene – 429 f.
Materialkosten
  Erfassung der – 1110 ff..
Materialstellen 1121
Materialverbrauch
  Bewertung des -es 1112
Materialverluste 278
Materialwirtschaft 424 ff.
  Aufgaben der – 424 ff.
Materialzuschlag 1131
Matrixorganisation 187 ff.
Maximalkapazität 272 f.
Maximalprinzip 1
Maximalziele 50
Maximierungsprobleme 167
Mediaselektion 587 f.
Mediaselektionsmodell 588
Mehrheit
  einfache – 118
  qualifizierte – 118
Mehrheitsprinzip 118
Mehrliniensystem, s. auch Funktionssystem 183
Mehrplatzsystem 208
Mehrstimmrechtsaktien 699
Meldebestand 439
Mengenleistungsprämie 261 f.
merger 337
  down-stream-merger 337
  up-stream-merger 337
mergers and acquisitions, s. auch Unternehmenszusammenschlüsse 320 ff., 324, 676
Methode
  deduktive – 35
  induktive – 34 f.
Methodenlehre
  statistische – 77 f.
Methodenstreit 74 ff.
Miete
  kalkulatorische – 1119 f.
Mikroökonomie 29 f.
Mindestlohn
  tariflicher – 259
Mindestverzinsung
  gewünschte – 636, 774, 95 f.
  verschuldungsgradabhängige – 780 f.
Minimalkapazität 273
Minimalkostenkombination 383 f., 384 f., 387 f., 403
Minimalprinzip 1
Minimalziele 50
Minimarkttest 498, 593

Minimierungsprobleme 167
Minimumsektor 349
Minutenfaktor 259
Mischkonzern 334
Mischportefeuille 797 f.
Mitarbeiter
  Motivation von -n 1000
Mitbestimmung
  arbeitsrechtliche – 113
  Arten der – 112
  unternehmerische – 113 ff.
  Ziele der – 112
Mitbestimmungsgesetz 114 ff.
Mitläufer-Effekt 551
Mittelherkunft 880, 885
Mittelverwendung 880, 885
Mittelwertverfahren 682
Mitunternehmerschaft 288
MM-These, s. Modigliani-Miller-These
Modell 35
  betriebswirtschaftliche -e 36 ff.
  deskriptive -e 39 f.
  deterministische -e 40
  explikative -e 39 f.
  mathematische -e 164 ff.
  sozialökonomische -e 38
  spieltheoretische -e 40
  stochastische -e 40
Modellanalysen 37 f.
Modigliani-Miller-These 783 ff.
Modul 460
Monopol
  Angebots- 517
  bilaterales – 517
  Nachfrage- 517
  Preisbildung im – 551 ff.
Montan-Mitbestimmungsgesetz 114 ff.
Monte-Carlo-Methode 171
Motivation 125
MRP (Material Requirements Planning) 458
MRP II (Manufacturing Resource Planning) 464 ff.
Multi Currency Notes 740 f.

N

Nachfrage
  Preiselastizität der – 549 f.
Nachfragefunktion, s. auch Preis-Absatzfunktion 546
Nachgründung 807
Nachkalkulation 1105
Nachleistungskosten 1185
Nachschußzahlung 304
Nachwuchsprodukte 142
Namensaktie 701 f.
Naturwissenschaften 24
NC-Maschinen (Numerical Control) 472
Nebenbedingungen 41, 45, 119, 166 f.
  außerökonomische – 51
  monetäre – 45

  nichtmonetäre – 45
  ökonomische – 51
Nebennutzungszeit
  – der Betriebsmittel 274
Nebenprodukt 278
Negoziationskredit 735 f.
Nennwertaktie 695
Net Working Capital 1086
Nettobedarf 429
Netto-Cash-Flow 690
Nettogewinn 773
Nettokalkulationszinsfuß 652
Nettomethode 1033
Nettoprinzip 984
Netzplantechnik 169 f.
Neubewertungsmethode 1043
Neubewertungsrücklage 1023
  – nach IAS 1018
Neuer Markt 705
Neuronale Netze 229
Nicht-Negativitätsbedingungen 166 f.
Niederstwertprinzip 897, 916 f., 929
  gemildertes – 916 f., 929 f.
  strenges – 916 f., 929
Nischenmarkt 523
Nominalgewinn 915
Nominalkapital 303 f., 808 f., 818 f.
Nominalwertprinzip 914 f.
Normalinvestition 644
Normalkostenrechnung 1106, **1165 ff.**
  flexible – 1166 f.
  starre – 1166
Normung 324 f.
notes 1011 f.
Null-Kupon-Anleihen 738 ff., 956
  steuerliche Behandlung der – 739 f.
Nutzdaten 222
  Erfassung von – 222 f.
Nutzenmatrix 155 f.
Nutzenwert 156
Nutzgrenze 559
Nutzkosten 392
Nutzschwelle 559
Nutzungsdauer **270 f.**, 1115
  optimale – 644 ff., 938
  technische – 645, 938
  wirtschaftliche – 645, 938
Nutzungsprämie 262

O

Oberziel 120, 124
Objektanalyse 177
Obligationen 711 ff.
  Laufzeit der – 712
  Rückzahlung der – 712
Offene Handelsgesellschaft, s. auch Personenunternehmen 109 f., 287
Offensivstrategie 142
Öffentliche Aufträge 566 f.
Öffentliche Betriebe 293 f.
  – mit eigener Rechtspersönlichkeit 293 f.
Öffentlichkeitsarbeit 577 f., 596 f.

Sachverzeichnis

Öko-Audit 1000
Ökobilanz 476
Oligopol
  Angebots- 517
  bilaterales – 517
  Nachfrage- 517
  Preisbildung im – 554 ff.
Online-Banking 232 f.
Online-Dienste 231
Operate-Leasing-Verträge 721 f.
Operations Research, s. auch Unternehmensforschung 79, **164 ff.**, 861
Aufgaben von – 164 ff.
Begriff des – 164 ff.
Grenzen der Anwendung von – 171 f.
Operative Planung 135, 147 ff.
Opportunitätskostenprinzip 673
OPT (Optimized Production Technology) 466 f.
Optimale Nutzungsdauer 644 ff.
Optimismusparameter 160
Optimum
  organisatorisches – 175
Optimum-Strategy-Report 146
Optionen 748 f.
Optionsschein 715
Optionsschuldverschreibung 715
Organisation 103, 107, **172 ff.**
  Aufgaben der – 172 ff., 200
  Begriff der – 172 ff.
  divisionalisierte – 186 f.
  Gegenstand der – 173 f.
  Substitutionsprinzip der – 174 f.
Organisationslehre 86
Organisationsprüfung 196
Organisationsstruktur
  formelle – 175 f.
  informelle – 175 f.
Organisationstheorie 87
Orgware 205
Output 360, 363, 375, 410, 412

P

Panel 496
Par-Report 145
Partialmodell 348 ff., 615
Partiarisches Darlehen 288
Partizipationsscheine 718
Passiva
  Bilanzierung der – 963 ff.
Passivierungsgebot 923
Passivierungsverbot 923
Passivierungsvorschriften
  konkrete – 922 f.
Passivierungswahlrecht 923
Passivtausch 857 f.
Pausen 251 f.
  lohnende – 252
Pay-off-Methode 632
Penetrationspreis 572 f.
Pensionsrückstellungen 758

Bildung von – 758 f.
Finanzierung von – 759
Periodenerfolg
  Ermittlung des -s 857
Periodenergebnisse
  Vergleichbarkeit der – 957
Personal Computer 209
Personalaufwandquote 1088
Personalauswahl **241 ff.**
  Auswahlprinzipien der – 242 ff.
  Bedeutung der – 241 f.
  Begriff der – 241 f.
  Verfahren der – 244 ff.
Personalkosten 263
  Erfassung der – 1110
Personalplanung 133
Personalpolitik 176
Personengesellschaft, s. auch Personenunternehmen 285 ff.
Personenhandelsgesellschaften, s. auch Personenunternehmen 285 ff.
Personenunternehmen
  Ergebnisbeteiligung bei – 298 ff.
  Finanzierungsmöglichkeiten der – 301 ff.
  Gründung von – 285
  Leistungsbefugnis bei – 294 f.
  Rechtsfähigkeit von – 288 f.
  Rechtsgestaltung bei – 285 ff.
Persönlicher Verkauf 578
Pfad
  kritischer – 170
Pflichtprüfung 197
Phasenanalyse 177
PIMS-Programm 145 f.
Planbeschäftigungsgrad 1178
  Abweichungen vom – 1168 f.
Planbezugsgrößen
  Festlegung der – 1175
Planbilanz 996 f.
Planerfüllung 8, 10
Plan-Gewinn- und Verlustrechnung 997
Plankalkulation 1181 ff.
Plankalkulationsschema 1183
Plankostenrechnung 1106, **1167 ff.**
  Aufbau der – 1170 f.
  flexible – 1168 f.
  starre – 1168 f.
Planung 103, 107, **133 ff.**
  Aufgaben der – 133 f.
  Ausgleichsgesetz der – 147 f., 349, 482
  Begriff der – 133 f.
  Ereignisorientierung der – 228
  Fristigkeit der – 352 ff.
  Grenzertrag der – 201
  Grenzkosten der – 201
  operative – 135, 147 ff.
  progressive – 137
  retrograde – 136
  rollende – 694
  simultane – 149, 349, 658, 684
  strategische – 135, **138 ff.**, 147 ff.
  sukzessive – 349, 658, 684 f.
Planungsgenauigkeit 201

1252 Sachverzeichnis

Planungshorizont 147
Planungsinformationen 199
Planungsprozeß 134
Planungssystem 182, 228
Planungsverfahren
  heuristisches – 588 f., 603 f., 656, 661
  simultanes – 585, 614
  sukzessives – 585, 614
Planwirtschaft 8, 480, 546
Platzeinzelkosten 1123
Platzgemeinkosten 1123
Platzkostenrechnung 1122, 1174
Pooling of Interest-Methode, s. auch Kapitalkonsolidierung bei Interessenzusammenführung 1044 f.
Portefeuille 791
  effizientes – 795
  optimales – 795
  Rendite eines -s 791
  Risiko eines -s 791 ff.
  zulässiges – 795
Portfolioanalyse 140 ff.
Portfoliotheorie 790 ff.
Positionsanforderung 244 f.
Potential
  akquisitorisches – 516 f., 561 f.
Potentialfaktor 417
PPS-Systeme
  Aufgaben von -n 459 f.
  Grunddaten von -n 461
  Module von -n 460
  neuere – 463 ff.
  simultane – 459 f.
  traditionelle – 459 ff.
Präferenzen
  persönliche – 516, 561
  sachliche – 516, 561
Prämienlohn 261 f.
Prämienpreis 571 f.
Preis
  – als Qualitätsmaßstab 551
Preis-Absatz-Funktion 546, **550 f.**
  Ableitung der – 551
  doppelt geknickte – 561 f.
  einzelwirtschaftliche – 554
  gesamtwirtschaftliche – 554
Preisabweichung 1166, 1171
Preisänderungen
  Reaktionsgeschwindigkeit auf – 562
Preisbildung
  – bei unvollkommener Konkurrenz 560 ff.
  – bei vollkommener Konkurrenz 557 ff.
  – im Monopol 551 ff.
  – im Oligopol 554 ff.
  in der betrieblichen Praxis 564 ff.
  konkurrenzorientierte – 570 f.
  kostenorientierte – 565 ff.
  nachfrageorientierte – 568 ff.
Preisdifferenzierung 540
  Arten der – 570
Preisempfindlichkeit 570
Preiserfahrungskurve 139 f.

Preisführerschaft 570
Preisgestaltung
  autonome – 516
Preiskartell 330
Preis-Kaufbereitschafts-Test 569
Preisklassen-Test 569
Preispolitik 518 f., 538
  Daten der – 546
  Instrumente der – 545 f.
  praktische – 544 f.
  Strategien der – 571 ff.
  Ziele der – 543 ff.
Preisprüfung 196
Preis-Reaktions-Test 569
Preisschätzungs-Test 569
Preisstrategie 572 f.
Preistheorie
  Grundlagen der – 547 ff.
  klassische – 539, 544 f.
Preisuntergrenze
  Bestimmung der – 1106, 1135
  kurzfristige – 567
  langfristige – 567, 1195
Price-Earnings-Ratio 1089 f.
Primärforschung 498
Prinzip
  erwerbswirtschaftliches – 6, 480
  ökonomisches – 1 f., 362
Prinzipal-Agent-Beziehungen 97
Privateigentum 6
Privatwirtschaftslehre **65 f.**, 70
Problemprodukte 142
Problemstruktur 38
Produktbeurteilung
  qualitative – 532 f.
  quantitative – 532
Produktdifferenzierung 522
Produktdiversifikation 522
Produkte 360
Produkteliminierung 522, 530 ff.
Produktgruppenziel 487
Produktimage 524
Produktinnovation 522 ff.
  Kosten der – 525 f.
  Prozeß der – 525 ff.
Produktion
  Begriff der – 347 f.
  mehrstufige – 363
  Teilbereiche der – 348
  Umweltorientierung der – 356 ff.
Produktionsablaufplanung 443 ff.
Produktionsengpaß 420 f.
Produktionsfaktoren 5, 10, 14, 16, **93 ff.**, 193, 360, 375 f., 410
  System der – 93 ff.
Produktionsfunktion **361 ff.**, 412
  CES- 407
  Cobb-Douglas- 407
  ertragsgesetzliche – 396 f., 403 f., 410
  Gutenberg- 409 f.
  homogene – 407
  limitationale – 379 ff., 407 f.
  linear-homogene – 386 f.

Sachverzeichnis 1253

Leontief- 407 ff.
neoklassische - 404 ff.
substitutionale - 381 ff., 385, 404
unterlinear-homogene - 404
- vom Typ A 396 ff.
- vom Typ B 409 ff.
- vom Typ C 417
- vom Typ D 417
Produktionsisoquante 380 f.
Produktionskartell 330
Produktionskoeffizient 373, 375
Produktionsmittelbetriebe 15
Produktionsmodell 361 ff.
 dynamisches - 363 f.
 statisch-deterministisches - 363 f.
 stochastisches - 364
Produktionspersonengesellschaft 315
Produktionsplan 148
Produktionsplanung 417 ff., 1162 ff.
 Grundlagen der - 348 ff.
 Interdependenzen der - 354 ff.
 operative - 354
 strategische - 352 f.
 Teilbereiche der - 351 f.
Produktionsplanung und -steuerung, s. auch PPS 457 ff.
 Ansätze der - 457 ff.
 Systeme der - 459
Produktionsprogramm 149, 394 f., 533 f.
Produktionsprogrammplanung 461
 kurzfristige - 420 ff.
 langfristige - 417 ff.
 Varianten der - 422 ff.
Produktionsprozeß 360
Produktionsrechnung 986
Produktionssoll 8
Produktionstheorie 360 ff.
 Teilbereiche der - 360 ff.
 Ziele der - 360 ff.
Produktivität 46 ff., 373 f.
 gemeinwirtschaftliche -, s. auch Wirtschaftlichkeit, gemeinwirtschaftliche - 42, 68 ff.
Produktivitätsbeziehung 74
Produktlebenszyklus 140, 529 f.
Produktlebenszykluskostenrechnung 1191 ff.
 kontrollorientierte - 1192
 planungsorientierte - 1192
Produktlücke 524 f.
Produktmanagement 188
Produktpolitik 518
 Teilbereiche der - 519 ff.
 Ziele der - 519 ff.
Produktpositionierung 523 f.
Produktvariation 521 f., 529 f.
Profit-Center 187
Prognose 134
 qualitative - 513
 quantitative - 513
Prognosemodelle 39
Programmierung
 dynamische - 171

lineare - 165 ff., 424
mathematische - 167
nichtlineare - 168, 453
stochastische - 168
Programmplanung 147
Programmpolitik 533 ff.
Prohibitivpreis 550
Projektmanagement 188 f., 448
Promotionspreis 571 f.
Proportionalitätsprinzip 1119, 1120, 1133 f.
Provider 231
Prozeßabhängigkeit
 direkte - 192
 indirekte - 192
Prozeßgerade 367
Prozeßkostenrechnung 1187 ff.
 Hauptprozesse der - 1190 f.
 Teilprozesse der - 1188 f.
Prozessorchip 210
Prozeßvariation 367, 381
Prüfung 107, 192 f.
 externe - 196 f.
Prüfungsbericht 1004
Prüfungsorgane 197
Prüfzeit 277
Public Relations 578, 596 f.
Publizitätsgesetz 903, 1033 f.
Publizitätspolitik, s. auch Informationspolitik 1066 ff.
 aktive - 1067 f.
 passive - 1067 f.
Publizitätszwang 318 f.
Pufferzeiten 170, 447
Pure Rate 677, 776, 797 ff.

Q

Qualitätsprämie 262
Querschnittanalyse 593
Quotenkonsolidierung 1045 f.

R

Rabattpolitik 574 f.
RAM, s. auch Arbeitsspeicher 210
Ranganalyse 177
Rangbildung 179 f.
Rationalisierungsinvestition 623 f.
Rationalisierungskartelle 331
Rationalprinzip 1, 81 f.
Reaktionsgeschwindigkeit
 unendliche - 516
Realisationsprinzip 916, 1013
Realstruktur 38
Realwissenschaften 24
Rechenwerk 206, 209
Rechnerverbundsystem 208
Rechnungsabgrenzungsposten 982 f., 920
 passive - 978
Rechnungslegung
 internationale - 1005 ff.
 Aufgaben der -n - 1005 f.
 Systeme der -n - 1007 ff.

Sachverzeichnis

Rechnungslegungsvorschriften
  gesetzliche – 899 ff.
Rechnungswesen 66 f., 853 ff.
  betriebliches – 853 ff.
  Aufgaben des -n -s 853 ff.
  Gliederung des -n -s 853 ff.
  Grundbegriffe des -n -s 861 ff.
  Organisation des -n -s 855
  Teilgebiete des -n -s 853 ff.
  externes – 877 ff.
Rechtsfähigkeit 288
Rechtsform 18 f., 19
Aufwendungen der – 317 f.
Publizitätszwang bei den -en 318 f.
Wahl der – 279 ff.
Beschränkungen der – – 284 f.
– – nach der Ergebnisbeteiligung 298 ff.
– – nach der Finanzierungsmöglichkeit 301 ff.
– – nach der Haftung 285 ff.
– – nach der Leitungsbefugnis 294 ff.
Rechtsgestaltungen bei der – – 285 ff.
Wechsel der – 316 f.
Recycling 278, 456 f.
Reduktivmodelle 36
Refa 260
Regiebetriebe 293 f.
Reinvermögen 879
Reisender 611
Reliabilität 493
Rembourskredit 734 f.
Rendite
  – eines Portefeuilles 791
  – und Risiko 791
Rentabilität **46 ff.**, 49
Rentabilitätsanalyse 1089 ff.
  Kennzahlen zur – 1089
Rentabilitätsvergleichsrechnung 631 f.
Rentenverpflichtungen 981
Repetierfaktor 417
Report on Look Alikes, s. auch ROLA 146
Residualgewinn 104
Restbetragsbeteiligte 100, 677, 880
Restverkaufserlös 938
Restwertverrechnung 1144 f.
Restwertverzinsung 1115
Retrograde Methode 1111 f.
Return on Investment 1089, 1091
Revision 107, **192 ff.**
  interne – 195 f.
  Arbeitsweise der -n – 196
  Aufgabenbereich der -n – 195 f.
Revisions- und Treuhandwesen 20
Revisionsprogramm 196
Risiko 153, **157 ff.**, 663 f.
  bonitätsabhängiges – 776
  existentielles – 99 f., 776, 784
  kapitalstrukturabhängiges – 775 f., 785 f.
  portefeuilleabhängiges – 791 ff.
  systematisches – 678, 800 f.
  unsystematisches – 800 f.
Risikoanalyse 662 ff.
Risikoerwartungen 150
Risikomanagement 193
Risikoneigung 664, 687, 795 f., 799
Risikonutzenfunktion 665, 796
Risikosituation 40
Risikoverteilung
  asymmetrische – 100
  symmetrische – 100
Risikovorsorge 1064
Risikozuschlag 776, 802
Rohstoffe, s. auch Werkstoffe 276
ROLA 146
Roll-Back-Verfahren 667
Roll-Over-Kredit 742, 787
ROM, s. auch Festwertspeicher 210
Ruchti-Effekt 762 ff.
Rückkoppelung 107 f.
Rücklagen
  freie – 969 ff.
  – für eigene Anteile 968
  gesetzliche – 821, 824, 966 f.
  offene – 820
    Auflösung von -n – 1073 f.
    Bildung der -n – 111, 1073 f.
  satzungsmäßige – 968 f.
  statutarische – 968
  steuerfreie – 973 f.
  stille – 810 f., 821, 831 ff., 896 f., 964 f.
    Arten von -n – 1075
    Auflösung der -n – 832 ff., 842 ff., 850, 1074 ff.
    Besteuerung der -n – 832 ff., 842 ff.
    Beurteilung der -n – 1076
    Bildung von -n – 1074 ff.
    Übertragung der -n – 835, 837, 842 ff.
    Zulässigkeit von -n – 1075
Rücklagenpolitik, s. auch Gewinnverwendungspolitik 1072 ff.
Rückstellungen 975 ff.
  Bewertung der – 980
  Bilanzierung der – 978 ff.
  Finanzierung aus – 757 ff.
  Klassifikation von – 977
Rückwärtsterminierung 448
Rüstkosten 443 f.

S

Sachinvestition
  Arten der – 623 f.
Sachleistungsbetriebe 14 f.
Sachmittelanalyse 177
Saisonbetriebe 1069
Saldierungsverbot 910 f.
Sale-And-Lease-Back-Verfahren 766
Sales Promotion 595 f.
Sanierung 823 ff.
  – durch Einziehung von Aktien 825 f.
  – durch Zuführung neuer Mittel 825
  reine – 823 ff.
Sanierungsgewinn 824 f.
Sattelpunkt 163
Sättigungsmenge 550

Sachverzeichnis

Schätzungsrücklagen 1075
Scheingewinn 915, 1065, 1098, 1100
Schlichtungsverfahren 269
Schrumpfmarkt 523
Schuldendeckungskontrolle 918
Schuldendeckungspotential 884
Schuldscheindarlehen 716 f.
Schütt-aus-hol-zurück-Verfahren 752
Scoring-Modelle 434, 532 ff., 603 f.
Segmentberichterstattung 998 ff.
  Aufgaben der – 998 f.
  erweiterte – 999 f.
Sekundärforschung 498
Selbstbedienung 602 f.
Selbstfinanzierung 301 f., 749, 1065
  Formen der – 751 f.
  offene – 752 ff.
  steuerliche Belastung der – 752 ff.
  stille – 755 f.
  Vorteile der -n – 756
Selbstkostenpreis 1135
Selbstkostenrechnung, s. auch Kalkulation 859, 1104 f., 1135 ff.
Selbstliquidationsperiode 1084
Sensitivitätsanalyse 168, 661 f.
Serienfertigung 440 ff.
Shareholder 94, 1011
  Vorrangstellung der – 100 f.
Shareholder Value 94 ff., 1065
  Konzept des – 1010
  Kritik am – 98, 100 f.
  Prämissen des – 97
Sicherheit 40, 149 f., 156 f.
Sicherungsübereignung 732
Simplex-Methode 424
Simulation 171
Simulationsmodell 228 f.
Simulationsverfahren 168, 171
Situationsanalyse 489
Skimming-Pricing 572
Skonto 725 ff.
Skontrationsmethode 1111
Snob-Effekt 551
Software 204
Software Engineering 214
Solawechsel 729
Soll-Amortisationsdauer 633
Solldeckungsbeitrag 566
Soll-Ist-Vergleich 237, 1165, 1167, 1177 ff.
Sollkosten 47, 1168 f., 1177 ff.
Sonderabschreibungen
  steuerliche – 974 f.
Sonderbilanzen 882 f.
Sondereinzelkosten der Fertigung 1108, 1141 f.
Sonderposten mit Rücklageanteil 926, 947, 973 ff., 978, 991
Sortenfertigung 440 ff.
Sortiment 533
Sortimentspolitik 533 ff.
Sortimentstypen 534
Sortimentszusammenhang 535
Sozialberichterstattung 1000
Sozialleistungen
  freiwillige – 241, 262 f.
  Ausprägungsarten der -n – 262
  Motive für – – 262 f.
  gesetzliche und tarifvertragliche – 262
Soziallohn 255
Soziologie 54
Spaltung 829, 846 ff.
  Arten der – 846 f.
  Formen der – 829
  steuerneutrale – 847 f.
  – zur Aufnahme 829
  – zur Neugründung 829
Spartenorganisation 186 f.
Speicher
  externer – 206, 208, **210 ff.**
Speicherung
  elektronische – 212
  magnetische – 211
  optische – 211
Spieltheorie 162 ff.
Sprecherausschuß 113
Sprungwerbung 581
Stabliniensystem 185 f.
Stabsstelle 185
Staffelform 879, 926, 983
Stakeholder
  Schutz der – 101 f.
Stakeholder-Ansatz 98 ff.
Stammaktie 696
Stammdaten 222
Stammeinlagen 702
Stammhauskonzern 336
Stammkapital 304, 965
Standardabweichung s 664
Standardsoftware 214, 218 f., 233 f.
Standort
  Arbeitskostengefälle 341 f.
  Steuergefälle 343 f.
  Wahl des -s 338 ff., 603 ff.
Standortabhängigkeit 18
Standortanalyse
  qualitative – 345 f.
  quantitative – 345 f.
Standortbewertung 603 f.
Standortchancen 606
Standortfaktoren 339 ff.
Standortrisiko 606
Standortstrategie 604 f.
Standorttypologie 605
Standortwahl
  Entscheidungsverfahren der – 345 f.
  innerbetriebliche – 339, 419 f.
  interlokale – 339
  internationale – 339, 341 f.
  kundenorientierte – 344
  lokale – 339
Stars 142
Statischer Verschuldungsgrad 1086
Statistik
  betriebswirtschaftliche – 860
Steiner-Weber-Modell 345
Stelle 178

Stellenbeschreibung 178 f.
Stellenbesetzung 243 f.
Stellenbildung 177 ff.
Stellengliederung 182
Stellenplan 178
Stetigkeitsprinzip 1015
Steueraufwand 961 f.
Steuerbarwertminimierung 1066
Steuerbelastung
 – der Rechtsformen 307 ff.
 – im Überblick 308
 – mit Einkommensteuer 308 f.
 – mit Ertragsteuern 307 ff.
 – mit Gewerbeertragsteuer 310 f.
 – mit Körperschaftsteuer 309 f.
Steuerbelastungsvergleich
 finanzierungsabhängiger – 719 ff., 753
 rechtsformabhängiger – 311 ff.
 standortabhängiger – 343 f.
Steuerbilanz 883
Steuerdaten 222
Steuergefälle 343 f.
Steuerminimierung 1066
Steuern
 – als Standortfaktor 343 f.
 Ersparnis von – 1066, 1074
 gewinnabhängige – 307 ff., 650
 Verschiebung von – 1066, 1074
Steuerparadoxon 653
Steuerrecht
 Vorschriften des -s 904 f.
Steuerwerk 206, 209
Steuerzahlung 961 f.
Stichprobe, s. auch Teilerhebung 502
Stille Gesellschaft, s. Personenunternehmen 287 f.
Stille Reserven, s. auch Rücklagen, stille 896 f.
Stimmrecht 697 ff.
 Ausschluß des -s 697
 Begrenzung des -s 699
Strategische Allianzen 336
Strategische Kostenrechnung, s. auch Kostenrechnung, strategische – 1184 ff.
 Beurteilung der – 1197 f.
Strategische Lagerplanung 426
Strategische Planung 135, **138 ff.**, 147 ff.
Strategische Unternehmensführung 108 ff.
 Zielsystem der – 124 f.
Strategy-Analysis-Report 146
Streik 269
Strukturbilanz 1080 f.
Strukturkrisenkartelle 331
Strukturstückliste 427 f.
Stückaktie 695 f.
Stückkosten 149, 392 f., 395, 403
 fixe – 392 f., 405
 variable – 392 f., 402 f., 405
Stückliste 427 ff.
Stufengründung 806
Stufenleiterverfahren 1128 f.
Submissionskartell 330

Substanzerhaltung 914 f., 1064 f., 1098 f., 1100
 produktive – 1100
 qualifizierte – 1100
Substanzwert 681, 913
Substanzwertverfahren 680 ff.
Substitution
 alternative – 366
 Grenzrate der – 370 f., 373, 383
 periphere – 366
Substitutionalität **364 ff.**, 407
Substitutionsgut 515
Substitutionskonkurrenz 552
Subtraktionsmethode 1144 f.
Subunternehmer 328
Subziele 120 f.
Swaps 746 f.
Syndikat 331
Systemsoftware 204 f., **214 f.**
SZ-Regel 453 f.

T

Target Costing 1194 ff.
 Arbeitsablauf des – 1195
Target Costs 1195
Target Price 1195
Tarifautonomie 268
Tarifvertrag 254, 257, 268 f.
Tausenderpreis 589
Taylorismus 105
Teilerhebung 501 f.
Teilkonzernabschluß 1034 f.
Teilkostenbasis
 Kalkulation auf – 566
Teilkostenrechnung 1106 f.
Teilmärkte 138
Teilpläne 147 ff.
 Koordinierung der – 149, 349 f., 356
 System der – 147
Teilreproduktionsaltwert 681 f., 681
Teilwert 929, 935 f.
Teilwertabschreibung 942
Teilziele
 Planung der – 133
Telekooperation 226
Testmarkt, s. Markttest
Testmarktverfahren 593
Theorie
 betriebswirtschaftliche – 19, 34 f.
Tobin-Separation 799
Top-down/bottom-up-Planung 137
Top-down-Planung 136
Totalanalyse 367 ff.
Totalerfolg 892
Totalmodell 349
Traditionelle Theses 780 ff.
Transportkosten
 – als Standortfaktor 419 f.
Transportverfahren 166
Tratte 729
Trendextrapolation 513 f.
Triffinscher Koeffizient 548

true and fair view 894, 898, 992, 1015
Typung 324 f.

U

Überdividende 697
Übergewinnkapitalisierung
  Verfahren der – 682
Überkapazität 149
Überliquidität 687, 693
Übernahme
  feindliche – 336
  freundliche – 336
Übernahmegewinn 833, 844 f.
Übernahmeverlust 833
Überschuldung 886
Überstunden 415
Übertragungsgewinn 832 ff., 842, 845
Übertragungsverlust 833
Überwachung 93 f., 107, **192 ff.**
Überziehungsprovision 729
Umfinanzierung 620
Umlaufvermögen 879 f.
Umsatzerlöse 990
Umsatzgewinn 915, 1100
Umsatzkostenverfahren 985 ff., 1057, 1154 ff.
Umsatzprovision 729
Umsatzrechnung 986
Umsatzrentabilität 48 ff., 1089
Umstrukturierung 829 f.
Umtauschverhältnis 813, 839 ff.
Umwandlung 316 f., **828 ff.**
  Begriff der – 828 f.
  Formen der – 829 f.
  Motive der – 828 f.
  steuerliche Probleme der – 830 ff.
  Verlustvortrag bei der – 833, 835
Umwandlungsgewinn 837
Umweltbedingungen 152 ff.
Umweltbelastung
  Arten der – 454 f.
Umweltberichterstattung 1000
Umweltorientierung 342 f.
Umweltschutz 101, 356 ff., 396, 454 ff.
  additiver – 455 f.
  Instrumente des -es 358 ff.
  integrierter – 455, 475 ff.
Umweltveränderungen
  Einstellung der Unternehmensführung zu – 108 f.
Umweltzustand 659
Unbestimmte Rechtsbegriffe 1072
Unsicherheit 40, 134, 149 f., **158 ff.**
Unterbeteiligung 286 f.
Unterbilanz 967
Unterlassensalternative 624
Unterliquidität 687, 693
Unternehmen
  assoziiertes – 1046
  Marktwert des -s 777
  virtuelles – 226

Unternehmensbeteiligungsgesellschaften 709 f.
Unternehmensbewertung 669 ff.
  Anlässe der – 669 ff.
  Einigungsbereich der – 670 f.
  Funktionen der – 670 f.
  Theorie der – 671 ff.
  traditionelle Verfahren der – 679 ff.
Unternehmensengpaß 482
Unternehmensform, s. Rechtsform
Unternehmensforschung, s. auch Operations Research 79, **164 ff.**, 861
Unternehmensfortführung
  anteilseignerorientierte – 97 f.
  dynamische – 108 f.
  Grundsatz der – 913
  statische – 108
  strategische – 108 ff.
Unternehmenskultur 124, 342, 1068
Unternehmensleitbild 124
Unternehmensleitbildplanung 135
Unternehmensphilosophie 124
Unternehmensteilung 335
Unternehmensverbindungen, s. Unternehmenszusammenschlüsse
Unternehmensverfassung 101 f., 112
Unternehmensziele 94 ff.
  Formulierung von -n 98
Unternehmenszusammenschlüsse 320 ff.
  Begriff der – 320 ff.
  Charakterisierung der – 320 ff.
  horizontale – 322
  Intensität der – 320
  konglomerate – 322
  Rationalisierungseffekte durch – 323 ff.
  Systematisierung der – 320 ff.
  vertikale – 322
  Zielsetzungen von -n 323 ff.
Unternehmergewinn 104 f.
Unternehmerlohn 298
  kalkulatorischer – 873 f., 1117 f.
Unternehmerrisiko
  allgemeines – 1118
  spezielles – 1118
Unternehmung 6, **12 ff.**
  Anspruchsgruppen der – 99
  empirische Theorie der – 84 f.
Unterordnungskonzern 334 f.
Unterpari-Emission 712
Unterschlagungsprüfung 196
Unterziele 120 f., 125
  absatzpolitische – 486 ff.
US-GAAP 1007 ff.

V

Validität 493
Variabel verzinsliche Anleihen 740 ff.
Veblen-Effekt 551
Venture-Capital-Gesellschaften 708
Veränderungsbilanz 885, 1087
Veränderungszeiten 277
Verantwortung 131 f., 179

1258 Sachverzeichnis

Verantwortungsbereich 192
  selbständiger – 1122
Verbindlichkeiten
  Bilanzierung der – 981
  Damnum bei – 958 f.
  Disagio bei – 981
  Konsolidierung der – 1047 ff.
  niedrigverzinsliche – 981
  sichere – 919, 922 f.
  ungewisse – 919, 922 f., 976
Verbindlichkeitenspiegel 928
Verbindlichkeitsrückstellungen 1023 f.
Verbrauchermarkt 602
Verbraucherschutz 536
Verbrauchsabweichung 1166, 1177 f.
Verbrauchsfaktor 410
Verbrauchsfolgefiktionen 952
Verbrauchsfunktion 410, 414
  ökonomische – 417
  technische – 417
Verbrauchsgüterbetriebe 15
Verein
  wirtschaftlicher – 291
Verfahrenstechnik
  betriebswirtschaftliche – 18
Verflechtung 19
Vergleichsrechnung 860
Verhaltensorientierte Absatztheorie 82
Verhaltensorientierte Organisationstheorie 82
Verhaltenstheorie 81 ff.
  Kritik der – 82 f.
Verhaltenswissenschaften 81 f.
Verifizierung 38
Verkäufermarkt 481
Verkaufsförderung 577, 581, **595 f.**
Verkaufsoption 748
Verlustantizipation 917, 935
Verlustauffangpotential 889 f.
Verlustfreie Bewertung 934 f.
Verlustrisiko 619
Verlustverschleierungspotential 1076
Verlustvortrag 303, 696, 702 f., 833, 835, 970 f.
Verlustzone 559, 1092
Vermögen
  betriebsnotwendiges – 1115 ff.
Vermögensbilanz 883 f.
Vermögensgegenstand
  abnutzbarer – 937
  Merkmale des -s 919
  nicht abnutzbarer – 937
Vermögenslage 1030
  Einblick in die – 926 f.
Vermögensstatus 884
Vermögensübertragung 830
  Formen der – 842 f.
Verpackung
  Funktionen der – 536
Verpackungspolitik 536 ff.
Verpackungsverordnung 538
Verrechnungspreise
  Kostenplanung auf Basis von -n 1171 ff.

Verrechnungsverbot 910 f.
Verrichtungsanalyse 177
Verrichtungsprinzip 441
Verschmelzung 803, 829, **837 ff.**
  Begriff der – 837 f.
  Besteuerung der – 842 ff.
  – durch Aufnahme 337, 803 f., 838
  – durch Neugründung 337, 803, 838
  Formen der – 838 f.
  horizontale – 838
  Motive der – 838 f.
  vertikale – 838
Verschuldungsgrad 773
  dynamischer – 1086
  Erhöhung des -s 778 f.
  optimaler – 777 ff., 780, 783
  – – nach Modigliani-Miller 783 ff.
  – – nach traditioneller These 780 ff.
Verteilungsabschreibung 913, 937
Verteilungsmethode 1145 ff.
Vertragshändler 610
Vertragskonzern 335
Vertreterversammlung 297 f.
Vertretungsbefugnis 294
Vertriebskapitalgesellschaft 315
Vertriebsstellen 1121
Vertriebssteuerung 463
Verwaltungsstellen 1121
Verwertungsgenossenschaften 292
Vierphasenschema 400, 404
Volkseinkommen 104 f.
Volkswirtschaftslehre 27 ff., 104
Volkswirtschaftsplan 8, 10
Vollerhebung 501 f.
Vollkonsolidierung 1056 f.
Vollkostenbasis
  Kalkulation auf – 565
Vollkostenrechnung 1106, 1156, 1159, 1198
Vollreproduktionswert 681
Vollständigkeit
  Grundsatz der – 910
Voraussicht
  vollkommene – 627
Vorgabezeit 193, 252, 260
Vorkalkulation 1105, 1167
Vorleistungskosten 1185
Vormarktphase 1194
Vorräte
  Bilanzierung der – 951
  gleichartige –
  Bewertung der -n 952 f.
Vorratsaktie 699 ff.
Vorratsintensität 1085
Vorsichtsprinzip 897 ff., 916, 928, 976 f., 1005 f., 1014
Vorstand 110, 296, 298
Vorwärtsterminierung 448
Vorzugsaktien 697 ff.
  kumulative – 698
  limitierte – 697, 715 f.
  stimmrechtslose – 697 f., 716

Vorzugsdividende 697 f.
  kumulative – 698
  limitierte – 698

W

Wagniszuschläge
  kalkulatorische – 874, 1118 f.
Wahrscheinlichkeitsrechnung 168, 170, 1119
Wahrscheinlichkeitsverteilung 663
Währungsfutures 745 f.
Währungsreform 73
Währungsrisiken
  Instrumente zur Begrenzung von – 743 ff.
Währungsswap 746 f.
Wandelschuldverschreibung 713 ff.
Warenpräsentation 601
Warrant, s. auch Optionsschein 715
Warteschlangenmodelle 168, 170
Wechsel 729 ff.
  gesetzliche Bestandteile des -s 729 f.
Wechseldiskontkredit
  Kosten des -s 730 f.
Wechselkredit 729 ff.
Weighted Average Cost of Capital (WACC) 677
Weisungsbefugnis 185
Weisungskompetenz 131
Weltabschluß 1035
Werbebotschaft 579 f., 590 ff.
Werbebudget
  Optimierung des -s 585 ff.
  Verteilung des -s 587 ff.
Werbeerfolg
  außerökonomischer – 592 ff.
  Kontrolle des -s 592 ff.
  ökonomischer – 592 f.
  qualitativer – 594
  quantitativer – 594
Werbeerfolgsfunktion 585
Werbemittel 580
Werbesubjekt 580
Werbeträger 580
Werbeträgerimage 589 f.
Werbewirkung
  emotionale – 594 f.
  kognitive – 594 f.
Werbewirkungsverzögerung 582, 593
Werbeziele
  außerökonomische – 581 f.
  ökonomische – 581 f.
Werbung, s. auch Kommunikationspolitik 576 ff.
  Arten der – 580 f., 583
  emotionale – 591 f.
  Grundlagen der – 579 ff.
  Informationsverarbeitung der – 584
  informative – 591 f.
Werkstattfertigung 440 ff.
Werkstattsteuerung 462 f.

Werkstoffe 276 ff.
  Analyse der Ablaufarten für – 277
  Ausnutzung der – 278
Werkstoffzeit 276 f.
Wert
  beizulegender – 929, 935, 1018
  – eines Anteils 702 ff.
  immaterieller – 881
  objektiver – 679
  subjektiver – 672 f.
Wertaufholung 930
Wertaufholungsgebot 944
Wertberichtigung 926, 954
Wertbeziehung 52
Wertfreiheit 52 ff.
Wertminderungsursachen 936
Wertpapierlinie 801 f.
Wertsteigerungspotentiale 676
  – im Absatzbereich 325 f.
  – im Beschaffungsbereich 324
  – im Finanzbereich 325
  – im Produktionsbereich 324 f.
Werturteile 52 f.
  echte – 53
  primäre – 53
  sekundäre – 52 f.
Wertverzehr
  außerplanmäßiger – 937
  planmäßiger – 937
  verbrauchsbedingter – 936
  wirtschaftlich bedingter – 936
  zeitablaufbedingter 936
Wertzusammenhang, s. Wertfortführung
Wesentlichkeit
  Prinzip der – 914, 1057, 1059
Wettbewerb
  Einschränkung des -s 337 f.
  Intensität des -s 515
Wettbewerbsbeschränkungen 330, 323
Wettbewerbsposition
  Stärkung der – 323, 517 ff.
Wiederanlageprämisse 644
Wiedergewinnungskreislauf, s. auch Recycling 278
Wiederverkäuferrabatt 574 f.
Willensbildung 118
Willkürrücklagen 1075
Wirkungsprognose 513 f.
Wirtschaft 1 f.
Wirtschaftlichkeit 46 ff.
  gemeinwirtschaftliche – 42, 69
  Kontrolle des – 1120 f.
  technische – 48
Wirtschaftlichkeitsprinzip 2, 5, 8 f., 375
Wirtschaftmodelle 35
Wirtschaftsausschuß 113
Wirtschaftsfachverbände 322
Wirtschaftsgüter
  immaterielle – 681
Wirtschaftsinformatik 88, 198
Wirtschaftsordnung **5 ff.**
Wirtschaftsplan 109 f.
Wirtschaftssystem 5, 41

Wirtschaftswissenschaften 23 ff.
 Einteilung der – 27 ff.
Wirtschaftszweige 14
Wirtschaftszweiglehren 19
Wissenschaften
 Einteilung der – 23 ff.
 wertfreie – 52 ff., 79
World Wide Web 232

X

Xetra 705

Z

Zahlungsbedingungen 575 f.
Zahlungsbemessungsfunktion 894
Zahlungsbemessungsinteresse 898
 negatives – 895
 positives – 896
Zahlungsbereich 620, 685, 688
Zahlungsfähigkeit 686
Zahlungsstrom 619, 635
Zahlungstableau 626 ff.
Zeichen 199
Zeitabschreibung 939
Zeitabschreibungsverfahren 940
Zeitakkord 260
Zeitlohn 258 f.
 Anwendungsgebiete des -s 259
 Nachteile des -s 259
 Vorteile des -s 259
Zeitpunktbilanz 885
Zeitraumbilanz 885
Zeitstudien 247
Zentraleinheit 208, 209 f.
Zentralisation 181
Zentralverwaltungswirtschaft 8
Zerobonds 738 ff., 956, 982
 steuerliche Behandlung der – 739 f.
Zerschlagungsstatik 1096
Zielantinomie 122
Zielarten 120 ff.
Ziele 118 ff.
 absatzpolitische – 486 ff., 490, 597
 begrenzte – 121
 dynamische – 123
 finanzierungspolitische – 768 f.
 komplementäre – 122
 konkurrierende – 122
 kurzfristige – 123
 langfristige – 123
 mittelfristige – 123
 monetäre – 622
 nicht monetäre – 622
 Ober- 120
 ökologische – 98 f.
 produktpolitische – 520
 Rangordnung der – 120
 soziale – 98 f.
 statische – 123
 Sub- 120 f.
 unbegrenzte – 121
 Unter- 120 f.
 werbepolitische – 488
 zeitpunktbezogene – 123
 zeitraumbezogene – 123
 Zwischen- 121
Zielentscheidung 106
Zielerreichungsgrad 121 f.
Zielfunktion 46, 106, 118 f., **166**
Zielgruppe 583
Zielindifferenz 122 f.
Zielkombination 51
Zielkonflikt 123 f.
Zielkostenrechnung, s. auch Target Costing 1194 ff.
Zielsystem 119, 155, 419 f., 486 f.
Zielvorstellungen 118 f.
 monetäre – 119
 nicht-monetäre – 120
 pluralistische – 118 ff.
Zins
 Hochphase des -es 789
 Kostenbestandteile des -es 776
 Niedrigphase des -es 789
 risikoloser – 776
Zinsänderungsrisiko 743 ff., 776, 786 ff.
Zinsen 104 f.
 kalkulatorische – 169, **1115 ff.**
Zinsfestschreibung 789
Zinsfuß
 interner, s. Interner Zinsfuß 642 ff.
 risikoadäquater – 677
Zinsfutures 745 f.
Zinsstruktur
 inverse – 787
 normale – 787
Zinsstrukturkurve 787
Zinsswap 747
Zinszyklus 789
z-Situation 411
Zufallsfehler 493
Zukunftserfolgswert 638 f., 881, 913
 investitionstheoretischer – 671 ff.
 praxisorientierter – 674 ff.
Zukunftsmarkt 523
Zusammenschlüsse, s. auch Unternehmenszusammenschlüsse
Zusatzkosten **872 ff.**, 1149
Zusatznutzen 519
Zuschlagskalkulation 1135 f., **1139 ff.**
 Begriff der – 1139 f.
 differenzierende – 1140 ff.
 summarische – 1140
Zuschreibung 944 f.
Zustandsraum 152
Zwangsrücklagen 1075
Zweckaufwand 872 f.
Zweckbeziehungsanalyse 177
Zweikreissystem 1148, 1151 ff.
Zweiphasenschema 406 f.
Zwischenergebnisse
 Eliminierung von -n 1049, 1051 ff.
Zwischenverluste
 Eliminierung von -n 1053